2026 개정판

합격에듀 시대에듀

변리사 1차 시험 대비 시리즈
Series 01 산업재산권법 / Series 02 민법개론 / Series 03 자연과학개론

변리사 1차
산업재산권법
한권으로 끝내기

특허법
(특허 · 실용신안 심사기준 포함)

편저 정은석 · 이유정 · 오윤정 · 시대법학연구소

최신 개정법령을 반영한 핵심이론
11개년 주요 기출문제 과목별 수록 / 기출문제 각 지문별 상세한 해설

유료 동영상 강의
www.sdedu.co.kr

CBT 모의고사
1회 무료쿠폰 제공

시대에듀

과목별 최고 전문가의 명품강의와 합격 노하우 대방출
변리사 합격의 모든 것!

1·2차 특허법 정은석 변리사
실무 경험을 바탕으로 한 생생한 강의

1·2차 상표법 이유정 변리사
친숙한 예시를 바탕으로 핵심을 파고드는 강의

1·2차 디자인보호법 오윤정 변리사
현직 변리사가 전하는 현장 실무 맞춤 강의

1차 민법 김동진 교수
방대하고 생소한 민법을 단순화시키는 명품 강의

1차 물리 김학균 교수
핵심을 찌르는 전략 강의

1차 화학 김경순 교수
암기+이해를 동시에 접목시킨 강의

1차 생물 조효진 교수
실수는 낮추고 실전 감각은 높여주는 강의

1차 지구과학 정낙훈 교수
즐기면서 배우는 유쾌한 강의

2차 민사소송법 차상명 교수
간결하고 컴팩트한 강의

※ 강사구성 및 커리큘럼은 변경될 수 있습니다.

시대에듀

끝까지 책임진다! 시대에듀!
QR코드를 통해 도서 출간 이후 발견된 오류나 개정법령, 변경된 시험 정보, 최신기출문제, 도서 업데이트 자료 등이 있는지 확인해 보세요. 시대에듀 합격 스마트 앱을 통해서도 알려 드리고 있으니 구글 플레이나 앱 스토어에서 다운받아 사용하세요.
또한, 파본 도서인 경우에는 구입하신 곳에서 교환해 드립니다.

편집진행 심정은 | **표지디자인** 박종우 | **본문디자인** 표미영·임창규

변리사 1차
산업재산권법
한권으로 끝내기

특허법

시대에듀

2026 시대에듀
변리사 1차
산업재산권법
한권으로 끝내기

머리말

변리사는 지식재산전문가로서 산업재산권에 관한 상담, 권리취득 및 분쟁해결 등에 관련된 제반 업무를 수행합니다. 첨단기술의 발달과 함께 변리사의 역할과 중요성은 나날이 커지고 있으며 그 수요 역시 꾸준히 증가하고 있으나, 고도로 기술적인 전문분야의 업무를 수행하는 만큼, 변리사가 되기 위해서는 관련 법규는 물론 특허 대상 분야에 대한 이해와 전문지식까지 요구되므로, 수험생들의 부담감 역시 상당한 것이 현실입니다.

「변리사 1차 산업재산권법 한권으로 끝내기」는 고득점자순으로 합격자가 결정되는 변리사 1차 시험을 준비하는 수험생들을 위한 교재입니다. 단 한 과목도 소홀히 할 수 없는 수험생들을 위하여 본서는 최신 출제경향 및 학계동향을 정확하게 반영한 핵심이론과 11개년 주요 기출문제 및 상세한 해설을 단원별로 수록하여 효율적인 시험 준비에 도움이 되고자 하였습니다.

Always **with you**

사람의 인연은 길에서 우연하게 만나거나 함께 살아가는 것만을 의미하지는 않습니다.
책을 펴내는 출판사와 그 책을 읽는 독자의 만남도 소중한 인연입니다.
시대에듀는 항상 독자의 마음을 헤아리기 위해 노력하고 있습니다. 늘 독자와 함께하겠습니다.

"변리사 1차 산업재산권법 한권으로 끝내기"의 특징은 다음과 같습니다.

❶ 최신 개정법령을 반영한 이론 & 기출문제를 통해 출제경향을 파악할 수 있도록 하였습니다.

❷ 철저한 검수를 통해 교재상의 오류를 없애고, 최신 학계동향을 정확하게 반영하여 출제가능성이 높은 테마를 빠짐없이 학습할 수 있도록 하였습니다.

❸ 변리사 1차 시험의 기출문제를 완벽하게 분석하여 상세한 해설을 수록하였고, 기출 표기를 통해 해당 문항의 중요도를 한눈에 파악할 수 있도록 하였습니다.

❹ 보다 깊이 있는 학습을 원하는 수험생들은 본 도서를 교재로 사용하는 시대에듀 유료 동영상 강의를 통해 검증된 수준의 강의를 지원받을 수 있습니다.

본서가 수험생들에게 합격의 지름길을 제시하는 안내서가 될 것을 확신하며, 본서로 공부하는 모든 수험생들이 합격의 기쁨을 누리시길 바랍니다.

편저자 일동

이 책의 구성과 특징

핵심이론
최근 11년간의 기출문제 보기지문을 바탕으로 핵심이론을 구성하였고, 기출연도를 표시하여 반복출제된 내용을 파악할 수 있도록 하였습니다.

판례박스
심화학습이 필요한 부분에 대해서는 관련 판례를 수록하여 해당 이론을 보다 쉽게 이해할 수 있도록 하였습니다.

법령박스
학습의 토대가 되는 조문을 수록하여 어떠한 조문이 중요한지, 시험에 자주 출제되는지를 쉽게 파악할 수 있도록 하였습니다.

합격의 공식 Formula of pass | 시대에듀 www.sdedu.co.kr

기출문제

11개년 기출문제를 단원별로 수록하여 해당 내용 점검 및 문제해결 능력을 향상시켜 줄 수 있도록 하였습니다.

상세한 해설

최근 개정법령 및 출제포인트를 반영한 상세한 해설로 혼자서도 학습이 가능하도록 하였습니다.

유료 동영상 강의 교재

본 도서를 교재로 사용하는 시대에듀 유료 동영상 강의가 진행되고 있습니다. 충분히 독학할 수 있도록 기획·제작되었으나, 내용 이해가 어려운 수험생들은 유료 동영상 강의를 이용해 주시기 바랍니다.

시험안내

📁 변리사란?
산업재산권에 관한 상담 및 권리취득이나 분쟁해결에 관련된 제반 업무를 수행하는 산업재산권에 관한 전문자격사로서, 산업재산권의 출원에서 등록까지의 모든 절차를 대리하는 역할을 하는 사람

📁 수행직무
- 산업재산권 분쟁사건 대리[무효심판 · 취소심판 · 권리범위확인심판 · 정정심판 · 통상실시권허여심판 · 거절(취소)결정불복심판 등]
- 심판의 심결에 대해 특허법원 및 대법원에 소를 제기하는 경우 그 대리
- 권리의 이전 · 명의변경 · 실시권 · 사용권 설정 대리
- 기업 등에 대한 산업재산권 자문 또는 관리업무 등 담당

📁 시행처
한국산업인력공단

📁 시험일정
변리사 시험은 1차와 2차 각각 연 1회 실시됩니다. 1차 시험은 그 해의 상반기(2월)에 실시하고, 2차 시험은 그 해의 하반기(7월)에 실시합니다. 매해 시험일정이 상이하므로 상세한 시험일정은 한국산업인력공단 홈페이지(www.q-net.or.kr)를 통하여 확인하시기 바랍니다.

📁 시험과목

구 분		시험과목	시험시간	문항수	시험방법
1차	1교시	산업재산권법(특허법, 실용신안법, 상표법, 디자인보호법 및 조약 포함)	70분	과목당 40문항	객관식 (필기)
	2교시	민법개론(친족편 및 상속편 제외)	70분		
	3교시	자연과학개론 (물리, 화학, 생물 및 지구과학 포함)	60분		

합격기준

구 분	합격기준
1차 시험	영어능력검정시험의 해당 기준점수 이상 취득자로서, 영어과목을 제외한 나머지 과목에 대하여 매 과목 100점을 만점으로 하여 매 과목 40점 이상, 전 과목 평균 60점 이상을 득점한 자 중에서 전 과목 총 득점에 의한 고득점자 순으로 결정

2차 시험	• 일반응시자 : 과목당 100점을 만점으로 하여 선택과목에서 50점 이상을 받고, 필수과목의 각 과목 40점 이상, 필수과목 평균 60점 이상을 받은 사람을 합격자로 결정
	
	• 특허청경력자
	  – 특허법을 포함하여 필수과목 2과목을 응시하는 경우 : 과목당 100점을 만점으로 하여 각 과목 40점 이상을 받은 사람으로서 응시과목 평균점수가 60점(변리사법 시행령 제4조 제2항 단서에 따라 합격자를 결정하는 경우에는 합격자 중 최종 순위 합격자의 필수과목 평균점수) 이상인 사람을 합격자로 결정
	  – 특허법과 선택과목 1과목을 응시하는 경우 : 과목당 100점을 만점으로 하여 선택과목에서 50점 이상을 받은 사람으로서 특허법 점수가 60점(변리사법 시행령 제4조 제2항 단서에 따라 합격자를 결정하는 경우에는 합격자 중 최종 순위 합격자의 필수과목 평균점수) 이상인 사람을 합격자로 결정

공인어학성적 기준점수

시험명	TOEFL		TOEIC	TEPS	G-TELP	FLEX	IELTS
	PBT	IBT					
일반 응시자	560	83	775	385	77(level-2)	700	5
청각 장애인	373	41	387	245	51(level-2)	350	-

1차 시험 응시현황

구 분	대상(명)	응시(명)	합격(명)	합격률(%)
2025년	3,974	3,541	661	18.66
2024년	3,465	3,071	607	19.76
2023년	3,640	3,312	665	20.07
2022년	3,713	3,349	602	17.97
2021년	3,380	3,035	613	20.20
2020년	3,055	2,724	647	23.75

이 책의 차례

제1편 특허법

CHAPTER 01 특허법 개요 ········· 002
    기출문제해설 ········· 008

CHAPTER 02 발명의 정의 ········· 009
    기출문제해설 ········· 011

CHAPTER 03 총 칙 ········· 014
    기출문제해설 ········· 034

CHAPTER 04 특허 요건 ········· 043
    기출문제해설 ········· 101

CHAPTER 05 이익제도 ········· 150
    기출문제해설 ········· 194

CHAPTER 06 심 사 ········· 217
    기출문제해설 ········· 240

CHAPTER 07 특허료 및 특허등록 ········· 246
    기출문제해설 ········· 253

CHAPTER 08 특허권 ········· 257
    기출문제해설 ········· 318

CHAPTER 09 특허권의 침해 및 구제 ········· 346
    기출문제해설 ········· 358

CHAPTER 10 심판 총칙 ········· 370
    기출문제해설 ········· 396

CHAPTER 11 심판 각칙 ········· 404
    기출문제해설 ········· 451

CHAPTER 12 소 송 ········· 479
    기출문제해설 ········· 491

CHAPTER 13 국제출원 ········· 508
    기출문제해설 ········· 529

CHAPTER 14 보 칙 ········· 543
    기출문제해설 ········· 547

CHAPTER 15 벌 칙 ········· 550
    기출문제해설 ········· 557

제1편
특허법
(특허·실용신안 심사기준 포함)

2026 시대에듀 변리사 1차 산업재산권법 한권으로 끝내기

CHAPTER 01 특허법 개요
CHAPTER 02 발명의 정의
CHAPTER 03 총 칙
CHAPTER 04 특허 요건
CHAPTER 05 이익제도
CHAPTER 06 심 사
CHAPTER 07 특허료 및 특허등록
CHAPTER 08 특허권
CHAPTER 09 특허권의 침해 및 구제
CHAPTER 10 심판 총칙
CHAPTER 11 심판 각칙
CHAPTER 12 소 송
CHAPTER 13 국제출원
CHAPTER 14 보 칙
CHAPTER 15 벌 칙

CHAPTER 01 특허법 개요

제1편 | 특허법, 특허·실용신안 심사기준

01 특허법 개요

> **제1조(목적)**
> 이 법은 발명을 보호·장려하고 그 이용을 도모함으로써 기술의 발전을 촉진하여 산업발전에 이바지함을 목적으로 한다.

무체재산권	보호 = 권리	소 송
발 명	특허권	
상 표	상표권	
디자인	디자인보호권	
예술품 등의 표현	저작권	

법적인 보호를 받기 위해서는 권리가 발생되어야 한다. 지식재산권에 관한 권리 중에는 특허권, 상표권, 디자인보호권, 저작권 등이 있다. 이 중 특허권은 발명에 대한 권리를 의미한다. 특허법은 특허권에 대한 법률이다. 따라서 특허법은 특허권이 발생하기까지와 특허권이 발생하고 나서의 법적인 상황을 규정하기 위한 법으로 이해할 수 있다.

	기술 발전 촉진 - 인위적인 권리		권리에 기초한 소송 1) 민사 - 침해금지 / 손해배상 2) 형사 - 벌금 / 징역	집 행
발 명		보호 = 권리		
		공 개		
		cf) 노하우		

특허권은 인위적인 권리이다. 소유권과 같이 자연스럽게 발생되는 것이 아닌, 정책적인 목적을 이루기 위하여 인정되는 권리이다. 특히, 특허권은 발명을 보호함에 따라 기술발전의 촉진이라는 목적을 이루기 위한 권리이다. 따라서, 특허권으로 보호되는 발명은 아무거나 보호되는 것이 아닌, 기술발전의 촉진이라는 목적에 부합하는 것만이 보호된다.

발명이 소정의 요건을 갖추어 보호를 받을 수 있는지 판단하는 과정을 "심사"라 한다. 심사를 마친 발명에는 특허권이 발생되어, 비로소 권리를 행사할 수 있다. 심사는 특허청에서 진행한다.

특허권이 발생되면, 그에 기초하여 소송을 통하여 권리를 행사할 수 있다. 특허권을 이용한 소송은 크게는 민사소송과 형사소송으로 나뉘고, 이와 같은 소송에서 승소 판결을 얻을 수 있다. 나아가, 승소 판결이 확정되면 이를 집행권원으로 하여 집행절차를 진행할 수 있다. 소송과 집행에 의하여 특허권은 법이 정하는 방법으로 권리를 실현할 수 있다.

다만, 특허권이 발생되면 발명은 공개된다. 즉, 특허권은 공개를 대가로 얻어지는 권리라고 할 수 있다. 공개가 되면 발명을 따라하려는 시도가 많이 일어나므로, 이를 방지하기 위하여 발명을 숨겨 보호하는 경우가 있다. 이를 노하우라고 한다. 예를 들어, 코카콜라 제조 방법은 특허를 받지 않고 그 방법을 숨겨 노하우로 보호하고 있다.

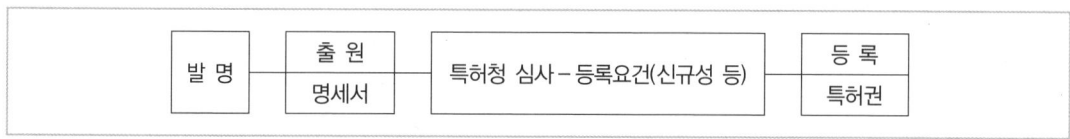

발명을 심사받기 위하여 특허청에 발명을 설명한 서류를 제출할 수 있다. 제출하는 과정을 "출원"이라고 한다.

출원에 의하여 출원서와 명세서 두 종류의 서류가 제출된다. 출원서는 서지사항을 담은 서류이고, 명세서는 발명의 내용을 담은 서류이다.

출원된 발명이 심사를 통과하면, 원부에 등록이 되면서 특허권이 발생된다. 특허권은 등록에 의하여 발생된다고 볼 수 있다. 나아가, 권리는 공개를 대가로 발생되므로, 등록과 동시에 발명은 공개된다.

심사에서는 여러가지 요건을 심리하지만, 대표적으로 발명이 이전에 없는 새로운 것인지를 심사한다. 이를 "신규성" 요건이라고 한다.

발명의 설명	• 연필(1)에 지우개(2)를 결합한 발명이다. • 연필(1)에 지우개(2)를 결합하면, 쓰고 지우는 속도가 빨라지고 편해질 수 있다. • 연필(1)은 필기 수단이 될 수 있고, 지우개(2)는 소거 수단이 될 수 있다.
청구범위	• 청구항 1 • 연필 및 상기 연필의 상단에 결합하는 지우개를 포함하는 필기구

명세서

명세서는 크게 두 부분을 포함한다. 발명이 어떤 것인지 상세하게 설명하는 "발명의 설명"과 권리로 보호받을 부분을 깔끔하게 기술하는 "청구범위"이다. 특허권은 권리이므로, 명세서에서 중요한 부분은 "청구범위"이다.

출 원	거절이유(신규성) 의견제출기회	보 정	등 록
발설 : 연필 + 지우개			
청구범위 : 필기수단 + 소거수단	D1 : 만년필 + 수정액	청구범위 : 연필 + 지우개	청구범위 : 연필 + 지우개

"청구범위"는 일반적으로 추상적이고 개념적인 표현을 사용한다. 위의 예에서 연필에 지우개를 더한 발명을 하였더라도, 청구범위는 추상적인 표현으로 "필기수단" + "소거수단"이라는 개념화시킨 표현을 사용한다. 이와 같은 청구범위로 특허권을 받으면, 연필과 지우개의 조합뿐만 아니라 더 많은 범위를 커버하여 권리를 행사할 수 있기 때문이다.

다만, 추상화된 청구범위는 세상에 이미 있는 유사한 기술에 의하여 새롭지 않다는 판단을 받을 수 있으므로, 심사에 있어서 이와 같은 청구범위는 점점 구체화될 수밖에 없다. 이와 같이 청구범위를 고치는 것을 "보정"이라고 한다. 심사는 결국, 보정에 의하여 청구범위를 어디까지 좁히냐의 과정이라고도 볼 수 있다. 위 그림의 사안에서는 공지발명으로 "만년필"과 "수정액"의 조합이 공지되어, "필기수단"과 "소거수단"이 각각 공지되었고, 이에 따라, 공지발명을 피하기 위하여 청구범위를 "연필"과 "지우개"의 조합으로 범위를 좁혀 등록되었다.

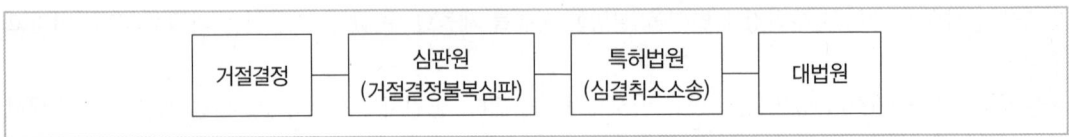

특허청은 행정기관이므로, 신청에 대한 의사표시는 "결정"에 의하여 답변된다. 특허권을 발생시키기로 하는 답변을 "특허결정" 또는 "등록결정"이라고 한다. 특허권을 발생시키기를 거절하는 결정을 "거절결정"이라고 한다.

"거절결정"에 대한 답변에 불복하는 경우, 곧바로 법원에 불복하는 것이 아닌 또 다른 행정기관인 "특허심판원"에 불복을 하여야 한다. 그리고, 특허심판원에서의 결정에 불복하는 경우에 비로소 법원(특허법원)에 불복하고, 특허법원에서의 판결에 불복하는 경우 대법원에 불복한다.

특허권이 발생된 이후의 대표적인 절차는 위의 그림과 같다.

등록된 후에 소송을 통하여 권리 행사를 할 수 있고, 이에 불복하려는 자는 특허법원과 대법원을 통하여 불복할 수 있다.

등록된 특허에 이의를 제기하려는 자는 등록된 특허가 심사 시 만족하여야 하는 요건을 만족하지 못했다는 것을 이유로 "무효심판"을 "특허심판원"에 제기할 수 있다. 특허심판원의 결정에 불복하려는 자는 특허법원과 대법원을 통하여 불복할 수 있다.

앞서의 설명에서 보듯이, 특허법은 특허권과 관련하여서는 크게 두 가지를 배운다고 볼 수 있다. 첫째는 특허권을 발생시키기 위하여 심사에서 만족하기 위한 요건들이고, 둘째는 특허권이 발생한 후 권리가 어디까지 미치는가이다.

나아가, 특허법은 절차와 관련하여서는 크게 세가지 단계로 나누어 배운다고 볼 수 있다. 첫째는 출원에서 등록까지의 심사 단계이고, 둘째는 심사를 통과하지 못하거나, 등록된 특허권에 무효심판이 제기되는 경우 심판원에서의 단계이며, 셋째는 법원에서의 단계이다.

본서는 절차와 관련된 단계들에 맞추어, 각각의 실체적인 요건 또는 권리범위에 관한 것을 설명한다.

02 특허법의 목적

법조문 : 특허법 제1조

이 법은 발명을 보호·장려하고 그 이용을 도모함으로써 기술의 발전을 촉진하여 산업발전에 이바지함을 목적으로 한다.

① 발명의 보호
  ㉠ 발명의 완성 후 특허 설정등록 전까지 특허를 받을 수 있는 권리에 의해 보호받으며(法 제33조), 특허 설정등록 후 특허권에 의한 독점적·배타적 권리에 의해 보호받는다(法 제94조 제1항).
  ㉡ 출원 과정 상 출원인이 부당한 불이익을 당하지 않도록 공지예외주장(法 제30조), 절차보정(法 제46조), 분할출원(法 제52조), 변경출원(法 제53조), 조약우선권주장(法 제54조), 국내우선권주장(法 제55조), 의견서제출기회(法 제63조 제1항) 등을 규정한다.

② 이용 도모
  ㉠ 특허권자는 업으로서 특허발명을 실시할 권리를 독점하며(法 제94조 제1항), 특허권자가 아닌 제3자는 특허권자에게 부여받은 실시권(法 제100조, 제102조), 법정실시권(法 제103조, 제104조, 제105조, 제122조, 제182조, 제183조) 또는 강제실시권(法 제106조의2, 제107조, 제138조)에 의해 발명을 실시할 권원을 얻거나 특허권 소멸 후 실시 가능하다.
  ㉡ 특허출원 후 法 제64조의 규정에 따라 출원 내용을 일반에 공개하도록 하여 제3자의 발명 내용 확인 및 활용을 도모한다.

③ 기술 발전 촉진 및 산업발전 이바지 : 산업재산권법으로서 특허법의 궁극적인 목적은 기술 발전의 촉진과 이를 통한 산업발전에의 이바지에 있다.

03 특허법 구조

구 조	주요 조문
1. 총 칙	• 목적(法 제1조), 정의(法 제2조) • 주체 – 행위능력(法 제3조), 비법인사단(法 제4조), 대리권(法 제6조~제10조) • 복수당사자 대표(法 제11조), 재외자 재판관할(法 제13조), 외국인 권리능력(法 제25조) • 기간 계산 및 연장(法 제14조, 제15조)
2. 특허요건 및 특허출원	• 특허요건(法 제29조) • 공지예외적용(法 제30조) • 불특허 발명(法 제32조) • 정당권리자와 무권리자(法 제33조~제35조) • 선출원(法 제36조) • 특허를 받을 수 있는 권리의 이전 및 승계(法 제37조, 제38조) • 국방상 필요한 발명(法 제41조) • 특허출원(法 제42조) • 공동출원(法 제44조) • 하나의 특허출원의 범위(法 제45조) • 특허출원의 보정(法 제46조, 제47조, 제51조) • 분할출원(法 제52조), 분리출원(法 제52조의2), 변경출원(法 제53조), 조약우선권(法 제54조), 국내우선권(法 제55조, 제56조)
3. 심 사	• 심사(法 제57조) • 심사청구(法 제59조), 우선심사청구(法 제61조) • 거절결정(法 제62조), 거절이유통지(法 제63조) • 출원공개(法 제64조) • 특허결정(法 제66조) • 직권보정(法 제66조의2), 직권재심사(法 제66조의3), 재심사청구(法 제67조의2), 출원의 회복(法 제67조의3)
4. 특허료 및 특허등록 등	• 특허료 추가납부(法 제81조), 보전(法 제81조의2), 회복(法 제81조의3) • 특허료·수수료 감면(法 제83조)
5. 특허권	• 허가 등에 따른 특허권 존속기간 연장(法 제89조~제92조) • 등록지연에 따른 특허권 존속기간 연장(法 제92조의2~제93조) • 특허권의 효력(法 제94조~제96조) • 실시권 – 전용실시권(法 제100조), 통상실시권(法 제102조), 법정실시권(法 제103조~제105조), 강제실시권(法 제106조의2), 재정(法 제107조~제115조)
6. 특허권자의 보호 (침해 구제책)	• 간접침해(法 제127조) • 손해배상청구권(法 제128조) • 생산방법의 추정(法 제129조), 과실 추정(法 제130조), 자료 제출(法 제132조)
6의2. 특허취소신청	法 제132조의2~제132조의15
7. 심 판	• 심판 각칙 • 거절결정불복심판(法 제132조의17), 무효심판(法 제133조), 권리범위확인심판(法 제135조), 정정심판(法 제136조), 정정무효심판(法 제137조), 통상실시권 허락 심판(法 제138조) • 심판 총칙 • 공동심판청구(法 제139조), 심판청구방식(法 제140조), 결정각하(法 제141조), 심결각하(法 제142조), 심판참가(法 제156조), 증거 조사 및 보전(法 제157조)

8. 재 심	法 제178조~제185조
9. 소 송	法 제186조~제191조의2
10. 국제출원(PCT) 절차	法 제192조~제214조
11. 보 칙	法 제215조~제224조의5
12. 벌 칙	法 제225조~제232조

04 특허출원 절차

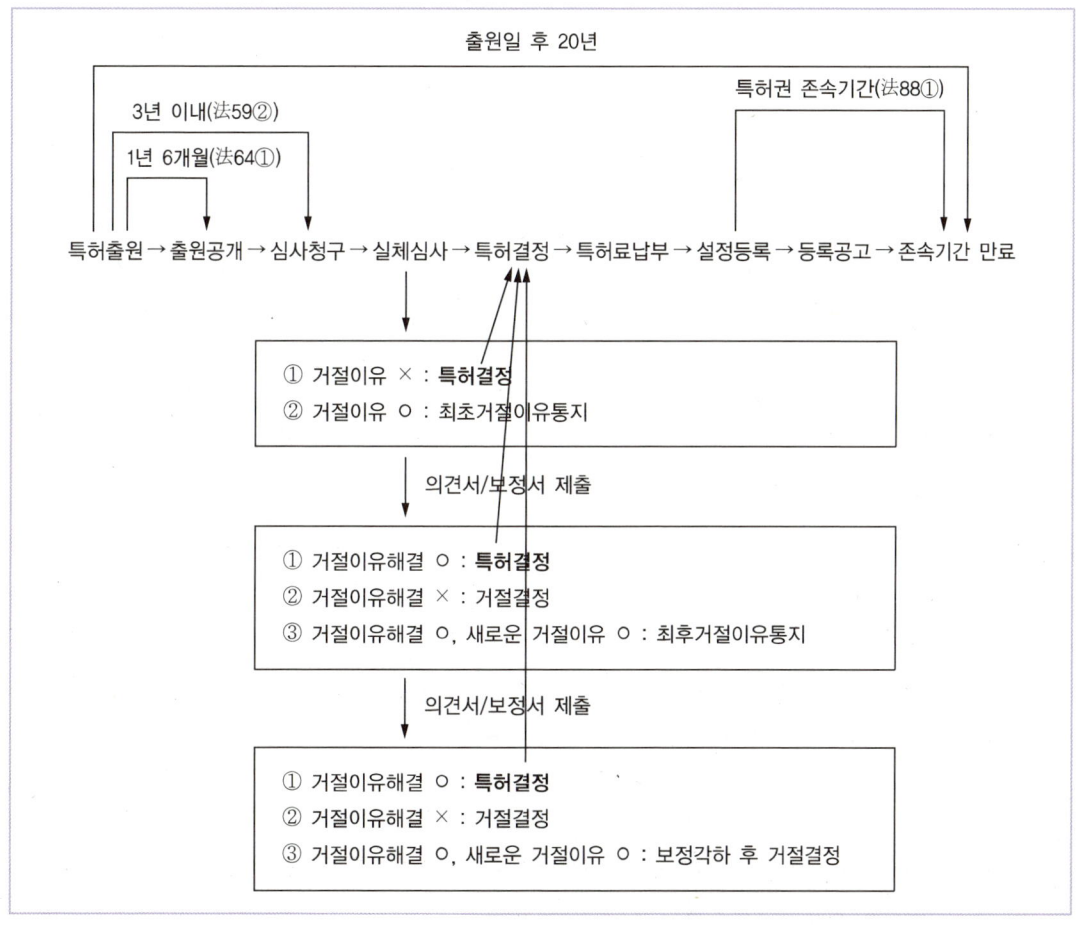

CHAPTER 01 특허법 개요

CHAPTER 02 발명의 정의

01 정 의

제2조(정의)
이 법에서 사용하는 용어의 뜻은 다음과 같다. 〈개정 2019.12.10., 2025.1.21.〉
1. "발명"이란 자연법칙을 이용한 기술적 사상의 창작으로서 고도(高度)한 것을 말한다.
2. "특허발명"이란 특허를 받은 발명을 말한다.
3. "실시"란 다음 각 목의 구분에 따른 행위를 말한다. 기출 15·22·23
   가. 물건의 발명인 경우 : 그 물건을 생산·사용·양도·대여·수출 또는 수입하거나 그 물건의 양도 또는 대여의 청약(양도 또는 대여를 위한 전시를 포함한다. 이하 같다)을 하는 행위 기출 20
   나. 방법의 발명인 경우 : 그 방법을 사용하는 행위 또는 그 방법의 사용을 청약하는 행위 기출 18
   다. 물건을 생산하는 방법의 발명인 경우 : 나목의 행위 외에 그 방법에 의하여 생산한 물건을 사용·양도·대여·수출 또는 수입하거나 그 물건의 양도 또는 대여의 청약을 하는 행위

02 발명의 정의 규정과 등록요건

구 특허법(2006.3.3. 법률 제7871호로 개정되기 전의 것) 제2조 제1호는 자연법칙을 이용한 기술적 사상의 창작으로서 고도한 것을 '발명'으로 정의하고 있으므로, 출원발명이 자연법칙을 이용한 것이 아닌 때에는 같은 법 제29조 제1항 본문의 '산업상 이용할 수 있는 발명'의 요건을 충족하지 못함을 이유로 그 특허출원을 거절하여야 한다(判例 2009후436). 따라서 발명의 정의 규정 중 산업상이용가능성과 관련된 부분은 해당 부분에서 더 자세히 살핀다.

03 실시의 정의 규정과 특허권 행사

특허권자는 업으로서 특허발명을 실시할 권리를 독점한다(法 제94조 제1항). 특허권자 아닌 자가 특허권의 보호범위 내 실시하는 경우, 특허권의 침해이다. 따라서 실시의 정의 규정 중 특허권의 행사와 관련된 부분은 해당 부분에서 더 자세히 살핀다.

CHAPTER 02 발명의 정의

제1편 | 특허법. 특허·실용신안 심사기준

01 발명의 성립성에 관한 설명으로 옳은 것은? (다툼이 있으면 판례에 따름) 기출 20

① 출원발명이 자연법칙을 이용한 것인지 여부는 청구항 전체로서 판단하여야 하므로 청구항에 기재된 발명의 일부에 자연법칙을 이용하고 있는 부분이 있더라도 청구항 전체로서 자연법칙을 이용하고 있지 않다고 판단될 때에는 특허법상의 발명에 해당하지 않는다.
② 발명의 각 단계가 컴퓨터의 온라인상에서 처리되는 것이 아니라 오프라인상에서 처리되고, 소프트웨어와 하드웨어가 연계되는 시스템이 구체적으로 실현되고 있지 않더라도 발명의 성립성이 인정될 수 있다.
③ 무성생식 식물은 특허등록이 될 수 있으나, 유성생식 식물은 신규성·진보성 등의 특허요건을 충족하더라도 특허등록이 될 수 없다.
④ 미생물 관련 발명의 특허출원시에 제출된 명세서에 당해 미생물의 수탁번호·기탁기관의 명칭 및 기탁연월일을 기재하고 기탁사실 증명 서류를 제출하였다면, 분할출원서에는 이미 제출된 증명서류의 내용과 동일하여 이를 원용하고자 하는 경우에도 그 취지를 명기할 필요가 없다.
⑤ 인간의 치료방법에 관한 발명은 특허법상 불특허 규정이 없으므로 신규성·진보성 등의 특허요건이 충족된다면 특허를 받을 수 있다.

해설

② (×) 발명의 각 단계가 온라인상에서 처리되는 것이 아니라 오프라인상에서 처리되는 것이고, 소프트웨어와 하드웨어가 연계되는 시스템이 구체적으로 실현되고 있는 것이 아니어서 비즈니스모델 발명의 범주에 속하지 아니하므로 산업상 이용할 수 있는 발명이라 할 수 없다(判例 2001후3149).
③ (×) 유성·무성생식 관계없이 특허등록의 대상이다.
④ (×) 분할출원시 기탁 증명서류 원용의 취지를 명기하여야 한다(심사기준).
⑤ (×) 인간의 치료방법은 산업상 이용할 수 없는 발명에 속하여 특허를 받을 수 없다.

답 ①

02 특허법 제2조(정의)제3호에 규정된 실시에 해당되지 않는 것은? 기출 15

① 특허발명이 시계라는 물건의 발명인 경우, 그 시계를 판매하기 위하여 전시하는 행위
② 특허발명이 살충제를 제조하는 방법의 발명인 경우, 농부가 그 제조방법으로 제조한 살충제를 자신의 농장에서 사용하는 행위
③ 특허발명이 영상녹화방법의 발명인 경우, 그 영상녹화방법에만 사용하는 영상녹화장치를 제조하는 행위
④ 특허발명이 의약품의 발명인 경우, 약사법에 따른 의약품의 품목허가를 위한 시험·연구에 그 의약품을 사용하는 행위
⑤ 특허발명이 화합물의 발명인 경우, 발명의 설명에 기재된 그 화합물의 제조방법과 다른 제조방법으로 생산된 동일한 화합물을 판매하는 행위

해설

③ (×) 특허발명이 방법 발명인 경우 그 방법을 사용하는 행위 또는 그 방법의 사용하는 청약하는 행위가 실시로 인정된다(특허법 제2조 제3호 가목).

> **특허법 제2조(정의)**
> 이 법에서 사용하는 용어의 뜻은 다음과 같다. 〈개정 2025.1.21.〉
> 1. "발명"이란 자연법칙을 이용한 기술적 사상의 창작으로서 고도(高度)한 것을 말한다.
> 2. "특허발명"이란 특허를 받은 발명을 말한다.
> 3. "실시"란 다음 각 목의 구분에 따른 행위를 말한다.
>   가. 물건의 발명인 경우 : 그 물건을 생산·사용·양도·대여 또는 수입하거나 그 물건의 양도 또는 대여의 청약(양도 또는 대여를 위한 전시를 포함한다. 이하 같다)을 하는 행위
>   나. 방법의 발명인 경우 : 그 방법을 사용하는 행위 또는 그 방법의 사용을 청약하는 행위
>   다. 물건을 생산하는 방법의 발명인 경우 : 나목의 행위 외에 그 방법에 의하여 생산한 물건을 사용·양도·대여 또는 수입하거나 그 물건의 양도 또는 대여의 청약을 하는 행위

답 ③

03 특허발명의 실시에 관한 설명으로 옳은 것을 모두 고른 것은? (다툼이 있으면 판례에 따름)

기출 20

ㄱ. "실시"란 '물건의 발명'인 경우 그 물건을 생산·사용·양도·대여 또는 수입하거나 그 물건의 양도 또는 대여의 청약(양도 또는 대여를 위한 전시를 포함한다)을 하는 행위를 말한다.
ㄴ. '물건의 발명'에서 "생산"이란 발명의 구성요소 일부를 결여한 물건을 사용하여 발명의 구성요소를 가진 물건을 새로 만들어내는 행위를 의미하므로, 가공, 조립 등의 행위는 이에 포함되지 않는다.
ㄷ. '물건의 발명'에 대한 특허권자 또는 특허권자로부터 허락을 받은 실시권자가 우리나라에서 그 특허발명이 구현된 물건을 적법하게 양도한 경우, 양수인이나 전득자가 그 물건을 사용, 양도하는 등의 행위에 대하여 특허권의 효력이 미치지 않는다.
ㄹ. 타인의 특허발명을 허락 없이 실시한 자에게 과실이 없다고 하기 위해서는 특허권의 존재를 알지 못하였다는 점을 정당화할 수 있는 사정이 있다거나 자신이 실시하는 기술이 특허발명의 권리범위에 속하지 않는다고 믿은 점을 정당화할 수 있는 사정이 있다는 것을 주장·입증하여야 한다.

① ㄱ, ㄴ
② ㄱ, ㄷ
③ ㄱ, ㄹ
④ ㄱ, ㄷ, ㄹ
⑤ ㄴ, ㄷ, ㄹ

해설

ㄱ. (○) 특허법 제2조 제3호 가목
ㄴ. (×) '생산'이란 발명의 구성요소 일부를 결여한 물건을 사용하여 발명의 모든 구성요소를 가진 물건을 새로 만들어내는 모든 행위를 의미하므로, 공업적 생산에 한하지 않고 가공, 조립 등의 행위도 포함된다(判例 2007후3356).
ㄷ. (○) 判例 2017다289903
ㄹ. (○) 判例 2003다15006

답 ④

CHAPTER 03 총 칙

01 행위능력과 권리능력

(1) 법조문

제3조(미성년자 등의 행위능력)
① 미성년자·피한정후견인 또는 피성년후견인은 법정대리인에 의하지 아니하면 특허에 관한 출원·청구, 그 밖의 절차(이하 "특허에 관한 절차"라 한다)를 밟을 수 없다. 다만, 미성년자와 피한정후견인이 독립하여 법률행위를 할 수 있는 경우에는 그러하지 아니하다. 기출 23
② 제1항의 법정대리인은 후견감독인의 동의 없이 제132조의2에 따른 특허취소신청(이하 "특허취소신청"이라 한다)이나 상대방이 청구한 심판 또는 재심에 대한 절차를 밟을 수 있다. 기출 15

제4조(법인이 아닌 사단 등)
법인이 아닌 사단 또는 재단으로서 대표자나 관리인이 정하여져 있는 경우에는 그 사단 또는 재단의 이름으로 출원심사의 청구인, 특허취소신청인, 심판의 청구인·피청구인 또는 재심의 청구인·피청구인이 될 수 있다. 기출 22

제5조(재외자의 특허관리인)
① 국내에 주소 또는 영업소가 없는 자(이하 "재외자"라 한다)는 재외자(법인의 경우에는 그 대표자)가 국내에 체류하는 경우를 제외하고는 그 재외자의 특허에 관한 대리인으로서 국내에 주소 또는 영업소가 있는 자(이하 "특허관리인"이라 한다)에 의해서만 특허에 관한 절차를 밟거나 이 법 또는 이 법에 따른 명령에 따라 행정청이 한 처분에 대하여 소(訴)를 제기할 수 있다. 기출 15·22
② 특허관리인은 위임된 권한의 범위에서 특허에 관한 모든 절차 및 이 법 또는 이 법에 따른 명령에 따라 행정청이 한 처분에 관한 소송에서 본인을 대리한다.

> **제25조(외국인의 권리능력)**
> 재외자 중 외국인은 다음 각 호의 어느 하나에 해당하는 경우를 제외하고는 특허권 또는 특허에 관한 권리를 누릴 수 없다.
> 1. 그 외국인이 속하는 국가에서 대한민국 국민에 대하여 그 국가의 국민과 같은 조건으로 특허권 또는 특허에 관한 권리를 인정하는 경우
> 2. 대한민국이 그 외국인에 대하여 특허권 또는 특허에 관한 권리를 인정하는 경우에는 그 외국인이 속하는 국가에서 대한민국 국민에 대하여 그 국가의 국민과 같은 조건으로 특허권 또는 특허에 관한 권리를 인정하는 경우 기출 21
> 3. 조약 또는 이에 준하는 것(이하 "조약"이라 한다)에 따라 특허권 또는 특허에 관한 권리가 인정되는 경우

(2) 내 용

① 행위능력

  ㉠ 특허법상 무능력자란 민법에 따라 미성년자, 피한정후견인 또는 피성년후견인을 의미하며, 무능력자에 해당할 경우 행위능력이 없으므로 법정대리인을 통하여 절차를 밟아야 한다.

  ㉡ 예외 : 미성년자 또는 피한정후견인이 독립하여 법률행위를 할 수 있는 경우 스스로 절차를 밟을 수 있다. 예를 들어 허락을 얻은 특정 영업에 관한 행위, 혼인으로 성년의제된 자의 행위 등이 있다. 기출 23

  ㉢ 비법인 사단 또는 재단은 권리능력이 없으므로 원칙적으로 특허에 관한 절차를 밟을 수 있는 행위능력이 없다. 다만, 대표자 또는 관리인이 정해져 있을 경우, 사단 또는 재단의 이름으로 심사청구인, 취소신청인, 심판 또는 재심의 청구인·피청구인이 될 수 있다.

  ㉣ 재외자(국내에 주소 또는 영업소가 없는 자)는 원칙적으로 행위능력이 없으므로 특허관리인을 통하여 특허에 관한 절차를 밟아야 한다.

  ㉤ 예외 : ⅰ) 재외자가 국내에 체류하는 경우 스스로 특허에 관한 절차를 밟을 수 있으며, ⅱ) 재외자인 국제특허출원의 출원인은 기준일까지 특허관리인에 의하지 않고 특허에 관한 절차를 밟을 수 있다. 다만, 국어번역문을 제출한 재외자는 기준일부터 2개월 이내 특허관리인을 선임하여 특허청장에게 신고하여야 한다. 기간 내 선임신고가 없는 경우 그 국제특허출원은 취하한 것으로 본다(法 제206조 제1항·제2항·제3항).

② 권리능력

  ㉠ 자연인과 법인, 재내자인 외국인은 원칙적으로 권리능력이 인정되나, 재외자인 외국인은 권리능력이 불인정된다.

  ㉡ 예외 : 재외자인 외국인의 국가와 상호 특허에 관한 권리를 인정하는 경우 또는 조약에 의해 인정되는 경우 재외자인 외국인의 권리능력이 인정된다.

(3) 재외자가 특허관리인에 의하지 않고 절차진행, 절차의 하자를 추후에 주장할 수 있는지 여부

특허법 제5조 제1항, 특허법시행규칙 제11조 제1항 제6호에 의하면, 재외자는 특허관리인에 의하지 아니하면 특허에 관한 절차를 밟을 수 없고, 특허청장은 재외자가 특허관리인에 의하지 아니하고 제출한 서류를 반려할 수 있다고 되어 있으나, 특허관리인제도는 특허청이 국내에 거주하지 않는 자와 직접 절차를 수행함에 따른 번잡과 절차지연을 피함으로써 원활한 절차수행이 가능하도록 하기 위함에 그 의의가 있는 점, 특허법 제5조 제1항에 의하면 재외자라 하더라도 국내에 체재하는 경우에는 직접 절차를 밟을 수 있는 점, 특허법 제62조, 제133조 제1항에는 재외자가 특허관리인에 의하지 아니하고 그 절차를 밟은 경우에 이를 특허거절사유나 특허무효사유로는 하고 있지 않은 점 등에 비추어 볼 때, 특허청장은 특허관리인에 의하지 아니한 채 제출된 서류를 반려하지 아니하고 이를 수리하여 특허에 관한 절차를 진행한 이후에는 특허법 제5조 제1항에 위반된다는 이유로 제출된 서류의 절차상 하자를 주장할 수는 없다(判例 2003후182).

02 대리인 제도

(1) 법조문

> **제6조(대리권의 범위)**
> 국내에 주소 또는 영업소가 있는 자로부터 특허에 관한 절차를 밟을 것을 위임받은 대리인은 특별히 권한을 위임받아야만 다음 각 호의 어느 하나에 해당하는 행위를 할 수 있다. 특허관리인의 경우에도 또한 같다. 기출 15
> 1. 특허출원의 변경・포기・취하
> 2. 특허권의 포기
> 3. 특허권 존속기간의 연장등록출원의 취하
> 4. 신청의 취하
> 5. 청구의 취하
> 6. 제55조 제1항(국내우선권주장)에 따른 우선권주장 또는 그 취하
> 7. 제132조의17(거절결정불복심판)에 따른 심판청구
> 8. 복대리인의 선임
>
> **제7조(대리권의 증명)**
> 특허에 관한 절차를 밟는 자의 대리인(특허관리인을 포함한다. 이하 같다)의 대리권은 서면으로써 증명하여야 한다.

제7조의2(행위능력 등의 흠에 대한 추인)

행위능력 또는 법정대리권이 없거나 특허에 관한 절차를 밟는 데 필요한 권한의 위임에 흠이 있는 자가 밟은 절차는 보정(補正)된 당사자나 법정대리인이 추인하면 행위를 한 때로 소급하여 그 효력이 발생한다.

제8조(대리권의 불소멸)

특허에 관한 절차를 밟는 자의 위임을 받은 대리인의 대리권은 다음 각 호의 어느 하나에 해당하는 사유가 있어도 소멸하지 아니한다.
1. 본인의 사망이나 행위능력의 상실
2. 본인인 법인의 합병에 의한 소멸
3. 본인인 수탁자(受託者)의 신탁임무 종료
4. 법정대리인의 사망이나 행위능력의 상실
5. 법정대리인의 대리권 소멸이나 변경

제9조(개별대리)

특허에 관한 절차를 밟는 자의 대리인이 2인 이상이면 특허청장 또는 특허심판원장에 대하여 각각의 대리인이 본인을 대리한다.

제10조(대리인의 선임 또는 교체 명령 등)

① 특허청장 또는 제145조 제1항에 따라 지정된 심판장(이하 "심판장"이라 한다)은 특허에 관한 절차를 밟는 자가 그 절차를 원활히 수행할 수 없거나 구술심리(口述審理)에서 진술할 능력이 없다고 인정되는 등 그 절차를 밟는 데 적당하지 아니하다고 인정되면 대리인을 선임하여 그 절차를 밟을 것을 명할 수 있다.
② 특허청장 또는 심판장은 특허에 관한 절차를 밟는 자의 대리인이 그 절차를 원활히 수행할 수 없거나 구술심리에서 진술할 능력이 없다고 인정되는 등 그 절차를 밟는 데 적당하지 아니하다고 인정되면 그 대리인을 바꿀 것을 명할 수 있다. 기출 25
③ 특허청장 또는 심판장은 제1항 및 제2항의 경우에 변리사로 하여금 대리하게 할 것을 명할 수 있다. 기출 25
④ 특허청장 또는 심판장은 제1항 또는 제2항에 따라 대리인의 선임 또는 교체 명령을 한 경우에는 제1항에 따른 특허에 관한 절차를 밟는 자 또는 제2항에 따른 대리인이 그전에 특허청장 또는 특허심판원장에 대하여 한 특허에 관한 절차의 전부 또는 일부를 무효로 할 수 있다.

제12조(「민사소송법」의 준용)

대리인에 관하여는 이 법에 특별한 규정이 있는 경우를 제외하고는 「민사소송법」 제1편 제2장 제4절을 준용한다.

(2) 대리인의 의의 및 종류

① 대리인의 의의 : 특허법상 대리인이란 본인을 대리하여 특허와 관련된 출원, 심판, 소송 등의 절차를 수행하는 자를 의미한다.
② 대리인의 종류
　㉠ 법정대리인 : 본인의 의사에 의하지 않고 대리권이 직접 법률규정에 의해 수여된 대리인을 말한다. 법정대리인 제도는 스스로 소송을 수행할 능력이 없는 자의 소송상 권익을 보호하기 위한 것이다.
　㉡ 임의대리인 : 본인의 의사에 의해 대리인이 발생하는 경우를 의미하며, 재외자의 특허관리인을 포함한다. 임의대리인의 경우 변리사가 아닌 자는 업으로 하는지 여부와 관계없이 변리사법 제2조에 따른 대리업무를 하지 못한다.

(3) 대리권의 범위

① 법정대리인
　㉠ 친권자 : 심판 또는 재심을 포함한 모든 특허에 관한 절차를 밟을 수 있으며, 특별수권 없이 제6조 각 호의 특별수권사항에 대한 절차에 대리권의 범위가 미친다.
　㉡ 후견인 : 상대방이 청구한 심판 또는 재심, 특허취소신청 등 수동적인 절차에 한해 후견감독인의 동의 없이 절차를 밟을 수 있으나, 그 외 심판 또는 재심 청구, 특허권 득실 변경 등의 행위는 후견감독인의 동의가 요구된다.
② 임의대리인 : 제6조 각 호의 특별수권사항에 대하여 본인으로부터 특별수권을 얻어야 절차의 대리가 가능하다.
　㉠ 특허출원의 변경·포기·취하
　㉡ 특허권의 포기
　㉢ 특허권 존속기간의 연장등록출원의 취하
　㉣ 신청의 취하
　㉤ 청구의 취하
　㉥ 국내우선권주장 또는 그 취하
　㉦ 거절결정불복심판 청구
　㉧ 복대리인의 선임

(4) 포괄위임제도

① 의의 : 포괄위임제도는 특허에 관한 절차를 대리인에 의해 밟을 경우 현재 및 장래의 사건에 대해 미리 사건을 특정하지 않고 포괄하여 위임하는 제도이다(시행규칙 제5조의2). 본인 및 대리인의 사건별 절차상 번거로움을 해결하기 위하여 마련된 제도이다.
② 절차 : 포괄위임등록신청서에 대리권을 증명하는 서류(포괄 위임장)를 첨부해 특허청장에게 제출한다(시행규칙 제5조의2 제1항). 특허청장은 포괄위임등록신청이 있는 때에는 포괄위임등록번호를 부여하고 그 번호를 포괄위임등록 신청인에게 통지하여야 한다. 포괄위임을 받아 특허에 관한 절차를 밟고자 하는 자는 포괄위임등록번호를 특허청장 또는 특허심판원장에게 제출하는 서류에 기재하여야 한다(시행규칙 제5조의2 제3항).

③ 효과 : 포괄위임등록을 한 대리인이 절차를 대리할 경우 포괄위임 등록번호를 기재하면 위임장을 제출하지 않을 수 있다.
④ 포괄위임의 원용의 제한 및 철회
　㉠ 포괄위임등록을 한 자가 특정사건에 대해 포괄위임 원용을 제한할 경우 신고서를 특허청장 또는 심판원장에게 제출하여야 한다(시행규칙 제5조의3).
　㉡ 포괄위임등록을 한 자가 포괄위임을 철회하고자 할 경우 철회서를 특허청장에게 제출하여야 한다(시행규칙 제5조의4).

(5) 대리권의 불소멸
임의대리인의 대리권은 제8조 각 호에 해당하는 사유가 발생하여도 소멸하지 않고 존속한다.
① 본인 – 사망, 행위능력 상실, 법인 합병에 의한 소멸, 수탁자의 신탁임무 종료
② 법정대리인 – 사망, 행위능력 상실, 대리권 소멸, 변경

(6) 개별대리 원칙
① 특허에 관한 절차를 밟는 자의 대리인이 2인 이상이면 특허청장 또는 특허심판원장에 대하여 각각의 대리인이 본인을 대리한다(法 제9조).
② 강행규정에 해당하므로 2인 이상이 공동대리'의 특약을 맺을 경우 내부 관계로서 효력을 가질 수는 있으나, 특허법상의 효력은 없다.
③ **개별대리와 송달** : 특허법 제132조의17은 '거절결정을 받은 자가 불복이 있는 때에는 그 결정등본을 송달받은 날부터 30일 이내에 심판을 청구할 수 있다'고 규정한다. 그런데 출원인으로부터 실용신안의 출원 및 등록에 관한 모든 절차에 대하여 포괄적 대리권을 받은 출원대리인은 출원인 본인을 위하여 거절결정 등본 등 출원 절차 관련 서류를 송달받을 지위에 있으므로, 출원인에 대한 거절결정 등본 송달의 효력은 결국 출원인과 출원대리인 중 누구에게라도 최초로 거절결정 등본이 송달되었을 때 발생한다. 따라서 특허법 제132조의17에서 말하는 '그 결정등본을 송달받은 날'에는 결정등본이 출원인 본인과 출원대리인 중 누구에게라도 최초로 거절결정 등본이 송달된 날을 의미한다(判例 2017허4853).

(7) 대리인의 선임 또는 교체명령
① 본인 또는 대리인이 절차수행능력 또는 진술능력이 없을 경우 특허청장 또는 심판장은 대리인을 선임 또는 교체하도록 명할 수 있으며, 변리사가 대리하도록 명할 수 있다(法 제10조 제1항·제2항·제3항).
② 대리인의 선임 또는 교체명령 후 특허청장 또는 심판장은 그전에 본인 또는 대리인이 한 특허의 절차 전부 또는 일부를 무효로 할 수 있다(法 제10조 제4항).

03 복수당사자 대표

(1) 법조문

> **제11조(복수당사자의 대표)**
> ① 2인 이상이 특허에 관한 절차를 밟을 때에는 다음 각 호의 어느 하나에 해당하는 사항을 제외하고는 각자가 모두를 대표한다. 다만, 대표자를 선정하여 특허청장 또는 특허심판원장에게 신고하면 그 대표자만이 모두를 대표할 수 있다.
> 1. 특허출원의 변경·포기·취하
> 2. 특허권 존속기간의 연장등록출원의 취하
> 3. 신청의 취하
> 4. 청구의 취하
> 5. 제55조 제1항(국내우선권주장)에 따른 우선권주장 또는 그 취하
> 6. 제132조의17(거절결정불복심판)에 따른 심판청구
> ② 제1항 단서에 따라 대표자를 선정하여 신고하는 경우에는 대표자로 선임된 사실을 서면으로 증명하여야 한다.

(2) 내 용

① 원칙 : 2인 이상이 공동으로 특허에 관한 절차를 밟을 경우 각자대표 원칙에 따라 각자가 모두를 대표한다.

② 예 외

㉠ i) 2인 이상이 공동으로 제11조 제1항 각 호에 해당하는 사항의 절차를 밟을 경우 모두 대표로 해야 하며, ii) 대표자를 선정해 신고했을 경우 대표자만 모두를 대표할 수 있다. 다만, 제11조 제1항 각 호에 해당하는 사항에 대하여 모두의 동의가 요구된다.

㉡ 특허를 받을 수 있는 권리를 공유한 자들은 공유자 모두 공동출원(法 제44조) 또는 존속기간연장등록출원(法 제90조 제3항)해야 하며, 특허권 또는 특허를 받을 수 있는 권리의 공유자가 공유인 권리에 관하여 심판을 청구할 때에는 공유자 모두가 공동으로 청구하여야 한다(法 제139조 제3항).

(3) 각자대표와 송달

특허법 제11조 제1항에 의하면, 2인 이상이 특허에 관한 절차를 밟는 때에는 같은 항 각 호의 1에 해당하는 사유를 제외하고는 각자가 전원을 대표한다. 다만, 대표자를 선정하여 특허청 또는 특허심판원에 신고한 때에는 그러하지 아니하다. 고 규정되어 있으므로, 공동출원인이 대표자를 선정하여 특허청에 신고하지 아니한 이상 거절결정등본의 송달도 공동출원인 중 1인에 대하여만 하면 전원에 대하여도 동일한 효과가 발생한다고 할 것이다(判例 2003후182).

04 재외자의 재판관할

> **제13조(재외자의 재판관할)**
> 재외자의 특허권 또는 특허에 관한 권리에 관하여 특허관리인이 있으면 그 특허관리인의 주소 또는 영업소를, 특허관리인이 없으면 특허청 소재지를 「민사소송법」제11조에 따른 재산이 있는 곳으로 본다.

05 특허법상 기간

(1) 법조문

> **제14조(기간의 계산)**
> 이 법 또는 이 법에 따른 명령에서 정한 기간의 계산은 다음 각 호에 따른다.
> 1. 기간의 첫날은 계산에 넣지 아니한다. 다만, 그 기간이 오전 0시부터 시작하는 경우에는 계산에 넣는다. 〔기출 25〕
> 2. 기간을 월 또는 연(年)으로 정한 경우에는 역(曆)에 따라 계산한다.
> 3. 월 또는 연의 처음부터 기간을 기산(起算)하지 아니하는 경우에는 마지막 월 또는 연에서 그 기산일에 해당하는 날의 전날로 기간이 만료한다. 다만, 월 또는 연으로 정한 경우에 마지막 월에 해당하는 날이 없으면 그 월의 마지막 날로 기간이 만료한다. 〔기출 23〕
> 4. 특허에 관한 절차에서 기간의 마지막 날이 공휴일(「근로자의 날 제정에 관한 법률」에 따른 근로자의 날 및 토요일을 포함한다)에 해당하면 기간은 그 다음 날로 만료한다. 〔기출 23·25〕
>
> **제15조(기간의 연장 등)**
> ① 특허청장은 청구에 따라 또는 직권으로 제132조의17에 따른 심판의 청구기간을 30일 이내에서 한 차례만 연장할 수 있다. 다만, 도서·벽지 등 교통이 불편한 지역에 있는 자의 경우에는 산업통상자원부령으로 정하는 바에 따라 그 횟수 및 기간을 추가로 연장할 수 있다. 〔기출 23·25〕
> ② 특허청장·특허심판원장·심판장 또는 제57조 제1항에 따른 심사관(이하 "심사관"이라 한다)은 이 법에 따라 특허에 관한 절차를 밟을 기간을 정한 경우에는 청구에 따라 그 기간을 단축 또는 연장하거나 직권으로 그 기간을 연장할 수 있다. 이 경우 특허청장 등은 그 절차의 이해관계인의 이익이 부당하게 침해되지 아니하도록 단축 또는 연장 여부를 결정하여야 한다. 〔기출 18·22·23〕
> ③ 심판장은 이 법에 따라 특허에 관한 절차를 밟을 기일을 정한 경우에는 청구에 따라 또는 직권으로 그 기일을 변경할 수 있다.

(2) 기간의 계산

① 원 칙

㉠ 기산일이란 기간의 계산에 산입하는 최초의 날이며, 만료일이란 기간의 계산에 산입하는 최후의 날을 의미한다.

㉡ 초일불산입 원칙이며, 기간이 오전 0시에서 시작할 경우 그날을 기산일로 정한다. 기간을 월 또는 연으로 정한 때에는 월 또는 연의 장단과 관계없이 역에 의해 계산한다.

㉢ 특허에 관한 절차에 있어 기간의 말일이 공휴일인 경우 기간은 그 다음 날로 만료한다. 다만, 특허에 관한 절차가 아닌 법정기간 또는 지정기간은 특허법 제14조 제4호의 적용을 받지 않으므로 기간의 말일이 공휴일인 경우 공휴일에 만료한다. 예국내우선권주장에서 선출원의 취하시점, 특허권 존속기간 만료일

② 기간의 계산 예제(출처 : 2023 특허실용신안 심사기준)

㉠ 최종월에 해당일이 없는 경우

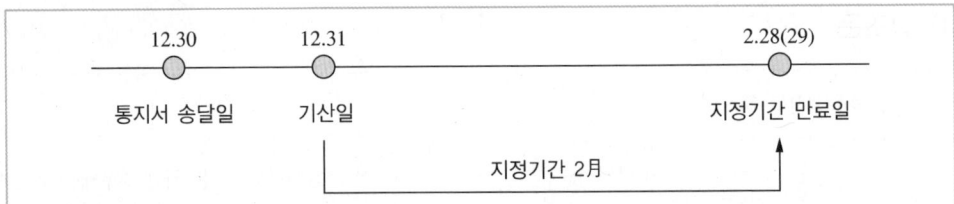

특허법상 기간의 계산에 있어서 초일은 산입하지 않는다. 다만, 기간이 오전 0시부터 시작한 경우에는 기산일이 다음 날부터 시작하는 것이 아니라 초일부터 시작한다. 사례에서 통지서 송달은 통상 0시에 되는 경우는 없으므로, 초일은 산입하지 않고 기산일은 12.31.이 된다. 또한, 최종 월에 해당일이 없는 경우 그 월의 말일로 기간이 만료한다. 즉 2.30.이 없으므로 2월의 만료일인 2.28.(2.29.까지 있는 경우에는 2.29.)로 지정기간이 만료한다.

㉡ 기간 연장일이 월 또는 연의 초일부터 기간을 기산하는 경우

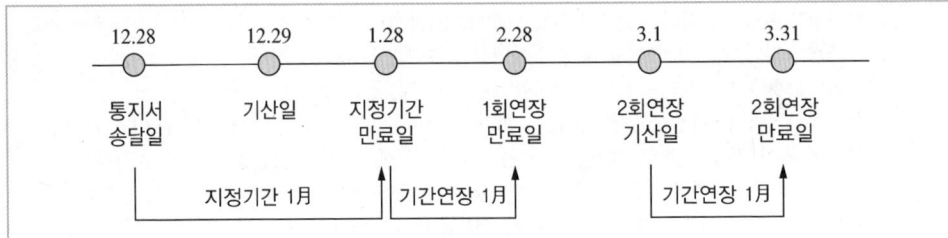

기간을 월 또는 연의 처음부터 기산하지 아니하는 때에는 최후의 월 또는 연에서 그 기산일에 해당하는 날의 전일로 기간이 만료한다(지정기간 만료일). 또한, 기간연장 기산일이 월 또는 연의 초일부터 기산한 때에는 최후의 월 또는 연의 말일로 기간이 만료한다(2회의 기간연장 만료일).

ⓒ 지정기간 만료일이 공휴일인 경우로 기간연장하는 경우

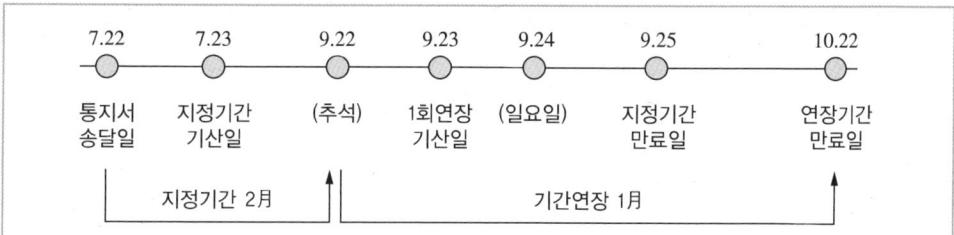

특허에 관한 절차에 있어서 기간의 말일이 공휴일인 경우에는 기간은 그 다음 날로 만료한다. 따라서 사례에서 기간연장이 없었다면 기간은 9월 25일로 만료된다. 기간의 기산일이 공휴일인 경우에도 기간의 기산일은 공휴일부터 시작된다. 따라서 기간연장의 만료일은 10월 22일이 된다. 사례에서 지정기간 만료일이 9월 25일로 된 경우 9월 25일까지 지정기간연장신청을 할 수 있으며, 이때 신청이 비록 9월 25일에 있었다 하더라도 기간연장의 기산일은 9월 23일이 되고 기간연장 만료일은 10월 22일이 된다.

(3) 기간의 연장 또는 단축

구 분	법정기간	지정기간
정 의	특허법 또는 특허법에 의한 명령에 규정된 기간으로서 원칙적으로 불변기간이다.	특허절차를 밟는 자에 대해 특허청장, 심판원장, 심판장 또는 심사관이 특허법에 근거하여 지정한 기간으로 가변기간이다.
종 류	절차무효처분 취소청구(法 제16조), 정당권리자 출원일 소급 인정기간(法 제34조, 제35조), 공지예외적용 기간(法 제30조), 보정기간(法 제47조), 분할출원기간(法 제52조), 분리출원기간(法 제52조의2), 변경출원기간(法 제53조), 우선권주장기간(法 제54조, 제55조, 제56조), 심사청구기간(法 제59조), 출원공개시기(法 제64조), 존속기간연장등록출원(法 제90조), 거절결정불복심판 청구(法 제132조의17), 공시송달 효력발생시기(法 제219조), 재심사청구기간(法 제67조의2)	• 특허청장 지정 기간 : 절차보정기간(法 제46조), 출원인 간 협의(法 제36조, 제38조), 서류·물건 제출(法 제222조) • 심사관 지정 기간 : 의견서제출기간(法 제63조), 서류제출명령(法 제222조), 우선권주장 기초출원 심사결과 제출명령(法 제63조의3)
연장·단축	특허청장은 청구 또는 직권에 의해 거절결정불복심판 청구기간을 30일 이내 1회에 한해 연장할 수 있다.(단, 도서·벽지 등 교통이 불편한 지역에 있는 자의 경우 산업통상자원부령으로 정하는 바에 따라 횟수 및 기간을 추가 연장가능)	• 청구에 따라 기간 단축 또는 연장 가능 • 직권으로 기간 연장 가능

(4) 지정기일의 변경

심판장은 청구 또는 직권으로 특허에 관한 절차를 밟을 기일을 변경할 수 있다(法 제15조 제3항).

(5) 심결취소소송 제소기간 계산법이 특허법 제14조 제4호를 따르는지 여부

구 특허법(2006.3.3. 법률 제7871호로 개정되기 전의 것, 이하 같다) 제14조 제4호는 "특허에 관한 절차에 있어서 기간의 말일이 공휴일(「근로자의 날 제정에 관한 법률」에 의한 근로자의 날을 포함한다)에 해당하는 때에는 기간은 그 다음 날로 만료한다."고 규정하고 있다. 구 특허법 제3조 제1항에 의하면 '특허에 관한 절차'란 '특허에 관한 출원·청구 기타의 절차'를 말하는데, 구 특허법 제5조 제1항, 제2항에서 '특허에 관한 절차'와 '특허법 또는 특허법에 의한 명령에 의하여 행정청이 한 처분에 대한 소의 제기'를 구별하여 규정하고 있는 점, '특허에 관한 절차'와 관련된 구 특허법의 제반 규정이 특허청이나 특허심판원에서의 절차에 관한 사항만을 정하고 있는 점, 구 특허법 제15조에서 '특허에 관한 절차'에 관한 기간의 연장 등을 일반적으로 규정하고 있음에도, 구 특허법 제186조에서 '심결에 대한 소'의 제소기간과 그에 대하여 부가기간을 정할 수 있음을 별도로 규정하고 있는 점 등에 비추어 보면, 여기에는 '심결에 대한 소'에 관한 절차는 포함되지 아니한다고 할 것이다. 따라서 '심결에 대한 소'의 제소기간 계산에는 구 특허법 제14조 제4호가 적용되지 아니하고, 그에 관하여 특허법이나 행정소송법에서 별도로 규정하고 있는 바도 없으므로, 결국 행정소송법 제8조에 의하여 준용되는 민사소송법 제170조에 따라 민법 제161조가 적용된다고 할 것이고 구 실용신안법은 구 특허법의 위 규정들을 모두 준용하고 있으므로, 위와 같은 법리는 실용신안에 관하여도 마찬가지로 적용된다(判例 2013후1573).

06 절차의 무효, 추후보완, 특허출원의 회복

(1) 법조문

> **제16조(절차의 무효)**
> ① 특허청장 또는 특허심판원장은 제46조에 따른 보정명령을 받은 자가 지정된 기간에 그 보정을 하지 아니하면 특허에 관한 절차를 무효로 할 수 있다. 다만, 제82조 제2항에 따른 심사청구료를 내지 아니하여 보정명령을 받은 자가 지정된 기간에 그 심사청구료를 내지 아니하면 특허출원서에 첨부한 명세서에 관한 보정을 무효로 할 수 있다. 기출 18·22
> ② 특허청장 또는 특허심판원장은 제1항에 따라 특허에 관한 절차가 무효로 된 경우로서 지정된 기간을 지키지 못한 것이 정당한 사유에 의한 것으로 인정될 때에는 그 사유가 소멸한 날부터 2개월 이내에 보정명령을 받은 자의 청구에 따라 그 무효처분을 취소할 수 있다. 다만, 지정된 기간의 만료일부터 1년이 지났을 때에는 그러하지 아니하다.
> ③ 특허청장 또는 특허심판원장은 제1항 본문·단서에 따른 무효처분 또는 제2항 본문에 따른 무효처분의 취소처분을 할 때에는 그 보정명령을 받은 자에게 처분통지서를 송달하여야 한다.

> **제17조(절차의 추후보완)**
> 특허에 관한 절차를 밟은 자가 책임질 수 없는 사유로 다음 각 호의 어느 하나에 해당하는 기간을 지키지 못한 경우에는 그 사유가 소멸한 날부터 2개월 이내에 지키지 못한 절차를 추후 보완할 수 있다. 다만, 그 기간의 만료일부터 1년이 지났을 때에는 그러하지 아니하다.
> 1. 제132조의17(거절결정불복심판)에 따른 심판의 청구기간
> 2. 제180조 제1항(재심청구의 기간)에 따른 재심의 청구기간 기출 18
>
> **제67조의3(특허출원의 회복)**
> ① 특허출원인이 정당한 사유로 다음 각 호의 어느 하나에 해당하는 기간을 지키지 못하여 특허출원이 취하되거나 특허거절결정이 확정된 것으로 인정되는 경우에는 그 사유가 소멸한 날부터 2개월 이내에 출원심사의 청구 또는 재심사의 청구를 할 수 있다. 다만, 그 기간의 만료일부터 1년이 지난 때에는 그러하지 아니하다.
> 1. 제59조 제2항 또는 제3항에 따라 출원심사의 청구를 할 수 있는 기간
> 2. 제67조의2 제1항에 따라 재심사의 청구를 할 수 있는 기간
> ② 제1항에 따른 출원심사의 청구 또는 재심사의 청구가 있는 경우에는 제59조 제5항에도 불구하고 그 특허출원은 취하되지 아니한 것으로 보거나 특허거절결정이 확정되지 아니한 것으로 본다.

(2) 내 용

구 분	절차의 무효 (法 제16조)	추후보완 (法 제17조)	특허출원의 회복 (法 제67조의3)
주 체	특허청장 또는 심판원장	특허에 관한 절차를 밟는 자	특허에 관한 절차를 밟는 자
대상 절차	절차 보정 (法 제46조)	• 거절결정불복심판 청구기간 (法 제132조의17) • 재심 청구기간 (法 제180조 제1항)	• 출원심사 청구기간 (法 제59조 제2항·제3항) • 재심사 청구기간 (法 제67조의2 제1항)
효 과	특허에 관한 절차를 무효로 할 수 있다(재량).	-	-
책임질 수 없는 사유(정당한 사유)로 기간을 지키지 못한 경우	사유가 소멸한 날부터 2개월 이내에 보정 명령을 받은 자의 청구에 따라 그 무효 처분을 취소할 수 있다. 다만, 지정된 기간의 만료일부터 1년이 지났을 때에는 그러하지 아니하다.	사유가 소멸한 날부터 2개월 이내에 지키지 못한 절차를 추후 보완할 수 있다. 다만, 그 기간의 만료일부터 1년이 지났을 때에는 그러하지 아니하다.	사유가 소멸한 날부터 2개월 이내에 출원심사의 청구 또는 재심사의 청구를 할 수 있다. 다만, 그 기간의 만료일부터 1년이 지난 때에는 그러하지 아니하다.

(3) 추후보완 '책임질 수 없는 사유'

특허법 제17조는 '특허에 관한 절차를 밟은 자가 책임질 수 없는 사유로 인하여 제132조의17의 규정에 의한 심판청구기간을 준수할 수 없을 때에는 그 사유가 소멸한 날부터 2개월 이내에 지키지 못한 절차를 추후보완할 수 있다'고 규정하는데, 여기서 '특허에 관한 절차를 밟은 자가 책임을 질 수 없는 사유'라 함은 특허에 관한 절차를 밟은 자가 그 절차를 밟기 위하여 일반적으로 하여야 할 주의를 다하였음에도 불구하고 그 기간을 준수할 수 없었던 사유를 가리키고, 그 '특허에 관한 절차를 밟은 자'에는 본인뿐만 아니라 대리인 및 대리인의 보조인도 포함된다(判例 2007다37219).

07 부적법한 출원서류 등의 반려

(1) 법조문

> **특허법 시행규칙 제11조(부적법한 출원서류 등의 반려)**
> ① 특허청장 또는 특허심판원장은 법 제42조·제90조·제92조의3·제132조의4·제140조 또는 제140조의2에 따른 특허출원, 특허권의 존속기간의 연장등록출원, 특허취소신청 또는 심판에 관한 서류·견본이나 그 밖의 물건(이하 "출원서류등"이라 한다)이 다음 각 호의 어느 하나에 해당하는 경우에는 법령에 특별한 규정이 있는 경우를 제외하고는 적법한 출원서류등으로 보지 아니한다. 〈개정 2022.7.1.〉

(2) 의 의

특허청장 또는 심판원장은 특허출원, 취소신청, 심판 등의 서류가 반려사유에 해당할 경우 법령에 특별한 규정이 있는 경우를 제외하고는 적법한 출원서류로 보지 않고 반려처분한다.

(3) 반려 사유 (시행규칙 제11조 제1항 각 호)

① 1건마다. 서면을 작성하지 아니한 경우
② 출원 또는 서류의 종류가 불명확한 것인 경우
③ 특허에 관한 절차를 밟는 자의 성명(법인의 경우에는 명칭) 또는 특허고객번호가 기재되지 아니한 경우
④ 국어로 적지 아니한 경우(法 제42조의3 제1항에 따라 영어로 적은 명세서 및 도면 제외)
⑤ 출원서에 명세서(명세서에 발명의 설명이 기재되어 있지 아니한 경우를 포함한다)를 첨부하지 아니한 경우
⑤의2. 청구범위를 기재하지 아니한 명세서를 특허출원서에 첨부하여 특허출원한 정당한 권리자의 출원으로서 그 특허출원 당시에 이미 법 제42조의2 제2항에 따른 명세서의 보정기간이 경과된 경우
⑥ 국내에 주소 또는 영업소를 가지지 아니하는 자가 법 제5조 제1항에 따른 특허관리인에 의하지 아니하고 제출한 출원서류 등인 경우
⑦ 이 법 또는 이 법에 의한 명령이 정하는 기간 이내에 제출되지 아니한 서류인 경우
⑧ 이 법 또는 이 법에 의한 명령이 정하는 기간 중 연장이 허용되지 아니하는 기간에 대한 기간연장신청서인 경우
⑨ 거절결정불복심판의 청구기간 또는 특허청장·특허심판원장·심판장 또는 심사관이 지정한 기간을 경과하여 제출된 기간연장신청서인 경우
⑩ 특허에 관한 절차가 종료된 후 그 특허에 관한 절차와 관련하여 제출된 서류인 경우
⑪ 당해 특허에 관한 절차를 밟을 권리가 없는 자가 그 절차와 관련하여 제출한 서류인 경우

⑫ 포괄위임 원용제한 신고서, 포괄위임등록 신청서, 포괄위임등록 변경신청서 또는 포괄위임등록 철회서, 특허고객번호 부여신청서 또는 직권으로 특허고객번호를 부여하여야 하는 경우로서 당해 서류가 불명확하여 수리할 수 없는 경우
⑬ 정보통신망이나 전자적기록매체로 제출된 특허출원서 또는 기타의 서류가 특허청에서 제공하는 소프트웨어 또는 특허청 홈페이지를 이용하여 작성되지 아니하였거나 전자문서로 제출된 서류가 전산정보처리조직에서 처리가 불가능한 상태로 접수된 경우
⑬의2. 제3조의2 제2항의 규정에 의하여 제출명령을 받은 서류를 기간 내에 제출하지 아니한 경우
⑭ 제8조의 규정에 의하여 제출명령을 받은 서류를 정당한 소명 없이 소명기간 내에 제출하지 아니한 경우
⑮ 특허출원인이 청구범위가 기재되지 아니한 명세서가 첨부된 특허출원에 대하여 출원심사청구서를 제출한 경우
⑯ 청구범위가 기재되지 아니한 명세서를 첨부한 특허출원 또는 법 제87조 제3항에 따라 등록공고를 한 특허에 대하여 조기공개신청서를 제출한 경우
⑰ 특허출원이 분할출원, 분리출원 또는 변경출원인 경우, 우선심사결정을 한 경우, 특허거절결정서 또는 특허결정서를 통지한 경우 중 하나에 해당하여 특허여부결정을 보류할 수 없는 경우
⑱ 특허출원이 분할출원, 분리출원, 변경출원 또는 정당한 권리자의 출원인 경우, 우선심사결정을 한 경우, 거절이유통지 또는 특허결정서를 통지한 경우 중 하나에 해당하여 특허출원에 대한 심사를 유예할 수 없는 경우(심사유예신청서에 한정한다)
⑲ 특허출원서에 첨부된 명세서 또는 도면의 보정 없이 재심사를 청구하거나 재심사에 따른 특허거절결정 또는 거절결정불복심판청구가 있는 경우에 해당하여 재심사를 청구할 수 없는 경우
⑳ 외국어특허출원의 국어번역문이 제출되지 아니하거나 법 제53조 제1항 제2호, 법 제59조 제2항 제2호 또는 법 제64조 제2항 제2호에 해당하는 경우
㉑ 동일한 출원인 등이 이미 제출한 서류와 중복되는 서류를 제출한 경우

(4) 절 차

① **소명기회 부여** : 특허청장 또는 특허심판원장은 제1항에 따른 부적법한 것으로 보는 출원서류 등을 반려하려는 경우에는 출원서류 등을 제출한 출원인 등에 대하여 출원서류 등을 반려하겠다는 취지, 반려이유 및 소명기간을 적은 서면을 송부하여야 한다(시행규칙 제11조 제2항). 기출 19

② **소명서 제출 또는 반려 요청** : 제2항의 규정에 의하여 서면을 송부받은 출원인 등이 소명하고자 하는 경우에는 소명기간 내에 별지 제24호 서식의 소명서를, 소명 없이 출원서류 등을 소명기간 내에 반려받고자 하는 경우에는 별지 제8호 서식의 반려요청서를 특허청장 또는 특허심판원장에게 제출하여야 한다. 이 경우 특허청장 또는 특허심판원장은 반려요청을 받은 때에는 즉시 출원서류 등을 반려하여야 한다(시행규칙 제11조 제3항). 기출 19

③ **서류 반려** : 특허청장 또는 특허심판원장은 출원인 등이 소명기간 내에 소명서 또는 반려요청서를 제출하지 아니하거나 제출한 소명이 이유없다고 인정되는 때에는 소명기간이 종료된 후 즉시 출원서류 등을 반려하여야 한다(시행규칙 제11조 제4항).

08. 절차의 효력 승계 및 절차 속행

> **제18조(절차의 효력 승계)**
> 특허권 또는 특허에 관한 권리에 관하여 밟은 절차의 효력은 그 특허권 또는 특허에 관한 권리의 승계인에게 미친다.
>
> **제19조(절차의 속행)**
> 특허청장 또는 심판장은 특허에 관한 절차가 특허청 또는 특허심판원에 계속(係屬) 중일 때 특허권 또는 특허에 관한 권리가 이전되면 그 특허권 또는 특허에 관한 권리의 승계인에 대하여 그 절차를 속행(續行)하게 할 수 있다.

09. 절차의 중단 및 정지

(1) 법조문

> **제20조(절차의 중단)**
> 특허에 관한 절차가 다음 각 호의 어느 하나에 해당하는 경우에는 특허청 또는 특허심판원에 계속 중인 절차는 중단된다. 다만, 절차를 밟을 것을 위임받은 대리인이 있는 경우에는 그러하지 아니하다.
> 1. 당사자가 사망한 경우
> 2. 당사자인 법인이 합병에 따라 소멸한 경우
> 3. 당사자가 절차를 밟을 능력을 상실한 경우
> 4. 당사자의 법정대리인이 사망하거나 그 대리권을 상실한 경우
> 5. 당사자의 신탁에 의한 수탁자의 임무가 끝난 경우
> 6. 제11조 제1항 각 호 외의 부분 단서에 따른 대표자가 사망하거나 그 자격을 상실한 경우
> 7. 파산관재인 등 일정한 자격에 따라 자기 이름으로 남을 위하여 당사자가 된 자가 그 자격을 잃거나 사망한 경우
>
> **제21조(중단된 절차의 수계)**
> 제20조에 따라 특허청 또는 특허심판원에 계속 중인 절차가 중단된 경우에는 다음 각 호의 구분에 따른 자가 그 절차를 수계(受繼)하여야 한다.
> 1. 제20조 제1호의 경우 : 사망한 당사자의 상속인·상속재산관리인 또는 법률에 따라 절차를 속행할 자. 다만, 상속인은 상속을 포기할 수 있을 때까지 그 절차를 수계하지 못한다.
> 2. 제20조 제2호의 경우 : 합병에 따라 설립되거나 합병 후 존속하는 법인
> 3. 제20조 제3호 및 제4호의 경우 : 절차를 밟을 능력을 회복한 당사자 또는 법정대리인이 된 자
> 4. 제20조 제5호의 경우 : 새로운 수탁자
> 5. 제20조 제6호의 경우 : 새로운 대표자 또는 각 당사자
> 6. 제20조 제7호의 경우 : 같은 자격을 가진 자

제22조(수계신청)
① 제20조에 따라 중단된 절차에 관한 수계신청은 제21조 각 호의 어느 하나에 해당하는 자가 할 수 있다. 이 경우 그 상대방은 특허청장 또는 제143조에 따른 심판관(이하 "심판관"이라 한다)에게 제21조 각 호의 어느 하나에 해당하는 자에 대하여 수계신청할 것을 명하도록 요청할 수 있다.
② 특허청장 또는 심판장은 제20조에 따라 중단된 절차에 관한 수계신청이 있으면 그 사실을 상대방에게 알려야 한다.
③ 특허청장 또는 심판관은 제20조에 따라 중단된 절차에 관한 수계신청에 대하여 직권으로 조사하여 이유 없다고 인정하면 결정으로 기각하여야 한다.
④ 특허청장 또는 심판관은 결정 또는 심결의 등본을 송달한 후에 중단된 절차에 관한 수계신청에 대해서는 수계하게 할 것인지를 결정하여야 한다.
⑤ 특허청장 또는 심판관은 제21조 각 호의 어느 하나에 해당하는 자가 중단된 절차를 수계하지 아니하면 직권으로 기간을 정하여 수계를 명하여야 한다.
⑥ 제5항에 따른 기간에 수계가 없는 경우에는 그 기간이 끝나는 날의 다음 날에 수계가 있는 것으로 본다.
⑦ 특허청장 또는 심판장은 제6항에 따라 수계가 있는 것으로 본 경우에는 그 사실을 당사자에게 알려야 한다.

제23조(절차의 중지)
① 특허청장 또는 심판관이 천재지변이나 그 밖의 불가피한 사유로 그 직무를 수행할 수 없을 때에는 특허청 또는 특허심판원에 계속 중인 절차는 그 사유가 없어질 때까지 중지된다.
② 당사자에게 일정하지 아니한 기간 동안 특허청 또는 특허심판원에 계속 중인 절차를 속행할 수 없는 장애사유가 생긴 경우에는 특허청장 또는 심판관은 결정으로 장애사유가 해소될 때까지 그 절차의 중지를 명할 수 있다.
③ 특허청장 또는 심판관은 제2항에 따른 결정을 취소할 수 있다.
④ 제1항 또는 제2항에 따른 중지나 제3항에 따른 취소를 하였을 때에는 특허청장 또는 심판장은 그 사실을 각각 당사자에게 알려야 한다.

제24조(중단 또는 중지의 효과)
특허에 관한 절차가 중단되거나 중지된 경우에는 그 기간의 진행은 정지되고, 그 절차의 수계통지를 하거나 그 절차를 속행하였을 때부터 다시 모든 기간이 진행된다.

(2) 절차의 중단

① 의의 : 절차의 중단은 당사자에게 절차를 수행할 수 없는 사유가 발생했을 경우 새로운 절차의 수행자가 나타나 절차를 수행할 수 있을 때까지 법률상 당연히 절차의 진행이 정지되는 것을 말한다.
② 중단 사유
　㉠ 당사자 - 사망, 법인의 합병에 의한 소멸, 행위능력 상실, 신탁에 의한 수탁자 임무 종료
　㉡ 법정대리인 - 사망 또는 대리권 상실
　㉢ 복수당사자의 대표자 - 사망 또는 자격 상실
　㉣ 파산관재인 - 사망 또는 자격 상실
　㉤ 예외 - 임의대리인이 있는 경우 위의 사유가 발생하더라도 절차 중단되지 않는다.

③ 중단된 절차의 수계
  ㉠ 법 제21조 각 호에 해당되는 수계자는 법 제22조 제1항에 따라 중단된 절차에 관한 수계신청을 할 수 있으며, 수계자의 상대방은 특허청장 또는 심판관에게 수계자에 대하여 수계신청을 명할 것을 요청할 수 있다.
  ㉡ 특허청장 또는 심판관은 ⅰ) 직권조사 후 수계신청이 이유 없다고 인정되면 결정으로 기각하여야 하며, ⅱ) 결정 또는 심결등본 송달 후 중단된 절차의 수계신청에 대해 수계하게 할 것인지 결정하여야 한다.
  ㉢ 특허청장 또는 심판관은 수계자가 중단된 절차를 수계하지 않으면 직권으로 기간을 정해 수계 명령 하여야 하며, 수계가 없을 경우 지정기간의 만료일 다음 날 수계가 있는 것으로 본다.

(3) 절차의 중지
① 의의 : 절차의 중지는 특허청의 입장에서 절차를 속행할 수 없는 장애가 생겼거나 당사자에게 절차를 계속 진행하는 데 부적당한 사유가 발생하여 법률상 당연히 또는 특허청의 결정에 의해 절차가 정지되는 것을 말한다.
② 중지 사유
  ㉠ 천재지변 또는 그 밖의 불가피한 사유로 인한 중지(당연중지), 사유 소멸 후 중지 해소
  ㉡ 당사자의 장애 사유로 인해 특허청장 또는 심판관의 결정으로 인한 중지(결정중지), 중지 결정의 취소에 의한 중지 해소

(4) 중단 또는 중지의 효과
특허에 관한 절차가 중단 또는 중지된 경우 기간의 진행은 정지되고, 절차 수계통지(중단의 경우) 또는 절차 속행(중지의 경우)하면 다시 모든 기간이 진행된다.

(5) 절차속행명령을 하지 않은 것이 위법인지 여부
심판절차 계속 중 권리가 이전된 경우의 처리에 관하여 구 상표법(2016.2.29. 법률 제14033호로 전부 개정되기 전의 것, 이하 '구 상표법'이라 한다) 제5조의18은 "특허청장 또는 심판장은 상표에 관한 절차가 특허청 또는 특허심판원에 계속 중에 상표권 또는 상표에 관한 권리가 이전되면 그 상표권 또는 상표에 관한 권리의 승계인에 대하여 그 절차를 속행하게 할 수 있다"고 규정하고 있다. 위 규정의 해석에 관하여, 구 상표법 제5조의17은 "상표권 또는 상표에 관한 권리에 관하여 밟은 절차의 효력은 그 상표권 또는 상표에 관한 권리의 승계인에게 미친다"고 규정하고 있는 점, 심판 계속 중 피심판청구인이 그 등록권리를 제3자에게 이전하였다 하더라도 당사자로서의 지위에는 영향을 받지 않는 것인 점(대법원 1967.6.27. 선고 67후1 판결) 등에 근거하여, 심판절차 진행 중 상표권 또는 상표에 관한 권리가 이전되면 심판장은 원래의 당사자인 양도인을 그대로 당사자로 인정할 수도 있고 승계인인 양수인을 당사자로 인정할 수도 있는 것으로 볼 여지가 있기는 하다.

즉, 구 상표법 제5조의18에서의 심판장의 승계인에 대한 절차 속행 여부를 재량행위라고 보는 것이다. 그러나 구 상표법 제5조의17의 "상표권 또는 상표에 관한 권리에 관하여 밟은 절차의 효력은 그 상표권 또는 상표에 관한 권리의 승계인에게 미친다"는 규정은 그 문언에 의할 때 권리의 승계 전까지 그 권리에 관하여 밟은 절차의 효력이 승계인에게 미치는 것으로 해석될 뿐인 점, 앞서 본 바와 같이 심판 계속 중 권리 이전에도 불구하고 당사자로서의 지위에 영향이 없는 것으로 보는 당사자 항정주의는 특허청 내지는 특허심판원의 편의를 위한 것이거나 처분금지가처분의 규정이 없는 심판절차의 약점을 극복하기 위한 방편일 뿐으로서, 상표등록의 취소에 관하여 가장 밀접한 이해관계를 가지는 자는 권리를 이전한 양도인이 아니라 그 양수인인 승계인이므로, 그 승계인을 심판 내지 소송의 절차에 참가시킬 필요성이 있는 점, 그런데 민사소송법 제81조, 제82조의 규정에 의한 승계참가, 인수참가는 소송이 법원에 계속되어 있는 동안에 제3자가 소송목적인 권리 또는 의무의 전부나 일부를 승계한 때에 인정되는 것일 뿐이어서, 심결취소소송의 단계에 이르러서는 특허심판원의 심판절차 진행 중에 심판물에 관한 승계가 있었음을 원인으로 한 승계참가, 인수참가를 인정할 수 없게 되는 점(민사소송법의 규정을 심판절차에 준용하는 경우에도 심판절차 진행 중 권리 이전이 되면 그 심판절차에서 승계참가, 인수참가를 인정할 수 있게 되는 것에 불과할 뿐 심결취소소송 단계에서 이를 인정할 수 있게 되는 것은 아니다) 등을 고려할 때, 구 상표법 제5조의18에서의 특허청장 또는 심판장의 승계인에 대한 절차 속행 여부는 기속재량행위로 봄이 상당하다. 즉, 심판절차 진행 중 상표권 또는 상표에 관한 권리가 이전되면 심판장으로서는, 그 권리 이전의 내용이 심판과정에서 현출되지 않아 그 승계사실을 알지 못한 경우, 처분금지가처분에 관한 규정이 없는 심판절차의 약점을 악용하여 권리 이전한 것으로 의심되는 사정이 엿보이는 경우, 승계인의 소재를 파악할 수 없는 등 승계인에 대한 절차의 속행이 사실상 불가능한 경우 등 극히 예외적인 경우를 제외하고는, 원칙적으로 승계인에 대하여 절차를 속행하여야 하는 것으로 구 상표법 제5조의18의 규정을 해석함이 상당하다(判例 2017허8404).

10 기타 특허 절차

(1) 법조문

> **제28조(서류제출의 효력발생시기)**
> ① 이 법 또는 이 법에 따른 명령에 따라 특허청장 또는 특허심판원장에게 제출하는 출원서, 청구서, 그 밖의 서류(물건을 포함한다. 이하 이 조에서 같다)는 특허청장 또는 특허심판원장에게 도달한 날부터 제출의 효력이 발생한다. 기출 24
> ② 제1항의 출원서, 청구서, 그 밖의 서류를 우편으로 특허청장 또는 특허심판원장에게 제출하는 경우에는 다음 각 호의 구분에 따른 날에 특허청장 또는 특허심판원장에게 도달한 것으로 본다. 다만, 특허권 및 특허에 관한 권리의 등록신청서류와 「특허협력조약」 제2조(vii)에 따른 국제출원(이하 "국제출원"이라 한다)에 관한 서류를 우편으로 제출하는 경우에는 그 서류가 특허청장 또는 특허심판원장에게 도달한 날부터 효력이 발생한다.
> 기출 22·24

1. 우편물의 통신일부인(通信日附印)에 표시된 날이 분명한 경우 : 표시된 날
2. 우편물의 통신일부인에 표시된 날이 분명하지 아니한 경우 : 우체국에 제출한 날을 우편물 수령증에 의하여 증명한 날

③ 삭제 〈1998.9.23.〉
④ 제1항 및 제2항에서 규정한 사항 외에 우편물의 지연, 우편물의 망실(亡失) 및 우편업무의 중단으로 인한 서류제출에 필요한 사항은 산업통상자원부령으로 정한다.

제28조의2(고유번호의 기재)

① 특허에 관한 절차를 밟는 자 중 산업통상자원부령으로 정하는 자는 특허청장 또는 특허심판원장에게 자신의 고유번호의 부여를 신청하여야 한다.
② 특허청장 또는 특허심판원장은 제1항에 따른 신청을 받으면 신청인에게 고유번호를 부여하고, 그 사실을 알려야 한다.
③ 특허청장 또는 특허심판원장은 특허에 관한 절차를 밟는 자가 제1항에 따라 고유번호를 신청하지 아니하면 그에게 직권으로 고유번호를 부여하고, 그 사실을 알려야 한다. 기출 19
④ 제2항 또는 제3항에 따라 고유번호를 부여받은 자가 특허에 관한 절차를 밟는 경우에는 산업통상자원부령으로 정하는 서류에 자신의 고유번호를 적어야 한다. 이 경우 이 법 또는 이 법에 따른 명령에도 불구하고 그 서류에 주소(법인인 경우에는 영업소의 소재지를 말한다)를 적지 아니할 수 있다.
⑤ 특허에 관한 절차를 밟는 자의 대리인에 관하여는 제1항부터 제4항까지의 규정을 준용한다.
⑥ 고유번호의 부여 신청, 고유번호의 부여 및 통지, 그 밖에 고유번호에 관하여 필요한 사항은 산업통상자원부령으로 정한다.

제28조의3(전자문서에 의한 특허에 관한 절차의 수행)

① 특허에 관한 절차를 밟는 자는 이 법에 따라 특허청장 또는 특허심판원장에게 제출하는 특허출원서, 그 밖의 서류를 산업통상자원부령으로 정하는 방식에 따라 전자문서화하고, 이를 정보통신망을 이용하여 제출하거나 이동식 저장장치 등 전자적 기록매체에 수록하여 제출할 수 있다. 기출 24
② 제1항에 따라 제출된 전자문서는 이 법에 따라 제출된 서류와 같은 효력을 가진다.
③ 제1항에 따라 정보통신망을 이용하여 제출된 전자문서는 그 문서의 제출인이 정보통신망을 통하여 접수번호를 확인할 수 있는 때에 특허청 또는 특허심판원에서 사용하는 접수용 전산정보처리조직의 파일에 기록된 내용으로 접수된 것으로 본다.
④ 제1항에 따라 전자문서로 제출할 수 있는 서류의 종류·제출방법, 그 밖에 전자문서에 의한 서류의 제출에 필요한 사항은 산업통상자원부령으로 정한다.

제28조의4(전자문서 이용신고 및 전자서명)

① 전자문서로 특허에 관한 절차를 밟으려는 자는 미리 특허청장 또는 특허심판원장에게 전자문서 이용신고를 하여야 하며, 특허청장 또는 특허심판원장에게 제출하는 전자문서에 제출인을 알아볼 수 있도록 전자서명을 하여야 한다.
② 제28조의3에 따라 제출된 전자문서는 제1항에 따른 전자서명을 한 자가 제출한 것으로 본다.
③ 제1항에 따른 전자문서 이용신고 절차, 전자서명 방법 등에 관하여 필요한 사항은 산업통상자원부령으로 정한다.

> **제28조의5(정보통신망을 이용한 통지 등의 수행)**
> ① 특허청장·특허심판원장·심판장·심판관 또는 심사관은 제28조의4 제1항에 따라 전자문서 이용신고를 한 자에게 서류의 통지 및 송달(이하 "통지 등"이라 한다)을 하려는 경우에는 정보통신망을 이용하여 통지 등을 할 수 있다. 기출 24
> ② 제1항에 따라 정보통신망을 이용하여 한 서류의 통지 등은 서면으로 한 것과 같은 효력을 가진다. 기출 24
> ③ 제1항에 따른 서류의 통지 등은 그 통지 등을 받을 자가 자신이 사용하는 전산정보처리조직을 통하여 그 서류를 확인한 때에 특허청 또는 특허심판원에서 사용하는 발송용 전산정보처리조직의 파일에 기록된 내용으로 도달한 것으로 본다. 기출 24
> ④ 제1항에 따라 정보통신망을 이용하여 하는 통지 등의 종류·방법 등에 관하여 필요한 사항은 산업통상자원부령으로 정한다.
>
> **제219조(공시송달)**
> ① 서류를 송달받을 자의 주소나 영업소가 분명하지 아니하여 송달할 수 없는 경우에는 공시송달(公示送達)을 하여야 한다.

(2) 공동출원인에 대한 공시송달 시 '주소 영업소 불분명'의 경우

특허법 제219조 제1항에서 공시송달 사유로 들고 있는 '주소 또는 영업소가 불분명하여 송달할 수 없는 때'라 함은 송달을 할 자가 선량한 관리자의 주의를 다하여 송달을 받아야 할 자의 주소 또는 영업소를 조사하였으나 그 주소 또는 영업소를 알 수 없는 경우를 말하는 것이고, 한편 특허법 제11조 제1항에 의하면, 2인 이상이 특허에 관한 절차를 밟는 때에는 같은 항 각 호의 1에 해당하는 사유를 제외하고는 각자가 전원을 대표한다고 되어 있으므로, 거절결정등본의 송달도 공동출원인 중 1인에 대하여만 하면 전원에 대하여도 동일한 효과가 발생한다고 할 것이지만, 이러한 법리는 공동출원인 중 1인에 대하여 이루어진 송달은 다른 공동출원인에게도 송달의 효력이 발생한다는 의미이지, 공동출원인 중 1인에게 실시한 송달이 불능된 경우에 송달을 실시해 보지 아니한 다른 공동출원인에 대한 송달도 불능으로 보아야 한다는 뜻은 아니라 할 것이다. 따라서 공동출원인에 대하여 특허법 제219조 제1항에 의한 공시송달을 실시하기 위해서는 '공동출원인 전원의 주소 또는 영업소가 불분명하여 송달받을 수 없는 때'에 해당하여야 하고, 이러한 공시송달 요건이 구비되지 않은 상태에서 공동출원인 중 1인에 대하여 이루어진 공시송달은 부적법하고 그 효력이 발생하지 않는다(判例 2003후182). 기출 25

CHAPTER 03 총 칙

제1편 | 특허법, 특허·실용신안 심사기준

01

특허법과 실용신안법에 관한 설명으로 옳지 않은 것은? (다툼이 있으면 판례에 따름) 기출 25

① 특허청장 또는 심판장은 특허에 관한 절차를 밟는 자의 대리인이 그 절차를 원활히 수행할 수 없거나 구술심리에서 진술할 능력이 없다고 인정되는 등 그 절차를 밟는 데 적당하지 아니하다고 인정되면 변리사로 하여금 대리하게 할 것을 명할 수 있다.

② 출원인으로부터 출원고안의 실용신안출원 및 등록에 관한 모든 절차에 관하여 포괄적 대리권을 받은 출원대리인은 출원인 본인을 위하여 거절결정등본 등 출원절차와 관련된 서류를 송달받을 지위에 있으므로, 거절결정등본 송달의 효력은 출원인과 대리인 중 누구에게라도 최초로 송달되었을 때 발생한다.

③ 특허의 공동출원인 2인 중 1인만의 주소 또는 영업소가 불분명함에도 공시송달이 이루어진 경우, 그 공시송달은 부적법하고 효력이 발생하지 아니한다.

④ 재외자가 국내에 체류하지 않으면서 특허관리인에 의하지 아니하고 서류를 제출한 경우 이를 반려하지 않고 수리하여 진행한 특허에 관한 절차는 특허법 제5조(재외자의 특허관리인) 제1항에 위반되어 효력이 없다.

⑤ 발명이 완성되었는지는 반드시 설명 중의 구체적 실시례에 한정되어 인정되는 것은 아니고, 당해 발명이 속하는 분야에서 통상의 기술자가 반복 실시할 수 있고 당해 발명이 목적하는 기술적 효과의 달성가능성을 예상할 수 있을 정도로 구체적, 객관적으로 구성되어 있다면 당해 발명은 완성되었다고 보아야 한다.

| 해설 |

① (○) 특허법 제10조 제2항·제3항
② (○) 判例 2019허22
③ (○) 判例 2003후182
④ (×) 특허청장은 특허관리인에 의하지 아니한 채 제출된 서류를 반려하지 아니하고 이를 수리하여 특허에 관한 절차를 진행한 이후에는 특허법 제5조 제1항에 위반된다는 이유로 제출된 서류의 절차상 하자를 주장할 수는 없다(判例 2003후182).
⑤ (○) 判例 2017후523

답 ④

02 특허법상 대리인 제도에 관한 설명으로 옳지 않은 것은? 기출 15

① 국내에 주소 또는 영업소가 있는 자(이하 "재내자"라 한다)로부터 특허에 관한 절차를 밟을 것을 위임받은 대리인은 특별히 권한을 위임받아야만 특허출원의 변경·포기·취하를 할 수 있다.
② 복수의 당사자 중 일부만 대리인을 선임한 경우 그 대리인은 전원을 대표하여 특허에 관한 절차를 밟을 수 있고, 특허법 제11조(복수당사자의 대표) 제1항 각 호에 규정된 절차에 관하여도 전원을 대표하여 절차를 밟을 수 있다.
③ 재내자와 재외자가 공동으로 출원한 경우 특허법 제11조 제1항 각 호에 규정된 절차를 제외하고 재내자는 단독으로 특허에 관한 절차를 밟을 수 있지만, 재외자는 국내에 체류하는 경우를 제외하고 특허관리인을 선임하지 않고서는 특허에 관한 절차를 밟을 수 없다.
④ 특허법 제3조(미성년자 등의 행위능력) 제1항의 법정대리인은 후견감독인의 동의없이 상대방이 청구한 심판에 대하여 절차를 밟을 수 있다.
⑤ 재외자인 국제특허출원의 출원인은 기준일까지는 특허법 제5조(재외자의 특허관리인) 제1항에도 불구하고 특허관리인에 의하지 않고 특허에 관한 절차를 밟을 수 있으나, 특허법 제201조(국제특허출원의 국어번역문) 제1항에 따라 국어번역문을 제출한 재외자는 기준일부터 2개월 내에 특허관리인을 선임하여 특허청장에게 신고하여야 한다.

해설
① (○) 특허법 제6조
② (×) 복수의 당사자 중 일부만 대리인을 선임한 경우 그 대리인은 특허법 제11조(복수당사자의 대표) 제1항 각 호에 규정된 절차에 관하여 대리인을 선임하지 아니한 자들과 공동으로 절차를 밟아야 한다.
③ (○) 특허법 제5조 제1항
④ (○) 특허법 제3조 제2항
⑤ (○) 특허법 제206조 제2항, 특허법 시행규칙 제116조

답 ②

03

거절이유통지에 관한 설명으로 옳지 않은 것은? (다툼이 있으면 판례에 따름) 기출 20

① 심사관은 특허법 제62조(특허거절결정)에 따라 특허거절결정을 하고자 할 때에는 출원인에게 통지하고 기간을 정하여 의견서를 제출할 기회를 주어야 하지만, 보정각하 결정을 하려는 경우에는 그러하지 아니하다.
② 거절결정에 대한 심판청구를 기각하는 심결이유가 적어도 그 주지에 있어서 거절이유통지서의 기재이유와 부합하여야 하고, 거절결정에 대한 심판에서 그 거절결정의 이유와 다른 거절이유를 발견한 경우에는 특허출원인에게 새로운 거절이유에 대한 의견서 제출의 기회를 주어야 한다.
③ 거절이유통지를 받은 후 그 통지에 따른 의견서 또는 보정서 제출기한 내에 2회 이상 보정을 하는 경우, 각각의 보정절차에서 마지막 보정 전에 한 모든 보정은 취하된 것으로 본다.
④ 거절이유통지에서 지정된 기간이 경과하여 보정서와 의견서가 제출되더라도 등록 또는 거절결정 전에는 모두 수리하여야 한다.
⑤ 심사관은 청구범위에 둘 이상의 청구항이 있는 특허출원에 대하여 거절이유를 통지할 때에는 그 통지서에 거절되는 청구항을 명확히 밝히고, 그 청구항에 관한 거절이유를 구체적으로 적어야 한다.

해설

① (○) 특허법 제63조 제1항
② (○) 判例 2006후1766
③ (○) 특허법 제47조 제4항
④ (×) 지정된 기간이 경과하여 제출된 보정서는 불수리되고, 의견서는 수리된다(시행규칙 제11조).
⑤ (○) 특허법 제63조 제2항

답 ④

04 특허법상 기간 또는 기일에 관한 설명으로 옳지 않은 것을 모두 고른 것은? 기출 25

ㄱ. 특허심판원장은 청구에 따라 또는 직권으로 특허법 제132조의17(특허거절결정 등에 대한 심판)에 따른 심판의 청구기간을 30일 이내에서 한 차례만 연장할 수 있다.
ㄴ. 특허출원에 있어서 거절이유통지에 따른 의견서 제출기간의 마지막 날이 2025.1.28.(화요일, 28일부터 30일은 법정공휴일)인 경우 2025.1.31.(금요일) 제출된 의견서는 적법한 서류로 볼 수 없어 반려되어야 한다.
ㄷ. 특허에 관한 절차에서 기간이 2025.1.31.(금요일) 오전 0시부터 시작하는 경우 그 기간은 2025.2.3.(월요일)부터 기산한다.
ㄹ. 특허법상 최초의 공시송달의 효력은 특허공보에 게재한 날부터 2주일이 지나면 그 효력이 발생하며, 같은 당사자에 대한 이후의 공시송달은 특허공보에 게재한 날의 다음 날부터 효력이 발생한다.

① ㄱ, ㄴ
② ㄴ, ㄷ
③ ㄱ, ㄴ, ㄷ
④ ㄱ, ㄷ, ㄹ
⑤ ㄱ, ㄴ, ㄷ, ㄹ

해설

ㄱ. (×) 특허청장은 청구에 따라 또는 직권으로 제132조의17에 따른 거절결정불복 심판의 청구기간을 30일 이내에서 한 차례만 연장할 수 있다. 다만, 도서·벽지 등 교통이 불편한 지역에 있는 자의 경우에는 산업통상자원부령으로 정하는 바에 따라 그 횟수 및 기간을 추가로 연장할 수 있다(특허법 제15조).
ㄴ. (×) 공휴일 다음 날로 만료한다(특허법 제14조 제4호).
ㄷ. (×) 기간이 오전 0시부터 시작하는 경우는 초일 불산입의 예외이다(특허법 제14조 제1호 단서).
ㄹ. (○) 특허법 제219조 제3항

답 ③

05 기간에 관한 설명으로 옳지 않은 것은? 기출 23

① 기간을 월 또는 연의 처음부터 기산하지 아니하는 때에는 최후의 월 또는 연에서 그 기산일에 해당하는 날의 전일로 기간이 만료한다.
② 국내우선권주장에 있어서 선출원의 취하로 보는 시점은 기간의 말일이 공휴일이라 하더라도 기간의 말일이 그 다음 날로 연장되지는 않는다.
③ 기간의 기산일이 공휴일인 경우 그 기간은 공휴일의 다음 날부터 시작된다.
④ 법정기간은 특허법 제132조의17의 규정에 의한 심판의 청구기간에 한하여 연장할 수 있으나, 지정기간은 연장 대상에 제한이 없다.
⑤ 법정기간은 단축할 수 없으나 지정기간은 당사자의 청구에 따라 단축할 수 있다.

해설

① (○) 월 또는 연의 처음부터 기간을 기산(起算)하지 아니하는 경우에는 마지막의 월 또는 연에서 그 기산일에 해당하는 날의 전일로 기간이 만료한다. 다만, 월 또는 연으로 정한 경우에 마지막 월에 해당하는 날이 없으면 그 월의 마지막 날로 기간이 만료한다(특허법 제14조 제3호).
② (○) 특허에 관한 절차에서 기간의 마지막 날이 공휴일에 해당하면 기간은 그 다음 날로 만료한다(특허법 제14조 제4호). 국내우선권주장에 있어서 "선출원의 취하로 보는 시점"에 관한 기간은 특허에 관한 절차에 관한 기간이 아니다. 특허법 제14조 제4호의 취지는 절차를 수행할 수 없었던 사유가 있다면, 이를 보완하여 절차적 권리를 보호하고자 함에 있다. 선출원의 취하로 보는 시점을 계산함에 있어서, 출원인이 제출할 것이 있지 않으므로, 출원인의 절차적 권리를 보호할 이유 없다.
③ (×) 특허에 관한 절차에서 기간의 마지막 날이 공휴일에 해당하면 기간은 그 다음 날로 만료한다(특허법 제14조 제4호). 기산일이 공휴일인 것에 의하여 기간 계산이 달라지지 않는다.
④ (○) 특허청장은 청구에 따라 또는 직권으로 제132조의17에 따른 심판의 청구기간을 30일 이내에서 한 차례만 연장할 수 있다(특허법 제15조 제1항). 지정기간은 특허청장 등에 의하여 지정되므로, 연장 대상에 제한이 없다.
⑤ (○) 법정기간은 법으로 정해진 기간이어서 단축할 수 없으나, 지정기간은 특허청장 등에 의하여 지정되므로, 당사자의 청구에 의하여 단축 가능하다(특허법 제15조 제2항).

답 ③

06 특허법상 기간 또는 기일에 관한 설명으로 옳지 않은 것은? 기출 18

① 특허법상 최초의 공시송달의 효력은 특허공보에 게재한 날부터 2주일이 지나면 그 효력이 발생하며, 같은 당사자에 대한 이후의 공시송달은 특허공보에 게재한 날의 다음 날부터 효력이 발생한다.
② 특허심판원장은 청구에 따라 또는 직권으로 특허법 제132조의17(특허거절결정 등에 대한 심판)에 따른 심판의 청구기간을 30일 이내에서 한 차례만 연장할 수 있다.
③ 특허청장·특허심판원장·심판장 또는 특허법 제57조(심사관에 의한 심사) 제1항에 따른 심사관은 이 법에 따라 특허에 관한 절차를 밟을 기간을 정한 경우에는 청구에 따라 그 기간을 단축할 수 있다.
④ 특허에 관한 절차를 밟은 자가 책임질 수 없는 사유로 인하여 특허법 제180조(재심청구의 기간) 제1항에 따른 재심의 청구기간을 준수할 수 없는 때에는 그 사유가 소멸한 날부터 2개월 이내에 지키지 못한 절차를 추후 보완할 수 있지만, 그 재심의 청구기간의 만료일부터 1년이 지났을 때에는 할 수 없다.
⑤ 특허청장 또는 특허심판원장은 특허법 제46조(절차의 보정)에 따른 보정명령을 받은 자가 지정된 기간에 그 보정을 하지 아니하면 특허에 관한 절차를 무효로 할 수 있다.

해설
① (○) 특허법 제219조
② (×) 특허심판원장이 아닌 특허청장이 기간을 추가로 연장할 수 있다(특허법 제15조 제1항).
③ (○) 특허법 제15조 제2항
④ (○) 특허법 제17조 제2호
⑤ (○) 특허법 제16조 제1항

답 ②

07 특허 제도에 관한 설명으로 옳지 않은 것은? 기출 22

① 물건을 생산하는 방법에 관한 발명이 있는 경우, 그 방법에 의하여 생산한 물건을 수출하는 행위 자체는 특허발명의 실시행위에 해당하지 않는다.
② 법인이 아닌 사단 또는 재단이라 하더라도 대표자나 관리인이 정하여져 있다면, 그 사단 또는 재단의 이름으로 출원심사의 청구인, 심판의 청구인・피청구인이 될 수 있다.
③ 국내에 주소 또는 영업소가 없는 재외자라 하더라도 국내에 체류하고 있는 경우에는 재외자의 이름으로 특허에 관한 절차를 밟을 수 있다.
④ 특허청 및 심사관이 의견제출통지서에서 출원인의 의견서 제출 기간을 지정한 경우, 이 지정기간은 출원인의 청구에 의하여 연장뿐만 아니라 단축도 가능하다.
⑤ 특허권 및 특허에 관한 권리의 등록신청서류와 특허협력조약 제2조(vii)에 따른 국제출원에 관한 서류를 우편으로 제출하는 경우, 우편물의 통신일부인(通信日附印)에 표시된 날이 분명하다면 표시된 날부터 효력이 발생한다.

해설

① (○) 특허법은 수출을 실시행위로 규정하고 있지 않다(특허법 제2조 제3호).

> **특허법 제2조(정의)**
> 3. "실시"란 다음 각 목의 구분에 따른 행위를 말한다.
>   가. 물건의 발명인 경우 : 그 물건을 생산・사용・양도・대여 또는 수입하거나 그 물건의 양도 또는 대여의 청약(양도 또는 대여를 위한 전시를 포함한다. 이하 같다)을 하는 행위
>   나. 방법의 발명인 경우 : 그 방법을 사용하는 행위 또는 그 방법의 사용을 청약하는 행위
>   다. 물건을 생산하는 방법의 발명인 경우 : 나목의 행위 외에 그 방법에 의하여 생산한 물건을 사용・양도・대여 또는 수입하거나 그 물건의 양도 또는 대여의 청약을 하는 행위

② (○) 법인이 아닌 사단 또는 재단으로서 대표자나 관리인이 정하여져 있는 경우에는 그 사단 또는 재단의 이름으로 출원심사의 청구인, 특허취소신청인, 심판의 청구인・피청구인 또는 재심의 청구인・피청구인이 될 수 있다(특허법 제4조).
③ (○) 특허법 제5조 제1항
④ (○) 특허청장・특허심판원장・심판장 또는 제57조 제1항에 따른 심사관(이하 "심사관"이라 한다)은 이 법에 따라 특허에 관한 절차를 밟을 기간을 정한 경우에는 청구에 따라 그 기간을 단축 또는 연장하거나 직권으로 그 기간을 연장할 수 있다. 이 경우 특허청장 등은 그 절차의 이해관계인의 이익이 부당하게 침해되지 아니하도록 단축 또는 연장 여부를 결정하여야 한다(특허법 제15조 제2항).
⑤ (×) 특허권 및 특허에 관한 권리의 등록신청서류와 「특허협력조약」 제2조(vii)에 따른 국제출원(이하 "국제출원"이라 한다)에 관한 서류를 우편으로 제출하는 경우에는 그 서류가 특허청장 또는 특허심판원장에게 도달한 날부터 효력이 발생한다(특허법 제28조 제2항 단서).

답 ⑤

08 특허에 관한 절차를 밟기 위해서 사용되는 고유번호(특허고객번호)에 관한 설명으로 옳지 않은 것은? 기출 19

① 특허출원에 대한 정보제공인은 고유번호(특허고객번호)의 부여를 신청하여야 한다.
② 고유번호(특허고객번호)는 특허청장 또는 특허심판원장에게 신청하여야 한다.
③ 특허청장 또는 특허심판원장은 특허에 관한 절차를 밟는 자가 고유번호(특허고객번호)를 신청하지 아니하면 그에게 기간을 정하여 보정을 명하여야 한다.
④ 특허에 관한 절차를 밟는 자의 대리인도 고유번호(특허고객번호)를 신청하여야 한다.
⑤ 고유번호(특허고객번호)를 기재한 경우에는 특허에 관한 절차를 밟는 자의 주소(법인의 경우에는 영업소의 소재지)를 적지 아니할 수 있다.

해설

③ (×) 특허청장 또는 특허심판원장은 특허에 관한 절차를 밟는 자가 고유번호를 신청하지 아니하면 그에게 직권으로 고유번호를 부여하고 그 사실을 알려야 한다(특허법 제28조의2 제3항).

답 ③

09 특허법상 서류제출 등에 관한 설명으로 옳지 않은 것은? 기출 24

① 제28조의3(전자문서에 의한 특허에 관한 절차의 수행) 제1항에 따라 정보통신망을 이용하여 제출된 전자문서는 그 문서의 제출인이 정보통신망을 통하여 접수번호를 확인할 수 있는 때에 특허청 또는 특허심판원에서 사용하는 접수용 전산정보처리조직의 파일에 기록된 내용으로 접수된 것으로 본다.
② 심사관은 제28조의4(전자문서 이용신고 및 전자서명) 제1항에 따라 전자문서 이용신고를 한 자에게 서류의 통지 및 송달을 하려는 경우에는 정보통신망을 이용하여 통지 등을 할 수 있고, 위 서류의 통지등은 서면으로 한 것과 같은 효력을 가진다.
③ 특허법에 따른 명령에 따라 특허청장 또는 특허심판원장에게 제출하는 출원서, 청구서, 그 밖의 서류는 특허청장 또는 특허심판원장에게 도달한 날부터 제출의 효력이 발생한다.
④ 특허권 및 특허에 관한 권리의 등록신청서류와 특허협력조약(PCT) 제2조(vii)에 따른 국제출원에 관한 서류를 우편으로 제출하는 경우에는 그 서류가 특허청장 또는 특허심판원장에게 도달한 날부터 효력이 발생한다.
⑤ 제28조의5(정보통신망을 이용한 통지 등의 수행) 제1항에 따른 서류의 통지 등은 그 통지 등을 받을 자가 자신이 사용하는 전산정보처리조직을 통하여 그 서류를 수신한 때에 특허청 또는 특허심판원에서 사용하는 발송용 전산정보처리조직의 파일에 기록된 내용으로 도달한 것으로 본다.

해설
① (○) 특허법 제28조의3 제1항
② (○) 특허법 제28조의5 제1항·제2항
③ (○) 특허법 제28조 제1항
④ (○) 특허법 제28조 제2항 단서
⑤ (×) 서류의 통지 등은 그 통지 등을 받을 자가 자신이 사용하는 전산정보처리조직을 통하여 그 서류를 확인한 때 특허청 또는 특허심판원에서 사용하는 발송용 전산정보처리조직의 파일에 기록된 내용으로 도달한 것으로 본다(특허법 제28조의5 제3항).

답 ⑤

CHAPTER 04 특허 요건

제1편 | 특허법. 특허·실용신안 심사기준

01 특허요건 일반

구 분	등록요건 (法 제62조)	정보제공 (法 제63조의2)	무효사유 (法 제133조)	취소사유 (法 제132의2조)
산업상이용가능성	O	O	O	×
신규성	O	O	O	△
진보성	O	O	O	△
확대된선출원	O	O	O	×
선출원	O	O	O	O
쉽게실시요건	O	O	O	×
뒷받침요건	O	O	O	×
명확성요건	O	O	O	×
청구범위기재방법	O	×	×	×
배경기술기재	O	×	×	×
불특허발명	O	O	O	×
발명자, 승계인	O	O	O	×
공동출원	O	O	O	×
1발명1특허	O	×	×	×
외국인의권리능력	O	O	O	×
보정범위위반	O	O	O	×
분할출원범위위반	O	O	O	×
분리출원범위위반	O	O	O	×
변경출원범위위반	O	O	O	×
조약위반	O	O	O	×

02 산업상 이용가능성

(1) 법조문

> **제29조(특허요건)**
> ① 산업상 이용할 수 있는 발명으로서 다음 각 호의 어느 하나에 해당하는 것을 제외하고는 그 발명에 대하여 특허를 받을 수 있다.
>
> **제2조(정의) 제1호**
> 이 법에서 사용하는 용어의 뜻은 다음과 같다. 〈개정 2025.1.21.〉
>   1. "발명"이란 자연법칙을 이용한 기술적 사상의 창작으로서 고도(高度)한 것을 말한다.
>
> **제42조(특허출원)**
> ③ 제2항에 따른 발명의 설명은 다음 각 호의 요건을 모두 충족하여야 한다.
>   1. 그 발명이 속하는 기술분야에서 통상의 지식을 가진 사람이 그 발명을 쉽게 실시할 수 있도록 명확하고 상세하게 적을 것 기출 16·19

(2) 의료행위의 산업상 이용가능성

① 판 례
  ㉠ 사람의 질병을 진단, 치료, 경감하고 예방하거나 건강을 증진시키는 의료행위에 관한 발명은 산업에 이용할 수 있는 발명이라 할 수 없으므로 특허를 받을 수 없는 것이다(判例 90후250).
  ㉡ 인체를 처치하는 방법이 치료 효과와 비치료 효과를 동시에 가지며 청구항에 비치료적 용도(예 미용 용도)로만 한정되어 있고, 명세서에 기재되어 있는 발명의 목적, 구성 및 효과를 종합적으로 고려할 때 비치료적 용도로 그 방법의 사용을 분리할 수 있으며, 어느 정도의 건강증진 효과가 수반된다고 하더라도 그것이 비치료적 목적과 효과를 달성하기 위한 과정에서 나타나는 부수적 효과인 경우 산업상 이용할 수 있는 발명으로 취급한다(判例 2017허4501).
  ㉢ 특허법 제29조 제1항은 '산업상 이용할 수 있는 발명'으로서 신규성 및 진보성이 부정되지 않는 것은 특허를 받을 수 있다고 하여 산업상 이용가능성을 특허요건의 하나로 규정하는데, 인간을 수술하거나, 치료하거나, 진단하는 방법, 즉 의료행위의 발명은 산업상 이용가능성이 없으므로 특허의 대상이 될 수 없으며, 인간을 치료하는 방법에는 직접적 치료방법뿐만 아니라 치료를 위한 예비적 처치방법, 건강상태를 유지하기 위한 처치방법, 인체가 질병에 걸릴 가능성을 방지 또는 감소시키는 예방방법 및 간호방법도 포함된다.
  한편 청구항에 의료행위를 적어도 하나의 단계 또는 불가분의 구성요소로 포함하는 방법의 발명은 산업상 이용 가능한 것으로 인정되지 않으며, 인체를 처치하는 방법이 치료 효과와 미용효과 등의 비치료 효과를 동시에 가지는 경우에 치료 효과와 비치료 효과를 구별 및 분리할 수 없으면 그러한 방법은 치료방법에 해당하므로 산업상 이용 가능한 것으로 인정되지 않는다.

산업상 이용가능성이 없어 특허를 받을 수 없는 의료행위에 해당하는지는, 인간의 수술, 치료, 진단 방법 등의 의료행위에 대하여 특허를 부여하지 아니하는 주된 이유가, 인간의 생명이나 건강을 유지, 회복하기 위한 방법에 관하여 배타적, 독점적 지위를 부여함으로써 질병의 치료, 진단, 예방행위를 자유로이 할 수 없도록 하는 것은 인간의 존엄, 건강의 유지 또는 생존을 제한할 우려가 있어 특허제도의 목적에 우선하는 인간의 존엄이라는 절대적 가치에 반하기 때문이라는 점 등을 고려하여 특허법의 관점에서 결정되어야 한다. 이러한 관점에서 본다면, 특허권의 대상에서 제외되는 '인간을 수술하거나, 치료하거나 진단하는 방법'이 반드시 의료법상 의료인에 의하여 수행되는 것으로만 제한된다고 보기 어렵다(判例 2018허3062).

ⓔ 동물에게 의료행위 하는 경우 : 사람의 질병을 진단, 치료, 경감하고 예방하거나 건강을 증진시키는 (의약이나 의약의 조제방법 및) 의약을 사용한 의료행위에 관한 발명은 산업에 이용할 수 있는 발명이라 할 수 없으므로 특허를 받을 수 없는 것이나, 다만 동물용 (의약이나) 치료방법 등의 발명은 산업상 이용할 수 있는 발명으로서 특허의 대상이 될 수 있는바, 출원발명이 동물의 질병만이 아니라 사람의 질병에도 사용할 수 있는 (의약이나) 의료행위에 관한 발명에 해당하는 경우에도 그 특허청구범위의 기재에서 동물에만 한정하여 특허청구함을 명시하고 있다면 이는 산업상 이용할 수 있는 발명으로서 특허의 대상이 된다(判例 90후250).

② **심사기준**
　㉠ 의료행위
　　• 산업상 이용가능성이 인정되지 않는 경우
　　　- 인간을 수술, 치료 또는 진단하는 방법은 산업상 이용가능성이 인정되지 않는다. `기출 20·21`
　　　- 인체를 처치하는 방법이 치료 효과와 비치료 효과(例 미용 효과)를 동시에 가지는 경우, 치료 효과와 비치료 효과를 구별 및 분리할 수 없는 방법은 치료방법으로 간주되어 산업상 이용가능성이 인정되지 않는다. `기출 21·23`
　　• 산업상 이용가능성이 인정되는 경우
　　　- 의료기기 그 자체 또는 의약품은 산업상 이용할 수 있는 발명에 해당한다. `기출 23`
　　　- 의료기기 작동방법 또는 의료기기를 이용한 측정방법 발명은 인체와의 상호작용이 인체에 직접적인 영향을 주는 경우 또는 실질적인 의료행위를 포함하는 경우를 제외하고는 산업상 이용가능성이 인정된다. `기출 23`
　　　- 인간으로부터 자연적으로 배출된 것(例 소변, 변, 태반, 모발, 손톱) 또는 채취된 것(例 혈액, 피부, 세포, 종양, 조직)을 처리하는 방법이 의료행위와 분리된 별개의 단계로 이루어진 것 또는 단순 데이터 수집 방법인 경우 산업상 이용가능성이 인정된다.
　　　- 진단방법(이화학적 측정, 분석 또는 검사방법)이 임상적 판단을 포함하지 않는 경우 산업상 이용가능성이 인정된다.

- 수술, 치료 또는 진단방법 발명이 동물에만 한정한다는 사실이 청구범위에 명시되어 있으면 산업상 이용할 수 있는 발명으로 인정한다. 기출 21·23
- 인체를 처치하는 방법이 치료 효과와 비치료 효과를 동시에 가지며 청구항에 비치료적 용도 (예 미용 용도)로만 한정되어 있고, 명세서에 기재되어 있는 발명의 목적, 구성 및 효과를 종합적으로 고려할 때 비치료적 용도로 그 방법의 사용을 분리할 수 있으며, 어느 정도의 건강증진 효과가 수반된다고 하더라도 그것이 비치료적 목적과 효과를 달성하기 위한 과정에서 나타나는 부수적 효과인 경우 산업상 이용할 수 있는 발명으로 취급한다(判例 2017허4501).

(3) 산업상 이용가능한 시기

발명이 실제로 또는 즉시 산업상 이용되는 것이 필요하지는 않으며, 장래에 이용될 가능성이 있으면 산업상 이용할 수 있는 발명으로 판단한다. 다만, 발명의 산업적 실시화가 장래에 있어도 좋다는 의미일 뿐 장래 관련 기술의 발전에 따라 기술적으로 보완되어 장래에 비로소 산업상 이용가능성이 생겨나는 경우까지 포함하는 것은 아니다(判例 2001후2801).

(4) 발명의 정의 규정 위반

① **발명의 정의를 본 규정의 위반으로 처리할 수 있는지 여부** : 특허법 제2조 제1호는 자연법칙을 이용한 기술적 사상의 창작으로서 고도한 것을 "발명"으로 정의하고 있고, 위 특허법 제2조 제1호가 훈시적인 규정에 해당한다고 볼 아무런 근거가 없으므로, 자연법칙을 이용하지 않은 것을 특허출원하였을 때에는 특허법 제29조 제1항 본문의 "산업상 이용할 수 있는 발명"의 요건을 충족하지 못함을 이유로 특허법 제62조에 의하여 그 특허출원이 거절된다(判例 2001후3149).

② **완성된 발명** : 특허를 받을 수 있는 발명은 완성된 것이어야 하고 완성된 발명이란 그 발명이 속하는 분야에서 통상의 지식을 가진 자가 반복실시하여 목적하는 기술적 효과를 얻을 수 있을 정도까지 구체적, 객관적으로 구성되어 있는 발명으로 그 판단은 특허출원의 명세서에 기재된 발명의 목적, 구성 및 작용효과 등을 전체적으로 고려하여 출원 당시의 기술수준에 입각해서 신중히 하여야 하고 반드시 발명의 상세한 설명 중의 구체적 실시예에 한정되어 인정되는 것은 아니다(判例 2017후523). 기출 25

③ **미완성 발명**
  ㉠ 정의 : 발명의 과제를 해결하기 위한 구체적인 수단이 결여되어 있거나, 또는 제시된 과제해결 수단 만에 의해서는 과제의 해결이 명백하게 불가능한 것을 의미한다.
  ㉡ 유 형
    • 발명이 복수의 구성요건을 필요로 할 경우에는 어느 구성요건을 결여한 경우
    • 해결하고자 하는 문제에 대한 인식은 있으나 그 해결수단을 제시하지 못한 경우
    • 해결수단이 제시되어 있어도 그 수단으로 실행하였을 때 효과가 없는 경우
    • 용도발명에서 용도를 밝히지 못한 경우
    • 발명의 기술적 사상이 실현가능하도록 완성된 것이지만 그 실시의 결과가 사회적으로 용납되지 않는 위험한 상태로 방치되는 경우

ⓒ 미완성 발명의 취급
- 출원시 산업상 이용가능성(法 제29조 제1항 본문) 또는 발명의 설명(法 제42조 제3항 제1호) 거절이유통지
- 선출원의 지위 ×, 확대된 선출원의 지위 ×
- 완성 발명으로 하는 보정은 신규사항추가에 해당하므로(法 제47조 제2항) 보정에 따른 하자 치유 불가
- 착오로 등록되더라도 권리범위를 인정하지 않음
- 공지기술의 지위 인정 : 신규성 또는 진보성 판단에 제공되는 대비발명이나 고안은 반드시 그 기술적 구성 전체가 명확하게 표현된 것뿐만 아니라, 미완성 발명(고안) 또는 자료의 부족으로 표현이 불충분한 것이라 하더라도 그 기술분야에서 통상의 지식을 가진 자가 경험칙에 의하여 극히 용이하게 기술내용의 파악이 가능하다면 그 대상이 될 수 있다(判例 96후1514).

기출 15

④ 자연법칙을 이용할 것
ⓐ 정의 : 출원발명 전체로서 자연법칙을 이용해야 하며, 발명을 여러 번 실시할 경우 동일 결과에 대한 확실성과 반복가능성이 담보되어야 한다. 다만, 출원발명의 자연법칙에 관한 발명자의 인식은 불요하다.
ⓑ 관련 판례

> - 출원발명이 자연법칙을 이용한 것이 아닌 때에는 그 특허출원을 거절하여야 하고, 여기서 출원발명이 자연법칙을 이용한 것인지 여부는 청구항 전체로서 판단하여야 한다. 청구항에 기재된 발명의 일부에 자연법칙을 이용하고 있는 부분이 있더라도 청구항 전체로서 자연법칙을 이용하고 있지 않다고 판단될 때에는 특허법상의 발명에 해당하지 않는다(判例 2009후436). 기출 17·20
> - 외부의 에너지 공급 없이 급수조에서 낙하하는 물 전부를 폐수되는 물이 없이 보다 높은 위치의 양수조로 끌어 올린다는 것이 되어 에너지 보존 법칙에 위배되므로, 출원발명은 자연법칙에 어긋나는 발명으로서 특허법 제29조 제1항 본문에서 규정한 발명의 요건을 충족하지 못한다(判例 98후744).
> - "한자교재 및 애니메이션 한자교재를 기록한 기록매체"인 특허발명은 만화 이미지 등을 통한 효과적인 한자학습을 할 수 있도록 교재의 본문에 학습할 한자와 관련된 만화 이미지를 스토리와 연관되게 삽입하고 그 한자만화 이미지 도시면의 각 부분을 공간적·물리적으로 배치·형성하는 구성을 취하고 있으므로, 시각적 배치를 유기적으로 구성하여 학습 효과를 높일 수 있다는 자연법칙을 이용한 발명에 해당한다(判例 2009허351).

⑤ BM발명이 발명이기 위한 요건 : 구 특허법(2006.3.3. 법률 제7871호로 개정되기 전의 것) 제2조 제1호는 자연법칙을 이용한 기술적 사상의 창작으로서 고도한 것을 '발명'으로 정의하고 있으므로, 출원발명이 자연법칙을 이용한 것이 아닌 때에는 같은 법 제29조 제1항 본문의 '산업상 이용할 수 있는 발명'의 요건을 충족하지 못함을 이유로 그 특허출원을 거절하여야 한다. 특히, 정보기술을 이용하여 영업방법을 구현하는 이른바 영업방법(business method) 발명에 해당하기 위해서는 컴퓨터상에서 소프트웨어에 의한 정보처리가 하드웨어를 이용하여 구체적으로 실현되고 있어야 한다. 한편, 출원발명이 자연법칙을 이용한 것인지 여부는 청구항 전체로서 판단하여야 하므로, 청구항에 기재된 발명의 일부에 자연법칙을 이용하고 있는 부분이 있더라도 청구항 전체로서 자연법칙을 이용하고 있지 않다고 판단될 때에는 특허법상의 발명에 해당하지 않는다(判例 2007후265).

03 신규성

(1) 법조문

> **제29조(특허요건)**
> ① 산업상 이용할 수 있는 발명으로서 다음 각 호의 어느 하나에 해당하는 것을 제외하고는 그 발명에 대하여 특허를 받을 수 있다. 기출 16
> 1. 특허출원 전에 국내 또는 국외에서 공지(公知)되었거나 공연(公然)히 실시된 발명 기출 25
> 2. 특허출원 전에 국내 또는 국외에서 반포된 간행물에 게재되었거나 전기통신회선을 통하여 공중(公衆)이 이용할 수 있는 발명 기출 25

(2) 신규성 판단의 기준이 되는 선행문헌의 개수

특허발명이 신규성을 상실하였다고 하기 위해서는 그 특허발명과 선행발명을 1대 1로 비교하여 선행발명에 그 특허발명의 모든 구성이 나와 있어야 하고, 그 특허발명의 구성이 2개 이상의 선행발명에 일부씩이 나와 있어서는 아니 된다(判例 2004허5160). 기출 25

(3) 공 지

① 공지가 되기 위한 정도 : 특허법 제29조 제1항 제1호에서 규정하고 있는 "국내에서 공지되었거나 공연히 실시된 발명"에서 '공지된 발명'이라 함은 반드시 불특정다수인에게 인식되었을 필요는 없다 하더라도 적어도 불특정다수인이 인식할 수 있는 상태에 놓여져 있는 발명을 말하고, '공연히 실시된 발명'이라 함은 발명의 내용이 공연히 알려진 또는 불특정 다수인이 알 수 있는 상태에서 실시된 발명을 말하며, '불특정 다수인'이라 함은 일반 공중을 의미하는 것이 아니고 발명의 내용을 비밀로 유지할 의무가 없는 사람이라면 그 인원의 많고 적음을 불문하고 불특정 다수인에 해당된다(判例 2005허2328). 기출 23

② 공연실시가 되기 위한 정도
  ㉠ 공연히 실시된 고안이라 함은 당해 기술분야에서 통상의 지식을 가진 자가 그 고안의 내용을 용이하게 알 수 있는 상태로 실시하는 것, 즉 그 기술사상을 보충 또는 부가하여 다시 발전시킴이 없이 그 실시된 바에 의하여 직접 쉽게 반복하여 실시할 수 있는 것임을 요한다(判例 94후1688).
  ㉡ 불특정인에게 공장을 견학시켜 그 제조상황을 보면 그 기술분야에서 통상의 지식을 가진 자가 기술내용을 알 수 있는 상태인 때에는 공연히 실시된 것으로 본다. 또한 제조공정의 일부에 대하여는 장치의 외부를 보아도 알 수 없더라도 견학자가 그 장치의 내부를 볼 수 있거나 내부에 대해 공장 종업원에게 설명을 들을 수 있는 상황으로서 그 내용을 알 수 있을 때에는 그 기술은 공연 실시된 것으로 본다(判例 99허6596). 기출 23

③ 반포된 간행물이 되기 위한 정도
　㉠ '반포'된 간행물이란 불특정 다수의 일반 공중이 그 기재 내용을 인식할 수 있는 상태에 이른 간행물을 의미한다(判例 2000후1689).
　㉡ 간행물에 대한 심사기준
　　• 간행물에 발행시기가 기재되어 있는 경우 : 발행연도만 기재되어 있는 때에는 그 연도의 말일, 발행년월이 기재되어 있는 때에는 그 연월의 말일, 발행년월일이 기재되어 있는 때에는 그 연월일에 반포된 것으로 추정한다.
　　• 간행물에 발행시기가 기재되어 있지 않은 경우
　　　- 외국간행물로서 국내 입수 시기가 분명한 경우 입수 시기로부터 발행국에서 국내에 입수되는 데 소요되는 통상의 기간을 소급한 시기에 반포된 것으로 추정한다.
　　　- 당해 간행물에 관해 서평, 발췌, 카탈로그 등을 게재한 간행물이 있으면 그 발행시기로부터 당해 간행물의 반포시기를 추정한다.
　　　- 당해 간행물의 중판 또는 재판이 있을 경우 그 간행물의 반포시기는 초판이 발행된 시기에 발행된 것으로 추정한다. 다만, 재판이나 중판에서 추가 또는 변경된 내용이 있으면 인용부분의 내용이 초판과 일치될 것을 전제한다.
　　　- 카탈로그는 제작되었으면 배부, 반포되는 것이 사회통념이므로 구체적인 증거가 없더라도 그 카탈로그가 반포, 배부되었음을 부인할 수 없다(判例 98후270). 기출 21·24
　　　- 학위 논문은 일반적으로는 일반 논문심사에 통과된 이후에 공공도서관 또는 대학교도서관 등에 입고되거나 주위의 불특정 다수인에게 배포됨으로써 비로소 일반 공중이 그 기재 내용을 인식할 수 있는 반포된 상태에 놓이게 되거나 그 내용이 공지되는 것이라고 봄이 경험칙에 비추어 상당하고, 반포시점 이전의 도서관에서 등록시에 곧바로 반포된 상태에 놓이거나 그 기재 내용이 공지로 되는 것은 아니다(判例 2000후1689). 기출 21
　㉢ 카탈로그가 제작되었을 경우 공지를 인정할 것인지 여부 : 카탈로그는 제작되었으면 배부, 반포되는 것이 사회통념이라 하겠으며 제작한 카탈로그를 배부, 반포하지 아니하고 사장하고 있다는 것은 경험칙상 수긍할 수 없는 것이어서 카탈로그의 배부범위, 비치장소 등에 관하여 구체적인 증거가 없다고 하더라도 그 카탈로그의 반포, 배부되었음을 부인할 수는 없다(判例 98후270).
기출 21·24

④ 공지관련 판례
　㉠ 표현이 불충분한 발명이 공지이기 위한 요건 : 고안의 신규성 또는 진보성 판단에 제공되는 대비 발명이나 고안은 반드시 그 기술적 구성 전체가 명확하게 표현된 것뿐만 아니라, 미완성 발명(고안) 또는 자료의 부족으로 표현이 불충분한 것이라 하더라도 그 기술분야에서 통상의 지식을 가진 자가 경험칙에 의하여 극히 용이하게 기술내용의 파악이 가능하다면 그 대상이 될 수 있다(判例 98후270).
　㉡ 등록발명의 공지시점 : 구 실용신안법(2006.3.3. 법률 제7872호로 전부 개정되기 전의 것) 제77조에 의하여 실용신안에 준용되는 구 특허법(2009.1.30. 법률 제9381호로 개정되기 전의 것) 제216조 제1항은 "특허 또는 심판에 관한 증명, 서류의 등본 또는 초본의 교부, 특허원부 및 서류의 열람 또는 복사를 필요로 하는 자는 특허청장 또는 특허심판원장에게 이를 신청할 수 있다"고 하고, 제2항은 "특허청장 또는 특허심판원장은 제1항의 신청이 있더라도 등록공고 또는 출원공개되지 아니한 특허출원에 관한 서류와 공공의 질서 또는 선량한 풍속을 문란하게 할 염려가 있는 것은 이를 허가하지 아니할 수 있다"라고 정하고 있을 뿐, 구 특허법 시행령이나 시행규칙에는 구 특허법 제216조 제2항에 따라 등록공고되지 아니한 특허출원에 관한 서류 등에 대한 제3자의 열람·복사를 제한하는 별도의 규정이 없고, 단지 시행규칙 제120조에서 구 특허법 제216조에 따른 자료열람복사신청의 절차를 규정하고 있을 뿐이어서, 구 실용신안법에 따라 설정등록된 실용신안은 특별한 사정이 없는 한 제3자가 신청에 의하여 열람·복사를 할 수 있고, 다만 등록공고되지 아니한 출원에 관한 서류 등에 대해 일정한 경우 허가하지 아니할 수 있을 뿐이므로 설정등록일 이후에는 실용신안은 공지된 것으로 보아야 한다(判例 2009다72056).
　㉢ 젭슨의 전제부가 공지되었는지 여부 : 특허발명의 신규성 또는 진보성 판단과 관련하여 특허발명의 구성요소가 출원 전에 공지된 것인지는 사실인정의 문제이고, 공지사실에 관한 증명책임은 신규성 또는 진보성이 부정된다고 주장하는 당사자에게 있다. 따라서 권리자가 자백하거나 법원에 현저한 사실로서 증명을 필요로 하지 않는 경우가 아니라면, 공지사실은 증거에 의하여 증명되어야 하는 것이 원칙이다.
　　그리고 청구범위의 전제부 기재는 청구항의 문맥을 매끄럽게 하는 의미에서 발명을 요약하거나 기술분야를 기재하거나 발명이 적용되는 대상물품을 한정하는 등 목적이나 내용이 다양하므로, 어떠한 구성요소가 전제부에 기재되었다는 사정만으로 공지성을 인정할 근거는 되지 못한다. 또한 전제부 기재 구성요소가 명세서에 배경기술 또는 종래기술로 기재될 수도 있는데, 출원인이 명세서에 기재하는 배경기술 또는 종래기술은 출원발명의 기술적 의의를 이해하는 데 도움이 되고 선행기술 조사 및 심사에 유용한 기존의 기술이기는 하나 출원 전 공지되었음을 요건으로 하는 개념은 아니다. 따라서 명세서에 배경기술 또는 종래기술로 기재되어 있다고 하여 그 자체로 공지기술로 볼 수도 없다.

다만 특허심사는 특허청 심사관에 의한 거절이유통지와 출원인의 대응에 의하여 서로 의견을 교환하는 과정을 통해 이루어지는 절차인 점에 비추어 보면, 출원과정에서 명세서나 보정서 또는 의견서 등에 의하여 출원된 발명의 일부 구성요소가 출원 전에 공지된 것이라는 취지가 드러나는 경우에는 이를 토대로 하여 이후의 심사절차가 진행될 수 있도록 할 필요가 있다. 그렇다면 명세서의 전체적인 기재와 출원경과를 종합적으로 고려하여 출원인이 일정한 구성요소는 단순히 배경기술 또는 종래기술인 정도를 넘어서 공지기술이라는 취지로 청구범위의 전제부에 기재하였음을 인정할 수 있는 경우에만 별도의 증거 없이도 전제부 기재 구성요소를 출원 전 공지된 것이라고 사실상 추정함이 타당하다. 그러나 이러한 추정이 절대적인 것은 아니므로 출원인이 실제로는 출원 당시 아직 공개되지 아니한 선출원발명이나 출원인의 회사 내부에만 알려져 있었던 기술을 착오로 공지된 것으로 잘못 기재하였음이 밝혀지는 경우와 같이 특별한 사정이 있는 때에는 추정이 번복될 수 있다. 기출 25 그리고 위와 같은 법리는 실용신안의 경우에도 마찬가지로 적용된다(判例 2013후37 [전합]).

ⓔ 공지되었다는 것을 증명하기 위한 자료의 작성 시점 : 구 특허법(2001. 2. 3. 법률 제6411호로 개정되기 전의 것) 제29조 제1항 제1호 소정의 '특허출원 전에 국내에서 공지되었거나 공연히 실시된 발명'에서 '특허출원 전'의 의미는 발명의 공지 또는 공연 실시된 시점이 특허출원 전이라는 의미이지 그 공지 또는 공연 실시된 사실을 인정하기 위한 증거가 특허출원 전에 작성된 것을 의미하는 것은 아니므로, 법원은 특허출원 후에 작성된 문건들에 기초하여 어떤 발명 또는 기술이 특허출원 전에 공지 또는 공연 실시된 것인지 여부를 인정할 수 있다(判例 2006후2660).

ⓜ 인용발명으로 미완성발명 할 수 있는지 : 발명의 신규성 또는 진보성 판단에 제공되는 대비발명은 그 기술적 구성 전체가 명확하게 표현된 것뿐만 아니라, 미완성 발명 또는 자료의 부족으로 표현이 불충분하거나 일부 내용에 오류가 있다고 하더라도 그 기술분야에서 통상의 지식을 가진 자가 발명의 출원 당시 기술상식을 참작하여 기술내용을 용이하게 파악할 수 있다면 선행기술이 될 수 있다(判例 2006후1957).

(4) 신규성(실질적 동일성)

① **선택발명 신규성 판단방법** : 선행 또는 공지의 발명에 구성요건이 상위개념으로 기재되어 있고 위 상위개념에 포함되는 하위개념만을 구성요건 중의 전부 또는 일부로 하는 이른바 선택발명의 신규성을 부정하기 위해서는 선행발명이 선택발명을 구성하는 하위개념을 구체적으로 개시하고 있어야 하고(대법원 2002. 12. 26. 선고 2001후2375 판결, 대법원 2007. 9. 6. 선고 2005후3338 판결 등 참조), 이에는 선행발명을 기재한 선행문헌에 선택발명에 대한 문언적인 기재가 존재하는 경우 외에도 그 발명이 속하는 기술분야에서 통상의 지식을 가진 자가 선행문헌의 기재 내용과 출원시의 기술 상식에 기초하여 선행문헌으로부터 직접적으로 선택발명의 존재를 인식할 수 있는 경우도 포함된다(대법원 2009. 10. 15. 선고 2008후736·743 판결 참조)(判例 2003후472).

② **수치한정발명 신규성 판단방법** : 구성요소의 범위를 수치로써 한정하여 표현한 발명이 그 출원 전에 공지된 발명과 사이에 수치한정의 유무 또는 범위에서만 차이가 있는 경우에는, 그 한정된 수치범위가 공지된 발명에 구체적으로 개시되어 있거나, 그렇지 않더라도 그러한 수치한정이 그 발명이 속하는 기술분야에서 통상의 지식을 가진 자(이하 '통상의 기술자'라고 한다)가 적절히 선택할 수 있는 주지·관용의 수단에 불과하고 이에 따른 새로운 효과도 발생하지 않는다면 그 신규성이 부정된다. 그리고 한정된 수치범위가 공지된 발명에 구체적으로 개시되어 있다는 것에는, 그 수치범위 내의 수치가 공지된 발명을 기재한 선행문헌의 실시예 등에 나타나 있는 경우 등과 같이 문언적인 기재가 존재하는 경우 외에도 통상의 기술자가 선행문헌의 기재 내용과 출원 시의 기술상식에 기초하여 선행문헌으로부터 직접적으로 그 수치범위를 인식할 수 있는 경우도 포함된다. 한편 수치한정이 공지된 발명과는 서로 다른 과제를 달성하기 위한 기술수단으로서의 의의를 가지고 그 효과도 이질적인 경우나 공지된 발명과 비교하여 한정된 수치범위 내외에서 현저한 효과의 차이가 생기는 경우 등에는, 그 수치범위가 공지된 발명에 구체적으로 개시되어 있다고 할 수 없음은 물론, 그 수치한정이 통상의 기술자가 적절히 선택할 수 있는 주지·관용의 수단에 불과하다고 볼 수도 없다(判例 2011후2015). 기출 15·22

③ **수치한정발명, 파라미터발명 신규성 판단방법** : 새롭게 창출한 물리적, 화학적, 생물학적 특성 값을 이용하거나 복수의 변수 사이의 상관관계를 이용하여 발명의 구성요소를 특정한 이른바 '파라미터발명'과 이와 다른 성질 또는 특성 등에 의해 물건 또는 방법을 특정하고 있는 선행발명을 대비할 때, 특허발명의 청구범위에 기재된 성질 또는 특성이 다른 정의 또는 시험·측정방법에 의한 것으로 환산이 가능하여 환산해 본 결과 선행발명의 대응되는 것과 동일하거나 또는 특허발명의 명세서의 상세한 설명에 기재된 실시형태와 선행발명의 구체적 실시형태가 동일한 경우에는, 달리 특별한 사정이 없는 한 양 발명은 발명에 대한 기술적인 표현만 달리할 뿐 실질적으로는 동일한 것으로 보아야 할 것이므로, 이러한 특허발명은 신규성이 부정된다. 반면, 위와 같은 방법 등을 통하여 양 발명이 실질적으로 동일하다는 점이 증명되지 않으면, 신규성이 부정된다고 할 수 없다.

파라미터 발명이 공지된 발명과 파라미터에 의해 한정된 구성에서만 차이가 있는 경우, 발명의 명세서 기재 및 출원 당시 통상의 기술자의 기술 수준을 종합하여 보았을 때 파라미터가 공지된 발명과는 상이한 과제를 해결하기 위한 기술수단으로서의 의의를 가지고, 그로 인해 특유한 효과를 갖는다고 인정되는 경우에는 진보성이 부정되지 않는다. 한편, 파라미터의 도입 자체에 대하여는 위와 같은 기술적 의의를 인정할 수 없더라도 발명이 새롭게 도입한 파라미터를 수치로 한정하는 형태를 취하고 있는 경우에는, 한정된 수치범위 내외에서 현저한 효과의 차이가 생기거나, 그 수치한정이 공지된 발명과는 상이한 과제를 달성하기 위한 기술수단으로서의 의의를 가지고 그 효과도 이질적인 경우라면, 진보성이 부정되지 않는다(判例 2017후1298).

④ **PBP 청구항 신규성 판단방법** : 물건의 발명에서 이와 동일한 발명이 그 출원 전에 공지되었거나 공연히 실시되었음이 인정되면 그 발명의 신규성은 부정된다. 특허발명에서 구성요소로 특정된 물건의 구성이나 속성이 선행발명에 명시적으로 개시되어 있지 않은 경우라도 선행발명에 개시된 물건이 특허발명과 동일한 구성이나 속성을 갖는다는 점이 인정된다면, 이는 선행발명에 내재된 구성 또는 속성으로 볼 수 있다. 이와 같은 경우 특허발명이 해당 구성 또는 속성으로 인한 물질의 새로운 용도를 특허의 대상으로 한다는 등의 특별한 사정이 없는 한 공지된 물건에 원래부터 존재하였던 내재된 구성 또는 속성을 발견한 것에 불과하므로 신규성이 부정된다. 이는 그 발명이 속하는 기술분야에서 통상의 지식을 가진 사람(이하 '통상의 기술자'라고 한다)이 출원 당시에 그 구성이나 속성을 인식할 수 없었던 경우에도 마찬가지이다. 또한 공지된 물건의 내재된 구성 또는 속성을 파악하기 위하여 출원일 이후 공지된 자료를 증거로 사용할 수 있다.

한편, 선행발명에 개시된 물건이 특허발명과 동일한 구성 또는 속성을 가질 수도 있다는 가능성 또는 개연성만으로는 두 발명을 동일하다고 할 수 없고, 필연적으로 그와 같은 구성 또는 속성을 가진다는 점이 증명되어야 한다. 즉, 선행발명이 공지된 물건 그 자체일 경우에는 그 물건과 특허발명의 구성을 대비하여 양 발명이 동일한지 판단할 수 있으나, 선행발명이 특정 제조방법에 의해 제작된 물건에 관한 공지된 문헌인 경우, 선행발명에 개시된 물건은 선행발명에 개시된 제조방법에 따라 제조된 물건이므로, 선행발명에 개시된 제조방법에 따랐을 경우 우연한 결과일 수도 있는 한 실시례가 위와 같은 구성 또는 속성을 가진다는 점을 넘어 그 결과물이 필연적으로 해당 구성 또는 속성을 가진다는 점이 증명되어야 선행발명과 특허발명이 동일하다고 할 수 있다(判例 2017후1304). 기출 25

(5) 출원발명

① **출원발명의 특정방법** : 특허청구범위는 특허출원인이 특허발명으로 보호받고자 하는 사항을 기재한 것이므로, 신규성 진보성 판단의 대상이 되는 발명의 확정은 특허청구범위에 기재된 사항에 의하여야 하고 발명의 상세한 설명이나 도면 등 다른 기재에 의하여 특허청구범위를 제한하거나 확장하여 해석하는 것은 허용되지 않지만, 특허청구범위에 기재된 사항은 발명의 상세한 설명이나 도면 등을 참작하여야 그 기술적인 의미를 정확하게 이해할 수 있으므로, 특허청구범위에 기재된 사항은 그 문언의 일반적인 의미를 기초로 하면서도 발명의 상세한 설명 및 도면 등을 참작하여 그 문언에 의하여 표현하고자 하는 기술적 의의를 고찰한 다음 객관적 합리적으로 해석하여야 한다(대법원 2007.10.25. 선고 2006후3625 판결 등 참조)(判例 2014허1952).

② **출원발명이 방법발명인 경우, 출원발명의 특정방법** : 방법 발명이라 함은 특정한 목적을 달성하기 위한 시간상의 일련의 연속적인 단계들로 이루어진 발명으로서, 방법 발명에서는 개별 구성요소의 배치 순서가 작용효과 등에 중대한 차이를 가져올 수 있으므로, 개별 구성요소의 시계열적인 배치 순서 역시 발명의 중요한 요소로 보아야 한다(判例 2018허4874).

③ 오기임이 명확하지 않은 경우, 특정방법 : 특허청구범위의 기재가 명확히 이해될 수 있고 누가 보더라도 그 기재가 오기임이 발명의 상세한 설명의 기재에 비추어 보아 명확하다고 할 수 없는 경우에는, 특허등록의 유·무효 판단을 위한 특허발명의 요지를 인정함에 있어서 특허청구범위의 기재를 기초로 하여야 할 뿐, 발명의 상세한 설명의 기재에 의하여 보완 해석할 수는 없다(判例 99후734).

④ 종속항 실시례 있는 경우, 특정방법 : 독립항과 이를 한정하는 종속항 등 여러 항으로 이루어진 특허발명 청구항의 기술내용을 파악함에 있어서, 특별한 사정이 없는 한 광범위하게 규정된 독립항의 기술내용을 독립항보다 구체적으로 한정하고 있는 종속항의 기술구성이나 발명의 상세한 설명에 나오는 특정의 실시례로 제한하여 해석할 수는 없다(判例 2004후2260).

⑤ 용어가 정의된 경우, 특정방법 : 특허의 명세서에 기재되는 용어는 그것이 가지고 있는 보통의 의미로 사용하고 동시에 명세서 전체를 통하여 통일되게 사용하여야 하지만 어떠한 용어를 특정한 의미로 사용하려고 하는 경우에는 그 의미를 정의하여 사용하는 것이 허용되는 것이므로, 용어의 의미가 명세서에서 정의된 경우에는 그에 따라 해석하면 족하다고 할 것이다(判例 2004후2260).

⑥ "~를 포함하는" 특정 방법 : 특허발명의 청구항이 '어떤 구성요소들을 포함하는 것을 특징으로 하는 방법(물건)'이라는 형식으로 기재된 경우, 그 특허발명의 청구항에 명시적으로 기재된 구성요소 전부에 더하여 기재되어 있지 아니한 요소를 추가하여 실시하는 경우에도 그 기재된 구성요소들을 모두 포함하고 있다는 사정은 변함이 없으므로 그와 같은 실시가 그 특허발명의 권리범위에 속함은 물론이며, 나아가 위와 같은 형식으로 기재된 청구항은 명시적으로 기재된 구성요소뿐 아니라 다른 요소를 추가하여 실시하는 경우까지도 예상하고 있는 것이다(判例 2003후2072).

⑦ 제조방법이 포함된 기재된 발명의 경우, 특정방법 : 특허법 제2조 제3호는 발명을 '물건의 발명', '방법의 발명', '물건을 생산하는 방법의 발명'으로 구분하고 있는바, 특허청구범위가 전체적으로 물건으로 기재되어 있으면서 그 제조방법의 기재를 포함하고 있는 발명(이하 '제조방법이 기재된 물건발명'이라고 한다)의 경우 제조방법이 기재되어 있다고 하더라도 발명의 대상은 그 제조방법이 아니라 최종적으로 얻어지는 물건 자체이므로 위와 같은 발명의 유형 중 '물건의 발명'에 해당한다. 물건의 발명에 관한 특허청구범위는 발명의 대상인 물건의 구성을 특정하는 방식으로 기재되어야 하는 것이므로, 물건의 발명의 특허청구범위에 기재된 제조방법은 최종 생산물인 물건의 구조나 성질 등을 특정하는 하나의 수단으로서 그 의미를 가질 뿐이다.

따라서 제조방법이 기재된 물건발명의 특허요건을 판단함에 있어서 그 기술적 구성을 제조방법 자체로 한정하여 파악할 것이 아니라 제조방법의 기재를 포함하여 특허청구범위의 모든 기재에 의하여 특정되는 구조나 성질 등을 가지는 물건으로 파악하여 출원 전에 공지된 선행기술과 비교하여 신규성, 진보성 등이 있는지 여부를 살펴야 한다.

한편 생명공학 분야나 고분자, 혼합물, 금속 등의 화학 분야 등에서의 물건의 발명 중에는 어떠한 제조방법에 의하여 얻어진 물건을 구조나 성질 등으로 직접적으로 특정하는 것이 불가능하거나 곤란하여 제조방법에 의해서만 물건을 특정할 수밖에 없는 사정이 있을 수 있지만, 이러한 사정에 의하여 제조방법이 기재된 물건발명이라고 하더라도 그 본질이 '물건의 발명'이라는 점과 특허청구범위에 기재된 제조방법이 물건의 구조나 성질 등을 특정하는 수단에 불과하다는 점은 마찬가지이므로, 이러한 발명과 그와 같은 사정은 없지만 제조방법이 기재된 물건발명을 구분하여 그 기재된 제조방법의 의미를 달리 해석할 것은 아니다(判例 2011후927 [전합]).

⑧ 기능식 청구항 경우, 특정방법 : 특허출원된 발명이 특허법 제29조 제1항, 제2항에서 정한 특허요건, 즉 신규성과 진보성이 있는지를 판단할 때에는, 특허출원된 발명을 같은 조 제1항 각 호에서 정한 발명과 대비하는 전제로서 그 발명의 내용이 확정되어야 한다. 따라서 특허청구범위는 특허출원인이 특허발명으로 보호받고자 하는 사항이 기재된 것이므로, 발명의 내용의 확정은 특별한 사정이 없는 한 특허청구범위에 기재된 사항에 의하여야 하고 발명의 상세한 설명이나 도면 등 명세서의 다른 기재에 의하여 특허청구범위를 제한하거나 확장하여 해석하는 것은 허용되지 않으며, 이러한 법리는 특허출원된 발명의 특허청구범위가 통상적인 구조, 방법, 물질 등이 아니라 기능, 효과, 성질 등의 이른바 기능적 표현으로 기재된 경우에도 마찬가지이다. 따라서 특허출원된 발명의 특허청구범위에 기능, 효과, 성질 등에 의하여 발명을 특정하는 기재가 포함되어 있는 경우에는 특허청구범위에 기재된 사항에 의하여 그러한 기능, 효과, 성질 등을 가지는 모든 발명을 의미하는 것으로 해석하는 것이 원칙이다(判例 2007후4977).

⑨ 의약 용도발명

㉠ 의약 용도발명의 구성요소 : 의약용도발명에서는 특정 물질과 그것이 가지고 있는 의약용도가 발명을 구성한다(判例 2012후238).

㉡ 약리기전이 쓰여 있는 경우, 특정방법 : 약리기전은 특정 물질에 불가분적으로 내재된 속성에 불과하므로, 의약용도발명의 특허청구범위에 기재되는 약리기전은 특정 물질이 가지고 있는 의약용도를 특정하는 한도 내에서만 발명의 구성요소로서 의미를 가질 뿐, 약리기전 그 자체가 특허청구범위를 한정하는 구성요소라고 볼 수 없다(判例 2012후238). 기출 16·18

㉢ 투여용법, 투여용량 쓰여있는 경우, 특정방법 : 의약은 사람의 질병의 진단·경감·치료·처치 또는 예방을 위하여 사용되는 물건을 말하고(특허법 제96조 제2항), 의약용도발명이란 의약물질이 가지는 특정의 약리효과라는 미지의 속성의 발견에 기초하여 의약으로서의 효능을 발휘하는 새로운 용도를 제공하는 발명을 의미한다. 그런데 의약물질은 다양한 속성을 가지고 있으므로, 의약물질 자체가 알려져 있더라도 그 구체적인 약리효과는 다각도의 시험을 거쳐야 비로소 밝혀지는 경우가 많고, 약리효과에 기초한 새로운 용도를 개발하기 위하여는 오랜 기간의 임상시험에 따른 비용과 노력이 소요되는 점에서, 이와 같은 용도의 개발을 특허로써 보호하여 장려할 필요가 있다.

이러한 의약용도발명에 대하여 특허를 부여할 것인지에 관하여 구 특허법(1986.12.31. 법률 제3891호로 개정되기 전의 것) 제4조는 특허를 받을 수 없는 발명의 일종으로 '화학방법에 의하여 제조될 수 있는 물질의 발명'(제3호)과 '화학물질의 용도에 관한 발명'(제5호)을 규정함으로써 의약용도발명을 특허의 대상에서 제외하였으나, 특허개방정책 도입의 일환으로 1986.12.31. 법 개정을 통해 위 규정을 삭제하였으므로 우리 특허법상 의약용도발명의 특허대상성을 부정할 근거는 더 이상 존재하지 않게 되었다.

한편 사람의 질병을 진단·경감·치료·처치하고 예방하거나 건강을 증진하는 등의 의료행위에 관한 발명은 특허의 대상에서 제외되므로(대법원 1991.3.12. 선고 90후250 판결 참조), 사람의 치료 등에 관한 방법 자체를 특허의 대상으로 하는 방법의 발명으로서 의약용도발명을 허용할 수는 없지만, 의약이라는 물건에 의약용도를 부가한 의약용도발명은 의약용도가 특정됨으로써 해당 의약물질 자체와는 별개로 물건의 발명으로서 새롭게 특허의 대상이 될 수 있다. 즉 물건의 발명 형태로 청구범위가 기재되는 의약용도발명에서는 의약물질과 그것이 가지고 있는 의약용도가 발명을 구성하는 것이고(대법원 2009.1.30. 선고 2006후3564 판결, 대법원 2014.5.16. 선고 2012후3664 판결 등 참조), 여기서의 의약용도는 의료행위 그 자체가 아니라 의약이라는 물건이 효능을 발휘하는 속성을 표현함으로써 의약이라는 물건에 새로운 의미를 부여할 수 있는 발명의 구성요소가 된다.

나아가 의약이 부작용을 최소화하면서 효능을 온전하게 발휘하기 위해서는 약효를 발휘할 수 있는 질병을 대상으로 하여 사용하여야 할 뿐만 아니라 투여주기·투여부위나 투여경로 등과 같은 투여용법과 환자에게 투여되는 용량을 적절하게 설정할 필요가 있는데, 이러한 투여용법과 투여용량은 의약용도가 되는 대상 질병 또는 약효와 더불어 의약이 효능을 온전하게 발휘하도록 하는 요소로서 의미를 가진다. 이러한 투여용법과 투여용량은 의약물질이 가지는 특정의 약리효과라는 미지의 속성의 발견에 기초하여 새로운 쓰임새를 제공한다는 점에서 대상 질병 또는 약효에 관한 의약용도와 본질이 같다고 할 수 있다.

그리고 동일한 의약이라도 투여용법과 투여용량의 변경에 따라 약효의 향상이나 부작용의 감소 또는 복약 편의성의 증진 등과 같이 질병의 치료나 예방 등에 예상하지 못한 효과를 발휘할 수 있는데, 이와 같은 특정한 투여용법과 투여용량을 개발하는 데에도 의약의 대상 질병 또는 약효 자체의 개발 못지않게 상당한 비용 등이 소요된다. 따라서 이러한 투자의 결과로 완성되어 공공의 이익에 이바지할 수 있는 기술에 대하여 신규성이나 진보성 등의 심사를 거쳐 특허의 부여 여부를 결정하기에 앞서 특허로서의 보호를 원천적으로 부정하는 것은 발명을 보호·장려하고 그 이용을 도모함으로써 기술의 발전을 촉진하여 산업발전에 이바지한다는 특허법의 목적에 부합하지 아니한다.

그렇다면 의약이라는 물건의 발명에서 대상 질병 또는 약효와 함께 투여용법과 투여용량을 부가하는 경우에 이러한 투여용법과 투여용량은 의료행위 자체가 아니라 의약이라는 물건이 효능을 온전하게 발휘하도록 하는 속성을 표현함으로써 의약이라는 물건에 새로운 의미를 부여하는 구성요소가 될 수 있고, 이와 같은 투여용법과 투여용량이라는 새로운 의약용도가 부가되어 신규성과 진보성 등의 특허요건을 갖춘 의약에 대해서는 새롭게 특허권이 부여될 수 있다(判例 2014후768 [전합] - 다수의견). 기출 16·18·20·21·23

04 진보성

(1) 법조문

> **제29조(특허요건)**
> ② 특허출원 전에 그 발명이 속하는 기술분야에서 통상의 지식을 가진 사람이 제1항 각 호의 어느 하나에 해당하는 발명에 의하여 쉽게 발명할 수 있으면 그 발명에 대해서는 제1항에도 불구하고 특허를 받을 수 없다. 기출 25

(2) 인용발명

① **인용발명의 기술분야가 같아야 하는지 여부** : 특허법 제29조 제2항에서 '그 발명이 속하는 기술분야'란 원칙적으로 당해 특허발명이 이용되는 산업분야를 말하므로, 당해 특허발명이 이용되는 산업분야가 비교대상발명의 그것과 다른 경우에는 비교대상발명을 당해 특허발명의 진보성을 부정하는 선행기술로 사용하기 어렵다 하더라도, 문제로 된 비교대상발명의 기술적 구성이 특정 산업분야에만 적용될 수 있는 구성이 아니고 당해 특허발명의 산업분야에서 통상의 기술을 가진 자가 특허발명의 당면한 기술적 문제를 해결하기 위하여 별다른 어려움 없이 이용할 수 있는 구성이라면, 이를 당해 특허발명의 진보성을 부정하는 선행기술로 삼을 수 있다(判例 2006후2059). 기출 25

② **통상의 기술자 인식할 수 있는 사항** : 제시된 선행문헌을 근거로 발명의 진보성이 부정되는지를 판단하기 위해서는 진보성 부정의 근거가 될 수 있는 일부 기재만이 아니라 선행문헌 전체에 의하여 발명이 속하는 기술분야에서 통상의 지식을 가진 사람(이하 '통상의 기술자'라고 한다)이 합리적으로 인식할 수 있는 사항을 기초로 대비 판단하여야 한다. 그리고 일부 기재 부분과 배치되거나 이를 불확실하게 하는 다른 선행문헌이 제시된 경우에는 그 내용까지도 종합적으로 고려하여 통상의 기술자가 발명을 용이하게 도출할 수 있는지를 판단하여야 한다(判例 2013후2873).

③ **통상의 기술자 수준** : 통상의 기술자 란 특허발명의 출원 시를 기준으로 국내외를 막론하고, 출원 시 당해 기술분야에 관한 기술수준에 있는 모든 것을 입수하여 자신의 지식으로 할 수 있으며, 연구개발을 위하여 통상의 수단 및 능력을 자유롭게 구사할 수 있다고 가정한 자연인을 말하는 것이다(判例 2008허8150).

(3) 진보성

① **진보성 판단방법 1** : 구 특허법(2006.3.3. 법률 제7871호로 개정되기 전의 것) 제29조 제2항 규정에 의하여 선행기술에 의하여 용이하게 발명할 수 있는 것인지에 좇아 발명의 진보성 유무를 판단함에 있어서는, 적어도 선행기술의 범위와 내용, 진보성 판단의 대상이 된 발명과 선행기술의 차이 및 통상의 기술자의 기술수준에 대하여 증거 등 기록에 나타난 자료에 기하여 파악한 다음, 이를 기초로 하여 통상의 기술자가 특허출원 당시의 기술수준에 비추어 진보성 판단의 대상이 된 발명이 선행기술과차이가 있음에도 그러한 차이를 극복하고 선행기술로부터 그 발명을 용이하게 발명할 수 있는지를 살펴보아야 한다. 이 경우 진보성 판단의 대상이 된 발명의 명세서에 개시되어 있는 기술을 알고 있음을 전제로 사후적으로 통상의 기술자가 쉽게 발명할 수 있는지를 판단해서는 안 된다(判例 2007후3660). 기출 25

② **진보성 판단방법 2** : 특허법 제29조 제2항의 규정은 특허출원된 발명이 선행의 공지기술로부터 용이하게 도출될 수 있는 창작일 때에는 진보성을 결여한 것으로 보고 특허를 받을 수 없도록 하려는 취지인바, 출원된 기술에 공지된 선행기술로부터 예측되는 효과 이상의 보다 나은 새로운 작용효과가 있는 것으로 인정되어 출원된 기술이 선행기술보다 현저하게 향상 진보된 것으로 판단되는 때에는 기술의 진보발전을 도모하는 특허제도의 목적에 비추어 그 발명이 속하는 기술의 분야에서 통상의 지식을 가진 자가 용이하게 발명할 수 없는 것으로서 진보성이 있는 것으로 보아야 한다(判例 95후880).

③ **상업적성공, 출원전 오랜기간 실시한 사람 없는 것이 진보성 판단에 미치는 영향** : 특허발명의 제품이 상업적으로 성공하였거나 특허발명의 출원 전에 오랫동안 실시했던 사람이 없었던 점 등의 사정은 진보성을 인정하는 하나의 자료로 참고할 수 있지만, 이러한 사정만으로 진보성이 인정된다고 할 수는 없고, 특허발명의 진보성에 관한 판단은 우선적으로 명세서에 기재된 내용, 즉 발명의 목적, 구성 및 효과를 토대로 선행 기술에 기하여 당해 기술분야에서 통상의 지식을 가진 자가 이를 용이하게 발명할 수 있는지 여부에 따라 판단되어야 한다(判例 2006후3052).

④ **외국의 선등록례로진보성 판단이 구속되는 지 여부** : 출원발명의 특허적격 유무는 해당 국가의 법제에 따라 개별, 독립적으로 판단되어야 하며, 법제와 실무를 달리하는 외국의 선등록례에 구속될 것은 아니므로, 원고의 위 주장은 이유 없다(判例 2005허1998).

⑤ **사후적 고찰 금지** : 이 경우 진보성 판단의 대상이 된 발명의 명세서에 개시되어 있는 기술을 알고 있음을 전제로 하여 사후적으로 통상의 기술자가 그 발명을 용이하게 발명할 수 있는지를 판단해서는 안 된다(判例 2007후3660). 기출 15·21

⑥ **선택발명 진보성 판단방법**
  ㉠ 선행 또는 공지의 발명에 구성요건이 상위개념으로 기재되어 있고 위 상위개념에 포함되는 하위개념만을 구성요건 중의 전부 또는 일부로 하는 이른바 선택발명은, 첫째, 선행발명이 선택발명을 구성하는 하위개념을 구체적으로 개시하지 않고 있으면서, 둘째, 선택발명에 포함되는 하위개념들 모두가 선행발명이 갖는 효과와 질적으로 다른 효과를 갖고 있거나, 질적인 차이가 없더라도 양적으로 현저한 차이가 있는 경우에 한하여 특허를 받을 수 있고, 이때 선택발명의 상세한 설명에는 선행발명에 비하여 위와 같은 효과가 있음을 명확히 기재하면 충분하고, 그 효과의 현저함을 구체적으로 확인할 수 있는 비교실험자료까지 기재하여야 하는 것은 아니며, 만일 그 효과가 의심스러울 때에는 출원일 이후에 출원인이 구체적인 비교실험자료를 제출하는 등의 방법에 의하여 그 효과를 구체적으로 주장·입증하면 된다(判例 2001후2740).
  ㉡ 선택발명에 여러 효과가 있는 경우에 선행발명에 비하여 이질적이거나 양적으로 현저한 효과를 갖는다고 하기 위해서는 선택발명의 모든 종류의 효과가 아니라 그중 일부라도 선행발명에 비하여 그러한 효과를 갖는다고 인정되면 충분하다(判例 2010후3424).
  ㉢ **상위개념이 공지된 화합물에 관한 발명의 진보성 판단 기준** : 선행발명에 특허발명의 상위개념이 공지되어 있는 경우에도 구성의 곤란성이 인정되면 진보성이 부정되지 않는다. 선행발명에 발명을 이루는 구성요소 중 일부를 두 개 이상의 치환기로 하나 이상 선택할 수 있도록 기재하는

이른바 마쿠쉬(Markush) 형식으로 기재된 화학식과 그 치환기의 범위 내에 이론상 포함되기만 할 뿐 구체적으로 개시되지 않은 화합물을 청구범위로 하는 특허발명의 경우에도 진보성 판단을 위하여 구성의 곤란성을 따져보아야 한다. 위와 같은 특허발명의 구성의 곤란성을 판단할 때에는 선행발명에 마쿠쉬 형식 등으로 기재된 화학식과 그 치환기의 범위 내에 이론상 포함될 수 있는 화합물의 개수, 통상의 기술자가 선행발명에 마쿠쉬 형식 등으로 기재된 화합물 중에서 특정한 화합물이나 특정 치환기를 우선적으로 또는 쉽게 선택할 사정이나 동기 또는 암시의 유무, 선행발명에 구체적으로 기재된 화합물과 특허발명의 구조적 유사성 등을 종합적으로 고려하여야 한다(대법원 2009.10.15. 선고 2008후736 · 743 판결 등은 '이른바 선택발명의 진보성이 부정되지 않기 위해서는 선택발명에 포함되는 하위개념들 모두가 선행발명이 갖는 효과와 질적으로 다른 효과를 갖고 있거나, 질적인 차이가 없더라도 양적으로 현저한 차이가 있어야 하고, 이때 선택발명의 발명의 상세한 설명에는 선행발명에 비하여 위와 같은 효과가 있음을 명확히 기재하여야 한다'고 판시하였다. 이는 구성의 곤란성이 인정되기 어려운 사안에서 효과의 현저성이 있다면 진보성이 부정되지 않는다는 취지이므로, 선행발명에 특허발명의 상위개념이 공지되어 있다는 이유만으로 구성의 곤란성을 따져 보지도 아니한 채 효과의 현저성 유무만으로 진보성을 판단하여서는 아니 된다).

특허발명의 진보성을 판단할 때에는 그 발명이 갖는 특유한 효과도 함께 고려하여야 한다. 선행발명에 이론적으로 포함되는 수많은 화합물 중 특정한 화합물을 선택할 동기나 암시 등이 선행발명에 개시되어 있지 않은 경우에도 그것이 아무런 기술적 의의가 없는 임의의 선택에 불과한 경우라면 그와 같은 선택에 어려움이 있다고 볼 수 없는데, 발명의 효과는 선택의 동기가 없어 구성이 곤란한 경우인지 임의의 선택에 불과한 경우인지를 구별할 수 있는 중요한 표지가 될 수 있기 때문이다. 또한 화학, 의약 등의 기술분야에 속하는 발명은 구성만으로 효과의 예측이 쉽지 않으므로, 선행발명으로부터 특허발명의 구성요소들이 쉽게 도출되는지를 판단할 때 발명의 효과를 참작할 필요가 있고, 발명의 효과가 선행발명에 비하여 현저하다면 구성의 곤란성을 추론하는 유력한 자료가 될 것이다. 나아가 구성의 곤란성 여부의 판단이 불분명한 경우라고 하더라도, 특허발명이 선행발명에 비하여 이질적이거나 양적으로 현저한 효과를 가지고 있다면 진보성이 부정되지 않는다. 효과의 현저성은 특허발명의 명세서에 기재되어 통상의 기술자가 인식하거나 추론할 수 있는 효과를 중심으로 판단하여야 하고(대법원 2002.8.23. 선고 2000후3234 판결 등 참조), 만일 그 효과가 의심스러울 때에는 그 기재내용의 범위를 넘지 않는 한도에서 출원일 이후에 추가적인 실험 자료를 제출하는 등의 방법으로 그 효과를 구체적으로 주장 · 증명하는 것이 허용된다(判例 2019후10609).

㉣ 선택발명 진보성 판단 시, 선행발명과 후행발명의 실시례가 여러 개인 경우, 현저한 효과의 판단방법 : 선행발명에 구성요소가 상위개념으로 기재되어 있고, 위 상위개념에 포함되는 하위개념만을 구성요소 중의 전부 또는 일부로 하는 선택발명의 진보성이 부정되지 않기 위해서는, 선택발명에 포함되는 하위개념들 모두가 선행발명이 갖는 효과와 질적으로 다른 효과를 갖고 있거나, 질적인 차이가 없더라도 양적으로 현저한 차이가 있어야 한다(判例 2013후1887).

⑦ 결합발명 진보성 판단방법 : [1] 어느 특허발명의 특허청구범위에 기재된 청구항이 복수의 구성요소로 되어 있는 경우에는 각 구성요소가 유기적으로 결합한 전체로서의 기술사상이 진보성 판단의 대상이 되는 것이지 각 구성요소가 독립하여 진보성 판단의 대상이 되는 것은 아니므로, 그 특허발명의 진보성 여부를 판단함에 있어서는 청구항에 기재된 복수의 구성을 분해한 후 각각 분해된 개별 구성요소들이 공지된 것인지 여부만을 따져서는 안 되고, 특유의 과제 해결원리에 기초하여 유기적으로 결합된 전체로서의 구성의 곤란성을 따져 보아야 할 것이며, 이때 결합된 전체 구성으로서의 발명이 갖는 특유한 효과도 함께 고려하여야 한다. 기출 25 [2] 여러 선행기술문헌을 인용하여 특허발명의 진보성을 판단함에 있어서는 그 인용되는 기술을 조합 또는 결합하면 당해 특허발명에 이를 수 있다는 암시·동기 등이 선행기술문헌에 제시되어 있거나, 그렇지 않더라도 당해 특허발명의 출원 당시의 기술수준, 기술상식, 해당 기술분야의 기본적 과제, 발전경향, 해당 업계의 요구 등에 비추어 보아 그 기술분야에 통상의 지식을 가진 자가 용이하게 그와 같은 결합에 이를 수 있다고 인정할 수 있는 경우에는 당해 특허발명의 진보성은 부정된다(判例 2005후3284).

기출 16·20

⑧ 수치한정발명 진보성 판단방법
  ㉠ 어떠한 특허발명이 그 출원 전에 공지된 발명이 가지는 구성요소의 범위를 수치로써 한정하여 표현한 경우에, 그 한정한 수치범위 내외에서 이질적이거나 현저한 효과의 차이가 생기지 아니한다면, 이는 그 기술분야에서 통상의 지식을 가진 사람(이하 '통상의 기술자'라고 한다)이 통상적이고 반복적인 실험을 통하여 적절히 선택할 수 있는 정도의 단순한 수치한정에 불과하므로, 그 수치한정을 이유로 진보성이 부정되지 아니한다고 할 수 있다(대법원 1993. 2. 12. 선고 92다40563 판결 참조). 그리고 그 특허발명이 공지된 발명과 과제가 공통되고 수치한정의 유무에서만 차이가 있을 뿐이며 그 특허발명의 명세서에 한정된 수치를 채용함에 따른 현저한 효과 등이 기재되어 있지 않다면, 특별한 사정이 없는 한 그와 같이 한정한 수치범위 내외에서 현저한 효과의 차이가 생긴다고 보기 어렵다(대법원 1994. 5. 13. 선고 93후657 판결, 대법원 2007. 11. 16. 선고 2007후1299 판결 등 참조)(判例 2012후238).
  ㉡ 그 특허발명에 진보성을 인정할 수 있는 다른 구성요소가 부가되어 있어서 그 특허발명에서의 수치한정이 보충적인 사항에 불과하거나, 수치한정을 제외한 양 발명의 구성이 동일하더라도 그 수치한정이 공지된 발명과는 상이한 과제를 달성하기 위한 기술수단으로서의 의의를 가지고 그 효과도 이질적인 경우라면, 수치한정의 임계적 의의가 없다고 하여 특허발명의 진보성이 부정되지 아니한다(判例 2008후4998). 기출 15
⑨ 파라미터발명 진보성 판단방법 : 성질 또는 특성 등에 의해 물(物)을 특정하려고 하는 기재를 포함하는 특허발명과, 이와 다른 성질 또는 특성 등에 의해 물을 특정하고 있는 인용발명을 대비할 때, 특허발명의 특허청구범위에 기재된 성질 또는 특성이 다른 정의(定義) 또는 시험·측정방법에 의한 것으로 환산이 가능하여 환산해 본 결과 인용발명의 대응되는 것과 동일·유사하거나 또는 특허발명의 명세서의 상세한 설명에 기재된 실시형태와 인용발명의 구체적 실시형태가 동일·유사한 경우에는, 달리 특별한 사정이 없는 한, 양 발명은 발명에 대한 기술적인 표현만 달리할 뿐 실질적으로는 동일·유사한 것으로 보아야 할 것이므로, 이러한 특허발명은 신규성 및 진보성을 인정하기 어렵다(判例 2001후2658).

⑩ **의약용도발명**
  ㉠ **투여용법, 투여용량 부가의 진보성 판단방법** : 의약개발 과정에서는 약효증대 및 효율적인 투여방법 등의 기술적 과제를 해결하기 위하여 적절한 투여용법과 투여용량을 찾아내려는 노력이 통상적으로 행하여지고 있으므로 특정한 투여용법과 투여용량에 관한 용도발명의 진보성이 부정되지 않기 위해서는 출원 당시의 기술수준이나 공지기술 등에 비추어 그 발명이 속하는 기술분야에서 통상의 지식을 가진 사람이 예측할 수 없는 현저하거나 이질적인 효과가 인정되어야 한다(判例 2014후2702). 기출 25
  ㉡ **의약용도 발명에서 선행발명에 임상시험 치료효과가 확인될 것이 요구되는지여부** : 의약용도발명에서는 통상의 지식을 가진 사람이 선행발명들로부터 특정 물질의 특정 질병에 대한 치료효과를 쉽게 예측할 수 있는 정도에 불과하다면 진보성이 부정되고, 이러한 경우 선행발명들에서 임상시험 등에 의한 치료효과가 확인될 것까지 요구된다고 볼 수 없다(判例 2016후502). 기출 20·22

⑪ **결정형 발명의 진보성 판단방법** : [3] 결정형 발명의 구성의 곤란성을 판단할 때에는, 결정형 발명의 기술적 의의와 특유한 효과, 그 발명에서 청구한 특정한 결정형의 구조와 제조방법, 선행발명의 내용과 특징, 통상의 기술자의 기술수준과 출원 당시의 통상적인 다형체 스크리닝 방식 등을 기록에 나타난 자료에 기초하여 파악한 다음, 선행발명 화합물의 결정다형성이 알려졌거나 예상되었는지, 결정형 발명에서 청구하는 특정한 결정형에 이를 수 있다는 가르침이나 암시, 동기 등이 선행발명이나 선행기술문헌에 나타나 있는지, 결정형 발명의 특정한 결정형이 선행발명 화합물에 대한 통상적인 다형체 스크리닝을 통해 검토될 수 있는 결정다형의 범위에 포함되는지, 그 특정한 결정형이 예측할 수 없는 유리한 효과를 가지는지 등을 종합적으로 고려하여, 통상의 기술자가 선행발명으로부터 결정형 발명의 구성을 쉽게 도출할 수 있는지를 살펴보아야 한다. [4] 결정형 발명의 효과가 선행발명 화합물의 효과와 질적으로 다르거나 양적으로 현저한 차이가 있는 경우에는 진보성이 부정되지 않는다. 결정형 발명의 효과의 현저성은 그 발명의 명세서에 기재되어 통상의 기술자가 인식하거나 추론할 수 있는 효과를 중심으로 판단하여야 하고, 만일 그 효과가 의심스러울 때에는 그 기재 내용의 범위를 넘지 않는 한도에서 출원일 이후에 추가적인 실험 자료를 제출하는 등의 방법으로 그 효과를 구체적으로 주장·증명하는 것이 허용된다(判例 2018후10923).

05 확대된 선출원

(1) 법조문

> **제29조(특허요건)**
> ③ 특허출원한 발명이 다음 각 호의 요건을 모두 갖춘 다른 특허출원의 출원서에 최초로 첨부된 명세서 또는 도면에 기재된 발명과 동일한 경우에 그 발명은 제1항에도 불구하고 특허를 받을 수 없다. 다만, 그 특허출원의 발명자와 다른 특허출원의 발명자가 같거나 그 특허출원을 출원한 때의 출원인과 다른 특허출원의 출원인이 같은 경우에는 그러하지 아니하다. `기출 15·17·25`
> 1. 그 특허출원일 전에 출원된 특허출원일 것
> 2. 그 특허출원 후 제64조에 따라 출원공개되거나 제87조 제3항에 따라 등록공고된 특허출원일 것 `기출 17`
> ④ 특허출원한 발명이 다음 각 호의 요건을 모두 갖춘 실용신안등록출원의 출원서에 최초로 첨부된 명세서 또는 도면에 기재된 고안(考案)과 동일한 경우에 그 발명은 제1항에도 불구하고 특허를 받을 수 없다. 다만, 그 특허출원의 발명자와 실용신안등록출원의 고안자가 같거나 그 특허출원을 출원한 때의 출원인과 실용신안등록출원의 출원인이 같은 경우에는 그러하지 아니하다.
> 1. 그 특허출원일 전에 출원된 실용신안등록출원일 것
> 2. 그 특허출원 후 「실용신안법」 제15조에 따라 준용되는 이 법 제64조에 따라 출원공개되거나 「실용신안법」 제21조 제3항에 따라 등록공고된 실용신안등록출원일 것
> ⑤ 제3항을 적용할 때 다른 특허출원이 제199조 제2항에 따른 국제특허출원(제214조 제4항에 따라 특허출원으로 보는 국제출원을 포함한다)인 경우 제3항 본문 중 "출원서에 최초로 첨부된 명세서 또는 도면"은 "국제출원일까지 제출한 발명의 설명, 청구범위 또는 도면"으로, 같은 항 제2호 중 "출원공개"는 "출원공개 또는 「특허협력조약」 제21조에 따라 국제공개"로 본다.
> ⑥ 제4항을 적용할 때 실용신안등록출원이 「실용신안법」 제34조 제2항에 따른 국제실용신안등록출원(같은 법 제40조 제4항에 따라 실용신안등록출원으로 보는 국제출원을 포함한다)인 경우 제4항 본문 중 "출원서에 최초로 첨부된 명세서 또는 도면"은 "국제출원일까지 제출한 고안의 설명, 청구범위 또는 도면"으로, 같은 항 제2호 중 "출원공개"는 "출원공개 또는 「특허협력조약」 제21조에 따라 국제공개"로 본다.
> ⑦ 제3항 또는 제4항을 적용할 때 제201조 제4항에 따라 취하한 것으로 보는 국제특허출원 또는 「실용신안법」 제35조 제4항에 따라 취하한 것으로 보는 국제실용신안등록출원은 다른 특허출원 또는 실용신안등록출원으로 보지 아니한다.

(2) 진보성과 구별됨

확대된 선출원에 관한 구 특허법(2006.3.3. 법률 제7871호로 개정되기 전의 것) 제29조 제3항에서 규정하는 발명의 동일성은 발명의 진보성과는 구별되는 것으로서 두 발명의 기술적 구성이 동일한가 여부에 의하되 발명의 효과도 참작하여 판단할 것인데, 기술적 구성에 차이가 있더라도 그 차이가 과제해결을 위한 구체적 수단에서 주지·관용기술의 부가·삭제·변경 등에 지나지 아니하여 새로운 효과가 발생하지 않는 정도의 미세한 차이에 불과하다면 두 발명은 서로 실질적으로 동일하다고 할 것이나, 두 발명의 기술적 구성의 차이가 위와 같은 정도를 벗어난다면 설사 그 차이가 해당 발명이 속하는 기술분야에서 통상의 지식을 가진 사람이 쉽게 도출할 수 있는 범위 내라고 하더라도 두 발명을 동일하다고 할 수 없다(判例 2010후2179).

(3) 미완성발명이 인용발명이 될 수 있는지 여부

미완성 발명이란 통상의 기술자가 반복 실시하여 목적하는 기술적 효과를 얻을 수 있을 정도까지 구체적 객관적으로 구성되어 있지 아니한 발명으로서, 그 해당 여부는 특허출원의 명세서에 기재된 발명의 목적, 구성 및 작용효과 등을 전체적으로 고려하여 출원 당시의 기술수준에 입각하여 판단하여야 하고 특허법 제29조 제3항에서 규정하는 이른바 확대된 선원의 지위는 문제의 선출원 발명이 완성된 발명임을 전제로 하는 것이므로 성질상 미완성발명은 위 규정에 의한 확대된 선원의 지위를 가질 수 없다(判例 2011허1746).

(4) 타출원의 유형에 따른 판단 방법

① 타출원이 분할출원 또는 변경출원인 경우 : 타출원의 출원일은 분할 또는 변경출원일이다(法 제52조 제2항, 제53조 제2항).

② 타출원이 조약우선권주장을 수반한 출원인 경우 : 제1국 출원의 최초 명세서 또는 도면과 우선권주장수반출원의 최초 명세서 또는 도면에 공통으로 기재된 발명에 대하여 제1국 출원일을 타출원의 출원일로 인정하여(法 제54조 제1항), 우선권주장출원의 출원공개 또는 등록공고와의 사이에 확대된 선출원 지위를 인정한다.

③ 타출원이 국내우선권주장을 수반한 출원인 경우
   ㉠ 선출원과 후출원의 최초 명세서 또는 도면에 공통으로 기재된 발명에 대해서 선출원의 출원일을 타출원의 출원일로 하여 확대된 선출원 규정을 적용한다.
   ㉡ 선출원의 최초 명세서 또는 도면에는 기재되어 있지 않고 후출원의 최초 명세서 또는 도면에만 기재된 발명에 대해서는 후출원의 출원일을 타출원의 출원일로 하여 확대된 선출원 규정을 적용한다.
   ㉢ 선출원은 출원일로부터 1년 3개월 경과한 후 취하간주되어 출원공개되지 않으므로, 후출원이 출원공개 또는 등록공고되었을 때를 타출원의 출원공개 또는 등록공고된 것으로 본다.
   ㉣ 선출원이 국내우선권주장을 수반하는 출원일 경우 선출원의 우선권주장기초출원, 선출원, 후출원의 최초 명세서 또는 도면에 공통으로 기재된 발명에 대해서는 후출원의 출원일을 타출원의 출원일로 하여 확대된 선출원 규정을 적용한다.
   ㉤ 국제특허출원을 선출원으로 하여 이를 기초로 국내우선권주장을 한 타출원(후출원)의 경우, 국제특허출원과 후출원의 최초 명세서 또는 도면에 공통으로 기재된 발명은 국제출원일을 타출원의 출원일로 하여 확대된 선출원 규정을 적용한다.

④ 타출원이 국제특허출원일 경우
   ㉠ 타출원이 국제특허출원일 경우 '출원공개'는 '출원공개 또는 특허협력조약 제21조에 따라 국제공개'로, '출원서에 최초로 첨부된 명세서 또는 도면'은 '국제출원일까지 제출한 발명의 설명, 청구범위 또는 도면'으로 본다.
   ㉡ 타출원의 출원인이 국내서면제출기간에 발명의 설명 및 청구범위의 국어번역문을 제출하지 않아 취하한 것으로 보는 국제특허출원 또는 국제실용신안등록출원의 경우 확대된 선출원의 지위를 인정하지 않는다.

06 선출원

(1) 법조문

> **제36조(선출원)**
> ① 동일한 발명에 대하여 다른 날에 둘 이상의 특허출원이 있는 경우에는 먼저 특허출원한 자만이 그 발명에 대하여 특허를 받을 수 있다. 기출 15
> ② 동일한 발명에 대하여 같은 날에 둘 이상의 특허출원이 있는 경우에는 특허출원인 간에 협의하여 정한 하나의 특허출원인만이 그 발명에 대하여 특허를 받을 수 있다. 다만, 협의가 성립하지 아니하거나 협의를 할 수 없는 경우에는 어느 특허출원인도 그 발명에 대하여 특허를 받을 수 없다. 기출 17·25
> ③ 특허출원된 발명과 실용신안등록출원된 고안이 동일한 경우 그 특허출원과 실용신안등록출원이 다른 날에 출원된 것이면 제1항을 준용하고, 그 특허출원과 실용신안등록출원이 같은 날에 출원된 것이면 제2항을 준용한다.
> ④ 특허출원 또는 실용신안등록출원이 다음 각 호의 어느 하나에 해당하는 경우 그 특허출원 또는 실용신안등록출원은 제1항부터 제3항까지의 규정을 적용할 때에는 처음부터 없었던 것으로 본다. 다만, 제2항 단서(제3항에 따라 준용되는 경우를 포함한다)에 해당하여 그 특허출원 또는 실용신안등록출원에 대하여 거절결정이나 거절한다는 취지의 심결이 확정된 경우에는 그러하지 아니하다. 기출 25
> 1. 포기, 무효 또는 취하된 경우
> 2. 거절결정이나 거절한다는 취지의 심결이 확정된 경우
> ⑤ 발명자 또는 고안자가 아닌 자로서 특허를 받을 수 있는 권리 또는 실용신안등록을 받을 수 있는 권리의 승계인이 아닌 자가 한 특허출원 또는 실용신안등록출원은 제1항부터 제3항까지의 규정을 적용할 때에는 처음부터 없었던 것으로 본다.
> ⑥ 특허청장은 제2항의 경우에 특허출원인에게 기간을 정하여 협의의 결과를 신고할 것을 명하고, 그 기간에 신고가 없으면 제2항에 따른 협의는 성립되지 아니한 것으로 본다.

(2) 판단방법 일반

① 이일 출원의 경우 : 동일한 발명에 대해 다른 날에 2 이상의 특허출원이 있는 때에는 먼저 출원한 자만이 그 발명에 대해 특허를 받을 수 있다. 발명과 실용신안등록출원의 고안이 동일한 경우에도 마찬가지로 적용된다.

② 동일 출원의 경우
  ㉠ 동일한 발명에 대하여 같은 날 2 이상의 특허출원이 있는 때에는 특허 출원인의 협의에 의해 정해진 하나의 특허출원인만이 그 발명에 대해 특허를 받을 수 있고, 협의가 성립하지 않거나 협의할 수 없을 때에는 어느 출원인도 특허를 받을 수 없다(法 제36조 제2항·제3항).
  ㉡ 특허청장은 동일 출원의 경우 특허출원인에게 기간을 정하여 협의 결과를 신고할 것을 명하고, 그 기간에 신고가 없으면 협의가 불성립한 것으로 본다(法 제36조 제6항).

(3) 동일인이 중복출원 한 경우 협의가 불성립한 것으로 곧바로 볼 수 있는지 여부

동일출원인에 의한 출원경합에 대한 실용신안법 제7조 제1항 단서의 적용에 있어서는 특단의 사정이 없는 한 동일출원인사이의 협의는 있을 수가 없으므로 동일출원인이 동일고안을 2 이상 출원하였을 때에는 위 단서 후단이 정하는 협의가 성립되지 아니하거나 협의를 할 수 없을 때에 해당하는 것으로 어느 출원도 실용신안등록을 받을 수 없다(判例 85후14).

(4) 무효가 된 선출원의 선출원 지위 여부

동일인이 동일고안에 대하여 같은 날에 경합출원을 하여 모두 등록이 된 경우에 그 후 어느 한쪽의 등록이 무효로 확정되었다면 나머지 등록을 유지, 존속시켜 주는 것이 타당하고 당초에 경합출원이었다는 사실만으로 나머지 등록까지 모두 무효로 볼 것이 아니다. 위법[구 실용신안법(1980.12.13. 개정 전의 법률)] 제7조 제3항에서 동일한 내용의 실용신안등록출원이 경합하거나 실용신안등록출원과 특허출원이 경합한 경우에 그 어느 하나가 무효 또는 취하되었거나 포기된 때에는 그 실용신안등록출원 또는 특허출원은 처음부터 없었던 것으로 본다고 규정한 취지에 미루어 보더라도 위와 같이 해석하는 것이 타당하다(判例 89후1103).

(5) 포기한 선출원의 선출원 지위 여부

구 특허법(2001.2.3. 법률 제6411호로 개정되기 전의 것, 이하 같다) 제36조는 제2항은 "동일한 발명에 대하여 같은 날에 2 이상의 특허출원이 있는 때에는 특허출원인의 협의에 의하여 정하여진 하나의 특허출원인만이 그 발명에 대하여 특허를 받을 수 있다. 협의가 성립하지 아니하거나 협의를 할 수 없는 때에는 어느 특허출원인도 그 발명에 대하여 특허를 받을 수 없다.", 같은 조 제3항은 "특허출원에 대한 발명과 실용신안등록출원에 대한 고안이 동일한 경우 그 특허출원과 실용신안등록출원이 같은 날에 출원된 것일 때에는 제2항의 규정을 준용한다.", 같은 조 제4항은 "특허출원 또는 실용신안등록출원이 무효 또는 취하되거나 실용신안등록출원이 각하된 때에는 그 특허출원 또는 실용신안등록출원은 제1항 내지 제3항의 규정을 적용함에 있어서는 처음부터 없었던 것으로 본다."고 규정하고 있으며, 한편 제133조 제1항 제1호는 제36조 제1항 내지 제3항에 위반된 경우 이해관계인은 특허의 무효심판을 청구할 수 있도록 규정하고 있다. 이와 같이 구 특허법은 동일한 발명에 대하여 같은 날 2 이상의 특허출원이 있는 경우(이하 '경합출원'이라고 한다) 이를 등록무효 사유로 규정하면서, 다만 특허출원인의 협의가 있거나 특허출원이 무효 또는 취하된 때에 한하여 예외적으로 특허를 받을 수 있도록 규정하고 있을 뿐, 특허권이나 실용신안권의 포기를 그 예외사유로 규정하고 있지는 아니한 점, 따라서 그 포기에 의하여 경합출원의 하자가 치유되어 제3자에 대한 관계에서 특허권의 효력을 주장할 수 있다고 보는 것은 우선 명문의 근거가 없을 뿐만 아니라, 권리자가 포기의 대상과 시기를 임의로 선택할 수 있어 권리관계가 불확정한 상태에 놓이게 되는 등 법적 안정성을 해칠 우려가 있는 점, 특허권이나 실용신안권의 포기는 그 출원의 포기와는 달리 소급효가 없음에도(구 특허법 제120조 참조) 결과적으로 그 포기에 소급효를 인정하는 셈이 되어 부당하며, 나아가 특허권 등의 포기는 등록만으로 이루어져 대외적인 공시방법으로는 충분하지 아니한 점 등을 종합하여 보면, 출원이 경합된 상태에서 등록된 특허권이나 실용신안권 중 어느 하나에 대하여 사후 권리자가 그 권리를 포기했다 하더라도 경합출원으로 인한 하자가 치유된다고 보기는 어렵다 할 것이다(判例 2005후3017). 기출 17

(6) 선출원에서의 동일성 판단방법

특허법 제36조 제1항은 동일한 발명에 대하여는 최선출원에 한하여 특허를 받을 수 있다고 규정하여 동일한 발명에 대한 중복등록을 방지하기 위하여 선원주의를 채택하고 있다.

전후로 출원된 양 발명이 동일하다고 함은 그 기술적 구성이 전면적으로 일치하는 경우는 물론 그 범위에 차이가 있을 뿐 부분적으로 일치하는 경우라도 특별한 사정이 없는 한, 양 발명은 동일하고, 비록 양 발명의 구성에 상이점이 있어도 그 기술분야에 통상의 지식을 가진 자가 보통으로 채용하는 정도의 변경에 지나지 아니하고 발명의 목적과 작용효과에 특별한 차이를 일으키지 아니하는 경우에는 양 발명은 역시 동일한 발명이다(判例 2007후2827).

(7) 카테고리 다른 발명 간 동일성 판단방법

구 특허법(2001.2.3. 법률 제6411호로 개정되기 전의 것) 제36조를 적용하기 위한 전제로서 두 발명이 서로 동일한 발명인지 여부는 대비되는 두 발명의 실체를 파악하여 따져보아야 할 것이지 표현양식에 따른 차이에 따라 판단할 것은 아니므로, 대비되는 두 발명이 각각 물건의 발명과 방법의 발명으로 서로 발명의 범주가 다르다고 하여 곧바로 동일한 발명이 아니라고 단정할 수 없다(判例 2005후3017).

07 쉽게 실시 요건

(1) 법조문

> **제42조(특허출원)**
> ③ 제2항에 따른 발명의 설명은 다음 각 호의 요건을 모두 충족하여야 한다.
>   1. 그 발명이 속하는 기술분야에서 통상의 지식을 가진 사람이 그 발명을 쉽게 실시할 수 있도록 명확하고 상세하게 적을 것

(2) 통상의 기술자 수준

특허법 제42조 제3항 제1호에서 규정한 '그 발명이 속하는 기술분야에서 통상의 지식을 가진 자가 용이하게 실시할 수 있을 정도'란 그 출원에 관한 발명이 속하는 기술분야에서 보통 정도의 기술적 이해력을 가진 자, 즉 통상의 기술자가 당해 발명을 명세서 기재에 의하여 출원시의 기술수준으로 보아 특수한 지식을 부가하지 않고서도 정확하게 이해할 수 있고 동시에 재현할 수 있는 정도를 뜻한다 (判例 2005후3338).

(3) 쉽게 실시할 수 있을 것

① **"쉽게 실시할 수 있도록" 판단방법** : 구 특허법(2007.1.3. 법률 제8197호로 개정되기 전의 것. 이하 같다) 제42조 제3항 제1호는 발명의 상세한 설명에는 그 발명이 속하는 기술분야에서 통상의 지식을 가진 이(이하 '통상의 기술자'라고 한다)가 용이하게 실시할 수 있을 정도로 그 발명의 목적·구성 및 효과를 기재하여야 한다고 정하고 있다. 이는 특허출원된 발명의 내용을 제3자가 명세서만으로 쉽게 알 수 있도록 공개하여 특허권으로 보호받고자 하는 기술적 내용과 범위를 명확하게 하기 위한 것이므로, 위 조항에서 요구하는 명세서 기재의 정도는 통상의 기술자가 출원시의 기술수준으로 보아 과도한 실험이나 특수한 지식을 부가하지 아니하고서도 명세서의 기재에 의하여 당해 발명을 정확하게 이해할 수 있고 동시에 재현할 수 있는 정도를 말한다(판례 2012후2586). 기출 25

② **쉽게 실시할 수 있도록 판단방법(물건발명의 경우)** : 구 특허법(2007.1.3. 법률 제8197호로 개정되기 전의 것) 제42조 제3항 제1호는 발명의 상세한 설명에는 그 발명이 속하는 기술분야에서 통상의 지식을 가진 자(이하 '통상의 기술자'라고 한다)가 용이하게 실시할 수 있을 정도로 그 발명의 목적·구성 및 효과를 기재하여야 한다고 규정하고 있는데, 이는 특허출원된 발명의 내용을 제3자가 명세서만으로 쉽게 알 수 있도록 공개하여 특허권으로 보호받고자 하는 기술적 내용과 범위를 명확하게 하기 위한 것이다.

그런데 '물건의 발명'의 경우 그 발명의 '실시'라고 함은 그 물건을 생산, 사용하는 등의 행위를 말하므로, 물건의 발명에서 통상의 기술자가 특허출원 당시의 기술수준으로 보아 과도한 실험이나 특수한 지식을 부가하지 않고서도 발명의 상세한 설명에 기재된 사항에 의하여 물건 자체를 생산하고 이를 사용할 수 있고, 구체적인 실험 등으로 증명이 되어 있지 않더라도 특허출원 당시의 기술수준으로 보아 통상의 기술자가 발명의 효과의 발생을 충분히 예측할 수 있다면, 위 조항에서 정한 기재요건을 충족한다고 볼 수 있다(판례 2014후2061). 기출 22

③ **쉽게 실시할 수 있도록 판단방법(화학발명의 경우)**

㉠ 일반적으로 기계장치 등에 관한 발명에 있어서는 특허출원의 명세서에 실시예가 기재되지 않더라도 당업자가 발명의 구성으로부터 그 작용과 효과를 명확하게 이해하고 용이하게 재현할 수 있는 경우가 많으나, 이와는 달리 이른바 실험의 과학이라고 하는 화학발명의 경우에는 당해 발명의 내용과 기술수준에 따라 차이가 있을 수는 있지만 예측가능성 내지 실현가능성이 현저히 부족하여 실험데이터가 제시된 실험예가 기재되지 않으면 당업자가 그 발명의 효과를 명확하게 이해하고 용이하게 재현할 수 있다고 보기 어려워 완성된 발명으로 보기 어려운 경우가 많고, 특히 약리효과의 기재가 요구되는 의약의 용도발명에 있어서는 그 출원 전에 명세서 기재의 약리효과를 나타내는 약리기전이 명확히 밝혀진 경우와 같은 특별한 사정이 있지 않은 이상 특정 물질에 그와 같은 약리효과가 있다는 것을 약리데이터 등이 나타난 시험예로 기재하거나 또는 이에 대신할 수 있을 정도로 구체적으로 기재하여야만 비로소 발명이 완성되었다고 볼 수 있는 동시에 명세서의 기재요건을 충족하였다고 볼 수 있다(판례 2012허5707).

㉡ 이와 같이 시험예의 기재가 필요함에도 불구하고 최초 명세서에 그 기재가 없던 것을 추후 보정에 의하여 보완하는 것은 명세서에 기재된 사항의 범위를 벗어난 것으로서 명세서의 요지를 변경한 것이다(판례 2001후65).

④ 청구항에 기재된 발명 외의 오류가 있는 경우 본 호 위반인지 여부 : 구 특허법(2007.1.3. 법률 제8197호로 개정되기 전의 것. 이하 같다) 제42조 제3항 제1호는 발명의 상세한 설명에는 그 발명이 속하는 기술분야에서 통상의 지식을 가진 이(이하 '통상의 기술자'라고 한다)가 용이하게 실시할 수 있을 정도로 그 발명의 목적·구성 및 효과를 기재하여야 한다고 정하고 있다. 이는 특허출원된 발명의 내용을 제3자가 명세서만으로 쉽게 알 수 있도록 공개하여 특허권으로 보호받고자 하는 기술적 내용과 범위를 명확하게 하기 위한 것이므로, 위 조항에서 요구하는 명세서 기재의 정도는 통상의 기술자가 출원시의 기술수준으로 보아 과도한 실험이나 특수한 지식을 부가하지 아니하고서도 명세서의 기재에 의하여 당해 발명을 정확하게 이해할 수 있고 동시에 재현할 수 있는 정도를 말한다. 여기에서 실시의 대상이 되는 발명은 청구항에 기재된 발명을 가리키는 것이라고 할 것이므로, 발명의 상세한 설명의 기재에 오류가 있다고 하더라도 그러한 오류가 청구항에 기재되어 있지 아니한 발명에 관한 것이거나 청구항에 기재된 발명의 실시를 위하여 필요한 사항 이외의 부분에 관한 것이어서 그 오류에도 불구하고 통상의 기술자가 청구항에 기재된 발명을 정확하게 이해하고 재현하는 것이 용이한 경우라면 이를 들어 구 특허법 제42조 제3항 제1호에 위배된다고 할 수 없다(判例 2012후2586).

⑤ 범용성 있는 기술의 구성을 명시하지 않은 경우, 본 호 위반인지 여부 : 특허발명이 이용하고 있는 어떤 기술수단이 특허출원 당시의 기술수준에 비추어 범용성이 있는 것으로서 그 구성을 명시하지 아니하더라도 이해할 수 있는 것일 때는 구태여 그 기술수단의 내용을 기재할 필요가 없다(대법원 1992.7.28. 선고 92후49 판결 참조)(判例 2015허8127).

⑥ 논문을 참작하여 효과를 기재하지 않은 경우, 본 호 위반인지 여부 : 특허법 제42조 제3항의 규정은 특허출원된 발명의 내용을 제3자가 명세서만으로 쉽게 알 수 있도록 공개하여 특허권으로 보호받고자 하는 기술적 내용과 범위를 명확하게 하기 위한 것이므로, 통상의 기술자가 당해 발명을 명세서 기재에 의하여 출원시의 기술수준으로 보아 특수한 지식을 부가하지 않고서도 정확하게 이해할 수 있고 동시에 재현할 수 있는 정도를 말하는 것이며, 박사학위 논문은 공공도서관이나 대학도서관 등에 입고된 경우 일반 공중이 그 기재 내용을 인식할 수 있는 상태에 놓이게 되는 것으로서 통상의 기술자가 과도한 실험이나 특별한 지식을 부가하지 않고도 그 내용을 이해할 수 있는 것이다(判例 2003후2072).

⑦ 실시예가 적혀있지 않은 경우, 본 호 위반인지 여부 : 당해 발명의 성격이나 기술내용 등에 따라서는 명세서에 실시례가 기재되어 있지 않다고 하더라도 통상의 기술자가 발명을 정확하게 이해하고 재현하는 것이 용이한 경우도 있으므로 구 특허법(2007.1.3. 법률 제8197호로 개정되기 전의 것) 제42조 제3항 제1호가 정한 명세서 기재요건을 충족하기 위해서 항상 실시례가 기재되어야만 하는 것은 아니다(判例 2010후582).

⑧ 선택발명의 경우 비교실험자료를 기재하여야 하는지 여부 : 선행 또는 공지의 발명에 구성요건이 상위개념으로 기재되어 있고 위 상위개념에 포함되는 하위개념만을 구성요건 중의 전부 또는 일부로 하는 이른바 선택발명은 선행발명이 선택발명을 구성하는 하위개념을 구체적으로 개시하지 아니하고, 선택발명에 포함되는 하위개념들 모두가 선행발명이 갖는 효과와 질적으로 다른 효과를 갖고 있거나, 질적인 차이가 없더라도 양적으로 현저한 차이가 있는 경우에 한하여 특허를 받을 수 있고, 선택발명의 상세한 설명에 그와 같은 효과가 있음을 구체적으로 확인할 수 있는 비교실험자료 또는 대비결과까지 기재하여야 하는 것은 아니라고 하더라도 통상의 기술자가 선택발명으로서의 효과를 이해할 수 있을 정도로 명확하고 충분하게 기재하여야 명세서 기재요건이 구비되었다고 할 수 있다(判例 2005후3338).

⑨ 수치한정의 기술적의의가 없고, 적혀있지 않을 때, 본 호 위반인지 여부 : 또한 구성요소의 범위를 수치로써 한정하여 표현한 발명의 경우, 그러한 수치한정이 단순히 발명의 적당한 실시 범위나 형태 등을 제시하기 위한 것으로서 그 자체에 별다른 기술적 특징이 없어 통상의 기술자가 적절히 선택하여 실시할 수 있는 정도의 단순한 수치한정에 불과하다면, 그러한 수치한정에 대한 이유나 효과의 기재가 없어도 통상의 기술자로서는 과도한 실험이나 특수한 지식의 부가 없이 그 의미를 정확하게 이해하고 이를 재현할 수 있을 것이므로, 이런 경우에는 명세서에 수치한정의 이유나 효과가 기재되어 있지 않더라도 구 특허법(2007.1.3. 법률 제8197호로 개정되기 전의 것) 제42조 제3항에 위배된다고 할 수 없다(判例 2010후2582).

⑩ 미생물 발명
  ㉠ 법조문

> **특허법 시행령 제2조(미생물의 기탁)**
> ① 미생물에 관계되는 발명에 대하여 특허출원을 하려는 자는 특허출원 전에 다음 각 호의 어느 하나에 해당하는 기관에 특허청장이 정하여 고시하는 방법에 따라 해당 미생물을 기탁해야 한다. 다만, 해당 발명이 속하는 기술 분야에서 통상의 지식을 가진 자가 그 미생물을 쉽게 입수할 수 있는 경우에는 기탁하지 않을 수 있다. 기출 17·25
> ② 제1항에 따라 미생물을 기탁한 자는 특허출원서에 산업통상자원부령으로 정하는 방법에 따라 그 취지를 적고, 미생물의 기탁 사실을 증명하는 서류(국제기탁기관에 기탁한 경우에는 「특허절차상 미생물기탁의 국제적 승인에 관한 부다페스트조약 규칙」 제7규칙에 따른 수탁증 중 최신의 수탁증 사본을 말한다)를 첨부하여야 한다. 다만, 국내에 소재지가 있는 국내기탁기관 또는 국제기탁기관에 해당 미생물을 기탁한 경우에는 미생물의 기탁 사실을 증명하는 서류를 첨부하지 않을 수 있다. 〈신설 2014.12.30., 2022.4.19.〉
>
> **특허법 시행령 제3조(미생물에 관계되는 발명의 특허출원명세서 기재)**
> 미생물에 관계되는 발명에 대하여 특허출원을 하려는 자는 법 제42조 제2항에 따른 명세서(특허출원서에 최초로 첨부한 명세서를 말한다)를 적을 때 제2조 제1항 본문에 따라 미생물을 기탁한 경우에는 국내기탁기관, 국제기탁기관 또는 지정기탁기관에서 부여받은 수탁번호를, 같은 항 단서에 따라 그 미생물을 기탁하지 않은 경우에는 그 미생물의 입수방법을 적어야 한다.

> **특허법 시행령 제4조(미생물의 분양)**
> ① 제2조에 따라 기탁된 미생물에 관계되는 발명을 시험 또는 연구를 위하여 실시하려는 자는 다음 각 호의 어느 하나에 해당하는 경우 산업통상자원부령으로 정하는 바에 따라 국내기탁기관, 국제기탁기관 또는 지정기탁기관으로부터 그 미생물을 분양받을 수 있다.
> 　1. 그 미생물에 관계되는 발명에 대한 특허출원이 공개되거나 설정등록된 경우
> 　2. 법 제63조 제1항(법 제170조 제2항에서 준용하는 경우를 포함한다)에 따른 의견서를 작성하기 위하여 필요한 경우
> ② 제2조에 따라 미생물을 기탁한 자로부터 미생물 분양에 대한 허락을 받은 자는 국내기탁기관, 국제기탁기관 또는 지정기탁기관에 신청하여 해당 미생물을 분양받을 수 있다.
> ③ 제1항 및 제2항에 따라 미생물을 분양받은 자는 그 미생물을 타인에게 이용하게 해서는 아니 된다.

ⓛ 미생물을 기탁한 경우 기재요건

기재 사항	출원서	기탁의 취지를 적고, 미생물의 기탁사실을 증명하는 서류를 첨부해야 한다(시행령 제2조 제2항).
	명세서	특허출원서에 최초 첨부한 명세서에 국내기탁기관 또는 국제기탁기관 또는 지정기탁기관에서 부여받은 수탁번호를 적어야 한다(시행령 제3조).
위반 시 취급	방식심사	• 출원서에 취지 기재 ×, 증명서류 첨부 ○ • 출원서에 취지 기재 ○, 증명서류 첨부 × • 출원서에 취지 기재 ○, 증명서류 첨부 ○를 충족하였으나 특허출원 전 미생물을 기탁하지 않거나, 잘못 기재한 경우 : 방식 위반으로 보아 특허법 제46조 규정에 따라 보정명령을 내리고, 지정기간 내 흠결이 치유되지 않으면 기탁과 관련된 절차를 무효로 할 수 있다.
	실체심사	기탁과 관련된 절차에 흠이 있어 절차가 무효처분된 경우 특허법 제29조 제1항 본문 위반 또는 제42조 제3항 제1호 위반을 적용

ⓒ 최종생성물, 중간생성물을 반드시 기탁해야 하는 경우 : 특허법시행령 제2조는 미생물을 이용한 발명에 대하여 특허출원을 하고자 하는 자는 특허청장이 지정하는 기탁기관에 그 미생물을 기탁하고 그 기탁사실을 증명하는 서면을 출원서에 첨부하여야 하며, 다만 그 미생물이 그 발명이 속하는 기술분야에서 통상의 지식을 가진 자(당업자)가 용이하게 얻을 수 있는 때에는 기탁을 하지 아니할 수 있다고 규정하고 있는바, 이 규정의 취지는 극미의 세계에 존재하는 미생물의 성질상 그 미생물의 현실적 존재가 확인되고 이를 재차 입수할 수 있다는 보장이 없는 한 그 발명을 재현하여 산업상 이용할 수 없기 때문이라 할 것이고, 다만 최종 생성물이나 중간 생성물은 비록 그 자체가 기탁되어 있지 아니하더라도 이를 생성하는 과정에 필요한 출발 미생물들이 당업자가 용이하게 얻을 수 있는 것이고, 또 명세서에 이를 이용하여 중간 생성물이나 최종 생성물을 제조하는 과정이 당업자가 용이하게 재현할 수 있도록 기재되어 있는 경우라면 그 최종 생성물이나 중간 생성물 자체의 기탁을 요구할 것은 아니다(判例 2001후2238).

ⓓ 미생물기탁제도의 적용대상에서 제외되는 공지의 균주인지 여부의 판단 기준시 : 미생물의 기탁은 출원명세서의 기재를 보완하고자 하는 것이어서 그 미생물들이 공지의 균주이거나 그 발명이 속하는 기술분야에서 통상의 지식을 가진 자가 용이하게 얻을 수 있는 것인지 여부는 명세서 제출 당시인 출원시를 기준으로 하는 것이고, 그 명세서 공개 당시를 기준으로 판단하는 것은 아니다(判例 96후658).

ⓜ 미생물 발명의 성립성 만족을 위하여 필요한 절차 : 특허법시행령 제2조의 규정 취지는 극미의 세계에 존재하는 미생물의 성질상 그 미생물의 현실적 존재가 확인되고 이를 재차 입수할 수 있다는 보장이 없는 한 그 발명을 산업상 이용할 수 있는 것이라 할 수 없기 때문에 신규의 미생물은 이를 출원시에 기탁하게 하고, 다만 그 존재가 확인되고 용이하게 입수할 수 있는 미생물은 기탁할 필요가 없게 한 것인바, 따라서 미생물을 이용한 발명의 출원에 있어서는 그 명세서에 관련 미생물을 용이하게 입수할 수 있음을 입증하거나, 또는 특허청장이 지정한 기탁기관에 관련 미생물을 기탁하였다는 서면을 첨부하여야 하고, 그렇지 아니한 경우에는 이 발명은 미완성 발명으로 인정될 뿐이므로 특허청장이 반드시 그 관련미생물의 기탁에 대하여 보정을 명하여야 하는 것은 아니다(判例 96후658).
ⓑ 분할출원의 경우 : 이 사건 특허발명은 원출원발명으로부터 분할출원된 별개의 출원이므로 분할출원서에 재기탁 사실을 증명하는 서면을 첨부하거나 원출원시 제출한 서면을 원용한다는 기재가 있어야 함에도 불구하고, 이 사건 특허발명의 출원서에는 위와 같은 서면을 첨부하거나 원용한다는 기재도 없어, 발명이 완성되었다고 할 수 없다(判例 2003후2003).
ⓐ 미생물을 이용하는 발명 : 미생물 자체가 특허청구범위에 속하는 것은 아니지만, 특허청구범위를 재현하기 위하여 그 미생물을 이용하여야 하는 경우 이를 기탁하여야 한다(判例 90후2256).

⑪ **식물발명**
㉠ 의의 및 취지 : 반복생식이 가능한 변종식물에 대한 발명을 말한다. 구법 제31조에서는 무성적으로 반복 생식이 가능한 변종식물만을 특허로 보호하였으나, 2006년 개정법에서 법 제31조를 삭제하여 유성·무성 관계없이 변종식물에 대해 특허로서 보호받을 수 있도록 하였다.
기출 18·20

㉡ 식물발명, 기탁으로 명세서 기재 보충, 대체 할 수 있는지 여부 : 출원발명의 명세서에는 그 기술분야의 평균적 기술자가 출원발명의 결과물을 재현할 수 있도록 그 과정이 기재되어 있어야 하는 것이고, 식물발명이라 하여 그 결과물인 식물 또는 식물소재를 기탁함으로써 명세서의 기재를 보충하거나 그것에 대체할 수 없다(判例 96후2531). 기출 17·21

㉢ 장미의 변종 식물인 출원발명은 반복재현성이 없으므로 출원 당시에 완성된 발명이 아니어서 특허법 제29조 제1항 본문의 규정에 위배될 뿐 아니라, 그 명세서는 당업자가 용이하게 실시할 수 있도록 기재되어 있지 아니하여 특허법 제42조 제3항에 위배되므로 특허받을 수 없다(判例 2001허4722).

㉣ 출원발명의 명세서에는 그 출발이 된 배나무와 같은 특징을 가지고 있는 배나무 가지를 돌연변이 시키는 과정(육종경과)에 대한 기재가 없고, 또 자연상태에서 그러한 돌연변이가 생길 가능성이 극히 희박하다는 점은 자명하므로, 명세서의 기재불비로 인하여 특허법 제42조 제3항에 의하여 특허받을 수 없다(判例 96후2531).

08 뒷받침 요건

(1) 법조문

> **제42조(특허출원)**
> ④ 제2항에 따른 청구범위에는 보호받으려는 사항을 적은 항(이하 "청구항"이라 한다)이 하나 이상 있어야 하며, 그 청구항은 다음 각 호의 요건을 모두 충족하여야 한다. 기출 16
> 1. 발명의 설명에 의하여 뒷받침될 것

(2) 청구항이 발명의 설명에 의하여 뒷받침되었는지 판단방법

구 특허법(2007.1.3. 법률 제8197호로 개정되기 전의 것, 이하 같다) 제42조 제4항 제1호는 특허청구범위에 보호받고자 하는 사항을 기재한 청구항이 발명의 상세한 설명에 의하여 뒷받침될 것을 규정하고 있는데, 이는 특허출원서에 첨부된 명세서의 발명의 상세한 설명에 기재되지 아니한 사항이 청구항에 기재됨으로써 출원자가 공개하지 아니한 발명에 대하여 특허권이 부여되는 부당한 결과를 막으려는 데에 취지가 있다. 따라서 구 특허법 제42조 제4항 제1호가 정한 위와 같은 명세서 기재요건을 충족하는지는 위 규정 취지에 맞게 특허출원 당시의 기술수준을 기준으로 하여 통상의 기술자의 입장에서 특허청구범위에 기재된 발명과 대응되는 사항이 발명의 상세한 설명에 기재되어 있는지에 의하여 판단하여야 하므로, 특허출원 당시의 기술수준에 비추어 발명의 상세한 설명에 개시된 내용을 특허청구범위에 기재된 발명의 범위까지 확장 또는 일반화할 수 있다면 그 특허청구범위는 발명의 상세한 설명에 의하여 뒷받침된다(判例 2014후2061).

(3) 뒷받침되었는지 판단 위해, 도면을 참작할 수 있는지 여부

도면은 특허출원서에 반드시 첨부하여야 하는 것은 아니고 도면만으로 발명의 상세한 설명을 대체할 수는 없지만, 도면은 실시예 등을 구체적으로 보여줌으로써 발명의 구성을 더욱 쉽게 이해할 수 있도록 해주는 것으로서 도면이 첨부되어 있는 경우에는 도면 및 도면의 간단한 설명을 종합적으로 참작하여 발명의 상세한 설명이 청구항을 뒷받침하고 있는지 여부를 판단할 수 있다(判例 2004후776).

(4) 뒷받침되었는지 판단 방법이 法 제42조 제3항 제1호와 판단 방법이 같은지 여부

특허법 제42조 제4항 제1호는 특허청구범위에 보호받고자 하는 사항을 기재한 청구항이 발명의 상세한 설명에 의하여 뒷받침될 것을 규정하고 있는데, 이는 특허출원서에 첨부된 명세서의 발명의 상세한 설명에 기재되지 아니한 사항이 청구항에 기재됨으로써 출원자가 공개하지 아니한 발명에 대하여 특허권이 부여되는 부당한 결과를 막으려는 데에 취지가 있다. 따라서 특허법 제42조 제4항 제1호가 정한 위와 같은 명세서 기재요건을 충족하는지 여부는, 위 규정 취지에 맞게 특허출원 당시의 기술수준을 기준으로 하여 그 발명이 속하는 기술 분야에서 통상의 지식을 가진 자(이하 '통상의 기술자'라 한다)의 입장에서 특허청구범위에 기재된 사항과 대응되는 사항이 발명의 상세한 설명에 기재되어 있는지 여부에 의하여 판단하여야 하고, 규정 취지를 달리하는 특허법 제42조 제3항 제1호가 정한 것처럼 발명의 상세한 설명에 통상의 기술자가 그 발명을 쉽게 실시할 수 있도록 명확하고 상세하게 기재되어 있는지 여부에 의하여 판단하여서는 아니 된다(判例 2012후832). 기출 16

(5) 심사기준 – 발명의 설명에 의해 뒷받침되지 않는 유형

① 청구항에 기재된 사항과 대응되는 사항이 발명의 설명에 직접적으로 기재되어 있지 않고 암시도 되어 있지 않은 경우
   (예1) 청구항에서 구체적인 수치한정을 하고 있으나 발명의 설명에는 그 수치에 대하여 기재되어 있지 않은 경우
   (예2) 청구항에는 초음파모터를 이용한 발명에 대해서만 기재하고 있으나 발명의 설명에는 직류모터를 이용한 발명만 기재하고 있는 경우. 다만, 발명의 설명에 실시예로 직류모터에 대해 기재하고 있으나 다른 모터도 이용할 수 있다는 기재가 있고, 출원 당시의 기술 상식으로 판단했을 때 초음파모터를 이용한 실시도 가능한 경우에는 발명의 설명에 의해 뒷받침되는 것으로 인정할 수 있다.
② 발명의 설명과 청구항에 기재된 발명 상호 간에 용어가 통일되어 있지 않아 양자의 대응관계가 불명료한 경우
③ 청구항에 기재된 사항이 특정 기능을 수행하기 위한 '수단(means)' 또는 '공정(step)'으로 기재되어 있으나 이들 수단 또는 공정에 대응하는 구체적인 구성이 발명의 설명에 기재되어 있지 않은 경우
④ 출원시 해당 기술분야의 기술상식에 비추어 보아 발명의 설명에 기재된 내용을 청구된 발명의 범위까지 확장하거나 일반화할 수 없는 경우
   (예1) 청구항에는 달성하고자 하는 에너지 효율의 범위에 의해 발명을 특정하려고 하고 있으나, 발명의 설명에는 특정 수단에 의한 실시예 밖에 기재되어 있지 않고 출원시 그 기술분야의 기술상식으로도 그 제시된 실시예를 청구된 발명의 에너지 효율 전 범위로 확장하거나 일반화할 수 없다고 인정되는 경우
   (예2) 청구항에는 원하는 성질에 의해 정의된 화합물을 유효성분으로 하는 특정 용도의 치료제로서 청구되어 있지만, 발명의 설명에는 청구항에 포함된 일부의 구체적인 화합물에 대해서만 특정 치료제로서 유용성이 확인되고, 이를 벗어나는 청구항에 포함된 화합물에 대해서는 그 유용성이 출원시 그 기술분야의 통상의 지식으로도 인정될 수 없는 경우
⑤ 발명의 설명에는 발명의 과제를 해결하기 위해 필수적인 구성으로 설명되어 있는 사항이 청구항에는 기재되지 않아 발명의 설명으로부터 인식할 수 있는 범위를 벗어난 경우
   예 발명의 설명에는 '수분함량이 떡(생지)보다 낮아서 떡(생지)으로 수분 이행을 초래하지 않는 크림'만을 떡소로 할 수 있는 것으로 떡의 구성 및 효과를 설명하고 있으나, 청구항에는 수분함량과 관계없이 우유에서 분리한 지방분의 의미를 갖는 '크림'으로 기재한 경우

09 명확성요건

(1) 법조문

> **제42조(특허출원)**
> ④ 제2항에 따른 청구범위에는 보호받으려는 사항을 적은 항(이하 "청구항"이라 한다)이 하나 이상 있어야 하며, 그 청구항은 다음 각 호의 요건을 모두 충족하여야 한다. 기출 16
> 2. 발명이 명확하고 간결하게 적혀 있을 것

(2) 청구항이 명확하고 간결한지 판단 방법

특허법 제42조 제4항 제2호는 청구범위에는 발명이 명확하고 간결하게 적혀야 한다고 규정하고 있다. 그리고 특허법 제97조는 특허발명의 보호범위는 청구범위에 적혀 있는 사항에 의하여 정하여진다고 규정하고 있다(2007.1.3. 법률 제8197호로 개정되기 전의 구 특허법에도 자구는 다르지만 동일한 취지로 규정되어 있다). 따라서 청구항에는 명확한 기재만이 허용되고, 발명의 구성을 불명료하게 표현하는 용어는 원칙적으로 허용되지 않는다. 또한 발명이 명확하게 적혀 있는지는 그 발명이 속하는 기술분야에서 통상의 지식을 가진 사람이 발명의 설명이나 도면 등의 기재와 출원 당시의 기술상식을 고려하여 청구범위에 기재된 사항으로부터 특허를 받고자 하는 발명을 명확하게 파악할 수 있는지에 따라 개별적으로 판단하여야 하고, 단순히 청구범위에 사용된 용어만을 기준으로 하여 일률적으로 판단하여서는 안 된다(判例 2014후1563). 기출 25

(3) 용어를 정의와 다른 의미로 사용하는 경우, 본 호 위반 여부

특허법 제42조 제4항 제2호는 '발명이 명확하고 간결하게 적혀 있을 것'을 요구하고 있는바, 그 취지는 특허법 제97조가 특허발명의 보호범위는 특허청구범위에 기재된 사항에 의하여 정하여진다고 규정하고 있음에 비추어 청구항에는 명확한 기재만이 허용되는 것으로서 발명의 구성을 불명료하게 표현하는 용어는 원칙적으로 허용되지 아니하며, 나아가 특허청구범위의 해석은 명세서를 참조하여 이루어지는 것임에 비추어 특허청구범위에는 발명의 상세한 설명에서 정의하고 있는 용어의 정의와 다른 의미로 용어를 사용하는 등 결과적으로 청구범위를 불명료하게 만드는 것도 허용되지 않는다는 것이다(判例 2003후2072).

(4) 특허청구의 범위가 중복하여 기재된 경우의 적법 여부

동일한 발명사상의 내용이 청구항을 달리하여 중복하여 기재되어 있다고 하더라도 특허청구의 범위가 명확하고 간결하게 기재되어 있어 당해 기술분야에서 통상의 지식을 가진 자가 그 내용을 명확하게 이해하고 인식하여 재현할 수 있다면 그 명세서의 기재는 적법하다(判例 94후1558).

(5) 기능식 청구항의 경우, 본 호 위반 판단 기준

특허청구범위가 기능, 효과, 성질 등에 의한 물건의 특정을 포함하는 경우, 그 발명이 속하는 기술분야에서 통상의 지식을 가진 자가 발명의 상세한 설명이나 도면 등의 기재와 출원 당시의 기술상식을 고려하여 특허청구범위에 기재된 사항으로부터 특허를 받고자 하는 발명을 명확하게 파악할 수 있다면 그 특허청구범위의 기재는 적법하다(判例 2005후1486).

(6) 조성물 발명의 청구항이 명확하게 기재되었다고 하기 위한 요건

조성물 발명의 구성을 명확하게 하기 위해서는 그 구성 성분의 조성비 등이 명확하게 기재되어 있어야 하는바, 발명을 특정하기 위한 사항인 조성비의 기재가 모든 경우에 각 성분의 임계치를 취하여 정확히 100%를 만족시킬 필요는 없는 것이지만, 모든 성분의 최대성분량의 합이 100%에 미달하는 경우, 모든 성분의 최저성분량의 합이 100%를 초과하는 경우, 하나의 최대성분량과 나머지 최저성분량의 합이 100%를 초과하는 경우, 하나의 최저성분량과 나머지 최대성분량의 합이 100%에 미달하는 경우 등과 같이 조성비의 기술적인 결함이나 모순이 있는 경우에는 발명의 구성이 명확하게 기재되어 있다고 할 수 없다(判例 2006허4765).

(7) 의약용도 발명에 있어서 약리기전만의 기재만 있는 경우, 본 호 위반인지 판단 기준

의약의 용도발명에 있어서는 특정 물질이 가지고 있는 의약의 용도가 발명의 구성요건에 해당하므로 발명의 특허청구범위에는 특정 물질의 의약용도를 대상 질병 또는 약효로 명확히 기재하는 것이 원칙이나, 특정 물질의 의약용도가 약리기전만으로 기재되어 있다 하더라도 발명의 상세한 설명 등 명세서의 다른 기재나 기술상식에 의하여 의약으로서의 구체적인 용도를 명확하게 파악할 수 있는 경우에는 특허법 제42조 제4항 제2호가 정한 청구항의 명확성 요건을 충족하는 것으로 볼 수 있다(判例 2007후5215).

기출 17·18·20·21·25

(8) 심사 기준 – 발명이 명확하고 간결하게 기재되지 않은 유형

① 청구항의 기재내용이 불명확한 경우. 다만, 불명확한 부분이 경미한 기재의 하자이며, 그 하자에 의해서는 그 발명이 속하는 기술분야에서 통상의 지식을 가진 자가 발명이 불명확하다고 이해하지 않거나, 발명의 설명이나 도면, 출원시 기술상식 등에 의해 발명이 명확하게 파악될 수 있는 경우 제외 기출 16
② 발명을 이루는 각 구성요소가 단순히 나열되어 있을 뿐, 구성요소들 간의 결합관계가 기재되지 않아 발명이 불명확한 경우
③ 청구항에 기재된 발명의 카테고리가 불명확한 경우
④ 청구항의 기재가 너무 장황하여 보호를 받고자 하는 사항이 불명확하거나 간결하지 않은 경우

⑤ 청구항에 발명의 구성을 불명확하게 하는 표현이 포함되어 있는 경우. 다만, 이러한 표현을 사용하더라도 그 의미가 발명의 설명에 의해 명확히 뒷받침되며 발명의 특정에 문제가 없다고 인정되는 경우 제외
   (예1) 임의 부가적 사항 또는 선택적 사항의 기재(소망에 따라, 특히, 예를 들어, 및/또는)
   (예2) 비교의 기준이나 정도가 불명확(주로, 주성분으로, 적합한, 거의, 대략, 약)
   (예3) 부정적 표현의 사용(~을 제외하고, ~이 아닌)
   (예4) 수치한정발명에서 상한이나 하한의 기재가 없거나 0을 포함하는 경우(0을 포함하는 성분이 필수성분이 아니라 임의성분인 경우에는 제외), 또는 이중수치한정을 한 경우(120~200℃, 바람직하게는 150~180℃)
⑥ 지시의 대상이 불명확하여 발명의 구성이 불명확한 경우. 다만, 지시의 대상이 문언적으로 불일치하더라도 그것이 명백한 오기에 불과하여 그 기술분야의 통상의 기술자가 발명의 구성을 정확하게 이해하여 재현할 수 있을 정도이면 적법한 기재로 본다.
   예 청구항에 여러가지 종류의 기어가 기재되어 있고 그중 특정기어를 지시할 때 '상기 평기어', '상기 베벨기어' 등과 같이 지시의 대상을 명확히 기재하지 않고 '상기 기어', '전기 기어' 등과 같이 기재한 결과 어느 기어를 지시하는지가 불명확한 경우
⑦ 청구항에 서로 다른 기능을 수행하는 복수의 동일한 표현의 기술용어가 있을 경우 각각의 기능을 한정하여 기재하거나 또는, 도면에 사용된 부호에 의하여 명확하게 구별되도록 기재되어 있지 않아서 보호를 받고자 하는 발명의 구성이 불명확한 경우
⑧ 청구항에 상업상 이점이나 판매지역, 판매처 등 발명의 기술적 구성과 관계없는 사항을 기재하여 발명이 명확하고 간결하지 않은 경우
⑨ 발명의 구성을 기재하지 않고 발명의 설명 또는 도면의 기재를 대용하고 있는 경우. 다만, 발명의 설명 또는 도면의 기재를 대용하지 않으면 적절하게 기재할 수 없는 경우에는 이들의 대용에 의한 기재를 인정한다.
⑩ 특허청구범위의 기재 내용이 관점에 따라 다양한 방식으로 해석될 수 있는 경우에는 특허청구범위로서 요구되는 명확성과 간결성 요건을 충족하지 못하였다고 보아야 한다. 1 내지 20개의 탄소원자를 갖는 기(group), 바람직하게는 분지(branched) 또는 비분지(unbranched) 알킬 또는 알콕시기' 부분은 그 기재가 명확하지 않아 특허청구범위를 둘러싸고 분쟁이 발생할 소지가 있어 구 특허법 제42조 제4항 제2호의 요건을 충족하지 못하였다(判例 2014후1563).

10 배경기술기재

(1) 법조문

> **제42조(특허출원)**
> ③ 제2항에 따른 발명의 설명은 다음 각 호의 요건을 모두 충족하여야 한다.
>   2. 그 발명의 배경이 되는 기술을 적을 것 기출 19

(2) 배경기술을 적을 것(法 제42조 제3항 제2호)

① 배경기술이란 발명의 기술상 의의를 이해하는 데 도움이 되고 선행기술 조사 및 심사에 유용하다고 생각되는 종래의 기술을 말한다.

② 배경기술 기재 요건 : ⅰ) 배경기술은 특허를 받고자 하는 발명에 관한 것이어야 하고, ⅱ) 배경기술의 구체적인 설명을 기재해야 하며, 가급적 선행기술문헌 정도도 함께 기재해야 하고, ⅲ) 배경기술을 알 수 없는 경우 인접한 기술분야의 종래기술을 기재하거나 배경기술을 알 수 없다는 취지를 기재해야 한다.

③ 배경기술의 기재가 부적법한 유형 : ⅰ) 배경기술을 전혀 적지 않은 경우, ⅱ) 특허를 받고자 하는 발명에 관한 배경기술이 아닌 경우, ⅲ) 기초적 기술에 불과하여 발명의 배경기술로 볼 수 없는 경우

11 청구범위 기재방법

(1) 법조문

> **특허법 제42조(특허출원)**
> ⑧ 제2항에 따른 청구범위의 기재방법에 관하여 필요한 사항은 대통령령으로 정한다.
>
> **특허법시행령 제5조(청구범위의 기재방법)**
> ① 법 제42조 제8항에 따른 청구범위의 청구항(이하 "청구항"이라 한다)을 기재할 때에는 독립청구항(이하 "독립항"이라 한다)을 기재하여야 하며, 그 독립항을 한정하거나 부가하여 구체화하는 종속청구항(이하 "종속항"이라 한다)을 기재할 수 있다. 이 경우 필요한 때에는 그 종속항을 한정하거나 부가하여 구체화하는 다른 종속항을 기재할 수 있다.
> ② 청구항은 발명의 성질에 따라 적정한 수로 기재하여야 한다.
> ③ 삭제 〈1999.6.30.〉

④ 다른 청구항을 인용하는 청구항은 인용되는 항의 번호를 적어야 한다.
⑤ 2 이상의 항을 인용하는 청구항은 인용되는 항의 번호를 택일적으로 기재하여야 한다.
⑥ 2 이상의 항을 인용한 청구항에서 그 청구항의 인용된 항은 다시 2 이상의 항을 인용하는 방식을 사용하여서는 아니 된다. 2 이상의 항을 인용한 청구항에서 그 청구항의 인용된 항이 다시 하나의 항을 인용한 후에 그 하나의 항이 결과적으로 2 이상의 항을 인용하는 방식에 대하여도 또한 같다.
⑦ 인용되는 청구항은 인용하는 청구항보다 먼저 기재하여야 한다.
⑧ 각 청구항은 항마다 행을 바꾸어 기재하고, 그 기재하는 순서에 따라 아라비아숫자로 일련번호를 붙여야 한다.

(2) 독립항과 종속항의 구별기준

특허청구범위에 있어서 다른 청구항을 인용하지 않는 청구항이 독립항이 되고 다른 독립항이나 종속항을 인용하여 이를 한정하거나 부가하여 구체화하는 청구항이 종속항이 되는 것이 원칙이지만, 독립항과 종속항의 구분은 단지 청구항의 문언이 나타내고 있는 기재형식에 의해서만 판단할 것은 아니므로, 인용하고 있는 청구항의 구성 일부를 생략하거나 다른 구성으로 바꾼 청구항은 이를 독립항으로 보아야 할 것인바(대법원 2005.11.10. 선고 2004후3546 판결 등 참조)(判例 2011후934).

(3) 다항제 기재 방법 (法 제42조 제8항, 시행령 제5조)

① 의의 및 취지 : 청구범위는 특허발명의 보호범위를 결정하는 권리서로서 역할을 할 수 있도록 기재방법이 법정화되어 있다. 특허법은 청구항을 1 또는 2 이상 기재할 수 있도록 하여 다항제를 채택하고 있는 바, 法 제42조 제8항 및 특허법 시행령 제5조에서 다항제에 따른 청구범위 기재방법을 명확히 규정하고 있다.

② 특허법 시행령 제5조
  ㉠ 제1항 : 법 제42조 제8항에 따른 청구범위의 청구항(이하 "청구항"이라 한다)을 기재할 때에는 독립청구항(이하 "독립항"이라 한다)을 기재하여야 하며, 그 독립항을 한정하거나 부가하여 구체화하는 종속청구항(이하 "종속항"이라 한다)을 기재할 수 있다. 이 경우 필요한 때에는 그 종속항을 한정하거나 부가하여 구체화하는 다른 종속항을 기재할 수 있다.
  ㉡ 제2항 : 청구항은 발명의 성질에 따라 적정한 수로 기재하여야 한다(위반 유형 : 하나의 청구항에 카테고리가 다른 2 이상의 발명 기재, 하나의 청구항에 청구하는 대상이 2 이상인 경우, 동일 청구항을 중복하여 기재하는 경우 등).
  ㉢ 제3항 : 삭제 〈1999.6.30.〉
  ㉣ 제4항 : 다른 청구항을 인용하는 청구항은 인용되는 항의 번호를 적어야 한다.
  ㉤ 제5항 : 2 이상의 항을 인용하는 청구항은 인용되는 항의 번호를 택일적으로 기재하여야 한다.
    • (적법한 예)
      - 청구항 1 또는 청구항 2에 있어서, ~장치
      - 청구항 1 내지 청구항 3 중 어느 하나의 항에 있어서, ~장치

- 청구항 1, 청구항 2 또는 청구항 3 중 어느 한 항에 있어서, ~장치
- 청구항 1, 청구항 2 또는 청구항 3에 있어서, ~장치
- 청구항 1 내지 청구항 7 및 청구항 9 내지 청구항 11 중 어느 한 항에 있어서 ~장치
- 청구항 1 내지 청구항 7 또는 청구항 9 내지 청구항 11 중 어느 한 항에 있어서 ~장치
- 청구항 1, 청구항 2 및 청구항 4 내지 청구항 7 중 어느 한 항에 있어서 ~장치

- **(위반의 예)**
  - 청구항 1, 청구항 2에 있어서, ~장치
  - 청구항 1 및 청구항 2 또는 청구항 3에 있어서 ~장치
  - 청구항 1 및 청구항 2 또는 청구항 3 중 어느 한 항에 있어서, ~장치

ⓑ 제6항 : 2 이상의 항을 인용한 청구항에서 그 청구항의 인용된 항은 다시 2 이상의 항을 인용하는 방식을 사용하여서는 아니 된다. 2 이상의 항을 인용한 청구항에서 그 청구항의 인용된 항이 다시 하나의 항을 인용한 후에 그 하나의 항이 결과적으로 2 이상의 항을 인용하는 방식에 대하여도 또한 같다.

- **(위반의 예 1)**
  - [청구항 1] ~장치
  - [청구항 2] 청구항 1에 있어서, ~장치
  - [청구항 3] 청구항 1 또는 청구항 2에 있어서, ~장치
  - [청구항 4] 청구항 2 또는 청구항 3에 있어서, ~장치
  - 청구항 4는 2 이상의 항을 인용하는 종속항으로서 2 이상의 항을 인용한 다른 청구항(청구항3)을 인용하고 있어 청구범위 기재방식에 위배된다.

- **(위반의 예 2)**
  - [청구항 1] ~장치
  - [청구항 2] 청구항 1에 있어서, ~장치
  - [청구항 3] 청구항 1 또는 청구항 2에 있어서, ~장치
  - [청구항 4] 청구항 3에 있어서, ~장치
  - [청구항 5] 청구항 2 또는 청구항 4에 있어서, ~장치
  - [청구항 6] 청구항 5에 있어서 ~장치
  - 청구항 4는 청구항 3만 인용하고 있더라도 제3항이 2 이상의 청구항을 인용하고 있어 실질적으로 2 이상의 항을 인용하는 경우와 같으므로, 제5항에 대하여 특허법 제42조 제8항 위반으로 거절이유를 통지한다.

- **(허용되는 예)**
  - [청구항 1] ~를 특징으로 하는 결합 디바이스
  - [청구항 2] ~를 특징으로 하는 방법
  - [청구항 3] 청구항 2에 있어서, ~상기 디바이스는 청구항 1의 결합 디바이스인 것을 특징으로 하는 방법

- [청구항 4] 청구항 2 또는 청구항 3의 방법을 수행하는 프로그램을 기록한 컴퓨터로 읽을 수 있는 매체
- 청구항 4는 2 이상의 항을 인용하는 청구항으로서 2 이상의 항을 인용하는 다른 청구항(3항)을 인용하고 있지만, 청구항 3은 발명을 명확하고 간결하게 기재하기 위한 것으로 인정되므로, 청구항 4는 특허법 시행령 제5조 제6항의 위배로 취급하지 않는다.

ⓐ 제7항 : 인용되는 청구항은 인용하는 청구항보다 먼저 기재하여야 한다.
ⓑ 제8항 : 각 청구항은 항마다 행을 바꾸어 기재하고, 그 기재하는 순서에 따라 아라비아숫자로 일련번호를 붙여야 한다.

(4) 청구범위 기재 유형

① 젭슨청구항
  ㉠ 의의 : 개량발명에 있어서 전제부에서 종래 기술을 인용한 후 특징부에서 개량된 부분을 추가 기재하는 청구항 기재형식이다. [···에 있어서, ~를 특징으로 하는 ···발명]의 형태로 기재한다.
  ㉡ 특허요건 판단
   • 청구범위의 전제부 기재는 청구항의 문맥을 매끄럽게 하는 의미에서 발명을 요약하거나 기술분야를 기재하거나 발명이 적용되는 대상물품을 한정하는 등 목적이나 내용이 다양하므로, 어떠한 구성요소가 전제부에 기재되었다는 사정만으로 공지성을 인정할 근거는 되지 못한다.
   • 명세서의 전체적인 기재와 출원경과를 종합적으로 고려하여 출원인이 일정한 구성요소는 단순히 배경기술 또는 종래기술인 정도를 넘어서 공지기술이라는 취지로 청구범위의 전제부에 기재하였음을 인정할 수 있는 경우에만 별도의 증거 없이도 전제부 기재 구성요소를 출원 전 공지된 것이라고 사실상 추정함이 타당하다.
   • 출원인이 실제로는 출원 당시 아직 공개되지 아니한 선출원 발명이나 출원인의 회사 내부에만 알려져 있었던 기술을 착오로 공지된 것으로 잘못 기재하였음이 밝혀지는 경우와 같이 특별한 사정이 있는 때에는 추정이 번복될 수 있다(判例 2013후37).
  ㉢ 권리범위 판단 : 특허발명의 청구항이 복수의 구성요소로 되어 있는 경우에는 그 각 구성요소가 유기적으로 결합된 전체로서의 기술사상이 보호되는 것이지, 각 구성요소가 독립하여 보호되는 것은 아니므로, 특허발명과 대비되는 발명이 특허발명의 청구항에 기재된 필수적 구성요소들 중의 일부만을 갖추고 있고 나머지 구성요소가 결여된 경우에는 원칙적으로 그 발명은 특허발명의 권리범위에 속하지 아니한다(判例 2000후617).

② 마쿠쉬 청구항
  ㉠ 의 의
   • 청구항에서 발명의 구성요소를 2 이상의 택일적 개념으로 기재한 기재형식이다.
   • [A, B, C 중 선택된 어느 하나로 구성된 ~발명]의 형태로 기재한다.

- ⓒ 특허요건 판단
  - 마쿠쉬 청구항에 기재된 병렬적 개념은 각각 별개의 발명이므로 각각의 발명이 등록요건을 만족해야 하며, 어느 하나에 거절이유가 존재한다면 청구항 전체가 거절이유를 가지게 된다.
  - 복수의 우선권을 주장하는 출원에서 발명별로 판단하여 최선일을 판단 기준일로 결정하므로, 마쿠쉬 형식의 청구항은 동일 청구항 내에서 판단 기준일이 상이할 수 있다.
- ⓓ 권리범위 판단 : 발명의 구성요소의 택일적 기재에 따라 각각 별개의 발명에 해당하므로, 각 발명에 대한 권리범위를 모두 포함하는 것으로 해석된다.

③ PBP 청구항(Product-By-Process)
- ⓐ 의의 : 물건의 구성이 아닌 제조방법을 통해 발명을 표현하는 청구항 기재형식이다. [⋯과정을 거쳐 A를 형성하고, A에 ~단계를 거쳐 제조되는 B]의 형태로 기재한다.
- ⓑ 특허요건 판단 : 제조방법이 기재되어 있다고 하더라도 발명의 대상은 그 제조방법이 아니라 최종적으로 얻어지는 물건 자체이므로 위와 같은 발명의 유형 중 '물건의 발명'에 해당한다. 따라서 제조방법이 기재된 물건발명의 특허요건을 판단함에 있어서 그 기술적 구성을 제조방법 자체로 한정하여 파악할 것이 아니라 제조방법의 기재를 포함하여 특허청구범위의 모든 기재에 의하여 특정되는 구조나 성질 등을 가지는 물건으로 파악하여 출원 전에 공지된 선행기술과 비교하여 신규성, 진보성 등이 있는지 여부를 살펴야 한다(判例 2011후927). 기출 16 · 20 · 22
- ⓒ 권리범위 판단 : 제조방법이 기재된 물건발명에 대한 특허청구범위의 해석방법은 특허침해 단계에서 그 특허발명의 권리범위에 속하는지 여부를 판단하면서도 마찬가지로 적용되어야 할 것이다. 다만, 이러한 해석방법에 의하여 도출되는 특허발명의 권리범위가 명세서의 전체적인 기재에 의하여 파악되는 발명의 실체에 비추어 지나치게 넓다는 등의 명백히 불합리한 사정이 있는 경우에는 그 권리범위를 특허청구범위에 기재된 제조방법의 범위 내로 한정할 수 있다(判例 2013후1726). 기출 16

④ 기능식 청구항
- ⓐ 의의 : 청구범위에 발명의 구성이 아닌 기능을 중심적으로 표현한 청구항 기재방식을 말한다. [⋯하는 수단, ~하는 수단을 특징으로 하는 A]의 형태로 기재한다.
- ⓑ 특허요건 판단 : 원칙적으로 기능을 포함하는 모든 물건으로서 특허요건을 판단하며, 청구범위의 기능이 발명의 설명에서 특정한 의미를 갖도록 명시적으로 정의한 경우는 제외한다.
- ⓒ 권리범위 판단
  - 특허청구범위가 기능적 표현으로 기재되어 있어 그 기재만으로 발명의 기술적 구성을 알 수 없는 경우에는 발명의 상세한 설명이나 도면 등 명세서의 다른 부분의 기재를 보충하여 명세서 전체로서 특허발명의 기술내용을 실질적으로 확정할 수가 있다.
  - 기능적 표현으로 된 청구항의 권리범위는 청구항에 기재된 기능을 수행하는 모든 구성을 포함하는 것이 아니라, 청구항의 기재와 발명의 상세한 설명 및 도면에 의하여 명확히 확정할 수 있는 구성만을 포함하는 것으로 한정 해석하여야 한다(判例 2008허7584).

12 불특허발명

(1) 법조문

> **제32조(특허를 받을 수 없는 발명)**
> 공공의 질서 또는 선량한 풍속에 어긋나거나 공중의 위생을 해칠 우려가 있는 발명에 대해서는 제29조 제1항에도 불구하고 특허를 받을 수 없다.

(2) 공서양속을 문란하게 하는 발명

① '공공의 질서'는 국가사회의 일반적 이익을 의미하며, '선량한 풍속'은 사회의 일반적·도덕적 관념을 가리킨다.

② 성 보조기구 발명
  ㉠ ⅰ) 특허발명이 대상인 물건이 노골적으로 사람의 특정부위 등을 적나라하게 표현 또는 묘사하는 음란한 물건에 해당하거나, ⅱ) 발명의 실시가 공연한 음란 행위를 필연적으로 수반할 것이 예상되거나, 이에 준할 정도로 성적 도의 관념에 반하는 발명은 공서양속에 반하는 발명이다. ⅲ) 다만 발명의 실시가 사적인 공간에서 이뤄질 수 있다고 예상되는 경우는 예외로 한다.
  ㉡ 성기구 내지 성보조기구는 단순한 성적인 만족이나 쾌락을 위한 경우뿐만 아니라 신체적 장애 등의 이유로 이를 필요로 하는 사람이 있을 수 있고, 매우 사적인 공간에서 이용되므로, 음란한 물건에 해당하는지 또는 선량한 풍속을 문란하게 할 염려가 있는지를 판단함에 있어 일반적인 성적인 표현물보다는 더 엄격하게 판단해야 할 것으로 보이는 점, 출원발명의 실시가 공연한 음란행위를 필연적으로 수반할 것이 예상된다고 보기도 어려운 점, 이 사건 출원발명에 대하여 공중의 위생을 해할만한 특별한 사정도 엿보이지 않는 점 등을 종합하면, 이 사건 출원발명은 공공의 질서 또는 선량한 풍속을 문란하게 하거나 공중의 위생을 해할 염려가 있는 발명에 해당한다고 보기 어렵다(判例 2014허4555).

③ 인체를 구성요소로 포함하는 발명
  ㉠ 발명을 실시할 때 필연적으로 신체를 손상시키거나, 신체의 자유를 비인도적으로 구속하는 발명 및 인간의 존엄성을 손상시키는 결과를 초래할 수 있는 발명은 공서양속에 반한다.
  ㉡ 인체로부터 자연적으로 배출된 소변, 태반 또는 인간에게 위해를 끼치지 않는 인위적인 방법으로 얻어진 혈액 등을 원료로 하는 발명은 공서양속을 문란하게 할 우려가 없으나, 인체 일부 또는 인체의 배출물을 식품의 재료로 사용하는 것은 윤리적으로 허용될 수 없으므로 불인정한다.

④ 본래 목적 이외의 목적으로 발명을 실시한 경우 : 해당 발명의 본래 목적 이외의 목적에 부당하게 사용한 결과 공서양속을 문란하게 하는 경우 해당 발명이 공서양속에 반한다고 할 수 없다.

(3) 공중의 위생을 해할 염려가 있는 발명

① **발명의 실시로 공중의 위생을 필연적으로 해하는 경우** : 발명의 실시로 공중의 위생을 필연적으로 해하는 경우 공중의 위생을 해칠 우려가 있는 발명에 해당되어 특허를 받을 수 없다. 예금지물질이 발명의 실시를 위해 필연적으로 제조·활용되는 발명

② **발명의 결과에 공중의 위생을 해칠 우려가 있는 경우** : 발명 본래의 유익한 목적은 달성되지만 그 결과 공중의 위생을 해칠 우려가 있는 경우에도 그 해를 제거하는 수단이 존재한다면, 공중의 위생을 해칠 우려가 보이지 않는다. 그 해를 제거하는 수단이 없더라도, 효과의 유익성 및 위해성을 비교형량하여 그 실시로 인한 부작용이 본래의 유익한 목적에서 허용될 수 있는 수준이라면 공중의 위생을 해칠 우려가 있는 것으로 보지 않는다.

③ **제조방법의 경우** : 발명이 제조방법인 경우 제조방법뿐만 아니라 제조방법의 목적생성물이 공중의 위생을 해칠 우려가 있는지 고려해야 한다.

④ **학술서에 유해하다고 기재된 경우** : 해당 발명이 학술서에 유해하다고 되어있는 경우라도 국내외 관청으로부터 제조 또는 사용허가를 받은 경우 학술서의 기재만으로 공중의 위생을 해칠 우려가 있는 경우에 해당한다고 보지 않는다.

⑤ **법령에 금지되어 있는 경우** : 발명의 실시가 우리나라 법령에 의해 금지되어 있다는 이유만으로 공중의 위생에 해할 우려가 있는 발명이라고 할 수 없다.

13 특허를 받을 수 있는 자

(1) 법조문

> **제33조(특허를 받을 수 있는 자)**
> ① 발명을 한 사람 또는 그 승계인은 이 법에서 정하는 바에 따라 특허를 받을 수 있는 권리를 가진다. 다만, 특허청 직원 및 특허심판원 직원은 상속이나 유증(遺贈)의 경우를 제외하고는 재직 중 특허를 받을 수 없다. 기출 24
>
> ② 2명 이상이 공동으로 발명한 경우에는 특허를 받을 수 있는 권리를 공유한다. 기출 24
>
> **제44조(공동출원)**
> 특허를 받을 수 있는 권리가 공유인 경우에는 공유자 모두가 공동으로 특허출원을 하여야 한다. 기출 22·23·24

(2) 발명자 판단 방법

발명자가 아닌 사람으로서 특허를 받을 수 있는 권리의 승계인이 아닌 사람(이하 '무권리자'라 한다)이 발명자가 한 발명의 구성을 일부 변경함으로써 그 기술적 구성이 발명자의 발명과 상이하게 되었더라도, 변경이 그 기술분야에서 통상의 지식을 가진 사람이 보통으로 채용하는 정도의 기술적 구성의 부가·삭제·변경에 지나지 않고 그로 인하여 발명의 작용효과에 특별한 차이를 일으키지 않는 등 기술적 사상의 창작에 실질적으로 기여하지 않은 경우에 그 특허발명은 무권리자의 특허출원에 해당하여 등록이 무효이다(判例 2009후2463).

(3) 발명자란의 기재에 구속되는지 여부

발명자에 해당하는지 여부는 특허출원서의 발명자란의 기재와 관계없이 실질적·객관적으로 판단하여야 한다(判例 2016나1615).

(4) 화학발명에서 발명자 판단 방법

한편 이른바 실험의 과학이라고 하는 화학발명의 경우에는 당해 발명 내용과 기술수준에 따라 차이가 있을 수는 있지만 예측가능성 내지 실현가능성이 현저히 부족하여 실험데이터가 제시된 실험예가 없으면 완성된 발명으로 보기 어려운 경우가 많이 있는데, 그와 같은 경우에는 실제 실험을 통하여 발명을 구체화하고 완성하는 데 실질적으로 기여하였는지의 관점에서 공동발명자인지를 결정해야 한다(判例 2009다75178).

(5) 공동발명자 판단 방법

공동발명자가 되기 위해서는 발명의 완성을 위하여 실질적으로 상호 협력하는 관계가 있어야 하므로, 단순히 발명에 대한 기본적인 과제와 아이디어만을 제공하였거나, 연구자를 일반적으로 관리하였거나, 연구자의 지시로 데이터의 정리와 실험만을 하였거나, 자금·설비 등을 제공하여 발명의 완성을 후원·위탁하였을 뿐인 정도 등에 그치지 않고, 발명의 기술적 과제를 해결하기 위한 구체적인 착상을 새롭게 제시·부가·보완하거나, 실험 등을 통하여 새로운 착상을 구체화하거나, 발명의 목적 및 효과를 달성하기 위한 구체적인 수단과 방법의 제공 또는 구체적인 조언·지도를 통하여 발명을 가능하게 한 경우 등과 같이 기술적 사상의 창작행위에 실질적으로 기여하기에 이르러야 공동발명자에 해당한다 (判例 2009다75178). 기출 20

(6) 출원 전 승계의 경우, 승계인이 출원을 하지 않은 경우에 대항할 수 없는 제3자의 의미

[1] 발명을 한 사람 또는 그 승계인은 특허법에서 정하는 바에 따라 특허를 받을 수 있는 권리를 가진다(특허법 제33조 제1항 본문). 만일 이러한 정당한 권리자 아닌 사람(이하 '무권리자'라 한다)이 한 특허출원에 대하여 특허권의 설정등록이 이루어지면 특허무효사유에 해당한다(특허법 제133조 제1항 제2호). 특허출원 전에 특허를 받을 수 있는 권리를 계약에 따라 이전한 양도인은 더 이상 그 권리의 귀속주체가 아니므로 그러한 양도인이 한 특허출원에 대하여 설정등록이 이루어진 특허권은 특허무효사유에 해당하는 무권리자의 특허이다. [2] 특허출원 전에 이루어진 특허를 받을 수 있는 권리의 승계는 그 승계인이 특허출원을 하여야 제3자에게 대항할 수 있다(특허법 제38조 제1항). 여기서 제3자는 특허를 받을 수 있는 권리에 관하여 승계인의 지위와 양립할 수 없는 법률상 지위를 취득한 사람에 한한다. 무권리자의 특허로서 특허무효사유가 있는 특허권을 이전받은 양수인은 특허법 제38조 제1항에서 말하는 제3자에 해당하지 않는다(判例 2020후10087).

(7) 묵시적 계약에 의해 공유지분을 가질 수 있는지 여부

특허를 받을 수 있는 권리는 발명의 완성과 동시에 발명자에게 원시적으로 귀속되지만, 이는 재산권으로서 양도성을 지니므로 계약 또는 상속 등을 통하여 그 전부 또는 일부 지분을 이전할 수 있는바(특허법 제37조 제1항), 그 권리를 이전하기로 하는 계약은 명시적으로는 물론 묵시적으로도 이루어질 수 있고, 그러한 계약에 따라 특허등록을 공동출원한 경우에는 그 출원인이 발명자가 아니라도 등록된 특허권의 공유지분을 가진다(判例 2013다77591).

(8) 공동발명자 중의 1인으로부터 특허를 받을 수 있는 권리를 양수받은 양수인에 의하여 특허출원 되었다가 등록된 특허발명은 특허를 받을 수 있는 권리의 공유자들인 공동발명자들이 공동으로 특허출원을 하지 않아 그 등록이 무효라고 할 것이다(判例 2007허9040).

(9) 제2양수인이 '특허를 받을 권리'가 이미 제1양수인에게 양도된 사실을 잘 알면서도 양도인과 위 권리의 이중양도계약을 체결하여 그 이중양도행위에 적극적으로 가담한 경우, 그 이중양도계약에 기한 '특허를 받을 권리'의 양도행위는 반사회적 법률행위로서 무효이고, 제2양수인이 위 이중양도계약에 근거하여 출원한 특허발명은 발명자가 아닌 자로서 특허를 받을 수 있는 권리의 승계인이 아닌 자가 출원한 것이므로 그 등록은 무효이다(判例 2005허9282).

14 특허를 받을 수 있는 권리

(1) 법조문

> **제37조(특허를 받을 수 있는 권리의 이전 등)**
> ① 특허를 받을 수 있는 권리는 이전할 수 있다. 기출 22
> ② 특허를 받을 수 있는 권리는 질권의 목적으로 할 수 없다. 기출 19·24
> ③ 특허를 받을 수 있는 권리가 공유인 경우에는 각 공유자는 다른 공유자 모두의 동의를 받아야만 그 지분을 양도할 수 있다. 기출 19
>
> **제38조(특허를 받을 수 있는 권리의 승계)**
> ① 특허출원 전에 이루어진 특허를 받을 수 있는 권리의 승계는 그 승계인이 특허출원을 하여야 제3자에게 대항할 수 있다. 기출 19·22
> ② 동일한 자로부터 동일한 특허를 받을 수 있는 권리를 승계한 자가 둘 이상인 경우 그 승계한 권리에 대하여 같은 날에 둘 이상의 특허출원이 있으면 특허출원인 간에 협의하여 정한 자에게만 승계의 효력이 발생한다.
> ③ 동일한 자로부터 동일한 발명 및 고안에 대한 특허를 받을 수 있는 권리 및 실용신안등록을 받을 수 있는 권리를 승계한 자가 둘 이상인 경우 그 승계한 권리에 대하여 같은 날에 특허출원 및 실용신안등록출원이 있으면 특허출원인 및 실용신안등록출원인 간에 협의하여 정한 자에게만 승계의 효력이 발생한다.
> ④ 특허출원 후에는 특허를 받을 수 있는 권리의 승계는 상속, 그 밖의 일반승계의 경우를 제외하고는 특허출원인변경신고를 하여야만 그 효력이 발생한다. 기출 22
> ⑤ 특허를 받을 수 있는 권리의 상속, 그 밖의 일반승계가 있는 경우에는 승계인은 지체 없이 그 취지를 특허청장에게 신고하여야 한다. 기출 23
> ⑥ 동일한 자로부터 동일한 특허를 받을 수 있는 권리를 승계한 자가 둘 이상인 경우 그 승계한 권리에 대하여 같은 날에 둘 이상의 특허출원인변경신고가 있으면 신고를 한 자 간에 협의하여 정한 자에게만 신고의 효력이 발생한다. 기출 22
> ⑦ 제2항·제3항 또는 제6항의 경우에는 제36조 제6항을 준용한다.

(2) 특허를 받을 수 있는 권리의 이전 (法 제37조)

① 이전 : 특허를 받을 수 있는 권리는 이전할 수 있다. 특허를 받을 수 있는 권리는 발명의 완성과 동시에 발명자에게 원시적으로 귀속되지만, 이는 재산권으로 양도성을 가지므로 계약 또는 상속 등을 통하여 전부 또는 일부 지분을 이전할 수 있고(제37조 제1항), 그 권리를 이전하기로 하는 계약은 명시적으로는 물론 묵시적으로도 이루어질 수 있고, 그러한 계약에 따라 특허등록을 공동출원한 경우에는 출원인이 발명자가 아니라도 등록된 특허권의 공유지분을 가진다(判例 2011다67705·67712). 기출 18·21·22·23·24

② 제한 : 특허를 받을 수 있는 권리는 질권의 목적으로 할 수 없고, 특허를 받을 수 있는 권리가 공유인 경우에는 각 공유자는 다른 공유자 모두의 동의를 받아야만 그 지분을 양도할 수 있다.

(3) 특허를 받을 수 있는 권리의 승계의 효력

① 특허출원 전의 승계
  ㉠ 특허를 받을 수 있는 권리를 가진 자로부터 승계한 때 승계의 효력이 발생하며, 승계인의 특허출원이 제3자 대항요건이다.
  ㉡ 특허를 받을 수 있는 권리를 가진 자로부터 각각 권리를 승계한 2 이상의 승계인이 동일자에 출원할 경우 특허청장은 협의명령을 내리고, 협의하여 정한 자에게만 승계의 효력이 발생한다. 협의 불성립시 모두 특허를 받을 수 없다.

② 특허출원 후의 승계
  ㉠ 특허를 받을 수 있는 권리를 승계한 자가 특허출원인변경신고를 하여야 효력이 발생한다.
  　　　　　　　　　　　　　　　　　　　　　　　　　　　　　　　기출 19
  ㉡ 상속, 일반승계의 경우 승계인은 지체없이 그 취지를 특허청장에게 신고하여야 한다.
  ㉢ 특허를 받을 수 있는 권리를 가진 자로부터 각각 권리를 승계한 2 이상의 승계인이 동일자에 특허출원인변경신고를 할 경우 특허청장은 협의명령을 내리고, 협의하여 정한 자에게만 신고의 효력이 발생한다. 협의 불성립시 승계가 없는 것으로 본다.

(4) 특허를 받을 수 있는 권리의 소멸

특허를 받을 수 있는 권리는 특허출원의 무효, 취하, 포기, 설정등록 또는 거절결정이 확정되는 때 소멸한다.

15 1발명 1출원

(1) 법조문

> **제45조(하나의 특허출원의 범위)**
> ① 특허출원은 하나의 발명마다 하나의 특허출원으로 한다. 다만, 하나의 총괄적 발명의 개념을 형성하는 일 군(群)의 발명에 대하여 하나의 특허출원으로 할 수 있다.
> ② 제1항 단서에 따라 일 군의 발명에 대하여 하나의 특허출원으로 할 수 있는 요건은 대통령령으로 정한다.
>
> **특허법 시행령 제6조(1군의 발명에 대한 1특허출원의 요건)**
> 법 제45조 제1항 단서의 규정에 의한 1군의 발명에 대하여 1특허출원을 하기 위하여는 다음 각 호의 요건을 갖추어야 한다.
>   1. 청구된 발명간에 기술적 상호관련성이 있을 것
>   2. 청구된 발명들이 동일하거나 상응하는 기술적 특징을 가지고 있을 것. 이 경우 기술적 특징은 발명 전체로 보아 선행기술에 비하여 개선된 것이어야 한다.

(2) '개선될 것'의 의미

하나의 총괄적 발명의 개념을 형성하는 1군의 발명에 해당하는지 여부는 각 청구항에 기재된 발명들 사이에 하나 또는 둘 이상의 동일하거나 또는 대응하는 특별한 기술적 특징들이 기술적으로 밀접한 관계가 존재하는가에 달려있는데, 특별한 기술적 특징이란 각 발명에서 전체적으로 보아 선행기술과 구별되는 개량부분을 말한다 할 것이다(判例 98허5145).

(3) 발명의 단일성 판단 예시

① **독립항과 종속항** : 독립항이 발명의 단일성에 대한 요건을 만족하는 경우 독립항에 인용하는 종속항은 단일성이 만족된다.

　예
- [청구항 1] 특징 A + B를 갖는 표시장치
- [청구항 2] 제1항에 있어서, 특징 C를 부가한 표시장치
- [청구항 3] 제1항에 있어서, 특징 D를 부가한 표시장치
- A + B가 기술적 특징이라면, 모든 청구항에 동일한 기술적 특징인 A + B가 존재하므로 청구항 1과 청구항 1의 종속항인 청구항 2, 3 사이에 단일성이 만족된다.

② **카테고리 유형 동일**

　㉠ (예 1)
- [청구항 1] 램프용 필라멘트 A
- [청구항 2] 필라멘트 A가 있는 램프 B
- [청구항 3] 필라멘트 A가 있는 램프 B와 회전테 C로 구성되는 서치라이트
- 청구항 1의 필라멘트 A가 특별한 기술적 특징이므로, 모든 청구항 사이에 공통되는 바 청구항 1, 2 및 3 사이에 단일성이 존재한다.

　㉡ (예 2)
- [청구항 1] 영상신호의 시간축 신장기를 구비한 송신기
- [청구항 2] 수신한 영상신호의 시간축 압축기를 구비한 수신기
- [청구항 3] 영상신호의 시간축 신장기를 구비한 송신기와 수신한 영상신호의 시간축 압축기를 구비한 수신기로 이루어진 영상신호의 전송장치
- 청구항 1의 시간축 신장기가 특별한 기술적 특징이고, 청구항 2의 시간축 압축기가 특별한 기술적 특징이며, 이들은 서로 상응하는 기술적 특징에 해당하여 단일성이 존재한다. 청구항 3은 청구항 1 및 청구항 2의 기술적 특징을 모두 포함하므로 모든 청구항에 단일성이 있다.

　㉢ (예 3)
- [청구항 1] 직류모터용 제어회로 A
- [청구항 2] 직류모터용 제어회로 B
- [청구항 3] 제어회로 A가 있는 직류모터를 이용하는 장치
- [청구항 4] 제어회로 B가 있는 직류모터를 이용하는 장치
- 제어회로 A와 제어회로 B가 기술적 특징이므로, 청구항 1과 청구항 3 또는 청구항 2와 청구항 4 사이에는 단일성이 있으나, 청구항 1과 청구항 2 사이 또는 청구항 3과 청구항 4 사이에 단일성이 없다.

② **(예 4)**
- [청구항 1] 특징 A를 갖는 콘베이어 벨트
- [청구항 2] 특징 B를 갖는 콘베이어 벨트
- [청구항 3] 특징 A 및 특징 B를 갖는 콘베이어 벨트
- 특징 A 및 특징 B가 각각 기술적 특징에 해당하므로, 청구항 1과 청구항 3 또는 청구항 2와 청구항 3 사이에는 단일성이 있으나, 청구항 1과 청구항 2 사이에는 단일성이 없다.

③ 카테고리 유형 상이

㉠ 물건과 그 물건을 생산하는 방법 : 특정 청구항에 기재된 물건 발명과 그 물건을 생산하는 방법 발명 사이의 단일성은 그 생산방법이 그 물건의 생산에 적합한가의 여부로 판단하며, 적합한지 여부는 그 생산방법을 실시하면 본질적으로 그 물건이 생산되는지 여부로 판단한다.
- [청구항 1] 화학물질 X
- [청구항 2] 화학물질 X의 제조방법
- 청구항 2의 제조방법은 청구항 1의 화학물질 X의 제조에 적합하므로 청구항 1 및 청구항 2에 공통되는 기술적인 특징은 화학물질 X이다.

㉡ 물건과 그 물건을 사용하는 방법 : 물건을 사용하는 방법의 발명은 물건의 성질, 기능 등을 이용하는 방법의 발명을 말한다.
- [청구항 1] 물질 A
- [청구항 2] 물질 A를 간장에 혼합하여 간장의 곰팡이의 발생을 억제하는 간장의 제조방법
- 청구항 2는 제조방법으로 표현되어 있으나, 물질 A를 간장에 혼합함에 의해 간장의 곰팡이 발생을 억제하는 방법과 실질적으로 동일하다. 따라서 청구항 2는 청구항 1의 물질 A가 가지고 있는 특정한 성질을 이용하는 방법에 해당하여 단일성이 인정된다.

㉢ 물건과 그 물건을 취급하는 방법 : 물건을 취급하는 방법의 의미는 그 물건에 대해 외적인 작용을 가해 물건이 기능을 유지 또는 발휘하도록 하는 것으로, 물건을 본질적으로 변화시키지 않는 것을 말한다.
- [청구항 1] 물질 A
- [청구항 2] 물질 A를 온도 X℃ 이하, 압력 Y기압 이하에서 빛을 차폐하고 희가스의 존재 하에서 물질 B를 첨가하여 보존하는 방법
- 청구항 2는 물질 A의 보존을 위한 특별한 보존방법에 관한 것으로, 청구항 1의 발명을 취급하는 발명에 해당하여 단일성이 인정된다.

㉣ 물건과 그 물건을 생산하는 기계, 기구, 장치, 기타의 물건 : 물건을 생산하는 기계, 기구, 장치, 기타의 물건이 그 물건의 생산에 적합한가의 여부가 판단기준이 된다.
- [청구항 1] 특정구조의 볼트 A
- [청구항 2] 특정구조의 볼트 A를 생산하는 장치 B
- 청구항 2의 장치 B는 청구항 1의 볼트 A의 생산에 적합하므로 단일성을 만족한다.

ⓜ 물건과 그 물건의 특정 성질만을 이용하는 물건 : 물건의 특정 성질만을 이용하는 물건 발명은 발명의 목적이 그 물건이 가지고 있는 특정한 속성을 이용하여야 달성되고, 이러한 특정 속성을 이용하는 것이 발명의 구성에 명확히 표현되어 있는 물건의 발명을 말한다.
- [청구항 1] 물질 A
- [청구항 2] 물질 A로 된 제초제
- 청구항 2의 제초제는 청구항 1의 물질 A가 갖고 있는 제초능력을 이용한 물건에 해당하므로 단일성을 만족한다.

ⓑ 물건과 그 물건을 취급하는 물건 : 그 물건에 외적인 작용을 가하여 그 물건의 기능을 유지 또는 발휘하도록 하는 것으로, 그 물건을 본질적으로 변화시키지 않는 경우를 의미한다.
- [청구항 1] 불안정한 화학물질 A
- [청구항 2] 화학물질 A의 저장장치
- 청구항 2의 저장장치는 청구항 1의 화학물질 A가 그 기능을 유지할 수 있도록 하는 것으로, 화학물질 A를 취급하는 물건에 해당한다.

ⓢ 방법과 그 방법의 실시에 직접 사용하는 기계, 기구, 기타의 물건 : 방법의 실시에 직접 사용하는 기계, 기구, 기타의 물건이 특정 방법의 실시에 직접 사용되는데 적합한 경우에 발명의 단일성이 만족된다.
- [청구항 1] 녹 억제물질 X를 포함하는 페인트를 특정한 전극 배치를 사용하고 정전부하여 도장하는 도장방법
- [청구항 2] 녹 억제물질 X를 포함하는 페인트 녹 억제물질 X를 포함하는 페인트는 청구항 1항의 방법의 실시에 직접 사용되는 물건에 해당한다.

④ 마쿠쉬 방식 청구항
㉠ 하나의 청구항에 택일적 요소가 마쿠쉬 방식으로 기재된 경우에 있어서 택일적 사항들이 유사한 성질 또는 기능을 갖는 경우에는 단일성의 요건이 만족된다.
㉡ 마쿠쉬 그룹의 택일적 요소들 중 적어도 하나가 선행기술과 관련하여 신규하지 아니한 것으로 판단되면 심사관은 발명의 단일성 여부를 재검토하여야 한다.

⑤ 중간체와 최종 생성물 : 중간체란 중간물질 또는 출발물질을 의미하며, ⅰ) 중간체와 최종 생성물 사이에 주요한 구조적 요소가 동일하고, ⅱ) 중간체 및 최종생성물이 기술적으로 밀접한 상관관계가 있을 경우 중간체와 최종생성물 사이에 발명의 단일성이 있는 것으로 본다.

16 국방상 필요한 발명

(1) 법조문

> **제41조(국방상 필요한 발명 등)**
> ① 정부는 국방상 필요한 경우 외국에 특허출원하는 것을 금지하거나 발명자·출원인 및 대리인에게 그 특허출원의 발명을 비밀로 취급하도록 명할 수 있다. 다만, 정부의 허가를 받은 경우에는 외국에 특허출원을 할 수 있다. 기출 17
> ② 정부는 특허출원된 발명이 국방상 필요한 경우에는 특허를 하지 아니할 수 있으며, 전시·사변 또는 이에 준하는 비상시에 국방상 필요한 경우에는 특허를 받을 수 있는 권리를 수용할 수 있다. 기출 22
> ③ 제1항에 따른 외국에의 특허출원 금지 또는 비밀취급에 따른 손실에 대해서는 정부는 정당한 보상금을 지급하여야 한다.
> ④ 제2항에 따라 특허하지 아니하거나 수용한 경우에는 정부는 정당한 보상금을 지급하여야 한다. 기출 22
> ⑤ 제1항에 따른 외국에의 특허출원 금지 또는 비밀취급명령을 위반한 경우에는 그 발명에 대하여 특허를 받을 수 있는 권리를 포기한 것으로 본다.
> ⑥ 제1항에 따른 외국에의 특허출원 금지 또는 비밀취급명령을 위반한 경우에는 외국에의 특허출원 금지 또는 비밀취급에 따른 손실보상금의 청구권을 포기한 것으로 본다.
> ⑦ 제1항에 따른 외국에의 특허출원 금지 및 비밀취급의 절차, 제2항부터 제4항까지의 규정에 따른 수용, 보상금 지급의 절차, 그 밖에 필요한 사항은 대통령령으로 정한다.
>
> **제106조(특허권의 수용)**
> ① 정부는 특허발명이 전시, 사변 또는 이에 준하는 비상시에 국방상 필요한 경우에는 특허권을 수용할 수 있다.
> ② 특허권이 수용되는 경우에는 그 특허발명에 관한 특허권 외의 권리는 소멸된다.
> ③ 정부는 제1항에 따라 특허권을 수용하는 경우에는 특허권자, 전용실시권자 또는 통상실시권자에 대하여 정당한 보상금을 지급하여야 한다.
> ④ 특허권의 수용 및 보상금의 지급에 필요한 사항은 대통령령으로 정한다.

(2) 의의 및 취지

국방상 필요한 발명에 규정으로서, 특정인에게 독점권을 부여하거나 일반에 공개되어 노출될 경우 국가의 안보에 지대한 영향을 끼칠 수 있는 발명에 대하여 적절히 대처하기 위함이다.

(3) 국방상 필요한 발명이 특허출원된 경우

① 외국에 특허출원 금지명령 또는 특허출원 발명의 비밀취급 명령을 할 수 있다. 다만, 정부의 허가를 받은 경우 외국 특허출원이 가능하다.
② 국방상 필요한 경우 불특허할 수 있으며, 전시·사변 또는 이에 준하는 비상시 특허를 받을 수 있는 권리를 수용할 수 있다.

③ 외국에의 특허출원 금지, 비밀취급, 불특허를 수용한 경우 정부는 정당한 보상금을 지급해야 한다.
④ 외국 특허출원 금지 또는 비밀취급명령 위반 시 특허를 받을 수 있는 권리와 보상금 청구권을 포기한 것으로 본다.

(4) 국방상 필요한 발명이 설정등록된 경우
① 정부는 특허발명이 전시, 사변 또는 이에 준하는 비상시에 국방상 필요한 경우에는 특허권을 수용할 수 있다.
② 특허권이 수용되면 특허권 외의 권리는 소멸되고, 정부는 특허권자, 전용실시권자 또는 통상실시권자에 대하여 정당한 보상금을 지급하여야 한다.

17 직무발명

(1) 법조문(발명진흥법)

제2조(정의)
이 법에서 사용하는 용어의 뜻은 다음과 같다. 〈개정 2024.2.6.〉
1. "발명"이란 「특허법」・「실용신안법」 또는 「디자인보호법」에 따라 보호 대상이 되는 발명, 고안 및 창작을 말한다.
2. "직무발명"이란 종업원, 법인의 임원 또는 공무원(이하 "종업원등"이라 한다)이 그 직무에 관하여 발명한 것이 성질상 사용자・법인 또는 국가나 지방자치단체(이하 "사용자등"이라 한다)의 업무 범위에 속하고 그 발명을 하게 된 행위가 종업원등의 현재 또는 과거의 직무에 속하는 발명을 말한다.
3. "개인발명가"란 직무발명 외의 발명을 한 자를 말한다.
4. "산업재산권"이란 「특허법」・「실용신안법」・「디자인보호법」 또는 「상표법」에 따라 등록된 특허권, 실용신안권, 디자인권 및 상표권을 말한다.
5. "특허관리전담부서"란 사용자등에서 산업재산권에 관한 기획, 조사 및 관리 등의 업무를 담당하는 부서를 말한다.
5의2. "공익변리사"란 제26조의2에 따라 설치된 공익변리사 특허상담센터에서 업무를 수행하는 변리사를 말한다.
6. 삭제 〈2024.2.6.〉
7. 삭제 〈2024.2.6.〉
8. 삭제 〈2024.2.6.〉
9. "산업재산권 서비스업"이란 산업재산권의 창출・보호・활용을 지원하는 다음 각 목의 서비스업을 말한다.
　가. 산업재산권에 관한 정보를 수집・분석・가공・번역・유통 또는 관리하거나 이와 관련한 소프트웨어 또는 시스템을 개발하거나 구축하는 업
　나. 「변리사법」 제2조에서 규정하는 업
　다. 산업재산권의 경제적 가치 및 기술적 우수성을 가액(價額)・등급 또는 점수 등으로 평가하는 업
　라. 산업재산권의 양도 또는 실시권의 설정・허락 등 산업재산권의 거래행위를 중개・알선하는 업
　마. 그 밖에 대통령령으로 정하는 업
10. "산업재산권 서비스사업자"란 산업재산권 서비스업을 영위하는 자를 말한다.

11. "발명 등의 평가"란 다음 각 목의 어느 하나에 해당하는 것에 대한 현재 또는 장래의 경제적 가치를 가액·등급 또는 점수 등으로 표시하는 것을 말한다.
   가. 국내 또는 해외에 출원 중이거나 등록된 발명 및 「상표법」 제2조 제1항 제1호에 따른 상표(이하 "상표"라 한다)
   나. 「부정경쟁방지 및 영업비밀보호에 관한 법률」 제2조 제2호에 따른 영업비밀(이하 "영업비밀"이라 한다)
   다. 「반도체집적회로의 배치설계에 관한 법률」 제2조 제2호에 따른 배치설계(이하 "배치설계"라 한다)

제10조(직무발명)

① 직무발명에 대하여 종업원등이 특허, 실용신안등록, 디자인등록(이하 "특허등"이라 한다)을 받았거나 특허등을 받을 수 있는 권리를 승계한 자가 특허등을 받으면 사용자등은 그 특허권, 실용신안권, 디자인권(이하 "특허권등"이라 한다)에 대하여 통상실시권(通常實施權)을 가진다. 다만, 사용자등이 「중소기업기본법」 제2조에 따른 중소기업이 아닌 기업인 경우 종업원등과의 협의를 거쳐 미리 다음 각 호의 어느 하나에 해당하는 계약 또는 근무규정을 체결 또는 작성하지 아니한 경우에는 그러하지 아니하다.
   1. 종업원등의 직무발명에 대하여 사용자등에게 특허등을 받을 수 있는 권리나 특허권등을 승계시키는 계약 또는 근무규정
   2. 종업원등의 직무발명에 대하여 사용자등을 위하여 전용실시권을 설정하도록 하는 계약 또는 근무규정
② 제1항에도 불구하고 공무원 또는 국가나 지방자치단체에 소속되어 있으나 공무원이 아닌 자(이하 "공무원등"이라 한다)의 직무발명에 대한 권리는 국가나 지방자치단체가 승계할 수 있으며, 국가나 지방자치단체가 승계한 공무원등의 직무발명에 대한 특허권등은 국유나 공유로 한다. 다만, 「고등교육법」 제3조에 따른 국·공립학교(이하 "국·공립학교"라 한다) 교직원의 직무발명에 대한 권리는 「기술의 이전 및 사업화 촉진에 관한 법률」 제11조 제1항 후단에 따른 전담조직(이하 "전담조직"이라 한다)이 승계할 수 있으며, 전담조직이 승계한 국·공립학교 교직원의 직무발명에 대한 특허권등은 그 전담조직의 소유로 한다.
③ 직무발명 외의 종업원등의 발명에 대하여 미리 사용자등에게 특허등을 받을 수 있는 권리나 특허권등을 승계시키거나 사용자등을 위하여 전용실시권(專用實施權)을 설정하도록 하는 계약이나 근무규정의 조항은 무효로 한다.
④ 제2항에 따라 국유로 된 특허권등의 처분과 관리(특허권등의 포기를 포함한다)는 「국유재산법」 제8조에도 불구하고 특허청장이 이를 관장하며, 그 처분과 관리에 필요한 사항은 대통령령으로 정한다.

제12조(직무발명 완성사실의 통지)

종업원등이 직무발명을 완성한 경우에는 지체 없이 그 사실을 사용자등에게 서면(「전자문서 및 전자거래 기본법」 제2조 제1호에 따른 전자문서를 포함한다. 이하 같다)으로 알려야 한다. 2명 이상의 종업원등이 공동으로 직무발명을 완성한 경우에는 공동으로 알려야 한다. 〈개정 2022.11.15.〉

제13조(직무발명의 권리승계)

① 제12조에 따라 통지를 받은 사용자등이 종업원등의 직무발명에 대하여 미리 특허등을 받을 수 있는 권리나 특허권등을 승계시키거나 전용실시권을 설정하도록 하는 계약이나 근무규정을 정한 경우에는 그 권리는 발명을 완성한 때부터 사용자등에게 승계된다. 다만, 사용자등이 대통령령으로 정하는 기간에 그 발명에 대한 권리를 승계하지 아니하기로 종업원등에게 통지하는 경우에는 그러하지 아니하다. 〈개정 2024.2.6.〉
② 제1항에 따른 계약 또는 근무규정이 모두 없는 사용자등(국가나 지방자치단체는 제외한다)이 제12조에 따라 통지를 받은 경우에는 대통령령으로 정하는 기간에 그 발명에 대한 권리의 승계 여부를 종업원등에게 서면으로 알려야 한다. 이 경우 사용자등은 종업원등의 의사와 다르게 그 발명에 대한 권리의 승계를 주장할 수 없다. 〈개정 2024.2.6.〉
③ 사용자등이 제2항에 따른 기간에 승계 여부를 알리지 아니한 경우에는 사용자등은 그 발명에 대한 권리의 승계를 포기한 것으로 본다. 이 경우 사용자등은 제10조 제1항에도 불구하고 그 발명을 한 종업원등의 동의를 받지 아니하고는 통상실시권을 가질 수 없다. 〈개정 2024.2.6.〉

[제목개정 2024.2.6.]

제14조(공동발명에 대한 권리의 승계)
종업원등의 직무발명이 제3자와 공동으로 행하여진 경우 계약이나 근무규정에 따라 사용자등이 그 발명에 대한 권리를 승계하면 사용자등은 그 발명에 대하여 종업원등이 가지는 권리의 지분을 갖는다.

제15조(직무발명에 대한 보상)
① 종업원등은 직무발명에 대하여 특허등을 받을 수 있는 권리나 특허권등을 계약이나 근무규정에 따라 사용자등에게 승계하게 하거나 전용실시권을 설정한 경우에는 정당한 보상을 받을 권리를 가진다.
② 사용자등은 제1항에 따른 보상에 대하여 보상형태와 보상액을 결정하기 위한 기준, 지급방법 등이 명시된 보상규정을 작성하고 종업원등에게 서면으로 알려야 한다. 〈개정 2013.7.30., 2022.11.15.〉
③ 사용자등은 제2항에 따른 보상규정의 작성 또는 변경에 관하여 종업원등과 협의하여야 한다. 다만, 보상규정을 종업원등에게 불리하게 변경하는 경우에는 해당 계약 또는 규정의 적용을 받는 종업원등의 과반수의 동의를 받아야 한다.
④ 사용자등은 제1항에 따른 보상을 받을 종업원등에게 제2항에 따른 보상규정에 따라 결정된 보상액 등 보상의 구체적 사항을 서면으로 알려야 한다. 〈신설 2013.7.30., 2022.11.15.〉
⑤ 사용자등이 제3항에 따라 협의하여야 하거나 동의를 받아야 하는 종업원등의 범위, 절차 등 필요한 사항은 대통령령으로 정한다.
⑥ 사용자등이 제2항부터 제4항까지의 규정에 따라 종업원등에게 보상한 경우에는 정당한 보상을 한 것으로 본다. 다만, 그 보상액이 직무발명에 의하여 사용자등이 얻을 이익과 그 발명의 완성에 사용자등과 종업원등이 공헌한 정도를 고려하지 아니한 경우에는 그러하지 아니하다.
⑦ 공무원등의 직무발명에 대하여 제10조 제2항에 따라 국가나 지방자치단체가 그 권리를 승계한 경우에는 정당한 보상을 하여야 한다. 이 경우 보상금의 지급에 필요한 사항은 대통령령이나 조례로 정한다.

제16조(출원 유보시의 보상)
사용자등은 직무발명에 대한 권리를 승계한 후 출원(出願)하지 아니하거나 출원을 포기 또는 취하하는 경우에도 제15조에 따라 정당한 보상을 하여야 한다. 이 경우 그 발명에 대한 보상액을 결정할 때에는 그 발명이 산업재산권으로 보호되었더라면 종업원등이 받을 수 있었던 경제적 이익을 고려하여야 한다.

제16조의2(승계한 권리의 포기 및 종업원등의 양수)
① 「기술의 이전 및 사업화 촉진에 관한 법률」 제2조 제6호에 따른 공공연구기관(이하 이 조에서 "공공연구기관"이라 한다)이 국내 또는 해외에서 직무발명에 대하여 특허등을 받을 수 있는 권리 또는 특허권등(이하 "직무발명에 대한 권리"라 한다)을 종업원등으로부터 승계한 후 이를 포기하는 경우 해당 직무발명을 완성한 모든 종업원등은 그 직무발명에 대한 권리를 양수할 수 있다.
② 제1항에도 불구하고 공공연구기관의 장이 대통령령으로 정하는 바에 따라 공공의 이익을 위하여 특별히 직무발명에 대한 권리를 포기할 필요가 있다고 인정하는 경우에는 그 권리를 종업원등에게 양도하지 아니할 수 있다. 이 경우 공공연구기관의 장은 제3항의 기간 내에 종업원등에게 그 사유를 구체적으로 알려야 한다.
③ 제1항에 따라 직무발명에 대한 권리를 포기하려는 공공연구기관의 장은 대통령령으로 정하는 기간 내에 해당 직무발명을 완성한 모든 종업원등에게 그 사실을 통지하여야 한다.
④ 제3항에 따른 통지를 받은 종업원등은 직무발명에 대한 권리를 양수하려는 경우 통지를 받은 날부터 대통령령으로 정하는 기간 내에 직무발명에 대한 권리의 양수 의사를 공공연구기관의 장에게 서면으로 알려야 한다.

⑤ 제4항에 따라 종업원등이 직무발명에 대한 권리의 양수 의사를 알린 경우 제4항의 기간이 끝난 날의 다음 날부터 그 권리가 종업원등에게 양도된 것으로 본다. 이 경우 공공연구기관이 직무발명에 대한 권리를 제3자와 공유한 경우에는 공공연구기관의 장이 다른 공유자 모두의 동의를 받은 때에 한정하여 그 권리가 양도된 것으로 본다.
⑥ 제4항에 따라 직무발명에 대한 권리의 양수 의사를 알린 종업원등이 2명 이상인 경우에는 그 권리를 공유한다.
⑦ 공공연구기관의 장과 종업원등은 공공연구기관이 직무발명에 대한 권리를 계속 유지하기 위한 비용을 종업원등이 일부 부담하는 대신 직무발명에 대한 종업원등의 보상을 조정하는 방안을 제3항의 기간 내에 상호 협의할 수 있다.
⑧ 공공연구기관의 장은 제5항 전단에 따라 직무발명에 대한 권리가 종업원등에게 양도된 것으로 보는 날 이후 그 권리와 관련하여 발생하는 비용(세금을 포함한다)을 종업원등에게 청구할 수 있다.

제19조(비밀유지의 의무)
① 종업원등은 사용자등이 직무발명을 출원할 때까지 그 발명의 내용에 관한 비밀을 유지하여야 한다. 다만, 사용자등이 승계하지 아니하기로 확정된 경우에는 그러하지 아니하다.
② 제18조 제3항에 따라 자문위원으로 심의위원회에 참여하거나 참여하였던 사람은 직무상 알게 된 직무발명에 관한 내용을 다른 사람에게 누설하여서는 아니 된다.

(2) 관련 판례

① '발명을 하게 된 행위가 종업원의 현재 또는 과거의 업무에 속하는 것' : 발명진흥법 제2조 제2호에 의하면 직무발명이란 종업원 등이 그 직무에 관하여 발명한 것이 성질상 사용자 등의 업무 범위에 속하고 그 발명을 하게 된 행위가 종업원 등의 현재 또는 과거의 직무에 속하는 발명을 말하고, 발명진흥법에 근거하여 제정된 이 사건 직무발명 규정 제3조 제2호에서도 "직무발명이라 함은 교직원 등이 그 직무에 관하여 발명한 것이 산학협력단의 업무 범위에 속하고, 그 발명을 하게 된 행위가 발명자의 현재 또는 과거의 직무에 속하는 경우를 말한다."라고 규정하고 있다. 그런데, 여기서 '그 발명을 하게 된 행위가 종업원의 현재 또는 과거의 업무에 속하는 것'이라 함은 종업원이 담당하는 직무내용과 책임 범위로 보아 발명을 꾀하고 이를 수행하는 것이 당연히 예정되거나 또는 기대되는 경우를 뜻한다(대법원 1991.12.27. 선고 91후1113 판결 등 참조)(判例 2017나1995).

② 직무발명 이외의 발명까지 사용자 등에게 양도하거나 전용실시권을 설정한다는 취지의 조항을 포함하고 있는 계약이나 근무규정의 효력 및 이때 계약이나 근무규정 속에 대가에 관한 조항이 없더라도 종업원 등에게 직무발명에 대한 정당한 보상을 받을 권리가 있는지 여부(적극) : 발명진흥법 제2조는 '직무발명'이란 종업원, 법인의 임원 또는 공무원(이하 '종업원 등'이라 한다)이 직무에 관하여 발명한 것이 성질상 사용자·법인 또는 국가나 지방자치단체(이하 '사용자 등'이라 한다)의 업무 범위에 속하고 발명을 하게 된 행위가 종업원 등의 현재 또는 과거의 직무에 속하는 발명을 말한다고 규정하면서, 제10조 제3항에서 "직무발명 외의 종업원 등의 발명에 대하여 미리 사용자 등에게 특허 등을 받을 수 있는 권리나 특허권 등을 승계시키거나 사용자 등을 위하여 전용실시권을

설정하도록 하는 계약이나 근무규정의 조항은 무효로 한다."고 규정하고 있고, 위 조항은 직무발명을 제외하고 그 외의 종업원 등의 발명에 대하여는 발명 전에 미리 특허를 받을 수 있는 권리나 장차 취득할 특허권 등을 사용자 등에게 승계(양도)시키는 계약 또는 근무규정을 체결하여 두더라도 위 계약이나 근무규정은 무효라고 함으로써 사용자 등에 대하여 약한 입장에 있는 종업원 등의 이익을 보호하는 동시에 발명을 장려하고자 하는 점에 입법 취지가 있다. 위와 같은 입법 취지에 비추어 보면, 계약이나 근무규정이 종업원 등의 직무발명 이외의 발명에 대해서까지 사용자 등에게 양도하거나 전용실시권의 설정을 한다는 취지의 조항을 포함하고 있는 경우에 그 계약이나 근무규정 전체가 무효가 되는 것은 아니고, 직무발명에 관한 부분은 유효하다고 해석하여야 한다. 또한 발명진흥법 제15조 제1항은 "종업원 등은 직무발명에 대하여 특허 등을 받을 수 있는 권리나 특허권 등을 계약이나 근무규정에 따라 사용자 등에게 승계하게 하거나 전용실시권을 설정한 경우에는 정당한 보상을 받을 권리를 가진다."고 규정하고 있으므로, 계약이나 근무규정 속에 대가에 관한 조항이 없는 경우에도 그 계약이나 근무규정 자체는 유효하되 종업원 등은 사용자 등에 대하여 정당한 보상을 받을 권리를 가진다고 해석해야 할 것이나, 직무발명에 대한 특허 등을 받을 수 있는 권리나 특허권 등의 승계 또는 전용실시권 설정과 위 정당한 보상금의 지급이 동시이행의 관계에 있는 것은 아니다(判例 2012도6676).

③ **공동직무발명의 경우, 양도 시 제3자의 동의가 반드시 필요한지 여부** : 발명진흥법 제12조 전문(前文), 제13조 제1항, 제2항, 발명진흥법 시행령 제7조의 규정을 종합할 때, 직무발명에 대한 특허를 받을 수 있는 권리를 사용자 등에게 승계한다는 취지를 정한 약정 또는 근무규정이 있는 경우에는 사용자 등의 위 법령으로 정하는 기간 내의 일방적인 승계 의사 통지에 의하여 직무발명에 대한 특허를 받을 수 있는 권리 등이 사용자 등에게 승계된다. 또한 특허법상 공동발명자 상호 간에는 특허를 받을 권리를 공유하는 관계가 성립하고(특허법 제33조 제2항), 그 지분을 타에 양도하려면 다른 공유자의 동의가 필요하지만(특허법 제37조 제3항), 발명진흥법 제14조가 "종업원 등의 직무발명이 제3자와 공동으로 행하여진 경우 계약이나 근무규정에 따라 사용자 등이 그 발명에 대한 권리를 승계하면 사용자 등은 그 발명에 대하여 종업원 등이 가지는 권리의 지분을 갖는다."고 규정하고 있으므로, 직무발명이 제3자와 공동으로 행하여진 경우에는 사용자 등은 그 발명에 대한 종업원 등의 권리를 승계하기만 하면 공유자인 제3자의 동의 없이도 그 발명에 대하여 종업원 등이 가지는 권리의 지분을 갖는다고 보아야 한다(判例 2012도6676).

④ **'사용자가 얻을 이익'** : 발명진흥법 제15조 제6항 단서는 사용자가 종업원으로부터 직무발명을 승계하는 경우 종업원이 받을 정당한 보상액을 결정함에 있어서는 그 발명에 의하여 사용자가 얻을 이익액과 그 발명의 완성에 사용자 및 종업원이 공헌한 정도를 고려하도록 하고 있는데, 같은 법 제10조 제1항에 의하면 사용자는 직무발명을 승계하지 않더라도 그 특허권에 대하여 무상의 통상실시권을 가지므로, 위의 "사용자가 얻을 이익"이라 함은 통상실시권을 넘어 직무발명을 독점적·배타적으로 실시할 수 있는 지위를 취득함으로써 얻을 이익을 의미한다(대법원 2017.1.25. 선고 2014다220347 판결 참조)(判例 2016나1899).

⑤ 보상금 상당액에 법 제128조를 유추적용 가능한지 여부 : 발명진흥법 제10조의 직무발명에 해당하는 회사 임원의 발명에 관하여 회사와 그 대표이사가 임원의 특허를 받을 수 있는 권리를 적법하게 승계하지 않고 발명진흥법 제15조에 의한 보상도 하지 않은 상태에서 위 임원을 배제한 채 대표이사를 발명자로 하여 회사 명의의 특허등록을 마침으로써 임원의 특허를 받을 수 있는 권리를 침해한 경우, 위 임원이 입은 재산상 손해액은 임원이 발명진흥법 제15조에 의하여 받을 수 있었던 정당한 보상금 상당액이다. 그 수액은 직무발명제도와 그 보상에 관한 법령의 취지를 참작하고 증거조사의 결과와 변론 전체의 취지에 의하여 밝혀진 당사자들 사이의 관계, 특허를 받을 수 있는 권리를 침해하게 된 경위, 위 발명의 객관적인 기술적 가치, 유사한 대체기술의 존재 여부, 위 발명에 의하여 회사가 얻을 이익과 그 발명의 완성에 위 임원과 회사가 공헌한 정도, 회사의 과거 직무발명에 대한 보상금 지급례, 위 특허의 이용 형태 등 관련된 모든 간접사실들을 종합하여 정함이 상당하고, 등록된 특허권 또는 전용실시권의 침해행위로 인한 손해배상액의 산정에 관한 특허법 제128조 제4항을 유추적용하여 이를 산정할 것은 아니다(判例 2007다37370).

⑥ '사용자가 얻을 이익' 판단 기준시 : 실시보상금을 산정함에 있어서는 그 직무발명에 의해 사용자가 장래 '얻을' 이익이 산정의 기초가 되는바, 위 규정에 의할 때 이익액의 산정 시점은 원칙적으로는 특허를 받을 수 있는 권리 내지 특허권을 승계한 시점이라고 해석되므로, 승계 시점을 기준으로 하여 장래 사용자가 직무발명에 의해 얻을 것으로 합리적으로 예견되는 이익을 보상금 산정의 기초로 삼아야 하지만, 권리 승계시 장래의 이익을 예상하여 실시보상금을 미리 산정함에는 많은 어려움이 있으므로, 실제 실시계약의 체결 실적, 자사 제품에의 실시 여부 및 매출액 등 권리 승계 후 보상금 청구시까지 발생한 구체적인 사정을 '승계 당시 장래 얻을 수 있었던 이익'의 산정에 참작할 수 있고, 나아가 사용자가 직무발명의 실시로 인하여 실제로 이익을 얻은 경우, 특별한 사정이 없는 한 최소한 그 실현된 이익만큼은 '승계 당시 장래 얻을 수 있었던 이익'으로 봄이 상당하다(判例 2008나119134).

⑦ 직무발명보상금 채권의 소멸시효 : 직무발명보상금청구권은 일반채권과 마찬가지로 10년간 행사하지 않으면 소멸시효가 완성하고, 기산점은 일반적으로 사용자가 직무발명에 대한 특허를 받을 권리를 종업원한테서 승계한 시점으로 보아야 하나, 회사의 근무규칙 등에 직무발명보상금 지급시기를 정하고 있는 경우에는 그 시기가 도래할 때까지 보상금청구권 행사에 법률상 장애가 있으므로 근무규칙 등에 정하여진 지급시기가 소멸시효의 기산점이 된다(判例 2009다75178).

⑧ 무효사유 있는 특허 승계의 경우, 직무발명 보상금을 주지 않을 수 있는지 여부 : [1] 발명진흥법 제15조 제1항은 사용자가 종업원으로부터 직무발명을 승계하는 경우 종업원이 받을 정당한 보상액을 결정할 때에는 발명에 의하여 사용자가 얻을 이익액과 발명의 완성에 사용자 및 종업원이 공헌한 정도를 고려하도록 하고 있는데, 같은 법 제10조 제1항에 의하면 사용자는 직무발명을 승계하지 않더라도 특허권에 대하여 무상의 통상실시권을 가지므로, 위의 '사용자가 얻을 이익'이란 통상실시권을 넘어 직무발명을 독점적·배타적으로 실시할 수 있는 지위를 취득함으로써 얻을 이익을 의미한다. 한편 여기서 사용자가 얻을 이익은 직무발명 자체에 의해 얻을 이익을 의미하는 것이지 수익·비용의 정산 이후에 남는 영업이익 등의 회계상 이익을 의미하는 것은 아니므로 수익·비용의 정산 결과와 관계없이 직무발명 자체에 의한 이익이 있다면 사용자가 얻을 이익이 있는 것이고,

또한 사용자가 제조·판매하고 있는 제품이 직무발명의 권리범위에 포함되지 않더라도 그것이 직무발명 실시제품의 수요를 대체할 수 있는 제품으로서 사용자가 직무발명에 대한 특허권에 기해 경쟁 회사로 하여금 직무발명을 실시할 수 없게 함으로써 매출이 증가하였다면, 그로 인한 이익을 직무발명에 의한 사용자의 이익으로 평가할 수 있다. [2] 사용자가 종업원으로부터 승계하여 특허등록을 한 직무발명이 이미 공지된 기술이거나 공지된 기술로부터 통상의 기술자가 쉽게 발명할 수 있는 등의 특허무효사유가 있고 경쟁관계에 있는 제3자도 그와 같은 사정을 용이하게 알 수 있어서 사용자가 현실적으로 특허권으로 인한 독점적·배타적 이익을 전혀 얻지 못하고 있다고 볼 수 있는 경우가 아닌 한 단지 직무발명에 대한 특허에 무효사유가 있다는 사정만으로는 특허권에 따른 독점적·배타적 이익을 일률적으로 부정하여 직무발명보상금의 지급을 면할 수는 없고, 이러한 무효사유는 특허권으로 인한 독점적·배타적 이익을 산정할 때 참작요소로 고려할 수 있을 뿐이다(判例 2014다220347).

(3) 성립요건
① **종업원 등의 직무에 관한 발명**
  ㉠ 종업원이란 사업소 또는 사무소에 근무하는 임원·직원·기타 종사자로서 사용자와의 계약에 의해 당해 사업에 종사하는 자를 말한다.
  ㉡ 직무란 직업상 책임을 지고 담당하여 맡은 사무를 의미하며, 사용자의 지시에 따라 그 수행과 관련된 권한과 책임을 맡은 업무를 말한다.
② **사용자의 업무범위에 속할 것** : 직무발명은 사용자인 자연인, 법인, 국가 또는 지방자치단체가 운영하는 사업의 업무 범위에 포함되어야 한다.
③ **발명을 하게 된 행위가 종업원 등의 현재 또는 과거의 직무에 속할 것**
  ㉠ 종업원의 발명 행위가 사용자와의 고용관계가 유지되던 과거 또는 유지 중인 현재에 이루어져야 하며, 종업원이 퇴사하여 고용관계가 소멸한 상태에서 이루어진 발명은 직무발명에 해당하지 않는다.
  ㉡ "그 발명을 하게 된 행위가 피용자 등의 현재 또는 과거의 업무에 속하는 것"이라 함은 피용자가 담당하는 직무내용과 책임 범위로 보아 발명을 꾀하고 이를 수행하는 것이 당연히 예정되거나 또는 기대되는 경우를 말한다(判例 91후1113).

(4) 종업원의 권리와 의무
① **특허를 받을 수 있는 권리 확보** : 발명을 한 사람은 특허를 받을 수 있는 권리를 가지는 바, 직무발명을 한 종업원은 특허를 받을 수 있는 권리를 원시적으로 가진다(法 제33조 제1항).
② **보상 받을 권리** : 종업원 등은 직무발명에 대하여 특허 등을 받을 수 있는 권리나 특허권 등을 계약이나 근무규정에 따라 사용자 등에게 승계하게 하거나 전용실시권을 설정한 경우에는 정당한 보상을 받을 권리를 가진다(발명진흥법 제15조 제1항).

③ **발명 완성사실 통지의무** : 종업원 등이 직무발명을 완성한 경우에는 지체 없이 그 사실을 사용자 등에게 서면(「전자문서 및 전자거래 기본법」 제2조 제1호에 따른 전자문서를 포함한다. 이하 같다)으로 알려야 한다. 2명 이상의 종업원 등이 공동으로 직무발명을 완성한 경우에는 공동으로 알려야 한다(발명진흥법 제12조).

④ **비밀유지의무** : 종업원 등은 사용자 등이 직무발명을 출원할 때까지 그 발명의 내용에 관한 비밀을 유지하여야 한다. 다만, 사용자 등이 승계하지 아니하기로 확정된 경우에는 그러하지 아니하다(발명진흥법 제19조 제1항). 이를 위반하여 부정한 이익을 얻거나 사용자 등에 손해를 가할 목적으로 직무발명의 내용을 공개한 자에 대하여 3년 이하의 징역 또는 3천만원 이하의 벌금에 처한다(발명진흥법 제58조).

(5) 사용자의 권리와 의무

① 실시권 취득

구 분	기업 분류	통상실시권 발생 여부
직무발명	중소기업	원칙 : ○ 직무발명에 대하여 종업원이 특허를 받으면 사용자는 그 특허권에 대하여 통상실시권을 가진다(발명진흥법 제10조 제1항).
	중견기업 및 대기업	원칙 : × 예외 : ○ 종업원의 직무발명에 대하여 ⅰ) 특허를 받을 수 있는 권리나 특허권 승계 계약 또는 근무규정, 또는 ⅱ) 전용실시권 설정 계약 또는 근무규정을 미리 체결한 경우 통상실시권 인정
자유발명		• 직무발명 외의 종업원의 발명에 대하여 미리 사용자 등에게 특허를 받을 수 있는 권리나 특허권을 승계시키거나 사용자를 위하여 전용실시권을 설정하도록 하는 계약이나 근무규정의 조항은 무효로 한다(반대해석상 통상실시권 계약은 가능). • 계약이나 근무규정이 종업원 등의 직무발명 이외의 발명에 대하여서까지 사용자 등에게 양도하거나 전용실시권의 설정을 한다는 취지의 조항을 포함하고 있는 경우에 그 계약이나 근무규정 전체가 무효가 되는 것은 아니고, 직무발명에 관한 부분은 유효하다(判例 2012도6676).

② 공동 발명에 대한 권리의 승계

㉠ 직무발명이 제3자와 공동으로 행하여진 경우 계약이나 근무규정에 따라 사용자가 그 발명에 대한 권리를 승계하면 사용자는 그 발명에 대하여 종업원이 가지는 권리의 지분을 갖는다(발명진흥법 제14조).

㉡ 직무발명이 제3자와 공동으로 행하여진 경우에는 사용자는 그 발명에 대한 종업원의 권리를 승계하기만 하면 공유자인 제3자의 동의 없이도 그 발명에 대하여 종업원이 가지는 권리의 지분을 갖는다(判例 2012도6676).

③ 승계여부통지의무

㉠ 사용자의 통지의무

• 발명완성통지를 받은 사용자 등은 통지 받은 날로부터 4개월 이내에 그 발명에 대한 권리의 승계 여부를 종업원에게 서면으로 알려야 한다.

• 사용자가 발명에 대한 권리의 승계를 주장할 수 없는 경우 : ⅰ) 미리 사용자에게 특허를 받을 수 있는 권리나 특허권 승계 또는 전용실시권을 설정하도록 하는 계약이나 근무규정이 없고, ⅱ) 종업원의 의사에 합치하지 않는 경우

  © 승계 시점 : 사용자가 발명에 대한 권리의 승계 의사를 알린 때 승계된 것으로 본다.
  © 통지의무 위반 시 제재 : 발명완성사실 통지를 받은 때부터 4개월 이내에 승계여부를 알리지 않은 경우 발명에 대한 권리를 포기한 것으로 본다. 이 경우 사용자는 통상실시권을 가질 수 없다(예외 : 종업원이 동의할 경우 통상실시권 취득).

 ④ **종업원에게 보상해줄 의무**
  ㉠ 사용자는 보상형태와 보상액을 결정하기 위한 기준, 지급방법 등이 명시된 보상규정을 작성하고 종업원에게 서면으로 알려야 한다(발명진흥법 제15조 제2항).
  ㉡ 사용자 등은 보상규정의 작성 또는 변경에 관하여 종업원과 협의하여야 한다. 다만, 보상규정을 종업원에게 불리하게 변경하는 경우에는 해당 계약 또는 규정의 적용을 받는 종업원의 과반수의 동의를 받아야 한다(발명진흥법 제15조 제3항).
  ㉢ 사용자 등은 보상을 받을 종업원에게 보상규정에 따라 결정된 보상액 등 보상의 구체적 사항을 서면으로 알려야 한다(발명진흥법 제15조 제4항).
  ㉣ 사용자 등이 제2항부터 제4항까지의 규정에 따라 종업원에게 보상한 경우에는 정당한 보상을 한 것으로 본다. 다만, 그 보상액이 직무발명에 의하여 사용자 등이 얻을 이익과 그 발명의 완성에 사용자와 종업원이 공헌한 정도를 고려하지 아니한 경우에는 그러하지 아니하다(발명진흥법 제15조 제6항).
  ㉤ 사용자 등은 직무발명에 대한 권리를 승계한 후 출원하지 아니하거나 출원을 포기 또는 취하하는 경우에도 제15조에 따라 정당한 보상을 하여야 한다. 이 경우 그 발명에 대한 보상액을 결정할 때에는 그 발명이 산업재산권으로 보호되었더라면 종업원 등이 받을 수 있었던 경제적 이익을 고려하여야 한다(발명진흥법 제16조).

(6) 기타 직무발명
 ① **공무원의 직무발명**
  ㉠ 공무원 또는 국가나 지방자치단체에 소속되어 있으나 공무원이 아닌 자(이하 "공무원 등"이라 한다)의 직무발명에 대한 권리는 국가나 지방자치단체가 승계할 수 있으며, 국가나 지방자치단체가 승계한 공무원 등의 직무발명에 대한 특허권 등은 국유나 공유로 한다(발명진흥법 제10조 제2항).
  ㉡ 국유로 된 특허권 등의 처분과 관리(특허권 등의 포기 포함한다)는 특허청장이 이를 관장하며, 그 처분과 관리에 필요한 사항은 대통령령으로 정한다(발명진흥법 제10조 제4항).
  ㉢ 공무원 등의 직무발명에 대하여 국가나 지방자치단체가 그 권리를 승계한 경우에는 정당한 보상을 하여야 한다(발명진흥법 제15조 제7항).

 ② **학교와 관련된 발명**
  ㉠ 교직원의 직무발명에 대한 권리는 「기술의 이전 및 사업화 촉진에 관한 법률」 제11조 제1항 후단에 따른 전담조직(이하 "전담조직"이라 한다)이 승계할 수 있으며, 전담조직이 승계한 국·공립학교 교직원의 직무발명에 대한 특허권 등은 그 전담조직의 소유로 한다(발명진흥법 제10조 제2항).
  ㉡ 대학교수가 학교로부터 연구비를 지급받거나 대학의 시설·장비를 이용할 경우 직무발명이 성립된다고 볼 수 있으나, 그렇지 아니한 경우 직무발명으로 볼 수 없다고 보는 것이 일반적이다.

CHAPTER 04 특허 요건

제1편 | 특허법, 특허 · 실용신안 심사기준

01 특허요건 중 '산업상 이용 가능성'에 관한 설명으로 옳지 않은 것은? (다툼이 있으면 판례에 따름)

기출 23

① 인체를 처치하는 방법이 치료 효과와 비치료 효과를 동시에 가지는 경우, 양자를 구별 및 분리할 수 없는 방법은 치료방법으로 간주되어 산업상 이용 가능한 것으로 인정하지 않는다.
② 인체에도 적용할 수 있으나 청구범위의 기재에서 동물에게만 한정하여 특허 청구항을 명시하는 의료행위는 산업상 이용 가능성이 있는 것으로 취급한다.
③ 의료인에 의한 의료행위가 아니더라도 발명의 목적, 구성 및 효과 등에 비추어 보면 인간의 질병을 치료, 예방 또는 건강상태의 증진 내지 유지 등을 위한 처치방법의 발명인 경우에는 산업상 이용 가능성이 없는 것으로 취급한다.
④ 인간의 수술, 치료 또는 진단에 사용하기 위한 의료기기 그 자체, 의약품 그 자체 등은 산업상 이용 가능성이 없는 것으로 취급한다.
⑤ 의료기기의 작동방법 또는 의료기기를 이용한 측정방법 발명은 그 구성에 인체와 의료기기 간의 상호작용이 인체에 직접적이면서 일시적이 아닌 영향을 주는 경우 또는 실질적인 의료행위를 포함하는 경우를 제외하고는 산업상 이용 가능한 것으로 취급한다.

해설

① (○) 인체를 처치하는 방법이 치료 효과와 비치료 효과(예미용 효과)를 동시에 가지는 경우, 치료 효과와 비치료 효과를 구별 및 분리할 수 없는 방법은 치료방법으로 간주되어 산업상 이용 가능한 것으로 인정하지 않는다(심사기준).
② (○) 인간을 수술, 치료 또는 진단하는 방법의 발명은 산업상 이용 가능성이 없는 것으로 보나, 그것이 인간 이외의 동물에만 한정한다는 사실이 청구범위에 명시되어 있으면 산업상 이용할 수 있는 발명으로 취급한다(判例 90후250).
③ (○) 의료인에 의한 의료행위가 아니더라도 발명의 목적, 구성 및 효과 등에 비추어 보면 인간의 질병을 치료, 예방 또는 건강상태의 증진 내지 유지 등을 위한 처치방법의 발명인 경우에는 산업상 이용 가능성이 없는 것으로 취급한다(判例 2012허9587).
④ (×) 인간의 수술, 치료 또는 진단에 사용하기 위한 의료기기 그 자체, 의약품 그 자체 등은 산업상 이용할 수 있는 발명에 해당한다(심사기준).
⑤ (○) 의료기기의 작동방법 또는 의료기기를 이용한 측정방법 발명은 그 구성에 인체와 의료기기 간의 상호작용이 인체에 직접적이면서 일시적이 아닌 영향을 주는 경우 또는 실질적인 의료행위를 포함하는 경우를 제외하고는 산업상 이용 가능한 것으로 취급한다(심사기준).

답 ④

02 특허요건으로서의 산업상 이용가능성이 인정될 수 <u>없는</u> 것을 모두 고른 것은? (다툼이 있으면 판례에 따름) 기출 21

> ㄱ. 인간의 질병을 경감하고 예방하거나 건강을 증진시키기 위한 방법
> ㄴ. 인체의 일부를 필수구성요소로 하여 치료효과와 미용효과를 동시에 가지는 수술방법
> ㄷ. 기계적 방식으로 인체의 피부를 마사지하여 화장품이 피부에 잘 스며들도록 하는 피부미용법
> ㄹ. 인체에도 적용할 수 있으나 청구범위의 기재에서 동물에게만 한정하여 특허 청구항을 명시하는 의료행위

① ㄱ, ㄴ
② ㄱ, ㄷ
③ ㄴ, ㄷ
④ ㄱ, ㄴ, ㄷ
⑤ ㄱ, ㄷ, ㄹ

해설

ㄱ. (×) 인간을 수술, 치료 또는 진단하는 방법은 산업상 이용가능성이 인정되지 않는다.
ㄴ. (×) 인체를 처치하는 방법이 치료효과와 비치료효과(예미용효과)를 동시에 가지는 경우, 치료효과와 비치료효과를 구별 및 분리할 수 없는 방법은 치료방법으로 간주되어 산업상 이용가능성이 인정되지 않는다.
ㄷ. (○) 피부미용법은 미용효과를 가지는 비치료방법에 해당하여 산업상 이용가능성이 인정된다.
ㄹ. (○) 수술, 치료 또는 진단방법 발명이 동물에만 한정한다는 사실이 청구항에 명시되어 있으면 산업상 이용할 수 있는 발명으로 인정된다.

답 ①

03 특허법상 발명에 관한 설명으로 옳은 것은? (다툼이 있으면 판례에 따름) 기출 18

① 물건을 생산하는 방법발명의 경우, 실시는 그 방법에 의하여 생산한 물건을 사용, 양도, 대여 또는 수입하거나 그 물건의 양도 또는 대여의 청약을 하는 행위를 의미하므로 물건을 생산하는 방법의 사용은 실시에 포함되지 않는다.
② 재조합 DNA 기술과 같은 유전공학관련 발명에 있어서, 외래유전자가 유전암호인 염기서열로 특정되었다면 기재정도가 그 기술분야에 있어서 통상의 지식을 가진 자가 명세서에 기재된 바에 따라 반복 실시하여 목적하는 기술적 효과를 얻을 수 있을 정도로 구체적, 객관적으로 개시되어 있지 않더라도 발명으로서 완성되었다고 할 수 있다.
③ 특허법상의 발명은 '자연법칙을 이용한 기술적 사상의 창작으로서 고도한 것'이고, 실용신안법상의 고안은 '자연법칙을 이용한 기술적 사상의 창작'으로 고도성을 요구하지 않으므로, 특허의 대상은 모두 실용신안등록의 대상이 된다.
④ 미생물에 관한 발명으로 통상의 기술자가 미생물을 쉽게 입수할 수 없는 경우에는 국내기탁기관 또는 국제기탁기관에 기탁하여야 하고, 출원시에 이를 하지 않은 경우에는 미완성 발명으로, 발명의 성립성이 인정되지 않는다.
⑤ 무성번식 식물과 달리 유성번식 동식물에 관한 발명은 반복재현성이 보장되지 않고 특허법상 허용되지 않는 발명의 유형이므로 특허받을 수 없다.

해설
① (×) 물건을 생산하는 방법발명인 경우 방법을 사용하는 행위 또한 실시에 포함된다.
② (×) 통상의 지식을 가진 자가 명세서에 기재된 바에 따라 반복 실시하여 목적하는 기술적 효과를 얻을 수 있을 정도로 구체적, 객관적으로 개시되어야 완성된 발명으로 본다(判例 93후1810).
③ (×) 물품성이 없는 방법발명 및 제법발명은 실용신안의 보호대상이 아니다.
⑤ (×) 무성번식뿐만 아니라 유성번식 식물 또한 특허의 보호대상이다.

답 ④

04

특허법상의 발명에 관한 설명으로 옳지 않은 것은? (다툼이 있으면 판례에 따름) 기출 21

① 실제로 완성된 발명이 존재한다고 하더라도 명세서와 도면에 그 발명이 기재되지 아니한 경우 발명의 완성여부는 반드시 발명의 설명 중의 구체적 실시예에 한정되어 판단되는 것은 아니다.
② 의약의 용도발명에 있어서는 특정물질의 의약용도가 약리기전만으로 기재되어 있더라도 명세서의 다른 기재나 기술상식에 비추어 의약으로서의 구체적인 용도를 명확하게 파악할 수 있다면 특허법이 정한 청구항의 명확성 요건을 충족하는 것으로 볼 수 있다.
③ 의약이라는 물건의 발명에 있어서 투여주기와 단위투여량은 조성물인 의약물질을 구성하는 부분이 아니라 의약물질을 인간 등에게 투여하는 방법으로서 의료행위에 불과하거나 그 청구범위의 기재에 의하여 얻어진 최종적인 물건 자체에 관한 것이 아니어서 발명의 구성요소로 볼 수 없다.
④ 미생물을 이용한 발명의 출원에 있어서 국내에 현존하지 아니하고 국외에 현존할 뿐인 경우 명세서 제출 당시인 출원시를 기준으로 국내의 통상의 기술자가 이를 용이하게 입수할 수 있다고 인정될 때에는 이를 기탁하지 아니할 수 있다.
⑤ 식물발명의 경우 출원발명의 명세서에 그 기술분야의 평균적 기술자가 출원발명의 결과물을 재현할 수 있도록 그 과정이 기재되어 있어야 하며, 그 결과물인 식물이나 식물소재를 기탁함으로써 명세서의 기재를 보충하거나 대체할 수는 없다.

해설

① (○) 특허를 받을 수 있는 발명은 완성된 것이어야 하고 완성된 발명이란 그 발명이 속하는 분야에서 통상의 지식을 가진 자가 반복실시하여 목적하는 기술적 효과를 얻을 수 있을 정도까지 구체적, 객관적으로 구성되어 있는 발명으로 그 판단은 특허출원의 명세서에 기재된 발명의 목적, 구성 및 작용효과 등을 전체적으로 고려하여 출원 당시의 기술수준에 입각해서 신중히 하여야 하고 반드시 발명의 상세한 설명 중의 구체적 실시예에 한정되어 인정되는 것은 아니다(判例 92후1806).
② (○) 의약의 용도발명에서는 특정 물질이 가지고 있는 의약의 용도가 발명의 구성요건에 해당하므로, 발명의 특허청구범위에는 특정 물질의 의약용도를 대상 질병 또는 약효로 명확히 기재하는 것이 원칙이나, 특정 물질의 의약용도가 약리기전만으로 기재되어 있다 하더라도 발명의 상세한 설명 등 명세서의 다른 기재나 기술상식에 의하여 의약으로서의 구체적인 용도를 명확하게 파악할 수 있는 경우에는 특허법 제42조 제4항 제2호에 정해진 청구항의 명확성 요건을 충족하는 것으로 볼 수 있다(判例 2006후3564).
③ (×) 투여용법과 투여용량은 의료행위 자체가 아니라 의약이라는 물건이 효능을 온전하게 발휘하도록 하는 속성을 표현함으로써 의약이라는 물건에 새로운 의미를 부여하는 구성요소가 될 수 있고, 투여용법과 투여용량이라는 새로운 의약 용도가 부가되어 신규성과 진보성 등의 특허요건을 갖춘 의약에 대해서는 새롭게 특허권이 부여될 수 있다(判例 2014후768).
④ (○) 이때에 그 미생물이 반드시 국내에 현존하는 것이어야 할 필요는 없고 국외에 현존하는 것이라 하더라도 국내의 당업자가 이를 용이하게 입수할 수 있다고 인정될 때에는 이를 기탁하지 아니할 수 있다고 보아야 한다(判例 90후1260).
⑤ (○) 출원발명의 명세서에는 그 기술분야의 평균적 기술자가 출원발명의 결과물을 재현할 수 있도록 그 과정이 기재되어 있어야 하는 것이고, 식물발명이라 하여 그 결과물인 식물 또는 식물소재를 기탁함으로써 명세서의 기재를 보충하거나 그것에 대체할 수 없다(判例 96후2531).

답 ③

05 의약용도발명에 관한 설명으로 옳은 것은? (다툼이 있으면 판례에 따름) 기출 20

① 특정 물질의 의약용도가 약리기전만으로 기재되어 있다면 발명의 상세한 설명 등 명세서의 다른 기재나 기술상식에 의하여 의약으로서의 구체적인 용도를 명확하게 파악할 수 있더라도 특허법 제42조(특허출원) 제4항 제2호가 정한 청구항의 명확성 요건을 충족하는 것으로 볼 수 없다.
② 약사법에 따라 품목허가를 받은 의약품과 특허침해 의약품이 약학적으로 허용 가능한 염 등에서 차이가 있다면, 통상의 기술자가 이를 쉽게 선택할 수 있는 정도에 불과하고 그 치료효과나 용도가 실질적으로 동일하더라도 존속기간이 연장된 특허권의 효력은 침해제품에 미치지 아니한다.
③ 의약이라는 물건의 발명에서 대상 질병 또는 약효와 함께 투여용법과 투여용량을 부가하더라도 이러한 투여용법과 투여용량은 의료행위 그 자체에 해당하므로 이러한 투여용법과 투여용량의 부가에 의하여 별개의 의약용도발명이 된다고 볼 수 없다.
④ 의약용도발명에서는 통상의 기술자가 선행발명들로부터 특정 물질의 특정 질병에 대한 치료효과를 쉽게 예측할 수 있더라도, 선행발명들에서 임상시험 등에 의한 치료효과가 확인되어야 그 진보성이 비로소 부정될 수 있다.
⑤ 의약용도발명의 특허청구범위에 기재되는 약리기전은 특정 물질이 가지고 있는 의약용도를 특정하는 한도 내에서만 발명의 구성요소로서 의미를 가질 뿐, 약리기전 그 자체가 특허청구범위를 한정하는 구성요소라고 볼 수 없다.

해설

① (×) 특정 물질의 의약용도가 약리기전만으로 기재되어 있다 하더라도 발명의 설명 등 명세서의 다른 기재나 기술상식에 의하여 의약으로서의 구체적인 용도를 명확히 파악할 수 있는 경우에는 특허법 제42조 제4항 제2호가 정한 청구항의 명확성 요건을 충족하는 것으로 볼 수 있다(判例 2007후5215).
② (×) 약사법에 따라 품목허가를 받은 의약품과 특허침해 의약품이 약학적으로 허용 가능한 염 등에서 차이가 있더라도, 통상의 기술자가 이를 쉽게 선택할 수 있는 정도에 불과하고 그 치료효과나 용도가 실질적으로 동일하다면 존속기간이 연장된 특허권의 효력이 침해제품에 미치는 것으로 보아야 한다(判例 2017다245798).
③ (×) 투여용법과 투여용량은 의료행위 그 자체가 아니라 의약이라는 물건이 효능을 온전히 발휘하도록 하는 속성을 표현함으로써 의약이라는 물건에 새로운 의미를 부여하는 구성요소가 될 수 있다(判例 2014후768).
④ (×) 의약용도발명에서는 통상의 기술자가 선행발명들로부터 특정 물질의 특정 질병에 대한 치료효과를 쉽게 예측할 수 있는 정도에 불과하다면 그 진보성이 부정되고, 이러한 경우 선행발명들에서 임상시험 등에 의한 치료효과가 확인될 것까지 요구된다고 볼 수 없다(判例 2016후502).

 ⑤

06 의약의 용도발명에 관한 설명으로 옳지 않은 것은? (다툼이 있으면 판례에 따름) 기출 18

① 의약의 용도발명에서 특정 물질의 의약용도가 약리기전만으로 기재되어 있다 하더라도 발명의 상세한 설명 등 명세서의 다른 기재나 기술상식에 의하여 의약으로서의 구체적인 용도를 명확하게 파악할 수 있는 경우에는 특허법상 청구항의 명확성 요건을 충족하는 것으로 볼 수 있다.

② 의약의 용도발명에 있어서 특정한 투여용법과 투여용량에 관한 용도발명의 진보성이 부정되지 않기 위해서는 출원 당시의 기술수준이나 공지기술 등에 비추어 그 발명이 속하는 기술분야에서 통상의 지식을 가진 사람이 예측할 수 없는 현저하거나 이질적인 효과가 인정되어야 한다.

③ 의약의 용도발명에 있어서는 특정 물질이 가지고 있는 의약의 용도가 발명의 구성요건에 해당하므로, 발명의 특허청구범위에는 특정 물질의 의약용도를 대상질병 또는 약효로 명확히 기재하여야 한다.

④ 의약용도발명의 특허청구범위에 기재되어 있는 약리기전은 특정 물질이 가지고 있는 의약용도를 특정하는 한도 내에서만 발명의 구성요소로서 의미를 가질 뿐 약리기전 자체가 특허청구범위를 한정하는 구성요소라고 보아서는 아니 된다.

⑤ 의약의 용도발명에서 투여용법과 투여용량은 의료행위 자체이므로 의약이라는 물건에 새로운 의미를 부여하는 구성요소가 될 수 있다 할지라도, 이와 같은 투여용법과 투여용량이라는 새로운 의약용도가 부가되어 신규성과 진보성 등의 특허요건을 갖춘 의약에 대해서 새롭게 특허권이 부여될 수 있는 것은 아니다.

해설

① (○) 의약의 용도발명에서는 특정 물질이 가지고 있는 의약의 용도가 발명의 구성요건에 해당하므로, 발명의 특허청구범위에는 특정 물질의 의약용도를 대상 질병 또는 약효로 명확히 기재하는 것이 원칙이나, 특정 물질의 의약용도가 약리기전만으로 기재되어 있다 하더라도 발명의 상세한 설명 등 명세서의 다른 기재나 기술상식에 의하여 의약으로서의 구체적인 용도를 명확하게 파악할 수 있는 경우에는 특허법 제42조 제4항 제2호에 정해진 청구항의 명확성 요건을 충족하는 것으로 볼 수 있다(判例 2006후3564).

② (○) 判例 2014후2702

③ (○) 判例 2006후3564

④ (○) 의약용도발명에서는 특정 물질과 그것이 가지고 있는 의약용도가 발명을 구성하는 것이고, 약리기전은 특정 물질에 불가분적으로 내재된 속성으로서 특정 물질과 의약용도와의 결합을 도출해내는 계기에 불과하다. 따라서 의약용도발명의 특허청구범위에 기재되어 있는 약리기전은 특정 물질이 가지고 있는 의약용도를 특정하는 한도 내에서만 발명의 구성요소로서 의미를 가질 뿐 약리기전 자체가 특허청구범위를 한정하는 구성요소라고 보아서는 아니 된다(判例 2012후3664).

⑤ (×) 의약이라는 물건의 발명에서 대상 질병 또는 약효와 함께 투여용법과 투여용량을 부가하는 경우, 투여용법과 투여용량이 발명의 구성요소가 될 수 있으며 투여용법과 투여용량이라는 새로운 의약용도가 부가되어 신규성과 진보성 등의 특허요건을 갖춘 의약에 대해서 새롭게 특허권이 부여될 수 있다(判例 2014후768).

답 ⑤

07 의약발명에 관한 설명으로 옳은 것은? (다툼이 있으면 판례에 따름) 기출 16

① 대상 질병 또는 약효와 함께 투여용법 또는 투여용량을 부가한 의약발명의 진보성 판단에서 투여용법 또는 투여용량은 발명의 구성요소가 될 수 없다.
② 청구범위에 기재되어 있는 약리기전은 그 자체가 청구범위를 한정하는 구성요소가 된다.
③ 약리효과의 기재가 요구되는 의약발명에서는 출원 전에 명세서 기재의 약리효과를 나타내는 약리기전이 명확히 밝혀진 경우에도 특정 물질에 그와 같은 약리효과가 있다는 것을 약리데이터 등이 나타난 시험례로 기재하거나 또는 이에 대신할 수 있을 정도로 구체적으로 기재하여야만 명세서의 기재요건을 충족하였다고 볼 수 있다.
④ 의약용도발명의 청구범위에 기재되어 있는 약리기전은 특정 물질이 가지고 있는 의약용도를 특정하는 한도에서 발명의 구성요소로서 의미를 가진다.
⑤ 의약발명에서 새로운 투여용법 또는 투여용량이 부가되었다고 하더라도 그 발명은 단지 용법, 용량을 달리하는데 불과하므로 새로운 특허권이 부여될 수 없다.

해설

① (×) 투여용법 또는 투여용량은 의약이라는 물건에 새로운 의미를 부여하는 구성요소가 될 수 있다(判例 2014후768).
② (×) 청구범위에 기재되어 있는 약리기전은 특정 물질이 가지고 있는 의약용도를 특정하는 한도 내에서만 발명의 구성요소로서의 의미를 가질 뿐, 약리기전 그 자체가 청구범위를 한정하는 구성요소라고 볼 수 없다(判例 2012후3664).
③ (×) 출원 전 약리기전이 명확히 밝혀진 것과 같은 특별한 사정으로 통상의 기술자가 그 내용을 명확하게 이해하고 인식하여 재현할 수 있다면 그에 대한 실험데이터나 시험 성적표의 기재는 명세서의 필수적 기재요건은 아니다(判例 95후1326).
⑤ (×) 투여용법과 투여용량이라는 새로운 의약용도가 부가되어 신규성과 진보성 등의 특허요건을 갖춘 의약에 대해서는 새롭게 특허권이 부여될 수 있다(判例 2014후768).

답 ④

08 특허법상 특허출원 명세서 기재요건에 관한 설명으로 옳지 않은 것은? (다툼이 있으면 판례에 따름) 기출 25

① 발명이 명확하게 적혀있는지 여부는 통상의 기술자가 발명의 설명이나 도면 등의 기재와 출원 당시 기술상식을 고려하여 청구범위에 기재된 사항으로부터 특허를 받고자 하는 발명을 명확하게 파악할 수 있는지에 따라 개별적으로 판단하여야 하고, 단순히 청구범위에 사용된 용어만을 기준으로 하여 일률적으로 판단하여서는 안 된다.

② 미생물에 관계되는 발명에 대하여 특허출원을 하려는 자는 특허법 제42조(특허출원) 제2항에 따른 명세서(특허출원서에 최초로 첨부한 명세서를 말한다)를 적을 때, 특허법 시행령 제2조(미생물의 기탁) 제1항 본문에 따라 미생물을 기탁한 경우에는 국내기탁기관, 국제기탁기관 또는 지정기탁기관에서 부여받은 수탁번호를, 같은 항 단서에 따라 그 미생물을 기탁하지 않은 경우에는 그 미생물의 입수방법을 적어야 한다.

③ 발명의 설명에서의 기재 오류가 청구범위에 기재되어 있지 아니한 발명에 관한 것이거나 청구범위에 기재된 발명의 실시를 위하여 필요한 사항 이외의 부분에 관한 것이어서 그 오류에도 불구하고 통상의 기술자가 청구항에 기재된 발명을 정확하게 이해하고 쉽게 재현할 수 있다면 특허법 제42조(특허출원) 제3항 제1호 위반이라고 할 수 없다.

④ 특허법 제42조(특허출원) 제4항 제1호가 규정하는 명세서 기재요건을 충족하는지 여부는, 발명의 설명이 통상의 기술자가 그 발명을 쉽게 실시할 수 있도록 명확하고 상세하게 기재하고 있는지 여부에 의하여 판단하여서는 아니 된다.

⑤ 의약의 용도발명에 있어서 의약의 용도가 구성요소에 해당하므로 청구범위에는 의약용도를 치료 대상 질병 또는 약효로 명확하게 기재해야 하는 것인바, 통상의 기술자의 기술상식에 비추어 약리기전만으로 구체적인 의약으로서의 용도를 명확하게 파악할 수 있다고 하더라도 이것만으로는 청구범위가 명확히 기재된 것이 아니어서 특허법 제42조(특허출원) 제4항 제2호의 요건을 충족한 것이라고 볼 수 없다.

|해설|

① (○) 判例 2014후1563
② (○) 특허법 시행령 제2조 제1항
③ (○) 判例 2012후2586
④ (○) 判例 2012후832
⑤ (×) 의약의 용도발명에 있어서는 특정 물질이 가지고 있는 의약의 용도가 발명의 구성요건에 해당하므로, 발명의 청구범위에는 특정 물질의 의약용도를 대상 질병 또는 약효로 명확히 기재하는 것이 원칙이나, 특정 물질의 의약용도가 약리기전만으로 기재되어 있다 하더라도 발명의 설명 등 명세서의 다른 기재나 기술상식에 의하여 의약으로서의 구체적인 용도를 명확하게 파악할 수 있는 경우에는 특허법 제42조 제4항 제2호에 정해진 청구항의 명확성 요건을 충족하는 것으로 볼 수 있다(判例 2006후3564).

답 ⑤

09 특허법 제30조(공지 등이 되지 아니한 발명으로 보는 경우)에 관한 설명으로 옳지 않은 것은?

① 특허법 제30조 제1항 제1호의 규정을 적용받으려면 원칙적으로 특허출원서에 그 취지를 적고 이를 증명할 수 있는 서류를 특허출원일부터 30일 이내에 특허청장에게 제출하여야 하며, 그 특허출원이 설정등록된 이후에는 적용받을 수 없다.

② 공지 등이 있는 날부터 12개월 이내에 조약 당사국에 제1국 출원을 한 경우, 해당 제1국 출원을 기초로 한 특허법 제54조(조약에 의한 우선권 주장) 우선권주장 출원을 위 공지 등이 있는 날부터 12개월 이내에 하여야 특허법 제30조의 규정을 적용받을 수 있다.

③ 특허법 제30조는 발명이 출원 전에 공지되었다 하더라도 일정요건을 갖춘 경우 특허법 제29조(특허요건) 제1항 또는 제2항을 적용할 때 그 발명을 선행기술로 사용하지 않도록 하는 규정이지 출원일이 소급되는 것은 아니므로, 그 공지일과 출원일 사이에 동일한 발명에 대한 제3자의 독립적 출원이 있는 경우에는 특허법 제30조의 규정을 적용받을 수 없다.

④ 특허출원인이 조기공개신청을 하여 자기의 발명이 특허법 제64조(출원공개)에 따라 출원공개된 경우라면, 동일한 발명을 출원공개일부터 12개월 이내에 출원하더라도 특허법 제30조의 규정을 적용받을 수 없다.

⑤ 발명에 대한 비밀유지의무가 있는 乙이 발명자 甲의 의사에 반하여 국외에서 반포된 간행물에 그 발명을 게재한 경우, 甲이 특허법 제30조의 규정을 적용받기 위해서는 특허출원서에 그 취지를 적고 이를 증명할 수 있는 서류를 제출할 필요는 없으나 乙의 게재일부터 12개월 이내에 특허출원하여야 한다.

해설

① (○) 특허법 제30조 제2항·제3항
② (○) 심사기준
③ (×) 제3자의 독립적 출원에 의해 특허를 받을 수 없을 여지는 있지만 출원 전 1년 이내의 자기 공지에 대해 특허법 제30조 규정을 적용받을 수 있다.
④ (○) 특허법 제30조 제1항 제1호 단서
⑤ (○) 의사에 반한 공지는 특허법 제2항·제3항을 적용하지 않는다.

 ③

10 발명 A에 대한 공지의 예외 주장을 할 수 없는 경우는? (다툼이 있으면 판례에 따름) 기출 23

① 甲은 2021.5.15. 학회에서 발명 A를 공개하고 2021.9.15. 출원하였으나 출원서에 자기공지예외문구를 누락하였다. 甲은 2021.12.15. 특허등록결정등본을 송달받았고, 설정등록 전인 2022.3.30. 소정의 수수료를 내고 자기공지예외취지의 서류를 제출하였다.
② 甲은 2022.9.1. 발명 A를 공개한 후 2023.1.5. 원특허출원을 하였으나 공지예외를 주장하지 않았고, 거절이유 통지에 따른 의견서 제출기간 내에 분할출원을 실시하면서 공지예외를 주장하였다.
③ 甲은 국내우선권주장출원을 하면서 선출원보다 늦게 자기공지된 발명 A에 대하여 공지의 예외를 주장하였다.
④ 甲은 2020.2.1. 발명 A를 박람회에 출품하고 2020.12.1. 공지예외를 주장하면서 특허출원하였다. 한편 乙은 박람회에서 발명 A를 지득하고 2020.5.2. 간행물에 전재(轉載)하였는바, 甲이 이 사실과 함께 자신의 의사에 반한 공지임을 입증하였다.
⑤ 甲은 2020.2.1. 발명 A를 학회에서 발표하였는데, 그 내용이 강연집에 실리게 되었다. 甲은 학회발표에 대해서만 적법한 공지예외주장 절차를 밟았다.

해설
① (×) 특허결정등본 송달일로부터 3개월이 지났으므로, 제30조의 적용을 받을 수 없다.

> **특허법 제30조(공지 등이 되지 아니한 발명으로 보는 경우)**
> ② 제1항 제1호를 적용받으려는 자는 특허출원서에 그 취지를 적어 출원하여야 하고, 이를 증명할 수 있는 서류를 산업통상자원부령으로 정하는 방법에 따라 특허출원일부터 30일 이내에 특허청장에게 제출하여야 한다.
> ③ 제2항에도 불구하고 산업통상자원부령으로 정하는 보완수수료를 납부한 경우에는 다음 각 호의 어느 하나에 해당하는 기간에 제1항 제1호를 적용받으려는 취지를 적은 서류 또는 이를 증명할 수 있는 서류를 제출할 수 있다.
> 1. 제47조 제1항에 따라 보정할 수 있는 기간
> 2. 제66조에 따른 특허결정 또는 제176조 제1항에 따른 특허거절결정 취소심결(특허등록을 결정한 심결에 한정하되, 재심심결을 포함한다)의 등본을 송달받은 날부터 3개월 이내의 기간. 다만, 제79조에 따른 설정등록을 받으려는 날이 3개월보다 짧은 경우에는 그날까지의 기간

② (○) 분할출원과 함께 공지예외주장을 할 수 있다(判例 2020후11479).
③ (○) 선출원보다 늦게 공지되었다면, 공지일로부터 1년 이내에 후출원을 한 경우이므로, 30조의 주장이 가능하다(심사기준).
④ (○) 발명자로부터 지득한 자에 의한 공지는 의사에 반한 공지이다(심사기준).
⑤ (○) 출원서에 기재된 발명 공개 행위의 후속 절차로서 통상적으로 이루어지는 반복 공개 행위는 출원서에 기재된 발명의 공개 행위의 연장선에 있다고 볼 수 있으므로, 비록 출원서에 기재되어 있지 않거나 증명서류가 첨부되어 있지 않더라도 당연히 특허법 제30조의 공지 등의 예외 적용을 적용받을 수 있다(判例 2015허7308).

답 ①

11 甲은 자신이 개발한 발명 A의 제품을 2019.9.1. 판매하였고, 그 판매 제품에 대해 고객의 의견을 받아서 발명 A에 구성 B를 추가한 발명의 신제품(A + B)을 2020.5.1. 판매하였으며, 그 후 甲은 특허법 제30조(공지 등이 되지 아니한 발명으로 보는 경우)의 규정에 의하여 2020.8.1. 특허출원(제1항 : A, 제2항 : B)을 하였다. 다른 거절이유가 없는 경우 甲의 특허출원과 그 특허심사에 관한 설명으로 옳지 않은 것은? 기출 21

① 甲은 특허법 제30조의 규정을 적용받기 위하여 2019.9.1.부터 1년 이내에 특허출원 하였으므로 특허를 받을 수 있다.
② 甲은 특허법 제30조를 적용받고자 하는 취지를 특허출원서에 기재하고, 이를 증명할 수 있는 서류를 2020.5.1. 판매한 신제품(A + B)에 대해서만 제출하면 특허를 받을 수 있다.
③ 乙이 자체 개발한 신제품(A + B)을 2020.7.1. 판매한 경우, 甲은 특허법 제30조의 규정을 적용받는다고 하더라도 제1항 및 제2항에 대해 특허를 받을 수 없다.
④ 丙이 甲의 판매제품을 인지하지 못한 상태에서 개발한 발명 B를 2020.7.1. 특허출원한 경우, 甲은 제1항에 대해서 특허를 받을 수 있지만, 제2항에 대해서는 특허를 받을 수 없다.
⑤ 丁이 甲의 판매제품을 인지하지 못한 상태에서 자신이 개발한 발명을 2020.7.1. 특허출원(제1항 : A, 제2항 : B)한 경우, 丁은 제1항 및 제2항 모두 특허를 받을 수 없다.

해설

① (○) 특허법 제30조
② (×) 2019.9.1. 판매한 A제품의 공지에 의하여 제1항은 신규성이 없으므로 특허를 받을 수 없다.
④ (×) 甲의 출원이 丙의 출원보다 출원일이 늦지만, 2020.5.1. 甲의 신제품(A + B) 판매가 B의 공지행위가 맞다고 본다면, 丙은 타인인 甲의 발명에 대해서 신규성 위반으로 거절될 것이며, 丙의 출원이 만약 출원공개 전 거절결정이 확정되어 출원공개되지 않는다면, 丙의 출원에 대해서는 선원지위・확대된 선원지위가 발생하지 않을 것이므로, 甲의 출원은 丙의 출원에 의해 거절되지 않을 수 있다.
⑤ (○) 丁의 특허출원 제1항, 제2항은 신규성 위반으로 특허를 받을 수 없다.

답 ②, ④

12 특허출원 절차에 관한 설명으로 옳지 않은 것은? 기출 22

① 특허출원인의 의사에 반한 공지가 있어 이를 주장하고자 하는 경우, 특허출원시에 그 취지와 증거자료를 제출하여야 하나, 보완수수료를 납부하면 보정 기간에 그 취지를 적은 서류 또는 이를 증명할 수 있는 서류를 제출할 수 있다.
② 무권리자의 특허출원에 해당한다는 이유로 특허거절결정이 확정된 경우, 정당한 권리자의 출원에 대한 심사청구는 무권리자 출원일부터 3년이 경과한 이후라도 정당한 권리자의 출원일부터 30일 이내에 청구할 수 있다.
③ 분할출원을 기초로 특허법 제54조(조약에 의한 우선권주장)에 따른 우선권을 주장하고자 하는 경우, 분할출원을 한 날부터 3개월 이내에 우선권주장 서류를 특허청장에게 제출할 수 있다.
④ 특허출원에 대한 최후거절이유통지에 따른 보정이 각하된 경우에, 이에 대하여 독립하여 불복할 수 없고, 심판에서 다투는 경우에는 특허거절결정에 대한 심판에서 다툴 수 있다.
⑤ 특허출원인은 특허출원서에 최초로 첨부한 명세서에 청구범위를 적지 아니한 변경출원의 경우 특허법 제42조의2(특허출원일 등) 제2항에 따른 기한이 지난 후에도 변경출원을 한 날부터 30일이 되는 날까지 명세서에 청구범위를 적는 보정을 할 수 있다.

해설

① (×) 특허출원인의 의사에 반한 공지가 있는 경우, 발명이 공지된 날로부터 12개월 이내에 출원해야 하며(특허법 제30조 제1항 제2호), 공지에 의한 거절이유통지가 있을 때 의견서제출기회를 통해 발명이 공지된 과정이 자신의 의사에 반한 것이었다는 사실의 입증을 할 수 있다.
② (○) 특허법 제59조 제3항
③ (○) 특허법 제52조 제6항
④ (○) 특허법 제63조 제1항 단서
⑤ (○) 특허법 제53조 제8항

답 ①

13

특허법 제30조의 공지 등이 되지 아니한 발명으로 보는 경우(이하 '공지예외적용'이라 함)에 관한 설명으로 옳은 것은? 기출 18

① 발명이 출원 전에 공지되었으나 공지예외적용의 요건을 갖춘 경우에 그 발명은 특허법 제29조(특허요건)의 신규성이나 진보성에 관한 규정 적용시 출원일이 소급된다.
② 특허를 받을 수 있는 권리를 가진 자의 의사에 반하여 발명이 공지된 경우에 공지예외적용을 받으려는 자는 공지된 날부터 6개월 이내에 특허출원을 하여야 한다.
③ 특허를 받을 수 있는 권리를 가진 자의 의사에 반하여 발명이 공지된 경우에 공지예외적용을 받으려는 자는 출원서에 그 취지를 기재하여야 한다.
④ 특허를 받을 수 있는 권리를 가진 자에 의하여 발명이 공지된 경우에 공지예외적용을 받을 수 있으나, 그 발명이 조약 또는 법률에 따라 국내 또는 국외에서 출원공개되거나 등록공고된 경우는 제외한다.
⑤ 특허를 받을 수 있는 권리를 가진 자에 의하여 발명이 공지된 경우에 공지예외적용을 받으려는 자는 출원서에 그 취지를 기재하여야 하고, 이를 추후 보완할 수 없다.

해설

① (×) 출원일이 소급되는 것이 아니라 공지 등이 되지 아니한 것으로 본다(특허법 제30조 제1항).
② (×) 공지된 날로부터 12개월 이내에 출원하여야 한다(특허법 제30조 제1항).
③ (×) 출원서에 취지를 기재할 것이 아니라 거절이유통지에 따른 의견제출기간에 그 공지가 의사에 반한다는 증명서류를 제출하면 된다(특허법 제30조 제2항).
④ (○) 특허법 제30조 제1항 제1호 단서
⑤ (×) 보완수수료를 납부한 경우에는 보정기간 또는 특허결정등본 또는 특허거절결정 취소심결 등본송달일로부터 3개월 이내의 기간에 보완할 수 있다(특허법 제30조 제3항).

답 ④

14

특허법 제30조(공지 등이 되지 아니한 발명으로 보는 경우)에 관한 설명으로 옳지 않은 것은?

① 공지 등이 있는 날로부터 12개월 이내에 공지예외적용 신청을 수반하여 선출원을 한 경우, 해당 선출원을 기초로 한 국내우선권주장출원을 위 공지 등이 있는 날로부터 12개월 이내에 하여야 특허법 제30조를 적용받을 수 있다.

② 특허법 제30조 제1항 제1호의 규정을 적용받으려면 출원서에 그 취지를 적어야 하고 이를 증명할 수 있는 서류를 출원일로부터 30일 이내에 특허청장에게 제출하여야 한다.

③ 특허법 제30조는 발명이 출원 전에 공지되었다 하더라도 일정요건을 갖춘 경우 신규성이나 진보성에 관한 규정을 적용할 때 그 발명을 선행기술로 사용하지 않도록 하는 규정이지 출원일이 소급되는 것은 아니다.

④ 甲의 발명이 공개된 후 12개월 이내에 동일 발명을 출원(A)하여 공지예외규정을 적용받았고, 상기 출원일과 같은 날에 동일 발명에 대하여 乙이 출원(B)을 한 경우, 특허법 제36조(선출원)를 적용하지 않더라도 乙은 특허를 받을 수 없다.

⑤ 우리나라에 출원된 것으로 보는 국제출원(국제특허출원)은 국제출원일에 공지예외적용과 관련된 절차를 밟지 않았더라도 기준일 경과 후 30일 내에 공지예외주장 취지를 기재한 서면과 증명서류를 제출하면 특허법 제30조를 적용받을 수 있다.

해설

① (×) 국내우선권주장출원의 경우 선출원이 공지 등이 된 날로부터 12개월 이내에 이루어졌다면 국내우선권주장출원을 선출원일로부터 1년 이내에 하여 공지예외적용을 받을 수 있다.
② (○) 특허법 제30조 제2항
③ (○) 특허법 제30조 제1항
⑤ (○) 특허법 제200조

답 ①

15 청구범위 해석의 원칙에 관한 설명으로 옳지 않은 것은? (다툼이 있으면 판례에 따름)

① 특허요건 판단의 대상이 되는 출원발명의 확정은 특별한 사정이 없는 한 청구 범위에 기재된 사항에 의하여야 하고 발명의 설명이나 도면 등 다른 기재에 의하여 청구범위를 확장하여 해석하는 것은 허용되지 않는다.
② 특허요건 판단의 대상이 되는 출원발명의 확정은 특별한 사정이 없는 한 청구범위에 기재된 사항에 의하여야 하지만, 청구범위가 통상적인 구조, 방법, 물질 등이 아니라 기능, 효과, 성질 등의 이른바 기능적 표현으로 기재된 경우에는 발명의 설명이나 도면 등 다른 기재에 의하여 청구범위를 제한하여 해석할 수 있다.
③ 청구범위에 기재된 사항은 그 문언의 일반적인 의미를 기초로 하면서도 발명의 설명, 도면 등을 참작하여 그 문언에 의하여 표현하고자 하는 기술적 의의를 고찰한 다음 객관적·합리적으로 해석하여야 한다.
④ 청구범위가 복수의 구성요소로 구성된 경우 유기적으로 결합된 전체로서의 기술적 사상으로 해석한다.
⑤ 청구범위 기재만으로 발명의 기술적 구성을 알 수 없거나 알 수 있더라도 기술적 범위를 확정할 수 없는 경우 명세서의 다른 기재에 의해 보충할 수 있다.

해설

② (×) 발명의 내용의 확정은 특별한 사정이 없는 한 특허청구범위에 기재된 사항에 의하여야 하고 발명의 상세한 설명이나 도면 등 명세서의 다른 기재에 의하여 특허청구범위를 제한하거나 확장하여 해석하는 것은 허용되지 않으며, 이러한 법리는 특허출원된 발명의 특허청구범위가 통상적인 구조, 방법, 물질 등이 아니라 기능, 효과, 성질 등의 이른바 기능적 표현으로 기재된 경우에도 마찬가지이다(判例 2007후4977).
④ (O) 어느 특허발명의 특허청구범위에 기재된 청구항이 복수의 구성요소로 되어 있는 경우에는 각 구성요소가 유기적으로 결합한 전체로서의 기술사상이 진보성 판단의 대상이 되는 것이지 각 구성요소가 독립하여 진보성 판단의 대상이 되는 것은 아니므로, 그 특허발명의 진보성 여부를 판단함에 있어서는 청구항에 기재된 복수의 구성을 분해한 후 각각 분해된 개별 구성요소들이 공지된 것인지 여부만을 따져서는 안 되고, 특유의 과제 해결원리에 기초하여 유기적으로 결합된 전체로서의 구성의 곤란성을 따져 보아야 할 것이며, 이때 결합된 전체 구성으로서의 발명이 갖는 특유한 효과도 함께 고려하여야 한다(判例 2005후3284).
⑤ (O) 특허권의 권리범위 내지 실질적인 보호범위는 특허명세서의 "특허청구의 범위"에 기재된 사항에 의하여 정하여진다 할 것이나, 특허명세서의 기재 중 "특허청구의 범위"의 항의 기재만으로는 특허의 기술구성을 알 수 없거나 설사 알 수는 있더라도 그 기술적 범위를 확정할 수 없는 경우, "특허청구의 범위"에 발명의 상세한 설명이나 도면 등 명세서의 다른 기재부분을 보충하여 명세서 전체로서 특허의 기술적 범위 내지 그 권리범위를 실질적으로 확정하여야 한다(判例 90후1499).

답 ②

16 특허요건 중 신규성에 관한 설명으로 옳지 않은 것은? (다툼이 있으면 판례에 따름) 기출 25

① 발명의 신규성을 판단할 때 복수의 인용발명을 조합하여 대비할 수 있다.
② 특허출원 전에 국내 또는 국외에서 공지되었거나 공연히 실시된 발명은 특허를 받을 수 없다.
③ 특허의 전부가 출원 당시 공지공용의 것인 경우에는 권리범위확인심판에서 특허무효의 심결 유무와 무관하게 권리범위를 부정할 수 있다.
④ 특허출원 전에 특정 제조방법에 의해 제작된 물건에 관한 공지된 문헌이 존재하는 경우, 위 제조방법에 따른 결과물이 필연적으로 특허발명과 동일한 구성 또는 속성을 가진다는 점이 증명되었다면 신규성이 부정될 수 있다.
⑤ 특허출원인이 일정한 구성요소를 공지기술이라는 취지로 청구범위의 전제부에 기재하였음을 인정할 수 있는 경우에는 별도의 증거 없이도 전제부 기재 구성요소를 출원 전 공지된 것이라고 사실상 추정할 수 있으나, 출원인이 실제로는 출원 당시 아직 공개되지 아니한 선출원발명이나 출원인의 회사 내부에만 알려져 있었던 기술을 착오로 공지된 것으로 잘못 기재하였음이 밝혀지는 경우와 같이 특별한 사정이 있는 때에는 추정이 번복될 수 있다.

해설

① (×) 특허발명이 신규성을 상실하였다고 하기 위해서는 그 특허발명과 선행발명을 1대 1로 비교하여 선행발명에 그 특허발명의 모든 구성이 나와 있어야 하고, 그 특허발명의 구성이 2개 이상의 선행발명에 일부씩이 나와 있어서는 아니 된다(判例 2004허5160).
② (○) 특허법 제29조 제1항 제1호
③ (○) 判例 81후56 [전합]
④ (○) 判例 2017후1304
⑤ (○) 判例 2013후37 [전합]

답 ①

17 특허요건 중 신규성에 관한 설명으로 옳지 않은 것은? (다툼이 있으면 판례에 따름) 기출 24

① 다수인이 발명의 내용을 알고 있거나 알 수 있는 상태에 있다 하더라도 그들이 모두 비밀유지의무를 지는 경우라면 그 발명은 공지되었다고 볼 수 없다.
② 제29조(특허요건) 제1항 제1호에 규정한 '특허출원 전'의 의미는 발명의 공지 또는 공연 실시된 시점이 특허출원 전이라는 의미이고, 그 공지 또는 공연 실시된 사실을 인정하기 위한 증거가 특허출원 전에 작성된 것을 의미한다.
③ 전기통신회선을 통하여 공개되었다 하더라도 암호를 부여하여 불특정 다수인의 접근이 불가능한 경우에는 공중의 이용가능성이 없다.
④ 카탈로그는 제작되었으면 배부, 반포되는 것이 사회통념이라 하겠으며 제작한 카탈로그를 배부, 반포하지 아니하고 사장하고 있다는 것은 경험칙상 수긍할 수 없는 것이어서 카탈로그의 배부범위, 비치장소 등에 관하여 구체적인 증거가 없다고 하더라도 그 카탈로그의 배부, 반포되었음을 부인할 수는 없다.
⑤ 공지기술이 상위개념으로 기재되어 있고 청구항에 기재된 발명이 하위개념으로 기재되어 있으면 동일성이 없어 통상적으로 청구항에 기재된 발명은 신규성이 있다.

해설

① (○) 判例 2021후10732
② (×) 구 특허법(2001.2.3. 법률 제6411호로 개정되기 전의 것) 제29조 제1항 제1호 소정의 '특허출원 전에 국내에서 공지되었거나 공연히 실시된 발명'에서 '특허출원 전'의 의미는 발명의 공지 또는 공연 실시된 시점이 특허출원 전이라는 의미이지 그 공지 또는 공연 실시된 사실을 인정하기 위한 증거가 특허출원 전에 작성된 것을 의미하는 것은 아니므로, 법원은 특허출원 후에 작성된 문건들에 기초하여 어떤 발명 또는 기술이 특허출원 전에 공지 또는 공연 실시된 것인지 여부를 인정할 수 있다(判例 2006후2660).
③ (○) 전기통신회선을 통하여 공개되었다 하더라도 암호화 방법을 통해 불특정 다수인이 접근할 수 없다면 공중이 이용가능하게 된 발명이라고 볼 수 없다.
④ (○) 判例 98후270
⑤ (○) 심사기준

답 ②

18. 특허법상 신규성에 관한 설명으로 옳지 않은 것은? (다툼이 있으면 판례에 따름) 기출 23

① 신규성 판단에 있어서 '공지(公知)된 발명'이란 특허출원 전에 국내 또는 국외에서 그 내용이 비밀상태로 유지되지 않고 불특정인에게 알려지거나 알려질 수 있는 상태에 있는 발명을 의미한다. 여기서 '불특정인'이란 그 발명에 대한 비밀준수 의무가 없는 자를 말한다.
② 신규성 판단에 있어서 '특허출원 전'이란 특허출원일의 개념이 아닌 특허출원의 시, 분, 초까지도 고려한 자연시(自然時, 외국에서 공지된 경우 한국시간으로 환산한 시간) 개념이다.
③ 불특정인에게 공장을 견학시킨 경우, 그 제조상황을 보았을 경우에 제조공정의 일부에 대하여는 장치의 외부를 보아도 그 제조공정의 내용을 알 수 없는 것으로서, 그 내용을 알지 못하면 그 기술의 전체를 알 수 없는 경우에도 견학자가 그 장치의 내부를 볼 수 있거나 그 내부에 대하여 공장의 종업원에게 설명을 들을 수 있는 상황(공장 측에서 설명을 거부하지 않음)으로서 그 내용을 알 수 있을 때에는 그 기술은 공연히 실시된 것으로 본다.
④ 카탈로그가 제작되었으면 배부, 반포되는 것이 사회통념이므로 카탈로그의 배부범위, 비치장소 등에 관하여 구체적인 증거가 없다고 하더라도 그 카탈로그가 배부, 반포되었음을 부인할 수는 없다.
⑤ 내부에 특징이 있는 발명에 대해 그 외형 사진만이 간행물에 게재되어 있는 경우에 그 발명은 게재된 것이라고 할 것이다.

해설

① (○) 특허법 제29조 제1항 제1호에서 규정하고 있는 "국내 또는 국외에서 공지되었거나 공연히 실시된 발명"에서 '공지된 발명'이라 함은 반드시 불특정다수인에게 인식되었을 필요는 없다 하더라도 적어도 불특정다수인이 인식할 수 있는 상태에 놓여져 있는 발명을 말하고, '불특정 다수인'이라 함은 일반 공중을 의미하는 것이 아니고 발명의 내용을 비밀로 유지할 의무가 없는 사람이라면 그 인원의 많고 적음을 불문하고 불특정 다수인에 해당된다(判例 95후19).
② (○) '특허출원 전'이란 특허출원일의 개념이 아닌 특허출원의 시, 분, 초까지도 고려한 자연시(외국에서 공지된 경우 한국시간으로 환산한 시간) 개념이다(判例 2006후2660).
③ (○) 불특정인에게 공장을 견학시킨 경우, 그 제조상황을 보면 그 기술분야에서 통상의 지식을 가진 자가 그 기술내용을 알 수 있는 상태인 때에는 '공연히 실시'된 것으로 본다. 또한, 그 제조상황을 보았을 경우에 제조공정의 일부에 대하여는 장치의 외부를 보아도 그 제조공정의 내용을 알 수 없는 것으로서, 그 내용을 알지 못하면 그 기술의 전체를 알 수 없는 경우에도 견학자가 그 장치의 내부를 볼 수 있거나 그 내부에 대하여 공장의 종업원에게 설명을 들을 수 있는 상황(공장 측에서 설명을 거부하지 않음)으로서 그 내용을 알 수 있을 때에는 그 기술은 공연히 실시된 것으로 본다(判例 99허6596).
④ (○) 카탈로그는 제작되었으면 배부, 반포되는 것이 사회통념이라 하겠으며 제작한 카탈로그를 배부, 반포하지 아니하고 사장하고 있다는 것은 경험칙상 수긍할 수 없는 것이어서 카탈로그의 배부범위, 비치장소 등에 관하여 구체적인 증거가 없다고 하더라도 그 카탈로그의 반포, 배부되었음을 부인할 수는 없다(判例 91후1410).
⑤ (×) 외형 사진만이 간행물에 게재되어 있다면, 내부에 있는 특징이 게재되어 있다고 보기 어려우므로, 그 발명이 게재되어 있다고 보기 어렵다(判例 97후433).

 ⑤

19 특허법 및 실용신안법상의 신규성에 관한 설명으로 옳지 않은 것은? (다툼이 있으면 판례에 따름)

① 누구나 마음대로 출입할 수 있으며 그 출입자가 비밀유지의무를 부담하지 않는 장소에 특정 발명이 설치되었다면 그 발명은 공지된 것으로 보아야 한다.
② 카탈로그가 제작되었으면 배부, 반포되는 것이 사회통념이므로 카탈로그의 배부범위, 비치장소 등에 관하여 구체적인 증거가 없다고 하더라도 그 카탈로그가 배부, 반포되었음을 부인할 수는 없다.
③ 박사학위 논문은 제출할 때 공지된 것이 아니라 논문심사에 통과된 이후 인쇄되어 공공도서관 등에 입고되거나 불특정다수인에게 배포됨으로써 그 내용이 공지된 것으로 본다.
④ 법원은 특허출원 후에 작성된 문건들에 기초하여 특정 발명이 특허출원 전에 공지 또는 공연실시된 것인지 여부를 결정할 수 있다.
⑤ 신규성 판단에 있어서의 '특허출원 전'이란 개념은 외국에서 공지된 경우에 한국시간으로 환산하는 시, 분, 초까지도 고려한 자연시 개념이 아니라 특허출원일의 개념이다.

해설

① (○) '공지되었다'고 함은 반드시 불특정다수인에게 인식되었을 필요는 없다 하더라도 적어도 불특정다수인이 인식할 수 있는 상태에 놓인 것을 의미하고(判例 2000후1238), '공연히 실시되었다'고 함은 발명의 내용이 비밀유지약정 등의 제한이 없는 상태에서 양도 등의 방법으로 사용되어 불특정다수인이 인식할 수 있는 상태에 놓인 것을 의미한다(判例 2003후2218, 2011후4011).
② (○) 카탈로그는 제작되었으면 배부, 반포되는 것이 사회통념이라 하겠으며 제작한 카탈로그를 배부, 반포하지 아니하고 사장하고 있다는 것은 경험칙상 수긍할 수 없는 것이어서 카탈로그의 배부범위, 비치장소 등에 관하여 구체적인 증거가 없다고 하더라도 그 카탈로그의 반포, 배부되었음을 부인할 수는 없다(判例 85후47).
③ (○) 일반적으로는 논문이 일단 논문심사에 통과된 이후에 인쇄 등의 방법으로 복제된 다음 공공도서관 또는 대학도서관 등에 입고되거나 주위의 불특정 다수인에게 배포됨으로써 비로소 일반 공중이 그 기재내용을 인식할 수 있는 반포된 상태에 놓이게 되거나 그 내용이 공지되는 것이라고 봄이 경험칙에 비추어 상당하다(判例 95후19).
④ (○) 구 특허법(2001.2.3. 법률 제6411호로 개정되기 전의 것) 제29조 제1항 제1호 소정의 '특허출원 전에 국내에서 공지되었거나 공연히 실시된 발명'에서 '특허출원 전'의 의미는 발명의 공지 또는 공연 실시된 시점이 특허출원 전이라는 의미이지 그 공지 또는 공연 실시된 사실을 인정하기 위한 증거가 특허출원 전에 작성된 것을 의미하는 것은 아니므로, 법원은 특허출원 후에 작성된 문건들에 기초하여 어떤 발명 또는 기술이 특허출원 전에 공지 또는 공연 실시된 것인지 여부를 인정할 수 있다(判例 2006후2660).
⑤ (×) '특허출원 전'의 개념은 출원의 시, 분, 초까지 고려한 자연시 개념이다.

 ⑤

20 신규성에 관한 설명으로 옳지 <u>않은</u> 것은? (다툼이 있으면 판례에 따름) 기출 22

① 발명의 신규성 판단에 제공되는 대비 발명은 반드시 그 기술적 구성 전체가 명확하게 표현된 것뿐만 아니라, 미완성 발명이라고 하더라도 그 기술분야에서 통상의 지식을 가진 자가 기술상식이나 경험칙에 의하여 쉽게 기술내용을 파악할 수 있는 범위 내에서는 신규성 판단을 위한 선행자료로서의 지위를 가진다.
② 선택발명의 신규성을 부정하기 위해서는 선행발명이 선택발명을 구성하는 하위개념을 구체적으로 개시하고 있어야 하고, 이에는 그 발명이 속하는 기술분야에서 통상의 지식을 가진 자가 선행문헌의 기재 내용과 출원시의 기술 상식에 기초하여 선행문헌으로부터 직접적으로 선택발명의 존재를 인식할 수 있는 경우도 포함된다.
③ 구성요소의 범위를 수치로써 한정하여 표현한 발명이 그 출원 전에 공지된 발명과 사이에 수치한정의 유무 또는 범위에서만 차이가 있는 경우에는, 그 한정된 수치범위가 공지된 발명에 구체적으로 개시되어 있거나, 그렇지 않더라도 그러한 수치한정이 그 발명이 속하는 기술분야에서 통상의 지식을 가진 자가 적절히 선택할 수 있는 주지·관용의 수단에 불과하고 이에 따른 새로운 효과도 발생하지 않는다면 그 신규성이 부정된다.
④ 발명을 논문으로 발표하더라도 신규성 상실사유가 발생한 날로부터 12개월 이내에 출원하는 경우 신규성 상실의 예외를 인정받을 수 있으나, 제3자가 해당 논문을 읽고 동일 발명에 대하여 먼저 출원을 하는 경우에는 신규성 상실의 예외를 인정받은 특허출원은 선출원주의 위반으로 특허를 받을 수 없다.
⑤ 제조방법이 기재된 물건발명의 신규성을 판단하는 경우, 그 기술적 구성을 제조방법의 기재를 포함하여 청구범위의 모든 기재에 의하여 특정되는 구조나 성질 등을 가지는 물건으로 파악하여 선행기술과 비교하여 신규성 결여 여부를 살펴야 한다.

해설

① (O) 발명의 신규성 또는 진보성 판단에 제공되는 대비발명은 그 기술적 구성 전체가 명확하게 표현된 것뿐만 아니라, 미완성 발명 또는 자료의 부족으로 표현이 불충분하거나 일부 내용에 오류가 있다고 하더라도 그 기술분야에서 통상의 지식을 가진 자가 발명의 출원 당시 기술상식을 참작하여 기술내용을 용이하게 파악할 수 있다면 선행기술이 될 수 있다(判例 2006후1957).
② (O) 선행 또는 공지의 발명에 구성요건이 상위개념으로 기재되어 있고 위 상위개념에 포함되는 하위개념만을 구성요건 중의 전부 또는 일부로 하는 이른바 선택발명의 신규성을 부정하기 위해서는 선행발명이 선택발명을 구성하는 하위개념을 구체적으로 개시하고 있어야 하고, 이에는 선행발명을 기재한 선행문헌에 선택발명에 대한 문언적인 기재가 존재하는 경우 외에도 그 발명이 속하는 기술분야에서 통상의 지식을 가진 자가 선행문헌의 기재 내용과 출원시의 기술 상식에 기초하여 선행문헌으로부터 직접적으로 선택발명의 존재를 인식할 수 있는 경우도 포함된다(判例 2008후3520).
③ (O) 구성요소의 범위를 수치로써 한정하여 표현한 발명이 그 출원 전에 공지된 발명과 사이에 수치한정의 유무 또는 범위에서만 차이가 있는 경우에는, 그 한정된 수치범위가 공지된 발명에 구체적으로 개시되어 있거나, 그렇지 않더라도 그러한 수치한정이 그 발명이 속하는 기술분야에서 통상의 지식을 가진 자(이하 '통상의 기술자'라고 한다)가 적절히 선택할 수 있는 주지·관용의 수단에 불과하고 이에 따른 새로운 효과도 발생하지 않는다면 그 신규성이 부정된다(判例 2011후2015).

④ (×) 제3자의 출원은 무권리자 출원과 신규성 요건을 충족하지 않으므로 선출원의 지위를 갖지 않으며, 이러한 제3자의 출원에 의해 선출원주의 위반에 해당하지 않는다.
⑤ (○) 특허법 제2조 제3호는 발명을 '물건의 발명', '방법의 발명', '물건을 생산하는 방법의 발명'으로 구분하고 있는바, 특허청구범위가 전체적으로 물건으로 기재되어 있으면서 그 제조방법의 기재를 포함하고 있는 발명(이하 '제조방법이 기재된 물건발명'이라고 한다)의 경우 제조방법이 기재되어 있다고 하더라도 발명의 대상은 그 제조방법이 아니라 최종적으로 얻어지는 물건 자체이므로 위와 같은 발명의 유형 중 '물건의 발명'에 해당한다. 물건의 발명에 관한 특허청구범위는 발명의 대상인 물건의 구성을 특정하는 방식으로 기재되어야 하는 것이므로, 물건의 발명의 특허청구범위에 기재된 제조방법은 최종 생산물인 물건의 구조나 성질 등을 특정하는 하나의 수단으로서 그 의미를 가질 뿐이다. 따라서 제조방법이 기재된 물건발명의 특허요건을 판단함에 있어서 그 기술적 구성을 제조방법 자체로 한정하여 파악할 것이 아니라 제조방법의 기재를 포함하여 특허청구범위의 모든 기재에 의하여 특정되는 구조나 성질 등을 가지는 물건으로 파악하여 출원 전에 공지된 선행기술과 비교하여 신규성, 진보성 등이 있는지 여부를 살펴야 한다(判例 2011후927).

답 ④

21

甲은 두통약 A의 제조방법을 비밀로 관리하면서 2013년 1월부터 A를 제조·판매하고 있다. 乙이 甲의 제조방법과 동일한 제조방법 및 그 제조방법에 의하여 생산되는 A를 각각 2013년 2월 우리나라에 특허출원을 한 경우, 다음 설명 중 옳은 것은? (甲의 제조방법은 공지되지 않은 것으로 보며, 설문에 주어진 상황 외에는 고려하지 않는다) 기출 15

① 甲이 乙의 출원발명과 동일한 제조방법으로 두통약 A를 제조·판매하고 있으므로, 乙의 제조방법은 신규성이 없어서 특허를 받을 수 없다.
② 甲의 제조방법과 동일한 제조방법으로 생산된 두통약 A가 이미 판매되고 있다고 하더라도, 그 제조방법이 공지되지 아니하였으므로 乙의 두통약 A는 신규성이 부정되지 않는다.
③ 두통약 A와 그 제조방법은 동일한 카테고리의 발명이므로 乙의 제조방법도 신규성이 부정되어 특허를 받을 수 없다.
④ 甲의 두통약 A가 판매되고 있다고 하더라도 당해 두통약 A의 제조방법은 공지되지 않았으므로 乙의 제조방법은 신규성이 부정되지 않는다.
⑤ 乙이 두통약 A의 제조방법에 대하여 특허를 받은 경우 그 제조방법에 의하여 제조된 두통약 A에도 특허권의 효력이 미치므로, 乙의 특허출원 전에 판매된 甲의 두통약 A에 대하여 특허권을 행사할 수 있다.

해설
① (×) 甲은 두통약 A의 제조방법을 비밀로 관리하므로 공지되지 않은 것으로 보아 乙의 제조방법은 신규성이 있다.
② (×) 두통약 A는 판매로 인해 공지되었으므로 乙의 두통약 A는 신규성이 상실되었다.
③ (×) 두통약과 제조방법은 각각 물건발명과 방법발명으로 상이한 카테고리의 발명이며, 乙의 제조방법은 신규성이 부정되지 아니한다.
⑤ (×) 乙의 특허출원 전에 판매된 甲의 두통약 A는 특허출원을 한 때부터 국내에 있던 물건이므로 乙의 특허권의 효력이 미치지 않는다.

답 ④

22 특허법상 진보성에 관한 설명으로 옳지 않은 것은? (다툼이 있으면 판례에 따름) 기출 25

① 여러 선행기술문헌을 인용하여 특허발명의 진보성을 판단할 때, 그 인용되는 기술을 조합 또는 결합하면 해당 특허발명에 이를 수 있다는 암시, 동기 등이 선행기술문헌에 제시되어 있거나, 그렇지 않더라도 해당 특허발명의 출원 당시의 기술수준, 기술상식, 해당 기술분야의 기본적 과제, 발전경향, 해당 업계의 요구 등에 비추어 보아 그 기술분야에서 통상의 지식을 가진 사람이 쉽게 그와 같은 결합에 이를 수 있는 경우에는 해당 특허발명의 진보성은 부정된다.
② 진보성 유무를 판단할 때에는 선행기술의 범위와 내용, 진보성 판단의 대상이 된 발명과 선행기술의 차이와 통상의 기술자의 기술수준에 대하여 파악한 다음, 그 기술분야에서 통상의 지식을 가진 사람이 특허출원 당시의 기술수준에 비추어 진보성 판단의 대상이 된 발명이 선행기술과 차이가 있는데도 그러한 차이를 극복하고 선행기술로부터 쉽게 발명할 수 있는지를 살펴보아야 한다.
③ 특허발명과 선행기술의 산업분야가 상이한 경우라도 선행기술의 구성이 특허발명의 산업분야에서 그 기술분야에서 통상의 지식을 가진 사람이 별다른 어려움 없이 이용할 수 있는 구성이라면, 이를 당해 특허발명의 진보성을 부정하는 근거로 삼을 수 있다.
④ 특정한 투여용법과 투여용량에 관한 의약용도발명의 진보성이 인정되기 위해서는 출원 당시의 기술수준이나 공지기술 등에 비추어 그 발명이 속하는 기술분야에서 통상의 지식을 가진 사람이 예측할 수 없는 현저하거나 이질적인 효과가 인정되어야 한다.
⑤ 특허발명의 청구범위에 기재된 청구항이 복수의 구성요소로 되어 있는 경우에는, 복수의 구성을 분해한 후 각각 분해된 개별 구성요소들을 기초로 특허발명의 진보성을 판단해야 한다.

|해설|
① (○) 判例 2016후1529
② (○) 判例 2007후3660
③ (○) 判例 2006후2059
④ (○) 判例 2014후2702
⑤ (×) 어느 특허발명의 특허청구범위에 기재된 청구항이 복수의 구성요소로 되어 있는 경우에는 각 구성요소가 유기적으로 결합한 전체로서의 기술사상이 진보성 판단의 대상이 되는 것이지 각 구성요소가 독립하여 진보성 판단의 대상이 되는 것은 아니므로, 그 특허발명의 진보성 여부를 판단함에 있어서는 청구항에 기재된 복수의 구성을 분해한 후 각각 분해된 개별 구성요소들이 공지된 것인지 여부만을 따져서는 안 되고, 특유의 과제해결원리에 기초하여 유기적으로 결합된 전체로서의 구성의 곤란성을 따져 보아야 할 것이며, 이때 결합된 전체 구성으로서의 발명이 갖는 특유한 효과도 함께 고려하여야 할 것이다(判例 2005후3284).

답 ⑤

23 특허요건 중 진보성에 관한 설명으로 옳지 않은 것은? (다툼이 있으면 판례에 따름) 기출 24

① 그 발명이 속하는 기술분야에서 통상의 지식을 가진 사람이란 특허법에 규정한 상상의 인물을 말한다 할지라도 실제 심사단계에서 심사관, 심판단계에서 심판관 합의체의 입장에서 판단한다. 이에 법원은 문제된 사안에서 법관의 판단을 배제하고 심사관·심판관 합의체가 어떻게 진보성을 적용하였는지를 판단한다.
② 발명품의 판매가 상업적 성공을 거두었다 하더라도 일응 진보성이 있는 것으로 볼 자료가 될 수 있지만 그 자체로 진보성이 있다고 단정할 수 없다. 진보성에 대한 판단은 명세서에 기재된 내용을 토대로 판단되어야 한다.
③ 통상의 기술자가 특허출원 당시의 기술수준에 비추어 진보성 판단의 대상이 된 발명이 선행기술과 차이가 있음에도 그러한 차이를 극복하고 선행기술로부터 그 발명을 용이하게 발명할 수 있는지를 살펴보아야 한다.
④ 신규성과 진보성은 별개의 거절이유로서 진보성 판단에 앞서 신규성 판단이 선행되어야 하고, 특허청구범위가 여러 개의 항이 있는 경우에는 그 하나의 항이라도 거절이유가 있다면 그 출원은 전부가 거절되어야 한다.
⑤ 발명의 진보성 여부 판단에 있어서 그 출원 당시의 기술수준, 대비되는 발명의 유무 등에 따라 국가마다 사정을 달리할 수 있으므로 외국에서 특허등록되었다 하더라도 국내에서 그 발명의 진보성이 부정될 수 있다.

해설

① (×) '통상의 기술자'란 '특허발명의 출원 시를 기준으로 국내외를 막론하고, 출원 시 당해 기술분야에 관한 기술수준에 있는 모든 것을 입수하여 자신의 지식으로 할 수 있으며, 연구개발을 위하여 통상의 수단 및 능력을 자유롭게 구사할 수 있다고 가정한 자연인'을 말하는 것이다(判例 2009허1965). 즉, '통상의 기술자'는 심사관, 심판관합의체, 법관이 진보성 판단에 객관성을 부여하기 위해 가정한 상상의 인물이다.
② (○) 判例 2006후3052
③ (○) 判例 2013후2620
④ (○) 判例 2007후3820
⑤ (○) 判例 2013허2811

답 ①

24 진보성 판단에 관한 설명으로 옳지 않은 것은? (다툼이 있으면 판례에 따름) 기출 23

① 출원발명의 수치범위가 선행발명의 수치범위에 포함된다면, 특허발명에 진보성을 인정할 수 있는 다른 구성요소가 없는 경우 출원발명의 수치한정이 임계적 의의를 가지는 때에 한하여 진보성이 인정된다.
② 파라미터발명은 청구항의 기재 자체만으로는 기술적 구성을 명확하게 이해할 수 없는 경우가 있으므로, 파라미터발명의 진보성은 발명의 설명 또는 도면 및 출원시의 기술상식을 참작하여 발명을 명확하게 파악하여 판단한다.
③ 제조방법이 기재된 물건발명의 특허요건을 판단함에 있어서 그 기술적 구성을 제조방법 자체로 한정하여 출원 전에 공지된 선행기술과 비교하여 진보성 판단을 하여야 한다.
④ 의약화합물 분야에 속하는 결정형 발명은 구성만으로 효과의 예측이 쉽지 않으므로 구성의 곤란성을 판단할 때 발명의 효과가 선행발명에 비하여 현저하다면 구성의 곤란성을 추론할 수도 있다.
⑤ 선택발명의 경우 공지된 화합물이 갖는 효과와 질적으로 다르거나 양적으로 현저한 효과의 차이가 있다는 점이 발명의 설명에 명확히 기재되어 있다면 이를 기초로 진보성 판단을 할 수 있다.

해설

① (○) 수치한정발명에 있어, 수치 범위가 개시된 경우, 수치한정의 임계적 의의가 있어야 진보성을 인정할 수 있다(判例 2007후1299).
② (○) 파라미터발명은 청구항의 기재 자체만으로는 기술적 구성을 명확하게 이해할 수 없는 경우가 있으므로, 파라미터발명의 진보성은 발명의 설명 또는 도면 및 출원시의 기술상식을 참작하여 발명이 명확하게 파악되는 경우에 한하여 판단한다(심사기준).
③ (×) 제조방법이 기재된 물건발명의 특허요건을 판단함에 있어서 그 기술적 구성을 제조방법 자체로 한정하여 파악할 것이 아니라 제조방법의 기재를 포함하여 특허청구범위의 모든 기재에 의하여 특정되는 구조나 성질 등을 가지는 물건으로 파악하여 출원 전에 공지된 선행기술과 비교하여 신규성, 진보성 등이 있는지 여부를 살펴야 한다(判例 2013후1726).
④ (○) 결정형 발명은, 특별한 사정이 없는 한 선행발명에 공지된 화합물이 갖는 효과와 질적으로 다른 효과를 갖고 있거나 질적인 차이가 없더라도 양적으로 현저한 차이가 있는 경우에 한하여 그 진보성이 부정되지 않는다(判例 2010후2865). 진보성은 구성의 곤란성이 인정되어야 인정될 수 있는 개념이므로, 결정형 발명의 경우, 효과의 현저성이 구성의 곤란성을 추론하게 할 수 있는 근거가 될 수 있다는 말이 된다.
⑤ (○) 선행 또는 공지의 발명에 구성요소가 상위개념으로 기재되어 있고, 위 상위개념에 포함되는 하위개념만을 구성요소 중의 전부 또는 일부로 하는 선택발명의 진보성이 부정되지 않기 위해서는, 선택발명에 포함되는 하위개념들 모두가 선행발명이 갖는 효과와 질적으로 다른 효과를 갖고 있거나, 질적인 차이가 없더라도 양적으로 현저한 차이가 있어야 한다. 이때 선택발명의 명세서 중 발명의 상세한 설명에는 선행발명에 비하여 위와 같은 효과가 있음을 명확히 기재하여야 하는데, 이러한 기재가 있다고 하려면 발명의 상세한 설명에 질적인 차이를 확인할 수 있는 구체적인 내용이나 양적으로 현저한 차이가 있음을 확인할 수 있는 정량적 기재가 있어야 한다(判例 2012후3664).

답 ③

25. 발명의 진보성 판단에 관한 설명으로 옳은 것을 모두 고른 것은? (다툼이 있으면 판례에 따름)

ㄱ. 발명의 구성의 곤란성 여부 판단이 불분명한 경우에는 특허발명이 선행발명에 비하여 이질적이거나 양적으로 현저한 효과를 가지고 있더라도 진보성은 부정된다.

ㄴ. 특허발명의 진보성을 판단할 때에는 청구항에 기재된 복수의 구성을 분해한 후 각각 분해된 개별구성요소들이 공지된 것인지 여부만을 따져서는 아니 되고, 특유의 과제해결원리에 기초하여 유기적으로 결합한 전체로서의 구성의 곤란성을 따져 보아야 한다.

ㄷ. 효과의 현저성은 특허발명의 명세서에 기재되어 통상의 기술자가 인식하거나 추론할 수 있는 효과를 중심으로 판단하여야 하고, 만일 그 효과가 의심스러울 때에는 그 기재 내용의 범위를 넘지 않는 한도에서 출원일 이후에 추가적인 실험 자료를 제출하는 등의 방법으로 그 효과를 구체적으로 주장, 입증하는 것이 허용된다.

ㄹ. 의약용도발명에서는 통상의 기술자가 선행발명들로부터 특정 물질의 특정 질병에 대한 치료효과를 쉽게 예측할 수 있는 정도에 불과하다면 그 진보성이 부정되고, 이러한 경우 선행발명들에서 임상시험 등에 의한 치료효과가 확인될 것까지 요구된다고 볼 수 없다.

① ㄱ, ㄴ
② ㄴ, ㄷ
③ ㄷ, ㄹ
④ ㄱ, ㄴ, ㄹ
⑤ ㄴ, ㄷ, ㄹ

해설

ㄱ. (×) 구성의 곤란성 여부의 판단이 불분명한 경우라고 하더라도, 특허발명이 선행발명에 비하여 이질적이거나 양적으로 현저한 효과를 가지고 있다면 진보성이 부정되지 않는다(判例 2019후10609).

ㄴ. (○) 특허발명의 진보성을 판단할 때에는 청구항에 기재된 복수의 구성을 분해한 후 각각 분해된 개별 구성요소들이 공지된 것인지 여부만을 따져서는 아니 되고, 특유의 과제 해결원리에 기초하여 유기적으로 결합된 전체로서의 구성의 곤란성을 따져 보아야 하며, 이때 결합된 전체 구성으로서의 발명이 갖는 특유한 효과도 함께 고려하여야 한다(判例 2019후10609).

ㄷ. (○) 효과의 현저성은 특허발명의 명세서에 기재되어 통상의 기술자가 인식하거나 추론할 수 있는 효과를 중심으로 판단하여야 하고, 만일 그 효과가 의심스러울 때에는 그 기재 내용의 범위를 넘지 않는 한도에서 출원일 이후에 추가적인 실험 자료를 제출하는 등의 방법으로 그 효과를 구체적으로 주장·증명하는 것이 허용된다(判例 2019후10609).

ㄹ. (○) 의약용도발명에서는 통상의 지식을 가진 사람이 선행발명들로부터 특정 물질의 특정 질병에 대한 치료효과를 쉽게 예측할 수 있는 정도에 불과하다면 진보성이 부정되고, 이러한 경우 선행발명들에서 임상시험 등에 의한 치료효과가 확인될 것까지 요구된다고 볼 수 없다(判例 2016후502).

답 ⑤

26 청구항에 기재된 발명(AB)의 진보성의 판단에 관한 설명으로 옳지 않은 것은? (다툼이 있으면 판례에 따름) 기출 21

① 발명(AB)에 이를 수 있는 동기가 선행의 인용발명에 기재된 A와 주지기술 B의 결합에 의하여 쉽게 발명할 수 있다는 유력한 근거가 되는 경우에는 진보성이 없을 수 있다.
② 발명(AB)이 선행의 인용발명에 기재된 A와 주지기술 B의 결합으로부터 당업자의 통상의 창작능력의 발휘에 해당하는 경우에는 진보성이 없다.
③ 발명(AB)의 결합에 의하여 얻어지는 효과가 선행의 인용발명에 기재된 A 및 주지기술 B가 가지고 있는 효과보다 더 나은 효과가 없는 경우에는 진보성이 없다.
④ 발명(AB)이 선행의 인용발명에 기재된 A와 본 특허출원 명세서의 실시예에 기재된 구성요소 B를 전제로 결합하여 통상의 기술자가 쉽게 발명할 수 있는 경우에는 진보성이 없다.
⑤ 발명(AB)의 구성요소 A와 B를 각각 분해하여 선행의 인용발명에 기재된 A와 주지기술 B를 비교하지 않고, 구성요소 A와 B를 유기적 결합에 의한 발명 전체로 대비한 결과, 발명(AB)을 쉽게 발명할 수 있는 경우에는 진보성이 없다.

| 해설 |

④ (×) 발명의 명세서에 개시되어 있는 기술을 알고 있음을 전제로 하여 사후적으로 통상의 기술자가 그 발명을 용이하게 발명할 수 있는지를 판단해서는 안 된다(사후적 고찰 금지). 따라서 명세서의 실시예에 기재된 구성요소 B를 전제로 결합하여 진보성을 판단하여서는 안 된다.

답 ④

27 발명의 유형에 따른 진보성 판단에 관한 설명으로 옳지 않은 것은? (다툼이 있으면 판례에 따름)

기출 20

① 성질 또는 특성 등에 의해 물(物)을 특정하려고 하는 기재를 포함하는 특허발명과, 이와 다른 성질 또는 특성 등에 의해 물을 특정하고 있는 인용발명을 대비할 때, 특허 발명의 청구범위에 기재된 성질 또는 특성이 다른 정의 또는 시험·측정방법에 의한 것으로 환산한 결과 인용발명의 대응되는 것과 유사한 경우에는, 달리 특별한 사정이 없는 한, 양 발명은 발명에 대한 기술적인 표현만 달리할 뿐 실질적으로는 유사한 것으로 보아 진보성을 인정하기 어렵다.

② 출원 전에 공지된 발명이 가지는 구성요소의 범위를 수치로 한정한 특허발명은 그 과제 및 효과가 공지된 발명의 연장선상에 있고 수치한정의 유무에서만 차이가 있을 뿐 그 수치범위 내외에서 현저한 효과의 차이가 생기지 않는다면, 진보성이 부정된다.

③ 제법한정 물건발명의 기술적 구성을 파악함에 있어, 청구항에 제조방법과는 다른 기재가 있는 경우에도 제조방법 자체만으로 한정하여 출원 전에 공지된 선행기술과 비교하여 진보성이 있는지 여부를 살펴야 한다.

④ 청구항에 기재된 발명이 용도의 변경 또는 용도의 추가적 한정에 의해서만 선행기술과 구별되는 경우, 출원시 기술상식을 참작할 때 그 용도의 변경 또는 추가적 한정에 의해 더 나은 효과가 없으면 진보성은 인정되지 않는다.

⑤ 여러 선행문헌을 인용하여 특허발명의 진보성을 판단할 때에, 그 인용되는 기술을 조합 또는 결합하면 해당 특허발명에 이를 수 있다는 암시, 동기 등이 선행문헌에 제시되어 있는 경우 진보성은 부정될 수 있다.

해설

① (○) 判例 2001후2658
② (○) 判例 2007후1299
③ (×) 제조방법이 기재된 물건발명의 특허요건을 판단함에 있어서 그 기술적 구성을 제조방법 자체로 한정하여 파악할 것이 아니라 제조방법의 기재를 포함하여 특허청구범위의 모든 기재에 의하여 특정되는 구조나 성질 등을 가지는 물건으로 파악하여 출원 전에 공지된 선행기술과 비교하여 신규성, 진보성 등이 있는지 여부를 살펴야 한다(判例 2011후927).
④ (○) 심사기준
⑤ (○) 判例 2005후3284

답 ③

28 특허법상 진보성에 관한 설명으로 옳지 않은 것을 모두 고른 것은? (다툼이 있으면 판례에 따름)

기출 16

> ㄱ. 선행기술을 종합하는 데 각별한 곤란성이 있거나 그러한 종합으로 인하여 선행기술로부터 예측되는 효과 이상의 새로운 상승효과가 있다고 인정되는 경우에는 발명의 진보성을 인정할 수 있다.
> ㄴ. 해당 발명의 기술분야와 다른 기술분야의 선행기술은 진보성 판단의 대비자료가 될 수 없다.
> ㄷ. 특허발명의 유리한 효과가 발명의 설명에 기재되어 있지 아니한 경우에는 통상의 기술자가 발명의 기재로부터 유리한 효과를 추론할 수 있다하더라도 이를 진보성 판단에 참작할 수 없다.
> ㄹ. 특허발명의 출원 당시의 기술수준, 기술상식, 해당 기술분야의 기술적 과제, 발전방향, 해당 업계의 요구 등에 비추어 보아 통상의 기술자가 해당 발명에 쉽게 이를 수 있다면 진보성이 부정된다.
> ㅁ. 청구범위가 복수의 구성요소로 되어 있는 경우에는 각 구성요소가 유기적으로 결합된 전체로서의 기술사상이 진보성 판단의 대상이 되는 것이므로 각 구성요소가 독립적으로 진보성 판단의 대상이 되는 것은 아니다.

① ㄱ, ㄴ
② ㄱ, ㅁ
③ ㄴ, ㄷ
④ ㄷ, ㄹ
⑤ ㄹ, ㅁ

해설

ㄱ. (O) 등록된 발명이 공지공용의 기존기술을 종합한 것인 경우에도 선행기술을 종합하는데 각별한 곤란성이 있다거나 이로 인한 작용효과가 공지된 선행기술로부터 예측되는 효과 이상의 새로운 상승효과가 있다고 인정되고, 그 분야에서 통상의 지식을 가진 자가 선행기술에 의하여 용이하게 발명할 수 없다고 보여지는 경우 또는 새로운 기술적 방법을 추가하는 경우에는 발명의 진보성이 인정되어야 할 것이나 그렇지 아니하고 공지공용의 기존기술을 종합하는데 각별한 곤란성이 없다거나 이로 인한 작용효과도 이미 공지된 선행기술로부터 예측되는 효과이상의 새로운 상승효과가 있다고 볼 수 없는 경우에는 발명의 진보성은 인정될 수 없다 할 것이다(判例 88후769).

ㄴ. (×) 당해 특허발명이 이용되는 산업분야가 비교대상발명의 그것과 다른 경우에는 비교대상발명을 당해 특허발명의 진보성을 부정하는 선행기술로 사용하기 어렵다 하더라도, ⅰ) 비교대상발명의 기술적 구성이 특정 산업분야에만 적용될 수 있는 구성이 아니고, ⅱ) 당해 특허발명의 산업분야에서 통상의 기술을 가진 자가 특허발명의 당면한 기술적 문제를 해결하기 위하여 별다른 어려움 없이 이용할 수 있는 구성이라면, 이를 당해 특허발명의 진보성을 부정하는 선행기술로 삼을 수 있다(判例 2006후2059).

ㄷ. (×) 특허발명의 유리한 효과가 상세한 설명에 기재되어 있지 아니하더라도 그 발명이 속하는 기술분야에서 통상의 지식을 가진 자가 상세한 설명의 기재로부터 유리한 효과를 추론할 수 있을 때에는 진보성 판단을 함에 있어서 그 효과도 참작하여야 한다(判例 2000후3234).

ㄹ. (O) 여러 선행기술문헌을 인용하여 특허발명의 진보성을 판단함에 있어서는 그 인용되는 기술을 조합 또는 결합하면 당해 특허발명에 이를 수 있다는 암시·동기 등이 선행기술문헌에 제시되어 있거나, 그렇지 않더라도 당해 특허발명의 출원 당시의 기술수준, 기술상식, 해당 기술분야의 기본적 과제, 발전경향, 해당 업계의 요구 등에 비추어 보아 그 기술분야에 통상의 지식을 가진 자가 용이하게 그와 같은 결합에 이를 수 있다고 인정할 수 있는 경우에는 당해 특허발명의 진보성은 부정된다(判例 2005후3284).

ㅁ. (O) 어느 특허발명의 특허청구범위에 기재된 청구항이 복수의 구성요소로 되어 있는 경우에는 각 구성요소가 유기적으로 결합한 전체로서의 기술사상이 진보성 판단의 대상이 되는 것이지 각 구성요소가 독립하여 진보성 판단의 대상이 되는 것은 아니므로, 그 특허발명의 진보성 여부를 판단함에 있어서는 청구항에 기재된 복수의 구성을 분해한 후 각각 분해된 개별 구성요소들이 공지된 것인지 여부만을 따져서는 안 되고, 특유의 과제해결원리에 기초하여 유기적으로 결합된 전체로서의 구성의 곤란성을 따져 보아야 할 것이며, 이때 결합된 전체 구성으로서의 발명이 갖는 특유한 효과도 함께 고려하여야 한다(判例 2005후3284).

답 ③

29 제조방법이 기재된 물건의 발명에 관한 설명으로 옳지 않은 것은? (다툼이 있으면 판례에 따름)

기출 16

① 제조방법이 기재된 물건발명을 그 제조방법에 의해서만 물건을 특정할 수밖에 없는 등의 특별한 사정이 있는지 여부로 구분하여, 그러한 특별한 사정이 없는 경우에만 그 제조방법 자체를 고려할 필요없이 청구범위의 기재에 의하여 특정되는 물건의 발명만을 선행기술과 대비하는 방법으로 진보성 결여 여부를 판단해야 한다.
② 제조방법이 기재된 물건발명의 특허성을 판단하는 경우, 그 기술적 구성을 제조방법의 기재를 포함하여 청구범위의 모든 기재에 의하여 특정되는 구조나 성질 등을 가지는 물건으로 파악하여 선행기술과 비교하여 신규성, 진보성 등을 결여하는지 여부를 살펴야 한다.
③ 제조방법이 기재된 물건발명은 발명의 유형 중 '물건'의 발명에 해당한다.
④ 제조방법이 기재된 물건발명에 대한 청구범위의 해석방법에 의하여 도출되는 특허발명의 권리범위가 명세서의 전체적인 기재에 의하여 파악되는 발명의 실체에 비추어 지나치게 넓다는 등의 명백히 불합리한 사정이 있는 경우에는 권리범위를 청구범위에 기재된 제조방법의 범위 내로 한정할 수 있다.
⑤ 물건발명의 청구범위에 기재된 제조방법은 최종 생산물인 물건의 구조나 성질 등을 특정하는 하나의 수단으로서의 의미를 가질 뿐이다.

해설
① (×) 제조방법이 기재된 물건발명의 특허요건을 판단함에 있어서 그 기술적 구성을 제조방법 자체로 한정하여 파악할 것이 아니라 제조방법의 기재를 포함하여 특허청구범위의 모든 기재에 의하여 특정되는 구조나 성질 등을 가지는 물건으로 파악하여 출원 전에 공지된 선행기술과 비교하여 신규성, 진보성 등이 있는지 여부를 살펴야 한다(判例 2011후927).
④ (O) 判例 2013후1726

답 ①

30 진보성에 관한 설명으로 옳은 것을 모두 고른 것은? (다툼이 있으면 판례에 따름) 기출 15

ㄱ. 진보성은 인용발명의 기술적 구성을 기준으로 판단하는 것이므로 상업적 성공에 의한 모방품의 발생 사실 등은 진보성 판단에 영향을 미칠 수 있다.
ㄴ. 진보성 판단시 미완성 발명은 선행기술로 인용할 수 없다.
ㄷ. 결합발명의 진보성을 판단함에 있어서 청구항에 기재된 발명의 구성요소 각각이 공지 또는 인용발명으로부터 자명하다고 하여 청구항에 기재된 발명의 진보성을 부정해서는 안 된다.
ㄹ. 진보성의 판단대상이 되는 발명의 명세서에 개시되어 있는 기술을 알고 있음을 전제로 하여 사후적으로 통상의 기술자가 그 발명을 쉽게 발명할 수 있는지를 판단해서는 안 된다.

① ㄱ, ㄴ
② ㄱ, ㄷ
③ ㄴ, ㄷ
④ ㄴ, ㄹ
⑤ ㄷ, ㄹ

해설

ㄱ. (×) 상업적 성공이 기술적 특징에 의한 것이라는 것을 출원인이 주장, 입증하는 경우 진보성 인정의 긍정적인 근거로 참작할 수 있지만, 상업적 성공 그 자체만으로 진보성을 인정할 수는 없다(判例 2003후1512).
ㄴ. (×) 미완성 발명(고안) 또는 자료의 부족으로 표현이 불충분한 것이라 하더라도 그 기술분야에서 통상의 지식을 가진 자가 경험칙에 의하여 극히 용이하게 기술내용의 파악이 가능하다면 그 대상이 될 수 있는 것이다 (判例 98후270).
ㄷ. (○) 어느 특허발명의 특허청구범위에 기재된 청구항이 복수의 구성요소로 되어 있는 경우에는 각 구성요소가 유기적으로 결합한 전체로서의 기술사상이 진보성 판단의 대상이 되는 것이지 각 구성요소가 독립하여 진보성 판단의 대상이 되는 것은 아니므로, 그 특허발명의 진보성 여부를 판단함에 있어서는 청구항에 기재된 복수의 구성을 분해한 후 각각 분해된 개별 구성요소들이 공지된 것인지 여부만을 따져서는 안 되고, 특유의 과제 해결원리에 기초하여 유기적으로 결합된 전체로서의 구성의 곤란성을 따져 보아야 할 것이며, 이때 결합된 전체 구성으로서의 발명이 갖는 특유한 효과도 함께 고려하여야 한다(判例 2005후3284).
ㄹ. (○) 判例 2006후138

답 ⑤

31 특허법상 신규성 또는 진보성에 관한 설명으로 옳지 않은 것은? (다툼이 있으면 판례에 따름)

기출 23

① 복수의 인용발명의 결합에 의하여 특허성을 판단하는 것은 진보성의 문제이며, 신규성의 문제가 아니다.
② 청구항에 기재된 발명에 대하여 동일한 인용발명으로, 또는 인용발명을 달리하여 신규성이 없다는 거절 이유와 진보성이 없다는 거절 이유를 동시에 통지할 수 있다.
③ 발명의 진보성 유무를 판단할 때에는 진보성 판단의 대상이 된 발명의 명세서에 개시되어 있는 기술을 알고 있음을 전제로 하여 사후적으로 통상의 기술자가 그 발명을 쉽게 발명할 수 있는지를 판단하여서는 아니 된다.
④ 독립항의 진보성이 인정되는 경우에는 그 독립항을 인용하는 종속항도 예외 없이 진보성이 인정된다.
⑤ 선행기술이 미완성 발명이거나 표현이 불충분하거나 또는 일부 내용에 흠결이 있다면, 통상의 기술자가 기술상식이나 경험칙에 의하여 쉽게 기술내용을 파악할 수 있다고 하더라도 진보성 판단의 대비 자료로 인용할 수 없다.

해설

① (○) 신규성은 인용발명이 단일한 경우에만 적용된다(判例 2013후2873・2880).
② (○) 신규성과 진보성의 거절이유는 동시에 통지 가능하다(심사기준).
③ (○) 진보성 판단의 대상이 된 발명의 명세서에 개시되어 있는 기술을 알고 있음을 전제로 하여 사후적으로 통상의 기술자가 그 발명을 용이하게 발명할 수 있는지를 판단해서는 안 된다(判例 2007후3660).
④ (○) 종속항은 독립항의 특징을 포함하고 있으므로, 독립항의 진보성이 인정되는 경우, 종속항의 진보성이 인정된다(判例 94후1657).
⑤ (×) 출원발명의 진보성 판단에 제공되는 선행기술은 기술 구성 전체가 명확하게 표현된 것뿐만 아니라, 자료의 부족으로 표현이 불충분하거나 일부 내용에 흠결이 있다고 하더라도 그 기술분야에서 통상의 지식을 가진 자가 기술상식이나 경험칙에 의하여 쉽게 기술내용을 파악할 수 있는 범위 내에서는 대비대상이 될 수 있다(判例 2004후2307).

 ⑤

32 발명의 신규성 또는 진보성 판단에 사용되는 선행기술에 관한 설명으로 옳은 것은? (다툼이 있으면 판례에 따름) 기출 19

① 출원서에 첨부한 명세서에 '종래기술'을 기재하는 경우에는 출원발명의 출원 전에 그 기술분야에서 알려진 기술에 비하여 출원발명이 신규성과 진보성이 있음을 나타내기 위한 것이라고 할 것이어서, 그 '종래기술'은 특별한 사정이 없는 한 출원발명의 신규성 또는 진보성이 부정되는지 여부를 판단함에 있어서 특허법 제29조(특허요건) 제1항 각 호에 열거된 발명들 중 하나로 보아야 할 것이다.
② 발명의 진보성 판단에 사용되는 선행기술은 기술구성 전체가 명확하게 표현되어야 하므로, 표현이 불충분하거나 일부 내용에 흠결이 있는 선행기술은 그 자체로 대비대상이 될 수 없다.
③ 특허발명의 진보성 판단에 사용되는 선행기술이 어떤 구성요소를 가지고 있는지는 역사적 사실이므로 당사자의 자백의 대상이 되지 못한다.
④ 특허법 제29조 제1항 제2호 소정의 간행물에 기재된 발명이라 함은 그 기재된 내용에 따라 해당 기술분야에서 통상의 지식을 가진 사람이 쉽게 실시할 수 있을 정도로 기재되어 있는 발명을 말하므로, 발명이 간행물에 기재되어 있다고 하기 위해서는 적어도 발명이 어떤 구성을 가지고 있는지가 제시되어 있어야 할 것이고, 따라서 내부에 특징이 있는 발명에 대해 그 외형 사진만이 게재되어 있는 경우에는 그 발명은 기재된 것이 아니다.
⑤ 특허법 제29조 제1항 각 호의 선행기술인지 여부를 판단하는 기준점은 '출원일'이 아니라 '출원시'이나, 국내우선권주장이 있는 경우에는 그 주장의 기초가 되는 특허출원(선출원)의 '출원일'을 기준으로 선행기술인지 여부를 판단하여야 한다.

해설

① (×) 출원인이 명세서에 기재하는 배경기술 또는 종래기술은 출원발명의 기술적 의의를 이해하는 데 도움이 되고 선행기술 조사 및 심사에 유용한 기존의 기술이기는 하나 출원 전 공지되었음을 요건으로 하는 개념은 아니다. 따라서 명세서에 배경기술 또는 종래기술로 기재되어 있다고 하여 그 자체로 공지기술로 볼 수도 없다(判例 2013후37).
② (×) 등록고안의 신규성 또는 진보성 판단에 제공되는 대비 발명이나 고안은 반드시 그 기술적 구성 전체가 명확하게 표현된 것뿐만 아니라, 미완성 발명 또는 자료의 부족으로 표현이 불충분한 것이라 하더라도 그 기술분야에서 통상의 지식을 가진 자가 경험칙에 의하여 극히 용이하게 기술내용의 파악이 가능하다면 그 대상이 될 수 있다(判例 98후270).
③ (×) 특허발명의 진보성 판단에 제공되는 선행발명이 어떤 구성요소를 가지고 있는지는 주요사실로서 당사자의 자백의 대상이 된다(判例 2004후905).
⑤ (×) 우선권주장의 기초가 되는 특허출원(선출원)의 출원시를 기준으로 판단하여야 한다.

답 ④

33. 수치한정발명에 관련한 설명으로 옳은 것을 모두 고른 것은? (다툼이 있으면 판례에 따름)

ㄱ. 공지된 발명과 비교하여 한정된 수치범위 내외에서 현저한 효과의 차이가 생기는 경우에는, 그 수치범위가 공지된 발명에 구체적으로 개시되어 있다고 할 수 없다.

ㄴ. 특허등록된 발명이 그 출원 전에 공지된 발명이 가지는 구성요소의 범위를 수치로써 한정하여 표현한 경우에 있어, 그 특허발명의 과제 및 효과가 공지된 발명의 연장선상에 있고 수치한정의 유무에서만 차이가 있는 경우에는 그 한정된 수치범위 내외에서 현저한 효과의 차이가 생기지 않는다면 진보성이 부정된다.

ㄷ. 성질 또는 특성 등에 의해 물(物)을 특정하려고 하는 기재를 포함하는 특허발명과, 이와 다른 성질 또는 특성 등에 의해 물(物)을 특정하고 있는 인용발명을 대비할 때, 특허발명의 청구범위에 기재된 성질 또는 특성을 다른 시험·측정방법에 의한 것으로 환산해 본 결과 인용발명의 대응되는 것과 동일·유사한 경우에는, 달리 특별한 사정이 없는 한, 양 발명은 실질적으로 동일·유사한 것으로 보아야 한다.

ㄹ. 수치한정을 제외한 양 발명의 구성이 동일한 경우 그 수치한정이 공지된 발명과는 상이한 과제를 달성하기 위한 기술수단으로서의 의의를 가지고 그 효과가 이질적인 경우라면, 수치한정의 임계적 의의가 없다고 하여 특허발명의 진보성이 부정되지 않는다.

① ㄱ, ㄴ
② ㄴ, ㄷ
③ ㄷ, ㄹ
④ ㄱ, ㄴ, ㄷ
⑤ ㄱ, ㄴ, ㄷ, ㄹ

해설

ㄱ. (○) 判例 2011후2015
ㄴ. (○) 判例 2007후1299, 2008후4998
ㄷ. (○) 判例 2001후2658
ㄹ. (○) 判例 2007후1299, 2008후4998

답 ⑤

34

甲은 벤처기업육성에 관한 특별법 제25조에 따른 벤처기업의 확인을 받은 기업으로서 2023.6.1. 명세서에 '발명의 설명 A, B, C 및 청구범위 A'를 기재하여 특허출원하였다. 이후 甲은 2024.2.1. 발명의 설명에서 B를 삭제하고 청구범위를 A에서 C로 변경하는 보정을 하였다. 이후 甲의 특허출원은 2024.12.1. 출원공개되었다. 다음 중 옳지 않은 것은? (각 설명은 독립적임) 기출 25

① 甲이 2023.7.1. 발명 B를 특허출원하였다면, 이후 특허를 받을 수 있는 권리를 乙에게 양도하여 乙로 출원인을 변경하였더라도 이 출원은 특허법 제29조(특허 요건) 제3항 위반에 해당하지 않는다.
② 丙이 2023.6.1. 발명 B를 특허출원하였다면 이 출원은 특허법 제29조(특허요건) 제3항 위반에 해당한다.
③ 丁이 2025.1.1. 발명 B를 특허출원하였다면 이 출원은 특허법 제29조(특허요건) 제1항 위반에 해당한다.
④ 戊가 2023.6.1. 발명 A를 특허출원하였다면 이 출원은 2024.12.1. 시점에서 특허법 제36조(선출원) 위반에 해당하지 않는다.
⑤ 누구든지 2026.6.1. 甲의 특허출원에 대하여 심사청구 및 우선심사신청을 할 수 있다.

해설

① (O) 특허법 제29조 제3항 단서
② (×) 동일자 출원인 경우, 확대된 선출원주의를 적용하지 않는다(특허법 제29조 제3항).
③ (O) 특허법 제29조 제1항 제2호
④ (O) 특허법 제36조
⑤ (O) 특허법 제29조 제2항, 제61조 제2호, 특허법 시행령 제9조 제1항 제5호

답 ②

35 특허에 관한 설명으로 옳지 않은 것은? (다툼이 있으면 판례에 따름) 기출 23

① 선특허권 등과 후출원 등록상표권이 저촉되는 경우에, 선특허권 등의 권리자는 후출원 상표권자의 동의가 없더라도 자신의 권리를 자유롭게 실시할 수 있지만, 후출원 상표권자가 선특허권 등의 권리자의 동의를 받지 않고 그 등록상표를 지정상품에 사용하면 선특허권 등에 대한 침해가 성립한다.

② 선출원에 대한 우선권 주장을 수반하는 후출원을 한 후출원인은 그 특허출원시에 선출원인과 동일인이거나 그 적법한 승계인이어야 하고, 후출원인이 선출원인의 특허출원 후 특정승계의 방법으로 그 특허를 받을 수 있는 권리를 양수한 경우에는 특허출원인 변경신고를 하지 아니하면 그 권리승계의 효력이 발생하지 않는다.

③ 특허권침해소송의 상대방이 제조하는 제품 또는 사용하는 방법이 특허발명의 특허권을 침해한다고 하기 위하여는 특허발명의 청구범위에 기재된 각 구성요소와 그 구성요소 간의 유기적 결합관계가 침해대상제품 등에 그대로 포함되어 있어야 한다.

④ 특허출원 전에 특허를 받을 수 있는 권리를 계약에 따라 이전한 양도인이 특허출원을 하여 설정등록이 이루어진 경우, 그 특허권은 특허무효사유에 해당하는 '정당한 권리자 아닌 사람'의 특허이다.

⑤ 특허심판원에 계속 중인 심판에 대하여 동일한 당사자가 동일한 심판을 다시 청구한 경우, 후심판이 중복심판청구 금지에 위반되는지 판단하는 기준 시점은 후심판의 심결 시이다.

해설

① (O) 특허권자·전용실시권자 또는 통상실시권자는 특허발명이 그 특허발명의 특허출원일 전에 출원된 타인의 특허발명·등록실용신안 또는 등록디자인이나 그 디자인과 유사한 디자인을 이용하거나 특허권이 그 특허발명의 특허출원일 전에 출원된 타인의 디자인권 또는 상표권과 저촉되는 경우에는 그 특허권자·실용신안권자·디자인권자 또는 상표권자의 허락을 받지 아니하고는 자기의 특허발명을 업으로서 실시할 수 없다(특허법 제98조).

② (×) 발명을 한 자 또는 그 승계인은 특허법에서 정하는 바에 의하여 특허를 받을 수 있는 권리를 갖고(특허법 제33조 제1항 본문), 특허를 받을 수 있는 권리는 이전할 수 있으므로(특허법 제37조 제1항), 후출원의 출원인이 후출원 시에 '특허를 받을 수 있는 권리'를 승계하였다면 우선권 주장을 할 수 있고, 후출원 시에 선출원에 대하여 특허출원인변경신고를 마쳐야만 하는 것은 아니다. 특허출원 후 특허를 받을 수 있는 권리의 승계는 상속 기타 일반승계의 경우를 제외하고는 특허출원인변경신고를 하지 아니하면 그 효력이 발생하지 아니한다고 규정한 특허법 제38조 제4항은 특허에 관한 절차에서 참여자와 특허를 등록받을 자를 쉽게 확정함으로써 출원심사의 편의성 및 신속성을 추구하고자 하는 규정으로 우선권 주장에 관한 절차에 적용된다고 볼 수 없다. 따라서 후출원의 출원인이 선출원의 출원인과 다르더라도 특허를 받을 수 있는 권리를 승계받았다면 우선권 주장을 할 수 있다고 보아야 한다(판례 2016두58543).

③ (O) 특허권침해소송의 상대방이 제조 등을 하는 제품 또는 사용하는 방법(이하 '침해제품 등'이라고 한다)이 특허발명의 특허권을 침해한다고 할 수 있기 위해서는 특허발명의 특허청구범위에 기재된 각 구성요소와 그 구성요소 간의 유기적 결합관계가 침해제품 등에 그대로 포함되어 있어야 한다(판례 2013다14361).

④ (O) 특허를 받을 수 있는 권리를 양도한 경우, 양도인은 특허를 받을 수 있는 권리를 가지고 있지 않으므로, '정당한 권리자가 아닌 사람'이다(판례 2020후10087).

⑤ (O) 마찬가지로 특허심판에서 중복심판청구 금지는 심판청구의 적법요건으로, 심결 시를 기준으로 전심판의 심판계속이 소멸되면 후심판은 중복심판청구 금지에 위반되지 않는다고 보아야 한다(판례 2016후2317).

답 ②

36 특허법 제29조 제3항(확대된 선출원)과 특허법 제36조(선출원)에 관한 설명으로 옳지 않은 것은? (다툼이 있으면 판례에 따름) 기출 17

① '확대된 선출원'은 특허청구범위, 명세서 또는 도면에 기재된 사항에 대하여 선출원의 지위를 인정하지만, '선출원'은 특허청구범위에 기재된 사항만 선출원의 지위를 인정한다.
② '확대된 선출원'은 다른 출원이 출원공개·등록공고된 경우에만 선출원의 지위를 인정하지만, '선출원'은 출원공개 또는 등록공고 여부에 관계없이 적용된다.
③ '확대된 선출원'에 있어서는 선출원의 발명자와 후출원의 발명자가 동일한 경우 후출원은 선출원에 의해 배제되어야 하지만, '선출원'에서는 선출원 발명자가 후출원 발명자와 동일한 경우라도 후출원을 배제할 수 없다.
④ '선출원' 여부를 판단하는데 있어 두 발명이 각각 물건의 발명과 방법의 발명으로 서로 범주가 다른 경우에도, 대비되는 발명들이 동일한 기술사상에 대하여 단지 표현양식에 차이가 있는 것이라면 두 발명은 동일한 발명으로 보아야 한다.
⑤ 특허출원인이 특허출원(X)을 분할한 경우 분할된 특허출원(Y)은 X를 특허출원 한 때에 출원한 것으로 본다. 다만, 분할출원에 '확대된 선출원'의 지위를 부여하는 경우 분할출원을 한 때에 출원한 것으로 본다.

해설

① (○) 특허법 제29조 제3항
② (○) 특허법 제29조 제3항 제2호

> **특허법 제29조(특허요건)**
> ① 산업상 이용할 수 있는 발명으로서 다음 각 호의 어느 하나에 해당하는 것을 제외하고는 그 발명에 대하여 특허를 받을 수 있다.
>   1. 특허출원 전에 국내 또는 국외에서 공지(公知)되었거나 공연(公然)히 실시된 발명
>   2. 특허출원 전에 국내 또는 국외에서 반포된 간행물에 게재되었거나 전기통신회선을 통하여 공중(公衆)이 이용할 수 있는 발명
> ② 특허출원 전에 그 발명이 속하는 기술분야에서 통상의 지식을 가진 사람이 제1항 각 호의 어느 하나에 해당하는 발명에 의하여 쉽게 발명할 수 있으면 그 발명에 대해서는 제1항에도 불구하고 특허를 받을 수 없다.
> ③ 특허출원한 발명이 다음 각 호의 요건을 모두 갖춘 다른 특허출원의 출원서에 최초로 첨부된 명세서 또는 도면에 기재된 발명과 동일한 경우에 그 발명은 제1항에도 불구하고 특허를 받을 수 없다. 다만, 그 특허출원의 발명자와 다른 특허출원의 발명자가 같거나 그 특허출원을 출원한 때의 출원인과 다른 특허출원의 출원인이 같은 경우에는 그러하지 아니하다.
>   1. 그 특허출원일 전에 출원된 특허출원일 것
>   2. 그 특허출원 후 제64조에 따라 출원공개되거나 제87조 제3항에 따라 등록공고된 특허출원일 것

③ (×) 출원의 발명자와 후출원의 발명자가 동일한 경우 확대된 선출원 규정을 적용할 수 없으나, 선출원에서는 선출원 발명자가 후출원 발명자와 동일한 경우라도 후출원을 배제할 수 있다.

④ (○) 특허법 제36조를 적용하기 위한 전제로서 두 발명이 서로 동일한 발명인지 여부는 대비되는 두 발명의 실체를 파악하여 따져보아야 할 것이지 표현양식에 따른 차이에 따라 판단할 것은 아니므로, 대비되는 두 발명이 각각 물건의 발명과 방법의 발명으로 서로 발명의 범주가 다르다고 하여 곧바로 동일한 발명이 아니라고 단정할 수 없다(判例 2005후3017).
⑤ (○) 특허법 제52조 제2항 제1호

> **특허법 제52조(분할출원)**
> ② 제1항에 따라 분할된 특허출원(이하 "분할출원"이라 한다)이 있는 경우 그 분할출원은 특허출원한 때에 출원한 것으로 본다. 다만, 그 분할출원에 대하여 다음 각 호의 규정을 적용할 경우에는 해당 분할출원을 한 때에 출원한 것으로 본다.
>   1. 분할출원이 제29조 제3항에 따른 다른 특허출원 또는 「실용신안법」제4조 제4항에 따른 특허출원에 해당하여 이 법 제29조 제3항 또는 「실용신안법」제4조 제4항을 적용하는 경우

답 ③

37

물건발명 X에 관한 특허권자 A사는 B사가 Y물건을 생산·판매하자 B사를 상대로 특허권 침해금지 청구소송을 제기하였다. 이 경우 B사의 주장으로 적절하지 못한 것은? 기출 16

① B사는 A사보다 특허출원일이 늦기는 하지만 자신도 특허권이 있다고 주장한다.
② B사는 특허발명 X가 그 특허출원 전에 이미 공지된 기술과 동일하다고 주장한다.
③ B사는 Y물건이 A사의 특허출원 전에 이미 공지된 기술과 동일하다고 주장한다.
④ B사는 Y물건이 특허발명 X의 권리범위에 속하지 않는다고 주장한다.
⑤ B사는 A사의 특허출원 전에 선의로 국내에서 Y물건의 판매를 위한 생산을 시작하였다고 주장한다.

해설

① (×) B사의 Y물건이 물건발명 X와 동일하다면 선출원 위반이며, 물건발명 X의 이용발명에 해당한다면 특허권자 A의 허락을 받아야 Y물건을 실시할 수 있으며 그렇지 않으면 침해에 해당한다.

답 ①

38

甲은 2015년 7월 1일 동물뿐 아니라 인간의 신경계 질환을 치료하는 조성물과 그 조성물을 이용한 치료방법을 세계 최초로 개발하였다. 이후 甲은 2015년 10월 5일 자신의 연구 내용이 기재된 논문을 공개된 학회에서 발표한 다음, 2015년 10월 12일 청구범위 제1항에는 '신경계 질환 치료용 조성물'에 관한 발명에 대해서, 제2항에는 '그 조성물 투여를 통한 신경계 질환 치료방법'에 관한 발명에 대해서 각각 기재하여 특허출원을 하였다(청구범위 제1항과 제2항 모두 동물에만 한정한다는 내용이 기재되어 있지는 않다). 한편, 乙은 위와 같은 치료용 조성물을 스스로 발명하여 2015년 10월 21일 특허출원(청구범위 제1항에 치료용 조성물에 관한 발명에 대하여 기재하였다)을 하였다. 乙이 발명한 조성물에 관한 발명은 甲이 발명한 조성물에 관한 발명과 기술적 사상이 같다. 다음 설명 중 옳지 않은 것은? 기출 16

① 甲 출원 중 청구범위 제1항은 산업상 이용할 수 있는 발명에 해당한다.
② 甲 출원 중 청구범위 제2항은 특허를 받을 수 없다.
③ 甲 출원 중 청구범위 제2항의 경우 보정을 통해 동물에만 한정하여 명시한다면 이는 산업상 이용할 수 있는 발명이 된다.
④ 甲 출원의 경우 자기공지예외규정(특허법 제30조 제1항 제1호)에 해당한다는 취지가 특허출원서에 기재되어 있지 아니한 채 출원된 경우에는 자기공지예외규정의 적용을 받을 수 없다.
⑤ 乙의 출원은 특허를 받을 수 없다.

해설

④ (×) 보완수수료를 납부한 경우에는 보정할 수 있는 기간 또는 결정등본 또는 특허거절결정 취소심결 등본송달일로부터 3개월 이내의 기간에 취지 및 증명서류를 제출할 수 있다.
⑤ (○) 특허법 제29조 제1항

> **특허법 제29조(특허요건)**
> ① 산업상 이용할 수 있는 발명으로서 다음 각 호의 어느 하나에 해당하는 것을 제외하고는 그 발명에 대하여 특허를 받을 수 있다.
>   1. 특허출원 전에 국내 또는 국외에서 공지(公知)되었거나 공연(公然)히 실시된 발명
>   2. 특허출원 전에 국내 또는 국외에서 반포된 간행물에 게재되었거나 전기통신회선을 통하여 공중(公衆)이 이용할 수 있는 발명

답 ④

39 특허법 제29조(특허요건) 제3항부터 제7항(이른바 '확대된 선출원')과 제36조(선출원)에 관한 설명으로 옳지 않은 것은? (특허법 제36조 제4항 또는 제5항에 따라 출원이 처음부터 없었던 것으로 보는 경우는 고려하지 않고, 선출원은 후출원 후 공개된 것으로 보며, 선출원과 후출원은 모두 심사청구된 것으로 본다. 다툼이 있으면 판례에 따름) 기출 15

① 선출원과 후출원의 발명자가 동일하고 청구범위가 동일한 경우에는 선출원 규정에 따라 후출원은 특허를 받을 수 없다.
② 선출원과 후출원의 출원인 및 발명자가 다르고 청구범위가 동일한 경우에는 확대된 선출원 규정 및 선출원 규정에 따라 후출원은 특허를 받을 수 없다.
③ 선출원이 공개되지 않아도, 후출원의 청구범위가 선출원의 청구범위와 동일한 경우에는 선출원규정에 따라 후출원은 특허를 받을 수 없다.
④ 선출원과 후출원의 청구범위에 기재된 발명의 구성에 상이점이 있어도 그 기술분야에서 통상의 지식을 가진 자가 보통으로 채용하는 정도의 변경에 지나지 아니하고 발명의 목적과 작용효과에 특별한 차이를 일으키지 아니하는 경우에는 선출원 규정에 따라 후출원은 특허를 받을 수 없다.
⑤ 후출원의 청구범위가 선출원의 청구범위와 다르지만 선출원 명세서의 발명의 설명 및 도면에 기재된 사항과 완전히 동일한 경우에는 선출원 규정에 따라 후출원은 특허를 받을 수 없다.

해설
① (○) 특허법 제36조 제1항
② (○) 특허법 제29조 제3항
③ (○) 특허법 제36조 제1항
④ (○) 判例 90후1154
⑤ (×) 선출원 위반이 아닌 확대된 선출원 위반으로 후출원은 특허를 받을 수 없다.

답 ⑤

40 특허출원에 관한 설명으로 옳지 않은 것은? (다툼이 있으면 판례에 따름) 기출 17

① 甲이 2016년 1월 5일 특허청구범위에 a, 발명의 설명에 a와 b가 기재된 특허출원 A를 하고, 乙이 2016년 6월 1일 특허청구범위에 b, 발명의 설명에 b가 기재된 특허출원 B를 한 뒤, 특허출원 A가 2016년 10월 1일 공개되었다가 甲이 2016년 12월 1일 보정을 통해 발명의 설명에서 b를 삭제한 경우에, 乙은 특허받을 수 없다.
② 확대된 선출원이 적용되려면 두 발명의 기술적 구성이 동일해야 하는바, 두 발명 사이에 구성상 차이가 있어 새로운 효과가 발생한 경우, 그 구성상 차이가 그 발명이 속하는 기술분야에서 통상의 기술자가 용이하게 도출할 수 있는 범위 내라고 하더라도 확대된 선출원의 규정은 적용되지 않는다.
③ 서로 다른 사람이 출원한 선출원과 후출원의 청구범위에 기재된 발명의 구성에 차이가 있어도, 그 기술분야에 통상의 지식을 가진 자가 보통으로 채용하는 정도의 변경에 지나지 않고 발명의 목적과 작용효과에 특별한 차이를 일으키지 않는다면, 후출원은 특허받을 수 없다.
④ 서로 다른 사람이 같은 날에 청구범위에 기재된 발명의 구성이 동일한 특허출원을 한 경우에는, 출원인 간에 협의하여 정한 하나의 출원인만이 특허를 받을 수 있다.
⑤ 甲이 발명 A에 대하여 같은 날 특허출원과 실용신안등록출원을 하여 모두 등록되었더라도 A에 대한 특허등록 무효심판이 제기되기 전에 실용신안등록을 포기하였다면, A에 대한 특허등록은 유효하다.

해설

③ (O) 동일한 발명에 대하여는 최선출원에 한하여 특허를 받을 수 있다고 규정하여 동일한 발명에 대한 중복등록을 방지하기 위하여 선원주의를 채택하고 있는바, 전후로 출원된 양 발명이 동일하다고 함은 그 기술적 구성이 전면적으로 일치하는 경우는 물론 그 범위에 차이가 있을 뿐 부분적으로 일치하는 경우라도 특별한 사정이 없는 한, 양 발명은 동일하고, 비록 양 발명의 구성에 상이점이 있어도 그 기술분야에 통상의 지식을 가진 자가 보통으로 채용하는 정도의 변경에 지나지 아니하고 발명의 목적과 작용효과에 특별한 차이를 일으키지 아니하는 경우에는 양 발명은 역시 동일한 발명이다(判例 2007후2797).
④ (O) 동일한 발명에 대하여 같은 날에 둘 이상의 특허출원이 있는 경우에는 특허출원인 간에 협의하여 정한 하나의 특허출원인만이 그 발명에 대하여 특허를 받을 수 있다. 다만, 협의가 성립하지 아니하거나 협의를 할 수 없는 경우에는 어느 특허출원인도 그 발명에 대하여 특허를 받을 수 없다(특허법 제36조 제2항).
⑤ (×) 특허권이나 실용신안권의 포기에 의하여 경합출원의 하자가 치유되어 제3자에 대한 관계에서 특허권의 효력을 주장할 수 있다고 보는 것은 명문의 근거가 없을 뿐만 아니라 권리자가 포기의 대상과 시기를 임의로 선택할 수 있어 권리관계가 불확정한 상태에 놓이게 되는 등 법적 안정성을 해칠 우려가 있는 점, 특허권이나 실용신안권의 포기는 그 출원의 포기와는 달리 소급효가 없음에도 결과적으로 그 포기에 소급효를 인정하는 셈이 되어 부당하며, 나아가 특허권 등의 포기는 등록만으로 이루어져 대외적인 공시방법으로는 충분하지 아니한 점 등을 종합하여 보면, 출원이 경합된 상태에서 등록된 특허권이나 실용신안권 중 어느 하나에 대하여 사후 권리자가 그 권리를 포기하였다고 하더라도 경합출원으로 인한 하자가 치유된다고 보기는 어렵다(判例 2005후3017).

답 ⑤

41 발명 및 발명의 출원에 관한 설명으로 옳은 것은? (다툼이 있으면 판례에 따름) 기출 17

① 식물발명의 경우 종자, 세포 등을 특허청장이 지정하는 기탁기관 또는 국제기탁기관에 기탁할 수 있으나 결과물인 식물을 기탁함으로써 명세서의 기재를 보충할 수는 없다.
② 인터넷 비즈니스모델 특허의 경우에 매체에 저장된 애플리케이션 형태로 청구항을 작성할 수 있으나 그 청구범위에 수학적 알고리즘이 구성으로 포함되어 있으면 등록받을 수 없다.
③ 국내에는 존재하지 않고 국외에만 존재하는 미생물에 관한 발명인 경우에는 통상의 기술자가 이를 쉽게 입수할 수 없는 것으로 간주되어 출원 전에 기탁을 하여야 한다.
④ 미생물에 관한 특허발명의 출원시에는 제출된 명세서에 해당 미생물의 수탁번호를 기재하고 명세서 등 발명에 대한 설명의 기재만으로도 미생물의 구체적인 내용을 명확하게 파악할 수 있는 경우에는 기탁사실을 증명하는 별도의 서류는 요하지 않는다.
⑤ 의약의 용도발명에 있어서 의약의 용도가 구성요소에 해당하므로 청구범위에는 의약용도를 치료대상 질병 또는 약효로 명확하게 기재해야 하는 것인바, 통상의 기술자의 기술상식에 비추어 약리기전만으로 구체적인 의약으로서의 용도를 명확하게 파악할 수 있다고 하더라도 이것만으로는 청구범위가 명확히 기재된 것이 아니어서 특허법 제42조(특허출원) 제4항 제2호의 요건을 충족한 것이라고 볼 수 없다.

┃해설┃

① (○) 출원발명의 명세서에는 그 기술분야의 평균적 기술자가 출원발명의 결과물을 재현할 수 있도록 그 과정이 기재되어 있어야 하는 것이고, 식물발명이라 하여 그 결과인 식물 또는 식물소재를 기탁함으로써 명세서의 기재를 보충하거나 그것에 대체할 수 없다(判例 96후2531).
② (×) 출원발명이 자연법칙을 이용한 것인지 여부는 청구항 전체로서 판단하여야 한다(判例 2009후436). 따라서 청구항 일부에 자연법칙을 이용하지 않은 수학적 알고리즘이 포함되어 있더라도 전체로서 자연법칙을 이용한다면 발명으로 성립한다.
③ (×) 미생물이 용이 입수가능하다면 반드시 국내에 현존하고 있어야 하는 것은 아니며, 국외에 현존하더라도 국내 당업자가 용이하게 입수할 수 있다고 인정될 때에는 이를 기탁하지 않을 수 있다(判例 90후1260).
④ (×) 통상의 지식을 가진 자가 그 미생물을 쉽게 입수할 수 없는 경우에는 특허출원서에 기탁사실을 증명하는 서류를 첨부하여야 한다(특허법 시행령 제2조 제1항 참조).
⑤ (×) 특정 물질의 의약용도가 약리기전만으로 기재되어 있다 하더라도 발명의 상세한 설명 등 명세서의 다른 기재나 기술상식에 의하여 의약으로서의 구체적인 용도를 명확하게 파악할 수 있는 경우에는 특허법 제42조 제4항 제2호가 정한 청구항의 명확성 요건을 충족하는 것으로 볼 수 있다(判例 2007후5215).

답 ①

42. 특허법 제33조(특허를 받을 수 있는 자)에 관한 설명으로 옳지 않은 것은? (다툼이 있으면 판례에 따름) 기출 23

① 甲이 단독으로 완성한 발명 X에 대한 특허를 받을 수 있는 권리를 乙에게 이전하는 것에 묵시적으로 동의하면, 乙은 발명 X에 대한 특허를 받을 수 있는 권리의 승계인이 될 수 있다.
② 특허청 직원인 丙은 단독으로 완성한 발명 Y를 재직 중에 일반인 乙에게 양도하더라도, 乙은 발명 Y에 대한 특허를 받을 수 있는 권리의 승계인이 될 수 있다.
③ 甲과 乙이 공동으로 발명을 완성한 경우, 甲과 乙 사이에 지분을 정하는 특약이 없으면 공유자의 지분은 균등한 것으로 추정한다.
④ 특허청 직원인 丙으로부터 특허를 받을 수 있는 권리를 상속한 일반인 乙은 지체 없이 그 취지를 특허청장에게 신고하여야 한다.
⑤ 미성년자 丁은 법정대리인 戊의 동의가 있어야만 제3자로부터 특허를 받을 수 있는 권리를 무상으로 양도받을 수 있다.

해설

① (O) 묵시적 동의도 동의의 일종이므로, 양도의 묵시적 동의도 양도의 의사표시로서 인정될 수 있다(判例 2011다67705 · 67712).
② (O) 발명을 한 사람 또는 그 승계인은 이 법에서 정하는 바에 따라 특허를 받을 수 있는 권리를 가진다. 다만, 특허청 직원 및 특허심판원 직원은 상속이나 유증(遺贈)의 경우를 제외하고는 재직 중 특허를 받을 수 없다(특허법 제33조 제1항). 그러나, 특허청 직원이 아닌 자는 특허를 받을 권리의 양도의 대상이 될 수 있고, 특허도 받을 수 있다.
③ (O) 특허를 받을 수 있는 권리 역시 재산권이므로 성질에 반하지 아니하는 범위에서는 민법의 공유에 관한 규정을 준용할 수 있다(민법 제278조 참조). 따라서 특허를 받을 수 있는 권리의 공유자 사이에 지분에 대한 별도의 약정이 있으면 그에 따르되, 약정이 없는 경우에는 민법 제262조 제2항에 의하여 지분의 비율은 균등한 것으로 추정된다(判例 2011다77313 · 77320).
④ (O) 특허를 받을 수 있는 권리의 상속, 그 밖의 일반승계가 있는 경우에는 승계인은 지체 없이 그 취지를 특허청장에게 신고하여야 한다(특허법 제38조 제5항). 특허청 직원에게 특허를 받을 수 있는 권리를 승계한 것이 아니라, 일반인에게 특허를 받을 수 있는 권리를 승계한다고 하더라도, 그 취지를 특허청장에게 신고하여야 한다.
⑤ (×) 미성년자 · 피한정후견인 또는 피성년후견인은 법정대리인에 의하지 아니하면 특허에 관한 출원 · 청구, 그 밖의 절차(이하 "특허에 관한 절차"라 한다)를 밟을 수 없다. 다만, 미성년자와 피한정후견인이 독립하여 법률행위를 할 수 있는 경우에는 그러하지 아니하다(특허법 제3조 제1항). 미성년자는 법정대리인의 동의가 없어도 제3자로부터 특허를 받을 수 있는 권리를 무상으로 양도받을 수 있다. 무상 양도는 미성년자의 법적 지위를 위험하게 할 염려없는 행위이기 때문이다.

 ⑤

43 특허를 받을 수 있는 권리에 관한 설명으로 옳지 않은 것은? (다툼이 있으면 판례에 따름)

기출 24

① 특허청 직원은 발명자라 할지라도 상속 또는 유증의 경우를 제외하고는 재직 중 특허를 받을 수 없으나, 특허권자로 권리를 행사하는 데 아무런 문제가 없다.
② 인공지능(AI)이 생성한 결과물에 대한 보호 여부와 관련하여 AI가 자연인이 아니라는 점에 따라 발명자가 될 수 없다.
③ 법인이라 할지라도 특허를 받을 수 있는 권리를 승계할 수 있지만, 이 권리는 질권의 목적으로 할 수 없다.
④ 발명이 정신적 창작활동의 결과로 얻어지는 것이라는 점에서 피성년후견인은 특허를 받을 수 있는 권리를 가지지 못한다.
⑤ 2명 이상이 공동으로 발명한 경우에는 특허를 받을 수 있는 권리를 공유한다.

해설

① (○) 특허법 제33조 제1항 참고

> **특허법 제33조(특허를 받을 수 있는 자)**
> ① 발명을 한 사람 또는 그 승계인은 이 법에서 정하는 바에 따라 특허를 받을 수 있는 권리를 가진다. 다만, 특허청 직원 및 특허심판원 직원은 상속이나 유증(遺贈)의 경우를 제외하고는 재직 중 특허를 받을 수 없다.

② (○) 특허권은 발명을 한 사람. 즉, 자연인만이 갖는 권리이므로 인공지능(AI)은 특허권을 갖지 못한다.
③ (○) 특허법 제33조 제1항 본문, 제37조 제2항
④ (×) 발명은 사실행위이므로 법인은 발명자가 될 수 없고 자연인만이 발명자가 될 수 있다. 행위제한능력자인 미성년자, 피한정후견인, 피성년후견인도 자연인이므로 발명자가 될 수 있다.
⑤ (○) 특허법 제33조 제2항

답 ④

44 특허를 받을 수 있는 권리에 관한 설명으로 옳지 않은 것은? (다툼이 있으면 판례에 따름)

기출 22

① 특허출원 후에는 특허를 받을 수 있는 권리의 승계는 상속, 그 밖의 일반승계의 경우를 제외하고는 특허출원인변경신고를 하여야만 그 효력이 발생한다.
② 특허출원 전에 이루어진 특허를 받을 수 있는 권리의 승계는 그 승계인이 특허출원을 하여야만 그 효력이 발생한다.
③ 특허를 받을 수 있는 권리는 발명의 완성과 동시에 발명자에게 원시적으로 귀속되지만, 이는 재산권으로 양도성을 가지므로 계약 또는 상속 등을 통하여 전부 또는 일부 지분을 이전할 수 있고, 특허를 받을 수 있는 권리를 이전하기로 하는 계약은 명시적으로는 물론 묵시적으로도 이루어질 수 있다.
④ 정부는 특허출원된 발명이 국방상 필요한 경우에는 특허를 하지 아니할 수 있으며, 전시·사변 또는 이에 준하는 비상시에 국방상 필요한 경우에는 특허를 받을 수 있는 권리를 수용할 수 있고, 특허하지 아니하거나 수용한 경우에는 정부는 적당한 보상금을 지급하여야 한다.
⑤ 동일한 자로부터 동일한 발명 및 고안에 대한 특허를 받을 수 있는 권리 및 실용신안등록을 받을 수 있는 권리를 승계한 자가 둘 이상인 경우 그 승계한 권리에 대하여 같은 날에 특허출원 및 실용신안등록출원이 있으면 특허출원인 및 실용신안등록출원인 간에 협의하여 정한 자에게만 승계의 효력이 발생한다.

해설

① (○) 특허법 제38조 제4항
② (×) 특허출원 전에 이루어진 특허를 받을 수 있는 권리의 승계는 그 승계인이 특허출원을 하여야 제3자에게 대항할 수 있다(특허법 제38조 제1항). 특허출원 전에 이루어진 특허를 받을 수 있는 권리의 승계는 특허를 받을 수 있는 권리를 가진 자로부터 승계한 때 승계의 효력이 발생하며, 승계인의 특허출원은 제3자 대항요건이다.
③ (○) 특허를 받을 수 있는 권리는 발명의 완성과 동시에 발명자에게 원시적으로 귀속되지만, 이는 재산권으로 양도성을 가지므로 계약 또는 상속 등을 통하여 전부 또는 일부 지분을 이전할 수 있고(특허법 제37조 제1항), 그 권리를 이전하기로 하는 계약은 명시적으로는 물론 묵시적으로도 이루어질 수 있고, 그러한 계약에 따라 특허등록을 공동출원한 경우에는 출원인이 발명자가 아니라도 등록된 특허권의 공유지분을 가진다(判例 2011다67705).
④ (○) 특허법 제41조 제2항·제4항
⑤ (○) 특허법 제38조 제6항

답 ②

45

특허를 받을 수 있는 권리 및 특허권의 공유에 관한 설명으로 옳지 않은 것은? (다툼이 있으면 판례에 따름) 기출 22

① 단독으로 발명을 완성한 후 특허를 받을 수 있는 권리의 일부 지분을 양도한 경우에는 공유자 모두가 공동으로 특허출원을 하지 않더라도 해당 출원은 거절되지 않는다.
② 특허권이 공유인 경우 다른 공유자와 경업관계에 있는 제3자에게 지분이 양도되면 다른 공유자는 불측의 손해를 입을 우려가 있기 때문에 특허권이 공유인 경우에는 각 공유자는 다른 공유자 모두의 동의를 받아야만 그 지분을 양도할 수 있다.
③ 특허권의 각 공유자에게 민법상의 공유물분할청구권을 인정하더라도 특허법 제99조(특허권의 이전 및 공유 등)에 반하지 아니하고, 달리 분할청구를 금지하는 특허법 규정이 없으므로, 특허권의 공유관계에 민법상 공유물분할청구에 관한 규정이 적용될 수 있다.
④ 특허권 분할시 각 공유자에게 특허권을 부여하는 방식의 현물분할을 인정하면 하나의 특허권이 사실상 내용이 동일한 복수의 특허권으로 증가하는 부당한 결과를 초래하게 되므로 현물분할은 허용되지 않는다.
⑤ 심판청구서의 보정은 그 요지를 변경할 수 없는 것이 원칙이나, 공동출원인 중 일부만이 심판청구를 제기한 경우 나머지 공동출원인을 심판청구인으로 추가하는 보정은 허용된다.

해설

① (×) 특허를 받을 수 있는 권리가 공유인 경우에는 공유자 모두가 공동으로 특허출원을 하여야 한다(특허법 제44조). 이를 위반시 거절이유에 해당한다.
② (○) 특허권이 공유인 경우에는 각 공유자는 다른 공유자 모두의 동의를 받아야만 그 지분을 양도하거나 그 지분을 목적으로 하는 질권을 설정할 수 있다(특허법 제99조 제2항).
③ (○) 특허권의 공유자 상호 간에 이해관계가 대립되는 경우 등에 그 공유관계를 해소하기 위한 수단으로서 각 공유자에게 민법상의 공유물분할청구권을 인정하더라도 공유자 이외의 제3자에 의하여 다른 공유자 지분의 경제적 가치에 위와 같은 변동이 발생한다고 보기 어려워서 위 특허법 제99조 제2항 및 제4항에 반하지 아니하고, 달리 분할청구를 금지하는 특허법 규정도 없으므로, 특허권의 공유관계에 민법상 공유물분할청구에 관한 규정이 적용될 수 있다(판례 2013다41578).
④ (○) 특허권은 발명실시에 대한 독점권으로서 그 대상은 형체가 없을 뿐만 아니라 각 공유자에게 특허권을 부여하는 방식의 현물분할을 인정하면 하나의 특허권이 사실상 내용이 동일한 복수의 특허권으로 증가하는 부당한 결과를 초래하게 되므로, 특허권의 성질상 그러한 현물분할은 허용되지 아니한다. 그리고 위와 같은 법리는 디자인권의 경우에도 마찬가지로 적용된다(판례 2013다41578).
⑤ (○) 특허법 제140조 제2항 제1호

> **특허법 제140조(심판청구방식)**
> ② 제1항에 따라 제출된 심판청구서의 보정은 그 요지를 변경할 수 없다. 다만, 다음 각 호의 어느 하나에 해당하는 경우에는 그러하지 아니하다.
>   1. 제1항 제1호에 따른 당사자 중 특허권자의 기재를 바로잡기 위하여 보정(특허권자를 추가하는 것을 포함하되, 청구인이 특허권자인 경우에는 추가되는 특허권자의 동의가 있는 경우로 한정한다)하는 경우

답 ①

46 특허법상 특허출원 및 특허에 관한 설명으로 옳지 않은 것은? (다툼이 있으면 판례에 따름)

① 국립대학법인은 특허출원인 및 특허에 관한 심판과 소송의 당사자가 될 수 있다.
② 우리나라와 조약이나 협정이 체결되어 있지 않은 국가가 자국의 법률에 의하여 해당 국가 내에 주소나 영업소가 없는 우리나라 국민에게 특허권 또는 특허에 관한 권리를 인정하는 경우, 그 국가의 국민은 우리나라에서 특허의 출원인이나 심판과 소송의 당사자가 될 수 있다.
③ 특허출원하고자 하는 발명이 2인 이상 공동으로 이루어진 경우 특허출원시에 발명자 전원이 공동출원하지 아니하였다면, 그 출원 후에 공동발명자 중 1인이 나머지 공동 발명자로부터 특허를 받을 수 있는 권리의 지분 모두를 이전받아 단독권리자가 되는 경우, 특허법 제44조(공동출원) 규정 위반의 하자는 치유되지 아니한다.
④ 특허를 받을 수 있는 권리를 이전하기로 하는 계약은 명시적으로는 물론 묵시적으로도 이루어질 수 있다.
⑤ 무권리자의 출원과 정당한 권리자의 출원 사이에 동일한 발명에 대한 제3자의 출원이 있는 경우, 정당한 권리자의 출원일은 제3자의 출원일보다 앞서므로 정당한 권리자의 출원은 제3자의 출원으로 인하여 거절되지 않으며, 오히려 제3자의 출원이 정당한 권리자의 출원에 의하여 거절된다.

해설

② (○) 특허법 제25조 제2호
③ (×) 하자가 치유된다.
④ (○) 특허를 받을 수 있는 권리는 발명의 완성과 동시에 발명자에게 원시적으로 귀속되지만, 이는 재산권으로 양도성을 가지므로 계약 또는 상속 등을 통하여 전부 또는 일부 지분을 이전할 수 있고(특허법 제37조 제1항), 그 권리를 이전하기로 하는 계약은 명시적으로는 물론 묵시적으로도 이루어질 수 있고, 그러한 계약에 따라 특허등록을 공동출원한 경우에는 출원인이 발명자가 아니라도 등록된 특허권의 공유지분을 가진다(判例 2011다 67705・67712).
⑤ (○) 특허법 제34조

 ③

47 특허를 받을 수 있는 권리 또는 특허권에 관한 설명으로 옳은 것을 모두 고른 것은? 기출 19

> ㄱ. 특허를 받을 수 있는 권리가 공유인 경우에는 각 공유자는 다른 공유자 모두의 동의를 받아야만 그 지분을 양도할 수 있다.
> ㄴ. 특허를 받을 수 있는 권리가 공유인 경우에는 각 공유자는 다른 공유자 모두의 동의를 받아야만 그 지분을 목적으로 하는 질권을 설정할 수 있다.
> ㄷ. 특허를 받을 수 있는 권리의 승계가 특허출원 전에 이루어진 경우, 그 승계인이 특허출원을 하여야 승계의 효력이 발생한다.
> ㄹ. 특허권이 공유인 경우에는 각 공유자는 다른 공유자 모두의 동의를 받아야만 그 지분을 양도할 수 있다.
> ㅁ. 특허권이 공유인 경우에는 각 공유자는 다른 공유자 모두의 동의를 받아야만 그 지분을 목적으로 하는 질권을 설정할 수 있다.
> ㅂ. 상속 기타 일반승계에 의한 경우를 제외한 특허권의 이전은 등록하여야만 효력이 발생한다.

① ㄱ, ㄴ, ㄹ
② ㄴ, ㅁ, ㅂ
③ ㄱ, ㄹ, ㅁ, ㅂ
④ ㄱ, ㄷ, ㄹ, ㅁ, ㅂ
⑤ ㄱ, ㄴ, ㄷ, ㄹ, ㅁ, ㅂ

해설

ㄱ. (○) 특허법 제37조 제3항
ㄴ. (×) 특허를 받을 수 있는 권리는 질권의 목적으로 할 수 없다(특허법 제37조 제2항).
ㄷ. (×) 승계인이 특허출원을 하여야 제3자에게 대항할 수 있다(특허법 제38조 제1항).
ㄹ. (○) 특허법 제99조 제2항
ㅁ. (○) 특허법 제99조 제2항
ㅂ. (○) 특허법 제101조 제1항 제1호

답 ③

48 특허를 받을 수 있는 권리에 관한 설명으로 옳지 않은 것은? (다툼이 있으면 판례에 따름)

① 甲과 乙이 공동으로 발명을 완성한 경우, 乙은 甲의 동의를 받지 않으면 특허를 받을 수 있는 권리의 지분을 丙에게 양도할 수 없다.
② 발명자 甲이 발명 A에 대한 특허를 받을 수 있는 권리를 乙에게 양도하고, 발명 A와 동일한 고안에 대한 실용신안등록을 받을 수 있는 권리를 丙에게 양도한 뒤, 乙의 특허출원과 丙의 실용신안등록 출원이 같은 날에 이루어진 경우, 乙과 丙 간에 협의하여 정한 자에게만 승계의 효력이 발생한다.
③ 특허출원인 甲으로부터 특허를 받을 수 있는 권리를 양수한 특정승계인 乙이 특허출원인변경신고를 하지 않은 상태에서 특허심판원의 거절결정 불복심판 심결에 대하여 취소의 소를 제기하고, 소 제기 기간이 경과한 후에 특허출원인변경신고를 했다면 해당 취소의 소는 적법하다.
④ 발명자 甲이 乙, 丙에게 발명 A에 대한 특허를 받을 수 있는 권리를 각각 양도한 후 乙과 丙이 같은 날에 각각 특허출원을 하였으나 乙과 丙 간에 협의가 불성립하면 乙과 丙은 특허를 받을 수 없게 된다.
⑤ 특허출원 후 출원인 甲으로부터 특허를 받을 수 있는 권리를 특정승계인 乙이 양수한 경우 그 특허출원에 대하여 특허출원인변경신고를 하여야만 승계의 효력이 발생한다.

| 해설 |

③ (×) 특허출원인으로부터 특허를 받을 수 있는 권리를 양수한 특정승계인은 특허출원인변경신고를 하지 않은 상태에서는 그 양수의 효력이 발생하지 않아서 특허심판원의 거절결정 불복심판 심결에 대하여 취소의 소를 제기할 수 있는 당사자 등에 해당하지 아니하므로, 그가 제기한 취소의 소는 부적법하다. 특정승계인이 취소의 소를 제기한 후 특허출원인변경신고를 하였더라도, 그 변경신고 시기가 취소의 소 제기기간이 지난 후라면 제기기간 내에 적법한 취소의 소 제기는 없었던 것이므로, 취소의 소가 부적법하기는 마찬가지이다(判例 2015후321).

 ③

49 특허에 관한 설명으로 옳지 <u>않은</u> 것은? (다툼이 있으면 판례에 따름) 기출 18

① 특허를 받을 수 있는 권리를 이전하기로 하는 계약은 명시적으로만 이루어질 수 있고, 그러한 계약에 따라 특허등록을 공동출원한 경우에는 그 출원인이 발명자가 아니라도 등록된 특허권의 공유지분을 가진다.

② 권리범위확인심판에서 확인대상발명이 불명확하여 특허발명과 대비대상이 될 수 있을 정도로 구체적으로 특정되어 있지 않다면, 특허심판원은 요지변경이 되지 아니하는 범위 내에서 확인대상발명의 설명서 및 도면에 대한 보정을 명하는 등의 조치를 취하여야 하며, 그럼에도 불구하고 그와 같은 특정에 미흡함이 있다면 심판청구를 각하하여야 한다.

③ 특허의 일부 또는 전부가 출원 당시 공지공용의 것인 경우 특허청구범위에 기재되어 있다는 이유만으로 권리범위를 인정하여 독점적·배타적 실시권을 부여할 수는 없으므로 권리범위확인심판에서도 특허무효의 심결 유무에 관계없이 그 권리범위를 부정할 수 있으며, 이러한 법리를 진보성이 부정되는 경우까지 확장할 수는 없다.

④ 전용실시권 설정계약상 특별한 제한을 등록하지 않은 경우에 그 제한을 넘어 특허발명을 실시한 전용실시권자는 특허권자에 대하여 채무불이행 책임을 지게 됨은 별론으로 하고 특허권 침해가 성립하는 것은 아니다.

⑤ 특허무효심판이 상고심에 계속 중 당해 특허의 정정심결이 이루어지고 확정되어 특허발명의 명세서가 정정되었다고 하더라도 정정된 사항이 특허무효사유의 유무를 판단하는 전제가 된 사실인정에 영향을 미치는 것이 아니라면 재심사유가 있다고 할 수 없다.

│해설│

① (×) 특허를 받을 수 있는 권리를 이전하기로 하는 계약은 명시적으로는 물론 묵시적으로 이루어질 수 있고, 그러한 계약에 따라 특허등록을 공동출원한 경우에는 그 출원인이 발명자가 아니라도 등록된 특허권의 공유지분을 가진다(判例 2011다67705).
② (○) 判例 2002후2471
③ (○) 判例 2012후4162
④ (○) 判例 2011도4645
⑤ (○) 判例 2016후2522

답 ①

CHAPTER 05 이익제도

제1편 | 특허법, 특허·실용신안 심사기준

01 특허출원서류

(1) 법조문

제42조(특허출원)
① 특허를 받으려는 자는 다음 각 호의 사항을 적은 특허출원서를 특허청장에게 제출하여야 한다.
  1. 특허출원인의 성명 및 주소(법인인 경우에는 그 명칭 및 영업소의 소재지) `기출 23`
  2. 특허출원인의 대리인이 있는 경우에는 그 대리인의 성명 및 주소나 영업소의 소재지[대리인이 특허법인·특허법인(유한)인 경우에는 그 명칭, 사무소의 소재지 및 지정된 변리사의 성명]
  3. 발명의 명칭
  4. 발명자의 성명 및 주소
② 제1항에 따른 특허출원서에는 발명의 설명·청구범위를 적은 명세서와 필요한 도면 및 요약서를 첨부하여야 한다. `기출 24`
⑨ 제2항에 따른 발명의 설명, 도면 및 요약서의 기재방법 등에 관하여 필요한 사항은 산업통상자원부령으로 정한다.

제43조(요약서)
제42조 제2항에 따른 요약서는 기술정보로서의 용도로 사용하여야 하며, 특허발명의 보호범위를 정하는 데에는 사용할 수 없다.

특허법 시행규칙 제21조(특허출원서 등)
① 법 제42조 제1항에 따라 특허출원을 하려는 자는 별지 제14호 서식의 특허출원서에 다음 각 호의 서류를 첨부하여 특허청장에게 제출하여야 한다.
  1. 명세서·요약서 및 도면 각 1통
  2. 대리인에 의하여 절차를 밟는 경우에는 그 대리권을 증명하는 서류 1통
  3. 기타 법령의 규정에 의한 증명서류 1통
② 제1항의 명세서는 별지 제15호 서식, 요약서는 별지 제16호 서식, 도면은 별지 제17호 서식에 따른다.
③ 제1항 제1호에 따른 명세서의 발명의 설명에는 다음 각 호의 사항이 포함되어야 한다.
  1. 발명의 명칭
  2. 기술분야
  3. 발명의 배경이 되는 기술

> 4. 다음 각 목의 사항이 포함된 발명의 내용
>   가. 해결하려는 과제
>   나. 과제의 해결 수단
>   다. 발명의 효과
> 5. 도면의 간단한 설명
> 6. 발명을 실시하기 위한 구체적인 내용
> 7. 그 밖에 그 발명이 속하는 기술분야에서 통상의 지식을 가진 자가 그 발명의 내용을 쉽게 이해하기 위하여 필요한 사항
>
> ④ 제3항 제2호·제4호·제5호 및 제7호의 사항은 해당하는 사항이 없는 경우에는 그 사항을 생략할 수 있다.
> ⑤ 제2항부터 제4항까지의 규정에도 불구하고 법 제42조의2 제1항 후단에 따라 명세서에 청구범위를 적지 않고 출원할 때에는 특허출원서에 제2항부터 제4항까지의 기재방법을 따르지 않고 발명의 설명을 적은 명세서(이하 "임시 명세서"라 한다)를 첨부하여 제출할 수 있다. 이 경우 임시 명세서를 전자문서로 제출하기 위해서는 특허청장이 정하여 고시하는 파일 형식을 따라야 한다.
> ⑥ 제5항에 따라 임시 명세서를 제출하는 경우에는 특허출원서에 그 취지를 기재해야 하며, 법 제47조에 따라 임시 명세서를 보정할 때에는 별지 제9호 서식의 보정서에 제2항부터 제4항까지의 규정에 따른 명세서, 요약서 및 필요한 도면을 첨부하여 특허청장에게 제출해야 한다.

(2) 특허출원 서류

① **출원서** : 출원서는 특허출원의 주체(특허출원인) 및 그 절차를 밟는 자(출원인 또는 대리인)를 명확히 하고 특허를 받고자 하는 의사 표시를 나타낸 서면이다. 출원서의 발명의 명칭은 출원에 관계된 발명의 내용에 따라 간단하고 명료하게 기재하되, 명세서에 기재된 발명의 설명과 동일하게 하여야 한다. 발명자는 출원에 기재된 발명을 한 실제 발명자를 말한다.

② **명세서** : 발명의 보호범위를 정확히 명시하는 권리서로서 발명의 기술적 내용을 공개하는 기술문헌으로서의 역할을 한다. 발명의 설명 및 청구범위로 이루어져있다.

③ **도면** : 특허출원 명세서에 기재된 발명의 구성을 잘 이해할 수 있도록 필요한 경우 도면을 첨부할 수 있다. 실용신안등록출원은 반드시 도면을 첨부해야 한다.

④ **요약서** : 발명의 요지를 간략하게 기재한 것으로서 기술정보의 제공 용도로서 사용된다. 요약서는 특허발명의 보호범위를 정하는 데 이용될 수 없다(法 제43조).

(3) 위반 시 취급

① **불수리** : 출원서에 출원인의 성명·주소 미기재, 명세서에 발명의 설명 미기재, 명세서가 국어 또는 산업통상자원부령이 정하는 언어(영어)로 기재되어있지 아니한 경우

② **무효(방식위반에 따른 보정명령)** : 출원서에 발명자의 성명·주소 미기재, 발명의 명칭 미기재, 대리권 흠결, 요약서 미제출, 도면의 기재방식 위반

③ **거절이유에만 해당하는 경우** : 다항제 기재 위반, 명세서의 배경기술 기재 부적법, 하나의 특허출원의 범위 요건 위반

02 공지예외적용

(1) 법조문

> **제30조(공지 등이 되지 아니한 발명으로 보는 경우)**
> ① 특허를 받을 수 있는 권리를 가진 자의 발명이 다음 각 호의 어느 하나에 해당하게 된 경우 그날부터 12개월 이내에 특허출원을 하면 그 특허출원된 발명에 대하여 제29조 제1항 또는 제2항을 적용할 때에는 그 발명은 같은 조 제1항 각 호의 어느 하나에 해당하지 아니한 것으로 본다. `기출 15·18·21·25`
> 　1. 특허를 받을 수 있는 권리를 가진 자에 의하여 그 발명이 제29조 제1항 각 호의 어느 하나에 해당하게 된 경우. 다만, 조약 또는 법률에 따라 국내 또는 국외에서 출원공개되거나 등록공고된 경우는 제외한다. `기출 18·25`
> 　2. 특허를 받을 수 있는 권리를 가진 자의 의사에 반하여 그 발명이 제29조 제1항 각 호의 어느 하나에 해당하게 된 경우 `기출 22`
> ② 제1항 제1호를 적용받으려는 자는 특허출원서에 그 취지를 적어 출원하여야 하고, 이를 증명할 수 있는 서류를 산업통상자원부령으로 정하는 방법에 따라 특허출원일부터 30일 이내에 특허청장에게 제출하여야 한다. `기출 15·18·25`
> ③ 제2항에도 불구하고 산업통상자원부령으로 정하는 보완수수료를 납부한 경우에는 다음 각 호의 어느 하나에 해당하는 기간에 제1항 제1호를 적용받으려는 취지를 적은 서류 또는 이를 증명할 수 있는 서류를 제출할 수 있다. `기출 16·18·25`
> 　1. 제47조 제1항에 따라 보정할 수 있는 기간
> 　2. 제66조에 따른 특허결정 또는 제176조 제1항에 따른 특허거절결정 취소심결(특허등록을 결정한 심결에 한정하되, 재심심결을 포함한다)의 등본을 송달받은 날부터 3개월 이내의 기간. 다만, 제79조에 따른 설정등록을 받으려는 날이 3개월보다 짧은 경우에는 그날까지의 기간 `기출 23`

(2) 의의 및 취지

발명이 출원 전 공지되었더라도 일정요건을 충족한 경우 신규성 또는 진보성을 적용할 때 그 발명은 공지 등이 되지 않은 것으로 본다. 자기 발명의 공개로 인해 특허를 받지 못하게 되는 것은 너무 가혹하며, 이러한 예외를 인정하지 않을 경우 발명자가 연구결과를 공개하지 않아 산업발전에 저해되기 때문이다.

(3) 요 건

① 권리자의 의사에 의한 공지
　㉠ 특허를 받을 수 있는 권리를 가진 자에 의해 공지 등이 된 경우를 의미한다.
　㉡ 공지 등이 된 날로부터 12개월 이내에 특허를 받을 수 있는 권리를 가진 자가 출원해야 한다.
　㉢ 조약 또는 법률에 따라 국내 또는 국외에서 출원공개되거나 등록공고된 경우는 공지예외규정을 적용하지 않는다.
② 권리자의 의사에 반한 공지 : 특허를 받을 수 있는 자의 의사에 반하여 공지된 경우 공지된 발명은 공지된 날로부터 12개월 이내에 특허출원을 하여야 한다.

(4) 절 차
① 권리자의 의사에 의한 공지
- ㉠ 발명이 공지된 날로부터 12개월 이내에 출원하여야 하고, 특허출원시에 출원서에 제30조 제1항 제1호 적용의 취지를 기재하여야 한다. 또한 출원일로부터 30일 이내에 이를 증명할 수 있는 서류를 특허청장에게 제출하여야 한다.
- ㉡ (2015.7.29. 이후 출원) 보완수수료를 납부한 경우에는 보정기간 또는 특허결정등본송달일(또는 특허거절결정 취소심결등본송달일)로부터 3개월 이내에 취지를 적은 서류 또는 이를 증명할 수 있는 서류를 제출할 수 있다. 다만, 설정등록을 받으려는 날이 3개월보다 짧은 경우 그날까지 제출이 가능하다.

② 권리자의 의사에 반한 공지 : 발명이 공지된 날로부터 12개월 이내에 출원해야 하며, 공지에 의한 거절이유통지가 있을 때 의견서제출기회를 통해 발명이 공지된 과정이 자신의 의사에 반한 것이었다는 사실의 입증을 할 수 있다.

(5) 효 과
① 공지예외적용이 인정되면 그 발명은 공지되지 않은 것으로 보아 특허출원의 신규성 또는 진보성의 인용참증이 될 수 없다. 다만 출원일 자체가 소급하는 것은 아니다.
② 공지예외적용에 의한 공지가 있은 날과 특허출원일 사이에 제3자의 공개가 있을 경우, 그 공지예외 주장출원은 신규성이 없는 것으로 하여 거절결정한다(예외 : 제3자에 의한 공지가 공지예외에 해당하는 공지에 의하여 지득한 발명의 공개라는 사실이 명백).

(6) 공지예외적용의 유형
① 공지예외적용을 받은 출원과 동일자, 동일발명 출원이 있는 경우
- ㉠ 공지예외적용을 받은 출원(A)과 동일한 발명이 타인에 의해 같은 날 출원(B)되었다면, 양 발명은 제36조 제2항에 해당하여 협의 대상 발명이 된다. 또한 타인의 발명은 공지기술에 의해 신규성 위반에 해당한다.
- ㉡ 위와 같은 경우, 심사실무는 B에 대하여 신규성이 없다는 거절이유통지와 동시에 A와 B에 대하여 제36조 제6항의 규정에 따라 협의를 명한다. 협의 명령에 따라 B를 취하 등의 적절한 조치를 취할 경우 A는 특허받을 수 있다고 한다.

② 복수회에 걸친 공지가 있는 경우
- ㉠ 원칙 : 특허를 받을 수 있는 권리를 가진 자가 특허출원 전 해당 발명을 복수 회에 걸쳐 공개한 경우 원칙적으로 모든 공개행위에 대해 공지예외적용을 받기 위해서는 각각의 공개행위에 대하여 절차를 밟아야 한다.
- ㉡ 예 외
  - 특정한 하나의 공지와 밀접불가분의 관계에 있는 복수 회에 걸친 공개일 경우 2번째 이후의 공개에 대해서는 증명서류 제출을 생략할 수 있다.
  - 밀접불가분의 관계에 있는 복수 회의 공개에는 2일 이상 소요되는 시험, 시험과 시험당일 배포된 설명서, 간행물의 초판과 중판, 학회발표와 그 강연집, 학회 순회강연, 박람회 출품 및 카탈로그 등이 있다(심사기준).

(7) 특수출원제도와의 관계

① **분할출원과 변경출원** : 원출원시 공지예외주장을 하지 않았더라도 분할·변경출원시 출원서에 취지를 기재하고 분할·변경출원일로부터 30일 이내 증명서류를 제출하여 공지예외적용을 주장할 수 있다.

② **조약우선권주장출원** : 조약우선권주장출원의 경우 공지예외적용을 인정받기 위해 공지일로부터 12개월 이내에 조약우선권주장출원(우리나라 출원)을 하여야 한다.

③ **국내우선권주장출원** : 공지일로부터 12개월 이내에 공지예외적용 신청을 수반하여 선출원을 한 경우라면 후출원(국내우선권주장출원)을 12개월 이내에 하지 않더라도 공지예외적용을 받을 수 있다. 기출 15

④ **국제출원** : 국제출원일에 공지예외주장과 관련된 절차를 밟지 않았더라도 기준일 경과 후 30일 내에 공지예외주장 취지를 기재한 서면과 증명서류를 제출하면 공지예외적용을 받을 수 있다.

(8) 관련판례

① **by 의사 공지, 특받권 가진 자가 아닌 사람의 공지도 적용되는 것인지** : 특허법 제30조는 특허를 받을 수 있는 권리를 가진 자에 의하여 그 발명이 제29조 제1항 각 호의 발명[특허출원 전에 국내 또는 국외에서 공지되었거나 공연히 실시된 발명이나 특허출원 전에 국내 또는 국외에서 반포된 간행물에 게재되었거나 전기통신회선을 통하여 공중(公衆)이 이용할 수 있는 발명]에 해당하게 된 경우(다만, 조약 또는 법률에 따라 국내 또는 국외에서 출원공개되거나 등록공고된 경우를 제외한다)에는 그날부터 12개월 이내에 특허출원을 하면 그 특허출원된 발명에 대하여 제29조 제1항 또는 제2항을 적용할 때에는 그 발명은 제29조 제1항 각 호의 어느 하나에 해당하지 아니한 것으로 본다고, 그와 같은 공지예외의 적용을 받으려는 자는 특허출원서에 그 취지를 적어 출원하여야 하며, 이를 증명할 수 있는 서류를 특허출원일부터 30일 이내에 특허청장에게 제출하여야 한다고 규정하고 있다. 이러한 특허법 규정은 종전에 특허를 받을 수 있는 권리를 가진 자가 시험, 간행물에의 발표, 대통령령이 정하는 전기통신회선을 통한 발표, 산업자원부령이 정하는 학술단체에서의 서면발표와 같은 특정 형태의 발명의 공개에 대해서만 공지 등 예외의 적용을 허용하던 규정을 완화하여 출원공개나 등록공고된 경우를 제외하고 특허를 받을 수 있는 권리를 가진 자의 의사에 기한 모든 형태의 발명의 공개에 대하여 공지 등의 예외 적용을 허용함으로써 자유로운 연구결과의 공개를 촉진하고 연구활동 활성화 및 기술축적을 지원하고자 하기 위한 것이다. 따라서 특허법 제30조에 의한 발명의 공개는 그 규정대로 특허를 받을 수 있는 권리를 가진 자에 의사에 의한 것이면 충분하고, 특허를 받을 수 있는 권리를 가진 자가 직접 발명을 공개하거나 자신의 발명임을 밝혀야만 하는 것은 아니다(判例 2015허7308).

② **자기 의사에 반하여 공지된 것의 의미 / 입증 책임** : 특허법 제30조 제1항 제2호 소정의 자기의 의사에 반하여 제29조 제1항 각 호의 1에 해당하게 된 때라 함은 출원인의 발명내용이 사용인 또는 대리인의 고의 또는 과실로 누설되거나 타인이 이를 도용함으로써 일반에게 공표된 경우를 가리키는 것이므로 위 제30조 제1항 제2호의 규정에 의하여 신규성을 주장하는 자는 위와 같은 자기의 의사에 반하여 누설 또는 도용된 사실을 입증할 책임이 있다(判例 85후14).

③ 원출원 시에 공지예외주장을 하지 않은 경우 분할출원에서 공지예외주장을 하여 원출원일을 기준으로 한 공지예외의 효과를 인정받을 수 있는지가 문제된 사안
   ㉠ 둘 이상의 발명을 하나로 한 원특허출원 시에 공지예외주장을 하지 않은 경우, 분할출원에서 공지예외주장을 하여 원출원일을 기준으로 한 공지예외의 효과를 인정받을 수 있는지 여부(적극)

> 다음과 같은 공지예외 및 분할출원 관련 규정의 문언과 내용, 각 제도의 취지 등에 비추어 보면, 원출원에서 공지예외주장을 하지 않았더라도 분할출원에서 적법한 절차를 준수하여 공지예외주장을 하였다면, 원출원이 자기공지일로부터 12개월 이내에 이루어진 이상 공지예외의 효과를 인정받을 수 있다고 봄이 타당하다.
> 1) 특허법 제30조 제1항 제1호는 특허를 받을 수 있는 권리를 가진 자에 의하여 그 발명이 특허출원 전 국내 또는 국외에서 공지되었거나 공연히 실시되는 등으로 특허법 제29조 제1항 각 호의 어느 하나에 해당하게 된 경우[이하 '자기공지(自己公知)'라고 한다], 그날로부터 12개월 이내에 특허출원을 하면 그 특허출원된 발명에 대하여 특허발명의 신규성 또는 진보성(특허법 제29조 제1항, 제2항) 규정을 적용할 때 그 발명은 제29조 제1항 각 호의 공지된 발명에 해당하지 않는 것으로 본다고 하여 공지예외규정을 두고 있다. 그리고 같은 조 제2항은 같은 조 제1항 제1호의 적용을 받고자 하는 자는 특허출원서에 그 취지를 기재하여 출원하여야 하고, 이를 증명할 수 있는 서류를 특허출원일부터 30일 이내에 특허청장에게 제출하여야 한다고 하여, 공지예외적용을 위한 주장의 제출 시기, 증명서류 제출 기한 등 절차에 관한 규정을 두고 있다. 한편, 특허법 제52조 제2항은 적법한 분할출원이 있을 경우 원출원일에 출원한 것으로 본다는 원칙과 그 예외로서 특허법 제30조 제2항의 공지예외주장의 제출 시기, 증명서류의 제출 기간에 관하여는 분할출원일을 기준으로 한다고 정하고 있을 뿐(이는 공지예외주장의 시기 및 증명서류 제출 기한을 원출원일로 소급하여 산정하면 분할출원 시 이미 그 기한이 지나있는 경우가 많기 때문이다), 원출원에서 공지예외주장을 하지 않고 분할출원에서만 공지예외주장을 한 경우에는 분할출원일을 기준으로 공지예외주장의 요건 충족 여부를 판단하여야 한다거나 원출원에서의 공지예외주장을 분할출원에서의 공지예외주장을 통한 원출원일을 기준으로 한 공지예외의 효과 인정 요건으로 정하고 있지 않다. 결국 위 규정들의 문언상으로는 원출원 시 공지예외주장을 하지 않았더라도 분할출원이 적법하게 이루어지면 특허법 제52조 제2항 본문에 따라 원출원일에 출원한 것으로 보게 되므로, 자기공지일로부터 12개월 이내에 원출원이 이루어지고, 분할출원일을 기준으로 공지예외주장의 절차 요건을 충족하였다면, 분할출원이 자기공지일로부터 12개월을 도과하여 이루어졌다 하더라도 공지예외의 효과가 발생하는 것으로 해석함이 타당하다.
> 2) 분할출원은 특허법 제45조 제1항이 정하는 1발명 1출원주의를 만족하지 못하는 경우뿐만 아니라, 원출원 당시 청구범위에는 기재되어 있지 않으나 원출원의 최초 첨부 명세서 및 도면에 기재되어 있는 발명에 대하여 후일 권리화할 필요성이 생긴 경우 이들 발명에 대해서도 이 새로운 특허출원이 적법한 것이면 원출원과 동시에 출원한 것과 같은 효과를 인정하는 것도 허용하여 특허제도에 의해 보호될 수 있도록 하고 있다. 따라서 원출원 당시에는 청구범위가 자기공지한 내용과 무관하여 공지예외주장을 하지 않았으나, 분할출원시 청구범위가 자기공지한 내용에 포함되어 있는 경우가 있을 수 있고, 이와 같은 경우 원출원 시 공지예외주장을 하지 않았더라도 분할출원에서 공지예외주장을 하여 출원일 소급의 효력을 인정할 실질적 필요성이 있다.

3) 분할출원은 특허에 관한 절차에서 보정의 대상이 되는 어떤 절차와 관련하여 기재사항의 흠결, 구비서류의 보완 등을 목적으로 이루어지는 보정과는 별개의 제도로, 보정 가능 여부와 무관하게 특허법 제52조의 요건을 충족하면 허용되는 독립된 출원이다. 따라서 특허출원서에 공지예외주장 취지를 기재하도록 한 특허법 제30조 제2항을 형해화할 우려가 있다는 점에서 출원 시 누락한 공지예외주장을 보정의 형식으로 보완하는 것은 허용되지 않지만(대법원 2011. 6. 9. 선고 2010후2353 판결 등 참조), 이 점이 원출원 시 공지예외주장을 하지 않은 경우 분할출원에서의 공지예외주장을 허용하지 않을 근거가 된다고 보기 어렵다.
4) 위 2010후2353 판결 이후 출원인의 권리 보호를 강화하기 위하여 특허법 제30조 제3항을 신설하여 (2015. 1. 28. 법률 제13096호로 개정된 것) 출원인의 단순한 실수로 출원 시 공지예외주장을 하지 않더라도 일정 기간 공지예외주장의 취지를 적은 서류나 이를 증명할 수 있는 서류를 제출할 수 있는 공지예외주장 보완 제도를 도입하였다. 그런데 특허 절차에서의 보정과 분할출원은 그 요건과 취지를 달리하는 별개의 제도라는 점에서, 원출원에서 공지예외주장을 하지 않은 경우 분할출원에서의 공지예외주장으로 원출원일을 기준으로 한 공지예외의 효과를 인정받을 수 있는지의 문제는 특허법 제30조 제3항의 신설 전후를 불문하고 일관되게 해석함이 타당하다.
5) 여기에 공지예외규정은 특허법 제정 이후 현재에 이르기까지 그 예외 인정 사유가 확대되고, 신규성뿐만 아니라 진보성과 관련해서도 이를 적용하며, 그 기간이 6개월에서 1년으로 확대되는 등의 개정을 통해 특허제도에 미숙한 발명자를 보호하기 위한 제도를 넘어 출원인의 발명자로서의 권리를 실효적으로 보호하기 위한 제도로 자리 잡고 있다는 점까지 더하여 보면, 분할출원에서 공지예외주장을 통해 원출원일을 기준으로 한 공지예외효과를 인정받는 것을 제한할 합리적 이유를 찾기 어렵다(判例 2020후11479).

ⓛ 공지예외주장 효력 인정 범위 : 특허를 받을 수 있는 권리를 가진 자가 공지 등의 예외를 적용받고자 출원서에 기재한 공개 발명의 범위는 출원서에 기재된 취지와 증명서류, 거래실정 등을 참작하여 객관적 합리적으로 정해야 하며, 또한 출원서에 기재된 발명 공개 행위의 후속 절차로서 통상적으로 이루어지는 반복 공개 행위는 출원서에 기재된 발명의 공개 행위의 연장선에 있다고 볼 수 있으므로, 비록 출원서에 기재되어 있지 않거나 증명서류가 첨부되어 있지 않더라도 당연히 특허법 제30조의 공지 등의 예외 적용을 적용받을 수 있다(判例 2015허7308). 기출 23

ⓒ 공지예외주장 효력 인정 범위(디자인보호법 판례) : 신규성 상실의 예외 규정의 문언과 입법취지에 비추어 보면, 디자인등록을 받을 수 있는 권리를 가진 자가 구 디자인보호법(2013. 5. 28. 법률 제11848호로 전부 개정되기 전의 것) 제8조 제1항의 6개월의 기간 이내에 여러 번의 공개 행위를 하고 그중 가장 먼저 공지된 디자인에 대해서만 절차에 따라 신규성 상실의 예외 주장을 하였다고 하더라도 공지된 나머지 디자인들이 가장 먼저 공지된 디자인과 동일성이 인정되는 범위 내에 있다면 공지된 나머지 디자인들에까지 신규성 상실의 예외의 효과가 미친다고 봄이 타당하다. 여기서 동일성이 인정되는 범위 내에 있는 디자인이란 그 형상, 모양, 색채 또는 이들의 결합이 동일하거나 극히 미세한 차이만 있어 전체적 심미감이 동일한 디자인을 말하고, 전체적 심미감이 유사한 정도에 불과한 경우는 여기에 포함되지 아니한다(判例 2014후1341).

03 정당한 권리자의 보호

(1) 법조문

> **제34조(무권리자의 특허출원과 정당한 권리자의 보호)**
> 발명자가 아닌 자로서 특허를 받을 수 있는 권리의 승계인이 아닌 자(이하 "무권리자"라 한다)가 한 특허출원이 제33조 제1항 본문에 따른 특허를 받을 수 있는 권리를 가지지 아니한 사유로 제62조 제2호에 해당하여 특허를 받지 못하게 된 경우에는 그 무권리자의 특허출원 후에 한 정당한 권리자의 특허출원은 무권리자가 특허출원한 때에 특허출원한 것으로 본다. 다만, 무권리자가 특허를 받지 못하게 된 날부터 30일이 지난 후에 정당한 권리자가 특허출원을 한 경우에는 그러하지 아니하다. 기출 21
>
> **제35조(무권리자의 특허와 정당한 권리자의 보호)**
> 제33조 제1항 본문에 따른 특허를 받을 수 있는 권리를 가지지 아니한 사유로 제133조 제1항 제2호에 해당하여 특허를 무효로 한다는 심결이 확정된 경우에는 그 무권리자의 특허출원 후에 한 정당한 권리자의 특허출원은 무효로 된 그 특허의 출원 시에 특허출원한 것으로 본다. 다만, 심결이 확정된 날부터 30일이 지난 후에 정당한 권리자가 특허출원을 한 경우에는 그러하지 아니하다. 기출 16·24
>
> **제99조의2(특허권의 이전청구)**
> ① 특허가 제133조 제1항 제2호 본문에 해당하는 경우에 특허를 받을 수 있는 권리를 가진 자는 법원에 해당 특허권의 이전(특허를 받을 수 있는 권리가 공유인 경우에는 그 지분의 이전을 말한다)을 청구할 수 있다.
> ② 제1항의 청구에 기초하여 특허권이 이전등록된 경우에는 다음 각 호의 권리는 그 특허권이 설정등록된 날부터 이전등록을 받은 자에게 있는 것으로 본다.
>   1. 해당 특허권
>   2. 제65조 제2항에 따른 보상금 지급 청구권
>   3. 제207조 제4항에 따른 보상금 지급 청구권
> ③ 제1항의 청구에 따라 공유인 특허권의 지분을 이전하는 경우에는 제99조 제2항에도 불구하고 다른 공유자의 동의를 받지 아니하더라도 그 지분을 이전할 수 있다.

(2) 의의 및 취지

① 무권리자의 출원이 있더라도 일정 요건을 갖춘 경우 정당한 권리자를 보호하기 위한 규정이다. 발명자 등을 두텁게 보호하기 위함이다.

② '무권리자'란 발명자가 아닌 자로서 발명자 또는 그 승계인으로부터 특허를 받을 수 있는 권리(이하 '특받권')를 적법하게 승계 받지 아니한 자를 말한다. 따라서 특받권을 정당하게 승계 받지 못한 자가 마치 정당한 승계인처럼 주장하는 모인자와 모인자로부터 특받권을 양도받은 선의의 승계인도 무권리자에 해당한다.

(3) 정당권리자 보호 요건

① **무권리자의 특허출원이 있는 경우** : 무권리자의 특허출원이 제33조 제1항 본문 위반에 따라 특허거절결정이 확정되고, 거절결정확정일로부터 30일 이내에 정당권리자의 출원이 있어야 한다.

② **무권리자의 특허출원이 등록된 경우** : 무권리자의 특허권이 제33조 제1항 본문 위반에 따라 무효심결이 확정되고, 무효심결확정일로부터 30일 이내에 정당권리자의 출원이 있어야 한다.

③ **정당권리자 출원시 주의사항** : 정당권리자가 출원을 할 때에는 특허법시행규칙 별지 제14호 서식의 출원서에 명세서·요약서 및 도면, 정당한 권리자임을 증명하는 서류, 대리권 서류(대리인이 있는 경우)를 첨부하여 특허청장에게 제출하여야 한다(시행규칙 제31조).

④ **발명의 동일성** : 정당한 권리자의 출원의 청구범위 뿐만 아니라 발명의 설명 및 도면에 기재된 발명이 무권리자가 한 출원 발명의 범위에 포함되어야 한다. 즉, 무권리자의 최초 명세서 또는 도면에 정당권리자의 명세서 또는 도면이 포함되어야 한다. 따라서 무권리자의 출원 범위를 벗어난 정당권리자의 출원이 있는 경우 정당권리자의 출원의 출원일은 소급되지 않는다.

(4) 정당권리자 출원의 효과

① **출원일 소급효**
   ㉠ 정당권리자의 출원은 무권리자가 출원한 때에 출원한 것으로 본다.
   ㉡ 등록지연에 따른 특허권의 존속기간의 연장(法 제92조의2)의 경우 특허출원일로부터 4년을 기산할 때에는 정당권리자의 출원일을 특허출원일로 본다(출원일 불소급).

② **심사청구의 특례** : 정당권리자 출원의 출원일이 무권리자가 출원한 날로부터 3년 경과하더라도, 정당한 권리자가 출원한 날로부터 30일 이내에 심사청구를 할 수 있다.

③ **특허권 존속기간** : 제34조 및 제35조에 따라 정당권리자의 출원이 특허가 된 경우, 정당권리자의 특허권의 존속기간은 정당권리자의 특허권이 설정된 날로부터 무권리자의 출원일의 다음 날부터 기산하여 20년이 되는 날까지이다.

(5) 무권리자 출원의 취급

① 무권리자의 출원은 제33조 제1항 위반에 해당하여 거절이유(法 제62조), 정보제공(法 제63조의2), 무효사유(法 제133조 제1항)에 해당한다.

② 무권리자의 출원은 선출원 지위가 없으나(法 제36조 제5항), 공개되었을 경우 확대된 선출원의 지위는 인정된다. 다만, 정당권리자 출원에 대하여 발명자가 동일하므로 확대된 선출원을 적용할 수 없다.

(6) 관련 판례

① 발명자가 아닌 사람으로서 특허를 받을 수 있는 권리의 승계인이 아닌 사람(이하 '무권리자'라 한다)이 발명자가 한 발명의 구성을 일부 변경함으로써 그 기술적 구성이 발명자의 발명과 상이하게 되었더라도, 변경이 그 기술분야에서 통상의 지식을 가진 사람이 보통으로 채용하는 정도의 기술적 구성의 부가·삭제·변경에 지나지 않고 그로 인하여 발명의 작용효과에 특별한 차이를 일으키지 않는 등 기술적 사상의 창작에 실질적으로 기여하지 않은 경우에 그 특허발명은 무권리자의 특허출원에 해당하여 등록이 무효이다(判例 2009후2463). 기출 18

② 특허출원 전에 특허를 받을 수 있는 권리를 계약에 따라 이전한 양도인은 더 이상 그 권리의 귀속주체가 아니므로 그러한 양도인이 한 특허출원에 대하여 설정등록이 이루어진 특허권은 특허무효사유에 해당하는 무권리자의 특허이다(判例 2020후10087). 기출 23

(7) 정당권리자 보호를 위한 특허권 이전청구(法 제99조의2)

특허를 받을 수 있는 권리를 가지지 아니하여 무효사유에 해당하는 경우에는 특허를 받을 수 있는 권리를 가진 자는 법원에 해당 특허권의 이전(특허를 받을 수 있는 권리가 공유인 경우에는 그 지분의 이전)을 청구할 수 있다(法 제99조의2 제1항). 기출 24 특허권의 이전청구에 기초하여 특허권이 이전등록된 경우에는 해당 특허권, 보상금 지급 청구권은 특허권이 설정등록된 날로부터 이전등록을 받은 자에게 있는 것으로 본다(法 제99조의2 제2항).

04 보 정

(1) 법조문

> **제47조(특허출원의 보정)**
> ① 특허출원인은 제66조에 따른 특허결정의 등본을 송달하기 전까지 특허출원서에 첨부한 명세서 또는 도면을 보정할 수 있다. 다만, 제63조 제1항에 따른 거절이유통지(이하 "거절이유통지"라 한다)를 받은 후에는 다음 각 호의 구분에 따른 기간(제3호의 경우에는 그때)에만 보정할 수 있다.
> 1. 거절이유통지(거절이유통지에 대한 보정에 따라 발생한 거절이유에 대한 거절이유통지는 제외한다)를 최초로 받거나 제2호의 거절이유통지가 아닌 거절이유통지를 받은 경우 : 해당 거절이유통지에 따른 의견서 제출기간
> 2. 거절이유통지(제66조의3 제2항에 따른 통지를 한 경우에는 그 통지 전의 거절이유통지는 제외한다)에 대한 보정에 따라 발생한 거절이유에 대하여 거절이유통지를 받은 경우 : 해당 거절이유통지에 따른 의견서 제출기간 기출 17
> 3. 제67조의2에 따른 재심사를 청구하는 경우 : 청구할 때 기출 21

② 제1항에 따른 명세서 또는 도면의 보정은 특허출원서에 최초로 첨부한 명세서 또는 도면에 기재된 사항의 범위에서 하여야 한다. 이 경우, 외국어특허출원에 대한 보정은 최종 국어번역문(제42조의3 제6항 전단에 따른 정정이 있는 경우에는 정정된 국어번역문을 말한다) 또는 특허출원서에 최초로 첨부한 도면(도면 중 설명부분은 제외한다)에 기재된 사항의 범위에서도 하여야 한다. 기출 16·21·22·24
③ 제1항 제2호 및 제3호에 따른 보정 중 청구범위에 대한 보정은 다음 각 호의 어느 하나에 해당하는 경우에만 할 수 있다. 기출 17·21
  1. 청구항을 한정 또는 삭제하거나 청구항에 부가하여 청구범위를 감축하는 경우
  2. 잘못 기재된 사항을 정정하는 경우
  3. 분명하지 아니하게 기재된 사항을 명확하게 하는 경우
  4. 제2항에 따른 범위를 벗어난 보정에 대하여 그 보정 전 청구범위로 되돌아가거나 되돌아가면서 청구범위를 제1호부터 제3호까지의 규정에 따라 보정하는 경우
④ 제1항 제1호 또는 제2호에 따른 기간에 보정을 하는 경우에는 각각의 보정절차에서 마지막 보정 전에 한 모든 보정은 취하된 것으로 본다. 기출 20
⑤ 외국어특허출원인 경우에는 제1항 본문에도 불구하고 제42조의3 제2항에 따라 국어번역문을 제출한 경우에만 명세서 또는 도면을 보정할 수 있다.

제51조(보정각하) 기출 21

① 심사관은 제47조 제1항 제2호 및 제3호에 따른 보정이 같은 조 제2항 또는 제3항을 위반하거나 그 보정(같은 조 제3항 제1호 및 제4호에 따른 보정 중 청구항을 삭제하는 보정은 제외한다)에 따라 새로운 거절이유가 발생한 것으로 인정하면 결정으로 그 보정을 각하하여야 한다. 다만, 다음 각 호의 어느 하나에 해당하는 보정인 경우에는 그러하지 아니하다. 기출 17·20
  1. 제66조의2에 따른 직권보정을 하는 경우 : 그 직권보정 전에 한 보정
  2. 제66조의3에 따른 직권 재심사를 하는 경우 : 취소된 특허결정 전에 한 보정
  3. 제67조의2에 따른 재심사의 청구가 있는 경우 : 그 청구 전에 한 보정
② 제1항에 따른 각하결정은 서면으로 하여야 하며, 그 이유를 붙여야 한다.
③ 제1항에 따른 각하결정에 대해서는 불복할 수 없다. 다만, 제132조의17에 따른 특허거절결정에 대한 심판에서 그 각하결정(제66조의3에 따른 직권 재심사를 하는 경우 취소된 특허결정 전에 한 각하결정과 제67조의2에 따른 재심사의 청구가 있는 경우 그 청구 전에 한 각하결정은 제외한다)에 대하여 다투는 경우에는 그러하지 아니하다.

제63조(거절이유통지)

① 심사관은 다음 각 호의 어느 하나에 해당하는 경우 특허출원인에게 거절이유를 통지하고, 기간을 정하여 의견서를 제출할 수 있는 기회를 주어야 한다. 다만, 제51조 제1항에 따라 각하결정을 하려는 경우에는 그러하지 아니하다.
  1. 제62조에 따라 특허거절결정을 하려는 경우
  2. 제66조의3 제1항에 따른 직권 재심사를 하여 취소된 특허결정 전에 이미 통지한 거절이유로 특허거절결정을 하려는 경우
② 심사관은 청구범위에 둘 이상의 청구항이 있는 특허출원에 대하여 제1항 본문에 따라 거절이유를 통지할 때에는 그 통지서에 거절되는 청구항을 명확히 밝히고, 그 청구항에 관한 거절이유를 구체적으로 적어야 한다.

> **특허법 시행규칙 제16조(기간의 지정)**
> ① 법 제46조, 법 제141조 또는 법 제203조 제3항 제1호에 따라 특허청장·특허심판원장 또는 심판장이 정할 수 있는 보정기간은 1개월 이내로 하고, 법 제63조 제1항에 따른 의견서제출기간 및 법 제203조 제3항 제2호에 따른 보정기간 등 법령에 따라 특허청장·특허심판원장·심판장 또는 심사관이 정할 수 있는 기간은 이를 2개월 이내로 한다. 다만, 특허에 관한 절차에 관련된 시험 및 결과측정에 시일을 요하는 때에는 그 지정기간은 해당 시험 및 결과측정에 소요되는 기간으로 한다.

(2) 의의 및 취지
보정제도는 동일 발명에 대해 먼저 출원한 자만이 특허를 받을 수 있는 선출원주의 하에서 출원을 서두르면서 발생하는 명세서 작성의 불완전성을 해소하여 출원인의 권리를 보호할 수 있는 방안을 마련하기 위해 도입된 제도이다.

(3) 보정의 요건
① 특허출원의 출원인이 명세서 또는 도면을 보정할 수 있으며, 출원인이 복수인 경우 출원인 각자 보정할 수 있다.
② 보정 대상인 출원이 특허청에 계속 중이어야 하므로, 무효, 취하 또는 포기되거나 거절결정이 확정된 경우 보정할 수 없다.
③ 보정의 시기는 i) 특허결정 등본 송달 전까지, ii) 거절이유 통지에 따른 의견서 제출 기간, iii) 재심사 청구할 때이다.

(4) 시기에 따른 보정의 구체적 요건
① 특허결정등본 송달 전까지(자진보정) 또는 최초거절이유통지에 따른 의견서 제출기간
  ㉠ 특허결정등본을 송달하기 전까지의 기간 중 거절이유통지에 따른 의견서 제출기간을 제외한 기간을 자진보정기간이라 하며, 최초거절이유통지란 특허법 제63조의 규정에 의한 거절이유통지를 최초로 받거나 최후거절이유통지가 아닌 거절이유통지를 말한다.
  ㉡ 보정의 범위 : 신규사항 추가 금지
    • 명세서 또는 도면의 보정은 특허출원서에 최초로 첨부한 명세서 또는 도면에 기재된 사항의 범위에서 하여야 한다(法 제47조 제2항). 선출원주의를 보호하고 제3자에게 불측의 손해를 줄 우려가 있기 때문이다.
    • 최초로 첨부된 명세서 등에 기재된 사항이란 최초 명세서 등에 명시적으로 기재되어 있는 사항이거나, 명시적인 기재가 없더라도 통상의 기술자라면 출원시의 기술상식에 비추어 최초 명세서 등에 기재되어 있는 것과 마찬가지라고 이해할 수 있는 사항을 말한다(判例 2005후3130).

- 발명의 구성요소를 상위개념 또는 하위개념으로의 보정, 수치범위를 추가 또는 변경하는 보정, 개별 구성이나 실시예를 하나의 발명으로 결합하는 보정, 실시예를 추가하는 보정, 새로운 효과를 추가하는 보정, 주지관용기술을 추가하는 보정이 최초 명세서에 기재되어 있지 않고, 통상의 기술자가 최초 명세서의 기재로 보아 자명한 것이 아니라면 신규사항 추가에 해당한다.
- 분할출원 또는 변경출원의 경우 '특허출원서에 최초로 첨부된 명세서 또는 도면에 기재된 사항'은 해당 분할출원서나 변경출원서에 첨부된 명세서 또는 도면에 기재된 사항을 말한다.
- 미완성 발명을 완성시키는 보정을 한 경우 그 보정은 신규사항을 추가한 것으로 본다.
- 요약서는 신규사항 추가 여부를 판단하는 기준에 포함되지 않는다. 기출 22

② 최후거절이유통지에 따른 의견서 제출기간 또는 재심사 청구시

㉠ 최후거절이유통지란 최초거절이유통지에 대한 보정에 따라 발생한 거절이유에 대한 거절이유통지를 말한다(직권재심사에 따라 특허결정을 취소한다는 통지를 한 경우 그 통지 전의 거절이유 제외).

㉡ 보정의 범위
- 신규사항 추가 금지(法 제47조 제2항)
- 法 제47조 제3항 각 호 중 하나에 해당할 것
  - 청구범위의 감축(청구항의 한정, 삭제 또는 부가) : 청구항을 한정하는 경우로는 수치범위의 축소, 상위개념으로부터 하위개념으로의 변경, 택일적으로 기재된 요소의 삭제, 다수항을 인용하는 청구항에서 인용항의 수를 감소하는 것을 말한다. 청구항을 삭제하는 것은 청구범위의 감축에 해당되어 적법한 보정으로 인정하며, 청구항에 부가함은 발명의 설명 또는 청구범위에 기재되어 있던 새로운 기술적 사항을 직렬적으로 부가함으로써 발명의 범위가 축소되는 경우이다(예 AB 장치 → ABC 장치).
  - 잘못된 기재의 정정 : 잘못된 기재를 정정하는 경우란 정정 전의 기재내용과 정정 후의 기재내용이 동일함을 객관적으로 인정할 수 있는 경우로서, 청구범위의 기재가 오기인 것이 명세서 기재 내용으로 보아 자명한 것으로 인정되거나, 주지의 사항 또는 경험칙으로 보아 명확한 경우 그 오기를 정확한 내용으로 고치는 것을 말한다(判例 2006후2301). 기출 21
  - 분명하지 아니한 기재를 명확하게 하는 경우 : 분명하지 아니한 기재란 그 자체 의미가 분명하지 않은 기재로 i) 청구항의 기재 그 자체가 문언상 의미가 불명료한 것, ii) 청구항 자체의 기재내용이 다른 기재와의 관계에 있어서 불합리한 것 또는 iii) 청구항 자체의 기재는 명료하나 청구항에 기재된 발명이 기술적으로 정확하게 특정되지 않고 불명료한 것 등을 말한다.
  - 신규사항을 삭제하기 위해 보정하는 경우 : 특정 보정단계에서 신규사항이 추가된 경우 이를 삭제하는 보정은 허용된다. 이를 허용하지 않으면 거절이유를 해소하기 위해 신규사항을 삭제하는 보정을 하더라도 제47조 제3항에 위배되어 보정각하될 것이므로 출원인에게 가혹하기 때문이다.

ⓒ 구체적인 적용 예

구 분		보정 내용/심사 방향
사실관계		[심사 전 청구항] • 청구항 1 : A + B로 이루어진 장치 • 청구항 2 : A + B + C로 이루어진 장치 [최초거절이유통지] 청구항 1은 인용발명에 의해 진보성 없음 [최초 보정 후 청구항] • 청구항 1 : A + B + D로 이루어진 장치(D는 신규사항, 진보성은 인정됨) • 청구항 2 : A + B + C로 이루어진 장치 [최후거절이유통지] 청구항 1의 D는 신규사항임
예1	보 정	• 청구항 1 : A + B로 이루어진 장치 • 청구항 2 : A + B + C로 이루어진 장치
	판 단	• (보정인정) 신규사항 추가 직전의 청구항으로 되돌아가는 보정임 • (거절결정) 청구항 1은 진보성이 없으므로 거절결정
예2	보 정	• 청구항 1 : A + b로 이루어진 장치(b는 B의 하위개념, 진보성 O) • 청구항 2 : A + B + C로 이루어진 장치
	판 단	• (보정인정) 청구항 1은 신규사항 추가 직전의 청구항으로 되돌아가면서 청구항을 한정하여 청구범위를 감축한 경우임 • (특허결정) 청구항 1, 2에 거절이유가 없으므로 특허결정
예3	보 정	• 청구항 1 : 삭제 • 청구항 2 : A + B + C로 이루어진 장치
	판 단	• (보정인정) 청구항을 삭제하는 경우이므로 보정 인정 • (특허결정) 청구항 2는 거절이유가 없으므로 특허결정
예4	보 정	• 청구항 1 : A + B + E로 이루어진 장치(A + B + D는 최초 명세서 범위 내의 발명, 진보성 O) • 청구항 2 : A + B + C로 이루어진 장치
	판 단	• (보정인정) 청구항 1은 신규사항 추가되기 직전의 청구범위로 돌아가면서 청구항에 E를 부가하여 청구범위를 감축한 경우임 • (특허결정) 청구항 1, 2에 거절이유가 없으므로 특허결정

(5) 보정의 효과

① 거절이유통지에 따른 기간에 보정을 하는 경우 각각의 보정절차에서 마지막 보정 전에 한 모든 보정은 취하된 것으로 본다.
② 보정이 적법할 경우 그 보정사항은 최초 출원일로 소급하여 효과가 발생한다.

(6) 보정 후 심사단계

① **최초거절이유통지에 따른 보정 후 심사** : 심사관은 보정된 명세서로 심사하되, ⅰ) 거절이유가 없으면 특허결정하고, ⅱ) 최초거절이유와 동일하면 거절결정하며, ⅲ) 보정에 의해 새로운 거절이유가 발생하면 최후거절이유통지를 하고, ⅳ) 원시적으로 존재하는 거절이유를 발견하면 다시 최초거절이유를 통지한다.

② **최후거절이유통지에 따른 보정 후 심사**
  ㉠ 심사관은 보정이 적법할 경우 보정된 명세서로 심사하되, ⅰ) 거절이유가 없으면 특허결정하고, ⅱ) 최후거절이유와 동일하면 거절결정하며, ⅲ) 원시적으로 존재하는 거절이유를 발견하면 다시 최초거절이유를 통지한다.
  ㉡ 심사관은 보정이 부적법할 경우 보정을 각하하고 보정 전의 명세서로 심사하며, 최후거절이유통지가 그대로 명세서에 존재할 것이므로 거절결정하게 된다.

보정 기간	보정 범위	부적법한 보정의 취급
• 특허결정등본 송달 전 • 최초거절이유통지에 따른 의견서 제출기간	신규사항 추가 금지 (法 제47조 제2항)	• 심사 중 : 거절이유통지 • 등록 후 : 특허무효사유

• 최후거절이유통지에 따른 의견서 제출기간
• 재심사 청구시
	• 신규사항 추가 금지(法 제47조 제2항)
	• 法 제47조 제3항 각 호 중 하나
	  - 청구범위 감축
	  - 잘못된 기재 정정
	  - 분명하지 기재 명확화
		• 심사 중 : 보정 각하
		• 등록 후 : 신규사항추가금지 위반 시 특허무효사유 ○, 法 제47조 제3항 위반 시 무효사유 ×(형식적 하자 취급)

(7) 외국어특허출원의 보정

① **보정의 범위 – 신규사항 추가 금지** : 외국어특허출원에 대한 보정은 ⅰ) 특허출원서에 최초로 첨부된 명세서 또는 도면에 기재된 사항의 범위 내에서 하여야 하며, 또한 ⅱ) 최종 국어번역문(제42조의3 제6항 전단에 따른 정정이 있을 경우 정정된 국어번역문) 또는 특허출원서에 최초로 첨부된 도면(도면 중 설명부분은 제외)에 기재된 사항의 범위에서 하여야 한다(法 제47조 제2항 후단).

② **보정 기간** : 외국어특허출원은 국어번역문을 제출한 경우에만 명세서 또는 도면을 보정할 수 있으며(法 제47조 제5항), 명세서 또는 도면을 보정한 경우 새로운 국어번역문을 제출할 수 없다(法 제42조의3 제3항 제1호).

③ **위반 시 취급** : 외국어특허출원에 대한 보정이 신규사항추가금지를 위반한 경우, ⅰ) 최초 명세서 또는 도면의 범위를 벗어난 경우 거절이유(法 제62조), 정보제공(法 제63조의2), 무효사유(法 제63조)에 해당하나, ⅱ) 국어번역문의 범위를 벗어난 경우 거절이유(法 제62조), 정보제공(法 제63조의2)에 해당한다.

(8) 보정 관련 판례

최명도 기재된 사항 범위 내에 있는지 판단기준 : 특허법 제47조 제2항에서 최초로 첨부된 명세서 또는 도면(이하 '최초 명세서 등'이라 한다)에 기재된 사항이란 최초 명세서 등에 명시적으로 기재되어 있는 사항이거나 또는 명시적인 기재가 없더라도 그 발명이 속하는 기술분야에서 통상의 지식을 가진 사람이라면 출원시의 기술상식에 비추어 보아 보정된 사항이 최초 명세서 등에 기재되어 있는 것과 마찬가지라고 이해할 수 있는 사항이어야 한다(判例 2005후3130).

(9) 보정각하

① 의의 및 취지 : 최후거절이유통지에 대한 의견서 제출기간의 보정 또는 재심사를 청구하면서 하는 보정이 제47조 제2항 또는 제3항의 규정을 위반하거나, 그 보정에 따라 새로운 거절이유가 발생하는 것으로 인정되는 때에는 보정을 각하하여야 한다. 이미 거절이유가 출원인에게 통지되어 그에 대한 의견제출 및 보정의 기회가 충분히 부여되었음에도 그 보정으로 인하여 거절이유가 새롭게 발생하여 그에 대한 거절이유통지와 또 다른 보정이 반복되는 것을 배제함으로써 심사절차의 신속한 진행을 도모하기 위함이다.

② 보정각하의 요건

대 상	사 유
• 최후거절이유통지에 대한 의견서제출기간의 보정 • 재심사 청구에 대한 보정	• 法 제47조 제2항 또는 제47조 제3항 위반 • 보정에 의해 새로운 거절이유 발생(청구항을 삭제하는 보정 제외)

㉠ '보정에 따라 새롭게 거절이유가 발생한 경우'란 해당 보정서의 제출로 인해 전에 없던 거절이유가 발생한 경우를 의미하는 것을 말한다.

㉡ 특허법 제42조 제4항 제2호의 명세서 기재요건을 구비하지 못한 기재불비가 있다는 거절이유를 통지함에 따라 이를 해소하기 위한 보정이 이루어졌는데, 그 보정 이후 발명에 대한 심사 결과 신규성이나 진보성 부정의 거절이유가 발견된다고 하더라도, 그러한 거절이유는 보정으로 청구항이 신설되거나 실질적으로 신설에 준하는 정도로 변경됨에 따라 비로소 발생한 경우와 같은 특별한 사정이 없는 한 보정으로 인하여 새롭게 발생한 것이라고 할 수 없으므로, 심사관으로서는 그 보정에 대한 각하결정을 하여서는 아니 되고, 위와 같은 신규성이나 진보성 부정의 거절이유를 출원인에게 통지하여 의견제출 및 보정의 기회를 부여하여야 한다(判例 2012후3121).

기출 15 · 17

③ 보정각하의 예외

㉠ 직권보정 전에 한 부적법한 보정(보정각하 대상)이 특허결정 취소 후의 절차에서 확인될 경우 보정을 각하하지 않고 최후거절이유통지를 한다.

㉡ 취소된 특허결정 전에 한 부적법한 보정(보정각하 대상)이 직권 재심사단계에서 확인될 경우 보정을 각하하지 않고 최초거절이유통지를 한다.

ⓒ 재심사 청구 전에 한 부적법한 보정(보정각하 대상)이 재심사 단계에서 확인될 경우 보정을 각하하지 않고 최후거절이유통지를 한다.
ⓓ 청구항을 삭제하는 보정에 의해 새로운 거절이유가 발생한 경우 - 최후거절이유통지

- **'청구항을 삭제하는 보정'인지 판단기준 / 인용하는 항 삭제** : 특허법 제51조 제1항이 보정에 따라 새로운 거절이유가 발생한 것으로 인정되면 보정을 각하하도록 하면서도 '청구항을 삭제하는 보정'의 경우를 대상에서 제외하고 있는 취지는, 보정에 따라 새로운 거절이유가 발생한 경우에는 보정을 각하함으로써 새로운 거절이유에 대한 거절이유통지와 또 다른 보정이 반복되는 것을 배제하여 심사절차의 신속한 진행을 도모하되, '청구항을 삭제하는 보정'의 경우에는 청구항을 한정·부가하는 보정 등 다른 경우와 달리 그로 인하여 새로운 거절이유가 발생하더라도 위와 같은 보정의 반복에 의하여 심사관의 새로운 심사에 따른 업무량 가중 및 심사절차의 지연의 문제가 생기지 아니하므로 그에 대하여 거절이유를 통지하여 보정의 기회를 다시 부여함으로써 출원인을 보호하려는 데 있다.
  이러한 규정의 취지에 비추어 볼 때, 단순히 '청구항을 삭제하는 보정을 하면서 삭제된 청구항을 인용하던 종속항에서 인용번호를 그대로 둠으로써 특허법 제42조 제3항, 제4항에서 정한 명세서 기재요건을 충족하지 않은 기재불비가 발생한 경우'뿐만 아니라, '청구항을 삭제하는 보정을 하면서 삭제한 청구항을 직·간접적으로 인용하던 종속항에서 인용번호를 잘못 변경함으로써 위와 같은 기재불비가 발생한 경우'에도, 이에 대해 거절이유를 통지하여 보정의 기회를 다시 부여하더라도 또 다른 보정의 반복에 의하여 심사관의 새로운 심사에 따른 업무량 가중 및 심사절차의 지연의 문제가 생길 염려가 없음은 마찬가지이므로, 이들 경우 모두가 위 규정에서 말하는 '청구항을 삭제하는 보정에 따라 새로운 거절이유가 발생한 경우'에 포함된다(判例 2013후2101). 기출 20
- **'청구항을 삭제하는 보정'인지 판단기준 / 택일적 기재의 삭제** : 이러한 규정의 취지에 비추어 볼 때, 구 특허법(2014.6.11. 법률 제12753호로 개정되기 전의 것) 제51조 제1항 본문이 규정하는 청구항을 삭제하는 보정에 따라 발생한 새로운 거절이유에는 단순히 '청구항을 삭제하는 보정을 하면서 그 삭제된 청구항을 인용하던 종속항에서 인용번호를 그대로 둠으로써 명세서 기재요건을 충족하지 않은 기재불비가 발생한 경우'뿐만 아니라, '청구항을 삭제하는 보정을 하면서 그 삭제된 청구항을 직·간접적으로 인용하던 종속항을 보정하는 과정에서, 인용번호를 잘못 변경하거나, 종속항이 2 이상의 항을 인용하는 경우에 인용되는 항의 번호 사이의 택일적 관계에 대한 기재를 누락함으로써 위와 같은 기재불비가 발생한 경우'도 포함된다고 보아야 한다(判例 2014후553).
- **'청구항을 삭제하는 보정'인지 판단기준 / 다른 청구항의 일부 삭제** : 이러한 규정의 취지에 비추어 볼 때, 청구항을 삭제하는 보정을 하였더라도 삭제된 청구항과 관련이 없는 부분에서 새롭게 발생한 거절이유는 심사관에게 새로운 심사에 따른 업무량을 가중시키고, 심사절차가 지연되는 결과를 가져오게 하는 등 달리 취급하여야 할 필요가 없으므로 2009년 개정 특허법(2009.1.30. 법률 제9381호로 개정된 특허법 제51조 제1항) 제51조 제1항 본문이 규정하는 청구항을 삭제하는 보정에 따라 발생한 새로운 거절이유에 포함된다고 할 수 없다(判例 2015후2259). 기출 24
- **보정각하 요건 중 새로운 거절이유 발생했는지 판단기준** : 특허법 제51조 제1항에 의하면, 심사관은 심사전치보정에 따라 새로운 거절이유가 발생한 것으로 인정하면 결정으로 보정을 각하하여야 한다. 위 규정에서 '새로운 거절이유가 발생한 것'이란 해당 보정으로 인하여 이전에 없던 거절이유가 새롭게 발생한 경우를 의미하는 것으로서, 이러한 경우에 보정을 각하하도록 한 취지는 이미 거절이유가 출원인에게 통지되어 그에 대한 의견제출 및 보정의 기회가 충분히 부여되었음에도 보정으로 인하여 거절이유가 새롭게 발생하여 그에 대한 거절이유통지와 또 다른 보정이 반복되는 것을 배제함으로써 심사절차의 신속한 진행을 도모하는 데에 있다(判例 2012후3121).

> • 기재불비를 극복하기 위한 보정에 의해 진보성 위반의 거절이유가 생긴 경우, 보정각하 요건 중 새로운 거절이유 발생했는지 여부 : 특허법 제51조 제1항에 의하면, 심사관은 심사전치보정에 따라 새로운 거절이유가 발생한 것으로 인정하면 결정으로 보정을 각하하여야 한다. 위 규정에서 '새로운 거절이유가 발생한 것'이란 해당 보정으로 인하여 이전에 없던 거절이유가 새롭게 발생한 경우를 의미하는 것으로서, 이러한 경우에 보정을 각하하도록 한 취지는 이미 거절이유가 출원인에게 통지되어 그에 대한 의견제출 및 보정의 기회가 충분히 부여되었음에도 보정으로 인하여 거절이유가 새롭게 발생하여 그에 대한 거절이유통지와 또 다른 보정이 반복되는 것을 배제함으로써 심사절차의 신속한 진행을 도모하는 데에 있다. 이러한 취지에 비추어 보면, 심사관이 '발명이 명확하고 간결하게 기재되지 아니하여 특허법 제42조 제4항 제2호의 명세서 기재요건을 구비하지 못한 기재불비가 있다'는 거절이유를 통지함에 따라 이를 해소하기 위한 보정이 이루어졌는데, 보정 이후 발명에 대한 심사 결과 신규성이나 진보성 부정의 거절이유가 발견된다고 하더라도, 그러한 거절이유는 보정으로 청구항이 신설되거나 실질적으로 신설에 준하는 정도로 변경됨에 따라 비로소 발생한 경우와 같은 특별한 사정이 없는 한 보정으로 새롭게 발생한 것이라고 할 수 없으므로, 심사관으로서는 보정에 대한 각하결정을 하여서는 아니 되고, 위와 같은 신규성이나 진보성 부정의 거절이유를 출원인에게 통지하여 의견제출 및 보정의 기회를 부여하여야 한다(判例 2012후3121).

④ 보정각하의 불복
  ㉠ 보정각하결정에 대해서는 불복할 수 없다. 다만, 거절결정불복심판에서 그 각하결정에 대하여 다툴 수 있다(法 제51조 제3항).
  ㉡ 직권재심사를 하는 경우 취소된 특허결정 전에 한 각하결정과 재심사의 청구가 있는 경우 그 청구 전에 한 각하결정에 대하여는 거절결정불복심판에서 다툴 수 없다.

⑤ 보정각하를 간과하고 등록된 경우의 취급
  ㉠ 신규사항추가금지(法 제47조 제2항) 위반 또는 보정에 의해 새롭게 발생한 거절이유(法 제51조 제1항)를 간과하고 등록된 경우 무효사유에 해당한다.
  ㉡ 法 제47조5 제3항 각 호 위반에 해당할 경우 무효사유에 해당하지 않는다. 형식적 하자로 취급하기 때문이다.

(10) 거절이유통지 관련 판례

① 거절이유통지서의 거절이유의 기재 정도 1 : 구 특허법시행규칙(1990. 9. 4. 상공부령 제750호로 전문 개정되기 전의 것) 제43조에서는 심사관이 출원을 거절하고자 할 때에는 그 거절이유를 상세히 기재한 문서로 이를 출원인에게 통지하여야 한다고 규정하고 있는바, 이는 출원고안에 대하여 등록을 허용할 것인가에 대한 판단에는 고도의 전문지식을 요하고, 심사관이라 하여 그와 같은 지식을 두루 갖출 수는 없으므로 이로 인한 과오를 예방하고, 또 출원인에게 설명하여 선원주의제도에서 야기되기 쉬운 과오를 보정할 기회도 주지 않고 곧바로 거절사정함은 출원인에게 지나치게 가혹하다는 데 있으므로, 그 거절이유통지서가 어느 정도 추상적이거나 개괄적으로 기재되어 있다고 하더라도 그 고안이 속하는 기술분야에서 통상의 지식을 가진 자가 전체적으로 그 취지를 이해할 수 있을 정도로 기재하면 충분하다 할 것이다(判例 96후1217).

② 거절이유통지서의 거절이유의 기재 정도 2 : 특허거절결정과 거절이유통지 등에 관하여 규정하고 있는 구 특허법(2006.3.3. 법률 제7871호로 개정되기 전의 것) 제62조, 구 특허법(2007.1.3. 법률 제8197호로 개정되기 전의 것) 제63조 및 제170조 제2항에 의하면, 특허거절결정에 대한 심판에서 그 거절결정의 이유와 다른 거절이유를 발견한 경우에는 거절이유의 통지를 하여 특허출원인에게 새로운 거절이유에 대한 의견서 제출의 기회를 주어야 하지만, 특허거절결정에 대한 심판청구를 기각하는 심결 이유가 그 주된 취지에서 특허거절결정의 이유와 부합하는 경우에는 특허거절결정의 이유와 다른 별개의 새로운 이유로 심결을 한 것으로 볼 수 없으므로, 이러한 경우에까지 특허출원인에게 새로이 거절이유를 통지하여 그에 대한 의견서 제출의 기회를 주어야 하는 것은 아니라 할 것이고, 한편 그 거절이유통지서가 어느 정도 추상적이거나 개괄적으로 기재되어 있다고 하더라도 그 발명이 속하는 기술분야에서 통상의 지식을 가진 자(이하 '통상의 기술자'라 한다)가 전체적으로 그 취지를 이해할 수 있을 정도로 기재하면 충분하다 할 것이다(判例 2007후265).

③ 우선권주장 불인정도 거절이유 통지 해야하는지 여부 / 판단방법 : 구 특허법(2007.1.3. 법률 제8197호로 개정되기 전의 것, 이하 '구 특허법'이라 한다) 제63조 본문에 의하면, 심사관은 구 특허법 제62조에 의하여 특허거절결정을 하고자 할 때에는 특허출원인에게 거절이유를 통지하고 기간을 정하여 의견서를 제출할 수 있는 기회를 주어야 한다고 규정하고 있는데, 출원발명에 대하여 우선권주장의 불인정으로 거절이유가 생긴 경우에는 우선권주장의 불인정은 거절이유 일부를 구성하는 것이므로, 우선권주장이 인정되지 않는다는 취지 및 그 이유가 포함된 거절이유를 통지하지 않은 채 우선권주장의 불인정으로 인하여 생긴 거절이유를 들어 특허거절결정을 하는 것은 구 특허법 제63조 본문에 위반되어 위법하다. 그리고 거절이유 통지에 위와 같은 우선권주장 불인정에 관한 이유가 포함되어 있었는지는 출원인에게 실질적으로 의견서 제출 및 보정의 기회를 부여하였다고 볼 수 있을 정도로 그 취지와 이유가 명시되었는지 관점에서 판단되어야 한다(判例 2009후2371).

④ 특허청장의 주지관용기술의 존재를 증명하기 위한 자료의 제출의 경우, 63조에 반하는지 여부 : 특허출원에 대한 심사 단계에서 거절결정을 하려면 그에 앞서 출원인에게 거절이유를 통지하여 의견제출의 기회를 주어야 하고, 거절결정에 대한 특허심판원의 심판절차에서 그와 다른 사유로 거절결정이 정당하다고 하려면 먼저 그 사유에 대해 의견제출의 기회를 주어야만 이를 심결의 이유로 할 수 있다(특허법 제62조, 제63조, 제170조 참조). 위와 같은 절차적 권리를 보장하는 특허법의 규정은 강행규정이므로 의견제출의 기회를 부여한 바 없는 새로운 거절이유를 들어서 거절결정이 결과에 있어 정당하다는 이유로 거절결정불복심판청구를 기각한 심결은 위법하다. 같은 취지에서 거절결정불복심판청구 기각 심결의 취소소송절차에서도 특허청장은 심사 또는 심판 단계에서 의견제출의 기회를 부여한 바 없는 새로운 거절이유를 주장할 수 없다고 보아야 한다. 다만 거절결정불복심판청구 기각 심결의 취소소송절차에서 특허청장이 비로소 주장하는 사유라고 하더라도 심사 또는 심판 단계에서 의견제출의 기회를 부여한 거절이유와 주요한 취지가 부합하여 이미 통지된 거절이유를 보충하는 데 지나지 아니하는 것이면 이를 심결의 당부를 판단하는 근거로 할 수 있다

할 것이다. 특히 이미 통지된 거절이유가 비교대상발명에 의하여 출원발명의 진보성이 부정된다는 취지인 경우에, 위 비교대상발명을 보충하여 특허출원 당시 그 기술분야에 널리 알려진 주지관용기술의 존재를 증명하기 위한 자료는 새로운 공지기술에 관한 것에 해당하지 아니하므로, 심결취소소송의 법원이 이를 진보성을 부정하는 판단의 근거로 채택하였다고 하더라도 이미 통지된 거절이유와 주요한 취지가 부합하지 아니하는 새로운 거절이유를 판결의 기초로 삼은 것이라고 할 수 없다(判例 2013후1054).

⑤ **특허청장이 주선행발명을 변경하여 주장하는 경우 경우, 63조에 반하는지 여부** : 출원발명의 진보성을 판단함에 있어서, 먼저 출원발명의 청구범위와 기술사상, 선행발명의 범위와 기술내용을 확정하고, 출원발명과 가장 가까운 선행발명[이하 '주(主) 선행발명'이라고 한다]을 선택한 다음, 출원발명을 주선행발명과 대비하여 공통점과 차이점을 확인하고, 그 발명이 속하는 기술분야에서 통상의 지식을 가진 사람(이하 '통상의 기술자'라고 한다)이 특허출원 당시의 기술수준에 비추어 이와 같은 차이점을 극복하고 출원발명을 쉽게 발명할 수 있는지를 심리한다.

그런데 거절결정불복심판 또는 그 심결취소소송에서 특허출원 심사 또는 심판 단계에서 통지한 거절이유에 기재된 주선행발명을 다른 선행발명으로 변경하는 경우에는, 일반적으로 출원발명과의 공통점 및 차이점의 인정과 그러한 차이점을 극복하여 출원발명을 쉽게 발명할 수 있는지에 대한 판단 내용이 달라지므로, 출원인에게 이에 대해 실질적으로 의견제출의 기회가 주어졌다고 볼 수 있는 등의 특별한 사정이 없는 한 이미 통지된 거절이유와 주요한 취지가 부합하지 아니하는 새로운 거절이유에 해당한다(判例 2015후2341). 기출 25

⑥ **거절이유를 청구항 별로 특정 해야하는지 여부** : 구 특허법(1990.1.13. 법률 제4207호로 전문 개정되기 전의 것) 제8조 제4항(현행 제42조 제4항)은 "특허청구의 범위는 명세서에 기재된 사항 중 보호를 받고자 하는 사항을 1 또는 2 이상의 항으로 명확하고 간결하게 기재하여야 한다."고 규정하고 있는바, 이러한 다항제를 채택한 취지는 발명을 여러 각도에서 다면적으로 기재하여 발명을 충실히 보호할 수 있도록 하고, 발명자의 권리범위와 일반인의 자유기술영역과의 한계를 명확하게 구별하여 특허분쟁의 경우 특허침해 여부를 명확하고 신속하게 판단할 수 있도록 하기 위한 것으로서, 청구항은 독립항이든 종속항이든 상호 독립되어 있어 각 청구항마다 특허요건을 구비하여야 하고, 심사도 청구항별로 행해지는 것이므로 거절이유를 통지함에 있어서는 거절의 대상으로 되는 청구항을 구체적으로 특정하여야 한다(判例 98후515).

05 분할출원

(1) 법조문

제52조(분할출원)

① 특허출원인은 둘 이상의 발명을 하나의 특허출원으로 한 경우에는 그 특허출원의 출원서에 최초로 첨부된 명세서 또는 도면에 기재된 사항의 범위에서 다음 각 호의 어느 하나에 해당하는 기간에 그 일부를 하나 이상의 특허출원으로 분할할 수 있다. 다만, 그 특허출원이 외국어특허출원인 경우에는 그 특허출원에 대한 제42조의3 제2항에 따른 국어번역문이 제출된 경우에만 분할할 수 있다. 기출 20·22
  1. 제47조 제1항에 따라 보정을 할 수 있는 기간
  2. 특허거절결정등본을 송달받은 날부터 3개월(제15조 제1항에 따라 제132조의17에 따른 기간이 연장된 경우 그 연장된 기간을 말한다) 이내의 기간 기출 17·23
  3. 제66조에 따른 특허결정 또는 제176조 제1항에 따른 특허거절결정 취소심결(특허등록을 결정한 심결에 한정하되, 재심심결을 포함한다)의 등본을 송달받은 날부터 3개월 이내의 기간. 다만, 제79조에 따른 설정등록을 받으려는 날이 3개월보다 짧은 경우에는 그날까지의 기간 기출 20·22

② 제1항에 따라 분할된 특허출원(이하 "분할출원"이라 한다)이 있는 경우 그 분할출원은 특허출원한 때에 출원한 것으로 본다. 다만, 그 분할출원에 대하여 다음 각 호의 규정을 적용할 경우에는 해당 분할출원을 한 때에 출원한 것으로 본다.
  1. 분할출원이 제29조 제3항에 따른 다른 특허출원 또는 「실용신안법」 제4조 제4항에 따른 특허출원에 해당하여 이 법 제29조 제3항 또는 「실용신안법」 제4조 제4항을 적용하는 경우 기출 17
  2. 제30조 제2항을 적용하는 경우 기출 22
  3. 제54조 제3항을 적용하는 경우
  4. 제55조 제2항을 적용하는 경우

③ 제1항에 따라 분할출원을 하려는 자는 분할출원을 할 때에 특허출원서에 그 취지 및 분할의 기초가 된 특허출원의 표시를 하여야 한다. 기출 20

④ 분할의 기초가 된 특허출원이 제54조 또는 제55조에 따라 우선권을 주장한 특허출원인 경우에는 제1항에 따라 분할출원을 한 때에 그 분할출원에 대해서도 우선권 주장을 한 것으로 보며, 분할의 기초가 된 특허출원에 대하여 제54조제4항에 따라 제출된 서류 또는 서면이 있는 경우에는 분할출원에 대해서도 해당 서류 또는 서면이 제출된 것으로 본다.

⑤ 제4항에 따라 우선권을 주장한 것으로 보는 분할출원에 관하여는 제54조 제7항 또는 제55조 제7항에 따른 기한이 지난 후에도 분할출원을 한 날부터 30일 이내에 그 우선권 주장의 전부 또는 일부를 취하할 수 있다. 기출 16

⑥ 분할출원의 경우에 제54조에 따른 우선권을 주장하는 자는 같은 조 제4항에 따른 서류를 같은 조 제5항에 따른 기간이 지난 후에도 분할출원을 한 날부터 3개월 이내에 특허청장에게 제출할 수 있다. 기출 20·22

⑦ 분할출원이 외국어특허출원인 경우에는 특허출원인은 제42조의3 제2항에 따른 국어번역문 또는 같은 조 제3항 본문에 따른 새로운 국어번역문을 같은 조 제2항에 따른 기한이 지난 후에도 분할출원을 한 날부터 30일이 되는 날까지는 제출할 수 있다. 다만, 제42조의3 제3항 각 호의 어느 하나에 해당하는 경우에는 새로운 국어번역문을 제출할 수 없다.

⑧ 특허출원서에 최초로 첨부한 명세서에 청구범위를 적지 아니한 분할출원에 관하여는 제42조의2 제2항에 따른 기한이 지난 후에도 분할출원을 한 날부터 30일이 되는 날까지는 명세서에 청구범위를 적는 보정을 할 수 있다. 기출 17·20

(2) 의의 및 취지

분할출원이란 2 이상의 발명을 포함하는 특허출원(이하 '원출원')의 일부를 1 또는 2 이상의 새로운 특허출원으로 하는 것을 말한다. 특허출원이 특허법 제45조의1 특허출원의 범위를 만족하지 않을 경우 거절이유를 해소할 방안이 필요하고, 발명의 설명 또는 도면에만 기재되어 있는 발명도 보호하기 위함이다.

(3) 요 건

① **주체적 요건** : 분할출원을 할 수 있는 권리를 가진 자는 원출원을 한 자 또는 그 승계인이며, 공동출원의 경우 원출원과 분할출원의 출원인 전원이 일치하여야 한다. 기출 20 임의대리인은 특별수권 없이 분할출원을 할 수 있다.

② **시기적 요건**
  ㉠ 제47조 제1항에 따라 보정할 수 있는 기간
  ㉡ 특허거절결정등본을 송달받은 날로부터 3개월 이내의 기간(거절결정불복심판 청구 기간이 연장된 경우 그 연장된 기간)
  ㉢ 특허결정 또는 특허거절결정 취소심결등본을 송달받은 날로부터 3개월 이내의 기간(설정등록을 받으려는 날이 3개월보다 짧은 경우에는 그날까지의 기간)

③ **객체적 요건**
  ㉠ 원출원은 분할출원할 당시 특허청에 계속 중이어야 한다. 따라서 원출원이 무효, 취하 또는 포기되거나 거절결정이 확정된 때에는 분할출원할 수 없다. 다만, 원출원의 절차가 종료하는 날 분할출원된 경우 그 분할출원은 특허청에 계속 중일 때 출원된 것으로 취급한다.
  ㉡ 분할출원의 명세서 또는 도면에 기재된 발명은 원출원의 출원서에 최초로 첨부된 명세서 또는 도면에 기재된 사항의 범위 이내이어야 한다.
  ㉢ 원출원에 최초로 첨부된 명세서 또는 도면에 기재된 발명이 보정에 의해 삭제되었어도 삭제된 발명은 분할출원할 수 있다. 한편, 보정에 의해 원출원에 새롭게 추가된 발명은 분할출원의 대상이 되지 않는다.

(4) 절 차

① **일반적 절차** : 분할출원을 하기 위하여 특허출원서에 분할출원의 취지와 분할의 기초가 된 특허출원의 표시를 하여, 특허법시행규칙 제29조에 따라 별지 제14호 서식의 특허출원서에 명세서 등 각 호의 서류를 첨부하여 출원한다(法 제52조 제3항, 시행규칙 제29조 제1항).

② **공지예외주장을 수반할 경우** : 원출원시 공지예외주장을 하지 않았더라도 분할출원시 이와 같은 주장을 하는 것이 인정된다. 따라서 공지예외주장을 하고자 할 경우 분할출원서에 그 취지를 기재하고 분할출원일로부터 30일 이내에 증명서류를 제출하여야 한다.

③ 우선권주장을 수반할 경우
  ㉠ 분할의 기초가 된 특허출원이 우선권을 주장한 경우에는 분할출원을 한 때에 그 분할출원에 대해서도 우선권주장을 한 것으로 보며, 분할의 기초가 된 특허출원에 대하여 제출된 우선권주장 서류 또는 서면이 있는 경우에는 분할출원에 대해서도 해당 서류 또는 서면이 제출된 것으로 본다(法 제52조 제4항).
  ㉡ 원출원시 우선권주장을 하지 않은 경우 분할출원하면서 우선권주장을 할 수 없다. 우선권주장을 하고자 할 경우 분할출원서에 그 취지를 기재하고 분할출원일로부터 3개월 이내에 증명서류를 제출하여야 한다.
  ㉢ 원출원에서 공지예외주장 또는 우선권주장의 취지만을 기재하고 증명서류를 법정기간 내 제출하지 않았으나 분할출원서에 공지예외주장 또는 우선권주장의 취지를 기재하고 분할출원일로부터 규정된 날까지 증명서류를 제출한 경우 그 공지예외주장 또는 우선권주장은 적법한 것으로 본다.

(5) 효 과

① **출원일 소급효** : 분할출원은 원출원을 출원한 때에 출원된 것으로 본다. 따라서 동일한 발명에 대해 같은 날 2 이상의 출원이 있는 문제가 발생하므로, 분할출원을 하면서 원출원에 청구범위에 대하여 삭제보정한다. 다만, 분할출원의 청구범위에 기재된 발명이 원출원의 발명의 설명이나 도면에만 기재되어 있고 청구범위에 기재되어있지 않은 경우 원출원을 보정할 필요는 없다. 다만, 아래의 경우에는 분할출원의 출원시점을 실제로 출원한 때로 본다(소급효의 예외).
  ㉠ 분할출원이 확대된 선출원의 지위에 따른 '타 특허출원'에 해당하는 경우
  ㉡ 공지예외주장의 적용을 받기 위해 그 취지를 출원서에 기재하고 증명서류를 제출하는 경우
  ㉢ 조약우선권을 주장하기 위해 우선권을 주장한다는 취지, 최초로 출원한 국가명 및 출원의 연월일을 특허출원서에 기재하는 경우
  ㉣ 국내우선권을 주장하기 위해 우선권을 주장한다는 취지와 선출원의 표시를 특허출원서에 기재하는 경우
  ㉤ 등록지연에 따른 특허권의 존속기간 연장제도(法 제92조의1)에서 특허출원일로부터 4년의 기산일에 해당하는 경우

② **원출원에 대한 독립성** : 분할출원은 원출원과 별개의 출원이므로 출원서 제출, 심사청구, 출원공개 및 등록료 납부를 별개로 하여야 한다. 다만, 분할출원의 심사 순서는 원출원의 심사청구 순서에 따른다.

③ 분할출원이 외국어특허출원인 경우
  ㉠ 원출원이 외국어특허출원인 경우 그 특허출원에 대한 국어번역문이 제출된 경우에만 분할할 수 있다(法 제52조 제1항).
  ㉡ 분할출원이 외국어특허출원인 경우 원출원일의 최우선일로부터 1년 2개월(또는 제3자로부터 심사청구가 있는 경우 심사청구 통지일로부터 3개월 중 빠른 날)이 경과한 이후에도 분할출원일로부터 30일 이내에 국어번역문을 제출할 수 있다(法 제52조 제5항). 다만, 출원인이 분할출원의 명세서 또는 도면을 보정하였거나, 심사청구를 한 경우 새로운 국어번역문을 제출할 수 없다.

④ **청구범위제출유예 적용** : 특허출원서에 최초로 첨부한 명세서에 청구범위를 적지 아니한 분할출원에 관하여는 출원일로부터 1년 2개월(또는 제3자로부터 심사청구가 있는 경우 심사청구 통지일로부터 3개월 중 빠른 날)이 경과한 이후에도 분할출원일로부터 30일 이내에 명세서에 청구범위를 적는 보정을 할 수 있다.

⑤ **심사청구** : 원출원일로부터 3년이 경과한 후라도 분할출원한 날로부터 30일 이내에 심사청구를 할 수 있다(法 제59조 제3항).

(6) 재분할출원의 허용

원출원으로부터의 분할출원을 기초로 다시 재분할출원을 할 수 있으며, 재분할출원이 분할출원에 대하여 분할출원의 요건을 만족하고, 분할출원이 원출원에 대하여 분할출원의 요건을 만족할 경우, 재분할출원의 출원일이 원출원의 출원일로 소급한다.

(7) 위반 시 취급

① i) 분할출원할 수 있는 자가 아니거나, ii) 분할출원의 기간을 경과하여 출원하였거나, iii) 원출원의 절차가 종료된 후 분할출원한 경우 소명기회를 부여한 후 분할출원서를 반려한다(시행규칙 제11조 제1항).

② 분할출원의 명세서 또는 도면에 기재된 발명이 원출원의 최초 명세서 또는 도면에 기재된 사항이 아니라면 거절이유(法 제62조), 정보제공(法 제63조의2), 무효사유(法 제133조)에 해당한다. 다만, 분할출원이 보정되어 원출원의 최초 명세서 또는 도면에 기재된 발명과 동일하게 될 때에는 출원일을 소급하여 심사한다.

(8) 관련 판례

① **기재된 사항의 범위 내 인지 판단 기준 1** : [1] 분할출원이란 단일발명, 단일출원의 원칙 아래 2 이상의 발명을 1 출원으로 한 경우 이를 2 이상의 출원으로 분할하는 것으로서 2 이상의 발명을 1 출원으로 한 경우란 2 이상의 발명이 반드시 특허청구의 범위에 기재된 경우뿐만 아니라 발명의 상세한 설명이나 도면에 기재되어 출원된 경우까지 포함하는 것이므로, 분할출원을 하면서 원출원 당시 제출한 발명의 상세한 설명이나 도면을 다시 사용할 수도 있다. [2] 원출원 중 일부 발명이 실시례 등의 상세한 설명에 기재된 것으로서 원출원 발명과 다른 하나의 발명으로 볼 수 있는 경우에는 그 일부를 분할출원할 수 있으며, 이 경우 그 동일성 여부의 판단은 특허청구범위에 기재된 양 발명의 기술적 구성이 동일한가 여부에 의하여 판단하되 그 효과도 참작하여야 할 것인바, 기술적 구성에 차이가 있더라도 그 차이가 주지 관용기술의 부가, 삭제, 변경 등으로 새로운 효과의 발생이 없는 정도에 불과하다면 양 발명은 서로 동일하다고 하여야 한다(判例 2002후2778).

② **기재된 사항의 범위 내 인지 판단기준 2** : 분할출원된 발명의 특허청구범위는 원출원의 명세서 또는 도면에 기재된 발명과 실질적으로 동일하여야 하고, 여기서 원출원 명세서 또는 도면에 기재된 발명이라 함은 원출원 명세서 또는 도면에 명시적으로 기재된 발명뿐만 아니라, 원출원 명세서 또는 도면에는 명시적으로 기재되지 않은 사항이라도 이 기술분야에서 통상의 지식을 가진 자(이하 통상의 기술자 라 한다)가 원출원 명세서의 다른 기재나 최초 출원 당시의 기술상식에 비추어 일의적이고 명확하게 인식할 수 있는 사항도 포함될 수 있다(判例 2011허4110).

③ 국내우주 선출원이어서 취하간주 된 원출원에 대해서 취하 통지를 하지 않은 경우, 취하된 원출원을 기초로 분할출원한 사안에 대하여, 신뢰보호의 원칙에 따라 특허청은 취하된 원출원임을 주장할 수 없는지 여부 : 일반적으로 행정상의 법률관계에 있어서 행정청의 행위에 대하여 신뢰보호의 원칙이 적용되기 위해서는, 첫째 행정청이 개인에 대하여 신뢰의 대상이 되는 공적인 견해표명을 하여야 하고, 둘째 그 개인에게 행정청의 그 견해표명이 정당하다고 신뢰한 데에 대하여 귀책사유가 없어야 하며, 셋째 그 개인이 행정청의 견해표명을 신뢰한 결과 이에 상응하는 어떠한 행위를 하여야 하고, 넷째 행정청이 그 견해표명과는 반대되는 취지의 처분을 함으로써 개인의 이익을 침해하는 결과를 초래하며, 다섯째 종전 견해표명대로 행정처분을 할 경우 이로 인하여 공익 또는 제3자의 정당한 이익을 현저히 해할 우려가 없을 것 등의 요건이 필요한바, 원심판결의 이유를 위 법리와 기록에 비추어 살펴보면, 원심이 신뢰보호원칙의 성립요건 중 첫 번째 요건인, 피고가 원고에 대하여 이 사건 원출원을 취하간주처리하지 아니하겠다는 내용의 '공적인 견해표명'을 한 바가 없었다는 이유로, 피고의 그 취하간주처리가 신뢰보호의 원칙에 위반되지 아니한다고 판단하였음은 옳고, 거기에 신뢰보호의 원칙에 관한 법리오해 등의 위법이 있다고 할 수 없다(判例 2005후2168).

06 분리출원

(1) 법조문

> **제52조의2(분리출원)**
> ① 특허거절결정을 받은 자는 제132조의17에 따른 심판청구가 기각된 경우 그 심결의 등본을 송달받은 날부터 30일(제186조 제5항에 따라 심판장이 부가기간을 정한 경우에는 그 기간을 말한다) 이내에 그 특허출원의 출원서에 최초로 첨부된 명세서 또는 도면에 기재된 사항의 범위에서 그 특허출원의 일부를 새로운 특허출원으로 분리할 수 있다. 이 경우 새로운 특허출원의 청구범위에는 다음 각 호의 어느 하나에 해당하는 청구항만을 적을 수 있다. 기출 23
> 1. 그 심판청구의 대상이 되는 특허거절결정에서 거절되지 아니한 청구항
> 2. 거절된 청구항에서 그 특허거절결정의 기초가 된 선택적 기재사항을 삭제한 청구항
> 3. 제1호 또는 제2호에 따른 청구항을 제47조 제3항 각 호(같은 항 제4호는 제외한다)의 어느 하나에 해당하도록 적은 청구항
> 4. 제1호부터 제3호까지 중 어느 하나의 청구항에서 그 특허출원의 출원서에 최초로 첨부된 명세서 또는 도면에 기재된 사항의 범위를 벗어난 부분을 삭제한 청구항
> ② 제1항에 따라 분리된 특허출원(이하 "분리출원"이라 한다)에 관하여는 제52조 제2항부터 제5항까지의 규정을 준용한다. 이 경우 "분할"은 "분리"로, "분할출원"은 "분리출원"으로 본다.
> ③ 분리출원을 하는 경우에는 제42조의2 제1항 후단 또는 제42조의3 제1항에도 불구하고 특허출원서에 최초로 첨부한 명세서에 청구범위를 적지 아니하거나 명세서 및 도면(도면 중 설명부분에 한정한다)을 국어가 아닌 언어로 적을 수 없다.
> ④ 분리출원은 새로운 분리출원, 분할출원 또는 「실용신안법」 제10조에 따른 변경출원의 기초가 될 수 없다.

(2) 의의 및 취지

분리출원은 거절결정불복심판의 기각심결(거절결정 유지)을 받은 후에도 출원에서 거절되지 않은 청구항만을 분리하여 출원하는 제도로, 심판과 동시에 분할출원이 남용되는 것을 방지하고, 심판 단계 이후에도 출원인에게 권리를 획득할 수 있는 기회를 부여하기 위함이다.

(3) 요 건

① **시기적 요건** : 거절결정불복심판청구 기각심결의 등본을 송달받은 날부터 30일(심판장이 부가기간을 정한 경우 그 기간을 말함) 이내에 하여야 한다.
② **객체적 요건(분리출원의 청구범위)**
  ㉠ 심판청구의 대상이 되는 특허거절결정에서 거절되지 아니한 청구항
  ㉡ 거절된 청구항에서 그 특허거절결정의 기초가 된 선택적 기재사항을 삭제한 청구항
  ㉢ 제1호 또는 제2호에 따른 청구항을 제47조 제3항 각 호(같은 항 제4호는 제외한다)의 어느 하나에 해당하도록 적은 청구항
  ㉣ 제1호부터 제3호까지 중 어느 하나에서 최초로 첨부된 명세서 또는 도면에 기재된 사항의 범위를 벗어난 부분을 삭제한 청구항

(4) 절 차

① **일반적 절차** : 분할출원 규정을 준용하므로, 분리출원을 하려는 자는 출원서에 그 취지 및 원출원을 표시하여 제출해야 한다.
② **우선권주장 자동 인정**
  ㉠ 원출원이 우선권을 주장한 경우에는 분리출원을 한 때에 그 분리출원에 대해서도 우선권주장을 한 것으로 보며, 분할의 기초가 된 특허출원에 대하여 제출된 우선권주장 서류 또는 서면이 있는 경우에는 분할출원에 대해서도 해당 서류 또는 서면이 제출된 것으로 본다(法 제52조 제4항 준용).
  ㉡ 우선권주장이 자동 인정된 분리출원에 관하여는 최우선일로부터 1년 4개월이 지난 후에도 분리출원을 한 날부터 30일 이내에 그 우선권주장의 전부 또는 일부를 취하할 수 있다(法 제52조 제5항 준용). 다만, 국내우선권주장의 경우에는 선출원의 출원일로부터 1년 3개월이 지난 후에는 그 우선권주장을 취하할 수 없다(法 제56조 제2항).
③ **분리출원의 제한**
  ㉠ 청구범위 유예 및 외국어특허출원이 불가하다(法 제52조의2 제3항).
  ㉡ 분리출원은 새로운 분리출원, 분할출원, 또는 변경출원의 기초가 될 수 없다(法 제52조의2 제4항).

(5) 효 과

① 출원일 소급효 : 분리출원은 원출원을 출원한 때에 출원된 것으로 본다. 다만, 아래의 경우에는 분리출원의 출원시점을 실제로 출원한 때로 본다(소급효의 예외).
  ㉠ 분리출원이 확대된 선출원의 지위에 따른 '타 특허출원'에 해당하는 경우
  ㉡ 공지예외주장의 적용을 받기 위해 그 취지를 출원서에 기재하고 증명서류를 제출하는 경우
  ㉢ 조약우선권을 주장하기 위해 우선권을 주장한다는 취지, 최초로 출원한 국가명 및 출원의 연월일을 특허출원서에 기재하는 경우
  ㉣ 국내우선권을 주장하기 위해 우선권을 주장한다는 취지와 선출원의 표시를 특허출원서에 기재하는 경우
  ㉤ 등록지연에 따른 특허권의 존속기간 연장제도(法 제92조의2)에서 특허출원일로부터 4년의 기산일에 해당하는 경우

구 분	분할출원	분리출원
시 기	심사진행 중	심판 종결 후 법원 소제기 전에만 가능
범 위	원출원의 전체 범위 내	거절결정되지 않은 청구항
제 한	• 청구범위 유예 가능 • 외국어출원 가능 • 재분할출원, 분리·변경출원 가능	• 청구범위 유예 불가 • 외국어출원 불가 • 재분할·분리·변경출원 금지

07 변경출원

(1) 법조문

> **제53조(변경출원)**
> ① 실용신안등록출원인은 그 실용신안등록출원의 출원서에 최초로 첨부된 명세서 또는 도면에 기재된 사항의 범위에서 그 실용신안등록출원을 특허출원으로 변경할 수 있다. 다만, 다음 각 호의 어느 하나에 해당하는 경우에는 그러하지 아니하다.
>   1. 그 실용신안등록출원에 관하여 최초의 거절결정등본을 송달받은 날부터 3개월(「실용신안법」제3조에 따라 준용되는 이 법 제15조 제1항에 따라 제132조의17에 따른 기간이 연장된 경우에는 그 연장된 기간을 말한다)이 지난 경우
>   2. 그 실용신안등록출원이 「실용신안법」제8조의3 제2항에 따른 외국어실용신안등록출원인 경우로서 변경하여 출원할 때 같은 항에 따른 국어번역문이 제출되지 아니한 경우
> ② 제1항에 따라 변경된 특허출원(이하 "변경출원"이라 한다)이 있는 경우에 그 변경출원은 실용신안등록출원을 한 때에 특허출원한 것으로 본다. 다만, 그 변경출원이 다음 각 호의 어느 하나에 해당하는 경우에는 그러하지 아니하다.
>   1. 제29조 제3항에 따른 다른 특허출원 또는 「실용신안법」제4조 제4항에 따른 특허출원에 해당하여 이 법 제29조 제3항 또는 「실용신안법」제4조 제4항을 적용하는 경우
>   2. 제30조 제2항을 적용하는 경우

> 3. 제54조 제3항을 적용하는 경우
> 4. 제55조 제2항을 적용하는 경우
> ③ 제1항에 따라 변경출원을 하려는 자는 변경출원을 할 때 특허출원서에 그 취지 및 변경출원의 기초가 된 실용신안등록출원의 표시를 하여야 한다.
> ④ 변경출원이 있는 경우에는 그 실용신안등록출원은 취하된 것으로 본다.
> ⑤ 삭제 〈2014.6.11.〉
> ⑥ 변경출원의 경우에 제54조에 따른 우선권을 주장하는 자는 같은 조 제4항에 따른 서류를 같은 조 제5항에 따른 기간이 지난 후에도 변경출원을 한 날부터 3개월 이내에 특허청장에게 제출할 수 있다. 기출 25
> ⑦ 특허출원인은 변경출원이 외국어특허출원인 경우에는 제42조의3 제2항에 따른 국어번역문 또는 같은 조 제3항 본문에 따른 새로운 국어번역문을 같은 조 제2항에 따른 기한이 지난 후에도 변경출원을 한 날부터 30일이 되는 날까지는 제출할 수 있다. 다만, 제42조의3 제3항 각 호의 어느 하나에 해당하는 경우에는 새로운 국어번역문을 제출할 수 없다. 기출 16
> ⑧ 특허출원인은 특허출원서에 최초로 첨부한 명세서에 청구범위를 적지 아니한 변경출원의 경우 제42조의2 제2항에 따른 기한이 지난 후에도 변경출원을 한 날부터 30일이 되는 날까지 명세서에 청구범위를 적는 보정을 할 수 있다. 기출 22

(2) 의의 및 취지

변경출원은 출원인이 출원 형식을 잘못 선택하거나 특허의 진보성 위반의 경우 이를 극복하기 위해 출원 후에 출원일을 그대로 유지한 채 실용신안등록출원 또는 특허출원(이하 '원출원')의 형식을 보다 유리한 다른 형식으로 변경하는 제도이다.

(3) 요 건

① **주체적 요건**: 원출원의 출원인과 변경출원의 출원인이 출원의 변경시에 일치해야 하며, 임의대리인에게 변경출원은 특별수권사항이다.

② **시기적 요건**
  ㉠ 원출원일로부터 설정등록되기 전까지 가능하나, 최초의 거절결정등본을 송달받은 날로부터 3개월 이내(거절결정불복심판에 따른 기간 연장이 있는 때에는 그 연장된 기간 내)에 하여야 한다.
  ㉡ 따라서 최초의 거절결정등본을 송달받은 날로부터 3개월이 경과한 후에는 그 거절결정이 재심사청구 또는 심결에 의해 취소되어 그에 따라 거절결정등본을 다시 송달받아 3개월 이내라고 하더라도 변경출원할 수 없다.

③ **객체적 요건**
  ㉠ 원출원은 변경출원할 당시 특허청에 계속되고 있어야 한다. 따라서 원출원이 무효, 취하 또는 포기되거나 설정등록된 경우에는 변경출원을 할 수 없다. 다만, 원출원의 절차가 종료하는 날 변경출원된 경우 그 변경출원은 원출원이 특허청에 계속 중일 때 출원된 것으로 본다. 변경출원의 명세서 또는 도면에 기재된 사항 중 일부라도 원출원의 최초 명세서 또는 도면에 포함되어 있지 않다면 그 변경출원은 부적법한 것으로 거절이유를 갖는다.
  ㉡ 변경출원의 명세서 또는 도면에 기재된 사항은 원출원의 최초 명세서 또는 도면에 포함되어야 한다.

(4) 절 차

① **일반적 절차** : 변경출원을 하기 위하여 출원서에 변경출원의 취지와 변경의 기초가 된 특허출원의 표시를 하여, 특허법시행규칙 제30조에 따라 별지 제14호 서식의 특허출원서에 명세서 등 각 호의 서류를 첨부하여 출원한다(法 제53조 제3항, 시행규칙 제30조 제1항).

② **공지예외주장을 수반할 경우** : 원출원시 공지예외주장을 하지 않았더라도 변경출원시 이와 같은 주장을 하는 것이 인정된다. 따라서 공지예외주장을 하고자 할 경우 변경출원서에 그 취지를 기재하고 변경출원일로부터 30일 이내에 증명서류를 제출하여야 한다.

③ **우선권주장을 수반할 경우**
  ㉠ 원출원시 우선권주장을 하지 않은 경우 변경출원하면서 우선권주장을 할 수 없다. 우선권주장을 하고자 할 경우 변경출원서에 그 취지를 기재하고 변경출원일로부터 3개월 이내에 증명서류를 제출하여야 한다.
  ㉡ 원출원에서 공지예외주장 또는 우선권주장의 취지만을 기재하고 증명서류를 법정기간 내 제출하지 않았으나 변경출원서에 공지예외주장 또는 우선권주장의 취지를 기재하고 변경출원일로부터 규정된 날까지 증명서류를 제출한 경우 그 공지예외주장 또는 우선권주장은 적법한 것으로 본다.

(5) 효 과

① **출원일 소급효** : 변경출원은 원출원을 출원한 때에 출원된 것으로 본다. 다만, 아래의 경우에는 변경출원의 출원시점을 실제로 출원한 때로 본다(소급효의 예외).
  ㉠ 변경출원이 확대된 선출원의 지위에 따른 '타 특허출원'에 해당하는 경우
  ㉡ 공지예외주장의 적용을 받기 위해 그 취지를 출원서에 기재하고 증명서류를 제출하는 경우
  ㉢ 조약우선권을 주장하기 위해 우선권을 주장한다는 취지, 최초로 출원한 국가명 및 출원의 연월일을 특허출원서에 기재하는 경우
  ㉣ 국내우선권을 주장하기 위해 우선권을 주장한다는 취지와 선출원의 표시를 특허출원서에 기재하는 경우
  ㉤ 등록지연에 따른 특허권의 존속기간 연장제도(法 제92조의2 제1항)에서 특허출원일로부터 4년의 기산일에 해당하는 경우

② **원출원의 취하간주** : 변경출원이 있는 경우 그 실용신안등록출원(원출원)은 취하된 것으로 본다(法 제53조 제4항). 동일한 발명이 2 이상 존재할 경우 선출원 위반이 발생할 수 있어 이를 방지하기 위함이다.

③ **원출원에 대한 독립성** : 변경출원은 원출원과 별개의 출원이므로 출원서 제출, 심사청구, 출원공개 및 등록료 납부를 별개로 하여야 한다. 다만, 변경출원의 심사 순서는 원출원의 심사청구 순서에 따른다.

④ 변경출원이 외국어특허출원인 경우
  ㉠ 원출원이 외국어특허출원인 경우 그 특허출원에 대한 국어번역문이 제출된 경우에만 변경할 수 있다(法 제53조 제1항 제2호).
  ㉡ 변경출원이 외국어특허출원인 경우 원출원일의 최우선일로부터 1년 2개월(또는 제3자로부터 심사청구가 있는 경우 심사청구 통지일로부터 3개월 중 빠른 날)이 경과한 이후에도 변경출원일로부터 30일 이내에 국어번역문을 제출할 수 있다(法 제53조 제7항). 다만, 출원인이 변경출원의 명세서 또는 도면을 보정하였거나, 심사청구를 한 경우 새로운 국어번역문을 제출할 수 없다.
⑤ 청구범위제출유예 적용 : 특허출원서에 최초로 첨부한 명세서에 청구범위를 적지 아니한 변경출원에 관하여는 출원일로부터 1년 2개월(또는 제3자로부터 심사청구가 있는 경우 심사청구 통지일로부터 3개월 중 빠른 날)이 경과한 이후에도 변경출원일로부터 30일 이내에 명세서에 청구범위를 적는 보정을 할 수 있다(法 제53조 제8항).
⑥ 심사청구 : 원출원일로부터 3년이 경과한 후라도 변경출원한 날로부터 30일 이내에 심사청구를 할 수 있다(法 제59조 제3항).

(6) 분할출원과의 관계

분할출원을 원출원으로 하여 변경출원을 할 수 있다. 다만, 특허출원의 일부를 실용신안등록출원으로 변경출원하여 출원의 분할과 변경이 하나의 절차에 의해 이루어지는 경우에는 적법한 변경출원으로 인정하지 않는다. 따라서 일단 동일한 출원형식으로 출원의 분할을 한 후, 그 분할출원을 다시 변경출원하여야 한다.

(7) 거절결정불복심판과의 관계

거절결정등본송달을 받은 날로부터 3개월 이내에 거절결정불복심판을 청구한 경우, 변경출원은 원출원에 대한 최초의 거절결정등본을 송달받은 날로부터 3개월 이내에 가능하므로 거절결정불복심판을 청구한 경우에도 변경출원을 할 수 있다. 다만, 변경출원 시 원출원이 취하간주되므로 거절결정불복심판의 대상이 소멸하는 바, 심결각하될 것이다(法 제142조).

(8) 위반 시 취급

① i) 변경출원할 수 있는 자가 아니거나, ii) 변경출원의 기간을 경과하여 출원하였거나, iii) 원출원의 절차가 종료된 후 변경출원한 경우 소명기회를 부여한 후 변경출원서를 반려한다(시행규칙 제11조 제2항).
② 변경출원의 명세서 또는 도면에 기재된 발명이 원출원의 최초 명세서 또는 도면에 기재된 사항이 아니라면 거절이유(法 제62조), 정보제공(法 제63조의2), 무효사유(法 제133조)에 해당한다. 다만, 변경출원이 보정되어 원출원의 최초 명세서 또는 도면에 기재된 발명과 동일하게 된 때에는 출원일을 소급하여 심사한다.

08 조약우선권주장출원

(1) 법조문

제54조(조약에 의한 우선권 주장)
① 조약에 따라 다음 각 호의 어느 하나에 해당하는 경우에는 제29조 및 제36조를 적용할 때에 그 당사국에 출원한 날을 대한민국에 특허출원한 날로 본다.
  1. 대한민국 국민에게 특허출원에 대한 우선권을 인정하는 당사국의 국민이 그 당사국 또는 다른 당사국에 특허출원한 후 동일한 발명을 대한민국에 특허출원하여 우선권을 주장하는 경우
  2. 대한민국 국민에게 특허출원에 대한 우선권을 인정하는 당사국에 대한민국 국민이 특허출원한 후 동일한 발명을 대한민국에 특허출원하여 우선권을 주장하는 경우
② 제1항에 따라 우선권을 주장하려는 자는 우선권 주장의 기초가 되는 최초의 출원일부터 1년 이내에 특허출원을 하지 아니하면 우선권을 주장할 수 없다.
③ 제1항에 따라 우선권을 주장하려는 자는 특허출원을 할 때 특허출원서에 그 취지, 최초로 출원한 국가명 및 출원의 연월일을 적어야 한다.
④ 제3항에 따라 우선권을 주장한 자는 제1호의 서류 또는 제2호의 서면을 특허청장에게 제출하여야 한다. 다만, 제2호의 서면은 산업통상자원부령으로 정하는 국가의 경우만 해당한다.
  1. 최초로 출원한 국가의 정부가 인증하는 서류로서 특허출원의 연월일을 적은 서면, 발명의 명세서 및 도면의 등본
  2. 최초로 출원한 국가의 특허출원의 출원번호 및 그 밖에 출원을 확인할 수 있는 정보 등 산업통상자원부령으로 정하는 사항을 적은 서면
⑤ 제4항에 따른 서류 또는 서면은 다음 각 호에 해당하는 날 중 최우선일(最優先日)부터 1년 4개월 이내에 제출하여야 한다.
  1. 조약 당사국에 최초로 출원한 출원일
  2. 그 특허출원이 제55조 제1항에 따른 우선권 주장을 수반하는 경우에는 그 우선권 주장의 기초가 되는 출원의 출원일
  3. 그 특허출원이 제3항에 따른 다른 우선권 주장을 수반하는 경우에는 그 우선권 주장의 기초가 되는 출원의 출원일
⑥ 제3항에 따라 우선권을 주장한 자가 제5항의 기간에 제4항에 따른 서류를 제출하지 아니한 경우에는 그 우선권 주장은 효력을 상실한다.
⑦ 제1항에 따라 우선권 주장을 한 자 중 제2항의 요건을 갖춘 자는 제5항에 따른 최우선일부터 1년 4개월 이내에 해당 우선권 주장을 보정하거나 추가할 수 있다.

특허법 시행규칙 제25조(우선권증명서류의 제출 등)
① 법 제54조 제4항에 따른 서류 또는 서면의 제출은 별지 제13호 서식의 서류제출서에 따른다. 이 경우 대리인에 의하여 절차를 밟는 때에는 그 대리권을 증명하는 서류 1통을 첨부하여야 한다.
② 법 제54조 제4항 각 호 외의 부분 단서 중 "산업통상자원부령이 정하는 국가"란 특허청과 외국의 특허업무를 담당하는 행정기관간에 우선권증명서류를 전자적 매체에 의하여 교환할 수 있는 체제가 구축된 국가로서 특허청장이 고시하는 국가를 말한다.
③ 특허청장 또는 특허심판원장은 심사·특허취소신청 또는 심판을 위하여 필요한 경우 법 제54조 제1항의 규정에 의하여 우선권주장을 한 자에 대하여 기간을 정하여 우선권증명서류에 대한 국어번역문을 제출하도록 명할 수 있다.

④ 제3항에 따라 제출명령을 받은 자가 그 국어번역문을 제출하려는 경우에는 별지 제13호 서식의 서류제출서에 따른다. 다만, 우선권주장에 관한 서류 중 명세서 및 도면의 기재내용이 법 제42조 제2항에 따른 특허출원서에 첨부된 명세서 및 도면의 기재내용과 동일한 부분에 대하여는 그 취지를 기재하고 국어번역문의 제출을 생략할 수 있다.
⑤ 삭제 〈2017.9.22.〉
⑥ 법 제54조 제4항 제2호에서 "그 밖에 출원을 확인할 수 있는 정보 등 산업통상자원부령으로 정하는 사항"이란 최초로 출원한 국가에서 부여한 접근코드를 말한다.
⑦ 제1항에도 불구하고 법 제54조 제4항 제2호에 따른 서면의 제출은 특허출원서에 최초로 출원한 국가의 특허출원의 출원번호 및 접근코드를 적음으로써 별지 제13호 서식의 서류제출서를 갈음할 수 있다.

(공업소유권의 보호를 위한) 파리조약 제4조
A. 1. 어떠한 동맹국에서 정식으로 특허출원을 하거나 실용신안, 의장 또는 상표의 등록출원을 한 자 또는 그 승계인은 타 동맹국에서 출원의 목적상 이하에 정하는 기간 중 <u>우선권을 가진다</u>.
2. 각 동맹국의 국내법령 또는 동맹국간에 체결된 2국간 혹은 다수국간의 조약에 따라 정규의 국내출원에 해당되는 여하한 출원도 우선권을 발생시키는 것으로 인정된다.
3. 정규의 국내출원이라 함은 출원의 결과 여부에 불구하고 당해 국에 출원을 한 일부를 확정하기에 적합한 <u>모든 출원을 의미한다</u>.
B. 따라서 위에 <u>언급된 기간의 만료전</u>에 타 동맹국에 낸 후출원은 그 기간 중에 행하여진 행위, 특허, 타출원, 당해 발명의 공표 또는 실시, 당해 의장으로 된 물품의 판매 또는 당해 상표의 사용으로 인하여 <u>무효로 되지</u> 아니하며 또한 이러한 행위는 제3자의 권리 또는 여하한 개인 소유의 권리를 발생시키지 아니한다. 우선권의 기초가 되는 최초의 출원일전에 제3자가 취득한 권리는 각 동맹국의 국내법령에 따라 유보된다.
C. 1. 위에 언급된 우선기간은 특허 및 실용신안에 대하여는 12개월, 의장 및 상표에 대하여는 6개월로 한다.

(2) 의의 및 취지

조약우선권제도는 조약에 의하여 대한민국 국민에게 우선권을 인정하는 당사국(파리조약에 의한 동맹국, TRIPS 협정에 의한 조약 당사국)에 특허출원(이하 '선출원')을 한 경우, 동일 발명에 대하여 우리나라에 출원하여 우선권을 주장하는 때에는 그 당사국에 출원한 날을 대한민국에 출원한 날로 인정하는 제도이다.

(3) 요 건

① **주체적 요건** : 조약우선권을 주장할 수 있는 자는 대한민국 국민, 조약당사국 국민 또는 준당사국 국민(조약당사국에 거소나 영업소를 가지는 자 또는 무국적자)으로서 제1국 출원인과 동일인 또는 적법한 승계인이어야 한다. 승계인은 특허를 받을 수 있는 권리를 승계하여도 이와 별개로 우선권을 승계받아야 한다.

② **시기적 요건**
  ㉠ 특허·실용신안등록출원을 기초로 하여 우선권을 주장하는 경우 제1국 출원일로부터 1년 이내에 출원해야 한다. 다만, 실용신안등록출원을 기초로 우선권을 주장하여 제2국에서 디자인등록출원할 경우 제1국 출원일로부터 6개월 이내에 출원해야 한다.
  ㉡ 디자인등록출원 또는 상표등록출원을 기초로 하여 우선권을 주장하는 경우 제1국 출원일로부터 6개월 이내에 출원하여야 한다(파리조약 제4조 C. 1.).

③ 객체적 요건
　㉠ (최선성) 제1국 출원은 제1국에서의 최초출원이거나 최초출원으로 인정될 수 있는 출원이어야 한다. 다만, 후속출원이라 하더라도 i) 후속출원이 같은 국가에서 같은 대상에 대해 출원되고, ii) 후속출원의 출원 전 전출원이 취하, 포기 또는 거절되었을 것, iii) 전출원이 공개되지 않았을 것, iv) 전출원이 어떠한 권리도 존속하지 않을 것, v) 전출원이 동일국가 또는 타국에서 우선권주장의 기초가 되지 않았을 경우 최초출원으로 간주될 수 있다(파리조약 제4조 C. 4.).
　㉡ (정규성) 제1국 출원은 제1국에서 정식으로 특허출원된 정규출원이어야 한다. 다만, 우선권의 기초가 되는 제1국 출원의 출원 계속 여부는 조약우선권 효력에 영향을 미치지 않는다. 즉, 제1국 출원이 취하, 포기, 무효 또는 거절되더라도 우선권은 여전히 유효하다(파리조약 제4조 A. 3.).
　㉢ (동일성) 선출원의 최초 명세서 또는 도면에 기재된 발명과 후출원의 청구범위의 발명 중 동일성이 있는 발명만 우선권의 효력이 인정된다. 이 경우, 문언적으로 동일한 경우 뿐만 아니라 기술적 구성이 실질적으로 동일한 경우도 포함되며, 조약우선권주장출원의 청구항에 기재된 발명이 제1국 출원의 명세서 전체로부터 파악되는 발명과 동일하면 우선권의 효력이 인정된다.
　㉣ (형식 자유) 제2국에 우선권을 주장하여 특허출원할 수 있는 제1국 출원은 특허출원, 실용신안등록출원 또는 디자인등록출원 등으로 형식의 제한이 없다.

(4) 절 차

① (출원서) 조약우선권주장을 하고자 하는 자는 특허출원서에 그 취지와 최초출원 국가명 및 출원년월일 및 선출원의 출원번호를 명시하여야 한다.
② (증명서류) 조약우선권주장을 한 자는 우선일(제2국 출원이 복수의 우선권주장을 수반하는 경우 그 우선일들 중 최선일)로부터 1년 4개월 이내에 증명서류(최초출원국 정부가 인정하는 특허출원일을 기재한 서면과 발명의 명세서 및 도면의 등본)을 특허청장에게 제출하여야 한다. 다만, 산업통상자원부령이 정하는 국가(유럽, 일본, 미국, 중국, 대만 및 DAS를 통하여 우선권 증명서류를 전자적으로 송달하기로 합의한 국가)의 경우에는 최초로 출원한 국가의 특허출원의 출원번호 및 세계지식소유권 기구에 전자적 매체로 송달하도록 하기 위하여 필요한 고유번호(접근코드)를 기재한 서면의 제출로 우선권증명서류의 제출을 갈음할 수 있다.
③ 분할출원 또는 변경출원의 경우 우선일로부터 1년 4개월이 경과한 후라도 분할출원일 또는 변경출원일로부터 3개월 이내에 증명서류를 특허청장에게 제출할 수 있다.
④ 우선권주장의 보정 또는 추가 : 우선권주장의 요건을 갖추어 우선권주장출원을 한 자는 일정 요건을 만족할 경우 우선권주장을 추가하거나 보정할 수 있다(法 제54조 제7항). 즉, i) 최선출원일로부터 1년 4개월 이내에 추가 또는 보정할 것, ii) 조약우선권주장출원이 계속 중이어야 하므로 무효, 취하, 포기, 특허결정 또는 거절결정이 확정되지 않았을 것, iii) 최선출원일로부터 1년 이내의 우선권주장출원일 것이 요구된다[다만, 法 제52조 제4항에 따라 우선권주장이 자동 인정된 분할출원에 관하여는 최우선일로부터 1년 4개월이 지난 후에도 분할출원을 한 날부터 30일 이내에 그 우선권주장의 전부 또는 일부를 취하할 수 있다(法 제52조 제5항)].

(5) 효 과

① **발명별 판단시점 소급** : 조약우선권주장이 적합할 경우 청구범위에 기재된 발명 중 제1국 출원에 기재된 발명과 동일한 발명에 대해서는 특허법 제29조 및 제36조 적용에 있어 제1국 출원일로 소급된다. 다만, 제1국 출원에 포함되지 않은 발명은 제1국 출원일에 출원된 것으로 보지 않는다.

② **판단시점 불소급** : 조약우선권주장이 적합하더라도 ⅰ) 심사청구기간 기산일, ⅱ) 공지예외주장의 출원기간, 취지기재 및 증명서류 제출기간, ⅲ) 존속기간 기산일, ⅳ) 재정에서의 출원일 기산일, ⅴ) 등록지연에 따른 특허권의 존속기간 연장시 출원일로부터 4년의 기산일의 경우 판단시점이 소급되지 않는다. 조약우선권주장출원의 경우 공지예외적용을 인정받기 위해 공지일로부터 12개월 이내에 조약우선권주장출원(우리나라 출원)을 하여야 한다.

③ **부분우선의 경우** : 제1국 출원에 포함되어 있지 않은 발명을 조약우선권주장출원에 포함하는 경우 제1국 출원에 포함된 발명에 한하여 우선권이 인정된다. 따라서 발명별로 우선권의 인정 여부를 판단한다.

④ **복합우선의 경우** : 복수의 제1국 출원을 기초로 하나의 우선권주장출원을 한 경우 각각의 발명이 속하는 최선의 제1국 출원일을 기준으로 판단한다.

(6) 위반 시 취급

ⅰ) 우선권주장이 요건을 갖추지 못하였거나 ⅱ) 증명서류를 선출원일로부터 1년 4개월 이내에 제출하지 않은 경우 우선권주장은 효력을 상실하여 우선권주장절차를 무효로 한다. 따라서 우선권주장출원일을 기준으로 심사한다.

(7) 관련판례(이중우선권 주장이 가능한지 여부)

특허법상 조약에 의한 우선권 제도는 「공업소유권의 보호를 위한 파리협약」에 의하여 인정되는 제도로서, 동맹국 중의 어느 하나의 당사국에 정규로 한 최초의 특허출원(제1국 출원)을 한 자가 그 출원을 기초로 하여 우선권 주장기간(1년) 내에 다른 당사국에 특허출원(제2국 출원)을 하면서 우선권을 주장하는 경우에는, 최초의 특허출원에 포함된 내용과 동일한 내용의 발명에 대해서는 신규성·진보성 및 선출원주의 판단의 기준일을 적용함에 있어서 제2국의 출원일을 제1국의 출원일로 소급하여 주는 제도이며, 특허법 제54조는 1 조약에 의하여 대한민국 국민에게 특허출원에 대한 우선권을 인정하는 당사국 국민이 그 당사국 또는 다른 당사국에 특허출원을 한 후 동일발명을 대한민국에 특허출원하여 우선권을 주장하는 때에는 제29조 및 제36조의 규정을 적용함에 있어서 그 당사국에 출원한 날을 대한민국에 특허출원한 날로 본다. 2 제1항의 규정에 의하여 우선권을 주장하고자 하는 자는 우선권 주장의 기초가 되는 최초의 출원일로부터 1년 이내에 특허출원하지 않으면 이를 주장할 수 없다고 규정하고 있다.

이러한 특허법의 관련 규정에 비추어 보면, 조약에 의한 우선권 주장을 인정받기 위해서는 1 제1국 출원이 정규의 최초의 출원이어야 할 것, 2 제1국 출원과 제2국 출원이 동일한 발명이어야 할 것, 3 제2국 출원이 제1국 출원일로부터 1년 이내에 이루어져야 할 것 등의 요건을 모두 충족시켜야 하므로, 조약에 의한 우선권 주장을 수반하는 제2국 출원일 경우에도 그 우선권 주장의 기초가 되는 제1국 출원이 최초의 출원이 아니거나(즉, 제1국 출원이 이미 또 다른 당사국에 한 전출원을 기초로 하여 우선권을 주장하여 출원된 것이고) 그 제2국 출원이 전출원일로부터 우선권 기간(1년)을 경과하여 이루어진 경우에는, 제2국 출원에 기재된 발명 중에 전출원과 제1국 출원의 명세서에 공통으로 포함된 발명에 대해서는 그 우선권 주장이 인정되지 않는데, 이는 제2국 출원이 제1국 출원의 우선권 주장의 기초가 되었던 전출원에 기재되었던 발명에 대해서 중복하여 우선권이 허용되는 경우에는 실질적으로 우선권 기간이 연장되는 결과를 초래하는 것이므로, 이와 같은 경우에는 우선일의 소급효과를 인정하지 않고 제1국 출원에서 새로이 추가된 발명에 대해서만 우선권 주장의 효과를 인정할 수 있는 것이다. 따라서, 제2국 출원의 우선권 주장이 인정받지 못하고 그 우선권 주장의 기초가 된 제1국 출원이 제2국 출원일 이전에 공개되었을 경우에는, 제2국 출원은 제1국 출원에 기재된 내용에 의하여 신규성을 상실하게 된다(判例 2004허8749).

09 국내우선권주장출원

(1) 법조문

> **제55조(특허출원 등을 기초로 한 우선권 주장)**
> ① 특허를 받으려는 자는 자신이 특허나 실용신안등록을 받을 수 있는 권리를 가진 특허출원 또는 실용신안등록출원으로 먼저 한 출원(이하 "선출원"이라 한다)의 출원서에 최초로 첨부된 명세서 또는 도면에 기재된 발명을 기초로 그 특허출원한 발명에 관하여 우선권을 주장할 수 있다. 다만, 다음 각 호의 어느 하나에 해당하는 경우에는 그러하지 아니하다.
> 1. 그 특허출원이 선출원의 출원일부터 1년이 지난 후에 출원된 경우
> 2. 선출원이 제52조 제2항(「실용신안법」 제11조에 따라 준용되는 경우를 포함한다)에 따른 분할출원 또는 제52조의2 제2항(「실용신안법」 제11조에 따라 준용되는 경우를 포함한다)에 따른 분리출원이거나 제53조 제2항 또는 「실용신안법」 제10조 제2항에 따른 변경출원인 경우
> 3. 그 특허출원을 할 때에 선출원이 포기·무효 또는 취하된 경우
> 4. 그 특허출원을 할 때에 선출원이 설정등록되었거나 특허거절결정, 실용신안등록거절결정 또는 거절한다는 취지의 심결이 확정된 경우
> ② 제1항에 따른 우선권을 주장하려는 자는 특허출원을 할 때 특허출원서에 그 취지와 선출원의 표시를 하여야 한다.

③ 제1항에 따른 우선권 주장을 수반하는 특허출원된 발명 중 해당 우선권 주장의 기초가 된 선출원의 출원서에 최초로 첨부된 명세서 또는 도면에 기재된 발명과 같은 발명에 관하여 제29조 제1항·제2항, 같은 조 제3항 본문, 같은 조 제4항 본문, 제30조 제1항, 제36조 제1항부터 제3항까지, 제96조 제1항 제3호, 제98조, 제103조, 제105조 제1항·제2항, 제129조 및 제136조 제5항(제132조의3 제3항 또는 제133조의2 제4항에 따라 준용되는 경우를 포함한다), 「실용신안법」제7조 제3항·제4항 및 제25조, 「디자인보호법」제95조 및 제103조 제3항을 적용할 때에는 그 특허출원은 그 선출원을 한 때에 특허출원한 것으로 본다. 기출 17·25

④ 제1항에 따른 우선권 주장을 수반하는 특허출원의 출원서에 최초로 첨부된 명세서 또는 도면에 기재된 발명 중 해당 우선권 주장의 기초가 된 선출원의 출원서에 최초로 첨부된 명세서 또는 도면에 기재된 발명과 같은 발명은 그 특허출원이 출원공개되거나 특허가 등록공고되었을 때에 해당 우선권 주장의 기초가 된 선출원에 관하여 출원공개가 된 것으로 보고 제29조 제3항 본문, 같은 조 제4항 본문 또는「실용신안법」제4조 제3항 본문·제4항 본문을 적용한다.

⑤ 선출원이 다음 각 호의 어느 하나에 해당하면 그 선출원의 출원서에 최초로 첨부된 명세서 또는 도면에 기재된 발명 중 그 선출원에 관하여 우선권 주장의 기초가 된 출원의 출원서에 최초로 첨부된 명세서 또는 도면에 기재된 발명에 대해서는 제3항과 제4항을 적용하지 아니한다.
  1. 선출원이 제1항에 따른 우선권 주장을 수반하는 출원인 경우
  2. 선출원이「공업소유권의 보호를 위한 파리 협약」제4조D(1)에 따른 우선권 주장을 수반하는 출원인 경우

⑥ 제4항을 적용할 때 선출원이 다음 각 호의 어느 하나에 해당하더라도 제29조 제7항을 적용하지 아니한다.
  1. 선출원이 제201조 제4항에 따라 취하한 것으로 보는 국제특허출원인 경우
  2. 선출원이「실용신안법」제35조 제4항에 따라 취하한 것으로 보는 국제실용신안등록출원인 경우

⑦ 제1항에 따른 요건을 갖추어 우선권 주장을 한 자는 선출원일(선출원이 둘 이상인 경우에는 최선출원일을 말한다)부터 1년 4개월 이내에 그 우선권 주장을 보정하거나 추가할 수 있다. 기출 17·25

⑧ 제1항에 따른 우선권 주장의 기초가 된 선출원은 제79조에 따른 설정등록을 받을 수 없다. 다만, 해당 선출원을 기초로 한 우선권 주장이 취하된 경우에는 그러하지 아니하다.

제56조(선출원의 취하 등)

① 제55조 제1항에 따른 우선권 주장의 기초가 된 선출원은 그 출원일부터 1년 3개월이 지난 때에 취하된 것으로 본다. 다만, 그 선출원이 다음 각 호의 어느 하나에 해당하는 경우에는 그러하지 아니하다. 기출 25
  1. 포기, 무효 또는 취하된 경우
  2. 설정등록되었거나 특허거절결정, 실용신안등록거절결정 또는 거절한다는 취지의 심결이 확정된 경우
  3. 해당 선출원을 기초로 한 우선권 주장이 취하된 경우

② 제55조 제1항에 따른 우선권 주장을 수반하는 특허출원의 출원인은 선출원의 출원일부터 1년 3개월이 지난 후에는 그 우선권 주장을 취하할 수 없다. 기출 25

③ 제55조 제1항에 따른 우선권 주장을 수반하는 특허출원이 선출원의 출원일부터 1년 3개월 이내에 취하된 때에는 그 우선권 주장도 동시에 취하된 것으로 본다. 기출 17·25

(2) 의의 및 취지

국내우선권주장제도는 이미 출원한 특허출원 또는 실용신안등록출원(이하 '선출원')을 기초로 하여 해당 선출원을 보다 구체화하거나 개량·추가하는 발명을 한 경우 이들 발명을 보호하기 위한 제도이다.

(3) 요 건

① **주체적 요건** : 국내우선권을 주장할 수 있는 자는 선출원의 출원인 또는 승계인이며, 후출원의 출원시점에 선출원인과 후출원인이 동일하여야 한다. 임의대리인이 출원인을 대리하여 하는 국내우선권주장출원은 특별수권사항에 해당한다.

② **시기적 요건** : 후출원은 선출원의 출원일로부터 1년 이내에 출원되어야 한다(法 제55조 제1항 제1호).

③ **객체적 요건**

㉠ 국내우선권주장은 선출원에 최초로 첨부된 명세서 또는 도면에 기재된 발명을 기초로 하여야 한다. '우선권주장의 기초가 된 선출원의 최초 명세서 등에 기재된 사항'이란 우선권주장의 기초가 된 선출원의 최초 명세서 등에 명시적으로 기재되어 있는 사항이거나 또는 명시적인 기재가 없더라도 통상의 기술자가 우선권주장일 당시의 기술상식에 비추어 보아 우선권을 수반하는 발명이 선출원의 최초 명세서 등에 기재되어 있는 것과 마찬가지라고 이해할 수 있는 사항이어야 한다(判例 2012후2999). 기출 16·17

㉡ 선출원이 분할출원, 분리출원, 변경출원이 아니어야 한다(法 제55조 제1항 제2호). 이는 선출원과 분할출원 또는 변경출원 간의 출원인 동일 여부, 기간 산정 및 우선권주장 발명의 동일성 판단 등 심사처리상 번잡을 피하기 위함이다. 다만, 국내우선권주장출원을 기초로 변경출원이나 분할출원은 가능하다.

㉢ 국내우선권주장출원의 출원시에 선출원이 계속 중이어야 하므로 선출원이 무효, 취하 또는 포기되거나 설정등록, 실용신안등록 거절결정, 특허여부결정, 특허거절결정이 확정되지 않아야 한다. 다만, 국내우선권주장출원일에 선출원을 취하 또는 포기한 경우에는 우선권주장이 적합한 것으로 보고, 선출원이 무효된 경우에는 국내우선권주장이 무효시점보다 늦다는 것이 명백하지 않는 한 우선권주장을 인정한다.

㉣ 선출원은 특허출원 및 실용신안등록출원이어야 한다. 이는 선출원을 구체화 또는 개량·추가된 발명을 보호하기 위한 본 규정의 취지에 부합하기 위함이다.

(4) 절 차

① **(출원서 및 증명서류)** 국내우선권을 주장하는 자는 특허출원시 출원서에 그 취지 및 선출원의 표시를 하여야 한다. 그러나 우선권주장의 증명서류의 제출을 요하지 않는다.

② **우선권주장의 보정 또는 추가**

㉠ 우선권주장의 요건을 갖추어 우선권주장출원을 한 자는 일정 요건을 만족할 경우 우선권주장을 추가하거나 보정할 수 있다(法 제55조 제7항). 즉, ⅰ) 최선출원일로부터 1년 4개월 이내에 추가 또는 보정할 것, ⅱ) 조약우선권주장출원이 계속 중이어야 하므로 무효, 취하, 포기, 특허결정 또는 거절결정이 확정되지 않았을 것, ⅲ) 최선출원일로부터 1년 이내의 우선권주장출원일 것, ⅳ) 선출원이 계속 중일 것이 요구된다.

㉡ 최선출원일로부터 1년 4개월 이내에 우선권주장의 취하, 명백한 오기를 정정하는 보정도 허용되나, 法 제56조 제2항에 의해 선출원일로부터 1년 3개월이 경과한 때에는 우선권주장을 취하할 수 없다. 다만, 최선출원일로부터 1년 4개월이 경과하더라도 우선권주장에 명백한 오기를 바로잡는 보정은 허용된다.

(5) 효 과

① 발명별 판단시점 소급
  ㉠ 국내우선권주장이 적합할 경우 청구범위에 기재된 발명 중 선출원의 최초 명세서 또는 도면에 기재된 발명과 동일한 발명에 대해서는 선출원한 때에 특허출원한 것으로 본다. 다만, 선출원에 포함되지 않은 발명은 선출원일에 출원된 것으로 보지 않는다.
  ㉡ 공지일로부터 12개월 이내에 공지예외적용 신청을 수반하여 선출원을 한 경우라면 후출원(국내우선권주장출원)을 12개월 이내에 하지 않더라도 공지예외적용을 받을 수 있다.

② 판단시점 불소급
  ㉠ 국내우선권주장이 적합하더라도 ⅰ) 심사청구기간 기산일, ⅱ) 공지예외주장의 출원기간, 취지 기재 및 증명서류 제출기간, ⅲ) 존속기간 기산일, ⅳ) 재정에서의 출원일 기산일, ⅴ) 등록지연에 따른 특허권의 존속기간 연장시 출원일로부터 4년의 기산일, ⅵ) 이중우선의 경우 판단시점이 소급되지 않는다.
  ㉡ (이중우선) 국내우선권주장의 기초가 된 선출원이 국내우선권주장 또는 조약우선권주장을 수반하는 출원인 경우, 선출원의 최초 명세서 또는 도면에 기재된 발명 중 선출원의 우선권주장의 기초가 된 출원의 최초 명세서 또는 도면에 기재된 발명에 대해서는 판단시점이 소급하지 않는다 (法 제55조 제5항). 우선권을 주장할 수 있는 기간이 제한없이 연장될 수 있기 때문이다.

③ 확대된 선출원의 지위
  ㉠ 국내우선권주장출원의 출원서에 최초로 첨부된 명세서 또는 도면에 기재된 발명 중 해당 우선권주장의 기초가 된 선출원의 출원서에 최초로 첨부된 명세서 또는 도면에 기재된 발명과 같은 발명은 그 특허출원이 출원공개되거나 특허가 등록공고되었을 때에 해당 우선권주장의 기초가 된 선출원에 관하여 출원공개가 된 것으로 보고 확대된 선출원의 지위의 규정을 적용한다(法 제55조 제4항).
  ㉡ 선출원이 국제특허출원 또는 국제실용신안등록출원으로서 국내서면제출기간에 국어번역문을 제출하지 아니하여 취하된 것으로 보는 경우에도 확대된 선출원의 지위가 인정된다(法 제55조 제6항).

④ 선출원의 취하간주
  ㉠ 국내우선권주장의 기초가 된 선출원은 출원일로부터 1년 3개월이 지난 때 취하된 것으로 본다. 다만, 선출원이 ⅰ) 무효, 취하, 포기, 특허여부 결정 또는 심결확정된 경우, ⅱ) 우선권주장이 취하된 경우에는 그러하지 아니하다(法 제56조 제1항).
  ㉡ 복수의 특허출원을 기초로 복합적으로 국내우선권주장출원을 한 경우 각각의 선출원의 출원일로부터 1년 3개월이 경과한 때에 취하되는 것으로 본다.

⑤ 우선권주장의 취하
  ㉠ 국내우선권주장출원의 출원인은 선출원의 출원일로부터 1년 3개월이 지난 후에는 그 우선권주장을 취하할 수 없다(法 제56조 제2항).
  ㉡ 국내우선권주장출원의 출원인이 선출원의 출원일로부터 1년 3개월 이내에 특허출원을 취하한 때에는 우선권주장도 동시에 취하된 것으로 본다(法 제56조 제3항). 따라서 선출원은 출원일로부터 1년 3개월이 지나도 취하간주되지 않는다.

ⓒ 法 제52조 제4항에 따라 우선권주장이 자동 인정된 분할출원에 관하여는 최우선일로부터 1년 4개월이 지난 후에도 분할출원을 한 날부터 30일 이내에 그 우선권주장의 전부 또는 일부를 취하할 수 있다(法 제52조 제5항). 다만, 선출원의 출원일로부터 1년 3개월이 지난 후에는 그 우선권주장을 취하할 수 없다(法 제56조 제2항).

(6) 위반 시 취급

우선권주장이 요건을 갖추지 못한 경우, 우선권주장은 효력을 상실하여 우선권주장절차를 무효로 한다. 따라서 우선권주장출원일을 기준으로 심사하며, 선출원은 취하간주되지 않는다.

(7) 관련판례

① 기재된 사항의 범위 내 인지 판단기준 : 특허를 받으려는 사람은 자신이 특허나 실용신안등록을 받을 수 있는 권리를 가진 특허출원 또는 실용신안등록출원으로 먼저 한 출원의 출원서에 최초로 첨부된 명세서 또는 도면(이하 '우선권 주장의 기초가 된 선출원의 최초 명세서 등'이라 한다)에 기재된 발명을 기초로 그 특허출원한 발명에 관하여 우선권을 주장할 수 있고(특허법 제55조 제1항 참조), 여기의 우선권 주장을 수반하는 특허출원된 발명 중 해당 우선권 주장의 기초가 된 선출원의 최초 명세서 등에 기재된 발명과 같은 발명에 관하여 신규성, 진보성 등의 일정한 특허요건을 적용할 때에는 그 특허출원은 그 선출원을 한 때(이하 '우선권 주장일'이라 한다)에 한 것으로 본다(같은 조 제3항 참조). 그런데 이와 같은 국내 우선권 제도에 의하여 실제 특허출원일보다 앞서 우선권 주장일에 특허출원된 것으로 보아 그 특허요건을 심사함으로써 우선권 주장일과 우선권 주장을 수반하는 특허출원일 사이에 특허출원을 한 사람 등 제3자의 이익을 부당하게 침해하는 결과가 일어날 수 있음은 특허법 제47조 제1항의 규정에 의한 명세서 또는 도면의 보정이 받아들여져 그 효과가 출원 시로 소급하는 경우와 별다른 차이가 없으므로, 이러한 보정의 경우와 같은 관점에서, 우선권 주장일에 특허출원된 것으로 보아 특허요건을 심사하는 발명의 범위를 제한할 필요가 있다. 따라서 특허법 제55조 제3항에 따라 특허요건 적용의 기준일이 우선권 주장일로 소급하는 발명은 특허법 제47조 제2항과 마찬가지로 우선권 주장을 수반하는 특허출원된 발명 가운데 우선권 주장의 기초가 된 선출원의 최초 명세서 등에 기재된 사항의 범위 안에 있는 것으로 한정된다고 봄이 타당하다.

그리고 여기서 '우선권 주장의 기초가 된 선출원의 최초 명세서 등에 기재된 사항'이란, 우선권 주장의 기초가 된 선출원의 최초 명세서 등에 명시적으로 기재되어 있는 사항이거나 또는 명시적인 기재가 없더라도 그 발명이 속하는 기술분야에서 통상의 지식을 가진 사람이라면 우선권 주장일 당시의 기술상식에 비추어 보아 우선권 주장을 수반하는 특허출원된 발명이 선출원의 최초 명세서 등에 기재되어 있는 것과 마찬가지라고 이해할 수 있는 사항이어야 한다(判例 2012후2999).

② **PCT + 후출원의 출원인이 우선권 승계 했으나 출원인변경신고를 하지 않은 경우, 우선권 주장의 적법 여부** : [1] 우리나라에서 먼저 특허출원을 한 후 이를 우선권 주장의 기초로 하여 그로부터 1년 이내에 특허협력조약(Patent Cooperation Treaty, 이하 'PCT'라 한다)이 정한 국제출원을 할 때 지정국을 우리나라로 할 수 있다. 이 경우 우선권 주장의 조건 및 효과는 우리나라의 법령이 정하는 바에 의한다[PCT 제8조 (2)(b)].

특허를 받으려는 사람은 자신이 특허를 받을 수 있는 권리를 가진 특허출원으로 먼저 한 출원(이하 '선출원'이라 한다)의 출원서에 최초로 첨부된 명세서 또는 도면에 기재된 발명을 기초로 그 특허출원한 발명에 관하여 우선권을 주장할 수 있다(특허법 제55조 제1항). 우선권 주장을 수반하는 특허출원된 발명 중 해당 우선권 주장의 기초가 된 선출원의 최초 명세서 등에 기재된 발명(이하 '선출원발명'이라 한다)과 같은 발명에 관하여 신규성, 진보성 등의 일정한 특허요건을 적용할 때에는 그 특허출원은 그 선출원을 한 때(이하 '우선권 주장일'이라 한다)에 한 것으로 본다(같은 조 제3항). 따라서 발명자가 선출원 발명의 기술사상을 포함하는 후속 발명을 출원하면서 우선권을 주장하면 선출원 발명 중 후출원 발명과 동일한 부분의 출원일을 우선권 주장일로 보게 된다. 이러한 국내우선권 제도의 취지는 기술개발이 지속적으로 이루어지는 점을 감안하여 발명자의 누적된 성과를 특허권으로 보호받을 수 있도록 하는 것이다.

발명을 한 자 또는 그 승계인은 특허법에서 정하는 바에 의하여 특허를 받을 수 있는 권리를 갖고(특허법 제33조 제1항 본문), 특허를 받을 수 있는 권리는 이전할 수 있으므로(특허법 제37조 제1항), 후출원의 출원인이 후출원 시에 '특허를 받을 수 있는 권리'를 승계하였다면 우선권 주장을 할 수 있고, 후출원 시에 선출원에 대하여 특허출원인변경신고를 마쳐야만 하는 것은 아니다. 특허출원 후 특허를 받을 수 있는 권리의 승계는 상속 기타 일반승계의 경우를 제외하고는 특허출원인변경신고를 하지 아니하면 그 효력이 발생하지 아니한다고 규정한 특허법 제38조 제4항은 특허에 관한 절차에서 참여자와 특허를 등록받을 자를 쉽게 확정함으로써 출원심사의 편의성 및 신속성을 추구하고자 하는 규정으로 우선권 주장에 관한 절차에 적용된다고 볼 수 없다. 따라서 후출원의 출원인이 선출원의 출원인과 다르더라도 특허를 받을 수 있는 권리를 승계받았다면 우선권 주장을 할 수 있다고 보아야 한다(判例 2016두58543).

③ **분할출원시, 원출원에 국내우주 취지 표시가 되어 있어야 국내우주가 가능한지 여부** : 구 특허법(2013.3.22. 법률 제11654호로 개정되기 전의 것, 이하 같다) 제52조에 따른 분할출원이 구 특허법 제55조에 의한 우선권 주장의 효력을 인정받기 위해서는 분할출원시의 특허출원서에 '우선권 주장의 취지 및 선출원의 표시'를 하여야 하고, '우선권 주장의 취지 및 선출원의 표시'가 특허출원서에 기재되지 아니한 분할출원의 경우에는 구 특허법 제55조에 따른 우선권 주장의 효력을 인정받을 수 없다(判例 2017허2727).

10 청구범위제출유예제도

(1) 법조문

> **제42조의2(특허출원일 등)**
> ① 특허출원일은 명세서 및 필요한 도면을 첨부한 특허출원서가 특허청장에게 도달한 날로 한다. 이 경우 명세서에 청구범위는 적지 아니할 수 있으나, 발명의 설명은 적어야 한다.
> ② 특허출원인은 제1항 후단에 따라 특허출원서에 최초로 첨부한 명세서에 청구범위를 적지 아니한 경우에는 제64조 제1항 각 호의 구분에 따른 날부터 1년 2개월이 되는 날까지 명세서에 청구범위를 적는 보정을 하여야 한다. 다만, 본문에 따른 기한 이전에 제60조 제3항에 따른 출원심사 청구의 취지를 통지받은 경우에는 그 통지를 받은 날부터 3개월이 되는 날 또는 제64조 제1항 각 호의 구분에 따른 날부터 1년 2개월이 되는 날 중 빠른 날까지 보정을 하여야 한다. 기출 19·22·25
> ③ 특허출원인이 제2항에 따른 보정을 하지 아니한 경우에는 제2항에 따른 기한이 되는 날의 다음 날에 해당 특허출원을 취하한 것으로 본다.

(2) 의의 및 취지

출원인은 출원시 청구범위가 기재되지 않은 명세서를 출원서에 첨부할 수 있다. 이는 신속한 출원을 가능하게 하고 청구범위를 작성할 시간적 여유를 제공하여 출원인의 권리보호를 도모하고자 함이다.

(3) 요건

① 일반 출원의 경우
  ㉠ 특허출원서의 최초 명세서에 청구범위를 적지 아니한 경우 출원일로부터 1년 2개월이 되는 날까지 명세서에 청구범위를 적는 보정을 하여야 한다.
  ㉡ 제3자로부터 출원심사청구가 있으면 그 통지를 받은 날부터 3개월이 되는 날 또는 출원일로부터 1년 2개월 중 빠른 날까지 청구범위를 적는 보정을 하여야 한다.

② 분할출원 및 변경출원의 경우 : 특허출원서에 최초로 첨부한 명세서에 청구범위를 적지 아니한 분할출원 또는 변경출원에 관하여는 제42조의2 제2항에 따른 기한(제3자로부터 출원심사청구가 있으면 그 통지를 받은 날부터 3개월이 되는 날 또는 출원일로부터 1년 2개월 중 빠른 날)이 지난 후에도 분할출원 또는 변경출원을 한 날로부터 30일이 되는 날까지 명세서에 청구범위를 기재할 수 있다(法 제52조 제6항, 제53조 제8항).

③ 정당한 권리자의 출원의 경우 : 청구범위를 기재하지 아니한 명세서를 출원서에 첨부하여 특허출원한 정당한 권리자의 출원으로서 그 출원 당시 이미 특허법 제42조의2 제2항에 따른 명세서의 보정기간이 경과된 경우에는 소명기회 부여 후 반려한다.

④ 분리출원의 경우 : 분리출원을 하는 경우 특허출원서에 최초로 첨부한 명세서에 청구범위를 적지 아니할 수 없다. 즉, 분리출원은 청구범위제출유예 불가(法 제52조의2 제3항)

(4) 위반 시 취급

① 출원인이 제한된 기간 내 청구범위를 기재하는 보정을 하지 않으면 해당 출원은 그 기한이 되는 다음 날 취하된 것으로 본다(法 제42조의2 제3항).
② **심사청구 제한** : 특허출원인은 명세서에 청구범위를 적지 아니한 경우 출원심사의 청구를 할 수 없다(法 제59조 제2항).
③ **출원공개 및 조기공개 제한** : 청구범위가 기재되지 않은 명세서가 첨부된 출원은 제출기한이 되는 날의 다음 날 취하간주될 것이므로 출원공개 대상에서 제외된다. 또한 취하간주되기 전 조기공개신청서가 제출되는 경우, 소명기회 부여 후 반려한다.

11 외국어 특허출원 제도

(1) 법조문

제42조의3(외국어특허출원 등)

① 특허출원인이 명세서 및 도면(도면 중 설명부분에 한정한다. 이하 제2항 및 제5항에서 같다)을 국어가 아닌 산업통상자원부령으로 정하는 언어로 적겠다는 취지를 특허출원을 할 때 특허출원서에 적은 경우에는 그 언어로 적을 수 있다.
② 특허출원인이 특허출원서에 최초로 첨부한 명세서 및 도면을 제1항에 따른 언어로 적은 특허출원(이하 "외국어특허출원"이라 한다)을 한 경우에는 제64조 제1항 각 호의 구분에 따른 날부터 1년 2개월이 되는 날까지 그 명세서 및 도면의 국어번역문을 산업통상자원부령으로 정하는 방법에 따라 제출하여야 한다. 다만, 본문에 따른 기한 이전에 제60조 제3항에 따른 출원심사 청구의 취지를 통지받은 경우에는 그 통지를 받은 날부터 3개월이 되는 날 또는 제64조 제1항 각 호의 구분에 따른 날부터 1년 2개월이 되는 날 중 빠른 날까지 제출하여야 한다. 기출 21
③ 제2항에 따라 국어번역문을 제출한 특허출원인은 제2항에 따른 기한 이전에 그 국어번역문을 갈음하여 새로운 국어번역문을 제출할 수 있다. 다만, 다음 각 호의 어느 하나에 해당하는 경우에는 그러하지 아니하다.
  1. 명세서 또는 도면을 보정(제5항에 따라 보정한 것으로 보는 경우는 제외한다)한 경우 기출 17
  2. 특허출원인이 출원심사의 청구를 한 경우 기출 17
④ 특허출원인이 제2항에 따른 명세서의 국어번역문을 제출하지 아니한 경우에는 제2항에 따른 기한이 되는 날의 다음 날에 해당 특허출원을 취하한 것으로 본다. 기출 21
⑤ 특허출원인이 제2항에 따른 국어번역문 또는 제3항 본문에 따른 새로운 국어번역문을 제출한 경우에는 외국어특허출원의 특허출원서에 최초로 첨부한 명세서 및 도면을 그 국어번역문에 따라 보정한 것으로 본다. 다만, 제3항 본문에 따라 새로운 국어번역문을 제출한 경우에는 마지막 국어번역문(이하 이 조 및 제47조 제2항 후단에서 "최종 국어번역문"이라 한다) 전에 제출한 국어번역문에 따라 보정한 것으로 보는 모든 보정은 처음부터 없었던 것으로 본다. 기출 16
⑥ 특허출원인은 제47조 제1항에 따라 보정을 할 수 있는 기간에 최종 국어번역문의 잘못된 번역을 산업통상자원부령으로 정하는 방법에 따라 정정할 수 있다. 이 경우 정정된 국어번역문에 관하여는 제5항을 적용하지 아니한다. 기출 21
⑦ 제6항 전단에 따라 제47조 제1항 제1호 또는 제2호에 따른 기간에 정정을 하는 경우에는 마지막 정정 전에 한 모든 정정은 처음부터 없었던 것으로 본다. 기출 21

> **특허법 시행규칙 제21조의2(외국어특허출원의 언어 등)**
> ① 법 제42조의3 제1항에서 "산업통상자원부령으로 정하는 언어"란 영어를 말한다.

(2) 의의 및 취지

특허출원인이 명세서 및 도면(도면 중 설명부분에 한정)을 국어가 아닌 산업통상자원부령으로 정하는 언어(영어)로 적겠다는 취지를 특허출원서에 적은 경우에는 그 언어로 적을 수 있다. 출원인이 빠른 출원인을 선점할 수 있도록 하기 위함이다.

(3) 번역문 제출

① 출원인이 외국어특허출원을 한 경우 출원일로부터 1년 2개월 또는 제3자의 심사청구가 있어 그 취지를 통지받은 경우 그 통지를 받은 날로부터 3개월이 되는 날 중 빠른 날까지 명세서 및 도면의 국어번역문을 제출하여야 한다(法 제42조의3 제2항).
② 출원인이 국어번역문을 제출한 경우 외국어특허출원의 특허출원서에 최초로 첨부한 명세서 및 도면을 그 국어번역문에 따라 보정한 것으로 본다(法 제42조의3 제5항).
③ 분할출원 또는 변경출원이 외국어특허출원인 경우 원출원일의 최우선일로부터 1년 2개월이 경과한 이후에도 분할출원일 또는 변경출원일로부터 30일 이내에 국어번역문을 제출할 수 있다(法 제52조 제5항, 제53조 제7항). 기출 16
④ 분리출원을 하는 경우 명세서 및 도면(도면 중 설명부분에 한정한다)을 국어가 아닌 언어로 적을 수 없다. 즉, 분리출원은 외국어특허출원 불가(法 제52조의2 제3항)

(4) 번역문 교체

① 국어번역문을 제출한 특허출원인은 번역문 제출 기한 이전에 그 국어번역문을 갈음하여 새로운 국어번역문을 제출할 수 있다. 다만, i) 명세서 또는 도면을 보정한 경우(국어번역문 제출에 의한 보정 간주 제외), ii) 출원인이 출원심사청구를 한 경우는 새로운 국어번역문을 제출할 수 없다(法 제42조의3 제3항).
② 새로운 국어번역문을 제출한 경우 마지막 국어번역문 전에 제출한 국어번역문에 따라 보정한 것으로 보는 모든 보정은 처음부터 없었던 것으로 본다(法 제42조의3 제5항 단서).

(5) 오역 정정

① 특허출원인은 보정할 수 있는 기간에 최종 국어번역문의 잘못된 번역을 정정할 수 있으며, 이 경우 보정의 효과가 발생하지 않는다(法 제42조의3 제6항).
② 출원인이 거절이유통지에 따른 의견서 제출 기간에 정정을 하는 경우 마지막 정정 전에 한 모든 정정은 처음부터 없었던 것으로 본다(法 제42조의3 제7항).
③ 오역정정이 있는 경우 오역정정에 의해 정정된 최종 국어번역문이 이후 보정에 대한 신규사항 위반의 판단 기준이 된다.

(6) 번역문 미제출의 효과

① **취하간주** : 특허출원인이 번역문 제출 기한에 명세서의 국어번역문을 제출하지 아니한 경우 번역문 제출 기한이 되는 날의 다음 날 해당 특허출원을 취하한 것으로 본다(法 제42조의3 제4항). 다만, 도면(설명부분에 한정)에 대한 국어번역문을 제출하지 않은 경우 취하한 것으로 보지는 않지만, 도면의 기재요건 위반으로 보정 대상이 될 수 있다. 기출 16

② **심사청구 제한** : 외국어특허출원의 경우 국어번역문을 제출하지 아니한 경우 심사청구를 할 수 없다(法 제59조 제2항).

③ **출원공개 및 조기공개신청 제한** : 외국어특허출원의 경우 국어번역문을 제출하지 아니한 경우 출원공개를 하지 않는다(法 제64조 제2항). 또한 국어번역문을 제출한 후가 아니면 조기공개신청을 할 수 없다(시행규칙 제44조 제2항).

(7) 번역문 제출 효과

① **보정 간주** : 출원인이 국어번역문을 제출한 경우 외국어특허출원의 특허출원서에 최초로 첨부한 명세서 및 도면을 그 국어번역문에 따라 보정한 것으로 본다.

② **신규사항 위반 판단의 기준** : 국어번역문을 제출하면 원문신규사항 위반 판단의 기준이 됨과 동시에, 이후 보정에 대한 번역문 신규사항 위반 판단의 기준이 된다.

③ **심사청구, 명세서 보정, 분할출원, 변경출원 및 조기공개 신청** : 국어 명세서로 심사하여 권리를 부여하고, 일반 공중의 이해를 돕고자 국어로 출원공개하기 위하여, 국어번역문을 제출한 경우에만 심사청구, 명세서 보정, 분할출원, 변경출원 및 조기공개신청을 할 수 있다.

12 임시명세서 제도

> **특허법 시행규칙 제21조(특허출원서 등)**
> ① 법 제42조 제1항에 따라 특허출원을 하려는 자는 별지 제14호 서식의 특허출원서에 다음 각 호의 서류를 첨부하여 특허청장에게 제출하여야 한다.
> ⑤ 제2항부터 제4항까지의 규정에도 불구하고 법 제42조의2 제1항 후단에 따라 명세서에 청구범위를 적지 않고 출원할 때에는 특허출원서에 제2항부터 제4항까지의 기재방법을 따르지 않고 발명의 설명을 적은 명세서(이하 "임시 명세서"라 한다)를 첨부하여 제출할 수 있다. 이 경우 임시 명세서를 전자문서로 제출하기 위해서는 특허청장이 정하여 고시하는 파일 형식을 따라야 한다.
> ⑥ 제5항에 따라 임시 명세서를 제출하는 경우에는 특허출원서에 그 취지를 기재해야 하며, 법 제47조에 따라 임시 명세서를 보정할 때에는 별지 제9호 서식의 보정서에 제2항부터 제4항까지의 규정에 따른 명세서, 요약서 및 필요한 도면을 첨부하여 특허청장에게 제출해야 한다.

CHAPTER 05 이익제도

제1편 | 특허법, 특허·실용신안 심사기준

01 특허법상 명세서 기재 및 해석에 관한 설명으로 옳지 <u>않은</u> 것은? (다툼이 있으면 판례에 따름)

기출 19

① 출원인이 청구범위를 기재하지 않고 명세서를 제출한 경우에는 타인이 심사청구를 하는 경우를 제외하고는 출원일(우선권주장의 경우 최우선일)부터 1년 2개월이 되는 날까지 명세서에 청구범위를 적는 보정을 하여야 한다.
② 발명의 설명은 그 발명이 속하는 기술분야에서 통상의 지식을 가진 사람이 그 발명을 쉽게 실시할 수 있도록 명확하고 상세하게 기재하여야 한다.
③ 청구범위는 발명의 설명에 의하여 뒷받침되어야 한다.
④ 명세서의 배경기술 기재의무의 불이행은 특허등록을 무효로 하는 사유에 해당한다.
⑤ 명세서에 기재된 용어는 명세서에 그 용어를 특정한 의미로 정의하여 사용하고 있지 않은 이상, 해당 기술분야에서 통상의 지식을 가진 사람에게 일반적으로 인식되는 용어의 의미에 따라서 명세서 전체를 통하여 통일되게 해석되어야 한다.

해설

① (○) 특허법 제42조의2 제2항
② (○) 특허법 제42조 제3항 제1호
③ (○) 특허법 제42조 제3항 제2호
④ (×) 배경기술의 미기재 시 거절이유에 해당하나 무효사유에 해당하지 않는다.
⑤ (○) 특허출원절차에서 심사의 대상이 되는 특허발명의 기술내용의 확정은 특허출원서에 첨부한 명세서의 특허청구범위에 기재된 사항에 의하여 정하여지는 것이 원칙이지만, 그 기재만으로 특허를 받고자 하는 발명의 기술적 구성을 알 수 없거나 알 수 있더라도 기술적 범위를 확정할 수 없는 경우에는 발명의 상세한 설명이나 도면 등 명세서의 다른 기재 부분을 보충하여 명세서 전체로서 특허발명의 기술내용을 실질적으로 확정하여야 하고, 특허의 명세서에 기재된 용어는 명세서에 그 용어를 특정한 의미로 정의하여 사용하고 있지 않은 이상 당해 기술분야에서 통상의 지식을 가진 자에게 일반적으로 인식되는 용어의 의미에 따라 명세서 전체를 통하여 통일되게 해석되어야 한다(判例 2009후436).

답 ④

02 명세서 기재요건(특허법 제42조 제3항 및 제4항)에 관한 설명으로 옳지 않은 것은? (다툼이 있으면 판례에 따름) 기출 16

① 특허법 제42조(특허출원) 제3항 제1호에서 요구하는 명세서 기재의 정도는 통상의 기술자가 출원시의 기술수준으로 보아 과도한 실험이나 특수한 지식을 부가하지 아니하고서도 명세서의 기재에 의하여 해당 발명을 정확하게 이해할 수 있고 동시에 재현할 수 있는 정도를 말한다.
② 발명의 설명에서의 기재 오류가 청구범위에 기재되어 있지 아니한 발명에 관한 것이거나 청구범위에 기재된 발명의 실시를 위하여 필요한 사항 이외의 부분에 관한 것이어서 그 오류에도 불구하고 통상의 기술자가 청구항에 기재된 발명을 정확하게 이해하고 쉽게 재현할 수 있다고 할지라도 이러한 기재 오류는 특허법 제42조(특허출원) 제3항 제1호에 위배된다.
③ 특허법 제42조(특허출원) 제4항 제1호가 규정하는 기재요건을 충족하는지 여부는 발명의 설명이 통상의 기술자가 그 발명을 쉽게 실시할 수 있도록 명확하고 상세하게 기재하고 있는지 여부에 의하여 판단하여서는 아니 된다.
④ 청구범위에 그림이나 도면으로 발명의 구성을 표현할 수 있다.
⑤ 출원발명의 내용이 통상의 기술자에 의하여 정확하게 이해되고 쉽게 재현될 수 있다면 그 발명이 부분적으로 불명확한 부분이 있다고 하더라도 이를 특허법 제42조(특허출원) 제4항 제2호의 기재불비라고 할 수 없다.

해설

① (○) 특허법 제42조 제3항의 규정은 특허출원된 발명의 내용을 제3자가 명세서만으로 쉽게 알 수 있도록 공개하여 특허권으로 보호받고자 하는 기술적 내용과 범위를 명확하게 하기 위한 것이므로, 통상의 기술자가 당해 발명을 명세서 기재에 의하여 출원시의 기술수준으로 보아 특수한 지식을 부가하지 않고서도 정확하게 이해할 수 있고 동시에 재현할 수 있는 정도를 말하는 것이며, 박사학위 논문은 공공도서관이나 대학도서관 등에 입고된 경우 일반 공중이 그 기재 내용을 인식할 수 있는 상태에 놓이게 되는 것으로서 통상의 기술자가 과도한 실험이나 특별한 지식을 부가하지 않고도 그 내용을 이해할 수 있는 것이다(判例 2003후2072).
② (×) 발명의 상세한 설명의 기재에 오류가 있다고 하더라도 그러한 오류가 청구항에 기재되어 있지 아니한 발명에 관한 것이거나 청구항에 기재된 발명의 실시를 위하여 필요한 사항 이외의 부분에 관한 것이어서 그 오류에도 불구하고 통상의 기술자가 청구항에 기재된 발명을 정확하게 이해하고 재현하는 것이 용이한 경우라면 이를 들어 특허법 제42조 제3항에 위배된다고 할 수 없다(判例 2012후2586).
③ (○) 특허법 제42조 제4항 제1호가 정한 위와 같은 명세서 기재요건을 충족하는지 여부는, 위 규정 취지에 맞게 특허출원 당시의 기술수준을 기준으로 하여 그 발명이 속하는 기술 분야에서 통상의 지식을 가진 자(이하 '통상의 기술자'라 한다)의 입장에서 특허청구범위에 기재된 사항과 대응되는 사항이 발명의 상세한 설명에 기재되어 있는지 여부에 의하여 판단하여야 하고, 규정 취지를 달리하는 특허법 제42조 제3항 제1호가 정한 것처럼 발명의 상세한 설명에 통상의 기술자가 그 발명을 쉽게 실시할 수 있도록 명확하고 상세하게 기재되어 있는지 여부에 의하여 판단하여서는 아니 된다(判例 2012후832).
⑤ (○) 특허발명의 범위는 특허청구범위에 기재된 것뿐 아니라 발명의 상세한 설명과 도면의 간단한 설명의 기재 전체를 일체로 하여 그 발명의 성질과 목적을 밝히고 이를 참작하여 그 발명의 범위를 실질적으로 판단하여야 하므로, 특허출원된 발명의 내용이 통상의 기술자에 의하여 용이하게 이해되고 재현될 수 있다면 부분적으로 불명확한 부분이 있다고 하더라도 적법한 청구범위의 기재라고 보아야 한다(判例 2014허3897).

답 ②

03

무권리자 甲은 발명 X를 2011년 11월 1일에 특허출원하였고, 그 출원은 2012년 10월 2일에 출원공개되었으며 2013년 3월 12일에 등록공고되었다. 이 사건 특허발명은 원래 乙이 발명한 것으로서 乙이 특허를 받을 수 있는 권리를 가지고 있는데 乙이 甲에게 그 발명을 기초로 한 사업을 제안하면서 그 발명의 내용을 甲에게 알려준 것을 계기로 甲이 乙로부터 특허를 받을 수 있는 권리를 양도받은 사실 없이 무단으로 특허출원하여 특허권의 설정등록을 받은 것이다. 다음 설명 중 옳지 않은 것은? (다툼이 있으면 판례에 따름) [기출수정 16]

① 乙이 발명 X를 2013년 10월 1일에 의사에 반한 공지예외적용 주장(특허법 제30조 제1항 제2호)을 수반하여 특허출원하였다면 특허를 받을 수 있다.
② 乙이 발명 X를 2015년 3월 11일에 특허출원하였다면, 乙의 출원은 2011년 11월 1일에 출원된 것으로 간주될 수 있다.
③ 乙은 甲의 특허발명에 대해 무효심판을 제기할 수 있다.
④ 乙이 甲의 특허발명 X에 대해 무권리자 특허임을 이유로 무효심판을 청구한 다음 무효심결이 2015년 3월 2일에 확정된 후 乙이 2015년 3월 30일에 특허출원한 경우, 동 출원은 2011년 11월 1일에 출원된 것으로 간주된다.
⑤ 乙이 甲의 특허발명 X에 대해 무권리자 특허임을 이유로 무효심판을 청구한 다음 무효심결이 2015년 3월 2일에 확정된 후 乙이 2015년 5월 2일에 특허출원한 경우, 동 출원은 2011년 11월 1일에 출원된 것으로 간주된다.

해설

⑤ (×) 무효심결이 확정된 날로부터 30일 이내에 정당권리자 출원을 하여야 출원일이 소급한다.

> **특허법 제35조(무권리자의 특허와 정당한 권리자의 보호)**
> 제33조 제1항 본문에 따른 특허를 받을 수 있는 권리를 가지지 아니한 사유로 제133조 제1항 제2호에 해당하여 특허를 무효로 한다는 심결이 확정된 경우에는 그 무권리자의 특허출원 후에 한 정당한 권리자의 특허출원은 무효로 된 그 특허의 출원 시에 특허출원한 것으로 본다. 다만, 심결이 확정된 날부터 30일이 지난 후에 정당한 권리자가 특허출원을 한 경우에는 그러하지 아니하다.

 ⑤

04 특허출원에 관한 설명으로 옳지 않은 것은? (다툼이 있으면 판례에 따름) 기출 22

① 청구범위가 기재되지 아니한 명세서가 첨부된 특허출원에 대하여 특허출원인이 출원심사청구서를 제출한 경우에는 부적법한 서류로서 반려처분 대상이 된다.
② 출원이 법령에 정한 방식에 위반하였으나 반려 대상이 아닌 경우에는 보정명령을 받게 되고, 보정명령을 받은 자가 지정된 기간 내에 보정을 하지 아니하는 경우에는 그 특허에 관한 절차는 무효가 될 수 있다.
③ 요약서는 특허출원서류의 일부로 필요적으로 제출되어야 할 서류이고, 요약서에만 기재되어 있고 발명의 명세서에 기재를 빠뜨린 경우에는 보정을 할 수 있는 기간 내에 요약서 기재내용을 명세서에 추가할 수 있다.
④ 특허출원인은 출원시에는 명세서에 청구범위를 적지 않을 수 있으나 이 경우에는 출원일(우선권 주장을 수반하는 특허출원의 경우 최우선일)부터 1년 2개월이 되는 날까지 명세서에 청구범위를 적는 보정을 하여야 하고, 출원인은 청구범위를 기재하는 보정을 하여야 출원심사청구가 가능하다.
⑤ 특허법 제42조(특허출원) 제4항 제1호가 정한 명세서 기재요건을 충족하는지는 특허출원 당시의 기술수준을 기준으로 하여 그 발명이 속하는 기술분야에서 통상의 지식을 가진 사람의 입장에서 청구범위에 기재된 발명과 대응되는 사항이 발명의 설명에 기재되어 있는지에 의하여 판단하여야 하므로, 특허출원 당시의 기술수준에 비추어 발명의 설명에 개시된 내용을 청구범위에 기재된 발명의 범위까지 확장 또는 일반화할 수 있다면 청구범위는 발명의 설명에 의하여 뒷받침된다.

해설

② (○) 특허청장 또는 특허심판원장은 제46조에 따른 보정명령을 받은 자가 지정된 기간에 그 보정을 하지 아니하면 특허에 관한 절차를 무효로 할 수 있다. 다만, 제82조 제2항에 따른 심사청구료를 내지 아니하여 보정명령을 받은 자가 지정된 기간에 그 심사청구료를 내지 아니하면 특허출원서에 첨부한 명세서에 관한 보정을 무효로 할 수 있다(특허법 제16조 제1항).
③ (×) 명세서 또는 도면의 보정은 특허출원서에 최초로 첨부한 명세서 또는 도면에 기재된 사항의 범위에서 하여야 한다(특허법 제47조 제2항). 요약서는 명세서 또는 도면에 해당하지 않으므로 신규사항 추가 여부를 판단하는 기준이 되는 최초 명세서 등에 포함되지 아니한다(심사기준).
④ (○) 특허출원인은 제1항 후단에 따라 특허출원서에 최초로 첨부한 명세서에 청구범위를 적지 아니한 경우에는 제64조 제1항 각 호의 구분에 따른 날부터 1년 2개월이 되는 날까지 명세서에 청구범위를 적는 보정을 하여야 한다. 다만, 본문에 따른 기한 이전에 제60조 제3항에 따른 출원심사 청구의 취지를 통지받은 경우에는 그 통지를 받은 날부터 3개월이 되는 날 또는 제64조 제1항 각 호의 구분에 따른 날부터 1년 2개월이 되는 날 중 빠른 날까지 보정을 하여야 한다(특허법 제42조의2 제2항).
⑤ (○) 특허법 제42조 제4항 제1호는 특허청구범위에 보호받고자 하는 사항을 기재한 청구항이 발명의 상세한 설명에 의하여 뒷받침될 것을 규정하고 있는데, 이는 특허출원서에 첨부된 명세서의 발명의 상세한 설명에 기재되지 아니한 사항이 청구항에 기재됨으로써 출원자가 공개하지 아니한 발명에 대하여 특허권이 부여되는 부당한 결과를 막으려는 데에 취지가 있다. 따라서 특허법 제42조 제4항 제1호가 정한 위와 같은 명세서 기재요건을 충족하는지는 위 규정 취지에 맞게 특허출원 당시의 기술수준을 기준으로 하여 통상의 기술자의 입장에서 특허청구범위에 기재된 발명과 대응되는 사항이 발명의 상세한 설명에 기재되어 있는지에 의하여 판단하여야 하므로, 특허출원 당시의 기술수준에 비추어 발명의 상세한 설명에 개시된 내용을 특허청구범위에 기재된 발명의 범위까지 확장 또는 일반화할 수 있다면 그 특허청구범위는 발명의 상세한 설명에 의하여 뒷받침된다고 볼 수 있다(판례 2014후2061).

답 ③

05 특허 명세서 및 도면의 보정에 관한 설명으로 옳은 것은? 기출 21

① 특허출원인은 최초 거절이유를 통지받기 전까지의 자진보정에서는 특허출원서에 최초로 첨부한 명세서에 없는 구성을 추가하는 보정이 가능하다.
② 최초 거절이유를 통지받고 해당 거절이유에 따른 보정을 할 수 있지만, 이 경우에는 거절이유에 기재되지 않은 다른 사항에 대하여 보정을 할 수 없다.
③ 최초 거절이유를 해소하고자 청구항의 구성 A를 하위개념의 구성인 "a + b"로 보정하였으나, 이에 대하여 심사관으로부터 다시 거절이유를 통지받은 경우, 구성 "a + b"를 "a"로 보정하고 "b"를 신설 청구항으로 보정을 할 수 있다.
④ 거절결정에 대한 재심사청구에서는 보정을 하여야 하며, 이 경우에는 청구항을 신설할 수 없지만, 청구항의 구성 A에 발명의 설명에 기재된 하위개념의 구성 "a"를 직렬부가하는 "A + a"로 보정할 수 있다.
⑤ 거절결정등본을 받은 후, 재심사를 청구하지 않고 거절결정불복심판을 청구하는 경우에는 심사관의 거절결정 이유를 해소하기 위한 도면의 보정만 가능하다.

해설

① (×) 최초로 첨부한 명세서 또는 도면에 기재된 사항 범위 내에서 하여야 한다(특허법 제47조 제2항).
② (×) 신규사항추가금지의 범위 내에서 보정이 가능하므로, 거절이유에 기재되지 않은 사항에 대하여도 보정이 가능하다.
③ (×) 최후거절이유통지에 대한 보정이므로 제47조 제3항 각 호의 범위 내에서 보정해야 하며 a + b를 a와 b 각각 청구항으로 작성하는 것은 청구범위 감축이 아니므로 부적법한 보정이다.
④ (○) 특허법 제47조 제1항 제3호, 제51조
⑤ (×) 도면뿐만 아니라 명세서도 보정이 가능하다.

답 ④

06 특허법 제51조(보정각하)에 관한 설명으로 옳지 않은 것은? (다툼이 있으면 판례에 따름)

기출 20

① 특허법 제51조 제1항 본문에 의하면, 심사관은 청구항을 삭제하는 보정을 제외하고, 특허법 제47조(특허출원의 보정) 제1항 제2호 및 제3호에 따른 보정이 그 보정에 따라 새로운 거절이유가 발생한 것으로 인정하면 결정으로 그 보정을 각하하여야 한다.
② 특허법 제51조 제1항 본문의 '새로운 거절이유가 발생한 것'이란 해당 보정으로 인하여 이전에 없던 거절이유가 새롭게 발생한 경우를 의미하는 것이다.
③ 기재불비의 최후거절이유를 통지함에 따라 이를 해소하기 위한 보정으로 청구항이 신설된 경우, 신설된 청구항이 청구항을 정리하면서 발생하는 불가피한 경우로서 청구범위를 감축하는 경우가 아니라면 심사관은 결정으로 그 보정을 각하하여야 한다.
④ 미완성 발명을 이유로 하는 최초거절이유를 통지함에 따라 이를 해소하기 위하여 미완성 발명을 완성시키는 보정을 한 경우라고 심사관이 인정하면 결정으로 그 보정을 각하하여야 한다.
⑤ 최후거절이유통지에 대한 의견서제출기간 내에 단순히 청구항을 삭제하는 보정을 하면서 삭제된 청구항을 인용하던 종속항에서 그 인용번호를 잘못 변경함으로써 기재불비가 발생한 경우, 심사관은 거절이유를 통지하여 출원인에게 보정의 기회를 부여하여야 한다.

해설

① (○) 특허법 제51조 제1항
② (○) 심사기준
③ (○) 심사기준
④ (×) 최초거절이유통지에 따라 의견서 제출기간 내에 제출한 보정이 신규사항추가(특허법 제47조 제2항)에 해당하면 최후거절이유통지를 하여야 한다.
⑤ (○) 判例 2013후2101

답 ④

07

甲은 발명의 설명에 발명 A, 발명 B 및 발명 C를 기재하고, 청구범위에 발명 A만을 기재한 명세서를 첨부한 특허출원서를 2013년 2월 4일 특허청에 제출하여 특허출원(X출원)을 하였다. 甲은 X출원에 대해서 2014년 6월 3일 심사청구를 하였다. 심사관은 발명 A가 X출원 전에 공지된 인용발명 1로부터 쉽게 발명할 수 있으므로 X출원에 특허법 제29조(특허요건) 제2항 위반의 거절이유가 있다는 내용의 의견제출통지서(제출기한 2015년 8월 3일)를 2015년 6월 3일에 발송하였다. 甲은 2015년 8월 3일 의견서 및 보정서를 제출하여 청구범위에서 A를 삭제하고, B를 추가하는 보정을 하였다. 이후 심사관은 2017년 6월 13일 특허결정의 등본을 송달하였고, 甲은 그 등본을 2017년 6월 15일 송달받았다. 다음 설명 중 옳은 것은? 기출 19

① 甲은 설정등록일 이후라도 2017년 9월 13일 이전에는 분할출원을 할 수 있다.
② 甲의 특허권이 2017년 8월 2일 설정등록되고, 2017년 8월 10일 등록공고된 경우, 甲은 2017년 11월 10일까지 등록지연에 따른 특허권의 존속기간의 연장등록출원을 할 수 있다.
③ 甲이 특허결정의 등본을 송달받더라도 특허료를 납부하기 전이라면 X출원의 청구범위에 발명 C를 추가하는 보정을 할 수 있다.
④ 甲은 2017년 9월 13일까지 최초 3년분의 특허료를 납부해야 한다.
⑤ 甲은 특허결정의 등본을 송달받은 이후에도 발명 C를 별도로 권리화할 기회를 가진다.

해설

① (×) 설정등록된 이후에는 분할출원을 할 수 없다.
② (×) 설정등록일로부터 3개월 이내인 2017년 11월 2일까지 연장등록출원을 하여야 한다.
③ (×) 특허결정등본을 송달하기 전까지 보정할 수 있다.
④ (×) 결정등본송달일로부터 3개월인 2017년 9월 15일까지 특허료를 내야 한다.

답 ⑤

08 특허법상 보정에 관한 설명으로 옳지 않은 것은? 기출 17

① 최초거절이유통지에 따른 의견서 제출기간 내에 한 보정에 의해 최초거절이유는 극복되었으나 심사관이 그 보정에 의한 새로운 거절이유를 발견한 경우에는 최후 거절이유통지를 한다.
② 기재불비를 이유로 최초거절이유통지를 받아 기재불비를 해소하는 보정을 한 출원에 대하여 심사관이 보정의 결과에 의하여 발생한 거절이유가 아닌 발명의 진보성 결여를 이유로 거절이유를 통지하는 경우에는 다시 최초거절이유로 통지한다.
③ 최후거절이유통지에 따른 의견서 제출기간 내에 한 보정에 의하여 특허법 제47조(특허출원의 보정) 제2항에 위반되게 된 때에는 심사관은 원칙적으로 보정각하결정을 하여야 한다.
④ 출원인이 거절이유통지서에 지정된 기간 내에 한 명세서에 대한 보정이 출원서에 최초로 첨부한 명세서 또는 도면에 기재한 사항의 범위를 벗어나는 것이라면 심사관은 그 보정을 각하해야 한다.
⑤ 국제특허출원에 있어서 특허법 제203조(서면의 제출) 제1항 전단에 따른 서면을 국내서면 제출기간에 제출하지 아니하여 보정명령을 받은 자가 지정된 기간에 보정을 하지 아니하더라도 특허청장은 해당 국제특허출원을 무효로 하여야 하는 것은 아니다.

해설

① (○) 특허법 제47조 제1항 제2호

> **특허법 제47조(특허출원의 보정)**
> ① 특허출원인은 제66조에 따른 특허결정의 등본을 송달하기 전까지 특허출원서에 첨부한 명세서 또는 도면을 보정할 수 있다. 다만, 제63조 제1항에 따른 거절이유통지(이하 "거절이유통지"라 한다)를 받은 후에는 다음 각 호의 구분에 따른 기간(제3호의 경우에는 그때)에만 보정할 수 있다.
> 2. 거절이유통지(제66조의3 제2항에 따른 통지를 한 경우에는 그 통지 전의 거절이유통지는 제외한다)에 대한 보정에 따라 발생한 거절이유에 대하여 거절이유통지를 받은 경우 : 해당 거절이유통지에 따른 의견서 제출기간

② (○) 判例 2012후3121
③ (○) 심사관은 제47조 제1항 제2호 및 제3호에 따른 보정이 같은 조 제2항 또는 제3항을 위반하거나 그 보정(같은 조 제3항 제1호 및 제4호에 따른 보정 중 청구항을 삭제하는 보정은 제외한다)에 따라 새로운 거절이유가 발생한 것으로 인정하면 결정으로 그 보정을 각하하여야 한다(특허법 제51조 제1항 본문).
④ (×) 최초거절이유통지에 대한 의견서제출기간에 한 보정의 경우라면 보정을 각하할 것이 아니라 최후거절이유를 통지하여야 한다.
⑤ (○) 제3항에 따른 보정명령을 받은 자가 지정된 기간에 보정을 하지 아니하면 특허청장은 해당 국제특허출원을 무효로 할 수 있다(특허법 제203조 제4항).

답 ④

09 특허법상의 보정에 관한 설명으로 옳지 않은 것은? (다툼이 있으면 판례에 따름) 기출 16

① 특허법 제51조(보정각하) 제1항이 규정하는 '청구항을 삭제하는 보정'의 경우에는 청구항을 한정·부가하는 보정 등 다른 경우와 달리 그로 인하여 새로운 거절이유가 발생하더라도 그와 같은 보정의 반복에 의하여 심사관의 새로운 심사에 따른 업무량 가중 및 심사절차 지연의 문제가 생기지 않는다.
② 보정 이후 발명에 대한 심사 결과 신규성이나 진보성 부정의 거절이유가 발견된다고 하더라도, 그러한 거절이유가 보정으로 청구항이 신설되거나 실질적으로 신설에 준하는 정도로 변경됨에 따라 비로소 발생한 경우와 같은 특별한 사정이 없는 한 심사관은 보정에 대한 각하결정을 하여서는 아니 되고, 신규성이나 진보성 부정의 거절이유를 출원인에게 통지하여 의견제출 및 보정의 기회를 부여하여야 한다.
③ 심사관이 특허출원의 보정에 대하여 각하결정을 한 후 보정 전의 특허출원에 대하여 거절결정을 하였고, 그에 대한 불복심판 절차에서 그 보정각하결정 및 거절결정이 적법하다는 이유로 심판청구를 기각하는 특허심판원의 심결이 있었던 경우, 심결취소소송에서 법원은 심사관 또는 심판관이 판단하지 않은 '보정 이후의 특허출원'에 대한 거절결정의 위법성을 스스로 심리하여 이 역시 위법한 경우에만 심결을 취소할 수 있다.
④ 청구항을 삭제하는 보정을 하면서 삭제한 청구항을 직·간접적으로 인용하던 종속항에서 인용번호를 잘못 변경함으로써 기재불비가 발생한 경우에도 특허법 제51조(보정각하)의 청구항을 삭제하는 보정에 따라 새로운 거절이유가 발생한 경우에 포함된다.
⑤ 보정의 정도가 확인대상발명에 관하여 심판청구서에 첨부된 설명서 및 도면에 표현된 구조의 불명확한 부분을 구체화한 것이거나 처음부터 당연히 있어야 할 구성 부분을 부가한 것에 지나지 아니하여 심판청구의 전체 취지에 비추어 볼 때 그 발명의 동일성이 유지된다고 인정되는 경우에는 특허법 제140조(심판청구방식) 제2항에서 말하는 요지의 변경에 해당하지 않는다.

해설

① (○) 判例 2013후2101
② (○) 심사관이 '발명이 명확하고 간결하게 기재되지 아니하여 특허법 제42조 제4항 제2호의 명세서 기재요건을 구비하지 못한 기재불비가 있다'는 거절이유를 통지함에 따라 이를 해소하기 위한 보정이 이루어졌는데, 보정 이후 발명에 대한 심사 결과 신규성이나 진보성 부정의 거절이유가 발견된다고 하더라도, 그러한 거절이유는 보정으로 청구항이 신설되거나 실질적으로 신설에 준하는 정도로 변경됨에 따라 비로소 발생한 경우와 같은 특별한 사정이 없는 한 보정으로 새롭게 발생한 것이라고 할 수 없으므로, 심사관으로서는 보정에 대한 각하결정을 하여서는 아니 되고, 위와 같은 신규성이나 진보성 부정의 거절이유를 출원인에게 통지하여 의견제출 및 보정의 기회를 부여하여야 한다(判例 2012후3121).
③ (×) 심사관이 특허출원의 보정에 대한 각하결정을 한 후 '보정 전의 특허출원'에 대하여 거절결정을 하였고, 그에 대한 불복심판 절차에서 위 보정각하결정 및 거절결정이 적법하다는 이유로 심판청구를 기각하는 특허심판원의 심결이 있었던 경우, 심결취소소송에서 법원은 위 보정각하결정이 위법하다면 그것만을 이유로 곧바로 심결을 취소하여야 하는 것이지, 심사관 또는 특허심판원이 하지도 아니한 '보정 이후의 특허출원'에 대한 거절결정의 위법성 여부까지 스스로 심리하여 이 역시 위법한 경우에만 심결을 취소할 것은 아니다(判例 2012후3121).

④ (○) 判例 2013후2101
⑤ (○) 구 실용신안법(2006.3.3. 법률 제7872호로 전부 개정되기 전의 것, 이하 같다) 제55조 제2항 본문에 의하면, '심판청구서의 보정은 그 요지를 변경할 수 없다'고 규정되어 있으나, 그 규정의 취지는 요지의 변경을 쉽게 인정할 경우 심판절차의 지연을 초래하거나 피청구인의 방어권행사를 곤란케 할 우려가 있다는 데에 있으므로, 그 보정의 정도가 청구인의 고안에 관하여 심판청구서에 첨부된 도면 및 설명서에 표현된 구조의 불명확한 부분을 구체화한 것이거나 처음부터 당연히 있어야 할 구성부분을 부가한 것에 지나지 아니하여 심판청구의 전체적 취지에 비추어 볼 때 그 고안의 동일성이 유지된다고 인정되는 경우에는 위 규정에서 말하는 요지의 변경에 해당하지 않는다(判例 2012후344).

답 ③

10 특허출원에 대한 거절이유통지 및 보정에 관한 설명으로 옳은 것은? 기출 17

① 심사관은 특허법 제51조(보정각하) 제1항에 따라 각하결정을 하려는 경우에, 특허출원인에게 거절이유를 통지하고 기간을 정하여 의견서를 제출할 기회를 주어야 한다.
② 외국어특허출원인 경우에는 국어번역문 제출 전이라도 특허출원서에 최초로 첨부한 명세서 또는 도면에 기재된 사항의 범위에서 보정할 수 있다.
③ 심사관의 거절이유통지에 대한 보정에 따라 발생한 거절이유에 대하여 거절이유를 통지받은 경우에는, 청구항을 한정 또는 삭제하거나 청구항에 부가하여 청구범위를 감축하는 경우, 잘못 기재된 사항을 정정하는 경우, 분명하지 아니한 사항을 명확히 하는 경우에 보정할 수 있다.
④ 거절이유통지를 받은 후 그 통지에 따른 의견서 제출기한 내에 2회 이상 보정을 하는 경우, 그 보정 내용은 순차적으로 명세서에 반영된다.
⑤ 심사관은 특허결정을 할 때에 특허출원서에 첨부된 명세서, 도면 또는 요약서 상에 명백히 잘못 기재된 내용이 있으면 직권으로 보정할 수 있으며, 특허결정서 송달시에 그 직권보정사항을 출원인과 발명자에게 알려야 한다.

해설
① (×) 보정각하를 할 경우 의견서제출기회를 부여하지 아니한다.
② (×) 국어번역문을 제출한 경우에만 명세서 또는 도면을 보정할 수 있다.
③ (○) 특허법 제47조 제3항

> **특허법 제47조(특허출원의 보정)**
> ③ 제1항 제2호 및 제3호에 따른 보정 중 청구범위에 대한 보정은 다음 각 호의 어느 하나에 해당하는 경우에만 할 수 있다.
>   1. 청구항을 한정 또는 삭제하거나 청구항에 부가하여 청구범위를 감축하는 경우
>   2. 잘못 기재된 사항을 정정하는 경우
>   3. 분명하지 아니하게 기재된 사항을 명확하게 하는 경우

④ (×) 2회 이상 보정을 하는 경우 마지막 보정 전의 보정은 없었던 것으로 본다.
⑤ (×) 발명자에게는 직권보정사항을 알릴 필요가 없다.

답 ③

11 다음 설명 중 옳은 것은? (다툼이 있으면 판례에 따름) 기출 15

① 특허출원의 보정에 대한 각하결정 후 '보정 전의 특허출원'에 대하여 거절결정이 있었고, 위 보정각하결정 및 거절결정이 적법하다는 기각 심결이 있은 후 그 심결에 대한 취소소송이 제기된 경우, 법원은 보정각하결정이 위법하다면 그것만을 이유로 곧바로 심결을 취소해야 한다.
② 출원발명에 대해 우선권주장의 불인정으로 인하여 거절이유가 생긴 경우, 우선권주장이 인정되지 아니한다는 취지 및 그 이유가 포함된 거절이유를 통지하지 않고 우선권주장의 불인정으로 인하여 생긴 거절이유를 들어 특허거절결정을 할 수 있다.
③ 특허청 심사관이 '발명이 명확하고 간결하게 기재되지 아니하여 기재불비가 있다'는 거절이유를 통지함에 따라 이를 해소하기 위한 보정이 이루어졌고 해당 보정에서 청구항이 신설되거나 이에 준하는 정도로 변경되지 않았는데 보정 이후 발명에 대한 심사 결과 신규성이나 진보성 부정의 거절이유가 발견된 경우, 특별한 사정이 없는 한 심사관은 그 보정에 대해 각하결정을 해야 한다.
④ 거절결정불복심판청구 기각심결의 취소소송절차에서 특허청장이 비로소 주장하는 사유는 심사 또는 심판 단계에서 의견제출기회를 부여한 거절이유와 주요한 취지가 부합하여 이미 통지된 거절이유를 보충하는 경우라도 이를 심결의 당부를 판단하는 근거로 할 수 없다.
⑤ 특허무효심판에 대한 심결취소소송의 경우 특허무효심판 단계에서 주장하지 않았던 새로운 청구항에 대한 무효를 주장하는 것이 허용된다.

|해설|

② (×) 심사관은 특허거절결정을 하고자 할 때에는 특허출원인에게 거절이유를 통지하고 기간을 정하여 의견서를 제출할 수 있는 기회를 주어야 한다고 규정하고 있는데, 출원발명에 대하여 우선권주장의 불인정으로 거절이유가 생긴 경우에는 우선권주장의 불인정은 거절이유 일부를 구성하는 것이므로, 우선권주장이 인정되지 않는다는 취지 및 그 이유가 포함된 거절이유를 통지하지 않은 채 우선권주장의 불인정으로 인하여 생긴 거절이유를 들어 특허거절결정을 하는 것은 특허법 제63조 본문에 위반되어 위법하다(判例 2009후2371).
③ (×) 심사관이 '발명이 명확하고 간결하게 기재되지 아니하여 특허법 제42조 제4항 제2호의 명세서 기재요건을 구비하지 못한 기재불비가 있다'는 거절이유를 통지함에 따라 이를 해소하기 위한 보정이 이루어졌는데, 보정 이후 발명에 대한 심사 결과 신규성이나 진보성 부정의 거절이유가 발견된다고 하더라도, 그러한 거절이유는 보정으로 청구항이 신설되거나 실질적으로 신설에 준하는 정도로 변경됨에 따라 비로소 발생한 경우와 같은 특별한 사정이 없는 한 보정으로 새롭게 발생한 것이라고 할 수 없으므로, 심사관으로서는 보정에 대한 각하결정을 하여서는 아니 되고, 위와 같은 신규성이나 진보성 부정의 거절이유를 출원인에게 통지하여 의견제출 및 보정의 기회를 부여하여야 한다(判例 2012후3121).
④ (×) 거절결정불복심판청구 기각 심결의 취소소송절차에서 특허청장이 비로소 주장하는 사유라고 하더라도 심사 또는 심판 단계에서 의견제출의 기회를 부여한 거절이유와 주요한 취지가 부합하여 이미 통지된 거절이유를 보충하는 데 지나지 아니하는 것이면 이를 심결의 당부를 판단하는 근거로 할 수 있다(判例 2013후1054).
⑤ (×) 특허무효심판 단계에서 주장하지 않았던 새로운 청구항에 대한 무효를 주장하는 것은 청구취지의 변경에 해당하므로 허용되지 아니한다.

답 ①

12 분할출원에 관한 설명으로 옳은 것은? 기출 22

① 분할출원은 출원서에 최초로 첨부된 명세서 또는 도면에 기재된 사항의 범위 내에서 할 수 있으며, 원출원이 외국어출원인 경우에 국어번역문이 제출되지 않았다면 원문에 기재된 범위 내에서 분할출원할 수 있다.
② 분할출원된 명세서에 기재된 발명의 내용이 분할후 원출원서에 기재된 발명의 내용과 동일하다면, 적법한 분할출원이 아니라는 점을 근거로 거절결정이 된다.
③ 분할출원에서 자기공지예외적용의 주장을 하는 경우, 그 증명서류는 분할출원일로부터 30일이 되는 날까지 제출하여야 한다.
④ 분할출원은 특허출원서에 최초로 첨부한 명세서에 청구범위가 적혀 있는 경우에만 가능하므로 최초로 첨부한 명세서에 청구범위가 적혀 있지 아니한 경우에는 분할출원을 할 수 없다.
⑤ 분할출원은 특허결정등본을 송달받은 이후에도 가능하나, 특허권설정등록을 받으려는 날이 3개월보다 짧은 경우에는 분할출원을 할 수 없다.

해설

① (×) 특허출원인은 그 특허출원의 출원서에 최초로 첨부된 명세서 또는 도면에 기재된 사항의 범위에서 그 일부를 하나 이상의 특허출원으로 분할할 수 있다. 다만, 그 특허출원이 외국어특허출원인 경우에는 그 특허출원에 대한 국어번역문이 제출된 경우에만 분할할 수 있다(특허법 제52조 제1항).
② (×) 분할출원은 원출원이 출원된 때에 출원한 것으로 보므로, 동일한 발명에 대해 같은 날 2 이상의 출원이 있는 것으로 보아 특허법 제36조 제2항 위반 거절이유가 발생한다.
③ (○) 특허법 제52조 제2항 제2호
④ (×) 분할출원은 원출원의 출원서에 최초로 첨부된 명세서 또는 도면에 기재된 사항의 범위에서 할 수 있다. 또한, 분할출원의 경우에도 청구범위제출유예제도가 적용된다.
⑤ (×) 분할출원은 특허결정등본을 송달받은 날부터 3개월 이내의 기간에 가능하며, 설정등록을 받으려는 날이 3개월보다 짧은 경우에는 그날까지의 기간에 분할출원이 가능하다(특허법 제52조 제1항 제3호 단서).

답 ③

13 특허법 제52조(분할출원)에 관한 설명으로 옳지 않은 것은? 기출 20

① 특허출원이 외국어특허출원인 경우에는 그 특허출원에 대한 제42조의3(외국어특허출원 등) 제2항에 따른 국어번역문이 제출되지 않아도 분할할 수 있다.
② 특허법 제52조(분할출원) 제1항에 따라 분할출원을 하려는 자는 분할출원을 할 때에 특허출원서에 그 취지 및 분할의 기초가 된 특허출원의 표시를 하여야 한다.
③ 특허출원서에 최초로 첨부한 명세서에 청구범위를 적지 아니한 분할출원에 관하여는 제42조의2(특허출원일 등) 제2항에 따른 기한이 지난 후에도 분할출원을 한 날부터 30일이 되는 날까지는 명세서에 청구범위를 적는 보정을 할 수 있다.
④ 분할출원을 할 수 있는 권리를 가진 자는 원출원을 한 자 또는 그 승계인이고, 공동출원의 경우에는 원출원과 분할출원의 출원인 전원이 완전히 일치하여야 한다.
⑤ 분할출원의 경우에 제54조(조약에 의한 우선권주장)에 따른 우선권을 주장하는 자는 같은 조 제4항에 따른 서류를 같은 조 제5항에 따른 기간이 지난 후에도 분할출원을 한 날부터 3개월 이내에 특허청장에게 제출할 수 있다.

해설

① (×) 특허출원이 외국어특허출원인 경우에는 그 특허출원에 대한 제42조의3 제2항에 따른 국어번역문이 제출된 경우에만 분할할 수 있다(특허법 제52조 제1항 단서).
② (○) 특허법 제52조 제3항
③ (○) 특허법 제52조 제8항
④ (○) 심사기준
⑤ (○) 특허법 제52조 제6항

답 ①

14 분할출원에 관한 설명으로 옳지 않은 것은? 기출수정 17

① 분할출원이 외국어특허출원인 경우 국어번역문을 제출한 특허출원인이 출원심사의 청구를 한 때에는 그 국어번역문을 갈음하여 새로운 국어번역문을 제출할 수 없다.
② 특허출원인은 둘 이상의 발명을 하나의 특허출원으로 한 경우에는 그 특허출원의 출원서에 최초로 첨부된 명세서 또는 도면에 기재된 사항의 범위에서 특허거절 결정등본을 송달받은 날로부터 3개월 이내에 그 일부를 하나 이상의 특허출원으로 분할할 수 있다.
③ 분할출원이 외국어특허출원인 때 특허출원인은 명세서 또는 도면을 보정한 경우에 새로운 국어번역문을 제출할 수 없다.
④ 분할출원의 경우에 특허법 제54조(조약에 의한 우선권주장)에 따른 우선권을 주장하는 자는 같은 조 제4항에 따른 서류를 조약 당사국에 최초로 출원한 출원일 중 최우선일부터 1년 4개월이 지난 후에도 분할출원을 한 날로부터 3개월 이내에 특허청장에게 제출할 수 있다.
⑤ 특허출원서에 최초로 첨부한 명세서에 청구범위를 적지 아니한 분할출원은 그 우선권주장의 기초가 된 출원일부터 1년 2개월이 지난 후에도 분할출원을 한 날로부터 3개월 이내에 명세서에 청구범위를 적는 보정을 할 수 있다.

| 해설 |
① (○) 특허법 제42조의3 제3항 제2호
② (○) 특허거절결정등본을 송달받은 날부터 3개월 이내의 기간에 분할출원을 할 수 있다(특허법 제52조 제1항 제2호).
③ (○) 특허법 제42조의3 제3항 제1호

> **특허법 제42조의3(외국어특허출원 등)**
> ③ 제2항에 따라 국어번역문을 제출한 특허출원인은 제2항에 따른 기한 이전에 그 국어번역문을 갈음하여 새로운 국어번역문을 제출할 수 있다. 다만, 다음 각 호의 어느 하나에 해당하는 경우에는 그러하지 아니하다.
> 1. 명세서 또는 도면을 보정(제5항에 따라 보정한 것으로 보는 경우는 제외한다)한 경우
> 2. 특허출원인이 출원심사의 청구를 한 경우

④ (○) 특허법 제52조 제6항
⑤ (×) 분할출원을 한 날로부터 30일 이내에 명세서에 청구범위를 적는 보정을 할 수 있다(특허법 제52조 제8항).

 ⑤

15 특허출원인 甲은 2022.6.1. 출원한 특허출원(청구항 제1항 내지 제10항)에 대한 의견제출통지서(청구항 제1항 내지 제8항은 특허법 제29조 제2항 진보성 흠결, 제9항 및 제10항은 특허 가능한 청구항으로 인정)를 2022.8.1. 통지받았다. 甲은 2022.8.30. 의견서 및 보정서를 제출하였으나, 심사관으로부터 2022.10.3. 특허거절결정서를 통지받았다. 이에 대응하여 甲은 특허거절결정에 대해서 특허법 제67조의2에 따른 재심사 청구를 하지 않고 2022.10.21. 특허법 제132조의17에 따른 심판을 청구하였으나 2023.2.10. 특허법 제132조의17에 따른 심판청구가 기각되었고, 2023.2.17. 심결의 등본을 송달받았다. 특허출원인 甲이 청구항 제9항 및 제10항에 대한 특허권을 획득하기 위하여 취할 수 있는 특허법상의 조치를 모두 고른 것은? 기출 23

> ㄱ. 특허법 제52조(분할출원)에 따라 청구항 제9항 및 제10항을 분할 출원
> ㄴ. 특허법 제52조의2(분리출원)에 따라 청구항 제9항 및 제10항을 분리 출원
> ㄷ. 특허법 제55조(특허출원 등을 기초로 한 우선권 주장)에 따라 청구항 제9항 및 제10항을 청구범위에 기재하여 국내 우선권 주장 출원
> ㄹ. 특허법 제67조의2(재심사의 청구)에 따라 청구항 제9항 및 제10항을 남기고 나머지 청구항을 삭제하는 보정을 하면서 재심사 청구

① ㄱ, ㄴ
② ㄱ, ㄷ
③ ㄱ, ㄹ
④ ㄴ, ㄷ
⑤ ㄴ, ㄹ

┃해설┃

ㄱ. (×) 분할출원은 할 수 없다. 거절결정등본을 송달받은 후 3개월의 기간이 도과하였기 때문이다.
ㄴ. (○) 국내우선권주장출원 할 수 있다. 선출원일로부터 1년의 기간이 아직 지나지 않았기 때문이다.
ㄷ. (○) 특허거절결정을 받은 자는 제132조의17에 따른 심판청구가 기각된 경우 그 심결의 등본을 송달받은 날부터 30일(제186조 제5항에 따라 심판장이 부가기간을 정한 경우에는 그 기간을 말한다) 이내에 그 특허출원의 출원서에 최초로 첨부된 명세서 또는 도면에 기재된 사항의 범위에서 그 특허출원의 일부를 새로운 특허출원으로 분리할 수 있다(특허법 제52조의2 제1항).
ㄹ. (×) 재심사청구는 할 수 없다. 특허거절결정의 등본을 송달받은 후 3개월이 도과하였기 때문이다.

답

16 甲은 2023.6.1. 미국에 발명 A에 대하여 특허출원 X를 하였고, 이후 2023.12.1.국내에 특허출원 X를 기초로 특허법 제54조(조약에 의한 우선권 주장) 우선권 주장을 수반하면서 명세서에 발명의 설명에만 A, B를 기재하고 청구범위를 적지 않은 특허출원 Y를 하였다. 한편 乙은 2023.9.1.부터 발명 A를 국내에서 실시하고 있는 자이다. 다음 중 옳지 <u>않은</u> 것을 모두 고른 것은? (각 설명은 독립적임) 기출 25

> ㄱ. 甲이 乙에게 특허법 제65조(출원공개의 효과)에 따른 보상금지급청구를 하기 위해서는 甲의 특허출원 Y는 반드시 특허법 제64조(출원공개)에 따라 출원공개되어야 한다.
> ㄴ. 甲이 명세서에 청구범위를 적는 보정을 하지 않는 경우에 甲의 특허출원 Y가 특허법 제64조(출원공개)에 따라 출원공개되는 경우는 없다.
> ㄷ. 乙이 2024.3.30. 甲의 특허출원 Y에 대하여 심사청구를 하였고, 특허청장으로부터 이 심사청구의 취지가 甲에게 2024.4.1. 통지된 경우, 甲은 2024.7.1.까지 청구범위를 적는 보정을 하여야 한다.
> ㄹ. 乙이 甲의 발명의 내용을 알지 못하고 스스로 실시하는 것이라면, 乙은 甲에 대하여 특허법 제103조(선사용에 의한 통상실시권)에 따른 통상실시권을 가진다.

① ㄷ
② ㄹ
③ ㄴ, ㄷ
④ ㄷ, ㄹ
⑤ ㄱ, ㄴ, ㄹ

해설

ㄱ. (○) 특허법 제56조 제1항·제2항
ㄴ. (○) 특허법 제64조 제2항 제1호
ㄷ. (○) 특허법 제42조의2 제2항
ㄹ. (×) 선사용권을 가지지 못한다(파리조약 제4조 B.).

답 ②

17 우선권주장 출원에 관한 설명으로 옳지 않은 것은? (다툼이 있으면 판례에 따름) 기출 17

① 국내우선권주장 출원은 선출원의 증명서류를 제출할 필요가 없고, 조약우선권주장 출원은 산업통상자원부령으로 정하는 국가의 경우 최초로 출원한 국가의 정부가 인증하는 서류로서 특허출원의 연월일을 적은 서면, 발명의 명세서 및 도면의 등본만을 증명서류로 제출하면 인정된다.
② 국내우선권주장 출원에 있어서 선출원이 둘 이상인 경우에는 최선출원일부터 1년 4월 이내에 우선권주장을 보정하거나 추가할 수 있다.
③ '국내우선권주장의 기초가 된 선출원의 최초 명세서 등에 기재된 사항'이란, 우선권주장의 기초가 된 선출원의 최초 명세서 등에 명시적으로 기재되어 있는 사항이거나 또는 그 발명이 속하는 기술분야에서 통상의 지식을 가진 사람이라면 우선권주장일 당시의 기술상식에 비추어 보아 우선권주장을 수반하는 특허출원된 발명이 선출원의 최초 명세서 등에 기재되어 있는 것과 마찬가지라고 이해할 수 있는 사항이어야 한다.
④ 국내우선권주장을 수반하는 특허출원이 선출원의 출원일부터 1년 3월 이내에 취하된 때에는 그 우선권주장도 동시에 취하된 것으로 본다.
⑤ 국내우선권주장을 수반하는 특허출원된 발명 중 해당 우선권주장의 기초가 된 선출원의 출원서에 최초로 첨부된 명세서 또는 도면에 기재된 발명과 같은 발명에 관하여 특허법 제29조(특허요건) 제1항·제2항을 적용할 때는 그 특허출원은 그 선출원을 한 때에 특허출원한 것으로 본다.

해설

① (×) 조약우선권주장 출원은 산업통상자원부령으로 정하는 국가의 경우 최초로 출원한 국가의 특허출원번호 및 그 밖에 출원을 확인할 수 있는 정보 등 산업통상자원부령으로 정하는 사항을 적은 서면을 제출하여야 한다.
② (○) 제1항에 따른 요건을 갖추어 우선권 주장을 한 자는 선출원일(선출원이 둘 이상인 경우에는 최선출원일을 말한다)부터 1년 4개월 이내에 그 우선권 주장을 보정하거나 추가할 수 있다(특허법 제55조 제7항).
③ (○) '우선권 주장의 기초가 된 선출원의 최초 명세서 등에 기재된 사항'이란, 우선권 주장의 기초가 된 선출원의 최초 명세서 등에 명시적으로 기재되어 있는 사항이거나 또는 명시적인 기재가 없더라도 그 발명이 속하는 기술분야에서 통상의 지식을 가진 사람이라면 우선권 주장일 당시의 기술상식에 비추어 보아 우선권 주장을 수반하는 특허출원된 발명이 선출원의 최초 명세서 등에 기재되어 있는 것과 마찬가지라고 이해할 수 있는 사항이어야 한다(判例 2012후2999).
④ (○) 특허법 제56조 제3항
⑤ (○) 특허법 제55조 제3항

 ①

18

연구원 甲은 유전자에 관한 발명을 하여 2015년 5월 10일 미국에서 논문으로 발표를 하였다. 甲은 상업적 성공에 확신을 갖게 되어 2016년 3월 10일 미국 특허상표청에 특허출원을 하였다. 그 후 甲은 자신의 미국 특허출원에 근거하여 조약우선권을 주장하면서 2017년 2월 10일 한국 특허청에 특허출원을 하였다. 이에 관한 설명으로 옳은 것을 모두 고른 것은? (모든 일자는 공휴일이 아닌 것으로 함) 기출 17

> ㄱ. 甲은 미국 특허출원일인 2016년 3월 10일부터 1년 이내에 한국에 특허출원을 하였으므로, 다른 요건을 충족할 경우 조약에 의한 우선권을 인정받을 수 있다.
> ㄴ. 甲이 조약에 의한 우선권주장을 하지 않는 경우, 특허법 제30조(공지 등이 되지 아니한 발명으로 보는 경우)에 의한 신규성 의제를 인정받기 위해서는 2015년 5월 10일부터 1년 이내에 특허출원을 하여야 한다.
> ㄷ. 甲이 조약에 의한 우선권주장을 하는 경우, 조약우선권주장과 신규성 의제를 모두 인정받기 위해서는 2016년 3월 10일부터 1년 이내에 특허출원을 하면 된다.

① ㄱ
② ㄱ, ㄴ
③ ㄱ, ㄷ
④ ㄱ, ㄴ, ㄷ
⑤ ㄴ, ㄷ

해설

ㄷ. (×) 신규성 의제를 인정받기 위해서는 2015년 5월 10일부터 1년 이내에 출원하여야 한다.

답 ②

19 특허법상 우선권 주장 출원에 관한 설명으로 옳지 않은 것은? 기출 25

① 심사관은 특허법 제54조(조약에 의한 우선권 주장)에 따른 우선권 주장을 수반한 특허출원의 심사에 필요한 경우에는 기간을 정하여 그 우선권 주장의 기초가 되는 출원을 한 국가의 심사결과에 대한 자료(그 심사결과가 없는 경우에는 그 취지를 적은 의견서)를 산업통상자원부령으로 정하는 방법에 따라 제출할 것을 특허출원인에게 명할 수 있다.

② 변경출원의 경우에 특허법 제54조(조약에 의한 우선권 주장)에 따른 우선권을 주장하는 자는 같은 조 제4항에 따른 서류를 같은 조 제5항에 따른 기간이 지난 후에도 변경출원을 한 날부터 3개월 이내에 특허청장에게 제출할 수 있다.

③ 특허법 제55조(특허출원 등을 기초로 한 우선권 주장) 제1항에 따른 우선권 주장을 수반하는 특허출원의 출원인은 선출원의 출원일부터 1년 3개월이 지난 후에는 그 우선권 주장을 취하할 수 없다.

④ 특허법 제55조(특허출원 등을 기초로 한 우선권 주장) 제1항에 따른 우선권 주장을 수반하는 특허출원된 발명 중 해당 우선권 주장의 기초가 된 선출원의 출원서에 최초로 첨부된 명세서 또는 도면에 기재된 발명과 같은 발명에 관하여 제96조(특허권의 효력이 미치지 아니하는 범위) 제1항 제1호(연구 또는 시험을 하기 위한 특허발명의 실시)와 제3호(특허출원을 한 때부터 국내에 있는 물건)를 적용할 때에는 그 특허출원은 그 선출원을 한 때에 특허출원한 것으로 본다.

⑤ 특허법 제55조(특허출원 등을 기초로 한 우선권 주장)에 따른 우선권 주장을 수반하는 특허출원이 선출원의 출원일부터 1년 3개월 이내에 취하된 때에는 그 우선권 주장도 동시에 취하된 것으로 본다.

해설

① (○) 실용신안법 제11조
② (○) 특허법 제53조 제6항
③ (○) 특허법 제56조 제2항
④ (×) 특허법 제96조 제1항 제1호는 소급되지 않는다(특허법 제55조 제3항).
⑤ (○) 특허법 제56조 제3항

답 ④

20 甲은 면역 성분 A와 해독 성분 B를 1 : 2로 배합하는 "코로나19 항체치료제"를 개발하고, 이를 2020.5.1. 발간된 영문저널에 게재하였으며, 이 영문저널에 게재된 발명을 특허법 제42조의3(외국어특허출원 등)의 규정에 의하여 2021.2.1. 외국어특허출원을 하였다. 이 출원에 관한 설명으로 옳지 <u>않은</u> 것은? 기출 21

① 甲이 영어로 특허출원을 한 취지는 영어논문의 번역 및 국어명세서 작성에 시간이 많이 소요되는 것을 감안하여 선출원주의의 지위를 빨리 확보하기 위함이다.
② 甲이 영어로 특허출원을 할 수 있어도 영문저널에 게재되었기 때문에 특허법 제30조(공지 등이 되지 아니한 발명으로 보는 경우)의 규정을 적용받기 위해서는 특허출원서에 그 취지를 기재하여야 한다.
③ 甲은 영문저널에 게재된 날부터 1년 2개월이 되는 날까지 그 명세서 및 도면의 국어번역문을 제출해야 하고 그 국어번역문은 보정된 것으로 본다.
④ 甲이 특허출원서에 최초로 첨부된 명세서의 국어번역문을 제출하지 않은 경우, 그 외국어특허출원은 국어번역문의 제출 기한이 되는 날의 다음 날에 취하한 것으로 본다.
⑤ 甲이 성분 A와 B의 배합에 대하여 논문과 다르게 2 : 1로 잘못된 국어번역문을 제출한 경우, 그 잘못된 국어번역문을 정정할 수 있다.

▍해설

② (○) 특허법 제30조 제1항
③ (×) 출원인이 외국어특허출원을 한 경우 출원일로부터 1년 2개월 또는 제3자의 심사청구가 있어 그 취지를 통지받은 경우 그 통지를 받은 날로부터 3개월이 되는 날 중 빠른 날까지 명세서 및 도면의 국어번역문을 제출하여야 한다(특허법 제42조의3 제2항). 따라서 영문저널에 게재된 날이 아닌 출원일로부터 1년 2개월이 되는 날까지 국어번역문을 제출하여야 한다.
④ (○) 특허법 제42조의3 제4항
⑤ (○) 특허법 제42조의3 제6항

답 ③

21 甲은 자신이 발명한 '발명 X'에 관하여 학술논문으로 공개 발표하였고, 얼마 되지 않아 乙도 독자적으로 '발명 X'를 발명하여 학술논문으로 공개 발표하였다. 그 후, 甲은 제1국 특허청에 '발명 X'에 관하여 특허출원하였다. 甲은 우리나라 특허청에 제1국에서의 출원을 근거로 조약우선권을 주장하면서 '발명 X'에 관하여 특허출원하였다(이하 '국내출원 A'). 이어서 甲은 자신이 학술논문에 발표한 '발명 X'에 대하여 공지예외의 적용과 '국내출원 A'를 기초로 국내우선권을 주장하면서 출원하였다(이하 '국내출원 B'). 다음 설명에서 옳지 <u>않은</u> 것을 모두 고른 것은? [기출 22]

> ㄱ. 甲의 '국내출원 B'가 특허 등록된다면, 특허권은 '국내출원 A'의 출원일부터 20년이 되는 날까지 존속한다.
> ㄴ. 甲이 공지예외의 적용을 받기 위한 증명서류의 제출은, '국내출원 A'의 출원일로부터 30일 이내에 하여야 한다.
> ㄷ. 甲은 공지예외주장이 인정되더라도, '국내출원 B'의 '발명 X'에 대해서는 乙의 공개행위에 의하여 특허받지 못하게 된다.
> ㄹ. 甲의 '국내출원 A'는 제1국 출원일로부터 1년 3개월이 지난 시점에서 취하된 것으로 본다.

① ㄱ, ㄴ ② ㄴ, ㄷ
③ ㄷ, ㄹ ④ ㄱ, ㄴ, ㄹ
⑤ ㄴ, ㄷ, ㄹ

┃해설

ㄱ. (×) '국내출원 B'가 등록되면 '국내출원 B'의 출원일부터 20년이 되는 날까지 존속한다. 공지예외의 적용 및 우선권주장출원 시 출원일이 소급하지 않는다.
ㄴ. (×) '국내출원 B'의 공지예외의 적용을 받기 위한 증명서류의 제출은 '국내출원 B'의 출원일로부터 30일 이내에 하여야 한다.
ㄹ. (×) 조약우선권주장출원의 경우 국내우선권주장출원과 달리 선출원이 취하간주 되지 않는다.

 ④

22 실용신안등록출원에 관한 설명으로 옳은 것을 모두 고른 것은? 기출 21

ㄱ. 실용신안등록출원인이 외국어실용신안등록출원을 한 경우, 실용신안법 제11조(특허법의 준용)에 따라 준용되는 특허법 제47조(특허출원의 보정) 제1항 제1호 또는 제2호에 따른 기간에 정정을 하는 경우에는 마지막 정정 전에 한 모든 정정은 처음부터 없었던 것으로 본다.
ㄴ. 하나의 총괄적 고안의 개념을 형성하는 일 군(群)의 고안에 대하여도 하나의 실용신안등록출원으로 할 수 있다.
ㄷ. 특허심판원 소속 직원이었던 사람이 실용신안등록출원 중인 고안에 관하여 직무상 알게 된 비밀을 도용한 경우에는 5년 이하의 징역 또는 5천만원 이하의 벌금에 처한다.
ㄹ. 실용신안등록출원일부터 3년이 지난 후에도 변경출원을 한 날부터 30일 이내에는 누구든지 실용신안등록출원심사의 청구를 할 수 있다.

① ㄱ, ㄴ
② ㄱ, ㄷ
③ ㄱ, ㄴ, ㄹ
④ ㄴ, ㄷ, ㄹ
⑤ ㄱ, ㄴ, ㄷ, ㄹ

해설
ㄱ. (O) 특허법 제42조의3 제7항
ㄴ. (O) 실용신안법 제9조 제1항
ㄷ. (O) 특허법 제226조 제1항
ㄹ. (O) 실용신안법 제12조

답 ⑤

23 외국어 특허출원에 관한 설명으로 옳지 <u>않은</u> 것은? 기출 16

① 출원일을 인정받기 위해 특허출원서에 첨부하는 외국어 명세서 등에 기재할 수 있는 외국어는 영어로 한정된다.
② 명세서 등을 외국어로 적어 출원한 경우 출원인은 최우선일로부터 1년 2개월이 경과하면 국어번역문을 제출할 수 있는 기회를 갖지 못한다.
③ 국어번역문을 제출하면 특허출원서에 최초로 첨부한 외국어 명세서 등이 그 국어번역문에 따라 보정되는 효과를 갖는다.
④ 외국어 특허출원의 경우에도 출원일에 제출한 외국어 명세서 등에 기재되지 않은 사항을 포함한 국어번역문을 제출하여 심사 대상 명세서 등을 보정하거나, 일반 명세서 등의 보정에 따라 심사 대상 명세서 등에 원문에 없는 신규사항을 추가하는 것은 인정되지 않는다.
⑤ 도면(설명 부분에 한정)에 대한 국어번역문을 제출하지 않은 경우는 해당 특허출원을 취하한 것으로 보지 않지만, 도면의 기재요건 위반 등으로 보정 대상이 될 수 있다.

─────────────────────────────

해설

① (○) 특허법 제42조의3 제1항에서 "산업통상자원부령으로 정하는 언어"란 영어를 말한다(특허법 시행규칙 제21조의2).
② (×) 분할출원, 변경출원의 경우 출원일로부터 30일 이내에 국어번역문을 제출할 수 있다.
③ (○) 특허출원인이 제2항에 따른 국어번역문 또는 제3항 본문에 따른 새로운 국어번역문을 제출한 경우에는 외국어특허출원의 특허출원서에 최초로 첨부한 명세서 및 도면을 그 국어번역문에 따라 보정한 것으로 본다. 다만, 제3항 본문에 따라 새로운 국어번역문을 제출한 경우에는 마지막 국어번역문 전에 제출한 국어번역문에 따라 보정한 것으로 보는 모든 보정은 처음부터 없었던 것으로 본다(특허법 제42조의3 제5항).
④ (○) 특허법 제47조 제2항
⑤ (○) 심사기준

답 ②

CHAPTER 06 심 사

제1편 | 특허법. 특허 · 실용신안 심사기준

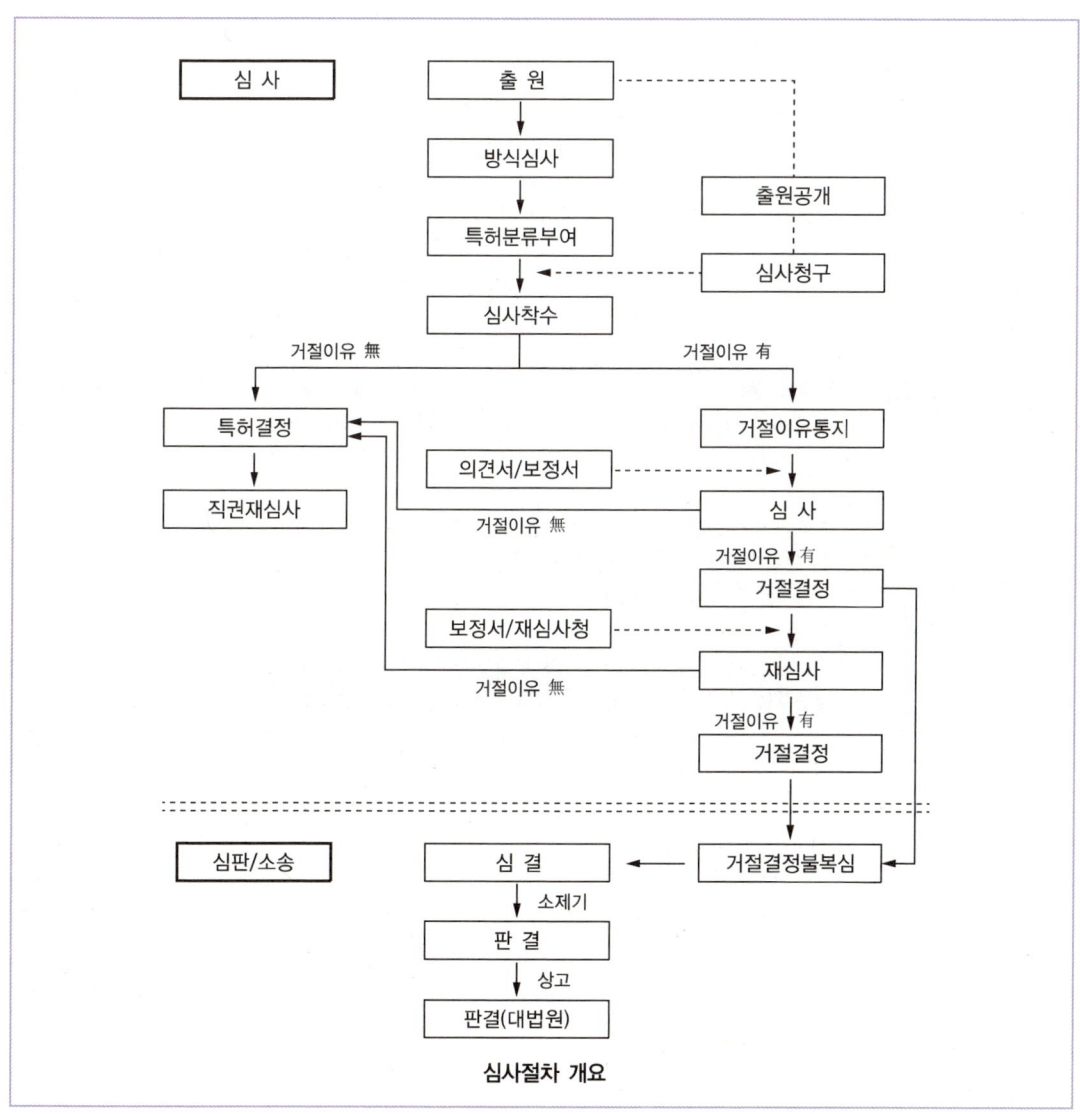

심사절차 개요

01 심사관과 전문기관

제57조(심사관에 의한 심사)
① 특허청장은 심사관에게 특허출원을 심사하게 한다.
② 심사관의 자격에 관하여 필요한 사항은 대통령령으로 정한다.

제58조(전문기관의 등록 등)
① 특허청장은 출원인이 특허출원할 때 필요하거나 특허출원을 심사(국제출원에 대한 국제조사 및 국제예비심사를 포함한다)할 때에 필요하다고 인정하면 제2항에 따른 전문기관에 미생물의 기탁·분양, 선행기술의 조사, 특허분류의 부여, 그 밖에 대통령령으로 정하는 업무를 의뢰할 수 있다.
② 제1항에 따라 특허청장이 의뢰하는 업무를 수행하려는 자는 특허청장에게 전문기관의 등록을 하여야 한다.
③ 특허청장은 제1항의 업무를 효과적으로 수행하기 위하여 필요하다고 인정하는 경우에는 대통령령으로 정하는 전담기관으로 하여금 전문기관 업무에 대한 관리 및 평가에 관한 업무를 대행하게 할 수 있다.
④ 특허청장은 특허출원의 심사에 필요하다고 인정하는 경우에는 관계 행정기관, 해당 기술분야의 전문기관 또는 특허에 관한 지식과 경험이 풍부한 사람에게 협조를 요청하거나 의견을 들을 수 있다. 이 경우 특허청장은 예산의 범위에서 수당 또는 비용을 지급할 수 있다.
⑤ 제2항에 따른 전문기관의 등록기준, 선행기술의 조사 또는 특허분류의 부여 등의 의뢰에 필요한 사항은 대통령령으로 정한다.

제58조의2(전문기관 등록의 취소 등)
① 특허청장은 제58조 제2항에 따른 전문기관이 제1호에 해당하는 경우에는 전문기관의 등록을 취소하여야 하며, 제2호 또는 제3호에 해당하는 경우에는 그 등록을 취소하거나 6개월 이내의 기간을 정하여 업무의 전부 또는 일부의 정지를 명할 수 있다.
  1. 거짓이나 그 밖의 부정한 방법으로 등록을 한 경우
  2. 제58조 제5항에 따른 등록기준에 맞지 아니하게 된 경우
  3. 전문기관의 임직원이 특허출원 중인 발명(국제출원 중인 발명을 포함한다)에 관하여 직무상 알게 된 비밀을 누설하거나 도용한 경우
② 특허청장은 제1항에 따라 전문기관의 등록을 취소하거나 업무정지를 명하려면 청문을 하여야 한다.
③ 제1항에 따른 처분의 세부 기준과 절차 등에 관하여 필요한 사항은 산업통상자원부령으로 정한다.

02 심사청구제도

(1) 법조문

제59조(특허출원심사의 청구)
① 특허출원에 대하여 심사청구가 있을 때에만 이를 심사한다. 기출 19
② 누구든지 특허출원에 대하여 특허출원일부터 3년 이내에 특허청장에게 출원심사의 청구를 할 수 있다. 다만, 특허출원인은 다음 각 호의 어느 하나에 해당하는 경우에는 출원심사의 청구를 할 수 없다. 기출 24·25
  1. 명세서에 청구범위를 적지 아니한 경우
  2. 제42조의3 제2항에 따른 국어번역문을 제출하지 아니한 경우(외국어특허출원의 경우로 한정한다)
③ 제34조 및 제35조에 따른 정당한 권리자의 특허출원, 분할출원, 분리출원 또는 변경출원에 관하여는 제2항에 따른 기간이 지난 후에도 정당한 권리자가 특허출원을 한 날, 분할출원을 한 날, 분리출원을 한 날, 또는 변경출원을 한 날부터 각각 30일 이내에 출원심사의 청구를 할 수 있다. 기출 22
④ 출원심사의 청구는 취하할 수 없다. 기출 19·24
⑤ 제2항 또는 제3항에 따라 출원심사의 청구를 할 수 있는 기간에 출원심사의 청구가 없으면 그 특허출원은 취하한 것으로 본다.

제60조(출원심사의 청구절차)
① 출원심사의 청구를 하려는 자는 다음 각 호의 사항을 적은 출원심사청구서를 특허청장에게 제출하여야 한다.
  1. 청구인의 성명 및 주소(법인인 경우에는 그 명칭 및 영업소의 소재지)
  2. 출원심사의 청구대상이 되는 특허출원의 표시
② 특허청장은 출원공개 전에 출원심사의 청구가 있으면 출원공개시에, 출원공개 후에 출원심사의 청구가 있으면 지체 없이 그 취지를 특허공보에 게재하여야 한다. 기출 15·24
③ 특허청장은 특허출원인이 아닌 자로부터 출원심사의 청구가 있으면 그 취지를 특허출원인에게 알려야 한다.
기출 19

제67조의3(특허출원의 회복)
① 특허출원인이 정당한 사유로 다음 각 호의 어느 하나에 해당하는 기간을 지키지 못하여 특허출원이 취하되거나 특허거절결정이 확정된 것으로 인정되는 경우에는 그 사유가 소멸한 날부터 2개월 이내에 출원심사의 청구 또는 재심사의 청구를 할 수 있다. 다만, 그 기간의 만료일부터 1년이 지난 때에는 그러하지 아니하다.
  1. 제59조 제2항 또는 제3항에 따라 출원심사의 청구를 할 수 있는 기간
  2. 제67조의2 제1항에 따라 재심사의 청구를 할 수 있는 기간
② 제1항에 따른 출원심사의 청구 또는 재심사의 청구가 있는 경우에는 제59조 제5항에도 불구하고 그 특허출원은 취하되지 아니한 것으로 보거나 특허거절결정이 확정되지 아니한 것으로 본다.

(2) 의의 및 취지

특허출원은 심사청구가 있는 때에 한하여 심사한다. 심사를 받으려는 출원에 대해서만 심사하여 심사 대상 적체를 해소하고 심사 지연 방지를 위함이다.

(3) 요 건

① **주체적 요건**
  ㉠ 출원 계속 중인 발명에 대하여 누구든지 심사청구할 수 있다. 다만, 미성년자 등 행위무능력자는 법정대리인에 의해 절차를 밟아야 하며, 법인이 아닌 사단이나 재단이라도 대표자나 관리인이 정해져 있는 경우 그 재단이나 사단의 이름으로 심사청구할 수 있다.
  ㉡ 특허출원인은 ⅰ) 명세서에 청구범위를 적지 아니한 경우, ⅱ) 외국어특허출원의 번역문을 제출하지 않은 경우 심사청구를 할 수 없다. 공동출원인은 각자 심사청구를 할 수 있으며, 임의대리인 또한 특별수권 없이 심사청구가 가능하다.

② **시기적 요건**
  ㉠ 원칙 : 출원일로부터 3년 이내에 심사청구할 수 있다(法 제59조 제2항).
  ㉡ 예 외
    - 분할출원, 변경출원 및 정당권리자출원의 경우 원출원일로부터 3년 이내에 심사청구하는 것이 원칙이나, 원출원일로부터 3년이 지난 후라도 분할출원일, 분리출원일, 변경출원일 및 정당권리자 출원일로부터 30일 이내에 심사청구를 할 수 있다(法 제59조 제3항).
    - 조약우선권주장출원 및 국내우선권주장출원의 경우 심사청구기간은 우선권주장출원일을 기준으로 한다.

③ **객체적 요건** : 특허출원에 대하여 심사를 청구하기 위해서는 해당 출원절차가 특허청에 계속 중이어야 한다. 따라서 출원이 무효, 취하 또는 포기된 때에는 심사청구를 할 수 없다.

(4) 절 차

① 심사청구하려는 자는 특허법시행규칙 별지 제22호 서식의 심사청구서를 특허청장에게 제출하고 심사청구료를 납부하여야 한다. 출원인이 아닌 자가 심사청구를 한 경우 명세서를 보정하여 청구항이 증가한 경우에는 증가한 청구항에 따른 심사청구료는 출원인이 납부하여야 한다. 증가한 심사청구료를 납부하지 않는 경우 출원인에게 보정명령 후 해당 명세서의 보정절차를 무효로 할 수 있다(法 제16조 제1항).

② 특허청장은 출원공개 전에 출원심사의 청구가 있으면 출원공개시에, 출원공개 후에 출원심사의 청구가 있으면 지체 없이 그 취지를 특허공보에 게재하여야 한다(法 제60조 제2항). 또한 특허출원인이 아닌 자로부터 출원심사의 청구가 있으면 그 취지를 특허출원인에게 알려야 한다(法 제60조 제3항).

(5) 효 과

① 심사청구가 있으면 심사청구의 순서에 따라 실체심사가 이루어진다(시행규칙 제38조 제1항). 다만, 분할출원 및 변경출원의 경우 원출원의 심사청구 순위에 따르며, 우선심사의 대상에 해당할 경우 심사청구순서에 관계없이 먼저 심사를 진행한다(法 제61조).
② 심사청구기간을 경과하여 심사청구서를 제출하면 반려한다(시행규칙 제11조 제1항).
③ 출원일로부터 3년 이내에 심사청구가 없는 경우 그 특허출원은 취하한 것으로 본다(法 제59조 제5항). 다만, 특허출원인이 정당한 사유로 심사청구기간을 지키지 못하여 특허출원이 취하되거나 특허거절결정이 확정된 것으로 인정되는 경우에는 그 사유가 소멸한 날부터 2개월 및 그 기간의 만료일로부터 1년 이내에 출원심사의 청구 또는 재심사의 청구를 할 수 있으며, 이러한 경우 그 특허출원은 취하되지 아니한 것을 본다(法 제67조의3).

(6) 특허여부결정의 보류

심사관은 특허출원심사의 청구 후 출원인이 특허출원일로부터 6개월 이내에 결정보류신청서를 특허청장에게 제출하는 경우에는 특허출원일로부터 12개월이 경과하기 전까지 특허여부결정을 보류할 수 있다. 다만, ⅰ) 특허출원이 분할출원 또는 변경출원이거나, ⅱ) 특허출원에 대해 우선심사결정을 한 경우, ⅲ) 보류신청 전 특허거절결정서 또는 특허결정서를 통지한 경우 특허여부결정을 보류할 수 없다(시행규칙 제40조의2).

(7) 특허출원심사의 유예

① **출원심사의 유예신청** : 특허출원인이 출원심사청구를 한 경우로서 출원심사 청구일로부터 24개월이 지난 후에 심사를 받으려면 출원심사청구일로부터 9개월 이내에 심사를 받으려는 시점(출원일로부터 5년 이내에 한정하며, 이하 "유예희망시점"이라 한다)을 적은 심사유예신청서를 특허청장에게 제출할 수 있다. 다만, 특허출원서 또는 심사청구서에 그 취지 및 유예희망시점을 적음으로써 그 신청서를 갈음할 수 있다(시행규칙 제40조의3 제1항).
② **심사유예신청 취하 또는 변경** : 특허출원인이 심사유예신청을 취하하거나 유예희망시점을 변경하려면 심사유예신청서를 제출한 날로부터 2개월 이내에 취하서 또는 보정서를 제출하여야 한다(시행규칙 제40조의3 제2항).
③ **심사유예신청의 예외** : 특허출원이 ⅰ) 분할출원, 분리출원, 변경출원 또는 정당권리자 출원인 경우, ⅱ) 특허출원에 대해 우선심사결정을 한 경우, ⅲ) 유예신청 전 거절이유 또는 특허결정서를 통지한 경우에는 심사유예신청을 할 수 없다(시행규칙 제40조의3 제3항).

03 우선심사제도

(1) 법조문

특허법 제61조(우선심사)
특허청장은 다음 각 호의 어느 하나에 해당하는 특허출원에 대해서는 심사관에게 다른 특허출원에 우선하여 심사하게 할 수 있다.
1. 제64조에 따른 출원공개 후 특허출원인이 아닌 자가 업(業)으로서 특허출원된 발명을 실시하고 있다고 인정되는 경우
2. 대통령령으로 정하는 특허출원으로서 긴급하게 처리할 필요가 있다고 인정되는 경우
3. 대통령령으로 정하는 특허출원으로서 재난의 예방·대응·복구 등에 필요하다고 인정되는 경우

특허법 시행령 제9조(우선심사의 대상)
① 법 제61조 제2호에서 "대통령령으로 정하는 특허출원"이란 다음 각 호의 어느 하나에 해당하는 것으로서 특허청장이 정하는 특허출원을 말한다. 〈개정 2024.8.6.〉
1. 방위산업분야의 특허출원
2. 「기후위기 대응을 위한 탄소중립·녹색성장 기본법」에 따른 녹색기술과 직접 관련된 특허출원
2의2. 인공지능 또는 사물인터넷 등 4차 산업혁명과 관련된 기술을 활용한 특허출원
2의3. 반도체 등 국민경제 및 국가경쟁력 강화에 중요한 첨단기술과 관련된 특허출원(특허청장이 우선심사의 구체적인 대상과 신청 기간을 정하여 공고하는 특허출원으로 한정한다)
3. 수출촉진에 직접 관련된 특허출원
4. 국가 또는 지방자치단체의 직무에 관한 특허출원(「고등교육법」에 따른 국·공립학교의 직무에 관한 특허출원으로서 「기술의 이전 및 사업화 촉진에 관한 법률」 제11조 제1항에 따라 국·공립학교 안에 설치된 기술이전·사업화 전담조직에 의한 특허출원을 포함한다)
5. 「벤처기업육성에 관한 특별법」 제25조에 따른 벤처기업의 확인을 받은 기업의 특허출원 기출 25
5의2. 「중소기업기술혁신 촉진법」 제15조에 따라 기술혁신형 중소기업으로 선정된 기업의 특허출원
5의3. 「발명진흥법」 제11조의2에 따라 직무발명보상 우수기업으로 선정된 기업의 특허출원
5의4. 「발명진흥법」 제24조의2에 따라 지식재산 경영인증을 받은 중소기업의 특허출원
6. 「국가연구개발혁신법」 제2조 제1호에 따른 국가연구개발사업의 결과물에 관한 특허출원
7. 조약에 의한 우선권주장의 기초가 되는 특허출원(당해 특허출원을 기초로 하는 우선권주장에 의하여 외국특허청에서 특허에 관한 절차가 진행중인 것에 한정한다)
7의2. 법 제198조의2에 따라 특허청이 「특허협력조약」에 따른 국제조사기관으로서 국제조사를 수행한 국제특허출원
8. 특허출원인이 특허출원된 발명을 실시하고 있거나 실시준비중인 특허출원
9. 삭제 〈2019.7.9.〉
10. 특허청장이 외국특허청장과 우선심사하기로 합의한 특허출원
11. 삭제 〈2023.12.19.〉
12. 삭제 〈2023.12.19.〉

② 법 제61조 제3호에서 "대통령령으로 정하는 특허출원"이란 다음 각 호의 어느 하나에 해당하는 특허출원을 말한다. 〈신설 2021.6.22., 2023.12.19.〉
1. 다음 각 목의 어느 하나에 해당하는 것으로서 특허청장이 정하여 고시하는 특허출원
   가. 「감염병의 예방 및 관리에 관한 법률」 제2조 제21호에 따른 의료·방역 물품과 직접 관련된 특허출원
   나. 「재난안전산업 진흥법」 제16조에 따라 인증을 받은 재난안전제품과 직접 관련된 특허출원
2. 재난으로 인한 긴급한 상황에 대응하기 위해 특허청장이 우선심사 신청 기간을 정해 공고한 대상에 해당하는 특허출원

(2) 의의 및 취지

특허법 제61조 각 호에 해당하는 특허출원에 대하여 심사청구순서와 관계없이 우선하여 심사하는 제도이다. 출원공개 후 출원인이 아닌 자가 업으로 특허출원된 발명을 실시하거나 공익상 긴급처리가 필요하다고 인정되는 출원에 대하여 출원인 및 국익에 대한 적절한 보호방안을 마련하기 위함이다.

(3) 요 건

① **주체적 요건** : 누구든지 우선심사를 신청할 수 있다. 다만, 국가 또는 지방자치단체의 직무에 관한 출원에 대해서는 국가 또는 지방자치단체만 우선심사신청이 가능하며, 행위무능력자는 법정대리인에 의해 절차를 밟아야 한다. 법인이 아닌 사단의 경우 대표자의 이름으로 우선심사신청을 할 수 있다.

② **시기적 요건**
   ㉠ i) 제3자의 출원발명의 실시의 경우 출원공개되고 심사청구가 되어있는 출원에 대하여 우선심사청구가 가능하며, ii) 긴급처리가 필요한 경우 심사청구가 되어있으면 우선심사청구를 할 수 있다.
   ㉡ 우선심사는 심사청구가 되어있는 출원을 대상으로 하나, 우선심사청구와 동시에 심사청구를 할 수 있다.

③ **객체적 요건**
   ㉠ 출원공개 후 특허출원인이 아닌 자가 업으로서 특허출원된 발명을 실시하고 있다고 인정되는 경우(法 제61조 제1호)
   ㉡ 대통령령으로 정하는 특허출원으로서 긴급하게 처리할 필요가 있다고 인정되는 경우(法 제61조 제2호, 특허법 시행령 제9조)
   ㉢ 타법의 규정
   • 규제자유특구 및 지역특화발전특구에 관한 규제특례법 제55조에 따라 특허청장은 특화사업과 직접 관련된 특허출원에 대해서는 심사관으로 하여금 우선하여 심사하게 할 수 있다.
   • 첨단의료복합단지 육성에 관한 특별법 제26조에 따라 특허청장은 입주의료연구개발기관이 제출한 첨단의료복합단지 안 의료연구개발과 관련된 특허에 대해서는 심사관으로 하여금 우선하여 심사하게 할 수 있다.

(4) 절 차

① 우선심사를 신청하는 자는 우선심사신청서를 특허청장에게 제출해야 하며, 특허청장은 우선심사 신청이 있는 때에는 우선심사여부를 결정하여야 한다(시행령 제10조 제1항·제2항).
② 우선심사의 대상에 해당하는 발명은 청구범위에 기재되어있어야 하며, 청구범위에 다수의 청구항이 있고 청구항 중 하나가 우선심사대상으로 인정되는 경우 출원 전체를 우선심사대상으로 인정한다.

(5) 효 과

① 우선심사결정이 있으면 그 특허출원에 대해서는 심사청구의 순위와 관계없이 우선하여 심사한다.
② 우선심사결정의 통지가 있는 경우 우선심사신청을 취하할 수 없으며, 우선심사여부의 결정에 대해서는 불복할 수 없다.

04 정보제공제도

(1) 법조문

> **제63조의2(특허출원에 대한 정보제공)**
> 특허출원에 관하여 누구든지 그 특허출원이 거절이유에 해당하여 특허될 수 없다는 취지의 정보를 증거와 함께 특허청장에게 제공할 수 있다. 다만, 제42조 제3항 제2호, 같은 조 제8항 및 제45조에 따른 요건을 갖추지 아니한 경우에는 그러하지 아니하다. 기출 25

(2) 의의 및 취지

특허출원에 관하여 누구든지 그 특허출원이 거절이유에 해당되어 특허될 수 없다는 취지의 정보를 증거와 함께 특허청장에게 제공할 수 있다. 공중의 심사협력을 통해 심사의 질적향상에 기여하도록 하기 위함이다.

(3) 요 건

① **주체적 요건** : 누구든지 정보제공을 할 수 있다.
② **시기적 요건** : 특허출원이 특허청 및 특허심판원에 계속 중인 경우에는 언제든지 정보제공을 할 수 있다. 따라서 출원이 무효, 취하, 포기, 거절결정 확정 또는 설정등록된 경우라면 정보제공을 할 수 없다.

③ 객체적 요건 : 원칙적으로 거절이유(法 제62조)에 해당할 경우 정보제공이 가능하나, 제42조 제3항 제2호(배경기술), 제42조 제8항(다항제 기재 방법) 및 제45조(하나의 특허출원의 범위)는 형식적 하자에 불과하므로 정보제공사유에 해당하지 않는다.

(4) 절 차

정보제공자는 정보제출서에 증거서류를 첨부하여 특허청장에게 제출하여야 한다(시행규칙 제45조).

(5) 효 과

심사관은 정보제공자가 제출한 자료를 참고하여 심사를 진행한다. 다만, 심사관은 심사시 반드시 제공받은 정보를 활용하거나 정보제공자에게 응답할 의무가 없다. 심사실무상 정보제공이 있을 경우 심사관은 특허출원의 등록결정여부 및 제공된 정보의 활용여부를 정보제공자에게 통보하도록 하고 있다.

05 출원공개제도

(1) 법조문

> **제64조(출원공개)**
> ① 특허청장은 다음 각 호의 구분에 따른 날부터 1년 6개월이 지난 후 또는 그 전이라도 특허출원인이 신청한 경우에는 산업통상자원부령으로 정하는 바에 따라 그 특허출원에 관하여 특허공보에 게재하여 출원공개를 하여야 한다.
> 　1. 제54조 제1항에 따른 우선권주장을 수반하는 특허출원의 경우 : 그 우선권주장의 기초가 된 출원일
> 　2. 제55조 제1항에 따른 우선권주장을 수반하는 특허출원의 경우 : 선출원의 출원일
> 　3. 제54조 제1항 또는 제55조 제1항에 따른 둘 이상의 우선권주장을 수반하는 특허출원의 경우 : 해당 우선권주장의 기초가 된 출원일 중 최우선일
> 　4. 제1호부터 제3호까지의 어느 하나에 해당하지 아니하는 특허출원의 경우 : 그 특허출원일
> ② 제1항에도 불구하고 다음 각 호의 어느 하나에 해당하는 경우에는 출원공개를 하지 아니한다.
> 　1. 명세서에 청구범위를 적지 아니한 경우 기출 25
> 　2. 제42조의3 제2항에 따른 국어번역문을 제출하지 아니한 경우(외국어특허출원의 경우로 한정한다)
> 　3. 제87조 제3항에 따라 등록공고를 한 특허의 경우
> ③ 제41조 제1항에 따라 비밀취급된 특허출원의 발명에 대해서는 그 발명의 비밀취급이 해제될 때까지 그 특허출원의 출원공개를 보류하여야 하며, 그 발명의 비밀취급이 해제된 경우에는 지체 없이 제1항에 따라 출원공개를 하여야 한다. 다만, 그 특허출원이 설정등록된 경우에는 출원공개를 하지 아니한다.
> ④ 제1항의 출원공개에 관하여 출원인의 성명·주소 및 출원번호 등 특허공보에 게재할 사항은 대통령령으로 정한다.

(2) 의의 및 취지

출원공개제도는 특허출원 후 일정기간이 경과한 때에 출원심사여부와 관계없이 출원된 내용을 공개함으로써 중복 투자 및 중복 연구를 방지하기 위하여 도입된 제도이다.

(3) 출원공개 시기

① 원칙적으로 출원이 공개되는 시기는 특허출원일로부터 1년 6개월이 경과된 때이다.
② 조약우선권주장출원 또는 국내우선권주장출원은 최선일로부터 1년 6개월을 기산하며, 분할출원이나 변경출원은 원출원일로부터 출원 공개시점을 기산한다. 정당권리자출원은 무권리자의 출원일로부터 출원 공개시점을 기산한다.
③ 출원인이 특허법시행규칙 별지 제25호 서식의 조기공개신청서를 제출한 경우 출원일로부터 1년 6개월이 경과하기 전이라도 해당 출원을 공개한다.

(4) 출원공개 대상

① 원칙 : 출원계속 중인 모든 특허출원은 원칙적으로 출원공개의 대상이 된다.
② 예외(法 제64조 제2항 각 호)
　㉠ 명세서에 청구범위를 적지 아니한 경우
　㉡ 외국어특허출원의 국어번역문을 제출하지 아니한 경우
　㉢ 제87조 제3항에 따라 등록공고를 한 특허의 경우

(5) 출원공개 방법

출원공개는 특허청의 인터넷공보를 통해 이루어지며, DVD-ROM 및 한국특허정보원의 홈페이지를 통해서도 공개된다.

(6) 출원공개의 효과

① (경고) 출원인은 출원공개가 있은 후 그 출원공개의 발명을 업으로 실시하는 자에게 특허출원된 발명임을 서면으로 경고할 수 있다(法 제65조 제1항).
② (보상금청구권) 특허출원인은 경고를 받거나 출원공개된 발명임을 알고 그 출원발명을 업으로 실시한 자에게 보상금의 지급을 청구할 수 있다(法 제65조 제2항).
③ (공지) 출원이 공개되는 경우 특허법 제29조 제1항에 해당되어 공지기술로서의 지위를 획득한다.
④ (확대된 선출원의 지위) 출원이 공개되는 경우 확대된 선출원 규정의 다른 특허출원으로서의 지위를 가지게 된다.

⑤ (우선심사) 출원공개 후 출원인이 아닌 자가 업으로서 특허출원된 발명을 실시하고 있다고 인정되는 경우에는 우선심사를 신청할 수 있다(法 제61조 제1호).

⑥ (서류 열람 신청) 특허출원, 특허취소신청, 심판 등에 관한 증명, 서류의 등본 또는 초본의 발급, 특허원부 및 서류의 열람 또는 복사가 필요한 자는 특허청장 또는 특허심판원장에게 서류의 열람 등의 허가를 신청할 수 있다. 다만, 출원공개 또는 설정등록되지 아니한 특허출원에 관한 서류는 해당서류를 비밀로 유지할 필요가 있다고 인정되는 경우 서류의 열람 또는 복사를 허가하지 아니할 수 있다(法 제216조).

⑦ (미생물 분양) 기탁된 미생물에 관계되는 발명을 시험 또는 연구를 위하여 실시하려는 자는 ⅰ) 그 미생물에 관계된 발명에 대한 특허출원이 공개 또는 설정등록된 경우, ⅱ) 거절이유통지에 따른 의견서를 작성하기 위해 필요한 경우, ⅲ) 미생물을 기탁한 자로부터 허락을 받은 경우 해당 미생물을 분양받을 수 있다(시행령 제4조 제1항·제2항).

(7) 국제특허출원의 공개

① **국제공개** : 국제출원은 우선일로부터 1년 6개월이 경과하면 국제사무국에 의해 국제공개된다. 다만, 출원인에 의한 조기공개의 신청도 가능하다.

② **국내공개** : 국제특허출원은 우선일로부터 국내서면제출기간인 2년 7개월이 지난 때 국내에서 출원공개된다. 다만, 국내서면제출기간에 심사청구를 한 국제특허출원으로서 국제공개된 경우에는 우선일로부터 1년 6개월이 되는 날 또는 출원심사의 청구일 중 늦은날 국내공개된다. 국어로 출원한 국제특허출원에 관하여는 국제공개가 된 때에 출원공개가 된 것으로 본다.

(8) 조기공개제도

① **조기공개의 신청** : 특허출원일로부터 1년 6개월이 경과하기 전에 특허출원의 공개를 신청하려는 자(출원인)는 별지 제25호 서식의 조기공개신청서를 특허청장에게 제출하여야 한다. 다만, 특허출원과 동시에 공개를 신청하려는 경우(청구범위가 기재된 명세서가 첨부된 경우만 해당한다)에는 출원서에 그 취지를 기재함으로써 신청서의 제출에 갈음할 수 있다. 외국어특허출원 또는 국제특허출원의 경우에는 국어번역문을 제출한 후가 아니면 조기공개신청을 할 수 없다(시행규칙 제44조 제1항·제2항).

② **조기공개신청의 취하** : 조기공개신청을 취하하고자 하는 경우에는 조기공개신청서를 제출한 날로부터 10일 이내에 별지 제12호 서식의 취하서를 제출하여야 한다(시행규칙 제44조 제3항).

06 보상금청구권

(1) 법조문

> **제65조(출원공개의 효과)**
> ① 특허출원인은 출원공개가 있은 후 그 특허출원된 발명을 업으로서 실시한 자에게 특허출원된 발명임을 서면으로 경고할 수 있다.
> ② 특허출원인은 제1항에 따른 경고를 받거나 제64조에 따라 출원공개된 발명임을 알고 그 특허출원된 발명을 업으로 실시한 자에게 그 경고를 받거나 출원공개된 발명임을 알았을 때부터 특허권의 설정등록을 할 때까지의 기간 동안 그 특허발명의 실시에 대하여 합리적으로 받을 수 있는 금액에 상당하는 보상금의 지급을 청구할 수 있다. 기출 15
> ③ 제2항에 따른 청구권은 그 특허출원된 발명에 대한 특허권이 설정등록된 후에만 행사할 수 있다. 기출 24
> ④ 제2항에 따른 청구권의 행사는 특허권의 행사에 영향을 미치지 아니한다. 기출 24
> ⑤ 제2항에 따른 청구권을 행사하는 경우에는 제127조, 제129조, 제132조 및 「민법」 제760조, 제766조를 준용한다. 이 경우 「민법」 제766조 제1항 중 "피해자나 그 법정대리인이 그 손해 및 가해자를 안 날"은 "해당 특허권의 설정등록일"로 본다.
> ⑥ 제64조에 따른 출원공개 후 다음 각 호의 어느 하나에 해당하는 경우에는 제2항에 따른 청구권은 처음부터 발생하지 아니한 것으로 본다. 기출 24
> 1. 특허출원이 포기·무효 또는 취하된 경우
> 2. 특허출원에 대하여 제62조에 따른 특허거절결정이 확정된 경우
> 3. 제132조의13 제1항에 따른 특허취소결정이 확정된 경우 기출 18
> 4. 제133조에 따른 특허를 무효로 한다는 심결(같은 조 제1항 제4호에 따른 경우는 제외한다)이 확정된 경우
> 기출 22

(2) 의의 및 취지

특허출원인은 출원공개가 있은 후 그 특허출원된 발명을 업으로서 실시한 자에게 특허출원된 발명임을 서면으로 경고하거나 출원공개된 발명임을 알았을 때부터 특허권의 설정등록을 할 때까지의 기간 동안 그 특허발명의 실시에 대하여 합리적으로 받을 수 있는 금액에 상당하는 보상금의 지급을 청구할 수 있는 권리이다. 특허권 발생 전 출원과정에서의 출원인의 권리를 보호하기 위함이다.

(3) 법적 성질

ⅰ) 정당권원 없는 제3자의 실시에 대해 출원인에게 보상금을 인정하는 채권적 권리, ⅱ) 출원계속의 종료 또는 특허권의 소멸에 의해 소급하여 소멸하는 해제조건부 권리, ⅲ) 특허권과 별개로 행사하는 독립적 권리의 성질을 가진다.

(4) 발생요건
① 특허출원이 출원공개될 것
  ㉠ 특허출원이 출원공개가 되지 않은 상태라면 보상금청구권이 발생할 여지가 없으며, 출원인은 조기공개신청을 통해 보상금청구권의 발생을 앞당길 수 있다.
  ㉡ 국제특허출원의 경우 출원공개(국어로 출원한 경우 국제공개)가 있은 후 보상금 청구권의 발생이 가능하다.
② 정당권원 없는 제3자가 특허출원된 발명을 업으로서 실시할 것
③ 제3자가 특허출원인으로부터 경고를 받거나 출원공개된 발명임을 알았을 것
  ㉠ 경고란 자신의 권리를 침해하고 있다고 추정되는 상대방에 대해 침해당한 권리의 존재를 알리는 의사의 표현으로서 사실의 통지를 말한다. 일반적으로 내용증명우편에 의해 행해진다.
  ㉡ 출원인은 제3자가 출원발명을 실시하면서 출원공개된 발명임을 알고 있었더라면 경고를 하지 않아도 된다.

(5) 보상금 청구권의 효과
① **발생범위** : 출원발명을 업으로 실시한 자가 경고를 받거나 출원공개된 발명임을 알았을 때부터 특허권의 설정등록을 할 때까지의 기간동안 특허발명의 실시에 대하여 합리적으로 받을 수 있는 금액에 상당하는 보상금의 지급을 청구할 수 있다(法 제65조 제2항).
② **행사시기 및 특허권과의 관계** : 보상금청구권은 특허권이 설정등록된 후에만 행사할 수 있다(法 제65조 제3항). 또한 보상금청구권의 행사는 특허권의 행사에 영향을 미치지 아니한다(法 제65조 제4항).
③ **준용규정** : ⅰ) 특허법상 간접침해(法 제127조), 생산방법의 추정(法 제129조), 자료의 제출(法 제132조), ⅱ) 민법상 공동불법행위의 책임(민법 제760조), 소멸시효(민법 제766조)를 준용한다(法 제65조 제5항).

(6) 보상금청구권의 소멸
① 특허출원이 포기·무효 또는 취하, 특허거절결정 확정, 특허취소결정 확정, 특허무효심결 확정(후발적 무효사유 제외)된 경우 보상금청구권은 처음부터 발생하지 아니한 것으로 본다(法 제65조 제6항).
② 민법상 소멸시효규정을 준용하므로, 특허권 설정등록일로부터 3년 또는 침해행위일로부터 10년이 지난 경우에는 보상금청구권이 소멸한다.
③ 보상금청구권을 행사한 후 특허권이 소멸되었을 경우, 원칙적으로 특허권자에게 부당이득반환청구가 가능하며, 특허권자에게 고의 또는 과실이 인정될 경우 손해배상청구가 가능할 것이다.

07 출원 절차의 종료

(1) 법조문

제62조(특허거절결정)
심사관은 특허출원이 다음 각 호의 어느 하나의 거절이유(이하 "거절이유"라 한다)에 해당하는 경우에는 특허거절결정을 하여야 한다.
1. 제25조·제29조·제32조·제36조 제1항부터 제3항까지 또는 제44조에 따라 특허를 받을 수 없는 경우 〔기출 23〕
2. 제33조 제1항 본문에 따른 특허를 받을 수 있는 권리를 가지지 아니하거나 같은 항 단서에 따라 특허를 받을 수 없는 경우
3. 조약을 위반한 경우
4. 제42조 제3항·제4항·제8항 또는 제45조에 따른 요건을 갖추지 아니한 경우
5. 제47조 제2항에 따른 범위를 벗어난 보정인 경우
6. 제52조 제1항에 따른 범위를 벗어난 분할출원 또는 제52조의2 제1항에 따른 범위를 벗어나는 분리출원인 경우
7. 제53조 제1항에 따른 범위를 벗어난 변경출원인 경우

제63조(거절이유통지)
① 심사관은 다음 각 호의 어느 하나에 해당하는 경우 특허출원인에게 거절이유를 통지하고, 기간을 정하여 의견서를 제출할 수 있는 기회를 주어야 한다. 다만, 제51조 제1항에 따라 각하결정을 하려는 경우에는 그러하지 아니하다. 〔기출 18·20·22〕
1. 제62조에 따라 특허거절결정을 하려는 경우
2. 제66조의3 제1항에 따른 직권 재심사를 하여 취소된 특허결정 전에 이미 통지한 거절이유로 특허거절결정을 하려는 경우
② 심사관은 청구범위에 둘 이상의 청구항이 있는 특허출원에 대하여 제1항 본문에 따라 거절이유를 통지할 때에는 그 통지서에 거절되는 청구항을 명확히 밝히고, 그 청구항에 관한 거절이유를 구체적으로 적어야 한다. 〔기출 20〕

제63조의3(외국의 심사결과 제출명령)
심사관은 제54조에 따른 우선권주장을 수반한 특허출원의 심사에 필요한 경우에는 기간을 정하여 그 우선권주장의 기초가 되는 출원을 한 국가의 심사결과에 대한 자료(그 심사결과가 없는 경우에는 그 취지를 적은 의견서를 말한다)를 산업통상자원부령으로 정하는 방법에 따라 제출할 것을 특허출원인에게 명할 수 있다. 〔기출 24〕

제66조(특허결정)
심사관은 특허출원에 대하여 거절이유를 발견할 수 없으면 특허결정을 하여야 한다.

제67조(특허여부결정의 방식)
① 특허결정 및 특허거절결정(이하 "특허여부결정"이라 한다)은 서면으로 하여야 하며, 그 이유를 붙여야 한다.
② 특허청장은 특허여부결정이 있는 경우에는 그 결정의 등본을 특허출원인에게 송달하여야 한다.

제78조(심사 또는 소송절차의 중지)
① 특허출원의 심사에 필요한 경우에는 특허취소신청에 대한 결정이나 심결이 확정될 때까지 또는 소송절차가 완결될 때까지 그 심사절차를 중지할 수 있다.
② 법원은 소송에 필요한 경우에는 특허출원에 대한 특허여부결정이 확정될 때까지 그 소송절차를 중지할 수 있다.
③ 제1항 및 제2항에 따른 중지에 대해서는 불복할 수 없다.

(2) 특허출원의 거절이유(法 제62조)

① **주체적 요건 위반** : 외국인의 권리능력(法 제25조), 특허를 받을 수 있는 권리를 가지는 자(法 제33조 제1항 본문), 특허를 받을 수 없는 자(法 제33조 제1항 단서), 공동출원(法 제44조)

② **특허요건 위반** : 산업상 이용가능성(法 제29조 제1항 본문), 신규성(法 제29조 제1항 각 호), 진보성(法 제29조 제2항), 확대된 선출원의 지위(法 제29조 제3항), 불특허발명(法 제32조), 선출원(法 제36조), 발명의 설명(法 제42조 제3항), 청구범위(法 제42조 제4항), 다항제 기재(法 제42조 제8항), 하나의 특허출원의 범위(法 제45조), 신규사항추가금지(法 제47조 제2항), 범위를 벗어난 분할출원(法 제52조 제1항), 범위를 벗어난 분리출원(法 제52조의2 제1항), 범위를 벗어난 변경출원(法 제53조 제1항)

③ **조약을 위반한 경우** : 제62조 각 호에 해당되는 거절이유는 정보제공(法 제63조의2), 특허무효사유(法 제133조)에 해당한다. 다만, 발명의 설명 중 배경기술 기재(法 제42조 제3항 제2호), 다항제 기재(法 제42조 제8항), 하나의 특허출원의 범위(法 제45조) 위반 시 절차적 사유에 불과하여 거절이유에만 해당한다.

(3) 의견서 제출기회 부여

① 심사관은 출원인에게 거절이유를 통지한 경우 기간을 정하여 의견서를 제출할 수 있는 기회를 주어야 한다. 다만, 보정각하 결정에 대해서는 그러하지 아니하다(法 제63조 제1항).
② 의견서 제출기회의 부여는 심판의 적정을 기하여 심판제도의 신용을 유지하기 위하여 준수하지 않으면 안 된다는 공익상의 요구에 기인하는 이른바 강행규정이다(判例 94후241).
③ 심사관은 거절이유의 통지를 하여 특허출원인에게 새로운 거절이유에 대한 의견서 제출의 기회를 주어야 하는데, 그 거절이유통지서가 어느 정도 추상적이거나 개괄적으로 기재되어 있다고 하더라도 그 발명이 속하는 기술분야에서 통상의 지식을 가진 자가 전체적으로 그 취지를 이해할 수 있을 정도로 기재하면 충분하다(判例 2007후265).

(4) 출원의 취하와 포기

① 의의 : 특허출원의 취하는 출원인의 의사 또는 법률의 규정에 의해 출원 절차가 소급적으로 소멸하는 것을 말하며, 특허출원의 포기는 출원인의 의사 또는 법률의 규정에 의해 출원절차가 장래를 향해 소멸하는 것을 말한다.

② 유 형

㉠ 법률의 규정에 의한 출원의 취하간주

국내출원	• 명세서에 청구범위를 적지 않고 특허출원한 경우 출원일로부터 1년 2개월 또는 제3자의 심사청구 취지를 통지받은 날로부터 3개월 중 빠른 날까지 청구범위를 적는 보정을 하지 않은 경우(法 제42조의2 제2항) • 외국어특허출원하여 출원일로부터 1년 2개월 또는 제3자의 심사청구 취지를 통지받은 날로부터 3개월 중 빠른 날까지 국어번역문을 제출하지 아니한 경우(法 제42조의3 제2항) • 변경출원의 경우(法 제53조 제4항) • 국내우선권주장의 기초가 된 선출원이 그 출원일로부터 1년 3개월이 지난 때(法 제56조 제1항) • 출원일로부터 3년 이내에 심사청구하지 않은 경우(法 제59조 제5항)
국제출원	• 法 제195조에 따른 보정명령을 받은 자가 지정된 기간 내에 보정을 하지 아니한 경우(法 제196조 제1항 제1호) • 국제출원에 관한 수수료를 정하는 기간에 내지 아니한 경우(法 제196조 제1항 제2호) • 국제출원일이 인정된 국제출원이 4개월 내에 제194조 제1항 각 호(보완사유)의 어느 하나에 해당하는 것이 발견된 경우(法 제196조 제1항 제3호) • 수수료를 일부 미납하여 지정국의 지정이 취하간주되는 경우[PCT 제14조 (3)(b)] • 국내서면제출기간에 국제특허출원의 발명의 설명 및 청구범위의 국어번역문을 제출하지 않은 경우(法 제201조 제4항) • 국제특허출원이 국내우선권주장의 선출원인 경우 국제출원일로부터 1년 3개월이 지난 때와 기준일 중 늦은 때(法 제202조 제3항 제3호) • 재외자인 국제특허출원의 출원인이 기준일로부터 2개월 이내에 특허관리인의 선임신고를 하지 아니한 경우(法 제206조 제3항)

㉡ 법률의 규정에 의한 출원의 포기간주
- 정부는 국방상 필요한 경우 외국에의 특허출원 금지 또는 비밀취급명령을 위반한 경우에는 그 발명에 대하여 특허를 받을 수 있는 권리를 포기한 것으로 본다(法 제41조 제5항).
- 추가납부기간에 특허료를 내지 아니한 경우(추가납부기간이 보전기간이 끝나지 아니한 경우에는 그 보전기간에 보전하지 아니한 경우를 말한다)에는 특허권의 설정등록을 받으려는 자의 특허출원은 포기한 것으로 본다(法 제81조 제3항).

③ 요 건

㉠ 주체적 요건 : 특허출원인이 특허출원을 취하 또는 포기할 수 있으며, 공동출원의 경우 전원이 해야 한다. 임의대리인에게 출원의 취하 또는 포기는 특별수권사항이다.

㉡ 시기적 요건 : 특허출원이 계속 중일 때 출원의 취하 또는 포기가 가능하므로, 특허출원의 거절결정 확정, 등록결정 확정 또는 심결 확정 전까지 취하 또는 포기를 할 수 있다. 또한 특허결정이 확정되더라도 설정등록되기 전까지 출원을 포기할 수 있다.

㉢ 객체적 요건 : 원칙적으로 출원발명 전체에 대하여 취하 또는 포기가 가능하나, 2 이상이 청구항이 있는 특허출원에 대한 특허결정을 받은 자는 특허료를 낼 때 청구항별로 이를 포기할 수 있다.

④ 효 과
  ㉠ 특허출원이 취하 또는 포기되면 절차가 종료되는 바, 심사절차 중인 경우 심사가 종료되고 심판 계속 중인 경우 심판의 대상이 소멸하여 심결각하의 대상이 된다.
  ㉡ 특허출원이 취하 또는 포기되더라도 출원공개된 경우라면 확대된 선출원의 지위와 공지기술의 지위가 인정된다. 다만, 선출원의 지위는 인정되지 않는다.
  ㉢ 특허출원이 취하 또는 포기되면 분할출원, 변경출원 및 국내우선권주장출원의 기초출원이 될 수 없으나, 조약우선권주장출원의 기초출원이 될 수 있다.
  ㉣ 특허출원이 취하 또는 포기되면 보상금청구권은 처음부터 발생하지 아니한 것으로 본다.
  ㉤ 특허출원 후 1개월 이내에 특허출원을 취하하거나 포기한 경우 이미 납부된 수수료 중 특허출원료 및 특허출원의 우선권주장 신청료는 납부한 자의 청구에 의하여 반환된다. 또한, 출원심사청구를 한 후 동일인의 동일출원에 따른 협의결과 신고명령, 선행기술 조사업무에 대한 결과통지, 거절이유통지, 특허결정 등본송달이 있기 전 특허출원을 취하 또는 포기한 경우 이미 낸 심사청구료는 납부한 자의 청구에 의하여 반환된다.
⑤ **출원의 일부취하의 허용여부** : 특허출원의 일부 취하는 취하하고자 하는 부분을 제외한 나머지 부분만으로 특허출원을 감축하여 그 효과를 특허출원시에 소급시킴으로써 감축된 부분만을 특허출원으로 삼고자 하는 것인바, 특허법에는 이와 같은 목적을 달성하기 위한 절차로 특허출원서에 첨부된 명세서와 도면의 보정이라는 제도 및 그 보정의 시기와 범위를 제한하는 규정을 두고 있을 뿐 특허사정이 되기 전에 특허출원의 일부를 취하할 수 있다고 규정해 놓은 바 없으며, 특허법에 정해진 보정기간 경과 후에도 특허출원의 일부 취하를 허용하는 것은 특허출원의 보정에 엄격한 시기적 제한을 두고 있는 특허법의 취지에도 반하므로 특허출원인이 출원의 일부 취하라는 이름의 서류를 제출하였다고 하더라도 보정과 같은 목적을 달성하고자 하는 것이라면 특허법상 보정과 마찬가지로 보아야 한다(判例 2001후1044).
⑥ **출원일체의 원칙** : 특허청구범위가 여러 개의 청구항으로 되어 있는 경우 그 하나의 항이라도 거절이유가 있는 때에는 그 출원이 전부 거절되어야 한다(判例 2001후1044).

08 직권보정

(1) 법조문

> **제66조의2(직권보정 등)**
> ① 심사관은 제66조에 따른 특허결정을 할 때에 특허출원서에 첨부된 명세서, 도면 또는 요약서에 적힌 사항이 명백히 잘못된 경우에는 직권으로 보정(이하 "직권보정"이라 한다)할 수 있다. 이 경우 직권보정은 제47조 제2항에 따른 범위에서 하여야 한다. 기출 25
> ② 제1항에 따라 심사관이 직권보정을 하려면 제67조 제2항에 따른 특허결정의 등본 송달과 함께 그 직권보정 사항을 특허출원인에게 알려야 한다. 기출 25

> ③ 특허출원인은 직권보정 사항의 전부 또는 일부를 받아들일 수 없으면 제79조 제1항에 따라 특허료를 낼 때까지 그 직권보정 사항에 대한 의견서를 특허청장에게 제출하여야 한다. 기출 18·25
> ④ 특허출원인이 제3항에 따라 의견서를 제출한 경우 해당 직권보정 사항의 전부 또는 일부는 처음부터 없었던 것으로 본다. 이 경우 그 특허결정도 함께 취소된 것으로 본다. 다만, 특허출원서에 첨부된 요약서에 관한 직권보정 사항의 전부 또는 일부만 처음부터 없었던 것으로 보는 경우에는 그러하지 아니하다. 기출 22
> ⑤ 삭제 〈2016.2.29.〉
> ⑥ 직권보정이 제47조 제2항에 따른 범위를 벗어나거나 명백히 잘못되지 아니한 사항을 직권보정한 경우 그 직권보정은 처음부터 없었던 것으로 본다.

(2) 의의 및 취지

심사관이 출원에 대해 심사한 결과 특허결정이 가능하나 특허출원서에 첨부된 명세서, 도면 또는 요약서에 명백히 잘못 기재된 내용이 존재하는 경우, 거절이유통지를 하지 않고 단순한 기재 잘못을 수정할 수 있게 하는 제도이다. 심사지연을 방지하기 위함이다.

(3) 요 건

① i) 심사관은 ii) 특허결정을 할 때 iii) 특허출원서에 첨부된 명세서, 도면 또는 요약서에 적힌 사항이 명백히 잘못된 경우 직권보정을 할 수 있다(法 제66조의2 제1항).
② '명백히 잘못된 경우'란 통상의 기술자가 그 기재가 잘못되었다는 사실을 쉽게 인식할 수 있고, 명세서 등의 기재, 의견서 및 출원 당시의 기술상식을 참작하여 출원인의 당초 의도를 명확히 알 수 있어서 해당 보정이 어떻게 이루어질 것인지 쉽게 예측할 수 있는 사항을 의미한다.
③ 직권보정의 대상은 단순한 오탈자, 도면부호의 불일치, 출원인의 당초 의도를 명확히 알 수 있는 기재불비 등이 있다.
④ 직권보정은 제47조 제2항에 따른 범위에서 하여야 하고(法 제66조의2 제1항), 직권보정이 제47조 제2항에 따른 범위를 벗어나거나 명백히 잘못되지 아니한 사항을 직권보정한 경우 그 직권보정은 처음부터 없었던 것으로 본다(法 제66조의2 제6항).

(4) 절 차

① (통지) 심사관이 직권보정을 하려면 특허결정등본 송달과 함께 직권보정 사항을 특허출원인에게 알려야 한다(法 제66조의2 제2항).
② (의견서 제출) 특허출원인이 직권보정 사항의 전부 또는 일부를 받아들일 수 없으면 제79조 제1항에 따라 특허료를 낼 때까지 그 직권보정 사항에 대한 의견서를 특허청장에게 제출하여야 한다(法 제66조의2 제3항).

(5) 효 과

① (특허결정) 심사관의 직권보정사항에 대해 특허출원인이 동의하여 의견서를 제출하지 않았다면 특허결정이 유지된다.

② **특허결정의 취소**

㉠ 특허출원인이 의견서를 제출한 경우 해당 직권보정 사항의 전부 또는 일부는 처음부터 없었던 것으로 보며, 특허결정도 함께 취소된다. 심사관은 의견서를 이송받은 후 1개월 이내에 다시 심사에 착수하여야 한다. 다만, 특허출원서에 첨부된 요약서에 관한 직권보정 사항의 전부 또는 일부만 처음부터 없었던 것으로 보는 경우에는 특허결정이 취소된 것으로 보지 않는다.

㉡ 심사관이 다시 심사한 결과 거절이유를 발견할 수 없을 때에는 특허결정을 하여야 한다. 다시 거절이유를 발견한 경우 출원인에게 의견제출기회를 부여해야 하며, 그 거절이유가 직권보정 전에 이미 통지한 거절이유라도 다시 거절이유를 통지하여야 한다. 다만, 그 거절이유가 출원인이 받아들이지 않은 직권보정사항에 해당하고, 이미 통지된 거절이유라면 바로 거절결정할 수 있다.

㉢ 직권보정 전에 한 보정각하 대상인 부적법한 보정이 특허결정을 취소한 후의 심사에서 발견된 경우, 보정각하결정을 하지 아니하고 최후거절이유통지를 한다(法 제51조 제1항 제1호). 이는 등록결정 당시에 당초 거절이유가 해소되었다는 것을 신뢰한 출원인에게 불측의 손해를 줄 수 있기 때문이다.

09 직권 재심사

(1) 법조문

> **제66조의3(특허결정 이후 직권 재심사)**
> ① 심사관은 특허결정된 특허출원에 관하여 명백한 거절이유를 발견한 경우에는 직권으로 특허결정을 취소하고, 그 특허출원을 다시 심사(이하 "직권 재심사"라 한다)할 수 있다. 다만, 다음 각 호의 어느 하나에 해당하는 경우에는 그러하지 아니하다.
> 1. 거절이유가 제42조 제3항 제2호, 같은 조 제8항 및 제45조에 따른 요건에 관한 것인 경우
> 2. 그 특허결정에 따라 특허권이 설정등록된 경우 기출 22
> 3. 그 특허출원이 취하되거나 포기된 경우
> ② 제1항에 따라 심사관이 직권 재심사를 하려면 특허결정을 취소한다는 사실을 특허출원인에게 통지하여야 한다.
> ③ 특허출원인이 제2항에 따른 통지를 받기 전에 그 특허출원이 제1항 제2호 또는 제3호에 해당하게 된 경우에는 특허결정의 취소는 처음부터 없었던 것으로 본다. 기출 22

(2) 의의 및 취지

직권재심사제도는 특허결정 이후 심사관이 명백한 거절이유를 발견하면 다시 심사할 수 있도록 함으로써 하자 있는 특허가 등록되는 것을 사전에 방지하기 위하여 마련된 제도이다. 다만, 특허권자가 특허료를 납부하여 특허권이 발생한 경우에 특허결정을 취소하는 것은 권리 안정성을 해할 수 있으므로 설정등록 전까지의 시기적 요건을 충족하는 경우에 한하여 직권 재심사를 할 수 있다.

(3) 요 건

① **시기적 요건** : 특허결정된 특허출원에 대해 ⅰ) 특허권이 설정된 경우나, ⅱ) 특허출원이 취하되거나 포기된 경우가 아닐 경우 심사관은 직권으로 특허결정을 취소하고 다시 심사할 수 있다.

② **객체적 요건**
㉠ 특허결정된 특허출원에 대하여 배경기술 기재요건(法 제42조 제3항 제2호), 다항제 기재방법(法 제42조 제8항), 하나의 특허출원의 범위(法 제45조) 위반의 거절이유를 제외한 명백한 거절이유를 발견한 경우 직권 재심사를 할 수 있다.
㉡ '명백한 거절이유'란 특허결정된 특허출원이 무효될 가능성이 있다는 정도로는 부족하고, 그 거절이유로 인하여 특허결정된 특허출원이 무효될 것임이 명백한 경우에 한한다.

(4) 절 차

심사관이 직권 재심사를 하려면 특허결정을 취소한다는 사실을 특허출원인에게 통지하여야 한다(法 제66조의3 제2항).

(5) 효 과

① 심사관은 직권 재심사를 하게 된 명백한 거절이유에 대해 출원인에게 최초거절이유를 통지하여 의견서를 제출할 기회를 주어야 한다. 이에 따라 출원인은 최초 명세서 또는 도면에 기재된 사항의 범위 내에서 명세서 또는 도면을 보정할 수 있다(法 제47조 제1항 제2호 괄호).
② 직권 재심사를 하여 취소된 특허결정 전에 기 통지한 거절이유로 거절결정을 하려는 경우에도 출원인에게 최초거절이유를 다시 통지하여 의견서를 제출할 기회를 주어야 한다(法 제63조 제1항 제2호).
③ 직권 재심사를 하는 경우 취소된 특허결정 전에 한 보정이 보정각하의 대상이더라도 보정각하를 할 수 없으며, 최초거절이유통지를 한다(法 제51조 제1항 제2호, 제47조 제1항 제2호 괄호).
④ 출원인은 직권 재심사에 따라 취소된 특허결정 전에 한 보정각하 결정에 대해서는 거절결정불복심판에서 다툴 수 없다(法 제51조 제3항).
⑤ 특허출원인이 특허 결정을 취소한다는 통지를 받기 전에 그 특허출원이 설정등록, 취하 또는 포기된 경우 특허결정의 취소는 처음부터 없었던 것으로 본다(法 제66조3 제3항).

10 재심사

(1) 법조문

제67조의2(재심사의 청구)
① 특허출원인은 그 특허출원에 관하여 특허결정의 등본을 송달받은 날부터 제79조에 따른 설정등록을 받기 전까지의 기간 또는 특허거절결정등본을 송달받은 날부터 3개월(제15조 제1항에 따라 제132조의17에 따른 기간이 연장된 경우 그 연장된 기간을 말한다) 이내에 그 특허출원의 명세서 또는 도면을 보정하여 해당 특허출원에 관한 재심사(이하 "재심사"라 한다)를 청구할 수 있다. 다만, 다음 각 호의 어느 하나에 해당하는 경우에는 그러하지 아니하다. 기출 23
  1. 재심사를 청구할 때에 이미 재심사에 따른 특허여부의 결정이 있는 경우
  2. 제132조의17에 따른 심판청구가 있는 경우(제176조 제1항에 따라 특허거절결정이 취소된 경우는 제외한다)
  3. 그 특허출원이 분리출원인 경우
② 특허출원인은 제1항에 따른 재심사의 청구와 함께 의견서를 제출할 수 있다.
③ 제1항에 따라 재심사가 청구된 경우 그 특허출원에 대하여 종전에 이루어진 특허결정 또는 특허거절결정은 취소된 것으로 본다. 다만, 재심사의 청구절차가 제16조 제1항에 따라 무효로 된 경우에는 그러하지 아니하다.
④ 제1항에 따른 재심사의 청구는 취하할 수 없다. 기출 18 · 22

제67조의3(특허출원의 회복)
① 특허출원인이 정당한 사유로 다음 각 호의 어느 하나에 해당하는 기간을 지키지 못하여 특허출원이 취하되거나 특허거절결정이 확정된 것으로 인정되는 경우에는 그 사유가 소멸한 날부터 2개월 이내에 출원심사의 청구 또는 재심사의 청구를 할 수 있다. 다만, 그 기간의 만료일부터 1년이 지난 때에는 그러하지 아니하다.
  1. 제59조 제2항 또는 제3항에 따라 출원심사의 청구를 할 수 있는 기간
  2. 제67조의2 제1항에 따라 재심사의 청구를 할 수 있는 기간 기출 18
② 제1항에 따른 출원심사의 청구 또는 재심사의 청구가 있는 경우에는 제59조 제5항에도 불구하고 그 특허출원은 취하되지 아니한 것으로 보거나 특허거절결정이 확정되지 아니한 것으로 본다.

제78조(심사 또는 소송절차의 중지)
① 특허출원의 심사에 필요한 경우에는 특허취소신청에 대한 결정이나 심결이 확정될 때까지 또는 소송절차가 완결될 때까지 그 심사절차를 중지할 수 있다.
② 법원은 소송에 필요한 경우에는 특허출원에 대한 특허여부결정이 확정될 때까지 그 소송절차를 중지할 수 있다.
③ 제1항 및 제2항에 따른 중지에 대해서는 불복할 수 없다.

(2) 의의 및 절차

재심사제도란 거절결정한 특허출원에 대하여 출원인이 특허결정의 등본을 송달받은 날부터 설정등록을 받기 전까지의 기간 또는 특허거절결정등본을 송달받은 날로부터 3개월(거절결정불복심판청구기간이 연장된 경우 그 연장된 기간) 이내에 명세서 또는 도면을 보정하면 심사관이 보정된 출원을 다시 심사하게 하는 제도로서 종전 심사전치제도의 복잡성을 해소하고 출원인의 수수료 부담을 경감하기 위해 도입되었다.

(3) 요 건

① **주체적 요건** : 출원인 또는 승계인이 재심사청구를 할 수 있으며, 공동출원의 경우 출원인 각자가 가능하다. 임의대리인의 경우 재심사청구는 특별수권사항에 해당하지 않는다.

② **시기적 요건**
  ㉠ 특허결정의 등본을 송달받은 날부터 설정등록을 받기 전까지의 기간 또는 특허거절결정등본을 송달받은 날부터 3개월(거절결정불복심판청구기간이 연장된 경우 연장된 기간) 이내에 하여야 한다(法 제67조의2 제1항).
  ㉡ 다만, ⅰ) 재심사를 청구할 때 이미 재심사에 따른 특허여부의 결정이 있거나, ⅱ) 거절결정불복심판을 청구한 경우(다만, 재심사 후 다시 거절결정된 출원에 대하여 거절결정불복심판에 의해 거절결정이 취소되어 심사국으로 환송된 후 다시 거절결정된 출원에 대해서는 재심사 청구 가능), ⅲ) 그 특허출원이 분리출원인 경우 재심사를 청구할 수 없다(法 제67조의2 제1항 각 호).

③ **객체적 요건** : 재심사를 청구할 수 있는 출원은 무효, 취하 또는 포기되지 않은 출원으로서 거절결정을 받은 출원이어야 한다.

(4) 절 차

① 재심사 청구는 보정서의 제출에 의해서만 가능하므로 명세서 또는 도면을 보정하여 재심사청구의 의사표시를 하여 제출하여야 한다.
② 특허출원인은 재심사의 청구와 함께 의견서를 제출할 수 있다(法 제67조의2 제2항).
③ 재심사 청구는 취하할 수 없다(法 제67조의2 제4항).
④ 무효, 취하 또는 포기되어 계속 중이 아닌 출원에 대하여 재심사가 청구된 경우, 출원인이 아닌 자가 재심사를 청구하는 경우, 법정기간을 경과하여 보정서를 제출한 경우 소명기회를 부여하고 반려한다.

(5) 효 과

① 재심사가 청구된 경우 그 특허출원에 대하여 종전에 이루어진 특허결정 또는 특허거절결정은 취소된 것으로 본다. 다만, 재심사의 청구절차가 절차무효사유(法 제16조 제1항)에 해당되는 경우는 그러하지 아니하다.

② 재심사가 청구된 경우 거절결정은 취소된 것으로 보므로 거절결정등본을 송달받은 날로부터 30일 이내에 할 수 있는 행위(거절결정 불복심판 및 분할출원)를 할 수 없다. 다만, 분할출원은 재심사청구와 동시에 하거나 재심사 과정에서 거절이유통지에 따른 의견서 제출기간에 할 수 있다.

③ 재심사 청구에 따른 심사
  ㉠ 재심사청구시 보정할 수 있는 범위는 최후거절이유통지에 대응한 보정의 범위와 같으므로, 보정의 적법성을 판단하여 보정이 적법하면 보정된 명세서 또는 도면으로 심사하고, 보정이 부적법하면 보정각하 후 보정 전의 명세서 또는 도면으로 심사한다.
  ㉡ 심사단계에서의 보정각하 대상인 부적법한 보정이 재심사 단계에서 발견될 경우, 보정을 각하하지 않고 다시 최후거절이유를 통지한다(法 제51조 제1항 제3호).

④ 재심사청구와 거절결정불복심판의 중복 청구
  ㉠ 거절결정불복심판 청구서 제출 후 재심사청구 취지를 기재한 보정서를 제출 : 특허법시행규칙 제11조 제1항 제19호를 이유로 소명기회를 부여하고 보정서를 반려한다. 보정서를 반려받은 출원인은 법정기간 내 심판청구를 취하하고 보정하면서 재심사를 다시 청구할 수 있다.
  ㉡ 재심사청구 취지를 기재한 보정서를 제출한 후 심판청구서 제출 : 재심사청구는 적법하므로 거절결정이 취소된 것으로 보고 재심사절차를 진행한다. 거절결정불복심판은 심판의 대상이 없으므로 심결각하한다.
  ㉢ 심판청구서와 재심사청구의 취지를 기재한 보정서를 동일자로 제출 : 출원인의 선택을 유도하기 위해 보정서가 늦게 제출된 것으로 보고 보정서에 대하여 반려이유를 즉시 통지한다. 출원인이 심판청구를 취하하는 경우에는 재심사청구가 유효한 것으로 보아 재심사절차를 진행하고, 반려 요청하는 경우에는 보정서를 즉시 반려한다.
  ㉣ 심판청구서와 재심사청구 취지가 기재되지 않은 보정서를 동일자로 제출 : 보정서는 보정이 가능한 기간 내에 제출된 것으로 볼 수 없으므로 소명기회를 부여한 후 반려한다.

(6) 특허출원의 회복

① 특허출원인이 정당한 사유로 심사청구기간 또는 재심사청구기간을 지키지 못하여 특허출원이 취하되거나 특허거절결정이 확정된 것으로 인정되는 경우에는 그 사유가 소멸한 날부터 2개월 이내에 출원심사의 청구 또는 재심사의 청구를 할 수 있다. 다만, 그 기간의 만료일부터 1년이 지난 때에는 그러하지 아니하다(法 제67조의3 제1항).

② 1항에 출원심사의 청구 또는 재심사의 청구가 있는 경우에는 특허출원은 취하되지 아니한 것으로 보거나 특허거절결정이 확정되지 아니한 것으로 본다(法 제67조의3 제2항).

CHAPTER 06 심사

제1편 | 특허법, 특허·실용신안 심사기준

01

특허출원에 관한 설명으로 옳지 않은 것은? (다툼이 있으면 판례에 따름) 기출 24

① 누구든지 특허출원에 대하여 특허출원일부터 3년 이내에 특허청장에게 출원심사의 청구를 할 수 있다. 다만, 공동발명자 중 1인이 특허출원을 한 경우 출원심사의 청구를 취하할 수 있다.
② 공동출원인에 대하여 제219조(공시송달) 제1항에 의한 공시송달을 실시하기 위해서는 '공동출원인 전원의 주소 또는 영업소가 불분명하여 송달받을 수 없는 때'에 해당하여야 한다.
③ 심사관은 제54조(조약에 의한 우선권 주장)에 따른 우선권 주장을 수반한 특허출원의 심사에 필요한 경우에는 기간을 정하여 그 우선권 주장의 기초가 되는 출원을 한 국가의 심사결과에 대한 자료를 산업통상자원부령으로 정하는 방법에 따라 제출할 것을 특허출원인에게 명할 수 있다.
④ 특허를 받을 수 있는 권리가 공유인 경우에는 공유자 모두가 공동으로 특허출원을 하여야 한다.
⑤ 특허를 받을 수 있는 권리를 이전하기로 하는 계약에 따라 특허등록을 공동출원한 경우에 출원인이 발명자가 아니라도 등록된 특허권의 공유지분을 가진다.

해설

① (×) 누구든지 특허출원에 대하여 특허출원일로부터 3년 이내에 특허청장에게 출원심사를 청구할 수 있다(특허법 제59조 제2항). 출원심사의 청구는 취하할 수 없다(특허법 제59조 제4항).
② (○) 判例 2003후182
③ (○) 특허법 제63조의3
④ (○) 특허법 제44조
⑤ (○) 判例 2011다67705

답 ①

02 특허법상 심사청구제도에 관한 설명으로 옳은 것은? 기출 19

① 특허출원인이 아닌 자가 출원심사의 청구를 한 후 출원인이 그 특허출원서에 첨부된 명세서를 보정하여 청구범위에 기재된 청구항의 수가 증가한 경우에는 그 증가한 청구항에 관하여 납부해야 할 심사청구료는 심사청구인이 납부해야 한다.
② 특허청장은 특허출원인이 아닌 자로부터 출원심사의 청구가 있으면 그 취지를 특허출원인에게 알려야 한다.
③ 무권리자 甲이 발명 A를 2014년 3월 3일에 특허출원을 하고, 정당한 권리자인 乙은 특허법 제34조(무권리자의 특허출원과 정당한 권리자의 보호)에 따라 발명 A를 2017년 2월 3일에 특허출원을 한 경우, 乙은 2017년 3월 3일까지 자신의 특허출원에 대하여 심사청구를 해야 한다.
④ 특허출원인은 심사가 착수되기 전이고, 특별한 사유를 증명한다면 심사청구를 취하할 수 있다.
⑤ 심사청구가 없어도 공익상 필요한 경우에는 심사관은 직권으로 특허출원에 대한 심사를 할 수 있다.

해설
① (×) 심판청구료는 특허출원인이 납부하여야 한다(특허법 제82조 제2항).
② (○) 특허법 제60조 제3항
③ (×) 정당권리자 출원일로부터 30일인 2017년 3월 5일까지 심사청구를 할 수 있다.
④ (×) 심사청구는 취하할 수 없다(특허법 제59조 제4항).
⑤ (×) 특허출원에 대하여 심사청구가 있을 때에만 이를 심사한다(특허법 제59조 제1항).

답 ②

03 특허법상 절차에 관한 설명으로 옳지 않은 것은? (다툼이 있으면 판례에 따름) 기출 25

① 특허에 관한 절차를 밟는 자가 포괄위임장을 특허청장에게 제출한 경우 이미 출원한 사건의 특허에 관한 절차 또한 포괄위임의 대상이 되고, 포괄위임등록 신청을 위해 대리권을 증명하는 서류인 포괄위임장을 특허청장에게 제출한 이상 포괄위임 대상 사건에 관한 대리권의 서면 증명은 이루어 졌다고 볼 수 있다.
② 무권리자에 의한 특허출원에 대하여 누구든지 그 특허출원이 거절이유에 해당하여 특허될 수 없다는 취지의 정보를 증거와 함께 특허청장에게 제공할 수 있다.
③ 특허출원에 대한 적법한 정보제공이 있는 경우 심사관은 제공된 정보에 기속되고, 이를 근거로 특허여부를 결정하여야 한다.
④ 심사관은 특허결정을 할 때 특허출원서에 첨부된 명세서에 명백히 잘못 기재된 내용이 있으면 직권보정할 수 있으며, 이 경우 특허결정의 등본 송달과 함께 그 직권보정 사항을 특허출원인에게 알려야 한다.
⑤ 심사관이 특허결정을 할 때 직권보정을 하였다면 특허출원인은 직권보정 사항 중 일부에 대해서 의견서를 제출하는 것이 가능하다.

해설
① (○) 判例 2021두64099
② (○) 특허법 제63조의2
③ (×) 심사관은 정보제공에 기속되지 아니한다.
④ (○) 특허법 제66조의2 제1항·제2항
⑤ (○) 특허법 제66조의2 제3항

답 ③

04 특허법상 진보성에 관한 설명으로 옳지 않은 것은? (다툼이 있으면 판례에 따름) 기출 18

① 발명의 진보성 유무를 판단할 때에, 적어도 선행기술의 범위와 내용, 진보성 판단의 대상이 된 발명과 선행기술의 차이 및 발명이 속하는 기술분야에서 통상의 기술자의 기술수준에 대하여 증거 등 기록에 나타난 자료에 기하여 파악한 다음, 이를 기초로 하여 통상의 기술자가 특허출원 당시의 기술수준에 비추어 진보성 판단의 대상이 된 발명이 선행기술과 차이가 있음에도 그러한 차이를 극복하고 선행기술로부터 발명을 쉽게 발명할 수 있는지를 살펴보아야 한다.

② 특허가 진보성이 없어 무효사유가 있는 경우에 특허무효심판에서 무효심결이 확정되지 않으면, 특별한 사정이 없는 한 다른 절차에서 그 특허가 무효임을 전제로 판단할 수는 없으므로, 특허발명이 공지의 기술인 경우 등을 제외하고는 특허발명의 진보성이 부정되는 경우에도 권리범위확인심판에서 등록된 특허권의 효력을 당연히 부인할 수는 없다.

③ 최후거절이유통지에 따른 보정이 신규사항 추가금지, 청구범위 보정범위제한을 위반하여 새로운 거절이유가 발생한 것으로 인정되면, 심사관은 보정에 대하여 서면으로 이유를 붙여서 결정으로 그 보정을 각하하여야 하고 보정각하 결정시에는 기간을 정하여 의견서를 제출할 기회를 부여하여야 한다.

④ 특허발명에 대한 무효심결이 확정되기 전이라고 하더라도 특허발명의 진보성이 부정되어 특허가 특허무효심판에 의하여 무효로 될 것임이 명백한 경우에는 특허권에 기초한 침해금지 또는 손해배상 등의 청구는 특별한 사정이 없는 한 권리남용에 해당하여 허용되지 아니한다.

⑤ 출원발명에 대하여 우선권주장의 불인정으로 거절이유가 생긴 경우에는 우선권주장의 불인정은 거절이유 일부를 구성하는 것이므로, 우선권주장이 인정되지 않는다는 취지 및 그 이유가 포함된 거절이유를 통지하지 않은 채 우선권주장의 불인정으로 인하여 생긴 거절이유를 들어 특허거절결정을 하는 것은 위법하다.

해설

① (O) 선행기술에 의하여 용이하게 발명할 수 있는 것인지에 좇아 발명의 진보성 유무를 판단함에 있어서는, 적어도 선행기술의 범위와 내용, 진보성 판단의 대상이 된 발명과 선행기술의 차이 및 통상의 기술자의 기술수준에 대하여 증거 등 기록에 나타난 자료에 기하여 파악한 다음, 이를 기초로 하여 통상의 기술자가 특허출원 당시의 기술수준에 비추어 진보성 판단의 대상이 된 발명이 선행기술과 차이가 있음에도 그러한 차이를 극복하고 선행기술로부터 그 발명을 용이하게 발명할 수 있는지를 살펴보아야 하는 것이다(判例 2007후3660).

② (O) 判例 2012후4162

③ (×) 보정각하 결정시에는 의견서제출기회를 부여하지 아니한다(특허법 제63조 제1항 단서).
  ※ 2021.10.19. 개정으로 심판 청구기간이 '30일'에서 '3개월'로 연장되었다.

④ (O) 특허발명에 대한 무효심결이 확정되기 전이라고 하더라도 특허발명의 진보성이 부정되어 특허가 특허무효심판에 의하여 무효로 될 것임이 명백한 경우에는 특허권에 기초한 침해금지 또는 손해배상 등의 청구는 특별한 사정이 없는 한 권리남용에 해당하여 허용되지 아니한다고 보아야 하고, 특허권침해소송을 담당하는 법원으로서도 특허권자의 그러한 청구가 권리남용에 해당한다는 항변이 있는 경우 당부를 살피기 위한 전제로서 특허발명의 진보성 여부에 대하여 심리·판단할 수 있다(判例 2010다95390).

⑤ (O) 判例 2009후2371

답 ③

05 특허출원심사에 관한 설명으로 옳은 것은? 기출 22

① 심사관은 특허결정되어 특허권 설정등록된 특허출원에 명백한 거절이유를 발견한 경우에는 직권으로 특허결정을 취소하고 다시 심사하여야 한다.
② 심사관의 직권 재심사에 의하여 특허결정을 취소한다는 사실이 특허출원인에게 통지가 되기 이전에 특허권 설정등록이 이루어졌다면, 특허취소결정은 처음부터 없었던 것으로 본다.
③ 심사관이 특허출원서에 첨부된 명세서, 도면의 일부를 직권보정하면서 특허등록결정을 하였으나, 특허출원인에 의하여 의견서가 제출되면, 특허결정은 유지되나 직권 보정사항은 처음부터 없었던 것으로 본다.
④ 특허출원인은 특허거절결정등본을 송달받고 재심사를 청구하였더라도 거절결정불복심판 청구기간 이내라면 이를 취하하고 거절결정불복심판 청구를 할 수 있다.
⑤ 특허출원인은 출원공개 후 특허등록을 무효로 한다는 심결의 확정이 있더라도, 출원된 사실을 알면서 출원된 발명을 업으로서 실시하고 있는 자에게 무효로 확정될 때까지의 특허발명의 실시에 대하여 합리적으로 받을 수 있는 금액의 보상금을 청구할 수 있다.

해설

① (×) 심사관의 직권재심사는 특허결정에 따라 특허권이 설정등록된 경우에는 할 수 없다(특허법 제66조의3 제1항 제2호).
② (○) 특허법 제66조의3

> **특허법 제66조의3(특허결정 이후 직권 재심사)**
> ① 심사관은 특허결정된 특허출원에 관하여 명백한 거절이유를 발견한 경우에는 직권으로 특허결정을 취소하고, 그 특허출원을 다시 심사(이하 "직권 재심사"라 한다)할 수 있다. 다만, 다음 각 호의 어느 하나에 해당하는 경우에는 그러하지 아니하다.
>   1. 거절이유가 제42조 제3항 제2호, 같은 조 제8항 및 제45조에 따른 요건에 관한 것인 경우
>   2. 그 특허결정에 따라 특허권이 설정등록된 경우
>   3. 그 특허출원이 취하되거나 포기된 경우
> ② 제1항에 따라 심사관이 직권 재심사를 하려면 특허결정을 취소한다는 사실을 특허출원인에게 통지하여야 한다.
> ③ 특허출원인이 제2항에 따른 통지를 받기 전에 그 특허출원이 제1항 제2호 또는 제3호에 해당하게 된 경우에는 특허결정의 취소는 처음부터 없었던 것으로 본다.

③ (×) 심사관의 직권보정 사항에 대해 특허출원인이 의견서를 제출한 경우 해당 직권보정 사항의 전부 또는 일부는 처음부터 없었던 것으로 본다. 이 경우 그 특허결정도 함께 취소된 것으로 본다(특허법 제66조의2 제4항).
④ (×) 재심사 청구는 취하할 수 없다(특허법 제67조의2 제4항). 재심사가 청구된 경우 거절결정은 취소된 것으로 보므로 거절결정등본을 송달받은 날로부터 30일 이내에 할 수 있는 행위(거절결정 불복심판 및 분할출원)를 할 수 없다.
⑤ (×) 출원공개 후 특허를 무효로 한다는 심결(후발적 무효사유에 따른 무효 심결은 제외)이 확정된 경우에는 보상금 청구권은 처음부터 발생하지 아니한 것으로 본다(특허법 제65조 제6항 제4호).

답 ②

06 특허출원의 심사에 관한 설명으로 옳은 것은? 기출 18

① 특허출원 공개 후 특허법 제132조의13(특허취소신청에 대한 결정) 제1항에 따른 특허취소결정이 확정된 경우에는 그 특허취소결정이 확정된 때부터 보상금청구권의 효력은 발생하지 않는다.
② 심사관은 명세서 등에 적힌 사항이 명백히 잘못된 경우에 직권보정할 수 있으며, 특허출원인은 직권보정 사항의 전부 또는 일부를 받아들일 수 없으면 그 직권보정 사항에 대한 의견서를 심사관에게 제출해야 한다.
③ 특허거절결정등본을 송달받은 특허출원인은 해당 특허출원에 관한 재심사를 청구할 수 있으며, 재심사의 청구는 청구일로부터 30일 이내에 취하할 수 있다.
④ 심사관은 특허결정된 특허출원에 관하여 명백한 거절이유를 발견한 경우에는 직권으로 특허결정을 취소하고, 그 특허출원을 직권 재심사할 수 있지만, 그 특허출원이 취하되거나 포기된 경우에는 할 수 없다.
⑤ 특허출원인이 책임질 수 없는 사유로 특허법 제67조의2(재심사의 청구) 제1항에 따라 재심사의 청구를 할 수 있는 기간을 지키지 못하여 특허거절결정이 확정된 것으로 인정되는 경우에는 그 사유가 소멸한 날부터 1개월 이내에 재심사를 청구하여야 한다.

해설
① (×) 처음부터 발생하지 아니한 것으로 본다(특허법 제65조 제6항 제3호).
② (×) 의견서를 특허청장에게 제출하여야 한다(특허법 제66조의2 제3항).
③ (×) 재심사의 청구는 취하할 수 없다(특허법 제67조의2 제3항).
⑤ (×) 특허출원인이 "정당한 사유"로 재심사 청구 기간을 지키지 못하여 특허거절결정이 확정된 것으로 인정되는 경우에는 그 사유가 소멸한 날로부터 "2개월" 이내에 재심사의 청구를 할 수 있다(특허법 제67조의3 제1항 제2호).

답 ④

CHAPTER 07 특허료 및 특허등록

제1편 | 특허법, 특허·실용신안 심사기준

※ 개정법령 반영으로 인해 기출문제를 변형한 경우 기출수정 표시를 하였습니다.

01 법조문

제79조(특허료)
① 제87조 제1항에 따른 특허권의 설정등록을 받으려는 자는 설정등록을 받으려는 날(이하 "설정등록일"이라 한다)부터 3년분의 특허료를 내야 하고, 특허권자는 그 다음 해부터의 특허료를 해당 권리의 설정등록일에 해당하는 날을 기준으로 매년 1년분씩 내야 한다. 기출 24
② 제1항에도 불구하고 특허권자는 그 다음 해부터의 특허료는 그 납부연도 순서에 따라 수년분 또는 모든 연도분을 함께 낼 수 있다.
③ 제1항 및 제2항에 따른 특허료, 그 납부방법 및 납부기간, 그 밖에 필요한 사항은 산업통상자원부령으로 정한다.

제80조(이해관계인에 의한 특허료의 납부)
① 이해관계인은 특허료를 내야 할 자의 의사와 관계없이 특허료를 낼 수 있다. 기출 18·24
② 이해관계인은 제1항에 따라 특허료를 낸 경우에는 내야 할 자가 현재 이익을 얻는 한도에서 그 비용의 상환을 청구할 수 있다. 기출 24

제81조(특허료의 추가납부 등)
① 특허권의 설정등록을 받으려는 자 또는 특허권자는 제79조 제3항에 따른 납부기간이 지난 후에도 6개월 이내(이하 "추가납부기간"이라 한다)에 특허료를 추가로 낼 수 있다. 기출 24
② 제1항에 따라 특허료를 추가로 낼 때에는 내야 할 특허료의 2배의 범위에서 산업통상자원부령으로 정하는 금액을 납부하여야 한다. 기출 24
③ 추가납부기간에 특허료를 내지 아니한 경우(추가납부기간이 끝나더라도 제81조의2 제2항에 따른 보전기간이 끝나지 아니한 경우에는 그 보전기간에 보전하지 아니한 경우를 말한다)에는 특허권의 설정등록을 받으려는 자의 특허출원은 포기한 것으로 보며, 특허권자의 특허권은 제79조 제1항 또는 제2항에 따라 낸 특허료에 해당되는 기간이 끝나는 날의 다음 날로 소급하여 소멸된 것으로 본다. 기출 22

제81조의2(특허료의 보전)
① 특허청장은 특허권의 설정등록을 받으려는 자 또는 특허권자가 제79조 제3항 또는 제81조 제1항에 따른 기간에 특허료의 일부를 내지 아니한 경우에는 특허료의 보전(補塡)을 명하여야 한다.
② 제1항에 따라 보전명령을 받은 자는 그 보전명령을 받은 날부터 1개월 이내(이하 "보전기간"이라 한다)에 특허료를 보전할 수 있다.
③ 제2항에 따라 특허료를 보전하는 자는 내지 아니한 금액의 2배의 범위에서 산업통상자원부령으로 정한 금액을 내야 한다.

제81조의3(특허료의 추가납부 또는 보전에 의한 특허출원과 특허권의 회복 등)
① 특허권의 설정등록을 받으려는 자 또는 특허권자가 정당한 사유로 추가납부기간에 특허료를 내지 아니하였거나 보전기간에 보전하지 아니한 경우에는 그 사유가 소멸한 날부터 2개월 이내에 그 특허료를 내거나 보전할 수 있다. 다만, 추가납부기간의 만료일 또는 보전기간의 만료일 중 늦은 날부터 1년이 지난 때에는 그러하지 아니하다.
기출 18·22·24
② 제1항에 따라 특허료를 내거나 보전한 자는 제81조 제3항에도 불구하고 그 특허출원을 포기하지 아니한 것으로 보며, 그 특허권은 계속하여 존속하고 있던 것으로 본다.
③ 추가납부기간에 특허료를 내지 아니하였거나 보전기간에 보전하지 아니하여 특허발명의 특허권이 소멸한 경우 그 특허권자는 추가납부기간 또는 보전기간 만료일부터 3개월 이내에 제79조에 따른 특허료의 2배를 내고, 그 소멸한 권리의 회복을 신청할 수 있다. 이 경우 그 특허권은 계속하여 존속하고 있던 것으로 본다.
④ 제2항 또는 제3항에 따른 특허출원 또는 특허권의 효력은 추가납부기간 또는 보전기간이 지난날부터 특허료를 내거나 보전한 날까지의 기간(이하 이 조에서 "효력제한기간"이라 한다) 중에 타인이 특허출원된 발명 또는 특허발명을 실시한 행위에 대해서는 그 효력이 미치지 아니한다.
⑤ 효력제한기간 중 국내에서 선의로 제2항 또는 제3항에 따른 특허출원된 발명 또는 특허발명을 업으로 실시하거나 이를 준비하고 있는 자는 그 실시하거나 준비하고 있는 발명 및 사업목적의 범위에서 그 특허출원된 발명 또는 특허발명에 대한 특허권에 대하여 통상실시권을 가진다.
⑥ 제5항에 따라 통상실시권을 가진 자는 특허권자 또는 전용실시권자에게 상당한 대가를 지급하여야 한다.
⑦ 제1항 본문에 따른 납부나 보전 또는 제3항 전단에 따른 신청에 필요한 사항은 산업통상자원부령으로 정한다.

제82조(수수료)
① 특허에 관한 절차를 밟는 자는 수수료를 내야 한다.
② 특허출원인이 아닌 자가 출원심사의 청구를 한 후 그 특허출원서에 첨부한 명세서를 보정하여 청구범위에 적은 청구항의 수가 증가한 경우에는 그 증가한 청구항에 관하여 내야 할 심사청구료는 특허출원인이 내야 한다.
기출 18·19·24
③ 제1항에 따른 수수료, 그 납부방법 및 납부기간, 그 밖에 필요한 사항은 산업통상자원부령으로 정한다.

제83조(특허료 또는 수수료의 감면)
① 특허청장은 다음 각 호의 어느 하나에 해당하는 특허료 및 수수료는 제79조 및 제82조에도 불구하고 면제한다.
  1. 국가에 속하는 특허출원 또는 특허권에 관한 수수료 또는 특허료
  2. 제133조 제1항, 제134조 제1항·제2항 또는 제137조 제1항에 따른 심사관의 무효심판청구에 대한 수수료
② 특허청장은 다음 각 호의 어느 하나에 해당하는 자가 한 특허출원 또는 그 특허출원하여 받은 특허권에 대해서는 제79조 및 제82조에도 불구하고 산업통상자원부령으로 정하는 특허료 및 수수료를 감면할 수 있다.
  1. 「국민기초생활 보장법」에 따른 의료급여 수급자
  2. 「재난 및 안전관리 기본법」 제36조에 따른 재난사태 또는 같은 법 제60조에 따른 특별재난지역으로 선포된 지역에 거주하거나 주된 사무소를 두고 있는 자 중 산업통상자원부령으로 정하는 요건을 갖춘 자
  3. 그 밖에 산업통상자원부령으로 정하는 자
③ 제2항에 따라 특허료 및 수수료를 감면받으려는 자는 산업통상자원부령으로 정하는 서류를 특허청장에게 제출하여야 한다.
④ 특허청장은 제2항에 따른 특허료 및 수수료 감면을 거짓이나 그 밖의 부정한 방법으로 받은 자에 대하여는 산업통상자원부령으로 정하는 바에 따라 감면받은 특허료 및 수수료의 2배액을 징수할 수 있다. 이 경우 그 출원인 또는 특허권자가 하는 특허출원 또는 그 특허출원하여 받은 특허권에 대해서는 산업통상자원부령으로 정하는 기간 동안 제2항을 적용하지 아니한다. 기출 22

제84조(특허료 등의 반환)
① 납부된 특허료 및 수수료는 다음 각 호의 어느 하나에 해당하는 경우에만 납부한 자의 청구에 의하여 반환한다. 기출 23
  1. 잘못 납부된 특허료 및 수수료 기출 23
  2. 제132조의13 제1항에 따른 특허취소결정이나 특허를 무효로 한다는 심결이 확정된 해의 다음 해부터의 특허료 해당분
  3. 특허권의 존속기간의 연장등록을 무효로 한다는 심결이 확정된 해의 다음 해부터의 특허료 해당분 기출 22·23
  4. 특허출원(분할출원, 분리출원, 변경출원 및 제61조에 따른 우선심사의 신청을 한 특허출원은 제외한다) 후 1개월 이내에 그 특허출원을 취하하거나 포기한 경우에 이미 낸 수수료 중 특허출원료 및 특허출원의 우선권주장 신청료
  5. 출원심사의 청구를 한 이후 다음 각 목 중 어느 하나가 있기 전까지 특허출원을 취하(제53조 제4항 또는 제56조 제1항 본문에 따라 취하된 것으로 보는 경우를 포함한다. 이하 이 조에서 같다)하거나 포기한 경우 이미 낸 심사청구료
    가. 제36조 제6항에 따른 협의 결과 신고 명령(동일인에 의한 특허출원에 한정한다)
    나. 삭제 〈2021.8.17.〉
    다. 제63조에 따른 거절이유통지
    라. 제67조 제2항에 따른 특허결정의 등본 송달
  5의2. 출원심사의 청구를 한 이후 다음 각 목의 어느 하나에 해당하는 기간 내에 특허출원을 취하하거나 포기한 경우 이미 낸 심사청구료의 3분의 1에 해당하는 금액
    가. 제5호 가목에 따른 신고 명령 후 신고기간 만료 전까지
    나. 제5호 다목에 따른 거절이유통지(제47조 제1항 제1호에 해당하는 경우로 한정한다) 후 의견서 제출기간 만료 전까지

6. 특허권을 포기한 해의 다음 해부터의 특허료 해당분
   7. 제176조 제1항에 따라 특허거절결정 또는 특허권의 존속기간의 연장등록거절결정이 취소된 경우(제184조에 따라 재심의 절차에서 준용되는 경우를 포함하되, 심판 또는 재심 중 제170조 제1항에 따라 준용되는 제47조 제1항 제1호 또는 제2호에 따른 보정이 있는 경우는 제외한다)에 이미 낸 수수료 중 심판청구료(재심의 경우에는 재심청구료를 말한다. 이하 이 조에서 같다)
   8. 심판청구가 제141조 제2항에 따라 결정으로 각하되고 그 결정이 확정된 경우(제184조에 따라 재심의 절차에서 준용되는 경우를 포함한다)에 이미 낸 심판청구료의 2분의 1에 해당하는 금액
   9. 심리의 종결을 통지받기 전까지 제155조 제1항에 따른 참가신청을 취하한 경우(제184조에 따라 재심의 절차에서 준용되는 경우를 포함한다)에 이미 낸 수수료 중 참가신청료의 2분의 1에 해당하는 금액
   10. 제155조 제1항에 따른 참가신청이 결정으로 거부된 경우(제184조에 따라 재심의 절차에서 준용되는 경우를 포함한다)에 이미 낸 수수료 중 참가신청료의 2분의 1에 해당하는 금액
   11. 심리의 종결을 통지받기 전까지 심판청구를 취하한 경우(제184조에 따라 재심의 절차에서 준용되는 경우를 포함한다)에 이미 낸 수수료 중 심판청구료의 2분의 1에 해당하는 금액 기출 18
② 특허청장 또는 특허심판원장은 납부된 특허료 및 수수료가 제1항 각 호의 어느 하나에 해당하는 경우에는 그 사실을 납부한 자에게 통지하여야 한다. 기출 23
③ 제1항에 따른 특허료 및 수수료의 반환청구는 제2항에 따른 통지를 받은 날부터 5년이 지나면 할 수 없다. 〈개정 2022. 10. 18.〉 기출 22·23

제85조(특허원부)
① 특허청장은 특허청에 특허원부를 갖추어 두고 다음 각 호의 사항을 등록한다.
   1. 특허권의 설정·이전·소멸·회복·처분의 제한 또는 존속기간의 연장
   2. 전용실시권 또는 통상실시권의 설정·보존·이전·변경·소멸 또는 처분의 제한
   3. 특허권·전용실시권 또는 통상실시권을 목적으로 하는 질권의 설정·이전·변경·소멸 또는 처분의 제한
② 제1항에 따른 특허원부는 그 전부 또는 일부를 전자적 기록매체 등으로 작성할 수 있다.
③ 제1항 및 제2항에서 규정한 사항 외에 등록사항 및 등록절차 등에 관하여 필요한 사항은 대통령령으로 정한다.
④ 특허발명의 명세서 및 도면, 그 밖에 대통령령으로 정하는 서류는 특허원부의 일부로 본다.

제86조(특허증의 발급)
① 특허청장은 특허권의 설정등록을 한 경우에는 산업통상자원부령으로 정하는 바에 따라 특허권자에게 특허증을 발급하여야 한다.
② 특허청장은 특허증이 특허원부나 그 밖의 서류와 맞지 아니하면 신청에 따라 또는 직권으로 특허증을 회수하여 정정발급하거나 새로운 특허증을 발급하여야 한다.
③ 특허청장은 다음 각 호의 어느 하나에 해당하는 경우에는 결정, 심결 또는 이전등록에 따른 새로운 특허증을 발급하여야 한다.
   1. 특허발명의 명세서 또는 도면의 정정을 인정한다는 취지의 결정 또는 심결이 확정된 경우
   2. 제99조의2 제2항에 따라 특허권이 이전등록된 경우

02 특허료의 납부

(1) 원 칙
① i) 특허권의 설정등록을 받으려는 자는 설정등록을 받으려는 날로부터 3년분의 특허료를 내야 하고, ii) 특허권자는 그 다음 해부터의 특허료를 해당 권리의 설정등록일에 해당하는 날을 기준으로 매년 1년분씩 내야 한다(法 제79조 제1항). 다만, 특허권자는 그 다음 해부터의 특허료를 납부연도 순서에 따라 수년분 또는 모든 연도분을 함께 낼 수 있다(法 제79조 제2항).
② 이해관계인은 특허료를 내야 할 자의 의사와 관계없이 특허료를 낼 수 있으며, 특허료를 내야 할 자가 현재 이익을 얻은 한도에서 그 비용의 상환을 청구할 수 있다(法 제80조 제2항). 반대 해석상 특허료를 내야 할 자의 의사에 의해 특허료를 낸 이해관계인은 총 비용의 상환을 청구할 수 있다.

(2) 예 외
① **특허료의 추가납부** : 특허권의 설정등록을 받으려는 자 또는 특허권자는 납부기간(法 제79조 제3항)이 지난 후에도 6개월 이내(이하 '추가납부기간')에 특허료를 추가로 낼 수 있으며, 특허료를 추가로 낼 때는 내야 할 특허료의 2배 이내의 범위에서 산업통상자원부령으로 정하는 금액을 납부하여야 한다(法 제81조 제1항·제2항).
② **특허료의 보전** : 특허권의 설정등록을 받으려는 자 또는 특허권자가 납부기간 또는 추가납부기간에 특허료의 일부를 내지 아니한 경우 특허청장은 특허료의 보전을 명하여야 하며, 보전명령을 받은 자는 보전명령을 받은 날로부터 1개월 이내(이하 '보전기간')에 특허료를 보전할 수 있다(法 제81조의2 제1항·제2항). 특허료를 보전하는 자는 내지 아니한 금액의 2배의 범위에서 산업통상자원부령으로 정하는 금액을 내야한다(法 제81조의2 제3항).

(3) 특허료의 추가납부 또는 보전을 하지 아니한 경우
① **원칙** : 추가납부기간 또는 보전기간에 특허료를 내지 아니한 경우 특허권의 설정등록을 받으려는 자의 특허출원은 포기한 것으로 보며, 특허권자의 특허권은 납부한 특허료에 해당하는 기간이 끝나는 날의 다음 날로 소급하여 소멸된 것으로 본다.
② **예 외**
　㉠ **특허출원과 특허권의 회복** : 특허권의 설정등록을 받으려는 자 또는 특허권자가 정당한 사유로 추가납부기간에 특허료를 내지 아니하였거나 보전기간에 보전하지 아니한 경우에는 그 사유가 소멸한 날부터 2개월 이내에 그 특허료를 내거나 보전할 수 있다. 다만, 추가납부기간의 만료일 또는 보전기간의 만료일 중 늦은 날부터 1년이 지난 때에는 그러하지 아니하다. 이에 따라 특허료를 내거나 보전한 자는 그 특허출원을 포기하지 아니한 것으로 보며, 그 특허권은 계속하여 존속하고 있던 것으로 본다.

ⓒ 소멸한 권리의 회복 신청 : 추가납부기간에 특허료를 내지 아니하였거나 보전기간에 보전하지 아니하여 특허발명의 특허권이 소멸한 경우 그 특허권자는 추가납부기간 또는 보전기간 만료일부터 3개월 이내에 특허료의 2배를 내고, 그 소멸한 권리의 회복을 신청할 수 있다. 이 경우 그 특허권은 계속하여 존속하고 있던 것으로 본다.

(4) 특허출원 또는 특허권의 효력제한

특허출원 또는 특허권의 효력은 추가납부기간 또는 보전기간이 지난날부터 특허료를 내거나 보전한 날까지의 기간(이하 '효력제한기간') 중에 타인이 특허출원된 발명 또는 특허발명을 실시한 행위에 대해서는 그 효력이 미치지 아니한다.

(5) 법정실시권 발생

효력제한기간 중 국내에서 선의로 제2항 또는 제3항에 따른 특허출원된 발명 또는 특허발명을 업으로 실시하거나 이를 준비하고 있는 자는 그 실시하거나 준비하고 있는 발명 및 사업목적의 범위에서 그 특허출원된 발명 또는 특허발명에 대한 특허권에 대하여 통상실시권을 가지며, 통상실시권을 가진 자는 특허권자 또는 전용실시권자에게 상당한 대가를 지급하여야 한다.

03 수수료의 납부

(1) 주 체

① 특허에 관한 수수료는 그 절차를 밟는 자가 납부하여야 한다. 따라서 출원인이나 특허권자가 아닌 자가 밟을 수 있는 특허에 관한 절차의 수수료는 그 절차를 밟는 자가 납부하여야 한다.
② 특허출원인이 아닌 자가 출원심사의 청구를 한 후 그 특허출원서에 첨부한 명세서를 보정하여 청구범위에 적은 청구항의 수가 증가한 경우에는 그 증가한 청구항에 관하여 내야 할 심사청구료는 특허출원인이 내야 한다.

(2) 특허료 및 수수료의 면제

① 국가에 속하는 특허출원 또는 특허권에 관한 수수료 또는 특허료
② 심사관의 무효심판청구에 대한 수수료

(3) 특허료 및 수수료의 감면

① 특허청장은 다음의 어느 하나에 해당하는 자가 한 특허출원 또는 그 특허출원하여 받은 특허권에 대해서는 특허료 및 수수료를 감면할 수 있다.
  ㉠ 「국민기초생활 보장법」에 따른 의료급여 수급자
  ㉡ 특별재난지역으로 선포된 지역에 거주하거나 주된 사무소를 두고 있는 자 중 산업통상자원부령으로 정하는 요건을 갖춘 자
    • 100분의 90 감면 : 19세 이상 29세 이하인 사람, 65세 이상인 사람
    • 100분의 80 감면 : 100분의 90 감면 해당 개인을 제외한 개인, 중소기업, 직무발명보상 우수기업, 지식재산 경영인증 중소기업
    • 100분의 70 감면 : 공공연구기관, 기술이전 및 사업화 촉진에 관한 법률에 따른 전담조직, 지방자치단체
    • 100분의 50 감면 : 중견기업, 우수기업으로 선정되거나 지식재산 경영인증을 받은 중견기업
  ㉢ 그 밖에 산업통상자원부령으로 정하는 자

(4) 특허 유지료의 감면

① 개인, 소기업, 중기업, 공공연구기관, 전담조직 또는 지방자치단체의 경우에는 4년분부터 존속기간까지의 특허료·실용신안등록료의 50% 감면
② 중견기업의 경우에는 4년분부터 9년분까지의 특허료·실용신안등록료의 30% 감면

CHAPTER 07 특허료 및 특허등록

제1편 | 특허법, 특허·실용신안 심사기준

※ 개정법령 반영으로 인해 기출문제를 변형한 경우 기출수정 표시를 하였습니다.

01 특허료 및 수수료에 관한 설명으로 옳지 않은 것은? 기출 24

① 특허권의 설정등록을 받으려는 자는 설정등록을 받으려는 날부터 3년분의 특허료를 내야 하고, 특허권자는 그 다음 해부터의 특허료를 해당 권리의 설정등록일에 해당하는 날을 기준으로 매년 1년분씩 내야 한다.
② 이해관계인은 특허료를 내야 할 자의 의사와 관계없이 특허료를 낼 수 있으며, 이 경우 이해관계인은 내야 할 자가 현재 이익을 얻는 한도에서 그 비용의 상환을 청구할 수 있다.
③ 특허권의 설정등록을 받으려는 자는 특허료 납부기간이 지난 후에도 1년 이내에 특허료를 추가로 낼 수 있으며, 이 경우 내야 할 특허료의 2배의 범위에서 산업통상자원부령으로 정하는 금액을 납부하여야 한다.
④ 특허권의 설정등록을 받으려는 자가 정당한 사유로 추가납부기간에 특허료를 내지 아니하였거나 보전기간에 보전하지 아니한 경우에는 그 사유가 소멸한 날부터 2개월 이내에 그 특허료를 내거나 보전할 수 있다. 다만, 추가납부기간의 만료일 또는 보전기간의 만료일 중 늦은 날부터 1년이 지난 때에는 그러하지 아니하다.
⑤ 특허출원인이 아닌 자가 출원심사의 청구를 한 후 그 특허출원서에 첨부한 명세서를 보정하여 청구범위에 적은 청구항의 수가 증가한 경우에는 그 증가한 청구항에 관하여 내야 할 심사청구료는 특허출원인이 내야 한다.

| 해설 |
① (O) 특허법 제79조 제1항
② (O) 특허법 제80조
③ (×) 특허권의 설정등록을 받으려는 자 또는 특허권자는 제79조 제3항에 따른 납부기간이 지난 후에도 6개월 이내에 특허료를 추가로 낼 수 있다. 이 경우 내야 할 특허료의 2배 범위에서 산업통산자원부령으로 정하는 금액을 납부하여야 한다(특허법 제81조 제1항·제2항).
④ (O) 특허법 제81조의3 제1항
⑤ (O) 특허법 제82조 제2항

답 ③

02 특허법 제84조(특허료 등의 반환)에 관한 설명으로 옳지 않은 것은? 기출 23

① 납부된 특허료 및 수수료는 제1항 각 호의 어느 하나에 해당하는 경우에만 납부한 자의 청구에 의하여 반환한다.
② 잘못 납부된 특허료 및 수수료는 납부한 자의 청구에 의하여 반환한다.
③ 납부된 특허료 및 수수료는 특허권의 존속기간의 연장등록을 무효로 한다는 심결이 확정된 해의 다음 해부터의 특허료 해당분에 해당하는 경우 납부한 자의 청구에 의하여 반환한다.
④ 특허청장 또는 특허심판원장은 납부된 특허료 및 수수료가 제1항 각 호의 어느 하나에 해당하는 경우에는 그 사실을 납부한 자에게 통지하여야 한다.
⑤ 제1항에 따른 특허료 및 수수료의 반환청구는 제2항에 따른 통지를 받은 날부터 3년이 지나면 할 수 없다.

┃해설┃
① (○) 납부된 특허료 및 수수료는 다음 각 호의 어느 하나에 해당하는 경우에만 납부한 자의 청구에 의하여 반환한다(특허법 제84조 제1항).
② (○) 잘못 납부된 특허료 및 수수료(특허법 제84조 제1항)
③ (○) 특허권의 존속기간의 연장등록을 무효로 한다는 심결이 확정된 해의 다음 해부터의 특허료 해당분(특허법 제84조 제1항 제3호)
④ (○) 특허청장 또는 특허심판원장은 납부된 특허료 및 수수료가 제1항 각 호의 어느 하나에 해당하는 경우에는 그 사실을 납부한 자에게 통지하여야 한다(특허법 제84조 제2항).
⑤ (×) 제1항에 따른 특허료 및 수수료의 반환청구는 제2항에 따른 통지를 받은 날부터 5년이 지나면 할 수 없다(특허법 제84조 제3항).

> **특허법 제84조(특허료 등의 반환)**
> ① 납부된 특허료 및 수수료는 다음 각 호의 어느 하나에 해당하는 경우에만 납부한 자의 청구에 의하여 반환한다.
>   1. 잘못 납부된 특허료 및 수수료
>   3. 특허권의 존속기간의 연장등록을 무효로 한다는 심결이 확정된 해의 다음 해부터의 특허료 해당분
> ② 특허청장 또는 특허심판원장은 납부된 특허료 및 수수료가 제1항 각 호의 어느 하나에 해당하는 경우에는 그 사실을 납부한 자에게 통지하여야 한다.
> ③ 제1항에 따른 특허료 및 수수료의 반환청구는 제2항에 따른 통지를 받은 날부터 5년이 지나면 할 수 없다.

답 ⑤

03 특허료에 관한 설명으로 옳은 것은? 기출수정 22

① 추가납부기간에 특허료를 납부하지 않은 경우에는 특허권의 설정등록을 받으려는 자의 특허출원은 취하한 것으로 본다.
② 특허권의 설정등록을 받으려는 자 또는 특허권자가 책임질 수 없는 사유로 추가납부기간에 특허료를 내지 아니하였거나 보전기간에 보전하지 아니한 경우에는 그 사유가 소멸한 날부터 30일 이내에 그 특허료를 내거나 보전할 수 있다.
③ 특허권의 존속기간의 연장등록을 무효로 한다는 심결이 확정된 경우에 심결이 확정된 해부터의 특허료는 납부한 자의 청구에 의하여 반환한다.
④ 특허청장은 특허료가 잘못 납부된 경우에는 그 사실을 납부한 자에게 통지하여야 하며, 특허료의 반환청구는 이 통지를 받은 날로부터 5년이 지나면 할 수 없다.
⑤ 특허청장은 특허료의 감면을 거짓이나 그 밖에 부정한 방법으로 받은 자에 대하여는 산업통상자원부령으로 정하는 바에 따라 감면받은 특허료의 3배액을 징수할 수 있다.

해설

① (×) 추가납부기간에 특허료를 내지 아니한 경우(추가납부기간이 끝나더라도 제81조의2 제2항에 따른 보전기간이 끝나지 아니한 경우에는 그 보전기간에 보전하지 아니한 경우를 말한다)에는 특허권의 설정등록을 받으려는 자의 특허출원은 "포기"한 것으로 본다(특허법 제81조 제3항).
② (×) 특허권의 설정등록을 받으려는 자 또는 특허권자가 "정당한 사유"로 추가납부기간에 특허료를 내지·아니하였거나 보전기간에 보전하지 아니한 경우에는 그 사유가 소멸한 날부터 "2개월" 이내에 그 특허료를 내거나 보전할 수 있다(특허법 제81조의3 제1항).
③ (×) 특허권의 존속기간의 연장등록을 무효로 한다는 심결이 확정된 경우 특허권의 존속기간의 연장등록을 무효로 한다는 심결이 확정된 해의 "다음 해부터의" 특허료 해당분은 납부한 자의 청구에 의하여 반환한다(특허법 제84조 제1항 제3호).
④ (○) 특허법 제84조 제3항

> **특허법 제84조(특허료 등의 반환)**
> ① 납부된 특허료 및 수수료는 다음 각 호의 어느 하나에 해당하는 경우에만 납부한 자의 청구에 의하여 반환한다.
>   1. 잘못 납부된 특허료 및 수수료
> ② 특허청장 또는 특허심판원장은 납부된 특허료 및 수수료가 제1항 각 호의 어느 하나에 해당하는 경우에는 그 사실을 납부한 자에게 통지하여야 한다.
> ③ 제1항에 따른 특허료 및 수수료의 반환청구는 제2항에 따른 통지를 받은 날부터 5년이 지나면 할 수 없다.

⑤ (×) 특허청장은 제2항에 따른 특허료 및 수수료 감면을 거짓이나 그 밖의 부정한 방법으로 받은 자에 대하여는 산업통상자원부령으로 정하는 바에 따라 감면받은 특허료 및 수수료의 2배액을 징수할 수 있다(특허법 제83조 제4항).

답 ④

04 특허료 및 수수료에 관한 설명으로 옳은 것은? 기출 18

① 특허출원인이 아닌 자가 출원심사의 청구를 하는 때의 심사청구료는 심사를 청구한 자가 부담하므로 명세서가 보정되어 청구항의 수가 증가한 경우에도 이에 대한 심사청구료는 심사를 청구한 자가 부담한다.
② 이해관계인은 특허료를 내야 할 자의 의사에 반하여 특허료를 낼 수 없다.
③ 특허권의 설정등록을 받으려는 자 또는 특허권자가 책임질 수 없는 사유로 추가 납부기간에 특허료를 내지 아니하였거나 보전기간에 보전하지 아니한 경우에는 그 사유가 소멸한 날부터 6개월 이내에 그 특허료를 내거나 보전할 수 있다.
④ 특허무효심결이 확정되면 무효심결이 확정된 해의 다음 해부터의 특허료에 해당하는 액수는 납부한 자의 청구가 없더라도 반환한다.
⑤ 납부된 수수료는 심리의 종결을 통지받기 전까지 심판청구를 취하한 경우에 이미 낸 수수료 중 심판청구료의 2분의 1에 해당하는 금액을 납부한 자의 청구에 의하여 반환한다.

해설
① (×) 명세서가 보정되어 청구항의 수가 증가한 경우에 이에 대한 심사청구료는 특허출원인이 부담한다(특허법 제82조 제2항).
② (×) 이해관계인은 특허료를 내야 할 자의 의사와 관계없이 특허료를 낼 수 있다(특허법 제80조 제1항).
③ (×) 특허출원인의 "정당한 사유"로 권리구제를 받을 수 있으며, 사유가 소멸한 날로부터 2개월 이내에 그 특허료를 내거나 보전할 수 있다(특허법 제81조의3 제1항).
④ (×) 납부한 자의 청구가 있어야 반환한다.
⑤ (○) 특허법 제84조 제1항 제11호

답 ⑤

CHAPTER 08 특허권

제1편 | 특허법. 특허·실용신안 심사기준

01 설정등록 및 등록공고

제87조(특허권의 설정등록 및 등록공고)
① 특허권은 설정등록에 의하여 발생한다.
② 특허청장은 다음 각 호의 어느 하나에 해당하는 경우에는 특허권을 설정하기 위한 등록을 하여야 한다.
  1. 제79조 제1항에 따라 특허료를 냈을 때
  2. 제81조 제1항에 따라 특허료를 추가로 냈을 때
  3. 제81조의2 제2항에 따라 특허료를 보전하였을 때
  4. 제81조의3 제1항에 따라 특허료를 내거나 보전하였을 때
  5. 제83조 제1항 제1호 및 같은 조 제2항에 따라 그 특허료가 면제되었을 때
③ 특허청장은 제2항에 따라 등록한 경우에는 다음 각 호의 사항을 특허공보에 게재하여 등록공고를 하여야 한다. 기출 23
  1. 특허권자의 성명 및 주소(법인인 경우에는 그 명칭 및 영업소의 소재지를 말한다)
  2. 특허출원번호 및 출원연월일
  3. 발명자의 성명 및 주소
  4. 특허출원서에 첨부된 요약서
  5. 특허번호 및 설정등록연월일
  6. 등록공고연월일
  7. 제63조 제1항 각 호 외의 부분 본문에 따라 통지한 거절이유에 선행기술에 관한 정보(선행기술이 적혀 있는 간행물의 명칭과 그 밖에 선행기술에 관한 정보의 소재지를 말한다)가 포함된 경우 그 정보
  8. 그 밖에 대통령령으로 정하는 사항
④ 비밀취급이 필요한 특허발명에 대해서는 그 발명의 비밀취급이 해제될 때까지 그 특허의 등록공고를 보류하여야 하며, 그 발명의 비밀취급이 해제된 경우에는 지체 없이 제3항에 따라 등록공고를 하여야 한다. 기출 22
⑤ 삭제 〈2016.2.29.〉

02 존속기간

(1) 법조문

> **제88조(특허권의 존속기간)**
> ① 특허권의 존속기간은 제87조 제1항에 따라 특허권을 설정등록한 날부터 특허출원일 후 20년이 되는 날까지로 한다.
> ② 정당한 권리자의 특허출원이 제34조 또는 제35조에 따라 특허된 경우에는 제1항의 특허권의 존속기간은 무권리자의 특허출원일의 다음 날부터 기산한다. 기출 20

(2) 특허권의 존속기간

① 원칙 : 특허권의 존속기간은 특허권을 설정등록한 날부터 특허출원일 후 20년이 되는 날까지로 한다(法 제88조 제1항).
② 예 외
  ㉠ 정당한 권리자의 특허출원이 특허된 경우에는 특허권의 존속기간은 무권리자의 특허출원일의 다음 날부터 기산한다(法 제88조 제2항).
  ㉡ 분할출원 및 변경출원은 원출원일에 출원한 것으로 보며, 조약우선권주장출원 및 국내우선권주장출원은 우선권주장출원일에 출원한 것으로 본다.
  ㉢ 국제특허출원은 국제특허출원일에 출원한 것으로 본다.
③ 기간의 만료 : 특허에 관한 절차에서 기간의 마지막날이 공휴일(근로자의 날 포함)에 해당하면 기간은 그 다음 날로 만료한다(法 제14조 제4호). 다만 존속기간은 특허에 관한 절차에 해당하지 않기 때문에 마지막날이 공휴일인 경우 공휴일로 만료된다.

(3) 관련 판례 : 등록을 말소한 경우 상표권의 효력

> 상표권 등록은 상표권 발생의 요건이지만 존속요건은 아니다. 따라서 상표권이 부적법하게 소멸등록되었다 하더라도 상표권의 효력에는 아무런 영향이 없고, 상표권의 존속기간도 그대로 진행한다. 상표권이 부적법하게 소멸등록된 때에는 상표권자는 특허권 등의 등록령 제27조의 절차에 따라 그 회복을 신청할 수 있다. 이러한 회복등록은 부적법하게 말소된 등록을 회복하여 처음부터 그러한 말소가 없었던 것과 같은 효력을 보유하게 하는 등록에 불과하므로, 회복등록이 되었다고 해도 상표권의 존속기간에 영향이 있다고 볼 수 없다.
> 원심은 다음과 같은 이유로 이 사건 처분이 신의칙에 반하지 않는다고 판단하였다.
> 1) 상표권에는 다수의 이해관계가 복잡하게 얽힐 수 있으므로 상표권의 존속기간 만료 및 그 갱신 여부는 상표법의 규정에 따라 획일적으로 정해져야 한다.
> 2) 소외 2의 부적절한 제안은 피고의 공적인 견해표명으로 보기 어렵고, 그로 인하여 원고가 이 사건 소멸 상표권의 소멸등록에 대해 즉시 회복등록을 신청하는 등 적절한 대응을 하지 못하게 되었다고 하더라도 이를 이유로 손해배상을 청구할 수 있는지 여부는 별론으로 하고 상표권의 존속기간 및 존속기간갱신등록 신청기간이 달라진다고 할 수는 없다.

> 3) 원고는 소외 2의 제안과 무관하게 법률전문가의 조언을 얻어 이 사건 소멸 상표권의 회복등록을 신청하고 나아가 존속기간갱신등록을 신청할 수 있었는데 스스로 소외 2의 제안을 받아들여 위와 같은 방법을 취하지 않았다.
> 관련 법리에 비추어 기록을 살펴보면, 원심의 위와 같은 판단에 상고이유 주장과 같이 신의성실의 원칙에 관한 법리를 오해하는 등의 잘못이 없다(判例 2016두3600).

03 존속기간연장등록출원

(1) 법조문

제89조(허가등에 따른 특허권의 존속기간의 연장)
① 특허발명을 실시하기 위하여 다른 법령에 따라 허가를 받거나 등록 등을 하여야 하고, 그 허가 또는 등록 등(이하 "허가등"이라 한다)을 위하여 필요한 유효성·안전성 등의 시험으로 인하여 장기간이 소요되는 대통령령으로 정하는 발명인 경우에는 제88조 제1항에도 불구하고 그 실시할 수 없었던 기간에 대하여 5년의 기간까지 그 특허권의 존속기간(제92조의5 제2항에 따라 특허권의 존속기간의 연장이 등록된 경우에는 그 연장된 날까지를 말한다)을 한 차례만 연장할 수 있다. 다만, 허가등을 받은 날부터 14년을 초과하여 연장할 수 없다. 〈개정 2025.1.21.〉 기출 15·18·19·21·23·25
② 제1항을 적용할 때 허가등을 받은 자에게 책임있는 사유로 소요된 기간은 제1항의 "실시할 수 없었던 기간"에 포함되지 아니한다. 기출 18·25

제90조(허가등에 따른 특허권의 존속기간의 연장등록출원)
① 제89조 제1항에 따라 특허권의 존속기간의 연장등록출원을 하려는 자(이하 이 조 및 제91조에서 "연장등록출원인"이라 한다)는 다음 각 호의 사항을 적은 특허권의 존속기간의 연장등록출원서를 특허청장에게 제출하여야 한다.
  1. 연장등록출원인의 성명 및 주소(법인인 경우에는 그 명칭 및 영업소의 소재지)
  2. 연장등록출원인의 대리인이 있는 경우에는 그 대리인의 성명 및 주소나 영업소의 소재지[대리인이 특허법인·특허법인(유한)인 경우에는 그 명칭, 사무소의 소재지 및 지정된 변리사의 성명]
  3. 연장대상특허권의 특허번호 및 연장대상청구범위의 표시
  4. 연장신청의 기간
  5. 제89조 제1항에 따른 허가등의 내용
  6. 산업통상자원부령으로 정하는 연장이유(이를 증명할 수 있는 자료를 첨부하여야 한다)
② 제1항에 따른 특허권의 존속기간의 연장등록출원은 제89조 제1항에 따른 허가등을 받은 날부터 3개월 이내에 출원하여야 한다. 다만, 제88조에 따른 특허권의 존속기간의 만료 전 6개월 이후에는 그 특허권의 존속기간의 연장등록출원을 할 수 없다. 기출 15·19·21
③ 특허권이 공유인 경우에는 공유자 모두가 공동으로 특허권의 존속기간의 연장등록출원을 하여야 한다. 기출 15·19·23·25

④ 제1항에 따른 특허권의 존속기간의 연장등록출원이 있으면 그 존속기간은 연장된 것으로 본다. 다만, 그 출원에 관하여 제91조의 연장등록거절결정이 확정된 경우에는 그러하지 아니하다.
⑤ 특허청장은 제1항에 따른 특허권의 존속기간의 연장등록출원이 있으면 제1항 각 호의 사항을 특허공보에 게재하여야 한다.
⑥ 연장등록출원인은 특허청장이 연장등록여부결정등본을 송달하기 전까지 연장등록출원서에 적혀 있는 사항 중 제1항 제3호부터 제6호까지의 사항(제3호 중 연장대상특허권의 특허번호는 제외한다)에 대하여 보정할 수 있다. 다만, 제93조에 따라 준용되는 거절이유통지를 받은 후에는 해당 거절이유통지에 따른 의견서 제출기간에만 보정할 수 있다.
⑦ 하나의 허가등에 대하여 둘 이상의 특허권이 있는 경우에는 연장등록출원인은 그중 하나의 특허권에 대해서만 존속기간의 연장등록출원을 하여야 하고, 하나의 허가등에 대하여 둘 이상의 특허권에 대한 존속기간의 연장등록출원이 있는 경우에는 어느 특허권의 존속기간도 연장할 수 없다. 〈신설 2025.1.21.〉
⑧ 특허권의 존속기간의 연장등록출원이 다음 각 호의 어느 하나에 해당하는 경우 그 출원은 제7항을 적용할 때는 처음부터 없었던 것으로 본다. 〈신설 2025.1.21.〉
  1. 포기, 무효 또는 취하된 경우
  2. 거절결정이나 거절한다는 취지의 심결이 확정된 경우

제91조(허가등에 따른 특허권의 존속기간의 연장등록거절결정)
심사관은 제90조에 따른 특허권의 존속기간의 연장등록출원이 다음 각 호의 어느 하나에 해당하는 경우에는 그 출원에 대하여 연장등록거절결정을 하여야 한다. 〈개정 2025.1.21.〉
  1. 그 특허발명의 실시가 제89조 제1항에 따른 허가등을 받을 필요가 있는 것으로 인정되지 아니하는 경우
  2. 그 특허권자 또는 그 특허권의 전용실시권이나 등록된 통상실시권을 가진 자가 제89조 제1항에 따른 허가등을 받지 아니한 경우 기출 21·25
  3. 연장신청의 기간이 제89조에 따라 인정되는 연장의 기간을 초과하는 경우
  4. 연장등록출원인이 해당 특허권자가 아닌 경우 기출 25
  5. 제90조 제3항을 위반하여 연장등록출원을 한 경우 기출 25
  6. 제90조 제7항을 위반하여 하나의 허가등에 대하여 둘 이상의 특허권에 대한 존속기간의 연장등록출원을 한 경우

제92조(허가등에 따른 특허권의 존속기간의 연장등록결정 등)
① 심사관은 제90조에 따른 특허권의 존속기간의 연장등록출원에 대하여 제91조 각 호의 어느 하나에 해당하는 사유를 발견할 수 없을 때에는 연장등록결정을 하여야 한다.
② 특허청장은 제1항에 따른 연장등록결정을 한 경우에는 특허권의 존속기간의 연장을 특허원부에 등록하여야 한다. 기출 15·24
③ 특허청장은 제2항에 따른 등록을 한 경우에는 다음 각 호의 사항을 특허공보에 게재하여야 한다.
  1. 특허권자의 성명 및 주소(법인인 경우에는 그 명칭 및 영업소의 소재지)
  2. 특허번호
  3. 연장등록의 연월일
  4. 연장기간
  5. 제89조 제1항에 따른 허가등의 내용

제92조의2(등록지연에 따른 특허권의 존속기간의 연장)
① 특허출원에 대하여 특허출원일부터 4년과 출원심사 청구일부터 3년 중 늦은 날보다 지연되어 특허권의 설정등록이 이루어지는 경우에는 제88조 제1항에도 불구하고 그 지연된 기간만큼 해당 특허권의 존속기간을 연장할 수 있다.
② 제1항의 규정을 적용함에 있어서 출원인으로 인하여 지연된 기간은 제1항에 따른 특허권의 존속기간의 연장에서 제외된다. 다만, 출원인으로 인하여 지연된 기간이 겹치는 경우에는 특허권의 존속기간의 연장에서 제외되는 기간은 출원인으로 인하여 실제 지연된 기간을 초과하여서는 아니 된다.
③ 제2항에서 "출원인으로 인하여 지연된 기간"에 관한 사항은 대통령령으로 정한다.
④ 제1항에 따라 특허출원일부터 4년을 기산할 때에는 제34조, 제35조, 제52조 제2항, 제52조의2 제2항, 제53조 제2항, 제199조 제1항 및 제214조 제4항에도 불구하고 다음 각 호에 해당하는 날을 특허출원일로 본다.
   1. 제34조 또는 제35조에 따른 정당한 권리자의 특허출원의 경우에는 정당한 권리자가 출원을 한 날
   2. 제52조에 따른 분할출원의 경우에는 분할출원을 한 날
   2의2. 제52조의2에 따른 분리출원의 경우에는 분리출원을 한 날
   3. 제53조에 따른 변경출원의 경우에는 변경출원을 한 날
   4. 제199조 제1항에 따라 특허출원으로 보는 국제출원의 경우에는 제203조 제1항 각 호의 사항을 기재한 서면을 제출한 날
   5. 제214조에 따라 특허출원으로 보는 국제출원의 경우에는 국제출원의 출원인이 제214조 제1항에 따라 결정을 신청한 날
   6. 제1호부터 제5호까지의 규정 중 어느 하나에 해당되지 아니하는 특허출원에 대하여는 그 특허출원일

제92조의3(등록지연에 따른 특허권의 존속기간의 연장등록출원)
① 제92조의2에 따라 특허권의 존속기간의 연장등록출원을 하려는 자(이하 이 조 및 제92조의4에서 "연장등록출원인"이라 한다)는 다음 각 호의 사항을 적은 특허권의 존속기간의 연장등록출원서를 특허청장에게 제출하여야 한다.
   1. 연장등록출원인의 성명 및 주소(법인인 경우에는 그 명칭 및 영업소의 소재지)
   2. 연장등록출원인의 대리인이 있는 경우에는 그 대리인의 성명 및 주소나 영업소의 소재지(대리인이 특허법인·특허법인(유한)인 경우에는 그 명칭, 사무소의 소재지 및 지정된 변리사의 성명)
   3. 연장 대상 특허권의 특허번호
   4. 연장신청의 기간
   5. 산업통상자원부령이 정하는 연장이유(이를 증명할 수 있는 자료를 첨부하여야 한다)
② 제1항에 따른 특허권의 존속기간의 연장등록출원은 특허권의 설정등록일부터 3개월 이내에 출원하여야 한다.
③ 특허권이 공유인 경우에는 공유자 전원이 공동으로 특허권의 존속기간의 연장등록출원을 하여야 한다.
④ 연장등록출원인은 심사관이 특허권의 존속기간의 연장등록 여부결정 전까지 연장등록출원서에 기재된 사항 중 제1항 제4호 및 제5호의 사항에 대하여 보정할 수 있다. 다만, 제93조에 따라 준용되는 거절이유통지를 받은 후에는 해당 거절이유통지에 따른 의견서 제출기간에만 보정할 수 있다.

제92조의4(등록지연에 따른 특허권의 존속기간의 연장등록거절결정)
심사관은 제92조의3에 따른 특허권의 존속기간의 연장등록출원이 다음 각 호의 어느 하나에 해당하는 경우에는 그 출원에 대하여 연장등록거절결정을 하여야 한다.
   1. 연장신청의 기간이 제92조의2에 따라 인정되는 연장의 기간을 초과한 경우
   2. 연장등록출원인이 해당 특허권자가 아닌 경우
   3. 제92조의3 제3항을 위반하여 연장등록출원을 한 경우

제92조의5(등록지연에 따른 특허권의 존속기간의 연장등록결정 등)
① 심사관은 제92조의3에 따른 특허권의 존속기간의 연장등록출원에 대하여 제92조의4 각 호의 어느 하나에 해당하는 사유를 발견할 수 없는 경우에는 연장등록결정을 하여야 한다.
② 특허청장은 제1항의 연장등록결정이 있으면 특허권의 존속기간의 연장을 특허원부에 등록하여야 한다. 기출 24
③ 제2항에 따른 등록이 있으면 다음 각 호의 사항을 특허공보에 게재하여야 한다.
  1. 특허권자의 성명 및 주소(법인인 경우에는 그 명칭 및 영업소의 소재지)
  2. 특허번호
  3. 연장등록 연월일
  4. 연장 기간

제93조(준용규정)
특허권의 존속기간의 연장등록출원의 심사에 관하여는 제57조 제1항, 제63조, 제67조, 제78조 제1항·제3항, 제148조 제1호부터 제5호까지 및 같은 조 제7호를 준용한다. 이 경우 제78조 제1항 중 "특허취소신청에 대한 결정"은 "제92조의4 및 제92조의5에 따른 연장등록거절결정 또는 연장등록결정"으로, "그 심사절차"는 "허가등에 따른 연장등록출원 심사 절차"로 본다. 〈개정 2025.1.21.〉

제94조(특허권의 효력)
① 특허권자는 업으로서 특허발명을 실시할 권리를 독점한다. 다만, 그 특허권에 관하여 전용실시권을 설정하였을 때에는 제100조 제2항에 따라 전용실시권자가 그 특허발명을 실시할 권리를 독점하는 범위에서는 그러하지 아니하다.
② 특허발명의 실시가 제2조 제3호 나목에 따른 방법의 사용을 청약하는 행위인 경우 특허권의 효력은 그 방법의 사용이 특허권 또는 전용실시권을 침해한다는 것을 알면서 그 방법의 사용을 청약하는 행위에만 미친다. 기출 22

제95조(허가등에 따른 존속기간이 연장된 경우의 특허권의 효력)
제90조 제4항에 따라 특허권의 존속기간이 연장된 특허권의 효력은 그 연장등록의 이유가 된 허가등의 대상물건(그 허가등에 있어 물건에 대하여 특정의 용도가 정하여져 있는 경우에는 그 용도에 사용되는 물건)에 관한 그 특허발명의 실시 행위에만 미친다. 기출 19

제134조(특허권 존속기간의 연장등록의 무효심판)
① 이해관계인 또는 심사관은 제92조에 따른 특허권의 존속기간의 연장등록이 다음 각 호의 어느 하나에 해당하는 경우에는 무효심판을 청구할 수 있다. 〈개정 2025.1.21.〉
  1. 특허발명을 실시하기 위하여 제89조에 따른 허가등을 받을 필요가 없는 출원에 대하여 연장등록이 된 경우
  2. 특허권자 또는 그 특허권의 전용실시권 또는 등록된 통상실시권을 가진 자가 제89조에 따른 허가등을 받지 아니한 출원에 대하여 연장등록이 된 경우
  3. 연장등록에 따라 연장된 기간이 제89조에 따라 인정되는 연장의 기간을 초과하는 경우
  4. 해당 특허권자가 아닌 자의 출원에 대하여 연장등록이 된 경우
  5. 제90조 제3항을 위반한 출원에 대하여 연장등록이 된 경우
  6. 제90조 제7항을 위반하여 하나의 허가등에 대하여 둘 이상의 특허권의 존속기간이 연장등록된 경우

② 이해관계인 또는 심사관은 제92조의5에 따른 특허권의 존속기간의 연장등록이 다음 각 호의 어느 하나에 해당하면 무효심판을 청구할 수 있다.
   1. 연장등록에 따라 연장된 기간이 제92조의2에 따라 인정되는 연장의 기간을 초과한 경우
   2. 해당 특허권자가 아닌 자의 출원에 대하여 연장등록이 된 경우
   3. 제92조의3 제3항을 위반한 출원에 대하여 연장등록이 된 경우
③ 제1항 및 제2항에 따른 심판의 청구에 관하여는 제133조 제2항 및 제4항을 준용한다.
④ 연장등록을 무효로 한다는 심결이 확정된 경우에는 그 연장등록에 따른 존속기간의 연장은 처음부터 없었던 것으로 본다. 다만, 연장등록이 다음 각 호의 어느 하나에 해당하는 경우에는 해당 기간에 대해서만 연장이 없었던 것으로 본다. 〈개정 2025.1.21.〉
   1. 연장등록이 제1항 제3호에 해당하여 무효로 된 경우 : 제89조에 따라 인정되는 연장의 기간을 초과하여 연장된 기간
   2. 연장등록이 제2항 제1호에 해당하여 무효로 된 경우 : 제92조의2에 따라 인정되는 연장의 기간을 초과하여 연장된 기간
⑤ 연장등록이 제1항 제6호에 해당하여 무효로 한다는 심결이 확정된 경우에는 그 특허권의 존속기간의 연장등록출원은 처음부터 없었던 것으로 본다. 〈신설 2025.1.21.〉

특허법시행령 제7조의2(출원인으로 인하여 지연된 기간)
① 법 제92조의2 제3항에서 "출원인으로 인하여 지연된 기간"이란 다음 각 호의 어느 하나에 해당하는 기간을 말한다. 〈개정 2023.12.19.〉
   1. 특허청 또는 특허심판원에 계속 중인 특허에 관한 절차에서 다음 각 목의 어느 하나에 해당하는 기간
      가. 법 제10조에 따라 특허청장 또는 심판장이 대리인에 의하여 특허에 관한 절차를 밟도록 명하거나 대리인을 바꿀 것을 명한 경우에는 그 명한 날부터 대리인이 선임되거나 교체된 날까지의 기간
      나. 법 제15조 제2항에 따라 출원인의 청구에 의하여 특허에 관한 절차를 밟을 기간이 연장된 경우에는 그 연장된 만큼의 기간(기간이 연장된 후 법 제15조 제2항에 따라 출원인의 청구에 의하여 특허에 관한 절차를 밟을 기간이 단축된 경우에는 그 단축된 만큼의 기간은 제외한다)
      다. 법 제15조 제3항에 따라 특허에 관한 절차를 밟을 기일이 정해진 후 출원인의 청구에 의하여 그 정해진 기일보다 늦은 기일로 변경된 경우에는 그 정해진 기일의 다음 날부터 변경된 기일까지의 기간
      라. 법 제17조 본문에 따라 책임질 수 없는 사유가 소멸한 후 특허에 관한 절차를 추후보완한 경우에는 그 사유가 소멸한 날부터 그 절차를 추후보완한 날까지의 기간
      마. 법 제20조, 제23조 제2항, 제78조 제1항 또는 제164조 제1항에 따라 특허에 관한 절차가 중단 또는 중지된 경우에는 그 특허에 관한 절차가 중단 또는 중지된 기간
      바. 법 제36조 제6항에 따라 특허청장이 출원인에게 기간을 정하여 협의의 결과를 신고할 것을 명한 경우에는 그 기간(법 제15조 제2항에 따라 출원인의 청구에 의하여 기간이 단축된 경우에는 그 단축된 만큼의 기간은 제외한다)
      사. 법 제42조의2 제2항 단서에 따른 기한 이내에 청구범위가 기재되도록 명세서를 보정한 경우에는 출원심사 청구의 취지를 통지받은 날부터 그 명세서를 보정한 날까지의 기간
      아. 법 제42조의3 제6항에 따라 최종 국어번역문의 잘못된 번역을 정정한 문서(이하 이 목에서 "오역정정서"라 한다)를 출원심사 청구일부터 8개월이 되는 날보다 늦게 제출하는 경우 그 8개월이 되는 날의 다음 날부터 오역정정서를 마지막으로 제출한 날까지의 기간
      자. 법 제46조, 제141조 제1항 또는 제203조 제3항에 따라 특허청장·특허심판원장 또는 심판장이 기간을 정하여 보정을 명한 경우에는 그 기간(법 제15조 제2항에 따라 출원인의 청구에 의하여 기간이 단축된 경우에는 그 단축된 만큼의 기간은 제외한다)

차. 법 제55조 제1항에 따른 우선권 주장의 기초가 된 선출원에 대하여 그 선출원을 기초로 한 우선권 주장이 법 제56조에 따라 취하되거나 취하된 것으로 보는 경우에는 그 선출원에 대하여 우선권 주장이 있었던 날부터 그 우선권 주장이 취하되거나 취하된 것으로 보는 날까지의 기간

카. 법 제61조에 따른 우선심사와 관련하여 제10조에 따른 우선심사의 결정이 출원인으로 인하여 지연된 경우에는 그 지연된 기간

타. 법 제63조 제1항 본문에 따라 심사관(법 제170조에 따라 법 제63조가 준용되는 경우에는 법 제143조에 따른 심판관을 말한다. 이하 이 목에서 같다)이 출원인에게 거절이유를 통지하고 기간을 정하여 의견서를 제출할 수 있는 기회를 준 경우[다만, 심사관이 거절이유를 통지한 후에 그 거절이유통지에 대한 명세서 또는 도면의 보정 없이 법 제66조에 따른 특허결정을 한 경우(법 제170조에 따라 법 제66조가 준용되어 특허결정을 한 경우를 포함한다)는 제외한다]에는 그 기간(법 제15조 제2항에 따라 출원인의 청구에 의하여 의견서를 제출할 수 있는 기간이 단축된 경우에는 그 단축된 만큼의 기간은 제외한다)

파. 법 제67조 제2항에 따른 특허결정의 등본을 송달받은 날 후에 법 제79조 제1항에 따라 특허료를 납부(법 제81조 제1항에 따라 특허료를 추가납부하는 경우, 법 제81조의2 제2항에 따라 특허료를 보전하는 경우 또는 법 제81조의3 제1항에 따라 특허료를 납부하거나 보전하는 경우를 포함한다)하거나 법 제83조 제3항에 따라 출원인이 산업통상자원부령으로 정하는 서류를 제출하여 특허료를 면제받은 경우에는 그 송달받은 날부터 법 제87조에 따른 특허권의 설정등록이 있는 날까지의 기간

하. 법 제67조의2 제1항 본문에 따른 재심사를 청구한 경우에는 재심사 청구 전에 법 제67조 제2항에 따른 특허결정 또는 특허거절결정의 등본을 송달받은 날부터 특허청장이 재심사에 따른 특허여부의 결정을 한 날까지의 기간

거. 법 제67조의3 제1항에 따라 정당한 사유가 소멸한 후 출원심사의 청구 또는 재심사의 청구를 한 경우에는 그 사유가 소멸한 날부터 출원심사의 청구 또는 재심사의 청구를 한 날까지의 기간

너. 법 제132조의17에 따른 특허거절결정에 대해 불복하는 심판을 청구한 경우에는 법 제67조 제2항에 따른 특허거절결정의 등본을 송달받은 날부터 법 제132조의17에 따른 심판을 청구(법 제15조 제1항에 따라 출원인의 청구에 의하여 심판의 청구기간이 연장된 경우를 포함한다)한 날까지의 기간

더. 법 제149조 또는 제150조에 따른 제척 또는 기피의 신청이 법 제152조 제1항의 결정에 따라 받아들여지지 아니한 경우에는 법 제153조 본문에 따라 심판절차를 중지한 기간

러. 법 제157조에 따른 출원인의 증거조사 또는 증거보전의 신청에 대하여 그 증거조사 또는 증거보전이 필요하지 아니하다고 인정한 경우에는 그 신청이 있는 날부터 그 증거조사 또는 증거보전이 필요하지 아니하다고 인정한 날까지의 기간

머. 법 제162조 제4항에 따라 심리의 종결을 통지한 후 출원인의 신청에 의하여 심리를 재개한 경우에는 심리를 재개한 날부터 법 제162조 제3항에 따른 심리의 종결을 다시 통지한 날까지의 기간

버. 법 제178조에 따른 재심을 그 재심의 사유를 안 날 후에 청구한 경우에는 그 재심의 사유를 안 날부터 재심을 청구한 날까지의 기간

서. 법 제186조 제5항에 따라 심판장이 부가기간을 정한 경우에는 그 기간

어. 법 제218조 또는 제219조에 따른 서류의 송달 또는 공시송달이 출원인으로 인하여 지연된 경우(제18조 제10항에 따라 송달할 장소를 변경한 때에 그 취지를 특허청장에게 신고하지 아니하여 송달이 지연된 경우 등을 말한다)에는 그 송달이 지연된 기간

저. 다음의 어느 하나에 해당하는 서류 또는 서면을 출원심사 청구일부터 8개월이 되는 날까지 제출하지 않은 경우에는 그 8개월이 되는 날의 다음 날부터 그 서류 등을 제출한 날까지의 기간
  1) 미생물에 관계되는 발명에 대한 특허출원인 경우 제2조 제2항에 따른 미생물의 기탁 사실을 증명하는 서류
  2) 법 제30조 제3항 제1호에 따라 같은 조 제1항 제1호를 적용받으려는 경우 그 증명서류
  3) 법 제54조 제3항에 따라 우선권을 주장한 경우 같은 조 제4항에 따른 서류 또는 서면

(2) 허가 등에 따른 특허권의 존속기간의 연장

① **의의 및 취지**: 특허발명을 실시하기 위해 다른 법령의 규정에 따라 허가를 받거나 등록을 하여야 하는 경우 5년 이내의 기간에서 그 실시할 수 없었던 기간에 대하여 해당 특허권의 존속기간을 1회 연장할 수 있다. 의약품 및 농약 등의 분야에서 특허발명을 실시하기 위하여 다른 법령에 의한 허가나 등록을 받아야 하고, 이를 위해 소요되는 기간에는 그 발명을 독점적으로 실시할 수 없기 때문에 다른 특허권과의 형평성을 맞추기 위함이다.

② **요 건**

㉠ 대 상
- 약사법에 따라 품목허가를 받은 의약품(신물질을 유효성분으로 하여 제조한 의약품으로서 최초로 품목허가를 받은 의약품으로 한정)
- 농약관리법에 따라 등록한 농약 또는 원제(신물질을 유효성분으로 하여 제조한 농약 또는 원제로서 최초로 등록한 농약 또는 원제로 한정)
- 특허권이 존속하는 경우에만 허가 등에 따른 특허권의 존속기간 연장등록출원이 가능하므로, 특허권이 무효, 취하 또는 특허료 불납으로 소멸된 경우 출원이 인정되지 않는다.
- 허가 등에 따른 존속기간 연장 대상 발명을 규정한 특허법 시행령 제7조 제1호의 '신물질(약효를 나타내는 활성부분의 화학구조가 새로운 물질)'의 의미

> 가. 특허법 제89조 제1항은 "특허발명을 실시하기 위하여 다른 법령에 따라 허가를 받거나 등록 등을 하여야 하고, 그 허가 또는 등록 등(이하 "허가 등"이라 한다)을 위하여 필요한 유효성·안전성 등의 시험으로 인하여 장기간이 소요되는 대통령령으로 정하는 발명인 경우에는 제88조 제1항에도 불구하고 그 실시할 수 없었던 기간에 대하여 5년의 기간까지 그 특허권의 존속기간을 한 차례만 연장할 수 있다."라고 규정하고 있다. 그 위임에 따라 구 특허법 시행령(2020.7.14. 대통령령 제30844호로 개정되기 전의 것, 이하 같다) 제7조 제1호(이하 '이 사건 시행령 조항'이라 한다)는 '허가 등을 위하여 필요한 유효성·안전성 등의 시험으로 인하여 장기간이 소요되는 발명' 중 하나로 "특허발명을 실시하기 위하여 약사법 제31조 제2항·제3항 또는 제42조 제1항에 따라 품목허가를 받은 의약품[신물질(약효를 나타내는 활성부분의 화학구조가 새로운 물질을 말한다. 이하 이 조에서 같다)을 유효성분으로 하여 제조한 의약품으로서 최초로 품목허가를 받은 의약품으로 한정한다]의 발명"을 규정하고 있다.
>
> 나. 당해 법령 자체에 그 법령에서 사용하는 용어의 정의나 포섭의 구체적인 범위가 명확히 규정되어 있지 아니한 경우 법령상 용어의 해석은 가능한 문언의 통상적인 의미에 충실하게 해석하는 것을 원칙으로 하면서, 그 법령의 전반적인 체계와 취지·목적, 당해 조항의 규정형식과 내용 및 관련 법령을 종합적으로 고려하여 해석하여야 한다(대법원 2010.6.24. 선고 2010두3978 판결, 대법원 2013.1.17. 선고 2011다83431 전원합의체 판결, 대법원 2018.6.21. 선고 2011다112391 전원합의체 판결 참조). 허가 등에 따른 특허권의 존속기간의 연장제도를 규정한 특허법 제89조 제1항과 이 사건 시행령 조항의 전반적인 체계와 취지·목적, 이 사건 시행령 조항의 규정형식과 내용, 관련 약사법령 등을 종합하면, 이 사건 시행령 조항에서 '약효를 나타내는 활성부분'은 '의약품의 유효성분 중 활성을 가지면서 내재된 약리작용에 의하여 의약품 품목허가상의 효능·효과를 나타내는 부분'을 의미한다. 한편 그 자체로는 활성을 가지지 않는 부분이 기존에 품목허가된 의약품의 '약효를 나타내는 활성부분'에 결합되어 의약품의 효능·효과의 정도에 영향을 미치더라도 이는 의약품의 효능·효과로서의 '약효'를 나타내는 부분이 아니므로, 이러한 부분이 '약효를 나타내는 활성부분'에 결합되어 있다는 사정만으로 그 결합물 전체를 이 사건 시행령 조항에서 말하는 '약효를 나타내는 활성부분'이라고 볼 수는 없다.

1) 의약품 등의 발명을 실시하기 위해서는 국민의 보건위생을 증진하고 안전성 및 유효성을 확보하기 위해 약사법 등에 따라 허가 등을 받아야 하는데, 특허권자는 이러한 허가 등을 받는 과정에서 그 특허발명을 실시하지 못하는 불이익을 받게 된다. 따라서 위와 같은 불이익을 구제하고 의약품 등의 발명을 보호·장려하기 위해 특허법 제89조 제1항은 약사법 등에 의한 허가 등을 받기 위하여 장기간이 소요되는 발명에 한하여 특허발명을 실시할 수 없는 기간만큼 특허권의 존속기간을 연장해주는 제도를 마련하였다. 그런데 특허법 및 구 특허법 시행령은 이 사건 시행령 조항 중 '약효를 나타내는 활성부분'의 정의나 포섭의 구체적인 범위에 관하여는 규정하고 있지 않다.

2) 이 사건 시행령 조항은 약사법상 품목허가를 받은 의약품의 '유효성분'이 신물질일 것을 요구하고, 그 신물질을 '약효를 나타내는 활성부분'의 화학구조가 새로운 물질로 정의하여, 문언상 '약효를 나타내는 활성부분'과 '유효성분'을 구분하는 규정형식을 취하면서 화학구조가 새로운 물질일 것을 요구하는 대상을 '유효성분'이 아닌 '약효를 나타내는 활성부분'으로 명시하고 있다. 그런데 약리학적으로 '활성'은 약물이 인체 내 세포 등에 작용하여 생체기능에 변화를 일으키는 성질을 말하고, 앞서 보았듯이 이 사건 시행령 조항에서 말하는 '약효'는 특정 질환명 또는 증상명을 기준으로 하는 의약품 품목허가 대상으로서의 '효능·효과'를 의미하므로, '약효를 나타내는 활성부분'은 '인체 내 세포 등에 작용하여 의약품 품목허가상의 효능·효과를 발현하는 부분'으로 해석하는 것이 합리적이다. 이 사건 시행령 조항은 이러한 부분의 화학구조가 새로운 물질을 유효성분으로 하는 의약품의 발명을 유효성·안전성 등의 시험으로 인하여 장기간이 소요되는 발명으로서 특허권의 존속기간 연장 대상이 되는 발명으로 규정한 것이다.

3) 한편 「의약품의 품목허가·신고·심사 규정」 제2조 제1호는 '유효성분'을 '내재된 약리작용에 의하여 그 의약품의 효능·효과를 직접 또는 간접적으로 발현한다고 기대되는 물질 또는 물질군으로 주성분을 말한다.'라고 규정하고 있는데 '유효성분'은 분자 단위로 파악되므로, '약효를 나타내는 활성부분'에 해당하지 않는 부분이 '약효를 나타내는 활성부분'에 결합되어 의약품의 효능·효과의 정도에 영향을 미치는 경우에도 그 결합물 전체가 유효성분의 개념에 포함될 수는 있다. 그런데 이 사건 시행령 조항의 규정형식과 내용이 '유효성분'과 '약효를 나타내는 활성부분'을 준별하고 있는 이상, 그 자체로는 활성을 가지지 않는 부분이 '약효를 나타내는 활성부분'에 결합되어 의약품의 효능·효과의 정도에 영향을 미치더라도, 그 결합물 전체를 이 사건 시행령 조항에서 말하는 '약효를 나타내는 활성부분'이라고 볼 수는 없다.

4) 의약품 품목허가 등을 위하여 필요한 유효성·안전성 등의 시험으로 인하여 장기간이 소요되는 발명에 한하여 이를 구제하도록 정하고 있는 특허권 존속기간 연장 제도의 취지 및 목적에 비추어 보아도, 기존에 품목허가된 의약품의 공지된 활성부분이 발현하는 효능·효과의 정도에 영향을 미치기 위하여 그 자체로는 활성을 가지지 않는 부분을 부가한 의약품 발명은 특허권 존속기간 연장 대상이 되는 발명이라고 보기 어렵다(判例 2021후11070).

ⓛ 연장 가능 기간
- 원칙 : 특허권의 존속기간을 연장 받을 수 있는 기간은 특허발명을 실시할 수 없었던 기간으로서 5년의 기간으로 한정한다. 다만, 허가 등을 받는 자의 책임 있는 사유로 인하여 소요된 기간은 제외된다.
- 시기와 종기 : 특허법 제89조의 '실시할 수 없었던 기간'의 시기(始期)는 특허권자 등이 약사법 등에 의한 허가 등을 받는 데 필요한 유효성·안정성 등의 시험을 개시한 날 또는 특허권의 설정등록일 중 늦은 날이 되고, 그 종기는 약사법 등에 의한 허가 등의 처분이 그 신청인에게 도달함으로써 그 처분의 효력이 발생한 날까지라고 할 것이다(判例 2016허4498).

- 보완기간과 심사기간의 중첩 : '특허권자의 책임 있는 사유로 인하여 소요된 기간'이란 특허권자 등의 귀책사유로 인하여 약사법 등의 허가 등이 실제로 지연된 기간을 말한다. 따라서 허가 등을 받는 자의 책임있는 사유로 발생한 보완기간은 연장 받을 수 있는 기간에서 제외한다. 다만, 어느 한 부서의 보완요구로 인하여 보완기간이 소요되었다 하더라도, 다른 부서에서 심사가 진행되고 있는 경우에는 적어도 그 보완기간 중 다른 부서에서 심사가 진행되고 있는 기간과 중첩되는 기간에 관한 한, 특허권자 등의 책임 있는 사유로 인하여 허가가 지연되었다고 볼 수 없으므로, 위와 같이 중첩되는 기간은 이 사건 연장발명을 실시할 수 없는 기간에서 제외할 수 없다(判例 2017후882 · 899). 기출 21 · 23

ⓒ 주체적 요건
- 특허권 존속기간의 연장등록출원인은 특허권자에 한하며 특허권이 공유인 경우 공유자 전원이 공동으로 특허권의 존속기간 연장등록출원을 하여야 한다. 특허권연장등록출원은 특별수권사항이 아니므로 임의대리인도 가능하다. 다만, 연장등록출원의 포기는 특별수권사항이므로 특별수권이 없는 임의대리인은 연장등록출원을 포기할 수 없다.
- 허가 등을 받을 수 있는 자는 특허권자 또는 전용실시권자이나 등록된 통상실시권자를 원칙으로 한다(法 제91조 제2호). 따라서 특허권존속기간연장등록출원시에 등록되지 않은 통상실시권자 등이 허가를 받은 경우에는 거절이유에 해당한다. 다만, 심사관이 연장등록여부결정 등본을 송달하기 전까지 통상실시권자의 통상실시권 등록 및 그에 관한 증명자료의 제출이 모두 이루어지는 경우 상기 거절이유는 해소된 것으로 본다(判例 2017후882 · 899).

ⓔ 시기적 요건
- 허가 등에 따른 특허권 존속기간의 연장등록출원은 허가 등을 받은 날로부터 3개월 이내에 출원해야 하며, 특허권 존속기간이 만료 전 6개월 이후에는 할 수 없다.
- 허가 등을 받은 날로부터 3개월이 경과한 때 또는 존속기간 만료 전 6개월 이후에 연장등록출원을 한 경우 소명기회를 부여한 후 연장등록출원서를 반려한다(시행규칙 제11조).

③ 절 차
ⓐ 출원서의 제출 : 허가 등에 따른 존속기간의 연장등록출원을 하는 자는 法 제90조 제1항 각 호의 사항을 적은 특허권의 존속기간의 연장등록출원서를 특허청장에게 제출하여야 한다.
ⓑ 특허공보 게재 : 특허청장은 특허권의 존속기간의 연장등록출원이 있으면 출원서의 기재 사항을 특허공보에 게재하여야 한다.
ⓒ 심사 및 심판규정 준용 : 심사관에 의한 심사(法 제57조 제1항), 거절이유통지(法 제63조), 특허여부결정 방식(法 제67조), 심판관의 제척(法 제148조 제1호~제5호 · 제7호) 규정을 준용한다.
ⓓ 거절이유
- 그 특허발명의 실시가 제89조 제1항에 따른 허가 등을 받을 필요가 있는 것으로 인정되지 아니하는 경우
- 그 특허권자 또는 그 특허권의 전용실시권이나 등록된 통상실시권을 가진 자가 제89조 제1항에 따른 허가 등을 받지 아니한 경우
- 연장신청의 기간이 제89조에 따라 인정되는 그 특허발명을 실시할 수 없었던 기간을 초과하는 경우

- 연장등록출원인이 해당 특허권자가 아닌 경우
- 특허권이 공유인 경우 공유자 전원이 연장등록출원을 하지 아니한 경우

ⓜ 연장등록출원의 보정 : 출원인은 특허청장이 연장등록여부결정등본을 송달하기 전까지 연장등록출원서에 적혀있는 사항 중 ⅰ) 연장대상청구범위의 표시, ⅱ) 연장신청의 기간, ⅲ) 허가 등의 내용, ⅳ) 연장이유에 대하여 보정할 수 있다. 다만, 거절이유통지를 받은 경우에는 의견서 제출기간에만 보정할 수 있다(法 제90조 제6항).

④ **효 과**
㉠ 존속기간 연장의 효과 : 특허권의 존속기간의 연장등록출원이 있으면 그 존속기간은 연장된 것으로만 본다. 다만, 그 출원에 대하여 연장등록거절결정이 확정된 경우에는 그러하지 아니하다(法 제90조 제4항).

㉡ 존속기간이 연장된 특허권의 효력
- 특허권의 존속기간이 연장된 특허권의 효력은 연장등록의 이유가 된 허가 등이 대상물건(그 허가 등에 있어 물건에 대하여 특정의 용도가 정하여져 있는 경우에는 그 용도에 사용되는 물건)에 관한 특허발명의 실시 행위에만 미친다(法 제95조).
- 존속기간이 연장된 의약품 특허권의 효력이 미치는 범위는 특허발명을 실시하기 위하여 약사법에 따라 품목허가를 받은 의약품과 특정 질병에 대한 치료효과를 나타낼 것으로 기대되는 특정한 유효성분, 치료효과 및 용도가 동일한지 여부를 중심으로 판단해야 한다. 특허권자가 약사법에 따라 품목허가를 받은 의약품과 특허침해소송에서 상대방이 생산 등을 한 의약품(이하 '침해제품')이 약학적으로 허용 가능한 염 등에서 차이가 있더라도 발명이 속하는 기술분야에서 통상의 지식을 가진 사람이라면 쉽게 이를 선택할 수 있는 정도에 불과하고, 인체에 흡수되는 유효성분의 약리작용에 의해 나타나는 치료효과나 용도가 실질적으로 동일하다면 존속기간이 연장된 특허권의 효력이 침해제품에 미치는 것으로 보아야 한다(判例 2017다245798).

㉢ 연장등록거절결정에 대한 심판청구 : 연장등록거절결정을 받은 자는 연장등록거절결정등본을 송달 받은 날로부터 3개월 이내에 연장등록거절결정불복심판을 청구할 수 있다(法 제132조의17).

㉣ 연장등록결정에 따른 등록결정 및 특허공보 게재 : 심사관이 연장등록결정을 한 경우에는 특허청장은 특허권의 존속기간의 연장을 특허원부에 등록하여야 하며, 그 내용을 특허공보에 게재하여야 한다(法 제92조).

⑤ **연장대상 판단의 고려사항**(심사기준)
㉠ 하나의 특허에 포함된 복수의 유효성분에 대하여 복수의 허가가 있는 경우 복수의 허가(허가 A·B·C) 중에서 하나를 선택하여 1회에 한해 존속기간 연장이 가능하다.

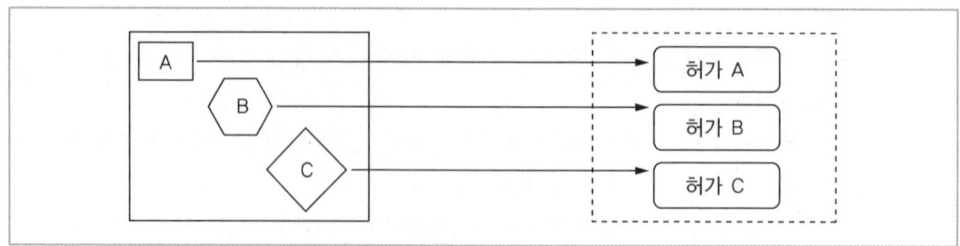

ⓒ 동일 유효성분에 대하여 복수의 허가가 있는 경우 최초의 허가(허가 A)에 한해 존속기간의 연장이 가능하다.

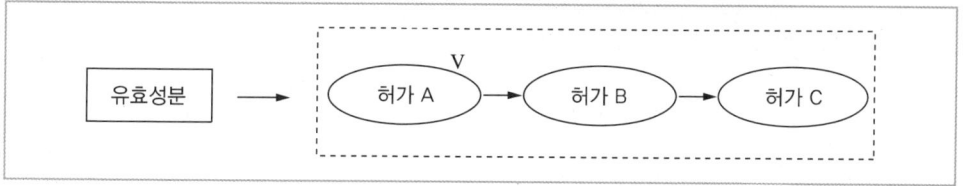

ⓒ 하나의 허가에 대하여 복수의 특허가 관련된 경우 허가와 관련된 특허권(특허 A·B·C) 각각에 대하여 존속기간의 연장이 가능하다.

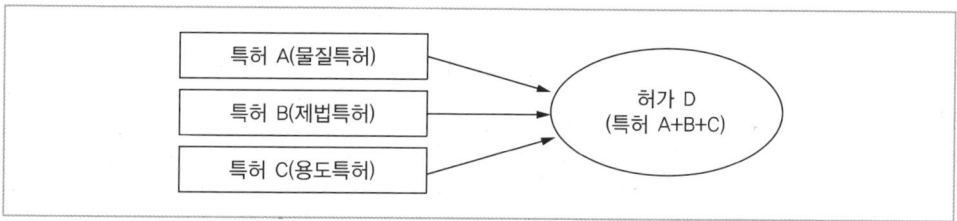

(3) 등록지연에 따른 특허권의 존속기간 연장

① 의의 및 취지 : 특허권의 존속기간은 특허권의 설정등록이 있는 날부터 특허출원일 후 20년이 되는 날까지로 한정된다. 따라서 심사처리의 지연 등으로 특허권의 설정등록이 늦어지면 특허권의 존속기간이 짧아지는 불합리한 점이 있으므로, 그 지연기간만큼 특허권의 존속기간을 연장해주는 제도를 도입하였다.

② 요 건

㉠ 대상 : 특허출원일로부터 4년과 출원심사 청구일로부터 3년 중 늦은 날보다 지연되어 설정등록이 된 특허권이어야 한다.

㉡ 연장가능기간

• 특허출원일로부터 4년과 출원심사 청구일로부터 3년 중 늦은 날보다 지연된 기간을 말한다.
• '특허출원일로부터 4년이 되는 날'의 기산점을 정할 때에 분할출원, 변경출원 및 정당권리자 출원은 실제 분할출원일, 변경출원일 및 정당권리자 출원일을 '특허출원일'로 본다. 국제특허출원은 국내서면제출일을 '특허출원일'로 본다.
• 출원인으로 인하여 지연된 기간은 특허권의 존속기간의 연장에서 제외된다.
  - 심사관이 거절이유를 통지하고 의견서제출기회를 준 경우(시행령 제7조의2 제1항 제1호 타목)
  - 특허결정등본을 송달받은 날 후에 특허료를 납부한 경우(시행령 제7조의2 제1항 제1호 파목)
  - 재심사를 청구하는 경우(시행령 제7조의2 제1항 제1호 거목)

ⓒ 주체적 요건
- 등록지연에 따른 특허권 존속기간의 연장등록출원의 출원인은 특허권자에 한하며 특허권이 공유인 경우 공유자 전원이 공동으로 출원하여야 한다.
- 특허권연장등록출원은 특별수권사항이 아니므로 임의대리인도 가능하다.

ⓔ 시기적 요건 : 특허권의 설정등록일로부터 3개월 이내에 출원해야 하며, 3개월이 경과한 이후에 출원을 한 경우 소명기회를 부여한 후 반려한다.

③ 절 차
ⓐ 출원서의 제출 : 등록지연에 따른 존속기간의 연장등록출원을 하는 자는 法 제92조의3 제1항 각 호의 사항을 적은 특허권의 존속기간의 연장등록출원서를 특허청장에게 제출하여야 한다.
ⓑ 심사 및 심판규정 준용 : 심사관에 의한 심사(法 제57조 제1항), 거절이유통지(法 제63조), 특허여부결정 방식(法 제67조), 심판관의 제척(法 제148조 제1호~제5호·제7호) 규정을 준용한다.
ⓒ 거절이유
- 연장신청의 기간이 法 제92조의2에 따라 인정되는 연장기간을 초과하는 경우
- 연장등록출원인이 해당 특허권자가 아닌 경우
- 특허권이 공유인 경우 공유자 전원이 연장등록출원을 하지 아니한 경우
ⓓ 연장등록출원의 보정 : 출원인은 심사관이 연장등록 여부결정 전까지 연장등록출원서에 적혀있는 사항 중 ⅰ) 연장신청의 기간, ⅱ) 연장이유에 대하여 보정할 수 있다. 다만, 거절이유통지를 받은 경우에는 의견서 제출기간에만 보정할 수 있다(法 제92조의3 제4항).

④ 효 과
ⓐ 존속기간이 연장된 특허권의 효력 : 특허권자는 연장된 존속기간동안 업으로 특허발명을 실시할 권리를 독점한다.
ⓑ 연장등록거절결정에 대한 심판청구 : 연장등록거절결정을 받은 자는 연장등록거절결정등본을 송달 받은 날로부터 3개월 이내에 연장등록거절결정불복심판을 청구할 수 있다(法 제132조의17).
ⓒ 연장등록결정에 따른 등록결정 및 특허공보 게재 : 심사관이 연장등록결정을 한 경우에는 특허청장은 특허권의 존속기간의 연장을 특허원부에 등록하여야 하며, 그 내용을 특허공보에 게재하여야 한다(法 제92조).

⑤ 연장등록 신청기간의 계산 예시(심사기준)

일 자	내 역	일 자	내 역
2013.1.1.	특허출원	2017.9.30.	재심사 청구
2015.1.1.	심사청구	2017.11.1.	특허거절결정 등본 송달
2016.10.1.	의견제출통지서 발송	2017.12.1.	거절결정불복심판 청구
2016.12.1.	기간연장신청(2개월)	2018.8.1.	거절결정불복심판청구 인용 심결
2017.2.1.	보정서 및 의견서 제출	2018.10.1.	특허결정 등본 송달
2017.8.1.	특허거절결정 등본 송달	2019.1.1.	특허료 납부(특허권 설정등록)
2017.8.31.	법정기간 연장 신청		

⊙ 연장가능기간 계산 : 특허출원일로부터 4년이 되는 날(2017.1.1.)보다 출원심사를 청구한 날로부터 3년이 되는 날(2018.1.1.)이 더 늦으므로 지연된 기간 계산의 기준일은 2018.1.1.이 되고, 기준일로부터 특허료를 납부하여 설정등록이 있는 날(2019.1.1.)까지의 기간은 365일이다.

ⓒ 출원인으로 인하여 지연된 기간의 제외 : 심사관의 거절이유통지로 인한 의견제출기간(2016.10.1.~2017.2.1., 123일), 재심사 청구로 인한 지연기간(2017.8.1.~2017.9.30., 60일) 및 특허결정의 등본을 송달받은 후 특허료를 납부하여 설정등록이 있는 날까지의 지연기간(2018.10.1.~2019.1.1., 92일)은 출원인으로 인하여 지연된 기간이다(총 275일). 따라서 연장등록 가능한 기간은 총 지연기간(365일)에서 출원인으로 인하여 지연된 기간(275일)을 제외한 90일이다.

(4) 특허권 존속기간의 연장등록의 무효심판

① **심판청구인** : 이해관계인 또는 심사관은 특허권의 존속기간의 연장등록에 무효사유가 존재할 경우 무효심판을 청구할 수 있다(法 제134조 제1항·제2항).

② **무효사유**

⊙ 허가에 따른 특허권의 존속기간 연장
- 그 특허발명의 실시가 제89조 제1항에 따른 허가 등을 받을 필요가 있는 것으로 인정되지 아니하는 경우
- 그 특허권자 또는 그 특허권의 전용실시권이나 등록된 통상실시권을 가진 자가 제89조 제1항에 따른 허가 등을 받지 아니한 경우
- 연장신청의 기간이 제89조에 따라 인정되는 그 특허발명을 실시할 수 없었던 기간을 초과하는 경우
- 연장등록출원인이 해당 특허권자가 아닌 경우
- 특허권이 공유인 경우 공유자 전원이 연장등록출원을 하지 아니한 경우

ⓒ 등록지연에 따른 특허권의 존속기간 연장
- 연장신청의 기간이 제92조의2에 따라 인정되는 연장기간을 초과하는 경우
- 연장등록출원인이 해당 특허권자가 아닌 경우
- 특허권이 공유인 경우 공유자 전원이 연장등록출원을 하지 아니한 경우

③ **인용심결의 효과** : 연장등록을 무효로 한다는 심결이 확정된 경우 연장등록에 따른 존속기간의 연장은 처음부터 없었던 것으로 본다. 다만, ⅰ) 허가에 따른 특허권 존속기간의 연장의 경우 그 특허발명을 실시할 수 없었던 기간을 초과하여 연장된 기간 및 ⅱ) 등록지연에 따른 특허권의 존속기간 연장의 경우 인정되는 연장의 기간을 초과하여 연장된 기간에 대해서만 연장이 없었던 것으로 본다(法 제134조 제4항).

04 특허권의 효력

(1) 법조문

제2조(정의) 제3호
이 법에서 사용하는 용어의 뜻은 다음과 같다. 〈개정 2019.12.10., 2025.1.21.〉
  3. "실시"란 다음 각 목의 구분에 따른 행위를 말한다. 기출 15·22·23
    가. 물건의 발명인 경우 : 그 물건을 생산·사용·양도·대여·수출 또는 수입하거나 그 물건의 양도 또는 대여의 청약(양도 또는 대여를 위한 전시를 포함한다. 이하 같다)을 하는 행위 기출 20
    나. 방법의 발명인 경우 : 그 방법을 사용하는 행위 또는 그 방법의 사용을 청약하는 행위 기출 18
    다. 물건을 생산하는 방법의 발명인 경우 : 나목의 행위 외에 그 방법에 의하여 생산한 물건을 사용·양도·대여·수출 또는 수입하거나 그 물건의 양도 또는 대여의 청약을 하는 행위

제94조(특허권의 효력)
① 특허권자는 업으로서 특허발명을 실시할 권리를 독점한다. 다만, 그 특허권에 관하여 전용실시권을 설정하였을 때에는 제100조 제2항에 따라 전용실시권자가 그 특허발명을 실시할 권리를 독점하는 범위에서는 그러하지 아니하다.
② 특허발명의 실시가 제2조 제3호 나목에 따른 방법의 사용을 청약하는 행위인 경우 특허권의 효력은 그 방법의 사용이 특허권 또는 전용실시권을 침해한다는 것을 알면서 그 방법의 사용을 청약하는 행위에만 미친다.

제96조(특허권의 효력이 미치지 아니하는 범위)
① 특허권의 효력은 다음 각 호의 어느 하나에 해당하는 사항에는 미치지 아니한다.
  1. 연구 또는 시험(「약사법」에 따른 의약품의 품목허가·품목신고 및 「농약관리법」에 따른 농약의 등록을 위한 연구 또는 시험을 포함한다)을 하기 위한 특허발명의 실시
  2. 국내를 통과하는데 불과한 선박·항공기·차량 또는 이에 사용되는 기계·기구·장치, 그 밖의 물건
  3. 특허출원을 한 때부터 국내에 있는 물건
② 둘 이상의 의약[사람의 질병의 진단·경감·치료·처치(處置) 또는 예방을 위하여 사용되는 물건을 말한다. 이하 같다]이 혼합되어 제조되는 의약의 발명 또는 둘 이상의 의약을 혼합하여 의약을 제조하는 방법의 발명에 관한 특허권의 효력은 「약사법」에 따른 조제행위와 그 조제에 의한 의약에는 미치지 아니한다. 기출 25

제97조(특허발명의 보호범위)
특허발명의 보호범위는 청구범위에 적혀 있는 사항에 의하여 정하여진다.

제126조(권리침해에 대한 금지청구권 등)
① 특허권자 또는 전용실시권자는 자기의 권리를 침해한 자 또는 침해할 우려가 있는 자에 대하여 그 침해의 금지 또는 예방을 청구할 수 있다.
② 특허권자 또는 전용실시권자가 제1항에 따른 청구를 할 때에는 침해행위를 조성한 물건(물건을 생산하는 방법의 발명인 경우에는 침해행위로 생긴 물건을 포함한다)의 폐기, 침해행위에 제공된 설비의 제거, 그 밖에 침해의 예방에 필요한 행위를 청구할 수 있다.

> **제127조(침해로 보는 행위)**
> 다음 각 호의 구분에 따른 행위를 업으로서 하는 경우에는 특허권 또는 전용실시권을 침해한 것으로 본다. 〈개정 2025.1.21.〉
>   1. 특허가 물건의 발명인 경우 : 그 물건의 생산에만 사용하는 물건을 생산·양도·대여·수출 또는 수입하거나 그 물건의 양도 또는 대여의 청약을 하는 행위
>   2. 특허가 방법의 발명인 경우 : 그 방법의 실시에만 사용하는 물건을 생산·양도·대여·수출 또는 수입하거나 그 물건의 양도 또는 대여의 청약을 하는 행위

(2) 특허권의 효력

① 특허권자는 업으로서 특허발명을 실시할 권리를 독점한다(法 제94조 제1항). 이때 권리를 독점할 수 있는 시기는 존속기간을 말하며, 독점할 수 있는 범위는 속지주의 원칙상 국내로 한정된다. 업으로의 실시가 아닌 개인적, 가정적 실시에 대하여는 특허권의 효력이 미치지 아니한다.

② 특허발명의 실시가 제2조 제3호 나목에 따른 방법의 사용을 청약하는 행위인 경우 특허권의 효력은 그 방법의 사용이 특허권 또는 전용실시권을 침해한다는 것을 알면서 그 방법의 사용을 청약하는 행위에만 미친다(法 제94조 제2항).

③ 현행법은 소프트웨어 등과 같은 방법의 발명인 경우 그 방법을 사용하는 행위만을 특허를 받은 발명의 실시로 규정하고 있어 소프트웨어 등을 정보통신망을 통하여 전송하는 행위가 특허를 받은 발명의 실시에 해당하는지 불분명하여 보호하기 어려운 측면이 있는바, 방법의 발명인 경우에 그 방법의 사용을 청약하는 행위를 특허를 받은 발명의 실시에 포함되도록 하였다.

④ 또한 소프트웨어 산업의 위축을 방지하기 위하여 특허를 받은 발명의 실시가 방법의 사용을 청약하는 행위인 경우 특허권의 효력은 그 방법의 사용이 특허권 또는 전용실시권을 침해한다는 것을 알면서 그 방법의 사용을 청약하는 행위에만 미치도록 하였다.

(3) 보호범위 해석 방법

① **중심한정주의** : 발명의 설명 및 청구범위 등을 포함한 명세서 전체에서 발명의 핵심을 추출하여 해석하는 것으로, 발명의 보호범위가 넓어진다는 장점이 있으나 그 보호범위의 판단이 어렵다는 단점이 있다.

② **주변한정주의** : 청구범위에 기재된 구성요소의 문언적 의미로만 청구범위를 판단하고, 그 외의 명세서의 기재에 의해 발명의 보호범위를 판단할 수 없다는 것으로, 보호범위의 판단이 분명하다는 장점이 있으나 보호범위가 좁아져 특허권자의 보호에 불리하다는 단점이 있다. 판례는 과거 중심한정주의의 입장이었다가 주변한정주의로 입장을 바꿔 현재까지 유지하고 있다.

(4) 보호범위 판단 기준

구성요소완비의 원칙(All Elements Rule ; AER)이란 청구범위의 구성요소 전부를 실시하여야만 특허발명의 보호범위 내의 실시로 인정할 수 있다는 원칙을 말한다.

(5) 권리범위 특정방법(문언범위)

① 권리범위 특정방법 : 특허발명의 보호범위는 청구범위에 적혀 있는 사항에 따라 정해지고 발명의 설명이나 도면 등으로 보호범위를 제한하거나 확장하는 것은 원칙적으로 허용되지 않는다. 그러나 청구범위에 적혀 있는 사항은 발명의 설명이나 도면 등을 참작하여야 기술적인 의미를 정확하게 이해할 수 있으므로, 청구범위에 적혀 있는 사항의 해석은 문언의 일반적인 의미 내용을 기초로 하면서도 발명의 설명이나 도면 등을 참작하여 문언에 의하여 표현하고자 하는 기술적 의의를 고찰한 다음 객관적·합리적으로 하여야 한다(判例 2019다222782).

② 권리범위 특정 시, 하나의 용어가 다수 사용된 경우의 해석방법 : 특허발명의 보호범위는 특허청구범위에 기재된 사항에 의하여 정하여야 한다. 거기에 기재된 문언의 의미내용을 해석할 때 문언의 일반적인 의미내용을 기초로 하면서도 발명의 설명 및 도면 등을 참작하여 객관적·합리적으로 하여야 한다. 그리고 특허청구범위에 기재된 문언으로부터 기술적 구성의 구체적 내용을 알 수 없는 경우에는 명세서의 다른 기재 및 도면을 보충하여 그 문언이 표현하고자 하는 기술적 구성을 확정하여 특허발명의 보호범위를 정하여야 한다. 특허의 명세서에 기재된 용어는 명세서 전체를 통하여 통일되게 해석할 필요가 있으므로, 하나의 용어가 청구범위나 발명의 설명에 다수 사용된 경우 특별한 사정이 없는 한 동일한 의미로 해석해야 한다(判例 2017다209761).

③ 독립항이 종속항이나 실시례에 의해 제한해석 되는 지 여부 : 독립항과 이를 한정하는 종속항 등 여러 항으로 이루어진 청구항의 기술내용을 파악함에 있어서 특별한 사정이 없는 한 광범위하게 규정된 독립항의 기술내용을 독립항보다 구체적으로 한정하고 있는 종속항의 기술구성이나 발명의 상세한 설명에 나오는 특정의 실시례 등으로 제한하여 해석할 수는 없다(判例 2008후934).

④ 특허권 중 일부 구성요소만 포함하고 있을 때, 권리범위에 속하는지 여부(생략침해) : 특허발명의 청구항이 복수의 구성요소로 되어 있는 경우에는 그 각 구성요소가 유기적으로 결합된 전체로서의 기술사상이 보호되는 것이지, 각 구성요소가 독립하여 보호되는 것은 아니므로, 특허발명과 대비되는 (가)호 발명이 특허발명의 청구항에 기재된 필수적 구성요소들 중의 일부만을 갖추고 있고 나머지 구성요소가 결여된 경우에는 원칙적으로 그 (가)호 발명은 특허발명의 권리범위에 속하지 아니한다(判例 2000후617).

⑤ 특허권 중 일부 구성요소만 포함하고 있을 때, 권리범위에 속하는지 여부(생략침해) : 한편, 이와는 달리, 균등한지 문제되는 구성이 특허발명의 과제 해결에 아무런 역할을 하지 않는 경우도 상정할 수 있다. 이러한 경우에는 그 구성을 생략한 기술(소위 '생략발명'으로 불린다)에서도 발명의 과제해결원리는 동일하게 유지될 것이므로, 그 구성의 생략에 의하더라도 실질적으로 동일한 작용효과를 나타내고, 그 구성의 생략이 통상의 기술자라면 누구나 쉽게 생각해 낼 수 있다는 나머지 요건들을 충족한다면, 앞서 본 법리에 비추어 균등한 구성으로 봄이 논리적이라고 할 것이다(判例 2015라20318).

⑥ **제법한정 청구항의 권리범위 특정방법** : 특허법 제2조 제3호는 발명을 '물건의 발명', '방법의 발명', '물건을 생산하는 방법의 발명'으로 구분하고 있다. 특허청구범위가 전체적으로 물건으로 기재되어 있으면서 그 제조방법의 기재를 포함하고 있는 발명(이하 '제조방법이 기재된 물건발명'이라 한다)의 경우 제조방법이 기재되어 있다고 하더라도 발명의 대상은 그 제조방법이 아니라 최종적으로 얻어지는 물건 자체이므로 위와 같은 발명의 유형 중 '물건의 발명'에 해당한다. 물건의 발명에 관한 특허청구범위는 발명의 대상인 물건의 구성을 특정하는 방식으로 기재되어야 하는 것이므로, 물건의 발명의 특허청구범위에 기재된 제조방법은 최종 생산물인 물건의 구조나 성질 등을 특정하는 하나의 수단으로서 그 의미를 가질 뿐이다.

따라서 제조방법이 기재된 물건발명의 특허요건을 판단함에 있어서 그 기술적 구성을 제조방법 자체로 한정하여 파악할 것이 아니라 제조방법의 기재를 포함하여 특허청구범위의 모든 기재에 의하여 특정되는 구조나 성질 등을 가지는 물건으로 파악하여 출원 전에 공지된 선행기술과 비교하여 신규성, 진보성 등이 있는지 여부를 살펴야 한다.

한편 생명공학 분야나 고분자, 혼합물, 금속 등의 화학 분야 등에서의 물건의 발명 중에는 어떠한 제조방법에 의하여 얻어진 물건을 구조나 성질 등으로 직접적으로 특정하는 것이 불가능하거나 곤란하여 제조방법에 의하여만 물건을 특정할 수밖에 없는 사정이 있을 수 있지만, 이러한 사정에 의하여 제조방법이 기재된 물건발명이라고 하더라도 그 본질이 '물건의 발명'이라는 점과 특허청구범위에 기재된 제조방법이 물건의 구조나 성질 등을 특정하는 수단에 불과하다는 점은 마찬가지이므로, 이러한 발명과 그와 같은 사정은 없지만 제조방법이 기재된 물건발명을 구분하여 그 기재된 제조방법의 의미를 달리 해석할 것은 아니다(대법원 2015.1.22. 선고 2011후927 전원합의체 판결 참조).

그리고 제조방법이 기재된 물건발명에 대한 위와 같은 특허청구범위의 해석방법은 특허침해소송이나 권리범위확인심판 등 특허침해 단계에서 그 특허발명의 권리범위에 속하는지 여부를 판단하면서도 마찬가지로 적용되어야 할 것이다. 다만 이러한 해석방법에 의하여 도출되는 특허발명의 권리범위가 명세서의 전체적인 기재에 의하여 파악되는 발명의 실체에 비추어 지나치게 넓다는 등의 명백히 불합리한 사정이 있는 경우에는 그 권리범위를 특허청구범위에 기재된 제조방법의 범위 내로 한정할 수 있다(判例 2013후1726).

⑦ **이용관계 성립요건**

> • 선 특허발명과 후 발명이 이용관계에 있는 경우에는 후 발명은 선 특허발명의 권리범위에 속하게 된다. 여기에서 두 발명이 이용관계에 있는 경우라고 함은 후 발명이 선 특허발명의 기술적 구성에 새로운 기술적 요소를 부가하는 것으로서, 후 발명이 선 특허발명의 요지를 전부 포함하고 이를 그대로 이용하되, 후 발명 내에서 선 특허발명이 발명으로서의 일체성을 유지하는 경우를 말한다(判例 2019다222782·222799).
> • 확인대상발명이 특허발명을 이용하는 관계에 있는 경우에는 특허발명의 권리범위에 속하는 것인데, 이러한 이용관계는 확인대상발명이 특허발명의 구성에 새로운 기술적 요소를 부가하는 것으로서 확인대상발명이 특허발명의 요지를 전부 포함하고 이를 그대로 이용하면서 확인대상발명 내에 특허발명이 발명으로서의 일체성을 유지하는 경우에 성립하며, 이는 특허발명과 동일한 발명뿐만 아니라 균등한 발명을 이용하는 경우에도 마찬가지이다(判例 2014후2788).

⑧ (상표판례) 선출원 등록상표와 유사한 후출원 등록상표의 사용이 선출원 등록상표권에 대한 침해에 해당하는지 여부

> 가. 다음과 같은 상표권의 효력과 선출원주의, 타인의 권리와의 관계 등에 관한 상표법의 규정 내용과 취지에 비추어 보면, 상표법은 저촉되는 지식재산권 상호 간에 선출원 또는 선발생 권리가 우선함을 기본원리로 하고 있음을 알 수 있고, 이는 상표권 사이의 저촉관계에도 그대로 적용된다고 봄이 타당하다. 따라서, 상표권자가 상표등록출원일 전에 출원·등록된 타인의 선출원 등록상표와 동일·유사한 상표를 등록받아(이하 '후출원 등록상표'라고 한다) 선출원 등록상표권자의 동의 없이 이를 선출원 등록상표의 지정상품과 동일·유사한 상품에 사용하였다면 후출원 등록상표의 적극적 효력이 제한되어 후출원 등록상표에 대한 등록무효 심결의 확정 여부와 상관없이 선출원 등록상표권에 대한 침해가 성립한다.
> 1) 상표권자는 지정상품에 관하여 그 등록상표를 사용할 권리를 독점하는 한편(상표법 제89조), 제3자가 등록상표와 동일·유사한 상표를 그 지정상품과 동일·유사한 상품에 사용할 경우 이러한 행위의 금지 또는 예방을 청구할 수 있다(상표법 제107조, 제108조 제1항).
> 2) 상표법은 동일·유사한 상품에 사용할 동일·유사한 상표에 대하여 다른 날에 둘 이상의 상표등록출원이 있는 경우에는 먼저 출원한 자만이 그 상표를 등록받을 수 있도록 하고 있고(제35조 제1항), '선출원에 의한 타인의 등록상표(등록된 지리적 표시 단체표장은 제외한다)와 동일·유사한 상표로서 그 지정상품과 동일·유사한 상품에 사용하는 상표'를 상표등록을 받을 수 없는 사유로 규정하고 있다(제34조 제1항 제7호). 이와 같이 상표법은 출원일을 기준으로 저촉되는 상표 사이의 우선순위가 결정됨을 명확히 하고 있고, 이에 위반하여 등록된 상표는 등록무효 심판의 대상이 된다(제117조 제1항 제1호).
> 3) 또한, 상표권자·전용사용권자 또는 통상사용권자는 그 등록상표를 사용할 경우에 그 사용 상태에 따라 그 상표등록출원일 전에 출원된 타인의 특허권·실용신안권·디자인권 또는 그 상표등록출원일 전에 발생한 타인의 저작권(이하 '선특허권 등'이라 한다)과 저촉되는 경우에는 선특허권 등의 권리자의 동의를 받지 아니하고는 지정상품 중 저촉되는 지정상품에 대하여 그 등록상표를 사용할 수 없다(제92조). 즉, 선특허권 등과 후출원 등록상표권이 저촉되는 경우에, 선특허권 등의 권리자는 후출원 상표권자의 동의가 없더라도 자신의 권리를 자유롭게 실시할 수 있지만, 후출원 상표권자가 선특허권 등의 권리자의 동의를 받지 않고 그 등록상표를 지정상품에 사용하면 선특허권 등에 대한 침해가 성립한다.
> 나. 특허권과 실용신안권, 디자인권의 경우 선발명, 선창작을 통해 산업에 기여한 대가로 이를 보호·장려하고자 하는 제도라는 점에서 상표권과 보호 취지는 달리하나, 모두 등록된 지식재산권으로서 상표권과 유사하게 취급·보호되고 있고, 각 법률의 규정, 체계, 취지로부터 상표법과 같이 저촉되는 지식재산권 상호 간에 선출원 또는 선발생 권리가 우선한다는 기본원리가 도출된다는 점에서 위와 같은 법리가 그대로 적용된다.
> 다. 이와 달리 후출원 등록상표를 무효로 하는 심결이 확정될 때까지는 후출원 등록상표권자가 자신의 상표권 실시행위로서 선출원 등록상표와 동일 또는 유사한 상표를 그 지정상품과 동일 또는 유사한 상품에 사용하는 것은 선출원 등록상표권에 대한 침해가 되지 않는다는 취지로 판시한 대법원 1986.7.8. 선고 86도277 판결, 대법원 1999.2.23. 선고 98다54434, 54441[병합] 판결은 이 판결의 견해에 배치되는 범위에서 이를 변경하기로 한다(判例 2018다253444 [전합]).

⑨ **공동침해 인정 여부** : 특허 청구항을 복수의 구성요소로 구성한 경우에는 그 각 구성요소가 유기적으로 결합한 전체로서의 기술사상을 보호하는 것이지 각 구성요소를 독립하여 보호하는 것은 아니므로(대법원 2006.1.12. 선고 2004후1564 판결 등 참조), 원칙적으로 단일 주체가 모든 구성요소가 유기적으로 결합한 전체로서의 특허발명을 실시하여야 그 특허발명에 관한 특허권을 침해한 것으로 된다[이른바 '구성요소 완비의 원칙(All elements rule)'].

다만, 복수 주체가 단일한 특허발명의 일부 구성요소를 분담하여 실시하는 경우라고 하더라도 아래와 같은 두 가지 경우에는 특허침해가 성립한 것으로 볼 수 있다.

첫째, 복수 주체 중 어느 한 단일 주체가 다른 주체의 실시를 지배·관리하고 그 다른 주체의 실시로 인하여 영업상의 이익을 얻는 경우이다. 이 경우에는 다른 주체의 실시를 지배·관리하면서 영업상의 이익을 얻는 어느 한 단일 주체가 특허침해를 한 것으로 보아야 한다. 둘째, 복수 주체가 각각 다른 주체의 실시행위를 인식하고 이를 이용할 의사, 즉 서로 다른 주체의 실시행위를 이용하여 공동으로 특허발명을 실시할 의사를 가지고, 서로 나누어서 특허발명의 전체 구성요소를 실시하는 경우이다. 이 경우에는 이들 복수주체가 공동으로 특허침해를 한 것으로 보아야 한다(判例 2016라20312).

(6) 균등범위(균등론)

① **균등론의 요건 및 취지** : 특허발명과 대비되는 확인대상 발명이 특허발명의 권리범위에 속한다고 하기 위해서는 특허발명의 청구범위에 기재된 각 구성요소와 그 구성요소 간의 유기적 결합관계가 확인대상 발명에 그대로 포함되어 있어야 한다. 확인대상 발명에 특허발명의 청구범위에 기재된 구성 중 변경된 부분이 있는 경우에도 특허발명과 과제해결원리가 동일하고, 특허발명에서와 실질적으로 동일한 작용효과를 나타내며, 그와 같이 변경하는 것이 그 발명이 속하는 기술분야에서 통상의 지식을 가진 사람(이하 '통상의 기술자'라고 한다)이라면 누구나 쉽게 생각해 낼 수 있는 정도라면, 특별한 사정이 없는 한 확인대상 발명은 특허발명의 청구범위에 기재된 구성과 균등한 것으로서 여전히 특허발명의 보호범위에 속한다고 보아야 한다(대법원 2014.7.24. 선고 2012후1132 판결, 대법원 2019.1.31. 선고 2017후424 판결 등 참조)(判例 2022후10210).

② 특허의 보호범위가 청구범위에 적혀 있는 사항에 의하여 정하여짐에도(특허법 제97조) 위와 같이 청구범위의 구성요소와 침해대상제품 등의 대응구성이 문언적으로 동일하지는 않더라도 서로 균등한 관계에 있는 것으로 평가되는 경우 이를 보호범위에 속하는 것으로 보아 침해를 인정하는 것은, 출원인이 청구범위를 기재하는 데에는 문언상 한계가 있기 마련인데 사소한 변경을 통한 특허 침해 회피 시도를 방치하면 특허권을 실질적으로 보호할 수 없게 되기 때문이다. 위와 같은 균등침해 인정의 취지를 고려하면, 특허발명의 출원 이후 침해 시까지 사이에 공지된 자료라도 구성 변경의 용이성 판단에 이를 참작할 수 있다고 봄이 타당하다(判例 2022후10210).

③ 균등론 – 과제의 해결원리의 동일성 판단기준 1 : 그리고 여기서 '과제의 해결원리가 동일'한지 여부를 가릴 때에는 특허청구범위에 기재된 구성의 일부를 형식적으로 추출할 것이 아니라, 명세서에 적힌 발명의 상세한 설명의 기재와 출원 당시의 공지기술 등을 참작하여 선행기술과 대비하여 볼 때 특허발명에 특유한 해결수단이 기초하고 있는 기술사상의 핵심이 무엇인가를 실질적으로 탐구하여 판단하여야 한다(判例 2013다14361).

④ 균등론 – 과제의 해결원리의 동일성 판단기준 2 : 확인대상 발명과 특허발명의 '과제 해결원리가 동일'한지를 가릴 때에는 특허청구범위에 기재된 구성의 일부를 형식적으로 추출할 것이 아니라, 명세서에 적힌 발명의 상세한 설명의 기재와 출원 당시의 공지기술 등을 참작하여 선행기술과 대비하여 볼 때 특허발명에 특유한 해결수단이 기초하고 있는 기술사상의 핵심이 무엇인가를 실질적으로 탐구하여 판단하여야 한다. 특허법이 보호하려는 특허발명의 실질적 가치는 선행기술에서 해결되지 않았던 기술과제를 특허발명이 해결하여 기술발전에 기여하였다는 데에 있으므로, 확인대상 발명의 변경된 구성요소가 특허발명의 대응되는 구성요소와 균등한지를 판단할 때에도 특허발명에 특유한 과제 해결원리를 고려하는 것이다. 그리고 특허발명의 과제 해결원리를 파악할 때 발명의 상세한 설명의 기재뿐만 아니라 출원 당시의 공지기술 등까지 참작하는 것은 전체 선행기술과의 관계에서 특허발명이 기술발전에 기여한 정도에 따라 특허발명의 실질적 가치를 객관적으로 파악하여 그에 합당한 보호를 하기 위한 것이다. 따라서 이러한 선행기술을 참작하여 특허발명이 기술발전에 기여한 정도에 따라 특허발명의 과제 해결원리를 얼마나 넓게 또는 좁게 파악할지 결정하여야 한다. 다만 발명의 상세한 설명에 기재되지 않은 공지기술을 근거로 발명의 상세한 설명에서 파악되는 기술사상의 핵심을 제외한 채 다른 기술사상을 기술사상의 핵심으로 대체하여서는 안 된다. 발명의 상세한 설명을 신뢰한 제3자가 발명의 상세한 설명에서 파악되는 기술사상의 핵심을 이용하지 않았음에도 위와 같이 대체된 기술사상의 핵심을 이용하였다는 이유로 과제 해결원리가 같다고 판단하게 되면 제3자에게 예측할 수 없는 손해를 끼칠 수 있기 때문이다(判例 2017후424).

⑤ 균등론 – 실질적 동일한 작용 효과 판단 기준 : 작용효과가 실질적으로 동일한지 여부는 선행기술에서 해결되지 않았던 기술과제로서 특허발명이 해결한 과제를 특허권침해소송의 상대방이 제조 등을 하는 제품 또는 사용하는 방법(이하 '침해제품 등'이라고 한다)도 해결하는지를 중심으로 판단하여야 한다. 따라서 발명의 상세한 설명의 기재와 출원 당시의 공지기술 등을 참작하여 파악되는 특허발명에 특유한 해결수단이 기초하고 있는 기술사상의 핵심이 침해제품 등에서도 구현되어 있다면 작용효과가 실질적으로 동일하다고 보는 것이 원칙이다. 그러나 위와 같은 기술사상의 핵심이 특허발명의 출원 당시에 이미 공지되었거나 그와 다름없는 것에 불과한 경우에는 이러한 기술사상의 핵심이 특허발명에 특유하다고 볼 수 없고, 특허발명이 선행기술에서 해결되지 않았던 기술과제를 해결하였다고 말할 수도 없다. 이러한 때에는 특허발명의 기술사상의 핵심이 침해제품 등에서 구현되어 있는지를 가지고 작용효과가 실질적으로 동일한지 여부를 판단할 수 없고, 균등 여부가 문제 되는 구성요소의 개별적 기능이나 역할 등을 비교하여 판단하여야 한다(判例 2018다267252).

⑥ **수치한정발명에 균등론이 적용되는 지 여부** : 특허발명의 특허청구범위의 청구항이 복수의 구성요소로 되어 있는 경우에는 그 각 구성요소가 유기적으로 결합된 전체로서의 기술사상이 보호되는 것이지 각 구성요소가 독립하여 보호되는 것은 아니므로, 특허발명과 대비되는 (가)호 발명이 특허발명의 청구항에 기재된 필수적 구성요소들 중의 일부만을 갖추고 있고 나머지 구성요소가 결여된 경우에는 원칙적으로 그 (가)호 발명은 특허발명의 권리범위에 속하지 아니한다 할 것이고, 또한 특허발명의 청구항이 일정한 범위의 수치로 한정한 것을 구성요소의 하나로 하고 있는 경우에는 그 범위 밖의 수치가 균등한 구성요소에 해당한다는 등의 특별한 사정이 없는 한 특허발명의 청구항에서 한정한 범위 밖의 수치를 구성요소로 하는 (가)호 발명은 원칙적으로 특허발명의 권리범위에 속하지 아니한다(判例 99후2372).

(7) 간접범위

① **수리, 재생산을 간접침해로 잡기 위해 생산을 확대해석 할 수 있는 지 여부** : 간접침해에 관하여 규정하고 있는 특허법 제127조 제1호 규정은 발명의 모든 구성요소를 가진 물건을 실시한 것이 아니고 그 전 단계에 있는 행위를 하였더라도 발명의 모든 구성요소를 가진 물건을 실시하게 될 개연성이 큰 경우에는 장래의 특허권 침해에 대한 권리 구제의 실효성을 높이기 위하여 일정한 요건 아래 이를 특허권의 침해로 간주하더라도 특허권이 부당하게 확장되지 않는다고 본 것이라고 이해된다. 위 조항의 문언과 그 취지에 비추어 볼 때, 여기서 말하는 '생산'이란 발명의 구성요소 일부를 결여한 물건을 사용하여 발명의 모든 구성요소를 가진 물건을 새로 만들어내는 모든 행위를 의미하므로, 공업적 생산에 한하지 않고 가공, 조립 등의 행위도 포함된다(判例 2007후3356). 기출 20

② **외국에서 침해가 일어나는 경우, 전단계인 간접침해를 침해로 볼 수 있을 것인지 여부** : 간접침해 제도는 어디까지나 특허권이 부당하게 확장되지 아니하는 범위에서 그 실효성을 확보하고자 하는 것이다. 그런데 특허권의 속지주의 원칙상 물건의 발명에 관한 특허권자가 그 물건에 대하여 가지는 독점적인 생산·사용·양도·대여 또는 수입 등의 특허실시에 관한 권리는 특허권이 등록된 국가의 영역 내에서만 효력이 미치는 점을 고려하면, 특허법 제127조 제1호의 '그 물건의 생산에만 사용하는 물건'에서 말하는 '생산'이란 국내에서의 생산을 의미한다고 봄이 타당하다. 따라서 이러한 생산이 국외에서 일어나는 경우에는 그 전 단계의 행위가 국내에서 이루어지더라도 간접침해가 성립할 수 없다(判例 2014다42110). 기출 16·18·20

③ **외국에서 침해가 일어나는 경우 + 우리나라에서 거의 침해 – 직접침해임** : 특허권의 속지주의 원칙상 물건의 발명에 관한 특허권자가 물건에 대하여 가지는 독점적인 생산·사용·양도·대여 또는 수입 등의 특허실시에 관한 권리는 특허권이 등록된 국가의 영역 내에서만 효력이 미치는 것이 원칙이다. 그러나 국내에서 특허발명의 실시를 위한 부품 또는 구성 전부가 생산되거나 대부분의 생산단계를 마쳐 주요 구성을 모두 갖춘 반제품이 생산되고, 이것이 하나의 주체에게 수출되어 마지막 단계의 가공·조립이 이루어질 것이 예정되어 있으며, 그와 같은 가공·조립이 극히 사소하거나 간단하여 위와 같은 부품 전체의 생산 또는 반제품의 생산만으로도 특허발명의 각 구성요소가 유기적으로 결합한 일체로서 가지는 작용효과를 구현할 수 있는 상태에 이르렀다면, 예외적으로 국내에서 특허발명의 실시제품이 생산된 것과 같이 보는 것이 특허권의 실질적 보호에 부합한다(判例 2019다222782).

④ **이용관계에 대한 간접침해 적용 가능 여부** : 간접침해에 관하여 규정하고 있는 특허법 제127조 제1호 규정은 발명의 모든 구성요소를 가진 물건을 실시한 것이 아니고 그 전 단계에 있는 행위를 하였더라도 발명의 모든 구성요소를 가진 물건을 실시하게 될 개연성이 큰 경우에는 장래의 특허권 침해에 대한 권리 구제의 실효성을 높이기 위하여 일정한 요건 아래 이를 특허권의 침해로 간주하더라도 특허권이 부당하게 확장되지 않는다고 본 것이라고 이해된다. 위 조항의 문언과 그 취지에 비추어 볼 때, 여기서 말하는 '생산'이란 발명의 구성요소 일부를 결여한 물건을 사용하여 발명의 모든 구성요소를 가진 물건을 새로 만들어내는 모든 행위를 의미하므로, 공업적 생산에 한하지 않고 가공, 조립 등의 행위도 포함되고, 생산의 결과물은 발명의 모든 구성요소와 동일하거나 균등한 구성요소 모두를 그대로 포함하거나 이용하고 있어야 한다(判例 2016허7305).

⑤ **제3자가 실시권자에게 전용품을 공급하는 행위가 간접침해인지 여부(실시권자의 실시라고 항변 가부)** : 특허법 제127조 제2호는 특허가 방법의 발명인 경우 그 방법의 실시에만 사용하는 물건을 생산·양도·대여 또는 수입하거나 그 물건의 양도 또는 대여의 청약을 하는 행위를 업으로서 하는 경우에는 특허권 또는 전용실시권을 침해한 것으로 본다고 규정하고 있다. 이러한 간접침해 제도는 어디까지나 특허권이 부당하게 확장되지 아니하는 범위에서 그 실효성을 확보하고자 하는 것이다. 방법의 발명(이하 '방법발명'이라고 한다)에 관한 특허권자로부터 허락을 받은 실시권자가 제3자에게 그 방법의 실시에만 사용하는 물건(이하 '전용품'이라고 한다)의 제작을 의뢰하여 그로부터 전용품을 공급받아 방법발명을 실시하는 경우에 있어서 그러한 제3자의 전용품 생산·양도 등의 행위를 특허권의 간접침해로 인정하면, 실시권자의 실시권에 부당한 제약을 가하게 되고, 특허권이 부당하게 확장되는 결과를 초래한다. 또한, 특허권자는 실시권을 설정할 때 제3자로부터 전용품을 공급받아 방법발명을 실시할 것까지 예상하여 실시료를 책정하는 등의 방법으로 당해 특허권의 가치에 상응하는 이윤을 회수할 수 있으므로, 실시권자가 제3자로부터 전용품을 공급받는다고 하여 특허권자의 독점적 이익이 새롭게 침해된다고 보기도 어렵다. 따라서 방법발명에 관한 특허권자로부터 허락을 받은 실시권자가 제3자에게 전용품의 제작을 의뢰하여 그로부터 전용품을 공급받아 방법발명을 실시하는 경우에 있어서 그러한 제3자의 전용품 생산·양도 등의 행위는 특허권의 간접침해에 해당한다고 볼 수 없다(判例 2017다290095). 기출 20

⑥ **타용도 없는지 판단방법** : 간접침해에 관하여 규정하고 있는 특허법 제127조 제1호 규정은 발명의 모든 구성요소를 가진 물건을 실시한 것이 아니고 그 전 단계에 있는 행위를 하였더라도 발명의 모든 구성요소를 가진 물건을 실시하게 될 개연성이 큰 경우에는 장래의 특허권 침해에 대한 권리 구제의 실효성을 높이기 위하여 일정한 요건 아래 이를 특허권의 침해로 간주하더라도 특허권이 부당하게 확장되지 않는다고 본 것이라고 이해된다. 위 조항의 문언과 그 취지에 비추어 볼 때, 여기서 말하는 '생산'이란 발명의 구성요소 일부를 결여한 물건을 사용하여 발명의 모든 구성요소를 가진 물건을 새로 만들어내는 모든 행위를 의미하므로, 공업적 생산에 한하지 않고 가공, 조립 등의 행위도 포함된다. 나아가 '특허 물건의 생산에만 사용하는 물건'에 해당하기 위하여는 사회통념상 통용되고 승인될 수 있는 경제적, 상업적 내지 실용적인 다른 용도가 없어야 하고, 이와 달리 단순히 특허 물건 이외의 물건에 사용될 이론적, 실험적 또는 일시적인 사용가능성이 있는 정도에 불과한 경우에는 간접침해의 성립을 부정할 만한 다른 용도가 있다고 할 수 없다(判例 2007후3356). 기출 23

⑦ 다른 구성요소를 부가하여 다른 용도를 창출한 경우, 타용도가 있는 것 인지 여부 : 특허권이 부당하게 확장되지 않는 범위 내에서 장래의 특허권 침해에 대한 권리 구제의 실효성을 높인다는 특허법 제127조 제2호의 취지를 고려하면, '특허 방법의 실시에만 사용하는 물건'에 다른 구성요소를 부가하여 특허 방법 이외에 다른 용도를 창출해 낸 경우라고 하더라도, '특허 방법의 실시에만 사용하는 물건' 자체의 구성이 변경되거나 '특허 방법의 실시에만 사용하는 물건'을 구성하는 부분 자체에서 특허 방법 실시 이외에 다른 용도가 생겨난 것이 아니라, 단순히 새롭게 부가한 다른 구성요소로 인하여 다른 용도가 생겨났을 뿐, "특허 방법의 실시에만 사용하는 물건"을 구성하는 부분 자체로는 여전히 특허 방법의 실시 이외에 다른 용도가 없는 경우라고 한다면, 이와 같이 '특허 방법의 실시에만 사용하는 물건'에 다른 구성요소를 부가한 물건을 생산, 판매하는 등의 행위도 특허법 제127조 제2호 소정의 간접침해에 해당한다고 봄이 상당하다. 이와 같이 해석하지 아니할 경우, 특허 방법의 실시에 사용될 개연성이 높은 '특허 방법의 실시에만 사용하는 물건'에 다른 구성요소를 임의로 부가하는 것만으로 언제나 간접침해를 회피할 수 있게 되어 부당한 결과를 초래하게 된다(判例 2011가합39552).

05 특허권의 제한

(1) 법조문

> **제95조(허가등에 따른 존속기간이 연장된 경우의 특허권의 효력)**
> 제90조 제4항에 따라 특허권의 존속기간이 연장된 특허권의 효력은 그 연장등록의 이유가 된 허가등의 대상물건(그 허가등에 있어 물건에 대하여 특정 용도가 정하여져 있는 경우에는 그 용도에 사용되는 물건)에 관한 그 특허발명의 실시 행위에만 미친다. 기출 19
>
> **제96조(특허권의 효력이 미치지 아니하는 범위)**
> ① 특허권의 효력은 다음 각 호의 어느 하나에 해당하는 사항에는 미치지 아니한다.
>   1. 연구 또는 시험(「약사법」에 따른 의약품의 품목허가·품목신고 및 「농약관리법」에 따른 농약의 등록을 위한 연구 또는 시험을 포함한다)을 하기 위한 특허발명의 실시
>   2. 국내를 통과하는데 불과한 선박·항공기·차량 또는 이에 사용되는 기계·기구·장치, 그 밖의 물건
>   3. 특허출원을 한 때부터 국내에 있는 물건
> ② 둘 이상의 의약[사람의 질병의 진단·경감·치료·처치(處置) 또는 예방을 위하여 사용되는 물건을 말한다. 이하 같다]이 혼합되어 제조되는 의약의 발명 또는 둘 이상의 의약을 혼합하여 의약을 제조하는 방법의 발명에 관한 특허권의 효력은 「약사법」에 따른 조제행위와 그 조제에 의한 의약에는 미치지 아니한다.
>
> **제97조(특허발명의 보호범위)**
> 특허발명의 보호범위는 청구범위에 적혀 있는 사항에 의하여 정하여진다.

> **제98조(타인의 특허발명 등과의 관계)**
>
> 특허권자·전용실시권자 또는 통상실시권자는 특허발명이 그 특허발명의 특허출원일 전에 출원된 타인의 특허발명·등록실용신안 또는 등록디자인이나 그 디자인과 유사한 디자인 이용하거나 특허권이 그 특허발명의 특허출원일 전에 출원된 타인의 디자인권 또는 상표권과 저촉되는 경우에는 그 특허권자·실용신안권자·디자인권자 또는 상표권자의 허락을 받지 아니하고는 자기의 특허발명을 업으로서 실시할 수 없다. 기출 21·23

(2) 특허권의 효력제한 - 특허권의 효력이 미치지 아니하는 범위(法 제96조)

① 연구 또는 시험(「약사법」에 따른 의약품의 품목허가·품목신고 및 「농약관리법」에 따른 농약의 등록을 위한 연구 또는 시험을 포함한다)을 하기 위한 특허발명의 실시
② 국내를 통과하는데 불과한 선박·항공기·차량 또는 이에 사용되는 기계·기구·장치, 그 밖의 물건
③ **특허출원을 한 때부터 국내에 있는 물건** : 기존상태를 보호하기 위함이므로 이러한 물건을 새로이 생산하는 특허발명의 실시에는 특허권의 효력이 미친다.
④ 둘 이상의 의약이 혼합되어 제조되는 의약의 발명 또는 둘 이상의 의약을 혼합하여 의약을 제조하는 방법의 발명에 관한 특허권에 대하여 「약사법」에 따른 조제행위와 그 조제에 의한 의약

(3) 허가등에 따른 존속기간이 연장된 경우의 특허권의 효력제한

구 특허법(2011.12.2. 법률 제11117호로 개정되기 전의 것, 이하 같다) 제89조는 "특허발명을 실시하기 위하여 다른 법령의 규정에 의하여 허가를 받거나 등록 등을 하여야 하고, 그 허가 또는 등록 등(이하 '허가 등'이라 한다)을 위하여 필요한 활성·안전성 등의 시험으로 인하여 장기간이 소요되는 대통령령이 정하는 발명인 경우에는 제88조 제1항의 규정에 불구하고 그 실시할 수 없었던 기간에 대하여 5년의 기간 내에서 당해 특허권의 존속기간을 연장할 수 있다."라고 규정하여 약사법 등에 의한 허가 등을 받기 위하여 특허발명을 실시할 수 없는 기간만큼 특허권의 존속기간을 연장해주는 제도를 두고 있다. 위 조항에서 말하는 '장기간이 소요되는 대통령령이 정하는 발명'의 하나로 구 특허법 시행령(2007.6.28. 대통령령 제20127호로 개정되기 전의 것) 제7조 제1호는 특허발명을 실시하기 위하여 구 약사법(2007.4.11. 법률 제8365호로 전부 개정되기 전의 것) 제26조 제1항 또는 제34조 제1항의 규정에 의하여 품목허가를 받아야 하는 의약품의 발명을 들고 있다.

한편 존속기간이 연장된 특허권의 효력에 대해 구 특허법 제95조는 '그 연장등록의 이유가 된 허가 등의 대상물건(그 허가 등에 있어 물건이 특정의 용도가 정하여져 있는 경우에 있어서는 그 용도에 사용되는 물건)에 관한 그 특허발명의 실시 외의 행위에는 미치지 아니한다.'라고 규정하고 있다. 특허법은 이와 같이 존속기간이 연장된 특허권의 효력이 미치는 범위를 규정하면서 청구범위를 기준으로 하지 않고 '그 연장등록의 이유가 된 허가 등의 대상물건에 관한 특허발명의 실시'로 규정하고 있을 뿐, 허가 등의 대상 '품목'의 실시로 제한하지는 않았다.

이러한 법령의 규정과 제도의 취지 등에 비추어 보면, 존속기간이 연장된 의약품 특허권의 효력이 미치는 범위는 특허발명을 실시하기 위하여 약사법에 따라 품목허가를 받은 의약품과 특정 질병에 대한 치료효과를 나타낼 것으로 기대되는 특정한 유효성분, 치료효과 및 용도가 동일한지 여부를 중심으로 판단해야 한다. 특허권자가 약사법에 따라 품목허가를 받은 의약품과 특허침해소송에서 상대방이 생산 등을 한 의약품(이하 '침해제품'이라 한다)이 약학적으로 허용 가능한 염 등에서 차이가 있더라도 발명이 속하는 기술분야에서 통상의 지식을 가진 사람이라면 쉽게 이를 선택할 수 있는 정도에 불과하고, 인체에 흡수되는 유효성분의 약리작용에 의해 나타나는 치료효과나 용도가 실질적으로 동일하다면 존속기간이 연장된 특허권의 효력이 침해제품에 미치는 것으로 보아야 한다(判例 2017다245798). 기출 25

(4) 이용저촉관계

① 의 의
   ㉠ 이용발명 : 후출원한 특허발명을 실시할 경우 선출원한 특허발명, 등록실용신안, 등록디자인 또는 이와 유사한 디자인을 실시하게 되나, 선출원한 권리를 실시하는 것은 후출원한 특허발명을 실시하지 않게 되는 관계를 '이용'이라 하며, 이때 후출원한 특허발명을 이용발명이라 한다.
   ㉡ 저촉발명 : 선출원한 타인의 디자인권 또는 상표권과 후출원한 특허발명이 완전히 동일하여 일방을 실시하게 되면 타방을 실시하는 것과 동일한 효과를 가져오는 관계를 '저촉'이라 하며, 이때 후출원한 특허발명을 저촉발명이라 한다.

② 이용관계의 유형
   ㉠ 선출원발명의 기술적 사상에 새로운 요소를 부가한 사상상의 이용은 동일 카테고리 내의 발명 간에 적용된다. 즉, 선출원인 물건발명과 후출원으로서 선출원에 새로운 요소를 부가한 물건발명 간의 이용관계를 의미한다.
   ㉡ 선출원발명을 실시하여야 후출원발명을 실시할 수 있는 실시상의 이용은 다른 카테고리 내의 발명 간에 적용된다. 즉, 선출원인 물건발명과 후출원인 물건을 생산하는 방법 발명 간의 이용관계를 예로 들 수 있다.

③ 이용관계의 개념
   ㉠ 학설의 대립 : ⅰ) 선출원발명의 주요부분을 포함하는 관계라는 주요부포함설, ⅱ) 선출원발명을 개량확장한 것이라는 개량확장설, ⅲ) 선출원발명의 구성을 그대로 사용한 것이라는 그대로설, ⅳ) 선출원발명을 실시하지 않으면 후출원발명을 실시할 수 없는 관계라는 실시불가피설이 있다.
   ㉡ 판례의 태도 : 이용관계는 후 고안이 선 등록고안의 기술적 구성에 새로운 기술적 요소를 부가하는 것으로서 후 고안이 선 등록고안의 요지를 전부 포함하고 이를 그대로 이용하되, 후 고안 내에 선 등록고안이 고안으로서의 일체성을 유지하는 경우에 성립한다(判例 2001후393). 즉, 판례는 그대로설의 입장을 취하고 있다. 기출 17

④ 이용관계의 요건 : ⅰ) 선출원권리와 후출원권리가 등록되어 양 권리가 유효하게 존속해야 하며, ⅱ) 양 권리가 다른 날 출원되어야 하고, ⅲ) 양 권리의 주체가 상이해야 하며 ⅳ) 선출원권리의 내용 전부가 후출원권리의 내용을 구성하고 있어야 한다.

⑤ 이용관계에서의 조치
　㉠ 후출원권리자의 조치
　　• 허락에 의한 실시권 확보 : 후출원권리자는 선출원권리자로부터 권리의 실시에 대한 허락을 받아 실시권을 확보하여야 자신의 권리에 대한 실시가 가능하다. 다만, 허락을 받지 않아 실시할 수 없는 경우에도 제3자 또는 선출원권리자가 후출원발명을 실시할 경우 이에 대한 권리의 행사를 할 수 있다.
　　• 통상실시권허락심판 청구
　　　- 선출원권리자가 정당한 이유 없이 실시를 허락하지 않거나 허락을 받을 수 없을 경우 통상실시권허락의 심판을 청구할 수 있다(法 제138조 제1항). 다만, 통상실시권을 허락받기 위하여 후출원발명이 그 특허출원일 전에 출원된 선행발명에 비교하여 상당한 경제적 가치가 있는 중요한 기술적 진보를 가져오는 것이어야 한다(法 제138조 제2항).
　　　- 통상실시권을 허락받은 자는 선출원권리자에게 대가를 지급하여야 한다(法 제138조 제4항).
　㉡ 선출원권리자의 조치
　　• 권리의 행사 : 후출원권리자가 선출원권리자의 허락 없이 발명을 실시하는 경우 선출원권리에 대한 침해에 해당하므로 민형사적인 조치를 취할 수 있다.
　　• 크로스라이센스 : 통상실시권허락심판에 의해 통상실시권을 허락한 선출원권리자가 후출원권리자의 특허발명을 실시할 필요가 있는 경우 후출원권리자의 허락을 받을 수 없을 때에는 통상실시권을 허락받아 실시하려는 특허발명의 범위에서 통상실시권 허락의 심판을 청구할 수 있다(法 제138조 제3항).
　　• 선출원권리자가 공유인 경우 : 선출원권리가 공유발명이라면 각자 실시가 가능하므로, 공유자 중 1인이 이용발명을 실시하려면 타 공유자의 동의 없이 실시할 수 있다. 다만, 제3자인 후출원권리자가 이용발명을 실시하기 위하여 선출원권리의 공유자 전원의 동의가 필요하다.
⑥ 관련 판례
　㉠ 촉매부가에 의한 수율의 현저한 상승이 있을 경우 : 화학반응에서 촉매라 함은 반응에 관여하여 반응속도 내지 수율 등에 영향을 줄 뿐 반응 후에는 그대로 남아 있고 목적물질의 화학적 구조에는 기여를 하지 아니하는 것임을 고려하면, 화학물질 제조방법의 발명에서 촉매를 부가함에 의하여 그 제조방법 발명의 기술적 구성의 일체성, 즉 출발물질에 반응물질을 가하여 특정한 목적물질을 생성하는 일련의 유기적 결합관계의 일체성이 상실된다고 볼 수는 없으므로, 촉매의 부가로 인하여 그 수율에 현저한 상승을 가져오는 경우라 하더라도, 달리 특별한 사정이 없는 한 선행 특허발명의 기술적 요지를 그대로 포함하는 이용발명에 해당한다(判例 98후522).
　㉡ 선출원 발명과 균등한 발명을 이용하는 경우 : 이용관계는 후 발명이 선 특허발명의 기술적 구성에 새로운 기술적 요소를 부가하는 것으로서 후 발명이 선 특허발명의 요지를 전부 포함하고 이를 그대로 이용하되, 후 발명 내에 선 특허발명이 발명으로서의 일체성을 유지하는 경우에 성립하는 것이며, 이는 선 특허발명과 동일한 발명뿐만 아니라 균등한 발명을 이용하는 경우도 마찬가지이다(判例 98후522). 기출 22

(5) 판례에 의한 제한

① **행정처분의 하자를 이유로 당연무효라는 항변 가능 여부(공정력)** : 행정처분이 아무리 위법하다고 하여도 그 하자가 중대하고 명백하여 당연무효라고 보아야 할 사유가 있는 경우를 제외하고는 아무도 그 하자를 이유로 무단히 그 효과를 부정하지 못하는 것으로, 이러한 행정행위의 공정력은 판결의 기판력과 같은 효력은 아니지만 그 공정력의 객관적 범위에 속하는 행정행위의 하자가 취소사유에 불과한 때에는 그 처분이 취소되지 않는 한 처분의 효력을 부정하여 그로 인한 이득을 법률상 원인 없는 이득이라고 말할 수 없는 것이고, 또한 하자 있는 행정처분이 당연무효가 되기 위해서는 그 하자가 법규의 중요한 부분을 위반한 중대한 것으로서 객관적으로 명백한 것이어야 하며, 하자가 중대하고 명백한지 여부를 판별함에 있어서는 그 법규의 목적, 의미, 기능 등을 목적론적으로 고찰함과 동시에 구체적 사안 자체의 특수성에 관하여도 합리적으로 고찰함을 요하는바, 행정청이 어느 법률관계나 사실관계에 대하여 어느 법률의 규정을 적용하여 행정처분을 한 경우에 그 법률관계나 사실관계에 대하여는 그 법률의 규정을 적용할 수 없다는 법리가 명백히 밝혀져 그 해석에 다툼의 여지가 없음에도 불구하고 행정청이 위 규정을 적용하여 처분을 한 때에는 그 하자가 중대하고도 명백하다고 할 것이나, 그 법률관계나 사실관계에 대하여 그 법률의 규정을 적용할 수 없다는 법리가 명백히 밝혀지지 아니하여 그 해석에 다툼의 여지가 있는 때에는 행정관청이 이를 잘못 해석하여 행정처분을 하였더라도 이는 그 처분 요건사실을 오인한 것에 불과하여 그 하자가 명백하다고 할 수 없는 것이고, 행정처분의 대상이 되지 아니하는 어떤 법률관계나 사실관계에 대하여 이를 처분의 대상이 되는 것으로 오인할 만한 객관적인 사정이 있는 경우로서 그것이 처분대상이 되는지의 여부가 그 사실관계를 정확히 조사하여야 비로소 밝혀질 수 있는 때에는 비록 이를 오인한 하자가 중대하다고 할지라도 외관상 명백하다고 할 수 없는 것이다(判例 2006다83802).

② **권리범위 제한**

㉠ 신규성 위반의 경우, 권리범위× 항변 적법한지 여부 : [1] 특허법은 특허가 일정한 사유에 해당하는 경우에 별도로 마련한 특허의 무효심판절차를 거쳐 무효로 할 수 있도록 규정하고 있으므로, 특허는 일단 등록이 된 이상 이와 같은 심판에 의하여 특허를 무효로 한다는 심결이 확정되지 않는 한 유효한 것이며, 다른 절차에서 그 특허가 당연무효라고 판단할 수 없다. [2] 특허권은 신규의 발명에 대하여 부여되는 것으로 특허권 권리범위확인심판청구사건에 있어서 그 권리범위를 정함에 있어서는 출원 당시의 기술수준이 무효심판의 유무에 관계없이 고려되어야 할 것이므로, 등록된 특허의 일부에 그 발명의 기술적 효과발생에 유기적으로 결합된 것이 아닌 공지사유가 포함되어 있는 경우에는 그 공지부분에까지 권리범위가 확장되는 것이 아니고, 나아가 등록된 특허발명의 전부가 출원 당시 공지공용의 것이었다면 그 권리범위를 인정할 근거가 상실된다(判例 97후1016).

ⓛ 法 제29조 제1항, 제42조 제4항 제2호, 제42조 제3항 제1호, 제36조 위반의 경우, 권리범위 ×항변 적법한지 여부 : 권리범위확인심판절차에서 특허발명의 일부 또는 전부가 출원 당시 공지여서 신규성이 없는 경우(대법원 1964.10.22. 선고 63후45 판결, 대법원 1983.7.26. 선고 81후56 판결 등), 명세서의 기재불비 등으로 인하여 특허발명의 기술적 범위를 특정할 수 없는 경우(대법원 2002.6.14. 선고 2000후235 판결 등), 특허발명의 실시가 불가능한 경우(대법원 2001.12.27. 선고 99후1973 판결 등)에 있어서는 확인대상발명은 특허발명과의 구체적 기술 대비를 할 필요도 없이 그 권리범위에 속하지 않는다고 할 것인바, 이와 같은 법리는 특허발명이 특허법 제29조의 제3항 본문에서 규정하고 있는 선원주의 규정에 위배되어 무효사유가 존재하는 경우에도 마찬가지라고 할 것이다(判例 2009허2432).

ⓒ 등록된 특허발명이 그 출원 전에 국내에서 공지되었거나 공연히 실시된 발명으로서 신규성이 없는 경우에는 그에 대한 등록무효심판이 없어도 그 권리범위를 인정할 수 없으며, 특허무효사유에 있어서 신규성 결여와 선원주의 위반은 특허발명 내지 후출원발명과 선행발명 내지 선출원발명의 동일성 여부가 문제된다는 점에서 다르지 않으므로, 위 법리는 후출원발명에 선원주의 위반의 무효사유가 있는 경우에도 그대로 적용된다(判例 2007후2827).

ⓔ 특허발명의 특허청구범위에 그 효과 달성에 필요한 필수적 구성요소가 모두 기재되었다고 볼 수 없는 발명은 특허법 제42조 제4항에 위반하여 등록된 것으로서 그 특허를 무효로 하는 심결이 확정되기 전이라도 그 권리범위를 인정할 수 없고, 이처럼 권리범위가 인정되지 아니하는 특허발명과 동일 또는 균등한 관계에 있는 발명을 실시하는 행위는 특허권침해죄를 구성하지 아니한다(判例 2005도1262).

ⓜ 등록실용신안의 실용신안등록청구범위의 일부가 불명료하게 표현되어 있거나 그 기재에 오기가 있다 하더라도, 고안의 상세한 설명과 도면 등을 참작하여 볼 때 그 기술분야에서 통상의 지식을 가진 자가 명확하게 이해할 수 있고 오기임이 명백하여 그 고안 자체의 보호범위를 특정할 수 있는 경우에는 등록실용신안의 권리범위를 부정할 수 없다(判例 2008후64).

ⓗ 法 제29조 제1항 본 위반의 경우(미생물 발명 기탁 위반) : 미생물의 기탁에 관한 요건을 충족하지 못한 이 사건 특허발명은 미완성 발명에 해당하고, 미완성 발명의 경우는 특허무효심결의 확정 전이라도 그 권리범위를 인정할 수 없는 법리이다(判例 2003후2003).

ⓢ 진보성 위반의 경우, 권리범위×항변 적법한지 여부(권리범위확인심판의 경우) : [다수의견] 특허법은 특허가 일정한 사유에 해당하는 경우에 별도로 마련한 특허의 무효심판절차를 거쳐 무효로 할 수 있도록 규정하고 있으므로, 특허는 일단 등록이 되면 비록 진보성이 없어 당해 특허를 무효로 할 수 있는 사유가 있더라도 특허무효심판에 의하여 무효로 한다는 심결이 확정되지 않는 한 다른 절차에서 그 특허가 무효임을 전제로 판단할 수는 없다. 기출 25

나아가 특허법이 규정하고 있는 권리범위확인심판은 심판청구인이 그 청구에서 심판의 대상으로 삼은 확인대상발명이 특허권의 효력이 미치는 객관적인 범위에 속하는지 여부를 확인하는 목적을 가진 절차이므로, 그 절차에서 특허발명의 진보성 여부까지 판단하는 것은 특허법이 권리범위확인심판 제도를 두고 있는 목적을 벗어나고 그 제도의 본질에 맞지 않다. 특허법이 심판이라는 동일한 절차 안에 권리범위확인심판과는 별도로 특허무효심판을 규정하여 특허발명의 진보성 여부가 문제 되는 경우 특허무효심판에서 이에 관하여 심리하여 진보성이 부정되면 그 특허를 무효로 하도록 하고 있음에도 진보성 여부를 권리범위확인심판에서까지 판단할 수 있게 하는 것은 본래 특허무효심판의 기능에 속하는 것을 권리범위확인심판에 부여함으로써 특허무효심판의 기능을 상당 부분 약화시킬 우려가 있다는 점에서도 바람직하지 않다. 따라서 권리범위확인심판에서는 특허발명의 진보성이 부정된다는 이유로 그 권리범위를 부정하여서는 안 된다. 기출 16·18·19

다만 대법원은 특허의 일부 또는 전부가 출원 당시 공지공용의 것인 경우까지 특허청구범위에 기재되어 있다는 이유만으로 권리범위를 인정하여 독점적·배타적인 실시권을 부여할 수는 없으므로 권리범위확인심판에서도 특허무효의 심결 유무에 관계없이 그 권리범위를 부정할 수 있다고 보고 있으나, 이러한 법리를 공지공용의 것이 아니라 그 기술분야에서 통상의 지식을 가진 자가 선행기술에 의하여 용이하게 발명할 수 있는 것뿐이어서 진보성이 부정되는 경우까지 확장할 수는 없다. 위와 같은 법리는 실용신안의 경우에도 마찬가지로 적용된다.

[반대의견] 특허가 진보성이 없어 무효로 될 것임이 명백함에도 권리범위확인심판을 허용하는 것은 특허권에 관한 분쟁을 실효적으로 해결하는 데 도움이 되지 아니하고 당사자로 하여금 아무런 이익이 되지 않는 심판절차에 시간과 비용을 낭비하도록 하는 결과를 초래하며, 특허발명을 보호·장려하고 이용을 도모함으로써 기술의 발전을 촉진하고 산업발전에 이바지하고자 하는 특허법의 목적을 달성하기 위하여 권리범위확인심판 제도를 마련한 취지에 부합하지 않는다.

권리범위확인심판이 특허가 유효함을 전제로 하여서만 의미를 가질 수 있는 절차이므로 심판절차에서는 특허의 진보성 여부 등 무효사유가 있는지를 선결문제로서 심리한 다음 무효사유가 부정되는 경우에 한하여 특허발명의 권리범위에 관하여 나아가 심리·판단하도록 심판구조를 바꿀 필요가 있다.

이러한 사정들을 종합적으로 고려하면, 진보성이 없다는 이유로 특허발명에 대한 무효심결이 확정되기 전이라고 하더라도 적어도 특허가 진보성이 없어 무효로 될 것임이 명백한 경우라면, 그러한 특허권을 근거로 하여 적극적 또는 소극적 권리범위확인심판을 청구할 이익이 없다고 보아야 하고, 그러한 청구는 부적법하여 각하하여야 한다. 그리고 위와 같은 법리는 실용신안의 경우에도 마찬가지로 적용된다(判例 2012후4162 [전합]).

③ 자유실시기술 법리
  ㉠ 자유실시기술의 법리 : 어느 발명이 특허발명의 권리범위에 속하는지를 판단함에 있어서 특허발명과 대비되는 발명이 공지의 기술만으로 이루어지거나 그 기술분야에서 통상의 지식을 가진 자가 공지기술로부터 용이하게 실시할 수 있는 이른바 자유실시기술에 해당하는 경우에는 특허발명과 대비할 필요 없이 특허발명의 권리범위에 속하지 않게 된다(대법원 2004.9.23. 선고 2002다60610 판결 참조). 기출 20 위와 같이 자유실시기술의 항변을 인정하는 것은 공지기술은 만인 공유의 재산으로 누구나 자유로이 사용할 수 있는 것이어서 이에 대하여 특정 출원인에게만 독점권을 부여해서는 아니 된다는 특허법의 기본원리에 입각한 것이다(判例 2012허1439).
  ㉡ 자유기술의 항변이 문언침해의 경우에도 적용될 수 있는지 여부 : [1] 특허법은 권리범위 확인심판과 특허 무효심판을 별도로 규정하고 있다. 특허권의 권리범위 확인심판은 심판청구인이 그 청구에서 심판의 대상으로 삼은 확인대상 발명이 등록된 특허발명의 보호범위에 속하는지를 확인하는 절차이다(특허법 제135조). 특허 무효심판은 등록된 특허에 무효 사유가 있는지를 판단하는 절차로서 특허를 무효로 한다는 심결이 확정되면 특허권은 소급적으로 소멸한다(특허법 제133조). 특허가 진보성이 없어 무효 사유가 있는 경우에도 특허 무효심판에서 무효 심결이 확정되지 않으면, 특별한 사정이 없는 한 다른 절차에서 그 특허가 무효임을 전제로 판단할 수는 없다. 특허발명의 보호범위를 판단하는 절차로 마련된 권리범위 확인심판에서 특허의 진보성 여부를 판단하는 것은 권리범위 확인심판의 판단 범위를 벗어날 뿐만 아니라, 본래 특허 무효심판의 기능에 속하는 것을 권리범위 확인심판에 부여하는 것이 되어 위 두 심판 사이의 기능 배분에 부합하지 않는다. 따라서 특허발명이 공지의 기술인 경우 등을 제외하고는 특허발명의 진보성이 부정되는 경우에도 권리범위 확인심판에서 등록되어 있는 특허권의 효력을 당연히 부인할 수는 없다. [2] 권리범위 확인심판에서 특허발명과 대비되는 확인대상 발명이 공지의 기술만으로 이루어진 경우뿐만 아니라 그 기술분야에서 통상의 지식을 가진 자가 공지기술로부터 쉽게 실시할 수 있는 경우에는 이른바 자유실시기술로서 특허발명과 대비할 필요 없이 특허발명의 권리범위에 속하지 않는다고 보아야 한다. 이러한 방법으로 특허발명의 무효 여부를 직접 판단하지 않고 확인대상 발명을 공지기술과 대비하여 확인대상 발명이 특허발명의 권리범위에 속하는지를 결정함으로써 신속하고 합리적인 분쟁해결을 도모할 수 있다. 자유실시기술 법리의 본질, 기능, 대비하는 대상 등에 비추어 볼 때, 위 법리는 특허권 침해 여부를 판단할 때 일반적으로 적용되는 것으로, 확인대상 발명이 결과적으로 특허발명의 청구범위에 나타난 모든 구성요소와 그 유기적 결합관계를 그대로 가지고 있는 이른바 문언 침해(literal infringement)에 해당하는 경우에도 그대로 적용된다(判例 2016후366). 기출 19

ⓒ 자유실시기술의 항변이 공지예외주장한 경우에도 적용되는지 여부

> • 다음과 같은 디자인보호법의 신규성 상실 예외 규정 등 관련규정의 문언과 내용, 그 입법 취지, 자유실시디자인 법리의 본질 및 기능 등을 종합하여 보면, 확인대상디자인이 등록디자인의 권리범위에 속하는지를 판단할 때 신규성 상실 예외 규정의 적용 근거가 된 공지디자인 또는 이들의 결합에 따라 쉽게 실시할 수 있는 디자인이 누구나 이용할 수 있는 공공의 영역에 있음을 전제로 한 자유실시디자인 주장은 허용되지 않고, 확인대상디자인과 등록디자인을 대비하는 방법에 의하여야 한다.
> 1) 디자인보호법은 출원 전에 공지·공용된 디자인이나 이와 유사한 디자인, 공지·공용된 디자인으로부터 쉽게 창작할 수 있는 디자인은 원칙적으로 디자인등록을 받을 수 없도록 규정하고 있다(디자인보호법 제33조). 그러나 이러한 신규성 및 창작비용이성에 관한 원칙을 너무 엄격하게 적용하면 디자인등록을 받을 수 있는 권리를 가진 자에게 지나치게 가혹하여 형평성을 잃게 되거나 산업의 발전을 도모하는 디자인보호법의 취지에 맞지 않는 경우가 생길 수 있으므로, 예외적으로 디자인등록을 받을 수 있는 권리를 가진 자가 일정한 요건과 절차를 갖춘 경우에는 디자인이 출원 전에 공개되었다고 하더라도 그 디자인은 신규성 및 창작비용이성을 상실하지 않는 것으로 취급하기 위하여 신규성 상실의 예외 규정(디자인보호법 제36조)을 두었다(대법원 2017.1.12. 선고 2014후1341 판결 참조).
> 2) 신규성 상실 예외 규정의 적용을 받아 디자인으로 등록되면 위 예외 규정의 적용 없이 디자인 등록된 경우와 동일하게 디자인권자는 업으로서 등록디자인 또는 이와 유사한 디자인을 실시할 권리를 독점한다(디자인보호법 제92조). 즉, 디자인등록출원 전 공공의 영역에 있던 디자인이라 하더라도 신규성 상실 예외 규정의 적용을 받아 등록된 디자인과 동일 또는 유사한 디자인이라면 등록디자인이 등록무효로 확정되지 않는 한 등록디자인의 독점·배타권의 범위에 포함되는 것이다.
> 3) 신규성 상실의 예외를 인정함으로써 그 근거가 된 공지디자인을 기초로 등록디자인과 동일 또는 유사한 디자인을 실시한 제3자가 예기치 않은 불이익을 입는 경우가 있을 수 있는데, 디자인보호법은 위와 같은 입법적 결단을 전제로 제3자와 디자인등록을 받을 수 있는 권리를 가진 자 사이의 이익균형을 도모하기 위하여 제36조 제2항에서 신규성 상실 예외 규정을 적용받아 디자인등록을 받을 수 있는 권리를 가진 자가 준수해야 할 시기적·절차적 요건을 정하고 있고, 신규성 상실 예외 규정을 적용받더라도 출원일 자체가 소급하지는 않는 것으로 하였다.
> 4) 한편 등록디자인과 대비되는 확인대상디자인이 등록디자인의 출원 전에 그 디자인이 속하는 분야에서 통상의 지식을 가진 사람이 공지디자인 또는 이들의 결합에 따라 쉽게 실시할 수 있는 것일 때에는 등록디자인과 대비할 것도 없이 그 등록디자인의 권리범위에 속하지 않는다고 볼 수 있는데(대법원 2016.8.29. 선고 2016후878 판결 참조), 이는 등록디자인이 공지디자인으로부터 쉽게 창작 가능하여 무효에 해당하는지 여부를 직접 판단하지 않고 확인대상디자인을 공지디자인과 대비하는 방법으로 확인대상디자인이 등록디자인의 권리범위에 속하는지를 결정함으로써 신속하고 합리적인 분쟁해결을 도모하기 위한 것이다(대법원 2017.11.14. 선고 2016후366 판결 참조). 이와 같은 자유실시디자인 법리는 기본적으로 등록디자인의 출원 전에 그 디자인이 속하는 분야에서 통상의 지식을 가진 사람이 공지디자인 또는 이들의 결합에 따라 쉽게 실시할 수 있는 디자인은 공공의 영역에 있는 것으로서 누구나 이용할 수 있어야 한다는 생각에 기초하고 있다. 그런데 디자인등록출원 전 공공의 영역에 있던 디자인이라고 하더라도 신규성 상실 예외 규정의 적용을 받아 등록된 디자인과 동일 또는 유사한 디자인이라면 등록디자인의 독점·배타권의 범위에 포함되게 된다. 그렇다면 이와 같이 신규성 상실 예외 규정의 적용 근거가 된 공지디자인 또는 이들의 결합에 따라 쉽게 실시할 수 있는 디자인이 누구나 이용할 수 있는 공공의 영역에 있다고 단정할 수 없으므로, 신규성 상실 예외 규정의 적용 근거가 된 공지디자인을 기초로 한 자유실시디자인 주장은 허용되지 않는다.

> 5) 제3자의 보호 관점에서 보더라도 디자인보호법이 정한 시기적·절차적 요건을 준수하여 신규성 상실 예외 규정을 받아 등록된 이상 입법자의 결단에 따른 제3자와의 이익균형은 이루어진 것으로 볼 수 있다. 또한 신규성 상실 예외 규정의 적용 근거가 된 공지디자인을 기초로 한 자유실시디자인 주장을 허용하는 것은 디자인보호법이 디자인권자와 제3자 사이의 형평을 도모하기 위하여 선사용에 따른 통상실시권(디자인보호법 제100조) 등의 제도를 마련하고 있음에도 공지디자인에 대하여 별다른 창작적 기여를 하지 않은 제3자에게 법정 통상실시권을 넘어서는 무상의 실시 권한을 부여함으로써 제3자에 대한 보호를 법으로 정해진 등록디자인권자의 권리에 우선하는 결과가 된다는 점에서도 위와 같은 자유실시디자인 주장은 허용될 수 없다(判例 2021후10473).
>
> - 권리범위 확인심판에서 특허발명과 대비되는 확인대상 발명이 공지의 기술만으로 이루어진 경우뿐만 아니라 그 기술분야에서 통상의 지식을 가진 자가 공지기술로부터 쉽게 실시할 수 있는 경우에는 이른바 자유실시기술로서 특허발명과 대비할 필요 없이 특허발명의 권리범위에 속하지 않는다고 보아야 한다. 이러한 방법으로 특허발명의 무효 여부를 직접 판단하지 않고 확인대상 발명을 공지기술과 대비하여 확인대상 발명이 특허발명의 권리범위에 속하는지를 결정함으로써 신속하고 합리적인 분쟁해결을 도모할 수 있다.
>   자유실시기술 법리의 본질, 기능, 대비하는 대상 등에 비추어 볼 때, 위 법리는 특허권 침해 여부를 판단할 때 일반적으로 적용되는 것으로, 확인대상 발명이 결과적으로 특허발명의 청구범위에 나타난 모든 구성요소와 그 유기적 결합관계를 그대로 가지고 있는 이른바 문언 침해(literal infringement)에 해당하는 경우에도 그대로 적용된다(判例 2016후366).

④ 권리남용항변

㉠ 진보성 위반이 있는 특허발명의 권리남용의 항변 적법 여부 : 특허법은 특허가 일정한 사유에 해당하는 경우에 별도로 마련한 특허의 무효심판절차를 거쳐 무효로 할 수 있도록 규정하고 있으므로, 특허는 일단 등록된 이상 비록 진보성이 없어 무효사유가 존재한다고 하더라도 이와 같은 심판에 의하여 무효로 한다는 심결이 확정되지 않는 한 대세적(對世的)으로 무효로 되는 것은 아니다. 그런데 특허법은 제1조에서 발명을 보호·장려하고 이용을 도모함으로써 기술의 발전을 촉진하여 산업발전에 이바지함을 목적으로 한다고 규정하여 발명자뿐만 아니라 이용자의 이익도 아울러 보호하여 궁극적으로 산업발전에 기여함을 입법목적으로 하고 있는 한편 제29조 제2항에서 그 발명이 속하는 기술분야에서 통상의 지식을 가진 자(이하 '통상의 기술자'라 한다)가 특허출원 전에 공지된 선행기술에 의하여 용이하게 발명할 수 있는 것에 대하여는 특허를 받을 수 없다고 규정함으로써 사회의 기술발전에 기여하지 못하는 진보성 없는 발명은 누구나 자유롭게 이용할 수 있는 이른바 공공영역에 두고 있다. 따라서 진보성이 없어 본래 공중에게 개방되어야 하는 기술에 대하여 잘못하여 특허등록이 이루어져 있음에도 별다른 제한 없이 그 기술을 당해 특허권자에게 독점시킨다면 공공의 이익을 부당하게 훼손할 뿐만 아니라 위에서 본 바와 같은 특허법의 입법목적에도 정면으로 배치된다. 또한 특허권도 사적 재산권의 하나인 이상 특허발명의 실질적 가치에 부응하여 정의와 공평의 이념에 맞게 행사되어야 할 것인데, 진보성이 없어 보호할 가치가 없는 발명에 대하여 형식적으로 특허등록이 되어 있음을 기화로 발명을 실시하는 자를 상대로 침해금지 또는 손해배상 등을 청구할 수 있도록 용인하는 것은 특허권자에게 부당한 이익을 주고 발명을 실시하는 자에게는 불합리한 고통이나 손해를 줄 뿐이므로 실질적 정의와

당사자들 사이의 형평에도 어긋난다. 이러한 점들에 비추어 보면, 특허발명에 대한 무효심결이 확정되기 전이라고 하더라도 특허발명의 진보성이 부정되어 특허가 특허무효심판에 의하여 무효로 될 것임이 명백한 경우에는 특허권에 기초한 침해금지 또는 손해배상 등의 청구는 특별한 사정이 없는 한 권리남용에 해당하여 허용되지 아니한다고 보아야 하고, 특허권침해소송을 담당하는 법원으로서도 특허권자의 그러한 청구가 권리남용에 해당한다는 항변이 있는 경우 당부를 살피기 위한 전제로서 특허발명의 진보성 여부에 대하여 심리·판단할 수 있다(判例 2010다95390). 기출 17·18·25

ⓛ 목적 일탈 권리남용의 항변 가능 여부 : 일반적으로 권리행사가 권리의 남용에 해당한다고 할 수 있으려면 주관적으로 그 권리행사의 목적이 오직 상대방에게 고통을 주고 손해를 입히려는 데 있을 뿐 행사하는 사람에게 아무런 이익이 없을 경우이어야 하고, 객관적으로는 그 권리행사가 사회질서에 위반된다고 볼 수 있어야 하며, 이러한 경우에 해당하지 않는 한 비록 그 권리행사로 권리행사자가 얻는 이익보다 상대방이 잃을 손해가 현저히 크다 하여도 그 사정만으로는 이를 권리남용이라 할 수 없다(대법원 2011.4.28. 선고 2011다12163 판결 등 참조).
한편, 특허권은 업으로서 특허발명을 실시할 권리를 독점하는 배타적인 권리로서, 특허발명의 실시에 대한 독점적 권리를 부여함으로써 발명을 보호·권장하고 그 이용을 도모함으로써 기술의 발전을 촉진하여 산업발전에 이바지하려는 것인데, 특허권도 기본적으로는 사적 재산권의 성질을 가지지만 그 보호범위는 필연적으로는 사회적 제약을 받는다고 할 것인바, 상대방에 대한 특허권의 행사가 특허제도의 목적이나 기능을 일탈하여 공정한 경쟁질서와 거래 질서를 어지럽히고 수요자 또는 상대방에 대한 관계에서 신의성실의 원칙에 위배되는 등 법적으로 보호받을 만한 가치가 없다고 인정되는 경우에는, 그 특허권의 행사는 설령 권리행사의 외형을 갖추었다 하더라도 등록특허에 관한 권리를 남용하는 것으로서 허용될 수 없고, 특허권의 행사를 제한하는 위와 같은 근거에 비추어 볼 때 특허권의 행사의 목적이 오직 상대방에게 고통을 주고 손해를 입히려는 데 있을 뿐 이를 행사하는 사람에게는 아무런 이익이 없어야 한다는 주관적 요건을 반드시 필요로 하는 것은 아니다(대법원 2007.1.25. 선고 2005다67223 판결 참조)(判例 2011가합39552).

ⓒ 실효의 항변 가능 여부 : 일반적으로 권리의 행사는 신의에 좇아 성실히 하여야 하고 권리는 남용하지 못하는 것이므로 권리자가 실제로 권리를 행사할 수 있는 기회가 있었음에도 불구하고 상당한 기간이 경과하도록 권리를 행사하지 아니하여 의무자인 상대방으로서도 이제는 권리자가 권리를 행사하지 아니할 것으로 신뢰할 만한 정당한 기대를 가지게 된 다음에 새삼스럽게 그 권리를 행사하는 것이 법질서 전체를 지배하는 신의성실의 원칙에 위반하는 것으로 인정되는 결과가 될 때에는 이른바 실효의 원칙에 따라 그 권리의 행사가 허용되지 않는다고 보아야 할 것이고, 또한 실효의 원칙이 적용되기 위하여 필요한 요건으로서의 실효기간(권리를 행사하지 아니한 기간)의 길이와 의무자인 상대방이 권리가 행사되지 아니하리라고 신뢰할 만한 정당한 사유가 있었는지의 여부는 일률적으로 판단할 수 있는 것이 아니라 구체적인 경우마다 권리를 행사하지 아니한 기간의 장단과 함께 권리자측과 상대방측 쌍방의 사정 및 객관적으로 존재한 사정 등을 모두 고려하여 사회통념에 따라 합리적으로 판단하여야 할 것이다(判例 2005다45827).

⑤ 의식적 제외
　㉠ 의식적 제외 일반론 : 출원인 또는 특허권자가 특허발명의 출원과정에서 특허발명과 대비대상이 되는 제품(이하 '대상제품'이라 한다)을 특허발명의 청구범위로부터 의식적으로 제외하였다고 볼 수 있는 경우에는, 특허권자가 대상제품을 제조·판매하고 있는 자를 상대로 대상제품이 특허발명의 보호범위에 속한다고 주장하는 것은 금반언의 원칙에 위배되어 허용되지 않는다. 특허발명의 출원과정에서 대상제품이 청구범위로부터 의식적으로 제외된 것인지는 명세서뿐만 아니라 출원에서부터 특허될 때까지 특허청 심사관이 제시한 견해, 출원인이 출원과정에서 제출한 보정서와 의견서 등에 나타난 출원인의 의도, 보정이유 등을 고려하여 판단하여야 한다(判例 2015다244517).

　㉡ 의식적 제외 적용대상(유연한 규준 or 엄격한 규준) - (보정서, 의견서) : 특허발명의 출원과정에서 어떤 구성이 청구범위에서 의식적으로 제외된 것인지는 명세서뿐만 아니라 출원에서부터 특허될 때까지 특허청 심사관이 제시한 견해 및 출원인이 출원과정에서 제출한 보정서와 의견서 등에 나타난 출원인의 의도, 보정이유 등을 참작하여 판단하여야 한다. 따라서 출원과정에서 청구범위의 감축이 이루어졌다는 사정만으로 감축 전의 구성과 감축 후의 구성을 비교하여 그 사이에 존재하는 모든 구성이 청구범위에서 의식적으로 제외되었다고 단정할 것은 아니고, 거절이유통지에 제시된 선행기술을 회피하기 위한 의도로 그 선행기술에 나타난 구성을 배제하는 감축을 한 경우 등과 같이 보정이유를 포함하여 출원과정에 드러난 여러 사정을 종합하여 볼 때 출원인이 어떤 구성을 권리범위에서 제외하려는 의사가 존재한다고 볼 수 있을 때에 이를 인정할 수 있다. 그리고 이러한 법리는 청구범위의 감축 없이 의견서 제출 등을 통한 의견진술이 있었던 경우에도 마찬가지로 적용된다(判例 2014후638). 기출 19

　㉢ 의식적 제외 적용대상(+ 정정서) : 출원인 또는 특허권자가 특허발명의 출원과정에서 특허발명과 대비대상이 되는 제품(이하 '대상제품'이라 한다)을 특허발명의 청구범위로부터 의식적으로 제외하였다고 볼 수 있는 경우에는, 특허권자가 대상제품을 제조·판매하고 있는 자를 상대로 대상제품이 특허발명의 보호범위에 속한다고 주장하는 것은 금반언의 원칙에 위배되어 허용되지 않는다. 특허발명의 출원과정에서 대상제품이 청구범위로부터 의식적으로 제외된 것인지는 명세서뿐만 아니라 출원에서부터 특허될 때까지 특허청 심사관이 제시한 견해, 출원인이 출원과정에서 제출한 보정서와 의견서 등에 나타난 출원인의 의도, 보정이유 등을 고려하여 판단하여야 한다. 이러한 법리는 특허등록 후 이루어지는 정정을 통해 청구범위의 감축이 있었던 경우에도 마찬가지로 적용된다(判例 2015다244517).

　㉣ 의식적 제외 적용대상(분할출원서) : 특허출원인이 특허청 심사관으로부터 기재불비 및 진보성 흠결을 이유로 한 거절이유통지를 받고서 거절결정을 피하기 위하여 원출원의 특허청구범위를 한정하는 보정을 하면서 원출원발명 중 일부를 별개의 발명으로 분할출원한 경우, 이 분할출원된 발명은 특별한 사정이 없는 한 보정된 발명의 보호범위로부터 의식적으로 제외한 것이라고 보아야 한다(判例 2006다35308).

㉤ 의식적 제외 판단 시, 청구항 마다 개별적으로 살펴야 하는지 여부 : 특허발명의 출원과정에서 어떤 구성이 특허청구범위로부터 의식적으로 제외된 것인지 여부는 명세서뿐만 아니라 출원에서부터 특허될 때까지 특허청심사관이 제시한 견해 및 출원인이 심사과정에서 제출한 보정서와 의견서 등에 나타난 출원인의 의도 등을 참작하여 판단하여야 하고, 특허청구의 범위가 수 개의 항으로 이루어진 발명에 있어서는 특별한 사정이 없는 한 각 청구항의 출원경과를 개별적으로 살펴서 어떤 구성이 각 청구항의 권리범위에서 의식적으로 제외된 것인지를 확정하여야 한다(判例 2001후171).

06 특허권의 이전 및 공유

(1) 법조문

> **제99조(특허권의 이전 및 공유 등)**
> ① 특허권은 이전할 수 있다.
> ② 특허권이 공유인 경우에는 각 공유자는 다른 공유자 모두의 동의를 받아야만 그 지분을 양도하거나 그 지분을 목적으로 하는 질권을 설정할 수 있다. 기출 19·22
> ③ 특허권이 공유인 경우에는 각 공유자는 계약으로 특별히 약정한 경우를 제외하고는 다른 공유자의 동의를 받지 아니하고 그 특허발명을 자신이 실시할 수 있다. 기출 17·24
> ④ 특허권이 공유인 경우에는 각 공유자는 다른 공유자 모두의 동의를 받아야만 그 특허권에 대하여 전용실시권을 설정하거나 통상실시권을 허락할 수 있다. 기출 17
>
> **제99조의2(특허권의 이전청구)**
> ① 특허가 제133조 제1항 제2호 본문에 해당하는 경우에 특허를 받을 수 있는 권리를 가진 자는 법원에 해당 특허권의 이전(특허를 받을 수 있는 권리가 공유인 경우에는 그 지분의 이전을 말한다)을 청구할 수 있다. 기출 18·19·24
> ② 제1항의 청구에 기초하여 특허권이 이전등록된 경우에는 다음 각 호의 권리는 그 특허권이 설정등록된 날부터 이전등록을 받은 자에게 있는 것으로 본다. 기출 18·24
>   1. 해당 특허권
>   2. 제65조 제2항에 따른 보상금 지급 청구권
>   3. 제207조 제4항에 따른 보상금 지급 청구권
> ③ 제1항의 청구에 따라 공유인 특허권의 지분을 이전하는 경우에는 제99조 제2항에도 불구하고 다른 공유자의 동의를 받지 아니하더라도 그 지분을 이전할 수 있다. 기출 24

(2) 특허권의 이전

① **원칙** : 특허권은 이전할 수 있다(法 제99조 제1항). 이는 무체재산권으로서 타인에게 무상 또는 유상으로 권리를 양도할 수 있는 특허권의 성질에 기한 것으로, 권리의 전부 이전 또는 일부 지분의 이전이 가능하다.

② **이전의 유형**

　㉠ 신청에 의한 특허권의 이전 : 특허권 이전등록신청을 하려는 자는 이전등록신청서를 특허청장에게 제출하여야 한다(특허권 등록령 제20조 제1항). 특허권의 양도인과 양수인 사이의 합의에 의한 이전의 경우를 말한다.

　㉡ 특허권의 이전청구(法 제99조의2)

- **의의 및 취지** : 특허를 받을 수 있는 권리를 가진 자는 법원에 해당 특허권의 이전(특허를 받을 수 있는 권리가 공유인 경우에는 그 지분의 이전)을 청구할 수 있다. 특허 절차가 아닌 다른 절차에 의해 새로운 특허를 부여하는 결과가 되어 논란의 여지가 있으나 정당한 권리자의 보호를 강화하기 위한 규정이다.
- **요 건**
  - 특허권에 특허를 받을 수 있는 권리 위반사유(法 제33조 제1항) 또는 공동출원 위반 사유(法 제44조)가 있을 경우, 정당한 권리를 가지는 자가 법원에 이전청구를 할 수 있다.
  - 공유인 특허권의 지분을 이전하는 경우 다른 공유 특허권자의 동의 없이 지분을 이전할 수 있다.
- **효 과**
  - (권리의 이전) 특허권이 이전등록된 경우 해당 특허권 및 보상금지급청구권은 특허권이 설정등록된 날로부터 이전등록을 받은 자에게 있는 것으로 본다(法 제99조의2 제2항).
  - (무효심판청구 불가) 특허권이 이전등록된 경우 특허를 받을 수 있는 권리 위반 사유(法 제33조 제1항) 또는 공동출원 위반사유(法 제44조)를 이유로 무효심판을 청구할 수 없다.
  - (특허권의 이전청구에 따른 이전등록 전의 실시에 의한 통상실시권 발생) 이전등록된 특허의 원(原)특허권자 또는 이전등록된 특허권에 대하여 이전등록 당시에 이미 전용실시권이나 통상실시권 또는 그 전용실시권에 대한 통상실시권을 취득하고 등록을 받은 자가 특허권의 이전등록이 있기 전에 해당 특허가 法 제33조 제1항 또는 法 제44조 위반의 무효사유에 해당하는 것을 알지 못하고 국내에서 해당 발명의 실시사업을 하거나 이를 준비하고 있는 경우에는 그 실시하거나 준비를 하고 있는 발명 및 사업목적의 범위에서 그 특허권에 대하여 통상실시권을 가진다(法 제103조의2).

③ **등록의 효력**

　㉠ 특허권의 이전(상속이나 그 밖의 일반승계의 경우는 제외), 포기에 의한 소멸 또는 처분의 제한은 등록하여야만 효력이 발생한다(法 제101조 제1항 제1호).

　㉡ 특허권의 상속이나 그 밖의 일반승계의 경우에는 지체없이 그 취지를 특허청장에게 신고하여야 한다(法 제101조 제2항).

(3) 특허권의 공유

① **특허권 공유의 의의** : 특허권의 공유란 2인 이상이 하나의 특허권을 공동 소유하는 것을 말한다. 공동소유의 형태는 지분에 기한 소유로 이루어지며, 민법상 공유규정을 준용하나 무체재산권으로서의 특수성으로 인한 특허법 규정을 별도로 두고 있다.

② **특허권 공유의 성질** : 특허권의 공유자들이 반드시 공동 목적이나 동업관계를 기초로 조합체를 형성하여 특허권을 보유한다고 볼 수 없을 뿐만 아니라 특허법에 특허권의 공유를 합유관계로 본다는 등의 명문의 규정도 없는 이상, 특허법의 다른 규정이나 특허의 본질에 반하는 등의 특별한 사정이 없는 한 공유에 관한 민법의 일반규정이 특허권의 공유에도 적용된다(判例 2013다41578).

③ **공유관계의 발생**
  ㉠ 특허권의 등록 전 발생 : 공동발명에 의한 공동 출원으로 특허를 받을 수 있는 권리를 공유하거나, 단독출원 후 특허를 받을 수 있는 권리의 지분을 일부 이전할 경우 공유관계가 발생한다.
  ㉡ 특허권의 등록 후 발생 : 특허권의 일부 지분을 타인에게 이전하거나, 질권에 의한 특허권의 일부 지분 경락의 경우 공유관계가 발생한다.

④ **공유관계의 소멸** : 특허권의 공유자들 중 1인이 타인의 지분을 모두 인수하거나, 특허권을 공유자들이 아닌 타인에게 전부 양도한 경우, 특허권이 소멸한 경우 공유관계가 소멸한다.

⑤ **공유 특허권의 제한**
  ㉠ 실 시
   • 특허권이 공유인 경우 각 공유자는 계약으로 특별히 약정한 경우를 제외하고 다른 공유자의 동의를 받지 아니하고 그 특허발명을 실시할 수 있다(法 제99조 제3항). 기출 17
   • 공유자 중 1인이 이용발명을 한 경우 공유 특허권에 대하여 실시할 권리를 가지므로 타 공유자의 동의 없이 이용발명을 실시할 수 있다.
   • 공유자의 하청을 받은 1기관에 해당할 경우 1기관의 실시는 공유자의 실시로 보아 침해로 보지 않는다. 1기관의 범위는 ⅰ) 계약관계의 존재, ⅱ) 공유자가 하청업자의 실시를 감독·지휘할 것, ⅲ) 생산된 물품이 전부 공유자에게 인도될 것을 요건으로 한다.
  ㉡ 소극적 효력
   • (침해금지청구) 공유자 중 1인은 보존행위로서 특허권을 침해한 자 또는 침해할 우려가 있는 자에 대하여 침해의 금지 또는 예방을 청구할 수 있다.
   • (손해배상청구) 특허권자는 고의 또는 과실로 자기의 권리를 침해한 자에 대해 손해배상청구를 할 수 있으며, 손해배상행위는 처분행위로서 특허권이 공유인 경우 자신의 지분 비율로 손해배상청구권을 행사할 수 있다.
  ㉢ 지분 양도 및 질권 설정 : 공유 특허권의 각 공유자는 다른 공유자 모두의 동의를 받아야만 그 지분을 양도하거나 지분을 목적으로 하는 질권을 설정할 수 있다(法 제99조 제2항). 기출 22 새로운 공유자의 기술 및 경제력에 따라 다른 공유자의 지분의 경제적 가치에 상당한 변동을 가져올 수 있는 특허권의 공유관계의 특수성을 고려함이다. 다만, 法 제99조의2 제1항에 따라 공유 특허권의 지분을 이전하는 경우 다른 공유자의 동의 없이 그 지분을 이전할 수 있다.

② 실시권 설정 제한 : 공유 특허권의 각 공유자는 다른 공유자 모두의 동의를 받아야만 그 특허권에 대하여 전용실시권을 설정하거나 통상실시권을 허락할 수 있다(法 제99조 제4항). **기출 17** 공유자 외의 제3자가 실시권을 설정받을 경우 제3자가 투입하는 자본의 규모·기술 및 능력 등에 따라 경제적 효과가 현저하게 달라지게 되어 다른 공유자 지분의 경제적 가치에도 상당한 변동을 가져올 수 있는 특허권의 공유관계의 특수성을 고려함이다.

⑩ 존속기간연장등록출원의 제한 : 특허권이 공유인 경우에는 공유자 전원이 공동으로 특허권의 존속기간의 연장등록출원을 하여야한다(法 제90조 제3항, 제92조의3 제3항).

⑪ 심판청구의 제한 : 공유인 특허권의 특허권자에 대하여 심판을 청구할 때에는 공유자 모두를 피청구인으로 하여야 하며(法 제139조 제2항), 특허권 또는 특허를 받을 수 있는 권리의 공유자가 그 공유인 권리에 관하여 심판을 청구할 때에는 공유자 모두가 공동으로 청구해야 한다(法 제139조 제3항). 이에 위반할 경우 부적법한 심판청구로서 그 흠을 보정 수 없는 사항에 해당하여 심결각하의 대상이 된다(法 제142조).

⑫ 정정청구의 제한 : 특허권에 대한 정정청구는 공유자 전원이 공동으로 해야 한다(法 제133조의2 제4항). 권리의 변경에 따라 일부 공유자의 발명의 실시 및 권리의 행사에 상당한 변동을 가져올 수 있기 때문이다.

⑬ 공유특허권에 대한 심결취소소송의 1인제기 가부 : 공유자가 그 권리의 효력에 관한 심판에서 패소한 경우에 제기할 심결취소소송은 공유자 전원이 공동으로 제기하여야만 하는 고유필수적 공동소송이라고 할 수 없고, 공유자의 1인이라도 당해 상표등록을 무효로 하거나 권리행사를 제한·방해하는 심결이 있는 때에는 그 권리의 소멸을 방지하거나 그 권리행사방해배제를 위하여 단독으로 그 심결의 취소를 구할 수 있다(判例 2002후567). **기출 20**

⑥ **공유 특허권의 분할청구** : [1] 특허권이 공유인 경우에 각 공유자는 다른 공유자의 동의를 얻지 아니하면 지분을 양도하거나 지분을 목적으로 하는 질권을 설정할 수 없고 또한 특허권에 대하여 전용실시권을 설정하거나 통상실시권을 허락할 수 없는 등[특허법(2014.6.11. 법률 제12753호로 개정되기 전의 것) 제99조 제2항, 제4항 참조] 권리의 행사에 일정한 제약을 받아 그 범위에서는 합유와 유사한 성질을 가진다. 그러나 일반적으로는 특허권의 공유자들이 반드시 공동 목적이나 동업관계를 기초로 조합체를 형성하여 특허권을 보유한다고 볼 수 없을 뿐만 아니라 특허법에 특허권의 공유를 합유관계로 본다는 등의 명문의 규정도 없는 이상, 특허법의 다른 규정이나 특허의 본질에 반하는 등의 특별한 사정이 없는 한 공유에 관한 민법의 일반규정이 특허권의 공유에도 적용된다. [2] 특허법(2014.6.11. 법률 제12753호로 개정되기 전의 것) 제99조 제2항 및 제4항의 규정 취지는, 공유자 외의 제3자가 특허권 지분을 양도받거나 그에 관한 실시권을 설정받을 경우 제3자가 투입하는 자본의 규모·기술 및 능력 등에 따라 경제적 효과가 현저하게 달라지게 되어 다른 공유자 지분의 경제적 가치에도 상당한 변동을 가져올 수 있는 특허권의 공유관계의 특수성을 고려하여, 다른 공유자의 동의 없는 지분의 양도 및 실시권 설정 등을 금지한다는 데에 있다.

그렇다면 특허권의 공유자 상호 간에 이해관계가 대립되는 경우 등에 공유관계를 해소하기 위한 수단으로서 각 공유자에게 민법상의 공유물분할청구권을 인정하더라도 공유자 이외의 제3자에 의하여 다른 공유자 지분의 경제적 가치에 위와 같은 변동이 발생한다고 보기 어려워서 특허법 제99조 제2항 및 제4항에 반하지 아니하고, 달리 분할청구를 금지하는 특허법 규정도 없으므로, 특허권의 공유관계에 민법상 공유물분할청구에 관한 규정이 적용될 수 있다. 기출 22 다만 특허권은 발명실시에 대한 독점권으로서 그 대상은 형체가 없을 뿐만 아니라 각 공유자에게 특허권을 부여하는 방식의 현물분할을 인정하면 하나의 특허권이 사실상 내용이 동일한 복수의 특허권으로 증가하는 부당한 결과를 초래하게 되므로, 특허권의 성질상 그러한 현물분할은 허용되지 아니한다. 그리고 위와 같은 법리는 디자인권의 경우에도 마찬가지로 적용된다(判例 2013다41578). 기출 17·20·23

⑦ **특허법 공유 규정의 임의성** : 공유인 특허권에 관한 규정은 임의규정으로서, 당사자 간의 합의나 계약이 있다면 이를 우선한다. 다만 다수가 공동개발연구를 할 경우 당사자 간의 권리관계에 관한 규율을 명확히 하여야 차후 발생할 수 있는 분쟁을 방지할 수 있으며, 공유 특허권을 효율적으로 활용할 수 있다.

07 전용실시권 및 통상실시권

(1) 법조문

> **제100조(전용실시권)**
> ① 특허권자는 그 특허권에 대하여 타인에게 전용실시권을 설정할 수 있다.
> ② 전용실시권을 설정받은 전용실시권자는 그 설정행위로 정한 범위에서 그 특허발명을 업으로서 실시할 권리를 독점한다. 기출 23
> ③ 전용실시권자는 다음 각 호의 경우를 제외하고는 특허권자의 동의를 받아야만 전용실시권을 이전할 수 있다.
> 기출 18
>   1. 전용실시권을 실시사업(實施事業)과 함께 이전하는 경우
>   2. 상속이나 그 밖의 일반승계의 경우
> ④ 전용실시권자는 특허권자의 동의를 받아야만 그 전용실시권을 목적으로 하는 질권을 설정하거나 통상실시권을 허락할 수 있다. 기출 18
> ⑤ 전용실시권에 관하여는 제99조 제2항부터 제4항까지의 규정을 준용한다.

> **제101조(특허권 및 전용실시권의 등록의 효력)**
> ① 다음 각 호의 어느 하나에 해당하는 사항은 등록하여야만 효력이 발생한다.
>   1. 특허권의 이전(상속이나 그 밖의 일반승계에 의한 경우는 제외한다), 포기에 의한 소멸 또는 처분의 제한 `기출 19`
>   2. 전용실시권의 설정·이전(상속이나 그 밖의 일반승계에 의한 경우는 제외한다)·변경·소멸(혼동에 의한 경우는 제외한다) 또는 처분의 제한 `기출 15`
>   3. 특허권 또는 전용실시권을 목적으로 하는 질권의 설정·이전(상속이나 그 밖의 일반승계에 의한 경우는 제외한다)·변경·소멸(혼동에 의한 경우는 제외한다) 또는 처분의 제한
> ② 제1항 각 호에 따른 특허권·전용실시권 및 질권의 상속이나 그 밖의 일반승계의 경우에는 지체 없이 그 취지를 특허청장에게 신고하여야 한다.
>
> **제102조(통상실시권)**
> ① 특허권자는 그 특허권에 대하여 타인에게 통상실시권을 허락할 수 있다.
> ② 통상실시권자는 이 법에 따라 또는 설정행위로 정한 범위에서 특허발명을 업으로서 실시할 수 있는 권리를 가진다.
> ③ 제107조에 따른 통상실시권은 실시사업과 함께 이전하는 경우에만 이전할 수 있다. `기출 15`
> ④ 제138조, 「실용신안법」 제32조 또는 「디자인보호법」 제123조에 따른 통상실시권은 그 통상실시권자의 해당 특허권·실용신안권 또는 디자인권과 함께 이전되고, 해당 특허권·실용신안권 또는 디자인권이 소멸되면 함께 소멸된다.
> ⑤ 제3항 및 제4항에 따른 통상실시권 외의 통상실시권은 실시사업과 함께 이전하는 경우 또는 상속이나 그 밖의 일반승계의 경우를 제외하고는 특허권자(전용실시권에 관한 통상실시권의 경우에는 특허권자 및 전용실시권자)의 동의를 받아야만 이전할 수 있다. `기출 17`
> ⑥ 제3항 및 제4항에 따른 통상실시권 외의 통상실시권은 특허권자(전용실시권에 관한 통상실시권의 경우에는 특허권자 및 전용실시권자)의 동의를 받아야만 그 통상실시권을 목적으로 하는 질권을 설정할 수 있다. `기출 15`
> ⑦ 통상실시권에 관하여는 제99조 제2항 및 제3항을 준용한다.
>
> **제118조(통상실시권의 등록의 효력)**
> ① 통상실시권을 등록한 경우에는 그 등록 후에 특허권 또는 전용실시권을 취득한 자에 대해서도 그 효력이 발생한다. `기출 18`
> ② 제81조의3 제5항, 제103조부터 제105조까지, 제122조, 제182조, 제183조 및 「발명진흥법」 제10조 제1항에 따른 통상실시권은 등록이 없더라도 제1항에 따른 효력이 발생한다.
> ③ 통상실시권의 이전·변경·소멸 또는 처분의 제한, 통상실시권을 목적으로 하는 질권의 설정·이전·변경·소멸 또는 처분의 제한은 이를 등록하여야만 제3자에게 대항할 수 있다.

(2) 실시권의 의의

① 실시권이란 특허권자가 아닌 자가 특허발명을 업으로 실시할 수 있는 권리로서, 특허발명을 독점배타적으로 실시할 수 있는 전용실시권과 특허발명을 업으로 실시할 수 있는 통상실시권으로 나뉜다.
② 통상실시권은 특허권자의 허락에 의한 통상실시권, 특허법의 규정을 충족하면 발생하는 법정실시권, 행정처분에 의해 발생하는 강제실시권으로 나뉜다.

(3) 전용실시권과 통상실시권의 비교

구 분	전용실시권	허락에 의한 통상실시권
발 생	특허권자의 설정으로 발생하며 등록해야 효력발생	특허권자의 허락
효력범위	설정행위로 정한 범위 내에서 특허발명을 업으로 실시할 권리 독점	설정행위로 정한 범위 내에서 특허발명을 업으로 실시할 권리

이 전	• 원칙 : 특허권자의 동의 필요
	• 예 외
	  – 실시사업과 함께 이전
	  – 상속 기타 일반승계
		• 원칙 : 특허권자 및 전용실시권자(전용실시권에 관한 통상실시권의 경우)의 동의 필요
		• 예 외
		  – 실시사업과 함께 이전
		  – 상속 기타 일반승계

질권 설정	특허권자의 동의 필요	특허권자 및 전용실시권자(전용실시권에 관한 통상실시권의 경우)의 동의 필요
통상실시권 설정	특허권자의 동의 필요	통상실시권 설정 불가

등록의 효력	• 등록하여야만 효력 발생
	  – 전용실시권의 설정, 이전(상속 기타 일반승계 제외), 변경, 소멸(혼동 제외), 처분의 제한
	  – 전용실시권을 목적으로 하는 질권의 설정, 이전(상속 기타 일반승계 제외), 변경, 소멸(혼동 제외), 처분의 제한
	• 상속 기타 일반승계의 경우 지체없이 그 취지를 특허청장에게 신고
		• 등록할 경우 제3자 대항 요건
		  – 통상실시권의 설정, 이전, 변경, 소멸, 처분의 제한
		  – 통상실시권을 목적으로 하는 질권의 설정, 이전, 변경 소멸, 처분의 제한
		• 통상실시권을 설정등록한 경우 등록 후 특허권 또는 전용실시권을 취득한 자에게 효력 발생

08 법정실시권

(1) 법조문

> **발명진흥법 제10조(직무발명)**
> ① 직무발명에 대하여 종업원 등이 특허, 실용신안등록, 디자인등록(이하 "특허 등"이라 한다)을 받았거나 특허 등을 받을 수 있는 권리를 승계한 자가 특허 등을 받으면 사용자 등은 그 특허권, 실용신안권, 디자인권(이하 "특허권등"이라 한다)에 대하여 통상실시권(通常實施權)을 가진다. 다만, 사용자 등이 「중소기업기본법」 제2조에 따른 중소기업이 아닌 기업인 경우 종업원 등과의 협의를 거쳐 미리 다음 각 호의 어느 하나에 해당하는 계약 또는 근무규정을 체결 또는 작성하지 아니한 경우에는 그러하지 아니하다.
> 1. 종업원 등의 직무발명에 대하여 사용자 등에게 특허 등을 받을 수 있는 권리나 특허권 등을 승계시키는 계약 또는 근무규정
> 2. 종업원 등의 직무발명에 대하여 사용자 등을 위하여 전용실시권을 설정하도록 하는 계약 또는 근무규정

② 제1항에도 불구하고 공무원 또는 국가나 지방자치단체에 소속되어 있으나 공무원이 아닌 자(이하 "공무원 등"이라 한다)의 직무발명에 대한 권리는 국가나 지방자치단체가 승계할 수 있으며, 국가나 지방자치단체가 승계한 공무원 등의 직무발명에 대한 특허권 등은 국유나 공유로 한다. 다만, 「고등교육법」 제3조에 따른 국·공립학교(이하 "국·공립학교"라 한다) 교직원의 직무발명에 대한 권리는 「기술의 이전 및 사업화 촉진에 관한 법률」 제11조 제1항 후단에 따른 전담조직(이하 "전담조직"이라 한다)이 승계할 수 있으며, 전담조직이 승계한 국·공립학교 교직원의 직무발명에 대한 특허권 등은 그 전담조직의 소유로 한다.
③ 직무발명 외의 종업원 등의 발명에 대하여 미리 사용자 등에게 특허 등을 받을 수 있는 권리나 특허권 등을 승계시키거나 사용자 등을 위하여 전용실시권(專用實施權)을 설정하도록 하는 계약이나 근무규정의 조항은 무효로 한다.
④ 제2항에 따라 국유로 된 특허권 등의 처분과 관리(특허권 등의 포기를 포함한다)는 「국유재산법」 제8조에도 불구하고 특허청장이 이를 관장하며, 그 처분과 관리에 필요한 사항은 대통령령으로 정한다.

특허법 제81조의3(특허료의 추가납부 또는 보전에 의한 특허출원과 특허권의 회복 등)
① 특허권의 설정등록을 받으려는 자 또는 특허권자가 정당한 사유로 추가납부기간에 특허료를 내지 아니하였거나 보전기간에 보전하지 아니한 경우에는 그 사유가 소멸한 날부터 2개월 이내에 그 특허료를 내거나 보전할 수 있다. 다만, 추가납부기간의 만료일 또는 보전기간의 만료일 중 늦은 날부터 1년이 지난 때에는 그러하지 아니하다.
② 제1항에 따라 특허료를 내거나 보전한 자는 제81조 제3항에도 불구하고 그 특허출원을 포기하지 아니한 것으로 보며, 그 특허권은 계속하여 존속하고 있던 것으로 본다.
③ 추가납부기간에 특허료를 내지 아니하였거나 보전기간에 보전하지 아니하여 특허발명의 특허권이 소멸한 경우 그 특허권자는 추가납부기간 또는 보전기간 만료일부터 3개월 이내에 제79조에 따른 특허료의 2배를 내고, 그 소멸한 권리의 회복을 신청할 수 있다. 이 경우 그 특허권은 계속하여 존속하고 있던 것으로 본다.
④ 제2항 또는 제3항에 따른 특허출원 또는 특허권의 효력은 추가납부기간 또는 보전기간이 지난날부터 특허료를 내거나 보전한 날까지의 기간(이하 이 조에서 "효력제한기간"이라 한다) 중에 타인이 특허출원된 발명 또는 특허발명을 실시한 행위에 대해서는 그 효력이 미치지 아니한다.
⑤ 효력제한기간 중 국내에서 선의로 제2항 또는 제3항에 따른 특허출원된 발명 또는 특허발명을 업으로 실시하거나 이를 준비하고 있는 자는 그 실시하거나 준비하고 있는 발명 및 사업목적의 범위에서 그 특허출원된 발명 또는 특허발명에 대한 특허권에 대하여 통상실시권을 가진다.
⑥ 제5항에 따라 통상실시권을 가진 자는 특허권자 또는 전용실시권자에게 상당한 대가를 지급하여야 한다.
⑦ 제1항 본문에 따른 납부나 보전 또는 제3항 전단에 따른 신청에 필요한 사항은 산업통상자원부령으로 정한다.

제103조(선사용에 의한 통상실시권)
특허출원 시에 그 특허출원된 발명의 내용을 알지 못하고 그 발명을 하거나 그 발명을 한 사람으로부터 알게 되어 국내에서 그 발명의 실시사업을 하거나 이를 준비하고 있는 자는 그 실시하거나 준비하고 있는 발명 및 사업목적의 범위에서 그 특허출원된 발명의 특허권에 대하여 통상실시권을 가진다.

제103조의2(특허권의 이전청구에 따른 이전등록 전의 실시에 의한 통상실시권)
① 다음 각 호의 어느 하나에 해당하는 자가 제99조의2 제2항에 따른 특허권의 이전등록이 있기 전에 해당 특허가 제133조 제1항 제2호 본문에 해당하는 것을 알지 못하고 국내에서 해당 발명의 실시사업을 하거나 이를 준비하고 있는 경우에는 그 실시하거나 준비를 하고 있는 발명 및 사업목적의 범위에서 그 특허권에 대하여 통상실시권을 가진다. 기출 24

1. 이전등록된 특허의 원(原)특허권자
2. 이전등록된 특허권에 대하여 이전등록 당시에 이미 전용실시권이나 통상실시권 또는 그 전용실시권에 대한 통상실시권을 취득하고 등록을 받은 자. 다만, 제118조 제2항에 따른 통상실시권을 취득한 자는 등록을 필요로 하지 아니한다.

② 제1항에 따라 통상실시권을 가진 자는 이전등록된 특허권자에게 상당한 대가를 지급하여야 한다.

제104조(무효심판청구 등록 전의 실시에 의한 통상실시권)

① 다음 각 호의 어느 하나에 해당하는 자가 특허 또는 실용신안등록에 대한 무효심판청구의 등록 전에 자기의 특허발명 또는 등록실용신안이 무효사유에 해당하는 것을 알지 못하고 국내에서 그 발명 또는 고안의 실시사업을 하거나 이를 준비하고 있는 경우에는 그 실시하거나 준비하고 있는 발명 또는 고안 및 사업목적의 범위에서 그 특허권에 대하여 통상실시권을 가지거나 특허나 실용신안등록이 무효로 된 당시에 존재하는 특허권의 전용실시권에 대하여 통상실시권을 가진다. 기출 25
  1. 동일한 발명에 대한 둘 이상의 특허 중 그 하나의 특허를 무효로 한 경우 그 무효로 된 특허의 원특허권자
  2. 특허발명과 등록실용신안이 동일하여 그 실용신안등록을 무효로 한 경우 그 무효로 된 실용신안등록의 원(原)실용신안권자
  3. 특허를 무효로 하고 동일한 발명에 관하여 정당한 권리자에게 특허를 한 경우 그 무효로 된 특허의 원특허권자
  4. 실용신안등록을 무효로 하고 그 고안과 동일한 발명에 관하여 정당한 권리자에게 특허를 한 경우 그 무효로 된 실용신안의 원실용신안권자
  5. 제1호부터 제4호까지의 경우에 있어서 그 무효로 된 특허권 또는 실용신안권에 대하여 무효심판청구 등록 당시에 이미 전용실시권이나 통상실시권 또는 그 전용실시권에 대한 통상실시권을 취득하고 등록을 받은 자. 다만, 제118조 제2항에 따른 통상실시권을 취득한 자는 등록을 필요로 하지 아니한다.

② 제1항에 따라 통상실시권을 가진 자는 특허권자 또는 전용실시권자에게 상당한 대가를 지급하여야 한다.

제105조(디자인권의 존속기간 만료 후의 통상실시권)

① 특허출원일 전 또는 특허출원일과 같은 날에 출원되어 등록된 디자인권이 그 특허권과 저촉되는 경우 그 디자인권의 존속기간이 만료될 때에는 그 디자인권자는 그 디자인권의 범위에서 그 특허권에 대하여 통상실시권을 가지거나 그 디자인권의 존속기간 만료 당시 존재하는 그 특허권의 전용실시권에 대하여 통상실시권을 가진다.

② 특허출원일 전 또는 특허출원일과 같은 날에 출원되어 등록된 디자인권이 그 특허권과 저촉되는 경우 그 디자인권의 존속기간이 만료될 때에는 다음 각 호의 어느 하나에 해당하는 권리를 가진 자는 원(原)권리의 범위에서 그 특허권에 대하여 통상실시권을 가지거나 그 디자인권의 존속기간 만료 당시 존재하는 그 특허권의 전용실시권에 대하여 통상실시권을 가진다.
  1. 그 디자인권의 존속기간 만료 당시 존재하는 그 디자인권에 대한 전용실시권
  2. 그 디자인권이나 그 디자인권에 대한 전용실시권에 대하여 「디자인보호법」 제104조 제1항에 따라 효력이 발생한 통상실시권

③ 제2항에 따라 통상실시권을 가진 자는 특허권자 또는 전용실시권자에게 상당한 대가를 지급하여야 한다.

제122조(질권행사 등으로 인한 특허권의 이전에 따른 통상실시권)

특허권자(공유인 특허권을 분할청구한 경우에는 분할청구를 한 공유자를 제외한 나머지 공유자를 말한다)는 특허권을 목적으로 하는 질권설정 또는 공유인 특허권의 분할청구 이전에 그 특허발명을 실시하고 있는 경우에는 그 특허권이 경매 등에 의하여 이전되더라도 그 특허발명에 대하여 통상실시권을 가진다. 이 경우 특허권자는 경매 등에 의하여 특허권을 이전받은 자에게 상당한 대가를 지급하여야 한다.

> **제182조(재심에 의하여 회복한 특허권에 대한 선사용자의 통상실시권)**
> 제181조 제1항 각 호의 어느 하나에 해당하는 경우에 해당 특허취소결정 또는 심결이 확정된 후 재심청구 등록 전에 국내에서 선의로 그 발명의 실시사업을 하고 있는 자 또는 그 사업을 준비하고 있는 자는 실시하고 있거나 준비하고 있는 발명 및 사업목적의 범위에서 그 특허권에 관하여 통상실시권을 가진다.
>
> **제183조(재심에 의하여 통상실시권을 상실한 원권리자의 통상실시권)**
> ① 제138조 제1항 또는 제3항에 따라 통상실시권을 허락한다는 심결이 확정된 후 재심에서 그 심결과 상반되는 심결이 확정된 경우에는 재심청구 등록 전에 선의로 국내에서 그 발명의 실시사업을 하고 있는 자 또는 그 사업을 준비하고 있는 자는 원(原)통상실시권의 사업목적 및 발명의 범위에서 그 특허권 또는 재심의 심결이 확정된 당시에 존재하는 전용실시권에 대하여 통상실시권을 가진다.
> ② 제1항에 따라 통상실시권을 가진 자는 특허권자 또는 전용실시권자에게 상당한 대가를 지급하여야 한다.

(2) 의의 및 취지

법정실시권은 특허권자 또는 전용실시권자의 의사에 관계없이 법률의 규정에 의하여 발생하는 통상실시권을 말한다. 특허법의 목적인 산업발전에 기여하기 위하여 산업시설을 보호하고 통상실시권을 허여 받을 자격이 있는 자를 보호하기 위함이다.

(3) 법정실시권의 발생

법정실시권은 각 실시권의 요건을 만족할 경우 효력이 발생하며, 등록하지 않더라도 제3자 대항요건을 구비한다. 다만, 실시권자는 실시권의 존재에 대한 입증 책임이 있다.

(4) 법정실시권의 구체적 내용

① **직무발명에 의한 통상실시권**(발명진흥법 제10조 제1항)
  ㉠ 의의 : 종업원 또는 특허 등을 받을 수 있는 권리를 승계한 자가 사용자의 업무 범위에 속하고 그 발명을 하게 된 행위가 종업원 등의 현재 또는 과거의 직무에 속하는 발명에 대하여 특허 등을 받으면 사용자 등은 특허권에 대하여 통상실시권을 가진다.
  ㉡ 요 건
    • 주체적 요건 : 사용자가 통상실시권을 가지며, 사용자가 대기업일 경우 종업원과의 협의를 거쳐 특허권 승계 또는 전용실시권 설정 계약 또는 근무규정을 체결하지 아니한 경우 통상실시권이 발생하지 않는다.
    • 객체적 요건 : 직무발명은 사용자의 업무 범위에 속하고 그 발명을 하게 된 행위가 종업원 등의 현재 또는 과거의 직무에 속하는 발명이어야 한다.
    • 시기적 요건 : 종업원 또는 특허 등을 받을 수 있는 권리를 승계한 자가 직무발명에 대해 특허를 받아야 한다.
  ㉢ 범위 및 대가 : 특허권에 대하여 업으로 실시할 권리를 얻으며, 무상의 통상실시권이다.

② **특허료의 추가납부 또는 보전에 의한 특허출원과 특허권에 대한 통상실시권**(法 제81조의3 제5항)
　㉠ 의의 : 추가납부기간 또는 보전기간이 지난날부터 특허료를 내거나 보전한 날까지의 기간(이하 이 조에서 "효력제한기간"이라 한다) 중 국내에서 선의로 특허출원된 발명 또는 특허발명을 업으로 실시하거나 이를 준비하고 있는 자는 그 실시하거나 준비하고 있는 발명 및 사업목적의 범위에서 그 특허출원된 발명 또는 특허발명에 대한 특허권에 대하여 통상실시권을 가진다.
　㉡ 요 건
　　• 주체적 요건 : 국내에서 선의로 특허출원된 발명 또는 특허발명을 업으로 실시하거나 이를 준비하고 있는 자를 말한다.
　　• 객체적 요건 : 효력제한기간 중에 타인이 특허출원한 발명 또는 특허발명에 대한 실시여야 한다.
　　• 시기적 요건 : 추가납부기간 또는 보전기간이 지난날부터 특허료를 내거나 보전한 날까지의 기간인 효력제한기간 중의 실시여야 한다.
　㉢ 범위 및 대가 : 실시하거나 준비하고 있는 발명 및 사업목적의 범위 내에서 그 특허출원 또는 특허권에 대하여 통상실시권을 가지며, 통상실시권을 가진 자는 특허권자 또는 전용실시권자에게 대가를 지급하여야 한다.

③ **선사용에 의한 통상실시권**(法 제103조)
　㉠ 의의 : 출원시에 그 특허출원된 발명의 내용을 알지 못하고 그 발명을 하거나 그 발명을 한 사람으로부터 알게 되어 국내에서 그 발명의 실시사업을 하거나 이를 준비하고 있는 자는 그 실시하거나 준비하고 있는 발명 및 사업목적의 범위에서 그 특허출원된 발명의 특허권에 대하여 통상실시권을 가진다.
　㉡ 요 건
　　• 주체적 요건 : 특허출원된 발명의 내용을 알지 못하고 그 발명을 하거나 발명을 한 사람으로부터 알게 된 자로서 선의일 것이 요구된다.
　　• 객체적 요건 : 국내에서 그 발명의 실시사업을 하거나 이를 준비하여야 한다.
　　• 시기적 요건 : 출원 시일 것이 요구되는 바, 특허발명의 출원 당시에 발명의 실시사업을 하거나 이를 준비하여야 한다.
　㉢ 범위 및 대가 : 실시하거나 준비하고 있는 발명 및 사업목적의 범위에서 특허출원된 발명의 특허권에 대해 통상실시권을 가지며, 대가가 없는 무상의 통상실시권이다.

④ **특허권의 이전청구에 따른 이전등록 전의 실시에 의한 통상실시권**(法 제103조의2)
  ㉠ 의의 : 특허권의 이전등록이 있기 전에 해당 특허가 제133조 제1항 제2호 본문에 해당하는 것을 알지 못하고 국내에서 해당 발명의 실시사업을 하거나 이를 준비하고 있는 경우에는 그 실시하거나 준비를 하고 있는 발명 및 사업목적의 범위에서 그 특허권에 대하여 통상실시권을 가진다.
  ㉡ 요 건
    • 주체적 요건 : 이전등록된 특허의 원특허권자 또는 이전등록 당시 전용실시권이나 통상실시권을 취득하고 등록을 받은 자(법정실시권자는 등록 불요)로서 해당 특허가 무효사유에 해당하는 것을 알지 못하는 자로서 선의일 것이 요구된다.
    • 객체적 요건 : 국내에서 해당 발명의 실시사업을 하거나 이를 준비하고 있어야 한다.
    • 시기적 요건 : 특허권의 이전청구(法 제99조의2)에 따른 특허권의 이전등록이 있기 전에 해당 발명의 실시사업을 하거나 이를 준비하고 있어야 한다.
  ㉢ 범위 및 대가 : 실시하거나 준비를 하는 발명 및 사업목적의 범위에서 그 특허권에 대하여 통상실시권을 가지며, 통상실시권자는 이전등록된 특허권자에게 대가를 지급하여야 한다.

⑤ **무효심판청구 등록 전의 실시에 의한 통상실시권**(法 제104조)
  ㉠ 의의 : 특허 또는 실용신안등록에 대한 무효심판청구의 등록 전에 자기의 특허발명 또는 등록실용신안이 무효사유에 해당하는 것을 알지 못하고 국내에서 그 발명 또는 고안의 실시사업을 하거나 이를 준비하고 있는 경우에는 그 실시하거나 준비하고 있는 발명 또는 고안 및 사업목적의 범위에서 그 특허권에 대하여 통상실시권을 가지거나 특허나 실용신안등록이 무효로 된 당시에 존재하는 특허권의 전용실시권에 대하여 통상실시권을 가진다.
  ㉡ 요 건
    • 주체적 요건 : 무효로 된 특허 또는 실용신안등록의 원특허권자, 원실용신안권자 또는 무효심판청구 등록 당시 전용실시권자이나 통상실시권을 취득하고 등록을 받은 자(법정실시권자는 등록 불요)로서, 무효심판청구등록 전에 자기의 특허발명 또는 등록실용신안이 무효사유에 해당하는 것을 알지 못하는 선의가 요구된다.
    • 객체적 요건 : 국내에서 그 발명 또는 고안의 실시사업을 하거나 이를 준비하고 있어야 한다.
    • 시기적 요건 : 특허 또는 실용신안등록에 대한 무효심판청구 등록 전에 발명 또는 고안의 실시사업을 하거나 이를 준비하고 있어야 한다.
  ㉢ 범위 및 대가 : 실시하거나 준비하고 있는 발명 또는 고안 및 사업목적의 범위내에서 그 특허권에 대하여 통상실시권을 가지며, 통상실시권자는 특허권자 또는 전용실시권자에게 대가를 지급하여야 한다.

⑥ 디자인권의 존속기간 만료 후의 통상실시권(法 제105조)
   ㉠ 의의 : 특허출원일 전 또는 특허출원일과 같은 날에 출원되어 등록된 디자인권이 그 특허권과 저촉되는 경우 그 디자인권의 존속기간이 만료될 때에는 그 디자인권자는 그 디자인권의 범위에서 그 특허권에 대하여 통상실시권을 가지거나 그 디자인권의 존속기간 만료 당시 존재하는 그 특허권의 전용실시권에 대하여 통상실시권을 가진다.
   ㉡ 요 건
     • 주체적 요건 : 디자인권자, 그 디자인권에 대한 전용실시권자 및 등록된 통상실시권자일 것이 요구된다.
     • 객체적 요건 : 특허출원일 전 또는 특허출원일에 출원되어 등록된 디자인권으로서 특허권과 저촉되어야 한다.
     • 시기적 요건 : 디자인권의 존속기간이 만료될 때 특허권에 대하여 통상실시권을 가진다.
   ㉢ 범위 및 대가
     • 디자인권자는 그 디자인의 범위에서 특허권 또는 그 디자인권의 존속기간 만료 당시 존재하는 특허권의 전용실시권에 대하여 무상의 통상실시권을 가진다.
     • 디자인권의 전용실시권자 및 등록된 통상실시권자는 원권리의 범위에서 특허권 또는 그 디자인권의 존속기간 만료 당시 존재하는 특허권의 전용실시권에 대하여 유상의 통상실시권을 가진다.

⑦ 질권행사 등으로 인한 특허권의 이전에 따른 통상실시권(法 제122조)
   ㉠ 의의 : 특허권자는 특허권을 목적으로 하는 질권설정 이전에 그 특허발명을 실시하고 있는 경우에는 그 특허권이 경매 등에 의하여 이전되더라도 그 특허발명에 대하여 통상실시권을 가진다. 이 경우 특허권자는 경매 등에 의하여 특허권을 이전받은 자에게 상당한 대가를 지급하여야 한다.
   ㉡ 요 건
     • 주체적 요건 : ⅰ) 특허권이 경매에 의해 이전되기 이전의 특허권자이거나, ⅱ) 공유인 특허권을 분할청구한 경우에는 분할청구를 한 공유자를 제외한 나머지 공유자일 것이 요구된다.
     • 객체적·시기적 요건 : 특허권을 목적으로 하는 질권설정 또는 공유인 특허권의 분할 청구 이전에 그 특허발명을 실시하고 있어야 한다.
   ㉢ 범위 및 대가 : 그 특허발명에 대하여 통상실시권을 가지며, 특허권자는 경매 등에 의하여 특허권을 이전받는 자에게 대가를 지급하여야 한다.

⑧ 재심에 의하여 회복한 특허권에 대한 선사용자의 통상실시권(法 제182조)
  ㉠ 의의 : 특허취소결정 또는 심결이 확정된 후 재심청구 등록 전에 국내에서 선의로 그 발명의 실시사업을 하고 있는 자 또는 그 사업을 준비하고 있는 자는 실시하고 있거나 준비하고 있는 발명 및 사업목적의 범위에서 그 특허권에 관하여 통상실시권을 가진다.
  ㉡ 요 건
    • 주체적·객체적 요건 : 특허취소결정 또는 심결확정 후 국내에서 발명의 실시사업을 하거나 그 사업을 준비하는 자로서, 해당 특허권의 재심사유를 알지 못한 선의가 요구된다.
    • 시기적 요건 : ⅰ) 무효가 된 특허권이 재심에 의하여 회복된 경우, ⅱ) 특허권의 권리범위에 속하지 아니한다는 심결 확정 후 재심에 의해 상반되는 심결이 확정된 경우, ⅲ) 특허출원 또는 존속기간연장등록출원의 거절한다는 취지의 심결이 재심에 의해 상반되는 심결이 확정된 경우, ⅳ) 취소된 특허권이 재심에 의해 회복된 경우, 해당 특허취소결정 또는 심결 확정 후 재심청구 등록 전의 실시일 것이 요구된다.
  ㉢ 범위 및 대가 : 실시하고 있거나 준비하고 있는 발명 및 사업목적의 범위에서 무상의 통상실시권을 가진다.

⑨ 재심에 의하여 통상실시권을 상실한 원권리자의 통상실시권(法 제183조)
  ㉠ 의의 : 통상실시권을 허락한다는 심결이 확정된 후 재심에서 그 심결과 상반되는 심결이 확정된 경우에는 재심청구 등록 전에 선의로 국내에서 그 발명의 실시사업을 하고 있는 자 또는 그 사업을 준비하고 있는 자는 원통상실시권의 사업목적 및 발명의 범위에서 그 특허권 또는 재심의 심결이 확정된 당시에 존재하는 전용실시권에 대하여 통상실시권을 가진다.
  ㉡ 요 건
    • 주체적·객체적 요건 : 통상실시권 허락 심결의 확정 후 재심청구 등록 전 국내에서 그 발명의 실시사업을 하고 있는 자 또는 그 사업을 준비하는 자로서, 해당 통상실시권의 재심사유를 알지 못한 선의가 요구된다.
    • 시기적 요건 : 통상실시권 허락 심결의 확정 후 재심청구 등록 전의 실시여야 한다.
  ㉢ 범위 및 대가 : 원통상실시권의 사업목적 및 발명의 범위 내에서 통상실시권을 가지며, 특허권자 또는 전용실시권자에게 대가를 지급하여야 한다.

(5) 법정실시권의 이전 및 질권설정
  ① 법정실시권은 특허권자(전용실시권에 관한 통상실시권의 경우 특허권자 및 전용실시권자)의 동의를 받아야만 이전할 수 있다(실시사업과 함께 이전 또는 상속 그 밖의 일반승계의 경우 제외).
  ② 법정실시권은 특허권자(전용실시권에 관한 통상실시권의 경우 특허권자 및 전용실시권자)의 동의를 받아야만 그 실시권을 목적으로 하는 질권을 설정할 수 있다.

09 강제실시권

(1) 법조문

제106조의2(정부 등에 의한 특허발명의 실시)

① 정부는 특허발명이 국가 비상사태, 극도의 긴급상황 또는 공공의 이익을 위하여 비상업적(非商業的)으로 실시할 필요가 있다고 인정하는 경우에는 그 특허발명을 실시하거나 정부 외의 자에게 실시하게 할 수 있다. 기출 22
② 정부 또는 제1항에 따른 정부 외의 자는 타인의 특허권이 존재한다는 사실을 알았거나 알 수 있을 때에는 제1항에 따른 실시 사실을 특허권자, 전용실시권자 또는 통상실시권자에게 신속하게 알려야 한다.
③ 정부 또는 제1항에 따른 정부 외의 자는 제1항에 따라 특허발명을 실시하는 경우에는 특허권자, 전용실시권자 또는 통상실시권자에게 정당한 보상금을 지급하여야 한다.
④ 특허발명의 실시 및 보상금의 지급에 필요한 사항은 대통령령으로 정한다.

제107조(통상실시권 설정의 재정)

① 특허발명을 실시하려는 자는 특허발명이 다음 각 호의 어느 하나에 해당하고, 그 특허발명의 특허권자 또는 전용실시권자와 합리적인 조건으로 통상실시권 허락에 관한 협의(이하 이 조에서 "협의"라 한다)를 하였으나 합의가 이루어지지 아니하는 경우 또는 협의를 할 수 없는 경우에는 특허청장에게 통상실시권 설정에 관한 재정(裁定)(이하 "재정"이라 한다)을 청구할 수 있다. 다만, 공공의 이익을 위하여 비상업적으로 실시하려는 경우와 제4호에 해당하는 경우에는 협의 없이도 재정을 청구할 수 있다. 기출 15 · 17 · 23
  1. 특허발명이 천재지변이나 그 밖의 불가항력 또는 대통령령으로 정하는 정당한 이유 없이 계속하여 3년 이상 국내에서 실시되고 있지 아니한 경우 기출 25
  2. 특허발명이 정당한 이유 없이 계속하여 3년 이상 국내에서 상당한 영업적 규모로 실시되고 있지 아니하거나 적당한 정도와 조건으로 국내수요를 충족시키지 못한 경우
  3. 특허발명의 실시가 공공의 이익을 위하여 특히 필요한 경우
  4. 사법적 절차 또는 행정적 절차에 의하여 불공정거래행위로 판정된 사항을 바로잡기 위하여 특허발명을 실시할 필요가 있는 경우
  5. 자국민 다수의 보건을 위협하는 질병을 치료하기 위하여 의약품(의약품 생산에 필요한 유효성분, 의약품 사용에 필요한 진단키트를 포함한다)을 수입하려는 국가(이하 이 조에서 "수입국"이라 한다)에 그 의약품을 수출할 수 있도록 특허발명을 실시할 필요가 있는 경우
② 특허출원일부터 4년이 지나지 아니한 특허발명에 관하여는 제1항 제1호 및 제2호를 적용하지 아니한다. 기출 17 · 23
③ 특허청장은 재정을 하는 경우 청구별로 통상실시권 설정의 필요성을 검토하여야 한다. 기출 23
④ 특허청장은 제1항 제1호부터 제3호까지 또는 제5호에 따른 재정을 하는 경우 재정을 받는 자에게 다음 각 호의 조건을 붙여야 한다.
  1. 제1항 제1호부터 제3호까지의 규정에 따른 재정의 경우에는 통상실시권을 국내수요충족을 위한 공급을 주목적으로 실시할 것 기출 17 · 23
  2. 제1항 제5호에 따른 재정의 경우에는 생산된 의약품 전량을 수입국에 수출할 것
⑤ 특허청장은 재정을 하는 경우 상당한 대가가 지급될 수 있도록 하여야 한다. 이 경우 제1항 제4호 또는 제5호에 따른 재정을 하는 경우에는 다음 각 호의 사항을 대가 결정에 고려할 수 있다.
  1. 제1항 제4호에 따른 재정의 경우에는 불공정거래행위를 바로잡기 위한 취지
  2. 제1항 제5호에 따른 재정의 경우에는 그 특허발명을 실시함으로써 발생하는 수입국에서의 경제적 가치

⑥ 반도체 기술에 대해서는 제1항 제3호(공공의 이익을 위하여 비상업적으로 실시하는 경우만 해당한다) 또는 제4호의 경우에만 재정을 청구할 수 있다. 기출 17·22·23
⑦ 수입국은 세계무역기구회원국 중 세계무역기구에 다음 각 호의 사항을 통지한 국가 또는 세계무역기구회원국이 아닌 국가 중 대통령령으로 정하는 국가로서 다음 각 호의 사항을 대한민국정부에 통지한 국가의 경우만 해당한다.
  1. 수입국이 필요로 하는 의약품의 명칭과 수량
  2. 국제연합총회의 결의에 따른 최빈개발도상국이 아닌 경우 해당 의약품의 생산을 위한 제조능력이 없거나 부족하다는 수입국의 확인
  3. 수입국에서 해당 의약품이 특허된 경우 강제적인 실시를 허락하였거나 허락할 의사가 있다는 그 국가의 확인
⑧ 제1항 제5호에 따른 의약품은 다음 각 호의 어느 하나에 해당하는 것으로 한다.
  1. 특허된 의약품
  2. 특허된 제조방법으로 생산된 의약품
  3. 의약품 생산에 필요한 특허된 유효성분
  4. 의약품 사용에 필요한 특허된 진단키트
⑨ 재정을 청구하는 자가 제출하여야 하는 서류, 그 밖에 재정에 관하여 필요한 사항은 대통령령으로 정한다.

제108조(답변서의 제출)
특허청장은 재정의 청구가 있으면 그 청구서의 부본(副本)을 그 청구에 관련된 특허권자·전용실시권자, 그 밖에 그 특허에 관하여 등록을 한 권리를 가지는 자에게 송달하고, 기간을 정하여 답변서를 제출할 수 있는 기회를 주어야 한다.

제109조(산업재산권분쟁조정위원회 및 관계 부처의 장의 의견청취)
특허청장은 재정을 할 때 필요하다고 인정하는 경우에는 「발명진흥법」 제41조에 따른 산업재산권분쟁조정위원회(이하 "조정위원회"라 한다) 및 관계 부처의 장의 의견을 들을 수 있고, 관계 행정기관이나 관계인에게 협조를 요청할 수 있다.

제110조(재정의 방식 등)
① 재정은 서면으로 하고, 그 이유를 구체적으로 적어야 한다.
② 제1항에 따른 재정에는 다음 각 호의 사항을 구체적으로 적어야 한다.
  1. 통상실시권의 범위 및 기간
  2. 대가와 그 지급방법 및 지급시기
  3. 제107조 제1항 제5호에 따른 재정의 경우에는 그 특허발명의 특허권자·전용실시권자 또는 통상실시권자(재정에 따른 경우는 제외한다)가 공급하는 의약품과 외관상 구분할 수 있는 포장·표시 및 재정에서 정한 사항을 공시할 인터넷 주소
  4. 그 밖에 재정을 받은 자가 그 특허발명을 실시할 경우 법령 또는 조약에 따른 내용을 이행하기 위하여 필요한 준수사항
③ 특허청장은 정당한 사유가 있는 경우를 제외하고는 재정청구일부터 6개월 이내에 재정에 관한 결정을 하여야 한다. 기출 18
④ 제107조 제1항 제5호에 따른 재정청구가 같은 조 제7항 및 제8항에 해당하고 같은 조 제9항에 따른 서류가 모두 제출된 경우에는 특허청장은 정당한 사유가 있는 경우를 제외하고는 통상실시권 설정의 재정을 하여야 한다.

제111조(재정서등본의 송달)
① 특허청장은 재정을 한 경우에는 당사자 및 그 특허에 관하여 등록을 한 권리를 가지는 자에게 재정서등본을 송달하여야 한다. 기출 18
② 제1항에 따라 당사자에게 재정서등본이 송달되었을 때에는 재정서에 적혀 있는 바에 따라 당사자 사이에 협의가 이루어진 것으로 본다.

제111조의2(재정서의 변경)
① 재정을 받은 자는 재정서에 적혀 있는 제110조 제2항 제3호의 사항에 관하여 변경이 필요하면 그 원인을 증명하는 서류를 첨부하여 특허청장에게 변경청구를 할 수 있다.
② 특허청장은 제1항에 따른 청구가 이유있다고 인정되면 재정서에 적혀 있는 사항을 변경할 수 있다. 이 경우 이해관계인의 의견을 들어야 한다.
③ 제2항의 경우에 관하여는 제111조를 준용한다.

제112조(대가의 공탁)
제110조 제2항 제2호에 따른 대가를 지급하여야 하는 자는 다음 각 호의 어느 하나에 해당하는 경우에는 그 대가를 공탁(供託)하여야 한다.
1. 대가를 받을 자가 수령을 거부하거나 수령할 수 없는 경우
2. 대가에 대하여 제190조 제1항에 따른 소송이 제기된 경우
3. 해당 특허권 또는 전용실시권을 목적으로 하는 질권이 설정되어 있는 경우. 다만, 질권자의 동의를 받은 경우에는 그러하지 아니하다.

제113조(재정의 실효)
재정을 받은 자가 제110조 제2항 제2호에 따른 지급시기까지 대가(대가를 정기 또는 분할하여 지급할 경우에는 최초의 지급분)를 지급하지 아니하거나 공탁을 하지 아니한 경우에는 그 재정은 효력을 잃는다.

제114조(재정의 취소)
① 특허청장은 재정을 받은 자가 다음 각 호의 어느 하나에 해당하는 경우에는 이해관계인의 신청에 따라 또는 직권으로 그 재정을 취소할 수 있다. 다만, 제2호의 경우에는 재정을 받은 통상실시권자의 정당한 이익이 보호될 수 있는 경우로 한정한다.
1. 재정을 받은 목적에 적합하도록 그 특허발명을 실시하지 아니한 경우 기출 18
2. 통상실시권을 재정한 사유가 없어지고 그 사유가 다시 발생하지 아니할 것이라고 인정되는 경우
3. 정당한 사유 없이 재정서에 적혀 있는 제110조 제2항 제3호 또는 제4호의 사항을 위반하였을 경우
② 제1항의 경우에 관하여는 제108조, 제109조, 제110조 제1항 및 제111조 제1항을 준용한다.
③ 제1항에 따라 재정이 취소되면 통상실시권은 그때부터 소멸된다.

제115조(재정에 대한 불복이유의 제한)
재정에 대하여 「행정심판법」에 따라 행정심판을 제기하거나 「행정소송법」에 따라 취소소송을 제기하는 경우에는 그 재정으로 정한 대가는 불복이유로 할 수 없다.

(2) 강제실시권의 의의

강제실시권은 특허청장의 행정처분 또는 심판에 의해 특허발명의 실시가 허락되는 실시권을 말한다. 특허권자의 의사에 반하더라도 국가·공익의 이익 또는 기술발전을 통한 산업발전 이바지라는 특허법의 목적을 달성할 수 있도록 하기 위함이다.

(3) 강제실시권의 유형

① 정부 등에 의한 강제실시권
  ㉠ (의의) 정부는 특허발명이 국가 비상사태, 극도의 긴급상황 또는 공공의 이익을 위하여 비상업적으로 실시할 필요가 있다고 인정하는 경우에는 그 특허발명을 실시하거나 정부 외의 자에게 실시하게 할 수 있다(法 제106조의2 제1항).
  ㉡ (통지의무) 정부 또는 정부 외의 자는 타인의 특허권이 존재한다는 사실을 알았거나 알 수 있을 때에는 발명의 실시 사실을 특허권자, 전용실시권자 또는 통상실시권자에게 신속하게 알려야 한다.
  ㉢ (대가) 정부 또는 정부 외의 자는 특허발명을 실시하는 경우에는 특허권자, 전용실시권자 또는 통상실시권자에게 정당한 보상금을 지급하여야 한다.
② 재정 : 특허발명이 국내에서 불실시 또는 불충분실시되고 있거나, 공익상의 필요, 불공정거래행위의 시정 또는 수입국으로의 의약품 수출이 필요한 경우 특허청장에 의하여 특허발명을 실시할 수 있도록 하는 실시권이다. 특허발명의 실시를 도모하기 위한 공익적 목적을 위한 규정이다.
③ 통상실시권허락심판에 의한 강제실시권
  ㉠ (의의) 특허권자, 전용실시권자 또는 통상실시권자는 해당 특허발명이 이용저촉발명에 해당하여 실시의 허락을 받으려는 경우에 그 타인이 정당한 이유 없이 허락하지 아니하거나 그 타인의 허락을 받을 수 없을 때에는 자기의 특허발명의 실시에 필요한 범위에서 통상실시권 허락의 심판을 청구할 수 있다.
  ㉡ (요건) 통상실시권허락심판 청구가 있는 경우에 그 특허발명이 그 특허출원일 전에 출원된 타인의 특허발명 또는 등록실용신안과 비교하여 상당한 경제적 가치가 있는 중요한 기술적 진보를 가져오는 것이 아니면 통상실시권을 허락하여서는 아니 된다.

(4) 재정제도

구 분		통상실시권 허락의 협의	출원일로부터 4년경과	국내수요충족 목적	반도체 기술	대가 결정의 고려사항
불실시		O	O	O	×	–
불충분실시		O	O	O	×	–
공공의 이익	상업적	O	×	O	–	–
	비상업적	×	×	O	O	–
불공정거래행위의 시정		×	×	×	O	불공정거래를 바로잡기 위한 취지
의약품 수출		O	×	×	×	수입국에서의 경제적 가치

① 재정의 유형
- ㉠ 불실시(法 제107조 제1항 제1호)
    - 특허발명이 천재지변이나 그 밖의 불가항력 또는 대통령령으로 정하는 정당한 이유 없이 계속하여 3년 이상 국내에서 실시되고 있지 않은 경우를 말한다.
    - 대통령령으로 정하는 정당한 이유란 ⅰ) 특허권자의 심신장애, ⅱ) 발명의 실시에 필요한 정부기관이나 타인의 인허가, 동의 또는 승낙을 받지 못한 경우, ⅲ) 발명의 실시가 법령으로 금지 또는 제한된 경우, ⅳ) 발명의 실시에 필요한 원료 또는 시설이 국내에 없거나 수입이 금지된 경우, ⅴ) 물건의 수요가 없거나 수요가 적어 영업적 규모의 실시를 할 수 없는 경우를 말한다.
    - 불실시의 연속성이 인정되어야 하며, 불실시 기간의 총합이 불연속적으로 3년이 될 것을 의미하지 않는다.
    - 특허발명의 특허권자 또는 전용실시권자와 통상실시권 허락에 관한 협의가 이루어지지 아니하는 경우 또는 협의를 할 수 없는 경우에 재정의 청구가 가능하며, 특허출원일로부터 4년이 지난 특허발명에 대하여만 재정을 청구할 수 있다.
    - 국내수요충족을 위한 공급을 주목적으로 실시하기 위한 통상실시권이다.
- ㉡ 불충분 실시(法 제107조 제1항 제2호)
    - 특허발명이 정당한 이유없이 계속하여 3년 이상 국내에서 상당한 영업적 규모로 실시되고 있지 아니하거나 적당한 정도와 조건으로 국내수요를 충족시키지 않은 경우를 말한다.
    - 특허발명의 특허권자 또는 전용실시권자와 통상실시권 허락에 관한 협의가 이루어지지 아니하는 경우 또는 협의를 할 수 없는 경우에 재정의 청구가 가능하며, 특허출원일로부터 4년이 지난 특허발명에 대하여만 재정을 청구할 수 있다.
    - 국내수요충족을 위한 공급을 주목적으로 실시하기 위한 통상실시권이다.
- ㉢ 공공의 이익을 위하여 필요한 경우(法 제107조 제1항 제3호)
    - 국내수요충족을 위한 공급을 주목적으로 실시하기 위한 통상실시권이다.
    - 공공의 이익을 위해 비상업적으로 실시하려는 경우 ⅰ) 통상실시권 허락에 관한 협의 없이 재정을 청구할 수 있으며, ⅱ) 반도체 기술에 대하여 재정을 청구할 수 있다.
- ㉣ 불공정거래행위로 판정된 사항을 바로잡기 위하여 필요한 경우(法 제107조 제1항 제4호)
    - 사법적 절차 또는 행정적 절차에 의하여 불공정거래행위로 판정된 사항을 바로잡기 위하여 특허발명을 실시할 필요가 있는 경우를 말한다.
    - 불공정거래행위를 시정하기 위해 필요한 경우 ⅰ) 통상실시권 허락에 관한 협의 없이 재정을 청구할 수 있으며, ⅱ) 반도체 기술에 대하여 재정을 청구할 수 있다.
    - 특허청장은 재정을 하는 경우 상당한 대가가 지급될 수 있도록 하여야 하며, 불공정거래행위를 시정하기 위한 재정의 경우 불공정거래행위를 바로잡기 위한 취지를 대가 결정에 고려해야 한다.

ⓜ 수입국에 의약품을 수출하기 위하여 필요한 경우(法 제107조 제1항 제5호)
- 자국민 다수의 보건을 위협하는 질병을 치료하기 위하여 의약품을 수입하려는 국가에 그 의약품을 수출할 수 있도록 특허발명을 실시할 필요가 있는 경우를 말한다.
- 특허청장은 재정을 받는 자에게 생산된 의약품 전량을 수입국에 수출할 것의 조건을 붙여야 한다.
- 특허청장은 재정을 하는 경우 상당한 대가가 지급될 수 있도록 하여야 하며, 수입국에 의약품을 수출하는 경우 그 특허발명을 실시함으로써 발생하는 수입국에서의 경제적 가치를 대가 결정에 고려할 수 있다.
- 수입국의 요건 : 수입국은 세계무역기구회원국 중 세계무역기구에 다음의 사항을 통지한 국가 또는 세계무역기구회원국이 아닌 국가 중 대통령령으로 정하는 국가로서 다음의 사항을 대한민국정부에 통지한 국가일 것이 요구된다.
  - 수입국이 필요로 하는 의약품의 명칭과 수량
  - 국제연합총회의 결의에 따른 최빈개발도상국이 아닌 경우 해당 의약품의 생산을 위한 제조능력이 없거나 부족하다는 수입국의 확인
  - 수입국에서 해당 의약품이 특허된 경우 강제적인 실시를 허락하였거나 허락할 의사가 있다는 그 국가의 확인
- 의약품의 요건 : ⅰ) 특허된 의약품, ⅱ) 특허된 제조방법으로 생산된 의약품, ⅲ) 의약품 생산에 필요한 특허된 유효성분, ⅳ) 의약품 사용에 필요한 특허된 진단키트

② 절 차
　㉠ 재정청구서 제출 : 특허발명을 실시하려는 자는 특허청장에게 통상실시권 설정에 관한 재정을 청구할 수 있으며, 재정을 청구하는 자가 제출하여야 하는 서류, 그 밖에 재정에 관하여 필요한 사항은 대통령령으로 정한다.
　㉡ 부본 송달 : 특허청장은 재정의 청구가 있으면 그 청구서의 부본(副本)을 그 청구에 관련된 특허권자·전용실시권자, 그 밖에 그 특허에 관하여 등록을 한 권리를 가지는 자에게 송달하고, 기간을 정하여 답변서를 제출할 수 있는 기회를 주어야 한다.
　㉢ 산업재산권분쟁조정위원회 및 관계 부처의 장의 의견청취 : 특허청장은 재정을 할 때 필요하다고 인정하는 경우에는 「발명진흥법」 제41조에 따른 산업재산권분쟁조정위원회 및 관계 부처의 장의 의견을 들을 수 있고, 관계 행정기관이나 관계인에게 협조를 요청할 수 있다.
　㉣ 재정의 방식 : 재정은 서면으로 하고, 그 이유를 구체적으로 적어야 하며, 다음의 사항을 구체적으로 적어야 한다.
- 통상실시권의 범위 및 기간
- 대가와 그 지급방법 및 지급시기
- 수입국에 의약품을 수출할 필요가 있는 재정의 경우에는 그 특허발명의 특허권자·전용실시권자 또는 통상실시권자(재정에 따른 경우는 제외한다)가 공급하는 의약품과 외관상 구분할 수 있는 포장·표시 및 재정에서 정한 사항을 공시할 인터넷 주소
- 그 밖에 재정을 받은 자가 그 특허발명을 실시할 경우 법령 또는 조약에 따른 내용을 이행하기 위하여 필요한 준수사항

ⓔ 재정의 결정 : 특허청장은 정당한 사유가 있는 경우를 제외하고는 재정청구일부터 6개월 이내에 재정에 관한 결정을 하여야 한다.
ⓕ 재정서등본 송달
- 특허청장은 재정을 한 경우에는 당사자 및 그 특허에 관하여 등록을 한 권리를 가지는 자에게 재정서등본을 송달하여야 한다.
- 당사자에게 재정서등본이 송달되었을 때에는 재정서에 적혀 있는 바에 따라 당사자 사이에 협의가 이루어진 것으로 본다.

ⓖ 재정서의 변경
- 수입국에 의약품을 수출할 필요가 있는 경우 재정을 받은 자는 재정서에 적혀 있는 특허발명의 특허권자, 전용실시권자 또는 통상실시권자(재정에 따른 경우 제외)가 공급하는 의약품과 외관상 구분할 수 있는 포장, 표시 및 재정에서 정한 사항을 공시할 인터넷 주소에 관하여 변경이 필요하면 그 원인을 증명하는 서류를 첨부하여 특허청장에게 변경청구를 할 수 있다.
- 특허청장은 재정서의 변경 청구가 이유있다고 인정되면 재정서에 적혀 있는 사항을 변경할 수 있으며, 이때 이해관계인의 의견을 들어야 한다.

③ 대가의 지급 및 공탁
ⓐ 특허청장은 재정을 하는 경우 상당한 대가가 지급될 수 있도록 하여야 하며, 대가의 결정을 위해 ⅰ) 불공정거래행위 시정의 경우 불공정거래행위를 바로잡기 위한 취지, ⅱ) 의약품 수출의 경우 특허발명의 실시로 발생하는 수입국에서의 경제적 가치를 고려할 수 있다.
ⓑ 대가를 지급하여야 하는 자는 ⅰ) 대가를 받을 자가 수령을 거부하거나 수령할 수 없는 경우, ⅱ) 대가에 관한 불복 소송이 제기된 경우, ⅲ) 해당 특허권 또는 전용실시권을 목적으로 하는 질권이 설정되어 있는 경우(질권자의 동의가 있으면 제외) 중 어느 하나에 해당하는 경우에는 그 대가를 공탁하여야 한다.

④ **재정의 실효** : 재정을 받은 자가 지급시기까지 대가(대가를 정기 또는 분할하여 지급할 경우에는 최초의 지급분)를 지급하지 아니하거나 공탁을 하지 아니한 경우에는 그 재정은 효력을 잃는다.

⑤ **재정의 취소** : 특허청장은 재정을 받은 자가 다음 중 어느 하나에 해당하는 경우에는 이해관계인의 신청에 따라 또는 직권으로 그 재정을 취소할 수 있다. 다만, 재정 사유의 소멸의 경우에는 재정을 받은 통상실시권자의 정당한 이익이 보호될 수 있는 경우로 한정한다. 재정이 취소되면 통상실시권은 그때부터 소멸된다.
ⓐ 재정을 받은 목적에 적합하도록 그 특허발명을 실시하지 아니한 경우
ⓑ 통상실시권을 재정한 사유가 없어지고 그 사유가 다시 발생하지 아니할 것이라고 인정되는 경우
ⓒ 정당한 사유 없이 재정서에 적혀있는 '의약품 수출의 재정에서 특허발명의 특허권자, 전용실시권자 또는 통상실시권자(재정에 따른 경우 제외)가 공급하는 의약품과 외관상 구분할 수 있는 포장·표시 및 재정에서 정한 사항을 공시할 인터넷 주소' 또는 '법령 또는 조약에 따른 준수사항'을 위반하였을 경우

⑥ **재정에 대한 불복** : 재정에 대하여 「행정심판법」에 따라 행정심판을 제기하거나 「행정소송법」에 따라 취소소송을 제기할 수 있으나, 재정으로 정한 대가에 대한 불복은 민사소송으로 법원에 제기하여야 한다.

(5) 강제실시권의 이전 및 질권설정

① 이전 : 재정에 따른 통상실시권은 실시사업과 함께 이전하는 경우에만 이전할 수 있으며, 통상실시권 허락심판에 따른 통상실시권은 그 통상실시권의 원권리와 함께 이전되고, 원권리가 소멸되면 함께 소멸한다(法 제102조 제3항·제4항). 정부 등에 의한 강제실시권은 규정이 없다.

② 질권설정 : 재정에 따른 통상실시권 및 통상실시권허락심판에 따른 통상실시권은 질권을 설정할 수 없다(法 제102조 제6항). 정부 등에 의한 강제실시권은 규정이 없다.

10 질 권

제121조(질권)
특허권·전용실시권 또는 통상실시권을 목적으로 하는 질권을 설정하였을 때에는 질권자는 계약으로 특별히 정한 경우를 제외하고는 해당 특허발명을 실시할 수 없다.

제122조(질권행사 등으로 인한 특허권의 이전에 따른 통상실시권)
특허권자(공유인 특허권을 분할청구한 경우에는 분할청구를 한 공유자를 제외한 나머지 공유자를 말한다)는 특허권을 목적으로 하는 질권설정 또는 공유인 특허권의 분할청구 이전에 그 특허발명을 실시하고 있는 경우에는 그 특허권이 경매 등에 의하여 이전되더라도 그 특허발명에 대하여 통상실시권을 가진다. 이 경우 특허권자는 경매 등에 의하여 특허권을 이전받은 자에게 상당한 대가를 지급하여야 한다.

제123조(질권의 물상대위)
질권은 이 법에 따른 보상금이나 특허발명의 실시에 대하여 받을 대가나 물건에 대해서도 행사할 수 있다. 다만, 그 보상금 등의 지급 또는 인도 전에 압류하여야 한다.

11 특허권의 소멸

(1) 법조문

> **제119조(특허권 등의 포기의 제한)**
> ① 특허권자는 다음 각 호의 모두의 동의를 받아야만 특허권을 포기할 수 있다. 기출 17
>   1. 전용실시권자
>   2. 질권자
>   3. 제100조 제4항에 따른 통상실시권자
>   4. 제102조 제1항에 따른 통상실시권자
>   5. 「발명진흥법」제10조 제1항에 따른 통상실시권자
> ② 전용실시권자는 질권자 또는 제100조 제4항에 따른 통상실시권자의 동의를 받아야만 전용실시권을 포기할 수 있다. 기출 18
> ③ 통상실시권자는 질권자의 동의를 받아야만 통상실시권을 포기할 수 있다.
>
> **제120조(포기의 효과)**
> 특허권·전용실시권 또는 통상실시권을 포기한 때에는 특허권·전용실시권 또는 통상실시권은 그때부터 소멸된다. 기출 24
>
> **제124조(상속인이 없는 경우 등의 특허권 소멸)**
> ① 특허권의 상속이 개시된 때 상속인이 없는 경우에는 그 특허권은 소멸된다. 기출 24
> ② 청산절차가 진행 중인 법인의 특허권은 법인의 청산종결등기일(청산종결등기가 되었더라도 청산사무가 사실상 끝나지 아니한 경우에는 청산사무가 사실상 끝난 날과 청산종결등기일부터 6개월이 지난날 중 빠른 날로 한다. 이하 이 항에서 같다)까지 그 특허권의 이전등록을 하지 아니한 경우에는 청산종결등기일의 다음 날에 소멸한다.
> 기출 22·24

(2) 특허권 소멸의 의의

특허권의 소멸이란 등록받아 유효하게 존재하는 특허권이 장래를 향하여 소멸하거나 또는 소급하여 처음부터 소멸하는 것을 말한다.

(3) 소멸 사유

① **존속기간의 만료** : 특허권의 존속기간은 특허권을 설정등록한 날로부터 특허출원일 후 20년이 되는 날까지이며, 존속기간이 만료하면 그 특허권은 장래를 향해 소멸한다(法 제88조 제1항).
② **특허료 불납** : 추가납부기간 또는 보전기간에 특허료를 내지 아니한 경우에는 특허권의 설정등록을 받으려는 자의 특허출원은 포기한 것으로 보며, 특허권자의 특허권은 이미 낸 특허료에 해당하는 기간이 끝나는 날의 다음 날로 소급하여 소멸된 것으로 본다(法 제81조 제3항).

③ 상속인이 없는 경우
  ㉠ 특허권의 상속이 개시된 때 상속인이 없는 경우에는 그 특허권은 소멸된다(法 제124조 제1항).
  ㉡ 청산절차가 진행 중인 법인의 특허권은 법인의 청산종결등기일(청산종결등기가 되었더라도 청산사무가 사실상 끝나지 아니한 경우에는 청산사무가 사실상 끝난 날과 청산종결등기일부터 6개월이 지난날 중 빠른 날)까지 그 특허권의 이전등록을 하지 아니한 경우에는 청산종결등기일의 다음 날에 소멸한다(法 제124조 제2항).
④ 특허권의 포기
  ㉠ 의의 : 특허권의 포기란 특허권자의 의사에 의하여 유효하게 존속 중인 특허권을 장래를 향해 소멸시키는 것을 말한다. 특허권 자체의 포기는 물론 둘 이상의 청구항이 있는 특허의 경우 청구항별로 포기할 수 있으며, 둘 이상의 청구항이 있는 특허출원에 대한 특허결정을 받은 자는 특허료를 낼 때 청구항별로 이를 포기할 수 있다.
  ㉡ 특허권 포기의 제한
    • 특허권자의 경우 전용실시권자, 질권자, 전용실시권자 또는 특허권자의 허락에 따른 통상실시권자, 직무발명에 따른 통상실시권자의 동의를 받아야만 특허를 포기할 수 있다.
    • 전용실시권자는 질권자 또는 전용실시권자의 허락에 따른 통상실시권자의 동의를 받아야만 전용실시권을 포기할 수 있다.
    • 통상실시권자는 질권자의 동의를 받아야만 통상실시권을 포기할 수 있다.
  ㉢ 특허권 포기의 효력 : 특허권, 전용실시권 또는 통상실시권을 포기한 때에는 그때부터 장래를 향하여 소멸한다.
⑤ **무효심판에 의한 소멸** : 특허권이 제133조 제1항 각 호의 무효사유에 해당하여 특허를 무효로 한다는 심결이 확정되는 경우에는 그 특허권은 처음부터 없었던 것으로 본다. 다만, 후발적 무효사유(특허된 후 특허권자인 외국인의 권리능력 상실 또는 조약 위반)에 해당하여 특허를 무효로 한다는 심결이 확정된 경우에는 특허권은 그 특허가 후발적 무효사유에 해당하게 된 때부터 없었던 것으로 본다(法 제133조 제3항).
⑥ **취소신청에 의한 소멸** : 특허권이 법 제132조의2 제1항 각 호의 취소사유에 해당하여 특허취소결정이 확정된 때에는 그 특허권은 처음부터 없었던 것으로 본다(法 제132조의13 제3항).

12 실용신안법과 비교

(1) 실용신안법의 보호대상
실용신안법의 보호대상은 물품의 형상·구조·조합에 관한 고안으로서, 일정한 형태를 가진 물건이 아닌 방법 또는 제조방법은 실용신안법의 보호대상이 될 수 없다.

(2) 성립요건
특허로 인정받기 위하여 자연법칙을 이용한 기술적 사상의 창작으로서 '고도할 것'이 요구되나, 고안은 자연법칙을 이용한 기술적 사상의 창작이면 족하는 바, 고도할 것이 요구되지 않는다.

(3) 등록요건
실용신안등록출원 전에 그 고안이 속하는 기술분야에서 통상의 지식을 가진 사람이 공지된 고안에 의하여 극히 쉽게 고안할 수 있으면 그 고안에 대해서는 실용신안등록을 받을 수 없다(실용신안법 제4조 제2항). 따라서 특허의 진보성 요건에 비해 낮은 수준의 진보성이 요구된다.

(4) 출원시 도면의 취급
실용신안출원을 할 때 도면은 필수적으로 첨부해야 하며, 첨부하지 아니할 경우 불수리된다.

(5) 우선심사의 대상
특허법과 비교하여 ⅰ) 녹색기술과 직접 관련된 특허출원 규정이 공해방지에 유용한 실용신안등록출원으로 차이가 있으며, ⅱ) 특허법 시행령 제9조 제1항 2의2(인공지능), 7의2(국제조사), 10(특허하이웨이제도), 규제자유특구 및 지역특화발전특구에 관한 규제특례법 제55조, 첨단의료복합단지 육성에 관한 특별법 제26조 규정이 없다는 점에서 차이가 있다.

(6) 존속기간
① 실용신안권의 존속기간은 설정등록한 날로부터 실용신안등록출원일 후 10년이 되는 날까지로 한다 (실용신안법 제22조).
② 등록지연에 따른 실용신안권의 존속기간 연장이 특허와 마찬가지로 허용되나, 허가 등에 따른 존속기간연장등록제도는 적용되지 않는다.

(7) 실용신안등록을 받을 수 없는 고안
ⅰ) 국기 또는 훈장과 동일하거나 유사한 고안이나, ⅱ) 공서양속에 어긋나거나 공중의 위생을 해칠 우려가 있는 고안은 실용신안등록을 받을 수 없다(실용신안법 제6조).

CHAPTER 08 특허권

제1편 | 특허법, 특허 · 실용신안 심사기준

※ 개정법령 반영으로 인해 기출문제를 변형한 경우 기출수정 표시를 하였습니다.

01

특허 및 실용신안에 관한 설명으로 옳지 않은 것은? (다툼이 있으면 판례에 따름) 기출 21

① 실용신안 물품을 적법하게 양수한 자가 당해 물품을 계속 사용하기 위하여 필요한 범위 내에서 실용신안으로서 보호되는 기술적 사상과 무관한 부품의 교체는 실용신안권 침해가 되지 아니한다.
② 물건을 생산하는 방법의 발명에 대한 특허권자가 생산한 물건이 경매절차에 의하여 양도된 경우에도 원칙적으로 특허권은 소진된다.
③ 타인의 특허발명을 허락없이 실시한 자라도 자신이 실시하는 기술이 특허발명의 권리범위에 속하지 않는다고 믿은 점을 정당화할 수 있는 사정이 있다는 것을 주장하여 입증한다면 그에 대한 과실의 추정은 번복될 수 있다.
④ 특허출원에 있어서 거절이유통지에 따른 의견서 제출기간의 마지막 날이 2019.5.1.(수요일, 근로자의 날)인 경우 2019.5.2. 제출된 의견서는 적법한 서류로 볼 수 없어 불수리 반려되어야 한다.
⑤ 특허발명 실시계약 체결 이후에 계약 대상인 특허의 무효가 확정되었더라도 특허의 유효성이 계약 체결의 동기로서 표시되었고 그것이 법률행위의 내용의 중요부분에 해당하는 등의 사정이 없는 한, 착오를 이유로 특허발명 실시계약을 취소할 수는 없다.

해설
① (○) 병 회사의 프로브 교체행위는 용접기의 사용의 일환으로서 허용되는 수리의 범주에 해당하여 여전히 특허권 소진의 효력이 미치므로, 병 회사가 갑 회사의 특허권을 침해하였다고 볼 수 없다고 한 사례(判例 2017나1001).
② (○) 방법의 발명에 대한 특허권자가 우리나라에서 그 방법의 실시에만 사용하는 물건을 양도한 경우에도 양수인 또는 전득자가 그 물건을 이용하여 해당 방법발명을 실시하는 것과 관련하여서는 특허권이 소진되며, 위에서 본 특허권 소진의 근거에 비추어 볼 때 물건의 양도가 계약에 의한 경우뿐만 아니라 경매절차에 의한 경우에도 특별한 사정이 없는 한 특허권 소진의 법리는 적용된다(判例 2008허13299).
③ (○) 특허법 제130조는 타인의 특허권 또는 전용실시권을 침해한 자는 그 침해행위에 대하여 과실이 있는 것으로 추정한다고 정하고 있다. 그 취지는 특허발명의 내용은 특허공보 또는 특허등록원부 등에 의해 공시되어 일반 공중에게 널리 알려져 있을 수 있고, 또 업으로서 기술을 실시하는 사업자에게 당해 기술분야에서 특허권의 침해에 대한 주의의무를 부과하는 것이 정당하다는 데 있다. 위 규정에도 불구하고 타인의 특허발명을 허락 없이 실시한 자에게 과실이 없다고 하기 위해서는 특허권의 존재를 알지 못하였다는 점을 정당화할 수 있는 사정이 있다거나 자신이 실시하는 기술이 특허발명의 권리범위에 속하지 않는다고 믿은 점을 정당화할 수 있는 사정이 있다는 것을 주장 · 증명하여야 한다(判例 2019다222782 · 222799).

④ (×) 근로자의 날은 공휴일에 해당하므로 기간은 그 다음 날로 만료한다. 따라서 2019.5.2. 제출된 의견서는 적법한 서류이다.
⑤ (○) 특허는 성질상 특허등록 이후에 무효로 될 가능성이 내재되어 있는 점을 감안하면, 특허발명 실시계약 체결 이후에 계약 대상인 특허의 무효가 확정되었더라도 특허의 유효성이 계약 체결의 동기로서 표시되었고 그것이 법률행위의 내용의 중요부분에 해당하는 등의 사정이 없는 한, 착오를 이유로 특허발명 실시계약을 취소할 수는 없다(判例 2012다42666).

답 ④

02

甲은 2016년 3월 3일 발명 A가 기재된 논문을 공개학회에서 서면으로 발표하고, 2017년 3월 2일 발명 A에 대해서 특허출원을 하였다. 다음 설명 중 옳지 않은 것은? 기출 19

① 甲이 2017년 3월 2일 특허출원서에 특허법 제30조(공지 등이 되지 아니한 발명으로 보는 경우) 제1항 제1호의 적용을 받으려는 취지를 기재하고 이를 증명하는 서류를 제출한다면, 그 논문은 甲의 발명 A에 대하여 특허법 제29조(특허요건) 제1항 제2호에 해당하지 아니한 것으로 본다.
② 甲이 2017년 3월 2일 특허출원서에 특허법 제30조 제1항 제1호의 적용을 받으려는 취지를 기재할 경우, 2017년 4월 1일(토요일)까지 이를 증명할 수 있는 서류를 특허청장에게 제출하여야 한다.
③ 甲이 2017년 9월 4일 의견제출통지서[제출기한은 2017년 11월 4일(토요일)]를 송달받은 경우, 보완수수료를 납부한다면 2017년 11월 6일까지 특허법 제30조 제1항 제1호의 적용을 받으려는 취지를 적은 서류 또는 이를 증명할 수 있는 서류를 제출할 수 있다.
④ 만일, 甲이 아니라 乙이 甲의 의사에 반하여 2016년 3월 3일에 발명 A를 간행물에 게재하였다면, 甲은 2017년 3월 3일까지 발명 A에 대해서 특허출원을 해야만 특허법 제30조를 적용받을 수 있다.
⑤ 甲은 2017년 3월 2일 특허출원서에 특허법 제30조 제1항 제1호의 적용을 받으려는 취지를 기재하지 않았다 하더라도, 이후 특허법 제30조를 적용받을 수 있는 기회를 가진다.

해설
② (×) 특허에 관한 절차에서 기간의 마지막 날이 공휴일에 해당하면 그 기간은 그 다음 날로 만료한다. 따라서 2017년 4월 3일(월요일)까지 증명서류를 제출할 수 있다.

답 ②

03 특허법상 '허가등에 따른 특허권의 존속기간의 연장제도'에 관한 설명으로 옳지 않은 것을 모두 고른 것은? (다툼이 있으면 판례에 따름) 기출 25

> ㄱ. 특허발명을 실시하기 위하여 다른 법령에 따라 허가를 받거나 등록 등을 하여야 하고, 그 허가 또는 등록 등을 위하여 필요한 유효성·안전성 등의 시험으로 인하여 장기간이 소요되는 대통령령으로 정하는 발명인 경우에는 그 실시할 수 없었던 기간에 대하여 5년의 기간까지 수차례 그 특허권의 존속기간을 연장할 수 있다.
> ㄴ. 특허발명의 실시를 위한 허가 등에 소요된 기간 중, 허가 등을 받은 자에게 책임있는 사유로 소요된 기간은 "실시할 수 없었던 기간"에 포함되지 아니한다.
> ㄷ. 특허권 존속기간의 연장등록을 받는데 필요한 허가 등을 신청할 수 있는 자의 범위에는 특허권자 외에도 전용실시권자 및 등록된 통상실시권자가 포함된다.
> ㄹ. 특허권 존속기간의 연장등록출원의 출원인은 해당 특허권자여야 하고, 만약 특허권이 공유인 경우에는 공유자 모두가 공동으로 특허권 존속기간의 연장등록출원을 하여야 한다.
> ㅁ. 존속기간이 연장된 의약품 특허권의 효력이 미치는 범위는 연장등록된 특허권의 청구범위만을 기준으로 엄격히 판단하여야 하고, 특허발명을 실시하기 위하여 「약사법」에 따라 품목허가를 받은 의약품과 특정 질병에 대한 치료효과를 나타낼 것으로 기대되는 특정한 유효성분, 치료효과 및 용도가 동일한지 여부를 고려해서는 안 된다.

① ㄱ, ㄷ
② ㄱ, ㄹ
③ ㄱ, ㅁ
④ ㄴ, ㄷ
⑤ ㄷ, ㅁ

해설

ㄱ. (×) 수차례가 아닌 한 차례(특허법 제89조 제1항)
ㄴ. (○) 특허법 제89조 제2항
ㄷ. (○) 특허법 제91조 제2호
ㄹ. (○) 특허법 제90조 제3항, 제91조 제4호·제5호
ㅁ. (×) 존속기간이 연장된 특허권의 효력에 대해 구 특허법 제95조는 '그 연장등록의 이유가 된 허가 등의 대상물건(그 허가 등에 있어 물건이 특정의 용도가 정하여져 있는 경우에 있어서는 그 용도에 사용되는 물건)에 관한 그 특허발명의 실시 외의 행위에는 미치지 아니한다'라고 규정하고 있다. 특허법은 이와 같이 존속기간이 연장된 특허권의 효력이 미치는 범위를 규정하면서 청구범위를 기준으로 하지 않고 '그 연장등록의 이유가 된 허가 등의 대상물건에 관한 특허발명의 실시'로 규정하고 있을 뿐, 허가 등의 대상 '품목'의 실시로 제한하지는 않았다. 이러한 법령의 규정과 제도의 취지 등에 비추어 보면, 존속기간이 연장된 의약품 특허권의 효력이 미치는 범위는 특허발명을 실시하기 위하여 약사법에 따라 품목허가를 받은 의약품과 특정 질병에 대한 치료효과를 나타낼 것으로 기대되는 특정한 유효성분, 치료효과 및 용도가 동일한지 여부를 중심으로 판단해야 한다(判例 2017다245798).

답 ③

04 특허법상 '허가 등에 따른 특허권의 존속기간 연장제도'에 관한 설명으로 옳지 않은 것은? (다툼이 있으면 판례에 따름) 기출 23

① 허가 등에 따른 특허권존속기간 연장등록출원은 대상이 되는 특허발명의 특허권이 존속되는 경우에만 가능하다.
② 하나의 특허와 관련하여 연장등록출원의 대상이 되는 유효성분 A, B 및 C에 대하여 각각 허가 A, B 및 C를 받았다면 각 유효성분에 대하여 연장받고자 하는 허가 모두에 대하여 1회씩 연장등록출원 할 수 있다.
③ 특허권의 존속기간을 연장받을 수 있는 기간은 그 특허발명을 실시할 수 없었던 기간으로서 5년의 기간 내로 한정된다.
④ 해당 관청의 심사부서 중 어느 한 부서의 보완요구로 인하여 보완기간이 소요되었다 하더라도, 다른 부서에서 허가를 위한 심사 등의 절차가 계속 진행되고 있었던 경우에는 그 보완기간 중 다른 부서에서 심사가 진행되고 있는 기간과 중첩되는 기간에 관한 한 허가 등을 받은 자의 책임있는 사유로 인하여 허가가 지연되었다고 볼 수 없으므로 위 중첩되는 기간은 그 특허발명을 실시할 수 없었던 기간에서 제외할 수 없다.
⑤ 특허권 존속기간의 연장등록출원의 출원인은 특허권자에 한하며 특허권이 공유인 경우에는 공유자 전원이 공동으로 특허권 존속기간의 연장등록출원을 하여야 한다.

해설

① (O) 허가등에 따른 특허권존속기간 연장등록출원은 대상이 되는 특허발명의 특허권이 존속되는 경우에만 가능하다. 따라서 그 특허권이 무효 또는 취소되거나 특허료를 납부하지 않아 소멸한 경우에는 특허권존속기간 연장등록출원이 인정되지 않는다[허가등에 따른 특허권의 존속기간 연장의 제도에 관한 규정 (3)].
② (×) 하나의 특허와 관련하여 연장등록출원의 대상이 되는 유효성분 A, B 및 C에 대하여 각각 허가 A, B 및 C를 받았다면 각 유효성분 중에서 연장받고자 하는 허가 하나만을 선택하여 1회에 한해 연장등록출원 할 수 있다(심사기준).
③ (O) 특허발명을 실시하기 위하여 다른 법령에 따라 허가를 받거나 등록 등을 하여야 하고, 그 허가 또는 등록 등(이하 "허가등"이라 한다)을 위하여 필요한 유효성·안전성 등의 시험으로 인하여 장기간이 소요되는 대통령령으로 정하는 발명인 경우에는 제88조 제1항에도 불구하고 그 실시할 수 없었던 기간에 대하여 5년의 기간까지 그 특허권의 존속기간을 한 차례만 연장할 수 있다(특허법 제89조 제1항).
④ (O) 임상시험기간은 '최초 피험자 선정일로부터 최종 피험자 관찰기간종료일'까지의 기간이고, 허가신청 관련 서류의 검토기간은 '품목허가신청 접수일로부터 품목허가승인을 알게 된 날'까지의 기간으로서 그중 허가등을 받은 자의 책임 있는 사유로 발생한 보완기간은 제외한다. 한편 해당 관청의 심사부서 중 어느 한 부서의 보완요구로 인하여 보완기간이 소요되었다 하더라도, 다른 부서에서 허가를 위한 심사 등의 절차가 계속 진행되고 있었던 경우에는 그 보완기간 중 다른 부서에서 심사가 진행되고 있는 기간과 중첩되는 기간에 관한 한 허가등을 받은 자의 책임있는 사유로 인하여 허가가 지연되었다고 볼 수 없으므로 위 중첩되는 기간은 그 특허발명을 실시할 수 없었던 기간에서 제외할 수 없다(判例 2017후882).
⑤ (O) 특허권이 공유인 경우에는 공유자 모두가 공동으로 특허권의 존속기간의 연장등록출원을 하여야 한다(특허법 제90조 제3항).

답 ②

05 특허권의 존속기간연장제도에 관한 설명으로 옳은 것은? 기출 21

① 특허권자 또는 그 특허권의 전용실시권이나 등록된 통상실시권을 가진 자가 특허법 제89조(허가 등에 따른 특허권의 존속기간의 연장) 제1항에 따른 의약품 제조허가를 받지 않고 다른 사람이 허가를 받은 경우, 그 존속기간 연장등록출원은 거절결정된다.
② 특허발명을 실시하기 위하여 의약품제조 허가를 신청하였으나, 신청자의 책임있는 사유로 보완지시를 받은 날부터 6개월 후에 관련 서류를 제출하여 신청일부터 3년 6개월 후에 허가를 받은 경우의 존속기간연장 기간은 3년 6개월이다.
③ 특허권의 존속기간 연장등록출원은 허가를 받은 날부터 6개월 이내에 출원하여야 하며, 특허권의 존속기간의 만료 전 6개월 후에는 그 특허권의 존속기간 연장등록출원을 할 수 없다.
④ 청구범위의 독립 청구항이 2개가 있는 경우, 그 독립항 각각 별도로 의약품 제조허가를 받기 위하여 소요된 기간이 각 독립항별로 2년 및 3년이 걸린 때에는 5년간 존속기간 연장등록이 가능하다.
⑤ 특허발명을 실시하기 위하여 의약품제조 허가를 받기 위한 유효성·안전성 시험에 7년이 소요된 경우에는 그 허가를 받는데 걸린 소요기간에 대하여 특허권의 존속기간을 연장할 수 있다.

해설

① (○) 특허법 제91조 제2호
② (×) 허가 등을 받는 자의 책임있는 사유로 발생한 보완기간은 연장받을 수 있는 기간에서 제외한다(判例 2017후882). 따라서 존속기간연장 기간은 6개월을 제외한 3년이다.
③ (×) 허가 등을 받은 날로부터 3개월 이내에 출원하여야 한다(특허법 제90조 제2항).
④ (×) 하나의 특허에 포함된 복수의 유효성분에 대하여 복수의 허가가 있는 경우 복수의 허가 중에서 하나를 선택하여 1회에 한해 존속기간 연장이 가능하다.
⑤ (×) 최대 5년의 기간까지 연장할 수 있다(특허법 제89조 제1항).

답 ①

06 특허법상 '허가 등에 따른 특허권의 존속기간 연장제도'에 관한 설명으로 옳지 않은 것은? (다툼이 있으면 판례에 따름) 기출 19

① 허가 등에 따른 특허권의 존속기간 연장은 한 차례만 가능하다.
② 특허권이 공유인 경우에는 공유자 모두가 공동으로 특허권의 존속기간의 연장등록출원을 하여야 한다.
③ 허가 신청 당시 통상실시권자의 지위에 있었지만 통상실시권의 등록을 마치지 않았던 자가 허가를 받았더라도, 특허청 심사관의 연장등록결정의 등본이 송달되기 전에 통상실시권 등록 및 그에 대한 증명자료 제출이 모두 이루어진 경우 그 연장등록결정은 적법하다.
④ 존속기간이 연장된 특허권의 효력은 그 연장등록된 특허권의 청구범위에 적혀 있는 사항에 의하여 정하여진다.
⑤ 특허권의 존속기간의 만료 전 6개월 이후에는 그 특허권의 존속기간의 연장등록출원을 할 수 없다.

해설
① (○) 특허법 제89조 제1항
② (○) 특허법 제90조 제3항
③ (○) 判例 2017후844
④ (×) 허가 등에 따른 존속기간이 연장된 경우의 특허권의 효력은 연장등록의 이유가 된 허가 등의 대상물건(그 허가 등에 있어 물건에 대하여 특정의 용도가 정하여져 있는 경우에는 그 용도에 사용되는 물건)에 관한 그 특허발명의 실시행위에만 미친다(특허법 제95조). 따라서 청구범위에 따라 특허권의 효력이 연장된다고 볼 수 없다.
⑤ (○) 특허법 제90조 제2항

답 ④

07 의약품 특허권 존속기간의 연장에 관한 설명으로 옳지 않은 것은? (다툼이 있으면 판례에 따름)

① 특허발명을 실시하기 위하여 다른 법령에 따라 허가를 받거나 등록 등을 하고, 그 허가 또는 등록 등을 위하여 필요한 유효성·안전성 등의 시험으로 인하여 장기간이 소요되는 대통령령으로 정하는 발명인 경우에는 그 실시할 수 없었던 기간에 대하여 5년의 기간까지 그 특허권의 존속기간을 한 차례만 연장할 수 있다.

② 의약품 등의 발명을 실시하기 위해 약사법 등에 따라 허가 또는 등록 등을 받은 자의 귀책사유로 그 허가 또는 등록 등의 절차가 지연된 경우, 귀책사유가 인정되는 기간은 특허권 존속기간 연장의 범위에 포함되지 않는다.

③ 허가 또는 등록 등을 받은 자에게 책임 있는 사유를 판단할 경우에는 특허권 존속기간의 연장등록을 받는 데에 필요한 허가 또는 등록 등을 신청한 전용실시권자와 통상실시권자에 관한 사유는 포함되지 않는다.

④ 특허발명을 실시할 수 없었던 기간을 초과한다는 사유로 특허법 제134조(특허권 존속기간의 연장등록의 무효심판) 제1항 제3호에 따라 존속기간 연장등록 무효심판을 청구하는 경우 무효심판을 청구한 자는 그 사유에 대하여 주장·증명할 책임을 진다.

⑤ 식품의약품안전처의 의약품 제조판매·수입품목 허가신청에 대하여 어느 심사부서의 보완요구로 보완자료를 제출할 때까지 보완요구 사항에 대한 심사가 진행되지 못하였더라도, 그동안 다른 심사부서에서 그 의약품의 제조판매·수입품목 허가를 위한 심사 등의 절차가 계속 진행되고 있었던 경우, 의약품 등의 발명을 실시하기 위해 약사법 등에 따라 허가 또는 등록 등을 받은 자의 귀책사유로 그 허가 또는 등록 등의 절차가 지연된 기간이라고 단정할 수 없다.

해설

① (○) 특허법 제89조 제1항
② (○) 특허법 제89조 제2항
③ (×) 특허권 존속기간의 연장등록을 받는 데에 필요한 허가 또는 등록 등을 신청할 수 있는 자의 범위에는 특허권자 외에 전용실시권자 및 통상실시권자가 포함되므로, '특허권자에게 책임 있는 사유'를 판단할 경우에도 위 허가 등을 신청한 전용실시권자와 통상실시권자에 관한 사유가 포함된다(判例 2017후844).
④ (○) 判例 2017후844
⑤ (○) 判例 2017후844

 ③

08 특허권에 관한 설명으로 옳은 것은? (다툼이 있으면 판례에 따름) 기출 20

① 특허권은 특허권설정등록이 있는 날에 발생하고 출원일로부터 20년이 되는 날까지 존속하며, 특허권의 존속기간의 말일이 공휴일(근로자의 날 및 토요일을 포함한다)이면 그 다음 날로 만료한다.
② 특허권자는 자신의 특허발명에 관하여 업으로서 실시할 권리를 독점하므로, 다른 특허발명의 권리범위에 속하더라도 실시허락을 얻을 필요 없이 자신의 특허발명을 실시할 수 있다.
③ 무권리자의 특허출원 후 정당한 권리자의 특허출원이 있고 무권리자가 특허출원한 때에 정당한 권리자가 특허출원한 것으로 보는 경우, 특허권의 존속기간은 무권리자의 특허출원일부터 기산한다.
④ 특허권이 무효심판에 의하여 무효로 되면 그 특허권은 처음부터 없던 것으로 보게 되므로 특허권자가 이미 받은 특허실시료는 특허발명 실시계약이 유효하게 존재하는 기간에 상응하는 부분을 실시권자에게 부당이득으로 반환하여야 한다.
⑤ 방법발명에 대한 특허권자 등이 우리나라에서 그 특허방법의 사용에 쓰이는 물건을 적법하게 양도한 경우로서 그 물건이 방법발명을 실질적으로 구현한 것이라면, 양수인 등이 그 물건을 이용하여 방법발명을 실시하는 행위에 대하여 특허권의 효력이 미치지 않는다.

해설

① (×) 존속기간의 말일이 공휴일(근로자의 날 및 토요일을 포함한다)이면 그날로 만료한다.
② (×) 특허권자의 특허발명이 이용·저촉발명에 해당하는 경우 타인의 허락을 받지 아니하고는 자기의 특허발명을 업으로서 실시할 수 없다.
③ (×) 정당한 권리자의 특허출원이 특허된 경우에는 특허권자의 존속기간은 무권리자 특허출원일의 다음 날부터 기산한다(특허법 제88조 제2항).
④ (×) 실시계약 자체에 별도의 무효사유가 없는 한 특허권자가 실시권자로부터 지급받은 특허실시료 중 실시계약이 유효하게 존재하는 기간에 상응하는 부분을 실시권자에게 부당이득으로 반환할 의무가 있다고 할 수 없다(판례 2012다42666).

답 ⑤

09 특허권의 존속기간에 관한 설명으로 옳은 것은? 기출 15

① 특허발명을 실시하기 위하여 다른 법령에 따라 허가를 받아야 하고, 그 허가를 위하여 필요한 유효성·안전성 등의 시험으로 인하여 장기간이 소요되는 경우에는 그 실시할 수 없었던 기간에 대하여 3년의 기간까지 그 특허권의 존속기간을 한 차례만 연장할 수 있다.
② 특허권이 공유인 경우 각 공유자는 단독으로도 특허권의 존속기간의 연장등록출원을 할 수 있다.
③ 허가 등에 따른 특허권의 존속기간의 연장등록출원은 의약품발명을 실시하기 위하여 약사법의 규정에 의한 허가를 받은 날부터 6개월 이내에 출원하여야 한다.
④ 특허권의 존속기간의 연장등록출원에 대하여 연장등록거절사유를 발견할 수 없어 심사관이 연장등록결정을 한 경우 특허청장은 존속기간의 연장을 특허원부에 등록하여야 한다.
⑤ 허가 등에 따른 특허권의 존속기간의 연장등록출원이 다른 법령의 규정에 의한 허가를 위하여 그 특허발명을 실시할 수 없었던 기간을 초과하는 경우에는 그 출원에 대하여 존속기간의 연장등록출원을 반려하여야 한다.

해설
① (×) 5년의 기간까지 그 특허권의 존속기간을 한 차례만 연장할 수 있다.
② (×) 공유자 전원이 특허권의 존속기간연장등록출원을 하여야 한다.
③ (×) 허가를 받은 날로부터 3개월 이내 및 존속기간 만료 전 6개월 이전에 출원하여야 한다.
④ (○) 특허법 제92조 제2항
⑤ (×) 반려사유가 아닌 거절이유에 해당한다.

답 ④

10 간접침해에 관한 설명으로 옳은 것은? (다툼이 있으면 판례에 따름) 기출 18

① 특허가 방법의 발명인 경우, 특허권자 또는 이해관계인은 그 방법의 실시에만 사용하는 물건과 대비되는 물건을 심판청구의 대상이 되는 발명으로 특정하여 특허권의 보호범위에 속하는지 여부의 확인을 구할 수 없다.
② 특허가 물건의 발명인 경우, 특허받은 물건의 생산은 국내외를 불문하므로 특허받은 물건의 생산에만 사용하는 물건을 국내외에서 생산, 양도, 대여, 수입하거나 그 물건의 양도 또는 대여의 청약을 하는 행위는 특허발명의 간접침해를 구성한다.
③ 간접침해를 전제로 한 적극적 권리범위확인심판에서 심판청구의 대상이 되는 확인대상발명이 자유실시기술에 해당하는지 여부를 판단하는 경우 실시부분의 구성만으로 한정하여 파악한다.
④ 간접침해에서 말하는 '특허 물건의 생산에만 사용하는 물건'에 해당하는 점은 특허권자가 주장·입증하여야 한다.
⑤ 간접침해도 특허침해를 구성하는 것으로 보는 것이므로 특허침해금지, 손해배상 등 민사상의 책임과 특허권 침해죄에 따른 형사처벌의 대상이 된다.

해설

① (×) 특허발명이 방법발명인 경우 그 방법의 실시에만 사용하는 물건과 대비되도록 심판대상의 발명을 특정하여 확인을 구할 수 있다(判例 2003후2164).
② (×) 특허법 제127조 제1호의 '그 물건의 생산에만 사용하는 물건'에서 말하는 '생산'이란 국내에서의 생산을 의미한다고 봄이 타당하다. 따라서 이러한 생산이 국외에서 일어나는 경우에는 그 전 단계의 행위가 국내에서 이루어지더라도 간접침해가 성립할 수 없다(判例 2014다42110).
③ (×) 실시부분의 구성만으로 한정하여 파악할 것이 아니고 대응제품의 구성 전체를 가지고 자유실시기술 해당 여부를 판단하여야 한다(判例 2008허4523).
④ (○) 특허발명의 대상이거나 그와 관련된 물건을 사용함에 따라 마모되거나 소진되어 자주 교체해 주어야 하는 소모부품일지라도, 특허발명의 본질적인 구성요소에 해당하고 다른 용도로는 사용되지 아니하며 일반적으로 널리 쉽게 구할 수 없는 물품으로서 당해 발명에 관한 물건의 구입시에 이미 그러한 교체가 예정되어 있었고 특허권자측에 의하여 그러한 부품이 따로 제조·판매되고 있다면, 그러한 물건은 특허권에 대한 이른바 간접침해에서 말하는 '특허 물건의 생산에만 사용하는 물건'에 해당하고, 위 '특허 물건의 생산에만 사용하는 물건'에 해당한다는 점은 특허권자가 주장·입증하여야 한다(判例 98후2580).
⑤ (×) 간접침해는 침해죄에 따른 형사처벌의 대상이 되지 아니한다.

답 ④

11. 특허권과 실용신안권에 관한 설명으로 옳은 것은? (다툼이 있으면 판례에 따름) 기출 25

① 특허권 남용 금지에 관한 특허법상 규정이 삭제된 이후에도 법원은 특허권 남용의 법리를 수용하고 있으나, 특허권 남용이 인정되는 경우에도 특허권이 당연 무효가 되는 것은 아니며 그 특허권의 행사가 제한될 뿐이다.

② 특허발명을 실시하려는 자는 그 특허발명이 천재지변이나 그 밖의 불가항력 또는 대통령령으로 정하는 정당한 이유 없이 계속하여 3년 이상 국내에서 실시되고 있지 아니하고 특허권자 또는 전용실시권자와 합리적인 조건으로 통상실시권 허락에 관한 협의를 하였으나 특허권자 또는 전용실시권자가 합의를 거부한 경우, 특허청장에게 통상실시권 설정의 재정을 청구할 수 없다.

③ 모든 질병의 진단·경감·치료·처치를 위하여 사용되는 물건이 혼합되어 제조되는 의약의 발명에 관한 특허권의 효력은 「약사법」에 따른 조제행위에는 미치지 아니한다.

④ 실용신안권의 효력은 연구 또는 시험(「약사법」에 따른 의약품의 품목허가·품목신고 및 「농약관리법」에 따른 농약의 등록을 위한 연구 또는 시험을 포함한다)을 하기 위한 등록실용신안의 실시에 해당하는 사항에는 미치지 아니한다.

⑤ 특허법은 자기의 특허발명이 무효사유에 해당하는 것을 알지 못하고 국가로부터 부여 받은 특허권을 신뢰하여 국내에서 실시사업을 하거나 실시 준비 중인 자를 보호하기 위하여 그 특허권에 대하여 통상실시권을 가지거나 특허가 무효로 된 당시에 존재하는 특허권의 전용실시권에 대하여 통상실시권을 가진다고 규정하고 있으나, 실용신안법은 고안에 관하여 같은 취지의 규정을 두고 있지 아니하다.

해설

① (○) 判例 2012후4162 [전합], 2010다95390 [전합]
② (×) 특허법 제107조 제1항 제1호
③ (×) 특허법 제96조 제2항
④ (×) 실용신안법은 의약발명 및 화학발명을 대상으로 하지 않는다.
⑤ (×) 특허법 제104조, 실용신안법 제26조

답 ①

12 특허권에 관한 설명으로 옳지 않은 것은? (다툼이 있으면 판례에 따름) 기출 17

① 甲이 구성요소 a + b로 이루어진 특허발명 A의 특허권자인 상태에서, 乙이 구성 a + b'(구성 b의 균등물) + c로 이루어진 개량발명 B에 대해 특허를 받았다면, 특허발명 A와 개량발명 B 사이에는 이용관계가 성립한다.

② 동일한 발명 A에 대하여 甲과 乙이 각각 특허를 받았고 甲이 선출원하여 선등록된 상태라면, 乙이 A 발명을 실시하기 위해서는 특허법 제98조(타인의 특허발명 등과의 관계)에 따라 甲의 허락을 받아야 한다.

③ 甲이 물건발명 A(구성요소 a + b)의 특허권자이고, 乙이 그 물건을 생산하는 장치발명 B(구성요소 x + y + z)의 특허권자인 경우, B를 실시(사용)하게 되면 A의 실시(생산)가 불가피하게 수반되지만, 그렇다고 하여 B가 A와 이용관계에 있는 것은 아니다.

④ 후출원 특허권자가 특허법 제138조(통상실시권 허락의 심판)의 통상실시권 허락을 받기 위해서는, 후출원 특허발명이 선출원 특허발명에 비해 상당한 경제적 가치가 있는 중요한 기술적 진보가 있어야 한다.

⑤ 甲이 발명 A의 특허권자이고 乙이 발명 A와 이용관계에 있는 발명 B의 특허권자라면, 甲은 乙을 상대로 발명 B가 발명 A의 권리범위에 속한다는 적극적 권리범위 확인심판을 청구할 수 있다.

해설

① (○) 判例 2001후393
② (×) 乙의 등록특허는 선출원주의 위반에 해당하므로 등록무효사유가 있는 것이며, 이용·저촉발명에 해당하는 것으로 볼 수 없어 乙의 실시는 甲의 등록특허에 대한 침해에 해당한다.
④ (○) 제1항에 따른 청구가 있는 경우에 그 특허발명이 그 특허출원일 전에 출원된 타인의 특허발명 또는 등록실용신안과 비교하여 상당한 경제적 가치가 있는 중요한 기술적 진보를 가져오는 것이 아니면 통상실시권을 허락하여서는 아니 된다(특허법 제138조 제2항).

답 ②

13

발명 A의 발명자인 甲은 그의 권리의 지분 일부를 乙에게 양도하였다. 이에 관한 설명으로 옳지 않은 것은? (다툼이 있으면 판례에 따름) 기출 23

① 발명 A에 대하여 甲이 단독으로 특허출원한 경우에는 등록거절사유, 등록무효사유가 된다.
② 甲과 乙은 특허 취득 전 발명 A에 대한 권리를 제3자에게 양도하는 것은 가능하나 질권 설정은 불가하다.
③ 발명 A가 적법하게 등록된 경우, 제3자는 권리의 일부 지분에 대해서만 무효심판을 청구할 수 없다.
④ 甲과 乙이 발명 A에 대한 특허권을 공유한 경우, 각 공유자에게 특허권을 부여하는 방식의 현물분할을 할 수 있다.
⑤ 발명 A가 등록 거절된 경우 甲과 乙은 공동으로 거절결정불복심판을 청구하여야 한다.

해설

① (○) 특허를 받을 수 있는 권리가 공유인 경우, 공유자 전부를 출원인으로 하지 않으면, 당사자적격을 상실하여 등록거절사유, 등록무효사유가 된다(특허법 제44조, 제62조 제1호, 제133조 제1항 제2호).
② (○) 특허를 받을 수 있는 권리는 질권의 목적으로 할 수 없다(특허법 제37조 제2항).
③ (○) 특허처분은 하나의 특허출원에 대하여 하나의 특허권을 부여하는 단일한 행정행위이므로, 설령 그러한 특허처분에 의하여 수인을 공유로 하는 특허등록이 이루어졌다고 하더라도, 그 특허처분 자체에 대한 무효를 청구하는 제도인 특허무효심판에서 그 공유자 지분에 따라 특허를 분할하여 일부 지분만의 무효심판을 청구하는 것은 허용할 수 없다(判例 2012후2432).
④ (×) 특허권은 발명실시에 대한 독점권으로서 그 대상은 형체가 없을 뿐만 아니라 각 공유자에게 특허권을 부여하는 방식의 현물분할을 인정하면 하나의 특허권이 사실상 내용이 동일한 복수의 특허권으로 증가하는 부당한 결과를 초래하게 되므로, 특허권의 성질상 그러한 현물분할은 허용되지 아니한다(判例 2013다41578).
⑤ (○) 공유인 특허권의 특허권자에 대하여 심판을 청구할 때에는 공유자 모두를 피청구인으로 하여야 한다(특허법 제139조 제2항). 특허권 또는 특허를 받을 수 있는 권리의 공유자가 그 공유인 권리에 관하여 심판을 청구할 때에는 공유자 모두가 공동으로 청구하여야 한다(특허법 제139조 제3항).

답 ④

14 특허권의 공유에 관한 설명으로 옳은 것은? (다툼이 있으면 판례에 따름) 기출 20

① 공동발명자가 되기 위해서는 발명의 완성을 위하여 단순히 아이디어를 제공하거나 관리하는 수준을 넘어 실질적으로 상호 협력하는 관계가 있어야 하므로, 발명에 대한 새로운 착상을 구체화하고 공동 연구자에 대한 구체적인 지도를 하여 발명을 가능케 하였다고 하더라도 공동발명자에 해당하지 않는다.
② 당사자계 심판에 대한 심결취소소송은 공유자 전원이 공동으로 제기하여야만 하는 고유필수적 공동소송이라는 것이 판례의 태도이다.
③ 특허권의 각 공유자에게 민법상의 공유물분할청구권을 인정하더라도 특허법 제99조(특허권의 이전 및 공유 등)에 반하지 아니하고, 달리 분할청구를 금지하는 특허법 규정이 없음에도 불구하고, 각 공유자에게 특허권을 부여하는 방식의 현물분할은 허용되지 않는다.
④ 심결취소소송에 관한 보존행위설 또는 유사필수적 공동소송설에 의하면, 특허권 공유자 중 1인이 단독으로 제기한 소는 일종의 방해배제청구소송이므로 부적법하여 각하하여야 한다.
⑤ 특허법 제99조(특허권의 이전 및 공유 등)의 규정은 특허권 공유관계의 특수성을 고려하여 다른 공유자의 동의 없는 지분의 양도를 금지하면서, 특허권의 공유를 합유관계로 본다는 명문의 규정이다.

해설

① (×) 발명의 기술적 과제를 해결하기 위한 구체적인 착상을 새롭게 제시·부가·보완하거나, 실험 등을 통하여 새로운 착상을 구체화하거나, 발명의 목적 및 효과를 달성하기 위한 구체적인 수단과 방법의 제공 또는 구체적인 조언·지도를 통하여 발명을 가능하게 한 경우 등과 같이 기술적 사상의 창작행위에 실질적으로 기여하기에 이르러야 공동발명자에 해당한다(判例 2009다75178).
② (×), ④ (×) 특허에 대한 판례는 없으나, 상표에 대한 판례에서 공유자 중 1인이라도 단독으로 심결의 취소를 구할 수 있다고 판시하여 유사필수적 공동소송으로 본다(判例 2002후567).
③ (○) 判例 2013다41578
⑤ (×) 상표권이 공유인 경우에 각 공유자는 다른 공유자의 동의를 얻지 아니하면 그 지분을 양도하거나 그 지분을 목적으로 하는 질권을 설정할 수 없고 그 상표권에 대하여 전용사용권 또는 통상사용권을 설정할 수도 없는 등 일정한 제약을 받아 그 범위에서 합유와 유사한 성질을 가지지만, 이러한 제약은 상표권이 무체재산권인 특수성에서 유래한 것으로 보일 뿐이고, 상표권의 공유자들이 반드시 공동목적이나 동업관계를 기초로 조합체를 형성하여 상표권을 소유한다고 볼 수 없을 뿐만 아니라 상표법에 상표권의 공유를 합유관계로 본다는 명문의 규정도 없는 이상, 상표권의 공유에도 상표법의 다른 규정이나 그 본질에 반하지 아니하는 범위 내에서는 민법상의 공유의 규정이 적용될 수 있다고 할 것이다(判例 2002후567). (특허권도 마찬가지로 적용)

답 ③

15 甲은 발명 A를 완성한 후 그 내용을 연구노트에 기재하였는데, 甲의 연구노트를 우연히 보게 된 甲의 친구 乙은 2016년 2월 5일 발명 A에 대하여 본인 명의로 무단으로 특허출원을 하였다. 乙의 특허출원은 2017년 8월 14일 출원공개되었고 2017년 11월 2일 특허권의 설정등록이 이루어졌다(등록공고는 2017년 11월 6일에 이루어짐). 한편, 丙과 丁은 공동으로 발명 B를 완성하였는데, 丙 몰래 丁이 2017년 2월 6일 자신의 단독 명의로 발명 B에 대하여 특허출원을 하였다. 丁의 특허출원은 2018년 8월 13일 출원 공개되었고 2018년 11월 2일 특허권의 설정등록이 이루어졌다(등록공고는 2018년 11월 6일에 이루어짐). 다음 설명 중 옳지 않은 것은? (다툼이 있으면 판례에 따름)

기출 19

① 甲은 乙을 피청구인으로 하여 특허무효심판을 청구할 수 있다.
② 정당한 권리자로부터 특허를 받을 수 있는 권리를 승계받은 바 없는 무권리자인 乙이 특허를 받은 위 사안에서, 甲은 특허법 제35조(무권리자의 특허와 정당한 권리자의 보호)에 따른 구제절차에 따르지 아니하고 법원에 직접 무권리자 乙명의의 특허권의 이전을 청구할 수는 없다.
③ 甲이 乙의 특허에 대해 무권리자 특허임을 사유로 특허무효심판을 청구한 다음, 乙명의 특허의 등록공고일부터 2년이 경과한 후라도 무효심결 확정일부터 30일 이내에 특허법 제35조에 따라 발명 A를 특허출원하면, 甲의 출원은 2016년 2월 5일 출원된 것으로 간주된다.
④ 丙은 丁을 피청구인으로 하여 특허무효심판을 청구할 수 있다.
⑤ 丙은 법원에 丁명의의 특허권 중 자신의 지분의 이전을 청구할 수 있다.

해설

② (✕) 甲은 법원에 해당 특허권의 이전을 청구할 수 있다(특허법 제99조의2 제1항).

답 ②

16 甲, 乙은 발명 A의 공동발명자, 丙, 丁은 제3자이다. 이에 관한 설명으로 옳은 것은? 기출 17

① 발명 A의 출원 전이라면, 甲은 乙의 동의 없이도 발명 A에 관하여 자신의 특허를 받을 수 있는 권리를 丙에게 양도할 수 있다.
② 甲과 乙이 공동으로 발명 A를 출원하여 특허등록을 받은 경우, 甲은 乙의 동의 없이는 발명 A를 스스로 실시할 수 없다.
③ 甲과 乙이 공동으로 출원하여 특허등록을 받은 경우, 甲은 乙의 동의 없이 丙에게 전용실시권은 설정할 수 없으나 통상실시권은 허락할 수 있다.
④ 丙이 甲과 乙로부터 발명 A에 대한 권리 일체를 양수하여 자신의 이름으로 특허출원하면서 자신을 발명자라고 표시하여 등록되었다면, 이는 등록무효사유에 해당한다.
⑤ 丙이 甲과 乙로부터 발명 A에 대한 권리 일체를 양수한 후 그 출원을 하기 전에, 그러한 사정을 모르는 丁이 甲과 乙로부터 발명 A에 대한 특허를 받을 수 있는 권리를 이중으로 양수하여 자신의 이름으로 출원한 경우, 丁의 출원은 적법하다.

해설
① (×) 甲과 乙은 특허를 받을 수 있는 권리를 공유하므로 乙의 동의가 있어야만 제3자에게 지분을 양도할 수 있다.
② (×) 특허권이 공유인 경우에는 각 공유자는 계약으로 특별히 약정한 경우를 제외하고는 다른 공유자의 동의를 받지 아니하고 그 특허발명을 실시할 수 있다.
③ (×) 특허권이 공유인 경우에는 각 공유자는 다른 공유자의 동의를 받아야만 그 특허권에 대하여 전용실시권을 설정하거나 통상실시권을 허락할 수 있다.
④ (×) 발명자의 기재가 잘못된 경우에는 등록무효사유에 해당하지 아니한다.

답 ⑤

17. 특허를 받을 수 있는 자 또는 무권리자의 특허출원에 관한 설명으로 옳은 것을 모두 고른 것은? (다툼이 있으면 판례에 따름) 기출수정 15

> ㄱ. 무권리자가 발명자의 발명의 구성을 일부 변경함으로써 그 기술적 구성이 발명자가 한 발명과 상이하게 되었다 하더라도, 그 변경이 그 기술분야에서 통상의 지식을 가진 사람이 보통으로 채용하는 정도의 기술적 구성의 부가·삭제·변경에 지나지 아니하고 그로 인하여 발명의 작용효과에 특별한 차이를 일으키지 아니하는 등 기술적 사상의 창작에 실질적으로 기여하지 않는 경우에는 그 특허발명은 무권리자의 특허출원에 해당하여 그 등록이 무효이다.
> ㄴ. 화학발명에서 예측가능성 내지 실현가능성이 현저히 부족하여 실험데이터가 제시된 실험예가 없으면 완성된 발명으로 보기 어려운 경우에는 실제 실험을 통하여 발명을 구체화하고 완성하는 데 실질적으로 기여하였는지 여부의 관점에서 발명자인지의 여부를 결정해야 한다.
> ㄷ. 양도인이 특허를 받을 수 있는 권리를 양수인에게 양도하고, 그에 따라 양수인이 특허권의 설정등록을 받았으나 그 양도계약이 무효나 취소 등의 사유로 효력을 상실하게 된 경우에, 그 특허를 받을 수 있는 권리와 설정등록이 이루어진 특허권이 동일한 발명에 관한 것이라도 양도인은 양수인에 대하여 특허권에 관하여 이전등록을 청구할 수 없다.
> ㄹ. 정당한 권리자로부터 특허를 받을 수 있는 권리를 승계받은 바 없는 무권리자가 특허출원하여 특허권의 설정등록이 이루어졌더라도, 특허법이 정한 절차에 의하여 구제받을 수 있는 정당한 권리자로서는 특허법상의 구제절차에 따르지 아니하고 무권리자에 대하여 직접 특허권의 이전등록을 구할 수는 없다.

① ㄴ, ㄷ
② ㄱ, ㄴ
③ ㄱ, ㄴ, ㄷ
④ ㄱ, ㄷ, ㄹ
⑤ ㄱ, ㄴ, ㄷ, ㄹ

해설

ㄷ. (×) 양도인이 특허 또는 실용신안(이하 '특허 등'이라 한다)을 등록출원한 후 출원 중인 특허 등을 받을 수 있는 권리를 양수인에게 양도하고, 그에 따라 양수인 명의로 출원인명의변경이 이루어져 양수인이 특허권 또는 실용신안권(이하 '특허권 등'이라 한다)의 설정등록을 받은 경우에 있어서 그 양도계약이 무효나 취소 등의 사유로 효력을 상실하게 되는 때에 그 특허 등을 받을 수 있는 권리와 설정등록이 이루어진 특허권 등이 동일한 발명 또는 고안에 관한 것이라면 그 양도계약에 의하여 양도인은 재산적 이익인 특허 등을 받을 수 있는 권리를 잃게 됨에 대하여 양수인은 법률상 원인 없이 특허권 등을 얻게 되는 이익을 얻었다고 할 수 있으므로, 양도인은 양수인에 대하여 특허권 등에 관하여 이전등록을 청구할 수 있다(판례 2003다47218).

ㄹ. (×) 법 개정에 의해 틀린 보기에 해당, 2016.2.29. 개정(17.3.1. 시행)에서 정당권리자의 특허권이전청구제도가 도입되었다(특허법 제99조의2).

> **특허법 제99조의2(특허권의 이전청구)**
> ① 특허가 제133조 제1항 제2호 본문에 해당하는 경우에 특허를 받을 수 있는 권리를 가진 자는 법원에 해당 특허권의 이전(특허를 받을 수 있는 권리가 공유인 경우에는 그 지분의 이전을 말한다)을 청구할 수 있다.

② 제1항의 청구에 기초하여 특허권이 이전등록된 경우에는 다음 각 호의 권리는 그 특허권이 설정등록된 날부터 이전등록을 받은 자에게 있는 것으로 본다.
   1. 해당 특허권
   2. 제65조 제2항에 따른 보상금 지급 청구권
   3. 제207조 제4항에 따른 보상금 지급 청구권
③ 제1항의 청구에 따라 공유인 특허권의 지분을 이전하는 경우에는 제99조 제2항에도 불구하고 다른 공유자의 동의를 받지 아니하더라도 그 지분을 이전할 수 있다.

답 ②

18 특허출원에 관한 설명으로 옳지 않은 것은? 기출 18

① 특허를 받을 수 있는 권리를 가진 자의 법원에 대한 이전청구에 기초하여 특허권이 이전등록된 경우에는 해당 특허권과 보상금 지급 청구권은 이전청구한 날부터 이전등록을 받은 자에게 있는 것으로 본다.
② 공동발명자 중 한 사람이 단독으로 특허출원한 경우 등록 전에는 거절이유와 정보제공사유에 해당하며 등록 이후에는 특허무효사유가 된다.
③ 특허출원인이 특허출원서에 착오로 발명자 중 일부의 기재를 누락하거나 잘못 기재한 경우에는 심사관이 특허여부를 결정하기 전까지 필요에 따라 추가 또는 정정할 수 있지만, 발명자의 기재가 누락(특허출원서에 적은 발명자의 누락에 한정) 또는 잘못 적은 것임이 명백한 경우에는 특허여부 결정 후에도 추가 또는 정정할 수 있다.
④ 특허를 받을 수 있는 권리가 공유이나 공동출원하지 아니하여 특허무효사유에 해당하는 경우에 특허를 받을 수 있는 권리를 가진 자는 법원에 해당 특허권 지분의 이전을 청구할 수 있다.
⑤ 발명자가 아닌 사람으로서 특허를 받을 수 있는 권리의 승계인이 아닌 사람이 발명자가 한 발명의 구성을 일부 변경하여 발명자의 발명과 기술적 구성이 상이하게 되었으나 그 변경이 기술적 사상의 창작에 실질적으로 기여하지 않은 경우, 그 특허발명은 무권리자의 특허출원에 해당한다.

해설
① (×) 이전청구한 날이 아닌 설정등록된 날부터 이전등록을 받은 자에게 있는 것으로 본다(특허법 제99조의2 제2항).
③ (○) 특허법 시행규칙 제28조
④ (○) 특허법 제99조의2 제1항
⑤ (○) 判例 2009후2463

답 ①

19 특허법상 특허권침해에 관한 설명으로 옳은 것은? (다툼이 있으면 판례에 따름) 기출 23

① 물건 A에 대한 특허권의 전용실시권자 甲은 乙이 아무런 과실 없이 자신의 전용실시권을 침해하는 행위를 하였더라도 乙을 상대로 A를 제조하는 데 제공된 기계의 제거를 청구할 수 없다.
② 의약이라는 물건의 발명에서 대상 질병 또는 약효와 함께 투여용법과 투여용량을 부가하더라도 이러한 투여용법과 투여용량은 의료행위 그 자체에 해당하므로 이러한 투여용법과 투여용량의 부가에 의하여 별개의 의약용도발명이 된다고 볼 수 없다.
③ 발명의 상세한 설명의 기재와 출원당시의 공지기술 등을 참작하여 파악되는 특허발명의 해결수단이 기초하고 있는 기술사상의 핵심이 침해제품 등에서도 구현되어 있다면 작용효과가 실질적으로 동일하다고 보는 것이 원칙이다.
④ 시장에서 다른 용도로 판매되고 있어 오로지 특허발명의 생산에만 사용되는 전용물이 아니더라도, 그것이 특허발명의 과제해결에 필수불가결한 기능을 하고, 당사자가 그 물건이 특허발명의 실시에 사용된다는 사정을 알면서 업으로 이를 공급한다면 특허법 제127조에서 정한 간접침해에 해당한다.
⑤ 법원은 타인의 특허권을 침해한 행위가 고의적인 것으로 인정되는 경우에는 손해로 인정된 금액범위 내에서 배상액을 정하여야 한다.

해설

① (×) 전용실시권을 설정받은 전용실시권자는 그 설정행위로 정한 범위에서 그 특허발명을 업으로서 실시할 권리를 독점한다(특허법 제100조 제2항). 전용실시권자는 특허권에 기초한 권리 행사와 마찬가지로, 기계의 제거를 청구할 수 있다.
② (×) 투여용법과 투여용량은 의료행위 자체가 아니라 의약이라는 물건이 효능을 온전하게 발휘하도록 하는 속성을 표현함으로써 의약이라는 물건에 새로운 의미를 부여하는 구성요소가 될 수 있다(判例 2014후768).
③ (O) 작용효과가 실질적으로 동일한지 여부는 선행기술에서 해결되지 않았던 기술과제로서 특허발명이 해결한 과제를 특허권침해소송의 상대방이 제조 등을 하는 제품 또는 사용하는 방법(이하 '침해제품 등'이라고 한다)도 해결하는지를 중심으로 판단하여야 한다. 따라서 발명의 상세한 설명의 기재와 출원 당시의 공지기술 등을 참작하여 파악되는 특허발명에 특유한 해결수단이 기초하고 있는 기술사상의 핵심이 침해제품 등에서도 구현되어 있다면 작용효과가 실질적으로 동일하다고 보는 것이 원칙이다(判例 2018다267252).
④ (×) 나아가 '특허 물건의 생산에만 사용하는 물건'에 해당하기 위하여는 사회통념상 통용되고 승인될 수 있는 경제적, 상업적 내지 실용적인 다른 용도가 없어야 한다(判例 2007후3356). 시장에서 다른 용도로 판매되고 있다는 사정은, 특허물건의 사회통념상 통용되는 상업적인 다른 용도가 있다는 의미이므로, 간접침해의 대상이 될 수 없다.
⑤ (×) 법원은 타인의 특허권 또는 전용실시권을 침해한 행위가 고의적인 것으로 인정되는 경우에는 제1항에도 불구하고 제2항부터 제7항까지의 규정에 따라 손해로 인정된 금액의 5배를 넘지 아니하는 범위에서 배상액을 정할 수 있다(특허법 제128조 제8항).

답 ③

20 특허법상 실시권에 관한 설명으로 옳은 것은? (다툼이 있으면 판례에 따름) 기출 15

① 재정에 의한 통상실시권은 실시사업과 함께 이전하는 경우 외에도 이전할 수 있다.
② 설정계약으로 전용실시권의 범위에 관하여 특별한 제한을 두고도 이를 등록하지 않으면, 전용실시권자가 등록되어 있지 않은 제한을 넘어 특허발명을 실시하더라도, 특허권 침해가 성립하는 것은 아니다.
③ 공공의 이익을 위하여 비상업적으로 특허발명을 실시하려는 경우 그 특허발명의 특허권자 또는 전용실시권자와의 협의 없이는 재정을 청구할 수 없다.
④ 전용실시권의 설정·이전·상속·변경·소멸·혼동은 등록하여야만 효력이 발생한다.
⑤ 특허권이 공유인 경우 각 공유자는 다른 공유자의 동의를 받지 아니하고 그 특허권에 대하여 통상실시권을 허락할 수 있다.

해설

① (×) 실시사업과 함께 이전하는 경우에만 이전할 수 있다(특허법 제102조 제3항).
② (○) 특허법 제101조 제1항은 "다음 각 호에 해당하는 사항은 이를 등록하지 아니하면 그 효력이 발생하지 아니한다."고 하면서, 제2호에 "전용실시권의 설정·이전(상속 기타 일반승계에 의한 경우를 제외한다)·변경·소멸(혼동에 의한 경우를 제외한다) 또는 처분의 제한"을 규정하고 있다. 따라서 설정계약으로 전용실시권의 범위에 관하여 특별한 제한을 두고도 이를 등록하지 않으면 그 효력이 발생하지 않는 것이므로, 전용실시권자가 등록되어 있지 않은 제한을 넘어 특허발명을 실시하더라도, 특허권자에 대하여 채무불이행 책임을 지게 됨은 별론으로 하고 특허권 침해가 성립하는 것은 아니다(判例 2011도4645).
③ (×) 공공의 이익을 위하여 비상업적으로 특허발명을 실시하려는 경우 협의 없이 재정을 청구할 수 있다(특허법 제107조 제1항).
④ (×) 상속 및 혼동은 등록하지 않더라도 그 효력이 발생한다(특허법 제101조 제1항 제2호).

> **특허법 제101조(특허권 및 전용실시권의 등록의 효력)**
> ① 다음 각 호의 어느 하나에 해당하는 사항은 등록하여야만 효력이 발생한다.
> 1. 특허권의 이전(상속이나 그 밖의 일반승계에 의한 경우는 제외한다), 포기에 의한 소멸 또는 처분의 제한
> 2. 전용실시권의 설정·이전(상속이나 그 밖의 일반승계에 의한 경우는 제외한다)·변경·소멸(혼동에 의한 경우는 제외한다) 또는 처분의 제한
> 3. 특허권 또는 전용실시권을 목적으로 하는 질권의 설정·이전(상속이나 그 밖의 일반승계에 의한 경우는 제외한다)·변경·소멸(혼동에 의한 경우는 제외한다) 또는 처분의 제한

⑤ (×) 다른 공유자의 동의를 받아야 통상실시권을 허락할 수 있다(특허법 제102조 제7항).

답 ②

21 특허법상 '통상실시권 설정의 재정'에 관한 설명으로 옳지 않은 것은? 기출 23

① 특허발명의 실시가 공공의 이익을 위하여 특히 필요하여 하는 재정의 경우, 특허청장은 재정을 받은 자에게 통상실시권은 국내수요충족을 위한 공급을 주목적으로 하여야 한다는 조건을 붙일 수 있다.
② 특허발명을 실시하려는 자는 공공의 이익을 위하여 특허발명을 비상업적으로 실시하려는 경우와 사법적 절차 또는 행정적 절차에 의하여 불공정거래행위로 판정된 사항을 바로잡기 위하여 특허발명을 실시할 필요가 있는 경우, 특허권자 또는 전용실시권자와 협의 없이도 재정을 청구할 수 있다.
③ 반도체 기술에 대해서는, 공공의 이익을 위하여 비상업적으로 실시하려는 경우와, 사법적 절차 또는 행정적 절차에 의하여 불공정거래행위로 판정된 사항을 바로잡기 위하여 특허발명을 실시할 필요가 있는 경우에만 재정을 청구할 수 있다.
④ 특허출원일부터 4년이 지나지 아니한 특허발명에 관하여는 특허발명이 정당한 이유 없이 계속하여 3년 이상 국내에서 상당한 영업적 규모로 실시되고 있지 아니하거나 적당한 정도와 조건으로 국내수요를 충족시키지 못한다는 것을 근거로 재정을 청구할 수 없다.
⑤ 재정에 의한 통상실시권은 실시사업과 함께 이전하는 경우에만 이전할 수 있다.

해설

① (×) 특허발명의 실시가 공공의 이익을 위하여 특히 필요하여 하는 재정의 경우, 특허청장은 재정을 받은 자에게 통상실시권은 국내수요충족을 위한 공급을 주목적으로 하여야 한다는 조건을 붙여야 한다(특허법 제107조 제4항 제1호).
② (○) 공공의 이익을 위하여 비상업적으로 실시하려는 경우와 제4호에 해당하는 경우에는 협의 없이도 재정을 청구할 수 있다(특허법 제107조 제1항 단서).
③ (○) 반도체 기술에 대해서는 제1항 제3호(공공의 이익을 위하여 비상업적으로 실시하는 경우만 해당한다) 또는 제4호의 경우에만 재정을 청구할 수 있다(특허법 제107조 제6항).
④ (○) 특허출원일부터 4년이 지나지 아니한 특허발명에 관하여는 제1항 제1호 및 제2호를 적용하지 아니한다(특허법 제107조 제2항).

> **특허법 제107조(통상실시권 설정의 재정)**
> ① 특허발명을 실시하려는 자는 특허발명이 다음 각 호의 어느 하나에 해당하고, 그 특허발명의 특허권자 또는 전용실시권자와 합리적인 조건으로 통상실시권 허락에 관한 협의(이하 이 조에서 "협의"라 한다)를 하였으나 합의가 이루어지지 아니하는 경우 또는 협의를 할 수 없는 경우에는 특허청장에게 통상실시권 설정에 관한 재정(裁定)(이하 "재정"이라 한다)을 청구할 수 있다. 다만, 공공의 이익을 위하여 비상업적으로 실시하려는 경우와 제4호에 해당하는 경우에는 협의 없이도 재정을 청구할 수 있다.
> 1. 특허발명이 천재지변이나 그 밖의 불가항력 또는 대통령령으로 정하는 정당한 이유 없이 계속하여 3년 이상 국내에서 실시되고 있지 아니한 경우
> 2. 특허발명이 정당한 이유 없이 계속하여 3년 이상 국내에서 상당한 영업적 규모로 실시되고 있지 아니하거나 적당한 정도와 조건으로 국내수요를 충족시키지 못한 경우
> ② 특허출원일부터 4년이 지나지 아니한 특허발명에 관하여는 제1항 제1호 및 제2호를 적용하지 아니한다.

⑤ (○) 제107조에 따른 통상실시권은 실시사업과 함께 이전하는 경우에만 이전할 수 있다(특허법 제107조 제3항).

답 ①

22 특허권에 관한 설명으로 옳지 않은 것은? 기출 22

① 반도체 기술에 대해서는 특허법 제107조(통상실시권 설정의 재정) 제1항 제3호(공공의 이익을 위하여 비상업적으로 실시하는 경우만 해당한다)의 경우에만 재정을 청구할 수 있다.
② 비밀취급이 필요한 특허발명에 대해서는 그 발명의 비밀취급이 해제될 때까지 그 특허의 등록공고를 보류하여야 하며, 그 발명의 비밀취급이 해제된 경우에는 지체 없이 특허법 제87조(특허권의 설정등록 및 등록공고) 제3항에 따라 등록공고를 하여야 한다.
③ 특허발명의 실시가 특허법 제2조(정의) 제3호 나목에 따른 방법의 사용을 청약하는 행위인 경우 특허권의 효력은 그 방법의 사용이 특허권 또는 전용실시권을 침해한다는 것을 알면서 그 방법의 사용을 청약하는 행위에만 미친다.
④ 정부는 특허발명이 국가 비상사태, 극도의 긴급상황 또는 공공의 이익을 위하여 비상업적으로 실시할 필요가 있다고 인정하는 경우에는 그 특허발명을 실시하거나 정부 외의 자에게 실시하게 할 수 있다.
⑤ 청산절차가 진행 중인 법인의 특허권은 법인의 청산종결등기일(청산종결등기가 되었더라도 청산사무가 사실상 끝나지 아니한 경우에는 청산사무가 사실상 끝난 날과 청산종결등기일부터 6개월이 지난 날 중 빠른 날로 한다)까지 그 특허권의 이전등록을 하지 아니한 경우에는 청산종결등기일의 다음 날에 소멸한다.

| 해설 |
① (×) 반도체 기술에 대해서는 제1항 제3호(공공의 이익을 위하여 비상업적으로 실시하는 경우만 해당한다) 또는 "제4호의 경우"에만 재정을 청구할 수 있다(특허법 제107조 제6항).
② (○) 특허법 제87조 제4항
③ (○) 특허법 제94조 제2항
④ (○) 특허법 제106조의2 제1항
⑤ (○) 특허법 제124조 제2항

답 ①

23 특허법 제107조(통상실시권 설정의 재정)에 관한 설명으로 옳지 않은 것은? 기출 17

① 특허발명을 실시하려는 자는 그 특허발명이 천재지변이나 그 밖의 불가항력이 아닌 사유로 계속하여 3년 이상 국내에서 실시되고 있지 아니하고 특허권자, 전용실시권자 또는 통상실시권자와 합리적인 조건으로 협의하였으나 합의가 이루어지지 아니한 경우, 특허청장에게 재정을 청구할 수 있다.
② 특허출원일로부터 4년이 지나지 아니한 특허발명에 관하여는, 대통령령으로 정하는 정당한 이유없이 계속하여 3년 이상 국내에서 실시되고 있지 않다는 것을 근거로 재정을 청구할 수 없다.
③ 특허발명의 실시가 공공의 이익을 위하여 특히 필요하여 하는 재정의 경우, 통상실시권은 국내수요충족을 위한 공급을 주목적으로 하여야 한다.
④ 반도체 기술에 대해서는, 공공의 이익을 위하여 비상업적으로 실시하려는 경우와, 사법적 절차 또는 행정적 절차에 의하여 불공정거래행위로 판정된 사항을 바로잡기 위하여 특허발명을 실시할 필요가 있는 경우에만 재정을 청구할 수 있다.
⑤ 특허발명을 실시하려는 자는 공공의 이익을 위하여 특허발명을 비상업적으로 실시하려는 경우와 사법적 절차 또는 행정적 절차에 의하여 불공정거래행위로 판정된 사항을 바로잡기 위하여 특허발명을 실시할 필요가 있는 경우, 특허권자 또는 전용실시권자와 협의 없이도 재정을 청구할 수 있다.

....

해설

① (×) 특허권자 또는 전용실시권자와 합리적인 조건으로 통상실시권 허락에 관한 협의를 하였으나 협의가 이루어지지 아니한 경우에 특허청장에게 재정을 청구할 수 있으므로, 통상실시권자는 해당하지 않는다.
② (○) 특허법 제107조 제2항
③ (○) 특허법 제107조 제4항 제1호
④ (○) 특허법 제107조 제6항
⑤ (○) 특허발명을 실시하려는 자는 특허발명이 다음 각 호의 어느 하나에 해당하고, 그 특허발명의 특허권자 또는 전용실시권자와 합리적인 조건으로 통상실시권 허락에 관한 협의(이하 이 조에서 "협의"라 한다)를 하였으나 합의가 이루어지지 아니하는 경우 또는 협의를 할 수 없는 경우에는 특허청장에게 통상실시권 설정에 관한 재정(裁定)(이하 "재정"이라 한다)을 청구할 수 있다. 다만, <u>공공의 이익을 위하여 비상업적으로 실시하려는 경우와 제4호에 해당하는 경우에는 협의 없이도 재정을 청구할 수 있다</u>(특허법 제107조 제1항).

답 ①

24. 실시권에 관한 설명으로 옳지 않은 것은 모두 몇 개인가? 기출 18

ㄱ. 전용실시권자는 상속이나 그 밖의 일반승계의 경우 특허권자의 동의를 얻지 아니하고 그 전용실시권을 이전할 수 있다.
ㄴ. 전용실시권자는 특허권자의 동의를 받아야만 그 전용실시권을 목적으로 하는 질권을 설정하거나 통상실시권을 허락할 수 있다.
ㄷ. 전용실시권자가 그 권리를 포기함에 있어서는 그 전용실시권에 관한 질권자 또는 특허법 제100조(전용실시권) 제4항에 따른 통상실시권자의 동의를 얻어야 한다.
ㄹ. 통상실시권을 등록한 경우에는 그 등록 후에 특허권 또는 전용실시권을 취득한 자에 대해서도 그 효력이 발생한다.
ㅁ. 특허청장은 재정을 한 경우에는 당사자 및 그 특허에 관하여 등록을 한 권리를 가지는 자에게 재정서등본을 송달하여야 한다.
ㅂ. 특허청장은 재정청구일로부터 3개월 이내에 재정에 관한 결정을 하여야 한다.
ㅅ. 특허청장은 재정을 받은 자가 재정을 받은 목적에 적합하도록 그 특허발명을 실시하지 아니한 경우 이해관계인의 신청에 따라 또는 직권으로 그 재정을 취소할 수 있다.

① 0개
② 1개
③ 2개
④ 3개
⑤ 4개

해설

ㄱ. (O) 특허법 제100조 제3항
ㄴ. (O) 특허법 제100조 제4항
ㄷ. (O) 특허법 제119조 제2항
ㄹ. (O) 특허법 제118조 제1항
ㅁ. (O) 특허법 제111조 제1항
ㅂ. (×) 특허청장은 정당한 사유가 있는 경우를 제외하고는 재정청구일로부터 6개월 이내에 재정에 관한 결정을 하여야 한다(특허법 제110조 제3항).
ㅅ. (O) 특허법 제114조 제1항 제1호

답 ②

25 무권리자의 특허출원 등에 관한 설명으로 옳은 것은? (다툼이 있으면 판례에 따름) 기출 24

① 연구자의 지시에 따라 데이터를 수집하고 실험을 행한 A가 자기 이름으로 특허출원을 하였으나 특허를 받을 수 있는 권리를 가지지 아니한 사유로 A가 특허를 받지 못한 경우에 정당한 권리자 B가 A의 특허출원 후 특허를 출원하였다 하더라도 B의 특허출원은 A의 출원 시로 소급하지 못한다.
② 특허를 받을 수 있는 권리를 가지지 아니한 C가 특허출원하여 특허 등록되었을 경우에 정당한 권리자 D는 특허의 정정심판청구로 특허 등록할 수 있다.
③ 특허권의 이전청구에 따라 공유인 특허권의 지분을 이전하는 경우에 특허법의 규정에 따라 다른 공유자의 동의를 받아야 그 지분을 이전할 수 있다.
④ 특허권의 이전청구에 기초하여 특허권이 이전등록된 경우에, 제65조(출원공개의 효과) 제2항에 따른 보상금지급청구권은 특허권이 이전등록된 날부터 이전등록을 받은 자에게 있는 것으로 본다.
⑤ 이전등록된 특허권에 대하여 이전등록 당시에 전용실시권을 취득하고 등록을 받은 자가 특허권의 이전청구에 따른 특허권의 이전등록이 있기 전에 해당 특허가 무효심판 대상임을 알지 못하고 국내에서 해당 발명의 실시사업을 준비하고 있는 경우에 그 준비를 하고 있는 발명 및 사업목적의 범위에서 그 특허권에 대하여 통상실시권을 가진다.

해설

① (×) A는 기술적 사상의 창작에 실질적인 기여를 한 바 없기 때문에 '무권리자'에 해당한다. 무권리자의 특허출원 후 정당한 권리자의 특허출원은 무효로 된 그 특허의 출원 시에 특허출원한 것으로 본다(특허법 제35조 참고).

> **특허법 제35조(무권리자의 특허와 정당한 권리자의 보호)**
> 제33조 제1항 본문에 따른 특허를 받을 수 있는 권리를 가지지 아니한 사유로 제133조 제1항 제2호에 해당하여 특허를 무효로 한다는 심결이 확정된 경우에는 그 무권리자의 특허출원 후에 한 정당한 권리자의 특허출원은 무효로 된 그 특허의 출원 시에 특허출원한 것으로 본다. 다만, 심결이 확정된 날부터 30일이 지난 후에 정당한 권리자가 특허출원을 한 경우에는 그러하지 아니하다.

② (×) 특허를 받을 수 있는 권리를 가지지 아니한 C가 특허출원하여 특허 등록되었을 경우에 정당한 권리자 D는 특허권의 이전청구를 할 수 있다(특허법 제99조의2 제1항 참고).

> **특허법 제99조의2(특허권의 이전청구)**
> ① 특허가 제133조 제1항 제2호 본문에 해당하는 경우에 특허를 받을 수 있는 권리를 가진 자는 법원에 해당 특허권의 이전(특허를 받을 수 있는 권리가 공유인 경우에는 그 지분의 이전을 말한다)을 청구할 수 있다.

③ (×) 다른 공유자의 동의를 얻지 아니하더라도 그 지분의 이전을 청구할 수 있다(특허법 제99조의2 제3항).
④ (×) 특허권이 이전등록된 경우에는 특허권과 보상금청구권은 특허권이 설정등록된 날부터 이전등록을 받은 자에게 있는 것으로 본다(특허법 제99조의2 제2항).

⑤ (O) 특허법 제103조의2 참고

> **특허법 제103조의2(특허권의 이전청구에 따른 이전등록 전의 실시에 의한 통상실시권)**
> ① 다음 각 호의 어느 하나에 해당하는 자가 제99조의2 제2항에 따른 특허권의 이전등록이 있기 전에 해당 특허가 제133조 제1항 제2호 본문에 해당하는 것을 알지 못하고 국내에서 해당 발명의 실시사업을 하거나 이를 준비하고 있는 경우에는 그 실시하거나 준비를 하고 있는 발명 및 사업목적의 범위에서 그 특허권에 대하여 통상실시권을 가진다.
> 1. 이전등록된 특허의 원(原)특허권자
> 2. 이전등록된 특허권에 대하여 이전등록 당시에 이미 전용실시권이나 통상실시권 또는 그 전용실시권에 대한 통상실시권을 취득하고 등록을 받은 자. 다만, 제118조 제2항에 따른 통상실시권을 취득한 자는 등록을 필요로 하지 아니한다.

답 ⑤

26 특허권에 관한 설명으로 옳은 것은? 기출 24

① 특허권의 상속이 개시된 때 상속인이 없는 경우에는 그 특허권은 국가에 귀속된다.
② 특허권이 공유인 경우 각 공유자는 계약으로 특별히 약정한 경우를 제외하고는 다른 공유자의 동의를 받지 아니하고 그 특허발명을 자신이 실시할 수 없다.
③ 청산절차가 진행 중인 법인의 특허권은 법인의 청산종결등기일(청산종결등기가 되었더라도 청산사무가 사실상 끝나지 아니한 경우에는 청산사무가 사실상 끝난 날과 청산종결등기일부터 6개월이 지난 날 중 빠른 날로 한다)까지 그 특허권의 이전등록을 하지 아니한 경우에는 청산종결등기일에 소멸한다.
④ 특허법에 따라 특허청장이 정한 대가와 보상금액에 관하여 확정된 결정은 집행력 있는 집행권원(執行權原)과 같은 효력을 가진다. 이 경우 집행력 있는 정본은 법원 소속공무원이 부여한다.
⑤ 특허권을 포기한 때에는 특허권은 그때부터 소멸된다.

해설

① (×) 특허권의 상속이 개시된 때 상속인이 없는 경우에는 그 특허권은 소멸된다(특허법 제124조 제1항).
② (×) 특허권인 공유인 경우에는 각 공유자는 계약으로 특별히 약정한 경우를 제외하고는 다른 공유자의 동의를 받지 아니하고 그 특허발명을 자신이 실시할 수 있다(특허법 제99조 제3항).
③ (×) 청산절차가 진행 중인 법인의 특허권은 법인의 청산종결등기일(청산종결등기가 되었더라도 청산사무가 사실상 끝나지 아니한 경우에는 청산사무가 사실상 끝난 날과 청산종결등기일부터 6개월이 지난 날 중 빠른 날로 한다. 이하 이 항에서 같다)까지 그 특허권의 이전등록을 하지 아니한 경우에는 청산종결등기일의 다음 날에 소멸한다(특허법 제124조 제2항).
④ (×) 특허청장이 정한 대가와 보상금액에 관하여 확정된 결정은 집행력 있는 집행권원(執行權原)과 같은 효력을 가진다. 이 경우 집행력 있는 정본은 특허청 소속 공무원이 부여한다(특허법 제125조의2).
⑤ (O) 특허권·전용실시권 또는 통상실시권을 포기한 때에는 특허권·전용실시권 또는 통상실시권은 그때부터 소멸된다(특허법 제120조).

답 ⑤

27

특허권의 효력 등에 관한 설명으로 옳지 않은 것은? (다툼이 있으면 판례에 따름) 기출 17

① A국의 특허권자인 甲으로부터 당해 특허에 관한 실시권을 얻은 자가 A국 내에서 실시권의 범위 내에서 생산 판매한 제품을 B국에 수출한 경우, B국에서 이를 업으로 수입한 자가 B국의 해당 특허의 특허권자 乙로부터 실시허락을 받지 않았다면 乙에 대하여 특허침해의 책임을 부담한다.
② 특허권의 포기, 특허의 정정 또는 정정심판을 청구하고자 하는 경우 전용실시권자, 허락에 의한 통상실시권자, 직무발명에 의한 통상실시권자 및 질권자 등의 동의를 필요로 한다.
③ 특허발명에 대한 무효심결 확정 전이라 하더라도 진보성이 부정되어 특허가 무효로 될 것이 명백한 경우에 그 특허권에 기초한 침해금지 또는 손해배상 등의 청구는 특별한 사정이 없는 한 권리남용에 해당하며, 이 경우 특허권침해소송담당 법원은 권리남용 항변의 당부를 판단하기 위한 전제로서 특허발명의 진보성여부를 심리할 수 있다.
④ 특허발명에 대한 무효심결 확정 전 권리범위 확인심판에 있어서 심판청구의 대상이 되는 특허발명이 통상의 기술자가 선행기술로부터 용이하게 발명할 수 있어 진보성 흠결을 이유로 그 권리범위를 부정할 수는 없다.
⑤ 물건(A)을 생산하는 기계(B)를 청구범위로 하는 특허 X의 권리범위는 그 기계(B)로 생산된 물건(A) 및 그 제조방법에는 미치지 않는 것이므로 그 기계(B)를 제3자로부터 구입하여 물건(A)을 제조·판매하는 행위는 그 제3자가 X의 특허권자로부터 정당한 실시허락을 받았는지에 관계없이 특허 X의 특허권을 침해하는 행위가 아니다.

해설

② (○) 특허법 제119조·제136조

> **특허법 제119조(특허권 등의 포기의 제한)**
> ① 특허권자는 다음 각 호의 모두의 동의를 받아야만 특허권을 포기할 수 있다.
>   1. 전용실시권자
>   2. 질권자
>   3. 제100조 제4항에 따른 통상실시권자
>   4. 제102조 제1항에 따른 통상실시권자
>   5. 「발명진흥법」제10조 제1항에 따른 통상실시권자
> ② 전용실시권자는 질권자 또는 제100조 제4항에 따른 통상실시권자의 동의를 받아야만 전용실시권을 포기할 수 있다.
> ③ 통상실시권자는 질권자의 동의를 받아야만 통상실시권을 포기할 수 있다.

③ (○) 특허발명에 대한 무효심결이 확정되기 전이라고 하더라도 특허발명의 진보성이 부정되어 특허가 특허무효심판에 의하여 무효로 될 것임이 명백한 경우에는 특허권에 기초한 침해금지 또는 손해배상 등의 청구는 특별한 사정이 없는 한 권리남용에 해당하여 허용되지 아니한다고 보아야 하고, 특허권침해소송을 담당하는 법원으로서도 특허권자의 그러한 청구가 권리남용에 해당한다는 항변이 있는 경우 당부를 살피기 위한 전제로서 특허발명의 진보성 여부에 대하여 심리·판단할 수 있다(판례 2010다95390).
⑤ (×) 기계(B)에 대하여 기계(B)를 사용하는 것 또한 특허 X의 권리범위에 속하므로 기계(B)를 사용하여 물건(A)를 생산하는 행위는 특허 X의 특허권을 침해하는 행위이다.

답 ⑤

28 甲은 '화합물 a를 유효성분으로 하는 천식치료제'에 대한 특허권자로 이 특허권('특허권 A')의 존속기간은 2016년 5월에 만료될 예정이다. 다음 중 옳지 않은 것은? (다툼이 있으면 판례에 따르며, 乙의 행위는 모두 권한 없이 업으로서 행해진 것으로 본다) 기출 16

① 특허권 A의 존속기간 만료 후에 판매할 목적으로 '화합물 a를 유효성분으로 하는 천식치료제'에 대하여 약사법에 따른 품목허가신청에 필요한 시험을 하기 위해 화합물 a를 제조하고 이를 위 목적으로 사용한 乙의 행위는 특허권 침해에 해당하지 않는다.
② 특허권 A의 존속기간 만료 후에 판매할 목적으로 '화합물 a를 유효성분으로 하는 천식치료제'에 대하여 약사법에 따른 품목허가신청을 한 乙의 행위는 특허권 침해에 해당하지 않는다.
③ 특허권 A의 존속기간 만료 후에 판매할 목적으로 특허권 A의 존속기간 중에 '화합물 a를 유효성분으로 하는 천식치료제'를 제조하여 창고에 보관한 乙의 행위는 특허권 침해에 해당한다.
④ '화합물 a를 유효성분으로 하는 천식치료제'에 대하여 약사법에 따른 품목허가를 받은 후 아직 그 제품을 제조하지 않은 상태에서 특허권 A의 존속기간 만료 후의 판매를 위하여 특허권 A의 존속기간 중에 X병원에 대해 청약한 乙의 행위는 특허권 침해에 해당한다.
⑤ 乙이 '화합물 a를 유효성분으로 하는 천식치료제'에 대하여 약사법에 따른 품목허가를 받은 후 특허권 A의 존속기간 중에 '화합물 a를 유효성분으로 하는 천식치료제'('乙 제품')의 제조·판매를 하였고 존속기간 만료 후에도 계속 乙 제품의 제조·판매를 하고 있는 사실에 대해 甲이 특허권 A의 존속기간 만료 후에 알았다면, 甲은 乙 제품의 폐기를 주장할 수 있다.

해설
⑤ (×) 이미 소멸된 특허발명에 의하여 특허침해금지 및 특허 침해제품의 폐기를 주장할 수 없다(判例 2007다45876).

답 ⑤

CHAPTER 09 특허권의 침해 및 구제

제1편 | 특허법, 특허·실용신안 심사기준

01 특허권의 침해 및 입증완화

(1) 법조문

> **제97조(특허발명의 보호범위)**
> 특허발명의 보호범위는 청구범위에 적혀 있는 사항에 의하여 정하여진다.
>
> **제126조(권리침해에 대한 금지청구권 등)**
> ① 특허권자 또는 전용실시권자는 자기의 권리를 침해한 자 또는 침해할 우려가 있는 자에 대하여 그 침해의 금지 또는 예방을 청구할 수 있다.
> ② 특허권자 또는 전용실시권자가 제1항에 따른 청구를 할 때에는 침해행위를 조성한 물건(물건을 생산하는 방법의 발명인 경우에는 침해행위로 생긴 물건을 포함한다)의 폐기, 침해행위에 제공된 설비의 제거, 그 밖에 침해의 예방에 필요한 행위를 청구할 수 있다. 기출 17
>
> **제126조의2(구체적 행위태양 제시 의무)**
> ① 특허권 또는 전용실시권 침해소송에서 특허권자 또는 전용실시권자가 주장하는 침해행위의 구체적 행위태양을 부인하는 당사자는 자기의 구체적 행위태양을 제시하여야 한다. 기출 19
> ② 법원은 당사자가 제1항에도 불구하고 자기의 구체적 행위태양을 제시할 수 없는 정당한 이유가 있다고 주장하는 경우에는 그 주장의 당부를 판단하기 위하여 그 당사자에게 자료의 제출을 명할 수 있다. 다만, 그 자료의 소지자가 그 자료의 제출을 거절할 정당한 이유가 있으면 그러하지 아니하다. 기출 25
> ③ 제2항에 따른 자료제출명령에 관하여는 제132조 제2항 및 제3항을 준용한다. 이 경우 제132조 제3항 중 "침해의 증명 또는 손해액의 산정에 반드시 필요한 때"를 "구체적 행위태양을 제시할 수 없는 정당한 이유의 유무 판단에 반드시 필요한 때"로 한다.
> ④ 당사자가 정당한 이유 없이 자기의 구체적 행위태양을 제시하지 않는 경우에는 법원은 특허권자 또는 전용실시권자가 주장하는 침해행위의 구체적 행위태양을 진실한 것으로 인정할 수 있다. 기출 25
>
> **제127조(침해로 보는 행위)**
> 다음 각 호의 구분에 따른 행위를 업으로서 하는 경우에는 특허권 또는 전용실시권을 침해한 것으로 본다. 〈개정 2025.1.21.〉
> 1. 특허가 물건의 발명인 경우 : 그 물건의 생산에만 사용하는 물건을 생산·양도·대여·수출 또는 수입하거나 그 물건의 양도 또는 대여의 청약을 하는 행위 기출 21
> 2. 특허가 방법의 발명인 경우 : 그 방법의 실시에만 사용하는 물건을 생산·양도·대여·수출 또는 수입하거나 그 물건의 양도 또는 대여의 청약을 하는 행위
>
> [시행일 : 2025.7.22.]

제128조의2(감정사항 설명의무)
특허권 또는 전용실시권 침해소송에서 법원이 침해로 인한 손해액의 산정을 위하여 감정을 명한 때에는 당사자는 감정인에게 감정에 필요한 사항을 설명하여야 한다.

제129조(생산방법의 추정)
물건을 생산하는 방법의 발명에 관하여 특허가 된 경우에 그 물건과 동일한 물건은 그 특허된 방법에 의하여 생산된 것으로 추정한다. 다만, 그 물건이 다음 각 호의 어느 하나에 해당하는 경우에는 그러하지 아니하다.
  1. 특허출원 전에 국내에서 공지되었거나 공연히 실시된 물건 `기출 17`
  2. 특허출원 전에 국내 또는 국외에서 반포된 간행물에 게재되었거나 전기통신회선을 통하여 공중이 이용할 수 있는 물건

제130조(과실의 추정)
타인의 특허권 또는 전용실시권을 침해한 자는 그 침해행위에 대하여 과실이 있는 것으로 추정한다.

제131조(특허권자 등의 신용회복)
법원은 고의나 과실로 특허권 또는 전용실시권을 침해함으로써 특허권자 또는 전용실시권자의 업무상 신용을 떨어뜨린 자에 대해서는 특허권자 또는 전용실시권자의 청구에 의하여 손해배상을 갈음하여 또는 손해배상과 함께 특허권자 또는 전용실시권자의 업무상 신용회복을 위하여 필요한 조치를 명할 수 있다.

제132조(자료의 제출)
① 법원은 특허권 또는 전용실시권 침해소송에서 당사자의 신청에 의하여 상대방 당사자에게 해당 침해의 증명 또는 침해로 인한 손해액의 산정에 필요한 자료의 제출을 명할 수 있다. 다만, 그 자료의 소지자가 그 자료의 제출을 거절할 정당한 이유가 있으면 그러하지 아니하다. `기출 24`
② 법원은 자료의 소지자가 제1항에 따른 제출을 거부할 정당한 이유가 있다고 주장하는 경우에는 그 주장의 당부를 판단하기 위하여 자료의 제시를 명할 수 있다. 이 경우 법원은 그 자료를 다른 사람이 보게 하여서는 아니 된다.
③ 제1항에 따라 제출되어야 할 자료가 영업비밀(「부정경쟁방지 및 영업비밀보호에 관한 법률」 제2조 제2호에 따른 영업비밀을 말한다. 이하 같다)에 해당하나 침해의 증명 또는 손해액의 산정에 반드시 필요한 때에는 제1항 단서에 따른 정당한 이유로 보지 아니한다. 이 경우 법원은 제출명령의 목적 내에서 열람할 수 있는 범위 또는 열람할 수 있는 사람을 지정하여야 한다.
④ 당사자가 정당한 이유 없이 자료제출명령에 따르지 아니한 때에는 법원은 자료의 기재에 대한 상대방의 주장을 진실한 것으로 인정할 수 있다.
⑤ 제4항에 해당하는 경우 자료의 제출을 신청한 당사자가 자료의 기재에 관하여 구체적으로 주장하기에 현저히 곤란한 사정이 있고 자료로 증명할 사실을 다른 증거로 증명하는 것을 기대하기도 어려운 때에는 법원은 그 당사자가 자료의 기재에 의하여 증명하고자 하는 사실에 관한 주장을 진실한 것으로 인정할 수 있다.

(2) 특허권 침해의 의의

특허권자는 업으로 특허발명을 실시할 권리를 독점하므로, 정당한 권원이 없는 자가 특허발명의 보호범위에 속하는 발명을 업으로 실시할 경우 특허권의 침해가 성립한다.

(3) 침해의 성립요건

① **유효한 특허권의 존속** : 유효하게 존속 중인 특허권에 대하여 침해가 성립하므로, 존속기간 만료, 특허료 불납, 특허권의 포기 등에 의해 소멸한 특허를 제3자가 실시할 경우 침해가 성립하지 않는다. 또한 특허권이 유효하게 존속 중이더라도 특허의 효력이 미치지 않는 범위 내에서의 실시는 침해를 구성하지 않는다.

② **정당권원이 없는 자일 것** : 전용실시권자 또는 통상실시권자 등 특허를 실시할 정당한 권원이 있는 자의 실시는 침해를 구성하지 않으며, 정당한 권원이 없는 자가 특허발명을 실시할 경우 침해가 성립한다.

③ **특허발명의 보호범위에 속하는 발명일 것** : 특허발명의 보호범위는 청구범위에 적혀있는 사항에 의하여 정해지므로, 청구범위에 속하는 발명을 실시할 경우 침해가 성립한다. 특허발명의 보호범위를 판단할 때에는 발명의 설명, 공지기술, 출원경과 등을 참작하여 특허발명의 실시인지 여부를 결정하며, 특허발명과 균등한 범위의 발명에 해당할 경우에도 침해를 구성한다. 다만, 특허발명의 보호범위에 속하지 않더라도 간접침해에 해당한다면 특허발명의 침해로 간주하는 것이 특허법의 태도이다.

④ **업으로의 실시일 것** : '업'으로의 실시여야 하는 바 개인적, 가정적 실시의 경우에는 특허권의 침해를 구성하지 않으며, 특허발명에 대한 '실시'이어야 하므로 특허법 제2조 제3호 각 목의 물건발명, 방법발명 또는 제법발명의 실시에 해당하지 않으면 침해를 구성하지 않는다.

(4) 침해에 대한 구제

① 사전적 조치

㉠ 경고 : 경고란 자신의 특허발명을 침해하고 있다고 추정되는 자에게 침해당한 권리의 존재를 알리고 침해행위에 대한 합의 또는 금지를 요청하는 의사표시를 말한다. 경고장 발송 행위로 인해 직접적인 법률효과가 발생하지는 않으나 경고장을 받은 이후의 침해행위에 대하여 침해자의 고의를 입증할 수 있다는 실익이 있다.

㉡ 증거보전 신청 : 법원은 미리 증거조사를 하지 아니하면 증거인멸의 우려 등이 있어 증거를 사용하기 곤란한 사정이 있다고 인정한 때에는 당사자의 신청에 따라 증거조사 및 증거보전을 할 수 있다(민사소송법 제375조).

㉢ 침해금지 가처분 신청 : 다툼이 있는 권리에 대하여 본안소송 확정 전 현저한 손해를 피하거나 급박한 위험을 막기 위해 침해금지 가처분 신청을 할 수 있다. 가처분 신청을 위하여 i) 피보전권리로서 침해금지청구권이 존재할 것, ii) 권리의 소멸우려가 없는 등 보전의 필요성이 있을 것이 요구된다(민사집행법 제300조).

② 민사적 조치
  ㉠ 침해금지 및 예방청구
    - 특허권자 또는 전용실시권자는 자기의 권리를 침해한 자 또는 침해할 우려가 있는 자에 대하여 고의 또는 과실을 불문하고 그 침해의 금지 또는 예방을 청구할 수 있다(法 제126조 제1항).
    - 특허권자 또는 전용실시권자가 침해금지청구를 할 때에는 침해행위를 조성한 물건(물건을 생산하는 방법의 발명인 경우에는 침해행위로 생긴 물건 포함)의 폐기, 침해행위에 제공된 설비의 제거, 그 밖에 침해의 예방에 필요한 행위를 청구할 수 있다(法 제126조 제2항).
  ㉡ 손해배상청구권
    - 특허권자 또는 전용실시권자는 고의 또는 과실로 자기의 특허권 또는 전용실시권을 침해한 자에 대하여 침해로 인하여 입은 손해의 배상을 청구할 수 있다(法 제128조 제1항).
    - 손해배상청구권의 발생 요건으로는 ⅰ) 침해행위가 있을 것, ⅱ) 손해가 발생하였을 것, ⅲ) 침해행위와 손해 사이의 인과관계가 있을 것, ⅳ) 상대방의 고의 또는 과실이 있을 것이 요구된다.
  ㉢ 신용회복청구권 : 법원은 고의나 과실로 특허권 또는 전용실시권을 침해함으로써 특허권자 또는 전용실시권자의 업무상 신용을 떨어뜨린 자에 대해서는 특허권자 또는 전용실시권자의 청구에 의하여 손해배상을 갈음하여 또는 손해배상과 함께 특허권자 또는 전용실시권자의 업무상 신용회복을 위하여 필요한 조치를 명할 수 있다(法 제131조).
  ㉣ 부당이득반환청구권 : 법률상 원인 없이 타인의 특허발명을 실시하여 이익을 얻고 이로 인하여 타인에게 손해를 가한 자는 그 이익을 반환하여야 하므로, 특허권자 또는 전용실시권자는 침해자에게 부당이득반환을 청구할 수 있다(민법 제741조 준용). 고의 또는 과실을 불문하고 행사할 수 있으며, 10년의 소멸시효기간이 적용된다.
③ 형사적 조치
  ㉠ 침해죄
    - 특허권 또는 전용실시권을 침해한 자는 7년 이하의 징역 또는 1억원 이하의 벌금에 처하며, 이는 피해자의 명시적인 의사에 반하여 공소(公訴)를 제기할 수 없는 반의사불벌죄에 해당한다(法 제225조).
    - 특허발명과 침해제품의 특정 : 침해제품이 특허발명의 특허권을 침해하였는지가 문제로 되는 특허법 위반 사건에서 다른 사실과 식별이 가능하도록 범죄 구성요건에 해당하는 구체적 사실을 기재하였다고 하기 위해서는, 침해의 대상과 관련하여 특허등록번호를 기재하는 방법 등에 의하여 침해의 대상이 된 특허발명을 특정할 수 있어야 하고, 침해의 태양과 관련하여서는 침해제품 등의 제품명, 제품번호 등을 기재하거나 침해제품 등의 구성을 기재하는 방법 등에 의하여 침해제품 등을 다른 것과 구별할 수 있을 정도로 특정할 수 있어야 한다(判例 2015도17674).

기출 20

- ⓒ 몰수
  - 침해죄에 해당하는 침해행위를 조성한 물건 또는 그 침해행위로부터 생긴 물건은 몰수하거나 피해자의 청구에 따라 그 물건을 피해자에게 교부할 것을 선고하여야 한다(法 제231조 제1항).
  - 피해자는 청구한 물건을 받은 경우에는 그 물건의 가액을 초과하는 손해액에 대해서만 배상을 청구할 수 있다(法 제231조 제2항).
- ⓒ 양벌규정 : 법인의 대표자나 법인 또는 개인의 대리인, 사용인, 그 밖의 종업원이 그 법인 또는 개인의 업무에 관하여 침해죄(法 제225조 제1항), 허위표시의 죄(法 제228조) 또는 거짓행위의 죄(法 제229조)의 어느 하나에 해당하는 위반행위를 하면 그 행위자를 벌하는 외에 그 법인에는 3억 이하의 벌금형을, 그 개인에게는 1억 이하의 벌금형을 과한다. 다만, 법인 또는 개인이 그 위반행위를 방지하기 위하여 해당 업무에 관하여 상당한 주의와 감독을 게을리하지 아니한 경우에는 그러하지 아니하다(法 제230조).

④ **특허권자의 보호를 위한 입증책임의 전환 및 완화** : 특허발명은 무체재산권으로서 그 침해를 입증하는 것이 일반적인 재산권의 침해에 비해 매우 어려우므로, 피해자가 아닌 침해자가 스스로 입증해야 할 사항들을 특허법상 규정하여 특허권자의 보호를 도모하고 있다.

- ㉠ 구체적 행위태양 제시 의무
  - 취지 : 2019년 7월 9일 시행법으로서 특허권자의 입증책임을 완화하고, 침해자에게 침해행위태양에 대한 간접부인의무를 부여하여 불응시 제재하기 위한 규정이다. 제조방법발명의 입증난이도를 악용한 침해를 방지하여 기술탈취를 근절하기 위함이다.
  - 내 용
    - (구체적 행위태양 제시 의무) 특허권 또는 전용실시권 침해소송에서 특허권자 또는 전용실시권자가 주장하는 침해행위의 구체적 행위태양을 부인하는 당사자는 자기의 구체적 행위태양을 제시하여야 한다.
    - (자료제출명령) 법원은 당사자가 자기의 구체적 행위태양을 제시할 수 없는 정당한 이유가 있다고 주장하는 경우에는 그 주장의 당부를 판단하기 위하여 그 당사자에게 자료의 제출을 명할 수 있다. 다만, 그 자료의 소지자가 그 자료의 제출을 거절할 정당한 이유가 있으면 그러하지 아니하다.
    - (비밀심리절차) 법원은 자료의 소지자가 제출을 거부할 정당한 이유가 있다고 주장하는 경우 그 주장의 당부를 판단하기 위하여 자료의 제시를 명할 수 있으며, 법원은 그 자료를 다른 사람이 보게 해서는 안 된다. 또한 제출되어야 할 자료가 영업비밀에 해당하나 구체적 행위태양을 제시할 수 없는 정당한 이유의 유무 판단에 반드시 필요한 때에는 정당한 이유로 보지 아니한다. 이 경우 법원은 제출명령의 목적 내에서 열람할 수 있는 범위 또는 열람할 수 있는 사람을 지정하여야 한다(法 제132조 제2항·제3항 준용).
    - (법원의 인정) 당사자가 정당한 이유 없이 자기의 구체적 행위태양을 제시하지 않는 경우에는 법원은 특허권자 또는 전용실시권자가 주장하는 침해행위의 구체적 행위태양을 진실한 것으로 인정할 수 있다.

- ⓒ 생산방법의 추정
  - 내용 : 물건을 생산하는 방법의 발명에 관하여 특허가 된 경우에 그 물건과 동일한 물건은 그 특허된 방법에 의하여 생산된 것으로 추정한다. 다만, ⅰ) 특허출원 전에 국내에서 공지되었거나 공연실시된 경우, 또는 ⅱ) 특허출원 전에 국내 또는 국외에서 반포된 간행물에 게재되었거나 전기통신회선을 통하여 공중이 이용할 수 있는 경우는 제외한다(法 제129조).
  - 입증책임 : 물건을 생산하는 방법에 관한 증명이 곤란하므로 입증책임을 전환하여 침해자가 스스로 실시발명이 특허된 방법에 의해 생산된 것이 아니거나, 특허출원 전 이미 공지된 물건임을 입증하여야 한다.
- ⓒ 과실의 추정
  - 취지 : 특허발명의 내용은 특허공보 또는 특허등록원부 등에 의해 공시되어 일반 공중에게 널리 알려져 있을 수 있고, 업으로서 기술을 실시하는 사업자에게 당해 기술분야에서 특허권의 침해에 대한 주의의무를 부과하는 것이 정당하므로 특허법상 과실 추정을 규정하였다.
  - 내용 : 타인의 특허권 또는 전용실시권을 침해한 자는 그 침해행위에 대하여 과실이 있는 것으로 추정한다(法 제130조).
  - 과실추정의 복멸 : 특허법 제130조는 타인의 특허권 또는 전용실시권을 침해한 자는 그 침해행위에 대하여 과실이 있는 것으로 추정한다고 규정하고 있고, 그 취지는 특허발명의 내용은 특허공보 또는 특허등록원부 등에 의해 공시되어 일반 공중에게 널리 알려져 있을 수 있고, 또 업으로서 기술을 실시하는 사업자에게 당해 기술분야에서 특허권의 침해에 대한 주의의무를 부과하는 것이 정당하다는 데 있는 것이고, 위 규정에도 불구하고 타인의 특허발명을 허락 없이 실시한 자에게 과실이 없다고 하기 위해서는 특허권의 존재를 알지 못하였다는 점을 정당화할 수 있는 사정이 있다거나 자신이 실시하는 기술이 특허발명의 권리범위에 속하지 않는다고 믿은 점을 정당화할 수 있는 사정이 있다는 것을 주장·입증하여야 할 것이다(判例 2003다15006). 기출 20·21
  - 관련 판례 : 타 특허발명과 동일한 기술이 자신의 권리로 등록받았더라도 그 권리의 등록무효심결이 확정된 경우, 타 특허발명의 침해 당시 실시가 등록된 자신의 권리에 기해 제작한 것이라고 믿었던 점만으로는 과실 추정이 번복되지 않는다(判例 2007다65245).
  - 민사소송에서, 정정 후에도 정정 후 발명의 침해에도 과실추정 적용 가능 여부 : 특허권을 침해하는 제품을 생산·판매한 후에 특허발명의 특허청구범위를 정정하는 심결이 확정되었더라도, 정정심결의 확정 전·후로 특허청구범위에 실질적인 변경이 없었으므로, 특허법 제130조에 의해 특허권 침해행위에 과실이 있는 것으로 추정하는 법리는 정정을 전·후하여 그대로 유지된다고 한 사례(判例 2009다19925).

ⓐ 자료의 제출
- 의의 : 법원은 특허권 또는 전용실시권 침해소송에서 당사자의 신청에 의하여 상대방 당사자에게 해당 침해의 증명 또는 침해로 인한 손해액의 산정에 필요한 자료의 제출을 명할 수 있다. 다만, 그 자료의 소지자가 그 자료의 제출을 거절할 정당한 이유가 있으면 그러하지 아니하다(法 제132조 제1항).
- 비밀심리절차
  - 법원은 자료의 소지자가 제1항에 따른 제출을 거부할 정당한 이유가 있다고 주장하는 경우에는 그 주장의 당부를 판단하기 위하여 자료의 제시를 명할 수 있다. 이 경우 법원은 그 자료를 다른 사람이 보게 하여서는 아니 된다(法 제132조 제2항). 다만, 제출되어야 할 자료가 영업비밀(「부정경쟁방지 및 영업비밀보호에 관한 법률」 제2조 제2호에 따른 영업비밀)에 해당하나 침해의 증명 또는 손해액의 산정에 반드시 필요한 때에는 제출을 거부할 정당한 이유로 보지 아니한다. 이 경우 법원은 제출명령의 목적 내에서 열람할 수 있는 범위 또는 열람할 수 있는 사람을 지정하여야 한다(法 제132조 제3항).
  - 법원의 인정 : 당사자가 정당한 이유 없이 자료제출명령에 따르지 아니한 때에는 법원은 자료의 기재에 대한 상대방의 주장을 진실한 것으로 인정할 수 있다(法 제132조 제4항). 자료의 제출을 신청한 당사자가 자료의 기재에 관하여 구체적으로 주장하기에 현저히 곤란한 사정이 있고 자료로 증명할 사실을 다른 증거로 증명하는 것을 기대하기도 어려운 때에는 법원은 그 당사자가 자료의 기재에 의하여 증명하고자 하는 사실에 관한 주장을 진실한 것으로 인정할 수 있다(法 제132조 제5항).
- 문서제출명령 위반 시 효과 : 당사자가 법원으로부터 문서제출명령을 받았음에도 불구하고 그 명령에 따르지 아니한 때에는 법원은 상대방의 그 문서에 관한 주장 즉, 문서의 성질, 내용, 성립의 진정 등에 관한 주장을 진실한 것으로 인정할 수 있음은 별론으로 하고, 그 문서들에 의하여 입증하려고 하는 상대방의 주장사실이 바로 증명되었다고 볼 수는 없으며, 그 주장사실의 인정 여부는 법원의 자유심증에 의하는 것이다(判例 2006다9446).

02 손해배상청구권

(1) 법조문

제128조(손해배상청구권 등)

① 특허권자 또는 전용실시권자는 고의 또는 과실로 자기의 특허권 또는 전용실시권을 침해한 자에 대하여 침해로 인하여 입은 손해의 배상을 청구할 수 있다. [기출 21]

② 제1항에 따라 손해배상을 청구하는 경우 그 권리를 침해한 자가 그 침해행위를 하게 한 물건을 양도하였을 때에는 다음 각 호에 해당하는 금액의 합계액을 특허권자 또는 전용실시권자가 입은 손해액으로 할 수 있다.

1. 그 물건의 양도수량(특허권자 또는 전용실시권자가 그 침해행위 외의 사유로 판매할 수 없었던 사정이 있는 경우에는 그 침해행위 외의 사유로 판매할 수 없었던 수량을 뺀 수량) 중 특허권자 또는 전용실시권자가 생산할 수 있었던 물건의 수량에서 실제 판매한 물건의 수량을 뺀 수량을 넘지 않는 수량에 특허권자 또는 전용실시권자가 그 침해행위가 없었다면 판매할 수 있었던 물건의 단위수량당 이익액을 곱한 금액
2. 그 물건의 양도수량 중 특허권자 또는 전용실시권자가 생산할 수 있었던 물건의 수량에서 실제 판매한 물건의 수량을 뺀 수량을 넘는 수량 또는 그 침해행위 외의 사유로 판매할 수 없었던 수량이 있는 경우 이들 수량(특허권자 또는 전용실시권자가 그 특허권자의 특허권에 대한 전용실시권의 설정, 통상실시권의 허락 또는 그 전용실시권자의 전용실시권에 대한 통상실시권의 허락을 할 수 있었다고 인정되지 않는 경우에는 해당 수량을 뺀 수량)에 대해서는 특허발명의 실시에 대하여 합리적으로 받을 수 있는 금액

③ 삭제 〈2020.6.9.〉

④ 제1항에 따라 손해배상을 청구하는 경우 특허권 또는 전용실시권을 침해한 자가 그 침해행위로 인하여 얻은 이익액을 특허권자 또는 전용실시권자가 입은 손해액으로 추정한다. [기출 21·24]

⑤ 제1항에 따라 손해배상을 청구하는 경우 그 특허발명의 실시에 대하여 합리적으로 받을 수 있는 금액을 특허권자 또는 전용실시권자가 입은 손해액으로 하여 손해배상을 청구할 수 있다. [기출 21]

⑥ 제5항에도 불구하고 손해액이 같은 항에 따른 금액을 초과하는 경우에는 그 초과액에 대해서도 손해배상을 청구할 수 있다. 이 경우 특허권 또는 전용실시권을 침해한 자에게 고의 또는 중대한 과실이 없을 때에는 법원은 손해배상액을 산정할 때 그 사실을 고려할 수 있다. [기출 19·21]

⑦ 법원은 특허권 또는 전용실시권의 침해에 관한 소송에서 손해가 발생된 것은 인정되나 그 손해액을 증명하기 위하여 필요한 사실을 증명하는 것이 해당 사실의 성질상 극히 곤란한 경우에는 제2항부터 제6항까지의 규정에도 불구하고 변론 전체의 취지와 증거조사의 결과에 기초하여 상당한 손해액을 인정할 수 있다. [기출 21]

⑧ 법원은 타인의 특허권 또는 전용실시권을 침해한 행위가 고의적인 것으로 인정되는 경우에는 제1항에도 불구하고 제2항부터 제7항까지의 규정에 따라 손해로 인정된 금액의 5배를 넘지 아니하는 범위에서 배상액을 정할 수 있다. 〈신설 2019.1.8., 2024.2.20.〉 [기출 21·23·25]

⑨ 제8항에 따른 배상액을 판단할 때에는 다음 각 호의 사항을 고려하여야 한다.

1. 침해행위를 한 자의 우월적 지위 여부
2. 고의 또는 손해 발생의 우려를 인식한 정도
3. 침해행위로 인하여 특허권자 및 전용실시권자가 입은 피해규모
4. 침해행위로 인하여 침해한 자가 얻은 경제적 이익
5. 침해행위의 기간·횟수 등
6. 침해행위에 따른 벌금
7. 침해행위를 한 자의 재산상태
8. 침해행위를 한 자의 피해구제 노력의 정도

(2) 손해배상청구권

① 의의 : 특허권자 또는 전용실시권자는 고의 또는 과실로 자기의 특허권 또는 전용실시권을 침해한 자에 대하여 침해로 입은 손해의 배상을 청구할 수 있다(法 제128조 제1항).

② 손해액의 산정 : 손해배상액을 청구하는 경우 다음에 해당하는 금액의 합계액(㉠ + ㉡)을 특허권자 또는 전용실시권자가 입은 손해액으로 할 수 있다.

㉠ 그 물건의 양도수량(특허권자 또는 전용실시권자가 그 침해행위 외의 사유로 판매할 수 없었던 사정이 있는 경우에는 그 침해행위 외의 사유로 판매할 수 없었던 수량을 뺀 수량) 중 특허권자 또는 전용실시권자가 생산할 수 있었던 물건의 수량에서 실제 판매한 물건의 수량을 뺀 수량을 넘지 않는 수량에 특허권자 또는 전용실시권자가 그 침해행위가 없었다면 판매할 수 있었던 물건의 단위수량당 이익액을 곱한 금액(法 제128조 제1항 제1호)

㉡ (i) 그 물건의 양도수량 중 특허권자 또는 전용실시권자가 생산할 수 있었던 물건의 수량에서 실제 판매한 물건의 수량을 뺀 수량을 넘는 수량, 또는 (ii) 그 침해행위 외의 사유로 판매할 수 없었던 수량이 있는 경우 이들 수량(특허권자 또는 전용실시권자가 그 특허권자의 특허권에 대한 전용실시권의 설정, 통상실시권의 허락 또는 그 전용실시권자의 전용실시권에 대한 통상실시권의 허락을 할 수 있었다고 인정되지 않는 경우에는 해당 수량을 뺀 수량)에 대해서는 특허발명의 실시에 대하여 합리적으로 받을 수 있는 금액(法 제128조 제1항 제2호)

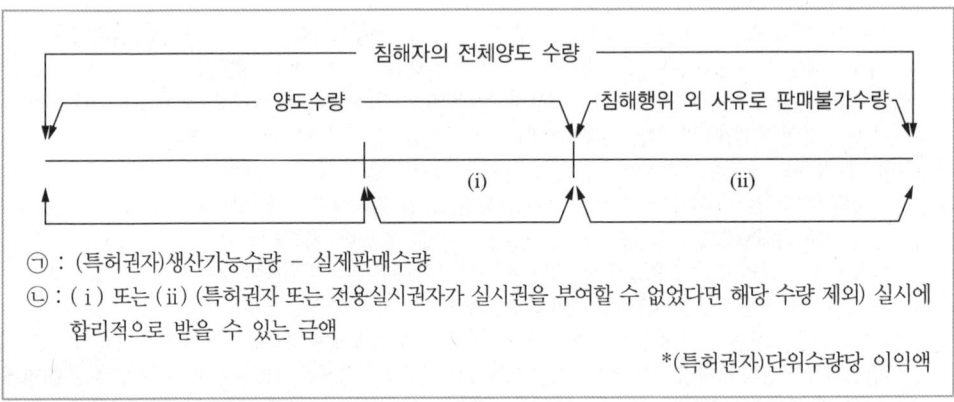

㉢ 침해행위 외의 사유 : 침해행위 외의 사유란 침해자의 시장개발 노력・판매망, 침해자의 상표, 광고・선전, 침해제품의 품질의 우수성 등으로 인하여 의장권의 침해와 무관한 판매수량이 있는 경우를 말하는 것으로서, 의장권을 침해하지 않으면서 의장권자의 제품과 시장에서 경쟁하는 경합제품이 있다는 사정이나 침해제품에 실용신안권이 실시되고 있다는 사정 등이 그러한 사유에 포함될 수 있다(判例 2005다36830).

㉣ 침해자 이익액 산정 경우, 단위수량 당 이익액을 한계이익을 기준으로 산정해야 하는 지 여부 : 순이익은 한계이익에서 고정비용을 공제한 금액인바, 고정비용은 생산량의 변동 여하에 관계없이 불변적으로 지출되는 비용이어서 침해행위와의 견련성을 인정하기 어렵고, 침해자가 상표권 침해행위로 인하여 얻은 수익에서 상표권 침해로 인하여 추가로 들어간 비용을 공제한 금액을 손해액으로 삼아야 하므로(대법원 2008.3.27. 선고 2005다75002 판결 참조), 침해자의 이익액은 순이익이 아닌 한계이익을 기준으로 산정해야 한다(判例 2016나1370).

ⓓ 기여율 고려 방법 : 특허법 제128조 제4항은 특허권자가 고의 또는 과실에 의하여 자기의 특허권을 침해한 자에 대하여 그 침해에 의하여 자기가 받은 손해의 배상을 청구하는 경우 특허권을 침해한 자가 그 침해행위로 인하여 얻은 이익액을 특허권자가 입은 손해액으로 추정한다고 규정하고 있는데, 이때 '침해자가 그 침해행위로 얻은 이익액'은 특별한 사정이 없는 이상 침해제품의 총 판매수익에서 침해제품의 제조·판매를 위하여 추가로 투입된 비용을 공제한 한계이익으로 산정된다.

한편, 특허발명의 실시 부분이 제품의 전부가 아니라 일부에 그치는 경우이거나 침해자가 침해한 특허기술 외에도 침해자의 자본, 영업능력, 상표, 기업신용, 제품의 품질, 디자인 등의 요소가 침해자의 판매이익의 발생 및 증가에 기여한 것으로 인정되는 경우, 침해자가 그 물건을 생산·판매함으로써 얻은 이익 전체를 침해행위에 의한 이익이라고 할 수는 없고, 침해자가 그 물건을 제작·판매함으로써 얻은 전체 이익에 대한 당해 특허권의 침해행위에 관계된 부분의 기여율을 산정하여 그에 따라 침해행위에 의한 이익액을 산출하여야 할 것이다. 그러한 기여율은 침해자가 얻은 전체 이익에 대한 특허권의 침해에 관계된 부분의 불가결성, 중요성, 가격비율, 양적비율 등을 참작하여 종합적으로 평가할 수밖에 없다(대법원 2004.6.11. 선고 2002다18244 판결 등 참조). 기여율을 산정함에 있어 특허발명의 실시 외에 침해자의 판매이익의 발생 및 증가에 기여한 요소 및 그와 같은 요소가 기여한 정도에 관한 입증책임은 침해자에게 있다(대법원 2006.10.13. 선고 2005다36830 판결, 대법원 2008.3.27. 선고 2005다75002 판결 등 참조)(判例 2018나1893).

③ 손해액의 추정
ⓐ 의의 : 특허권 또는 전용실시권을 침해한 자가 그 침해행위로 인하여 받은 이익액을 특허권자 또는 전용실시권자가 입은 손해액으로 추정한다(法 제128조 제4항).
ⓑ 추정 대상 및 입증 정도 : 특허권자에게 손해가 발생한 경우에 그 손해액을 평가하는 방법을 정한 것에 불과하여 침해행위에도 불구하고 특허권자에게 손해가 없는 경우에는 적용될 여지가 없으며, 다만, 손해의 발생에 관한 주장·입증의 정도에 있어서는 경업관계 등으로 인하여 손해 발생의 염려 내지 개연성이 있음을 주장·입증하는 것으로 충분하다(判例 2006다1831). 따라서 본 규정은 손해액을 추정하는 것이며 손해발생 자체를 추정하는 것이라 볼 수 없고, 특허권자가 발명을 실시하고 있지 아니하여 손해가 없는 경우에는 본 규정을 적용할 수 없다.

④ 손해액의 의제
ⓐ 의의 : 특허권자 또는 전용실시권자는 특허발명의 실시에 대하여 합리적으로 받을 수 있는 금액을 손해액으로 하여 손해배상을 청구할 수 있다(法 제128조 제5항).
ⓑ 특허권자의 실시가 적용 요건인지 여부 : 상표권은 특허권 등과 달리 등록되어 있는 상표를 타인이 사용하였다는 것만으로 당연히 통상 받을 수 있는 상표권 사용료 상당액이 손해로 인정되는 것은 아니고, 상표권자가 상표를 영업 등에 실제 사용하고 있었음에도 상표권 침해행위가 있었다는 등 구체적 피해 발생이 전제되어야 인정될 수 있다(判例 2014다59712). 따라서 특허권의 경우 특허권자가 직접 발명을 실시하지 아니하더라도 침해사실 및 실시에 대해합리적인 금액을 주장, 입증하면 실시에 대하여 합리적으로 받을 수 있는 금액을 청구할 수 있다.

ⓒ 실시에 대하여 합리적으로 받을 수 있는 금액 : 구법상 판례에 따라, 특허발명의 실시에 대하여 통상 받을 수 있는 금액에 상당하는 액을 결정함에 있어서는, 특허발명의 객관적인 기술적 가치, 당해 특허발명에 대한 제3자와의 실시계약 내용, 당해 침해자와의 과거의 실시계약 내용, 당해 기술분야에서 같은 종류의 특허발명이 얻을 수 있는 실시료, 특허발명의 잔여 보호기간, 특허권자의 특허발명 이용 형태, 특허발명과 유사한 대체기술의 존재 여부, 침해자가 특허침해로 얻은 이익 등 변론종결시까지 변론과정에서 나타난 여러 가지 사정을 모두 고려하여 객관적, 합리적인 금액으로 결정하여야 한다(判例 2003다15006).

ⓔ 실시계약 내용의 참작 : 특허발명에 대하여 특허권자가 제3자와 사이에 특허권 실시계약을 맺고 실시료를 받은 바 있다면 그 계약 내용을 침해자에게도 유추적용하는 것이 현저하게 불합리하다는 특별한 사정이 없는 한 그 실시계약에서 정한 실시료를 참작하여 위 금액을 산정하여야 하며, 그 유추적용이 현저하게 불합리하다는 사정에 대한 입증책임은 그러한 사정을 주장하는 자에게 있다(判例 2003다15006). 기출 21

⑤ 손해액의 참작 : 손해액이 특허발명의 실시에 대하여 합리적으로 받을 수 있는 금액을 초과하는 경우에는 그 초과액에 대해서도 손해배상을 청구할 수 있다. 이 경우 특허권 또는 전용실시권을 침해한 자에게 고의 또는 중대한 과실이 없을 때에는 법원은 손해배상액을 산정할 때 그 사실을 고려할 수 있다(法 제128조 제6항). 따라서 경과실에 의한 침해자에게는 그 사실을 고려하여 손해액을 참작할 수 있으며, 본 규정의 취지상 고의 또는 중과실이 없음을 고려하더라도 특허발명의 실시에 합리적으로 받을 수 있는 금액 미만으로 손해액을 정할 수는 없을 것이다.

⑥ 손해액의 인정

  ㉠ 의의 및 취지
  - 법원은 특허권 또는 전용실시권의 침해에 관한 소송에서 손해가 발생된 것은 인정되나 그 손해액을 증명하기 위하여 필요한 사실을 증명하는 것이 해당 사실의 성질상 극히 곤란한 경우에는 변론 전체의 취지와 증거조사의 결과에 기초하여 상당한 손해액을 인정할 수 있다(法 제128조 제7항).
  - 이는 자유심증주의하에서 손해가 발생된 것은 인정되나 손해액을 입증하기 위하여 필요한 사실을 입증하는 것이 해당 사실의 성질상 극히 곤란한 경우에는 증명도·심증도를 경감함으로써 손해의 공평·타당한 분담을 지도원리로 하는 손해배상제도의 이상과 기능을 실현하고자 함이다(判例 2010다58728).

  ㉡ 손해액 산정 방법 : 법관에게 손해액 산정에 관한 자유재량을 부여한 것은 아니므로, 법원이 위와 같은 방법으로 구체적 손해액을 판단할 때에는 손해액 산정 근거가 되는 간접사실들의 탐색에 최선의 노력을 다해야 하고, 그와 같이 탐색해 낸 간접사실들을 합리적으로 평가하여 객관적으로 수긍할 수 있는 손해액을 산정해야 한다(判例 2010다58728).

⑦ 징벌적 손해배상제도
　㉠ 의의 및 취지 : 법원은 타인의 특허권 또는 전용실시권을 침해한 행위가 고의적인 것으로 인정되는 경우에는 손해로 인정된 금액의 5배를 넘지 아니하는 범위에서 배상액을 정할 수 있다(法 제128조 제8항). 본 규정은 특허권자에 대한 보상 범위를 넓혀 지식재산권 보호를 강화하고, 침해의 예방 및 재발의 방지를 위하여 [2019.7.9.]부터 시행되었고 기존 3배에서 5배[2024.8.21.]로 금액이 상향되었다.
　㉡ 배상액 판단시 고려사항(法 제128조 제9항)
　　• 침해행위를 한 자의 우월적 지위 여부
　　• 고의 또는 손해 발생의 우려를 인식한 정도
　　• 침해행위로 인하여 특허권자 및 전용실시권자가 입은 피해규모
　　• 침해행위로 인하여 침해한 자가 얻은 경제적 이익
　　• 침해행위의 기간·횟수 등
　　• 침해행위에 따른 벌금
　　• 침해행위를 한 자의 재산상태
　　• 침해행위를 한 자의 피해구제 노력의 정도

CHAPTER 09 특허권의 침해 및 구제

제1편 | 특허법, 특허 · 실용신안 심사기준

※ 개정법령 반영으로 인해 기출문제를 변형한 경우 기출수정 표시를 하였습니다.

01

특허권자의 보호에 관한 설명으로 옳지 않은 것은? (다툼이 있으면 판례에 따름) 기출 25

① 특허권 침해소송에서 특허권자 또는 전용실시권자가 주장하는 침해행위의 구체적 행위태양을 부인하는 당사자가 정당한 이유 없이 자기의 구체적 행위태양을 제시하지 않는 경우에는 법원은 특허권자 또는 전용실시권자가 주장하는 침해행위의 구체적 행위태양을 진실한 것으로 본다.
② 법원은 타인의 특허권 또는 전용실시권을 침해한 행위가 고의적인 것으로 인정되는 경우에는 손해로 인정된 금액의 5배를 넘지 아니하는 범위에서 배상액을 정할 수 있다.
③ 특허권 침해소송에서 특허권자가 주장하는 침해행위의 구체적 행위태양을 부인하는 당사자가 자기의 구체적 행위태양을 제시할 수 없는 정당한 이유가 있다고 주장하는 경우, 법원은 그 주장의 당부를 판단하기 위하여 그 당사자에게 자료의 제출을 명할 수 있으나, 그 자료의 소지자가 그 자료의 제출을 거절할 정당한 이유가 있으면 그러하지 아니하다.
④ 특허권자 甲이 침해자 乙을 상대로 특허법 제128조(손해배상청구권 등) 제4항에 따라 乙의 침해로 인한 이익액을 甲 자신의 손해액으로 삼는 경우, 손해의 발생과 관련해서는 경업관계 등으로 인하여 손해 발생의 염려 내지 개연성이 있음을 주장·입증하는 것으로 족하다.
⑤ 특허권자 甲이 침해자 乙을 상대로 특허법 제128조(손해배상청구권 등) 제4항에 따라 乙의 침해로 인한 이익액을 甲 자신의 손해액으로 삼는 경우, 甲이 실제로 입은 손해가 추정에 미치지 못하는 경우에는 추정의 전부 또는 일부가 복멸될 수 있으나 그 사유와 범위에 관하여는 乙이 주장·증명하여야 한다.

해설

① (×) 당사자가 정당한 이유 없이 자기의 구체적 행위태양을 제시하지 않는 경우에는 법원은 특허권자 또는 전용실시권자가 주장하는 침해행위의 구체적 행위태양을 진실한 것으로 인정할 수 있다(특허법 제126조의2 제4항). (간주가 아님)
② (○) 특허법 제128조 제8항
③ (○) 특허법 제126조의2 제2항
④ (○) 判例 2006다1831
⑤ (○) 判例 2020다238639[본소]·2020다238646[반소]

답 ①

02

甲이 다음과 같은 청구범위로 특허권을 받은 경우, 그 특허권의 효력범위와 침해판단에 관한 설명으로 옳지 않은 것은? (다툼이 있으면 판례에 따름) 기출수정 21

> [청구범위]
> 제1항   A의 스마트폰에서 B와 C로 구성되는 스마트폰의 음성인식장치
> 제2항   제1항에 있어서, 상기 C는 음성인식시스템(c)으로 구성되는 스마트폰의 음성인식장치
> 제3항   C와 결합하여 D 단계, E 단계, F 단계로 음성을 컴퓨터에 의하여 인식하는 프로그램(P)에 의하여 구현되는 스마트폰의 음성인식방법

① 甲은 제1항과 제2항이 물건발명으로 그 물건을 생산·사용·양도·대여 또는 수입하거나 그 물건의 양도 또는 대여의 청약(양도 또는 대여를 위한 전시를 포함)을 하는 행위에 대한 권리를 독점한다.
② 乙이 甲의 허락없이 "A의 스마트폰에서 B와 음성인식시스템(c)으로 구성되는 스마트폰의 음성인식장치"를 실시하는 경우에는 제2항의 구성과 동일하고, 제2항은 제1항(독립항)의 종속항이므로 제1항 및 제2항을 침해한다.
③ 乙이 甲의 허락없이 제2항의 특허발명의 생산에만 사용하는 음성인식시스템(c)을 생산·판매하는 경우에는 특허법 제127조(침해로 보는 행위) 제1호의 규정에 의한 침해이다.
④ 乙이 "K의 스마트폰에서 B와 C로 구성되는 스마트폰의 음성인식장치"를 판매하는 경우에는 甲의 제1항 전제부인 "A의 스마트폰"과 다르기 때문에 침해가 성립하지 않는 것이 원칙이다.
⑤ 제3자가 甲의 특허권을 인지하지 못하고 개발한 프로그램(P)이 제3항 방법발명의 실시에만 사용하는 물건인 경우, 그 프로그램(P)의 양도의 청약은 특허법 제127조(침해로 보는 행위) 제2호의 규정에 의한 침해이다.

해설

③ (○) 특허법 제127조 제1호

> **특허법 제127조(침해로 보는 행위)**
> 다음 각 호의 구분에 따른 행위를 업으로서 하는 경우에는 특허권 또는 전용실시권을 침해한 것으로 본다.
> 1. 특허가 물건의 발명인 경우 : 그 물건의 생산에만 사용하는 물건을 생산·양도·대여 또는 수입하거나 그 물건의 양도 또는 대여의 청약을 하는 행위
> 2. 특허가 방법의 발명인 경우 : 그 방법의 실시에만 사용하는 물건을 생산·양도·대여 또는 수입하거나 그 물건의 양도 또는 대여의 청약을 하는 행위

⑤ (×) 프로그램 그 자체는 물건으로 인정받지 못하므로, 특허법 제127조 제2호(간접침해) 규정에 해당하지 않는다.

답 ⑤

03 특허권 침해 구제에 관한 설명으로 옳지 않은 것은? (다툼이 있으면 판례에 따름) 기출 17

① 특허법은 물건발명에 대한 전용실시권자가 자기의 권리를 침해한 자 또는 침해할 우려가 있는 자에 대하여 그 침해행위를 조성한 물건의 반환을 청구할 수 있음을 명시하지 않는다.
② 물건 A에 대한 특허권의 전용실시권자 甲은 乙이 아무런 과실 없이 자신의 전용실시권을 침해하는 행위를 하였더라도 乙을 상대로 A를 제조하는 데 제공된 기계의 제거를 청구할 수 있다.
③ 특허권자 甲이 침해자 乙을 상대로 특허법 제128조(손해배상청구권 등) 제4항에 따라 乙의 침해로 인한 이익액을 甲자신의 손해액으로 삼는 경우, 손해의 발생과 관련해서는 경업관계 등으로 인하여 손해 발생의 염려 내지 개연성이 있음을 주장·입증하는 것으로 족하다.
④ 특허법 제128조(손해배상청구권 등) 제5항에 따라 실시에 대하여 합리적으로 받을 수 있는 금액 상당의 손해배상을 명할 때, 특허법은 법원으로 하여금 특허침해한 자에게 고의 또는 중대한 과실이 없다고 인정할 경우 실시에 대하여 합리적으로 받을 수 있는 금액 상당의 손해배상액을 산정함에 있어 고의 또는 중과실이 없다는 사실을 고려할 수 있도록 명시하고 있다.
⑤ 물건을 생산하는 방법의 발명에 관하여 특허가 된 경우에 그 물건과 동일한 물건은 그 특허된 방법에 의하여 생산된 것으로 추정하지만, 그 물건이 특허출원 전에 국내에서 공지되었다면 그런 추정은 적용되지 않는다.

|해설|

② (O) 특허법 제126조

> **특허법 제126조(권리침해에 대한 금지청구권 등)**
> ① 특허권자 또는 전용실시권자는 자기의 권리를 침해한 자 또는 침해할 우려가 있는 자에 대하여 그 침해의 금지 또는 예방을 청구할 수 있다.
> ② 특허권자 또는 전용실시권자가 제1항에 따른 청구를 할 때에는 침해행위를 조성한 물건(물건을 생산하는 방법의 발명인 경우에는 침해행위로 생긴 물건을 포함한다)의 폐기, 침해행위에 제공된 설비의 제거, 그 밖에 침해의 예방에 필요한 행위를 청구할 수 있다.

③ (O) 특허권 등의 침해로 인한 손해액의 추정에 관한 특허법 제128조 제2항에서 말하는 이익은 침해자가 침해행위에 따라 얻게 된 것으로서 그 내용에 특별한 제한은 없으나, 이 규정은 특허권자에게 손해가 발생한 경우에 그 손해액을 평가하는 방법을 정한 것에 불과하여 침해행위에도 불구하고 특허권자에게 손해가 없는 경우에는 적용될 여지가 없으며, 다만 손해의 발생에 관한 주장·입증의 정도에 있어서는 경업관계 등으로 인하여 손해 발생의 염려 내지 개연성이 있음을 주장·입증하는 것으로 충분하다(判例 2006다1831).
④ (×) 손해액이 실시에 대하여 합리적으로 받을 수 있는 금액을 초과하는 경우에 특허침해한 자에게 고의 또는 중과실이 없을 때에는 손해배상액을 산정할 때 그 사실을 고려할 수 있다. 따라서 실시에 대하여 합리적으로 받을 수 있는 금액에 그 사실을 고려하여 더 적은 금액으로 경감할 수는 없다.

⑤ (○) 특허법 제129조 제1호

> **특허법 제129조(생산방법의 추정)**
> 물건을 생산하는 방법의 발명에 관하여 특허가 된 경우에 그 물건과 동일한 물건은 그 특허된 방법에 의하여 생산된 것으로 추정한다. 다만, 그 물건이 다음 각 호의 어느 하나에 해당하는 경우에는 그러하지 아니하다.
> 1. 특허출원 전에 국내에서 공지되었거나 공연히 실시된 물건
> 2. 특허출원 전에 국내 또는 국외에서 반포된 간행물에 게재되었거나 전기통신회선을 통하여 공중이 이용할 수 있는 물건

답 ④

04 특허권 침해소송에서 피고의 의무 및 부담에 관한 설명으로 옳지 않은 것은? (다툼이 있으면 판례에 따름) 기출수정 19

① 특허권 또는 전용실시권 침해소송에서 특허권자 또는 전용실시권자가 상대방의 침해행위의 구체적 행위태양을 주장할 경우 특허권자 또는 전용실시권자가 상대방의 구체적 행위태양을 제시하여야 한다.
② 특허권자의 일실이익을 산정함에 있어서 특허권자가 침해행위 외의 사유로 판매할 수 없었던 사정이 있었던 경우 그 판매할 수 없었던 수량에 대하여는 피고가 증명하여야 한다.
③ 법원이 침해로 인한 손해액의 산정을 위하여 감정을 명한 때에는 피고는 감정인에게 감정에 필요한 사항을 설명하여야 한다.
④ 물건을 생산하는 방법의 발명에 관하여 특허가 된 경우에 피고의 제품이 그 물건과 동일한 경우, 특별한 경우를 제외하고는, 피고의 제품이 그 특허된 방법에 의하여 생산되지 않았다는 사실을 피고가 증명하여야 한다.
⑤ 손해액의 산정에 반드시 필요한 자료라는 이유로 법원이 피고에게 자료의 제출을 명령한 경우, 그 자료가 '영업비밀'에 해당하더라도 이는 피고가 그 자료의 제출을 거절할 정당한 이유로 인정되지 아니한다.

해설

① (×) 침해행위의 구체적 행위태양을 부인하는 당사자는 자기의 구체적 행위태양을 제시하여야 한다(특허법 제126조의2 제1항).

답 ①

05 특허권 침해에 관한 설명으로 옳지 않은 것은? (다툼이 있으면 판례에 따름) 기출 20

① 물건에 관한 특허발명의 존재를 모르고 특허발명을 실시하는 기계를 구입하여 설명서대로 조작한 것뿐이라는 사정만으로 특허침해에 관한 과실의 추정을 번복할만한 정당한 사유라고 볼 수 없다.

② 특허권의 존재를 모른 채 도급계약에 따라 제3자 특허발명의 실시제품을 생산하였을 뿐, 계약상대방 이외의 자에게 생산된 제품을 판매하지 않았다는 사정만으로 특허침해에 관한 과실의 추정을 번복할만한 정당한 사유라고 볼 수 없다.

③ 균등침해를 판단하기 위하여 '과제해결원리가 동일'한지 여부를 가릴 때에는 명세서에 적힌 발명의 상세한 설명의 기재는 물론 출원 당시의 공지기술을 참작하여 기술사상의 핵심을 실질적으로 판단하여야 한다.

④ 특허권에 대한 침해의 금지를 청구하는 경우 청구의 대상이 되는 제품이나 방법은 사회통념상 침해의 금지를 구하는 대상으로서 다른 것과 구별될 수 있는 정도로 구체적으로 특정되면 족하다.

⑤ 특허권 침해죄에 관한 공소사실의 특정은 피고인의 방어권 행사에 지장 없는 정도이면 족하므로, 청구범위를 기재하는 것으로 그 보호대상을, 침해자의 행위태양을 기재함으로써 공소사실을 특정해야 한다는 것이 판례의 태도이다.

해설

⑤ (×) 형사소송법 제254조 제4항이 "공소사실의 기재는 범죄의 시일, 장소와 방법을 명시하여 사실을 특정할 수 있도록 하여야 한다."라고 규정한 취지는, 심판의 대상을 한정함으로써 심판의 능률과 신속을 꾀함과 동시에 방어의 범위를 특정하여 피고인의 방어권 행사를 쉽게 해 주기 위한 것이므로, 검사로서는 위 세 가지 특정요소를 종합하여 다른 사실과의 식별이 가능하도록 범죄 구성요건에 해당하는 구체적 사실을 기재하여야 한다. 그리고 피고인이 생산 등을 하는 물건 또는 사용하는 방법(이하 '침해제품 등'이라고 한다)이 특허발명의 특허권을 침해하였는지가 문제로 되는 특허법 위반 사건에서 다른 사실과 식별이 가능하도록 범죄 구성요건에 해당하는 구체적 사실을 기재하였다고 하기 위해서는, 침해의 대상과 관련하여 특허등록번호를 기재하는 방법 등에 의하여 침해의 대상이 된 특허발명을 특정할 수 있어야 하고, 침해의 태양과 관련하여서는 침해제품 등의 제품명, 제품번호 등을 기재하거나 침해제품 등의 구성을 기재하는 방법 등에 의하여 침해제품 등을 다른 것과 구별할 수 있을 정도로 특정할 수 있어야 한다(判例 2015도17674).

답 ⑤

06 특허권의 간접침해를 규정한 특허법 제127조(침해로 보는 행위)에 관한 설명으로 옳지 않은 것은? (다툼이 있으면 판례에 따름) 기출 20

① 시장에서 다른 용도로 판매되고 있어 오로지 특허발명의 생산에만 사용되는 전용물이 아니더라도, 그것이 특허발명의 과제해결에 필수불가결한 기능을 하고, 당사자가 그 물건이 특허발명의 실시에 사용된다는 사정을 알면서 업으로 이를 공급한다면 특허법 제127조에서 정한 간접침해에 해당한다.
② 특허법 제127조 규정은 특허권 침해에 대한 권리구제의 실효성을 높이기 위하여 일정한 요건 아래 이를 특허권의 침해로 간주하더라도 특허권이 부당하게 확장되지 않는다고 본 것이라고 이해된다.
③ 특허권자가 실시권자와의 계약에서 "본 계약에서 부여한 실시권을 다른 자에게 허락할 수 없다"고 규정하고 있는데도 불구하고, 실시권자와의 계약으로 특허발명의 실시에만 사용하는 물건을 생산하여 실시권자에게만 양도한 자의 행위는 당해 특허권에 대한 간접침해에 해당하지 아니한다.
④ 특허권 제127조는 "특허권을 침해한 것으로 본다"고 규정하고 있으나, 본 규정이 특허권 침해행위를 처벌하는 형벌법규인 특허권 침해죄의 구성요건을 규정한 것은 아니다.
⑤ 특허권의 속지주의 원칙상 특허권은 등록된 국가의 영역 내에서만 효력이 미치므로, 특허가 물건의 발명인 경우 국외에서 행한 그 물건의 '생산'행위에 대해 간접침해가 성립할 수 없다.

해설

① (×) 간접침해의 요건인 '타용도가 없을 것'을 만족하지 않으므로 간접침해에 해당하지 않는다.
② (○) 判例 2007후3356
③ (○) 방법의 발명(이하 '방법발명'이라고 한다)에 관한 특허권자로부터 허락을 받은 실시권자가 제3자에게 그 방법의 실시에만 사용하는 물건(이하 '전용품'이라고 한다)의 제작을 의뢰하여 그로부터 전용품을 공급받아 방법발명을 실시하는 경우에 있어서 그러한 제3자의 전용품 생산・양도 등의 행위를 특허권의 간접침해로 인정하면, 실시권자의 실시권에 부당한 제약을 가하게 되고, 특허권이 부당하게 확장되는 결과를 초래한다. 또한, 특허권자는 실시권을 설정할 때 제3자로부터 전용품을 공급받아 방법발명을 실시할 것까지 예상하여 실시료를 책정하는 등의 방법으로 당해 특허권의 가치에 상응하는 이윤을 회수할 수 있으므로, 실시권자가 제3자로부터 전용품을 공급받는다고 하여 특허권자의 독점적 이익이 새롭게 침해된다고 보기도 어렵다. 따라서 방법발명에 관한 특허권자로부터 허락을 받은 실시권자가 제3자에게 전용품의 제작을 의뢰하여 그로부터 전용품을 공급받아 방법발명을 실시하는 경우에 있어서 그러한 제3자의 전용품 생산・양도 등의 행위는 특허권의 간접침해에 해당한다고 볼 수 없다(判例 2017다290095).
④ (○) 判例 92도3350
⑤ (○) 간접침해 제도는 어디까지나 특허권이 부당하게 확장되지 아니하는 범위에서 그 실효성을 확보하고자 하는 것이다. 그런데 특허권의 속지주의 원칙상 물건의 발명에 관한 특허권자가 그 물건에 대하여 가지는 독점적인 생산・사용・양도・대여 또는 수입 등의 특허실시에 관한 권리는 특허권이 등록된 국가의 영역 내에서만 효력이 미치는 점을 고려하면, 특허법 제127조 제1호의 '그 물건의 생산에만 사용하는 물건'에서 말하는 '생산'이란 국내에서의 생산을 의미한다고 봄이 타당하다. 따라서 이러한 생산이 국외에서 일어나는 경우에는 그 전 단계의 행위가 국내에서 이루어지더라도 간접침해가 성립할 수 없다(判例 2014다42110).

 ①

07 실용신안제도에 관한 설명으로 옳지 <u>않은</u> 것은? 기출 19

① 등록실용신안에 관한 물품의 생산에만 사용하는 물건을 업으로서 사용하는 행위는 실용신안권 또는 전용실시권을 침해한 것으로 본다.
② 출원일부터 4년 또는 출원심사의 청구일부터 3년 중 늦은 날보다 지연되어 실용신안권의 설정등록이 이루어지는 경우 그 지연된 기간 중 출원인으로 인하여 지연된 기간을 제외한 나머지 기간만큼 해당 실용신안권의 존속기간을 연장할 수 있다.
③ 실용신안권자는 실용신안권이 그 등록실용신안의 출원일 전에 출원된 타인의 디자인권과 저촉되는 경우 그 디자인권자의 허락을 받지 아니하고는 자기의 등록실용신안을 업으로서 실시할 수 없다.
④ 출원인이 출원시 그 취지를 출원서에 기재한 경우 명세서 및 도면(도면 중 설명부분에 한정)을 영어로 적을 수 있다.
⑤ 실용신안권을 침해한 자는 7년 이하의 징역 또는 1억원 이하의 벌금에 처한다.

해설

① (×) 등록실용신안에 관한 물품의 생산에만 사용하는 물건을 업으로서 사용하는 행위는 간접침해가 아닌 직접침해에 해당한다.

답 ①

08

甲은 물건 X 발명의 특허권자이며, 물건 a는 물건 X의 생산에만 사용되는 물건이다. 乙은 물건 a를 우리나라에서 100개 생산한 다음 전량 미국에 수출하였고 미국에 수출된 물건 a는 모두 미국에서 물건 X를 생산하는 데 사용되었다. 한편, 丙은 일본에서 물건 a를 100개 생산한 다음 전량 우리나라에 수입하였고 우리나라에 수입된 물건 a는 모두 우리나라에서 물건 X를 생산하는 데 사용되었다. 또한, 丁은 물건 a를 우리나라에서 100개 생산한 다음 50개는 일본에 수출하고, 나머지 50개는 우리나라에서 판매하였는데 일본에 수출된 물건 a는 모두 일본에서 물건 X를 생산하는 데 사용되었고, 우리나라에서 판매된 물건 a도 모두 우리나라에서 물건 X를 생산하는 데 사용되었다. 乙, 丙, 丁의 행위는 모두 특허권 존속기간 중 권한 없이 업으로서 행해진 것이다. 다음 중 특허법 제127조에 따른 '침해로 보는 행위'에 해당하는 것을 모두 고른 것은? (다툼이 있으면 판례에 따름) 기출 16

> ㄱ. 乙이 물건 a를 우리나라에서 생산한 행위
> ㄴ. 乙이 물건 a를 미국에 수출한 행위
> ㄷ. 丙이 물건 a를 우리나라에서 수입한 행위
> ㄹ. 丁이 물건 a를 우리나라에서 판매한 행위
> ㅁ. 丁이 물건 a를 일본에 수출한 행위

① ㄱ, ㄴ
② ㄴ, ㄷ
③ ㄷ, ㄹ
④ ㄱ, ㄷ, ㄹ
⑤ ㄷ, ㄹ, ㅁ

해설

ㄱ. (×), ㄴ. (×) 특허권의 속지주의 원칙상 물건의 발명에 관한 특허권자가 그 물건에 대하여 가지는 독점적인 생산·사용·양도·대여 또는 수입 등의 특허실시에 관한 권리는 특허권이 등록된 국가의 영역 내에서만 효력이 미치는 점을 고려하면, 특허법 제127조 제1호의 '그 물건의 생산에만 사용하는 물건'에서 말하는 '생산'이란 국내에서의 생산을 의미한다고 봄이 타당하다. 따라서 이러한 생산이 국외에서 일어나는 경우에는 그 전 단계의 행위가 국내에서 이루어지더라도 간접침해가 성립할 수 없다(判例 2014다42110). 따라서 乙이 국내에서 간접침해에 해당하는 물건 a를 생산하더라도 이를 전량 미국으로 수출하여 미국에서 물건 X를 생산하는데 사용되었다면 乙의 생산·수출 행위는 간접침해에 해당하지 아니한다.

ㅁ. (×) 그 물건의 생산에만 사용하는 물건의 수출행위는 간접침해로 보는 행위에 속하지 아니한다.

답 ③

09 특허법상 다음 설명 중 옳지 않은 것은? (다툼이 있으면 판례에 따름) 기출 16

① 선출원에 관한 특허법 제36조(선출원)에서 규정하는 발명의 동일성 판단시, 양 발명의 구성에 상이점이 있어도 통상의 기술자가 보통으로 채용하는 정도의 변경에 지나지 아니하고 발명의 목적과 작용효과에 특별한 차이를 일으키지 아니하는 경우에는 양 발명은 동일한 발명이다.

② 확대된 선출원에 관한 특허법 제29조(특허요건) 제3항에서 규정하는 발명의 동일성은 양 발명의 기술적 구성이 동일한지 여부에 의하되 발명의 효과도 참작하여 판단할 것인데, 기술적 구성에 차이가 있더라도 그 차이가 과제해결을 위한 구체적 수단에서 주지·관용기술의 부가·삭제·변경 등에 지나지 아니하여 새로운 효과가 발생하지 않는 정도의 미세한 차이에 불과하다면 양 발명은 서로 실질적으로 동일하다.

③ 특허법 제47조(특허출원의 보정) 제2항에서 규정하는 '최초로 첨부한 명세서 또는 도면'('최초 명세서 등')에 기재된 사항이란 최초명세서 등에 명시적으로 기재되어 있는 사항이거나 또는 명시적인 기재가 없더라도 통상의 기술자가 출원시의 기술상식에 비추어 보아 보정된 사항이 최초 명세서 등에 기재되어 있는 것과 마찬가지라고 이해할 수 있는 사항이어야 한다.

④ '우선권주장의 기초가 된 선출원의 최초 명세서 등에 기재된 사항'이란, 우선권주장의 기초가 된 선출원의 최초 명세서 등에 명시적으로 기재되어 있는 사항이거나 또는 명시적인 기재가 없더라도 통상의 기술자가 선출원일 당시의 기술상식에 비추어 보아 우선권주장을 수반하는 특허출원된 발명이 선출원의 최초 명세서 등에 기재되어 있는 것과 마찬가지라고 이해할 수 있는 사항이어야 한다.

⑤ 권리범위확인심판에서 특허발명의 각 구성요소와 그 구성요소 간의 유기적 결합관계가 확인대상발명에 그대로 포함되어 있지 않으면 그 확인대상발명은 항상 특허발명의 권리범위에 속하지 않는다.

해설

① (○) 동일한 발명에 대하여는 최선출원에 한하여 특허를 받을 수 있다고 규정하여 동일한 발명에 대한 중복등록을 방지하기 위하여 선원주의를 채택하고 있다. 전후로 출원된 양 발명이 동일하다고 함은 그 기술적 구성이 전면적으로 일치하는 경우는 물론 그 범위에 차이가 있을 뿐 부분적으로 일치하는 경우라도 특별한 사정이 없는 한, 양 발명은 동일하고, 비록 양 발명의 구성에 상이점이 있어도 그 기술분야에 통상의 지식을 가진 자가 보통으로 채용하는 정도의 변경에 지나지 아니하고 발명의 목적과 작용효과에 특별한 차이를 일으키지 아니하는 경우에는 양 발명은 역시 동일한 발명이다(判例 2007후2827).

② (○) 구 실용신안법 제4조 제3항에서 규정하고 있는 고안의 동일성을 판단함에 있어서는 양 고안의 기술적 구성이 동일한가 여부에 의하여 판단하되 고안의 효과도 참작하여야 할 것인바, 기술적 구성에 차이가 있더라도 그 차이가 과제 해결을 위한 구체적 수단에 있어서 주지관용기술의 부가, 삭제, 변경 등으로 새로운 효과의 발생이 없는 정도의 미세한 차이에 불과하다면 양 고안은 서로 동일하다고 보아야 한다(判例 2001후1624).

③ (○) 특허법 제47조 제2항은 "명세서 또는 도면의 보정은 특허출원서에 최초로 첨부된 명세서 또는 도면에 기재된 사항의 범위 안에서 이를 할 수 있다."는 취지로 규정하고 있는바, 여기에서 최초로 첨부된 명세서 또는 도면(이하 '최초 명세서 등'이라 한다)에 기재된 사항이란 최초 명세서 등에 명시적으로 기재되어 있는 사항이거나 또는 명시적인 기재가 없더라도 그 발명이 속하는 기술분야에서 통상의 지식을 가진 자(이하 '통상의 기술자'라 한다)라면 출원시의 기술상식에 비추어 보아 보정된 사항이 최초 명세서 등에 기재되어 있는 것과 마찬가지라고 이해할 수 있는 사항이어야 한다(判例 2005후3130).

④ (○) 그리고 여기서 '우선권 주장의 기초가 된 선출원의 최초 명세서 등에 기재된 사항'이란, 우선권 주장의 기초가 된 선출원의 최초 명세서 등에 명시적으로 기재되어 있는 사항이거나 또는 명시적인 기재가 없더라도 그 발명이 속하는 기술분야에서 통상의 지식을 가진 사람이라면 우선권 주장일 당시의 기술상식에 비추어 보아 우선권 주장을 수반하는 특허출원된 발명이 선출원의 최초 명세서 등에 기재되어 있는 것과 마찬가지라고 이해할 수 있는 사항이어야 한다(判例 2012후2999).
⑤ (×) 특허발명의 물건의 생산에만 사용하는 물건을 확인대상발명으로 하여 특허발명의 권리범위에 속한다고 판시하여 간접침해의 경우에도 특허발명의 권리범위에 속한다고 보았다(判例 98후2580).

답 ⑤

10

특허법 제128조(손해배상청구권 등)에 따른 손해액과 배상액의 산정에 관한 설명으로 옳지 <u>않은</u> 것은? 기출수정 21

① 침해에 의하여 특허권자의 손해가 발생된 것은 인정되나 그 손해액을 증명하기 위하여 필요한 사실을 증명하는 것이 해당 사실의 성질상 극히 곤란한 경우, 법원은 변론 전체의 취지와 증거조사의 결과에 기초하여 상당한 손해액을 인정할 수 있다.
② 특허권자는 고의 또는 과실에 의한 특허권 침해로 입은 손해의 배상을 청구할 수 있으며, 침해한 자가 그 침해행위로 인하여 얻은 이익액을 특허권자가 입은 손해액으로 추정한다.
③ 특허권자가 손해배상을 청구하는 경우 그 특허발명의 실시에 대하여 합리적으로 받을 수 있는 금액을 본인이 입은 손해액으로 하여 손해배상을 청구할 수 있지만, 손해액이 합리적으로 받을 수 있는 금액을 초과하는 경우에는 그 초과액에 대해서도 손해배상을 청구할 수 있다.
④ 특허권자가 생산할 수 있었던 물건의 수량에서 실제 판매한 물건의 수량을 뺀 수량에 특허권자가 판매한 단위수량당 이익액을 곱한 금액을 손해액의 한도로 하고, 여기서 침해행위 외의 사유로 판매할 수 없었던 수량에 따른 금액은 빼야 한다.
⑤ 법원은 타인의 특허권을 침해한 행위가 고의적인 것으로 인정되는 경우에는 특허법 제128조(손해배상청구권 등) 제1항에도 불구하고 제2항부터 제7항까지의 규정에 따라 손해로 인정된 금액의 5배를 넘지 아니하는 범위에서 배상액을 정할 수 있다.

해설

① (○) 특허법 제128조 제7항
② (○) 특허법 제128조 제1항·제4항
③ (○) 특허법 제128조 제5항·제6항
④ (×) 구법상(특허법 제128조 제3항)의 내용으로, 2020.6.9.에 삭제되었다.
⑤ (○) 특허법 제128조 제8항

답 ④

11 甲은 2016년 1월 1일 설정등록된 특허발명 X의 특허권자이고, 乙은 甲의 허락 없이 2016년 1월 1일부터 甲의 특허제품과 동일한 제품(이하 '침해제품'이라 함)을 생산하여 판매하고 있는 자이다. 甲은 자신의 특허제품을 2016년에 0개, 2017년에 1,000개, 2018년에 1,500개를 판매하였고, 乙은 침해제품을 2016년에 2,000개, 2017년에 2,500개, 2018년에 3,000개를 판매하였다(특허제품 및 침해제품의 단위 수량당 이익액은 모두 1,000원임). 甲은 2016년 12월 말까지 공장을 건설하였기 때문에 그 기간까지는 특허제품을 생산할 수 없었고, 공장 완공 후 2017년 1월 1일부터 연간 2,000개까지 생산할 수 있었다. 특허발명 X의 실시에 대하여 합리적으로 받을 수 있는 금액은 개당 200원에 판매수량을 곱한 것이다. 다음 설명 중 옳은 것은? 기출 19

① 甲은 2016년에 특허발명 X를 생산할 수 없었기 때문에 발생한 손해가 없었으므로, 그 기간 중 乙의 특허권 침해에 대한 손해배상을 청구할 수 없다.
② 특허법 제128조(손해배상청구권 등) 제2항에 따를 경우 甲이 2018년에 乙의 침해행위 외의 사유로 특허제품 500개를 판매하지 못하였다면 乙의 특허권 침해로 인한 甲의 2018년 중 입은 손해액은 1,000,000원이다.
③ 특허법 제128조 제2항에 따를 경우 乙이 2017년에 판매한 침해제품의 양도 수량(2,500개) 중 甲이 2017년에 생산하여 판매한 특허제품의 양도수량(1,000개)을 뺀 수량(1,500개)에 乙의 침해행위가 없었다면 판매할 수 있었던 특허권자 甲의 물건의 단위수량당 이익액(1,000원)을 곱하여 얻어진 금액(1,500,000원)을 甲이 2017년 중 입은 손해액으로 할 수 있다.
④ 특허법 제128조 제4항에 따를 경우 2,500,000원을 甲이 2017년 중 입은 손해액으로 추정한다.
⑤ 甲이 2017년 중 乙의 침해행위로 인해 입은 손해액으로 500,000원을 초과하여 청구한 경우, 법원은 500,000원으로 감액해야 한다.

해설

① (×) 특허법 제128조 제4항에 의해 乙이 얻은 이익액을 손해액으로 추정하며, 특허법 제128조 제5항에 의해 특허발명의 실시에 대하여 합리적으로 받을 수 있는 금액을 손해액으로 하여 청구할 수 있다.
② (×) 2020.6.9. 개정법에 따르면 甲의 2018년도의 손해액은 [(특허권자 생산가능수량 2,000개 - 실제판매수량 1,500개) × 단위수량당 이익액 1,000원] + [乙의 양도수량 2,500개(전체양도수량 3,000개 - 甲이 침해행위 외 사유로 판매할 수 없었던 500개) 중 500개(甲 생산가능수량 - 실제판매수량)를 넘는 수량인 2,000개 또는 500개(침해행위 외 사유로 판매할 수 없었던 수량)에 대해 발명의 실시에 대하여 합리적으로 받을 수 있는 금액]일 것이다.
③ (×) 2020.6.9. 개정법에 따라 甲의 2017년도의 손해액은 乙 양도수량(2,500개) 중 특허권자 생산가능 수량(2,000개)에서 실제 판매한 물건의 수량(1,000개)를 뺀 수량(1,000개)를 넘지 않는 수량에서 특허권자가 판매할 수 있었던 물건의 단위수량당 이익액(1,000원)을 곱한 1,000,000원일 것이다.
④ (○) 乙의 2017년도 이익액으로서 양도수량(2,500개) × 단위수량당 이익액(1,000원)인 2,500,000원을 甲의 손해액으로 추정한다.
⑤ (×) 특허발명의 실시에 대해 합리적으로 받을 수 있는 금액을 초과하는 경우에는 그 초과액에 대해서도 손해배상을 청구할 수 있다(특허법 제128조 제6항).

답 ④

12 甲은 자신이 특허받은 제품을 매년 25,000개 생산할 수 있는 공장시설을 완공하여 2014년 1년간 10,000개를 제조·판매하였다. 甲의 제품 한 개당 판매가격은 11,000원이며, 한 개당 이익액은 1,000원이다. 乙은 甲의 특허제품과 동일한 제품을 2014년 1년간 15,000개를 제조·판매하였다. 乙의 제품 한 개당 판매가격은 10,000원이며, 한 개당 이익액은 2,000원이다. 한편, 甲의 특허제품의 실시에 대하여 합리적으로 받을 수 있는 금액은 매출액의 5%이다. 특허법 제128조(손해액의 추정 등)에 따른 甲의 2014년 1년간 손해액에 관한 설명으로 옳지 않은 것은? (단, 乙의 제조·판매행위가 甲의 특허권을 침해한 것으로 보며, 특허권자 甲이 침해행위 외의 사유로 판매할 수 없었던 사정은 없는 것으로 본다) 기출 15

① 특허법 제128조 제1항 및 제2항에 따를 경우 乙의 판매수량 15,000개에 甲의 제품 한 개당 이익액 1,000원을 곱한 1,500만원을 甲의 손해액으로 할 수 있다.
② 만일 甲공장의 생산능력이 연간 20,000개라면, 특허법 제128조 제2항에 따를 경우 1,250만원을 甲의 손해액으로 할 수 있다.
③ 특허법 제128조 제5항에 따라 甲이 乙에게 손해배상을 청구하는 경우 甲의 손해액이 특허발명의 실시에 대해 합리적으로 받을 수 있는 금액을 초과하더라도 초과액에 대해서는 손해배상을 청구할 수 없다.
④ 특허법 제128조 제4항에 따를 경우 乙의 이익액인 3,000만원을 甲의 손해액으로 추정한다.
⑤ 특허법 제128조 제5항에 따를 경우 乙의 매출액 1억5천만원의 5%인 750만원을 甲의 손해액으로 하여 손해배상을 청구할 수 있다.

> **해설**

③ (×) 손해액이 특허발명의 실시에 대해 합리적으로 받을 수 있는 금액을 초과하는 경우 그 초과액에 대해서도 손해배상을 청구할 수 있다.

 ③

CHAPTER 10 심판 총칙

01 서설

(1) 특허심판의 의의
① 특허의 발생·변경·소멸 및 그 권리범위에 관한 분쟁을 해결하기 위한 특별행정심판을 말하며 특허청 소속 심판원에서 심판관합의체에 의해 행하여진다.
② 특허심판원의 심결 또는 결정에 불복하여 특허법원에 소를 제기할 수 있고, 대법원에 상고할 수도 있으므로 특허심판은 사실상 제1심 법원의 역할을 수행하고 있다.
③ 특허의 침해와 관련된 소송(침해금지청구, 손해배상, 신용회복 등)은 일반법원에서 별도로 담당하고 있다.

(2) 특허심판의 종류
특허심판은 크게 심판 청구 취지가 독립되어 있는 독립적 심판과 독립 심판의 청구사항에 부수하는 부수적 심판으로 나뉠 수 있다.

독립적 심판		부수적 심판
결정계 심판	당사자계 심판	• 심판관의 제척·기피(法 제152조 제1항) • 참가심판(法 제156조 제3항) • 증거보전심판(法 제157조) • 심판비용심판(法 제165조)

① 결정계 심판
　㉠ 의의 : 특허출원에 대한 거절결정과 같은 심사관의 처분에 불복하거나 등록 특허를 정정하기 위해 청구하는 심판으로 청구인만이 존재하는 심판을 의미한다. 심판참가를 인정하지 않으며, 일사부재리가 적용될 여지가 없고, 심판비용은 심판 청구인이 부담한다. 인용심결에 대해 불복할 수 없으며 기각심결에 대해 불복할 수 있다.
　㉡ 유 형
　　• 거절결정 불복심판(法 제132조의17) : 특허의 등록출원, 존속기간 연장등록출원에 대한 거절결정을 받은 자가 이에 불복하여 제기하는 심판을 말한다.
　　• 정정심판(法 제136조) : 특허권이 설정등록된 후 명세서 또는 도면에 잘못된 기재 또는 불명료한 점이 있거나 특허청구범위가 너무 광범위하게 기재되어 있는 경우 이를 정정하기 위해 등록권자가 제기하는 심판을 말한다.

② 당사자계 심판
　㉠ 의의 : 이미 설정된 권리에 관련한 당사자의 분쟁에 대한 심판으로 청구인과 피청구인이 존재하여 당사자 대립구조를 취하는 심판을 의미한다. 심판참가가 허용되고(통상실시권허락심판은 통설에 따라 보조참가만 허용) 일사부재리가 적용되며 심판비용은 패심자가 부담한다(통상실시권허락심판 제외). 인용심결 및 기각심결에 대해 불복할 수 있다.
　㉡ 유 형
　　• 특허의 무효심판(法 제133조) : 이미 설정된 권리에 관련한 당사자의 분쟁에 대한 심판으로 청구인과 피청구인이 존재하여 당사자 대립구조를 취하는 심판을 말한다.
　　• 존속기간연장등록 무효심판(法 제134조) : 특허권존속기간의 연장이 잘못된 경우 그 연장등록의 무효를 구하는 심판을 말한다.
　　• 정정 무효심판(法 제137조) : 특허 발명의 명세서 또는 도면에 대한 정정(특허취소신청절차 또는 특허무효 심판절차에서의 정정, 정정심판에 의한 정정)이 부적합한 경우에 그 정정을 무효로 하는 심판을 말한다.
　　• 권리범위확인심판(法 제135조) : 특허권자·전용실시권자 또는 이해관계인이 특허발명의 보호범위를 확인하기 위하여 청구하는 심판으로써 청구의 취지에 따라 적극적 권리범위확인심판과 소극적 권리범위확인심판으로 구분된다.
　　• 통상실시권허락심판(法 제138조) : 특허발명이 선출원된 타인의 특허발명·등록실용신안·등록디자인 또는 이와 유사한 디자인을 이용하거나 특허권이 선출원된 타인의 디자인권 또는 상표권과 저촉되는 경우에, 그 타인이 실시에 대한 허락을 하지 않는 때에 한하여 강제적으로 특허발명을 실시할 수 있는 통상실시권을 허락하는 심판을 말한다.

③ **부수적 심판**
  ㉠ 본안심판의 청구를 전제로 하는 심판으로서 그 자체만으로 독립하여 심판의 대상이 될 수 없는 심판을 말한다.
  ㉡ 독립하여 불복할 수 없으며 본안심판과 함께 불복하여야 한다.

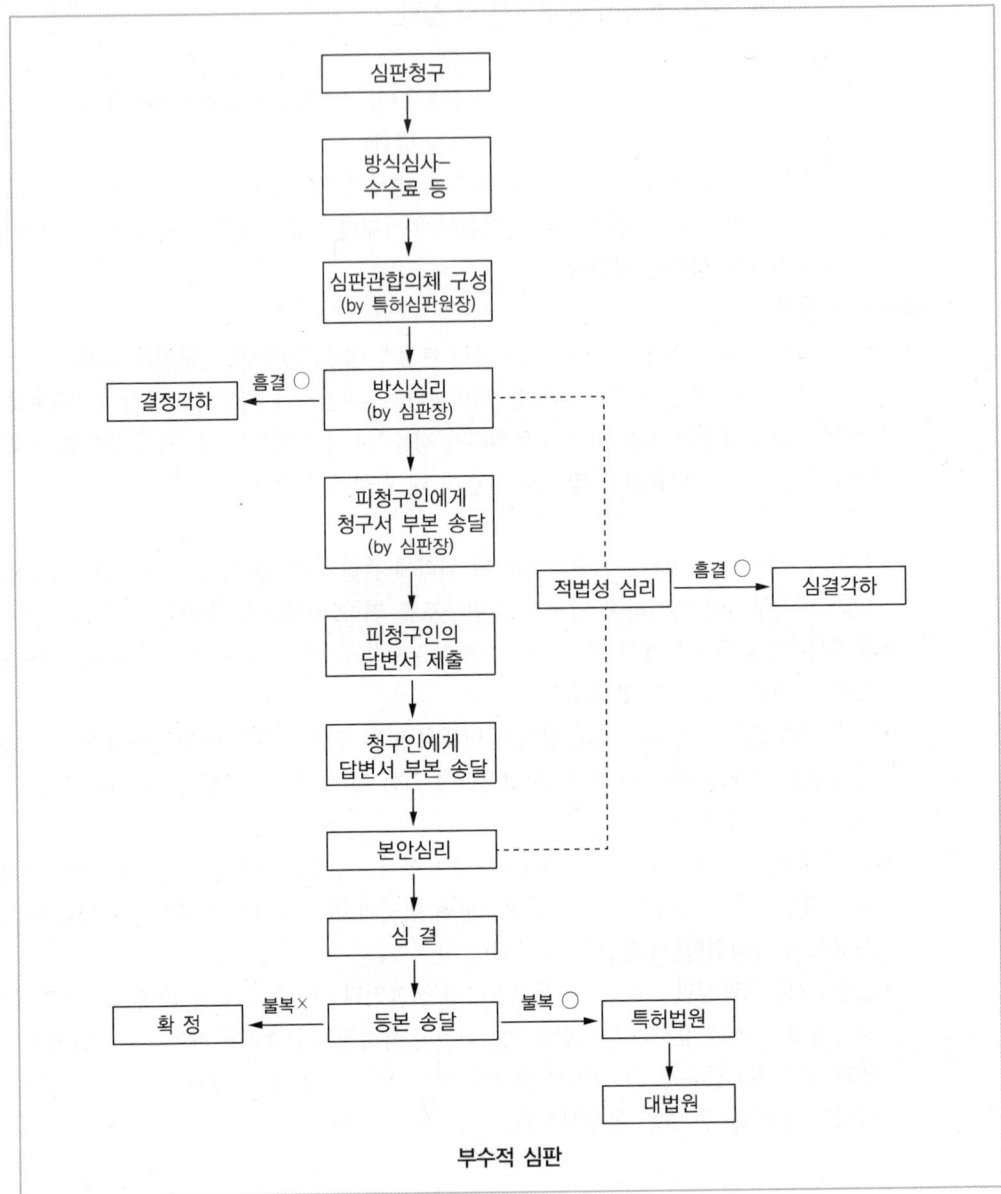

부수적 심판

02 심판의 주체

(1) 법조항

제139조(공동심판의 청구 등)
① 동일한 특허권에 관하여 제133조 제1항, 제134조 제1항·제2항 또는 제137조 제1항의 무효심판이나 제135조 제1항·제2항의 권리범위 확인심판을 청구하는 자가 2인 이상이면 모두가 공동으로 심판을 청구할 수 있다. 기출 17·23
② 공유인 특허권의 특허권자에 대하여 심판을 청구할 때에는 공유자 모두를 피청구인으로 하여야 한다.
③ 특허권 또는 특허를 받을 수 있는 권리의 공유자가 그 공유인 권리에 관하여 심판을 청구할 때에는 공유자 모두가 공동으로 청구하여야 한다. 기출 23
④ 제1항 또는 제3항에 따른 청구인이나 제2항에 따른 피청구인 중 1인에게 심판절차의 중단 또는 중지의 원인이 있으면 모두에게 그 효력이 발생한다. 기출 17

제139조의2(국선대리인)
① 특허심판원장은 산업통상자원부령으로 정하는 요건을 갖춘 심판 당사자의 신청에 따라 대리인(이하 "국선대리인"이라 한다)을 선임하여 줄 수 있다. 다만, 심판청구가 이유 없음이 명백하거나 권리의 남용이라고 인정되는 경우에는 그러하지 아니하다.
② 국선대리인이 선임된 당사자에 대하여 심판절차와 관련된 수수료를 감면할 수 있다.
③ 국선대리인의 신청절차 및 수수료 감면 등 국선대리인 운영에 필요한 사항은 산업통상자원부령으로 정한다.

제143조(심판관)
① 특허심판원장은 심판이 청구되면 심판관에게 심판하게 한다.
② 심판관의 자격은 대통령령으로 정한다.
③ 심판관은 직무상 독립하여 심판한다.

제144조(심판관의 지정)
① 특허심판원장은 각 심판사건에 대하여 제146조에 따른 합의체를 구성할 심판관을 지정하여야 한다.
② 특허심판원장은 제1항의 심판관 중 심판에 관여하는 데 지장이 있는 사람이 있으면 다른 심판관에게 심판하게 할 수 있다.

제145조(심판장)
① 특허심판원장은 제144조 제1항에 따라 지정된 심판관 중에서 1명을 심판장으로 지정하여야 한다.
② 심판장은 그 심판사건에 관한 사무를 총괄한다.

제146조(심판의 합의체)
① 심판은 3명 또는 5명의 심판관으로 구성되는 합의체가 한다.
② 제1항의 합의체의 합의는 과반수로 결정한다.
③ 심판의 합의는 공개하지 아니한다.

제148조(심판관의 제척)
심판관은 다음 각 호의 어느 하나에 해당하는 경우에는 그 심판에서 제척된다.
1. 심판관 또는 그 배우자이거나 배우자이었던 사람이 사건의 당사자, 참가인 또는 특허취소신청인인 경우
2. 심판관이 사건의 당사자, 참가인 또는 특허취소신청인의 친족이거나 친족이었던 경우
3. 심판관이 사건의 당사자, 참가인 또는 특허취소신청인의 법정대리인이거나 법정대리인이었던 경우
4. 심판관이 사건에 대한 증인, 감정인이거나 감정인이었던 경우
5. 심판관이 사건의 당사자, 참가인 또는 특허취소신청인의 대리인이거나 대리인이었던 경우
6. 심판관이 사건에 대하여 심사관 또는 심판관으로서 특허여부결정 또는 심결에 관여한 경우
7. 심판관이 사건에 관하여 직접 이해관계를 가진 경우

제149조(제척신청)
제148조에 따른 제척의 원인이 있으면 당사자 또는 참가인은 제척신청을 할 수 있다.

제150조(심판관의 기피)
① 심판관에게 공정한 심판을 기대하기 어려운 사정이 있으면 당사자 또는 참가인은 기피신청을 할 수 있다.
② 당사자 또는 참가인은 사건에 대하여 심판관에게 서면 또는 구두로 진술을 한 후에는 기피신청을 할 수 없다. 다만, 기피의 원인이 있는 것을 알지 못한 경우 또는 기피의 원인이 그 후에 발생한 경우에는 그러하지 아니하다.

제151조(제척 또는 기피의 소명)
① 제149조 또는 제150조에 따라 제척 또는 기피 신청을 하려는 자는 그 원인을 적은 서면을 특허심판원장에게 제출하여야 한다. 다만, 구술심리를 할 때에는 구술로 할 수 있다.
② 제척 또는 기피의 원인은 신청한 날부터 3일 이내에 소명하여야 한다.

제152조(제척 또는 기피 신청에 관한 결정)
① 제척 또는 기피 신청이 있으면 심판으로 결정하여야 한다.
② 제척 또는 기피 신청의 대상이 된 심판관은 그 제척 또는 기피에 대한 심판에 관여할 수 없다. 다만, 의견을 진술할 수 있다.
③ 제1항에 따른 결정은 서면으로 하여야 하며, 그 이유를 붙여야 한다.
④ 제1항에 따른 결정에 대해서는 불복할 수 없다.

제153조(심판절차의 중지)
제척 또는 기피 신청이 있으면 그 신청에 대한 결정이 있을 때까지 심판절차를 중지하여야 한다. 다만, 긴급한 경우에는 그러하지 아니하다.

제153조의2(심판관의 회피)
심판관이 제148조 또는 제150조에 해당하는 경우에는 특허심판원장의 허가를 받아 그 사건에 대한 심판을 회피할 수 있다.

제154조의2(전문심리위원)
① 심판장은 직권에 따른 결정으로 전문심리위원을 지정하여 심판절차에 참여하게 할 수 있다.
② 심판장은 제1항에 따라 전문심리위원을 심판절차에 참여시키는 경우 당사자의 의견을 들어 각 사건마다 1명 이상의 전문심리위원을 지정하여야 한다.

③ 전문심리위원에게는 산업통상자원부령으로 정하는 바에 따라 수당을 지급하고, 필요한 경우에는 그 밖의 여비, 일당 및 숙박료를 지급할 수 있다.
④ 전문심리위원의 지정에 관하여 그 밖에 필요한 사항은 산업통상자원부령으로 정한다.
⑤ 제1항에 따른 전문심리위원에 관하여는 「민사소송법」 제164조의2 제2항부터 제4항까지 및 제164조의3을 준용한다. 이 경우 "법원"은 "심판장"으로 본다.
⑥ 제1항에 따른 전문심리위원의 제척 및 기피에 관하여는 제148조부터 제152조까지의 규정을 준용한다. 이 경우 "심판관"은 "전문심리위원"으로 본다.

제154조의3(참고인 의견서의 제출)
① 심판장은 산업에 미치는 영향 등을 고려하여 사건 심리에 필요하다고 인정되는 경우 공공단체, 그 밖의 참고인에게 심판사건에 관한 의견서를 제출하게 할 수 있다.
② 국가기관과 지방자치단체는 공익과 관련된 사항에 관하여 특허심판원에 심판사건에 관한 의견서를 제출할 수 있다.
③ 심판장은 제1항 또는 제2항에 따라 참고인이 제출한 의견서에 대하여 당사자에게 구술 또는 서면에 의한 의견진술의 기회를 주어야 한다.
④ 제1항 또는 제2항에 따른 참고인의 선정 및 비용, 준수사항 등 참고인 의견서 제출에 필요한 사항은 산업통상자원부령으로 정한다.
[본조신설 2023.9.14.]

제155조(참가)
① 제139조 제1항에 따라 심판을 청구할 수 있는 자는 심리가 종결될 때까지 그 심판에 참가할 수 있다.
② 제1항에 따른 참가인은 피참가인이 그 심판의 청구를 취하한 후에도 심판절차를 속행할 수 있다.
③ 심판의 결과에 대하여 이해관계를 가진 자는 심리가 종결될 때까지 당사자의 어느 한쪽을 보조하기 위하여 그 심판에 참가할 수 있다.
④ 제3항에 따른 참가인은 모든 심판절차를 밟을 수 있다.
⑤ 제1항 또는 제3항에 따른 참가인에게 심판절차의 중단 또는 중지의 원인이 있으면 그 중단 또는 중지는 피참가인에 대해서도 그 효력이 발생한다.

제156조(참가의 신청 및 결정)
① 심판에 참가하려는 자는 참가신청서를 심판장에게 제출하여야 한다. 기출 22
② 심판장은 참가신청이 있는 경우에는 참가신청서 부본을 당사자 및 다른 참가인에게 송달하고, 기간을 정하여 의견서를 제출할 수 있는 기회를 주어야 한다.
③ 참가신청이 있는 경우에는 심판으로 그 참가 여부를 결정하여야 한다. 기출 22
④ 제3항에 따른 결정은 서면으로 하여야 하며, 그 이유를 붙여야 한다.
⑤ 제3항에 따른 결정에 대해서는 불복할 수 없다. 기출 22

(2) 심판의 주체

① 심판의 청구인과 피청구인
  ㉠ 결정계 심판 : 거절결정불복심판은 특허출원인이 청구할 수 있으며, 정정심판은 특허권자가 청구할 수 있다.
  ㉡ 당사자계 심판
    - 특허무효심판, 존속기간연장등록 무효심판 및 정정의 무효심판은 이해관계인 또는 심사관이 청구할 수 있으며, 피청구인은 특허권자이다.
    - 적극적권리범위확인심판의 청구인은 특허권자 또는 전용실시권자이며, 피청구인은 과거 또는 현재 확인대상발명을 실시한 이해관계인이다. 소극적권리범위확인심판의 청구인은 과거 또는 현재 확인대상발명을 실시하거나 장래 실시할 예정이 있는 이해관계인이며, 피청구인은 특허권자이다.
    - 통상실시권허락심판의 청구인은 후출원 특허권자, 전용실시권자 및 통상실시권자이며 피청구인은 선출원 특허권자, 전용실시권자, 실용신안권자 및 디자인권자이다.

② 공동심판청구
  ㉠ 공동심판청구인 또는 피청구인
    - 동일한 특허권에 관하여 특허무효심판, 존속기간 연장등록무효심판 또는 정정의 무효심판이나 권리범위 확인심판을 청구하는 자가 2인 이상이면 모두가 공동으로 심판을 청구할 수 있다(法 제139조 제1항).
    - 공유인 특허권의 특허권자에 대하여 심판을 청구할 때에는 공유자 모두를 피청구인으로 하여야 한다(法 제139조 제2항).
    - 특허권 또는 특허를 받을 수 있는 권리의 공유자가 그 공유인 권리에 관하여 심판을 청구할 때에는 공유자 모두가 공동으로 청구하여야 한다(法 제139조 제3항).
  ㉡ 효과 : 공동심판청구인 또는 피청구인 중 1인에게 심판절차의 중단 또는 중지의 원인이 있으면 모두에게 그 효력이 발생한다(法 제139조 제4항).

③ 이해관계인
  ㉠ 의의 : 이해관계인이라 함은 당해 특허발명의 권리존속으로 인하여 그 권리자로부터 권리의 대항을 받거나 받을 염려가 있어 그 피해를 받는 직접적이고도 현실적인 이해관계가 있는 사람을 말한다.
  ㉡ 이해관계인의 유형 : i) 동종업자, ii) 특허권자로부터 침해의 경고를 받은 자, iii) 침해 관련 소송관계에 들어갈 우려가 있는 자, iv) 특허에 관해 거절결정을 받은 자 등을 이해관계인으로 본다.
  ㉢ 판단 : 이해관계인에 해당하는지 여부는 직권조사사항으로서 심결시를 기준으로 판단하므로, 심결시 기준 이해관계가 소멸되면 부적법한 심판청구로서 흠을 보정할 수 없을 경우에 해당하여 심결각하의 대상이다. 기출 18

② 이해관계의 소멸 : i) 당사자 사이에 심판을 취하하기로 하는 합의가 이루어졌거나, ii) 심판 계속 중 당사자 사이에 다투지 아니하기로 하는 합의가 있다면 이해관계가 소멸한다.
⑩ 실시권자를 이해관계인으로 볼 수 있는지 여부
- 실시권자가 i) 아무런 제한 없이 실시를 허락받아 특허권 그 자체를 취득한 것과 마찬가지로 볼 수 있거나, ii) 당사자 간에 조합관계가 성립하는 등으로 실시권자가 특허권자와 그 법률상 이해관계를 같이하여 불이익이 없다는 등의 특별한 사정이 없는 한, 원칙적으로 실시권자는 당해 특허발명의 권리존속으로 인하여 법률상으로 불이익을 입어 그 소멸에 관하여 직접적이고도 현실적인 이해관계를 가진 자에 해당한다(判例 2017허2727).
- 이해관계인이란 당해 특허발명의 권리존속으로 인하여 법률상 어떠한 불이익을 받거나 받을 우려가 있어 그 소멸에 관하여 직접적이고도 현실적인 이해관계를 가진 사람을 말하고, 이에는 당해 특허발명과 같은 종류의 물품을 제조·판매하거나 제조·판매할 사람도 포함된다. 이러한 법리에 의하면 특별한 사정이 없는 한 특허권의 실시권자가 특허권자로부터 권리의 대항을 받거나 받을 염려가 없다는 이유만으로 무효심판을 청구할 수 있는 이해관계가 소멸되었다고 볼 수 없다(判例 2017후2819). 기출 18·20

(3) 심판의 참가

① 의의 : 심판 계속 중 제3자가 자신의 이익을 위해 심판의 당사자가 되거나 어느 한쪽 당사자의 심판을 보조하기 위해 심판절차에 관여하는 것을 말한다.
② 참가의 유형
 ㉠ 당사자 참가 : 심판 계속 중 심판을 청구할 수 있는 자가 심판청구인측에 당사자로서 참가하는 것을 말한다.
 ㉡ 보조참가 : 심판 계속 중 심판의 결과에 대하여 법률상 이해관계를 가진 자가 당사자의 어느 한쪽을 보조하기 위하여 참가하는 것을 말한다.
③ 참가 가능한 심판의 유형
 ㉠ 원칙 : 참가가 허용되는 심판은 당사자계 심판으로서 특허무효심판, 존속기간연장등록 무효심판, 정정 무효심판 및 권리범위확인심판이 규정되고 있다. 결정계 심판인 거절결정불복심판과 정정심판은 참가가 허용되지 않는다.
 ㉡ 예 외
  - 통상실시권허락심판의 경우 참가가 허용되지 않으나, 통설은 보조참가는 가능한 것으로 본다.
  - 결정계 심판에 있어 심판단계의 참가가 허용될 수 없음은 별론으로, 심결취소소송단계에서의 참가는 특허법상의 참가규정이 적용되지 아니하고 민사소송법상의 참가규정이 적용되므로 참가가 허용된다.

④ 참가 요건 : ⅰ) 당사자로서 심판을 청구할 수 있는 자 또는 심판의 결과에 법률적 이해관계를 가진 자 ⅱ) 참가가 허용되는 심판에, ⅲ) 심리종결 전까지 그 심판에 참가할 수 있다.
⑤ 절 차
　㉠ 참가신청 : 심판에 참가하려는 자는 참가신청서를 심판장에게 제출하여야 한다.
　㉡ 부본송달 및 의견서제출기회 부여 : 심판장은 참가신청이 있는 경우에는 참가신청서 부본을 당사자 및 다른 참가인에게 송달하고, 기간을 정하여 의견서를 제출할 수 있는 기회를 주어야 한다.
　㉢ 참가 결정 : 참가신청이 있는 경우에는 심판으로 그 참가 여부를 결정하여야 하며, 결정에 대하여 불복할 수 없다.
　㉣ 참가 취하 : 심결이 확정될 때까지 참가를 취하할 수 있으며, 원칙적으로 어느 당사자의 동의도 필요하지 않다. 다만 당사자 참가 후 피참가인이 심판청구를 취하하여 참가자가 절차를 진행할 때, 참가인의 주장에 대해 피청구인이 답변서를 제출하면 피청구인의 동의가 요구된다.
⑥ 효 과
　㉠ 당사자 참가인은 피참가인이 그 심판의 청구를 취하한 후에도 심판절차를 속행할 수 있다.
　㉡ 보조참가인은 모든 심판절차를 밟을 수 있다. 다만, 피참가인이 심판청구를 취하하면 참가인으로서의 지위를 상실한다.
　㉢ 당사자 참가인 또는 보조참가인에게 심판절차의 중단 또는 중지의 원인이 있으면 그 중단 또는 중지는 피참가인에 대해서도 그 효력이 발생한다.
　㉣ 참가인 및 심판에 참가신청을 하였으나 그 신청이 거부된 자에게 심결 또는 결정의 등본을 송달해야 하며(法 제162조 제6항), 참가인 및 참가신청이 거부된 자는 심결에 대한 취소소송을 제기할 수 있다(法 제186조 제2항).

(4) 심판관의 제척·기피·회피

① 의의 : 심판관의 제척이란 심판관이 法 제148조의 사유에 해당할 경우 당연히 심판에서 배제하는 것을 말하며, 심판관의 기피란 심판관에게 공정한 심판을 기대하기 어려운 사정이 있을 때 당사자 또는 참가인의 신청에 의해 심판에서 배제하는 것을 말한다. 그 심판청구와 관련성 있는 심판관을 배제시킴으로써 심판의 공정성을 담보하기 위함이다.
② 요 건
　㉠ 제척의 경우
　　• 심판관 또는 그 배우자이거나 배우자이었던 사람이 사건의 당사자, 참가인 또는 특허취소신청인인 경우
　　• 심판관이 사건의 당사자, 참가인 또는 특허취소신청인의 친족이거나 친족이었던 경우
　　• 심판관이 사건의 당사자, 참가인 또는 특허취소신청인의 법정대리인이거나 법정대리인이었던 경우

- 심판관이 사건에 대한 증인, 감정인이거나 감정인이었던 경우
- 심판관이 사건의 당사자, 참가인 또는 특허취소신청인의 대리인이거나 대리인이었던 경우
- 심판관이 사건에 대하여 심사관 또는 심판관으로서 특허여부결정 또는 심결에 관여한 경우
- 심판관이 사건에 관하여 직접 이해관계를 가진 경우
　ⓒ 기피의 경우 : 심판관에게 공정한 심판을 기대하기 어려운 사정이 있는 경우
③ **절 차**
　㉠ 제척·기피 신청
- 당사자 또는 참가인은 제척 또는 기피 사유가 있으면 제척·기피 신청을 할 수 있다. 제척은 신청과 관계없이 법률상 당연히 심판관을 배제하는 것을 의미하나 당사자 또는 참가인의 신청에 의한 직권발동의 촉구를 위해 심결시까지 할 수 있다.
- 기피신청을 할 수 없는 경우 : 당사자 또는 참가인이 심판관에게 사건에 대해 서면 또는 구두로 진술한 후에는 기피신청을 할 수 없다(진술할 때까지 기피의 원인 부지 또는 기피 원인 미발생의 경우 제외).
　ⓒ 신청서 제출 및 소명
- 제척 또는 기피 신청을 하려는 자는 그 원인을 적은 서면을 특허심판원장에게 제출하여야 한다. 다만, 구술심리를 할 때에는 구술로 할 수 있다.
- 제척 또는 기피의 원인은 신청한 날부터 3일 이내에 소명하여야 한다.
　ⓒ 심판절차 중지 : 제척 또는 기피 신청이 있으면 그 신청에 대한 결정이 있을 때까지 심판절차를 중지하여야 한다(긴급한 경우는 제외).
　ⓔ 제척 또는 기피의 결정
- 제척 또는 기피 신청이 있으면 심판으로 결정하여야 하며, 이유를 붙인 서면으로 하여야 한다.
- 제척 또는 기피 신청의 대상이 된 심판관은 그 제척 또는 기피에 대한 심판에 관여할 수 없으나, 의견을 진술할 수 있다.
- 제척 또는 기피의 결정에 대해서는 불복할 수 없다.
④ **심판관의 회피** : 심판관이 제척 또는 기피에 해당할 경우 특허심판원장의 허가를 받아 그 사건에 대한 심판을 회피할 수 있다(法 제153조의2).
⑤ **기술심리관의 제척·기피·회피** : 기술심리관의 제척·기피에 관하여는 특허법 제148조 및 민사소송법을 준용하며, 기술심리관은 제척 또는 기피의 사유가 있다고 인정하면 특허법원장의 허가를 받아 회피할 수 있다(法 제188조의2 제1항·제3항).

03 심판의 진행

(1) 방식심리와 적법성심리
① 법조문

> **제140조(심판청구방식)**
> ① 심판을 청구하려는 자는 다음 각 호의 사항을 적은 심판청구서를 특허심판원장에게 제출하여야 한다.
> 1. 당사자의 성명 및 주소(법인인 경우에는 그 명칭 및 영업소의 소재지)
> 2. 대리인이 있는 경우에는 그 대리인의 성명 및 주소나 영업소의 소재지[대리인이 특허법인·특허법인(유한)인 경우에는 그 명칭, 사무소의 소재지 및 지정된 변리사의 성명]
> 3. 심판사건의 표시
> 4. 청구의 취지 및 그 이유
> ② 제1항에 따라 제출된 심판청구서의 보정은 그 요지를 변경할 수 없다. 다만, 다음 각 호의 어느 하나에 해당하는 경우에는 그러하지 아니하다. 기출 15
> 1. 제1항 제1호에 따른 당사자 중 특허권자의 기재를 바로잡기 위하여 보정(특허권자를 추가하는 것을 포함하되, 청구인이 특허권자인 경우에는 추가되는 특허권자의 동의가 있는 경우로 한정한다)하는 경우 기출 22
> 2. 제1항 제4호에 따른 청구의 이유를 보정하는 경우
> 3. 제135조 제1항에 따른 권리범위 확인심판에서 심판청구서의 확인대상 발명(청구인이 주장하는 피청구인의 발명을 말한다)의 설명서 또는 도면에 대하여 피청구인이 자신이 실제로 실시하고 있는 발명과 비교하여 다르다고 주장하는 경우에 청구인이 피청구인의 실시 발명과 동일하게 하기 위하여 심판청구서의 확인대상 발명의 설명서 또는 도면을 보정하는 경우
> ③ 제135조 제1항·제2항에 따른 권리범위 확인심판을 청구할 때에는 특허발명과 대비할 수 있는 설명서 및 필요한 도면을 첨부하여야 한다.
> ④ 제138조 제1항에 따른 통상실시권 허락의 심판의 심판청구서에는 제1항 각 호의 사항 외에 다음 사항을 추가로 적어야 한다.
> 1. 실시하려는 자기의 특허의 번호 및 명칭
> 2. 실시되어야 할 타인의 특허발명·등록실용신안 또는 등록디자인의 번호·명칭 및 특허나 등록 연월일
> 3. 특허발명·등록실용신안 또는 등록디자인의 통상실시권의 범위·기간 및 대가
> ⑤ 제136조 제1항에 따른 정정심판을 청구할 때에는 심판청구서에 정정한 명세서 또는 도면을 첨부하여야 한다.
>
> **제140조의2(특허거절결정에 대한 심판청구방식)**
> ① 제132조의17에 따라 특허거절결정에 대한 심판을 청구하려는 자는 제140조 제1항에도 불구하고 다음 각 호의 사항을 적은 심판청구서를 특허심판원장에게 제출하여야 한다.
> 1. 청구인의 성명 및 주소(법인인 경우에는 그 명칭 및 영업소의 소재지)
> 2. 대리인이 있는 경우에는 그 대리인의 성명 및 주소나 영업소의 소재지[대리인이 특허법인·특허법인(유한)인 경우에는 그 명칭, 사무소의 소재지 및 지정된 변리사의 성명]
> 3. 출원일 및 출원번호
> 4. 발명의 명칭
> 5. 특허거절결정일
> 6. 심판사건의 표시
> 7. 청구의 취지 및 그 이유

② 제1항에 따라 제출된 심판청구서를 보정하는 경우에는 그 요지를 변경할 수 없다. 다만, 다음 각 호의 어느 하나에 해당하는 경우에는 그러하지 아니하다.
  1. 제1항 제1호에 따른 청구인의 기재를 바로잡기 위하여 보정(청구인을 추가하는 것을 포함하되, 그 청구인의 동의가 있는 경우로 한정한다)하는 경우
  2. 제1항 제7호에 따른 청구의 이유를 보정하는 경우

제141조(심판청구서 등의 각하)
① 심판장은 다음 각 호의 어느 하나에 해당하는 경우에는 기간을 정하여 그 보정을 명하여야 한다. 다만, 보정할 사항이 경미하고 명확한 경우에는 직권으로 보정할 수 있다. 〈개정 2023.9.14.〉
  1. 심판청구서가 제140조 제1항 및 제3항부터 제5항까지 또는 제140조의2 제1항을 위반한 경우
  2. 심판에 관한 절차가 다음 각 목의 어느 하나에 해당하는 경우
    가. 제3조 제1항 또는 제6조를 위반한 경우
    나. 제82조에 따라 내야 할 수수료를 내지 아니한 경우
    다. 이 법 또는 이 법에 따른 명령으로 정하는 방식을 위반한 경우
② 심판장은 제1항 본문에 따른 보정명령을 받은 자가 지정된 기간에 보정을 하지 아니하거나 보정한 사항이 제140조 제2항 또는 제140조의2 제2항을 위반한 경우에는 심판청구서 또는 해당 절차와 관련된 청구나 신청 등을 결정으로 각하하여야 한다. 〈개정 2016.2.29., 2023.9.14.〉
③ 제2항에 따른 결정은 서면으로 하여야 하며, 그 이유를 붙여야 한다.
④ 심판장은 제1항 단서에 따라 직권보정을 하려면 그 직권보정 사항을 청구인에게 통지하여야 한다. 〈신설 2023.9.14.〉
⑤ 청구인은 제1항 단서에 따른 직권보정 사항을 받아들일 수 없으면 직권보정 사항의 통지를 받은 날부터 7일 이내에 그 직권보정 사항에 대한 의견서를 심판장에게 제출하여야 한다. 〈신설 2023.9.14.〉
⑥ 청구인이 제5항에 따라 의견서를 제출한 경우에는 해당 직권보정 사항은 처음부터 없었던 것으로 본다. 〈신설 2023.9.14.〉
⑦ 제1항 단서에 따른 직권보정이 명백히 잘못된 경우 그 직권보정은 처음부터 없었던 것으로 본다. 〈신설 2023.9.14.〉

제142조(보정할 수 없는 심판청구의 심결각하)
부적법한 심판청구로서 그 흠을 보정할 수 없을 때에는 피청구인에게 답변서 제출의 기회를 주지 아니하고, 심결로써 그 청구를 각하할 수 있다. 기출 22

② 심판청구서 기재 사항
  ㉠ 공통기재사항
    - 당사자의 성명 및 주소
    - 대리인의 성명 및 주소나 영업소의 소재지
    - 심판사건의 표시
    - 청구 취지 및 이유
  ㉡ 개별기재사항
    - (권리범위확인심판) 특허발명과 대비할 수 있는 설명서 및 필요한 도면 첨부
    - (통상실시권허락심판) 자신 및 타인의 특허번호 및 명칭, 통상실시권의 범위·대가·기간
    - (정정심판) 정정한 명세서 또는 도면 첨부

③ 심판청구서의 보정
  ㉠ 원칙 : 제출된 심판청구서의 보정은 그 요지를 변경할 수 없다(法 제140조 제2항).
  ㉡ 예 외
    • 특허권자의 기재를 바로잡기 위한 보정(특허권자 추가의 경우 추가되는 특허권자의 동의 필요)
    • 청구의 이유 보정
    • 적극적권리범위확인심판에서 심판청구서의 확인대상 발명의 설명서 또는 도면에 대하여 피청구인이 자신이 실제로 실시하고 있는 발명과 비교하여 다르다고 주장하는 경우에 청구인이 피청구인의 실시 발명과 동일하게 하기 위하여 심판청구서의 확인대상 발명의 설명서 또는 도면을 보정
④ 방식심리(法 제141조)
  ㉠ 의의 : 심판장에 의해 심판청구서가 법령에 정한 방식에 적합한지 여부를 심리하는 것을 말한다.
  ㉡ 해당 요건
    • 심판청구서 기재방식 위반(法 제140조 제1항·제3항·제4항·제5항, 제140조의2 제1항)
    • 심판에 관한 절차 위반
      − 행위능력 위반(法 제3조)
      − 대리권의 범위 위반(法 제6조)
      − 특허법에서 정한 방식 위반
      − 수수료 불납
  ㉢ 절차 : 심판장은 기간을 정하여 보정기회를 부여하고, ⅰ) 보정명령을 받은 자가 지정된 기간에 보정을 하지 아니하거나, ⅱ) 보정한 사항이 심판청구서 기재방식 위반인 경우 심판청구서 또는 해당 절차와 관련된 청구나 신청 등을 결정으로 각하하여야 한다.
  ㉣ 불복 : 심판청구인은 심판청구서의 각하결정등본을 송달받은 날로부터 30일 이내에 특허청장을 피고로 하여 특허법원에 소를 제기할 수 있다.
⑤ 적법성 심리
  ㉠ 의의 : 심판관합의체에 의해 심판 청구 자체의 적법성 여부를 심리하는 것을 말한다.
  ㉡ 해당 요건
    • 심판청구기간이 경과한 후의 심판청구
    • 심판청구 후 심판의 대상이 취하·포기 등으로 소멸한 경우
    • 실존하지 않는 자를 당사자로 하는 심판청구
    • 당사자 능력이 없는 자의 심판청구
    • 당사자 적격이 없는 자의 심판청구(이해관계가 없는 자 또는 공유자 중 일부의 심판청구)
    • 일사부재리 또는 중복심판청구 금지 원칙에 위반된 경우
    • 불복할 수 없는 심판의 불복심판청구(제척·기피심판, 증거보전심판, 참가심판 등)
    • 심결 확정 전 재심청구
    • 권리범위확인심판에서 확인의 이익 소멸 또는 확인대상발명의 불특정 기출 18

ⓒ 절차
- 흠을 보정할 수 있을 때에는 청구인에게 보정기회를 부여하여야 한다.
- 흠을 보정할 수 없을 때에는 피청구인에게 답변서 제출기회 부여 없이 심결각하할 수 있다.

ⓔ 불복 : 심판청구인은 심판청구서의 각하심결등본을 송달받은 날로부터 30일 이내에 결정계 심판은 특허청장, 당사자계 심판은 원심판의 피청구인을 피고로 하여 특허법원에 소를 제기할 수 있다.

ⓜ 관련 판례

> - **심판청구서의 보정이 요지변경이 아닌 범위** : 특허법 제140조 제2항이 심판청구서의 보정에 있어서 요지를 변경할 수 없도록 규정한 취지는 요지의 변경을 쉽게 인정할 경우 심판절차의 지연을 초래하거나 피청구인의 방어권행사를 곤란케 할 우려가 있기 때문이라고 할 것이므로 그 보정의 정도가 청구인의 고안에 관하여 심판청구서에 첨부된 도면 및 증명서에 표현된 구조의 불명확한 부분을 구체화한 것이거나 처음부터 당연히 있어야 할 구성부분을 부가한 것에 지나지 아니하여 심판청구의 전체적 취지에 비추어 볼 때 그 고안의 동일성이 유지된다고 인정되는 경우에는 요지의 변경에 해당하지 않는다고 할 것이다(判例 89후179).
> - **심판청구서의 보정이 요지변경인지 판단에 있어, 청구취지의 변경의 경우** : 실용신안법 제33조에 의하여 준용되는 특허법 제140조 제1항에 의하면 심판청구인은 "청구의 취지" 등을 기재한 심판청구서를 특허청장에게 제출하도록 되어 있고 제2항에 의하면 제1항의 규정에 의하여 제출된 심판청구의 보정에 있어서는 그 요지를 변경할 수 없게 되어 있는데, 여기에서 말하는 "청구의 취지"라 함은 심판청구인이 특허청에 어떠한 심결을 구하는가를 특정하여 요구하는 것을 말한다 하겠으므로 이를 변경하게 되면 청구자체를 변경하는 것이 되어 이는 허용될 수 없다(判例 90후854).

ⓗ 중복심판청구금지
- 법조문

> **특허법 제154조(심리 등)**
> ⑧ 심판에 관하여는 「민사소송법」 제143조・제259조・제299조 및 제367조를 준용한다.
>
> **민사소송법 제259조(중복된 소제기의 금지)**
> 법원에 계속되어 있는 사건에 대하여 당사자는 다시 소를 제기하지 못한다.

- 중복심판청구금지
  - 의의 : 당사자는 특허심판원에 계속되어 있는 사건에 대하여 다시 심판을 청구하지 못한다(민사소송법 제259조 준용, 法 제154조 제8항).
  - 요건
    i) 당사자 동일 : 심판의 청구인으로서 당사자가 동일해야 한다.
    ii) 동일심판청구 : 동일한 심판청구로서 청구 취지가 동일한 심판일 것을 말한다.
    iii) 전 심판 계속 중 후 심판을 청구 : 전 심판의 절차가 종료되지 않았을 것을 의미하므로 전 심판에서 내려진 심결이 확정되지 않는 상태를 포함하며, 특허심판원에 계속 중인 경우는 물론 특허법원 또는 대법원에 계속 중인 경우를 포함한다.

- 적용시점(심결시) : 중복심판에 해당하는지의 판단기준시는 '후심판의 심결시'라고 봄이 타당하므로, 후심판의 청구 당시에 동일한 전 심판이 계속 중이었더라도, 후심판의 심결시에 전 심판의 계속이 소멸되었으면 후 심판은 중복심판에 해당하지 아니한다고 보아야 한다.
- 효과 : 중복심판청구금지에 위반된 심판청구는 부적법한 심판청구로서 그 흠을 보정할 수 없을 때에 해당하므로 심결각하하여야 한다(法 제142조).
- 전 심판계속 중에 법원에 계속 중인 경우가 포함되는지 여부 : 특허법 제154조 제7항에서 준용하고 있는 민사소송법 제259조는 '동일한 사건에 대하여 당사자는 다시 소를 제기하지 못한다'고 규정하고 있는데, 그 요건으로는 첫째, 당사자가 동일하고, 둘째, 청구가 동일하여야 하며, 셋째 전소의 계속 중에 후소를 제기하였을 것이다. 위 요건들을 특허권에 관한 중복 심판청구금지에 대하여 적용할 때 셋째 요건과 관련하여 전심판의 계속 중에 후심판을 제기하였을 것에서 전심판의 계속 중 을 전심판이 특허심판원에 계속 중일 것 을 의미하는지, 아니면 전심판절차에서 내려진 심결이 확정되지 아니한 경우를 의미하는 지가 문제된다. 살피건대, 다음과 같은 사정에 비추어 보면 전심판의 계속 중 을 전심판에서 내려진 심결이 확정되지 아니한 경우를 의미하는 것으로 해석하는 것이 타당하다. 즉, 1) 전심판의 계속 중 을 전심판이 특허심판원에 계속 중으로 좁게 해석하게 되면 심판청구인은 전심판절차에서 내려진 심결에 대하여 심결취소소송을 제기한 후 그 심결이 확정되기 전에 다시 동일한 심판을 청구하여도 후심판청구는 일사부재리의 원칙에 위배되지 않게 되고(대법원 2012.1.19. 선고 2009후2234 판결 참조), 특허심판원은 후심판청구에 대하여 심결을 하여야 하므로 결국 동일한 심판청구에 대하여 2개의 심결이 있게 되어 무용한 절차의 반복을 방지하고자 하는 중복 심판청구 금지 규정의 입법취지에 반한다. 2) 전심판이 특허심판원에 계속 중 으로 좁게 해석하게 되면 전심판절차에서 불리한 심결을 받은 심판청구인은 심결취소소송을 제기한 후 다시 동일한 심판청구를 할 수 있게 되어 피심판청구인은 심결취소소송에 대하여 방어해야 될 뿐만 아니라 새로 제기된 후심판청구에 대하여도 방어권을 행사해야 되므로 소송경제에 반하고 심판청구권의 남용을 방지하고자 하는 중복 심판청구 금지 규정의 입법목적도 달성할 수 없게 된다. 3) 더구나 전심판청구에 관한 심결에 대한 취소소송을 제기하고 동일한 심판을 다시 청구한 경우 전심판절차에서 내려진 심결을 취소하는 판결이 선고되어 확정되면 특허심판원에 후심판청구가 계속중임과 동시에 재심리절차가 개시되면서 전심판청구가 계속되어 동일 당사자 사이에 동일한 심판청구에 대하여 2개의 심판절차가 진행되는 불합리한 결과가 발생할 수 있다(判例 2013허9805).
- 중복심판청구 판단기준 시 : 1) 민사소송에서 중복제소금지는 소송요건에 관한 것으로서 사실심의 변론종결시를 기준으로 판단하여야 하므로, 전소가 후소의 변론종결시까지 취하・각하 등에 의하여 소송계속이 소멸되면 후소는 중복제소금지에 위반되지 않는다(대법원 1998.2.27. 선고 97다45532 판결, 대법원 2017.11.14. 선고 2017다23066 판결 등 참조). 마찬가지로 특허심판에서 중복심판청구 금지는 심판청구의 적법요건으로, 심결 시를 기준으로 전심판의 심판계속이 소멸되면 후심판은 중복심판청구 금지에 위반되지 않는다고 보아야 한다. 2) 대법원 2012.1.19. 선고 2009후2234 전원합의체 판결은 '특허법 제163조의

일사부재리의 원칙에 따라 심판청구가 부적법하게 되는지 여부를 판단하는 기준 시점은 심판청구를 제기하던 당시로 보아야 한다'고 하였는데, 이는 선행 심결의 확정을 판단하는 기준 시점이 쟁점이 된 사안에서 특허법상 일사부재리 원칙의 대세효로 인한 제3자의 권리제한을 최소화하기 위하여 부득이하게 일사부재리 원칙의 요건 중 선행 심결의 확정과 관련해서만 그 기준 시점을 심결 시에서 심판청구 시로 변경한 것이다(대법원 2020.4.9. 선고 2018후11360 판결 참조). 중복심판청구 금지는 동일 당사자에 의한 심판청구권 남용을 방지함으로써 심결의 모순·저촉을 방지하고 심판절차의 경제를 꾀하기 위한 것이어서, 일사부재리 원칙과 일부 취지를 같이 하지만 그 요건 및 적용범위에 차이가 있으므로, 후심판이 중복심판청구에 해당하는지 여부까지 위 전원합의체 판결을 들어 후심판청구 시를 기준으로 판단할 것은 아니다(判例 2016후2317).

ⓢ 일사부재리 판례 : 관련된 부분에서 서술함

(2) 본안심리

① 법조문

제154조(심리 등)
① 심판은 구술심리 또는 서면심리로 한다. 다만, 당사자가 구술심리를 신청하였을 때에는 서면심리만으로 결정할 수 있다고 인정되는 경우 외에는 구술심리를 하여야 한다.
② 삭제 〈2001.2.3.〉
③ 구술심리는 공개하여야 한다. 다만, 공공의 질서 또는 선량한 풍속에 어긋날 우려가 있으면 그러하지 아니하다.
④ 심판장은 제1항에 따라 구술심리로 심판을 할 경우에는 그 기일 및 장소를 정하고, 그 취지를 적은 서면을 당사자 및 참가인에게 송달하여야 한다. 다만, 해당 사건의 이전 심리에 출석한 당사자 및 참가인에게 알렸을 때에는 그러하지 아니하다.
⑤ 심판장은 제1항에 따라 구술심리로 심판을 할 경우에는 특허심판원장이 지정한 직원에게 기일마다 심리의 요지와 그 밖에 필요한 사항을 적은 조서를 작성하게 하여야 한다. 기출 22
⑥ 제5항의 조서에는 심판의 심판장 및 조서를 작성한 직원이 기명날인하여야 한다. 기출 22
⑦ 제5항의 조서에 관하여는 「민사소송법」 제153조·제154조 및 제156조부터 제160조까지의 규정을 준용한다.
⑧ 심판에 관하여는 「민사소송법」 제143조·제259조·제299조 및 제367조를 준용한다.
⑨ 심판장은 구술심리 중 심판정 내의 질서를 유지한다.

제154조의2(전문심리위원)
① 심판장은 직권에 따른 결정으로 전문심리위원을 지정하여 심판절차에 참여하게 할 수 있다.
② 심판장은 제1항에 따라 전문심리위원을 심판절차에 참여시키는 경우 당사자의 의견을 들어 각 사건마다 1명 이상의 전문심리위원을 지정하여야 한다.
③ 전문심리위원에게는 산업통상자원부령으로 정하는 바에 따라 수당을 지급하고, 필요한 경우에는 그 밖의 여비, 일당 및 숙박료를 지급할 수 있다.
④ 전문심리위원의 지정에 관하여 그 밖에 필요한 사항은 산업통상자원부령으로 정한다.

⑤ 제1항에 따른 전문심리위원에 관하여는 「민사소송법」 제164조의2 제2항부터 제4항까지 및 제164조의3을 준용한다. 이 경우 "법원"은 "심판장"으로 본다.
⑥ 제1항에 따른 전문심리위원의 제척 및 기피에 관하여는 제148조부터 제152조까지의 규정을 준용한다. 이 경우 "심판관"은 "전문심리위원"으로 본다.

제154조의3(참고인 의견서의 제출)
① 심판장은 산업에 미치는 영향 등을 고려하여 사건 심리에 필요하다고 인정되는 경우 공공단체, 그 밖의 참고인에게 심판사건에 관한 의견서를 제출하게 할 수 있다.
② 국가기관과 지방자치단체는 공익과 관련된 사항에 관하여 특허심판원에 심판사건에 관한 의견서를 제출할 수 있다.
③ 심판장은 제1항 또는 제2항에 따라 참고인이 제출한 의견서에 대하여 당사자에게 구술 또는 서면에 의한 의견진술의 기회를 주어야 한다.
④ 제1항 또는 제2항에 따른 참고인의 선정 및 비용, 준수사항 등 참고인 의견서 제출에 필요한 사항은 산업통상자원부령으로 정한다.
[본조신설 2023.9.14.]

제155조(참가)
① 제139조 제1항에 따라 심판을 청구할 수 있는 자는 심리가 종결될 때까지 그 심판에 참가할 수 있다.
② 제1항에 따른 참가인은 피참가인이 그 심판의 청구를 취하한 후에도 심판절차를 속행할 수 있다.
③ 심판의 결과에 대하여 이해관계를 가진 자는 심리가 종결될 때까지 당사자의 어느 한쪽을 보조하기 위하여 그 심판에 참가할 수 있다.
④ 제3항에 따른 참가인은 모든 심판절차를 밟을 수 있다.
⑤ 제1항 또는 제3항에 따른 참가인에게 심판절차의 중단 또는 중지의 원인이 있으면 그 중단 또는 중지는 피참가인에 대해서도 그 효력이 발생한다.

제156조(참가의 신청 및 결정)
① 심판에 참가하려는 자는 참가신청서를 심판장에게 제출하여야 한다. 기출 22
② 심판장은 참가신청이 있는 경우에는 참가신청서 부본을 당사자 및 다른 참가인에게 송달하고, 기간을 정하여 의견서를 제출할 수 있는 기회를 주어야 한다.
③ 참가신청이 있는 경우에는 심판으로 그 참가 여부를 결정하여야 한다. 기출 22
④ 제3항에 따른 결정은 서면으로 하여야 하며, 그 이유를 붙여야 한다.
⑤ 제3항에 따른 결정에 대해서는 불복할 수 없다. 기출 22

제157조(증거조사 및 증거보전)
① 심판에서는 당사자, 참가인 또는 이해관계인의 신청에 의하여 또는 직권으로 증거조사나 증거보전을 할 수 있다.
② 제1항에 따른 증거조사 및 증거보전에 관하여는 「민사소송법」 중 증거조사 및 증거보전에 관한 규정을 준용한다. 다만, 심판관은 다음 각 호의 행위는 하지 못한다.
  1. 과태료의 결정
  2. 구인(拘引)을 명하는 행위
  3. 보증금을 공탁하게 하는 행위

> ③ 증거보전신청은 심판청구 전에는 특허심판원장에게 하고, 심판계속 중에는 그 사건의 심판장에게 하여야 한다.
> ④ 특허심판원장은 심판청구 전에 제1항에 따른 증거보전신청이 있으면 그 신청에 관여할 심판관을 지정한다.
> ⑤ 심판장은 제1항에 따라 직권으로 증거조사나 증거보전을 하였을 때에는 그 결과를 당사자, 참가인 또는 이해관계인에게 통지하고, 기간을 정하여 의견서를 제출할 수 있는 기회를 주어야 한다.
>
> **제158조(심판의 진행)**
> 심판장은 당사자 또는 참가인이 법정기간 또는 지정기간에 절차를 밟지 아니하거나 제154조 제4항에 따른 기일에 출석하지 아니하여도 심판을 진행할 수 있다.
>
> **제158조의2(적시제출주의)**
> 심판절차에서의 주장이나 증거의 제출에 관하여는 「민사소송법」제146조, 제147조 및 제149조를 준용한다.
>
> **제159조(직권심리)**
> ① 심판에서는 당사자 또는 참가인이 신청하지 아니한 이유에 대해서도 심리할 수 있다. 이 경우 당사자 및 참가인에게 기간을 정하여 그 이유에 대하여 의견을 진술할 수 있는 기회를 주어야 한다. 기출 18
> ② 심판에서는 청구인이 신청하지 아니한 청구의 취지에 대해서는 심리할 수 없다. 기출 18
>
> **제160조(심리 · 심결의 병합 또는 분리)**
> 심판관은 당사자 양쪽 또는 어느 한쪽이 동일한 둘 이상의 심판에 대하여 심리 또는 심결을 병합하거나 분리할 수 있다.

② 심리 방식
  ㉠ 원칙 : 심판은 구술심리 또는 서면심리로 할 수 있다. 다만, 당사자가 구술심리를 신청하였을 때에는 구술심리를 하여야 한다(서면심리만으로 결정할 수 있다고 인정되는 경우 제외).
  ㉡ 구술심리의 경우
    • 구술심리는 공개가 원칙이다. 다만, 공서양속에 어긋날 우려가 있으면 공개하지 않는다.
    • 구술심리로 심판할 경우 심판장은 기일 및 장소를 정하고, 그 취지를 적은 서면을 당사자 및 참가인에게 송달하여야 한다(해당사건 이전심리에 출석한 당사자 및 참가인에게 알린 경우 제외).
    • 심판장은 심판원장이 지정한 직원에게 기일마다 조서를 작성하게 하여야 한다.

③ 심판관에 의한 직권 진행
  ㉠ 심판의 진행 : 심판장은 당사자 또는 참가인이 법정기간 또는 지정기간에 절자를 밟지 아니하거나 구술심리 기일에 참석하지 아니하여도 심판을 진행할 수 있다(法 제158조).
  ㉡ 심리·심결의 병합 또는 분리 : 심판관은 당사자 양쪽 또는 어느 한쪽이 동일한 둘 이상의 심판에 대하여 심리 또는 심결을 병합하거나 분리할 수 있다(法 제160조).
  ㉢ 기일의 지정 또는 변경 : 심판장은 절차를 밟을 기간을 정한 경우 청구 또는 직권으로 그 기간을 변경할 수 있으며, 절차를 밟을 기일을 정한 경우 청구 또는 직권으로 그 기일을 변경할 수 있다(法 제15조 제2항·제3항). 심판관은 중단된 절차에 관한 수계신청에 대해 수계여부를 결정하거나 직권으로 수계를 명할 수 있다(法 제22조).

④ 직권심리
  ㉠ 당사자 또는 참가인이 신청하지 아니한 이유에 대해서도 심리할 수 있다. 이 경우 당사자 및 참가인에게 기간을 정하여 그 이유에 대하여 의견진술기회를 주어야 한다(法 제159조 제1항).
  ㉡ 청구인이 신청하지 아니한 청구의 취지에 대해서는 심리할 수 없다(法 제159조 제2항).
  ㉢ 심판관의 직권심리가 의무인지 여부 : "심판에서는 당사자가 신청하지 아니한 이유에 관하여도 심리할 수 있다"고 한 규정은 공익적인 견지에서 필요한 경우에 당사자가 주장하지 아니한 사실에 관하여도 직권으로 심리하여 판단을 할 수 있다는 것이지, 심판관이 이를 적극적으로 탐지할 의무가 있다는 취지는 아니다(判例 92후599).

⑤ 증거조사 및 증거보전
  ㉠ 공통점
    • 당사자, 참가인 또는 이해관계인의 신청 또는 직권으로 증거조사나 증거보전을 할 수 있다.
    • 심판 계속 중 심판장에게 증거조사 또는 증거보전을 신청하여야 한다.
    • 심판장이 직권으로 증거조사나 증거보전을 하였을 경우 그 결과를 당사자, 참가인 또는 이해관계인에게 통지하고 기간을 정해 의견제출기회를 주어야 한다.
    • 민사소송법 중 증거조사 및 증거보전에 관한 규정을 준용한다. 다만, ⅰ) 과태료의 결정, ⅱ) 구인을 명하는 행위, ⅲ) 보증금 공탁 행위를 할 수 없다. 또한 판례에 따라 심판절차는 직권탐지주의가 적용되므로, 변론주의 적용을 전제로 하는 민사소송법 중 재판상 자백 규정은 준용되지 않는다. 기출 16
  ㉡ 차이점 : 증거보전 신청은 심판 청구 전에 특허심판원장에게 할 수 있으나, 증거조사는 심판 청구 전 신청할 수 없다.

04 심판의 종료

(1) 법조문

제161조(심판청구의 취하)
① 심판청구는 심결이 확정될 때까지 취하할 수 있다. 다만, 답변서가 제출된 후에는 상대방의 동의를 받아야 한다. 기출 23·24
② 둘 이상의 청구항에 관하여 제133조 제1항의 무효심판 또는 제135조의 권리범위 확인심판을 청구하였을 때에는 청구항마다 취하할 수 있다.
③ 제1항 또는 제2항에 따른 취하가 있으면 그 심판청구 또는 그 청구항에 대한 심판청구는 처음부터 없었던 것으로 본다.

제162조(심결)
① 심판은 특별한 규정이 있는 경우를 제외하고는 심결로써 종결한다.
② 제1항의 심결은 다음 각 호의 사항을 적은 서면으로 하여야 하며, 심결을 한 심판관은 그 서면에 기명날인하여야 한다.
  1. 심판의 번호
  2. 당사자 및 참가인의 성명 및 주소(법인인 경우에는 그 명칭 및 영업소의 소재지)
  3. 대리인이 있는 경우에는 그 대리인의 성명 및 주소나 영업소의 소재지[대리인이 특허법인·특허법인(유한)인 경우에는 그 명칭, 사무소의 소재지 및 지정된 변리사의 성명]
  4. 심판사건의 표시
  5. 심결의 주문(제138조에 따른 심판의 경우에는 통상실시권의 범위·기간 및 대가를 포함한다)
  6. 심결의 이유(청구의 취지 및 그 이유의 요지를 포함한다)
  7. 심결연월일
③ 심판장은 사건이 심결을 할 정도로 성숙하였을 때에는 심리의 종결을 당사자 및 참가인에게 통지하여야 한다.
④ 심판장은 필요하다고 인정하면 제3항에 따라 심리종결을 통지한 후에도 당사자 또는 참가인의 신청에 의하여 또는 직권으로 심리를 재개할 수 있다.
⑤ 심결은 제3항에 따른 심리종결통지를 한 날부터 20일 이내에 한다.
⑥ 심판장은 심결 또는 결정이 있으면 그 등본을 당사자, 참가인 및 심판에 참가신청을 하였으나 그 신청이 거부된 자에게 송달하여야 한다.

제163조(일사부재리)
이 법에 따른 심판의 심결이 확정되었을 때에는 그 사건에 대해서는 누구든지 동일 사실 및 동일 증거에 의하여 다시 심판을 청구할 수 없다. 다만, 확정된 심결이 각하심결인 경우에는 그러하지 아니하다.
기출 16·17·19·22·24

(2) 심판청구의 취하

① 의의 : 심판청구인은 심판청구를 취하할 수 있으며(法 제161조 제1항), 대리인의 경우 특별 수권을 받아야 심판을 취하할 수 있다.

② 요건 : i) 심결확정 전까지 가능하고, ii) 원칙적으로 피청구인의 동의가 필요하지 않으나 피청구인이 답변서를 제출한 후에는 동의를 받아야 한다. iii) 무효심판 또는 권리범위확인심판의 경우 둘 이상의 청구항에 대하여 청구항마다 취하할 수 있다.

③ 효과 : 심판청구의 취하가 있으면 그 심판청구 또는 그 청구항에 대한 심판청구는 처음부터 없었던 것으로 본다(法 제161조 제3항).

(3) 심 결

① 의의 : 심판은 특별한 규정이 있는 경우를 제외하고는 심결로써 종결한다(法 제162조 제1항). 심결에는 i) 심판청구가 부적법하고 그 흠을 보정할 수 없을 때에 그 청구를 각하하는 각하심결과, ii) 청구취지에 대한 심결인 본안심결로서 심판청구의 주장을 인용하는 인용심결 및 심판청구의 주장을 배제하는 기각심결이 있다.

② 절 차
  ㉠ 심판장은 사건이 심결을 할 정도로 성숙하였을 때에는 심리의 종결을 당사자 및 참가인에게 통지하여야 한다.
  ㉡ 심판장은 필요하다고 인정되면 심리종결통지 후에도 당사자 또는 참가인의 신청 또는 직권으로 심리를 재개할 수 있다.
  ㉢ 심결은 심리종결통지를 한 날로부터 20일 이내에 하며, 판례는 이 규정을 훈시규정에 불과한 것으로 본다.
  ㉣ 심판장은 심결 또는 결정이 있으면 그 등본을 당사자, 참가인 및 심판에 참가신청을 하였으나 그 신청이 거부된 자에게 송달하여야 한다.

(4) 일사부재리

① 의의 및 취지 : 심판의 심결이 확정된 때에는 그 사건에 대해서는 누구든지 동일사실 및 동일증거에 의해 다시 심판을 청구할 수 없다. 심판청구의 남용을 방지하고 심결의 모순저촉을 방지하여 법적 안정성을 도모하며 동일심판에 상대방이 반복적으로 응하는 법노동을 면하기 위함이다.

② 요 건
  ㉠ 본안심결이 확정되었을 것 : 심결등본송달받은 날로부터 30일 이내에 심결취소소송을 제기하지 않는 등 심결이 형식적으로 확정되었을 것을 의미하며, 각하심결이 확정된 경우에는 일사부재리를 적용하지 않는다.
  ㉡ 누구든지 : 일사부재리 원칙은 특허심결의 대세적 효력을 인정하는 실질적 확정력으로서 심판의 청구인·피청구인뿐만 아니라 제3자에 대하여도 적용된다.

ⓒ 동일사실
- 의의 : 동일사실이란 청구취지를 이유있게 하는 구체적인 사실이 동일한 것을 말한다. 무효심판에서 제29조 제1항 각 호는 동일한 신규성 흠결을 원인으로 하여 동일한 사실로 보나, 산업상 이용가능성, 진보성 결여 등은 전혀 다른 사실을 구성한다고 규정한다.
- 확정심결의 무효사유 외에 다른 무효사유가 새롭게 추가된 경우 : 특허의 등록무효심판청구에 관하여 종전에 확정된 심결이 있더라도 종전 심판에서 청구원인이 된 무효사유 외에 다른 무효사유가 추가된 경우에는 새로운 심판청구는 그 자체로 동일사실에 의한 것이 아니어서 일사부재리의 원칙에 위배되지는 아니한다. 그러나 모순·저촉되는 복수의 심결이 발생하는 것을 방지하고자 하는 일사부재리 제도의 취지를 고려하면, 위와 같은 경우에도 종전에 확정된 심결에서 판단이 이루어진 청구원인과 공통되는 부분에 대해서는 일사부재리의 원칙 위배 여부의 관점에서 확정된 심결을 번복할 수 있을 정도로 유력한 증거가 새로이 제출되었는지를 따져 종전 심결에서와 다른 결론을 내릴 것인지를 판단하여야 한다(判例 2013후37). 기출 18·25
- 발명의 설명과 청구범위 기재 위반이 동일사실인지 여부 : 제42조 제3항(발명의 설명) 기재요건과 같은 법 제42조 제4항(청구범위) 기재요건의 각 충족여부는 그 요건의 충족대상이 발명의 상세한 설명과 특허청구범위로 뚜렷이 구별되고, 판단기준이 상이하며, 제133조 제1항에서 제42조 제3항과 같은 조 제4항을 별개의 무효심판청구사유로 규정하고 있으므로, 당해 특허권과의 관계에서 확정이 요구되는 구체적 사실이 서로 동일하다고 할 수 없다. 따라서 위 각 기재요건의 충족여부는 위 특허법 제163조(일사부재리)에서 규정하는 동일사실에 해당한다고 할 수 없다(判例 2010허5918).
- 일사부재리에 있어서, 적극 권범심과 소극 권범심이 동일심판인지 여부 : [1] (가)호 발명의 내용이 확정된 종전 심결에서의 (가)호 발명과 동일하고, 새로이 제출된 증거도 종전 심결을 번복할 수 있을 정도로 유력하지 않은 경우, 확정된 소극적 권리범위 확인심판의 일사부재리의 효력이 적극적 확인심판에도 미친다고 한 사례. [2] 확정된 종전 심결에서의 (가)호 발명이 특허발명과 동일하지 아니하고 균등의 영역에도 속하지 아니하며 따라서 그 권리범위에 속하지 아니한다는 특허심판원과 법원의 거듭된 심결 내지 판결이 있었음에도 불구하고 다시 동일한 내용의 (가)호 발명이 특허발명의 권리범위에 속한다고 주장하며 제기한 적극적 권리범위 확인심판청구는 신의성실의 원칙에 위배하여 소권을 남용하는 것에 해당한다고 한 사례(判例 2002허7421).

- ㉣ 동일증거
  - 의의 : 동일증거란 증거의 내용이 실질적으로 동일한 것을 말한다.
  - 동일증거의 의미 : '동일증거'에는 전에 확정된 심결의 증거와 동일한 증거만이 아니라 그 심결을 번복할 수 있을 정도로 유력하지 아니한 증거가 부가되는 것도 포함하는 것으로 본다(判例 2004후42). 기출 19
  - 동일증거로 보지 않는 경우 : 전에 확정된 심결의 증거를 그 심결에서 판단하지 않았던 사항에 관한 증거로 들어 판단하거나 ⅱ) 그 증거의 선행기술을 확정된 심결의 결론을 번복할 만한 유력한 증거의 선행기술에 추가적・보충적으로 결합하여 판단하는 경우에는 후행 심판청구에 대한 판단 내용이 확정된 심결의 기본이 된 이유와 실질적으로 저촉된다고 할 수 없으므로 동일증거로 볼 수 없다(判例 2012후1057). 기출 15・19
- ㉤ 동일심판청구 : 동일심판이란 심판의 종류가 동일하며 청구취지의 대상인 권리 또한 동일한 심판을 말한다. 실무상 적극적 권리범위확인심판과 소극적 권리범위확인심판 또는 무효심판에서의 정정청구와 정정무효심판은 동일 심판으로 취급한다.

③ 적용시점 – 심판청구시
  - ㉠ 종래 대법원은 구 특허법(2001.2.3. 법률 제6411호로 개정되기 전의 것, 이하 같다) 제163조에서 정한 일사부재리의 원칙에 해당하는지는 심판의 청구시가 아니라 심결시를 기준으로 판단해야 한다고 해석하였다. 이와 같은 종래의 대법원판례에 따르면, 동일특허에 대하여 동일사실 및 동일증거에 의한 복수의 심판청구가 각각 있는 경우에 어느 심판의 심결(이를 '제1차 심결'이라고 한다)에 대한 심결취소소송이 계속하는 동안 다른 심판의 심결이 확정 등록된다면, 법원이 당해 심판에 대한 심결취소의 청구가 이유 있다고 하여 제1차 심결을 취소하더라도 특허심판원이 그 심판청구에 대하여 특허법 제189조 제1항 및 제2항에 의하여 다시 심결을 하는 때에는 일사부재리의 원칙에 의하여 그 심판청구를 각하할 수밖에 없다. 그러나 이는 관련 확정 심결의 등록이라는 우연한 사정에 의하여 심판청구인이 자신의 고유한 이익을 위하여 진행하던 절차가 소급적으로 부적법하게 되는 것으로 헌법상 보장된 국민의 재판청구권을 과도하게 침해할 우려가 있고, 그 심판에 대한 특허심판원 심결을 취소한 법원 판결을 무의미하게 하는 불합리가 발생하게 된다. 나아가 구 특허법 제163조는 일사부재리의 효력이 미치는 인적 범위에 관하여 "누구든지"라고 정하고 있어서 확정 등록된 심결의 당사자나 그 승계인 이외의 사람이라도 동일사실 및 동일증거에 의하여 동일심판을 청구할 수 없으므로, 함부로 그 적용의 범위를 넓히는 것은 위와 같이 국민의 재판청구권의 행사를 제한하는 결과가 될 것이다. 그런데 구 특허법 제163조는 '그 심판을 청구할 수 없다'라고 규정하고 있어서, 위 규정의 문언에 따르면 심판의 심결이 확정 등록된 후에는 앞선 심판청구와 동일사실 및 동일증거에 기초하여 새로운 심판을 청구하는 것이 허용되지 않는다고 해석될 뿐이다. 그러함에도 이를 넘어서 심판청구를 제기하던 당시에 다른 심판의 심결이 확정 등록되지 아니하였는데 그 심판청구에 관한 심결을 할 때에 다른 심판의 심결이 확정 등록된 경우에까지 그 심판청구가 일사부재리의 원칙에 의하여 소급적으로 부적법하게 될 수 있다고 하는 것은 합리적인 해석이라고 할 수 없다. 그렇다면 일사부재리의 원칙에

따라 심판청구가 부적법하게 되는지 여부를 판단하는 기준시점은 심판청구를 제기하던 당시로 보아야 할 것이고, 심판청구 후에 비로소 동일사실 및 동일증거에 의한 다른 심판의 심결이 확정 등록된 경우에는 당해 심판청구를 일사부재리의 원칙에 의하여 부적법하다고 할 수 없다(判例 2009후2234 [전합]).

ⓒ 일사부재리 판단 기준시 - 선행 심결의 확정 외의 것을 판단하는 기준 시점 : 가. 특허법 제163조는 "이 법에 따른 심판의 심결이 확정되었을 때에는 그 사건에 대해서는 누구든지 동일 사실 및 동일 증거에 의하여 다시 심판을 청구할 수 없다. 다만 확정된 심결이 각하심결인 경우에는 그러하지 아니하다."라고 확정 심결의 일사부재리 효력을 정하고 있다. 따라서 위 규정을 위반한 심판청구는 누가 청구한 것이든 부적법하여 각하하여야 한다.

심판청구인은 심판청구서를 제출한 후 그 요지를 변경할 수 없으나 청구의 이유를 보정하는 것은 허용된다(특허법 제140조 제2항 참조). 따라서 특허심판원은 심판청구 후 심결 시까지 보정된 사실과 이에 대한 증거를 모두 고려하여 심결 시를 기준으로 심판청구가 선행 확정 심결과 동일한 사실·증거에 기초한 것이라서 일사부재리 원칙에 위반되는지 여부를 판단하여야 한다.

대법원 2012.1.19. 선고 2009후2234 전원합의체 판결은 '일사부재리의 원칙에 따라 심판청구가 부적법하게 되는지 여부를 판단하는 기준 시점은 심판청구를 제기하던 당시로 보아야 한다.'고 하였는데, 이는 선행 심결의 확정을 판단하는 기준 시점이 쟁점이 된 사안에서 특허법상 일사부재리 원칙의 대세효로 제3자의 권리 제한을 최소화하기 위하여 부득이하게 선행 심결의 확정과 관련해서만 그 기준 시점을 심결 시에서 심판청구 시로 변경한 것이다. 나. 심판은 특허심판원에서 진행하는 행정절차로서 심결은 행정처분에 해당한다. 그에 대한 불복 소송인 심결 취소소송은 항고소송에 해당하여 그 소송물은 심결의 실체적·절차적 위법성 여부이므로, 당사자는 심결에서 판단되지 않은 처분의 위법사유도 심결 취소소송 단계에서 주장·입증할 수 있고, 심결 취소소송의 법원은 특별한 사정이 없는 한 제한 없이 이를 심리·판단하여 판결의 기초로 삼을 수 있다. 이와 같이 본다고 해서 심급의 이익을 해친다거나 당사자에게 예측하지 못한 불의의 손해를 입히는 것이 아니다(대법원 2002.6.25. 선고 2000후1290 판결, 대법원 2009.5.28. 선고 2007후4410 판결 등 참조). 다. 위 가.에서 보았듯이 일사부재리 원칙 위반을 이유로 등록무효 심판청구를 각하한 심결에 대한 취소소송에서 심결 시를 기준으로 동일 사실과 동일 증거를 제출한 것인지를 심리하여 일사부재리 원칙 위반 여부를 판단하여야 한다. 이때 심판청구인이 심판절차에서 주장하지 않은 새로운 등록무효 사유를 주장하는 것은 허용되지 않는다. 따라서 이러한 새로운 등록무효 사유의 주장을 이유로 각하 심결을 취소할 수 없고, 새로운 등록무효 사유에 대하여 판단할 수도 없다(判例 2018후11360).

④ 효과 : 일사부재리에 위반된 심판청구는 부적법한 심판청구로서 그 흠을 보정할 수 없을 때에 해당하므로 심결각하하여야 한다(法 제142조).

05 심판과 소송의 관계 및 심판 비용

(1) 법조문

제164조(소송과의 관계)
① 심판장은 심판에서 필요하면 직권 또는 당사자의 신청에 따라 그 심판사건과 관련되는 특허취소신청에 대한 결정 또는 다른 심판의 심결이 확정되거나 소송절차가 완결될 때까지 그 절차를 중지할 수 있다. 기출 24
② 법원은 소송절차에서 필요하면 직권 또는 당사자의 신청에 따라 특허취소신청에 대한 결정이나 특허에 관한 심결이 확정될 때까지 그 소송절차를 중지할 수 있다. 기출 18·24·25
③ 법원은 특허권 또는 전용실시권의 침해에 관한 소가 제기된 경우에는 그 취지를 특허심판원장에게 통보하여야 한다. 그 소송절차가 끝났을 때에도 또한 같다. 기출 25
④ 특허심판원장은 제3항에 따른 특허권 또는 전용실시권의 침해에 관한 소에 대응하여 그 특허권에 관한 무효심판 등이 청구된 경우에는 그 취지를 제3항에 해당하는 법원에 통보하여야 한다. 그 심판청구서의 각하결정, 심결 또는 청구의 취하가 있는 경우에도 또한 같다.

제164조의2(조정위원회 회부)
① 심판장은 심판사건을 합리적으로 해결하기 위하여 필요하다고 인정되면 당사자의 동의를 받아 해당 심판사건의 절차를 중지하고 결정으로 해당 사건을 조정위원회에 회부할 수 있다.
② 심판장은 제1항에 따라 조정위원회에 회부한 때에는 해당 심판사건의 기록을 조정위원회에 송부하여야 한다.
③ 심판장은 조정위원회의 조정절차가 조정 불성립으로 종료되면 제1항에 따른 중지 결정을 취소하고 심판을 재개하며, 조정이 성립된 경우에는 해당 심판청구는 취하된 것으로 본다.

제165조(심판비용)
① 제133조 제1항, 제134조 제1항·제2항, 제135조 및 제137조 제1항의 심판비용의 부담은 심판이 심결에 의하여 종결될 때에는 그 심결로써 정하고, 심판이 심결에 의하지 아니하고 종결될 때에는 결정으로써 정하여야 한다.
② 제1항의 심판비용에 관하여는 「민사소송법」 제98조부터 제103조까지, 제107조 제1항·제2항, 제108조, 제111조, 제112조 및 제116조를 준용한다.
③ 제132조의17, 제136조 또는 제138조에 따른 심판비용은 청구인이 부담한다.
④ 제3항에 따라 청구인이 부담하는 비용에 관하여는 「민사소송법」 제102조를 준용한다.
⑤ 심판비용액은 심결 또는 결정이 확정된 후 당사자의 청구에 따라 특허심판원장이 결정한다.
⑥ 심판비용의 범위·금액·납부 및 심판에서 절차상의 행위를 하기 위하여 필요한 비용의 지급에 관하여는 그 성질에 반하지 아니하는 범위에서 「민사소송비용법」 중 해당 규정의 예에 따른다.
⑦ 심판의 대리를 한 변리사에게 당사자가 지급하였거나 지급할 보수는 특허청장이 정하는 금액의 범위에서 심판비용으로 본다. 이 경우 여러 명의 변리사가 심판의 대리를 한 경우라도 1명의 변리사가 심판대리를 한 것으로 본다.

제166조(심판비용액 또는 대가에 대한 집행권원)
이 법에 따라 특허심판원장이 정한 심판비용액 또는 심판관이 정한 대가에 관하여 확정된 결정은 집행력 있는 집행권원과 같은 효력을 가진다. 이 경우 집행력 있는 정본은 특허심판원 소속 공무원이 부여한다.

(2) 심판과 소송의 관계

① **심판절차의 중지 및 통지의무**
　㉠ 심판장은 심판에서 필요하면 직권 또는 당사자의 신청에 따라 그 심판사건과 관련되는 특허취소신청에 대한 결정 또는 다른 심판의 심결이 확정되거나 소송절차가 완결될 때까지 그 절차를 중지할 수 있다(法 제164조 제1항). 심판과 소송 간 판단의 모순·저촉을 방지하기 위함이다.
　㉡ 특허심판원장은 특허권 또는 전용실시권의 침해에 관한 소에 대응하여 그 특허권에 관한 무효심판 등이 청구된 경우에는 그 취지를 법원에 통보하여야 한다. 그 심판청구서의 각하결정, 심결 또는 청구의 취하가 있는 경우에도 또한 같다(法 제164조 제4항).

② **소송절차의 중지 및 통지의무**
　㉠ 법원은 소송절차에서 필요하면 직권 또는 당사자의 신청에 따라 특허취소신청에 대한 결정이나 특허에 관한 심결이 확정될 때까지 그 소송절차를 중지할 수 있다(法 제164조 제2항).
　㉡ 법원은 특허권 또는 전용실시권의 침해에 관한 소가 제기된 경우에는 그 취지를 특허심판원장에게 통보하여야 한다. 그 소송절차가 끝났을 때에도 또한 같다(法 제164조 제3항).

(3) 심판 비용

① **심판비용액의 결정** : 심판비용액은 심결 또는 결정이 확정된 후 당사자의 청구에 따라 특허심판원장이 결정한다.
② **심판비용의 부담**
　㉠ 당사자계 심판 : 당사자계 심판인 특허무효심판, 존속기간 연장등록 무효심판, 권리범위확인심판 및 정정무효심판의 경우 심판에서 패한자가 심판비용을 부담한다.
　㉡ 결정계 심판 : 결정계 심판인 거절결정불복심판, 정정심판 및 특허취소신청, 통상실시권허락심판의 심판비용은 청구인이 부담한다.

CHAPTER 10 심판 총칙

제1편 | 특허법, 특허·실용신안 심사기준

01 특허심판에 관한 설명으로 옳지 <u>않은</u> 것은? (다툼이 있으면 판례에 따름) 기출 24

① 특허법에 따른 심판의 심결이 확정되었을 때에는 그 사건에 대해서는 누구든지 동일사실 및 동일증거에 의하여 다시 심판을 청구할 수 없다. 다만, 확정된 심결이 각하심결인 경우에는 그러하지 아니하다.
② 심판청구는 심결이 확정될 때까지 취하할 수 있고, 상대방의 답변서가 제출된 후에도 상대방의 동의 없이 취하할 수 있다.
③ 거절결정불복심판청구 기각 심결의 취소소송절차에서도 특허청장은 심사 또는 심판단계에서 의견제출의 기회를 부여한 바 없는 새로운 거절이유를 주장할 수 없다고 보아야 한다. 다만 거절결정불복심판청구 기각 심결의 취소소송절차에서 특허청장이 비로소 주장하는 사유라고 하더라도 심사 또는 심판 단계에서 의견제출의 기회를 부여한 거절이유와 주요한 취지가 부합하여 이미 통지된 거절이유를 보충하는 데 지나지 아니하는 것이면 이를 심결의 당부를 판단하는 근거로 할 수 있다.
④ 특허출원에 대한 심사 단계에서 거절결정을 하려면 그에 앞서 출원인에게 거절이유를 통지하여 의견제출의 기회를 주어야 하고, 거절결정에 대한 특허심판원의 심판절차에서 그와 다른 사유로 거절결정이 정당하다고 하려면 먼저 그 사유에 대해 의견제출의 기회를 주어야만 이를 심결의 이유로 할 수 있다.
⑤ 특허발명의 도면에 대한 정정을 한다는 심결이 있는 경우 특허심판원장은 그 내용을 특허청장에게 알려야 하며 특허청장은 정정심결 통보가 있으면 이를 특허공보에 게재하여야 한다.

│해설│
① (○) 특허법 제163조
② (×) 심판청구는 심결이 확정될 때까지 취하할 수 있다. 다만, 답변서가 제출된 후에는 상대방의 동의를 받아야 한다(특허법 제161조 제1항).
③ (○) 判例 2013후1054
④ (○) 判例 2017후1779
⑤ (○) 특허법 제136조 제12항·제13항

답 ②

02 특허법상 심판제도에 관한 설명으로 옳은 것을 모두 고른 것은? (다툼이 있으면 판례에 따름)

기출 22

ㄱ. 적극적 권리범위 확인심판의 청구인은 특허권자, 전용실시권자이다.
ㄴ. 심판장은 구술심리로 심판을 할 경우에는 심판장이 지정한 직원에게 기일마다 심리의 요지와 그 밖에 필요한 사항을 적은 조서를 작성하게 하여야 하며, 이 조서에는 심판의 심판장 및 조서를 작성한 직원이 서명날인하여야 한다.
ㄷ. 제138조(통상실시권 허락의 심판) 제1항에 따른 심판 청구인은 이용·저촉관계에 있는 후출원특허권자, 전용실시권자 또는 통상실시권자이다.
ㄹ. 제139조(공동심판의 청구 등) 제1항에 따라 심판에 참가하려는 자는 참가신청서를 심판장에게 제출하여야 하며, 참가여부는 심판으로 결정하여야 하고, 이 결정에 대해서는 불복할 수 없다.
ㅁ. 부적법한 심판청구로서 그 흠을 보정할 수 없을 경우라도 피청구인에게 답변서 제출의 기회를 주어야 하고, 심결로써 그 청구를 각하할 수 없다.

① ㄱ, ㄴ, ㄷ
② ㄱ, ㄴ, ㅁ
③ ㄱ, ㄷ, ㄹ
④ ㄴ, ㄹ, ㅁ
⑤ ㄷ, ㄹ, ㅁ

해설

ㄱ. (O) 특허권자 또는 전용실시권자는 자신의 특허발명의 보호범위를 확인하기 위하여 특허권의 권리범위 확인심판을 청구할 수 있다(특허법 제135조 제1항).
ㄴ. (×) 심판장은 구술심리로 심판을 할 경우에는 특허심판원장이 지정한 직원에게 기일마다 심리의 요지와 그 밖에 필요한 사항을 적은 조서를 작성하게 하여야 한다(특허법 제154조 제5항). 조서에는 심판의 심판장 및 조서를 작성한 직원이 "기명날인"하여야 한다(특허법 제154조 제6항).
ㄷ. (O) 특허권자, 전용실시권자 또는 통상실시권자는 해당 특허발명이 제98조에 해당하여 실시의 허락을 받으려는 경우에 그 타인이 정당한 이유 없이 허락하지 아니하거나 그 타인의 허락을 받을 수 없을 때에는 자기의 특허발명의 실시에 필요한 범위에서 통상실시권 허락의 심판을 청구할 수 있다(특허법 제138조 제1항).
ㄹ. (O) 특허법 제156조

> **특허법 제156조(참가의 신청 및 결정)**
> ① 심판에 참가하려는 자는 참가신청서를 심판장에게 제출하여야 한다.
> ② 심판장은 참가신청이 있는 경우에는 참가신청서 부본을 당사자 및 다른 참가인에게 송달하고, 기간을 정하여 의견서를 제출할 수 있는 기회를 주어야 한다.
> ③ 참가신청이 있는 경우에는 심판으로 그 참가 여부를 결정하여야 한다.
> ④ 제3항에 따른 결정은 서면으로 하여야 하며, 그 이유를 붙여야 한다.
> ⑤ 제3항에 따른 결정에 대해서는 불복할 수 없다.

ㅁ. (×) 부적법한 심판청구로서 그 흠을 보정할 수 없을 때에는 피청구인에게 답변서 제출의 기회를 주지 아니하고, 심결로써 그 청구를 각하할 수 있다(특허법 제142조).

답 ③

03 특허심판에 관한 설명으로 옳지 않은 것은? (다툼이 있으면 판례에 따름) 기출 15

① 권리범위 확인심판청구의 대상이 되는 확인대상발명이 이른바 자유실시기술에 해당하는지 여부를 판단할 때에는, 심판청구인이 특정한 확인대상발명의 구성 전체를 가지고 그 해당 여부를 판단하여야 한다.
② 확인대상발명이 적법하게 특정되었는지 여부는 특허심판의 적법요건으로서 특허심판원이나 법원의 직권조사사항이다.
③ 심판청구서의 보정의 정도가 확인대상발명에 관하여 심판청구서에 첨부된 설명서 및 도면에 표현된 구조의 불명확한 부분을 구체화한 것에 지나지 아니하여 심판청구의 전체 취지에 비추어 볼 때 그 발명의 동일성이 유지된다고 인정되는 경우에는 요지의 변경에 해당하지 않는다.
④ 권리범위 확인심판청구의 대상이 되는 확인대상발명은 청구범위에 대응하여 구체적으로 구성을 기재한 확인대상발명의 설명 부분을 기준으로 파악하여야 하고, 확인대상발명의 설명서에 첨부된 도면에 의하여 위 설명 부분을 변경하여 파악하는 것은 허용되지 않는다.
⑤ 이전에 확정된 심결의 증거를 그 심결에서 판단하지 아니하였던 사항에 관한 증거로 들어 판단하거나, 이전에 확정된 심결에서 증거로 들었던 선행기술을 확정된 심결의 결론을 번복할 만한 유력한 증거의 선행기술에 추가적, 보충적으로 결합하여 판단하는 경우, 일사부재리 원칙에 반한다.

해설

① (○) 判例 99후710
② (○) 확인대상발명이 적법하게 특정되었는지 여부는 특허심판의 적법요건으로서 당사자의 명확한 주장이 없더라도 의심이 있을 때에는 특허심판원이나 법원이 이를 직권으로 조사하여 밝혀보아야 할 사항이라고 할 것이다 (判例 2003후656).
③ (○) 判例 2012후344
④ (○) 判例 2004후3478
⑤ (×) 전에 확정된 심결의 증거를 그 심결에서 판단하지 않았던 사항에 관한 증거로 들어 판단하거나 그 증거의 선행기술을 확정된 심결의 결론을 번복할 만한 유력한 증거의 선행기술에 추가적, 보충적으로 결합하여 판단하는 경우 등과 같이 후행 심판청구에 대한 판단 내용이 확정된 심결의 기본이 된 이유와 실질적으로 저촉된다고 할 수 없는 경우에는, 확정된 심결과 그 결론이 결과적으로 달라졌다고 하더라도 일사부재리 원칙에 반한다고 할 수 없다(判例 2012후1057).

답 ⑤

04 특허무효심판에 관한 설명으로 옳지 않은 것은? (다툼이 있으면 판례에 따름) 기출 18

① 동일한 특허발명에 대하여 정정심판 사건이 특허심판원에 계속 중에 있으면 상고심에 계속 중인 그 특허발명에 관한 특허무효심결에 대한 취소소송의 심리를 중단하여야 한다.
② 특허무효심판을 청구할 수 있는 이해관계인에는 당해 특허발명과 같은 종류의 물품을 제조·판매하거나 제조·판매할 자도 포함된다.
③ 2인 이상을 공유자로 하여 등록된 특허에 대한 특허무효심판에서 공유자 지분에 따라 특허를 분할하여 일부 지분에 대한 무효심판을 청구할 수 없다.
④ 특허등록의 무효심판을 청구할 수 있는 이해관계인에 해당하는지 여부는 심결 당시를 기준으로 판단하여야 한다.
⑤ 특허무효심판절차에서 정정청구가 있는 경우 정정만이 따로 확정되는 것이 아니라 무효심판의 심결이 확정되는 때에 함께 확정된다.

해설

① (×) 법원은 소송절차에서 필요하면 직권 또는 당사자의 신청에 따라 특허에 관한 심결이 확정될 때까지 그 소송절차를 중지할 수 있다(특허법 제164조 제2항). 따라서 재량사항이다.
② (○) 특허등록의 무효심판을 청구할 수 있는 이해관계인이라 함은 당해 특허발명의 권리존속으로 인하여 그 권리자로부터 권리의 대항을 받거나 받을 염려가 있어 그 피해를 받는 직접적이고도 현실적인 이해관계가 있는 사람을 말하고, 이에는 당해 특허발명과 같은 종류의 물품을 제조·판매하거나 제조·판매할 자도 포함되며, 이해관계인에 해당하는지 여부는 심결 당시를 기준으로 판단하여야 한다(判例 2007후4625).
③ (○) 특허처분은 하나의 특허출원에 대하여 하나의 특허권을 부여하는 단일한 행정행위이므로, 설령 그러한 특허처분에 의하여 수인을 공유자로 하는 특허등록이 이루어졌다고 하더라도, 그 특허처분 자체에 대한 무효를 청구하는 제도인 특허무효심판에서 그 공유자 지분에 따라 특허를 분할하여 일부 지분만의 무효심판을 청구하는 것은 허용할 수 없다(判例 2012후2432).
④ (○) 判例 2007후4625
⑤ (○) 특허무효심판절차 또는 특허이의신청절차에서 정정청구가 있는 경우 정정의 인정 여부는 무효심판절차 또는 이의신청에 대한 결정절차에서 함께 심리되는 것이므로, 독립된 정정심판청구의 경우와 달리 정정만이 따로 확정되는 것이 아니라 무효심판의 심결이 확정되거나 이의신청에 대한 결정이 확정되는 때에 함께 확정된다(判例 2006후2912).

답 ①

05 특허법상 심판에 관한 설명으로 옳은 것은? (다툼이 있으면 판례에 따름) 기출 25

① 특허권자 甲과 그로부터 특허권 침해의 고소를 당한 乙 사이에 '乙이 그 특허권을 인정하고 그 권리에 위반되는 행위를 하지 않는다.'는 내용의 약정을 하였다면, 그 약정으로 인하여 乙이 무효심판을 청구할 이익이 상실되었다고 보아야 한다.
② 확인대상발명이 특허발명인 경우에 적극적 권리범위확인심판을 허용한다면 특허권의 무효를 인정하는 것과 다름이 없게 되므로 확인대상발명이 특허발명의 이용발명인 경우에는 이와 같은 권리범위확인심판은 허용되지 않는다.
③ 정정심판에서 잘못 기재된 사항을 정정하는 경우, 특허발명의 명세서 또는 도면의 범위 내에서 하여야 한다.
④ 일사부재리 원칙을 적용할 때는 종전에 확정된 심결에서 판단이 이루어진 청구원인과 공통되는 부분에 대해서 확정된 심결을 번복할 수 있을 정도로 유력한 증거가 새로이 제출되었는지를 따져 종전 심결에서와 다른 결론을 내릴 것인지를 판단하여야 한다.
⑤ 거절결정에 대한 특허심판원의 심판절차에서 의견제출의 기회를 부여한 바 없는 새로운 거절이유를 들어서 거절결정이 결과에 있어 정당하다는 이유로 거절결정불복심판 청구를 기각한 심결은 타당하다.

해설

① (×) 判例 95후1050
② (×) 후출원에 의하여 등록된 발명을 확인대상발명으로 하여 선출원에 의한 등록발명의 권리범위에 속한다는 확인을 구하는 적극적 권리범위확인심판은 후등록된 권리에 대한 무효심판의 확정 전에 그 권리의 효력을 부정하는 결과가 되므로 원칙적으로 허용되지 아니한다. 다만, 예외적으로 두 발명이 특허법 제98조에서 규정하는 이용관계에 있어 확인대상발명의 등록의 효력을 부정하지 않고 권리범위의 확인을 구할 수 있는 경우에는 권리 대 권리 간의 적극적 권리범위확인심판의 청구가 허용된다(判例 2015후161).
③ (×) 특허법 제136조 제2항
④ (○) 判例 2013후37 [전합]
⑤ (×) 의견제출의 기회를 부여한 바 없는 새로운 거절이유를 들어서 거절결정이 결과에 있어 정당하다는 이유로 거절결정불복심판청구를 기각한 심결은 위법하다(判例 2015후2341).

답 ④

06 일사부재리에 관한 설명으로 옳지 <u>않은</u> 것은? (다툼이 있으면 판례에 따름) 기출 22

① 확인대상발명의 일부 구성이 불명확하여 다른 것과 구별될 수 있는 정도로 구체적으로 특정되어 있지 않다면 심판의 심결이 확정되더라도 일사부재리의 효력이 미치는 범위가 명확하다고 할 수 없으므로 나머지 구성만으로 확인대상발명이 특허발명의 권리범위에 속하는지 여부를 판단할 수 있는 경우라 하더라도 심판청구를 각하하여야 한다.

② 종전에 확정된 심결에서의 무효사유 외에 다른 무효사유가 추가된 심판청구의 경우 일사부재리원칙에 위배되지 아니하지만, 종전에 확정된 심결에서 판단이 이루어진 청구원인과 공통되는 부분에 대해서는 일사부재리 원칙 위배 여부의 관점에서 종전에 확정된 심결을 번복할 수 있을 정도로 유력한 증거가 새로이 제출되었는지를 따져 종전 심결에서와 다른 결론을 내릴 것인지를 판단하여야 한다.

③ 적극적 권리범위확인심판의 심결이 확정된 때에는 그 일사부재리의 효력은 동일사실 및 동일증거에 의한 소극적 권리범위확인심판 청구에 대해서도 그대로 미친다.

④ 동일사실이란 청구원인사실의 동일성을 말하고, 진보성의 결여를 이유로 하는 등록무효심판 청구에 대한 심결이 확정된 후, 다시 특허가 미완성발명 내지 기재불비에 해당한다는 이유를 들어 등록무효심판 청구를 하는 것은 일사부재리에 해당하지 않는다.

⑤ 확정된 심결이 각하심결인 경우에는 일사부재리의 효력이 없다고 정한 특허법 제163조(일사부재리) 단서 규정은 새로 제출된 증거가 선행 확정 심결을 번복할 수 있을 만큼 유력한 증거인지에 관한 심리, 판단이 이루어진 후 선행 확정 심결과 동일 증거에 의한 심판청구라는 이유로 각하된 심결인 경우에는 적용되지 않는다.

해설

① (○) 확인대상발명의 일부 구성이 불명확하여 다른 것과 구별될 수 있는 정도로 구체적으로 특정되어 있지 않다면, 특허심판원은 요지변경이 되지 아니하는 범위 내에서 확인대상발명의 설명서 및 도면에 대한 보정을 명하는 등 조치를 취해야 하며, 그럼에도 그와 같은 특정에 미흡함이 있다면 심판의 심결이 확정되더라도 일사부재리의 효력이 미치는 범위가 명확하다고 할 수 없으므로, 나머지 구성만으로 확인대상발명이 특허발명의 권리범위에 속하는지를 판단할 수 있는 경우라 하더라도 심판청구를 각하하여야 한다(判例 2010후3356).

② (○) 判例 2013후37

③ (○) 判例 2003후427

④ (○) 判例 2007허1787

⑤ (×) 일사부재리 원칙에 관한 특허법 제163조는 "이 법에 따른 심판의 심결이 확정되었을 때에는 그 사건에 대해서는 누구든지 동일 사실 및 동일 증거에 의하여 다시 심판을 청구할 수 없다. 다만 확정된 심결이 각하심결인 경우에는 그러하지 아니하다."라고 규정하고 있다. 따라서 확정된 심결이 심판청구의 적법요건을 갖추지 못하여 각하된 심결인 경우에는 특허법 제163조 단서에 따라 일사부재리의 효력이 없다. 다음과 같은 점을 고려하면, 위 단서 규정은 새로 제출된 증거가 선행 확정 심결을 번복할 수 있을 만큼 유력한 증거인지에 관한 심리·판단이 이루어진 후 선행확정 심결과 동일 증거에 의한 심판청구라는 이유로 각하된 심결인 경우에도 동일하게 적용된다고 보아야 한다(判例 2021후10077).

답 ⑤

07 특허법상 일사부재리에 관한 설명으로 옳은 것은? (다툼이 있으면 판례에 따름) 기출 19

① 각하심결이 확정된 경우 일사부재리의 효력이 발생한다.
② 동일 사실에 의한 동일한 심판청구에 대한 판단에서 전에 확정된 심결의 증거를 그 심결에서 판단하지 않았던 사항에 관한 증거로 들어 판단함으로써 확정된 심결과 그 결론이 결과적으로 달라졌다면 일사부재리 원칙에 반한다.
③ 동일 사실에 의한 동일한 심판청구에 대한 판단에서 전에 확정된 심결의 증거의 선행기술을 확정된 심결의 결론을 번복할 만한 유력한 증거의 선행기술에 추가적·보충적으로 결합하여 판단함으로써 확정된 심결과 그 결론이 결과적으로 달라졌다면 일사부재리 원칙에 반한다.
④ 동일 증거 여부는 확정된 심결의 결론을 번복할 만한 유력한 증거가 새로 제출되었는지 여부가 아니라 증거 내용이 동일한지 여부로 판단한다.
⑤ 전에 확정된 심결에서의 무효사유 외에 다른 무효사유가 추가된 심판청구의 경우 일사부재리 원칙에 위배되지 아니하지만, 전에 확정된 심결에서 판단이 이루어진 청구원인과 공통되는 부분에 대해서는 일사부재리 원칙 위배 여부의 관점에서 전에 확정된 심결의 결론을 번복할 만한 유력한 증거가 새로이 제출되었는지를 따져 전에 확정된 심결에서와 다른 결론을 내릴 것인지를 판단하여야 한다.

해설

① (×) 본안심결이 확정된 경우 일사부재리의 효력이 발생한다.
② (×), ③ (×) 동일사실에 의한 동일한 심판청구에 대하여 전에 확정된 심결의 증거에 대한 해석을 다르게 하는 등으로 그 심결의 기본이 된 이유와 실질적으로 저촉되는 판단을 하는 것은 일사부재리 원칙의 취지에 비추어 허용되지 않으나, 전에 확정된 심결의 증거를 그 심결에서 판단하지 않았던 사항에 관한 증거로 들어 판단하거나 그 증거의 선행기술을 확정된 심결의 결론을 번복할 만한 유력한 증거의 선행기술에 추가적, 보충적으로 결합하여 판단하는 경우 등과 같이 후행 심판청구에 대한 판단 내용이 확정된 심결의 기본이 된 이유와 실질적으로 저촉된다고 할 수 없는 경우에는, 확정된 심결과 그 결론이 결과적으로 달라졌다고 하더라도 일사부재리 원칙에 반한다고 할 수 없다(判例 2012후1057).
④ (×) 전에 확정된 심결의 증거와 동일한 증거뿐만 아니라 그 확정된 심결을 번복할 수 있을 정도로 유력하지 아니한 증거가 부가되는 것도 동일증거에 포함된다(判例 2004후42).

답 ⑤

08 특허법상 일사부재리(특허법 제163조) 원칙에 관한 설명으로 옳은 것은? (다툼이 있으면 판례에 따름) 기출 16

① 심결이 확정되어 등록되었을 때 일사부재리의 효력이 발생한다.
② 일사부재리 원칙 적용 여부의 판단 기준 시점은 해당 심판의 심결시이다.
③ 적극적 권리범위확인심판과 소극적 권리범위확인심판 사이에는 일사부재리 원칙이 적용되지 않는다.
④ 확정 심결과 확정 판결 사이에는 일사부재리 원칙이 적용되지 않는다.
⑤ 일사부재리의 효력은 당사자나 그 승계인에게만 미치며 제3자에게는 미치지 아니한다.

해설

① (×) 심결이 확정되면 등록과 관계없이 일사부재리의 효력이 발생한다.
② (×) 판단 기준 시점은 심판청구시이다.
③ (×) 동일심판으로 보아 일사부재리 원칙이 적용된다.
⑤ (×) 일사부재리의 효력은 제3자에게도 미친다.

답 ④

CHAPTER 11 심판 각칙

01 거절결정불복심판

(1) 법조문

제132조의17(특허거절결정 등에 대한 심판)
특허거절결정 또는 특허권의 존속기간의 연장등록거절결정을 받은 자가 결정에 불복할 때에는 그 결정등본을 송달받은 날부터 3개월 이내에 심판을 청구할 수 있다.

제170조(심사규정의 특허거절결정에 대한 심판에의 준용)
① 특허거절결정에 대한 심판에 관하여는 제47조 제1항 제1호·제2호, 같은 조 제4항, 제51조, 제63조, 제63조의2 및 제66조를 준용한다. 이 경우 제51조 제1항 본문 중 "제47조 제1항 제2호 및 제3호에 따른 보정"은 "제47조 제1항 제2호에 따른 보정(제132조의17의 특허거절결정에 대한 심판청구 전에 한 것은 제외한다)"으로, 제63조의2 본문 중 "특허청장"은 "특허심판원장"으로 본다.
② 제1항에 따라 준용되는 제63조는 특허거절결정의 이유와 다른 거절이유를 발견한 경우에만 적용한다.

제171조(특허거절결정에 대한 심판의 특칙)
특허거절결정 또는 특허권의 존속기간의 연장등록거절결정에 대한 심판에는 제147조 제1항·제2항, 제155조 및 제156조를 적용하지 아니한다.

제172조(심사의 효력)
심사에서 밟은 특허에 관한 절차는 특허거절결정 또는 특허권의 존속기간의 연장등록거절결정에 대한 심판에서도 그 효력이 있다.

제176조(특허거절결정 등의 취소)
① 심판관은 제132조의17에 따른 심판이 청구된 경우에 그 청구가 이유 있다고 인정할 때에는 심결로써 특허거절결정 또는 특허권의 존속기간의 연장등록거절결정을 취소하여야 한다.
② 심판에서 제1항에 따라 특허거절결정 또는 특허권의 존속기간의 연장등록거절결정을 취소할 경우에는 심사에 부칠 것이라는 심결을 할 수 있다.
③ 제1항 및 제2항에 따른 심결에서 취소의 기본이 된 이유는 그 사건에 대하여 심사관을 기속한다.

(2) 의의 및 취지

특허출원에 대한 거절결정을 받은 자가 이에 불복하여 제기하는 심판으로서 출원인의 이익을 보장하고 공정성을 담보하기 위함이다.

(3) 요 건

① **주체적 요건** : 거절결정을 받은 출원인이 청구해야 하며, 공동출원의 경우 전원이 하여야 하고, 임의대리인의 특별수권사항이다.
② **객체적 요건** : 특허거절결정 또는 특허권의 존속기간 연장등록거절결정을 받은 출원이어야 한다. 출원단계에서 최후거절이유통지에 따른 보정이나 재심사청구의 보정이 부적법하여 보정각하된 경우 거절결정불복심판에서 이를 함께 다툴 수 있다. 다만, 직권 재심사를 한 경우 취소된 특허결정 전의 각하결정이나 재심사 청구가 있는 경우 그 청구 전 각하결정에 대하여 다툴 수 없다(法 제51조 제3항).
③ **시기적 요건** : 거절결정등본을 송달받은 날로부터 3개월 이내에 청구가 가능하다(法 제132조의17). 청구 또는 직권으로 30일 이내에 한 차례 연장이 가능하고(法 제15조 제1항), 책임질 수 없는 사유로 심판청구 기간을 도과한 경우 추후보완이 가능하다(法 제17조).

(4) 심 리

① **심리범위** : 심사단계에서의 거절결정의 타당성을 심리하며 거절결정의 거절이유뿐만 아니라 다른 거절이유가 존재하는지 여부에 대하여 재심리하여 특허출원 또는 존속기간연장등록출원의 허용 여부를 재심사한다.
② **심리방식**
　㉠ 심사의 효력 : 심사에서 밟은 특허에 관한 절차는 특허거절결정 또는 특허권의 존속기간의 연장등록거절결정에 대한 심판에서도 그 효력이 있다(法 제172조).
　㉡ 최초·최후 거절이유통지 : 심판관은 거절결정의 이유와 다른 거절이유를 발견한 경우에만 거절이유를 통지하고 기간을 정하여 의견서제출기회를 주어야 한다(法 제170조 제2항). 심판청구인은 이 기간에 보정을 할 수 있다.
　㉢ 보정각하 : 심판관은 심판단계에서의 최후거절이유통지에 대한 보정이 보정범위를 위반한 경우 보정각하결정을 하여야 한다(法 제170조 제1항). 다만, 심판청구 전 심사단계에서의 최후거절이유통지에 대한 보정 또는 재심사를 청구할 때의 보정이 부적법하여 보정각하했어야 함에도 불구하고 심판단계에서 발견된 경우 보정각하를 하지 않고 거절이유를 통지한다.

(5) 심 결
① **인용심결** : 심판관은 원결정이 위법하여 심판청구가 이유있다고 인정할 때에는 심결로써 특허거절결정 또는 연장등록거절결정을 취소하여야 한다. 이때 심판관은 심판청구된 출원을 자판하거나 심사국으로 환송할 수 있다.
② **기각심결** : 심판관은 원결정이 타당하다고 인정된 때에는 기각심결을 한다.
③ **심결의 기속력** : 심결에서 취소의 기본이 된 이유는 그 사건에 대하여 심사관을 기속한다(法 제176조 제3항). 심결의 기속력은 심결의 주문 및 그 전제로 된 요건사실의 인정과 효력의 판단에 미친다. 다만, 심사관은 원거절결정이 아닌 새로운 거절이유가 있는 경우 다시 거절결정을 내릴 수 있다.

(6) 불 복
특허출원인은 거절결정불복심판의 기각심결에 대하여 심결등본송달을 받은 날로부터 30일 이내에 특허법원에 심결취소소송을 제기할 수 있다.

(7) 관련판례
① **심결이유와 의견제출기회의 관계**
㉠ 구 특허법(2001.2.3. 법률 제6411호로 개정되기 전의 것) 제62조는 심사관은 특허출원이 소정의 거절사유에 해당하는 때에는 거절사정하여야 하고, 같은 법 제63조는 심사관은 제62조의 규정에 의하여 거절사정을 하고자 할 때에는 그 특허출원인에게 거절이유를 통지하고 기간을 정하여 의견서를 제출할 수 있는 기회를 주어야 한다고 규정하고 있으며, 같은 법 제170조 제2항은 거절사정에 대한 심판에서 그 거절사정의 이유와 다른 거절이유를 발견한 경우에 제63조의 규정을 준용한다고 규정하고 있고, 이들 규정은 이른바 강행규정이므로, 거절사정에 대한 심판청구를 기각하는 심결 이유는 적어도 그 주지에 있어서 거절이유통지서의 기재 이유와 부합하여야 하고, 거절사정에 대한 심판에서 그 거절사정의 이유와 다른 거절이유를 발견한 경우에는 거절이유의 통지를 하여 특허출원인에게 새로운 거절이유에 대한 의견서 제출의 기회를 주어야 한다(判例 2001후2757).
㉡ 거절사정에서와 다른 별개의 새로운 이유로 심결을 한 것이 아니고, 거절사정에서의 거절이유와 실질적으로 동일한 사유로 심결을 하는 경우에는 특허출원인에게 그 거절이유를 통지하여 그에 대한 의견서 제출의 기회를 주어야 하는 것은 아니다(判例 2001후2702).
② **거절이유통지 이외의 사유가 포함되어 거절결정을 유지하는 경우, 63조에 반하는 지 여부** : 구 특허법(2007.1.3. 법률 제8197호로 개정되기 전의 것) 제63조 본문에 의하면, 심사관은 제62조의 규정에 의하여 특허거절결정을 하고자 할 때에는 그 특허출원인에게 거절이유를 통지하고 기간을 정하여 의견서를 제출할 수 있는 기회를 주어야 한다고 규정되어 있으므로, 심사관이 특허출원인에게 거절이유를 통지하여 의견서를 제출할 수 있는 기회를 주지 않고 특허거절결정을 하는 것은 위 법 제63조 본문에 위반되어 위법한 것이 원칙이다. 그러나 특허거절결정의 이유 중에 심사관이 통지하지 아니한 거절이유가 일부 포함되어 있다 하더라도, 특허거절결정에 대한 심판청구를 기각하는 심결이유가 심사관이 통지하지 아니한 거절이유를 들어 특허거절결정을 유지하는 경우가 아니라면, 그와 같은 사유만으로 심결을 위법하다고는 할 수 없다(判例 2007후3820).

02 무효심판

(1) 법조문

> **제133조(특허의 무효심판)**
> ① 이해관계인(제2호 본문의 경우에는 특허를 받을 수 있는 권리를 가진 자만 해당한다) 또는 심사관은 특허가 다음 각 호의 어느 하나에 해당하는 경우에는 무효심판을 청구할 수 있다. 이 경우 청구범위의 청구항이 둘 이상인 경우에는 청구항마다 청구할 수 있다. 기출 20
> 1. 제25조, 제29조, 제32조, 제36조 제1항부터 제3항까지, 제42조 제3항 제1호 또는 같은 조 제4항을 위반한 경우
> 2. 제33조 제1항 본문에 따른 특허를 받을 수 있는 권리를 가지지 아니하거나 제44조를 위반한 경우. 다만, 제99조의2 제2항에 따라 이전등록된 경우에는 제외한다. 기출 21·23
> 3. 제33조 제1항 단서에 따라 특허를 받을 수 없는 경우
> 4. 특허된 후 그 특허권자가 제25조에 따라 특허권을 누릴 수 없는 자로 되거나 그 특허가 조약을 위반한 경우
> 5. 조약을 위반하여 특허를 받을 수 없는 경우
> 6. 제47조 제2항 전단에 따른 범위를 벗어난 보정인 경우
> 7. 제52조 제1항에 따른 범위를 벗어난 분할출원 또는 제52조의2 제1항 각 호 외의 부분 전단에 따른 범위를 벗어난 분리출원인 경우
> 8. 제53조 제1항에 따른 범위를 벗어난 변경출원인 경우
> ② 제1항에 따른 심판은 특허권이 소멸된 후에도 청구할 수 있다.
> ③ 특허를 무효로 한다는 심결이 확정된 경우에는 그 특허권은 처음부터 없었던 것으로 본다. 다만, 제1항 제4호에 따라 특허를 무효로 한다는 심결이 확정된 경우에는 특허권은 그 특허가 같은 호에 해당하게 된 때부터 없었던 것으로 본다. 기출 17
> ④ 심판장은 제1항에 따른 심판이 청구된 경우에는 그 취지를 해당 특허권의 전용실시권자나 그 밖에 특허에 관하여 등록을 한 권리를 가지는 자에게 알려야 한다.

(2) 의의 및 취지

일단 유효하게 설정등록된 특허권을 법정무효사유를 이유로 심판에 의하여 그 효력을 소급적으로 또는 장래에 향하여 상실시키는 심판을 말한다. 특허권자에 대한 부당한 보호를 방지하고 국가산업의 유익을 위하여 부실권리를 정리하기 위함이다.

(3) 요건

① **주체적 요건** : 이해관계인 또는 심사관이 무효심판을 청구할 수 있다. 다만, 특허를 받을 수 있는 권리(法 제33조) 또는 공동출원(法 제44조) 위반의 경우 특허를 받을 수 있는 권리를 가진 자만 청구할 수 있다. 피청구인은 특허권자이며, 특허권이 공유인 경우 공유자 전원에게 청구하여야 한다.

② **객체적 요건**

㉠ 무효사유
- 法 제25조(외국인의 권리능력), 法 제29조(특허요건), 法 제32조(불특허발명), 法 제36조 제1항부터 제3항까지(선출원), 法 제42조 제3항 제1호(발명의 설명 기재) 또는 같은 조 제4항(청구범위 기재)을 위반한 경우
- 法 제33조 제1항 본문에 따른 특허를 받을 수 있는 권리를 가지지 아니하거나 法 제44조를 위반한 경우(法 제99의2 제2항에 따라 특허권이 이전등록된 경우에는 제외)
- 法 제33조 제1항 단서(특허청·특허심판원 직원)에 따라 특허를 받을 수 없는 경우
- (후발적 무효사유) 특허된 후 그 특허권자가 法 제25조(외국인의 권리능력)에 따라 특허권을 누릴 수 없는 자로 되거나 그 특허가 조약을 위반한 경우
- 조약을 위반하여 특허를 받을 수 없는 경우
- 法 제47조 제2항 전단(신규사항추가금지)에 따른 범위를 벗어난 보정인 경우
- 法 제52조 제1항에 따른 범위(최초 명세서 또는 도면)를 벗어난 분할출원인 경우
- 法 제52조의2 제1항 각 호 외의 부분 전단에 따른 범위를 벗어난 분리출원인 경우
- 法 제53조 제1항에 따른 범위(최초 명세서 또는 도면)를 벗어난 변경출원인 경우

㉡ 청구항별 심판청구 : 무효심판 대상인 특허의 청구항이 둘 이상인 경우 청구항마다 무효심판을 청구할 수 있다.

③ **시기적 요건** : 무효심판은 특허가 존속 중인 경우는 물론 특허권이 소멸된 후에도 청구할 수 있다(法 제133조 제2항).

(4) 심리

심판관은 청구인이 신청한 청구취지의 범위 내에서 심리하여야 한다. 따라서 심판이 청구된 특허의 청구항이 2 이상인 경우 무효심판을 청구한 청구항이 아닌 다른 청구항에 대하여 무효사유를 심리할 수 없다. 다만, 심판관은 당사자 또는 참가인이 신청하지 아니한 이유에 대하여 직권으로 심리할 수 있으며, 이때 심판관은 당사자 및 참가인에게 기간을 정하여 의견진술기회를 주어야 한다.

(5) 심 결
① **기각심결** : 심판관은 심판청구의 이유가 타당하지 아니하다고 인정되는 때에는 기각심결을 하여야 한다.
② **인용심결** : 심판관은 심판청구의 이유가 타당하다고 인정되는 때에는 인용심결을 하여야 한다. 이때 무효심판이 청구된 둘 이상의 청구항에 대하여 청구항마다 무효사유를 판단하여 일부인용 및 일부기각이 가능하다.
③ **청구항의 일부에 특허무효사유가 있는 경우 – 전부무효** : 1개의 특허청구범위의 항의 일부가 공지기술의 범위에 속하는 등 특허무효의 사유가 있는 경우에는 그 공지기술 등이 다른 진보성이 인정되는 부분과 유기적으로 결합된 것이라고 인정되지 아니하는 한 그 항 전부에 관하여 무효로 하여야 하고, 그 특허청구범위의 항 중 일부에 관하여만 무효라 할 수는 없다(判例 90후1567).

(6) 인용심결의 효과
① **특허권 및 특허권에 부수하는 권리의 소멸** : 특허를 무효로 한다는 심결이 확정된 경우 그 특허권은 처음부터 없었던 것으로 본다. 다만, 후발적 무효사유에 해당하여 무효심결이 확정된 경우에는 그 특허권은 후발적 무효사유에 해당하게 된 때부터 없었던 것으로 본다(法 제133조 제3항). 또한 특허권에 부수하는 실시권 및 질권도 함께 소멸한다.
② **특허료 반환** : 특허를 무효로 한다는 심결이 확정된 해의 다음 해부터의 특허료 해당분은 납부한 자의 청구에 의하여 반환한다. 반환청구는 통지를 받은 날로부터 5년 이내에 하여야 한다(法 제84조).
③ **정당권리자의 출원** : 法 제33조 제1항 위반으로 특허를 무효로 한다는 심결이 확정된 경우에는 그 무권리자의 특허출원 후에 한 정당한 권리자의 특허출원은 무효로 된 그 특허의 출원 시에 특허출원한 것으로 본다(法 제35조).
④ **보상금청구권 소멸** : 특허를 무효로 한다는 심결이 확정된 경우 보상금청구권은 처음부터 발생하지 아니한 것으로 본다(후발적 무효사유 제외).
⑤ **법정실시권 발생** : 무효심결이 확정된 경우 원권리자가 일정한 요건을 만족한 때 무효심판 청구등록 전의 실시에 의한 유상의 통상실시권(法 제104조)이 발생하며, 무효심결의 확정 후 재심에 의해 회복된 특허권에 대하여 선사용자가 일정한 요건을 만족할 때 무상의 통상실시권(法 제182조)이 발생한다.
⑥ **민·형사 소송과의 관계**
  ㉠ 무효심결이 확정된 특허권에 기한 민사소송 또는 형사소송의 확정판결에 대해 재심의 소를 제기할 수 있다.
  ㉡ 특허권이 무효심결확정에 의해 소급 소멸되면 진행 중이던 침해에 관한 민사소송은 침해 불성립을 이유로 기각판결이 날 것이다(判例 2007다45814).

⑦ 특허무효에 따른 실시계약 및 실시권의 취급
  ㉠ 실시계약의 소급 무효 여부 : 특허발명 실시계약이 체결된 이후에 계약의 대상인 특허권이 무효로 확정된 경우 특허발명 실시계약이 계약 체결 시부터 무효로 되는지는 특허권의 효력과는 별개로 판단하여야 한다(判例 2018다287362).
  ㉡ 미지급된 실시료의 지급청구 가능여부 : 특허발명 실시계약 체결 이후에 특허가 무효로 확정되었더라도 특허발명 실시계약이 원시적으로 이행불능 상태에 있었다거나 그 밖에 특허발명 실시계약 자체에 별도의 무효사유가 없는 한, 특허권자는 원칙적으로 특허발명 실시계약이 유효하게 존재하는 기간 동안 실시료의 지급을 청구할 수 있다(判例 2018다287362). 기출 21
  ㉢ 기지급된 실시료의 부당이득반환청구 가능여부 : 특허발명 실시계약 체결 이후에 특허가 무효로 확정되었더라도 특허발명 실시계약이 원시적으로 이행불능 상태에 있었다거나 그 밖에 특허발명 실시계약 자체에 별도의 무효사유가 없는 한 특허권자가 특허발명 실시계약에 따라 실시권자로부터 이미 지급받은 특허실시료 중 특허발명 실시계약이 유효하게 존재하는 기간에 상응하는 부분을 실시권자에게 부당이득으로 반환할 의무가 있다고 할 수 없다(判例 2012다42666·42673). 기출 20

(7) 관련 판례

① 이해관계인의 의미 : 구 특허법(2013.3.22. 법률 제11654호로 개정되기 전의 것) 제133조 제1항 전문은 "이해관계인 또는 심사관은 특허가 다음 각 호의 어느 하나에 해당하는 경우에는 무효심판을 청구할 수 있다."라고 규정하고 있다. 여기서 말하는 이해관계인이란 당해 특허발명의 권리존속으로 인하여 법률상 어떠한 불이익을 받거나 받을 우려가 있어 그 소멸에 관하여 직접적이고도 현실적인 이해관계를 가진 사람을 말하고, 이에는 당해 특허발명과 같은 종류의 물품을 제조·판매하거나 제조·판매할 사람도 포함된다. 이러한 법리에 의하면 특별한 사정이 없는 한 특허권의 실시권자가 특허권자로부터 권리의 대항을 받거나 받을 염려가 없다는 이유만으로 무효심판을 청구할 수 있는 이해관계가 소멸되었다고 볼 수 없다(判例 2017후2819).
② 당사자적격으로서의 심사관이 언제까지 심사관이어야 하는지 : 실용신안법 제25조 제2항이 심사관으로 하여금 실용신안등록의 무효심판을 청구할 수 있도록 규정한 것은 심사관 개인을 이해관계인으로 보아서가 아니라 실용신안제도의 원활한 목적달성을 위한 공익적 견지에서 나온 것이므로 그 심사관은 심판제기 당시 실용신안의 등록출원에 대한 심사를 담당하고 있는 자이면 되고 반드시 당해 실용신안등록을 심사하여 등록사정한 심사관에 한하거나 심결당시에 그 심사관의 지위에 있어야만 하는 것은 아니다(判例 86후171).
③ 실시권자라는 사정으로 이해관계 부정할 수 있는 지 여부 : (가) 구 특허법(2013.3.22. 법률 제11654호로 개정되기 전의 것) 제133조 제1항 전문은 "이해관계인 또는 심사관은 특허가 다음 각 호의 어느 하나에 해당하는 경우에는 무효심판을 청구할 수 있다."라고 규정하고 있다. 여기서 말하는 이해관계인이란 당해 특허발명의 권리존속으로 인하여 법률상 어떠한 불이익을 받거나 받을 우려가 있어 그 소멸에 관하여 직접적이고도 현실적인 이해관계를 가진 사람을 말하고, 이에는 당해 특허발명과 같은 종류의 물품을 제조·판매하거나 제조·판매할 사람도 포함된다.

이러한 법리에 의하면 특별한 사정이 없는 한 특허권의 실시권자가 특허권자로부터 권리의 대항을 받거나 받을 염려가 없다는 이유만으로 무효심판을 청구할 수 있는 이해관계가 소멸되었다고 볼 수 없다. (나) 그 이유는 다음과 같다. 특허권의 실시권자에게는 실시료 지급이나 실시 범위 등 여러 제한 사항이 부가되는 것이 일반적이므로, 실시권자는 무효심판을 통해 특허에 대한 무효심결을 받음으로써 이러한 제약에서 벗어날 수 있다. 그리고 특허에 무효사유가 존재하더라도 그에 대한 무효심결이 확정되기까지는 그 특허권은 유효하게 존속하고 함부로 그 존재를 부정할 수 없으며, 무효심판을 청구하더라도 무효심결이 확정되기까지는 상당한 시간과 비용이 소요된다. 이러한 이유로 특허권에 대한 실시권을 설정받지 않고 실시하고 싶은 사람이라도 우선 특허권자로부터 실시권을 설정받아 특허발명을 실시하고 그 무효 여부에 대한 다툼을 추후로 미루어 둘 수 있으므로, 실시권을 설정받았다는 이유로 특허의 무효 여부를 다투지 않겠다는 의사를 표시하였다고 단정할 수도 없다(判例 2017후2819).

④ 특허에 관한 분쟁을 하지 않기로 한 자, 무효심판 이해관계인 여부 : 특정의 이해관계인이 특허권리자와 간에 특허에 관한 분쟁을 일체 아니하기로 화해한 경우에는, 그들 간에는 다툼이 없어져 그 이해관계인이 특허권리자로부터 그 권리의 대항을 받을 염려나 그 특허의 발명을 사용하리라는 추측이 없는 경우가 되었다고 일응 볼 수 있으므로 동인의 그 특허에 관하여 무효심판을 청구할 이해관계인의 지위를 상실한 결과가 된다고도 볼 수 있다(判例 77후50).

⑤ 상대 권리범위에 속함을 인정 한 자, 무효심판 이해관계인 여부 : 등록의장의 의장권자 갑과 그로부터 의장권 침해의 고소를 당한 을 사이의 합의서에 을이 의장등록 제품을 제작한 것에 대하여 사과하고, 추후 의장등록 제품을 제작하지 않겠으며, 기존 의장등록 제품을 폐기하겠다는 내용만 포함되어 있을 뿐 당시 계속중이던 의장등록 무효심판청구사건의 처리에 관하여는 아무런 기재가 없는 경우, 위 합의의 내용과 경위를 고려할 때, 위 합의는 을이 자신이 제작하였던 물품이 갑의 등록의장권의 권리범위에 속한다는 사실을 인정한 것일 뿐 그 등록의장권의 효력에 대하여도 무효심판절차를 통하여 일체 다투지 않겠다는 취지까지 포함된 것으로 보기 어렵고, 의장등록의 무효심판의 공익적 성격을 고려하여 위와 같은 합의만으로 그 무효심판을 유지할 이해관계가 소멸하였다고 단정할 수 없다고 한 사례(判例 99후1331).

⑥ 심판청구를 취하하기로 합의가 이루어진 경우, 무효심판청구의 이익 유무 : 당사자 간에 심판청구를 취하하기로 한다는 내용의 합의가 이루어졌다 하더라도 그 취하서를 심판부에 제출하지 않는 이상 심판청구취하로 인하여 사건이 종료되지는 않는다 할 것이나 당사자 간에 심판을 취하하기로 하는 합의를 함으로써 특별한 사정이 없는 한 심판을 계속 유지할 법률상의 이익은 없다(判例 88후1281).

⑦ 1 특허권에 다수의 무효심판 청구 시, 무효심판 청구인 사이의 관계 : 특허를 무효로 한다는 심결이 확정된 때에는 당해 특허는 제3자와의 관계에서도 무효로 되므로, 동일한 특허권에 관하여 2인 이상의 자가 공동으로 특허의 무효심판을 청구하는 경우 그 심판은 심판청구인들 사이에 합일확정을 필요로 하는 이른바 유사필수적 공동심판에 해당한다(判例 2007후1510).

⑧ 지분의 무효 청구 할 수 있는지 여부 : 특허처분은 하나의 특허출원에 대하여 하나의 특허권을 부여하는 단일한 행정행위이므로, 설령 그러한 특허처분에 의하여 수인을 공유자로 하는 특허등록이 이루어졌다고 하더라도, 그 특허처분 자체에 대한 무효를 청구하는 제도인 특허무효심판에서 그 공유자 지분에 따라 특허를 분할하여 일부 지분만의 무효심판을 청구하는 것은 허용할 수 없다(判例 2012후2432).

⑨ 정정청구 적법시 무효심판 판단 대상 : 실용신안등록 무효심판절차에서 정정청구가 있는 경우 정정의 인정 여부는 무효심판절차에서 함께 심리되는 것이므로, 정정청구가 적법한 것으로 인정될 때에는 그 정정된 실용신안의 내용에 따라 등록무효사유에 해당하는지 여부를 판단하여야 할 것이고, 정정청구 전의 등록실용신안을 대상으로 하여 등록무효 여부를 판단할 것은 아니다(判例 2007후4472).

⑩ 1청구항의 일부에 무효사유가 있는 경우 무효여부 판단방법 : 특허청구의 범위에 관하여 다항제를 채택하고 있는 우리 나라에 있어서 특허청구의 범위의 항이 2 이상인 경우 그 특허청구의 범위의 항마다 무효로 할 수 있으나, 이와는 달리 1개의 특허청구범위의 항의 일부가 공지기술의 범위에 속하는 등 특허무효의 사유가 있는 경우에는 그 공지기술 등이 다른 진보성이 인정되는 부분과 유기적으로 결합된 것이라고 인정되지 아니하는 한 그 항 전부에 관하여 무효로 하여야 한다(判例 90후1420).

⑪ 각 청구항마다 판단해야 하는지 여부 : 특허출원에 있어 특허청구범위가 여러 개의 청구항으로 되어 있는 경우 그 하나의 항이라도 거절이유가 있는 때에는 그 출원은 전부가 거절되어야 하나, 특허무효심판에 있어서는 청구항마다 무효사유의 유무를 판단하여야 하는바, 특허청구범위가 2개의 독립항으로 되어 있는 특허발명의 무효심판에 있어서 제1항이 무효라고 하여 제2항도 무효라고 할 수 없다(判例 99후2181).

⑫ 무효된 특허권에 대한 실시권의 실시권자에게 실시료를 반환해야 하는지 여부 : 특허발명 실시계약이 체결된 이후에 계약 대상인 특허가 무효로 확정되면 특허권은 특허법 제133조 제3항의 규정에 따라 같은 조 제1항 제4호의 경우를 제외하고는 처음부터 없었던 것으로 간주된다. 그러나 특허발명 실시계약에 의하여 특허권자는 실시권자의 특허발명 실시에 대하여 특허권 침해로 인한 손해배상이나 금지 등을 청구할 수 없게 될 뿐만 아니라 특허가 무효로 확정되기 이전에 존재하는 특허권의 독점적·배타적 효력에 의하여 제3자의 특허발명 실시가 금지되는 점에 비추어 보면, 특허발명 실시계약의 목적이 된 특허발명의 실시가 불가능한 경우가 아닌 한 특허무효의 소급효에도 불구하고 그와 같은 특허를 대상으로 하여 체결된 특허발명 실시계약이 계약 체결 당시부터 원시적으로 이행불능 상태에 있었다고 볼 수는 없고, 다만 특허무효가 확정되면 그때부터 특허발명 실시계약은 이행불능 상태에 빠지게 된다고 보아야 한다. 따라서 특허발명 실시계약 체결 이후에 특허가 무효로 확정되었더라도 특허발명 실시계약이 원시적으로 이행불능 상태에 있었다거나 그 밖에 특허발명 실시계약 자체에 별도의 무효사유가 없는 한 특허권자가 특허발명 실시계약에 따라 실시권자로부터 이미 지급받은 특허실시료 중 특허발명 실시계약이 유효하게 존재하는 기간에 상응하는 부분을 실시권자에게 부당이득으로 반환할 의무가 있다고 할 수 없다(判例 2012다42666).

⑬ 무효된 특허권에 대한 실시권의 실시권자가 미지급 실시료 청구 인용 여부 : 특허가 무효로 확정되면 특허권은 특허법 제133조 제1항 제4호의 경우를 제외하고는 처음부터 없었던 것으로 간주된다(특허법 제133조 제3항). 그러나 특허발명 실시계약이 체결된 이후에 계약의 대상인 특허권이 무효로 확정된 경우 특허발명 실시계약이 계약 체결 시부터 무효로 되는지는 특허권의 효력과는 별개로 판단하여야 한다.

특허발명 실시계약을 체결하면 특허권자는 실시권자의 특허발명 실시에 대하여 특허권 침해로 인한 손해배상이나 그 금지 등을 청구할 수 없고, 특허가 무효로 확정되기 전에는 특허권의 독점적·배타적 효력에 따라 제3자의 특허발명 실시가 금지된다. 이러한 점에 비추어 특허발명 실시계약의 목적이 된 특허발명의 실시가 불가능한 경우가 아니라면 특허 무효의 소급효에도 불구하고 그와 같은 특허를 대상으로 하여 체결된 특허발명 실시계약이 그 계약의 체결 당시부터 원시적으로 이행불능 상태에 있었다고 볼 수는 없고, 다만 특허 무효가 확정되면 그때부터 특허발명 실시계약은 이행불능 상태에 빠지게 된다고 보아야 한다.

따라서 특허발명 실시계약 체결 이후에 특허가 무효로 확정되었더라도 특허발명 실시계약이 원시적으로 이행불능 상태에 있었다거나 그 밖에 특허발명 실시계약 자체에 별도의 무효사유가 없는 한, 특허권자는 원칙적으로 특허발명 실시계약이 유효하게 존재하는 기간 동안 실시료의 지급을 청구할 수 있다(判例 2018다287362).

⑭ 특허가 무효되었다는 사정에 의해 특허권 실시계약을 착오 취소할 수 있는지 여부 : 특허는 성질상 특허등록 이후에 무효로 될 가능성이 내재되어 있는 점을 감안하면, 특허발명 실시계약 체결 이후에 계약 대상인 특허의 무효가 확정되었더라도 특허의 유효성이 계약 체결의 동기로서 표시되었고 그것이 법률행위의 내용의 중요부분에 해당하는 등의 사정이 없는 한, 착오를 이유로 특허발명 실시계약을 취소할 수는 없다(判例 2012다42666).

03 무효심판에서의 정정

(1) 법조문

제133조의2(특허무효심판절차에서의 특허의 정정)
① 제133조 제1항에 따른 심판의 피청구인은 제136조 제1항 각 호의 어느 하나에 해당하는 경우에만 제147조 제1항 또는 제159조 제1항 후단에 따라 지정된 기간에 특허발명의 명세서 또는 도면에 대하여 정정청구를 할 수 있다. 이 경우 심판장이 제147조 제1항에 따라 지정된 기간 후에도 청구인이 증거를 제출하거나 새로운 무효사유를 주장함으로 인하여 정정청구를 허용할 필요가 있다고 인정하는 경우에는 기간을 정하여 정정청구를 하게 할 수 있다. 기출 23
② 제1항에 따른 정정청구를 하였을 때에는 해당 무효심판절차에서 그 정정청구 전에 한 정정청구는 취하된 것으로 본다.

> ③ 심판장은 제1항에 따른 정정청구가 있을 때에는 그 청구서의 부본을 제133조 제1항에 따른 심판의 청구인에게 송달하여야 한다.
> ④ 제1항에 따른 정정청구에 관하여는 제136조 제3항부터 제6항까지, 제8항 및 제10항부터 제13항까지, 제139조 제3항 및 제140조 제1항·제2항·제5항을 준용한다. 이 경우 제136조 제11항 중 "제162조 제3항에 따른 심리의 종결이 통지되기 전(같은 조 제4항에 따라 심리가 재개된 경우에는 그 후 다시 같은 조 제3항에 따른 심리의 종결이 통지되기 전)에"는 "제133조의2 제1항 또는 제136조 제6항에 따라 지정된 기간에"로 본다.
> ⑤ 제1항에 따른 정정청구는 다음 각 호의 어느 하나에 해당하는 기간에만 취하할 수 있다.
>   1. 제1항에 따라 정정을 청구할 수 있도록 지정된 기간과 그 기간의 만료일부터 1개월 이내의 기간
>   2. 제4항에서 준용하는 제136조 제6항에 따라 지정된 기간
> ⑥ 제4항을 적용할 때 제133조 제1항에 따른 특허무효심판이 청구된 청구항을 정정하는 경우에는 제136조 제5항을 준용하지 아니한다.

(2) 의의 및 취지

특허의 정정이란 특허무효심판 또는 정정무효심판에서 특허권자가 특허발명의 명세서 또는 도면의 정정을 청구하는 것을 말한다. 정정청구를 통해 특허가 무효가 됨을 방지하여 특허권자를 보호하기 위함이다. 다만, 제3자의 불측의 손해를 예방하기 위해 그 시기와 범위에 제한이 있다.

(3) 요 건

① **주체적 요건** : 정정청구는 특허권자만이 가능하며, 특허권이 공유인 경우 공유자 전원이 함께 하여야 한다. 특허권자는 전용실시권자, 질권자, 직무발명에 따른 통상실시권자 및 허락에 의한 통상실시권자의 동의를 받아야만 특허의 정정을 청구할 수 있다(法 제136조 제8항). 다만, 동의를 받아야 하는 자가 무효심판을 청구한 경우 그 자의 동의를 구할 필요는 없다.

② **객체적 요건**
  ㉠ 명세서 또는 도면의 정정은 특허발명의 명세서 또는 도면에 기재된 사항의 범위 내여야 하며, ⅰ) 청구범위를 감축하는 경우, ⅱ) 잘못 기재된 사항을 정정하는 경우, ⅲ) 분명하지 아니하게 기재된 사항을 명확하게 하는 경우에 한하여 청구할 수 있다.
  ㉡ '잘못 기재된 사항을 정정하는 경우'에는 출원서에 최초로 첨부된 명세서 또는 도면에 기재된 사항의 범위에서 할 수 있다.
  ㉢ '청구범위 감축' 및 '잘못 기재된 사항의 정정'의 경우 정정 후 청구범위에 적혀있는 사항이 특허출원하였을 때 특허를 받을 수 있는 것이어야 한다. 다만, 특허무효심판이 청구된 청구항을 정정하는 경우에는 그러하지 아니하다.
  ㉣ 명세서 또는 도면의 정정은 청구범위를 실질적으로 확장하거나 변경할 수 없다.

③ **시기적 요건** : 무효심판에서의 정정은 ⅰ) 심판청구서 부본송달 후 답변서제출기간, 또는 ⅱ) 직권심리에 의한 의견서제출기간에 청구할 수 있다. 다만, ⅲ) 답변서제출기간이 만료된 후라도 무효심판청구인의 증거제출 또는 새로운 무효사유 주장으로 인해 정정청구를 허용할 필요가 있다고 인정되는 경우 정정청구가 가능하다.

(4) 절 차

① **정정청구서 제출 및 부본 송달** : 특허권자가 정정청구서를 제출하면 심판장은 청구서의 부본을 무효심판의 청구인에게 송달하여야 한다.
② **거절이유통지 및 의견서제출기회 부여** : 심판관은 정정청구의 객체적 요건 위반인 경우 그 이유를 통지하고 기간을 정해 의견서제출기회를 주어야 한다.
③ **정정청구의 보정** : 특허권자는 정정청구를 할 수 있는 기간 또는 의견서제출기간에 정정한 명세서 또는 도면에 대하여 보정할 수 있다.
④ **복수개의 정정청구서 제출시 취급** : 복수의 정정청구를 하였을 때에는 해당 무효심판절차에서 그 정정청구 전에 한 정정청구는 취하된 것으로 본다.
⑤ **정정청구의 취하** : 정정청구는 ⅰ) 정정청구기간 및 그 기간의 만료일로부터 1개월 이내 또는 ⅱ) 의견제출기간에 취하할 수 있다.

(5) 효 과

① **적법한 경우**
  ㉠ 소급효 : 정정청구가 적법한 경우 정정 후의 명세서 또는 도면에 따라 특허출원, 출원공개, 특허결정 또는 심결 및 특허권의 설정등록이 된 것으로 본다.
  ㉡ 정정청구 자체만으로 확정되는 것은 아니며 무효심판의 심결이 확정될 때 함께 확정된다.

  기출 15·18

  ㉢ 특허공보 게재 : 명세서 또는 도면을 정정한다는 심결이 있는 경우 특허심판원장은 그 내용을 특허청장에게 알려야 하며, 특허청장은 이를 특허공보에 게재하여야 한다.
② **부적법한 경우**
  ㉠ 정정청구가 부적법한 경우 심결문의 이유란에 정정청구의 불채택 이유를 기재한다. 채택되지 않더라도 정정청구에 대해 단독으로 불복할 수 없다.
  ㉡ 부적법한 정정청구가 착오로 인정된 경우에는 정정무효사유에 해당하며, 정정무효심판에 의해 인용심결이 확정되었을 때에는 당해 정정은 처음부터 없었던 것으로 본다.

04 정정심판

(1) 법조문

> **제136조(정정심판)**
> ① 특허권자는 다음 각 호의 어느 하나에 해당하는 경우에는 특허발명의 명세서 또는 도면에 대하여 정정심판을 청구할 수 있다.
> 　1. 청구범위를 감축하는 경우 [기출 15]
> 　2. 잘못 기재된 사항을 정정하는 경우
> 　3. 분명하지 아니하게 기재된 사항을 명확하게 하는 경우
> ② 제1항에도 불구하고 다음 각 호의 어느 하나에 해당하는 기간에는 정정심판을 청구할 수 없다. [기출 25]
> 　1. 특허취소신청이 특허심판원에 계속 중인 때부터 그 결정이 확정될 때까지의 기간. 다만, 특허무효심판의 심결 또는 정정의 무효심판의 심결에 대한 소가 특허법원에 계속 중인 경우에는 특허법원에서 변론이 종결(변론 없이 한 판결의 경우에는 판결의 선고를 말한다)된 날까지 정정심판을 청구할 수 있다. [기출 18·21]
> 　2. 특허무효심판 또는 정정의 무효심판이 특허심판원에 계속 중인 기간 [기출 15·17·19·23]
> ③ 제1항에 따른 명세서 또는 도면의 정정은 특허발명의 명세서 또는 도면에 기재된 사항의 범위에서 할 수 있다. 다만, 제1항 제2호에 따라 잘못된 기재를 정정하는 경우에는 출원서에 최초로 첨부된 명세서 또는 도면에 기재된 사항의 범위에서 할 수 있다. [기출 21]
> ④ 제1항에 따른 명세서 또는 도면의 정정은 청구범위를 실질적으로 확장하거나 변경할 수 없다.
> ⑤ 제1항에 따른 정정 중 같은 항 제1호 또는 제2호에 해당하는 정정은 정정 후의 청구범위에 적혀 있는 사항이 특허출원을 하였을 때에 특허를 받을 수 있는 것이어야 한다. [기출 15·17]
> ⑥ 심판관은 제1항에 따른 심판청구가 다음 각 호의 어느 하나에 해당한다고 인정하는 경우에는 청구인에게 그 이유를 통지하고, 기간을 정하여 의견서를 제출할 수 있는 기회를 주어야 한다.
> 　1. 제1항 각 호의 어느 하나에 해당하지 아니한 경우
> 　2. 제3항에 따른 범위를 벗어난 경우
> 　3. 제4항 또는 제5항을 위반한 경우
> ⑦ 제1항에 따른 정정심판은 특허권이 소멸된 후에도 청구할 수 있다. 다만, 특허취소결정이 확정되거나 특허를 무효(제133조 제1항 제4호에 의한 무효는 제외한다)로 한다는 심결이 확정된 후에는 그러하지 아니하다. [기출 17]
> ⑧ 특허권자는 전용실시권자, 질권자와 제100조 제4항, 제102조 제1항 및 「발명진흥법」 제10조 제1항에 따른 통상실시권을 갖는 자의 동의를 받아야만 제1항에 따른 정정심판을 청구할 수 있다. 다만, 특허권자가 정정심판을 청구하기 위하여 동의를 받아야 하는 자가 무효심판을 청구한 경우에는 그러하지 아니하다. [기출 17]
> ⑨ 제1항에 따른 정정심판에는 제147조 제1항·제2항, 제155조 및 제156조를 적용하지 아니한다.
> ⑩ 특허발명의 명세서 또는 도면에 대하여 정정을 한다는 심결이 확정되었을 때에는 그 정정 후의 명세서 또는 도면에 따라 특허출원, 출원공개, 특허결정 또는 심결 및 특허권의 설정등록이 된 것으로 본다.
> ⑪ 청구인은 제162조 제3항에 따른 심리의 종결이 통지되기 전(같은 조 제4항에 따라 심리가 재개된 경우에는 그 후 다시 같은 조 제3항에 따른 심리의 종결이 통지되기 전)에 제140조 제5항에 따른 심판청구서에 첨부된 정정한 명세서 또는 도면에 대하여 보정할 수 있다. [기출 15]
> ⑫ 특허발명의 명세서 또는 도면에 대한 정정을 한다는 심결이 있는 경우 특허심판원장은 그 내용을 특허청장에게 알려야 한다. [기출 24]
> ⑬ 특허청장은 제12항에 따른 통보가 있으면 이를 특허공보에 게재하여야 한다. [기출 24]

(2) 의의 및 취지

특허권이 설정등록된 후 명세서 또는 도면에 잘못된 기재 또는 불명료한 점이 있거나 특허청구범위가 너무 광범위하게 기재되어 있는 경우 이를 정정하기 위해 등록권자가 제기하는 심판을 말한다. 특허권자가 자발적으로 특허발명의 명세서나 도면을 정정할 수 있도록 함으로써, 무효심판이 청구되는 것을 예방하고 제3자의 이익에 관련되는 불명료한 부분을 명확하게 하기 위한 것이다.

(3) 요 건

① **주체적 요건** : 특허권자만이 가능하며, 특허권이 공유인 경우 공유자 전원이 함께 하여야 한다. 특허권자는 전용실시권자, 질권자, 직무발명에 따른 통상실시권자 및 허락에 의한 통상실시권자의 동의를 받아야만 정정심판을 청구할 수 있다(法 제136조 제8항). 다만, 동의를 받아야 하는 자가 무효심판을 청구한 경우 그 자의 동의를 구할 필요는 없다.

② **객체적 요건**

　㉠ 명세서 또는 도면의 정정은 특허발명의 명세서 또는 도면에 기재된 사항의 범위 내여야 하며, ⅰ) 청구범위를 감축하는 경우, ⅱ) 잘못 기재된 사항을 정정하는 경우, ⅲ) 분명하지 아니하게 기재된 사항을 명확하게 하는 경우에 한하여 청구할 수 있다.

　㉡ '잘못 기재된 사항을 정정하는 경우'에는 출원서에 최초로 첨부된 명세서 또는 도면에 기재된 사항의 범위에서 할 수 있다.

　㉢ '청구범위 감축' 및 '잘못 기재된 사항의 정정'의 경우 정정 후 청구범위에 적혀있는 사항이 특허출원하였을 때 특허를 받을 수 있는 것이어야 한다.

　㉣ 명세서 또는 도면의 정정은 청구범위를 실질적으로 확장하거나 변경할 수 없다. 실질적 확장·변경의 판단 기준으로는, ⅰ) 특허청구범위를 실질적으로 확장하거나 변경하는 경우에 해당하는지는 특허청구범위 자체의 형식적인 기재뿐만 아니라 발명의 상세한 설명을 포함하여 명세서와 도면 전체에 의하여 파악되는 특허청구범위의 실질적인 내용을 대비하여 판단하여야 하고, ⅱ) 정정 후의 특허청구범위에 의하더라도 발명의 목적이나 효과에 어떠한 변경이 없고 발명의 상세한 설명 및 도면에 기재되어 있는 내용을 그대로 반영한 것이어서 정정 전의 특허청구범위를 신뢰한 제3자에게 예기치 못한 손해를 줄 염려가 없다면 그 정정청구는 특허청구범위를 실질적으로 확장하거나 변경하는 것에 해당하지 아니한다(判例 2016후342). **기출 17**

③ **시기적 요건** : 정정심판은 특허권이 존속중인 경우는 물론 소멸된 후에도 청구할 수 있다. 다만, 다음 중 하나에 해당하는 경우에는 정정심판을 청구할 수 없다.

　㉠ 특허취소신청이 특허심판원에 계속 중인 때부터 결정이 확정될 때까지의 기간. 다만, 특허무효심판의 심결 또는 정정무효심판의 심결에 대한소가 특허법원에 계속 중인 경우에는 특허법원에서 변론이 종결(변론없이 한 판결의 경우 판결 선고)된 날까지 정정청구를 할 수 있다.

　㉡ 특허무효심판 또는 정정무효심판이 특허심판원에 계속 중인 기간. 따라서 법문의 해석 상 특허무효심판 또는 정정무효심판이 특허법원이나 대법원에 계속 중인 경우에는 정정심판을 청구할 수 있다.

　㉢ 특허취소결정이 확정되거나 특허를 소급하여 무효로 한다는 심결이 확정된 경우

(4) 절 차
① **심판청구서 제출** : 정정심판을 청구하려는 자는 심판청구서를 특허심판원장에게 제출하여야 하며, 심판청구서에 정정한 명세서 또는 도면을 첨부하여야 한다.
② **거절이유통지 및 의견서제출기회 부여** : 심판관은 정정심판청구의 객체적 요건 위반인 경우 그 이유를 통지하고 기간을 정해 의견서제출기회를 주어야 한다.
③ **정정청구의 보정** : 특허권자는 심리종결통지 전(심리가 재개된 경우에는 다시 심리의 종결이 통지되기 전) 심판청구서에 첨부된 정정한 명세서 또는 도면에 대하여 보정할 수 있다.

(5) 효 과
① **적법한 경우**
  ㉠ 소급효 : 심판청구가 적법한 경우 인용심결이 확정된 때에는 정정 후의 명세서 또는 도면에 따라 특허출원, 출원공개, 특허결정 또는 심결 및 특허권의 설정등록이 된 것으로 본다.
  ㉡ 특허공보 게재 : 명세서 또는 도면을 정정한다는 심결이 있는 경우 특허심판원장은 그 내용을 특허청장에게 알려야 하며, 특허청장은 이를 특허공보에 게재하여야 한다.
  ㉢ 청구범위를 실질적으로 변경한 정정을 간과한 경우 : 특허발명이 특허청구범위를 실질적으로 변경한 내용으로 정정된 것이라고 하더라도, 정정의 무효심판에서 그 위법여부를 다툴 수 있음은 별론으로 하고, 정정된 특허발명을 당연무효라고 할 수 없다(判例 2002후1829).
  ㉣ 침해죄 : 정정 전의 특허청구범위를 침해대상 특허발명으로 삼아 피고인이 그 특허발명의 침해죄를 범하였는지 여부를 판단한 것은 정당하다(判例 2005도1262). 따라서 정정 전의 청구범위를 기준으로 침해죄를 판단한다. 기출 15·16
  ㉤ 과실 추정 : 특허권을 침해하는 제품을 생산·판매한 후에 특허발명의 특허청구범위를 정정하는 심결이 확정되었더라도, 정정심결의 확정 전·후로 특허청구범위에 실질적인 변경이 없었으므로, 특허권 침해행위에 과실이 있는 것으로 추정하는 법리는 정정을 전·후하여 그대로 유지된다(判例 2009다19925).
② **부적법한 경우**
  ㉠ 심판청구가 부적법한 경우에는 기각심결을 한다.
  ㉡ 심판청구인은 기각심결의 심결등본을 송달받은 날로부터 30일 이내에 심결취소소송을 제기할 수 있다.
③ **일부인용 또는 일부기각 심결이 가능한지 여부 – 소극** : 명세서 또는 도면의 여러 사항에 걸쳐 정정을 청구한 경우, 그 심판청구는 하나의 기술적 사상의 창작인 발명의 표현을 명확히 하기 위한 것이어서 그것은 일체 불가분 하나의 심판을 청구한 것으로 보아야 하므로 일부인용, 일부기각을 할 수 없는 것으로 보아야 한다.

(6) 정정심판과 무효심판의 관계
① 정정심판과 무효심판의 청구 순서
㉠ 무효심판, 정정무효심판, 특허취소신청이 특허심판원에 계속 중인 때에는 정정심판을 청구할 수 없다.
㉡ 무효심판 또는 정정무효심판이 특허법원이나 대법원에 계속 중인 경우에는 정정심판을 청구할 수 있다.
㉢ 정정심판 계속 중에는 무효심판을 청구할 수 있다.
㉣ 정정심판 계속 중 무효심판을 청구한 경우의 심리 순서 : 동일한 특허발명에 대하여 특허무효심판과 정정심판이 특허심판원에 동시에 계속 중에 있는 경우에는 정정심판제도의 취지상 정정심판을 특허무효심판에 우선하여 심리·판단하는 것이 바람직하나, 그렇다고 하여 반드시 정정심판을 먼저 심리·판단하여야 하는 것은 아니고, 또 특허무효심판을 먼저 심리하는 경우에도 그 판단대상은 정정심판청구 전 특허발명이며, 이러한 법리는 특허무효심판과 정정심판의 심결에 대한 취소소송이 특허법원에 동시에 계속되어 있는 경우에도 적용된다고 볼 것이다(判例 2001후713). 기출 17·21

② 무효심판 계속 중 정정심판의 심결이 확정된 경우
㉠ 무효심판이 특허심판원에 계속 중 정정심결의 확정 : 정정심판의 인용심결이 확정되면 정정의 내용에 소급효가 발생하여 정정한 명세서 또는 도면으로 설정등록된 것으로 보므로, 무효심판의 심판관은 정정된 명세서 또는 도면을 대상으로 심판을 심리한다.
㉡ 무효심판이 특허법원 계속 중 정정심결의 확정

> • i) 특허의 내용에 대한 정정심결이 확정되면 당초의 심결도 정정 후의 명세서 또는 도면에 의하여 심결된 것으로 보고 있기 때문에 정정 후의 특허청구범위에 의하여 심결된 것으로 보아야 하는 점, ii) 특허청구범위의 정정은 특허청구범위를 실질적으로 확장하거나 변경할 수 없는 것이어서, 정정 후의 특허발명이 권리의 동일성을 그대로 유지하면서 그 특허권의 내용인 권리범위만을 감축하여야 하므로 실체법상으로 권리범위에 어떤 변동을 가져오는 것으로 볼 수 없는 점, iii) 심결취소소송의 심리범위에 제한을 두지 아니하여 심판절차에서 주장하지 아니한 새로운 무효사유에 관하여도 주장·입증할 수 있고 이에 대하여 심리·판단할 수 있는 점, iv) 무효심판청구인은 정정요건에 위반된 정정심결이 확정된 경우에도 정정무효심판을 청구할 수 있어서 특허법원에서 정정된 특허발명을 기초로 그 무효 여부를 판단하더라도 무효심판청구인에게 특별히 불리하다고 볼 수 없는 점, v) 대법원에 등록무효심판 사건이 계속 중에 정정심결이 확정된 경우 원심결을 파기하여 심결을 취소하는 재판을 하지 않고 특허법원에 환송하여 특허법원으로 하여금 판단하도록 하고 있는 점 등에 비추어 볼 때, 등록무효심판의 심결 후에 특허청구범위가 정정되었다고 하더라도 심결취소소송에서 특허법원이 정정된 특허청구범위를 심결의 기초로 하여 특허발명에 무효사유가 존재하는지 여부를 판단할 수 있다(判例 2005허10213).
> • 등록무효심판의 심결 후에 정정심결이 확정되어 특허발명의 특허청구범위 일부가 삭제된 경우, 삭제된 부분에 대한 특허권은 처음부터 없었던 것으로 보아야 하므로 그 부분에 대한 심결의 취소를 구할 법률상 이익이 없다(따라서 소각하함)(判例 2005허10213). 기출 24

㉢ 무효심판이 대법원에 계속 중 정정심결의 확정 : 정정심판의 심결이 확정되면 정정 후의 명세서에 의하여 특허등록출원 및 특허권의 설정등록이 된 것으로 보아야 한다. 따라서 정정 전의 이 사건 특허발명을 대상으로 하여 무효 여부를 심리·판단한 원심판결에는 재심사유가 있으므로 판결에 영향을 끼친 법령위반의 위법이 있다 할 것이므로, 원심판결을 파기하고, 사건을 다시 심리·판단하게 하기 위하여 원심법원에 환송한다(判例 2007후852).

③ 정정심판 계속 중 무효심판의 심결이 확정된 경우
- ㉠ 특허발명의 청구항 전체에 대한 무효심결 확정 : 특허무효심결이 확정되었을 때에는 특허권은 처음부터 존재하지 아니한 것으로 보므로, 무효로 된 특허의 정정을 구하는 심판은 그 정정의 대상이 없어지게 되어 그 정정을 구할 이익도 없게 된다(判例 2003후2294). 따라서 정정심판이 특허심판원에 계속 중인 경우는 심결각하, 특허법원 또는 대법원에 계속 중인 경우에는 소를 각하한다.
- ㉡ 특허발명의 청구항 일부에 대한 무효심결 확정 : 청구항 일부에 대한 무효심결이 확정된 경우, 정정심판에 있어서 그 일부 항에 정정불허사유가 존재하는 한 전체로서의 모든 정정이 허용될 수 없다고는 하더라도, 이는 하나의 기술사상에 기초한 특허발명에 대한 정정사건에서 일부에 대하여는 정정을 허용하고 일부에 대하여는 정정을 불허하는 심결을 할 수 없다는 취지에 지나지 않아 특허발명의 특허청구범위의 일부 항이 등록무효로 되어 그 i) 무효로 된 특허청구범위의 정정 가능 여부에 관하여는 실체판단에 나아갈 필요가 없어서, ii) 일부에 대하여는 정정을 허용하고 일부에 대하여는 정정을 불허하는 문제가 발생되지 아니하는 경우에까지 일체로서 판단하여야 하는 것은 아니어서 정정의 소 전부가 부적법하다고 볼 수는 없다(判例 2002허4989). 따라서 무효로 된 청구항을 제외한 나머지 청구항에 대하여 심리를 진행하는 것이 타당하다.

(7) 관련 판례

① **정정청구 확정시기** : 특허무효심판절차에서 정정청구가 있는 경우 정정의 인정 여부는 무효심판절차에 대한 결정절차에서 함께 심리되는 것이므로, 독립된 정정심판청구의 경우와 달리 정정만이 따로 확정되는 것이 아니라 무효심판의 심결이 확정되는 때에 함께 확정된다. 한편, 특허의 등록무효 여부는 청구항별로 판단하여야 하더라도, 특허무효심판절차에서의 정정청구는 특별한 사정이 없는 한 불가분의 관계에 있어 일체로서 허용 여부를 판단하여야 한다(判例 2007후1053).

② **정정청구서 중 명세서의 보정 범위** : 구 특허법(2009.1.30. 법률 제9381호로 개정되기 전의 것, 이하 같다) 제136조 제1항, 제9항, 제140조 제5항에 의하면 정정심판 청구인은 심판장의 심리종결 통지가 있기 전에 심판청구서에 첨부된 정정한 명세서 또는 도면(이하 '정정명세서 등'이라고 한다)에 관하여 보정할 수 있도록 하고 있는데, 특허법 제140조 제2항에 의하면 위와 같은 정정명세서 등에 관한 보정은 정정청구취지의 요지를 변경하지 않는 범위 내에서만 허용되고, 이는 구 특허법 제133조의2 제4항에 의하여 특허무효심판 절차에서의 정정청구에도 그대로 준용된다. 그런데 이러한 정정명세서 등의 보정제도는 등록된 특허발명에 대한 정정의 개념을 제대로 이해하지 못한 특허권자가 명세서나 도면의 일부분만을 잘못 정정하였음에도 불구하고 정정청구 전체가 인정되지 않게 되는 것을 방지하기 위하여 도입된 제도로서, 실질적으로 새로운 정정청구에 해당하는 정정명세서 등의 보정을 허용하게 되면 정정청구의 기간을 제한한 구 특허법의 취지를 몰각시키는 결과가 되고, 정정청구가 받아들여질 때까지 정정명세서 등의 보정서 제출이 무한히 반복되어 행정상의 낭비와 심판절차의 지연이 초래될 우려가 있는 점을 고려할 때, 정정명세서 등에 관한 보정은 당초의 정정사항을 삭제하거나 정정청구의 내용이 실질적으로 동일하게 되는 범위 내에서 경미한 하자를 고치는 정도에서만 정정청구취지의 요지를 변경하지 않는 것으로서 허용된다고 보아야 한다(判例 2011후3643).

③ **무효심결 확정 시 정정심판의 적법 여부** : 특허법 제133조에 의하면, 특허무효심결이 확정되었을 때에는 특허권은 처음부터 존재하지 아니한 것으로 보므로, 무효로 된 특허의 정정을 구하는 심판은 그 정정의 대상이 없어지게 되어 그 정정을 구할 이익도 없으므로 부적법하다(判例 2003후2294).

④ **정정청구 일체로 판단해야 하는지 여부** : 한편, 특허의 등록무효 여부는 청구항별로 판단하여야 하더라도, 특허무효심판절차에서의 정정청구는 특별한 사정이 없는 한 불가분의 관계에 있어 일체로서 허용 여부를 판단하여야 한다(判例 2007후1053).

⑤ **정정심판 계류시 정정심판을 무효심판보다 먼저 심리하여야 하는지 여부** : 동일한 특허발명에 대하여 특허무효심판과 정정심판이 특허심판원에 동시에 계속중에 있는 경우에는 정정심판제도의 취지상 정정심판을 특허무효심판에 우선하여 심리·판단하는 것이 바람직하나, 그렇다고 하여 반드시 정정심판을 먼저 심리·판단하여야 하는 것은 아니고, 또 특허무효심판을 먼저 심리하는 경우에도 그 판단대상은 정정심판청구 전 특허발명이며, 이러한 법리는 특허무효심판과 정정심판의 심결에 대한 취소소송이 특허법원에 동시에 계속되어 있는 경우에도 적용된다고 볼 것이다(判例 2001후713).

⑥ **의약용도 발명의 정정청구시 약리기전의 부가가 청구범위의 감축인지 여부** : 의약용도발명에서는 특정 물질과 그것이 가지고 있는 의약용도가 발명을 구성한다(대법원 2009.1.30. 선고 2006후3564 판결 참조). 약리기전은 특정 물질에 불가분적으로 내재된 속성에 불과하므로, 의약용도발명의 특허청구범위에 기재되는 약리기전은 특정 물질이 가지고 있는 의약용도를 특정하는 한도 내에서만 발명의 구성요소로서 의미를 가질 뿐, 약리기전 그 자체가 특허청구범위를 한정하는 구성요소라고 볼 수 없다(判例 2012후238). 기출 16·18

⑦ **'오기의 정정'의 의미** : 구 특허법(1997.4.10. 법률 제5329호로 개정되기 전의 것) 제136조 제1항 제2호의 '오기의 정정'이라 함은 '명세서 또는 도면 중의 기재 내용이 명세서 전체의 기재에 비추어 보아 명백히 잘못 기재된 것을 본래의 올바른 기재로 정정'하는 것을 의미한다(判例 2004후2451).

⑧ **청구범위에 없는 내용이 발명의설명에 있다는 것이 오기인지 여부** : 구 특허법(2009.1.30. 법률 제9381호로 개정되기 전의 것) 제133조의2, 제136조 제3항의 규정 취지는 무효심판의 피청구인이 된 특허권자에게 별도의 정정심판을 청구하지 않더라도 그 무효심판절차 내에서 정정청구를 할 수 있게 해주되, 특허청구범위를 실질적으로 확장하거나 변경하는 것은 허용하지 아니하고, 제3자의 권리를 침해할 우려가 없는 범위 내에서의 특허청구범위의 감축이나, 오기를 정정하고 기재상의 불비를 해소하여 바르게 하는 오류의 정정은 허용하는 데 있다고 할 것이다. 이러한 규정 취지에 비추어 보면, 이와 같은 오류의 정정에는 특허청구범위에 관한 기재 자체가 명료하지 아니한 경우 그 의미를 명확하게 하든가 기재상의 불비를 해소하는 것 및 발명의 상세한 설명과 특허청구범위가 일치하지 아니하거나 모순이 있는 경우 이를 통일하여 모순이 없게 하는 것 등이 포함된다고 해석된다(대법원 2006.7.28. 선고 2004후3096 판결, 대법원 2013.2.28. 선고 2011후3193 판결 등 참조). 한편, 특허청구범위는 발명의 상세한 설명에 기재된 기술적 사상의 전부 또는 일부를 특허발명의 보호범위로 특정한 것이고, 발명의 상세한 설명에 기재된 모든 기술적 사상이 반드시 특허청구범위에 포함되어야 하는 것은 아니므로, 특별한 사정이 없는 한 특허청구범위에 기재되어 있지 아니한 사항이 발명의 상세한 설명에 포함되어 있다고 하여 발명의 상세한 설명과 특허청구범위가 일치하지 아니하거나 모순이 있는 경우라고 보기는 어렵다(判例 2014후2184).

⑨ '분명하지 않은 사항을 명확히'의 의미 : 구 특허법(2009.1.30. 법률 제9381호로 개정되기 전의 것) 제133조의2, 제136조 제3항의 규정 취지는 무효심판의 피청구인이 된 특허권자에게 별도의 정정심판을 청구하지 않더라도 그 무효심판절차 내에서 정정청구를 할 수 있게 해주되, 특허청구범위를 실질적으로 확장하거나 변경하는 것은 허용하지 아니하고, 제3자의 권리를 침해할 우려가 없는 범위 내에서의 특허청구범위의 감축이나, 오기를 정정하고 기재상의 불비를 해소하여 바르게 하는 오류의 정정은 허용하는 데 있다고 할 것이다. 이러한 규정 취지에 비추어 보면, 이와 같은 오류의 정정에는 특허청구범위에 관한 기재 자체가 명료하지 아니한 경우 그 의미를 명확하게 하든가 기재상의 불비를 해소하는 것 및 발명의 상세한 설명과 특허청구범위가 일치하지 아니하거나 모순이 있는 경우 이를 통일하여 모순이 없게 하는 것 등이 포함된다고 해석된다(判例 2014후2184).

⑩ '기재된 사항의 범위'의 의미 : 특허발명의 명세서 또는 도면의 정정은 그 명세서 또는 도면에 기재된 사항의 범위 이내에서 할 수 있다(특허법 제136조 제2항). 여기서 '명세서 또는 도면에 기재된 사항'이라 함은 거기에 명시적으로 기재되어 있는 것뿐만 아니라 기재되어 있지는 않지만 출원시의 기술상식으로 볼 때 그 발명이 속하는 기술분야에서 통상의 지식을 가진 사람이면 명시적으로 기재되어 있는 내용 자체로부터 그와 같은 기재가 있는 것과 마찬가지라고 명확하게 이해할 수 있는 사항을 포함하지만, 그러한 사항의 범위를 넘는 신규사항을 추가하여 특허발명의 명세서 또는 도면을 정정하는 것은 허용될 수 없다(判例 2012후3404).

⑪ 청구범위 실확변 판단기준 : 구 특허법(2006.3.3. 법률 제7871호로 개정되기 전의 것, 이하 같다) 제136조 제1항, 제3항은, 특허권자는 특허청구범위를 실질적으로 확장하거나 변경하지 아니하는 범위 내에서 명세서 또는 도면에 대하여 정정심판을 청구할 수 있다고 규정하고 있고, 위 규정은 제133조의2 제4항에 의하여 무효심판절차에서의 정정청구에도 준용된다. 여기서 특허청구범위를 실질적으로 확장하거나 변경하는 경우에 해당하는지는 특허청구범위 자체의 형식적인 기재뿐만 아니라 발명의 상세한 설명을 포함하여 명세서와 도면 전체에 의하여 파악되는 특허청구범위의 실질적인 내용을 대비하여 판단하여야 한다(判例 2016후830).

⑫ 발설의 내용을 청구범위에 그대로 기재하였을 경우, 실확변인지 여부(허용하는 경우) : 구 특허법(2006.3.3. 법률 제7871호로 개정되기 전의 것, 이하 같다) 제136조 제1항, 제3항은, 특허권자는 특허청구범위를 실질적으로 확장하거나 변경하지 아니하는 범위 내에서 명세서 또는 도면에 대하여 정정심판을 청구할 수 있다고 규정하고 있고, 위 규정은 제133조의2 제4항에 의하여 무효심판절차에서의 정정청구에도 준용된다. 여기서 특허청구범위를 실질적으로 확장하거나 변경하는 경우에 해당하는지는 특허청구범위 자체의 형식적인 기재뿐만 아니라 발명의 상세한 설명을 포함하여 명세서와 도면 전체에 의하여 파악되는 특허청구범위의 실질적인 내용을 대비하여 판단하여야 한다. 그리고 정정 후의 특허청구범위에 의하더라도 발명의 목적이나 효과에 어떠한 변경이 없고 발명의 상세한 설명 및 도면에 기재되어 있는 내용을 그대로 반영한 것이어서 정정 전의 특허청구범위를 신뢰한 제3자에게 예기치 못한 손해를 줄 염려가 없다면 그 정정청구는 특허청구범위를 실질적으로 확장하거나 변경하는 것에 해당하지 아니한다(判例 2016후830).

⑬ 발설의 내용을 청구범위에 그대로 기재하였을 경우, 실확변인지 여부(허용하지 않는 경우) : 구 특허법(2006.3.3. 법률 제7871호로 개정되기 전의 것) 제133조의2 제3항, 제136조 제3항에 의하면, 특허발명의 명세서 또는 도면의 정정은 특허청구범위를 실질적으로 확장하거나 변경할 수 없다고 되어 있는바, 특허청구범위의 정정이 특허청구범위의 실질적 변경에 해당하는지 여부는 특허청구범위의 형식적인 기재만을 대비할 것이 아니라 발명의 상세한 설명을 포함한 명세서 전체의 내용과 관련하여 실질적으로 대비하여 판단함이 합리적이고, 명세서의 상세한 설명 또는 도면에 있는 사항을 특허청구범위에 새로이 추가함으로써 표면상 특허발명이 한정되어 형식적으로는 특허청구범위가 감축되는 경우라 하더라도, 다른 한편 그 구성의 추가로 당초의 특허발명이 새로운 목적 및 효과를 갖게 되는 때에는 특허청구범위의 실질적 변경에 해당하므로 허용되지 않는다(判例 2007허9774).

⑭ 종속항의 추가의 경우, 실확변인지 여부 : 특허청구범위는 각 항이 상호 독립되어 있는 이상 그 독립항은 그대로 두고, 그 독립항을 기술적으로 한정하고 구체화하는 종속항만을 추가하는 것은 실질적으로 권리범위를 확장하거나 변경하는 것이어서 그와 같은 정정심판청구는 허용될 수 없다(判例 2004후2451).

⑮ 기재불비의 극복이라는 사정만으로, 실확변인지 여부 : 그리고 위에서 본 특허법 제133조의2, 제136조 제3항의 규정 취지는 무효심판의 피청구인이 된 특허권자에게 별도의 정정심판을 청구할 필요 없이 그 무효심판절차 내에서 정정청구를 할 수 있도록 허용하되, 그 범위를 제3자의 권리를 침해할 우려가 없는 한도에서 특허청구범위를 감축하는 것이나 오기를 바로잡거나 기재상의 불비를 해소하여 오류를 정정하는 것 등에 제한하려는 데 있다고 할 것이다. 이러한 규정 취지에 비추어 보면, 이와 같은 오류의 정정에는 특허청구범위에 관한 기재 자체가 명료하지 아니한 경우 그 의미를 명확하게 하든가 기재상의 불비를 해소하는 것 및 발명의 상세한 설명과 청구의 범위가 일치하지 아니하거나 모순이 있는 경우 이를 통일하여 모순이 없는 것으로 하는 것도 포함된다고 해석된다(대법원 2006.7.28. 선고 2004후3096 판결 등 참조). 따라서 그 정정으로 인하여 특허발명의 기재상의 불비가 해소되었다는 사정만으로 특허청구범위의 실질적 변경에 해당된다고 할 수 없다(判例 2008후1081).

⑯ 정정 시 의견제출기회 규정의 의미 : 의견서 제출기회를 부여하는 구 특허법(2001.2.3. 법률 제6411호로 개정되기 전의 것) 제136조 제4항은 정정청구에 대한 심사의 적정을 기하고 심사제도의 신용을 유지하기 위한 공익상의 요구에 기인하는 이른바 강행규정이므로, 정정심판이나 그 심결취소소송에서 정정의견제출통지서를 통하여 심판청구인에게 의견서 제출 기회를 부여한 바 없는 사유를 들어 정정심판청구를 기각하는 심결을 하거나 심결취소청구를 기각하는 것은 위법하나, 정정의견제출통지서에 기재된 사유와 다른 별개의 새로운 사유가 아니고 주된 취지에 있어서 정정의견제출통지서에 기재된 사유와 실질적으로 동일한 사유로 정정심판을 기각하는 심결을 하거나 그 심결에 대한 취소청구를 기각하는 것은 허용된다(判例 2006후2660).

⑰ **위법한 정정청구에 대한 의견제출통지를 하지 않은 사유를 들어 정정청구를 받아들이지 않을 수 있는지 여부** : 특허권자는 특허무효심판청구가 있는 경우 심판청구서 부본을 송달받은 날이나 직권심리 이유를 통지받은 날로부터 일정한 기간 내에, 또는 심판청구인의 증거서류 제출로 인하여 심판장이 허용한 기간 내에 특허발명의 명세서 또는 도면의 정정을 청구할 수 있고, 이러한 정정은 특허발명의 명세서 또는 도면에 기재된 사항의 범위 내에서 이를 할 수 있으며, 심판관은 정정청구가 특허발명의 명세서 또는 도면에 기재된 사항의 범위를 벗어난 것일 때에는 특허권자에게 그 이유를 통지하고 의견서를 제출할 수 있는 기회를 주어야 하는바, 의견서 제출 기회를 부여하게 한 위 규정은 정정청구에 대한 심판의 적정을 기하고 심판제도의 신용을 유지하기 위한 공익상의 요구에 기인하는 이른바 강행규정이다. 따라서 정정청구의 적법 여부를 판단하는 특허무효심판이나 심결취소소송에서 정정의견제출통지서에 기재된 사유와 다른 별개의 사유가 아니고 주된 취지에 있어서 정정의견제출통지서에 기재된 사유와 실질적으로 동일한 사유로 정정청구를 받아들이지 않는 심결을 하거나 심결에 대한 취소청구를 기각하는 것은 허용되지만, 정정의견제출통지서를 통하여 특허권자에게 의견서 제출 기회를 부여한 바 없는 별개의 사유를 들어 정정청구를 받아들이지 않는 심결을 하거나 심결에 대한 취소청구를 기각하는 것은 위법하다(判例 2011후934).

⑱ **정정 후 발명이 진보성 위반인 것으로 보아, 정정요건 불만족으로 정정청구 기각하려는 경우, 의견제출기회를 주지 않아도 되는 경우** : 실용신안법 제33조에서 준용하는 특허법 제136조 제6항은 정정심판에서 심판청구인에게 의견서 제출 기회를 부여함으로써 정정심판청구에 대한 심사의 적정을 기하고 심사제도의 신용을 유지한다는 공익상의 요구에 기인하는 강행규정이다. 따라서 정정심판이나 그 심결취소소송에서 정정의견제출 통지서를 통하여 심판청구인에게 의견서 제출 기회를 부여한 바 없는 사유를 들어 정정심판청구를 기각하는 심결을 하거나, 심결취소청구를 기각하는 것은 위법하다. 특히 정정심판을 기각하는 이유가 선행고안에 의하여 고안의 진보성이 부정된다는 취지라면 특허청장이 취소소송절차에 이르러 비로소 제출한 자료들은, 선행고안을 보충하여 출원 당시 해당 고안과 동일한 기술분야에 널리 알려진 주지관용기술을 증명하기 위한 것이거나, 정정의견제출 통지서에 기재된 선행고안의 기재를 보충 또는 뒷받침하는 것에 불과한 경우라고 인정될 때 판단의 근거로 삼을 수 있다(判例 2018후12004).

⑲ **정정청구한 청구항 중 일부만 적법 할 때, 일부인용 가능한 지 여부** : 특허무효심판절차에서의 정정청구는 특별한 사정이 없는 한 불가분의 관계에 있어 일체로서 허용 여부를 판단하여야 한다(判例 2007후1053).

05 정정무효심판

(1) 법조문

> **제137조(정정의 무효심판)**
> ① 이해관계인 또는 심사관은 제132조의3 제1항, 제133조의2 제1항, 제136조 제1항 또는 이 조 제3항에 따른 특허발명의 명세서 또는 도면에 대한 정정이 다음 각 호의 어느 하나의 규정을 위반한 경우에는 정정의 무효심판을 청구할 수 있다.
>   1. 제136조 제1항 각 호의 어느 하나의 규정
>   2. 제136조 제3항부터 제5항까지의 규정(제132조의3 제3항 또는 제133조의2 제4항에 따라 준용되는 경우를 포함한다)
> ② 제1항에 따른 심판청구에 관하여는 제133조 제2항 및 제4항을 준용한다.
> ③ 제1항에 따른 무효심판의 피청구인은 제136조 제1항 각 호의 어느 하나에 해당하는 경우에만 제147조 제1항 또는 제159조 제1항 후단에 따라 지정된 기간에 특허발명의 명세서 또는 도면의 정정을 청구할 수 있다. 이 경우 심판장이 제147조 제1항에 따라 지정된 기간 후에도 청구인이 증거를 제출하거나 새로운 무효사유를 주장함으로 인하여 정정의 청구를 허용할 필요가 있다고 인정하는 경우에는 기간을 정하여 정정청구를 하게 할 수 있다.
> ④ 제3항에 따른 정정청구에 관하여는 제133조의2 제2항부터 제5항까지의 규정을 준용한다. 이 경우 제133조의2 제3항 중 "제133조 제1항"은 "제137조 제1항"으로 보고, 같은 조 제4항 후단 중 "제133조의2 제1항"을 "제137조 제3항"으로 보며, 같은 조 제5항 각 호 외의 부분 및 같은 항 제1호 중 "제1항"을 각각 "제3항"으로 본다.
> ⑤ 제1항에 따라 정정을 무효로 한다는 심결이 확정되었을 때에는 그 정정은 처음부터 없었던 것으로 본다.

(2) 의의 및 취지

특허 발명의 명세서 또는 도면에 대한 정정(특허취소신청, 특허무효심판 또는 정정심판에 의한 정정)이 부적합한 경우에 그 정정을 무효로 하는 심판을 말한다. 정정에 의하여 특허권의 권리범위가 사후적으로 확장되거나 특허될 수 없는 것이 유효한 특허로 됨으로써 제3자가 입게 될 불측의 손해를 방지하고자 함이다.

(3) 요 건

① **주체적 요건** : 이해관계인 또는 심사관이 무효심판을 청구할 수 있다. 피청구인은 특허권자이며, 특허권이 공유인 경우 공유자 전원에게 청구하여야 한다.
② **객체적 요건** : 특허발명의 명세서 또는 도면에 대한 정정이 다음의 어느 하나를 위반한 경우 정정의 무효심판을 청구할 수 있다.
  ㉠ 청구범위 감축, 잘못 기재된 사항의 정정, 분명하지 아니하게 기재된 사항의 명확하게 하는 경우에 정정의 무효심판을 청구할 수 있다.
  ㉡ 특허발명의 명세서 또는 도면의 범위에서 정정하여야 하며, 잘못된 기재를 정정하는 경우 출원서에 최초로 첨부된 명세서 또는 도면에 기재된 사항의 범위에서 하여야 한다.

ⓒ 명세서 또는 도면의 정정은 청구범위를 실질적으로 확장하거나 변경할 수 없다.
ⓓ '청구범위 감축' 또는 '잘못 기재된 사항의 정정'은 정정 후 청구범위에 적혀있는 사항이 특허출원을 하였을 때 특허를 받을 수 있는 것이어야 한다.
③ **시기적 요건** : 특허권이 존속 중인 경우는 물론 소멸된 후에도 청구할 수 있다. 다만, 특허권이 소급하여 소멸된 경우에는 심판청구의 대상이 없으므로 심판을 청구할 수 없다.

(4) 절 차

① **심판청구서 제출** : 정정의 무효심판을 청구하려는 자는 심판청구서를 특허심판원장에게 제출하여야 한다.
② **심판청구취지의 통보** : 심판장은 정정의 무효심판이 청구된 경우에는 그 취지를 해당 특허권의 전용실시권자나 그 밖에 특허에 관하여 등록을 한 권리를 가지는 자에게 알려야 한다.
③ **특허의 정정**
  ㉠ 정정 시기 및 범위
   • 피청구인인 특허권자는 정정무효심판에 대한 답변서 제출기간 또는 심판관의 직권심리에 의한 의견서제출기간 내에 명세서 또는 도면에 기재된 사항의 범위에서 ⅰ) 청구범위 감축, ⅱ) 잘못된 기재의 정정, ⅲ) 분명하지 아니하게 기재된 사항을 명확화하는 범위 내에서 특허발명의 명세서 또는 도면의 정정을 청구할 수 있다. 다만, 심판장이 답변서제출기간이 도과한 후에도 청구인이 증거를 제출하거나 새로운 무효사유를 주장하여 정정의 청구를 허용할 필요가 있다고 인정되는 경우에는 기간을 정하여 정정청구를 하게 할 수 있다.
   • 잘못된 기재를 정정하는 경우 출원서에 최초로 첨부된 명세서 또는 도면에 기재된 사항의 범위에서 할 수 있다.
   • 명세서 또는 도면의 정정은 청구범위를 실질적으로 확장 또는 변경할 수 없다.
   • 청구범위 감축 또는 잘못된 기재의 정정은 정정 후 청구범위에 적혀있는 사항이 특허출원을 하였을 때 특허를 받을 수 있는 것이어야 한다.
  ㉡ 동의 필요 : 특허권자는 전용실시권자, 질권자, 직무발명에 의한 통상실시권자 및 허락에 의한 통상실시권자의 동의를 받아야만 정정을 청구할 수 있다.
  ㉢ 정정청구서 부본 송달 : 심판장은 정정청구가 있을 때에는 그 청구서의 부본을 정정 무효심판의 청구인에게 송달하여야 한다.
  ㉣ 복수회의 정정청구를 하였을 때에는 그 정정청구 전에 한 정정청구는 취하된 것으로 본다.
  ㉤ 정정청구의 취하 : 정정청구는 ⅰ) 정정청구기간 및 그 기간의 만료일로부터 1개월 이내, ⅱ) 직권심리에 의한 의견서제출기간에 취하할 수 있다.
  ㉥ 효과 : 특허발명의 명세서 또는 도면에 대하여 정정을 한다는 심결이 확정되었을 때에는 정정 후의 명세서 또는 도면에 따라 특허출원, 출원공개, 특허결정 또는 심결 및 설정등록이 된 것으로 본다.

(5) 효 과
① **적법한 경우** : 정정 무효심판의 청구가 적법한 경우 인용심결을 내리며, 정정을 무효로 한다는 심결이 확정되었을 때에는 그 정정은 처음부터 없었던 것으로 본다.
② **부적법한 경우**
  ㉠ 심판청구가 부적법한 경우에는 기각심결을 한다.
  ㉡ 심판청구인은 기각심결의 심결등본을 송달받은 날로부터 30일 이내에 심결취소소송을 제기할 수 있다.

06 권리범위확인심판

(1) 법조문

> **제135조(권리범위 확인심판)**
> ① 특허권자 또는 전용실시권자는 자신의 특허발명의 보호범위를 확인하기 위하여 특허권의 권리범위 확인심판을 청구할 수 있다. 기출 22
> ② 이해관계인은 타인의 특허발명의 보호범위를 확인하기 위하여 특허권의 권리범위 확인심판을 청구할 수 있다. 기출 23
> ③ 제1항 또는 제2항에 따른 특허권의 권리범위 확인심판을 청구하는 경우에 청구범위의 청구항이 둘 이상인 경우에는 청구항마다 청구할 수 있다. 기출 20

(2) 의의 및 취지
① 특허권자·전용실시권자 또는 이해관계인이 특허발명의 보호범위를 확인하기 위하여 청구하는 심판으로써 청구의 취지에 따라 적극적 권리범위확인심판과 소극적 권리범위확인심판으로 구분된다.
② 특허권자는 자기의 권리가 미치는 범위를 넓게 해석하려고 하고 확인대상발명 실시자 또는 실시하려고 하는 자는 이를 좁게 해석하려는 경향이 있어 양자간의 분쟁을 해결하고자 함이다.

(3) 권리범위확인심판의 종류
① **적극적 권리범위확인심판** : 특허권자 또는 실시권자가 타인의 확인대상발명이 특허권의 권리범위에 속함을 구하는 심판을 말한다.
② **소극적 권리범위확인심판** : 발명을 실시하거나 실시하려는 자가 그 발명이 특허권자의 특허발명의 권리범위에 속하지 않음을 구하는 심판을 말한다.

(4) 요 건
① **주체적 요건**
- ㉠ 적극적 권리범위확인심판 : 청구인은 특허권자 또는 전용실시권자이며, 피청구인은 과거에 확인대상발명을 실시하였거나 현재 실시하고 있는 자이다.
- ㉡ 소극적 권리범위확인심판 : 청구인은 과거 또는 현재 확인대상발명을 실시하였거나 장래 실시할 예정이 있는 이해관계인이며, 피청구인은 특허권자이다.
- ㉢ 객체적 요건 : 권리범위확인심판은 특허 전부를 대상으로 청구할 수 있으며, 청구항이 둘 이상인 경우에는 청구항마다 청구할 수 있다.
- ㉣ 시기적 요건
  - 특허권의 존속 중에만 심판청구가 가능하며 권리가 소멸한 이후에는 권리범위확인심판을 청구할 수 없다.
  - 권리범위확인심판의 청구는 현존하는 특허권의 범위를 확정하려는 데 그 목적이 있으므로, 일단 적법하게 발생한 특허권이라 할지라도 그 권리가 소멸된 이후에는 그에 대한 권리범위확인을 구할 이익이 없어진다(判例 2006후3595). 기출 20

(5) 절 차
① **심판청구서의 제출** : 권리범위확인심판을 청구하려는 자는 심판청구서를 특허심판원장에게 제출하여야 한다. 또한 특허발명과 대비할 수 있는 설명서 및 필요한 도면을 첨부하여야 한다.
② **심판청구서의 보정** : 적극적 권리범위확인심판에서 심판청구서의 확인대상발명의 설명서 또는 도면에 대하여 피청구인이 자신이 실제로 실시하고 있는 발명과 비교하여 다르다고 주장하는 경우에 청구인이 피청구인의 실시 발명과 동일하게 하기 위하여 심판청구서의 확인대상 발명의 설명서 또는 도면을 보정할 수 있다.
③ **부본송달 및 답변서 제출** : 심판장은 심판청구가 있으면 심판청구서 부본을 피청구인에게 송달하고 기간을 정하여 답변서 제출기회를 주어야 한다.
④ **심리** : ⅰ) 특허발명을 특정하고 ⅱ) 확인대상발명을 특정하여 확인대상발명이 특허발명의 권리범위에 속하는지 여부에 대하여 심리한다.

(6) 심 결
① **적극적 권리범위확인심판** : 확인대상발명이 특허발명의 권리범위에 속한다고 인정될 경우에는 인용심결을 내리고, 속한다고 인정되지 않을 경우에는 기각심결을 내린다.
② **소극적 권리범위확인심판** : 확인대상발명이 특허발명의 권리범위에 속한다고 인정될 때에는 기각심결을 내리며, 확인대상발명이 특허발명의 권리범위에 속하지 않는다고 인정될 때에는 인용심결을 내린다.

(7) 효 과

권리범위확인심판의 확정심결은 특허심판원에 의한 공적인 확인으로서 침해소송을 심리하는 법원을 구속하는 것은 아니나 유력한 증거자료가 된다.

(8) 관련 판례 – 이해관계인

① 이해관계인 범위 : 특허권이나 의장권 등 이른바 산업재산권에 관한 소극적 권리범위 확인심판에 있어서의 심판을 청구할 수 있는 이해관계인이라 함은 등록권리자 등으로부터 권리의 대항을 받아 업무상 손해를 받고 있거나 손해를 받을 염려가 있는 자를 말하고, 이러한 이해관계인에는 권리범위에 속하는지 여부에 관하여 분쟁이 생길 염려가 있는 대상물을 제조·판매·사용하는 것을 업으로 하고 있는 자에 한하지 아니하고 그 업무의 성질상 장래에 그러한 물품을 업으로 제조·판매·사용하리라고 추측이 갈 수 있는 자도 포함된다(判例 97후3241).

② 정당한 권원 인정하고, 권리에 위반되는 행위하지 않기로 한자, 권범심 이해관계인 여부 : 등록고안의 실용신안권자 갑과 그로부터 실용신안권 침해의 고소를 당한 을 사이에 을이 그 등록고안의 권리를 인정하고 그 권리에 위반되는 행위를 하지 않는다는 내용의 약정을 하였다 하더라도, 문언상으로는 그 합의의 취지를 을이 갑의 등록고안에 대한 정당한 권리를 인정하고 그 권리에 위반되는 행위를 하지 아니하기로 한 것으로 볼 수 있을 뿐이어서, 그 합의로써 곧바로 을이 자신이 실시했던 특정 고안이 그 등록고안의 권리범위에 속함을 인정하였다거나 그 등록고안의 권리범위를 확인하는 심판청구권까지를 포기하기로 한 것으로 볼 수 없으므로, 그와 같은 합의가 있었다는 사정만으로 심판청구인의 권리범위확인심판에 관한 이해관계가 소멸하였다고 할 수는 없다(判例 95후1050).

기출 25

③ 심판청구취하 약정한 자, 권범심 이해관계인 여부 : 특허권의 권리범위 확인의 심판청구를 제기한 이후에 당사자 사이에 심판을 취하하기로 한다는 내용의 합의가 이루어졌다면 그 취하서를 심판부(또는 기록이 있는 대법원)에 제출하지 아니한 이상 심판청구취하로 인하여 사건이 종결되지는 아니하나, 당사자 사이에 심판을 취하하기로 하는 합의를 함으로써 특별한 사정이 없는 한 심판이나 소송을 계속 유지할 법률상의 이익은 소멸되었다 할 것이어서 당해 청구는 각하되어야 한다(判例 96후1743).

④ 특허권자가 권리범위 속하지 않는다고 답변한 경우, 특허권자의 상대방, 권범심 이해관계인 여부 : 실용신안 권리범위 확인심판청구의 심판대상이 된 고안이 이미 등록된 실용신안의 권리범위에 속하거나 속하지 아니하는 것이라는 점에 관하여 당사자 사이에 다툼이 없는 경우에는 그 권리범위의 확인심판을 청구할 수 없다(判例 90후373).

⑤ 침해물품 비생산 약속한 자, 권범심 이해관계인 여부 : 등록고안의 침해가 되는 물품을 생산하지 않겠다는 약속을 한 것만으로는 등록고안이 공지공용의 고안으로서 권리범위를 인정할 수 없거나 (가)호 고안이 공지공용의 고안이어서 등록고안의 침해로 되지 아니하는 경우에까지 (가)호 고안을 생산하지 않겠다는 약속을 한 것으로 볼 수는 없다고 보아 권리범위확인심판을 청구할 이해관계가 소멸하지 않는다고 한 사례. 결국 위와 같은 사정만으로 동종의 영업에 종사하고 있는 피고에게 이 사건 권리범위확인심판을 청구할 이해관계가 없다고 할 수는 없다는 취지로 판단하였다(判例 99후2853).

⑥ 공유 특허권인 경우, 권리범위확인심판청구가 필공인지 여부 : 가. 특허법 제99조 제2항, 제4항에 의하면 특허의 공유관계는 민법 제273조에 규정된 합유에 준하는 것이라 할 것이므로 특허권이 공유인 때에는 그 특허권에 관한 심판사건에 있어서는 공유자 전원이 심판의 청구인 또는 피청구인이 되어야 하고 그 심판절차는 공유자 전원에게 합일적으로 확정되어야 할 필요에서 이른바 필요적 공동소송관계에 있다. 나. 특허권의 공유자 중 1인이 한 항고심판청구는 다른 공유자를 위하여서도 그 효력이 있다 할 것이므로 항고심은 필요적 공동소송관계에 있는 다른 공유자를 공동당사자로 하여 심결을 하여야 한다(判例 87후111).

(9) 관련 판례 – 확인대상발명 특정

① 확인대상발명 특정정도 일반론 1
   ㉠ 실용신안권의 권리범위 확인심판은 단순히 실용신안 자체의 고안의 범위라고 하는 사실구성의 상태를 확정하는 것이 아니라, 그 권리의 효력이 미치는 범위를 대상물과의 관계에서 구체적으로 확정하는 것이므로, 실용신안권 권리범위 확인심판청구의 심판대상은 심판청구인이 그 청구에서 심판의 대상으로 삼은 구체적인 고안이라고 할 것이고(判例 2008허14339).
   ㉡ 특허권의 권리범위확인심판을 청구함에 있어서 심판청구의 대상이 되는 확인대상발명은 당해 특허발명과 서로 대비할 수 있을 만큼 구체적으로 특정되어야 한다. 그 특정을 위하여 대상물의 구체적인 구성을 전부 기재할 필요는 없지만, 적어도 특허발명의 구성요건과 대비하여 그 차이점을 판단함에 필요할 정도로 특허발명의 구성요건에 대응하는 부분의 구체적인 구성을 기재하여야 한다(判例 2007후3356).
   ㉢ 다만 확인대상발명의 설명서에 특허발명의 구성요소와 대응하는 구체적인 구성이 일부 기재되어 있지 않거나 불명확한 부분이 있더라도, 그 나머지 구성만으로 확인대상발명이 특허발명의 권리범위에 속하는지 판단할 수 없는 경우에 한하여 확인대상발명이 특정되지 않은 것으로 보아야 한다(判例 2011후1494).

② 확인대상발명 특정정도 일반론 2 : 특허권의 권리범위확인심판을 청구할 때 심판청구의 대상이 되는 확인대상발명은 당해 특허발명과 서로 대비할 수 있을 만큼 구체적으로 특정되어야 할 뿐만 아니라, 그에 앞서 사회통념상 특허발명의 권리범위에 속하는지를 확인하는 대상으로서 다른 것과 구별될 수 있는 정도로 구체적으로 특정되어야 한다. 만약 확인대상발명의 일부 구성이 불명확하여 다른 것과 구별될 수 있는 정도로 구체적으로 특정되어 있지 않다면, 특허심판원은 요지변경이 되지 아니하는 범위 내에서 확인대상발명의 설명서 및 도면에 대한 보정을 명하는 등 조치를 취해야 하며, 그럼에도 그와 같은 특정에 미흡함이 있다면 심판의 심결이 확정되더라도 일사부재리의 효력이 미치는 범위가 명확하다고 할 수 없으므로, 나머지 구성만으로 확인대상발명이 특허발명의 권리범위에 속하는지를 판단할 수 있는 경우라 하더라도 심판청구를 각하하여야 한다(判例 2010후3356).

③ **확인대상발명 특정이 제대로 안되었을 시 조치** : 확인대상발명이 불명확하여 특허발명과 대비대상이 될 수 있을 정도로 구체적으로 특정되어 있지 않다면, 특허심판원으로서는 요지변경이 되지 아니하는 범위 내에서 확인대상발명의 설명서 및 도면에 대한 보정을 명하는 등의 조치를 취하여야 할 것이며, 그럼에도 불구하고 그와 같은 특정에 미흡함이 있다면 심판청구를 각하하여야 할 것인바, 확인대상발명이 적법하게 특정되었는지 여부는 특허심판의 적법요건으로서 당사자의 명확한 주장이 없더라도 의심이 있을 때에는 특허심판원이나 법원이 이를 직권으로 조사하여 밝혀보아야 할 사항이다(判例 2003후656).

④ **소극과 적극의 확인대상발명, 특정정도** : 소극적 권리범위확인심판의 경우 심판청구인이 스스로 확인대상 발명의 실시자에 해당하기 때문에 확인대상 발명을 정확하게 특정하여야 할 의무에 있어서 피심판청구인의 실시 발명에 대하여 특허발명과 대비할 수 있을 정도로 특정하여야 하는 적극적 권리범위확인심판의 경우보다 그 정도가 더 높다(判例 2003허3020).

⑤ **특허발명이 수치한정발명인 경우, 확인대상발명 특정정도** : 특허발명의 청구범위가 일정한 범위의 수치로 한정한 것을 구성요소의 하나로 하고 있는 경우에는 그 범위 밖의 수치가 균등한 구성요소에 해당한다는 등의 특별한 사정이 없는 한 특허발명의 청구범위에서 한정한 범위 밖의 수치를 구성요소로 하는 확인대상발명은 원칙적으로 특허발명의 권리범위에 속하지 아니한다고 할 것이므로, 확인대상발명이 특정되었다고 하기 위하여는 확인대상발명이 당해 특허발명에서 수치로 한정하고 있는 구성요소에 대응하는 요소를 포함하고 있는지 여부 및 그 수치는 어떠한지 등이 설명서와 도면 등에 의하여 특정되어야 할 것이다(判例 2003후656).

⑥ **특허발명이 기능식 표현인 경우, 기능식 표현으로 확인대상발명 특정정도** : 특허권의 권리범위확인심판을 청구함에 있어 심판청구의 대상이 되는 확인대상발명은 당해 특허발명과 서로 대비할 수 있을 만큼 구체적으로 특정되어야 한다. 그리고 그 특정을 위해서는 대상물의 구체적인 구성을 전부 기재하여야 하는 것은 아니지만, 적어도 특허발명의 구성요소와 대비하여 그 차이점을 판단하는 데 필요할 정도로는 특허발명의 구성요소에 대응하는 부분의 구체적인 구성을 기재하여야 한다. 특히 확인대상발명의 구성이 기능, 효과, 성질 등의 이른바 기능적 표현으로 기재되어 있는 경우에는, 그 발명이 속하는 기술분야에서 통상의 지식을 가진 사람이 확인대상발명의 설명서나 도면 등의 기재와 기술상식을 고려하여 그 구성의 기술적 의미를 명확하게 파악할 수 있을 정도로 기재되어 있지 않다면, 특허발명과 서로 대비할 수 있을 만큼 확인대상발명의 구성이 구체적으로 기재된 것으로 볼 수 없다(判例 2011후1494). 기출 16

⑦ **특허발명 물건발명의 경우, 확인대상발명으로 제법에 의한 기재를 포함할 수 있는지 여부** : 특허법 제135조가 규정하고 있는 권리범위 확인심판은 특허권의 효력이 미치는 범위를 대상물과의 관계에서 구체적으로 확정하는 것으로, 그 대상물은 심판청구인이 심판의 대상으로 삼은 구체적인 실시형태인 확인대상 발명이다(대법원 1991.3.27. 선고 90후373 판결 등 참조). 특허권자는 업으로서 특허발명을 실시할 권리를 독점하고(특허법 제94조 제1항), 특허발명이 물건발명인 경우에는 그 물건을 생산·사용·양도·대여 또는 수입하거나 그 물건의 양도 또는 대여의 청약을 하는 행위가 물건발명의 실시이므로[특허법 제2조 제3호 (가)목], 물건발명의 특허권은 물건발명과 동일한 구성을 가진 물건이 실시되었다면 제조방법과 관계없이 그 물건에 효력이 미친다.

따라서 물건발명의 특허권자는 피심판청구인이 실시한 물건을 그 제조방법과 관계없이 확인대상 발명으로 특정하여 특허권의 권리범위에 속하는지 확인을 구할 수 있고, 이때 확인대상 발명의 설명서나 도면에 확인대상 발명의 이해를 돕기 위한 부연 설명으로 그 제조방법을 부가적으로 기재 하였다고 하여 그러한 제조방법으로 제조한 물건만이 심판의 대상인 확인대상 발명이 된다고 할 수는 없다(判例 2019후11541).

⑧ **특허발명 제법발명의 경우, 확인대상발명으로 제법발명에 의해 생산된 물건 지정 가능 여부** : 특허 권자는 업(業)으로서 그 특허발명을 실시할 권리를 독점하고, 그중 물건을 생산하는 방법의 발명인 경우에는 그 방법을 사용하는 행위 이외에 그 방법에 의하여 생산한 물건을 사용·양도·대여 또는 수입하거나 그 물건의 양도 또는 대여의 청약을 하는 행위까지 그 실시에 포함되므로, 물건을 생산 하는 방법의 발명인 경우에는 그 방법에 의하여 생산된 물건에까지 특허권의 효력이 미친다 할 것이어서, 특정한 생산방법에 의하여 생산한 물건을 실시발명으로 특정하여 특허권의 보호범위에 속하는지 여부의 확인을 구할 수 있다(判例 2003후2164).

⑨ **특허발명 방법발명의 경우, 확인대상발명으로 전용품 지정 가능 여부** : 특허법 제135조는 특허권자 또는 이해관계인은 특허발명의 보호범위를 확인하기 위하여 특허권의 권리범위확인심판을 청구할 수 있다고 규정하고 있고, 특허법 제127조 제2호는 특허가 방법의 발명인 때에는 그 방법의 실시에 만 사용하는 물건을 생산·양도·대여 또는 수입하거나 그 물건의 양도 또는 대여의 청약을 하는 행위를 업으로서 하는 경우에 특허권 또는 전용실시권을 침해한 것으로 본다는 취지로 규정하고 있으므로, 특허권자 또는 이해관계인은 그 방법의 실시에만 사용하는 물건과 대비되는 물건을 심판 청구의 대상이 되는 발명으로 특정하여 특허권의 보호범위에 속하는지 여부의 확인을 구할 수 있다 (判例 2003후1109).

⑩ **확인대상발명이 간접침해의 권리범위에 해당함을 이유로 한 권범심 적법 여부** : 특허법 제135조는 특허권자 또는 이해관계인은 특허발명의 보호범위를 확인하기 위하여 특허권의 권리범위확인심판 을 청구할 수 있다고 규정하고 있고, 특허법 제127조 제2호는 특허가 방법의 발명인 때에는 그 방법의 실시에만 사용하는 물건을 생산·양도·대여 또는 수입하거나 그 물건의 양도 또는 대여의 청약을 하는 행위를 업으로서 하는 경우에 특허권 또는 전용실시권을 침해한 것으로 본다는 취지로 규정하고 있으므로, 특허권자 또는 이해관계인은 그 방법의 실시에만 사용하는 물건과 대비되는 물건을 심판청구의 대상이 되는 발명으로 특정하여 특허권의 보호범위에 속하는지 여부의 확인을 구할 수 있다(判例 2003후1109).

(10) 관련 판례 – 확인대상발명과 실시발명

① **확인대상발명 ≠ 실시발명, 확인의 이익여부** : 특허권자가 심판청구의 대상이 되는 확인대상발명이 특허발명의 권리범위에 속한다는 내용의 적극적 권리범위확인심판을 청구한 경우, 심판청구인이 특정한 확인대상발명과 피심판청구인이 실시하고 있는 발명 사이에 동일성이 인정되지 아니하면, 확인대상발명이 특허발명의 권리범위에 속한다는 심결이 확정된다고 하더라도 그 심결은 심판청구인이 특정한 확인대상발명에 대하여만 효력을 미칠 뿐 실제 피심판청구인이 실시하고 있는 발명에 대하여는 아무런 효력이 없으므로, 피심판청구인이 실시하지 않고 있는 발명을 대상으로 한 그와 같은 적극적 권리범위확인 심판청구는 확인의 이익이 없어 부적법하여 각하되어야 한다(대법원 2003.6.10. 선고 2002후2419 판결 등 참조). 기출 15 그리고 이 경우 확인대상발명과 피심판청구인이 실시하고 있는 발명의 동일성은 피심판청구인이 확인대상발명을 실시하고 있는지 여부라는 사실확정에 관한 것이므로 이들 발명이 사실적 관점에서 같다고 보이는 경우에 한하여 그 동일성을 인정하여야 한다. 이들 발명이 실질적으로 동일하다는 이유를 들어 원고의 이 사건 심판청구에 확인의 이익이 있다고 판단하였으니, 이러한 원심판결에는 확인대상발명과 실시주장발명 사이의 동일성 판단에 관한 법리를 오해하여 판결에 영향을 미친 위법이 있다(判例 2011후2626).

② 실용신안권자가 어떤 물품이 자신의 등록실용신안권의 권리범위에 속한다는 내용의 적극적 권리범위확인심판을 청구한 경우, 그 심판청구인이 특정한 물품과 피심판청구인이 실시하고 있는 물품 사이에 동일성이 인정되지 아니하면, 피심판청구인이 실시하지도 않는 물품이 등록고안의 권리범위에 속한다는 심결이 확정된다고 하더라도 그 심결은 심판청구인이 특정한 물품에 대하여만 효력을 미칠 뿐 실제 피심판청구인이 실시하고 있는 물품에 대하여는 아무런 효력이 없으므로, 피심판청구인이 실시하지 않고 있는 물품을 대상으로 한 적극적 권리범위확인 심판청구는 확인의 이익이 없어 부적법하고 각하되어야 한다(判例 2002후2419). 기출 15

③ **권리 vs 권리 적극** : 후 출원에 의하여 등록된 고안을 (가)호 고안으로 하여 선 출원에 의한 등록고안의 권리범위에 속한다는 확인을 구하는 적극적 권리범위확인심판은 후 등록된 권리에 대한 무효심판의 확정 전에 그 권리의 효력을 부정하는 결과로 되어 원칙적으로 허용되지 아니하고, 다만 예외적으로 양 고안이 구 실용신안법(1990.1.13. 법률 제4209호로 전문 개정되기 전의 것) 제11조 제3항에서 규정하는 이용관계에 있어 (가)호 고안의 등록의 효력을 부정하지 않고 권리범위의 확인을 구할 수 있는 경우에는 권리 대 권리 간의 적극적 권리범위확인심판의 청구가 허용된다(判例 99후2433). 기출 18

④ **권리 vs 권리 소극** : 특허권의 권리범위확인은 등록된 특허권을 중심으로 어떠한 확인대상발명이 적극적으로 등록 특허발명의 권리범위에 속한다거나 소극적으로 이에 속하지 아니함을 확인하는 것인바, 선등록 특허권자가 후등록 특허권자를 상대로 제기하는 적극적 권리범위확인심판은 등록 무효절차 이외에서 등록된 권리의 효력을 부인하는 결과가 되어 부적법하나, 후등록 특허권자가 선등록 특허권자를 상대로 제기하는 소극적 권리범위확인심판은 후등록 특허권자 스스로가 자신의 등록된 권리의 효력이 부인되는 위험을 감수하면서 타인의 등록된 권리의 범위에 속하는지 여부에 대한 판단을 구하는 것이어서 적법하다고 할 것이다(判例 2007후2766).

⑤ 확인대상발명 ≠ 실시발명, 심판의 대상으로서 확인대상발명 : 권리범위확인심판은 권리의 효력이 미치는 범위를 대상물과의 관계에서 구체적으로 확정하는 것이어서 특허권 권리범위확인심판 청구의 심판대상은 심판청구인이 그 청구에서 심판의 대상으로 삼은 구체적인 발명이라고 할 것이다. 그리고 소극적 권리범위확인심판에서는 심판청구인이 현실적으로 실시하는 기술이 심판청구에서 심판의 대상으로 삼은 구체적인 발명과 다르다고 하더라도 심판청구인이 특정한 발명이 실시가능성이 없을 경우 그 청구의 적법 여부가 문제로 될 수 있을 뿐이고, 여전히 심판의 대상은 심판청구인이 특정한 확인대상발명을 기준으로 특허발명과 대비하여 그 권리범위에 속하는지 여부를 판단하여야 한다(判例 2007후2735).

⑥ 설명서와 도안이 다른 경우, 심판의 대상으로서 확인대상발명 : 특허권의 권리범위는 명세서의 특허청구범위에 기재된 사항에 의하여 정하여지는 것이 원칙이고, 다만 그 기재만으로 특허의 기술적 구성을 알 수 없거나 알 수는 있더라도 권리범위를 확정할 수 없는 경우에는 발명의 상세한 설명이나 도면 등 명세서의 다른 기재에 의하여 보충하여 명세서 전체로서 권리범위를 확정하여야 하는 것이지만 그 경우에도 명세서의 다른 기재에 의하여 권리범위를 확장하여 해석하거나 제한하여 해석하는 것은 허용되지 않는 것이므로, 권리범위확인 심판청구의 대상이 되는 확인대상발명도 특허청구범위에 대응하여 구체적으로 구성을 기재한 확인대상발명의 설명 부분을 기준으로 파악하여야 하고, 확인대상발명의 설명서에 첨부된 도면에 의하여 위 설명 부분을 변경하여 파악하는 것은 허용되지 아니한다(判例 2004후3478).

⑦ 자유실시기술의 항변 시 확인대상발명의 특정을 특허발명과 대응되는 구성으로 보아야 하는 지 여부 : 권리범위확인 심판청구의 대상이 되는 확인대상고안이 공지의 기술만으로 이루어지거나 그 기술분야에서 통상의 지식을 가진 자가 공지기술로부터 극히 용이하게 실시할 수 있는지 여부를 판단할 때에는 확인대상고안을 등록실용신안의 실용신안등록청구범위에 기재된 구성과 대응되는 구성으로 한정하여 파악할 것이 아니고, 심판청구인이 특정한 확인대상고안의 구성 전체를 가지고 그 해당 여부를 판단하여야 한다(判例 2008후64). 기출 19

(11) 관련 판례 - 침해소송 등과의 관계

① 침해소송이 계속 중 일 때, 확인의 이익 여부 : 특허법 제135조가 규정하고 있는 권리범위확인심판은 특허권 침해에 관한 민사소송(이하 '침해소송'이라 한다)과 같이 침해금지청구권이나 손해배상청구권의 존부와 같은 분쟁 당사자 사이의 권리관계를 최종적으로 확정하는 절차가 아니고, 그 절차에서의 판단이 침해소송에 기속력을 미치는 것도 아니지만, 간이하고 신속하게 확인대상발명이 특허권의 객관적인 효력범위에 포함되는지를 판단함으로써 당사자 사이의 분쟁을 사전에 예방하거나 조속히 종결시키는 데에 이바지한다는 점에서 고유한 기능을 가진다.
특허법 제164조 제1항은 심판장이 소송절차가 완결될 때까지 심판절차를 중지할 수 있다고 규정하고, 제2항은 법원은 특허에 관한 심결이 확정될 때까지 소송절차를 중지할 수 있다고 규정하며, 제3항은 법원은 침해소송이 제기되거나 종료되었을 때에 그 취지를 특허심판원장에게 통보하도록 규정하고, 제4항은 특허심판원장은 제3항에 따른 특허권 또는 전용실시권의 침해에 관한 소에 대하여 그 특허권에 관한 무효심판 등이 청구된 경우에는 그 취지를 제3항에 해당하는 법원에 통보하여야 한다고 규정하고 있다.

이와 같이 특허법이 권리범위확인심판과 소송절차를 각 절차의 개시 선후나 진행경과 등과 무관하게 별개의 독립된 절차로 인정됨을 전제로 규정하고 있는 것도 앞서 본 권리범위확인심판 제도의 기능을 존중하는 취지로 이해할 수 있다.

이와 같은 권리범위확인심판 제도의 성질과 기능, 특허법의 규정 내용과 취지 등에 비추어 보면, 침해소송이 계속 중이어서 그 소송에서 특허권의 효력이 미치는 범위를 확정할 수 있더라도 이를 이유로 침해소송과 별개로 청구된 권리범위확인심판의 심판청구의 이익이 부정된다고 볼 수는 없다(判例 2016후328). 기출 20·22·24

② **권범심 확정 심결이 민사재판에서 가지는 효력** : 민사재판에 있어서 이와 관련된 다른 권리범위확인심판사건 등의 확정심결에서 인정된 사실은 특별한 사정이 없는 한 유력한 증거자료가 되는 것이나, 당해 민사재판에서 제출된 다른 증거내용에 비추어 관련 권리범위확인심판사건 등의 확정심결에서의 사실판단을 그대로 채용하기 어렵다고 인정될 경우에는 이를 배척할 수 있다(判例 99다59320).

③ **무효심판으로 권리소멸 시 확인의 이익** : 특허권의 권리범위확인심판의 청구는 현존하는 특허권의 범위를 확정하려는 데 그 목적이 있으므로, 일단 적법하게 발생한 특허권이라 할지라도 그 권리가 소멸된 이후에는 그에 대한 권리범위확인을 구할 이익이 없어진다(判例 2007후2735).

④ **장래를 향해 권리소멸 시, 확인의 이익** : 실용신안권의 권리범위확인심판의 청구는 현존하는 실용신안권의 범위를 확정하려는 데 그 목적이 있으므로, 일단 적법하게 발생한 실용신안권이라 할지라도 그 권리가 소멸된 이후에는 그에 대한 권리범위확인을 구할 이익이 없어진다(判例 2006후3595).

(12) 관련 판례 – 항변 관련

① **무효의 항변 가능 여부(신규성 위반)** : 다만 대법원은 특허의 일부 또는 전부가 출원 당시 공지공용의 것인 경우까지 특허청구범위에 기재되어 있다는 이유만으로 권리범위를 인정하여 독점적·배타적인 실시권을 부여할 수는 없으므로 권리범위확인심판에서도 특허무효의 심결 유무에 관계없이 그 권리범위를 부정할 수 있다고 보고 있다(判例 2012후4162 [전합]).

② **무효의 항변 적법 여부(진보성 위반)** : 특허법은 특허가 일정한 사유에 해당하는 경우에 별도로 마련한 특허의 무효심판절차를 거쳐 무효로 할 수 있도록 규정하고 있으므로, 특허는 일단 등록이 되면 비록 진보성이 없어 당해 특허를 무효로 할 수 있는 사유가 있더라도 특허무효심판에 의하여 무효로 한다는 심결이 확정되지 않는 한 다른 절차에서 그 특허가 무효임을 전제로 판단할 수는 없다.

나아가 특허법이 규정하고 있는 권리범위확인심판은 심판청구인이 그 청구에서 심판의 대상으로 삼은 확인대상발명이 특허권의 효력이 미치는 객관적인 범위에 속하는지 여부를 확인하는 목적을 가진 절차이므로, 그 절차에서 특허발명의 진보성 여부까지 판단하는 것은 특허법이 권리범위확인심판 제도를 두고 있는 목적을 벗어나고 그 제도의 본질에 맞지 않다. 특허법이 심판이라는 동일한 절차 안에 권리범위확인심판과는 별도로 특허무효심판을 규정하여 특허발명의 진보성 여부가 문제되는 경우 특허무효심판에서 이에 관하여 심리하여 진보성이 부정되면 그 특허를 무효로 하도록 하고 있음에도 진보성 여부를 권리범위확인심판에서까지 판단할 수 있게 하는 것은 본래 특허무효심판의 기능에 속하는 것을 권리범위확인심판에 부여함으로써 특허무효심판의 기능을 상당 부분

약화시킬 우려가 있다는 점에서도 바람직하지 않다. 따라서 권리범위확인심판에서는 특허발명의 진보성이 부정된다는 이유로 그 권리범위를 부정하여서는 안 된다.

다만 대법원은 특허의 일부 또는 전부가 출원 당시 공지공용의 것인 경우까지 특허청구범위에 기재되어 있다는 이유만으로 권리범위를 인정하여 독점적·배타적인 실시권을 부여할 수는 없으므로 권리범위확인심판에서도 특허무효의 심결 유무에 관계없이 그 권리범위를 부정할 수 있다고 보고 있으나(대법원 1983.7.26. 선고 81후56 전원합의체 판결 등 참조) 기출 25, 이러한 법리를 공지공용의 것이 아니라 그 기술분야에서 통상의 지식을 가진 자가 선행기술에 의하여 용이하게 발명할 수 있는 것뿐이어서 진보성이 부정되는 경우까지 확장할 수는 없다(判例 2012후4162 [전합]). 기출 21

③ **소진이론의 항변 적법 여부** : 특허권의 적극적 권리범위 확인심판은 특허발명의 보호범위를 기초로 하여 심판청구인이 확인대상발명에 대하여 특허권의 효력이 미치는가를 확인하는 권리확정을 목적으로 한 것이므로, 설령 확인대상발명의 실시와 관련된 특정한 물건과의 관계에서 특허권이 소진되었다 하더라도 그와 같은 사정은 특허권 침해소송에서 항변으로 주장함은 별론으로 하고 확인대상발명이 특허권의 권리범위에 속한다는 확인을 구하는 것과는 아무런 관련이 없다(判例 2010후289).

④ **통상실시권 가지고 있다는 항변 적법 여부** : 특허법 제135조에 규정되어 있는 권리범위 확인심판은 그 권리의 효력이 미치는 범위를 대상물과의 관계에서 특허청구범위를 기준으로 하여 구체적으로 확정하려는 제도이다. 그리고 특허법 제102조 제1항은 특허권자는 그 특허권에 대하여 타인에게 통상실시권을 허락할 수 있다. 제2항은 통상실시권자는 이 법의 규정에 의하여 또는 설정행위로 정한 범위 안에서 업으로서 그 특허발명을 실시할 수 있는 권리를 가진다 고고 규정하고 있다. 통상실시권에 관한 위 규정들에 따르면, 특허권자의 허락에 의한 통상실시권은 특허권자가 기간, 지역, 실시내용 등에 관하여 설정행위로 정한 범위 안으로 한정된다는 취지이므로, 이 사건에 있어서 원고가 통상실시권을 가지는지 여부는 이 사건 특허발명 자체의 권리범위를 확인하는 데 아무런 관련이 없고(대법원 1974.8.30. 선고 73후8 판결 참조), 이는 구체적인 실시행위에 관한 침해소송에서 원고가 항변사항으로 주장하거나 별도의 확인소송에서 주장되어야 할 성질의 것이다(判例 2005허10695).

⑤ **실시권 가지고 있다는 항변 적법 여부(선사용권 주장)** : 적극적 권리범위확인심판은 특허발명의 보호범위를 기초로 하여 심판청구인이 그 청구에서 심판의 대상으로 삼은 발명에 대하여 특허권의 효력이 미치는가를 확인하는 권리확정을 목적으로 한 것이므로, 설령 원고가 선사용에 의한 통상실시권을 취득하였다고 하더라도 그와 같은 사정은 특허권 침해소송에서 항변으로 주장함은 별론으로 하고, 확인대상발명이 특허권의 권리범위에 속한다는 확인을 구하는 것과는 아무런 관련이 없다고 할 것이다(判例 2013허7069).

⑥ **적극에서 권리범위에 속하지 아니한다는 심결을 할 수 있는지 여부** : 상표법상의 권리범위확인심판청구에도 민사소송법상의 당사자 처분권주의는 적용되어야 한다. 권리범위확인심판청구가 (가)호 표장이 등록상표의 권리범위에 속하지 아니한다는 소극적 확인심판청구인 경우에 있어, (가)호 표장이 등록상표의 권리범위에 속한다고 인정되면 심판청구를 기각하면 되는 것이지 (가)호 표장이 등록상표의 권리범위에 속한다는 심결은 할 수 없다(判例 92후148).

07 통상실시권허락심판

(1) 법조문

> **제138조(통상실시권 허락의 심판)**
> ① 특허권자, 전용실시권자 또는 통상실시권자는 해당 특허발명이 제98조에 해당하여 실시의 허락을 받으려는 경우에 그 타인이 정당한 이유 없이 허락하지 아니하거나 그 타인의 허락을 받을 수 없을 때에는 자기의 특허발명의 실시에 필요한 범위에서 통상실시권 허락의 심판을 청구할 수 있다. 기출 21·22
> ② 제1항에 따른 청구가 있는 경우에 그 특허발명이 그 특허출원일 전에 출원된 타인의 특허발명 또는 등록실용신안과 비교하여 상당한 경제적 가치가 있는 중요한 기술적 진보를 가져오는 것이 아니면 통상실시권을 허락하여서는 아니 된다. 기출 17·21
> ③ 제1항에 따른 심판에 따라 통상실시권을 허락한 자가 그 통상실시권을 허락받은 자의 특허발명을 실시할 필요가 있는 경우 그 통상실시권을 허락받은 자가 실시를 허락하지 아니하거나 실시의 허락을 받을 수 없을 때에는 통상실시권을 허락받아 실시하려는 특허발명의 범위에서 통상실시권 허락의 심판을 청구할 수 있다.
> ④ 제1항 및 제3항에 따라 통상실시권을 허락받은 자는 특허권자, 실용신안권자, 디자인권자 또는 그 전용실시권자에게 대가를 지급하여야 한다. 다만, 자기가 책임질 수 없는 사유로 지급할 수 없는 경우에는 그 대가를 공탁하여야 한다.
> ⑤ 제4항에 따른 통상실시권자는 그 대가를 지급하지 아니하거나 공탁을 하지 아니하면 그 특허발명, 등록실용신안 또는 등록디자인이나 이와 유사한 디자인을 실시할 수 없다.

(2) 의의 및 취지

특허발명이 선출원된 타인의 권리에 대한 이용·저촉발명일 때 그 타인이 실시에 대한 허락을 하지 않는 때에 한하여 강제적으로 특허발명을 실시할 수 있는 통상실시권을 허락하는 심판을 말한다. 선·후출원 권리 간에 이용 또는 저촉 관계가 있을 경우 그 권리 간의 조정을 통하여 발명의 실시가 원활히 이루어지도록 하기 위함이다.

(3) 요 건

① **주체적 요건** : 청구인은 후출원특허권자, 전용실시권자 또는 통상실시권자이며 피청구인은 선출원특허권자, 실용신안권자, 디자인권자 또는 전용실시권자이다.
② **객체적 요건**
　㉠ 이용·저촉 관계에 있을 것 : 특허발명이 그 특허발명의 출원일 전에 출원된 타인의 특허발명, 등록실용신안, 등록디자인 또는 그 디자인과 유사한 디자인을 이용하거나 그 특허발명의 출원일 전에 출원된 타인의 디자인권과 저촉 관계에 있어야 한다.
　㉡ 후출원특허권자가 선출원권리자에게 실시허락을 요청하였으나 선출원권리자가 정당한 이유 없이 허락하지 아니하거나, 그 선출원권리자의 허락을 받을 수 없을 것이 요구된다.
　㉢ 통상실시권허락을 받으려는 후출원 특허발명은 선출원 특허발명에 비하여 상당한 경제적 가치가 있는 중요한 기술적 진보를 가져오는 것이어야 한다.
③ **시기적 요건** : 통상실시권 허락을 받으려는 후출원 특허발명 및 선출원 특허발명의 특허권이 존속 중이어야 한다.

(4) 절 차

① **심판청구서 제출** : 통상실시권허락심판을 청구하려는 자는 심판청구서를 특허심판원장에게 제출하여야 한다. 또한 심판청구서에 ⅰ) 실시하려는 자기의 특허 번호 및 명칭, ⅱ) 실시되어야 할 타인의 특허발명, 등록실용신안 또는 등록디자인의 번호·명칭 및 특허나 등록 연월일, ⅲ) 특허발명·등록실용신안 또는 등록디자인의 통상실시권의 범위·기간 및 대가를 기재하여야 한다(法 제140조 제4항).

② **부본송달 및 답변서 제출** : 심판장은 심판청구가 있으면 심판청구서 부본을 피청구인에게 송달하고 기간을 정하여 답변서 제출기회를 주어야 한다.

(5) 효 과

① **적법한 경우**
  ㉠ 통상실시권 발생 : 통상실시권허락심판의 청구가 적법한 경우 인용심결을 내리며, 심판청구인은 자기의 특허발명의 실시에 필요한 범위에서 타인의 권리에 대한 통상실시권을 갖는다.
  ㉡ 대가 지급
    • 통상실시권을 허락받은 자는 특허권자, 실용신안권자, 디자인권자 또는 그 전용실시권자에게 대가를 지급하여야 한다. 다만, 자기가 책임질 수 없는 사유로 지급할 수 없는 경우에는 그 대가를 공탁하여야 한다.
    • 통상실시권자가 그 대가를 지급하지 아니하거나 공탁을 하지 아니하면 그 특허발명, 등록실용신안 또는 등록디자인이나 이와 유사한 디자인을 실시할 수 없다(法 제138조 제4항·제5항).
  ㉢ 크로스 라이센스 : 통상실시권허락심판에 의해 통상실시권을 허락한 자가 그 통상실시권을 허락받은 자의 특허발명을 실시할 필요가 있는 경우 그 통상실시권을 허락받은 자가 실시를 허락하지 아니하거나 실시의 허락을 받을 수 없을 때에는 통상실시권을 허락받아 실시하려는 특허발명의 범위에서 통상실시권 허락의 심판을 청구할 수 있다(法 제138조 제3항).

② **부적법한 경우**
  ㉠ 심판청구가 부적법한 경우에는 기각심결을 한다.
  ㉡ 심판청구인은 기각심결의 심결등본을 송달받은 날로부터 30일 이내에 심결취소소송을 제기할 수 있다.

08 특허취소신청

(1) 법조문

제132조의2(특허취소신청)
① 누구든지 특허권의 설정등록일부터 등록공고일 후 6개월이 되는 날까지 그 특허가 다음 각 호의 어느 하나에 해당하는 경우에는 특허심판원장에게 특허취소신청을 할 수 있다. 이 경우 청구범위의 청구항이 둘 이상인 경우에는 청구항마다 특허취소신청을 할 수 있다. 기출 18·20·24
  1. 제29조(같은 조 제1항 제1호에 해당하는 경우와 같은 호에 해당하는 발명에 의하여 쉽게 발명할 수 있는 경우는 제외한다)에 위반된 경우
  2. 제36조 제1항부터 제3항까지의 규정에 위반된 경우
② 제1항에도 불구하고 특허공보에 게재된 제87조 제3항 제7호에 따른 선행기술에 기초한 이유로는 특허취소신청을 할 수 없다.

제132조의3(특허취소신청절차에서의 특허의 정정)
① 특허취소신청절차가 진행 중인 특허에 대한 특허권자는 제136조 제1항 각 호의 어느 하나에 해당하는 경우에만 제132조의13 제2항에 따라 지정된 기간에 특허발명의 명세서 또는 도면에 대하여 정정청구를 할 수 있다.
② 제1항에 따른 정정청구를 하였을 때에는 해당 특허취소신청절차에서 그 정정청구 전에 한 정정청구는 취하된 것으로 본다.
③ 제1항에 따른 정정청구에 관하여는 제136조 제3항부터 제6항까지, 제8항·제10항부터 제13항까지, 제139조 제3항 및 제140조 제1항·제2항·제5항을 준용한다. 이 경우 제136조 제11항 중 "제162조 제3항에 따른 심리의 종결이 통지되기 전(같은 조 제4항에 따라 심리가 재개된 경우에는 그 후 다시 같은 조 제3항에 따른 심리의 종결이 통지되기 전)에"는 "제132조의13 제2항 또는 제136조 제6항에 따라 지정된 기간에"로 본다.
④ 제1항에 따른 정정청구는 다음 각 호의 어느 하나에 해당하는 기간에만 취하할 수 있다.
  1. 제1항에 따라 정정을 청구할 수 있도록 지정된 기간과 그 기간의 만료일부터 1개월 이내의 기간 기출 18
  2. 제3항에서 준용하는 제136조 제6항에 따라 지정된 기간
⑤ 제3항을 적용할 때 제132조의2에 따라 특허취소신청이 된 청구항을 정정하는 경우에는 제136조 제5항을 준용하지 아니한다.

제132조의4(특허취소신청의 방식 등)
① 특허취소신청을 하려는 자는 다음 각 호의 사항을 적은 특허취소신청서를 특허심판원장에게 제출하여야 한다.
  1. 신청인의 성명 및 주소(법인인 경우에는 그 명칭 및 영업소의 소재지)
  2. 대리인이 있는 경우에는 그 대리인의 성명 및 주소나 영업소의 소재지[대리인이 특허법인·특허법인(유한) 인 경우에는 그 명칭, 사무소의 소재지 및 지정된 변리사의 성명]
  3. 특허취소신청의 대상이 되는 특허의 표시
  4. 특허취소신청의 이유 및 증거의 표시
② 제1항에 따라 제출된 특허취소신청서의 보정은 그 요지를 변경할 수 없다. 다만, 제132조의2 제1항에 따른 기간(그 기간 중 제132조의13 제2항에 따른 통지가 있는 경우에는 통지한 때까지로 한정한다)에 제1항 제4호의 사항을 보정하는 경우에는 그러하지 아니하다.
③ 심판장은 특허취소신청이 있으면 그 신청서의 부본을 특허권자에게 송달하여야 한다.
④ 심판장은 특허취소신청이 있으면 그 사실을 해당 특허권의 전용실시권자나 그 밖에 그 특허에 관하여 등록을 한 권리를 가지는 자에게 알려야 한다.

제132조의5(특허취소신청서 등의 보정·각하)
① 심판장은 다음 각 호의 어느 하나에 해당하는 경우에는 기간을 정하여 그 보정을 명하여야 한다.
   1. 특허취소신청서가 제132조의4 제1항(같은 항 제4호는 제외한다)을 위반한 경우
   2. 특허취소신청에 관한 절차가 다음 각 목의 어느 하나에 해당하는 경우
      가. 제3조 제1항 또는 제6조를 위반한 경우
      나. 이 법 또는 이 법에 따른 명령으로 정하는 방식을 위반한 경우
      다. 제82조에 따라 내야 할 수수료를 내지 아니한 경우
② 심판장은 제1항에 따른 보정명령을 받은 자가 지정된 기간에 보정을 하지 아니하거나 보정한 사항이 제132조의4 제2항을 위반한 경우에는 특허취소신청서 또는 해당 절차와 관련된 청구 또는 신청 등을 결정으로 각하하여야 한다.
③ 제2항에 따른 각하결정은 서면으로 하여야 하며, 그 이유를 붙여야 한다.

제132조의6(보정할 수 없는 특허취소신청의 각하결정)
① 제132조의7 제1항에 따른 합의체는 부적법한 특허취소신청으로서 그 흠을 보정할 수 없을 때에는 제132조의4 제3항에도 불구하고 특허권자에게 특허취소신청서의 부본을 송달하지 아니하고, 결정으로 그 특허취소신청을 각하할 수 있다.
② 제1항에 따른 각하결정에 대해서는 불복할 수 없다.

제132조의7(특허취소신청의 합의체 등)
① 특허취소신청은 3명 또는 5명의 심판관으로 구성되는 합의체가 심리하여 결정한다.
② 제1항의 합의체 및 이를 구성하는 심판관에 관하여는 제143조부터 제145조까지, 제146조 제2항·제3항, 제148조부터 제153조까지 및 제153조의2를 준용한다. 이 경우 제148조 제6호 중 "심결"은 "특허취소결정"으로 본다.

제132조의8(심리의 방식 등)
① 특허취소신청에 관한 심리는 서면으로 한다.
② 공유인 특허권의 특허권자 중 1인에게 특허취소신청절차의 중단 또는 중지의 원인이 있으면 모두에게 그 효력이 발생한다. 기출 24

제132조의9(참가)
① 특허권에 관하여 권리를 가진 자 또는 이해관계를 가진 자는 특허취소신청에 대한 결정이 있을 때까지 특허권자를 보조하기 위하여 그 심리에 참가할 수 있다. 기출 24
② 제1항의 참가에 관하여는 제155조 제4항·제5항 및 제156조를 준용한다.

제132조의10(특허취소신청의 심리에서의 직권심리)
① 심판관은 특허취소신청에 관하여 특허취소신청인, 특허권자 또는 참가인이 제출하지 아니한 이유에 대해서도 심리할 수 있다. 기출 24
② 심판관은 특허취소신청에 관하여 특허취소신청인이 신청하지 아니한 청구항에 대해서는 심리할 수 없다.

제132조의11(특허취소신청의 병합 또는 분리)
① 심판관 합의체는 하나의 특허권에 관한 둘 이상의 특허취소신청에 대해서는 특별한 사정이 있는 경우를 제외하고는 그 심리를 병합하여 결정하여야 한다.
② 심판관 합의체는 특허취소신청의 심리에 필요하다고 인정하는 경우에는 제1항에 따라 병합된 심리를 분리할 수 있다.

제132조의12(특허취소신청의 취하)
① 특허취소신청은 제132조의14 제2항에 따라 결정등본이 송달되기 전까지만 취하할 수 있다. 다만, 제132조의13 제2항에 따라 특허권자 및 참가인에게 특허의 취소이유가 통지된 후에는 취하할 수 없다. `기출 18`
② 둘 이상의 청구항에 관하여 특허취소신청이 있는 경우에는 청구항마다 취하할 수 있다.
③ 제1항 또는 제2항에 따른 취하가 있으면 그 특허취소신청 또는 그 청구항에 대한 특허취소신청은 처음부터 없었던 것으로 본다.

제132조의13(특허취소신청에 대한 결정)
① 심판관 합의체는 특허취소신청이 이유 있다고 인정되는 때에는 그 특허를 취소한다는 취지의 결정(이하 "특허취소결정"이라 한다)을 하여야 한다.
② 심판장은 특허취소결정을 하려는 때에는 특허권자 및 참가인에게 특허의 취소이유를 통지하고 기간을 정하여 의견서를 제출할 기회를 주어야 한다.
③ 특허취소결정이 확정된 때에는 그 특허권은 처음부터 없었던 것으로 본다. `기출 24`
④ 심판관 합의체는 특허취소신청이 제132조의2 제1항 각 호의 어느 하나에 해당하지 아니하거나 같은 조 제2항을 위반한 것으로 인정되는 경우에는 결정으로 그 특허취소신청을 기각하여야 한다. `기출 23`
⑤ 제4항에 따른 기각결정에 대해서는 불복할 수 없다. `기출 23`

제132조의14(특허취소신청의 결정 방식)
① 특허취소신청에 대한 결정은 다음 각 호의 사항을 적은 서면으로 하여야 하며, 결정을 한 심판관은 그 서면에 기명날인하여야 한다.
  1. 특허취소신청사건의 번호
  2. 특허취소신청인, 특허권자 및 참가인의 성명 및 주소(법인인 경우에는 그 명칭 및 영업소의 소재지)
  3. 대리인이 있는 경우에는 그 대리인의 성명 및 주소나 영업소의 소재지[대리인이 특허법인·특허법인(유한)인 경우에는 그 명칭, 사무소의 소재지 및 지정된 변리사의 성명]
  4. 결정에 관련된 특허의 표시
  5. 결정의 결론 및 이유
  6. 결정연월일
② 심판장은 특허취소신청에 대한 결정이 있는 때에는 그 결정의 등본을 특허취소신청인, 특허권자, 참가인 및 그 특허취소신청에 대한 심리에 참가를 신청하였으나 그 신청이 거부된 자에게 송달하여야 한다.

제132조의15(심판규정의 특허취소신청에의 준용)
특허취소신청의 심리·결정에 관하여는 제147조 제3항, 제157조, 제158조, 제164조, 제165조 제3항부터 제6항까지 및 제166조를 준용한다.

(2) 의의 및 취지
설정등록된 특허권의 등록을 신청에 의해 취소하는 제도로서 공중의 심사참여 기회를 확대하고 부실특허의 예방을 통한 특허 품질제고를 향상시키기 위함이다.

(3) 요 건
① **주체적 요건**
  ㉠ 누구든지 특허심판원장에게 특허취소신청을 할 수 있다. 공중의 심사참여 기회를 확대하기 위한 본 규정의 취지를 위하여 누구든지 신청할 수 있도록 하였다.
  ㉡ 특허권에 관하여 권리를 가진 자 또는 이해관계인은 특허취소신청에 대한 결정이 있을 때까지 특허권자를 보조하기 위해 그 심리에 참가할 수 있다.
② **객체적 요건**
  ㉠ 산업상 이용가능성 위반 또는 신규성에 위반된 경우로서 반포된 간행물에 게재되었거나 전기통신회선을 통해 공중이 이용할 수 있는 발명인 경우(특허출원 전 공지되었거나 공연히 실시된 발명된 발명인 경우 절차의 신속을 위해 제외)
  ㉡ 진보성에 위반된 경우로서 반포된 간행물에 게재되었거나 전기통신회선을 통해 공중이 이용할 수 있는 발명에 의해 쉽게 발명할 수 있는 경우(공지 또는 공연히 실시된 발명에 의해 쉽게 발명할 수 있는 경우 제외)
  ㉢ 선출원주의 위반 또는 확대된 선출원주의 위반인 경우
  ㉣ 심사단계에서 거절이유통지에 포함된 선행기술에 기초한 이유로는 특허취소신청 불가
③ **시기적 요건** : 특허권의 설정등록일로부터 등록공고일 후 6개월이 되는 날까지 특허취소신청을 할 수 있다.

(4) 절 차
① **특허취소신청서 제출** : 특허취소신청을 하려는 자는 특허취소신청서를 특허심판원장에게 제출하여야 한다.
② **부본송달 및 통보** : 심판장은 특허취소신청이 있으면 그 신청서의 부본을 특허권자에게 송달하여야 하며, 특허취소신청의 사실을 해당 특허권의 전용실시권자나 그 밖에 특허에 관하여 등록을 한 권리를 가지는 자에게 알려야 한다.
③ **특허취소신청서 보정** : 특허취소신청서의 보정은 요지변경을 할 수 없으나, 특허취소신청기간(취소이유통지가 있는 경우에는 통지한 때까지) 특허취소신청의 이유 및 증거를 보정할 수 있다.

④ 심 리
  ㉠ 특허취소신청의 합의체 : 특허취소신청은 3명 또는 5명의 심판관으로 구성되는 합의체가 심리하여 결정한다.
  ㉡ 방식 심리 : 심판장은 다음의 어느 하나에 해당하는 경우 기간을 정하여 보정을 명하여야 한다.
    • 특허취소신청서의 기재방식 위반
    • 행위능력 또는 대리권 흠결
    • 방식을 위반한 경우
    • 수수료를 내지 아니한 경우 : 보정명령을 받은 자가 지정된 기간에 보정을 하지 아니하거나 보정된 사항이 요지변경인 경우 심판장은 특허취소신청서 또는 해당 절차와 관련된 청구 또는 신청 등을 결정으로 각하하여야 한다.
  ㉢ 적법성 심리 : 부적법한 특허취소신청으로서 그 흠을 보정할 수 없을 때에는 특허취소신청의 합의체는 특허권자에게 특허취소신청서의 부본을 송달하지 아니하고 결정으로 그 특허취소신청을 각하할 수 있다. 각하결정에 대해서는 불복할 수 없다.
  ㉣ 심리 방식
    • 특허취소신청에 관한 심리는 서면으로 한다.
    • 공유인 특허권의 특허권자 중 1인에게 특허취소신청절차의 중단 또는 중지의 원인이 있으면 모두에게 그 효력이 발생한다.
  ㉤ 병합 또는 분리
    • 심판관합의체는 하나의 특허권에 관한 둘 이상의 특허취소신청에 대해서 특별한 사정이 있는 경우를 제외하고는 그 심리를 병합하여 결정하여야 한다.
    • 심판관합의체는 심리에 필요하다고 인정하는 경우에는 병합된 심리를 분리할 수 있다.
⑤ 특허의 정정
  ㉠ 정정의 요건
    • 특허권자는 취소이유통지에 따른 의견서제출기간에 명세서 또는 도면의 범위 내에서 ⅰ) 청구범위의 감축, ⅱ) 잘못 기재된 사항의 정정, ⅲ) 분명하지 아니하게 기재된 사항을 명확하게 하는 경우에 해당할 경우 명세서 또는 도면에 대하여 정정청구를 할 수 있다.
    • 특허권이 공유인 경우 공유자 모두가 공동으로 청구하여야 한다.
    • 잘못된 기재를 정정하는 경우 출원서에 최초로 첨부된 명세서 또는 도면에 기재된 사항의 범위에서 할 수 있다.
    • 명세서 또는 도면의 정정은 청구범위를 실질적으로 확장 또는 변경할 수 없다.
    • 청구범위 감축 또는 잘못된 기재의 정정은 정정 후 청구범위에 적혀있는 사항이 특허출원을 하였을 때 특허를 받을 수 있는 것이어야 한다. 다만, 특허취소신청이 된 청구항을 정정하는 경우에는 그러하지 아니하다.

ⓒ 동의 필요 : 특허권자는 전용실시권자, 질권자, 직무발명에 의한 통상실시권자 및 허락에 의한 통상실시권자의 동의를 받아야만 정정을 청구할 수 있다.
　　ⓒ 정정청구서 부본 송달 : 심판장은 정정청구가 있을 때에는 그 청구서의 부본을 정정 무효심판의 청구인에게 송달하여야 한다.
　　ⓔ 복수회의 정정청구를 하였을 때에는 그 정정청구 전에 한 정정청구는 취하된 것으로 본다.
　　ⓜ 정정청구의 보정 : 특허권자는 취소이유통지에 따른 의견서제출기간 또는 직권심리에 의한 의견서제출기간에 정정된 명세서 또는 도면에 대하여 보정할 수 있다.
　　ⓗ 정정청구의 취하 : 정정청구는 ⅰ) 정정청구기간 및 그 기간의 만료일로부터 1개월 이내, ⅱ) 직권심리에 의한 의견서제출기간에 취하할 수 있다.
　　ⓢ 효과 : 특허발명의 명세서 또는 도면에 대하여 정정을 한다는 결정이 확정되었을 때에는 정정 후의 명세서 또는 도면에 따라 특허출원, 출원공개, 특허결정 또는 심결 및 설정등록이 된 것으로 본다.
⑥ 특허취소신청의 취하
　㉠ 요 건
　　• 시기적 요건 : 특허취소신청에 대한 결정등본이 송달되기 전까지 취하할 수 있다. 다만, 특허권자 및 참가인에게 특허취소이유가 통지된 후에는 취하할 수 없다.
　　• 객체적 요건 : 특허권 전부에 관해 특허취소신청을 취하할 수 있으며, 둘 이상의 청구항에 관하여 특허취소신청이 있는 경우 청구항마다 취하할 수 있다.
　㉡ 효과 : 특허취소신청의 취하가 있으면 그 특허취소신청 또는 그 청구항에 대한 특허취소신청은 처음부터 없었던 것으로 본다.

(5) 결 정

특허취소이유 통지 및 의견서제출기회 부여 : 심판장은 특허취소결정을 하려는 때에는 특허권자 및 참가인에게 특허의 취소이유를 통지하고 기간을 정하여 의견서를 제출할 기회를 주어야 한다.

① **특허취소결정** : 심판관합의체는 특허취소신청이 이유 있다고 인정되는 때에는 특허를 취소한다는 취지의 결정을 하여야 한다.
② **기각결정** : 심판관합의체는 특허취소신청이 이유 없는 것으로(法 제132조의2 제1항 각 호 또는 法 제132조의2 제2항 위반) 인정되는 때에는 그 특허취소신청을 결정으로 기각하여야 하며, 기각결정에 대해서는 불복할 수 없다.
③ **결정등본송달** : 심판장은 특허취소신청에 대한 결정이 있는 때에는 그 결정의 등본을 특허취소신청인, 특허권자, 참가인 및 특허취소신청에 대한 심리에 참가를 신청하였으나 그 신청이 거부된 자에게 송달하여야 한다.

(6) 불 복

특허취소결정된 경우 특허권자는 특허취소결정등본을 송달받은 날로부터 30일 내에 특허법원에 불복할 수 있으며 특허청장이 피고가 된다. 특허취소신청의 기각결정에 대해서는 불복할 수 없다.

〈특허취소신청과 특허무효심판의 비교〉

구 분	특허취소신청	특허무효심판
제도 취지	특허권의 조기 안정화	당사자 간의 분쟁 해결
절 차	결정계(특허청과 특허권자)	당사자계(심판청구인과 특허권자)
청구인 적격	누구든지	이해관계인 또는 심사관
취소/무효 사유	산업상 이용가능성, 신규성, 진보성, 선출원, 확대된 출원 (공지·공연실시, 거절이유통지에 포함된 선행기술 기초 제외)	法 제133조 제1항 각 호의 사유
신청/청구 기간	설정등록일부터 등록공고 후 6개월 (권리 소멸 후 불가)	설정등록 후 (권리 소멸 후에도 가능)
심리방식	서면심리	서면심리 및 구술심리
복수사건의 심리	원칙 병합, 특별한 사정 제외	사건별 심리 또는 병합
신청서 보정	취소신청기간 또는 취소이유통지시까지	심리종결 전까지
정정청구	의견서제출기간 (원칙 1회)	답변서제출기간 및 의견서제출기간 (복수회 가능)
참 가	특허취소신청결정이 있을 때까지, 보조참가만 가능	심리종결 전까지, 당사자참가·보조참가 가능
취 하	• 청구항별로 가능 • 결정등본송달 전까지 (취소이유통지 후에는 불가능)	• 청구항별로 가능 • 심결 확정 전까지 (답변서 제출 후 상대방 동의 필요)
결정·심결	취소결정, 기각결정, 각하결정	무효심결, 기각심결, 각하심결
불 복	• 취소결정 및 방식심리에 대한 각하결정에 대하여 특허청장을 피고로 특허법원에 불복 • 기각결정 및 적법성심리에 대한 각하결정에 대하여 불복 불가	청구인 및 피청구인 모두 상대방을 피고로 하여 특허법원에 불복

09 재심

(1) 법조문

제178조(재심의 청구)
① 당사자는 확정된 특허취소결정 또는 확정된 심결에 대하여 재심을 청구할 수 있다. 기출 24·25
② 제1항의 재심청구에 관하여는 「민사소송법」 제451조 및 제453조를 준용한다. 기출 24·25

제179조(제3자에 의한 재심청구)
① 심판의 당사자가 공모하여 제3자의 권리나 이익을 사해(詐害)할 목적으로 심결을 하게 하였을 때에는 제3자는 그 확정된 심결에 대하여 재심을 청구할 수 있다. 기출 22·25
② 제1항의 재심청구의 경우에는 심판의 당사자를 공동피청구인으로 한다. 기출 22·25

제180조(재심청구의 기간)
① 당사자는 특허취소결정 또는 심결 확정 후 재심사유를 안 날부터 30일 이내에 재심을 청구하여야 한다. 기출 23
② 대리권의 흠을 이유로 재심을 청구하는 경우에 제1항의 기간은 청구인 또는 법정대리인이 특허취소결정등본 또는 심결등본의 송달에 의하여 특허취소결정 또는 심결이 있는 것을 안 날의 다음 날부터 기산한다. 기출 22·23·24·25
③ 특허취소결정 또는 심결 확정 후 3년이 지나면 재심을 청구할 수 없다. 기출 22·23
④ 재심사유가 특허취소결정 또는 심결 확정 후에 생겼을 때에는 제3항의 기간은 그 사유가 발생한 날의 다음 날부터 기산한다. 기출 22·23·24·25
⑤ 제1항 및 제3항은 해당 심결 이전의 확정심결에 저촉된다는 이유로 재심을 청구하는 경우에는 적용하지 아니한다.

제181조(재심에 의하여 회복된 특허권의 효력 제한)
① 다음 각 호의 어느 하나에 해당하는 경우에 특허권의 효력은 해당 특허취소결정 또는 심결이 확정된 후 재심청구 등록 전에 선의로 수출 또는 수입하거나 국내에서 생산 또는 취득한 물건에는 미치지 아니한다. 〈개정 2016.2.29., 2025.1.21.〉
  1. 무효가 된 특허권(존속기간이 연장등록된 특허권을 포함한다)이 재심에 의하여 회복된 경우
  2. 특허권의 권리범위에 속하지 아니한다는 심결이 확정된 후 재심에 의하여 그 심결과 상반되는 심결이 확정된 경우
  3. 거절한다는 취지의 심결이 있었던 특허출원 또는 특허권의 존속기간의 연장등록출원이 재심에 의하여 특허권의 설정등록 또는 특허권의 존속기간의 연장등록이 된 경우
  4. 취소된 특허권이 재심에 의하여 회복된 경우 기출 22
② 제1항 각 호의 어느 하나에 해당하는 경우의 특허권의 효력은 다음 각 호의 어느 하나의 행위에 미치지 아니한다. 〈개정 2016.2.29., 2025.1.21.〉
  1. 해당 특허취소결정 또는 심결이 확정된 후 재심청구 등록 전에 한 해당 발명의 선의의 실시
  2. 특허가 물건의 발명인 경우에는 그 물건의 생산에만 사용하는 물건을 해당 특허취소결정 또는 심결이 확정된 후 재심청구 등록 전에 선의로 생산·양도·대여·수출 또는 수입하거나 양도 또는 대여의 청약을 하는 행위
  3. 특허가 방법의 발명인 경우에는 그 방법의 실시에만 사용하는 물건을 해당 특허취소결정 또는 심결이 확정된 후 재심청구 등록 전에 선의로 생산·양도·대여·수출 또는 수입하거나 양도 또는 대여를 청약하는 행위

[시행일: 2025.7.22.]

> **제182조(재심에 의하여 회복한 특허권에 대한 선사용자의 통상실시권)**
> 제181조 제1항 각 호의 어느 하나에 해당하는 경우에 해당 특허취소결정 또는 심결이 확정된 후 재심청구 등록 전에 국내에서 선의로 그 발명의 실시사업을 하고 있는 자 또는 그 사업을 준비하고 있는 자는 실시하고 있거나 준비하고 있는 발명 및 사업목적의 범위에서 그 특허권에 관하여 통상실시권을 가진다. 기출 22
>
> **제183조(재심에 의하여 통상실시권을 상실한 원권리자의 통상실시권)**
> ① 제138조 제1항 또는 제3항에 따라 통상실시권을 허락한다는 심결이 확정된 후 재심에서 그 심결과 상반되는 심결이 확정된 경우에는 재심청구 등록 전에 선의로 국내에서 그 발명의 실시사업을 하고 있는 자 또는 그 사업을 준비하고 있는 자는 원(原)통상실시권의 사업목적 및 발명의 범위에서 그 특허권 또는 재심의 심결이 확정된 당시에 존재하는 전용실시권에 대하여 통상실시권을 가진다. 기출 24·25
> ② 제1항에 따라 통상실시권을 가진 자는 특허권자 또는 전용실시권자에게 상당한 대가를 지급하여야 한다.
>
> **제184조(재심에서의 심판규정 등의 준용)**
> 특허취소결정 또는 심판에 대한 재심의 절차에 관하여는 그 성질에 반하지 아니하는 범위에서 특허취소신청 또는 심판의 절차에 관한 규정을 준용한다.
>
> **제185조(「민사소송법」의 준용)**
> 재심청구에 관하여는 「민사소송법」 제459조 제1항을 준용한다.

(2) 의 의
재심은 확정된 심결 또는 특허취소결정에 대하여 재심사유에 해당하는 중대한 하자가 있음을 이유로 하여 그 심결의 파기와 재심판을 구하는 비상의 불복신청을 말한다.

(3) 재심의 종류
① 일반 재심 : 확정된 심결 또는 특허취소결정에 재심사유가 있을 때 심판의 당사자가 청구하는 재심을 말한다.
② 사해심결에 대한 재심 : 심판의 당사자가 공모하여 제3자의 권리나 이익을 사해할 목적으로 심결을 하게 하였을 때에는 제3자는 확정된 심결에 대하여 재심을 청구할 수 있다.

(4) 요 건
① 주체적 요건
　㉠ 일반재심의 경우 심판에서 불리한 효력을 받은 당사자가 청구할 수 있으며, 피청구인은 심판의 상대방이다.
　㉡ 사해심결에 대한 재심의 경우 심결로 권리나 이익이 침해된 제3자가 청구할 수 있으며, 피청구인은 원심판의 당사자를 공동피청구인으로 한다.

② **객체적 요건**
　㉠ 일반 재심사유(민사소송법 제451조 준용, 法 제178조 제2항)
　　• 법률에 따라 심판기관을 구성하지 아니한 때
　　• 법률상 그 심판에 관여할 수 없는 심판관이 관여한 때
　　• 법정대리인·심판대리인 또는 대리인이 소송행위를 하는 데에 필요한 권한의 수여에 흠이 있는 때
　　• 재판에 관여한 심판관이 그 사건에 관하여 직무에 관한 죄를 범한 때
　　• 형사상 처벌을 받을 다른 사람의 행위로 말미암아 자백을 하였거나 심결에 영향을 미칠 공격 또는 방어방법의 제출에 방해를 받을 때
　　• 판결의 증거가 된 문서, 그 밖의 물건이 위조되거나 변조된 때
　　• 증인·감정인·통역인의 거짓 진술 또는 당사자신문에 따른 당사자나 법정대리인의 거짓 진술이 판결의 증거가 된 때
　　• 심결의 기초가 된 민사나 형사의 판결, 그 밖의 재판 또는 행정처분이 다른 재판이나 행정처분에 따라 바뀐 때
　　• 심결에 영향을 미칠 중요한 사항에 관하여 판단을 누락한 때
　　• 재심을 제기할 심결이 전에 선고한 확정심결가 저촉될 때
　　• 당사자가 상대방의 주소 또는 거소를 알고 있었음에도 있는 곳을 잘 모른다고 하거나 주소나 거소를 거짓으로 하여 소를 제기한 때
　㉡ 사해심결에 대한 재심사유 : 심판의 당사자가 공모하여 제3자의 권리나 이익을 사해할 목적으로 심결을 하게 하였을 경우여야 한다.
③ **시기적 요건**
　㉠ 원칙 : 특허취소결정 또는 심결확정 후 재심사유를 안 날로부터 30일 이내에 재심을 청구해야 하며, 특허취소결정 또는 심결확정 후 3년이 지나면 재심을 청구할 수 없다(法 제180조 제1항·제3항).
　㉡ 예 외
　　• 대리권의 흠을 이유로 재심을 청구하는 경우 재심사유를 안 날로부터 30일의 기간은 청구인 또는 법정대리인이 특허취소결정 또는 심결의 등본송달에 의해 특허취소결정 또는 심결이 있는 것을 안 날의 다음 날부터 기산한다(法 제180조 제2항).
　　• 특허취소결정 또는 심결 확정 이후 재심사유가 발생하였을 때에는 특허취소결정 또는 심결확정 후 3년의 기간은 그 사유가 발생한 날의 다음 날부터 기산한다(法 제180조 제4항).
　　• 해당 심결 이전의 확정심결에 저촉된다는 이유로 재심을 청구하는 경우에는 기간의 제한이 없다(法 제180조 제5항).
　㉢ 추후보완 : 재심청구인이 책임질 수 없는 사유로 재심청구기간을 지키지 못하는 경우에는 그 사유가 소멸한 날로부터 2개월 이내에 지키지 못한 절차를 추후보완할 수 있다. 다만, 그 기간의 만료일로부터 1년이 지났을 때에는 그러하지 아니하다(法 제17조).

(5) 절 차
① **재심 청구** : 재심을 청구하려는 자는 재심청구서를 특허심판원장에게 제출하여야 한다. 재심은 재심을 제기할 심결을 한 특허심판원의 전속관할이므로 특허심판원장은 재심청구가 있을 때에는 심판관을 지정하여야 한다(민사소송법 제453조 준용, 法 제178조 제2항).

② **심 리**
  ㉠ 적법성 심리 : 부적법한 심판청구로서 그 흠을 보정할 수 없을 때에는 피청구인에게 답변서 제출의 기회를 주지 아니하고 심결로써 이를 각하할 수 있다(法 제142조).
  ㉡ 재심사유존부 확인 : 청구된 재심에 재심사유가 존재하지 않거나 사해심결이 아닌 경우 재심청구를 기각하는 심결을 한다.
  ㉢ 본안 심리 : 재심청구에 대한 본안 심리의 심리 범위는 재심청구이유의 범위 안에서 하여야 하며, 청구된 재심에 재심사유가 있는 것으로 인정되어 본안 심리를 한 결과 원심결과 다른 결론에 다다른 경우 원특허취소결정 또는 심결을 취소하고 새로운 결정 또는 심결을 하여야 한다.

(6) 심 결
① **기각결정 또는 기각심결** : 재심사유가 존재하지 않을 때에는 기각결정 또는 기각심결을 한다.
② **인용심결**
  ㉠ 재심사유가 있는 것으로 인정되어 본안 심리를 한 결과 원심결과 다른 결론에 다다른 경우 원특허취소결정 또는 심결을 취소하고 새로운 결정 또는 심결을 하여야 한다.
  ㉡ 재심사유가 있는 것으로 인정되나 본안 심리를 한 결과 원결정 또는 심결이 정당한 경우, 원결정 또는 심결을 취소하고 동일한 새로운 심결을 하여야 한다.

(7) 효 과
① **일반적 효과** : 재심의 결정 또는 심결이 확정되면 일반적인 심결이 확정될 때와 마찬가지로 심결의 구속력, 확정력 및 일사부재리의 원칙이 적용된다.
② **재심에 의하여 회복된 특허권의 효력 제한**
  ㉠ 다음 중 어느 하나에 해당하는 경우 특허권의 효력은 특허취소결정 또는 심결이 확정된 후 재심청구등록 전에 선의로 수입하거나 국내에서 생산 또는 취득한 물건에 미치지 아니한다(法 제181조 제1항).
  • 무효가 된 특허권(존속기간이 연장등록된 특허권 포함)이 재심에 의하여 회복된 경우
  • 특허권의 권리범위에 속하지 아니한다는 심결이 확정된 후 재심에 의하여 그 심결과 상반되는 심결이 확정된 경우
  • 거절한다는 취지의 심결이 있었던 특허출원 또는 특허권의 존속기간의 연장등록출원이 재심에 의하여 특허권의 설정등록 또는 특허권의 존속기간의 연장등록이 된 경우
  • 취소된 특허권이 재심에 의하여 회복된 경우

ⓒ 상기 ㉠의 효력제한 사유가 있는 특허권의 효력은 다음의 행위에 미치지 아니한다(法 제181조 제2항).
- 해당 특허취소결정 또는 심결이 확정된 후 재심청구 등록 전에 한 해당 발명의 선의의 실시
- 특허가 물건의 발명인 경우에는 그 물건의 생산에만 사용하는 물건을 해당 특허취소결정 또는 심결이 확정된 후 재심청구 등록 전에 선의로 생산・양도・대여 또는 수입하거나 양도 또는 대여의 청약을 하는 행위
- 특허가 방법의 발명인 경우에는 그 방법의 실시에만 사용하는 물건을 해당 특허취소결정 또는 심결이 확정된 후 재심청구 등록 전에 선의로 생산・양도・대여 또는 수입하거나 양도 또는 대여를 청약하는 행위

③ 법정실시권의 발생
㉠ 재심에 의하여 회복된 특허권에 대한 선사용자의 통상실시권 : 제181조 제1항 각 호의 어느 하나에 해당하여 특허권의 효력이 제한되는 경우에 해당 특허취소결정 또는 심결이 확정된 후 재심청구 등록 전에 국내에서 선의로 그 발명의 실시사업을 하고 있는 자 또는 그 사업을 준비하고 있는 자는 실시하고 있거나 준비하고 있는 발명 및 사업목적의 범위에서 그 특허권에 관하여 무상의 통상실시권을 가진다(法 제182조).
㉡ 재심에 의하여 통상실시권을 상실한 원권리자의 통상실시권 : 통상실시권을 허락한다는 심결이 확정된 후 재심에서 그 심결과 상반되는 심결이 확정된 경우에는 재심청구 등록 전에 선의로 국내에서 그 발명의 실시사업을 하고 있는 자 또는 그 사업을 준비하고 있는 자는 원통상실시권의 사업목적 및 발명의 범위에서 그 특허권 또는 재심의 심결이 확정된 당시에 존재하는 전용실시권에 대하여 통상실시권을 가진다(法 제183조).

(8) 불 복

재심의 심결등본을 송달받은 날로부터 30일 이내에 특허법원에 심결취소소송을 제기하여 불복할 수 있다.

CHAPTER 11 심판 각칙

제1편 | 특허법. 특허·실용신안 심사기준

01 특허권의 행사에 관한 설명으로 옳은 것은? (다툼이 있으면 판례에 따름) 기출 21

① 특허발명 실시계약 체결 이후에 특허가 무효로 확정된 경우 특허발명 실시계약이 원시적으로 이행 불능 상태에 있었더라도 특허권자는 특허발명 실시계약이 유효하게 존재하는 기간 동안 실시료의 지급을 청구할 수 있다.
② 특허발명 실시계약을 체결하면 특허권자는 실시권자의 특허발명 실시에 대하여 특허권 침해로 인한 손해배상이나 그 금지 등을 청구할 수 없고, 특허가 무효로 확정되기 전에는 특허권의 독점적·배타적 효력에 따라 제3자의 특허발명 실시가 금지된다.
③ 특허발명 또는 등록실용신안이 신규성은 있으나 진보성이 없는 경우 이에 관한 권리범위확인심판에서 당연히 그 권리범위를 부정할 수 있다.
④ 특허법 제128조(손해배상청구권 등) 제5항에 의하여 특허발명의 실시에 대하여 합리적으로 받을 수 있는 금액을 결정함에 있어서는, 당해 특허발명에 대하여 특허권자가 제3자와 사이에 특허권 실시계약을 맺고 실시료를 받은 바 있다면 일방 당사자에게 현저하게 불합리하더라도 그 실시계약에서 정한 실시료를 기준으로 위 금액을 산정하여야 한다.
⑤ 특허법은 전용실시권이 설정된 범위를 제외하고는 특허권자가 업으로서 특허발명을 실시할 권리를 독점하도록 명시적으로 규정하며, 전용실시권자가 등록되어 있지 않은 제한을 넘어 특허발명을 실시하는 경우 특허권자에 대하여 채무불이행 책임을 지게 됨은 물론 특허권 침해가 성립한다.

해설

① (×) 특허발명 실시계약 체결 이후에 특허가 무효로 확정되었더라도 특허발명 실시계약이 원시적으로 이행불능 상태에 있었다거나 그 밖에 특허발명 실시계약 자체에 별도의 무효사유가 없는 한, 특허권자는 원칙적으로 특허발명 실시계약이 유효하게 존재하는 기간 동안 실시료의 지급을 청구할 수 있다(判例 2018다287362). 즉, 실시계약이 원시적으로 이행불능 상태라면 실시료의 지급을 청구할 수 없다.
② (○) 특허발명 실시계약에 의하여 특허권자는 실시권자의 특허발명 실시에 대하여 특허권 침해로 인한 손해배상이나 금지 등을 청구할 수 없게 될 뿐만 아니라 특허가 무효로 확정되기 이전에 존재하는 특허권의 독점적·배타적 효력에 의하여 제3자의 특허발명 실시가 금지되는 점에 비추어 보면, 특허발명 실시계약의 목적이 된 특허발명의 실시가 불가능한 경우가 아닌 한 특허무효의 소급효에도 불구하고 그와 같은 특허를 대상으로 하여 체결된 특허발명 실시계약이 계약 체결 당시부터 원시적으로 이행불능 상태에 있었다고 볼 수는 없고, 다만 특허무효가 확정되면 그때부터 특허발명 실시계약은 이행불능 상태에 빠지게 된다고 보아야 한다(判例 2012다42666).

③ (×) 권리범위확인심판에서는 특허발명의 진보성이 부정된다는 이유로 그 권리범위를 부정하여서는 안 된다(判例 2012후4162).
④ (×) 특허발명에 대하여 특허권자가 제3자와 사이에 특허권 실시계약을 맺고 실시료를 받은 바 있다면 그 계약 내용을 침해자에게도 유추적용하는 것이 현저하게 불합리하다는 특별한 사정이 없는 한 그 실시계약에서 정한 실시료를 참작하여 위 금액을 산정하여야 하며, 그 유추적용이 현저하게 불합리하다는 사정에 대한 입증책임은 그러한 사정을 주장하는 자에게 있다(判例 2003다15006).
⑤ (×) 설정계약으로 전용실시권의 범위에 관하여 특별한 제한을 두고도 이를 등록하지 않으면 그 효력이 발생하지 않는 것이므로, 전용실시권자가 등록되어 있지 않은 제한을 넘어 특허발명을 실시하더라도, 특허권자에 대하여 채무불이행 책임을 지게 됨은 별론으로 하고 특허권 침해가 성립하는 것은 아니다(判例 2011도4645).

답 ②

02 특허 및 실용신안의 심판에 관한 설명으로 옳지 않은 것은? (다툼이 있으면 판례에 따름)

기출 21

① 실용신안법 제11조(특허법의 준용)에 따라 준용되는 특허법 제33조(특허를 받을 수 있는 자) 제1항 본문에 따른 실용신안등록을 받을 수 있는 권리를 가지지 아니하는 경우, 실용신안등록을 받을 수 있는 권리자 또는 심사관은 그 실용신안등록의 무효심판을 청구할 수 있다.
② 동일한 특허발명에 대하여 특허 무효심판과 정정심판이 특허심판원에 동시에 계속중에 있는 경우에는 정정심판제도의 취지상 정정심판을 특허 무효심판에 우선하여 심리·판단하는 것이 바람직하므로 반드시 정정심판을 먼저 심리·판단하여야 한다.
③ 실용신안등록의 무효를 청구할 수 있는 심사관은 심판청구 당시 실용신안의 등록출원에 대한 심사를 담당하고 있는 자이면 되고 반드시 당해 실용신안등록을 심사하여 등록결정한 심사관에 한하거나 심결당시에 그 심사관의 지위에 있어야만 하는 것은 아니다.
④ 특허권의 공유관계는 민법에 규정된 합유에 준하는 것이므로 특허권이 공유인 경우 그 특허권에 관한 심판사건에 있어서는 공유자 전원이 심판의 청구인 또는 피청구인이 되어야 하고 그 심판절차는 공유자 전원에게 합일적으로 확정되어야 할 필요에서 이른바 필요적 공동소송관계에 있다.
⑤ 자신의 발명이 타인의 특허권의 권리범위에 속하지 아니한다는 소극적 권리범위확인심판 청구에 있어서 그 이유가 없는 경우, 그것을 배척함에 그치지 아니하고 그 타인의 권리범위 내에 속한다고 심결하는 것은 위법하다.

해설
① (○) 실용신안법 제11조, 특허법 제133조 제1항

> **특허법 제133조(특허의 무효심판)**
> ① 이해관계인(제2호 본문의 경우에는 특허를 받을 수 있는 권리를 가진 자만 해당한다) 또는 심사관은 특허가 다음 각 호의 어느 하나에 해당하는 경우에는 무효심판을 청구할 수 있다. 이 경우 청구범위의 청구항이 둘 이상인 경우에는 청구항마다 청구할 수 있다.
> 2. 제33조 제1항 본문에 따른 특허를 받을 수 있는 권리를 가지지 아니하거나 제44조를 위반한 경우. 다만, 제99조의2 제2항에 따라 이전등록된 경우에는 제외한다.

② (×) 동일한 특허발명에 대하여 특허무효심판과 정정심판이 특허심판원에 동시에 계속 중에 있는 경우에는 정정심판제도의 취지상 정정심판을 특허무효심판에 우선하여 심리·판단하는 것이 바람직하나, 그렇다고 하여 반드시 정정심판을 먼저 심리·판단하여야 하는 것은 아니다(判例 2001후713).

③ (○) 실용신안법 제25조 제2항이 심사관으로 하여금 실용신안등록의 무효심판을 청구할 수 있도록 규정한 것은 심사관 개인을 이해관계인으로 보아서가 아니라 실용신안제도의 원활한 목적달성을 위한 공익적 견지에서 나온 것이므로 그 심사관은 심판제기 당시 실용신안의 등록출원에 대한 심사를 담당하고 있는 자이면 되고 반드시 당해 실용신안등록을 심사하여 등록사정한 심사관에 한하거나 심결당시에 그 심사관의 지위에 있어야만 하는 것은 아니다(判例 86후171).

④ (○) 특허를 무효로 한다는 심결이 확정된 때에는 당해 특허는 제3자와의 관계에서도 무효로 되므로, 동일한 특허권에 관하여 2인 이상의 자가 공동으로 특허의 무효심판을 청구하는 경우 그 심판은 심판청구인들 사이에 합일확정을 필요로 하는 이른바 유사필수적 공동심판에 해당한다(判例 2007후1510).

⑤ (○) 권리범위확인심판청구가 (가)호 표장이 등록상표의 권리범위에 속하지 아니한다는 소극적 확인심판청구인 경우에 있어, (가)호 표장이 등록상표의 권리범위에 속한다고 인정되면 심판청구를 기각하면 되는 것이지 (가)호 표장이 등록상표의 권리범위에 속한다는 심결은 할 수 없다(判例 92후148).

답 ②

03 특허무효심판에 관한 설명으로 옳지 않은 것은? (다툼이 있으면 판례에 따름) 기출 20

① 특허무효가 판결로 확정된 경우 특허권은 처음부터 특허발명 실시계약의 목적이 된 특허발명의 실시가 불가능한 경우가 아니라면 특허무효의 소급효에도 불구하고 그와 같은 특허를 대상으로 하여 체결된 특허발명 실시계약이 그 계약의 체결 당시부터 원시적으로 이행불능 상태에 있었다고 볼 수는 없다.

② 특별한 사정이 없는 한 특허권자의 실시권자는 특허권자로부터 권리의 대항을 받거나 받을 염려가 없으므로 무효심판을 청구할 수 있는 이해관계가 소멸되었다고 볼 수 있다.

③ 특허처분에 의하여 수인을 공유자로 하는 특허등록이 이루어졌다고 하더라도 특허무효심판에서 그 공유자 지분에 따라 특허를 분할하여 일부 지분만의 무효심판을 청구하는 것은 허용할 수 없다.

④ 특허는 일단 등록이 된 이상 이와 같은 심판 등에 의하여 특허를 무효로 한다는 심결 등이 확정되지 않는 한 유효한 것이고 다른 절차에서 그 당연 무효라고 판단할 수 없지만, 등록된 특허발명의 일부 또는 전부가 출원 당시 공지공용의 것인 경우에는 특허무효의 심결 등 유무에 관계없이 그 권리범위를 인정할 수 없다.

⑤ 특허무효심판절차에서 정정청구가 있는 경우 정정의 확정시기 및 정정의 허용 여부를 일체로 판단하여야 한다.

해설

① (○) 특허발명 실시계약의 목적이 된 특허발명의 실시가 불가능한 경우가 아니라면 특허 무효의 소급효에도 불구하고 그와 같은 특허를 대상으로 하여 체결된 특허발명 실시계약이 그 계약의 체결 당시부터 원시적으로 이행불능 상태에 있었다고 볼 수는 없고, 다만 특허 무효가 확정되면 그때부터 특허발명 실시계약은 이행불능 상태에 빠지게 된다고 보아야 한다(判例 2018다287362).

② (×) 무효심판을 청구할 수 있는 이해관계인이란 당해 특허발명의 권리존속으로 인하여 법률상 어떠한 불이익을 받거나 받을 우려가 있어 그 소멸에 관하여 직접적이고도 현실적인 이해관계를 가진 사람을 말하고, 이에는 당해 특허발명과 같은 종류의 물품을 제조·판매하거나 제조·판매할 사람도 포함된다. 이러한 법리에 의하면 특별한 사정이 없는 한 특허권의 실시권자가 특허권자로부터 권리의 대항을 받거나 받을 염려가 없다는 이유만으로 무효심판을 청구할 수 있는 이해관계가 소멸되었다고 볼 수 없다(判例 2017후2819).

③ (○) 특허처분은 하나의 특허출원에 대하여 하나의 특허권을 부여하는 단일한 행정행위이므로, 설령 그러한 특허처분에 의하여 수인을 공유자로 하는 특허등록이 이루어졌다고 하더라도, 그 특허처분 자체에 대한 무효를 청구하는 제도인 특허무효심판에서 그 공유자 지분에 따라 특허를 분할하여 일부 지분만의 무효심판을 청구하는 것은 허용할 수 없다(判例 2012후2432).

④ (○) 判例 2003도6283

⑤ (○) 判例 2007후1053

답 ②

04

무권리자인 甲은 2012년 5월 10일에 발명 A를 출원하였고, 그 출원은 2013년 12월 10일에 출원공개되었으며, 2014년 5월 10일에 무권리자에 의한 출원이라는 이유로 거절결정이 확정되었다. 한편 무권리자인 乙은 2010년 6월 10일에 발명 B를 출원하였고, 그 출원은 2012년 1월 10일에 출원공개되었으며, 2012년 10월 5일에 등록공고되었으나, 무효심판이 제기되어 무권리자라는 이유로 2014년 9월 20일에 무효심결이 확정되었다. 다음 설명 중 옳지 않은 것은? 기출 15

① 발명 A의 정당한 권리자 丙이 2014년 6월 1일에 자신의 발명 A를 특허출원하였다면, 丙의 출원은 2012년 5월 10일에 출원된 것으로 간주된다.

② 발명 A의 정당한 권리자 丙이 2014년 7월 1일에 자신의 발명 A를 특허출원하였다면, 丙출원의 출원일은 2012년 5월 10일로 소급되지 않는다.

③ 발명 B의 정당한 권리자 丁이 2014년 10월 1일에 자신의 발명 B를 특허출원하였다면, 丁의 출원은 2010년 6월 10일에 출원된 것으로 간주된다.

④ 발명 B의 정당한 권리자 丁이 2014년 10월 20일이 경과한 후 자신의 발명 B를 특허출원하면, 丁의 출원은 취하된 것으로 간주된다.

⑤ 발명 B의 정당한 권리자 丁이 2014년 10월 30일에 자신의 발명 B를 특허출원하였다면, 출원일 소급이 인정되지 않는다.

해설

④ (×) 무효심결이 확정된 2014년 9월 20일로부터 30일인 2014년 10월 19일까지 출원한 경우 출원일 소급효를 인정받을 수 있으므로, 丁이 2014년 10월 20일을 경과하여 출원하면 출원일 소급효를 인정받을 수 없을 뿐 취하간주되는 것은 아니다.

답 ④

05 특허법 제133조의2(특허무효심판절차에서의 특허의 정정), 특허법 제136조(정정심판) 및 특허법 제137조(정정의 무효심판)에 관한 설명으로 옳은 것을 모두 고른 것은? (다툼이 있으면 판례에 따름) 기출 15

> ㄱ. 특허발명에 대한 정정무효심판청구가 기각되고 난 후 해당 기각심결의 취소를 구하는 소송이 계속되던 중 그 특허발명에 대한 무효심결이 확정되었을 경우, 위 정정무효심판의 기각심결에 관한 소는 부적법하다.
> ㄴ. 출원공개된 출원서에 첨부한 명세서 또는 도면에 기재된 사항이 그 후 정정심결이 확정되어 정정되었다면, 그 정정내용이 신규성·진보성 판단에 제공되는 선행기술로서의 발명의 내용에 영향을 미친다.
> ㄷ. 피고인의 행위가 특허권 침해죄에 해당하는지 여부를 판단함에 있어 정정 후의 청구범위를 침해대상 특허발명으로 삼는 것이 피고인에게 불리한 결과를 가져오는 경우라도 정정의 소급적 효력은 당연히 인정된다.
> ㄹ. 정정청구의 적법 여부를 판단하는 특허무효심판이나 그 심결취소소송에서 주된 취지에 있어서 정정의견제출통지서에 기재된 사유와 실질적으로 동일한 사유로 정정청구를 받아들이지 않는 심결을 하거나 그 심결에 대한 취소청구를 기각하는 것은 허용된다.
> ㅁ. 특허무효심판절차에서 정정청구가 있는 경우, 정정청구 부분은 따로 확정되지 아니하고 무효심판의 심결이 확정되는 때에 함께 확정된다.

① ㄱ, ㅁ
② ㄷ, ㄹ
③ ㄱ, ㄹ, ㅁ
④ ㄱ, ㄴ, ㄷ, ㅁ
⑤ ㄱ, ㄴ, ㄹ, ㅁ

해설

ㄴ. (×) 정정심결이 확정된 때에는 정정 후의 명세서 또는 도면에 의하여 특허출원되고 이후 이에 입각하여 특허권 설정등록까지의 절차가 이루어진 것으로 간주하는 것은 무효 부분을 포함하는 특허를 본래 유효로 되어야 할 범위 내에서 존속시키기 위한 것이므로, 조약에 의한 우선권주장의 기초가 된 최초의 출원서 또는 출원공개된 출원서에 첨부한 명세서 또는 도면에 기재된 사항이 그 후 정정되었다 하더라도, 그 정정내용이 조약에 의한 우선권주장의 기초가 된 발명의 내용 또는 신규성·진보성 판단에 제공되는 선행기술로서의 발명의 내용에 영향을 미칠 수 없다(判例 2011후620).

ㄷ. (×) 피고인의 행위가 특허권침해죄에 해당하는지 여부를 판단함에 있어 정정 후의 특허청구범위를 침해대상 특허발명으로 삼는 것이 피고인에게 불리한 결과를 가져오는 경우까지도 정정의 소급적 효력이 당연히 미친다고 할 수는 없는 법리이고, 그 결과 원심이 정정 전의 특허청구범위를 침해대상 특허발명으로 삼아 피고인이 그 특허발명의 침해죄를 범하였는지 여부를 판단한 것은 정당하다(判例 2005도1262).

 ③

06 권리범위확인심판에 관한 설명으로 옳은 것을 모두 고른 것은? (다툼이 있으면 판례에 따름)

기출 20

> ㄱ. 일단 적법하게 발생한 특허권이라 할지라도 그 권리가 소멸된 이후에는 그에 대한 권리범위확인을 구할 이익이 없어진다.
> ㄴ. 권리범위확인심판에서 특허발명과 대비되는 확인대상발명이 자유실시기술인 경우에도 특허발명과 대비하여 확인대상발명이 특허발명 청구범위에 나타난 구성요소의 문언 침해에 해당하는지 판단하여야 한다.
> ㄷ. 계속 중인 특허침해소송에서 특허권의 효력이 미치는 범위를 확정할 수 있더라도 이를 이유로 침해소송과 별개로 청구된 권리범위확인심판의 심판청구의 이익이 부정된다고 볼 수 없다.
> ㄹ. 특허발명이 공지의 기술인 경우 등을 제외하고는 특허발명의 진보성이 부정되는 경우에도 권리범위확인심판에서 등록되어 있는 특허권의 효력을 당연히 부인할 수는 없다.
> ㅁ. 소극적 권리범위 확인심판에서는 현재 실시하는 것만이 아니라 장래 실시 예정인 것도 심판 대상으로 삼을 수 있으므로, 심판 대상으로 특정한 확인대상발명이 특허권의 권리범위에 속하지 않는다는 점에 관하여는 아무런 다툼이 없는 경우라도 소극적 권리범위확인심판 청구의 이익이 있다.

① ㄱ, ㄴ
② ㄱ, ㄷ, ㄹ
③ ㄱ, ㄷ, ㅁ
④ ㄴ, ㄷ, ㄹ
⑤ ㄴ, ㄷ, ㄹ, ㅁ

┃해설┃

ㄱ. (○) 判例 2017후1632
ㄴ. (×) 어느 발명이 특허발명의 권리범위에 속하는지를 판단함에 있어서 특허발명과 대비되는 발명이 공지의 기술만으로 이루어지거나 그 기술분야에서 통상의 지식을 가진 자가 공지기술로부터 용이하게 실시할 수 있는 경우에는 특허발명과 대비할 필요 없이 특허발명의 권리범위에 속하지 않게 된다(判例 2002다60610). 따라서 자유실시기술인 경우 특허발명과 대비할 필요가 없다.
ㄷ. (○) 判例 2016후328
ㄹ. (○) 判例 2016후366.
ㅁ. (×) 소극적 권리범위확인심판에서는 현재 실시하는 것만이 아니라 장래 실시 예정인 것도 심판대상으로 삼을 수 있다. 그러나 당사자 사이에 심판청구인이 현재 실시하고 있는 기술이 특허권의 권리범위에 속하는지에 관하여만 다툼이 있을 뿐이고, 심판청구인이 장래 실시할 예정이라고 주장하면서 심판대상으로 특정한 확인대상발명이 특허권의 권리범위에 속하지 않는다는 점에 관하여는 아무런 다툼이 없는 경우라면, 그러한 확인대상발명을 심판대상으로 하는 소극적 권리범위확인심판은 심판청구의 이익이 없어 허용되지 않는다(判例 2014후2849).

답 ②

07 甲은 아래 [청구항 1] 기재와 같은 연필 발명의 특허권자이다. 甲의 특허권이 설정등록된 후 乙, 丙 및 丁이 권원 없이 아래와 같은 연필을 판매하고 있다는 사실을 알게 된 甲은, 乙에 대해서는 乙의 판매로 인한 손해의 배상을 청구하는 소를 제기하였고, 丙과 丁에 대해서는 丙판매제품과 丁판매제품을 확인대상발명으로 하는 권리범위 확인심판을 각각 청구하였다. 다음 설명 중 옳은 것은? (다툼이 있으면 판례에 따르며, 아래 지문과 관련하여 위 소송·심판에서 당사자의 관련 주장이 있는 것으로 본다) 기출 19

[청구항 1]
중심에 흑연으로 제조된 연필심이 위치하고 상기 연필심을 둘러싸도록 목재로 구성된 외각부로 이루어진 연필에 있어서, 상기 외각부의 단면 형상이 육각형인 것을 특징으로 하는 연필

- 乙판매제품 : 중심에 흑연으로 제조된 연필심이 위치하고 상기 연필심을 둘러싸도록 목재로 구성된 외각부로 이루어진 연필에 있어서, 상기 외각부의 단면 형상이 육각형인 것을 특징으로 하는 연필
- 丙판매제품 : 중심에 흑연으로 제조된 연필심이 위치하고 상기 연필심을 둘러싸도록 목재로 구성된 외각부로 이루어진 연필에 있어서, 상기 외각부의 단면 형상이 오각형인 것을 특징으로 하는 연필
- 丁판매제품 : 중심에 흑연으로 제조된 연필심이 위치하고 상기 연필심을 둘러싸도록 목재로 구성된 외각부로 이루어진 연필에 있어서, 상기 외각부의 단면 형상이 육각형이며, 한쪽 끝에 지우개를 부착한 것을 특징으로 하는 연필

---

① 乙을 피고로 하는 위 소송에서 자유실시기술의 법리는 적용될 수 없다.
② 만일 甲특허발명의 출원과정에서 [청구항 1] 기재 중 외각부 단면 형상이 다각형에서 육각형으로 보정되었다면, 외각부 단면 형상과 관련하여 다각형 중 육각형을 제외한 나머지 모든 구성이 청구범위에서 의식적으로 제외된 것이므로 丙판매제품은 甲특허발명의 권리범위에 속하지 않는다.
③ 丁을 피청구인으로 하는 위 심판에서 자유실시기술 여부 판단의 대상이 되는 것은 丁판매제품 중 甲특허발명의 청구범위에 기재된 구성과 대응되는 구성에 한정된다.
④ 위 소송에서 甲특허발명의 신규성이 부정되는 경우 甲특허발명의 권리범위가 부정되며, 위 심판에서도 그러하다.
⑤ 위 심판에서 甲특허발명의 진보성이 부정되는 경우 甲특허발명의 권리범위가 부정된다.

해설

① (×) 乙의 판매제품은 甲의 특허발명과 일치하므로 문언침해에 해당하나, 확인대상발명이 특허발명과 동일한 문언침해에 해당하는 경우에도 자유실시기술의 항변은 그대로 적용된다.
② (×) 출원과정에서 청구범위의 감축이 이루어졌다는 사정만으로 감축 전의 구성과 감축 후의 구성을 비교하여 그 사이에 존재하는 모든 구성이 청구범위에서 의식적으로 제외되었다고 단정할 것은 아니고, 거절이유통지에 제시된 선행기술을 회피하기 위한 의도로 그 선행기술에 나타난 구성을 배제하는 감축을 한 경우 등과 같이 보정이유를 포함하여 출원과정에 드러난 여러 사정을 종합하여 볼 때 출원인이 어떤 구성을 권리범위에서 제외하려는 의사가 존재한다고 볼 수 있을 때에 이를 인정할 수 있다(判例 2014후638).

③ (×) 권리범위확인 심판청구의 대상이 되는 확인대상고안이 공지의 기술만으로 이루어지거나 그 기술분야에서 통상의 지식을 가진 자가 공지기술로부터 극히 용이하게 실시할 수 있는지 여부를 판단할 때에는, 확인대상고안을 등록실용신안의 실용신안등록청구범위에 기재된 구성과 대응되는 구성으로 한정하여 파악할 것은 아니고, 심판청구인이 특정한 확인대상고안의 구성 전체를 가지고 그 해당 여부를 판단하여야 한다(判例 2008후64). 따라서 丁의 판매제품의 구성 전체로 판단하여야 한다.
⑤ (×) 권리범위확인심판에서는 특허발명의 진보성이 부정된다는 이유로 그 권리범위를 부정하여서는 안 된다(判例 2012후4162).

답 ④

08 특허법상 권리범위 확인심판에 관한 설명으로 옳지 않은 것은? (다툼이 있으면 판례에 따름)

기출 19

① 권리범위 확인심판의 확인대상발명이 특허권의 권리범위에 속하거나 속하지 아니하는 점에 관하여 당사자 사이에 다툼이 없는 경우에는 확인의 이익이 인정되지 않는다.
② 특허발명의 보호범위를 판단하는 절차로 마련된 권리범위 확인심판에서 특허발명의 진보성 여부를 판단하는 것은 권리범위 확인심판의 판단범위를 벗어날 뿐만 아니라, 본래 특허무효심판의 기능에 속하는 것을 권리범위 확인심판에 부여하는 것이 되어 위 두 심판 사이의 기능 배분에 부합하지 않는다.
③ 권리범위 확인심판에서 특허발명과 대비되는 확인대상발명이 공지기술과 동일한 경우뿐만 아니라 그 기술분야에서 통상의 지식을 가진 사람이 공지기술로부터 쉽게 실시할 수 있는 경우에는 그 확인대상발명은 이른바 자유실시기술로서 특허발명과 대비할 필요 없이 특허권의 권리범위에 속하지 않는다고 보아야 한다.
④ 적극적 권리범위 확인심판에서 청구인이 특정한 확인대상발명과 피청구인이 실시하고 있는 발명 사이에 동일성이 인정되지 않는 경우에는 확인의 이익이 인정되지 않는다.
⑤ 특허권자 甲과 그로부터 특허권 침해의 고소를 당한 乙 사이에 乙이 그 특허권을 인정하고 그 권리에 위반되는 행위를 하지 않는다는 내용의 약정을 하였다면, 그 약정으로 인하여 乙이 권리범위 확인심판을 청구할 이익이 상실되었다고 보아야 한다.

해설

⑤ (×) 침해고소를 당한 자(을)가 그 등록고안의 권리를 인정하고 그 권리에 위반되는 행위를 하지 않는다는 내용의 약정을 하였다 하더라도, 문언상으로는 그 합의의 취지를 을이 갑의 등록고안에 대한 정당한 권리를 인정하고 그 권리에 위반되는 행위를 하지 아니하기로 한 것으로 볼 수 있을 뿐이어서, 그 합의로써 곧바로 을이 자신이 실시했던 특정 고안이 그 등록고안의 권리범위에 속함을 인정하였다거나 그 등록고안의 권리범위를 확인하는 심판청구권까지를 포기하기로 한 것으로 볼 수 없으므로, 그와 같은 합의가 있었다는 사정만으로 심판청구인의 권리범위확인심판에 관한 이해관계가 소멸하였다고 할 수는 없다(判例 95후1050).

답 ⑤

09 특허에 관한 설명으로 옳지 않은 것은? (다툼이 있으면 판례에 따름) 기출 17

① 선택발명에 있어서 선행발명을 기재한 선행문헌에 선택발명에 대한 문언적인 기재가 존재하는 경우 외에도, 그 발명이 속하는 기술분야에서 통상의 지식을 가진 자가 선행문헌의 기재 내용과 출원시의 기술 상식에 기초하여 선행문헌으로부터 직접적으로 선택발명의 존재를 인식할 수 있다면 그 선택발명의 신규성은 부정된다.

② 특허법 제32조(특허를 받을 수 없는 발명)의 공중의 위생을 해칠 우려가 있는 발명인지는 관련 행정법상 필요한 허가를 취득하였는지 여부와는 독립적이므로, 특허심사절차에서 별개로 판단받아야 한다.

③ 정부는 국방상 필요한 경우 외국에 특허출원하는 것을 금지하거나 발명자·출원인 및 대리인에게 그 특허출원의 발명을 비밀로 취급하도록 명할 수 있지만, 정부의 허가를 받은 경우에는 외국에 특허출원을 할 수 있다.

④ 특허권의 적극적 권리범위 확인심판에서, 확인대상발명의 실시와 관련된 특정한 물건과의 관계에서 그 물건에 대한 특허권이 소진되었다면 확인대상발명에 대하여 권리범위 확인심판을 제기할 확인의 이익이 없다.

⑤ 방법발명의 특허권자는 제3자가 그 방법의 실시에만 사용하는 물건을 생산, 판매하는 경우 그 방법의 실시에만 사용하는 물건과 대비되는 물건을 심판청구의 대상이 되는 발명으로 특정하여 특허권의 보호범위에 속하는지 여부의 확인을 구할 수 있다.

해설

① (O) 선행 또는 공지의 발명에 구성요건이 상위개념으로 기재되어 있고 위 상위개념에 포함되는 하위개념만을 구성요건 중의 전부 또는 일부로 하는 이른바 선택발명의 신규성을 부정하기 위해서는 선행발명이 선택발명을 구성하는 하위개념을 구체적으로 개시하고 있어야 하고, 이에는 선행발명을 기재한 선행문헌에 선택발명에 대한 문언적인 기재가 존재하는 경우 외에도 그 발명이 속하는 기술분야에서 통상의 지식을 가진 자가 선행문헌의 기재 내용과 출원시의 기술 상식에 기초하여 선행문헌으로부터 직접적으로 선택발명의 존재를 인식할 수 있는 경우도 포함된다(判例 2008후3469).

② (O) 특허출원이 공중의 위생을 해할 우려가 있는 때에는 거절사정하여야 하는 것이므로 발명이 공중위생을 해할 우려가 있는지 여부는 특허절차에서 심리되어야 할 것이고 이것이 단순히 발명의 실시단계에 있어 제품에 대한 식품위생법 등 관련제품 허가법규에서만 다룰 문제가 아니다(判例 91후110).

③ (O) 정부는 국방상 필요한 경우 외국에 특허출원하는 것을 금지하거나 발명자·출원인 및 대리인에게 그 특허출원의 발명을 비밀로 취급하도록 명할 수 있다. 다만, 정부의 허가를 받은 경우에는 외국에 특허출원을 할 수 있다(특허법 제41조 제1항).

④ (×) 특허권의 적극적 권리범위 확인심판은 특허발명의 보호범위를 기초로 하여 심판청구인이 확인대상발명에 대하여 특허권의 효력이 미치는가를 확인하는 권리확정을 목적으로 한 것이므로, 설령 확인대상발명의 실시와 관련된 특정한 물건과의 관계에서 특허권이 소진되었다 하더라도 그와 같은 사정은 특허권 침해소송에서 항변으로 주장함은 별론으로 하고 확인대상발명이 특허권의 권리범위에 속한다는 확인을 구하는 것과는 아무런 관련이 없다(判例 2010후289).

⑤ (○) 특허가 방법의 발명인 때에는 그 방법의 실시에만 사용하는 물건을 생산·양도·대여 또는 수입하거나 그 물건의 양도 또는 대여의 청약을 하는 행위를 업으로서 하는 경우에 특허권 또는 전용실시권을 침해한 것으로 본다는 취지로 규정하고 있으므로, 특허권자 또는 이해관계인은 그 방법의 실시에만 사용하는 물건과 대비되는 물건을 심판청구의 대상이 되는 발명으로 특정하여 특허권의 보호범위에 속하는지 여부의 확인을 구할 수 있다(判例 2003후1109).

답 ④

10 특허심판에 관한 설명으로 옳지 않은 것은? (다툼이 있으면 판례에 따름) 기출 18

① 특허의 등록무효심판청구에 관하여 종전에 확정된 심결이 있더라도 종전 심판에서 청구원인이 된 무효사유 외에 다른 무효사유가 추가된 경우에 새로운 심판청구는 그 자체로 동일사실에 의한 것이 아니어서 일사부재리의 원칙에 위배되지 아니한다.
② 거절결정에 대한 특허심판원의 심판절차에서 의견제출의 기회를 부여한 바 없는 새로운 거절이유를 들어서 거절결정이 결과에 있어 정당하다는 이유로 거절결정 불복심판청구를 기각한 심결은 위법하다.
③ 특허취소신청이 특허심판원에 계속 중인 때부터 그 결정이 확정될 때까지의 기간에는 정정심판을 청구할 수 없지만, 특허무효심판의 심결 또는 정정의 무효심판의 심결에 대한 소가 특허법원에 계속 중인 경우에는 특허법원에서 변론이 종결(변론 없이 한 판결의 경우에는 판결의 선고를 말한다)된 날까지 정정심판을 청구할 수 있다.
④ 심판에서는 당사자 또는 참가인이 신청하지 아니한 이유에 대해서도 심리할 수 있지만, 청구인이 신청하지 아니한 청구의 취지에 대해서는 심리할 수 없다.
⑤ 확인대상발명이 특허발명인 경우에는 적극적 권리범위확인심판을 허용한다면 특허권의 무효를 인정하는 것과 다름이 없게 되므로 확인대상발명이 특허발명의 이용발명인 경우에는 이와 같은 권리범위확인심판은 허용되지 않는다.

해설

① (○) 判例 2013후37
② (○) 判例 2013후1054
③ (○) 특허법 제136조 제2항 제1호
④ (○) 특허법 제159조

> **특허법 제159조(직권심리)**
> ① 심판에서는 당사자 또는 참가인이 신청하지 아니한 이유에 대해서도 심리할 수 있다. 이 경우 당사자 및 참가인에게 기간을 정하여 그 이유에 대하여 의견을 진술할 수 있는 기회를 주어야 한다.
> ② 심판에서는 청구인이 신청하지 아니한 청구의 취지에 대해서는 심리할 수 없다.

⑤ (×) 양 발명이 이용관계에 있어 특허발명의 등록의 효력을 부정하지 않고 권리범위의 확인을 구할 수 있는 경우에는 권리 대 권리 간의 적극적 권리범위확인심판의 청구가 허용된다(判例 99후2433).

답 ⑤

11 특허법상 권리범위확인심판(특허법 제135조)에 관한 설명으로 옳지 않은 것은? (다툼이 있으면 판례에 따름) 기출 16

① 권리범위확인심판을 청구할 때 심판청구의 대상이 되는 확인대상발명은 해당 특허발명과 서로 대비할 수 있을 만큼 구체적으로 특정되어야 할 뿐만 아니라, 그에 앞서 사회통념상 특허발명의 권리범위에 속하는지를 확인하는 대상으로서 다른 것과 구별될 수 있는 정도로 구체적으로 특정되어야 한다.
② 확인대상발명의 특정에 미흡함이 있다면 심판의 심결이 확정되더라도 일사부재리의 효력이 미치는 범위가 명확하다고 할 수 없으므로 나머지 구성만으로 확인대상 발명이 특허발명의 권리범위에 속하는지 여부를 판단할 수 있는 경우라 하더라도 심판청구를 각하하여야 한다.
③ 확인대상발명의 구성이 기능, 효과, 성질 등의 이른바 기능적 표현으로 기재되어 있는 경우, 통상의 기술자가 확인대상발명의 설명서나 도면 등의 기재와 기술상식을 고려하여 그 구성의 기술적 의미를 명확하게 파악할 수 있을 정도로 기재되어 있지 않다면 특허발명과 서로 대비할 수 있을 만큼 확인대상발명의 구성이 구체적으로 기재된 것으로 볼 수 없다.
④ 적극적 권리범위확인심판 청구에서 심판청구인이 특정한 확인대상발명과 피심판 청구인이 실시하고 있는 발명 사이에 동일성이 인정되지 않으면, 그 청구는 확인의 이익이 없다는 이유로 각하되어야 한다.
⑤ 등록실용신안의 권리범위확인심판에서 진보성이 없어 해당 실용신안등록을 무효로 할 수 있는 사유가 있는 경우, 특허의 경우와 다르게 무효심판절차를 거치지 않고 권리범위를 부정할 수 있다.

해설

⑤ (×) 진보성 여부를 권리범위확인심판에서까지 판단할 수 있게 하는 것은 본래 특허무효심판의 기능에 속하는 것을 권리범위확인심판에 부여함으로써 특허무효심판의 기능을 상당 부분 약화시킬 우려가 있다는 점에서도 바람직하지 않다. 따라서 권리범위확인심판에서는 특허발명의 진보성이 부정된다는 이유로 그 권리범위를 부정하여서는 안 된다(判例 2012후4162).

답 ⑤

12 甲은 발명 X에 대하여 특허권 등록을 받은 후, X기술이 구현된 제품을 생산·판매하고 있었다. 乙은 甲의 특허발명 X와 동일한 기술을 이용하여 정당한 권한 없이 제품을 생산·판매하였다. 甲은 乙에 대하여 특허권 침해를 주장하면서 침해금지 및 손해배상을 청구하는 소송을 제기하였다. 그러나 甲의 특허발명 X는 출원시 선행기술로부터 통상의 기술자가 쉽게 생각해 낼 수 있는 발명이었다. 다음 설명 중 옳은 것을 모두 고른 것은? (다툼이 있으면 판례에 따름) 기출 16

> ㄱ. 甲의 침해금지 및 손해배상의 청구가 권리남용에 해당한다고 乙이 항변하는 경우, 법원은 권리남용항변의 당부를 살피기 위한 전제로서 특허발명의 진보성에 대하여 심리·판단할 수 있다.
> ㄴ. 甲의 청구는 권리남용에 해당하므로 甲의 乙에 대한 침해금지 및 손해배상 청구는 인용되지 않는다.
> ㄷ. 乙이 실시하는 발명이 통상의 기술자가 선행기술로부터 쉽게 실시할 수 있는 것이므로 乙의 실시가 특허발명의 권리범위에 속하지 않는다는 乙의 항변은 타당하다.
> ㄹ. 甲이 乙에 대하여 적극적 권리범위확인심판을 청구하는 경우, 심판관은 해당 특허발명이 진보성 결여를 이유로 무효할 것이 명백하므로 심판을 청구할 이익이 없다고 보아 甲의 청구를 각하하여야 한다.

① ㄱ, ㄴ, ㄷ
② ㄱ, ㄴ, ㄹ
③ ㄱ, ㄷ, ㄹ
④ ㄴ, ㄷ, ㄹ
⑤ ㄱ, ㄴ, ㄷ, ㄹ

해설

ㄹ. (×) 진보성 여부를 권리범위확인심판에서까지 판단할 수 있게 하는 것은 본래 특허무효심판의 기능에 속하는 것을 권리범위확인심판에 부여함으로써 특허무효심판의 기능을 상당 부분 약화시킬 우려가 있다는 점에서도 바람직하지 않다. 따라서 권리범위확인심판에서는 특허발명의 진보성이 부정된다는 이유로 그 권리범위를 부정하여서는 안 된다(判例 2012후4162).

답 ①

13 특허법상 권리범위 확인심판에 관한 설명으로 옳지 않은 것은? (다툼이 있으면 판례에 따름)

기출 15

① 소극적 권리범위 확인심판을 청구할 수 있는 이해관계인은 권리범위에 속하는지 여부에 관하여 분쟁이 생길 염려가 있는 대상물을 업으로 실시하고 있는 자에 한하지 않는다.
② 권리범위 확인심판 청구는 특허권이 존속하는 동안에만 가능하다.
③ 권리범위 확인심판의 심판청구서에 확인대상발명을 첨부하지 아니한 경우 심판장은 기간을 정하여 그 흠결을 보정할 것을 명하고, 지정된 기간 이내에 보정을 하지 아니한 경우 결정으로 심판청구를 각하하여야 한다.
④ 권리범위 확인심판에서는 특허발명의 진보성이 부정된다는 이유로 그 권리범위를 부정하여서는 안 된다.
⑤ 피청구인이 실시하지 않고 있는 물품을 대상으로 한 적극적 권리범위 확인심판 청구는 확인의 이익이 없어 기각되어야 한다.

해설

⑤ (×) 적극적 권리범위확인심판에서 심판청구인이 특정한 물품과 피심판청구인이 실시하고 있는 물품 사이에 동일성이 인정되지 아니하면, 피심판청구인이 실시하지도 않는 물품이 등록고안의 권리범위에 속한다는 심결이 확정된다고 하더라도 그 심결은 심판청구인이 특정한 물품에 대하여만 효력을 미칠 뿐 실제 피심판청구인이 실시하고 있는 물품에 대하여는 아무런 효력이 없으므로, 피심판청구인이 실시하지 않고 있는 물품을 대상으로 한 적극적 권리범위확인심판청구는 확인의 이익이 없어 부적법하고 각하되어야 한다(判例 2002후2419). 따라서 기각심결이 아닌 각하심결을 하여야 한다.

 ⑤

14 甲은 제품 X를 국내에서 직접 생산하는 제조업자이고, 乙은 甲으로부터 제품 X를 납품받아 판매하는 판매업자이다. 특허권자 丙은 乙의 제품 X가 자신의 특허권 P(청구항 제1항 내지 제10항)를 직접 침해하고 있다고 판단하여 乙에게 서면으로 침해 경고장(청구항 제1항 내지 제3항을 침해한다고 기재)을 송부하였다. 乙은 丙으로부터 침해 경고장을 수령한 후에 특허 무효 조사를 실시하여 특허권 P의 청구항 제1항 및 제2항에 대한 진보성의 흠결을 입증할 수 있는 유력한 증거 E를 확인하였고, 청구항 제3항은 잘못 기재된 사항이 있음을 확인하였다. 甲, 乙 및 丙이 각각 취할 수 있는 특허법상의 조치에 관한 설명으로 옳지 <u>않은</u> 것은? (다툼이 있으면 판례에 따름) 기출 23

① 乙은 판매하는 제품 X가 丙의 특허권 P의 제1항 및 제2항의 권리 범위에 속하지 않는다는 청구취지로 특허법 제135조의 권리범위 확인심판을 청구할 수 있다.
② 丙은 甲에 의해서 특허무효심판(증거 E를 제출하며 청구항 제1항 및 제2항의 진보성 흠결을 청구이유로 기재)이 청구된 후 지정 기간 내에 특허권 P의 청구항 제3항에 대해서 정정을 청구할 수 있다.
③ 甲과 乙은 특허권 P의 청구항 제1항 및 제2항에 대해서 특허법 제29조 위반을 주장하고 청구항 제3항에 대해서 특허법 제42조 제4항 위반을 주장하는 심판청구서를 공동으로 특허심판원에 제출할 수 있다.
④ 乙이 丙을 상대로 특허권 P에 대한 특허무효심판(청구항 제3항에 대해서 특허법 제42조 제4항 위반을 청구 이유로 기재)을 청구하여 특허심판원에 계속 중인 경우, 丙은 특허권 P에 대한 정정심판을 청구하여 두 심판에 대한 심리의 병합을 신청할 수 있다.
⑤ 甲에 의해서 청구된 특허무효심판에서 丙이 답변서를 제출하였음에도 인용심결이 나온 경우 甲은 반드시 丙의 동의를 받아야만 특허무효심판의 취하를 할 수 있다.

| 해설 |
① (○) 乙은 권리범위확인심판을 청구할 수 있는 이해관계인이다(특허법 제135조 제2항).
② (○) 丙은 무효심판에 대응하여 정정청구를 할 수 있다(특허법 제133조의2).
③ (○) 甲과 乙은 공동으로 무효심판을 청구할 수 있다(특허법 제139조 제1항).
④ (×) 특허무효심판 또는 정정의 무효심판이 특허심판원에 계속 중인 기간에는 정정심판을 청구할 수 없다(특허법 제136조 제2항 제2호).
⑤ (○) 심판청구는 심결이 확정될 때까지 취하할 수 있다. 다만, 답변서가 제출된 후에는 상대방의 동의를 받아야 한다(특허법 제161조 제1항).

 ④

15 특허 정정심판 및 정정의 무효심판에 관한 설명으로 옳지 않은 것은? (다툼이 있으면 판례에 따름)

① 청구범위 "A + B"가 명세서의 "발명의 설명"에 기재되어 있다고 하더라도, 도면에 기재된 "B + C"를 근거로 청구범위를 "B + C"로 정정하는 것은 청구범위의 변경에 해당하므로 불가능하다.
② 청구항에 기재된 "온도 1,000℃"는 특허법 제136조(정정심판) 제1항 제2호의 "잘못 기재된 사항을 정정"하는 경우에 해당한다는 이유로, 명세서에 기재된 "온도 20~50℃"의 범위를 넘더라도 "온도 100℃"로 정정될 수 있다.
③ 특허취소신청이 특허심판원에 계속 중인 때부터 그 결정이 확정될 때까지의 기간에는 청구범위의 구성 A를 그 하위개념의 "a"로 감축하는 정정심판을 청구할 수 없다.
④ 정정의 무효심판의 심결에 대한 소가 특허법원에 계속 중인 경우에는 특허법원에서 변론이 종결된 날까지 "청구범위를 감축"하는 정정심판을 청구할 수 있다.
⑤ "청구범위를 감축하는 정정"을 하는 경우에는 특허발명의 명세서 또는 도면에 기재된 사항의 범위에서 할 수 있지만, "잘못 기재된 사항을 정정"하는 경우에는 특허출원서에 최초로 첨부된 명세서 또는 도면에 기재된 사항의 범위에서 할 수 있다.

해설

② (×) 잘못된 기재를 정정하는 경우란 정정 전의 기재내용과 정정 후의 기재내용이 동일함을 객관적으로 인정할 수 있는 경우로서, 청구범위의 기재가 오기인 것이 명세서 기재 내용으로 보아 자명한 것으로 인정되거나, 주지의 사항 또는 경험칙으로 보아 명확한 경우 그 오기를 정확한 내용으로 고치는 것을 말한다(判例 2006후2301). 따라서 잘못된 기재의 정정으로 볼 수 없으며, 명세서에 기재된 범위를 넘어 신규사항추가에 해당한다.
③ (○) 특허취소신청이 특허심판원에 계속 중인 때부터 그 결정이 확정될 때까지의 기간에는 정정심판을 청구할 수 없다(특허법 제136조 제2항 제1호).
④ (○) 특허무효심판의 심결 또는 정정의 무효심판의 심결에 대한 소가 특허법원에 계속 중인 경우에는 특허법원에서 변론이 종결(변론 없이 한 판결의 경우에는 판결의 선고를 말한다)된 날까지 정정심판을 청구할 수 있다(특허법 제136조 제2항 제1호).
⑤ (○) 특허법 제136조 제3항

 ②

16 설정등록된 특허권의 정정심판에 관한 설명으로 옳지 <u>않은</u> 것은? (다툼이 있으면 판례에 따름)

기출 17

① 특허권자는 특허의 무효심판 또는 정정의 무효심판이 특허심판원에 계속되고 있는 경우에는 정정심판을 청구할 수 없다.
② 정정심판에서 잘못 기재된 사항을 정정하는 경우, 보정이 인정된 특허발명의 명세서 또는 도면의 범위 내에서 할 수 있다.
③ 정정심판에서 청구범위를 감축하는 경우, 정정 후의 청구범위에 적혀 있는 사항이 특허출원을 하였을 때 특허를 받을 수 있는 것이어야 한다.
④ 특허된 후 그 특허권자가 특허법 제25조(외국인의 권리능력)에 따라 특허권을 누릴 수 없는 자로 되어 무효심판에 의해 특허권을 무효로 한다는 심결이 확정된 경우에는 정정심판을 청구할 수 있다.
⑤ 정정 후의 특허청구범위에 의하더라도 발명의 목적이나 효과에 어떠한 변경이 없고 발명의 설명 및 도면에 기재되어 있는 내용을 그대로 반영한 것이어서 정정 전의 특허청구범위를 신뢰한 제3자에게 예기치 못한 손해를 줄 염려가 없다면, 그 정정 청구는 특허청구범위를 실질적으로 확장하거나 변경하는 경우에 해당되지 아니한다.

해설
① (○) 특허법 제136조 제2항 제2호
② (×) 보정은 출원서에 최초로 첨부된 명세서 또는 도면에 기재된 사항의 범위에서 할 수 있다.
③ (○) 특허법 제136조 제5항
④ (○) 특허법 제133조 제3항, 제136조 제7항
⑤ (○) 判例 2008후1081

답 ②

17 특허법상의 정정에 관한 설명으로 옳지 않은 것은? (다툼이 있으면 판례에 따름) 기출 16

① 정정 후의 청구범위에 의하더라도 발명의 목적이나 효과에 어떠한 변경이 없고 발명의 설명 및 도면에 기재되어 있는 내용을 그대로 반영한 것이어서 정정 전의 청구범위를 신뢰한 제3자에게 예기치 못한 손해를 줄 염려가 없다면, 그 정정청구는 청구범위를 실질적으로 확장하거나 변경하는 것에 해당하지 아니한다.
② 특허무효심판절차에서의 정정청구의 적법 여부를 판단하는 특허무효심판이나 심결취소소송에서, 정정의견제출통지서를 통하여 특허권자에게 의견서 제출 기회를 부여한 바 없는 별개의 사유를 들어 정정청구를 받아들이지 않는 심결을 하거나 심결에 대한 취소청구를 기각하는 것은 위법하다.
③ 특허법 제136조(정정심판) 제2항의 '명세서 또는 도면에 기재된 사항'에는 그곳에 기재되어 있지는 않지만 출원시의 기술상식으로 볼 때 통상의 기술자가 명시적으로 기재되어 있는 내용으로부터 그와 같은 기재가 있는 것과 마찬가지라고 명확하게 이해할 수 있는 사항이 포함된다.
④ 정정명세서에 관한 보정은 당초의 정정사항을 삭제하거나 정정청구의 내용이 실질적으로 동일하게 되는 범위 내에서 경미한 하자를 고치는 정도에서만 정정청구취지의 요지를 변경하지 않는 것으로서 허용된다.
⑤ 조약에 의한 우선권주장의 기초가 된 최초의 출원서 또는 출원공개된 출원서에 첨부된 명세서 또는 도면에 기재된 사항이 그 후 정정되었다면, 그 정정내용이 조약에 의한 우선권주장의 기초가 된 발명의 내용 또는 신규성·진보성 판단에 제공되는 선행기술로서의 발명의 내용에 영향을 미친다.

해설

① (○) 특허청구범위의 정정이 특허청구범위의 실질적 변경에 해당하는지 여부는 특허청구범위의 형식적인 기재만을 대비할 것이 아니라 발명의 상세한 설명을 포함한 명세서 전체의 내용과 관련하여 실질적으로 대비하여 판단함이 합리적이고, 명세서의 상세한 설명 또는 도면에 있는 사항을 특허청구범위에 새로이 추가함으로써 표면상 특허발명이 한정되어 형식적으로는 특허청구범위가 감축되는 경우라 하더라도, 다른 한편 그 구성의 추가로 당초의 특허발명이 새로운 목적 및 효과를 갖게 되는 때에는 특허청구범위의 실질적 변경에 해당하므로 허용되지 않는다(判例 2007허9774).
② (○) 정정청구의 적법 여부를 판단하는 특허무효심판이나 그 심결취소소송에서 정정의견제출통지서에 기재된 사유와 다른 별개의 사유가 아니고 주된 취지에 있어서 정정의견제출통지서에 기재된 사유와 실질적으로 동일한 사유로 정정청구를 받아들이지 않는 심결을 하거나 그 심결에 대한 취소청구를 기각하는 것은 허용되지만, 정정의견제출통지서를 통하여 특허권자에게 의견서 제출 기회를 부여한 바 없는 별개의 사유를 들어 정정청구를 받아들이지 않는 심결을 하거나 그 심결에 대한 취소청구를 기각하는 것은 위법하다(判例 2011후934).
③ (○) 判例 2012후2999
④ (○) 判例 2011후3643
⑤ (×) 조약에 의한 우선권주장의 기초가 된 최초의 출원서 또는 출원공개된 출원서에 첨부한 명세서 또는 도면에 기재된 사항이 그 후 정정되었다 하더라도, 그 정정내용이 조약에 의한 우선권주장의 기초가 된 발명의 내용 또는 신규성·진보성 판단에 제공되는 선행기술로서의 발명의 내용에 영향을 미칠 수 없다(判例 2011후620).

답 ⑤

18 특허법상 정정심판에 관한 설명으로 옳지 않은 것은? 기출 15

① 특허권자는 청구범위를 감축하는 경우에는 특허발명의 명세서 또는 도면에 대하여 정정심판을 청구할 수 있지만, 청구범위를 실질적으로 확장하거나 변경하는 정정은 허용되지 않는다.
② 정정심판은 특허권의 설정등록 후부터 특허권이 소멸할 때까지만 청구할 수 있고, 특허를 무효로 한다는 심결이 확정된 후에는 청구할 수 없다.
③ 청구범위의 감축 및 잘못된 기재의 정정은 정정 후 청구범위에 기재되어 있는 사항이 특허출원을 하였을 때에 특허를 받을 수 있는 것이어야 한다.
④ 청구인에게 심리종결 통지가 있기 전에 한하여 심판청구서에 첨부된 정정 명세서 또는 도면에 대하여 보정을 할 수 있고, 정정 명세서 또는 도면은 청구 취지의 일부를 이루는 것이므로 보정을 함에 있어서 그 요지를 변경할 수 없다.
⑤ 무효심판이 특허심판원에 계속되고 있는 때에는 정정심판을 청구할 수 없지만, 무효심판의 심결에 대한 취소소송이 특허법원에 제기된 후에는 원칙적으로 정정 심판을 청구할 수 있다.

해설

① (○) 특허법 제136조 제1항 제1호
② (×) 후발적 무효사유에 의해 무효심결이 확정된 경우 정정심판을 청구할 수 있다.
③ (○) 특허법 제136조 제5항
④ (○) 특허법 제136조 제11항, 제140조 제2항
⑤ (○) 특허법 제136조 제2항 제2호

답 ②

19 특허법상 '정정심판' 또는 '정정의 무효심판'에 관한 설명으로 옳지 않은 것은? (다툼이 있으면 판례에 따름) 기출 19

① 정정의 무효심판은 정정심결 확정 후 특허권의 존속기간 중에만 청구할 수 있다.
② 특허무효심판이 특허심판원에 계속 중인 기간에는 정정심판을 청구할 수 없다.
③ 정정의 무효심판이 특허심판원에 계속 중인 기간에는 정정심판을 청구할 수 없다.
④ 조약에 의한 우선권주장의 기초가 된 최초의 출원서에 첨부된 명세서 또는 도면에 기재된 사항이 정정심결이 확정되어 정정되었다 하더라도, 그 정정내용이 조약에 의한 우선권주장의 기초가 된 발명의 내용에 영향을 미치지 않는다.
⑤ 출원공개된 출원서에 첨부된 명세서 또는 도면에 기재된 사항이 정정심결이 확정되어 정정되었다 하더라도, 그 정정내용이 신규성・진보성 판단에 제공되는 선행기술로서의 발명의 내용에 영향을 미치지 않는다.

해설

① (×) 특허권이 소멸된 후에도 정정의 무효심판을 청구할 수 있다.
② (○), ③ (○) 특허법 제136조 제2항 제2호

> **특허법 제136조(정정심판)**
> ② 제1항에도 불구하고 다음 각 호의 어느 하나에 해당하는 기간에는 정정심판을 청구할 수 없다.
> 1. 특허취소신청이 특허심판원에 계속 중인 때부터 그 결정이 확정될 때까지의 기간. 다만, 특허무효심판의 심결 또는 정정의 무효심판의 심결에 대한 소가 특허법원에 계속 중인 경우에는 특허법원에서 변론이 종결(변론 없이 한 판결의 경우에는 판결의 선고를 말한다)된 날까지 정정심판을 청구할 수 있다.
> 2. 특허무효심판 또는 정정의 무효심판이 특허심판원에 계속 중인 기간

④ (○), ⑤ (○) 특허법 제136조 제8항에 의하여 정정심결이 확정된 때에는 정정 후의 명세서 또는 도면에 의하여 특허출원되고 이후 이에 입각하여 특허권 설정등록까지의 절차가 이루어진 것으로 간주하는 것은 무효 부분을 포함하는 특허를 본래 유효로 되어야 할 범위 내에서 존속시키기 위한 것이므로, 조약에 의한 우선권 주장의 기초가 된 최초의 출원서 또는 출원공개된 출원서에 첨부한 명세서 또는 도면에 기재된 사항이 그 후 정정되었다 하더라도, 그 정정내용이 조약에 의한 우선권 주장의 기초가 된 발명의 내용 또는 신규성・진보성 판단에 제공되는 선행기술로서의 발명의 내용에 영향을 미칠 수 없다(判例 2011후620).

답 ①

20

甲은 "살균성분이 있는 물질 A"에 대한 선출원 등록 특허권자이고, 乙은 "살균성분이 있는 물질 A와 B를 결합하여 생성한 제초제 AB"에 대한 후출원 등록 특허권자이다. 甲과 乙의 특허권 행사에 관한 설명으로 옳지 않은 것은? (다툼이 있으면 판례에 따름) 기출 21

① 甲은 자기의 특허발명인 물질 A가 乙의 제초제에 그대로 실시되고 있다는 이유로 乙의 특허발명을 확인대상발명으로 하여 자기의 특허발명의 권리범위에 속한다는 확인을 구하는 적극적 권리범위확인심판을 청구할 수 있다.
② 乙의 특허발명이 甲의 특허발명과 이용관계가 성립하기 위해서는 물질 A와 B의 유기적 결합관계에 의하여 생성된 제초제 AB는 甲의 특허발명인 물질 A의 살균성분과 특성이 일체성을 가지고 있어야 한다.
③ 乙은 자기의 특허발명이 특허법 제98조(타인의 특허발명 등과의 관계)에 해당하여 그 실시의 허락을 받고자 하였으나 甲이 정당한 이유 없이 허락하지 아니하는 경우, 자기의 특허발명의 실시에 필요한 범위에서 통상실시권허락 심판을 청구할 수 있다.
④ 乙이 자기의 특허발명을 실시하기 위하여 甲을 상대로 특허법 제138조(통상실시권허락의 심판)의 심판을 청구한 경우, 乙의 특허발명이 甲의 특허발명과 비교하여 상당한 경제적 가치가 있는 중요한 기술적 진보를 가져오는 것이 아니면 통상실시권을 허락하여서는 아니 된다.
⑤ 乙은 자기의 특허발명이 甲의 특허발명과 이용관계에 있는 경우 甲의 허락을 받지 아니하고는 자기의 특허발명을 업으로서 실시할 수 없다.

해설
① 이용관계에 대해서는 적극적, 소극적 모두 청구할 수 있고, 저촉관계에 대해서만 적극적 권리범위확인심판 청구가 제한된다.
② 선 특허발명과 후 발명이 이용관계에 있는 경우에는 후 발명은 선 특허발명의 권리범위에 속하게 된다. 여기서 두 발명이 이용관계에 있는 경우라고 함은 후 발명이 선 특허발명의 기술적 구성에 새로운 기술적 요소를 부가하는 것으로서, 후 발명이 선 특허발명의 요지를 전부 포함하고 이를 그대로 이용하되, 후 발명 내에서 선 특허발명이 발명으로서의 일체성을 유지하는 경우를 말한다(判例 2015후161).
③ 특허법 제138조 제1항
④ 특허법 제138조 제2항
⑤ 특허법 제98조

답 전항정답

21 통상실시권에 관한 설명으로 옳은 것은? (다툼이 있으면 판례에 따름) 기출 17

① 특허법 제138조(통상실시권 허락의 심판)에 따라 통상실시권이 설정된 경우, 그 통상실시권이 설정된 특허권에 기한 사업이 계속되고 있는 이상 그 특허권이 소멸하더라도 이미 발생한 통상실시권의 존속에는 영향이 없다.
② 특허법 제138조(통상실시권 허락의 심판)에 따라 통상실시권이 설정된 경우, 그 통상실시권이 설정된 특허권자는 사업의 계속을 위해 통상실시권을 유보한 채 특허권만 이전할 수 있다.
③ 乙이 발명 A를 사업상 실시하기 위해 특허권자 甲으로부터 통상실시권을 설정받았다면, 乙이 丙에게 그 실시사업을 양도하는 경우에는 甲의 동의 없이도 위 통상실시권을 함께 양도할 수 있다.
④ 특허법 제107조(통상실시권 설정의 재정)에 따른 통상실시권은 특허권자의 동의가 있는 경우에 이전할 수 있다.
⑤ 특허법은 선사용에 의한 통상실시권에 대하여 특허출원한 발명자 甲으로부터 알게 되어 국내에서 그 발명의 실시사업을 하거나 이를 준비하고 있는 乙은 그 실시하거나 준비하고 있는 발명 및 사업목적의 범위에서 그 특허출원된 발명의 특허권에 대하여 통상실시권을 가지도록 명시하고 있다.

해설

① (×) 통상실시권허락심판에 의한 통상실시권은 해당 특허권이 소멸되면 함께 소멸된다.
② (×) 통상실시권허락심판에 의한 통상실시권은 해당 특허권과 함께 이전된다.
③ (○) 제3항 및 제4항에 따른 통상실시권 외의 통상실시권은 실시사업과 함께 이전하는 경우 또는 상속이나 그 밖의 일반승계의 경우를 제외하고는 특허권자(전용실시권에 관한 통상실시권의 경우에는 특허권자 및 전용실시권자)의 동의를 받아야만 이전할 수 있다(특허법 제102조 제5항).
④ (×) 재정에 의한 통상실시권은 실시사업과 함께 이전하는 경우에만 이전할 수 있다.
⑤ (×) 특허발명의 내용을 알지 못한 채 발명을 하거나 그 발명을 한 자로부터 알게 된 경우에 선사용에 의한 통상실시권을 가질 수 있다.

답 ③

22 특허취소신청제도와 특허무효심판제도의 비교에 관한 설명으로 옳지 <u>않은</u> 것은? 기출 20

① 특허취소신청은 결정계로 누구든지 신청인이 될 수 있는 반면에, 무효심판은 당사자계로 이해관계인 또는 심사관이 심판을 청구할 수 있다.
② 특허취소신청은 청구항이 둘 이상인 경우에 청구항마다 할 수 없지만, 무효심판은 청구항이 둘 이상인 경우에는 청구항마다 청구할 수 있다.
③ 특허취소신청은 물론이고 무효심판에서도 특허권자는 지정된 기간에 특허발명의 명세서 또는 도면에 대하여 정정청구를 할 수 있다.
④ 특허취소신청에 관한 심리는 서면으로 하는 반면에, 무효심판은 구술심리 또는 서면심리로 한다.
⑤ 특허취소신청은 특허권의 설정등록일부터 등록공고일 후 6개월이 되는 날까지 신청할 수 있으나, 무효심판은 특허권이 소멸된 후에도 청구할 수 있다.

┃해설┃
② (×) 특허취소신청과 무효심판은 청구범위의 청구항이 둘 이상인 경우 청구항마다 청구할 수 있다(특허법 제132조의2 제1항, 제133조 제1항). 권리범위확인심판도 마찬가지이다(특허법 제135조 제3항).

답 ②

23 특허취소신청에 관한 설명으로 옳지 않은 것을 모두 고른 것은? 기출 18

ㄱ. 누구든지 특허권의 설정등록일부터 등록공고일 후 6개월이 되는 날까지 그 특허가 특허법 제29조(특허요건) 제1항 제1호에 위반되는 경우에는 특허청장에게 특허취소신청을 할 수 있다.
ㄴ. 특허취소신청절차가 진행 중인 특허에 대한 특허권자는 특허법 제136조(정정심판) 제1항 각 호의 어느 하나에 해당하는 경우에만 제132조의13(특허취소신청에 대한 결정) 제2항에 따라 지정된 기간에 특허발명의 명세서 또는 도면에 대하여 정정청구를 할 수 있다.
ㄷ. 특허취소신청절차가 진행 중인 특허에 대한 특허권자가 정정청구를 한 경우에 정정을 청구할 수 있도록 지정된 기간과 그 기간의 만료일부터 2개월 이내의 기간에는 정정을 취하할 수 있다.
ㄹ. 부적법한 특허취소신청으로서 그 흠을 보정할 수 없을 때에는 특허취소신청의 합의체는 특허권자에게 특허취소신청의 부본을 송달하지 아니하고, 결정으로 그 특허취소신청을 각하할 수 있으며, 각하결정에 대해서는 결정등본송달일로부터 1주일 이내에 불복할 수 있다.
ㅁ. 특허취소신청은 특허취소신청 결정등본이 송달되기 전까지만 취하할 수 있으며, 다만, 특허법 제132조의13(특허취소신청에 대한 결정) 제2항에 따라 특허권자 및 참가인에게 특허의 취소이유가 통지된 후에는 취하할 수 없다.

① ㄱ, ㄴ, ㄷ
② ㄱ, ㄴ, ㄹ
③ ㄱ, ㄷ, ㄹ
④ ㄴ, ㄹ, ㅁ
⑤ ㄷ, ㄹ, ㅁ

해설

ㄱ. (×) 특허법 제132조의2 제1항

> **특허법 제132조의2(특허취소신청)**
> ① 누구든지 특허권의 설정등록일부터 등록공고일 후 6개월이 되는 날까지 그 특허가 다음 각 호의 어느 하나에 해당하는 경우에는 특허심판원장에게 특허취소신청을 할 수 있다. 이 경우 청구범위의 청구항이 둘 이상인 경우에는 청구항마다 특허취소신청을 할 수 있다.
> 1. 제29조(같은 조 제1항 제1호에 해당하는 경우와 같은 호에 해당하는 발명에 의하여 쉽게 발명할 수 있는 경우는 제외한다)에 위반된 경우
> 2. 제36조 제1항부터 제3항까지의 규정에 위반된 경우

ㄴ. (○) 특허법 제132조의3 제1항
ㄷ. (×) 정정청구를 할 수 있도록 지정된 기간과 그 기간의 만료일부터 1개월 이내의 기간, 직권심리에 따른 의견서 제출기간에 정정청구를 취하할 수 있다(특허법 제132조의3 제4항 제1호).
ㄹ. (×) 각하결정에 대해서는 불복할 수 없다(특허법 제132조의12 제1항).
ㅁ. (○) 특허법 제132조의12 제1항

답 ③

24 특허취소신청에 관한 설명으로 옳은 것은? 기출 24

① 누구든지 특허권의 설정등록일부터 등록공고일 후 1년이 되는 날까지 동일한 발명에 대하여 다른 날에 둘 이상의 특허출원이 있었던 경우 나중에 특허출원한 자의 발명에 대하여 특허를 부여한 경우 특허심판원장에게 특허취소신청을 할 수 있다.
② 특허권에 관하여 이해관계를 가진 자는 특허취소신청에 대한 결정이 있을 때까지 특허권자를 보조하기 위하여 그 심리에 참가할 수 없다.
③ 특허취소결정이 확정된 때에는 그 특허권은 확정된 날로부터 효력을 상실한다.
④ 심판관은 특허취소신청에 관하여 특허취소신청인, 특허권자 또는 참가인이 제출하지 아니한 이유에 대해서도 심리할 수 있다.
⑤ 공유인 특허권의 특허권자 중 1인에게 특허취소신청절차의 중단 또는 중지의 원인이 있으면 그 1인에게만 그 효력이 발생한다.

해설
① (×) 누구든지 특허권의 설정등록일부터 등록공고일 후 1년이 되는 날까지 특허취소신청을 할 수 있다(특허법 제132조의2 제1항).
② (×) 특허권에 관하여 권리를 가진 자 또는 이해관계를 가진 자는 특허취소신청에 대한 결정이 있을 때까지 특허권자를 보조하기 위하여 그 심리에 참가할 수 있다(특허법 제132조의9 제1항).
③ (×) 특허취소결정이 확정된 때에는 그 특허권은 처음부터 없었던 것으로 본다(특허법 제132조의13 제3항).
④ (○) 심판관은 특허취소신청에 관하여 특허취소신청인, 특허권자 또는 참가인이 제출하지 아니한 이유에 대해서도 심리할 수 있다(특허법 제132조의10 제1항).
⑤ (×) 공유인 특허권의 특허권자 중 1인에게 특허취소신청절차의 중단 또는 중지의 원인이 있으면 모두에게 그 효력이 발생한다(특허법 제132조의8 제2항).

답 ④

25 특허법상 재심에 관한 설명으로 옳지 <u>않은</u> 것은? (다툼이 있으면 판례에 따름) 기출 25

① 대리권의 흠을 이유로 재심을 청구하는 경우 그 기간은 청구인 또는 법정대리인이 특허취소결정등본 또는 심결등본의 송달에 의하여 특허취소결정 또는 심결이 있는 것을 안 날의 다음 날부터 기산한다.

② 심판의 당사자가 공모하여 제3자의 권리나 이익을 사해할 목적으로 심결을 하게 하였을 때 제3자는 그 확정된 심결에 대하여 재심을 청구할 수 있으며, 이 경우 심판의 당사자를 공동피청구인으로 한다.

③ 특허취소결정 또는 심결의 증거가 된 문서나 그 밖의 물건이 위조 또는 변조된 것인 경우에는, 처벌받을 행위에 대하여 유죄의 판결이나 과태료부과의 재판이 확정된 때 또는 증거부족 외의 이유로 유죄의 확정판결이나 과태료부과의 확정재판을 할 수 없을 때에만 재심의 소를 제기할 수 있다.

④ 특허법 제138조(통상실시권 허락의 심판) 제1항 또는 제3항에 따라 통상실시권을 허락한다는 심결이 확정된 후 재심에서 그 심결과 상반되는 심결이 확정된 경우에는 재심 청구 등록 전에 선의로 국내에서 그 발명의 실시사업을 하고 있는 자 또는 그 사업을 준비하고 있는 자는 원(原)통상실시권의 사업목적 및 발명의 범위에서 그 특허권 또는 재심의 심결이 확정된 당시에 존재하는 전용실시권에 대하여 통상실시권을 가진다.

⑤ 재심사유가 특허취소결정 후에 생겼을 경우 특허법 제180조(재심청구의 기간) 제3항의 기간은 그 사유가 발생한 날부터 기산한다.

┃해설┃

① (○) 특허법 제180조 제2항
② (○) 특허법 제179조
③ (○) 특허법 제178조, 민사소송법 제451조 제2항
④ (○) 특허법 제183조
⑤ (×) 재심사유가 특허취소결정 또는 심결 확정 후에 생겼을 때에는 제3항의 기간은 그 사유가 발생한 날의 <u>다음 날부터 기산한다</u>(특허법 제180조 제4항).

답 ⑤

26 특허법상 재심에 관한 설명으로 옳지 않은 것은? 기출 24

① 심판에 관여한 심판관이 그 사건에 관하여 직무에 관한 죄를 범한 경우에는 처벌받을 행위에 대하여 유죄의 판결이나 과태료부과의 재판이 확정된 때 또는 증거부족 외의 이유로 유죄의 확정판결이나 과태료부과의 확정재판을 할 수 없을 때에만 재심의 소를 제기할 수 있다.
② 당사자는 확정된 특허취소결정 또는 확정된 심결에 대하여 재심을 청구할 수 있다.
③ 재심사유가 특허취소결정 후에 생겼을 경우 특허취소결정 후 3년의 기간은 그 사유가 발생한 날로부터 기산한다.
④ 특허취소결정에 대한 재심의 절차에 관하여는 그 성질에 반하지 아니하는 범위에서 특허취소신청에 관한 규정을 준용한다.
⑤ 대리권의 흠을 이유로 재심을 청구하는 경우에 재심청구 기간은 청구인 또는 법정대리인이 특허취소결정등본 또는 심결등본의 송달에 의하여 특허취소결정 또는 심결이 있는 것을 안 날의 다음 날부터 기산한다.

해설
① (○) 특허법 제178조 제2항 준용, 민사소송법 제451조 제2항
② (○) 특허법 제178조 제1항
③ (×) 재심사유가 특허취소결정 또는 심결 확정 후에 생겼을 때에는 3년의 기간은 그 사유가 발생한 날의 다음 날부터 기산한다(특허법 제180조 제4항).
④ (○) 특허법 제183조
⑤ (○) 특허법 제180조 제2항

답 ③

27 특허권 A에 대한 특허무효심판에 대한 심결이 2023.1.27. 오전 0시 확정(해당심결 이전의 확정심결과 저촉되지 않음)되었고, 특허권자 甲은 2023.2.6. 재심사유를 알게 되었으며, 심결등본의 송달에 의하여 특허무효심결이 있는 것을 알게 된 날은 2023.2.13.이다. 甲은 확정된 무효심결에 대해서 재심을 청구하려 한다. 이에 관한 설명으로 옳은 것을 모두 고른 것은? (모든 일자는 공휴일이 아닌 것으로 하며, 아래 각 지문은 독립적으로 판단할 것) 기출 23

ㄱ. 甲은 2026.1.27.이 경과하면 재심을 청구할 수 없다.
ㄴ. 甲은 2023.3.8.까지 재심을 청구할 수 있다.
ㄷ. 재심사유가 2023.2.2.에 생겼다면, 甲은 2026.2.2.까지 재심을 청구할 수 있다.
ㄹ. 대리권의 흠을 이유로 재심을 청구하는 경우에 甲은 2023.3.15.까지 재심을 청구할 수 있다.

① ㄱ, ㄴ, ㄷ
② ㄱ, ㄴ, ㄹ
③ ㄱ, ㄷ, ㄹ
④ ㄴ, ㄷ, ㄹ
⑤ ㄱ, ㄴ, ㄷ, ㄹ

해설

ㄱ. (○) 특허취소결정 또는 심결 확정 후 3년이 지나면 재심을 청구할 수 없다(특허법 제180조 제3항). 甲은 2023.1.27.로부터 3년이 지난, 2026.1.26.까지 재심을 청구할 수 있다.

ㄴ. (○) 당사자는 특허취소결정 또는 심결 확정 후 재심사유를 안 날부터 30일 이내에 재심을 청구하여야 한다(특허법 제180조 제1항). 甲은 재심사유를 알게 된 날인 2023.2.6.로부터 30일 이내인 2023.3.8.까지 재심을 청구할 수 있다.

ㄷ. (×) 재심사유가 특허취소결정 또는 심결 확정 후에 생겼을 때에는 제3항의 기간은 그 사유가 발생한 날의 다음 날부터 기산한다(특허법 제180조 제4항). 재심사유가 생긴 날의 다음 날부터 3년이 지난 2026.2.2.까지 재심 청구 가능하다.

ㄹ. (○) 대리권의 흠을 이유로 재심을 청구하는 경우에 제1항의 기간은 청구인 또는 법정대리인이 특허취소결정등본 또는 심결등본의 송달에 의하여 특허취소결정 또는 심결이 있는 것을 안 날의 다음 날부터 기산한다(특허법 제180조 제2항). 2023.2.13. 다음 날부터 30일을 기산하면 2023.3.15.까지이다.

※ 가답안 정답 ②번으로 발표된 이후, 해당 문제의 설정이 불명확해 수험생들이 정답을 선택하는 데에 혼란을 초래한다고 판단하여 전항정답으로 처리된 문제다.

답 전항정답

28 특허법상 재심제도에 관한 설명으로 옳지 않은 것은? 기출 22

① 당사자는 특허취소결정 또는 심결 확정 후 재심사유를 안 날부터 30일 이내에 재심을 청구하여야 하고, 대리권의 흠을 이유로 재심을 청구하는 경우에 이 기간은 청구인 또는 법정대리인이 특허취소결정등본 또는 심결등본을 송달 받은 날부터 기산한다.

② 특허취소결정 또는 심결 확정 후 3년이 지나면 재심을 청구할 수 없으며, 재심사유가 특허취소결정 또는 심결 확정 후에 생겼을 때에는 위의 3년의 기간은 그 사유가 발생한 날의 다음 날부터 기산한다.

③ 심판의 당사자가 공모하여 제3자의 권리나 이익을 사해(詐害)할 목적으로 심결을 하게 하였을 때에는 제3자는 그 확정된 심결에 대하여 재심을 청구할 수 있으며, 이 경우 심판의 당사자를 공동피청구인으로 한다.

④ 취소된 특허권이 재심에 의하여 회복된 경우 특허권의 효력은 해당 특허취소결정 또는 심결이 확정된 후 재심청구 등록 전에 선의로 수입하거나 국내에서 생산 또는 취득한 물건에는 미치지 아니한다.

⑤ 취소된 특허권이 재심에 의하여 회복된 경우 해당 특허취소결정 또는 심결이 확정된 후 재심청구등록 전에 국내에서 선의로 그 발명의 실시사업을 하고 있는 자 또는 그 사업을 준비하고 있는 자는 실시하고 있거나 준비하고 있는 발명 및 사업목적의 범위에서 그 특허권에 관하여 통상실시권을 가진다.

해설

① (×) 당사자는 특허취소결정 또는 심결 확정 후 재심사유를 안 날부터 30일 이내에 재심을 청구하여야 한다(특허법 제180조 제1항). 대리권의 흠을 이유로 재심을 청구하는 경우에 제1항의 기간은 청구인 또는 법정대리인이 특허취소결정등본 또는 심결등본의 송달에 의하여 특허취소결정 또는 심결이 있는 것을 안 날의 다음 날부터 기산한다(특허법 제180조 제2항).
② (○) 특허법 제180조 제3항·제4항
③ (○) 특허법 제179조
④ (○) 특허법 제181조 제1항 제4호
⑤ (○) 특허법 제182조

답 ①

CHAPTER 12 소송

01 심결취소소송

(1) 법조문

제186조(심결 등에 대한 소)
① 특허취소결정 또는 심결에 대한 소 및 특허취소신청서·심판청구서·재심청구서의 각하결정에 대한 소는 특허법원의 전속관할로 한다. 기출 24·25
② 제1항에 따른 소는 다음 각 호의 자만 제기할 수 있다. 기출 16·19·23
  1. 당사자
  2. 참가인
  3. 해당 특허취소신청의 심리, 심판 또는 재심에 참가신청을 하였으나 신청이 거부된 자
③ 제1항에 따른 소는 심결 또는 결정의 등본을 송달받은 날부터 30일 이내에 제기하여야 한다. 기출 25
④ 제3항의 기간은 불변기간으로 한다.
⑤ 심판장은 주소 또는 거소가 멀리 떨어진 곳에 있거나 교통이 불편한 지역에 있는 자를 위하여 직권으로 제4항의 불변기간에 대하여 부가기간을 정할 수 있다.
⑥ 특허취소를 신청할 수 있는 사항 또는 심판을 청구할 수 있는 사항에 관한 소는 특허취소결정이나 심결에 대한 것이 아니면 제기할 수 없다. 기출 20
⑦ 제162조 제2항 제5호에 따른 대가의 심결 및 제165조 제1항에 따른 심판비용의 심결 또는 결정에 대해서는 독립하여 제1항에 따른 소를 제기할 수 없다.
⑧ 제1항에 따른 특허법원의 판결에 대해서는 대법원에 상고할 수 있다.

제187조(피고적격)
제186조 제1항에 따라 소를 제기하는 경우에는 특허청장을 피고로 하여야 한다. 다만, 제133조 제1항, 제134조 제1항·제2항, 제135조 제1항·제2항, 제137조 제1항 또는 제138조 제1항·제3항에 따른 심판 또는 그 재심의 심결에 대한 소를 제기하는 경우에는 그 청구인 또는 피청구인을 피고로 하여야 한다. 기출 20·23

제188조(소 제기 통지 및 재판서 정본 송부)
① 법원은 제186조 제1항에 따른 소 또는 같은 조 제8항에 따른 상고가 제기되었을 때에는 지체 없이 그 취지를 특허심판원장에게 통지하여야 한다. 기출 22·25
② 법원은 제187조 단서에 따른 소에 관하여 소송절차가 완결되었을 때에는 지체 없이 그 사건에 대한 각 심급(審級)의 재판서 정본을 특허심판원장에게 보내야 한다. 기출 24

제188조의2(기술심리관의 제척·기피·회피)
① 「법원조직법」제54조의2에 따른 기술심리관의 제척·기피에 관하여는 제148조, 「민사소송법」제42조부터 제45조까지, 제47조 및 제48조를 준용한다. 기출 17
② 제1항에 따른 기술심리관에 대한 제척·기피의 재판은 그 소속 법원이 결정으로 하여야 한다.
③ 기술심리관은 제척 또는 기피의 사유가 있다고 인정하면 특허법원장의 허가를 받아 회피할 수 있다.
기출 25

제189조(심결 또는 결정의 취소)
① 법원은 제186조 제1항에 따라 소가 제기된 경우에 그 청구가 이유 있다고 인정할 때에는 판결로써 해당 심결 또는 결정을 취소하여야 한다. 기출 24
② 심판관은 제1항에 따라 심결 또는 결정의 취소판결이 확정되었을 때에는 다시 심리를 하여 심결 또는 결정을 하여야 한다. 기출 23
③ 제1항에 따른 판결에서 취소의 기본이 된 이유는 그 사건에 대하여 특허심판원을 기속한다.

제190조(보상금 또는 대가에 관한 불복의 소)
① 제41조 제3항·제4항, 제106조 제3항, 제106조의2 제3항, 제110조 제2항 제2호 및 제138조 제4항에 따른 보상금 및 대가에 대하여 심결·결정 또는 재정을 받은 자가 그 보상금 또는 대가에 불복할 때에는 법원에 소송을 제기할 수 있다.
② 제1항에 따른 소송은 심결·결정 또는 재정의 등본을 송달받은 날부터 30일 이내에 제기하여야 한다.
기출 24
③ 제2항에 따른 기간은 불변기간으로 한다.

제191조(보상금 또는 대가에 관한 소송에서의 피고)
제190조에 따른 소송에서는 다음 각 호의 어느 하나에 해당하는 자를 피고로 하여야 한다.
1. 제41조 제3항 및 제4항에 따른 보상금에 대해서는 보상금을 지급하여야 하는 중앙행정기관의 장 또는 출원인
2. 제106조 제3항 및 제106조의2 제3항에 따른 보상금에 대해서는 보상금을 지급하여야 하는 중앙행정기관의 장, 특허권자, 전용실시권자 또는 통상실시권자
3. 제110조 제2항 제2호 및 제138조 제4항에 따른 대가에 대해서는 통상실시권자·전용실시권자·특허권자·실용신안권자 또는 디자인권자

제191조의2(변리사의 보수와 소송비용)
소송을 대리한 변리사의 보수에 관하여는 「민사소송법」제109조를 준용한다. 이 경우 "변호사"는 "변리사"로 본다.

(2) 의의 및 법적 성질

① **의의**: 심결 또는 결정의 당사자가 특허심판원의 심결·특허취소결정 또는 심판청구서·재심청구서·특허취소신청서의 각하결정에 대하여 소송을 통해 취소를 구할 있는 제도를 말한다.
② **법적 성질**: 심결취소소송은 행정기관인 특허심판원의 처분에 대한 불복으로서 기본적으로 행정소송의 일종이며, 행정처분인 심결에 대한 불복의 소송이므로 항고소송으로 보는 것이 판례의 태도이다.

(3) 소송요건

① 법원 : 심결취소소송은 특허법원의 전속관할로 한다(法 제186조 제1항). 법원조직법 제28조의4에 따라 특허침해소송의 항소심 또한 특허법원이 담당하는 바, 심결취소소송과 침해소송은 밀접한 관계에 있으므로 양 소송의 판결의 모순·저촉을 방지하고 소송지연을 피하기 위한 조치이다.

② 당사자

  ㉠ 원 고
  - 심결취소소송은 심판 또는 취소신청의 당사자, 참가인, 해당 특허취소신청의 심리, 심판 또는 재심에 참가신청을 하였으나 신청이 거부된 자가 청구할 수 있다(法 제186조 제2항).
  - 특허권의 공유자 중 1인의 원고적격 - 긍정 : 공유자 중 1인이 제기한 심결취소소송에서 승소할 경우 그 취소판결의 효력은 다른 공유자에게도 미치고, 그 소송에서 패소하더라도 이미 심판절차에서 패소한 다른 공유자의 권리에 영향을 미치지 아니하므로 공유자의 1인이라도 당해 권리를 무효로 하거나 권리행사를 제한·방해하는 심결이 있는 때에는 그 권리의 소멸을 방지하거나 그 권리행사방해배제를 위하여 단독으로 그 심결의 취소를 구할 수 있다고 하여 유사필수적 공동소송으로 본다(判例 2002후567).

  ㉡ 피 고
  - 당사자계심판 또는 그 재심의 심결에 대한 소를 제기하는 경우 청구인 또는 피청구인을 피고로 하여야 한다.
  - 결정계심판, 특허취소결정에 대한 소 및 특허취소신청서·심판청구서·재심청구서의 각하결정에 대한 소는 특허청장을 피고로 하여야 한다.
  - 특허권의 공유자 중 1인의 피고적격 - 부정 : 공유자 중 일부 당사자에 대하여 분리하여 심결을 하는 것은 허용되지 않는다고 할 것이고, 나아가 공유인 실용신안권 등에 관한 심결에 관하여 실용신안권자 등을 상대로 심결취소소송을 제기할 때에도 공유자 전원을 피고로 하여야 할 것이다(判例 2004허4693).

③ 소송물

  ㉠ 의의 : 심결취소소송의 소송물은 취소를 구하는 심결의 위법성 일반 일반으로서, 당해 심판의 실체상의 위법, 절차상의 위법 또는 판단유탈의 유무를 말한다.
  ㉡ 심결전치주의 : 특허취소를 신청할 수 있는 사항 또는 심판을 청구할 수 있는 사항에 관한 소는 특허취소결정이나 심결에 대한 것이 아니면 제기할 수 없다(法 제186조 제6항).
  ㉢ 소송물의 제외 : 통상실시권허락심판의 대가의 심결 및 심판비용의 심결 또는 결정에 대하여는 독립하여 심결취소소송을 제기할 수 없다(法 제186조 제7항).

④ 시 기

  ㉠ 원칙 : 심결취소소송은 심결 또는 결정의 등본을 송달받은 날로부터 30일 이내에 제기하여야 하며, 이는 불변기간이다.
  ㉡ 예외 : 심판장은 주소 또는 거소가 멀리 떨어진 곳에 있거나 교통이 불편한 지역에 있는 자를 위하여 직권으로 불변기간에 대하여 부가기간을 정할 수 있다.

> **참고** 참고심결취소소송의 제소기간은 불변기간으로 한다고 규정하고 있는 점에 비추어, 제소기간의 연장을 위한 부가기간의 지정은 제소기간 내에 이루어져야만 효력이 있고, 단순히 부가기간지정신청이 제소기간 내에 있었다는 점만으로는 불변기간인 제소기간이 당연히 연장되는 것이라고 할 수 없다(判例 2007후4649).
> 기출 25

⑤ 소의 이익
  ㉠ 의의 및 취지 : 당사자가 소송을 이용할 정당할 이익으로서 공익적 견지에서 무익한 소송제도를 배제하기 위함이다.
  ㉡ 판단 : 변론종결시를 기준으로 판단하며, 소의 이익이 없으면 소송요건 흠결로서 소각하 판결을 받게 된다. 다만, 판례는 상고심 계속 중 소의 이익이 흠결되는 경우에도 그러한 사정을 고려하여 소의 이익이 없다고 본다.
  ㉢ 관련 판례

> - **심결취소소송 중 특허권의 소급 소멸** : 적극적 권리범위확인심판의 기각심결에 대한 심결취소소송 진행 중 별도의 무효심판에 의해 특허발명을 무효로 한다는 심결이 확정되어, 특허발명의 특허권은 무효로서 처음부터 없었던 것으로 되었고 특허권이 소멸된 결과 원고가 이 사건 소로 이 사건 심결의 취소를 구할 법률상 이익도 없어졌다. 따라서 이 사건 소는 결국 소의 이익이 없어져 부적법하게 되었으므로 소를 각하한다(判例 2015허2396).
> - **침해소송판결 확정 후 권리범위확인심판 심결에 대한 심결취소소송의 소의 이익** : 원고의 소극적 권리범위확인심판에 대해 특허심판원이 기각심결을 하였고, 침해소송에서 원고의 승소판결이 선고된 후 심결취소소송의 상고심 계속 중 위 민사판결이 그대로 확정된 사안에서, ⅰ) 여전히 원고에게 불리한 이 사건 심결이 유효하게 존속하고 있는 점, ⅱ) 확정된 위 민사판결은 위 심결취소소송을 담당하는 법원에 대하여 법적 기속력이 없으므로 원고에게 위 민사판결이 확정되었음에도 불구하고 자신에게 불리한 위 심결을 취소할 법률상 이익이 있고, ⅲ) 위 심결 이후 위 권리가 소멸되었다거나 당사자 사이의 합의로 이해관계가 소멸되었다는 등 위 심결 이후 심결을 취소할 법률상 이익이 소멸되었다는 사정도 보이지 아니하므로, 원고에게 위 심결의 취소를 구할 소의 이익이 있다(判例 2008후4486).
> - **소 취하 합의** : 특허권의 권리범위 확인의 심판청구를 제기한 이후에 당사자 사이에 심판을 취하하기로 한다는 내용의 합의가 이루어졌다면 그 취하서를 심판부(또는 기록이 있는 대법원)에 제출하지 아니한 이상 심판청구취하로 인하여 사건이 종결되지는 아니하나, 당사자 사이에 심판을 취하하기로 하는 합의를 함으로써 특별한 사정이 없는 한 심판이나 소송을 계속 유지할 법률상의 이익은 소멸되었다 할 것이어서 당해 청구는 각하되어야 한다(判例 96후1743). 기출 18

  ㉣ 심판의 이익과 소의 이익의 관계 : 심판의 이익과 소의 이익은 그 판단시점이 심결시와 변론종결시로 차이가 날 뿐만 아니라 그 이익의 흠결 사유가 다르므로 각각 구분하여 판단하여야 한다. 심판의 심결시에 심판의 이익이 없음에도 불구하고 이를 간과하여 본안심결을 한 경우 심결취소소송에서 위법한 심결로서 취소·환송하는 판결을 하여 다시 심판단계에서 심결각하하여야 하고, 심결 당시에는 심판의 이익이 인정되었으나 심결취소소송의 변론종결시에 소의 이익이 없다면 소를 각하하여야 한다.

(4) 절 차

① **소 제기** : 당사자는 심결 또는 결정등본을 송달받은 날로부터 30일 이내에 소장을 특허법원에 제출하여야 한다.

② **소 제기 통지 및 재판서 정본 송부**
  ㉠ 특허법원에 심결취소소송이 제기되거나 또는 대법원에 상고가 제기되었을 때에는 지체 없이 그 취지를 특허심판원장에게 통지하여야 한다.
  ㉡ 법원은 당사자계 심판에 관한 소에 관하여 소송절차가 완결되었을 때에는 지체 없이 그 사건에 대한 각 심급의 재판서 정본을 특허심판원장에게 보내야 한다.

③ **기술심리관의 제척・기피・회피** : 기술심리관의 제척・기피에 관하여는 특허법 제148조 및 민사소송법을 준용하며, 기술심리관은 제척 또는 기피의 사유가 있다고 인정하면 특허법원장의 허가를 받아 회피할 수 있다(法 제188조의2).

④ **소송대리인** : 소송대리인에 의할 경우 특허, 실용신안에 관한 소송대리인은 변호사 또는 변리사가 될 수 있다. 소송대리인의 대리권은 서면으로 증명하여야 하며, 심판절차와는 별도로 특허법원에 위임장을 제출하여야 한다.

(5) 심 리

① **심리의 원칙**
  ㉠ **제원칙** : 심결취소소송은 민사소송의 절차가 적용되므로 변론주의, 공개심리주의, 쌍방심리주의 등에 의해 판결의 기초가 될 자료를 제출하는 방식으로 진행된다.
  ㉡ **변론주의** : 심결취소소송에 직권주의가 가미되어 있다고 하더라도 여전히 변론주의를 기본 구조로 하는 이상, 심결의 위법을 들어 그 취소를 청구할 때에는 직권조사사항을 제외하고는 그 취소를 구하는 자가 위법사유에 해당하는 구체적 사실을 먼저 주장하여야 하고, 따라서 법원이 당사자가 주장하지도 않은 법률요건에 관하여 판단하는 것은 변론주의 원칙에 위배되는 것이다 (判例 2010후3509). 기출 17・24
  ㉢ **자백과 자백간주**
   • 행정소송인 심결취소소송에서도 원칙적으로 변론주의가 적용되고, 따라서 자백 또는 의제자백도 인정된다 함은 상고이유에서 지적하는 바와 같으나, 자백의 대상은 사실이고, 이러한 사실에 대한 법적 판단 내지 평가는 자백의 대상이 되지 아니하는 것이다(判例 2000후1542).
   기출 17・22・23
   • 자백의 대상으로 인정되는 사실개념 : i) 발명의 공지 시기, ii) 특허발명의 진보성 판단에 제공되는 선행발명의 구성요소 기출 22 , iii) 피심판청구인의 확인대상발명의 실시 여부
   • 자백의 대상으로 인정되지 않는 법적 판단 내지 평가 : i) 등록발명과 확인대상발명의 동일 여부, ii) 신규성 또는 진보성 만족여부, iii) 확인대상발명의 특정 여부, iv) 청구항의 해석

② 판단 시점
  ㉠ 원칙 : 심결취소소송에서 심결의 위법성은 심결 당시의 법령과 사실상태를 기준으로 판단하는 것이고, 심결이 있은 후에 비로소 발생하는 사실을 고려하여 판단의 근거로 하여서는 안 된다.

  기출 16

  ㉡ 적극적 권리범위확인심판의 심결취소소송 관련 판례

  > • 적극적 권리범위확인심판의 인용심결 후 심결취소소송단계에서 확인대상표장이 등록된 경우 심결이 위법하다고 할 수 없으나 사실심 변론종결시를 기준으로 심결을 취소할 이익이 없어졌다는 이유로 소를 각하하였다(判例 2003허4191).
  > • 적극적 권리범위확인심판의 기각심결 후 심결취소소송을 청구하였으나, 확인대상발명은 이 사건 심결 당시 이미 등록된 것으로서 당해 심판은 권리 대 권리 간 적극적 권리범위확인심판으로서 확인의 이익이 없어 부적법한 청구에 해당하는 바, 이 사건 심결은 심판청구를 각하하지 아니하고 실체 판단에 들어가 심판 청구를 기각한 잘못이 있으나, 권리 대 권리 간 적극적 권리범위확인심판으로서 확인의 이익이 없는 이상, 위 심결의 취소를 구할 실익도 없으므로 소의 이익이 없어 소를 각하하였다(判例 2007허13896).

③ 심리 범위
  ㉠ 심취소의 심리범위가 전 심판에서 주장 입증한 사항에 대하여만 한정되는지 여부 : 심판은 특허심판원에서의 행정절차이며 심결은 행정처분에 해당하고, 그에 대한 불복의 소송인 심결취소소송은 항고소송에 해당하여 그 소송물은 심결의 실체적, 절차적 위법성 여부라 할 것이므로 당사자는 심결에서 판단되지 않은 처분의 위법사유도 심결취소소송단계에서 주장·입증할 수 있고 심결취소소송의 법원은 특별한 사정이 없는 한 제한 없이 이를 심리·판단하여 판결의 기초로 삼을 수 있는 것이며 이와 같이 본다고 하여 심급의 이익을 해한다거나 당사자에게 예측하지 못한 불의의 손해를 입히는 것이 아니다(判例 2000후1290).
  ㉡ 거절결정불복심판 심결취소소송 심리범위 : 특허출원에 대한 심사 단계에서 거절결정을 하려면 그에 앞서 출원인에게 거절이유를 통지하여 의견제출의 기회를 주어야 하고, 거절결정에 대한 특허심판원의 심판절차에서 그와 다른 사유로 거절결정이 정당하다고 하려면 먼저 그 사유에 대해 의견제출의 기회를 주어야만 이를 심결의 이유로 할 수 있다(특허법 제62조, 제63조, 제170조 참조). 위와 같은 절차적 권리를 보장하는 특허법의 규정은 강행규정이므로 의견제출의 기회를 부여한 바 없는 새로운 거절이유를 들어서 거절결정이 결과에 있어 정당하다는 이유로 거절결정불복심판청구를 기각한 심결은 위법하다. 같은 취지에서 거절결정불복심판청구 기각 심결의 취소소송절차에서도 특허청장은 심사 또는 심판 단계에서 의견제출의 기회를 부여한 바 없는 새로운 거절이유를 주장할 수 없다고 보아야 한다. 다만 거절결정불복심판청구 기각 심결의 취소소송절차에서 특허청장이 비로소 주장하는 사유라고 하더라도 심사 또는 심판 단계에서 의견제출의 기회를 부여한 거절이유와 주요한 취지가 부합하여 이미 통지된 거절이유를 보충하는 데 지나지 아니하는 것이면 이를 심결의 당부를 판단하는 근거로 할 수 있다 할 것이다.

특히 이미 통지된 거절이유가 비교대상발명에 의하여 출원발명의 진보성이 부정된다는 취지인 경우에, 위 비교대상발명을 보충하여 특허출원 당시 그 기술분야에 널리 알려진 주지관용기술의 존재를 증명하기 위한 자료는 새로운 공지기술에 관한 것에 해당하지 아니하므로, 심결취소소송의 법원이 이를 진보성을 부정하는 판단의 근거로 채택하였다고 하더라도 이미 통지된 거절이유와 주요한 취지가 부합하지 아니하는 새로운 거절이유를 판결의 기초로 삼은 것이라고 할 수 없다(判例 2013후1054).

(6) 판 결
① 기각판결 및 인용판결
- ㉠ 특허법원은 심결취소소송의 청구가 이유가 없을 때에는 기각판결을 하며, 청구가 이유 있다고 인정될 때에는 인용판결로써 해당 심결 또는 결정을 취소하여야 한다(法 제189조 제1항).
- ㉡ 심판관은 심결 또는 결정의 취소판결이 확정되었을 때에는 다시 심리를 하여 심결 또는 결정을 하여야 한다(法 제189조 제2항).

② 판결의 기속력
- ㉠ 의의 : 심결취소소송의 판결에서 취소의 기본이 된 이유는 그 사건에 대하여 특허심판원을 기속한다(法 제189조 제3항).
- ㉡ 기속력의 범위 : 심결의 기속력은 심결에서 행해진 사실상 법률상 판단에 대하여 미친다. 따라서 심결 취소 후의 심리과정에서 새로운 증거가 제출되어 기속적 판단의 기초가 되는 증거관계에 변동이 생기는 등의 특단의 사정이 없는 한, 특허심판원은 위 확정된 취소판결에서 위법이라고 판단된 이유와 동일한 이유로 종전의 심결과 동일한 결론의 심결을 할 수 없다. 여기에서 새로운 증거라 함은 적어도 취소된 심결이 행하여진 심판절차 내지는 그 심결의 취소소송에서 채택, 조사되지 않은 것으로서 심결취소판결의 결론을 번복하기에 족한 증명력을 가지는 증거라고 보아야 할 것이다(判例 2001후96).

(7) 불 복
특허법원의 판결에 대해서는 판결정본송달일로부터 2주 이내에 상고장을 특허법원에 제출하여 대법원에 상고할 수 있다(法 제186조 제8항).

(8) 관련 판례 - 당사자 적격
① 소취하합의가 있는 경우, 당사자 적격 여부
- ㉠ 심결취소소송을 제기한 후에 당사자 사이에 소를 취하하기로 하는 합의가 이루어졌다면 특별한 사정이 없는 한 소송을 계속 유지할 법률상의 이익이 소멸하여 당해 소는 각하되어야 한다(判例 2005후1202).
- ㉡ 계약의 합의해제는 명시적으로 뿐 아니라 묵시적으로도 이루어질 수 있으므로, 계약의 성립 후에 당사자 쌍방의 계약실현 의사의 결여 또는 포기로 인하여 쌍방 모두 이행의 제공이나 최고에 이름이 없이 장기간 이를 방치하였다면, 그 계약은 당사자 쌍방이 계약을 실현하지 아니할 의사가 일치함으로써 묵시적으로 합의해제되었다고 해석함이 상당하다(判例 2005후1202).

② 권범심 심취소시 패소한 공유자의 소제기가 고필공인지 여부 : 상표법 제77조는 상표권이 공유자 전원에게 합일적으로 확정되어야 할 필요에서 심판절차에 관하여 고유필수적 공동심판을 규정한 특허법 제139조를 준용하고 있으나, 그 심결취소소송절차에 대하여는 아무런 규정을 두고 있지 아니하다. 그러나 심결취소소송절차에 있어서도 공유자들 사이에 합일확정의 요청은 필요하다고 할 것인데, 이러한 합일확정의 요청은 상표권의 공유자의 1인이 단독으로 심결취소소송을 제기한 경우라도 그 소송에서 승소할 경우에는 그 취소판결의 효력은 행정소송법 제29조 제1항에 의해 다른 공유자에게도 미쳐 특허심판원에서 공유자 전원과의 관계에서 심판절차가 재개됨으로써 충족되고, 그 소송에서 패소하더라도 이미 심판절차에서 패소한 다른 공유자의 권리에 영향을 미치지 아니하므로, 어느 경우에도 합일확정의 요청에 반한다거나 다른 공유자의 권리를 해하지 아니하는 반면, 오히려 그 심결취소소송을 공유자 전원이 제기하여야만 한다면 합일확정의 요청은 이룰지언정, 상표권의 공유자의 1인이라도 소재불명이나 파산 등으로 소의 제기에 협력할 수 없거나 또는 이해관계가 달라 의도적으로 협력하지 않는 경우에는 나머지 공유자들은 출소기간의 만료와 동시에 그 권리행사에 장애를 받거나 그 권리가 소멸되어 버려 그 의사에 기하지 않고 재산권이 침해되는 부당한 결과에 이르게 된다.

따라서 상표권의 공유자가 그 상표권의 효력에 관한 심판에서 패소한 경우에 제기할 심결취소소송은 공유자 전원이 공동으로 제기하여야만 하는 고유필수적 공동소송이라고 할 수 없고, 공유자의 1인이라도 당해 상표등록을 무효로 하거나 권리행사를 제한·방해하는 심결이 있는 때에는 그 권리의 소멸을 방지하거나 그 권리행사방해배제를 위하여 단독으로 그 심결의 취소를 구할 수 있다 할 것이고, 위와 같이 공유자 1인에 의한 심결취소소송의 제기를 인정하더라도 위에서 본 바와 같이 다른 공유자의 이익을 해한다거나 합일확정의 요청에 반하는 사태가 생긴다고 할 수 없다. 그렇다면 피고가 제기한 이 사건 등록상표에 관한 권리범위확인심판에서 패소한 원고들로서는 이 사건 등록상표권의 권리행사를 방해하는 위 심결의 확정을 배제하기 위하여 보존행위로서 이 사건 심결취소소송을 제기할 수 있다고 할 것이다(判例 2002후567).

③ 무효 공동심판청구인 중 일부의 심취소 시, 고필공이어서 분리확정 되는지 여부 : 특허를 무효로 한다는 심결이 확정된 때에는 당해 특허는 제3자와의 관계에서도 무효로 되므로, 동일한 특허권에 관하여 2인 이상의 자가 공동으로 특허의 무효심판을 청구하는 경우 그 심판은 심판청구인들 사이에 합일확정을 필요로 하는 이른바 유사필수적 공동심판에 해당한다. 위 법리에 비추어 보면, 당초 청구인들이 공동으로 특허발명의 무효심판을 청구한 이상 청구인들은 유사필수적 공동심판관계에 있으므로, 비록 위 심판사건에서 패소한 특허권자가 공동심판청구인 중 일부만을 상대로 심결취소소송을 제기하였다 하더라도 그 심결은 청구인 전부에 대하여 모두 확정이 차단되며, 이 경우 심결취소소송이 제기되지 않은 나머지 청구인에 대한 제소기간의 도과로 심결 중 그 나머지 청구인의 심판청구에 대한 부분만이 그대로 분리·확정되었다고 할 수 없다(判例 2007후1510). 기출 25

④ 무효 심취소에서 공동심판청구인 누락시 당사자추가 허용여부 : 이른바 고유필수적 공동소송이 아닌 사건에서 소송 도중에 당사자를 추가하는 것은 허용될 수 없고, 동일한 특허권에 관하여 2인 이상의 자가 공동으로 특허의 무효심판을 청구하여 승소한 경우에 그 특허권자가 제기할 심결취소 소송은 심판청구인 전원을 상대로 제기하여야만 하는 고유필수적 공동소송이라고 할 수 없으므로, 위 소송에서 당사자의 변경을 가져오는 당사자추가신청은 명목이 어떻든 간에 부적법하여 허용될 수 없다(判例 2007후1510).

⑤ 당사자참가인 당사자적격 여부 : 특허법 제187조는 특허무효심판에 대한 심결취소소송의 피고적격을 "청구인 또는 피청구인"으로 규정하고 있어, 문언상 참가인이 피고적격에서 제외된 듯이 보인다. 그러나 같은 법 제155조는 당사자참가인은 피참가인이 그 심판의 청구를 취하한 후에도 심판절차를 속행할 수 있고(제2항), 당사자참가인에 대하여 심판절차의 중단 또는 중지의 원인이 있는 때에는 그 중단 또는 중지는 피참가인에 대하여도 그 효력이 발생하는 것으로(제5항) 각 규정하고 있는바, 위와 같이 특허법이 당사자참가인에게는 보조참가인과는 달리 당사자에 준하는 지위를 부여하고 있는 점에 비추어 보면, 특허법 제187조의 '청구인 또는 피청구인'에는 당사자참가인도 포함되는 것으로 해석하여야 한다(判例 2006허6303).

⑥ 심취소에서 보조참가 가능 여부 : 심판은 특허심판원에서의 행정절차이고 심결은 행정처분에 해당하며, 그에 대한 불복 소송인 심결취소소송은 행정소송에 해당한다. 행정소송법 제8조에 의하여 준용되는 민사소송법 제71조는 보조참가에 관하여 소송결과에 이해관계가 있는 자는 한쪽 당사자를 돕기 위하여 법원에 계속 중인 소송에 참가할 수 있다고 규정하고 있으므로, 거절결정에 대한 심판의 심결취소소송에도 민사소송법상의 위 보조참가에 관한 규정이 준용된다(判例 2012후1033).

⑦ 상표관리인, 보조참가에서의 이해관계인 여부 : 어느 소송사건에서 당사자의 일방을 보조하기 위하여 보조참가를 하려면 당해 소송의 결과에 대하여 이해관계가 있어야 할 것이고, 여기에서 말하는 이해관계라 함은 사실상, 경제상 또는 감정상의 이해관계가 아니라 법률상의 이해관계를 가리킨다고 할 것인바, (생략) 상표관리인이란 재외자(在外者)를 대리하는 포괄적인 대리권을 가지는 자로서 형식상은 임의대리인이지만 실질적으로는 법정대리인과 같은 기능을 하는 관계로 당사자 본인에 준하여 취급된다고 볼 수 있으므로, 재외자의 등록상표에 대한 상표등록무효심판에서 그 등록상표의 상표관리인이라는 사정만으로는 당해 소송의 결과에 제3자로서 법률상의 이해관계가 있다고 할 수 없어 그 재외자를 위한 보조참가를 할 수 없다(判例 96후313).

(9) 관련 판례 – 소의이익

① 다른 무효심판 무효심결 확정으로 인해 권리소멸시, 무효 심취소 소의 이익 유무 : 이와 같이 특허를 무효로 한다는 심결이 확정된 때에는 그 특허권은 처음부터 없었던 것으로 보게 되므로, 결과적으로 존재하지 아니하는 특허를 대상으로 판단한 이 사건 심결은 위법하게 되지만, 이 사건 특허발명의 특허가 무효로 확정된 이상, 원고로서는 그 심결의 취소를 구할 법률상 이익도 없어졌다고 봄이 상당하므로 이 사건 소는 부적법하게 되었다 할 것이다(判例 2007후289).

② 포기로 인한 권리소멸시, 권범심 심취소 소의이익 유무 : 실용신안권의 권리범위확인심판의 청구는 현존하는 실용신안권의 범위를 확정하려는 데 그 목적이 있으므로, 일단 적법하게 발생한 실용신안권이라 할지라도 그 권리가 소멸된 이후에는 그에 대한 권리범위확인을 구할 이익이 없어진다(判例 99후3595).

③ 무효심결확정으로 인한 권리소멸 된 경우, 권범심 심취소 소의 이익 유무 : 특허권의 권리범위확인심판의 청구는 현존하는 특허권의 범위를 확정하려는 데 그 목적이 있으므로, 특허권이 무효로 되었다면 그에 대한 권리범위확인을 구할 이익이 없어지고, 나아가 권리범위확인심판의 심결 이후에 특허권이 무효로 된 것이라면 그 심결을 취소할 법률상 이익도 소멸된다(대법원 2008.6.26. 선고 2007후4120 판결, 대법원 2011.2.24. 선고 2008후4486 판결 등 참조)(判例 2015재허31).

④ 침해소송 판결 확정 된 경우, 권범심 심취소 소의이익 유무 : 상표에 관한 권리범위확인심판의 심결이 확정된 경우 그 심결이 민사·형사 등 침해소송을 담당하는 법원을 기속하지는 못한다고 하더라도, 상표법 제75조가 "상표권자·전용사용권자 또는 이해관계인은 등록상표의 권리범위를 확인하기 위하여 상표권의 권리범위 확인심판을 청구할 수 있다."고 규정하고, 상표법 제86조 제2항에 의하여 준용되는 특허법 제186조 제2항은 "심결에 대한 소는 당사자, 참가인 또는 당해 심판이나 재심에 참가신청을 하였으나 그 신청이 거부된 자에 한하여 이를 제기할 수 있다."고 규정하여 권리범위확인심판과 그 심결취소소송을 명문으로 인정하고 있는 이상, 상표에 관한 권리범위확인심판절차에서 불리한 심결을 받은 당사자가 유효하게 존속하고 있는 심결에 불복하여 심결의 취소를 구하는 것은 위 상표법의 규정에 근거한 것으로서, 상표권이 소멸되거나 당사자 사이의 합의로 이해관계가 소멸하는 등 심결 이후의 사정에 의하여 심결을 취소할 법률상 이익이 소멸되는 특별한 사정이 없는 한 심결의 취소를 구할 소의 이익이 있다(判例 2008후4486).

⑤ 무효심결 확정된 경우, 정정무효 심취소 소의 이익 유무 : 특허를 무효로 한다는 심결이 확정된 때에는 그 특허권은 처음부터 없었던 것으로 보게 되므로, 무효로 된 특허에 대한 정정의 무효를 구하는 심판은 그 정정의 대상이 없어지게 된 결과 정정 자체의 무효를 구할 이익도 없어진다고 할 것이다(判例 2011후620).

⑥ 특허권자가 특허결정에 하는 취소의 소가 소의 이익이 있는지 여부 : 구 특허법(2001.2.3. 법률 제6411호로 개정되기 전의 것) 제224조의2는 특허요건 등에 관한 판단에 고도의 전문지식이 필요하다는 점에서 그 불복을 행정심판법이 아닌 특허법이 정하는 바에 따라 전문기관인 특허심판원 및 특허법원에서 처리하기 위하여 마련한 규정이고, 한편 구 특허법은 제132조의3에서 "거절사정을 받은 자가 불복이 있는 때에는 심판을 청구할 수 있다"고 규정하고 있으나 특허사정을 받은 자에게는 별도의 불복절차를 두지 않고 있는바, 이는 특허사정이 그 출원인에게 불이익이 없기 때문이다. 이러한 구 특허법의 태도에 비추어 보면, 특허청에 제출된 특허출원과 같은 내용으로 특허사정을 받은 특허출원인은 특별한 사정이 없는 한 그 특허사정의 취소를 구할 법률상 이익이 없다(判例 2004두14274).

(10) 관련 판례 - 기타

① **병합심결의 경우, 병합사건을 풀어서 각각 상고할 수 있는 지 여부** : 상표법 제51조에 의하여 준용되는 특허법 제121조에 의하여 항고심이 수개의 사건을 하나의 병합심결로 종결한 경우, 불복이 있는 당사자가 그 심결에 대하여 상고를 제기하면 위 심결에 병합된 각 사건에 대하여 상고의 효력이 모두 생기는 것이고 병합된 사건을 풀어서 사건마다 따로 따로 상고를 제기할 수 없다(判例 84후21).

② **심취소 제소기간 계산법이 특허법 제14조 제4호를 따르는지 여부** : 구 특허법(2006.3.3. 법률 제7871호로 개정되기 전의 것, 이하 같다) 제14조 제4호는 "특허에 관한 절차에 있어서 기간의 말일이 공휴일(「근로자의 날 제정에 관한 법률」에 의한 근로자의 날을 포함한다)에 해당하는 때에는 기간은 그 다음 날로 만료한다."고 규정하고 있다. 구 특허법 제3조 제1항에 의하면 특허에 관한 절차란 특허에 관한 출원·청구 기타의 절차를 말하는데, 구 특허법 제5조 제1항, 제2항에서 특허에 관한 절차와 특허법 또는 특허법에 의한 명령에 의하여 행정청이 한 처분에 대한 소의 제기를 구별하여 규정하고 있는 점, 특허에 관한 절차와 관련된 구 특허법의 제반 규정이 특허청이나 특허심판원에서의 절차에 관한 사항만을 정하고 있는 점, 구 특허법 제15조에서 특허에 관한 절차에 관한 기간의 연장 등을 일반적으로 규정하고 있음에도, 구 특허법 제186조에서 심결에 대한 소의 제소기간과 그에 대하여 부가기간을 정할 수 있음을 별도로 규정하고 있는 점 등에 비추어 보면, 여기에는 심결에 대한 소에 관한 절차는 포함되지 아니한다고 할 것이다. 따라서 심결에 대한 소의 제소기간 계산에는 구 특허법 제14조 제4호가 적용되지 아니하고, 그에 관하여 특허법이나 행정소송법에서 별도로 규정하고 있는 바도 없으므로, 결국 행정소송법 제8조에 의하여 준용되는 민사소송법 제170조에 따라 민법 제161조가 적용된다고 할 것이고 구 실용신안법(2006.3.3. 법률 제7872호로 전부 개정되기 전의 것)은 구 특허법의 위 규정들을 모두 준용하고 있으므로, 위와 같은 법리는 실용신안에 관하여도 적용된다(判例 2013후1573). 기출 25

③ **무효 심취소에서, 정정심판 계류 중일 때, 정정심판을 먼저 심판하여야 하는지 여부** : 동일한 특허발명에 대하여 특허무효심판과 정정심판이 특허심판원에 동시에 계속중에 있는 경우에는 정정심판제도의 취지상 정정심판을 특허무효심판에 우선하여 심리·판단하는 것이 바람직하나, 그렇다고 하여 반드시 정정심판을 먼저 심리·판단하여야 하는 것은 아니고, 또 특허무효심판을 먼저 심리하는 경우에도 그 판단대상은 정정심판청구 전 특허발명이며, 이러한 법리는 특허무효심판과 정정심판의 심결에 대한 취소소송이 특허법원에 동시에 계속되어 있는 경우에도 적용된다고 볼 것이다(判例 2001후713).

④ **거불복 심취소에서 보정각하결정이 위법할 때, 그 이유만으로 환송을 해야하는지 여부** : 특허거절결정에 대한 불복심판청구를 기각한 심결의 취소소송에서 법원은 특허거절결정을 유지한 심결의 위법성 여부를 판단하는 것일 뿐 특허출원에 대하여 직접 특허결정 또는 특허거절결정을 하는 것은 아니다. 따라서 심사관이 특허출원의 보정에 대한 각하결정을 한 후 '보정 전의 특허출원'에 대하여 거절결정을 하였고, 그에 대한 불복심판 절차에서 위 보정각하결정 및 거절결정이 적법하다는 이유로 심판청구를 기각하는 특허심판원의 심결이 있었던 경우, 심결취소소송에서 법원은 위 보정각하결정이 위법하다면 그것만을 이유로 곧바로 심결을 취소하여야 하는 것이지, 심사관 또는 특허심판원이 하지도 아니한 '보정 이후의 특허출원'에 대한 거절결정의 위법성 여부까지 스스로 심리하여 이 역시 위법한 경우에만 심결을 취소할 것은 아니다(判例 2012후3121). 기출 16·18·20

⑤ 자백, 자백간주 인정여부 : 행정소송인 심결취소소송에서도 원칙적으로 변론주의가 적용되므로 자백 또는 의제자백도 인정되나, 자백의 대상은 사실이고, 이러한 사실에 대한 법적 판단 내지 평가는 자백의 대상이 되지 아니한다(判例 2000후1542).

⑥ 정정요건에 해당 여부 자백의 대상이 되는지 여부 : 정정청구가 특허법 제136조 제1항에 규정된 정정요건에 해당하는지 여부는 법적 판단의 문제로서 자백의 대상이 되지 아니하므로(判例 2012후238).

⑦ 공지증거도 출원전에 작성되어야 하는지 여부 : 구 특허법(2001. 2. 3. 법률 제6411호로 개정되기 전의 것) 제29조 제1항 제1호 소정의 '특허출원 전에 국내에서 공지되었거나 공연히 실시된 발명'에서 '특허출원 전'의 의미는 발명의 공지 또는 공연 실시된 시점이 특허출원 전이라는 의미이지 그 공지 또는 공연 실시된 사실을 인정하기 위한 증거가 특허출원 전에 작성된 것을 의미하는 것은 아니므로, 법원은 특허출원 후에 작성된 문건들에 기초하여 어떤 발명 또는 기술이 특허출원 전에 공지 또는 공연 실시된 것인지 여부를 인정할 수 있다(判例 2006후2660).

⑧ 심취소의 기속력 : 심결을 취소하는 판결이 확정된 경우, 그 취소의 기본이 된 이유는 그 사건에 대하여 특허심판원을 기속하는 것인바, 이 경우의 기속력은 취소의 이유가 된 심결의 사실상 및 법률상 판단이 정당하지 않다는 점에 있어서 발생하는 것이므로, 취소 후의 심리과정에서 새로운 증거가 제출되어 기속적 판단의 기초가 되는 증거관계에 변동이 생기는 등의 특단의 사정이 없는 한, 특허심판원은 위 확정된 취소판결에서 위법이라고 판단된 이유와 동일한 이유로 종전의 심결과 동일한 결론의 심결을 할 수 없고, 여기에서 새로운 증거라 함은 적어도 취소된 심결이 행하여진 심판절차 내지는 그 심결의 취소소송에서 채택, 조사되지 않은 것으로서 심결취소판결의 결론을 번복하기에 족한 증명력을 가지는 증거라고 보아야 한다(判例 2001후96).

⑨ 무효 심취소에 의해 환송된 절차에서, 심취소와 동일 이유로 심결시 의견제출기회 주어야하는지여부 : 특허심판원이 특허법원의 취소판결에 따라 다시 심판을 진행하면서 당사자로 하여금 취소판결의 소송절차에서 제출되었던 증거를 다시 제출하도록 통지하였으나 당사자로부터의 증거제출이 없어 이를 실제로 제출받지 아니한 채 심결을 하였더라도, 그러한 사정만으로 곧바로 당사자에게 증거조사 결과에 대한 의견을 제출할 기회를 주지 않았다거나 증거의 제출로 인한 정정청구의 기회를 박탈한 위법이 있다고 할 수 없다(判例 2009후2975).

CHAPTER 12 소송

제1편 | 특허법, 특허·실용신안 심사기준

01
CHECK
○△×

甲은 乙이 자신의 특허를 침해한다고 판단하고 乙을 상대로 특허법 제135조(권리범위 확인심판)에 따른 권리범위확인심판을 청구하였다. 하지만 이 청구는 특허심판원에서 기각되었고, 甲은 2024.4.1.(월요일)에 심결등본을 송달받았다. 이에 관한 설명으로 옳지 <u>않은</u> 것은? (각 설명은 독립적이고, 다툼이 있으면 판례에 따름) 기출 25

① 甲이 심결취소소송을 제기하는 경우 특허법원에 소를 제기하여야 한다.
② 甲은 기각심결에 불복하고자 하는 경우, 기각심결의 등본을 송달받은 날부터 30일 이내에 심결취소소송을 제기하여야 한다.
③ 甲이 심결취소소송을 제기하는 경우 제소기간 계산에는 「민법」이 적용되므로, 특허법원에 2024.5.1.(수요일)까지 소를 제기하여야 한다.
④ 甲이 주소 또는 거소가 멀리 떨어진 곳에 있거나 교통이 불편한 지역에 있는 자에 해당한다면 심판장은 제소기간에 대해 부가기간을 정할 수 있다.
⑤ 甲이 2024.5.1.(수요일)에 부가기간지정신청을 하였고 그 신청이 받아들여져 2024.5.2.(목요일)에 20일의 부가기간이 지정된 경우, 甲이 2024.5.21.(화요일)에 특허법원에 심결취소소송을 제기한 것은 적법하다.

해설
① (○) 특허법 제186조 제1항
② (○) 특허법 제186조 제3항
③ (○) 判例 2013후1573
④ (○) 특허법 제186조 제4항
⑤ (×) 구 상표법(2007.1.3. 법률 제8190호로 개정되기 전의 것) 제86조 제2항에 의하여 준용되는 특허법 제186조 제5항에 의하면 심판장은 원격 또는 교통이 불편한 지역에 있는 자를 위하여 직권으로 심결취소소송을 제기할 수 있는 기간에 대하여 부가기간을 정할 수 있으나, 같은 조 제4항이 심결취소소송의 제소기간은 불변기간으로 한다고 규정하고 있는 점에 비추어, 제소기간의 연장을 위한 부가기간의 지정은 제소기간 내에 이루어져야만 효력이 있고, 단순히 부가기간지정신청이 제소기간 내에 있었다는 점만으로는 불변기간인 제소기간이 당연히 연장되는 것이라고 할 수 없다(判例 2007후4649).

답 ⑤

02

특허권자 甲이 경쟁사 乙 및 丙을 상대로 서울중앙지방법원에 특허권 침해금지청구소송을 제기하자, 乙 및 丙은 공동으로 甲을 상대로 특허심판원에 甲의 특허 중 청구항 제1항에 대한 무효심판을 청구하였고, 특허심판원은 乙이 주장한 선행기술 A에 의하여 甲의 특허는 진보성이 부정된다는 이유로 청구를 인용하는 심결을 하였다. 다음 중 옳지 않은 것은? (각 설명은 독립적이고, 다툼이 있으면 판례에 따름) 기출 25

① 甲이 특허법원에 심결취소소송을 제기한 경우, 특허법원은 지체 없이 그 취지를 특허심판원장에게 통지하여야 한다.
② 甲이 특허법원에 丙을 상대로만 심결취소소송을 제기하더라도, 乙에 대한 제소기간 도과로 심결 중 乙의 심판청구에 대한 부분만이 그대로 분리·확정되지 않는다.
③ 서울중앙지방법원은 특허권 침해금지청구소송의 취지를 특허심판원장에게 통보하여야 하며, 소송절차에서 필요하면 당사자의 신청에 따라 무효심판의 심결이 확정될 때까지 그 소송절차를 중지할 수 있다.
④ 甲이 제기한 심결취소소송에서, 기술심리관은 자신이 甲의 친족이었다고 인정하면 그 소속 법원의 허가를 받아 회피할 수 있다.
⑤ 甲이 제기한 심결취소소송에서, 피고 丙은 심결에서 판단되지 않은 선행기술 B에 의하여 甲의 특허 중 청구항 제1항의 진보성 위반을 주장할 수 있으나, 청구항 제2항의 진보성 위반을 주장할 수는 없다.

▌해설▐

① (O) 특허법 제188조 제1항
② (O) 判例 2007후1510
③ (O) 특허법 제164조 제2항·제3항
④ (×) 기술심리관은 제척 또는 기피의 사유가 있다고 인정하면 특허법원장의 허가를 받아 회피할 수 있다(특허법 제188조의2).
⑤ (O) 행정소송법 제8조 제2항, 민사소송법 제203조

답 ④

03 특허소송에 관한 설명으로 옳은 것은? (다툼이 있으면 판례에 따름) 기출 24

① 판결에 당사자가 주장한 사항에 대한 구체적·직접적인 판단이 표시되어 있지 않더라도 판결이유의 전반적인 취지에 비추어 그 주장을 인용하거나 배척하였음을 알 수 있는 정도라면 설령 실제로 판단을 하지 아니하였다고 하더라도 그 주장이 배척될 경우임이 분명한 때로서 판단누락의 위법이 있다.
② 특허출원인으로부터 특허를 받을 수 있는 권리를 양수한 특정승계인은 특허출원인변경신고를 하지 않은 상태에서는 그 양수의 효력이 발생하지 않아서 특허심판원의 거절결정불복심판심결에 대하여 취소의 소를 제기할 수 있는 당사자 등에 해당하지 아니하므로 그가 제기한 취소의 소는 부적법하다.
③ 고유필수적 공동소송이 아닌 사건에서 소송 도중에 당사자를 추가하는 것은 허용될 수 없으나, 동일한 특허권에 관하여 2명 이상의 자가 공동으로 특허의 무효심판을 청구하여 승소한 경우 그 특허권자가 제기할 심결취소소송은 심판청구인 모두를 상대로 제기하여야만 하는 고유필수적 공동소송이라고 할 수 있으므로 해당 소송에서 당사자의 변경을 가져오는 당사자 추가신청은 예외적으로 허용될 수 있다.
④ 특허침해소송이 계속 중이어서 그 소송에서 특허권의 효력이 미치는 범위를 확정할 수 있으므로 침해소송과 별개로 청구된 권리범위확인심판의 심판청구의 이익은 부정된다.
⑤ 특허청이 출원발명에 대한 최초의 거절이유 통지부터 출원거절의 심결을 내릴 때까지 출원발명의 진보성을 문제삼았을 뿐이고 출원인에게 출원발명의 신규성이 없다는 이유로 의견서 제출통지를 하여 그로 하여금 명세서를 보정할 기회를 부여하지 않았더라도 법원이 출원발명의 요지가 신규성이 없다는 이유로 심결을 유지할 수 있다.

┃해설┃

① (×) 당사자가 주장한 사항에 대한 구체적·직접적인 판단이 판결 이유에 표시되어 있지 않았더라도 판결 결과에 영향이 없다면 판단누락의 위법이 있다고 할 수 없다(判例 2017다289903).
② (○) 判例 2015후321
③ (×) 이른바 고유필수적 공동소송이 아닌 사건에서 소송 도중에 당사자를 추가하는 것은 허용될 수 없고, 동일한 특허권에 관하여 2인 이상의 자가 공동으로 특허의 무효심판을 청구하여 승소한 경우에 그 특허권자가 제기할 심결취소소송은 심판청구인 전원을 상대로 제기하여야만 하는 고유필수적 공동소송이라고 할 수 없으므로, 위 소송에서 당사자의 변경을 가져오는 당사자추가신청은 명목이 어떻든 간에 부적법하여 허용될 수 없다(判例 2007후1510).
④ (×) 권리범위확인심판 제도의 성질과 기능, 특허법의 규정 내용과 취지 등에 비추어 보면, 침해소송이 계속 중이어서 그 소송에서 특허권의 효력이 미치는 범위를 확정할 수 있더라도 이를 이유로 침해소송과 별개로 청구된 권리범위확인심판의 심판청구의 이익이 부정된다고 볼 수는 없다(判例 2016후328).
⑤ (×) 특허청이 출원발명에 대한 최초의 거절이유 통지부터 출원거절의 심결을 내릴 때까지 출원발명의 진보성을 문제삼았을 뿐이고 출원인에게 출원발명이 신규성이 없다는 이유로 의견서 제출통지를 하여 그로 하여금 명세서를 보정할 기회를 부여한 바 없는 경우, 법원이 출원 발명의 요지가 신규성이 없다는 이유로 위 심결을 유지할 수 없다(判例 2000후1177).

답 ②

04 특허에 관한 설명으로 옳지 않은 것은? (다툼이 있으면 판례에 따름) 기출 24

① 심판장은 심판에서 필요하면 직권 또는 당사자의 신청에 따라 그 심판사건과 관련되는 특허취소신청에 대한 결정 또는 다른 심판의 심결이 확정되거나 소송절차가 완결될 때까지 그 절차를 중지할 수 있다.
② 특허권의 존속기간 연장등록결정이 있는 경우 특허청장은 특허권 존속기간의 연장을 특허원부에 등록하여야 한다.
③ 특허권자는 고의 또는 과실로 자기의 특허권을 침해당한 경우 그 침해로 인하여 입은 손해의 배상을 청구할 수 있으며, 이때 특허권을 침해한 자가 그 침해행위로 인하여 얻은 이익액을 특허권자가 입은 손해액으로 추정할 수 있다.
④ 법원은 제187조(피고적격) 단서에 따른 소에 관하여 소송절차가 완결되었을 때에는 지체 없이 그 사건에 대한 각 심급(審級)의 재판서 정본을 특허심판원장에게 보내야 한다.
⑤ 무효심판의 심결 후에 청구범위가 정정되었다고 하더라도 심결취소소송에서 특허법원이 정정된 청구범위를 심결의 기초로 하여 특허발명에 무효사유가 존재하는지 여부를 판단할 수 있고 청구항이 정정으로 삭제되었더라도 심결의 취소를 구할 법률상의 이익은 여전히 존재한다고 봄이 타당하다.

해설
① (○) 특허법 제164조 제1항
② (○) 특허법 제92조 제2항, 제92조의5 제2항
③ (○) 특허법 제128조 제4항
④ (○) 특허법 제188조 제2항
⑤ (×) 특허무효심판에 대한 심결취소소송의 사실심 변론종결 이후에 특허발명의 명세서 또는 도면에 대하여 정정을 한다는 심결이 확정된 경우에는 정정된 청구범위가 아니라 정정 전 청구범위를 기초로 하여 무효사유가 있는지 판단한다(判例 2016후2522). 등록무효심판의 심결 후에 정정심결이 확정되어 특허발명의 청구범위 일부가 삭제된 경우, 삭제된 부분에 대한 특허권은 처음부터 없었던 것으로 보아야 하므로 그 부분에 대한 심결의 취소를 구할 법률상 이익이 없다(判例 2005허10213).

 ⑤

05 특허법상 심결취소소송에 관한 설명으로 옳지 않은 것은? (다툼이 있는 경우 판례에 의함)

기출 24

① 특허를 무효로 한 심결에 대한 심결취소소송에서 원고의 청구가 기각되어 상고심에 계속 중, 제3자가 제기한 특허무효심판에서 특허를 무효로 하는 심결이 확정된 때에는 그 특허권은 처음부터 없었던 것으로 보게 되므로, 특허가 무효로 확정된 이상 심결의 취소를 구할 법률상 이익도 없어졌다.

② 거절결정에 대한 심결취소소송에서 특허청이 보정각하결정에서와 다른 이유를 들어 보정의 부적법을 주장하더라도 출원인으로서는 이에 대응하여 소송절차에서 보정의 적법 여부에 관하여 다툴 수 있으므로 출원인의 방어권 또는 절차적 이익이 침해된다고 할 수 없다.

③ 주지관용의 기술이 소송상 공지 또는 현저한 사실이라고 볼 수 있을 만큼 일반적으로 알려져 있지 아니한 경우에도 그 주지관용의 기술은 심결취소소송에 있어서 증명을 필요로 하지 아니하므로, 법원은 자유로운 심증에 의하여 증거 등 기록에 나타난 자료를 주지관용의 기술로서 인정할 수 없다.

④ 행정소송의 일종인 심결취소소송에 직권주의가 가미되어 있다고 하더라도 여전히 변론주의를 기본구조로 하는 이상, 심결의 위법을 들어 그 취소를 청구할 때에는 직권조사사항을 제외하고는 그 취소를 구하는 자가 위법사유에 해당하는 구체적 사실을 먼저 주장하여야 하고, 법원이 당사자가 주장하지도 않은 법률요건에 관하여 판단하는 것은 변론주의 원칙에 위배된다.

⑤ 심결취소소송은 항고소송에 해당하여 그 소송물은 심결의 실체적, 절차적 위법성 여부라 할 것이므로 당사자는 심결에서 판단되지 않은 처분의 위법사유도 심결취소소송 단계에서 주장·입증할 수 있고 심결취소소송의 법원은 특별한 사정이 없는 한 제한없이 이를 심리·판단하여 판결의 기초로 삼을 수 있다.

해설

① (○) 判例 98후1921
② (○) 判例 2006허9197
③ (×) 어느 주지관용의 기술이 소송상 공지 또는 현저한 사실이라고 볼 수 있을 만큼 일반적으로 알려져 있지 아니한 경우에 그 주지관용의 기술은 심결취소소송에 있어서는 증명을 필요로 하고, 이때 법원은 자유로운 심증에 의하여 증거 등 기록에 나타난 자료를 통하여 주지관용의 기술을 인정할 수 있으나, 변론종결 후 제출된 참고자료까지 여기의 '증거 등 기록에 나타난 자료'에 포함된다고 볼 수는 없다(判例 2012후436).
④ (○) 判例 2010후3509
⑤ (○) 判例 2018후11360

답 ③

06 심결취소소송에서 당사자적격에 관한 설명으로 옳은 것을 모두 고른 것은? (다툼이 있으면 판례에 따름) 기출 23

> ㄱ. 특허취소결정, 결정계 심판의 심결 또는 그 재심의 심결 및 심판청구서·재심청구서 각하결정에 대한 소를 제기하는 경우에는 특허청장을 피고로 하여야 한다.
> ㄴ. 공동으로 특허무효심판을 청구하여 승소한 경우, 특허권자가 공동심판청구인 중 일부만을 상대로 제기한 심결취소소송에서 당사자변경을 가져오는 당사자 추가신청은 허용된다.
> ㄷ. 특허취소신청 기각결정에 대하여는 불복할 수 없으며, 인용결정에 대한 불복소송에서 특허권자는 원고가 된다.
> ㄹ. 심결취소소송에서 특허취소결정·심판·재심사건의 당사자, 참가인 그 외 심결에 의하여 자기의 법률상 이익이 침해되는 자는 원고적격이 인정된다.

① ㄱ, ㄴ
② ㄱ, ㄷ
③ ㄴ, ㄷ
④ ㄴ, ㄹ
⑤ ㄷ, ㄹ

해설

ㄱ. (O) 특허취소결정, 결정계 심판 등은 특허청장을 피고로 하여 청구하여야 한다(특허법 제187조).
ㄴ. (×) 무효심판의 심결취소소송은 유사필수적 공동소송이므로, 당사자변경을 가져오는 당사자추가신청은 허용되지 않는다(判例 2007후1510).
ㄷ. (O) 심판관 합의체는 특허취소신청이 제132조의2 제1항 각 호의 어느 하나에 해당하지 아니하거나 같은 조 제2항을 위반한 것으로 인정되는 경우에는 결정으로 그 특허취소신청을 기각하여야 한다. 제4항에 따른 기각결정에 대해서는 불복할 수 없다(특허법 제132조의13 제4항·제5항).
ㄹ. (×) 심결취소소송은 자기의 법률상 이익이 침해되는 자의 원고적격이 요구된다(특허법 제186조 제2항).

> **특허법 제186조(심결 등에 대한 소)**
> ① 특허취소결정 또는 심결에 대한 소 및 특허취소신청서·심판청구서·재심청구서의 각하결정에 대한 소는 특허법원의 전속관할로 한다.
> ② 제1항에 따른 소는 다음 각 호의 자만 제기할 수 있다.
>   1. 당사자
>   2. 참가인
>   3. 해당 특허취소신청의 심리, 심판 또는 재심에 참가신청을 하였으나 신청이 거부된 자

답 ②

07 특허소송에 관한 설명으로 옳지 않은 것은? (다툼이 있으면 판례에 따름) 기출 23

① 심결 또는 결정의 취소판결이 확정된 경우에는 심판관은 심판청구인의 새로운 신청을 기다리지 않고 취소판결의 취지에 따라 다시 심리하여야 한다.
② 당사자계 심판에 대한 심결취소소송의 경우 당사자는 심결에서 판단되지 않은 위법사유도 심결취소소송단계에서 주장·입증할 수 있다.
③ 심결취소소송에서 특허발명의 진보성 판단에 제공되는 선행발명이 어떤 구성요소를 가지고 있는지 여부는 주요 사실로서 당사자 자백의 대상이 된다.
④ 등록무효심판 심결에 대한 특허소송의 경우 주지관용기술 여부는 법원이 자유로운 심증에 의하여 증거 등을 통하여 인정할 수 있다.
⑤ 거절결정불복심판 심결에 대한 특허소송에서 발명의 성립, 신규성 결여 등에 대해서는 출원인이 이를 주장·증명하여야 한다.

해설

① (○) 심결 또는 결정의 취소판결이 확정된 경우, 심판원으로 환송되어 심판관의 심리 절차가 다시 개시된다(특허법 제189조 제2항).
② (○) 심판은 특허심판원에서의 행정절차이며 심결은 행정처분에 해당하고, 그에 대한 불복의 소송인 심결취소소송은 항고소송에 해당하여 그 소송물은 심결의 실체적·절차적 위법 여부이므로, 당사자는 심결에서 판단되지 않은 처분의 위법사유도 심결취소소송단계에서 주장·입증할 수 있고, 심결취소소송의 법원은 특별한 사정이 없는 한 제한 없이 이를 심리·판단하여 판결의 기초로 삼을 수 있으며, 이와 같이 본다고 하여 심급의 이익을 해한다거나 당사자에게 예측하지 못한 불의의 손해를 입히는 것이 아니다(判例 2007후4410).
③ (○) 자백의 대상은 사실에 한하는 것이고 사실에 대한 법적 판단 또는 평가는 그 대상이 될 수 없는 것이다(判例 2000후1542). 선행발명이 어떤 구성요소를 가지고 있다는 것은 주요 사실에 대한 것이어서 자백의 대상이 된다.
④ (○) 법원은 자유심증주의에 따라 자유로이 판단할 수 있으므로, 주지관용기술 여부는 법원이 자유로운 심증에 의하여 증거 등을 통하여 인정할 수 있다(判例 2012후436).
⑤ (×) 특허발명의 신규성 또는 진보성 판단과 관련하여 특허발명의 구성요소가 출원 전에 공지된 것인지는 사실인정의 문제이고, 공지사실에 관한 증명책임은 신규성 또는 진보성이 부정된다고 주장하는 당사자에게 있다. 따라서 권리자가 자백하거나 법원에 현저한 사실로서 증명을 필요로 하지 않는 경우가 아니라면, 공지사실은 증거에 의하여 증명되어야 하는 것이 원칙이다(判例 2013후37).

답 ⑤

08 특허권 침해와 특허소송에 관한 설명으로 옳은 것은? (다툼이 있으면 판례에 따름) 기출 22

① 심결취소소송에서도 자백 또는 의제자백이 인정되지만, 자백의 대상은 사실이고 이러한 사실에 대한 법적 판단 내지 평가는 자백의 대상이 되지 않으므로, 특허발명의 진보성 판단에 제공되는 선행발명이 어떤 구성요소를 가지고 있는지 여부에 대해서는 자백이 허용되지 않는다.
② 특허권의 권리범위는 청구범위에 기재된 사항에 의하여 정하여지는 것이 원칙이나, 청구항은 발명의 설명에 의하여 뒷받침될 것이 요구되기 때문에, 청구범위의 기재만으로 특허의 기술적 구성을 알 수 없거나 알 수 있더라도 기술적 범위를 확정할 수 없는 경우에는 명세서의 기재에 의한 보충을 통해 기술적 범위의 확장 또는 제한 해석을 함으로써 특허권의 권리범위가 발명의 크기에 맞게 실질적으로 정해질 수 있도록 해야 한다.
③ 후 발명이 선 특허발명의 요지를 전부 포함하고 이를 그대로 이용하되, 후 발명 내에선 특허발명이 발명으로서의 일체성을 유지하는 경우에는 이용관계가 성립하고, 선 특허권자의 허락없이 선 특허발명을 실시하면 이용침해에 해당하나, 후 발명이 선 특허발명과 동일한 발명이 아니라 균등한 발명을 이용하는 경우에는 그렇지 않다.
④ 청구항에 기재된 구성요소는 모두 필수구성요소로 파악되어야 하며 일부 구성요소를 그 중요성이 떨어진다는 등의 이유로 필수구성요소가 아니라고 주장할 수 없다.
⑤ 특허권침해소송의 상대방이 제조하는 제품이 특허발명의 특허권을 침해한다고 할 수 있기 위해서는 특허발명의 청구범위에 기재된 각 구성요소와 그 구성요소 간의 유기적 결합관계가 침해대상제품에 그대로 포함되어 있을 필요까지는 없다.

해설

① (×) 행정소송인 심결취소소송에서도 원칙적으로 변론주의가 적용되고, 따라서 자백 또는 의제자백도 인정된다 함은 상고이유에서 지적하는 바와 같으나, 자백의 대상은 사실이고, 이러한 사실에 대한 법적 판단 내지 평가는 자백의 대상이 되지 아니하는 것이다(判例 2000후1542). 특허발명의 진보성 판단에 제공되는 선행발명이 어떤 구성요소를 가지고 있는지는 주요사실로서 당사자의 자백의 대상이 된다고 할 것이다(判例 2004후905).
② (×) 특허발명의 보호범위는 특허청구범위에 기재된 사항에 의하여 정하여지는 것이 원칙이므로, 특허청구범위의 기재만으로 기술적 범위가 명백한 경우에는 명세서의 다른 기재에 의하여 특허청구범위의 기재를 제한해석할 수 없다. 다만 그 기재만으로 특허발명의 기술적 구성을 알 수 없거나 기술적 범위를 확정할 수 없는 경우에는 명세서의 다른 기재에 의해 보충할 수 있으나, 그러한 경우에도 명세서의 다른 기재에 의하여 특허청구범위를 확장해석하는 것은 허용되지 않는다(判例 2010후2605).
③ (×) 선 특허발명과 후 발명이 이용관계에 있는 경우에는 후 발명은 선 특허발명의 권리범위에 속하게 되고, 이러한 이용관계는 후 발명이 선 특허발명의 기술적 구성에 새로운 기술적 요소를 부가하는 것으로서 후 발명이 선 특허발명의 요지를 전부 포함하고 이를 그대로 이용하되, 후 발명 내에 선 특허발명이 발명으로서의 일체성을 유지하는 경우에 성립하는 것이며, 이는 선 특허발명과 동일한 발명뿐만 아니라 균등한 발명을 이용하는 경우도 마찬가지이다(判例 98후522).
④ (○) 判例 2004후3553
⑤ (×) 특허권침해소송의 상대방이 제조 등을 하는 제품 또는 사용하는 방법(이하 '침해대상제품 등'이라 한다)이 특허발명의 특허권을 침해한다고 할 수 있기 위해서는 특허발명의 특허청구범위에 기재된 각 구성요소와 그 구성요소 간의 유기적 결합관계가 침해대상제품 등에 그대로 포함되어 있어야 한다(判例 2010다65818).

답 ④

09 특허소송에 관한 설명으로 옳은 것은? (다툼이 있으면 판례에 따름) 기출 22

① 침해소송이 계속 중이어서 그 소송에서 특허권의 효력이 미치는 범위를 확정할 수 있는 경우에는 이를 이유로 침해소송과 별개로 청구된 권리범위확인심판의 심판청구의 이익이 부정된다고 볼 수 있다.
② 동일한 특허발명에 대하여 정정심판 사건이 특허심판원에 계속 중에 있는 경우에 이를 이유로 상고심에 계속 중인 그 특허발명에 관한 특허무효심결에 대한 취소소송의 심리를 중단하여야 하는 것은 아니다.
③ 특허권자가 정정심판을 청구하여 특허무효심판에 대한 심결취소소송의 사실심 변론종결 이후에 특허발명의 명세서 또는 도면에 대하여 정정을 한다는 심결이 확정되는 경우에는 정정 전 명세서 등으로 판단한 원심판결에 재심사유가 있다.
④ 동일한 특허권에 관하여 2인 이상의 자가 공동으로 특허의 무효심판을 청구하여 승소한 경우에 그 특허권자가 제기할 심결취소소송은 심판청구인 전원을 상대로 제기하여야만 하는 고유필수적 공동소송이다.
⑤ 법원은 특허취소결정 또는 심결에 대한 소 및 특허취소신청서·심판청구서·재심청구서의 각하결정에 대한 소 또는 특허법원의 판결에 따른 상고가 대법원에 제기되었을 때에는 지체 없이 그 취지를 특허청장과 특허심판원장에게 통지하여야 한다.

해설

① (×) 권리범위확인심판 제도의 성질과 기능, 특허법의 규정 내용과 취지 등에 비추어 보면, 침해소송이 계속 중이어서 그 소송에서 특허권의 효력이 미치는 범위를 확정할 수 있더라도 이를 이유로 침해소송과 별개로 청구된 권리범위확인심판의 심판청구의 이익이 부정된다고 볼 수는 없다(判例 2016후328).
② (○) 동일한 특허발명에 대하여 정정심판 사건이 특허심판원에 계속 중에 있다는 이유로 상고심에 계속 중인 그 특허발명에 관한 특허무효심결에 대한 취소소송의 심리를 중단하여야 하는 것은 아니다(判例 2018후11353).
③ (×) 특허권자가 정정심판을 청구하여 특허무효심판에 대한 심결취소소송의 사실심 변론종결 이후에 특허발명의 명세서 또는 도면에 대하여 정정을 한다는 심결이 확정되더라도 정정 전 명세서 등으로 판단한 원심판결에 재심사유가 있다고 볼 수 없다(判例 2016후2522).
④ (×) 이른바 고유필수적 공동소송이 아닌 사건에서 소송 도중에 당사자를 추가하는 것은 허용될 수 없고, 동일한 특허권에 관하여 2인 이상의 자가 공동으로 특허의 무효심판을 청구하여 승소한 경우에 그 특허권자가 제기할 심결취소소송은 심판청구인 전원을 상대로 제기하여야만 하는 고유필수적 공동소송이라고 할 수 없으므로, 위 소송에서 당사자의 변경을 가져오는 당사자추가신청은 명목이 어떻든 간에 부적법하여 허용될 수 없다(判例 2007후1510).
⑤ (×) 법원은 제186조 제1항에 따른 소 또는 같은 조 제8항에 따른 상고가 제기되었을 때에는 지체 없이 그 취지를 특허심판원장에게 통지하여야 한다(특허법 제188조 제1항).

답 ②

10. 특허소송에 관한 설명으로 옳은 것은? (다툼이 있으면 판례에 따름) 기출 20

① 특허등록의 무효를 주장하고자 하는 자는 특허심판원에 특허무효심판을 청구할 수 있을 뿐만 아니라 특허법원에 특허등록을 무효로 하는 판결을 구할 수도 있다.
② 권리범위 확인심판에 따른 심결취소소송은 특허심판원의 심결의 취소를 구하는 것이므로 특허심판원에서 주장하지 아니한 심결취소사유를 특허법원에서 주장하는 것은 허용되지 아니한다.
③ 적극적 권리범위 확인심판에서, 심판청구인이 특정한 확인대상발명과 피심판청구인이 실시하고 있는 발명 사이에 동일성이 인정되지 아니하면, 피심판청구인이 실시하지 않고 있는 발명을 대상으로 한 그와 같은 심판청구는 확인의 이익이 없어 부적법하여 각하되어야 한다.
④ 특허무효심판에서 청구기각 심결이 이루어지고 그 심결취소소송에서 원고의 청구가 기각되어 상고심에 계속 중, 같은 발명에 대한 다른 사건에서 등록무효심결이 확정되어 그 특허가 처음부터 없던 것으로 보게 되더라도 심결의 취소를 구할 법률상의 이익이 없어졌다고 볼 수 없다.
⑤ 특허심판원에 특허취소신청이 있는 경우 이에 대하여는 3명 또는 5명의 심판관으로 구성되는 합의체가 심리·결정하며 그 결정에 대한 소에서는 특허심판원장을 피고로 하여야 한다.

해설

① (×) 특허취소를 신청할 수 있는 사항 또는 심판을 청구할 수 있는 사항에 관한 소는 특허취소결정이나 심결에 대한 것이 아니면 제기할 수 없다(특허법 제186조 제6항).
② (×) 당사자계 심판에 대한 심결취소소송의 심리범위는 판례에 따라 무제한설을 따르므로 당사자는 심결에서 판단되지 않는 처분의 위법사유도 심결취소소송단계에서 주장·입증할 수 있다.
④ (×) 무효심판에 대한 심결취소소송에서 원고의 청구가 기각되어 상고심 계속 중, 제3자에 의한 무효심판청구가 인용되어 특허권이 소급소멸한 경우 존재하지 아니한 특허를 대상으로 판단한 심결은 위법하게 되나, 무효로 확정된 이상 심판의 심결취소를 구할 법률상 이익도 없어졌다고 봄이 상당하다(判例 98후1921).
⑤ (×) 결정에 대한 소를 제기하는 경우에는 특허청장을 피고로 하여야 한다(특허법 제187조).

답 ③

11 심결취소소송에 관한 설명으로 옳지 않은 것은? (다툼이 있으면 판례에 따름) 기출 20

① 특허발명의 공동 출원인이 특허거절결정에 대한 취소심판청구에서 패소한 후 제기하는 심결취소소송은 심판청구인인 공동 출원인 전원이 공동으로 제기하여야 하는 고유 필수적 공동소송이라고 할 수 없으므로, 특허거절결정에 대한 심판에서 패소한 원고는 단독으로 심결의 취소를 구하는 소송을 제기할 수 있다.

② 특허청 심사관이 특허출원의 보정에 대한 각하결정을 한 후 '보정 전의 특허출원'에 대하여 거절결정을 하였고, 그에 대한 불복심판 절차에서 위 보정각하결정 및 거절결정이 적법하다는 이유로 심판청구를 기각하는 특허심판원의 심결이 있었는데 보정각하결정이 위법한 경우, 심결취소소송에서 법원은 그것만을 이유로 곧바로 심결을 취소할 수 없다.

③ 거절결정불복심판청구 기각 심결의 취소소송절차에서 특허청장은 거절결정의 이유 외에도 심사나 심판 단계에서 의견서 제출의 기회를 부여한 사유 및 이와 주요한 취지가 부합하는 사유를 해당 심결의 결론을 정당하게 하는 사유로 주장할 수 있고, 심결취소소송의 법원은 이를 심리·판단하여 심결의 당부를 판단하는 근거로 삼을 수 있다.

④ 거절결정불복심판청구를 기각하는 심결의 취소소송단계에서 특허청은 심결에서 판단되지 않은 것이라고 하더라도 거절결정의 이유와 다른 새로운 거절이유에 해당하지 않는 한 심결의 결론을 정당하게 하는 사유를 주장·입증할 수 있고, 심결취소소송의 법원은 달리 볼만한 특별한 사정이 없는 한, 제한 없이 이를 심리 판단하여 판결의 기초로 삼을 수 있다.

⑤ 심결취소소송을 제기한 후 당사자 사이에 소를 취하하기로 하는 합의가 이루어졌다면 특별한 사정이 없는 한 소송을 계속 유지할 법률상의 이익이 소멸하여 당해 소는 각하되어야 한다.

해설

① (○) 判例 2016허4160
② (×) 특허청 심사관이 특허출원의 보정에 대한 각하결정을 한 후 '보정 전의 특허출원'에 대하여 거절결정을 하였고, 그에 대한 불복심판 절차에서 위 보정각하결정 및 거절결정이 적법하다는 이유로 심판청구를 기각하는 특허심판원의 심결이 있었는데 보정각하결정이 위법한 경우, 심결취소소송에서 법원은 그것만을 이유로 곧바로 심결을 취소하여야 한다(判例 2012후3121).
③ (○) 判例 2015후1997
④ (○) 判例 2001후1617
⑤ (○) 判例 2005후1202

답 ②

12 특허법상 특허법원의 심결취소소송절차에 관한 설명으로 옳지 않은 것은? (다툼이 있으면 판례에 따름) 기출 19

① 특허법원에서 주장하지 아니하였다가 상고심에 이르러 비로소 주장하는 새로운 사실은 적법한 상고이유가 될 수 없다.
② 당사자 또는 참가인에 한하여 심결에 대한 소를 제기할 수 있고, 해당 심판이나 재심에 참가신청을 하였으나 그 신청이 거부된 자는 이를 제기할 수 없다.
③ 심결취소소송에 있어서 심리판단의 대상이 되는 것은 심결의 위법성 일반으로서 실체상의 판단의 위법과 심판절차상의 위법이 그 대상에 포함된다.
④ 행정소송인 심결취소소송에서도 원칙적으로 변론주의가 적용되므로 자백 또는 자백 간주도 인정된다.
⑤ 특허법원의 판결에 있어서 취소의 기본이 된 이유는 그 사건에 대하여 특허심판원을 기속한다.

해설

② (×) 해당 특허취소신청의 심리, 심판 또는 재심에 참가신청을 하였으나 신청이 거부된 자 또한 심결취소소송을 제기할 수 있다(특허법 제186조 제2항).

> **특허법 제186조(심결 등에 대한 소)**
> ① 특허취소결정 또는 심결에 대한 소 및 특허취소신청서·심판청구서·재심청구서의 각하결정에 대한 소는 특허법원의 전속관할로 한다.
> ② 제1항에 따른 소는 다음 각 호의 자만 제기할 수 있다.
>   1. 당사자
>   2. 참가인
>   3. 해당 특허취소신청의 심리, 심판 또는 재심에 참가신청을 하였으나 신청이 거부된 자

답 ②

13 특허법상 심결취소소송에 관한 설명으로 옳지 않은 것은? (다툼이 있으면 판례에 따름) 기출 18

① 특허발명의 공동출원인이 특허거절결정에 대한 취소심판청구에서 패소한 경우 패소한 원고는 단독으로 심결의 취소를 구하는 소송을 제기할 수 있다.
② 특허청 심사관이 특허출원의 보정에 대한 각하결정을 한 후 '보정 전의 특허출원'에 대하여 거절결정을 하였고, 그에 대한 불복심판 절차에서 위 보정각하결정 및 거절결정이 적법하다는 이유로 심판청구를 기각하는 특허심판원의 심결이 있었는데 보정각하결정이 위법한 경우, 심결취소소송에서 법원은 그것만을 이유로 곧바로 심결을 취소하여야 한다.
③ 거절결정불복심판청구 기각심결의 취소소송절차에서 특허청장은 거절결정의 이유 외에도 심사나 심판 단계에서 의견서 제출의 기회를 부여한 사유를 해당 심결의 결론을 정당하게 하는 사유로 주장할 수 있고, 심결취소소송의 법원은 이를 심리·판단하여 심결의 당부를 판단하는 근거로 삼을 수 있다.
④ 심결취소소송을 제기한 후에 당사자 사이에 소를 취하하기로 하는 합의가 이루어졌다면 특별한 사정이 없는 한 소송을 계속 유지할 법률상의 이익이 소멸하여 당해 소는 각하되어야 한다.
⑤ 당사자는 심결에서 판단되지 않은 처분의 위법사유도 심결취소소송단계에서 주장·입증할 수 있고, 심결취소소송의 법원은 특별한 사정이 없는 한 제한 없이 이를 심리·판단하여 판결의 기초로 삼을 수 없다.

해설

① (○) 특허발명의 공동 출원인이 특허거절결정에 대한 취소심판청구에서 패소한 경우 제기하는 심결취소소송은 심판청구인인 공동 출원인 전원이 공동으로 제기하여야 하는 고유필수적 공동소송이라고 할 수 없으므로, 특허거절결정에 대한 심판에서 패소한 원고는 단독으로 심결의 취소를 구하는 소송을 제기할 수 있다(判例 2016허4160).
② (○) 判例 2012후3121
③ (○) 判例 2015후1997
④ (○) 判例 96후1743
⑤ (×) 당사자는 심결에서 판단되지 않은 처분의 위법사유도 심결취소소송단계에서 주장·입증할 수 있고, 심결취소소송의 법원은 특별한 사정이 없는 한 제한 없이 이를 심리·판단하여 판결의 기초로 삼을 수 있다(判例 2000후1290).

답 ⑤

14 특허 심결취소소송에 관한 설명으로 옳지 않은 것은? (다툼이 있으면 판례에 따름) 기출 17

① 특허법원의 기술심리관은 재판의 주체는 아니지만 심리에는 참여하는 주체이므로 제척·기피의 대상이 된다.
② 적극적 권리범위 확인심판에서 피청구인이 확인대상발명의 불실시를 주장하지 아니한 결과 청구가 인용된 경우에도 그 심결취소소송에서 비로소 확인대상발명의 불실시를 이유로 심판청구에 위법이 있었음을 주장·입증할 수 있다.
③ 통지된 거절이유가 비교대상발명에 의하여 출원발명의 진보성이 부정된 경우, 위 비교대상발명을 보충하여 특허출원 당시 그 기술분야의 주지·관용기술이라는 점을 증명하기 위한 자료는 이미 통지된 거절이유와 주요한 취지가 부합하지 아니하는 새로운 거절이유이므로 특허청장은 거절결정불복심판청구 기각 심결의 취소소송절차에서 거절이유로 주장할 수 없다.
④ 심결의 위법을 들어 그 취소를 청구할 때에는 그 취소를 구하는 자가 위법사유에 해당하는 구체적 사실을 먼저 주장하여야 하고, 법원은 당사자가 주장한 법률요건에 관한 사항과 직권조사사항에 한하여 판단하여야 한다.
⑤ 거절결정불복심판청구 기각 심결의 취소소송절차에서 거절결정의 이유 외에도 심사나 심판 단계에서 의견서 제출의 기회를 부여한 사유에 대해 심결취소소송의 법원은 이를 심리·판단하여 심결의 당부를 판단하는 근거로 삼을 수 있다.

해설

① (○) 특허법 제188조의2 제1항
② (○) 심판은 특허심판원에서의 행정절차이며 심결은 행정처분에 해당하고, 그에 대한 불복의 소송인 심결취소소송은 항고소송에 해당하여 그 소송물은 심결의 실체적·절차적 위법 여부이므로, 당사자는 심결에서 판단되지 않은 처분의 위법사유도 심결취소소송단계에서 주장·입증할 수 있고, 심결취소소송의 법원은 특별한 사정이 없는 한 제한 없이 이를 심리·판단하여 판결의 기초로 삼을 수 있으며, 이와 같이 본다고 하여 심급의 이익을 해한다거나 당사자에게 예측하지 못한 불의의 손해를 입히는 것이 아니다. 특허심판단계에서 소극적으로 하지 않았던 주장을 심결취소소송단계에서 하였다는 사정만으로 금반언 내지 신의칙에 위반된다고 볼 수 없으므로, 특허심판단계에서 확인대상발명을 실시하고 있지 않다는 주장을 하지 않았다고 하더라도 심결취소소송단계에서 이를 심결의 위법사유로 주장할 수 있다(判例 2007후4410).
③ (×) 이미 통지된 거절이유가 비교대상발명에 의하여 출원발명의 진보성이 부정된다는 취지인 경우에, 위 비교대상발명을 보충하여 특허출원 당시 그 기술분야에 널리 알려진 주지관용기술의 존재를 증명하기 위한 자료는 새로운 공지기술에 관한 것에 해당하지 아니하므로, 심결취소소송의 법원이 이를 진보성을 부정하는 판단의 근거로 채택하였다고 하더라도 이미 통지된 거절이유와 주요한 취지가 부합하지 아니하는 새로운 거절이유를 판결의 기초로 삼은 것이라고 할 수 없다(判例 2013후1054).
④ (○) 행정소송의 일종인 심결취소소송에 있어서 직권주의가 가미되어 있다고 하더라도 여전히 변론주의를 기본 구조로 하는 이상 심결의 위법을 들어 그 취소를 청구함에 있어서는 직권조사사항을 제외하고는 그 취소를 구하는 자가 위법사유에 해당하는 구체적 사실을 먼저 주장하여야 하고, 따라서 법원이 당사자가 주장하지도 아니한 법률요건에 대하여 판단하는 것은 변론주의 원칙에 위배되는 것이다(判例 2010후3509).
⑤ (○) 判例 2015후1997

 ③

15 특허쟁송에 관한 설명으로 옳지 않은 것은? (다툼이 있으면 판례에 따름) 기출 17

① 특허심판원 심결 후에는 그 심결의 흠이 있어도 오기나 기타 유사한 잘못임이 명백한 경우를 바로잡는 것 외에 특허심판원 스스로도 이를 취소, 철회 또는 변경하는 것은 허용되지 않는바, 이를 일사부재리라 한다.
② 특허발명 X에 대하여 정정심판 사건이 특허심판원에 계속 중인 경우, 상고심에 계속 중인 특허발명 X에 관한 특허무효심결에 대한 취소소송의 심리를 중단하여야 하는 것은 아니다.
③ 동일한 특허권에 관하여 甲과 乙이 각각 등록무효심판 청구를 하려는 경우, 甲, 乙은 공동으로 심판청구를 할 수 있으며, 공동심판 청구 후 甲에게 심판중지의 원인이 있으면 乙에 대해서도 그 효력이 발생한다.
④ 행정소송인 심결취소소송에서도 원칙적으로 변론주의가 적용되지만 사실에 대한 법적 평가에 대하여 자백할 수 없다.
⑤ 특허권의 공유자가 다른 공유자들을 상대로 공유특허권에 대한 공유물분할청구의 소를 제기할 수 있으나, 특허권의 현물분할은 허용되지 않는다.

해설

① (×) 일사부재리가 아닌 기속력에 대한 설명이다.

> **특허법 제189조(심결 또는 결정의 취소)**
> ① 법원은 제186조 제1항에 따라 소가 제기된 경우에 그 청구가 이유 있다고 인정할 때에는 판결로써 해당 심결 또는 결정을 취소하여야 한다.
> ② 심판관은 제1항에 따라 심결 또는 결정의 취소판결이 확정되었을 때에는 다시 심리를 하여 심결 또는 결정을 하여야 한다.
> ③ 제1항에 따른 판결에서 취소의 기본이 된 이유는 그 사건에 대하여 특허심판원을 기속한다.
>
> **특허법 제163조(일사부재리)**
> 이 법에 따른 심판의 심결이 확정되었을 때에는 그 사건에 대해서는 누구든지 동일 사실 및 동일 증거에 의하여 다시 심판을 청구할 수 없다. 다만, 확정된 심결이 각하심결인 경우에는 그러하지 아니하다.

② (○) 동일한 특허발명에 대하여 특허무효심판과 정정심판이 특허심판원에 동시에 계속중에 있는 경우에는 정정심판제도의 취지상 정정심판을 특허무효심판에 우선하여 심리·판단하는 것이 바람직하나, 그렇다고 하여 반드시 정정심판을 먼저 심리·판단하여야 하는 것은 아니고, 또 특허무효심판을 먼저 심리하는 경우에도 그 판단대상은 정정심판청구 전 특허발명이며, 이러한 법리는 특허무효심판과 정정심판의 심결에 대한 취소소송이 특허법원에 동시에 계속되어 있는 경우에도 적용된다고 볼 것이다(判例 2001후713).
③ (○) 특허법 제139조

> **특허법 제139조(공동심판의 청구 등)**
> ① 동일한 특허권에 관하여 제133조 제1항, 제134조 제1항·제2항 또는 제137조 제1항의 무효심판이나 제135조 제1항·제2항의 권리범위 확인심판을 청구하는 자가 2인 이상이면 모두가 공동으로 심판을 청구할 수 있다.
> ④ 제1항 또는 제3항에 따른 청구인이나 제2항에 따른 피청구인 중 1인에게 심판절차의 중단 또는 중지의 원인이 있으면 모두에게 그 효력이 발생한다.

④ (O) 행정소송인 심결취소소송에서도 원칙적으로 변론주의가 적용되므로 자백 또는 의제자백도 인정되나, 자백의 대상은 사실이고, 이러한 사실에 대한 법적 판단 내지 평가는 자백의 대상이 되지 아니한다(判例 2000후1542).
⑤ (O) 특허권의 공유관계에 민법상 공유물분할청구에 관한 규정이 적용될 수 있다. 다만 특허권은 발명실시에 대한 독점권으로서 그 대상은 형체가 없을 뿐만 아니라 각 공유자에게 특허권을 부여하는 방식의 현물분할을 인정하면 하나의 특허권이 사실상 내용이 동일한 복수의 특허권으로 증가하는 부당한 결과를 초래하게 되므로, 특허권의 성질상 그러한 현물분할은 허용되지 아니한다. 그리고 위와 같은 법리는 디자인권의 경우에도 마찬가지로 적용된다(判例 2013다41578).

답 ①

16 CHECK ○△×

특허법상 특허소송에 관한 설명으로 옳지 않은 것은? (다툼이 있으면 판례에 따름) 기출 24

① 특허취소결정 또는 심결에 대한 소 및 특허취소신청서·심판청구서·재심청구서의 각하결정에 대한 소는 특허법원의 전속관할로 한다.
② 법원은 소송절차에서 필요하면 직권 또는 당사자의 신청에 따라 특허취소신청에 대한 결정이나 특허에 관한 심결이 확정될 때까지 그 소송절차를 중지할 수 있다.
③ 법원은 특허권침해소송에서 당사자의 신청에 의하여 상대방 당사자에게 해당 침해의 증명 또는 침해로 인한 손해액의 산정에 필요한 자료의 제출을 명할 수 있다. 다만, 그 자료의 소지자가 그 자료의 제출을 거절할 정당한 이유가 있으면 그러하지 아니하다.
④ 법원은 특허취소결정 또는 심결에 대한 소 및 각하결정에 대한 소가 제기된 경우에 그 청구가 이유 있다고 인정할 때에는 판결로써 해당 심결 또는 결정을 취소하여야 한다.
⑤ 특허출원된 발명이 국방상 필요하여 정부가 특허하지 아니하고 보상금 지급을 결정하여 이 결정을 받은 자가 보상금에 불복할 때에는 법원에 소를 제기할 수 있고 소는 결정의 등본을 송달받은 날로부터 2개월 이내에 제기하여야 한다.

해설

① (O) 특허법 제186조 제1항
② (O) 특허법 제164조 제2항
③ (O) 특허법 제132조
④ (O) 특허법 제189조 제1항
⑤ (×) 소송은 심결·결정 또는 재정의 등본을 송달받은 날부터 30일 이내에 제기하여야 한다(특허법 제190조 제2항).

답 ⑤

17 특허법상 심결취소소송 절차에 관한 설명으로 옳지 않은 것은? (다툼이 있으면 판례에 따름)

① 특허법원에서 주장하지 아니하였다가 상고심에 이르러 비로소 주장하는 새로운 사실은 적법한 상고이유가 될 수 없다.
② 심판의 당사자, 참가인뿐만 아니라 해당 심판에 참가를 신청하였으나 그 신청이 거부된 자도 심결취소소송을 제기할 수 있다.
③ 심결취소소송에서 심리의 대상이 되는 것은 심결의 위법성 일반으로서 실체상의 판단의 위법과 심판절차상의 위법이 포함된다.
④ 행정심판인 특허심판 및 행정소송인 심결취소소송에서는 원칙적으로 변론주의가 적용되므로 자백이 인정된다.
⑤ 심결취소소송에서 심결의 위법 여부는 심결 당시의 법령과 사실상태를 기준으로 판단하여야 한다.

▎해설▎
① (○) 상고이유 중 이 사건 제3항 발명이 명세서의 기재요건을 구비하지 못하였다는 주장은 원고가 원심에서 주장하지 아니하다가 상고심에 이르러 비로소 내놓은 새로운 주장이므로 적법한 상고이유가 될 수 없다(判例 2003후2515).
② (○) 특허법 제186조 제2항

> **특허법 제186조(심결 등에 대한 소)**
> ① 특허취소결정 또는 심결에 대한 소 및 특허취소신청서·심판청구서·재심청구서의 각하결정에 대한 소는 특허법원의 전속관할로 한다.
> ② 제1항에 따른 소는 다음 각 호의 자만 제기할 수 있다.
>   1. 당사자
>   2. 참가인
>   3. 해당 특허취소신청의 심리, 심판 또는 재심에 참가신청을 하였으나 신청이 거부된 자

③ (○) 심판은 특허심판원에서의 행정절차이며 심결은 행정처분에 해당하고, 그에 대한 불복의 소송인 심결취소소송은 항고소송에 해당하여 그 소송물은 심결의 실체적, 절차적 위법성 여부라 할 것이다(判例 2000후1290).
④ (×) 심판절차는 직권탐지주의가 적용되므로 변론주의 적용을 전제로 하는 민사소송법 제288조 중 재판상 자백 규정은 준용될 여지가 없다(判例 2012허412).
⑤ (○) 특허심판원 심결의 취소소송에서 심결의 위법 여부는 심결 당시의 법령과 사실상태를 기준으로 판단하여야 하고, 원칙적으로 심결이 있은 이후 비로소 발생한 사실을 고려하여 판단의 근거로 삼을 수는 없다(判例 99후2211).

 ④

CHAPTER 13 국제출원

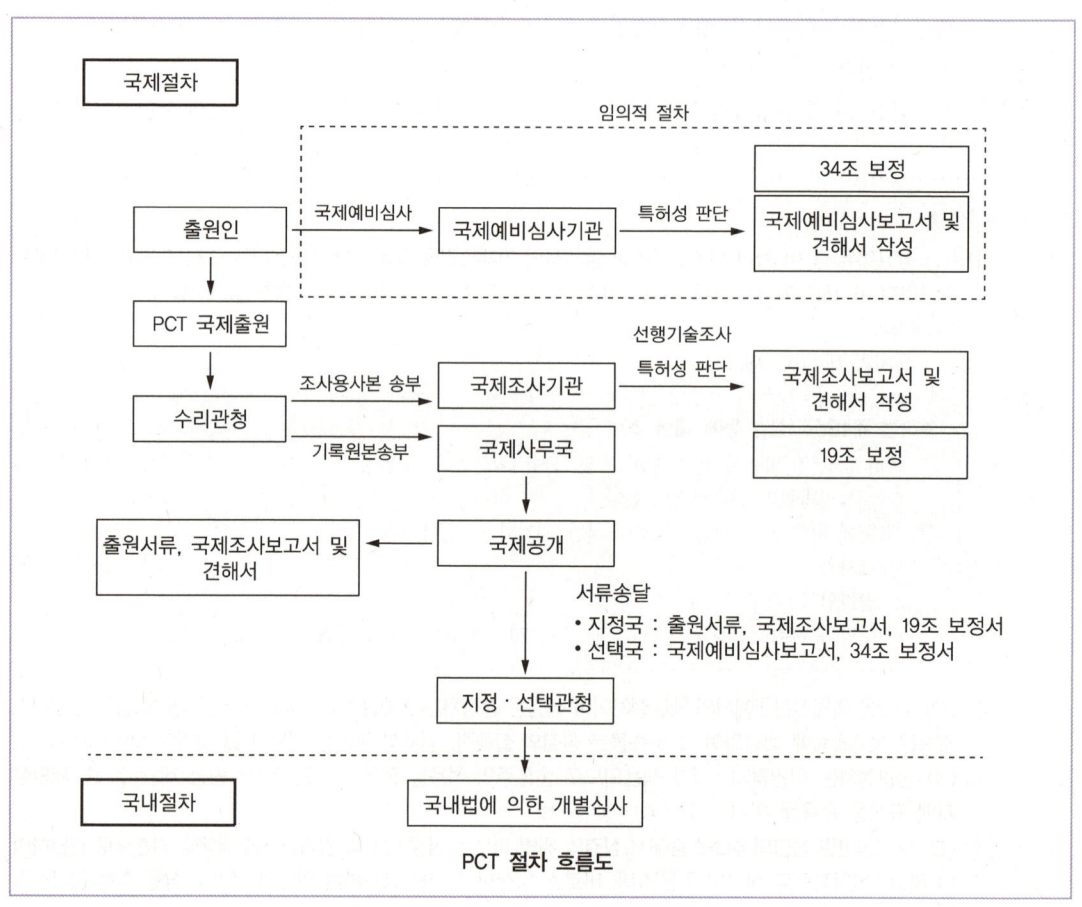

PCT 절차 흐름도

01 국제출원절차

(1) 법조문

제192조(국제출원을 할 수 있는 자)
특허청장에게 국제출원을 할 수 있는 자는 다음 각 호의 어느 하나에 해당하는 자로 한다.
1. 대한민국 국민
2. 국내에 주소 또는 영업소를 가진 외국인
3. 제1호 또는 제2호에 해당하는 자가 아닌 자로서 제1호 또는 제2호에 해당하는 자를 대표자로 하여 국제출원을 하는 자
4. 산업통상자원부령으로 정하는 요건에 해당하는 자

제193조(국제출원)
① 국제출원을 하려는 자는 산업통상자원부령으로 정하는 언어로 작성한 출원서와 발명의 설명·청구범위·필요한 도면 및 요약서를 특허청장에게 제출하여야 한다. 기출 25
② 제1항의 출원서에는 다음 각 호의 사항을 적어야 한다.
 1. 해당 출원이 「특허협력조약」에 따른 국제출원이라는 표시
 2. 해당 출원된 발명의 보호가 필요한 「특허협력조약」 체약국(締約國)의 지정
 3. 제2호에 따라 지정된 체약국(이하 "지정국"이라 한다) 중 「특허협력조약」 제2조(ⅳ)의 지역특허를 받으려는 경우에는 그 취지
 4. 출원인의 성명이나 명칭·주소나 영업소 및 국적
 5. 대리인이 있으면 그 대리인의 성명 및 주소나 영업소
 6. 발명의 명칭
 7. 발명자의 성명 및 주소(지정국의 법령에서 발명자에 관한 사항을 적도록 규정되어 있는 경우만 해당한다)
③ 제1항의 발명의 설명은 그 발명이 속하는 기술분야에서 통상의 지식을 가진 사람이 쉽게 실시할 수 있도록 명확하고 상세하게 적어야 한다.
④ 제1항의 청구범위는 보호를 받으려는 사항을 명확하고 간결하게 적어야 하며, 발명의 설명에 의하여 충분히 뒷받침되어야 한다.
⑤ 제1항부터 제4항까지에서 규정한 사항 외에 국제출원에 관하여 필요한 사항은 산업통상자원부령으로 정한다.

제194조(국제출원일의 인정 등)
① 특허청장은 국제출원이 특허청에 도달한 날을 「특허협력조약」 제11조의 국제출원일(이하 "국제출원일"이라 한다)로 인정하여야 한다. 다만, 다음 각 호의 어느 하나에 해당하는 경우에는 그러하지 아니하다.
 1. 출원인이 제192조 각 호의 어느 하나에 해당하지 아니하는 경우
 2. 제193조 제1항에 따른 언어로 작성되지 아니한 경우
 3. 제193조 제1항에 따른 발명의 설명 또는 청구범위가 제출되지 아니한 경우
 4. 제193조 제2항 제1호·제2호에 따른 사항 및 출원인의 성명이나 명칭을 적지 아니한 경우 기출 22
② 특허청장은 국제출원이 제1항 각 호의 어느 하나에 해당하는 경우에는 기간을 정하여 서면으로 절차를 보완할 것을 명하여야 한다. 기출 21
③ 특허청장은 국제출원이 도면에 관하여 적고 있으나 그 출원에 도면이 포함되어 있지 아니하면 그 취지를 출원인에게 통지하여야 한다. 기출 25

④ 특허청장은 제2항에 따른 절차의 보완명령을 받은 자가 지정된 기간에 보완을 한 경우에는 그 보완에 관계되는 서면의 도달일을, 제3항에 따른 통지를 받은 자가 산업통상자원부령으로 정하는 기간에 도면을 제출한 경우에는 그 도면의 도달일을 국제출원일로 인정하여야 한다. 다만, 제3항에 따른 통지를 받은 자가 산업통상자원부령으로 정하는 기간에 도면을 제출하지 아니한 경우에는 그 도면에 관한 기재는 없는 것으로 본다. 기출 17·21·25

제195조(보정명령)
특허청장은 국제출원이 다음 각 호의 어느 하나에 해당하는 경우에는 기간을 정하여 보정을 명하여야 한다.
1. 발명의 명칭이 적혀 있지 아니한 경우
2. 요약서가 제출되지 아니한 경우
3. 제3조 또는 제197조 제3항을 위반한 경우
4. 산업통상자원부령으로 정하는 방식을 위반한 경우

제196조(취하된 것으로 보는 국제출원 등)
① 다음 각 호의 어느 하나에 해당하는 국제출원은 취하된 것으로 본다.
1. 제195조에 따른 보정명령을 받은 자가 지정된 기간에 보정을 하지 아니한 경우 기출 21
2. 국제출원에 관한 수수료를 산업통상자원부령으로 정하는 기간에 내지 아니하여 「특허협력조약」 제14조(3)(a)에 해당하게 된 경우
3. 제194조에 따라 국제출원일이 인정된 국제출원에 관하여 산업통상자원부령으로 정하는 기간에 그 국제출원이 제194조 제1항 각 호의 어느 하나에 해당하는 것이 발견된 경우
② 국제출원에 관하여 내야 할 수수료의 일부를 산업통상자원부령으로 정하는 기간에 내지 아니하여 「특허협력조약」 제14조(3)(b)에 해당하게 된 경우에는 수수료를 내지 아니한 지정국의 지정은 취하된 것으로 본다.
③ 특허청장은 제1항 및 제2항에 따라 국제출원 또는 지정국의 일부가 취하된 것으로 보는 경우에는 그 사실을 출원인에게 알려야 한다.

제197조(대표자 등)
① 2인 이상이 공동으로 국제출원을 하는 경우에 제192조부터 제196조까지 및 제198조에 따른 절차는 출원인의 대표자가 밟을 수 있다. 기출 21
② 2인 이상이 공동으로 국제출원을 하는 경우에 출원인이 대표자를 정하지 아니한 경우에는 산업통상자원부령으로 정하는 방법에 따라 대표자를 정할 수 있다. 기출 17
③ 제1항의 절차를 대리인에 의하여 밟으려는 자는 제3조에 따른 법정대리인을 제외하고는 변리사를 대리인으로 하여야 한다. 기출 20·21

제198조(수수료)
① 국제출원을 하려는 자는 수수료를 내야 한다.
② 제1항에 따른 수수료, 그 납부방법 및 납부기간 등에 관하여 필요한 사항은 산업통상자원부령으로 정한다.

제198조의2(국제조사 및 국제예비심사)
① 특허청은 「특허협력조약」 제2조(xix)의 국제사무국(이하 "국제사무국"이라 한다)과 체결하는 협정에 따라 국제출원에 대한 국제조사기관 및 국제예비심사기관으로서의 업무를 수행한다.
② 제1항에 따른 업무수행에 필요한 사항은 산업통상자원부령으로 정한다.

(2) 국제출원의 의의 및 취지

국제출원은 특허협력조약의 규정에 제출되는 출원으로서, 특허협력조약은 1970년 6월 19일 워싱턴에서 채택되어 우리나라에서 1984년 8월 10일 최초로 발효된 조약이다. 특허협력조약은 수 개의 국가에서 발명을 보호하고자 할 때 발명의 보호를 더욱 간편하고 경제적으로 확보하고, 기술정보에 대한 공중의 접근을 용이하게 하고 촉진할 것을 목적으로 한다.

(3) 요 건

① 주체적 요건
  ㉠ 출원인
   - 대한민국 국민
   - 국내에 주소 또는 영업소를 가진 외국인
   - 국내에 주소 또는 영업소를 가지지 않은 외국인으로서 대한민국 국민 또는 국내에 주소 또는 영업소를 가진 외국인을 대표자로 하여 공동으로 국제출원을 하는 자
   - 1인 이상의 대한민국 국민 또는 국내에 주소 또는 영업소를 가진 외국인과 공동으로 국제출원을 하는 자
  ㉡ 대표자 : 2인 이상이 공동으로 국제출원을 하는 경우 출원인의 대표자가 출원절차를 밟을 수 있으며, 2인 이상이 공동으로 국제출원을 하는 경우에 출원인이 대표자를 정하지 아니한 경우에는 국제출원할 자격을 가지는 자 중 출원서에 최초로 기재되어 있는 출원인을 대표자로 정할 수 있다.
  ㉢ 대리인 : 국제출원절차를 대리인에 의해 밟으려는 자는 법정대리인을 제외하고는 변리사를 대리인으로 하여야 한다.

② 객체적 요건
  ㉠ 국제출원서류의 언어 : 국제출원을 하고자 하는 자는 산업통상자원부령으로 정하는 언어인 국어, 영어 또는 일어로 작성하여 특허청장에게 제출하여야 한다.
  ㉡ 국제출원서 기재 사항
   - 해당 출원이 「특허협력조약」에 따른 국제출원이라는 표시
   - 해당 출원된 발명의 보호가 필요한 「특허협력조약」 체약국의 지정
   - 지정된 체약국(이하 "지정국") 중 지역특허를 받으려는 경우에는 그 취지
   - 출원인의 성명이나 명칭·주소나 영업소 및 국적
   - 대리인이 있으면 그 대리인의 성명 및 주소나 영업소
   - 발명의 명칭
   - 발명자의 성명 및 주소(지정국의 법령에서 발명자에 관한 사항을 적도록 규정되어 있는 경우만 해당)

ⓒ 발명의 설명 및 청구범위 기재 방법 : 발명의 설명은 그 발명이 속하는 기술분야에서 통상의 지식을 가진 사람이 쉽게 실시할 수 있도록 명확하고 상세하게 적어야 하며, 청구범위는 보호를 받으려는 사항을 명확하고 간결하게 적어야 하고 발명의 설명에 의해 뒷받침되어야 한다.
③ **수수료 납부** : 국제출원을 하려는 자는 수수료를 내야 한다. 자동지정제도의 도입으로 인해 국제출원시 모든 지정국이 지정되는 것으로 본다.

(4) 국제출원일의 인정
① 인정 요건
   ㉠ 국제출원을 할 수 있는 자일 것
   ㉡ 산업통상자원부령으로 정하는 언어로 작성될 것(국어, 영어 또는 일어)
   ㉢ 발명의 설명 또는 청구범위가 제출될 것
   ㉣ 특허협력조약에 따른 국제출원이라는 표시 및 지정국의 표시가 있을 것
   ㉤ 출원인의 성명이나 명칭을 적을 것
② 보완 명령
   ㉠ 국제출원이 인정요건을 갖추지 못한 경우 특허청장은 국제출원일을 인정하지 않고 기간을 정하여 절차를 보완할 것을 명하여야 한다(法 제194조 제2항).
   ㉡ 보완명령을 받은 자가 지정된 기간 내에 보완을 한 경우 보완서류의 도달일을 국제출원일로 인정한다(法 제194조 제4항).
③ 도면의 취급
   ㉠ 국제출원이 도면에 관하여 적고 있으나 그 출원에 도면이 포함되어 있지 아니하면 특허청장은 그 취지를 출원인에게 통지하여야 한다(法 제194조 제3항).
   ㉡ 통지를 받은 자가 산업통상자원부령으로 정하는 기간(2개월) 이내에 도면을 제출한 경우 그 도면의 도달일을 국제출원일로 인정하여야 한다. 다만, 도면을 제출하지 아니한 경우에는 그 도면에 관한 기재는 없었던 것으로 보고 국제출원서가 수리관청에 도달한 날을 국제출원일로 인정한다(法 제194조 제4항).
④ 일부 누락의 경우의 취급
   ㉠ 발명의 설명 또는 청구범위의 일부가 누락되어 있는 경우 특허청장은 2개월 이내에 누락된 부분을 제출하도록 보완명령을 하여야 하며, 보완서류가 도달한 경우 보완서류의 도달일을 국제출원일로 인정하여야 한다. 이때 출원인은 보완명령에 대한 의견서를 특허청장에게 제출할 수 있다(시행규칙 제99조의2 제1항·제4항·제6항).
   ㉡ 출원인은 국제출원의 접수일로부터 2개월 이내에 누락된 부분 또는 정정 부분을 특허청장에게 스스로 제출할 수 있다(시행규칙 제99조의2 제2항).
   ㉢ 누락된 부분의 보완에 따라 보완서류의 접수일이 국제출원일로 인정된 경우 출원인은 국제출원일의 통지일로부터 1개월 이내에 보완서류의 제출을 취하할 수 있으며, 서류의 제출이 취하된 경우 국제출원일의 인정은 없었던 것으로 본다(시행규칙 제100조의2).

(5) 국제출원의 보정

① 보정 사유 : 특허청장은 국제출원이 다음의 어느 하나에 해당하는 경우 기간을 정하여 보정을 명하여야 한다.
  ㉠ 발명의 명칭이 적혀 있지 아니한 경우
  ㉡ 요약서가 제출되지 아니한 경우
  ㉢ 행위능력 흠결 또는 임의대리인이 변리사가 아닌 경우
  ㉣ 산업통상부령으로 정하는 방식을 위반한 경우
② 효과 : 보정이 적법하게 이루어진 경우 보정된 내용대로 출원한 것으로 보며, 적법한 보정이 기간 내 이루어지지 않은 경우 국제출원은 취하한 것으로 본다.

(6) 국제출원의 취하

① 법정 취하 사유
  ㉠ 보정명령을 받은 자가 지정된 기간에 보정을 하지 아니한 경우
  ㉡ 국제출원에 관한 수수료를 산업통상자원부령으로 정하는 기간(수수료 미납에 대한 보정명령으로부터 1개월)에 내지 아니하여 특허협력조약 제14조(3)(a)에 해당하게 된 경우
  ㉢ 국제출원일이 인정된 국제출원에 관하여 산업통상자원부령으로 정하는 기간(국제출원일로부터 4개월)에 보완사유의 어느 하나에 해당하는 것이 발견된 경우
  ㉣ 국제출원에 관하여 내야할 수수료의 일부를 산업통상자원부령으로 정하는 기간에 내지 아니하여 특허협력조약 제14조(3)(b)에 해당하게 된 경우 수수료를 내지 아니한 지정국의 지정은 취하된 것으로 본다.
② 출원인의 의사에 의한 취하 : 국제출원인은 우선일로부터 2년 6개월 또는 국내서면제출기간의 경과 전에 출원심사청구를 하기 전 중 빠른 날까지 국제출원, 지정국의 지정, 우선권주장, 국제예비심사의 청구 또는 선택국의 선택을 취하할 수 있다(시행규칙 제106조의7 제1항).

(7) 국제조사 및 PCT 제19조 보정

① 의의 및 취지 : 모든 국제출원은 국제조사의 대상이 되는 바, 국제조사는 제출된 국제출원에 대한 선행기술조사와 더불어 특허성 여부를 판단하는 절차를 말한다. 출원인에게 이후의 절차진행에 대한 판단자료를 제공하고 개별국의 심사부담을 경감하기 위함이다.
② 국제조사기관 : 한국, 미국, 일본, 유럽 등 각국의 특허청이 국제조사기관으로 선정되어 있으며, 대한민국 특허청이 수리관청인 경우 국어인 경우 한국, 영어인 경우 오스트리아, 호주, 한국, 일어인 경우 일본에서 국제조사를 받을 수 있다.

③ 국제조사의 대상과 범위
　㉠ 일반 : 모든 국제출원은 원칙적으로 국제조사의 대상이 되며, 선행기술을 조사하여 국제조사보고서를 작성함과 더불어 신규성, 진보성 등의 특허성을 판단하여 견해서를 작성한다. 원칙적으로 국제조사기관과 출원인 간의 의견교환은 허용되지 않는다.
　㉡ 단일성 판단 : 또한 발명의 단일성 여부를 조사하여 국제출원이 발명의 단일성을 결하고 있다고 인정하는 경우에는 기간을 정하여 출원인에게 추가수수료의 납부를 명한다. 추가수수료를 납부하지 않으면 청구범위에 가장 먼저 기재된 발명 또는 1군의 발명과 관련되는 국제출원 부분에 한하여 국제조사가 이루어진다(시행규칙 제106조의14).
　㉢ 작성 시기 : 국제조사보고서는 조사용사본의 수령일로부터 3개월 또는 우선일로부터 9개월 중 늦은 때까지 작성하여 출원인 및 국제사무국에 송부하여야 한다.

④ 번역문 제출
　㉠ 국제조사기관이 인정하지 아니하는 언어로 국제출원이 출원된 경우 출원인은 국제조사를 위하여 국제출원의 접수일부터 1월 이내에 조약규칙 12.3(a)의 규정에 따라 국제조사기관이 인정하는 언어로 된 번역문을 특허청장에게 제출하여야 한다(시행규칙 제95조의2 제1항).
　㉡ 특허청장은 출원인이 기간 내에 번역문을 제출하지 아니한 경우에는 보정을 명한 날부터 1월 이내에 그 번역문을 제출하도록 출원인에게 보정을 명하여야 한다(시행규칙 제95조의2 제2항).
　㉢ 출원인이 기간 이내에 번역문을 제출하지 아니하거나 가산료를 납부하지 아니한 경우에는 조약규칙 12.3(d)에 따라 그 출원은 취하된 것으로 본다. 이 경우 특허청장은 그 취지를 출원인에게 통지하여야 한다(시행규칙 제95조의2 제3항).

⑤ PCT 제19조 보정
　㉠ 의의 : 국제조사보고서를 송달받은 출원인은 국제사무국에 대하여 1회에 한해 보정을 할 수 있다.
　㉡ 요건 : ⅰ) 국제조사보고서를 송달받은 후 2개월 이내 또는 우선일로부터 16개월 중 더 늦은 때까지, ⅱ) 청구범위에 대해 1회 보정하여, ⅲ) 보정서를 국제사무국에 제출할 수 있다.
　㉢ 보정서의 번역문 제출(국내단계)
　　• 출원인은 PCT 제19조에 따른 보정을 한 경우 다음의 서류를 기준일까지(기준일이 심사청구일인 경우 심사청구를 할 때까지) 특허청장에게 제출하여야 한다.
　　　- 외국어로 출원된 국제특허출원인 경우 그 보정서 또는 설명서의 국어번역문
　　　- 국어로 출원한 국제특허출원인 경우 그 보정서 또는 설명서의 사본
　　• 보정서의 국어번역문 또는 사본을 제출하는 경우에는 法 제47조 제1항의 규정에 따라 보정된 것으로 본다. 다만, 특허협력조약 제20조에 따라 기준일까지 그 보정서(국어로 출원한 국제특허출원 한정)가 특허청에 송달된 경우에는 그 보정서에 따라 보정된 것으로 본다(法 제204조 제2항).

- 출원인이 기준일까지 번역문 또는 사본을 제출하지 아니하면 특허협력조약 제19조에 따른 보정서 또는 설명서는 제출되지 아니한 것으로 본다. 다만, 국어로 출원된 국제특허출원인 경우에 특허협력조약 제20조에 따라 기준일까지 그 보정서 또는 그 설명서가 특허청에 송달된 경우에는 그러하지 아니하다(法 제204조 제4항).
- 원문의 번역문을 제출하기 전 보정을 한 경우, 보정서의 번역문 제출은 생략할 수 있으며 보정 후의 청구범위를 반영한 국어번역문을 제출할 수 있다(法 제201조 제2항).

⑥ **국제조사보고서의 공개 여부** : 국제조사보고서, 견해서 및 PCT 제19조 보정서는 국제공개의 대상이 된다.

⑦ **종료** : 국제조사기관은 국제조사보고서 및 견해서를 작성한 경우 이를 국제사무국과 출원인에게 송부하여야 한다. 다만, 국제조사보고서를 작성하지 아니한다는 선언을 할 수 있으며, 이러한 경우에도 견해서는 작성하여 송부하여야 한다.

(8) 국제예비심사 및 PCT 제34조 보정

① **의의 및 취지**
  ㉠ 국제예비심사란 국제출원에 대한 신규성, 진보성 및 산업성 이용가능성의 특허성 여부를 국제예비심사기관에 의해 판단하는 절차를 말한다.
  ㉡ 출원인의 선택에 의해 행하여지는 임의적 절차로서, 국제예비심사를 청구할 수 있는 자는 PCT 제2장에 구속된 체약국의 거주자 또는 국민으로서 그러한 체약국을 지정하고 그 나라의 수리관청에 출원한 경우로 한정한다.

② **국제예비심사 청구 및 취하** : 국제예비심사는 국제조사보고서 송달일로부터 3개월 또는 우선일로부터 22개월 중 늦은 날까지 국제예비심사기관에 청구할 수 있으며, 출원인은 국제사무국에 통보하여 우선일로부터 30개월 전까지 국제예비심사의 청구나 선택국의 선택을 취하할 수 있다.

③ **국제예비심사기관** : 한국, 일본, 러시아, 미국 등 각국의 특허청이 국제예비심사기관으로 지정되어 있으며, 대한민국 특허청이 수리관청인 경우 국제예비심사기관으로서 한국, 오스트리아, 호주, 일본 특허청 중 선택할 수 있다.

④ **국제예비심사의 대상과 범위**
  ㉠ 일반 : 출원인의 선택에 의한 임의적 절차로서 국제조사보고서에 인용된 문헌을 참고하여 특허성에 관한 국제예비심사보고서를 작성한다. 또한 국제출원이 국제예비심사보고서의 작성 전에 특허성 및 조약을 만족하지 못한 경우 심사관은 견해서를 작성하여 출원인에게 송부하고 의견서 및 보정서 제출기회를 줄 수 있다(시행규칙 제106조의40). 국제조사와 다르게 국제예비심사보고서 작성 전 출원인은 국제예비심사기관과 구두 또는 서면에 의한 의견교환이 허용된다.
  ㉡ 단일성 판단 : 발명의 단일성이 흠결된 경우 청구범위 감축 또는 추가수수료를 낼 것을 요구할 수 있으며, 지정된 기간 내에 청구범위를 감축하지 않거나 추가수수료를 납부하지 않은 경우, 청구범위에 가장 먼저 기재된 발명 또는 1군의 발명과 관련되는 부분에 한하여 국제예비심사를 한다(시행규칙 제106조의39).
  ㉢ 작성 시기 : i) 우선일로부터 28개월, ii) 국제예비심사 착수일로부터 6개월 또는 iii) 국제예비심사기관에 제출된 번역문의 접수일로부터 6개월 중 가장 늦게 만료되는 날까지 국제예비심사보고서를 작성한다.

⑤ PCT 제34조 보정
  ㉠ 의의 : 국제예비심사를 청구한 출원인은 국제예비심사기관에 대하여 횟수에 제한 없이 보정을 할 수 있다.
  ㉡ 요건 : ⅰ) 국제예비심사보고서 작성 전까지, ⅱ) 횟수 제한 없이 출원 명세서에 대한 전반적 보정이 가능하며, ⅲ) 보정서를 국제예비심사기관에 제출할 수 있다.
  ㉢ 보정서의 번역문 제출(국내단계)
    • 출원인은 PCT 제34조에 따른 보정을 한 경우 기준일까지 특허청장에게 다음의 서류를 제출하여야 한다.
      - 외국어로 작성된 보정서인 경우 그 보정서의 국어번역문
      - 국어로 작성된 보정서인 경우 그 보정서의 사본
    • 보정서의 번역문 또는 사본을 제출하는 경우에는 法 제47조 제1항의 규정에 따른 보정으로 본다. 다만, 특허협력조약 제36조(3)(a)에 따라 기준일까지 그 보정서(국어로 작성된 보정서 한정)가 특허청에 송달된 경우에는 그 보정서에 따라 보정된 것으로 본다(法 제205조 제2항).
    • 출원인이 기준일까지 국어번역문 또는 사본을 제출하지 않는 경우 PCT 제34조 보정은 없는 것으로 본다. 다만, 특허협력조약 제36조(3)(a)에 따라 기준일까지 그 보정서(국어로 작성된 보정서 한정)가 특허청에 송달된 경우에는 그러하지 아니하다(法 제205조 제3항).
⑥ 국제예비심사보고서의 공개 여부 : 국제예비심사보고서, 견해서 및 PCT 제34조 보정서는 국제공개의 대상이 아니다.
⑦ 종료 : 국제예비심사보고서는 반드시 작성해야 하며, 국제예비심사기관은 국제예비심사보고서 및 견해서를 작성한 경우 이를 국제사무국과 출원인에게 송부하여야 한다.

(9) 국제공개
① 의의 및 취지 : 국제공개란 국제사무국이 수리관청으로부터 송부받은 국제출원에 대하여 공개하는 절차를 말한다. 새로운 기술정보에 대한 공중의 접근을 용이하게 하기 위함이다.
② 대상 : 원칙적으로 모든 국제출원에 대하여 국제공개가 이루어지나, ⅰ) 국제공개의 기술적 준비가 완료되기 전 국제출원이 취하된 경우, ⅱ) 국제공개를 하지 않기로 서언한 국가만을 지정국으로 한 경우 국제공개하지 않으며 ⅲ) 공서양속에 반하는 표현이나 도면, 비방하는 기재사항을 포함하는 경우 그와 같은 표현, 도면 및 기재사항을 삭제할 수 있다.
③ 시기 : 우선일로부터 18개월이 경과한 후 국제사무국에 의하여 공개되며, 출원인에 의한 조기공개 신청이 있으면 18개월 이전이라도 공개된다.
④ 절차 : 국제공개는 전자적 형태로 공개되며, 영어, 불어, 독어, 일어, 러시아어, 스페인어, 중국어, 아랍어, 한국어, 포르투갈어로 된 경우에는 그 언어로 공개하고, 그 이외의 언어로 된 경우에는 영어로 번역하여 공개한다.
⑤ 효과 : 국제출원이 국제공개될 경우 각 지정국에서 국내공개된 것과 동일한 효과가 주어지나, 효과의 발생 시점은 각 지정국의 선택에 의하여 정해질 수 있다. 국어로 출원한 국제특허출원에 관하여 국제공개가 된 경우에는 국제공개가 된 때 출원공개가 된 것으로 본다(法 제207조 제2항).

02 국제특허출원에 관한 특례

(1) 법조문

제199조(국제출원에 의한 특허출원)
① 「특허협력조약」에 따라 국제출원일이 인정된 국제출원으로서 특허를 받기 위하여 대한민국을 지정국으로 지정한 국제출원은 그 국제출원일에 출원된 특허출원으로 본다. 기출 15·18·21
② 제1항에 따라 특허출원으로 보는 국제출원(이하 "국제특허출원"이라 한다)에 관하여는 제42조의2, 제42조의3 및 제54조를 적용하지 아니한다.

제200조(공지 등이 되지 아니한 발명으로 보는 경우의 특례)
국제특허출원된 발명에 관하여 제30조 제1항 제1호를 적용받으려는 자는 그 취지를 적은 서면 및 이를 증명할 수 있는 서류를 같은 조 제2항에도 불구하고 산업통상자원부령으로 정하는 기간에 특허청장에게 제출할 수 있다.
기출 15·21

제200조의2(국제특허출원의 출원서 등)
① 국제특허출원의 국제출원일까지 제출된 출원서는 제42조 제1항에 따라 제출된 특허출원서로 본다.
기출 17
② 국제특허출원의 국제출원일까지 제출된 발명의 설명, 청구범위 및 도면은 제42조 제2항에 따른 특허출원서에 최초로 첨부된 명세서 및 도면으로 본다.
③ 국제특허출원에 대해서는 다음 각 호의 구분에 따른 요약서 또는 국어번역문을 제42조 제2항에 따른 요약서로 본다.
  1. 국제특허출원의 요약서를 국어로 적은 경우 : 국제특허출원의 요약서
  2. 국제특허출원의 요약서를 외국어로 적은 경우 : 제201조 제1항에 따라 제출된 국제특허출원의 요약서의 국어번역문(제201조 제3항 본문에 따라 새로운 국어번역문을 제출한 경우에는 마지막에 제출한 국제특허출원의 요약서의 국어번역문을 말한다)

제201조(국제특허출원의 국어번역문)
① 국제특허출원을 외국어로 출원한 출원인은 「특허협력조약」 제2조(xi)의 우선일(이하 "우선일"이라 한다)부터 2년 7개월(이하 "국내서면제출기간"이라 한다) 이내에 다음 각 호의 국어번역문을 특허청장에게 제출하여야 한다. 다만, 국어번역문의 제출기간을 연장하여 달라는 취지를 제203조 제1항에 따른 서면에 적어 국내서면제출기간 만료일 전 1개월부터 그 만료일까지 제출한 경우(그 서면을 제출하기 전에 국어번역문을 제출한 경우는 제외한다)에는 국내서면제출기간 만료일부터 1개월이 되는 날까지 국어번역문을 제출할 수 있다.
기출 17·21·25
  1. 국제출원일까지 제출한 발명의 설명, 청구범위 및 도면(도면 중 설명부분에 한정한다)의 국어번역문
  2. 국제특허출원의 요약서의 국어번역문
② 제1항에도 불구하고 국제특허출원을 외국어로 출원한 출원인이 「특허협력조약」 제19조(1)에 따라 청구범위에 관한 보정을 한 경우에는 국제출원일까지 제출한 청구범위에 대한 국어번역문을 보정 후의 청구범위에 대한 국어번역문으로 대체하여 제출할 수 있다. 기출 15

③ 제1항에 따라 국어번역문을 제출한 출원인은 국내서면제출기간(제1항 단서에 따라 취지를 적은 서면이 제출된 경우에는 연장된 국어번역문 제출 기간을 말한다. 이하 이 조에서 같다)에 그 국어번역문을 갈음하여 새로운 국어번역문을 제출할 수 있다. 다만, 출원인이 출원심사의 청구를 한 후에는 그러하지 아니하다.
 기출 15 · 20 · 21 · 25
④ 제1항에 따른 출원인이 국내서면제출기간에 제1항에 따른 발명의 설명 및 청구범위의 국어번역문을 제출하지 아니하면 그 국제특허출원을 취하한 것으로 본다. 기출 15 · 20 · 24 · 25
⑤ 특허출원인이 국내서면제출기간의 만료일(국내서면제출기간에 출원인이 출원심사의 청구를 한 경우에는 그 청구일을 말하며, 이하 "기준일"이라 한다)까지 제1항에 따라 발명의 설명, 청구범위 및 도면(도면 중 설명부분에 한정한다)의 국어번역문(제3항 본문에 따라 새로운 국어번역문을 제출한 경우에는 마지막에 제출한 국어번역문을 말한다. 이하 이 조에서 "최종 국어번역문"이라 한다)을 제출한 경우에는 국제출원일까지 제출한 발명의 설명, 청구범위 및 도면(도면 중 설명부분에 한정한다)을 최종 국어번역문에 따라 국제출원일에 제47조 제1항에 따른 보정을 한 것으로 본다.
⑥ 특허출원인은 제47조 제1항 및 제208조 제1항에 따라 보정을 할 수 있는 기간에 최종 국어번역문의 잘못된 번역을 산업통상자원부령으로 정하는 방법에 따라 정정할 수 있다. 이 경우 정정된 국어번역문에 관하여는 제5항을 적용하지 아니한다.
⑦ 제6항 전단에 따라 제47조 제1항 제1호 또는 제2호에 따른 기간에 정정을 하는 경우에는 마지막 정정 전에 한 모든 정정은 처음부터 없었던 것으로 본다.
⑧ 제2항에 따라 보정 후의 청구범위에 대한 국어번역문을 제출하는 경우에는 제204조 제1항 및 제2항을 적용하지 아니한다.

제202조(특허출원 등에 의한 우선권주장의 특례)
① 국제특허출원에 관하여는 제55조 제2항 및 제56조 제2항을 적용하지 아니한다.
② 제55조 제4항을 적용할 때 우선권주장을 수반하는 특허출원이 국제특허출원인 경우에는 같은 항 중 "특허출원의 출원서에 최초로 첨부된 명세서 또는 도면"은 "국제출원일까지 제출된 발명의 설명, 청구범위 또는 도면"으로, "출원공개되거나"는 "출원공개 또는 「특허협력조약」 제21조에 따라 국제공개되거나"로 본다. 다만, 그 국제특허출원이 제201조 제4항에 따라 취하한 것으로 보는 경우에는 제55조 제4항을 적용하지 아니한다.
③ 제55조 제1항, 같은 조 제3항부터 제5항까지 및 제56조 제1항을 적용할 때 선출원이 국제특허출원 또는 「실용신안법」 제34조 제2항에 따른 국제실용신안등록출원인 경우에는 다음 각 호에 따른다.
 1. 제55조 제1항 각 호 외의 부분 본문, 같은 조 제3항 및 제5항 각 호 외의 부분 중 "출원서에 최초로 첨부된 명세서 또는 도면"은 다음 각 목의 구분에 따른 것으로 본다.
  가. 선출원이 국제특허출원인 경우 : "국제출원일까지 제출된 국제출원의 발명의 설명, 청구범위 또는 도면"
  나. 선출원이 「실용신안법」 제34조 제2항에 따른 국제실용신안등록출원인 경우 : "국제출원일까지 제출된 국제출원의 고안의 설명, 청구범위 또는 도면"
 2. 제55조 제4항 중 "선출원의 출원서에 최초로 첨부된 명세서 또는 도면"은 다음 각 목의 구분에 따른 것으로 보고, "선출원에 관하여 출원공개"는 "선출원에 관하여 출원공개 또는 「특허협력조약」 제21조에 따른 국제공개"로 본다.
  가. 선출원이 국제특허출원인 경우 : "선출원의 국제출원일까지 제출된 국제출원의 발명의 설명, 청구범위 또는 도면"
  나. 선출원이 「실용신안법」 제34조 제2항에 따른 국제실용신안등록출원인 경우 : "선출원의 국제출원일까지 제출된 국제출원의 고안의 설명, 청구범위 또는 도면"
 3. 제56조 제1항 각 호 외의 부분 본문 중 "그 출원일부터 1년 3개월이 지난 때"는 "국제출원일부터 1년 3개월이 지난 때 또는 제201조 제5항이나 「실용신안법」 제35조 제5항에 따른 기준일 중 늦은 때"로 본다.

④ 제55조 제1항, 같은 조 제3항부터 제5항까지 및 제56조 제1항을 적용할 때 제55조 제1항에 따른 선출원이 제214조 제4항 또는 「실용신안법」 제40조 제4항에 따라 특허출원 또는 실용신안등록출원으로 되는 국제출원인 경우에는 다음 각 호에 따른다.
1. 제55조 제1항 각 호 외의 부분 본문, 같은 조 제3항 및 제5항 각 호 외의 부분 중 "출원서에 최초로 첨부된 명세서 또는 도면"은 다음 각 목의 구분에 따른 것으로 본다.
   가. 선출원이 제214조 제4항에 따라 특허출원으로 되는 국제출원인 경우 : "제214조 제4항에 따라 국제출원일로 인정할 수 있었던 날의 국제출원의 발명의 설명, 청구범위 또는 도면"
   나. 선출원이 「실용신안법」 제40조 제4항에 따라 실용신안등록출원으로 되는 국제출원인 경우 : "「실용신안법」 제40조 제4항에 따라 국제출원일로 인정할 수 있었던 날의 국제출원의 고안의 설명, 청구범위 또는 도면"
2. 제55조 제4항 중 "선출원의 출원서에 최초로 첨부된 명세서 또는 도면"은 다음 각 목의 구분에 따른 것으로 본다.
   가. 선출원이 제214조 제4항에 따라 특허출원으로 되는 국제출원인 경우 : "제214조 제4항에 따라 국제출원일로 인정할 수 있었던 날의 선출원의 국제출원의 발명의 설명, 청구범위 또는 도면"
   나. 선출원이 「실용신안법」 제40조 제4항에 따라 실용신안등록출원으로 되는 국제출원인 경우 : "「실용신안법」 제40조 제4항에 따라 국제출원일로 인정할 수 있었던 날의 선출원의 국제출원의 고안의 설명, 청구범위 또는 도면"
3. 제56조 제1항 각 호 외의 부분 본문 중 "그 출원일부터 1년 3개월이 지난 때"는 "제214조 제4항 또는 「실용신안법」 제40조 제4항에 따라 국제출원일로 인정할 수 있었던 날부터 1년 3개월이 지난 때 또는 제214조 제4항이나 「실용신안법」 제40조 제4항에 따른 결정을 한 때 중 늦은 때"로 본다.

제203조(서면의 제출)

① 국제특허출원의 출원인은 국내서면제출기간에 다음 각 호의 사항을 적은 서면을 특허청장에게 제출하여야 한다. 이 경우 국제특허출원을 외국어로 출원한 출원인은 제201조 제1항에 따른 국어번역문을 함께 제출하여야 한다.
1. 출원인의 성명 및 주소(법인인 경우에는 그 명칭 및 영업소의 소재지)
2. 출원인의 대리인이 있는 경우에는 그 대리인의 성명 및 주소나 영업소의 소재지[대리인이 특허법인·특허법인(유한)인 경우에는 그 명칭, 사무소의 소재지 및 지정된 변리사의 성명]
3. 발명의 명칭
4. 발명자의 성명 및 주소 기출 23
5. 국제출원일 및 국제출원번호
② 제1항 후단에도 불구하고 제201조 제1항 단서에 따라 국어번역문의 제출기간을 연장하여 달라는 취지를 적어 제1항 전단에 따른 서면을 제출하는 경우에는 국어번역문을 함께 제출하지 아니할 수 있다.
③ 특허청장은 다음 각 호의 어느 하나에 해당하는 경우에는 보정기간을 정하여 보정을 명하여야 한다.
1. 제1항 전단에 따른 서면을 국내서면제출기간에 제출하지 아니한 경우 기출 15
2. 제1항 전단에 따라 제출된 서면이 이 법 또는 이 법에 따른 명령으로 정하는 방식에 위반되는 경우
④ 제3항에 따른 보정명령을 받은 자가 지정된 기간에 보정을 하지 아니하면 특허청장은 해당 국제특허출원을 무효로 할 수 있다. 기출 17·20·24·25

제204조(국제조사보고서를 받은 후의 보정)

① 국제특허출원의 출원인은 「특허협력조약」 제19조(1)에 따라 국제조사보고서를 받은 후에 국제특허출원의 청구범위에 관하여 보정을 한 경우 기준일까지(기준일이 출원심사의 청구일인 경우 출원심사의 청구를 한 때까지를 말한다. 이하 이 조 및 제205조에서 같다) 다음 각 호의 구분에 따른 서류를 특허청장에게 제출하여야 한다.
  1. 외국어로 출원한 국제특허출원인 경우 : 그 보정서의 국어번역문
  2. 국어로 출원한 국제특허출원인 경우 : 그 보정서의 사본
② 제1항에 따라 보정서의 국어번역문 또는 사본이 제출되었을 때에는 그 보정서의 국어번역문 또는 사본에 따라 제47조 제1항에 따른 청구범위가 보정된 것으로 본다. 다만, 「특허협력조약」 제20조에 따라 기준일까지 그 보정서(국어로 출원한 국제특허출원인 경우에 한정한다)가 특허청에 송달된 경우에는 그 보정서에 따라 보정된 것으로 본다. 기출 21
③ 국제특허출원의 출원인은 「특허협력조약」 제19조(1)에 따른 설명서를 국제사무국에 제출한 경우 다음 각 호의 구분에 따른 서류를 기준일까지 특허청장에게 제출하여야 한다.
  1. 외국어로 출원한 국제특허출원인 경우 : 그 설명서의 국어번역문
  2. 국어로 출원한 국제특허출원인 경우 : 그 설명서의 사본
④ 국제특허출원의 출원인이 기준일까지 제1항 또는 제3항에 따른 절차를 밟지 아니하면 「특허협력조약」 제19조(1)에 따른 보정서 또는 설명서는 제출되지 아니한 것으로 본다. 다만, 국어로 출원한 국제특허출원인 경우에 「특허협력조약」 제20조에 따라 기준일까지 그 보정서 또는 그 설명서가 특허청에 송달된 경우에는 그러하지 아니하다.

제205조(국제예비심사보고서 작성 전의 보정)

① 국제특허출원의 출원인은 「특허협력조약」 제34조(2)(b)에 따라 국제특허출원의 발명의 설명, 청구범위 및 도면에 대하여 보정을 한 경우 기준일까지 다음 각 호의 구분에 따른 서류를 특허청장에게 제출하여야 한다.
  1. 외국어로 작성된 보정서인 경우 : 그 보정서의 국어번역문
  2. 국어로 작성된 보정서인 경우 : 그 보정서의 사본
② 제1항에 따라 보정서의 국어번역문 또는 사본이 제출되었을 때에는 그 보정서의 국어번역문 또는 사본에 따라 제47조 제1항에 따른 명세서 및 도면이 보정된 것으로 본다. 다만, 「특허협력조약」 제36조(3)(a)에 따라 기준일까지 그 보정서(국어로 작성된 보정서의 경우만 해당한다)가 특허청에 송달된 경우에는 그 보정서에 따라 보정된 것으로 본다.
③ 국제특허출원의 출원인이 기준일까지 제1항에 따른 절차를 밟지 아니하면 「특허협력조약」 제34조(2)(b)에 따른 보정서는 제출되지 아니한 것으로 본다. 다만, 「특허협력조약」 제36조(3)(a)에 따라 기준일까지 그 보정서(국어로 작성된 보정서의 경우만 해당한다)가 특허청에 송달된 경우에는 그러하지 아니하다.

제206조(재외자의 특허관리인의 특례)

① 재외자인 국제특허출원의 출원인은 기준일까지는 제5조 제1항에도 불구하고 특허관리인에 의하지 아니하고 특허에 관한 절차를 밟을 수 있다. 기출 15
② 제201조 제1항에 따라 국어번역문을 제출한 재외자는 산업통상자원부령으로 정하는 기간에 특허관리인을 선임하여 특허청장에게 신고하여야 한다. 기출 15
③ 제2항에 따른 선임신고가 없으면 그 국제특허출원은 취하된 것으로 본다.

제207조(출원공개시기 및 효과의 특례)

① 국제특허출원의 출원공개에 관하여 제64조 제1항을 적용하는 경우에는 "다음 각 호의 구분에 따른 날부터 1년 6개월이 지난 후"는 "국내서면제출기간(제201조 제1항 각 호 외의 부분 단서에 따라 국어번역문의 제출기간을 연장해 달라는 취지를 적은 서면이 제출된 경우에는 연장된 국어번역문 제출 기간을 말한다. 이하 이 항에서 같다)이 지난 후(국내서면제출기간에 출원인이 출원심사의 청구를 한 국제특허출원으로서「특허협력조약」제21조에 따라 국제공개된 경우에는 우선일부터 1년 6개월이 되는 날 또는 출원심사의 청구일 중 늦은 날이 지난 후)"로 본다.
② 제1항에도 불구하고 국어로 출원한 국제특허출원에 관하여 제1항에 따른 출원공개 전에 이미「특허협력조약」제21조에 따라 국제공개가 된 경우에는 그 국제공개가 된 때에 출원공개가 된 것으로 본다. 기출 15·24
③ 국제특허출원의 출원인은 국제특허출원에 관하여 출원공개(국어로 출원한 국제특허출원인 경우「특허협력조약」제21조에 따른 국제공개를 말한다. 이하 이 조에서 같다)가 있은 후 국제특허출원된 발명을 업으로 실시한 자에게 국제특허출원된 발명인 것을 서면으로 경고할 수 있다.
④ 국제특허출원의 출원인은 제3항에 따른 경고를 받거나 출원공개된 발명임을 알고도 그 국제특허출원된 발명을 업으로서 실시한 자에게 그 경고를 받거나 출원공개된 발명임을 안 때부터 특허권의 설정등록시까지의 기간 동안 그 특허발명의 실시에 대하여 합리적으로 받을 수 있는 금액에 상당하는 보상금의 지급을 청구할 수 있다. 다만, 그 청구권은 해당 특허출원이 특허권의 설정등록된 후에만 행사할 수 있다. 기출 24

제208조(보정의 특례 등)

① 국제특허출원에 관하여는 다음 각 호의 요건을 모두 갖추지 아니하면 제47조 제1항에도 불구하고 보정(제204조 제2항 및 제205조 제2항에 따른 보정은 제외한다)을 할 수 없다.
  1. 제82조 제1항에 따른 수수료를 낼 것
  2. 제201조 제1항에 따른 국어번역문을 제출할 것. 다만, 국어로 출원된 국제특허출원인 경우는 그러하지 아니하다.
  3. 기준일(기준일이 출원심사의 청구일인 경우 출원심사를 청구한 때를 말한다)이 지날 것
② 삭제 〈2001.2.3.〉
③ 외국어로 출원된 국제특허출원의 보정할 수 있는 범위에 관하여 제47조 제2항 전단을 적용할 때에는 "특허출원서에 최초로 첨부한 명세서 또는 도면"은 "국제출원일까지 제출한 발명의 설명, 청구범위 또는 도면"으로 본다.
④ 외국어로 출원된 국제특허출원의 보정할 수 있는 범위에 관하여 제47조 제2항 후단을 적용할 때에는 "외국어특허출원"은 "외국어로 출원된 국제특허출원"으로, "최종 국어번역문(제42조의3 제6항 전단에 따른 정정이 있는 경우에는 정정된 국어번역문을 말한다) 또는 특허출원서에 최초로 첨부한 도면(도면 중 설명부분은 제외한다)"은 "제201조 제5항에 따른 최종 국어번역문(제201조 제6항 전단에 따른 정정이 있는 경우에는 정정된 국어번역문을 말한다) 또는 국제출원일까지 제출한 도면(도면 중 설명부분은 제외한다)"으로 본다.
⑤ 삭제 〈2001.2.3.〉

제209조(변경출원시기의 제한)

「실용신안법」제34조 제1항에 따라 국제출원일에 출원된 실용신안등록출원으로 보는 국제출원을 기초로 하여 특허출원으로 변경출원을 하는 경우에는 이 법 제53조 제1항에도 불구하고「실용신안법」제17조 제1항에 따른 수수료를 내고 같은 법 제35조 제1항에 따른 국어번역문(국어로 출원된 국제실용신안등록출원의 경우는 제외한다)을 제출한 후(「실용신안법」제40조 제4항에 따라 국제출원일로 인정할 수 있었던 날에 출원된 것으로 보는 국제출원을 기초로 하는 경우에는 같은 항에 따른 결정이 있은 후)에만 변경출원을 할 수 있다.

제210조(출원심사청구시기의 제한)
국제특허출원에 관하여는 제59조 제2항에도 불구하고 다음 각 호의 어느 하나에 해당하는 때에만 출원심사의 청구를 할 수 있다.
1. 국제특허출원의 출원인은 제201조 제1항에 따라 국어번역문을 제출하고(국어로 출원된 국제특허출원의 경우는 제외한다) 제82조 제1항에 따른 수수료를 낸 후
2. 국제특허출원의 출원인이 아닌 자는 국내서면제출기간(제201조 제1항 각 호 외의 부분 단서에 따라 국어번역문의 제출기간을 연장하여 달라는 취지를 적은 서면이 제출된 경우에는 연장된 국어번역문 제출기간을 말한다)이 지난 후

제211조(국제조사보고서 등에 기재된 문헌의 제출명령)
특허청장은 국제특허출원의 출원인에 대하여 기간을 정하여 「특허협력조약」 제18조의 국제조사보고서 또는 같은 조약 제35조의 국제예비심사보고서에 적혀 있는 문헌의 사본을 제출하게 할 수 있다. 기출 20

제212조 삭제 <2006.3.3.>

제213조 삭제 <2014.6.11.>

제214조(결정에 의하여 특허출원으로 되는 국제출원)
① 국제출원의 출원인은 「특허협력조약」 제4조(1)(ⅱ)의 지정국에 대한민국을 포함하는 국제출원(특허출원만 해당한다)이 다음 각 호의 어느 하나에 해당하는 경우 산업통상자원부령으로 정하는 기간에 산업통상자원부령으로 정하는 바에 따라 특허청장에게 같은 조약 제25조(2)(a)에 따른 결정을 하여줄 것을 신청할 수 있다.
1. 「특허협력조약」 제2조(xv)의 수리관청이 그 국제출원에 대하여 같은 조약 제25조(1)(a)에 따른 거부를 한 경우
2. 「특허협력조약」 제2조(xv)의 수리관청이 그 국제출원에 대하여 같은 조약 제25조(1)(a) 또는 (b)에 따른 선언을 한 경우
3. 국제사무국이 그 국제출원에 대하여 같은 조약 제25조(1)(a)에 따른 인정을 한 경우
② 제1항의 신청을 하려는 자는 그 신청시 발명의 설명, 청구범위 또는 도면(도면 중 설명부분에 한정한다), 그 밖에 산업통상자원부령으로 정하는 국제출원에 관한 서류의 국어번역문을 특허청장에게 제출하여야 한다.
③ 특허청장은 제1항의 신청이 있으면 그 신청에 관한 거부·선언 또는 인정이 「특허협력조약」 및 같은 조약규칙에 따라 정당하게 된 것인지에 관하여 결정을 하여야 한다.
④ 특허청장은 제3항에 따라 그 거부·선언 또는 인정이 「특허협력조약」 및 같은 조약규칙에 따라 정당하게 된 것이 아니라고 결정을 한 경우에는 그 결정에 관한 국제출원은 그 국제출원에 대하여 거부·선언 또는 인정이 없었다면 국제출원일로 인정할 수 있었던 날에 출원된 특허출원으로 본다.
⑤ 특허청장은 제3항에 따른 정당성 여부의 결정을 하는 경우에는 그 결정의 등본을 국제출원의 출원인에게 송달하여야 한다.
⑥ 제4항에 따라 특허출원으로 보는 국제출원에 관하여는 제199조 제2항, 제200조, 제200조의2, 제201조 제5항부터 제8항까지, 제202조 제1항·제2항, 제208조 및 제210조를 준용한다.
⑦ 제4항에 따라 특허출원으로 보는 국제출원에 관한 출원공개에 관하여는 제64조 제1항 중 "다음 각 호의 구분에 따른 날"을 "제201조 제1항의 우선일"로 본다.

(2) 국제특허출원의 의의

특허협력조약에 따라 국제출원일이 인정된 국제출원으로서 특허를 받기 위하여 대한민국을 지정국으로 지정한 국제출원을 국제특허출원이라 하며, 국제특허출원은 그 국제출원일에 출원된 특허출원으로 본다.

(3) 국제특허출원의 출원서

국제특허출원의 국제출원일까지 제출된 출원서, 발명의 설명, 청구범위 및 도면은 각각 法 제42조 제1항에 따라 제출된 특허출원서, 法 제42조 제2항에 따른 특허출원서에 최초로 첨부된 명세서 및 도면으로 본다. 국제특허출원의 요약서(요약서를 국어로 적은 경우) 또는 국제특허출원의 요약서의 국어번역문(요약서를 외국어로 적은 경우)은 法 제42조 제2항에 따른 요약서로 본다.

(4) 국내서면제출기간과 기준일

① 국내서면제출기간

　㉠ 의 의
- 국내서면제출기간은 우선일로부터 2년 7개월이 지난 기간으로서, 국제특허출원의 출원인은 국내서면제출기간에 다음의 사항을 적은 서면을 특허청장에게 제출하여야 한다. 국제특허출원을 외국어로 출원한 출원인은 국내서면제출기간에 국제특허출원의 번역문을 함께 제출해야 한다(번역문 제출기간 최대 1개월 연장 가능).
- ⅰ) 출원인의 성명 및 주소, ⅱ) 대리인의 성명 및 주소나 영업소 소재지, ⅲ) 발명의 명칭, ⅳ) 발명자의 성명 및 주소, ⅴ) 국제출원일 및 국제출원번호

　㉡ 보정명령 : 특허청장은 ⅰ) 서면을 국내서면제출기간에 제출하지 않거나, ⅱ) 제출된 서면이 방식위반인 경우 보정기간을 정하여 보정을 명하여야 한다. 보정명령을 받은 자가 지정된 기간에 보정을 하지 아니하면 특허청장은 해당 국제특허출원을 무효로 할 수 있다.

② **기준일** : 국내서면제출기간의 만료일과 출원인의 심사청구일 중 빠른 날을 의미하며, 국제단계에서 국내단계로의 진입시점을 말한다. 기준일이 지난 후에는 국어번역문의 교체가 불가하여 국어번역문의 확정일이 된다.

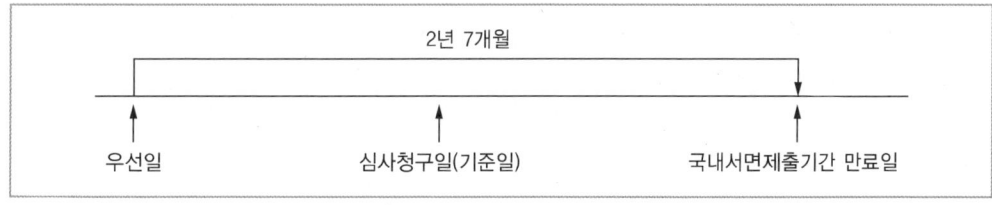

(5) 국제특허출원의 번역문

① 원 칙
  ㉠ 국제특허출원을 외국어로 출원한 출원인은 우선일로부터 2년 7개월(이하 국내서면제출기간) 이내에 아래 사항의 국어번역문을 특허청장에게 제출하여야 한다. 다만, 국어번역문의 제출기간을 연장하여 달라는 취지를 서면에 적어 국내서면제출기간 만료일 전 1개월부터 그 만료일까지 제출한 경우(그 서면을 제출하기 전에 국어번역문을 제출한 경우는 제외)에는 국내서면제출기간 만료일부터 1개월이 되는 날까지 국어번역문을 제출할 수 있다.
    • 국제출원일까지 제출한 발명의 설명, 청구범위 및 도면(도면 중 설명부분 한정)의 국어번역문
    • 국제특허출원의 요약서의 국어번역문
    • PCT 제19조 보정에 의한 국어번역문 대체
  ㉡ 국제특허출원을 외국어로 출원한 출원인이 PCT 제19조에 따라 청구범위에 관한 보정을 한 경우에는 국제출원일까지 제출한 청구범위에 대한 국어번역문을 보정 후의 청구범위에 대한 국어번역문으로 대체하여 제출할 수 있다.
② **국어번역문 교체** : 국어번역문을 제출한 출원인은 국내서면제출기간(제출 연장의 취지를 적은 서면이 제출된 경우에는 연장된 국어번역문 제출기간)에 그 국어번역문을 갈음하여 새로운 국어번역문을 제출할 수 있다. 다만, 출원인이 출원심사의 청구를 한 후에는 그러하지 아니하다.
③ **미제출의 효과**
  ㉠ 출원인이 국내서면제출기간에 발명의 설명 및 청구범위의 국어번역문을 제출하지 아니하면 그 국제특허출원을 취하한 것으로 본다.
  ㉡ 출원인이 도면의 설명부분의 국어번역문을 제출하지 아니하면 설명부분의 기재는 없었던 것으로 보며, 요약서의 국어번역문을 제출하지 아니하면 방식위반으로서 보정명령을 내린다.
④ **제출의 효과** : 특허출원인이 기준일까지 발명의 설명, 청구범위 및 도면(도면 중 설명부분에 한정)의 국어번역문(새로운 국어번역문을 제출한 경우에는 마지막에 제출한 국어번역문, 이하 "최종 국어번역문")을 제출한 경우에는 국제출원일까지 제출한 발명의 설명, 청구범위 및 도면(도면 중 설명부분에 한정)을 최종 국어번역문에 따라 국제출원일에 제47조 제1항에 따른 보정을 한 것으로 본다.
⑤ **오역 정정**
  ㉠ 특허출원인은 제47조 제1항 및 제208조 제1항에 따라 보정을 할 수 있는 기간에 최종 국어번역문의 잘못된 번역을 산업통상자원부령으로 정하는 방법에 따라 정정할 수 있다. 이 경우 정정된 국어번역문에 관하여는 보정의 효과를 부여하지 아니한다.
  ㉡ 최초거절이유통지 또는 최후거절이유통지에 따른 의견서제출기간에 정정을 하는 경우에는 마지막 정정 전에 한 모든 정정은 처음부터 없었던 것으로 본다.

(6) 공지 등이 되지 아니한 발명으로 보는 경우의 특례

국제특허출원된 발명에 관하여 제30조 제1항 제1호(공지예외적용)를 적용받으려는 자는 그 취지를 적은 서면 및 이를 증명할 수 있는 서류를 산업통상자원부령으로 정하는 기간(기준일이 지난 후 30일 이내)에 특허청장에게 제출할 수 있다.

(7) 국내우선권주장의 특례

① 후출원이 국제특허출원인 경우
  ㉠ 우선권주장 : 국제특허출원에 관하여는 우선권을 주장하는 경우 출원시 출원서에 우선권주장의 취지 기재 및 선출원의 표시 규정(法 제55조 제2항)을 적용하지 않는다. PCT 제8조에 의해 국제출원서에 우선권주장의 취지 및 선출원의 표시를 기재하기 때문이다(法 제202조 제1항).
  ㉡ 우선권주장의 취하 : 선출원으로부터 1년 3개월 경과 후 우선권주장을 취하할 수 없는 규정(法 제56조 제2항)을 적용하지 않는다. 다만, 우선일로부터 2년 6개월을 지나기 전과 국내서면제출기간 전에 출원인이 심사청구를 하기 전 중 빠른 때까지 우선권주장의 일부 또는 전부의 취하를 할 수 있다(시행규칙 제106조의7 제1항).
  ㉢ 확대된 선출원의 지위
    • 우선권주장을 수반하는 국제특허출원의 "국제출원일까지 제출된 발명의 설명, 청구범위 또는 도면"에 기재된 발명 중 우선권주장의 기초가 된 선출원의 출원서에 최초로 첨부한 명세서 또는 도면에 기재된 발명과 같은 발명은 그 국제특허출원이 출원공개 또는 특허협력조약 제21조에 따라 국제공개되거나 등록공고되었을 때 해당 우선권주장의 기초가 된 선출원에 관하여 출원공개된 것으로 보고 확대된 선출원의 지위를 적용한다(法 제202조 제2항 본문).
    • 국내서면제출기간에 외국어로 제출된 국제특허출원의 국어번역문을 제출하지 아니하여 취하된 것으로 보는 경우에는 확대된 선출원의 지위를 적용하지 아니한다(法 제202조 제2항 단서).

② 선출원이 국제특허출원인 경우
  ㉠ 우선권주장의 기초출원으로서의 지위 : 선출원이 국제특허출원인 경우 "출원서에 최초로 첨부된 명세서 또는 도면"은 "국제출원일까지 제출된 국제출원의 발명의 설명, 청구범위 또는 도면"으로 본다(法 제202조 제3항 제1호).
  ㉡ 확대된 선출원의 지위
    • 선출원이 국제특허출원인 경우 "선출원의 국제출원일까지 제출된 국제출원의 발명의 설명, 청구범위 또는 도면"에 기재된 발명과 우선권주장을 수반하는 특허출원의 출원서의 최초로 첨부된 명세서 또는 도면에 기재된 발명 중 같은 발명은 그 특허출원이 출원공개되거나 특허가 등록공고되었을 때 해당 우선권주장의 기초가 된 선출원에 관하여 출원공개 또는 특허협력조약 제21조에 따른 국제공개가 된 것으로 보고 확대된 선출원의 지위를 적용한다(法 제202조 제3항 제2호).
    • 확대된 선출원의 지위를 적용할 때 선출원이 국어번역문을 제출하지 아니하여 취하한 것으로 보는 국제특허출원인 경우에 해당하더라도 다른 특허출원의 지위를 적용한다(法 제55조 제6항).
  ㉢ 취하 간주 : 선출원이 국제특허출원인 경우 국제출원일로부터 1년 3개월이 지난 때 또는 기준일 중 늦은 때 취하된 것으로 본다(法 제202조 제3항 제3호).

구 분	적용 법조	기초출원	우선권주장출원
자기지정인 경우	PCT 제8조 (1), PCT 제8조 (2)(b)	국내출원	PCT(한, 미, 일 등)
		PCT(한국)	
자기지정이 아닌 경우	PCT 제8조 (1), PCT 제8조 (2)(a)	PCT(한, 미, 일 등)	PCT(한, 미, 일 등)
			국내출원

(8) 재외자의 특허관리인의 특례

① **행위능력** : 재외자인 국제특허출원의 출원인은 기준일까지 특허관리인에 의하지 아니하고 특허에 관한 절차를 밟을 수 있다(法 제206조 제1항).

② **선임신고 및 취하간주** : 국어번역문을 제출한 재외자는 기준일로부터 2개월 이내에 특허관리인을 선임하여 특허청장에게 신고하여야 하며, 선임신고가 없으면 그 국제특허출원은 취하된 것으로 본다(法 제206조 제2항·제3항).

(9) 출원공개의 특례

① **공개 시기** : 국제특허출원의 출원공개 시기는 국내서면제출기간(국어번역문의 제출기간 연장 취지의 서면이 제출된 경우 연장된 국어번역문 제출기간)이 지난 후를 원칙으로 한다. 다만, 국내서면제출기간에 출원인이 심사청구를 한 국제특허출원으로서 국제공개된 경우, 우선일로부터 1년 6개월이 되는 날 또는 심사청구일 중 늦은 날이 지난 후 출원공개한다.

② **국어로 출원한 국제특허출원의 경우** : 국어로 출원한 국제특허출원의 경우 특허협력조약 제21조에 따라 국제공개가 된 경우에는 국제공개가 된 때 출원공개가 된 것으로 본다.

③ **경고 및 보상금 청구권**

㉠ 국제특허출원의 출원인은 국제특허출원에 관하여 출원공개(국어로 출원한 국제특허출원인 경우 국제공개)가 있은 후 국제특허출원된 발명을 업으로 실시한 자에게 국제특허출원된 발명인 것을 서면으로 경고할 수 있다.

㉡ 국제특허출원의 출원인은 경고를 받거나 출원공개된 발명임을 알고도 그 국제특허출원된 발명을 업으로서 실시한 자에게 그 경고를 받거나 출원공개된 발명임을 안 때부터 특허권의 설정등록시까지의 기간 동안 그 특허발명의 실시에 대하여 합리적으로 받을 수 있는 금액에 상당하는 보상금의 지급을 청구할 수 있다. 다만, 그 청구권은 해당 특허출원이 특허권의 설정등록된 후에만 행사할 수 있다.

(10) 보정의 특례

① **보정의 요건** : 수수료 납부, 외국어로 제출된 국제특허출원의 국어번역문 제출, 기준일(기준일이 출원심사의 청구일인 경우 출원심사청구한 때)이 지난 후 국제특허출원의 보정을 할 수 있다(法 제208조 제1항).

② **보정의 범위** : 외국어로 출원된 국제특허출원의 보정의 범위는 "국제출원일까지 제출된 발명의 설명, 청구범위 또는 도면" 및 "최종 국어번역문 또는 국제출원일까지 제출된 도면(도면의 설명부분 제외)"의 범위 내에서 하여야 한다(法 제208조 제3항·제4항).

(11) 변경출원의 특례

국제출원일에 출원된 실용신안등록출원으로 보는 국제출원을 기초로 하여 특허출원으로 변경출원을 하는 경우에는 ⅰ) 수수료를 납부하고, ⅱ) 외국어로 출원된 국제실용신안등록출원의 국어번역문을 제출한 후 할 수 있다.

(12) 심사청구시기의 특례
① 출원인의 경우 : 국제특허출원의 출원인은 ⅰ) 수수료를 납부하고 ⅱ) 외국어로 출원된 국제특허출원인 경우 국어번역문을 제출하여야 출원심사청구를 할 수 있다.
② 제3자인 경우 : 국제특허출원의 출원인이 아닌 자는 국내서면제출기간(국어번역문 제출연장 취지의 서면이 제출된 경우 연장된 국어번역문 제출 기간)이 지난 후 심사청구를 할 수 있다.

(13) 국제조사보고서 등에 기재된 문헌의 제출명령
특허청장은 국제특허출원의 출원인에 대하여 기간을 정하여 특허협력조약 제18조의 국제조사보고서 또는 제35조의 국제예비심사보고서에 적혀 있는 문헌의 사본을 제출하게 할 수 있다.

(14) 결정에 의하여 특허출원으로 되는 국제출원
① 의의 및 요건 : 국제출원의 출원인은 지정국에 대한민국을 포함하는 국제출원이 다음의 어느 하나에 해당하는 경우 산업통상자원부령으로 정하는 기간(거부, 선언 또는 인정이 출원인에게 통지된 날로부터 2개월)에 특허청장에게 특허협력조약 제25조(2)(a)에 따른 결정을 하여줄 것을 신청할 수 있다.
  ㉠ 수리관청이 그 국제출원에 대하여 같은 국제출원일 인정에 대한 거부를 한 경우
  ㉡ 수리관청이 그 국제출원에 대하여 취하 간주 선언을 한 경우
  ㉢ 국제사무국이 그 국제출원에 대하여 소정기간 내 기록원본의 불수리를 인정한 경우
② 절 차
  ㉠ 서류 제출 : 국제출원인은 신청서 제출시 발명의 설명, 청구범위 또는 도면(도면 중 설명부분에 한정), 그 밖에 산업통상자원부령으로 정하는 국제출원에 관한 서류의 국어번역문을 특허청장에게 제출하여야 한다.
  ㉡ 결정 : 특허청장은 신청이 있으면 그 신청에 관한 거부ㆍ선언 또는 인정이 정당하게 된 것인지에 관하여 결정을 하여야 한다.
③ 효 과
  ㉠ 특허청장은 그 거부ㆍ선언 또는 인정이 「특허협력조약」 및 같은 조약규칙에 따라 정당하게 된 것이 아니라고 결정을 한 경우에는 그 결정에 관한 국제출원은 그 국제출원에 대하여 거부ㆍ선언 또는 인정이 없었다면 국제출원일로 인정할 수 있었던 날에 출원된 특허출원으로 본다.
  ㉡ 특허청장은 정당성 여부의 결정을 하는 경우에는 그 결정의 등본을 국제출원의 출원인에게 송달하여야 한다.
④ 준용규정
  ㉠ 특허출원으로 보는 국제출원에 관하여는 제199조 제2항, 제200조, 제200조의2, 제201조 제5항부터 제8항까지, 제202조 제1항ㆍ제2항, 제208조 및 제210조를 준용한다.
  ㉡ 특허출원으로 보는 국제출원에 관한 출원공개에 관하여는 1년 6개월의 기산일을 "제201조 제1항의 우선일"로 본다.

(15) 실용신안법상 도면의 제출(실용신안법 제36조)

① 도면 제출 의무 : 국제실용신안등록출원의 출원인은 국제출원일에 제출한 국제출원이 도면을 포함하지 아니한 경우에는 기준일까지 도면(도면에 관한 간단한 설명 포함)을 특허청장에게 제출하여야 한다.

② 제출명령 : 특허청장은 기준일까지 도면의 제출 또는 도면의 국어번역문 제출이 없는 경우에는 국제실용신안등록출원의 출원인에게 기간을 정하여 도면 또는 국어번역문의 제출을 명할 수 있다.

③ 미제출의 효과 : 특허청장은 도면의 제출명령을 받은 자가 그 지정된 기간에 도면을 제출하지 아니한 경우에는 그 국제실용신안등록출원을 무효로 할 수 있다.

④ 제출의 효과 : 출원인이 도면 및 도면의 국어번역문을 제출한 경우에는 그 도면 및 도면의 국어번역문에 따라 제11조에 준용되는 특허법 제47조 제1항에 따른 보정을 한 것으로 본다. 이 경우 특허법 제47조 제1항의 보정기간은 도면의 제출에 적용하지 아니한다.

(16) 우선권 주장 수반 시, 번역문 제출기간 산정의 기초가 되는 기산점을 우선권주장취하 여부에 따라 다르게 잡아야 하는지 여부

(생략) 이러한 구 특허법(2014.6.11. 법률 제12753호로 개정되기 전의 것, 이하 같다)과 특허협력조약의 규정들에 의하면, 출원인이 국제특허출원을 하면서 파리협약의 당사국에서 행하여진 선출원에 의한 우선권을 주장하였다면 구 특허법 제201조 제1항 본문의 우선일은 국제특허출원의 제출일이 아니라 우선권을 주장한 선출원의 제출일이 된다.

그리고 우선일은 특허협력조약과 그 규칙에서 국제특허출원의 국제공개, 국제조사, 국제예비심사 청구 등 국제단계를 구성하는 각종 절차들의 기한을 정하는 기준으로 되어 있고, 구 특허법에서도 명세서 및 청구의 범위 등에 관한 번역문의 제출기한의 기준일로 되어 있는 등, 출원 관계 기관의 업무와 관련자들의 이해관계에 중대한 영향을 미치게 되므로, 우선일은 일률적으로 정하여질 필요가 있다. 따라서 국제특허 출원인의 우선권 주장에 명백한 오류가 없다면 그 주장하는 날을 우선일로 보아 이를 기준으로 특허협력조약 및 구 특허법에서 정한 절차를 진행하여야 하며, 그 우선권 주장의 실체적 효력 유무에 따라 달리 볼 것은 아니다(判例 2014두42490).

CHAPTER 13 국제출원

제1편 | 특허법, 특허 · 실용신안 심사기준

01

특허협력조약에 의한 국제특허출원에 관한 설명으로 옳은 것은? 기출 22

① 국제특허출원서에 발명의 설명은 기재되어 있으나 청구범위가 기재되어 있지 않는 경우, 국제출원이 특허청에 도달한 날을 국제출원일로 인정하여야 한다.
② 국제출원에 관한 서류가 우편의 지연으로 인하여 제출기간내에 도달하지 않은 경우에도 이러한 지연이 우편의 지연에 의한 것으로 인정된다면, 당해서류는 제출기간내에 제출된 것으로 추정한다.
③ 국제출원에서, 우선일부터 1년 4개월과 국제출원일부터 4개월 중 늦게 만료되는 날 이내에 우선권주장의 보정은 할 수 있으나, 우선권주장의 추가는 할 수 없다.
④ 국제출원에 대하여 특허청이 국제조사기관으로 지정된 경우에, 우선권주장의 기초가 되는 선출원이, 국어, 영어, 일본어 이외의 언어로 된 경우에는 국어번역문을 제출한 것을 출원인에게 명할 수 있다.
⑤ 외국어로 출원된 국제출원에서 원문의 범위를 벗어난 보정은 특허무효사유이나 국어번역문의 범위를 벗어난 보정은 거절이유에는 해당하지만 특허무효사유는 아니다.

해설

① (×) 특허청장은 국제출원이 특허청에 도달한 날을 「특허협력조약」 제11조의 국제출원일(이하 "국제출원일"이라 한다)로 인정하여야 한다. 다만, 제193조 제1항에 따른 발명의 설명 또는 청구범위가 제출되지 아니한 경우에는 그러하지 아니하다(특허법 제194조 제1항 제3호).
② (×) 법령의 규정에 의하여 특허청장에게 제출하는 국제출원에 관한 서류로서 제출기간이 정하여져 있는 것을 등기우편에 의하여 제출하는 경우 우편의 지연으로 인하여 당해서류가 제출기간내에 도달되지 아니하는 때에는 출원인은 당해서류를 제출기간의 만료일 5일 이전에 우편으로 발송하였다는 사실을 증명하는 증거를 특허청장에게 제출할 수 있다. 다만, 당해서류를 항공우편으로 발송할 수 있고 또한 항공우편 외의 방법으로는 도달에 통상 3일 이상 소요되는 것이 명백한 경우 당해서류를 항공우편으로 발송하지 아니한 때에는 그러하지 아니하다(특허법 시행규칙 제86조 제1항). 제1항의 규정에 의하여 제출된 증거에 의하여 당해서류가 제출기간내에 도달되지 아니한 원인이 우편의 지연으로 인한 것이라고 인정되는 경우에는 당해서류는 제출기간내에 제출된 것으로 "본다"(특허법 시행규칙 제86조 제3항).
③ (×) 출원인이 우선권주장을 보정 또는 추가하고자 하는 경우에는 우선일부터 1년 4월(우선권주장의 보정 또는 추가로 인하여 우선일이 변경된 경우에는 변경된 우선일부터 1년 4월과 우선일부터 1년 4월 중 먼저 만료되는 날)과 국제출원일부터 4월 중 늦게 만료되는 날 이내에 보정 또는 추가하여야 한다(특허법 시행규칙 제102조 제1항).
④ (×) 특허청장은 우선권주장의 기초가 되는 선출원이 국어 또는 영어 외의 언어로 기재되어 있는 경우에는 기간을 정하여 국어번역문을 제출할 것을 출원인에게 명할 수 있다(특허법 시행규칙 제106조의11 제2항).

답 ⑤

02 甲은 발명 A를 2018.9.1. 미국잡지에 게재한 후 공지예외를 주장하여 특허협력조약(PCT)에 따라 미국특허청에 2019.2.1. 국제특허출원을 하였다. 지정국인 한국특허청의 국내절차에 관한 설명으로 옳지 <u>않은</u> 것은? 기출 21

① 甲이 미국잡지에 게재한 것에 대하여 특허법 제30조(공지 등이 되지 아니한 발명으로 보는 경우) 제1항 제1호를 적용받고자 하는 경우, 그 취지를 적은 서면 및 이를 증명할 수 있는 서류를 2018.9.1. 부터 2년 7개월 이내에 제출하여야 한다.
② 甲이 특허청장에게 서면을 국내서면제출기간에 제출하면서 국어번역문의 제출기간을 연장하여달라는 취지를 기재하여 제출한 경우에는 국어번역문을 함께 제출하지 않아도 된다.
③ 甲이 국내서면제출기간에 발명의 설명, 청구범위 및 도면(설명부분에 한정한다)의 국어번역문을 제출하고, 이에 갈음한 새로운 국어번역문을 제출할 수 있으나 甲이 출원심사의 청구를 한 후에는 그러하지 아니하다.
④ 甲이 특허청장에게 서면을 제출한 경우, 한국에서의 특허출원일은 특허청장에게 서면을 제출한 날이 아니라 국제특허출원일인 2019.2.1.이다.
⑤ 甲이 특허협력조약(PCT) 제19조(1)의 규정에 따라 청구범위를 보정하고, 그 보정서의 국어번역문을 제출하는 때에는 특허법 제47조(특허출원의 보정) 제1항에 따라 보정된 것으로 본다.

해설

① (×) 국제특허출원된 발명에 대하여 공지예외적용을 받으려는 자는 취지를 적은 서면 및 증명서류를 기준일이 지난 후 30일에 특허청장에게 제출할 수 있다(특허법 제200조).
② (○) 특허법 제201조 제1항
③ (○) 특허법 제201조 제3항
④ (○) 특허법 제199조
⑤ (○) 특허법 제204조 제2항

답

03 국제출원에 관한 설명으로 옳지 않은 것을 모두 고른 것은? 기출 17

ㄱ. 2인 이상이 공동으로 국제출원을 하는 경우에 출원인이 대표자를 정하지 아니한 경우에는 특허청장은 기간을 정하여 대표자를 정하도록 보정을 명해야 하고, 출원인이 기간 내에 이를 이행하지 않으면 출원은 취하된 것으로 본다.
ㄴ. 국제출원을 하려는 자는 국어, 영어 또는 불어로 작성된 출원서와 발명의 설명, 청구범위, 필요한 도면 및 요약서를 특허청장에게 제출해야 한다.
ㄷ. 국제출원일이 인정된 국제출원 중 대한민국을 지정국으로 지정한 출원의 경우, 그 국제출원일까지 제출된 출원서는 국내출원의 출원서로 본다.
ㄹ. 외국어로 출원된 국제특허출원의 경우 출원인은 우선일부터 27개월 이내에 발명의 설명, 청구범위 및 도면(도면 중 설명부분에 한정한다), 국제특허출원 요약서의 국어번역문을 특허청장에게 제출하여야 한다.
ㅁ. 발명의 설명이 제출되지 않은 것을 이유로 한 특허청장의 적법한 보완명령에 의하여 보완을 한 경우에 그 보완하는 서면이 특허청에 도달한 날이 국제출원일이 된다.

① ㄱ, ㄴ, ㄷ ② ㄱ, ㄴ, ㄹ
③ ㄱ, ㄴ, ㅁ ④ ㄴ, ㄷ, ㄹ
⑤ ㄷ, ㄹ, ㅁ

해설

ㄱ. (×) 2인 이상이 공동으로 국제출원을 하는 경우에 출원인이 대표자를 정하지 아니한 경우에는 산업통상자원부령으로 정하는 방법에 따라 대표자를 정할 수 있다.
ㄴ. (×) 국어, 영어 또는 일어로 작성하여야 한다.
ㄷ. (○) 국제특허출원의 국제출원일까지 제출된 출원서는 제42조 제1항에 따라 제출된 특허출원서로 본다(특허법 제200조의2 제1항).
ㄹ. (×) 우선일로부터 2년 7개월 이내에 국어번역문을 특허청장에게 제출하여야 한다.
ㅁ. (○) 특허법 제194조

> **특허법 제194조(국제출원일의 인정 등)**
> ① 특허청장은 국제출원이 특허청에 도달한 날을 「특허협력조약」 제11조의 국제출원일(이하 "국제출원일"이라 한다)로 인정하여야 한다. 다만, 다음 각 호의 어느 하나에 해당하는 경우에는 그러하지 아니하다.
>   1. 출원인이 제192조 각 호의 어느 하나에 해당하지 아니하는 경우
>   2. 제193조 제1항에 따른 언어로 작성되지 아니한 경우
>   3. 제193조 제1항에 따른 발명의 설명 또는 청구범위가 제출되지 아니한 경우
>   4. 제193조 제2항 제1호·제2호에 따른 사항 및 출원인의 성명이나 명칭을 적지 아니한 경우
> ② 특허청장은 국제출원이 제1항 각 호의 어느 하나에 해당하는 경우에는 기간을 정하여 서면으로 절차를 보완할 것을 명하여야 한다.
> ④ 특허청장은 제2항에 따른 절차의 보완명령을 받은 자가 지정된 기간에 보완을 한 경우에는 그 보완에 관계되는 서면의 도달일을, 제3항에 따른 통지를 받은 자가 산업통상자원부령으로 정하는 기간에 도면을 제출한 경우에는 그 도면의 도달일을 국제출원일로 인정하여야 한다. 다만, 제3항에 따른 통지를 받은 자가 산업통상자원부령으로 정하는 기간에 도면을 제출하지 아니한 경우에는 그 도면에 관한 기재는 없는 것으로 본다.

답 ②

04 특허협력조약(PCT)에 따른 국제출원에 관한 설명으로 옳지 않은 것은? 기출 25

① 특허법 제201조(국제특허출원의 국어번역문) 제1항에 따라 국어번역문을 제출한 출원인은 국내서면제출기간(제1항 단서에 따라 취지를 적은 서면이 제출된 경우에는 연장된 국어번역문 제출기간을 말한다)에 그 국어번역문을 갈음하여 새로운 국어번역문을 제출할 수 있으나, 출원인이 출원심사의 청구를 한 후에는 그러하지 아니하다.
② 국제특허출원을 외국어로 출원한 출원인은 국제출원서와 발명의 설명, 청구범위 및 도면(도면 중 설명부분에 한정한다)의 국어번역문을 우선일부터 2년 7개월이 될 때까지 제출하여야 하고, 이를 제출하지 않으면 출원을 취하한 것으로 본다.
③ 국제출원을 하려는 자는 산업통상자원부령으로 정하는 언어인 국어, 영어 또는 일어로 작성한 출원서와 발명의 설명, 청구범위, 필요한 도면 및 요약서를 특허청장에게 제출하여야 한다.
④ 특허법 제203조(서면의 제출) 제3항에 따른 보정명령을 받은 자가 지정된 기간에 보정을 하지 아니하면 특허청장은 해당 국제특허출원을 무효로 할 수 있다.
⑤ 특허청장은 국제특허출원이 도면에 관하여 적고 있지만 그 출원에 도면이 포함되어 있지 않은 경우 그 취지를 출원인에게 통지하여야 하고, 출원인이 산업통상자원부령으로 정하는 기간에 도면을 제출하는 경우에는 그 도면의 도달일을 국제출원일로 인정하여야 한다.

해설
① (○) 특허법 제201조 제3항
② (×) 특허법 제201조 제1항·제4항
③ (○) 특허법 제193조 제1항
④ (○) 특허법 제203조 제4항
⑤ (○) 특허법 제194조 제3항·제4항

답 ②

05 특허협력조약(PCT)에 따른 국제특허출원에 관한 설명으로 옳은 것은? 기출 21

① 특허청장은 국제특허출원에 청구범위가 기재되어 있지 않은 경우, 기간을 정하여 서면으로 청구범위를 제출하도록 보정명령을 해야 한다.
② 특허청장은 국제특허출원이 도면에 관하여 적고 있지만 그 출원에 도면이 포함되어 있지 않아서 그 취지를 출원인에게 통지하고 출원인이 산업통상자원부령으로 정하는 기간에 도면을 제출하는 경우, 그 국제특허출원일은 도면의 도달일로 한다.
③ 특허청장은 국제특허출원이 도면에 관하여 적고 있지만 그 출원에 도면이 포함되어 있지 않아서 그 취지를 출원인에게 통지하여도 출원인이 도면을 제출하지 않은 경우, 그 국제특허출원은 취하된 것으로 본다.
④ 국제특허출원인이 특허청장으로부터 특허법 제195조(보정명령) 제4호에 따라 산업통상자원부령으로 정하는 방식을 위반하여 보정명령을 받고도 그 지정기간에 보정을 하지 않은 경우, 그 국제특허출원은 인정되나 실제 심사단계에서 방식심사 위반에 대한 거절이유통지서를 받고 보정을 할 수 있다.
⑤ 2인 이상이 공동으로 국제특허출원한 경우의 수수료 납부는 출원인의 대표자 또는 특허법 제3조(미성년자 등의 행위 능력)에 의한 법정대리인만 할 수 있다.

해설

① (×) 특허청장은 국제특허출원에서 청구범위가 기재되어 있지 않은 경우, 기간을 정하여 서면으로 절차를 보완할 것을 명하여야 한다(특허법 제194조 제2항).
② (○) 특허법 제194조 제4항
③ (×) 통지를 받은 자가 산업통상자원부령으로 정하는 기간에 도면을 제출하지 아니한 경우에는 그 도면에 관한 기재는 없는 것으로 본다(특허법 제194조 제4항).
④ (×) 제195조에 따른 보정명령을 받은 자가 지정된 기간에 보정을 하지 아니한 경우 국제출원은 취하된 것으로 본다(특허법 제196조 제1항).
⑤ (×) 2인 이상이 공동으로 국제출원을 하는 경우 제198조(수수료)에 따른 절차는 출원인의 대표자가 밟을 수 있으며(특허법 제197조 제1항), 제1항의 절차를 대리인에 의하여 밟으려는 자는 제3조에 따른 법정대리인을 제외하고는 변리사를 대리인으로 하여야 한다(특허법 제197조 제3항).

답 ②

06 특허협력조약(PCT)에 따른 국제특허출원에 관한 설명으로 옳지 않은 것은? 기출 20

① 특허법 제201조(국제특허출원의 번역문) 제1항에 따라 국어번역문을 제출한 출원인은 국내서면제출기간(제1항 단서에 따라 취지를 적은 서면이 제출된 경우에는 연장된 국어번역문 제출기간을 말한다)에 그 국어번역문을 갈음하여 새로운 국어번역문을 제출할 수 있으나, 출원인이 출원심사의 청구를 한 후에는 그러하지 아니하다.
② 특허법 제197조(대표자 등) 제1항의 절차를 대리인에 의하여 밟으려는 자는 제3조(미성년자 등의 행위능력)에 따른 법정대리인을 제외하고는 변리사를 대리인으로 하여야 한다.
③ 국제출원을 하려는 자는 산업통상자원부령으로 정하는 언어인 국어, 영어 또는 중국어로 작성한 출원서와 발명의 설명, 청구범위, 필요한 도면 및 요약서를 특허청장에게 제출하여야 한다.
④ 특허법 제203조(서면의 제출) 제3항에 따른 보정명령을 받은 자가 지정된 기간에 보정을 하지 아니하면 특허청장은 해당 국제특허출원을 무효로 할 수 있다.
⑤ 특허청장은 국제특허출원의 출원인에 대하여 기간을 정하여 특허협력조약 제18조(국제조사보고서)의 국제조사보고서 또는 같은 조약 제35조(국제예비심사보고서)의 국제예비심사보고서에 적혀 있는 문헌의 사본을 제출하게 할 수 있다.

해설
① (○) 특허법 제201조 제3항
② (○) 특허법 제197조 제3항
③ (×) "산업통상자원부령이 정하는 언어"란 국어, 영어 또는 일본어를 말한다.
④ (○) 특허법 제203조 제4항
⑤ (○) 특허법 제211조

답 ③

07 특허협력조약(PCT)에 따른 국제특허출원에 관한 설명으로 옳은 것은? 기출 18

① 국제특허출원서를 한국 특허청에 제출하는 경우에는 국어, 영어, 일본어 또는 중국어로 작성하여 출원서, 발명의 설명, 청구범위, 필요한 도면 및 요약서를 특허청장에게 제출하여야 한다.
② 국제특허출원서를 한국 특허청에 제출하면 국내에 특허출원한 것으로 보게 되므로 출원서의 지정국은 특허협력조약의 체약국 중에서 한국을 제외한 나머지 국가에서 지정하여야 한다.
③ 출원인은 국제예비심사청구시 선택한 선택국 중 모든 선택을 취하할 수 있으며, 모든 선택국의 선택이 취하된 경우에는 국제예비심사의 청구는 취하된 것으로 본다.
④ 국제예비심사는 출원인의 선택에 의한 임의적 절차로, 국제예비심사를 청구하면 그 심사결과인 국제예비심사보고서는 선택관청을 제외한 지정관청에 송달된다.
⑤ 미국 특허청을 수리관청으로 영어로 작성하여 국제특허출원하면서 한국을 지정국으로 하는 경우 한국 특허청에 출원서, 발명의 설명, 청구범위 및 도면(도면 중 설명부분에 한정한다)의 국어 번역문을 제출하여야 한다.

해설

① (×) 중국어로 작성할 수 없다(특허법 시행규칙 제91조).
② (×) 한국을 지정하지 않을 경우 한국 특허청에 제출하였다 하더라도 국내에 특허출원하지 않은 것으로 본다(특허법 제199조 제1항).
④ (×) 국제예비심사보고서는 소정의 부속서류와 함께 출원인 및 국제사무국에 송달되며[PCT 제36조 (1)], 국제사무국은 국제예비심사보고서, 소정의 번역문 및 원어로 된 부속서류를 각 선택관청에 송달한다[PCT 제36조 (3) (a)].
⑤ (×) 출원서는 국어번역문을 제출하지 않는다.

답 ③

08 특허협력조약(PCT)에 따른 국제출원 또는 국제특허출원에 관한 설명으로 옳지 않은 것은? (다툼이 있으면 판례에 따름) 기출 16

① 국제특허출원의 외국어 명세서에 기재된 발명도 공개된 경우 확대된 선출원의 지위를 가진다.
② '국제출원일에 제출된 국제출원의 발명의 설명, 청구범위 또는 도면'('국제출원 명세서 등')에 기재된 사항이란 국제출원명세서 등에 명시적으로 기재되어 있는 사항이거나 또는 명시적인 기재가 없더라도 통상의 기술자라면 출원시의 기술상식에 비추어 보아 국제출원명세서 등에 기재되어 있는 것과 마찬가지라고 이해할 수 있는 사항이다.
③ 외국어로 기재된 국제특허출원의 번역문 제출에 대해서도 외국어 특허출원에 관한 특허법 제42조의3(외국어특허출원 등)의 규정이 적용된다.
④ 국제출원이 '국제출원일 인정요건'을 갖추지 못한 경우 수리관청은 출원인에게 2개월 이내에 보완할 것을 통지하며, 출원인이 통지된 내용에 따라 2개월 이내에 서류를 보완한 경우, 그 보완서가 수리관청에 제출된 날이 국제출원일이 된다.
⑤ 국제예비심사는 출원인의 선택에 따라 수행되는 임의 절차이다.

해설

② (O) 특허법 제47조 제2항에서 최초로 첨부된 명세서 또는 도면(이하 '최초 명세서 등'이라 한다)에 기재된 사항이란 최초 명세서 등에 명시적으로 기재되어 있는 사항이거나 또는 명시적인 기재가 없더라도 그 발명이 속하는 기술분야에서 통상의 지식을 가진 사람이라면 출원시의 기술상식에 비추어 보아 보정된 사항이 최초 명세서 등에 기재되어 있는 것과 마찬가지라고 이해할 수 있는 사항이어야 한다(判例 2005후3130).
③ (×) 외국어로 기재된 국제특허출원의 번역문 제출에 대해서는 특허법 제42조의3의 규정이 적용되지 아니하고, 특허법 제201조(국제특허출원의 국어번역문)의 규정이 적용된다.
④ (O) 특허청장은 제2항에 따른 절차의 보완명령을 받은 자가 지정된 기간에 보완을 한 경우에는 그 보완에 관계되는 서면의 도달일을, 제3항에 따른 통지를 받은 자가 산업통상자원부령으로 정하는 기간에 도면을 제출한 경우에는 그 도면의 도달일을 국제출원일로 인정하여야 한다. 다만, 제3항에 따른 통지를 받은 자가 산업통상자원부령으로 정하는 기간에 도면을 제출하지 아니한 경우에는 그 도면에 관한 기재는 없는 것으로 본다(특허법 제194조 제4항).
⑤ (O) PCT 제31조 (1)

답 ③

09 특허협력조약(PCT)에 따른 국제특허출원에 관한 설명으로 옳지 않은 것은? 기출 15

① 국제특허출원의 출원인은 국내서면제출기간에 출원인의 성명 및 주소, 발명의 명칭 등을 기재한 서면을 특허청장에게 제출하여야 하는데, 그 서면을 국내서면제출기간에 제출하지 아니한 경우 특허청장은 보정기간을 정하여 보정을 명하여야 한다.
② 특허법 제201조(국제특허출원의 국어번역문) 제1항에 따라 국어번역문을 제출한 출원인은 국내서면제출기간(제201조 제1항 단서에 따라 취지를 적은 서면이 제출된 경우에는 연장된 국어번역문 제출기간을 말한다)에 그 국어번역문을 갈음하여 새로운 국어번역문을 제출할 수 있으나 출원인이 출원심사의 청구를 한 후에는 허용되지 않는다.
③ 국제특허출원을 외국어로 출원한 출원인이 국내서면제출기간(제201조 제1항 단서에 따라 취지를 적은 서면이 제출된 경우에는 연장된 국어번역문 제출기간을 말한다)에 발명의 설명 및 청구범위의 국어번역문을 제출하지 아니하면 그 국제특허출원을 취하한 것으로 본다.
④ 미국 기업이 미국 특허청을 수리관청으로 국제특허출원하고, 한국을 지정국으로 한 경우, 한국출원일은 한국 특허청에 발명의 설명·청구범위·도면의 국어번역문을 제출한 날로 본다.
⑤ 국제특허출원을 외국어로 출원한 출원인이 특허협력조약 제19조(1)의 규정에 따라 청구범위에 관한 보정을 한 경우에는 국제출원일까지 제출한 청구범위에 대한 국어번역문을 보정 후의 청구범위에 대한 국어번역문으로 대체하여 제출할 수 있다.

해설

① (○) 특허법 제203조 제3항 제1호
② (○) 특허법 제201조 제3항
③ (○) 특허법 제201조 제4항
④ (×) 국제특허출원한 날 한국에 출원한 것으로 본다(특허법 제199조 제1항).

> **특허법 제199조(국제출원에 의한 특허출원)**
> ①「특허협력조약」에 따라 국제출원일이 인정된 국제출원으로서 특허를 받기 위하여 대한민국을 지정국으로 지정한 국제출원은 그 국제출원일에 출원된 특허출원으로 본다.

⑤ (○) 특허법 제201조 제2항

답 ④

10 특허출원에 관한 설명으로 옳은 것은? (다툼이 있으면 판례에 따름) 기출 20

① 분할출원은 특허출원이 특허청에 계속 중인 경우에 한하여 할 수 있으므로, 거절결정이 있는 때에는 거절결정등본을 송달받은 날로부터 30일 이내에 분할출원을 할 수 있으나, 특허결정이 있는 때에는 분할출원을 할 수 없다.
② 특허출원하여 거절결정이 되면 거절결정등본을 송달받은 날부터 30일 이내에 실용신안등록출원으로 변경출원을 할 수 있으나, 실용신안등록출원하여 거절결정이 되면 거절결정등본을 송달받은 날로부터 30일 이내라도 특허출원으로 변경출원을 할 수 없다.
③ 출원인이 국제특허출원을 하면서 파리협약의 당사국에 행하여진 선출원에 의한 우선권을 주장하였다면 특허법 제201조(국제특허출원의 국어번역문) 제1항 본문의 우선일은 국제특허출원의 제출일이 아니라 우선권을 주장한 선출원의 제출일이 된다.
④ 최후거절이유통지에 따른 보정에 의하여 새로운 거절이유가 발생하면 보정된 명세서로 심사하여 거절결정을 하여야 한다.
⑤ 국제특허출원을 외국어로 출원한 출원인은 국제출원서와 발명의 설명, 청구범위 및 도면(도면 중 설명부분에 한정한다)의 국어번역문을 우선일부터 31개월이 될 때까지 제출하여야 하고, 이를 제출하지 않으면 출원을 취하한 것으로 본다.

해설

① (×) 거절결정이 있는 때에는 거절결정등본을 송달받은 날로부터 3개월 이내에 분할출원을 할 수 있으며, 특허결정 또는 특허거절결정 취소심결의 등본송달일로부터 3개월 이내의 기간(설정등록을 받으려는 날이 3개월보다 짧은 경우 그날까지의 기간)에 분할출원을 할 수 있다(특허법 제52조 제1항 제3호).
② (×) 실용신안등록출원도 특허출원으로 변경출원을 할 수 있다.
④ (×) 보정을 각하하고 보정 전의 명세서로 심사하여야 한다.
⑤ (×) 국제출원서는 국어번역문의 대상에서 제외된다. 발명의 설명 및 청구범위의 국어번역문 미제출시 국제특허출원을 취하한 것으로 보며(특허법 제201조 제4항), 도면의 설명부분 미제출시 도면의 설명부분은 없었던 것으로 본다.

답 ③

11 특허법상 보정 및 보정각하에 관한 설명으로 옳지 않은 것은? (다툼이 있으면 판례에 따름)

기출 24

① 제47조(특허출원의 보정) 제2항에 규정된 '최초로 첨부된 명세서 또는 도면에 기재된 사항'이란 최초 명세서 등에 명시적으로 기재되어 있는 사항이거나 또는 명시적인 기재가 없더라도 그 발명이 속하는 기술분야에서 통상의 지식을 가진 자라면 출원시의 기술상식에 비추어 보아 보정된 사항이 최초 명세서 등에 기재되어 있는 것과 마찬가지라고 이해할 수 있는 사항이어야 한다.

② 제51조(보정각하) 제1항이 '청구항을 삭제하는 보정'의 경우를 대상에서 제외하고 있는 취지는, 보정의 반복에 의하여 심사관의 새로운 심사에 따른 업무량 가중 및 심사절차의 지연의 문제가 생기지 아니하므로 그에 대하여 거절이유를 통지하여 보정의 기회를 다시 부여함으로써 출원인을 보호하려는 데 있다.

③ 국제특허출원의 출원인이 제203조(서면의 제출) 제3항에 따른 보정명령을 받고 지정된 기간에 보정을 하지 아니하면 특허청장은 해당 국제특허출원을 무효로 하여야 한다.

④ 외국어특허출원에 대한 명세서 또는 도면의 보정은 특허출원서에 최초로 첨부한 명세서 또는 도면에 기재된 사항의 범위에서 하여야 한다. 또한 보정은 최종 국어번역문 또는 특허출원서에 최초로 첨부한 도면(도면 중 설명부분은 제외한다)에 기재된 사항의 범위에서도 하여야 한다.

⑤ 청구항을 삭제하는 보정을 하였더라도 삭제된 청구항과 관련이 없는 부분에서 새롭게 발생한 거절이유는 심사관에게 새로운 심사에 따른 업무량을 가중시키고, 심사절차가 지연되는 결과를 가져오게 하는 등 달리 취급하여야 할 필요가 없으므로 제51조(보정각하) 제1항 본문이 규정하는 청구항을 삭제하는 보정에 따라 발생한 새로운 거절이유에 포함된다고 할 수 없다.

해설

① (○) 判例 2005후3130
② (○) 判例 2015후2259
③ (×) 보정명령을 받은 자가 지정된 기간에 보정을 하지 아니하면 해당 국제특허출원을 무효로 할 수 있다(특허법 제203조 제4항).
④ (○) 특허법 제47조 제2항
⑤ (○) 判例 2015후2259

답 ③

12 '발명자'에 관한 설명으로 옳은 것은? 기출 23

① 특허법 제2조(정의)는 '발명자'란 자연법칙을 이용하여 기술적 사상을 창작한 자로 규정하고 있다.
② 특허법 제42조(특허출원) 제1항에 따라 출원인과 발명자가 동일한 경우 특허출원서에는 발명자의 성명 및 주소를 생략할 수 있다.
③ 특허법 제87조(특허권의 설정등록 및 등록공고)에 따라 특허청장은 출원인의 요청이 있으면 발명자의 성명 및 주소를 생략하여 등록공고를 할 수 있다.
④ 국제특허출원에 있어서 특허법 제203조(서면의 제출) 제1항 전단에 따른 서면에는 발명자의 성명 및 주소를 기재하여야 한다.
⑤ 특허법 제64조(출원공개)에 따라 특허청장은 공개특허공보에 발명자의 성명 및 주소를 반드시 게재하여 공개해야 한다.

해설

① (×) 특허법 제2조는 "발명"을 정의할 뿐, "발명자"를 정의하지 않는다.
② (×) 특허법 제42조 제1항은 출원인과 발명자의 성명 및 주소를 기재하라고 요구할 뿐, 출원인과 발명자가 동일한 경우의 취급에 대하여 별도로 언급하고 있지 않다.
③ (×) 특허법 제87조는 발명자의 성명 및 주소를 생략할 수 있는 경우를 언급하고 있지 않다.
④ (○) 국제특허출원의 출원인은 국내서면제출기간에 발명자의 성명 및 주소의 사항을 적은 서면을 특허청장에게 제출하여야 한다(특허법 제203조 제1항 제4호).
⑤ (×) 공개특허공보에는 다음 각 호의 사항을 게재한다. <u>다만, 공공의 질서 또는 선량한 풍속을 문란하게 하거나 공중의 위생을 해할 염려가 있다고 인정되는 사항은 게재하지 아니한다</u>(특허법 시행령 제19조 제3항).

> **특허법 시행령 제19조(특허공보)**
> ③ 공개특허공보에는 다음 각 호의 사항을 게재한다. 다만, 공공의 질서 또는 선량한 풍속을 문란하게 하거나 공중의 위생을 해할 염려가 있다고 인정되는 사항은 게재하지 아니한다.
> 1. 다음 각 목의 구분에 따른 사항
>   가. 출원인이 자연인인 경우 : 성명 및 주소
>   나. 출원인이 법인인 경우 : 법인의 명칭 및 영업소의 소재지
> 2. 출원번호·분류기호 및 출원연월일
> 3. 발명자의 성명 및 주소
> 4. 출원공개번호 및 공개연월일
> 5. 특허출원서에 최초로 첨부된 명세서 및 도면

답 ④

13 특허법상 출원공개에 관한 설명으로 옳지 않은 것은? 기출 24

① 특허청장은 출원공개 전에 출원심사의 청구가 있으면 출원공개 시에, 출원공개 후에 출원심사의 청구가 있으면 지체 없이 그 취지를 특허공보에 게재하여야 한다.

② 특허출원인의 제65조(출원공개의 효과) 제2항에 따른 청구권은 그 특허출원된 발명에 대한 특허권이 설정등록된 후에만 행사할 수 있으며, 그 청구권의 행사는 특허권의 행사에 영향을 미치지 아니한다.

③ 출원공개 후 특허출원이 포기·무효 또는 취하된 경우 제65조(출원공개의 효과) 제2항에 따른 청구권은 처음부터 발생하지 아니한 것으로 본다.

④ 국어로 출원한 국제특허출원에 관하여 출원공개 전에 이미 특허협력조약(PCT) 제21조에 따라 국제공개가 된 경우에는 우선일부터 1년 6개월이 되는 날에 출원공개가 된 것으로 본다.

⑤ 국제특허출원의 출원인은 출원공개된 발명임을 알고도 그 국제특허출원된 발명을 업으로서 실시한 자에게 출원공개된 발명임을 안 때부터 특허권의 설정등록 시까지의 기간 동안 그 특허발명의 실시에 대하여 합리적으로 받을 수 있는 금액에 상당하는 보상금의 지급을 청구할 수 있다. 다만, 그 청구권은 해당 특허출원이 특허권의 설정 등록된 후에만 행사할 수 있다.

해설

① (○) 특허법 제60조 제2항
② (○) 특허법 제65조 제3항·제4항
③ (○) 특허법 제65조 제6항
④ (×) 국어로 출원한 국제특허출원에 관하여 출원공개 전에 이미 특허협력조약(PCT) 제21조에 따라 국제공개가 된 경우에는 국제공개가 된 때 출원공개가 된 것으로 본다(특허법 제207조 제2항).
⑤ (○) 특허법 제207조 제4항

답 ④

14 특허법상 출원공개제도에 관한 설명으로 옳은 것을 모두 고른 것은? 기출 15

ㄱ. 특허청장은 출원공개 전에 출원심사청구가 있는 경우에는 지체없이 그 취지를 특허공보에 게재해야 한다.
ㄴ. 특허출원인은 특허법 제65조(출원공개의 효과)에 따른 경고를 받는 자에게 그 경고를 받았을 때부터 특허결정등본을 송달받는 날까지의 기간에 대해서만 보상금지급청구권을 행사할 수 있다.
ㄷ. 국제특허출원의 경우 국제공개에 의해서도 보상금청구권 발생이 가능하다.

① ㄱ
② ㄴ
③ ㄷ
④ ㄱ, ㄷ
⑤ ㄱ, ㄴ, ㄷ

해설

ㄱ. (×) 출원공개 전에 심사청구가 있는 경우에는 출원공개시에 그 취지를 특허공보에 게재하여야 한다.
ㄴ. (×) 경고를 받거나 출원공개된 발명임을 알았을 때부터 특허권의 설정등록을 할 때까지의 기간에 대하여 보상금지급청구권을 행사할 수 있다.
ㄷ. (○) 국어로 국제특허출원되어 국어로 국제공개된 경우 보상금청구권이 발생할 수 있다(특허법 제207조 제2항).

답 ③

CHAPTER 14 보칙

제1편 | 특허법, 특허ㆍ실용신안 심사기준

제215조(둘 이상의 청구항이 있는 특허 또는 특허권에 관한 특칙)
둘 이상의 청구항이 있는 특허 또는 특허권에 관하여 제65조 제6항(보상금청구권 소멸), 제84조 제1항 제2호ㆍ제6호(무효심결 확정 또는 특허권 포기에 의한 특허료 반환), 제85조 제1항 제1호(소멸의 경우만 해당한다) (특허권 소멸등록), 제101조 제1항 제1호(특허권 및 전용실시권 등록의 효과), 제104조 제1항 제1호ㆍ제3호ㆍ제5호(무효심판청구등록 전의 실시에 의한 통상실시권), 제119조 제1항(특허권 포기의 제한), 제132조의13 제3항(특허취소신청에 의한 취소결정 확정), 제133조 제2항ㆍ제3항(무효심결 확정), 제136조 제7항(정정심판청구), 제139조 제1항(공동심판청구), 제181조(재심에 의하여 회복된 특허권의 효력제한), 제182조(재심에 의하여 회복한 선사용자의 통상실시권) 또는 「실용신안법」 제26조 제1항 제2호ㆍ제4호ㆍ제5호(무효심판청구등록전의 실시에 의한 통상실시권)를 적용할 때에는 청구항마다 특허가 되거나 특허권이 있는 것으로 본다.

제215조의2(둘 이상의 청구항이 있는 특허출원의 등록에 관한 특칙)
① 둘 이상의 청구항이 있는 특허출원에 대한 특허결정을 받은 자가 특허료를 낼 때에는 청구항별로 이를 포기할 수 있다.
② 제1항에 따른 청구항의 포기에 관하여 필요한 사항은 산업통상자원부령으로 정한다.

제216조(서류의 열람 등)
① 특허출원, 특허취소신청, 심판 등에 관한 증명, 서류의 등본 또는 초본의 발급, 특허원부 및 서류의 열람 또는 복사가 필요한 자는 특허청장 또는 특허심판원장에게 서류의 열람 등의 허가를 신청할 수 있다.
② 특허청장 또는 특허심판원장은 제1항의 신청이 있더라도 다음 각 호의 어느 하나에 해당하는 서류를 비밀로 유지할 필요가 있다고 인정하는 경우에는 그 서류의 열람 또는 복사를 허가하지 아니할 수 있다.
  1. 출원공개 또는 설정등록되지 아니한 특허출원(제55조 제1항에 따른 우선권주장을 수반하는 특허출원이 출원공개 또는 설정등록된 경우에는 그 선출원은 제외한다)에 관한 서류 [기출 25]
  2. 출원공개 또는 설정등록되지 아니한 특허출원의 제132조의17에 따른 특허거절결정에 대한 심판에 관한 서류
  3. 공공의 질서 또는 선량한 풍속에 어긋나거나 공중의 위생을 해칠 우려가 있는 서류 [기출 25]

제217조(특허출원 등에 관한 서류 등의 반출 및 감정 등의 금지)
① 특허출원ㆍ심사ㆍ특허취소신청ㆍ심판ㆍ재심에 관한 서류 또는 특허원부는 다음 각 호의 어느 하나에 해당하는 경우에만 외부로 반출할 수 있다. 〈개정 2016.2.29., 2016.12.2., 2017.11.28., 2018.4.17., 2021.8.17., 2024.2.6.〉
  1. 제58조 제1항ㆍ제3항 또는 제4항에 따른 선행기술의 조사 등을 위하여 특허출원 또는 심사에 관한 서류를 반출하는 경우
  1의2. 제164조의2 제2항에 따른 조정을 위하여 특허출원ㆍ심사ㆍ특허취소신청ㆍ심판ㆍ재심에 관한 서류 또는 특허원부를 반출하는 경우
  2. 「산업재산 정보의 관리 및 활용 촉진에 관한 법률」 제12조 제1항에 따른 산업재산문서 전자화업무의 위탁을 위하여 특허출원ㆍ심사ㆍ특허취소신청ㆍ심판ㆍ재심에 관한 서류 또는 특허원부를 반출하는 경우

3. 「전자정부법」 제32조 제2항에 따른 온라인 원격근무를 위하여 특허출원·심사·특허취소신청·심판·재심에 관한 서류 또는 특허원부를 반출하는 경우
4. 외국 특허청 또는 국제기구와의 업무협약을 이행하기 위하여 특허출원 또는 심사에 관한 서류를 반출하는 경우
② 특허출원·심사·특허취소신청·심판 또는 재심으로 계속 중인 사건의 내용이나 특허여부결정·심결 또는 결정의 내용에 관하여는 감정·증언하거나 질의에 응답할 수 없다.
③ 제1항 제4호에 따른 반출 요건·절차, 서류의 종류 등에 필요한 사항은 산업통상자원부령으로 정한다.

제217조의2(특허문서 전자화업무의 대행) 삭제 <2024.2.6.>

제218조(서류의 송달)
이 법에 규정된 서류의 송달절차 등에 관하여 필요한 사항은 대통령령으로 정한다.

제219조(공시송달)
① 서류를 송달받을 자의 주소나 영업소가 분명하지 아니하여 송달할 수 없는 경우에는 공시송달(公示送達)을 하여야 한다.
② 공시송달은 서류를 송달받을 자에게 어느 때라도 발급한다는 뜻을 특허공보에 게재하는 것으로 한다.
③ 최초의 공시송달은 특허공보에 게재한 날부터 2주일이 지나면 그 효력이 발생한다. 다만, 같은 당사자에 대한 이후의 공시송달은 특허공보에 게재한 날의 다음 날부터 효력이 발생한다. 기출 18·25

제220조(재외자에 대한 송달)
① 재외자로서 특허관리인이 있으면 그 재외자에게 송달할 서류는 특허관리인에게 송달하여야 한다.
② 재외자로서 특허관리인이 없으면 그 재외자에게 송달할 서류는 항공등기우편으로 발송할 수 있다.
③ 제2항에 따라 서류를 항공등기우편으로 발송한 경우에는 그 발송일에 송달된 것으로 본다.

제221조(특허공보)
① 특허청장은 대통령령으로 정하는 바에 따라 특허공보를 발행하여야 한다.
② 특허공보는 산업통상자원부령으로 정하는 바에 따라 전자적 매체로 발행할 수 있다.
③ 특허청장은 전자적 매체로 특허공보를 발행하는 경우에는 정보통신망을 활용하여 특허공보의 발행사실·주요목록 및 공시송달에 관한 사항을 알려야 한다.

제222조(서류의 제출 등)
특허청장 또는 심사관은 당사자에게 특허취소신청, 심판 또는 재심에 관한 절차 외의 절차를 처리하기 위하여 필요한 서류나 그 밖의 물건의 제출을 명할 수 있다.

제223조(특허표시 및 특허출원표시)
① 특허권자, 전용실시권자 또는 통상실시권자는 다음 각 호의 구분에 따른 방법으로 특허표시를 할 수 있다.
  1. 물건의 특허발명의 경우 : 그 물건에 "특허"라는 문자와 그 특허번호를 표시
  2. 물건을 생산하는 방법의 특허발명의 경우 : 그 방법에 따라 생산된 물건에 "방법특허"라는 문자와 그 특허번호를 표시
  3. 삭제 <2017.3.21.>
② 특허출원인은 다음 각 호의 구분에 따른 방법으로 특허출원의 표시(이하 "특허출원표시"라 한다)를 할 수 있다.
  1. 물건의 특허출원의 경우 : 그 물건에 "특허출원(심사 중)"이라는 문자와 그 출원번호를 표시
  2. 물건을 생산하는 방법의 특허출원의 경우 : 그 방법에 따라 생산된 물건에 "방법특허출원(심사 중)"이라는 문자와 그 출원번호를 표시

③ 제1항 또는 제2항에 따른 특허표시 또는 특허출원표시를 할 수 없는 물건의 경우에는 그 물건의 용기 또는 포장에 특허표시 또는 특허출원표시를 할 수 있다.
④ 그 밖에 특허표시 또는 특허출원표시에 필요한 사항은 산업통상자원부령으로 정한다.

제224조(허위표시의 금지)
누구든지 다음 각 호의 어느 하나에 해당하는 행위를 하여서는 아니 된다.
1. 특허된 것이 아닌 물건, 특허출원 중이 아닌 물건, 특허된 것이 아닌 방법이나 특허출원 중이 아닌 방법에 의하여 생산한 물건 또는 그 물건의 용기나 포장에 특허표시 또는 특허출원표시를 하거나 이와 혼동하기 쉬운 표시를 하는 행위
2. 제1호의 표시를 한 것을 양도·대여 또는 전시하는 행위
3. 제1호의 물건을 생산·사용·양도 또는 대여하기 위하여 광고·간판 또는 표찰에 그 물건이 특허나 특허출원된 것 또는 특허된 방법이나 특허출원 중인 방법에 따라 생산한 것으로 표시하거나 이와 혼동하기 쉬운 표시를 하는 행위
4. 특허된 것이 아닌 방법이나 특허출원 중이 아닌 방법을 사용·양도 또는 대여하기 위하여 광고·간판 또는 표찰에 그 방법이 특허 또는 특허출원된 것으로 표시하거나 이와 혼동하기 쉬운 표시를 하는 행위

제224조의2(불복의 제한)
① 보정각하결정, 특허여부결정, 특허취소결정, 심결이나 특허취소신청서·심판청구서·재심청구서의 각하결정에 대해서는 다른 법률에 따른 불복을 할 수 없으며, 이 법에 따라 불복할 수 없도록 규정되어 있는 처분에 대해서는 다른 법률에 따라 불복을 할 수 없다.
② 제1항에 따른 처분 외의 처분의 불복에 대해서는 「행정심판법」 또는 「행정소송법」에 따른다. 기출 19

제224조의3(비밀유지명령)
① 법원은 특허권 또는 전용실시권의 침해에 관한 소송에서 그 당사자가 보유한 영업비밀에 대하여 다음 각 호의 사유를 모두 소명한 경우에는 그 당사자의 신청에 따라 결정으로 다른 당사자(법인인 경우에는 그 대표자), 당사자를 위하여 소송을 대리하는 자, 그 밖에 그 소송으로 인하여 영업비밀을 알게 된 자에게 그 영업비밀을 그 소송의 계속적인 수행 외의 목적으로 사용하거나 그 영업비밀에 관계된 이 항에 따른 명령을 받은 자 외의 자에게 공개하지 아니할 것을 명할 수 있다. 다만, 그 신청 시점까지 다른 당사자(법인인 경우에는 그 대표자), 당사자를 위하여 소송을 대리하는 자, 그 밖에 그 소송으로 인하여 영업비밀을 알게 된 자가 제1호에 규정된 준비서면의 열람이나 증거조사 외의 방법으로 그 영업비밀을 이미 취득하고 있는 경우에는 그러하지 아니하다. 기출 18
1. 이미 제출하였거나 제출하여야 할 준비서면, 이미 조사하였거나 조사하여야 할 증거 또는 제132조 제3항에 따라 제출하였거나 제출하여야 할 자료에 영업비밀이 포함되어 있다는 것
2. 제1호의 영업비밀이 해당 소송 수행 외의 목적으로 사용되거나 공개되면 당사자의 영업에 지장을 줄 우려가 있어 이를 방지하기 위하여 영업비밀의 사용 또는 공개를 제한할 필요가 있다는 것
② 제1항에 따른 명령(이하 "비밀유지명령"이라 한다)의 신청은 다음 각 호의 사항을 적은 서면으로 하여야 한다.
1. 비밀유지명령을 받을 자
2. 비밀유지명령의 대상이 될 영업비밀을 특정하기에 충분한 사실
3. 제1항 각 호의 사유에 해당하는 사실
③ 법원은 비밀유지명령이 결정된 경우에는 그 결정서를 비밀유지명령을 받은 자에게 송달하여야 한다.
④ 비밀유지명령은 제3항의 결정서가 비밀유지명령을 받은 자에게 송달된 때부터 효력이 발생한다. 기출 18
⑤ 비밀유지명령의 신청을 기각하거나 각하한 재판에 대해서는 즉시항고를 할 수 있다.

제224조의4(비밀유지명령의 취소)
① 비밀유지명령을 신청한 자 또는 비밀유지명령을 받은 자는 제224조의3 제1항에 따른 요건을 갖추지 못하였거나 갖추지 못하게 된 경우 소송기록을 보관하고 있는 법원(소송기록을 보관하고 있는 법원이 없는 경우에는 비밀유지명령을 내린 법원)에 비밀유지명령의 취소를 신청할 수 있다.
② 법원은 비밀유지명령의 취소신청에 대한 재판이 있는 경우에는 그 결정서를 그 신청을 한 자 및 상대방에게 송달하여야 한다.
③ 비밀유지명령의 취소신청에 대한 재판에 대해서는 즉시항고를 할 수 있다. 기출 18
④ 비밀유지명령을 취소하는 재판은 확정되어야 효력이 발생한다. 기출 18
⑤ 비밀유지명령을 취소하는 재판을 한 법원은 비밀유지명령의 취소신청을 한 자 또는 상대방 외에 해당 영업비밀에 관한 비밀유지명령을 받은 자가 있는 경우에는 그 자에게 즉시 비밀유지명령의 취소 재판을 한 사실을 알려야 한다.
기출 18

제224조의5(소송기록 열람 등의 청구 통지 등)
① 비밀유지명령이 내려진 소송(모든 비밀유지명령이 취소된 소송은 제외한다)에 관한 소송기록에 대하여 「민사소송법」 제163조 제1항의 결정이 있었던 경우, 당사자가 같은 항에서 규정하는 비밀 기재부분의 열람 등의 청구를 하였으나 그 청구 절차를 해당 소송에서 비밀유지명령을 받지 아니한 자가 밟은 경우에는 법원서기관, 법원사무관, 법원주사 또는 법원주사보(이하 이 조에서 "법원사무관 등"이라 한다)는 「민사소송법」 제163조 제1항의 신청을 한 당사자(그 열람 등의 청구를 한 자는 제외한다. 이하 제3항에서 같다)에게 그 청구 직후에 그 열람 등의 청구가 있었다는 사실을 알려야 한다. 기출 18
② 제1항의 경우에 법원사무관 등은 제1항의 청구가 있었던 날부터 2주일이 지날 때까지(그 청구 절차를 밟은 자에 대한 비밀유지명령 신청이 그 기간 내에 이루어진 경우에는 그 신청에 대한 재판이 확정되는 시점까지) 그 청구 절차를 밟은 자에게 제1항의 비밀 기재부분의 열람 등을 하게 하여서는 아니 된다.
③ 제2항은 제1항의 열람 등의 청구를 한 자에게 제1항의 비밀 기재부분의 열람 등을 하게 하는 것에 대하여 「민사소송법」 제163조 제1항의 신청을 한 당사자 모두가 동의하는 경우에는 적용되지 아니한다.

CHAPTER 14 보칙

01 甲은 스스로 A를 발명한 후 2023.6.1. 발명 A에 대하여 특허출원 X를 하였고, 이어서 A를 개량한 A+B를 발명한 후 2024.6.1. 특허출원 X를 기초로 특허법 제55조(특허출원 등을 기초로 한 우선권 주장) 우선권 주장을 수반하면서 발명 A, A+B, C에 대하여 특허출원 Y를 하였고, 특허출원 Y는 2024.12.1. 출원공개되었다. 다음 중 옳지 <u>않은</u> 것은? (각 설명은 독립적임) 기출 25

① 甲은 특허출원 Y에 대하여 2027.6.1.까지 심사청구할 수 있다.
② 甲이 특허출원 Y에 대하여, 2023.8.1. 출원한 발명 C에 대한 특허출원 W를 기초로 특허법 제55조(특허출원 등을 기초로 한 우선권 주장) 우선권 주장을 하기 위해서는 2024.10.1.까지 그 우선권 주장을 추가하였어야 한다.
③ 甲이 특허법 제56조(선출원의 취하 등)에 따라 취하 간주된 특허출원 X에 관한 서류의 열람·복사를 2025.2.1. 신청하는 경우, 특허청장은 비밀로 유지할 필요가 있다고 인정하면 그 서류의 열람·복사를 허가하지 아니할 수 있다.
④ 乙이 스스로 A를 발명한 후 2023.4.1. 발명 A를 공지하였고, 2024.4.1. 특허법 제30조(공지 등이 되지 아니한 발명으로 보는 경우) 공지예외적용 주장을 수반하여 발명 A에 대하여 특허출원 V를 하였다면, 甲의 특허출원 Y 중 발명 A는 등록받을 수 없다.
⑤ 乙이 스스로 A를 발명한 후 2023.4.1. 발명 A를 공지하였고, 2024.4.1. 특허법 제30조(공지 등이 되지 아니한 발명으로 보는 경우) 공지예외적용 주장을 수반하여 발명 A에 대하여 특허출원 V를 하였다면, 乙의 특허출원 V는 등록받을 수 없다.

│해설│
① (○) 특허법 제59조 제2항
② (○) 특허법 제55조 제7항
③ (×) 특허법 제216조 제2항 제1호·제3호
④ (○) 특허법 제30조 제1항
⑤ (○) 특허법 제36조 제4항, 제29조 제3항

답 ③

02 특허법상 부적법한 출원서류 등의 반려에 관한 설명으로 옳지 않은 것은? 기출 19

① 서류의 반려처분시에는 특별한 경우를 제외하고는 반려취지, 반려이유 및 소명기간을 적은 서면을 출원인 등에게 송부하여야 한다.
② 반려하겠다는 취지의 서면을 송부받은 출원인 등이 소명하고자 하는 경우 소명기간 내에 소명서를, 소명 없이 출원서류 등을 소명기간 내에 반려받고자 하는 경우에는 반려요청서를 특허청장 또는 특허심판원장에게 제출하여야 한다.
③ 특허청장이나 특허심판원장이 한 반려처분에 대해서는 행정심판·행정소송을 통해 불복할 수 없다.
④ 소명기간 중 출원인 등은 반려이유 통지에 대한 소명이나 의견을 제출할 수 있으나, 반려이유를 극복하기 위한 보정서의 제출은 허용되지 않는다.
⑤ 출원서류 등이 반려된 경우, 그 출원은 선원의 지위를 가질 수 없고, 조약우선권 주장의 기초가 될 수 없다.

해설
③ (×) 반려처분의 불복에 대해서는 행정심판법 또는 행정소송법에 따라 불복이 가능하다(특허법 제224조의2 제2항).

 ③

03 특허법상 비밀유지명령에 관한 설명으로 옳은 것은? 기출 18

① 특허권 침해에 관한 소송에서 특허청장은 특허법 제224조의3(비밀유지명령) 제1항에 따라 그 당사자의 신청에 따라 결정으로 다른 당사자 등에게 그 영업비밀을 그 소송의 계속적인 수행 외의 목적으로 사용하거나 그 영업비밀에 관계된 이 항에 따른 명령을 받은 자 외의 자에게 공개하지 아니할 것을 명할 수 있다.
② 비밀유지명령을 취소하는 재판은 확정되어야 효력이 발생하고, 비밀유지명령의 취소신청에 대한 재판에 대해서는 즉시항고를 할 수 있다.
③ 비밀유지명령을 취소하는 재판을 한 법원은 비밀유지명령의 취소신청을 한 자에게 취소재판을 한 날로부터 2주일 이내에 비밀유지명령의 취소 재판을 한 사실을 알려야 한다.
④ 특허권 침해소송에서 비밀유지명령이 결정된 경우에 비밀유지명령은 이 결정서가 비밀유지명령을 받은 자에게 송달된 날의 다음 날부터 효력이 발생한다.
⑤ 비밀유지명령이 내려진 소송에 관한 소송기록에 대하여 민사소송법 제163조(비밀보호를 위한 열람 등의 제한) 제1항의 결정이 있었던 경우, 법원서기관 등은 그 열람 등의 청구를 한 자를 포함하여 민사소송법 제163조 제1항의 신청을 한 당사자에게 그 청구 직후에 그 열람 등의 청구가 있었다는 사실을 알려야 한다.

해설

① (×) 법원이 명할 수 있다(특허법 제224조의3 제1항).
② (○) 특허법 제224조의4 제3항·제4항

> **특허법 제224조의4(비밀유지명령의 취소)**
> ③ 비밀유지명령의 취소신청에 대한 재판에 대해서는 즉시항고를 할 수 있다.
> ④ 비밀유지명령을 취소하는 재판은 확정되어야 효력이 발생한다.

③ (×) 비밀유지명령을 취소하는 재판을 한 법원은 즉시 그 결정서를 그 신청을 한 자 및 상대방에게 송달하여야 한다(특허법 제224조의4 제5항).
④ (×) 송달된 때부터 효력이 발생한다(특허법 제224조의3 제4항).
⑤ (×) 열람 등의 청구를 한 자는 포함하지 않는다(특허법 제224조의5 제1항).

답 ②

CHAPTER 15 벌칙

제1편 | 특허법, 특허·실용신안 심사기준

01 법조문

제225조(침해죄)
① 특허권 또는 전용실시권을 침해한 자는 7년 이하의 징역 또는 1억원 이하의 벌금에 처한다. 기출 21·24
② 제1항의 죄는 피해자의 명시적인 의사에 반하여 공소(公訴)를 제기할 수 없다. 기출 16·22·24

제226조(비밀누설죄 등)
① 특허청 또는 특허심판원 소속 직원이거나 직원이었던 사람이 특허출원 중인 발명(국제출원 중인 발명을 포함한다)에 관하여 직무상 알게 된 비밀을 누설하거나 도용한 경우에는 5년 이하의 징역 또는 5천만원 이하의 벌금에 처한다.
기출 16·18·21·24
② 전문심리위원 또는 전문심리위원이었던 자가 그 직무수행 중에 알게 된 다른 사람의 비밀을 누설하는 경우에는 2년 이하의 징역이나 금고 또는 1천만원 이하의 벌금에 처한다.

제226조의2(전문기관 등의 임직원에 대한 공무원 의제)
① 제58조 제2항에 따른 전문기관 또는 제58조 제3항에 따른 전담기관 또는 특허문서 전자화기관의 임직원이거나 임직원이었던 사람은 제226조 제1항을 적용하는 경우에는 특허청 소속 직원 또는 직원이었던 사람으로 본다. 〈개정 2016.12.2., 2018.4.17., 2021.4.20., 2024.2.6.〉 기출 18
② 전문심리위원은 「형법」 제129조부터 제132조까지의 규정을 적용할 때에는 공무원으로 본다.

제227조(위증죄)
① 이 법에 따라 선서한 증인, 감정인 또는 통역인이 특허심판원에 대하여 거짓으로 진술·감정 또는 통역을 한 경우에는 5년 이하의 징역 또는 5천만원 이하의 벌금에 처한다. 기출 21·24
② 제1항에 따른 죄를 범한 자가 그 사건의 특허취소신청에 대한 결정 또는 심결이 확정되기 전에 자수한 경우에는 그 형을 감경 또는 면제할 수 있다. 기출 22·25

제228조(허위표시의 죄)
제224조를 위반한 자는 3년 이하의 징역 또는 3천만원 이하의 벌금에 처한다.

제229조(거짓행위의 죄)
거짓이나 그 밖의 부정한 행위로 특허, 특허권의 존속기간의 연장등록, 특허취소신청에 대한 결정 또는 심결을 받은 자는 3년 이하의 징역 또는 3천만원 이하의 벌금에 처한다. 기출 21·24

제229조의2(비밀유지명령 위반죄)
① 국내외에서 정당한 사유 없이 제224조의3 제1항에 따른 비밀유지명령을 위반한 자는 5년 이하의 징역 또는 5천만원 이하의 벌금에 처한다. 기출 18·24
② 제1항의 죄는 비밀유지명령을 신청한 자의 고소가 없으면 공소를 제기할 수 없다. 기출 22

제229조의3(외국에의 특허출원 금지 또는 비밀취급명령 위반죄)
제41조 제1항에 따른 외국에의 특허출원 금지 또는 비밀취급명령을 위반한 자는 5년 이하의 징역 또는 5천만원 이하의 벌금에 처한다.
[본조신설 2025.1.21.]
[시행일 : 2025.7.22.]

제230조(양벌규정)
법인의 대표자나 법인 또는 개인의 대리인, 사용인, 그 밖의 종업원이 그 법인 또는 개인의 업무에 관하여 제225조 제1항, 제228조, 제229조 또는 제229조의3의 어느 하나에 해당하는 위반행위를 하면 그 행위자를 벌하는 외에 그 법인에는 다음 각 호의 구분에 따른 벌금형을, 그 개인에게는 해당 조문의 벌금형을 과(科)한다. 다만, 법인 또는 개인이 그 위반행위를 방지하기 위하여 해당 업무에 관하여 상당한 주의와 감독을 게을리하지 아니한 경우에는 그러하지 아니하다. 〈개정 2025.1.21.〉 기출 22·25
1. 제225조 제1항의 경우 : 3억원 이하의 벌금 기출 21
2. 제228조 또는 제229조의 경우 : 6천만원 이하의 벌금 기출 21
3. 제229조의3의 경우 : 1억원 이하의 벌금

[시행일 : 2025.7.22.]

제231조(몰수 등)
① 제225조 제1항에 해당하는 침해행위를 조성한 물건 또는 그 침해행위로부터 생긴 물건은 몰수하거나 피해자의 청구에 따라 그 물건을 피해자에게 교부할 것을 선고하여야 한다.
② 피해자는 제1항에 따른 물건을 받은 경우에는 그 물건의 가액을 초과하는 손해액에 대해서만 배상을 청구할 수 있다. 기출 22

제232조(과태료)
① 다음 각 호의 어느 하나에 해당하는 자에게는 50만원 이하의 과태료를 부과한다.
1. 「민사소송법」 제299조 제2항 및 같은 법 제367조에 따라 선서를 한 자로서 특허심판원에 대하여 거짓 진술을 한 자
2. 특허심판원으로부터 증거조사 또는 증거보전에 관하여 서류나 그 밖의 물건 제출 또는 제시의 명령을 받은 자로서 정당한 이유 없이 그 명령에 따르지 아니한 자 기출 18·25
3. 특허심판원으로부터 증인·감정인 또는 통역인으로 소환된 자로서 정당한 이유 없이 소환에 따르지 아니하거나 선서·진술·증언·감정 또는 통역을 거부한 자 기출 22·24
② 제1항에 따른 과태료는 대통령령으로 정하는 바에 따라 특허청장이 부과·징수한다.

02 벌칙의 유형

(1) 침해죄

① **의의**: 특허권 또는 전용실시권을 침해한 자는 7년 이하의 징역 또는 1억원 이하의 벌금에 처한다.

② **반의사불벌죄 및 양벌규정**: 침해죄는 피해자가 기소를 원하지 않는다는 의사를 확실히 표명할 경우에만 기소를 하지 않는 반의사불벌죄이다. 구법상 피해자의 고소가 없으면 공소를 제기할 수 없는 친고죄로 규정되어 실효성 있는 수단이 되지 못한다는 단점을 극복하기 위하여 2020.10.20. 개정되었다. 양벌규정으로서 법인의 대표자나 법인 또는 개인의 대리인, 사용인, 그 밖의 종업원이 그 법인 또는 개인의 업무에 관하여 침해죄에 해당하는 위반행위를 하면 법인에 3억원 이하의 벌금을 과한다. 다만, 법인 또는 개인이 그 위반행위를 방지하기 위하여 해당 업무에 관해 상당한 주의와 감독을 게을리하지 아니한 경우에는 그러하지 아니하다.

③ **몰수**: 침해행위를 조성한 물건 또는 그 침해행위로부터 생긴 물건은 몰수하거나 피해자의 청구에 따라 그 물건을 피해자에게 교부할 것을 선고하여야 한다. 피해자는 물건을 받은 경우 그 물건의 가격을 초과하는 손해액에 대해서만 배상을 청구할 수 있다.

④ **공소사실의 기재 정도**: 형사소송법 제254조 제4항이 "공소사실의 기재는 범죄의 시일, 장소와 방법을 명시하여 사실을 특정할 수 있도록 하여야 한다."라고 규정한 취지는, 심판의 대상을 한정함으로써 심판의 능률과 신속을 꾀함과 동시에 방어의 범위를 특정하여 피고인의 방어권 행사를 쉽게 해 주기 위한 것이므로, 검사로서는 위 세 가지 특정요소를 종합하여 다른 사실과의 식별이 가능하도록 범죄 구성요건에 해당하는 구체적 사실을 기재하여야 한다. 그리고 피고인이 생산 등을 하는 물건 또는 사용하는 방법(이하 '침해제품 등'이라고 한다)이 특허발명의 특허권을 침해하였는지가 문제로 되는 특허법 위반 사건에서 다른 사실과 식별이 가능하도록 범죄 구성요건에 해당하는 구체적 사실을 기재하였다고 하기 위해서는, 침해의 대상과 관련하여 특허등록번호를 기재하는 방법 등에 의하여 침해의 대상이 된 특허발명을 특정할 수 있어야 하고, 침해의 태양과 관련하여서는 침해제품 등의 제품명, 제품번호 등을 기재하거나 침해제품 등의 구성을 기재하는 방법 등에 의하여 침해제품 등을 다른 것과 구별할 수 있을 정도로 특정할 수 있어야 한다(判例 2015도17674).

⑤ **간접침해도 형사처벌이 가능한지 여부**: 특허법 제127조 소정의 "침해로 보는 행위"(강학상의 간접침해행위)에 대하여 특허권 침해의 민사책임을 부과하는 외에 같은 법 제158조 제1항 제1호에 의한 형사처벌까지 가능한가가 문제될 수 있는데, 확장해석을 금하는 죄형법정주의의 원칙이나, 특허권 침해의 미수범에 대한 처벌규정이 없어 특허권 직접침해의 미수범은 처벌되지 아니함에도 특허권 직접침해의 예비단계행위에 불과한 간접침해행위를 특허권 직접침해의 기수범과 같은 벌칙에 의하여 처벌할 때 초래되는 형벌의 불균형성 등에 비추어 볼 때, 제127조의 규정은 특허권자 등을 보호하기 위하여 특허권의 간접침해자에게도 민사책임을 부과시키는 정책적 규정일 뿐 이를 특허권 침해행위를 처벌하는 형벌법규의 구성요건으로서까지 규정한 취지는 아니다(判例 92도3350).

기출 16·20

⑥ 정정 인용심결확정 후, 침해죄 판단시 판단의 대상 : 특허청구범위에 기재불비의 하자가 있어 권리범위를 인정할 수 없었던 특허발명에 대하여 그 특허청구범위를 정정하는 심결이 확정된 경우, 정정 전에 행하여진 피고인의 제품 제조, 판매행위가 특허권침해죄에 해당하는지 여부를 판단함에 있어 정정 전의 특허청구범위를 침해대상 특허발명으로 삼은 원심의 판단을 수긍한 사례(判例 2005도1262).

(2) 비밀누설죄

특허청 또는 특허심판원 소속 직원이거나 직원이었던 사람이 특허출원 중인 발명(국제출원 중인 발명을 포함한다)에 관하여 직무상 알게 된 비밀을 누설하거나 도용한 경우에는 5년 이하의 징역 또는 5천만원 이하의 벌금에 처한다.

(3) 위증죄

이 법에 따라 선서한 증인, 감정인 또는 통역인이 특허심판원에 대하여 거짓으로 진술·감정 또는 통역을 한 경우에는 5년 이하의 징역 또는 5천만원 이하의 벌금에 처한다. 다만 그 사건의 특허취소신청에 대한 결정 또는 심결이 확정되기 전에 자수한 경우에는 그 형을 감경 또는 면제할 수 있다.

(4) 허위표시의 죄

① 의의 : 허위표시금지규정(法 제224조)을 위반한 자는 3년 이하의 징역 또는 3천만원 이하의 벌금에 처한다.
② 양벌규정 : 양벌규정으로서 법인의 대효자나 법인 또는 개인의 대리인, 사용인, 그 밖의 종업원이 그 법인 또는 개인의 업무에 관하여 허위표시금지의 죄에 해당하는 위반행위를 하면 법인에 6천만원 이하의 벌금을 과한다. 다만, 법인 또는 개인이 그 위반행위를 방지하기 위하여 해당 업무에 관해 상당한 주의와 감독을 게을리하지 아니한 경우에는 그러하지 아니하다.
③ 허위표시를 한 것인지 판단방법 : 특허법 제224조 제3호는 같은 조 제1호의 특허된 것이 아닌 물건, 특허출원 중이 아닌 물건, 특허된 것이 아닌 방법이나 특허출원 중이 아닌 방법에 의하여 생산한 물건을 생산·사용·양도하기 위하여 광고 등에 그 물건이 특허나 특허출원된 것 또는 특허된 방법이나 특허출원 중인 방법에 따라 생산한 것으로 표시하거나 이와 혼동하기 쉬운 표시(이하 '특허된 것 등으로 표시'라 한다)를 하는 행위를 금지하고 있다.
위 규정의 취지는 특허로 인한 거래상의 유리함과 특허에 관한 공중의 신뢰를 악용하여 공중을 오인시키는 행위를 처벌함으로써 거래의 안전을 보호하는 데 있다. 이러한 취지에 비추어 볼 때, 특허된 것 등으로 표시한 물건의 기술적 구성이 청구범위에 기재된 발명의 구성을 일부 변경한 것이라고 하더라도, 그러한 변경이 해당 기술분야에서 통상의 지식을 가진 사람이 보통 채용하는 정도로 기술적 구성을 부가·삭제·변경한 것에 지나지 아니하고 그로 인하여 발명의 효과에 특별한 차이가 생기지도 아니하는 등 공중을 오인시킬 정도에 이르지 아니한 경우에는, 위 물건에 특허된 것 등으로 표시를 하는 행위가 위 규정에서 금지하는 표시행위에 해당한다고 볼 수 없다(判例 2013도10265).

④ 특허된 방법을 사용하면서 다른 특허방법을 사용하는 것으로 표시한 경우 : 이미 특허된 방법을 사용하여 물건을 제조하면서 광고, 간판 또는 표찰류에 그 특허가 아닌 다른 특허의 방법을 사용하여 제조한 것처럼 표시한 경우에는 특허권자의 특허권을 침해하는 행위로써 특허법 제225조의 특허침해죄에 해당하고 특허법 제229조에 해당하지 않는다(판례 85도1411).

(5) 거짓행위의 죄

① 의의 : 거짓이나 그 밖의 부정한 행위로 특허, 특허권의 존속기간의 연장등록, 특허취소신청에 대한 결정 또는 심결을 받은 자는 3년 이하의 징역 또는 3천만원 이하의 벌금에 처한다.

② 양벌규정 : 양벌규정으로서 법인의 대표자나 법인 또는 개인의 대리인, 사용인, 그 밖의 종업원이 그 법인 또는 개인의 업무에 관하여 거짓행위의 죄에 해당하는 위반행위를 하면 법인에 6천만원 이하의 벌금을 과한다. 다만, 법인 또는 개인이 그 위반행위를 방지하기 위하여 해당 업무에 관해 상당한 주의와 감독을 게을리하지 아니한 경우에는 그러하지 아니하다.

③ 공지된 발명을 출원하였다는 것이 거짓행위에 해당하는 지 여부 : 특허법 제228조에 정한 '사위 기타 부정한 행위로써 특허를 받은 자'라고 함은 정상적인 절차에 의하여서는 특허를 받을 수 없는 경우임에도 불구하고 위계 기타 사회통념상 부정이라고 인정되는 행위로써 그 특허를 받은 자를 가리킨다고 할 것인데, 우선 '특허출원 전에 국내에서 공지되었거나 공연히 실시된 발명'이거나 '특허출원 전에 국내 또는 국외에서 반포된 간행물에 게재된 발명' 등으로서 특허를 받을 수 없는 발명임에도 불구하고 특허출원을 하였다는 사실만으로는 그 '사위 기타 부정한 행위'가 있었다고 볼 수 없을 뿐만 아니라, 특허출원인에게 특허출원시 관계 법령상 그러한 사정을 특허관청에 미리 알리도록 강제하는 규정 등도 없는 이상, 특허출원시 이를 특허관청에 알리거나 나아가 그에 관한 자료를 제출하지 않은 채 특허출원을 하였다고 하여 이를 가리켜 위계 기타 사회통념상 부정이라고 인정되는 행위라고 볼 수도 없다(판례 2003도6283).

④ 대리인이 출원한 경우 거짓행위 죄 인지 여부 : 상표법 제96조에서 규정한 '사위 기타 부정한 행위로써 상표등록을 받은 자' 및 디자인보호법 제85조에서 규정한 '사위 기타 부정한 행위로써 디자인 등록을 받은 자'라고 함은 정상적인 절차에 의하여서는 상표 및 디자인 등록을 받을 수 없는 경우임에도 위계 기타 사회통념상 부정이라고 인정되는 행위로써 상표 및 디자인 등록을 받는 자를 가리킨다고 할 것이다. 그런데 상표 및 디자인 등록에 있어서 사위행위죄는 상표 및 디자인 등록 과정에서 허위의 자료나 위조된 자료를 제출하는 등 심사관을 부정한 행위로써 착오에 빠뜨려 등록 요건을 결여한 상표 및 디자인에 대하여 등록을 받은 자를 처벌함으로써 국가의 심사권의 적정한 행사를 보장하려는 취지에서 둔 규정이라고 할 것이므로, 서비스표 및 디자인 등록 출원을 위임받은 자가 위임의 취지에 위배하여 자신의 명의로 등록 출원하였다는 사실만으로는 '사위 기타 부정한 행위'가 있었다고 볼 수 없다(판례 2010도2985).

⑤ 타인의 시험성적서 제출하여 출원한 경우, 거짓행위 죄 인지 여부 : 소외인 명의의 시험성적서를 마치 피고인의 것인양 특허청에 제출하는등 하여 위 소외인이 특허를 받을 수 있는 권리를 피고인 자신이 발명한 것처럼 모인하여 특허를 받았다면 피고인의 소위는 사위의 행위로서 특허권을 받는 경우에 해당한다(판례 82도3238).

(6) 비밀유지명령 위반죄

① 의의 : 국내외에서 정당한 사유 없이 제224조의3 제1항에 따른 비밀유지명령을 위반한 자는 5년 이하의 징역 또는 5천만원 이하의 벌금에 처한다.
② 친고죄 : 비밀유비밀지명령 위반죄는 친고죄에 해당하여 비밀유지명령을 신청한 자의 고소가 없으면 공소를 제기할 수 없다.

(7) 독점규제법 관련

① 법조문 : 독점규제법 제59조 이 법의 규정은 「저작권법」, 「특허법」, 「실용신안법」, 「디자인보호법」 또는 「상표법」에 의한 권리의 정당한 행사라고 인정되는 행위에 대하여는 적용하지 아니한다.
② 독점규제법에서의 산업재산권법의 '정당한 행사' 판단방법 : 독점규제 및 공정거래에 관한 법률(이하 '공정거래법'이라 한다) 제59조는 "이 법의 규정은 저작권법, 특허법, 실용신안법, 디자인보호법 또는 상표법에 의한 권리의 정당한 행사라고 인정되는 행위에 대하여는 적용하지 아니한다."고 규정하고 있으므로, '특허권의 정당한 행사라고 인정되지 아니하는 행위'에 대하여는 공정거래법이 적용되고, 이는 '정당한'이란 표현이 없던 구 독점규제 및 공정거래에 관한 법률(2007.8.3. 법률 제8631호로 개정되기 전의 것) 제59조의 경우도 마찬가지이다. '특허권의 정당한 행사라고 인정되지 아니하는 행위'란 행위의 외형상 특허권의 행사로 보이더라도 실질이 특허제도의 취지를 벗어나 제도의 본질적 목적에 반하는 경우를 의미하고, 여기에 해당하는지는 특허법의 목적과 취지, 당해 특허권의 내용과 아울러 당해 행위가 공정하고 자유로운 경쟁에 미치는 영향 등 제반 사정을 함께 고려하여 판단해야 한다(判例 2012두24498).

(8) 가처분 관련

① 법조문

> **민사집행법 제300조(가처분의 목적)**
> ① 다툼의 대상에 관한 가처분은 현상이 바뀌면 당사자가 권리를 실행하지 못하거나 이를 실행하는 것이 매우 곤란할 염려가 있을 경우에 한다.
> ② 가처분은 다툼이 있는 권리관계에 대하여 임시의 지위를 정하기 위하여도 할 수 있다. 이 경우 가처분은 특히 계속하는 권리관계에 끼칠 현저한 손해를 피하거나 급박한 위험을 막기 위하여, 또는 그 밖의 필요한 이유가 있을 경우에 하여야 한다.

② 무효될 개연성이 높은 특허에 대해서 보전의 필요성이 인정되는 지 여부 : 임시의 지위를 정하기 위한 가처분은 다툼 있는 권리관계에 관하여 그것이 본안소송에 의하여 확정되기까지의 사이에 가처분권리자가 현재의 현저한 손해를 피하거나 급박한 강포를 방지하기 위하여, 또는 기타의 이유가 있는 때에 한하여 허용되는 응급적, 잠정적인 처분인바, 이러한 가처분을 필요로 하는지의 여부는 당해 가처분신청의 인용 여부에 따른 당사자 쌍방의 이해득실관계, 본안소송에 있어서의 장래의

승패의 예상, 기타의 제반 사정을 고려하여 법원의 재량에 따라 합목적적으로 결정하여야 할 것이며, 더구나 가처분채무자에 대하여 본안판결에서 명하는 것과 같은 내용의 실용신안권침해의 금지라는 부작위의무를 부담시키는 이른바 만족적 가처분일 경우에 있어서는, 그에 대한 보전의 필요성 유무를 판단함에 있어서 위에서 본 바와 같은 제반 사정을 참작하여 보다 더욱 신중하게 결정하여야 할 것이므로, 장래 그 실용신안권 등의 권리가 무효로 될 개연성이 높다고 인정되는 등의 특별한 사정이 있는 경우에는 당사자 간의 형평을 고려하여 그 가처분신청은 보전의 필요성을 결한 것으로 보는 것이 합리적이다(判例 2003다30265).

③ **가압류, 가처분 후 본안에서 패소 시 효과** : 가압류나 가처분 등 보전처분은 법원의 재판에 의하여 집행되는 것이기는 하나, 그 실체상 청구권이 있는지 여부는 본안소송에 맡기고 단지 소명에 의하여 채권자의 책임 아래 하는 것이므로, 그 집행 후에 집행채권자가 본안소송에서 패소 확정되었다면 그 보전처분의 집행으로 인하여 채무자가 입은 손해에 대하여는 특별한 반증이 없는 한 집행채권자에게 고의 또는 과실이 있다고 추정되고, 따라서 그 부당한 집행으로 인한 손해에 대하여 이를 배상할 책임이 있다(判例 2000다46184).

CHAPTER 15 벌 칙

제1편 | 특허법. 특허 · 실용신안 심사기준

※ 개정법령 반영으로 인해 기출문제를 변형한 경우 기출수정 표시를 하였습니다.

01 특허와 실용신안등록에 관한 설명으로 옳지 않은 것은? (다툼이 있으면 판례에 따름) 기출 24

① 공공의 질서 또는 선량한 풍속에 어긋나거나 공중의 위생을 해칠 우려가 있는 발명 또는 고안은 특허 또는 실용신안등록을 받을 수 없다.
② 고안은 기술적 진보 또는 발명의 고도성 기준에 달하지 못한 작은 발명이다. 이 점과 관련하여 실용신안법은 실용신안권을 침해한 자에 대하여 특허권을 침해한 자보다 낮은 형량을 규정하고 있다.
③ 특허법과 실용신안법은 각 침해죄를 동일하게 반의사불벌죄로 규정하고 있다.
④ 실용신안등록을 받으려는 자는 출원시 도면을 첨부하여야 하지만, 특허를 받으려는 자는 도면을 제출하지 아니할 수도 있다.
⑤ 특허협력조약(PCT)에 의한 국제출원시 특허출원에 따른 도면의 설명부분에 대한 국어번역문을 제출하지 아니한 경우 도면의 설명부분에 대한 기재가 없었던 것으로 보지만, 실용신안등록출원시 도면을 포함하지 아니한 경우 출원인은 기준일까지 이를 제출하여야 하고 기준일까지 도면을 제출하지 아니한 때에는 특허청장이 정한 기간 내에 도면을 제출할 수 있다.

│해설│

① (○) 실용신안법 제6조 제2호
② (×) 실용신안권 또는 전용실시권을 침해한 자는 7년 이하의 징역 또는 1억원 이하의 벌금에 처한다(실용신안법 제45조 제1항). 특허권 또는 전용실시권을 침해한 자는 7년 이하의 징역 또는 1억원 이하의 벌금에 처한다(특허법 제225조 제1항). 따라서 실용신안법은 실용신안권을 침해한 자에 대하여 특허권을 침해한 자보다 낮은 형량을 규정하고 있지 않다.
③ (○) 특허법 제225조 제2항, 실용신안법 제45조 제2항
④ (○) 특허법 제42조 제2항, 실용신안법 제8조 제2항
⑤ (○) 특허법 제201조 제4항, 실용신안법 제36조 제1항, 제2항

답 ②

02 특허법 또는 실용신안법상 벌칙에 관한 설명으로 옳지 않은 것은? 기출수정 18

① 특허심판원으로부터 증거조사 또는 증거보전에 관하여 서류나 그 밖의 물건 제출 또는 제시의 명령을 받은 자로서 정당한 이유 없이 그 명령에 따르지 아니한 자에게는 50만원 이하의 과태료를 부과한다.
② 특허법 제58조(전문기관의 등록 등) 제2항에 따른 전문기관의 임직원이거나 임직원이었던 사람은 특허법 제226조(비밀누설죄 등)를 적용하는 경우에는 특허청 소속 직원 또는 직원이었던 사람으로 추정한다.
③ 국내외에서 정당한 사유 없이 특허법 제224조의3(비밀유지명령) 제1항에 따른 비밀유지명령을 위반한 자는 5년 이하의 징역 또는 5천만원 이하의 벌금에 처한다.
④ 특허청 또는 특허심판원 소속 직원이거나 직원이었던 사람이 특허출원 중인 발명(국제출원 중인 발명을 포함한다)에 관하여 직무상 알게 된 비밀을 누설하거나 도용한 경우에는 5년 이하의 징역 또는 5천만원 이하의 벌금에 처한다.
⑤ 특허청 또는 특허심판원 소속 직원이거나 직원이었던 사람이 실용신안등록출원 중인 고안(국제출원 중인 고안을 포함한다)에 관하여 직무상 알게 된 비밀을 누설하거나 도용한 경우에는 5년 이하의 징역 또는 5천만원 이하의 벌금에 처한다.

해설
① (○) 특허법 제232조 제1항 제2호
② (×) 특허법 제58조 제2항에 따른 전문기관 또는 제58조 제3항에 따른 전담기관의 임직원이거나 임직원이었던 사람은 제226조(비밀누설죄 등) 제1항을 적용하는 경우에는 특허청 소속 직원 또는 직원이었던 사람으로 본다(특허법 제226조의2 제1항).
③ (○) 특허법 제229조의2 제1항
④ (○) 특허법 제226조
⑤ (○) 실용신안법 제46조

 ②

03 특허법상 벌칙에 관한 설명으로 옳지 않은 것은? 기출 24

① 국내외에서 정당한 사유 없이 비밀유지명령을 위반한 자는 5년 이하의 징역 또는 5천만원 이하의 벌금에 처하며, 이때 비밀유지명령을 신청한 자의 고소가 없어도 공소를 제기할 수 있다.
② 특허심판원으로부터 증인으로 소환된 자로서 정당한 이유 없이 소환에 따르지 아니하거나 선서를 거부한 자에게는 50만원 이하의 과태료를 부과한다.
③ 거짓이나 그 밖의 부정한 행위로 특허권의 존속기간의 연장등록을 받은 자는 3년 이하의 징역 또는 3천만원 이하의 벌금에 처한다.
④ 특허청 소속 직원이거나 직원이었던 사람이 특허출원 중인 발명에 관하여 직무상 알게 된 비밀을 누설하거나 도용한 경우에는 5년 이하의 징역 또는 5천만원 이하의 벌금에 처한다.
⑤ 특허법에 따라 선서한 증인, 감정인 또는 통역인이 특허심판원에 대하여 거짓으로 진술·감정 또는 통역을 한 경우에는 5년 이하의 징역 또는 5천만원 이하의 벌금에 처한다.

해설

① (×) 비밀유지명령을 신청한 자의 고소가 없으면 공소를 제기할 수 없다(특허법 제229조의2 제1항).
② (○) 특허법 제232조 제1항 제3호
③ (○) 특허법 제229조
④ (○) 특허법 제226조
⑤ (○) 특허법 제227조

답 ①

04 특허법과 실용신안법상 벌칙에 관한 설명으로 옳은 것을 모두 고른 것은? (다툼이 있으면 판례에 따름) 기출 25

ㄱ. 특허법에 따라 선서한 증인, 감정인 또는 통역인이 거짓으로 특허심판원에 대하여 진술·감정 또는 통역한 경우에 그 사건의 특허취소신청에 대한 결정 또는 심결이 확정되기 전에 자수한다면 그 형을 감경 또는 면제할 수 있다.
ㄴ. 특허청 또는 특허심판원 소속 직원이거나 직원이었던 사람이 실용신안등록출원 중인 고안(국제출원 중인 고안을 포함한다)에 관하여 직무상 알게 된 비밀을 누설하거나 도용한 경우에는 5년 이하의 징역 또는 5천만원 이하의 벌금에 처한다.
ㄷ. 특허법상 특허심판원으로부터 증거조사 또는 증거보전에 관하여 서류나 그 밖의 물건 제출 또는 제시의 명령을 받은 자로서 정당한 이유 없이 그 명령에 따르지 아니한 자에게는 50만원 이하의 과태료를 부과한다.
ㄹ. 특허법상 법인의 대표자나 법인 또는 개인의 대리인·사용인 또는 그 밖의 종업원이 그 법인 또는 개인의 업무에 관하여 비밀누설죄를 범하면, 그 행위자를 벌하는 외에 그 법인에는 6천만원 이하의 벌금형을, 그 개인에게는 5천만원 이하의 벌금형을 부과한다. 다만, 법인 또는 개인이 그 위반행위를 방지하기 위하여 해당 업무에 관한 상당한 주의와 감독을 게을리하지 않았다면 그러하지 아니하다.

① ㄱ, ㄴ
② ㄴ, ㄷ
③ ㄱ, ㄴ, ㄷ
④ ㄱ, ㄷ, ㄹ
⑤ ㄱ, ㄴ, ㄷ, ㄹ

해설
ㄱ. (○) 특허법 제227조
ㄴ. (○) 실용신안법 제46조
ㄷ. (○) 특허법 제232조 제1항 제2호
ㄹ. (×) 비밀누설죄는 양벌규정이 없다(특허법 제230조).

답 ③

05 특허법에 규정된 벌칙에 관한 설명으로 옳지 않은 것은? 기출 22

① 특허권침해죄는 피해자의 명시적 의사에 반하여 공소를 제기할 수 없고, 비밀유지명령을 국내외에서 정당한 사유 없이 위반한 행위에 대해서는 비밀유지명령을 신청한 자의 고소가 없으면 공소를 제기할 수 없다.
② 특허법에 따라 선서한 증인, 감정인 또는 통역인이 특허심판원에 대하여 거짓으로 진술·감정 또는 통역한 경우에 그 사건의 특허취소신청에 대한 결정 또는 심결이 확정되기 전에 자수한 경우에는 그 형을 감경 또는 면제할 수 있다.
③ 특허심판원으로부터 증인·감정인 또는 통역인으로 소환된 자로서 정당한 이유 없이 소환에 따르지 아니하거나 선서·진술·증언·감정 또는 통역을 거부한 경우에는 과태료 부과의 대상이 된다.
④ 피해자는 침해행위를 조성한 물건 또는 그 침해행위로부터 생긴 물건을 받은 경우에는 그 물건의 가액을 초과하는 손해액에 대해서만 배상을 청구할 수 있다.
⑤ 법인의 대표자나 법인 또는 개인의 대리인, 사용인, 그 밖의 종업원이 그 법인 또는 개인의 업무에 관하여 비밀누설죄를 범하면 그 행위자를 벌하는 외에 그 법인에는 6천만원 이하의 벌금형을, 그 개인에게는 해당 조문의 벌금형을 과(科)한다. 다만, 법인 또는 개인이 그 위반행위를 방지하기 위하여 해당 업무에 관하여 상당한 주의와 감독을 게을리하지 아니한 경우에는 그러하지 아니하다.

해설

① (○) 침해죄는 피해자의 명시적인 의사에 반하여 공소(公訴)를 제기할 수 없다(특허법 제225조 제2항). 비밀유지명령 위반죄는 비밀유지명령을 신청한 자의 고소가 없으면 공소를 제기할 수 없다(특허법 제229조의2 제2항).
② (○) 위증죄를 범한 자가 그 사건의 특허취소신청에 대한 결정 또는 심결이 확정되기 전에 자수한 경우에는 그 형을 감경 또는 면제할 수 있다(특허법 제227조 제2항).
③ (○) 특허심판원으로부터 증인·감정인 또는 통역인으로 소환된 자로서 정당한 이유 없이 소환에 따르지 아니하거나 선서·진술·증언·감정 또는 통역을 거부한 자에게는 50만원 이하의 과태료를 부과한다(특허법 제232조 제1항 제3호).
④ (○) 특허법 제231조 제2항
⑤ (×) 법인의 대표자나 법인 또는 개인의 대리인, 사용인, 그 밖의 종업원이 그 법인 또는 개인의 업무에 관하여 침해죄, 허위표시의 죄 또는 거짓행위의 죄의 어느 하나에 해당하는 위반행위를 하면 그 행위자를 벌하는 외에 그 법인에는 6천만원 이하의 벌금형을, 그 개인에게는 해당 조문의 벌금형을 과한다. 다만, 법인 또는 개인이 그 위반행위를 방지하기 위하여 해당 업무에 관하여 상당한 주의와 감독을 게을리하지 아니한 경우에는 그러하지 아니하다(특허법 제230조).

답 ⑤

06 특허법에 규정된 최고 벌금액수를 제일 많은 것부터 적은 것까지의 순서로 올바르게 나열한 것은?

기출 21

> ㄱ. 특허법에 따라 선서한 통역인이 특허심판원에 대하여 거짓으로 통역을 한 경우 그 통역인에 대한 벌금
> ㄴ. 법인의 업무에 관하여 그 대표자가 특허권을 침해한 경우 그 대표자에 대한 벌금
> ㄷ. 법인의 업무에 관하여 그 종업원이 특허된 것이 아닌 방법을 사용하기 위하여 광고에 그 방법이 특허 또는 특허출원된 것으로 혼동하기 쉬운 표시를 한 경우 법인에 대한 벌금
> ㄹ. 법인의 업무에 관하여 그 종업원이 전용실시권을 침해한 경우 법인에 대한 벌금
> ㅁ. 개인이 부정한 행위로 특허권의 존속기간 연장등록에 대한 결정을 받은 경우 개인에 대한 벌금

① ㄱ - ㄴ - ㄷ - ㄹ - ㅁ
② ㄴ - ㄷ - ㄱ - ㅁ - ㄹ
③ ㄴ - ㄹ - ㄷ - ㅁ - ㄱ
④ ㄹ - ㄴ - ㄱ - ㄷ - ㅁ
⑤ ㄹ - ㄴ - ㄷ - ㄱ - ㅁ

┃해설┃

ㄱ. 위증죄 : 5천만원 이하의 벌금(특허법 제227조)
ㄴ. 침해죄 : 1억원 이하의 벌금(특허법 제225조)
ㄷ. 양벌규정 – 허위표시의 죄 : 6천만원 이하의 벌금(특허법 제230조 제2호)
ㄹ. 양벌규정 – 침해죄 : 3억원 이하의 벌금(특허법 제230조 제1호)
ㅁ. 거짓행위의 죄 : 3천만원 이하의 벌금(특허법 제229조)

답 ⑤

07 특허법상 벌칙에 관한 설명 중 옳지 않은 것은? (다툼이 있으면 판례에 따름) 기출수정 16

① 간접침해(특허법 제127조의 '침해로 보는 행위')의 경우 특허권 침해죄가 성립하지 않는다.
② 특허권 침해죄는 반의사불벌죄이다.
③ 특허청 직원이었던 자에게도 특허법 제226조(비밀누설죄 등)의 규정이 적용된다.
④ 피고인의 행위가 특허권 침해죄에 해당하는지 여부를 판단함에 있어서도 특허 정정의 소급적 효력이 미친다.
⑤ '특허출원 전에 국내 또는 국외에서 반포된 간행물에 게재된 발명'으로서 특허를 받을 수 없는 발명임에도 불구하고 특허출원을 하였다는 사실만으로는 '거짓행위의 죄'(특허법 제229조)가 있었다고 볼 수 없다.

해설

① (○) 구 특허법(1990.1.13. 법률 제4207호로 개정되기 전의 것) 제64조 소정의 "침해로 보는 행위"(강학상의 간접침해행위)에 대하여 특허권 침해의 민사책임을 부과하는 외에 같은 법 제158조 제1항 제1호에 의한 형사처벌까지 가능한가가 문제될 수 있는데, 확장해석을 금하는 죄형법정주의의 원칙이나, 특허권 침해의 미수범에 대한 처벌규정이 없어 특허권 직접침해의 미수범은 처벌되지 아니함에도 특허권 직접침해의 예비단계행위에 불과한 간접침해행위를 특허권 직접침해의 기수범과 같은 벌칙에 의하여 처벌할 때 초래되는 형벌의 불균형성 등에 비추어 볼 때, 제64조의 규정은 특허권자 등을 보호하기 위하여 특허권의 간접침해자에게도 민사책임을 부과시키는 정책적 규정일 뿐 이를 특허권 침해행위를 처벌하는 형벌법규의 구성요건으로서까지 규정한 취지는 아니다(判例 92도3350).
② (○) 특허법 제225조 제2항
③ (○) 특허청 또는 특허심판원 소속 직원이거나 직원이었던 사람이 특허출원 중인 발명(국제출원 중인 발명을 포함한다)에 관하여 직무상 알게 된 비밀을 누설하거나 도용한 경우에는 5년 이하의 징역 또는 5천만원 이하의 벌금에 처한다(특허법 제226조).
④ (×) 특허청구범위에 기재불비의 하자가 있어 권리범위를 인정할 수 없었던 특허발명에 대하여 그 특허청구범위를 정정하는 심결이 확정된 경우, 정정 전에 행하여진 피고인의 제품 제조, 판매행위가 특허권침해죄에 해당하는지 여부를 판단함에 있어 정정 전의 특허청구범위를 침해대상 특허발명으로 삼아야 한다(判例 2005도1262).
⑤ (○) '특허출원 전에 국내에서 공지되었거나 공연히 실시된 발명'이거나 '특허출원 전에 국내 또는 국외에서 반포된 간행물에 게재된 발명' 등으로서 특허를 받을 수 없는 발명임에도 불구하고 특허출원을 하였다는 사실만으로는 그 '사위 기타 부정한 행위'가 있었다고 볼 수 없을 뿐만 아니라, 특허출원인에게 특허출원시 관계 법령상 그러한 사정을 특허관청에 미리 알리도록 강제하는 규정 등도 없는 이상, 특허출원시 이를 특허관청에 알리거나 나아가 그에 관한 자료를 제출하지 않은 채 특허출원을 하였다고 하여 이를 가리켜 위계 기타 사회통념상 부정이라고 인정되는 행위라고 볼 수도 없다(判例 2003도6283).

답 ④

"간절"하면 이루어지는 것이 아니라,
"하면" 이루어지는 것이다.

- 작가 이동영 -

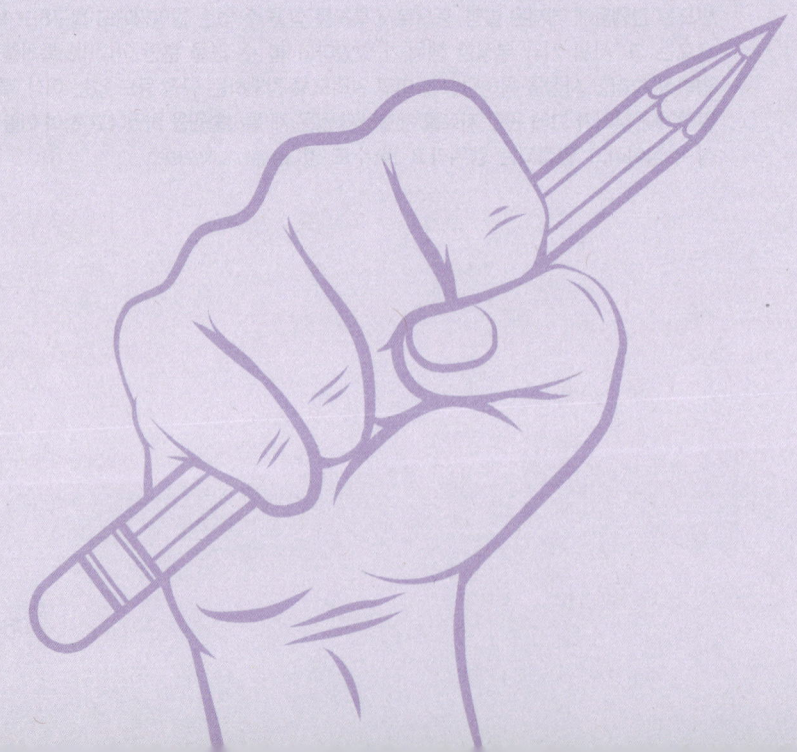

변리사 1차
산업재산권법

한권으로 끝내기

상표법

시대에듀

이 책의 차례

제2편 상표법

CHAPTER 01 총 칙 ········· 002
　　기출문제해설 ········· 054

CHAPTER 02 상표등록요건 ········· 071
　　기출문제해설 ········· 121

CHAPTER 03 심 사 ········· 143
　　기출문제해설 ········· 171

CHAPTER 04 상표등록료 및 상표등록 등 ········· 174
　　기출문제해설 ········· 177

CHAPTER 05 상표권 ········· 178
　　기출문제해설 ········· 205

CHAPTER 06 상표권자의 보호 ········· 227
　　기출문제해설 ········· 238

CHAPTER 07 심 판 ········· 250
　　기출문제해설 ········· 279

CHAPTER 08 재심 및 소송 ········· 297
　　기출문제해설 ········· 301

CHAPTER 09 「표장의 국제등록에 관한 마드리드협정에 대한 의정서」에 따른 국제출원 ········· 303
　　기출문제해설 ········· 314

CHAPTER 10 상품분류전환의 등록 ········· 320
　　기출문제해설 ········· 322

CHAPTER 11 보 칙 ········· 323
　　기출문제해설 ········· 327

CHAPTER 12 벌 칙 ········· 328
　　기출문제해설 ········· 330

제2편 상표법

CHAPTER 01 총 칙

CHAPTER 02 상표등록요건

CHAPTER 03 심 사

CHAPTER 04 상표등록료 및 상표등록 등

CHAPTER 05 상표권

CHAPTER 06 상표권자의 보호

CHAPTER 07 심 판

CHAPTER 08 재심 및 소송

CHAPTER 09 「표장의 국제등록에 관한 마드리드협정에 대한 의정서」에 따른 국제출원

CHAPTER 10 상품분류전환의 등록

CHAPTER 11 보 칙

CHAPTER 12 벌 칙

CHAPTER 01 총칙

01 상표법의 목적

> **제1조(목적)**
> 이 법은 상표를 보호함으로써 상표 사용자의 업무상 신용 유지를 도모하여 산업발전에 이바지하고 수요자의 이익을 보호함을 목적으로 한다.

(1) 상표법 의의와 본질
상표법은 상표 사용에 관한 독점권을 부여함으로써 상표권자의 이익과 상품 선택에 관한 소비자의 신뢰를 동시에 보호함을 주된 목적으로 한다.

(2) 상표법 목적의 구체적 내용
① 상표의 보호
  ㉠ '상표'란 상품에 관한 표장을 의미하는 것이 아니라 '상표의 기능'을 말한다. 즉, 거래사회에서 발휘되는 상표의 기능을 보호한다.
  ㉡ 상표의 기능 : 자타상품식별기능, 출처표시기능, 품질보증기능, 광고선전기능 등
② 상표사용자의 업무상의 신용유지를 도모
  ㉠ 상표사용자란 등록상표권자나 사용권자, 미등록 주지·저명상표의 사용자를 말한다.
  ㉡ 신용이란 상표가 특정상품의 출처로서 거래사회에서 널리 알려졌을 때 형성되고, 이미 형성된 신용만을 보호하는 것이 아니라 특정상표에 있어서 형성될 수 있는 향후 '신용의 가능성'까지 보호하며, 제3자의 모방이나 침해를 배제함으로써 상표에 화체된 상표사용자의 업무상의 신용을 보호하고 유지하게 된다.
③ 산업발전에 이바지
④ 수요자의 이익보호

(3) 부정경쟁방지법의 목적과의 비교
① 공통점 : 상표의 명성과 신용의 보호 및 출처혼동의 방지라는 동일 목적을 가진다.
② 차이점 : 상표법은 등록주의 하에서 등록에 의해 독점권을 부여하고, 등록상표와 동일·유사한 상표의 사용을 하는 경우 또는 출처혼동의 우려가 있는 경우 '형식적·획일적' 기준으로 판단하나, 부정경쟁방지법은 국내 널리 인식된 상품 또는 영업 표지와의 구체적 오인·혼동야기행위 및 저명상표의 희석화 행위 등을 '구체적·개별적'으로 금지시킨다는 점에서 차이가 있다.

02 정 의

> **제2조(정의)**
> ① 이 법에서 사용하는 용어의 뜻은 다음과 같다.
>   1. "상표"란 자기의 상품(지리적 표시가 사용되는 상품의 경우를 제외하고는 서비스 또는 서비스의 제공에 관련된 물건을 포함한다. 이하 같다)과 타인의 상품을 식별하기 위하여 사용하는 표장(標章)을 말한다.
>   2. "표장"이란 기호, 문자, 도형, 소리, 냄새, 입체적 형상, 홀로그램·동작 또는 색채 등으로서 그 구성이나 표현방식에 상관없이 상품의 출처(出處)를 나타내기 위하여 사용하는 모든 표시를 말한다.
> ③ 단체표장·증명표장 또는 업무표장에 관하여는 이 법에서 특별히 규정한 것을 제외하고는 상표에 관한 규정을 적용한다.
> ④ 지리적 표시 증명표장에 관하여는 이 법에서 특별히 규정한 것을 제외하고는 지리적 표시 단체표장에 관한 규정을 적용한다.

(1) 상표의 정의
① 상 품
  ㉠ 상표와 상품의 불가분성
  ㉡ 상품의 정의 : 상품이란 그 자체가 교환가치를 가지고 독립된 상거래의 목적물이 되는 물품을 말한다(判例). 상품이란 운반 가능한 유체물로서 반복 거래의 대상이 되며 자타상품을 식별할 가치가 있는 것을 말한다(학설).
  ㉢ 컴퓨터 프로그램, 전자책과 같은 디지털 상품도 상표법상 상품으로 인정한다.
  ㉣ 서비스 또는 서비스의 제공에 관련된 물건도 포함한다(法 제2조 제1호 괄호).
② '자타상품식별을 위하여' : 상품에 사용되어도 상표 기능을 하지 못하는 표장은 상표법상 상표에 해당하지 않는다.
③ '사용하는'
  ㉠ 상표의 法 제2조 제1항 제1호 및 法 제2조 제2항에서 열거하는 태양을 말한다.
  ㉡ 국내에서 상표를 사용하고 있지 않으며 사용할 의사마저 없는 경우, 法 제3조 제1항 본문 위반으로 거절이유 및 무효사유에 해당한다.

④ '표장'
　㉠ 특정의 물건 또는 사항을 나타내기 위하여 이용되는 일체의 감각적 표현수단
　㉡ 표현매체의 발전, 거래실정 및 구체적 추세를 반영하여, 표장의 유형을 예시적으로 열거하고 상품의 출처를 나타내는 모든 유형의 표시를 보호 대상으로 규정하도록 개정하였다.

(2) 정의규정 위반 시 취급

'상표'의 정보제공의 사유(法 제49조), 이의신청의 이유(法 제60조 제1항 제1호)에 해당하며, 등록된 경우 상표등록 무효사유(법 제117조 제1항 제1호)에 해당한다.

03 입체상표

(1) 의의 및 취지

'입체상표'란 3차원적인 입체적 형상 자체 또는 입체적 형상에 기호·문자 등 다른 구성요소가 결합된 상표이다. 국제적 추세에 부응하고 거래사회의 실정을 반영하기 위해 도입되었다.

(2) 등록요건

① 식별력(法 제33조 제1항 제3호·제6호·제7호)
　㉠ 입체상표의 식별력 판단
　　• 입체적 형상이 지정상품의 일반적 형상이나 그 포장의 형상을 보통으로 사용하는 방법으로 표시한 표장만으로 된 경우 法 제33조 제1항 제3호 또는 제7호에 해당하며, 입체적 형상이 흔히 있는 공, 정육면체, 원기둥 등으로만 구성된 경우 法 제33조 제1항 제6호에 해당하는 것으로 본다.
　　• 입체적 형상이 거래계에서 그 상품의 통상적·기본적 형태에 해당하거나, 거래사회에서 채용할 수 있는 범위의 변형에 불과하거나 일반적으로 알려진 장식적 형태를 도입한 형상으로서 상품의 장식으로만 인식되는데 그칠 뿐, '이례적이거나 독특한 형태상의 특징을 가지고 있는 등으로 수요자가 상품의 출처 표시로 인식할 수 있는 정도의 것'이 아니라면 法 제33조 제1항 제3호에 해당한다(대법원 2014.10.15. 선고 2012후3800 판결).
　㉡ 입체적 형상에 기호·문자 등이 결합된 경우 식별력 판단 : i) 입체적 형상에 식별력 있는 기호·문자 등이 결합된 상표가 등록 받을 수 없다고 규정하지 않은 점, ii) 결합된 기호·문자 등을 무시하고 입체적 형상만을 기준으로 식별력 판단한다는 규정도 없는 점, iii) 전체로서 식별력 인정되어 등록되어도 法 제90조 제1항에 따라 식별력 없는 입체적 형상 부분에는 상표권의 효력이 미치지 않아 제3자의 사용을 제한하는 부당한 결과가 발생할 우려가 없는 점을 고려할 때, 입체적 형상에 기호·문자 등이 결합된 경우라 하여 일반적인 결합상표와 달리 보아서는 안 되고, 기호·문자 등과 결합하여 전체로서 식별력 있는 경우에는 거절할 수 없다.

ⓒ 입체적 형상에 기호·문자 등이 결합되어 사용된 경우 입체적 형상 자체에 대한 사용에 의한 식별력 취득의 판단 : 상품 등에 기호·문자 등이 부착되는 경우가 흔히 있는데 그러한 사정만으로 곧바로 입체적 형상 자체에 관한 사용에 의한 식별력 취득을 부정할 수는 없고, 부착된 표장의 외관·크기·부착위치 등을 고려할 때 부착된 표장과 별도로 입체적 형상이 출처표시기능을 독립적으로 수행하기에 이르렀다면 사용에 의한 식별력 취득을 긍정할 수 있다.
② 기능성의 부존재(法 제34조 제1항 제15호)
ⓐ 기능성의 판단 방법 : 거래시장에서 유통되고 있거나 이용 가능한 대체적 형상이 존재하는지, 대체적 형상으로 생산하더라도 동등 또는 이하의 비용이 소요되는지, 입체적 형상으로부터 상품 본래의 기능을 넘어서는 기술적 우위가 발휘되지는 아니하는지 등을 종합적으로 고려하여 판단한다(대법원 2015.10.15. 선고 2013다84568 판결).

(3) 입체상표의 출원 및 심사
① 입체상표의 출원
ⓐ 상표 유형 표시 : '상표 유형'란에 입체상표임을 표시
ⓑ 상표견본의 제출 : 입체상표의 특징을 충분히 나타내는 5장 이하의 도면 또는 사진
ⓒ 상표 설명서 제출 : '상표에 대한 설명서'를 제출할 수 있음(임의적 제출사항)
ⓓ 추가 자료 제출 : 실문 견본의 제출은 불허
② 입체상표의 심사
ⓐ 法 제2조 제1호 정의규정 위반 거절이유가 통지되는 경우
- 입체적 형상이 3차원적으로 표현되지 아니한 경우
- 입체적 형상에 관한 복수의 도면 또는 사진이 불일치하는 경우
- 제출된 견본과 설명에 의해 입체적 형상을 명확하게 파악할 수 없는 경우
ⓑ 法 제38조 제1항(1상표 1출원) 위반 거절이유가 통지되는 경우
- 입체적 형상과 평면표장이 분리되어 기재된 경우
- 상표견본이 2장 이상의 도면이나 사진으로 구성되었으나, 전체적으로 하나의 입체상표로 인식되지 않는 경우(이때, 동일성이 인정되지 않는 견본 일부를 삭제보정하는 경우 요지변경에 해당하지 않음)
ⓒ 요지변경
- 입체적 형상을 평면으로 변경하는 등 표장의 본질을 변경하는 것은 원칙적으로 요지변경으로 본다. 다만, 상표의 유형을 잘못 기재하였음이 명백한 경우 상표의 유형을 변경하는 것은 요지변경으로 보지 않는다.
- 상표의 동일성이 인정되는 범위 내에서 상표견본 일부를 삭제, 변경 또는 추가하는 것은 요지변경으로 보지 않는다. 단, 상표의 기본적 형상이나 이미지가 실질적으로 달라지는 경우 요지변경으로 본다.

③ 입체상표의 유사판단
  ㉠ 원칙적 : 입체상표 간에만 유사판단한다.
  ㉡ 특정 방향에서 인식되는 외관이 다른 평면상표 또는 다른 입체적 형상의 그것과 유사한 경우, 양표장은 유사하다.
  ㉢ 입체적 형상의 칭호·관념은 전체적인 외관만이 아니라 특정 방향에서 인식되는 외관에 의해서도 발생한다.
  ㉣ 입체적 형상과 문자가 결합된 경우 원칙적으로 당해 문자부분만으로도 칭호·관념이 발생하는 것으로 본다.

(4) 입체상표권의 효력
① 적극적 효력 : 동일성 범위에서 전용권이 존재하며(法 제89조 본문), 法 제2조 제2항 제1호에 따라 상표의 사용도 될 수 있다.
② 소극적 효력의 제한
  ㉠ 원칙 : 유사범위에까지 소극적 효력이 인정된다.
  ㉡ 제한 : 法 제90조 제1항 제2호·제3호·제5호
  ㉢ 타법과의 저촉이 있는 경우 : 法 제92조 제1항, 제98조

04 색채상표

(1) 의의 및 취지
'색채상표'란 색채를 상표의 구성요소로 하는 것으로서 넓은 의미로는 색채가 결합된 모든 상표를 말하나, 좁은 의미로는 다른 표장과 결합하지 않은 색채 또는 색채의 조합만으로 된 상표를 말한다. 거래사회의 실정을 반영하고, 국제적 추세에 부응하기 위함이다.

(2) 기호 등에 색채가 결합된 상표
① 의의 : 기호·문자·도형 등 다른 구성요소에 색채가 결합된 상표로, 일반상표이다.
② 색채가 출원 및 등록 후 미치는 영향
  ㉠ 심사단계에서의 영향 – 색채를 새로 결합하거나 변경하는 것이 요지변경인지 여부
  ㉡ 일반상표의 출원에서 표장의 일부 색채를 변경하는 경우 원칙적으로 요지변경으로 보지 아니한다. 단, 상표의 외관·칭호·관념 등에 중요한 영향을 미친다고 판단될 경우 요지변경으로 본다.

ⓒ 등록 후에서의 영향 – 색채상표의 특칙(法 제225조)
ⓓ 의의 및 취지 : i) 실제 거래상 색채변경 사용 필요성이 있고, ii) 기술적으로 완벽히 동일한 색채 구현이 어려울 수 있으며, iii) 색채는 열위적인 구성요소라는 점에 착안하여 색채만이 다른 유사 상표를 동일상표로 취급하는 색채상표의 특칙을 두고 있다.
- 색채만 다른 유사항표를 동일 상표에 포함 : 法 제89조, 제92조, 제119조 제1항 제3호 등
- 색채만 다른 유사항표를 유사 상표에 불포함 : 法 제108조 제1항 제1호, 제119조 제1항 제1호
- 색채나 색채만의 조합만으로 된 등록상표의 경우 적용하진 않는다.

(3) 색채만의 상표
① 의의 : 단일의 색채 또는 색채의 조합만으로 된 상표
② 식별력(法 제33조 제1항 제3호·제6호·제7호)
　ⓐ 상품에 사용된 색은 수요자에게 출처표시보다는 디자인적 요소로 인식될 것이므로, 사용에 의한 식별력을 획득한 경우에 한하여 등록 받을 수 있다.
　ⓑ 색채는 본질적으로 출처표시로 기능하는 것이 아니므로 색채만으로 된 상표로 등록을 받기 위해서는 지정상품과 관련하여 사용에 의한 식별력이 인정되어야 한다.
　ⓒ 출원인이 사용에 의한 식별력을 입증하지 못하면, 단일색채의 경우 法 제33조 제1항 제6호를 적용하고, 색채의 조합만으로 이루어진 경우 法 제33조 제1항 제6호·제7호를 적용하여 거절결정한다.
　ⓓ 색채만으로 된 상표가 지정상품의 품질이나 효능, 용도 등의 성질을 직접적으로 나타내는 경우에는 法 제33조 제1항 제3호를 적용하여 거절결정한다.
③ 기능성의 부존재(法 제34조 제1항 제15호)
　ⓐ 색채 또는 색채의 조합이 지정상품의 사용에 꼭 필요하거나 일반적으로 사용되는 것인지 여부
　ⓑ 상품의 이용과 목적에 꼭 필요하거나 상품의 가격이나 품질에 영향을 주는 것인지 여부에 따라 판단한다.
④ 출원 및 심사
　ⓐ 상표 유형 : 색채만으로 된 상표임을 표시하고, 상표견본, 상표의 설명, 출원인의 정확한 출원 의도 등을 종합적으로 고려하여 판단
　ⓑ 상표견본의 제출 : 빈 공간이 없도록 색채를 꽉 채워서 도면 또는 사진으로 출원
　ⓒ 상표 설명서의 제출 : 상표에 대한 설명을 필수적으로 기재(필수적 제출사항)

ⓔ 法 제2조 제1호 정의규정 위반 거절이유가 통지되는 경우
- 색채만으로 된 상표를 일반상표로 상표유형을 잘못 지정한 경우
- 상표의 설명이 없는 경우
- 상표견본이 색채만으로 된 상표로서의 구성 및 태양을 갖춘 것으로 인정되지 않는 경우

ⓜ 요지변경
- 색채를 새로이 결합하거나 색채를 변경하는 경우
- 다만, 일반상표를 색채만으로 된 상표로 잘못 출원한 것이 명백한 경우에는 상표의 유형을 변경하는 것은 요지변경으로 보지 않는다.

ⓗ 색채만의 상표 유사판단
- 칭호가 있을 수 없으므로 지정상품과 관련하여 외관・관념이 유사한지 여부를 중점적으로 비교
- '외관의 유사'는 시각을 통해 색채를 관찰할 때 양 상표를 서로 혼동하기 쉬운 경우를 말한다.
- '관념의 유사'는 색채로부터 일정한 의미(암시, 인상)를 이끌어 낼 수 있는 경우에 양 상표가 그 의미로 인해 서로 혼동되는 경우를 말한다.

(4) 효 력

① **적극적 효력** : 동일성 범위에서 전용권이 존재하며(法 제89조 본문), 색채상표의 특칙이 적용되지 않는다(法 제225조 제4항).
② **제한** : 法 제90조 제1항 제2호・제5호

05 홀로그램상표

(1) 의의 및 취지

홀로그램상표(Hologram mark)란 두 개의 레이저 광이 서로 만나 일으키는 빛의 간섭효과를 이용하여 사진용 필름과 유사한 표면에 3차원적 이미지를 기록한 상표를 말한다.

(2) 등록요건 - 식별력

제출된 도면 또는 사진과 상표의 설명을 통하여 특정되는 전체적인 외관(이미지)이 지정상품의 품질, 원재료 등의 성질을 직접적으로 나타낸다고 인정되거나 식별력이 없다고 인정되는 경우에는 法 제33조 제1항 제3호, 제7조를 적용한다.

(3) 홀로그램상표의 출원 및 심사

① **상표 유형 표시** : 홀로그램상표임을 표시
② **상표견본의 제출** : 홀로그램상표의 특징을 충분히 나타내는 2장 이상 5장 이하의 도면 또는 사진으로 작성, 보는 각도에 따라 변화하는 이미지를 정확히 파악할 수 있도록 작성
③ **상표 설명서 제출** : 상표에 대한 설명이 필수적으로 기재(필수적 제출사항)
④ **추가자료 제출** : 상표견본을 통해 상표를 정확하게 파악할 수 없는 경우 상당한 기간을 정하여 상표의 특징을 충분히 나타낼 수 있는 영상을 수록한 전자적 기록매체의 제출을 요구하여야 하며, 보완명령, 출원인이 절차보완서를 제출한 때에는 그 제출일이 출원일이 된다.
⑤ **法 제2조 제1항(정의규정) 위반 거절이유가 통지되는 경우**
  ㉠ 상표의 설명이 없는 경우
  ㉡ 상표견본이 홀로그램상표로서의 구성 및 태양을 갖춘 것이 인정되지 않는 경우
  ㉢ 상표견본과 설명서, 전자적 기록매체를 보고도 홀로그램상표로 인정할 수 없는 경우
⑥ **法 제38조 제1항(1상표 1출원) 위반 거절이유가 통지되는 경우** : 상표 견본이 2장 이상의 도면이나 사진으로 구성되었으나, 전체적으로 하나의 홀로그램상표로 인식되지 않는 경우
⑦ **요지변경**
  ㉠ 표장의 본질을 변경하는 것은 요지변경, 다만, 상표의 유형을 잘못 기재한 것이 명백한 경우 상표의 유형을 변경하는 것은 요지변경으로 보지 않는다.
  ㉡ 홀로그램상표의 유사판단
    - 특정한 방향에서 인식되는 외관이 평면표장 또는 다른 입체적 형상의 그것과 유사한 경우에는 양 표장은 유사한 것으로 본다.
    - 칭호 또는 관념은 전체적인 외관만이 아니라 어느 특정한 방향에서 인식되는 외관에 의해서도 발생하는 것으로 보며, 특정 부분의 외관이 평면표장 또는 입체적 형상의 전부 또는 일부와 유사한 경우 양 상표는 유사한 것으로 본다.
    - 홀로그램상표에 문자가 결합된 경우 원칙적으로 당해 문자부분으로도 칭호 또는 관념이 발생하는 것으로 본다.

(4) 효 력

① **전용권에서의 문제** : 홀로그램의 특정 일면을 사용한 경우, 등록상표를 사용한 것인지 문제되므로 사안마다 개별적으로 판단해야 한다.
② **소극적 효력의 제한** : 유사범위까지 효력이 미치는 바, 홀로그램의 특정 일면만을 사용한 경우도 상표의 유사성이 인정되는 한 소극적 효력이 미친다.

06 동작상표

(1) 의의 및 취지
동작상표(Motion mark)란 일정한 시간의 흐름에 따라 변화하는 일련의 그림이나 동적 이미지를 기록한 상표를 말한다.

(2) 등록요건 – 식별력
① 동작상표는 제출된 도면 또는 사진과 상표의 설명을 통해 특정되는 동작 전체가 지정상품의 성질을 직접적으로 나타낸다고 인정되거나 식별력이 없다고 인정되는 경우에는 法 제33조 제1항 제3호·제7호를 적용한다.
② 동작 전체가 간단하고 흔히 있는 표시라고 인정되는 경우에는 法 제33조 제1항 제6호를 적용한다.

(3) 동작상표의 출원 및 심사
① 상표 유형 표시 : '상표 유형'란에 동작상표임을 표시
② 상표견본의 제출 : 동작상표의 특징을 충분히 나타내는 2장 이상 5장 이하의 도면 또는 사진으로 작성해야 하며, 동작의 흐름을 나타내는 여러 개의 정지화상을 담은 도면 또는 사진으로 구성
③ 상표 설명서 제출 : 상표에 대한 설명이 필수적으로 기재(필수적 제출사항)
④ 추가 자료 제출 : 동작의 특징을 나타내는 전자적 기록매체를 제출(필수적 제출사항)
⑤ 法 제2조 제1항(정의규정) 위반 거절이유가 통지되는 경우
　㉠ 상표의 설명이 없는 경우
　㉡ 상표견본이 동작상표로서의 구성 및 태양을 갖춘 것으로 인정되지 않는 경우
　㉢ 상표견본을 통해 동작을 정확하게 파악할 수 없는 경우(이때, 출원인이 동일성이 인정되는 견본을 추가로 제출하거나 명확하게 수정하여 제출하는 경우 이를 인정)
　㉣ 전자적 기록매체를 제출하지 않은 경우
⑥ 法 제38조 제1항(1상표 1출원) 위반 거절이유가 통지되는 경우 : 상표견본이 2장 이상의 도면이나 사진으로 구성되었거나, 전체적으로 하나의 동작상표로 인식되지 않는 경우
⑦ 요지변경
　㉠ 원칙적 : 표장의 본질을 변경하는 것은 요지변경
　㉡ 예외 : 다만, 상표의 유형을 잘못 기재한 것이 명백한 경우 상표의 유형을 변경하는 것은 요지변경이 아니다.
　㉢ 상표의 동일성이 인정되는 범위 내에서 상표 견본 일부를 삭제, 변경 또는 추가하는 것은 요지변경으로 보지 않는다.

㉣ 동작상표의 유사판단에서 중점적으로 고려하는 요소들
- 동작상표 상호 간에는 동작의 내용 및 동작 중의 기본적인 주체(요부)를 이루는 자태를 중심으로 동작상표와 다른 유형의 상표 간에는 동작 중의 기본적인 주체(요부)를 이루는 자태. 다만, 동작의 내용이 특이하다고 인정되는 경우에는 유사하지 아니한 것으로 볼 수 있다.
- 동작상표의 유사여부를 판단함에 있어서 대비되는 두 상표의 동작의 주체는 상이하나, 그 동작의 주체가 나타내는 자태의 특이성이 동일 또는 극히 유사하다고 판단되는 경우, 두 상표는 유사한 것으로 볼 수 있다.

(4) 효력

① 전용권에서의 문제 : 동작상표의 특정 순간의 정지화상만을 사용한 경우, 등록상표를 사용한 것인지 문제되므로 동적효과를 그 본질로 하는 점에서 동일성을 인정하기 어렵다(사안마다 개별적으로 판단).

② 소극적 효력의 제한 : 유사범위까지 효력이 미치는 바, 동작상표의 특정 순간의 정지화상만을 사용한 경우도 상표의 유사성이 인정되는 한 소극적 효력이 미친다.

07 소리 및 냄새상표

(1) 의의 및 취지

'소리상표'란 상품의 출처를 표시하기 위해 사용하는 소리를 말하고, '냄새상표'란 상품의 출처를 표시하기 위해 사용하는 냄새를 말한다.

(2) 등록요건

① 시각적 표현을 통한 표장의 특정
  ㉠ 시각적 표현을 기재하지 않은 경우, 반려사유에 해당
  ㉡ 시각적 표현을 구체적으로 적지 않은 경우, 정의규정 위반 거절이유를 통지
    - 구체적 표현인지 여부는 시각적 표현만을 보고도 소리·냄새를 인식하거나 동일하게 재현할 수 있는지를 고려하여 판단(파일·견본이나 다른 문헌을 참고해야만 비로소 소리·냄새를 인식하거나 재현할 수 있다면 구체적이라 볼 수 없다)
    - 출원서에 기재된 시각적 표현과 첨부된 소리파일·냄새견본이 서로 합치하지 않는 경우, 정의규정 위반 거절이유를 통지
    - 소리파일이 음악일 경우, 시각적 표현을 명확하게 하기 위해 출원인에게 악보의 제출을 요구할 수 있음

② **식별력(法 제33조 제1항 제3호·제6호·제7호)** : 소리·냄새상표는 수요자에게 출처표시보다는 소리·냄새 그 자체로 인식될 것이므로, 사용에 의한 식별력을 취득한 경우 등록 받을 수 있다. 다만, 식별력 있는 특정 단어의 발음을 소리로 표현한 경우와 같이 그 자체로서 식별력이 인정되는 경우에는 그러하지 아니하다.
③ **기능성의 부존재(法 제34조 제1항 제15호)** : ⅰ) 상품의 특성으로부터 발생하는 특정 소리·냄새인지 여부, ⅱ) 상품의 사용에 꼭 필요하거나 그 상품에 일반적으로 사용되는 소리·냄새인지 여부, ⅲ) 상품의 판매증가와 밀접한 원인이 되는 소리·냄새인지 여부를 고려하여 판단

(3) 소리 및 냄새상표의 출원 및 심사
① **상표 유형 표시** : 소리/냄새상표임을 표시
② **상표견본의 제출** : 상표견본이 존재하지 않으므로 첨부하지 않음
③ **상표 설명서 제출** : 상표에 대한 설명이 필수적으로 기재(필수적 제출사항)
④ **추가 자료 제출** : 시각적 표현을 첨부해야 하며, 소리 상표의 경우 시각적 표현에 합치하는 소리파일을 첨부해야 하고, 냄새상표의 경우 시각적 표현에 합치하는 냄새견본을 첨부
⑤ **제2조 제1항(정의규정) 위반 거절이유가 통지되는 경우**
  ㉠ 상표의 설명이 없는 경우
  ㉡ 소리파일·냄새견본이 제출되지 않은 경우
  ㉢ 시각적 표현이 구체적으로 표현되지 않은 경우
  ㉣ 시각적 표현과 소리파일·냄새견본이 서로 합치하지 않는 경우
⑥ **法 제38조 제1항(1상표 1출원) 위반 거절이유가 통지되는 경우**
  ㉠ 소리상표로 출원하면서 출원서에 문자·도형 등으로 구성된 상표견본을 함께 제출한 경우
  ㉡ 소리·냄새상표로 출원한 것이 명백하다고 인정되는 경우 출원인이 문자·도형 등의 상표견본을 삭제하는 보정을 하면 인정
⑦ **요지변경**
  ㉠ 출원서에 기재된 시각적 표현을 기준으로 요지변경 여부를 판단하되, 소리파일·냄새견본을 참고하여 요지변경여부를 판단
  ㉡ 시각적 표현 중 ⅰ) 오기를 정정, ⅱ) 표현을 명확히 하기 위해 구체적인 내용을 보충, ⅲ) 불필요한 부분을 삭제, ⅳ) 잘못된 내용을 수정·보정하는 등은 요지변경으로 보지 않는다.
  ㉢ 첨부된 소리파일·냄새견본과 실질적인 동일성이 인정되지 않는 경우는 요지변경이다.
  ㉣ 소리·냄새상표의 유사판단
    • 원칙적 : 같은 유형의 상표 상호 간에 시각적 표현을 기준으로 비교하나, 시각적 표현만으로 상표를 정확히 파악할 수 없으므로 제출된 소리파일·냄새견본을 참고
    • 시각적 표현으로부터 인식되는 소리·냄새의 유사성 뿐만 아니라 소리·냄새의 관념을 고려하여 수요자에게 출처의 오인·혼동이 있으면 유사
    • 소리상표에 특정 단어의 발음이 포함된 경우, 다른 유형의 상표와도 그 칭호를 비교하여 출처의 오인·혼동이 있으면 유사

- 냄새상표의 '냄새 자체의 유사'는 냄새를 통해 비교 대상 상표 간 오인·혼동이 발생하는 것이고, '관념의 유사'란 냄새로부터 일정한 의미를 파악하게 될 경우 그 인상이나 암시를 통해 오인·혼동이 발생하는 것을 말한다.
- 냄새상표가 특정할 수 있는 주된 관념을 형성하는 경우 당해 관념과 동일·유사한 관념을 형성하는 다른 유형의 상표가 있는지를 검색하여 출처의 오인·혼동이 있으면 유사

(4) 효 력

① 전용권 : 동일성 범위에서 전용권이 존재하며(法 제89조 본문), 法 제2조 제2항 제1호에 따라 상표의 사용도 될 수 있다.
② 소극적 효력의 제한
  ㉠ 유사범위 소극적 효력이 인정되고, 法 제90조 제1항 제2호·제5호
  ㉡ 타법과의 저촉이 있는 경우 : 法 제92조 제1항(저작권자와의 저촉)

08 위치상표

(1) 의 의

'위치상표'란 기호·문자·도형 각각 또는 그 결합이 일정한 형상이나 모양을 이루고, 이러한 일정한 형상이나 모양이 지정상품의 특정 위치에 부착되는 것에 의하여 자타상품을 식별하게 된 표장을 말한다.

(2) 위치상표의 구성요소

① 표장(Sign) : 기호·문자·도형 각각 또는 그 결합에 의한 일정한 형상이나 모양으로 구성되고, 일정한 색채도 이에 해당할 수 있다. 표장은 그 자체로 식별력이 있을 필요가 없다.
② 지정상품의 형상(Carrier)
  ㉠ 위치상표에 있어 표장의 위치를 표시하기 위해 '지정상품의 형상'이 필요하다.
  ㉡ 표장의 전체적인 구성, 표장의 각 부분에 사용된 선의 종류, 지정상품의 종류 및 그 특성 등에 비추어 출원인의 의사가 지정상품의 형상을 표시하는 부분에 대하여는 위와 같은 설명의 의미를 부여한 것뿐임을 쉽사리 알 수 있는 한, 상품의 형상 부분은 위치상표의 표장 자체의 외형을 이루는 도형이 아니라고 파악하여야 한다(대법원 2012.12.20. 선고 2010후2339). 기출 18 또한, 출원인이 심사과정 중에 심사관에게 위와 같은 의사를 의견서 제출 등의 방법으로 밝힌 바가 있는지 등의 사정도 고려되어야 한다.
③ 표장의 위치(Position) : 위치상표에 있어서 표장이 지정상품의 형상에서의 어디에 위치하는지를 명확하게 표시해야 한다.

(3) 등록요건 - 식별력

① 특정위치에 부착된 표장은 수요자의 입장에선 상표가 아니라 디자인적 요소로 보는 것이 일반적이므로 사용에 의한 식별력을 획득해야 등록 받을 수 있다.
② 위치상표는 특정한 위치에 표시된 표장에 독점권을 부여하는 것이므로, 그 표장 전체의 식별력 유무와는 상관없이 전체적인 형상에서 그 특정한 위치의 표장이 상표로서 기능한다는 것과, 수요자들이 이를 특정인의 출처표시로 인식한다는 것을 출원인이 입증하여야 하며, 이러한 입증이 없으면 심사관은 法 제33조 제1항 각 호를 적용하여 거절결정을 하여야 한다.
③ 기능성(法 제34조 제1항 제15호) : 특정한 위치에 사용된 표장이 기능적인 경우에는 法 제33조 제2항을 입증하여도 法 제34조 제1항 제15호를 적용하여 거절결정을 하여야 한다.

(4) 위치상표의 출원 및 심사

① 상표 유형 표시 : 그 밖에 시각적으로 인식할 수 있는 상표로 표시
② 상표견본의 제출 : 위치상표의 특징을 충분히 나타내는 5장 이하의 도면 또는 사진을 작성해야 하며, 해당 상표의 일면 또는 여러 측면으로 구성될 수 있다. 점선으로 상품 전체의 형상을 나타낸 뒤 특정위치의 형상이나 모양만 실선 등으로 표시
③ 상표 설명서 제출 : 상표에 대한 설명이 필수적으로 기재(필수적 제출사항)
④ 추가 자료 제출 : 위치상표를 정확하게 파악하기 위해 필요한 경우 위치상표의 특징을 충분히 나타낼 수 있는 영상을 수록한 전자적 기록매체의 제출을 요구할 수 있다.
⑤ 法 제2조 제1항(정의규정) 위반 거절이유가 통지되는 경우
　㉠ 상표의 설명이 없는 경우
　㉡ 출원서에 위치상표로 등록 받고자 하는 취지가 기재된 경우라도 상표견본이 위치상표로서의 구성 및 태양을 갖춘 것으로 인정되지 않는 경우
　㉢ 상표견본을 통해 위치사표를 정확하게 파악할 수 없는 경우
⑥ 法 제38조 제1항(1상표 1출원) 위반 거절이유가 통지되는 경우 : 상표견본이 2장 이상의 도면이나 사진으로 구성되었으나, 전체적으로 하나의 위치 상표로 인식되지 않는 경우
⑦ 요지변경
　㉠ 위치상표의 유사판단
　　• 위치상표 간 유사여부를 판단
　　• 위치상표의 유사여부를 판단함에 있어서는 전체적인 형상이 아닌 상표로서 등록받고자 하는 표장을 표시한 위치, 표장의 모양, 각도의 유사성 등을 고려하여 출처의 오인 혼동이 있는 경우 유사한 것으로 판단한다.

| 참고 | 비전형상표의 기재사항 등(심사기준) |

구 분	상표견본	설명란 기재	첨부자료
일반상표	1개	임 의	-
입체상표	특징을 충분히 나타내는 5장 이하의 도면 또는 사진	임 의	-
색채만으로 된 상표	단일색채나 색채의 조합만으로 채색된 1장의 도면 또는 사진	필 수	사용증거
홀로그램상표	특징을 충분히 나타내는 2장 이상 5장 이하의 도면 또는 사진	필 수	전자적 기록매체 (임의)
동작상표	특징을 충분히 나타내는 2장 이상 5장 이하의 도면 또는 사진	필 수	전자적 기록매체 (필수)
소리상표	불필요	필 수	사용증거 소리파일(필수) 악보(임의)
냄새상표	불필요	필 수	사용증거 냄새견본(필수)
위치상표	특징을 충분히 나타내는 5장 이하의 도면 또는 사진	필 수	사용증거 동영상자료(임의)

09 단체표장

제2조(정의)
① 이 법에서 사용하는 용어의 뜻은 다음과 같다.
 3. "단체표장"이란 상품을 생산·제조·가공·판매하거나 서비스를 제공하는 자가 공동으로 설립한 법인이 직접 사용하거나 그 소속 단체원에게 사용하게 하기 위한 표장을 말한다.
③ 단체표장·증명표장 또는 업무표장에 관하여는 이 법에서 특별히 규정한 것을 제외하고는 상표에 관한 규정을 적용한다.

제36조(상표등록출원)
③ 단체표장등록을 받으려는 자는 제1항 각 호의 사항 외에 대통령령으로 정하는 단체표장의 사용에 관한 사항을 정한 정관을 단체표장등록출원서에 첨부하여야 한다. 기출 23

(1) 의의 및 취지

'단체표장'이란 상품을 생산·제조·가공·판매하거나 서비스를 제공하는 자가 공동으로 설립한 법인이 직접 사용하거나 그 소속 단체원에게 사용하게 하기 위한 표장을 말한다(法 제2조 제1항 제3호). 단체의 신용을 영업상 이용하여 고객흡인력을 획득할 수 있고, 수요자로 하여금 단체의 신용을 믿고 거래할 수 있도록 하기 위함이다.

(2) 성립요건 및 거절이유

① 정의규정(法 제2조 제1항 제3호, 제2조 제3항) – 法 제54조 제1호 : 상품을 생산·제조·가공·판매하거나 서비스를 제공하는 자가 공동으로 설립한 법인이 직접 사용하거나 그 소속 단체원에게 사용하게 하기 위한 표장이다.
② 주체적 요건(法 제3조 제2항·제5항) – 法 제54조 제4호
  ㉠ 원칙 : 상품을 생산·제조·가공·판매하거나 서비스를 제공하는 자가 공동으로 설립한 법인, 법인격이 있는 단체만 등록 받을 수 있고, 자연인(개인)은 등록 받을 수 없다.
  ㉡ 예외 : 증명표장을 출원하거나 등록받은 자는 등록 받을 수 없다.
③ 특유의 출원절차(法 제36조 제3항) – 法 제54조 제6호 : 단체표장의 사용에 관한 사항을 정한 정관을 첨부 : 정관에는 ⅰ) 단체표장을 사용하는 소속 단체원의 가입자격·조건 및 탈퇴 등에 관한 사항, ⅱ) 단체표장의 사용조건과 이에 위반한 자에 대한 제재에 관한 사항, ⅲ) 그 밖에 단체표장의 사용에 관한 사항이 포함되어야 한다.

(3) 단체표장권의 효력

① 적극적 효력 : 단체원 또는 단체표장권자인 법인이 사용하는 한 정당한 사용에 해당한다.
② 소극적 효력의 제한 : 단체표장권자가 권리주체이므로 단체원은 침해금지청구 또는 손해배상청구를 할 수 없다.

(4) 단체표장권 특유의 제한사유 및 취소사유

① 특유의 제한사유
  ㉠ 이전의 제한 : 단체표장등록출원 및 단체표장권은 이전할 수 없다. 다만, 법인이 합병하는 경우 특허청장의 허가를 받아 이전할 수 있다(法 제48조 제7항, 제93조 제6항).
  ㉡ 사용권 및 질권 설정의 제한 : 단체표장권에 사용권 또는 질권을 설정할 수 없다(法 제95조 제2항, 제97조 제5항, 제93조 제8항).

② 특유의 취소사유(法 제119조 제1항 제4호·제7호)

> **제119조(상표등록의 취소심판)**
> ① 등록상표가 다음 각 호의 어느 하나에 해당하는 경우에는 그 상표등록의 취소심판을 청구할 수 있다.
>   4. 제93조 제1항 후단, 같은 조 제2항 및 같은 조 제4항부터 제7항까지의 규정에 위반된 경우
>   7. 단체표장과 관련하여 다음 각 목의 어느 하나에 해당하는 경우
>   가. **(단체원의 정관위반)** 소속 단체원이 그 단체의 정관을 위반하여 단체표장을 타인에게 사용하게 한 경우나 소속 단체원이 그 단체의 정관을 위반하여 단체표장을 사용함으로써 수요자에게 상품의 품질 또는 지리적 출처를 오인하게 하거나 타인의 업무와 관련된 상품과 혼동을 불러일으키게 한 경우. 다만, 단체표장권자가 소속 단체원의 감독에 상당한 주의를 한 경우는 제외한다.
>   나. **(정관변경)** 단체표장의 설정등록 후 제36조 제3항에 따른 정관을 변경함으로써 수요자에게 상품의 품질을 오인하게 하거나 타인의 업무와 관련된 상품과 혼동을 불러일으키게 할 염려가 있는 경우
>   다. **(제3자의 사용)** 제3자가 단체표장을 사용하여 수요자에게 상품의 품질이나 지리적 출처를 오인하게 하거나 타인의 업무와 관련된 상품과 혼동을 불러일으키게 하였음에도 단체표장권자가 고의로 적절한 조치를 하지 아니한 경우

10 증명표장

> **제2조(정의)**
> ① 이 법에서 사용하는 용어의 뜻은 다음과 같다.
>   7. "증명표장"이란 상품의 품질, 원산지, 생산방법 또는 그 밖의 특성을 증명하고 관리하는 것을 업(業)으로 하는 자가 타인의 상품에 대하여 그 상품이 품질, 원산지, 생산방법 또는 그 밖의 특성을 충족한다는 것을 증명하는 데 사용하는 표장을 말한다.
> ③ 단체표장·증명표장 또는 업무표장에 관하여는 이 법에서 특별히 규정한 것을 제외하고는 상표에 관한 규정을 적용한다.
>
> **제3조(상표등록을 받을 수 있는 자)**
> ③ 상품의 품질, 원산지, 생산방법 또는 그 밖의 특성을 증명하고 관리하는 것을 업으로 할 수 있는 자는 타인의 상품에 대하여 그 상품이 정해진 품질, 원산지, 생산방법 또는 그 밖의 특성을 충족하는 것을 증명하는 데 사용하기 위해서만 증명표장을 등록받을 수 있다. 다만, 자기의 영업에 관한 상품에 사용하려는 경우에는 증명표장의 등록을 받을 수 없다. 기출 17·19
> ④ 제3항에도 불구하고 상표·단체표장 또는 업무표장을 출원(出願)하거나 등록을 받은 자는 그 상표 등과 동일·유사한 표장을 증명표장으로 등록받을 수 없다. 기출 19
> ⑤ 증명표장을 출원하거나 등록을 받은 자는 그 증명표장과 동일·유사한 표장을 상표·단체표장 또는 업무표장으로 등록을 받을 수 없다.

> **제36조(상표등록출원)**
> ④ 증명표장등록을 받으려는 자는 제1항 각 호의 사항 외에 대통령령으로 정하는 증명표장의 사용에 관한 사항을 정한 서류(법인인 경우에는 정관을 말하고, 법인이 아닌 경우에는 규약을 말하며, 이하 "정관 또는 규약"이라 한다)와 증명하려는 상품의 품질, 원산지, 생산방법이나 그 밖의 특성을 증명하고 관리할 수 있음을 증명하는 서류를 증명표장 등록출원서에 첨부하여야 한다. 기출 23

(1) 의의 및 취지

'증명표장'이란 상품의 품질, 원산지, 생산방법 또는 그 밖의 특성을 증명하고 관리하는 것을 업으로 하는 자가 타인의 상품에 대하여 그 상품이 품질, 원산지, 생산방법 또는 그 밖의 특성을 충족한다는 것을 증명하는 데 사용하는 표장을 말한다(法 제2조 제1항 제7호). 한미 FTA를 반영하고, 품질보증을 강화하여 소비자에게 올바른 상품의 정보를 제공하기 위함이다.

(2) 성립요건 및 거절이유

① 정의규정(法 제2조 제1항 제7호, 제2조 제3항) - 法 제54조 제1호 : 상품의 품질, 원산지, 생산방법 또는 그 밖의 특성을 증명하고 관리하는 것을 업으로 하는 자가 타인의 상품에 대하여 그 상품이 품질, 원산지, 생산방법 또는 그 밖의 특성을 충족한다는 것을 증명하는 데 사용하는 표장

② 주체적 요건(法 제3조 제3항·제4항) - 法 제54조 제4호
  ㉠ 원칙 : 상품의 품질, 원산지, 생산방법 또는 그 밖의 특성을 증명하고 관리하는 것을 업으로 하는 자
  ㉡ 예외 : 단, 자기의 영업에 관한 상품에 사용하려는 경우에는 등록받을 수 없다.
  ㉢ 제한 : 상표·단체표장 또는 업무표장을 출원하거나 등록받은 자는 동일·유사한 표장을 증명표장으로 등록받을 수 없다. 기출 17

③ 특유의 출원절차(法 제36조 제4항) - 法 제54조 제6호
  ㉠ 증명표장의 사용에 관한 사항을 정한 서류(정관 또는 규약)을 첨부
  ㉡ 증명능력 입증서류 첨부
  ㉢ 지정상품 : '증명의 대상'과 '증명의 내용'이 함께 기재되어야 한다. 그렇지 않은 경우, 法 제38조 제1항 위반이다. 기출 17

④ 사용불허 - 法 제54조 제7호 : 증명표장을 사용할 수 있는 자에 대하여 정당한 사유 없이 정관 또는 규약으로 사용을 허락하지 아니하거나 정관 또는 규약에 충족하기 어려운 사용조건을 규정하는 등 실질적으로 사용을 허락하지 아니한 경우

⑤ 기타 문제가 되는 거절이유
  ㉠ 法 제33조 제1항 제3호, 제34조 제1항 제12호 전단 : 증명(Approved), 보증(Guarantee), 인증(Certification) 등의 품질을 나타내는 문자가 있어도 法 제33조 제1항 제3호, 제34조 제1항 제12호를 적용하지 않는다.
  ㉡ 法 제34조 제1항 제1호 가목, 마목 : 대한민국이나 공공기관이 감독용이나 증명용 인장 등을 증명표장출원한 경우 法 제34조 제1항 제1호 가목, 마목을 적용하지 않는다.
  ㉢ 法 제34조 제1항 제4호 : 사용에 관한 사항이 실정법에서 요구하는 인증요건에 미달하는 경우 法 제34조 제1항 제4호를 적용한다.

(3) 증명표장권의 효력
① 적극적 효력 : 사용주체는 증명표장권자가 아닌 요건을 충족하는 타인이다.
② 소극적 효력의 제한 : 증명표장권자가 권리주체이므로 사용허락을 받은 자는 침해금지청구 또는 손해배상청구를 할 수 없다.

(4) 증명표장권 특유의 제한사유 및 취소사유
① 특유의 제한사유
  ㉠ 이전의 제한 : 증명표장등록출원 및 증명표장권은 이전할 수 없다. 다만, 업무와 함께 이전할 경우에는 특허청장의 허가를 받아 이전할 수 있다(法 제48조 제8항, 제93조 제7항).
  ㉡ 사용권 및 질권 설정의 제한 : 증명표장권에 사용권 또는 질권을 설정할 수 없다(法 제95조 제2항, 제97조 제5항, 제93조 제8항).
② 특유의 취소사유(法 제119조 제1항 제4호·제9호)

> **제119조(상표등록의 취소심판)**
> ① 등록상표가 다음 각 호의 어느 하나에 해당하는 경우에는 그 상표등록의 취소심판을 청구할 수 있다.
>   4. 제93조 제1항 후단, 같은 조 제2항 및 같은 조 제4항부터 제7항까지의 규정에 위반된 경우
>   9. 증명표장과 관련하여 다음 각 목의 어느 하나에 해당하는 경우
>   가. **(정관위반 사용허락)** 증명표장권자가 제36조 제4항에 따라 제출된 정관 또는 규약을 위반하여 증명표장의 사용을 허락한 경우
>   나. **(본인사용)** 증명표장권자가 제3조 제3항 단서를 위반하여 증명표장을 자기의 상품에 대하여 사용하는 경우
>   다. **(허락받은 자의 정관위반)** 증명표장의 사용허락을 받은 자가 정관 또는 규약을 위반하여 타인에게 사용하게 한 경우 또는 사용을 허락받은 자가 정관 또는 규약을 위반하여 증명표장을 사용함으로써 수요자에게 상품의 품질, 원산지, 생산방법이나 그 밖의 특성에 관하여 혼동을 불러일으키게 한 경우. 다만, 증명표장권자가 사용을 허락받은 자에 대한 감독에 상당한 주의를 한 경우는 제외한다.
>   라. **(제3자의 사용)** 증명표장권자가 증명표장의 사용허락을 받지 아니한 제3자가 증명표장을 사용하여 수요자에게 상품의 품질, 원산지, 생산방법이나 그 밖의 상품의 특성에 관한 혼동을 불러일으키게 하였음을 알면서도 적절한 조치를 하지 아니한 경우
>   마. **(사용불허)** 증명표장권자가 그 증명표장을 사용할 수 있는 자에 대하여 정당한 사유 없이 정관 또는 규약으로 사용을 허락하지 아니하거나 정관 또는 규약에 충족하기 어려운 사용조건을 규정하는 등 실질적으로 사용을 허락하지 아니한 경우

참고 상표와의 비교

구 분		상 표	증명표장
기 능		상품의 출처표시 (출처표시기능이 1차적 기능)	상품의 품질 또는 특성 등을 증명 (품질보증기능이 1차적 기능)
주 체	권리주체	상표권자	증명표장권자
	사용주체	상표권자	정관 또는 규약에서 정한 기준을 충족하는 타인
관리·통제의 필요성		상대적으로 낮음 (품질하자 등에 대한 1차적 불이익은 본인에게 돌아감)	상대적으로 높음 (일반공중의 이익 보호)
사용허락		타인에 대한 사용허락이 강제적이지 않음	정관 또는 규약에서 정한 기준을 충족하는 경우 차별 없이 사용을 허락하여야 함(단, 증명표장은 사용권 설정이 불가하므로 이러한 허락이 사용권 설정을 의미하는 것은 아님)

단체표장과의 비교

구 분		단체표장	증명표장
출원인 적격		단체(법인)에 한함	단체뿐 아니라 자연인도 가능 **기출** 17
기 능		상품의 출처가 단체의 구성원에 있음을 나타냄(즉, 표장의 사용자가 단체의 소속 구성원임을 나타내는 것으로 출처표시기능이 1차적 기능임)	상품의 품질 또는 특성 등을 증명 (품질보증기능이 1차적 기능)
주 체	권리주체	단체표장권자	증명표장권자
	사용주체	단체표장권자 본인 또는 소속 단체원	정관 또는 규약에서 정한 기준을 충족하는 타인
사용권·질권의 설정가부		불 가	불 가
사용허락		소속 단체원은 사용에 대한 별도의 허락이 없다 하여도 정관상의 조건에 따라 사용할 수 있음(단, 타인에 대한 사용허락은 그 허락의 방법을 떠나 불허됨)	정관 또는 규약에서 정한 기준을 충족하는 경우 차별 없이 사용을 허락하여야 함(단, 증명표장은 사용권 설정이 불가하므로 이러한 허락이 사용권 설정을 의미하는 것은 아님)

11 업무표장

> **제2조(정의)**
> ① 이 법에서 사용하는 용어의 뜻은 다음과 같다.
>   9. "업무표장"이란 영리를 목적으로 하지 아니하는 업무를 하는 자가 그 업무를 나타내기 위하여 사용하는 표장을 말한다.
> ③ 단체표장·증명표장 또는 업무표장에 관하여는 이 법에서 특별히 규정한 것을 제외하고는 상표에 관한 규정을 적용한다.
>
> **제3조(상표등록을 받을 수 있는 자)**
> ⑤ 증명표장을 출원하거나 등록을 받은 자는 그 증명표장과 동일·유사한 표장을 상표·단체표장 또는 업무표장으로 등록을 받을 수 없다.
> ⑥ 국내에서 영리를 목적으로 하지 아니하는 업무를 하는 자는 자기의 업무표장을 등록받을 수 있다. 기출 18
>
> **제36조(상표등록출원)**
> ⑥ 업무표장등록을 받으려는 자는 제1항 각 호의 사항 외에 그 업무의 경영 사실을 증명하는 서류를 업무표장등록출원서에 첨부하여야 한다. 기출 23

(1) 의의 및 취지
'업무표장'이란 비영리 업무를 하는 자가 그 비영리업무에 대하여 사용하는 표장을 말한다. 비영리업자의 신용을 유지시키기 위함이다.

(2) 성립요건 및 거절이유
① 정의규정(法 제2조 제1항 제9호, 제2조 제3항) – 法 제54조 제1호 : 비영리업무를 하는 자가 그 업무를 나타내기 위하여 사용하는 표장
② 주체적 요건(法 제3조 제5항·제6항) – 法 제54조 제4호
  ㉠ 원칙 : 비영리업무를 하는 자
  ㉡ 예외 : 증명표장을 출원하거나 등록받은 자는 등록받을 수 없다.
③ 특유의 출원절차(法 제36조 제6항) – 法 제54조 제6호
  ㉠ 업무의 경영 사실을 증명하는 서류를 첨부
  ㉡ 지정업무 : 경영사실 증명서류에서 정한 목적범위 내에서 개별적이고 구체적으로 지정하면 된다.

(3) 업무표장권의 효력

① 적극적 효력 : 업무표장권자는 지정업무에 대하여 등록업무표장을 독점적으로 사용할 권리를 가진다.
② 소극적 효력의 제한
  ㉠ 권원 없는 제3자가 동일·유사한 표장을 동일·유사한 업무에 업무표장으로서 사용하는 경우 침해가 된다.
  ㉡ 업무표장으로서 사용되고 있는지의 여부는 사용업무와의 관계, 당해 표장의 사용 태양, 사용자의 의도와 사용 경위 등을 종합하여 실제 거래계에서 그 표시된 표장이 사용업무의 식별표지로서 사용되고 있는지 여부를 종합하여 판단한다.
  ㉢ 대가로 약간의 수수료를 받았다고 하더라도 그 업무의 성질을 달리 볼 수 없다 하여, 업무표장을 그 지정업무와 동일·유사한 업무에 사용한 경우에도 침해로 볼 수 있다(대법원 1995.6.16. 선고 94도1793 판결).

(4) 업무표장권 특유의 제한사유 및 취소사유

① 특유의 제한사유
  ㉠ 이전의 제한 : 업무표장등록출원 및 업무표장권은 이전할 수 없다. 다만, 해당 업무와 함께 양도하는 경우에는 양도할 수 있다(法 제48조 제6항, 제93조 제4항).
  ㉡ 사용권 및 질권 설정의 제한 : 업무표장권에 사용권 또는 질권을 설정할 수 없다(法 제95조 제2항, 제97조 제5항, 제93조 제8항).
② 특유의 취소사유(法 제119조 제1항 제4호)

> **제119조(상표등록의 취소심판)**
> ① 등록상표가 다음 각 호의 어느 하나에 해당하는 경우에는 그 상표등록의 취소심판을 청구할 수 있다.
>   4. 제93조 제1항 후단, 같은 조 제2항 및 같은 조 제4항부터 제7항까지의 규정에 위반된 경우

12 지리적 표시

> **제2조(정의)**
> ① 이 법에서 사용하는 용어의 뜻은 다음과 같다.
>   4. "지리적 표시"란 상품의 특정 품질·명성 또는 그 밖의 특성이 본질적으로 특정지역에서 비롯된 경우에 그 지역에서 생산·제조 또는 가공된 상품임을 나타내는 표시를 말한다. 기출 19

(1) 의 의
'지리적 표시'란 특정 품질·명성 등이 본질적으로 해당 지역의 지리적 환경에 기인한 경우에 그 상품이 생산·제조 또는 가공된 지역을 나타내는 표시이다.

(2) 지리적 표시의 요건
① 상품 : 상품에 대하여만 인정되며, 서비스에 대하여는 인정되지 않는다.
② 특정 품질·명성 또는 그 밖의 특성 : 자연환경 등과 같은 '자연적 요소' 외에 해당 지역의 전통적 생산 기술 등 '인적 요소'에 의해 획득될 수 있다.
③ 본질적으로 특정지역에서 비롯된 경우 : 해당 지역의 기후, 토양 등의 지역적 환경에 본질적으로 기초하여야 한다.
④ 그 지역에서 생산·제조 또는 가공된 상품임을 나타내는 표시

(3) 지리적 표시에 대한 상표법상의 보호
① 적극적 효력 : 지리적 표시 단체표장, 지리적 표시 증명표장
② 소극적 효력
  ㉠ 法 제33조 제1항 제3호·제4호
  ㉡ 法 제34조 제1항 제8호·제10호·제14호·제16호·제18호·제19호

13 지리적 표시 단체표장

> **제2조(정의)**
> ① 이 법에서 사용하는 용어의 뜻은 다음과 같다.
>   6. "지리적 표시 단체표장"이란 지리적 표시를 사용할 수 있는 상품을 생산·제조 또는 가공하는 자가 공동으로 설립한 법인이 직접 사용하거나 그 소속 단체원에게 사용하게 하기 위한 표장을 말한다.
>
> **제36조(상표등록출원)**
> ⑤ 지리적 표시 단체표장등록이나 지리적 표시 증명표장등록을 받으려는 자는 제3항 또는 제4항의 서류 외에 대통령령으로 정하는 바에 따라 지리적 표시의 정의에 일치함을 증명할 수 있는 서류를 지리적 표시 단체표장등록출원서 또는 지리적 표시 증명표장등록출원서에 첨부하여야 한다. 기출 23

(1) 의 의

'지리적 단체표장'이란 지리적 표시를 사용할 수 있는 상품의 생산·제조 또는 가공하는 자가 공동으로 설립한 법인이 직접 사용하거나 그 소속단체원에게 사용하게 하기 위한 표장이다.

(2) 성립요건 및 거절이유

① 정의규정(法 제2조 제1항 제4호·제6호) - 法 제54조 제1호
  ㉠ 지리적 표시를 사용할 수 있는 상품을 생산·제조 또는 가공하는 자가 공동으로 설립한 법인이 직접 사용하거나 그 소속단체원에게 사용하게 하기 위한 표장
  ㉡ i) 지리적 표시의 사용에 일반적으로 사용될 수 있는 공통의 문양이나 출원인의 명칭이 결합된 경우, ii) 해당지역을 즉각적으로 연상시키는 비지리적 명칭이나 엠블럼의 경우, iii) 지리적 표시와 상품명을 결합한 표장은 지리적 표시의 정의에 합치한다.

② 주체적 요건(法 제3조 제2항·제5항) - 法 제54조 제4호
  ㉠ 원칙 : 지리적 표시를 사용할 수 있는 상품을 생산·제조 또는 가공하는 자로 구성된 법인(유통·판매를 하는 법인도 출원인이 될 수 있도록 출원인 적격을 완화)
  ㉡ 예외 : 증명표장을 출원하거나 등록받은 자는 등록받을 수 없다.

③ 특유의 출원절차(法 제36조 제3항·제5항) - 法 제54조 제6호
  ㉠ 단체표장의 사용에 관한 정관을 첨부
  ㉡ 지리적 표시의 정의에 일치함을 증명할 수 있는 서류를 첨부

④ 가입불허 - 法 제54조 제5호 : 그 소속 단체원 가입에 관하여 정관에 의해 단체의 가입을 금지하거나 정관에 충족하기 어려운 가입조건을 규정하는 등 단체의 가입을 실질적으로 허용하지 아니한 경우

⑤ 기타 문제가 되는 거절이유
  ㉠ 法 제33조 제1항 제3호·제4호 → 法 제33조 제3항
    '지리적 표시로서의 식별력'이 인정되므로 法 제33조 제1항 제3호·제4호의 예외를 인정한다.
  ㉡ 法 제34조 제1항 제8호·제10호·제14호, 제34조 제3항 괄호
    • 法 제34조 제1항 제8호 : 선등록 지리적 표시단체표장
    • 法 제34조 제1항 제10호 : 주지한 지리적 표시
    • 法 제34조 제1항 제14호 : 부정한 목적으로 지리적 표시 모방
      - 동일하다고 인정되는 상품에 한해 등록배제효가 미친다.
      - '타인'이란 '특정인'이 아닌 '특정지역 또는 특정지역의 업자들'로 이해해야 한다.
  ㉢ 法 제35조의 예외 → 法 제35조 제5항
    • 法 제35조 제5항 제1호 : 동일하거나 동일하다고 인식되어 있지 않은 상품
    • 法 제35조 제5항 제2호 : 동음이의어 지리적 표시 단체표장
  ㉣ 法 제34조 제1항 제16호·제18호·제19호
    • 法 제34조 제1항 제16호 : 정당한 권리자는 등록 가능(단서)
    • 法 제34조 제1항 제18호·제19호 : 타인에 해당하지 않으면 등록 가능

(3) 지리적 표시 단체표장권의 효력
① 적극적 효력 : 단체원 또는 단체표장권자가 사용하는 한 정당한 사용에 해당한다.
② 소극적 효력(法 제108조 제2항, 제90조 제2항)
　㉠ 동일·유사한 표장을 동일하거나 동일하다고 인정되는 상품에 사용한 경우에 행사 가능하다.
　㉡ 소극적 효력의 제한(法 제90조 제2항)

> **제90조(상표권의 효력이 미치지 아니하는 범위)**
> ② 지리적 표시 단체표장권은 다음 각 호의 어느 하나에 해당하는 경우에는 그 효력이 미치지 아니한다.
>   1. 제1항 제1호·제2호(산지에 해당하는 경우는 제외한다) 또는 제5호에 해당하는 상표
>   2. 지리적 표시 등록단체표장의 지정상품과 동일하다고 인정되어 있는 상품에 대하여 관용하는 상표
>   3. 지리적 표시 등록단체표장의 지정상품과 동일하다고 인정되어 있는 상품에 사용하는 지리적 표시로서 해당 지역에서 그 상품을 생산·제조 또는 가공하는 것을 업으로 영위하는 자가 사용하는 지리적 표시 또는 동음이의어 지리적 표시
>   4. 선출원에 의한 등록상표가 지리적 표시 등록단체표장과 동일·유사한 지리적 표시를 포함하고 있는 경우에 상표권자, 전용사용권자 또는 통상사용권자가 지정상품에 사용하는 등록상표

(4) 지리적 표시 단체표장권 특유의 후발적 무효사유 및 취소사유
① 특유의 후발적 무효사유(法 제117조 제1항 제7호) : 지리적 표시가 원산지 국가에서 보호가 중단되거나 사용되지 아니하게 된 경우
② 특유의 취소사유(法 제119조 제1항 제8호)

> **제119조(상표등록의 취소심판)**
> ① 등록상표가 다음 각 호의 어느 하나에 해당하는 경우에는 그 상표등록의 취소심판을 청구할 수 있다.
>   8. 지리적 표시 단체표장과 관련하여 다음 각 목의 어느 하나에 해당하는 경우
>   가. **(가입불허 또는 가입허용)** 지리적 표시 단체표장등록출원의 경우에 그 소속 단체원의 가입에 관하여 정관에 의하여 단체의 가입을 금지하거나 정관에 충족하기 어려운 가입조건을 규정하는 등 단체의 가입을 실질적으로 허용하지 아니하거나 그 지리적 표시를 사용할 수 없는 자에게 단체의 가입을 허용한 경우
>   나. **(혼동방지의무 위반)** 지리적 표시 단체표장권자나 그 소속 단체원이 제223조를 위반하여 단체표장을 사용함으로써 수요자에게 상품의 품질을 오인하게 하거나 지리적 출처에 대한 혼동을 불러일으키게 한 경우 기출 22

14 동음이의어 지리적 표시

> **제2조(정의)**
> ① 이 법에서 사용하는 용어의 뜻은 다음과 같다.
>   5. "동음이의어 지리적 표시"란 같은 상품에 대한 지리적 표시가 타인의 지리적 표시와 발음은 같지만 해당 지역이 다른 지리적 표시를 말한다.

(1) 의 의
'동음이의어 지리적 표시'란 같은 상품에 대한 지리적 표시가 타인의 지리적 표시와 발음은 같지만 해당 지역이 다른 지리적 표시이다.

(2) 등록금지효의 배제
① 法 제34조 제4항 – 法 제34조 제1항 제8호·제10호 배제 : 法 제34조 제1항 제14호는 '부정한 목적'을 요건으로 하므로 배제시키지 않는다.
② 法 제35조 제5항 제2호 – 法 제35조 제1항·제2항 배제

(3) 사용금지효의 배제
① 소극적 효력의 제한(法 제90조 제2항 제3호 후단)
② 法 제108조 제2항 제1호 괄호

(4) 혼동방지의무(法 제223조, 제119조 제1항 제8호 나목)
동음이의어 지리적 표시 단체표장권자들 및 구성원들 모두 자신의 지리적 표시를 자유롭게 사용하되, 수요자를 품질 오인 내지는 지리적 출처 혼동으로부터 보호하기 위해 혼동하지 아니하도록 하는 표시를 해야 하는 것으로 규정하고 있다. 위반 시 취소사유에 해당한다.

15 지리적 표시 증명표장

> **제2조(정의)**
> ① 이 법에서 사용하는 용어의 뜻은 다음과 같다.
>   8. "지리적 표시 증명표장"이란 지리적 표시를 증명하는 것을 업으로 하는 자가 타인의 상품에 대하여 그 상품이 정해진 지리적 특성을 충족한다는 것을 증명하는 데 사용하는 표장을 말한다.
> ④ 지리적 표시 증명표장에 관하여는 이 법에서 특별히 규정한 것을 제외하고는 지리적 표시 단체표장에 관한 규정을 적용한다.
>
> **제36조(상표등록출원)**
> ⑤ 지리적 표시 단체표장등록이나 지리적 표시 증명표장등록을 받으려는 자는 제3항 또는 제4항의 서류 외에 대통령령으로 정하는 바에 따라 지리적 표시의 정의에 일치함을 증명할 수 있는 서류를 지리적 표시 단체표장등록출원서 또는 지리적 표시 증명표장등록출원서에 첨부하여야 한다.

(1) 의 의

'지리적 표시 증명표장'이란 지리적 표시를 증명하는 것을 업으로 하는 자가 타인의 상품에 대하여 그 상품이 정해진 지리적 특성을 충족한다는 것을 증명하는 데 사용하는 표장이다.

(2) 성립요건 및 거절이유

① 정의규정(法 제2조 제1항 제4호·제8호, 제2조 제4항) - 法 제54조 제1호 : 지리적 표시를 증명하는 것을 업으로 하는 자가 타인의 상품에 대하여 그 상품이 정해진 지리적 특성을 충족한다는 것을 증명하는 데 사용하는 표장

② 주체적 요건(法 제3조 제3항·제4항) - 法 제54조 제4호
  ㉠ 원칙 : 지리적 표시에 대한 상품의 품질, 원산지 등을 증명하고 관리하는 것을 업으로 하는 자
  ㉡ 예외 : 자기의 영업에 관한 상품에 사용하려는 경우에는 등록받을 수 없다.
  ㉢ 제한 : 상표·단체표장 또는 업무표장을 출원하거나 등록받은 자는 동일·유사한 표장을 증명표장으로 등록받을 수 없다.

③ 특유의 출원절차(法 제36조 제5항) - 法 제54조 제6호
  ㉠ 증명표장의 사용에 관한 사항을 정한 서류(정관 또는 규약)을 첨부
  ㉡ 증명능력의 입증서류를 첨부
  ㉢ 지리적 표시의 정의에 일치함을 증명할 수 있는 서류를 첨부
  ㉣ 지정상품 : '증명의 대상'과 '증명의 내용'이 함께 기재되어야 한다. 그렇지 않은 경우, 法 제38조 제1항 위반이다.

(3) 지리적 표시 증명표장권의 효력
① 적극적 효력 : 사용주체는 지리적 표시 증명표장권자가 아닌 요건을 충족하는 타인이다.
② 소극적 효력의 제한
  ㉠ 증명표장권자가 권리주체이므로 사용허락을 받은 자는 침해금지청구 또는 손해배상청구를 할 수 없다.
  ㉡ 동일하거나 동일하다고 인정되는 상품에 한하여 인정된다(法 제2조 제4항, 제108조 제2항 제1호).

(4) 지리적 표시 증명표장권 특유의 제한사유 및 취소사유
① 특유의 후발적 무효사유(法 제117조 제1항 제7호) : 지리적 표시가 원산지 국가에서 보호가 중단되거나 사용되지 아니하게 된 경우
② 특유의 취소사유(法 제119조 제1항 제4호·제9호)

> **제119조(상표등록의 취소심판)**
> ① 등록상표가 다음 각 호의 어느 하나에 해당하는 경우에는 그 상표등록의 취소심판을 청구할 수 있다.
>   4. 제93조 제1항 후단, 같은 조 제2항 및 같은 조 제4항부터 제7항까지의 규정에 위반된 경우
>   9. 증명표장과 관련하여 다음 각 목의 어느 하나에 해당하는 경우
>   가. **(정관위반 사용허락)** 증명표장권자가 제36조 제4항에 따라 제출된 정관 또는 규약을 위반하여 증명표장의 사용을 허락한 경우
>   나. **(본인사용)** 증명표장권자가 제3조 제3항 단서를 위반하여 증명표장을 자기의 상품에 대하여 사용하는 경우
>   다. **(허락받은 자의 정관위반)** 증명표장의 사용허락을 받은 자가 정관 또는 규약을 위반하여 타인에게 사용하게 한 경우 또는 사용을 허락받은 자가 정관 또는 규약을 위반하여 증명표장을 사용함으로써 수요자에게 상품의 품질, 원산지, 생산방법이나 그 밖의 특성에 관하여 혼동을 불러일으키게 한 경우. 다만, 증명표장권자가 사용을 허락받은 자에 대한 감독에 상당한 주의를 한 경우는 제외한다.
>   라. **(제3자의 사용)** 증명표장권자가 증명표장의 사용허락을 받지 아니한 제3자가 증명표장을 사용하여 수요자에게 상품의 품질, 원산지, 생산방법이나 그 밖의 상품의 특성에 관한 혼동을 불러일으키게 하였음을 알면서도 적절한 조치를 하지 아니한 경우
>   마. **(사용불허)** 증명표장권자가 그 증명표장을 사용할 수 있는 자에 대하여 정당한 사유 없이 정관 또는 규약으로 사용을 허락하지 아니하거나 정관 또는 규약에 충족하기 어려운 사용조건을 규정하는 등 실질적으로 사용을 허락하지 아니한 경우

16 상표의 사용

> **제2조(정의)**
> ① 이 법에서 사용하는 용어의 뜻은 다음과 같다.
>   11. "상표의 사용"이란 다음 각 목의 어느 하나에 해당하는 행위를 말한다.
>   가. 상품 또는 상품의 포장에 상표를 표시하는 행위
>   나. 상품 또는 상품의 포장에 상표를 표시한 것을 양도·인도하거나 전기통신회선을 통하여 제공하는 행위 또는 이를 목적으로 전시하거나 수출·수입하는 행위
>   다. 상품에 관한 광고·정가표(定價表)·거래서류, 그 밖의 수단에 상표를 표시하고 전시하거나 널리 알리는 행위
> ② 제1항 제11호 각 목에 따른 상표를 표시하는 행위에는 다음 각 호의 어느 하나의 방법으로 표시하는 행위가 포함된다.
>   1. 표장의 형상이나 소리 또는 냄새로 상표를 표시하는 행위
>   2. 전기통신회선을 통하여 제공되는 정보에 전자적 방법으로 표시하는 행위

(1) 의 의

'상표의 사용'이란 형식적으로 法 제2조 제1항 제11호 각 목의 표시/유통/광고 행위에 해당함과 동시에 실질적으로 직/간접적으로 상품에 대하여 또는 상품과의 관계에서 상표의 기능이 발휘되는 행위를 말한다.

(2) 형식적 상표의 사용

① '상표'를 '상품'에 대해 사용했을 것
  ㉠ 상표법상 '상표'를 '상품'에 대해 사용할 것을 요한다.
  ㉡ 광고매체가 되는 물품
   • '상품'은 그 자체가 교환가치를 가지고 독립된 상거래의 목적물이 되는 물품을 의미한다 할 것이므로, 상품의 선전광고나 판매촉진 또는 고객에 대한 서비스 제공 등의 목적으로 그 상품과 함께 또는 이와 별도로 고객에게 무상으로 배부되어 거래시장에서 유통될 가능성이 없는 이른바 '광고매체가 되는 물품'은 비록 그 물품에 상표가 표시되어 있다고 하더라도, 물품에 표시된 상표 이외의 다른 문자나 도형 등에 의하여 광고하고자 하는 상품의 출처표시로 사용된 것으로 인식할 수 있는 등의 특별한 사정이 없는 한, 그 자체가 교환가치를 가지고 독립된 상거래의 목적물이 되는 물품이라고 볼 수 없고, 따라서 이러한 물품에 상표를 표시한 것은 상표의 사용이라고 할 수 없다(대법원 1999.6.25. 선고 98후58 판결).
   • 한편, 판매 촉진을 위한 물품을 마일리지 차감 방식이나 소정의 대가를 받는 형식으로 수요자들에게 제공할 경우, 해당 물품은 그 자체가 교환가치를 가지고 독립된 상거래의 목적물이 되는 물품에 해당한다(대법원 2013.12.26. 선고 2012후1415 판결).
   • 주문·제작한 상품들을 유상으로 판매하면서 상품들 중 일부를 사은품 또는 판촉물로서 무상으로 제공하더라도, 무상으로 제공된 부분만을 분리하여 상품성을 부정할 것은 아니다(대법원 2022.3.17. 선고 2021도2180 판결).

ⓒ 상품이 특정되지 않은 경우 : 상표의 사용에 해당하려면 지정상품과의 구체적 관계에 있어서 그 표시로서 자기의 상품을 다른 업자의 상품과 식별시키기 위하여 특정하는 방법으로 사용될 것을 요한다(대법원 2013.4.25. 선고 2012후3718 판결). 따라서 상품이 특정되지 않은 기업이미지 광고 등에 상표가 표시되었더라도, 상표를 상품에 대해 사용하였다고 볼 수 없다.

ⓔ 타인의 상품의 출처표시로 인식될 경우 : 서비스에 대한 상표의 불사용을 이유로 한 상표등록취소심판에서 상표의 사용이 인정되려면 상표권자 또는 그 사용권자가 상표를 자기 서비스의 출처를 표시하기 위하여 사용하여야 하고, 타인의 상품 또는 서비스의 출처를 표시하기 위하여 사용한 경우에는 불사용을 이유료 한 상표등록의 취소를 면하기 위한 상표의 사용으로 볼 수 없다(대법원 2013.11.28. 선고 2012후1071 판결).

ⓜ 상품의 특정
- 완성품과 부품 : 완성품을 구성하는 부품(또는 원재료)에 상표가 표시된 경우 그 상표가 완성품에 대한 사용인지 문제될 수 있다.
- 제품의 포장용 상자 : 제품의 포장용 상자(또는 포장지)에 상표가 표시된 경우 그 상표가 포장의 목적이 되는 내용물에 대한 사용인지 문제될 수 있다.

② **상표의 사용태양**

㉠ 표시행위(法 제2조 제1항 제11호 가목)
- 상품 또는 상품의 포장에 상표를 표시하는 행위
- 해당 상품에 대한 통상의 거래관행에 비추어 수요자가 인식할 수 있어야 한다(대법원 2008.7.10. 선고 2006후2295 판결).
- 공산품 내부에 조립되어 기능하는 부품에 표시된 표장으로서 상품의 유통이나 통상적인 사용 혹은 유지행위에 있어서는 그 존재조차 알 수 없고, 오로지 그 상품을 분해하여야만 거래자나 일반 수요자들이 인식할 수 있는 표장은 상표법에서 말하는 상표라고 할 수 없다(대법원 2005.6.10. 선고 2005도1637 판결).

㉡ 유통행위(法 제2조 제1항 제11호 나목)
- 상품 또는 상품의 포장에 상표를 표시한 것을 양도 또는 인도하거나 전기통신회선 등을 통하여 제공하는 행위 또는 이를 목적으로 전시·수출 또는 수입하는 행위 기출 20
- 2022.8.4. 시행 개정법에 의해, 인터넷 상에서 디지털 상품(컴퓨터 프로그램, 전자책, MP3 파일)을 제공하는 과정에서 그 출처를 나타내기 위하여 제공받는 자의 인터페이스에 상표를 표시하는 경우도 상표의 유통행위에 해당한다.
- 전시·수출 또는 수입하는 행위에는 '목적'이 요구된다.
- 상표권자가 외국에서 자신의 등록상표를 상품에 표시하였을 뿐 우리나라에서 직접 또는 대리인을 통하여 등록상표를 사용한 바 없다고 하더라도, 그 상품이 제3자에 의하여 우리나라로 수입되어 상표권자가 등록상표를 표시한 그대로 국내의 정상적인 거래에서 양도, 전시되는 등의 방법으로 유통됨에 따라 사회통념상 국내의 거래자나 수요자에게 그 상표가 그 상표를

표시한 상표권자의 업무에 관련된 상품을 표시하는 것으로 인식되는 경우에는 특단의 사정이 없는 한 그 상표를 표시한 상표권자가 국내에서 상표를 사용한 것으로 보아야 한다(대법원 2003.12.26. 선고 2002후2020 판결).

ⓒ 광고행위(法 제2조 제1항 제11호 다목)
- 상품에 관한 광고·정가표·거래서류, 그 밖의 수단에 상표를 표시하고 전시하거나 널리 알리는 행위
- 거래서류의 의미 : 구체적인 서류명 불문, 실제 거래에서 거래당사자 간에 교부되는 서류인지 여부를 기준으로 판단한다(대법원 2002.11.13. 선고 2000마4424 결정).
- 상품과 관련하여 표시될 것 : '광고'에 등록상표가 표시되어 있더라도, 그 등록상표가 거래사회의 통념상 지정상품과 관련하여 표시된 것이라고 볼 수 없는 경우에는 다목의 상표사용행위가 있다고 할 수 없다(대법원 2013.4.25. 선고 2012후3718 판결).

ⓔ 法 제2조 제2항의 행위를 포함
- 개정법은 ⅰ) 시대에 따라 변화하는 상표의 사용행위를 인정하고, ⅱ) 규정의 확대해석만으로는 죄형법정주의에 의해 형사벌의 대상이 될 수 없는 종래의 문제를 해결하기 위해 法 제3조 제2항 제2호를 입법하였다.
- 「표장의 형상이나 소리 또는 냄새로 상표를 표시하는 행위」도 法 제2조 제1항 제11호 각 목에 따른 상표를 표시하는 행위에 해당한다(法 제2조 제2항 제1호).
- 「전기통신회선을 통하여 제공되는 정보에 전자적 방법으로 표시하는 행위」도 法 제2조 제1항 제11호 각 목에 따른 상표를 표시하는 행위에 해당한다(法 제2조 제2항 제2호). 이에 따라 ⅰ) 상품이나 서비스를 광고할 목적으로 개설된 사이트나 배너를 통해 인터넷 접속자에게 상표가 표시된 화면을 전송하는 경우(광고적 사용), ⅱ) 인터넷상에서 디지털 상품(컴퓨터 프로그램, 전자책, MP3 파일 등)을 제공하는 과정에서 그 출처를 나타내기 위하여 제공받는 자의 인터페이스에 상표를 표시하는 경우(출처표시적 사용), 명문상 '상표의 사용'에 해당한다.

(3) 실질적 의미의 상표의 사용

① 침해 및 권리범위확인심판에서의 상표의 사용

ⓐ 상표적 사용 : 타인의 등록상표와 동일·유사한 표장을 이용한 경우라도, 그것이 상표의 본질적인 기능이라고 할 수 있는 출처 표시를 위한 것이 아니어서 상표의 사용으로 인식될 수 없는 경우에는 등록상표의 상표권을 침해한 것이라고 할 수 없다(또는 등록상표의 권리범위에 속한다고 할 수 없다)(대법원 2003.6.13. 선고 2001다79068 판결).

ⓑ 상표적 사용의 판단 기준 : 상표의 기능이 발휘되는지 여부는 상품과의 관계, 표장의 사용태양, 등록상표의 주지/저명성, 사용자의 의도와 경위 등을 종합하여 실제 거래계에서 식별표지로서 사용되고 있는지 여부를 판단해야 한다.

ⓒ 상표의 기능이 발휘되지 않는 경우
- 설명적 사용
  - 상표의 표시가 상품의 출처표시가 아닌 상품의 내용 설명 또는 용도·규격·표시 등에 불과한 경우
  - 타인의 등록상표를 이용한 경우라고 하더라도 그것이 상표의 본질적인 기능이라고 할 수 있는 출처표시를 위한 것이 아니라 서적의 내용 등을 안내·설명하기 위하여 사용되는 등 상표의 사용으로 인식될 수 없는 경우에는 상표권을 침해한 행위로 볼 수 없다(대법원 2011.1.13. 선고 2010도5994 판결).
- 순수한 디자인적 사용
  - 동일·유사 상표를 동일·유사 상품에 표시하였으나 이러한 표시가 상품의 출처표시가 아닌 순전한 디자인적 사용의 경우, 상표로서 사용되었다고 볼 수 없다(대법원 2013.1.24. 선고 2011다18802 판결).
  - 디자인과 상표는 선택적·배타적 관계에 있는 것이 아니므로 디자인이 될 수 있는 형상·모양이라고 하더라도 상표의 본질적인 기능인 자타상품 출처표시를 위해 사용되는 것으로 볼 수 있는 경우에는 상표로서의 사용이라고 보아야 한다(대법원 2013.2.14. 선고 2011도13441 판결).
- 순수한 제호로서의 사용(서적, 음반)
  - 책의 제목은 책의 내용을 표시할 뿐 출처를 표시하는 것이 아니어서 원칙적으로 다른 상품과 식별되도록 하기 위해 사용하는 표장이 아니다(대법원 2002.12.10. 선고 2000후3395 판결).
  - 서적·음반의 제호 등은 원칙적으로 상표로서 기능하기 어려우나 해당 서적 등의 성격, 제호의 사용태양, 후속 시리즈물의 출시여부, 광고실적 및 기간 등 구체적·개별적 사정 여하에 따라 상표로서 기능할 수 있다(대법원 2005.8.25. 선고 2005다22770 판결 등).

② **불사용 취소심판에서의 등록상표의 사용**
  ㉠ 불사용취소심판제도는 등록상표의 사용을 촉진하는 한편 그 불사용에 대한 제재를 가하려는 데에 목적이 있으므로 法 제119조 제1항 제3호 '등록상표의 사용' 여부 판단에 있어서, 상표권자 또는 사용권자가 자타상품의 식별표지로서 사용하려는 의사에 터 잡아 등록상표를 사용한 것으로 볼 수 있는지가 문제될 뿐 일반 수요자나 거래자가 이를 상품의 출처표시로서 인식할 수 있는지는 등록상표의 사용 여부 판단을 좌우할 사유가 되지 못한다(대법원 2013.2.28. 선고 2012후3206 판결).
  ㉡ 일반 수요자나 거래자가 그 표시된 표장을 상품의 출처표시로서 인식할 수 있는 경우라면 곧바로 상표권자 등이 자타상품의 식별표지로서 사용하려는 의사가 있었다고 볼 수 있지만, 그렇지 아니한 경우에는 그러한 사용의사를 추단할 수 있는 객관적인 사정이 있어야 비로소 상표권자 등이 자타상품의 식별표지로 사용하려는 의사에 기하여 등록상표를 사용한 것으로 볼 수 있다(특허법원 2018.9.14. 선고 2017허7180 판결).

17 서비스의 상표법상 취급

> **제2조(정의)**
> ① 이 법에서 사용하는 용어의 뜻은 다음과 같다.
>   1. "상표"란 자기의 상품(지리적 표시가 사용되는 상품의 경우를 제외하고는 서비스 또는 서비스의 제공에 관련된 물건을 포함한다. 이하 같다)과 타인의 상품을 식별하기 위하여 사용하는 표장(標章)을 말한다.

(1) 서비스의 개념

'서비스'의 영위란, 독립하여 상거래의 대상이 되는 서비스를 타인의 이익을 위하여 제공하는 것을 업으로 영위한다는 의미이므로, 아무런 대가를 받지 아니하는 자원봉사나 단순 호의에 의한 노무 또는 편익의 제공 등과 같이 상거래의 대상이 되지 아니하는 용역을 일정한 목적 아래 계속적·반복적으로 제공하였다고 하더라도 상표법상 서비스의 영위로 볼 수 없다(대법원 2013.7.12. 선고 2012후3077 판결). 기출 18

(2) 서비스에 대한 상표의 사용

① '서비스' 자체에 대한 상표의 사용 : 서비스에 관한 광고·정가표·거래서류·간판 또는 표찰에 상표를 표시하고 이를 전시 또는 반포하는 행위
② 서비스의 제공에 관련된 물건에 대한 상표의 사용(대법원 2011.7.28. 선고 2010후3080 판결, 대법원 2011.12.8. 선고 2010후1121 판결).
　㉠ 서비스의 제공 시 수요자의 이용에 공여되는 물건 또는 서비스의 제공에 관한 수요자의 물건에 상표를 표시하는 행위
　㉡ 서비스의 제공 시 수요자의 이용에 공여되는 물건에 상표를 표시한 것을 이용하여 서비스를 제공하는 행위
　㉢ 서비스의 제공에 이용하는 물건에 상표를 서비스의 제공을 위하여 전시하는 행위
③ 서비스 제공에 관련된 물건
　㉠ 서비스의 제공 시 수요자의 이용에 공여되는 물건
　　예 레스토랑업 - 식기, 호텔업 - 침구류
　㉡ 서비스 제공에 관한 수요자의 물건
　　예 세탁소업 - 수요자의 옷, 자동차 수리업 - 수요자의 자동차
　㉢ 다만, '서비스의 제공에 관련된 물건'에 상표를 사용한 경우, 식별의 대상이 되는 것은 물건 그 자체가 아니라 해당 물건을 통하여 제공되는 '서비스'임에 유의해야 한다.

(3) 서비스에 대한 상표권의 효력

① 적극적 효력 : 서비스에 관한 상표의 효력은 지정서비스에만 미치므로, 상품에 관한 상표의 사용은 法 제89조 본문의 정당권원 범위 밖의 사용이다.

② 소극적 효력

㉠ 상품과 서비스 간에 동종성이 존재하면 상호 간에 소극적 효력이 미친다(대법원 1996.6.11. 선고 95도1770 판결).

㉡ 상품 – 서비스 유사·동종성 판단 : 상품·서비스 간의 밀접한 관계 유무, 상품의 제조·판매와 서비스의 제공이 동일 사업자에 의해 이루어지는 것이 일반적인가, 상품과 서비스의 용도가 일치하는가, 상품의 판매장소와 서비스의 제공장소가 일치하는가, 수요자의 범위가 일치하는가, 유사한 표장을 사용할 경우 출처의 혼동을 초래할 우려가 있는가 하는 점 등을 따져 보아 거래사회 통념에 따라 이를 인정해야 한다.

㉢ 포괄명칭 지정서비스와 의류 등에 관한 판매대행업, 소매업 간의 유사 여부 : ⅰ) 백화점에서 의류·패션잡화 등이 차지하는 비중이 높다는 거래실정, ⅱ) 선등록상표 출원 시 '포괄명칭'을 지정할 수 없었기 때문에 취급 상품들에 대한 판매대행업들을 하나하나 열거할 수밖에 없었던 점, ⅲ) 백화점 내부 점포들은 일반적인 의류 소매점과 운영방식이 비슷한 점, ⅳ)특허청 유사상품 심사기준에 포괄서비스 명칭과 유사한 예로 가방·신발 등의 판매대행업 등이 기재되어 있는 점이 있어, '백화점업, 대형마트할인업, 슈퍼마켓업, 편의점업'의 포괄명칭 지정서비스는 '의류, 우산 등에 대한 판매대행업, 판매알선업, 도소매업과 유사하다(대법원 2018.11.9. 선고 2016후1376 판결).

(4) 도소매업의 상표법상 취급

① 2007.1.1. 시행규칙 : 특정상품에 대한 도매업, 동종의 상품군으로 분류 가능한 상품집단에 대한 도매업 등과 같이 서비스의 대상을 구체적으로 기재한 것에 한하여 인정하였다.

② 2012.1.1. 시행 NICE 분류 10판의 태도 : 최근 거래실정을 반영하여, 특정 상품군에 한정되지 않는 종합 도·소매 서비스라고 할 수 있는 백화점업, 편의점업, 대형마트할인업, 슈퍼마켓업을 광의의 포괄명칭으로서 등록 가능한 서비스로 인정하고 있다.

18 상표의 동일·유사

(1) 의 의
① 상표의 동일·유사개념은 상표권의 발생·보호범위·침해 및 소멸 등 중심적인 개념이다.
② 상표의 동일·유사는 하나의 기준에 의해 통일적으로 판단되어야 하는 것이 아니고, 상표법의 목적과 각 규정의 취지에 따라 달리 해석되는 상대적 개념이다.

(2) 상표의 동일·유사의 구별 실익
ⅰ) 상표권의 적극적 효력(法 제89조)은 동일한 상표에만 미치고, ⅱ) 불사용 취소심판(法 제119조 제1항 제3호)의 적용기준도 동일상표를 기준으로 하고, ⅲ) 상표의 사용권 설정(法 제95조 제3항, 法 제97조 제2항), 선사용권의 인정범위(法 제99조), ⅳ) 법정손해배상청구(法 제111조), 사용에 의한 식별력 인정여부(法 제33조 제2항), 요지변경 여부(法 제40조 제2항), 조약우선권 주장(法 제46조), 출원 시 특례의 인정범위(法 제47조) 등도 동일한 상표에 한하고, 양자의 법적취급이 달라지므로 동일·유사의 구별실익이 있다.

① **상표의 동일** : 상표의 동일이라 함은 물리적 동일뿐만 아니라 거래사회 통념상 동일한 상표라고 인식될 수 있는 상표를 포함하는 것이다(대법원 1996.4.26. 선고 95후1555 판결 등). 기출 15

② **상표의 유사**
  ㉠ 의의 : 상표의 유사란 대비되는 양 상표가 동일한 것은 아니지만 외관·칭호·관념 중 어느 한가지 이상의 면에서 비슷하여 거래자 또는 일반수요자로 하여금 상품의 출처에 대해 오인·혼동을 일으킬 우려가 있는 경우를 말한다.
  ㉡ 혼동의 개념 및 상표법상 유사개념의 필요성
   • 혼동의 개념 : 직접혼동(상표 그 자체에 대한 혼동, 같은 상품으로 오인), 간접혼동(상품의 출처에 대한 혼동, 같은 출처로 오인), 광의의 혼동(기업의 혼동 내지 후원관계의 혼동, 상품의 출처가 다른 기업과 업무상·계약상·조직상 또는 그 밖에 특수한 관계가 있는 것으로 오인)이 있다.
   • 유사개념의 필요성 : 등록상표의 금지권은 협의의 혼동 가능성(직접혼동, 간접혼동)이 있는 경우에 미친다.
   • 일반적 출처혼동과 구체적 출처혼동 : 일반적 출처혼동이란, 대비되는 두 상표가 붙은 상품이 시장에서 유통된다고 가정할 때 거래계의 일반적인 경험칙에 비추어 출처혼동의 우려가 있는지 판단하는 것이다. 구체적 출처혼동이란, 대비되는 두 상표가 붙은 상품이 현실로 시장에서 유통되고 있을 때 당해 상품을 둘러싼 거래실정에 비추어 출처혼동의 우려가 있는지 판단하는 것이다.

19 상표의 유사판단

(1) 유사판단의 원칙
상표의 유사여부는 양 상표의 외관·칭호·관념을 해당상품에 관한 수요자의 직관적 인식을 기준으로 전체적·객관적·이격적으로 관찰하여 상품출처의 오인·혼동 염려가 있는지 여부에 따라 판단한다.

(2) 유사판단의 3요소
① 총설 : 외관·칭호·관념 중 서로 다른 부분이 있더라도 어느 하나가 유사하여 거래상 상품출처의 오인·혼동의 염려가 있다면 전체로서 유사한 상표로 보아야 한다. 외관·칭호·관념 중 어느 하나가 유사하더라도 전체로서의 상표가 일반 수요자나 거래자가 상표에 대하여 느끼는 직관적 인식을 기준으로 하여 명확히 출처의 오인·혼동을 피할 수 있는 경우에는 유사한 것이라고 할 수 없다.

② 칭호
  ㉠ 문자상표의 유사여부 판단에 있어서는 그 호칭의 유사여부가 가장 중요한 요소이다.
  ㉡ 일반 수요자들은 문자의 처음 부분에 비중을 두어 기억하려는 경향이 있어, 어두부분이 중요하다.
  ㉢ 짧은 음절로 구성된 표장에 있어서는 미세한 발음상의 차이도 호칭의 유사여부를 정하는데 중요한 의미를 가진다.
  ㉣ 외국어로 이루어진 상표의 호칭은 우리나라의 거래자나 수요자의 대부분이 그 외국어를 보고 특별한 어려움 없이 자연스럽게 하는 발음에 의하여 정하여짐이 원칙이고, 우리나라의 거래자나 수요자가 그 외국어 상표를 특정한 한국어로 표기하고 있는 등의 구체적인 사용실태가 인정되는 경우에는 그와 같은 구체적인 사용실태를 고려하여 외국어 상표의 호칭을 정하여야 한다. 그러한 구체적·개별적 사정은 증거에 의하여 명확하게 인정되어야 한다(대법원 2005.11.10. 선고 2004후2093 판결).

③ 관념 : 한자는 표의문자이어서, 한자어로 구성된 문자상표의 유사 여부 판단에 있어서는 관념이 차지하는 비중이 적지 않다(대법원 2013.1.16. 선고 2011후3322 판결).

④ 외관
  ㉠ 상표의 유사 판단은 두 개의 상표 자체를 나란히 놓고 대비하는 것이 아니라 때와 장소를 달리하여 두 개의 상표를 대비하는 일반 수요자에게 상품 출처에 관하여 오인·혼동을 일으킬 우려가 있는지의 관점에서 이루어져야 한다.
  ㉡ 도형상표들에 있어서는 그 외관이 주는 지배적 인상이 동일·유사하여 두 상표를 동일·유사 상품에 사용하는 경우 일반 수요자로 하여금 상품 출처에 관하여 오인·혼동을 일으킬 염려가 있다면 두 상표는 유사하다(대법원 2016.7.14. 선고 2015후1348 판결).

ⓒ 등록상표의 지정상품과 동일·유사한 상품에 특정 주제의 다양한 모양의 도형상표가 등록되어 있거나, 수많은 종류의 유사한 형상을 통칭하는 용어에 의해 호칭·관념되는 도형상표의 경우, 외관의 유사에 관계없이 전체적으로 유사한 상표라고 해버린다면, ⅰ) 유사범위가 지나치게 확대되고, ⅱ) 제3자의 상표선택의 자유를 부당하게 제한한다는 불합리한 결과를 가져온다는 점에서, 통상적인 호칭·관념이 유사하다는 점만으로 서로 유사하다고 단정할 수는 없다(대법원 2013.1.24. 선고 2011다18802 판결).

(3) 유사판단의 기준

① **주체적 기준** : 해당 상품에 관한 일반 수요자의 보통으로 기울이는 주의력을 기준으로 판단한다. 한편, 전문의약품에 사용되는 상표의 유사여부가 문제가 된 사건에서, "지정상품이 그와 관련된 전문가 등에 의하여서만 수요되거나 거래되는 특수한 상품에 해당한다고 볼 특별한 사정이 없는 한 일반 수요자의 평균적인 주의력을 기준으로 판단하여야 한다"고 판시하였다.

② **시기적 기준**
  ㉠ 무효심판 : 원칙은 등록여부결정 시, 예외적으로 상표등록출원 시(法 제34조 제1항 제11호·제13호·제14호·제20호·제21호)
  ㉡ 권리범위확인심판 : 심결 시
  ㉢ 침해소송 : 사실심 변론종결 시
  ㉣ 손해배상소송 : 침해행위 시

(4) 관찰방법

① **전체관찰** : 상표의 기능은 상표를 구성하는 전체가 일체로서 발휘하게 되는 것이므로 상표의 유사판단은 대비되는 양 상표를 전체로서 관찰하여 그 외관·칭호·관념을 비교하여 판단함이 원칙이다(대법원 1990.7.27. 선고 89후919 판결).

② **요부관찰**(전체관찰의 보완 수단)
  ㉠ 의의 : 상표의 식별력 유무 또는 강약을 고려하여 상표의 요부를 중심으로 유사여부를 판단하는 방법 [기출 20]
  ㉡ 요부관찰에 관한 判例의 태도 : 일반수요자에게 그 상표에 관한 인상을 심어주거나 기억·연상을 하게 함으로써 그 부분만으로 독립하여 상품의 출처표시기능을 수행하는 부분, 즉 요부가 있는 경우 적절한 전체관찰의 결론을 유도하기 위해서는 요부를 가지고 상표의 유사여부를 대비·판단하는 것이 필요하다(대법원 2017.2.9. 선고 2015후1690 판결 등). [기출 21]
  ㉢ 전체관찰과의 관계 : 요부관찰은 전체관찰과 선택적·배타적 관계에 있는 것이 아니고, 올바른 전체관찰의 결론을 유도하기 위한 수단으로서 필요하다(대법원 1994.5.24. 선고 94후265 판결).

ⓔ 분리관찰과의 관계 : 요부는 그 부분만으로 일반 수요자에게 두드러지게 인식되는 독자적인 식별력 때문에 다른 상표와 유사 여부를 판단할 때 대비의 대상이 되는 것이므로, 요부가 존재하는 경우 그 부분이 분리관찰 되는지 따질 필요 없이 요부만으로 대비함으로써 상표의 유사 여부를 판단해야 한다(대법원 2017.2.9. 선고 2015후1690 판결, 대법원 2000.4.11. 선고 99후2013 판결).
ⓜ 요부결정의 기준
- 표장 자체의 식별력 유무 : 상표의 구성 부분 중 식별력이 없거나 미약한 부분은 요부가 될 수 없다.
- 종합적 판단기준 : 상표의 구성 부분이 요부인지 여부는 그 부분이 주지・저명하거나 일반 수요자에게 강한 인상을 주는 부분인지, 전체 상표에서 높은 비중을 차지하는 부분인지 등의 요소를 따져보되, 다른 구성 부분과 비교한 상대적인 식별력 수준이나 그와의 결합상태와 정도, 지정상품과의 관계, 거래실정 등까지 종합적으로 고려하여 판단해야 한다(대법원 2017.2.9. 선고 2015후1690 판결).
- 다수 등록례에 의한 식별력(거래현실 반영) : 결합상표 중 일부 구성 부분이 요부로 기능할 수 있는지 여부를 판단할 때는 지정상품과 동일・유사한 상품에 관하여 다수 등록되어 있거나 출원공고되어 있는 사정도 고려할 수 있으므로, 등록 또는 출원공고된 상표의 수나 출원인 또는 상표권자의 수, 해당 구성 부분의 본질적인 식별력의 정도 및 지정상품과의 관계, 공익상 특정인에게 독점시키는 것이 적당하지 않다고 보이는 사정의 유무 등을 종합적으로 고려하여 판단해야 한다.
- 상표의 일부분이 식별력 없는 표장으로 이루어진 경우 : 상표의 구성요소 중 자타상품식별력이 없는 부분은 요부가 될 수 없으므로, 상표 유사 여부 판단함에 있어서도 이를 제외한 나머지 부분만을 대비하여 관찰함이 타당하다.
- 상표 전체가 식별력이 없는 표장으로 이루어진 경우
  - 대비대상이 되는 두 상표 중 하나가 자타상품식별력이 없다면 대비되는 상표와 외관・칭호・관념 중 일부에 동일・유사한 점이 있다 하더라도 상표 전체로서 수요자들로 하여금 출처 오인・혼동을 피할 수 있게 하는 가능성이 클 것이고, 이때도 상표의 식별력 유무는 고려대상이 되어야 한다(대법원 2002.7.26. 선고 2002후765 판결).
  - 상표의 구성 부분 전부가 식별력이 없거나 미약한 경우에는 그중 일부만이 요부가 된다고 할 수 없으므로 상표 전체를 기준으로 유사 여부를 판단해야 한다(대법원 2018.7.24. 선고 2017후2208 판결). 기출 21

③ 분리관찰
  ㉠ 의의 : 복수의 구성요소로 이루어진 결합상표에서 각 구성 부분을 분리해내어 관찰하는 방법
  ㉡ 분리관찰이 가능한 경우 : 언제나 상표 전체에 의하여 호칭・관념 되는 것은 아니므로 각 구성부분을 분리관찰하면 자연스럽지 못할 정도로 일체 불가분적으로 결합되어 있지 아니하는 한 독립하여 식별기능을 할 수 있는 구성부분만으로 호칭・관념될 수 있고, 하나의 상표에서 두 개 이상의 칭호나 관념을 생각할 수 있는 경우에 그중 하나의 호칭・관념이 타인의 상표와 동일・유사한 경우 두 상표는 유사하다.

- ⓒ 분리관찰이 불가능한 경우
  - ⅰ) 분리관찰하는 것이 부자연스럽거나, ⅱ) 결합으로 독자적인 의미를 갖게 된 경우, ⅲ) 해당 상표가 거래사회에서 전체로서만 인식되어 있는 경우 전체로서 관찰하여 유사 여부를 판단해야 한다.
  - 특정 상품의 거래상황에서 분리되지 않고 전체로서 인식되고 있음을 근거로 그와 관련 없는 지정상품의 거래상황에서도 항상 전체로서 인식된다고 볼 수는 없다.
  - 대비되는 상표 사이에 유사한 부분이 있다고 하더라도 그 부분만으로 분리 인식될 가능성이 희박하거나 전체적으로 관찰할 때 명확히 출처의 혼동을 피할 수 있는 경우에는 유사상표라고 할 수 없다.
- ④ 객관적 관찰 : 상표 자체의 구성을 기초로 객관적으로 판단해야 한다. 주관적 사정 등은 고려하지 않는다.
- ⑤ 이격적 관찰 : 상표의 유사 판단은 두 개의 상표 자체를 나란히 놓고 대비하는 것이 아니라 때와 장소를 달리하여 두 개의 상표를 대비하는 일반 수요자에게 상품 출처에 관하여 오인·혼동을 일으킬 우려가 있는지의 관점에서 이루어져야 한다(대법원 2016.7.14. 선고 2015후1348 판결). 기출 21·24

(5) 구체적 출처혼동을 고려한 사례

① 상표의 유사판단 시 구체적 출처혼동을 고려한 경우 : "2개의 상표가 일반적·추상적·정형적으로 유사해 보인다하더라도, 시장의 성질·고객층의 성격·상품의 속성·거래방법·거래장소·상표의 주지정도·상품과의 관계 등을 종합적·전체적으로 고려하여 수요자들이 구체적·개별적으로는 상품 품질이나 출처 오인·혼동할 염려가 없는 경우에는 상표가 공존가능하다"고 판시한바 있다 (대법원 2013.6.27. 선고 2011다97065 판결 등).

② 침해사건에서 구체적 출처혼동을 고려한 경우 : "유사상표의 사용행위에 해당하는지 판단은 해당 상품에 관한 거래실정을 바탕으로 외관, 호칭, 관념 등에 의하여 거래자나 일반 수요자에게 주는 인상 등을 바탕으로 일반 수요자가 상품 출처에 관하여 상품 출처에 관한 오인·혼동의 염려가 있는지 여부의 관점에서 이루어져야 한다."고 판시하였다(대법원 2015.10.15. 선고 2014다216522 판결).

③ 권리범위확인심판에서 구체적 출처혼동을 고려한 경우
  - ㉠ 등록상표와 확인대상표장의 유사 여부 판단에 있어서 당해 상품에 대한 표장의 사용사실이 인정되는 경우 표장의 주지 정도 및 당해 상품과의 관계, 표장에 대한 수요자들의 호칭 및 인식 등 당해 상품을 둘러싼 거래실정을 종합적·전체적으로 고려하여야 한다.
  - ㉡ 거래실정을 고려한 양 표장의 외관 및 호칭의 차이에도 불구하고, 나아가 상품의 구체적인 형상과 모양 및 그 포장의 구체적인 형태 등과 같이 그 상품에서 쉽게 변경이 가능한 특수하고 한정적인 거래실정을 비중 있게 고려하여 양 표장이 유사하다고 판단하면 안 된다(대법원 2019.8.14. 선고 2018후10848 판결).

20 상표의 동일성 심화

(1) 사용에 의한 식별력 취득(法 제33조 제2항) 사용상표와 출원상표의 동일성

① **과거 判例의 경향** : "法 제33조 제2항은 원래 특정인의 독점사용이 부적당한 표장에 대세적인 권리를 부여하는 것이므로, 그 기준을 엄격하게 해석 적용되어야 한다."는 관점에서 동일성의 범위를 엄격하게 해석하였다.

② **결합상표 사용 후 일부를 출원한 경우** : "결합상표를 사용한 후 그중 일부를 출원하는 경우라 하더라도 사용상표 내에서 출원상표가 동일성과 독립성을 유지하며 사용되었으며, 흔히 쓰이는 부분이 결합된 경우로서, 그 결합으로 인해 새로운 관념이 형성되지 않는 경우에는 사용상표와 출원상표간 동일성을 인정할 수 있다.

③ **사용상표에 구성요소를 부가하여 출원한 경우** : 사용에 의한 식별력을 취득한 사용상표를 그대로 포함함으로써 다른 구성과의 결합으로 인해 이미 취득한 식별력이 감쇄되지 않는 경우에는 사용상표와 출원상표간 동일성을 인정할 수 있다.

④ **동일성 있는 상표의 장기간의 사용** : 동일성 있는 상표의 장기간의 사용은 사용에 의한 식별력 취득에 도움이 되는 요소다.

(2) 불사용 취소심판(法 제119조 제1항 제3호)의 등록상표와 실사용상표의 동일성

① **등록상표와 실사용상표 간 동일성** : 法 제119조 제1항 제3호의 '등록상표의 사용'은 등록상표와 동일한 상표를 사용한 경우를 말하고, 유사한 상표를 사용한 경우는 포함되지 아니하나, '동일한 상표'에는 등록상표 그 자체뿐만 아니라 거래통념상 등록상표와 동일하게 볼 수 있는 형태의 상표도 포함된다.

② **결합상표 등록 후 극 중 일부만 사용하는 경우** : 영문과 단순 음역이 결합된 상표를 등록받은 뒤, 그중 어느 한 부분만 생략한 채 사용한 경우, ⅰ) 영문과 단순 음역의 결합으로 인해 어느 한 부분과는 다른 새로운 관념이 형성되지 않으며, ⅱ) 영문과 단순 음역이 결합된 표장과 어느 한 부분으로만 이루어진 표장을 보았을 때, 수요자들은 동일하게 호칭할 것이라는 점을 근거로 등록상표와 실사용상표 간의 동일성을 인정한다.

③ **등록상표에 다른 구성요소를 부가하여 사용하는 경우** : 등록상표가 반드시 독자적으로 사용되어야 할 이유는 없으므로, 등록상표에 다른 문자·도형 등을 결합하여 상표로 사용한 경우라 하더라도 등록상표가 상표로서의 동일성과 독립성을 유지하고 있는 한 이를 들어 등록상표의 사용이 아니라고 할 수 없다.

(3) 법정손해배상청구(法 제111조)의 등록상표와 침해상표의 동일성

法 제111조는 위조상표의 사용 등으로 인한 상표권 침해행위가 있는 경우 피해자가 쉽게 권리 구제를 받을 수 있도록 하는 예외적 규정이므로, 그 적용요건은 법문에 규정된 대로 엄격하게 해석해야 하며, 동일성 요건을 갖추지 못한 경우에는 통상의 방법으로 손해를 증명하여 배상을 청구해야지 法 제111조에서 정한 법정손해배상을 청구할 수는 없다.

21 상품의 동일·유사

(1) 상품의 정의
① **상표법상 상품의 개념** : 상표법은 상품의 개념에 대한 별도의 정의규정을 두고 있지 않은 바, 상표제도의 목적에 비추어 사회 통념에 따라 결정해야 할 상대적 개념으로 보는 것이 통설적인 견해이다.
② **判例의 태도**
  ㉠ 상품은 "교환가치를 가진 독립된 상거래의 목적물로서 일반시장에서 유통에 제공되는 것을 목적으로 하는 것"을 말한다. 기출 21
  ㉡ 다만, METROCITY 사가 대리점에 유상으로 판매한 점, 우수고객들에게 마일리지 차감 방식으로 제공하거나, 일부 고객들에게 판매한 점, 핸드백 생산·판매하는 회사가 향수 제품을 함께 생산하거나 판매하기도 하는 점 등을 고려하여 '향수'는 그 자체가 교환가치를 가지고 독립된 상거래의 목적물이 되는 물품에 해당한다고 보아, 상표의 사용을 인정하였다.

(2) 상품의 동일
① **의미** : 상품의 동일이란, 사회통념상 일반수요자들의 평균적 인식에 비추어 동일한 상품으로 인식되는 것을 의미한다.
② **판단방법** : 상품의 구성·형상·용도 또는 거래실정 등을 전체적으로 고려하여 거래사회의 통념에 따라 객관적으로 판단해야 한다.

(3) 상품의 유사
① **상품류 및 法 제38조 제3항**
  ㉠ 상품류 구분이란, 니스협정에 의해 상품 및 서비스를 그 성질에 따라 1~34류(상품) 및 35~45류(서비스)로 구분한 것이다.
  ㉡ 상품류의 구분은 상품의 유사범위를 정하는 것이 아니다(法 제38조 제3항).
  ㉢ 상품류 구분은 편의를 위해 구분한 것으로서 상품의 유사범위를 정한 것이 아니며, 상품·서비스의 속성과 거래실정을 고려하여 출처혼동 유무를 기준으로 판단해야 한다.
② **상품 상호 간의 유사판단** : 상품 자체의 속성인 품질·형상·용도와 생산부문, 판매부문, 수요자의 범위 등 거래의 실정 등을 종합적으로 고려하여 일반 거래의 통념에 따라 판단해야 한다.
③ **서비스 상호 간의 유사판단** : 제공되는 서비스의 성질, 내용, 제공수단, 제공장소, 서비스의 제공자 및 수요자의 범위 등 거래실정 등을 고려하여 일반 거래의 통념에 따라 판단해야 한다. 또한, 동일·유사한 상표를 사용하였을 때 동일한 영업주체가 제공하는 서비스로 오인·염려가 있는지에 따라 판단할 수 있다.
④ **상품과 서비스 간의 유사판단** : 해당 상품이 없으면 해당 서비스가 존재할 수 없을 만큼 극히 밀접한 관계가 있는 경우를 말한다.

22 기타 - 도메인 이름, 창작물 수록상품 등

(1) 도메인 이름의 사용

① 의의 및 문제점 : 도메인 이름은 컴퓨터의 IP주소를 쉽게 표현한 것에 불과한 것이나, 전자상거래의 발달 등으로 도메인 이름이 상품·서비스의 출처표시로 기능하는 경우가 생기는 바, 상표와 충돌 문제가 있다.

② 타인이 도메인 이름과 동일·유사한 표장을 출원한 경우 : 타인의 도메인 이름이 상표로서도 주지·저명한 경우라면 法 제34조 제1항 제9호·제11호 내지 제13호의 인용상표가 될 수 있다.

③ 타인의 등록상표와 동일·유사한 표장을 도메인 이름으로 사용한 경우 : 도메인 이름의 사용태양 및 도메인 이름으로 연결되는 화면의 표시 내용 등을 전체적으로 고려하여 볼 때 거래통념상 상품의 출처표시로 기능한다면 상표의 사용으로 본다(대법원 2011.8.25. 선고 2010도7088 판결).

④ 독자적인 상표를 부착한 경우 : 특정한 도메인 이름으로 웹사이트를 개설하여 제품을 판매하는 영업을 하면서 그 웹사이트에서 취급하는 제품에 독자적인 상표를 부착·사용하고 있는 경우에는, 특단의 사정이 없는 한 도메인 이름이 웹사이트로 유인하는 역할을 한다고 하더라도, 도메인 이름 자체가 상품의 출처표시로서 기능한다고 할 수는 없다(대법원 2004.5.14. 선고 2002다13782 판결).

⑤ 부정경쟁방지법 제2조 제1호 아목
  ㉠ 의의 : 유명상표와 표지를 도용해 도메인 이름으로 등록하는 사이버스쿼팅행위를 규제하기 위해, 정당 권원 없는 자가 국내 널리 인식된 타인의 상표 등과 동일·유사한 도메인 이름을 부정한 목적으로 등록·보유·사용하는 행위는 부정경쟁행위가 될 수 있다.
  ㉡ 조치 : 사용금지청구(法 제4조), 도메인 이름 등록말소청구(法 제4조 제2항), 손해배상청구(法 제5조), 신용회복청구(法 제6조), 인터넷주소자원에 관한 법률(法 제12조 제1항·제2항)에 관한 조치를 취할 수 있다.

(2) 키워드 광고

① 키워드 광고의 개념 : 포털사이트로부터 키워드를 구매하여, 이용자가 특정 검색어를 입력하면 검색 결과가 나오는 화면에 키워드 구입자의 홈페이지나 관련광고 등이 노출되도록 하는 광고기법을 말한다.

② 키워드 광고를 상표적 사용으로 볼 수 있는지 여부 - 표장이 검색결과 화면에 나타나는 경우
  ㉠ 상표의 사용의 일종인 상품의 '공고'에는 신문, 잡지 등뿐만 아니라 인터넷 검색결과 화면을 통하여 일반소비자에게 상품에 관한 정보를 시각적으로 알리는 것도 포함된다. 따라서 키워드 광고의 경우, 검색결과 화면에 나타난 표장이 자타상품의 출처표시를 위하여 사용된 것으로 볼 수 있다면 상표로서의 사용에 해당한다(대법원 2012.5.24. 선고 2010후3073 판결).
  ㉡ 현실의 상표 사용태양을 반영한 것으로, '전기통신회선을 통하여 제공되는 정보에 전자적 방법으로 표시하는 행위'는 상표의 사용에 포함된다(法 제2조 제2항 제2호).

③ 키워드 광고를 상표적 사용으로 볼 수 있는 지 여부 – 표장이 검색결과 화면에 나타나지 않는 경우
: 검색결과 화면에 상표권자 등의 홈페이지나 인터넷 사이트로 이동할 수 있는 홈페이지 주소 등이 나타나도록 하는 광고의 경우, ⅰ) 검색어가 등록상표와 동일성이 인정되고, ⅱ) 검색결과 화면에 나타나는 홈페이지 주소 등에 의해 연결되는 사이트가 지정상품을 판매·제공하거나 이를 광고하기 위한 것이라면, 이러한 검색광고 행위는 특별한 사정이 없는 한 불사용 취소심판 관련 등록상표의 사용에 해당한다(특허법원 2016.11.18. 선고 2016허5439 판결).

(3) 창작물 수록상품의 제호(제명)

① 등록적격성 관련
　㉠ 法 제33조 제1항 제3호 해당여부 : 창작물 수록되는 상품을 지정상품으로 하는 상표는 수록된 내용을 암시·강조하는 것을 넘어 일반 수요자가 그 수록내용을 보통으로 사용하는 방법으로 표시한 것으로 인식하게 할 정도에 이르러야 기술적 표장으로 본다.
　㉡ 法 제34조 제1항 제12호 전단 해당여부 : 상표가 지정상품의 용도나 효능 등을 보통으로 사용하는 방법으로 표시한 표장만으로 된 상표에 해당하지 않는 이상, 수요자들이 상품의 품질을 오인할 염려가 있다고 볼 수 없다.

② 사용금지효
　㉠ 원 칙
　　• 서적의 제호는 내용을 표시할 뿐 출처를 표시하는 것이 아니어서 원칙적으로 자타상품식별을 위해 사용되는 표장이 아니다.
　　• 서적의 제호는 저적권법에 저촉되지 않는 한 누구든지 사용할 수 있는 것으로서 보통명칭 또는 관용상표와 같은 성격을 가지는 것이므로 제호로서의 사용에 대하여는 法 제90조의 규정에 의해 상표권의 효력이 미치지 않는 것이 원칙이다.
　㉡ 예외 – 시리즈물 등의 경우 : 정기간행물이나 시리즈물 제호로 사용한 경우, 사용태양, 서적 등의 성격, 광고실적 등 구체적 사정에 따라 출처표시로 인식될 수 있다.

③ 출처표시기능에 따른 신용 귀속 주체 : 특별한 사정이 없는 한 저작자가 아닌 노력, 시간, 비용을 투자한 출판업자에게 귀속된다.

23 주체적 등록요건

> **제3조(상표등록을 받을 수 있는 자)**
> ① 국내에서 상표를 사용하는 자 또는 사용하려는 자는 자기의 상표를 등록받을 수 있다. 다만, 특허청 직원과 특허심판원 직원은 상속 또는 유증(遺贈)의 경우를 제외하고는 재직 중에 상표를 등록받을 수 없다.
> ② 상품을 생산·제조·가공·판매하거나 서비스를 제공하는 자가 공동으로 설립한 법인(지리적 표시 단체표장의 경우에는 그 지리적 표시를 사용할 수 있는 상품을 생산·제조 또는 가공하는 자로 구성된 법인으로 한정한다)은 자기의 단체표장을 등록받을 수 있다.
> ③ 상품의 품질, 원산지, 생산방법 또는 그 밖의 특성을 증명하고 관리하는 것을 업으로 할 수 있는 자는 타인의 상품에 대하여 그 상품이 정해진 품질, 원산지, 생산방법 또는 그 밖의 특성을 충족하는 것을 증명하는 데 사용하기 위해서만 증명표장을 등록받을 수 있다. 다만, 자기의 영업에 관한 상품에 사용하려는 경우에는 증명표장의 등록을 받을 수 없다.
> ④ 제3항에도 불구하고 상표·단체표장 또는 업무표장을 출원(出願)하거나 등록을 받은 자는 그 상표 등과 동일·유사한 표장을 증명표장으로 등록받을 수 없다.
> ⑤ 증명표장을 출원하거나 등록을 받은 자는 그 증명표장과 동일·유사한 표장을 상표·단체표장 또는 업무표장으로 등록을 받을 수 없다.
> ⑥ 국내에서 영리를 목적으로 하지 아니하는 업무를 하는 자는 자기의 업무표장을 등록받을 수 있다.

(1) 사용의사

① **法 제3조 제1항 본문** : 상표등록을 받을 수 있는 자를 '국내에서 상표를 사용하는 자 또는 사용하려는 자'로 제한하여 최소한 상표를 장래에 사용할 의사를 가지고 있을 것을 요구한다. ⅰ) 사용주의적 요소를 강화하고, ⅱ) 불필요한 저장상표의 난립을 방지하고, ⅲ) 제3자의 상표의 선택에 불필요한 제한을 없애기 위해 거절이유 및 무효사유에 해당한다.

② **法 제3조 제1항 단서** : 특허청 직원과 특허심판원 직원은 상속 또는 유증의 경우를 제외하고는 재직 중에 상표를 등록 받을 수 없다.

③ **法 제3조 제1항 본문 적용범위**
　㉠ 判例 : 상표를 사용하려는 의사의 유무는 출원인의 주관적, 내면적인 의사를 중심으로 하되, 출원인의 경력, 지정상품의 특성, 출원인이 다수의 상표를 출원·등록한 경우에는 그 지정상품과의 관계 등과 같이 외형적으로 드러나는 사정까지 종합적으로 고려하여 판단하여야 한다(대법원 2020.11.12. 선고 2017도7236 판결).
　㉡ 심사기준 : 심사관은 사용의사가 없거나 법령 등에 의하여 객관적으로 사용할 수 없다고 합리적 의심이 드는 경우, 法 제3조 위반을 이유로 거절이유를 통지하여 이를 확인할 수 있다.

ⓒ 합리적 의심이 드는 경우
- 개인이 대규모 자본 및 시설 등이 필요한 상품을 지정한 경우
  [예] 인공위성, 백화점업, 대형할인마트업, 은행업, 증권업 등
- 견련관계가 없는 비유사 상품의 종류를 다수 지정한 경우 : 견련관계 없는 유사상품군 3개 이상 지정한 경우를 원칙으로 하되, 출원인이 개인인지 여부, 실제 사업 범위, 사업확장성, 거래실정 등을 고려하여 합리적으로 판단할 수 있다.

  [예]
견련관계 없는 경우	견련관계 있는 경우
비료, 소주, 휠체어, 컴퓨터, 숙박업	구두, 의류, 화장품, 장신구, 시계, 보석

- 개인이 법령상 일정자격 등이 필요한 상품과 관련해 견련관계가 없는 상품을 2개 이상 지정한 경우

  [예]
견련관계 없는 경우	견련관계 있는 경우
병원업, 법무서비스업, 건축설계업	변호사업, 변리사업, 공인노무사업

- 기타 상표 선점이나 타인의 상표등록을 배제할 목적으로 출원하는 것이라고 의심이 드는 경우
- 가맹본부의 프랜차이즈 상표를 법인의 대표자 등 개인이 출원하는 경우

ⓔ 사용의사 확인방법
- 지정상품이 포괄명칭인 경우, 포괄명칭에 포함된 1개 이상의 상품에 대해 사용사실이나 사용의사가 있는 경우에는 포괄명칭 전부에 대하여 사용의사가 있는 것으로 본다.
- 견련관계 있는 유사상품군에 포함된 1개 이상의 상품에 대하여 사용사실이나 사용의사가 있는 경우에는 견련관계가 있는 유사상품군 전체에 대해 사용의사가 있는 것으로 본다.

ⓜ '사용의사' 거절이유에 대한 대응방안 : 사용사실 증명서류 또는 사용의사 증명서류를 제출할 수 있다.

24 당사자 및 대리인

제4조(미성년자 등의 행위능력)
① 미성년자·피한정후견인(상표권 또는 상표에 관한 권리와 관련된 법정대리인이 있는 경우만 해당한다) 또는 피성년후견인은 법정대리인에 의해서만 상표등록에 관한 출원·청구, 그 밖의 절차(이하 "상표에 관한 절차"라 한다)를 밟을 수 있다. 다만, 미성년자 또는 피한정후견인이 독립하여 법률행위를 할 수 있는 경우에는 그러하지 아니하다.
② 제1항의 법정대리인은 후견감독인의 동의 없이 상대방이 청구한 제60조에 따른 상표등록 이의신청(이하 "이의신청"이라 한다)이나 심판 또는 재심에 대한 절차를 밟을 수 있다.

제5조(법인이 아닌 사단 등)
법인이 아닌 사단 또는 재단으로서 대표자 또는 관리인이 정해져 있는 경우에는 그 사단이나 재단의 이름으로 제60조 제1항에 따른 상표등록의 이의신청인이나 심판 또는 재심의 당사자가 될 수 있다.

제6조(재외자의 상표관리인)

① 국내에 주소나 영업소가 없는 자(이하 "재외자"라 한다)는 재외자(법인인 경우에는 그 대표자를 말한다)가 국내에 체류하는 경우를 제외하고는 그 재외자의 상표에 관한 대리인으로서 국내에 주소나 영업소가 있는 자(이하 "상표관리인"이라 한다)에 의해서만 상표에 관한 절차를 밟거나 이 법 또는 이 법에 따른 명령에 따라 행정청이 한 처분에 대하여 소(訴)를 제기할 수 있다. 기출 23
② 상표관리인은 위임된 권한의 범위에서 상표에 관한 절차 및 이 법 또는 이 법에 따른 명령에 따라 행정청이 한 처분에 관한 소송에서 본인을 대리한다.

제7조(대리권의 범위)

국내에 주소나 영업소가 있는 자로부터 상표에 관한 절차를 밟을 것을 위임받은 대리인(상표관리인을 포함한다. 이하 같다)은 특별히 권한을 위임받지 아니하면 다음 각 호에 해당하는 행위를 할 수 없다.
1. 제36조에 따른 상표등록출원(이하 "상표등록출원"이라 한다)의 포기 또는 취하
2. 제44조에 따른 출원의 변경 기출 23
3. 다음 각 목의 어느 하나에 해당하는 신청 또는 출원의 취하
   가. 제84조에 따른 상표권의 존속기간 갱신등록(이하 "존속기간갱신등록"이라 한다)의 신청(이하 "존속기간갱신등록신청"이라 한다)
   나. 제86조 제1항에 따라 추가로 지정한 상품의 추가등록출원(이하 "지정상품추가등록출원"이라 한다)
   다. 제211조에 따른 상품분류전환 등록(이하 "상품분류전환등록"이라 한다)을 위한 제209조 제2항에 따른 신청(이하 "상품분류전환등록신청"이라 한다)
4. 상표권의 포기
5. 신청의 취하 기출 23
6. 청구의 취하
7. 제115조 또는 제116조에 따른 심판청구 기출 23
8. 복대리인(復代理人)의 선임 기출 23

제8조(대리권의 증명)

상표에 관한 절차를 밟는 자의 대리인의 대리권은 서면으로 증명하여야 한다. 기출 23

제9조(행위능력 등의 흠에 대한 추인)

행위능력 또는 법정대리권이 없거나 상표에 관한 절차를 밟는 데 필요한 권한의 위임에 흠이 있는 자가 밟은 절차는 보정(補正)된 당사자나 법정대리인이 추인(追認)하면 행위를 한 때로 소급하여 그 효력이 발생한다. 기출 23

제10조(대리권의 불소멸)

상표에 관한 절차를 밟는 자의 위임을 받은 대리인의 대리권은 다음 각 호의 사유가 있어도 소멸하지 아니한다.
1. 본인의 사망이나 행위능력 상실
2. 본인인 법인의 합병에 의한 소멸
3. 본인인 수탁자의 신탁임무 종료
4. 법정대리인의 사망이나 행위능력 상실
5. 법정대리인의 대리권의 소멸이나 변경

제11조(개별대리)

상표에 관한 절차를 밟는 자의 대리인이 2인 이상이면 특허청장 또는 특허심판원장에 대하여 각각의 대리인이 본인을 대리한다.

제12조(대리인의 선임 또는 교체 명령 등)
① 특허청장 또는 제131조 제1항에 따라 지정된 심판장(이하 "심판장"이라 한다)은 상표에 관한 절차를 밟는 자가 그 절차를 원활히 수행할 수 없거나 구술심리에서 진술할 능력이 없다고 인정되는 등 그 절차를 밟는 데 적당하지 아니하다고 인정되면 대리인에 의하여 그 절차를 밟도록 명할 수 있다.
② 특허청장 또는 심판장은 상표에 관한 절차를 밟는 자의 대리인이 그 절차를 원활히 수행할 수 없거나 구술심리에서 진술할 능력이 없다고 인정되는 등 그 절차를 밟는 데 적당하지 아니하다고 인정되면 그 대리인을 바꿀 것을 명할 수 있다.
③ 특허청장 또는 심판장은 제1항 및 제2항의 경우에 변리사에 의하여 대리하게 할 것을 명할 수 있다.
④ 특허청장 또는 심판장은 제1항 또는 제2항에 따라 대리인의 선임 또는 교체 명령을 한 경우에는 제1항에 따라 대리인이 선임되거나 제2항에 따라 대리인이 교체되기 전에 특허청장 또는 특허심판원장에 대하여 상표에 관한 절차를 밟는 자 또는 교체되기 전의 대리인이 한 상표에 관한 절차의 전부 또는 일부를 상표에 관한 절차를 밟는 자의 신청에 따라 무효로 할 수 있다.

제13조(복수당사자의 대표)
① 2인 이상이 공동으로 상표등록출원 또는 심판청구를 하고 그 출원 또는 심판에 관계된 절차를 밟을 경우에는 다음 각 호의 어느 하나에 해당하는 사항을 제외하고는 각자가 전원을 대표한다. 다만, 대표자를 선정하여 특허청장 또는 특허심판원장에게 신고한 경우에는 그 대표자가 전원을 대표한다.
  1. 상표등록출원의 포기 또는 취하
  2. 제44조에 따른 출원의 변경
  3. 다음 각 목의 어느 하나에 해당하는 신청 또는 출원의 취하
      가. 존속기간갱신등록신청
      나. 지정상품추가등록출원
      다. 상품분류전환등록신청
  4. 신청의 취하
  5. 청구의 취하
  6. 제115조 또는 제116조에 따른 심판청구
② 제1항 각 호 외의 부분 단서에 따라 신고할 경우에는 대표자로 선임된 사실을 서면으로 증명하여야 한다.

제14조(「민사소송법」의 준용)
대리인에 관하여는 이 법에서 특별히 규정한 것을 제외하고는 「민사소송법」 제1편 제2장 제4절(제87조부터 제97조까지)을 준용한다.

제15조(재외자의 재판관할)
재외자의 상표권 또는 상표에 관한 권리에 관하여 상표관리인이 있으면 그 상표관리인의 주소 또는 영업소를, 상표관리인이 없으면 특허청 소재지를 「민사소송법」 제11조에 따른 재산이 있는 곳으로 본다.

제27조(외국인의 권리능력)
재외자인 외국인은 다음 각 호의 어느 하나에 해당하는 경우를 제외하고는 상표권 또는 상표에 관한 권리를 누릴 수 없다.
  1. 그 외국인이 속하는 국가에서 대한민국 국민에 대하여 그 국민과 같은 조건으로 상표권 또는 상표에 관한 권리를 인정하는 경우
  2. 대한민국이 그 외국인에 대하여 상표권 또는 상표에 관한 권리를 인정하는 경우에는 그 외국인이 속하는 국가에서 대한민국 국민에 대하여 그 국민과 같은 조건으로 상표권 또는 상표에 관한 권리를 인정하는 경우
  3. 조약 및 이에 준하는 것(이하 "조약"이라 한다)에 따라 상표권 또는 상표에 관한 권리를 인정하는 경우

(1) 권리능력

① 의의 : 권리와 의무의 주체가 될 수 있는 능력으로서, 상표의 출원인 및 상표권자가 될 수 있는 능력을 의미한다[자연인(민법 제3조) 및 법인(민법 제34조)].
② 비법인사단·재단은 권리능력이 없어 원칙적으로 상표에 관한 권리 및 의무의 주체가 될 수 없으나, 대표자 또는 관리인이 정해져 있는 경우에는 그 사단이나 재단의 이름으로 이의신청, 심판, 재심의 당사자가 될 수 있다(法 제5조).
③ 재외자인 외국인은 상호주의 또는 조약에 의할 경우 상표에 관한 권리능력이 인정된다(法 제27조). 한편 法 제27조의 반대해석상, 재내자인 외국인은 우리나라에서 상표에 관한 권리능력이 당연히 인정된다.

(2) 행위능력

① 의의 : 단독으로 유효한 법률행위를 할 수 있는 능력을 의미한다.
② 미성년자·피한정후견인·피성년후견인은 민법상 행위 무능력자에 해당한다. 따라서 이들은 법정대리인에 의해서만 상표에 관한 절차를 밟을 수 있다(法 제4조 제1항). 행위능력 또는 법정대리권이 없는 자가 밟은 절차는 보정된 당사자나 법정대리인이 추인하면 행위를 한 때로 소급하여 그 효력이 발생한다(法 제9조).
③ 재외자는 재외자(법인인 경우에는 그 대표자)가 국내에 체류하는 경우를 제외하고는 상표관리인에 의해서만 상표에 관한 절차를 밟거나 소를 제기할 수 있다(法 제6조 제1항).

(3) 대리인

① 대리인의 구분 : '법정대리인'이란 본인의 의사와 관계없이 법률에 따라 대리권을 가지는 자로서, 친권자 또는 후견인(성년후견인, 한정후견인, 특정후견인)으로 구별된다. '임의대리인'이란 본인의 의사에 따라 상표에 관한 절차를 밟을 수 있는 권한을 위임받은 대리인으로서, 재내자로부터 위임받은 통상의 임의대리인과 재외자로부터 위임받은 상표관리인으로 구별된다.
② 대리인의 대리권은 서면으로 증명해야 하고(法 제8조), 본인에게 중대한 불이익이 될 수 있는 행위에 대해서는 특별수권을 받을 필요가 있다(法 제7조).

25　기 간

제16조(기간의 계산)
이 법 또는 이 법에 따른 명령으로 정한 기간의 계산은 다음 각 호에 따른다.
1. 기간의 첫날은 계산에 넣지 아니한다. 다만, 그 기간이 오전 0시부터 시작하는 경우에는 그러하지 아니하다.
2. 기간을 월 또는 연으로 정한 경우에는 역(曆)에 따라 계산한다.
3. 월 또는 연의 처음부터 기간을 기산(起算)하지 아니하는 경우에는 마지막 월 또는 연에서 그 기산일에 해당하는 날의 전날로 기간이 만료한다. 다만, 기간을 월 또는 연으로 정한 경우에 마지막 월에 해당 일이 없으면 그 월의 마지막 날로 기간이 만료한다.
4. 상표에 관한 절차에서 기간의 마지막 날이 공휴일(토요일 및 「근로자의 날 제정에 관한 법률」에 따른 근로자의 날을 포함한다)이면 기간은 그 다음 날로 만료한다.

제17조(기간의 연장 등)
① 특허청장은 당사자의 청구에 의하여 또는 직권으로 다음 각 호의 어느 하나에 해당하는 기간을 30일 이내에서 한 차례 연장할 수 있다. 다만, 도서·벽지 등 교통이 불편한 지역에 있는 자의 경우에는 산업통상자원부령으로 정하는 바에 따라 그 횟수 및 기간을 추가로 연장할 수 있다.
1. 제61조에 따른 이의신청 이유 등의 보정기간
2. 제115조에 따른 보정각하결정에 대한 심판의 청구기간
3. 제116조에 따른 거절결정에 대한 심판의 청구기간
② 특허청장, 특허심판원장, 심판장 또는 제50조에 따른 심사관(이하 "심사관"이라 한다)은 이 법에 따라 상표에 관한 절차를 밟을 기간을 정한 경우에는 상표에 관한 절차를 밟는 자 또는 그 대리인의 청구에 따라 그 기간을 단축 또는 연장하거나 직권으로 그 기간을 연장할 수 있다. 이 경우 특허청장 등은 해당 절차의 이해관계인의 이익이 부당하게 침해되지 아니하도록 단축 또는 연장 여부를 결정하여야 한다.
③ 심판장 또는 심사관은 이 법에 따라 상표에 관한 절차를 밟을 기일을 정하였을 경우에는 상표에 관한 절차를 밟는 자 또는 그 대리인의 청구에 의하여 또는 직권으로 그 기일을 변경할 수 있다.

제19조(절차의 추후 보완)
상표에 관한 절차를 밟는 자가 책임질 수 없는 사유로 다음 각 호의 어느 하나에 해당하는 기간을 지키지 못한 경우에는 그 사유가 소멸한 날부터 2개월 이내에 지키지 못한 절차를 추후 보완할 수 있다. 다만, 그 기간의 만료일부터 1년이 지났을 경우에는 그러하지 아니하다.
1. 제115조에 따른 보정각하결정에 대한 심판의 청구기간
2. 제116조에 따른 거절결정에 대한 심판의 청구기간
3. 제159조 제1항에 따른 재심의 청구기간

(1) 기간의 구분

'법정기간'이란 상표법·시행령·시행규칙에서 정해져 있는 기간이며(法 제61조에 따른 이의신청 이유 등의 보정기간, 法 제116조에 따른 거절결정불복심판 청구기간 등), '지정기간'이란 출원·청구·기타의 절차를 밟는 자에 대하여 특허청장·심판관·심사관이 상표법에 근거하여 정하는 기간(거절이유통지에 대한 의견서 제출기간 등)이다.

(2) 기간의 연장 및 단축

① 법정기간은 당사자의 청구 또는 직권에 의해 30일 이내에서 한 차례 연장하거나, 추가로 연장할 수 있다(法 제17조 제1항).
② 지정기간은 당사자의 청구에 따라 연장 또는 단축하거나, 직권으로 연장할 수 있다.

26 절차의 진행

제18조(절차의 무효)
① 특허청장 또는 특허심판원장은 제39조(제212조에서 준용하는 경우를 포함한다)에 따른 보정명령을 받은 자가 지정된 기간 내에 그 보정을 하지 아니하면 상표에 관한 절차를 무효로 할 수 있다.
② 특허청장 또는 특허심판원장은 제1항에 따라 상표에 관한 절차를 무효로 하였더라도 지정된 기간을 지키지 못한 것이 정당한 사유에 의한 것으로 인정될 때에는 그 사유가 소멸한 날부터 2개월 이내에 보정명령을 받은 자의 청구에 의하여 그 무효처분을 취소할 수 있다. 다만, 지정된 기간의 만료일부터 1년이 지났을 경우에는 그러하지 아니하다.
③ 특허청장 또는 특허심판원장은 제1항에 따른 무효처분 또는 제2항 본문에 따른 무효처분의 취소처분을 할 경우에는 그 보정명령을 받은 자에게 처분통지서를 송달하여야 한다.

제20조(절차의 효력 승계)
상표권 또는 상표에 관한 권리에 관하여 밟은 절차의 효력은 그 상표권 또는 상표에 관한 권리의 승계인에게 미친다.

제21조(절차의 속행)
특허청장 또는 심판장은 상표에 관한 절차가 특허청 또는 특허심판원에 계속(繫屬) 중일 때 상표권 또는 상표에 관한 권리가 이전된 경우에는 그 상표권 또는 상표에 관한 권리의 승계인에게 그 절차를 속행(續行)하게 할 수 있다. 기출 23

제22조(절차의 중단)
상표에 관한 절차가 특허청 또는 특허심판원에 계속 중일 때 다음 각 호의 어느 하나에 해당하는 사유가 발생한 경우에는 그 절차는 중단된다. 다만, 절차를 밟을 것을 위임받은 대리인이 있는 경우에는 그러하지 아니하다.
 1. 당사자가 사망한 경우
 2. 당사자인 법인이 합병으로 소멸한 경우
 3. 당사자가 절차를 밟을 능력을 상실한 경우
 4. 당사자의 법정대리인이 사망하거나 그 대리권을 상실한 경우
 5. 당사자의 신탁에 의한 수탁자의 임무가 끝난 경우
 6. 제13조 제1항 각 호 외의 부분 단서에 따른 대표자가 사망하거나 그 자격을 상실한 경우
 7. 파산관재인 등 일정한 자격에 의하여 자기 이름으로 다른 사람을 위하여 당사자가 된 자가 그 자격을 상실하거나 사망한 경우

제23조(중단된 절차의 수계)

제22조에 따라 특허청 또는 특허심판원에 계속 중인 절차가 중단된 경우에는 다음 각 호의 구분에 따른 자가 그 절차를 수계(受繼)하여야 한다.
1. 제22조 제1호의 경우 : 그 상속인·상속재산관리인 또는 법률에 따라 절차를 계속 진행할 자. 다만, 상속인은 상속을 포기할 수 있는 기간 동안에는 그 절차를 수계하지 못한다.
2. 제22조 제2호의 경우 : 합병으로 설립되거나 합병 후 존속하는 법인
3. 제22조 제3호 및 제4호의 경우 : 절차를 밟을 능력을 회복한 당사자 또는 법정대리인이 된 자 기출 23
4. 제22조 제5호의 경우 : 새로운 수탁자
5. 제22조 제6호의 경우 : 새로운 대표자 또는 각 당사자
6. 제22조 제7호의 경우 : 파산관재인 등 일정한 자격을 가진 자

제24조(수계신청)

① 제22조에 따라 중단된 절차에 관한 수계신청은 제23조 각 호에 따른 자 및 상대방도 할 수 있다.
② 특허청장 또는 심판장은 제22조에 따라 중단된 절차에 관한 수계신청이 있는 경우에는 그 사실을 제23조 각 호에 따른 자 또는 상대방에게 알려야 한다.
③ 특허청장 또는 제129조에 따른 심판관(이하 "심판관"이라 한다)은 제22조에 따라 중단된 절차에 관한 수계신청에 대하여 직권으로 조사하여 이유 없다고 인정할 경우에는 결정으로 기각하여야 한다.
④ 특허청장 또는 심판관은 제23조 각 호에 따른 자가 중단된 절차를 수계하지 아니하면 직권으로 기간을 정하여 수계를 명하여야 한다.
⑤ 제4항에 따라 수계명령을 받은 자가 같은 항에 따른 기간 내에 절차를 수계하지 아니하면 그 기간이 끝나는 날의 다음 날에 수계한 것으로 본다.
⑥ 특허청장 또는 심판장은 제5항에 따라 수계한 것으로 본 경우에는 그 사실을 당사자에게 알려야 한다.

제25조(절차의 중지)

① 특허청장 또는 심판관이 천재지변이나 그 밖의 불가피한 사유로 그 직무를 수행할 수 없는 경우에는 특허청 또는 특허심판원에 계속 중인 절차는 그 사유가 없어질 때까지 중지된다.
② 당사자에게 특허청 또는 특허심판원에 계속 중인 절차를 속행할 수 없는 장애 사유가 생긴 경우에는 특허청장 또는 심판관은 결정으로 그 절차의 중지를 명할 수 있다.
③ 특허청장 또는 심판관은 제2항에 따른 결정을 취소할 수 있다.
④ 특허청장 또는 심판장은 제1항 및 제2항에 따른 중지 또는 제3항에 따른 취소를 하였을 경우에는 그 사실을 각각 당사자에게 알려야 한다.

제26조(중단 또는 중지의 효과)

상표에 관한 절차가 중단되거나 중지된 경우에는 그 기간의 진행은 정지되고 그 절차의 수계 통지를 하거나 그 절차를 속행한 때부터 전체 기간이 새로 진행된다.

27 서류의 제출

제28조(서류 제출의 효력 발생 시기)
① 이 법 또는 이 법에 따른 명령에 따라 특허청장 또는 특허심판원장에게 제출하는 출원서·청구서, 그 밖의 서류(물건을 포함한다. 이하 이 조에서 같다)는 특허청장 또는 특허심판원장에게 도달한 날부터 그 효력이 발생한다.
② 제1항의 출원서·청구서, 그 밖의 서류를 우편으로 특허청장 또는 특허심판원장에게 제출하는 경우에는 다음 각 호의 구분에 따른 날에 특허청장 또는 특허심판원장에게 도달한 것으로 본다. 다만, 상표권 및 상표에 관한 권리의 등록신청서류를 우편으로 제출하는 경우에는 그 서류가 특허청장 또는 특허심판원장에게 도달한 날부터 효력이 발생한다.
  1. 우편법령에 따른 통신날짜도장에 표시된 날이 분명한 경우 : 표시된 날
  2. 우편법령에 따른 통신날짜도장에 표시된 날이 분명하지 아니한 경우 : 우체국에 제출한 날(우편물 수령증에 의하여 증명된 날을 말한다)
③ 제1항 및 제2항에서 규정한 사항 외에 우편물의 지연, 우편물의 분실·도난 및 우편업무의 중단으로 인한 서류 제출에 필요한 사항은 산업통상자원부령으로 정한다.

제29조(고유번호의 기재)
① 상표에 관한 절차를 밟는 자는 산업통상자원부령으로 정하는 바에 따라 특허청장 또는 특허심판원장에게 자신의 고유번호를 부여하여 줄 것을 신청하여야 한다.
② 특허청장 또는 특허심판원장은 제1항에 따른 신청을 받으면 신청인에게 고유번호를 부여하고 그 사실을 알려야 한다.
③ 특허청장 또는 특허심판원장은 제1항에 따른 고유번호 부여 신청을 하지 아니하는 자에게는 직권으로 고유번호를 부여하고 그 사실을 알려야 한다.
④ 제2항 또는 제3항에 따라 고유번호를 부여받은 자가 상표에 관한 절차를 밟는 경우에는 산업통상자원부령으로 정하는 서류에 자신의 고유번호를 적어야 한다. 이 경우 이 법 또는 이 법에 따른 명령에도 불구하고 해당 서류에 주소(법인인 경우에는 영업소의 소재지를 말한다)를 적지 아니할 수 있다.
⑤ 상표에 관한 절차를 밟는 자의 대리인에 관하여는 제1항부터 제4항까지의 규정을 준용한다.
⑥ 고유번호 부여 신청, 고유번호의 부여 및 통지, 그 밖에 고유번호에 관하여 필요한 사항은 산업통상자원부령으로 정한다.

제30조(전자문서에 의한 상표에 관한 절차의 수행)
① 상표에 관한 절차를 밟는 자는 이 법에 따라 특허청장 또는 특허심판원장에게 제출하는 상표등록출원서와 그 밖의 서류를 산업통상자원부령으로 정하는 방식에 따라 전자문서화하고, 이를 「정보통신망 이용촉진 및 정보보호 등에 관한 법률」 제2조 제1항 제1호에 따른 정보통신망(이하 "정보통신망"이라 한다)을 이용하여 제출하거나 이동식 저장매체 등 전자적 기록매체에 수록하여 제출할 수 있다.
② 제1항에 따라 제출된 전자문서는 이 법에 따라 제출된 서류와 같은 효력을 가진다.
③ 제1항에 따라 정보통신망을 이용하여 제출된 전자문서는 그 문서의 제출인이 정보통신망을 통하여 접수번호를 확인할 수 있는 때에 특허청 또는 특허심판원에서 사용하는 접수용 전산정보처리조직의 파일에 기록된 내용으로 접수된 것으로 본다.
④ 제1항에 따라 전자문서로 제출할 수 있는 서류의 종류, 제출 방법과 그 밖에 전자문서에 의한 서류의 제출에 필요한 사항은 산업통상자원부령으로 정한다.

제31조(전자문서 이용신고 및 전자서명)
① 전자문서로 상표에 관한 절차를 밟으려는 자는 미리 특허청장 또는 특허심판원장에게 전자문서 이용신고를 하여야 하며, 특허청장 또는 특허심판원장에게 제출하는 전자문서에 제출인을 알아볼 수 있도록 전자서명을 하여야 한다.
② 제30조에 따라 제출된 전자문서는 제1항에 따른 전자서명을 한 자가 제출한 것으로 본다.
③ 제1항에 따른 전자문서 이용신고 절차 및 전자서명 방법 등에 관하여 필요한 사항은 산업통상자원부령으로 정한다.

제32조(정보통신망을 이용한 통지 등의 수행)
① 특허청장, 특허심판원장, 심판장, 심판관, 제62조 제3항에 따라 지정된 심사장(이하 "심사장"이라 한다) 또는 심사관은 제31조 제1항에 따라 전자문서 이용신고를 한 자에게 서류의 통지 및 송달(이하 이 조에서 "통지등"이라 한다)을 하려는 경우에는 정보통신망을 이용하여 할 수 있다.
② 제1항에 따른 서류의 통지등은 서면으로 한 것과 같은 효력을 가진다.
③ 제1항에 따른 서류의 통지등은 그 통지등을 받는 자가 자신이 사용하는 전산정보처리조직을 통하여 그 서류를 확인한 때에 특허청 또는 특허심판원에서 사용하는 발송용 전산정보처리조직의 파일에 기록된 내용으로 도달한 것으로 본다.
④ 제1항에 따라 정보통신망을 이용하여 하는 통지등의 종류 및 방법 등에 관하여 필요한 사항은 산업통상자원부령으로 정한다.

CHAPTER 01 총 칙

01 상표법상 상품에 해당되는 것은? (다툼이 있으면 판례에 따름) 기출 21

① 다른 상품의 판매촉진이나 광고를 하기 위하여 무상으로 제공되는 볼펜
② 마약 등 거래가 금지되는 물품
③ 인터넷에서 다운로드의 형태로 판매되는 컴퓨터프로그램
④ 대리점에서 판매되는 즉석건강식품의 원재료를 보여주기 위해서 곡물마다 별도로 유리용기에 담은 상품의 견본
⑤ 종전부터 발행하여 오던, 영화·음악·연예인 등에 관한 정보를 담은 월간잡지 "ROADSHOW, 로드쇼"의 독자들에게 보답하기 위하여 사은품으로 제공한 외국의 영화배우들 사진을 모은 "WINK"라는 제호의 책자

┃해설┃

③ (○) '상품'은 그 자체가 교환가치를 가지고 독립된 상거래의 목적물이 되는 물품을 의미한다. 다른 상품의 판매촉진이나 광고를 하기 위하여 무상으로 제공되는 볼펜, 마약 등 거래가 금지되는 물품, 대리점에서 판매되는 즉석건강식품의 원재료를 보여주기 위해서 곡물마다 별도로 유리용기에 담은 상품의 견본, 종전부터 발행하여 오던, 월간잡지의 독자들에게 보답하기 위하여 사은품으로 제공한 외국의 영화배우들 사진을 모은 책자들은 상품이 아니다.

답 ③

02 상표법령에 관한 설명으로 옳지 않은 것은? (다툼이 있으면 판례에 따름) 기출 18

① 입체적 형상만으로 이루어진 상표를 출원하는 경우 출원인은 심사관이 출원상표를 정확히 파악할 수 있도록 표장에 관한 설명을 출원서에 반드시 기재하여야 한다.
② 지정상품의 입체적 형상으로 된 상표의 경우에, 그 입체적 형상이 해당 지정상품이 거래되는 시장에서 그 상품 등의 통상적·기본적인 형태에 해당하여 수요자가 상품의 출처 표시로 인식할 수 있는 정도에 이르지 못하였다면 상표법 제33조(상표등록의 요건) 제1항 제3호에 해당한다.
③ 상표법 제107조(권리침해에 대한 금지청구권 등)에 의한 금지청구를 인정할 것인지의 판단은 사실심 변론종결 당시를 기준으로 하여야 하고, 상표법 제109조(손해배상의 청구)에 의한 손해배상청구를 인정할 것인지의 판단은 침해행위 당시를 기준으로 하여야 한다는 것이 판례의 입장이다.
④ 입체적 형상과 문자가 결합된 상표에 있어, 입체적 형상 자체에는 식별력이 없더라도 식별력이 있는 문자가 결합하여 상표가 전체적으로 식별력이 있다면 상표법 제33조(상표등록의 요건) 제1항 제3호에 해당하지 아니한다.
⑤ 소리상표의 상표등록출원서에 적는 '상표에 관한 설명'의 기재사항을 고치는 것은 요지변경에 해당하지 아니한다.

해설

① (×) 입체상표에 있어 해당 상표에 대한 설명서는 일반상표와 마찬가지로 필수적 제출사항이 아니라, 임의적 제출사항에 해당한다(상표법 시행규칙 제28조 제1항).
② (○) 判例 2013다84568
③ (○) 상표법 제107조에 의한 금지청구를 인정할 것인지의 판단은 '침해행위 당시'를 기준으로 하여야 한다(判例 2006다22722).
④ (○) 判例 2014후2306
⑤ (○) 상표법 시행규칙 제33조 제1호

답 ①

03 위치상표에 관한 설명으로 옳지 않은 것은? (다툼이 있으면 판례에 따름) 기출 18

① 위치상표는 표장이 사용되는 위치에 식별력이 인정되는 것이기는 하나 표장의 위치가 요부라고는 볼 수 없다.
② 위치상표에서는 지정상품에 일정한 형상이나 모양 등이 부착되는 특정 위치를 설명하기 위하여 지정상품의 형상을 표시하는 부분을 필요로 하게 된다.
③ 특정 위치에 부착된 표장은 수요자의 입장에선 상표가 아니라 디자인적 요소로 보는 것이 일반적이므로 위치상표로 등록받기 위해서는 그 표장이 수요자들에게 상품의 출처표시로 인식된다는 것을 입증하여야 한다.
④ 위치상표는 비록 일정한 형상이나 모양 등이 그 자체로는 식별력을 가지지 아니하더라도 지정상품의 특정 위치에 부착되어 사용됨으로써 당해 상품에 대한 거래자 및 수요자 대다수에게 특정인의 상품을 표시하는 것으로 인식되기에 이르렀다면, 사용에 의한 식별력을 취득한 것으로 인정받아 상표로서 등록될 수 있다.
⑤ 위치상표란 '기호·문자·도형 각각 또는 그 결합이 일정한 형상이나 모양을 이루고, 이러한 일정한 형상이나 모양이 지정상품의 특정 위치에 부착되는 것에 의하여 자타상품을 식별하게 되는 표장'을 말한다.

해설

① (×) 위치상표는 그 본질상 위치에 의하여 식별력이 인정되며, 따라서 표장의 위치가 요부로 작용함은 당연하다.
② (○)·③ (○)·④ (○)·⑤ (○) 判例 2010후2339(아디다스 3선 줄무늬 사건 참고)

답 ①

04 증명표장에 관한 설명으로 옳지 않은 것은? 기출 17

① 단체표장과 달리 증명표장은 법인뿐만 아니라 개인도 출원하여 등록받을 수 있다.
② 상표·단체표장 또는 업무표장을 출원하거나 등록을 받은 자는 그 상표 등과 동일·유사한 표장을 지정상품의 동일·유사여부와 상관없이 증명표장으로 등록받을 수 없다.
③ 증명표장등록출원의 지정상품은 「증명의 대상」과 「증명의 내용」이 함께 기재되어야 하며, 그중 어느 하나가 기재되어 있지 않거나 그 기재가 불명확한 경우 실무상 상표법 제38조(1상표 1출원) 제1항의 거절이유를 적용하고 있다.
④ 증명표장은 정관에서 정한 기준을 충족한 자이면 누구나 사용할 수 있으므로 증명표장권자도 정관에서 정한 기준을 충족하면 자기의 영업에 관한 상품에 이를 사용할 수 있다.
⑤ 증명표장등록출원에 있어 표장의 동일·유사여부는 증명표장은 물론 상표·업무표장·단체표장 등과의 유사여부를 함께 고려하여 판단하여야 한다.

┃해설┃
④ (×) 증명표장은 특성상 증명표장권자 스스로 증명표장을 자기의 상품이나 서비스에 사용하는 것은 허용되지 아니하며, 상표법 제3조 제3항 단서 및 제119조 제1항 제9호 나목을 통하여 증명표장권자의 사용을 인정하지 않는다.

답 ④

05 업무표장에 관한 설명으로 옳은 것은? (다툼이 있으면 판례에 따름) 기출 19

① 업무표장 등록을 받은 자는 해당 업무표장과 유사한 표장을 증명표장으로 등록받을 수 있다.
② 업무표장등록출원은 해당 업무와 함께 양도하지 않더라도 양도할 수 있다.
③ 업무표장권에 대해 질권을 설정할 수 있다.
④ 업무표장등록출원은 상표등록출원으로 변경할 수 있다.
⑤ 업무표장권에 대해 전용사용권을 설정할 수 없다.

┃해설┃
① (×) 상표·단체표장 또는 업무표장을 출원하여 등록을 받은 자는 그 상표 등과 동일·유사한 표장을 증명표장으로 등록받을 수 없다(상표법 제3조 제4항).
② (×) 업무표장등록출원 또는 업무표장권은 이를 양도할 수 없다. 다만, 해당 업무와 함께 양도하는 경우에는 양도할 수 있다(상표법 제48조 제6항, 제93조 제4항).
③ (×), ⑤ (○) 업무표장권에 대한 사용권 또는 업무표장권을 목적으로 하는 질권은 설정할 수 없다(상표법 제95조 제2항, 제97조 제5항, 제93조 제8항).
④ (×) 상표법 제44조 제1항

답 ⑤

06

상표법 제36조(상표등록출원)에서 상표등록출원서를 제출하면서 제1항 각 호의 사항 외에 첨부하여야 하는 것을 기술한 것이다. 이에 관한 설명으로 옳지 <u>않은</u> 것을 모두 고른 것은? 기출 23

> ㄱ. 단체표장등록 - 대통령령으로 정하는 단체표장의 사용에 관한 사항을 정한 정관
> ㄴ. 증명표장등록 - 대통령령으로 정하는 바에 따라 그 표장에 관한 설명과 증명하려는 상품의 품질, 원산지, 사용방법 그리고 그 밖의 특성을 증명하고 관리할 수 있음을 증명하는 서류
> ㄷ. 지리적 표시 단체표장등록 - 대통령령으로 정하는 바에 따라 지리적 표시 상품의 생산지를 증명하는 서류
> ㄹ. 업무표장등록 - 그 업무의 경영 사실을 증명하는 서류

① ㄱ, ㄴ
② ㄱ, ㄷ
③ ㄴ, ㄷ
④ ㄴ, ㄹ
⑤ ㄷ, ㄹ

해설

ㄱ. (○) 상표법 제36조 제3항
ㄴ. (×) "사용방법"을 증명하고 관리할 수 있음을 증명하려는 서류는 필요 없다(상표법 제36조 제4항).
ㄷ. (×) 지리적 표시 상품의 생산지를 증명하려는 서류는 필요 없다. 다만, 지리적 표시 정의에 일치함을 증명할 수 있는 서류는 필요하다(상표법 제36조 제5항).
ㄹ. (○) 상표법 제36조 제6항

> **상표법 제36조(상표등록출원)**
> ③ 단체표장등록을 받으려는 자는 제1항 각 호의 사항 외에 대통령령으로 정하는 <u>단체표장의 사용에 관한 사항</u>을 정한 정관을 단체표장등록출원서에 첨부하여야 한다.
> ④ 증명표장등록을 받으려는 자는 제1항 각 호의 사항 외에 대통령령으로 정하는 증명표장의 사용에 관한 사항을 정한 서류(법인인 경우에는 정관을 말하고, 법인이 아닌 경우에는 규약을 말하며, 이하 "정관 또는 규약"이라 한다)와 증명하려는 상품의 품질, 원산지, <u>생산방법</u>이나 그 밖의 특성을 증명하고 관리할 수 있음을 증명하는 서류를 증명표장등록출원서에 첨부하여야 한다.
> ⑤ 지리적 표시 단체표장등록이나 지리적 표시 증명표장등록을 받으려는 자는 제3항 또는 제4항의 서류 외에 대통령령으로 정하는 바에 따라 <u>지리적 표시의 정의에 일치함을 증명할 수 있는 서류</u>를 지리적 표시 단체표장등록출원서 또는 지리적 표시 증명표장등록출원서에 첨부하여야 한다.
> ⑥ 업무표장등록을 받으려는 자는 제1항 각 호의 사항 외에 그 업무의 경영 사실을 증명하는 서류를 업무표장등록출원서에 첨부하여야 한다.

답 ③

07 상표법상 지리적 표시 단체표장에 관한 설명으로 옳은 것은? 기출 19

① 지리적 표시 단체표장에서 지리적 표시는 상품의 특정 품질·명성 또는 그 밖의 특성이 전적으로 특정지역에서 비롯된 경우에만 그 지역에서 생산·제조 또는 가공된 상품임을 나타내는 표시를 말한다.
② 지리적 표시를 사용할 수 있는 상품을 판매하는 자만으로 구성된 법인이 직접 사용하기 위한 표장에 대해 지리적 표시 단체표장등록을 받을 수 있다.
③ 서비스에 대해 지리적 표시 단체표장등록을 받을 수 있다.
④ 지리적 표시 단체표장등록출원은 상표등록출원으로 출원의 변경을 할 수 없다.
⑤ 지리적 표시를 사용할 수 있는 상품을 제조하는 자가 직접 사용하기 위한 표장에 대해 개인을 출원인으로 하여 지리적 표시 단체표장등록을 받을 수 있다.

| 해설 |

① (×) '지리적 표시'란 '상품의 특정 품질·명성 또는 그 밖의 특성이 본질적으로 특정지역에서 비롯된 경우에 그 지역에서 생산·제조 또는 가공된 상품임을 나타내는 표시'를 말한다(상표법 제2조 제1항 제4호).
② (×) 지리적 표시 단체표장의 출원인 적격과 관련하여 현행법은 구법의 "그 지리적 표시를 사용할 수 있는 상품을 생산·제조 또는 가공하는 자[만으로] 구성된 법인"에서 '만으로' 부분을 삭제하여 유통·판매를 하는 법인도 지리적 표시 단체표장의 출원인의 법인의 단원이 될 수 있도록 출원인 적격을 완화하였다.
③ (×) 지리적 표시는 상품에 대해서만 인정되며 서비스업에 대해서는 인정되지 않는다.
④ (○) 상표법 제44조 제1항
⑤ (×) 지리적 표시 단체표장을 개인이 등록받을 수 있는 경우는 없다.

답 ④

08 상표의 사용에 관한 설명으로 옳은 것은? (다툼이 있으면 판례에 따름) 기출 20

① 신문에 등록상표의 등록번호와 상표를 기재하고, 그 상표에 대하여 '타사의 컴퓨터 및 전자오락기구를 오인, 혼동하여 현혹 없기를 바란다.'고 기재한 것은 지정상품에 대한 광고로 볼 수 있으므로 상표법 제2조(정의)상 상표의 사용으로 볼 수 있다.

② 소과부처로부터 등록상표의 지정상품인 의약품의 제조나 수입에 관한 품목별허가를 받지 아니한 상태에서 신문에 1년 못미쳐 한 차례씩 그 상표를 광고하였거나 국내의 일부 특정지역에서 해당 상표를 부착한 지정상품이 판매된 경우라면 불사용으로 인한 상표등록취소심판에서의 정당한 사용이 있었다고 볼 수 없다.

③ 상품의 선전광고나 판매촉진 또는 고객에 대한 서비스 제공 등의 목적으로 그 상품과 함께 또는 이와 별도로 고객에게 무상으로 배부되는 이른바 '광고매체가 되는 물품'은 비록 그 물품에 표시된 상표 이외의 다른 문자나 도형 등에 의하여 광고하고자 하는 상품의 출처표시로 사용된 것으로 인식할 수 있는 등의 특별한 사정이 없더라도 이러한 물품에 상표를 표시한 것은 상표법 제2조(정의)상 상표의 사용으로 볼 수 있다.

④ 자신의 상표가 아니라 주문자가 요구하는 상표로 상품을 생산하여 주는 주문자상표부착생산 방식(이른바 OEM 방식)에 의한 수출의 경우, 불사용으로 인한 상표등록취소심판에서 누가 상표를 사용한 것인지를 판단하는데 있어서는 특단의 사정이 없는 한 국내에서 실제로 상품 또는 상품을 제조하면서 포장에 상표를 표시하였는지 여부를 가지고 판단하여야 하므로 국내의 생산자에 의해 상표가 사용된 것으로 볼 수 있다.

⑤ 상표권자가 외국에서 자신의 등록상표를 상품에 표시하고 우리나라에서 직접 또는 대리인을 통하여 그 상품을 거래한 바 없이, 상표권자가 등록상표를 표시한 그대로 그 상품이 제3자에 의하여 정상적으로 국내로 수입되어 유통됨에 따라 사회통념상 국내의 거래자나 수요자에게 그 상표가 상표권자의 업무에 관련된 상품을 표시하는 것으로 인식되는 경우라도 상표권자가 직접 유통시킨 것이 아니므로 특단의 사정이 없는 한 불사용으로 인한 상표등록취소심판에서 그 상표를 표시한 상표권자가 국내에서 상표를 불사용한 것으로 볼 수 있다.

해설

① (×) 상표에 대한 선전, 광고행위는 지정상품에 관련하여, 즉 지정상품이 특정되어 행하여져야 하는 것인데, 지문의 경우 그 광고문안의 취지상 지정상품과 관련하여 광고된 것이라고 보기 어렵다. 따라서 제2조 제1항 제11호 소정의 광고행위로서의 상표의 사용이라 보기 어렵다.

② (○) 의약품의 경우 허가를 받지 않고 유통하였다면 행정법규의 목적·특성, 그 상품의 용도·성질 및 판매형태, 거래실정상 거래자나 일반수요자가 그 상품에 대하여 느끼는 인식 등을 고려해볼 때 오로지 불사용취소를 면하기 위한 형식적 사용에 불과하다(判例 89후1240·1257).

③ (×) 상품의 선전광고나 판매촉진 또는 고객에 대한 서비스 제공 등의 목적으로 그 상품과 함께 또는 이와 별도로 고객에게 무상으로 배부되어 거래시장에서 유통될 가능성이 없는 이른바 '광고매체가 되는 물품'은 비록 그 물품에 상표가 표시되어 있다고 하더라도, 물품에 표시된 상표 이외의 다른 문자나 도형 등에 의하여 광고하고자 하는 상품의 출처 표시로 사용된 것으로 인식할 수 있는 등의 특별한 사정이 없는 한, 그 자체가 교환가치를 가지고 독립된 상거래의 목적물이 되는 물품이라고 볼 수 없고, 따라서 이러한 물품에 상표를 표시한 것은 상표의 사용이라고 할 수 없다(判例 98후58).

답 ②

09 상표법상 상표의 사용에 관한 설명으로 옳지 않은 것은? (다툼이 있으면 판례에 따름)

기출 19

① 제과점업에 대하여 상표등록을 받은 자가 해당 등록상표가 표시된 나무상자에 즉석으로 구운 빵을 담아 판매한 행위는 제과점업에 대한 상표의 사용행위에 해당한다.
② 상표법 제2조 제1항 제11호 다목에서 말하는 상품에 관한 광고에는 시각으로 인식할 수 있는 것이 포함되어야 하므로 그 광고에는 상품명이나 제조원이 표시되어야 상표의 사용으로 인정된다.
③ 명함의 뒷면에 상표를 표시하고, 이를 거래상대방에게 교부한 행위는 상표법상 상표의 사용행위에 해당한다.
④ 인터넷 포털사이트 운영자에게서 특정 단어나 문구의 이용권을 구입하여 일반 인터넷 사용자가 그 단어나 문구를 검색창에 입력하면 검색결과 화면에 그 키워드 구입자의 홈페이지로 이동할 수 있는 스폰서의 홈페이지 주소가 나타나는 경우에 그 검색결과 화면에 나타난 표장이 자타상품의 출처표시를 위하여 사용된 것으로 볼 수 있다면 상표로서의 사용에 해당한다.
⑤ 도메인이름의 사용태양 및 그 도메인이름으로 연결되는 웹사이트 화면의 표시 내용 등을 전체적으로 고려하여 거래통념상 상품의 출처를 표시하고 자기의 업무에 관계된 상품과 타인의 업무에 관계된 상품을 구별하는 식별표지로 기능하고 있을 때에는 도메인이름의 사용행위를 상표의 사용으로 볼 수 있다.

해설

① (○) '제과점업'에 대하여 상표 등록을 받은 자가 해당 제과점업에 대한 상표가 표시된 나무상자 등 즉석에서 구운 빵을 담아 판매한 경우 이때의 즉석으로 구운 빵은 유통과정에 놓이는 것이 아니어서 상표법상 상품에 해당하지 않고, 따라서 위와 같은 사용은 '제과점업에 대한 상표'로 정당하게 사용한 것이지 '빵에 대한 상표'로 사용한 것이라 볼 수는 없다(判例 2010후3080).
② (×) 상표법 제2조 제1항 제11호 (다)목에서 말하는 '광고'에는 신문잡지, 팸플릿, 카타로그, 전단지, 달력, 간판, 가두네온사인, TV 등에 의한 시각으로 인식할 수 있는 것이 포함되며, 그 '광고'의 내용 및 형식에 관하여 상표법이 특별히 규정하는 바가 없으므로, 상품에 관한 정보를 일반소비자에게 시각적으로 알리는 정도의 그림이나 글이면 위 광고로서 요건을 충족하고, 반드시 상품명이나 제조원이 표시되어야만 하는 것이라고는 할 수 없다(判例 2005후179).
③ (○) 대법원 判例는 "명함 이면(裏面)에 상표를 수기(手技)로 써서 구매자에게 교부한 경우 이때의 명함 이면은 판매된 물품을 확인해주는 거래서류에 해당한다."고 판시하였는바(判例 2000마4424), 명함의 뒷면에 상호를 표시하고 이를 거래상대방에게 교부한 경우 제2조 제1항 제11호 다목 소정의 상표의 사용에 해당한다.
④ (○) 判例 2010후3073
⑤ (○) 判例 2006다51577

답 ②

10 상표법상 다음 설명 중 옳지 않은 것은? (다툼이 있으면 판례에 따름) 기출 19

① 사과주스에 사용하는 원재료를 표시한 '사과'라는 상표라도 상표등록출원 전부터 그 상표를 사과주스에 사용한 결과 수요자 간에 특정인의 상품에 관한 출처를 표시하는 것으로 식별할 수 있게 된 경우에는 그 상표를 사용한 사과주스를 지정상품으로 한정하여 상표등록을 받을 수 있다.
② 상품에 상표를 표시한 것을 인도할 목적으로 수출하는 행위는 상표의 사용에 해당하지 아니한다.
③ 타인의 등록상표와 동일 또는 유사한 표장을 순전히 디자인적으로만 사용하여 상표의 사용으로 인식될 수 없는 경우에는 상표권 침해로 볼 수 없다.
④ 증명표장을 출원하거나 등록을 받은 자는 그 증명표장과 동일·유사한 표장을 상표로 등록을 받을 수 없다.
⑤ 자기의 영업에 관한 상품에 사용하려는 경우에는 증명표장의 등록을 받을 수 없다.

┃해설┃
① (○) 상표법 제33조 제2항
② (×) 상표법 제2조 제1항 제11호 나목의 상표의 사용에 해당한다.
③ (○) 判例 2003후2027
④ (○) 상표법 제3조 제5항
⑤ (○) 증명표장은 타인의 상품이 정하여진 품질 등을 충족한다는 것을 증명하는 데 사용하는 경우이어야 하므로, '자기의 영업에 관한 상품에 사용하려는 경우'에는 증명표장의 등록을 받을 수 없다(상표법 제3조 제3항 단서).

답 ②

11 상표법에 관한 설명으로 옳은 것은? (다툼이 있으면 판례에 따름) 기출 18

① 상표의 유사 여부의 판단은 두 개의 상표 자체를 나란히 놓고 대비하여 두 개의 상표를 대하는 일반 수요자에게 상품 출처에 관하여 오인·혼동을 일으킬 우려가 있는지의 관점에서 이루어져야 하고, 두 개의 상표가 외관, 호칭, 관념 등에 의하여 일반 수요자에게 주는 인상, 기억, 연상 등을 전체적으로 종합할 때 상품의 출처에 관하여 오인·혼동을 일으킬 우려가 있는 경우에는 두 개의 상표는 서로 유사하다고 보아야 한다.
② 업무표장이란 국내 및 국외에서 영리를 목적으로 하지 아니하는 업무를 하는 자가 그 업무를 나타내기 위하여 사용하는 표장이다.
③ 상품의 품질오인을 일으키게 할 염려가 있는 상표는 상표등록을 받을 수 없는데 상품의 품질오인이란 상품의 품질에 관한 오인을 말하는 것이지, 상품자체를 오인하게 하는 경우는 포함되지 않는다.
④ 등록상표임을 표시한 타인의 상표권을 침해한 자는 그 침해행위에 대하여 과실이 있는 것으로 추정한다.
⑤ 디자인과 상표는 배타적·선택적인 관계에 있는 것이 아니므로 디자인이 될 수 있는 형상이나 모양이라고 하더라도 그것이 상표의 본질적인 기능이라고 할 수 있는 자타상품의 출처표시를 위하여 사용되는 것으로 볼 수 있는 경우에는 위 사용을 상표로서의 사용이라고 보아야 할 것이다.

해설

① (×) 두 개의 상표를 나란히 놓고 대비하는 '대비관찰'은 허용되지 않는다.
② (×) 제3조 제6항의 해석상 업무표장이란 '국내에서' 영리를 목적으로 하지 아니하는 업무를 하는 자가 그 업무를 나타내기 위하여 사용하는 표장을 말한다.
③ (×) 수요자를 기만할 염려가 있는 상표도 포함된다(상표법 제34조 제1항 제12호).
④ (×) 등록상표임을 표시한 타인의 상표권 또는 전용사용권을 침해한 자는 그 침해행위에 대하여 그 상표가 이미 등록된 사실을 알았던 것으로 추정하므로 '고의'를 추정한다(상표법 제112조). 또한, 대법원은 상표권 침해시 상표권자가 '등록상표임을 표시하였는지 여부와 무관'하게 침해자에게 그 침해행위에 대한 '과실'이 있는 것으로 추정한다(判例 2013다21666).

답 ⑤

12

상표 또는 서비스표의 동일·유사에 관한 설명으로 옳지 않은 것은? (다툼이 있으면 판례에 따름)

기출 15

① 상표법 제108조(침해로 보는 행위) 제1항 제1호에 규정된 '등록상표와 유사한 상표'에는 그 등록상표와 유사한 상표로서 색채를 등록상표와 동일하게 하면 등록상표와 동일한 상표라고 인정되는 상표는 포함되지 않는다.

② 등록상표를 그 지정상품에 사용한다고 함은 등록상표와 물리적으로 동일한 상표를 사용하여야 한다는 것을 의미하는 것은 아니고 거래사회의 통념상 이와 동일하게 볼 수 있는 형태의 사용도 포함된다.

③ 서비스표의 구성 부분이 식별력이 없거나 미약한지 여부는 그 구성 부분이 지니고 있는 관념, 지정서비스업과의 관계 및 거래사회의 실정 등을 감안하여 객관적으로 결정하여야 하는바, 사회통념상 자타서비스업의 식별력을 인정하기 곤란하거나 공익상으로 보아 특정인에게 독점시키는 것이 적당하지 않은 경우에는 '식별력 있는 요부'에 해당한다고 볼 수 없다.

④ 외국어로 이루어진 상표의 호칭은 우리나라의 거래자나 일반수요자의 대부분이 실제로 그 외국어 상표를 특정한 발음으로 널리 호칭·인식하고 있다는 등의 구체적·개별적 사정이 있는 경우에는 이를 고려하여 외국어 상표의 호칭을 정할 수 있으며, 그와 같은 구체적·개별적 사정은 증거에 의해 명확하게 인정받을 필요까지는 없다.

⑤ 일반적·추상적·정형적으로는 양 상표가 서로 유사해 보인다 하더라도 거래실정과 상표의 주지 정도 및 당해 상품과의 관계 등을 종합적·전체적으로 고려하여 거래사회에서 수요자들이 구체적·개별적으로 상품의 출처에 관하여 오인·혼동할 염려가 없을 경우에는 그 등록된 상표를 무효라고 할 수 없다.

정답해설

① (○) 상표법 제225조 제2항
② (○) 判例 95후1555
③ (○) 判例 2004후912
④ (×) 상표의 유사 판단에 있어서 외국어 상표의 호칭은 우리나라의 거래자나 수요자의 대부분이 그 외국어를 보고 특별한 어려움 없이 자연스럽게 하는 발음에 의하여 정하여짐이 원칙이다. 다만, 우리나라의 거래자나 수요자가 그 외국어 상표를 특정한 한국어로 표기하고 있거나 특정한 발음으로 널리 호칭하고 있다는 구체적·개별적 사정이 있는 경우에는 이를 고려하여 외국어 상표의 호칭을 정하여야 하나, 이러한 구체적·개별적 사정은 증거에 의하여 명확하게 인정되어야 한다(判例 2006후954).
⑤ (○) 判例 2005후2250

답 ④

13 상표의 유사판단에 관한 설명으로 옳지 않은 것은? (다툼이 있으면 판례에 따름) 기출 24

① 상표의 유사여부는 반드시 상품출처의 오인·혼동 가능성이 있는지 여부를 고려하여 판단하여야 한다.
② 상표의 유사여부의 관찰방법은 전체적, 객관적, 이격적 관찰을 원칙으로 하되 상표 구성 중 인상적인 부분(요부)이 있는 경우 이에 대하여 중점적으로 비교하는 것으로 하며, 이 경우 소리·냄새 등은 같은 유형의 상표 간에 시각적 표현을 기준으로 유사여부를 비교하여 판단한다.
③ 두 개의 상표를 직접 놓고 대비할 때에는 구성요소가 다른 점이 있다고 하더라도, 때와 장소를 달리하여 관찰했을 때 경험칙상 서로 출처의 오인·혼동이 일어나는 경우에는 유사한 상표로 보아야 한다.
④ 상표의 유사여부는 그 상표가 사용될 지정상품의 주된 수요계층과 기타 그 상품의 거래실정을 고려하여 일반수요자의 주의력을 기준으로 판단하여야 한다.
⑤ 등록상표의 구성 중 식별력 없는 일부분이 등록 전 사용에 의한 식별력을 취득한 경우에는 그 부분은 사용상품과 유사한 상품에 관하여 상표유사 판단의 요부가 될 수 있다.

해설

① (O) 상품의 유사판단에 있어 가장 중요한 기준은 '상품 출처의 오인·혼동 가능성 여부'의 고려 이다.
② (O) 상표의 유사여부 관찰방법은 전체적, 객관적, 이격적 관찰을 원칙으로 하되 상표 구성 중 인상적인 부분(요부)에 대해 중점적으로 비교하는 방식으로 한다. 이때 소리·냄새 등은 같은 유형의 상표간에 시각적 표현을 기준으로 유사여부를 비교하여 판단한다.
③ (O) 상표의 유사 판단은 두 개의 상표 자체를 나란히 놓고 대비하는 것이 아니라 때와 장소를 달리하여 두 개의 상표를 대비하는 일반 수요자에게 상품 출처에 관하여 오인·혼동을 일으킬 우려가 있는지의 관점에서 이루어져야 한다(判例 2015후1348).
④ (O) 判例 2019후11121
⑤ (×) 상표의 구성 중 식별력이 없거나 미약한 부분과 동일한 표장이 거래사회에서 오랜 기간 사용된 결과 상표의 등록 또는 지정상품 추가등록 전부터 수요자 간에 누구의 업무에 관련된 상품을 표시하는 것인가 현저하게 인식되어 있는 경우에는 그 부분은 사용된 상품에 관하여 식별력 있는 요부로 보아 상표의 유사 여부를 판단할 수 있으나, 그렇다고 하더라도 그 부분이 사용되지 아니한 상품에 대해서까지 당연히 식별력 있는 요부가 됨을 전제로 하여 상표의 유사 여부를 판단할 수 없다(判例 2005후2977).

답 ⑤

14 상표 유사에 관한 설명으로 옳지 않은 것은? (다툼이 있으면 판례에 따름) 기출 21

① 도형상표에 있어서는 그 외관이 지배적인 인상을 남긴다 할 것이므로 외관이 동일·유사하여 양 상표를 다 같이 동종 상품에 사용하는 경우 일반 수요자로 하여금 상품의 출처에 관하여 오인·혼동을 일으킬 염려가 있다면 양 상표는 유사하다고 보아야 한다.
② 상표의 유사 여부 판단에서 상품 출처의 오인·혼동을 일으킬 우려가 있는지 여부는 보통의 주의력을 가진 우리나라의 일반 수요자나 거래자를 기준으로 판단하여야 한다.
③ 대비되는 상표 사이에 유사한 부분이 있다고 하더라도 그 부분만으로 분리인식될 가능성이 희박하거나 전체적으로 관찰할 때 명확히 출처의 혼동을 피할 수 있는 경우에는 유사상표라고 할 수 없다.
④ 도형상표들에서 상표의 유사 여부 판단은 두 개의 상표 자체를 나란히 놓고 대비하여 두 개의 상표를 대하는 일반 수요자에게 상품 출처에 관하여 오인·혼동을 일으킬 우려가 있는지의 관점에서 이루어져야 한다.
⑤ 유사상표의 사용행위에 해당하는지에 대한 판단은 두 상표가 해당 상품에 관한 거래 실정을 바탕으로 외관, 호칭, 관념 등에 의하여 일반 수요자에게 주는 인상, 기억, 연상 등을 전체적으로 종합할 때, 두 상표를 때와 장소를 달리하여 대하는 일반 수요자가 상품 출처에 관하여 오인·혼동할 우려가 있는지의 관점에서 이루어져야 한다.

|해설|

① (○) 도형상표에 있어서는 그 외관이 지배적인 인상을 남긴다 할 것이므로 외관이 동일·유사하여 양 상표를 다 같이 동종 상품에 사용하는 경우 일반 수요자로 하여금 상품의 출처에 관하여 오인·혼동을 일으킬 염려가 있다면 양 상표는 유사하다고 보아야 한다(判例 2011후1548).
② (○) 상표의 유사 여부 판단에서 상품 출처의 오인·혼동을 일으킬 우려가 있는지 여부는 보통의 주의력을 가진 우리나라의 일반 수요자나 거래자를 기준으로 판단하여야 한다(判例 2015후1690).
③ (○) 대비되는 상표 사이에 유사한 부분이 있다고 하더라도 그 부분만으로 분리인식될 가능성이 희박하거나 전체적으로 관찰할 때 명확히 출처의 혼동을 피할 수 있는 경우에는 유사상표라고 할 수 없다(判例 2014후2399).
④ (×) 도형상표들에서 상표의 유사 여부 판단은 두 개의 상표 자체를 나란히 놓고 대비하는 것이 아니라 때와 장소를 달리 하여 두 개의 상표를 대하는 일반 수요자에게 상품 출처에 관하여 오인·혼동을 일으킬 우려가 있는지의 관점에서 이루어져야 한다(判例 2015후1348).
⑤ (○) 유사상표의 사용행위에 해당하는지에 대한 판단은 두 상표가 해당 상품에 관한 거래실정을 바탕으로 외관, 호칭, 관념 등에 의하여 일반 수요자에게 주는 인상, 기억, 연상 등을 전체적으로 종합할 때, 두 상표를 때와 장소를 달리하여 대하는 일반 수요자가 상품 출처에 관하여 오인·혼동할 우려가 있는지의 관점에서 이루어져야 한다(判例 2006후1964).

답 ④

15 상표에 관한 설명으로 옳지 않은 것은? 기출 20

① 무역관련 지적재산권에 관한 협정(TRIPs 협정)상 상표 불사용으로 인하여 상표등록을 취소하기 위한 계속적인 불사용의 최소기간은 3년이다.
② 국내에 영업소가 없는 외국인은 그 외국인이 속하는 국가에서 우리나라 국민에게 그 국민과 같은 조건으로 상표권을 인정하는 경우에 상표권이나 상표에 관한 권리를 누릴 수 있다.
③ 국내에 주소가 없는 외국인은 우리나라가 그 외국인에 대하여 상표권 또는 상표에 관한 권리를 인정하는 경우에는 그 외국인이 속하는 국가에서 대한민국 국민에 대하여 그 국민과 같은 조건으로 상표권 또는 상표에 관한 권리를 인정하는 경우에 상표권이나 상표에 관한 권리를 누릴 수 있다.
④ 국내에 주소가 없는 외국인은 우리나라와 그 외국인이 속하는 국가 사이에 체결된 자유무역협정에서 상표권 또는 상표에 관한 권리를 인정하는 경우에 상표권이나 상표에 관한 권리를 누릴 수 있다.
⑤ 무역관련 지적재산권에 관한 협정(TRIPs 협정)은 회원국의 자율적 결정사항으로 상표권의 강제사용권을 인정하고 있다.

┃해설┃
① (○) 등록을 유지하기 위해 상표의 사용이 요구되는 경우에는 불사용에 대한 정당한 이유가 없는 한, 적어도 3년간의 계속적인 불사용 이후에만 취소될 수 있다(TRIPs 제19조).
② (○)・③ (○)・④ (○) 상표법 제27조(외국인의 권리능력) 제1호・제3호
⑤ (×) 상표의 사용권 및 양도에 관한 요건은 각국의 재량에 따라 정할 수 있으나, 상표의 강제사용권은 허용되지 아니하며 상표의 양도는 반드시 영업과 함께 이루어질 필요는 없다(TRIPs 제21조).

답 ⑤

16 상표법 제7조(대리권의 범위)에 따라 특별수권을 받아야 하는 행위에 해당하지 않는 것은?

기출 23

① 지정상품추가등록출원을 상표등록출원으로 변경하는 경우
② 상표등록출원을 그 지정상품마다 분할하여 이전하는 경우에 유사한 지정상품을 함께 이전하지 않아 상표등록을 할 수 없다는 이유로 된 거절결정에 대하여 불복하여 심판을 제기하는 경우
③ 이해관계인이 등록상표가 식별력이 없는 상표라는 이유로 제기한 상표등록무효심판에 대하여 답변서를 제출하는 경우
④ 보정각하결정불복심판을 대리하고 있던 변리사 甲이 구술심리기일에 출석하기 어렵게 되자 변리사 乙에게 그 특허심판원의 심리기일에 출석을 위해 대리권을 다시 위임하는 경우
⑤ 당사자가 사망하여 중단된 상표에 관한 절차의 수계신청을 취하하는 경우

▮해설▮
① (○) 상표법 제7조 제2호
② (○) 상표법 제7조 제7호
③ (×) 상표법에 특별 수권 사항으로 규정된 바 없다.
④ (○) 상표법 제7조 제8호
⑤ (○) 상표법 제7조 제5호

> **상표법 제7조(대리권의 범위)**
> 국내에 주소나 영업소가 있는 자로부터 상표에 관한 절차를 밟을 것을 위임받은 대리인(상표관리인을 포함한다. 이하 같다)은 특별히 권한을 위임받지 아니하면 다음 각 호에 해당하는 행위를 할 수 없다.
> 1. 제36조에 따른 상표등록출원(이하 "상표등록출원"이라 한다)의 포기 또는 취하
> 2. 제44조에 따른 출원의 변경
> 3. 다음 각 목의 어느 하나에 해당하는 신청 또는 출원의 취하
>   가. 제84조에 따른 상표권의 존속기간 갱신등록(이하 "존속기간갱신등록"이라 한다)의 신청(이하 "존속기간갱신등록신청"이라 한다)
>   나. 제86조 제1항에 따라 추가로 지정한 상품의 추가등록출원(이하 "지정상품추가등록출원"이라 한다)
>   다. 제211조에 따른 상품분류전환 등록(이하 "상품분류전환등록"이라 한다)을 위한 제209조 제2항에 따른 신청(이하 "상품분류전환등록신청"이라 한다)
> 4. 상표권의 포기
> 5. 신청의 취하
> 6. 청구의 취하
> 7. 제115조 또는 제116조에 따른 심판청구
> 8. 복대리인(復代理人)의 선임

답 ③

17 상표에 관한 절차에 대한 설명으로 옳은 것은? 기출 23

① 미국에 주소를 두고, 미국과 유럽에만 영업소를 가지고 있던 회사 甲의 대표자가 직접 국내에 거주하면서 한국 내 자회사의 임원 등을 선발하기 위한 면접을 하더라도 자회사 설립 전인 경우에는 상표에 관한 대리인으로서 국내에 주소나 영업소가 있는 자에 의해서만 상표출원을 할 수 있다.
② 미성년자가 행한 상표출원행위에 대하여 법정대리인의 추인에 의한 출원행위의 효력 발생시점은 미성년자의 상표 출원시점부터가 아닌, 법정대리인의 추인행위를 한 시점부터 그 효력이 발생한다.
③ 상표에 관한 절차를 밟는 자로부터 출원을 위임받은 대리권자의 대리권은 반드시 서면에 의하여 증명해야 하고, 심판절차에서 위임한 위임인과 동시에 출석하여 구두로 대리권을 증명할 수는 없다.
④ 심판을 청구하는 자가 책임질 수 없는 불가항력으로 인하여 심결의 등본을 송달받은 날로부터 30일 이내에 심결에 관한 소를 제기하지 못한 경우에는 그 불가항력 사유가 소멸한 날로부터 2개월 이내에 소를 제기할 수 있다.
⑤ 미성년자의 법정대리인의 사망으로 대리권이 소멸하여 상표에 관한 절차가 중단된 경우에 성년이 된 미성년자는 절차를 수계할 수 없다.

해설

① (×) 국내에 주소나 영업소가 없는 자(이하 "재외자"라 한다)는 재외자(법인인 경우에는 그 대표자를 말한다)가 국내에 체류하는 경우를 제외하고는 그 재외자의 상표에 관한 대리인으로서 국내에 주소나 영업소가 있는 자(이하 "상표관리인"이라 한다)에 의해서만 상표에 관한 절차를 밟거나 이 법 또는 이 법에 따른 명령에 따라 행정청이 한 처분에 대하여 소(訴)를 제기할 수 있다(상표법 제6조 제1항).
② (×) 행위능력 또는 법정대리권이 없거나 상표에 관한 절차를 밟는 데 필요한 권한의 위임에 흠이 있는 자가 밟은 절차는 보정(補正)된 당사자나 법정대리인이 추인(追認)하면 행위를 한 때로 소급하여 그 효력이 발생한다(상표법 제9조).
③ (○) 상표에 관한 절차를 밟는 자의 대리인의 대리권은 서면으로 증명하여야 한다(상표법 제8조).
④ (×) 상표법에 규정된 절차의 추후 보완 사유에는 "심결에 관한 소"에 대한 규정이 없다.
⑤ (×) 제22조에 따라 특허청 또는 특허심판원에 계속 중인 절차가 중단된 경우에는 다음 각 호의 구분에 따른 자가 그 절차를 수계(受繼)하여야 한다(상표법 제23조).
제22조 제3호 및 제4호의 경우 : 절차를 밟을 능력을 회복한 당사자 또는 법정대리인이 된 자

> **상표법 제22조(절차의 중단)**
> 상표에 관한 절차가 특허청 또는 특허심판원에 계속 중일 때 다음 각 호의 어느 하나에 해당하는 사유가 발생한 경우에는 그 절차는 중단된다. 다만, 절차를 밟을 것을 위임받은 대리인이 있는 경우에는 그러하지 아니하다.
> 3. 당사자가 절차를 밟을 능력을 상실한 경우
> 4. 당사자의 법정대리인이 사망하거나 그 대리권을 상실한 경우

답 ③

18

甲은 X상표를 a상품에 대하여 2010년경부터 사용하기 시작하여 현재까지도 사용하고 있다. 한편, 乙은 甲의 X상표와 유사한 X'상표를 a상품과 유사한 a'상품에 대하여 2016년 6월 15일에 출원하여 2016년 12월 1일에 출원공고되고 2017년 2월 20일에 등록되었다. 다음 설명 중 옳지 <u>않은</u> 것은?

① 甲이 乙의 X'상표등록출원에 대하여 이의신청을 제기하였을 경우 특허청장은 직권으로 이의신청이유 등의 보정기간을 30일 이내에서 한 차례 연장할 수 있으며, 甲이 교통이 불편한 지역에 있는 자에 해당하는 경우 그 횟수 및 기간을 추가로 연장할 수 있다.
② 甲이 사용 중이던 X상표를 a상품에 대하여 상표등록출원한 시점이 乙의 X'상표등록 후 그 무효심결 확정 전이라 하더라도 甲의 X상표등록출원이 등록될 수도 있다.
③ 乙이 제기한 적극적 권리범위 확인심판에서 甲에게 상표법 제99조 제1항의 선사용권이 인정되는 경우라도 그 선사용권의 존재가 적법한 항변사유가 될 수 없다.
④ 甲에게 상표법 제99조 제1항의 선사용권이 인정되는 경우라면 그 선사용권은 甲의 지위를 승계한 자에게도 그대로 인정된다.
⑤ 甲의 X상표가 사용에 의하여 수요자들에게 특정인의 상표로 알려지기 시작한 시기가 乙의 X'상표등록출원의 등록여부결정 시 이후라면 乙의 상표등록 이후 甲의 X상표 사용은 乙의 상표권행사에 의해 저지될 수 있다.

해설

① (×) 2016년 시행 개정법이 아닌 구법이 적용되어야 한다. 즉, 특허청장 또는 특허심판원장은 교통이 불편한 지역에 있는 자를 위하여 청구에 따라 또는 직권으로 상표등록이의신청이유 등의 보정기간, 심판의 청구기간을 연장할 수 있다(구법 제5조의14).
② (○) 甲의 X상표 출원에 대한 등록여부결정 시 전에 乙의 상표등록이 무효 확정된다면 乙의 상표등록은 처음부터 없는 것이 되어 甲의 X상표 출원은 등록이 될 수도 있다.
③ (○) 권리범위확인심판에서는 선사용권을 판단하지 않는다.
④ (○) 상표법 제99조 제1항의 선사용권은 그 지위를 승계한 자를 포함한다.
⑤ (○) 甲의 상표 사용은 乙의 상표권 행사에 의해 저지될 수 있다. 甲에 대한 乙의 권리행사가 권리남용에 해당되지 않을 수 있기 때문이다.

 ①

CHAPTER 02 상표등록요건

01 제33조 제1항 제1호

> **제33조(상표등록의 요건)**
> ① 다음 각 호의 어느 하나에 해당하는 상표를 제외하고는 상표등록을 받을 수 있다.
>   1. 그 상품의 보통명칭을 보통으로 사용하는 방법으로 표시한 표장만으로 된 상표 [기출 20·24]

(1) 의의 및 취지

보통명칭이란 거래계에서 그 상품의 일반적인 명칭으로 인식되는 명칭을 말한다(法 제33조 제1항 제1호). 상품의 보통명칭은 상품에 대해 일반적으로 사용되는 것이므로 자타상품식별력 및 독점적응성이 없어 등록받을 수 없다.

(2) 적용요건

① **그 상품의 보통명칭** : '보통명칭'이란 그 상품을 취급하는 거래계에서 그 상품을 지칭하는 것으로 실제로 사용되고 인식되어 있는 일반적인 약칭, 속칭, 기타의 명칭을 말한다(대법원 2002.11.26. 선고 2001후2283 판결 등).
② **보통으로 사용하는 방법으로 표시한 표장** : 상표의 외관·칭호·관념을 통하여 전체적으로 그 상품의 보통명칭을 직감할 수 있도록 표시된 경우를 말한다. 단순히 암시, 특수한 방법으로 표시한 표장은 이에 해당되지 않는다.
③ **'만'으로 된 상표** : 보통명칭에 다른 식별력 있는 문자나 도형이 결합되어 전체로서 식별력이 인정되면 본 호에 해당하지 아니한다. 그러나, 이들 상표에 단순히 부기적·보조적 표장이 결합된 경우에는 '만'으로 된 상표로 본다. 결국 표장 전체로서 식별력이 인정될 수 있는지 판단한다.

(3) 판단기준

① i) (지정상품에 관한) 일반 수요자 및 거래자, ii) 상표등록여부결정 할 때(대법원 2012.10.25. 선고 2012후2128 판결 등), iii) 국내 상품거래실정에 따라 판단한다.
② 일반수요자에게 보통명칭으로 인식될 우려만으로는 보통명칭이라고 단정할 수 없고, 실제 보통명칭으로 사용되고 있을 것을 요한다(대법원 1987.2.24. 선고 86후42 판결). 기출 15

(4) 상표법상 취급

① **상표등록 전**: 상표등록거절이유(法 제54조 제3호), 정보제공이유(法 제49조), 이의신청이유(法 제60조 제1항)에 해당한다.
② **상표등록 후**: 착오 등록된 경우에는 제척기간 없는 상표등록무효사유(法 제117조 제1항)에 해당하고, 상표권 효력이 제한된다(法 제90조 제1항 제2호). 또한, 적법하게 등록된 후 후발적으로 본 호에 해당하면 후발적 무효사유에 해당하고, 무효심결이 확정된 후 해당 상표권은 본 호에 해당하게 된 때부터 없었던 것으로 보되, 그때를 알 수 없는 경우 청구내용이 등록원부에 공시된 때(무효심판청구의 예고등록일)부터 없었던 것으로 본다(法 제117조 제3항·제4항).
③ **法 제33조 제2항 적용여부**
   ㉠ 法 제33조 제2항은 "제1항 제3호부터 제7호까지에 해당하는 상표라도~"라고 규정하고 있어, 法 제1항 제1호·제2호는 法 제33조 제2항 적용을 받을 수 없는 것으로 규정하고 있다.
   ㉡ 원래는 특정인의 상표였던 보통명칭이 사후적으로 다시 식별력을 회복하였다면 더 이상 法 제33조 제1항 제1호에 해당하지 않으므로 法 제33조 제2항 적용 없이 등록이 가능하다.

(5) 상표의 보통명칭화

① **의의**: 본래 식별력 있는 상표가 일반 수요자·동종업자의 반복된 사용에 의해 식별력을 상실함으로써 특정상품의 보통명칭이 되는 현상을 말한다.
② **보통명칭화의 유형**: i) 특정상품의 상표명이 매우 저명해져서 상표가 상품의 대명사로 된 경우(예 박스형 자동차 'JEEP'), ii) 신제품에 대한 상표가 보통명칭으로 잘못 인식되어 사용된 경우(예 스테플러에 대한 '호치키스'), iii) 관리 소홀로 인해 경업자가 무단 사용한 결과 보통명칭화된 경우(예 해열진통제에 대한 '아스피린'), iv) 상품명이 길고 불편하여 수요자가 상표를 상품명으로 사용하는 경우(예 글리세린화 셀룰로오스 히드레이트에 대한 '셀로판')등이 있다.
③ **보통명칭화의 방지책**: i) 등록상표라는 표기(® 등)를 함께 부기하여 사용, ii) 상표와 상품명을 병기하여 사용, iii) 상표자체를 동사화나 소유격화하여 사용하지 않기, iv) 제3자의 무단 사용에 대한 권리행사 등이 있다.

④ 보통명칭화의 판단기준 : 특정인의 상표가 보통명칭화 되었는지 여부의 판단은 상표권자의 이익 및 상표에 화체되어 있는 영업상의 신용에 의한 일반수요자의 이익을 희생하면서까지 이를 인정해야 할 만한 예외적인 경우에 해당하는가를 고려하여 신중하게 하여야한다(대법원 1992.11.10. 선고92후414 판결).
⑤ 등록 후 보통명칭화 된 경우 상표법상 취급 : ⅰ) 후발적 무효사유(法 제117조 제1항 제6호)의 대상이 되고, ⅱ) 상표유사판단 시 요부가 될 수 없고, ⅲ) 상표적 사용에 해당하지 않으며, ⅳ) 法 제90조 제1항 제2호 효력이 제한되나, ⅴ) 존속기간갱신등록은 가능하다.

02 제33조 제1항 제2호

> **제33조(상표등록의 요건)**
> ① 다음 각 호의 어느 하나에 해당하는 상표를 제외하고는 상표등록을 받을 수 있다.
>   2. 그 상품에 대하여 관용(慣用)하는 상표 기출 24

(1) 의의 및 취지

관용표장이란 특정종류의 상품에 대하여 관용적으로 사용되고 있는 표장을 말한다(法 제33조 제1항 제2호). 자타상품식별력 및 독점적응성이 없어 등록받을 수 없다.

(2) 적용요건

① 그 상품에 대하여 관용하는 상표 : '관용상표'는 그 상품을 취급하는 거래계에서 동종업자들 사이에 자유롭고 관용적으로 사용되고 있는 결과 자타상품식별력을 상실한 표장을 말한다(대법원 2003.12.26. 선고 2003후243 판결). 기출 16
② 보통으로 사용하는 방법으로 표시한 표장 : 관용표장이 다른 식별력이 있는 표장의 부기적인 부분에 불과하여 상표 구성 전체로서 식별력이 인정되는 경우에는 상표등록을 받을 수 있다.

(3) 판단기준

① ⅰ) 관련거래계의 동종업자, ⅱ) 상표등록여부 결정할 때(대법원 2012.10.25. 선고 2012후2128 판결 등), ⅲ) 국내 상품거래실정에 따라 판단한다.
② 관용표장은 거래업계의 동업자들 사이에 자유롭게 사용된 표장이면 족하고, 전국적 범위가 아닌 특정 지역 거래업계의 동업자들 사이에 자유롭게 사용된 표장도 이에 해당한다(특허법원 1999.8.12. 선고 99허3603 판결).
③ 특정인의 상표가 관용표장이 되었는지 여부의 판단은 신중하게 하여야 한다.

(4) 상표법상 취급

① **상표등록 전** : 상표등록거절이유(法 제54조 제3호), 정보제공이유(法 제49조), 이의신청이유(法 제60조 제1항)에 해당한다.

② **상표등록 후** : 착오 등록된 경우에는 제척기간 없는 상표등록무효사유(法 제117조 제1항)에 해당하고, 상표권 효력이 제한된다(法 제90조 제1항 제4호). 또한, 적법하게 등록된 후 후발적으로 본 호에 해당하면 후발적 무효사유에 해당하고, 무효심결이 확정된 후 해당 상표권은 본 호에 해당하게 된 때부터 없었던 것으로 보되, 그때를 알 수 없는 경우 청구내용이 등록원부에 공시된 때(무효심판청구의 예고등록일)부터 없었던 것으로 본다(法 제117조 제3항·제4항).

③ **法 제33조 제2항 적용여부** : 法 제33조 제2항은 "제1항 제3호부터 제7호까지에 해당하는 상표라도~"라고 규정하고 있어, 제1호·제2호는 法 제33조 제2항 적용을 받을 수 없는 것으로 규정하고 있다. 원래는 특정인의 상표였던 관용표장이 사후적으로 다시 식별력을 회복하였다면 더 이상 法 제1항 제2호에 해당하지 않으므로 法 제33조 제2항 적용 없이 등록이 가능하다.

(5) 보통명칭과 관용표장의 차이

구 분	보통명칭 (法 제33조 제1항 제1호)	관용표장 (法 제33조 제1항 제2호)
주체적 요건	일반수요자 및 동종업자	동종업자
구 성	보통'명칭' (문자만을 의미)	관용'표장' (문자 이외에 기호, 도형, 입체적 형상 등 모든 형태의 표장을 의미)

03 제33조 제1항 제3호

> **제33조(상표등록의 요건)**
> ① 다음 각 호의 어느 하나에 해당하는 상표를 제외하고는 상표등록을 받을 수 있다.
>   3. 그 상품의 산지(産地)·품질·원재료·효능·용도·수량·형상·가격·생산방법·가공방법·사용방법 또는 시기를 보통으로 사용하는 방법으로 표시한 표장만으로 된 상표 기출 21·24

(1) 의의 및 취지

① 의의 : 기술적 표장(성질표시표장)이란 상품의 성질, 특성 등을 직감시키는 표장을 말한다(法 제33조 제1항 제3호). 자타상품식별력 및 독점적응성이 없어 등록받을 수 없다.

② 취지 : 判例는 "法 제33조 제1항 제3호가 등록받을 수 없도록 한 것은 기술적 상표는 통상 상품의 유통과정에서 필요한 표시여서 누구라도 이를 사용할 필요가 있고 그 사용을 원하기 때문에 이를 특정인에게 독점배타적으로 사용하게 할 수 없다는 공익상의 요청과 이와 같은 상표를 허용할 경우에는 타인의 동종 상품과의 관계에서 식별이 어렵다는 점에서 그 이유가 있다(대법원 2016.1.14. 선고 2015후1911 판결 등)."

(2) 적용요건

① 그 상품의 기술적 표장
  ㉠ '기술적 표장'인지 여부는 지정상품과의 관계에서 상대적으로 판단해야 하며, 상표가 가지고 있는 관념, 지정상품과의 관계, 일반 수요자나 거래자의 이해력과 인식의 정도, 거래사회 실정 등을 감안하여 객관적으로 판단해야 한다(대법원 2017.7.11. 선고 2014후2535 판결 등).
  ㉡ 지정상품의 성질을 암시·강조하는 것을 넘어 수요자로 하여금 직감시켜야 본 호에 해당한다.
  ㉢ "BEST", "NICE", "SUPER"와 같은 절대적 성질표시 지정상품과 무관하게 본 호에 해당한다(심사기준).

② 보통으로 사용하는 방법으로 표시한 표장
  ㉠ 상표의 외관·칭호·관념을 통하여 전체적으로 그 상품의 성질 등을 직감할 수 있도록 표시된 경우를 말한다. 단순히 암시, 특수한 방법으로 표시한 표장은 이에 해당되지 않는다.
  ㉡ 기술적 문자상표가 도형화(도안화) 되어 있고 그 도형화의 정도가 일반인의 특별한 주의를 끌 정도에 이르러 문자의 기술적 또는 설명적인 의미를 직감할 수 없을 만큼 문자인식력을 압도하는 경우에는 보통으로 사용하는 방법으로 표시하는 표장에 해당되지 않는다(대법원 2000.2.25. 선고 98후1679 판결, 대법원 2002.6.11. 선고 2000후2569 판결).

③ '만'으로 된 상표
  ㉠ 이들 상표에 단순히 부기적·보조적 표장이 결합된 경우도 '만'으로 된 상표로 본다. 결국 표장 전체로서 식별력이 인정될 수 있는지 판단한다.
  ㉡ 두 개 이상의 구성부분이 결합하여 이루어진 이른바 결합상표는 구성부분 전체를 하나로 보아서 식별력이 있는지를 판단하여야 한다(대법원 2019.7.10. 선고 2016후526 판결).

④ 지리적 표시 단체표장 및 지리적 표시 증명표장에 대한 예외(法 제33조 제3항)

(3) 판단기준

① **주체적 판단기준**: 해당 상품에 대한 일반수요자의 직관적 인식을 기준으로 판단한다. 다만, 지정상품이 특정 분야의 전문가들에 의해서만 수요 및 거래된다는 거래실정이 인정되는 경우에는 전문가의 주의력 및 교육수준을 고려하여 상표의 식별력을 판단하여야 한다.
ⅰ) PARADENT HEALTH - 일반의약품 : 法 제33조 제1항 제3호 위반 ×(대법원 1997.12.12. 선고 97후396 판결), ⅱ) PNEUMOSHIELD - 전문의약품 : 法 제33조 제1항 제3호 위반(대법원 2000.12.8. 선고 2000후2170 판결)

② **시기적 판단기준**: 어떤 상표가 본 호에 해당하는지는 그 상표의 등록 여부 결정 시를 기준으로 판단한다. 다만, 거절결정불복심판에 의해서 등록 허부가 결정되는 경우에는 그 심결 시를 기준으로 판단한다(대법원 2012.4.13. 선고 2011후1142 판결).

③ **외국어 문자 상표의 경우**
㉠ 상표의 의미 내용은 원칙적으로 일반 수요자가 보고 직관적으로 깨달을 수 있는 것이어야 하고, 심사숙고하거나 사전을 찾아보고서 비로소 그 뜻을 알 수 있는 것은 고려의 대상이 되지 않는다 (대법원 2006.6.2. 선고 2005후1882 판결, 대법원 1999.11.12. 선고 99후154 판결).
㉡ 그 단어가 갖고 있는 객관적인 의미가 상품의 품질 등을 나타내는 것이고, 실제 그와 같은 의미대로 상품의 품질 등에 사용되고 있다면, 비록 수요자들이 사전 등을 찾아보고서야 알 수 있는 것으로 보이더라도 이러한 표장은 성질표시표장에 해당한다(특허법원 2012.1.20. 선고 2011허10474 판결).

④ **원재료의 경우**: 어떤 상표가 지정상품의 원재료로서 현실로 사용되고 있는 경우 또는 그 상품의 원재료로서 사용되는 것으로 수요자가 인식하고 있는 경우 그 상표가 상품의 원재료를 표시한다고 할 수 없다(대법원 2006.11.23. 선고 2005후1356 판결).

⑤ **창작물 수록 상품에 대한 경우**: 서적 등과 같은 창작물수록 상품에 대한 상표는 지정상품에 수록된 내용을 단순히 암시하거나 강조하는 정도를 넘어 일반 수요자로 하여금 수록된 내용을 보통으로 사용하는 방법으로 표시한 것으로 인식하게 할 정도에 이르러야만 기술적 표장에 해당한다(대법원 2002.12.10. 선고 2000후3418 판결).

⑥ **두문자 약어 상표의 식별력**: ⅰ) 지정상품에 관한 거래계에서 두문자 자체 또한 단순히 특정한 성질 등을 나타내는 의미의 약어로 통용되는 경우에 본 호에 해당한다(대법원 1994.11.8. 선고 93후2059 판결). ⅱ) 해당 약어가 원문 등을 함께 고려할 때 결과적으로 상품의 성질 표시 등으로 인식되는 것에 불과한 경우에 식별력을 인정하기 어렵다(대법원 2010.6.10. 선고 2010도2536 판결).

(4) 상표법상 취급

① **상표등록 전**: 상표등록거절이유(法 제54조 제3호), 정보제공이유(法 제49조), 이의신청이유(法 제60조 제1항)에 해당한다.

② **상표등록 후**: 착오 등록된 경우에는 제척기간 없는 상표등록무효사유(法 제117조 제1항)에 해당하고, 상표권 효력이 제한된다(法 제90조 제1항 제2호). 또한, 적법하게 등록된 후 후발적으로 본 호에 해당하면 후발적 무효사유에 해당하고, 무효심결이 확정된 후 해당 상표권은 본 호에 해당하게 된 때부터 없었던 것으로 보되, 그때를 알 수 없는 경우 청구내용이 등록원부에 공시된 때(무효심판청구의 예고등록일)부터 없었던 것으로 본다(法 제117조 제3항·제4항).

③ 지리적 표시 단체표장 및 지리적 표시 증명표장의 경우(法 제33조 제3항)

(5) 제33조 제2항과의 관계

① 사용에 의한 식별력 취득 : 기술적 표장이라 할지라도 상표등록출원 전부터 그 상표를 사용한 결과 수요자 간에 특정인의 상품에 관한 출처를 표시하는 것으로 식별할 수 있게 된 경우에는 그 상표를 사용한 상품에 한정하여 상표등록을 받을 수 있다. 자타상품식별력이 있고, 특정인의 독점사용을 불허할 이유가 없기 때문이다.

② 기술적 표장이 사용에 의한 식별력을 취득한 경우 法 제90조 적용 여부 : 기술적 표장이 상표법 제33조 제2항에 의하여 등록이 되었다면 그러한 등록상표에 관한 한 그 상표권은 상표법 제90조 제1항 제2호 소정의 상표에도 그 효력을 미칠 수 있다고 보아야 하며, 이는 기술적 상표가 등록이 된 이후에 사용에 의하여 상표법 제33조 제2항에서 규정한 특별현저성을 취득한 경우에도 마찬가지라고 봄이 상당하다(대법원 1996.5.13. 자 96마217 결정).

(6) 제34조 제1항 제12호와의 관계

① 상표가 法 제33조 제1항 제3호에 해당하고 동시에 상품의 품질 등을 오인케 할 염려가 있거나 수요자를 기만할 염려가 있는 경우에는 法 제34조 제1항 제12호의 규정도 함께 적용한다.

② 法 제33조 제2항에 등록된 경우일지라도 품질오인의 염려가 있는 한 法 제34조 제1항 제12호에 해당한다.

04 제33조 제1항 제4호

제33조(상표등록의 요건)
① 다음 각 호의 어느 하나에 해당하는 상표를 제외하고는 상표등록을 받을 수 있다.
4. 현저한 지리적 명칭이나 그 약어(略語) 또는 지도만으로 된 상표

(1) 의의 및 취지

① 의의 : 현저한 지리적 명칭이나 그 약어 또는 지도만으로 된 상표(法 제33조 제1항 제4호)는 자타상품식별력 및 독점적응성이 없어 등록받을 수 없다.

② 취지 : 判例는 "현저한 지리적 명칭은 그 현저성과 주지성 때문에 상표의 식별력을 인정할 수 없어 어느 특정 개인에게만 독점사용권을 부여하지 않으려는 데 그 규정의 취지가 있다."고 판시한다(대법원 2018.6.21. 선고 2015후1454 전원합의체 판결).

(2) 적용요건

① 현저한 지리적 명칭이나 그 약어 또는 지도

　㉠ 判例의 태도 : '현저한 지리적 명칭'이란 그 용어 자체가 일반 수요자들에게 즉각적 지리적 감각을 전달할 수 있는 표장을 말한다(대법원 1994.10.7. 선고 94후319 판결).

　㉡ 지정상품과의 특수한 관계를 요하는지 여부 : 현저한 지리적 명칭이란 단순히 지리적, 지역적 명칭을 말하는 것일 뿐 특정상품과 지리적 명칭을 연관하여 그 지방 특산물의 산지표시로서의 지리적 명칭임을 요하는 것은 아니라 할 것이다. 따라서, 그 지리적 명칭이 현저하기만 하면 여기에 해당하고, 지정상품과 사이에 특수한 관계가 있음을 인식할 수 있어야만 하는 것은 아니다(대법원 2000.6.13. 선고 98후1273 판결).

　㉢ 심사기준(상표심사기준 제4부 제4장)
　　• 국가명, 국내의 특별시, 광역시 또는 도의 명칭, 저명한 외국의 수도명, 대도시명, 현저하게 알려진 국내외의 고적지, 관광지 등의 명칭과 이들의 약칭을 포함한다.
　　• 국내외 산, 강, 섬, 호수 등이 일반 수요자에게 널리 알려진 관광지인 경우 현저한 지리적 명칭으로 본다. 다만, 산, 강 등의 보통명칭이 결합되지 않아 그 의미를 특정할 수 없는 경우 현저한 지리적 명칭에 해당하지 않는다.
　　• 문화재의 경우, 문화제가 소재하는 지역을 이르는 지리적인 명칭으로서도 현저하게 되었다면 본 호에 해당한다.
　　• 원칙적으로 현존하는 것에 한하나, 특정 지역의 옛 이름도 일반 수요자들이 통상적으로 사용하여 지리적 명칭으로서 현저하게 인식된 경우에 해당한다.
　　• 특정지역에서 사용하는 지리적 명칭의 경우, 전국적으로 현저하게 알려질 필요는 없다.

② '만'으로 된 상표

　㉠ 이들 상표에 단순히 부기적·보조적 표장이 결합된 경우도 '만'으로 된 상표로 본다. 결국 표장 전체로서 식별력이 인정될 수 있는지 판단한다(대법원 2012.12.13. 선고 2011후958 판결).

　㉡ 현저한 지리적 명칭 등이 식별력 없는 기술적 표장 등과 결합되어 있는 경우라고 하더라도 그 결합에 의하여 본래의 현저한 지리적 명칭이나 기술적 의미 등을 떠나 새로운 관념을 낳는다거나 새로운 식별력을 형성하는 것이 아니라면 지리적 명칭 등과 기술적 표장 등이 결합된 표장이라는 사정만으로 상표법 제33조 제1항 제4호의 적용이 배제된다고 할 수 없다(특허법원 2011.4.13. 선고 2010허9088 판결).

③ 지리적 표시 단체표장 및 지리적 표시 증명표장에 대한 예외(法 제33조 제3항)

(3) 판단기준

ⅰ) 일반 수요자, ⅱ) 상표등록여부결정 할 때(대법원 2012.10.25. 선고 2012후2128 판결 등), ⅲ) 국내 상품거래실정에 따라 판단한다(등록 여부를 결정하는 시점을 기준으로 교과서, 언론보도, 설문조사 등을 비롯하여 일반 수요자의 인식에 영향을 미칠 수 있는 여러 사정을 종합적으로 고려한다).

(4) 상표법상 취급

① **상표등록 전** : 상표등록거절이유(法 제54조 제3호), 정보제공이유(法 제49조), 이의신청이유(法 제60조 제1항)에 해당한다.

② **상표등록 후** : 착오 등록된 경우에는 제척기간 없는 상표등록무효사유(法 제117조 제1항)에 해당하고, 상표권 효력이 제한된다(法 제90조 제1항 제4호). 또한, 적법하게 등록된 후 후발적으로 본 호에 해당하면 후발적 무효사유에 해당하고, 무효심결이 확정된 후 해당 상표권은 본 호에 해당하게 된 때부터 없었던 것으로 보되, 그때를 알 수 없는 경우 청구내용이 등록원부에 공시된 때(무효심판청구의 예고등록일)부터 없었던 것으로 본다(法 제117조 제3항·제4항).

③ 지리적 표시 단체표장 및 지리적 표시 증명표장의 경우(法 제90조 제2항)

(5) 제33조 제2항과의 관계

① **사용에 의한 식별력 취득** : 현저한 지리적 명칭이라 할지라도 상표등록출원 전부터 그 상표를 사용한 결과 수요자 간에 특정인의 상품에 관한 출처를 표시하는 것으로 식별할 수 있게 된 경우에는 그 상표를 사용한 상품에 한정하여 상표등록을 받을 수 있다. 자타상품식별력이 있고, 특정인의 독점사용을 불허할 이유가 없기 때문이다. 2001.7.1. 이후 출원에 한하여 적용한다.

② **현저한 지리적 명칭이 法 제33조 제2항에 의해 등록된 경우 法 제90조 적용 여부** : 法 제33조 제2항에 의해 등록된 이상 상표권의 효력 제한을 받지 않는다.

(6) 현저한 지리적 명칭으로 된 대학교 명칭의 식별력 인정에 관한 문제

① **대법원 전원합의체 判例**(대법원 2018.6.21. 선고 2015후1454 전원합의체 판결)

  ㉠ 다수의견 : 현저한 지리적 명칭과 대학교의 결합으로 본래의 현저한 지리적 명칭 등을 떠나 새로운 관념을 낳거나 새로운 식별력을 형성하는 경우 상표로 등록할 수 있다고 하며, 결합한 상표에 새로운 관념이나 식별력이 생기는 경우는 다종다양하므로, 구체적인 사안에서 개별적으로 새로운 관념이나 식별력이 생겼는지를 판단해야 한다. 기출 21

  ㉡ 제1 별개의견
  - 法 제33조 제1항 제4호 판단기준으로서의 식별력은, 결합된 표장의 구성 자체에 의하여 새로운 식별력이 형성되었느냐 하는 점을 의미하는 것으로서 '본질적인 식별력'을 나타내는 것이며, '사용에 의한 식별력'과 명확히 구분되는 것인데, 다수의견은 이 점을 혼동하고 있다.
  - 지리적 명칭에, '대학교'가 결합된 표장에 대해서 수요자들은 지리적 의미로 인식하기보다는 결합된 전체로서 특정 대학교의 명칭 또는 특정인의 상품출처표시로서 직감할 가능성이 높으므로, 그 결합에 의해 표장 구성 자체가 '본질적 식별력'을 갖는다.

  ㉢ 제2 별개의견 : 대학교의 고유 업무인 대학교육업, 교수업 등과 관련하여 출원된 것이라면, 그 자체로 충분한 본질적 식별력을 갖춘 것으로 볼 수 있으므로, 法 제33조 제1항 제4호에 해당하지 않는다. 다만, 대학교의 고유 업무와 무관한 분야와 관련하여 출원된 것이라면, 식별력을 인정하기 어렵고, 그 표장이 수요자들에게 구체적으로 알려져 특정인의 상품출처표시로 인식되기에 이른 경우에만 예외적으로 상표 등록이 가능하다.

② 2019.1.1. 시행 심사기준
  ㉠ 원칙적으로 식별력이 없는 것으로 본다. 다만, 출원인이 제출한 상표 사용실적을 감안할 때 '대학교육업'에 대해 특정인의 상품출처로 식별될 정도로 알려진 경우, 사용에 의한 식별력을 인정할 수 있다.
  ㉡ 현저한 지리적 명칭과 대학교가 결합된 표장이 널리 사용된 결과, 일반수요자에게 대학교의 명칭으로 현저하게 알려져 식별력이 인정되는 경우에는 교육 관련 업종 외의 상품에도 식별력을 인정할 수 있다.
  ㉢ 대학교의 명칭으로 현저하게 알려져 있는지 여부는 ⅰ) 50년 내외 대학교 명칭으로 장기간 사용, ⅱ) 전국적 인지도 보유, ⅲ) 대부분 연령층에서 대학교 명칭으로 인식되는지 등을 종합적으로 고려해 판단할 수 있다.

05 제33조 제1항 제5호

> **제33조(상표등록의 요건)**
> ① 다음 각 호의 어느 하나에 해당하는 상표를 제외하고는 상표등록을 받을 수 있다.
>   5. 흔히 있는 성(姓) 또는 명칭을 보통으로 사용하는 방법으로 표시한 표장만으로 된 상표

(1) 의의 및 취지

흔한 성 또는 명칭을 보통으로 사용하는 방법으로 표시한 표장만으로 된 상표(法 제33조 제1항 제5호)는 자타상품식별력 및 독점적응성이 없어 등록받을 수 없다.

(2) 적용요건

① 흔히 있는 성 또는 명칭 : '흔히 있는 성 또는 명칭'이란 현실적으로 다수가 존재하는 경우는 물론 관념상으로 다수가 존재하는 것으로 인식되고 있는 자연인의 성 또는 명칭을 말한다(상표심사기준 제4부 제5장). 기출 20
② 보통으로 사용하는 방법으로 표시한 표장 : 상표의 외관·칭호·관념을 통하여 전체적으로 흔한 성이나 명칭 등을 직감할 수 있도록 표시된 경우를 말한다. 단순히 암시, 특수한 방법으로 표시한 표장은 이에 해당되지 않는다.
③ '만'으로 된 상표 : 이들 상표에 단순히 부기적·보조적 표장이 결합된 경우도 '만'으로 된 상표로 본다. 결국 표장 전체로서 식별력이 인정될 수 있는지 판단한다.

(3) 판단기준

① ⅰ) 일반 수요자, ⅱ) 상표등록여부 결정할 때(대법원 2012.10.25. 선고 2012후2128 판결 등), ⅲ) 국내 상품거래 실정에 따라 판단한다.
② 외국인의 성은 외국에서 흔히 있는 성이라고 하더라도 국내에서 흔히 볼 수 있는 성이 아닌 한 흔한 성에 해당한다고 볼 수 없다(대법원 1994.7.29. 선고 94후333 판결).
③ 흔히 있는 명칭에는 법인명・단체명・법인격이 없는 단체명・상호・예명・필명 또는 그 약칭 등을 포함하며, 회장・총장・사장 등 직위를 나타내는 명칭도 이에 해당하는 것으로 본다. 기출 20
④ 흔한 성이 상호 결합된 경우 원칙적으로 본 호에 해당하는 것으로 본다(김&박, 이&최).
⑤ 흔한 성과 흔하지 않은 성이 결합된 경우 본 호에 해당하지 않는 것으로 본다(김&가, 이&설).

(4) 상표법상 취급

① **상표등록 전** : 상표등록거절이유(法 제54조 제3호), 정보제공이유(法 제49조), 이의신청이유(法 제60조 제1항)에 해당한다.
② **상표등록 후** : 착오 등록된 경우에는 제척기간 없는 상표등록무효사유(法 제117조 제1항)에 해당하고, 적법하게 등록된 후 후발적으로 본 호에 해당하면 후발적 무효사유에 해당하고, 무효심결이 확정된 후 해당 상표권은 본 호에 해당하게 된 때부터 없었던 것으로 보되, 그때를 알 수 없는 경우 청구내용이 등록원부에 공시된 때(무효심판청구의 예고등록일)부터 없었던 것으로 본다(法 제117조 제3항・제4항).

(5) 제33조 제2항과의 관계

흔한 성 등이라 할지라도 상표등록출원 전부터 그 상표를 사용한 결과 수요자 간에 특정인의 상품에 관한 출처를 표시하는 것으로 식별할 수 있게 된 경우에는 그 상표를 사용한 상품에 한정하여 상표등록을 받을 수 있다. 자타상품식별력이 있고, 특정인의 독점사용을 불허할 이유가 없기 때문이다.

06 제33조 제1항 제6호

> **제33조(상표등록의 요건)**
> ① 다음 각 호의 어느 하나에 해당하는 상표를 제외하고는 상표등록을 받을 수 있다.
>   6. 간단하고 흔히 있는 표장만으로 된 상표

(1) 의의 및 취지

간단하고 흔히 있는 표장만으로 된 상표(法 제33조 제1항 제6호)는 자타상품식별력 및 독점적응성이 없어 등록받을 수 없다.

(2) 적용요건

① 간단하고 흔히 있는 표장 : 간단하거나 또는 흔히 있는 표장만으로 된 상표는 본 호에 해당하지 않는다.
② '만'으로 된 상표 : 이들 상표에 단순히 부기적·보조적 표장이 결합된 경우도 '만'으로 된 상표로 본다. 결국 표장 전체로서 식별력이 인정될 수 있는지 판단한다.

(3) 판단기준

① ⅰ) 일반 수요자, ⅱ) 상표등록여부 결정할 때(대법원 2012.10.25. 선고 2012후2128 판결 등), ⅲ) 국내 상품거래 실정에 따라 판단한다.
② 문자 상표의 심사기준
  ㉠ 1자의 한글, 2자의 알파벳(이를 다른 외국어로 표시한 경우)으로 구성된 표장은 본 호에 해당한다(예 가, 나, A, AB 등). 다만, 구체적인 관념으로 직감 가능한 경우에는 본 호에 해당하지 않는다(예 별, 꿈, 닭).
  ㉡ 1자의 한글과 1자의 영문자가 결합된 경우 식별력이 있는 것으로 본다(예 N제 등).
  ㉢ 1자의 한글, 2자의 외국문자가 기타 식별력 없는 문자와 결합한 경우 본 호에 해당한다(예 A MART). 다만, 외국문자 2개를 &로 연결한 경우는 제외한다(예 A&Z 등).
③ 숫자 상표의 심사기준
  ㉠ 두 자리 이하의 숫자, 10단위 숫자 2개와 부호의 결합은 본 호에 해당한다(예 1, 56 등).
  ㉡ 100 이상의 숫자 중 12345와 같이 순서대로 나열한 것은 본 호에 해당한다(예 123 등). 다만, 같은 숫자를 나열하거나 &로 연결한 경우는 제외한다(예 777, 1&234 등).
  ㉢ 외국문자 1자와 숫자 1개가 결합한 경우, 숫자를 순위의 문자로 표시한 경우 본 호에 해당하며, 이들을 하이픈(-)으로 연결한 경우도 같다(예 A1, A-1 등).

④ 도형 상표의 심사기준
  ㉠ 흔히 사용되는 원형, 사각형 등과 이러한 도형들을 동일하게 중복하여 표시한 것은 본 호에 해당한다.
  ㉡ 흔한 도형·무늬에 ⅰ) 한글 1자를 결합한 경우, ⅱ) 알파벳 1자와 그 한글 음을 병기한 경우, ⅲ) 화학품 등에 전문기호를 병기한 경우, ⅳ) 알파벳 1자 또는 2자에 "Co.", "Ltd."등을 결합한 경우 본 호에 해당한다.
⑤ 기타 심사기준
  ㉠ 입체상표의 경우, 흔히 있는 공, 정육면체, 원기둥 등의 경우 본 호에 해당한다.
  ㉡ 소리상표의 경우, 소리가 1음 또는 2음으로 구성된 경우 본 호에 해당한다.

(4) 상표법상 취급
① **상표등록 전** : 상표등록거절이유(法 제54조 제3호), 정보제공이유(法 제49조), 이의신청이유(法 제60조 제1항)에 해당한다.
② **상표등록 후** : 착오 등록된 경우에는 제척기간 없는 상표등록무효사유(法 제117조 제1항)에 해당하고, 적법하게 등록된 후 후발적으로 본 호에 해당하면 후발적 무효사유에 해당하고, 무효심결이 확정된 후 해당 상표권은 본 호에 해당하게 된 때부터 없었던 것으로 보되, 그때를 알 수 없는 경우 청구내용이 등록원부에 공시된 때(무효심판청구의 예고등록일)부터 없었던 것으로 본다(法 제117조 제3항·제4항).

(5) 法 제33조 제2항과의 관계
① **사용에 의한 식별력 취득** : 간단하고 흔한 표장 등이라 할지라도 상표등록출원 전부터 그 상표를 사용한 결과 수요자 간에 특정인의 상품에 관한 출처를 표시하는 것으로 식별할 수 있게 된 경우에는 그 상표를 사용한 상품에 한정하여 상표등록을 받을 수 있다. 자타상품식별력이 있고, 특정인의 독점사용을 불허할 이유가 없기 때문이다.
② **상표유사판단 시 요부가 될 수 있는지 여부** : ⅰ) 식별력 없는 부분은 요부가 될 수 없다(대법원 2006.5.25. 선고 2004후912 판결) 기출 15 , ⅱ) 식별력 없는 부분을 제외하고 대비해야 한다(대법원 2000.1.28. 선고 97후3272 판결), ⅲ) 식별력 없는 부분도 비교대상에서 제외하여서는 안 된다(대법원 1995.3.17. 선고 94후2070 판결)라는 判例의 판시로 나뉜다. 생각건대, 식별력이 없는 부분에 독점적 권리가 부여되는 폐해를 가져올 수 있다는 점에서 식별력 없는 부분은 요부가 될 수 없다고 봄이 타당하다.

07 제33조 제1항 제7호

> **제33조(상표등록의 요건)**
> ① 다음 각 호의 어느 하나에 해당하는 상표를 제외하고는 상표등록을 받을 수 있다.
> 7. 제1호부터 제6호까지에 해당하는 상표 외에 수요자가 누구의 업무에 관련된 상품을 표시하는 것인가를 식별할 수 없는 상표 기출 21

(1) 의의 및 취지

法 제33조 제1항 제1호 내지 제6호에 해당하지 않는 상표 외에 누구의 업무에 관련된 상품을 표시하는 것인가를 식별할 수 없는 상표(法 제33조 제1항 제7호)는 자타상품식별력 및 독점적응성이 없어 등록받을 수 없다.

(2) 法 제33조 제1항 제7호의 성격

① **학설의 대립** : ⅰ) 제7호는 제1호 내지 제6호와 대등한 규정으로 보아 동시에 거절이유를 통지할 수 있다는 견해, ⅱ) 제1호 내지 제6호에 해당하지 않는 경우 제7호를 적용해야 한다는 견해가 대립한다.

② **判例의 태도** : "法 제33조 제1항 제7호는 제1호부터 제6호까지에는 해당되지 않으나 그 각 호의 취지로 보아 거절하는 것이 적당한 것으로 인정되는 상표들에 대해 등록을 받아주지 않도록 한 취지의 보충적 규정이다"(대법원 1993.12.28. 선고 93후1018 판결)라고 판시한다.

③ **검토** : ⅰ) 법문이 法 제33조 제1항 제7호를 규정함에 있어 '제1호부터 제6호까지에 해당하는 상표 외에'라고 규정하고, ⅱ) 일반규정 성격으로 적용에 신중을 기하여야 한다는 점을 들어 제7호를 보충적 규정으로 본다.

(3) 판단기준

① ⅰ) 해당 지정상품에 관한 일반 수요자, ⅱ) 상표등록여부 결정할 때(대법원 2012.10.25. 선고 2012후2128 판결 등), ⅲ) 국내 상품거래실정에 따라 판단한다.

② 기타 식별력 없는 상표란, ⅰ) 외관상 식별력이 인정되지 않는 상표, ⅱ) 다수인이 현실적으로 사용하고 있어 식별력이 인정되지 않는 상표, ⅲ) 공익상 특정인에게 독점시키는 것이 적당하다고 인정되지 않는 상표 등이 있다.

③ 심사기준
  ㉠ 일반적인 구호(슬로건), 광고문안, 표어, 인사말이나 유행어
  ㉡ 방송·인터넷 등을 포함한 정보통신매체 통해 출처표시로 인식되지 않을 정도로 널리 알려져 유행어처럼 사용하게 된 방송프로그램 명칭이나 영화, 노래의 제목

(4) 상표법상 취급

① **상표등록 전** : 상표등록거절이유(法 제54조 제3호), 정보제공이유(法 제49조), 이의신청이유(法 제60조 제1항)에 해당한다.

② **상표등록 후** : 착오 등록된 경우에는 제척기간 없는 상표등록무효사유(法 제117조 제1항)에 해당하고, 적법하게 등록된 후 후발적으로 본 호에 해당하면 후발적 무효사유에 해당하고, 무효심결이 확정된 후 해당 상표권은 본 호에 해당하게 된 때부터 없었던 것으로 보되, 그때를 알 수 없는 경우 청구내용이 등록원부에 공시된 때(무효심판청구의 예고등록일)부터 없었던 것으로 본다(法 제117조 제3항·제4항).

(5) 法 제33조 제2항과의 관계

法 제33조 제2항은 "제1항 제3호부터 제7호까지에 해당하는 상표라도~"라고 규정함으로써, 法 제33조 제1항 제7호는 法 제33조 제2항의 적용을 받는 것으로 규정하고 있다. 〈2023.10.31. 개정〉

08 제33조 제2항

> **제33조(상표등록의 요건)**
> ② 제1항 제3호부터 제7호까지에 해당하는 상표라도 상표등록출원 전부터 그 상표를 사용한 결과 수요자 간에 특정인의 상품에 관한 출처를 표시하는 것으로 식별할 수 있게 된 경우에는 그 상표를 사용한 상품에 한정하여 상표등록을 받을 수 있다. 〈개정 2023.10.31.〉 **기출** 15·16·19·20·22

(1) 의의 및 취지

法 제33조 제1항 각 호에 해당하는 상표라도 출원 전부터 사용한 결과 수요자 간에 특정인의 출처로 식별된 경우 그 상표를 사용한 상품에 한하여 등록받을 수 있다. 사용에 의한 식별력을 취득한 경우 자타상품식별력이 없다고 할 수 없고, 자유 사용을 보장할 공익상 필요성도 사라진 것으로 볼 수 있기 때문이다.

(2) 적용요건

① **원칙** : 법문상 法 제33조 제1항 제3호부터 제7호의 표장에 적용된다.

② **法 제33조 제1항 제1호·제2호의 경우** : 사용에 의한 식별력을 취득한 경우 더 이상 法 제33조 제1항 제1호·제2호에 해당하지 않아 法 제33조 제2항 없이도 등록이 가능하다고 봄이 타당하다.

(3) 판단기준
① **시기적 기준** : "상표등록출원 전부터 사용한 결과"라 규정되어 있으므로, 출원 전부터 사용할 것을 요구할 뿐, 식별력 취득 판단 시점은 "등록여부결정 시"라고 본다. 기출 20
② **지역적 기준** : 상표사용자 업무상 신용을 적극적으로 보호하고자 法 제33조 제2항의 요건을 완화한 2014년 개정법 취지에 비추어, 전국적 인식이 아니라 '국내 상당한 지역'에 인식된 경우로 완화하여 해석할 수 있다.

(4) 사용에 의한 식별력 취득의 효과
① **인식도 요건(2014.6.11. 이후 출원부터 적용)** : ⅰ) 상표사용자 업무상 신용을 적극적으로 보호하고, ⅱ) 수요자의 신뢰보호에 기여하기 위해, '특정인의 상품에 관한 출처를 표시하는 것으로 식별할 수 있게 된 경우'로 인식도 요건을 완화하였다.
② **사용에 의한 식별력 취득 판단에 타인의 사용실적을 고려할 수 있는지 여부** : 사용에 의한 식별력 취득효과는 실제 사용자에게 귀속되는 것이므로, 원칙적으로 '출원인의 상표사용실적'을 기준으로 판단한다. 단, 경우에 따라 출원인이 출원 전에 실제 사용자로부터 그 상표에 관한 권리를 양수할 가능성이 있는 경우 출원인 외 실제 사용자의 상표사용실적을 고려해 사용에 의한 식별력을 구비하였는지 판단할 수 있다(대법원 2012.12.27. 선고 2012후2951 판결).
③ **사용에 의한 식별력 취득 판단 시 고려요소** : 상표의 사용기간, 사용횟수 및 사용의 계속성, 그 상표가 부착된 상품의 생산·판매량 및 시장점유율, 광고·선전의 방법, 횟수, 내용, 기간 및 액수, 상품품질의 우수성, 상표사용자의 명성과 신용, 상표의 경합적 사용의 정도 및 태양 등을 종합적으로 고려해 판단한다(대법원 2017.9.12. 선고 2015후2174 판결).

(5) 동일성 있는 상표와 상품에 대한 출원
① **과거 判例의 경향** : "法 제33조 제2항은 원래 특정인의 독점사용이 부적당한 표장에 대세적인 권리를 부여하는 것이므로, 그 기준을 엄격하게 해석 적용되어야 한다."는 관점에서 동일성의 범위를 엄격하게 해석하였다.
② **사용 상표에 부기적인 부분을 결합하여 출원한 경우** : 사용에 의한 식별력을 취득한 사용상표를 그대로 포함함으로써 다른 구성과의 결합으로 인해 이미 취득한 식별력이 감쇄되지 않는 경우에 사용상표와 출원상표 간 동일성을 인정할 수 있다.
③ **식별력 미약한 부분을 결합하여 사용한 경우** : 결합상표를 사용한 후 그중 일부를 출원하는 경우라 하더라도 사용상표 내에서 출원상표가 동일성과 독립성을 유지하며 사용되었으며, 흔히 쓰이는 부분이 결합된 경우로서, 그 결합으로 인해 새로운 관념이 형성되지 않는 경우에는 사용상표와 출원상표 간 동일성을 인정할 수 있다.
④ **동일성이 인정되는 상표의 장기간의 사용** : 동일성 있는 상표의 장기간의 사용은 사용에 의한 식별력 취득에 도움이 되는 요소이다.

(6) 관련문제

① **사용에 의한 식별력을 획득한 상표의 유사판단 시 요부로 보는 상품의 범위** : 상표의 구성 중 식별력이 없거나 미약한 부분과 동일한 표장이 거래사회에서 오랜 기간 사용된 결과 상표의 등록 또는 지정상품 추가등록 전부터 수요자 간에 누구의 업무에 관련된 상품을 표시하는 것인가 현저하게 인식되어 있는 경우에는 그 부분은 사용된 상품에 관하여 식별력 있는 요부로 보아 상표의 유사 여부를 판단할 수 있으나, 그렇다고 하더라도 그 부분이 사용되지 아니한 상품에 대해서까지 당연히 식별력 있는 요부가 됨을 전제로 하여 상표의 유사 여부를 판단할 수 없다[대법원 2008.5.15. 선고 2005후2977].

② **등록 후 사용에 의한 식별력 획득한 경우 유사판단 시 취급** : 상표의 식별력은 상대적·유동적인 것이므로, 이는 상표의 유사 여부와 동일한 시점을 기준으로 그 유무와 강약을 판단하여야 한다. 그러므로 등록상표가 전부 또는 일부 구성이 등록결정 당시에는 식별력이 없거나 미약하였다고 하더라도 등록상표를 전체로서 또는 일부 구성 부분을 분리하여 사용함으로써 권리범위확인심판의 심결 시점에 이르러서는 수요자 사이에 누구의 상품을 표시하는 것인지 현저하게 인식될 정도가 되어 중심적 식별력을 가지게 된 경우에는, 이를 기초로 상표의 유사 여부를 판단하여야 한다.

09 제34조 제1항 제1호

제34조(상표등록을 받을 수 없는 상표)
① 제33조에도 불구하고 다음 각 호의 어느 하나에 해당하는 상표에 대해서는 상표등록을 받을 수 없다.
 1. 국가의 국기(國旗) 및 국제기구의 기장(記章) 등으로서 다음 각 목의 어느 하나에 해당하는 상표
  가. 대한민국의 국기, 국장(國章), 군기(軍旗), 훈장, 포장(褒章), 기장, 대한민국이나 공공기관의 감독용 또는 증명용 인장(印章)·기호와 동일·유사한 상표 기출 21
  나. 「공업소유권의 보호를 위한 파리 협약」(이하 "파리협약"이라 한다) 동맹국, 세계무역기구 회원국 또는 「상표법조약」 체약국(이하 이 항에서 "동맹국등"이라 한다)의 국기와 동일·유사한 상표
  다. 국제적십자, 국제올림픽위원회 또는 저명(著名)한 국제기관의 명칭, 약칭, 표장과 동일·유사한 상표. 다만, 그 기관이 자기의 명칭, 약칭 또는 표장을 상표등록출원한 경우에는 상표등록을 받을 수 있다.
  라. 파리협약 제6조의3에 따라 세계지식재산기구로부터 통지받아 특허청장이 지정한 동맹국등의 문장(紋章), 기(旗), 훈장, 포장 또는 기장이나 동맹국등이 가입한 정부 간 국제기구의 명칭, 약칭, 문장, 기, 훈장, 포장 또는 기장과 동일·유사한 상표. 다만, 그 동맹국등이 가입한 정부 간 국제기구가 자기의 명칭·약칭, 표장을 상표등록출원한 경우에는 상표등록을 받을 수 있다.
  마. 파리협약 제6조의3에 따라 세계지식재산기구로부터 통지받아 특허청장이 지정한 동맹국등이나 그 공공기관의 감독용 또는 증명용 인장·기호와 동일·유사한 상표로서 그 인장 또는 기호가 사용되고 있는 상품과 동일·유사한 상품에 대하여 사용하는 상표

(1) 의의 및 취지

① 가목(대한민국의 국기, 기장 등, 대한민국·공공기관의 감독용·증명용 인장 등) : 국가의 국기·국장 등의 존엄성과 국가·공공기관의 감독용 또는 증명용 인장 등의 권위를 유지하고, (감독용 인장 등의 경우) 품질오인으로부터 수요자를 보호하고자 한다.

② 나목(동맹국 등의 국기) : 동맹국 등의 국기에 대한 존엄성을 보호하고, 국제적 신의를 유지하고자 한다.

③ 다목(저명한 국제기관 등의 명칭 등) : 저명한 국제기관 등의 권위를 유지하고, 사인에 의한 오인·혼동 유발을 방지한다.

④ 라목(동맹국 등의 기장 등, 정부 간 국제기구의 명칭 등과 기장 등) : 동맹국 등의 기장의 존엄성과 정부 간 국제기구의 권위를 보호하고, 국제적 신의를 유지하고자 한다.

⑤ 마목(동맹국·동맹국의 공공기관의 감독용·증명용 인장 등) : 동맹국·그 공공기관의 감독용 또는 증명용 인장 등의 권위를 유지하고, 품질오인으로부터 수요자를 보호하고자 한다. 파리협약 제6조의3의 규정을 입법화한 것이다.

(2) 요건

① 가목(대한민국의 국기, 기장 등, 대한민국·공공기관의 감독용·증명용 인장 등)

  ㉠ 대한민국의 국기, 국장, 군장, 훈장, 포장, 기장과 동일·유사한 상표 : '기장'의 의미 : 공적을 기념하거나 신분, 직위 등을 표상하는 휘장 또는 표장을 의미한다(대법원 2010.7.29. 선고 2008후4721 판결).

  ㉡ 대한민국·공공기관의 감독용 또는 증명용 인장·기호와 동일·유사한 상표
  • '공공기관'은 대한민국의 중앙 또는 지방행정기관, 지방자치단체, 공공조합, 공법상의 영조물법인과 그 대표기관 및 산하기관을 말한다(심사기준).
  • '감독용 또는 증명용 인장·기호'는 상품의 규격·품질 등을 관리, 통제, 증명하기 위해 대한민국 자체가 채택한 표장을 말한다(심사기준).

② 나목(동맹국 등의 국기)

  ㉠ 파리협약 동맹국, 세계무역기구 회원국 또는 상표법조약 체약국의 국기와 동일·유사한 상표 : 동맹국 등이면 족하고 우리나라의 국가승인 여부
  ㉡ WIPO로부터의 통지여부와 무관하게 보호

③ 다목(저명한 국제기관 등의 명칭 등)

  ㉠ 국제적십자, 국제올림픽위원회 또는 저명한 국제기관의 명칭, 약칭, 표장과 동일·유사한 상표
  • '국제적십자'는 국제적십자운동 구성기구(대한적십자사, 국제적십자위원회 등)을 포함한다.
  • '저명한 국제기관'은 국제사회에서 일반적으로 인식되고 있는 국가 간의 단체를 말하며, 정부 간 국제기구와 비정부 간 국제기구를 포함한다.

  ㉡ 적용의 예외 : 그 기관이 자신의 명칭 등을 출원한 때에는 본 목의 취지에 반하지 않아 등록 가능하다.

④ 라목(동맹국 등의 기장 등, 정부 간 국제기구의 명칭 등과 기장 등)
  ㉠ 파리협약 제6조의3에 따라 WIPO로부터 통지받아 특허청장이 지정한 동맹국 등의 문장, 기, 훈장, 포장 또는 기장과 동일·유사한 상표
  ㉡ 동맹국 등이 가입한 정부 간 국제기구의 명칭, 약칭, 문장, 기, 훈장, 포장 또는 기장과 동일·유사한 상표 : 라목의 '국제기구'는 다목과 달리 저명한지 여부는 불문한다.
  ㉢ 적용의 예외 : 그 동맹국 등이 가입한 정부 간 국제기구가 자신의 명칭 등을 출원한 때에는 본 목의 취지에 반하지 않아 등록 가능하다.
⑤ 마목(동맹국·동맹국의 공공기관 등의 감독용·증명용 인장 등)
  ㉠ 파리협약 제6조의3에 따라 WIPO로부터 통지받아 특허청장이 지정한 동맹국 등이나 그 공공기관의 감독용 또는 증명용 인장·기호와 동일·유사한 상표 : '공공기관'은 파리협약 동맹국, 세계무역기구회원국 또는 상표법조약 체약국의 중앙 또는 지방행정기관과 지방자치단체, 공공조합, 공법상 영조물법인과 그 대표기관 및 산하기관, 주정부 및 그 산하기관이 이에 해당한다.
  ㉡ 인장 또는 기호가 사용되는 상품과 동일·유사한 상품에 사용하는 상표

(3) 판단방법
① 판단시점 : 등록여부결정 시(法 제34조 제2항)
② 상표출원의 주체의 문제
  ㉠ 가목, 나목, 마목의 경우 : 상표등록 출원 주체가 누구인가를 가리지 않고 상표로서 등록받을 수 없다(대법원 1997.6.13. 선고 96후1774 판결).
  ㉡ 다목, 라목의 예외 : 제3자가 저명한 국제기관이나 동맹국 등이 가입한 정부 간 국제기구의 승낙을 받아 출원한 경우에도 상표등록을 받을 수 없다.
  ㉢ 국가 등의 존엄을 해하는 상표 : 法 제34조 제1항 제2호·제4호가 적용될 수 있다.

(4) 상표법 상 취급
① 등록 전 : 法 제34조 제1항 제1호 위반의 경우 거절이유(法 제54조 제3호), 정보제공이유(法 제49조), 이의신청이유(法 제60조 제1항)에 해당한다.
② 등록 후 : 착오로 등록된 경우에는 제척기간이 없는 상표등록무효사유(法 제117조 제1항)에 해당한다.

구 분	단 서	WIPO 통지	특허청장 지정	상품 적용범위
가목	-	-	-	-
나목	-	-	-	-
다목	○	-	-	-
라목	○	○	○	-
마목	-	○	○	○

10 제34조 제1항 제2호

> **제34조(상표등록을 받을 수 없는 상표)**
> ① 제33조에도 불구하고 다음 각 호의 어느 하나에 해당하는 상표에 대해서는 상표등록을 받을 수 없다.
>   2. 국가・인종・민족・공공단체・종교 또는 저명한 고인(故人)과의 관계를 거짓으로 표시하거나 이들을 비방 또는 모욕하거나 이들에 대한 평판을 나쁘게 할 우려가 있는 상표 기출 23・24

(1) 의의 및 취지

국가・민족 등의 권위와 존엄을 보호하고, 저명한 고인과 유족의 명예와 인격을 보호하기 위해 국가・민족 등 또는 저명한 고인과의 관계를 거짓으로 표시하거나 이들을 비방 또는 모욕하거나 이들에 대한 평판을 나쁘게 할 우려가 있는 상표는 등록을 불허한다(法 제34조 제1항 제2호). 국제적 신의를 보호하고, 저명한 고인과 그 유족의 명예와 인격을 보호하기 위함이다.

(2) 요 건

① 국가・인종・민족・공공단체・종교
  ㉠ '국가'는 대한민국은 물론 외국을 포함하며, 여기서 '외국'은 대한민국의 국가 승인 여부와 관계없이 실질적으로 영토・국민・통치권을 가지는 통치단체를 모두 포함한다.
  ㉡ '공공단체'는 지방자치단체, 공공조합, 공법상 영조물법인과 그 대표기관 및 산하기관을 포함하며, 외국의 주정부 및 산하기관도 이에 해당한다.
② 저명한 고인
  ㉠ 외국인을 포함한다.
  ㉡ 일반수요자에게 대체로 인식되고 있는 고인은 물론 지정상품과 관련하여 거래사회에서 일반적으로 인식되고 있는 고인을 말한다.
③ 관계를 거짓으로 표시하거나 이들을 비방 또는 모욕하거나 이들에 대한 평판을 나쁘게 할 우려가 있는 상표
  ㉠ 단순히 고인의 성명 그 자체를 상표로 사용한 것에 지나지 아니할 뿐 동인과의 관련성에 관한 아무런 표시가 없다면, 고인과의 관계를 거짓으로 표시한 것으로 볼 수 없어 본 호에 해당되지 않는다(대법원 1997.7.11. 선고 96후2173 판결, 대법원 1998.2.13. 선고 97후938 판결).
  ㉡ 거짓표시나 비방, 모욕, 평판을 나쁘게 할 우려는 상표의 구성 자체 또는 지정상품과의 관계를 고려하여 현저히 부정적인 영향을 주거나 줄 우려가 있는 경우에 이에 해당하는 것으로 본다.
  ㉢ 출원인의 목적 또는 의사의 유무를 불문하고 사회통념상 이러한 결과를 유발할 우려가 있다고 인정되는 때에 이에 해당하는 것으로 본다.

(3) 판단방법
① **판단시점** : 등록여부결정 시(法 제34조 제2항)
② **일반적인 판단방법** : 표장자체의 외관·칭호·관념, 지정상품 및 거래실정 등을 종합적으로 관찰하여 객관적으로 판단해야 한다(대법원 1989.7.11. 선고 89후346 판결).
③ 구성을 전체적으로 고찰하여 판단해야 하고, 일부분만을 따로 떼어 내어 판단할 것은 아니다(대법원 1990.9.28. 선고 89후711 판결).

(4) 상표법 상 취급
① **등록 전** : 法 제34조 제1항 제2호 위반의 경우 거절이유(法 제54조 제3호), 정보제공이유(法 제49조), 이의신청이유(法 제60조 제1항)에 해당한다.
② **등록 후** : 착오로 등록된 경우에는 제척기간이 없는 상표등록무효사유(法 제117조 제1항)에 해당한다.

11   제34조 제1항 제3호

> **제34조(상표등록을 받을 수 없는 상표)**
> ① 제33조에도 불구하고 다음 각 호의 어느 하나에 해당하는 상표에 대해서는 상표등록을 받을 수 없다.
>   3. 국가·공공단체 또는 이들의 기관과 공익법인의 비영리 업무나 공익사업을 표시하는 표장으로서 저명한 것과 동일·유사한 상표. 다만, 그 국가 등이 자기의 표장을 상표등록출원한 경우에는 상표등록을 받을 수 있다.

(1) 의의 및 취지
저명한 업무표장을 가진 공익단체의 업무상 신용·권위를 보호하고, 수요자를 출처혼동으로부터 보호하기 위한 규정으로, 국가·공공단체 등의 저명한 업무표장과 동일·유사한 상표는 등록을 불허한다(法 제34조 제1항 제3호). 저명한 업무표장을 가진 공익단체의 업무상 신용을 보호함과 동시에 일반 공중을 보호하는 데 있다(대법원 1996.3.22. 선고 95후1104 판결).

(2) 요 건
① **국가·공공단체 또는 이들의 기관과 공익법인**
  ㉠ '국가'에는 외국도 포함되며 '공공단체'에는 지방자치단체, 공공조합, 공법상 영조물법인과 그 대표기관 및 산하기관을 포함하며, 외국의 주정부 및 산하기관도 이에 해당한다.
  ㉡ '공익법인'은 민법 제32조에 따라 설립된 종교나 자선 또는 학술 등의 공익을 주목적으로 하는 비영리 법인을 말하며, 외국의 공익법인도 포함된다.
  ㉢ '공익법인'에 지방자치단체나 공공조합 등의 공공단체인 공법인은 제외된다(공익법인의 표장에 해당하는 경우).
   예 YMCA, 보이스카우트, YWCA

② 비영리 업무나 공익사업을 표시하는 표장 : 부수적으로 영리업무를 하더라도 주 목적이 영리를 목적으로 하지 않는 업무 또는 공익사업을 하는 경우를 포함한다(특허법원 2005.3.17. 선고 2004허7425 판결).
③ 저명한 것 : 사회통념상 또는 거래사회에서 일반적으로 널리 인식되고 있는 표장 또는 단체명
④ 동일·유사한 상표
⑤ 예 외
　㉠ 자신이 출원한 경우에는, 업무상 신용훼손이나 출처혼동의 염려가 없으므로, 등록 받을 수 있다.
　㉡ 제3자가 국가 등의 허락을 받아 출원한 경우에는 등록 받을 수 없다(단서 규정 적용 불가).

(3) 판단방법
① 판단시점 : 등록여부결정 시(法 제34조 제2항)
② 공익단체 등의 업무와 지정상품과의 관계 : 법문상 상품의 유사를 요구하지 않으며, 저명한 업무표장 주체의 권위와 업무상의 신용을 보호한다는 점에서 공익단체 등의 업무와 지정상품이 서로 유사하거나 견련관계가 있어야 하는 것은 아니다(대법원 1994.5.24. 선고 93후2011 판결).

(4) 상표법 상 취급
① 등록 전 : 法 제34조 제1항 제3호 위반의 경우 거절이유(法 제54조 제3호), 정보제공이유(法 제49조), 이의신청이유(法 제60조 제1항)에 해당한다.
② 등록 후 : 착오로 등록된 경우에는 제척기간이 없는 상표등록무효사유(法 제117조 제1항)에 해당한다.

12　제34조 제1항 제4호

> **제34조(상표등록을 받을 수 없는 상표)**
> ① 제33조에도 불구하고 다음 각 호의 어느 하나에 해당하는 상표에 대해서는 상표등록을 받을 수 없다.
> 　4. 상표 그 자체 또는 상표가 상품에 사용되는 경우 수요자에게 주는 의미와 내용 등이 일반인의 통상적인 도덕관념인 선량한 풍속에 어긋나는 등 공공의 질서를 해칠 우려가 있는 상표 기출 19

(1) 의의 및 취지(07.7.1. 시행 개정법)
① 공익적 견지에서 선량한 풍속을 유지하고 공공의 질서를 보호하기 위해, 공서양속에 반할 우려가 있는 상표의 등록을 불허한다(法 제34조 제1항 제4호). 공익적 견지에서 일반공중의 선량한 풍속과 공공의 질서를 보호하기 위함이다.
② 07.7.1. 시행 개정법 적용에 관한 判例 : 별도의 경과규정을 두지 않는 경우, 특별한 사정이 없는 한 개정 전 출원된 상표에 대해서는 종전의 규정에 의해 형성된 상표법 질서의 안정을 손상시키지 않도록 하기 위해 원칙적으로 종전의 규정이 적용되어야 한다.

(2) 적용범위

① '상표 그 자체'가 수요자에게 주는 의미와 내용 등이 공서양속에 반하는 상표(상표심사기준)
  ㉠ 예시 1 : 상표의 구성 자체가 과격한 슬로건으로 이루어진 상표, 문자나 도형을 읽는 방법 또는 보는 방법에 따라서 일반인에게 외설한 인상을 주거나, 성적 흥분 또는 수치심을 유발할 수 있는 상표
  ㉡ 예시 2 : 사회주의 또는 공산주의혁명, 인민민주주의 또는 민중민주주의혁명, 노동자 계급독재, 김일성주체사상 등 자유민주주의 기본질서를 부정하는 내용의 상표
  ㉢ 예시 3 : 사기꾼, 소매치기, 새치기, 뇌물, 가로채기 등 형사상 범죄에 해당하는 용어나 공중도덕 감정을 저해하는 상표
  ㉣ 예시 4 : 사이비 종교, 부적 등 미신을 조장하거나 구민 간의 불신과 지역감정을 조장하는 문자나 도형

② '상표가 상품에 사용되는 경우' 수요자에게 주는 의미와 내용 등이 공서양속에 반하는 상표
  ㉠ 부적의 경우(대법원 1992.4.24. 선고 91후1878 판결) : 부적 자체가 공공의 질서 또는 선량한 풍속에 반한다고 할 수는 없으나, 양말·신사복 등에 사용되는 경우 부적의 소지로 재앙을 막을 수 있다는 비과학적이고 비합리적인 사고를 장려하거나 조장할 수 있어 본 호에 해당한다.
  ㉡ 문화재의 경우(대법원 2005.10.7. 선고 2004후1441 판결) : 문화재 명칭의 경우, 특정인이 상표로서 독점한다고 하여도 문화재의 명칭으로 된 상표를 부등록사유로 정하지 않은 상표제도를 채택한 데에 따른 당연한 결과로서 본 호에 해당하지 않는다.

③ 구체적 경우별 적용여부
  ㉠ 상표의 출원·등록과정에 사회적 타당성이 현저히 결여된 경우 : 상표의 출원·등록이 본 호에 해당하기 위해서는 출원·등록과정에 사회적 타당성이 현저히 결여되어 그 등록을 인정하는 것이 상표법의 질서에 반하는 것으로서 도저히 용인할 수 없다고 보이는 경우에 한하며, 타인의 표장을 모방하였거나, 계약을 위반하였거나, 특정인에 대한 관계에서 신의성실 원칙에 위배된 것으로 보인다는 등의 사정만으로는 본 호에 해당한다고 할 수 없다(대법원 2012.6.28. 선고 2011후1722 판결).
  ㉡ 상표를 등록하여 사용하는 행위가 사회 공공의 이익을 침해하는 경우 : 출원 상표의 사용이 사회 공공의 이익을 침해하는 것이라면 공공의 질서에 위배되는 것으로서 허용될 수 없다고 보아야 한다(대법원 2009.5.28. 선고 2007후3325 판결).
  ㉢ 개인이 '법인명'의 상표를 출원한 경우
    • 개인이 법인 또는 단체명의 상표를 출원한 경우 : 본 호에 미해당(判例)
    • 법인이 다른 법인의 법인명을 출원한 경우 : 본 호에 미해당(判例)
    • 개인/일반법인이 공법상의 특수법인 등으로 오해 받을 수 있는 상표를 출원한 경우 : 논란이 있으나 法 제34조 제1항 제12호로 해결이 가능하며, 07년 개정법 취지에 비추어 적용되지 않는다고 봄이 타당하다.

ⓔ 저작권 침해의 경우
- 심사기준 : 저명한 인물의 캐리커쳐 등을 무단으로 사용하여 출원한 경우 본 호에 해당하는 것으로 본다.
- 특허법원 判例 : ⅰ) 심사단계에서 저작권 저촉여부의 심사가 현실적으로 곤란하고, ⅱ) 상표법 제92조에서 상표권과 저작권의 저촉관계를 별도로 규정한 점에 비추어, 타인의 저작물을 상표로서 등록하는 것을 본 호에 해당하는 것으로 보기 어렵다.

ⓜ 저명한 타인의 명칭
- 심사기준 : 저명한 고인의 성명을 도용하여 출원한 경우 본 호에 해당하는 것으로 본다.
- 구법상 判例 : 저명한 타인의 성명의 명성에 편승하기 위한 출원은, 타인의 명예를 훼손시킬 우려가 있어 선량한 풍속에 반하고, 명성에 편승하여 수요자의 구매를 불공정하게 흡인하고자 하는 것으로서 공정한 상품유통질서를 문란하게 할 염려가 있어 본 호에 해당한다(대법원 2010.7.22. 선고 2010후456 판결).

(3) 판단방법

① **판단시점** : 등록여부결정 시(法 제34조 제2항)

② **보충적 규정 여부** : 法 제34조 제1항 제4호가 일반규정의 성격을 갖고 있다고 하여 다른 부등록사유가 적용되지 않는 범위 내에서 한정적·보충적으로만 적용되는 것은 아니다(대법원 2012.10.25. 선고 2012후2104 판결).

③ **기타 판단방법**
㉠ 공서양속은 시대의 변화에 따라 달라지는 상대적인 개념이므로 본 호 해당여부는 거래실정 및 시대상황에 맞게 일반수요자의 평균적인 인식수준을 기준으로 판단한다.
㉡ 외국문자상표의 경우, 실제 의미가 공서양속에 반하는 상표라 하더라도 우리나라 국민의 일반적인 외국어 지식수준으로 보아 그러한 의미로 이해할 수 없는 때에는 본 호를 적용하지 않는다.
㉢ 상표의 부기적인 부분이 공서양속에 반하는 경우에도 본 호에 해당한다.

(4) 상표법 상 취급

① **등록 전** : 法 제34조 제1항 제4호 위반의 경우 거절이유(法 제54조 제3호), 정보제공이유(法 제49조), 이의신청이유(法 제60조 제1항)에 해당한다.

② **등록 후** : 착오로 등록된 경우에는 제척기간이 없는 상표등록무효사유(法 제117조 제1항)에 해당한다. 기출 19

13 제34조 제1항 제5호

> **제34조(상표등록을 받을 수 없는 상표)**
> ① 제33조에도 불구하고 다음 각 호의 어느 하나에 해당하는 상표에 대해서는 상표등록을 받을 수 없다.
>   5. 정부가 개최하거나 정부의 승인을 받아 개최하는 박람회 또는 외국정부가 개최하거나 외국정부의 승인을 받아 개최하는 박람회의 상패·상장 또는 포장과 동일·유사한 표장이 있는 상표. 다만, 그 박람회에서 수상한 자가 그 수상한 상품에 관하여 상표의 일부로서 그 표장을 사용하는 경우에는 상표등록을 받을 수 있다.

(1) 의의 및 취지

박람회, 상패·상장의 권위를 보호하고, 수요자를 품질오인으로부터 보호하기 위한 규정으로, 정부의 승인을 받은 박람회 등의 상패·상장·포장과 동일·유사한 포장이 있는 상표의 등록을 불허한다(法 제34조 제1항 제5호). 박람회에서 시상한 상패 등의 권위를 보호함과 동시에 품질오인으로부터 일반수요자의 신뢰이익을 보호하고자 함이다.

(2) 요 건

① 정부 또는 외국정부가 개최하거나 승인을 얻어 개최한 박람회
  ㉠ '승인'이라 함은 정부 또는 외국정부의 인가, 허가, 면허, 인정, 공인, 허락 등 그 용어를 불문하고 정부가 권위를 부여하거나 이를 허용하는 일체의 행위를 말한다.
  ㉡ '박람회'라 함은 전시회, 품평회, 경진대회 등 그 용어를 불문하고 넓게 해석한다.
② 상패·상장 또는 포장 : '상패, 상장, 포장'은 공로패, 표창장, 감사장 등 용어를 불문하고 주최자가 수여하는 일체의 증서 또는 기념패 등을 의미한다.
③ 동일·유사한 표장이 있는 상표 : 요부 아닌 부기적인 부분이 박람회의 상패 등과 동일·유사한 경우에도 적용된다.
④ 예 외
  ㉠ 박람회 수상자가 수상한 상품에 관해 상표의 일부로서 사용하는 경우 등록 가능하다.
  ㉡ 지정상품은 수상한 상품에 한하고, 유사상품에까지는 허용되지 않는다.
  ㉢ 상표의 전부 또는 지배적인 표장으로 사용할 때에는 예외에 해당하지 않는다.

(3) 판단방법

① 판단시점 : 등록여부결정 시(法 제34조 제2항)
② 지정상품과의 관계 : 지정상품과의 관계를 불문하나, 단서는 박람회에서 수상한 해당 상품에 한하여 적용된다.

(4) 상표법 상 취급

① 등록 전 : 法 제34조 제1항 제5호 위반의 경우 거절이유(法 제54조 제3호), 정보제공이유(法 제49조), 이의신청이유(法 제60조 제1항)에 해당한다.

② 등록 후 : 착오로 등록된 경우에는 제척기간이 없는 상표등록무효사유(法 제117조 제1항)에 해당한다.

14 제34조 제1항 제6호

> **제34조(상표등록을 받을 수 없는 상표)**
> ① 제33조에도 불구하고 다음 각 호의 어느 하나에 해당하는 상표에 대해서는 상표등록을 받을 수 없다.
> 6. 저명한 타인의 성명·명칭 또는 상호·초상·서명·인장·아호(雅號)·예명(藝名)·필명(筆名) 또는 이들의 약칭을 포함하는 상표. 다만, 그 타인의 승낙을 받은 경우에는 상표등록을 받을 수 있다. 기출 19·21·24

(1) 의의 및 취지

저명한 타인의 인격권을 보호하기 위한 규정으로서, 저명한 타인의 성명 등을 포함하는 상표의 등록을 불허한다(法 제34조 제1항 제6호). 저명한 타인의 인격을 보호하기 위함이다.

(2) 요 건

① 저명성

㉠ '타인'이 저명할 것을 요하는 것이 아니라, 타인의 '성명 등'이 저명할 것을 요한다.

㉡ 타인의 상호의 저명성 : 상표법 제34조 제1항 제6호 소정의 상호의 저명성은 동조항 제9호 소정의 주지성, 현저성보다도 훨씬 당해 상호의 주지도가 높을 뿐 아니라 나아가 오랜 전통 내지 명성을 지닌 경우를 가리킨다고 볼 것이다(대법원 1984.1.24. 선고 83후34 판결).

㉢ 타인의 명칭의 저명성 완화를 인정한 최근 대법원 判例 : 타인의 명칭 등이 저명한지는 그 사용기간, 방법, 태양, 사용량 및 거래의 범위와 상품거래의 실정을 고려하여 사회통념상 또는 지정상품과 관련한 거래사회에서 타인의 명칭 등이 널리 인식될 수 있는 정도에 이르렀는지 여부에 따라 판단해야 한다(대법원 2013.10.31. 선고 2012후1033 판결).

② 타 인

㉠ 현존하는 자연인, 법인, 법인격 없는 단체와 외국인도 포함한다. 기출 17

㉡ 따라서 본 호 소정의 타인이라 함은 생존자를 의미한다.

③ 성명·명칭 또는 상호·초상·서명·인장·아호·예명·필명 또는 이들의 약칭 : 타인의 성명이라 함은 특정인의 동일성을 인식할 수 있는 정도의 성과 명을 말한다.
④ 포함할 것 : 요부가 아닌 부가적인 부분으로 포함된 경우라도 그 적용이 있다. 기출 17
⑤ 예 외
　㉠ 그 타인의 승낙을 받은 경우에는 예외적으로 상표등록을 받을 수 있다.
　㉡ 타인의 성명 등이 상표로서도 인식된 경우로서 法 제34조 제1항 제9호·제11호 내지 제13호에 해당한다면 승낙을 받은 경우라도 등록 불가능하다.

(3) 판단방법
판단시점 : 등록여부결정 시(法 제34조 제2항) → 16.9.1. 시행 개정법 기출 17

(4) 상표법 상 취급
① 등록 전 : 法 제34조 제1항 제6호 위반의 경우 거절이유(法 제54조 제3호), 정보제공이유(法 제49조), 이의신청이유(法 제60조 제1항)에 해당한다.
② 등록 후 : 무효사유(法 제117조 제1항), 제척기간 5년의 적용(法 제122조 제1항)

15　제34조 제1항 제7호

> **제34조(상표등록을 받을 수 없는 상표)**
> ① 제33조에도 불구하고 다음 각 호의 어느 하나에 해당하는 상표에 대해서는 상표등록을 받을 수 없다.
> 7. 선출원(先出願)에 의한 타인의 등록상표(등록된 지리적 표시 단체표장은 제외한다)와 동일·유사한 상표로서 그 지정상품과 동일·유사한 상품에 사용하는 상표. 다만, 그 타인으로부터 상표등록에 대한 동의를 받은 경우(동일한 상표로서 그 지정상품과 동일한 상품에 사용하는 상표에 대하여 동의를 받은 경우는 제외한다)에는 상표등록을 받을 수 있다. 〈개정 2023.10.31.〉 기출 23

(1) 의의 및 취지
선등록 상표권자의 이익을 보호하고, 중복등록으로 인한 수요자의 오인·혼동을 방지하기 위한 규정으로서, 선출원에 대한 타인의 선등록상표와 동일·유사한 상표의 동일·유사한 상품에 대한 등록을 불허한다(法 제34조 제1항 제7호 본문). 선등록상표권자의 이익을 보호하고 수요자의 오인·혼동을 방지하기 위함이다.

(2) 요 건
① 타인 : 법률상 다른 주체를 의미한다.
② 선출원에 의한 선등록상표
   ㉠ 후출원에 의한 선등록상표는 인용상표가 될 수 없다.
   ㉡ 등록상표인 이상 등록경위나 하자가 문제되는 것은 아니므로 불사용 취소사유가 있음이 명백한 경우라도 심판 또는 판결에 의해 그 등록이 취소되지 않는 한 본 호의 인용상표가 될 수 있다(대법원 1990.9.28. 선고 90후366 판결).
   ㉢ 후출원의 출원 시에 출원계속 중이었던 선등록상표의 인용상표 적격성
③ 상표의 동일·유사
④ 상품의 동일·유사

(3) 판단방법
판단시점 – 16.9.1. 이후 출원 및 개정법 취지 : ⅰ) 등록여부결정 시에 소멸된 상표로 후출원이 거절되는 것은 부정하고, ⅱ) 재출원으로 인한 불경제를 해소하기 위해, '등록여부결정 시' 기준으로 변경하였다. 기출 17·22

(4) 상표법 상 취급
① 등록 전 : 法 제34조 제1항 제7호 위반의 경우 거절이유(法 제54조 제3호), 정보제공이유(法 제49조), 이의신청이유(法 제60조 제1항)
② 등록 후 : 무효사유(法 제117조 제1항), 제척기간 5년의 적용(法 제122조 제1항)

(5) 관련문제
① 출원 간 경합 시 적용 법규의 문제
   ㉠ 문제점 : 선출원이 후출원 출원 시 출원계속 중이었으나, 후출원 등록여부결정 시에 등록된 경우 法 제34조 제1항 제7호를 적용할 것인지, 法 제35조 제1항을 적용할 것인지 문제된다.
   ㉡ 심사기준 : 심사기준은, 출원이 경합하는 경우 法 제35조 제1항의 거절이유를 통지하되, 후출원 등록여부결정 시에 선출원이 등록되었다면 法 제34조 제1항 제7호를 이유로 거절결정한다고 규정한다.
② 인용상표에 취소사유가 있는 경우의 개정법상 취급
   ㉠ 法 제34조 제1항 제7호의 판단시점을 등록여부결정 시로 변경하였다(16.9.1. 이후 출원).
   ㉡ 불사용에 의한 취소사유의 경우 – 16.9.1. 이후 출원의 경우 : 선등록상표 취소심판을 청구하여 인용심결이 확정된 경우, 法 제34조 제1항 제7호의 판단시점인 등록여부결정 시에 선등록상표가 소멸되었으므로 法 제34조 제1항 제7호 적용이 없어 등록 가능하다.
   ㉢ 기타 사유의 경우 – 16.9.1. 이후 출원의 경우 : 선등록상표 취소심판을 청구하여 인용심결이 확정된 경우, 法 제34조 제1항 제7호의 판단시점인 등록여부결정 시에 선등록상표가 소멸되었으므로 法 제34조 제1항 제7호 적용이 없어 등록 가능하다.
③ 인용상표에 무효사유가 있는 경우의 개정법상 취급 : 관련 연혁 – 16.9.1. 시행 개정법 제34조 제2항

(6) 제34조 제1항 제7호 단서조항의 신설(2023.10.31. 개정)

출원상표가 타인의 선등록상표와 동일·유사하여 상표등록의 거절이유가 있다 할지라도, 선등록상표의 상표권자가 출원상표의 상표등록에 동의를 하면 상표등록을 받을 수 있도록 제34조 제1항 제7호 단서조항이 신설되었다. 따라서 선출원에 의한 타인의 등록상표(등록된 지리적 표시 단체표장은 제외한다)와 동일·유사한 상표로서 그 지정상품과 동일·유사한 상품에 사용하는 상표라도, 그 타인으로부터 상표등록에 대한 동의를 받은 경우(동일한 상표로서 그 지정상품과 동일한 상품에 사용하는 상표에 대하여 동의를 받은 경우는 제외한다)에는 상표등록을 받을 수 있게 되었다.

16 제34조 제1항 제8호

> **제34조(상표등록을 받을 수 없는 상표)**
> ① 제33조에도 불구하고 다음 각 호의 어느 하나에 해당하는 상표에 대해서는 상표등록을 받을 수 없다.
>   8. 선출원에 의한 타인의 등록된 지리적 표시 단체표장과 동일·유사한 상표로서 그 지정상품과 동일하다고 인식되어 있는 상품에 사용하는 상표 기출 23

(1) 의의 및 취지

선출원에 의한 타인의 등록된 지리적 표시 단체 표장과 동일·유사한 상표로서 그 지정상품과 동일하다고 인식되어 있는 상표는 등록을 불허한다(法 제34조 제1항 제8호). 선등록 지리적 표시 등록단체표장권자의 이익을 보호하고 중복등록으로 인한 수요자의 오인·혼동을 방지하고자 함이다.

(2) 요 건

① 선출원에 의한 타인의 등록된 지리적 표시 단체표장
② 표장의 동일·유사
③ 동일하다고 인식되어 있는 상품

(3) 판단방법

판단시점 – 法 제34조 제2항(등록여부결정 시)

(4) 상표법 상 취급

① 등록 전 : 法 제34조 제1항 제8호 위반의 경우 거절이유(法 제54조 제3호), 정보제공이유(法 제49조), 이의신청이유(法 제60조 제1항)
② 등록 후 : 무효사유(法 제117조 제1항), 제척기간 5년의 적용(法 제122조 제1항)

17 제34조 제1항 제9호·제10호

> **제34조(상표등록을 받을 수 없는 상표)**
> ① 제33조에도 불구하고 다음 각 호의 어느 하나에 해당하는 상표에 대해서는 상표등록을 받을 수 없다.
>   9. 타인의 상품을 표시하는 것이라고 수요자들에게 널리 인식되어 있는 상표(지리적 표시는 제외한다)와 동일·유사한 상표로서 그 타인의 상품과 동일·유사한 상품에 사용하는 상표
>   10. 특정 지역의 상품을 표시하는 것이라고 수요자들에게 널리 인식되어 있는 타인의 지리적 표시와 동일·유사한 상표로서 그 지리적 표시를 사용하는 상품과 동일하다고 인정되어 있는 상품에 사용하는 상표

(1) 의의 및 취지

주지상표 사용자를 보호하고, 수요자의 출처혼동을 방지하기 위한 규정으로서, 타인의 널리 알려진 상표와 동일·유사한 상품의 등록을 불허한다(法 제34조 제1항 제9호). 사익과 공익을 동시에 보호하기 위함이다.

(2) 요 건

① 타인의 상품을 표시하는 것 : 익명의 존재로서 추상적 출처를 의미한다.
② 수요자들에게 널리 인식되어 있는 상표(주지상표)
  ㉠ 주지성 판단방법 : 상표의 사용, 공급, 영업활동의 기간, 방법, 태양 및 거래의 범위 등을 고려하여 거래실정 또는 사회통념상 널리 알려졌느냐의 여부를 일응의 기준으로 삼아 판단해야 한다.
  ㉡ 악의의 주지상표의 취급 : 타인의 사용이나 주지된 것을 알고 사용함으로써 주지상표가 된 경우 또는 부정경쟁 목적으로 사용함으로써 주지상표가 된 경우 본 호의 주지상표로 보지 않는다.
③ 상품 동일·유사

(3) 판단방법

① 주체적 기준 : 해당 상품에 관한 거래자 및 수요자를 기준으로 한다.
② 지역적 기준 : 국내에서 주지된 경우에 한한다. 주지상표의 지역적 범위는 전국이든 일정한 지역이든 불문하며, 상품의 특성상 일정한 지역에서만 거래되는 경우에는 그 특성을 충분히 고려하여 주지성을 판단하여야 한다(심사기준).
③ 시기적 기준 : 판단시점 - 法 제34조 제2항(등록여부결정 시)

(4) 상표법 상 취급

① 등록 전 : 거절이유(法 제54조 제3호), 정보제공이유(法 제49조), 이의신청이유(法 제60조 제1항)
② 등록 후 : 무효사유(法 제117조 제1항), 제척기간 5년의 적용(法 제122조 제1항)

18 제34조 제1항 제11호

> **제34조(상표등록을 받을 수 없는 상표)**
> ① 제33조에도 불구하고 다음 각 호의 어느 하나에 해당하는 상표에 대해서는 상표등록을 받을 수 없다.
> 11. 수요자들에게 현저하게 인식되어 있는 타인의 상품이나 영업과 혼동을 일으키게 하거나 그 식별력 또는 명성을 손상시킬 염려가 있는 상표 기출 19·23

(1) 의의 및 취지
① 의의 : 타인의 저명 상표와 혼동을 일으킬 염려가 있거나 식별력 또는 명성을 손상시킬 염려가 있는 상표의 등록을 불허한다(法 제34조 제1항 제11호). 저명상표 사용자를 보호하고 수요자의 출처혼동을 방지하기 위한 규정이다.
② 전단의 경우 : 일반 수요자에게 저명한 상품이나 영업과 출처에 오인·혼동이 일어나는 것을 방지하려는 데 목적이 있다.
③ 후단의 경우 : 저명상표에 화체된 재산적 가치를 적극적으로 보호하기 위함이다.

(2) 저명상표와 혼동을 일으키게 할 염려가 있는 상표
① 의의 : 수요자들에게 현저하게 인식되어 있는 타인의 상품이나 영업과 혼동을 일으키게 할 염려가 있는 상표
② 요 건
  ㉠ 타인의 상품을 표시하는 것
  - 익명의 존재로서 추상적 출처를 의미한다.
  - '타인'이란, 저명한 사용표장의 권리자는 개인·개별 기업뿐만 아니라 그들의 집합체인 사회적 실체도 될 수 있다.
  - 경제적·조직적으로 밀접한 관계가 있는 계열사들로 이루어진 기업그룹이 분리된 경우, 기업그룹의 선사용표장을 채택·등록·사용하는 데 중심적인 역할을 담당함으로써 일반 수요자들 사이에 그 선사용표장에 화체된 신용의 주체로 인식됨과 아울러 그 선사용표장을 승계하였다고 인정되는 계열사들을 권리자로 보아야 한다(대법원 2015.1.29. 선고 2012후3657 판결).
  ㉡ 수요자들에게 현저하게 인식되어 있는 상표(저명상표)
  - 당해 상품이나 당해 영업 뿐만 아니라, 이종상품이나 이종영업에 걸친 거래자 및 일반수요자의 대다수에게 알려질 것을 요한다.
  - 상품의 사용, 공급, 영업활동의 기간, 방법, 태양 및 거래의 범위 등을 고려하여 거래실정 또는 사회통념상 현저하게 알려졌느냐의 여부로 판단해야 한다.

ⓒ 혼동을 일으킬 염려가 있을 것
- 혼동의 개념 : 직접혼동, 간접혼동 뿐 아니라, 광의의 혼동(기업의 혼동 내지 후원관계의 혼동)까지 포함된다고 본다.
- 혼동 가능성의 판단방법 : 혼동 가능성이 있는지 여부는, 저명 상표의 저명 정도, 등록상표와 선사용상표의 각 구성, 상품 혹은 영업의 유사성·밀접성 정도, 선사용표장 권리자의 사업다각화 정도, 수요자 층의 중복 정도 등을 비교·종합하여 판단해야 한다(대법원 2010.5.27. 선고 2008후2510 판결).
- 구체적인 적용범위
  - 상표 : 유사하지 않더라도 그 구성의 모티브, 아이디어 등을 비교하여 타인의 저명상표가 용이하게 연상되거나 밀접한 관련성이 있는 것으로 인정되는 경우 본 호를 적용한다(대법원 1993.3.23. 선고 92후1370 판결).
    예 "Mickey Mouse", "Minnie Mouse" vs "Micky&Minnie"
  - 상품 : 비유사한 상품이더라도, 저명한 타인의 영업상 신용에 편승하여 고객을 부당하게 유인할 정도의 경업관계 내지는 저명 상품·영업에 화체된 양질감이 이전될 수 있을 정도로 경제적 유연관계가 존재하는 경우 본 호를 적용한다(대법원 1991.2.12. 선고 90후1376 판결).
    예 "대형할인점업" vs "안경수선업", "화장품" vs "성형외과업, 피부과업"
③ **판단방법**
  ㉠ 주체적 기준 : 해당 상품뿐만 아니라 이종상품 및 영업에 관한 거래자 및 수요자를 기준으로 판단한다.
  ㉡ 지역적 기준 : 국내에서 저명한 경우에 한한다. 法 제34조 제1항 제9호와 마찬가지로 전국적이든 일정지역이든 불문한다는 것이 통설이다.
  ㉢ 시기적 기준 : 출원 시(法 제34조 제2항), 타인에 해당하는지 여부는 등록여부결정 시이다.

(3) 저명상표의 식별력 또는 명성을 손상시킬 염려가 있는 상표

① **의의** : 타인의 저명상표를 비경쟁적 또는 부정적 이미지의 상품에 사용함으로써 상표의 고객흡인력 내지 판매력을 훼손하는 행위
② **요 건**
  ㉠ 수요자들에게 현저하게 인식되어 있는 타인의 상품이나 영업
  - 식별력이나 명성의 손상
    - '식별력'을 손상하게 하는 행위 : 혼동가능성 없는 비유사 상품에 사용하여 저명상표의 식별력 및 출처표시기능을 약화시키는 행위(상표 약화 : Blurring)
    - '명성'을 손상하게 하는 행위 : 부정적인 이미지를 가진 상품이나 서비스에 사용함으로써 그 상표의 좋은 이미지나 가치를 훼손하는 행위(상표 손상 : Tarnishment)
  ㉡ 식별력이나 명성을 손상시킬 염려 : 반드시 손상에 의한 희석화의 결과가 현실적으로 발생할 필요는 없고, 손상의 염려만 있으면 족하다.

③ 판단방법
  ㉠ 法 제34조 제1항 제13호 : 저명상표의 희석화 방지 목적은 '부정한 목적'으로 인정될 수 있으므로(심사기준), 13호도 등록단계에서 저명상표의 희석화 방지를 위한 간접적인 규정으로 볼 수 있다.
  ㉡ 심사기준 : 유명한 방송프로그램 명칭, 영화나 노래 제목 등과 동일·유사하거나, 유사하지는 않더라도 이들을 용이하게 연상시키는 상표를 출원하여 해당 방송프로그램 등과의 관계에서 영업상 혼동을 일으키게 하거나 식별력이나 명성을 손상시킬 염려가 있는 경우에는 본 호에 해당하는 것으로 한다.

(4) 상표법 상 취급
① 등록 전 : 거절이유(法 제54조 제3호), 정보제공이유(法 제49조), 이의신청이유(法 제60조 제1항)
② 등록 후 : 무효사유(法 제117조 제1항)

(5) 관련문제
① 부정경쟁방지법 제2조 제1호 다목
② **저명상표의 상표법상 사용금지효의 범위** : 주류적인 判例는 상표가 주지·저명하더라도 비유사한 상품에는 상표권의 효력이 미칠 수 없다. 法 제108조 제1항 제1호에서 유사상표와 유사상품에까지 상표권의 효력이 미치는 것으로 규정하고 있다. 따라서 저명상표와 동일·유사한 상표를 동일·유사 상품에 사용하는 경우 외에는 상표법상 상표사용을 중지시키는 것은 불가능하다.
③ **희석화 이론의 적용상 유의점** : 희석화 이론의 무분별한 확대적용은 ⅰ) 상표권의 보호범위를 지나치게 넓히고, ⅱ) 자유경쟁 원리를 방해할 수 있으므로, 상표권자의 이익과 일반공중의 이익의 균형과 조화를 고려하여 적용할 필요가 있다.

19 제34조 제1항 제12호

> **제34조(상표등록을 받을 수 없는 상표)**
> ① 제33조에도 불구하고 다음 각 호의 어느 하나에 해당하는 상표에 대해서는 상표등록을 받을 수 없다.
> 12. 상품의 품질을 오인하게 하거나 수요자를 기만할 염려가 있는 상표 [기출] 18·24

(1) 의의 및 취지
상품의 품질오인으로부터 생기는 일반수요자의 불이익을 방지하고 건전한 상거래질서를 유지하기 위한 공익적인 규정으로서, 상품의 품질을 오인케 할 염려가 있는 상표의 등록을 불허한다.

(2) '상품의 품질을 오인하게 할 염려가 있는 상표'의 의미
① 의의 : 지정상품이 현실로 가지고 있는 품질과 상이한 것으로 일반수요자에게 오인될 염려가 있는 경우 및 상품자체를 오인케 할 경우도 포함된다.
② 태양
  ㉠ 상품 자체의 오인 : 상표를 해당 지정상품에 사용할 경우에 일반수요자로 하여금 다른 상품으로 오인케 할 가능성이 있는 경우를 말한다.
  ㉡ 상품 품질의 오인 : 그 상표의 구성 자체가 지정상품이 본래 가지는 성질과 다른 성질을 갖는 것으로 수요자를 오인하게 할 염려가 있는 경우를 말한다(대법원 1994.12.9. 선고 94후623 판결).

(3) '수요자를 기만할 염려가 있는 상표'의 의미
① 의의 : 상품의 진정성에 대해 착오를 일으키거나 출처 혼동으로 인해 수요자를 기만할 염려가 있는 상표
② 취지 : 일반 수요자의 불이익을 방지하고 건전한 상거래질서를 유지하기 위한 공익적인 규정으로서, 수요자를 기만할 염려가 있는 상표의 등록을 불허한다. 상품의 출처 및 품질에 대한 일반 수요자의 오인·혼동을 초래할 수 있으므로 그에 대한 신뢰를 보호하고자 하는 것이다.
③ 태양
  ㉠ 순수한 수요자 기만 : 상품의 구성이나 지정상품과의 관계에서 일반수요자에게 착오를 일으키게 하는 경우
  ㉡ 출처 혼동으로 인한 수요자 기만 : 상품 출처의 혼동을 초래함으로써 수요자를 기만할 염려가 있는 경우(判例)

④ **적용범위**
　㉠ 순수한 수요자 기만 : (심사기준) ⅰ) 상품의 산지 또는 판매지 등을 오인케 하는 경우, ⅱ) 지정상품이 해당 국가(도시)에서 유명하고, 상표에 해당 국가(도시)명이 포함된 경우, ⅲ) 자연인이 법인 명의의 상표를 출원하거나, 일반수요자에게 공법상 특수법인, 공공연구기관 및 협회 또는 연맹 등과 같은 단체로 오인을 유발할 우려가 있는 명칭의 상표를 출원한 경우, ⅳ) 법인이 출원한 상표가 일반수요자에게 특정인에게 알려진 타법인의 명칭으로 오인될 우려가 있는 경우, ⅴ) 공법상 특수법인이 아닌 법인이 공법상 특수법인의 명칭을 사용하여 출원한 경우, ⅵ) 널리 알려진 방송프로그램 명칭, 영화나 노래 제목, 저명한 캐릭터나 캐릭터 명칭 등과 동일·유사한 상표를 출원하여 수요자를 기만할 염려가 있는 경우(지정상품이 방송, 영화 등과 직·간접적으로 경제적 견련관계가 인정되는 경우뿐만 아니라, 후원관계나 상품화 가능성이 높은 상품까지 포함) 본 호를 적용한다.
　㉡ 출처 혼동으로 인한 수요자 기만(判例)
　　• 타 인
　　　- 권리자의 명칭이 구체적으로 알려져야 하는 것은 아니며, 누구인지 알 수 없더라도 동일하고 일관된 출처로 인식될 수 있으면 충분하다(대법원 2014.2.13. 선고 2013후2675 판결).
　　　- 선사용상표의 권리자가 누구인지는 상표의 선택·사용을 둘러싼 당사자 사이의 구체적 내부관계 등을 종합적으로 살펴 판단해야 하고, 사용자 외 사용허락계약 등을 통하여 사용자의 상표사용을 통제하거나 품질을 관리해온 자가 따로 있는 경우 그를 권리자로 보아야 하며 선사용상표 사용자를 권리자로 볼 것은 아니다(대법원 2013.3.14. 선고 2011후1159 판결).
　　　- 선사용상표 관리자·사용권자의 사용 등으로 알려진 경우는 물론 직접 관계없는 제3자의 사용에 의해 알려진 경우라도 상관이 없다. 외국회사의 상품을 수입 판매라는 판매 대리인이나 국내 대리점 총판 영업자가 선사용상표를 그 외국회사의 상품으로 인식시키는 방법으로 광고를 하는 등 사용함으로써 국내에서 그 상표가 외국회사의 업무와 관련된 상품을 표창하는 것으로 알려진 경우에는 외국회사의 상표로 알려진 것일 뿐 국내 영업자의 상표로 알려진 것이 아니다(대법원 2013.3.14. 선고 2012후3619 판결).
　　• 특정인의 출처로 인식될 것
　　　- 선사용상표의 사용상품이 특정 재료·용도에 한정되는 경우 : 선사용상표가 사용된 상품이 등록상표의 지정상품 중 특정 재료 또는 용도 등의 것에 한정되는 경우라면 한정이 없는 지정상품과의 관계를 충분히 고려하여 그러한 한정이 없는 지정상품 전체의 상표등록을 배제할 수 있을 정도로 수요자나 거래자에게 인식되어 있는지 판단해야 한다. 이때, 선사용상표를 사용한 상품의 판매 기간 및 방법, 매출액, 사용상품이 전체 지정상품의 시장에서 차지하는 비중, 광고의 방법 및 횟수 등을 고려하여 판단한다(대법원 2012.6.28. 선고 2011후1722 판결).
　　　- 악의에 의해 특정인의 출처로 인식된 경우 : 제3자의 상표가 이미 등록 또는 사용됨을 알고 악의로 인용상표를 특정인의 출처로 인식시킨 경우, ⅰ) 본 호의 취지는 일반수요자를 보호하고자 하는 데 있고, ⅱ) 어느 정도 알려져 있는지에 관한 사항은 일반수요자를 표준으로 하여 거래실정에 따라 인정해야 하는 객관적인 상태를 말하는 것이며, ⅲ) 선사용상표가 보호받는 것처럼 보인다 할지라도 그것은 일반수요자의 이익을 보호함에 따른 간접적·반사적 효과에 지나지 아니하므로 본 규정의 적용을 배제할 수는 없다(대법원 2004.3.11. 선고 2001후3187 판결). 기출 15

ⓒ '상표'의 동일·유사
ⓓ 상품의 범위
- 선사용상표의 구체적인 사용실태나 양 상품 사이의 경제적 견련의 정도 및 기타 일반적인 거래실정 등에 비추어 그 상표가 사용상품과 동일·유사 상품에 사용된 경우에 못지않을 정도로 인용상표권자에 의해 사용되는 것으로 오인될 만한 특별한 사정이 있다고 보여지는 경우라면 동일·유사 상품에 사용된 경우가 아니라도 수요자를 기만할 염려가 있다(대법원 2010.1.28. 선고 2009후3268 판결, 대법원 2017.1.12. 선고 2014후1921 판결).
- 선사용상표가 저명성을 획득하게 되면, 이와 다른 종류의 상품이라 할지라도, 상품의 용도·거래상황 등에 따라 저명상표권자나 그와 특수한 관계에 있는 자에 의해 생산·판매되는 것으로 인식될 수 있고, 그 경우에는 상품의 출처를 오인·혼동하게 하여 수요자를 기만할 염려가 있다고 보아야 한다(대법원 2015.10.15. 선고 2013후1207 판결).

(4) 판단방법
① 판단시점 : 등록여부결정 시(法 제34조 제2항)
② 품질의 오인을 유발하는 부분이 해당 상표의 요부인지 여부를 불문한다.
③ 단순한 품질의 우열이나 품질오인의 염려를 객관적으로 정할 수 없는 경우에는 그 적용이 없다.
    예 Royal, Super, High
④ 法 제33조 제2항에 의해 식별력을 취득한 경우라도 품질오인 염려가 있는 한 본 호에 해당한다.
⑤ 상표가 용도나 효능을 직감시킬 수 있는 표장에 해당되지 아니하는 이상, 그 상표의 사용으로 수요자들이 상품의 품질을 오인할 염려가 있다고 볼 수 없다.
⑥ 품질오인을 일으킬 염려가 있다고 보기 위해서는, 당해 상표에 의해 일반인이 인식하는 상품과 현실로 그 상표가 사용되는 상품 사이에 일정한 경제적 견련관계 내지는 부실관계가 존재해야 한다.

(5) 상표법상 취급
① 등록 전 : 거절이유(法 제54조 제3호), 정보제공이유(法 제49조), 이의신청이유(法 제60조 제1항)
② 등록 후 : 무효사유(法 제117조 제1항)

(6) 참고 - 法 제34조 제1항 제12호 전단 유형 정리
① 표장에 의해 인식되는 상품과 지정상품이 전혀 견련관계 없는 경우
    ㉠ 法 제33조 제1항 제3호 - 적용 ×
    ㉡ 法 제34조 제1항 제12호 전단 - 상품 자체의 오인 ×, 상품 품질의 오인 ×
        예 COLOR CON - 컴퓨터, 딸기우유 - 컴퓨터

② 표장에 의해 인식되는 상품과 지정상품이 견련관계는 있지만 다른 상품인 경우
　㉠ 지정상품에 특정 품질의 한정이 없는 경우
　　• 法 제33조 제1항 제3호 - 적용 ×
　　• 法 제34조 제1항 제12호 전단 - 상품 자체의 오인 ○, 상품 품질의 오인 ○
　　　예 COLOR CON - 아스팔트(대법원 2007.6.1. 선고 2007후555 판결), 딸기우유 - 요구르트
　㉡ 지정상품에 표장에 의해 인식되는 품질의 한정이 있는 경우
　　• 法 제33조 제1항 제3호 - 적용 ×
　　• 法 제34조 제1항 제12호 전단 - 상품 자체의 오인 ○, 상품 품질의 오인 ×
　　　예 COLOR CON - 유채색 아스팔트, 딸기우유 - 딸기 성분이 함유된 요구르트
　㉢ 지정상품에 표장에 의해 인식되는 품질과 다른 품질의 한정이 있는 경우
　　• 法 제33조 제1항 제3호 - 적용 ×
　　• 法 제34조 제1항 제12호 전단 - 상품 자체의 오인 ○, 상품 품질의 오인 ○
　　　예 COLOR CON - 유채색 아스팔트, 딸기우유 - 포도 성분이 함유된 요구르트

③ 표장에 의해 인식되는 상품과 지정상품이 동일성이 있는 상품인 경우
　㉠ 지정상품에 특정 품질의 한정이 없는 경우
　　• 法 제33조 제1항 제3호 - 적용 ○
　　• 法 제34조 제1항 제12호 전단 - 상품 자체의 오인 ×, 상품 품질의 오인 ○
　　　예 COLOR CON - 콘크리트, 딸기우유 - 우유
　㉡ 지정상품에 표장에 의해 인식되는 품질의 한정이 있는 경우
　　• 法 제33조 제1항 제3호 - 적용 ○
　　• 法 제34조 제1항 제12호 전단 - 상품 자체의 오인 ×, 상품 품질의 오인 ×
　　　예 COLOR CON - 유채색 아스팔트, 딸기우유 - 딸기 성분이 함유된 우유
　㉢ 지정상품에 표장에 의해 인식되는 품질과 다른 품질의 한정이 있는 경우
　　• 法 제33조 제1항 제3호 - 적용 ○
　　• 法 제34조 제1항 제12호 전단 - 상품 자체의 오인 ×, 상품 품질의 오인 ○
　　　예 COLOR CON - 무채색 아스팔트, 딸기우유 - 바나나 성분이 함유된 요구르트

20 제34조 제1항 제13호·제14호

> **제34조(상표등록을 받을 수 없는 상표)**
> ① 제33조에도 불구하고 다음 각 호의 어느 하나에 해당하는 상표에 대해서는 상표등록을 받을 수 없다.
> 13. 국내 또는 외국의 수요자들에게 특정인의 상품을 표시하는 것이라고 인식되어 있는 상표(지리적 표시는 제외한다)와 동일·유사한 상표로서 부당한 이익을 얻으려 하거나 그 특정인에게 손해를 입히려고 하는 등 부정한 목적으로 사용하는 상표
> 14. 국내 또는 외국의 수요자들에게 특정 지역의 상품을 표시하는 것이라고 인식되어 있는 지리적 표시와 동일·유사한 상표로서 부당한 이익을 얻으려 하거나 그 지리적 표시의 정당한 사용자에게 손해를 입히려고 하는 등 부정한 목적으로 사용하는 상표

(1) 의의 및 취지
① 의의 : 선출원주의·속지주의의 엄격한 운영에 따른 모방상표등록이라는 사회적 폐단을 차단함으로써 상표사용자의 신용을 보호하기 위한 규정으로서, 국내외 수요자들에 특정인의 출처로 인식된 상표와 동일·유사한 상표를 부정한 목적으로 사용하는 상표의 등록을 불허한다.
② 취지 : 法 제34조 제1항 제13호의 취지는 국내외의 수요자 간에 특정인의 상품을 표시하는 것이라고 인식되어 있는 상표가 국내에서 등록되어 있지 않음을 기회로 제3자가 이를 모방한 상표를 등록하여 사용함으로써 특정인의 상품을 표시하는 것이라고 인식되어 있는 상표 권리자의 국내에서의 영업을 방해하는 등의 방법으로 위 상표 권리자에게 손해를 가하거나 이러한 모방 상표를 이용하여 부당한 이익을 얻을 목적으로 사용하는 상표는 그 등록을 허용하지 않는다는 데에 있다.

(2) 요 건
① 타인의 상품을 표시하는 것
② 국내 또는 외국의 수요자들에게 특정인의 상품을 표시하는 것이라고 인식되어 있는 상표
  ㉠ 구체적 출처일 필요는 없으며, 익명의 존재로서 추상적 출처를 의미한다.
  ㉡ 인식도 판단방법 : 상표의 사용, 공급, 영업활동의 기간, 방법. 태양 및 거래의 범위 등을 고려하여 거래실정 또는 사회통념상 특정인의 출처로 알려졌느냐의 여부를 일응의 기준으로 삼아 판단해야 한다(대법원 2014.3.13. 선고 2013후2859 판결, 대법원 2012.6.28. 선고 2012후672 판결, 대법원 2011.8.18. 선고 2011후736 판결).
  ㉢ 선사용상표가 사용된 제품의 매출액이 정확히 특정되지 않은 경우 인식도 인정 가능한지 여부 : 연간매출액 중 선사용상표들이 사용된 제품의 매출액이 정확히 얼마인지 특정되지 않았고, 선사용상표들이 사용된 제품의 시장점유율이나 광고비 등을 정확히 확인할 수 있는 자료가 없다고 하더라도, 선사용상표들의 사용 경위와 기간, 선사용상표들과 그 상표를 사용한 제품의 연관관계, 선사용상표들을 사용한 제품의 판매·공급처 및 주위의 평가 등을 종합하여 외국에서 특정인의 상표로 인식되었다고 판단할 수 있다(대법원 2014.2.13. 선고 2013후2460 판결).

② 선사용상표에 관한 권리 귀속 주체가 변경된 경우 : 선사용상표의 사용기간 중에 상표에 관한 권리의 귀속 주체가 변경되었다고 하여 곧바로 위 규정의 적용이 배제되어야 한다거나 변경 전의 사용실적이 고려될 수 없는 것은 아니다. 이와 같은 변경에도 불구하고 선사용상표가 수요자들에게 여전히 동일되고 일관된 출처로서 인식되어 있거나 변경 전의 사용만으로도 특정인의 상품을 표시하는 것이라고 인식되어 있는 등의 경우에는 그 변경 전의 사용실적을 고려하여 위 규정이 적용될 수 있다(대법원 2021.12.30. 선고 2020후11431 판결).
㉤ 인용상표가 사용되지 않거나 사용의사가 명백하지 않은 경우 : 출원일 당시에 인용상표가 실제 상표로 사용되고 있지 아니하거나 인용상표의 권리자가 상표로 계속 사용하려는 의사가 명백하지 아니하다고 하여 곧바로 본 호의 적용이 배제되는 것은 아니며, 인용상표가 과거의 사용실적 등으로 인하여 여전히 국내외 수요자 사이에 특정인의 상표로 인식되어 있고 출원인에게 부정한 목적이 있다면 본 호에 해당 할 수 있다. 모방대상상표가 상표로 사용되고 있는지 여부, 상표로 계속 사용하려는 의사가 있는지 여부는 특정인의 상표로 인식되어 있는지 여부와 출원인의 부정한 목적 등 위 규정에서 정한 요건의 충족 여부를 판단하기 위한 고려요소 중 하나가 되는 것에 불과하다(썬퍼니처 判例)(대법원 2013.5.9. 선고 2011후3896 판결).

③ 상품 동일·유사
④ 부정한 목적
㉠ 심사기준 – 부정한 목적이 인정되는 경우 : ⅰ) 외국상표권자의 국내시장 진입저지나 대리점 체결강제 목적, ⅱ) 저명상표를 희석화하기 위한 목적, ⅲ) 창작성이 인정되는 타인의 상표를 동일 또는 극히 유사하게 모방한 경우, ⅳ) 선사용상표의 영업상 신용이나 고객흡인력 등에 편승하여 부당한 이득을 얻은 목적
㉡ 判例 – 부당한 목적 판단방법 : 부정한 목적 여부는 인용상표의 주지·저명성, 창작성의 정도, 상표의 동일·유사성의 정도, 당사자 간 상표를 둘러싼 교섭의 유무와 그 내용, 당사자의 관계, 출원인이 등록상표를 이용한 사업화의 여부, 상품의 동일·유사성 내지는 경제적 견련관계 유무, 거래 실정 등을 종합 고려하여 판단한다(대법원 2014.1.23. 선고 2013후1986 판결, 대법원 2014.9.4. 선고 2014후1051 판결, 대법원 2014.8.20. 선고 2013후1108 판결, 대법원 2017.9.7. 선고 2017후998 판결).
㉢ 모든 지정상품에 부정한 목적이 인정되어야 하는지 여부 : 출원상표의 일부 지정상품이 선사용상표와 경제적 견련관계가 없다고 하더라도 그 부분에 한하여 상표법 제34조 제1항 제13호가 해당되지 않는다고 볼 수 없다.

(3) 판단방법

판단시점 : 출원 시(法 제34조 제2항), 타인에 해당하는지 여부는 등록여부결정 시이다.

(4) 상표법 상 취급

① 등록 전 : 거절이유(法 제54조 제3호), 정보제공이유(法 제49조), 이의신청이유(法 제60조 제1항)
② 등록 후 : 무효사유(法 제117조 제1항)

21　제34조 제1항 제15호

> **제34조(상표등록을 받을 수 없는 상표)**
> ① 제33조에도 불구하고 다음 각 호의 어느 하나에 해당하는 상표에 대해서는 상표등록을 받을 수 없다.
> 　15. 상표등록을 받으려는 상품 또는 그 상품의 포장의 기능을 확보하는 데 꼭 필요한(서비스의 경우에는 그 이용과 목적에 꼭 필요한 경우를 말한다) 입체적 형상, 색채, 색채의 조합, 소리 또는 냄새만으로 된 상표
>
> 기출 22

(1) 의의 및 취지
① 의의 : 기능성 원리는, 기능적이거나 경쟁에 유용한 특성에 대해 인정될 수 있는 배타적 권리는 특허권 뿐이라는 원리이며, 이는 자유롭고 효과적인 경쟁을 보장하도록 하기 위함이다.
② 취지 : 法 제34조 제1항 제15호는 특허제도 등과의 조화를 도모하고 경쟁자들의 자유롭고 효율적인 경쟁을 보장하기 위한 취지에서 신설되었다.

(2) 기능성의 분류
① 내용적인 측면에서의 분류
　㉠ 실용적 기능성(Utilitarian Functionality)
　　• 디자인 등 기능적 요소가 제품의 성능이나 작용 등 실용적 기능에 직접적으로 기여하는 경우
　　• 기능성 원리를 논함에 있어서의 기능성은 보통 '실용적 기능성'
　㉡ 심미적 기능성(Aesthetic Functionality) : 디자인 등 기능적 요소가 시각적으로 매력적이고 심미적으로 호감이 가게 하는 등 심미적인 가치에 기여하는 경우
② 효과적인 측면에서의 분류
　㉠ 사실상 기능성(De Facto Functionality) : 상품 또는 상품의 포장의 특징이 기능의 수행으로 이어지는 것이지만 경쟁에서 매우 효과적인 수단이라고는 할 수 없을 정도의 것을 의미한다.
　㉡ 법률상 기능성(De Jure Functionality)
　　• 기능적 요소의 특성이 상품에 필수적이어서 이를 독점하면 경쟁상 월등한 우위를 제공하는 경우를 의미한다.
　　• 상표법상 보호가 부정됨

(3) 기능성의 판단방법

① ⅰ) 특허나 실용신안의 존재 여부, ⅱ) 유통과정의 편이성 및 사용의 효율성에 관한 광고 선전, ⅲ) 대체성, ⅳ) 제조비용의 저렴성을 고려하여 기능성 여부를 판단할 수 있다(심사기준).
② 출원상표를 전체적으로 보았을 때 기능성이 있는 것으로 판단되면 일부 비기능적인 요소가 포함되어 있어도 기능성이 있는 것으로 판단한다.
③ 식별력이 인정되더라도 본 호에 해당하면 등록을 받을 수 없다.

(4) 기능성의 구체적 판단

① 입체상표
　㉠ 심사기준 : ⅰ) 기능 확보 가능한 대체적 형상 존재 여부, ⅱ) 대체형상 동등·이하 비용으로 생산가능한지 여부, ⅲ) 광고로 실용적 이점이 선전되고 있는지 여부, ⅳ) 기능적 특성이 상품 본래 기능을 넘어서 월등한 경쟁상 우위를 가지는지 여부, ⅴ) 독점으로 거래계의 경쟁을 부당히 저해하는지 여부를 기준으로 판단한다.
　㉡ 判例 : ⅰ) 시장에서 유통되고 있거나 이용 가능한 대체적 형상이 존재하는지, ⅱ) 대체적 형상으로 상품을 생산하더라도 동등 또는 그 이하의 비용이 소요되는지, ⅲ) 입체적 형상으로부터 상품의 본래 기능을 넘어서는 기술적 우위가 발휘되지 아니하는 것인지 등을 종합적으로 고려해 판단해야 한다.
② 색채상표 - 심사기준 : ⅰ) 색채 또는 그 조합이 상품의 사용에 불가결하거나 일반적으로 사용되는지 여부, ⅱ) 색채가 상품의 이용과 목적에 불가결하거나 상품의 가격이나 품질에 영향을 주는 것인지 여부를 고려해 판단한다.
③ 소리·냄새상표 - 심사기준 : ⅰ) 상품의 특성으로부터 발생하는 소리·냄새인지 여부, ⅱ) 상품 사용에 꼭 필요하거나 일반적으로 사용되는 소리·냄새인지 여부, ⅲ) 상품 판매증가와 밀접한 원인이 되는 소리·냄새인지 여부를 고려해 판단한다.

(5) 상표법상 기능성 원리의 적용

① 부등록사유 - 法 제34조 제1항 제15호 : 상품 또는 포장의 기능을 확보하는 데 꼭 필요한 입체적 형상, 색채, 색채의 조합, 소리 또는 냄새만으로 된 상표의 등록을 불허한다.
② 상표권 효력제한 - 法 제90조 제1항 제5호 : 상품 또는 포장의 기능을 확보하는 데 꼭 필요한 입체적 형상, 색채, 색채의 조합, 소리 또는 냄새로 된 상표에 대하여는 상표권 등의 효력이 미치지 아니한다.

22 제34조 제1항 제16호

> **제34조(상표등록을 받을 수 없는 상표)**
> ① 제33조에도 불구하고 다음 각 호의 어느 하나에 해당하는 상표에 대해서는 상표등록을 받을 수 없다.
> 16. 세계무역기구 회원국 내의 포도주 또는 증류주의 산지에 관한 지리적 표시로서 구성되거나 그 지리적 표시를 포함하는 상표로서 포도주 또는 증류주에 사용하려는 상표. 다만, 지리적 표시의 정당한 사용자가 해당 상품을 지정상품으로 하여 제36조 제5항에 따른 지리적 표시 단체표장등록출원을 한 경우에는 상표등록을 받을 수 있다.

(1) 의의 및 취지

세계무역기구 회원국 내의 포도주 또는 증류주의 산지에 관한 지리적 표시로 구성되거나 그 지리적 표시를 포함하는 상표로서 포도주 또는 증류주에 사용하려는 상표는 등록을 불허한다. WTO/TRIPs 협정의 규정을 준수하기 위함이다.

(2) 요 건

① WTO 회원국 내의 포도주·증류주의 산지에 관한 지리적 표시로 구성되거나 그를 포함하는 상표
② 포도주 또는 증류주에 사용하려는 상표
  ㉠ 16.9.1. 개정법은, TRIPs 협정을 충실하게 반영하고자 적용범위를 '포도주·증류주 또는 이와 유사한 상품'에서 '포도주 또는 증류주'로 한정한다.
  ㉡ '증류주'는 양조주를 증류하여 알코올 도수를 높인 술로 소주, 위스키, 진, 럼, 보드카 등이 이에 해당
③ 예외 : 지리적 표시의 정당한 사용자가 해당 상품을 지정상품으로 지리적 표시 단체표장등록출원한 경우

(3) 판단방법

판단시점 - 등록여부결정 시(法 제34조 제2항)

(4) 상표법상 취급

① 등록 전 : 거절이유(法 제54조 제3호), 정보제공이유(法 제49조), 이의신청이유(法 제60조 제1항)
② 등록 후 : 무효사유(法 제117조 제1항), 제척기간 5년의 적용(法 제122조 제1항)

23 제34조 제1항 제17호

> **제34조(상표등록을 받을 수 없는 상표)**
> ① 제33조에도 불구하고 다음 각 호의 어느 하나에 해당하는 상표에 대해서는 상표등록을 받을 수 없다.
>   17. 「식물신품종 보호법」 제109조에 따라 등록된 품종명칭과 동일·유사한 상표로서 그 품종명칭과 동일·유사한 상품에 대하여 사용하는 상표

(1) 의의 및 취지

식물신품종 보호법에 따라 등록된 품종명칭과 동일·유사한 상표로서 품종명칭과 동일·유사한 상품에 사용하는 상표는 등록을 불허한다. 식물신품종 보호법과의 저촉을 피하기 위함이다.

(2) 요 건

① 식물신품종 보호법 제109조에 따라 등록된 품종명칭과 동일·유사한 상표
② 품종명칭과 동일·유사한 상품

(3) 판단방법

① 판단시점 : 등록여부결정 시(法 제34조 제2항)
② 별도의 예외를 두고 있지 아니하므로, 품종보호권자가 자기의 품종명칭을 출원한 경우에도 적용 있다고 봄이 타당하다.

(4) 상표법상 취급

① 등록 전 : 거절이유(法 제54조 제3호), 정보제공이유(法 제49조), 이의신청이유(法 제60조 제1항)
② 등록 후 : 무효사유(法 제117조 제1항)

24 제34조 제1항 제18호

> **제34조(상표등록을 받을 수 없는 상표)**
> ① 제33조에도 불구하고 다음 각 호의 어느 하나에 해당하는 상표에 대해서는 상표등록을 받을 수 없다.
>   18. 「농수산물 품질관리법」 제32조에 따라 등록된 타인의 지리적 표시와 동일·유사한 상표로서 그 지리적 표시를 사용하는 상품과 동일하다고 인정되는 상품에 사용하는 상표

(1) 의의 및 취지

농수산물 품질관리법에 따라 등록된 타인의 지리적 표시와 동일·유사한 상표로서 그 사용하는 상품과 동일하다고 인정되는 상품에 사용하는 상표의 등록을 불허한다. 농수산물 품질관리법에 따라 등록된 지리적 표시 중 대한민국이 체결하여 발효된 FTA에 따라 보호되는 지리적 표시에 반영되지 않은 지리적 표시도 FTA에 따라 보호의무가 발생한 지리적 표시와 마찬가지로 보호할 필요가 있기 때문이다.

(2) 요 건

① **농수산물 품질관리법 제32조에 따라 등록된 타인의 지리적 표시** : 타인에 해당해야 하므로, 농수산물 품질관리법에 의해 등록된 지리적 표시권자가 직접 출원한 경우에는 그 적용이 없다.

② **지리적 표시와 동일·유사한 상표** : 이때, 농수산물 품질관리법에 따라 등록된 지리적 표시는 요부로 취급한다.

③ **그 지리적 표시를 사용하는 상품과 동일하다고 인정되는 상품**
  ㉠ '동일하다고 인정되는 상품'은, ⅰ) 주요 원재료에서 가공방법 등의 차이가 있는 상품 혹은 ⅱ) 소비자가 상품의 출처를 같은 생산자에게서 생산된 것이라고 인정되는 상품을 말한다.
    예 동일하다고 인정되는 상품
    • 사과 : 홍옥, 후지(부사), 국광, 스타킹
    • 복숭아 : 백도, 황도
    • 배 : 신고, 황금
    • 녹차 : 우전, 세작(작설차), 중작
  ㉡ 같은 상품이라도 지리적 특성에 따라 서로 다른 품종을 생산하는 경우 동일하다고 인정되는 상품으로 보지 않는다.
    예 동일하다고 인정되지 않는 상품의 예시
    • 녹차 vs 홍차
    • 샴페인 vs 위스키
    • 해남 겨울배추 vs 강원 고랭지배추

(3) 판단방법
등록여부결정 시(法 제34조 제2항)

(4) 상표법상 취급
① 등록 전 : 거절이유(法 제54조 제3호), 정보제공이유(法 제49조), 이의신청이유(法 제60조 제1항)
② 등록 후 : 무효사유(法 제117조 제1항)

25 제34조 제1항 제19호

> **제34조(상표등록을 받을 수 없는 상표)**
> ① 제33조에도 불구하고 다음 각 호의 어느 하나에 해당하는 상표에 대해서는 상표등록을 받을 수 없다.
>   19. 대한민국이 외국과 양자간(兩者間) 또는 다자간(多者間)으로 체결하여 발효된 자유무역협정에 따라 보호하는 타인의 지리적 표시와 동일·유사한 상표 또는 그 지리적 표시로 구성되거나 그 지리적 표시를 포함하는 상표로서 지리적 표시를 사용하는 상품과 동일하다고 인정되는 상품에 사용하는 상표

(1) 의의 및 취지
대한민국이 외국과 양자간 또는 다자간으로 체결하여 발효된 자유무역협정에 따라 보호되는 타인의 지리적 표시와 동일·유사한 상표 또는 그 지리적 표시로 구성되거나 포함하는 상표로서 그 사용하는 상품과 동일하다고 인정되는 상품에 사용하는 상표의 등록을 불허한다. 한·EU FTA에서 보호의무가 발생한 지리적 표시를 보호하기 위함이다.

(2) 요 건
① 대한민국이 외국과 양자간 또는 다자간으로 체결하여 발효된 자유무역협정에 따라 보호하는 타인의 지리적 표시 : 타인에 해당해야 하므로, 정당한 사용자가 직접 출원한 경우에는 그 적용이 없다.
② 지리적 표시와 동일·유사한 상표 또는 그 지리적 표시로 구성되거나 포함하는 상표
  ㉠ 지리적 표시가 상표 구성에 표현되거나, 부기적으로 표시된 경우에도 적용한다.
  ㉡ 지리적 표시를 한글 또는 영어로 번역한 것과, 한글, 영어, 로마자표기법으로 음역한 것을 포함한다.
    예 해남고구마, Haenam Sweet Potato, Haenam Goguma
  ㉢ 상표 구성에서 지리적 표시를 ~종류, ~유형 등과 같이 표현하는 경우도 본 호에 해당한다.
    예 뮌헨 style 맥주, 로퀴포르트 유형의 캘리포니아 치즈, 진도식 홍주 등
③ 그 지리적 표시를 사용하는 상품과 동일하다고 인정되는 식품

(3) 판단방법
등록여부결정 시(法 제34조 제2항)

(4) 상표법상 취급
① 등록 전 : 거절이유(法 제54조 제3호), 정보제공이유(法 제49조), 이의신청이유(法 제60조 제1항)
② 등록 후 : 무효사유(法 제117조 제1항)

26 제34조 제1항 제20호

> **제34조(상표등록을 받을 수 없는 상표)**
> ① 제33조에도 불구하고 다음 각 호의 어느 하나에 해당하는 상표에 대해서는 상표등록을 받을 수 없다.
> 20. 동업·고용 등 계약관계나 업무상 거래관계 또는 그 밖의 관계를 통하여 타인이 사용하거나 사용을 준비 중인 상표임을 알면서 그 상표와 동일·유사한 상표를 동일·유사한 상품에 등록출원한 상표 기출 19·23

(1) 의의 및 취지
계약관계·거래관계 또는 그 밖의 관계를 통해 타인이 사용하거나 사용 준비 중인 상표임을 알면서 그 상표와 동일·유사한 상표를 동일·유사한 상품에 출원한 상표의 등록을 불허한다. 출원과정에서 거래관계에서 준수해야 할 신의성실의 원칙에 반하는 상표를 거절하기 위한 규정이다.

(2) 요 건
① 동업·고용 등 계약관계나 업무상 거래관계 또는 그 밖의 관계 : '그 밖의 관계' : 계약관계·거래관계에 준하는 정도의 일정한 신의관계가 형성된 관계를 의미
② 타인이 사용하거나 사용을 준비 중인 상표임을 알고 있을 것
  ㉠ '타인'에는 국내외 자연인, 법인은 물론 법인격 없는 단체나 외국인도 포함된다 : 선사용상표를 등록받을 수 있는 권리자의 판단 방법 – 타인과 출원인 중 누가 선사용상표에 관하여 상표등록을 받을 수 있는 권리자인지는 타인과 출원인의 내부 관계, 계약이 체결된 경우 해당 계약의 구체적인 내용, 선사용상표의 개발·선정·사용 경위, 선사용상표가 사용 중인 경우 그 사용을 통제하거나 선사용상표를 사용하는 상품의 성질 또는 품질을 관리하여 온 사람이 누구인지 등을 종합적으로 고려하여 판단해야 한다(대법원 2020.9.3. 선고 2019후10739).

ⓒ '사용하거나 사용 준비 중인 상표'는 속지주의 원칙상 국내에서 사용 또는 사용 준비 중인 경우에 적용한다 : 국내에서의 사용 – 상표법 제34조 제1항 제20호의 선사용상표는 원칙적으로 국내에서 사용 또는 사용 준비 중인 상표여야 하는데, 선사용상표에 관한 권리자가 외국에서 선사용상표를 상품에 표시하였을 뿐 국내에서 직접 또는 대리인을 통하여 상표법 제2조 제1항 제11호에서 정한 상표의 사용행위를 한 바 없다고 하더라도, 국내에 유통될 것을 전제로 상품을 수출하여 그 상품을 선사용상표를 표시한 그대로 국내의 정상적인 거래에서 양도, 전시되는 등의 방법으로 유통되게 하였다면, 이를 수입하여 유통시킨 제3자와의 관계에서 선사용상표는 상표법 제34조 제1항 제20호의 '타인이 사용한 상표'에 해당한다(대법원 2023.3.9. 선고 2022후10289 판결).

ⓒ 외국 상표권자의 국내 대리인이 국내에서 외국 상표권자에 의해 사용되거나 사용 준비 중인 특정 상표가 아직 국내에 등록되어 있지 않은 것을 알고 상표등록출원을 한 경우에는 法 제34조 제1항 제21호와 아울러 본 호가 적용될 수 있을 것이다(정상조 외 46인, 상표법 주해Ⅰ, (주)박영사, 2018년, 843면).

ⓔ 계약관계나 업무상 거래관계 또는 그 밖의 관계가 있었다면 대부분 알 수 있으므로, 계약관계 등이 입증되면 사용하거나 사용 준비 중인 사실을 알고 있는 것으로 본다.

ⓕ 악의면 충분하고 더 나아가 타인에게 손해를 미칠 부정한 목적이나 타인의 신용에 편승하고자 하는 부정경쟁 목적까지 있어야 하는 것은 아니다.

③ 동일·유사 상표

(3) 판단방법

출원 시(法 제34조 제2항), 타인에 해당하는지 여부는 등록여부결정 시이다.

(4) 상표법상 취급

① 등록 전 : 거절이유(法 제54조 제3호), 정보제공이유(法 제49조), 이의신청이유(法 제60조 제1항)
② 등록 후 : 무효사유(法 제117조 제1항)

(5) 法 제34조 제1항 제13호와의 관계

① 취지의 동일 : 본 호는 法 제34조 제1항 제13호와 더불어 등록단계에서 모방상표와 상표브로커의 제도 악용 현상 등에 적극 대처함으로써 공정하고 건전한 상거래질서를 확립하고자 하는 것이 입법취지이다.

② 法 제34조 제1항 제13호와의 비교

구 분	法 제34조 제1항 제20호	法 제34조 제1항 제13호
인식도	모방대상상표의 인식도 불필요	모방대상상표가 특정인의 출처표시로 인식
신의관계	신의관계 필요	신의관계 불필요
주관적 요건	타인의 사용, 사용 준비 중인 사실만 알고 있으면 적용	부정한 목적 필요
상품의 범위	동일·유사 상품	상품 제한 없음

27. 제34조 제1항 제21호

> **제34조(상표등록을 받을 수 없는 상표)**
> ① 제33조에도 불구하고 다음 각 호의 어느 하나에 해당하는 상표에 대해서는 상표등록을 받을 수 없다.
> 21. 조약당사국에 등록된 상표와 동일·유사한 상표로서 그 등록된 상표에 관한 권리를 가진 자와의 동업·고용 등 계약관계나 업무상 거래관계 또는 그 밖의 관계에 있거나 있었던 자가 그 상표에 관한 권리를 가진 자의 동의를 받지 아니하고 그 상표의 지정상품과 동일·유사한 상품을 지정상품으로 하여 등록출원한 상표

(1) 의의 및 취지

① 의의 : 조약당사국 등록 상표와 동일·유사상표로서 관리자와의 계약관계·거래관계 또는 그 밖의 관계에 있었던 자가 관리자의 동의를 받지 아니하고 그 상표의 지정상품과 동일·유사한 상품을 지정상품으로 출원한 상표의 등록을 불허한다. 파리협약 제6조의7 규정을 준수하고 공정한 국제거래를 확립하고자 속지주의의 예외를 인정하는 규정이다.

② 취지 : 16년 개정법에서 ⅰ) 法 제34조 제1항 제20호와의 균형을 맞추고, ⅱ) 다수의 외국 입법례를 본받아 본 규정을 부등록사유로 규정하였다.

(2) 요 건

① 조약당사국 등록상표와 동일·유사 상표
  ㉠ 파리협약 당사국 뿐 아니라 WTO 회원국·상표법조약 체약국을 포함한다.
  ㉡ 특허법원 判例에 의하면, 조약당사국이 사용주의 국가인 경우에는 파리협약의 해석상 '사용에 의해 발생된 상표권'을 포함하는 개념으로 해석될 수 있다.

② 권리자와 동업·고용 등 계약관계나 업무상 거래관계 또는 그 밖의 관계에 있거나 있었던 자
  ㉠ 대표적으로, 해외 상표권자의 상품을 국내로 수입·판매하는 대리점 계약 등
  ㉡ 계약관계에 있던 자가 타인의 명의로 상표등록출원한 경우의 취급 : 대리점으로 된 자가 타인의 명의로 출원하여 등록받은 경우에도 양자의 관계 및 영업형태, 대리점 계약 체결 경위 및 이후의 경과, 등록경위 등 제반 사정에 비추어 명의자를 달리한 것이 본 호의 적용을 피하기 위한 편의적, 형식적인 것에 불과하다고 인정되는 때에는 양자를 실질적으로 동일인으로 보아야 한다(대법원 2013.2.28. 선고 2011후1289 판결).
  ㉢ 인적범위 및 대상기간의 확장 : 16년 개정법에서, ⅰ) 法 제34조 제1항 제20호와의 균형을 맞추고, ⅱ) 공정한 국제거래 확립을 위해 인적범위 및 대상기간을 확대하였다.

③ 권리자의 동의 없이 명시적으로 동의한 경우에 한정되지 아니하고, 묵시적으로 동의한 경우는 물론 상표에 관한 권리를 가진 자가 우리나라에서 그 상표를 포기하였거나 권리를 취득할 의사가 없는 것으로 믿게 한 경우와 같이 대리인 등이 당해 상표 또는 이와 유사한 상표를 출원하여도 공정한 국제거래질서를 해치지 아니하는 것으로 볼 수 있는 경우를 포함한다(대법원 2016.7.27. 선고 2016후717 등 판결).

④ 동일·유사 상품

(3) 판단방법

출원 시(法 제34조 제2항), 타인에 해당하는지 여부는 등록여부결정 시이다.

(4) 상표법상 취급

① 등록 전 : 거절이유(法 제54조 제3호), 정보제공이유(法 제49조), 이의신청이유(法 제60조 제1항)
② 등록 후 : 무효사유(法 제117조 제1항)

28 제34조 제3항

> **제34조(상표등록을 받을 수 없는 상표)**
> ② 제1항은 다음 각 호의 어느 하나에 해당하는 결정(이하 "상표등록여부결정"이라 한다)을 할 때를 기준으로 하여 결정한다. 다만, 제1항 제11호·제13호·제14호·제20호 및 제21호의 경우는 상표등록출원을 한 때를 기준으로 하여 결정하되, 상표등록출원인(이하 "출원인"이라 한다)이 제1항의 타인에 해당하는지는 상표등록여부결정을 할 때를 기준으로 하여 결정한다. 〈개정 2023.10.31.〉 기출 19·22
> 1. 제54조에 따른 상표등록거절결정
> 2. 제68조에 따른 상표등록결정
> ③ 상표권자 또는 그 상표권자의 상표를 사용하는 자는 제119조 제1항 제1호부터 제3호까지, 제5호, 제5호의2 및 제6호부터 제9호까지의 규정에 해당한다는 이유로 상표등록의 취소심판이 청구되고 그 청구일 이후에 다음 각 호의 어느 하나에 해당하게 된 경우 그 상표와 동일·유사한 상표[동일·유사한 상품(지리적 표시 단체표장의 경우에는 동일하다고 인정되는 상품을 말한다)을 지정상품으로 하여 다시 등록받으려는 경우로 한정한다]에 대해서는 그 청구일부터 다음 각 호의 어느 하나에 해당하게 된 날 이후 3년이 지나기 전에 출원하면 상표등록을 받을 수 없다. 〈개정 2023.10.31.〉
> 1. 존속기간이 만료되어 상표권이 소멸한 경우
> 2. 상표권자가 상표권 또는 지정상품의 일부를 포기한 경우
> 3. 상표등록 취소의 심결(審決)이 확정된 경우
> ④ 동음이의어 지리적 표시 단체표장 상호 간에는 제1항 제8호 및 제10호를 적용하지 아니한다.

(1) 의의 및 취지
상표권자 또는 그 상표권자의 상표를 사용하는 자는 제4호를 제외한 취소심판이 청구되고 존속기간 만료·포기·취소심결이 확정된 경우 동일·유사 상표를 동일·유사 상품에 대해 해당하게 된 날로부터 3년 이내 출원한 경우 등록을 불허한다. 상표권자의 의무위반에 대한 제재를 가하고, 취소심판제도의 실효성을 확보하기 위함이다.

(2) 요 건
① 상표권자 또는 그 상표권자의 상표를 사용하는 자
② 法 제119조 제1항 제4호(이전제한위반)를 제외한 취소심판이 청구될 것 : 반드시 모든 소송요건을 갖춘 적법한 심판청구일 것을 요하는 것은 아니어서 소멸당시 취소심판청구가 계류 중이면 족하다.
③ 심판청구일 이후 존속기간 만료·포기·취소심결 확정 중 어느 하나에 해당할 것 : 별도의 원인으로 등록상표가 소멸하고, 이에 따라 취소심결효력을 다툴 이유가 없어서 소가 각하됨으로써 취소심결이 형식적으로 확정된 것에 불과한 경우에는 적용될 수 없다.
④ 동일·유사 상표를 동일·유사 상품에 출원할 것
⑤ 각 호에 해당하게 된 날로부터 3년 이내의 출원일 것 : 각 호에 해당하게 된 날 이후에 출원한 경우 뿐 아니라 취소심판청구 후 각 호에 해당하게 된 날 전에 출원한 경우에도 적용된다. 다만, 취소심판이 청구되기 전 출원한 경우에는 원칙적으로 위 규정이 적용되지 않는다.

(3) 판단방법
등록여부결정 시(다만, 3년 이내의 출원인지 여부는 출원 시를 기준으로 판단)

(4) 상표법상 취급
① 등록 전 : 거절이유(法 제54조 제3호), 정보제공이유(法 제49조), 이의신청이유(法 제60조 제1항)
② 등록 후 : 무효사유(法 제117조 제1항)

CHAPTER 02 상표등록요건

제2편 | 상표법

01
CHECK
◯△✕

상표법 제33조(상표등록의 요건) 제1항 제4호의 '현저한 지리적 명칭 등'에 관한 설명으로 옳지 않은 것은? (다툼이 있으면 판례에 따름) [기출 25]

① 현저한 지리적 명칭이 다른 식별력 없는 표장과 결합에 의하여 본래의 현저한 지리적 명칭 등을 떠나 새로운 관념을 낳는 경우에는 제33조(상표등록의 요건) 제1항 제4호의 적용이 배제된다.
② 현저한 지리적 명칭과 대학교라는 단어의 결합으로 본래의 현저한 지리적 명칭을 떠나 새로운 식별력을 형성한 경우에는 상표등록을 할 수 있다.
③ 사찰 '불국사'는 문화재이므로 현저한 지리적 명칭에 해당하지 않는다.
④ 현저한 지리적 명칭이란 일반 수요자에게 널리 알려져 있는 것을 뜻한다.
⑤ 현저한 지리적 명칭인지 판단의 기준시점은 원칙적으로 출원상표에 대하여 등록 여부를 결정하는 결정시이다.

해설

① (○) 상표법 제33조 제1항 제4호의 규정은 현저한 지리적 명칭, 그 약어 또는 지도만으로 된 표장에만 적용되는 것이 아니고, 현저한 지리적 명칭 등이 식별력 없는 기술적 표장 등과 결합되어 있는 경우라고 하더라도 그 결합에 의하여 본래의 현저한 지리적 명칭이나 기술적 의미 등을 떠나 새로운 관념을 낳는다거나 새로운 식별력을 형성하는 것이 아니라면 지리적 명칭 등과 기술적 표장 등이 결합된 표장이라는 사정만으로 위 법조항의 적용이 배제된다고 할 수 없다(判例 2011후958).
② (○) 현저한 지리적 명칭과 표장이 결합한 상표에 새로운 관념이나 새로운 식별력이 생기는 경우는 다종다양하므로, 구체적인 사안에서 개별적으로 새로운 관념이나 식별력이 생겼는지를 판단하여야 한다. 현저한 지리적 명칭이 대학교를 의미하는 단어와 결합되어 있는 상표에 대해서도 같은 법리가 적용된다. 따라서 이러한 상표가 현저한 지리적 명칭과 대학교라는 단어의 결합으로 본래의 현저한 지리적 명칭을 떠나 새로운 관념을 낳거나 새로운 식별력을 형성한 경우에는 상표등록을 할 수 있다(判例 2015후1454).
③ (✕) 문화재가 저명하여 그 명칭이 단순히 문화재의 호칭뿐만 아니라 그 문화재가 소재하는 지역을 이르는 지리적인 명칭으로서도 현저할 경우, 상표법 제33조 제1항 제4호의 '현저한 지리적 명칭'에 해당될 수 있다(예 불국사, 남대문 동대문, 경복궁, 광화문).

답 ③

02 상표의 식별력에 관한 설명으로 옳지 않은 것은? 기출 24

① 일반적으로 상표법 제33조(상표등록의 요건) 제1항 제1호·제2호·제3호는 「상품과 관련」하여 식별력 유무를 판단하여야 한다.
② 보통명칭에 다른 식별력 있는 문자나 도형 등이 결합되어 있어 전체적으로 식별력을 인정한 경우에도 당해 지정상품과 관련하여 상품에 대한 오인·혼동의 우려가 있을 때에는 지정상품의 범위를 그 보통명칭과 관련된 것에 한정하도록 제34조(상표등록을 받을 수 없는 상표) 제1항 제12호를 적용한다.
③ 상표법 제33조(상표등록의 요건) 제1항 제1호 내지 제3호를 이유로 거절결정을 하는 경우에는 지정상품 전부에 대하여 거절결정을 하여야 한다.
④ 출원 상표가 상표법 제33조(상표등록의 요건) 제1항 각 호의 식별력 요건을 갖추고 있는지 여부에 대한 판단의 기준시점은 원칙적으로 상표등록여부결정을 할 때이다.
⑤ 홀로그램상표의 경우 제출된 상표견본과 상표에 대한 설명을 통하여 특정되는 전체적인 외관이 지정상품의 품질, 원재료, 용도 등의 성질을 직접적으로 나타낸다고 인정되는 경우 상표법 제33조(상표등록의 요건) 제1항 제3호를 적용한다.

해설

③ (×) 등록요건은 지정상품별로 판단하고 일부 상품에 거절사유가 있는 경우에는 부분거절을 하게 된다.

답 ③

03 상표의 식별력에 관한 설명으로 옳지 않은 것은? (다툼이 있으면 판례에 따름) 기출 21

① 사회통념상 자타상품의 식별력을 인정하기 곤란하거나 공익상 특정인에게 상표를 독점시키는 것이 적당하지 않다고 인정되는 경우에 그 상표는 식별력이 없다.
② 둘 이상의 문자 또는 도형의 조합으로 이루어진 결합상표는 구성 부분 전체의 외관, 호칭, 관념을 기준으로 상표의 유사 여부를 판단하는 것이 원칙이나, 상표 중에서 일반 수요자에게 그 상표에 관한 인상을 심어주거나 기억·연상을 하게 함으로써 그 부분만으로 독립하여 상품의 출처표시기능을 수행하는 부분, 즉 요부가 있는 경우 적절한 전체관찰의 결론을 유도하기 위해서는 요부를 가지고 상표의 유사 여부를 대비·판단하는 것이 필요하다.
③ 결합상표의 구성 부분 전부가 식별력이 없거나 미약한 경우에는 그중 일부만이 요부가 된다고 할 수 없으므로 상표 전체를 기준으로 유사 여부를 판단하여야 한다.
④ 현저한 지리적 명칭과 대학교라는 단어의 결합으로 본래의 현저한 지리적 명칭을 떠나 새로운 관념을 낳거나 새로운 식별력을 형성한 경우에는 상표등록을 할 수 있고, 이 경우에 현저한 지리적 명칭과 대학교라는 단어의 결합만으로 새로운 관념이나 식별력이 생긴다고 볼 수는 없다.
⑤ 수요자를 기만할 염려가 있는 상표가 특정인의 상표나 상품이라고 인식되었다고 인정되려면 선사용상표가 국내 전역에 걸쳐 수요자와 거래자에게 알려져야 하고, 특정인의 상표 등으로 인식되었는지 여부는 구체적인 사안에서 개별적으로 새로운 관념이나 식별력이 생겼는지를 판단하여야 한다.

해설

① (○) 사회통념상 자타상품의 식별력을 인정하기 곤란하거나 공익상 특정인에게 상표를 독점시키는 것이 적당하지 않다고 인정되는 경우에 그 상표는 식별력이 없다(상표법 제33조 제1항 제7호).
② (○) 둘 이상의 문자 또는 도형의 조합으로 이루어진 결합상표는 구성 부분 전체의 외관, 호칭, 관념을 기준으로 상표의 유사 여부를 판단하는 것이 원칙이나, 상표 중에서 일반 수요자에게 그 상표에 관한 인상을 심어주거나 기억·연상을 하게 함으로써 그 부분만으로 독립하여 상품의 출처표시기능을 수행하는 부분, 즉 요부가 있는 경우 적절한 전체관찰의 결론을 유도하기 위해서는 요부를 가지고 상표의 유사 여부를 대비·판단하는 것이 필요하다(판례 2015후1690).
③ (○) 결합상표의 구성 부분 전부가 식별력이 없거나 미약한 경우에는 그중 일부만이 요부가 된다고 할 수 없으므로 상표 전체를 기준으로 유사 여부를 판단하여야 한다(판례 2017후2208).
④ (○) 현저한 지리적 명칭과 대학교라는 단어의 결합으로 본래의 현저한 지리적 명칭을 떠나 새로운 관념을 낳거나 새로운 식별력을 형성한 경우에는 상표등록을 할 수 있고, 이 경우에 현저한 지리적 명칭과 대학교라는 단어의 결합만으로 새로운 관념이나 식별력이 생긴다고 볼 수는 없다(판례 2015후1454).
⑤ (×) 수요자를 기만할 염려가 있는 상표가 특정인의 상표나 상품이라고 인식되었다고 인정되려면 선사용상표가 국내 상당한 지역 내에 걸쳐 수요자와 거래자에게 알려지면 충분하고, 특정인의 상표 등으로 인식되었는지 여부는 구체적인 사안에서 개별적으로 새로운 관념이나 식별력이 생겼는지를 판단하여야 한다.

답 ⑤

04 상표의 식별력에 관한 설명으로 옳지 않은 것은? (다툼이 있으면 판례에 따름) 기출 20

① 상표의 구성 중 식별력이 없거나 미약한 부분이 거래사회에서 오랜 기간 사용된 결과 수요자 간에 누구의 업무에 관련된 상품을 표시하는 것인가 현저하게 인식되어 있는 경우에는 그 부분은 사용된 상품에 관계없이 식별력 있는 요부로 보아 상표의 유사여부를 판단할 수 있다.
② 상품의 성질, 품질 등의 특성에 대한 정보를 직감하게 하는 표장을 기술적 표장이라 하고, 상품의 특성을 파악하기 위하여 상상, 사고, 지각 등의 사고과정을 요하는 암시적 표장이라 한다.
③ 간단하고 흔히 있는 표장만으로 된 상표라 하더라도 식별력을 취득하면 등록을 받을 수 있다.
④ 디자인과 상표는 배타적·선택적인 관계에 있는 것이 아니므로 디자인이 될 수 있는 형상이나 모양이라고 하더라도 그것이 상표의 본질적인 기능이라고 할 수 있는 자타 상품의 출처표시를 위하여 사용되는 것으로 볼 수 있는 경우에는 상표로서의 사용이라고 보아야 한다.
⑤ 협의의 식별력이란 자신과 타인의 상품을 구별하여 인식하게 하는 힘을 의미한다.

해설

① (×) 상표의 구성 중 식별력이 없거나 미약한 부분과 동일한 표장이 거래사회에서 오랜 기간 사용된 결과 수요자 간에 누구의 업무에 관련된 상품을 표시하는 것인가 현저하게 인식되어 있는 경우에는 그 부분은 '사용된 상품에 관하여' 식별력 있는 요부로 보아 상표의 유사 여부를 판단할 수 있으나, 그렇다고 하더라도 그 부분이 사용되지 아니한 상품에 대해서까지 당연히 식별력 있는 요부가 됨을 전제로 하여 상품의 유사 여부를 판단할 수 없다(判例 2005후2977).
② (○) 상품의 식별력으로 구분했을 때 보통명칭 표장, 기술적 표장, 암시적 표장, 임의 표장, 조어 표장이 있다.

구 분	특 징	등록 여부	식별력
보통명칭 표장	상품의 보통명사, 관용적 명칭	등록 불가	식별력 낮음
기술적 표장	상품의 품질, 효능, 재료와 같은 특성을 드러내는 표장	원칙적으로 등록 불가, 예외적 인정 (사용에 의한 식별력 취득)	↑↓
암시적 표장	상품의 특성을 암시하는 표장	등록 가능, 효력 약함	
임의 표장	상품과 관련 없는 단어나 도형으로 구성된 표장	등록 가능	
조어 표장	새롭게 만든 단어	등록 가능	식별력 높음

③ (○) 상표법 제33조 제2항

> **상표법 제33조(상표등록의 요건)**
> ① 다음 각 호의 어느 하나에 해당하는 상표를 제외하고는 상표등록을 받을 수 있다.
>   6. 간단하고 흔히 있는 표장만으로 된 상표
> ② 제1항 제3호부터 제7호까지에 해당하는 상표라도 상표등록출원 전부터 그 상표를 사용한 결과 수요자 간에 특정인의 상품에 관한 출처를 표시하는 것으로 식별할 수 있게 된 경우에는 그 상표를 사용한 상품에 한정하여 상표등록을 받을 수 있다.

④ (○) 判例 2007후2834, 2011도13441
⑤ (○) 상품의 '식별력'이란 ⅰ) 협의의 의미로는 이른바 '자타상품식별력(自他商品識別力)'으로서 거래상 자타 상품을 식별케 하는 힘을 의미하며, ⅱ) 광의의 의미로는 이에 더하여 자유사용의 필요성을 뜻하는 '독점적응성(獨占適應性)'의 유무를 포함하는 개념으로 사용된다.

답 ①

05 상표법 제33조(상표등록의 요건)에 관한 설명으로 옳지 않은 것은? (다툼이 있으면 판례에 따름)

기출 20

① 상품의 보통명칭을 보통으로 사용하는 방법으로 표시한 표장만으로 된 상표는 본질적인 식별력이 없다.
② 사용에 의한 식별력을 취득하는 상표는 실제로 사용한 상표 그 자체에 한하는 것은 아니고 그와 유사한 상표에 대하여까지 식별력 취득을 인정할 수 있으며, 그와 유사한 상표의 장기간 사용은 위 식별력 취득에 도움이 되는 요소이다.
③ 어떤 상표가 상품의 원재료를 표시하는 것인가의 여부는 그 상표의 관념, 지정상품과의 관계, 현실 거래사회의 실정 등에 비추어 객관적으로 판단하여야 한다.
④ 현저한 지리적 명칭이란 일반 수요자에게 널리 알려진 지명을 말하는 것으로, 그 판단에 있어서는 교과서, 언론 보도, 설문조사 등을 비롯하여 일반 수요자의 인식에 영향을 미칠 수 있는 여러 사정을 종합적으로 고려하여 합리적으로 판단하여야 한다.
⑤ 흔히 있는 성(性) 또는 명칭을 보통으로 사용하는 방법으로 표시한 표장만으로 된 상표에서 '흔히 있는 성 또는 명칭'이라 함은 현실적으로 다수가 존재하는 것으로 인식되고 있는 자연인의 성 또는 법인, 단체, 상호임을 표시하는 명칭, 아호, 예명, 필명 또는 그 약칭 등을 말한다.

|해설|

① (○) 상표법 제33조 제1항 제1호
② (×) 사용에 의한 식별력을 취득하는 상표는 실제로 사용한 상표 그 자체에 한하고 그와 유사한 상표에 대하여까지 식별력 취득을 인정할 수는 없지만, 그와 동일성이 인정되는 상표의 장기간의 사용은 위 식별력 취득에 도움이 되는 요소라 할 것이다(判例 2006후2288). 즉, 유사한 상표에 대하여는 식별력 취득을 인정할 수 없다.
③ (○) 어떤 상표가 상품의 원재료를 표시하는 것인가의 여부는 그 상표의 관념, 지정상품과의 관계, 현실 거래사회의 실정 등에 비추어 객관적으로 판단하여야 할 것이므로, 그 상표가 상품의 원재료를 표시하는 것이라고 하기 위해서는 당해 상표가 뜻하는 물품이 지정상품의 원재료로서 현실로 사용되고 있는 경우라든가 또는 그 상품의 원재료로서 사용되는 것으로 일반수요자나 거래자가 인식하고 있는 경우이어야 할 것이다(判例 2004후3454).
④ (○) 判例 2017다1342
⑤ (○) "흔히 있는 성 또는 명칭"이란 현실적으로 다수가 존재하는 경우는 물론 관념상으로 다수가 존재하는 것으로 인식되고 있는 자연인의 성이나 법인, 단체, 상호임을 표시하는 명칭을 말한다(심사기준). "본 호에서 규정하는 '명칭'에는 법인명, 단체명, 법인격 없는 단체명, 상호, 아호, 예명, 필명 또는 그 약칭을 포함하며, 회장ㆍ총장ㆍ사장 등 일반적인 직위를 나타내는 명칭도 본 호의 흔한 명칭에 해당한다(심사기준)."

답 ②

06 상표법상 상표의 식별력에 관한 설명으로 옳은 것은? (다툼이 있으면 판례에 따름) 기출 19

① 상표등록여부결정을 한 때에 식별력이 없어 등록을 받을 수 없었음에도 불구하고 잘못하여 상표등록이 이루어진 경우에는 비록 그 등록 후의 사용에 의하여 식별력을 취득하였더라도 등록무효의 하자가 치유되지 아니한다.
② 현저한 지리적 명칭으로만 된 상표는 상표등록출원 전부터 그 상표를 사용한 결과 수요자 간에 특정인의 상품에 관한 출처를 표시하는 것으로 식별할 수 있게 되었더라도 그 상표를 사용한 상품에 대하여 상표등록을 받을 수 없다.
③ 사용에 의한 식별력을 특정 지역에서만 취득하여 등록이 된 경우에는 상표권의 효력은 식별력을 취득한 그 지역에만 미친다.
④ 간단하고 흔히 있는 표장만으로 된 상표가 식별력 있는 표장과 결합하여 새로운 식별력이 있다고 인정되더라도 그 결합상표는 상표등록이 불가능하다.
⑤ 흔히 있는 성(姓)을 보통으로 사용하는 방법으로 표시한 표장만으로 된 상표는 어떠한 경우에도 식별력을 취득할 수 없다.

해설

① (○) 判例 2011후3698
② (×) 현저한 지리적 명칭만으로 된 상표도 사용에 의한 식별력을 취득한 이상 당연히 그 사용상품에 대하여 상표등록을 받을 수 있다(상표법 제33조 제2항).
③ (×) 상표법에 별도의 제한 규정이 없는 이상 사용에 의한 식별력을 취득하여 등록된 상표 또한 일반적인 상표권과 마찬가지로 전국적으로 그 효력이 미친다.
④ (×) 등록요건으로서의 식별력 유무는 출원상표 전체로서 판단하므로 식별력 없는 표장이 있는 표장과 결합하여 전체로서 새로운 식별력이 형성되었다면 상표등록이 가능하다.
⑤ (×) 사용에 의한 식별력을 취득할 수 있다(상표법 제33조 제2항).

답 ①

07 상표법 제33조(상표등록의 요건)에 관한 설명으로 옳지 않은 것은? (다툼이 있으면 판례에 따름)

기출수정 16

① 상표법 제33조 제1항 제3호부터 제7호까지에 해당하는 상표라도 상표등록출원 전부터 그 상표를 사용한 결과 수요자 간에 특정인의 상품에 관한 출처를 표시하는 것으로 식별할 수 있게 된 경우에는 그 상표를 사용한 상품에 한하여 상표등록을 받을 수 있다.
② 출원상표가 식별력을 갖추고 있는지 여부에 관한 판단시점은 등록 여부 결정시이고, 거절결정에 대한 불복 심판에 의하여 등록 여부가 결정되는 경우에는 심결시이다.
③ 상품의 관용표장은 처음에는 특정인의 상표이던 것이 상표권자가 상표관리를 허술히 함으로써 동종업자들 사이에서 자유롭고 관용적으로 사용하게 된 상표를 의미한다.
④ 현저한 지리적 명칭만으로 된 상표라 하더라도 그 표장이 특정 상품에 대한 지리적 표시인 경우에는 그 지리적 표시를 사용한 상품과 유사한 상품을 지정상품으로 하여 지리적 표시 단체표장등록을 받을 수 있다.
⑤ 현저한 지리적 명칭 등이 다른 식별력 없는 표장과 결합되어 있는 경우라 하더라도 결합에 의하여 새로운 관념을 낳거나 새로운 식별력을 형성하는 경우에는 등록이 가능하다.

해설

① (O) 상표법 제33조 제1항 제3호부터 제7호까지에 해당하는 상표라도 상표등록출원 전부터 그 상표를 사용한 결과 수요자 간에 특정인의 상품에 관한 출처를 표시하는 것으로 식별할 수 있게 된 경우에는 그 상표를 사용한 상품에 한정하여 상표등록을 받을 수 있다(상표법 제33조 제2항).
③ (O) 관용상표라 함은 특정종류에 속하는 상품에 대하여 동업자들 사이에 자유롭고 관용적으로 사용되고 있는 표장을 말한다(判例 99후24).
④ (×) 현저한 지리적 명칭(상표법 제33조 제1항 제4호)에 해당하는 표장이라도 그 표장이 특정 상품에 대한 지리적 표시인 경우에는 그 지리적 표시를 사용한 상품을 지정상품으로 하여 지리적 표시 단체표장 등록을 받을 수 있다(상표법 제33조 제3항).
⑤ (O) 현저한 지리적 명칭 등이 다른 식별력 없는 표장과 결합되어 있는 경우라 하더라도 결합에 의하여 본래의 현저한 지리적 명칭 등을 떠나 새로운 관념을 낳거나 새로운 식별력을 형성하는 경우에는 등록받을 수 있다(判例 2014후2283).

답 ④

08 본래 식별력이 있던 X상표를 상표등록 한 甲이 상표관리를 소홀히 한 결과 지정상품의 효능을 표시하는 표장(일명 성질표시 상표)이 되어 등록상표 X가 식별력을 상실한 경우에 대한 법적 취급으로 옳은 것은? 기출 16

① 상표등록에 원시적 흠결이 있는 것이 아니므로 무효심판 청구의 대상이 되지 않는다.
② 이해관계인은 X상표의 식별력 상실을 이유로 취소심판을 청구할 수 있으며 그 심판청구에 대하여 인용한다는 심결이 확정되면 甲의 상표권은 그때부터 소멸한다.
③ 상표권은 무효가 확정되기 전에는 유효하게 존속하는 것이므로 아직 무효심결확정 전이라면 경쟁업자 乙이 X상표와 동일·유사한 표장을 지정상품의 효능을 보통으로 사용하는 방법으로 표시하는 경우라도 등록상표권의 보호범위에 속하므로 甲의 상표권 침해가 성립한다.
④ X상표가 지정상품의 성질표시 상표로 되었더라도 甲이 다시 상표관리에 만전을 기한다면 X상표에 대한 사용에 의한 식별력을 다시 취득할 수도 있다.
⑤ 甲이 등록상표에 대한 존속기간 갱신등록을 신청한 경우 심사관은 그 식별력을 재심사하여 이를 거절결정할 수 있다.

| 해설 |
① (×) 후발적 무효심판의 대상이 된다(상표법 제117조 제1항 제6호).
③ (×) 비록 甲의 상표가 무효심결이 확정되기 전이라 하여도 乙이 X상표와 동일·유사한 표장을 지정상품의 효능을 보통으로 사용하는 방법으로 표시한 경우라면 제90조 제1항 제2호에 따라 침해가 아니다.
④ (○) 어떠한 표장이 상표로서 식별력이 있는지 여부는 결국 지정상품에 관한 일반수요자의 인식을 기준으로 할 것으로 본래 식별력이 있었던 X상표가 성질표시상표가 된 후 다시 사용에 의한 식별력을 취득할 수도 있음은 당연하다.
⑤ (×) 상표권의 존속기간 갱신등록신청은 실체심사를 하지 않고, 따라서 식별력이 없다는 이유로 거절할 수 없다.

답 ④

09 상표등록을 받을 수 없는 것을 모두 고른 것은? (다툼이 있으면 판례에 따름) 기출 18

> ㄱ. 직업소개업, 직업알선업, 취업정보제공업을 지정상품(서비스)으로 하는 '알바천국'
> ㄴ. 가정/사무실용물분배기, 산업용물분배기, 냉수기를 지정상품으로 하는 'WATERLINE'
> ㄷ. 장미를 지정상품으로 하는 'Red Sandra'
> ㄹ. 호텔업, 모텔업, 레스토랑업, 관광숙박업을 지정상품(서비스)으로 하는 'SUPER8'
> ㅁ. 금속절단공구, 절단공구, 도구 및 절단장치의 형상화와 관련한 기술상담업을 지정상품(서비스)으로 하는 'engineering your competitive edge'

① ㄱ, ㄴ, ㄷ
② ㄱ, ㄷ, ㅁ
③ ㄱ, ㄹ, ㅁ
④ ㄴ, ㄷ, ㄹ
⑤ ㄴ, ㄹ, ㅁ

해설

ㄱ. (○) '아르바이트를 하기에 좋은 곳'을 소개·알선하거나 이와 관련된 정보를 제공한다는 암시를 줄 수 있기는 하나, 이를 넘어서 일반 수요자에게 '아르바이트를 소개·알선하거나 이와 관련이 있는 정보를 제공하는 장소' 등과 같이 위 지정서비스업의 성질을 직접적으로 표시하는 것으로 인식된다고 할 수 없다(判例 2015후1911).

ㄴ. (×) 일반수요자나 거래자들이 그 지정상품인 '가정, 사무실용 물 분배기 등'과 관련하여 "WATERLINE"을 볼 때 원심판시의 여러 사전적 의미 중 물이 흐르는 통로 또는 도관(송수관)의 의미로 인식할 것이어서, 그 지정상품의 주요 부품을 나타내거나 그 주된 기능의 하나인 도관을 따라 필요한 곳으로 물을 흐르게 하는 기능을 나타내고 있으므로, 이 사건 출원상표는 기술적 표장에 해당한다고 봄이 상당하다(判例 2007후3042).

ㄷ. (×) "장미"를 지정상품으로 하는 이 사건 등록상표 "Red Sandra"는 이 사건 등록상표의 지정상품을 취급하는 거래계(생산자, 판매자 및 수요자)에서 장미의 한 품종의 일반적 명칭으로 사용되고 인식되어져 있어 결국, 이 사건 등록상표는 그 지정상품의 보통명칭을 보통으로 사용하는 방법으로 표시한 표장만으로 된 상표에 해당한다(判例 2001후2283).

ㄹ. (×) 'SUPER' 부분은 '최고급의, 특등품의' 등의 뜻을 가진 영어 단어로서 지정서비스업과의 관계에서 그 우수성을 나타내는 것으로 직감되므로 지정서비스업의 품질 등을 보통으로 사용하는 방법으로 표시한 기술적 표장에 해당하여 식별력이 없고, '8' 부분은 아라비아 숫자 한 글자에 불과하여 간단하고 흔히 있는 표장으로서 식별력이 없으며, 또한 이들 각 부분의 결합에 의하여 새로운 관념을 도출하거나 새로운 식별력을 형성하는 것도 아니다(判例 2010후3226).

ㅁ. (○) 이 사건 출원상표는 "engineering your competitive edge"와 같이 4개의 영어 단어가 한데 어우러진 영어 문구로 구성된 것으로서 우리나라의 영어보급 수준에 비추어 볼 때 일반 수요자나 거래자가 그 의미를 직감할 수 있다고 하기 어려워 그 의미에 기하여 식별력을 부정하기 어렵다(判例 2005후2793).

즉, ㄴ, ㄷ, ㄹ의 경우 상표법 제33조 제1항 제3호의 기술적 표장에 해당하므로 상표등록을 받을 수 없다.

답 ④

10 상표법 제33조(상표등록의 요건) 제1항 각 호에 관한 설명으로 옳지 않은 것은? (다툼이 있으면 판례에 따라) 기출 17

① 상표가 보통명칭화 되었는가의 여부는 그 나라에 있어서 당해 상품의 거래실정에 따라서 이를 결정하여야 하고, 상표권자가 상표권침해로 인한 손해배상을 청구하는 경우에 있어서는 상표등록 여부결정 당시를 기준으로 등록상표가 보통명칭화 되었는지의 여부를 판단한다.
② 관용표장이 포함된 상표로서 그 관용표장이 다른 식별력이 있는 표장에 흡수되어 불가분의 일체를 구성하고 있어서 전체적으로 식별력이 인정되는 경우에는 상표등록을 받을 수 있다.
③ 지정상품과의 관계에서 간접적, 암시적이라고 인식될 수 있는 표장이라도 실제 거래업계에서 직접적으로 상품의 성질을 표시하는 표장으로 사용되고 있는 경우에는 성질표시 표장에 해당한다.
④ 지리적 명칭은 원칙적으로 현존하는 것에 한하지만 특정 지역의 옛 이름, 애칭 등이 일반수요자나 거래자들에게 통상적으로 사용된 결과 그 지역의 지리적 명칭을 나타내는 것으로 현저하게 인식되는 경우에는 현저한 지리적 명칭에 해당한다.
⑤ 알파벳 두 글자를 결합한 상표는 그 구성이 특별히 사람의 주의를 끌 정도이거나 새로운 관념이 형성되는 경우에는 그 상표를 구성하는 문자를 직감할 수 있다고 하더라도 간단하고 흔히 있는 표장만으로 된 상표에 해당한다고 할 수 없다.

해설

① (×) 어느 상표가 보통명칭화 되었는가의 여부는 그 나라에 있어서 당해 상품의 거래실정에 따라서 이를 결정하여야 하고, 한편 등록상표는 등록결정 당시에 이미 보통명칭화 된 경우도 있을 수 있지만, 상표등록 이후에 상표권리를 태만히 하였거나 보통명칭화 되는 경우도 있으므로 상표권자가 상표권침해로 인한 손해배상을 구하는 경우에 있어서는 '사실심 변론 종결 당시'를 기준으로 등록상표가 보통명칭화 되었는지 여부로 판단하여야 한다(判例 2002다6876).
③ (○) 지정상품과의 관계에서 간접적, 암시적이라고 인식될 수 있는 표장이라도 실제 거래업계에서 직접적으로 상품의 성질을 표시하는 표장으로 사용되고 있는 경우에는 본 호에 해당하는 것으로 본다.
⑤ (○) 결국 이 사건 출원상표는 영어 알파벳 두 글자가 가지는 것 이상의 식별력이 있지 아니 간단하고 흔히 있는 표장만으로 된 상표에 해당하고, 영문자 'CP'로 직감되는 이 사건 출원상표가 등록되는 경우에는 제한된 숫자의 영문 알파벳 두 글자의 단순조합 중의 하나에 대한 독점권을 부여하는 결과가 되고, 이는 일반 거래계에서 자유로운 사용을 원하는 글자의 조합의 사용을 금지하는 결과가 되어 공익에도 반한다는 이유로 이 사건 출원상표는 상표법 제6조 제1항 제6호에 해당하는 상표로서 그 등록이 거절되어야 한다는 취지로 판단하였다(判例 2002후291).

답 ①

11 甲은 2017년 1월 7일경부터 본인이 판매하는 자동차용품에 붙여 사용한 A(기술적 표장)를 2018년 11월 26일 출원하였고, 출원 전부터 활발하게 사용된 A상표는 2019년 4월경 거래사회에서 일반수요자나 거래자에게 특정인의 상품에 관한 출처를 표시하는 것으로 현저하게 인식되었으며, 2020년 1월 8일 등록결정되었다. 이와 관련하여 옳은 것을 모두 고른 것은? (다툼이 있으면 판례에 따름)

기출 20

> ㄱ. A상표는 출원 후에 특정인의 상품 출처를 표시하는 것으로 현저하게 인식되었으나 출원 시 식별력 없는 기술적 표장에 불과하므로 등록결정을 받을 수 없다.
> ㄴ. 식별력 없는 기술적 표장이라고 할지라도 사용에 의한 식별력을 취득하면 예외적으로 상표 등록을 인정해주는 상표법 제33조(상표등록의 요건) 제2항의 적용은 출원경제 등을 이유로 상표등록여부결정을 할 때를 기준으로 판단하여야 하므로 A상표는 등록결정을 받을 수 있다.
> ㄷ. 일반수요자의 A상표에 대한 상품표지로서의 인식은 익명의 존재로서의 추상적 출처이면 족한 것이지 구체적으로 甲의 성명이나 명칭까지 인식할 필요는 없다.
> ㄹ. A상표는 출원 시 비록 기술적 표장에 불과하였지만 등록여부결정 전까지 사용에 의한 식별력을 취득하여 등록된 이상 식별력 있는 표장으로서 상표법 제90조(상표권의 효력이 미치지 아니하는 범위) 제1항 제2호에 의한 상표권 효력 제한을 받지 않는다.

① ㄱ, ㄴ
② ㄴ, ㄹ
③ ㄷ, ㄹ
④ ㄱ, ㄴ, ㄷ
⑤ ㄴ, ㄷ, ㄹ

┄┄┄

해설

ㄱ. (×) ㄴ. (○) 상표법 제33조 제2항의 사용에 의한 식별력 취득여부의 판단은 '상표등록여부결정을 할 때'를 기준으로 한다.
ㄷ. (○) 특정인의 상품표지로서의 인식은 익명의 존재로서의 추상적 출처이면 족하지, 구체적으로 특정인의 성명이나 명칭까지 인식하여야 하는 것은 아니다(判例 90후410).
ㄹ. (○) 상표법 제33조 제2항에 의하여 식별력을 취득한 상표는 제90조 제1항 제2호에 의한 상표권의 효력 제한을 받지 아니한다.

답 ⑤

12 상표의 사용에 의한 식별력에 관한 설명으로 옳은 것은? (다툼이 있으면 판례에 따름) 기출 15

① 사용에 의한 식별력 취득여부의 판단 시기는 원칙적으로 '상표등록여부 결정시'이지만, 권리범위확인심판절차에서 상표의 요부 해당 여부 판단 시에는 '심결 시'를 기준으로 판단할 수 있다.
② 상표법 제33조(상표등록의 요건) 제1항 제7호의 기타 식별력이 없는 상표에 해당하는 경우에는 사용에 의한 식별력을 취득하더라도 등록받을 수 없다.
③ 사용에 의하여 식별력을 취득한 상표는 실제로 상표가 사용된 상품뿐만 아니라 그와 동일성이 있거나 유사한 상품에 대해서도 그 등록이 허용된다.
④ 상표등록여부 결정시를 기준으로 본질적으로 식별력이 없는 상표가 과오로 등록된 후 사용에 의하여 식별력을 취득하면 그 무효사유의 하자가 치유되어 무효심판을 청구할 수 없다.
⑤ 등록상표의 구성에서 식별력이 없는 부분은 등록 후 사용에 의해 비로소 식별력을 취득하더라도 중심적 식별력을 인정할 수 없어 요부가 될 수 없다.

해설

① (O) 제33조 제2항에 있어서 사용에 의한 식별력 취득여부의 판단은 '등록여부결정 시'를 기준으로 하나(원칙적 모습), 상표의 요부에 해당하는지 여부를 판단하기 위하여 사용에 의한 식별력 취득여부를 판단하는 경우에는 상표 유사판단의 시점과 동일한 시점을 기준으로 하여야 하므로 권리범위확인심판에서는 '심결 시'를 기준으로 한다.
② (×) 제33조 제1항 제3호부터 제7호까지에 해당하는 상표라도 상표등록출원 전부터 그 상표를 사용한 결과 수요자 간에 특정인의 상품에 관한 출처를 표시하는 것으로 식별할 수 있게 된 경우에는 그 상표를 사용한 상품에 한정하여 상표등록을 받을 수 있다(상표법 제33조 제2항, 2023.10.31. 개정).
③ (×) 사용에 의한 식별력 취득은 실제로 사용된 상품과 동일성 있는 상품에 한한다.
④ (×) 식별력 없는 상표가 착오등록 후 사용에 의한 식별력을 사후적으로 취득하였다 하여도 무효사유의 하자는 치유되지 않는다.
⑤ (×) 등록상표의 전부 또는 일부 구성이 등록결정 당시에는 식별력이 없거나 미약하였다 하더라도 그 등록상표를 전체로서 또는 일부 구성 부분을 분리하여 사용함으로써 권리범위확인심판의 심결 시점에 이르러서는 수요자 사이에 누구의 상품을 표시하는 것인지 현저하게 인식될 정도가 되어 중심적 식별력을 가지게 된 경우에는 이를 기초로 상표의 유사 여부를 판단하여야 한다(判例 2011후3698).

답 ①

13 상표법 제34조(상표등록을 받을 수 없는 상표) 제1항에 관한 설명으로 옳은 것은? (다툼이 있으면 판례에 따름) 기출 25

① 저명한 고인(故人)과의 관계를 거짓으로 표시한 상표라도 유족의 승낙을 받은 경우에는 상표등록을 받을 수 있다.
② 공공단체의 비영리 업무를 표시하는 표장으로서 저명한 것과 동일한 상표라도 그 공공단체의 승낙을 받은 경우에는 상표등록을 받을 수 있다.
③ 저명한 타인의 성명·명칭을 포함하는 상표라도 그 타인의 승낙을 받은 경우에는 상표등록을 받을 수 있다.
④ 저명한 국제기관의 명칭·약칭과 동일한 상표라도 그 국제기관의 승낙을 받은 경우에는 상표등록을 받을 수 있다.
⑤ 대한민국의 국기, 국장(國章)과 동일한 상표라도 대한민국 정부의 승낙을 받은 경우에 비영리법인은 상표등록을 받을 수 있다.

| 해설 |
① (×) 상표법 제34조 제1항 제2호
② (×) 상표법 제34조 제1항 제3호
③ (○) 상표법 제34조 제1항 제6호 단서
④ (×) 상표법 제34조 제1항 제1호 다목
⑤ (×) 상표법 제34조 제1항 제1호 가목

답 ③

14 상표법 제34조(상표등록을 받을 수 없는 상표)에 관한 설명으로 옳지 않은 것은? 기출 24

① 저명한 연예인 이름, 연예인 그룹 명칭, 스포츠선수 이름, 기타 국내외 유명 인사 등의 이름이나 이들의 약칭을 포함하는 상표를 출원한 경우에는 지정 상품과 관계없이 제34조 제1항 제6호를 적용한다.
② 제34조 제1항 제2호는 저명한 고인과의 관계를 거짓으로 표시하거나 비방 또는 모욕하거나 평판을 나쁘게 할 우려가 있는 경우에 적용한다.
③ 저명한 고인과의 관계를 거짓으로 표시하는 것이 아니라도 지정상품과의 관계를 고려할 때 저명한 고인과 관련 있는 것으로 오인·혼동을 일으킬 염려가 있는 경우에는 제34조 제1항 제12호를 적용한다.
④ 현존하는 저명한 공익법인의 명칭 또는 약칭이나 이를 포함하는 상표에 대해서는 제34조 제1항 제6호를 적용한다.
⑤ 저명한 고인의 성명을 정당한 권리자의 동의없이 출원하여 그 명성에 편승하려는 경우 제34조 제1항 제2호가 적용된다.

|해설|

① (O) 상표법 제34조 제1항 제6호
② (O) 상표법 제34조 제1항 제2호
③ (O) 상표법 제34조 제1항 제12호
④ (O) 상표법 제34조 제1항 제6호
⑤ (×) '국가・인종・민족・공공단체・종교 또는 저명한 고인(故人)과의 관계를 거짓으로 표시하거나 이들을 비방 또는 모욕하거나 이들에 대한 평판을 나쁘게 할 우려가 있는 상표'는 상표등록을 받을 수 없는 상표에 해당한다(상표법 제34조 제1항 제2호).

답 ⑤

15 상표법 제34조(상표등록을 받을 수 없는 상표) 제1항 각 호의 내용으로 옳은 것을 모두 고른 것은?

기출 23

> ㄱ. 선출원(先出願)에 의한 타인의 등록상표(등록된 지리적 표시 단체표장을 포함한다)와 동일・유사한 상표로서 그 지정상품과 동일・유사한 상품에 사용하는 상표
> ㄴ. 동업・고용 등 계약관계나 업무상 거래관계 또는 그 밖의 관계를 통하여 타인이 사용하거나 사용을 준비 중인 상표임을 알면서 그 상표와 동일・유사한 상표를 동일・유사한 상품에 등록출원한 상표
> ㄷ. 수요자들에게 인식되어 있는 타인의 상품이나 영업과 혼동을 일으키게 하거나 그 식별력 또는 명성을 손상시키는 상표
> ㄹ. 국가・인종・민족・공공단체・종교 또는 저명한 고인(故人)과의 관계를 거짓으로 표시하거나 이들을 비방 또는 모욕하거나 이들에 대한 평판을 나쁘게 할 우려가 있는 상표

① ㄱ, ㄴ
② ㄱ, ㄷ
③ ㄴ, ㄷ
④ ㄴ, ㄹ
⑤ ㄷ, ㄹ

|해설|

ㄱ. (×) 등록된 지리적 표시 단체 표장과 동일 유사한 상표는 그 지정상품과 동일한 상품에 대하여 등록받을 수 없다(상표법 제34조 제1항 제7호・제8호).
ㄴ. (O) 상표법 제34조 제1항 제20호

ㄷ. (×) 수요자에게 현저하게 인식되어 있는 상표여야 한다(상표법 제34조 제1항 제11호).

> **상표법 제34조(상표등록을 받을 수 없는 상표)**
> ① 제33조에도 불구하고 다음 각 호의 어느 하나에 해당하는 상표에 대해서는 상표등록을 받을 수 없다.
>   7. 선출원(先出願)에 의한 타인의 등록상표(등록된 지리적 표시 단체표장은 제외한다)와 동일·유사한 상표로서 그 지정상품과 동일·유사한 상품에 사용하는 상표. 다만, 그 타인으로부터 상표등록에 대한 동의를 받은 경우(동일한 상표로서 그 지정상품과 동일한 상품에 사용하는 상표에 대하여 동의를 받은 경우는 제외한다)에는 상표등록을 받을 수 있다.
>   8. 선출원에 의한 타인의 등록된 지리적 표시 단체표장과 동일·유사한 상표로서 그 지정상품과 동일하다고 인식되어 있는 상품에 사용하는 상표
>   11. <u>수요자들에게 현저하게 인식되어 있는</u> 타인의 상품이나 영업과 혼동을 일으키게 하거나 그 식별력 또는 명성을 손상시킬 염려가 있는 상표

ㄹ. (○) 상표법 제34조 제1항 제2호

답 ④

16 상표등록을 받을 수 있는 것을 모두 고른 것은? (다툼이 있으면 판례에 따름) 기출 21

> ㄱ. 해군사관학교 사관생도의 "견장"
> ㄴ. 의류를 지정상품으로 하는 상표 "JAMES DEAN"
> ㄷ. 지정상품이 기계류인 출원상표 "KSB"
> ㄹ. 지정상품을 '눈썹용 연필, 립스틱, 매니큐어, 아이섀도, 마스카라' 등으로 하는 외국회사의 출원상표 "2NE1"
> ㅁ. 공인노무사업, 법무사업, 변호사업, 변리사업 등을 지정서비스업으로 하면서 전문직 종사자에게 업무를 위임하지 아니하고 스스로 행할 수 있도록 도와주는 방식을 보통으로 표시하는 표장만으로 된 상표 "나홀로"
> ㅂ. 지정상품을 서적으로 하는 출원상표 "관족법(觀足法)"

① ㄱ, ㄷ
② ㄴ, ㄷ
③ ㄱ, ㄹ, ㅁ
④ ㄴ, ㄹ, ㅂ
⑤ ㄷ, ㅁ, ㅂ

해설

ㄱ. (×) 상표법 제34조 제1항 제1호

ㄴ. (○) 본원상표는 단순히 고인의 성명 그 자체를 상표로 사용한 것에 지나지 아니할 뿐 동인과의 관련성에 관한 아무런 표시가 없어 이를 가리켜 상표법 제7조 제1항 제2호 소정의 고인과의 관계를 허위로 표시한 상표에 해당한다고 볼 수 없고, 또한 본원상표 자체의 의미에서 선량한 도덕관념이나 국제신의에 반하는 내용이 도출될 수는 없으며, 본원상표와 같은 표장을 사용한 상품이 국내에서 유통됨으로써 국내의 일반 수요자들에게 어느 정도라도 인식되었음을 인정할 자료가 없는 이상 국내의 일반거래에 있어서 수요자나 거래자들이 본원상표를 타인의 상품 표장으로서 인식할 가능성은 없으므로, 본원상표를 상표법 제7조 제1항 제4호 소정의 공공의 질서 또는 선량한 풍속을 문란하게 할 염려가 있는 상표라거나 상표법 제7조 제1항 제11호 소정의 수요자를 기만할 염려가 있는 상표라고도 볼 수 없다(判例 96후2173).

ㄷ. (○) 원심은 1991.1.28. 상표권존속기간갱신등록이 출원된 본원상표 'KSB'가 한국방송공사의 저명한 업무표장인 'KBS' 관념은 상이하나 외관에 있어서 외국문자에 익숙치 않은 우리나라 일반거래자의 수준에 비추어 볼 때 그 직관적 시감이 유사하고 칭호에 있어서도 양 상표는 각각 '케이 에스 비' 및 '케이 비 에스'로 호칭될 것이어서 칭호에서 중시되는 앞부분이 동일하여 그 전체적 청감이 유사하므로 상표법 제45조 제1항 제1호를 적용하여 상표권존속기간 갱신등록을 거절한 원사정은 정당하다고 판단하였다. 그러나 두 상표의 유사 여부는 그 지정상품의 거래에서 일반적인 수요자나 거래자가 상표에 대하여 느끼는 직관적 인식을 기준으로 상품의 출처에 대하여 오인 혼동의 우려가 있는지의 여부에 따라 판단하여야 하고 두 상표의 외관, 칭호, 관념 중 어느 하나가 유사하다 하더라도 다른 점도 고려할 때 전체로서는 명확히 출처의 혼동을 피할 수 있는 경우에는 유사상표라고 할 수 없다고 할 것이다(判例 93후2011).

ㄹ. (×) 상표법 제34조 제1항 제6호, 判例 2012후1033

> **상표법 제34조(상표등록을 받을 수 없는 상표)**
> ① 제33조에도 불구하고 다음 각 호의 어느 하나에 해당하는 상표에 대해서는 상표등록을 받을 수 없다.
>   1. 국가의 국기(國旗) 및 국제기구의 기장(記章) 등으로서 다음 각 목의 어느 하나에 해당하는 상표
>   가. 대한민국의 국기, 국장(國章), 군기(軍旗), 훈장, 포장(褒章), 기장, 대한민국이나 공공기관의 감독용 또는 증명용 인장(印章)·기호와 동일·유사한 상표
>   6. 저명한 타인의 성명·명칭 또는 상호·초상·서명·인장·아호(雅號)·예명(藝名)·필명(筆名) 또는 이들의 약칭을 포함하는 상표. 다만, 그 타인의 승낙을 받은 경우에는 상표등록을 받을 수 있다.

ㅁ. (×) 상표법 제33조 제1항 제7호

ㅂ. (×) 상표법 제33조 제1항 제3호

> **상표법 제33조(상표등록의 요건)**
> ① 다음 각 호의 어느 하나에 해당하는 상표를 제외하고는 상표등록을 받을 수 있다.
>   3. 그 상품의 산지(産地)·품질·원재료·효능·용도·수량·형상·가격·생산방법·가공방법·사용방법 또는 시기를 보통으로 사용하는 방법으로 표시한 표장만으로 된 상표
>   7. 제1호부터 제6호까지에 해당하는 상표 외에 수요자가 누구의 업무에 관련된 상품을 표시하는 것인가를 식별할 수 없는 상표

답 ②

17 상표등록출원인의 출원상표가 상표등록을 받을 수 없는 사유에 해당하는지 여부를 특허청 심사관이 판단하는 기준시점에 관한 설명으로 옳지 <u>않은</u> 것은? 기출 19

① 저명한 고인(故人)을 비방하는 상표에 해당하는지 여부는 상표등록여부결정을 할 때를 기준으로 판단한다.
② 상표 그 자체 또는 상표가 상품에 사용되는 경우 수요자에게 주는 의미와 내용 등이 일반인의 통상적인 도덕관념인 선량한 풍속에 어긋나는 등 공공의 질서를 해칠 우려가 있는 상표에 해당하는지 여부는 상표등록여부결정을 할 때를 기준으로 판단한다.
③ 저명한 타인의 성명을 포함하는 상표에 해당하는지 여부는 상표등록여부결정을 할 때를 기준으로 판단한다.
④ 수요자들에게 현저하게 인식되어 있는 타인의 상품이나 영업과 혼동을 일으키게 하는 상표에 해당하는지 여부는 상표등록출원을 한 때를 기준으로 판단한다. 다만, 이와 관련하여 타인에 해당하는지 여부는 상표등록여부결정을 할 때를 기준으로 판단한다.
⑤ 동업관계를 통하여 타인이 사용하는 상표임을 알면서 그 상표와 유사한 상표를 유사한 상품에 등록출원한 상표에 해당하는지 여부는 상표등록여부결정을 할 때를 기준으로 판단한다.

해설

① (○) 제34조 제1항 및 상표등록출원인 규정의 타인에 해당하는지는 상표등록여부결정을 할 때를 기준으로 하여 결정한다. 다만, 제34조 제1항 제11호·제13호·제14호·제20호 및 제21호의 경우는 상표등록출원을 한 때를 기준으로 하여 결정한다(상표법 제34조 제2항).
② (○) 상표법 제34조 제1항 제4호
③ (○) 상표법 제34조 제1항 제6호
④ (○) 상표법 제34조 제1항 제11호
⑤ (×) 상표법 제34조 제1항 제20호

답 ⑤

18

상표법 제34조 제1항 제6호의 저명한 타인의 성명·명칭 등 또는 이들의 약칭을 포함하는 상표에 관한 설명으로 옳지 <u>않은</u> 것은? (다툼이 있으면 판례에 따름) 기출 17

① 저명한 타인의 성명, 명칭 등을 상표로 사용한 때에는 타인 자신의 불쾌감의 유무 또는 사회통념상 타인의 인격권의 침해여부를 불문하고 본 호를 적용한다.
② 사회통념상 국내 일반수요자 또는 관련 거래업계에서 타인의 성명·명칭 등이 저명하면 되고, 타인 그 자체는 저명할 필요가 없다.
③ 타인이라 함은 현존하는 국내의 자연인 또는 법인은 물론이고 국내 일반수요자 또는 관련 거래업계에서 일반적으로 널리 인식되고 있는 현존하는 외국의 자연인 또는 법인도 포함된다.
④ 저명한 연예인그룹 명칭이나 약칭을 포함하는 상표를 제3자가 임의로 출원한 경우 본 호에 해당하는 것으로 본다.
⑤ 저명한 타인의 성명, 명칭 등 또는 이들의 약칭이 상표의 부기적인 부분으로 포함되어 있는 경우에는 본 호에 해당하지 않는 것으로 본다.

정답해설
⑤ (×) 제34조 제1항 제6호는 저명한 타인의 성명 등을 '포함'하면 충분하므로, 상표의 부기적인 부분으로 포함되어 있는 경우라도 적용될 수 있다.

답 ⑤

19

상표등록요건에 관한 설명으로 옳지 <u>않은</u> 것은? (다툼이 있으면 판례에 따름) 기출 15

① 보통명칭의 경우 일반소비자들이 지정상품의 보통명칭으로 인식할 우려가 있다는 것만으로는 부족하고, 실제 거래계에서 그 명칭이 특정 상품의 일반명칭으로서 현실적으로 사용되고 있어야 한다.
② 자기의 성명·명칭 등을 상표로 출원하는 경우에도 저명한 동일명칭 소유주가 따로 있으면 그 타인의 승낙을 필요로 한다.
③ 기존의 상표사용자가 그 상표와 동일 또는 유사한 제3자의 상표가 이미 등록되어 있는 사실을 알면서 기존의 상표를 사용하여 특정인의 출처표시로 인식된 경우에는 상표법 제34조(상표등록을 받을 수 없는 상표) 제1항 제12호 적용 시의 인용상표가 될 수 없다.
④ 상품과 서비스업간에 동종성이 인정되어 수요자로 하여금 출처의 오인, 혼동을 초래할 우려가 있는 경우에는 상표와 서비스표 간에도 상표법 제34조(상표등록을 받을 수 없는 상표) 제1항 제7호가 적용될 수 있다.
⑤ 상품의 형상이 사용에 의하여 식별력을 취득한 경우라 하더라도 '품질오인의 우려'가 있거나 그 '상품의 기능을 확보하는 데 불가결한 입체적 형상만'으로 된 경우에는 상표등록을 받을 수 없다.

해설

① (○) 判例 86후42
② (○) 자기의 성명 등이 저명한 타인의 성명과 동일한 경우일지라도 등록을 받기 위하여는 저명한 타인의 승낙을 요한다.
③ (×) 제34조 제1항 제12호의 취지는 이미 특정인의 상표라고 인식된 상표를 사용하는 상품의 출처 등에 관한 일반수요자의 오인·혼동을 방지하여 이에 대한 신뢰를 보호하고자 하는 데 있고, 기존의 상표나 그 사용상품이 국내의 일반거래에서 수요자 등에게 어느 정도로 알려져 있는지에 관한 사항은 일반수요자를 표준으로 하여 거래의 실정에 따라 인정하여야 하는 '객관적인 상태'를 말하는 것이며, 위 규정을 적용한 결과 기존의 상표가 사실상 보호받는 것처럼 보인다고 할지라도 그것은 일반수요자의 이익을 보호함에 따른 간접적, 반사적 효과에 지나지 아니하므로, 기존의 상표의 사용자가 그 상표와 동일 또는 유사한 제3의 상표가 이미 등록되어 있는 사실을 알면서 기존의 상표를 사용하였다 하더라도 그 사정을 들어 위 규정의 적용을 배제할 수는 없다(判例 2001후3187).

답 ③

20

상표법의 '공존동의에 의한 상표등록'에 관한 설명으로 옳지 않은 것은? 기출 25

① 동일한 지정상품에 사용할 동일한 상표에 대하여 먼저 출원한 자로부터 상표등록에 대한 동의를 받은 경우에는 나중에 출원한 자도 상표를 등록받을 수 있다.
② 공존동의서는 출원서 또는 의견서에 첨부하여 제출이 가능하다.
③ 적법한 공존동의서 제출시 지정상품 일부에 대한 공존동의도 가능하다.
④ 지리적 표시 단체표장과 유사한 표장에는 공존동의를 적용하지 않는다.
⑤ 업무표장의 출원에는 원칙적으로 공존동의를 적용하지 않는다.

해설

① (×) 상표법 제34조 제1항 제7호 단서의 괄호
② (○) 출원서, 의견서, 보정서에 첨부하는 것 모두 가능하다.
③ (○) 지정상품 전부뿐만 아니라 일부에 대한 공존동의도 가능하다.
④ (○) 상표법 제34조 제1항 제7호 본문의 괄호, 지리적 표시 단체표장과 동일·유사한 표장은 상표법 제34조 제1항 제7호가 아니라, 상표법 제34조 제1항 제8호의 거절이유에 해당하므로 공존동의가 적용되지 않는다.
⑤ (○) (지리적표시)단체표장, (지리적표시)증명표장, 업무표장 출원은 표장의 특성상 양도 및 사용권 설정 등이 엄격히 제한되고 있으므로, 공존동의의 취지에 맞지 않아 공존동의 제도가 적용되지 않는다.

답 ①

21 상표법 제34조(상표등록을 받을 수 없는 상표) 제1항 제13호에 관한 설명으로 옳지 않은 것은? (다툼이 있으면 판례에 따름) 기출 22

① 본 호에 해당하려면 출원 당시에 선사용상표가 국내 또는 외국의 수요자들에게 특정인의 상품을 표시하는 것이라고 인식되어 있어야 하고, 출원인이 선사용상표와 동일 또는 유사한 상표를 부정한 목적을 가지고 사용하여야 한다.
② 본 호의 국내 또는 외국의 수요자들에게 특정인의 상품을 표시하는 것이라고 인식되어 있다는 것은 일반 수요자를 표준으로 하여 거래의 실정에 따라 인정되는 객관적인 상태를 말하는 것이다.
③ 본 호의 국내 또는 외국의 수요자들에게 특정인의 상품을 표시하는 것이라고 인식되기 위해서는 선사용상표에 관한 권리자의 명칭이 구체적으로 알려지는 것까지 필요한 것은 아니고, 권리자가 누구인지 알 수 없더라도 동일하고 일관된 출처로 인식될 수 있으면 충분하다.
④ 선사용상표가 양도된 경우 본 호의 국내 또는 외국의 수요자들에게 특정인의 상품을 표시하는 것이라고 인식되어 있는 상표로 인정되기 위해서는 선사용상표에 관한 주지성이 양수인에게 승계되었거나 양수인이 독자적으로 주지성을 획득해야 하며, 양도 전의 사용실적을 고려할 수는 없다.
⑤ 본 호의 국내 또는 외국의 수요자들에게 특정인의 상품을 표시하는 것이라고 인식되는지를 결정하기 위해 외국에서의 상표 및 그 사용상품에 대한 인식과 평가를 참작할 수 있다.

┃해설┃

① (○) 상표법 제34조 제2항에 의해 출원시를 기준으로 결정한다.

> **상표법 제34조(상표등록을 받을 수 없는 상표)**
> ① 제33조에도 불구하고 다음 각 호의 어느 하나에 해당하는 상표에 대해서는 상표등록을 받을 수 없다.
>   13. 국내 또는 외국의 수요자들에게 특정인의 상품을 표시하는 것이라고 인식되어 있는 상표(지리적 표시는 제외한다)와 동일·유사한 상표로서 부당한 이익을 얻으려 하거나 그 특정인에게 손해를 입히려고 하는 등 부정한 목적으로 사용하는 상표
> ② 제1항은 다음 각 호의 어느 하나에 해당하는 결정(이하 "상표등록여부결정"이라 한다)을 할 때를 기준으로 하여 결정한다. 다만, 제1항 제11호·제13호·제14호·제20호 및 제21호의 경우는 상표등록출원을 한 때를 기준으로 하여 결정하되, 상표등록출원인(이하 "출원인"이라 한다)이 제1항의 타인에 해당하는지는 상표등록여부결정을 할 때를 기준으로 하여 결정한다.

④ (×) 여기서 선사용상표가 특정인의 상품을 표시하는 것이라고 인식되어 있다는 것은 일반 수요자를 표준으로 하여 거래의 실정에 따라 인정되는 객관적인 상태를 말하는 것이다. 이때 선사용상표에 관한 권리자의 명칭이 구체적으로 알려지는 것까지 필요한 것은 아니고, 권리자가 누구인지 알 수 없더라도 동일하고 일관된 출처로 인식될 수 있으면 충분하다. 따라서 선사용상표의 사용기간 중에 상표에 관한 권리의 귀속 주체가 변경되었다고 하여 곧바로 위 규정의 적용이 배제되어야 한다거나 변경 전의 사용실적이 고려될 수 없는 것은 아니다. <u>이와 같은 변경에도 불구하고 선사용상표가 수요자들에게 여전히 동일하고 일관된 출처로서 인식되어 있거나 변경 전의 사용만으로도 특정인의 상품을 표시하는 것이라고 인식되어 있는 등의 경우에는 그 변경 전의 사용실적을 고려하여 위 규정이 적용될 수 있다</u>(判例 2020후11431).

답 ④

22 상표법상 상표의 기능성 원리의 판단기준과 적용에 관한 설명으로 옳지 않은 것은? 기출 16

① 입체상표로 출원한 상품의 사용에 있어서 그 형상 등으로 인해 상당한 사용상의 효율이 있다고 광고 선전을 하였을 경우 기능성이 있는 것으로 본다.
② 소화기에 쓰이는 빨간색은 소화기의 이용과 목적을 달성하기 위하여 반드시 필요한 것으로서 기능성이 있는 것으로 본다.
③ 기능성 원리는 상품의 기능을 확보하는 데 불가결한 입체적 형상 등에 적용되므로 상품 자체가 기능적인지 여부를 기준으로 판단하여야 한다.
④ 입체상표에서 해당 기능을 확보할 수 있는 대체 형상이 다수 존재하는 경우에도 입체적 형상 등이 해당 상품의 목적과 이용에 본질적인 것이라면 기능성이 있는 것으로 본다.
⑤ 상품의 포장의 기능을 확보하는 데 불가결한 입체적 형상만으로 된 상표는 상표법 제33조(상표등록의 요건) 제2항에 따른 사용에 의한 식별력을 취득하더라도 상표등록을 받을 수 없다.

정답해설

③ (×) 기능성 원리는 상품의 기능을 확보하는데 불가결한 입체적 형상, 색채 등의 출원상표에 적용이 되는 것으로 '상품 자체'가 기능적인지는 당연히 아무런 상관이 없고, 상표로 출원된 '입체적 형상, 색채, 소리 또는 냄새' 그 자체가 기능적인지 여부를 따져야 한다.
④ (○) 입체상표는 해당 기술을 발휘할 수 있는 대체적 요소가 없거나 그 수가 극히 제한되어 있는 경우에 통상 기능성이 있는 것으로 보나, 대체적 형상이 다수 존재한다 하여도 입체적 형상이 해당 상품의 이용과 목적에 불가결하다면 기능성이 있는 것으로 볼 수 있다.
⑤ (○) 입체상표가 상표법 제34조 제1항 제15호에 해당하는 경우라면 설령 상표법 제33조 제2항 소정의 사용에 의한 식별력을 취득한 경우에도 등록될 수 없다. 즉, 자유경쟁의 필요성에 의하여 기능성 이론이 식별력에 대하여 우월적으로 작용한다.

답 ③

23 사용에 의한 식별력을 취득한 상표에 관한 설명으로 옳지 않은 것은? (다툼이 있으면 판례에 따름)

기출 22

① 소리상표를 오랫동안 지속적으로 사용하여 사용에 의한 식별력을 취득하였더라도 법률상 기능성이 인정되는 경우 상표등록을 받을 수 없다.
② 상표법 제33조(상표등록의 요건) 제1항 제7호의 기타 식별력이 없는 상표에 해당하는 경우에도 사용에 의한 식별력을 취득하면 등록받을 수 있다.
③ 상표법 제34조(상표등록을 받을 수 없는 상표) 제1항 제7호의 적용에 있어 선출원 등록상표의 등록여부결정시에는 식별력이 미약하였던 일부 구성부분이 타인의 후출원상표와 유사판단 시 요부로 되기 위해서는 타인의 후출원상표의 출원시를 기준으로 사용에 의한 식별력을 취득하여야 한다.
④ 사용에 의한 식별력을 취득한 기술적 상표는 상표법 제90조(상표권의 효력이 미치지 아니하는 범위) 제1항 제2호에 의한 효력제한을 받지 아니한다.
⑤ 상표등록여부결정시를 기준으로 본질적으로 식별력이 없는 상표가 과오로 등록된 경우 등록 후의 사용에 의하여 식별력을 취득하더라도 무효로 될 수 있다.

―――

┃해설┃
① (〇) 상표법 제34조 제1항 제15호

> **상표법 제34조(상표등록을 받을 수 없는 상표)**
> ① 제33조에도 불구하고 다음 각 호의 어느 하나에 해당하는 상표에 대해서는 상표등록을 받을 수 없다.
> 15. 상표등록을 받으려는 상품 또는 그 상품의 포장의 기능을 확보하는 데 꼭 필요한(서비스의 경우에는 그 이용과 목적에 꼭 필요한 경우를 말한다) 입체적 형상, 색채, 색채의 조합, 소리 또는 냄새만으로 된 상표

② (〇) 제33조 제1항 제3호부터 제7호까지에 해당하는 상표라도 상표등록출원 전부터 그 상표를 사용한 결과 수요자 간에 특정인의 상품에 관한 출처를 표시하는 것으로 식별할 수 있게 된 경우에는 그 상표를 사용한 상품에 한정하여 상표등록을 받을 수 있다(상표법 제33조 제2항, 2023.10.31. 개정).
③ (×) 상표법 제34조 제1항 제7호 해당여부는 등록여부결정시를 기준으로 판단한다.
④ (〇) 判例 96다56382

답 ③

CHAPTER 03 심 사

01 심사절차

제50조(심사관에 의한 심사)
① 특허청장은 심사관에게 상표등록출원 및 이의신청을 심사하게 한다.
② 심사관의 자격에 관하여 필요한 사항은 대통령령으로 정한다.

제51조(상표전문기관의 등록 등)
① 특허청장은 상표등록출원의 심사에 필요하다고 인정하면 제2항에 따른 전문기관에 다음 각 호의 업무를 의뢰할 수 있다.
  1. 상표검색
  2. 상품분류
  3. 그 밖에 상표의 사용실태 조사 등 대통령령으로 정하는 업무
② 제1항에 따라 특허청장이 의뢰하는 업무를 수행하려는 자는 특허청장에게 전문기관의 등록을 하여야 한다.
③ 특허청장은 제1항의 업무를 효과적으로 수행하기 위하여 필요하다고 인정하는 경우에는 대통령령으로 정하는 전담기관으로 하여금 전문기관 업무에 대한 관리 및 평가에 관한 업무를 대행하게 할 수 있다.
④ 특허청장은 상표등록출원의 심사에 필요하다고 인정하는 경우에는 관계 행정기관이나 상표에 관한 지식과 경험이 풍부한 사람 또는 관계인에게 협조를 요청하거나 의견을 들을 수 있다.
⑤ 특허청장은 「농수산물 품질관리법」에 따른 지리적 표시 등록 대상품목에 대하여 지리적 표시 단체표장이 출원된 경우에는 그 단체표장이 지리적 표시에 해당되는지에 관하여 농림축산식품부장관 또는 해양수산부장관의 의견을 들어야 한다.
⑥ 제2항에 따른 전문기관의 등록기준 및 상표검색 등의 의뢰에 필요한 사항은 대통령령으로 정한다.

제52조(상표전문기관의 등록취소 등)
① 특허청장은 제51조 제2항에 따른 전문기관이 제1호에 해당하는 경우에는 그 등록을 취소하여야 하며, 제2호에 해당하는 경우에는 그 등록을 취소하거나 6개월 이내의 기간을 정하여 업무의 정지를 명할 수 있다.
  1. 거짓이나 그 밖의 부정한 방법으로 등록을 한 경우
  2. 제51조 제6항에 따른 등록기준에 적합하지 아니하게 된 경우
② 특허청장은 제1항에 따라 전문기관의 등록을 취소하거나 업무의 정지를 명하려면 청문을 하여야 한다.
③ 제1항에 따른 행정처분의 기준과 절차 등에 관하여 필요한 사항은 산업통상자원부령으로 정한다.

제53조(심사의 순위 및 우선심사)
① 상표등록출원에 대한 심사의 순위는 출원의 순위에 따른다.
② 특허청장은 다음 각 호의 어느 하나에 해당하는 상표등록출원에 대해서는 제1항에도 불구하고 심사관으로 하여금 다른 상표등록출원보다 우선하여 심사하게 할 수 있다.
  1. 상표등록출원 후 출원인이 아닌 자가 상표등록출원된 상표와 동일·유사한 상표를 동일·유사한 지정상품에 정당한 사유 없이 업으로서 사용하고 있다고 인정되는 경우
  2. 출원인이 상표등록출원한 상표를 지정상품의 전부에 사용하고 있는 등 대통령령으로 정하는 상표등록출원으로서 긴급한 처리가 필요하다고 인정되는 경우

제54조(상표등록거절결정)
심사관은 상표등록출원이 다음 각 호의 어느 하나에 해당하는 경우에는 상표등록거절결정을 하여야 한다. 이 경우 상표등록출원의 지정상품 일부가 다음 각 호의 어느 하나에 해당하는 경우에는 그 지정상품에 대하여만 상표등록거절결정을 하여야 한다.
  1. 제2조 제1항에 따른 상표, 단체표장, 지리적 표시, 지리적 표시 단체표장, 증명표장, 지리적 표시 증명표장 또는 업무표장의 정의에 맞지 아니하는 경우
  2. 조약에 위반된 경우
  3. 제3조, 제27조, 제33조부터 제35조까지, 제38조 제1항, 제48조 제2항 후단, 같은 조 제4항 또는 제6항부터 제8항까지의 규정에 따라 상표등록을 할 수 없는 경우
  4. 제3조에 따른 단체표장, 증명표장 및 업무표장의 등록을 받을 수 있는 자에 해당하지 아니한 경우
  5. 지리적 표시 단체표장등록출원의 경우에 그 소속 단체원의 가입에 관하여 정관에 의하여 단체의 가입을 금지하거나 정관에 충족하기 어려운 가입조건을 규정하는 등 단체의 가입을 실질적으로 허용하지 아니한 경우
  6. 제36조 제3항에 따른 정관에 대통령령으로 정하는 단체표장의 사용에 관한 사항의 전부 또는 일부를 적지 아니하였거나 같은 조 제4항에 따른 정관 또는 규약에 대통령령으로 정하는 증명표장의 사용에 관한 사항의 전부 또는 일부를 적지 아니한 경우
  7. 증명표장등록출원의 경우에 그 증명표장을 사용할 수 있는 자에 대하여 정당한 사유 없이 정관 또는 규약으로 사용을 허락하지 아니하거나 정관 또는 규약에 충족하기 어려운 사용조건을 규정하는 등 실질적으로 사용을 허락하지 아니한 경우

제55조(거절이유통지)
① 심사관은 다음 각 호의 어느 하나에 해당하는 경우에는 출원인에게 미리 거절이유(제54조 각 호의 어느 하나에 해당하는 이유를 말하며, 이하 "거절이유"라 한다)를 통지하여야 한다. 이 경우 출원인은 산업통상자원부령으로 정하는 기간 내에 거절이유에 대한 의견서를 제출할 수 있다.
  1. 제54조에 따라 상표등록거절결정을 하려는 경우
  2. 제68조의2 제1항에 따른 직권 재심사를 하여 취소된 상표등록결정 전에 이미 통지한 거절이유로 상표등록거절결정을 하려는 경우
② 심사관은 제1항에 따라 거절이유를 통지하는 경우에 지정상품별로 거절이유와 근거를 구체적으로 적어야 한다.
③ 제1항 후단에 따른 기간 내에 의견서를 제출하지 못한 출원인은 그 기간의 만료일부터 2개월 내에 상표에 관한 절차를 계속 진행할 것을 신청하고, 거절이유에 대한 의견서를 제출할 수 있다.

제55조의2(재심사의 청구)
① 제54조에 따른 상표등록거절결정을 받은 자는 그 결정 등본을 송달받은 날부터 3개월(제17조 제1항에 따라 제116조에 따른 기간이 연장된 경우에는 그 연장된 기간을 말한다) 이내에 지정상품 또는 상표를 보정하여 해당 상표등록출원에 관한 재심사를 청구할 수 있다. 다만, 재심사를 청구할 때 이미 재심사에 따른 거절결정이 있거나 제116조에 따른 심판청구가 있는 경우에는 그러하지 아니하다. 기출 24
② 출원인은 제1항에 따른 재심사의 청구와 함께 의견서를 제출할 수 있다.
③ 제1항에 따라 재심사가 청구된 경우 그 상표등록출원에 대하여 종전에 이루어진 상표등록거절결정은 취소된 것으로 본다. 다만, 재심사의 청구절차가 제18조 제1항에 따라 무효로 된 경우에는 그러하지 아니하다.
④ 제1항에 따른 재심사의 청구는 취하할 수 없다.

제56조(서류의 제출 등)
특허청장 또는 심사관은 당사자에게 심판 또는 재심에 관한 절차 외의 절차를 처리하기 위하여 심사에 필요한 서류, 그 밖의 물건의 제출을 요청할 수 있다.

제57조(출원공고)
① 심사관은 상표등록출원에 대하여 거절이유를 발견할 수 없는 경우(일부 지정상품에 대하여 거절이유가 있는 경우에는 그 지정상품에 대한 거절결정이 확정된 경우를 말한다)에는 출원공고결정을 하여야 한다. 다만, 다음 각 호의 어느 하나에 해당하는 경우에는 출원공고결정을 생략할 수 있다. 〈개정 2022.2.3.〉
 1. 제2항에 따른 출원공고결정의 등본이 출원인에게 송달된 후 그 출원인이 출원공고된 상표등록출원을 제45조에 따라 둘 이상의 상표등록출원으로 분할한 경우로서 그 분할출원에 대하여 거절이유를 발견할 수 없는 경우
 2. 제54조에 따른 상표등록거절결정에 대하여 취소의 심결이 있는 경우로서 해당 상표등록출원의 지정상품에 대하여 이미 출원공고된 사실이 있고 다른 거절이유를 발견할 수 없는 경우
② 특허청장은 제1항 각 호 외의 부분 본문에 따른 결정이 있을 경우에는 그 결정의 등본을 출원인에게 송달하고 그 상표등록출원에 관하여 상표공보에 게재하여 출원공고를 하여야 한다.
③ 특허청장은 제2항에 따라 출원공고를 한 날부터 30일간 상표등록출원 서류 및 그 부속서류를 특허청에서 일반인이 열람할 수 있게 하여야 한다. 〈2025.7.22. 시행 개정법〉

제58조(손실보상청구권)
① 출원인은 제57조 제2항(제88조 제2항 및 제123조 제1항에 따라 준용되는 경우를 포함한다)에 따른 출원공고가 있은 후 해당 상표등록출원에 관한 지정상품과 동일·유사한 상품에 대하여 해당 상표등록출원에 관한 상표와 동일·유사 상표를 사용하는 자에게 서면으로 경고할 수 있다. 다만, 출원인이 해당 상표등록출원의 사본을 제시하는 경우에는 출원공고 전이라도 서면으로 경고할 수 있다. 기출 15·21
② 제1항에 따라 경고를 한 출원인은 경고 후 상표권을 설정등록할 때까지의 기간에 발생한 해당 상표의 사용에 관한 업무상 손실에 상당하는 보상금의 지급을 청구할 수 있다. 기출 15·21·24
③ 제2항에 따른 청구권은 해당 상표등록출원에 대한 상표권의 설정등록 전까지는 행사할 수 없다. 기출 21
④ 제2항에 따른 청구권의 행사는 상표권의 행사에 영향을 미치지 아니한다.
⑤ 제2항에 따른 청구권을 행사하는 경우의 등록상표 보호범위 등에 관하여는 제91조, 제108조, 제113조 및 제114조와 「민법」 제760조 및 제766조를 준용한다. 이 경우 「민법」 제766조 제1항 중 "피해자나 그 법정대리인이 그 손해 및 가해자를 안 날"은 "해당 상표권의 설정등록일"로 본다. 기출 15·21
⑥ 상표등록출원이 다음 각 호의 어느 하나에 해당하는 경우에는 제2항에 따른 청구권은 처음부터 발생하지 아니한 것으로 본다.
 1. 상표등록출원이 포기·취하 또는 무효가 된 경우
 2. 상표등록출원에 대한 제54조에 따른 상표등록거절결정이 확정된 경우
 3. 제117조에 따라 상표등록을 무효로 한다는 심결(같은 조 제1항 제5호부터 제7호까지의 규정에 따른 경우는 제외한다)이 확정된 경우 기출 15

제59조(직권보정 등)

① 심사관은 제57조에 따른 출원공고결정을 할 때에 상표등록출원서에 적힌 사항이 명백히 잘못된 경우에는 직권으로 보정(이하 이 조에서 "직권보정"이라 한다)을 할 수 있다. 이 경우 직권보정은 제40조 제2항에 따른 범위에서 하여야 한다. 〈개정 2023.10.31.〉
② 제1항에 따라 심사관이 직권보정을 하려면 제57조 제2항에 따른 출원공고결정 등본의 송달과 함께 그 직권보정 사항을 출원인에게 알려야 한다.
③ 출원인은 직권보정 사항의 전부 또는 일부를 받아들일 수 없는 경우에는 제57조 제3항에 따른 기간 내에 그 직권보정 사항에 대한 의견서를 특허청장에게 제출하여야 한다.
④ 출원인이 제3항에 따라 의견서를 제출한 경우 해당 직권보정 사항의 전부 또는 일부는 처음부터 없었던 것으로 본다. 이 경우 그 출원공고결정도 함께 취소된 것으로 본다.
⑤ 직권보정이 제40조 제2항에 따른 범위를 벗어나거나 명백히 잘못되지 아니한 사항을 직권보정한 경우 그 직권보정은 처음부터 없었던 것으로 본다. 〈신설 2023.10.31.〉

제60조(이의신청)

① 출원공고가 있는 경우에는 누구든지 출원공고일부터 30일 이내 다음 각 호의 어느 하나에 해당한다는 것을 이유로 특허청장에게 이의신청을 할 수 있다. 〈2025.7.22. 시행 개정법〉
  1. 제54조에 따른 상표등록거절결정의 거절이유에 해당한다는 것
  2. 제87조 제1항에 따른 추가등록거절결정의 거절이유에 해당한다는 것
② 제1항에 따라 이의신청을 하려는 자는 다음 각 호의 사항을 적은 이의신청서에 필요한 증거를 첨부하여 특허청장에게 제출하여야 한다.
  1. 신청인의 성명 및 주소(법인인 경우에는 그 명칭 및 영업소의 소재지를 말한다)
  2. 신청인의 대리인이 있는 경우에는 그 대리인의 성명 및 주소나 영업소의 소재지[대리인이 특허법인·특허법인(유한)인 경우에는 그 명칭, 사무소의 소재지 및 지정된 변리사의 성명을 말한다]
  3. 이의신청의 대상
  4. 이의신청사항
  5. 이의신청의 이유 및 필요한 증거의 표시

제61조(이의신청 이유 등의 보정)

제60조 제1항에 따른 상표등록의 이의신청인(이하 "이의신청인"이라 한다)은 이의신청기간이 지난 후 30일 이내에 그 이의신청서에 적은 이유와 증거를 보정할 수 있다.

제62조(이의신청에 대한 심사 등)

① 이의신청은 심사관 3명으로 구성되는 심사관합의체(이하 "심사관합의체"라 한다)에서 심사·결정한다.
② 특허청장은 각각의 이의신청에 대하여 심사관합의체를 구성할 심사관을 지정하여야 한다.
③ 특허청장은 제2항에 따라 지정된 심사관 중 1명을 심사장으로 지정하여야 한다.
④ 심사관합의체 및 심사장에 관하여는 제130조 제2항, 제131조 제2항 및 제132조 제2항·제3항을 준용한다. 이 경우 제130조 제2항 중 "특허심판원장"은 "특허청장"으로, "심판관"은 "심사관"으로, "심판"은 "심사"로 보고, 제131조 제2항 중 "심판장"은 "심사장"으로, "심판사건"은 "이의신청사건"으로 보며, 제132조 제2항 중 "심판관합의체"는 "심사관합의체"로 보고, 같은 조 제3항 중 "심판"은 "심사"로 본다.

제63조(이의신청에 대한 심사의 범위)
심사관합의체는 이의신청에 관하여 출원인이나 이의신청인이 주장하지 아니한 이유에 관하여도 심사할 수 있다. 이 경우 출원인이나 이의신청인에게 기간을 정하여 그 이유에 관하여 의견을 진술할 수 있는 기회를 주어야 한다.

제64조(이의신청의 병합 또는 분리)
심사관합의체는 둘 이상의 이의신청을 병합하거나 분리하여 심사·결정할 수 있다.

제65조(이의신청의 경합)
① 심사관합의체는 둘 이상의 이의신청이 있는 경우에 그중 어느 하나의 이의신청에 대하여 심사한 결과 그 이의신청이 이유가 있다고 인정할 때에는 다른 이의신청에 대해서는 결정을 하지 아니할 수 있다.
② 특허청장은 심사관합의체가 제1항에 따라 이의신청에 대하여 결정을 하지 아니한 경우에는 해당 이의신청인에게도 상표등록거절결정 등본을 송달하여야 한다.

제66조(이의신청에 대한 결정)
① 심사장은 이의신청이 있는 경우에는 이의신청서 부본(副本)을 출원인에게 송달하고 기간을 정하여 답변서 제출의 기회를 주어야 한다.
② 심사관합의체는 제1항 및 제60조 제1항에 따른 이의신청기간이 지난 후에 이의신청에 대한 결정을 하여야 한다.
③ 이의신청에 대한 결정은 서면으로 하여야 하며, 그 이유를 붙여야 한다. 이 경우 둘 이상의 지정상품에 대한 결정이유가 다른 경우에는 지정상품마다 그 이유를 붙여야 한다.
④ 심사관합의체는 이의신청인이 제60조 제1항에 따른 이의신청기간 내에 그 이유나 증거를 제출하지 아니한 경우에는 제1항에도 불구하고 제61조에 따른 기간이 지난 후 결정으로 이의신청을 각하할 수 있다. 이 경우 그 결정의 등본을 이의신청인에게 송달하여야 한다.
⑤ 특허청장은 제2항에 따른 결정이 있는 경우에는 그 결정의 등본을 출원인 및 이의신청인에게 송달하여야 한다.
⑥ 출원인 및 이의신청인은 제2항 및 제4항에 따른 결정에 대하여 다음 각 호의 구분에 따른 방법으로 불복할 수 있다.
  1. 출원인 : 제116조에 따른 심판의 청구
  2. 이의신청인 : 제117조에 따른 상표등록 무효심판의 청구

제67조(상표등록 출원공고 후의 직권에 의한 상표등록거절결정)
① 심사관은 출원공고 후 거절이유를 발견한 경우에는 직권으로 제54조에 따른 상표등록거절결정을 할 수 있다.
② 제1항에 따라 상표등록거절결정을 할 경우에는 이의신청이 있더라도 그 이의신청에 대해서는 결정을 하지 아니한다.
③ 특허청장은 제1항에 따라 심사관이 상표등록거절결정을 한 경우에는 이의신청인에게 상표등록거절결정 등본을 송달하여야 한다.

제68조(상표등록결정)
심사관은 상표등록출원에 대하여 거절이유를 발견할 수 없는 경우(일부 지정상품에 대하여 거절이유가 있는 경우에는 그 지정상품에 대한 거절결정이 확정된 경우를 말한다)에는 상표등록결정을 하여야 한다.

제68조의2(상표등록결정 이후의 직권 재심사)
① 심사관은 상표등록결정을 한 출원에 대하여 명백한 거절이유를 발견한 경우에는 직권으로 상표등록결정을 취소하고 그 상표등록출원을 다시 심사(이하 "직권 재심사"라 한다)할 수 있다. 다만, 다음 각 호의 어느 하나에 해당하는 경우에는 그러하지 아니하다.
  1. 거절이유가 제38조 제1항에 해당하는 경우
  2. 그 상표등록결정에 따라 상표권이 설정등록된 경우
  3. 그 상표등록출원이 취하되거나 포기된 경우
② 제1항에 따라 심사관이 직권 재심사를 하려면 상표등록결정을 취소한다는 사실을 출원인에게 통지하여야 한다.
③ 출원인이 제2항에 따른 통지를 받기 전에 그 상표등록출원이 제1항 제2호 또는 제3호에 해당하게 된 경우에는 상표등록결정의 취소는 처음부터 없었던 것으로 본다.

제69조(상표등록여부결정의 방식)
① 상표등록여부결정은 서면으로 하여야 하며, 그 이유를 붙여야 한다.
② 특허청장은 상표등록여부결정이 있는 경우에는 그 결정의 등본을 출원인에게 송달하여야 한다.

제70조(심사 또는 소송 절차의 중지)
① 상표등록출원의 심사에서 필요한 경우에는 심결이 확정될 때까지 또는 소송절차가 완결될 때까지 그 상표등록출원의 심사절차를 중지할 수 있다.
② 법원은 소송에서 필요한 경우에는 상표등록여부결정이 확정될 때까지 그 소송절차를 중지할 수 있다.

제71조(심판 규정의 이의신청 심사 및 결정에의 준용)
이의신청에 대한 심사 및 결정에 관하여는 제128조, 제134조 제1호부터 제5호까지 및 제7호, 제144조와 「민사소송법」 제143조, 제299조 및 제367조를 준용한다.

02 출원일의 인정과 절차보완

제37조(상표등록출원일의 인정 등)
① 상표등록출원일은 상표등록출원에 관한 출원서가 특허청장에게 도달한 날로 한다. 다만, 상표등록출원이 다음 각 호의 어느 하나에 해당하는 경우에는 그러하지 아니하다.
  1. 상표등록을 받으려는 취지가 명확하게 표시되지 아니한 경우
  2. 출원인의 성명이나 명칭이 적혀 있지 아니하거나 명확하게 적혀 있지 아니하여 출원인을 특정할 수 없는 경우
  3. 상표등록출원서에 상표등록을 받으려는 상표가 적혀 있지 아니하거나 적힌 사항이 선명하지 아니하여 상표로 인식할 수 없는 경우
  4. 지정상품이 적혀 있지 아니한 경우
  5. 한글로 적혀 있지 아니한 경우
② 특허청장은 상표등록출원이 제1항 각 호의 어느 하나에 해당하는 경우에는 상표등록을 받으려는 자에게 적절한 기간을 정하여 보완할 것을 명하여야 한다.

③ 제2항에 따른 보완명령을 받은 자가 상표등록출원을 보완하는 경우에는 절차보완에 관한 서면(이하 이 조에서 "절차보완서"라 한다)을 제출하여야 한다.
④ 특허청장은 제2항에 따른 보완명령을 받은 자가 지정된 기간 내에 상표등록출원을 보완한 경우에는 그 절차보완서가 특허청에 도달한 날을 상표등록출원일로 본다.
⑤ 특허청장은 제2항에 따른 보완명령을 받은 자가 지정된 기간 내에 보완을 하지 아니한 경우에는 그 상표등록출원을 부적합한 출원으로 보아 반려할 수 있다.

(1) 의의 및 취지

'상표등록출원일'은 상표등록출원에 관한 출원서가 특허청장에게 도달한 날로 한다(法 제37조 제1항). 절차보완을 명하는 경우도 있는데 이는 출원일 불인정 사유에 해당하는 중대한 하자를 명확히 하되, 반려 전 절차 보완 기회를 부여하여 하자를 치유할 수 있도록 하고자 함이다.

(2) 출원일 불인정 사유(法 제37조 제1항)

① 상표등록을 받으려는 취지가 명확하게 표시되지 아니한 경우
② 출원인의 성명이나 명칭이 적혀 있지 아니하거나 명확하게 적혀 있지 아니하여 출원인을 특정할 수 없는 경우
③ 상표등록출원서에 상표등록을 받으려는 상표가 적혀 있지 아니하거나 적힌 사항이 선명하지 아니하여 상표로 인식할 수 없는 경우
④ 지정상품이 적혀 있지 아니한 경우
⑤ 한글로 적혀 있지 아니한 경우

(3) 출원일 불인정에 따른 절차보완

① 절차보완 명령(法 제37조 제2항) : 특허청장은 상표등록을 받으려는 자에게 적절한 기간을 정하여 보완할 것을 명하여야 한다.
② 절차보완서 제출(法 제37조 제3항) : 제2항에 따른 보완명령을 받은 자가 상표등록출원을 보완하는 경우에는 절차보완서를 제출하여야 한다.
③ 적법한 절차보완의 효과(法 제37조 제4항) : 보완명령을 받은 자가 지정된 기간 내에 상표등록출원을 보완한 경우에는 그 절차보완서가 특허청에 도달한 날을 상표등록출원일로 본다.
④ 절차보완이 없는 경우(法 제37조 제5항) : 보완명령을 받은 자가 지정된 기간 내에 보완을 하지 아니한 경우에는 그 상표등록출원을 부적합한 출원으로 보아 반려할 수 있다.

(4) 부적법한 출원서류 등의 반려(시행규칙 제25조)

(5) 절차보정(法 제39조) / 절차의 무효(法 제18조)

03 1상표 1출원

> **제38조(1상표 1출원)**
> ① 상표등록출원을 하려는 자는 상품류의 구분에 따라 1류 이상의 상품을 지정하여 1상표마다 1출원을 하여야 한다.
> ② 제1항에 따른 상품류에 속하는 구체적인 상품은 특허청장이 정하여 고시한다.
> ③ 제1항에 따른 상품류의 구분은 상품의 유사범위를 정하는 것은 아니다.

(1) 의의 및 취지
출원인은 상품류 구분에 따라 1류 이상의 상품을 지정하여 1상표마다 1출원을 하여야 한다. '1상표 1출원주의'를 채택하고 있다.

(2) 내 용
① 각 상표별 별개의 출원 : 1상표 1출원
② 1류 이상의 상품 지정
  ㉠ 2 이상의 상품이 유사할 것을 요하지 않는다.
  ㉡ 상품고시에 따른 정식상품명칭을 기재하는 것이 원칙이지만, 비정식상품명칭도 자유롭게 기재할 수 있다.
  ㉢ 비정식상품은 실거래사회에서 독립적인 상거래의 대상이 되고 있어야 하고, 명칭은 구체적으로 특정할 수 있을 정도로 명확히 기재해야 한다(심사기준).
③ 지정상품의 광협에 따른 허용범위
  ㉠ 상품고시에서 인정하는 '포괄명칭'을 기재하여 등록 받을 수 있다.
  ㉡ 협의의 포괄명칭 : 동일 상품류 내 동일한 유사상품군에 속하는 여러 상품을 포함하는 명칭
  ㉢ 광의의 포괄명칭 : 동일 또는 복수의 상품류 내 복수의 유사상품군에 속하는 상품을 포함하는 명칭
  ㉣ 2007.1.1. 시행규칙에서 '협의의 포괄명칭'을 허용하고, 2008.9.16. 심사기준은 '광의의 포괄명칭'도 허용한다.
④ 1상표 1출원 위반의 예
  ㉠ 지정상품이 불명확하거나 실무상 인정되지 않는 포괄명칭인 경우
  ㉡ 지정상품과 상품류 구분이 일치하지 아니하는 경우
  ㉢ 1류의 지정의 경우에서 지정상품이 2 이상의 상품류에 속하는 경우
  ㉣ 하나의 출원에 둘 이상의 상표 견본이 기재된 경우
  ㉤ 소리·냄새 상표에서, 출원서에 문자·도형으로 구성된 상표 견본을 함께 제출한 경우

(3) 위반의 효과

① **상표등록 전** : 상표등록거절이유(法 제54조 제3호), 정보제공이유(法 제49조), 이의신청이유(法 제60조 제1항)에 해당한다.
② 상표등록 후에는 무효사유에 해당하지 않는다.

04 절차계속신청제도(기간 미준수에 따른 권리 구제수단)

제55조(거절이유통지)
① 심사관은 다음 각 호의 어느 하나에 해당하는 경우에는 출원인에게 미리 거절이유(제54조 각 호의 어느 하나에 해당하는 이유를 말하며, 이하 "거절이유"라 한다)를 통지하여야 한다. 이 경우 출원인은 산업통상자원부령으로 정하는 기간 내에 거절이유에 대한 의견서를 제출할 수 있다.
 1. 제54조에 따라 상표등록거절결정을 하려는 경우
 2. 제68조의2 제1항에 따른 직권 재심사를 하여 취소된 상표등록결정 전에 이미 통지한 거절이유로 상표등록거절결정을 하려는 경우
② 심사관은 제1항에 따라 거절이유를 통지하는 경우에 지정상품별로 거절이유와 근거를 구체적으로 적어야 한다.
③ 제1항 후단에 따른 기간 내에 의견서를 제출하지 못한 출원인은 그 기간의 만료일부터 2개월 내에 상표에 관한 절차를 계속 진행할 것을 신청하고, 거절이유에 대한 의견서를 제출할 수 있다.

제87조(지정상품의 추가등록거절결정 및 거절이유통지)
① 심사관은 지정상품추가등록출원이 다음 각 호의 어느 하나에 해당하는 경우에는 그 지정상품의 추가등록거절결정을 하여야 한다. 이 경우 지정상품추가등록출원의 지정상품 일부가 다음 각 호의 어느 하나에 해당하는 경우에는 그 지정상품에 대하여만 지정상품의 추가등록거절결정을 하여야 한다.
 1. 제54조 각 호의 어느 하나에 해당할 경우
 2. 지정상품의 추가등록출원인이 해당 상표권자 또는 출원인이 아닌 경우
 3. 등록상표의 상표권 또는 상표등록출원이 다음 각 목의 어느 하나에 해당하게 된 경우
  가. 상표권의 소멸
  나. 상표등록출원의 포기, 취하 또는 무효
  다. 상표등록출원에 대한 제54조에 따른 상표등록거절결정의 확정
② 심사관은 다음 각 호의 어느 하나에 해당하는 경우에는 출원인에게 거절이유를 통지하여야 한다. 이 경우 출원인은 산업통상자원부령으로 정하는 기간 내에 거절이유에 대한 의견서를 제출할 수 있다.
 1. 제1항에 따라 지정상품의 추가등록거절결정을 하려는 경우
 2. 제88조 제2항에 따라 준용되는 제68조의2 제1항에 따른 직권 재심사를 하여 취소된 지정상품의 추가등록결정 전에 이미 통지한 거절이유로 지정상품의 추가등록거절결정을 하려는 경우
③ 제2항 후단에 따른 기간 내에 의견서를 제출하지 아니한 출원인은 그 기간의 만료일부터 2개월 이내에 지정상품의 추가등록에 관한 절차를 계속 진행할 것을 신청하고, 그 기간 내에 거절이유에 대한 의견서를 제출할 수 있다.
④ 심사관은 제2항에 따라 거절이유를 통지하는 경우 지정상품별로 거절이유와 근거를 구체적으로 적어야 한다.

> **제190조(거절이유 통지의 특례)**
> ① 국제상표등록출원에 대하여 제55조 제1항 전단을 적용할 경우 "출원인에게"는 "국제사무국을 통하여 출원인에게"로 본다.
> ② 국제상표등록출원에 대해서는 제55조 제3항을 적용하지 아니한다.
>
> **제210조(상품분류전환등록의 거절결정 및 거절이유의 통지)**
> ① 심사관은 상품분류전환등록신청이 다음 각 호의 어느 하나에 해당하는 경우에는 그 신청에 대하여 상품분류전환등록거절결정을 하여야 한다.
>   1. 상품분류전환등록신청의 지정상품을 해당 등록상표의 지정상품이 아닌 상품으로 하거나 지정상품의 범위를 실질적으로 확장한 경우
>   2. 상품분류전환등록신청의 지정상품이 상품류 구분과 일치하지 아니하는 경우
>   3. 상품분류전환등록을 신청한 자가 해당 등록상표의 상표권자가 아닌 경우
>   4. 제209조에 따른 상품분류전환등록신청의 요건을 갖추지 못한 경우
>   5. 상표권이 소멸하거나 존속기간갱신등록신청을 포기·취하하거나 존속기간갱신등록신청이 무효로 된 경우
> ② 심사관은 다음 각 호의 어느 하나에 해당하는 경우에는 신청인에게 거절이유를 통지하여야 한다. 이 경우 신청인은 산업통상자원부령으로 정하는 기간 내에 거절이유에 대한 의견서를 제출할 수 있다.
>   1. 제1항에 따라 상품분류전환등록거절결정을 하려는 경우
>   2. 제212조에 따라 준용되는 제68조의2 제1항에 따른 직권 재심사를 하여 취소된 상품분류전환등록결정 전에 이미 통지한 거절이유로 상품분류전환등록거절결정을 하려는 경우
> ③ 제2항 후단에 따른 기간 내에 의견서를 제출하지 아니한 신청인은 그 기간이 만료된 후 2개월 이내에 상품분류전환등록에 관한 절차를 계속 진행할 것을 신청하고, 그 기간 내에 거절이유에 대한 의견서를 제출할 수 있다.
> ④ 심사관은 제2항에 따라 거절이유를 통지하는 경우 지정상품별로 거절이유와 근거를 구체적으로 적어야 한다.

(1) 의의 및 취지

'절차계속신청제도'란 출원인이 의견서 제출기간을 준수하지 못한 경우 일정한 요건 하 인정되는 구제수단으로서, 출원인의 편의를 제고하고자 도입된 제도이다.

(2) 요건 및 절차

① **절차계속신청제도의 대상** : ⅰ) 상표등록출원의 거절이유에 대한 의견서 제출기간(法 제55조), ⅱ) 지정상품추가등록출원의 거절이유에 대한 의견서 제출기간(法 제87조), ⅲ) 상품분류전환등록신청의 거절이유에 대한 의견서 제출기간(法 제210조) 등 '의견서 제출기간'을 대상으로 한다.
② 기간 만료일로부터 2개월 이내에 절차계속신청서를 제출하고 의견서를 제출(法 제55조)
③ **국제상표등록출원에 대한 특례(法 제190조 제2항)** : 의견서 제출기간 도과 후에는 의견서 제출이 불가능하다.

(3) 경과규정

2013.10.6. 이후 출원된 상표등록출원부터 그 적용이 있다.

05 출원의 보정

제18조(절차의 무효)
① 특허청장 또는 특허심판원장은 제39조(제212조에서 준용하는 경우를 포함한다)에 따른 보정명령을 받은 자가 지정된 기간 내에 그 보정을 하지 아니하면 상표에 관한 절차를 무효로 할 수 있다.
② 특허청장 또는 특허심판원장은 제1항에 따라 상표에 관한 절차를 무효로 하였더라도 지정된 기간을 지키지 못한 것이 정당한 사유에 의한 것으로 인정될 때에는 그 사유가 소멸한 날부터 2개월 이내에 보정명령을 받은 자의 청구에 의하여 그 무효처분을 취소할 수 있다. 다만, 지정된 기간의 만료일부터 1년이 지났을 경우에는 그러하지 아니하다.
③ 특허청장 또는 특허심판원장은 제1항에 따른 무효처분 또는 제2항 본문에 따른 무효처분의 취소처분을 할 경우에는 그 보정명령을 받은 자에게 처분통지서를 송달하여야 한다.

제39조(절차의 보정)
특허청장 또는 특허심판원장은 상표에 관한 절차가 다음 각 호의 어느 하나에 해당하는 경우에는 산업통상자원부령으로 정하는 바에 따라 기간을 정하여 상표에 관한 절차를 밟는 자에게 보정을 명하여야 한다.
  1. 제4조 제1항 또는 제7조에 위반된 경우
  2. 제78조에 따라 내야 할 수수료를 내지 아니한 경우
  3. 이 법 또는 이 법에 따른 명령으로 정한 방식에 위반된 경우

제40조(출원공고결정 전의 보정)
① 출원인은 다음 각 호의 구분에 따른 때까지는 최초의 상표등록출원의 요지를 변경하지 아니하는 범위에서 상표등록출원서의 기재사항, 상표등록출원에 관한 지정상품 및 상표를 보정할 수 있다.
  1. 제55조의2에 따른 재심사를 청구하는 경우 : 재심사의 청구기간
  1의2. 제57조에 따른 출원공고의 결정이 있는 경우 : 출원공고의 때까지
  2. 제57조에 따른 출원공고의 결정이 없는 경우 : 제54조에 따른 상표등록거절결정의 때까지
  3. 제116조에 따른 거절결정에 대한 심판을 청구하는 경우 : 그 청구일부터 30일 이내
  4. 제123조에 따라 거절결정에 대한 심판에서 심사규정이 준용되는 경우 : 제55조 제1항·제3항 또는 제87조 제2항·제3항에 따른 의견서 제출기간
② 제1항에 따른 보정이 다음 각 호의 어느 하나에 해당하는 경우에는 상표등록출원의 요지를 변경하지 아니하는 것으로 본다.
  1. 지정상품의 범위의 감축(減縮)
  2. 오기(誤記)의 정정
  3. 불명료한 기재의 석명(釋明)
  4. 상표의 부기적(附記的)인 부분의 삭제 [기출 24]
  5. 그 밖에 제36조 제2항에 따른 표장에 관한 설명 등 산업통상자원부령으로 정하는 사항
③ 상표권 설정등록이 있은 후에 제1항에 따른 보정이 제2항 각 호의 어느 하나에 해당하지 아니하는 것으로 인정된 경우에는 그 상표등록출원은 그 보정서를 제출한 때에 상표등록출원을 한 것으로 본다.

제41조(출원공고결정 후의 보정)
① 출원인은 제57조 제2항에 따른 출원공고결정 등본의 송달 후에 다음 각 호의 어느 하나에 해당하게 된 경우에는 해당 호에서 정하는 기간 내에 최초의 상표등록출원의 요지를 변경하지 아니하는 범위에서 지정상품 및 상표를 보정할 수 있다.
  1. 제54조에 따른 상표등록거절결정 또는 제87조 제1항에 따른 지정상품의 추가등록거절결정의 거절이유에 나타난 사항에 대하여 제116조에 따른 심판을 청구한 경우 : 심판청구일부터 30일
  2. 제55조 제1항 및 제87조 제2항에 따른 거절이유의 통지를 받고 그 거절이유에 나타난 사항에 대하여 보정하려는 경우 : 해당 거절이유에 대한 의견서 제출기간
  2의2. 제55조의2에 따른 재심사를 청구하는 경우 : 재심사의 청구기간
  3. 이의신청이 있는 경우에 그 이의신청의 이유에 나타난 사항에 대하여 보정하려는 경우 : 제66조 제1항에 따른 답변서 제출기간
② 제1항에 따른 보정이 제40조 제2항 각 호의 어느 하나에 해당하는 경우에는 상표등록출원의 요지를 변경하지 아니하는 것으로 본다.
③ 상표권 설정등록이 있은 후에 제1항에 따른 보정이 제40조 제2항 각 호의 어느 하나에 해당하지 아니하는 것으로 인정된 경우에는 그 상표등록출원은 그 보정을 하지 아니하였던 상표등록출원에 관하여 상표권이 설정등록된 것으로 본다.

제42조(보정의 각하)
① 심사관은 제40조 및 제41조에 따른 보정이 제40조 제2항 각 호의 어느 하나에 해당하지 아니하는 것인 경우에는 결정으로 그 보정을 각하(却下)하여야 한다.
② 심사관은 제1항에 따른 각하결정을 한 경우에는 제115조에 따른 보정각하결정에 대한 심판청구기간이 지나기 전까지는 그 상표등록출원에 대한 상표등록여부결정을 해서는 아니 되며, 출원공고할 것을 결정하기 전에 제1항에 따른 각하결정을 한 경우에는 출원공고결정도 해서는 아니 된다.
③ 심사관은 출원인이 제1항에 따른 각하결정에 대하여 제115조에 따라 심판을 청구한 경우에는 그 심판의 심결이 확정될 때까지 그 상표등록출원의 심사를 중지하여야 한다.
④ 제1항에 따른 각하결정은 서면으로 하여야 하며, 그 이유를 붙여야 한다.
⑤ 제1항에 따른 각하결정(제41조에 따른 보정에 대한 각하결정으로 한정한다)에 대해서는 불복할 수 없다. 다만, 제116조에 따른 거절결정에 대한 심판을 청구하는 경우에는 그러하지 아니하다.

제59조(직권보정 등)
① 심사관은 제57조에 따른 출원공고결정을 할 때에 상표등록출원서에 적힌 사항이 명백히 잘못된 경우에는 직권으로 보정(이하 이 조에서 "직권보정"이라 한다)을 할 수 있다. 이 경우 직권보정은 제40조 제2항에 따른 범위에서 하여야 한다. 〈개정 2023.10.31.〉
② 제1항에 따라 심사관이 직권보정을 하려면 제57조 제2항에 따른 출원공고결정 등본의 송달과 함께 그 직권보정 사항을 출원인에게 알려야 한다.
③ 출원인은 직권보정 사항의 전부 또는 일부를 받아들일 수 없는 경우에는 제57조 제3항에 따른 기간 내에 그 직권보정 사항에 대한 의견서를 특허청장에게 제출하여야 한다.
④ 출원인이 제3항에 따라 의견서를 제출한 경우 해당 직권보정 사항의 전부 또는 일부는 처음부터 없었던 것으로 본다. 이 경우 그 출원공고결정도 함께 취소된 것으로 본다.
⑤ 직권보정이 제40조 제2항에 따른 범위를 벗어나거나 명백히 잘못되지 아니한 사항을 직권보정한 경우 그 직권보정은 처음부터 없었던 것으로 본다. 〈신설 2023.10.31.〉

제115조(보정각하결정에 대한 심판)
제42조 제1항에 따른 보정각하결정을 받은 자가 그 결정에 불복할 경우에는 그 결정등본을 송달받은 날부터 3개월 이내에 심판을 청구할 수 있다.

제156조(보정각하결정 등의 취소)

① 심판관합의체는 제115조에 따른 보정각하결정에 대한 심판 또는 제116조에 따른 거절결정에 대한 심판이 청구된 경우에 그 청구가 이유 있다고 인정하는 경우에는 심결로써 보정각하결정 또는 거절결정을 취소하여야 한다.
② 제1항에 따라 심판에서 보정각하결정 또는 거절결정을 취소하는 경우에는 심사에 부칠 것이라는 심결을 할 수 있다.
③ 제1항 및 제2항에 따른 심결에서 취소의 기본이 된 이유는 그 사건에 대하여 심사관을 기속(羈束)한다.

제185조(보정의 특례)

① 국제상표등록출원에 대하여 제40조 제1항 각 호 외의 부분을 적용할 경우 "상표등록출원서의 기재사항, 상표등록출원에 관한 지정상품 및 상표를"은 "제55조 제1항에 따른 거절이유의 통지를 받은 경우에 한정하여 그 상표등록출원에 관한 지정상품을"로 본다.
② 국제상표등록출원에 대해서는 제40조 제1항 제1호, 같은 조 제2항 제4호 및 제41조 제1항 제2호의2를 적용하지 아니한다.
③ 국제상표등록출원에 대하여 제40조 제3항을 적용할 경우 "제1항에 따른 보정이 제2항 각 호"는 "지정상품의 보정이 제2항 각 호(같은 항 제4호는 제외한다)"로 보고, 제41조 제3항을 적용할 경우 "제1항에 따른 보정이 제40조 제2항 각 호"는 "지정상품의 보정이 제40조 제2항 각 호(같은 항 제4호는 제외한다)"로 본다.
④ 국제상표등록출원에 대하여 제41조 제1항을 적용할 경우 "지정상품 및 상표를"은 "지정상품을"로 본다.

제193조(상표등록결정 및 직권에 의한 보정 등의 특례)

① 국제상표등록출원에 대하여 제68조를 적용할 경우 "거절이유를 발견할 수 없는 경우(일부 지정상품에 대하여 거절이유가 있는 경우에는 그 지정상품에 대한 거절결정이 확정된 경우를 말한다)에는"은 "산업통상자원부령으로 정하는 기간 내에 거절이유를 발견할 수 없는 경우(일부 지정상품에 대하여 거절이유가 있는 경우에는 그 지정상품에 대한 거절결정이 확정된 경우를 말한다)에는"으로 본다.
② 국제상표등록출원에 대해서는 제59조를 적용하지 아니한다.
③ 국제상표등록출원에 대해서는 제68조의2를 적용하지 아니한다.

제193조의2(재심사 청구의 특례)

국제상표등록출원에 대해서는 제55조의2를 적용하지 아니한다.

제193조의3(상표등록여부결정의 방식에 관한 특례)

국제상표등록출원에 대하여 제69조 제2항을 적용할 경우 "상표등록여부결정"은 "상표등록여부결정(제54조 각 호 외의 부분 후단에 해당하는 경우에는 제외한다)"으로, "출원인에게는"은 "국제사무국을 통하여 출원인에게는"으로 본다.
[본조신설 2023.10.31.]

(1) 절차보정

① 의의 : 출원일이 인정된 경우라도 상표등록출원의 절차에 관한 형식상의 흠결이 있는 경우 法 제39조에 따라 절차보정의 대상이 된다. 상표에 관한 절차 전반에 걸쳐 적용된다.
② 절차보정의 대상(法 제39조 각 호) : 특허청장 또는 특허심판원장은 상표에 관한 절차가 ⅰ) 제4조 제1항 또는 제7조에 위반된 경우, ⅱ) 제78조에 따라 내야 할 수수료를 내지 아니한 경우, ⅲ) 이 법 또는 이 법에 따른 명령으로 정한 방식에 위반된 경우 기간을 정하여 상표에 관한 절차를 밟는 자에게 보정을 명하여야 한다.

③ 절차보정의 효과 : 보정이 적법한 경우에는 절차에 관한 하자가 치유된 것으로 보아 절차가 계속된다. 소급효가 인정된다.
④ 절차보정을 하지 않은 경우
　㉠ 무효처분 : 특허청장 또는 특허심판원장은 보정명령을 받은 자가 지정된 기간 내에 그 보정을 하지 아니하면 상표에 관한 절차를 무효로 할 수 있고(法 제18조 제1항), 무효처분을 할 경우에는 그 보정명령을 받은 자에게 처분통지서를 송달하여야 한다(法 제18조 제3항).
　㉡ 무효처분의 취소 : 특허청장 또는 특허심판원장은 상표에 관한 절차를 무효로 하였더라도 지정된 기간을 지키지 못한 것이 정당한 사유에 의한 것으로 인정될 때에는 그 사유가 소멸한 날부터 2개월 이내에 보정명령을 받은 자의 청구에 의하여 그 무효처분을 취소할 수 있다. 다만, 지정된 기간의 만료일부터 1년이 지났을 경우에는 그러하지 아니하다(法 제18조 제2항). 무효처분의 취소처분을 할 경우에는 그 보정명령을 받은 자에게 처분통지서를 송달하여야 한다(法 제18조 제3항).

(2) 실체보정
① 의의 및 취지 : 상표등록출원의 '상표등록출원서의 기재사항, 상표등록출원에 관한 지정상품 및 상표'를 보충 또는 정정하는 것을 말한다. 출원인의 이익을 보호하고 재출원으로 인한 절차의 번잡을 방지하기 위함이다.
② 보정의 주체 및 대상 : 보정을 할 수 있는 자는 출원인 및 그 적법한 승계인이며, 원칙적으로 '상표등록출원서의 기재사항, 상표등록출원에 관한 지정상품 및 상표'이다.

(3) 출원공고결정 등본 송달 전의 보정(法 제40조)
① 보정의 시기 및 대상(法 제40조 제1항)
　㉠ 보정의 시기 : i) 재심사 청구기간, ii) 출원공고의 때까지, iii) 거절결정의 때까지, iv) 거절결정불복심판에서 심판청구일로부터 30일 이내, v) 거절결정불복심판에서 심사규정이 준용되는 경우 의견서 제출기간
　㉡ 대상 : 상표등록출원서의 기재사항, 상표등록출원에 관한 지정상품 및 상표
② 보정의 범위(法 제40조 제2항) : 요지변경 하지 아니하는 범위에서 보정할 수 있다.
③ 보정의 효과
　㉠ 보정이 적법한 경우 : 최초부터 보정된 내용으로 출원한 것으로 취급한다.(소급효)
　㉡ 보정이 부적법한 경우(요지변경)
　　• 심사관은 서면으로 이유를 붙여 보정각하해야 한다(法 제42조 제1항·제4항).
　　• 보정각하결정을 한 경우, 그 결정 등본을 출원인에게 송달한 날부터 30일이 지나기 전까지는 등록여부결정을 해서는 안 되며, 출원공고결정도 해서는 안 된다(法 제42조 제2항).
　　• 출원인이 보정각하불복심판을 청구한 경우, 심결 확정 때까지 심사를 중지해야 한다(法 제42조 제3항).
　㉢ 요지변경이 설정등록 후 발견된 경우 : 그 보정서를 제출한 때에 상표등록출원을 한 것으로 본다(출원일 늦춤 : 法 제40조 제3항).

(4) 출원공고결정 등본 송달 후의 보정(法 제41조)

① **보정의 시기 및 대상(法 제41조 제1항)**
   ㉠ 보정의 시기 : ⅰ) 거절결정불복심판 청구한 경우 심판청구일로부터 30일, 제55조의2에 따른 재심사를 청구하는 경우 재심사의 청구기간, ⅱ) 거절이유를 통지받고 거절이유에 나타난 사항에 대해 보정하려는 경우 의견서 제출기간, ⅲ) 이의신청 사항에 대해 보정하려는 경우 답변서 제출기간
   ㉡ 대상 : 지정상품 및 상표
② **보정의 범위(法 제41조 제2항)**
③ **보정의 효과**
   ㉠ 보정이 적법한 경우 : 최초부터 보정된 내용으로 출원한 것으로 취급한다.
   ㉡ 보정이 부적법한 경우(요지변경)
      • 심사관은 서면으로 이유를 붙여 보정각하해야 한다(法 제42조 제1항·제4항).
      • 보정불복심판을 제기할 수 없다(法 제42조 제5항).
      • 法 제41조 규정에 의한 보정이 각하결정된 경우, 출원인은 보정각하결정에 대해 불복할 수 없으므로 심사를 중지함이 없이 계속한다(심사기준).
   ㉢ 요지변경이 설정등록 후 발견된 경우 : 보정을 하지 아니하였던 상표등록출원에 관해 설정등록된 것으로 본다(法 제41조 제3항).

(5) 요지변경

① **의의 및 취지** : 상표 또는 상품 면에서 동일성을 인정할 수 없을 정도로 현저하게 변경된 경우, 요지변경으로 본다. 요지변경을 허용하면 제3자에게 불측의 손해를 미칠 수 있고, 심사절차의 과도한 지연을 초래할 수 있다.
② **요지변경이 아닌 경우**
   ㉠ 지정상품의 범위의 감축(減縮)
      • 지정상품의 일부 삭제, 한정 및 지정상품의 세분화
      • 최초 출원서 지정상품의 범위를 확대·변경하지 않고 그 범위 내에서 지정상품을 추가하는 보정은 요지변경으로 보지 않는다.
      • 요지변경의 판단기준은 실무상 '최초 출원서' 기준으로 한다.
   ㉡ 오기(誤記)의 정정
      • '표장의 정정'은 오기임이 객관적으로 명백한 경우에 한해 인정한다.
      • '상품의 정정'은 실질적 내용이 변경되지 않을 경우 출원인 의사를 존중하여 가급적 인정한다.
   ㉢ 불명료한 기재의 석명(釋明)
      • 지정상품의 의미나 내용을 명확히 하기 위하여 지정상품의 명칭에 한자 또는 영문을 부기하는 것을 포함한다.
      • 필요 이상 지나치게 길게 부기하거나 잘못 부기하는 경우는 요지변경으로 본다.

ⓔ 상표의 부기적(附記的)인 부분의 삭제
- 구성 중 부기적인 사항으로서 삭제하더라도 최초 출원상표의 외관·칭호·관념 등에 중요한 영향이 없는 부분을 삭제하는 경우를 뜻한다.
- '부기적인 부분'의 여부는 식별력 유무 뿐만 아니라, 상표의 구성에서 차지하는 외형상 비중 등도 고려하여야 한다.

ⓜ 그 밖에 法 제36조 제2항에 따른 표장에 관한 설명 등 산업통상자원부령으로 정하는 사항(시행규칙 제33조)
- 둘 이상의 도면 또는 사진이 서로 일치하지 않거나, 선명하지 않은 도면 또는 사진을 수정하거나 교체하는 경우
- 포괄명칭을 그 명칭에 포함되는 구체적인 명칭으로 세분화 하는 경우

ⓗ 심사기준 – 요지변경 ×
- 시각적 표현과 일치하지 아니하는 냄새견본 또는 소리파일을 시각적 표현에 맞게 수정하거나 교체하는 경우
- 일부 색채를 변경하는 경우 원칙적으로 요지변경이 아니다. 다만, 상표의 외관·칭호·관념 등에 중요한 영향을 미친다고 판단될 경우 요지변경에 해당한다.
- 동일성이 인정되는 범위 내에서 이를 수정하는 경우

ⓢ 심사기준 – 요지변경 ○
- 주요부와 결합되어 있거나 상표의 구성상 큰 비중을 차지하는 보통명칭 등을 나타내는 문자·도형 등을 변경하거나 추가·삭제하는 것
- 외국어나 한자만으로 된 상표를 한글 음역으로 변경하거나 한글 음역을 추가 병기하거나, 병기된 상표의 일부를 삭제하는 등 상표 외관에 큰 영향을 준 경우

(6) 직권보정(法 제59조)

① **의의 및 취지** : 직권보정이란 실체보정에 있어서 출원인의 자발적 의사가 아닌 심사관의 직권에 의한 보정이다(法 제59조). 출원인 편의제고 측면에서 도입한 제도이다.

② **직권보정의 범위**
㉠ 직권보정의 시기 : 法 제57조에 따른 '출원공고결정 할 때'
㉡ 직권보정의 내용 : '상표등록출원서에 적힌 사항'이 명백히 잘못된 경우에 하여야 하며, 이 경우 직권보정은 法 제40조 제2항에 따른 범위에서 하여야 한다(法 제59조 제1항).

③ **절 차**
㉠ 심사관이 직권보정을 하려면 출원공고결정 등본의 송달과 함께 그 직권보정 사항을 출원인에게 알려야 한다(法 제59조 제2항).
㉡ 출원인은 받아들일 수 없는 경우 출원공고가 있는 날부터 2개월 내에 직권보정 사항에 대한 의견서를 특허청장에게 제출해야 하고(法 제59조 제3항), 직권보정 사항의 전부 또는 일부는 처음부터 없었던 것으로 보고, 그 출원공고결정도 함께 취소된 것으로 본다(法 제59조 제4항).
㉢ 직권보정이 法 제40조 제2항에 따른 범위를 벗어나거나 명백히 잘못되지 아니한 사항을 직권보정한 경우 그 직권보정은 처음부터 없었던 것으로 본다(法 제59조 제5항).

06 출원의 변경

> **제44조(출원의 변경)**
> ① 다음 각 호의 어느 하나에 해당하는 출원을 한 출원인은 그 출원을 다음 각 호의 어느 하나에 해당하는 다른 출원으로 변경할 수 있다.
>   1. 상표등록출원 기출 19
>   2. 단체표장등록출원(지리적 표시 단체표장등록출원은 제외한다)
>   3. 증명표장등록출원(지리적 표시 증명표장등록출원은 제외한다)
> ② 지정상품추가등록출원을 한 출원인은 상표등록출원으로 변경할 수 있다. 다만, 지정상품추가등록출원의 기초가 된 등록상표에 대하여 무효심판 또는 취소심판이 청구되거나 그 등록상표가 무효심판 또는 취소심판 등으로 소멸된 경우에는 그러하지 아니하다. 기출 21
> ③ 제1항 및 제2항에 따라 변경된 출원(이하 "변경출원"이라 한다)은 최초의 출원을 한 때에 출원한 것으로 본다. 다만, 제46조 제3항·제4항 또는 제47조 제2항을 적용할 때에는 변경출원한 때를 기준으로 한다. 〈개정 2023.10.31.〉
> ④ 제1항 및 제2항에 따른 출원의 변경은 최초의 출원에 대한 등록여부결정 또는 심결이 확정된 후에는 할 수 없다.
> ⑤ 변경출원의 기초가 된 출원이 제46조에 따라 우선권을 주장한 출원인 경우에는 제1항 및 제2항에 따라 변경출원을 한 때에 그 변경출원에 우선권 주장을 한 것으로 보며, 변경출원의 기초가 된 출원에 대하여 제46조에 따라 제출된 서류 또는 서면이 있는 경우에는 그 변경출원에 해당 서류 또는 서면이 제출된 것으로 본다. 〈신설 2023.10.31.〉
> ⑥ 제5항에 따라 제46조에 따른 우선권 주장을 한 것으로 보는 변경출원에 대해서는 변경출원을 한 날부터 30일 이내에 그 우선권 주장의 전부 또는 일부를 취하할 수 있다. 〈신설 2023.10.31.〉
> ⑦ 제47조에 따른 출원 시의 특례에 관하여는 제5항 및 제6항을 준용한다. 〈신설 2023.10.31.〉
> ⑧ 변경출원의 경우 최초의 출원은 취하된 것으로 본다. 〈개정 2023.10.31.〉

(1) 의의 및 취지

출원의 변경이란 출원의 주체 및 내용의 동일성을 유지하면서 상표, 단체표장, 증명표장 상호 간 및 지정상품추가등록출원을 통상의 상표등록출원으로 출원의 형식만을 변경하는 제도를 말한다(法 제44조). 출원인이 출원형식을 잘못 선택한 경우 선출원 지위를 유지하고 출원인의 이익을 보호하기 위함이다.

(2) 요 건

① **주체적 요건** : 원출원인이나 그의 정당한 승계인
② **시기적 요건**
  ㉠ 최초의 출원에 대한 등록여부결정 또는 심결이 확정된 후에는 할 수 없다(法 제44조 제4항).
  ㉡ 지정상품추가등록출원을 상표등록출원으로 변경하는 경우, 지정상품추가등록출원의 기초가 된 등록상표에 대하여 무효심판 또는 취소심판이 청구되거나 그 등록상표가 무효심판 또는 취소심판 등으로 소멸된 경우에는 불가능하다(法 제44조 제2항 단서).
③ **객관적 요건** : 최초출원의 계속 및 객체(표장, 지정상품)의 동일성이 유지될 것

(3) 절 차

변경출원서에 그 취지를 기재한 후, 새로 출원해야 한다.

(4) 효 과

① 적법한 경우
  ㉠ 최초 출원을 한 때에 출원한 것으로 보고, 法 제46조 제3항・제4항이나 法 제47조 제2항을 적용하는 경우는 예외이다(法 제44조 제3항).
  ㉡ 변경출원의 경우 최초의 출원은 취하된 것으로 본다(法 제44조 제8항).
② 부적법한 경우
  ㉠ 시기적 제한을 위반한 경우, 부적법한 출원으로 보아 출원인에게 반려된다(시행규칙).
  ㉡ 내용적 제한을 위반한 경우, 논의의 실익이 없다.

(5) 2023.10.31. 法 개정부분

法 제44조 제5항부터 法 제44조 제7항까지 신설하여 변경출원의 기초가 된 상표등록출원 등에 조약에 따른 우선권 주장이나 출원 시의 특례 취지 및 그 증명서류의 제출이 있는 경우에는 변경출원에 대해서도 그 주장 및 서류의 제출이 있는 것으로 간주하도록 하였다.

07 출원의 분할

제45조(출원의 분할)
① 출원인은 둘 이상의 상품을 지정상품으로 하여 상표등록출원을 한 경우에는 제40조 제1항 각 호 및 제41조 제1항 각 호에서 정한 기간 내에 둘 이상의 상표등록출원으로 분할할 수 있다.
② 제1항에 따라 분할하는 상표등록출원(이하 "분할출원"이라 한다)이 있는 경우 그 분할출원은 최초에 상표등록출원을 한 때에 출원한 것으로 본다. 다만, 제46조 제3항・제4항 또는 제47조 제2항을 적용할 때에는 분할출원한 때를 기준으로 한다. 〈개정 2023.10.31.〉
③ 분할의 기초가 된 상표등록출원이 제46조에 따라 우선권을 주장한 상표등록출원인 경우에는 제1항에 따라 분할출원을 한 때에 그 분할출원에 대해서도 우선권 주장을 한 것으로 보며, 분할의 기초가 된 상표등록출원에 대하여 제46조에 따라 제출된 서류 또는 서면이 있는 경우에는 그 분할출원에 대해서도 해당 서류 또는 서면이 제출된 것으로 본다.
④ 제3항에 따라 제46조에 따른 우선권 주장을 한 것으로 보는 분할출원에 대해서는 분할출원을 한 날부터 30일 이내에 그 우선권 주장의 전부 또는 일부를 취하할 수 있다.
⑤ 제47조에 따른 출원 시의 특례에 관하여는 제3항 및 제4항을 준용한다.

제48조(출원의 승계 및 분할이전 등)
① 상표등록출원의 승계는 상속이나 그 밖의 일반승계의 경우를 제외하고는 출원인 변경신고를 하지 아니하면 그 효력이 발생하지 아니한다.
② 상표등록출원은 그 지정상품마다 분할하여 이전할 수 있다. 이 경우 유사한 지정상품은 함께 이전하여야 한다.
⑤ 제2항에 따라 분할하여 이전된 상표등록출원은 최초의 상표등록출원을 한 때에 출원한 것으로 본다. 다만, 제46조 제1항에 따른 우선권 주장이 있거나 제47조 제1항에 따른 출원 시의 특례를 적용하는 경우에는 그러하지 아니하다.

> **제79조(상표등록료 및 수수료의 반환)**
> ① 납부된 상표등록료와 수수료가 다음 각 호의 어느 하나에 해당하는 경우에는 해당 호의 구분에 따른 상표등록료 및 수수료를 납부한 자의 청구에 의하여 반환한다.
>   1. 잘못 납부된 경우 : 그 잘못 납부된 상표등록료 및 수수료
>   2. 상표등록출원 후 1개월 이내에 그 상표등록출원을 취하하거나 포기한 경우 : 이미 낸 수수료 중 상표등록출원료 및 우선권 주장 신청료. 다만, 다음 각 목의 어느 하나에 해당하는 경우는 제외한다.
>   가. 분할출원, 변경출원, 분할출원 또는 변경출원의 기초가 된 상표등록출원
>
> **제93조(상표권 등의 이전 및 공유)**
> ① 상표권은 그 지정상품마다 분할하여 이전할 수 있다. 이 경우 유사한 지정상품은 함께 이전하여야 한다.
>
> **제94조(상표권의 분할)**
> ① 상표권의 지정상품이 둘 이상인 경우에는 그 상표권을 지정상품별로 분할할 수 있다.
> ② 제1항에 따른 분할은 제117조 제1항에 따른 무효심판이 청구된 경우에는 심결이 확정되기까지는 상표권이 소멸된 후에도 할 수 있다.
>
> **제187조(출원 분할의 특례)**
> 국제상표등록출원에 대해서는 제45조 제4항을 적용하지 아니한다. 〈개정 2023.10.31.〉
>
> **제200조(상표권 분할의 특례)** 삭제 <2023.10.31.>

(1) 의의 및 취지

출원의 분할이란 둘 이상의 상품을 지정상품으로 하여 상표등록출원을 한 경우에 그 출원을 둘 이상의 상표등록출원으로 분할하는 것을 말한다(法 제45조). 지정상품의 일부에 거절이유가 있는 경우 출원인의 이익을 보호하기 위함이다.

(2) 요 건

① 주체적 요건 : 원출원인이나 그의 정당한 승계인
② 시기적 요건 : 法 제40조 제1항, 法 제41조 제1항에 의한 실체보정할 수 있는 기간 내에 할 수 있다(法 제45조 제1항).
③ 객체적 요건
  ㉠ 원출원의 계속 중, 원출원의 범위 내에서 분할 가능하다.
  ㉡ 원출원의 지정상품 범위 내에서의 분할이어야 하며, 지정상품이 포괄명칭인 경우 구체적인 상품으로 분할하는 것은 허용된다.

(3) 절 차

분할출원서에 그 취지를 기재하여, 새로 출원해야 한다. 원출원에 대해서도 분할하고자 하는 상품을 삭제하는 보정서를 제출해야 한다(시행규칙).

(4) 효 과
① **적법한 경우** : 최초 출원을 한 때에 출원한 것으로 보되, 法 제46조 제3항·제4항이나 法 제47조 제2항을 적용하는 경우는 예외이다(法 제45조 제2항).
② **부적법한 경우** : 분할출원은 원출원과 독립된 별개의 출원으로 본다.

(5) 상표출원의 분할이전
① 상표등록출원은 그 지정상품마다 분할하여 이전할 수 있으나, 유사한 지정상품은 함께 이전해야 한다(法 제48조 제2항).
② 이전 제한 규정 위반 시, 거절이유(法 제54조 제3호), 무효사유(法 제117조 제1항 제1호)에 해당한다.
③ 분할이전된 상표등록출원은 최초의 상표등록출원을 한 때에 출원한 것으로 본다. 다만, 法 제46조 제1항, 法 제47조 제1항을 적용하는 경우는 예외이다(法 제48조 제5항).

(6) 2023.10.31. 法 개정부분
法 제187조 개정과 法 제200조 삭제를 통해 국제상표등록출원 및 국제등록기초상표권의 분할을 허용하도록 개정되었다.

08 조약에 따른 우선권주장 제도

36조(상표등록출원)
① 상표등록을 받으려는 자는 다음 각 호의 사항을 적은 상표등록출원서를 특허청장에게 제출하여야 한다.
  5. 제46조 제3항에 따른 사항(우선권을 주장하는 경우만 해당한다)

제46조(조약에 따른 우선권 주장)
① 조약에 따라 대한민국 국민에게 상표등록출원에 대한 우선권을 인정하는 당사국의 국민이 그 당사국 또는 다른 당사국에 상표등록출원을 한 후 같은 상표를 대한민국에 상표등록출원하여 우선권을 주장하는 경우에는 제35조를 적용할 때 그 당사국에 출원한 날을 대한민국에 상표등록출원한 날로 본다. 대한민국 국민이 조약에 따라 대한민국 국민에게 상표등록출원에 대한 우선권을 인정하는 당사국에 상표등록출원한 후 같은 상표를 대한민국에 상표등록출원한 경우에도 또한 같다.
② 제1항에 따라 우선권을 주장하려는 자는 우선권 주장의 기초가 되는 최초의 출원일부터 6개월 이내에 출원하지 아니하면 우선권을 주장할 수 없다.
③ 제1항에 따라 우선권을 주장하려는 자는 상표등록출원 시 상표등록출원서에 그 취지, 최초로 출원한 국가명 및 출원 연월일을 적어야 한다.
④ 제3항에 따라 우선권을 주장한 자는 최초로 출원한 국가의 정부가 인정하는 상표등록출원의 연월일을 적은 서면, 상표 및 지정상품의 등본을 상표등록출원일부터 3개월 이내에 특허청장에게 제출하여야 한다.
⑤ 제3항에 따라 우선권을 주장한 자가 제4항의 기간 내에 같은 항에 따른 서류를 제출하지 아니한 경우에는 그 우선권 주장은 효력을 상실한다.

> **제182조(국제상표등록출원의 특례)**
> ① 국제상표등록출원에 대하여 이 법을 적용할 경우에는 국제상표등록부에 등록된 우선권 주장의 취지, 최초로 출원한 국가명 및 출원 연월일은 상표등록출원서에 적힌 우선권 주장의 취지, 최초로 출원한 국가명 및 출원의 연월일로 본다.
>
> **제188조(파리협약에 따른 우선권 주장의 특례)**
> 국제상표등록출원을 하려는 자가 파리협약에 따른 우선권 주장을 하는 경우에는 제46조 제4항 및 제5항을 적용하지 아니한다.

(1) 의의 및 취지

조약 당사국에 상표출원을 한 후 같은 상표를 국내에 상표출원하여 우선권을 주장하는 경우에 法 제35조를 적용할 때 당사국에 출원한 날을 대한민국에 상표출원한 날로 본다(法 제46조). 파리협약 제4조의 규정을 입법화한 것으로 상표의 국제적인 도모를 꾀하고자 함이다.

(2) 요 건

① 제1국 출원의 요건
  ㉠ 최선성(출원일이 가장 빠른 제1국 출원일 것을 요함) 및 정규성(동맹국 등에서 적법하게 출원되었을 것을 요함)
  ㉡ 파리협약상의 권리능력을 가진 자의 출원일 것
② 제2국 출원의 요건
  ㉠ 주체적 요건 : 제1국 출원인과 동일인 또는 그의 승계인
  ㉡ 객체적 요건 : 동일성 있는 상표를 동일성 있는 상품에 출원
  ㉢ 시기적 요건 : 제1국 출원일로부터 6개월 이내에 제2국 출원

(3) 절 차

① 출원 시에, 상표등록출원서에 '그 취지, 최초로 출원한 국가명 및 출원 연월일'을 기재해야 한다(法 제46조 제3항).
② 최초로 출원한 국가의 정부가 인정하는 상표등록출원의 연월일을 적은 서면, 상표 및 지정상품의 등본을 상표등록출원일부터 3개월 이내에 특허청장에게 제출해야 한다(法 제46조 제4항). 다만, 이 기간 내에 우선권 증명서류를 제출하지 아니한 경우에는 그 우선권 주장은 효력을 상실한다(法 제46조 제5항).
③ 국제상표등록출원은 法 제46조 제4항·제5항을 적용하지 않으므로, 우선권 증명서류를 제출할 필요가 없다(法 제188조).

(4) 효 과

① 적법한 경우
  ㉠ 선출원(法 제35조)을 적용할 때 제1국 출원일을 우리나라에서의 출원일로 본다(法 제46조 제1항).
  ㉡ 法 제34조 제1항 제7호를 포함한 法 제34조의 적용에 있어서도 특별한 사정이 없는 한 제1국 출원일 기준으로 판단한다(파리협약 제4조B).
② 부적법한 경우 : 우리나라에서 실제 출원일을 기준으로 심사한다.

09 출원 시의 특례

> **제47조(출원 시의 특례)**
> ① 상표등록을 받을 수 있는 자가 다음 각 호의 어느 하나에 해당하는 박람회에 출품한 상품에 사용한 상표를 그 출품일부터 6개월 이내에 그 상품을 지정상품으로 하여 상표등록출원을 한 경우에는 그 상표등록출원은 그 출품을 한 때에 출원한 것으로 본다. 기출 22
> 1. 정부 또는 지방자치단체가 개최하는 박람회
> 2. 정부 또는 지방자치단체의 승인을 받은 자가 개최하는 박람회
> 3. 정부의 승인을 받아 국외에서 개최하는 박람회
> 4. 조약당사국의 영역(領域)에서 그 정부나 그 정부로부터 승인을 받은 자가 개최하는 국제박람회
> ② 제1항을 적용받으려는 자는 그 취지를 적은 상표등록출원서를 특허청장에게 제출하고, 이를 증명할 수 있는 서류를 상표등록출원일부터 30일 이내에 특허청장에게 제출하여야 한다. 기출 24

(1) 의의 및 취지

박람회에 출품한 상품에 사용한 상표를 그 출품일로부터 6개월 이내에 그 상품을 지정상품으로 출원한 경우 그 출품을 한 때에 출원한 것으로 본다(法 제47조). 박람회의 권위 및 출품자를 보호하기 위한 규정이다.

(2) 요 건

① 주체적 요건 : 박람회 출품자 본인 또는 그의 정당한 승계인
② 객체적 요건 : 박람회에 출품한 상품을 지정상품으로 사용한 상표를 출원
③ 시기적 요건 : 박람회 출품일로부터 6개월 이내

(3) 절 차

상표등록출원서에 그 취지를 기재하고, 출원 시에 주장해야 한다. 증명서류를 상표등록출원일로부터 30일 이내에 특허청장에게 제출해야 한다(法 제47조 제2항).

(4) 효 과
① 적법한 경우 : 박람회에 출품을 한 때에 출원한 것으로 본다(法 제47조 제1항).
② 부적법한 경우 : 실제로 출원한 날에 출원한 것으로 본다.

10 출원공고제도

> **제57조(출원공고)**
> ① 심사관은 상표등록출원에 대하여 거절이유를 발견할 수 없는 경우(일부 지정상품에 대하여 거절이유가 있는 경우에는 그 지정상품에 대한 거절결정이 확정된 경우를 말한다)에는 출원공고결정을 하여야 한다. 다만, 다음 각 호의 어느 하나에 해당하는 경우에는 출원공고결정을 생략할 수 있다. 〈개정 2022.2.3.〉
> 1. 제2항에 따른 출원공고결정의 등본이 출원인에게 송달된 후 그 출원인이 출원공고된 상표등록출원을 제45조에 따라 둘 이상의 상표등록출원으로 분할한 경우로서 그 분할출원에 대하여 거절이유를 발견할 수 없는 경우
> 2. 제54조에 따른 상표등록거절결정에 대하여 취소의 심결이 있는 경우로서 해당 상표등록출원의 지정상품에 대하여 이미 출원공고된 사실이 있고 다른 거절이유를 발견할 수 없는 경우
> ② 특허청장은 제1항 각 호 외의 부분 본문에 따른 결정이 있을 경우에는 그 결정의 등본을 출원인에게 송달하고 그 상표등록출원에 관하여 상표공보에 게재하여 출원공고를 하여야 한다.
> ③ 특허청장은 제2항에 따라 출원공고를 한 날부터 30일간 상표등록출원 서류 및 그 부속 서류를 특허청에서 일반인이 열람할 수 있게 하여야 한다. 〈2025.7.22. 시행 개정법〉

(1) 의의 및 취지
출원공고제도란 상표등록출원에 관해 심사관이 거절이유를 발견할 수 없거나, 해소된 경우에 출원내용을 공중에 공고함으로써 심사의 협력을 구하는 제도이다(法 제57조). 심사의 공정성과 완전성을 담보하고 부실권리의 발생을 예방하기 위함이다.

(2) 요건 및 절차
① 거절이유를 발견할 수 없는 경우 심사관은 출원공고결정을 해야 한다(法 제57조 제1항).
② 예외 : ⅰ) 출원공고된 출원을 분할한 경우로서 거절이유를 발견할 수 없는 경우(일부 지정상품에 대하여 거절이유가 있는 경우에는 그 지정상품에 대한 거절결정이 확정된 경우를 말한다), ⅱ) 거절결정 취소심결이 있는 경우로서 이미 출원공고된 사실이 있고 다른 거절이유를 발견할 수 없는 경우
③ 특허청장은 결정의 등본을 출원인에게 송달하고 상표공보에 게재하여 출원공고를 하여야 한다(法 제57조 제2항).

(3) 효과

① 보정의 시기와 범위가 제한(法 제41조)

② 제3자에 대한 손실보상청구를 위한 서면경고 가능(法 제58조)

③ 제3자의 이의신청의 대상(法 제60조)

11 손실보상청구권

> **제58조(손실보상청구권)**
> ① 출원인은 제57조 제2항(제88조 제2항 및 제123조 제1항에 따라 준용되는 경우를 포함한다)에 따른 출원공고가 있은 후 해당 상표등록출원에 관한 지정상품과 동일·유사한 상품에 대하여 해당 상표등록출원에 관한 상표와 동일·유사한 상표를 사용하는 자에게 서면으로 경고할 수 있다. 다만, 출원인이 해당 상표등록출원의 사본을 제시하는 경우에는 출원공고 전이라도 서면으로 경고할 수 있다. 기출 15·21
> ② 제1항에 따라 경고를 한 출원인은 경고 후 상표권을 설정등록할 때까지의 기간에 발생한 해당 상표의 사용에 관한 업무상 손실에 상당하는 보상금의 지급을 청구할 수 있다. 기출 15·21·24
> ③ 제2항에 따른 청구권은 해당 상표등록출원에 대한 상표권의 설정등록 전까지는 행사할 수 없다. 기출 21
> ④ 제2항에 따른 청구권의 행사는 상표권의 행사에 영향을 미치지 아니한다.
> ⑤ 제2항에 따른 청구권을 행사하는 경우의 등록상표 보호범위 등에 관하여는 제91조, 제108조, 제113조 및 제114조와 「민법」 제760조 및 제766조를 준용한다. 이 경우 「민법」 제766조 제1항 중 "피해자나 그 법정대리인이 그 손해 및 가해자를 안 날"은 "해당 상표권의 설정등록일"로 본다. 기출 15·21
> ⑥ 상표등록출원이 다음 각 호의 어느 하나에 해당하는 경우에는 제2항에 따른 청구권은 처음부터 발생하지 아니한 것으로 본다.
> 1. 상표등록출원이 포기·취하 또는 무효가 된 경우
> 2. 상표등록출원에 대한 제54조에 따른 상표등록거절결정이 확정된 경우
> 3. 제117조에 따라 상표등록을 무효로 한다는 심결(같은 조 제1항 제5호부터 제7호까지의 규정에 따른 경우는 제외한다)이 확정된 경우 기출 15

(1) 의의 및 취지

'손실보상청구권'이란, 출원상표와 유사한 상표의 제3자의 사용으로 인해 상표등록 전 발생한 출원인의 업무상 손실을 보전하기 위한 금전적 청구권이다(法 제58조). 국제상표등록출원과의 형평성을 도모하고, 출원상표를 조기에 보호하기 위함이다. 기출 15

(2) 요건

ⅰ) 출원상표와 동일·유사범위 내에서 제3자의 사용, ⅱ) 출원인의 서면에 의한 경고, ⅲ) 경고 후 제3자의 계속적 사용, ⅳ) 출원인의 업무상 손실이 발생한 경우를 만족해야 한다.

(3) 내용, 행사, 소멸 및 준용규정

① **내용**: 경고 후 상표권을 설정등록할 때까지의 기간에 발생한 상표의 사용에 관한 업무상 손실에 상당하는 보상금의 지급을 청구할 수 있다(法 제58조 제2항).
② **행사**: 손실보상청구권의 행사는 상표권의 설정등록 전까지는 행사할 수 없고(法 제58조 제3항), 손실보상청구권의 행사는 상표권의 행사에 영향을 미치지 아니한다(法 제58조 제4항).
③ **소멸**: ⅰ) 상표등록출원이 포기·취하 또는 무효가 된 경우, ⅱ) 상표등록출원에 거절결정이 확정된 경우, ⅲ) 제117조에 따라 상표등록을 무효심결이 확정된 경우(후발적 무효사유 제외), ⅳ) 설정등록일로부터 3년간 행사하지 않거나 제3자가 출원상표를 사용한 날로부터 10년을 경과한 때에는 시효로 인해 소멸한다(法 제58조 제5항·제6항).
④ **준용규정**: 등록상표 보호범위(法 제91조), 침해로 보는 행위(法 제108조), 상표권자의 신용회복(法 제113조), 서류의 제출(法 제114조), 공동불법행위자의 책임(민법 제760조), 소멸시효(민법 제766조)

(4) 상표권 효력제한(法 제90조) 규정 적용 여부

ⅰ) 출원상표에 대한 보호가 등록상표에 대한 보호보다 클 수 없고, ⅱ) 제3자의 사용이 法 제90조에 해당하는 경우에는 출원인에게 업무상 손실이 발생하였다고 보기 어려우므로, 法 제90조 규정에 해당하는 경우 손실보상청구권의 대상이 되지 않는다.

12 상표등록이의신청

> **제60조(이의신청)**
> ① 출원공고가 있는 경우에는 누구든지 출원공고일부터 30일 이내에 다음 각 호의 어느 하나에 해당한다는 것을 이유로 특허청장에게 이의신청을 할 수 있다. 〈2025.7.22 시행 개정법〉 기출 22
> 1. 제54조에 따른 상표등록거절결정의 거절이유에 해당한다는 것
> 2. 제87조 제1항에 따른 추가등록거절결정의 거절이유에 해당한다는 것
> ② 제1항에 따라 이의신청을 하려는 자는 다음 각 호의 사항을 적은 이의신청서에 필요한 증거를 첨부하여 특허청장에게 제출하여야 한다.
> 1. 신청인의 성명 및 주소(법인인 경우에는 그 명칭 및 영업소의 소재지를 말한다)
> 2. 신청인의 대리인이 있는 경우에는 그 대리인의 성명 및 주소나 영업소의 소재지[대리인이 특허법인·특허법인(유한)인 경우에는 그 명칭, 사무소의 소재지 및 지정된 변리사의 성명을 말한다]
> 3. 이의신청의 대상
> 4. 이의신청사항
> 5. 이의신청의 이유 및 필요한 증거의 표시

제61조(이의신청 이유 등의 보정)
제60조 제1항에 따른 상표등록의 이의신청인(이하 "이의신청인"이라 한다)은 이의신청기간이 지난 후 30일 이내에 그 이의신청서에 적은 이유와 증거를 보정할 수 있다.

제62조(이의신청에 대한 심사 등)
① 이의신청은 심사관 3명으로 구성되는 심사관합의체(이하 "심사관합의체"라 한다)에서 심사·결정한다.
② 특허청장은 각각의 이의신청에 대하여 심사관합의체를 구성할 심사관을 지정하여야 한다.
③ 특허청장은 제2항에 따라 지정된 심사관 중 1명을 심사장으로 지정하여야 한다.
④ 심사관합의체 및 심사장에 관하여는 제130조 제2항, 제131조 제2항 및 제132조 제2항·제3항을 준용한다. 이 경우 제130조 제2항 중 "특허심판원장"은 "특허청장"으로, "심판관"은 "심사관"으로, "심판"은 "심사"로 보고, 제131조 제2항 중 "심판장"은 "심사장"으로, "심판사건"은 "이의신청사건"으로 보며, 제132조 제2항 중 "심판관합의체"는 "심사관합의체"로 보고, 같은 조 제3항 중 "심판"은 "심사"로 본다.

제63조(이의신청에 대한 심사의 범위)
심사관합의체는 이의신청에 관하여 출원인이나 이의신청인이 주장하지 아니한 이유에 관하여도 심사할 수 있다. 이 경우 출원인이나 이의신청인에게 기간을 정하여 그 이유에 관하여 의견을 진술할 수 있는 기회를 주어야 한다.

제64조(이의신청의 병합 또는 분리)
심사관합의체는 둘 이상의 이의신청을 병합하거나 분리하여 심사·결정할 수 있다.

제65조(이의신청의 경합)
① 심사관합의체는 둘 이상의 이의신청이 있는 경우에 그중 어느 하나의 이의신청에 대하여 심사한 결과 그 이의신청이 이유가 있다고 인정할 때에는 다른 이의신청에 대해서는 결정을 하지 아니할 수 있다.
② 특허청장은 심사관합의체가 제1항에 따라 이의신청에 대하여 결정을 하지 아니한 경우에는 해당 이의신청인에게도 상표등록거절결정 등본을 송달하여야 한다.

제66조(이의신청에 대한 결정)
① 심사장은 이의신청이 있는 경우에는 이의신청서 부본(副本)을 출원인에게 송달하고 기간을 정하여 답변서 제출의 기회를 주어야 한다.
② 심사관합의체는 제1항 및 제60조 제1항에 따른 이의신청기간이 지난 후에 이의신청에 대한 결정을 하여야 한다.
③ 이의신청에 대한 결정은 서면으로 하여야 하며, 그 이유를 붙여야 한다. 이 경우 둘 이상의 지정상품에 대한 결정이유가 다른 경우에는 지정상품마다 그 이유를 붙여야 한다.
④ 심사관합의체는 이의신청인이 제60조 제1항에 따른 이의신청기간 내에 그 이유나 증거를 제출하지 아니한 경우에는 제1항에도 불구하고 제61조에 따른 기간이 지난 후 결정으로 이의신청을 각하할 수 있다. 이 경우 그 결정의 등본을 이의신청인에게 송달하여야 한다.
⑤ 특허청장은 제2항에 따른 결정이 있는 경우에는 그 결정의 등본을 출원인 및 이의신청인에게 송달하여야 한다.
⑥ 출원인 및 이의신청인은 제2항 및 제4항에 따른 결정에 대하여 다음 각 호의 구분에 따른 방법으로 불복할 수 있다.
　1. 출원인 : 제116조에 따른 심판의 청구
　2. 이의신청인 : 제117조에 따른 상표등록 무효심판의 청구

제67조(상표등록 출원공고 후의 직권에 의한 상표등록거절결정)
① 심사관은 출원공고 후 거절이유를 발견한 경우에는 직권으로 제54조에 따른 상표등록거절결정을 할 수 있다.
② 제1항에 따라 상표등록거절결정을 할 경우에는 이의신청이 있더라도 그 이의신청에 대해서는 결정을 하지 아니한다.
③ 특허청장은 제1항에 따라 심사관이 상표등록거절결정을 한 경우에는 이의신청인에게 상표등록거절결정 등본을 송달하여야 한다.

> **제68조(상표등록결정)**
> 심사관은 상표등록출원에 대하여 거절이유를 발견할 수 없는 경우(일부 지정상품에 대하여 거절이유가 있는 경우에는 그 지정상품에 대한 거절결정이 확정된 경우를 말한다)에는 상표등록결정을 하여야 한다.
>
> **제68조의2(상표등록결정 이후의 직권 재심사)**
> ① 심사관은 상표등록결정을 한 출원에 대하여 명백한 거절이유를 발견한 경우에는 직권으로 상표등록결정을 취소하고 그 상표등록출원을 다시 심사(이하 "직권 재심사"라 한다)할 수 있다. 다만, 다음 각 호의 어느 하나에 해당하는 경우에는 그러하지 아니하다.
>   1. 거절이유가 제38조 제1항에 해당하는 경우
>   2. 그 상표등록결정에 따라 상표권이 설정등록된 경우
>   3. 그 상표등록출원이 취하되거나 포기된 경우
> ② 제1항에 따라 심사관이 직권 재심사를 하려면 상표등록결정을 취소한다는 사실을 출원인에게 통지하여야 한다.
> ③ 출원인이 제2항에 따른 통지를 받기 전에 그 상표등록출원이 제1항 제2호 또는 제3호에 해당하게 된 경우에는 상표등록결정의 취소는 처음부터 없었던 것으로 본다.
>
> **제69조(상표등록여부결정의 방식)**
> ① 상표등록여부결정은 서면으로 하여야 하며, 그 이유를 붙여야 한다.
> ② 특허청장은 상표등록여부결정이 있는 경우에는 그 결정의 등본을 출원인에게 송달하여야 한다.
>
> **제70조(심사 또는 소송 절차의 중지)**
> ① 상표등록출원의 심사에서 필요한 경우에는 심결이 확정될 때까지 또는 소송절차가 완결될 때까지 그 상표등록출원의 심사절차를 중지할 수 있다.
> ② 법원은 소송에서 필요한 경우에는 상표등록여부결정이 확정될 때까지 그 소송절차를 중지할 수 있다.
>
> **제71조(심판 규정의 이의신청 심사 및 결정에의 준용)**
> 이의신청에 대한 심사 및 결정에 관하여는 제128조, 제134조 제1호부터 제5호까지 및 제7호, 제144조와 「민사소송법」 제143조, 제299조 및 제367조를 준용한다.

(1) 의의 및 취지

'상표등록이의신청'이란, 출원공고 된 출원에 거절이유가 있음을 이유로 특허청장에게 등록을 거절할 것을 요구하는 신청이다(法 제60조). 사의 공정성과 완전성을 담보하고 부실권리의 발생을 예방하기 위함이다.

(2) 요 건

① 주체적 요건 : 누구든지
② 객체적 요건 : 法 제54조의 거절이유, 지정상품추가등록출원은 法 제86조 제1항
③ 시기적 요건 : 출원공고일로부터 30일 이내(2025.7.22 시행 개정법)

(3) 절 차
① 이의신청하려는 자는 法 제60조 제2항 각 호의 사항을 적은 이의신청서에 필요한 증거를 첨부하여 특허청장에게 제출해야 한다(法 제60조 제2항).
② 이의신청인은 이의신청기간이 지난 후 30일 내에 이의신청서에 적은 이유·증거를 보정할 수 있다(法 제61조).
③ 심사장은, 이의신청이 있는 경우 이의신청서 부본을 출원인에게 송달하고 기간을 정하여 답변서 제출의 기회를 주어야 한다(法 제66조 제1항).

(4) 심 사
① 심사관 3명으로 구성되는 심사관합의체(法 제62조 제1항)
② 특허청장은 심사관합의체로 지정된 심사관 중 1명을 심사장으로 지정(法 제62조 제3항)
③ 심사관합의체는 출원인·이의신청인이 주장하지 아니한 이유에 관해서도 심사할 수 있다. 다만, 출원인·이의신청인에게 기간을 정하여 의견제출 기회를 주어야 한다(法 제63조).
④ 심사관합의체는 둘 이상의 이의신청이 있는 경우 이를 병합하거나 분리하여 심사·결정할 수 있다(法 제64조).

(5) 결정 및 효과
① 각하결정(法 제66조 제4항)
② 이의결정(法 제66조 제2항·제3항·제5항)
③ 이의결정의 예외(法 제65조 제1항, 제67조 제2항)
④ 효과(法 제66조 제6항)

CHAPTER 03 심 사

제2편 | 상표법

01
부분거절제도에 관한 설명으로 옳은 것을 모두 고른 것은? 기출 24

> ㄱ. 부분거절제도란 상표등록출원의 지정상품 중 일부에 거절이유가 있는 경우 해당 거절이유가 있는 지정상품에 대하여만 상표등록거절결정을 하여 나머지 지정상품에 대하여는 상표등록을 받을 수 있도록 하는 것으로, 이 제도의 도입으로 인하여 해당 상품을 분할출원하지 않더라도 거절이유 없는 지정상품에 대한 조기등록이 가능하다.
> ㄴ. 상표등록출원의 일부 지정상품에 대하여만 상표등록거절결정을 받은 경우에는 그 일부 지정상품에 대하여 재심사청구가 가능하다.
> ㄷ. 일부 지정상품에 거절이유가 있는 경우 거절이유가 없는 지정상품에 대하여 먼저 출원공고결정을 거쳐 상표등록결정을 할 수 있다.
> ㄹ. 부분거절제도는 국제상표등록출원에도 그 적용이 있다.

① ㄱ, ㄴ
② ㄱ, ㄷ
③ ㄱ, ㄹ
④ ㄴ, ㄷ
⑤ ㄴ, ㄹ

해설

ㄱ. (×) 거절되지 않은 상품에 대해 '조기등록'을 받으려면 거절된 상품에 대해 보정·분할출원 등의 조치를 해야 한다.
ㄴ. (○) 심사관은 상표등록출원이 다음 각 호의 어느 하나에 해당하는 경우에는 상표등록거절결정을 하여야 한다. 이 경우 상표등록출원의 지정상품 일부가 다음 각 호의 어느 하나에 해당하는 경우에는 그 지정상품에 대하여만 상표등록거절결정을 하여야 한다(상표법 제54조 참고). 제54조에 따른 상표등록거절결정을 받은 자는 그 결정 등본을 송달받은 날부터 3개월(제17조 제1항에 따라 제116조에 따른 기간이 연장된 경우에는 그 연장된 기간을 말한다) 이내에 지정상품 또는 상표를 보정하여 해당 상표등록출원에 관한 재심사를 청구할 수 있다. 다만, 재심사를 청구할 때 이미 재심사에 따른 거절결정이 있거나 제116조에 따른 심판청구가 있는 경우에는 그러하지 아니하다(상표법 제55조의2 제1항).
ㄷ. (×) 부분거절결정이 확정된 후에 출원공고를 하여 최종 등록된다.
ㄹ. (○) 부분거절제도는 국제상표등록출원 특례사유가 아니므로 국제상표등록출원에도 그 적용이 있다.

답 ⑤

02 상표법상 손실보상청구권에 관한 설명으로 옳지 않은 것은? 기출 21

① 출원인은 출원공고 후 해당 상표등록출원에 관한 지정상품과 동일·유사한 상품에 대하여 해당 상표등록출원에 관한 상표와 동일·유사한 상표를 사용하는 자에게 서면으로 경고할 수 있고, 출원인이 해당 상표등록출원의 사본을 제시하는 경우에는 출원공고 전이라도 서면으로 경고할 수 있다.
② 상표법 제58조(손실보상청구권) 제1항에 따라 경고를 한 출원인은 경고 후 상표권을 설정등록할 때까지의 기간에 발생한 해당 상표의 사용에 관한 업무상 손실에 상당하는 보상금의 지급을 청구할 수 있다.
③ 상표등록출원이 포기·취하·무효가 되거나 상표등록거절결정이 확정된 경우, 손실보상청구권은 처음부터 발생하지 않는 것으로 추정한다.
④ 손실보상청구권은 해당 상표등록출원에 대한 상표권의 설정등록 전까지는 행사할 수 없다.
⑤ 손실보상청구권을 행사할 때 상표법 제110조(손해액의 추정 등)가 준용되지 않기 때문에 업무상 손실에 관한 사항은 청구권자가 입증하여야 한다.

해설

① (○) 출원인은 출원공고 후 해당 상표등록출원에 관한 지정상품과 동일·유사한 상품에 대하여 해당 상표등록출원에 관한 상표와 동일·유사한 상표를 사용하는 자에게 서면으로 경고할 수 있고, 출원인이 해당 상표등록출원의 사본을 제시하는 경우에는 출원공고 전이라도 서면으로 경고할 수 있다(상표법 제58조 제1항).
② (○) 상표법 제58조(손실보상청구권) 제1항에 따라 경고를 한 출원인은 경고 후 상표권을 설정등록할 때까지의 기간에 발생한 해당 상표의 사용에 관한 업무상 손실에 상당하는 보상금의 지급을 청구할 수 있다(상표법 제58조 제2항).
③ (×) 상표등록출원이 포기·취하·무효가 되거나 상표등록거절결정이 확정된 경우, 손실보상청구권은 처음부터 발생하지 않은 것으로 본다(상표법 제58조 제6호).
④ (○) 손실보상청구권은 해당 상표등록출원에 대한 상표권의 설정등록 전까지는 행사할 수 없다(상표법 제58조 제3항).
⑤ (○) 손실보상청구권을 행사할 때 상표법 제110조(손해액의 추정 등)가 준용되지 않기 때문에 업무상 손실에 관한 사항은 청구권자가 입증하여야 한다(상표법 제58조 제5항).

답 ③

03 상표법 제58조(손실보상청구권)에 관한 설명으로 옳은 것은? 기출 15

① 손실보상청구권은 제3자에게 공시의 의미를 갖는 출원공고가 있은 후에 반드시 서면에 의한 경고를 하여야 발생하며, 출원공고가 있기 전에는 발생할 수 없다.
② 출원인은 서면에 의한 경고 후 상표등록 결정등본을 송달받은 날까지의 기간에 대해서만 당해 상표의 사용에 관한 업무상 손실에 상당하는 보상금을 청구할 수 있다.
③ 지리적 표시 단체표장등록이 된 후에 그 등록단체표장을 구성하는 지리적 표시가 원산지 국가에서 보호가 중단된 것을 이유로 그 등록을 무효로 한다는 심결이 확정된 경우에 손실보상청구권은 처음부터 발생하지 않는 것으로 본다.
④ 손실보상청구권은 상표권의 설정등록일로부터 3년간 행사하지 아니하거나 제3자가 출원상표를 사용한 날로부터 10년을 경과한 때에는 시효로 인하여 소멸한다.
⑤ 손실보상청구권은 손해배상청구권 및 부당이득반환청구권의 성격을 가진 정지 조건부의 준물권적 권리로서 상표권 설정등록이 있은 후가 아니면 행사할 수 없다.

┃해설┃
① (×) 손실보상청구권은 출원공고 전에도 경고할 수 있으나, 다만 당해상표등록출원의 사본을 함께 제시하여 서면으로 경고하여야 한다.
② (×) 손실보상청구권은 '경고 후 상표권 설정등록시까지의 기간'에 발생한 업무상 손실에 상당하는 보상금을 청구할 수 있다(상표법 제58조 제2항).
③ (×) 후발적 무효사유를 이유로 후발적으로 무효확정된 경우에는 손실보상청구권에 영향이 없다(상표법 제58조 제6항 제3호).
④ (O) 상표법 제58조 제5항
⑤ (×) 손실보상청구권은 준물리적 권리가 아니라 상표법이 출원인에게 인정하여 주는 특수한 권리로서의 채권적 권리인 금전적 청구권이다.

답 ④

CHAPTER 04 상표등록료 및 상표등록 등

01 등록료의 납부 등

제72조(상표등록료)
① 다음 각 호의 어느 하나에 해당하는 상표권의 설정등록 등을 받으려는 자는 상표등록료를 내야 한다. 이 경우 제1호 또는 제2호에 해당할 때에는 상표등록료를 2회로 분할하여 낼 수 있다.
  1. 제82조에 따른 상표권의 설정등록
  2. 존속기간갱신등록
  3. 제86조에 따른 지정상품의 추가등록
② 이해관계인은 제1항에 따른 상표등록료를 내야 할 자의 의사와 관계없이 상표등록료를 낼 수 있다. 기출 17
③ 제1항에 따른 상표등록료, 그 납부방법, 납부기간 및 분할납부 등에 필요한 사항은 산업통상자원부령으로 정한다.

제73조(상표등록료를 납부할 때의 일부 지정상품의 포기)
① 다음 각 호의 어느 하나에 해당하는 자가 상표등록료(제72조 제1항 각 호 외의 부분 후단에 따라 분할납부하는 경우에는 1회차 상표등록료를 말한다)를 낼 때에는 지정상품별로 상표등록을 포기할 수 있다.
  1. 둘 이상의 지정상품이 있는 상표등록출원에 대한 상표등록결정을 받은 자
  2. 지정상품추가등록출원에 대한 지정상품의 추가등록결정을 받은 자
  3. 존속기간갱신등록신청을 한 자
② 제1항에 따른 지정상품의 포기에 필요한 사항은 산업통상자원부령으로 정한다.

제74조(상표등록료의 납부기간 연장)
특허청장은 제72조 제3항에 따른 상표등록료의 납부기간을 청구에 의하여 30일을 넘지 아니하는 범위에서 연장할 수 있다.

제75조(상표등록료의 미납으로 인한 출원 또는 신청의 포기)
다음 각 호의 어느 하나에 해당하는 경우에는 상표등록출원, 지정상품추가등록출원 또는 존속기간갱신등록신청을 포기한 것으로 본다.
  1. 제72조 제3항 또는 제74조에 따른 납부기간에 해당 상표등록료(제72조 제1항 각 호 외의 부분 후단에 따라 분할납부하는 경우에는 1회차 상표등록료를 말한다. 이하 이 조에서 같다)를 내지 아니한 경우
  2. 제76조 제1항에 따라 상표등록료의 보전명령을 받은 경우로서 그 보전기간 내에 보전하지 아니한 경우
  3. 제77조 제1항에 해당하는 경우로서 그 해당 기간 내에 상표등록료를 내지 아니하거나 보전하지 아니한 경우

제76조(상표등록료의 보전 등)

① 특허청장은 상표권의 설정등록, 지정상품의 추가등록, 존속기간갱신등록을 받으려는 자 또는 상표권자가 제72조 제3항 또는 제74조에 따른 납부기간 내에 상표등록료의 일부를 내지 아니한 경우에는 상표등록료의 보전(補填)을 명하여야 한다.
② 제1항에 따라 보전명령을 받은 자는 그 보전명령을 받은 날부터 1개월 이내(이하 "보전기간"이라 한다)에 상표등록료를 보전할 수 있다.
③ 제2항에 따라 상표등록료를 보전하는 자는 내지 아니한 금액의 2배의 범위에서 산업통상자원부령으로 정하는 금액을 내야 한다.

제77조(상표등록료 납부 또는 보전에 의한 상표등록출원의 회복 등)

① 다음 각 호의 어느 하나에 해당하는 자가 정당한 사유로 제72조 제3항 또는 제74조에 따른 납부기간 내에 상표등록료를 내지 아니하였거나 제76조 제2항에 따른 보전기간 내에 보전하지 아니한 경우에는 그 사유가 소멸한 날부터 2개월 이내에 그 상표등록료를 내거나 보전할 수 있다. 다만, 납부기간의 만료일 또는 보전기간의 만료일 중 늦은 날부터 1년이 지났을 경우에는 상표등록료를 내거나 보전할 수 없다.
  1. 상표등록출원의 출원인
  2. 지정상품추가등록출원의 출원인
  3. 존속기간갱신등록신청의 신청인 또는 상표권자
② 제1항에 따라 상표등록료를 내거나 보전한 자(제72조 제1항 각 호 외의 부분 후단에 따라 분할하여 낸 경우에는 1회차 상표등록료를 내거나 보전한 자를 말한다)는 제75조에도 불구하고 그 상표등록출원, 지정상품추가등록출원 또는 존속기간갱신등록신청을 포기하지 아니한 것으로 본다.
③ 제2항에 따라 상표등록출원, 지정상품추가등록출원 또는 상표권(이하 이 조에서 "상표등록출원등"이라 한다)이 회복된 경우에는 그 상표등록출원등의 효력은 제72조 제3항 또는 제74조에 따른 납부기간이 지난 후 상표등록출원등이 회복되기 전에 그 상표와 동일·유사한 상표를 그 지정상품과 동일·유사한 상품에 사용한 행위에는 미치지 아니한다.

제78조(수수료)

① 상표에 관한 절차를 밟는 자는 수수료를 내야 한다. 다만, 제117조 제1항 및 제118조 제1항에 따라 심사관이 무효심판을 청구하는 경우에는 수수료를 면제한다.
② 제1항에 따른 수수료, 그 납부방법, 납부기간 등에 관하여 필요한 사항은 산업통상자원부령으로 정한다.
③ 제84조 제2항 단서에 따른 기간에 존속기간갱신등록신청을 하려는 자는 제2항에 따른 수수료에 산업통상자원부령으로 정하는 금액을 더하여 내야 한다.

제79조(상표등록료 및 수수료의 반환)

① 납부된 상표등록료와 수수료가 다음 각 호의 어느 하나에 해당하는 경우에는 해당 호의 구분에 따른 상표등록료 및 수수료를 납부한 자의 청구에 의하여 반환한다. 〈개정 2023.10.31.〉
  1. 잘못 납부된 경우 : 그 잘못 납부된 상표등록료 및 수수료
  2. 상표등록출원 후 1개월 이내에 그 상표등록출원을 취하하거나 포기한 경우 : 이미 낸 수수료 중 상표등록출원료 및 우선권 주장 신청료. 다만, 다음 각 목의 어느 하나에 해당하는 경우는 제외한다.
      가. 분할출원, 변경출원, 분할출원 또는 변경출원의 기초가 된 상표등록출원
      나. 제53조에 따른 우선심사의 신청이 있는 출원
      다. 제180조 제1항에 따라 이 법에 따른 상표등록출원으로 보는 국제상표등록출원
  3. 제156조에 따라 보정각하결정 또는 거절결정이 취소된 경우(제161조에 따라 재심의 절차에서 준용되는 경우를 포함하되, 심판 또는 재심 중 제40조 제1항 각 호 및 제41조 제1항 제1호에 따른 보정이 있는 경우는 제외한다) : 이미 낸 수수료 중 심판청구료(재심의 경우에는 재심청구료를 말한다. 이하 이 조에서 같다)

4. 심판청구가 제127조 제2항에 따라 결정으로 각하되고 그 결정이 확정된 경우(제161조에 따라 재심의 절차에서 준용되는 경우를 포함한다) : 이미 낸 수수료 중 심판청구료의 2분의 1에 해당하는 금액
5. 심리의 종결을 통지받기 전까지 제142조 제1항에 따른 참가신청을 취하한 경우(제161조에 따라 재심의 절차에서 준용되는 경우를 포함한다) : 이미 낸 수수료 중 참가신청료의 2분의 1에 해당하는 금액
6. 제142조 제1항에 따른 참가신청이 결정으로 거부된 경우(제161조에 따라 재심의 절차에서 준용되는 경우를 포함한다) : 이미 낸 수수료 중 참가신청료의 2분의 1에 해당하는 금액
7. 심리의 종결을 통지받기 전까지 심판청구를 취하한 경우(제161조에 따라 재심의 절차에서 준용되는 경우를 포함한다) : 이미 낸 수수료 중 심판청구료의 2분의 1에 해당하는 금액
8. 제84조 제2항 본문에 따라 존속기간 만료 전에 존속기간갱신등록신청을 하였으나 존속기간갱신등록의 효력발생일 전에 상표권의 전부 또는 일부가 소멸 또는 포기된 경우 : 이미 낸 상표등록료에서 그 소멸 또는 포기된 상표권을 제외하여 산정한 상표등록료를 뺀 금액
9. 제72조 제1항 후단에 따라 상표등록료를 분할납부한 경우로서 2회차 상표등록료를 납부하였으나 상표권의 설정등록일 또는 존속기간갱신등록일로부터 5년이 되기 전에 상표권의 전부 또는 일부가 소멸 또는 포기된 경우 : 이미 낸 2회차 상표등록료에서 그 소멸 또는 포기된 상표권을 제외하여 산정한 2회차 상표등록료를 뺀 금액

② 특허청장 또는 특허심판원장은 납부된 상표등록료 및 수수료가 제1항 각 호의 어느 하나에 해당하는 경우에는 그 사실을 납부한 자에게 통지하여야 한다.
③ 제1항에 따른 상표등록료 및 수수료의 반환청구는 제2항에 따른 통지를 받은 날부터 5년이 지나면 할 수 없다. 〈개정 2022.10.18.〉

제80조(상표원부)
① 특허청장은 특허청에 상표원부를 갖추어 두고 다음 각 호의 사항을 등록한다.
 1. 상표권의 설정·이전·변경·소멸·회복, 존속기간의 갱신, 제209조에 따른 상품분류전환(이하 "상품분류전환"이라 한다), 지정상품의 추가 또는 처분의 제한
 2. 전용사용권 또는 통상사용권의 설정·보존·이전·변경·소멸 또는 처분의 제한
 3. 상표권·전용사용권 또는 통상사용권을 목적으로 하는 질권(質權)의 설정·이전·변경·소멸 또는 처분의 제한
② 제1항에 따른 상표원부는 그 전부 또는 일부를 전자적 기록매체 등으로 작성할 수 있다.
③ 제1항 및 제2항에서 규정한 사항 외에 등록사항 및 등록절차 등에 관하여 필요한 사항은 대통령령으로 정한다.

제81조(상표등록증의 발급)
① 특허청장은 상표권의 설정등록을 하였을 경우에는 산업통상자원부령으로 정하는 바에 따라 상표권자에게 상표등록증을 발급하여야 한다.
② 특허청장은 상표등록증이 상표원부나 그 밖의 서류와 맞지 아니할 경우에는 신청에 의하여 또는 직권으로 상표등록증을 회수하여 정정발급하거나 새로운 상표등록증을 발급하여야 한다.

CHAPTER 04 상표등록료 및 상표등록 등

CHAPTER 05 상표권

01 존속기간갱신등록 신청

(1) 의의, 취지 및 성질
① 의의 및 취지 : '존속기간갱신'이란 상표권의 존속기간을 갱신하는 것을 말한다. 상표의 기능은 거래사회에서의 계속적 사용에 의해 축적되는 것이므로 상표권의 존속기간은 영속성이 인정되어야 한다. 다만, 불사용상표의 정리 등과 같은 시간 경과에 따른 변경을 고려하여 10년씩 갱신할 수 있도록 제도를 마련하였다.
② 성질 : 갱신등록일과 무관하게 원등록의 효력이 끝나는 날의 다음 날부터 갱신등록의 효력이 발행하므로, 권리연장이다.

(2) 요 건
① 존속기간갱신등록신청서의 제출과 갱신등록료의 납부 : 실체심사 없이 갱신 가능하다.
② 존속기간갱신등록 신청의 반려 또는 갱신등록이 무효가 되지 않기 위한 요건(法 제84조 제2항)
 ㉠ 주체적 요건 : 해당 상표권자(상표권 공유의 경우, 공유자 중 일부도 가능함)
 ㉡ 시기적 요건 : 존속기간 만료 전 1년 이내부터 존속기간 만료 후 6개월 이내까지

(3) 절 차
① 존속기간갱신등록신청서의 제출과 갱신등록료의 납부
② 절차의 보정 및 심사

(4) 효 과
① 존속기간갱신등록신청의 효과(法 제85조 제1항) : 존속기간갱신등록신청을 하면 상표권의 존속기간이 갱신된 것으로 본다.
② 존속기간갱신등록의 효과(法 제85조 제2항) : 존속기간갱신등록은 원등록의 효력이 끝나는 날의 다음 날부터 효력이 발생한다.

(5) 존속기간갱신등록무효심판(法 제118조)
① 무효사유(法 제118조 제1항 제1호·제2호)
② 청구권자 및 효과
  ㉠ 청구권자 : 이해관계인 또는 심사관
  ㉡ 존속기간갱신등록무효심판은 상표권이 소멸된 후에도 청구할 수 있다(法 제118조 제2항).
  ㉢ 효과 : 무효심결이 확정되면 그 존속기간갱신등록은 처음부터 없었던 것으로 본다(法 제118조 제3항).

02 지정상품추가등록

(1) 의의 및 취지
'지정상품추가등록'이란 상표권 또는 출원의 지정상품을 추가하여 등록받을 수 있는 것으로, 출원인의 지정상품 누락 또는 사정변경의 경우 상표관리에 있어 편의를 도모할 수 있도록 하기 위함이다.

(2) 요 건
① 주체적 요건(法 제87조 제1항 제2호) : 상표권자(상표권 공유의 경유, 상표권자 전부), 출원인, 정당한 승계인
② 객체적 요건
  ㉠ 상표는 등록상표 또는 출원상표와 동일해야 한다.
  ㉡ 상품범위에 제한이 없다.
  ㉢ 통상의 상표출원에 대한 거절이유에 해당하지 않아야 한다(法 제87조 제1항 제1호). '추가등록출원'의 출원 시 또는 등록여부결정 시를 기준으로 등록요건을 만족해야 한다(출원일 소급효 ×).
③ 시기적 요건 : 원상표등록 또는 원상표등록출원이 적법하게 존재해야 하고, 원상표권의 소멸·포기·취하·무효 또는 거절결정이 확정된 경우에는 지정상품추가등록출원은 거절된다(法 제87조 제1항 제3호).

(3) 절 차
① 지정상품추가등록출원서의 제출(法 제86조 제2항)
② 지정상품추가등록출원의 심사(法 제87조 제2항·제3항, 제88조 제2항, 제116조)
③ 지정상품추가등록출원의 변경(法 제44조 제2항)
④ 지정상품추가등록출원의 등록

(4) 효 과
① 지정상품추가등록의 종속성(法 제86조 제1항 단서) : 존속기간은 원출원과 동일함
② 지정상품추가등록의 독자성 : 거절 또는 무효된다고 하여, 원출원에 영향을 미치지 않음

(5) 지정상품추가등록무효심판(法 제117조)
① 무효사유(法 제117조 제1항 제2호·제3호)
② 청구권자 및 효과
  ㉠ 청구권자 : 이해관계인 또는 심사관(法 제117조 제1항)
  ㉡ 지정상품추가등록 무효심판은 상표권이 소멸된 후에도 청구할 수 있다(法 제117조 제2항).
  ㉢ 효과 : 무효심결이 확정된 경우 그 지정상품추가등록은 처음부터 없었던 것으로 본다(法 제117조 제3항).

03 상표권

> **제82조(상표권의 설정등록)**
> ① 상표권은 설정등록에 의하여 발생한다.
> ② 특허청장은 다음 각 호의 어느 하나에 해당하는 경우에는 상표권을 설정하기 위한 등록을 하여야 한다.
>   1. 제72조 제3항 또는 제74조에 따라 상표등록료(제72조 제1항 각 호 외의 부분 후단에 따라 분할납부하는 경우에는 1회차 상표등록료를 말하며, 이하 이 항에서 같다)를 낸 경우
>   2. 제76조 제2항에 따라 상표등록료를 보전하였을 경우
>   3. 제77조 제1항에 따라 상표등록료를 내거나 보전하였을 경우
> ③ 특허청장은 제2항에 따라 등록한 경우에는 상표권자의 성명·주소 및 상표등록번호 등 대통령령으로 정하는 사항을 상표공보에 게재하여 등록공고를 하여야 한다.
>
> **제83조(상표권의 존속기간)**
> ① 상표권의 존속기간은 제82조 제1항에 따라 설정등록이 있는 날부터 10년으로 한다. 기출 22
> ② 상표권의 존속기간은 존속기간갱신등록신청에 의하여 10년씩 갱신할 수 있다. 기출 22
> ③ 제1항 및 제2항에도 불구하고 다음 각 호의 어느 하나에 해당하는 경우에는 상표권의 설정등록일 또는 존속기간갱신등록일부터 5년이 지나면 상표권이 소멸한다.
>   1. 제72조 제3항 또는 제74조에 따른 납부기간 내에 상표등록료(제72조 제1항 각 호 외의 부분 후단에 따라 상표등록료를 분할납부하는 경우로서 2회차 상표등록료를 말한다. 이하 이 항에서 같다)를 내지 아니한 경우
>   2. 제76조 제1항에 따라 상표등록료의 보전을 명한 경우로서 그 보전기간 내에 보전하지 아니한 경우
>   3. 제77조 제1항에 해당하는 경우로서 그 해당 기간 내에 상표등록료를 내지 아니하거나 보전하지 아니한 경우

제84조(존속기간갱신등록신청)

① 제83조 제2항에 따라 존속기간갱신등록신청을 하고자 하는 상표권자(상표권이 공유인 경우 각 공유자도 상표권자로 본다. 이하 이 조에서 같다)는 다음 각 호의 사항을 적은 존속기간갱신등록신청서를 특허청장에게 제출하여야 한다. 〈개정 2023.10.31.〉
  1. 상표권자의 성명 및 주소(법인인 경우에는 그 명칭 및 영업소의 소재지를 말한다)
  2. 대리인이 있는 경우에는 그 대리인의 성명 및 주소나 영업소의 소재지[대리인이 특허법인·특허법인(유한)인 경우에는 그 명칭, 사무소의 소재지 및 지정된 변리사의 성명을 말한다]
  3. 등록상표의 등록번호
  4. 지정상품 및 상품류
② 존속기간갱신등록신청서는 상표권의 존속기간 만료 전 1년 이내에 제출하여야 한다. 다만, 이 기간에 존속기간갱신등록신청을 하지 아니한 상표권자는 상표권의 존속기간이 끝난 후 6개월 이내에 할 수 있다. 〈개정 2023.10.31.〉 기출 22
③ 삭제 〈2019.4.23.〉
④ 제1항 및 제2항에서 규정한 사항 외에 존속기간갱신등록신청에 필요한 사항은 산업통상자원부령으로 정한다.

제85조(존속기간갱신등록신청 등의 효력)

① 제84조 제2항에 따른 기간에 존속기간갱신등록신청을 하면 상표권의 존속기간이 갱신된 것으로 본다. 기출 22·24
② 존속기간갱신등록은 원등록(原登錄)의 효력이 끝나는 날의 다음 날부터 효력이 발생한다. 기출 24

제86조(지정상품추가등록출원)

① 상표권자 또는 출원인은 등록상표 또는 상표등록출원의 지정상품을 추가하여 상표등록을 받을 수 있다. 이 경우 추가등록된 지정상품에 대한 상표권의 존속기간 만료일은 그 등록상표권의 존속기간 만료일로 한다.
② 제1항에 따라 지정상품의 추가등록을 받으려는 자는 다음 각 호의 사항을 적은 지정상품의 추가등록출원서를 특허청장에게 제출하여야 한다.
  1. 제36조 제1항 제1호·제2호·제5호 및 제6호의 사항
  2. 상표등록번호 또는 상표등록출원번호
  3. 추가로 지정할 상품 및 그 상품류

제87조(지정상품의 추가등록거절결정 및 거절이유통지)

① 심사관은 지정상품추가등록출원이 다음 각 호의 어느 하나에 해당하는 경우에는 그 지정상품의 추가등록거절결정을 하여야 한다. 이 경우 지정상품추가등록출원의 지정상품 일부가 다음 각 호의 어느 하나에 해당하는 경우에는 그 지정상품에 대하여만 지정상품의 추가등록거절결정을 하여야 한다. 〈개정 2022.2.3.〉
  1. 제54조 각 호의 어느 하나에 해당할 경우
  2. 지정상품의 추가등록출원인이 해당 상표권자 또는 출원인이 아닌 경우
  3. 등록상표의 상표권 또는 상표등록출원이 다음 각 목의 어느 하나에 해당하게 된 경우
    가. 상표권의 소멸
    나. 상표등록출원의 포기, 취하 또는 무효
    다. 상표등록출원에 대한 제54조에 따른 상표등록거절결정의 확정

② 심사관은 다음 각 호의 어느 하나에 해당하는 경우에는 출원인에게 거절이유를 통지하여야 한다. 이 경우 출원인은 산업통상자원부령으로 정하는 기간 내에 거절이유에 대한 의견서를 제출할 수 있다.
  1. 제1항에 따라 지정상품의 추가등록거절결정을 하려는 경우
  2. 제88조 제2항에 따라 준용되는 제68조의2 제1항에 따른 직권 재심사를 하여 취소된 지정상품의 추가등록결정 전에 이미 통지한 거절이유로 지정상품의 추가등록거절결정을 하려는 경우
③ 제2항 후단에 따른 기간 내에 의견서를 제출하지 아니한 출원인은 그 기간의 만료일부터 2개월 이내에 지정상품의 추가등록에 관한 절차를 계속 진행할 것을 신청하고, 그 기간 내에 거절이유에 대한 의견서를 제출할 수 있다.
④ 심사관은 제2항에 따라 거절이유를 통지하는 경우 지정상품별로 거절이유와 근거를 구체적으로 적어야 한다. 〈신설 2022.2.3.〉

제88조(존속기간갱신등록신청 절차 등에 관한 준용)
① 존속기간갱신등록신청 절차의 보정에 관하여는 제39조를 준용한다. 기출 22
② 지정상품추가등록출원에 관하여는 제37조, 제38조 제1항, 제39조부터 제43조까지, 제46조, 제47조, 제50조, 제53조, 제55조의2, 제57조부터 제68조까지, 제68조의2, 제69조, 제70조, 제128조, 제134조 제1호부터 제5호까지 및 제7호, 제144조, 「민사소송법」 제143조, 제299조 및 제367조를 준용한다. 〈개정 2021.10.19., 2022.2.3.〉

제89조(상표권의 효력)
상표권자는 지정상품에 관하여 그 등록상표를 사용할 권리를 독점한다. 다만, 그 상표권에 관하여 전용사용권을 설정한 때에는 제95조 제3항에 따라 전용사용권자가 등록상표를 사용할 권리를 독점하는 범위에서는 그러하지 아니하다.
기출 20·23

제90조(상표권의 효력이 미치지 아니하는 범위)
① 상표권(지리적 표시 단체표장권은 제외한다)은 다음 각 호의 어느 하나에 해당하는 경우에는 그 효력이 미치지 아니한다.
  1. 자기의 성명·명칭 또는 상호·초상·서명·인장 또는 저명한 아호·예명·필명과 이들의 저명한 약칭을 상거래 관행에 따라 사용하는 상표 기출 20
  2. 등록상표의 지정상품과 동일·유사한 상품의 보통명칭·산지·품질·원재료·효능·용도·수량·형상·가격 또는 생산방법·가공방법·사용방법 및 시기를 보통으로 사용하는 방법으로 표시하는 상표
  3. 입체적 형상으로 된 등록상표의 경우에는 그 입체적 형상이 누구의 업무에 관련된 상품을 표시하는 것인지 식별할 수 없는 경우에 등록상표의 지정상품과 동일·유사한 상품에 사용하는 등록상표의 입체적 형상과 동일·유사한 형상으로 된 상표
  4. 등록상표의 지정상품과 동일·유사한 상품에 대하여 관용하는 상표와 현저한 지리적 명칭 및 그 약어 또는 지도로 된 상표
  5. 등록상표의 지정상품 또는 그 지정상품 포장의 기능을 확보하는 데 불가결한 형상, 색채, 색채의 조합, 소리 또는 냄새로 된 상표
② 지리적 표시 단체표장권은 다음 각 호의 어느 하나에 해당하는 경우에는 그 효력이 미치지 아니한다.
  1. 제1항 제1호·제2호(산지에 해당하는 경우는 제외한다) 또는 제5호에 해당하는 상표 기출 18
  2. 지리적 표시 등록단체표장의 지정상품과 동일하다고 인정되어 있는 상품에 대하여 관용하는 상표
  3. 지리적 표시 등록단체표장의 지정상품과 동일하다고 인정되어 있는 상품에 사용하는 지리적 표시로서 해당 지역에서 그 상품을 생산·제조 또는 가공하는 것을 업으로 영위하는 자가 사용하는 지리적 표시 또는 동음이의어 지리적 표시
  4. 선출원에 의한 등록상표가 지리적 표시 등록단체표장과 동일·유사한 지리적 표시를 포함하고 있는 경우에 상표권자, 전용사용권자 또는 통상사용권자가 지정상품에 사용하는 등록상표
③ 제1항 제1호는 상표권의 설정등록이 있은 후에 부정경쟁의 목적으로 자기의 성명·명칭 또는 상호·초상·서명·인장 또는 저명한 아호·예명·필명과 이들의 저명한 약칭을 사용하는 경우에는 적용하지 아니한다. 기출 20

제91조(등록상표 등의 보호범위)
① 등록상표의 보호범위는 상표등록출원서에 적은 상표 및 기재사항에 따라 정해진다.
② 지정상품의 보호범위는 상표등록출원서 또는 상품분류전환등록신청서에 기재된 상품에 따라 정해진다.

제92조(타인의 디자인권 등과의 관계)
① 상표권자·전용사용권자 또는 통상사용권자는 그 등록상표를 사용할 경우에 그 사용상태에 따라 그 상표등록출원일 전에 출원된 타인의 특허권·실용신안권·디자인권 또는 그 상표등록출원일 전에 발생한 타인의 저작권과 저촉되는 경우에는 지정상품 중 저촉되는 지정상품에 대한 상표의 사용은 특허권자·실용신안권자·디자인권자 또는 저작권자의 동의를 받지 아니하고는 그 등록상표를 사용할 수 없다. 기출 15·16
② 상표권자·전용사용권자 또는 통상사용권자는 그 등록상표의 사용이 「부정경쟁방지 및 영업비밀보호에 관한 법률」 제2조 제1호 파목에 따른 부정경쟁행위에 해당하는 경우에는 같은 목에 따른 타인의 동의를 받지 아니하고는 그 등록상표를 사용할 수 없다.

제93조(상표권 등의 이전 및 공유)
① 상표권은 그 지정상품마다 분할하여 이전할 수 있다. 이 경우 유사한 지정상품은 함께 이전하여야 한다. 기출 21
② 상표권이 공유인 경우에는 각 공유자는 다른 공유자 모두의 동의를 받지 아니하면 그 지분을 양도하거나 그 지분을 목적으로 하는 질권을 설정할 수 없다.
③ 상표권이 공유인 경우에는 각 공유자는 다른 공유자 모두의 동의를 받지 아니하면 그 상표권에 대하여 전용사용권 또는 통상사용권을 설정할 수 없다. 기출 23
④ 업무표장권은 양도할 수 없다. 다만, 그 업무와 함께 양도하는 경우에는 그러하지 아니하다. 기출 19
⑤ 제34조 제1항 제1호 다목 단서, 같은 호 라목 단서 또는 같은 항 제3호 단서에 따라 등록된 상표권은 이전할 수 없다. 다만, 제34조 제1항 제1호 다목·라목 또는 같은 항 제3호의 명칭, 약칭 또는 표장과 관련된 업무와 함께 양도하는 경우에는 그러하지 아니하다.
⑥ 단체표장권은 이전할 수 없다. 다만, 법인의 합병의 경우에는 특허청장의 허가를 받아 이전할 수 있다. 기출 21
⑦ 증명표장권은 이전할 수 없다. 다만, 해당 증명표장에 대하여 제3조 제3항에 따라 등록받을 수 있는 자에게 그 업무와 함께 이전할 경우에는 특허청장의 허가를 받아 이전할 수 있다. 기출 23
⑧ 업무표장권, 제34조 제1항 제1호 다목 단서, 같은 호 라목 단서 또는 같은 항 제3호 단서에 따른 상표권, 단체표장권 또는 증명표장권을 목적으로 하는 질권은 설정할 수 없다. 기출 19·23

제94조(상표권의 분할)
① 상표권의 지정상품이 둘 이상인 경우에는 그 상표권을 지정상품별로 분할할 수 있다.
② 제1항에 따른 분할은 제117조 제1항에 따른 무효심판이 청구된 경우에는 심결이 확정되기까지는 상표권이 소멸된 후에도 할 수 있다.

제95조(전용사용권)
① 상표권자는 그 상표권에 관하여 타인에게 전용사용권을 설정할 수 있다. 기출 17
② 업무표장권, 단체표장권 또는 증명표장권에 관하여는 전용사용권을 설정할 수 없다. 기출 19·21
③ 제1항에 따른 전용사용권의 설정을 받은 전용사용권자는 그 설정행위로 정한 범위에서 지정상품에 관하여 등록상표를 사용할 권리를 독점한다.
④ 전용사용권자는 그 상품에 자기의 성명 또는 명칭을 표시하여야 한다. 기출 15·17

⑤ 전용사용권자는 상속이나 그 밖의 일반승계의 경우를 제외하고는 상표권자의 동의를 받지 아니하면 그 전용사용권을 이전할 수 없다.
⑥ 전용사용권자는 상표권자의 동의를 받지 아니하면 그 전용사용권을 목적으로 하는 질권을 설정하거나 통상사용권을 설정할 수 없다.
⑦ 전용사용권의 이전 및 공유에 관하여는 제93조 제2항 및 제3항을 준용한다.

제96조(상표권 등의 등록의 효력)
① 다음 각 호에 해당하는 사항은 등록하지 아니하면 그 효력이 발생하지 아니한다.
  1. 상표권의 이전(상속이나 그 밖의 일반승계에 의한 경우는 제외한다)·변경·포기에 의한 소멸, 존속기간의 갱신, 상품분류전환, 지정상품의 추가 또는 처분의 제한 `기출 19·21`
  2. 상표권을 목적으로 하는 질권의 설정·이전(상속이나 그 밖의 일반승계에 의한 경우는 제외한다)·변경·소멸(권리의 혼동에 의한 경우는 제외한다) 또는 처분의 제한 `기출 20·23·24`
② 제1항 각 호에 따른 상표권 및 질권의 상속이나 그 밖의 일반승계의 경우에는 지체 없이 그 취지를 특허청장에게 신고하여야 한다.

제97조(통상사용권)
① 상표권자는 그 상표권에 관하여 타인에게 통상사용권을 설정할 수 있다.
② 제1항에 따른 통상사용권의 설정을 받은 통상사용권자는 그 설정행위로 정한 범위에서 지정상품에 관하여 등록상표를 사용할 권리를 가진다.
③ 통상사용권은 상속이나 그 밖의 일반승계의 경우를 제외하고는 상표권자(전용사용권에 관한 통상사용권의 경우에는 상표권자 및 전용사용권자를 말한다)의 동의를 받지 아니하면 이전할 수 없다. `기출 23·24`
④ 통상사용권은 상표권자(전용사용권에 관한 통상사용권의 경우에는 상표권자 및 전용사용권자를 말한다)의 동의를 받지 아니하면 그 통상사용권을 목적으로 하는 질권을 설정할 수 없다. `기출 15`
⑤ 통상사용권의 공유 및 설정의 제한 등에 관하여는 제93조 제2항 및 제95조 제2항·제4항을 준용한다.
`기출 15·19`

제98조(특허권 등의 존속기간 만료 후 상표를 사용하는 권리)
① 상표등록출원일 전 또는 상표등록출원일과 동일한 날에 출원되어 등록된 특허권이 그 상표권과 저촉되는 경우 그 특허권의 존속기간이 만료되는 때에는 그 원특허권자는 원특허권의 범위에서 그 등록상표의 지정상품과 동일·유사한 상품에 대하여 그 등록상표와 동일·유사한 상표를 사용할 권리를 가진다. 다만, 부정경쟁의 목적으로 그 상표를 사용하는 경우에는 그러하지 아니하다.
② 상표등록출원일 전 또는 상표등록출원일과 동일한 날에 출원되어 등록된 특허권이 그 상표권과 저촉되는 경우 그 특허권의 존속기간이 만료되는 때에는 그 만료되는 당시에 존재하는 특허권에 대한 전용실시권 또는 그 특허권이나 전용실시권에 대한 「특허법」 제118조 제1항의 효력을 가지는 통상실시권을 가진 자는 원권리의 범위에서 그 등록상표의 지정상품과 동일·유사한 상품에 대하여 그 등록상표와 동일·유사한 상표를 사용할 권리를 가진다. 다만, 부정경쟁의 목적으로 그 상표를 사용하는 경우에는 그러하지 아니하다.
③ 제2항에 따라 상표를 사용할 권리를 가진 자는 상표권자 또는 전용사용권자에게 상당한 대가를 지급하여야 한다.
④ 해당 상표권자 또는 전용사용권자는 제1항 또는 제2항에 따라 상표를 사용할 권리를 가진 자에게 그 자의 업무에 관한 상품과 자기의 업무에 관한 상품 간에 혼동을 방지하는 데 필요한 표시를 하도록 청구할 수 있다.
`기출 22·23`

⑤ 제1항 및 제2항에 따른 상표를 사용할 권리를 이전(상속이나 그 밖의 일반승계에 의한 경우는 제외한다)하려는 경우에는 상표권자 또는 전용사용권자의 동의를 받아야 한다. 기출 15
⑥ 상표등록출원일 전 또는 상표등록출원일과 동일한 날에 출원되어 등록된 실용신안권 또는 디자인권이 그 상표권과 저촉되는 경우로서 그 실용신안권 또는 디자인권의 존속기간이 만료되는 경우에는 제1항부터 제5항까지의 규정을 준용한다.

제99조(선사용에 따른 상표를 계속 사용할 권리)
① 타인의 등록상표와 동일·유사한 상표를 그 지정상품과 동일·유사한 상품에 사용하는 자로서 다음 각 호의 요건을 모두 갖춘 자(그 지위를 승계한 자를 포함한다)는 해당 상표를 그 사용하는 상품에 대하여 계속하여 사용할 권리를 가진다. 기출 17
 1. 부정경쟁의 목적이 없이 타인의 상표등록출원 전부터 국내에서 계속하여 사용하고 있을 것 기출 24
 2. 제1호에 따라 상표를 사용한 결과 타인의 상표등록출원 시에 국내 수요자 간에 그 상표가 특정인의 상품을 표시하는 것이라고 인식되어 있을 것 기출 24
② 자기의 성명·상호 등 인격의 동일성을 표시하는 수단을 상거래 관행에 따라 상표로 사용하는 자로서 제1항 제1호의 요건을 갖춘 자는 해당 상표를 그 사용하는 상품에 대하여 계속 사용할 권리를 가진다.
③ 상표권자나 전용사용권자는 제1항에 따라 상표를 사용할 권리를 가지는 자에게 그 자의 상품과 자기의 상품 간에 출처의 오인이나 혼동을 방지하는 데 필요한 표시를 할 것을 청구할 수 있다. 기출 17·22·24

제100조(전용사용권·통상사용권 등의 등록의 효력)
① 다음 각 호에 해당하는 사항은 등록하지 아니하면 제3자에게 대항할 수 없다. 기출 17·23
 1. 전용사용권 또는 통상사용권의 설정·이전(상속이나 그 밖의 일반승계에 의한 경우는 제외한다)·변경·포기에 의한 소멸 또는 처분의 제한 기출 20
 2. 전용사용권 또는 통상사용권을 목적으로 하는 질권의 설정·이전(상속이나 그 밖의 일반승계에 의한 경우는 제외한다)·변경·포기에 의한 소멸 또는 처분의 제한
② 전용사용권 또는 통상사용권을 등록한 경우에는 그 등록 후에 상표권 또는 전용사용권을 취득한 자에 대해서도 그 효력이 발생한다.
③ 제1항 각 호에 따른 전용사용권·통상사용권 및 질권의 상속이나 그 밖의 일반승계의 경우에는 지체 없이 그 취지를 특허청장에게 신고하여야 한다. 기출 15

제101조(상표권의 포기)
상표권자는 상표권에 관하여 지정상품마다 포기할 수 있다.

제102조(상표권 등의 포기의 제한)
① 상표권자는 전용사용권자·통상사용권자 또는 질권자의 동의를 받지 아니하면 상표권을 포기할 수 없다.
② 전용사용권자는 제95조 제6항에 따른 질권자 또는 통상사용권자의 동의를 받지 아니하면 전용사용권을 포기할 수 없다. 기출 19
③ 통상사용권자는 제97조 제4항에 따른 질권자의 동의를 받지 아니하면 통상사용권을 포기할 수 없다.

제103조(포기의 효과)
상표권·전용사용권·통상사용권 및 질권을 포기하였을 경우에는 상표권·전용사용권·통상사용권 및 질권은 그때부터 소멸된다.

제104조(질권)
상표권·전용사용권 또는 통상사용권을 목적으로 하는 질권을 설정하였을 경우에는 질권자는 해당 등록상표를 사용할 수 없다. 기출 15

제104조의2(질권행사 등으로 인한 상표권의 이전에 따른 통상사용권)
상표권자(공유인 상표권을 분할청구한 경우에는 분할청구를 한 공유자를 제외한 나머지 공유자를 말한다)는 상표권을 목적으로 하는 질권설정 또는 공유인 상표권의 분할청구 전에 지정상품에 관하여 그 등록상표를 사용하고 있는 경우에는 그 상표권이 경매 등에 의하여 이전되더라도 그 상표권에 대하여 지정상품 중 사용하고 있는 상품에 한정하여 통상사용권을 가진다. 이 경우 상표권자는 경매 등에 의하여 상표권을 이전받은 자에게 상당한 대가를 지급하여야 한다. 기출 23·24

제105조(질권의 물상대위)
질권은 이 법에 따른 상표권의 사용에 대하여 받을 대가나 물건에 대해서도 행사할 수 있다. 다만, 그 지급 또는 인도 전에 그 대가나 물건을 압류하여야 한다. 기출 23

제106조(상표권의 소멸)
① 상표권자가 사망한 날부터 3년 이내에 상속인이 그 상표권의 이전등록을 하지 아니한 경우에는 상표권자가 사망한 날부터 3년이 되는 날의 다음 날에 상표권이 소멸된다. 기출 18·19·22·23
② 상표권의 상속이 개시된 때 상속인이 없는 경우에는 그 상표권은 소멸된다. 〈신설 2023.10.31.〉
③ 청산절차가 진행 중인 법인의 상표권은 법인의 청산종결등기일(청산종결등기가 되었더라도 청산사무가 사실상 끝나지 아니한 경우에는 청산사무가 사실상 끝난 날과 청산종결등기일부터 6개월이 지난 날 중 빠른 날로 한다. 이하 이 항에서 같다)까지 그 상표권의 이전등록을 하지 아니한 경우에는 청산종결등기일의 다음 날에 소멸된다. 〈개정 2023.10.31.〉 기출 18

04 특허권 등의 존속기간 만료 후 사용권(제98조)

(1) 의의 및 취지
상표출원일전 또는 동일자로 출원되어 등록된 특허권 등의 존속기간 만료 후의 계속적인 실시를 보장하기 위해, 부정경쟁목적 없는 원특허권자 등에게 원특허권 등의 범위에서 그 등록상표의 지정상품과 동일·유사한 상품에 대하여 등록상표와 동일·유사한 상표를 사용할 권리를 부여한다.

(2) 권리의 발생(요건)
① 상표등록출원일전 또는 그와 동일한 날에 출원되어 등록된 특허권 등일 것
② 특허권 등이 상표권과 저촉관계에 있을 것
③ 특허권 등이 존속기간 만료로 소멸되었을 것
④ 부정경쟁목적에 의한 사용이 아닐 것 : 원특허권자 등이 상표권자의 신용에 무단 편승하여 부당한 이익을 얻으려는 목적 등이 없어야 한다(입증책임 : 상표권자).

(3) 권리의 내용
① 사용권을 가지는 자(제1항・제2항) : 특허권자・실용신안권자 또는 디자인권자(法 제98조 제1항), 그 전용실시권자 및 등록한 통상실시권자(法 제98조 제2항)
② 사용권의 범위(제1항・제2항)
　㉠ 원특허권 등 또는 원실시권의 범위에서 사용권이 인정된다.
　㉡ 현재 실시하고 있거나 실시준비를 하고 있는 특허발명 등 사업목적의 범위로 한정되지 않는다.
③ 대가지급의무(제3항) : 특허권자 등은 지급의무가 없지만, 특허권 등에 대한 실시권자는 상표권자 또는 전용사용권자에게 상당한 대가를 지급해야 한다(法 제98조 제3항).
④ 상표권자 등의 혼동방지청구권(제4항) : 상표권자 또는 전용사용권자는 사용권을 가진 자에게 그 자의 업무에 관한 상품과 자기의 업무에 관한 상품 간에 혼동을 방지하는 데 필요한 표시를 하도록 청구할 수 있다(法 제98조 제4항).

05　선사용권(제99조 제1항)

(1) 의의 및 취지
① 선출원주의를 보완하고 모방상표 등록으로 인한 기대이익을 줄이기 위해, 상표등록출원 전부터 국내에서 계속 사용하여 출원 시에 특정인의 상품 출처로 인식된 경우 법정 사용권을 인정한다.
② 경과규정 : 타인의 상표등록출원이 07.7.1.이후 출원된 경우 적용

(2) 권리의 발생(요건)
① **부정경쟁의 목적이 없을 것** : 상표에 화체되어 있는 무형의 재산적 가치로서 신용(Goodwill)에 편승하여 정당한 노력 없이 부당한 이익을 얻고자 하는 목적이 없어야 한다. 단, '부정경쟁의 목적이 없음'을 선사용권을 주장하는 자가 입증해야 한다.
② **상표등록출원 전부터 국내에서 계속하여 사용하고 있을 것** : '계속하여'는 선사용권 발생 후의 계속적 사용의 요건에 대응하는데, 이는 타인의 상표등록출원 전 상표를 사용하였더라도 그 후 사용을 중단했다면 선사용권을 인정할 필요가 없기 때문이다. 물론 '계속성'이 절대적 의미의 계속성이라고 볼 수는 없고, 부득이한 사정으로 사용하지 못한 경우에는 예외를 인정할 수 있다.
③ 타인의 상표등록출원 시에 국내 수요자 간에 특정인의 출처로 인식되어 있을 것
④ 타인의 등록상표와 동일・유사한 상표를 동일・유사한 상품에 사용할 것

(3) 권리의 내용

① **사용권을 가지는 자** : 동일·유사 상표를 동일·유사 상품에 사용하는 자로서 각 호의 요건을 모두 갖춘 자 및 그 승계인
② **사용권의 범위** : 해당 사용 상표와 동일한 상표를 동일한 상품에 사용하는 경우로 한정된다.
③ **상표권자 등의 혼돈방지청구권** : 상표권자·전용사용권자는 法 제99조에 따라 상표를 사용할 권리를 가지는 자에게 혼돈방지에 필요한 표시를 할 것을 청구할 수 있다(法 제99조 제3항).

06 영세상인을 위한 선사용권(제99조 제2항)

(1) 의의·취지 및 경과규정

① **의의 및 취지** : 지역적 영업으로 제1항 제2호의 인식도를 갖추기 어려운 영세상인을 실효적으로 보호하기 위해, 성명·상호 등을 상거래 관행에 따라 상표로 사용하는 자에게 법정사용권을 인정한다.
② **경과규정**
  ㉠ 13.10.6. 시행 개정법에서 도입
  ㉡ i) 입법취지가 영세상인을 보호하기 위한 것이고, ii) 개별 경과규정을 두지 않은 점에서 13.10.6. 이전 출원하여 등록된 상표권에 대하여도 13.10.6.부터는 본항의 선사용권을 주장할 수 있다고 본다.

(2) 권리의 발생(요건)

① **성명·상호 등 인격의 동일성을 표시하는 수단**
② **상거래 관행에 따라 상표로 사용** : '상거래 관행'에 따른 사용이라는 점은 선사용권을 주장하는 자에게 입증책임이 있다.
③ **부정경쟁의 목적이 없을 것** : 法 제90조 제1항 제1호와 비교할 때, '부정경쟁의 목적이 없음'을 선사용권자가 입증해야 하는 차이점이 있다.
④ **상표등록출원 전부터 국내에서 사용하고 있을 것** : 본 요건은 法 제99조 제1항의 선사용권에서 요구되는 내용과 동일하다.

(3) 권리의 내용

① **사용권을 가지는 자** : 성명·상호 등을 상거래 관행에 따라 상표로 사용하는 자로서 제1항 각 호의 요건을 모두 갖춘 자
② **사용권의 범위** : 해당 사용 상표와 동일한 상표를 동일한 상품에 사용하는 경우로 한정된다.

③ 사용권의 이전 허용 여부
  ㉠ 부정설 : ⅰ) 명문의 규정에 승계인을 포함하지 않은 점, ⅱ) 특정인의 출처로 인식된다면 제1항에 해당하여 이전이 가능함을 근거로 제2항의 사용권의 이전을 불허한다.
  ㉡ 긍정설 : ⅰ) 法 제99조 제2항은 법정사용권을 인정한 규정이라는 점, ⅱ) 성명이나 상호를 '상표로 사용하는 것'을 허용한 이상 영업과 함께 이전할 수 있도록 허용하는 것이 '상거래 관행'에 부합하다는 점을 근거로 제2항의 사용권의 이전을 허용한다.
  ㉢ 검토 : 생각건대, 본 규정에 인격권적인 요소가 있긴 하나 기본적으로 이전이 가능한 재산권에 해당하고, 영세상인의 영업개시, 유지 뿐 아니라 처분도 적극적으로 지원함이 본 규정의 취지에 부합하다는 점에서 제1항과 마찬가지로 영업과 함께 이전이 가능하다고 봄이 타당하다.
④ 혼동방지청구권의 적용은 없음

07 상표권 적극적 효력의 제한

(1) 전용사용권자가 존재하는 경우 적극적 효력의 제한(法 제89조 단서)
전용사용권을 설정한 경우, 전용사용권자가 등록상표를 사용할 권리를 독점하는 범위에서는 상표권자의 적극적 효력이 제한된다.

(2) 타인의 디자인권 등과의 관계에서 적극적 효력의 제한(法 제92조 제1항)
① 의의 및 취지 : 상표법과 특허법 등은 상호 간에 선후원의 관계가 성립되지 않아 저촉되는 권리가 각 법률에 따라 등록될 수 있는데 이를 사후적으로 조정하기 위해, 등록상표의 사용이 먼저 출원된 타인의 특허권 등 또는 먼저 발생된 타인의 저작권과 저촉되는 경우, 그 자의 동의를 받지 아니하고는 사용할 수 없다.
② 요 건
  ㉠ 등록상표의 사용
  ㉡ 출원일 전에 출원된 또는 발생한 타인의 권리의 존재
  ㉢ 그 사용 상태에 따라 선행권리와 저촉이 있을 것
③ 효 과
  ㉠ 전용권 등의 제한 – 동의를 받은 경우에만 사용 가능
  ㉡ 금지권이 제한되는지 여부 – 소극(대법원 2006.9.11. 자 2006마232 결정) : 法 제92조 제1항은 저작권자에 대한 관계에서 등록상표의 사용이 제한됨을 의미하는 것으로, 저작권자와 관계없는 제3자가 등록상표를 무단으로 사용하는 경우에는 상표권자는 그 사용금지를 청구할 수 있다.

기출 24

(3) 선출원 또는 선등록상표와의 관계에서 저촉이 있는 경우

① **종래 대법원 判例** : 상표법에 의하여 등록된 상표는 그것이 무효이거나 취소되기까지는 다같이 보호받아야 할 것이기 때문에, 후출원 등록상표에 의한 선출원 등록상표의 침해는 후출원 등록상표가 적법한 절차에 따라 등록무효의 심결이 확정되었음에도 불구하고 그 후 후출원 등록상표권자가 선출원 등록상표와 동일 또는 유사한 상표를 그 지정상품과 동일 또는 유사한 상품에 사용한 때 성립한다고 할 것이다(대법원 1986.7.8. 선고 86도277 판결).

② **최근 대법원 전원합의체 判例** : 상표권자가 상표등록출원일 전에 출원·등록된 타인의 선출원 등록상표와 동일·유사한 상표를 등록받아 선출원 등록상표권자의 동의 없이 이를 선출원 등록상표의 지정상품과 동일·유사한 상품에 사용하였다면 후출원 등록상표의 적극적 효력이 제한되어 후출원 등록상표에 대한 등록무효 심결의 확정 여부와 상관없이 선출원 등록상표권에 대한 침해가 성립한다(대법원 2021.3.18. 선고 2018다253444 전원합의체 판결).

(4) 신의성실 원칙에 반하는 상표의 적극적 효력의 제한(法 제92조 제2항)

① **의의 및 취지** : 공정한 상거래 관행 및 경쟁질서를 확립하고 부정경쟁방지법과의 조화를 이루기 위해, 그 등록상표의 사용이 부정경쟁방지법 제2조 제1호 파목에 따른 부정경쟁행위에 해당할 경우에는 그 타인의 동의를 받지 아니하고는 그 등록상표를 사용할 수 없다.

② **요 건**
  ㉠ 등록상표의 사용
  ㉡ 부정경쟁방지법 제2조 제1호 파목에 따른 부정경쟁행위에 해당할 것

③ **효 과**
  ㉠ 전용권의 제한 – 동의를 받은 경우에만 사용 가능 : 타인의 상당한 투자나 노력으로 만들어진 성과 등을 공정한 상거래 관행이나 경쟁질서에 반하는 방법으로 자신의 영업을 위하여 무단으로 사용함으로써 타인의 경제적 이익을 침해하는 행위
  ㉡ 금지권이 제한되는지 여부 – 소극

④ **관련문제**
  ㉠ 法 제119조 제1항 제6호의 취소사유 : 法 제92조 제2항에 해당하는 상표가 등록된 경우에 그 상표에 관한 권리를 가진 자가 해당 상표등록일부터 5년 이내에 취소심판을 청구한 경우 취소사유에 해당한다.
  ㉡ 경과규정 : 14.6.11. 이후 출원 또는 지정상품추가등록출원에 적용

08 제90조 개괄

(1) 法 제90조 의의 및 취지
일반 공중이 자신의 인격권, 자유권에 기하여 상표를 사용하는 경우 등록상표권의 금지적 효력을 제한하여 자유로운 사용을 보장하는 것이다.

(2) 法 제90조 제1항의 적용범위
① 문제점 : 法 제33조 제1항 제1호 내지 제4호에 대응되는 효력제한 규정은 있지만, 제5호 내지 제7호에 대응되는 효력제한 규정이 없어, '흔한 성 또는 명칭', '간단하고 흔한 포장' 및 '식별력 없는 상표'에도 法 제90조를 확대 적용할 수 있는지가 문제된다.

② 특허법원 判例 : 法 제33조 제1항 제5, 6, 7호에 해당하는 상표들을 法 제33조 제1항 다른 각 호의 상표들과 구분하여 취급할 만한 특별한 사정이 없다고 보여지므로, 法 제90조 제1항 제2호 내지 제4호는 식별력 없는 상표들을 예시적으로 규정한 것이라고 봄이 상당하고, 法 제33조 제1항 제5호 내지 제7호의 상표에도 등록상표권의 효력이 미치지 아니한다고 판시하였다(특허법원 2013.7.11. 선고 2013허709 판결).

③ 다수설 : 法 제90조를 확대해석하는 경우 상표권의 보호범위를 부당하게 감축시키는 결과가 발생한다는 이유로 확대적용을 부정한다.

④ 검토 : 식별력 없는 자유사용을 보장하는 法 제90조 제1항의 취지에 비추어 특허법원 判例가 타당한 면이 있지만, 法 제90조는 등록 상표권의 본래적 효력을 제한하는 규정이라는 점에서 명문규정 없이 확대해석하기는 어렵다고 보여진다.

(3) 결합상표의 일부분에 法 제90조 적용 여부
법문상 '만'이라는 한정어구가 없으므로 결합상표의 일부분에도 본 호의 적용이 있다고 봄이 타당하고, 判例또한 "전체뿐만 아니라 그중 분리 인식될 수 있는 일부만이 法 제90조 제1항 각 호에 해당하더라도 거기에 상표권의 효력은 미치지 아니하는 것이고, 이처럼 상표권의 효력이 미치지 아니하는 부분이 확인대상표장에 포함되어 있다면 확인대상표장 중 그 부분을 제외한 나머지 부분에 의하여 등록상표와 사이에 상품출처 오인·혼동 염려가 있는지를 기준으로 등록상표의 권리범위에 속하는지 여부를 판단해야 한다"라고 판시하여, 결합상표의 일부분에 法 제90조가 적용될 수 있음을 분명히 하였다(대법원 2013.12.12. 선고 2013후2446 판결). **기출 20**

09 제90조 제1항 제1호

(1) 의의 및 취지
① 의의 : 성명권 및 상호권을 보호하기 위해, 부정경쟁 목적 없이 자신의 성명·상호 등 또는 저명한 약칭을 상거래 관행에 따라 사용하는 상표에는 상표권의 효력이 미치지 아니한다.
② 취지 : 法 제90조 제1항 제1호는 자기의 상호 등은 자기의 인격과 동일성을 표시하기 위한 수단이기 때문에 상호 등이 상품에 관하여 사용되는 방법이 거래사회의 통념상 자기의 상호 등을 나타내기 위하여 필요한 범위 내에 있는 한 그 상호 등과 동일·유사한 타인의 등록상표권이 효력이 위와 같이 사용된 상호 등에 미치지 않고, 이와 달리 상호 등의 표시방법으로 보아 타인의 상품과 식별되도록 하기 위한 표장으로 사용되었다고 볼 수밖에 없는 경우에는 타인의 등록상표권의 효력이 미친다는 취지라고 봄이 상당하다(대법원 2002.11.13. 선고 2000후3807 판결).

(2) 적용요건
① 자신의 성명 또는 상호 등 또는 저명한 아호·예명·필명과 이들의 저명한 약칭 : '주식회사' 등 회사의 종류를 나타내는 부분을 생략한 경우의 취급
  ㉠ 구법상 判例 : 회사의 종류를 나타내는 부분을 생략한 경우에는 상호의 약칭에 불과하고, 그 약칭이 저명하지 않는 한 본 호의 적용을 받을 수 없다고 판시하였다(대법원 2013.3.28. 선고 2012도14129 판결).
  ㉡ 16.9.1. 시행 개정법상 해석 : 회사의 종류를 생략하고 호칭하는 경우가 많으므로, 개정법상 회사 부분을 생략하는 것을 상호를 상거래 관행에 따라 사용하는 것으로 볼 여지가 없지 않다 (해석).
② 상거래 관행에 따라 사용하는 상표
  ㉠ 16.9.1. 시행 개정법 이전
    • '보통으로 표시하는 방법으로 사용하는 상표'로 규정하였으며, 判例는 "독특한 글씨체·색채·도안화된 문자 등 특수한 태양으로 표시하는 등 특별한 식별력을 갖도록 함 없이 표시하는 것을 의미하고, 일반 수요자가 상호임을 인식할 수 있어야 한다."고 하여 엄격히 해석하였다.
    • 판단의 고려요소 : 사용된 표장의 위치, 배열, 크기, 다른 문구와의 연결관계, 도형과 결합되어 사용되었는지 여부 등 실제 사용태양을 종합적으로 판단한다(대법원 2011.1.27. 선고 2010도7352 판결, 대법원 2012.5.10. 선고 2010후3387 판결).
  ㉡ 19.9.1. 시행 개정법 태도 : 인격권 보호 강화 취지에서, '보통으로 사용하는 방법으로 사용하는 상표'를 '상거래 관행에 따라 사용하는 상표'로 그 기준을 완화하였다.

③ 부정경쟁의 목적이 없을 것(法 제90조 제3항) : 상표권자의 입증책임
  ㉠ 부정경쟁목적의 의미
    • 등록상표권자의 신용을 이용하여 부당한 이익을 얻을 목적을 의미한다(判例).
    • 등록상표를 알고 있었다는 사실만으로 부족하며, 침해자의 상표 선정의 동기, 피침해상표를 알고 있었는지 여부 등 주관적 사정과 상표의 유사성, 피침해상표의 신용상태, 영업목적의 유사성 및 영업활동의 지역적 인접성, 침해자의 사용상태 등 객관적 사정을 고려하여 판단해야 한다(判例).
  ㉡ 신용을 얻게 된 경위의 문제 : 法 제90조 제3항은 신용 내지 명성에 편승하려는 등의 목적으로 모방한 명칭이나 상호 등을 표장으로 사용하는 것을 금지시키는 데 그 취지가 있으므로, 등록상표가 신용을 얻게 된 경위는 문제로 되지 않으며 그 지정상품에 대하여 주지성을 얻어야만 부정경쟁목적이 인정되는 것도 아니다(대법원 2011.7.28. 선고 2011후538 판결). 기출 18
  ㉢ 등록상표의 신용 형성이 동일성 범위에 의한 사용이어야 하는지 여부
    • 문제점 : '등록 상표권자의 신용'은 등록상표가 주지성을 획득한 경우 얻어지는 것인데, 등록상표가 동일성을 유지하면서 사용되어 주지성을 획득한 경우에만 신용이 형성되는 것인지 문제된다.
    • 견해대립 : ⅰ) 法 제119조 제1항 제3호의 취지상 동일사용이 아니라면 보호할 필요가 없다는 점을 근거로 동일사용을 요구하는 〈동일사용필요설〉과 ⅱ) 法 제90조 제3항의 취지는 法 제119조 제1항 제3조와 달리 등록상표의 명성을 부당하게 이용하는 것을 규제하는 것이므로 동일사용일 필요 없다는 〈동일사용불요설〉에 대립한다.
    • 判例 : 동일성을 유지하면서 그대로 사용되어 국내에서 널리 인식된 경우만 신용이 형성되는 것은 아니며, 불사용을 이유로 취소되지 않는 한 상표권은 여전히 보장되어야 하는 것이므로 부정사용에 해당한다는 등 특단의 사유가 없는 등록상표의 일부 사용이라도 신용 획득이 가능하다는 입장이다(대법원 1993.12.21. 선고 92후1844 판결).
    • 검토 : 法 제90조 제3항의 취지와 불사용취소심판제도의 취지는 달리 봄이 타당하고, 부정경쟁목적 여부는 사용자의 내심의 의사에 더 비중을 두어 파악하여야 한다는 점에서 〈동일사용불요설〉이 타당하다.

10 제90조 제1항 제2호

(1) 의의 및 취지
보통명칭이나 기술적 표장의 자유사용 필요성을 보장하기 위해, 보통명칭이나 기술적 표장을 보통으로 사용하는 방법으로 표시하는 상표에는 상표권의 효력이 미치지 아니한다.

(2) 적용요건
① 등록상표의 지정상품과 동일·유사한 상품의 보통명칭 또는 기술적 표장
② 보통으로 사용하는 방법으로 표시하는 상표
  ㉠ '보통으로 사용하는 방법으로 표시하는 상표'라 함은 상표의 외관상의 태양구성 뿐만 아니라 상품에 사용되는 그 사용방법 등이 통례에 비추어 기술적 표장으로서 보통으로 사용되는 것을 의미한다(대법원 2006.7.28. 선고 2004도4420 판결). 기출 18
  ㉡ 상표가 도안화되어 있더라도, 전체적으로 볼 때 도안화의 정도가 일반인의 특별한 주의를 끌어 문자의 기술적 또는 설명적인 의미를 직감할 수 없는 등 새로운 식별력을 가질 정도에는 이르지 못하여 일반 수요자가 사용상품을 고려하였을 때 성질 등을 표시하는 것으로 직감할 수 있으면 여전히 본 호에 해당한다(대법원 2011.5.26. 선고 2009후3572 판결, 대법원 2011.2.24. 선고 2010후3264 판결, 대법원 2014.9.25. 선고 2013후3289 판결, 대법원 2010.5.13. 선고 2009다47340 판결).
  ㉢ 수요자가 그 부분의 구체적 의미(기술적 의미)를 직감하기 어렵다하여도 사용상표의 전체적인 구성 혹은 그 사용태양에 비추어 보아 그 부분이 '품질 등을 나타내는 기술적 표장'으로 사용되었음을 직감할 수 있다면 그 적용이 있다(대법원 2008.4.24. 선고 2006후1131 판결).

11 제90조 제1항 제4호

(1) 의의 및 취지
관용표장이나 현저한 지리적 명칭의 자유사용 필요성을 보장하기 위해, 관용표장이나 현저한 지리적 명칭 등으로 된 상표에는 상표권의 효력이 미치지 아니한다.

(2) 적용요건
등록상표의 지정상품과 동일·유사한 상품에 관용하는 상표와 현저한 지리적 명칭 : 보통으로 사용하는 방법으로 표시된 포장으로 한정하지 아니하고 있으므로, 현저한 지리적 명칭과 관용표장을 보통으로 사용하는 방법과 달리 도안화되거나 다른 문자 또는 도형과 결합된 것이라 하더라도, 그 도안된 부분이나 추가적으로 결합된 문자나 도형 부분이 특히 일반의 주의를 끌만한 것이 아니어서 전체적, 객관적, 종합적으로 보아 지리적 명칭이나 관용표장 또는 그 결합표장에 흡수되어 불가분의 일체를 구성하고 있다면, 본 호에 해당하여 상표권의 효력이 미치지 아니한다(대법원 1999.11.26. 선고 98후1518 판결).

12 상표권의 권리남용

(1) 상표권 남용법리의 일반론
① 일반적인 권리남용 이론
  ㉠ 일반적으로, '권리자에게 가해의사 내지 가해목적이 있어야 한다'는 주관적 요건 및 '권리행사자의 이익과 그로 인해 침해되는 이익 사이의 현저한 불균형이 있어야 한다'는 객관적 요건을 요구한다.
  ㉡ 주관적 요건을 필요로 하는지 여부에 관해 견해 대립이 있지만, 대법원 判例는 일반적으로 주관적 요건을 요구하지만, 주관적 요건은 객관적인 사정에 의해 추인할 수 있다는 입장이다.
② 상표법의 영역에서 권리남용 법리의 특수성
  ㉠ 상표권 남용의 의의 : 상표법의 목적에 비추어 볼 때, '상표사용자의 업무상 신용유지' 및 '수요자 이익 보호'라는 상표제도의 목적이나 기능을 일탈하는 형태를 '상표권 남용'으로 보아야 한다.
  ㉡ i) 상표는 특허 등과 달리 창작물이 아닌 선택 또는 결합의 결과물을 출원함으로써 권리가 취득된다는 점, ii) 사용상표가 등록되어 있지 않음을 기화로 등록받아 권리를 행사하는 상표브로커가 많다는 점 등에서 특히 상표법의 영역에서 권리남용이 문제되는 경우가 많고, 중요하게 다뤄지고 있다.

(2) 유형별 고찰

① 주지의 선상표사용자가 상표권자의 권리행사에 대하여 권리남용에 해당된다고 주장하는 유형 :
[정태호 "상표권 남용에 관한 판례의 유형별 고찰", 「지식재산연구 제9권 제3호」(2014.9)]
상표의 등록이 자타상품식별 목적으로 한 것이 아니고, 국내에서 널리 인식된 타인의 상표가 등록되어 있지 않음을 알고, 일반 수요자로 하여금 타인의 상품과 혼동을 일으키게 하여 이익을 얻을 목적으로 형식상 상표권을 취득한 경우에는 그 상표등록출원 자체가 부정경쟁행위를 목적으로 하는 것으로서, 가사 권리행사의 외형을 갖추었다고 하더라도 상표법을 악용 또는 남용한 것으로서 적법한 권리의 행사라고 인정할 수 없으며, 부정경쟁방지법 제15조에 해당하여 같은 법 제2조의 적용이 배제된다고 할 수 없다(대법원 1993.1.19. 선고 92도2054 판결).

② 주지하지 않은 선상표사용자가 상표권자의 권리행사에 대해서 권리남용에 해당된다고 주장하는 유형
　㉠ 원칙 : 원칙적으로 주지하지 않은 선사용상표를 등록받아 권리행사를 하는 경우 권리남용으로 보지 않는다.
　㉡ 신의칙 내지 사회질서에 반하는 상표권의 행사가 권리남용에 해당된다고 주장하는 유형의 경우 : 상표 출원·등록한 목적과 경위, 상표권 행사에 이른 구체적·개별적 사정에 비추어, 상표권의 행사가 상표사용자의 업무상의 신용유지와 수요자의 이익보호를 목적으로 하는 상표제도의 목적이나 기능을 일탈하여 공정한 경쟁질서와 상거래 질서를 어지럽히고 수요자 사이에 혼동을 초래하거나 상대방에 대한 관계에서 신의성실의 원칙에 위배되는 등 법적으로 보호받을 만한 가치가 없다고 인정되는 경우에는, 가사 권리행사의 외형을 갖추었다 하더라도 권리를 남용하는 것으로서 허용될 수 없고, 상표권 행사의 목적이 오직 상대방에게 고통을 주고 손해를 입히려는 데 있을 뿐 이를 행사하는 사람에게는 아무런 이익이 없어야 한다는 주관적 요건을 반드시 필요로 하는 것은 아니다(대법원 2007.1.25. 선고 2005다67223 판결). **기출 21**

③ ②와 관련된 구체적 사례들
　㉠ 국내에서 등록되지 않는 외국상표에 관한 지위를 양도한 자가 스스로 그와 유사한 모방상표를 먼저 등록한 다음, 양수인측을 상대로 상표사용금지가처분을 구한 사안에서, 判例는 "그 출원이 자타상품식별을 위한 것이 아니라, 외국 제품의 독점적 수입판매권을 부여받는 내용의 계약을 강제하거나 그러한 계약을 맺는 과정에서 유리한 입지를 확보하여 부당한 이익을 얻기 위한 부정적 의도 하에 출원된 것으로 보이고, 독점수입판매권과 함께 영업을 양도하였으므로 적어도 계약기간 동안에는 제품에 대한 수입판매권이 유지·보장될 수 있도록 협력하고 이를 방해해서는 안 되며, 양도인으로서 일정 기간동안 동종업에 관한 경업금지의무를 부담한다고 할 것인데, 이러한 동일·유사한 상표를 출원·등록하는 것은 신의칙 내지 사회질서에 반하는 것으로서 상표권을 남용한 권리의 행사이다"라고 판시하였다(대법원 2006.2.24. 자 2004마101 결정).
　㉡ 외국 회사와 국내 총판대리점 관계에 있던 자가 총판대리점 관계에 있던 기간 중 상표를 출원·등록하고, 총판대리점계약이 종료된 후 외국 회사가 출자하여 국내에 설립한 법인이 제품을 제조·판매하자 상표권침해금지를 구한 사안에서, 判例는 "상표제도의 목적이나 기능을 일탈하여 공정한 경쟁질서와 상거래 질서를 어지럽히고 상대방에 대한 관계에서 신의성실의 원칙에 위배되는 행위여서 법적으로 보호받을 만한 가치가 없다고 인정되므로, 상표권을 남용하는 것으로서 허용될 수 없다"고 판시하였다(대법원 2007.2.22. 선고 2005다39099 판결).

④ 무효로 될 것이 명백한 상표권의 행사가 권리남용에 해당한다고 주장하는 유형
  ㉠ 문제점 : 다른 유형들과 달리, 상표권의 '행사'에 하자가 존재하는 경우가 아닌 상표권이라는 '권리 자체'에 하자가 존재하는 경우에도 그 권리를 행사하는 것이 권리남용에 해당하는 것으로 볼 수 있는지도 문제된다.
  ㉡ 대법원 전원합의체 判例의 태도 : 判例는 무효사유가 명백한 상표권의 행사를 허용하는 것은, ⅰ) 그 상표의 사용과 관련된 공공의 이익을 부당하게 훼손할 뿐만 아니라, ⅱ) 상표사용자 업무상 신용유지 및 수요자 이익을 보호하는 상표법의 목적에도 배치되고, ⅲ) 상표권자에게 부당한 이익을 주고 사용자에게는 불합리한 고통이나 손해를 줄 뿐이므로 실질적 정의와 당사자들 형평에도 어긋나는 점들에 비추어, 상표권이 등록무효심결이 확정되기 전이라도 무효로 될 것이 명백한 경우에는 권리 행사는 특별한 사정이 없는 한 권리남용에 해당하여 허용되지 않고, 침해소송 담당 법원에서도 권리남용에 해당한다는 항변이 있는 경우 그 당부를 살피기 위한 전제로서 상표등록의 무효 여부에 대해 심리·판단할 수 있다고 한다(대법원 2012.10.18. 선고 2010다103000 전원합의체 판결). 기출 22·23
  ㉢ 判例에 비판적인 견해 : 이와 같이 判例에 대해, ⅰ) 무효사유의 '명백성'에 대한 개념이 모호하다는 점, ⅱ) 상표등록의 무효심판을 거치지 않고 권리 효력을 부인하는 결과를 초래하여 사실상 권한분배 원칙에 어긋난다는 점, ⅲ) 권리행사의 형태에 영향을 받지 않고 획일적으로 동일한 결론에 이르게 될 수 있는 점에 비추어 判例를 비판하는 견해가 있으며, 法 제90조와 같은 다른 적한 구제수단이 없는 경우에 보충적으로만 권리남용을 인정해야 한다는 견해도 있다[김원준, "등록상표권의 행사와 권리남용"「企業法硏究 제28권 제3호」(2014.9.)].
  ㉣ 검토 : 비판적인 견해도 일응 타당한 면이 있지만, 추정 침해자로 하여금 무효심판을 강제하지 않는다는 점, 그에 따라 소송경제를 도모한다는 점에 비추어 무효사유 명백한 권리에 기한 권리행사는 권리남용으로 보고, 이를 침해소송 담당 법원에서도 심리·판단할 수 있다고 봄이 타당하다.
⑤ 불사용취소사유가 있는 상표권의 행사가 권리남용에 해당된다고 주장하는 유형 : 判例는 등록취소사유가 있다 하더라도 그 등록취소심결 등에 의하여 취소가 확정될 때까지는 여전히 유효한 권리로서 보호받을 수 있으므로, 그 상표권에 기한 금지청구가 권리남용 또는 신의칙 위반에 해당된다고 볼 수 없다.
⑥ 침해행위로 주지성을 얻은 사용상표에 대한 등록상표 상표권 행사의 권리 남용 : 상표권의 유사범위를 정당한 이유 없이 사용한 결과 그 사용상표가 국내의 일반 수요자들에게 알려지게 되었다 하더라도, 사용상표와 관련하여 얻은 신용과 고객흡인력은 등록상표의 상표권을 침해하는 행위에 의한 것으로서 보호받을 만한 가치가 없고 그러한 상표의 사용을 용인한다면 우리 상표법이 취하고 있는 등록주의 원칙의 근간을 훼손하게 되므로, 위와 같은 상표 사용으로 시장에서 형성된 일반 수요자들의 인식만을 근거로 하여 상표 사용자를 상대로 한 등록상표의 상표권에 기초한 침해금지 또는 손해배상 등의 청구가 권리남용에 해당한다고 볼 수는 없다(대법원 2014.8.20. 선고 2012다6059 판결). 기출 17

13 권리소진이론

(1) 권리소진이론 의의
상표권자 등 해당 상표에 대한 정당한 권한을 가진 자가 국내에서 상표품을 적법하게 양도한 경우에는 해당 상품에 대한 상표권은 그 목적을 달성한 것으로서 소진되고, 상표권의 효력은 해당 상품을 양도하는 행위 등에 미치지 않는다. 상표권자의 이중이득을 방지하고, 거래질서를 확보하기 위함이다.

(2) 권리소진이 인정되기 위한 요건
① 상표권자 또는 그의 동의를 얻은 자가 상품을 양도한 경우일 것을 요하고,
② '해당 상품'을 사용·양도·대여하는 행위에만 적용된다.

(3) 권리소진이 인정되지 않는 경우
① 判例 : '해당 상품'에 한하여 상표권이 소진된다는 것이므로, 원래의 상품과의 동일성을 해할 정도의 가공이나 수선을 하는 경우에는 실질적으로 생산행위를 하는 것과 마찬가지이므로 이러한 경우에는 상표권자의 권리를 침해하는 것이다.
② 동일성을 해할 정도의 가공이나 수선인지 여부의 판단 방법 : 判例는 동일성을 해할 정도의 가공이나 수선으로서 생산행위에 해당하는가의 여부는 해당 상품의 객관적인 성질, 이용형태, 상표법의 규정취지와 상표의 기능 등을 종합하여 판단한다고 한다.

(4) 사안별 고찰
① 후지필름 判例(대법원 2003.4.11. 선고 2002도3445 판결) : 적법 유통된 1회용 카메라의 몸체를 이용하여 카메라의 성능이나 품질면에서 중요하고도 본질적·부분적인 필름을 갈아 끼우고 새로 포장한 경우, 이는 상품의 동일성을 해할 정도로 본래의 품질이나 형상에 변경을 가한 경우에 해당하고, 이는 실질적 재생산에 해당하므로 상표권자는 상표권을 행사할 수 있다.
② 트럼프카드 判例(대법원 2009.10.15. 선고 2009도3929 판결) : 타인의 등록상표가 인쇄된 트럼프카드를 구입한 후 뒷면에 특수 렌즈 또는 적외선 필터를 사용해야만 식별 가능한 특수 염료로 무늬와 숫자를 인쇄한 경우, i) 이는 육안으로 식별이 불가능하여 특수한 방법으로 사용하지 않는 이상 여전히 그 본래의 용도대로 사용될 수 있고, ii) 수요자로서는 출처를 혼동할 염려가 없으므로, 상품의 동일성을 해할 정도의 가공·수선이라 보기 어렵다. 기출 16

(5) 통상사용권의 계약범위를 넘어선 경우

① **통상사용권의 범위를 넘어선 통상사용권자의 양도행위** : 상표권자 또는 그의 동의를 얻은 자가 국내에서 등록상표가 표시된 상품을 양도한 경우에는 해당 상품에 대한 상표권은 그 목적을 달성한 것으로서 소진되고, 그로써 상표권의 효력은 해당 상품을 사용, 양도 또는 대여한 행위 등에는 미치지 않는다. 지정상품, 존속기간, 지역 등 통상사용권의 범위는 통상사용권계약에 따라 부여되는 것이므로 이를 넘는 통상사용권자의 상표 사용행위는 상표권자의 동의를 받지 않은 것으로 볼 수 있다(대법원 2020.1.30. 선고 2018도14446 판결).

② **계약상 부수적인 조건을 위반한 경우** : 통상사용권자가 계약상 부수적인 조건을 위반하여 상품을 양도한 경우까지 일률적으로 상표권자의 동의를 받지 않은 양도행위로서 권리소진의 원칙이 배제된다고 볼 수는 없고, 계약의 구체적인 내용, 상표의 주된 기능인 상표의 상품출처표시 및 품질보증 기능의 훼손 여부, 상표권자가 상품 판매로 보상을 받았음에도 추가적인 유통을 금지할 이익과 상품을 구입한 수요자 보호의 필요성 등을 종합하여 상표권의 소진 여부 및 상표권이 침해되었는지 여부를 판단하여야 한다.

14 진정상품병행수입

(1) 진정상품병행수입의 의의

국내외 동일한 상표권을 소유하고 있는 상표권자에 의해 일국에서 적법하게 유통된 상품을 권원 없는 제3자가 타국으로 상표권자의 허락 없이 수입하여 판매하는 행위를 말한다.

(2) 진정상품병행수입 허용여부

① **문제점** : 진정상품병행수입 행위를 전체적으로 이익이 되는 것으로 보아서 허용할 것인지, 상표권 침해행위로 보아 규제할 것인지 문제된다[사법연수원, 상품법, 사법연수원(2015), 244면].

② **견해의 대립** : ⅰ) 속지주의 원칙 및 정당한 권리자의 신용훼손 우려를 근거로 진정상품병행수입을 허용할 수 없다는 견해와, ⅱ) 경쟁이 촉진되고, 소비자들에게 저렴한 가격으로 구입할 선택권을 부여할 수 있다는 점을 근거로 국제적소진이론 또는 상표기능론에 입각해 허용해야 한다는 견해가 대립한다.

③ **判例 - 제한적 허용** : 判例는 상표기능론에 입각하여, ⅰ) 수입품이 진정상품이고(외국의 상표권자 내지 정당한 사용권자가 그 수입된 상품에 상표를 부착했을 것), ⅱ) 국내외 상표권자의 광의의 출처 동일성이 인정되고(그 외국 상표권자와 우리나라의 등록 상표권자가 법적 또는 경제적으로 밀접한 관계에 있거나 그 밖의 사정에 의하여 수입상품에 부착된 상표가 우리나라의 등록상표와 동일한 출처를 표시한 것으로 볼 수 있는 경우), ⅲ) 국내외 상표권자에 의해 유통되는 상품의 품질에 실질적 차이가 없는 경우 침해가 되지 않는다고 한다.

④ **검토** : 경쟁을 촉진하고, 소비자들의 상품선택범위를 확대한다는 측면에서 허용하되, 상표의 기능이 손상되지 않는 범위 안에서 허용함이 타당하다.

(3) 진정상품병행수입 허용요건

① 수입품이 진정상품일 것
② 국내외 상표권자의 광의의 출처의 동일성이 만족될 것
  ㉠ 국내외 상표권자가 다른 경우 취급
    • 원칙 : 국내외 상표권자가 동일한 경우에 한한다.
    • 예외 : 동일인이 아닐지라도 국내 상표권자가 외국 상표권자의 '국내 총대리점, 독점적 판매업자 또는 계열회사 관계'에 있는 등 양자간 법적·경제적·밀접한 관계에 있는 경우로서 품질의 동일성이 유지되는 경우라면 허용될 수 있다.
  ㉡ 국내 전용사용권을 설정한 경우 취급
    • 전용사용권자가 외국 상표권자의 상품을 수입·판매만 하는 경우 : 상품 출처 및 품질의 동일성이 만족되어 상표의 기능을 손상하지 않으므로 병행수입이 허용된다.
    • 전용사용권자가 독자적으로 제조·판매하는 경우 : 전용사용권자가 해당상품 출처와 관련하여 독립한 영업적 신용을 형성하지 못하고 제품 자체의 품질에 있어 실질적인 차이가 없다면 병행수입이 허용될 수 있으나, 전용사용권자가 독립적 영업적 신용을 형성한 경우나 품질에 있어 실질적인 차이가 있는 경우라면 허용될 수 없다(대법원 2006.10.13. 선고 2006다40423 판결, 대법원 2010.5.27. 선고 2010도790 판결).
  ㉢ 수입품이 판매지 제한 약정에 위반되는 경우 : 判例는 병행수입품이 거래 당사자 사이의 판매지 제한 약정에 위반되는 상품이라 하여도 이러한 사정만으로 상품의 출처가 변하는 것이 아니므로 그러한 사정만으로 병행수입이 불허되는 것은 아니라고 판시하였다.
③ 제품 자체의 품질에 있어서 실질적인 차이가 없을 것 : 품질의 차이란, 제품 자체의 성능, 내구성 등의 차이를 의미하는 것이지 그에 부수되는 서비스로서의 고객지원, 무상수리, 부품교체 등의 유무에 따른 차이를 말하는 것이 아니다(判例).

(4) 광고선전 허용여부

① **문제점** : 진정상품병행수입업자가 적극적으로 해당 상표를 사용하여 광고·선전을 하는 것을 허용할 수 있는지 문제된다.
② **상표권 침해여부** : 判例는 병행수입업자가 적극적으로 광고·선전을 하더라도 그로 인해 상표의 기능을 훼손할 우려가 없고 국내 수요자들에게 상품 출처나 품질에 관해 오인·혼동을 불러일으킬 가능성도 없다면, 침해의 위법성이 있다고 볼 수 없다고 판시하였다.
③ **부경법 위반여부** : 判例는 병행수입업자의 광고선전행위가 그 사용태양등에 비추어 '영업표지로서의 기능을 갖는다면' 일반 수요자에게 외국 상표권자의 국내 공인 대리점 등으로 오인케 할 우려가 있으므로, 부경법 제2조 제1호 나목의 영업주체혼동행위에 해당할 수 있다고 한다('매장 내부 간판, 포장지 및 쇼핑백, 선전광고물'은 영업표지로서의 기능을 갖기 어렵다고 보았고, '사무소, 영업소, 매장의 외부 간판 및 명함'은 영업표지로서의 기능을 갖는 것으로 보았다).

(5) 진정상품의 소분행위 허용여부

① 문제점 : 진정상품병행수입업자가 진정상품을 수입하면서 소량으로 나누어 새로운 용기에 담아 포장 판매하는 행위가 허용되는지 문제된다.

② 判例(대법원 2012.4.26. 선고 2011도17524 판결) : 判例는 진정상품병행수입업자의 상품 소분행위에 대해, 비록 그 내용물이 상표권자 등의 제품이라 하더라도 상품의 출처표시 기능이나 품질보증 기능을 해칠 염려가 있으므로, 특별한 사정이 없는 한 상표권을 침해하는 행위로서 허용할 수 없다고 판시하였다. 기출 17

③ 반대견해 : 소분판매를 금지하는 것은 수요자 상품 선택 기회를 좁혀 수요자 이익에 반하므로, 소분판매를 허용해야 한다는 반대 견해가 있다.

④ 검토 : 마찬가지로 상표기능론에 입각해 상표의 기능을 손상시킬 염려가 있는 경우에는 허용하지 않고, 상표의 기능이 손상될 염려가 없는 범위에 한하여 소분판매를 허용함이 타당할 것이다.

15 부정경쟁방지법

(1) 서 설

부정경쟁방지법의 실익 : 부정경쟁방지법은 등록상표권을 전제로 권리행사를 허용하는 상표법과 달리 구체적 혼동을 일으키는 행위를 동적인 측면에서 제재하므로 상표법상 사용금지가 불가능한 경우에도 적용될 수 있다.

(2) 부정경쟁행위의 유형(法 제2조 제1호 각 목)

① 상품주체 혼동행위(가목)

㉠ 국내에서 널리 인식된 상품표지
- 상표법 제34조 제1항 제9호 소정의 '주지성'을 의미한다(통설).
- 국내 전역에 걸쳐 모든 사람에게 주지되어 있음을 요하는 것이 아니고, 국내의 일정한 지역범위 안에서 거래자 또는 수요자들 사이에 알려진 정도로써 족하다(대법원 2012.5.9. 선고 2010도6187 판결).

㉡ 타인의 상품표지 : 일반적으로 상품의 용기나 포장이 상품 출처를 표시하는 것은 아니나, 그것이 장기간 계속적, 독점적, 배타적으로 사용되거나 지속적인 선전광고 등에 의하여 그 형상과 구조 또는 색상 등이 갖는 차별적 특징이 수요자에게 특정한 품질을 가지는 특정 출처의 상품임을 연상시킬 정도로 현저하게 개별화되기에 이른 경우에는 '타인의 상품임을 표시한 표지'에 해당한다(判例).

- ⓒ 동일·유사한 표지의 사용
  - 부정경쟁방지법상의 유사판단은 구체적 출처혼동의 판단이 원칙이다.
  - 判例도 본 규정의 상품표지의 유사 여부는, 외관·칭호·관념 등의 점에서 전체적·객관적·이격적으로 관찰하되 '구체적인 거래실정상' 일반 수요자나 거래자가 상품 출처를 오인·혼동할 우려가 있는지 살펴 판단한다고 판시하였다. 기출 24
- ⓔ 타인의 상품과 혼동하게 하는 행위
  - 혼동의 의미 : 협의의 혼동 외에 양자 사이에 거래상, 경제상, 조직상 밀접한 관계가 있는 것은 아닐까 하는 생각이 들게끔 하는 광의의 혼동 또는 후원관계의 혼동도 포함된다(判例).
  - 판매 후 혼동이 본 호의 혼동에 포함되는지 여부(대법원 2012.12.13. 선고 2011도6797 판결)
    - 판매 후 혼동의 의의 : 상품의 판매 당시에 구매자가 그 상품의 출처에 관하여 혼동을 하지 않았으나, 구매자로부터 그 상품을 양도받은 제3자나 구매자가 지니고 있는 상품을 본 제3자가 그 상품에 부착된 상품 때문에 상품의 출처에 관하여 혼동을 일으키는 것을 의미한다.
    - 判例 : 판매 당시의 구체적 사정상 그 당시 구매자는 상품의 출처를 혼동하지 아니하였다 하더라도, 그 후 일반수요자의 관점에서 상품출처의 혼동 우려가 있다면 본 호에 해당한다고 판시하여, 판매 후 혼동이 본 호의 혼동에 포함됨을 분명히 하였다.
    - 검토 : 국내 시장에서 모조품과 관련된 일반 수요자들의 혼동으로 인한 실질적인 피해를 방지하기 위해 판매 후 혼동도 본 호의 혼동에 포함되는 것으로 보는 判例의 태도는 타당하다.
② 영업주체 혼동행위(나목)
  - ⓐ 국내에서 널리 인식된 영업표지
  - ⓑ 타인의 영업표지
    - 18.7.18. 시행 개정법에서 '표지'를 '표지(상품 판매·서비스 제공방법 또는 간판·외관·실내장식 등 영업제공 장소의 전체적인 외관을 포함한다)'로 수정함
    - 개정 취지 : 영세소상공인 등이 일정기간 노력을 기울인 결과 일반 소비자들에게 알려지게 된 매장의 실내외 장식 등 영업의 종합적 외관을 무단으로 사용하는 불공정 행위가 다양한 형태로 발생함에도 보호 규정이 불분명했던 점을 보완하고자 개정함
  - ⓒ 동일·유사한 표지의 사용
  - ⓔ 타인의 영업상의 시설 또는 활동과 혼동하게 하는 행위
③ 저명상표 희석화 행위(다목) : ⅰ) 국내 저명한 상품표지·영업표지, ⅱ) 동일·유사한 표지, ⅲ) 타인 표지의 식별력이나 명성 손상
④ 원산지 허위표시행위(라목) : 상품이나 광고에 의해 또는 공중이 알 수 있는 방법으로 거래상의 서류 또는 통신에 거짓의 원산지의 표지를 하거나 이러한 표지를 한 상품을 판매·반포 또는 수입·수출하여 원산지를 오인케 하는 행위
⑤ 출처지 오인야기행위(마목) : 상품이나 광고에 의해 또는 공중이 알 수 있는 방법으로 거래상의 서류 또는 통신에 그 상품이 생산·제조 또는 가공된 지역 외의 곳에서 생산 또는 가공된 듯이 오인하게 하는 표지를 하거나 이러한 표지를 한 상품을 판매·반포 또는 수입·수출하는 행위

⑥ **상품질량 오인야기행위(바목)** : 타인의 상품을 사칭하거나 상품 또는 그 광고에 상품의 품질, 내용, 제조방법, 용도 또는 수량을 오인하게 하는 선전 또는 표지를 하거나 이러한 방법이나 표지로써 상품을 판매·반포 또는 수입·수출하는 행위

⑦ **대리인 등의 부당한 상표사용행위(사목)** : 파리협약 당사국, 세계무역기구 회원국, 상표법 조약 체약국에 등록된 상표 또는 이와 유사한 상표에 관한 권리를 가진 자의 대리인이나 대표자 또는 그 행위일 전 1년 이내에 대리인이나 대표자였던 자가 정당한 사유 없이 해당 상표를 그 상표의 지정상품과 동일·유사한 상품에 사용하거나 그 상표를 사용한 상품을 판매·반포 또는 수입·수출하는 행위

⑧ **도메인 이름 무단점유행위(아목)** : ⅰ) 상표 등 표지에 대하여 정당 권원이 있는 자 또는 제3자에게 판매하거나 대여할 목적, ⅱ) 정당한 권원이 있는 자의 도메인 이름의 등록 및 사용을 방해할 목적, ⅲ) 그 밖에 상업적 이익을 얻을 목적 중 어느 하나의 목적으로 국내에 널리 인식된 타인의 성명, 상호, 상표, 그 밖의 표지와 동일·유사한 도메인 이름을 등록·보유·이전 또는 사용하는 행위

⑨ **상품형태 모방행위(자목)**
　㉠ 의의 : 타인이 제작한 상품의 형태를 모방한 상품을 양도·대여 또는 이를 위한 전시를 하거나 수입·수출하는 행위
　㉡ 적용의 예외 : ⅰ) 상품의 형태가 갖추어진 날부터 3년이 지난 상품의 형태를 모방한 경우, ⅱ) 타인이 제작한 상품과 동종의 상품이 통상적으로 가지는 형태를 모방한 경우
　㉢ '상품의 형태'의 의미 : 상품 자체의 형상·모양·색채·광택 또는 이들을 결합한 전체적 외관을 말하며 수요자가 외관 자체로 특정 상품임을 인식할 수 있는 형태적 특이성이 있을 뿐 아니라 정형화된 것이어야 한다. 사회통념상 일관된 정형성이 없다면 본 호의 '상품의 형태'라 볼 수 없다(대법원 2016.10.27. 선고 2015다240454 판결).
　㉣ '모방'의 의미 : '모방'이라 함은 타인의 상품의 형태에 의거하여 이와 실질적으로 동일한 형태의 상품을 만들어 내는 것을 말하며, 형태에 변경이 있는 경우 실질적으로 동일한 형태의 상품에 해당하는지 여부는 당해 변경의 내용·정도·그 착상의 난이도, 변경에 의한 형태적 효과 등을 종합적으로 고려하여 판단해야 한다(대법원 2012.3.29. 선고 2010다20044 판결).

⑩ **아이디어 도용행위(차목)**
　㉠ 의의 : 사업제안, 입찰, 공모 등 거래교섭 또는 거래과정에서 경제적 가치를 가지는 타인의 기술적 또는 영업상의 아이디어가 포함된 정보를 그 제공목적에 위반하여 자신 또는 제3자의 영업상 이익을 위하여 부정하게 사용하거나 타인에게 제공하여 사용하게 하는 행위
　㉡ 적용의 예외 : 다만, 아이디어를 제공받은 자가 제공받을 당시 이미 그 아이디어를 알고 있었거나 그 아이디어가 동종업계에서 널리 알려진 경우에는 그러하지 아니하다.
　㉢ 경과규정 및 개정취지 : 18.7.18. 이후 변론종결 시 적용 가능하며 중소·벤처기업, 개발자 등의 경제적 가치를 갖는 아이디어를 거래상담, 입찰, 공모전 등을 통해 취득하고 아무런 보상 없이 사업화하는 등 기업의 영업활동에 심각한 피해를 야기하고 있어 도입함

⑪ 보충적 일반조항(카목)
  ㉠ 判例는 새로운 기술과 같은 기술적 성과 이외에도 데이터, 영업을 구성하는 영업소 건물의 형태와 외관, 내부 디자인, 장식, 표지판 등 영업의 종합적 이미지도 본 목에 해당한다고 보아, 본 목이 '트레이드드레스'에 대한 효과적인 보호수단이 될 수 있음을 명확히 하였다.
  ㉡ 단, 단순한 아이디어나 공지된 형태로서 본 목의 성과물로 볼 수 없는 경우 보호받을 수 없다.
  ㉢ 14.1.31. 시행 개정법에서 도입되었으며, 18.7.18. 시행 개정법에서 '카목'으로 변경되었다.

(3) 국기 · 국장 등의 사용금지 등
① 국기 · 국장 등의 사용금지
  ㉠ 파리협약 당사국, 세계무역기구 회원국 또는 상표법 조약 체약국의 국기 · 국장, 그 밖의 휘장이나 국제기구의 표지와 동일 · 유사한 것은 상표로 사용할 수 없다. 다만, 해당 국가 또는 국제기구의 허락을 받은 경우에는 그러하지 아니하다(제1항).
  ㉡ 파리협약 당사국, 세계무역기구 회원국 또는 상표법 조약 체약국 정부의 감독용 또는 증명용 표지와 동일 · 유사한 것은 상표로 사용할 수 없다. 다만, 해당 정부의 허락을 받은 경우에는 그러하지 아니하다(제2항).
  ㉢ 민사적 구제는 인정되지 않고 형사적 · 행정적 구제만이 인정된다.
② 자유무역협정에 따라 보호하는 지리적 표시의 사용금지(法 제3조의2)

(4) 부정경쟁행위에 대한 구제책
① 민사적 구제
  ㉠ 사용금지청구권(法 제4조)
  ㉡ 손해배상청구권(法 제5조)
  ㉢ 신용회복청구권(法 제6조)
② 형사적 구제
  ㉠ 부정경쟁행위를 한 자 또는 제3조에 위반되는 행위를 한 자는 3년 이하의 징역 또는 3천만원 이하의 벌금에 처한다(法 제18조).
  ㉡ 비친고죄에 해당하며, 法 제2조 제1호 아목, 차목 및 카목의 행위와 法 제3조의2는 제외된다.
  ㉢ 양벌규정의 적용이 있다(法 제19조).
③ 행정적 구제
  ㉠ (부정경쟁행위 등의 조사 등) 부정경쟁행위 또는 法 제3조, 法 제3조의2를 위반한 행위를 확인하기 위해 필요하다고 인정되면 관계서류나 장부 · 제품 등을 조사하게 하거나 조사에 필요한 최소분량의 제품을 수거하여 검사하게 할 수 있다(法 제7조).
  ㉡ (위반행위의 시정권고) 행위자에게 30일 이내의 기간을 정하여 이를 중지하거나 표지를 제거 또는 폐기할 것 등 그 시정에 필요한 권고를 할 수 있다(法 제8조).
  ㉢ 法 제2조 제1호 아목 및 카목의 행위는 제외된다.

CHAPTER 05 상표권

제2편 | 상표법

01 상표권의 존속기간갱신에 관한 설명으로 옳은 것은? 기출 24

① 상표법 제84조(존속기간갱신등록신청) 제2항에 따른 기간에 존속기간갱신등록신청을 하면 갱신등록이 되기 전이라고 하더라도 상표권의 존속기간이 갱신된 것으로 본다.
② 상표권의 공유자 중 일부가 그 지분권을 포기하였으나 그 포기가 등록되지 않은 경우에, 나머지 상표권의 공유자들이 존속기간갱신등록신청을 하여 상표권이 갱신된 경우에는 존속기간갱신등록 무효심판의 대상이 된다.
③ 상표권의 전용사용권자는 상표권의 이해관계자로 상표권자가 존속기간갱신등록신청을 하지 않는 경우에 상표권자 대신에 상표권의 존속기간갱신등록신청을 할 수 있다.
④ 상표권 존속기간갱신등록이 상표법 제84조(존속기간갱신등록신청) 제2항에 따른 존속기간갱신등록 신청서를 제출해야 하는 기간에 제출하지 않은 경우에 상표권 존속기간 갱신등록이 되면 당연무효에 해당하므로 이해관계인은 제척기간에 관계없이 존속기간갱신등록의 무효심판을 청구할 수 있다.
⑤ 존속기간갱신등록은 원등록(原登錄)의 효력이 끝나는 날부터 효력이 발생한다.

┃해설┃
① (O) 존속기간갱신등록신청을 하면 상표권의 존속기간이 갱신된 것으로 본다(상표법 제85조 제1항).
② (×) 상표권 공유자의 지분권 포기는 등록되지 않으면 효력이 발생하지 않는다(상표법 제96조 제1항 제2호). 사례처럼 공유자 중 일부가 갱신신청한 경우라면 적법한 갱신이 되며 무효사유에 해당하지 않는다(상표법 제118조 제1항 제2호).
③ (×) 갱신신청은 상표권자만 가능하다(상표법 제118조 제1항 제2호).
④ (×) 시기적 요건에 대한 무효사유는 제척기간이 존재한다(상표법 제122조 제1항).

> **상표법 제122조(제척기간)**
> ① 제34조 제1항 제6호부터 제10호까지 및 제16호, 제35조, 제118조 제1항 제1호 및 제214조 제1항 제3호에 해당하는 것을 사유로 하는 상표등록의 무효심판, 존속기간갱신등록의 무효심판 또는 상품분류전환등록의 무효심판은 상표등록일, 존속기간갱신등록일 또는 상품분류전환등록일부터 5년이 지난 후에는 청구할 수 없다.

⑤ (×) 존속기간갱신등록은 원등록(原登錄)의 효력이 끝나는 다음 날부터 효력이 발생한다(상표법 제85조 제2항).

 ①

02 상표권의 존속기간과 존속기간갱신등록에 관한 설명으로 옳지 않은 것은? 기출 22

① 상표권의 존속기간은 설정등록이 있는 날부터 10년이지만 10년씩 갱신하여 영구적 독점이 가능하다.
② 존속기간갱신등록신청서는 상표권의 존속기간 만료 전 1년 이내에 제출하여야 한다. 다만, 이 기간에 존속기간갱신등록신청을 하지 아니한 자는 상표권의 존속기간이 끝난 후 6개월 이내에 할 수 있다.
③ 상표권이 공유인 경우 공유자는 단독으로 상표권 존속기간갱신등록신청을 할 수 있다.
④ 상표법 제84조(존속기간갱신등록신청) 제2항에 따른 기간에 존속기간갱신등록신청을 하면 상표권의 존속기간이 갱신된 것으로 보며, 존속기간갱신등록은 원등록(原登錄)의 효력이 끝나는 날의 다음 날부터 효력이 발생한다.
⑤ 존속기간갱신등록신청에 대해서는 실체심사를 하지 아니하므로 1상표 1출원(제38조), 절차의 보정(제39조) 등 상표등록출원의 심사에 따른 규정이 준용되지 아니한다.

―――

┃해설┃

① (O) 상표권의 존속기간은 설정등록이 있는 날부터 10년으로 하고, 존속기간갱신등록신청에 의하여 10년씩 갱신할 수 있다(상표법 제83조 제1항·제2항).
② (O) 상표법 제84조 제2항
③ (O) 구 상표법 제84조 제3항에서 '상표권이 공유인 경우에는 공유자 모두가 공동으로 존속기간갱신등록신청을 하여야 한다.'고 명시되었으나, 2019.4.23. 삭제되어 공유자 단독으로 존속기간갱신등록신청이 가능하다.
④ (O) 상표법 제85조 제1항
⑤ (×) 존속기간갱신등록신청 절차의 보정에 관하여는 제39조를 준용한다(상표법 제88조 제1항).

답 ⑤

03 甲은 X상표에 대하여 a상품을 지정상품으로 하여 2016년 8월 8일에 상표등록출원을 하였고, 현재 심사 진행 중에 있다. 다음 설명 중 옳은 것은? (명시적으로 인용된 경우를 제외하고 각 지문은 서로 독립된 것으로 취급함) 기출 17

① 甲의 출원상표 X 및 지정상품 a가 미국인 乙이 미국에서 출원하여 등록받은 X'상표 및 a'상품과 유사하고, 甲은 상표등록출원 당시 乙이 미국에서 생산하는 상품을 수입하여 판매하는 대리점에 해당한다고 할 경우, 乙이 甲의 상표등록출원에 대하여 이의신청이나 정보제공을 하지 않더라도 甲의 상표등록출원은 거절될 수 있다.
② 상기 ①의 경우 乙이 甲의 상표출원에 대하여 명시적으로 동의한 경우에만 甲의 출원은 유효하게 상표등록을 받을 수 있다.
③ 2017년 2월 24일에 甲의 출원에 대한 상표등록여부를 결정할 때, 甲의 출원상표 X와 표장과 지정상품 면에서 각각 유사한 乙의 등록상표 X'가 2016년 4월 8일에 포기 등록되어 소멸된 사실이 확인된 경우, 甲의 출원은 乙의 소멸된 등록상표 X'로 인하여 거절된다.
④ 甲의 출원상표 X와 유사한 상표를 유사한 지정상품에 선출원하여 선등록한 乙의 등록상표 X'가 甲의 상표출원 시 존재할 경우에도 乙의 등록상표 X'가 2017년 2월 24일에 존속기간 만료로 소멸되면 甲의 출원은 상표등록을 받을 수 있다.
⑤ 甲의 출원이 2017년 2월 24일에 상표등록된 경우 특허청장은 상표권자의 성명·주소 및 상표등록 번호 등을 상표공보에 게재하여 등록공고를 하여야 한다.

해설
① (×) 상표법 제34조 제1항 제21호는 2016년 개정법 시행 후 출원된 경우에 한하여 적용된다.
② (×) 명시적 동의뿐만 아니라 묵시적 동의도 포함된다.
③ (×) 2016년 시행 개정법은 이를 삭제하였다.
④ (×) 2016년 시행 개정법 전이므로 구법 제7조 제1항 제7호가 적용되므로, '상표등록출원 시'를 기준으로 한다.
⑤ (○) 2016년 시행 개정법은 '등록공고' 제도를 신설하였다. 시행 이후 '상표권의 설정등록을 하는 경우'부터 적용한다.

답 ⑤

04 다음 중 상표법 제89조(상표권의 효력)에 규정된 상표권자의 독점할 권리의 범위를 침해하는 것은 모두 몇 개인가? (단, 다음의 행위들은 정당한 권원이 없는 것으로 간주함) 기출 20

> - 타인의 등록상표와 동일한 상표가 표시된 지정상품과 동일한 상품을 양도하기 위하여 소지하는 행위
> - 타인의 등록상표와 동일한 상표가 표시된 지정상품과 유사한 상품을 인도하기 위하여 소지하는 행위
> - 타인의 등록상표와 동일한 상표가 표시된 지정상품과 동일한 상품을 양도 목적으로 전시하는 행위
> - 타인의 등록상표와 동일한 상표가 표시된 지정상품과 동일한 상품을 인도 목적으로 수입하는 행위
> - 타인의 등록상표와 동일한 상표를 지정상품과 동일한 상품의 포장에 표시한 것을 양도한 경우

① 1개
② 2개
③ 3개
④ 4개
⑤ 5개

정답해설

③ 상표권의 본래적 효력이란 무엇인지, 직접침해와 간접침해(침해로 보는 행위)를 구분할 수 있는지를 묻는 문제이다. 일단 앞의 2개는 제108조 제1항 제4호 소정의 간접침해이고, 그 뒤 나머지 3개는 제2조 제1항 제11호 나목 소정의 상표의 사용행위로 직접침해에 해당한다. 한편, 문제에서는 제89조(상표권의 효력)에 규정된 상표권자의 독점권을 침해하는 행위가 무엇인지를 묻고 있는데, "상표권자는 지정상품에 관하여 그 등록상표를 사용할 권리를 독점하고(상표법 제89조 본문), 이에 따라 상표권자는 이른바 동일영역 안에서의 전용권과 이를 실효적으로 보장하기 위한 유사영역 안에서의 금지권을 가진다."는 점에서 직접침해행위만이 문제의 답이 될 수 있고, 간접침해는 제외된다.

답 ③

05 상표법상 이전에 관한 설명으로 옳은 것은? 기출 23

① 국제등록 명의의 변경에 따라 국제등록 지정상품의 전부 또는 일부가 분할되어 이전된 경우에는 국제상표등록출원은 변경된 국제등록명의인에 의하여 각각 출원된 것으로 본다.
② 특허청장은 상표에 관한 절차가 특허청에 계속(繫屬) 중일 때 상표권 또는 상표에 관한 권리가 이전된 경우에는 그 상표권 또는 상표에 관한 권리의 승계인에게 그 절차를 속행(續行)하도록 하여야 한다.
③ 통상사용권은 상속이나 그 밖의 일반승계의 경우를 제외하고는 상표권자의 동의를 받지 아니하고 설정행위로 정한 범위에서 이전할 수 있다.
④ 상표권자는 상표권을 목적으로 하는 질권설정 또는 공유인 상표권의 분할청구 전에 지정상품에 관하여 그 등록상표를 사용하고 있는 경우라도 그 상표권이 경매에 의하여 이전되는 경우 그 상표권에 대하여 통상사용권을 가지지 않는다.
⑤ 상표권자가 사망한 날부터 3년 이내에 상속인이 그 상표권의 이전등록을 하지 아니한 경우에는 상표권자가 사망한 날부터 3년이 되는 날에 상표권이 소멸된다.

해설

① (O) 국제등록 명의의 변경에 따라 국제등록 지정상품의 전부 또는 일부가 분할되어 이전된 경우에는 국제상표등록출원은 변경된 국제등록명의인에 의하여 각각 출원된 것으로 본다(상표법 제184조 제2항).
② (X) 특허청장 또는 심판장은 상표에 관한 절차가 특허청 또는 특허심판원에 계속(繫屬) 중일 때 상표권 또는 상표에 관한 권리가 이전된 경우에는 그 상표권 또는 상표에 관한 권리의 승계인에게 그 절차를 속행(續行)하게 할 수 있다(상표법 제21조).
③ (X) 통상사용권은 상속이나 그 밖의 일반승계의 경우를 제외하고는 상표권자(전용사용권에 관한 통상사용권의 경우에는 상표권자 및 전용사용권자를 말한다)의 동의를 받지 아니하면 이전할 수 없다(상표법 제97조 제3항).
④ (X) 상표권자(공유인 상표권을 분할청구한 경우에는 분할청구를 한 공유자를 제외한 나머지 공유자를 말한다)는 상표권을 목적으로 하는 질권설정 또는 공유인 상표권의 분할청구 전에 지정상품에 관하여 그 등록상표를 사용하고 있는 경우에는 그 상표권이 경매 등에 의하여 이전되더라도 그 상표권에 대하여 지정상품 중 사용하고 있는 상품에 한정하여 통상사용권을 가진다(상표법 제104조의2).
⑤ (X) 상표권자가 사망한 날부터 3년 이내에 상속인이 그 상표권의 이전등록을 하지 아니한 경우에는 상표권자가 사망한 날부터 3년이 되는 날의 다음 날에 상표권이 소멸된다(상표법 제106조).

> **상표법 제106조(상표권의 소멸)**
> ① 상표권자가 사망한 날부터 3년 이내에 상속인이 그 상표권의 이전등록을 하지 아니한 경우에는 상표권자가 사망한 날부터 3년이 되는 날의 <u>다음 날</u>에 상표권이 소멸된다.
> ② 상표권의 상속이 개시된 때 상속인이 없는 경우에는 그 상표권은 소멸된다. 〈신설 2023.10.31.〉
> ③ 청산절차가 진행 중인 법인의 상표권은 법인의 청산종결등기일(청산종결등기가 되었더라도 청산사무가 사실상 끝나지 아니한 경우에는 청산사무가 사실상 끝난 날과 청산종결등기일부터 6개월이 지난 날 중 빠른 날로 한다. 이하 이 항에서 같다)까지 그 상표권의 이전등록을 하지 아니한 경우에는 청산종결등기일의 다음 날에 소멸된다. 〈개정 2023.10.31.〉
> [시행일 : 2024.5.1.]

답 ①

06 상표권에 관한 설명으로 옳지 않은 것은? (다툼이 있으면 판례에 따름) 기출 23

① 甲이 등록한 상표와 동일한 상표를 그 등록상표의 지정상품과 동일한 상품에 乙이 임의로 사용하여 丙에게 판매한 경우, 상표권자 甲은 乙에게 손해배상을 청구할 수 있으나 그 상품이 위조상표를 부착한 상품이라는 사정을 자신의 책임 있는 사유 없이 전혀 알 수 없었던 丙에게는 권리소진의 항변이 인정되므로 손해배상을 청구할 수 없다.
② 상표권자 甲으로부터 상표권의 지분을 1% 이전받은 乙은 상표권을 침해하는 丙을 상대로 단독으로 상표권 침해금지청구권을 행사할 수 있다.
③ 상표권을 甲과 乙이 각각 50%의 지분비율로 등록을 하고 있는 경우에 乙은 甲의 동의 없이 자신의 지분에 기하여 丙에게 특정지역에 한정하여 통상사용권을 설정하는 것은 허용되지 않는다.
④ 증명표장권자는 특허청장의 허가를 받더라도 같은 증명업무를 영위하는 자에게 증명표장만을 양도할 수는 없다.
⑤ 국제올림픽위원회는 상표법 제34조(상표등록을 받을 수 없는 상표) 제1항 제1호 다목 단서에 따라 자기 표장인 오륜기를 상표등록을 받더라도 그 상표권에 대하여 질권을 설정할 수 없다.

│정답해설│

① (×) 상표권자 등이 국내에서 등록상표가 표시된 상품을 양도한 경우에는 당해 상품에 대한 상표권은 그 목적을 달성한 것으로서 소진되고, 그로써 상표권의 효력은 당해 상품을 사용, 양도 또는 대여한 행위 등에는 미치지 않는다고 할 것이나(判例 2002도3445), 권리소진은 적법한 양도가 이루어졌을 경우에 인정되는 것이다.
② (○) 공유자 1인의 손해배상청구는 보존행위이므로 가능하다.
③ (○) 통상사용권 설정행위는 처분행위이므로, 공유자 전원의 동의가 필요하다(상표법 제93조 제3항).
④ (○) 증명표장의 양도는 영업 일체의 양도와 함께 이루어져야 한다(상표법 제93조 제7항).
⑤ (○) 업무표장권, 제34조 제1항 제1호 다목 단서, 같은 호 라목 단서 또는 같은 항 제3호 단서에 따른 상표권, 단체표장권 또는 증명표장권을 목적으로 하는 질권은 설정할 수 없다(상표법 제93조 제8항).

답 ①

07 상표권의 이전에 관한 설명으로 옳지 않은 것은? 기출 21

① 단체표장권은 이전할 수 없다. 다만, 법인의 합병의 경우에는 특허청장의 허가를 받아 이전할 수 있다.
② 단체표장권, 업무표장권 또는 증명표장권에 관하여는 전용사용권을 설정할 수 없다.
③ 업무표장권은 이전할 수 없다. 다만, 그 업무와 함께 이전할 경우에는 특허청장의 허가를 받아 이전할 수 있다.
④ 상표권은 그 지정상품마다 분할하여 이전할 수 있다. 이 경우 유사한 지정상품은 함께 이전하여야 한다.
⑤ 상표권의 이전(상속이나 그 밖의 일반승계에 의한 경우는 제외한다)·변경·포기에 의한 소멸, 존속기간의 갱신, 상품분류전환, 지정상품의 추가 또는 처분의 제한에 해당하는 사항은 등록하지 아니하면 그 효력이 발생하지 아니한다.

해설

① (○) 단체표장권은 이전할 수 없다. 다만, 법인의 합병의 경우에는 특허청장의 허가를 받아 이전할 수 있다(상표법 제93조 제6항).
② (○) 단체표장권, 업무표장권 또는 증명표장권에 관하여는 전용사용권을 설정할 수 없다(상표법 제95조 제2항).
③ (×) 업무표장권은 이전할 수 없다. 다만, 그 업무와 함께 이전할 경우에는 이전할 수 있다(상표법 제93조 제4항).
④ (○) 상표권은 그 지정상품마다 분할하여 이전할 수 있다. 이 경우 유사한 지정상품은 함께 이전하여야 한다(상표법 제93조 제1항).
⑤ (○) 상표권의 이전(상속이나 그 밖의 일반승계에 의한 경우는 제외한다)·변경·포기에 의한 소멸, 존속기간의 갱신, 상품분류전환, 지정상품의 추가 또는 처분의 제한에 해당하는 사항은 등록하지 아니하면 그 효력이 발생하지 아니한다(상표법 제96조 제1항 제1호).

답 ②

08 상표법에 관한 설명으로 옳은 것을 모두 고른 것은? 기출 25

> ㄱ. 상표권 존속기간의 갱신등록은 원등록(原登錄) 효력이 끝나는 날부터 효력이 발생한다.
> ㄴ. 상표권자는 상표법 제99조(선사용에 따른 상표를 계속 사용할 권리) 제1항에 따라 상표를 사용할 권리를 가지는 자에게 그 자의 상품과 자기의 상품 간에 출처의 오인이나 혼동을 방지하는 데 필요한 표시를 할 것을 청구할 수 있다.
> ㄷ. 상표권자가 사망한 날부터 3년 이내에 상속인이 그 상표권의 이전등록을 하지 아니한 경우에는 상표권자가 사망한 날부터 3년이 되는 날의 다음 날에 상표권이 소멸된다.
> ㄹ. 특허청장은 상표등록무효심판이 청구된 경우 그 취지를 해당 상표권의 전용사용권자 및 그 밖에 상표에 관한 권리를 등록한 자에게 통지하여야 한다.

① ㄱ, ㄹ
② ㄴ, ㄷ
③ ㄱ, ㄴ, ㄷ
④ ㄱ, ㄴ, ㄹ
⑤ ㄴ, ㄷ, ㄹ

해설

ㄱ. (×) 상표권 존속기간의 갱신등록은 원등록(原登錄) 효력이 끝나는 날의 다음 날부터 효력이 발생한다(상표법 제85조 제2항).
ㄴ. (○) 상표법 제99조 제3항(참고로 상표법 제99조 제2항에 따라 상표를 사용할 권리를 가지는 자에게는 혼동방지청구권을 청구할 수 없다)
ㄷ. (○) 상표법 제106조 제1항
ㄹ. (×) 심판장은 상표등록무효심판이 청구된 경우 그 취지를 해당 상표권의 전용사용권자 및 그 밖에 상표에 관한 권리를 등록한 자에게 통지하여야 한다(상표법 제117조 제5항).

답 ②

09 상표법에 관한 설명으로 옳은 것은? (다툼이 있으면 판례에 따름) 기출 24

① 상표법 제92조(타인의 디자인권 등과의 관계)에서 등록상표가 그 상표등록출원일 전에 발생한 타인의 저작권과 저촉되는 경우에 지정상품 중 저촉되는 지정상품에 대한 상표의 사용은 저작권자의 동의없이 그 등록상표를 사용할 수 없기 때문에 저작권자와 관계없는 제3자가 등록된 상표를 무단으로 사용하는 경우에 상표권자는 그 사용금지를 청구할 수 없다.
② 상표법 제47조(출원 시의 특례)에 따라 상표등록을 받을 수 있는 자가 조약당사국이 가입된 국제기구가 개최하는 국제박람회에 출품한 상품에 사용한 상표를 그 출품을 한 때에 그 상표등록 출원한 것으로 하기 위해서는 그 취지를 적은 상표등록출원서와 이를 증명할 수 있는 서류를 상표등록출원일부터 3개월 이내에 특허청장에게 제출하여야 한다.
③ 확정된 심결에 대하여 재심을 청구하는 경우에 당사자는 심결 확정 후 재심 사유를 안 날부터 90일 이내에 재심을 청구하여야 한다.
④ 상표권에 관하여 전용사용권이 설정된 경우 이로 인하여 상표권자의 상표의 사용권이 제한받게 되지만, 제3자가 그 상표를 정당한 법적 권한 없이 사용하는 경우에는 그 상표권자는 그 상표권에 기하여 제3자의 상표의 사용에 대한 금지를 청구할 수 있다.
⑤ 상표법상 손실보상청구권은 출원인의 서면경고가 필수이고, 상대방인 제3자에게 이익이 발생한 경우에만 손실에 상당하는 보상금의 지급을 받을 수 있다.

해설

① (×) 상표법 제53조에서 등록상표가 그 등록출원 전에 발생한 저작권과 저촉되는 경우에 저작권자의 동의 없이 그 등록상표를 사용할 수 없다고 한 것은 저작권자에 대한 관계에서 등록상표의 사용이 제한됨을 의미하는 것이므로, 저작권자와 관계없는 제3자가 등록상표를 무단으로 사용하는 경우에는 상표권자는 그 사용금지를 청구할 수 있다(判例 2006마232).
② (×) 상표등록출원일부터 30일 이내에 특허청장에게 제출하여야 한다(상표법 제47조 제2항).
③ (×) 당사자는 심결 확정 후 재심 사유를 안 날부터 30일 이내에 재심을 청구하여야 한다(상표법 제159조 제1항).
④ (○) 상표권이나 서비스표권에 관하여 전용사용권이 설정된 경우 이로 인하여 상표권자나 서비스표권자의 상표 또는 서비스표의 사용권이 제한받게 되지만, 제3자가 그 상표 또는 서비스표를 정당한 법적 권한 없이 사용하는 경우에는 그 상표권자나 서비스표권자가 그 상표권이나 서비스표권에 기하여 제3자의 상표 또는 서비스표의 사용에 대한 금지를 청구할 수 있는 권리까지 상실하는 것은 아니고, 이러한 경우에 그 상표나 서비스표에 대한 전용사용권을 침해하는 상표법 위반죄가 성립함은 물론 상표권자나 서비스표권자의 상표권 또는 서비스표권을 침해하는 상표법 위반죄도 함께 성립한다(判例 2006도1580).
⑤ (×) 경고를 한 출원인은 경고 후 상표권을 설정등록할 때까지의 기간에 발생한 해당 상표의 사용에 관한 업무상 손실에 상당하는 보상금의 지급을 청구할 수 있다(상표법 제58조 제2항).

답 ④

10 상표법에 관한 설명으로 옳은 것은? 기출 23

① 전용사용권 설정행위에 의하여 그 등록상표의 지정상품과 유사한 상품에 대하여 그 등록상표를 사용할 권리가 취득될 수 있다.
② 전용사용권자는 상표권의 사용에 대하여 받을 대가나 물건에 대해서도 그 지급 또는 인도 전에 그 대가나 물건을 압류하여 물상대위권을 행사할 수 있다.
③ 통상사용권자는 그 사용권을 특허청에 등록할 필요는 없으나 그 상품에 자신의 이름이나 명칭과 상표에 관한 표시를 하여야 한다.
④ 동일자로 출원된 특허권과 상표권이 상호 저촉되는 경우, 그 특허권의 존속기간이 만료되는 때에는 그 상표권의 통상사용권자는 상표를 사용할 권리를 가진 자에게 그의 업무에 관한 상품과 자기의 업무에 관한 상품 간에 혼동을 방지하는 데 필요한 표시를 하도록 청구할 수 있다.
⑤ 질권자가 질권의 목적인 상표권을 이전받은 경우, 권리의 혼동으로 인한 그 질권의 소멸은 등록하지 아니하더라도 그 효력이 발생한다.

해설

① (×) 상표를 사용할 권리는 지정상품과 동일한 상품에 관하여 그 권리를 가진다(상표법 제89조).
② (×) 전용사용권자는 물상대위권을 행사할 수 없다(상표법 제105조).
③ (×) 통상사용권에서의 등록은 제3자 대항요건이다(상표법 제100조). 다만, 통상사용권자는 그 상품에 자신의 이름이나 명칭과 상표에 관한 표시를 할 필요는 없다.
④ (×) 해당 상표권자 또는 전용사용권자는 제1항 또는 제2항에 따라 상표를 사용할 권리를 가진 자에게 그 자의 업무에 관한 상품과 자기의 업무에 관한 상품 간에 혼동을 방지하는 데 필요한 표시를 하도록 청구할 수 있다(상표법 제98조 제4항). 통상사용권자는 이러한 권리가 없다.
⑤ (○) 상표권을 목적으로 하는 질권의 설정·이전(상속이나 그 밖의 일반승계에 의한 경우는 제외한다)·변경·소멸(권리의 혼동에 의한 경우는 제외한다) 또는 처분의 제한에 해당하는 사항은 등록하지 아니하면 그 효력이 발생하지 아니한다(상표법 제96조 제1항 제2호).

답 ⑤

11 상표법상 사용권에 관한 설명으로 옳은 것은? (다툼이 있으면 판례에 따름) 기출 20

① 상표권자가 '상표에 관한 어떠한 경우라도 독점적인 권리를 부여하지 않고, 다만 사용권자가 상표권자의 상표를 사용할 권리를 부여하며 사용권자의 상표사용에 대하여 상표침해의 책임을 묻지 않는다.'는 내용으로 사용권을 설정한 경우에 제3자가 무단으로 상표를 사용하더라도 그 사용권자에 대한 상표법 제230조(침해죄)는 성립하지 않는다.
② 상표권 권리범위 전부에 대하여 전용사용권이 설정된 경우에 제3자가 그 상표를 정당한 법적 권한 없이 사용하면 전용사용권자가 금지청구권을 행사하므로 상표권자는 금지청구권을 상실한다.
③ 상표권자가 자신의 상표권에 설정된 질권을 상속받은 경우 상속에 관한 사항을 등록하지 아니하면 그 효력이 발생하지 않는다.
④ 상표권자 甲은 자신의 상표권에 대하여 조그만 개인 식당을 운영하던 아버지에게 전용사용권을 설정하여 주었는데, 아버지가 사망하여 전용사용권을 甲이 단독 상속하는 경우라면 상속에 관한 사항을 등록하여야 제3자에게 대항할 수 있다.
⑤ 상표권 권리범위 전부에 대하여 전용사용권을 설정한 경우라도 상표권자가 상표를 사용하는 것이라면 전용사용권의 침해가 성립되지 않는다.

|해설|

② (×) 전용사용권이 설정된 경우에도 상표권의 소극적 효력은 제한되지 않는다고 할 것이므로 전용사용권을 설정한 상표권자도 침해금지청구 등을 행사할 수 있다.
③ (×) 상표권을 목적으로 하는 질권의 설정·이전(상속이나 그 밖의 일반승계에 의한 경우는 제외한다)·변경·소멸(권리의 혼동에 의한 경우는 제외한다) 또는 처분의 제한은 등록하지 아니하면 그 효력이 발생하지 아니한다(상표법 제96조 제1항 제2호).
④ (×) 전용사용권 또는 통상사용권의 설정·이전(상속이나 그 밖의 일반승계에 의한 경우는 제외한다)·변경·포기에 의한 소멸 또는 처분의 제한은 등록하지 아니하면 제3자에게 대항할 수 없다(상표법 제100조 제1항 제1호).
⑤ (×) 상표권자는 지정상품에 관하여 그 등록상표를 사용할 권리를 독점하는 범위에서는 그러하지 아니하다(상표법 제89조). 따라서 지문의 경우 전용사용권 침해가 성립된다.

답 ①

12 상표권의 전용사용권에 관한 설명으로 옳지 않은 것은? (다툼이 있으면 판례에 따름) 기출 17

① 상표권자는 특약이 없는 한 전용사용권이 설정된 범위 내에서 등록상표를 사용할 수 없지만 제3자의 무단사용행위에 대해서는 전용사용권 설정 후에도 침해금지를 청구할 수 있다.
② 업무표장권, 단체표장권 또는 증명표장권에 관하여는 전용사용권을 설정할 수 없다.
③ 전용사용권의 설정등록은 효력발생요건이지만 그 이전등록은 제3자 대항요건에 불과하다.
④ 전용사용권자는 그 상품에 자기의 성명 또는 명칭을 반드시 표시하여야 하며, 법정사용권자인 선사용권자에게 자기의 상품과 출처의 오인이나 혼동을 방지하는데 필요한 표시를 할 것을 청구할 수 있다.
⑤ 전용사용권자는 상표권자의 의사와 상관없이 이해관계인의 입장에서 상표권의 존속기간갱신등록신청에 대한 상표등록료를 대납할 수 있다.

해설

① (○) 전용사용권 침해로 인한 상표권 침해와 위반죄가 함께 성립된다(判例 2006도1580).
② (○) 상표법 제95조 제1항
③ (×) 전용사용권에 관한 사항은 등록이 효력발생요건이 아닌 제3자 대항요건에 불과하다(상표법 제100조 제1항).
④ (○) 상표법 제95조 제4항, 제99조 제1항, 제99조 제3항
⑤ (○) 상표법 제72조 제2항

답 ③

13 상표권자의 허락에 의한 사용권에 관한 설명으로 옳은 것은?

① 통상사용권을 목적으로 하는 질권을 상속하는 경우에는 지체없이 그 취지를 특허청장에게 신고해야 한다.
② 통상사용권을 목적으로 하는 질권을 설정한 경우 질권자는 당해 등록상표를 사용할 수 있다.
③ 전용사용권자는 반드시 그 상품에 자기의 성명이나 명칭을 표시하여야 하지만 통상사용권자는 그 상품에 자기의 성명이나 명칭을 표시할 의무가 없다.
④ 전용사용권의 설정등록은 제3자에 대한 대항요건으로서 등록을 하지 않더라도 효력이 발생하므로 등록을 하지 않은 전용사용권자는 그 후 상표권을 새롭게 양수받은 양수인에 대하여도 그 효력을 주장할 수 있다.
⑤ 전용사용권자로부터 통상사용권 허락을 받은 통상사용권자는 전용사용권자의 동의를 얻으면 상표권자의 동의를 얻지 않더라도 그 통상사용권을 목적으로 하는 질권을 설정할 수 있다.

┃해설┃

① (○) 상표법 제100조 제3항
② (×) 상표권·전용사용권 또는 통상사용권을 목적으로 하는 질권을 설정한 경우 질권자는 당해 등록상표를 사용할 수 없다(상표법 제104조).
③ (×) 전용사용권자 또는 통상사용권자는 그 상품에 자기의 성명 또는 명칭을 표시하여야 한다(상표법 제95조 제4항 및 제97조 제5항).
④ (×) 전용사용권(또는 통상사용권)의 설정은 등록이 제3자 대항요건에 불과하나, 전용사용권 설정 후 등록을 하지 않은 경우라면 그 후 상표권의 이전이 있는 경우 등록상표의 양수인에게 대항할 수 없어 등록상표의 양수인으로부터 허락을 얻지 않는 한 원칙적으로 당해 상표의 사용을 중지하여야 한다.
⑤ (×) 전용사용권에 관한 통상사용권에 있어서는 상표권자 및 전용사용권자 모두의 동의를 얻지 아니하면 그 통상사용권을 목적으로 하는 질권을 설정할 수 없다(상표법 제97조 제4항).

답 ①

14 상표법상 저촉에 관한 설명으로 옳지 않은 것을 모두 고른 것은? (다툼이 있으면 판례에 따름)

기출 22

> ㄱ. 상표권자는 저촉관계에 있는 타인의 등록상표를 확인대상표장으로 하여 권리 대 권리간 적극적 권리범위확인심판을 청구할 수 있다.
> ㄴ. 상표등록출원일 전에 발생한 저작권과 상표권이 저촉되는 경우 부정경쟁의 목적이 없는 한 저작권자는 존속기간이 만료한 후에도 원 저작권의 범위 내에서 등록상표와 동일·유사한 표장을 계속하여 사용할 수 있다.
> ㄷ. 상표법은 저촉되는 지식재산권 상호 간에 선출원 또는 선발생 권리가 우선함을 기본원리로 하고 있고, 이러한 원리는 상표권 사이의 저촉관계에도 그대로 적용된다.
> ㄹ. 상표법에 따르면 출원일을 기준으로 저촉되는 상표 사이의 우선순위가 결정되며, 이에 위반하여 등록된 상표는 제척기간의 적용을 받는 등록무효심판의 대상이 된다.
> ㅁ. 후출원 등록상표를 무효로 하는 심결이 확정될 때까지는 후출원 등록상표권자가 자신의 상표권실시 행위로서 선출원 등록상표와 동일 또는 유사한 상표를 그 지정상품과 동일 또는 유사한 상품에 사용하는 것은 선출원 등록상표권에 대한 침해가 되지 않는다.

① ㄱ, ㄴ, ㄹ
② ㄱ, ㄴ, ㅁ
③ ㄱ, ㄷ, ㄹ
④ ㄴ, ㄷ, ㅁ
⑤ ㄷ, ㄹ, ㅁ

해설

ㄱ. (×) 상표권의 권리범위확인은 등록된 상표를 중심으로 어떠한 미등록상표가 적극적으로 등록상표의 권리범위에 속한다거나 소극적으로 이에 속하지 아니함을 확인하는 것이므로 상대방의 상표가 등록상표인 경우에는 설사 그것이 청구인의 선등록상표와 동일 또는 유사한 것이라 하더라도 상대방의 상표 내용이 자기의 등록상표의 권리범위에 속한다는 확인을 구하는 것은 상대방의 등록이 상표법 소정의 절차에 따라 무효심결이 확정되기까지는 그 무효를 주장할 수 없는 것임에도 그에 의하지 아니하고 곧 상대방의 등록상표의 효력을 부인하는 결과가 되므로 상대방의 등록상표가 자신의 등록상표의 권리범위에 속한다는 확인을 구하는 심판청구는 부적법하다(判例 92후605).
ㄴ. (×) 상표법 제98조는 상표등록출원일 전에 발생한 특허권, 실용신안권, 또는 디자인권과 상표권이 저촉되는 경우 특허권 등의 존속기간 만료 후 상표를 사용하는 권리를 규정하고 있다.
ㄷ. (O) 상표법은 저촉되는 지식재산권 상호 간에 선출원 또는 선발생 권리가 우선함을 기본원리로 하고 있음을 알 수 있고, 이는 상표권 사이의 저촉관계에도 그대로 적용된다고 봄이 타당하다(判例 2018다253444).
ㄹ. (O) 상표법은 출원일을 기준으로 저촉되는 상표 사이의 우선순위가 결정됨을 명확히 하고 있고, 이에 위반하여 등록된 상표는 등록무효 심판의 대상이 된다(상표법 제117조 제1항 제1호)(判例 2018다253444).
ㅁ. (×) 상표법은 저촉되는 지식재산권 상호 간에 선출원 또는 선발생 권리가 우선함을 기본원리로 하고 있음을 알 수 있고, 이는 상표권 사이의 저촉관계에도 그대로 적용된다고 봄이 타당하다. 따라서 상표권자가 상표등록출원일 전에 출원·등록된 타인의 선출원 등록상표와 동일·유사한 상표를 등록받아(이하 '후출원 등록상표'라고 한다) 선출원등록상표권자의 동의 없이 이를 선출원 등록상표의 지정상품과 동일·유사한 상품에 사용하였다면 후출원 등록상표의 적극적 효력이 제한되어 후출원 등록상표에 대한 등록무효 심결의 확정 여부와 상관없이 선출원 등록상표권에 대한 침해가 성립한다(判例 2018다253444).

답 ②

15 상표법상 기간에 관한 설명으로 옳은 것은? 기출 22

① 상표등록을 받을 수 있는 자가 정부가 개최하는 박람회에 출품한 상품에 사용한 상표를 그 출품일부터 12개월 이내에 그 상품을 지정상품으로 하여 상표등록출원을 한 경우에는 그 출품을 한 때에 출원한 것으로 본다.
② 출원공고가 있는 경우에는 누구든지 출원공고일부터 3개월 내에 거절이유 등에 해당한다는 것을 이유로 특허청장에게 이의신청을 할 수 있다.
③ 상표권자가 사망한 날부터 3년 이내에 상속인이 그 상표권의 이전등록을 하지 아니한 경우에는 상표권자가 사망한 날부터 3년이 되는 날의 다음 날에 상표권이 소멸된다.
④ 상표법 제35조(선출원)에 해당하는 것을 사유로 하는 상표등록의 무효심판은 상표등록일로부터 3년이 지난 후에는 청구할 수 없다.
⑤ 심판에서 심판관의 제척 또는 기피의 원인은 신청한 날부터 30일 이내에 소명하여야 한다.

해설

① (×) 상표등록을 받을 수 있는 자가 정부가 개최하는 박람회에 출품한 상품에 사용한 상표를 그 출품일부터 "6개월" 이내에 그 상품을 지정상품으로 하여 상표등록출원을 한 경우에는 그 상표등록출원은 그 출품을 한 때에 출원한 것으로 본다(상표법 제47조 제1항).
② (×) 출원공고가 있는 경우에는 누구든지 출원공고일부터 30일 이내에 거절이유 등에 해당한다는 것을 이유로 특허청장에게 이의신청을 할 수 있다(상표법 제60조 제1항).
③ (○) 상표법 제106조 제1항
④ (×) 상표법 제35조에 해당하는 것을 사유로 하는 상표등록의 무효심판은 상표등록일부터 5년이 지난 후에는 청구할 수 없다(상표법 제122조 제1항).
⑤ (×) 제척 또는 기피의 원인은 신청한 날부터 3일 이내에 소명(疎明)하여야 한다(상표법 제137조 제2항).

답 ③

16 상표법상 상표권의 소멸에 관한 설명으로 옳은 것을 모두 고른 것은? (다툼이 있으면 판례에 따름)

기출 19

ㄱ. 상표권자는 전용사용권자·통상사용권자 또는 질권자의 동의를 받지 아니하면 상표권을 포기할 수 없다. 다만, 국제등록기초상표권에 대해서는 이러한 내용이 적용되지 않는다.
ㄴ. 상표권의 포기를 하였을 경우에는 상표권은 그때부터 소멸되므로 상표권의 포기에 대한 등록이 없어도 그 효력이 발생한다.
ㄷ. 상표권자가 사망한 날부터 1년 이내에 상속인이 그 상표권의 이전등록을 하지 아니한 경우에는 상표권자가 사망한 날부터 1년이 되는 날의 다음 날에 상표권이 소멸된다.
ㄹ. 선출원상표가 등록 후 무효심결이 확정된 경우에는 선출원의 지위를 소급적으로 상실한다.

① ㄱ, ㄴ
② ㄱ, ㄷ
③ ㄱ, ㄹ
④ ㄴ, ㄷ
⑤ ㄴ, ㄹ

해설

ㄱ. (○) 상표권자는 전용사용권자·통상사용권자 또는 질권자의 동의를 받지 아니하면 상표권을 포기할 수 없다(상표법 제102조 제1항). 다만, 국제등록기초상표권에 대해서는 상표법 제102조 제1항을 적용하지 아니한다.
ㄴ. (×) 상표권의 포기는 등록이 효력발생 요건이다(상표법 제96조 제1항 제1호).
ㄷ. (×) 상표권자가 사망한 날부터 3년 이내에 상속인이 그 상표권의 이전등록을 하지 아니한 경우에는 상표권자가 사망한 날부터 3년이 되는 날의 다음 날에 상표권이 소멸된다(상표법 제106조 제1항).
ㄹ. (○) 선출원의 상표가 등록된 후 그 상표에 대한 등록무효심결이 확정된 때에는 상표등록과 그로부터 발생한 상표권은 처음부터 존재하지 아니하였던 것이 되므로 선출원이 처음부터 등록에 이르지 못하고 소멸된 경우와 마찬가지로 선출원 상표로서의 선원의 지위는 소급적으로 상실된다(判例 99후925).

답 ③

17 상표법 제99조(선사용에 따른 상표를 계속 사용할 권리)에 관한 설명으로 옳지 않은 것은? (다툼이 있으면 판례에 따름) 기출 24

① 제1항에 따른 선사용권은 엄격한 선출원주의 운영에 따른 문제점을 보완하여 사용주의와 선출원주의를 조화시킴으로써 상표의 정당한 선사용자를 보호하기 위한 것이다.
② 상표권자는 제1항에 따라 상표를 사용할 권리를 가지는 자에게 그 자의 상품과 자기의 상품 간에 출처의 오인이나 혼동을 방지하는 데 필요한 표시를 할 것을 청구할 수 있지만, 제2항에 따라 상표를 사용할 권리를 가지는 자에게는 이러한 표시를 할 것을 청구할 수 없다.
③ 제1항에 따른 선사용권은 법정통상사용권이므로 상속과 같은 일반승계 또는 영업양도에 의하여 타인에게 이전되지 않는다.
④ 제2항에 따른 선사용권은 부정경쟁의 목적 없이 타인의 상표등록출원 전부터 국내에서 계속하여 사용하고 있어야 한다.
⑤ 제1항에 따른 선사용권은 상표를 사용한 결과 타인의 상표설정등록 시가 아니라, 상표등록출원 시에 국내 수요자 간에 그 상표가 특정인의 상품을 표시하는 것이라는 인식이 필요하다.

┃해설┃
① (○) 상표법 제99조
② (○) 상표법 제99조 제3항
③ (×) 선사용권은 선사용자 및 그 지위승계인에게 이전 가능하다(상표법 제97조 제3항 참고).
④ (○) 상표법 제99조 제1항 제1호
⑤ (○) 상표법 제99조 제1항 제2호

답 ③

18 甲은 영업 a에 X상호를 2010년 초부터 사용하면서 집중적으로 광고하여 X상호는 2015년 말부터 저명하게 되었다. 한편, 乙은 甲의 승낙 없이 X상호와 유사한 X'상표를 b상품을 지정상품으로 하여 2016년 9월 9일에 등록출원하여 2017년 2월 20일에 설정등록 되었다. 甲은 乙의 등록상표에 대해 무효심판을 청구하면서 동시에 甲의 상호 사용이 乙의 등록상표의 권리범위에 속하지 않는다는 소극적 권리범위 확인심판을 청구하였다. 다음 설명 중 옳은 것은? (다툼이 있으면 판례에 따름) 기출 17

① 乙이 상표등록출원 시 X'상표의 사용 및 등록에 대하여 甲의 승낙을 얻지 않고 출원하였으므로 상표법 제34조(상표등록을 받을 수 없는 상표) 제1항 제6호의 명백한 무효사유를 가지고 있다.
② 乙의 지정상품 b가 甲의 영업 a와 밀접한 관계에 있는 경우라도 상호와 상표는 별개이므로 甲은 乙의 등록상표 X'에 대하여 상표법 제34조 제1항 제9호를 무효사유로 주장할 수 없다.
③ 권리범위 확인심판에서 甲이 자신의 상호 사용이 상표법 제90조 제1항 제1호의 '상표권의 효력이 미치지 아니하는 경우'에 해당한다고 주장하더라도 이는 특허심판원의 판단사항이 아니다.
④ 권리범위 확인심판에서 甲이 표장의 동일·유사여부 등 다른 주장은 하지 아니하고 오로지 자신이 상표법 제99조 제2항의 '선사용에 따른 상표를 계속 사용할 권리'를 가지고 있다는 것만을 주장할 경우 특허심판원은 甲의 청구를 각하하는 심결을 하여야 한다.
⑤ 乙의 상표등록 후 甲과 乙간에 '甲이 상호X와 동일한 표장을 b상품에 대하여 상표 등록출원하고, X상표등록출원에 대한 등록여부결정 시까지 乙이 자신의 상표권을 포기한다'는 합의에 따라 포기등록이 이루어지더라도 甲의 출원은 등록받을 수 없다.

해설

① (×) 상표법 제34조 제1항 제6호는 '상표등록여부결정 시'를 기준으로 한다.
② (×) 상호의 경우에는 현실적으로 상표와의 구분이 용이하지 않으므로 상표로서 널리 알려진 경우, 동시에 상품 또는 서비스의 출처표시로서도 널리 알려지는 경우가 대부분이므로 상호로서 주지성을 획득한 이상 제34조 제1항 제9호의 보호를 받는 인용표장으로 보고 있다(判例 83후34).
③ (×) 상표법 제90조 제1항은 권리범위확인심판의 판단대상이다.
④ (○) 대인적 상표권 행사의 사유도 상표권의 효력이 미치는 범위에 관한 권리확정과는 무관하므로 상표권 침해소송이 아닌 권리범위확인심판에서 이를 심리·판단하는 것은 허용되지 않는다.
⑤ (×) 상표법 제34조 제1항 제7호는 상표등록여부 결정 시를 기준으로 하므로 甲의 등록여부결정 시까지 乙이 자신의 상표권을 포기하여 포기등록이 이루어진다면 선등록이 존재하지 않아 다른 거절이유가 없는 한 甲의 출원은 등록받을 수 있다.

답 ④

19 甲의 등록상표의 사용이 그 사용상태에 따라 甲의 상표등록출원일 전에 출원되어 등록된 乙의 디자인권과 저촉되거나 선 발생한 丙의 저작권 등 타인의 선행 권리 또는 법적 지위와 저촉되는 경우, 다음 설명 중 옳은 것은? 기출 15

① 甲은 선행권리자의 동의를 얻지 못하면 자기의 등록상표라도 사용할 수 없으며, 동의 없이 사용하면 乙의 디자인권과 丙의 저작권 등 선행권리의 침해가 성립하며, 동의 없는 사용은 상표법 제119조(상표등록의 취소심판) 제3항의 정당한 사용에 해당하지 아니하므로 결국 불사용을 이유로 취소된다.
② 甲으로부터 상표사용허락을 받은 통상사용권자 丁도 乙과 丙 등 타 선행권리자의 동의 없이 상표 사용을 할 수 없으며, 이들이 동의를 해주지 않는 경우 통상사용권허여심판을 청구하여 동의를 강제할 수 있다.
③ 丙의 저작권 존속기간이 만료된 경우 丙은 존속기간 만료 후에도 부정경쟁의 목적이 없는 한, 원 저작권의 범위 내에서 등록상표와 동일, 유사한 상표를 계속하여 사용할 수 있다.
④ 丙 등 선행권리자에게 인정되는 존속기간 만료 후에 상표를 사용하는 권리는 법정사용권에 해당하므로 상표권자인 甲의 동의를 받지 않고도 타인에게 그 상표를 사용할 권리를 이전할 수 있다.
⑤ 乙 등의 선행권리와 甲의 등록상표와의 저촉은 상표등록 무효사유에는 해당하지 않으나, 甲의 등록상표의 사용이 '부정경쟁방지 및 영업비밀보호에 관한 법률' 제2조(정의)의 일반조항을 위반하는 경우 상표등록취소사유가 될 수 있다.

해설

① (×) 상표법 제92조 제1항에 따라 선행권리자의 동의를 얻지 않은 한 선행권리의 침해가 성립되나, 판례는 일관하여 등록상표의 사용이 타인의 저작권을 침해하는 경우일지라도 불사용으로 인한 상표등록취소의 요건과 관련하여서는 상표의 정당한 사용으로 해석하고 있다.
② (×) 통상사용권자 또한 선행권리자의 동의를 받아야 등록상표를 사용할 수 있으나, 통상사용권허여심판은 존재하지 않는다.
④ (×) 상표법 제98조 소정의 법정사용권은 상속이나 기타 일반승계에 의한 경우를 제외하고 상표권자 또는 전용사용권자의 동의를 얻어야 한다(상표법 제98조 제5항).
⑤ (○) 디자인권 등 선행권리와 저촉은 상표법상 무효사유에 해당하지는 않는다. 한편, 지문에서 말하는 '부정경쟁방지 및 영업비밀보호에 관한 법률 제조의 일반조항'이란 부정경쟁방지법 제2조 제1호 카목 소정의 보충적 일반조항을 의미한다고 할 것인데, 등록상표의 사용이 부정경쟁방지법 제2조 제1호 카목에 해당하여 상표법 제92조 제2항의 적용이 있는 경우, 이는 상표법 제119조 제1항 제6호 소정의 취소사유에 해당한다.

답 ⑤

20

상표법 제90조(상표권의 효력이 미치지 아니하는 범위)에 관한 설명으로 옳은 것은? (다툼이 있으면 판례에 따름) 기출 20

① 상표법 제90조 제1항 제1호의 자기의 성명·명칭 또는 상호·초상·서명·인장 등을 상거래 관행에 따라 사용하는 상표에 대하여는 상표권의 효력이 미치지 아니하며, 상표권의 설정등록이 있은 후에 부정경쟁의 목적으로 사용하는 경우에도 상표권의 효력이 미치지 아니한다.
② 상표법 제90조 제1항 제1호의 자기의 성명·명칭 또는 상호·초상·서명·인장 등을 상거래 관행에 따라 사용하는 상표에서 성명·명칭 또는 상호·초상·서명·인장 등은 저명할 것을 요건으로 한다.
③ 상표법 제90조 제1항 제2호의 보통명칭 또는 기술적 표장에 해당하는지 여부는 권리범위 확인심판에서는 심결시, 침해금지청구소송에서는 판결시를 기준으로 판단하여야 한다.
④ 전체적으로 볼 때 일반 수요자를 기준으로 사용상품의 품질·효능·용도 등을 표시하는 것으로 직감할 수 있을 정도로 도안화된 상표는 상표법 제90조 제1항 제2호에 해당하여 이에 대하여는 상표권의 효력이 미치지 아니한다.
⑤ 둘 이상의 문자·도형 등의 조합으로 이루어진 결합상표의 경우 분리인식될 수 있는 일부분이 상표법 제90조의 상표권의 효력이 미치지 아니하는 범위의 상표에 해당하는 경우, 그 일부분에만 효력이 제한되는 것은 아니므로 그 부분을 제외한 나머지 부분을 기초로 상표 유사여부를 판단할 수 없다.

해설

① (×) 자기의 성명·명칭 또는 상호·초상·서명·인장 또는 저명한 아호·예명·필명과 이들의 저명한 약칭을 상거래 관행에 따라 사용하는 상표에 대하여는 상표권의 효력이 미치지 아니한다(상표법 제90조 제1항 제1호). 다만, 상표권의 설정등록이 있은 후에 부정경쟁의 목적으로 자기의 성명·명칭 또는 상호·초상·서명·인장 또는 저명한 아호·예명·필명과 이들의 저명한 약칭을 사용하는 경우에는 위 제90조 제1항 제1호를 적용하지 아니한다(상표법 제90조 제3항).
② (×) 아호·예명·필명 및 약칭에 한하여 저명성을 요한다.
③ (×) 침해금지청구소송에서는 '사실심 변론종결 시'를 기준으로 한다.
④ (○) 사용상표가 도안화가 되어 있으나 그 정도에 있어 품질, 성질 등을 표시하는 것으로 직감할 수 있을 정도로 도안화가 되어 있다면, 결국 도안화에도 불구하고 품질, 성능을 직감할 수 있는 성질표시에 해당하는 것이므로 상표법 제90조 제1항 제2호에 따라 효력이 미치지 않는다.
⑤ (×) 상표법 제90조 소정의 상표권의 효력이 미치지 아니하는 부분이 확인대상표장에 포함되어 있다면, 확인대상표장 중 그 부분을 제외한 나머지 부분에 의하여 등록상표와 사이에 상품출처에 관하여 오인·혼동을 일으키게 할 염려가 있는지를 기준으로 하여 확인대상표장이 등록상표의 권리범위에 속하는지 여부를 판단해야 한다(判例 2013후2446).

답 ④

21 상표법 제90조(상표권의 효력이 미치지 아니하는 범위)에 관한 설명으로 옳지 않은 것은? (다툼이 있으면 판례에 따름) 기출 18

① 상표법 제90조 제3항의 '부정경쟁의 목적'이란 등록된 상표권자의 신용을 이용하여 부당한 이익을 얻을 목적을 말하고 단지 등록된 상표라는 것을 알고 있었다는 사실만으로 그와 같은 목적이 있다고 볼 수는 없다.
② 지리적 표시 등록단체표장의 지정상품과 동일하다고 인정되어 있는 상품의 보통명칭·산지·품질·원재료·효능·용도·수량·형상·가격 또는 생산방법·가공방법·사용방법 및 시기를 상거래 관행에 따라 사용하는 상표에 대하여는 지리적 표시 단체표장권의 효력이 미치지 아니한다.
③ 상표법 제90조 제3항의 '부정경쟁의 목적'에 대한 입증책임은 상표권자에게 있다.
④ 등록된 상표가 지정상품에 대하여 주지성을 얻어야만 상표법 제90조 제3항에 규정된 '부정경쟁의 목적'이 인정되는 것은 아니다.
⑤ 상표법 제90조 제1항 제2호의 '상품의 산지'라 함은 그 상품이 생산되는 지방의 지리적 명칭을 말하고 반드시 일반 수요자나 거래자에게 널리 알려진 산지만을 말하는 것은 아니다.

해설

① (O) 判例 2011후538
② (×) 지리적 표시 등록단체표장에 대한 효력제한규정이므로 제90조 제2항 제1호에 따라 '산지'가 제외되어야 하며, '상거래 관행에 따라 사용하는 상표'가 아닌 '보통으로 사용하는 방법으로 표시하는 상표'이어야 한다.
③ (O) 입증책임 분배원칙에 따라 제90조 제3항의 부정경쟁의 목적에 대한 입증책임은 상표권자에게 있다.
④ (O) 判例 2011후538
⑤ (O) 判例 2004도4420

답 ②

22 상표권 침해 쟁송절차 및 침해여부 판단에 관한 설명으로 옳지 않은 것은? (다툼이 있으면 판례에 따름) 기출 22

① 후행 등록상표인 침해상표가 일반수요자에게 인식되어 있어 역혼동이 발생하는 경우에 침해상표에 대한 인식만을 근거로 하여서도 그 상표 사용자를 상대로 한 선행 등록상표의 상표권에 기초한 침해금지 또는 손해배상 등의 청구는 권리남용에 해당한다고 볼 수 있다.
② 상표권 침해소송에서 등록상표에 명백한 무효사유가 있어 그 상표권의 행사가 권리남용에 해당한다는 항변이 있는 경우 법원은 그 당부를 살피기 위한 전제로 무효여부에 대해 판단할 수 있으며 무효사유는 특별히 한정하지 않고 있다.
③ 상표법 제90조(상표권의 효력이 미치지 아니하는 범위) 제1항 제3호의 상표권의 효력이 제한되는 경우에 해당하는지 여부는 권리범위확인심판의 판단대상이 된다.
④ 타인의 등록상표가 표시된 일회용 필름용기의 재활용에 있어 그 용기에 새겨진 타인의 상표를 그대로 둔 채 필름만 대체해서 재판매한 경우 상표권은 소진되지 않으므로 상표권 침해가 성립된다.
⑤ 상표법 제99조(선사용에 따른 상표를 계속 사용할 권리)의 선사용권을 근거로 침해에 해당하지 않는다는 주장은 침해소송에서는 인정될 수 있으나 권리범위확인심판에서는 인정될 수 없다.

정답해설

① (×) 어떤 상표가 정당하게 출원·등록된 이후에 그 등록상표와 동일·유사한 상표를 그 지정상품과 동일·유사한 상품에 정당한 이유 없이 사용한 결과 그 사용상표가 국내의 일반 수요자들에게 알려지게 되었다고 하더라도, 그 사용상표와 관련하여 얻은 신용과 고객흡인력은 등록상표의 상표권을 침해하는 행위에 의한 것으로서 보호받을 만한 가치가 없고 그러한 상표의 사용을 용인한다면 우리 상표법이 취하고 있는 등록주의 원칙의 근간을 훼손하게 되므로, 위와 같은 상표 사용으로 인하여 시장에서 형성된 일반 수요자들의 인식만을 근거로 하여 그 상표 사용자를 상대로 한 등록상표의 상표권에 기초한 침해금지 또는 손해배상 등의 청구가 권리남용에 해당한다고 볼 수는 없다(判例 2012다6035).
② (○) 등록상표에 대한 등록무효심결이 확정되기 전이라고 하더라도 상표등록이 무효심판에 의하여 무효로 될 것임이 명백한 경우에는 상표권에 기초한 침해금지 또는 손해배상 등의 청구는 특별한 사정이 없는 한 권리남용에 해당하여 허용되지 아니한다고 보아야 하고, 상표권침해소송을 담당하는 법원으로서도 상표권자의 그러한 청구가 권리남용에 해당한다는 항변이 있는 경우 그 당부를 살피기 위한 전제로서 상표등록의 무효 여부에 대하여 심리·판단할 수 있다(判例 2010다103000).
③ (○) <u>상표권의 권리범위확인청구는 단순히 그 상표자체의 기술적 범위를 확인하는 사실확정을 목적으로 한 것이 아니라 그 기술적 범위를 기초로 하여 구체적으로 문제가 된 상대방의 사용상표와의 관계에 있어서 그 상표에 대하여 등록상표권의 효력이 미치는 여부를 확인하는 권리확정을 목적으로 한 것이므로, 상대방의 사용상표가 상표법 제90조 각 호에 규정된 상표권의 효력이 미치지 아니하는 상표에 해당하는 경우에는 이는 등록상표의 권리범위에 속하지 아니한다</u>(判例 84후49).
④ (○) 단순한 가공이나 수리의 범위를 넘어 상품의 동일성을 해할 정도로 본래의 품질이나 형상에 변경을 가한 경우에 해당된다 할 것이고 이는 실질적으로 새로운 생산행위에 해당한다고 할 것이므로, 이 사건 등록상표의 상표권자인 후지필름은 여전히 상표권을 행사할 수 있다고 보아야 할 것이다(判例 2002도3445).

답 ①

CHAPTER 06 상표권자의 보호

제2편 | 상표법

제107조(권리침해에 대한 금지청구권 등)
① 상표권자 또는 전용사용권자는 자기의 권리를 침해한 자 또는 침해할 우려가 있는 자에 대하여 그 침해의 금지 또는 예방을 청구할 수 있다.
② 상표권자 또는 전용사용권자가 제1항에 따른 청구를 할 경우에는 침해행위를 조성한 물건의 폐기, 침해행위에 제공된 설비의 제거나 그 밖에 필요한 조치를 청구할 수 있다.
③ 제1항에 따른 침해의 금지 또는 예방을 청구하는 소가 제기된 경우 법원은 원고 또는 고소인(이 법에 따른 공소가 제기된 경우만 해당한다)의 신청에 의하여 임시로 침해행위의 금지, 침해행위에 사용된 물건 등의 압류나 그 밖에 필요한 조치를 명할 수 있다. 이 경우 법원은 원고 또는 고소인에게 담보를 제공하게 할 수 있다. 기출 15

제108조(침해로 보는 행위)
① 다음 각 호의 어느 하나에 해당하는 행위는 상표권(지리적 표시 단체표장권은 제외한다) 또는 전용사용권을 침해한 것으로 본다.
  1. 타인의 등록상표와 동일한 상표를 그 지정상품과 유사한 상품에 사용하거나 타인의 등록상표와 유사한 상표를 그 지정상품과 동일·유사한 상품에 사용하는 행위
  2. 타인의 등록상표와 동일·유사한 상표를 그 지정상품과 동일·유사한 상품에 사용하거나 사용하게 할 목적으로 교부·판매·위조·모조 또는 소지하는 행위
  3. 타인의 등록상표를 위조 또는 모조하거나 위조 또는 모조하게 할 목적으로 그 용구를 제작·교부·판매 또는 소지하는 행위
  4. 타인의 등록상표 또는 이와 유사한 상표가 표시된 지정상품과 동일·유사한 상품을 양도 또는 인도하기 위하여 소지하는 행위 기출 20·23
② 다음 각 호의 어느 하나에 해당하는 행위는 지리적 표시 단체표장권을 침해한 것으로 본다.
  1. 타인의 지리적 표시 등록단체표장과 유사한 상표(동음이의어 지리적 표시는 제외한다. 이하 이 항에서 같다)를 그 지정상품과 동일하다고 인정되는 상품에 사용하는 행위
  2. 타인의 지리적 표시 등록단체표장과 동일·유사한 상표를 그 지정상품과 동일하다고 인정되는 상품에 사용하거나 사용하게 할 목적으로 교부·판매·위조·모조 또는 소지하는 행위
  3. 타인의 지리적 표시 등록단체표장을 위조 또는 모조하거나 위조 또는 모조하게 할 목적으로 그 용구를 제작·교부·판매 또는 소지하는 행위
  4. 타인의 지리적 표시 등록단체표장과 동일·유사한 상표가 표시된 지정상품과 동일하다고 인정되는 상품을 양도 또는 인도하기 위하여 소지하는 행위

제109조(손해배상의 청구)
상표권자 또는 전용사용권자는 자기의 상표권 또는 전용사용권을 고의 또는 과실로 침해한 자에 대하여 그 침해에 의하여 자기가 받은 손해의 배상을 청구할 수 있다.

제110조(손해액의 추정 등)
① 제109조에 따른 손해배상을 청구하는 경우 그 권리를 침해한 자가 그 침해행위를 하게 한 상품을 양도하였을 때에는 다음 각 호에 해당하는 금액의 합계액을 상표권자 또는 전용사용권자가 입은 손해액으로 할 수 있다.
  1. 그 상품의 양도수량(상표권자 또는 전용사용권자가 그 침해행위 외의 사유로 판매할 수 없었던 사정이 있는 경우에는 그 침해행위 외의 사유로 판매할 수 없었던 수량을 뺀 수량) 중 상표권자 또는 전용사용권자가 생산할 수 있었던 상품의 수량에서 실제 판매한 상품의 수량을 뺀 수량을 넘지 아니하는 수량에 상표권자 또는 전용사용권자가 그 침해행위가 없었다면 판매할 수 있었던 상품의 단위수량당 이익액을 곱한 금액
  2. 그 상품의 양도수량 중 상표권자 또는 전용사용권자가 생산할 수 있었던 상품의 수량에서 실제 판매한 상품의 수량을 뺀 수량을 넘는 수량 또는 그 침해행위 외의 사유로 판매할 수 없었던 수량이 있는 경우 이들 수량(상표권자 또는 전용사용권자가 그 상표권자의 상표권에 대한 전용사용권의 설정, 통상사용권의 허락 또는 그 전용사용권자의 전용사용권에 대한 통상사용권의 허락을 할 수 있었다고 인정되지 아니하는 경우에는 해당 수량을 뺀 수량)에 대해서는 상표등록을 받은 상표의 사용에 대하여 합리적으로 받을 수 있는 금액
③ 제109조에 따른 손해배상을 청구하는 경우 권리를 침해한 자가 그 침해행위에 의하여 이익을 받은 경우에는 그 이익액을 상표권자 또는 전용사용권자가 받은 손해액으로 추정한다. 기출 15
④ 제109조에 따른 손해배상을 청구하는 경우 그 등록상표의 사용에 대하여 합리적으로 받을 수 있는 금액에 상당하는 금액을 상표권자 또는 전용사용권자가 받은 손해액으로 하여 그 손해배상을 청구할 수 있다. 기출 21·23
⑤ 제4항에도 불구하고 손해액이 같은 항에 규정된 금액을 초과하는 경우에는 그 초과액에 대해서도 손해배상을 청구할 수 있다. 이 경우 상표권 또는 전용사용권을 침해한 자에게 고의 또는 중대한 과실이 없을 때에는 법원은 손해배상액을 산정할 때 그 사실을 고려할 수 있다.
⑥ 법원은 상표권 또는 전용사용권의 침해행위에 관한 소송에서 손해가 발생한 것은 인정되나 그 손해액을 증명하기 위하여 필요한 사실을 밝히는 것이 사실의 성질상 극히 곤란한 경우에는 제1항부터 제5항까지의 규정에도 불구하고 변론전체의 취지와 증거조사의 결과에 기초하여 상당한 손해액을 인정할 수 있다.
⑦ 법원은 고의적으로 상표권자 또는 전용사용권자의 등록상표와 동일·유사한 상표를 그 지정상품과 동일·유사한 상품에 사용하여 상표권 또는 전용사용권을 침해한 자에 대하여 제109조에도 불구하고 제1항부터 제6항까지의 규정에 따라 손해로 인정된 금액의 5배를 넘지 아니하는 범위에서 배상액을 정할 수 있다. 〈2025.7.22. 시행 개정법〉
기출 24
⑧ 제7항에 따른 배상액을 판단할 때에는 다음 각 호의 사항을 고려하여야 한다.
  1. 침해행위로 인하여 해당 상표의 식별력 또는 명성이 손상된 정도
  2. 고의 또는 손해 발생의 우려를 인식한 정도
  3. 침해행위로 인하여 상표권자 또는 전용사용권자가 입은 피해규모
  4. 침해행위로 인하여 침해한 자가 얻은 경제적 이익
  5. 침해행위의 기간·횟수 등
  6. 침해행위에 따른 벌금
  7. 침해행위를 한 자의 재산상태
  8. 침해행위를 한 자의 피해구제 노력의 정도

제111조(법정손해배상의 청구)
① 상표권자 또는 전용사용권자는 자기가 사용하고 있는 등록상표와 같거나 동일성이 있는 상표를 그 지정상품과 같거나 동일성이 있는 상품에 사용하여 자기의 상표권 또는 전용사용권을 고의나 과실로 침해한 자에 대하여 제109조에 따른 손해배상을 청구하는 대신 1억원(고의적으로 침해한 경우에는 3억원) 이하의 범위에서 상당한 금액을 손해액으로 하여 배상을 청구할 수 있다. 이 경우 법원은 변론전체의 취지와 증거조사의 결과를 고려하여 상당한 손해액을 인정할 수 있다. 기출 15·23·24
② 제1항 전단에 해당하는 침해행위에 대하여 제109조에 따라 손해배상을 청구한 상표권자 또는 전용사용권자는 법원이 변론을 종결할 때까지 그 청구를 제1항에 따른 청구로 변경할 수 있다. 기출 16

> **제112조(고의의 추정)**
> 제222조에 따라 등록상표임을 표시한 타인의 상표권 또는 전용사용권을 침해한 자는 그 침해행위에 대하여 그 상표가 이미 등록된 사실을 알았던 것으로 추정한다. 기출 24
>
> **제113조(상표권자 등의 신용회복)**
> 법원은 고의나 과실로 상표권 또는 전용사용권을 침해함으로써 상표권자 또는 전용사용권자의 업무상 신용을 떨어뜨린 자에 대해서는 상표권자 또는 전용사용권자의 청구에 의하여 손해배상을 갈음하거나 손해배상과 함께 상표권자 또는 전용사용권자의 업무상 신용회복을 위하여 필요한 조치를 명할 수 있다.
>
> **제114조(서류의 제출)**
> 법원은 상표권 또는 전용사용권의 침해에 관한 소송에서 당사자의 신청에 의하여 다른 당사자에 대하여 해당 침해행위로 인한 손해를 계산하는 데에 필요한 서류의 제출을 명할 수 있다. 다만, 그 서류의 소지자가 그 서류의 제출을 거절할 정당한 이유가 있는 경우에는 그러하지 아니하다.

01 침해 총론

(1) 직접침해 적용요건

① 유효한 상표권 : 공정력 - 상표는 일단 등록된 이상 비록 무효사유가 있다고 하더라도 심판에 의하여 무효로 한다는 심결이 확정되지 않는 한 대세적으로 무효가 되는 것은 아니다.
② 상표로서의 사용
③ 보호범위 내의 사용(상표 동일·유사/상품 동일·유사)
  ㉠ 독점·전용권(동일범위)의 침해 : 法 제89조
  ㉡ 사용금지권(동일·유사범위)의 침해 : 法 제108조 제1항 제1호
    → 독점권을 실효적으로 보호하기 위해 상표권의 사용금지권의 범위는 유사범위로 확장된다.
  ㉢ 저명상표의 경우에도 보호범위는 상표 동일·유사/상품 동일·유사범위이다.
④ 정당한 권원이 없을 것(法 제98조, 제99조)
⑤ 효력제한사유 없을 것(法 제90조 제1항)
⑥ 상표권 행사가 권리남용이 아닐 것

(2) 간접침해의 태양(法 제108조 제1항)

상표권이 직접적으로 침해되고 있지는 않지만(法 제2조 제1항 제11호에 해당하지는 않음), 이를 방치하면 직접침해로 이어질 개연성이 큰 예비적 행위

① 타인의 등록상표와 동일·유사한 상표를 그 지정상품과 동일·유사한 상품에 사용하거나 사용하게 할 목적으로 물건, 스티커 등을 교부·판매·위조·모조 또는 소지하는 행위(제2호)

② 타인의 등록상표를 위조 또는 모조하거나 위조 또는 모조하게 할 목적으로 그 용구를 제작·교부·판매 또는 소지하는 행위(제3호)

③ 타인의 등록상표 또는 이와 유사한 상표가 표시된 지정상품과 동일·유사한 상품을 양도 또는 인도하기 위하여 소지하는 행위(제4호)

(3) 상표권자의 보호

① 상표권자의 민사상 조치
  ㉠ 침해금지청구(法 제107조)
  ㉡ 손해배상청구(法 제109조)
    - 보완규정 : 손해액의 추정 등(法 제110조), 법정손해배상청구(法 제111조), 고의의 추정(法 제112조)
  ㉢ 신용회복청구(法 제113조)
  ㉣ 민법상 부당이득반환청구(민법 제741조) : 상표권 침해에 따른 손해배상청구권과 부당이득반환청구권은 경합된다(별개로 행사 불가).

② 상표권자의 형사상 조치
  ㉠ 침해죄(法 제230조)
  ㉡ 몰수(法 제236조)
  ㉢ 양벌규정(法 제235조)

02 상표권자의 민사상 조치

(1) 침해금지청구 등

① 의의 : 상표권자 등은 상표권을 침해한 자 또는 침해할 우려가 있는 자에 대하여 그 침해의 금지 또는 예방을 청구할 수 있으며(法 제107조 제1항), 이에 부대하여 침해행위를 조성한 물건의 폐기, 침해행위에 제공된 설비의 제거나 그 밖에 필요한 조치를 청구할 수 있다(法 제107조 제2항).

② 권리의 발생(요건)
  ㉠ 현실적인 침해 또는 침해할 우려가 객관적으로 존재하는 경우
  ㉡ 주관적 요건(침해자의 고의·과실) 불요

③ 청구권자
  ㉠ 상표권자 또는 전용사용권자(채권적 권리에 불과한 통상사용권자는 인정되지 않는다)
  ㉡ 전용사용권이 설정된 경우 상표권자의 침해금지청구가 가능한지 여부
    • 判例 : 전용사용권이 설정된 상표의 상표권자도 제3자의 무단사용에 대한 금지를 청구할 수 있고, 이 경우 전용사용권 침해로 인한 상표법 위반죄 외에 상표권 침해로 인한 상표법 위반죄가 함께 성립한다고 판시하였다.
    • 검토 : 전용사용권이 설정된 경우에도 상표권의 소극적 효력은 제한되지 않는다고 할 것이므로 상표권자도 침해금지청구 등을 행사할 수 있다고 보는 것이 타당하다.
④ 권리의 내용 : 침해행위를 중단시키고, 침해행위를 조성한 물건의 폐기, 침해행위에 제공된 설비의 제거, 기타 침해의 예방에 필요한 행위를 청구할 수 있다.
⑤ 임시조치 : 침해행위에 대한 신속하고 효과적인 제거를 통해 상표권 보호의 실효성을 확보하고자, 원고 등의 신청에 의해 임시로 침해행위의 금지, 침해행위에 사용된 물건 등의 압류나 그 밖에 필요한 조치를 명할 수 있다(法 제107조 제3항). (12.3.15. 이후 최초로 상표권 등의 침해에 관한 소가 제기된 경우 적용)

(2) 손해배상청구

① 의 의
  ㉠ 상표권자 등은 상표권 등을 고의 또는 과실로 침해한 자에 대하여 그 침해에 의하여 자기가 받은 손해의 배상을 청구할 수 있다(法 제109조).
  ㉡ 2014년 개정법에서 상표법상 근거 규정을 신설하였다.
② 권리의 발생(요건)
  ㉠ 고의 또는 과실에 의한 침해행위
    • 침해행위에 대한 과실이 추정되는지 여부
      - 문제점 : 法 제112조에 따른 고의추정 규정과 무관하게 상표권 침해 시 침해행위에 대한 과실이 추정되는지 문제된다.
      - 判例 : ⅰ) 상표권의 존재 및 내용은 공보 또는 등록원부 등에 의해 공시되어 일반 공중도 통상의 주의를 기울이면 이를 알 수 있고, 업으로서 상표를 사용하는 사업자에게 상표권 침해에 대한 주의의무를 부과하는 것이 부당하다고 할 수 없으며, ⅱ) 특허권, 실용실안권, 디자인권을 침해한 자는 과실이 추정되는데 상표권을 침해한 자에 대하여만 달리 보아야 할 합리적인 이유가 없다는 점에서 상표권을 침해한 자에게도 침해행위에 대하여 과실이 있는 것으로 추정된다고 판시하였다. 또한 判例는 침해자에게 과실이 없다고 하기 위해서는, 상표권의 존재를 알지 못하였다는 점을 정당화할 수 있는 사정이 있다거나 자신이 사용하는 상표가 등록상표의 권리범위에 속하지 아니한다고 믿은 점을 정당화 할 수 있는 사정이 있다는 것을 주장·증명해야 한다고 판시하였다(대법원 2013.7.25. 선고 2013다21666 판결).

기출 16·21

- 침해자가 사용상표에 대한 과거 상표권(무효심결 확정됨) 보유 사실을 근거로 자신의 '과실 없음'의 주장이 가능한지 여부 : 判例는 상표권에 관한 무효심결이 확정된 경우 상표권은 처음부터 없었던 것으로 보게 되므로, 침해 당시 자신의 상표권에 기해 상표를 사용하는 것이라 믿었더라도 상표권의 효력이 사용상표에 미치지 아니한다고 믿었던 점을 정당화 할 수 있는 사정에 해당한다고 할 수 없다고 판시한 바 있다.
  - ⓒ 위법한 침해행위
  - ⓒ 손해의 발생
  - ⓒ 침해행위와 손해발생 사이의 상당한 인과관계
- ③ 손해액의 추정 등(法 제110조)
  - ㉠ 침해자의 양도이익에 의한 손해계산(제1항 제1호) + 합리적인 사용료(제1항 제2호)
    - 「침해자의 양도수량」×「상표권자 등의 단위수량당 이익액」을 손해액으로 할 수 있다.
    - 「상표권자 등의 생산 가능 수량 – 실제 판매한 수량」×「상표권자 등의 단위수량당 이익액」을 한도로 한다.
    - 「상표권자 등이 해당 침해행위 외의 사유로 판매할 수 없었던 사정이 있는 경우에는 해당 침해행위 외의 사유로 판매할 수 없었던 수량에 따른 금액」을 빼야 한다.
    - 상기 '사정'에는 침해품의 기술적 우수성, 침해자의 영업노력 등으로 침해품이 많이 팔렸다는 사정, 시장에서의 대체품의 존재, 저렴한 가격, 광고·선전, 지명도 등이 해당할 수 있으며, 이러한 사정 및 사정에 의해 판매할 수 없었던 수량에 대해서는 침해자가 입증해야 한다(정상조 외 46인, 상표법 주해Ⅱ, (주)박영사, 2018년, 252면).
  - ㉡ 손해액의 추정(제3항)
    - 「침해자가 침해행위에 의해 얻은 이익액」을 상표권자 등의 손해액으로 추정한다(제3항).
    - 상표권자 등이 손해발생을 입증해야 하는지 여부(判例의 태도)
      - ⅰ) 본 규정은 손해액의 추정규정에 불과하고 손해의 발생까지 추정하는 취지라고 볼 수 없으므로, 상표권자는 스스로 업으로 등록상표를 사용하고 있고 상표권 침해행위에 의해 실제로 영업상 손해를 입은 것을 주장·입증할 필요가 있다. ⅱ) 단, 규정의 취지에 비추어, 손해의 발생에 관한 주장·입증의 정도에 있어서 손해 발생 염려 내지 개연성의 존재를 주장·입증하는 것으로 족하고, ⅲ) 상표권자가 침해자와 동종의 영업을 하고 있는 것을 증명한 경우라면 손해 발생이 사실상 추정된다.
      - 침해자의 손해불발생 항변 인정 : 法 제110조 제3항이 손해의 발생이 없는 것이 분명한 경우까지 침해자에게 손해배상의무를 인정하는 취지는 아니므로, 침해자도 권리자가 동종의 영업에 종사하지 않는다는 등으로 손해의 발생이 있을 수 없다는 것을 주장·입증하여 손해배상책임을 면할 수 있다.
      - 등록상표를 사용하고 있는 경우라 함은 등록상표를 지정상품 그 자체 또는 거래사회의 통념상 동일하게 볼 수 있는 상품에 현실로 사용한 때를 말한다 할 것이고, 지정상품과 유사한 상품에 사용한 것만으로는 등록상표를 사용하였다고 볼 수 없다.

- 인과관계 추정여부 : 判例는 상표권자는 상표권 침해자가 취득한 이익을 입증하면 되고 그 밖에 침해행위와 손해발생 간의 인과관계에 대하여는 이를 입증할 필요가 없다고 판시한 바 있다.
- 추정의 복멸
  - 判例의 태도 : 침해자 상품의 품질, 기술, 상표 이외의 신용, 판매정책, 선전 등으로 인하여 침해된 상표의 사용과 무관하게 얻은 이익이 있다는 특별한 사정이 있는 경우에는 法 제110조 제3항의 추정과 달리 인정될 수 있고, 이러한 특별한 사정에 침해자가 침해한 상표 이외의 다른 상표를 사용하여 이익을 얻었다는 점이 포함될 수 있으나, 그에 관한 입증 책임은 침해자에게 있다.
- "침해자가 얻은 이익액"의 산정 방식
  - 한계이익 : 침해로 얻은 수익에서 침해제품 제조 등에 들어간 변동비용(인건비 등)을 공제한 것
  - 순이익 : 침해로 얻은 수익에서 변동비용과 고정비용(감가상각비, 일반 관리비 등)을 공제한 것
  - 判例 : 고정비용은 생산량의 변동 여하에 관계없이 불변적으로 지출되는 비용이어서 침해행위와의 관련성을 인정하기 어렵고, 침해자가 상표권 침해행위로 인해 얻은 수익에서 상표권 침해로 인하여 추가로 들어간 비용을 공제한 금액을 손해액으로 삼아야 하므로, 침해자의 이익액은 순수익이 아닌 한계이익을 기준으로 산정해야 한다(특허법원 2017.5.19. 선고 2016나1370 판결).

ⓒ 통상사용료 상당액의 청구(제4항·제5항)
- 「등록상표의 사용에 대하여 합리적으로 받을 수 있는 금액에 상당하는 금액」을 상표권자 등의 손해액으로 하여 손해배상을 청구할 수 있다(제4항).
- 손해액이 초과하는 경우에는 그 초과액에 대해서도 손해배상을 청구할 수 있으며 이 경우 침해자에게 고의 또는 중대한 과실이 없을 때에는 법원은 그 사실을 고려할 수 있다(제5항).
- 상표권자 등이 손해발생을 입증해야 하는지 여부(法 제110조 제4항의 성격)
  - 학설 : 손해발생을 전제로 하여 사용료 상당액을 최저한도의 손해액으로 법정한 것이므로 권리자로서는 손해의 발생을 요건사실로 증명할 필요가 없고 권리침해 및 사용료 상당액만 주장·입증하면 족하며 손해의 불발생은 항변사유로서 침해자에게 주장·입증책임이 있다는 〈손해액법정설〉, 및 상표권 침해행위가 있으면 항상 최저한도 사용료 상당액의 손해가 발생하고 있는 것으로 간주하는 규정으로서 침해자에게 불발생의 항변이 허용되지 않는다는 〈손해발생의제설〉 견해가 대립한다(상조 외 46인, 상표법 주해Ⅱ, (주)박영사, 2018년, 262면).
  - 判例 : ⅰ) 본 규정은 상표권자 등의 손해에 관한 주장·증명책임을 경감하는 취지의 규정이고, 손해의 발생이 없는 경우까지 침해자에게 손해배상의무를 인정하는 취지는 아니라고 할 것이나, ⅱ) 규정의 취지에 비추어, 손해의 발생에 관한 주장·입증의 정도에 있어서 손해 발생의 염려 내지 개연성의 존재를 주장·입증하는 것으로 족하고, ⅲ) 상표권자가 침해자와 동종의 영업을 하고 있는 것을 증명한 경우라면 손해 발생이 사실상 추정된다.

- 判例 : i) 본 규정이 상표권 침해 사실만으로 손해의 발생에 대한 법률상 추정을 하거나 손해의 발생이 없는 경우까지 침해자에게 손해배상의무를 인정하는 취지는 아니므로, ii) 침해자는 상표권자에게 손해의 발생이 있을 수 없다는 점을 주장·증명하여 손해배상책임을 면할 수 있다.
- 검토 : 상표는 선택된 표지로서 그 자체에 재산적 가치가 있는 것이 아니라 사용에 의해 출처 표시 기능이 발휘될 때 비로소 재산적 가치를 가진다는 점에서 손해액간주설이 타당하다.
- 상표권자의 등록상표 불사용이 '손해발생을 부정할 수 있는 사정'인지 여부(대법원 2016.9.30. 선고 2014다59712 판결) 기출 18
  - 문제점 : 그 자체의 창작적 가치가 있는 특허권과 달리, 상표권의 경우 표장 자체에 재산적 가치가 인정되는 것이 아니라 상표의 사용에 따른 업무상 신용에 의해 재산적 가치가 인정되기 때문에, 상표권자의 등록상표 불사용의 경우 손해발생을 부정할 수 있는지 문제된다.
  - 다수설, 判例 : 상표권은 특허권 등과 달리 등록되어 있는 상표를 타인이 사용하였다는 것만으로 당연히 통상 받을 수 있는 상표권 사용료 상당액이 손해로 인정되는 것은 아니고, 상표권자가 그 상표를 영업 등에 사용하고 있었음에도 불구하고 상표권 침해행위가 있었다는 등 구체적 피해 발생이 전제되어야 인정될 수 있다. 따라서 상표권자가 해당 상표를 등록만 해 두고 실제 사용하지 않았다는 등 손해 발생을 부정할 수 있는 사정을 침해자가 증명한 경우에는 손해배상책임을 인정할 수 없다고 판시하여 상표권자의 등록상표 불사용을 손해 발생을 부정할 수 있는 사정으로 보았다.
  - 소수설 : 등록상표 불사용의 경우라도, 상표 자체의 독특성이나 기발함에 의해 '잠재적인 고객흡인력'이 인정될 수 있는 경우, 등록상표 자체의 최저한도 가치를 인정하여 손해발생을 인정할 수 있다고 한다[정태호 "등록상표의 불사용에 근거한 사용료 상당액의 손해배상책임 및 법정손해배상책임의 부정에 관한 고찰" 「법학논집 제21권 제3호」(2017.3.)].
- 과실상계 가능한지 여부

㉣ 법원의 재량에 의한 손해액 산정(제6항)
- 법원은 상표권 등 침해행위에 관한 소송에서 손해가 발생한 것은 인정되나 그 손해액을 증명하기 위해 필요한 사실을 밝히는 것이 사실의 성질상 극히 곤란한 경우에는 변론 전체의 취지와 증거조사의 결과에 기초하여 상당한 손해액을 인정할 수 있다(제6항).
- 상표권자 등이 손해발생을 입증해야 하는지 여부(제3항과 동일) : i) 본 규정은 손해액의 추정규정에 불과하고 손해의 발생까지 추정하는 취지라고 볼 수 없으므로, 상표권자는 스스로 업으로 등록상표를 사용하고 있고 상표권 침해행위에 의해 실제로 영업상 손해를 입은 것을 주장·입증할 필요가 있다. ii) 단, 규정의 취지에 비추어, 손해의 발생에 관한 주장·입증의 정도에 있어서 손해 발생의 염려 내지 개연성의 존재를 주장·입증하는 것으로 족하고, iii) 상표권자가 침해자와 동종의 영업을 하고 있는 것을 증명한 경우라면 손해발생이 사실상 추정된다(법원재량에 의한 손해액 인정)(대법원 2015.10.29. 선고 2013다45037 판결).

④ 법정손해배상제도(法 제111조)
   ㉠ 의의 및 취지
      - 의의 : 상표권자가 실제 손해를 입증하지 않은 경우에도 사전에 법령에서 정한 일정한 금액 또는 일정한 범위의 금액을 법원이 원고의 선택에 따라 손해액으로 인정할 수 있는 제도로서, '실손해배상원칙'에 대한 중대한 수정에 해당하는 제도이다.
      - 취지 : 한·미 FTA 협상과정에서 '실손해배상원칙'에 위배된다는 이유로 도입에 반대하는 견해가 있었으나, 상표권 침해를 예방하고, 상표권자를 실손해의 입증 곤란으로부터 구제하기 위해 명문의 규정으로 신설하였다. 12.3.15. 후 침해에 관한 소가 제기된 것부터 적용한다.

        기출 16

   ㉡ 요 건
      - 침해자에게 고의나 과실이 있을 것
      - 동일영역에서의 침해일 것(동일영역에서의 상표위조에 의한 침해)
      - 상표권자 등이 등록상표를 사용하고 있을 것 기출 16
      - 判例 : 본 규정은 위조상표의 사용 등으로 인한 상표권 침해행위가 있을 경우에 손해 액수의 증명이 곤란하더라도 일정한 한도의 법정금액을 배상받을 수 있도록 함으로써 피해자가 쉽게 권리구제를 받을 수 있도록 하는 예외적 규정이므로, 그 적용요건은 법문에 규정된 대로 엄격하게 해석하여야 한다. 따라서 상표권자가 이 규정에 의한 손해배상을 청구하려면, 상표권 침해 당시 해당 등록상표를 상표권자가 실제 사용하고 있었어야 하고, 침해자가 사용한 상표가 상표권자의 등록상표와 같거나 동일성이 있어야 하며, 동일성 요건을 갖추지 못한 경우에는 통상의 방법으로 손해를 증명하여 배상을 청구하여야지 위 규정에서 정한 법정손해배상을 청구할 수는 없다.

   ㉢ 절 차
      - 法 제109조에 따른 손해배상을 청구하는 대신 청구 가능하다(法 제111조 제1항).
      - 法 제109조에 따라 손해배상을 청구한 상표권자는 (사실심) 변론 종결 시까지 法 제111조 제1항에 따른 청구로 변경할 수 있다(法 제111조 제2항).

   ㉣ 효과(결정) : 법원은 변론전체의 취지와 증거조사의 결과를 고려하여 1억원 이하의 범위에서 상당한 금액을 손해액으로 인정할 수 있다.

(3) **신용회복청구**

상표권자 등의 신용이 떨어진 경우, 손해배상을 갈음하거나 손해배상과 함께 상표권자 등의 업무상 신용회복을 위하여 필요한 조치를 명할 수 있다(法 제113조).

03 상표권자의 형사상조치

(1) 침해죄

① **의의** : 상표권 등의 침해행위를 한 자는 7년 이하의 징역 또는 1억원 이하의 벌금에 처한다(法 제230조).

② **요건** : 형법총칙 및 형사소송법의 적용에 따라 침해자에게 고의가 인정되어야 한다.

③ **고의 판단에 관한 判例** : 침해자를 상표권 침해죄로 처벌하기 위해서는 범죄구성요건의 주관적 요소로서 적어도 미필적 고의(자기의 행위로 인하여 범죄 결과가 발생할 가능성이 있음을 알면서도 그 결과의 발생을 인정하여 받아들이는 심리상태)가 필요하므로, 그 행위가 상표법 제2조 제1항 제11호에 따른 사용에 해당한다는 사실에 대한 인식이 있음은 물론 나아가 이를 용인하려는 내심의 의사가 있어야 한다고 판시한 바 있다(대법원 2012.10.11. 선고 2010도11053 판결).

④ **비친고죄** : 法 제112조의 고의 추정 규정은 적용되지 않으며, 공익적 성격을 고려해 '비친고죄'로 규정하고 있다.

⑤ **취소심결 확정의 경우 判例** : 등록상표인 이상 상표법 제119조 제1항 제3호의 취소 사유가 있더라도 심판에 의해 등록취소가 확정되기까지는 상표권자가 등록상표로서의 권리를 보유하는 것이고, 무효심결이 확정된 때와는 달리 그 상표권은 장래를 향하여서만 소멸하는 것이므로, 등록상표에 관하여 취소심결이 확정되었다 하더라도 그 상표권 소멸 전에 이루어진 침해행위에 관한 상표권 침해죄의 성립 여부에는 영향을 미치지 못한다(대법원 2011.12.8. 선고 2010도2816 판결).

⑥ **무효심결 확정의 경우 判例** : 침해행위가 무효심결이 확정되기 전에 이루어졌더라도, 무효심결이 확정되었다면 상표권은 처음부터 존재하지 않았던 것이 되므로, 상표권 침해행위에 해당한다고 볼 수 없다고 할 것이다.

⑦ **복수의 등록상표에 대한 침해죄 判例** : 침해죄는 '각 등록상표 1개'마다 포괄하여 '1개의 범죄'가 성립하므로, 특별한 사정이 없는 한 상표권자 및 표장이 동일하다는 이유로 등록상표를 달리하는 수개의 상표권 침해 행위를 포괄하여 하나의 죄가 성립하는 것으로 볼 수 없다(대법원 2013.7.25. 선고 2011도12482 판결).

(2) 몰 수

상표권 등 침해죄에 해당하는 행위에 제공되거나 그 침해행위로 인하여 생긴 상표·포장 또는 상품과 그 침해물 제작에 주로 사용하기 위하여 제공된 제작 용구 또는 재료는 몰수한다. 다만, 상품이 그 기능 및 외관을 해치지 아니하고 상표 또는 포장과 쉽게 분리될 수 있는 경우에는 그 상품은 몰수하지 아니할 수 있다(法 제236조).

(3) 양벌규정

① 법인의 대표자나 법인 또는 개인의 대리인, 사용인, 그 밖의 종업원이 그 법인 또는 개인의 업무에 관하여 法 제230조(침해죄), 法 제233조(거짓 표시의 죄) 또는 法 제234조(거짓 행위의 죄)의 위반행위를 하면 그 행위자를 벌하는 외에 그 법인에게는 法 제230조의 경우에는 3억원 이하의 벌금형을, 法 제233조 또는 法 제234조의 경우에는 6천만원 이하의 벌금형을 과하며,

② 그 개인에게는 해당 조문의 벌금형을 과한다. 다만, 법인 또는 개인이 그 위반행위를 방지하기 위하여 해당 업무에 관하여 상당한 주의와 감독을 게을리 하지 아니한 경우에는 그러지 아니하다(法 제235조).

(4) 간접침해에 대해 형사적 책임이 인정되는지 여부

대법원 判例는 '특허권 간접침해 규정은 민사책임을 부과시키는 정책적 규정일 뿐 형벌법규의 구성요건으로 규정한 취지는 아니'라고 판시하여 특허권 간접침해에 대해 형사적 책임을 부정한 바 있다.

CHAPTER 06 상표권자의 보호

제2편 | 상표법

01
CHECK
☐△✗

상표법 제108조(침해로 보는 행위)의 상표권(지리적 표시 단체표장권은 제외한다)의 침해로 보는 행위가 <u>아닌</u> 것은? (다툼이 있으면 판례에 따름) 기출 25

① 타인의 등록상표와 동일한 상표를 그 지정상품과 동일한 상품에 사용하는 행위
② 타인의 등록상표와 유사한 상표를 그 지정상품과 유사한 상품에 사용하는 행위
③ 타인의 등록상표와 유사한 상표를 그 지정상품과 유사한 상품에 사용할 목적으로 소지하는 행위
④ 타인의 등록상표를 위조할 목적으로 그 용구를 소지하는 행위
⑤ 타인의 등록상표가 표시된 지정상품과 동일한 상품을 양도하기 위하여 소지하는 행위

| 해설 |

① (✕) 인의 등록상표와 "동일"한 상표를 그 지정상품과 "동일"한 상품에 사용하는 행위는 상표법 제108조 '침해로 보는 행위'가 아니라 상표법 제89조 '상표권의 효력(독점권)'에 해당하는 내용이다.
② (○) 상표법 제108조 제1항 제1호
③ (○) 상표법 제108조 제1항 제2호
④ (○) 상표법 제108조 제1항 제3호
⑤ (○) 상표법 제108조 제1항 제4호

답 ①

02 상표권 침해에 대한 손해배상청구에 관한 설명으로 옳은 것은? (다툼이 있으면 판례에 따름)

기출 25

① 상표권자는 자기가 사용하고 있는 등록상표와 동일하거나 유사한 상표를 그 지정상품과 동일하거나 유사한 상품에 사용하여 자기의 상표권을 고의로 침해한 자에 대하여 1억원 이하의 범위에서 상표법 제111조(법정손해배상의 청구)의 법정손해배상을 청구할 수 있다.
② 상표권자는 자기가 사용하고 있는 국내에 현저하게 알려진 등록상표와 유사한 상표를 사용함으로써 자기 등록상표의 식별력을 손상한 자에 대하여는 1억원 이하의 범위에서 상표법 제111조(법정손해배상의 청구)의 법정손해배상을 청구할 수 있다.
③ 상표권자는 자기가 사용하고 있는 등록상표와 같은 상표를 그 지정상품과 같은 상품에 사용하여 자기의 상표권을 고의적으로 침해한 경우에는 법정손해배상과 함께 손해로 인정된 금액의 3배를 넘지 아니하는 범위에서 손해배상을 청구할 수 있다.
④ 상표법 제109조(손해배상의 청구)에 따라 손해배상을 청구한 상표권자는 법원이 변론을 종결할 때까지 그 청구를 법정손해배상의 청구로 변경할 수 있다.
⑤ 상표법 제222조(등록상표의 표시)에 따라 등록상표임을 표시한 타인의 상표권을 침해한 자는 그 침해행위에 대하여 그 상표가 이미 등록된 사실을 알았던 것으로 본다.

정답해설

① (×) 상표법 제111조의 법정손해배상청구는 동일성 범위의 침해에 대해서만 청구 가능하다(상표법 제111조 제1항).
② (×) 상표법 제111조의 법정손해배상청구는 동일성 범위의 침해에 대해서만 청구 가능할 뿐 아니라(상표법 제111조 제1항), '식별력을 손상'한 것만으로는 상표법상 침해에 해당하지도 않는다.
③ (×) 징벌적 손해배상청구의 기초가 되는 상표법 제109조의 손해배상청구와 상표법 제111조의 법정손해배상청구는 함께 청구할 수 없고, 선택하여 하나만 청구할 수 있다.
④ (○) 상표법 제111조 제2항
⑤ (×) '간주(본다)'하는 것이 아니라 '추정'한다(상표법 제112조).

답 ④

03 상표권의 침해 및 그 구제에 관한 설명으로 옳지 <u>않은</u> 것은? (다툼이 있으면 판례에 따름)

기출 24

① 고의적으로 상표권자 또는 전용사용권자의 등록상표와 동일·유사한 상표를 그 지정상품과 동일·유사한 상품에 사용하여 상표권 또는 전용사용권을 침해한 자에 대하여 상표법 제110조(손해액의 추정 등) 제1항부터 제6항까지의 규정에 따라 손해로 인정된 금액의 5배를 넘지 아니하는 범위에서 배상액을 정할 수 있도록 법원에 권한을 부여하고 있다.
② 상표권의 침해가 계속적으로 행하여지는 결과 손해도 역시 계속적으로 발생하는 경우에 그 침해로 인한 손해배상청구권의 소멸시효는 정책적인 이유에 의하여 최초로 손해가 발생한 때부터 일괄적으로 진행되는 것으로 본다.
③ 상표권자가 상표법 제109조(손해배상의 청구)에 따른 손해배상을 청구하는 대신에 상표법 제111조(법정손해배상의 청구)에 따른 손해배상을 청구하는 경우에 법원은 변론 전체의 취지와 증거조사의 결과를 고려하여 상당한 손해액을 인정할 수 있다.
④ 상표법은 제222조(등록상표의 표시)에 따라 등록상표임을 표시한 타인의 상표권을 침해한 자는 그 침해행위에 대하여 그 상표가 이미 등록된 사실을 알았던 것으로 추정한다.
⑤ 상표권자가 상표권을 목적으로 하는 질권설정 이전에 지정상품에 관하여 그 등록상표를 사용하고 있는 경우에는 그 상표권이 경매에 의하여 이전되더라도 지정상품 중 사용하고 있는 상품에 한정하여 사용하는 경우에는 상표권 침해가 되지 않는다.

| 해설 |

① (○) 상표법 제110조 제7항
② (×) 불법행위가 계속적으로 행하여지는 결과 손해도 역시 계속적으로 발생하는 경우에는 특별한 사정이 없는 한 그 손해는 날마다 새로운 불법행위에 기하여 발생하는 손해이므로, 민법 제766조 제1항에서 정한 불법행위로 인한 손해배상청구권의 소멸시효는 그 각 손해를 안 때부터 각별로 진행된다고 보아야 한다(判例 2012다6035).
③ (○) 상표법 제111조 제1항
④ (○) 상표법 제112조
⑤ (○) 상표법 제104조의2

답 ②

04 상표권침해와 손해배상에 관한 설명으로 옳지 않은 것은? (다툼이 있는 경우 판례에 따름)

① 타인의 등록상표를 이용한 경우라고 하더라도 그것이 상표의 본질적인 기능이라고 할 수 있는 출처표시를 위한 것이 아니어서 상표의 사용으로 인식될 수 없는 경우에는 등록상표의 상표권을 침해한 행위로 볼 수 없다.

② 등록상표에 대한 등록무효심결이 확정되기 전이라고 하더라도 상표등록이 무효심판에 의하여 무효로 될 것임이 명백한 경우에는 상표권에 기초한 침해금지 또는 손해배상 등의 청구는 특별한 사정이 없는 한 권리남용에 해당하여 허용되지 아니한다.

③ 법원은 상표권 또는 전용사용권의 침해에 관한 소가 제기된 경우에는 그 취지를 특허심판원장에게 통보하여야 한다. 그 소송절차가 끝난 경우에도 또한 같다.

④ 상표법 제109조(손해배상의 청구)에 따른 손해배상을 청구하는 경우 그 등록상표의 사용에 대하여 통상받을 수 있는 금액에 상당하는 액을 상표권자가 받은 손해액으로 하여 그 손해배상을 청구할 수 있다.

⑤ 상표권자는 자기가 사용하고 있는 등록상표와 같거나 동일성이 있는 상표를 그 지정 상품과 같거나 동일성이 있는 상품에 사용하여 자기의 상표권을 고의나 과실로 침해한 자에 대하여 상표법 제109조에 따른 손해배상을 청구하는 대신 1억원(고의적으로 침해한 경우에는 3억원) 이하의 범위에서 상당한 금액을 손해액으로 하여 배상을 청구할 수 있다.

해설

① (O) 그 표장이 상표의 본질적인 기능이라고 할 수 있는 자타상품의 출처표시를 위하여 사용되는 것으로 볼 수 있는 경우에는 상표로서의 사용이라고 보아야 할 것이다(判例 2006후2265). 상표로서의 사용이 되어야 상표권을 침해하였다고 할 수 있다.

② (O) 상표법은 등록상표가 일정한 사유에 해당하는 경우 별도로 마련한 상표등록의 무효심판절차를 거쳐 등록을 무효로 할 수 있도록 규정하고 있으므로, 상표는 일단 등록된 이상 비록 등록무효사유가 있다고 하더라도 이와 같은 심판에 의하여 무효로 한다는 심결이 확정되지 않는 한 대세적(對世的)으로 무효로 되는 것은 아니다. 그런데 상표등록에 관한 상표법의 제반 규정을 만족하지 못하여 등록을 받을 수 없는 상표에 대해 잘못하여 상표등록이 이루어져 있거나 상표등록이 된 후에 상표법이 규정하고 있는 등록무효사유가 발생하였으나 상표등록만은 형식적으로 유지되고 있을 뿐임에도 그에 관한 상표권을 별다른 제한 없이 독점·배타적으로 행사할 수 있도록 하는 것은 상표의 사용과 관련된 공공의 이익을 부당하게 훼손할 뿐만 아니라 상표를 보호함으로써 상표사용자의 업무상 신용유지를 도모하여 산업발전에 이바지함과 아울러 수요자의 이익을 보호하고자 하는 상표법의 목적에도 배치되는 것이다. 또한 상표권도 사적 재산권의 하나인 이상 그 실질적 가치에 부응하여 정의와 공평의 이념에 맞게 행사되어야 할 것인데, 상표등록이 무효로 될 것임이 명백하여 법적으로 보호받을 만한 가치가 없음에도 형식적으로 상표등록이 되어 있음을 기화로 그 상표를 사용하는 자를 상대로 침해금지 또는 손해배상 등을 청구할 수 있도록 용인하는 것은 상표권자에게 부당한 이익을 주고 그 상표를 사용하는 자에게는 불합리한 고통이나 손해를 줄 뿐이므로 실질적 정의와 당사자들 사이의 형평에도 어긋난다. 이러한 점들에 비추어 보면, 등록상표에 대한 등록무효심결이 확정되기 전이라고 하더라도 상표등록이 무효심판에 의하여 무효로 될 것임이 명백한 경우에는 상표권에 기초한 침해금지 또는 손해배상 등의 청구는 특별한 사정이 없는 한 권리남용에 해당하여 허용되지 아니한다고 보아야 하고, 상표권침해소송을 담당하는 법원으로서도 상표권자의 그러한 청구가 권리남용에 해당한다는 항변이 있는 경우 그 당부를 살피기 위한 전제로서 상표등록의 무효 여부에 대하여 심리·판단할 수 있다고 할 것이며, 이러한 법리는 서비스표권의 경우에도 마찬가지로 적용된다(判例 2010다103000).

③ (○) 법원은 상표권 또는 전용사용권의 침해에 관한 소가 제기된 경우에는 그 취지를 특허심판원장에게 통보하여야 한다. 그 소송절차가 끝난 경우에도 또한 같다(상표법 제151조 제3항).

④ (×) 제109조에 따른 손해배상을 청구하는 경우 그 등록상표의 사용에 대하여 합리적으로 받을 수 있는 금액에 상당하는 금액을 상표권자 또는 전용사용권자가 받은 손해액으로 하여 그 손해배상을 청구할 수 있다(상표법 제110조 제4항).

⑤ (○) 상표권자 또는 전용사용권자는 자기가 사용하고 있는 등록상표와 같거나 동일성이 있는 상표를 그 지정상품과 같거나 동일성이 있는 상품에 사용하여 자기의 상표권 또는 전용사용권을 고의나 과실로 침해한 자에 대하여 제109조에 따른 손해배상을 청구하는 대신 1억원(고의적으로 침해한 경우에는 3억원) 이하의 범위에서 상당한 금액을 손해액으로 하여 배상을 청구할 수 있다. 이 경우 법원은 변론 전체의 취지와 증거조사의 결과를 고려하여 상당한 손해액을 인정할 수 있다(상표법 제111조 제1항).

답 ④

05 상표법상 상표가 동일 또는 동일성이 있는 경우뿐만 아니라 유사한 경우에도 적용되는 것은?

기출 23

① 출원 시의 특례(제47조)를 인정받기 위한 출원상표 판단 시
② 조약우선권 주장(제46조)의 객체적 요건 충족 판단 시
③ 불사용 취소심판(제119조 제1항 제3호)에서 등록상표의 사용으로 인정받기 위한 사용상표 판단 시
④ 타인의 등록상표가 표시된 상품을 양도·인도하기 위한 소지 행위가 '침해로 보는 행위'(제108조 제1항 제4호)에 해당하는지 여부 판단 시
⑤ 법정손해배상청구(제111조)가 인정되기 위한 침해영역에 관한 요건 판단 시

정답해설

④ (○) 타인의 등록상표 또는 이와 "유사"한 상표가 표시된 지정상품과 동일·유사한 상품을 양도 또는 인도하기 위하여 소지하는 행위는 상표권 또는 전용사용권을 침해한 것으로 본다(상표법 제108조 제1항 제4호).

답 ④

06 상표권에 관한 설명으로 옳지 않은 것은? (다툼이 있으면 판례에 따름) 기출 21

① 상표권자에 대하여 상표권에 관한 이전약정에 기하여 이전등록절차의 이행을 청구할 권리를 가지는 사람이 이미 그 상표를 실제로 사용하고 있으면 상표권에 관한 이전등록절차 이행청구권의 소멸시효가 진행되지 아니한다.
② 타인의 상표권을 침해한 자는 그 침해행위에 대하여 과실이 있는 것으로 추정되고, 타인의 상표권을 침해한 자에게 과실이 없다고 하기 위하여는 상표권의 존재를 알지 못하였다는 점을 정당화할 수 있는 사정이 있다거나 자신이 사용하는 상표가 등록상표의 권리범위에 속하지 아니한다고 믿은 점을 정당화할 수 있는 사정이 있다는 것을 주장·증명하여야 한다.
③ 상표법 제109조(손해배상의 청구)에 따른 손해배상을 청구하는 경우 그 등록상표의 사용에 대하여 합리적으로 받을 수 있는 금액에 상당하는 금액을 상표권자 또는 전용사용권자가 받은 손해액으로 하여 그 손해배상을 청구할 수 있다.
④ 상표권은 등록되어 있는 상표를 타인이 사용하였다는 것만으로 당연히 통상 받을 수 있는 상표권 사용료 상당액이 손해로 인정되는 것은 아니고, 상표권자가 그 상표를 영업 등에 실제 사용하고 있었음에도 불구하고 상표권 침해행위가 있었다는 등 구체적 피해 발생이 전제되어야 인정될 수 있다.
⑤ 상표권의 행사가 상표제도의 목적이나 기능을 일탈하여 공정한 경쟁질서와 상거래 질서를 어지럽히고 수요자 사이에 혼동을 초래하거나 상대방에 대한 관계에서 신의성실의 원칙에 위배되는 등 법적으로 보호받을 만한 가치가 없다고 인정되는 경우에는 그 상표권의 행사는 권리행사의 외형을 갖추었다 하더라도 등록상표에 관한 권리를 남용하는 것으로서 허용될 수 없다.

┃해설┃

① (×) 상표권자에 대하여 상표권에 관한 이전약정에 기하여 이전등록절차의 이행을 청구할 권리를 가지는 사람이 이미 그 상표를 실제로 사용하고 있더라도 상표권에 관한 이전등록절차 이행청구권의 소멸시효는 진행된다(判例 2001후1259).
② (○) 타인의 상표권을 침해한 자는 그 침해행위에 대하여 과실이 있는 것으로 추정되고, 타인의 상표권을 침해한 자에게 과실이 없다고 하기 위하여는 상표권의 존재를 알지 못하였다는 점을 정당화할 수 있는 사정이 있다거나 자신이 사용하는 상표가 등록상표의 권리범위에 속하지 아니한다고 믿은 점을 정당화할 수 있는 사정이 있다는 것을 주장·증명하여야 한다(判例 2013다21666).
③ (○) 상표법 제109조(손해배상의 청구)에 따른 손해배상을 청구하는 경우 그 등록상표의 사용에 대하여 합리적으로 받을 수 있는 금액에 상당하는 금액을 상표권자 또는 전용사용권자가 받은 손해액으로 하여 그 손해배상을 청구할 수 있다(상표법 제110조 제4항).
④ (○) 상표권은 등록되어 있는 상표를 타인이 사용하였다는 것만으로 당연히 통상 받을 수 있는 상표권 사용료 상당액이 손해로 인정되는 것은 아니고, 상표권자가 그 상표를 영업 등에 실제 사용하고 있었음에도 불구하고 상표권 침해행위가 있었다는 등 구체적 피해 발생이 전제되어야 인정될 수 있다(判例 2014다59712).
⑤ (○) 상표권의 행사가 상표제도의 목적이나 기능을 일탈하여 공정한 경쟁질서와 상거래 질서를 어지럽히고 수요자 사이에 혼동을 초래하거나 상대방에 대한 관계에서 신의성실의 원칙에 위배되는 등 법적으로 보호받을 만한 가치가 없다고 인정되는 경우에는 그 상표권의 행사는 권리행사의 외형을 갖추었다 하더라도 등록상표에 관한 권리를 남용하는 것으로서 허용될 수 없다(判例 2005다67223).

답 ①

07 상표법에 관한 설명으로 옳지 않은 것은? (다툼이 있으면 판례에 따름) 기출 18

① 상표권자에 대하여 상표권에 관한 이전약정에 기하여 이전등록을 청구할 권리를 가지는 사람이 이미 그 상표를 실제로 사용하고 있다 하더라도 상표권이전등록 청구권의 소멸시효는 진행된다.
② 아무런 대가를 받지 아니하는 자원봉사나 단순한 호의에 의한 노무 또는 편익의 제공 등과 같이 상거래의 대상이 되지 아니하는 용역을 일정한 목적 아래 계속적 · 반복적으로 제공하였다고 하더라도 이는 상표법상의 서비스업을 영위하였다고 할 수 없다는 것이 판례의 입장이다.
③ 상표권자가 상표법 제110조(손해액의 추정 등) 제4항에 따라 손해배상을 청구하는 경우 상표권자는 권리침해 사실과 통상 받을 수 있는 사용료를 주장 · 증명하면 되고 손해의 발생 사실을 구체적으로 주장 · 증명할 필요는 없다.
④ 상표법 제110조(손해액의 추정 등) 제4항에 의하여 등록되어 있는 상표를 타인이 사용하였다는 것만으로 당연히 통상 받을 수 있는 상표권 사용료 상당액이 손해로 인정되므로, 상표권자가 상표를 등록만 해두고 실제 사용하지는 않았더라도 침해자에게 손해배상책임이 인정된다.
⑤ 상표법 제121조(권리범위 확인심판)에 의한 적극적 권리범위확인심판사건에서 확인대상표장과 피심판청구인이 실제로 사용하는 표장이 차이가 있더라도 그 차이나는 부분이 부기적인 것에 불과하여 양 표장이 동일성이 인정되는 경우에는 확인의 이익이 있다.

┃해설┃

① (O) 상표권에 대하여 상표권에 관한 이전약정에 기하여 이전등록을 청구할 권리를 가지는 사람이 이미 그 상표를 실제로 사용하고 있다는 것만으로 상표권이전등록청구권의 소멸시효가 진행되지 아니한다고 할 수는 없다(判例 2011다71964).
② (O) 判例 2012후3077
③ (O) 判例 2002다33175
④ (×) 상표권은 특허권 등과 달리 등록되어 있는 상표를 타인이 사용하였다는 것만으로 당연히 통상 받을 수 있는 상표권 사용료 상당액이 손해로 인정되는 것은 아니고, 상표권자가 그 상표를 영업 등에 실제 사용하고 있었음에도 불구하고 상표권 침해행위가 있었다는 등 구체적 피해 발생이 전제되어야 인정될 수 있다. 따라서 상표권자가 해당 상표를 등록만 해두고 실제 사용하지는 않았다는 등 손해발생을 부정할 수 있는 사정을 침해자가 증명한 경우에는 손해배상책임을 인정할 수 없다(判例 2014다59712).
⑤ (O) 대법원은 적극적 권리범위확인심판에서 확인대상표장과 실사용 상표의 차이가 있다 하여도 그 차이가 부기적인 것에 불과하여 양 표장의 동일성이 인정되는 경우에는 확인의 이익을 인정한다(判例 2001후577).

답 ④

08 다음 설명 중 옳은 것을 모두 고른 것은? (다툼이 있으면 판례에 따름) 기출 17

ㄱ. 甲의 상표(X)가 정당하게 출원·등록된 후 제3자인 乙이 甲의 등록상표(X)와 동일·유사한 상표(Y)를 정당한 이유 없이 사용한 결과 사용 상표(Y)가 주지성을 획득하더라도 상표권자(甲)가 상표 사용자(乙)를 상대로 등록상표(X)의 상표권에 기초한 침해금지를 청구하는 것은 권리남용에 해당하지 아니한다.
ㄴ. 진정상품병행수입업자가 타인의 등록상표가 표시된 진정상품인 화장품을 보다 작은 용량의 용기에 재병입하면서 그 용기에 임의로 제작한 그 등록상표를 표시하여 판매하는 경우에는 상표권의 침해를 구성하지 아니한다.
ㄷ. 상표권의 침해가 계속적으로 행하여지는 경우 상표권의 침해로 인한 손해배상청구권의 소멸시효는 최종 손해를 안 때부터 일괄적으로 진행된다.
ㄹ. 丙의 X상표가 정당하게 출원·등록된 후 丙이 X상표와 동일·유사한 표장 및 지정상품에 대해 출원·등록(Y상표)한 경우, X상표와 동일·유사한 상표로서 X상표의 등록 이후부터 사용되어 온 결과 Y상표의 등록결정 당시 丁의 상표로 인식된 Z상표와의 관계에서, Z상표와 유사한 Y상표는 상표법 제34조 제1항 제12호 후단의 '수요자를 기만할 염려가 있는 상표'에 해당하여 등록이 무효로 될 수 있다.

① ㄱ
② ㄱ, ㄹ
③ ㄴ, ㄷ
④ ㄱ, ㄷ, ㄹ
⑤ ㄴ, ㄷ, ㄹ

해설

ㄱ. (○) 乙의 사용 상표(Y)가 국내 일반 수요자에게 알려졌다 하더라도, 사용 상표(Y)와 관련하여 얻은 신용과 고객 흡인력은 등록상표의 상표권(X)을 침해하는 행위에 의한 것으로서 보호받을 만한 가치가 없고, 그러한 상표의 사용을 용인한다면 우리 상표법이 취하고 있는 등록주의 원칙의 근간을 훼손하게 되므로 위와 같은 상표 사용으로 시장에서 형성된 일반 수요자들의 인식만을 근거로 하여 상표 사용자(乙)를 상대로 한 등록상표(X)의 상표권에 기초한 침해금지 또는 손해배상 등의 청구가 권리남용에 해당한다고 볼 수는 없다(판례 2012다6059).
ㄴ. (×) 상표권자 등에 의해 등록상표가 표시된 상품을 양수 또는 수입한 자가 임의로 상품을 소량으로 나누어 새로운 용기에 담는 방식으로 포장한 후 등록상표를 표시하거나 양도하였다면, 비록 그 내용물이 상표권자 등의 제품이라 하더라도 상품의 출처표시 기능이나 품질보증 기능을 해칠 염려가 있으므로 이러한 행위는 특별한 사정이 없는 한 상표권을 침해하는 행위에 해당한다(판례 2011도17524).
ㄷ. (×) 상표권의 침해로 인한 손해배상청구권의 소멸시효는 각 손해를 안 때부터 진행한다(판례 2012다6059).
ㄹ. (○) 선행 등록상표와 표장 및 지정상품이 동일·유사한 후행 등록상표가, 선행 등록상표의 등록 이후부터 사용되어 후행 등록상표의 등록결정 당시 특정인의 상표로 인식된 타인의 상표와의 관계에서 '수요자를 기만할 염려가 있는 상표'에 해당하여 등록이 무효가 될 수 있다(판례 2012다6035).

답 ②

09 다음 행위 중 상표법상 상표권 침해에 해당하지 않는 경우를 모두 고른 것은? (단, 국내에 유효한 타인의 등록상표가 존속하고 있고 국내 상표권자인 타인은 외국 상표권자와 동일인으로 볼 수 없으며, 다툼이 있으면 판례에 따름) 기출 16

> ㄱ. 자동차부품 제조업자가 허락 없이 부품 포장상자에 부품이 사용되는 차종을 밝히기 위하여 완성차 제조회사의 등록상표를 표시한 경우
> ㄴ. 타인의 저명상표와 유사한 상표를 허락 없이 비유사 상품에 사용한 경우
> ㄷ. 타인의 등록상표가 인쇄된 트럼프 카드를 구입한 후 특수염료로 처리하여 육안으로 식별하기 불가능하게 한 후 유통시킨 경우
> ㄹ. 진정상품을 일본국 내에서만 판매하기로 한 약정을 위반하여 일본의 수입업자가 대한민국으로 수출하여 유통시킨 경우
> ㅁ. 타인의 등록상표가 각인된 일회용 카메라 용기를 재활용하여 새로운 필름을 장착한 후 그 등록상표를 가리지 않은 상태에서 자신의 상표를 붙인 포장지로 감싼 후 판매하는 경우

① ㄱ, ㄴ, ㄷ
② ㄱ, ㄹ, ㅁ
③ ㄴ, ㄷ, ㄹ
④ ㄱ, ㄴ, ㄷ, ㄹ
⑤ ㄱ, ㄴ, ㄷ, ㄹ, ㅁ

해설

ㄱ. (×) 설명적 문구에 불과하여 상표적 사용이 아니므로 침해가 아니다(判例 2001도1355 : '자동차, 자동차용 에어클리너' 등을 지정상품으로 한 타인의 등록상표인 '소나타'라는 표장을 자신이 제조한 '에어클리너'의 포장에 자신의 상표인 '신일 E.N.G.'라는 표장과 함께 [적용차종 : 소나타]와 같이 표시한 경우에 있어서, "에어클리너의 출처표시가 명백하고 부품 등의 용도 설명 등을 위하여 사용한 것"이라는 이유로 상표권 침해를 부정함).

ㄴ. (×) 저명상표의 경우도 상표권 침해는 상표와 상품의 동일·유사범위에 한하므로 비유사한 상품에 사용한 이상 침해가 아니다.

ㄷ. (×) 타인의 등록상표가 인쇄된 트럼프 카드를 구입한 후 그 카드의 뒷면에 특수염료로 무늬와 숫자를 인쇄하여 색약보정용 콘택트렌즈 또는 적외선 필터를 사용하면 식별할 수 있지만 육안으로는 식별이 불가능한 카드를 제조·판매한 경우 카드의 뒷면에 특수염료로 무늬와 숫자를 인쇄하였다 하더라도 육안으로는 그 무늬와 숫자를 식별하기가 불가능하여 이를 특수한 목적을 가진 사람이 특수한 방법으로 사용하지 않는 이상 여전히 그 본래의 용도대로 사용될 수 있다. 또 이 사건 카드를 다시 사용·양도 또는 판매하는 경우에도 이를 알고서 취득하는 수요자로서는 그 원래 상품의 출처를 혼동할 염려가 없으며 이를 모르고 취득하는 수요자들로서도 상표권자가 제조한 그대로의 상품을 취득한 것으로 인식하여 그 본래의 기능에 따라 사용하게 될 것이므로, 피고인들의 위와 같은 이 사건 카드 제조·판매행위를 가리켜 원래의 상품과의 동일성을 해할 정도의 가공·수선이라고 하거나 사용의출처표시 기능이나 품질보증 기능을 침해하였다고 하기 어렵다(상표권 침해 부정)(判例 2009도3929).

ㄹ. (○) '진정상품병행수입의 요건을 만족하였다면' 판매지 제한 약정에 위반하여 수입·유통된 경우에도 상표권 침해에 해당되지 않는다(判例 2002다61965). 다만, 이는 진정상품병행수입의 요건을 만족한 경우라야 하는데, 본 문제의 경우 문제의 단서에 '국내 상표권자인 타인은 외국상표권자와 동일인으로 볼 수 없다.'는 조건이 주어졌다는 점에서 특별한 사정이 없는 한 병행수입이 허용되는 경우가 아니고 따라서 침해에 해당한다.

ㅁ. (○) '후지필름 사건'으로 원래의 상품과 동일성을 해할 정도의 가공이나 수선을 하는 경우에는 실질적으로 생산행위를 하는 것과 마찬가지이므로 본 지문과 같이 일회용 카메라에 새로운 필름을 장착하여 유통시킨 경우에는 권리소진이론이 적용되지 않는 경우로 상표권 침해에 해당한다.

답 ①

10 상표법 제110조(손해액의 추정 등) 제4항의 통상사용료 상당액의 청구에 관한 설명으로 옳지 않은 것은? (다툼이 있으면 판례에 따름) 기출 16

① 상표법 제110조 제4항은 상표권자 등이 상표권 등의 침해로 인하여 입은 손해의 배상을 청구하는 경우 손해에 관한 상표권자 등의 주장·증명책임을 경감해 주기 위한 규정이다.
② 상표권자가 상표법 제110조 제4항에 따라 손해배상을 청구하는 경우 손해의 발생에 관한 주장·증명의 정도는 손해 발생의 염려 내지 개연성의 존재를 주장·증명하는 것으로 충분하다.
③ 상표권자가 상표법 제110조 제4항에 따라 손해배상을 청구하는 경우에 상표권자가 침해자와 동종의 영업을 하고 있다 하여도 상표권 침해에 의하여 영업상의 손해를 입었음이 사실상 추정되지는 아니한다.
④ 타인의 상표권을 침해한 자는 그 침해행위에 대하여 과실이 있는 것으로 추정된다.
⑤ 상표법 제110조 제4항에 따라 상표권 침해로 인한 손해액을 산정하는 경우 피해자의 과실을 참작하여야 한다.

해설

① (○)·② (○) 상표법 제110조 제4항은 상표권자 등이 상표권 등의 침해로 인하여 입은 손해의 배상을 청구하는 경우에 손해에 관한 상표권자 등의 주장·증명책임을 경감하는 취지의 규정이고, 손해의 발생이 없는 것이 분명한 경우까지 침해자에게 손해배상의무를 인정하는 취지는 아니라고 할 것이나, 그 규정 취지에 비추어 보면, 손해의 발생에 관한 주장·증명의 정도는 손해 발생의 염려 내지 개연성의 존재를 주장·증명하는 것으로 족하다고 보아야 한다(判例 2013다21666).
③ (×) 상표법 제110조 제4항은 상표권자 등이 상표권 등의 침해로 인하여 입은 손해의 배상을 청구하는 경우에 손해에 관한 상표권자 등의 주장·증명책임을 경감하는 취지의 규정이고, 손해의 발생이 없는 것이 분명한 경우까지 침해자에게 손해배상의무를 인정하는 취지는 아니라고 할 것이나, 그 규정 취지에 비추어 보면, 손해의 발생에 관한 주장·증명의 정도는 손해 발생의 염려 내지 개연성의 존재를 주장·증명하는 것으로 족하다고 보아야 하고, 따라서 상표권자가 침해자와 동종의 영업을 하고 있는 것을 증명한 경우라면 특별한 사정이 없는 한 상표권 침해에 의하여 영업상의 손해를 입었음이 사실상 추정된다고 볼 것이다(判例 2013다21666).
④ (○) 상표권의 존재 및 그 내용은 상표공보 또는 상표등록원부 등에 의하여 공시되어 일반 공중도 통상의 주의를 기울이면 이를 알 수 있고, 업으로서 상표를 사용하는 사업자에게 해당 사업 분야에서 상표권의 침해에 대한 주의의무를 부과하는 것이 부당하다고 할 수 없으며, 또한 타인의 특허권, 실용신안권, 디자인권을 침해한 자는 그 침해행위에 대하여 과실이 있는 것으로 추정되는데도(특허법 제130조, 실용신안법 제30조, 디자인보호법 제65조 제1항 본문) 상표권을 침해한 자에 대하여 과실이 있는 것으로 추정된다고 할 것이고, 그럼에도 타인의 상표권을 침해한 자에게 과실이 없다고 하기 위하여는 상표권의 존재를 알지 못하였다는 점을 정당화할 수 있는 사정이 있다거나 자신이 사용하는 상표가 등록상표의 권리범위에 속하지 아니한다고 믿은 점을 정당화할 수 있는 사정이 있다는 것을 주장·증명하여야 한다(判例 2013다21666).
⑤ (○) 불법행위로 인한 손해의 발생 또는 확대에 관하여 피해자에게도 과실이 있는 때에는 가해자의 손해배상 범위를 정함에 있어 당연히 이를 참작하여야 하고, 양자의 과실비율을 교량함에 있어서는 손해의 공평부담이라는 제도의 취지에 비추어 불법행위에 관련된 제반 상황을 충분히 고려하여야 하며, 과실상계사유에 관한 사실인정이나 그 비율을 정하는 것이 사실심의 전권사항이라고 하더라도 그것이 형평의 원칙에 비추어 현저히 불합리화 하여서는 아니 되고(判例 2007다76733 등 참조), 이러한 법리는 상표법 제110조 제4항에 따라 상표권 침해로 인한 손해액을 산정하는 경우에도 마찬가지로 적용된다. 따라서 원심이 상표법 제110조 제4항에 따라 상표권 침해로 인한 손해액을 산정함에 있어서는 과실상계를 할 수 없다고 본 것은 잘못이라 할 것이다(判例 2013다21666).

답 ③

11 상표법상 법정손해배상제도에 관한 설명으로 옳은 것은? 기출 16

① 법정손해배상의 청구는 한·미 자유무역협정이 발효된 2012년 3월 15일 이후에 등록된 상표권 또는 전용사용권에 기초하여 청구할 수 있다.
② 상표권자 또는 전용사용권자는 등록상표의 사용과 무관하게 법정손해배상을 청구할 수 있다.
③ 상표권자 또는 전용사용권자는 손해의 발생과 무관하게 소정의 법정손해배상액을 청구할 수 있으나 손해액 입증이 극히 곤란하다는 점을 증명하여야 한다.
④ 법정손해배상은 상표법 제66조의2(손해배상의 청구)에 의한 손해배상청구와 달리 유사범위의 상표권 침해에는 적용되지 아니하고 등록상표와 같거나 동일성 있는 상표를 그 지정상품과 같거나 동일성이 있는 상품에 사용하여 상표권 또는 전용사용권을 고의나 과실로 침해한 자에 대해서만 청구할 수 있다.
⑤ 상표법 제66조의2(손해배상의 청구)에 의한 손해배상청구를 한 상표권자 또는 전용사용권자는 그 청구를 법원의 판결이 확정되기 전까지 법정손해배상청구로 변경할 수 있다.

··

|해설|
① (×) 법정손해배상제도는 2012년 3월 15일 후 최초로 상표권 또는 전용사용권의 침해에 관한 소가 제기된 것부터 적용한다.
② (×) 법정손해배상의 청구를 위하여는 상표권자 또는 전용사용권자가 반드시 자신의 등록상표를 사용하고 있어야 한다.
③ (×) 법정손해배상은 상표법 제111조에 규정된 법정손해배상 청구의 요건을 입증하면 되는 것이지 손해액 입증이 곤란하다는 점을 입증할 필요는 없다.
⑤ (×) 상표법 제111조 제1항 전단에 해당하는 침해행위(동일영역에서의 침해행위)에 대하여 제109조에 따라 손해배상을 청구한 상표권자 또는 전용사용권자는 법원이 '변론을 종결할 때'까지 그 청구를 법정손해배상청구로 변경할 수 있다(상표법 제111조 제2항).

답 ④

12 상표권 또는 전용사용권의 침해에 대한 구제에 관한 설명으로 옳은 것을 모두 고른 것은? (다툼이 있으면 판례에 따름) 기출 15

ㄱ. 상표권자는 자기가 사용하고 있는 등록상표와 유사한 상표를 그 지정 상품과 동일한 상품에 사용하여 자기의 상표권을 고의나 과실로 침해한 자에 대하여 상표법 제66조의2(손해배상의 청구)에 따른 손해배상을 청구하는 대신 5천만원 이하의 범위에서 상당한 금액을 손해액으로 하여 배상을 청구할 수 있다.
ㄴ. 상표권 침해를 이유로 소가 제기된 경우 법원은 공소 제기가 없더라도 고소인의 신청에 따라 임시로 침해행위의 금지, 침해행위에 사용된 물건 등의 압류나 그 밖에 필요한 조치를 명할 수 있으며, 이 경우 법원은 고소인에게 담보를 제공하게 할 수 있다.
ㄷ. 전용사용권자는 자기의 전용사용권을 고의는 물론 과실로 침해한 자에 대하여도 그 침해에 의하여 자기가 받은 손해의 배상을 청구할 수 있으며, 이때 권리를 침해한 자가 그 침해행위에 의하여 이익을 받은 때에는 그 이익의 액을 전용사용권자가 받은 손해액으로 추정한다.
ㄹ. 상표권 침해행위로 인하여 영업상의 이익이 침해되었음을 이유로 상표법 제110조(손해액의 추정 등) 제3항과 제6항의 규정에 따라 영업상 손해의 배상을 구하는 상표권자로서는 스스로 업으로 등록상표를 사용하고 있음을 주장·입증할 필요가 있으며, 이때 등록상표를 사용하고 있는 경우란 등록상표를 지정상품 그 자체 또는 거래사회의 통념상 이와 동일하게 볼 수 있는 상품에 현실로 사용한 때를 말하고, 지정상품과 유사한 상품에 사용한 것만으로는 등록상표를 사용하였다고 볼 수 없다.

① ㄱ, ㄷ
② ㄱ, ㄹ
③ ㄴ, ㄷ
④ ㄴ, ㄹ
⑤ ㄷ, ㄹ

|해설|

ㄱ. (×) 법정손해배상청구는 자기가 사용하고 있는 등록상표와 '같거나 동일성이 있는 상표'를 그 지정상품과 '같거나 동일성이 있는 상품'에 사용하여 자기의 상표권 또는 전용사용권을 고의나 과실로 침해한 자에게 청구할 수 있다(상표법 제111조 제1항).
ㄴ. (×) 제107조 제1항에 따른 침해의 금지 또는 예방을 청구하는 소가 제기된 경우 법원은 원고 또는 고소인(이 법에 따른 공소의 제기가 있는 경우만 해당한다)의 신청에 따라 임시로 침해행위의 금지, 침해행위에 사용된 물건 등의 압류나 그 밖에 필요한 조치를 명할 수 있다. 이 경우 법원은 원고 또는 고소인에게 담보를 제공하게 할 수 있다(상표법 제107조 제3항).
ㄷ. (○) 상표법 제110조 제3항
ㄹ. (○) 제110조 제3항에 따라 영업상 손해의 배상을 구하는 상표권자로서는 스스로 업으로 등록상표를 사용하고 있음을 주장·입증할 필요가 있으며, 여기에서 등록상표를 사용하고 있는 경우라 함은 등록상표를 지정상품 그 자체 또는 거래사회의 통념상 이와 동일하게 볼 수 있는 상품에 현실로 사용한 때를 말하고, 지정상품과 유사한 상품에 사용한 것만으로는 등록상표를 사용하였다고 볼 수 없다(判例 2007다22514·22521). 한편, 상표법 제110조 제6항 또한 손해에 관한 피해자(상표권자)의 주장·입증책임을 경감하는 취지의 규정으로 위와 마찬가지이다.

 ⑤

CHAPTER 07 심판

01 심판총론

제122조(제척기간)
① 제34조 제1항 제6호부터 제10호까지 및 제16호, 제35조, 제118조 제1항 제1호 및 제214조 제1항 제3호에 해당하는 것을 사유로 하는 상표등록의 무효심판, 존속기간갱신등록의 무효심판 또는 상품분류전환등록의 무효심판은 상표등록일, 존속기간갱신등록일 또는 상품분류전환등록일부터 5년이 지난 후에는 청구할 수 없다. 기출 19·22·24
② 제119조 제1항 제1호·제2호·제5호·제5호의2, 제7호부터 제9호까지 및 제120조 제1항에 해당하는 것을 사유로 하는 상표등록의 취소심판 및 전용사용권 또는 통상사용권 등록의 취소심판은 취소사유에 해당하는 사실이 없어진 날부터 3년이 지난 후에는 청구할 수 없다. 〈개정 2023.10.31.〉

제123조(심사규정의 상표등록거절결정에 대한 심판에 관한 준용)
① 제54조에 따른 상표등록거절결정에 대한 심판에 관하여는 제41조, 제42조, 제45조, 제55조, 제57조부터 제68조까지, 제87조 제2항·제3항 및 제210조 제2항·제3항을 준용한다. 이 경우 그 상표등록출원 또는 지정상품추가등록출원에 대하여 이미 출원공고가 있는 경우에는 제57조는 준용하지 아니한다.
② 제1항에 따라 제42조를 준용하는 경우에는 제42조 제3항 중 "제115조에 따라 심판을 청구한 경우"는 "제162조 제1항에 따라 소를 제기한 경우"로, "그 심판의 심결이 확정될 때까지"는 "그 판결이 확정될 때까지"로 본다.
③ 제1항에 따라 준용되는 제42조 제4항·제5항, 제55조, 제87조 제2항·제3항 및 제210조 제2항·제3항을 적용할 때에는 해당 상표등록거절결정의 이유와 다른 거절이유를 발견한 경우에도 준용한다.

제124조(공동심판의 청구 등)
① 같은 상표권에 대하여 다음 각 호의 어느 하나에 해당하는 심판을 청구하는 자가 2인 이상이면 각자 또는 그 모두가 공동으로 심판을 청구할 수 있다.
  1. 제117조 제1항 또는 제118조 제1항에 따른 상표등록 또는 존속기간갱신등록의 무효심판
  2. 제119조 제1항에 따른 상표등록의 취소심판
  3. 제120조 제1항에 따른 전용사용권 또는 통상사용권 등록의 취소심판
  4. 제121조에 따른 권리범위 확인심판
  5. 제214조 제1항에 따른 상품분류전환등록의 무효심판
② 공유인 상표권의 상표권자에 대하여 심판을 청구할 경우에는 공유자 모두를 피청구인으로 청구하여야 한다.
기출 19

③ 제1항에도 불구하고 상표권 또는 상표등록을 받을 수 있는 권리의 공유자가 그 공유인 권리에 관하여 심판을 청구할 경우에는 공유자 모두가 공동으로 청구하여야 한다.
④ 제1항 또는 제3항에 따른 청구인이나 제2항에 따른 피청구인 중 1인에게 심판절차의 중단 또는 중지의 원인이 있을 경우에는 모두에 대하여 그 효력이 발생한다.

제124조의2(국선대리인)
① 특허심판원장은 산업통상자원부령으로 정하는 요건을 갖춘 심판 당사자의 신청에 따라 대리인(이하 "국선대리인"이라 한다)을 선임하여 줄 수 있다. 다만, 심판청구가 이유 없음이 명백하거나 권리의 남용이라고 인정되는 경우에는 그러하지 아니하다.
② 국선대리인이 선임된 당사자에 대하여 심판절차와 관련된 수수료를 감면할 수 있다.
③ 국선대리인의 신청절차 및 수수료 감면 등 국선대리인 운영에 필요한 사항은 산업통상자원부령으로 정한다.

제125조(상표등록의 무효심판 등에 대한 심판청구방식)
① 제117조부터 제121조까지의 규정에 따른 심판을 청구하려는 자는 다음 각 호의 사항을 적은 심판청구서를 특허심판원장에게 제출하여야 한다.
  1. 당사자의 성명 및 주소(법인인 경우에는 그 명칭 및 영업소의 소재지를 말한다)
  2. 당사자의 대리인이 있는 경우에는 그 대리인의 성명 및 주소나 영업소의 소재지[대리인이 특허법인·특허법인(유한)인 경우에는 그 명칭, 사무소의 소재지 및 지정된 변리사의 성명을 말한다]
  3. 심판사건의 표시
  4. 청구의 취지 및 그 이유
② 제1항에 따라 제출된 심판청구서를 보정하는 경우에는 요지를 변경할 수 없다. 다만, 다음 각 호의 어느 하나에 해당하는 경우에는 그러하지 아니하다.
  1. 제1항 제1호에 따른 당사자 중 상표권자의 기재사항을 바로 잡기 위하여 보정(추가하는 것을 포함한다)하는 경우
  2. 제1항 제4호에 따른 청구의 이유를 보정하는 경우
  3. 상표권자 또는 전용사용권자가 제121조에 따라 청구한 권리범위 확인심판에서 심판청구서의 확인대상 상표 및 상표가 사용되고 있는 상품(청구인이 주장하는 피청구인의 상표와 그 사용상품을 말한다)에 대하여 피청구인이 자신이 실제로 사용하고 있는 상표 및 그 사용상품과 비교하여 다르다고 주장하는 경우에 청구인이 피청구인의 사용 상표 및 그 상품과 같게 하기 위하여 심판청구서의 확인대상 상표 및 사용상품을 보정하는 경우
③ 제121조에 따른 권리범위 확인심판을 청구할 경우에는 등록상표와 대비할 수 있는 상표견본 및 그 사용상품목록을 첨부하여야 한다.

제126조(보정각하결정 등에 대한 심판청구방식)
① 제115조에 따른 보정각하결정에 대한 심판 또는 제116조에 따른 거절결정에 대한 심판을 청구하려는 자는 다음 각 호의 사항을 적은 심판청구서를 특허심판원장에게 제출하여야 한다.
  1. 청구인의 성명 및 주소(법인인 경우에는 그 명칭 및 영업소의 소재지를 말한다)
  2. 청구인의 대리인이 있는 경우에는 그 대리인의 성명 및 주소나 영업소의 소재지[대리인이 특허법인·특허법인(유한)인 경우에는 그 명칭, 사무소의 소재지 및 지정된 변리사의 성명을 말한다]
  3. 출원일 및 출원번호
  4. 지정상품 및 그 상품류
  5. 심사관의 거절결정일 또는 보정각하결정일

6. 심판사건의 표시
　　7. 청구의 취지 및 그 이유
② 제1항에 따라 제출된 심판청구서를 보정하는 경우 그 요지를 변경할 수 없다. 다만, 다음 각 호의 어느 하나에 해당하는 경우에는 그러하지 아니하다.
　　1. 제1항 제1호에 따른 청구인의 기재사항을 바로잡기 위하여 보정(추가하는 것을 포함한다)하는 경우
　　2. 제1항 제7호에 따른 청구의 이유를 보정하는 경우
③ 특허심판원장은 제116조에 따른 거절결정에 대한 심판이 청구된 경우 그 거절결정이 이의신청에 의한 것일 경우에는 그 취지를 이의신청인에게 알려야 한다.

제127조(심판청구서 등의 각하)
① 심판장은 다음 각 호의 어느 하나에 해당하는 경우에는 기간을 정하여 그 보정을 명하여야 한다. 다만, 보정할 사항이 경미하고 명확한 경우에는 직권으로 보정할 수 있다. 〈개정 2023.9.14.〉
　　1. 심판청구서가 제125조 제1항·제3항 또는 제126조 제1항에 위반된 경우
　　2. 심판에 관한 절차가 다음 각 목의 어느 하나에 해당되는 경우
　　　가. 제4조 제1항 또는 제7조에 위반된 경우
　　　나. 제78조에 따라 내야 할 수수료를 내지 아니한 경우
　　　다. 이 법 또는 이 법에 따른 명령으로 정하는 방식에 위반된 경우
② 심판장은 제1항 본문에 따른 보정명령을 받은 자가 지정된 기간 내에 보정을 하지 아니하거나 보정한 사항이 제125조 제2항 또는 제126조 제2항을 위반한 경우에는 심판청구서 또는 해당 절차와 관련된 청구 등을 결정으로 각하하여야 한다. 〈개정 2023.9.14.〉
③ 제2항에 따른 결정은 서면으로 하여야 하며, 그 이유를 붙여야 한다.
④ 심판장은 제1항 단서에 따라 직권보정을 하려면 그 직권보정 사항을 청구인에게 통지하여야 한다. 〈신설 2023.9.14.〉
⑤ 청구인은 제1항 단서에 따른 직권보정 사항을 받아들일 수 없으면 직권보정 사항의 통지를 받은 날부터 7일 이내에 그 직권보정 사항에 대한 의견서를 심판장에게 제출하여야 한다. 〈신설 2023.9.14.〉
⑥ 청구인이 제5항에 따라 의견서를 제출한 경우에는 해당 직권보정 사항은 처음부터 없었던 것으로 본다. 〈신설 2023.9.14.〉
⑦ 제1항 단서에 따른 직권보정이 명백히 잘못된 경우 그 직권보정은 처음부터 없었던 것으로 본다. 〈신설 2023.9.14.〉

제128조(보정할 수 없는 심판청구의 심결 각하)
부적법한 심판청구로서 그 흠을 보정할 수 없는 경우에는 제133조 제1항에도 불구하고 피청구인에게 답변서 제출의 기회를 주지 아니하고 심결로써 그 청구를 각하할 수 있다.

제129조(심판관)
① 특허심판원장은 심판청구가 있으면 심판관에게 심판하게 한다.
② 심판관의 자격은 대통령령으로 정한다.
③ 심판관은 직무상 독립하여 심판한다.

제130조(심판관의 지정)
① 특허심판원장은 각 심판사건에 대하여 제132조에 따른 합의체(이하 "심판관합의체"라 한다)를 구성할 심판관을 지정하여야 한다.
② 특허심판원장은 제1항의 심판관 중 심판에 관여하는 데에 지장이 있는 사람이 있으면 다른 심판관에게 심판을 하게 할 수 있다.

제131조(심판장)
① 특허심판원장은 제130조 제1항에 따라 지정된 심판관 중에서 1명을 심판장으로 지정하여야 한다.
② 심판장은 그 심판사건에 관한 사무를 총괄한다.

제132조(심판의 합의체)
① 심판은 3명 또는 5명의 심판관으로 구성되는 심판관합의체가 한다.
② 제1항에 따른 심판관합의체의 합의는 과반수로 결정한다.
③ 심판의 합의는 공개하지 아니한다.

제133조(답변서 제출 등)
① 심판장은 심판이 청구되면 청구서 부본을 피청구인에게 송달하고 기간을 정하여 답변서를 제출할 수 있는 기회를 주어야 한다.
② 심판장은 제1항의 답변서를 수리(受理)하였을 경우에는 그 부본을 청구인에게 송달하여야 한다.
③ 심판장은 심판에 관하여 당사자를 심문할 수 있다.

제134조(심판관의 제척)
심판관은 다음 각 호의 어느 하나에 해당하는 경우에는 그 심판에서 제척된다.
  1. 심판관 또는 그 배우자나 배우자였던 사람이 사건의 당사자, 참가인 또는 이의신청인인 경우
  2. 심판관이 사건의 당사자, 참가인 또는 이의신청인의 친족이거나 친족이었던 경우
  3. 심판관이 사건의 당사자, 참가인 또는 이의신청인의 법정대리인이거나 법정대리인이었던 경우
  4. 심판관이 사건에 대한 증인, 감정인이 된 경우 또는 감정인이었던 경우
  5. 심판관이 사건의 당사자, 참가인 또는 이의신청인의 대리인이거나 대리인이었던 경우
  6. 심판관이 사건에 대하여 심사관 또는 심판관으로서 상표등록여부결정이나 이의신청에 대한 결정 또는 심결에 관여한 경우
  7. 심판관이 사건에 관하여 직접 이해관계를 가진 경우

제135조(제척신청)
제134조에 따른 제척의 원인이 있으면 당사자 또는 참가인은 제척신청을 할 수 있다.

제136조(심판관의 기피)
① 심판관에게 공정한 심판을 기대하기 어려운 사정이 있으면 당사자 또는 참가인은 기피신청을 할 수 있다.
② 당사자 또는 참가인은 사건에 대하여 심판관에게 서면 또는 말로 진술을 한 후에는 기피신청을 할 수 없다. 다만, 기피의 원인이 있는 것을 알지 못한 경우 또는 기피의 원인이 그 후에 발생한 경우에는 그러하지 아니하다.

제137조(제척 또는 기피의 소명)
① 제135조 및 제136조에 따라 제척 또는 기피 신청을 하려는 자는 그 원인을 적은 서면을 특허심판원장에게 제출하여야 한다. 다만, 구술심리를 할 경우에는 말로 할 수 있다.
② 제척 또는 기피의 원인은 신청한 날부터 3일 이내에 소명(疎明)하여야 한다. 기출 22

제138조(제척 또는 기피 신청에 관한 결정)
① 제척 또는 기피 신청이 있으면 심판으로 결정하여야 한다.
② 제척 또는 기피 신청의 대상이 된 심판관은 그 제척 또는 기피에 대한 심판에 관여할 수 없다. 다만, 의견을 진술할 수 있다.

③ 제1항에 따른 결정은 서면으로 하여야 하며, 그 이유를 붙여야 한다.
④ 제1항에 따른 결정에는 불복할 수 없다.

제139조(심판절차의 중지)
제척 또는 기피의 신청이 있으면 그 신청에 대한 결정이 있을 때까지 심판절차를 중지하여야 한다. 다만, 대통령령으로 정하는 긴급한 사유가 있는 경우에는 그러하지 아니하다.

제140조(심판관의 회피)
심판관이 제134조 또는 제136조에 해당하는 경우에는 특허심판원장의 허가를 받아 해당 사건에 대한 심판을 회피할 수 있다.

제141조(심리 등)
① 심판은 구술심리 또는 서면심리로 한다. 다만, 당사자가 구술심리를 신청한 경우에는 서면심리만으로 결정할 수 있다고 인정되는 경우 외에는 구술심리를 하여야 한다.
② 구술심리는 공개하여야 한다. 다만, 공공의 질서 또는 선량한 풍속을 어지럽힐 우려가 있는 경우에는 그러하지 아니하다.
③ 심판장은 제1항에 따라 구술심리에 의한 심판을 할 경우에는 그 기일 및 장소를 정하고 그 취지를 적은 서면을 당사자와 참가인에게 송달하여야 한다. 다만, 해당 사건에 출석한 당사자 및 참가인에게 알린 경우에는 그러하지 아니하다.
④ 심판장은 제1항에 따라 구술심리에 의한 심판을 할 경우에는 특허심판원장이 지정한 직원에게 기일마다 심리의 요지와 그 밖에 필요한 사항을 적은 조서를 작성하게 하여야 한다.
⑤ 제4항에 따른 조서에는 심판의 심판장 및 조서를 작성한 직원이 기명날인하여야 한다.
⑥ 제4항에 따른 조서에 관하여는 「민사소송법」 제153조, 제154조 및 제156조부터 제160조까지의 규정을 준용한다.
⑦ 심판에 관하여는 「민사소송법」 제143조, 제259조, 제299조 및 제367조를 준용한다.
⑧ 심판장은 구술심리 중 심판정 내의 질서를 유지한다.

제141조의2(참고인 의견서의 제출)
① 심판장은 산업에 미치는 영향 등을 고려하여 사건 심리에 필요하다고 인정되는 경우 공공단체, 그 밖의 참고인에게 심판사건에 관한 의견서를 제출하게 할 수 있다.
② 국가기관과 지방자치단체는 공익과 관련된 사항에 관하여 특허심판원에 심판사건에 관한 의견서를 제출할 수 있다.
③ 심판장은 제1항 또는 제2항에 따라 참고인이 제출한 의견서에 대하여 당사자에게 구술 또는 서면에 의한 의견진술의 기회를 주어야 한다.
④ 제1항 또는 제2항에 따른 참고인의 선정 및 비용, 준수사항 등 참고인 의견서 제출에 필요한 사항은 산업통상자원부령으로 정한다.
[본조신설 2023.9.14.]

제142조(참가)
① 제124조 제1항에 따라 심판을 청구할 수 있는 자는 심리가 종결될 때까지 그 심판에 참가할 수 있다.
② 제1항에 따른 참가인은 피참가인이 그 심판의 청구를 취하한 후에도 심판절차를 속행할 수 있다.
③ 심판의 결과에 대하여 이해관계를 가진 자는 심리가 종결될 때까지 당사자의 어느 한쪽을 보조하기 위하여 그 심판에 참가할 수 있다.
④ 제3항에 따른 참가인은 모든 심판절차를 밟을 수 있다.
⑤ 제1항 또는 제3항에 따른 참가인에게 심판절차의 중단 또는 중지의 원인이 있으면 그 중단 또는 중지는 피참가인에 대해서도 그 효력이 발생한다.

제143조(참가의 신청 및 결정)
① 심판에 참가하려는 자는 참가신청서를 심판장에게 제출하여야 한다.
② 심판장은 참가신청을 받은 경우에는 참가신청서 부본을 당사자와 다른 참가인에게 송달하고 기간을 정하여 의견서를 제출할 수 있는 기회를 주어야 한다.
③ 참가신청이 있는 경우에는 심판에 의하여 그 참가 여부를 결정하여야 한다.
④ 제3항에 따른 결정은 서면으로 하여야 하며, 그 이유를 붙여야 한다.
⑤ 제3항에 따른 결정에 대해서는 불복할 수 없다.

제144조(증거조사 및 증거보전)
① 심판관은 당사자, 참가인 또는 이해관계인의 신청에 의하여 또는 직권으로 증거조사나 증거보전을 할 수 있다.
② 제1항에 따른 증거조사 및 증거보전에 관하여는 「민사소송법」 중 증거조사 및 증거보전에 관한 규정을 준용한다. 다만, 심판관은 과태료를 결정하거나 구인(拘引)을 명하거나 보증금을 공탁하게 하지 못한다.
③ 제1항에 따른 증거보전 신청은 심판청구 전에는 특허심판원장에게 하고, 심판계속 중에는 그 사건의 심판장에게 하여야 한다.
④ 특허심판원장은 심판청구 전에 제1항에 따른 증거보전 신청이 있으면 그 신청에 관여할 심판관을 지정한다.
⑤ 심판장은 제1항에 따라 직권으로 증거조사나 증거보전을 하였을 경우에는 그 결과를 당사자, 참가인 또는 이해관계인에게 송달하고 기간을 정하여 의견서를 제출할 수 있는 기회를 주어야 한다.

제145조(심판의 진행)
심판장은 당사자 또는 참가인이 법정기간 또는 지정기간 내에 절차를 밟지 아니하거나 제141조 제3항에 따른 기일에 출석하지 아니하여도 심판을 진행할 수 있다.

제145조의2(적시제출주의)
심판절차에서의 주장이나 증거의 제출에 관하여는 「민사소송법」 제146조, 제147조 및 제149조를 준용한다.

제146조(직권심리)
① 심판관은 당사자 또는 참가인이 신청하지 아니한 이유에 대해서도 심리할 수 있다. 이 경우 기간을 정하여 당사자와 참가인에게 그 이유에 대하여 의견을 진술할 수 있는 기회를 주어야 한다.
② 심판관은 청구인이 신청하지 아니한 청구의 취지에 대해서는 심리할 수 없다.

제147조(심리·심결의 병합 또는 분리)
심판관합의체는 당사자 양쪽 또는 어느 한쪽이 같은 둘 이상의 심판에 대하여 심리 또는 심결을 병합하거나 분리할 수 있다.

제148조(심판청구의 취하)
① 심판청구는 심결이 확정될 때까지 취하할 수 있다. 다만, 제133조 제1항에 따른 답변서가 제출된 경우에는 상대방의 동의를 받아야 한다.
② 둘 이상의 지정상품에 관하여 제116조에 따른 거절결정에 대한 심판이나 제117조 제1항, 제118조 제1항 또는 제214조 제1항에 따른 무효심판이 청구되었을 경우에는 지정상품마다 심판청구를 취하할 수 있다.
③ 제1항 또는 제2항에 따라 심판청구가 취하되었을 경우에는 그 심판청구 또는 그 지정상품에 대한 심판청구는 처음부터 없었던 것으로 본다.

제149조(심결)
① 심판은 특별한 규정이 있는 경우를 제외하고는 심결로써 종결한다.
② 제1항에 따른 심결은 다음 각 호의 사항을 적은 서면으로 하여야 하며, 심결을 한 심판관은 그 서면에 기명날인하여야 한다.
  1. 심판의 번호
  2. 당사자와 참가인의 성명 및 주소(법인인 경우에는 그 명칭 및 영업소의 소재지를 말한다)
  3. 당사자와 참가인의 대리인이 있는 경우에는 그 대리인의 성명 및 주소나 영업소의 소재지[대리인이 특허법인·특허법인(유한)인 경우에는 그 명칭, 사무소의 소재지 및 지정된 변리사의 성명을 말한다]
  4. 심판사건의 표시
  5. 심결의 주문(主文)
  6. 심결의 이유(청구의 취지와 그 이유의 요지를 포함한다)
  7. 심결 연월일
③ 심판장은 사건이 심결을 할 정도로 성숙하였을 때에는 심리의 종결을 당사자와 참가인에게 알려야 한다.
④ 심판장은 필요하다고 인정하면 제3항에 따라 심리 종결을 통지한 후에도 당사자 또는 참가인의 신청에 의하여 또는 직권으로 심리를 재개할 수 있다.
⑤ 심결은 제3항에 따른 심리 종결 통지를 한 날부터 20일 이내에 한다.
⑥ 심판장은 심결 또는 결정이 있으면 그 등본을 당사자, 참가인 및 심판에 참가신청을 하였으나 그 신청이 거부된 자에게 송달하여야 한다.

제150조(일사부재리)
이 법에 따른 심판의 심결이 확정되었을 경우에는 그 사건에 대해서는 누구든지 같은 사실 및 같은 증거에 의하여 다시 심판을 청구할 수 없다. 다만, 확정된 심결이 각하심결인 경우에는 그러하지 아니하다. 기출 21

제151조(소송과의 관계)
① 심판장은 심판에서 필요하면 직권 또는 당사자의 신청에 따라 그 심판사건과 관련되는 다른 심판의 심결이 확정되거나 소송절차가 완결될 때까지 그 절차를 중지할 수 있다.
② 법원은 소송절차에서 필요하면 직권 또는 당사자의 신청에 따라 상표에 관한 심결이 확정될 때까지 그 소송절차를 중지할 수 있다.
③ 법원은 상표권 또는 전용사용권의 침해에 관한 소가 제기된 경우에는 그 취지를 특허심판원장에게 통보하여야 한다. 그 소송절차가 끝난 경우에도 또한 같다. 기출 23
④ 특허심판원장은 제3항에 따른 상표권 또는 전용사용권의 침해에 관한 소에 대응하여 그 상표권에 관한 무효심판 등이 청구된 경우에는 그 취지를 같은 항에 따른 법원에 통보하여야 한다. 그 심판청구서의 각하결정, 심결 또는 청구의 취하가 있는 경우에도 또한 같다.

제151조의2(산업재산권분쟁조정위원회 회부)
① 심판장은 심판사건을 합리적으로 해결하기 위하여 필요하다고 인정되면 당사자의 동의를 받아 해당 심판사건의 절차를 중지하고 결정으로 해당 사건을 「발명진흥법」 제41조에 따른 산업재산권분쟁조정위원회(이하 "조정위원회"라 한다)에 회부할 수 있다.
② 심판장은 제1항에 따라 조정위원회에 회부한 때에는 해당 심판사건의 기록을 조정위원회에 송부하여야 한다.
③ 심판장은 조정위원회의 조정절차가 조정 불성립으로 종료되면 제1항에 따른 중지 결정을 취소하고 심판을 재개하며, 조정이 성립된 경우에는 해당 심판청구는 취하된 것으로 본다.

제152조(심판비용)
① 제117조 제1항, 제118조 제1항, 제119조 제1항, 제120조 제1항, 제121조 및 제214조 제1항에 따른 심판비용의 부담에 관하여는 심판이 심결에 의하여 종결될 경우에는 그 심결로써 정하고, 심판이 심결에 의하지 아니하고 종결될 경우에는 결정으로써 정하여야 한다.
② 제1항에 따른 심판비용에 관하여는 「민사소송법」 제98조부터 제103조까지, 제107조 제1항·제2항, 제108조, 제111조, 제112조 및 제116조를 준용한다.
③ 제115조 또는 제116조에 따른 심판비용은 청구인이 부담한다.
④ 제3항에 따라 청구인이 부담하는 비용에 관하여는 「민사소송법」 제102조를 준용한다.
⑤ 심판비용의 금액은 심결 또는 결정이 확정된 후 당사자의 청구에 의하여 특허심판원장이 결정한다.
⑥ 심판비용의 범위·금액·납부 및 심판에서 절차상의 행위를 하기 위하여 필요한 비용의 지급에 관하여는 그 성질에 반하지 아니하는 범위에서 「민사소송비용법」 중 해당 규정의 예에 따른다.
⑦ 심판절차를 대리한 변리사에게 당사자가 지급하였거나 지급할 보수는 특허청장이 정하는 금액의 범위에서 심판비용으로 본다. 이 경우 여러 명의 변리사가 심판절차를 대리하였더라도 1명의 변리사가 심판대리를 한 것으로 본다.

제153조(심판비용의 금액에 대한 집행권원)
이 법에 따라 특허심판원장이 정한 심판비용의 금액에 관하여 확정된 결정은 집행력 있는 집행권원(執行權原)과 같은 효력을 가진다. 이 경우 집행력 있는 정본은 특허심판원 소속 공무원이 부여한다.

제154조(보정각하결정 및 거절결정에 대한 심판의 특칙)
제133조 제1항·제2항, 제142조 및 제143조는 제115조에 따른 보정각하결정 및 제116조에 따른 거절결정에 대한 심판에는 적용하지 아니한다.

제155조(심사 또는 이의신청 절차의 효력)
심사 또는 이의신청에서 밟은 상표에 관한 절차는 다음 각 호의 어느 하나에 해당하는 거절결정에 대한 심판에서도 그 효력이 있다.
1. 제54조에 따른 상표등록거절결정
2. 존속기간갱신등록신청의 거절결정
3. 지정상품추가등록출원의 거절결정
4. 상품분류전환등록의 거절결정

제156조(보정각하결정 등의 취소)
① 심판관합의체는 제115조에 따른 보정각하결정에 대한 심판 또는 제116조에 따른 거절결정에 대한 심판이 청구된 경우에 그 청구가 이유 있다고 인정하는 경우에는 심결로써 보정각하결정 또는 거절결정을 취소하여야 한다.
② 제1항에 따라 심판에서 보정각하결정 또는 거절결정을 취소하는 경우에는 심사에 부칠 것이라는 심결을 할 수 있다.
③ 제1항 및 제2항에 따른 심결에서 취소의 기본이 된 이유는 그 사건에 대하여 심사관을 기속(羈束)한다.

02 거절결정에 대한 심판

> **제116조(거절결정에 대한 심판)**
> 제54조에 따른 상표등록거절결정, 지정상품추가등록 거절결정 또는 상품분류전환등록 거절결정(이하 "거절결정"이라 한다)을 받은 자가 불복하는 경우에는 그 거절결정의 등본을 송달받은 날부터 3개월 이내에 거절결정된 지정상품의 전부 또는 일부에 관하여 심판을 청구할 수 있다.

(1) 의의 및 취지

'거절결정불복심판'이란 거절결정을 받은 자가 이에 불복하여 거절결정등본을 송달받은 날부터 3개월 이내에 특허심판원에 청구하는 심판을 말한다(法 제116조). 당사자의 권리구제의 충실과 심사관의 처분의 적정성을 확보하기 위함이다.

(2) 심판의 청구 및 방식

① 심판의 청구
　㉠ 청구권자 : 거절결정을 받은 상표등록출원인, 공동출원의 경우 공유자 모두(法 제124조 제3항) 청구인의 기재사항을 바로잡기 위한 보정이나 추가는 허용된다(法 제126조 제2항 제1호).
　㉡ 청구기간 : 거절결정등본 송달받은 날부터 3개월 이내 기간의 연장(法 제17조), 절차의 추후 보완(法 제19조)
　㉢ 청구대상 : 부분거절제도의 도입 하에, 거절결정된 지정상품의 전부 또는 일부에 관하여 불복이 가능하다.

② 심판청구의 방식
　㉠ 법정된 심판청구서의 제출(法 제126조 제1항)
　㉡ 심판장의 방식심사(法 제127조 제2항)

(3) 심판의 심리 및 심결

① 심리방식
　㉠ 심판관 3인 또는 5인의 심판관합의체에서 심리한다.
　㉡ 심리는 구술 또는 서면심리로 할 수 있으나, 당사자가 구술심리를 신청한 때 서면심리만으로 결정할 수 있다고 인정되는 경우 외에는 구술심리를 해야 한다(法 제141조 제1항).
　㉢ 심리에 있어서 직권주의가 적용된다(法 제145조, 제146조).
　㉣ 심사 또는 이의신청에서 밟은 상표에 관한 절차는 거절결정불복심판에서도 그 효력이 있다(法 제155조).

② 심리절차
　㉠ 심사단계의 규정이 그대로 준용된다(法 제123조 제1항).
　㉡ 심리범위는 원결정의 거절이유에 한정하지 않지만, 원거절결정의 거절이유와 다른 거절이유를 발견한 경우에는 반드시 거절이유를 통지하여 의견서 제출기회를 주어야 한다. *法* 제55조 제2항, 제123조 제1항·제3항은 강행규정이다.

③ 심리대상
　㉠ 거절결정불복심판의 심리대상은 원결정의 당부 그 자체가 아니라 상표출원 등에 관하여 등록을 허여할 것인가 여부이다.
　㉡ 따라서 심판부는 거절결정을 취소하고 환송할 수 있고(法 제156조 제2항), 자판에 의해 인용심결과 함께 상표등록결정을 할 수도 있다.

④ 심결 및 심결에 대한 불복
　㉠ 심판은 심결로써 종료한다(法 제149조). 부적법한 심판청구로서 그 흠을 보정할 수 없는 경우에는 피청구인에게 답변서 제출 기회를 주지 아니하고 심결로써 그 청구를 각하할 수 있다(法 제128조).
　㉡ 심리결과 심판청구 이유 없는 경우 기각심결, 심판청구 이유 있는 경우 인용심결을 내린다.
　㉢ 심결에 불복하고자 하는 자는 심결등본을 송달받은 날부터 30일 이내에 특허법원에 소를 제기하여 다툴 수 있다(法 제162조).

(4) 심결확정의 효과

① 심결확정에 따른 효력 발생
　㉠ 인용심결로써 거절결정이 취소된 경우 취소의 기본이 된 이유는 그 사건에 대하여 심사관을 기속한다(法 제156조 제3항).
　㉡ 인용심결 확정의 결과, 자판 또는 환송으로 상표등록결정이 내려진 경우 해당 상표등록출원에 대한 등록이 가능하다.
　㉢ 기각심결 확정의 결과, 거절결정이 확정된다.

② 일사부재리의 적용여부 – 불가

03 상표등록의 무효심판

> **제117조(상표등록의 무효심판)**
> ① 이해관계인 또는 심사관은 상표등록 또는 지정상품의 추가등록이 다음 각 호의 어느 하나에 해당하는 경우에는 무효심판을 청구할 수 있다. 이 경우 등록상표의 지정상품이 둘 이상인 경우에는 지정상품마다 청구할 수 있다. 기출 19
> 1. 상표등록 또는 지정상품의 추가등록이 제3조, 제27조, 제33조부터 제35조까지, 제48조 제2항 후단, 같은 조 제4항 및 제6항부터 제8항까지, 제54조 제1호·제2호 및 제4호부터 제7호까지의 규정에 위반된 경우
> 2. 상표등록 또는 지정상품의 추가등록이 그 상표등록출원에 의하여 발생한 권리를 승계하지 아니한 자가 한 것인 경우
> 3. 지정상품의 추가등록이 제87조 제1항 제3호에 위반된 경우
> 4. 상표등록 또는 지정상품의 추가등록이 조약에 위반된 경우
> 5. 상표등록된 후 그 상표권자가 제27조에 따라 상표권을 누릴 수 없는 자로 되거나 그 등록상표가 조약에 위반된 경우
> 6. 상표등록된 후 그 등록상표가 제33조 제1항 각 호의 어느 하나에 해당하게 된 경우(같은 조 제2항에 해당하게 된 경우는 제외한다) 기출 16
> 7. 제82조에 따라 지리적 표시 단체표장등록이 된 후 그 등록단체표장을 구성하는 지리적 표시가 원산지 국가에서 보호가 중단되거나 사용되지 아니하게 된 경우
> ② 제1항에 따른 무효심판은 상표권이 소멸된 후에도 청구할 수 있다.
> ③ 상표등록을 무효로 한다는 심결이 확정된 경우에는 그 상표권은 처음부터 없었던 것으로 본다. 다만, 제1항 제5호부터 제7호까지의 규정에 따라 상표등록을 무효로 한다는 심결이 확정된 경우에는 상표권은 그 등록상표가 같은 호에 해당하게 된 때부터 없었던 것으로 본다.
> ④ 제3항 단서를 적용하는 경우에 등록상표가 제1항 제5호부터 제7호까지의 규정에 해당하게 된 때를 특정할 수 없는 경우에는 해당 상표권은 제1항에 따른 무효심판이 청구되어 그 청구내용이 등록원부에 공시(公示)된 때부터 없었던 것으로 본다.
> ⑤ 심판장은 제1항의 무효심판이 청구된 경우에는 그 취지를 해당 상표권의 전용사용권자와 그 밖에 상표에 관한 권리를 등록한 자에게 통지하여야 한다. 기출 19

(1) 의의 및 취지

'상표등록무효심판'이란 설정등록된 상표권에 무효사유가 있는 경우 일단 유효하게 성립된 상표권을 처음부터 또는 무효사유 발생 시부터 소급하여 소멸시키는 행정처분을 말한다(法 제117조). 상표등록의 완전성·공정성을 사후적으로 보장하기 위함이다.

(2) 심판의 청구 및 방식

① 심판의 청구

ㄱ) 청구인
- 이해관계인 또는 심사관, 2인 이상이면 각자 또는 공동으로 청구가능(法 제124조 제1항).
- 이해관계인이란, 상표등록이 무효가 됨에 따라 법률상 직접적 이익을 얻거나 손해를 면할 지위에 있는 자로서, 동일·유사한 상표를 사용한 바 있거나 사용 중인 자, 지정상품과 동종 상품 판매하고 있는 자 등 상표권 소멸에 직접적인 이해관계가 있는 자를 말한다(대법원 2001.8.21. 선고 2001후584 판결, 대법원 2019.2.21. 선고 2017후2819 전원합의체 판결).

ㄴ) 피청구인 : 상표권자, 공유의 경우 공유자 모두를 피청구인으로 해야 한다(法 제124조 제2항).

ㄷ) 청구기간 : 상표권 존속기간 중은 물론 상표권이 소멸한 후에도 청구가능하다(法 제117조 제2항).

ㄹ) 제척기간
- 제척기간 적용 없는 무효사유를 근거로 무효심판 청구 후 심판 및 심결취소소송 절차에서(제척기간이 도과된 경우) 제척기간의 적용을 받는 무효사유를 새로 주장하는 것은 허용되지 않는다.
- 제척기간의 취지에 비추어 보면, 제척기간 경과 전에 선등록상표에 근거하여 무효심판 청구한 경우라도 제척기간 경과 후에 심판 및 심결취소소송 절차에서 새로운 선등록상표에 근거하여 등록무효를 주장하는 것은, 실질적으로 새로운 상표등록무효심판 청구를 하는 것과 마찬가지이므로 허용되지 않는다.
- 단, 제척기간 내에 法 제34조 제1항 제7호에 해당한다는 이유로 무효심판을 청구하면서 선등록상표를 기재하지 않았다면 후에 보정의 방법으로 선등록상표를 제출할 수 있고, 제출시기가 제척기간 경과 후라고 하여 달리 볼 것은 아니다.

ㅁ) 청구범위 : 지정상품이 2 이상 있는 경우 지정상품마다 청구할 수 있다(法 제117조 제1항 후단).

② 심판청구의 방식

ㄱ) 법정된 심판청구서의 제출(法 제126조 제1항 각 호)

ㄴ) 심판장의 방식심사(法 제127조 제2항)

(3) 심판의 심리 및 심결

① 심 리

ㄱ) 부본송달 및 통지 등(法 제133조 제1항·제2항)

ㄴ) 심리 방식(法 제141조, 제145조, 제146조)

ㄷ) 입증책임 및 무효사유 존부의 판단시점 : 무효사유에 대한 입증책임은 청구인이 부담하며, 무효사유 존부의 판단시점은 해당상표등록출원에 대한 상표등록요건의 판단시점을 기준으로 하나, 후발적 무효사유는 해당 무효사유 발생시를 기준으로 판단한다.

② 심결 및 심결에 대한 불복
　　㉠ 심리 종결 통지(法 제149조)
　　㉡ 심결(法 제149조, 제128조)
　　㉢ 심결에 대한 불복(法 제162조)

(4) 무효심결 확정의 효과
① 상표권의 소급적 소멸
　　㉠ 무효심결이 확정되면 그 상표권은 처음부터 없었던 것으로 본다(法 제117조 제3항).
　　㉡ 다만, 후발적 무효사유에 따라 무효심결이 확정된 경우에는 후발적 무효사유에 해당하게 된 때부터 없었던 것으로 보되, 그때를 특정할 수 없는 경우에는 무효심판이 청구되어 그 청구내용이 등록원부에 공시된 때부터 없었던 것으로 본다(法 제117조 제3항·제4항).
② 法 제34조 제1항 제7호의 인용상표의 지위 및 法 제35조 선출원 지위의 상실
③ 일사부재리의 적용(法 제150조)

(5) 관련문제
① **지정상품 중 일부에만 무효사유가 있는 경우** : 判例는 "2 이상의 상품을 지정상품으로 하여 등록되어 있는 상표의 지정상품 중 일부에만 무효원인이 있는 경우 무효원인이 있는 지정상품에 한하여 등록무효의 심판을 하여야 한다(대법원 1994.5.24. 선고 92후2274 전원합의체 판결)."고 판시하였다. 일부무효를 긍정한다.
② **공유상표권의 일부 지분에 대한 무효심판 청구 가부** : 공유상표권의 일부 지분에 대한 무효심판 청구는 허용될 수 없고, 상표권 공유자 중 일부가 다른 공유자의 지분에 대해 무효심판을 청구하는 것도 허용될 수 없다.
③ **등록상표권에 무효사유가 명백한 경우 권리행사 가부** : 判例는 "상표권 침해사건에서 등록상표에 대한 무효심결이 확정되기 전이라도 상표등록이 무효심판에 의하여 무효로 될 것임이 명백한 경우에는 상표권에 기초한 침해금지 또는 손해배상 등의 청구는 특별한 사정이 없는 한 권리남용에 해당하여 허용되지 않는다."고 판시하였다.

04 취소심판

제119조(상표등록의 취소심판)

① 등록상표가 다음 각 호의 어느 하나에 해당하는 경우에는 그 상표등록의 취소심판을 청구할 수 있다. 〈개정 2023.10.31.〉

1. 상표권자가 고의로 지정상품에 등록상표와 유사한 상표를 사용하거나 지정상품과 유사한 상품에 등록상표 또는 이와 유사한 상표를 사용함으로써 수요자에게 상품의 품질을 오인하게 하거나 타인의 업무와 관련된 상품과 혼동을 불러일으키게 한 경우 기출 24
2. 전용사용권자 또는 통상사용권자가 지정상품 또는 이와 유사한 상품에 등록상표 또는 이와 유사한 상표를 사용함으로써 수요자에게 상품의 품질을 오인하게 하거나 타인의 업무와 관련된 상품과의 혼동을 불러일으키게 한 경우. 다만, 상표권자가 상당한 주의를 한 경우는 제외한다. 기출 19·21·23·24
3. 상표권자·전용사용권자 또는 통상사용권자 중 어느 누구도 정당한 이유 없이 등록상표를 그 지정상품에 대하여 취소심판청구일 전 계속하여 3년 이상 국내에서 사용하고 있지 아니한 경우 기출 19
4. 제93조 제1항 후단, 같은 조 제2항 및 같은 조 제4항부터 제7항까지의 규정에 위반된 경우
5. 상표권의 이전으로 유사한 등록상표가 각각 다른 상표권자에게 속하게 되고 그중 1인이 자기의 등록상표의 지정상품과 동일·유사한 상품에 부정경쟁을 목적으로 자기의 등록상표를 사용함으로써 수요자에게 상품의 품질을 오인하게 하거나 타인의 업무와 관련된 상품과 혼동을 불러일으키게 한 경우

5의2. 제34조 제1항 제7호 단서 또는 제35조 제6항에 따라 등록된 상표의 권리자 또는 그 상표등록에 대한 동의를 한 자 중 1인이 자기의 등록상표의 지정상품과 동일·유사한 상품에 부정경쟁을 목적으로 자기의 등록상표를 사용함으로써 수요자에게 상품의 품질을 오인하게 하거나 타인의 업무와 관련된 상품과 혼동을 불러일으키게 한 경우

6. 제92조 제2항에 해당하는 상표가 등록된 경우에 그 상표에 관한 권리를 가진 자가 해당 상표등록일부터 5년 이내에 취소심판을 청구한 경우 기출 23
7. 단체표장과 관련하여 다음 각 목의 어느 하나에 해당하는 경우
   가. 소속 단체원이 그 단체의 정관을 위반하여 단체표장을 타인에게 사용하게 한 경우나 소속 단체원이 그 단체의 정관을 위반하여 단체표장을 사용함으로써 수요자에게 상품의 품질 또는 지리적 출처를 오인하게 하거나 타인의 업무와 관련된 상품과 혼동을 불러일으키게 한 경우. 다만, 단체표장권자가 소속 단체원의 감독에 상당한 주의를 한 경우는 제외한다.
   나. 단체표장의 설정등록 후 제36조 제3항에 따른 정관을 변경함으로써 수요자에게 상품의 품질을 오인하게 하거나 타인의 업무와 관련된 상품과 혼동을 불러일으키게 할 염려가 있는 경우
   다. 제3자가 단체표장을 사용하여 수요자에게 상품의 품질이나 지리적 출처를 오인하게 하거나 타인의 업무와 관련된 상품과 혼동을 불러일으키게 하였음에도 단체표장권자가 고의로 적절한 조치를 하지 아니한 경우
8. 지리적 표시 단체표장과 관련하여 다음 각 목의 어느 하나에 해당하는 경우
   가. 지리적 표시 단체표장등록출원의 경우에 그 소속 단체원의 가입에 관하여 정관에 의하여 단체의 가입을 금지하거나 정관에 충족하기 어려운 가입조건을 규정하는 등 단체의 가입을 실질적으로 허용하지 아니하거나 그 지리적 표시를 사용할 수 없는 자에게 단체의 가입을 허용한 경우
   나. 지리적 표시 단체표장권자나 그 소속 단체원이 제223조를 위반하여 단체표장을 사용함으로써 수요자에게 상품의 품질을 오인하게 하거나 지리적 출처에 대한 혼동을 불러일으키게 한 경우

9. 증명표장과 관련하여 다음 각 목의 어느 하나에 해당하는 경우
　가. 증명표장권자가 제36조 제4항에 따라 제출된 정관 또는 규약을 위반하여 증명표장의 사용을 허락한 경우
　나. 증명표장권자가 제3조 제3항 단서를 위반하여 증명표장을 자기의 상품에 대하여 사용하는 경우 기출 17·23

　다. 증명표장의 사용허락을 받은 자가 정관 또는 규약을 위반하여 타인에게 사용하게 한 경우 또는 사용을 허락받은 자가 정관 또는 규약을 위반하여 증명표장을 사용함으로써 수요자에게 상품의 품질, 원산지, 생산방법이나 그 밖의 특성에 관하여 혼동을 불러일으키게 한 경우. 다만, 증명표장권자가 사용을 허락받은 자에 대한 감독에 상당한 주의를 한 경우는 제외한다.
　라. 증명표장권자가 증명표장의 사용허락을 받지 아니한 제3자가 증명표장을 사용하여 수요자에게 상품의 품질, 원산지, 생산방법이나 그 밖의 상품의 특성에 관한 혼동을 불러일으키게 하였음을 알면서도 적절한 조치를 하지 아니한 경우
　마. 증명표장권자가 그 증명표장을 사용할 수 있는 자에 대하여 정당한 사유 없이 정관 또는 규약으로 사용을 허락하지 아니하거나 정관 또는 규약에 충족하기 어려운 사용조건을 규정하는 등 실질적으로 사용을 허락하지 아니한 경우 기출 24

② 제1항 제3호에 해당하는 것을 사유로 취소심판을 청구하는 경우 등록상표의 지정상품이 둘 이상 있는 경우에는 일부 지정상품에 관하여 취소심판을 청구할 수 있다.

③ 제1항 제3호에 해당하는 것을 사유로 취소심판이 청구된 경우에는 피청구인이 해당 등록상표를 취소심판청구에 관계되는 지정상품 중 하나 이상에 대하여 그 심판청구일 전 3년 이내에 국내에서 정당하게 사용하였음을 증명하지 아니하면 상표권자는 취소심판청구와 관계되는 지정상품에 관한 상표등록의 취소를 면할 수 없다. 다만, 피청구인이 사용하지 아니한 것에 대한 정당한 이유를 증명한 경우에는 그러하지 아니하다.

④ 제1항(같은 항 제4호 및 제6호는 제외한다)에 해당하는 것을 사유로 취소심판을 청구한 후 그 심판청구사유에 해당하는 사실이 없어진 경우에도 취소사유에 영향이 미치지 아니한다. 기출 16

⑤ 제1항에 따른 취소심판은 누구든지 청구할 수 있다. 다만, 제1항 제4호 및 제6호에 해당하는 것을 사유로 하는 심판은 이해관계인만이 청구할 수 있다. 기출 16·19·21·24

⑥ 상표등록을 취소한다는 심결이 확정되었을 경우에는 그 상표권은 그때부터 소멸된다. 다만, 제1항 제3호에 해당하는 것을 사유로 취소한다는 심결이 확정된 경우에는 그 심판청구일에 소멸하는 것으로 본다. 기출 18·21

⑦ 심판장은 제1항의 심판이 청구된 경우에는 그 취지를 해당 상표권의 전용사용권자와 그 밖에 상표에 관한 권리를 등록한 자에게 통지하여야 한다. 기출 24

05　제119조 제1항 제1호에 의한 취소심판

> **제119조(상표등록의 취소심판)**
> ① 등록상표가 다음 각 호의 어느 하나에 해당하는 경우에는 그 상표등록의 취소심판을 청구할 수 있다.
>   1. 상표권자가 고의로 지정상품에 등록상표와 유사한 상표를 사용하거나 지정상품과 유사한 상품에 등록상표 또는 이와 유사한 상표를 사용함으로써 수요자에게 상품의 품질을 오인하게 하거나 타인의 업무와 관련된 상품과 혼동을 불러일으키게 한 경우 기출 24

(1) 의의 및 취지

상표권자가 고의로 등록상표를 유사범위에서 사용하여 수요자에게 혼동을 불러일으킨 경우 취소사유에 해당한다(法 제119조 제1항 제1호). 상표권자가 부정사용하지 못하도록 규제함으로써 수요자의 이익보호를 하는 공익적 규정의 성격이다. 判例는 "法 제119조 제1항 제1호는 상표권자가 상표제도의 본래 목적에 반하여 자신의 등록상표를 사용권의 범위를 넘어 부정하게 사용하지 못하도록 규제함으로써 상품 거래의 안전을 도모하고 타인의 상표의 신용이나 명성에 편승하는 행위를 방지하기 위한 것으로서, 수요자의 이익은 물론 다른 상표를 사용하는 사람의 영업상의 신용과 권익도 아울러 보호하려는 데에 취지가 있다(대법원 2005.6.16. 선고 2002후1225 전원합의체 판결 등)."고 판시하였다.

(2) 적용요건

① **상표권자에 의한 사용** : 상표권자가 등록상표의 변형이 용이하도록 상표를 제작한 경우 - 상표권자가 자신의 등록상표가 타인의 상표와 동일·유사하게 변형 사용되는 것을 적극적으로 희망하여 의도적으로 그 변형이 용이하도록 상표를 제작·부착하고, 그 상표가 부착된 상품의 판매자나 수요자에게 그 상표의 변형 방법을 주지시키고, 이로 말미암아 실제로 등록상표가 상표권자의 의도대로 상품의 판매자나 수요자들에 의하여 인용상표들과 동일·유사하게 변형되어 유통·사용되었다면, 이는 상표권자가 직접 등록상표에 변형을 가한 경우와 마찬가지로 봄이 상당하다(대법원 1999.9.17. 선고 98후423 판결).

② **고의에 의한 사용** : 상표권자가 오인·혼동을 일으킬 만한 대상상표의 존재를 알면서 그 대상상표와 동일·유사한 실사용상표를 사용하면 상표 부정사용의 고의가 있다 할 것이고, 특히 그 대상상표가 주지·저명한 상표인 경우에는 그 대상상표나 그 상품의 존재를 인식하지 못하였다는 등의 특별한 사정이 없는 한 고의의 존재를 추정할 수 있다(대법원 2012.10.11. 선고 2012후2227 판결).

③ **등록상표의 유사범위 내 사용일 것**
  ㉠ 판단기준 : 실사용상표가 등록상표를 타인의 대상상표와 동일 또는 유사하게 보이도록 변형한 것이어서 그 사용으로 인하여 대상상표와의 관계에서 등록상표를 그대로 사용한 경우보다 수요자가 상품 출처를 오인·혼동할 우려가 더 커지게 되었다면 상표법 제119조 제1항 제1호에서 정한 부정사용을 이유로 한 상표등록취소심판에서는 그 실사용상표의 사용을 등록상표와 유사한 상표의 사용으로 볼 수 있다(대법원 2013.12.26. 선고 2012후1521 판결).
  ㉡ 제119조 제1항 제3호의 판단기준과의 관계 : 상표법 제119조 제1항 제1호에서 정한 부정사용을 이유로 하는 상표등록취소심판에서 상표권자가 등록상표를 사용한 것인지 아니면 그와 유사한 상표를 사용한 것인지는 상표법 제119조 제1항 제3호에서 정한 불사용을 이유로 하는 상표등록취소심판에서의 상표 동일성 판단기준과 관계없이 상표법 제119조 제1항 제1호의 앞서 본 바와 같은 입법 취지에 따라 독자적으로 판단하여야 한다(대법원 2013.12.26. 선고 2012후1521 판결).
  ㉢ 복수의 유사상표를 사용하다가 일부만 등록 받은 후 미등록 상표를 계속 사용하는 경우 : 복수의 유사상표를 사용하다가 그중 일부만 등록한 상표권자가 미등록의 사용상표를 계속 사용하는 경우에도, 그로 인하여 타인의 상표와의 관계에서 등록상표만 사용한 경우에 비하여 수요자가 상품 출처를 오인·혼동할 우려가 더 커지게 되었다면, 이러한 사용도 위 조항에 규정된 등록상표와 유사한 상표의 사용으로 볼 수 있다(대법원 2016.8.18. 선고 2016후663 판결).

④ **수요자에게 상품의 품질을 오인하게 하거나 타인의 업무와 관련된 상품과 혼동을 불러일으키게 하였을 것**
  ㉠ 상품의 품질을 오인하게 하는 경우(품질오인) : 품질 오인에는 실사용상표의 품질이 수요자에게 상품 자체의 품질과 다르게 인식되는 경우를 말한다. 또한, 유사범위 내에서 사용으로 인해 수요자로 하여금 품질 오인을 초래할 염려가 객관적으로 존재해야하고, 法 제119조 제1항 제2호와 달리 전용권 영역에서 사용이 품질 오인이 있다고 하여도 본 호의 적용이 없다.
  ㉡ 타인의 업무와 관련된 상품과 혼동을 불러일으키는 경우(출처혼동)
    • 타인의 업무와 관련된 상품(대상상표)
      – 대상상표의 존재 및 그 사용자로서의 타인 : 타인의 대상상표가 존재하여야 한다. '타인'이란 대상상표의 사용자 등 대상상표에 화체된 업무상의 신용의 귀속주체이다. 상표권이 이전된 경우 종전 상표권자나 그로부터 상표사용을 허락받은 사용권자도 타인에 포함될 수 있다.
      – 대상상표의 적격성 : 대상상표는 오인·혼동의 염려가 있는 한 등록상표의 권리범위에 속하거나 상표법상의 등록상표일 것을 요하지 않고, 나아가 반드시 주지·저명할 것을 요하지 않는다. 다만 대상상표가 되기 위해서는 구체적인 출처의 오인·혼동 염려가 있어야 하므로 대상상표는 실제로 사용되어 수요자에게 어느 정도 알려져(국내에서 특정인의 상표로 인식) 있어야 한다(대법원 2020.2.13. 선고 2017후2178 판결).
      – 대상상표가 기술적 표장인 경우 : 대상상표가 자타상품식별력이 없는 기술적 표장에 불과한 경우 실사용상표와 대상상표가 유사하다고 하더라도 상품의 출처혼동이나 품질의 오인을 일으키게 할 염려가 있다고 보기 어렵다(대법원 1990.1.25. 선고 88후1328 판결). **기출 22**

- 대상상표와의 출처혼동 : 본 호에 있어서의 혼동의 의미(광의의 혼동을 포함한다)

> **참고** **혼동의 판단**
> 判例는 "실사용상표와 타인의 대상상표 사이의 혼동 유무를 판단함에 있어, 각 상표의 외관·칭호·관념 등을 객관적·전체적으로 관찰하되, 그 궁극적 판단 기준은 실사용상표가 등록상표로부터 변형된 정도 및 대상상표와 근사한 정도, 실사용상표와 대상상표가 상품에 사용되는 형태 및 사용상품 간의 관련성, 각 상표의 기간과 실적 및 주지도 등에 비추어 출처오인·혼동 염려가 객관적으로 존재하는지 판단한다(대법원 2020.2.13. 선고 2017후2178 판결, 대법원 2012.10.11. 선고 2012후2227 판결 등)."고 판시하였다.

ⓒ 오인·혼동의 염려 : 오인·혼동이 생길 염려가 객관적으로 존재하면 족하다.

06 제119조 제1항 제2호에 의한 취소심판

> **제119조(상표등록의 취소심판)**
> ① 등록상표가 다음 각 호의 어느 하나에 해당하는 경우에는 그 상표등록의 취소심판을 청구할 수 있다.
> 2. 전용사용권자 또는 통상사용권자가 지정상품 또는 이와 유사한 상품에 등록상표 또는 이와 유사한 상표를 사용함으로써 수요자에게 상품의 품질을 오인하게 하거나 타인의 업무와 관련된 상품과의 혼동을 불러일으키게 한 경우. 다만, 상표권자가 상당한 주의를 한 경우는 제외한다. **기출** 19·21·23·24

(1) 의의 및 취지

사용권자가 등록상표를 동일·유사범위에서 사용하여 수요자에게 혼동을 불러일으킨 경우 취소사유에 해당한다(法 제119조 제1항 제2호). 사용권자의 정당사용의무 및 상표권자의 감독의무를 명확히 함으로써 수요자의 이익을 보호하기 위한 규정이다.

(2) 적용요건

① 사용권자에 의한 사용 : 전용사용권자 또는 통상사용권자에 의한 사용이다. 사용권자가 2인 이상인 경우에는 1인에 의한 상표의 사용에도 본 호가 적용될 수 있음은 물론이다.
② 등록상표의 동일·유사 범위에 속하는 상표 및 상품을 사용하였을 것
  ㉠ 유사범위의 사용은 물론이고, 法 제119조 제1항 제1호와 달리 등록상표를 지정상품에 사용한 경우(즉, 전용권의 범위)도 적용될 수 있다.
  ㉡ '유사한 상표를 사용'하는 것으로 보는 데에 반드시 등록상표를 변형해야만 하는 것은 아니다(대법원 2018.4.12. 선고 2017후3058·3065 판결).

③ 수요자에게 상품의 품질을 오인하게 하거나 타인의 업무와 관련된 상품과 혼동을 불러일으키게 하였을 것
  ㉠ 상품의 품질을 오인하게 하는 경우(품질오인) : 품질 오인에는 사용권자가 실제로 사용하는 상표로 인하여 혼동의 대상이 되는 상표를 부착한 '타인 상품의 품질과 오인을 생기게 하는 경우' 이외에도 '그 실사용상표의 구성 등으로부터 그 지정상품이 본래적으로 가지고 있는 성질과 다른 성질을 갖는 것으로 수요자를 오인하게 할 염려가 있는 경우'도 포함한다(대법원 2003.7.11. 선고 2002후2457 판결).
  ㉡ 타인의 업무와 관련된 상품과 혼동을 불러일으키는 경우(출처혼동)
    • '타인'은 제3자 뿐만 아니라 상표권자는 물론 다른 사용권자도 포함된다(상표권이 이전된 경우, 종전 상표권자와 그로부터 상표사용을 허락받은 사용권자도 '타인'에 해당한다).
    • 상표권이 이전된 후 상표권자로부터 사용허락을 받은 사용권자가 등록상표와 동일·유사한 상표를 사용하는 경우에는 종전 상표권자의 업무와 관련된 상품과의 혼동이 생길 가능성이 크므로 사회통념상 실사용상표가 등록상표의 부정한 사용으로 평가할 수 있을 정도에 이르는지 여부를 개별적으로 판단하여야 한다(대법원 2020.2.13. 선고 2017후2178 판결).
  ㉢ 오인·혼동의 염려 : 오인·혼동이 생길 염려가 객관적으로 존재하면 족하다.
④ 상표권자가 상당한 주의를 하지 아니하였을 것
  ㉠ 상당한 주의 : '상당한 주의'란 오인·혼동행위를 하지 않도록 주의·경고하는 것만으로는 부족하고, 정기적으로 상표 사용상태에 대한 보고를 받거나 상품의 품질을 검사하는 등 실질적으로 사용권자를 그 지배하에 두고 있는 것과 같은 관계의 유지를 말한다(대법원 2010.4.15. 선고 2009후3329 판결). 기출 17
  ㉡ 전용사용권 또는 통상사용권 등록의 취소심판(法 제120조) : 상표권자가 상당한 주의를 한 경우에는 상표등록의 취소를 면할 수 있으므로 法 제120조만이 문제된다.

07 제119조 제1항 제3호에 의한 취소심판

제119조(상표등록의 취소심판)
① 등록상표가 다음 각 호의 어느 하나에 해당하는 경우에는 그 상표등록의 취소심판을 청구할 수 있다.
   3. 상표권자·전용사용권자 또는 통상사용권자 중 어느 누구도 정당한 이유 없이 등록상표를 그 지정상품에 대하여 취소심판청구일 전 계속하여 3년 이상 국내에서 사용하고 있지 아니한 경우 기출 19

(1) 의의 및 취지

상표권자 등이 정당한 이유 없이 등록상표를 지정상품에 3년 이상 불사용한 경우 취소사유에 해당한다(法 제119조 제1항 제3호). 등록주의의 보완책으로서 등록상표의 사용을 촉진하고 불사용상표를 정리해 제3자의 상표선택 기회를 넓히기 위함이다.

(2) 적용요건

① 상표권자와 사용권자 중 어느 누구도 등록상표를 사용하지 않았을 것
  ㉠ 일반 : 상표권자가 외국에서 등록상표를 표시했을 뿐 국내에서 직접 대리인을 통하여 등록상표를 사용한 적이 없다고 하더라도, 그 상품이 제3자에 의해 우리나라로 수입되어 상표권자가 등록상표를 표시한 그대로 국내의 정상적인 거래에서 양도, 전시되는 등의 방법으로 유통되고, 그에 따라 국내 수요자에게 그 상표가 상표권자의 업무에 관련된 상품을 표시하는 것으로 사회통념상 인식되는 경우에는 특단의 사정이 없는 한 상표권자가 국내에서 상표를 사용한 것으로 보아야 한다(대법원 2012.4.12. 선고 2012후177 판결).
  ㉡ OEM 방식(주문자 상표부착 생산 방식)에 의한 수출의 경우 : ⅰ) 품질관리 등 실질적인 통제가 주문자에 의해 유지되고, ⅱ) 수출업자의 생산은 오직 주문자의 주문에만 의존하며, ⅲ) 생산된 제품 전량이 주문자에게 인도되는 것이 보통이므로, 특별한 사정이 없는 한 주문자가 상표를 사용한 것으로 보아야 한다(대법원 2012.7.12. 선고 2012후740 판결). 기출 23
  ㉢ 사해행위취소판결 확정 전 상표권 양수인(수익자)이 사용한 경우 : 法 제119조 제1항 제3호의 규정 취지 및 사해행위취소의 효력 등에 비추어 볼 때, 法 제119조 제1항 제3호의 불사용을 이유로 상표등록의 취소심판이 청구된 이후 상표권 양수인 또는 전용사용권자를 수익자로 하여 그 상표권 양도계약 또는 전용사용권 설정계약이 사해행위임을 이유로 이를 취소하는 판결이 확정되었다고 하더라도 그 사해행위취소 판결의 확정 전 상표권 양수인 또는 전용사용권자의 등록상표의 사용을 위 법조 소정의 상표권자 또는 전용사용권자로서의 등록상표의 사용이 아니라고 할 수는 없다.
② 상표의 불사용에 정당한 이유가 없을 것
  ㉠ 정당한 이유 : '정당한 이유'란 질병 기타 천재지변 등의 불가항력에 의해 영업을 할 수 없는 경우 뿐만 아니라 법률 규제, 판매금지 또는 국가의 수입제한조치 등에 의해 부득이 등록상표의 지정상품이 국내에서 일반적, 정상적으로 거래할 수 없는 경우와 같이 상표권자의 귀책사유로 인하지 아니한 불사용의 경우도 포함된다(대법원 1990.6.26. 선고 89후599 판결).
  ㉡ 사용권 설정의 경우 : 전용사용권이 설정된 경우에는 전용사용권자에게 있어야 하고, 통상사용권이 설정된 경우에는 상표권자와 통상사용권자 모두에게 있어야 한다.
  ㉢ 정당한 이유는 청구된 지정상품 모두에 존재하여야 한다.
  ㉣ 이전 등록 전의 사유 고려 : 불사용 상태가 상당기간 계속된 등록상표의 이전이 있는 경우, 불사용에 대한 '정당한 이유'를 판단함에 있어서 그 이전등록의 이전의 불사용에 대한 정당한 이유를 고려하여야 한다(대법원 2000.4.25. 선고 97후3920 판결). 기출 18

③ 등록상표를 그 지정상품에 대하여 사용하지 않았을 것
  ㉠ 등록상표
    • 등록상표의 사용에는 등록된 상표와 동일한 상표를 사용하는 경우는 물론 거래사회의 통념상 등록상표와 동일하게 볼 수 있는 형태의 상표를 포함한다.
    • 결합상표 등록 후, 결합상표의 일부를 사용한 경우
      – 원칙 : 결합상표를 이루는 기호나 문자・도형들이 각기 상표의 요부를 구성하고 있는 경우 그중 어느 한 부분만을 상표로 사용하였다고 하더라도 등록상표를 사용한 것이라고 할 수 없다.
      – 예외 : 영문과 단순 음역이 결합된 상표를 등록받은 뒤, 그중 어느 한 부분을 생략한 채 사용한 경우, ⅰ) 영문과 단순 음역의 결합으로 인해 어느 한 부분과는 다른 새로운 관념이 형성되지 않고, ⅱ) 영문과 단순 음역이 결합된 표장과 어느 한 부분으로만 이루어진 표장을 보았을 때, 수요자들은 동일하게 호칭할 것이라는 점을 근거로 등록상표와 실사용상표 간의 동일성을 인정한 바 있다(대법원 2013.9.26. 선고 2012후2463 전원합의체 판결). 이는, ⅰ) 등록상표를 다소 변형하여 사용하기도 하는 거래실정을 반영하고, ⅱ) 상표권자의 상표 사용의 자유, ⅲ) 동일성 인식에 관한 수요자의 신뢰를 보호할 필요가 있다는 점에서 타당하다.
    • 등록상표가 애당초 식별력 없는 상표인지 여부는 法 제119조 제1항 제3호의 등록상표의 사용 여부 판단을 좌우할 사유가 되지 못한다(대법원 2012.12.26. 선고 2012후2685 판결).
    • 등록상표가 다른 상표나 표지와 함께 사용된 경우 : 등록상표가 반드시 독자적으로만 사용되어야 할 이유는 없으므로, 등록상표에 다른 문자・도형 등을 결합하여 상표로 사용한 경우라 하더라도 등록상표가 상표로서의 동일성과 독립성을 유지하고 있는 한 이를 들어 등록상표의 사용이 아니라고 할 수 없다(대법원 2006.10.26. 선고 2005후2939 판결).
    • 등록상표가 다른 구성과의 결합으로 인해 새로운 외관・칭호・관념이 형성된 경우 : 상표권자 등이 등록상표에 식별력이 없거나 미약한 부분을 결합하여 상표로 사용한 경우, 그 결합된 부분이 실제 사용된 상표에서 차지하는 비중, 등록상표와 결합되어 있는 정도, 위치 및 형태와 실사용상표의 전체적인 구성, 형태, 음절수, 문법적 결합 및 그에 따른 일반 수요자나 거래자의 인식이나 언어습관 등 여러 사정에 의하여 거래사회의 통념상 그 결합 전의 등록상표와 동일하다고 볼 수 없는 외관・호칭・관념이 실사용상표에 형성될 수 있으므로, 그 결합된 부분이 단순히 식별력이 없거나 미약하다고 하여 실사용 상표가 거래사회의 통념상 등록상표와 동일하게 볼 수 있는 형태의 표장이라고 단정할 수 없다.
  ㉡ 지정상품 : 취소심판과 관련된 지정상품 전부에 대하여 등록상표를 사용하지 않은 경우에 한하여 상표등록이 취소되고, 지정상품 중 어느 하나에라도 사용사실을 입증하면 지정상품 전부에 대한 취소를 면할 수 있다.

④ 심판청구일 전 계속하여 3년 이상 국내에서 사용하고 있지 아니한 경우일 것
   ㉠ 심판청구일 전 계속하여 3년 이상 불사용하였을 것
      • 심판청구일 현재 계속하여 3년 이상 불사용 상태가 진행 중이어야 한다.
      • 상표권의 이전이 있는 경우에는 전권리자인 양도인의 불사용 기간을 삽입하여야 한다(대법원 2000.4.25. 선고 97후3920 판결).
   ㉡ 국내에서 사용하지 아니하였을 것
      • 국내에서의 사용 : 주문자상표부착 생산 방식(OEM 방식)에 의한 수출의 경우
      • 등록상표의 사용 여부 판단 시 일반 수요자나 거래자가 상품의 출처 표시로서 인식할 수 있어야 하는지 여부
      • 등록상표의 사용 여부 판단 시 일반 수요자나 거래자가 상품의 출처 표시로서 인식할 수 있어야 하는지 여부 : 불사용으로 인한 상표등록취소심판 제도는 등록상표의 사용을 촉진하는 한편 그 불사용에 대한 제재를 가하려는 데에 목적이 있으므로, 상표법 제119조 제1항 제3호, 제3항에서 규정하는 '등록상표의 사용' 여부 판단에 있어서는 상표권자 또는 그 사용권자가 자타상품의 식별표지로서 사용하려는 의사에 기하여 등록상표를 사용한 것으로 볼 수 있는지 여부가 문제될 뿐 일반 수요자나 거래자가 이를 상품의 출처표시로서 인식할 수 있는지 여부는 등록상표의 사용 여부 판단을 좌우할 사유가 되지 못한다(대법원 2013.2.28. 선고 2012후3206 판결).

  기출 15

⑤ 정당하게 사용하지 아니하였을 것
   ㉠ 명목상 사용 : 등록상표가 광고 등에 표시되었다고 하더라도 상품의 출처표시로서 사용된 것이 아니거나, 그 지정상품이 국내에서 정상적으로 유통되고 있거나 유통될 것을 예정하고 있지 아니한 상태에서 단순히 등록상표에 대한 불사용취소를 면하기 위하여 명목상으로 등록상표에 대한 광고행위를 한 데에 그친 경우에는 등록상표를 정당하게 사용하였다고 할 수 없다(대법원 2017.6.29. 선고 2015후2006 판결).
   ㉡ 행정법규를 위반한 경우 : 상표법의 목적과 행정법규의 목적이 반드시 서로 일치하는 것은 아니므로, 상표권자 등이 위와 같은 행정법규에 위반하여 특정 상품을 제조 및 판매하였다고 하여 그 상품이 독립된 상거래의 목적물이 될 수 있는 물품으로서의 요건을 구비하고 있지 않다거나 국내에서 정상적으로 유통되지 아니한 경우에 해당한다고 일률적으로 결정할 수는 없고, 그 상품의 제조·판매를 규율하는 행정법규의 목적, 특성, 그 상품의 용도, 성질 및 판매형태, 거래 실정상 거래자나 일반 수요자가 그 상품에 대하여 느끼는 인식 등 여러 사정을 참작하여 상표제도의 목적에 비추어 그 해당 여부를 개별적으로 판단하여야 한다(대법원 2006.9.22. 선고 2005후3406 판결).
   ㉢ 타인의 저작권을 침해하는 경우 : 타인에 대한 저작권 침해가 되어 민사상 손해배상책임을 부담하게 되는 것은 별론으로 하고, 등록상표와 동일성 범주 내에 있는 실사용상표를 사용한 이상 그 사용 자체가 '정당한 사용'이 아니라고는 할 수 없다(대법원 2001.11.27. 선고 98후2962 판결).

08 제119조 제1항 제4호에 의한 취소심판

> **제119조(상표등록의 취소심판)**
> ① 등록상표가 다음 각 호의 어느 하나에 해당하는 경우에는 그 상표등록의 취소심판을 청구할 수 있다.
>   4. 제93조 제1항 후단, 같은 조 제2항 및 같은 조 제4항부터 제7항까지의 규정에 위반된 경우

(1) 의의 및 취지
상표권 이전제한 위반에 따른 취소사유이다(法 제119조 제1항 제4호).

(2) 적용요건
① 法 제93조 제1항 후단의 규정에 위반한 경우 : 法 제93조 제1항은 상표권은 그 지정상품마다 분할하여 이전할 수 있다. 이 경우 유사한 지정상품은 함께 이전하여야 한다. 이전 전 등록상표 전체에 대한 취소를 구할 수 있다.
② 法 제93조 제2항의 규정에 위반한 경우 : 法 제93조 제2항은 공유상표권의 공유자 모두의 동의를 받지 않고 지분이 양도되거나 지분을 목적으로 하는 질권을 설정한 경우에 취소사유에 해당한다. 다만, 法 제93조 제3항의 공유상표권 사용권 설정에 관한 제한규정은 취소사유가 아니다.
③ 法 제93조 제4항 내지 제7항의 규정에 위반한 경우 : 업무표장 등의 이전제한(法 제93조 제4항), 法 제34조 제1호 다목·라목 단서 또는 제3호 단서에 따라 등록된 상표권의 이전제한(法 제93조 제5항), 단체표장의 이전제한(法 제93조 제6항), 증명표장권 이전제한(法 제93조 제7항)은 취소사유에 해당한다.

09 제119조 제1항 제5호에 의한 취소심판

> **제119조(상표등록의 취소심판)**
> ① 등록상표가 다음 각 호의 어느 하나에 해당하는 경우에는 그 상표등록의 취소심판을 청구할 수 있다.
>   5. 상표권의 이전으로 유사한 등록상표가 각각 다른 상표권자에게 속하게 되고 그중 1인이 자기의 등록상표의 지정상품과 동일·유사한 상품에 부정경쟁을 목적으로 자기의 등록상표를 사용함으로써 수요자에게 상품의 품질을 오인하게 하거나 타인의 업무와 관련된 상품과 혼동을 불러일으키게 한 경우
>   5의2. 제34조 제1항 제7호 단서 또는 제35조 제6항에 따라 등록된 상표의 권리자 또는 그 상표등록에 대한 동의를 한 자 중 1인이 자기의 등록상표의 지정상품과 동일·유사한 상품에 부정경쟁을 목적으로 자기의 등록상표를 사용함으로써 수요자에게 상품의 품질을 오인하게 하거나 타인의 업무와 관련된 상품과 혼동을 불러일으키게 한 경우

(1) 의의 및 취지

유사상표 분리 후 1인이 등록상표와 동일·유사 상품에 부정경쟁목적으로 사용함으로써 수요자에게 혼동을 일으킨 경우 취소사유에 해당한다(法 제119조 제1항 제5호). 유사상표의 분리 이전에 따른 폐해를 사유적으로 방지하기 위함이다.

(2) 적용요건

① 상표권의 이전으로 인하여 유사한 등록상표가 각각 다른 상표권자에게 속하게 되었을 것 : 동일인의 소유였던 유사한 등록상표가 각각 다른 상표권자에게 이전되는 경우여야 한다. 유사한 등록상표가 처음부터 타인 소유인 경우에는 본 호가 아닌 무효심판에 해당한다.

② 이전 후 1인이 자기의 등록상표의 지정상품과 동일·유사한 상품에 자기의 등록상표를 사용하였을 것 : 상표권 이전 후 각각의 상표권자 중 1인에 의한 상표의 사용이어야 한다. 기존의 상표권자도 여기에 해당할 수 있다. 상표권자가 자기의 등록상표의 지정상품과 동일·유사한 상품에 자기의 등록상표를 사용한 경우에 적용된다. 즉, 전용권범위내에서의 사용도 본 호에 해당할 수 있다. 그러나 자기의 등록상표와 유사한 상표를 사용한 경우에는 法 제119조 제1항 제1호의 적용은 물론, 본 호에 해당되지 않는다.

③ 부정경쟁의 목적으로 사용하였을 것 : 부정경쟁의 목적이란 타인의 업무상 명성이나 신용에 부당하게 편승하고자 상표를 사용하는 경우를 말한다.

④ 수요자에게 상품의 품질을 오인하게 하거나 타인의 업무와 관련된 상품과 혼동을 불러일으키게 하였을 것 : 오인·혼동이 생길 염려가 객관적으로 존재하면 족하다.

(3) 2023.10.31. 法 개정부분

法 제119조 제1항 제5호의2를 신설하여 法 제34조 제1항 제7호 단서 또는 法 제35조 제6항에 따라 등록된 상표의 권리자 또는 그 상표등록에 대한 동의를 한 자 중 1인이 자기의 등록상표의 지정상품과 동일·유사한 상품에 부정경쟁을 목적으로 자기의 등록상표를 사용함으로써 수요자에게 상품의 품질을 오인하게 하거나 타인의 업무와 관련된 상품과 혼동을 불러일으키게 한 경우에는 심판청구에 의하여 그 상표의 등록을 취소할 수 있도록 하는 규정을 마련하였다.

10 제119조 제1항 제6호에 의한 취소심판

> **제119조(상표등록의 취소심판)**
> ① 등록상표가 다음 각 호의 어느 하나에 해당하는 경우에는 그 상표등록의 취소심판을 청구할 수 있다.
>   6. 제92조 제2항에 해당하는 상표가 등록된 경우에 그 상표에 관한 권리를 가진 자가 해당 상표등록일부터 5년 이내에 취소심판을 청구한 경우 기출 23

(1) 의의 및 취지
法 제92조 제2항에 해당하는 상표가 등록된 경우 취소사유에 해당한다(法 제119조 제1항 제6호). 法 제92조 제2항의 실효성을 확보하고 공정한 상거래 질서 확립을 위한 규정이다.

(2) 적용요건
① 法 제92조 제2항에 해당하는 상표가 등록된 경우 : 法 제92조 제2항은 등록상표의 사용이 부정경쟁방지법 제2조 제1호 차목(실제로 카목)에 따른 부정경쟁행위에 해당하는 경우에는 같은 목에 따른 타인의 동의를 받지 아니하고는 그 등록상표를 사용할 수 없다고 규정하고 있다.
② 그 상표에 관한 권리를 가진 자가 해당 상표등록일로부터 5년 이내에 취소심판을 청구하였을 것 : 다른 취소사유와 달리 등록에 대한 하자를 묻는 것이기 때문에 해당 상표등록일로부터 5년 이내에 청구하여야 한다.

11 상표등록취소사유의 추가적 주장 가부

> **제119조(상표등록의 취소심판)**
> ② 제1항 제3호에 해당하는 것을 사유로 취소심판을 청구하는 경우 등록상표의 지정상품이 둘 이상 있는 경우에는 일부 지정상품에 관하여 취소심판을 청구할 수 있다.

(1) 원 칙

심판 단계에서 法 제125조 제2항 제2호에서 '청구이유의 보정'을 허용하므로 추가 가능하고, 심결취소소송에서는 무제한설에 따라 새롭게 추가 가능하다.

(2) 불사용취소심판에서 제119조 제1항 제1호 사유 추가 주장 가능한지 여부

① 일부에 대하여 불사용취소심판을 청구한 후 法 제119조 제1항 제1호의 사유 추가하는 경우 : 法 제119조 제1항 제1호의 경우 일부 지정상품에 대한 청구가 불가능하므로 심판 계속 중에도 法 제125조 제2항 제2호에도 불구하고 추가할 수 없고, 심결취소소송 계속중에도 무제한설에도 불구하고 불가능하다.

② 전부에 대하여 불사용취소심판을 청구한 후 法 제119조 제1항 제1호의 사유 추가하는 경우 : 심판 계속 중 및 심결취소소송 계속 중 추가 가능하다.

12 권리범위확인심판

> **제121조(권리범위 확인심판)**
> 상표권자, 전용사용권자 또는 이해관계인은 등록상표의 권리범위를 확인하기 위하여 상표권의 권리범위 확인심판을 청구할 수 있다. 이 경우 등록상표의 지정상품이 둘 이상 있는 경우에는 지정상품마다 청구할 수 있다. 기출 16

(1) 의의 및 취지

확인대상표장이 등록상표의 권리범위에 속하는지 여부를 상표권 설정에 관여한 특허청으로 하여금 공적으로 확인하도록 하는 심판이다. 분쟁을 예방하고 침해 시 신속한 구제를 도모하기 위함이다.

(2) 권리범위확인심판의 성질 및 침해소송과의 관계

① 권리범위확인심판의 성질 및 판단대상
  ㉠ 권리범위확인심판의 성질 : 상표자체의 기술적 범위를 확인하는 사실확정 목적이 아닌, 구체적으로 문제가 된 상대방의 사용상표와의 관계에서 상표권의 효력이 미치는지 여부를 확인하는 권리확정을 목적으로 한 것이다.
  ㉡ 권리범위확인심판의 심리범위 : 상표적 사용인지 여부, 상표 및 상품의 동일·유사 여부, 法 제90조에 해당하는지 여부

- ⓒ 권리범위확인심판을 청구하며 대인적 사유만을 주장한 경우
    - 적극적 권리범위확인심판의 심결이 확정된 경우 심판 당사자뿐만 아니라 제3자에게도 일사부재리의 효력이 미치는데, 法 제99조의 선사용권을 가지고 있다는 것은 대인적 상표권 행사 제한사유일 뿐이어서 상표권의 효력이 미치는 범위에 관한 권리확정과는 무관하므로, 권리범위확인심판에서 이를 심리·판단하는 것은 허용되지 않는다(대법원 2012.3.15. 선고 2011후3872 판결). 기출 23
    - 소극적 권리범위확인심판 청구인이 표장 및 상품의 동일·유사하다는 점은 다투지 않은 채, 대인적 상표권 행사 제한사유를 주장하면서 확인대상표장이 등록상표의 권리범위에 속하지 않는다는 확인을 구하는 것은 상표권의 효력이 미치는 범위에 관한 권리확정과는 무관하므로 확인의 이익이 없어 부적법하다(대법원 2013.2.14. 선고 2012후1101 판결). 기출 16·20
- ② **침해소송과의 관계** : 민사법원은 권리범위확인심판의 심결에 기속되지 않는다. 다만, 확정심결에서 인정된 사실은 특별한 사정이 없는 한 유력한 증거자료가 된다.

(3) 심판의 청구 및 방식 등
① 심판의 청구
  - ㉠ 청구기간 : 권리범위확인심판 청구는 현존하는 상표권의 범위를 확정하는 것을 목적으로 하는 것이므로, 상표권이 소멸된 후에는 확인의 이익이 없어 청구할 수 없다. 심결취소소송 계속 중 소멸한 경우에는 심결 취소를 구할 법률상 이익이 없어 소의 이익을 부정한다.
  - ㉡ 상표권 취소심결 확정의 영우, 권리범위확인심판의 확인의 이익 또는 심결취소소송의 소의 이익이 있는지 여부
      - 다수 : 현존하는 상표권의 범위를 확정하는 데에 그 목적이 있으므로, 확인의 이익 및 소의 이익이 없다.
      - 소수 : 소급효가 인정되지 않으므로 상표권이 존속하는 기간 동안의 권리범위에 대한 확인심판을 구할 소의 이익까지 없다고 할 수 없다.
  - ㉢ 청구범위 : 등록상표의 지정상품이 둘 이상인 경우 지정상품마다 청구할 수 있다(法 제121조 후단).
② 심판청구의 방식
  - ㉠ 법정된 심판청구서의 제출(法 제125조 제1항)
  - ㉡ 확인대상표장의 구체적 특정 : 확인대상표장은 그 표장의 구성과 그 표장이 사용된 상품을 등록상표와 대비할 수 있을 정도로 특정하면 충분하고, 확인대상표장의 구체적 사용 실태나 확인대상표장을 부착하여 사용하는 상품의 형태까지 특정해야 하는 것은 아니다.
③ 심판의 심리

(4) 기 타

① 권리 대 권리 간 적극적 권리범위확인심판
  ㉠ 타인의 '등록상표인 확인대상표장'에 대한 적극적 권리범위확인심판은, 확인대상표장이 심판청구인의 등록상표와 동일·유사하다고 하더라도 등록무효절차 이외에서 등록된 권리의 효력을 부인하는 결과가 되어 부적법하다.
  ㉡ '등록상표인 확인대상표장'에는 등록상표와 동일한 상표는 물론 거래 통념상 식별표지로서 상표의 동일성을 해치지 않을 정도로 변형된 경우도 포함되므로, 확인대상표장이 등록상표에 다른 문자나 도형을 부가한 형태로 되어 있다고 하더라도 등록상표가 상표로서의 동일성과 독립성을 유지하고 있는 한 이는 등록상표와 동일성이 인정되는 상표이다.

② 상표권에 무효사유가 명백한 경우 심판청구의 이익이 인정되는지 여부 : 권리범위확인심판은 등록상표의 권리범위를 확인하는 심판절차로서, 그 제도의 본래 목적에 맞게 심리범위를 제한하고, 권리범위확인심판에서 무효사유의 존부를 심리하는 것은 무효심판의 제도와 권리범위확인심판제도를 목적과 기능을 달리하는 별개의 절차로 둔 상표법의 구조에 배치된다는 점에서, i) 권리범위확인심판 제도는 등록상표의 권리범위를 확인하는 것에 불과하여 등록상표의 무효여부는 무효심판 절차에서 다루어야 한다는 점, ii) 침해소송 당사자 사이의 상대적 효력에 비해 권리범위확인심판의 심결은 대세적 효력이 있으므로 이를 인정하게 되면 상표법의 근본 구도를 깨트리는 것이 되어 부당하다는 점, iii) 권리범위확인심판의 청구의 이익은 직권조사사항으로서 등록상표에 무효사유가 존재하는지 여부를 당사자 주장 없이도 심리할 수밖에 없어 심리에 과도한 부담을 준다는 점에서 상표권에 무효사유 명백한 경우라도 부적법하다고 볼 수 없다.

③ 민사본안판결 존재 시 소극적 권리범위확인심판의 심결에 대한 심결취소소송의 소의 이익 : i) 여전히 원고에게 불리한 심결이 유효하게 존속하는 점, ii) 확정 민사판결은 심결취소소송에 법적 기속력이 없는 점에 비추어, iii) 심결 후 상표권이 소멸되었다거나 합의로 이해관계가 소멸되었다는 등 심결 취소할 법률상 이익이 소멸되었다는 사정이 보이지 않는다면 심결의 취소를 구할 소의 이익이 있다(대법원 2011.2.24. 선고 2008후4486 판결).

④ 민사본안소송 계속 중 청구된 권리범위확인심판의 심판청구의 이익 : i) 권리범위확인심판은 당사자 사이의 분쟁을 사전에 예방하거나 조속히 종결시키는 데에 이바지한다는 점에서 고유한 기능을 가진다는 점, ii) 상표법 제151조 제1항 내지 제4항에서 권리범위확인심판과 소송절차를 각 절차의 개시 선후나 진행 경과 등과 무관하게 별개의 독립된 절차로 인정함을 전제로 규정하고 있고, iii) 권리범위확인심판은 심결 확정시 제3자에게도 일사부재리효를 미치므로, 권리범위확인심판의 제도와 기증을 존중하여 침해소송과 별개로 청구된 권리범위확인심판의 심판 청구의 이익이 부정된다고 볼 수 없다(대법원 2018.2.8. 선고 2016후328 판결).

13 보정각하결정에 대한 심판

제115조(보정각하결정에 대한 심판)
제42조 제1항에 따른 보정각하결정을 받은 자가 그 결정에 불복할 경우에는 그 결정등본을 송달받은 날부터 3개월 이내에 심판을 청구할 수 있다.

CHAPTER 07 심판

제2편 | 상표법

01 상표등록의 무효심판에 관한 설명으로 옳지 <u>않은</u> 것은? 기출 19

① 등록상표의 지정상품이 둘 이상인 경우에는 지정상품마다 해당 등록상표에 대한 상표 등록의 무효심판을 청구할 수 있다.
② 선출원에 의한 타인의 등록상표와 유사한 상표로서 그 지정상품과 유사한 상품에 사용하는 상표에 해당하는 것을 이유로 한 상표등록의 무효심판은 상표등록일부터 5년의 제척기간 내에 청구하여야 한다.
③ 일반인의 통상적인 도덕관념인 선량한 풍속에 어긋나는 등 공공의 질서를 해칠 우려가 있는 상표에 해당하는 것을 이유로 한 상표등록의 무효심판은 상표등록일부터 5년의 제척기간 내에 청구하여야 한다.
④ 타인의 상품을 표시하는 것이라고 수요자들에게 널리 인식되어 있는 상표와 유사한 상표로서 그 타인의 상품과 유사한 상품에 사용하는 상표에 해당하는 것을 이유로 한 상표등록의 무효심판은 상표등록일부터 5년의 제척기간 내에 청구하여야 한다.
⑤ 심판장은 상표등록의 무효심판이 청구된 경우에는 그 취지를 해당 상표권의 전용사용권자와 그 밖에 상표에 관한 권리를 등록한 자에게 통지하여야 한다.

해설

① (○) 상표등록무효심판은 등록상표의 지정상품이 둘 이상인 경우에는 지정상품마다 청구할 수 있다(상표법 제117조 제1항 후단).
② (○) 제34조 제1항 제7호는 제척기간 5년이 적용된다(상표법 제122조 제1항).
③ (×) 상표법 제34조 제1항 제4호는 제척기간의 적용이 없다.
④ (○) 제34조 제1항 제9호는 제척기간 5년이 적용된다(상표법 제122조 제1항).
⑤ (○) 상표법 제117조 제5항

답 ③

02 상표법상 심판에 관한 설명으로 옳지 않은 것은? 기출 25

① 상표등록무효심판, 존속기간갱신등록무효심판, 상표등록취소심판, 권리범위확인심판, 상품분류전환등록무효심판에서 심판을 청구하는 자가 2인 이상이면 각자 또는 그 모두가 공동으로 심판을 청구할 수 있다.
② 공동심판 청구인이나 피청구인 중 1인에게 심판절차의 중단 또는 중지의 원인이 있을 경우 그 효력은 모두에 대하여 발생한다.
③ 심판관은 당사자 또는 참가인이 신청하지 아니한 이유에 대해서도 심리를 할 수 있다.
④ 심판청구는 심결이 확정될 때까지 취하할 수 있으며, 이 경우 피청구인이 답변서를 제출하였더라도 상대방의 동의를 받지 않아도 된다.
⑤ 상표등록무효심판을 청구하고자 하는 자는 심판청구서를 특허심판원장에게 제출하여야 한다.

해설
① (O) 상표법 제124조 제1항
② (O) 상표법 제124조 제4항
③ (O) 직권심리주의(상표법 제146조 제1항)
④ (×) 피청구인이 답변서를 제출하였을 경우, 심판 취하시 상대방의 동의를 받아야 한다(상표법 제148조 제1항).
⑤ (O) 상표법 제125조 제1항

답 ④

03 상표법 제119조(상표등록의 취소심판)에 관한 설명으로 옳은 것은? (다툼이 있으면 판례에 따름)
기출 24

① 통상사용권자가 지정상품 또는 이와 유사한 상품에 등록상표 또는 이와 유사한 상표를 사용함으로써 수요자에게 상품의 품질을 오인하게 한 경우에 상표등록취소심판을 청구하려면 통상사용권자의 고의가 필요하다.
② 전용사용권자가 등록상표를 변형하여 실제로 사용한 경우에만 제119조 제1항 제2호에 따른 상표등록취소심판이 가능하다.
③ 지리적 표시 단체표장 등록출원의 경우에 그 소속 단체원의 가입에 관하여 정관에 의하여 단체의 가입을 금지하였지만, 상표등록취소심판의 청구 이후에 정관을 변경하여 그 소속 단체원의 가입을 허용하였다면 취소사유에 영향을 미친다.
④ 증명표장권자가 사용을 허락받은 자에 대한 감독에 상당한 주의를 하지 않아 증명표장의 사용허락을 받은 자가 정관을 위반하여 타인에게 사용하게 한 경우에는 누구든지 증명표장의 상표등록취소심판을 청구할 수 있다.
⑤ 특허청장은 상표등록취소심판이 청구된 경우에는 그 취지를 해당 상표권의 전용사용권자와 그 밖에 상표에 관한 권리를 등록한 자에게 통지하여야 한다.

┃해설┃
① (×) 고의가 필요한 경우는 상표법 제119조 제1항 제1호이다.

> **상표법 제119조(상표등록의 취소심판)**
> ① 등록상표가 다음 각 호의 어느 하나에 해당하는 경우에는 그 상표등록의 취소심판을 청구할 수 있다.
> 　1. 상표권자가 고의로 지정상품에 등록상표와 유사한 상표를 사용하거나 지정상품과 유사한 상품에 등록상표 또는 이와 유사한 상표를 사용함으로써 수요자에게 상품의 품질을 오인하게 하거나 타인의 업무와 관련된 상품과 혼동을 불러일으키게 한 경우
> 　2. 전용사용권자 또는 통상사용권자가 지정상품 또는 이와 유사한 상품에 등록상표 또는 이와 유사한 상표를 사용함으로써 수요자에게 상품의 품질을 오인하게 하거나 타인의 업무와 관련된 상품과의 혼동을 불러일으키게 한 경우. 다만, 상표권자가 상당한 주의를 한 경우는 제외한다.

② (×) 상표법 제119조 제1항 제2호는 등록상표를 변형하였을 것을 요건으로 규정한 것은 아니다.
③ (×) 상표법 제119조 제1항 제4호 및 제6호는 심판 청구 이후 사정변경이 인정되는 경우이다.
④ (○) 상표법 제119조 제1항 제9호, 제119조 제5항 참고

> **상표법 제119조(상표등록의 취소심판)**
> ① 등록상표가 다음 각 호의 어느 하나에 해당하는 경우에는 그 상표등록의 취소심판을 청구할 수 있다.
> 　9. 증명표장과 관련하여 다음 각 목의 어느 하나에 해당하는 경우
> 　　마. 증명표장권자가 그 증명표장을 사용할 수 있는 자에 대하여 정당한 사유 없이 정관 또는 규약으로 사용을 허락하지 아니하거나 정관 또는 규약에 충족하기 어려운 사용조건을 규정하는 등 실질적으로 사용을 허락하지 아니한 경우
> ⑤ 제1항에 따른 취소심판은 누구든지 청구할 수 있다. 다만, 제1항 제4호 및 제6호에 해당하는 것을 사유로 하는 심판은 이해관계인만이 청구할 수 있다.

⑤ (×) 심판장은 상표등록취소심판이 청구된 경우에는 그 취지를 해당 상표권의 전용사용권자와 그 밖에 상표에 관한 권리를 등록한 자에게 통지하여야 한다(상표법 제119조 제7항).

답 ④

04 상표법 제119조(상표등록의 취소심판)에 관한 설명으로 옳지 않은 것은? (다툼이 있으면 판례에 따름) 기출 25

① 제119조(상표등록의 취소심판) 제1항 제3호에 있어서 상표권자 또는 그 사용권자가 타인 상품의 출처를 표시하기 위하여 상표를 사용한 경우 불사용을 이유로 한 상표 등록의 취소를 면하기 위한 상표의 사용에 해당하지 않는다.
② 제119조(상표등록의 취소심판) 제1항 제3호 및 제3항에서 등록상표를 그 지정상품에 사용하고 있지 않은 경우라 함은 등록상표를 지정상품 그 자체 또는 거래사회의 통념상 이와 동일하게 볼 수 있는 상품에 현실로 사용하지 않은 때를 말하며, 지정상품과 유사한 상품에 사용한 경우도 등록상표를 지정상품에 사용한 것으로 볼 수 있다.
③ 제119조(상표등록의 취소심판) 제1항 제3호 및 제3항에 있어서 광고지 등에 등록상표를 표시하였다고 하더라도 상품의 출처표시로 사용된 것이 아니거나, 지정상품이 국내에서 유통되거나 유통예정을 하고 있지 않은 상태에서 단순히 등록상표에 대한 불사용취소를 면하기 위하여 명목상으로 등록상표에 대한 광고행위를 한 데에 그친 경우 등록상표를 정당하게 사용하였다고 할 수 없다.
④ 제119조(상표등록의 취소심판) 제1항 제3호에 해당하는 것을 사유로 취소심판이 청구된 경우에는 피청구인이 해당 등록상표를 취소심판청구에 관계되는 지정상품 중 하나 이상에 대하여 그 심판청구일 전 3년 이내에 국내에서 정당하게 사용하였음을 증명하지 아니하면 상표권자는 취소심판청구와 관계되는 지정상품에 관한 상표등록의 취소를 면할 수 없다.
⑤ 제119조(상표등록의 취소심판) 제1항 제3호에서의 '정당한 이유'에는 질병 기타 천재 등의 불가항력에 의하여 영업을 할 수 없는 경우뿐만 아니라 법률에 의한 규제, 판매금지 또는 국가의 수입제한 조치 등에 의하여 부득이 등록상표의 지정상품을 국내에서 일반적, 정상적으로 거래할 수 없는 경우도 포함한다.

| 해설 |

① (○) 判例 2012후1071
② (×) 등록상표를 그 지정상품에 사용하고 있지 아니한 경우라 함은 등록상표를 지정상품 그 자체 또는 거래사회의 통념상 이와 동일하게 볼 수 있는 상품에 현실로 사용하지 아니한 때를 말한다 할 것이고, 지정상품과 유사한 상품에 사용한 것만으로는 등록상표를 지정상품에 사용하였다고 볼 수 없다(判例 2006후2967).
③ (○) 判例 2015후2006
④ (○) 상표법 제119조 제3항
⑤ (○) 判例 89후599

 ②

05 상표등록취소심판에 관한 설명으로 옳지 않은 것은? (다툼이 있으면 판례에 따름) 기출 23

① 통상사용권자가 사용허락을 받은 등록상표를 그 상표의 지정상품과 유사한 상품에 사용하여 수요자에게 상품의 품질을 오인하게 한 경우에 수요자는 상표법 제119조(상표등록의 취소심판) 제1항 제2호에 따라 해당상표에 대하여 상표등록취소심판을 청구할 적격이 있다.
② 甲이 2022.12.1.에 등록한 등록상표 사용이 乙에 대하여 부정경쟁방지 및 영업비밀 보호에 관한 법률 제2조 제1호 파목의 부정경쟁행위를 구성하는 경우에, 그 상표에 관한 권리를 가진 자는 2023.1.31.에 甲의 상표에 대하여 상표등록취소심판을 제기할 수 있다.
③ 증명표장권자가 다른 증명표장이나 상표와 혼동방지조치를 취하면서 품질관리를 위해 직접 유통 판매하는 상품에 대하여 그 증명표장을 사용한 경우에 취소심판의 대상이 된다.
④ 상표법 제119조 제1항 제1호의 사유로 상표등록취소심판이 제기된 후에 상표권자가 그 상표를 포기하여 이를 등록하였더라도 계속하여 심리를 진행하여야 한다.
⑤ 甲은 외부 주문에 따라 생산만 하는 파운드리 회사로서 소위 팹리스(fabless) 반도체 설계 판매회사인 乙로부터 반도체 설계와 상품제조에 대한 품질관리 등 실질적인 통제를 받으면서, 乙이 주문한 대로만 생산한 반도체 전량을 乙에게 공급하고 있다. 이 경우 甲이 乙의 등록상표를 반도체에 표시한 상표사용행위는 특별한 사정이 없는 한 상표법 제119조 제1항 제3호에 따른 불사용취소심판에서 乙의 상표사용행위로 인정된다.

해설

① (○) 전용사용권자 또는 통상사용권자가 지정상품 또는 이와 유사한 상품에 등록상표 또는 이와 유사한 상표를 사용함으로써 수요자에게 상품의 품질을 오인하게 하거나 타인의 업무와 관련된 상품과의 혼동을 불러일으키게 한 경우. 다만, 상표권자가 상당한 주의를 한 경우는 제외한다(상표법 제119조 제1항 제2호).
② (○) 제92조 제2항에 해당하는 상표가 등록된 경우에 그 상표에 관한 권리를 가진 자가 해당 상표등록일부터 5년 이내에 취소심판을 청구하는 경우에 취소심판 가능하므로(상표법 제119조 제1항 제6호), 가능하다.
③ (○) 증명표장권자가 제3조 제3항 단서를 위반하여 증명표장을 자기의 상품에 대하여 사용하는 경우(상표법 제119조 제1항 제9호 나목)
④ (×) 상표권이 포기된 경우, 상표권 취소심판의 심리를 진행할 이익이 없어, 심리가 종결된다.
⑤ (○) 자신의 상표가 아니라 주문자가 요구하는 상표로 상품을 생산하여 주는 주문자상표부착생산 방식(이른바 OEM 방식)에 의한 수출의 경우 상품제조에 대한 품질관리 등 실질적인 통제가 주문자에 의하여 유지되고 있고 수출업자의 생산은 오직 주문자의 주문에만 의존하며 생산된 제품 전량이 주문자에게 인도되는 것이 보통이므로, 상표법 제119조 제1항 제3호에 의한 상표등록취소심판에서 누가 상표를 사용한 것인지를 판단하면서는 특별한 사정이 없는 한 주문자인 상표권자나 사용권자가 상표를 사용한 것으로 보아야 한다(判例 2012후740).

답 ④

06 상표등록취소심판에 관한 설명으로 옳은 것은? 기출 21

① 지정상품추가등록출원의 기초가 된 등록상표에 대하여 무효심판 또는 취소심판이 청구되거나 그 등록상표가 무효심판 또는 취소심판 등으로 소멸된 경우에 지정상품추가등록출원을 한 출원인은 상표등록출원으로 변경할 수 있다.
② 전용사용권자 또는 통상사용권자가 지정상품 또는 이와 유사한 상품에 등록상표 또는 이와 유사한 상표를 사용함으로써 수요자에게 상품의 품질을 오인하게 하거나 타인의 업무와 관련된 상품과의 혼동을 불러일으키게 한 경우에는 상표권자가 상당한 주의를 하여도 그 상표등록의 취소심판을 청구할 수 있다.
③ 상표권의 이전으로 유사한 등록상표가 각각 다른 상표권자에게 속하게 되고 그중 1인이 자기의 등록상표의 지정상품과 동일·유사한 상품에 부정경쟁을 목적으로 자기의 등록상표를 사용함으로써 수요자에게 상품의 품질을 오인하게 하거나 타인의 업무와 관련된 상품과 혼동을 불러일으키게 한 경우를 사유로 하는 취소심판은 이해관계인만이 청구할 수 있다.
④ 상표법 제120조(전용사용권 또는 통상사용권 등록의 취소심판) 제1항에 따라 전용사용권 또는 통상사용권 등록의 취소심판을 청구한 후 그 심판청구사유에 해당하는 사실이 없어진 경우에도 취소 사유에 영향이 미치지 아니한다.
⑤ 상표권자·전용사용권자 또는 통상사용권자 중 어느 누구도 정당한 이유 없이 등록상표를 그 지정상품에 대하여 취소심판청구일 전 계속하여 3년 이상 국내에서 사용하고 있지 아니하였음을 이유로 상표등록을 취소한다는 심결이 확정되었을 경우에는 그 상표권은 심결 확정일부터 소멸된다.

해설

① (×) 지정상품추가등록출원의 기초가 된 등록상표에 대하여 무효심판 또는 취소심판이 청구되거나 그 등록상표가 무효심판 또는 취소심판 등으로 소멸된 경우에 지정상품추가등록출원을 한 출원인은 상표등록출원으로 변경할 수 없다(상표법 제44조 제2항).
② (×) 전용사용권자 또는 통상사용권자가 지정상품 또는 이와 유사한 상품에 등록상표 또는 이와 유사한 상표를 사용함으로써 수요자에게 상품의 품질을 오인하게 하거나 타인의 업무와 관련된 상품과의 혼동을 불러일으키게 한 경우에는 상표권자가 상당한 주의를 한 경우에는 그 상표등록의 취소심판을 청구할 수 없다(상표법 제119조 제1항 제2호 단서).
③ (×) 상표권의 이전으로 유사한 등록상표가 각각 다른 상표권자에게 속하게 되고 그중 1인이 자기의 등록상표의 지정상품과 동일·유사한 상품에 부정경쟁을 목적으로 자기의 등록상표를 사용함으로써 수요자에게 상품의 품질을 오인하게 하거나 타인의 업무와 관련된 상품과 혼동을 불러일으키게 한 경우를 사유로 하는 취소심판은 누구든지 청구할 수 있다(상표법 제119조 제5항).
④ (○) 상표법 제120조(전용사용권 또는 통상사용권 등록의 취소심판) 제1항에 따라 전용사용권 또는 통상사용권 등록의 취소심판을 청구한 후 그 심판청구사유에 해당하는 사실이 없어진 경우에 취소 사유에 영향이 미치지 아니한다(상표법 제120조 제1항·제2항).
⑤ (×) 상표권자·전용사용권자 또는 통상사용권자 중 어느 누구도 정당한 이유 없이 등록상표를 그 지정상품에 대하여 취소심판청구일 전 계속하여 3년 이상 국내에서 사용하고 있지 아니하였음을 이유로 상표등록을 취소한다는 심결이 확정되었을 경우에는 그 상표권은 심판청구일부터 소멸된다(상표법 제119조 제6항).

답 ④

07 상표법 제119조(상표등록의 취소심판)에 관한 설명으로 옳은 것은? (다툼이 있으면 판례에 따름)

기출 19

① 상표등록의 취소심판은 이해관계인만이 청구할 수 있다.
② 불사용취소심판에 관한 상표법 제119조 제1항 제3호에서 미등록 통상사용권자의 사용은 정당한 사용이라고 할 수 없기 때문에 미등록 통상사용권자의 사용은 그 사실이 입증되어도 상표등록의 취소를 면할 수 없다.
③ 상표권자가 상당한 주의를 하였다고 인정되더라도 전용사용권자가 지정상품에 등록상표를 사용함으로써 수요자에게 상품의 품질을 오인하게 한 경우에는 상표등록이 취소된다.
④ 공유인 상표권의 상표권자에 대하여 상표등록의 취소심판을 청구할 경우에는 공유자 모두를 피청구인으로 청구하여야 한다.
⑤ 상표권자 · 전용사용권자 또는 통상사용권자 중 어느 누구도 정당한 이유 없이 등록상표를 그 지정상품에 대하여 취소심판청구일 전 계속하여 2년 이상 국내에서 사용하고 있지 아니한 경우에는 상표권자는 취소심판청구와 관계되는 지정상품에 관한 상표등록의 취소를 면할 수 없다.

해설

① (×) 상표등록취소심판은 누구든지 청구할 수 있음이 원칙이되, 제119조 제1항 제4호 및 제6호에 해당하는 것을 사유로 하는 심판은 이해관계인만이 청구할 수 있다(상표법 제119조 제5항).
② (×) 상표법상의 통상사용권자는 반드시 등록된 사용권자일 필요가 없으므로 미등록 통상사용권자의 사용도 그 사실을 입증하면 취소를 면할 수 있다.
③ (×) 상표권자가 상당한 주의를 한 경우 상표등록 취소를 면할 수 있다(상표법 제119조 제1항 제2호).
④ (○) 공유인 상표권의 상표권자에 대하여 심판을 청구할 경우에는 공유자 모두를 피청구인으로 청구하여야 한다(상표법 제124조 제2항).
⑤ (×) 상표권자 · 전용사용권자 또는 통상사용권자 중 어느 누구도 정당한 이유 없이 등록상표를 그 지정상품에 대하여 취소심판청구일 전 계속하여 3년 이상 국내에서 사용하고 있지 아니한 경우에는 그 상표등록의 취소심판을 청구할 수 있다(상표법 제119조 제1항 제3호).

답 ④

08 상표법 제119조(상표등록의 취소심판)에 관한 설명으로 옳은 것은? (다툼이 있으면 판례에 따름)

기출 18

① 상표법 제119조 제1항 각 호의 사유에 의하여 상표등록을 취소한다는 심결이 확정되었을 경우 그 상표권은 그때부터 소멸된다.
② 상표법 제119조 제1항 제3호의 불사용을 이유로 하는 상표등록취소심판에 있어 지정상품이 둘 이상 있는 경우 일부 지정상품에 관하여 청구할 수는 있지만 유사범위에 속하는 지정상품은 모두 포함하여 청구하여야 한다.
③ 상표법 제119조 제1항 제2호의 부정사용을 이유로 하는 상표등록취소심판에서 상표권자가 등록상표를 사용한 것인지 아니면 그와 유사한 상표를 사용한 것인지에 관한 판단기준은 상표법 제119조 제1항 제3호의 불사용을 이유로 하는 상표등록취소심판에서의 상표 동일성 판단기준과 동일하다.
④ 상표법 제119조 제1항 제3호의 불사용을 이유로 하는 상표등록취소심판은 누구든지 청구할 수 있지만, 등록상표권의 침해자가 청구하는 것은 부당한 이익을 얻기 위한 것이므로 침해자에 의한 등록취소심판청구는 심판청구권의 남용에 해당하여 부적법하다.
⑤ 불사용의 상태가 상당기간 계속된 등록상표의 이전이 있는 경우, 상표법 제119조 제1항 제3호의 불사용에 대한 '정당한 이유'를 판단함에 있어서 당해 상표의 이전등록 이후의 사정만 참작할 것이 아니고 그 이전등록 이전의 계속된 불사용의 사정도 함께 고려해야 한다.

해설

① (×) 다른 취소사유와 달리 제119조 제1항 제3호를 이유로 한 취소심결이 확정된 경우에는 그 상표권은 '심판청구일'로 소급하여 소멸한다(상표법 제119조 제6항).
② (×) 등록상표의 지정상품이 2 이상 있는 경우 취소를 필요로 하는 지정상품의 범위를 임의로 정하여 제119조 제1항 제3호에 의한 상표등록의 취소심판을 청구할 수 있고, 등록상표의 지정상품 중 유사범위에 속하는 지정상품을 모두 포함하여 취소심판을 청구하지 않으면 심판청구가 인용되어도 심판청구인이 후에 유사상품에 관하여 등록상표와 동일·유사한 상표를 사용하거나 그 상표등록을 받을 수 없다는 사정을 들어 유사범위에 속하는 일부 지정상품만에 대한 등록취소심판을 청구할 이익이 없다고 할 수 없다(判例 2012후3220).
③ (×) 상표법 제119조 제1항 제1호에서 정한 부정사용을 이유로 하는 상표등록취소심판에서 상표권자가 등록상표를 사용한 것인지 아니면 그와 유사한 상표를 사용한 것인지는 상표법 제119조 제1항 제3호에서 정한 불사용을 이유로 하는 상표등록취소심판에서의 상표동일성 판단기준과 관계없이 상표법 제119조 제1항 제1호의 입법취지에 따라 독자적으로 판단하여야 한다(判例 2012후1521).
④ (×) 불사용취소심판은 누구든지 청구할 수 있는 것이고 등록상표권의 침해자라고 하여도 불사용 상표를 취소시키고 등록상표와 유사한 상표를 사용하고자 하는 것이 부당한 이익을 얻기 위한 것이라고 할 수는 없으므로, 침해자에 의한 등록취소심판청구가 심판청구권의 남용이라고 볼 수 없다(判例 2001후188).
⑤ (○) 判例 97후3920

답 ⑤

09 상표법상의 심판에 관한 설명으로 옳은 것은? (다툼이 있으면 판례에 따름) 기출 17

① 제척기간(상표법 제122조) 경과 전에 특정한 선등록상표(X)에 근거하여 상표법 제34조(상표등록을 받을 수 없는 상표) 제1항 제7호를 이유로 한 등록무효심판을 청구한 경우라면, 제척기간 경과 후에 그 심판절차에서 새로운 선등록상표(X')에 근거하여 등록무효를 주장하는 것도 허용된다.
② 상표권자가 상표법 제119조 제1항 제2호(사용권자의 부정사용으로 인한 취소)단서에서 요구되는 '상당한 주의를 하였다'고 하기 위해서는 사용권자에게 오인·혼동행위를 하지 말라는 주의나 경고를 한 정도로는 부족하지만, 그렇다고 사용권자를 실질적인 지배하에 둘 정도의 주의가 요구되는 것은 아니다.
③ 복수의 유사상표를 사용하다가 그중 일부만 등록한 상표권자가 미등록의 사용상표를 계속 사용하여, 그것이 등록상표만 사용한 경우에 비하여 수요자가 상품 출처를 오인·혼동할 우려가 더 커지게 되더라도 상표법 제119조 제1항 제1호(부정사용에 의한 취소)에 규정된 등록상표와 유사한 상표의 사용으로 볼 수는 없다.
④ 등록상표의 일부 지정상품에 대한 취소심판절차에서 상표법 제119조 제1항 제3호(불사용에 의한 취소)의 상표등록 취소사유를 주장하였다가 그 후의 심결취소소송 절차에서 상표법 제119조 제1항 제1호(부정사용에 의한 취소)의 상표등록 취소사유를 추가로 주장할 수 있다.
⑤ 거절결정불복심판청구를 기각하는 심결의 취소소송 계속 중에 출원인이 당해 상표출원을 취하한 경우 비록 출원에 대한 거절결정을 유지하는 심결이 있었다 하더라도 그 심결의 취소를 구할 이익이 없으므로 심결취소의 소는 부적법하게 된다.

해설

① (×) 判例 2011후2275
② (×) 상당한 주의라 함은 정기적으로 상표 사용상태에 대한 보고를 받거나 상품의 품질을 검사하는 등 실질적으로 사용권자를 그 지배하에 두고 있는 것과 같은 관계의 유지를 말한다.
③ (×) 判例 2016후663
④ (×) 判例 2010후1213
⑤ (○) 거절결정불복심판에 대한 심결취소소송에서 해당 출원이 취하된 경우 심결을 취소할 법률상 이익자체가 소멸된 경우이므로 해당 심결취소소송은 부적법하게 된다.

답 ⑤

10 상표법 제119조(상표등록의 취소심판) 제1항 제1호의 심판에 관한 설명으로 옳은 것은? (다툼이 있으면 판례에 따름) 기출 22

① 혼동의 대상이 되는 타인의 상표(이하 '대상상표')가 저명한 경우 대상상표의 상품과 실사용 상표의 상품이 유사하지 않아도 경제적 견련관계가 있으면 본 호를 적용할 수 있다.
② 상표권이 이전되는 경우 양도인의 부정사용의 책임은 이전 후 양수인에게 승계되지 아니하므로 양수인이 스스로 부정사용을 하지 않는 한 본 호를 적용할 수 없다.
③ 대상상표가 식별력이 없는 표장인 경우 실사용 상표와 대상상표가 유사한 경우라면 출처혼동의 우려가 있으므로 본 호를 적용할 수 있다.
④ 본 호 규정은 타인의 선등록 상표의 신용에 부당편승을 방지하는 취지이므로 대상상표가 미등록 또는 후등록 상표인 경우에는 적용할 수 없다.
⑤ 본 호의 고의 요건 판단에 있어 대상상표가 주지・저명한 상표인 경우에는 그 대상상표나 그 표장상품의 존재를 인식하지 못한 경우에도 고의의 존재가 추정된다.

│해설│

① (O) 상표법 제119조 제1항 제1호에 정한 실사용 상표와 타인의 상표 사이의 혼동 유무는 당해 실사용 상표의 사용으로 인하여 수요자로 하여금 그 타인의 상표의 상품과의 사이에 상품 출처의 혼동을 생기게 할 우려가 객관적으로 존재하는가의 여부에 따라 결정하면 충분하므로, 그 타인의 상표가 당해 등록상표의 권리범위에 속하거나 상표법상의 등록상표가 아니라고 하더라도 그 혼동의 대상이 되는 상표로 삼을 수 있다(判例 2002후1225).

> **상표법 제119조(상표등록의 취소심판)**
> ① 등록상표가 다음 각 호의 어느 하나에 해당하는 경우에는 그 상표등록의 취소심판을 청구할 수 있다.
> 1. 상표권자가 고의로 지정상품에 등록상표와 유사한 상표를 사용하거나 지정상품과 유사한 상품에 등록상표 또는 이와 유사한 상표를 사용함으로써 수요자에게 상품의 품질을 오인하게 하거나 타인의 업무와 관련된 상품과 혼동을 불러일으키게 한 경우

② (×) 상표권의 이전이 있는 경우 이전 전 양도인의 부정사용의 책임은 이전 후 양수인에게 그대로 승계되므로 비록 양수인 스스로 부정사용을 하지 않았다 하여도 해당 상표권이 취소될 수 있다(判例 2001허1556).
③ (×) 대상상표가 자타상품식별력이 없는 기술적 표장에 불과한 경우 실사용상표와 대상상표가 유사하다고 하더라도 상품의 출처혼동이나 품질의 오인을 일으키게 할 염려가 있다고 보기 어렵다(判例 88후1328).
④ (×) 상표법 제119조 제1항 제1호에 정한 실사용 상표와 타인의 상표 사이의 혼동 유무는 당해 실사용 상표의 사용으로 인하여 수요자로 하여금 그 타인의 상표의 상품과의 사이에 상품 출처의 혼동을 생기게 할 우려가 객관적으로 존재하는가의 여부에 따라 결정하면 충분하므로, 그 타인의 상표가 당해 등록상표의 권리범위에 속하거나 상표법상의 등록상표가 아니라고 하더라도 그 혼동의 대상이 되는 상표로 삼을 수 있다(判例 2002후1225).
⑤ (×) 상표권자가 오인・혼동을 일으킬 만한 대상상표의 존재를 알면서 그 대상상표와 동일・유사한 실사용상표를 사용하면 상표 부정사용의 고의가 있다 할 것이고, 특히 그 대상상표가 주지・저명 상표인 경우에는 그 대상상표나 그 표장상품의 존재를 인식하지 못하였다는 등의 특별한 사정이 없는 한 고의의 존재를 추정할 수 있다(判例 2012후2227).

답 ①

11

상표법 제119조(상표등록의 취소심판) 제1항 제2호 또는 제8호에 규정된 부정사용을 이유로 한 상표등록취소심판에 관한 설명으로 옳은 것은? (다툼이 있으면 판례에 따름) 기출 16

① 전용사용권자 또는 통상사용권자가 고의로 지정상품에 등록상표를 사용함으로써 수요자로 하여금 상품의 품질의 오인 또는 타인의 업무에 관련된 상품과 혼동을 생기게 한 경우에만 상표등록의 취소심판을 청구할 수 있다.
② 부정사용을 이유로 한 상표등록취소심판 사건에서 등록상표의 지정상품 중 어느 하나에만 취소사유가 있는 경우 그 지정상품에 관한 상표등록만이 취소된다.
③ 부정사용을 이유로 한 상표등록취소심판이 청구된 후 심판청구사유에 해당하는 사실이 없어진 경우 특허심판원은 기각하는 심결을 하여야 한다.
④ 이해관계가 없는 자가 한 취소심판청구는 부적법한 심판청구로서 각하된다.
⑤ 상표권자가 지정상품에 등록상표와 유사한 상표를 사용하여 수요자로 하여금 타인의 업무에 관련된 상품과의 혼동을 생기게 한 경우에는 그 타인의 상표가 주지·저명하지 아니하더라도 상표등록은 부정사용을 이유로 한 취소심판에 의하여 취소될 수 있다.

해설

① (×) '지정상품에 등록상표를 사용'한 경우뿐 아니라 동일·유사범위의 사용(즉 '지정상품 또는 이와 유사한 상품에 등록상표 또는 이와 유사한 상표를 사용'한 경우)에 대하여 상표법 제119조 제1항 제2호 소정의 사용권자의 부정사용에 의한 취소심판을 청구할 수 있다.
② (×) 등록상표의 지정상품 중 어느 하나에만 취소사유가 있다 하여도 등록상표 전체가 취소된다.
③ (×) 제119조 제1항 제1호 및 제2호는 취소심판을 청구한 후 그 심판청구사유에 해당하는 사실이 없어진 경우에는 취소사유에 영향이 미치지 아니한다(상표법 제119조 제4항).
④ (×) 제119조 제1항 제1호 및 제2호는 누구든지 청구할 수 있다(상표법 제119조 제5항).
⑤ (○) 상표법 제119조 제1항 제1호 소정의 대상상표는 반드시 주지·저명할 것을 요하지는 않는다.

답 ⑤

12 영화제작자 甲은 제작·흥행에 성공한 만화영화 주인공 캐릭터를 상표로 사용하기 전에 그 캐릭터 도형을 문방구류의 상품을 지정상품으로 하여 상표등록출원을 한 후, 제3자인 乙이 거의 동일한 캐릭터를 甲의 출원과 동일 또는 유사한 지정 상품에 선출원한 사실을 확인하였다. 사안에 대한 설명으로 옳은 것은? (식별력은 문제 삼지 않으며, 다툼이 있으면 판례에 따름) 기출 16

① 乙의 상표등록출원이 거절결정이 확정되더라도 선출원의 지위가 유지되므로 甲의 출원은 乙의 선출원으로 인하여 등록받을 수 없다.
② 상표법에는 영화제작자로서 甲이 정보제공이나 이의신청을 통하여 乙의 등록을 저지할 수 있는 법적 근거가 있다.
③ 甲은 캐릭터에 대한 주지·저명상표의 권리자로서 乙의 출원에 대한 상표등록을 저지할 수 있다.
④ 乙이 상표등록을 받는다면 乙은 甲의 저작권과 저촉되는지 여부와 관계없이 甲의 동의를 얻지 아니하고 정당하게 그 등록상표를 사용할 수 있다.
⑤ 乙이 상표등록을 받는다면 乙이 甲의 동의를 받지 않고 등록상표를 사용하여도 상표의 정당한 사용이 아니라고 할 수 없으므로 불사용취소심판에 의해 등록이 취소될 수 없다.

해설

① (×) 乙의 상표등록출원이 거절결정이 확정되면 선출원의 지위를 상실하고, 따라서 다른 거절이유가 없는 한 甲은 등록이 가능하다.
② (×) 상표법에는 타인의 저명한 캐릭터를 무단으로 상표로 출원한 경우에 대한 명시적 거절이유 등이 존재하지 않는다.
③ (×) 설문의 경우 甲의 캐릭터는 주지·저명한 상표라 볼 수 없고, 따라서 甲이 캐릭터에 대한 주지·저명상표의 권리자로서 乙의 출원의 등록을 저지할 수 있는 것은 아니다.
④ (×) 甲의 저작권과 저촉되는 경우에 한하여 甲의 동의를 요한다(상표법 제92조 제1항).
⑤ (○) 판례는 일관하여 등록상표의 사용이 타인의 저작권을 침해하는 경우일지라도 불사용으로 인한 상표등록취소의 요건과 관련하여서는 상표의 정당한 사용으로 해석하고 있다(判例 98후2962).

답 ⑤

13 상표법 제119조(상표등록의 취소심판) 제3항에서 불사용 등록상표의 정당한 사용에 관한 설명으로 옳은 것은? (다툼이 있으면 판례에 따름) 기출 15

① 등록상표의 지정상품이 국내에서 정상적으로 유통되고 있거나 유통될 것을 예정하고 있지 않더라도 그 지정상품에 관하여 명목상 광고한 사실이 있다면 등록상표의 정당한 사용에 해당한다.
② '등록상표의 사용' 여부 판단에서는 상표권자 또는 사용권자가 자타상품의 식별표지로서 사용하려는 의사에 터 잡아 등록상표를 사용한 것으로 볼 수 있는지가 문제될 뿐 일반 수요자나 거래자가 이를 상품의 출처표시로서 인식할 수 있는지는 등록상표의 사용 여부 판단을 좌우할 사유가 되지 못한다.
③ 지정상품이 의약품인 경우 보건복지부장관의 품목별 허가를 받지 않았다 하더라도 신문지상을 통하여 1년에 한 차례씩 그 상표를 광고하였거나 국내의 일부 특정지역에서 그 등록상표를 부착한 지정상품이 판매되었다면 상표의 정당한 사용이 있었다고 볼 수 있다.
④ 상표권자가 등록상표 "A"를 www.A.co.kr과 같은 인터넷 주소로 웹사이트를 개설하고 있는 것만으로도 등록상표가 표시된 지정상품을 광고하였다고 볼 수 있으므로 정당한 사용에 해당한다.
⑤ 등록서비스표는 독자적으로 사용되어야 등록서비스표의 사용에 해당하므로 다른 서비스표와 함께 등록서비스표가 표시된 경우에는 등록서비스표의 사용으로 인정되지 않는다.

∥해설∥

① (×) 불사용취소심판에서 상표에 대한 선전·광고행위의 경우 그 지정상품이 국내에서 일반적, 정상적으로 유통되는 것을 전제로 하여 현실적으로 유통되고 있거나 적어도 유통을 예정, 준비하고 있어야 상표의 사용이 있었던 것으로 볼 수 있다.
② (○) 불사용으로 인한 상표등록취소심판제도는 등록상표의 사용을 촉진하는 한편 그 불사용에 대한 제재를 가하려는 데에 그 목적이 있으므로, 상표법 제119조 제1항 제3호, 제3항에서 규정하는 '등록상표의 사용' 여부 판단에 있어서는 상표권자 또는 그 사용권자가 자타상품의 식별표지로서 사용하려는 의사에 기하여 등록상표를 사용한 것으로 볼 수 있는지 여부가 문제될 뿐 '일반수요자나 거래자가 이를 상품의 출처표시로서 인식할 수 있는지 여부'는 등록상표의 사용 여부 판단을 좌우할 사유가 되지 못한다(判例 2012후3206).
③ (×) 지정상품이 의약품인 경우 그 등록상표를 지정상품에 법률상 정당히 사용하기 위하여는 그 제조나 수입에 관하여 보건복지부장관의 품목별 허가를 받아야 하므로 그러한 허가를 받지 아니하였다면 신문지상을 통하여 1년에 못 미쳐 한 차례씩 그 상표를 광고하였다거나 국내의 일부 특수지역에서 판매되었다 하더라도 상표의 정당한 사용이라고 볼 수 없다(判例 89후1240·1257).
④ (×) 등록상표를 인터넷 주소로 하여 웹사이트를 개설한 것만으로는 등록상표의 사용이라 할 수 없다.
⑤ (×) 등록상표가 반드시 독자적으로만 사용되어야 할 이유는 없으므로 다른 상표나 표지와 함께 등록상표가 사용되었다고 하더라도 등록상표가 상표로서의 '동일성과 독립성'을 지니고 있어 다른 표장과 구별되는 식별력이 있는 한 등록상표의 사용이라 할 수 있다(判例 96후92).

답 ②

14

상표법상 권리범위확인심판에 관한 설명으로 옳지 않은 것은? (다툼이 있는 경우 판례에 따름)

기출 23

① 업무표장권의 적극적 권리범위확인심판사건에서 확인대상표장과 피심판청구인이 실제로 사용하는 표장이 차이가 있더라도 그 차이가 나는 부분이 부기적인 것에 불과하여 양표장이 동일성이 인정되는 경우에는 확인의 이익이 있다.

② 상표권의 권리범위확인심판에서 확인대상표장의 전체 또는 일부가 상표법 제90조(상표권의 효력이 미치지 아니하는 범위) 제1항 제4호 '상품에 대하여 관용하는 상표'에 해당하는지 여부의 판단 시점은 심결시이다.

③ 권리범위확인심판에서 등록상표와 확인대상표장의 유사 여부는 그 외관, 호칭 및 관념을 객관적·전체적·이격적으로 관찰하여 그 지정상품의 거래에서 일반 수요자들이 상표에 대하여 느끼는 직관적 인식을 기준으로 그 상품의 출처에 관하여 오인·혼동을 일으키게 할 우려가 있는지에 따라 판단한다.

④ 상표권의 권리 대 권리간 적극적 권리범위확인심판은 확인대상표장이 심판청구인의 등록상표와 동일 또는 유사하다고 하더라도 등록무효절차 이외에서 등록된 권리의 효력을 부인하는 결과가 되어 부적법하다.

⑤ 상표권의 적극적 권리범위확인심판은 심결이 확정된 경우 심판의 당사자뿐만 아니라 제3자에게도 일사부재리의 효력이 미친다. 이에 따라 상표권의 효력이 미치는 범위의 권리확정을 위해 적극적 권리범위확인심판에서 선사용권의 존부에 대해서 심리·판단하는 것이 허용된다.

해설

① (O) 업무표장권의 적극적 권리범위확인심판에서 심판대상으로 삼고 있는 확인대상표장과 피심판청구인이 실제로 사용하는 표장이 동일하지 않은 경우에는 확인의 이익이 없어 그 심판청구는 부적법하나, 확인대상표장과 실사용 표장이 차이가 있더라도 그 차이나는 부분이 부기적인 것에 불과하여 양 표장이 동일성의 범위 내에 있는 경우에는 확인의 이익이 있다(判例 2010후1268).

② (O) 권리범위확인심판의 판단 시점은 심결 시이다.

③ (O) 상표권의 권리범위확인심판에서 등록상표와 확인대상표장의 유사 여부는 외관, 호칭 및 관념을 객관적, 전체적, 이격적으로 관찰하여 지정상품의 거래에서 일반 수요자들이 상표에 대하여 느끼는 직관적 인식을 기준으로 상품의 출처에 관하여 오인·혼동을 일으키게 할 우려가 있는지에 따라 판단하여야 한다(判例 2018후10848).

④ (O) 상표권의 권리범위확인은 등록된 상표를 중심으로 어떠한 미등록상표가 적극적으로 등록상표의 권리범위에 속한다거나 소극적으로 이에 속하지 아니함을 확인하는 것이므로 상대방의 상표가 등록상표인 경우에는 설사 그것이 청구인의 선등록상표와 동일 또는 유사한 것이라 하더라도 상대방의 상표 내용이 자기의 등록상표의 권리범위에 속한다는 확인을 구하는 것은 상대방의 그 등록이 상표법 소정의 절차에 따라 무효심결이 확정되기까지는 그 무효를 주장할 수 없는 것임에도 그에 의하지 아니하고 곧 상대방의 등록상표의 효력을 부인하는 결과가 되므로 상대방의 등록상표가 자신의 등록상표의 권리범위에 속한다는 확인을 구하는 심판청구는 부적법하다고 하여야 할 것이다(判例 92후605).

⑤ (×) 확인대상표장에 대하여 상표권의 효력이 미치는지를 확인하는 권리확정을 목적으로 한 것으로 심결이 확정된 경우 심판의 당사자뿐만 아니라 제3자에게도 일사부재리의 효력이 미친다. 그런데 적극적 권리범위확인 심판청구의 상대방이 확인대상표장에 관하여 상표법 제99조의 "선사용에 따른 상표를 계속 사용할 권리"(이하 '선사용권'이라고 한다)를 가지고 있다는 것은 대인적(對人的)인 상표권 행사의 제한사유일 뿐이어서 상표권의 효력이 미치는 범위에 관한 권리확정과는 무관하므로, 상표권 침해소송이 아닌 적극적 권리범위확인심판에서 선사용권의 존부에 대해서까지 심리·판단하는 것은 허용되지 않는다(判例 2011후3872).

답 ⑤

15 상표법상 상표권의 권리범위확인심판에 관한 설명으로 옳은 것은? (다툼이 있으면 판례에 따름)

기출 16

① 상표권자·전용사용권자·통상사용권자는 확인대상상표가 상표권의 권리범위에 속한다는 취지의 적극적 권리범위확인심판을 청구할 수 있다.
② 권리범위확인심판 사건에서 등록상표와 확인대상상표의 유사 여부를 판단하기 위한 요소가 되는 등록상표의 식별력은 상표의 유사 여부를 판단하는 기준시인 심결시를 기준으로 판단한다.
③ 소극적 권리범위확인심판에서의 확인대상상표는 심판청구인이 자기가 사용하는 표장 등에 대하여 상표권의 효력이 미치는지를 확인하는 권리확정을 목적으로 한 것이어서 심결이 확정되는 경우 제3자에게는 일사부재리의 효력이 미치지 않는다.
④ 적극적 권리범위확인심판 사건에서 인용하는 심결이 있는 때에는 피청구인은 심결문이 송달된 날로부터 1개월 이내에 특허법원에 심결취소소송을 제기하여야 한다.
⑤ 적극적 권리범위확인심판 사건에서 피청구인은 상표법 제57조의3의 '선사용에 따른 상표를 계속 사용할 권리(선사용권)'를 주장할 수 있고, 심판관은 선사용권의 존부에 대해서 심리·판단하여야 한다.

해설
① (×) 통상사용권자는 제외된다(상표법 제121조).

> **상표법 제121조(권리범위 확인심판)**
> 상표권자, 전용사용권자 또는 이해관계인은 등록상표의 권리범위를 확인하기 위하여 상표권의 권리범위 확인심판을 청구할 수 있다. 이 경우 등록상표의 지정상품이 둘 이상 있는 경우에는 지정상품마다 청구할 수 있다.

③ (×) 권리범위확인심판의 심결이 확정되면 일사부재리의 효력이 미친다.
④ (×) 심결의 등본을 송달받은 날부터 30일 이내에 제기하여야 한다(상표법 제162조 제3항).
⑤ (×) 선사용권 등과 같은 대인적 상표권 행사의 제한사유는 권리범위확인심판의 심리대상이 아니다(判例 2012후1101).

답 ②

16 상표법상 심판에 관한 설명으로 옳지 않은 것은? (다툼이 있으면 판례에 따름) 기출 20

① 권리범위 확인심판에는 형성적 효력이 인정되지 않는다.
② 소극적 권리범위 확인심판에서 심판대상인 문자와 도형으로 구성된 결합상표를 문자 부분만으로 이루어진 상표로 변경하는 것은 확인대상표장의 동일성에 영향을 미치는 청구의 변경이므로 허용되지 않는다.
③ 확인대상표장을 디자인적으로 사용하는 것은 출처표시기능을 하는 상표적 사용이 아니므로 확인대상표장이 등록상표의 권리범위에 속하지 아니한다는 확인을 구하는 심판은 확인의 이익이 없다.
④ 피심판청구인의 상표등록출원행위가 심판청구인에 대한 관계에서 사회질서에 위반된 것으로서 심판청구인에 대하여 상표권의 효력이 없다는 대인적인 상표권 행사의 제한사유를 주장하면서 제기한 권리범위 확인심판은 상표권의 효력이 미치는 범위에 관한 권리확정과는 무관하므로 확인의 이익이 없다.
⑤ 甲의 선사용상표가 출원되지 않은 것을 기화로 乙은 甲이 상표를 사용하던 상품과 동일한 상품에 상표등록출원을 하여 상표등록을 받았는바, 甲이 자신의 사용상표와 乙의 등록상표는 표장과 그 사용(지정)상품이 동일하거나 유사하다고 다투지 않고 선사용권을 근거로 甲의 사용상표(확인대상표장)가 乙의 상표의 권리범위에 속하지 아니한다고 제기한 심판은 확인의 이익이 없다.

해설

① (O) 권리범위 확인심판에서 일사부재리 효력 외 다른 형성적 효력이 있는지 문제되나, 법률에 명문의 규정이 없는 이상 무효심결 등에서 인정되는 형성적 효력은 인정할 수 없다고 봄이 통설적 견해이다.
② (O) 확인대상표장은 청구취지의 일부를 구성하므로 그 변경은 청구취지의 변경에 해당하게 된다. 따라서 확인대상표장은 상표법 제125조 제2항 제3호의 예외를 제외하고는 그 요지를 변경할 수 없으므로, 확인대상표자의 보정은 확인대상표장의 불명확한 부분을 구체화하는 등 심판청구의 전체적인 취지에 비추어 볼 때 확인대상표장의 동일성이 유지되는 범위(요지변경이 아닌 범위)에서만 인정된다.
③ (×) 상표권의 권리범위확인심판 사건에서 확인을 구하는 표장이 등록상표의 권리범위에 속한다고 하려면 상표로 사용할 것이 전제되어야 할 것이므로 상표적 사용인지 여부는 권리범위확인심판의 판단대상으로 확인의 이익이 있다.
④ (O)・⑤ (O) 상표법 제99조 소정의 선사용권 또는 상표권자의 상표등록출원행위가 심판청구인에 대한 관계에서 사회질서에 위반된다는 등의 대인적(對人的) 상표권 행사의 제한사유는 상표권의 효력이 미치는 범위에 관한 권리확정과는 무관하므로 상표권 침해소송이 아닌 권리범위확인심판에서 이를 심리・판단하는 것은 허용되지 않는다. 따라서 다른 점에 대한 다툼이 없어 이를 이유로 제기한 소극적 권리범위확인심판은 확인의 이익이 없다.

답 ③

17 甲의 상표권 침해주장에 대해 乙은 아래와 같은 사유로 특허심판원에 소극적권리범위 확인심판을 청구하려고 한다. 乙의 심판청구가 부적법 각하대상이 되지 <u>않는</u> 경우는? (다툼이 있으면 판례에 따름) 기출 15

① 乙의 상표사용이 진정상품의 병행수입에 해당하여 등록상표의 권리범위에 속하지 않는다는 주장
② 乙의 상표사용이 상표법 제90조(상표권의 효력이 미치지 아니하는 범위) 제1항 제4호의 상표권의 효력이 제한되는 경우에 해당하므로 등록상표의 권리범위에 속하지 않는다는 주장
③ 乙의 상표사용이 甲의 허락에 의한 통상사용권에 기초하고 있어 등록상표의 권리범위에 속하지 않는다는 주장
④ 乙은 상표법 제99조(선사용에 따른 상표를 계속 사용할 권리)에서 규정하고 있는 선사용권이 있어 등록상표의 권리범위에 속하지 않는다는 주장
⑤ 甲의 등록상표에 명백한 무효사유가 있어 그 상표권 행사가 권리남용에 해당하므로 종국적으로 등록상표의 권리범위에 속하지 않는다는 주장

해설

② (×) 권리범위확인심판은 현존하는 등록상표와 확인대상표장을 대비하여 등록상표권의 효력이 미치는 객관적 범위를 명확히 하는 것이지 특정인의 확인대상표장의 사용이 상표권자의 등록상표권을 침해하였는지 여부를 직접적인 판단의 대상으로 하는 것은 아니다. 따라서 진정상품병행수입에 해당하는지 여부, 허락에 의한 통상사용권의 존부, 제99조 소정의 선사용권 또는 상표권자의 상표등록출원행위가 심판청구인에 대한 관계에서 사회질서에 위반된다는 등의 대인적(對人的) 상표권 행사의 제한사유는 상표권의 효력이 미치는 범위에 관한 권리확정과는 무관하므로 상표권 침해소송이 아닌 권리범위확인심판에서 이를 심리·판단하는 것은 허용되지 않고, 나아가 최근 판례는 권리범위확인심판의 제도적 취지에 비추어 등록무효사유의 존부도 판단의 대상이 아님을 분명히 하였다. 따라서 소극적 권리범위확인심판에 있어서 ② (제90조 소정의 효력제한 사유)를 제외한 나머지 사유는 확인의 이익이 없어 부적법 각하의 대상이 된다.

답 ②

18 상표법상 일사부재리 원칙에 관한 설명으로 옳지 않은 것은? (다툼이 있으면 판례에 따름)

기출 21

① 상표법에 따른 심판의 심결이 확정되었을 경우에 그 사건에 대해서 이해관계인은 같은 사실 및 같은 증거에 의하여 다시 심판을 청구할 수 없다. 다만, 확정된 심결이 각하심결인 경우에는 다시 심판을 청구할 수 있다.
② 확정심결에 일사부재리의 효력을 인정하는 이유는 서로 모순·저촉되는 심결방지와 확정심결의 신뢰성확보·권위 유지, 심판청구의 남발 방지, 확정심결에 대한 법적 안정성에 있다.
③ 확정심결의 일사부재리는 심결당사자, 그 승계인뿐만 아니라 제3자에 대하여도 대세적 효력이 있다.
④ 대법원은 동일 증거에는 전에 확정된 심결의 증거와 동일한 증거만이 아니라 그 심결을 번복할 수 있을 정도로 유력하지 아니한 증거가 부가되는 것도 포함하는 것이므로, 확정된 심결의 결론을 번복할 만한 유력한 증거가 새로 제출된 경우에는 일사부재리의 원칙에 반하지 않는다고 판시하였다.
⑤ 대법원은 일사부재리의 원칙에 해당하는지의 판단 시점을 '심결시'에서 '심판청구시'로 변경하였다.

정답해설

① (×) 상표법에 따른 심판의 심결이 확정되었을 경우에 그 사건에 대해서 누구든지 같은 사실 및 같은 증거에 의하여 다시 심판을 청구할 수 없다. 다만, 확정된 심결이 각하심결인 경우에는 다시 심판을 청구할 수 있다(상표법 제150조).
② (○) 확정심결에 일사부재리의 효력을 인정하는 이유는 서로 모순·저촉되는 심결방지와 확정심결의 신뢰성 확보·권위 유지, 심판청구의 남발 방지, 확정심결에 대한 법적 안정성에 있다(判例 2009후2234).
③ (○) 확정심결의 일사부재리는 심결당사자, 그 승계인뿐만 아니라 제3자에 대하여도 대세적 효력이 있다(判例 2009후2234).
④ (○) 대법원은 동일 증거에는 전에 확정된 심결의 증거와 동일한 증거만이 아니라 그 심결을 번복할 수 있을 정도로 유력하지 아니한 증거가 부가되는 것도 포함하는 것이므로, 확정된 심결의 결론을 번복할 만한 유력한 증거가 새로 제출된 경우에는 일사부재리의 원칙에 반하지 않는다고 판시하였다(判例 2020후10810).
⑤ (×) 심판청구인은 심판청구서를 제출한 후 요지를 변경할 수 없으나 청구의 이유를 보정하는 것은 허용된다(특허법 제140조 제2항 참조). 따라서 특허심판원은 심판청구 후 심결 시까지 보정된 사실과 이에 대한 증거를 모두 고려하여 심결 시를 기준으로 심판청구가 선행 확정 심결과 동일한 사실·증거에 기초한 것이라서 일사부재리 원칙에 위반되는지 여부를 판단하여야 한다. 대법원 2012.1.19. 선고 2009후2234 전원합의체 판결은 '일사부재리의 원칙에 따라 심판청구가 부적법하게 되는지를 판단하는 기준 시점은 심판청구를 제기하던 당시로 보아야 한다.'고 하였는데, 이는 선행 심결의 확정을 판단하는 기준 시점이 쟁점이 된 사안에서 특허법상 일사부재리 원칙의 대세효로 제3자의 권리 제한을 최소화하기 위하여 부득이하게 선행 심결의 확정과 관련해서만 기준 시점을 심결 시에서 심판청구 시로 변경한 것이다(判例 2018후11360).

답 ①, ⑤

CHAPTER 08 재심 및 소송

제2편 | 상표법

제157조(재심의 청구)
① 당사자는 확정된 심결에 대하여 재심을 청구할 수 있다. 기출 18
② 제1항의 재심청구에 관하여는 「민사소송법」 제451조, 제453조 및 제459조 제1항을 준용한다. 기출 18

제158조(사해심결에 대한 불복청구)
① 심판의 당사자가 공모(共謀)하여 속임수를 써서 제3자의 권리 또는 이익에 손해를 입힐 목적으로 심결을 하게 하였을 경우에는 제3자는 그 확정된 심결에 대하여 재심을 청구할 수 있다. 기출 18
② 제1항에 따른 재심청구의 경우에는 심판의 당사자를 공동피청구인으로 한다.

제159조(재심의 청구기간)
① 당사자는 심결 확정 후 재심 사유를 안 날부터 30일 이내에 재심을 청구하여야 한다. 기출 24
② 대리권의 흠을 이유로 하여 재심을 청구하는 경우에 제1항의 기간은 청구인 또는 법정대리인이 심결 등본의 송달에 의하여 심결이 있은 것을 안 날의 다음 날부터 기산한다. 기출 18
③ 심결 확정 후 3년이 지나면 재심을 청구할 수 없다.
④ 재심 사유가 심결 확정 후에 생겼을 경우에는 제3항의 기간은 그 사유가 발생한 날의 다음 날부터 기산한다.
⑤ 제1항 및 제3항은 해당 심결 이전의 확정심결에 저촉된다는 이유로 재심을 청구하는 경우에는 적용하지 아니한다.

제160조(재심에 의하여 회복한 상표권의 효력 제한)
다음 각 호의 어느 하나에 해당하는 경우 상표권의 효력은 해당 심결이 확정된 후 그 회복된 상표권의 등록 전에 선의(善意)로 해당 등록상표와 같은 상표를 그 지정상품과 같은 상품에 사용한 행위, 제108조 제1항 각 호의 어느 하나 또는 같은 조 제2항 각 호의 어느 하나에 해당하는 행위에는 미치지 아니한다. 기출 18
 1. 상표등록 또는 존속기간갱신등록이 무효로 된 후 재심에 의하여 그 효력이 회복된 경우
 2. 상표등록이 취소된 후 재심에 의하여 그 효력이 회복된 경우
 3. 상표권의 권리범위에 속하지 아니한다는 심결이 확정된 후 재심에 의하여 이와 상반되는 심결이 확정된 경우

제161조(재심에서의 심판 절차 규정의 준용)
심판에 대한 재심의 절차에 관하여는 그 성질에 반하지 아니하는 범위에서 심판의 절차에 관한 규정을 준용한다. 기출 18

제162조(심결 등에 대한 소)
① 심결에 대한 소와 제123조 제1항(제161조에서 준용하는 경우를 포함한다)에 따라 준용되는 제42조 제1항에 따른 보정각하결정 및 심판청구서나 재심청구서의 각하결정에 대한 소는 특허법원의 전속관할로 한다.
② 제1항에 따른 소는 당사자, 참가인 또는 해당 심판이나 재심에 참가신청을 하였으나 그 신청이 거부된 자만 제기할 수 있다.

> ③ 제1항에 따른 소는 심결 또는 결정의 등본을 송달받은 날부터 30일 이내에 제기하여야 한다. 기출 16
> ④ 제3항의 기간은 불변기간(不變期間)으로 한다. 다만, 심판장은 도서·벽지 등 교통이 불편한 지역에 있는 자를 위하여 산업통상자원부령으로 정하는 바에 따라 직권으로 불변기간에 대하여 부가기간(附加期間)을 정할 수 있다.
> ⑤ 심판을 청구할 수 있는 사항에 관한 소는 심결에 대한 것이 아니면 제기할 수 없다.
> ⑥ 제152조 제1항에 따른 심판비용의 심결 또는 결정에 대해서는 독립하여 제1항에 따른 소를 제기할 수 없다.
> ⑦ 제1항에 따른 특허법원의 판결에 대해서는 대법원에 상고할 수 있다.
>
> **제163조(피고적격)**
> 제162조 제1항에 따른 소는 특허청장을 피고로 하여 제기하여야 한다. 다만, 제117조 제1항, 제118조 제1항, 제119조 제1항·제2항, 제120조 제1항, 제121조 및 제214조 제1항에 따른 심판 또는 그 재심의 심결에 대한 소는 그 청구인 또는 피청구인을 피고로 하여 제기하여야 한다.
>
> **제164조(소 제기 통지 및 재판서 정본 송부)**
> ① 법원은 제162조 제1항에 따른 소 제기 또는 같은 조 제7항에 따른 상고가 있는 경우에는 지체 없이 그 취지를 특허심판원장에게 통지하여야 한다.
> ② 법원은 제163조 단서에 따른 소에 관하여 소송절차가 완결되었을 경우에는 지체 없이 그 사건에 대한 각 심급(審級)의 재판서 정본을 특허심판원장에게 송부하여야 한다.
>
> **제165조(심결 또는 결정의 취소)**
> ① 법원은 제162조 제1항에 따라 소가 제기된 경우에 그 청구가 이유 있다고 인정할 경우에는 판결로써 해당 심결 또는 결정을 취소하여야 한다.
> ② 심판관은 제1항에 따라 심결 또는 결정의 취소판결이 확정되었을 경우에는 다시 심리를 하여 심결 또는 결정을 하여야 한다.
> ③ 제1항에 따른 판결에서 취소의 기본이 된 이유는 그 사건에 대하여 특허심판원을 기속한다.
>
> **제166조(변리사의 보수와 소송비용)**
> 소송을 대리한 변리사의 보수에 관하여는 「민사소송법」 제109조를 준용한다. 이 경우 "변호사"는 "변리사"로 본다.

(1) 재심 : 확정된 심결에 대한 불복 신청 제도

① 法 제157조에 따른 재심
  ㉠ 민사소송법 제451조
  - 법률에 따라 판결법원을 구성하지 아니한 때
  - 법률상 그 재판에 관여할 수 없는 법관이 관여한 때
  - 법정대리권·소송대리권 또는 대리인이 소송행위를 하는데에 필요한 권한의 수여에 흠이 있는 때
  - 재판에 관여한 법관이 그 사건에 관하여 직무에 관한 죄를 범한 때
  - 형사상 처벌을 받을 다른 사람의 행위로 말미암아 자백을 하였거나 판결에 영향을 미칠 공격 또는 방어방법의 제출에 방해를 받은 때
  - 판결의 증거가 된 문서, 그 밖의 물건이 위조되거나 변조된 것인 때
  - 증인·감정인·통역인의 거짓 진술 또는 당사자신문에 따른 당사자나 법정대리인의 거짓 진술이 판결의 증거가 된 때

- 판결의 기초가 된 민사나 형사의 판결 그 밖의 재판 또는 행정처분이 다른 재판이나 행정처분에 따라 바뀐 때
- 판결에 영향을 미칠 중요한 사항에 관하여 판단을 누락한 때
- 재심을 제기할 판결이 전에 선고한 확정판결에 어긋나는 때
- 당사자가 상대방의 주소 또는 거소를 알고 있었음에도 있는 곳을 잘 모른다고 하거나 주소나 거소를 거짓으로 하여 소를 제기한 때

② 法 제158조에 따른 사해재심

(2) 심결취소소송

① 성질 : 심판은 특허심판원에서의 행정절차이고 심결은 행정처분에 해당하며, 그에 대한 불복소송인 심결취소소송은 행정소송에 해당한다.

② 당사자적격
  ㉠ 원고적격 : 法 제162조 제2항
  - 공유상표권에 관한 심판에서 고유자들이 패소한 경우의 원고적격 : 상표권의 공유자가 그 상표권의 효력에 관한 심판에서 패소한 경우에 제기할 심결취소소송은 공유자 전원이 공동으로 제기하여야만 하는 고유필수적 공동소송이라고 할 수 없고, 공유자의 1인이라도 당해 상표등록을 무효로 하거나 권리행사를 제한·방해하는 심결이 있는 때에는 그 권리의 소멸을 방지하거나 그 권리행사방해배제를 위하여 단독으로 그 심결의 취소를 구할 수 있다(대법원 2004.12.9. 선고 2002후567 판결).
  - 제3자를 상대로 내려진 취소심결에 대해 상표권자가 원고적격을 갖는지 : 法 제162조 제2항에 의하면, 심결에 대한 소는 당사자, 참가인 또는 해당 심판에 참가신청을 하였으나 그 신청이 거부된 자만이 제기할 수 있으므로, 상표등록취소심판의 대상이 된 등록상표의 상표권자라 하더라도 심결의 당사자 등이 아니라면 그 심결에 대한 소를 제기할 수 없다(대법원 2014.1.16. 선고 2013후2309 판결).
  ㉡ 피고적격 : 法 제163조

(3) 소의 이익 : 사실심 변론종결 시 기준

① 거절결정불복심판에 대한 심결취소소송 계속 중 출원이 취하된 경우 : 상표등록의 출원이 취하된 경우에는 출원이 처음부터 없었던 것으로 보게 되므로, 비록 출원에 대한 거절결정을 유지하는 심결이 있더라도 심결의 취소를 구할 이익이 없고 심결취소의 소는 부적법하게 된다(대법원 2016.8.18. 선고 2015후789 판결).

② 복수의 취소사유를 주장하며 상표등록취소심판을 청구한 자가 어느 하나의 취소사유에 해당하다는 이유로 인용심결을 받은 뒤, 다른 취소사유에 대한 판단을 구하며 심결취소소송을 제기한 경우 제119조 제1항 제1호 및 제3호 소정의 사유를 대등하게 주장하여 상표등록취소심판청구를 한 자가 제1호에 의한 상표등록취소심결을 받은 후 다시 같은 항 제3호에 의한 상표등록취소를 받기 위하여 심결취소소송을 제기한 경우, 상표등록취소심결로 상표등록취소심판청구의 목적은 달성한 것이므로 심결취소의 이익은 없다(대법원 2001.3.13. 선고 99후1744 판결).

(4) 소송물

심결취소소송의 소송물은 심결의 실체적·절차적 위법 여부이고, 개개의 위법사유는 공격·방어방법에 불과하다.

(5) 심결의 위법성 판단시점

심결취소소송에서 심결의 위법 여부는 심결 당시의 법령과 사실상태를 기준으로 판단하여야 하고, 원칙적으로 심결이 있은 이후 비로소 발생한 사실을 고려하여 판단의 근거로 삼을 수는 없다(대법원 2002.4.12. 선고 99후2211 판결).

(6) 심리범위

① 무제한설(당사자계, 결정계 사건 모두 적용) : 특허심판원의 심결에 대한 불복의 소송인 심결취소소송은 항고소송에 해당하여 그 소송물은 심결의 실체적·절차적 위법성 여부라 할 것이므로, 당사자는 심결이 판단하지 아니한 것이라도 그 심결을 위법하게 하는 사유를 심결취소소송절차에서 새로이 주장·입증할 수 있고, 심결취소소송의 법원은 특별한 사정이 없는 한 제한 없이 이를 심리·판단하여 판결의 기초로 삼을 수 있다(대법원 2003.10.24. 선고 2002후1102 판결).

② 거절결정불복심판의 경우
  ㉠ 거절결정불복심판 청구를 기각하는 심결의 취소소송에서 특허청장은 거절결정의 이유와 다른 새로운 거절이유에 해당하지 않는 한 심결에서 판단되지 않은 것이라고 하더라도 심결의 결론을 정당하게 하는 사유를 주장·입증할 수 없다.
  ㉡ 거절결정불복심판 청구 기각 심결의 취소소송에서 특허청장은 거절결정의 이유 외에도 심사나 심판 단계에서 의견서 제출의 기회를 부여한 사유 및 이와 주요한 취지가 부합하는 사유를 해당 심결의 결론을 정당하게 하는 사유로 주장할 수 있고, 심결취소소송의 법원은 이를 심리·판단하여 심결의 당부를 판단하는 근거로 삼을 수 있다. 또한 法 제60조, 제66조에 따라 상표등록이의신청서에 기재되어 출원인에게 송달됨으로써 답변서 제출의 기회가 주어진 사유는 의견서 제출의 기회가 부여된 사유로 볼 수 있다.

(7) 기속력

① 주관적 범위 : 특허심판원(法 제165조 제3항)
② 객관적 범위 : 기속력은 취소의 이유가 된 심결의 사실상 및 법률상 판단이 정당하지 않다는 점에 있어서 발생하는 것이므로, 취소 후의 심리과정에서 새로운 증거가 제출되어 기속적 판단의 기초가 되는 증거관계에 변동이 생기는 등의 특단의 사정이 없는 한, 특허심판원은 위 확정된 취소판결에서 위법이라고 판단된 이유와 동일한 이유로 종전의 심결과 동일한 결론의 심결을 할 수 없다. 여기서 '새로운 증거'라 함은, 적어도 취소된 심결이 행하여진 심판절차 내지는 그 심결의 취소소송에서 채택, 조사되지 않은 것으로서, 심결취소판결의 결론을 번복하기에 족한 증명력을 가지는 증거라고 보아야 한다.

CHAPTER 08 재심 및 소송

제2편 | 상표법

01 상표법상 심결취소소송에 관한 설명으로 옳은 것은? (다툼이 있으면 판례에 따름) 기출 25

① 해당 심판(재심)에 참가신청을 하였으나 그 신청이 거부된 자는 제162조(심결 등에 대한 소)에 따른 심결취소소송에서 원고적격을 갖지 못한다.
② 거절결정에 대한 심판의 심결취소소송에는 민사소송법상 보조참가에 관한 규정이 준용되지 않는다.
③ 심결취소판결의 확정 이후 특허심판원의 재심리과정에서 취소판결에서의 취소의 기본이 된 이유에 따라 한 심결에 대하여 새로운 사실의 주장이나 입증이 없더라도 그 적법 여부를 다툴 수 있다.
④ 행정소송인 심결취소소송에서도 원칙적으로 변론주의가 적용되므로 주요사실에 대한 당사자의 불리한 진술인 자백이 성립할 수 있고, 사실에 대한 법적 판단 내지 평가도 자백의 대상이 된다.
⑤ 거절결정불복심판청구 기각 심결의 취소소송에서 특허청장은 거절결정의 이유 외에 심사나 심판 단계에서 의견서 제출의 기회를 부여한 사유 및 이와 주요한 취지가 부합하는 사유는 해당 심결의 결론을 정당하게 하는 사유로 주장할 수 있다.

│해설│

① (×) 심결취소소송은 당사자, 참가인 또는 해당 심판이나 재심에 참가신청을 하였으나 그 신청이 거부된 자만 제기할 수 있다(상표법 제162조 제2항).
② (×) 거절결정에 대한 심판의 심결취소소송에도 민사소송법상의 보조참가에 관한 규정이 적용된다(判例 2012후1033).
③ (×) 기속력(상표법 제165조 제3항), 기속력은 취소의 이유가 된 심결의 사실적 및 법적 판단이 정당하지 아니하다는 점에 관하여 발생한다. 따라서 그 취소 후의 심리과정에서 새로운 증거가 제출되어 기속적 판단의 기초가 되는 증거관계에 변동이 생기는 등 특단의 사정이 없는 한, 특허심판원은 위 확정된 취소판결에서 위법이라고 판단된 이유와 동일한 이유로 종전의 심결과 동일한 결론의 심결을 할 수 없다. 이때 '새로운 증거'라고 함은 적어도 취소된 심결이 행하여진 심판절차 내지는 그 심결의 취소소송에서 채택・조사되지 아니한 것으로서 심결취소판결의 결론을 번복하기에 족한 증명력을 가지는 증거이어야 한다(判例 2001후96).
④ (×) 심결취소소송에서 변론주의가 적용되어 자백이 성립할 수는 있으나, 자백의 대상은 사실이고 이러한 사실에 대한 법적 판단 내지 평가는 자백의 대상이 되지 않는다(判例 2015후1997).
⑤ (○) 判例 2015후1997

답 ⑤

02 상표법상 재심에 관한 설명으로 옳지 않은 것은? 기출 18

① 당사자는 확정된 심결에 대하여 재심을 청구할 수 있으며, 재심청구는 일반재심사유와 사해심결에 관한 재심사유로 나눌 수 있다.
② 재심의 심리는 재심청구이유의 범위 내에서 하여야 한다. 따라서 심판관은 당사자가 주장한 사항에 대해서만 심리하여야 한다.
③ 대리권의 흠결을 이유로 하여 재심을 청구하는 경우에 재심청구기간은 청구인 또는 법정대리인이 심결 등본의 송달에 의하여 심결이 있은 것을 안 날로부터 기산한다.
④ 심판에 대한 재심의 절차에 관하여는 그 성질에 반하지 아니하는 범위에서 심판의 절차에 관한 규정을 준용한다.
⑤ 상표등록이 취소된 후 재심에 의하여 그 효력이 회복된 경우 상표권의 효력은 해당 심결이 확정된 후 그 회복된 상표권의 등록 전에 선의(善意)로 해당 등록상표와 같은 상표를 그 지정상품과 같은 상품에 사용한 행위에는 미치지 아니한다.

해설

① (○) 재심청구는 제157조의 일반재심청구와 제158조의 사해심결에 관한 재심청구가 있다.
② (○) 재심의 심리는 재심청구이유의 범위 내에서 하여야 한다(상표법 제157조 제2항 준용, 민사소송법 제459조 제1항).
③ (×) 대리권의 흠을 이유로 하여 재심을 청구하는 경우에 재심청구기간은 청구인 또는 법정대리인이 심결등본의 송달에 의하여 심결이 있은 것을 안 날의 '다음 날'부터 기산한다(상표법 제159조 제2항).
④ (○) 상표법 제161조
⑤ (○) 상표법 제160조

답 ③

CHAPTER 09 「표장의 국제등록에 관한 마드리드협정에 대한 의정서」에 따른 국제출원

제2편 | 상표법

01 국제출원 등

제167조(국제출원)
「표장의 국제등록에 관한 마드리드협정에 대한 의정서」(이하 "마드리드 의정서"라 한다) 제2조(1)에 따른 국제등록(이하 "국제등록"이라 한다)을 받으려는 자는 다음 각 호의 어느 하나에 해당하는 상표등록출원 또는 상표등록을 기초로 하여 특허청장에게 국제출원을 하여야 한다.
 1. 본인의 상표등록출원
 2. 본인의 상표등록
 3. 본인의 상표등록출원 및 본인의 상표등록

제168조(국제출원인의 자격)
① 특허청장에게 국제출원을 할 수 있는 자는 다음 각 호의 어느 하나에 해당하는 자로 한다.
 1. 대한민국 국민
 2. 대한민국에 주소(법인인 경우에는 영업소의 소재지를 말한다)를 가진 자
② 2인 이상이 공동으로 국제출원을 하려는 경우 출원인은 다음 각 호의 요건을 모두 충족하여야 한다.
 1. 공동으로 국제출원을 하려는 자가 각각 제1항 각 호의 어느 하나에 해당할 것
 2. 제169조 제2항 제4호에 따른 기초출원을 공동으로 하였거나 기초등록에 관한 상표권을 공유하고 있을 것

제169조(국제출원의 절차)
① 국제출원을 하려는 자는 산업통상자원부령으로 정하는 언어로 작성한 국제출원서(이하 "국제출원서"라 한다) 및 국제출원에 필요한 서류를 특허청장에게 제출하여야 한다.
② 국제출원서에는 다음 각 호의 사항을 적어야 한다.
 1. 출원인의 성명 및 주소(법인인 경우에는 그 명칭 및 영업소의 소재지를 말한다)
 2. 제168조에 따른 국제출원인 자격에 관한 사항
 3. 상표를 보호받으려는 국가(정부 간 기구를 포함하며, 이하 "지정국"이라 한다)
 4. 마드리드 의정서 제2조(1)에 따른 기초출원(이하 "기초출원"이라 한다)의 출원일 및 출원번호 또는 마드리드 의정서 제2조(1)에 따른 기초등록(이하 "기초등록"이라 한다)의 등록일 및 등록번호
 5. 국제등록을 받으려는 상표
 6. 국제등록을 받으려는 상품과 그 상품류
 7. 그 밖에 산업통상자원부령으로 정하는 사항

제170조(국제출원서 등 서류제출의 효력발생 시기)
국제출원서와 그 출원에 필요한 서류는 특허청장에게 도달한 날부터 그 효력이 발생한다. 우편으로 제출된 경우에도 또한 같다. 기출 20·24

제171조(기재사항의 심사 등)
① 특허청장은 국제출원서의 기재사항이 기초출원 또는 기초등록의 기재사항과 합치하는 경우에는 그 사실을 인정한다는 뜻과 국제출원서가 특허청에 도달한 날을 국제출원서에 적어야 한다.
② 특허청장은 제1항에 따라 도달일 등을 적은 후에는 즉시 국제출원서 및 국제출원에 필요한 서류를 마드리드 의정서 제2조(1)에 따른 국제사무국(이하 "국제사무국"이라 한다)에 보내고, 그 국제출원서의 사본을 해당 출원인에게 보내야 한다.

제172조(사후지정)
① 국제등록의 명의인(이하 "국제등록명의인"이라 한다)은 국제등록된 지정국을 추가로 지정(이하 "사후지정"이라 한다)하려는 경우에는 산업통상자원부령으로 정하는 바에 따라 특허청장에게 사후지정을 신청할 수 있다. 기출 20
② 제1항을 적용하는 경우 국제등록명의인은 국제등록된 지정상품의 전부 또는 일부에 대하여 사후지정을 할 수 있다.
기출 15·16·20·24

제173조(존속기간의 갱신)
① 국제등록명의인은 국제등록의 존속기간을 10년씩 갱신할 수 있다.
② 제1항에 따라 국제등록의 존속기간을 갱신하려는 자는 산업통상자원부령으로 정하는 바에 따라 특허청장에게 국제등록 존속기간의 갱신을 신청할 수 있다.

제174조(국제등록의 명의변경)
① 국제등록명의인이나 그 승계인은 지정상품 또는 지정국의 전부 또는 일부에 대하여 국제등록의 명의를 변경할 수 있다. 기출 16
② 제1항에 따라 국제등록의 명의를 변경하려는 자는 산업통상자원부령으로 정하는 바에 따라 특허청장에게 국제등록 명의변경등록을 신청할 수 있다.

제175조(수수료의 납부)
① 다음 각 호의 어느 하나에 해당하는 자는 수수료를 특허청장에게 내야 한다.
  1. 국제출원을 하려는 자
  2. 사후지정을 신청하려는 자
  3. 제173조에 따라 국제등록 존속기간의 갱신을 신청하려는 자
  4. 제174조에 따라 국제등록 명의변경등록을 신청하려는 자
② 제1항에 따른 수수료, 그 납부방법 및 납부기간 등에 관하여 필요한 사항은 산업통상자원부령으로 정한다.

제176조(수수료 미납에 대한 보정)
특허청장은 제175조 제1항 각 호의 어느 하나에 해당하는 자가 수수료를 내지 아니하는 경우에는 산업통상자원부령으로 정하는 바에 따라 기간을 정하여 보정을 명할 수 있다.

> **제177조(절차의 무효)**
> 특허청장은 제176조에 따라 보정명령을 받은 자가 지정된 기간 내에 그 수수료를 내지 아니하는 경우에는 해당 절차를 무효로 할 수 있다.
>
> **제178조(국제등록 사항의 변경등록 등)**
> 국제등록 사항의 변경등록 신청과 그 밖에 국제출원에 관하여 필요한 사항은 산업통상자원부령으로 정한다.
>
> **제179조(업무표장에 대한 적용 제외)**
> 업무표장에 관하여는 제167조부터 제178조까지의 규정을 적용하지 아니한다.

(1) 의의 및 취지
국제출원절차란 출원인이 본국관청을 통하여 국제사무국에 국제출원서를 제출함으로써 의정서 가입국에 직접 출원한 것과 동일한 효과를 얻을 수 있는 출원절차를 의미한다(法 제167조).

(2) 적법한 국제출원의 요건
① **기초출원 또는 기초등록**
  ㉠ 표장 : 엄격하게 동일
  ㉡ 지정상품 : 기초출원의 상품범위에 국제출원의 상품이 포함됨
② **본국관청을 통한 출원**
  ㉠ 출원인이 국제사무국에 직접 제출할 수 없다. [기출 15]
  ㉡ 특허청장은 국제출원서의 기재사항이 기초출원 또는 기초등록의 기재사항과 합치하는 경우 인정취지와 국제출원서의 특허청 도달일을 기재하여 국제사무국에 송부한다(法 제171조).
③ **출원인 적격**
  ㉠ 본국관청 소속 국가의 국민, 해당 국가에 주소를 두고 있거나 해당 국가에 진정하고 실효적인 산업상 또는 상업상의 영업소를 두고 있어야 한다(法 제168조 제1항).
  ㉡ 공유 또는 공동명의인 경우, 각각의 출원인 모두가 출원인적격을 갖추어야 한다(法 제168조 제2항).
④ **사용언어 및 수수료** : 영어, 불어, 스페인어 중 본국관청이 선택하도록 되어 있으며, 우리나라는 영어만을 선택하고 있다. 수수료를 WIPO(국제사무국)에 제출해야 한다.
⑤ **지정국의 지정** : 우리나라 특허청을 통하여 국제출원하면서 우리나라를 지정할 수는 없다(자기지정 불가).

(3) 국제등록일 및 국제등록의 효과

① 국제등록일
  ㉠ 원칙 : 본국관청이 국제출원서를 접수한 날(의정서 3(4))
  ㉡ 예외 : 2개월 이후 국제사무국이 국제출원서를 접수한 경우 국제사무국이 접수한 날
② 국제등록의 효과(의정서 4(1)a) : 국제등록일부터 그 표장이 지정국 관청에 직접 출원된 것과 동일하게 보호된다. 지정국 관청이 기간 내에 거절통보를 하지 않은 경우 국제등록일부터 지정국 관청에 등록된 것과 동일한 보호의 부여를 받는다.

(4) 감축, 포기, 취소

구 분	감축(Limitation)	포기(Renunciation)	취소(Cancellation)
개 념	지정국 전부 또는 일부에 대하여 지정상품의 전부 또는 일부를 감축하는 것	지정국 일부에 대하여 지정상품의 전부의 보호를 포기하는 것	지정국 전부에 대하여 지정상품의 전부 또는 일부에 대한 국제등록을 취소하는 것
지정국	전부 또는 일부	일 부	전 부
지정상품	전부 또는 일부	전 부	전부 또는 일부
국제등록의 소멸여부	소멸하지 않음	소멸하지 않음	전부 또는 일부 상품에 대하여 소멸
사후지정	가 능	가 능	불가능
비 고	• 감축, 포기, 취소신청서는 국제사무국에 직접 제출해야함(본국관청 또는 지정국 관청에 제출 불가) • 재출원(法 제205조)은 '국제등록 종속기간 내 기초출원 또는 기초등록이 소멸되어 본국관청의 신청에 의하여 국제등록이 취소(소멸)된 경우'에만 가능하므로, 국제등록명의인 신청에 의하여 이루어지는 국제등록의 감축, 포기, 취소의 경우는 재출원 불가		

(5) 사후지정(法 제172조)

① 의의 : 사후지정이란 '국제등록 후' 지정국 또는 지정상품을 감축한 국가에 대하여 지정상품을 추가적으로 지정하는 것을 말한다.
② 요건 : ⅰ) 국제등록이 존재, ⅱ) 의정서 가입국, ⅲ) 국제등록 된 지정상품 범위에서만 가능하다.
③ 사후지정일(출원일 소급 ×) : ⅰ) 국제사무국에 사후지정신청서를 직접 제출한 경우 신청서 접수일, ⅱ) 본국관청을 통해 제출하였고 신청서 접수일부터 2개월 내에 국제사무국이 수령한 경우 본국관청 접수일, ⅲ) 본국관청을 통해 제출하였고 신청서 접수일부터 2개월 경과 후 국제사무국이 수령한 경우 국제사무국 접수일이다[의정서 3(4)].
④ 사후지정의 효과 : 보호기간은 다른 체약국에서의 보호기간과 동일한 날에 만료된다.

(6) 지정국 관청의 거절 통보
① 영역확장의 통지를 받은 날부터 1년(원칙) 또는 18월 이내(우리나라의 경우) 거절통보를 하여야 한다.
② 거절통보가 있는 경우 : 거절통보를 행한 관청에 표장을 직접 출원했더라면 받을 수 있었던 구제수단을 부여받는다[의정서 5(3)].
③ 거절통보가 없는 경우 : 국제등록일부터 지정국에 등록된 것과 동일한 보호를 부여받는다.

(7) 국제등록의 종속성
① 의의 : 국제등록의 효력은 국제등록일부터 5년간 기초출원(등록)에 의한다. 기출 20
② 집중공격(Central Attack) : 제3자는 기초출원 또는 기초등록을 집중적으로 공격함으로써 모든 지정국에서의 등록의 효력을 소멸시킬 수 있다.
③ 종속사항
   ㉠ 국제등록일로부터 5년이 경과하기 전, 기초출원이나 기초등록이 상품의 전부 또는 일부와 관련하여 취하, 소멸, 포기, 거절, 철회, 취소 또는 무효의 대상인 것으로 종국적으로 결정된 경우
   ㉡ 국제등록일로부터 5년이 경과하기 전, 거절결정불복심판, 취소심판, 무효심판, 이의신청이 제기되고, 5년이 경과한 이후 거절, 취소 또는 무효로 하는 종국적으로 결정된 경우

(8) 마드리드 의정서 국제출원의 장·단점
① 장 점
   ㉠ 출원 : 출원인의 절차 간소화, 국가별 대리인 선임 및 번역 불필요하여 초기 비용 절감
   ㉡ 등록 : 일원적 관리 가능성, 등록여부의 명확화, 사후지정으로 인한 지정국 확정 용이성
② 단점 : 표장의 동일성이 엄격하여 지정국 별로 변형이 불가능, 국제등록의 종속성에 따라 모든 지정국에서의 출원/권리가 소멸될 위험이 존재함

02 국제상표등록출원에 관한 특례

제180조(국제상표등록출원)
① 마드리드 의정서에 따라 국제등록된 국제출원으로서 대한민국을 지정국으로 지정(사후지정을 포함한다)한 국제출원은 이 법에 따른 상표등록출원으로 본다.
② 제1항을 적용하는 경우 마드리드 의정서 제3조(4)에 따른 국제등록일(이하 "국제등록일"이라 한다)은 이 법에 따른 상표등록출원일로 본다. 다만, 대한민국을 사후지정한 국제출원의 경우에는 그 사후지정이 국제등록부[마드리드 의정서 제2조(1)에 따른 국제등록부를 말하며, 이하 "국제상표등록부"라 한다]에 등록된 날(이하 "사후지정일"이라 한다)을 이 법에 따른 상표등록출원일로 본다.
③ 제1항에 따라 이 법에 따른 상표등록출원으로 보는 국제출원(이하 "국제상표등록출원"이라 한다)에 대해서는 국제상표등록부에 등록된 국제등록명의인의 성명 및 주소(법인인 경우에는 그 명칭 및 영업소의 소재지를 말한다), 상표, 지정상품 및 그 상품류는 이 법에 따른 출원인의 성명 및 주소(법인인 경우에는 그 명칭 및 영업소의 소재지를 말한다), 상표, 지정상품 및 그 상품류로 본다.

제181조(업무표장의 특례)
국제상표등록출원에 대해서는 업무표장에 관한 규정을 적용하지 아니한다. 기출 22·24

제182조(국제상표등록출원의 특례)
① 국제상표등록출원에 대하여 이 법을 적용할 경우에는 국제상표등록부에 등록된 우선권 주장의 취지, 최초로 출원한 국가명 및 출원 연월일은 상표등록출원서에 적힌 우선권 주장의 취지, 최초로 출원한 국가명 및 출원의 연월일로 본다.
② 국제상표등록출원에 대하여 이 법을 적용할 경우에는 국제상표등록부에 등록된 상표의 취지는 상표등록출원서에 기재된 해당 상표의 취지로 본다.
③ 단체표장등록을 받으려는 자는 제36조 제1항·제3항에 따른 서류 및 정관을, 증명표장의 등록을 받으려는 자는 같은 조 제1항·제4항에 따른 서류를 산업통상자원부령으로 정하는 기간 내에 특허청장에게 제출하여야 한다. 이 경우 지리적 표시 단체표장을 등록받으려는 자는 그 취지를 적은 서류와 제2조 제1항 제4호에 따른 지리적 표시의 정의에 합치함을 입증할 수 있는 대통령령으로 정하는 서류를 함께 제출하여야 한다.

제183조(국내등록상표가 있는 경우의 국제상표등록출원의 효과)
① 대한민국에 설정등록된 상표(국제상표등록출원에 따른 등록상표는 제외하며, 이하 이 조에서 "국내등록상표"라 한다)의 상표권자가 국제상표등록출원을 하는 경우에 다음 각 호의 요건을 모두 갖추었을 때에는 그 국제상표등록출원은 지정상품이 중복되는 범위에서 해당 국내등록상표에 관한 상표등록출원의 출원일에 출원된 것으로 본다.
  1. 국제상표등록출원에 따라 국제상표등록부에 등록된 상표(이하 이 항에서 "국제등록상표"라 한다)와 국내등록상표가 동일할 것
  2. 국제등록상표에 관한 국제등록명의인과 국내등록상표의 상표권자가 동일할 것
  3. 삭제 〈2023.10.31.〉
  4. 마드리드 의정서 제3조의3에 따른 영역확장의 효력이 국내등록상표의 상표등록일 후에 발생할 것
② 제1항에 따른 국내등록상표에 관한 상표등록출원에 대하여 조약에 따른 우선권이 인정되는 경우에는 그 우선권이 같은 항에 따른 국제상표등록출원에도 인정된다.

③ 국내등록상표의 상표권이 다음 각 호의 어느 하나에 해당하는 사유로 취소되거나 소멸되는 경우에는 그 취소되거나 소멸된 상표권의 지정상품과 동일한 범위에서 제1항 및 제2항에 따른 해당 국제상표등록출원에 대한 효과는 인정되지 아니한다.
   1. 제119조 제1항 각 호(제4호는 제외한다)에 해당한다는 사유로 상표등록을 취소한다는 심결이 확정된 경우
   2. 제119조 제1항 각 호(제4호는 제외한다)에 해당한다는 사유로 상표등록의 취소심판이 청구되고, 그 청구일 이후에 존속기간의 만료로 상표권이 소멸하거나 상표권 또는 지정상품의 일부를 포기한 경우
④ 마드리드 의정서 제4조의2(2)에 따른 신청을 하려는 자는 다음 각 호의 사항을 적은 신청서를 특허청장에게 제출하여야 한다.
   1. 국제등록명의인의 성명 및 주소(법인인 경우에는 그 명칭 및 영업소의 소재지를 말한다)
   2. 국제등록번호
   3. 관련 국내등록상표 번호
   4. 중복되는 지정상품
   5. 그 밖에 산업통상자원부령으로 정하는 사항
⑤ 심사관은 제4항에 따른 신청이 있는 경우에는 해당 국제상표등록출원에 대하여 제1항부터 제3항까지의 규정에 따른 효과의 인정 여부를 신청인에게 알려야 한다.

제184조(출원의 승계 및 분할이전 등의 특례)

① 국제상표등록출원에 대하여 제48조 제1항을 적용할 경우 "상속이나 그 밖의 일반승계의 경우를 제외하고는 출원인 변경신고를"은 "출원인이 국제사무국에 명의변경 신고를"로 본다.
② 국제등록 명의의 변경에 따라 국제등록 지정상품의 전부 또는 일부가 분할되어 이전된 경우에는 국제상표등록출원은 변경된 국제등록명의인에 의하여 각각 출원된 것으로 본다. 기출 23
③ 국제상표등록출원에 대해서는 제48조 제3항을 적용하지 아니한다.

제185조(보정의 특례)

① 국제상표등록출원에 대하여 제40조 제1항 각 호 외의 부분을 적용할 경우 "상표등록출원서의 기재사항, 상표등록출원에 관한 지정상품 및 상표를"은 "제55조 제1항에 따른 거절이유의 통지를 받은 경우에 한정하여 그 상표등록출원에 관한 지정상품을"로 본다.
② 국제상표등록출원에 대해서는 제40조 제1항 제1호, 같은 조 제2항 제4호 및 제41조 제1항 제2호의2를 적용하지 아니한다. 〈개정 2022. 2. 3.〉
③ 국제상표등록출원에 대하여 제40조 제3항을 적용할 경우 "제1항에 따른 보정이 제2항 각 호"는 "지정상품의 보정이 제2항 각 호(같은 항 제4호는 제외한다)"로 보고, 제41조 제3항을 적용할 경우 "제1항에 따른 보정이 제40조 제2항 각 호"는 "지정상품의 보정이 제40조 제2항 각 호(같은 항 제4호는 제외한다)"로 본다.
④ 국제상표등록출원에 대하여 제41조 제1항을 적용할 경우 "지정상품 및 상표를"은 "지정상품을"로 본다.

제186조(출원 변경의 특례)

국제상표등록출원에 대해서는 제44조 제1항부터 제7항까지의 규정을 적용하지 아니한다. 〈개정 2023. 10. 31.〉
기출 17 · 22

제187조(출원 분할의 특례)

국제상표등록출원에 대해서는 제45조 제4항을 적용하지 아니한다. 〈개정 2023. 10. 31.〉 기출 22

제188조(파리협약에 따른 우선권 주장의 특례)

국제상표등록출원을 하려는 자가 파리협약에 따른 우선권 주장을 하는 경우에는 제46조 제4항 및 제5항을 적용하지 아니한다. 기출 22

제189조(출원 시 및 우선심사의 특례)
① 국제상표등록출원에 대하여 제47조 제2항을 적용할 경우 "그 취지를 적은 상표등록출원서를 특허청장에게 제출하고, 이를 증명할 수 있는 서류를 상표등록출원일부터 30일 이내에"는 "그 취지를 적은 서면 및 이를 증명할 수 있는 서류를 산업통상자원부령으로 정하는 기간 내에"로 본다.
② 국제상표등록출원에 대해서는 제53조 제2항을 적용하지 아니한다.

제190조(거절이유 통지의 특례)
① 국제상표등록출원에 대하여 제55조 제1항 전단을 적용할 경우 "출원인에게"는 "국제사무국을 통하여 출원인에게"로 본다.
② 국제상표등록출원에 대해서는 제55조 제3항을 적용하지 아니한다.

제191조(출원공고의 특례)
국제상표등록출원에 대하여 제57조 제1항 각 호 외의 부분 본문을 적용할 경우 "거절이유를 발견할 수 없는 경우(일부 지정상품에 대하여 거절이유가 있는 경우에는 그 지정상품에 대한 거절결정이 확정된 경우를 말한다)에는"은 "산업통상자원부령으로 정하는 기간 내에 거절이유를 발견할 수 없는 경우(일부 지정상품에 대하여 거절이유가 있는 경우에는 그 지정상품에 대한 거절결정이 확정된 경우를 말한다)에는"으로 본다.

제192조(손실보상청구권의 특례)
국제상표등록출원에 대하여 제58조 제1항 단서를 적용할 경우 "해당 상표등록출원의 사본"은 "해당 국제출원의 사본"으로 본다.

제193조(상표등록결정 및 직권에 의한 보정의 특례)
① 국제상표등록출원에 대하여 제68조를 적용할 경우 "거절이유를 발견할 수 없는 경우(일부 지정상품에 대하여 거절이유가 있는 경우에는 그 지정상품에 대한 거절결정이 확정된 경우를 말한다)에는"은 "산업통상자원부령으로 정하는 기간 내에 거절이유를 발견할 수 없는 경우(일부 지정상품에 대하여 거절이유가 있는 경우에는 그 지정상품에 대한 거절결정이 확정된 경우를 말한다)에는"으로 본다.
② 국제상표등록출원에 대해서는 제59조를 적용하지 아니한다.
③ 국제상표등록출원에 대해서는 제68조의2를 적용하지 아니한다.

제193조의2(재심사 청구의 특례)
국제상표등록출원에 대해서는 제55조의2를 적용하지 아니한다.

제193조의3(상표등록여부결정의 방식에 관한 특례)
국제상표등록출원에 대하여 제69조 제2항을 적용할 경우 "상표등록여부결정"은 "상표등록여부결정(제54조 각 호 외의 부분 후단에 해당하는 경우에는 제외한다)"으로, "출원인에게"는 "국제사무국을 통하여 출원인에게"로 본다.
[본조신설 2023.10.31.]

제194조(상표등록료 등의 특례)
① 국제상표등록출원을 하려는 자 또는 제197조에 따라 설정등록을 받은 상표권(이하 "국제등록기초상표권"이라 한다)의 존속기간을 갱신하려는 자는 마드리드 의정서 제8조(7)(a)에 따른 개별수수료를 국제사무국에 내야 한다.
② 제1항에 따른 개별수수료에 관하여 필요한 사항은 산업통상자원부령으로 정한다.
③ 국제상표등록출원 또는 국제등록기초상표권에 대해서는 제72조부터 제77조까지의 규정을 적용하지 아니한다.

제195조(상표등록료 등의 반환의 특례)
국제상표등록출원에 대하여 제79조 제1항 각 호 외의 부분을 적용할 경우 "납부된 상표등록료와 수수료"는 "이미 낸 수수료"로, "상표등록료 및 수수료"를 "수수료"로 보고, 같은 항 제1호 및 같은 조 제2항·제3항을 적용할 경우 "상표등록료 및 수수료"는 각각 "수수료"로 본다.

제196조(상표원부에의 등록의 특례)
① 국제등록기초상표권에 대하여 제80조 제1항 제1호를 적용할 경우 "상표권의 설정·이전·변경·소멸·회복, 존속기간의 갱신, 상품분류전환, 지정상품의 추가 또는 처분의 제한"은 "상표권의 설정 또는 처분의 제한"으로 본다.
② 국제등록기초상표권의 이전, 변경, 소멸 또는 존속기간의 갱신은 국제상표등록부에 등록된 바에 따른다.

제197조(상표권 설정등록의 특례)
국제상표등록출원에 대하여 제82조 제2항 각 호 외의 부분을 적용할 경우 "다음 각 호의 어느 하나에 해당하는 경우에는"은 "상표등록결정이 있는 경우"로 본다.

제198조(상표권 존속기간 등의 특례)
① 국제등록기초상표권의 존속기간은 제197조에 따른 상표권의 설정등록이 있은 날부터 국제등록일 후 10년이 되는 날까지로 한다.
② 국제등록기초상표권의 존속기간은 국제등록의 존속기간의 갱신에 의하여 10년씩 갱신할 수 있다.
③ 제2항에 따라 국제등록기초상표권의 존속기간이 갱신된 경우에는 그 국제등록기초상표권의 존속기간은 그 존속기간의 만료 시에 갱신된 것으로 본다.
④ 국제등록기초상표권에 대해서는 제83조부터 제85조까지, 제88조 제1항 및 제209조부터 제213조까지의 규정을 적용하지 아니한다.

제199조(지정상품추가등록출원의 특례)
국제상표등록출원 또는 국제등록기초상표권에 대해서는 제86조, 제87조 및 제88조 제2항을 적용하지 아니한다.

제200조 삭제 <2023.10.31.>

제201조(상표권등록 효력의 특례)
① 국제등록기초상표권의 이전·변경·포기에 의한 소멸 또는 존속기간의 갱신은 국제상표등록부에 등록하지 아니하면 그 효력이 발생하지 아니한다.
② 국제등록기초상표권에 대해서는 제96조 제1항 제1호(처분의 제한에 관한 부분은 제외한다)를 적용하지 아니한다.
③ 국제등록기초상표권에 대하여 제96조 제2항을 적용할 경우 "상표권 및 질권"은 "질권"으로 본다.

제202조(국제등록 소멸의 효과)
① 국제상표등록출원의 기초가 되는 국제등록의 전부 또는 일부가 소멸된 경우에는 그 소멸된 범위에서 해당 국제상표등록출원은 지정상품의 전부 또는 일부에 대하여 취하된 것으로 본다. 기출 20
② 국제등록기초상표권의 기초가 되는 국제등록의 전부 또는 일부가 소멸된 경우에는 그 소멸된 범위에서 해당 상표권은 지정상품의 전부 또는 일부에 대하여 소멸된 것으로 본다.
③ 제1항 및 제2항에 따른 취하 또는 소멸의 효과는 국제상표등록부상 해당 국제등록이 소멸된 날부터 발생한다.

> **제203조(상표권 포기의 특례)**
> ① 국제등록기초상표권에 대해서는 제102조 제1항을 적용하지 아니한다.
> ② 국제등록기초상표권에 대하여 제103조를 적용할 경우 "상표권·전용사용권"은 "전용사용권"으로 본다.
>
> **제204조(존속기간갱신등록의 무효심판 등의 특례)**
> 국제등록기초상표권에 대해서는 제118조 또는 제214조를 적용하지 아니한다.

(1) 국제상표등록출원의 출원일

대한민국을 지정국으로 지정한 국제등록된 국제출원은 상표법상 상표등록출원으로 본다(法 제180조 제1항). 국제등록일을 출원일으로 본다. 사후지정된 경우 사후지정일을 출원일로 본다(法 제180조 제2항).

(2) 대체(法 제183조)

① 의의 : 국내등록상표가 있는 경우 출원인의 상표관리상 편의를 도모하기 위해 대체효과를 인정한다.
② 요건 : ⅰ) 상표 동일, ⅱ) 국내 상표권자와 국제등록명의인이 동일, ⅲ) 영역확장 효력(국제등록일/사후지정일)이 국내등록의 상표등록일 이후 발생할 것이다.
③ 예외 : 국내상표에 法 제119조 제1항 제4호를 제외한 취소심판 청구 후, ⅰ) 존속기간 만료, ⅱ) 포기, ⅲ) 취소심결확정된 경우에는 상품 동일 범위에서 국제상표등록출원에 대한 출원일 소급효가 인정되지 않는다(法 제183조 제3항).
④ 효과 : 국제상표등록출원의 출원일 소급효를 인정하고, 국내 등록은 국제 선등록 상표와 병존 가능하다. 국제상표등록출원이 대체의 요건을 충족하는 경우 1상표 1출원(法 제38조 제1항)에 위반하지 않는 것으로 본다.

03 상표등록출원의 특례

> **제205조(국제등록 소멸 후의 상표등록출원의 특례)**
> ① 대한민국을 지정국으로 지정(사후지정을 포함한다)한 국제등록의 대상인 상표가 지정상품의 전부 또는 일부에 관하여 마드리드 의정서 제6조(4)에 따라 그 국제등록이 소멸된 경우에는 그 국제등록의 명의인은 그 상품의 전부 또는 일부에 관하여 특허청장에게 상표등록출원을 할 수 있다.
> ② 제1항에 따른 상표등록출원이 다음 각 호의 요건을 모두 갖춘 경우에는 국제등록일(사후지정의 경우에는 사후지정일을 말한다)에 출원된 것으로 본다.
>   1. 제1항에 따른 상표등록출원이 같은 항에 따른 국제등록 소멸일부터 3개월 이내에 출원될 것
>   2. 제1항에 따른 상표등록출원의 지정상품이 같은 항에 따른 국제등록의 지정상품에 모두 포함될 것
>   3. 상표등록을 받으려는 상표가 소멸된 국제등록의 대상인 상표와 동일할 것
> ③ 제1항에 따른 국제등록에 관한 국제상표등록출원에 대하여 조약에 따른 우선권이 인정되는 경우에는 그 우선권이 같은 항에 따른 상표등록출원에도 인정된다.

제206조(마드리드 의정서 폐기 후의 상표등록출원의 특례)
① 대한민국을 지정국으로 지정(사후지정을 포함한다)한 국제등록의 명의인이 마드리드 의정서 제15조(5)(b)에 따라 출원인 자격을 잃게 되었을 경우에는 해당 국제등록의 명의인은 국제등록된 지정상품의 전부 또는 일부에 관하여 특허청장에게 상표등록출원을 할 수 있다.
② 제1항에 따른 상표등록출원에 관하여는 제205조 제2항 및 제3항을 준용한다. 이 경우 제205조 제2항 제1호 중 "같은 항에 따른 국제등록 소멸일부터 3개월 이내"는 "마드리드 의정서 제15조(3)에 따라 폐기의 효력이 발생한 날부터 2년 이내"로 본다.

제207조(심사의 특례)
다음 각 호의 어느 하나에 해당하는 상표등록출원(이하 "재출원"이라 한다)이 제197조에 따라 설정등록되었던 등록상표에 관한 것인 경우 해당 본인의 상표등록출원에 대해서는 제54조, 제55조, 제57조 및 제60조부터 제67조까지의 규정을 적용하지 아니한다. 다만, 제54조 제2호에 해당하는 경우에는 그러하지 아니하다.
 1. 제205조 제2항 각 호의 요건을 모두 갖추어 같은 조 제1항에 따라 하는 상표등록출원
 2. 제206조 제2항에 따라 준용되는 제205조 제2항 각 호의 요건을 모두 갖추어 제206조 제1항에 따라 하는 상표등록출원

제208조(제척기간의 특례)
재출원에 따라 해당 상표가 설정등록된 경우로서 종전의 국제등록기초상표권에 대한 제122조 제1항의 제척기간이 지났을 경우에는 재출원에 따라 설정등록된 상표에 대하여 무효심판을 청구할 수 없다.

(1) 전환(法 제205조)

① 의의 : 국제등록의 종속성에 따른 출원인의 불이익을 보상하고자, 국제등록의 종속성에 의해 국제상표등록출원 등이 소멸한 경우 일정 기간 내에 재출원하는 경우 출원일 소급효를 인정한다.
② 요건 : ⅰ) 국제등록 소멸일부터 3개월 이내에 출원, ⅱ) 상표 동일, ⅲ) 상품이 소멸된 국제등록의 지정상품에 모두 포함될 것을 요한다.
③ 효과 : 국제등록일(사후지정일)에 출원된 것으로 본다(法 제205조 제2항).

(2) 심사의 특례(法 제207조)

설정등록되었던 국제등록기초상표권의 경우 재출원에 대해 실체심사 없이 상표등록을 결정한다.

(3) 제척기간의 특례(法 제208조)

국제등록기초상표권에 대한 法 제122조 제1항의 제척기간이 지났을 경우에는 재출원에 의해 설정등록된 상표에 대하여 무효심판을 청구할 수 없다.

CHAPTER 09 「표장의 국제등록에 관한 마드리드협정에 대한 의정서」에 따른 국제출원

제2편 | 상표법

01 마드리드 의정서에 관한 설명으로 옳지 않은 것은? 기출 24

① 마드리드 의정서에 의한 국제출원(지리적 표시 단체표장을 포함)은 기초출원이나 기초등록된 상표견본을 기초로 출원을 해야 하고, 상표의 부기적(附記的)인 부분의 삭제에 해당되는 경우에는 지정국에서 상표 견본의 보정이 허용된다.
② 국제상표등록출원에 대해서는 업무표장에 관한 규정을 적용하지 아니한다.
③ 마드리드 의정서에 의한 국제상표등록출원을 통해 지리적 표시 단체표장 및 지리적 표시 증명표장의 등록을 받고자 하는 자는 국제등록일(사후지정의 경우에는 사후지정일) 또는 보정통지를 받은 날로부터 3개월 이내에 그 취지를 기재한 서류와 지리적 표시의 정의에 합치함을 입증할 수 있는 서류를 정관 또는 규약과 함께 제출하여야 한다.
④ 국제출원서와 그 출원에 필요한 서류는 특허청장에게 도달한 날부터 그 효력이 발생하며, 우편으로 제출된 경우에도 예외 없이 동일하다.
⑤ 국제등록의 명의인은 국제등록된 지정국을 추가로 지정하려는 경우에는 산업통상자원부령으로 정하는 바에 따라 특허청장에게 사후지정을 신청할 수 있다.

해설

① (×) 국제상표등록출원을 하려는 자가 상표의 부기적(附記的)인 부분을 삭제한 경우에는 상표등록출원의 요지를 변경한 것으로 볼 수 있다. 상표의 보정이 허용되지 않는다.
② (○) 마드리드 의정서 제181조
③ (×) 마드리드 의정서 제182조, 상표법 시행규칙 제86조 제2호 개정법령에 따라 ③도 옳지 않은 지문으로 되어 복수정답으로 인정되었다.

개정 전〈시행 2021.2.1.〉	개정 후〈시행 2022.4.20.〉
상표법 시행규칙 제86조(단체표장 또는 증명표장에 관한 정관 또는 규약의 제출기간) 법 제182조 제3항 전단에서 "산업통상자원부령으로 정하는 기간"이란 다음 각 호의 어느 하나에 해당하는 기간을 말한다. 2. 법 제180조 제2항 본문에 따른 국제등록일(대한민국을 사후지정한 경우에는 사후지정일)부터 3개월	상표법 시행규칙 제86조(단체표장 또는 증명표장에 관한 정관 또는 규약의 제출기간) 법 제182조 제3항 전단에서 "산업통상자원부령으로 정하는 기간"이란 다음 각 호의 어느 하나에 해당하는 기간을 말한다. 2. 국제사무국이 마드리드 의정서 제3조의3에 따른 영역확장의 통지를 한 날부터 3개월

④ (○) 마드리드 의정서 제170조
⑤ (○) 마드리드 의정서 제172조 제1항

답 ①, ③

02 마드리드 의정서에 따라 국제등록된 국제출원으로서 대한민국을 지정국으로 지정(사후 지정을 포함한다)한 국제출원(이하 '국제상표등록출원'이라 한다)에 관한 설명으로 옳은 것은?

기출수정 22

① 국내에서 영리를 목적으로 하지 아니하는 업무를 하는 자는 국제상표등록출원으로 자기의 업무표장을 등록받을 수 있다.
② 국제상표등록출원을 하려는 자가 상표의 부기적(附記的)인 부분을 삭제한 경우에는 상표등록출원의 요지를 변경한 것으로 볼 수 있다.
③ 국제상표등록출원을 하려는 자가 상표등록출원을 한 경우 증명표장등록출원으로 변경할 수 있다.
④ 국제상표등록출원을 하려는 자가 둘 이상의 상품을 지정상품으로 하여 상표등록출원을 한 경우 일정 기간 내에 둘 이상의 상표등록출원으로 분할할 수 없다.
⑤ 국제상표등록출원을 하려는 자가 파리협약에 따른 우선권주장을 한 경우에는 최초로 출원한 국가의 정부가 인정하는 상표등록출원의 연월일을 적은 서면, 상표 및 지정상품의 등본을 3개월 이내에 특허청장에게 제출하여야 한다.

해설

① (×) 국제상표등록출원에 대해서는 업무표장에 관한 규정을 적용하지 아니한다(상표법 제181조).
② (○) 국제상표등록출원에 대해서는 제40조 제1항 제1호, 같은 조 제2항 제4호 및 제41조 제1항 제2호의2를 적용하지 아니한다(상표법 제185조 제2항).

> **상표법 제40조(출원공고결정 전의 보정)**
> ② 제1항에 따른 보정이 다음 각 호의 어느 하나에 해당하는 경우에는 상표등록출원의 요지를 변경하지 아니하는 것으로 본다.
> 1. 지정상품의 범위의 감축(減縮)
> 2. 오기(誤記)의 정정
> 3. 불명료한 기재의 석명(釋明)
> 4. 상표의 부기적(附記的)인 부분의 삭제
> 5. 그 밖에 제36조 제2항에 따른 표장에 관한 설명 등 산업통상자원부령으로 정하는 사항

③ (×) 국제상표등록출원에 대해서는 제44조 제1항부터 제7항까지의 규정(출원의 변경)을 적용하지 아니한다(상표법 제186조).
④ (×) 제187조 개정으로 인해 국제상표등록출원의 분할이 허용되게 되었다.

> **상표법 제187조(출원 분할의 특례)**
> 국제상표등록출원에 대해서는 제45조 제4항을 적용하지 아니한다. 〈개정 2023.10.31.〉
> [시행일 : 2024.5.1.]

⑤ (×) 국제상표등록출원을 하려는 자가 파리협약에 따른 우선권주장을 하는 경우에는 제46조 제4항(우선권 증명서류 제출에 관한 규정) 및 제5항(우선권 증명서류 미제출시의 효과)을 적용하지 아니한다(상표법 제188조). 즉, 국제상표등록출원에도 우선권은 인정되나, 우선권주장 증명서류 제출이 필요 없다.

답 ②

03 마드리드 의정서에 의한 국제출원에 관한 설명으로 옳지 않은 것은? (다툼이 있으면 판례에 따름)

기출 20

① 국제상표등록출원의 기초가 되는 국제등록의 전부 또는 일부가 소멸된 경우에는 그 소멸된 범위에서 해당 국제상표등록출원은 지정상품의 전부 또는 일부에 대하여 취하된 것으로 본다.
② 국제등록명의인은 국제등록된 지정국을 추가로 지정하는 사후지정을 신청할 수 있고, 이 경우 국제등록된 지정상품의 전부 또는 일부에 대하여 사후지정을 할 수 있다.
③ 국제출원은 본국관청에 계속 중인 기초출원 또는 기초등록을 기초로 하여 출원하여야 한다.
④ 국제등록은 기초출원(등록)에 종속적이므로 기초출원일로부터 5년이 경과하기 전까지 기초출원(등록)이 실효되면 취소된다.
⑤ 국제출원서와 그 출원에 필요한 서류는 특허청장에게 도달한 날부터 그 효력이 발생하며, 우편으로 제출된 경우에도 또한 같다.

···

해설

① (○) 국제상표등록출원의 기초가 되는 국제등록의 전부 또는 일부가 소멸된 경우에는 그 소멸된 범위에서 해당 국제상표등록출원은 지정상품의 전부 또는 일부에 대하여 취하된 것으로 본다(상표법 제202조 제1항).
② (○) 상표법 제172조. 특히 사후지정은 국제등록된 지정상품의 전부 또는 일부에 대하여 가능하다.
③ (○) 국제출원은 반드시 본국관청에 계속 중인 상표출원 및 또는 상표등록을 기초로 출원하여야 한다.
④ (×) 국제등록의 효력은 기초출원(등록)에 의존하게 되는데 이를 국제등록의 종속성이라고 하고 종속기간은 '기초출원일로부터 5년'이 아니라 '국제등록일로부터 5년'이다.
⑤ (○) 국제출원서와 그 출원에 필요한 서류는 특허청장에게 도달한 날부터 그 효력이 발생한다. 우편으로 제출된 경우에도 또한 같다(상표법 제170조).

답 ④

04 국제상표등록출원의 보정에 관한 설명으로 옳은 것은? 기출 17

① 출원공고결정 전에 지정상품의 범위의 감축 또는 상표의 부기적인 부분의 삭제를 하는 보정은 국제상표등록출원의 요지를 변경하지 아니하는 것으로 본다.
② 상표법 제40조(출원공고결정 전의 보정)에 따른 지정상품의 보정이 오기의 정정 또는 불명료한 기재의 석명에 해당하지 아니하는 것으로 상표권 설정등록이 있은 후에 인정된 경우에는 그 국제상표등록출원은 그 보정서를 제출한 때에 상표등록출원을 한 것으로 본다.
③ 상표권 설정등록이 있은 후에 지정상품의 보정이 지정상품의 범위의 감축에 해당하지 아니하는 것으로 인정된 경우, 그 국제상표등록출원에 관한 상표권은 무효의 대상이 된다.
④ 상표법 제41조(출원공고결정 후의 보정)에 따라 출원인은 의견서 제출기간 내에 최초의 국제상표등록출원의 요지를 변경하지 아니하는 범위에서 지정상품 및 상표를 보정할 수 있다.
⑤ 국제상표등록출원은 최초의 출원에 대한 등록여부결정 또는 심결이 확정되기 전에 통상의 단체표장등록출원으로 변경하기 위하여 보정할 수 있다.

해설

① (×) 국제상표등록출원은 상표에 대한 보정이 허용되지 않는다.
② (○) 보정이 요지변경으로 설정등록 후 인정된 경우에는 그 국제상표등록출원은 '보정서를 제출한 때' 상표등록출원한 것으로 본다.
③ (×) 요지변경임이 인정되는 경우라 하여 상표권이 무효되는 경우는 없다.
④ (×) 국제상표등록출원은 어느 경우라도 상표에 대한 보정이 허용되지 않는다.
⑤ (×) 국제상표등록출원에 대해서는 제44조 제1항부터 제7항(출원의 변경)까지의 규정을 적용하지 아니한다.

답 ②

05 상표법상 마드리드 의정서에 의한 국제출원에 관한 설명으로 옳은 것은? 기출 16

① 국제등록명의인이 국제등록된 상표를 보호받고자 하는 국가를 추가로 지정하는 경우에는 국제등록된 지정상품의 전부에 대하여 사후지정을 하여야 한다.
② 국제상표등록출원의 상속 기타 일반승계는 출원인이 국제사무국에 명의변경신고를 하여야 효력이 발생한다.
③ 국제등록명의인은 지정상품에 대하여 국제등록명의를 변경하고자 할 때에는 지정상품 전부에 대하여 변경하여야 한다.
④ 국제등록이 소멸된 경우에 해당 국제등록의 등록명의인이 한 상표등록출원(재출원)은 소멸된 국제등록의 지정상품 및 상표와 동일·유사한 경우에만 국제등록일에 출원된 것으로 간주된다.
⑤ 대한민국, 미국, 일본을 지정국으로 지정한 마드리드 의정서에 의한 국제출원에 의하여 모든 지정국에서 상표권이 설정등록된 경우, 추후 국제등록의 존속기간 갱신 신청은 각국의 특허청에 해야 한다.

해설

① (×) 사후지정은 국제등록된 상품 중 '일부'만에 대한 사후지정도 가능하다.
③ (×) 국제등록명의인 또는 그 승계인은 지정상품 또는 지정국의 전부 또는 일부에 대하여 국제등록 명의를 변경할 수 있다(상표법 제174조 제1항).
④ (×) 지정상품 및 상표가 '동일'한 경우에 한하여 제205조 소정의 재출원의 효과가 인정된다.
⑤ (×) 국제등록기초상표권의 존속기간은 국제사무국에 국제등록의 존속기간갱신신청을 하여 국제등록부를 갱신함으로써 지정국 전체에 대한 일괄 갱신이 가능하다.

답 ②

06 마드리드 의정서에 의한 국제출원에 관한 설명으로 옳은 것은? 기출 15

① 마드리드 의정서에 의한 국제출원은 대한민국 특허청을 경유하여 국제출원하거나 세계지식재산기구(WIPO) 국제사무국에 직접 국제출원할 수 있다.
② 마드리드 의정서에 의한 국제출원은 본인의 상표등록출원 또는 본인의 상표등록을 기초로 하여 국제출원할 수 있지만 본인의 상표등록출원 및 상표등록을 동시에 그 기초로 하여 국제출원할 수는 없다.
③ 국제등록명의인 또는 그 승계인은 국제등록명의를 변경할 수 있으며, 국제등록의 명의변경등록신청서는 특허청장에게 제출할 수도 있고, 국제사무국에 직접 제출할 수도 있다.
④ 국제등록명의인은 국제등록된 지정상품의 전부에 대해서만 사후지정을 할 수 있고, 일부에 대해서는 사후지정을 할 수 없다.
⑤ 사후지정은 국제출원과 마찬가지로 반드시 대한민국 특허청을 경유하여야 하고, WIPO 국제사무국에 직접 신청할 수는 없다.

해설

① (×) 국제출원은 본국관청을 통해서만 출원하여야 하고, 국제사무국에 직접 제출할 수는 없다.
② (×) 국제출원은 2 이상의 기초출원(등록)에 기초하여 출원할 수도 있고, 기초출원과 기초등록에 동시에 기초하여 출원을 할 수도 있다.
④ (×) 사후지정은 국제등록된 상품 중 '일부'만에 대한 사후지정도 가능하다.
⑤ (×) 사후지정신청서는 국제출원과 달리 명의인이 국제사무국에 직접 제출하거나 본국관청을 경유하여 제출할 수 있다.

답 ③

CHAPTER 10 상품분류전환의 등록

제2편 | 상표법

제209조(상품분류전환등록의 신청)
① 종전의 법(법률 제5355호 상표법중개정법률로 개정되기 전의 것을 말한다) 제10조 제1항에 따른 통상산업부령으로 정하는 상품류의 구분에 따라 상품을 지정하여 상표권의 설정등록, 지정상품의 추가등록 또는 존속기간갱신등록을 받은 상표권자는 해당 지정상품을 상품류의 구분에 따라 전환하여 등록을 받아야 한다. 다만, 법률 제5355호 상표법중개정법률 제10조 제1항에 따른 통상산업부령으로 정하는 상품류의 구분에 따라 상품을 지정하여 존속기간갱신등록을 받은 자는 그러하지 아니하다.
② 제1항에 따른 상품분류전환등록을 받으려는 자는 다음 각 호의 사항을 적은 상품분류전환등록신청서를 특허청장에게 제출하여야 한다.
  1. 신청인의 성명 및 주소(법인인 경우에는 그 명칭 및 영업소의 소재지를 말한다)
  2. 신청인의 대리인이 있는 경우에는 그 대리인의 성명 및 주소나 영업소의 소재지[대리인이 특허법인·특허법인(유한)인 경우에는 그 명칭, 사무소의 소재지 및 지정된 변리사의 성명을 말한다]
  3. 등록상표의 등록번호
  4. 전환하여 등록받으려는 지정상품 및 그 상품류
③ 상품분류전환등록신청은 상표권의 존속기간이 만료되기 1년 전부터 존속기간이 만료된 후 6개월 이내의 기간에 하여야 한다.
④ 상표권이 공유인 경우에는 공유자 전원이 공동으로 상품분류전환등록을 신청하여야 한다.

제210조(상품분류전환등록의 거절결정 및 거절이유의 통지)
① 심사관은 상품분류전환등록신청이 다음 각 호의 어느 하나에 해당하는 경우에는 그 신청에 대하여 상품분류전환등록 거절결정을 하여야 한다.
  1. 상품분류전환등록신청의 지정상품을 해당 등록상표의 지정상품이 아닌 상품으로 하거나 지정상품의 범위를 실질적으로 확장한 경우
  2. 상품분류전환등록신청의 지정상품이 상품류 구분과 일치하지 아니하는 경우
  3. 상품분류전환등록을 신청한 자가 해당 등록상표의 상표권자가 아닌 경우
  4. 제209조에 따른 상품분류전환등록신청의 요건을 갖추지 못한 경우
  5. 상표권이 소멸하거나 존속기간갱신등록신청을 포기·취하하거나 존속기간갱신등록신청이 무효로 된 경우
② 심사관은 다음 각 호의 어느 하나에 해당하는 경우에는 신청인에게 거절이유를 통지하여야 한다. 이 경우 신청인은 산업통상자원부령으로 정하는 기간 내에 거절이유에 대한 의견서를 제출할 수 있다.
  1. 제1항에 따라 상품분류전환등록거절결정을 하려는 경우
  2. 제212조에 따라 준용되는 제68조의2 제1항에 따른 직권 재심사를 하여 취소된 상품분류전환등록결정 전에 이미 통지한 거절이유로 상품분류전환등록거절결정을 하려는 경우
③ 제2항 후단에 따른 기간 내에 의견서를 제출하지 아니한 신청인은 그 기간이 만료된 후 2개월 이내에 상품분류전환등록에 관한 절차를 계속 진행할 것을 신청하고, 그 기간 내에 거절이유에 대한 의견서를 제출할 수 있다.
④ 심사관은 제2항에 따라 거절이유를 통지하는 경우 지정상품별로 거절이유와 근거를 구체적으로 적어야 한다.

제211조(상품분류전환등록)

특허청장은 제212조에 따라 준용되는 제68조에 따른 상표등록결정이 있는 경우에는 지정상품의 분류를 전환하여 등록하여야 한다.

제212조(상품분류전환등록신청에 관한 준용)

상품분류전환등록신청에 관하여는 제38조 제1항, 제39조, 제40조, 제41조 제3항, 제42조, 제50조, 제55조의2, 제68조, 제68조의2, 제69조, 제70조, 제134조 제1호부터 제5호까지 및 제7호를 준용한다.

제213조(상품분류전환등록이 없는 경우 등의 상표권의 소멸)

① 다음 각 호의 어느 하나에 해당하는 경우 상품분류전환등록의 대상이 되는 지정상품에 관한 상표권은 제209조 제3항에 따른 상품분류전환등록신청기간의 만료일이 속하는 존속기간의 만료일 다음 날에 소멸한다.
  1. 상품분류전환등록을 받아야 하는 자가 제209조 제3항에 따른 기간 내에 상품분류전환등록을 신청하지 아니하는 경우
  2. 상품분류전환등록신청이 취하된 경우
  3. 제18조 제1항에 따라 상품분류전환에 관한 절차가 무효로 된 경우
  4. 상품분류전환등록거절결정이 확정된 경우
  5. 제214조에 따라 상품분류전환등록을 무효로 한다는 심결이 확정된 경우

② 상품분류전환등록의 대상이 되는 지정상품으로서 제209조 제2항에 따른 상품분류전환등록신청서에 적지 아니한 지정상품에 관한 상표권은 상품분류전환등록신청서에 적은 지정상품이 제211조에 따라 전환등록되는 날에 소멸한다. 다만, 상품분류전환등록이 상표권의 존속기간만료일 이전에 이루어지는 경우에는 상표권의 존속기간만료일의 다음 날에 소멸한다. 기출 18

제214조(상품분류전환등록의 무효심판)

① 이해관계인 또는 심사관은 상품분류전환등록이 다음 각 호의 어느 하나에 해당하는 경우에는 무효심판을 청구할 수 있다. 이 경우 상품분류전환등록에 관한 지정상품이 둘 이상 있는 경우에는 지정상품마다 청구할 수 있다.
  1. 상품분류전환등록이 해당 등록상표의 지정상품이 아닌 상품으로 되거나 지정상품의 범위가 실질적으로 확장된 경우
  2. 상품분류전환등록이 해당 등록상표의 상표권자가 아닌 자의 신청에 의하여 이루어진 경우
  3. 상품분류전환등록이 제209조 제3항에 위반되는 경우

② 상품분류전환등록의 무효심판에 관하여는 제117조 제2항 및 제5항을 준용한다.
③ 상품분류전환등록을 무효로 한다는 심결이 확정된 경우에는 해당 상품분류전환등록은 처음부터 없었던 것으로 본다.

CHAPTER 10 상품분류전환의 등록

01 상표권의 소멸에 관한 설명으로 옳은 것은? (다툼이 있으면 판례에 따름) 기출 18

① 상표권자가 사망한 경우 사망한 날부터 3년 이내에 상속인이 상표권의 이전등록을 하지 아니하면 상표권자가 사망한 날부터 3년이 되는 날에 상표권이 소멸한다.
② 상표원부에 상표권자인 법인에 대한 청산종결등기가 되었음을 이유로 상표권의 말소등록이 이루어진 경우, 이러한 상표권의 말소등록행위는 항고소송의 대상이 될 수 있다.
③ 상품분류전환등록신청이 취하된 경우 상품분류전환등록의 대상이 되는 지정상품에 관한 상표권은 상품분류전환등록신청기간의 만료일이 속하는 존속기간의 만료일 다음 날에 소멸한다.
④ 상품분류전환등록의 대상이 되는 지정상품으로서 상품분류전환등록신청서에 기재되지 아니한 지정상품에 관한 상표권은 상품분류전환등록신청서에 기재된 지정상품이 전환등록 되는 날의 다음 날에 소멸한다.
⑤ 청산절차가 진행 중인 법인의 상표권은 법인의 청산종결등기일까지 상표권의 이전등록을 하지 아니하면 청산종결등기일에 소멸한다.

|해설|

① (×) 상표권자가 사망한 날부터 3년 이내에 상속인이 그 상표권의 이전등록을 하지 아니한 경우에는 상표권자가 사망한 날부터 3년이 되는 날의 '다음 날'에 상표권이 소멸된다(상표법 제106조 제1항).
② (×) 상표권자인 법인에 대한 청산종결등기가 되었음을 이유로 한 상표권의 말소등록행위는 항고소송의 대상이 될 수 없다(判例 2014두2362).
④ (×) 상품분류전환등록의 대상이 되는 지정상품으로서 상품분류전환등록신청서에 적지 아니한 지정상품에 관한 상표권은 상품분류전환등록신청서에 적은 지정상품이 '전환등록 되는 날'에 소멸한다(상표법 제213조 제2항).
⑤ (×) 청산절차가 진행 중인 법인의 상표권은 법인의 청산종결등기일까지 그 상표권의 이전등록을 하지 아니한 경우에는 청산종결등기일의 '다음 날'에 소멸된다(상표법 제106조 제3항).

답 ③

CHAPTER 11 보 칙

제215조(서류의 열람 등)
상표등록출원 및 심판에 관한 증명, 서류의 등본 또는 초본의 발급, 상표원부 및 서류의 열람 또는 복사를 원하는 자는 특허청장 또는 특허심판원장에게 서류의 열람 등의 허가를 신청할 수 있다.

제216조(상표등록출원·심사·심판 등에 관한 서류의 반출과 공개 금지)
① (반출금지) 상표등록출원, 심사, 이의신청, 심판 또는 재심에 관한 서류나 상표원부는 다음 각 호의 어느 하나에 해당하는 경우를 제외하고는 외부로 반출할 수 없다. 〈개정 2019.1.8., 2021.8.17., 2024.2.6.〉
  1. 제51조 제1항 및 제3항부터 제5항까지의 규정에 따른 상표검색 등을 위하여 상표등록출원, 지리적 표시 단체표장 등록출원, 심사 또는 이의신청에 관한 서류를 반출하는 경우
  1의2. 제151조의2 제2항에 따른 조정을 위하여 상표등록출원, 심사, 이의신청, 심판 또는 재심에 관한 서류나 상표원부를 반출하는 경우
  2. 「산업재산 정보의 관리 및 활용 촉진에 관한 법률」 제12조 제1항에 따른 산업재산문서 전자화업무의 위탁을 위하여 상표등록출원, 심사, 이의신청, 심판 또는 재심에 관한 서류나 상표원부를 반출하는 경우
  3. 「전자정부법」 제32조 제3항에 따른 온라인 원격근무를 위하여 상표등록출원, 심사, 이의신청, 심판 또는 재심에 관한 서류나 상표원부를 반출하는 경우
② (공개금지) 상표등록출원, 심사, 이의신청, 심판 또는 재심으로 계속 중인 사건의 내용이나 상표등록여부결정, 심결 또는 결정의 내용에 관하여는 감정·증언을 하거나 질의에 응답할 수 없다.

제217조 삭제 〈2024.2.6.〉

제218조(서류의 송달)
이 법에 규정된 서류의 송달절차 등에 관하여 필요한 사항은 대통령령으로 정한다.

제219조(공시송달)
① (요건) 송달을 받을 자의 주소나 영업소가 불분명하여 송달할 수 없을 경우에는 공시송달을 하여야 한다.
② (방법) 공시송달은 서류를 송달받을 자에게 어느 때라도 교부한다는 뜻을 상표공보에 게재함으로써 한다.
③ (효력발생시기) 최초의 공시송달은 상표공보에 게재한 날부터 2주일이 지나면 그 효력이 발생한다. 다만, 그 이후의 같은 당사자에 대한 공시송달은 상표공보에 게재한 날의 다음 날부터 그 효력이 발생한다.

제220조(재외자에 대한 송달)

① 재외자로서 상표관리인이 있으면 그 재외자에게 송달할 서류는 상표관리인에게 송달하여야 한다. 다만, 다음 각 호의 경우에는 그러하지 아니하다. 〈개정 2023.10.31.〉
  1. 심사관이 제190조에 따라 국제사무국을 통하여 국제상표등록출원인에게 거절이유를 통지하는 경우
  2. 심사관이 제193조의3에 따라 국제사무국을 통하여 국제상표등록출원인에게 상표등록여부결정의 등본을 송달하는 경우
② 재외자로서 상표관리인이 없으면 그 재외자에게 송달할 서류는 항공등기우편으로 발송할 수 있다.
③ 제1항 제2호에 따라 상표등록여부결정의 등본을 국제사무국에 발송하였거나 제2항에 따라 서류를 항공등기우편으로 발송하였을 경우에는 발송을 한 날에 송달된 것으로 본다. 〈개정 2023.10.31.〉

제221조(상표공보)

① (상표공보 발행) 특허청장은 상표공보를 발행하여야 한다.
② (전자적 매체 발행) 상표공보는 산업통상자원부령으로 정하는 바에 따라 전자적 매체로 발행할 수 있다.
③ (전자적 매체 이용 절차) 특허청장은 전자적 매체로 상표공보를 발행하는 경우에는 정보통신망을 활용하여 상표공보의 발행 사실, 주요 목록 및 공시송달에 관한 사항을 알려야 한다.
④ 상표공보에 게재할 사항은 대통령령으로 정한다.

제222조(등록상표의 표시)

상표권자·전용사용권자 또는 통상사용권자는 등록상표를 사용할 때에 해당 상표가 등록상표임을 표시할 수 있다.

제223조(동음이의어 지리적 표시 등록단체표장의 표시)

둘 이상의 지리적 표시 등록단체표장이 서로 동음이의어 지리적 표시에 해당하는 경우 각 단체표장권자와 그 소속 단체원은 지리적 출처에 대하여 수요자가 혼동하지 아니하도록 하는 표시를 등록단체표장과 함께 사용하여야 한다.

기출 22

제224조(거짓 표시의 금지)

① 누구든지 다음 각 호의 어느 하나에 해당하는 행위를 해서는 아니 된다.
  1. 등록을 하지 아니한 상표 또는 상표등록출원을 하지 아니한 상표를 등록상표 또는 등록출원상표인 것같이 상품에 표시하는 행위 기출 22
  2. 등록을 하지 아니한 상표 또는 상표등록출원을 하지 아니한 상표를 등록상표 또는 등록출원상표인 것같이 영업용 광고, 간판, 표찰, 상품의 포장 또는 그 밖의 영업용 거래 서류 등에 표시하는 행위
  3. 지정상품 외의 상품에 대하여 등록상표를 사용하는 경우에 그 상표에 상표등록 표시 또는 이와 혼동하기 쉬운 표시를 하는 행위
② 제1항 제1호 및 제2호에 따른 상표를 표시하는 행위에는 상품, 상품의 포장, 광고, 간판 또는 표찰을 표장의 형상으로 하는 것을 포함한다.

제225조(등록상표와 유사한 상표 등에 대한 특칙)

① 제89조, 제92조, 제95조 제3항, 제97조 제2항, 제104조, 제110조 제4항, 제119조 제1항 제3호 및 같은 조 제3항, 제160조, 제222조 및 제224조에 따른 "등록상표"에는 그 등록상표와 유사한 상표로서 색채를 등록상표와 동일하게 하면 등록상표와 같은 상표라고 인정되는 상표가 포함되는 것으로 한다.
② 제108조 제1항 제1호 및 제119조 제1항 제1호에 따른 "등록상표와 유사한 상표"에는 그 등록상표와 유사한 상표로서 색채를 등록상표와 동일하게 하면 등록상표와 같은 상표라고 인정되는 상표가 포함되지 아니하는 것으로 한다.

기출 15

③ 제108조 제2항 제1호에 따른 "타인의 지리적 표시 등록단체표장과 유사한 상표"에는 그 등록단체표장과 유사한 상표로서 색채를 등록단체표장과 동일하게 하면 등록단체표장과 같은 상표라고 인정되는 상표가 포함되지 아니하는 것으로 한다.
④ 제1항부터 제3항까지의 규정은 색채나 색채의 조합만으로 된 등록상표의 경우에는 적용하지 아니한다.

제226조(불복의 제한)
① 보정각하결정, 상표등록여부결정, 심결, 심판청구나 재심청구의 각하결정에 대해서는 다른 법률에 따른 불복을 할 수 없으며, 이 법에 따라 불복할 수 없도록 규정되어 있는 처분에 대해서는 다른 법률에 따른 불복을 할 수 없다.
② 제1항에 따른 처분 외의 처분에 대한 불복에 대해서는 「행정심판법」 또는 「행정소송법」에 따른다.

제227조(비밀유지명령)
① (요건) 법원은 상표권 또는 전용사용권의 침해에 관한 소송에서 어느 한쪽 당사자가 보유한 영업비밀(「부정경쟁방지 및 영업비밀보호에 관한 법률」 제2조 제2호에 따른 영업비밀을 말하며, 이하 같다)에 대하여 다음 각 호의 사유를 모두 소명한 경우에는 그 당사자의 신청에 의하여 결정으로 다른 당사자(법인인 경우에는 그 대표자를 말한다), 당사자를 위하여 소송을 대리하는 자, 그 밖에 그 소송으로 인하여 영업비밀을 알게 된 자에게 그 영업비밀을 그 소송의 계속적인 수행 외의 목적으로 사용하거나 그 영업비밀에 관계된 이 항에 따른 명령을 받은 자 외의 자에게 공개하지 아니할 것을 명할 수 있다. 다만, 그 신청 시점까지 다른 당사자(법인인 경우에는 그 대표자를 말한다), 당사자를 위하여 소송을 대리하는 자, 그 밖에 그 소송으로 인하여 영업비밀을 알게 된 자가 제1호에 따른 준비서면의 열람이나 증거조사 외의 방법으로 그 영업비밀을 이미 취득하고 있는 경우에는 그러하지 아니하다.
  1. 이미 제출하였거나 제출하여야 할 준비서면 또는 이미 조사하였거나 조사하여야 할 증거에 영업비밀이 포함되어 있다는 것
  2. 제1호에 따른 영업비밀이 해당 소송 수행 외의 목적으로 사용되거나 공개되면 당사자의 영업에 지장을 줄 우려가 있어 이를 방지하기 위하여 영업비밀의 사용 또는 공개를 제한할 필요가 있다는 것
② (신청) 제1항에 따른 명령(이하 "비밀유지명령"이라 한다)의 신청은 다음 각 호의 사항을 적은 서면으로 하여야 한다.
  1. 비밀유지명령을 받을 자
  2. 비밀유지명령의 대상이 될 영업비밀을 특정하기에 충분한 사실
  3. 제1항 각 호의 사유에 해당하는 사실
③ (송달) 법원은 비밀유지명령이 결정된 경우에는 그 결정서를 비밀유지명령을 받은 자에게 송달하여야 한다.
④ (효력) 비밀유지명령은 제3항에 따른 결정서가 비밀유지명령을 받은 자에게 송달된 때부터 효력이 발생한다.
⑤ (불복) 비밀유지명령의 신청을 기각하거나 각하한 재판에 대해서는 즉시항고를 할 수 있다.

제228조(비밀유지명령의 취소)
① (요건) 비밀유지명령을 신청한 자 또는 비밀유지명령을 받은 자는 제227조 제1항에 따른 요건을 갖추지 못하였거나 갖추지 못하게 된 경우 소송기록을 보관하고 있는 법원(소송기록을 보관하고 있는 법원이 없는 경우에는 비밀유지명령을 내린 법원을 말한다)에 비밀유지명령의 취소를 신청할 수 있다.
② (송달) 법원은 비밀유지명령의 취소 신청에 대한 재판이 있는 경우에는 그 결정서를 그 신청을 한 자 및 상대방에게 송달하여야 한다.
③ (불복) 비밀유지명령의 취소 신청에 대한 재판에 대해서는 즉시항고를 할 수 있다.
④ (효력) 비밀유지명령을 취소하는 재판은 확정되어야 그 효력이 발생한다.
⑤ (통지) 비밀유지명령을 취소하는 재판을 한 법원은 비밀유지명령의 취소 신청을 한 자 또는 상대방 외에 해당 영업비밀에 관한 비밀유지명령을 받은 자가 있는 경우에는 그 자에게 즉시 비밀유지명령의 취소 재판을 한 사실을 알려야 한다.

제229조(소송기록 열람 등의 청구 통지 등)

① **(열람 등의 청구 통지)** 비밀유지명령이 내려진 소송(모든 비밀유지명령이 취소된 소송은 제외한다)에 관한 소송기록에 대하여「민사소송법」제163조 제1항에 따른 열람 등의 제한 결정이 있는 경우로서, 그 소송에서 비밀유지명령을 받지 아니한 자가 열람 등이 가능한 당사자를 위하여 그 비밀 기재 부분의 열람 등의 청구절차를 밟은 경우에는 법원서기관, 법원사무관, 법원주사 또는 법원주사보(이하 이 조에서 "법원사무관등"이라 한다)는「민사소송법」제163조 제1항에 따라 열람 등의 제한 신청을 한 당사자(그 열람 등의 청구를 한 자는 제외하며, 이하 제3항에서 같다)에게 그 청구 직후에 그 열람 등의 청구가 있었다는 사실을 알려야 한다.

② **(열람 금지 기간)** 제1항의 경우에 법원사무관등은 제1항에 따른 청구가 있었던 날부터 2주일이 지날 때까지 그 청구절차를 밟은 자에게 같은 항에 따른 비밀 기재 부분의 열람 등을 하게 해서는 아니 된다. 이 경우 그 청구절차를 밟은 자에 대한 비밀유지명령 신청이 그 기간 내에 이루어진 경우에는 그 신청에 대한 재판이 확정되는 시점까지 그 청구절차를 밟은 자에게 제1항에 따른 비밀 기재 부분의 열람 등을 하게 해서는 아니 된다.

③ **(열람 금지의 예외)** 제2항은 제1항에 따라 열람 등의 청구를 한 자에게 제1항에 따른 비밀 기재 부분의 열람 등을 하게 하는 것에 대하여「민사소송법」제163조 제1항에 따라 열람 등의 제한 신청을 한 당사자 모두의 동의가 있는 경우에는 적용되지 아니한다.

CHAPTER 11 보 칙

01 상표법상 표시에 관한 설명으로 옳지 않은 것은? 기출 22

① 상표권자는 상표법 제98조(특허권 등의 존속기간 만료 후 상표를 사용하는 권리)에 따라 상표를 사용할 권리를 가진 자에게 그 자의 업무에 관한 상품과 자기의 업무에 관한 상품 간에 혼동을 방지하는 데 필요한 표시를 하도록 청구할 수 있다.
② 상표권자는 상표법 제99조(선사용에 따른 상표를 계속 사용할 권리) 제1항에 따라 상표를 사용할 권리를 가지는 자에게 그 자의 상품과 자기의 상품 간에 출처의 오인이나 혼동을 방지하는 데 필요한 표시를 할 것을 청구할 수 있다.
③ 상표법 제223조(동음이의어 지리적 표시 등록단체표장의 표시)에 따라 둘 이상의 지리적 표시등록단체표장이 서로 동음이의어 지리적 표시에 해당하는 경우 각 단체표장권자와 그 소속 단체원은 지리적 출처에 대하여 수요자가 혼동하지 아니하도록 하는 표시를 등록단체표장과 함께 사용하여야 한다.
④ 상표법 제223조(동음이의어 지리적 표시 등록단체표장의 표시)를 위반한 자는 3년 이하의 징역 또는 3천만원 이하의 벌금에 처한다.
⑤ 누구든지 등록을 하지 아니한 상표 또는 상표등록출원을 하지 아니한 상표를 등록상표 또는 등록출원상표인 것같이 상품에 표시하는 행위를 해서는 아니 되며, 이를 위반 시 3년 이하의 징역 또는 3천만원 이하의 벌금에 처한다.

해설

① (○) 상표법 제98조 제4항
② (○) 상표법 제99조 제3항
③ (○) 상표법 제223조
④ (×) 지리적 표시 단체표장권자나 그 소속 단체원이 제223조를 위반하여 단체표장을 사용함으로써 수요자에게 상품의 품질을 오인하게 하거나 지리적 출처에 대한 혼동을 불러일으키게 한 경우 그 상표등록의 취소심판을 청구할 수 있다(상표법 제119조 제1항 제8호 나목).
⑤ (○) 등록을 하지 아니한 상표 또는 상표등록출원을 하지 아니한 상표를 등록상표 또는 등록출원상표인 것같이 상품에 표시하는 행위를 해서는 아니 된다(상표법 제224조 제1항 제1호). 이를 위반한 자는 3년 이하의 징역 또는 3천만원 이하의 벌금에 처한다(상표법 제233조).

답 ④

CHAPTER 12 벌칙

제2편 | 상표법

제230조(침해죄)
상표권 또는 전용사용권의 침해행위를 한 자는 7년 이하의 징역 또는 1억원 이하의 벌금에 처한다. 기출 19

제231조(비밀유지명령 위반죄)
① (요건 및 처벌) 국내외에서 정당한 사유 없이 비밀유지명령을 위반한 자는 5년 이하의 징역 또는 5천만원 이하의 벌금에 처한다.
② (친고죄) 제1항의 죄에 대해서는 비밀유지명령을 신청한 자의 고소가 있어야 공소를 제기할 수 있다.
기출 18 · 21

제232조(위증죄)
① (요건 및 처벌) 이 법에 따라 선서한 증인, 감정인 또는 통역인이 특허심판원에 대하여 거짓의 진술·감정 또는 통역을 하였을 경우에는 5년 이하의 징역 또는 5천만원 이하의 벌금에 처한다. 기출 18 · 19
② (감면) 제1항에 따른 죄를 범한 자가 그 사건의 상표등록여부결정 또는 심결의 확정 전에 자수하였을 경우에는 그 형을 감경하거나 면제할 수 있다. 기출 19

제233조(거짓 표시의 죄)
제224조를 위반한 자는 3년 이하의 징역 또는 3천만원 이하의 벌금에 처한다. 기출 18 · 19 · 22

제234조(거짓 행위의 죄)
거짓이나 그 밖의 부정한 행위를 하여 상표등록, 지정상품의 추가등록, 존속기간갱신등록, 상품분류전환등록 또는 심결을 받은 자는 3년 이하의 징역 또는 3천만원 이하의 벌금에 처한다. 기출 18 · 19

제235조(양벌규정)
법인의 대표자나 법인 또는 개인의 대리인, 사용인, 그 밖의 종업원이 그 법인 또는 개인의 업무에 관하여 제230조, 제233조 또는 제234조의 위반행위를 하면 그 행위자를 벌하는 외에 그 법인에는 다음 각 호의 구분에 따른 벌금형을 과(科)하고, 그 개인에게는 해당 조문의 벌금형을 과한다. 다만, 법인 또는 개인이 그 위반행위를 방지하기 위하여 해당 업무에 관하여 상당한 주의와 감독을 게을리하지 아니한 경우에는 그러하지 아니하다. 기출 18
  1. 제230조를 위반한 경우 : 3억원 이하의 벌금
  2. 제233조 또는 제234조를 위반한 경우 : 6천만원 이하의 벌금

제236조(몰수)

① **(몰수)** 제230조에 따른 상표권 또는 전용사용권의 침해행위에 제공되거나 그 침해행위로 인하여 생긴 상표·포장 또는 상품(이하 이 항에서 "침해물"이라 한다)과 그 침해물 제작에 주로 사용하기 위하여 제공된 제작 용구 또는 재료는 몰수한다. 기출 19·21

② **(예외)** 제1항에도 불구하고 상품이 그 기능 및 외관을 해치지 아니하고 상표 또는 포장과 쉽게 분리될 수 있는 경우에는 그 상품은 몰수하지 아니할 수 있다.

제237조(과태료)

① **(대상)** 다음 각 호의 어느 하나에 해당하는 자에게는 50만원 이하의 과태료를 부과한다.
  1. 제141조 제7항에 따라 준용되는 「민사소송법」 제299조 제2항 또는 제367조에 따라 선서를 한 사람으로서 특허심판원에 대하여 거짓 진술을 한 사람
  2. 특허심판원으로부터 증거조사 또는 증거보전에 관하여 서류나 그 밖의 물건의 제출 또는 제시 명령을 받은 자로서 정당한 이유 없이 그 명령에 따르지 아니한 자
  3. 특허심판원으로부터 증인, 감정인 또는 통역인으로 출석이 요구된 사람으로서 정당한 이유 없이 출석요구에 응하지 아니하거나 선서·진술·증언·감정 또는 통역을 거부한 사람

② **(부과·징수)** 제1항에 따른 과태료는 대통령령으로 정하는 바에 따라 특허청장이 부과·징수한다.

CHAPTER 12 벌칙

제2편 | 상표법

01 상벌칙에 관한 설명으로 옳은 것은? 기출 25

① 상표권 침해행위에 제공되거나 그 침해행위로 인하여 생긴 침해물과 그 침해물 제작에 주로 사용하기 위하여 제공된 제작 용구 또는 재료는 몰수의 대상이다. 다만, 상품이 그 기능 및 외관을 해치지 아니하고 상표 또는 포장과 쉽게 분리될 수 있는 경우에는 그 상품은 몰수하지 아니할 수 있다.
② 국내외에서 정당한 사유 없이 비밀유지명령을 위반한 자는 3년 이하의 징역 또는 3천만원 이하의 벌금에 처한다. 이에 대해서는 비밀유지명령을 신청한 자의 고소가 있어야 공소를 제기할 수 있다.
③ 거짓이나 그 밖의 부정한 행위를 하여 상표등록, 지정상품의 추가등록, 존속기간갱신등록, 상품분류전환등록 또는 심결을 받은 자는 5년 이하의 징역 또는 5천만원 이하의 벌금에 처한다.
④ 상표법에 따라 선서한 증인, 감정인 또는 통역인이 특허심판원에 대하여 거짓의 진술·감정 또는 통역을 하였을 경우에는 3년 이하의 징역 또는 3천만원 이하의 벌금에 처한다.
⑤ 등록을 하지 아니한 상표 또는 상표등록출원을 하지 아니한 상표를 등록상표 또는 등록출원상표인 것 같이 상품에 표시하는 행위를 한 경우에는 5년 이하의 징역 또는 5천만원 이하의 벌금에 처한다.

해설
① (○) 상표법 제236조 제2항
② (×) 국내외에서 정당한 사유 없이 비밀유지명령을 위반한 자는 5년 이하의 징역 또는 5천만원 이하의 벌금에 처한다(상표법 제231조 제1항).
③ (×) 거짓이나 그 밖의 부정한 행위를 하여 상표등록, 지정상품의 추가등록, 존속기간갱신등록, 상품분류전환등록 또는 심결을 받은 자는 3년 이하의 징역 또는 3천만원 이하의 벌금에 처한다(상표법 제234조).
④ (×) 상표법에 따라 선서한 증인, 감정인 또는 통역인이 특허심판원에 대하여 거짓의 진술·감정 또는 통역을 하였을 경우에는 5년 이하의 징역 또는 5천만원 이하의 벌금에 처한다(상표법 제232조 제1항).
⑤ (×) 등록을 하지 아니한 상표 또는 상표등록출원을 하지 아니한 상표를 등록상표 또는 등록출원상표인 것 같이 상품에 표시하는 행위를 한 경우에는 3년 이하의 징역 또는 3천만원 이하의 벌금에 처한다(상표법 제233조).

답 ①

02 상표법상 벌칙에 관한 설명으로 옳지 않은 것은? 기출 21

① 상표권 침해행위는 권리자에게 피해를 주는 것 이외에 상품 출처의 오인·혼동을 발생시킴으로써 거래질서를 혼란하게 할 우려도 있으므로, 상표권 침해죄는 특허권 침해죄와는 달리 비친고죄이다.
② 상표법에 따라 선서한 증인으로서 특허심판원에 대하여 거짓의 진술·감정을 하여 위증죄를 범한 자가 그 사건의 상표등록여부결정 또는 심결의 확정 전에 자수하였을 경우에는 필요적으로 그 형을 감경하거나 면제하여야 한다.
③ 상표법상 비밀유지명령위반죄는 비밀유지명령을 신청한 자의 고소가 있어야 공소를 제기할 수 있는 친고죄이다.
④ 거짓이나 그 밖의 부정한 행위를 하여 상표등록, 지정상품의 추가등록, 존속기간갱신등록, 상품분류전환등록 또는 심결을 받은 자는 거짓행위의 죄에 해당되는데 이 죄는 비친고죄이다.
⑤ 상표권 침해행위에 제공되거나 그 침해행위로 인하여 생긴 침해물과 그 침해물 제작에 주로 사용하기 위하여 제공된 제작 용구 또는 재료는 필요적 몰수의 대상이지만, 상품이 그 기능 및 외관을 해치지 아니하고 상표 또는 포장과 쉽게 분리될 수 있는 경우에는 그 상품은 몰수하지 아니할 수 있다.

해설

① (O) 상표권 침해행위는 권리자에게 피해를 주는 것 이외에 상품 출처의 오인·혼동을 발생시킴으로써 거래질서를 혼란하게 할 우려도 있으므로, 상표권 침해죄는 특허권 침해죄와는 달리 비친고죄이다.
② (×) 상표법에 따라 선서한 증인으로서 특허심판원에 대하여 거짓의 진술·감정을 하여 위증죄를 범한 자가 그 사건의 상표등록여부결정 또는 심결의 확정 전에 자수하였을 경우에는 필요적으로 그 형을 감경하거나 면제할 수 있다(상표법 제232조 제2항).
③ (O) 상표법상 비밀유지명령위반죄는 비밀유지명령을 신청한 자의 고소가 있어야 공소를 제기할 수 있는 친고죄이다(상표법 제231조 제2항).
④ (O) 거짓이나 그 밖의 부정한 행위를 하여 상표등록, 지정상품의 추가등록, 존속기간갱신등록, 상품분류전환등록 또는 심결을 받은 자는 거짓행위의 죄에 해당되는데 이 죄는 비친고죄이다.
⑤ (O) 상표권 침해행위에 제공되거나 그 침해행위로 인하여 생긴 침해물과 그 침해물 제작에 주로 사용하기 위하여 제공된 제작 용구 또는 재료는 필요적 몰수의 대상이지만, 상품이 그 기능 및 외관을 해치지 아니하고 상표 또는 포장과 쉽게 분리될 수 있는 경우에는 그 상품은 몰수하지 아니할 수 있다(상표법 제236조).

답 ②

03 상표법상 벌칙에 관한 설명으로 옳은 것은? 기출 19

① 상표법에 따라 선서한 증인이 특허심판원에 대하여 거짓의 진술을 하였을 경우에는 5년 이하의 징역 또는 5천만원 이하의 벌금에 처한다. 다만, 이 위증죄를 범한 증인이 그 사건의 상표등록여부결정 또는 심결의 확정 전에 자수하였을 경우에는 그 형을 감경하거나 면제할 수 있다.
② 상표등록을 하지 아니한 상표를 등록상표인 것같이 영업용 광고에 표시한 자는 5년 이하의 징역 또는 5천만원 이하의 벌금에 처한다.
③ 거짓이나 그 밖의 부정한 행위를 하여 상표등록을 받은 자는 5년 이하의 징역 또는 5천만원 이하의 벌금에 처한다.
④ 상표권의 침해행위를 한 자는 5년 이하의 징역 또는 5천만원 이하의 벌금에 처한다.
⑤ 상표권의 침해물 제작에 사용하기 위하여 제공된 제작 용구에 대해서는 몰수가 가능하나, 상표권의 침해물 제작에 사용하기 위하여 제공된 재료에 대해서는 몰수가 불가능하다.

| 해설 |

① (○) 상표법에 따라 선서한 증인, 감정인 또는 통역인이 특허심판원에 대하여 거짓의 진술·감정 또는 통역을 하였을 경우에는 5년 이하의 징역 또는 5천만원 이하의 벌금에 처한다(상표법 제232조 제1항). 다만, 제1항에 따른 죄를 범한 자가 그 사건의 상표등록여부결정 또는 심결의 확정 전에 자수하였을 경우에는 그 형을 감경하거나 면제할 수 있다(상표법 제232조 제2항).
② (×) 제233조 소정의 '거짓 표시의 죄'이므로 3년 이하의 징역 또는 3천만원 이하의 벌금이다.
③ (×) 제234조 소정의 '거짓 행위의 죄'이므로 3년 이하의 징역 또는 3천만원 이하의 벌금이다.
④ (×) 상표권 또는 전용사용권의 침해행위를 한 자는 7년 이하의 징역 또는 1억원 이하의 벌금에 처한다(상표법 제230조).
⑤ (×) 상표법 제236조

답 ①

04 상표법상 벌칙에 관한 설명으로 옳지 <u>않은</u> 것은?

① 상표법에 따라 선서한 증인이 특허심판원에 대하여 거짓의 진술, 감정 또는 통역을 하였을 경우에는 위증죄에 해당한다.
② 비밀유지명령을 신청한 자의 고소가 없더라도 비밀유지명령 위반죄로 공소를 제기할 수 있다.
③ 등록을 하지 아니한 상표 또는 상표등록출원을 하지 아니한 상표를 등록상표 또는 등록출원상표인 것같이 영업용 광고, 간판, 표찰, 상품의 포장 등에 표시하는 행위를 한 경우에는 거짓표시의 죄에 해당한다.
④ 법인의 대표자나 법인 또는 개인의 대리인, 종업원이 그 법인 또는 개인의 업무에 관하여 상표권침해죄의 위반행위를 하면 그 행위자를 벌하는 외에 그 법인에는 벌금형을 과(科)하고 그 개인에게는 해당 조문의 벌금형을 과한다. 다만, 법인 또는 개인이 그 위반행위를 방지하기 위하여 해당 업무에 관하여 상당한 주의와 감독을 게을리하지 아니한 경우에는 그러하지 아니하다.
⑤ 거짓이나 그 밖의 부정한 행위를 하여 상표등록, 지정상품의 추가등록, 존속기간 갱신등록, 상품분류전환등록 또는 심결을 받은 경우에는 거짓행위의 죄에 해당된다.

해설
① (○) 상표법 제232조(위증죄)
② (×) 비밀유지명령 위반죄는 비밀유지명령을 신청한 자의 고소가 있어야 공소를 제기할 수 있다. 즉, 침해죄 등과 달리 '친고죄'이다(상표법 제231조 제2항).
③ (○) 상표법 제233조(거짓 표시의 죄)
④ (○) 상표법 제235조(양벌규정)
⑤ (○) 상표법 제234조(거짓 행위의 죄)

답 ②

나는 젊었을 때, 10번 시도하면 9번 실패했다.
그래서 10번씩 시도했다.

– 조지 버나드 쇼 –

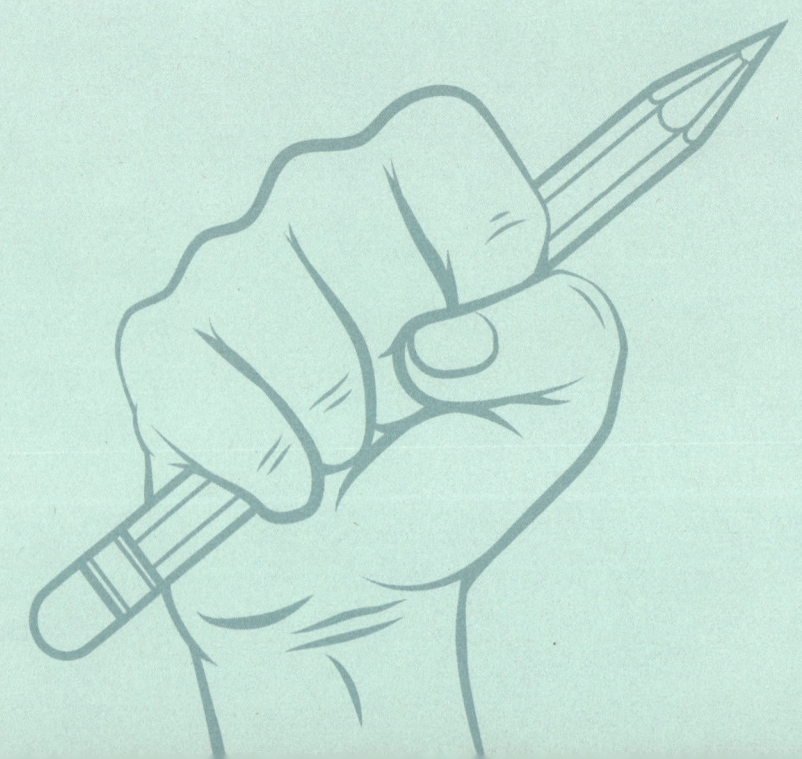

변리사 1차
산업재산권법
한권으로 끝내기

디자인보호법

시대에듀

이 책의 차례

제3편 디자인보호법

CHAPTER 01 총 칙 ··· 002
　　　　　　기출문제해설 ··· 050

CHAPTER 02 디자인보호등록요건 및 디자인등록출원 ······································· 064
　　　　　　기출문제해설 ··· 118

CHAPTER 03 심 사 ··· 165
　　　　　　기출문제해설 ··· 173

CHAPTER 04 등록료 및 디자인등록 등 ·· 185
　　　　　　기출문제해설 ··· 188

CHAPTER 05 디자인권 ··· 189
　　　　　　기출문제해설 ··· 205

CHAPTER 06 디자인권자의 보호 ·· 219
　　　　　　기출문제해설 ··· 223

CHAPTER 07 심 판 ··· 226
　　　　　　기출문제해설 ··· 243

CHAPTER 08 재심 및 소송 ·· 251
　　　　　　기출문제해설 ··· 253

CHAPTER 09 국제디자인등록출원 ·· 254
　　　　　　기출문제해설 ··· 263

CHAPTER 10 보 칙 ··· 269
　　　　　　기출문제해설 ··· 272

CHAPTER 11 벌 칙 ··· 273
　　　　　　기출문제해설 ··· 275

제3편
디자인보호법

CHAPTER 01 총 칙

CHAPTER 02 디자인보호등록요건 및 디자인등록출원

CHAPTER 03 심 사

CHAPTER 04 등록료 및 디자인등록 등

CHAPTER 05 디자인권

CHAPTER 06 디자인권자의 보호

CHAPTER 07 심 판

CHAPTER 08 재심 및 소송

CHAPTER 09 국제디자인등록출원

CHAPTER 10 보 칙

CHAPTER 11 벌 칙

CHAPTER 01 총칙

제3편 | 디자인보호법

01 디자인보호법의 목적

> **제1조(목적)**
> 이 법은 디자인의 보호와 이용을 도모함으로써 디자인의 창작을 장려하여 산업발전에 이바지함을 목적으로 한다.
> 기출 18

(1) 디자인의 보호
① 실체적 보호
  ㉠ 디자인등록 받을 수 있는 권리(法 제3조 제1항)
  ㉡ 보상금청구권(法 제53조 제2항)
  ㉢ 후출원의 등록배제(法 제46조 제1항, 제33조 제3항)
  ㉣ 디자인권의 부여(法 제92조)
② 절차적 보호
  ㉠ 신규성 상실의 예외(法 제36조)
  ㉡ 출원의 보정과 요지변경(法 제48조)
  ㉢ 출원의 분할(法 제50조)
  ㉣ 조약에 의한 우선권 주장(法 제51조)
  ㉤ 거절이유의 한정열거(法 제62조 제1항, 제65조)
  ㉥ 의견서 제출기회의 부여(法 제63조 제1항)
  ㉦ 심판・재심・소송
③ 특유디자인에 의한 보호
  ㉠ 부분디자인제도(法 제2조 제1호 괄호)
  ㉡ 관련디자인제도(法 제35조)
  ㉢ 한 벌 물품의 디자인제도(法 제42조)
  ㉣ 비밀디자인제도(法 제43조)

　　　　ⓜ 동적디자인제도
　　　　ⓑ 일부심사등록제도(法 제2조 제6호)
　　　　ⓢ 복수디자인등록출원제도(法 제41조)

(2) 디자인의 이용
　　① 디자인권자의 이용 : 디자인권자는 업으로서 등록디자인 또는 이와 유사한 디자인을 실시할 권리를 독점한다(法 제92조). 다만, 디자인권자에게 실시의무가 강제되어 있지 않다.
　　② 실시권자의 이용 : ⅰ) 허락에 의한 실시권, ⅱ) 공표의 견지 또는 산업설비의 보호를 위한 법정실시권, ⅲ) 이용·저촉에 따른 강제실시권으로 분류된다.
　　③ 제3자의 이용 : 디자인권의 소멸 이후에는 누구든지 해당 디자인을 자유롭게 이용할 수 있다.

(3) 디자인의 창작을 장려

(4) 산업발전에 이바지

(5) 디자인의 유행성과 관련된 제도
　　① 의의 및 취지 : 디자인은 물품의 형태에 관한 미적 창작으로서, 라이프 사이클이 짧다. 또한 물품의 외관인 탓에 모방이나 공지가 용이하며, 협소한 권리범위를 갖는다. 이러한 디자인의 특성을 고려하여 권리자의 보호를 위한 특유 규정 및 특유 제도를 두고 있다.
　　② 유행성 관련 특유 규정
　　　　㉠ 신규성(法 제33조 제1항)
　　　　㉡ 신규성 상실의 예외(法 제36조 제1항)
　　　　㉢ 신청에 의한 출원공개제도(法 제52조)
　　　　㉣ 우선심사청구제도(法 제61조)
　　③ 유행성 관련 특유 제도
　　　　㉠ 관련디자인제도(法 제35조)
　　　　㉡ 비밀디자인제도(法 제43조)
　　　　㉢ 일부심사등록제도(法 제2조 제6호)
　　　　㉣ 복수디자인등록출원제도(法 제41조)
　　　　㉤ 디자인권의 효력(法 제92조)

02 정 의

> **제2조(정의)**
> 이 법에서 사용하는 용어의 뜻은 다음과 같다.
> 1. "디자인"이란 물품[물품의 부분, 글자체 및 화상(畵像)을 포함한다. 이하 같다]의 형상·모양·색채 또는 이들을 결합한 것으로서 시각을 통하여 미감(美感)을 일으키게 하는 것을 말한다. 기출 23
> 2. "글자체"란 기록이나 표시 또는 인쇄 등에 사용하기 위하여 공통적인 특징을 가진 형태로 만들어진 한 벌의 글자꼴(숫자, 문장부호 및 기호 등의 형태를 포함한다)을 말한다. 기출 25
> 2의2. "화상"이란 디지털 기술 또는 전자적 방식으로 표현되는 도형·기호 등[기기(器機)의 조작에 이용되거나 기능이 발휘되는 것에 한정하고, 화상의 부분을 포함한다]을 말한다.
> 3. "등록디자인"이란 디자인등록을 받은 디자인을 말한다.
> 4. "디자인등록"이란 디자인심사등록 및 디자인일부심사등록을 말한다.
> 5. "디자인심사등록"이란 디자인등록출원이 디자인등록요건을 모두 갖추고 있는지를 심사하여 등록하는 것을 말한다.
> 6. "디자인일부심사등록"이란 디자인등록출원이 디자인등록요건 중 일부만을 갖추고 있는지를 심사하여 등록하는 것을 말한다.
> 7. "실시"란 다음 각 목의 구분에 따른 행위를 말한다.
>   가. 디자인의 대상이 물품(화상은 제외한다)인 경우 그 물품을 생산·사용·양도·대여·수출 또는 수입하거나 그 물품을 양도 또는 대여하기 위하여 청약(양도나 대여를 위한 전시를 포함한다. 이하 같다)하는 행위
>   나. 디자인의 대상이 화상인 경우 그 화상을 생산·사용 또는 전기통신회선을 통한 방법으로 제공하거나 그 화상을 전기통신회선을 통한 방법으로 제공하기 위하여 청약(전기통신회선을 통한 방법으로 제공하기 위한 전시를 포함한다. 이하 같다)하는 행위 또는 그 화상을 저장한 매체를 양도·대여·수출·수입하거나 그 화상을 저장한 매체를 양도·대여하기 위하여 청약(양도나 대여를 위한 전시를 포함한다. 이하 같다)하는 행위

(1) 디자인의 성립요건

① 물품성
  ㉠ 디자인은 물품의 외관이므로 불가분적으로 성립된다. 기출 18
  ㉡ 물품이란 독립하여 거래대상이 되는 구체적인 유체 동산이다(대법원 2004.7.9. 선고 2003후274 판결 등).
  기출 21

② 형태성
  ㉠ 형상·모양·색채로 물품의 외관을 구성하는 형태적 요소이다.
  ㉡ 형상이란 물품이 공간을 점유하고 있는 윤곽으로, 글자체 디자인을 제외하고는 필수적 요소이다.
  ㉢ 모양이란 물품의 외관에 나타나는 선도, 색구분 및 색흐림을 말한다. 임의적 요소이다.
  ㉣ 색채란 물체에 반사되는 빛에 의하여 인간의 망막을 자극하는 물체의 성질이다. 임의적 요소이다.

③ **시각성** : 시각 이외의 감각으로 파악되는 것, 분상물·입상물의 하나의 단위, 외부에서 볼 수 없는 형태는 디자인등록의 대상이 아니다. 다만, 열리는 구조로 되어 분해나 파괴하지 않는 경우에는 내부의 형태도 디자인등록의 대상이 된다.

④ **심미성** : 디자인은 미적 창작으로서 미감을 일으키게 하는 것을 말한다.

(2) 물품성

① **독립성**
  ㉠ 통상의 상태에서 독립거래 대상이 되지 않는 것은 물품으로 성립 불가
   예 양말의 뒷굽 모양, 병 주둥이, 합성물의 구성각편(완성형태가 다양한 조립완구의 구성각편은 합성물의 구성각편이라도 등록 가능)
  ㉡ 독립거래의 대상이 되지 않는 부분이라도 부분디자인으로는 등록 가능, 다만, 부분디자인이라도 디자인의 대상이 되는 물품은 독립거래의 대상이 되는 물품명을 기재하여야 한다.
  기출 18

② **유체성** : 유체물만이 물품으로 성립 가능, 무체물은 물품 불가, 따라서 전기·열·빛·기체·네온사인·불꽃·홀로그램 등과 같은 무체물은 물품으로서 불가하다.

③ **구체성** : 특정된 일정한 형태가 없는 것은 물품 불가, 따라서 액체·기체·유동체·반유동체, 분상물·입상물의 하나의 단위, 서비스 디자인 등은 물품 자체의 특정된 형태가 없으므로 물품으로서 불가하다.

④ **동산성**
  ㉠ 원칙 : 동산만을 물품으로 인정, 부동산은 물품 불가
  ㉡ 예외 : 부동산이라도 토지 정착 전에 반복생산 및 운반 가능한 조립가옥은 물품 가능(대법원 2008.2.14. 선고 2007후4311 판결)

(3) 형태성

① **의의** : 디자인은 물품의 미적 외관으로서, 형태란 물품의 외관을 구성하는 형상·모양·색채 또는 이들을 결합한 것을 말한다.

② **형태성의 내용**
  ㉠ 형상
   • 유형적 존재인 물품이 공간을 점유하는 윤곽이다.
   • 필수적 구성이나 글자체 디자인 및 화상 디자인은 예외적으로 형상을 수반하지 않는다.
   • 종류 : 입체적 형상, 평면적 형상
   • 형상은 물품자체의 형상을 의미하므로 2차적으로 만들어낸 서비스 디자인은 형상이 없다.
  ㉡ 모양
   • 선도, 색구분, 색흐림
   • 임의적 구성
   • 모양은 형상의 표면에 존재하는 것이 원칙, 투명체의 경우에는 모양이 형상의 내부에 존재할 수 있다.

ⓒ 색 채
  - 물체에 반사되는 빛에 의하여 인간의 망막을 자극하는 물체의 성질
  - 임의적 구성
  - 무채색, 유채색, 투명색, 금속색
  - 1색만을 의미하며 2색 이상의 경우 모양으로 취급
ⓔ 이들의 결합 : 형상 + 모양, 형상 + 색채, 형상 + 모양 + 색채

(4) 시각성
① 의의 : 디자인은 육안으로 식별할 수 있어야 하고, 이것이 디자인 성립요건 중 하나이다. 시각을 통해 구매 동기를 갖기 때문이다.
② 시각성의 내용
  ㉠ 시각으로 파악될 것 : 시각 이외의 감각기관으로 파악되는 소리, 냄새, 맛, 촉감은 디자인으로 성립되지 않는다.
  ㉡ 육안으로 식별될 것 : 분상물·입상물의 하나의 단위 및 확대경 등에 의해 확대하여야 물품의 형상 등이 파악되는 것은 원칙적으로 시각성이 없다. 그러나 디자인에 관한 물품의 거래에서 확대경 등에 의해 물품의 형상을 확대하여 관찰하는 것이 통상적인 경우에는 시각성이 인정된다.
  ㉢ 외부에서 보일 것 : 분해하거나 파괴하여야만 볼 수 있는 물품의 내부 형태는 시각성이 없다. 그러나 피아노와 같이 뚜껑을 여는 것과 같은 구조로 된 것은 그 내부도 디자인등록의 대상이 되는 형태에 해당한다. 기출 18

(5) 심미성
① 의의 및 취지 : 미감을 일으키는 것을 말한다. 수요창출에 기여할 수 있는 미적 외관만을 보호하기 위함이다.
② 디자인보호법상 미(美)
  ㉠ 판단기준 : 미(美)란 순수미에 한정되지 않는 넓은 의미의 모든 미를 뜻하며, 장식미는 물론 기능미를 포함한다. 심미성은 유무가 문제될 뿐 고저는 문제되지 아니한다.
  ㉡ 판단방법
    - 심사기준으로 미감을 일으키는 것이라 함은 미적 처리가 되어 있는 것. 즉, 해당물품으로부터 미를 느낄 수 있도록 처리되어 있는 것을 말한다.
    - 기능 작용 효과를 주목적으로 한 것으로서 미감을 거의 일으키게 하지 않는 것. 즉, 디자인으로서 짜임새가 없고 조잡감만 주는 것으로서 미감을 거의 일으키게 하지 않는 것은 심미성이 없는 것으로 본다.
    - 디자인의 본체는 보는 사람의 마음에 어떤 취미감을 환기시키는 것에 있다(대법원 1996.6.28. 선고 95후1449 판결).

(6) 디자인 성립요건 위반 시 취급

① 법적취급
  ㉠ 法 제2조 제1호 디자인 정의 규정에 합치되지 않는 것은 法 제62조에 명시된 거절이유가 아니기 때문에 法 제33조 제1항 본문에 따라 디자인등록 받을 수 없는 것으로 한다.
  ㉡ 法 제33조 제1항 본문 위반은 심사·일부심사 거절이유(法 제62조 제1항·제2항), 정보제공사유(法 제55조)이고, 착오 등록된 경우 일부심사등록 이의신청이유(法 제68조 제1항), 디자인등록의 무효사유(法 제121조 제1항)가 된다.

② 보정 가부 : 디자인의 성립성을 구비하기 위한 보정은 보정 전·후의 디자인의 동일성이 유지되기 어렵기 때문에 보정에 의해 하자를 치유하기 어렵다. 디자인등록을 받기 위해서는 요건을 갖추어 재출원하여야 한다.

(7) 관련문제

① **자연물** : 심사기준은 공업상 이용가능성이 없는 유형으로 자연물을 예시하고 있다. 다만, 자연물의 가공비율이 높거나 부재로서 사용된 경우라면 디자인등록의 대상이 될 수 있다.

② **분상물·입상물의 집합** : 분상물·입상물의 집합은 그 집합단위로서 그 형태를 갖춘 경우 디자인등록의 대상이 된다. 기출 17 분상물·입상물의 일단위는 육안으로 식별되는 형태가 아니므로 시각성이 부정된다.

③ **조립완구의 구성각편** : 합성물의 구성각편은 독립거래의 대상이 되지 않아 물품에 포함되지 않음이 일반적이다. 다만, 완성형태가 다양한 조립완구의 구성각편과 같이 독립거래의 대상인 것은 디자인등록의 대상이 된다. 기출 16

④ **인테리어 디자인** : 인테리어에 사용되는 개별 물품은 법상 물품으로 성립될 수 있으나, 물품의 배치나 구도의 공간개념은 법상 물품의 개념에 포함되지 않는다.

03 주체적 등록요건

제3조(디자인등록을 받을 수 있는 자)
① **(권리적격자 = 정당권리자)** 디자인을 창작한 사람 또는 그 승계인은 이 법에서 정하는 바에 따라 디자인등록 받을 수 있는 권리를 가진다. 다만, 특허청 또는 특허심판원 직원은 상속 또는 유증(遺贈)의 경우를 제외하고는 재직 중 디자인등록을 받을 수 없다. 기출 23
② **(공동창작)** 2명 이상이 공동으로 디자인을 창작한 경우에는 디자인등록을 받을 수 있는 권리를 공유(共有)한다.

제27조(외국인의 권리능력)
재외자인 외국인은 다음 각 호의 어느 하나에 해당하는 경우를 제외하고 디자인권 또는 디자인권에 관한 권리를 누릴 수 없다.
1. **(상호주의)** 그 외국인이 속하는 국가에서 대한민국 국민에 대하여 그 국민과 같은 조건으로 디자인권 또는 디자인에 대한 권리를 인정하는 경우
2. **(상호주의)** 대한민국이 그 외국인에 대하여 디자인권 또는 디자인권에 관한 권리를 인정하는 경우에는 그 외국인이 속하는 국가에서 대한민국 국민에 대하여 그 국민과 같은 조건으로 디자인권 또는 디자인에 관한 권리를 인정하는 경우
3. **(조약 및 이에 준하는 경우)** 조약 및 이에 준하는 것(이하 "조약"이라 한다)에 따라 디자인권 또는 디자인에 관한 권리가 인정되는 경우

제39조(공동출원)
디자인등록을 받을 수 있는 권리가 공유인 경우에는 공유자 모두가 공동으로 디자인등록출원을 하여야 한다. 〈개정 2023. 6. 20.〉

04 대리인

제4조(미성년자 등의 행위능력)
① **(무능력자의 행위능력)** 미성년자·피한정후견인 또는 피성년후견인은 법정대리인에 의하지 아니하면 디자인등록에 관한 출원·청구, 그 밖의 절차(이하 "디자인에 관한 절차"라 한다)를 밟을 수 없다. 다만, 미성년자와 피한정후견인이 독립하여 법률행위를 할 수 있는 경우에는 그러하지 아니하다.
② **(법정대리인의 대리권의 범위)** 제1항의 법정대리인은 후견감독인의 동의 없이 상대방이 청구한 디자인일부심사등록 이의신청, 심판 또는 재심에 대한 절차를 밟을 수 있다. 기출 24

제5조(법인이 아닌 사단 등) 기출 20·25

법인이 아닌 사단 또는 재단으로서 대표자 또는 관리인이 정하여져 있는 경우에는 그 사단 또는 재단의 이름으로 디자인일부심사등록 이의신청인, 심판의 청구인·피청구인 또는 재심의 청구인·피청구인이 될 수 있다.

제6조(재외자의 디자인관리인)

① (재외자의 절차능력) 국내에 주소 또는 영업소가 없는 자(이하 "재외자"라 한다)는 재외자(법인인 경우에는 그 대표자)가 국내에 체류하는 경우를 제외하고는 그 재외자의 디자인에 관한 대리인으로서 국내에 주소 또는 영업소가 있는 자(이하 "디자인관리인"이라 한다)에 의하지 아니하면 디자인에 관한 절차를 밟거나 이 법 또는 이 법에 따른 명령에 따라 행정청이 한 처분에 대하여 소(訴)를 제기할 수 없다.
② (디자인관리인의 대리권의 범위) 디자인관리인은 위임된 권한의 범위에서 디자인에 관한 절차 및 이 법 또는 이 법에 따른 명령에 따라 행정청이 한 처분에 관한 소송에서 본인을 대리한다.

제7조(대리권의 범위)

국내에 주소 또는 영업소가 있는 자로부터 디자인에 관한 절차를 밟을 것을 위임받은 대리인(디자인관리인을 포함한다. 이하 같다)은 특별히 권한을 위임받지 아니하면 다음 각 호의 행위를 할 수 없다.
 1. 디자인등록출원의 포기·취하, 디자인권의 포기
 2. 신청의 취하
 3. 청구의 취하
 4. 제119조 또는 제120조에 따른 심판청구
 5. 복대리인의 선임

제8조(대리권의 증명)

디자인에 관한 절차를 밟는 자의 대리인의 대리권은 서면으로 증명하여야 한다.

제9조(행위능력 등의 흠결에 대한 추인) 기출 25

행위능력 또는 법정대리권이 없거나 디자인에 관한 절차를 밟는 데에 필요한 권한의 위임에 흠이 있는 자가 밟은 절차는 보정(補正)된 당사자나 법정대리인이 추인하면 행위를 한 때로 소급하여 그 효력이 발생한다.

제10조(대리권의 불소멸) 기출 25

디자인에 관한 절차를 밟는 자의 위임을 받은 대리인의 대리권은 다음 각 호의 사유가 있어도 소멸하지 아니한다.
 1. 본인의 사망이나 행위능력의 상실
 2. 본인인 법인의 합병에 의한 소멸
 3. 본인인 수탁자의 신탁임무 종료
 4. 법정대리인의 사망이나 행위능력의 상실
 5. 법정대리인의 대리권 소멸이나 변경

제11조(개별대리)

디자인에 관한 절차를 밟는 자의 대리인이 2인 이상이면 특허청장 또는 특허심판원장에 대하여 각각의 대리인이 본인을 대리한다.

제12조(대리인의 선임 또는 교체 명령 등)

① **(선임명령)** 특허청장 또는 제132조에 따라 지정된 심판장(이하 "심판장"이라 한다)은 디자인에 관한 절차를 밟는 자가 그 절차를 원활히 수행할 수 없거나 구술심리에서 진술할 능력이 없다고 인정되는 등 그 절차를 밟는 데에 적당하지 아니하다고 인정하면 대리인이 그 절차를 밟을 것을 명할 수 있다.

② **(개임명령)** 특허청장 또는 심판장은 디자인에 관한 절차를 밟는 자의 대리인이 그 절차를 원활히 수행할 수 없거나 구술심리에서 진술할 능력이 없다고 인정되는 등 그 절차를 밟는 데에 적당하지 아니하다고 인정하면 그 대리인을 바꿀 것을 명할 수 있다.

③ **(변리사 대리 명령)** 특허청장 또는 심판장은 제1항 및 제2항의 경우에 변리사로 하여금 대리하게 할 것을 명할 수 있다.

④ **(선임·개임 명령 후 선임·개임 전의 절차의 효력)** 특허청장 또는 심판장은 제1항 또는 제2항에 따라 대리인의 선임 또는 교체명령을 한 경우에는 제1항에 따른 디자인에 관한 절차를 밟는 자 또는 제2항에 따른 대리인이 그전에 특허청장 또는 특허심판원장에 대하여 한 디자인에 관한 절차의 전부 또는 일부를 디자인에 관한 절차를 밟는 자의 신청에 따라 무효로 할 수 있다.

제13조(복수당사자의 대표)

① **(전원 대표 사항)** 2인 이상이 공동으로 디자인에 관한 절차를 밟을 때에는 다음 각 호의 어느 하나에 해당하는 사항을 제외하고는 각자가 모두를 대표한다. **(대표자를 신고한 경우)** 다만, 대표자를 선정하여 특허청장 또는 특허심판원장에게 신고하면 그 대표자가 모두를 대표한다.
  1. 디자인등록출원의 포기·취하
  2. 신청의 취하
  3. 청구의 취하
  4. 제52조에 따른 출원공개의 신청
  5. 제119조 또는 제120조에 따른 심판청구

② **(대표자의 증명)** 제1항 단서에 따라 신고하는 경우에는 대표자로 선임된 사실을 서면으로 증명하여야 한다.

제14조(「민사소송법」의 준용)

이 법에서 대리인에 관하여 특별히 규정한 것을 제외하고는 「민사소송법」 제1편 제2장 제4절을 준용한다.

제15조(재외자의 재판관할)

재외자의 디자인권 또는 디자인에 관한 권리에 관하여 디자인관리인이 있으면 그 디자인관리인의 주소 또는 영업소를, 디자인관리인이 없으면 특허청 소재지를 「민사소송법」 제11조에 따른 재산이 있는 곳으로 본다.

05 기 간

제16조(기간의 계산)
이 법 또는 이 법에 따른 명령에서 정한 기간의 계산은 다음 각 호에 따른다.
1. **(초일 불산입의 원칙)** 기간의 첫날은 계산에 넣지 아니한다. 다만, 그 기간이 오전 0시부터 시작하는 경우에는 그러하지 아니하다.
2. **(역일주의)** 기간을 월 또는 연으로 정한 경우에는 역(曆)에 따라 계산한다.
3. **(만료일의 계산)** 월 또는 연의 처음부터 기간을 기산(起算)하지 아니하는 경우에는 마지막 월 또는 연에서 그 기산일에 해당하는 날의 전날로 기간이 만료한다. 다만, 월 또는 연으로 정한 경우에 마지막 월에 해당하는 날이 없으면 그 월의 마지막 날로 기간이 만료한다.
4. **(만료일이 공휴일인 경우)** 디자인에 관한 절차에서 기간의 마지막 날이 토요일이나 공휴일(「勤勞者의날制定에관한法律」에 따른 근로자의 날을 포함한다)에 해당하면 기간은 그 다음 날로 만료한다.

제17조(기간의 연장 등)
① **(법정기간의 연장)** 특허청장은 청구에 따라 또는 직권으로 제69조에 따른 디자인일부심사등록 이의신청 이유 등의 보정기간, 제119조 또는 제120조에 따른 심판의 청구기간을 30일 이내에서 한 차례만 연장할 수 있다. 다만, 교통이 불편한 지역에 있는 자의 경우에는 산업통상자원부령으로 정하는 바에 따라 그 횟수 및 기간을 추가로 연장할 수 있다. 〈개정 2022.2.3.〉 기출 21·23
② **(지정기간의 연장·단축)** 특허청장·특허심판원장·심판장 또는 제58조에 따른 심사관(이하 "심사관"이라 한다)은 이 법에 따라 디자인에 관한 절차를 밟을 기간을 정한 경우에는 청구에 따라 그 기간을 단축 또는 연장하거나 직권으로 그 기간을 연장할 수 있다. 이 경우 특허청장 등은 그 절차의 이해관계인의 이익이 부당하게 침해되지 아니하도록 단축 또는 연장 여부를 결정하여야 한다.
③ **(지정기일의 변경)** 심판장 또는 심사관은 이 법에 따라 디자인에 관한 절차를 밟을 기일을 정한 경우에는 청구에 따라 또는 직권으로 그 기일을 변경할 수 있다.

기간의 연장·단축 및 변경 정리(法 제17조)

구 분	제1항	제2항	제3항
제 목	법정기간의 연장	지정기간의 연장·단축	지정기일의 변경
주 체	특허청장	특허청장, 특허심판원장, 심판장, 심사관	심판장, 심사관
대 상	불복심판(보정각하/거절결정/취소결정) 이의신청이유 등의 보정기간	지정기간	지정기일
방 식	청구 또는 직권	• 연장 : 청구 또는 직권 • 단축 : 청구	청구 또는 직권
기 타	30일 이내에서 한차례만 연장가능, 그러나 교통이 불편한 지역에 있는 자의 경우 횟수 및 기간 추가 연장 가능	이해관계인의 이익 고려	–

06 절차의 진행

제18조(절차의 무효)
① (절차의 무효처분) 특허청장 또는 특허심판원장은 제47조에 따른 보정명령을 받은 자가 지정된 기간 내에 그 보정을 하지 아니하면 디자인에 관한 절차를 무효로 할 수 있다. 기출 21·23
② (무효처분의 취소) 특허청장 또는 특허심판원장은 제1항에 따라 디자인에 관한 절차가 무효로 된 경우에 지정된 기간을 지키지 못한 것이 정당한 사유에 의한 것으로 인정될 때에는 그 사유가 소멸한 날부터 2개월 이내에 보정명령을 받은 자의 청구에 따라 그 무효처분을 취소할 수 있다. 다만, 지정된 기간의 만료일부터 1년이 지났을 때에는 그러하지 아니하다. 기출 21
③ (처분통지서의 송달) 특허청장 또는 특허심판원장은 제1항에 따른 무효처분 또는 제2항 본문에 따른 무효처분의 취소처분을 할 때에는 그 보정명령을 받은 자에게 처분통지서를 송달하여야 한다.

제19조(절차의 추후보완)
디자인에 관한 절차를 밟은 자가 책임질 수 없는 사유로 다음 각 호에 따른 기간을 지키지 못한 경우에는 그 사유가 소멸한 날부터 2개월 이내에 지키지 못한 절차를 추후 보완할 수 있다. 다만, 그 기간의 만료일부터 1년이 지났을 때에는 그러하지 아니하다. 기출 23
1. 제119조 또는 제120조에 따른 심판의 청구기간
2. 제160조에 따른 재심청구의 기간

제20조(절차의 효력 승계)
디자인권 또는 디자인에 관한 권리에 관하여 밟은 절차의 효력은 그 디자인권 또는 디자인에 관한 권리의 승계인에게 미친다.

제21조(절차의 속행)
특허청장 또는 심판장은 디자인에 관한 절차가 특허청 또는 특허심판원에 계속(係屬) 중일 때 디자인권 또는 디자인에 관한 권리가 이전되면 그 디자인권 또는 디자인에 관한 권리의 승계인에 대하여 그 절차를 속행(續行)하게 할 수 있다.

제22조(절차의 중단)
디자인에 관한 절차가 다음 각 호의 어느 하나에 해당하는 경우에는 특허청 또는 특허심판원에 계속 중인 절차는 중단된다. 다만, 절차를 밟을 것을 위임받은 대리인이 있는 경우에는 그러하지 아니하다.
1. 당사자가 사망한 경우
2. 당사자인 법인이 합병에 따라 소멸한 경우
3. 당사자가 절차를 밟을 능력을 상실한 경우
4. 당사자의 법정대리인이 사망하거나 그 대리권을 상실한 경우
5. 당사자의 신탁에 의한 수탁자의 임무가 끝난 경우
6. 제13조 제1항 각 호 외의 부분 단서에 따른 대표자가 사망하거나 그 자격을 상실한 경우
7. 파산관재인 등 일정한 자격에 따라 자기 이름으로 다른 사람을 위하여 당사자가 된 자가 그 자격을 상실하거나 사망한 경우

제23조(중단된 절차의 수계)
제22조에 따라 특허청 또는 특허심판원에 계속 중인 절차가 중단된 경우에는 다음 각 호의 구분에 따른 자가 그 절차를 수계(受繼)하여야 한다.
1. 제22조 제1호의 경우 : 그 상속인·상속재산관리인 또는 법률에 따라 절차를 계속할 자. 다만, 상속인은 상속을 포기할 수 있는 동안에는 그 절차를 수계하지 못한다. 기출 23
2. 제22조 제2호의 경우 : 합병에 따라 설립되거나 합병 후 존속하는 법인
3. 제22조 제3호 및 제4호의 경우 : 절차를 밟을 능력을 회복한 당사자 또는 법정대리인이 된 자
4. 제22조 제5호의 경우 : 새로운 수탁자
5. 제22조 제6호의 경우 : 새로운 대표자 또는 각 당사자
6. 제22조 제7호의 경우 : 같은 자격을 가진 자

제24조(수계신청)
① (신청의 주체) 제22조에 따라 중단된 절차에 관한 수계신청은 제23조 각 호에 규정된 자가 할 수 있다. 이 경우 그 상대방은 특허청장 또는 제130조에 따른 심판관(이하 "심판관"이라 한다)에게 제23조 각 호에 규정된 자에 대하여 수계신청할 것을 명하도록 요청할 수 있다.
② (수계 신청 사실의 통지) 특허청장 또는 심판장은 제22조에 따라 중단된 절차에 관한 수계신청이 있을 때에는 그 사실을 상대방에게 알려야 한다.
③ (기각결정) 특허청장 또는 심판관은 제22조에 따라 중단된 절차에 관한 수계신청에 대하여 직권으로 조사하여 이유 없다고 인정하면 결정으로 기각하여야 한다. 기출 21
④ (수계 명령) 특허청장 또는 심판관은 제23조 각 호에 규정된 자가 중단된 절차를 수계하지 아니하면 직권으로 기간을 정하여 수계를 명하여야 한다.
⑤ (수계 간주) 제4항에 따라 수계명령을 받은 자가 같은 항에 따른 기간에 수계하지 아니하면 그 기간이 끝나는 날의 다음 날에 수계한 것으로 본다.
⑥ (수계 간주 사실의 통지) 특허청장 또는 심판장은 제5항에 따라 수계가 있는 것으로 본 경우에는 그 사실을 당사자에게 알려야 한다.

제25조(절차의 중지)
① (당연 중지) 특허청장 또는 심판관이 천재지변이나 그 밖의 불가피한 사유로 그 직무를 수행할 수 없을 때에는 특허청 또는 특허심판원에 계속 중인 절차는 그 사유가 없어질 때까지 중지된다. 기출 21
② (결정 중지) 당사자에게 특허청 또는 특허심판원에 계속 중인 절차를 속행할 수 없는 장애사유가 생긴 경우에는 특허청장 또는 심판관은 결정으로 장애사유가 해소될 때까지 그 절차의 중지를 명할 수 있다. 기출 23
③ (중지 결정의 취소) 특허청장 또는 심판관은 제2항에 따른 결정을 취소할 수 있다. 기출 23
④ (통지) 제1항 및 제2항에 따른 중지 또는 제3항에 따른 취소를 하였을 때에는 특허청장 또는 심판장은 그 사실을 각각 당사자에게 알려야 한다.

제26조(중단 또는 중지의 효과) 기출 25
디자인에 관한 절차가 중단되거나 중지된 경우에는 그 기간의 진행은 정지되고 그 절차의 수계통지를 하거나 그 절차를 속행한 때부터 전체기간이 새로 진행된다.

07 서류의 제출

제28조(서류제출의 효력 발생 시기)
① (도달주의) 이 법 또는 이 법에 따른 명령에 따라 특허청장 또는 특허심판원장에게 제출하는 출원서·청구서, 그 밖의 서류(물건을 포함한다. 이하 이 조에서 같다)는 특허청장 또는 특허심판원장에게 도달한 날부터 그 효력이 발생한다.
② (발신주의) 제1항의 출원서·청구서, 그 밖의 서류를 우편으로 특허청장 또는 특허심판원장에게 제출하는 경우에는 다음 각 호의 구분에 따른 날에 특허청장 또는 특허심판원장에게 도달한 것으로 본다. (발신주의의 예외) 다만, 디자인권 및 디자인에 관한 권리의 등록신청서류를 우편으로 제출하는 경우에는 그 서류가 특허청장 또는 특허심판원장에게 도달한 날부터 효력이 발생한다.
  1. 우편법령에 따른 통신날짜도장에 표시된 날이 분명한 경우 : 표시된 날
  2. 우편법령에 따른 통신날짜도장에 표시된 날이 분명하지 아니한 경우 : 우체국에 제출한 날(우편물 수령증으로 증명한 날을 말한다)
③ 제1항 및 제2항에서 규정한 사항 외에 우편물의 지연, 우편물의 망실(亡失) 및 우편업무의 중단으로 인한 서류제출에 필요한 사항은 산업통상자원부령으로 정한다.

제29조(고유번호의 기재)
① (신청) 디자인에 관한 절차를 밟는 자는 산업통상자원부령으로 정하는 바에 따라 특허청장 또는 특허심판원장에게 자신의 고유번호의 부여를 신청하여야 한다.
② (부여) 특허청장 또는 특허심판원장은 제1항에 따른 신청을 받으면 신청인에게 고유번호를 부여하고 그 사실을 알려야 한다.
③ (직권 부여) 특허청장 또는 특허심판원장은 제1항에 따라 고유번호를 신청하지 아니하는 자에게는 직권으로 고유번호를 부여하고 그 사실을 알려야 한다.
④ (활용) 제2항 또는 제3항에 따라 고유번호를 부여받은 자가 디자인에 관한 절차를 밟는 경우에는 산업통상자원부령으로 정하는 서류에 자신의 고유번호를 적어야 한다. 이 경우 이 법 또는 이 법에 따른 명령에도 불구하고 그 서류에 주소(법인인 경우에는 영업소의 소재지를 말한다)를 적지 아니할 수 있다.
⑤ (대리인의 준용) 디자인에 관한 절차를 밟는 자의 대리인에 관하여는 제1항부터 제4항까지의 규정을 준용한다.
⑥ 고유번호의 부여 신청, 고유번호의 부여 및 통지, 그 밖에 고유번호에 관하여 필요한 사항은 산업통상자원부령으로 정한다.

제30조(전자문서에 의한 디자인에 관한 절차의 수행)
① (종류) 디자인에 관한 절차를 밟는 자는 이 법에 따라 특허청장 또는 특허심판원장에게 제출하는 디자인등록출원서, 그 밖의 서류를 산업통상자원부령으로 정하는 방식에 따라 전자문서화하고 이를 정보통신망을 이용하여 제출하거나 이동식 저장장치 또는 광디스크 등 전자적 기록매체에 수록하여 제출할 수 있다.
② (효력) 제1항에 따라 제출된 전자문서는 이 법에 따라 제출된 서류와 같은 효력을 가진다.
③ (효력발생시기) 제1항에 따라 정보통신망을 이용하여 제출된 전자문서는 그 문서의 제출인이 정보통신망을 통하여 접수번호를 확인할 수 있는 때에 특허청 또는 특허심판원에서 사용하는 접수용 전산정보처리조직의 파일에 기록된 내용으로 접수된 것으로 본다.
④ 제1항에 따라 전자문서로 제출할 수 있는 서류의 종류·제출방법, 그 밖에 전자문서에 의한 서류의 제출에 필요한 사항은 산업통상자원부령으로 정한다.

제31조(전자문서 이용신고 및 전자서명)
① **(전자서명)** 전자문서로 디자인에 관한 절차를 밟으려는 자는 미리 특허청장 또는 특허심판원장에게 전자문서 이용신고를 하여야 하며, 특허청장 또는 특허심판원장에게 제출하는 전자문서에 제출인을 알아볼 수 있도록 전자서명을 하여야 한다.
② **(전자서명의 효력)** 제30조에 따라 제출된 전자문서는 제1항에 따른 전자서명을 한 자가 제출한 것으로 본다.
③ 제1항에 따른 전자문서 이용신고 절차, 전자서명 방법 등에 관하여 필요한 사항은 산업통상자원부령으로 정한다.

제32조(정보통신망을 이용한 통지 등의 수행)
① **(온라인 통지)** 특허청장, 특허심판원장, 심판장, 심판관, 제70조 제3항에 따라 지정된 심사장(이하 "심사장"이라 한다) 또는 심사관은 제31조 제1항에 따라 전자문서 이용신고를 한 자에게 서류의 통지 및 송달(이하 "통지등"이라 한다)을 하려는 경우에는 정보통신망을 이용하여 할 수 있다.
② **(온라인 통지의 효력)** 제1항에 따라 정보통신망을 이용하여 한 서류의 통지등은 서면으로 한 것과 같은 효력을 가진다.
③ **(효력발생시기)** 제1항에 따른 서류의 통지등은 그 통지등을 받을 자가 자신이 사용하는 전산정보처리조직을 통하여 그 서류를 확인한 때에 특허청 또는 특허심판원에서 사용하는 발송용 전산정보처리조직의 파일에 기록된 내용으로 도달한 것으로 본다.
④ 제1항에 따라 정보통신망을 이용하여 행하는 통지등의 종류·방법 등에 관하여 필요한 사항은 산업통상자원부령으로 정한다.

08 디자인보호법상 존재하지 않는 제도

번 호	디자인보호법상 존재하지 않는 제도	내 용
1	출원공고	상표법에만 존재한다.
2	심사청구	우선심사청구제도(法 제61조)만 존재한다.
3	강제적인 출원공개 및 조기공개신청	신청이 있는 경우에만 출원공개를 하고(法 제52조), 조기공개신청이 없다.
4	국내우선권주장출원	관련디자인(法 제35조)을 통해 보호하고 있다.
5	국방상 필요한 디자인	유지될 필요가 없어 관련 규정이 모두 삭제되었다.
6	불실시·불충분실시에 따른 재정실시권	강제실시의무 없고, 재정제도 없다.
7	정 정	정정청구 ×, 정정심판 ×, 정정무효심판 ×
8	출원변경	실체보정을 통해 출원의 형식을 변경할 수 있다.
9	존속기간 연장·갱신등록	국제등록디자인권은 5년마다 존속기간 갱신이 가능하다(法 제199조 제2항).

09 부분디자인

(1) 의의 및 취지
부분디자인은 물품의 부분에 관한 창작을 보호하는 제도이다. 디자인의 정의규정에 물품의 부분을 포함시켜 디자인으로서의 성립을 인정하고 있다(法 제2조 제1호 괄호). 물품의 부분도 디자인 창작의 대상이 될 수 있고, 일부도용 방지에 효과적이다.

(2) 성립내용
① 성립요건
  ㉠ 부분디자인의 대상이 되는 물품이 통상의 물품에 해당할 것
    - 독립성이 있으며 구체적인 유체물로서 거래의 대상이 될 수 있을 것
    - 로카르노 협정에 따른 물품류 중 어느 하나의 물품류에 속하는 물품일 것
  ㉡ 물품의 부분의 형태라고 인정될 것
    - 물품의 형상을 수반하지 않은 모양·색채 또는 이들을 결합한 것만을 표현한 것이 아닐 것
    - 물품 형태의 실루엣만을 표현한 것이 아닐 것
  ㉢ 다른 디자인과 대비의 대상이 될 수 있는 부분으로서 하나의 창작단위로 인정되는 부분일 것
  ㉣ 디자인의 대상이 되는 물품이 기계에 의한 생산방법 또는 수공업적 방법에 의하여 반복적으로 양산될 수 있을 것
② 위반 시 취급 : 法 제2조 제1호 디자인 정의 규정에 합치되지 않는 것은 法 제33조 제1항 본문 위반에 해당하는 경우로, 심사·일부심사 거절이유(法 제62조 제1항·제2항), 정보제공사유(法 제55조)이고, 착오 등록된 경우 일부심사등록 이의신청이유(法 제68조 제1항), 디자인등록의 무효사유(法 제121조 제1항)가 된다.

(3) 등록요건
① 공업상 이용가능성(法 제33조 제1항 본문)
  ㉠ 부분디자인으로서 등록받으려는 부분의 범위가 명확하게 특정되지 않은 경우 디자인 등록을 받을 수 없다.
    - 전체디자인 중 부분디자인으로 등록받으려는 부분을 실선으로 표현하고 그 외의 부분을 파선으로 표현하는 방법에 따르지 않았거나 이와 상응하는 표현방법에 따르지 아니하여 부분디자인으로 디자인등록을 받으려는 부분이 명확히 특정되지 않은 경우
    - 디자인등록을 받으려는 부분을 도면 등에서 특정하고 있는 방법에 대한 설명이 필요하다고 인정될 경우에 그 취지를 「디자인의 설명」란에 적지 않은 경우
    - 부분디자인으로 디자인등록을 받으려는 부분의 경계가 불명확한 경우에 그 경계가 1점 쇄선 또는 이와 상응하는 방법으로 도시하지 아니하였거나 그에 관한 설명이 필요하다고 인정될 경우에 그 취지를 「디자인의 설명」란에 적지 않은 경우
  ㉡ 부분디자인으로서 디자인등록을 받고자 하는 부분의 전체형태가 도면에 명확하게 나타나 있지 않은 경우 디자인 등록을 받을 수 없다.

② 부분디자인의 동일·유사
  ㉠ 부분디자인 상호간 : 부분디자인의 동일·유사는 그 디자인이 속하는 분야의 통상의 지식을 기초로 i) 디자인의 대상이 되는 물품, ii) 등록받고자 하는 부분의 기능·용도, iii) 등록받고자 하는 부분이 차지하는 위치·크기·범위, iv) 등록받으려는 부분의 형상·모양·색채 또는 이들의 결합을 종합적으로 고려하여 판단한다. 기출 17
  ㉡ 부분디자인과 전체디자인의 관계 : 디자인의 대상이 되는 물품이 동일하더라도, 등록받고자 하는 방법·대상이 상이하므로 비유사한 디자인에 관한 출원으로 취급한다. 선출원(法 제46조)과 관련디자인(法 제35조) 규정을 적용하지 않는다.
③ 신규성(法 제33조 제1항)

공지디자인	출원디자인	신규성 위반 여부
전체디자인	부분디자인(A 또는 A')	O
부분(A 또는 A')	전체디자인	×
부분디자인 도면(A)	전체디자인	O
부분디자인 도면(A)	부분디자인(A 또는 A')	O
부분디자인 도면(A)	부품디자인(A 또는 A')	O

공지디자인과 출원디자인의 물품은 동일·유사하다고 가정

④ 창작비용이성(法 제33조 제2항)
  ㉠ 구성요소 중 주지 또는 공지되지 않은 부분이 포함되어 있더라도 그 부분이 부수적이거나 창작성이 낮아 전체적인 미감에 미치는 영향이 적은 경우에는 용이창작에 해당한다.
  ㉡ 등록받으려는 부분의 기능·용도, 위치·크기·범위 등을 종합적으로 고려하여야 한다.
  ㉢ 부분디자인으로 출원된 화상디자인의 경우 등록받으려는 부분(실선)을 고려하되, 필요한 경우 파선 부분의 기능·용도 등을 종합적으로 고려하여 판단할 수 있다.
⑤ 확대된 선출원(法 제33조 제3항)
  ㉠ 선출원된 전체디자인과 후출원된 부분디자인 사이에 적용이 가능하다.
  ㉡ 부분디자인이 선출원인 경우, 실선으로 표현된 부분뿐만 아니라 파선으로 표현된 부분까지 확대된 선출원의 지위가 인정된다. 따라서 선출원된 부분디자인과 후출원된 전체디자인 사이에서도 확대된 선출원 규정이 적용될 수 있다.
⑥ 1디자인 1출원(法 제40조 제1항) : 디자인인지 여부는 출원서 및 도면, 디자인의 설명, 창작내용의 요점에 기재된 출원인의 창작의도를 고려하여야 하며, 형태적 일체성 또는 기능적 일체성이 인정되어, 전체 또는 각 부분으로서 디자인 창작상의 일체성이 인정되는 경우에는 1디자인등록출원으로 본다.
⑦ 물품의 명칭(法 제40조 제2항) : "○○의 부분"등의 명칭을 사용하는 것은 정당한 물품명의 기재가 아니다. 독립거래의 대상이 되는 물품명을 기재해야 한다.
⑧ 선출원(法 제46조) : 전체디자인과 부분디자인 간에는 선출원 규정이 적용되지 않는다. 등록받고자 하는 방법·대상이 상이하므로 비유사하기 때문이다.

(4) 출원 절차

① 출원서 및 도면(法 제37조)
  ㉠ 출원서 : 【부분디자인 여부】에 부분디자인을 표시하고, 【디자인의 대상이 되는 물품】에는 독립거래의 대상이 되는 물품명을 기재하여야 한다.
  ㉡ 도 면
  ㉢ 등록받고자 하는 부분은 실선, 그 외의 부분은 파선, 경계가 불분명한 경우에는 1점 쇄선으로 도시하거나 이와 상응하는 방법으로 도시한다.
  ㉣ 견본으로 제출하는 경우 등록받고자 하는 부분 이외의 부분을 무채색으로 채색한다.
  ㉤ 사진 제출 시에는 등록 받고자 하는 이외의 부분을 무채색으로 채색한다. 그러나 전체적으로 무채색인 경우에는 유채색도 사용이 가능하다. 【디자인의 설명】에는 등록받고자 하는 부분을 특정하는 방법에 대한 설명을 기재하여야한다.

② 보정 및 요지변경(法 제48조, 제49호) : 부분디자인에서 요지 변경이란 ⅰ) 디자인의 대상이 되는 물품, ⅱ) 등록받고자 하는 부분의 기능·용도, ⅲ) 등록받고자 하는 부분이 차지하는 위치·크기·범위, ⅳ) 등록받으려는 부분의 형상·모양·색채 또는 이들의 결합을 종합적으로 고려하여 최초 출원된 디자인과 보정된 디자인 간에 동일성이 유지되지 않는 것을 말한다.

③ 신규성 상실의 예외(法 제36조) : 출원 전 전체디자인의 공지가 있고 부분디자인을 출원하면서 신규성 상실의 예외규정의 적용을 받을 수 있다. 그 이유는 法 제36조에 공지디자인과 출원디자인의 동일·유사판단이 불요하기 때문이다.

④ 분할출원(法 제50조)
  ㉠ 물리적으로 분리되어 있는 2 이상의 부분이 창작의 일체성이 없는 경우 法 제40조 제1항 위반으로 출원의 분할이 가능하다.
  ㉡ 원출원에 2 이상의 디자인이 존재하는 경우에만 분할출원이 가능하다.
  ㉢ 전체디자인은 1디자인이므로 전체디자인의 일부분을 부분디자인으로 분할출원할 수 없다.

⑤ 조약우선권주장(法 제51조)
  ㉠ 원칙적으로, 제1국 출원과 우리나라 출원의 형식이 모두 부분디자인인 경우에만 적법하게 주장 가능하다.
  ㉡ 제1국에 출원된 전체디자인의 일부분에 대하여 우선권주장하면서 우리나라에 부분디자인으로 출원하는 경우에는 적법한 우선권의 효력이 발생하지 않는다. 그러나 예외적으로 기초출원 국가에 부분디자인제도가 없다면 실질적 동일성을 고려하여 판단할 수 있다.

(5) 디자인권

① 디자인권의 효력(法 제92조)
　㉠ 부분디자인권자는 업으로서 등록디자인 또는 이와 유사한 디자인을 실시할 권리를 독점한다.
　㉡ 부분디자인권의 효력은 물품의 동일·유사를 전제로 하여 그 부분의 형태와 동일·유사한 형태를 포함하는 전체디자인의 실시에도 미치므로 일부도용 방지에 효과적이다.

② 이용관계(法 제95조)

선출원 등록디자인	후출원 디자인	이용관계 성립여부
부분디자인	전체디자인	○
전체디자인	부분디자인	×

　㉠ 선출원 부분디자인과 후출원 전체디자인은 선출원(法 제46조)이 적용되지 않아 모두 적법하게 등록이 가능하다. 다만, 후출원에 선출원의 권리내용이 그대로 포함되어 있어, 후출원의 실시에는 선출원권리의 실시가 수반되는 이용관계가 성립된다.
　㉡ 이 경우 후출원 권리자는 선출원 권리자의 허락(法 제95조)이나 통상실시권 허락의 심판(法 제123조)에 의하지 아니하고는 자신의 등록디자인 또는 그와 유사한 디자인을 업으로서 실시할 수 없다.

(6) 심사자료로서의 취급

① 신규성 판단시, 등록받고자하는 부분과 그 이외의 모든 기재가 공지자료로서 취급된다.
② 확대된 선출원 판단시, 등록받고자하는 부분과 그 이외의 모든 기재가 확대된 선출원의 지위를 갖는다.
③ 선출원 판단시, 권리를 취득하고자 하는 실선 부분만이 선출원 지위를 갖는다.

10 글자체디자인

> **제2조(정의)**
> 이 법에서 사용하는 용어의 뜻은 다음과 같다.
> 2. "글자체"란 기록이나 표시 또는 인쇄 등에 사용하기 위하여 공통적인 특징을 가진 형태로 만들어진 한 벌의 글자꼴(숫자, 문장부호 및 기호 등의 형태를 포함한다)을 말한다.

(1) 의의 및 취지
① 글자체라 함은 기록이나 표시 또는 인쇄 등에 사용하기 위하여 공통적인 특징을 가진 형태로 만들어진 한 벌의 글자꼴을 말한다.
② 원칙적으로 글자체는 형상을 수반하지 않으므로 디자인으로 성립되지 못하지만, 글자체 보호에 관한 국제적 추세에 부응하고 창의적인 글자체 개발을 촉진하기 위해 물품의 형태가 아님에도 법상 디자인으로의 성립을 인정하고 있다.

(2) 성립내용
① 성립요건
  ㉠ 기록이나 표시 또는 인쇄 등에 사용하기 위한 것일 것 : 실용적 목적으로 창작된 글자체에 한정된다. 미적 감상의 대상인 서예는 법상 글자체가 아니다.
  ㉡ 공통적인 특징을 가진 형태로 만들어질 것 : 개개의 글자꼴들이 지니는 모양 등이 서로 비슷하여 서로 닮아있거나 같은 그룹으로 보이는 형태를 말한다.
  ㉢ 한 벌의 글자꼴 : 개개의 글자꼴이 모인 전체로서의 조합이 한 벌 글자꼴을 의미한다.
  ㉣ 글자체의 모양·색채 또는 이들의 결합일 것 : 글자체는 법상 물품으로 의제되지만 무체물인 바 형상을 수반하지 않는다.
  ㉤ 시각을 통하여 미감을 일으키게 할 것 : 일반적인 디자인과 마찬가지로 시각성과 심미성을 갖추어야 한다.
② 위반 시 취급 : 法 제2조 제1호 디자인 정의 규정에 합치되지 않는 것은 法 제33조 제1항 본문 위반에 해당하는 경우로, 거절이유(法 제62조 제1항), 정보제공사유(法 제55조)이고, 착오 등록된 경우 디자인등록의 무효사유(法 제121조 제1항)가 된다.

(3) 등록요건
① 공업상 이용가능성(法 제33조 제1항 본문)
  ㉠ 지정글자도면, 보기문장도면, 대표글자도면이 시행규칙 [별표 1]에서 규정하는 대로 도시되지 않은 경우
  ㉡ 지정글자도면, 보기문장도면, 대표글자도면 중 일부가 없는 경우
② 글자체디자인의 동일·유사
  ㉠ 로카르노 협정에 따른 물품류 중 '글자체'에서 한글 글자체, 영문자 글자체(라틴어 계열), 한자 글자체, 그 밖의 외국문자 글자체 등 상호간의 비유사 물품으로 본다.
  ㉡ 기존 글자체의 복사나 굵기 변화, 기계적 복제에 해당하는 경우에는 기존 글자체 디자인과 동일 유사한 것으로 본다.

ⓒ 정적 글자체디자인과 동적 글자체디자인의 유사여부 판단
- 동적 글자체의 정지 상태의 모양이 전체에서 차지하는 미감이 지배적이고 동 변화에 특이성이 없으면 유사한 디자인으로 본다. 동적 글자체 디자인의 모양변화에 신규성·창작성이 있을 때에는 글자체 디자인과 비유사한 디자인으로 본다.
- 동적 글자체 상호 간에는 그 정지상태의 모양과 동적 변화를 전체로서 비교하여 유사여부를 판단한다.

ⓔ 판례의 태도 : 글자체 디자인은 물품성을 요하지 않고, 인류가 문자생활을 영위한 이래 다수의 글자체가 다양하게 개발되어 왔고, 문자의 기본형태와 가독성을 필수적인 요소로 고려하여 디자인하여야 하는 관계상 구조적으로 그 디자인을 크게 변화시키기 어려운 특성이 있으므로, 이와 같은 글자체디자인의 고유한 특성을 충분히 참작하여 그 유사여부를 판단하여야 한다(대법원 2012.6.14. 선고 2012후597 판결).

③ **창작비용이성(法 제33조 제2항)** : 출원 전에 그 디자인이 속하는 분야에서 통상의 디자이너가 공지 등이 된 글자체디자인의 결합에 의하거나 국내주지형태에 의하여 용이하게 창작할 수 있는 글자체디자인은 창작성이 없다.

④ **확대된 선출원(法 제33조 제3항)** : 지정글자도면, 보기문장도면, 대표글자도면은 선출원 디자인을 특정하기 위한 판단의 기초가 된다.

⑤ **1디자인 1출원(法 제40조 제1항)**
ⓞ 모든 낱자의 변화 전·후의 상태를 변화 전후의 도면 또는 디자인의 설명 등으로 파악할 수 있는 "동적 영문자 글자체"의 경우 1디자인에 관한 출원으로 인정된다.
ⓛ i) 낱자의 일부 또는 전부를 2개 이상으로 도시하는 경우, ii) 각각의 글자체를 함께 도시한 경우, iii) 자족(패밀리 글자체)을 1개의 출원에 함께 도시한 경우에는 1디자인에 관한 출원으로 인정되지 않는다.

⑥ **물품명의 기재(法 제40조 제2항)** : i) 명칭에 글자체임이 기재되지 않은 경우, ii) 출원인의 이름이나 거래명을 기재한 경우, iii) 도면은 영문자 글자체로 도시하면서 물품명칭을 한글 글자체로 적은 경우 등에는 물품의 명칭을 잘못 기재한 것으로 본다.

(4) 출원절차

① **출원서 및 도면(法 제37조)** : 【물품류】에는 제18류를 기재하고, 이는 심사대상 물품에 해당한다. 시행규칙 [별표 1]에서 정하는 지정글자도면, 보기문장도면, 대표글자도면을 도시하여야 한다.

② **보정 및 요지변경(法 제48조, 제49조)**
ⓞ 보기문장도면 또는 대표글자도면을 기준으로 지정글자도면을 보정함으로써 최초 출원한 디자인과 다른 디자인이 되는 경우에는 요지변경에 해당한다.
ⓛ 지정글자도면을 기준으로 보기문장도면 또는 대표글자도면을 보정하거나, 최초 출원된 디자인과 동일성을 상실하지 않는 정도에서 보정된 경우에는 요지변경이 아니다.

③ **분할출원(法 제50조)** : 2 이상의 한글, 영문자, 한자 등의 글자체를 1출원한 경우에는 法 제40조 제1항 위반으로 출원의 분할이 가능하다.

(5) 디자인권

① 디자인권의 효력(法 제92조) 및 효력제한(法 제94조 제2항)
  ㉠ 글자체디자인권자는 업으로서 등록디자인 또는 이와 유사한 디자인을 실시할 권리를 독점한다(法 제92조).
  ㉡ ⅰ) 타자·조판 또는 인쇄 등의 통상적인 과정에서 글자체를 사용하는 경우, ⅱ) 제1호에 따른 글자체의 사용으로 생산된 결과물인 경우에는 글자체디자인의 효력이 미치지 않는다(法 제94조 제2항).
  ㉢ 일반사용자에게 미치는 영향이 큰 글자체의 사용행위에 대해서는 디자인권의 효력을 제한하여 글자체의 보호에 따른 사회적 문제점 등에 대처하기 위함이다.
② 침해 : 등록된 글자체와 동일·유사한 글자체를 실시하는 행위는 디자인권의 직접침해에 해당한다. 다만, 글자체가 무체물임을 고려하면 간접침해(法 제114조)가 성립되는 경우는 드물 것이다.

11 화상디자인

(1) 개 요

① '화상디자인'으로 보호를 받는 방법 : 디스플레이 패널 등 표현의 매개가 되는 물품의 존재여부와 관계없이 디자인으로 성립할 수 있으나, 디지털기술 또는 전자적 방식으로 표현되는 도형·기호 등으로서 기기의 조작에 이용되거나 기능이 발휘되는 것이어야만 한다.
② '물품의 부분에 표현된 화면디자인'으로 보호를 받는 방법 : 디스플레이 패널 등 물품의 표시부를 통해 표현되는 것으로서 법적으로는 물품의 모양, 즉 표면 장식이며 부분디자인의 형태로 보호되고 성립요건은 일반적인 물품의 부분디자인과 동일하다.

(2) 의 의

화상의 형상·모양·색채 또는 이들의 결합으로서, 시각을 통하여, 미감을 일으키게 하는 것으로(法 제2조 제1호), "화상"이란 디지털 기술 또는 전자적 방식으로 표현되는 도형·기호 등(기기의 조작에 이용되거나 기능이 발휘되는 것에 한정하고, 화상의 부분을 포함)을 말한다(法 제2조 제2호의2).

(3) 화상디자인의 성립요건

① "기기의 조작에 이용되는 화상"은 기기를 제어하기 위해 지시, 명령 등을 입력하는데 사용하는 도형, 기호 등을 의미하며, 조작의 대상인 기기가 반드시 물품일 필요는 없다.
   예 조작용 입력 버튼, 바(bar), 다이얼 등
② "기기의 기능이 발휘되는 화상"은 기기가 발휘하는 기능을 표현하는 도형·기호 등을 의미한다.
   예 각종 그래프, 상태표시등, 경고등, 인디케이터(indicator) 등
③ 기기의 조작과 기능 발휘를 겸하는 '화상 디자인'의 경우도 있을 수 있으므로 출원서 및 출원서에 첨부된 도면의 기재사항 등에 이러한 특징이 충분히 기재 또는 표현된 경우 화상디자인으로 인정할 수 있다.
④ "화상의 부분디자인"이란 화상의 전체 중에 일정한 범위를 점유하는 부분으로서 해당 화상에 있어서 다른 디자인과 대비대상이 될 수 있는 부분을 말한다.
   ㉠ **(인정가능 예 1)** 아래 사례는 "정보통신기기용 아이콘" 화상으로서 정보통신기기에서 구동되는 아이콘이므로 디지털 기술 또는 전자적 방식으로 표현되는 것이며 외견상 홈(home)버튼 기능을 수행하는 것으로 파악되어 "기기의 조작에 이용되는 화상"으로 인정할 수 있다.

[도면 1.1]
명칭 : 정보통신기기용 아이콘

   ㉡ **(인정가능 예 2)** 아래 사례는 "게임조작용 그래픽 유저 인터페이스" 화상으로서 도면에 표현된 모양으로 볼 때 운전과 관련된 게임의 조작(control) 인터페이스를 표현한 것이므로 "기기의 조작에 이용되는 화상"으로 인정할 수 있다.

[도면 1.1]
명칭 : 게임조작용 그래픽 유저 인터페이스

㉢ **(인정가능 예3)** 아래 사례는 "VR조작용 GUI"로서 사시도, 정면도, 우측면도 등을 갖추고 있으므로 VR환경 안에서 입체적으로 표현되는 것임을 알 수 있다. 또한 명칭을 통해 VR환경 안에서 특정한 조작기능을 수행하기 위한 것임을 인식할 수 있으므로 "기기의 조작에 이용되는 화상"으로 인정할 수 있다.

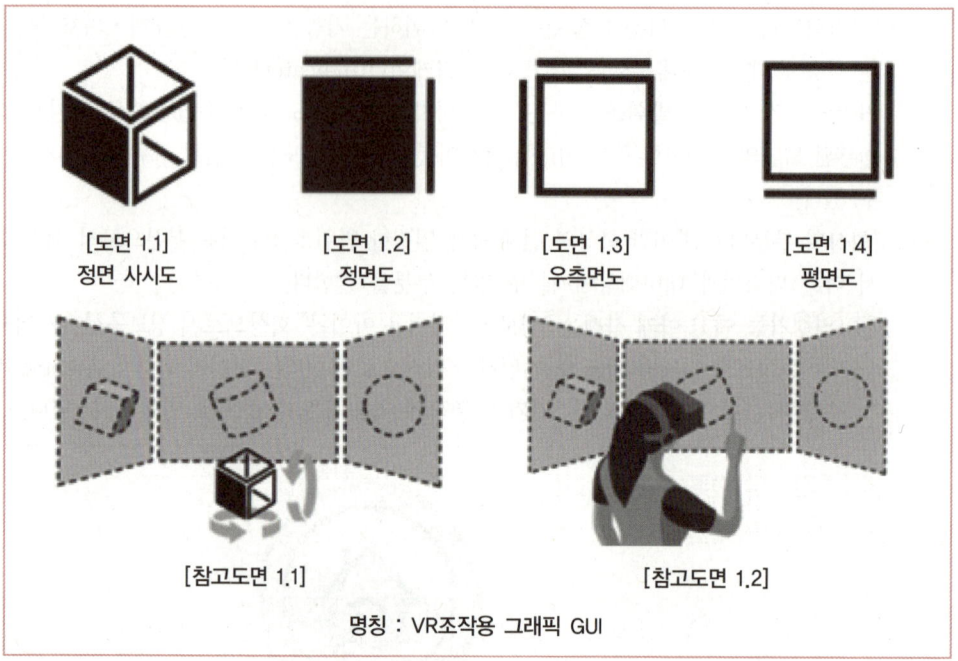

㉣ **(인정가능 예4)** 아래 사례는 "차량정보 표시용 아이콘" 화상으로서 차량의 특정 상태(예 고장상태)를 시각적으로 표현하고 있으므로 "표시기능이 발휘되는 화상"으로 인정할 수 있다.

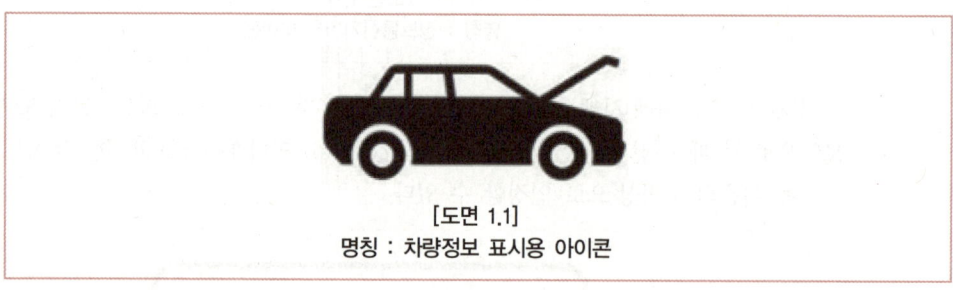

㉤ **(인정가능 예 5)** 아래 사례는 "정보표시용 GUI" 화상으로서 사용자의 건강상태를 스마트폰 애플리케이션을 통해 전자적 방식으로 표현하고 있으므로 "기능이 발휘되는 화상"으로 인정할 수 있다.

[도면 1.1]
명칭 : 정보표시용 GUI

(4) 화상디자인의 등록요건

① 공업상 이용가능성(法 제33조 제1항 본문)
  ㉠ 공업적 생산방법에 의한 양산가능성
   • 화상디자인의 "공업적 생산방법"이란 디지털 기술 또는 전자적 방식으로 표현되는 화상을 구현하는 것을 포함하며, "양산"이란 동일한 형태의 화상을 반복적으로 계속하여 생산하는 것을 뜻한다.
   • "동일한 화상을 양산할 수 있는 디자인"이란 물리적으로 완전히 같은 화상을 양산할 수 있는 디자인이어야 하는 것은 아니고, 그 디자인 분야에서 통상의 지식을 가진 사람이 그 지식을 기초로 합리적으로 해석하였을 때 같은 화상으로 보여질 수 있는 수준의 동일성을 가진 화상을 양산할 수 있는 디자인을 의미한다.
  ㉡ 디자인보호법상의 화상디자인으로 인정될 것
   • 디자인보호법상 화상은 물품과 관계없이 화상 자체로 보호된다. 즉, 출원서의 기재사항 및 출원서에 첨부한 도면 등을 토대로 종합적으로 고려하였을 때, 물품 또는 물품의 부분으로 인정되는 것(물품의 부분인 화면디자인)은 화상디자인으로 인정할 수 없다.
   • 화상은 물품으로 의제한 것일 뿐 실제로 물리적인 형상을 가지지 않으므로 물리적인 견본 또는 모형으로 제출되거나 재질에 대하여 설명이 기재되어 있는 경우는 공업상 이용할 수 있는 화상디자인으로 인정할 수 없다.
   • 法 제2조의 2에서는 보호대상을 "기기(器機)의 조작에 이용되거나(조작용 화상)" 또는 "기능이 발휘되는 것(기능발휘용 화상)"으로 한정하고 있다. 따라서 화상디자인은 적어도 이 중 하나에 해당하여야 하며, 이 중 어느 하나에도 해당하지 않는 단순히 시각저작물에 불과한 것은 화상디자인으로 성립할 수 없다.

ⓒ 디자인의 표현에 구체성이 있을 것
- 해당분야에서 통상의 지식을 갖춘 창작자가 출원서 및 출원서에 첨부된 도면의 기재사항 등을 통해 출원된 디자인의 구체적인 내용을 파악할 수 있으면 디자인 표현의 구체성을 인정할 수 있다.
- 출원서의 기재사항 및 출원서에 첨부한 도면 등을 종합적으로 판단하여 디자인의 구체성을 인정할 수 없는 경우는 다음과 같다.
  - 화상의 용도 또는 기능을 파악하기 어려운 경우
  - 화상 전체가 구체적으로 표현되어 있지 않은 경우
  - 도면이 선명하지 않아 디자인의 요지 파악이 불가한 경우
  - 출원서의 기재사항 및 출원서에 첨부한 도면 간에 정합성이 결여된 경우
  - 형태가 변화하는 동적 화상인 경우에 변화의 순서, 변화의 형태가 분명하지 않은 경우

② 화상디자인의 동일, 유사 판단
ⓐ 화상디자인의 유사 여부 판단기준
- 화상의 형태, 용도 또는 기능의 동일·유사, 혼용가능성을 기준으로 판단하며, 화상의 형태의 유사성은 일반적인 디자인의 유사판단기준에 따른다.
- "물품의 부분에 표현된 화면디자인"의 화면 표시부가 "화상디자인"의 형태와 설령 동일·유사하더라도 화면 표시부는 물품의 부분디자인이고 화상은 그 자체로 독자적인 물품이므로 물품이 서로 달라 비유사한 것으로 본다.
  예 아래와 같이 "화면디자인이 표시된 정보통신기기"의 디자인이 선출원되고 "정보표시용 화상"의 디자인이 후출원된 후에 선출원 디자인이 공보에 게재된 경우, 화면표시부의 모양과 정보표시용 화상의 형태가 설령 동일·유사하더라도 해당 화상이 정보통신기기의 일부분과 반드시 유사한 디자인이라고는 볼 수 없으므로 확대된 선출원 규정을 적용할 수 없다.

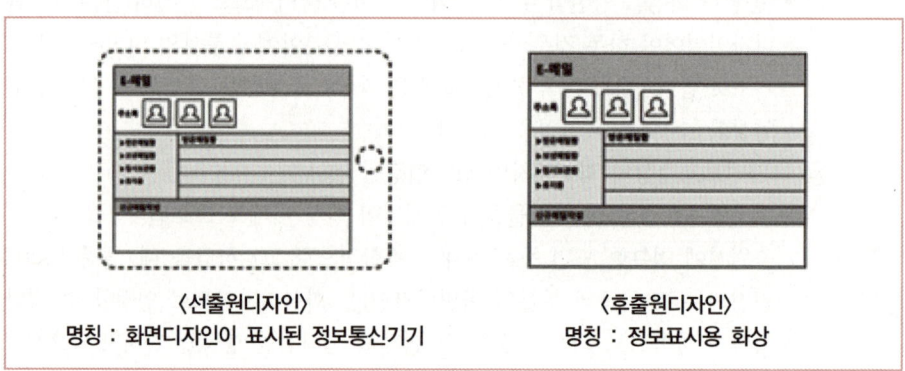

〈선출원디자인〉
명칭 : 화면디자인이 표시된 정보통신기기

〈후출원디자인〉
명칭 : 정보표시용 화상

- 그러나 물품과 화상 간에 용도, 기능, 사용실태 등을 고려하여 서로 유사하거나 혼용가능성이 있다면, 둘 중 하나가 공지된 경우 창작비용이성에 관한 판단은 가능하다.
ⓑ 화상디자인간의 유사여부 판단 : 두 화상디자인의 형태가 동일하거나 유사한 경우 및 두 화상디자인의 용도 또는 기능이 동일하거나 유사한 경우 또는 두 화상디자인의 혼용 가능성이 있는 경우, 두 디자인은 동일 또는 유사한 것으로 판단한다.

ⓒ 변화하지 않는 "화상디자인"과 변화하는 "화상디자인"의 유사여부 판단
- 변화하지 않는 "화상디자인"과 변화하는 "화상디자인"은 원칙적으로 비유사하다.
- 다만, 변화하는 "화상디자인"의 일부 정지상태의 모양이 변화하지 않는 "화상디자인"과 동일 또는 유사하고, 그 정지상태의 해당 부분이 전체에서 차지하는 미감이 지배적이며 전체적인 변화의 특이성이 미미하다면 양 디자인은 유사한 디자인으로 인정할 수 있다.

ⓓ 변화하는 화상디자인 상호간의 유사여부 판단
- 변화하는 "화상디자인" 상호 간에는 그 정지상태와 변화상태를 전체 대(對) 전체로 비교하여 유사여부를 판단한다.
- 변화하는 "화상디자인"에서 변화를 구성하는 속도, 간격의 차이는 유사판단에서 고려하지 않는다.

③ 창작비용이성(法 제33조 제2항)
㉠ 화상디자인의 구성요소의 일부분을 다른 부분으로 치환하거나 복수의 공지된 화상디자인을 조합하여 하나의 화상디자인을 구성하거나 화상디자인의 구성요소를 배치변경하거나 화상디자인의 구성요소의 비율을 변경하거나 구성단위 수를 증감하는 것은 공지디자인 등에 의하여 그 디자인이 속하는 분야에서 통상의 지식을 가진 자가 쉽게 창작할 수 있는 디자인에 해당한다.

- **(인정불가능 예 1)** 화상디자인의 구성요소의 일부분을 다른 디자인으로 치환 : 공지된 "영상편집용 화상"의 일부를 다른 공지디자인의 일부로 치환하여 구성한 "영상편집용 화상"은 창작성을 인정할 수 없다.

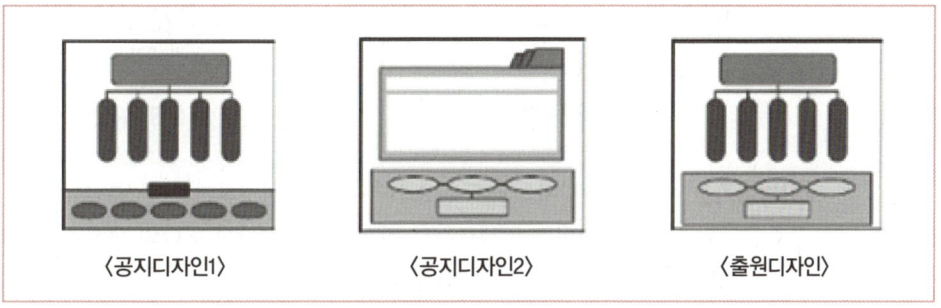

- **(인정불가능 예 2)** 복수의 공지된 화상디자인을 조합하여 하나의 화상디자인을 구성 : 공지된 각각의 아이콘들을 단순하게 결합하여 구성한 화상디자인의 경우 창작성을 인정할 수 없다.

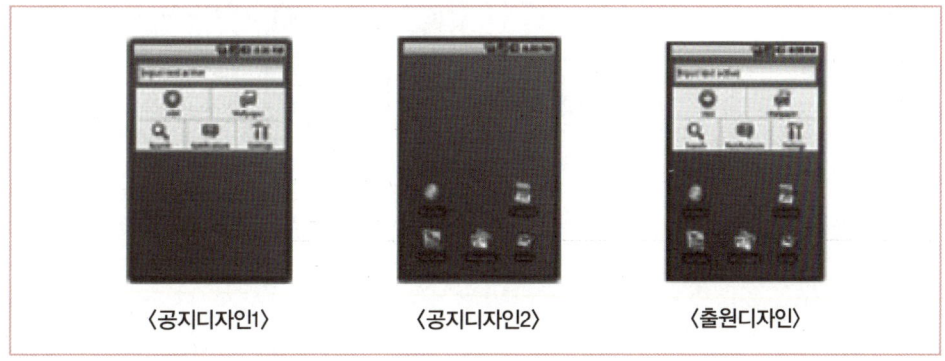

- **(인정불가능 예3)** 공지된 화상디자인의 일부 구성요소의 수를 증감 : 공지된 화상디자인의 일부 구성요소의 수를 증가시켜 세로로 배열한 "정보표시용 화상"은 창작성을 인정할 수 없다.

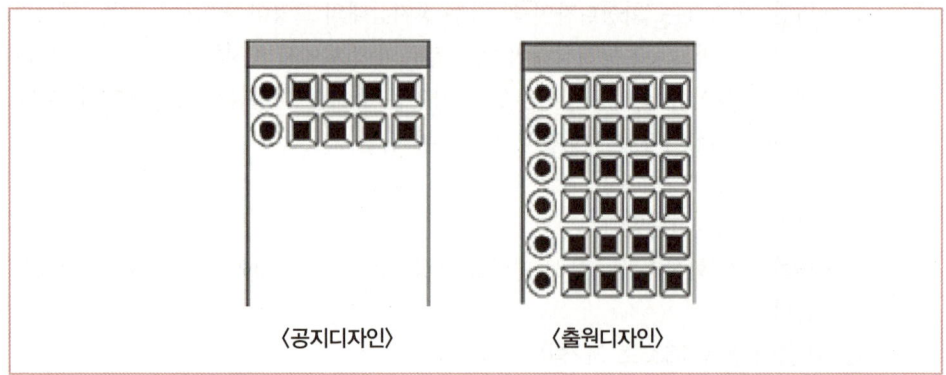

- **(인정불가능 예4)** 화상디자인의 구성요소의 배치변경 : 공지된 화상의 일부 구성요소의 위치를 단순하게 변경한 것에 불과한 "영상편집용 화상"은 창작성을 인정할 수 없다.

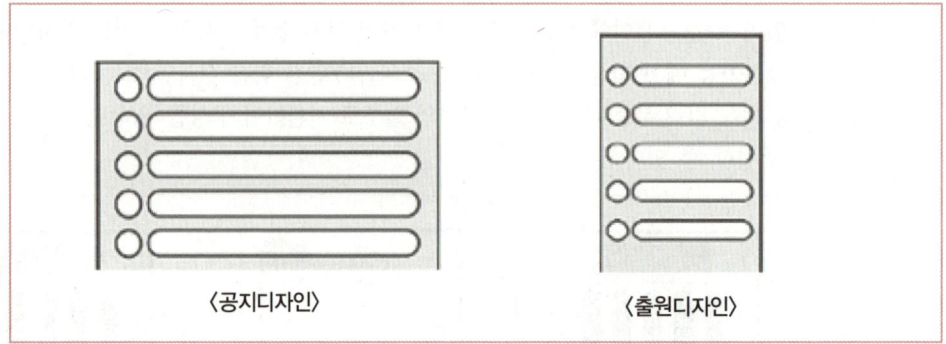

- **(인정불가능 예5)** 화상디자인의 구성요소의 비율을 변경하거나 구성단위(연속단위) 수의 증감 : 공지된 화상디자인의 가로세로간의 비례감을 변경하여 하나의 화상을 구성한 것에 불과한 "영상편집용 화상"은 창작성을 인정할 수 없다.

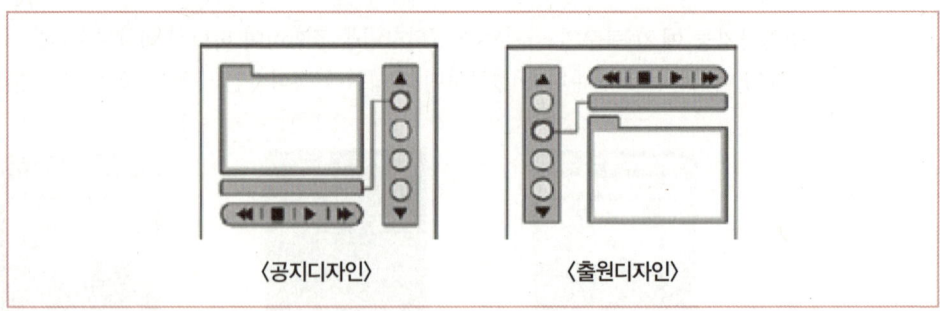

- **(인정불가능 예 6)** 프레임 분할 방식의 단순한 변경에 의한 용이창작 : 아래의 사례와 같이 공지된 화상디자인의 세로형 프레임 분할방식을 단순히 가로형으로 변경한 것에 불과한 것은 창작성을 인정할 수 없다.

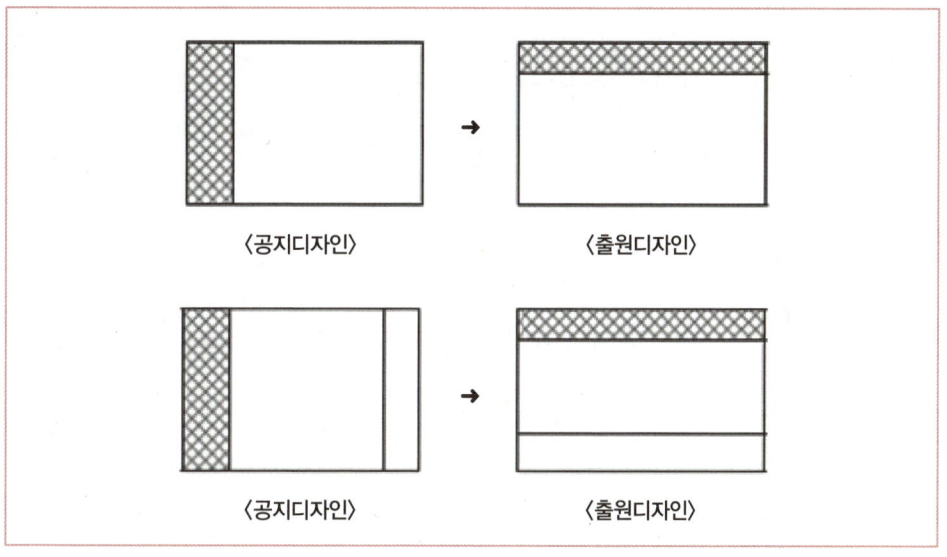

ⓒ 공지의 물품디자인에 표현된 형태를 화상디자인으로 전용(轉用)하는 것이 해당분야의 통상의 지식을 가진 디자이너에게 용이한 수준이라면 창작이 용이한 디자인으로 본다.

- **(인정불가능 예 1)** 아래의 사례와 같이 공지된 "자동차의 디자인"을 거의 그대로 "정보표시용 화상디자인"으로 전용한 것이 해당분야에서 용이한 것이라면 창작성을 인정할 수 없다.
  ※ 공지된 "자동차 디자인"이 자기의 디자인이라면 공지일로부터 12개월 이내에 "정보표시용 화상디자인"을 출원하면서 신규성상실의 예외를 주장할 경우 등록받을 수 있다.

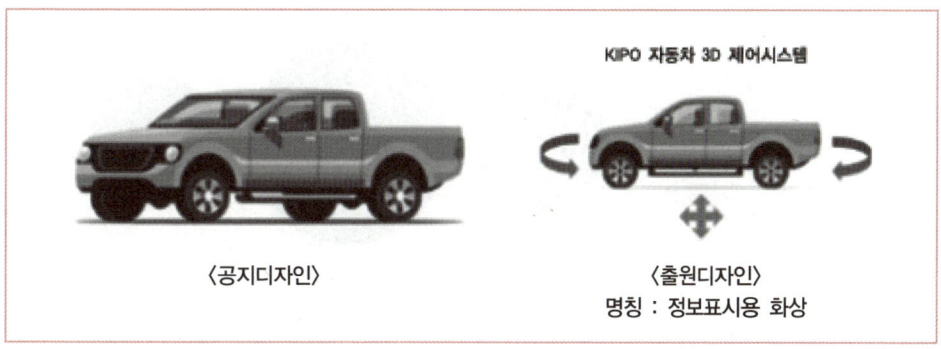

- **(인정불가능 예 2)** 아래의 사례와 같이 공지된 "화면디자인이 표시된 정보통신기기 디자인"의 화면 표시부를 거의 그대로 "정보표시용 화상디자인"으로 전용하는 것이 해당분야에서 용이한 것이라면 창작성을 인정할 수 없다.

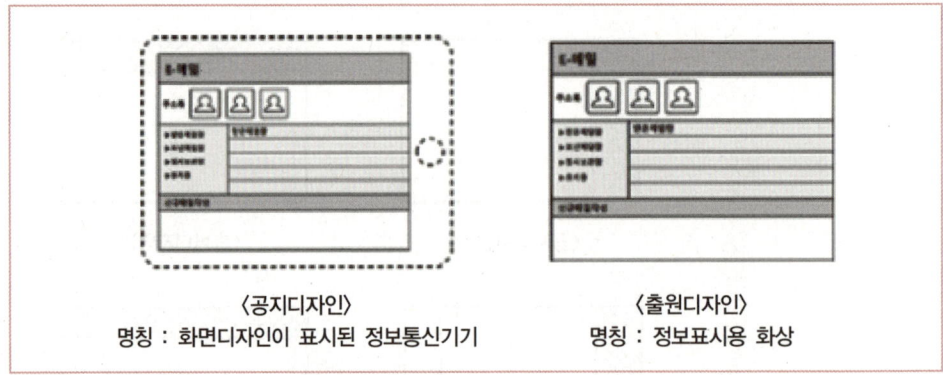

〈공지디자인〉　　　　　　　　　〈출원디자인〉
명칭 : 화면디자인이 표시된 정보통신기기　　명칭 : 정보표시용 화상

④ 1디자인 1디자인등록출원(法 제40조 제1항)

㉠ 둘 이상의 화상의 용도를 「디자인의 대상이 되는 물품」란에 기재한 경우, 도면에 둘 이상의 화상이 표현된 경우, 하나의 화상에 물리적으로 분리된 2 이상의 형태가 표현되어 있는 경우에는 1디자인 1디자인등록출원 위반이다.

㉡ 도면 등에 복수의 화상이 표현된 경우라도, 출원서 및 출원서에 첨부된 도면의 기재사항 등을 참고하여 화상들 간에 상호 연관성이 있다면 또는 사용행태 등을 고려할 때 복수의 화상이 하나로서 일체로 실시되는 경우 하나의 화상디자인으로 판단할 수 있다.

- **(인정가능 예)** 아래는 "차량정보 표시용 화상"으로서 3개의 화상이 서로 분리되어 있으나 일반적으로 속도계, 엔진회전수계, 연료잔량계 등은 차량에 일체로서 탑재되어 사용되므로 하나의 디자인으로 인정할 수 있다.

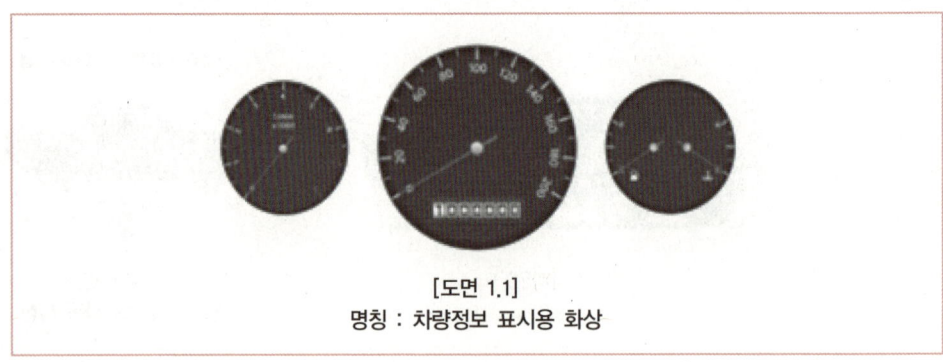

[도면 1.1]
명칭 : 차량정보 표시용 화상

ⓒ 하나의 화상에 물리적으로 분리된 둘 이상의 디자인이 표현되어 있을 경우 원칙적으로는 1디자인 1디자인등록출원으로 인정되지 않는다. 다만, 출원서 및 출원서에 첨부된 도면의 기재사항, 사용행태 등을 고려하여 디자인 창작의 일체성이 인정되는 경우에는 1디자인 1디자인 등록출원으로 인정할 수 있다.
- **(인정가능 예)** 아래 화상디자인의 경우, 계기판 부분과 지시바늘 등 개별 구성요소들이 각각 물리적으로 분리되어 있으나, 정보를 표현하기 위하여 일체로서 기능하고 인식되므로 1디자인으로 인정할 수 있다.

[도면 1]
명칭 : 정보표시용 화상

ⓔ 형태가 변화하는 동적(動的) 화상디자인의 경우「디자인의 설명」을 포함한 출원서 및 출원서에 첨부된 도면 등에 동적 화상디자인을 표현한 것임이 명확하게 설명되어 있다면 하나의 화상디자인으로 인정할 수 있다.
- **(인정가능 예1)** 동일한 기능을 위한 화상디자인일 것 : 아래는 만보기 기능의 화상디자인으로서 동적 변화 상태를 표현한 것이며 각각의 화상이 하나로서 동일한 기능을 수행하므로 하나의 디자인으로 인정할 수 있다.

[도면 1]   [도면 2]   [도면 3]   [도면 4]
명칭 : 정보표시용 화상

- **(인정가능 예2)** 변화 전후의 화상디자인에 대하여 도형들 간의 공통점으로 인하여 형태의 관련성이 있을 것 : 아래는 "정보표시용 화상"의 변화 전·후의 상태를 표현한 것인데, 원호형상의 눈금자 부분의 형상, 도형과 문자의 배치상태 등이 일관되게 유지되고 있어 하나의 디자인으로 인정할 수 있다.

[도면 1]   [도면 2]

명칭 : 정보표시용 화상

⑤ 물품류 구분 및 명칭(法 제40조 제2항)
  ㉠ 화상디자인의 물품류 구분은 로카르노 협정에 따른 물품류에 근거하여 특허청장이 정하여 고시한 「디자인 물품류별 물품목록」에 따라 물품류 (제14류)를 기재하여야 한다.
  ㉡ 화상디자인을 출원하는 경우에는 「디자인의 대상이 되는 물품」란에 디자인을 인식하는 데 적합한 명칭을 적되, 용도가 명확하게 이해되고 해당 분야에서 일반적으로 사용되는 명칭은 인정할 수 있다(정보통신용 화상, 정보통신용 GUI, 아이콘용 화상, 차량정보 표시용 그래픽 유저 인터페이스).

(4) 화상디자인의 출원절차

조약우선권주장(法 제51조) : 우선권을 주장하는 제1국의 출원디자인이 기기의 조작에 이용되거나 기능이 발휘되는 화상디자인으로 볼 수 있고 그와 실질적으로 동일한 디자인을 우선권 주장하여 우리나라에 화상디자인으로 출원했다면 그 우선권 주장을 인정할 수 있다.

[우선권 주장 인정에 관한 구체적인 판단]

구 분	제1국 출원디자인 예	우리나라 출원디자인 예	우선권 주장 인정여부
물품의 명칭	"GUI design for display screen"	"정보표시용 화상디자인"	원칙적으로 불인정되나 출원서 및 첨부된 도면 등을 참고하여 결정
	① "Icons for ○○", "GUI(Graphical user interface)"	"○○용 화상"	용도·기능이 실질적으로 동일한 경우 인정 가능
	② "Icons for ○○", "GUI(Graphical user interface)"	"GUI, 아이콘(Icons)"	

① **(인정불가능 예)** 다음과 같이 제1국에서 "물품의 부분에 표현된 화면디자인"을 출원하고 이를 우선권 주장하여 우리나라에서 "화상디자인"으로 출원한 경우, 설령 물품의 표시부 모양과 화상의 형태가 동일하더라도 동일성을 인정할 수 없다.

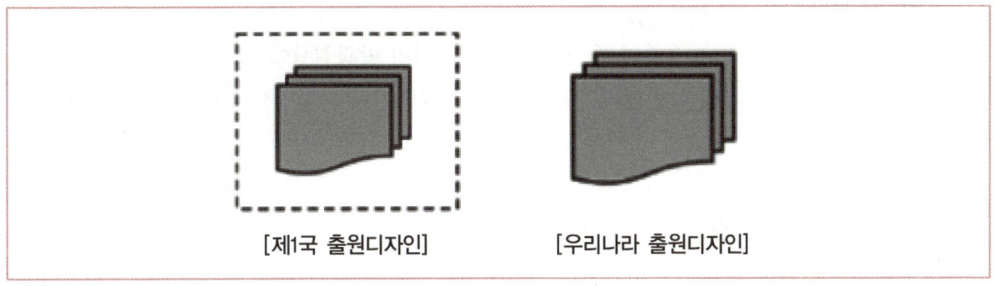

② **(인정가능 예)** 다음과 같이 제1국의 출원디자인 물품의 명칭이 "Icons for ○○", "GUI(Graphical user interfaces)"로 기재되어있고, 동일한 형태의 디자인(단, 물품의 부분디자인으로 표현하지 않음)을 우리나라에 출원하면서 물품의 명칭을 "○○용 화상" 등으로 기재했다면 출원서 및 출원서에 첨부된 도면의 기재사항을 참고하여 우선권 주장을 인정할 수 있다.

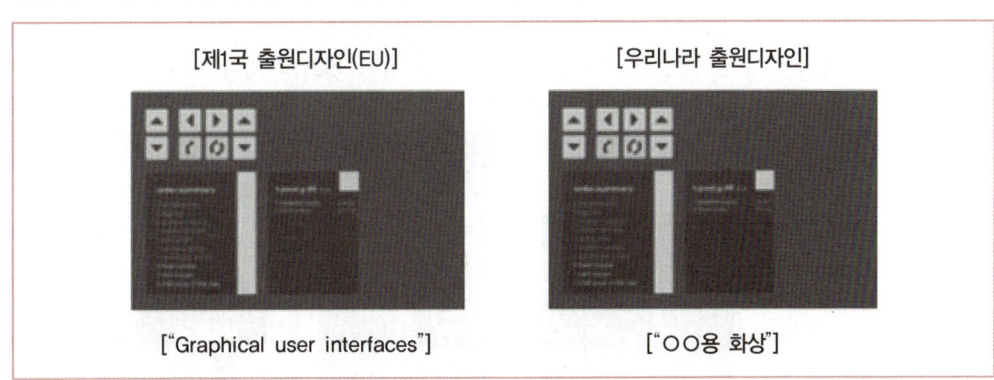

12 화면디자인

(1) 의의 및 취지

화면디자인이란 물품의 액정화면 등 표시부에 일시적인 발광현상에 의해 시각을 통해 인식되는 모양 및 색채 또는 이들의 결합을 말한다. 디자인의 창작영역이 무체물까지 확대되는 현실을 감안하여 디자인보호법을 통한 보호방안이 강구되고 있다.

(2) 화면디자인의 성립요건

① **물품성** : 물품의 표시부에 일시적으로 구현되는 것이라도 화면을 표시한 상태로서 물품성을 갖춘 것으로 본다.

② **화면디자인의 물품성을 갖추지 못한 유형**
 ㉠ 물품 내에 표시부를 특정할 수 없고, 빛의 투사(projection)에 의해 구현되는 경우
 ㉡ 일시적으로 구현되는 화면이라도 물리적인 표시부가 특정되지 않은 경우
 ㉢ 화면이 표시된 물품이 함께 도시되지 않은 경우
 ㉣ 투사되는 물품 및 물품의 표시부를 특정할 수 있는 경우는 예외

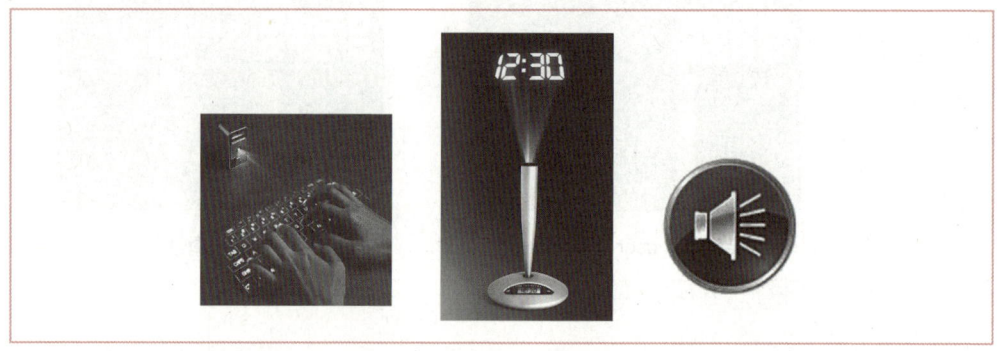

③ **시각성** : 일반적인 물품의 표시부를 통해 육안으로 식별할 수 있어야 하므로 확대하여야만 화면이 파악되는 경우에는 시각성이 인정되지 않는다. 다만, 특수한 표시부를 통해 화면을 관찰하는 것이 통상적인 경우에는 시각성이 인정된다.

 예 신체착용을 통해 표시부가 육안에 밀착되어 표시되는 "화면디자인이 표시된 신체착용형 멀티미디어 단말기"

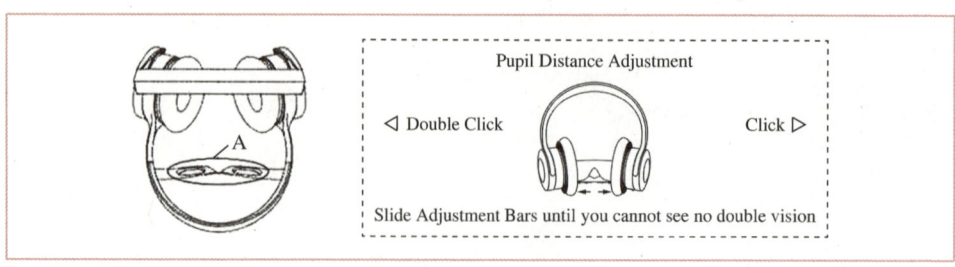

(3) 화면디자인의 등록요건

① 공업상 이용가능성(法 제33조 제1항 본문)
  ㉠ 구체적인 물품의 표시부에 표시된 상태로 출원되어야 공업상 이용할 수 있는 디자인으로 인정된다.
  ㉡ 화면이 표시되는 물품이 공업적 또는 수공업적 방법에 의하여 반복적으로 양산될 수 있어야 한다.
  ㉢ 法 제33조 제1항 본문 위반의 유형 : 물품의 형상 및 화면디자인이 표시되는 표시부 전부가 도면에 명확하게 도시되지 않은 경우

② 유사여부 판단
  ㉠ 화면이 표시된 물품의 유사여부를 따진다.
  ㉡ 비유사물품인 경우에도 화면디자인이 물품에 적용되는 특성상 용도가 혼용될 수 있는 것은 유사한 물품으로 볼 수 있다.
     예 냉·온수 조작을 위한 "화면디자인이 표시된 냉·온수기"와 "화면디자인이 표시된 정수기"
  ㉢ 물품이 동일 또는 유사한 경우라도 필요에 따라 화면디자인의 구체적 기능을 추가적으로 고려하여 종합적으로 유사여부를 판단할 수 있으며, 이 경우 디자인 도면에 표현된 내용, 디자인의 설명 등을 참고하여 유사여부 판단의 대상이 되는 물품을 특정할 수 있다.
     예 "화면디자인이 표시된 디스플레이 패널"에서 지도검색을 위한 화면디자인과 문서편집을 위한 화면디자인으로의 구체적 기능이 상이한 경우

③ 창작비용이성(法 제33조 제2항)
  ㉠ 판단기준 : 화면디자인에서 「상업적·기능적 변형」이란 당 업계에서 통상의 지식을 가진 자라면 누구나 해당 디자인이 그 물품 또는 기능에 맞도록 하기 위하여 가할 수 있을 것이라고 생각되는 정도의 변화를 말하는 것으로서 다음과 같은 경우들을 예로 들 수 있다.
    • **(인정불가능 예 1)** 공지의 '손목시계' 중 '시계문자판'을 화면디자인으로 나타내는 등 일반적인 물품의 디자인 구성요소의 일부 또는 전부를 그 물품과 같은 기능을 수행하기 위해 단지 화면디자인으로 나타내는 것

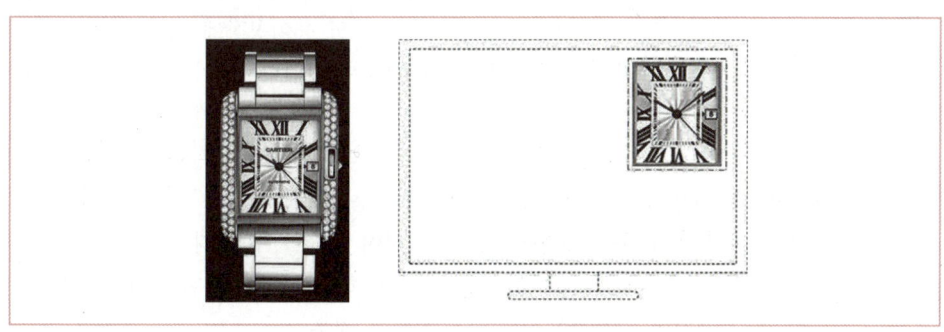

- **(인정불가능 예 2)** 공지의 형상, 모양, 색채의 결합에 기초하여 흔한 방법으로 변화 전후를 표현한 것에 불과한 것

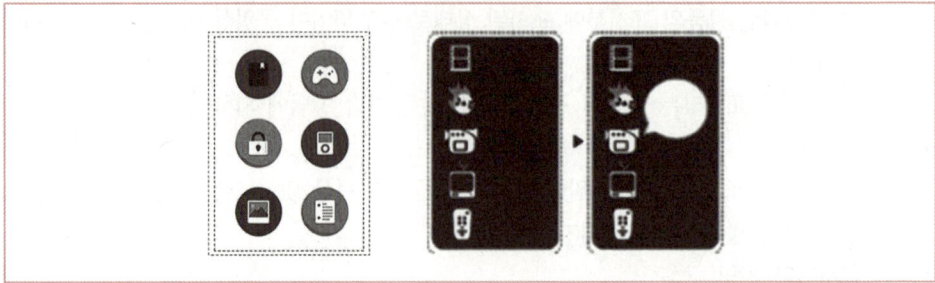

ⓒ 주지의 형상, 모양 색체 또는 이들의 결합에 기초한 용이창작
- 일반적인 글자체를 사용하여 단어, 문장 등을 나열한 정도로 전체로서 창작성이 없는 경우
  - 예 기초적인 문자만의 배열
- 일반적인 방법으로 프레임을 분할하는 정도에 지나지 않은 경우
  - 예 흔한 프레임 분할
- 디자인의 구성요소의 배치변경에 의한 용이창작
  - 예 아이콘메뉴창의 구성일부의 위치를 단순하게 변경한 것에 지나지 않는 "화면디자인이 표시된 태블릿 PC"

ⓒ 공지디자인의 결합에 기초한 용이창작
- 디자인의 구성요소의 일부분을 다른 디자인으로 치환하는 용이창작
  - 예 공지된 휴대전화기 메인화면에 공지된 아이콘일부를 치환하여 구성한 "화면디자인이 표시된 휴대전화기"
- 복수의 디자인을 조합하여 하나의 디자인을 구성하는 용이창작
  - 예 공지된 각각의 아이콘들을 단순하게 결합하여 구성한 "화면디자인이 표시된 휴대전화기"
- 공지된 모양·색채 또는 화면을 다른 물품에 거의 그대로 나타낸 용이창작
  - 예 공지된 TV의 화면을 게임기에 거의 그대로 나타낸 "화면디자인이 표시된 게임기"

ⓔ 공지디자인이 주지의 모양 등과 결합한 경우에도 용이창작에 해당하는 것으로 본다.
  - 예 공지디자인과 주지의 사각형 모양을 결합하여 "화면디자인이 표시된 디스플레이 패널"로 나타낸 경우

ⓜ 부분디자인의 경우 : 부분디자인으로 출원된 화면디자인의 경우 표시부 내에서 부분디자인으로 등록받고자 하는 부분(실선 부분)을 고려하여 용이창작 여부를 판단하되, 필요한 경우 파선 부분의 기능 및 용도 등을 종합적으로 고려하여 판단할 수 있다.
- **(용이창작의 예)** 부분디자인으로 등록받고자 하는 부분이 주지의 사각형을 균등하게 분할한 정도에 불과하여 창작성이 인정되지 못하는 경우
- **(창작성 인정의 예)** 표시부 내부에 주지의 사각형을 적용하였으나 크기 변화 및 배치 등을 종합적으로 고려하였을 때 창작성이 인정되는 경우

④ 1디자인 1출원(法 제40조 제1항)
　㉠ 1디자인 1디자인등록출원으로 인정되는 예 : 1개의 표시부 내에 도시된 것이라면 각각의 구성요소가 물리적으로 분리되었는지 또는 기능에 연관성이 있는지 여부에 상관없이 하나의 디자인으로 본다.
　　• **(인정가능 예1)** 음악듣기를 위한 재생, 정지, 빨리감기, 볼륨조절 등 각각의 버튼이 배치되어 있는 "화면디자인이 표시된 태블릿 PC"
　　• **(인정가능 예2)** 컴퓨터 모니터 화면에 날씨, 시간, 음악재생 등의 개별 위젯(widget)이 배치된 "화면디자인이 표시된 컴퓨터 모니터"
　　• **(인정가능 예3)** 각각의 구성요소가 물리적으로 분리되었으나 1개의 아이콘으로 인식되는 "화면디자인이 표시된 디스플레이 패널"
　　• **(인정가능 예4)** 실선으로 표시된 부분이 물리적으로 분리되었더라도 1디자인으로 기능할 수 있는 "화면디자인이 표시된 텔레비전수상기"
　㉡ 동적화면디자인의 경우
　　• 화면 내에 도형 등이 이동, 축소, 회전 또는 색채변화 등 조작에 의한 단순한 변화 전후를 하나의 디자인으로 나타내는 경우
　　(인정가능 예1) 음량조절 슬라이더(slider)가 좌우로 이동하는 변화를 나타낸 "화면디자인이 표시된 디스플레이 패널"
　　• 형태적 관련성 및 변화의 일정성을 가지고 형태가 변화하는 과정을 하나의 디자인으로 나타내는 경우
　　(인정가능 예2) 사각창의 화면구성이 순차적으로 회전하는 형태 변화를 나타낸 "화면디자인이 표시된 컴퓨터 모니터"
　㉢ 동적화면디자인으로 인정할 수 없어 1디자인 1디자인등록출원으로 인정되지 않는 예
　　• 형태적 관련성 및 변화의 일정성이 없거나, 변화의 과정이 도시되지 않은 경우에는 하나의 디자인으로 인정할 수 없다.
　　　– **(인정불가능 예1)** 동일한 프레임을 사용하고 있으나 시계 기능, 검색 기능을 위한 각각 다른 모양을 변화 전후 상태로 도시한 "화면디자인이 표시된 휴대용단말기"
　　　– **(인정불가능 예2)** 동일한 프레임을 사용하고 있으나 구성요소의 모양 및 배치 등이 상이한 두 개의 정지화면을 변화 전·후의 상태로 나타낸 "화면디자인이 표시된 디스플레이 패널"
　　• 일련의 연속된 과정을 수행하기 위한 것이더라도 구성요소의 배치, 모양 등이 화면마다 상이하면 하나의 디자인으로 인정할 수 없다.
　　　예 각각 다른 구성요소 및 배치를 통해 금융거래를 위한 일련의 진행과정을 동적화면디자인으로 나타낸 "화면디자인이 표시된 휴대전화"

- 하나의 물품 내에 물리적으로 분리된 둘 이상의 화면이 표시되는 경우 : 1디자인 1디자인등록출원에 위반되는 것으로 취급한다. 다만, 다음과 같이 물리적으로 분리된 각각의 화면이 연동되어 있을 경우 1디자인 출원으로 인정될 수 있다. 이 경우 '디자인의 설명란'에 기능적 일체성 여부에 관한 기재가 있을 경우 이를 근거로 판단할 수 있다.
  - 예) 물리적으로 분리된 두 개의 표시부가 있고 하나는 조작부(아래쪽 표시부)에 해당하는 화면이 표시되고 나머지 하나의 화면에서 조작의 결과(위쪽 표시부)가 표시되는 "화면디자인이 표시된 오븐"

⑤ **물품의 명칭 기재(法 제40조 제2항)**
  ㉠ 화면이 표시되는 물품의 명칭을 기재하는 경우
    - 예) 화면디자인이 표시된 휴대용단말기, 화면디자인이 표시된 컴퓨터모니터, 화면디자인이 표시된 공기청정기 등
  ㉡ 화면이 표시되는 부품의 명칭을 기재하는 경우
    - 예) 화면디자인이 표시된 디스플레이 패널, 화면디자인이 표시된 공작기계용 정보표시기 등
  ㉢ 물품의 명칭을 잘못 기재한 경우의 예
    - 표시부 자체를 명칭으로 나타내거나 구체적인 물품이 지정되지 않은 경우
      - 예) 화면디자인이 표시된 디스플레이 스크린, 화면디자인이 표시된 디스플레이, 화면디자인이 표시된 정보통신기기 등
    - 화면디자인이 표시되는 물품을 특정하지 않은 것
      - 예) 그래픽유저인터페이스, 어플리케이션 디자인 등
    - 물품의 명칭과 디자인 도면에 차이가 있는 것
      - 예) 물품의 명칭은 "화면디자인이 표시된 디스플레이 패널"로 기재하고 디자인 도면에는 "휴대폰"의 형상이 도시되어 있어 일반적인 상거래상의 형상으로 인정되지 않는 경우

[물품의 명칭] 화면디자인이 표시된 디스플레이 패널

(4) 화면디자인의 출원절차

① **출원서(法 제37조 제1항)** : 화면이 표시되는 물품이 속하는 물품류 구분에 따라 심사 또는 일부심사 대상 물품으로 구분한다.

② **도면(法 제37조 제2항)**
  ㉠ 일부도면만의 제출 : 화면이 도시되는 부분의 도면만을 제출하는 것이 가능하다. 다만, 도면 생략의 취지를 기재하여야 한다.
  ㉡ 표시부에 인쇄된 도형 등이 있는 경우 : ⅰ) 비통전시의 상태도나, ⅱ) 인쇄된 도형 등만을 표시한 참고도 등에 의하여 당해 인쇄된 도형 등을 명확히 하여야 한다.
  ㉢ 동적화면디자인의 경우 : 변화 전후 상태의 도면을 각각 도시하고, 디자인 설명란에는 ⅰ) 변화 전후의 상태에 대한 설명, ⅱ) 도면의 구분 기준에 관한 설명을 기재한다.
  ㉣ 부분디자인출원의 경우 : 등록받고자 하는 화면디자인은 실선으로, 그 외의 부분은 파선으로 표시한다. 디자인 설명란에 등록을 받고자 하는 부분을 특정하고 있는 방법에 대해 기재하여야 한다.

③ **조약에 따른 우선권주장(法 제51조)** : 부분디자인과 전체디자인은 디자인의 동일성이 인정되지 않음이 원칙이다. 다만, 제1국에서 부분디자인 제도가 인정되지 않아 전체디자인으로 출원된 화면디자인에 관한 디자인을 우리나라에 부분디자인으로 출원한 경우, 부분디자인의 등록받고자 하는 부분의 실질적인 디자인의 동일성 등을 종합적으로 고려하여 디자인의 동일성이 인정된다면 우선권의 효력을 누릴 수 있다.

(5) 화면디자인의 디자인권

① **디자인권의 효력(法 제92조)** : 화면디자인권자는 업으로서 등록디자인 또는 이와 유사한 디자인을 실시할 권리를 독점한다(法 제92조).

② **화면디자인을 포함하는 디자인의 보호범위** : 화면디자인을 부분디자인으로 등록받는 경우, 물품의 동일·유사를 전제로 하여 화면디자인을 포함하는 전체디자인의 실시에 화면디자인권의 효력이 미친다.

13 식품디자인

(1) 의의 및 취지
식품디자인이란 음식물의 형상·모양·색채 또는 이들의 결합을 말한다.

(2) 성립요건
식품디자인이 다음의 요건을 구비하지 못한 경우에는 法 제2조 제1호에 따른 디자인의 정의에 합치되지 않는 것으로 본다.
① **물품성** : 형상과 모양이 일정 범위 내에서 정형으로 고정되고 독립적인 단위로 판매가 가능한 식품은 물품성이 인정된다.
② **물품성이 인정되지 않는 경우**
  ㉠ 액상, 분상(가루)물의 집합 등 일정한 형상이 없어 용기에 담지 않고서는 정형적인 형상 또는 배열 상태를 유지할 수 없는 식품
    예 분상·입상 음식, 액상 음식
  ㉡ 단일한 식품의 형상이 아니라 식품을 상업적으로 취급하는 과정에서 전시·판매 등을 위해 일시적으로 형성하는 디자인의 경우
    예 전시·판매를 위한 서비스디자인

(3) 등록요건
① **공업상 이용가능성(法 제33조 제1항 본문)**
  ㉠ 식품디자인의 공업상 이용가능성의 요건
    • 공업상 이용할 수 있는 디자인의 요건 : 「공업적 생산방법」이란 원자재에 물리적 또는 화학적 변화를 가하여 유용한 물품을 제조하는 것을 말하며(대법원 1994.9.9. 선고 93후1247 판결 참조), 여기에는 기계에 의한 생산은 물론 수공업적 생산(제조·가공)도 포함되나 주방 등에서 조리되는 식품은 3차 산업적 서비스로 제공되는 것으로서 공업적 생산방법으로 인정되지 않는다.
    • 양산할 수 있는 디자인 : 「양산할 수 있는 디자인」이란 동일한 형태의 물품을 반복적으로 계속하여 생산하는 것을 뜻하며(대법원 1994.9.9. 선고 93후1247 판결 참조), 양산 가능성에 대한 설명이 필요하다고 인정될 경우에는 그에 대한 설명을 디자인설명란에 기재한다.
    • 동일한 형태의 물품 : 「동일한 형태의 물품」이란, ⅰ) 물리적으로 완전히 같은 물품을 양산할 수 있는 디자인이어야 하는 것은 아니고, 그 디자인 분야에서 통상의 지식을 가진 사람이 그 지식을 기초로 합리적으로 해석하였을 때 같은 물품으로 보일 수 있는 수준의 동일성을 가진 물품을 의미하며, ⅱ) 최종 판매단계까지 동일한 형상을 유지할 수 있어야 한다. 기출 20

ⓛ 공업상 이용가능성이 인정되지 않는 식품디자인
- 가공되지 않은 자연물을 원형 그대로 차용하였거나, 경미한 가공으로 원재료의 형상과 모양이 대부분 남아있어 동일성 범위 내의 식품형상을 반복 생산할 수 없는 경우

육포(불인정)

- 액상·분상·분절된 조각 등으로 구성되어 생산부터 판매까지 동일한 형상을 유지하지 못하는 경우. 다만, 냉동 등의 방식으로 판매 시까지 동일 형상이 유지되는 경우는 제외한다.

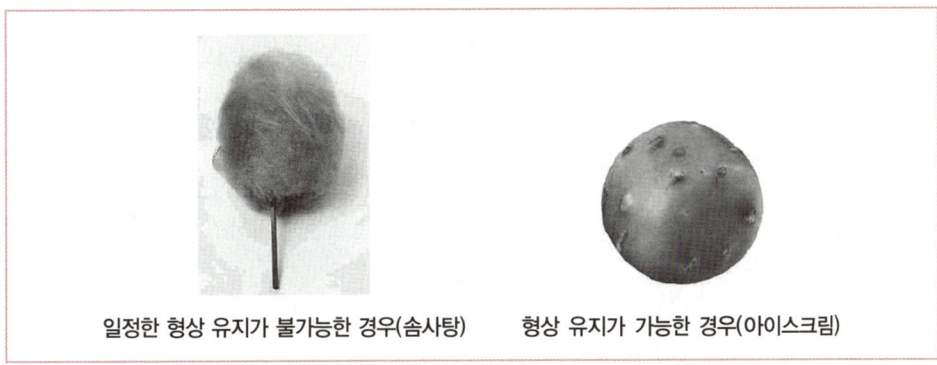

일정한 형상 유지가 불가능한 경우(솜사탕)   형상 유지가 가능한 경우(아이스크림)

- 발효·가열 등의 가공 과정을 거치며 자연적·우연적으로 형성된 형상·모양이 식품의 주된 심미감을 구성하는 경우
- 재현 불가능한 빵의 갈라짐, 불에 탄 흔적, 토핑, 핫도그 표면의 불균일한 감자조각 등이 이에 해당한다. 다만, 우연적 형상이라도 동일성 범위 내에서 반복생산 가능한 경우는 공업상 이용가능성이 인정된다.

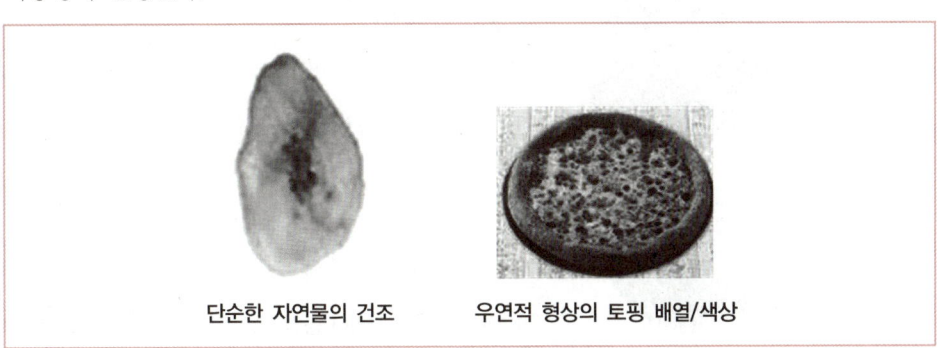

단순한 자연물의 건조   우연적 형상의 토핑 배열/색상

- 공업적·수공업적 생산방법으로 제조·가공된 식품이 아닌 경우로서 조리되어 제공되는 경우. 다만, 조리되어 판매되는 물품과 동일한 물품이라도 재생가능한 공업적 생산방법으로 제조·가공되어 독립적으로 거래되는 경우는 제외한다.

  예 조리된 비빔밥, 회, 전골 등

조리 후의 배열(비빔밥)　　식품의 단순배열(새우튀김)

ⓒ 공업상 이용가능성이 인정되는 식품디자인
- 천연 자연물을 가공하여 자연물 고유의 형상과 모양이 변형되어, 통상적인 가공 과정에서 나오기 어려운 형상과 모양을 갖춘 경우
- 물품의 특성상 완벽하게 동일한 형태로 생산할 수는 없다 하더라도 당업계 통상의 지식을 가진 자가 물품의 형상에 동일성이 있다고 인정할 수 있는 수준으로 반복 재현이 가능한 경우
- 유통과정에 냉동·건조 등을 통하여 고정된 형태를 유지하여 일반 수요자의 시점에서 일정한 형상을 가진 제품으로 인식되는 경우

[갈비] 자연물을 반가공한 '꽃게다리 모양'에 창작성이 인정되고 냉동을 통해 판매시점까지 형상이 유지

[떡] 형틀을 통해 동일한 형상 재현 가능

[마카롱] 표면 디자인이 공업적 또는 수공업 방법으로 반복 재생산 가능

② 디자인의 동일·유사 판단
  ㉠ 물품간 유사 여부 판단 : 동일 또는 유사한 식품에 대하여 디자인의 동일·유사판단을 한다.
  ㉡ 식품디자인의 유사 여부 판단방법
    • 식품 종류별로 특징이 상이하므로, 해당 식품종류별 업계의 과거 디자인개발의 형태적 흐름과 출원디자인의 창작적 특이점을 종합적으로 고려하여 유사를 판단한다.
    • 외관을 전체적으로 대비 관찰하여 보는 사람으로 하여금 상이한 심미감을 느끼게 하는지 여부에 따라 판단하여야 하므로 그 지배적인 특징이 유사하다면 세부적인 점에 다소 차이가 있을지라도 유사한 것으로 본다.
    • 자연물의 본래적인 특징 또는 조리시에 나타나는 통상적인 변화로 인해 나타나는 차이는 유사 판단에 고려하지 않는다.
③ 창작비용이성(法 제33조 제2항)
  ㉠ 판단기준
    • 식품디자인에서의 주지의 형상·모양 등을 판단할 때에는 ⅰ) 널리 알려진 형상과 모양뿐만 아니라, ⅱ) 당해 식품의 통상적인 형태를 고려한다.
    • 식품디자인에서의 공지디자인을 판단할 때에는 ⅰ) 국내외에 공지·공연 실시된 디자인 또는 이들의 결합 여부, ⅱ) 공지된 음식모양의 단순변형, 결합, 배열변경, 중첩 등에 해당하는지 여부를 고려한다.
  ㉡ 용이창작의 유형
    • 일반에 널리 알려진 도면·문양·입체 등의 형상과 모양을 본 딴 경우
      예 널리 알려진 형상과 모양을 본 따서 창작성을 인정할 수 없는 예시

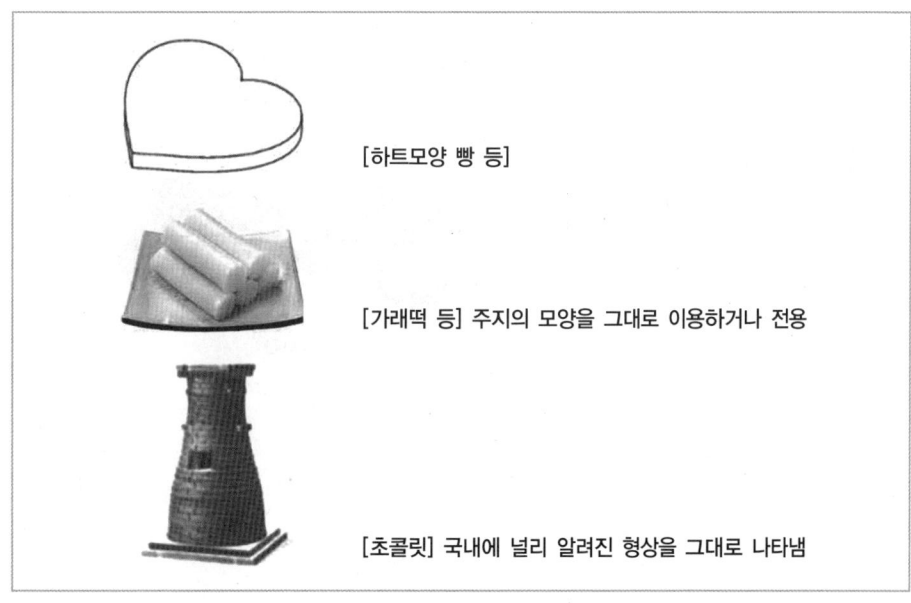

- 해당 식품에서 통상적으로 볼 수 있는 일반적인 형태 또는 그와 유사한 형태로서 새로운 미감이 생성되지 않는 경우
- 공지디자인의 결합에 기초한 용이창작
  - 2 이상의 공지디자인을 단순 결합한 것에 지나지 않는 경우
    예 단순결합으로서 창작성을 인정할 수 없는 예시

반반 피자   와플(+ 아이스크림)

  - 공지디자인의 구성요소의 배치 변경, 또는 구성단위 수를 달리한 것에 지나지 않는 경우
    예 구성단위의 수를 달리하여 창작성을 인정할 수 없는 예시

햄버거   아이스바

  - 공지디자인의 일부를 다른 통상의 식품으로 치환한 경우
    예 통상의 식품 치환에 해당하여 창작성을 인정할 수 없는 예시

도시락

④ 1디자인 1디자인등록출원(法 제40조 제1항)
  ㉠ 식품디자인의 1디자인 : 원칙적으로 식품과 식품을 구성하지 않는 타 물품이 하나의 도면 내에 표현되어 있는 경우 1디자인 1출원 위반으로 판단한다.
  ㉡ 1디자인 1출원으로 인정되는 식품디자인
    • 식품에 부가적인 물품이 결합되어 있더라도 거래관행상 실시 전 과정(생산, 유통, 판매)에서 일체화된 물품인 경우(음식부속물 – 과자용 막대, 꼬치, 식품장식 종이, 아이스크림콘·컵, 식용 가능한 소시지 포장지 등)와 결합된 음식으로서 가공·제조된 식품을 직접 지지하거나 장식 등에 사용되어 음식과 결합된 하나의 물품으로 볼 수 있는 경우

장난감이 장식된 케이크 / 막대사탕 / 폐백육포

    • 식품 디자인의 형상·모양을 완전히 보여주기 위해 보조적인 물품을 이용하는 것이 명백한 경우. 이 경우 보조적인 물품이 적용된 취지를 디자인의 설명란에 기재하여야 한다.
    예 변화 전후의 디자인으로 나타낸 "찻잎"으로 디자인의 설명란에 "차의 형상과 모양을 완전하게 나타내기 위하여 컵에 물과 함께 도시한 것으로 컵은 디자인을 구성하지 않는 부분임"이라 적은 것

변화 전 / 변화 후

  ㉢ 1디자인 1출원으로 인정되지 않는 식품디자인
    예 식품과 일체성을 인정할 수 없는 타물품이 도시된 경우

테이블웨어가 포함된 경우 / 포장과 함께 도시하는 경우 / 물리적으로 분리된 식품이 다수 표현되어 있는 경우

(4) 출원절차
① **물품류 구분** : 물품류 및 물품의 구분은 로카르노 협정에 따른 물품류에 근거하여 용도와 기능 등을 기준으로 특허청장이 정하여 고시한 「디자인 물품류별 물품목록」에 따라 기재한다. 식품디자인은 제01류에 해당한다.
② **디자인의 대상이 되는 물품의 명칭 기재방법** : 로카르노 협정에 따른 물품류에 따라 특허청장이 정하여 고시한 「디자인 물품류별 물품목록 고시」에서 하나의 물품을 지정하여 적어야 한다. 디저트, 제빵류 등은 물품이 명확히 한정되지 않아 특정할 수 없는 경우로 물품의 명칭을 잘못 기재한 것으로 본다.

(5) 디자인권
식품디자인의 디자인권의 효력은 등록된 디자인과 동일하거나 유사한 디자인까지 미친다(法 제92조).

14 완성품과 부품의 법적관계

(1) 완성품과 부품의 개념
① **완성품과 부품의 구별** : 완성품은 부품의 종합체로서 독립하여 거래의 대상이 될 뿐만 아니라 단독으로 사용될 수 있는 물품을 말한다. 부품은 완성품의 일부를 구성하는 물품으로서 분리가 가능하고 독립거래 대상이 되나, 완성품에 결합되어 사용되어야 효용을 달성할 수 있는 물품을 말한다.
② **완성품과 부품의 법적관계 및 논의의 실익**
　㉠ 원칙 : 완성품과 부품은 용도가 서로 다른 비유사 물품으로 본다.
　㉡ 예외 : 다만, 부품의 구성이 완성품에 가까운 경우에는 서로 유사한 물품으로 본다.
　　　예 안경과 안경테
　㉢ 논의의 실익 : 부품디자인은 완성품 디자인에 포함되어 그 외관 형성에 영향을 미치므로 등록요건의 판단 및 보호범위 판단의 측면에서 양자간의 법적 취급이 문제된다.

(2) 완성품과 부품의 법적관계
① **디자인의 성립요건(法 제2조 제1호, 제33조 제1항 본문)** : 완성품은 독립거래의 대상이 되는 유체동산으로서 물품성이 인정된다. 대법원 判例는 "부품은 독립된 거래의 대상 및 호환의 가능성만 있으면 족하다"고 판시하여 부품의 물품성을 인정한다(대법원 2001.4.27. 선고 98후2900 판결). 기출 16·23
② **신규성(法 제33조 제1항)**

선출원	후출원	法 제33조 제1항 위반여부
부품	완성품	×
완성품	부품	○
부품 ≒ 완성품	완성품	○
완성품	부품 ≒ 완성품	○

③ 창작비용이성(法 제33조 제2항) : 출원된 완성품디자인의 구성요소 중 주지 또는 공지되지 않은 부품이 포함되어 있더라도 그 구성요소가 부수적이거나 창작성이 낮아 전체적인 미감에 미치는 영향이 적은 경우에는 용이창작 디자인으로 본다.
④ 확대된 선출원(法 제33조 제3항)

선출원	후출원	法 제33조 제3항 위반여부
부품	완성품	×
완성품	부품	○
부품 ≒ 완성품	완성품	× (法 제46조 제1항 反)
완성품	부품 ≒ 완성품	× (法 제46조 제1항 反)

⑤ 선출원(法 제46조 제1항)
  ㉠ 원칙 : 완성품과 부품은 비유사한 디자인의 관계에 있으므로 선출원의 적용이 없다.
  ㉡ 예외 : 부품의 구성이 완성품에 가까운 경우에는 양 디자인은 유사한 디자인으로 취급될 수 있으므로 선출원이 적용될 여지가 있다.
⑥ 관련디자인(法 제35조)
  ㉠ 원칙 : 완성품과 부품은 비유사한 디자인의 관계에 있으므로, 양 디자인 모두 단독의 디자인등록출원되어야 한다.
  ㉡ 예외 : 부품의 구성이 완성품에 가까운 경우에는 양 디자인은 유사한 디자인으로 취급되므로 어느 하나를 기본디자인으로 하는 관련디자인으로 디자인등록출원해야 한다.

(3) 출원절차

① 출원서 및 도면(法 제37조) : 부품의 경우 용도를 명확히 표시하여야 한다. 용도가 불명확함에도 불구하고 착오로 디자인등록된 경우 디자인등록의 무효사유가 있는 것은 아니나, 권리범위가 확대해석되는 것을 방지하기 위해 도면의 표현 등을 고려하여 등록 디자인의 물품의 용도를 한정적으로 해석함이 타당하다.
② 보정 및 요지변경(法 제48조, 제49조) : ⅰ) 완성품에 표현된 일부 부품을 삭제, ⅱ) 완성품과 부품 상호간에 명칭을 변경하는 보정은 동일성을 상실한 보정으로서 요지변경으로 본다.
③ 분할출원(法 제50조) : 완성품디자인은 1디자인에 해당하므로, 완성품에 포함된 부품을 그 부품에 관한 디자인으로 분할할 수 없다. 분할출원은 소급효를 인정하므로 권리범위 변동으로 인한 제3자에 대한 불측의 손해가 발생될 수 있다.

(4) 디자인권

① **디자인권의 발생 및 효력(法 제92조)** : 완성품은 전체로서 하나의 디자인권이 발생한다. 완성품의 실시에는 부품의 실시가 수반되므로 부품디자인권의 효력은 그 부품을 포함하는 완성품의 실시에도 미친다.

② **직접침해와 간접침해** : 완성품의 생산에만 사용되는 부품의 실시(사용 제외)는 침해시를 기준으로 그 부품에 타용도가 존재하지 않는다면 간접침해(法 제114조)를 구성할 수 있다.

선출원 등록권리	후출원	직접침해 해당 여부
부품	완성품	○
완성품	부품	×
부품 ≒ 완성품	완성품	○
완성품	부품 ≒ 완성품	○

③ **이용관계(法 제95조)**

선출원 등록권리	후출원 등록권리	이용관계(法 제95조) 여부
부품	완성품	○

　㉠ 후출원 등록가부 : 후출원 완성품디자인은 원칙적으로 비유사한 디자인인바, 선출원(法 제46조 제1항) 규정이 적용되지 않아 모두 적법하게 등록이 가능하다.

　㉡ 이용관계 적용여부 : 다만, 후출원에 선출원의 권리내용이 그대로 포함되어 있어, 후출원의 실시에는 선출원권리의 실시가 수반되는 이용관계가 성립된다. 후출원 권리자는 선출원 권리자의 허락 또는 통상실시권 허락의 심판(法 제123조)에 의하지 아니하고는 자신의 등록디자인 또는 그와 유사한 디자인을 업으로서 실시할 수 없다.

15 형태가 변화하는 디자인(동적디자인)

(1) 의의 및 취지

동적디자인이란 물품의 형태가 기능에 따라 변화하는 디자인을 말한다. 다양한 형태의 변화에 따른 미감적 가치를 보호하기 위해 1디자인의 성립을 인정하는 동적디자인제도를 두고 있다. 동적디자인을 형태가 변화하는 디자인으로 호칭하기도 한다.

(2) 성립요건

① **성립내용**

　㉠ 물품의 형태 변화가 물품의 기능에 기초할 것 : 물품의 구조적 변화를 의미한다. 물품 자체가 움직이는 것, 일부를 떼어내는 것은 동적디자인으로 보호하는 형태변화가 아니다.

　㉡ 변화가 시각에 의해 감지될 것 : 변화 내용을 수요자가 시각에 의해 감지할 수 있어야, 물품의 수요 증대에 기여할 수 있다.

ⓒ 변화 후의 상태가 용이하게 예측될 수 없을 것 : 용이 예측이 가능한 것은 변화의 특이성이 없으므로 통상의 디자인으로 보호하면 충분하다.
　　　ⓔ 변화의 일정성(정형성)이 있을 것 : 변화가 일정하지 않으면 디자인의 특정이 어렵다.
　② 위반 시 효과 : 동적디자인의 성립요건 위반 시 1디자인 1출원(法 제40조 제1항)의 거절이유를 갖고, 삭제보정(法 제48조) 또는 분할출원(法 제50조)을 통해 거절이유를 극복할 수 있다.

(3) 등록요건

① 디자인의 성립요건(法 제33조 제1항 본문)
　　ⓐ 단순변화 : 열리거나 닫히거나 펼쳐지고 접히는 등 형태가 변화하는 물품의 디자인으로 변화 전후 상태를 알 수 있는 도면이 없는 경우
　　ⓑ 다단변화 : 연속적인 일련의 과정을 통해 형태가 변화하는 물품의 디자인으로서 그 디자인을 충분히 파악할 수 없는 경우에 정지상태의 도면과 그 동작 상태를 알 수 있는 도면 등이 없거나, 필요하다고 인정될 경우에 디자인의 설명란에 그에 관한 설명이 없는 경우

② 동적디자인의 유사판단
　　ⓐ 형태가 변화하는 디자인 간 유사여부 판단 : 형태변화의 전후 또는 일련의 변화과정을 기준으로 서로 같은 상태에서 대비하여 전체적으로 판단한다.
　　ⓑ 형태가 변화하는 디자인과 형태가 변화하지 않는 디자인 간 유사 판단 : 형태가 변화하는 디자인의 정지상태 및 동작 중의 기본적 주체를 이루는 자태가 형태가 변화하지 않는 디자인과 유사하면 유사한 디자인으로 본다. 다만, 동작의 내용이 특이하면 유사하지 아니한 디자인으로 본다.

기출 16

③ 창작비용이성(法 제33조 제2항) : 동적디자인의 창작비용이성에 관한 판단기준은 디자인의 창작비용이성에 관한 판단기준에 따르되, 동적디자인을 이루는 정지상태의 형상 및 모양뿐만 아니라 동적 변화의 특이성을 종합적으로 고려하여 판단한다.

④ 1디자인 1디자인등록출원(法 제40조 제1항) : 변화 전·후 상태 또는 일련의 변화과정을 도시하여 출원하는 경우 1디자인 1출원으로 인정되고, 변화 과정이 없거나 또는 변화과정에 일정성 및 통일성이 없는 경우, 1디자인 1출원으로 인정되지 않는다.

⑤ 선출원(法 제46조 제1항) : 동적디자인은 원칙적으로 동적디자인과만 선출원을 적용한다. 그러나 동적디자인과 형태가 변화하지 않는 디자인 간의 경우에는 동적디자인의 정지상태 및 동작 중의 기본적 주체를 이루는 자태가 형태가 변화하지 않는 디자인과 유사하면 유사한 디자인으로 본다. 다만 동작의 내용이 특이하면 유사하지 않은 것으로 본다.

CHAPTER 01 총 칙

01 디자인에 관한 판결의 내용 중 옳은 것은? (다툼이 있으면 판례에 따름) 기출 21

① 디자인의 유사 여부는, 디자인을 구성하는 요소들을 각 부분으로 분리하여 대비할 것이 아니라 전체와 전체를 대비·관찰하여, 보는 사람의 마음에 환기될 미적 느낌과 인상이 유사한지 여부에 따라 판단하되, 그 물품의 성질, 용도, 사용형태 등에 비추어 보는 사람의 시선과 주의를 가장 끌기 쉬운 부분을 중심으로 대비·관찰하여 특허청 심사관의 심미감에 차이가 생기게 하는지 여부의 관점에서 판단하여야 한다.

② 등록디자인에 대한 등록무효심결이 확정되기 전이라도 그 디자인등록이 무효심판에 의하여 무효로 될 것임이 명백한 경우에는 그 디자인권에 기초한 침해금지 또는 손해배상 등의 청구는 특별한 사정이 없는 한 권리남용에 해당하여 허용되지 아니한다고 보아야 하며, 디자인권침해소송을 담당하는 법원은 디자인권자의 그러한 청구가 권리남용에 해당한다는 항변이 있는 경우에 그 당부를 살피기 위한 전제로서 디자인등록의 무효 여부에 대하여 심리·판단할 수 없다.

③ 디자인보호법 제33조(디자인등록의 요건)에 따라 창작수준을 판단할 때는 공지디자인의 대상 물품이나 주지형태의 알려진 분야, 공지디자인이나 주지형태의 외관적 특징들의 관련성, 해당 디자인 분야의 일반적 경향 등에 비추어 일반 수요자가 용이하게 그와 같은 결합에 이를 수 있는지를 함께 살펴보아야 한다.

④ 등록디자인의 보호범위는 디자인등록출원서의 기재사항 및 그 출원서에 첨부한 도면과 도면의 기재사항·사진·모형 또는 견본에 표현된 디자인에 의하여 정하여지므로, 등록디자인은 통상의 지식을 가진 자가 그 보호범위를 명확하게 파악하여 동일한 형태와 모양의 물품을 반복 생산할 수 있을 정도로 구체성을 갖출 필요는 없다.

⑤ 디자인보호법 제2조(정의)에서 말하는 '물품'이 디자인등록의 대상이 되기 위해서는 통상의 상태에서 독립된 거래의 대상이 되어야 하고, 그것이 부품인 경우에는 다시 호환성을 가져야 하나, 이는 반드시 실제 거래사회에서 현실적으로 거래되고 다른 물품과 호환될 것을 요하는 것은 아니고, 그러한 독립된 거래의 대상 및 호환의 가능성만 있으면 디자인등록의 대상이 되는 것이다.

해설

① (×) 디자인의 유사 여부는, 디자인을 구성하는 요소들을 각 부분으로 분리하여 대비할 것이 아니라 전체와 전체를 대비·관찰하여, 보는 사람의 마음에 환기될 미적 느낌과 상이 유사한지 여부에 따라 판단하되, 그 물품의 성질, 용도, 사용형태 등에 비추어 보는 사람의 시선과 주의를 가장 끌기 쉬운 부분을 중심으로 대비·관찰하여 일반 수요자(보는 사람)의 심미감에 차이가 생기게 하는지 여부의 관점에서 판단하여야 한다(判例 2016후1710).

② (×) 등록디자인에 대한 등록무효심결이 확정되기 전이라도 그 디자인등록이 무효심판에 의하여 무효로 될 것임이 명백한 경우에는 그 디자인권에 기초한 침해금지 또는 손해배상 등의 청구는 특별한 사정이 없는 한 권리남용에 해당하여 허용되지 아니한다고 보아야 하며, 디자인권침해소송을 담당하는 법원은 디자인권자의 그러한 청구가 권리남용에 해당한다는 항변이 있는 경우에 그 당부를 살피기 위한 전제로서 디자인등록의 무효 여부에 대하여 심리·판단할 수 있다(判例 2016다219150).

③ (×) 디자인보호법 제33조(디자인등록의 요건)에 따라 창작수준을 판단할 때는 공지디자인의 대상 물품이나 주지형태의 알려진 분야, 공지디자인이나 주지형태의 외관적 특징들의 관련성, 해당 디자인 분야의 일반적 경향 등에 비추어 통상의 디자이너가 용이하게 그와 같은 결합에 이를 수 있는지를 함께 살펴보아야 한다(判例 2013후2613).

④ (×) 등록디자인의 보호범위는 디자인등록출원서의 기재사항 및 그 출원서에 첨부한 도면과 도면의 기재사항·사진·모형 또는 견본에 표현된 디자인에 의하여 정하여지므로, 등록디자인은 통상의 지식을 가진 자가 그 보호범위를 명확하게 파악하여 동일한 형태와 모양의 물품을 반복 생산할 수 있을 정도로 구체성을 갖춰야 한다(判例 2014후614).

⑤ (○) 디자인보호법 제2조(정의)에서 말하는 '물품'이 디자인등록의 대상이 되기 위해서는 통상의 상태에서 독립된 거래의 대상이 되어야 하고, 그것이 부품인 경우에는 다시 호환성을 가져야 하나, 이는 반드시 실제 거래사회에서 현실적으로 거래되고 다른 물품과 호환될 것을 요하는 것은 아니고, 그러한 독립된 거래의 대상 및 호환의 가능성만 있으면 디자인등록의 대상이 되는 것이다(判例 2003후274).

답 ⑤

02 디자인보호제도 및 목적에 관한 설명으로 옳지 <u>않은</u> 것은? 기출 18

① 특허법은 발명을 보호·장려하고 그 이용을 도모함으로써 기술의 발전을 촉진하여 산업발전에 이바지함을 목적으로 하며, 디자인보호법은 디자인의 보호와 이용을 도모함으로써 디자인의 창작을 장려하여 산업발전에 이바지함을 목적으로 한다.

② 특허법과 마찬가지로, 디자인보호법은 창작자에게 디자인등록을 받을 수 있는 권리를 부여하고, 이를 기초로 선출원의 지위, 디자인권 등을 부여하고 있다.

③ 특허법상의 발명은 물품을 통하여 사상의 창작을 구현하지만, 디자인보호법상의 디자인은 그 자체를 보호하기 위한 것으로 물품과 독립된 별개의 개념이다.

④ 특허법상의 발명의 이용은 실시에 의한 이용 이외에도 창작물의 공개에 의한 문헌적·연구적인 이용이 있으나, 디자인보호법상의 디자인은 수단적 가치인 기술과는 달리 외재적(外在的)인 목적 그 자체가 목적가치에 해당되므로 실시에 의한 이용이 일반적이다.

⑤ 특허법과 달리 디자인보호법에서는 제52조(출원공개)에 따라 출원인이 출원디자인에 대한 공개를 신청하지 않으면 출원공개하지 않으며, 디자인보호법 제43조(비밀디자인)에 따라 출원인이 출원디자인을 비밀로 할 것을 청구할 수 있다.

해설

① (O) 디자인보호법의 목적이다(디자인보호법 제1조).
② (O) 선출원의 지위(디자인보호법 제46조), 디자인권의 효력(디자인보호법 제92조)
③ (×) 디자인보호법상 디자인은 물품의 외관으로서 물품과 불가분적으로 결합한다.
④ (O) 특허법은 실시에 의한 이용 이외에 연구적인 이용이 있으나, 디자인보호법은 실시에 의한 이용이 일반적이다. 특허법과 디자인보호법의 차이점이다.
⑤ (O) 디자인보호법은 모방이 용이할 수 있으므로 강제적인 출원공개제도가 없고 출원인의 선택에 따른 출원공개제도(제52조)가 있으며, 출원인은 일정한 기간내에 그 디자인을 비밀로 할 것을 청구할 수 있다(디자인보호법 제43조 제1항).

답 ③

---

03 디자인 등록대상에 관한 설명으로 옳은 것은? (다툼이 있으면 판례에 따름) 기출 17

① 각설탕, 고형시멘트 등과 같이 정형화 또는 고형화된 분상물(粉狀物) 또는 입상물(粒狀物)의 집합은 집합단위로서 그 형체를 갖춘 경우 디자인등록의 대상이 된다.
② 디자인보호법상 물품은 유체동산에 한정되므로 부동산은 반복생산이 가능하고 운반이 가능하더라도 물품성을 인정할 수 없다.
③ 동물박제, 수석 등 자연물을 디자인의 구성주체로 사용한 것으로서 다량 생산할 수 없는 것도 디자인등록을 받을 수 있다.
④ 핸드폰 액정 화면에 구현되는 화상디자인은 평면적인 이미지에 불과하므로 디자인보호법상 디자인으로 볼 수 없다.
⑤ 프린터 토너 카트리지는 물품으로서의 시각성을 충족시키지 못하므로 디자인등록 대상이 아니다.

해설

① (O) 분상물 또는 입상물의 집합은 집합단위인 경우 물품성이 인정되어 디자인등록의 대상이 될 수 있다.
② (×) 부동산이라도 반복생산이 가능하고 운반이 가능한 경우에는 디자인등록의 대상이 되는 물품으로 인정될 수 있다.
③ (×) 동물박제 등의 자연물을 디자인의 구성주체로 사용한 것으로서 다량 생산할 수 없는 것은 디자인등록의 대상이 아니다.
④ (×) 현행법상 핸드폰 액정 화면에 구현되는 화상디자인은 화상 자체로 법상 디자인으로 성립된다.
⑤ (×) 프린터 토너 카트리지는 부품으로서 프린터에 장착되면 분해를 통해서만 확인이 가능한 것이지만, 부품의 시각성 인정에 있어 독립거래 당시를 기준으로 하면 족하다.

답 ①

04 디자인보호법상 물품에 관한 설명으로 옳은 것은? (다툼이 있으면 판례에 따름) 기출 16

① 물품이 부품인 경우에 디자인등록의 대상이 되기 위해서는 그 부품이 호환성을 가져야 하며, 반드시 실제 거래사회에서 현실적으로 거래되고 있어야 한다.
② 한글 글자체와 숫자 글자체는 유사한 물품으로 본다.
③ 화상디자인이 물품의 표시부에 일시적으로 구현되는 것이라면 화면을 표시한 상태로서 물품성을 갖추지 못한 것으로 본다.
④ 물품을 잘못 기재한 경우에는 공업상 이용가능성이 없는 디자인으로 보아 디자인등록을 받을 수 없는 것으로 한다.
⑤ 완성형태가 다양한 조립완구의 구성각편과 같이 독립거래의 대상이 되고 있는 것은 디자인등록의 대상이 된다.

해설

① (×) 부품은 독립된 거래의 대상 및 호환의 가능성만 있으면 디자인의 등록대상이 된다(判例 98후2900).
② (×) 다른 글자체 간은 서로 비유사한 물품으로 본다.
③ (×) 화면디자인의 물품의 표시부에 일시적으로 구현되는 경우에도 그 물품은 공업상 이용가능성이 있는 디자인으로 본다.
④ (×) 물품의 명칭을 잘못 기재한 경우에는 디자인보호법 제40조 제2항 위반으로 본다.
⑤ (○) 완성형태가 다양한 조립완구의 구성각편은 법상 물품으로 독립거래의 대상이 된다.

답 ⑤

05 디자인보호법의 내용으로 옳지 <u>않은</u> 것은? [기출 25]

① 법인이 아닌 사단 또는 재단으로서 대표자 또는 관리인이 정하여져 있는 경우에는 그 사단 또는 재단의 이름으로 디자인일부심사등록 이의신청인, 심판의 청구인·피청구인 또는 재심의 청구인·피청구인이 될 수 있다.
② 행위능력 또는 법정대리권이 없거나 디자인에 관한 절차를 밟는 데에 필요한 권한의 위임에 흠이 있는 자가 밟은 절차는 보정(補正)된 당사자나 법정대리인이 추인하면 추인한 때부터 그 효력이 발생한다.
③ 디자인에 관한 절차를 밟는 자의 위임을 받은 대리인의 대리권은 본인이 사망하거나 행위능력을 상실하여도 소멸하지 아니한다.
④ 디자인에 관한 절차가 중단되거나 중지된 경우에는 그 기간의 진행은 정지되고 그 절차의 수계통지를 하거나 그 절차를 속행한 때부터 전체기간이 새로 진행된다.
⑤ 재외자의 디자인권 또는 디자인에 관한 권리에 관하여 디자인관리인이 있으면 그 디자인관리인의 주소 또는 영업소를, 디자인관리인이 없으면 특허청 소재지를 「민사소송법」제11조(재산이 있는 곳의 특별재판적)에 따른 재산이 있는 곳으로 본다.

해설

① (○) 법인이 아닌 사단 또는 재단으로서 대표자 또는 관리인이 정하여져 있는 경우에는 그 사단 또는 재단의 이름으로 디자인일부심사등록 이의신청인, 심판의 청구인·피청구인 또는 재심의 청구인·피청구인이 될 수 있다(디자인보호법 제5조).
② (×) 행위능력 또는 법정대리권이 없거나 디자인에 관한 절차를 밟는 데에 필요한 권한의 위임에 흠이 있는 자가 밟은 절차는 보정(補正)된 당사자나 법정대리인이 추인하면 <u>행위를 한 때로 소급하여</u> 그 효력이 발생한다(디자인보호법 제9조).
③ (○) 디자인보호법 제10조

> **디자인보호법 제10조(대리권의 불소멸)**
> 디자인에 관한 절차를 밟는 자의 위임을 받은 대리인의 대리권은 다음 각 호의 사유가 있어도 소멸하지 아니한다.
> 1. 본인의 사망이나 행위능력의 상실
> 2. 본인인 법인의 합병에 의한 소멸
> 3. 본인인 수탁자의 신탁임무 종료
> 4. 법정대리인의 사망이나 행위능력의 상실
> 5. 법정대리인의 대리권 소멸이나 변경

④ (○) 디자인에 관한 절차가 중단되거나 중지된 경우에는 그 기간의 진행은 정지되고 그 절차의 수계통지를 하거나 그 절차를 속행한 때부터 전체기간이 새로 진행된다(디자인보호법 제26조).
⑤ (○) 재외자의 디자인권 또는 디자인에 관한 권리에 관하여 디자인관리인이 있으면 그 디자인관리인의 주소 또는 영업소를, 디자인관리인이 없으면 특허청 소재지를 「민사소송법」제11조에 따른 재산이 있는 곳으로 본다(디자인보호법 제15조).

답 ②

06 디자인보호법에 관한 설명으로 옳은 것은? 기출 24

① 피성년후견인의 법정대리인은 후견감독인의 동의 없이 상대방이 청구한 디자인일부심사등록 이의신청에 대한 절차를 밟을 수 있다.
② 조약에 의한 우선권주장을 위해서는 우선권 주장의 기초가 되는 최초의 출원일로부터 6개월 이내에 대한민국에 출원해야 하며, 정당한 사유로 그 기간을 지키지 못한 경우에는 그 사유의 종료일부터 2개월 이내에 출원해야 한다.
③ 이해관계인의 디자인등록무효심판청구에 대응하기 위하여 디자인권자는 정정심판제도를 활용할 수 있다.
④ 제43조(비밀디자인)에 따른 비밀디자인 청구를 한 후 출원공개신청을 하였다면 그 비밀청구는 철회된 것으로 추정한다.
⑤ 디자인권이 국가에 속하여 등록료가 면제된 경우, 비밀디자인 청구는 디자인등록출원을 한 날부터 디자인등록결정의 등본을 받는 날까지 할 수 있다.

해설

① (○) 법정대리인은 후견감독인의 동의 없이 상대방이 청구한 디자인일부심사등록 이의신청, 심판 또는 재심에 대한 절차를 밟을 수 있다(디자인보호법 제4조 제2항).
② (×) 그 기간의 만료일부터 2개월 이내에 같은 항에 규정된 서류 또는 서면을 특허청장에게 제출할 수 있다(디자인보호법 제51조 제3항).

> **디자인보호법 제51조(조약에 따른 우선권 주장)**
> ② 제1항에 따라 우선권을 주장하려는 자는 우선권 주장의 기초가 되는 최초의 출원일부터 6개월 이내에 디자인등록출원을 하지 아니하면 우선권을 주장할 수 없다.
> ③ 제1항에 따라 우선권을 주장하려는 자는 디자인등록출원 시 디자인등록출원서에 그 취지와 최초로 출원한 국명 및 출원연월일을 적어야 한다.
> ⑤ 제3항에 따라 우선권을 주장한 자가 정당한 사유로 제4항의 기간 내에 같은 항에 규정된 서류 또는 서면을 제출할 수 없었던 경우에는 그 기간의 만료일부터 2개월 이내에 같은 항에 규정된 서류 또는 서면을 특허청장에게 제출할 수 있다. 〈신설 2023.6.20.〉

③ (×) 디자인보호법에는 정정심판제도가 존재하지 않는다.
④ (×) 철회된 것으로 간주한다(디자인보호법 제43조).
⑤ (×) 디자인보호법 제43조

> **디자인보호법 제43조(비밀디자인)**
> ① 디자인등록출원인은 디자인권의 설정등록일부터 3년 이내의 기간을 정하여 그 디자인을 비밀로 할 것을 청구할 수 있다. 이 경우 복수디자인등록출원된 디자인에 대하여는 출원된 디자인의 전부 또는 일부에 대하여 청구할 수 있다.
> ② 디자인등록출원인은 디자인등록출원을 한 날부터 최초의 디자인등록료를 내는 날까지 제1항의 청구를 할 수 있다. 다만, 제86조 제1항 제1호 및 제2항에 따라 그 등록료가 면제된 경우에는 제90조 제2항 각 호의 어느 하나에 따라 특허청장이 디자인권을 설정등록할 때까지 할 수 있다.

답 ①

07 디자인을 창작한 디자이너의 디자인보호법상 지위에 관한 설명으로 옳지 않은 것은? (다툼이 있으면 판례에 따름) 기출 23

① 디자인 창작에 관여한 자가 창작자로 인정받으려면 해당 디자인의 창작에 실질적으로 기여하여야 하므로, 창작 아이디어만을 제공하거나 개발자의 지시로 도면만 작성한 경우 창작자로 인정되지 않는다.
② 디자인을 창작한 디자이너는 디자인등록을 받을 수 있는 권리를 가지며, 디자인 창작자의 이름과 주소는 디자인등록출원서는 물론 디자인 국제출원서(지정국 요구 시)의 필수적 기재사항이다.
③ 창작자인 디자이너로부터 디자인등록을 받을 수 있는 권리를 승계한 승계인에 의하여 디자인등록출원된 경우라도 그 출원서에 디자인 창작자가 사실과 다르게 허위로 기재되어 있는 경우 모인출원으로 거절될 수 있다.
④ 창작자인 디자이너로부터 디자인등록을 받을 수 있는 권리를 승계한 승계인이 아닌 자의 디자인등록출원은 무권리자의 출원으로 취급되며 거절사유, 일부심사 이의신청 사유 및 무효 사유에 해당한다.
⑤ 디자인보호법 제33조(디자인등록의 요건) 제2항에 따른 용이창작성 여부 판단의 주체적 기준은 해당 디자인이 속하는 분야에서 통상의 지식을 가진 디자이너를 기준으로 판단한다.

해설

① (○) "디자인을 창작한 자"란 법 제2조 제1호의 "디자인" 창작 행위를 한 사람으로, 디자인의 전체적인 심미감에 영향을 미치는 요부 내지 지배적인 특징 부분을 착상하거나 그 착상을 구체화한 경우와 같이 실질적으로 해당 디자인을 창작하는데 기여한 자를 말한다(심사기준).
② (○) 디자인보호법 제37조, 제179조
③ (×) 디자인을 창작한 자가 아니라도, 디자인을 창작한 자로부터 디자인등록을 받을 수 있는 권리를 승계한 자가 직접 출원하여 디자인등록을 받은 경우에는 등록무효사유에 해당한다고 볼 수 없으며, 따라서 디자인등록을 받을 수 있는 권리의 승계인에 의하여 출원된 이상 그 출원서에 창작자가 사실과 다르게 기재되어 있다는 사정만으로는 무효사유에 해당하는 것으로 볼 수 없다(判例 2015후1669).
④ (○) 디자인보호법 제3조
⑤ (○) 디자인등록출원 전에 그 디자인이 속하는 분야에서 통상의 지식을 가진 사람이 다음 각 호의 어느 하나에 따라 쉽게 창작할 수 있는 디자인(제1항 각 호의 어느 하나에 해당하는 디자인은 제외한다)은 제1항에도 불구하고 디자인등록을 받을 수 없다(디자인보호법 제33조 제2항).

 ③

08 ( )에 들어갈 기간으로 옳은 것은? 기출 23

- 제19조(절차의 추후 보완) 디자인에 관한 절차를 밟은 자가 책임질 수 없는 사유로 다음 각 호에 따른 기간을 지키지 못한 경우에는 그 사유가 소멸한 날부터 (ㄱ) 이내에 지키지 못한 절차를 추후 보완할 수 있다. 다만, 그 기간의 만료일부터 (ㄴ)이 지났을 때에는 그러하지 아니하다.
  1. 제119조(보정각하결정에 대한 심판) 또는 제120조(디자인등록거절결정 또는 디자인등록취소결정에 대한 심판)에 따른 심판의 청구기간
  2. 제160조(재심청구의 기간)에 따른 재심청구의 기간
- 출원보정기간은 제120조(디자인등록거절결정 또는 디자인등록취소결정에 대한 심판)에 따라 디자인등록거절결정에 대한 심판을 청구하는 경우에는 그 청구일부터 (ㄷ) 이내
- 제138조(제척 또는 기피의 소명) ② 제척 또는 기피의 원인은 신청한 날부터 (ㄹ) 이내에 소명하여야 한다.

① ㄱ : 2개월, ㄴ : 6개월, ㄷ : 30일, ㄹ : 3일
② ㄱ : 2개월, ㄴ : 1년, ㄷ : 30일, ㄹ : 3일
③ ㄱ : 2개월, ㄴ : 1년, ㄷ : 30일, ㄹ : 7일
④ ㄱ : 3개월, ㄴ : 1년, ㄷ : 20일, ㄹ : 3일
⑤ ㄱ : 3개월, ㄴ : 1년, ㄷ : 20일, ㄹ : 7일

해설

디자인보호법 제19조(절차의 추후 보완)
디자인에 관한 절차를 밟은 자가 책임질 수 없는 사유로 다음 각 호에 따른 기간을 지키지 못한 경우에는 그 사유가 소멸한 날부터 <u>2개월</u> 이내에 지키지 못한 절차를 추후 보완할 수 있다. 다만, 그 기간의 만료일부터 <u>1년</u>이 지났을 때에는 그러하지 아니하다.

디자인보호법 제48조 제4항 제3호(출원의 보정과 요지변경)
제120조에 따라 디자인등록거절결정에 대한 심판을 청구하는 경우에는 그 청구일부터 <u>30일</u> 이내

디자인보호법 제138조 제2항(제척 또는 기피의 소명)
제척 또는 기피의 원인은 신청한 날부터 <u>3일</u> 이내에 소명하여야 한다.

답 ②

09 디자인등록출원절차에 관한 설명으로 옳은 것을 모두 고른 것은? 기출 22

ㄱ. 특허심판원장은 청구에 따라 또는 직권으로 제69조에 따른 디자인일부심사등록 이의신청 이유 등의 보정기간을 30일 이내에서 한 차례만 연장할 수 있으나, 교통이 불편한 지역에 있는 자의 경우에는 산업통상자원부령으로 정하는 바에 따라 그 횟수 및 기간을 추가로 연장할 수 있다.
ㄴ. 특허청장 또는 특허심판원장은 제47조(절차의 보정)에 따른 보정명령을 받은 자가 지정된 기간 내에 그 보정을 하지 아니하면 디자인에 관한 절차를 무효로 할 수 있다.
ㄷ. 당사자의 사망으로 특허청 또는 특허심판원에 계속 중인 디자인에 관한 절차가 중단된 경우 상속인은 상속을 포기할 수 있는 동안에는 그 절차를 수계(受繼)하지 못한다.
ㄹ. 당사자에게 특허청 또는 특허심판원에 계속 중인 절차를 속행할 수 없는 장애사유가 발생하여 특허청장 또는 심판관이 결정으로 장애사유가 해소될 때까지 그 절차의 중지를 명할 경우 그 결정을 취소할 수 없다.

① ㄱ, ㄴ
② ㄴ, ㄷ
③ ㄱ, ㄴ, ㄷ
④ ㄱ, ㄷ, ㄹ
⑤ ㄴ, ㄷ, ㄹ

해설

ㄱ. (×) 특허청장은 청구에 따라 또는 직권으로 제69조에 따른 디자인일부심사등록 이의신청 이유 등의 보정기간을 30일 이내에서 한 차례만 연장할 수 있다. 다만, 교통이 불편한 지역에 있는 자의 경우에는 산업통상자원부령으로 정하는 바에 따라 그 횟수 및 기간을 추가로 연장할 수 있다(디자인보호법 제17조 제1항).
ㄴ. (○) 디자인보호법 제18조 제1항
ㄷ. (○) 디자인보호법 제23조 제1호
ㄹ. (×) 당사자에게 특허청 또는 특허심판원에 계속 중인 절차를 속행할 수 없는 장애사유가 생긴 경우에는 특허청장 또는 심판관은 결정으로 장애사유가 해소될 때까지 그 절차의 중지를 명할 수 있다(디자인보호법 제25조 제2항). 특허청장 또는 심판관은 제2항에 따른 결정을 취소할 수 있다(디자인보호법 제25조 제3항).

답 ②

10 디자인등록출원절차에 관한 설명으로 옳은 것은? 기출 21

① 특허청장 또는 특허심판원장은 청구에 따라 또는 직권으로 디자인보호법 제119조(보정각하결정에 대한 심판)에 따른 심판의 청구기간을 30일 이내에서 한 차례만 연장할 수 있지만, 예외적으로 교통이 불편한 지역에 있는 자에 대해서는 산업통상자원부령으로 정하는 바에 따라 추가로 1회 연장할 수 있고, 그 기간은 1개월 이내로 한다.
② 특허청장 또는 특허심판원장은 디자인보호법 제47조(절차의 보정)에 따른 보정명령을 받은 자가 지정된 기간 내에 그 보정을 하지 않아 디자인에 관한 절차가 무효로 된 경우에 지정된 기간을 지키지 못한 것이 보정 명령을 받은 자가 책임질 수 없는 사유에 의한 것으로 인정되면 그 사유가 소멸한 날부터 1개월 이내 보정명령을 받은 자의 청구에 따라 그 무효처분을 취소할 수 있다.
③ 특허청장 또는 심판장은 디자인보호법 제22조(절차의 중단)에 따라 중단된 절차에 관한 수계신청에 대하여 직권으로 조사하여 이유 없다고 인정하면 결정으로 각하하여야 한다.
④ 특허청장 또는 심판관은 디자인보호법 제23조(중단된 절차의 수계)에 규정된 자가 중단된 절차를 수계하지 아니하면 직권으로 기간을 정하여 수계를 명하여야 하며, 수계명령을 받은 자가 이 기간에 수계하지 아니하면 그 기간이 끝나는 날의 다음 날에 수계한 것으로 본다.
⑤ 특허청장 또는 특허심판원장이 천재지변이나 그 밖의 불가피한 사유로 그 직무를 수행할 수 없을 때에는 특허청 또는 특허심판원에 계속 중인 절차는 그 사유가 없어질 때까지 중지된다.

해설

① (×) 특허청장 또는 특허심판원장은 청구에 따라 또는 직권으로 디자인보호법 제119조(보정각하결정에 대한 심판)에 따른 심판의 청구기간을 30일 이내에서 한 차례만 연장할 수 있다. 다만, 교통이 불편한 지역에 있는 자의 경우에는 산업통상자원부령으로 정하는 바에 따라 그 횟수 및 기간을 추가로 연장할 수 있다(디자인보호법 제17조 제1항).
② (×) 특허청장 또는 특허심판원장은 제47조(절차의 보정)에 따른 보정명령을 받은 자가 지정된 기간 내에 그 보정을 하지 않아 디자인에 관한 절차가 무효로 된 경우에 지정된 기간을 지키지 못한 것이 보정명령을 받은 자가 책임질 수 없는 사유에 의한 것으로 인정하면 그 사유가 소멸한 날부터 2개월 이내에 보정명령을 받은 자의 청구에 따라 그 무효처분을 취소할 수 있다(디자인보호법 제18조 제1항·제2항).
③ (×) 특허청장 또는 심판관은 제22조(절차의 중단)에 따라 중단된 절차에 관한 수계신청에 대하여 직권으로 조사하여 이유 없다고 인정하면 결정으로 기각하여야 한다(디자인보호법 제24조 제3항).
④ (○) 디자인보호법 제24조 제4항·제5항
⑤ (×) 특허청장 또는 심판관이 천재지변이나 그 밖의 불가피한 사유로 그 직무를 수행할 수 없을 때에는 특허청 또는 특허심판원에 계속 중인 절차는 그 사유가 없어질 때까지 중지된다(디자인보호법 제25조 제1항).

답 ④

11 부분디자인에 관한 설명으로 옳지 <u>않은</u> 것은? 기출 22

① 부분디자인에서 '부분'이란 다른 디자인과 대비의 대상이 될 수 있는 하나의 창작단위로 인정되는 것이므로 창작단위로 인정되는 부분을 구비하지 못한 경우에는 디자인의 정의에 합치되지 않는 것으로 본다.
② '화상의 부분'은 화상디자인의 부분디자인으로 등록될 수 있다.
③ 한 벌의 물품의 디자인은 2 이상의 물품이 한 벌의 물품으로 동시에 사용되는 경우이므로 '한 벌의 물품의 부분'은 부분디자인으로 등록될 수 없다.
④ 부분디자인으로 등록받으려는 부분이 아닌 부분을 보정하여도 등록받으려는 부분의 위치, 크기, 범위가 변경되지 않는다면 디자인등록출원의 요지변경에 해당하지 않는다.
⑤ 부분디자인에 관한 디자인등록출원이 있기 전에 그 부분디자인과 동일 또는 유사한 부분을 포함하는 전체디자인 또는 부분디자인이 전기통신회선을 통하여 공중이 이용할 수 있게 된 경우 그 부분디자인의 출원은 신규성을 상실한다.

해설

③ (×) 2021.4.20. 개정법에 따라 한 벌의 물품에 관한 부분디자인이 인정된다. 부분디자인에서 한 벌의 물품의 부분은 한 벌의 물품의 디자인으로서 인정되는 한 벌의 물품의 부분을 말하는 것인바, 부분디자인이 다른 디자인과 대비의 대상이 될 수 있는 부분으로서 하나의 창작단위로 인정되는 부분일 것을 구비하지 못한 경우에는 법 제2조(정의) 제1호에 따른 디자인의 정의에 합치되지 않는 것으로 본다(심사기준).

답 ③

12 부분디자인에 관한 설명으로 옳지 <u>않은</u> 것은? (다툼이 있으면 판례에 따름) 기출 18

① 부분디자인에서 '부분'이란 다른 디자인과 대비할 때 대비의 대상이 될 수 있는 하나의 창작단위이므로 대비의 대상이 될 수 있는 창작단위가 나타나 있지 아니한 것은 부분디자인으로 성립하지 않는다.
② 부분디자인등록출원에 있어 하나의 물품 중에 물리적으로 분리된 2 이상의 부분이 하나의 창작단위로 인식하게 하는 관련성을 가지고 있는 경우 '형태적 일체성'이 인정되는 1디자인등록출원으로 본다.
③ 부분디자인에 있어 물리적으로 분리된 부분들이 일체적 심미감을 가졌는지 여부는 디자인 창작자의 주관적인 창작 모티브를 기준으로 판단하여야 한다.
④ 형태적 일체성을 판단함에 있어 디자인의 설명, 창작내용의 요점에 기재된 내용이나 출원서 및 도면에 의한 디자인의 특정을 통해 창작의도가 객관적으로 드러난 경우 이를 고려하여야 한다.
⑤ 하나의 물품 중에 물리적으로 떨어져 있는 2 이상의 부분에 관한 부분디자인이더라도 그들 사이에 형태적으로나 기능적으로 일체성이 있어서 보는 사람으로 하여금 그 전체가 일체로서 시각을 통한 미감을 일으키게 한다면 그 디자인은 '1디자인'에 해당하여 1디자인등록출원으로 디자인등록을 받을 수 있다.

│해설│
① (○) 부분디자인에서는 다른 디자인과 대비할 수 있어야 한다.
② (○) 하나의 물품 중에 물리적으로 분리된 2 이상의 부분이 관련성을 가지고 있는 경우 형태적 일체성이 있어야 1디자인으로 볼 수 있다.
③ (×) 물리적으로 분리된 부분들이 일체적 심미감을 가졌는지 여부는 주관적인 창작 모티브보다는 객관적인 창작 모티브를 기준으로 판단하여야 한다.
④ (○) 형태적 일체성을 판단함에 있어 출원인의 창작의도를 고려하여야 한다.
⑤ (○) 하나의 물품 중에 물리적으로 떨어져 있는 2 이상의 부분디자인이라도 형태적 또는 기능적 일체성이 있어야 1디자인으로 볼 수 있다.

 ③

13 디자인에 관한 판례의 설명으로 옳지 않은 것은? 기출 24

① 대비되는 디자인의 대상 물품들이 다 같이 그 기능 내지 속성상 사용에 의하여 당연히 형태의 변화가 일어나는 경우에 그 디자인의 유사 여부는 형태의 변화 전후에 따라 서로 같은 상태에서 각각 대비한 다음 이를 전체적으로 판단한다.
② 글자체 디자인은 다른 디자인의 유사성 판단과 달리 출원디자인이 비교대상디자인과 지배적인 특징이 유사하더라도 세부적인 점에 다소 차이가 있다면 유사하지 않다고 판단한다.
③ 등록디자인 A와 비교대상디자인 B가 보는 방향에 따라 느껴지는 미감이 같기도 하고 다르기도 할 경우에는 그 미감이 같게 느껴지는 방향으로 두고 이를 대비하여 유사여부를 판단한다.
④ 양 디자인이 상・하부 원호 형상의 기울기의 정도, 좌우 양측 면의 폭의 넓이 등의 세부적인 점에 있어서 서로 차이가 있다고 하더라도, 이러한 차이점은 당해 물품을 자세히 볼 때에만 비로소 인식할 수 있는 미세한 차이에 불과하여 전체적인 심미감에 큰 영향을 미칠 수 없다.
⑤ 등록디자인에 대한 등록무효심결이 확정되기 전이라고 하더라도 등록디자인이 공지디자인 등에 의하여 용이하게 창작될 수 있어 그 디자인등록이 무효심판에 의하여 무효로 될 것임이 명백한 경우에는 디자인권에 기초한 침해금지 또는 손해배상 등의 청구는 특별한 사정이 없는 한 권리남용에 해당하여 허용되지 아니한다.

│해설│
① (○), ③ (○) 判例 2010다23739
② (×) 디자인의 등록요건을 판단할 때 디자인의 유사 여부는 이를 구성하는 각 요소를 분리하여 개별적으로 대비할 것이 아니라 외관을 전체적으로 대비・관찰하여 보는 사람으로 하여금 다른 심미감을 느끼게 하는지에 따라 판단해야 하므로, 지배적인 특징이 유사하다면 세부적인 점에 다소 차이가 있을지라도 유사하다고 보아야 하고, 이러한 법리는 디자인보호법 제2조 제1호의2에서 정한 글자체에 대한 디자인의 경우에도 마찬가지로 적용된다(判例 2012후597). 즉 글자체 디자인이라 해서 일반디자인과 다른 판단기준이 적용되는 것은 아니다.
⑤ (○) 判例 2016다219150

 ②

14 글자체 디자인에 관한 설명으로 옳은 것은? (다툼이 있으면 판례에 따름) 기출 23

① 글자체는 물품성이 없어 오랫동안 디자인 등록대상이 아니었고 현재는 디자인의 정의 조항에 등록 가능한 대상으로 명시되어 있으나, 로카르노협정 물품류에 글자체가 명시되어 있지 않아 국제출원의 대상이 되는지는 불투명하다.
② 글자체는 기록이나 표시 또는 인쇄 등 실용적인 목적으로 사용하기 위한 것이어야 하며, 미적 감상의 대상으로 할 의도로 창작한 것은 디자인 등록대상이 아니다.
③ 글자체는 다양하게 개발되어 왔고 문자의 기본형태와 가독성을 필수적인 요소로 고려하여 디자인하여야 하는 관계상 구조적으로 그 디자인을 크게 변화시키기 어려운 특성을 참작하여야 하므로, 일반 디자인과는 유사판단의 기본 법리를 달리 적용하여야 한다.
④ 글자체의 도면은 디자인보호법 시행규칙 [별표 1]에 따라 지정글자, 보기문장, 대표글자 도면을 작성해 제출하여야 하며, 동 규칙에서 정한 방식으로 도시되지 아니한 경우 부적법한 서류로 보아 반려사유에 해당한다.
⑤ 대학교수 甲이 시중에 유통 중인 乙의 디자인 등록된 글자체를 사용해 작성한 강의노트를 인쇄하여 강의자료로 사용한 경우, 乙의 디자인권 침해에 해당한다.

해설

① (×) 로카르노협정의 물품류에 글자체가 명시되어 있고, 이것을 근거로 현행법은 글자체가 등록 가능하게 개정되었다.
② (○) 글자체는 단순히 미적 감상의 대상이 아니고, 기록이나 표시 또는 인쇄 등에 사용하기 위한 실용적 목적으로 창작된 것이어야 한다(심사기준).

> **디자인 심사기준**
> 2.3 글자체 디자인의 성립요건
> 2.3.1 글자체 디자인이 다음의 요건을 구비하지 못한 경우에는 법 제2조(정의) 제1호에 따른 디자인의 정의에 합치되지 않는 것으로 본다.
>   (1) 기록이나 표시 또는 인쇄 등에 사용하기 위한 것일 것
>   (가) 글자체는 단순히 미적 감상의 대상이 아니고, 기록이나 표시 또는 인쇄 등에 사용하기 위한 실용적 목적으로 창작된 것이어야 한다.
>   (나) 실용적인 목적이 아닌 미적 감상의 대상으로 창작된 서예나, 회사 또는 상품의 이름 등을 표상하기 위한 조립문자인 로고타입 등은 성립요건의 위반으로 디자인보호법상의 글자체 디자인에 해당되지 않는다.
>   (2) 공통적인 특징을 가진 형태로 만들어진 것일 것
>   (가) "공통적인 특징을 가진 형태"란 개개의 글자꼴이 지니는 형태, 규모, 색채, 질감 등이 서로 비슷하여 시각적으로 서로 닮아있거나 같은 그룹으로 보이는 형태로 글자들 간에도 통일과 조화를 이루도록 만들어진 것을 말한다.
>   (3) 한 벌의 글자꼴일 것
>   (가) "한 벌의 글자꼴"이란 개개의 글자꼴이 모인 그 전체로서의 조합을 의미하므로 디자인보호법상 "글자체"란 글자꼴 하나 하나를 가리키는 것이 아니라, 개개 글자꼴들 간에 공통적인 특징을 가지도록 만들어진 한 벌의 글자꼴을 말한다.

③ (×) 한편 글자체 디자인은 물품성을 요구하지 않고, 인류가 문자생활을 영위한 이래 다수의 글자체가 다양하게 개발되어왔고 문자의 기본형태와 가독성을 필수적인 요소로 고려하여 디자인하여야 하는 관계상 구조적으로 디자인을 크게 변화시키기 어려운 특성이 있으므로, 이와 같은 글자체 디자인의 고유한 특성을 충분히 참작하여 유사 여부를 판단하여야 한다(判例 2021후597).
④ (×) 도면기재불비에 해당하는 경우 디자인보호법 제33조 제1항에 따른 거절이유에 해당한다.
⑤ (×) 글자체가 디자인권으로 설정등록된 경우 그 디자인권의 효력은 타자·조판 또는 인쇄 등의 통상적인 과정에서 글자체를 사용하는 경우, 글자체의 사용으로 생산된 결과물인 경우에 해당하는 경우에는 미치지 아니한다.

 ②

15 글자체 디자인의 유사여부 판단에 관한 설명으로 옳지 <u>않은</u> 것은? (다툼이 있으면 판례에 따름)

기출 19

① 글자체 디자인의 유사여부 판단의 주체는 인쇄업자 또는 글자체 개발자로 한정하여야 한다.
② 디자인의 유사여부는 이를 구성하는 각 요소를 분리하여 개별적으로 대비할 것이 아니라 외관을 전체적으로 대비·관찰하여 보는 사람으로 하여금 다른 심미감을 느끼게 하는지에 따라 판단하여야 하는데, 이러한 법리는 글자체에 대한 디자인의 경우에도 마찬가지로 적용된다.
③ 글자체 디자인은 일반 물품 디자인의 유사여부에 관한 판단기준에 따르되 글자체 디자인의 고유한 특성을 참작하여 유사여부를 판단하여야 할 것이다.
④ 디자인등록출원된 글자체 디자인이 기존 글자체의 복사나 기계적 복제에 해당되는 경우에는 기존 글자체 디자인과 동일·유사한 것으로 본다.
⑤ 양 글자체 간의 차이점들이 존재하나, 이러한 차이점들이 해당 글자체를 자세히 볼 때에만 비로소 인식할 수 있는 세부적인 구성의 미세한 차이에 불과하여 전체적인 심미감에 큰 영향을 미칠 정도라고 하기 어려울 경우에는 양 글자체 디자인이 유사하다고 볼 수 있다.

해설

① (×) 디자인의 동일·유사 판단은 일반수요자를 기준으로 한다.

답 ①

CHAPTER 02 디자인보호등록요건 및 디자인등록출원

01 공업상 이용가능성

> **제33조(디자인등록의 요건)**
> ① **(공업상 이용가능성)** 공업상 이용할 수 있는 디자인으로서 다음 각 호의 어느 하나에 해당하는 것을 제외하고는 그 디자인에 대하여 디자인등록을 받을 수 있다.

(1) 의의 및 취지

공업상 이용할 수 있는 디자인이란 공업적 생산방법에 의하여 동일물품을 양산할 수 있는 디자인을 말한다. 법 목적이 물품의 수요증대를 통해 산업발전에 이바지하는 것에 있는바, 물품의 수요증대를 위해 디자인은 필연적으로 공업적 생산방법으로 양산될 수 있을 것이 요구된다.

(2) 공업상 이용할 수 있는 디자인의 의미

① 디자인으로서의 성립을 전제 : 「공업상 이용할 수 있는 디자인」은 법상 디자인으로의 성립을 전제로 한다. 따라서 제2조 제1호에 따라 물품성, 형태성, 시각성, 심미성을 갖춰야 한다. 제2조 제1호 위반 시(디자인의 정의에 합치되지 않는 경우) 法 제33조 제1항 본문에 따라 디자인등록을 받을 수 없다.

② 공업적 생산방법에 의해 동일한 물품을 양산할 수 있는 디자인
  ㉠ 공업적 생산방법 : 「공업적 생산방법」이란, 원자재에 물리적·화학적 변화를 가하여 유용한 물품을 제조하는 것을 말하며(대법원 1994.9.9. 선고 93후1247 판결), 기계에 의한 생산은 물론 화학적, 수공업적 생산방법도 포함한다. 기출 19·20
  ㉡ 동일한 물품을 양산할 수 있는 디자인 : 「동일한 물품을 양산할 수 있는 디자인」이란 물리적으로 완전히 같은 물품을 양산할 수 있는 디자인이어야 하는 것은 아니고, 그 디자인 분야에서 통상의 지식을 가진 사람이 그 지식을 기초로 합리적으로 해석하였을 때 같은 물품으로 보일 수 있는 수준의 동일성을 가진 물품을 양산할 수 있는 디자인을 의미한다. 기출 20
  ㉢ 양산성 : 「양산」이란, 동일한 형태의 물품을 반복적으로 계속해서 생산함을 뜻한다(대법원 1994.9.9. 선고 93후1247 판결).

③ 디자인의 구체성과 공업상 이용가능성 : 출원서 및 도면의 표현이 구체적이지 아니한 경우에는 공업상 이용할 수 없는 디자인으로 취급한다. 디자인의 표현이 구체적이지 않아 디자인을 정확히 특정할 수 없다면 그 출원서류를 기초로 공업적 생산방법에 의하여 동일한 물품을 양산하는 것이 곤란하기 때문이다.

(3) 공업상 이용할 수 없는 디자인의 유형
① 공업적 생산방법에 의하여 양산이 가능한 것으로 볼 수 없는 디자인
  ㉠ 자연물 : 자연물은 자연력에 의해 생성되므로 특정된 동일 형태가 반복하여 다량으로 생산될 수 있는 것이 아니어서 공업상 이용가능성이 인정되지 않는다. 그러나 자연적 요소를 종으로 하고 인위적 창작 형태를 가하여 물품의 형태를 만든 것은 동일 물품의 양산이 가능한 것이므로 공업상 이용가능성이 인정된다.
    • 인정되지 않는 유형 : 자연물 그 자체, 자연물을 디자인의 구성주체로 사용한 것
      예 자연석, 동물박제, 꽃꽂이, 수석 등 기출 17
    • 인정되는 유형 : 부재로서 자연물
      예 대나무 접시, 갈대 돗자리, 악어가죽 핸드백
  ㉡ 순수미술 분야의 저작물 : 순수미술 분야에 속하는 저작물은 양산을 의도로 창작된 것이 아니므로 공업상 이용가능성이 인정되지 않는다. 그러나 응용미술품은 디자인으로 등록이 가능하다.
  ㉢ 서비스디자인
    • 서비스디자인이란 상업적 과정에서 물품의 형태가 변형된 디자인을 의미한다.
    • 서비스디자인은 구체적 물품의 1차적 형태가 아닌바, 물품성·형태성이 인정되지 않는다. 또한, 공업적 생산방법에 의해 양산된 것이 아니라 상업적 과정에서 물품의 형태가 변형된 것이므로 공업상 이용가능성도 인정되지 않는다.
      예 포장, 변형(꽃모양으로 접힌 손수건, 양 머리 모양으로 말린 타월 등), 배열(명절선물세트)
  ㉣ 부동산 : 부동산은 양산 및 이동이 어려워 디자인 등록을 받을 수 없다. 다만, 토지 정착 전에 반복생산 및 운반이 가능한 경우에는 공업상 이용가능성이 인정되고, 동산적 태양으로 거래되는 시기가 있음을 이유로 디자인등록의 대상이 된다.
      예 방갈로, 공중전화박스, 이동판매대, 방범초소, 승차대, 교량, 이동화장실, 조립가옥 등
      기출 17
② 디자인의 표현이 구체적이지 않은 경우 : 디자인의 표현이 구체적이지 않은 디자인이란 출원서의 기재사항 및 첨부도면에 의하여 판단할 때 정확하게 그 디자인을 파악할 수 없는 디자인을 말한다. 이러한 디자인은 권리내용의 특정이 힘들 뿐만 아니라, 심사의 곤란이 따르므로 디자인등록을 받을 수 없다.

③ 디자인의 정의 규정(法 제2조 제1호)에 합치되지 않는 경우
  ㉠ 물품성, 형태성, 시각성, 심미성의 디자인의 성립요건을 구비하지 못하는 경우에는 法 제2조 제1호에 저촉되는 것으로 法 제33조 제1항 본문 위반으로 거절한다.
  ㉡ 물품성과 관련하여, i) 독립거래의 대상이 되지 않는 것은 물품에서 제외되는바, 합성물의 구성 각편, 물품의 부분은 전체디자인으로 등록이 불가하며, 부분디자인으로 등록 받아야 한다. ii) 물품은 반드시 유체물이어야 한다. 따라서 전기, 열, 빛, 기체 등의 무체물은 물품에 해당되지 않는다. iii) 동산에 한정되나, 토지에 정착하여 부동산이 되는 것이라도 공업적으로 양산되고 운반 가능하며 유통과정에서 동산으로 취급되는 것은 물품으로 인정된다. iv) 특정된 일정한 형태가 있어야 하는바, 액체, 기체, 유동체, 육안으로 식별되지 않는 입상물, 분상물, 물품 자체의 형태가 아닌 서비스디자인은 물품성이 부정된다.
  ㉢ 형태성과 관련하여, 필수 요소인 형상이 결여된 디자인은 디자인의 성립이 부정되나, 예외적으로 글자체 디자인 및 화상 디자인은 모양만으로 성립된다.
  ㉣ 시각성과 관련하여, i) 물품은 미적 외관인 바, 오감 중 시각으로 파악되는 것에 한정하고 있다. 따라서 청각, 촉각 등에 의하는 소리, 냄새 등은 디자인에 해당되지 않는다. ii) 육안으로 식별될 것을 요하는 바, 도구를 사용하여 파악 가능한 분상물 및 입상물의 일 단위와 같이 육안으로 파악되지 않는 것은 디자인이 아니다. iii) 물품은 완성된 형태 그 자체로서 거래되므로 분해하거나 파괴하여 볼 수 있는 것은 디자인에서 제외된다.
  ㉤ 심미성과 관련하여, 기능・작용・효과를 주목적으로 한 것으로서 미감을 거의 일으키지 않는 것, 디자인으로서 짜임새가 없고 조잡감만 주는 것으로서 미감을 거의 일으키지 않는 것에 대해서는 심미성이 없는 것으로서 본 규정 위반으로 거절된다.

(4) 법적 취급
① **위반 시 취급** : 法 제33조 제1항 본문 위반은 심사・일부심사 거절이유(法 제62조 제1항・제2항), 정보제공사유(法 제55조)이고, 착오 등록된 경우 이의신청(法 제68조 제1항), 디자인등록의 무효사유(法 제121조 제1항)가 된다.
② **보정가부** : 法 제33조 제1항 본문 위반을 극복하기 위한 보정은 요지변경이 대부분이므로, 디자인등록을 위해서는 출원을 취하하고 요건을 갖추어 재출원해야 한다. 다만, 디자인의 표현이 구체적이지 않은 이유가 경미한 하자에 의한 것이라면, 보정을 통해 法 제33조 제1항 본문 위반의 거절이유를 해소할 수 있다.

| 02 | 신규성 |

> **제33조(디자인등록의 요건)**
> ① 공업상 이용할 수 있는 디자인으로서 **(신규성)** 다음 각 호의 어느 하나에 해당하는 것을 제외하고는 그 디자인에 대하여 디자인등록을 받을 수 있다.
>   1. 디자인등록출원 전에 국내 또는 국외에서 공지(公知)되었거나 공연(公然)히 실시된 디자인
>   2. 디자인등록출원 전에 국내 또는 국외에서 반포된 간행물에 게재되었거나 전기통신회선을 통하여 공중(公衆)이 이용할 수 있게 된 디자인
>   3. 제1호 또는 제2호에 해당하는 디자인과 유사한 디자인

(1) 의의 및 취지

① 디자인등록 출원 전에 국내 또는 국외에서 공지 등이 된 디자인 또는 이와 유사한 디자인 즉, 法 제33조 제1항 각 호의 디자인은 신규성이 상실된 디자인으로서 디자인등록을 받을 수 없다.

② 공지된 디자인은 공유재산(Public Domain)이므로, 이에 독점권을 부여하는 것은 경업자의 실시를 제한하고, 산업발전을 저해하는 등 법 목적에 반하는 결과를 초래하기 때문이다.

(2) 신규성 상실사유

① **공지된 디자인**(法 제33조 제1항 제1호 전단) : 「공지」란 디자인의 내용이 비밀상태가 아닌 불특정 다수인이 알 수 있는 상태에 놓인 것을 말한다. 불특정 다수인이란 비밀유지의무가 없는 자를 말한다(대법원 2000.12.22. 선고 2000후3012 판결, 대법원 2001.2.23. 선고 99후1768 판결, 대법원 2004.12.23. 선고 2002후2969 판결). [기출 15]

② **공연히 실시된 디자인**(法 제33조 제1항 제1호 후단) : 「공연실시」란 공지상태에서 실시된 것을 말한다(대법원 2004.12.23. 선고 2002후2969 판결).

③ **반포된 간행물에 게재된 디자인**(法 제33조 제1항 제2호 전단)
  ㉠ 「반포」란 불특정 다수인이 열람할 수 있는 상태에 놓인 것을 말한다.
  ㉡ 「간행물」이란 공개성·정보성을 가진 반포의 목적으로 복제된 문서, 도면 기타 정보전달매체를 말한다. 출원공개된 디자인 및 등록공고된 디자인은 그 공개일 또는 공고일부터 간행물에 의하여 공지된 것으로 본다(대법원 1998.9.4. 선고 98후508 판결, 대법원 1992.10.27. 선고 92후377 판결). [기출 15]
  ㉢ 「게재의 정도」란 당업자가 용이하게 창작 가능한 정도로 표현되어 있으면 충분하고 반드시 6면도 및 사시도 등으로 그 형태가 모두 드러나야 하는 것은 아니다(대법원 1994.10.14. 선고 94후1206 판결).

④ 전기통신회선을 통하여 공중이 이용할 수 있게 된 디자인(法 제33조 제1항 제2호 후단, 2005년 시행법부터 공지사유로 추가되었다)
  ㉠ 「전기통신회선」이란 유선, 무선, 광선 및 기타의 전기·자기적 방식으로 쌍방향 송·수신이 가능한 전송로를 의미한다.
    예 인터넷, 쌍방향 전송 케이블 텔레비전
  ㉡ 「공중이 이용가능하게 되었다」는 것은 비밀을 준수할 의무가 없는 불특정인이 볼 수 있는 상태에 놓인 것을 말한다.
    예 인터넷에 링크가 개설되고 검색엔진에 등록되어 공중이 제한 없이 접속할 수 있는 경우
⑤ 이와 유사한 디자인(法 제33조 제1항 제3호) : 출원디자인이 그 디자인 등록 출원 전에 공지 등이 된 디자인과 부분적으로 다른 점이 있더라도 전체적으로 보면 미감적으로 큰 차이가 없는 경우라면 그 출원디자인은 신규성이 없는 것으로 본다. 모방이 용이한 디자인의 특성을 고려하여 공지 등이 된 디자인과 유사한 디자인까지 공지된 것으로 본다.

(3) 신규성의 판단

	주체	일반 수요자
	객체	• 공지디자인 : 신규성판단이나 유사여부 판단의 대상인 디자인은 반드시 ⅰ) 형태 전체를 모두 명확히 한 디자인뿐만 아니라 ⅱ) 그 자료의 표현부족을 경험칙에 의하여 보충하여 그 디자인의 요지 파악이 가능한 그 대비판단의 대상이 될 수 있다(대법원 1996.11.12. 선고 96후467 판결). • 출원디자인 : 출원서의 기재사항, 도면·사진·견본 및 디자인의 설명에 의하여 특정된다.
기준	시기	• 출원디자인의 판단 시점 - 출원디자인의 경우 출원공개일 또는 등록공고일에 공지된 것으로 본다. - 등록디자인의 경우 설정등록일로부터 공지된 것으로 본다. 다만, 국제등록디자인은 그 국제등록된 디자인이 공고된 날(국제등록공개) 공지된 것으로 본다. - 카탈로그의 경우 일단 제작되었다면 특별한 사정이 없는 한 반포된 것으로 추정된다(대법원 1998.9.4. 선고 98후508 판결). • 인용디자인의 공지시점 - 출원시를 기준으로 한다. - 선후가 불명확한 경우에는 신규성 위반으로 보지 않는다. - 분할출원의 경우 원출원일(法 제50조 제2항), 정당권리자 출원의 경우 무권리자의 출원일(法 제44조, 제45조), 조약우선권주장이 수반된 출원의 경우 제1국 출원일(法 제51조 제1항)을 기준으로 판단한다. - 요지변경임이 설정등록 이후에 인정되는 경우 보정서 제출일로 출원일이 늦춰진다(法 제48조 제5항).
	지역	국내 또는 국외 = 국제주의
방법		출원디자인과 출원 전 공지 등이 된 디자인이 동일·유사를 판단한다.

(4) 위반의 효과

① 심사등록출원의 경우, 法 제33조 제1항 위반은 거절이유(法 제62조 제1항), 정보제공사유(法 제55조)이고, 등록 후 무효사유(法 제121조 제1항)가 된다.

② 일부심사등록출원의 경우, 신규성 위반 여부를 심사하지 않는다(法 제62조 제2항). 다만, 정보제공이 있는 경우에 그 제공된 정보 및 증거에 근거하여 신규성 위반을 이유로 거절결정 할 수 있다(法 제62조 제4항). 권리의 조기등록을 위하여 선행 공지디자인의 검색이 요구되는 신규성 위반여부를 심사하지 않음이 원칙이나, 부실권리의 조기 발생을 최소화하기 위해 정보제공이 있는 경우에는 신규성을 심시할 수 있다. 등록 후에는 이의신청(法 제68조 제1항), 디자인등록의 무효사유(法 제121조 제1항)가 된다.

(5) 관련문제

① 신규성이 상실된 디자인의 실시 : 신규성이 상실된 등록 디자인은 무효심결의 확정 여부에 관계없이 그 권리범위를 인정할 수 없다(대법원 2001.9.14. 선고 99도1866 판결).

② 신규성 상실의 유형

유 형	공지디자인 (A, a를 포함하는 A)	출원디자인 (A, A', a, a')
1	완성품(A)	완성품(A, A')
2	부품(A)	부품(A, A')
3	한 벌의 물품(A)	한 벌의 물품(A, A')
4	부분디자인(A)	부분디자인(A, A')
5	완성품(a를 포함하는 A)	부품(a, a')
6	완성품(a를 포함하는 A)	부분디자인(a, a')
7	부품(a를 포함하는 A)	부분디자인(a, a')
8	한 벌의 물품(a를 포함하는 A)	구성물품(a, a')
9	부분디자인(a를 포함하는 A)	부분디자인(a, a')

※ A디자인 또는 a를 포함하는 A디자인이 출원공개, 설정등록 또는 공지된 이후 출원된 출원디자인 A, A', a, a'디자인은 신규성을 상실한다.
※ A = A, A ≒ A', A > a, a ≒ a'의 관계임

03 창작비용이성

> **제33조(디자인등록의 요건)**
> ② **(창작비용이성)** 디자인등록출원 전에 그 디자인이 속하는 분야에서 통상의 지식을 가진 사람이 다음 각 호의 어느 하나에 따라 쉽게 창작할 수 있는 디자인(제1항 각 호의 어느 하나에 해당하는 디자인은 제외한다)은 제1항에도 불구하고 디자인등록을 받을 수 없다. 기출 22·23
> 1. 제1항 제1호·제2호에 해당하는 디자인 또는 이들의 결합
> 2. 국내 또는 국외에서 널리 알려진 형상·모양·색채 또는 이들의 결합

(1) 의의 및 취지

디자인등록출원 전에 그 디자인이 속하는 분야에서 통상의 디자이너가 공지 등이 된 디자인 또는 이들의 결합에 의하거나 국내외 주지형태에 의하여 쉽게 창작할 수 있는 디자인에 대하여는 디자인 등록받을 수 없다(法 제33조 제2항). 일정 수준 이상의 디자인만을 등록의 대상으로 하여 높은 수준의 창작을 유도하기 위함이다.

(2) 창작비용이성의 판단

기 준	주 체	그 디자인이 속하는 분야에서 통상의 지식을 가진 자
	객 체	• ⅰ) 단독의 공지 등이 된 디자인, ⅱ) 2 이상의 공지 등이 된 디자인의 결합, ⅲ) 국내 또는 국외에서 널리 알려진 형태(주지형태)로부터 출원디자인이 쉽게 창작이 가능한지 여부를 판단한다. • 「공지 등이 된 디자인」은 1개뿐만 아니라 2 이상 결합한 것도 포함한다. • 「주지형태」란 일반인이 알 수 있을 정도의 간행물이나 TV 등을 통하여 국내 또는 국외에서 널리 알려져 있는 형상·모양 등을 말한다. 예 만화영화 – 주지형태로 인정되기 위해선 주지 가능 상태에 놓인 것만으로는 부족하고 현실적으로 널리 알려질 것이 요구된다. '널리 알려진'에는 일반 대중 사이에서 널리 알려진 경우는 물론 그 디자인이 속하는 분야에서 널리 알려져 있는 경우를 포함한다. 기출 18
	시 기	출원시
	지 역	국내 또는 국외 = 국제주의 기출 18·23
방 법		• 전제 : 法 제33조 제2항 괄호에서 "제1항 각 호의 어느 하나에 해당하는 디자인은 제외한다" 고 규정하므로, 창작비용이성의 판단은 판단 대상 디자인의 신규성이 만족됨을 전제로 한다. • 용이창작 여부의 판단 – 「쉽게 창작할 수 있는 정도」란 ⅰ) 공지디자인의 결합 또는 주지의 형상·모양 등을 거의 그대로 모방하거나, ⅱ) 그 가하여진 변화가 단순한 상업적·기능적 변형에 불과하거나, ⅲ) 그 디자인 분야에서 흔한 창작수법이나 표현방법에 의해 이를 변경·조합하거나 전용하였음에 불과한 디자인 등과 같이 창작수준이 낮은 디자인을 말한다(대법원 2010.5.13. 선고 2008후2800 판결). 기출 15·18·22

- 또한, 공지디자인과 주지형태를 서로 결합하거나 그 결합된 형태를 위와 같이 변형·변경 또는 전용한 경우에도 창작수준이 낮은 디자인에 해당할 수 있는데, 그 창작수준을 판단할 때는 그 공지디자인의 대상 물품이나 주지형태의 알려진 분야, 그 공지디자인이나 주지형태의 외관적 특징들의 관련성, 해당 디자인 분야의 일반적인 경향 등에 비추어 통상의 디자이너가 용이하게 그와 같은 결합에 이를 수 있는지를 살펴보아야 한다(대법원 2016.3.10. 선고 2013후2613 판결). 기출 21
- 새로운 미감이 발생하는 경우 : 공지디자인의 결합 또는 주지의 형상·모양 등을 거의 그대로 이용 또는 전용하거나 단순히 모방한 것이 아니고 이들을 취사선택하여 결합한 것으로서 그 디자인을 전체적으로 관찰할 때 새로운 미감을 일으키는 경우에는 쉽게 창작할 수 있는 디자인이 아니다.
- 물품과의 가분성 : 디자인의 창작은 구체적인 물품뿐만 아니라 추상적 모티브에 의하여도 가능하므로, 창작비용이성의 판단에 있어 물품과의 가분성이 인정된다.
- 주지·공지되지 않은 부분이 포함된 경우 : 출원된 디자인의 구성요소 중 주지 또는 공지되지 않은 부분이 포함되어 있더라도 그 구성요소가 부수적이거나 창작성이 낮아 전체적인 미감에 미치는 영향이 적은 경우에는 용이창작에 해당하는 것으로 본다.

(3) 용이창작의 유형

① 공지 등이 된 디자인 또는 이들의 결합에 의한 용이창작

  ㉠ 디자인의 구성요소의 일부분을 다른 디자인으로 치환하는 용이창작

   예 공지의 시계가 부착된 라디오의 시계부분을 단순히 다른 시계의 형상 등으로 치환한 "시계가 부착된 라디오"

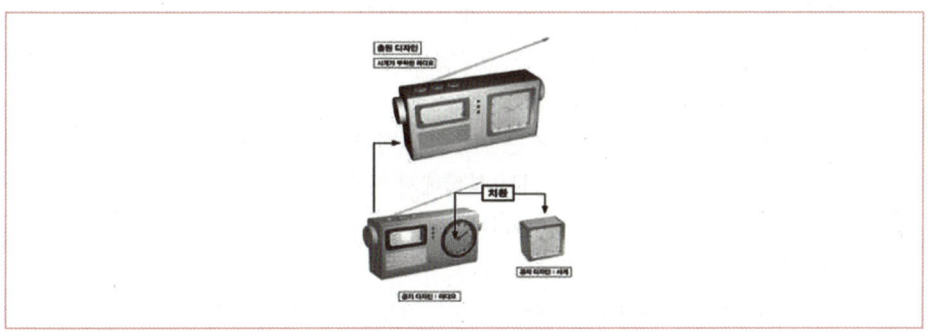

  ㉡ 복수의 디자인을 조합하여 하나의 디자인을 구성하는 용이창작

   예 공지의 책상 형상에 공지의 책꽂이 형상을 부착하여 이루어진 "책꽂이가 부착된 책상"

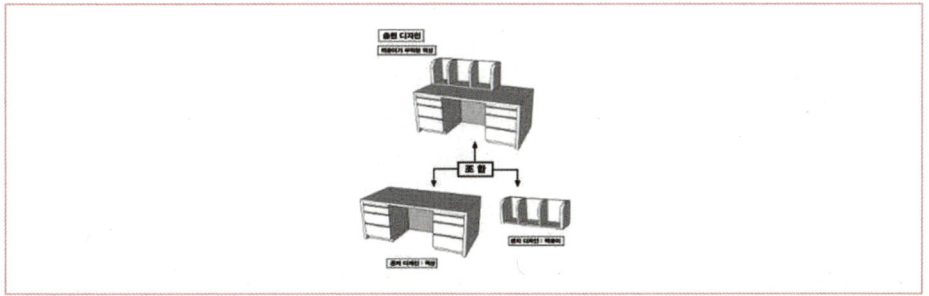

ⓒ 디자인의 구성요소의 배치변경에 의한 용이창작
  예 공지디자인의 구성요소의 배치를 변경한 것에 지나지 않는 "전화기"

ⓔ 구성비율의 변경 또는 연속하는 단위 수 증감에 의한 용이창작
  예 공지디자인의 구성단위 수를 달리한 것에 지나지 않는 "벤치"

ⓜ 다만, 물품의 용도, 기능, 형태 등의 관련성으로 인하여 그 디자인의 결합이 당 업계의 상식으로 이루어질 수 없다고 판단되는 경우에는 용이창작으로 보지 아니한다.

② **국내외 주지형태에 의한 용이창작**
  ⓐ 주지의 형상·모양·색채 또는 이들의 결합에 기초한 용이창작. 다만, 주지의 형상 등에 의한 것일지라도 그 디자인이 속하는 분야에서 통상의 지식을 가진 자가 쉽게 창작할 수 있는 것이 아니면 용이창작으로 보지 아니한다.
    예 평면적 형상, 입체적 형상 등
  ⓑ 자연물, 유명한 저작물, 유명한 건조물, 유명한 경치 등을 기초로 한 용이창작 또는 이들의 결합을 기초로 한 용이창작(지배적 특징들의 결합으로서 창작성이 낮은 경우를 포함). 다만, 자연물이더라도 그 표현방법이 특이한 것은 「주지」가 아니다.
    예 꽃잎, 곤충의 발 등 자연물의 일부를 특이한 각도에서 현미경으로 확대하여 본 확대사진 등
  ⓒ 주지디자인을 기초로 한 용이창작
    예 이종 물품 간의 디자인의 전용이 그 업계의 관행으로 되어 있는 경우
  ⓓ 문자를 기초로 한 용이창작 : 물품의 형상과 문자로 구성된 디자인에 있어서 형상 및 문자부분이 결합된 전체로서 창작성이 없는 경우
    예 고딕체로 거의 그대로 쓰여진 'ET'를 직사각형 형상의 "스티커"로 디자인한 것 등

③ 공지디자인이 주지의 형태와 결합한 경우
  ㉠ 공지디자인 등을 주지의 형상·모양 등과 결합한 경우에도 쉽게 창작할 수 있는 디자인에 해당하는 것으로 볼 수 있다. 기출 18
  ㉡ 공지형태나 주지형태를 서로 결합하거나 결합된 형태를 변형·변경 또는 전용한 경우에도 창작수준이 낮은 디자인에 해당할 수 있는데, 창작수준을 판단할 때는 공지디자인의 대상 물품이나 주지형태의 알려진 분야, 공지디자인이나 주지형태의 외관적 특징들의 관련성, 해당 디자인 분야의 일반적 경향 등에 비추어 통상의 디자이너가 용이하게 그와 같은 결합에 이를 수 있는지를 함께 살펴보아야 한다(대법원 2016.3.10. 선고 2013후2613 판결 참조).

(4) 위반의 효과
① 심사등록출원의 경우, 法 제33조 제2항 위반은 거절이유(法 제62조 제1항), 정보제공사유(法 제55조)이고, 등록 후 무효사유(法 제121조 제1항)가 된다.
② 일부심사등록출원의 경우
  ㉠ 공지 등이 된 디자인 또는 이들의 결합(法 제33조 제2항 제1호)에 따른 용이창작 판단은 거절이유에서 제외되어 있다(法 제62조 제2항). 선행디자인의 검색이 요구되기 때문이다. 다만, 정보제공이 있는 경우에 그 제공된 정보 및 증거에 근거하여 창작성 위반을 이유로 거절결정할 수 있다(法 제62조 제4항).
  ㉡ 국내 또는 국외에서 널리 알려진 형태에 따른 용이창작 판단은 선행디자인의 검색이 요구되지 않는 바, 거절이유에 해당한다(法 제62조 제2항).
  ㉢ 착오 등록 후에는 이의신청(法 제68조 제1항), 디자인등록의 무효사유(法 제121조 제1항)가 된다.

(5) 의견제출통지시 심사관의 증거 제시 필요 여부
① 창작비용이성 판단의 기초자료
  ㉠ 심사관은 法 제33조 제2항 거절이유를 통지하는 경우 창작비용이성 판단의 기초자료가 된, 공지 등이 된 디자인 또는 주지형태를 증거로 제시해야 한다.
  ㉡ 다만, 명백한 주지형태를 판단의 기초자료로 하는 경우에는 증거를 제시할 필요가 없다.
② 흔한 창작수법이나 표현방법에 불과
  ㉠ 심사관은 출원디자인의 창작내용이 흔한 창작수법이나 표현방법에 불과하다는 것을 입증할 수 있는 구체적인 증거를 제시할 필요가 있다.
  ㉡ 다만, 심사관에게 현저한 사실로 인정되는 경우에는 반드시 증거를 제시할 필요는 없다.

04 확대된 선출원주의

> **제33조(디자인등록의 요건)**
> ③ **(확대된 선출원)** 디자인등록출원한 디자인이 그 출원을 한 후에 제52조, 제56조 또는 제90조 제3항에 따라 디자인공보에 게재된 다른 디자인등록출원(그 디자인등록출원일 전에 출원된 것으로 한정한다)의 출원서의 기재사항 및 출원서에 첨부된 도면·사진 또는 견본에 표현된 디자인의 일부와 동일하거나 유사한 경우에 그 디자인은 제1항에도 불구하고 디자인등록을 받을 수 없다. **(적용의 예외)** 다만, 그 디자인등록출원의 출원인과 다른 디자인등록출원의 출원인이 같은 경우에는 그러하지 아니하다. 기출 17·23

(1) 의의 및 취지

선출원 디자인의 공보 게재 이전에 후출원된 디자인이 선출원 디자인의 일부와 동일하거나 유사한 경우에는 디자인 등록을 받지 못한다(法 제33조 제3항). 실질적으로 신규하지 않은 후출원 디자인의 등록을 배제함에 그 의의가 있다.

(2) 확대된 선출원의 적용요건

① 디자인등록출원일 전에 출원된 다른 디자인등록출원이 존재할 것
  ㉠ 출원일을 기준으로 선·후출원을 구분한다.
  ㉡ 동일자 출원에는 본 규정이 적용되지 않는다.
  ㉢ 분할출원은 원출원일을, 조약우선권주장을 수반한 출원은 제1국 출원일을 기준으로 판단한다.
② 후출원의 디자인등록출원을 한 후에 선출원된 다른 디자인등록 출원이 法 제52조, 法 제56조 또는 法 제90조 제3항에 따라 디자인공보에 게재되었을 것
  ㉠ 강제공개 제도가 없는 디자인 보호법의 특성상 취하, 포기, 무효, 法 제46조 제2항 후단 이외의 이유로 디자인등록거절결정 또는 심결이 확정된 선출원은 출원공개(法 제52조)의 경우가 아니면 확대된 선출원의 지위를 갖지 못한다.
  ㉡ 후출원의 디자인등록출원 "후"에 공보에 게재될 것을 요하는 것은 출원 전에 공보에 게재된 경우에는 이미 신규성(法 제33조 제1항) 위반의 거절이유를 갖기 때문이다.
③ 후출원으로 디자인등록출원한 디자인이 선출원된 다른 디자인등록출원의 출원서의 기재사항 및 첨부된 도면·사진·견본에 표현된 디자인의 일부와 동일하거나 유사할 것
  ㉠ 선출원디자인을 특정하기 위한 도면
    • 선출원디자인은 출원서의 기재사항 및 도면 등에 의하여 특정된다. 【도면】은 선출원 디자인의 특정을 위한 기초자료에 포함되지만, 사용상태도와 같이 디자인의 용도 등의 이해를 돕기 위한 【참고도면】은 기초자료에서 제외된다.
    • 부분 디자인 도면의 파선 부분을 포함하는 전체 기재 중 후출원디자인에 상당하는 부분이 대비 가능한 정도로 충분히 표현되어 있다면, 파선 부분을 포함한 전체 기재가 확대된 선출원의 지위를 갖는다.

ⓛ 디자인의 일부 : 디자인의 일부란 선출원디자인의 외관 중에 포함된 하나의 폐쇄된 영역을 말한다. 따라서 디자인의 구성요소인 형상·모양·색채를 관념적으로 분리한 것은 디자인의 일부가 아니다.
　　ⓒ 일부와 동일 또는 유사한 디자인의 판단 : i) 선출원디자인 중 후출원 디자인에 상당하는 부분이 후출원디자인과 기능 및 용도의 공통성이 있고, ii) 형태가 동일 또는 유사하고, iii) 선출원디자인 중에 후출원디자인에 상당하는 부분이 대비 가능한 정도로 충분히 표현되어 있어야 한다.
　④ 선·후출원인이 동일인이 아닐 것
　　㉠ 종래에는 부분적인 디자인의 등록에 의한 실질적인 권리의 연장 방지를 위하여 선·후출원인이 동일한 경우에도 확대된 선출원 규정을 적용하였으나, 2014년 시행법은 출원인이 동일한 경우에는 확대된 선출원 규정을 적용하지 아니하도록 하였다.
　　ⓛ 다만, 선출원의 출원인과 창작자가 상이한 경우 창작자가 선출원의 일부를 권리화하여 권리관계가 얽히는 것을 방지하기 위해 창작자가 동일한 경우의 예외까지 규정하지 않았다.
　　ⓒ 선출원과 후출원의 출원인이 동일인인지 여부는 등록여부결정시 기준으로 판단한다.

(3) 확대된 선출원 적용유형

유 형	선출원 디자인 (a를 포함하는 A)	후출원 디자인 (a, a')
1	완성품	부 품
2	완성품	부분디자인
3	부 품	부분디자인
4	한 벌의 물품	구성물품
5	부분디자인	부분디자인

※ 선출원 디자인(a를 포함하는 A디자인)이 출원공개 또는 등록공고되거나 협의불성립으로 거절결정되어 출원공개되기 이전에 출원된 후출원 디자인(a, a')은 확대된 선출원으로 거절결정한다.
※ A > a, a ≒ a'의 관계임

(4) 위반 시 효과

① 심사등록출원의 경우 *法* 제33조 제3항 위반은 거절이유(*法* 제62조 제1항), 정보제공사유(*法* 제55조)이고, 등록 후 무효사유(*法* 제121조 제1항)가 된다.
② 일부심사등록출원의 경우 확대된 선출원주의 위반 여부를 심사하지 않는다(*法* 제62조 제2항). 다만, 정보제공이 있는 경우에 그 제공된 정보 및 증거에 근거하여 확대된 선출원주의 위반을 이유로 거절결정할 수 있다(*法* 제62조 제4항).
③ 권리의 조기등록을 위하여 선행 공지디자인의 검색이 요구되는 확대된 선출원주의 위반여부를 심사하지 않음이 원칙이나, 부실권리의 조기 발생을 최소화하기 위해 정보제공이 있는 경우에는 창작성을 심사할 수 있다.
④ 등록 후에는 이의신청(*法* 제68조 제1항), 디자인등록의 무효사유(*法* 제121조 제1항)가 된다.

05 선출원주의

> **제46조(선출원)** 기출 18
> ① **(이일자 출원)** 동일하거나 유사한 디자인에 대하여 다른 날에 2 이상의 디자인등록출원이 있는 경우에는 먼저 디자인등록출원한 자만이 그 디자인에 관하여 디자인등록을 받을 수 있다.
> ② **(동일자 출원)** 동일하거나 유사한 디자인에 대하여 같은 날에 2 이상의 디자인등록출원이 있는 경우에는 디자인등록출원인이 협의하여 정한 하나의 디자인등록출원인만이 그 디자인에 대하여 디자인등록을 받을 수 있다. 협의가 성립하지 아니하거나 협의를 할 수 없는 경우에는 어느 디자인등록출원인도 그 디자인에 대하여 디자인등록을 받을 수 없다.
> ③ **(선출원의 지위가 없는 출원1)** 디자인등록출원이 무효·취하·포기되거나 제62조에 따른 디자인등록거절결정 또는 거절한다는 취지의 심결이 확정된 경우 그 디자인등록출원은 제1항 및 제2항을 적용할 때에는 처음부터 없었던 것으로 본다. 다만, 제2항 후단에 해당하여 제62조에 따른 디자인등록거절결정이나 거절한다는 취지의 심결이 확정된 경우에는 그러하지 아니하다. 기출 17
> ④ **(선출원의 지위가 없는 출원2)** 무권리자가 한 디자인등록출원은 제1항 및 제2항을 적용할 때에는 처음부터 없었던 것으로 본다. 기출 17
> ⑤ **(협의 명령)** 특허청장은 제2항의 경우에 디자인등록출원인에게 기간을 정하여 협의의 결과를 신고할 것을 명하고 그 기간 내에 신고가 없으면 제2항에 따른 협의는 성립되지 아니한 것으로 본다.

(1) 의의 및 취지

동일하거나 유사한 디자인에 대하여 2 이상의 출원이 경합되는 경우에는 먼저 출원한 자만이 디자인등록을 받을 수 있다(法 제46조 제1항). 독점 배타적 권리인 디자인권의 중복 등록을 방지하기 위함이다.

(2) 선출원 규정의 내용

① 타인 간의 출원이 경합된 경우
  ㉠ (이일출원의 경우) 동일하거나 유사한 디자인에 대하여 다른 날에 2 이상의 디자인등록출원이 있는 때에는 먼저 디자인등록출원한 자만이 그 디자인에 관하여 디자인등록을 받을 수 있다(法 제46조 제1항).
  ㉡ (동일출원의 경우) 동일하거나 유사한 디자인에 대하여 같은 날에 2 이상의 디자인등록출원이 있는 때에는 출원인의 협의에 의하여 정하여진 하나의 출원인만이 디자인등록을 받을 수 있다. 협의가 불성립되거나 불능인 경우에는 누구도 등록을 받을 수 없다(法 제46조 제2항). 특허청장은 기간을 정하여 협의의 결과를 신고할 것을 명하고 그 기간 내에 신고가 없을 때에는 협의가 성립되지 아니한 것으로 본다(法 제46조 제5항).

② 동일인의 출원이 경합된 경우
　㉠ 문제점 : 동일인 간의 선출원 규정의 적용 여부에 관하여 法 제46조의 '먼저 출원한 자'의 해석이 문제된다.
　㉡ 해석 : '출원'을 중심으로 해석하면 동일인 사이에 선출원 규정을 적용하나, '사람'을 중심으로 해석하면 동일인 사이에 선출원 규정을 적용하지 않는다.
　㉢ 심사실무 : 동일인 출원 간에도 선출원 규정이 적용된다. 다만, 관련디자인 출원은 기본디자인 출원과의 관계에서 적용이 배제된다.
　㉣ 검토 : 法 제35조 제1항은 동일인 간에 선출원 규정을 적용하되, 관련디자인의 경우에만 예외로 한 것을 명확히 하는 규정이다. 따라서 동일인 간에도 선출원 규정이 적용된다.
③ 선출원의 지위
　㉠ 선출원의 지위를 가지는 출원
　　• 출원 계속 중인 출원은 물론 설정등록된 출원이라도 선출원의 지위가 인정된다. 중복등록을 방지하기 위함이다.
　　• 法 제46조 제2항 후단을 이유로 거절된 출원에 대해서 선출원의 지위를 인정하고 있다(法 제46조 제3항 단서). 협의 불성립을 이유로 모두가 거절되었음에도 불구하고, 그 일방 또는 제3자가 동일하거나 유사한 디자인을 재출원하여 등록받는 불합리를 방지하기 위함이다. 다만, 제3자의 중복개발·투자의 폐해를 방지하기 위하여 디자인공보에 협의불성립에 따라 거절된 출원에 관한 사항을 게재하도록 하였다(法 제56조).
　㉡ 선출원의 지위를 가지지 않는 출원 : 무효·취하·포기되거나 거절결정이나 거절한다는 취지의 심결이 확정된 출원 또는 무권리자가 한 출원은 선출원의 지위를 갖지 못한다(法 제46조 제3항·제4항).

(3) 선출원 규정의 판단

기 준	주 체	일반수요자
	객 체	• 선·후출원 디자인의 특정은 法 제93조에 규정된 보호범위 판단의 근거자료인 출원서의 기재사항 및 도면, 사진 또는 견본과 디자인의 설명에 의한다. • 중복된 권리의 등록을 방지하기 위하여, 선·후출원 디자인의 동일·유사가 모두 비교되어야 한다. 다만, 심사상 곤란이 있으므로, 출원 디자인의 동일범위만 고려하고 유사범위는 판단하지 않는다. 따라서 선출원 디자인권과 후출원 등록디자인과 유사한 디자인 간에 저촉이 발생될 수 있다. 권리 조정을 위해 法 제95조 제2항에 디자인권 간의 저촉 규정을 두고 있다.
	시 기	• 선·후출원 여부의 판단은 출원일 기준이다. • 분할출원의 경우 원출원일(法 제50조 제2항), 정당권리자 출원의 경우 무권리자의 출원일(法 제44조, 제45조), 조약우선권주장이 수반된 출원의 경우 제1국 출원일(法 제51조 제1항)을 기준으로 판단한다. • 요지변경임이 설정등록 이후에 인정되는 경우 보정서 제출일로 출원일이 늦춰진다(法 제48조 제5항).
방 법		선출원과 후출원 디자인의 동일·유사를 판단한다.

(4) 위반 시 취급
① 심사등록출원의 경우 法 제46조 제1항 위반은 거절이유(法 제62조 제1항), 정보제공사유(法 제55조)이고, 등록 후 무효사유(法 제121조 제1항)가 된다.
② 일부심사등록출원의 경우 선출원 위반 여부를 심사하지 않는다(法 제62조 제2항). 다만, 정보제공이 있는 경우에 그 제공된 정보 및 증거에 근거하여 선출원 위반을 이유로 거절결정할 수 있다(法 제62조 제4항). 권리의 조기등록을 위하여 선행 공지디자인의 검색이 요구되는 선출원 위반여부를 심사하지 않음이 원칙이나, 부실권리의 조기 발생을 최소화하기 위해 정보제공이 있는 경우에는 선출원을 심사할 수 있다.
③ 등록 후에는 이의신청(法 제68조 제1항), 디자인등록의 무효사유(法 제121조 제1항)가 된다.

(5) 관련문제
① 선출원주의와 선창작주의의 비교
　㉠ 선출원주의의 장·단점
　　• 선출원주의는 산업발전이라는 디자인제도의 목적에 잘 합치되며, 심사절차상 편리할 뿐만 아니라, 심사의 촉진이라는 행정적 목적에도 잘 부합한다는 장점이 있다.
　　• 그러나 진정한 창작자의 보호가 미흡하다는 단점이 있다.
　㉡ 선창작주의의 장·단점
　　• 선창작주의는 최선의 창작자 보호라는 디자인법의 목적에는 잘 부합된다는 장점이 있다.
　　• 진정한 선창작자를 특정하기 곤란한 경우가 많고, 출원을 서두르기보다는 창작 내용을 비밀 상태로 유지하려는 단점이 있다.
② 거절결정된 출원의 공보게재(法 제56조) : 협의 불성립(法 제46조 제2항 후단)에 의하여 거절결정된 출원에 관한 내용을 공보에 게재하도록 하였다. 선출원의 지위가 있는 선행디자인의 조사를 용이하게 하고 제3자의 중복투자·개발의 폐해를 방지하기 위함이다.
③ 선출원에 따른 통상실시권(法 제101조) : 신규성 상실을 이유로 거절된 선출원의 출원인으로서 자신의 출원디자인과 동일·유사한 디자인에 대하여, 후출원 디자인권의 설정등록시를 기준으로 실시사업을 하거나 사업의 준비를 하고 있는 경우에는, 그 선출원인에게 무상의 통상실시권을 인정하도록 하였다. 선·후출원인 사이의 이해관계를 조정하기 위함이다.

06 디자인등록을 받을 수 없는 디자인

> **제34조(디자인등록을 받을 수 없는 디자인)**
> 다음 각 호의 어느 하나에 해당하는 디자인에 대하여는 제33조에도 불구하고 디자인등록을 받을 수 없다.
> 1. 국기, 국장(國章), 군기(軍旗), 훈장, 포장, 기장(記章), 그 밖의 공공기관 등의 표장과 외국의 국기, 국장 또는 국제기관 등의 문자나 표지와 동일하거나 유사한 디자인
> 2. 디자인이 주는 의미나 내용 등이 일반인의 통상적인 도덕관념이나 선량한 풍속에 어긋나거나 공공질서를 해칠 우려가 있는 디자인 기출 15
> 3. 타인의 업무와 관련된 물품과 혼동을 가져올 우려가 있는 디자인 기출 15
> 4. 물품의 기능을 확보하는 데에 불가결한 형상만으로 된 디자인 기출 23

(1) 法 제34조 제1호

① **의의 및 취지** : 대한민국의 국기·국장·군기·훈장·포장·기장 기타 공공기관 등의 표장과 외국의 국기·국장 또는 국제기관 등의 문자나 표지(이하 '국기' 등이라 함)와 동일하거나 유사한 디자인은 등록받을 수 없다(法 제34조 제1호). 내외국을 막론하고 그 국가의 존엄성을 유지시켜야 하고, 공공기관 등이 지향하는 이념과 목적을 존중해야 한다는 공익적인 견지에서 특정인에게 독점권이 부여되는 것을 막기 위한 것이다.

② **판 단**
  ㉠ 판단방법 : ⅰ) 국기 등과 동일·유사한 디자인이 단독으로 표현된 경우, ⅱ) 이들에 다른 형상·모양이 결합되어 표현된 경우, ⅲ) 국기 등이 디자인의 일부에 표현된 경우라도 본 규정의 적용을 받는다.
  ㉡ 물품의 동일·유사를 전제로 하지 않는 광의의 동일·유사 개념이다.
  ㉢ 판단시기 : 공익적 규정인바, 등록여부결정시 기준으로 적용한다.

③ **적용유형**
  ㉠ 국기·국장·군기·훈장·포장·기장 : 국가의 존엄을 해할 우려가 없는 경우 본 호를 적용하지 않는다.
  예 태극기를 모티브로 창작한 물품의 예

티셔츠   모 자

ⓒ 외국의 국기·국장 : 외국의 「국기·국장」이란 외국의 국기와 행정부, 입법부, 사법부의 기를 의미한다.
ⓒ 공공기관 등의 표장, 국제기관 등의 문자나 표지 : 「표장」은 공공기관 등의 주된 마크(심벌)를 말하고, 「문자」, 「표지」는 국제기관 등의 명칭(로고타입)을 포함한다. 더하여, 공공기관 또는 국제기관 등이 수행하는 「공익사업에 사용하기 위한 표장」(이하 '공익표장')은 본 호의 적용대상이 된다.

주 체	객 체	출원 유형	여 부
공공기관 국제기관	명칭(로고포함) 주된 마크(심벌)	동일 또는 유사	등록 가능 (△)
		동일 또는 유사한 것을 일부 구성요소로 포함	등록 가능
	공익표장	동일 또는 유사	등록 가능
		동일 또는 유사한 것을 일부 구성요소로 포함	등록 가능
타 인	명칭(로고포함) 주된 마크(심벌)	동일 또는 유사	法 제34조 제1호 위반
		동일 또는 유사한 것을 일부 구성요소로 포함	法 제34조 제1호 위반
	공익표장	동일 또는 유사	法 제34조 제1호 위반
		동일 또는 유사한 것을 일부 구성요소로 포함	法 제34조 제1호 위반

(2) 法 제34조 제2호

① 의의 및 취지 : 디자인이 주는 의미나 내용 등이 일반인의 통상적인 도덕관념이나 선량한 풍속에 어긋나거나 공공질서를 해칠 우려가 있는 디자인은 등록받을 수 없다. 법의 기본적 이념에 반하기 때문이다.

② 판 단
  ⓐ 판단방법 : i) 단독으로 표현된 경우, ii) 다른 형상·모양이 결합되어 표현된 경우, iii) 디자인의 일부에 표현된 경우라도 본 규정의 적용을 받는다.
  ⓑ 판단시기 : 공익적 규정인 바, 등록여부결정시 기준으로 적용한다.

③ 적용유형 : i) 인륜, 사회정의 또는 국민감정에 반하는 것, ii) 특정국가 또는 그 국민을 모욕하는 것, iii) 저속·혐오 또는 외설스러운 것, iv) 국가원수의 초상 및 이에 준하는 것, v) 저명한 타인의 초상. 다만, 그 타인의 승낙을 얻은 경우에는 본 호를 적용하지 않는다. vi) 디자인의 대상이 되는 물품 또는 그와 관련된 물품의 규격이나 품질 등에 대한 인증을 나타내는 표지를 전체디자인의 일부 구성요소로 포함하고 있는 경우에 그 자체만으로 공공질서 등을 해칠 우려가 있다고 볼 수 없으므로 본 호를 적용하지 않는다. 기출 16

(3) 法 제34조 제3호

① 의의 및 취지 : 타인의 업무와 관련된 물품과 혼동을 가져올 우려가 있는 디자인은 등록받을 수 없다. 타인의 업무상 신용과 이익을 보호하고, 수요자의 출처에 관한 오인·혼동을 방지하기 위함이다. 디자인과 상표는 선택적, 배타적 관계에 있는 것이 아니므로(대법원 1997.2.14. 선고 96도1424 판결), 디자인이 상표적 기능을 발휘하기 위하여 타인의 업무상 물품과 혼동을 일으킬 우려가 있는 디자인에 대하여 본 호가 적용될 수 있다.

② 내 용
  ㉠ 타인 : 「타인」에만 적용되고, 자신의 출처 표지를 디자인의 구성으로 사용하는 경우에는 출처의 혼동이 발생될 우려가 없으므로 본 호가 적용되지 않는다.
  ㉡ 업무 : 「업무」는 영리 업무는 물론 비영리 업무까지 포함한다.
  ㉢ 물품 : 「물품」은 추상적·관념적인 물품이면 족하고 구체적인 물품의 존재를 필요로 하지 않는다. 본 호는 업무주체의 혼동을 방지하기 위한 규정이기 때문이다.
  ㉣ 혼 동
    • 「혼동」은 물품의 혼동이 아닌 출처의 혼동을 의미한다(윤태식, 디자인보호법, 2016, 진원사, 261면).
    • 혼동의 판단은 ⅰ) 출처의 저명성 정도, ⅱ) 타인의 업무에 관련된 물품과 디자인의 대상이 되는 물품의 견련성, ⅲ) 타인의 출처 표지와 디자인의 유사성 정도 등을 종합적으로 고려하여 판단하여야 한다.

③ 판 단
  ㉠ 판단주체 : 유통시장에서의 혼동을 의미하므로, 판단주체는 일반 수요자이다.
  ㉡ 판단시기 : 사익적 규정인 바, 디자인출원시를 기준으로 판단한다. 기출 16

④ 유 형
  ㉠ 타인의 저명한 상표를 디자인으로 표현한 경우
    • 타인의 저명상표의 등록여부는 무관하다.
    • 저명하지 않은 상표는 수요자에게 혼동을 가져올 염려가 없으므로 본 호의 적용대상이 아니다.
    • 선출원 등록 상표권과 후출원 등록 디자인권 간의 이용·저촉(法 제95조)의 문제가 발생할 수 있다.

| 출원 디자인 | 타인의 저명한 입체상표 | 출원 디자인 | 타인의 저명한 입체상표 |

ⓛ 비영리법인의 표장을 디자인으로 표현한 경우 : 비영리법인의 표장의 경우 저명성을 요구하지 않는데, 이것은 비영리법인 표장의 공공성을 고려한 것이다.
　　ⓒ 상표적인 성격을 갖춘 타인의 저명한 디자인을 일부 구성요소로 하는 것(특허법원 2003.7.3. 선고 2003허1710 판결) : 디자인은 물품의 미적 외관이고 상표는 출처표지로 성격이 상이하나, 디자인 역시 상품의 출처 표지로서 사용될 수 있다. 예를 들어, 파카 만년필 클립 디자인을 포함하는 만년필 디자인의 경우 法 제33조 제1항·제2항을 만족하더라도 본 호에 의해 디자인등록을 받을 수 없다.
　　㉠ 물품의 규격이나 품질 등에 대한 인증 표지를 포함하는 경우 : 디자인의 대상이 되는 물품 또는 그와 관련된 물품의 규격이나 품질 등에 대한 인증을 나타내는 표지를 전체디자인의 일부 구성요소로 포함하고 있는 경우에는 그 부분은 출처를 나타내는 표시가 아니라 인증에 관한 정보전달만을 위해 사용되는 것으로 보아 본 호를 적용하지 않는다.

(4) 法 제34조 제4호

① 의의 및 취지 : 물품의 기능을 확보하는 데에 불가결한 형상만으로 된 디자인은 등록받을 수 없다(法 제34조 제4호). 형상은 기술적 사상의 창작으로서 특허·실용신안의 보호대상이기 때문이다.

② 내 용
　　㉠ 물품의 기능 : 「물품의 기능」이란 디자인의 미감과는 무관한 기술적 기능을 말한다.
　　ⓛ 불가결한 형상(특허법원 2005.2.24. 선고 2004허4976 판결) : 「불가결한 형상」이란, i) 물품의 기능을 확보하기 위해 필연적으로 요구되는 형상(필연적 형상)과 ii) 물품의 호환성 확보를 위해 표준화된 규격에 의해 정해진 형상(준필연적 형상)을 의미한다.
　　ⓒ 만으로 된 디자인
　　　• 「만으로 된 디자인」이란, 디자인의 형상이 오로지 기능 확보를 위해 필요한 형상만으로 구성되어 있는 것을 말한다. 즉, 기능적 형상 이외에 디자인적으로 고려될 수 있는 다른 형상이 부가되어 있다면 본 호가 적용되지 않는다.
　　　• 모양이나 색채의 결합여부는 본 호의 적용여부 판단에 영향을 미치지 않는다. 즉, 형상만을 주목하여 판단한다.

③ 판 단
　　㉠ 판단방법
　　　• 필연적 형상의 해당여부는 i) 그 기능을 확보할 수 있는 대체적인 형상이 존재하는지 여부, ii) 필연적 형상 이외의 디자인 평가상 고려되어야 할 형상을 포함하는지 여부 등을 고려한다.
　　　• 준필연적 형상의 해당여부는 i) 표준화된 규격에 의해 정해진 것인지 여부, ii) 표준화된 규격에 의해 정해진 형상 이외의 디자인 평가상 고려되어야 할 형상을 포함하는지 여부 등을 고려한다.

④ 유 형
  ⊙ 필연적 형상의 예는 파라볼라 안테나용 반사경, 전자회로용 코인을 들 수 있다.
  ⓒ 준필연적 형상에 해당하기 위한 표준화된 규격에는 KS규격과 같은 공적인 표준규격과, 해당 물품분야에 있어 업계표준으로 인정되는 사실상의 표준규격을 포함한다. 사실상의 표준 규격이란, 당해 물품분야에 있어서 업계 표준으로서 그 물품의 시장을 사실상 지배하고 있고, 상세하게 특정할 수 있는 규격을 의미한다.
  ⓒ 다만, 규격의 주목적이 기능발휘에 있지 아니한 규격봉투, USB 규격포트 등의 물품에 대해서는 본 호를 적용하지 않는다.
⑤ 유사여부 판단과 관련된 判例의 태도
  ⊙ 양 디자인의 공통되는 부분이 그 물품으로서 당연히 있어야 할 부분 내지 디자인의 기본적 또는 기능적 형태인 경우에는 그 중요도를 낮게 평가하여야 하므로, 이러한 부분들이 동일·유사하다는 사정만으로는 곧바로 양 디자인이 서로 동일·유사하다고 할 수는 없다(대법원 2005.10.14. 선고 2003후1666 판결). 기출 15
  ⓒ 디자인의 구성 중 물품의 기능에 관련된 부분에 대하여 그 기능을 확보할 수 있는 선택가능한 대체적인 형상이 그 외에 존재하는 경우에는 그 부분의 형상은 물품의 기능을 확보하는데 불가결한 형상이라고 할 수 없으므로, 그 부분이 공지의 형상에 해당한다는 등의 특별한 사정이 없는 한 디자인의 유사 여부 판단에 있어서 그 중요도를 낮게 평가할 수 없다(대법원 2006.9.8. 선고 2005후2274 판결). 기출 15

(5) 법적취급

① **위반 시 취급** : 法 제34조 위반은 심사·일부심사 거절이유(法 제62조 제1항·제2항), 정보제공사유(法 제55조)이고, 착오 등록된 경우 일부심사등록디자인 이의신청사유(法 제68조 제1항) 및 디자인등록의 무효사유(法 제121조 제1항)가 된다.
② 본 규정 적용여부의 판단
  ⊙ 法 제34조 제1호 내지 제3호는 출원디자인의 전체뿐만 아니라 1부분, 1부품 또는 1구성물품이 이에 해당하는 경우에도 적용된다.
  ⓒ 法 제34조 제4호는 출원디자인의 전체가 이에 해당되는 경우에만 적용된다.
  ⓒ 法 제34조 제1호 내지 제3호 적용에 있어서 도면은 원칙적으로 참고도면을 포함하여 판단대상으로 한다.
③ **한 벌 물품의 디자인의 경우** : 法 제34조 제1호 내지 제3호는 일부의 구성물품에 관한 디자인만이 이에 해당하는지, 法 제34조 제4호는 한 벌 물품 전체로써 판단한다.
④ **부분디자인의 경우** : 法 제34조 제1호 내지 제3호는 등록받고자 하는 부분과 그 외의 전체의 형태까지 포함하여 판단하고, 法 제34조 제4호는 등록받고자 하는 부분만으로 판단한다.

07 디자인의 동일·유사

(1) 의의 및 취지
디자인의 유사란 2개의 디자인이 공통적인 동질성을 가지고 있어 외관상 서로 유사한 미감을 일으키는 경우를 말한다. 디자인은 물품과의 불가분성에 따라 동일성의 범위가 협소하므로 유사 개념을 도입하여 등록배제효 및 권리효의 폭을 확장하고 있다.

(2) 디자인 유사에 관한 判例
디자인의 등록요건 판단에 있어 그 유사 여부는 이를 구성하는 각 요소를 분리하여 개별적으로 대비할 것이 아니라 그 외관을 전체적으로 대비 관찰하여 보는 사람으로 하여금 상이한 심미감을 느끼게 하는지의 여부에 따라 판단하여야 하므로 그 지배적인 특징이 유사하다면 세부적인 점에 다소 차이가 있을지라도 유사하다고 보아야 한다(대법원 2007.1.25. 선고 2005후1097 판결 등).

(3) 물품과 형태에 따른 디자인의 동일·유사 판단
① **물품의 동일·유사 판단** : 물품의 동일·유사 여부는 물품의 용도·기능 등에 비추어 거래 통념상 동일하거나 유사한 물품으로 인정할 수 있는지 여부에 따라 결정한다.
② **형태의 동일·유사 판단**
  ㉠ 형상, 모양 및 색채에 따른 판단
   - 공지의 형상을 구성요소로 하고 있는 경우에도 그 부분이 특별한 심미감을 불러일으키지 못하는 것이 아닌 한 그것까지 포함한 전체로서 관찰하여 느껴지는 심미감에 따라 판단한다.
   - 공지의 형상에 독특한 모양이 화체되어 새로운 미감을 일으키는 경우에는 모양에 비중을 두어 판단한다. 기출 16
  ㉡ 물품의 잘 보이는 면에 유사여부 판단의 비중을 든다.
  ㉢ 물품 중 당연히 있어야 할 부분은 그 중요도를 낮게 평가하고 다양한 변화가 가능한 부분을 주로 평가한다. 기출 18
  ㉣ 물품의 사용에 따라 형태가 변화하는 물품들 간에는 형태변화의 전후를 기준으로 서로 같은 상태에서 대비하여 전체적으로 판단한다.

(4) 전체관찰 및 요부관찰
디자인의 유사여부는 각 요소를 분리하여 개별적으로 대비할 것이 아니라 전체적으로 대비 관찰하여 보는 사람이 시각을 통하여 일으키게 하는 심미감에 따라 판단하여야 하고, 보는 사람의 주의를 가장 끌기 쉬운 부분을 요부로 파악하여 그 지배적인 특징이 유사하다면 세부적인 특징에 있어서 다소 차이가 있을지라도 유사하다고 보아야 한다.

(5) 공지형태와 유사여부 판단

① **등록요건 판단**(대법원 2009.1.30. 선고 2007후4830 판결 등) : "디자인의 구성요소 중 공지의 형상 부분이 있다고 하여도 그것이 특별한 심미감을 불러일으키는 요소가 되지 못하는 것이 아닌 한 그것까지 포함하여 전체로서 관찰하여 느껴지는 장식적 심미감에 따라 판단한다." 기출 20

② **권리범위 판단**(대법원 1991.6.28. 선고 90후1123 판결 등) : "공지의 형상과 모양을 포함한 출원에 의하여 디자인등록이 되었다 하더라도 공지 부분에까지 독점적이고 배타적인 권리를 인정할 수는 없으므로 디자인권의 권리범위를 정함에 있어 공지 부분의 중요도를 낮게 평가하여야 하고, 따라서 등록디자인과 그에 대비되는 디자인이 서로 공지 부분에서 동일·유사하다고 하더라도 등록디자인에서 공지 부분을 제외한 나머지 특징적인 부분과 이에 대비되는 디자인의 해당 부분이 서로 유사하지 않다면 대비되는 디자인은 등록디자인의 권리범위에 속한다고 할 수 없다." 기출 15·17·18·20

(6) 기능적 부분을 포함하는 경우

① **원칙**(대법원 2009.3.12. 선고 2008후5090 판결 등) : "물품의 구조나 기능은 특허·실용신안의 대상이고 디자인의 구성요소가 아니므로 물품의 기능을 확보하는 데 불가결한 형상은 디자인의 유사판단에 있어서 그 중요도를 낮게 평가하여야 한다."

② **예외**(대법원 2009.3.12. 선고 2008후5090 판결 등) : "그러나 기능적 부분에 대체적 형상이 존재하는 경우에는 그 부분이 공지디자인이라는 특별한 사정이 없는 한 그 중요도를 낮게 평가하여야 한다고 단정할 수 없다."

(7) 디자인의 유사가 문제되는 경우

신규성(法 제33조 제1항), 확대된 선출원주의(法 제33조 제3항), 관련디자인(法 제35조), 신규성 상실의 예외(法 제36조), 선출원(法 제46조), 보호범위(法 제93조)

08 관련디자인

제35조(관련디자인)
① 디자인권자 또는 디자인등록출원인은 자기의 등록디자인 또는 디자인등록출원한 디자인(이하 "기본디자인"이라 한다)과만 유사한 디자인(이하 "관련디자인"이라 한다)에 대하여는 그 기본디자인의 디자인등록출원일부터 3년 이내에 디자인등록출원된 경우에 한하여 제33조 제1항 각 호 및 제46조 제1항·제2항에도 불구하고 관련디자인으로 디자인등록을 받을 수 있다. 다만, 해당 관련디자인의 디자인권을 설정등록할 때에 기본디자인의 디자인권이 설정등록되어 있지 아니하거나 기본디자인의 디자인권이 취소, 포기 또는 무효심결 등으로 소멸한 경우에는 그러하지 아니하다. 〈개정 2023.6.20.〉 기출 15·21·23·24
② **(관련디자인과만 유사한 디자인)** 제1항에 따라 디자인등록을 받은 관련디자인 또는 디자인등록출원된 관련디자인과만 유사한 디자인은 디자인등록을 받을 수 없다.

③ **(전용실시권이 설정된 경우)** 기본디자인의 디자인권에 제97조에 따른 전용실시권(이하 "전용실시권"이라 한다)이 설정되어 있는 경우에는 그 기본디자인에 관한 관련디자인에 대하여는 제1항에도 불구하고 디자인등록을 받을 수 없다. 기출 15·24
④ 제1항에 따라 기본디자인과만 유사한 둘 이상의 관련디자인등록출원이 있는 경우에 이들 디자인 사이에는 제33조 제1항 각 호 및 제46조 제1항·제2항은 적용하지 아니한다. 〈신설 2023.6.20.〉

(1) 의의 및 취지

출원인 또는 디자인권자는 자신의 기본디자인과만 유사한 디자인을 기본디자인의 출원일부터 3년 이내에 관련디자인으로 출원하여 기본디자인과 별개의 효력을 갖는 관련디자인권을 취득할 수 있다(法 제35조 제1항). 하나의 디자인 컨셉에서 창작된 다양한 변형디자인의 실질적 보호를 위함이다.

(2) 관련디자인의 등록요건

① **관련디자인의 등록요건 판단시점** : 관련디자인권은 기본디자인권과는 별개인 독자의 효력을 갖는 권리이므로, 관련디자인의 디자인등록요건의 판단은 관련디자인의 출원시(일)를 기준으로 한다.
기출 20

② **심사등록출원의 경우**
  ㉠ 기본디자인이 유효하게 존재할 것(法 제35조 제1항)
  ㉡ 관련디자인의 출원인과 기본디자인의 권리자가 동일인일 것(法 제35조 제1항)
    • 관련디자인의 출원인은 기본디자인의 출원인 또는 디자인권자와 동일인이어야 한다. 기본디자인이 공동출원인 경우에는 공유자 전원이 공동으로 관련디자인출원을 하여야 한다(法 제39조).
    • 관련디자인과 기본디자인의 권리자의 동일성은 관련디자인의 등록여부결정시는 물론 설정등록시까지 유지되어야 한다. 관련디자인권의 설정등록 이후에는 기본디자인권과 관련디자인권을 같은 자에게 함께 이전해야하기 때문이다(法 제96조 제1항). 기출 20
  ㉢ 관련디자인이 기본디자인과만 유사할 것(法 제35조 제1항)
    • 관련디자인은 기본디자인과만 유사한 디자인이어야 한다. 「기본디자인과만 유사한 디자인」이란 기본디자인과 유사한 디자인으로서 그 출원일보다 선행하는 타인의 디자인(출원디자인, 등록디자인, 공지디자인)과 유사하지 않은 것을 말한다.
    • 기본디자인과 동일한 디자인은 선출원(法 제46조 제1항·제2항) 또는 신규성(法 제33조 제1항) 위반을 이유로 거절되므로 등록받을 수 없다.
    • 기본디자인과 비유사한 디자인을 관련디자인등록출원한 경우에는 단독의 디자인으로 변경하는 보정(法 제48조 제2항)을 통해 거절이유의 극복이 가능하다.
  ㉣ 기본디자인의 출원일부터 3년 이내에 출원될 것(法 제35조 제1항)
    • 관련디자인은 기본디자인의 출원일부터 3년 이내에 출원되어야 한다(法 제35조 제1항).
    • 출원 가능 시기가 길어질수록 관련디자인과만 유사한 범위에 대한 제3자의 자유실시 제한의 문제가 있다. 따라서 3년 이내로 출원한 경우에 한하여 권리자에게 관련디자인권의 등록을 허락하는 것이다.

㉺ 관련디자인과만 유사한 디자인이 아닐 것(法 제35조 제2항)
　　　　• 관련디자인과만 유사한 디자인은 디자인등록을 받을 수 없다(法 제35조 제2항).
　　　　• 기본디자인과 비유사함에도 관련디자인과 유사하다는 이유로 디자인등록을 허용하는 경우 유사의 무한연쇄의 폐해가 발생될 수 있다.
　　　　• 따라서 관련디자인과만 유사한 디자인은 관련디자인은 물론 단독 디자인 등록도 불허한다.
　　　㉻ 기본디자인의 디자인권에 전용실시권이 설정되어 있지 않을 것(法 제35조 제3항)
　　　　• 기본디자인의 디자인권에 전용실시권이 설정되어 있는 경우에는 그 기본디자인에 관한 관련디자인은 디자인등록을 받을 수 없다(法 제35조 제3항).
　　　　• 관련디자인은 기본디자인과는 별도의 독자의 효력을 갖는 권리이고, 전용실시권은 물권적 권리임을 고려하면, 전용실시권과 관련디자인권이 서로 다른 자에게 귀속되어 권리관계가 복잡하게 얽히는 것을 방지하기 위함이다.
　　③ 일부심사등록출원의 경우
　　　㉠ 法 제62조 제3항 각 호의 거절이유가 없을 것
　　　㉡ 法 제62조 제2항 각 호의 일부심사등록의 거절이유가 없을 것
　　　㉢ 정보제공이 있는 경우 法 제62조 제1항을 심사하여 디자인등록거절결정을 할 수 있다(法 제62조 제4항).
　　④ 法 제35조 위반의 효과
　　　㉠ 심사등록출원의 경우
　　　　• 法 제35조는 디자인등록의 거절이유(法 제62조 제1항), 정보제공사유(法 제55조)이다.
　　　　• 착오 등록된 경우 法 제35조는 디자인등록의 무효사유(法 제121조 제1항)로 취급한다.
　　　㉡ 일부심사등록출원의 경우
　　　　• 정보제공이 없는 이상, 法 제35조 규정 요건을 심사하지 않고, 法 제62조 제3항을 심사한다.
　　　　• 착오 등록된 경우 法 제35조는 디자인일부심사등록 이의신청사유(法 제68조 제1항), 디자인등록의 무효사유(法 제121조 제1항)를 갖는다.

(3) 관련디자인의 출원절차

① **출원서** : ⅰ) 기본디자인의 물품의 명칭과 관련디자인의 물품의 명칭이 다른 경우, 관련디자인등록출원의 물품의 명칭을 기본디자인의 물품의 명칭과 일치되도록 하고, 기출 20 ⅱ) 관련디자인등록출원의 물품의 명칭이 기본디자인의 물품의 명칭보다 적합한 경우 기본디자인의 물품의 명칭에 일치시킬 필요가 없다. 기출 16
② **보정(法 제48조 제2항)** : 디자인등록출원인은 관련디자인등록출원을 단독의 디자인등록출원으로, 단독의 디자인등록출원을 관련디자인등록출원으로 변경하는 보정을 할 수 있다.
③ **출원의 종속성 및 독립성**
　㉠ 기본디자인등록을 받을 수 있는 권리와 관련디자인등록을 받을 수 있는 권리는 함께 이전하여야 한다(法 제54조 제1항 단서).
　㉡ 관련디자인출원은 기본디자인출원과 별개이므로, 기본디자인의 출원공개신청, 비밀디자인청구 등의 절차에 관한 효력은 관련디자인에 미치지 않는다.

(4) 관련디자인의 디자인권
① 디자인권의 효력(法 제92조)
② 디자인권의 이전 제한(法 제96조 제1항 단서, 제6항)
③ 전용실시권 설정의 제한(法 제97조 제1항 단서, 제6항)
④ 관련디자인권의 존속기간(法 제91조 제1항 단서)
⑤ 기본디자인이 취소, 포기, 및 무효심결로 인하여 소멸된 경우

(5) 관련문제
① 기본디자인 이외의 자신의 선행하는 공지디자인과의 문제 : 심사기준은 "관련디자인등록출원은 그 디자인이 기본디자인 이외에 기본디자인의 디자인등록출원일 이후의 기본디자인과 동일 또는 유사한 자기의 선행하는 공지디자인과 유사할지라도 法 제33조 제1항(신규성)에 의하여 거절결정되지 않는다."고 한다. 따라서 기본디자인과 비유사한 자기의 선행 공지디자인에 관하여는 法 제36조 규정에 따른 신규성 상실 예외주장의 적용을 받아야 한다. 기출 16 · 20
② 관련디자인 상호 간의 선출원 규정 적용 여부(法 제35조 제4항)

09 신규성 상실의 예외

> **제36조(신규성 상실의 예외)**
> ① (요건 및 절차) 디자인등록을 받을 수 있는 권리를 가진 자의 디자인이 제33조 제1항 제1호 또는 제2호에 해당하게 된 경우 그 디자인은 그날부터 12개월 이내에 그 자가 디자인등록출원한 디자인에 대하여 같은 조 제1항 및 제2항을 적용할 때에는 같은 조 제1항 제1호 또는 제2호에 해당하지 아니한 것으로 본다. 다만, 그 디자인이 조약이나 법률에 따라 국내 또는 국외에서 출원공개 또는 등록공고된 경우에는 그러하지 아니하다.
> ② 삭제 〈2023.6.20.〉

(1) 신규성 상실의 예외의 의의 및 취지
① 의의 및 취지 : 디자인등록 받을 수 있는 자의 디자인이 공지된 경우 공지일로부터 12개월 이내에 출원하면 法 제33조 제1항 · 제2항을 적용함에 있어 공지되지 않은 것으로 본다. 공지를 이유로 등록을 일률적으로 불허하는 것은 창작자에게 가혹하기 때문이다.
② 判例가 설시한 취지(대법원 2017.1.12. 선고 2014후1341 판결) : 신규성에 관한 원칙을 너무 엄격하게 적용하면 디자인등록을 받을 수 있는 권리를 가진 자에게 지나치게 가혹하여 형평성을 잃게 되거나 산업의 발전을 도모하는 디자인보호법의 취지에 맞지 않는 경우가 생길 수 있으므로, 제3자의 권익을 해치지 않는 범위 내에서 예외적으로 디자인등록을 받을 수 있는 권리를 가진 자가 일정한 요건과 절차를 갖춘 경우에는 디자인이 출원 전에 공개되었다고 하더라도 그 디자인은 신규성을 상실하지 않는 것으로 취급하기 위하여 신규성 상실의 예외 규정을 둔 것이다.

(2) 요 건
① **주체적 요건** : 디자인이 공지될 당시 디자인등록을 받을 수 있는 권리를 가진 자가 출원하거나 공지된 이후 권리를 승계한 자 기출 16
② **객체적 요건**
　㉠ 조약이나 법률에 따라 국내 또는 국외에서 출원공개 또는 등록공고된 경우에는 신규성 상실의 예외를 주장할 수 없다(法 제36조 제1항 단서). 이미 출원되어 공개된 디자인에 대해서 재출원의 기회를 부여할 필요가 없다.
　㉡ 출원디자인과 공지디자인의 동일·유사 여부에 관계없이 신규성 상실의 예외 규정을 적용받을 수 없다.
③ **시기적 요건** : 공지된 날부터 12개월 이내에 디자인등록출원을 하여야 한다.

(3) 효 과
① **적법한 경우** : 法 제33조 제1항·제2항(신규성, 창작성) 판단 시 공지디자인을 공지되지 않은 것으로 본다.
② **부적법한 경우**
　㉠ 불인정예고통지 → 의견서제출기회 부여 → 불인정통지 기출 16
　㉡ 증명서류를 제출하지 않는 경우는 별도의 통지가 행하여지지 않는다.

(4) 자신의 수회의 공지가 있는 경우(대법원 2017.1.12. 선고 2014후1341 판결)
① **여러 번의 공개행위가 있는 경우** : 디자인등록을 받을 수 있는 권리를 가진 자가 디자인보호법 제36조 제1항의 12개월의 기간 이내에 여러 번의 공개행위를 하고 그중 가장 먼저 공지된 디자인에 대해서만 절차에 따라 신규성 상실의 예외 주장을 하였더라도 공지된 나머지 디자인들이 가장 먼저 공지된 디자인과 동일성이 인정되는 범위 내에 있다면 공지된 나머지 디자인들에까지 신규성 상실 예외의 효과가 미친다.
② **동일성이 인정되는 범위** : 여기서 동일성이 인정되는 범위 내에 있는 디자인이란 형상, 모양, 색채 또는 이들의 결합이 동일하거나 극히 미세한 차이만 있어 전체적 심미감이 동일한 디자인을 말하고, 전체적 심미감이 유사한 정도에 불과한 경우는 여기에 포함되지 아니한다. 기출 19

(5) 신규성 상실 예외의 근거가 된 공지디자인이 자유실시디자인이라는 주장이 허용되는지 - 소극(대법원 2023.2.23. 선고 2021후10473 판결)
디자인보호법상 신규성 상실 예외 규정의 입법 취지, 자유실시디자인 법리의 본질 및 기능을 종합하면, 확인대상디자인이 등록디자인의 권리범위에 속하는지를 판단할 때, 신규성 상실 예외 규정의 적용 근거가 된 공지디자인 또는 이들의 결합에 따라 실시할 수 있는 디자인이 누구나 이용할 수 있는 공공의 영역에 있음을 전제로 한 자유실시디자인 주장은 허용되지 않는다.

10 디자인보호법상 도면

제37조(디자인등록출원)

① **(출원서의 기재사항)** 디자인등록을 받으려는 자는 다음 각 호의 사항을 적은 디자인등록출원서를 특허청장에게 제출하여야 한다.
  1. 디자인등록출원인의 성명 및 주소(법인인 경우에는 그 명칭 및 영업소의 소재지) 기출 23
  2. 디자인등록출원인의 대리인이 있는 경우에는 그 대리인의 성명 및 주소나 영업소의 소재지(대리인이 특허법인·특허법인(유한)인 경우에는 그 명칭, 사무소의 소재지 및 지정된 변리사의 성명)
  3. 디자인의 대상이 되는 물품 및 제40조 제2항에 따른 물품류(이하 "물품류"라 한다)
  4. 단독의 디자인등록출원 또는 관련디자인의 디자인등록출원(이하 "관련디자인등록출원"이라 한다) 여부 기출 21
  5. 기본디자인의 디자인등록번호 또는 디자인등록출원번호(제35조 제1항에 따라 관련디자인으로 디자인등록을 받으려는 경우만 해당한다)
  6. 디자인을 창작한 사람의 성명 및 주소
  7. 제41조에 따른 복수디자인등록출원 여부
  8. 디자인의 수 및 각 디자인의 일련번호(제41조에 따라 복수디자인등록출원을 하는 경우에만 해당한다)
  9. 제51조 제3항에 규정된 사항(우선권주장을 하는 경우만 해당한다)
② **(도면의 기재사항)** 제1항에 따른 디자인등록출원서에는 각 디자인에 관한 다음 각 호의 사항을 적은 도면을 첨부하여야 한다.
  1. 디자인의 대상이 되는 물품 및 물품류
  2. 디자인의 설명 및 창작내용의 요점
  3. 디자인의 일련번호(제41조에 따라 복수디자인등록출원을 하는 경우에만 해당한다)
③ **(사진·견본으로의 제출)** 디자인등록출원인은 제2항의 도면을 갈음하여 디자인의 사진 또는 견본을 제출할 수 있다.
④ **(일부심사출원의 대상)** 디자인일부심사등록출원을 할 수 있는 디자인은 물품류 구분 중 산업통상자원부령으로 정하는 물품으로 한정한다. 이 경우 해당 물품에 대하여는 디자인일부심사등록출원으로만 출원할 수 있다.
⑤ 제1항부터 제4항까지 규정된 것 외에 디자인등록출원에 필요한 사항은 산업통상자원부령으로 정한다.

제38조(디자인등록출원일의 인정 등)

① **(출원일의 인정)** 디자인등록출원일은 디자인등록출원서가 특허청장에게 도달한 날로 한다. 다만, 디자인등록출원이 다음 각 호의 어느 하나에 해당하는 경우에는 그러하지 아니하다.
  1. 디자인등록을 받으려는 취지가 명확하게 표시되지 아니한 경우 기출 19
  2. 디자인등록출원인의 성명이나 명칭이 적혀 있지 아니하거나 명확하게 적혀있지 아니하여 디자인등록출원인을 특정할 수 없는 경우 기출 19
  3. 도면·사진 또는 견본이 제출되지 아니하거나 도면에 적힌 사항이 선명하지 아니하여 인식할 수 없는 경우
  4. 한글로 적혀 있지 아니한 경우
② **(보완명령)** 특허청장은 디자인등록출원이 제1항 각 호의 어느 하나에 해당하는 경우에는 디자인등록을 받으려는 자에게 상당한 기간을 정하여 보완할 것을 명하여야 한다. 기출 19
③ **(절차보완서)** 제2항에 따른 보완명령을 받은 자가 디자인등록출원을 보완하는 경우에는 절차보완에 관한 서면(이하 이 조에서 "절차보완서"라 한다)을 제출하여야 한다.

> ④ **(보완의 효과)** 특허청장은 제2항에 따른 보완명령을 받은 자가 지정기간 내에 디자인등록출원을 보완한 경우에는 그 절차보완서가 특허청장에게 도달한 날을 출원일로 본다. 다만, 제41조에 따라 복수디자인등록출원된 디자인 중 일부 디자인에만 보완이 필요한 경우에는 그 일부 디자인에 대한 절차보완서가 특허청장에게 도달한 날을 복수디자인 전체의 출원일로 본다. 기출 18·19·22
> ⑤ **(반려)** 특허청장은 제2항에 따른 보완명령을 받은 자가 지정기간 내에 보완을 하지 아니한 경우에는 그 디자인등록출원을 부적법한 출원으로 보아 반려할 수 있다. 제41조에 따라 복수디자인등록출원된 디자인 중 일부 디자인만 보완하지 아니한 경우에도 같다. 기출 19

(1) 의의 및 취지

도면이란 출원디자인의 내용을 명확하게 하기 위하여 일정한 도법에 따라 작성된 서면을 말한다. 디자인이란 물품의 미적외관으로서 문자로 형태를 특정하기 곤란하기 때문에 도면을 필수적으로 제출하도록 하고 있다(法 제37조 제2항).

(2) 도면의 역할

① 출원에 관한 디자인을 특정하는 역할
② 심사의 대상을 특정하는 역할
③ 출원의 보정 및 분할의 대상이 되는 역할
④ 권리범위를 특정하는 역할
⑤ 디자인 자료로서의 역할

(3) 도면의 기재사항

① 法 제40조 제2항에 따른 물품류
② 디자인의 대상이 되는 물품
③ 디자인의 설명
④ 창작내용의 요점
⑤ 일련번호

(4) 도면의 작성방법 : 도면의 종류

① **기본도면** : 출원인은 디자인등록출원시에 등록받으려는 디자인의 창작내용과 전체적인 형태를 명확하고 충분하게 표현할 수 있도록 한 개 이상의 도면을 도시하고, 필요한 경우에는 각 도면에 대한 설명을 【디자인의 설명】란에 적는다.
② **참고도면** : 기본도면만으로 출원디자인의 용도 등을 이해하기 어려운 경우에는 사용상태도 등의 참고도면을 【참고도면】란에 도시하고, 필요한 경우에는 각 도면에 대한 설명을 【디자인의 설명】란에 적는다.

(5) 도면에 관한 법적취급

① **반려(시행규칙 제24조)** : 도면이 첨부되어 있지 아니한 경우([복수디자인출원의 경우에는 도면이 디자인의 수에 부족한 경우를 포함(시행규칙 제24조 제1항 제12호)], 법정되지 않은 3D 모델링 도면 파일 형식 및 동영상 파일 형식을 사용하는 경우(시행규칙 제24조 제1항 제13호), 디자인의 대상이 되는 물품의 기재가 누락된 경우(시행규칙 제24조 제1항 제14호)에는 적법한 출원서류 등으로 보지 않는다.

② **보정명령 및 절차무효(法 제47조)** : 디자인의 창작내용의 요점을 적지 않은 경우에는 방식을 위반한 것으로 보아 특허청장 또는 특허심판원장은 출원인에게 보정을 명하여야 한다.

③ **등록요건**
  ㉠ 공업상 이용가능성(法 제33조 제1항 본문) : 디자인의 표현이 구체적이지 않아 도면에 의해 디자인의 요지 파악이 어려운 경우에는 法 제33조 제1항 본문 위반이다.
  ㉡ 1디자인 1출원(法 제40조 제1항) : 2 이상의 디자인을 하나의 도면에 표현한 경우 法 제40조 제1항 위반이다.
  ㉢ 물품류 기재(法 제40조 제2항) : 도면에 기재된 디자인의 대상이 되는 물품이 산업통상자원부령으로 정하는 물품류 구분에 따르지 아니한 경우에는 法 제40조 제2항 위반이다.

④ **보정각하(法 제49조)** : 동일성을 벗어나는 도면의 보정은 요지변경으로 보정각하의 대상이 된다.

⑤ **도면의 경미한 하자로 인한 권리무효 문제** : 디자인의 표현 불비가 경미하여 디자인의 요지 파악이 가능한 경우에는 공업상 이용가능성이 있는 디자인으로 본다.

11 1디자인 1디자인등록출원

> **제40조(1디자인 1디자인등록출원)**
> ① (1디자인 1출원) 디자인등록출원은 1디자인마다 1디자인등록출원으로 한다.
> ② (물품류 구분) 디자인등록출원을 하려는 자는 산업통상자원부령으로 정하는 물품류 구분에 따라야 한다.
>
> 기출 16

(1) 의의 및 취지

디자인등록출원은 1디자인마다 1디자인등록출원으로 하고, 로카르노 협정에 따른 물품류 구분에 따라야 한다. 이는 심사의 간편성 및 절차편의를 도모하기 위한 규정이다.

(2) 1디자인 1출원(法 제40조 제1항)

① 1디자인의 의미 : 1디자인이란 1물품에 관한 1형태를 의미한다.

② 1물품의 성립
　㉠ 1물품 : 1물품이란 독립성이 있는 구체적인 물품으로서 유체동산이다.
　㉡ 1물품의 판단
　　• 判例의 태도 : 1물품은 물리적으로 한 개의 것을 의미하는 것이 아니라 물품의 용도·구성·거래실정 등에 따라 1물품으로 취급되는 물품을 말한다.
　　• 심사기준
　　　- 1물품이란 물리적으로 분리되지 않은 하나의 개념이 아니라 거래관행상 독립하여 하나로 거래될 수 있는 물품을 의미한다.
　　　- 1디자인으로 인정되는 경우 : 신사복(상하), 완성상태가 단일한 조립완구
　　　- 1디자인으로 인정되지 않는 경우 : 책상과 걸상, 완성상태가 다양한 조립완구
　　　- 둘 이상의 물품을 결합하여 출원된 물품의 1물품의 인정여부의 판단은, 그 결합상태로 보아 각 물품의 기능·용도가 상실되고 새로운 하나의 기능·용도로 인식될 수 있는지 여부로 판단한다.

③ 1형태의 성립
　㉠ 1형태란 형태가 단일하게 표현된 것을 말한다. 형태란 물품의 형상·모양·색채 또는 이들을 결합한 것을 말한다.
　㉡ 부분디자인의 경우 하나의 물품 가운데 물리적으로 분리되어 있는 2 이상의 부분은 출원인의 창작의도를 고려하여 1디자인인지 여부를 판단하되, 형태적 또는 기능적 일체성이 인정되어 전체 또는 각 부분으로서 디자인의 창작상의 일체성이 인정되는 경우는 1디자인으로 본다.

기출 15·18

④ 위반의 유형
　㉠ 둘 이상의 물품명을 디자인의 대상이 되는 물품란에 병렬하여 적은 것. 다만, "시계가 부설된 라디오"와 같이 하나의 물품에 다른 물품이 덧붙여진[부설(附設), 부가(附加) 또는 부착(附着)] 경우에는 예외로 한다. 덧붙여진 물품이 둘 이상일 경우에는 "볼펜 등이 부설된 라이터"와 같은 방법으로 적는다.
　　예 병과 병마개, 라디오 겸용 시계 등

ⓒ 하나의 물품에 관하여 둘 이상의 디자인을 하나의 도면에 도시하거나, 둘 이상의 물품에 관하여 각각의 디자인을 하나의 도면에 도시한 것

  예 "스티커", "전사지" 등의 디자인에 있어서 분리된 2 이상의 구성요소를 외곽선으로 한정하지 않고 하나의 도면에 각각 도시한 것

올바르지 않은 도시   올바른 도시

⑤ 인정되는 유형

ⓐ 물리적으로 분리되어 있으나 하나의 물품으로 거래되는 것이 당연한 경우. 구성물의 도면만으로는 사용의 상태를 충분히 표현할 수 없다고 판단되면 결합된 완성품상태를 도시하여야 한다.

  예 신사복(상, 하), 투피스(상, 하), 찻잔과 받침접시, 찬합, 장기짝, 트럼프, 화투, 마작패, 너트와 볼트, 합단추 자웅, 결착구 자웅, 유·무선 전화기, 리미트 스위치 자웅, 뚜껑이 있는 화장품 용기 등

ⓑ 물리적으로 분리된 각 부분이 모여서 하나의 형상·모양을 이루는 경우

  예 조(組)의자(둘 이상이 모여서 하나의 의자를 형성하는 것), 모자이크 타일, 완성형태가 단일한 조립완구, 좌우 (비)대칭의 파고라 등

ⓒ 의류 및 패션잡화용품의 형상 모양을 완전히 보여주기 위해 보조적인 물품을 이용하는 것이 명백한 경우. 이 경우 보조적인 물품이 적용된 취지를 디자인의 설명란에 기재하여야 한다.

  예 "마네킹 발에 썬 신"으로 디자인의 설명란에 '덧신 물품을 완전하게 나타내기 위하여 마네킹에 씌운 것이며 마네킹은 디자인을 구성하지 않는 부분임'이라 적은 것

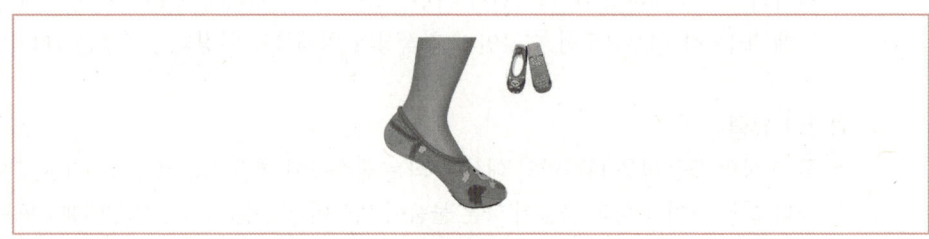

ⓓ 디자인의 대상이 되는 물품의 형상, 모양, 색채를 나타내기 위하여 부가적인 물품이 결합되어 생산되고 일체화된 상태로 사용되는 경우 기출 20

  예 용기가 결합된 "양초", 띠지가 결합된 "케익"

ⓜ 형태가 변화하는 디자인으로 변화 전·후 상태 또는 일련의 변화과정을 도시하여 출원하는 경우
예 덮개가 열리고 닫히는 "장난감 노트북컴퓨터"

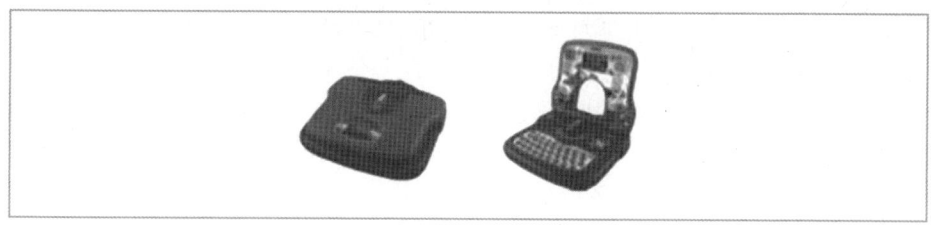

(3) 물품류 구분에 따른 출원(法 제40조 제2항)

① 의의 : 물품류 구분은 로카르노 협정에 따른 물품류에 따른다.
② 물품류 및 디자인의 대상이 되는 물품의 기재 : 물품류 구분은 출원서 작성의 일관성 및 물품의 명칭 사용의 통일성을 유지하기 위한 것이지, 물품 간의 유사범위를 정하는 것이 아니다.
③ 잘못된 기재의 유형
　㉠ 물품의 용도가 명확하지 않은 경우
　㉡ 상표명 또는 ○○식 등과 같은 고유명사를 붙인 것
　㉢ 도면 등 출원서의 내용으로 파악되지 않는 효능 또는 작용효과를 붙인 것
　㉣ 일부분이 생략된 물품명
　㉤ 외국 문자를 사용한 것. 다만 외국 문자를 괄호 안에 함께 적거나, "LED 전구", "LCD 모니터" 등과 같이 보통명칭화되고 통상적으로 사용되는 경우와 "smart watch", "cellular phone" 등과 같이 영어 단어만으로 구성된 경우라 하더라도 보통명칭화되고 통상적으로 사용되는 경우에는 예외적으로 인정한다.
　㉥ 우리나라 말로 보통명칭화 되어 있지 아니한 외국어를 사용한 것. 다만, 특허청장이 정하여 고시한 「디자인 물품류별 물품목록 고시」에 따른 물품의 명칭과 이에 상응하는 물품의 명칭은 예외로 인정된다.
　㉦ 한 벌(시행규칙 [별표 5]는 제외), 한 세트 등의 명칭을 사용한 것
　㉧ 형상, 모양, 색채에 관한 명칭을 붙인 것. 다만, 명칭에 기재한 형태가 도면 등 출원서의 기재사항과 합치하는 경우는 삭제를 요하지 않는다.
　㉨ 재질명을 붙인 것. 다만, 명칭에 기재한 재질이 도면 등 출원서의 기재사항과 합치하는 경우는 삭제를 요하지 않는다.
　㉩ 부분디자인에 관한 출원에 "○○부분" 등의 명칭을 사용한 것

(4) 법적취급

① 위반의 효과 : 法 제40조 제1항·제2항 위반은 거절이유(法 제62조 제1항·제2항) 및 정보제공사유(法 제55조)이다. 다만, 절차적 요건에 불과하므로 이의신청사유(法 제68조), 무효사유(法 제121조)는 아니다. 기출 20

② 극복조치 : 출원 계속 중 法 제40조 제1항 위반의 경우, 보정(法 제48조) 또는 분할출원(法 제50조)을 통해, 法 제40조 제2항 위반의 경우 정당한 물품명으로 보정을 통해 하자를 극복할 수 있다.

(5) 관련문제

① 총괄명칭이 착오 등록된 경우 : 총괄명칭이 기재되어 있더라도 등록권리는 유효하게 존속한다. 다만, 권리범위 해석시 권리자의 실시사업 내용, 도면의 표현 등을 구체적으로 고려하여 물품의 범위를 한정 해석해야 한다.

② 1디자인 1출원의 예외 제도
  ㉠ 동적디자인등록출원
  ㉡ 복수디자인등록출원
  ㉢ 한 벌의 물품의 디자인등록출원

12 복수디자인등록출원

> **제41조(복수디자인등록출원)**
> 디자인등록출원을 하려는 자는 제40조 제1항에도 불구하고 산업통상자원부령으로 정하는 물품류 구분에서 같은 물품류에 속하는 물품에 대하여는 100 이내의 디자인을 1디자인등록출원(이하 "복수디자인등록출원"이라 한다)으로 할 수 있다. 이 경우 1 디자인마다 분리하여 표현하여야 한다. 기출 15·20·23

(1) 의의 및 취지

디자인등록출원을 하려는 자는 같은 물품류에 속하는 물품에 대하여 100개 이내의 디자인을 복수디자인등록출원으로 할 수 있다(法 제41조). 출원절차의 불편해소와 출원비용의 경감을 도모하기 위함이다.

(2) 복수디자인등록출원의 등록요건

① 복수디자인등록출원의 성립요건(法 제41조)
  ㉠ 로카르노 협정에 따른 물품류에서 같은 물품류에 속할 것
  ㉡ 100 이내의 디자인일 것

ⓒ 1디자인마다 분리하여 표현할 것
ⓔ 法 제41조 위반 시 취급
- 거절이유(法 제62조 제1항·제2항), 정보제공사유(法 제55조)에 해당한다. 다만, 삭제보정(法 제48조)이나 분할출원(法 제50조)을 통해 그 하자를 극복할 수 있다.
- 형식적 요건에 불과하므로 등록 후 이의신청이유(法 제68조 제1항)나 무효사유(法 제121조 제1항)에 해당하지 않는다.

② 기타 디자인등록요건(法 제62조 제1항·제2항)의 만족 : 복수디자인등록출원된 각각의 디자인은 法 제62조 제1항·제2항을 만족하여야 한다. 각각의 디자인별로 독립된 디자인권이 발생되기 때문이다.

(3) 복수디자인등록출원의 출원절차

① 출원서 : 복수디자인기재, 디자인의 수 기재, 일련번호 기재
② 도 면
  ⓐ 1디자인마다 일련번호를 기재하고 분리하여 표현하여야 한다.
  ⓑ 각각의 1디자인은 도면 또는 사진 중 한 가지로 통일되게 표현하여야 한다.
③ 복수디자인등록출원의 출원일의 인정(法 제38조 제2항·제3항·제4항)
④ 출원의 보정(法 제48조, 제49조)
  ⓐ 복수디자인등록출원된 디자인 중 일부디자인에 대한 취하는 삭제보정에 의한다.
  ⓑ 국제디자인등록출원의 경우 국제등록부의 경정으로만 가능하다.
⑤ 출원의 분할(法 제50조)
  ⓐ 복수디자인등록출원한 자는 출원의 일부를 1 이상의 새로운 디자인등록출원으로 분할하여 디자인등록출원할 수 있다.
  ⓑ 복수디자인등록출원한 디자인이 ⅰ) 100개를 초과하는 경우, ⅱ) 같은 물품류에 속하지 않는 경우 분할출원을 통해 극복할 수 있다. 기출 16
⑥ 거절이유의 통지(法 제63조 제2항)
⑦ 등록료 납부시 디자인별 포기(法 제80조 제1항)

(4) 복수디자인등록출원의 디자인권

① **복수디자인권의 효력** : 복수디자인출원된 디자인이 설정등록되면 디자인마다 독립된 디자인권이 발생되므로 권리별 처분·소멸이 가능하다. 따라서 각 디자인권마다 분리하여 이전할 수 있고(法 제96조 제5항), 각 디자인마다 이의신청 또는 무효심판청구의 대상이 될 수 있다. 기출 15·19
② **한 벌의 물품의 디자인 제도와의 비교**
  ⓐ 공통점 : 1디자인 1출원(法 제40조 제1항)의 예외규정이다.
  ⓑ 차이점 : 복수디자인등록출원(法 제41조)은 복수의 디자인의 출원 절차를 일원화하여 복수의 디자인으로 취급되나, 한 벌의 물품의 디자인(法 제42조)은 조합된 상태의 전체 미감을 보호하려는 목적을 갖고 있어 하나의 디자인으로 취급된다.

13 한 벌의 물품의 디자인

> **제42조(한 벌의 물품의 디자인)**
> ① **(요건 및 효과)** 2 이상의 물품이 한 벌의 물품으로 동시에 사용되는 경우 그 한 벌의 물품의 디자인이 한 벌 전체로서 통일성이 있을 때에는 1디자인으로 디자인등록을 받을 수 있다.
> ② **(한 벌의 물품의 구분)** 제1항에 따른 한 벌의 물품의 구분은 산업통상자원부령으로 정한다.

(1) 의의 및 취지

2 이상의 물품이 한 벌의 물품으로 동시에 사용되는 경우 그 한 벌의 물품의 디자인이 한 벌 전체로서 통일성이 있을 때에는 1디자인으로 디자인등록을 받을 수 있다(法 제42조). 전체로서 통합된 미감을 발휘하는 시스템 디자인을 보호하기 위함이다.

(2) 한 벌 물품의 디자인의 성립요건

① 성립요건의 내용(法 제42조)
  ㉠ 2 이상의 물품으로 구성될 것 : 이종의 물품뿐만 아니라 복수의 동종의 물품으로 한 벌의 물품을 구성할 수 있다.
  ㉡ 구성물품이 동시에 사용될 것
  - 반드시 동시에 사용되는 것이 아니라 관념적으로 하나의 사용이 다른 것의 사용을 예상케 하는 것을 말한다.
  - 구성물품 이외의 물품이 포함된 경우에는 한 벌의 물품으로 정해진 물품과 동시에 사용되는 것이 상거래 관행상 당 업계에서 인정될 수 있는 경우에는 정당한 한 벌 물품으로 본다.
   [기출 22]
  ㉢ 한 벌 전체로서의 통일성이 있을 것
  - 형태의 통일성은 물론 관념상의 통일성을 포함한다. [기출 17]
  - 통일성의 유형 : i) 각 구성물품의 형태가 동일한 표현방법으로 표현, ii) 각 구성물품이 상호 집합되어 하나의 통일된 형태로 표현(예 한 벌의 흡연용구 세트에서 재떨이, 리이터 등이 상호 집합되어 하나의 거북이 형상을 표현), iii) 각 구성물품의 형태가 관념적으로 관련되어 표현된 경우(예 토끼와 거북이 동화를 그림으로 각 구성물품이 통일되게 표현된 것)

        ㉣ 산업통상부자원령이 정하는 한 벌의 물품의 구분에 따를 것(시행규칙 [별표 5])
        ㉤ 한 벌의 물품을 구성하는 물품이 적합할 것
    ② 성립요건 위반의 효과
        ㉠ 거절이유(法 제62조 제1항·제2항), 정보제공사유(法 제55조)에 해당한다. 다만, 삭제보정(法 제48조)이나 분할출원(法 제50조)을 통해 그 하자를 극복할 수 있다.
        ㉡ 형식적 요건에 불과하므로 등록 후 이의신청이유(法 제68조 제1항)나 무효사유(法 제121조 제1항)에 해당하지 않는다.

(3) 한 벌 물품의 디자인의 등록요건

① 신규성(法 제33조 제1항)

선출원 또는 공지 등 디자인	후출원	法 제33조 제1항 위반여부
구성물품	한 벌의 물품	×
한 벌의 물품	구성물품	○

② 창작비용이성(法 제33조 제2항) : 한 벌의 물품의 디자인의 구성요소 중 주지 또는 공지되지 않은 부분이 포함되어 있더라도 그 구성요소가 부수적이거나 창작성이 낮아 전체적인 미감에 미치는 영향이 적은 경우에는 용이창작에 해당한다.

③ 확대된 선출원(法 제33조 제3항)

선출원	후출원	法 제33조 제3항 위반여부
구성물품	한 벌의 물품	×
한 벌의 물품	구성물품	○

④ 부등록 사유(法 제34조) : 法 제34조 제1호~제3호는 한 벌의 물품의 디자인 전체뿐만 아니라 1 구성물품이 이에 해당되는 경우도 적용되나, 法 제34조 제4호는 한 벌의 물품의 디자인 전체가 이에 해당되는 경우에만 적용된다.

⑤ 1디자인 1출원(法 제40조) : 한 벌의 물품의 디자인의 성립요건 위반의 경우 法 제40조 제1항 위반이다.

⑥ 선출원(法 제46조 제1항·제2항) 및 관련디자인(法 제35조) : 한 벌의 물품의 디자인과 구성물품의 디자인은 서로 용도·기능이 다르므로 비유사 물품에 관한 디자인으로 취급한다. 따라서 양 디자인 간에 法 제46조, 제35조 규정이 적용되지 않는다.

⑦ 한 벌의 물품의 디자인의 부분디자인 : "한 벌의 물품의 부분"이란 한 벌의 물품의 전체 중에 한 벌 전체로서 통일성이 있는 일정한 범위를 점하는 부분으로서 해당 한 벌의 물품에 있어서 다른 디자인과 대비대상이 될 수 있는 부분을 말한다.

(4) 한 벌 물품의 디자인의 출원절차

① 출원서
  ㉠ 시행규칙 [별표 5] 제93호에 따르는 경우 일반적으로 한 벌 전체를 지칭하는 명칭으로 기재하고, 일반적으로 한 벌 전체를 지칭하는 명칭이 없는 때에는 각 구성물품의 명칭을 나열하여 기재한다.
  ㉡ 물품류 구분이 2 이상인 경우
   • 심사·일부심사대상물품이 함께 구성된 경우에는 심사대상물품류를 기재한다. 이 경우 심사대상물품류가 2 이상인 경우 아래 ⓐ, ⓑ의 기준에 따라 기재한다.
     ⓐ 구성 물품의 수가 많은 물품으로 물품류 구분을 기재한다.
     ⓑ 구성 물품의 수가 같은 경우에는 출원인의 의사에 따라 하나의 물품류 구분을 기재한다.
   • 심사 또는 일부심사대상으로만 구성된 경우에는 위의 ⓐ, ⓑ의 기준에 따라 기재한다.

② 도 면
  ㉠ 각 구성물품의 형태가 동일한 표현방법으로 표현으로 된 경우에는 각 구성물품마다 1조의 도면을 제출한다(각 구성물품의 수가 N개인 경우 = N개).
  ㉡ 각 구성물품이 상호 집합되어 하나의 통일된 형태, 각 구성물품의 형태가 관념적으로 관련되어 표현된 경우에는 각 구성물품에 대한 1조씩의 도면과 구성물품이 조합된 상태의 1조의 도면을 제출한다(각 구성물품의 수가 N개, 조합된 상태 = N + 1개). 기출 17

③ 신규성 상실의 예외주장(法 제36조) : 공지된 디자인과 출원디자인 간의 동일·유사가 요구되지 않으므로, 공지된 한 벌 물품의 디자인에 대해 구성물품의 디자인을 출원하면서 신규성 상실의 예외를 주장할 수 있다. 기출 16

④ 분할출원(法 제50조) : 한 벌의 물품의 디자인의 성립요건 위반의 경우 法 제40조 제1항 위반이므로 분할출원이 가능하다.

(5) 한 벌 물품의 디자인의 디자인권

① 디자인권 : 한 벌의 물품의 디자인은 한 벌 전체로서 하나의 디자인권이 성립된다.
② 일부 구성물품에 대한 실시
  ㉠ 구성물품만의 실시는 한 벌의 물품의 디자인권의 효력이 미치지 않는다.
  ㉡ 구성물품 각각은 그 자체로서 독립거래의 대상이 되고, 타용도가 없는 전용품이라 볼 수 없으므로 간접침해(法 제114조)가 성립되는 경우는 드물다.
③ 이용관계(法 제95조)

선출원 등록권리	후출원	후출원 등록가부	이용관계 여부
구성물품	한 벌의 물품	○ (法 제46조 적용 ×)	○

14 비밀디자인제도

> **제43조(비밀디자인)** 기출 24
> ① **(청구주체, 비밀기간)** 디자인등록출원인은 디자인권의 설정등록일부터 3년 이내의 기간을 정하여 그 디자인을 비밀로 할 것을 청구할 수 있다. **(복수디자인)** 이 경우 복수디자인등록출원된 디자인에 대하여는 출원된 디자인의 전부 또는 일부에 대하여 청구할 수 있다. 기출 17·18·20·21
> ② **(청구시기)** 디자인등록출원인은 디자인등록출원을 한 날부터 최초의 디자인등록료를 내는 날까지 제1항의 청구를 할 수 있다. 다만, 제86조 제1항 제1호 및 제2항에 따라 그 등록료가 면제된 경우에는 제90조 제2항 각 호의 어느 하나에 따라 특허청장이 디자인권을 설정등록할 때까지 할 수 있다. 기출 21
> ③ **(비밀기간의 단축·연장)** 디자인등록출원인 또는 디자인권자는 제1항에 따라 지정한 기간을 청구에 의하여 단축하거나 연장할 수 있다. 이 경우 그 기간을 연장하는 경우에는 디자인권의 설정등록일부터 3년을 초과할 수 없다. 기출 17·20
> ④ **(예외적 열람)** 특허청장은 다음 각 호의 어느 하나에 해당하는 경우에는 비밀디자인의 열람청구에 응하여야 한다.
>   1. 디자인권자의 동의를 받은 자가 열람청구한 경우
>   2. 그 비밀디자인과 동일하거나 유사한 디자인에 관한 심사, 디자인일부심사등록 이의신청, 심판, 재심 또는 소송의 당사자나 참가인이 열람청구한 경우
>   3. 디자인권 침해의 경고를 받은 사실을 소명한 자가 열람청구한 경우
>   4. 법원 또는 특허심판원이 열람청구한 경우
> ⑤ **(예외적 열람자의 의무)** 제4항에 따라 비밀디자인을 열람한 자는 그 열람한 내용을 무단으로 촬영·복사 등의 방법으로 취득하거나 알게 된 내용을 누설하여서는 아니 된다. 기출 20
> ⑥ **(출원공개 신청이 있는 경우)** 제52조에 따른 출원공개신청을 한 경우에는 제1항에 따른 청구는 철회된 것으로 본다.
> 기출 17·20·21·25

(1) 의의 및 취지

디자인등록출원인은 설정등록일로부터 3년 이내의 기간을 정하여 등록디자인을 비밀로 할 것을 청구할 수 있다(法 제43조). 디자인은 유행성이 강하고 모방이 용이한 특성이 있어 실시시기와 공표시기를 일치시키기 위함이다.

(2) 요 건

① 청구권자
  ㉠ 청구인 : 비밀디자인의 청구는 출원인만이 할 수 있다(法 제43조 제1항).
  ㉡ 단축·연장 청구 : 출원인 또는 디자인권자가 할 수 있다(法 제43조 제3항).
② 청구의 대상
  ㉠ 심사·일부심사등록출원 모두 가능하다.
  ㉡ 관련디자인은 기본디자인과 별도로 청구 가능하다.
  ㉢ 분할출원만의 비밀디자인의 청구도 가능하다.
  ㉣ 복수디자인등록출원은 전부 또는 일부 디자인에 대해서 청구할 수 있다(法 제43조 제1항 단서).

③ 비밀로 할 수 있는 기간 : 설정등록일로부터 3년 이내의 기간(法 제43조 제1항)
④ 비밀디자인의 청구 가능시기 : 출원을 한 날부터 최초의 디자인등록료를 납부하는 날까지 할 수 있다. 다만, 등록료가 면제된 때에는 디자인권을 설정하기 위한 등록을 하는 때까지 할 수 있다(法 제43조 제2항).

(3) 절 차
① 청구절차
  ㉠ 비밀디자인의 청구서류
  ㉡ 등록결정서에 비밀디자인기간 기재
  ㉢ 비밀기간의 단축·연장 신청
② 비밀디자인 청구 후 출원공개 신청이 있는 경우 : 비밀디자인 청구 후 출원공개신청을 한 경우에는 비밀디자인청구는 철회된 것으로 본다(法 제43조 제6항).

(4) 효 과
① 비밀디자인 청구의 효과
  ㉠ 디자인의 실질적 내용의 비공개 : 디자인의 서지적 사항만을 게재하고, 실질적 사항인 도면·사진, 창작내용의 요점, 디자인의 설명은 비밀기간이 만료될 때까지 디자인공보에 게재하지 않는다.
  ㉡ 비밀디자인의 예외적 열람 및 공개(法 제43조 제4항)
  ㉢ 비밀누설죄(法 제225조)
  ㉣ 실시에 필요한 준비기간의 확보
  ㉤ 비밀디자인권에 대한 이의신청기간 : 설정등록일로부터 도면 등이 게재된 공보발행일 후 3월까지 이의신청이 가능하다.
② 후출원에 대한 취급
  ㉠ 후출원 신규성 판단
    • 비밀디자인은 설정등록되더라도 비밀유지의무가 유지되고, 실질적 사항이 공개되지 않으므로 비밀기간이 만료되기 전까지는 후출원은 선출원 비밀디자인에 의해 신규성이 위반되지 않는다.
    • 선출원 비밀디자인의 비밀기간 만료일 다음 날부터 출원된 후출원 디자인은 신규성 위반의 거절이유를 갖는다.
  ㉡ 후출원에 대한 선출원 적용여부
    • 선출원 비밀디자인의 비밀기간동안 후출원 디자인은 신규성이 아닌 선출원 규정 위반을 이유로 거절된다.
    • 후출원인에게 선출원의 도면 등 필요시 열람이 가능하다는 취지를 기재하여 심사보류통지하고, 실질적 사항의 공보발행일 이후에 거절이유통지와 거절결정을 한다.

ⓒ 후출원에 대한 확대된 선출원 적용여부
- 선출원 비밀디자인의 출원일 다음 날부터 디자인의 실질적 내용을 담은 공보가 발행된 날까지 출원된 디자인등록출원에 대해 적용한다.
- 후출원인에게 선출원의 도면 등 필요시 열람이 가능하다는 취지를 기재하여 심사보류통지하고, 실질적 사항의 공보발행일 이후에 거절이유통지와 거절결정을 한다.

③ 비밀디자인권의 제약
㉠ 침해금지청구권의 행사상의 제약(法 제113조 제2항)
㉡ 과실추정의 배제(法 제116조 제1항 단서)

(5) 비밀디자인청구의 장단점
① 장점 : 타인의 모방을 미연에 방지하고, 관련디자인권 확보가 용이하고, 비밀기간을 단축·연장할 수 있어 실시시기의 변경에 적절히 대처할 수 있다. 필요한 경우 예외적 열람이 가능하다.
② 단점 : 별도의 절차와 비용이 요구되고, 과실추정규정이 배제되어 디자인권자가 침해자의 고의·과실을 입증해야 하고, 침해경고시 특허청장의 증명을 받은 서면을 제시하여야 한다.

15 정당한 권리자의 보호

제44조(무권리자의 디자인등록출원과 정당한 권리자의 보호)
(정당한 권리자 출원의 효과) 디자인 창작자가 아닌 자로서 디자인등록을 받을 수 있는 권리의 승계인이 아닌 자(이하 "무권리자"라 한다)가 한 디자인등록출원이 제62조 제1항 제1호에 해당하여 디자인등록거절결정 또는 거절한다는 취지의 심결이 확정된 경우에는 그 무권리자의 디자인등록출원 후에 한 정당한 권리자의 디자인등록출원은 무권리자가 디자인등록출원한 때에 디자인등록출원한 것으로 본다. **(기간의 제한)** 다만, 디자인등록거절결정 또는 거절한다는 취지의 심결이 확정된 날부터 30일이 지난 후에 정당한 권리자가 디자인등록출원을 한 경우에는 그러하지 아니하다.

제45조(무권리자의 디자인등록과 정당한 권리자의 보호)
(정당한 권리자 출원의 효과) 무권리자라는 사유로 디자인등록에 대한 취소결정 또는 무효심결이 확정된 경우에는 그 디자인등록출원 후에 한 정당한 권리자의 디자인등록출원은 취소 또는 무효로 된 그 등록디자인의 디자인등록출원 시에 디자인등록출원을 한 것으로 본다. **(기간의 제한)** 다만, 취소결정 또는 무효심결이 확정된 날부터 30일이 지난 후에 디자인등록출원을 한 경우에는 그러하지 아니하다.

16 실체보정

제47조(절차의 보정)
특허청장 또는 특허심판원장은 디자인에 관한 절차가 다음 각 호의 어느 하나에 해당하는 경우에는 기간을 정하여 디자인에 관한 절차를 밟는 자에게 보정을 명하여야 한다.
  1. 제4조 제1항 또는 제7조에 위반된 경우
  2. 이 법 또는 이 법에 따른 명령에서 정한 방식에 위반된 경우
  3. 제85조에 따라 내야 할 수수료를 내지 아니한 경우

제48조(출원의 보정과 요지변경)
① (주체, 대상, 범위) 디자인등록출원인은 최초의 디자인등록출원의 요지를 변경하지 아니하는 범위에서 디자인등록출원서의 기재사항, 디자인등록출원서에 첨부한 도면, 도면의 기재사항이나 사진 또는 견본을 보정할 수 있다. 기출 18·22
② (단독, 관련) 디자인등록출원인은 관련디자인등록출원을 단독의 디자인등록출원으로, 단독의 디자인등록출원을 관련디자인등록출원으로 변경하는 보정을 할 수 있다. 기출 20
③ (심사, 일부심사) 디자인등록출원인은 디자인일부심사등록출원을 디자인심사등록출원으로, 디자인심사등록출원을 디자인일부심사등록출원으로 변경하는 보정을 할 수 있다.
④ (시기) 제1항부터 제3항까지의 규정에 따른 보정은 다음 각 호에서 정한 시기에 할 수 있다.
  1. 제62조에 따른 디자인등록거절결정 또는 제65조에 따른 디자인등록결정(이하 "디자인등록여부결정"이라 한다)의 통지서가 발송되기 전까지 기출 18·21
  2. 제64조에 따른 재심사 청구기간
  3. 제120조에 따라 디자인등록거절결정에 대한 심판을 청구하는 경우에는 그 청구일부터 30일 이내 기출 23
⑤ (출원일 늦춤) 제1항부터 제3항까지의 규정에 따른 보정이 최초의 디자인등록출원의 요지를 변경하는 것으로 디자인권의 설정등록 후에 인정된 경우에는 그 디자인등록출원은 그 보정서를 제출한 때에 디자인등록출원을 한 것으로 본다. 기출 18

제49조(보정각하)
① (요지변경) 심사관은 제48조에 따른 보정이 디자인등록출원의 요지를 변경하는 것일 때에는 결정으로 그 보정을 각하하여야 한다.
② (보정각하 결정의 효과) 심사관은 제1항에 따른 각하결정을 한 경우에는 제119조에 따른 보정각하결정에 대한 심판청구기간이 지나기 전까지는 그 디자인등록출원(복수디자인등록출원된 일부 디자인에 대하여 각하결정을 한 경우에는 그 일부 디자인을 말한다)에 대한 디자인등록여부결정을 하여서는 아니 된다.
③ (보각불의 효과) 심사관은 디자인등록출원인이 제1항에 따른 각하결정에 대하여 제119조에 따라 심판을 청구한 경우에는 그 심결이 확정될 때까지 그 디자인등록출원(복수디자인등록출원된 일부 디자인에 대한 각하결정에 대하여 심판을 청구한 경우에는 그 일부 디자인을 말한다)의 심사를 중지하여야 한다. 기출 20
④ (방식) 제1항에 따른 각하결정은 서면으로 하여야 하며 그 이유를 붙여야 한다.

(1) 의의, 취지 및 제한
출원의 보정이란 요지를 변경하지 아니한 범위 내에서 보충하거나 정정하는 것을 말한다. 경미한 하자에 대한 치유기회를 줌으로써 재출원에 따른 절차번잡을 방지하기 위함이다. 보정의 소급효에 따라 제3자의 불측의 손해를 방지하기 위해 보정의 시기 및 범위를 제한하고 있다.

(2) 유 형
① 출원서 기재사항, 도면 등의 실체내용의 보정(法 제48조 제1항)
② 출원 구분을 변경하는 보정(法 제48조 제2항·제3항)

(3) 요 건
① 주체적 요건 : 출원인 또는 적법한 승계인, 대리인은 특별수권 없이도 가능하고(法 제7조), 공동출원의 경우 각자가 할 수 있다(法 제13조).
② 객체적 요건 : 최초의 출원의 요지를 변경하지 않는 범위에서 가능하다.
③ 시기적 요건(法 제48조 제4항)
　㉠ 디자인등록여부결정의 통지서가 발송되기 전까지
　㉡ 제64조에 따른 재심사 청구 기간
　㉢ 제120조에 따라 디자인등록거절결정에 대한 심판을 청구하는 경우에는 그 청구일부터 30일 이내
　㉣ 거절결정불복심판 절차 내에서 심판관의 새로운 거절이유통지에 따른 의견서 제출기간 이내

17 요지변경

(1) 의의 및 취지
요지변경이란 최초에 출원된 디자인과 보정된 디자인 간에 동일성이 유지되지 않는 것을 말한다. 보정의 소급효로 인해 선의의 제3자에게 불측의 손해를 발생시킬 수 있기 때문이다.

(2) 판단대상
보호범위 판단 기초자료(法 제93조)를 고려하여, 출원서의 기재사항 및 출원서에 첨부한 도면 등과 도면에 기재된 디자인의 설명이 디자인의 내용의 요지가 된다.

(3) 요지변경이 되는 경우

① 도면의 보정

㉠ 최초의 도면 등에 표현된 형상·모양이나 색채상의 부가, 삭감, 변경 등으로 인하여 물품의 외관에 영향을 미치는 경우. 다만, 그 부가, 삭감, 변경 등이 외관에 거의 영향을 미치지 않는 경미한 정도의 것은 예외로 한다.

㉡ 도면 중 불일치한 일면을 중심으로 하여 다른 도면을 정정함으로써 최초에 제출한 도면으로부터 상기되는 것과 다른 디자인이 되는 경우

㉢ 도면에는 형상만이 그려지고 「디자인의 설명」란에 색구분 또는 색흐림이 있다고 설명되어 있는 것을, 그 설명과 같이 도면을 보정한 것이 통상 그 물품으로서 실시되는 정도의 상식적인 표현이 아닌 경우

㉣ 복수디자인등록출원의 출원서에 적힌 디자인의 수에 맞춰 도면을 추가로 제출하는 경우
　　예 출원서에는 10개의 디자인에 대한 출원으로 표시되어 있으나 도면은 9개의 디자인에 대한 것만 첨부된 출원에 있어 1개 디자인에 대한 도면을 추가로 제출하는 경우 기출 20

㉤ 도면을 보정하거나 추가로 제출하는 경우 최초 출원 시 제출된 도면으로부터 당연히 도출될 수 있는 일반적인 형상을 나타내는 것이라고 판단되지 아니할 경우

㉥ 첨부도면으로 추측하여 상식적으로 판단되는 범위를 벗어날 정도로 디자인의 설명을 보정하는 경우

② **물품명의 보정** : 디자인의 대상이 되는 물품의 명칭이 동일물품 외의 물품으로 보정되는 경우. 다만, 최초 제출한 도면 등을 기준으로 판단하여 단순한 착오나 오기를 정정하는 것으로 인정되는 경우에는 예외로 한다. 기출 20
　　예 물품명을 "접시"에서 "재떨이"로 변경

(4) 요지변경이 아닌 경우

① 도면의 보정

㉠ 도면으로 제출한 디자인을 사진 또는 견본으로 보정하거나, 반대로 사진 또는 견본으로 제출한 디자인을 도면으로 보정한 경우에 도면 또는 사진 등을 그대로 실시하면 그렇게 될 것이라고 추측될 수 있는 범위에서 보정하는 경우. 다만, 이 경우의 디자인은 참고도면을 제외하고는 도면 또는 사진 등 한가지로 통일되게 작성되어야 한다.

㉡ 3D 모델링 도면으로 제출된 3차원 모델링 파일의 실행 시 도면의 일부가 깨지거나 터지는 현상이 발생된 경우에 디자인의 동일성이 인정되는 범위에서 같은 3D 모델링 도면으로 보정하는 경우 및 하나의 디자인을 도면과 3D 모델링 도면을 혼합하여 표현한 경우에 보정에 의하여 한가지의 도면이나 3D 모델링 도면으로 통일되게 보정한 경우

ⓒ 도면 등이 너무 작거나 불선명한 경우에 최초에 출원한 것과 동일성을 상실하지 않는 범위에서 적당한 크기 또는 선명한 것으로 보정하는 경우
　　ⓔ 선명한 사진이더라도 배경 등 불필요한 것이 촬영되어 있어서 디자인을 정확히 알 수 없는 경우에 그 배경, 음영 등을 제거하기 위하여 보정하는 경우
　　ⓜ 도형 안에 음영, 지시선, 그 밖에 디자인을 구성하지 않는 선·부호 또는 문자 등을 표현하고 있는 경우에 이들을 제거하기 위하여 보정하는 경우
　　ⓗ 디자인의 설명이나 도면 등의 오기를 정정하거나 미세한 부분의 불명확한 것을 명확하게 하는 경우
　　ⓢ 복수디자인등록출원된 디자인의 일부를 취하하기 위하여 출원디자인의 일부를 삭제 보정하는 경우. 다만, 국제디자인등록출원은 제외한다.
　　ⓞ 디자인의 창작내용의 요점은 권리범위에 영향을 미치지 않으므로 그 변경은 요지변경으로 취급하지 아니한다.
　　ⓩ 국제디자인등록출원으로 복수디자인을 출원하는 경우 일부 디자인에서만 전체적인 형상을 구체적으로 도시하고, 그 외의 디자인에서는 충분히 도시되지 않았을 때, 도면을 추가하는 보정이 최초 출원서에 포함된 도면으로부터 유추할 수 있는 정도의 보정인 경우
　② 물품명의 보정
　　㉠ 디자인의 대상이 되는 물품의 명칭의 오기를 정정하거나 불명확한 것을 명확하게 하는 경우
　　㉡ 물품의 범위가 포괄적인 명칭을 그 하위개념에 속하는 구체적인 명칭으로 보정하는 경우
　　　예 "옥외조명등"을 "가로등"으로 변경

(5) 효 과
① 적법한 경우 : 보정이 적법한 경우 보정 후의 상태로 출원 당시에 제출된 것으로 본다.
② 부적법한 경우
　㉠ 반려 무효처분 : 보정할 수 있는 기간을 도과하여 제출된 보정서는 반려되고(시행규칙 제24조), 방식위반, 대리권 흠결 등은 보정절차가 무효로 될 수 있다(法 제47조).
　㉡ 보정각하(法 제49조 제1항) : 요지변경은 보정각하의 대상이다.
　㉢ 등록여부결정의 유보(法 제49조 제2항) 및 심사의 중지(法 제49조 제3항)
　㉣ 출원일 늦춤(法 제48조 제5항)
　㉤ 심판단계에서의 보정(法 제124조 제1항)

18 분할출원

> **제50조(출원의 분할)**
> ① (요건) 다음 각 호의 어느 하나에 해당하는 자는 디자인등록출원의 일부를 1 이상의 새로운 디자인등록출원으로 분할하여 디자인등록출원을 할 수 있다. 기출 15
>   1. 제40조를 위반하여 2 이상의 디자인을 1디자인등록출원으로 출원한 자 기출 21
>   2. 복수디자인등록출원을 한 자 기출 21·22
> ② (효과) 제1항에 따라 분할된 디자인등록출원(이하 "분할출원"이라 한다)이 있는 경우 그 분할출원은 최초에 디자인등록출원을 한 때에 출원한 것으로 본다. 다만, 제51조 제3항 및 제4항을 적용할 때에는 그러하지 아니하다. 〈개정 2023.6.20.〉 기출 23
> ③ (시기) 제1항에 따른 디자인등록출원의 분할은 제48조 제4항에 따른 보정을 할 수 있는 기간에 할 수 있다. 기출 21
> ④ 분할의 기초가 된 디자인등록출원이 제51조, 제51조의2 또는 제51조의3에 따라 우선권을 주장한 디자인등록출원인 경우에는 제1항에 따라 분할출원을 한 때에 그 분할출원에 대해서도 우선권 주장을 한 것으로 보며, 분할의 기초가 된 디자인등록출원에 대하여 제51조, 제51조의2 또는 제51조의3에 따라 제출된 서류 또는 서면이 있는 경우에는 그 분할출원에 대해서도 해당 서류 또는 서면이 제출된 것으로 본다. 〈개정 2023.6.20.〉
> ⑤ 제4항에 따라 제51조, 제51조의2 또는 제51조의3에 따른 우선권 주장을 한 것으로 보는 분할출원에 대해서는 분할출원을 한 날부터 30일 이내에 그 우선권 주장의 전부 또는 일부를 취하할 수 있다. 〈개정 2023.6.20.〉 기출 23

(1) 의의 및 취지

디자인등록출원에 2 이상의 디자인이 포함된 경우 그 출원의 일부를 분할하여 별개의 새로운 디자인등록출원으로 하는 것을 말한다(法 제50조). 별개의 출원을 통해 디자인등록의 기회를 부여하기 위함이다.

(2) 요 건

① 주체적 요건 : 원출원인의 출원인과 동일인이거나 적법한 승계인, 공동출원의 경우 공유자 전원이어야 한다. 공유자 전원의 이익을 보호하기 위함이다.
② 객체적 요건
  ㉠ 원출원이 계속 중이어야 한다. 원출원에 2 이상의 디자인이 포함되어 있어야 한다.
  ㉡ 1디자인 1출원을 위반한 경우, 복수디자인등록출원한 경우에 한하여 분할이 가능하다.
  ㉢ 분할출원디자인은 원출원에 포함되어 있던 디자인 중 하나와 실질적으로 동일한 디자인이어야 한다. 소급효를 인정하면 제3자에게 불측의 손해를 줄 수 있다.
③ 시기적 요건 : 보정할 수 있는 기간(法 제48조 제4항)

(3) 절 차

① 삭제보정 및 분할출원서의 제출 : 분할되는 디자인이 원출원에서 자동 소멸되는 것은 아니므로 분할되는 디자인을 원출원에서 삭제하여야 한다.
② 1디자인 1출원을 위반한 경우 : 2 이상의 디자인 중에 하나의 디자인만을 등록받고자 할 경우 원출원을 하나의 디자인에 대한 출원으로 보정하여야 한다.
③ 복수디자인등록출원한 경우 : 출원의 분할에 따라 출원디자인의 수가 변동된 경우에는 원출원의 출원서 및 도면을 보정하고, 분할되는 디자인을 분할하여 출원하여야 한다.

(4) 효 과

① 적법한 경우
  ㉠ 분할출원은 원출원을 한 때에 출원한 것으로 본다(法 제50조 제2항).
  ㉡ 우선권주장에 관한 절차(法 제51조 제3항·제4항)를 적용함에 있어서 분할출원한 때에 출원한 것으로 본다(法 제50조 제2항 단서). 소급효 인정에 따른 절차 수행 기간 경과의 문제를 방지하기 위함이다.
② 부적법한 경우
  ㉠ 분할출원불인정예고통지 → 의견제출기회 부여 → 분할출원불인정통지
  ㉡ 분할출원은 분할이 있었던 때에 출원한 것으로 취급된다.
  ㉢ 분할할 수 있는 기간을 경과한 경우 분할출원은 반려된다.

19 조약에 의한 우선권주장

> **제51조(조약에 따른 우선권주장)**
> ① (요건, 효과) 조약에 따라 대한민국 국민에게 출원에 대한 우선권을 인정하는 당사국의 국민이 그 당사국 또는 다른 당사국에 출원한 후 동일한 디자인을 대한민국에 디자인등록출원하여 우선권을 주장하는 경우에는 제33조 및 제46조를 적용할 때 그 당사국 또는 다른 당사국에 출원한 날을 대한민국에 디자인등록출원한 날로 본다. 대한민국 국민이 조약에 따라 대한민국 국민에게 출원에 대한 우선권을 인정하는 당사국에 출원한 후 동일한 디자인을 대한민국에 디자인등록출원한 경우에도 또한 같다. 기출 17
> ② (우선기간) 제1항에 따라 우선권을 주장하려는 자는 우선권주장의 기초가 되는 최초의 출원일부터 6개월 이내에 디자인등록출원을 하지 아니하면 우선권을 주장할 수 없다. 기출 17
> ③ (우선권주장기간) 제1항에 따라 우선권을 주장하려는 자는 디자인등록출원 시 디자인등록출원서에 그 취지와 최초로 출원한 국명 및 출원연월일을 적어야 한다. 기출 24

> ④ (증명서류) 제3항에 따라 우선권을 주장한 자는 제1호의 서류 또는 제2호의 서면을 디자인등록출원일부터 3개월 이내에 특허청장에게 제출하여야 한다. 다만, 제2호의 서면은 산업통상자원부령으로 정하는 국가의 경우만 해당한다.
> 1. 최초로 출원한 국가의 정부가 인증하는 서류로서 디자인등록출원의 연월일을 적은 서면 및 도면의 등본 기출 19
> 2. 최초로 출원한 국가의 디자인등록출원의 출원번호 및 그 밖에 출원을 확인할 수 있는 정보 등 산업통상자원부령으로 정하는 사항을 적은 서면
> ⑤ (증명서류 부제출의 효과) 제3항에 따라 우선권을 주장한 자가 정당한 사유로 제4항의 기간 내에 같은 항에 규정된 서류 또는 서면을 제출할 수 없었던 경우에는 그 기간의 만료일부터 2개월 이내에 같은 항에 규정된 서류 또는 서면을 특허청장에게 제출할 수 있다. 〈신설 2023.6.20.〉
> ⑥ 제3항에 따라 우선권을 주장한 자가 제4항 또는 제5항의 기간 내에 제4항에 규정된 서류 또는 서면을 제출하지 아니한 경우에는 그 우선권 주장은 효력을 상실한다. 〈개정 2023.6.20.〉
>
> **제51조의2(우선권 주장의 보정 및 추가)**
> ① 제51조 제1항부터 제3항까지에 따라 우선권 주장을 한 자는 디자인등록출원일부터 3개월 이내에 해당 우선권 주장을 보정하거나 추가할 수 있다.
> ② 제1항에 따라 우선권 주장을 보정하거나 추가한 자에 대하여는 제51조 제4항부터 제6항까지를 적용한다. 〈신설 2023.6.20.〉
>
> **제51조의3(우선권 주장 기간의 연장)**
> ① 제51조 제1항에 따라 우선권을 주장하려는 자가 정당한 사유로 같은 조 제2항의 기간을 지키지 못한 경우에 그 기간의 만료일부터 2개월 이내에 디자인등록출원을 한 때에는 그 디자인등록출원에 대하여 우선권을 주장할 수 있다.
> ② 제1항에 따라 우선권을 주장한 자에 대하여는 제51조 제3항부터 제6항까지를 준용한다.
> [본조신설 2023.6.20.]

(1) 의의 및 취지

조약당사국 국민이 제1국에 출원한 후 동일한 디자인을 국내에 디자인등록출원하여 우선권을 주장하는 경우 *法* 제33조, 제46조를 적용할 때 제1국 출원일을 대한민국에 디자인등록출원한 날로 본다. 진정한 선출원의 지위를 국제적으로 보장하기 위함이다.

(2) 요 건

① 주체적 요건
  ㉠ 우선권주장을 할 수 있는 자는 대한민국·조약동맹국·준동맹국 국민이다.
  ㉡ 동일인이거나 디자인등록을 받을 수 있는 권리 및 우선권을 모두 승계받은 자여야 한다.
  ㉢ 대리인은 특별한 수권이 없어도 가능하고(*法* 제7조), 공동출원의 경우 각자가 전원을 대표하여 절차를 밟을 수 있다(*法* 제13조).

② 객체적 요건
　㉠ 출원의 정규성 : 제1국에서 출원일이 확정된 정규의 출원이어야 한다.
　㉡ 출원의 최선성 : 제1국 출원은 동맹국에서의 최선의 출원이어야 한다. 우선기간의 실질적인 연장을 방지하기 위함이다. 다만, 예외는 존재한다.
　㉢ 출원 내용의 동일성 : 제1국 출원과 우선권주장출원의 출원내용 간에 동일성이 있어야 한다.
③ 시기적 요건 : 제1국 출원일로부터 6개월

(3) 절 차

① 출원과 동시에 우선권의 주장(法 제51조 제3항) : 디자인등록출원 시 디자인등록출원서에 그 취지와 최초로 출원한 국명 및 출원연월일을 적어야 한다.
② 우선권 증명서류의 제출(法 제51조 제4항) : 우선권을 주장한 자는 디자인등록출원일부터 3개월 이내에 서면을 특허청장에게 제출하여야 한다.
③ 분할출원의 경우(法 제50조 제2항 단서) : 우선권의 주장 및 우선권증명서류제출에 관한 절차에 대해서는 소급효를 제한하지 않는다. 분할출원일을 기준으로 한다. 분할출원의 경우 출원일 소급에 의해 절차를 밟지 못하는 불합리를 해소하기 위함이다.
④ 증명서류의 번역문 : 특허청장은 심사를 위하여 필요한 경우 2월의 기간을 정하여 우선권증명서류에 대한 국어번역문의 제출을 요구할 수 있다.
⑤ 우선권주장의 보정 및 추가
　㉠ 우선권 주장의 보정 및 추가는 출원 당시 우선권 주장을 한 자만이 할 수 있고, 우선권 주장의 보정 및 추가는 출원 당시 출원서에 기재된 우선권 주장의 기초가 되는 출원 가운데 적어도 하나가 우선권 주장기간의 요건을 충족하는 경우에 한하여 할 수 있다.

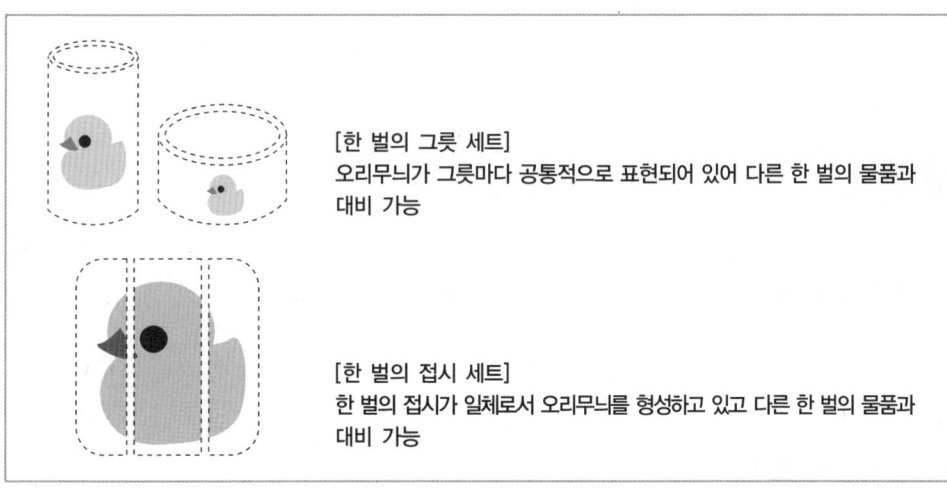

[한 벌의 그릇 세트]
오리무늬가 그릇마다 공통적으로 표현되어 있어 다른 한 벌의 물품과 대비 가능

[한 벌의 접시 세트]
한 벌의 접시가 일체로서 오리무늬를 형성하고 있고 다른 한 벌의 물품과 대비 가능

　㉡ 우선권 주장에 관한 출원서의 기재사항(출원국명, 출원종류, 출원번호, 출원일자, 증명서류)을 보정 및 추가할 수 있는 기간은 출원일로부터 3개월 이내이다. 다만, 명백한 오기를 바로잡는 경우에는 그 이후에도 할 수 있다. 그 밖에 우선권 주장에 관한 우리나라 디자인등록출원의 보정은 일반적인 보정기간에 따른다.

(4) 효 과

① 적법한 경우
- ㉠ 파리조약 제4조 B. : 제1국 출원과 제2국 출원 사이에 발생한 타인의 출원 등에 의하여 어떤 영향도 받지 않으며, 제3자에게는 여하한 권리도 발생시키지 않는다.
- ㉡ 法 제51조 제1항 : 法 제33조, 제46조 규정을 적용할 때 판단시점의 소급효를 인정하고 있다.

② 부적법한 경우
- ㉠ 우선권 주장의 적법성 여부는 최초 출원국의 출원일과 국내출원의 출원일 사이에 공지디자인이 존재해 최초 출원국 출원일을 국내출원일로 간주하여야만 거절되지 않는 경우에 한하여 판단한다. 그렇지 않은 경우에는 우선권을 인정하고 실체심사를 진행한다.
- ㉡ 최초 출원국의 출원일과 국내출원의 출원일 사이에 공지디자인이 존재해 우선권 주장의 적법성 여부를 판단한 결과, 우선권주장을 불인정하여야 할 경우에는 거절이유 통지(신규성, 창작비용이성, 선출원 등)와 함께 우선권불인정 이유를 통지한다(디자인심사사무취급규정 제28조 제2항 참고).
- ㉢ 우선권증명서류가 출원일(국제디자인등록출원의 경우에는 국제공개일)로부터 3개월 이내에 제출되지 않은 경우(정당한 사유가 없는 경우), 우선권 주장은 효력이 없으며 우선권 주장 불인정의 절차를 밟을 필요가 없다. 우선권 증명서류가 3개월 이내에 제출되지 않더라도 법 제51조 제5항의 정당한 사유에 해당하여 그 기간의 만료일부터 2개월 이내에 서류가 제출될 수 있으므로 그때까지 심사를 보류한다.
- ㉣ 우선권증명서류가 출원일(국제디자인등록출원의 경우에는 국제공개일)로부터 3개월 이내에 제출되지 않았으나 법 제51조 제5항의 정당한 사유에 해당하는 경우, 증거서류 미제출사유가 법 제51조 제5항의 정당한 사유에 해당한다면 그 기간의 만료일로부터 2개월 이내에 서류를 제출할 수 있다.

20 디자인등록출원의 효과

(1) 실체상의 효과
① 선출원의 지위(法 제46조)
② 확대된 선출원의 지위(法 제33조)

(2) 절차상의 효과
① 심사의 개시
② 등록요건 판단의 기준시점
- ㉠ 신규성(法 제33조 제1항), 창작비용이성(法 제33조 제2항) 판단시점 : 출원시
- ㉡ 확대된 선출원(法 제33조 제3항), 선출원(法 제46조 제1항) 판단시점 : 출원일
- ㉢ 신규성 상실의 예외(法 제36조) : 공지일로부터 12월

③ 권리의 이용·저촉 관계 판단의 기준시점(法 제95조) : 출원일
④ 디자인권의 존속기간 계산의 기준시점(法 제91조) : 설정등록한 날부터 발생하여 출원일 후 20년이 되는 날까지 존속 기출 15

(3) 출원효과의 소멸
① 디자인등록거절결정의 확정과 디자인권의 설정등록
② 출원의 포기·취하·무효

21 출원의 취하와 포기

(1) 의 의
① **출원의 취하** : 출원의 취하란, 출원의 계속을 해제하는 것을 말한다. 출원이 취하되면 그 출원은 처음부터 없었던 것으로 취급된다.
② **출원의 포기** : 출원의 포기란, 출원절차를 종료시키는 법률효과를 발생시키는 것을 말한다. 포기는 장래를 향하여 그 효력이 상실된다.

(2) 유 형
① **자의에 의한 취하 및 포기**
② **법률상 의제에 의한 취하 및 포기**
  ㉠ 국제등록의 소멸로 인한 국제디자인등록출원 또는 국제등록디자인권의 취하 등(法 제183조)
  ㉡ 등록료 또는 연차료 미납시 포기 간주(法 제82조)

(3) 요건 및 절차
① **취하·포기를 할 수 있는 자**
  ㉠ 디자인등록출원인
  ㉡ 대리인(法 제7조)
② **취하·포기의 대상** : 출원 계속 중인 디자인등록출원에 한하여 가능하다.
③ **취하·포기의 가능 시기** : 출원 계속 중, 즉 디자인등록여부결정 또는 심결이 확정되기 전에 가능하다.
④ **취하·포기의 절차** : 출원인은 그 절차를 취하 또는 포기하려는 때에는 취하서 또는 포기서를 특허청장에게 제출하여야 한다.

(4) 효 과

① 출원 계속의 소멸
② 선출원 지위의 상실(法 제46조 제3항)
③ 확대된 선출원의 지위(法 제33조 제3항) : 출원공개 등의 전에 취하·포기는 확대된 선출원의 지위가 인정되지 않으나, 출원공개 등이 있은 후에 취하·포기는 확대된 선출원의 지위가 인정된다.
④ 보상금청구권의 소멸(法 제53조 제6항 제1호)
⑤ 조약에 의한 우선권주장(法 제51조)
⑥ 출원료 등의 반환(法 제87조 제1항 제3호)

22 출원공개 및 보상금청구권

제52조(출원공개) 기출 18
① (공개신청) 디자인등록출원인은 산업통상자원부령으로 정하는 바에 따라 자기의 디자인등록출원에 대한 공개를 신청할 수 있다. 이 경우 복수디자인등록출원에 대한 공개는 출원된 디자인의 전부 또는 일부에 대하여 신청할 수 있다. 기출 20
② (공개방식) 특허청장은 제1항에 따른 공개신청이 있는 경우에는 그 디자인등록출원에 관하여 제212조에 따른 디자인공보(이하 "디자인공보"라 한다)에 게재하여 출원공개를 하여야 한다. 다만, 디자인등록출원된 디자인이 제34조 제2호에 해당하는 경우에는 출원공개를 하지 아니할 수 있다.
③ (신청가능시기) 제1항에 따른 공개신청은 그 디자인등록출원에 대한 최초의 디자인등록여부결정의 등본이 송달된 후에는 할 수 없다. 기출 17

제53조(출원공개의 효과)
① (서면경고) 디자인등록출원인은 제52조에 따른 출원공개가 있은 후 그 디자인등록출원된 디자인 또는 이와 유사한 디자인을 업(業)으로서 실시한 자에게 디자인등록출원된 디자인임을 서면으로 경고할 수 있다.
② (보상금청구권의 요건 및 효과) 디자인등록출원인은 제1항에 따라 경고를 받거나 제52조에 따라 출원공개된 디자인임을 알고 그 디자인등록출원된 디자인 또는 이와 유사한 디자인을 업으로서 실시한 자에게 그 경고를 받거나 제52조에 따라 출원공개된 디자인임을 안 때부터 디자인권의 설정등록 시까지의 기간 동안 그 등록디자인 또는 이와 유사한 디자인의 실시에 대하여 합리적으로 받을 수 있는 금액에 상당하는 보상금의 지급을 청구할 수 있다.
③ (행사시기) 제2항에 따른 청구권은 그 디자인등록출원된 디자인에 대한 디자인권이 설정등록된 후가 아니면 행사할 수 없다. 기출 17
④ (디자인권 행사와의 독립성) 제2항에 따른 청구권의 행사는 디자인권의 행사에 영향을 미치지 아니한다.
기출 17
⑤ (준용규정) 제2항에 따른 청구권을 행사하는 경우에는 제114조, 제118조 또는 「민법」 제760조, 제766조를 준용한다. 이 경우 「민법」 제766조 제1항 중 "피해자나 그 법정대리인이 그 손해 및 가해자를 안 날"은 "해당 디자인권의 설정등록일"로 본다. 기출 17

⑥ **(소멸)** 디자인등록출원이 제52조에 따라 출원공개된 후 다음 각 호의 어느 하나에 해당하는 경우에는 제2항에 따른 청구권은 처음부터 발생하지 아니한 것으로 본다.
  1. 디자인등록출원이 포기·무효 또는 취하된 경우
  2. 디자인등록출원에 대하여 제62조에 따른 디자인등록거절결정이 확정된 경우
  3. 제73조 제3항에 따른 디자인등록취소결정이 확정된 경우
  4. 제121조에 따른 디자인등록을 무효로 한다는 심결(제121조 제1항 제4호에 따른 경우는 제외한다)이 확정된 경우

23 디자인등록을 받을 수 있는 권리, 정보제공제도

제54조(디자인등록을 받을 수 있는 권리의 이전 등)
① **(이전)** 디자인등록을 받을 수 있는 권리는 이전할 수 있다. 다만, 기본디자인등록을 받을 수 있는 권리와 관련디자인등록을 받을 수 있는 권리는 함께 이전하여야 한다. 기출 25
② **(질권설정 불가)** 디자인등록을 받을 수 있는 권리는 질권의 목적으로 할 수 없다.
③ **(공유)** 디자인등록을 받을 수 있는 권리가 공유인 경우에는 각 공유자는 다른 공유자 모두의 동의를 받지 아니하면 그 지분을 양도할 수 없다. 기출 25

제55조(정보 제공)
누구든지 디자인등록출원된 디자인이 제62조 제1항 각 호의 어느 하나에 해당되어 디자인등록될 수 없다는 취지의 정보를 증거와 함께 특허청장 또는 특허심판원장에게 제공할 수 있다.

제56조(거절결정된 출원의 공보게재)
특허청장은 제46조 제2항 후단에 따라 제62조에 따른 디자인등록거절결정이나 거절한다는 취지의 심결이 확정된 경우에는 그 디자인등록출원에 관한 사항을 디자인공보에 게재하여야 한다. 다만, 디자인등록출원된 디자인이 제34조 제2호에 해당하는 경우에는 게재하지 아니할 수 있다.

제57조(디자인등록을 받을 수 있는 권리의 승계)
① **(출원 전 승계)** 디자인등록출원 전에 디자인등록을 받을 수 있는 권리의 승계에 대하여는 그 승계인이 디자인등록출원을 하지 아니하면 제3자에게 대항할 수 없다. 기출 25
② **(동일자출원 : 협의제)** 같은 자로부터 디자인등록을 받을 수 있는 권리를 승계한 자가 2 이상인 경우로서 같은 날에 2 이상의 디자인등록출원이 있을 때에는 디자인등록출원인이 협의하여 정한 자에게만 승계의 효력이 발생한다.
③ **(출원 후 승계)** 디자인등록출원 후에는 디자인등록을 받을 수 있는 권리의 승계는 상속이나 그 밖의 일반승계의 경우를 제외하고는 디자인등록출원인 변경신고를 하지 아니하면 그 효력이 발생하지 아니한다. 기출 25
④ **(출원 후 일반승계)** 디자인등록을 받을 수 있는 권리의 상속이나 그 밖의 일반승계가 있는 경우에는 승계인은 지체 없이 그 취지를 특허청장에게 신고하여야 한다.
⑤ **(동일자 변경신고 : 협의제)** 같은 자로부터 디자인등록을 받을 수 있는 권리를 승계한 자가 2 이상인 경우로서 같은 날에 2 이상의 디자인등록출원인 변경신고가 있을 때에는 신고를 한 자 간에 협의하여 정한 자에게만 신고의 효력이 발생한다. 기출 25
⑥ **(협의명령)** 제2항 및 제5항의 경우에는 제46조 제5항을 준용한다.

(1) 의 의
디자인등록 받을 수 있는 권리는 창작자가 원시적으로 취득하고(法 제3조 제1항), 2인 이상이 공동으로 창작하는 경우 디자인등록 받을 수 있는 권리는 공유로 한다(法 제3조 제2항).

(2) 발 생
① 권리의 발생
② **디자인창작의 내용** : 디자인보호법에 따른 권리보호를 위해서는 등록요건(法 제62조)을 만족하여야 한다.

(3) 효 력
디자인등록 받을 수 있는 권리에 의해 적법한 출원인 지위에 있을 수 있다. 보상금청구권 발생의 근거가 된다.

(4) 변 동
① 이 전
  ㉠ 출원 전 이전(法 제57조 제1항·제2항)
  ㉡ 출원 후 이전(法 제57조 제3항·제4항·제5항)
② 제 한
  ㉠ **이전의 제한(法 제54조 제1항 단서)** : 기본디자인등록 받을 수 있는 권리와 관련디자인등록을 받을 수 있는 권리는 함께 이전하여야 한다.
  ㉡ **담보권 설정의 제한(法 제54조 제2항)** : 디자인등록 받을 수 있는 권리는 질권의 목적으로 할 수 없다.
③ **공유에 의한 제한(法 제54조 제3항)** : 상속 또는 일반승계를 제외하고 타공유자 동의없이 지분을 양도할 수 없다.

(5) 소 멸
① **등록여부결정의 확정** : 거절결정확정시 소멸된다. 등록결정 후 설정등록되는 경우 디자인권으로의 보호가 가능하다.
② **상속인의 부존재(法 제111조 유추적용)** : 상속인이 없는 경우 소멸된다.
③ **권리능력의 상실** : 출원인이 권리능력을 상실하는 경우 소멸된다.
④ **포기** : 재산권의 성질을 가지므로 포기가 가능할 수 있다.
⑤ **신규성(法 제33조 제1항) 상실** : 공지 등이 된 디자인으로 된 경우 디자인등록을 받을 수 있는 권리는 소멸된다.

24 정보제공제도

(1) 요 건
① 주체적 요건 : 정보제공은 누구든지(자연인, 법인) 할 수 있다.
② 객체적 요건 : 출원 계속 중인 디자인에 대해서만 할 수 있다. 정보제공사유는 거절이유와 같다.
③ 시기적 요건 : 출원 계속 중이면 언제든지 정보제공을 할 수 있다.

(2) 절 차
정보제공을 하는 자는 이에 필요한 서류를 특허청장에게 제출해야 한다.

(3) 효 과
① 정보제공자에게의 통보
 ㉠ 정보제공자는 심사처리결과에 대하여 법적으로 통보받을 권리는 없지만, 실무상 거절결정 또는 등록결정서 발송시 제출된 정보나 증거의 채택여부, 등록여부결정의 사실 등을 정보제공자에게 통보해준다.
 ㉡ 다만, 동일인의 정보제공이 1회 이상 있는 경우 1회에 한하여 통보한다.
② 일부심사등록 출원의 경우(法 제62조 제4항)
 ㉠ 모든 등록요건에 대한 심사
 ㉡ 이의신청을 할 수 있다는 사실의 통보 : 法 제62조 제4항에도 불구하고 등록결정을 하는 경우 정보제공자에게 디자인일부심사등록 이의신청할 수 있다는 사실을 함께 통보한다.
③ 기대효과 : 심사의 촉진, 완전성을 도모할 수 있다.

CHAPTER 02 디자인보호등록요건 및 디자인등록출원

01 디자인보호법 제33조(디자인등록의 요건) 제1항 '공업상 이용가능성'에 관한 설명으로 옳지 않은 것은? (다툼이 있으면 판례에 따름) 기출 20

① 공업상 이용가능성이란 공업적 방법에 의하여 양산될 수 있는 것을 의미하므로 물품을 양산할 수 있다고 하더라도 수공업적 생산방법에 의할 경우에는 공업상 이용가능성이 없는 것으로 본다.
② 디자인등록출원서에 첨부된 도면에 서로 불일치한 부분이 있다고 하더라도 그 디자인분야에서 통상의 지식을 가진 자가 경험칙에 의하여 디자인의 요지를 충분히 특정할 수 있는 경우 공업적 생산방식에 의하여 동일물품을 양산할 수 있다고 본다.
③ 화면디자인이 물품에 일시적으로 구현된 경우에도 그 물품은 화면디자인을 표시한 상태에서 공업상 이용가능성이 있는 것으로 본다.
④ 식품디자인의 경우 액상·분상·분절된 조각 등으로 구성되어 생산부터 판매까지 동일한 형상을 유지하지 못하는 경우에는 공업상 이용가능성이 없는 것으로 보지만, 유통과정에서 냉동 등의 방식으로 판매 시까지 동일한 형상을 유지하는 경우에는 공업상 이용가능성이 있는 것으로 본다.
⑤ 안경과 같이 물품의 특성상 전부 또는 일부가 투명한 것이 명백한 경우 디자인의 설명란에 투명하다는 취지의 기재가 없더라도 디자인의 구체성이 인정되어 공업상 이용가능성이 있는 것으로 본다.

| 해설 |
① (×) 공업적 생산방법에는 기계적, 화학적, 전기적 생산방법은 물론 수공업적 생산방법도 포함된다.
② (○) 통상의 디자이너가 디자인의 요지를 충분히 특정할 수 있는 경우 공업적 생산방식에 의하여 동일물품을 양산할 수 있다.
③ (○) 화면디자인이 물품에 일시적으로 구현된 경우에는 공업상 이용가능성이 있다.
④ (○) 식품디자인이 판매 시까지 동일한 형상을 유지한다면 공업상 이용가능성이 있다.
⑤ (○) 투명한 디자인의 경우 공업상 이용가능성이 인정될 수 있다.

답 ①

02

2018년 12월 10일에 甲은 자전거의 디자인을 디자인등록출원하였다. 乙은 2019년 1월 7일에 甲이 출원한 디자인에서의 자전거 핸들 부분과 유사한 자전거 핸들에 관한 디자인을 독자적으로 창작하여 디자인등록출원하였고, 출원 이후부터 바로 그 자전거 핸들을 생산·판매하였다. 다음 설명 중 옳은 것은? (다툼이 있으면 판례에 따름) 기출 19

① 乙의 디자인등록출원은 甲의 디자인등록출원에 근거한 신규성 상실을 이유로 디자인 등록을 받을 수 없게 된다.
② 乙의 디자인등록출원은 선출원주의의 적용으로 디자인등록을 받을 수 없게 된다.
③ 甲의 디자인등록출원이 출원공개된 후에 취하된 경우에는 乙의 디자인등록출원은 디자인등록될 수 있다.
④ 甲의 디자인등록출원이 乙의 출원 후에 출원공개 또는 등록공고가 된 경우에는 乙의 디자인등록출원은 확대된 선출원의 적용으로 디자인등록을 받을 수 없게 된다.
⑤ 甲의 디자인등록출원이 등록된 후에 乙이 자전거 핸들을 계속해서 생산하여 판매하는 경우 甲의 디자인권 침해가 된다.

해설

① (×) 乙의 출원 이전에 甲의 출원디자인의 공지사실이 없다.
② (×) 乙의 출원디자인은 甲의 출원디자인 일부와 유사한 디자인으로 선출원이 아닌 확대된 선출원이 적용된다.
③ (×) 甲의 디자인등록출원이 취하되더라도 乙의 디자인등록출원에 대해 확대된 선출원의 적용에 영향이 없다.
⑤ (×) 乙이 실시하는 자전거 핸들은 甲의 등록디자인의 일부와 유사한 디자인이므로, 乙의 실시행위가 甲의 디자인권의 직접침해를 구성하지 않는다.

답 ④

03 디자인보호법 제33조(디자인등록의 요건) 제1항에 따른 '공업상 이용할 수 있는 디자인'에 관한 설명으로 옳지 <u>않은</u> 것은? (다툼이 있으면 판례에 따름) 기출 19

① 공업상 이용가능성이란 공업적 방법에 의하여 양산될 수 있는 것을 의미하고, 공업적 방법이란 원자재에 물리적, 화학적 변화를 가하지 않으면서 유용한 물품을 제조하는 것을 의미한다.
② 공업상 이용할 수 있는 디자인은 물리적으로 완전히 같은 물품을 양산할 수 있는 디자인이어야 하는 것은 아니다.
③ 디자인등록출원서의 기재 정도와 관련하여, 첨부된 도면에 서로 불일치하는 부분이 있더라도 해당 디자인 분야에서 통상의 지식을 가진 자가 경험칙에 의하여 디자인의 요지를 충분히 특정할 수 있는 경우에는 공업상 이용할 수 있는 디자인에 해당한다고 볼 수 있다.
④ 공업상 이용할 수 없는 디자인이 일부심사등록된 경우에는 디자인일부심사등록 이의신청의 대상이 될 수 있다.
⑤ 부분디자인에 있어서도 디자인의 대상이 되는 물품이 공업적 방법에 의하여 반복적으로 양산될 수 있어야 한다.

| 해설 |

① (×) 判例 93후1247
② (○), ③ (○) 判例 2013후242
④ (○) 디자인보호법 제68조 제1항 제1호
⑤ (○) 공업상 이용가능성은 디자인등록요건 중 하나이므로, 부분디자인도 공업상 이용가능성이 인정되어야 한다.

답 ①

04 디자인보호법상 디자인의 성립요건에 관한 설명으로 옳지 <u>않은</u> 것은? 기출 18

① 디자인일부심사등록출원된 디자인이 디자인보호법 제2조(정의) 제1호에 따른 디자인의 정의에 합치되지 않는 경우 심사관은 디자인등록거절결정을 하여야 한다.
② 뚜껑을 여는 것과 같은 구조로 된 것은 그 내부도 디자인등록의 대상이 된다.
③ 형상을 수반하지 않는 글자체는 물품으로 인정되지만, 한 벌의 글자꼴이 아닌 개별 글자꼴은 디자인으로 인정되지 않는다.
④ 독립거래의 대상이 되지 않는 합성물의 구성각편은 디자인등록의 대상이 되지 않지만, 부분디자인으로 출원하는 경우 디자인등록을 받을 수 있다.
⑤ 화상이 표시되는 물품의 형상이 도시되지 않은 모양 및 색채만의 결합디자인은 원칙적으로 디자인으로 인정되지 않지만, 화상디자인으로 출원하는 경우 디자인등록을 받을 수 있다.

해설

① (○) 디자인보호법 제2조 제1호는 거절이유에 명시되어 있지 않지만, 정의규정에 합치하지 않은 디자인은 공업상 이용가능성(제33조 제1항 본문) 위반으로 보아 거절한다.
② (○) 뚜껑을 여는 것과 같은 구조로 된 것은 그 내부의 시각성이 인정되므로 디자인등록을 받을 수 있다.
③ (○) 한 벌의 글자꼴이 아닌 개별 글자꼴은 디자인으로 인정되지 않는다.
④ (○) 독립거래 대상이 되지 않는 물품은 디자인등록을 받을 수 없으나, 부분디자인으로 등록받을 수 있다.
⑤ (×) 화상디자인이 디자인보호법상 인정되기 이전의 지문입니다. 현행법상으로 화상이 표시되는 물품의 형상이 도시되지 않은 모양 및 색채만의 결합디자인은 화상디자인으로 출원하는 경우 디자인등록을 받을 수 있습니다. 또한, 화상디자인은 현행법상 디자인으로 의제되기 때문에, "디자인으로 인정되지 않는다"는 표현은 잘못되었습니다.

답 ⑤

05 디자인보호법상 신규성에 관한 설명으로 옳지 <u>않은</u> 것은? (다툼이 있으면 판례에 따름)

기출 15

① 해당 디자인과 동일한 형상 모양의 물품을 그 출원일 이전에 동종업자에게 납품한 사실이 있다면 그 디자인은 일반사람의 눈에 띔으로써 바로 알려져 모방할 수 있는 것이므로 그의 신규성 내지 비밀성을 잃어 공지로 된다.
② 비교대상디자인이 게재된 카탈로그가 제작되었다면 카탈로그의 배부범위, 비치장소 등에 관하여 구체적인 증거가 없다고 하더라도 그 카탈로그가 반포, 배부되었음을 부인할 수는 없다.
③ 甲(디자인권자)에게 등록디자인의 창작을 의뢰한 乙회사 및 그 직원은 신의칙상 등록디자인이 표현된 카세트테이프 수납케이스 완제품 샘플에 관하여 비밀로 할 의무가 있지만, 양 당사자 사이에 카세트테이프 수납케이스 제품의 개발에 관하여 경쟁관계가 있었다면 비밀유지의무가 없으므로 등록디자인이 출원 전에 공지되었다고 보아야 한다.
④ 등록디자인의 등록이 무효로 될 수 있는 유일한 증거자료인 비교대상디자인이 게재된 카탈로그의 진정성립을 인정하기 어려울 때는 비교대상디자인은 등록디자인의 출원 전에 공지되었다고 볼 수 없다.
⑤ 디자인은 그 등록일 이후에는 불특정 다수인이 해당 디자인의 내용을 인식할 수 있는 상태에 놓여지게 되어 공지되었다고 봄이 상당하고 디자인공보가 발행되어야만 비로소 그 디자인이 공지되었다고 볼 수는 없다.

해설

① (○) 동종업자는 비밀유지의무가 없으므로 신규성 내지 비밀성을 잃어 공지로 된다(判例 2000후3012).
②(○), ④(○) 카탈로그는 배부되었으면 반포된 것으로 추정한다(判例 98후508).
③ (×) 양 회사 간에 카세트테이프 수납케이스 제품의 개발에 관하여 경쟁관계에 있었다고 하더라도 완제품 샘플의 디자인을 비밀로 하여야 할 관계에 있다(判例 99후1768).
⑤ 디자인공보가 발행되어야만 비로소 그 디자인이 공지되었다고 볼 수는 없다(判例 99후2020).

답 ③

06 디자인보호법상 신규성 상실 예외 또는 권리범위확인심판에 관한 설명으로 옳지 않은 것은? (다툼이 있으면 판례에 따름) 기출 25

① 확인대상디자인이 등록디자인의 권리범위에 속하는지를 판단할 때, 신규성 상실 예외 규정의 적용 근거가 된 공지디자인 또는 이들의 결합에 따라 쉽게 실시할 수 있는 디자인이 누구나 이용할 수 있는 공공의 영역에 있음을 전제로 한 자유실시디자인 주장은 허용되지 않는다.
② 디자인등록출원 전 공공의 영역에 있던 디자인이라 하더라도 신규성 상실 예외 규정의 적용을 받아 등록된 디자인과 동일 또는 유사한 디자인이라면 등록디자인이 등록무효로 확정되지 않는 한 등록디자인의 독점·배타권의 범위에 포함되지 않는다.
③ 등록디자인과 대비되는 확인대상디자인이 등록디자인의 출원 전에 그 디자인이 속하는 분야에서 통상의 지식을 가진 사람이 공지디자인 또는 이들의 결합에 따라 쉽게 실시할 수 있는 것인 때에는 등록디자인과 대비할 것도 없이 그 등록디자인의 권리범위에 속하지 않는다고 볼 수 있다.
④ 등록디자인과 그에 대비되는 디자인이 서로 공지되는 부분에서 동일·유사하다고 하더라도 등록디자인에서 공지 부분을 제외한 나머지 특징적인 부분과 이에 대비되는 디자인의 해당 부분이 서로 유사하지 않다면 대비되는 디자인은 등록디자인의 권리범위에 속한다고 할 수 없다.
⑤ 신규성 상실 예외 규정의 적용을 받아 디자인으로 등록되면 예외 규정의 적용 없이 디자인 등록된 경우와 동일하게 디자인권자는 업으로서 등록디자인 또는 이와 유사한 디자인을 실시할 권리를 독점한다.

해설

① (O) 디자인보호법의 신규성 상실 예외규정 등 관련규정의 문언과 내용, 그 입법 취지, 자유실시디자인 법리의 본질 및 기능 등을 종합하여 보면, 확인대상디자인이 등록디자인의 권리범위에 속하는지를 판단할 때 신규성 상실 예외 규정의 적용 근거가 된 공지디자인 또는 이들의 결합에 따라 쉽게 실시할 수 있는 디자인이 누구나 이용할 수 있는 공공의 영역에 있음을 전제로 한 자유실시디자인 주장은 허용되지 않고, 확인대상디자인과 등록디자인을 대비하는 방법에 의하여야 한다(판례 2022후10012).
② (X) 디자인등록출원 전 공공의 영역에 있던 디자인이라 하더라도 신규성 상실 예외 규정의 적용을 받아 등록된 디자인과 동일 또는 유사한 디자인이라면 등록디자인이 등록무효로 확정 되지 않는 한 등록디자인의 독점·배타권의 범위에 포함되는 것이다(판례 2022후10012).
③ (O) 등록디자인과 대비되는 확인대상디자인이 등록디자인의 출원 전에 그 디자인이 속하는 분야에서 통상의 지식을 가진 사람이 공지디자인 또는 이들의 결합에 따라 쉽게 실시할 수 있는 것인 때에는 등록디자인과 대비할 것도 없이 그 등록디자인의 권리범위에 속하지 않는다고 볼 수 있는데(대법원 2016.8.29. 선고 2016후878 판결 참조), 이는 등록디자인이 공지디자인으로부터 쉽게 창작 가능하여 무효에 해당하는지 여부를 직접 판단하지 않고 확인대상디자인을 공지디자인과 대비하는 방법으로 확인대상디자인이 등록디자인의 권리범위에 속하는지를 결정함으로써 신속하고 합리적인 분쟁해결을 도모하기 위한 것이다(대법원 2017.11.14. 선고 2016후366 판결 참조).
④ (O) 디자인권은 물품의 신규성이 있는 형상, 모양, 색채의 결합에 부여되는 것으로서 공지의 형상과 모양을 포함한 출원에 의하여 디자인등록이 되었다 하더라도 공지부분에까지 독점적이고 배타적인 권리를 인정할 수는 없으므로 디자인권의 권리범위를 정함에 있어 공지부분의 중요도를 낮게 평가하여야 하고, 따라서, 등록디자인과 그에 대비되는 디자인이 서로 공지부분에서 동일·유사하다고 하더라도 등록디자인에서 공지부분을 제외한 나머지 특징적인 부분과 이에 대비되는 디자인의 해당 부분이 서로 유사하지 않다면 대비되는 디자인은 등록디자인의 권리범위에 속한다고 할 수 없다(판례 2003후762).

⑤ (○) 신규성 상실 예외 규정의 적용을 받아 디자인으로 등록되면 위 예외 규정의 적용 없이 디자인 등록된 경우와 동일하게 디자인권자는 업으로서 등록디자인 또는 이와 유사한 디자인을 실시할 권리를 독점한다(디자인보호법 제92조). 즉, 디자인등록출원 전 공공의 영역에 있던 디자인이라 하더라도 신규성 상실 예외 규정의 적용을 받아 등록된 디자인과 동일 또는 유사한 디자인이라면 등록디자인이 등록무효로 확정되지 않는 한 등록디자인의 독점·배타권의 범위에 포함되는 것이다.

답 ②

07 특유디자인의 신규성 판단에 관한 설명으로 옳지 않은 것은? (다툼이 있으면 판례에 따름)

기출 23

① 부품이 공지된 이후 완성품디자인이 출원된 경우 그 공지된 부품을 포함하는 완성품 디자인이 신규성을 상실하는 경우가 있다.
② 부분디자인이 공지된 이후 출원된 전체디자인의 경우는 그 부분디자인의 공개태양에 따라 신규성을 상실하는 경우와 그렇지 않은 경우가 있다.
③ 한 벌 물품디자인의 경우 한 벌 전체로서 신규성을 판단하므로 그 구성물품 디자인의 공지로 인하여 신규성이 상실되지 않는다.
④ 형과 형틀로 만들어지는 물품은 용도와 기능이 다르므로 일방의 공지에 의해 타방의 신규성이 부정되지 않는다.
⑤ 전사지(轉寫紙)가 공지된 경우라면 그 전사지의 모양이 전사된 물품의 디자인도 신규성이 상실된다.

해설
① (○) 부품과 실질적으로 동일하다고 보는 완성품 디자인의 경우가 그러하다(유사판단)(심사기준).
② (○) 부분디자인에서의 점선이 전체디자인의 형상을 포함하는지 여부에 따라 신규성 상실 여부가 달라진다(심사기준).
③ (○) 한 벌 물품의 디자인에 대해서는 한 벌 전체로서만 신규성 요건을 판단한다(심사기준).
④ (○) 형틀과 그 형틀로부터 만들어지는 물품은 유사하지 아니한 것으로 본다(판단방법)(심사기준).
⑤ (×) 전사지와 전사지가 전사된 물품은 물품이 유사하지 않아 신규성 상실의 근거가 될 수 없다.

답 ⑤

08 출원디자인의 등록요건 적용에 관한 설명으로 옳은 것을 모두 고른 것은? (다툼이 있으면 판례에 따름) 기출 23

ㄱ. 디자인등록출원에 대한 신규성 판단과 용이창작성 판단 시 공지디자인의 범위는 모두 국제주의를 취하고 있다.
ㄴ. 선원주의(제46조) 적용에 있어 동일인의 동일자 유사한 단독 디자인등록출원이 경합할 경우 선원주의를 적용하지 않고 어느 한 출원의 취하를 권고한다.
ㄷ. 출원인이 동일한 경우 특허법(제29조 제3항)과 디자인보호법(제33조 제3항)은 모두 확대된 선원을 적용하지 않는다.
ㄹ. 특허법과 달리 디자인보호법에서는 창작자(발명자)가 동일한 경우에도 확대된 선원(제33조 제3항)이 적용될 수 있다.
ㅁ. 디자인 유사판단 기준은 일관성 있게 적용되어야 하므로 공지부분을 포함하는 경우의 유사판단에 있어서도 등록요건 판단 시와 침해판단 시에 그 기준은 동일하게 적용되어야 한다.

① ㄱ, ㄴ, ㅁ
② ㄱ, ㄷ, ㄹ
③ ㄱ, ㄷ, ㅁ
④ ㄴ, ㄷ, ㄹ
⑤ ㄴ, ㄹ, ㅁ

해설

ㄱ. (○) 디자인보호법 제33조 제1항 제1호·제2호
ㄴ. (×) 취하를 권고하지 않는다. 특허청장은 제2항의 경우에 디자인등록출원인에게 기간을 정하여 협의의 결과를 신고할 것을 명하고 그 기간 내에 신고가 없으면 제2항에 따른 협의는 성립되지 아니한 것으로 본다(디자인보호법 제46조 제5항).
ㄷ. (○) 디자인등록출원한 디자인이 그 출원을 한 후에 제52조, 제56조 또는 제90조 제3항에 따라 디자인공보에 게재된 다른 디자인등록출원(그 디자인등록출원일 전에 출원된 것으로 한정한다)의 출원서의 기재사항 및 출원서에 첨부된 도면·사진 또는 견본에 표현된 디자인의 일부와 동일하거나 유사한 경우에 그 디자인은 제1항에도 불구하고 디자인등록을 받을 수 없다. <u>다만, 그 디자인등록출원의 출원인과 다른 디자인등록출원의 출원인이 같은 경우에는 그러하지 아니하다</u>(디자인보호법 제33조 제3항).
ㄹ. (○) 디자인등록출원한 디자인이 그 출원을 한 후에 제52조, 제56조 또는 제90조 제3항에 따라 디자인공보에 게재된 다른 디자인등록출원(그 디자인등록출원일 전에 출원된 것으로 한정한다)의 출원서의 기재사항 및 출원서에 첨부된 도면·사진 또는 견본에 표현된 디자인의 일부와 동일하거나 유사한 경우에 그 디자인은 제1항에도 불구하고 디자인등록을 받을 수 없다. 다만, 그 디자인등록출원의 출원인과 다른 디자인등록출원의 출원인이 같은 경우에는 그러하지 아니하다(디자인보호법 제33조 제3항).
ㅁ. (×) 공지부분을 포함하는 경우, 등록 요건 판단 시 유사성을 넓게 보고, 침해 판단 시 유사성을 좁게 본다.

답 ②

09 디자인보호법 제33조(디자인등록의 요건) 제2항 '창작비용이성'에 관한 설명으로 옳지 않은 것은? (다툼이 있으면 판례에 따름) 기출 22

① 디자인 분야에서 흔한 창작수법이나 표현방법에 의해 변경·조합하거나 전용하였음에 불과한 디자인 등과 같이 창작수준이 낮은 디자인은 그 디자인이 속하는 분야에서 통상의 지식을 가진 자가 용이하게 창작할 수 있는 것이어서 디자인등록을 받을 수 없다.
② 디자인보호법 제33조 제2항에 따라 등록을 받을 수 없는 디자인에는 그 디자인이 속하는 분야에서 통상의 지식을 가진 자가 제1항 제1호 또는 제2호에 해당하는 디자인 각각에 의하여 용이하게 창작할 수 있는 디자인은 포함되나 각 호의 디자인의 결합에 의하여 용이하게 창작할 수 있는 디자인은 포함되지 않는다.
③ 공지디자인의 형상·모양·색채 또는 이들의 결합이나 국내에서 널리 알려진 형상·모양·색채 또는 이들의 결합을 거의 그대로 모방 또는 전용하였거나, 이를 부분적으로 변형하였다고 하더라도 전체적으로 볼 때 다른 미감적 가치가 인정되지 않는 상업적·기능적 변형에 불과한 디자인은 디자인등록을 받을 수 없다.
④ 공지형태나 주지형태를 서로 결합하거나 결합된 형태를 변형·변경 또는 전용한 경우 디자인의 창작수준을 판단할 때는 공지디자인의 대상 물품이나 주지형태의 알려진 분야, 공지디자인이나 주지형태의 외관적 특징들의 관련성, 해당 디자인 분야의 일반적 경향 등에 비추어 통상의 디자이너가 용이하게 그와 같은 결합에 이를 수 있는지를 함께 살펴보아야 한다.
⑤ 등록디자인과 대비되는 디자인이 등록디자인의 출원 전에 그 디자인이 속하는 분야에서 통상의 지식을 가진 자가 공지디자인 또는 이들의 결합에 따라 쉽게 실시할 수 있는 것인 때에는 등록디자인과 대비할 것도 없이 그 등록디자인의 권리범위에 속하지 않는다.

해설

② (×) 디자인보호법 제33조 제2항은 그 디자인이 속하는 분야에서 통상의 지식을 가진 자가 제1항 제1호 또는 제2호에 해당하는 디자인의 결합에 의하여 용이하게 창작할 수 있는 것은 디자인등록을 받을 수 없도록 규정하고 있는데, 여기에는 위 각 호에 해당하는 디자인의 결합뿐만 아니라 위 디자인 각각에 의하여 용이하게 창작할 수 있는 디자인도 포함된다고 봄이 타당하다(判例 2008후2800).

답 ②

10 디자인보호법 제33조(디자인등록의 요건) 제2항 '창작비용이성'에 관한 설명으로 옳지 않은 것은? (다툼이 있으면 판례에 따름) 기출 18

① 하나의 공지디자인을 부분적으로 변형하여 그 공지디자인과 전체적으로 비유사한 디자인이라 하더라도 창작수준이 낮은 디자인은 그 디자인이 속하는 분야에서 통상의 지식을 가진 자가 쉽게 창작할 수 있는 것이어서 디자인등록을 받을 수 없다.
② 유명 디자인의 모방을 방지하기 위하여 주지의 형상·모양 등의 범위를 국외까지 확대하여 용이 창작 판단의 기초자료로 인정한다.
③ TV나 영화를 통해서 널리 알려지게 된 캐릭터도 주지의 형상·모양 등으로서 용이 창작 판단의 기초자료로 인정한다.
④ 주지의 형상·모양 등과 공지디자인이 결합된 경우에도 창작이 용이하다고 볼 수 있다.
⑤ 주지의 형상·모양 등에 의한 용이 창작은 기본적 형상이나 모양 등에 의해 물품 디자인의 형태를 구성하는 것이 그 디자인이 속한 분야에서 통상 행해짐을 전제로 하는 것이므로, 그 분야에서 그러한 기본적 형상·모양에 의하여 구성하는 것이 과거에 전혀 없었던 경우에도 창작이 용이하다고 볼 수 있다.

| 해설 |

① (○) 창작비용이성의 판단은 유사·비유사가 아닌 창작수준이 낮아 통상의 기술자가 쉽게 창작할 수 있는지 기준으로 판단한다.
② (○) 국내 및 국외를 기준으로 한다(디자인보호법 제33조 제2항 제2호).
③ (○) TV와 영화를 통해 널리 알려지게 된 캐릭터도 용이 창작 판단의 기초자료가 된다.
④ (○) 공지 등이 된 디자인, 국내외 주지 형태뿐만 아니라 이들이 결합한 경우에도 용이 창작 판단의 기초자료가 될 수 있다.
⑤ (×) 기본적인 형상이나 모양 등에 의해 구성된 디자인이라도 그 창작이 용이하다고 할 수 있으려면 그 형상이나 모양 등에 의해 물품 디자인 형태를 구성하는 것이 그 디자인이 속한 분야에서 통상 행해짐을 전제하는 것이므로, 그 분야에서 그러한 기본적 형상, 모양에 의하여 구성하는 것이 과거에 전혀 없었던 경우에는 창작이 용이하다고 볼 수 없다(判例 2015허8370).

 ⑤

11 디자인의 창작성 판단에 관한 설명으로 옳지 않은 것은? (다툼이 있으면 판례에 따름)

기출 15

① 해당 디자인 분야에서 흔한 창작수법이나 표현방법에 의해 이를 변경·조합하거나 전용하였음에 불과한 디자인 등과 같이 창작수준이 낮은 디자인은 그 디자인이 속하는 분야에서 통상의 지식을 가진 자가 용이하게 창작할 수 있는 것이어서 디자인등록을 받을 수 없다.

② 부분적으로는 창작성이 인정된다고 하여도 전체적으로 보아서 과거 및 현재의 디자인들과 다른 미감적 가치가 인정되지 아니한다면 그것은 단지 공지된 디자인의 상업적, 기능적 변형에 불과하여 창작성을 인정할 수 없다.

③ 디자인의 창작용이성의 판단시점은 신규성 판단과 마찬가지로 출원시를 기준으로 한다.

④ 디자인등록출원 전에 그 디자인이 속하는 분야에서 통상의 지식을 가진 사람이 디자인보호법 제33조(디자인등록의 요건) 제1항 제1호·제2호에 해당하는 디자인 또는 이들의 결합에 따라 쉽게 창작할 수 있는 디자인은 디자인등록을 받을 수 없다.

⑤ 디자인보호법이 요구하는 객관적 창작성이란 고도의 창작성, 즉 과거 또는 현존의 모든 것과 유사하지 아니한 독특함이 인정되어야 한다.

│해설│

① (○) 창작수준이 낮은 디자인은 그 디자인이 속하는 분야에서 통상의 지식을 가진 자가 용이하게 창작할 수 있는 것이어서 디자인등록을 받을 수 없다.
② (○) 과거 및 현재의 디자인들과 다른 미감적 가치가 인정되지 아니한다면 창작성을 인정할 수 없다.
③ (○) 창작용이성의 판단시점은 출원시를 기준으로 한다.
④ (○) 창작용이성에 대한 정의이다(디자인보호법 제33조 제2항).
⑤ (✕) 디자인의 창작성이란 과거 또는 현존의 것을 기초하여 종전 디자인과는 다른 미적 가치가 인정되는 정도면 된다.

답 ⑤

12 디자인보호법 제33조 제3항(확대된 선출원)이 적용되지 않는 것은? (다툼이 있으면 판례에 따름)

기출 24

① 甲의 선출원이 완성품에 대한 전체디자인이고, 乙의 후출원이 그 완성품 일부에 대한 부분디자인인 경우
② 甲의 선출원이 부분디자인이고, 乙의 후출원이 선출원의 부분디자인의 실선 또는 파선에 포함되는 부분디자인인 경우
③ 甲의 선출원은 형상과 색채의 결합디자인이고, 乙의 후출원은 형상만의 디자인인 경우
④ 甲의 선출원이 한 벌의 물품 디자인이고, 乙의 후출원이 그 한 벌 물품의 구성물품의 부분디자인인 경우
⑤ 甲의 선출원 디자인의 물품과 乙의 후출원 디자인의 물품이 서로 유사하지 않더라도 선출원 물품 디자인의 일부와 대비되는 후출원 디자인의 전체에 관한 물품의 용도 및 기능이 유사하고, 디자인도 유사한 경우

해설
③ (×) 선출원에 후출원이 포함되지 않으므로 확대된 선출원이 적용되지 않는다.

답 ③

13 디자인보호법상 선출원(제46조)에 관한 설명으로 옳지 않은 것은? 기출 17

① 디자인보호법상 제46조 제2항 후단에 의하여 협의불성립으로 디자인등록거절결정이나 거절한다는 취지의 심결이 확정되더라도 그 디자인등록출원은 선출원의 지위를 상실하지 않는다.
② 선출원이 완성품이고 후출원이 그 부품 내지 부분인 경우이거나 선출원이 한 벌의 물품이고 후출원이 한 벌의 물품의 구성물품인 경우에는 선출원의 물품과 후출원의 물품이 서로 유사하지 않기 때문에 특별한 사정이 없는 한 선출원(제46조) 규정의 적용은 없다.
③ 무권리자가 한 디자인등록출원은 선출원(제46조) 규정의 적용에 있어 정당한 권리자와의 관계에서는 처음부터 없었던 것으로 보지만 제3자와의 관계에서는 그러하지 아니하다.
④ 둘 이상의 유사한 디자인을 같은 날에 동일인이 출원한 경우, 특허청장 명의로 출원인에게 하나의 출원을 선택하여 그 결과를 신고할 것을 요구함과 아울러 거절이유를 통지하고, 지정기간 내에 선택결과의 신고가 없는 경우에는 선택이 성립되지 않은 것으로 보아 모든 출원에 대하여 거절결정을 한다.
⑤ 디자인보호법상 선출원(제46조) 규정의 경우와는 달리 확대된 선출원(제33조 제3항)규정은 출원인이 동일한 경우에는 적용되지 않는다.

해설

① (○) 협의불성립으로 디자인등록거절결정이나 거절한다는 취지의 심결이 확정되더라도 그 디자인등록출원은 선출원의 지위를 상실하지 않는다(디자인보호법 제46조 제3항 단서).
② (○) 물품이 비유사한 경우에는 선출원(디자인보호법 제46조)의 적용이 없다.
③ (×) 무권리자의 출원은 정당권리자뿐만 아니라 제3자의 후출원과의 관계에 있어서도 선출원의 지위가 없다(디자인보호법 제46조 제4항).
④ (○) 둘 이상의 유사한 디자인을 같은 날에 동일인이 출원한 경우 지정기간 내에 선택결과의 신고가 없는 경우에는 선택이 성립되지 않은 것으로 보아 모든 출원에 대하여 거절결정을 한다.
⑤ (○) 확대된 선출원은 출원인이 동일한 경우에는 적용되지 않는다(디자인보호법 제33조 제3항 단서).

 ③

14

디자인보호법 제34조(디자인등록을 받을 수 없는 디자인)에 관한 설명으로 옳지 않은 것은?

기출 16

① 비영리법인의 표장을 일부 구성요소로 포함한 디자인의 경우에도 타인의 업무와 관련된 물품과 혼동을 가져올 우려가 있는 디자인에 해당되는 것으로 볼 수 있다.
② 표준화된 규격을 정한 주목적이 기능의 발휘에 있지 않은 물품의 형상으로 된 디자인은 물품의 기능을 확보하는 데에 불가결한 형상만으로 된 디자인에 해당되지 않는 것으로 본다.
③ 물품의 기능을 확보하는 데에 불가결한 형상만으로 된 디자인에 관한 규정은 출원디자인의 일부 형상이 이에 해당하는 경우에도 적용된다.
④ 타인의 업무와 관련된 물품과 혼동을 가져올 우려가 있는 디자인에 해당하는지 여부는 출원시를 기준으로 판단한다.
⑤ 디자인의 대상이 되는 물품의 품질에 대한 인증을 나타내는 표지를 전체 디자인의 일부 구성요소로 포함하고 있는 디자인의 경우에 그 자체만으로 공공질서 등을 해칠 우려가 있다고 볼 수 없다.

해설

① (○) 비영리법인의 표장도 디자인보호법 제34조 제3호 적용대상이 된다.
② (○) 디자인보호법 제34조 제4호는 물품의 형상 규격이 주목적 기능발휘에 있지 않은 경우에는 적용되지 않는다.
③ (×) 디자인보호법 제34조 제4호는 전체로서 판단한다. 즉, 물품의 기능과 관계없이 디자인적으로 고려될 수 있는 형상이 포함되어 있다면 '만으로' 요건을 충족하지 못하므로 본 규정이 적용될 수 없다.
④ (○) 디자인보호법 제34조 제3호의 판단시점은 출원시이다.
⑤ (○) 물품의 품질에 대한 인증을 나타내는 표지를 전체 디자인의 일부 구성요소로 포함하고 있는 디자인의 경우 그 자체만으로 공공질서 등을 해칠 우려가 있다고 볼 수 없다.

 ③

15 디자인의 유사여부 판단에 관한 설명으로 옳지 않은 것은? (다툼이 있으면 판례에 따름)

기출 20

① 등록디자인이 신규성이 있는 부분과 함께 공지의 형상과 모양을 포함하고 있는 경우 디자인권의 권리범위를 정함에 있어서는 공지 부분의 중요도를 낮게 평가하여야 한다.
② 글자체 디자인은 물품성을 요하지 않고, 구조적으로 그 디자인을 크게 변화시키기 어려운 특성이 있으므로, 글자체 디자인의 고유한 특성을 충분히 참작하여 그 유사 여부를 판단하여야 한다.
③ 디자인의 등록요건 판단에 있어 그 유사 여부는 그 구성요소 중 물품의 기능을 확보하는 데 필요한 형상 또는 공지의 형상 부분이 있다고 하여도 그것이 특별한 심미감을 불러일으키는 요소가 되지 못하는 것이 아닌 한 그것까지 포함하여 전체로서 관찰하여 느껴지는 장식적 심미감에 따라 판단하여야 한다.
④ 대비되는 디자인의 대상 물품들이 다 같이 그 기능 내지 속성상 사용에 의하여 당연히 형태의 변화가 일어나는 경우에 그 디자인의 유사 여부는 형태의 변화 전후에 따라 서로 변화된 상태에서 각각 대비한 다음 이를 세부적인 부분으로 나누어 판단하여야 한다.
⑤ 보는 방향에 따라 느껴지는 미감이 같기도 하고 다르기도 할 경우에는 그 미감이 같게 느껴지는 방향으로 두고 이를 대비하여 유사 여부를 판단하여야 한다.

해설

① (○) 등록디자인이 공지의 형상과 모양을 포함하고 있는 경우에 공지 부분의 중요도를 낮게 평가하여야 한다.
② (○) 글자체 디자인의 고유한 특성을 충분히 참작하여 유사판단 하여야 한다.
③ (○) 디자인이 공지의 형상 부분이 있다고 하여도 특별한 사정이 없는 한 그것까지 포함하여 전체로서 관찰하여 느껴지는 장식적 심미감에 따라 판단하여야 한다.
④ (×) 형태 변화 전후에 따라 서로 같은 상태에서 대비한 다음 이를 전체적으로 판단하여야 한다(判例 2010다23739).
⑤ (○) 보는 방향에 따라 미감이 같기도 하고 다르기도 할 경우에는 그 미감이 같게 느껴지는 방향으로 판단하여야 한다.

답 ④

16 디자인의 유사여부 판단에 관한 설명으로 옳지 <u>않은</u> 것은? (다툼이 있으면 판례에 따름)

기출 18

① 디자인의 유사여부를 판단함에 있어서 대비되는 디자인의 대상 물품이 그 기능내지 속성상 사용에 의하여 당연히 형태의 변화가 일어나는 경우에는, 그와 같은 형태의 변화도 참작하여 그 유사여부를 전체적으로 판단해야 한다.

② 디자인의 형태에 의한 유사여부를 판단함에 있어서 형상이나 모양 중 어느 하나가 유사하지 아니하면 원칙적으로 유사하지 아니한 디자인으로 보되, 형상이나 모양이 디자인의 미감에 미치는 영향의 정도 등을 종합적으로 고려하여 디자인 전체로서 판단한다.

③ 디자인의 유사여부를 판단함에 있어서 디자인의 대상이 되는 물품이 유통과정에서 일반 수요자를 기준으로 관찰하여 다른 물품과 혼동할 우려가 있는 경우에는 유사한 디자인으로 본다.

④ 디자인의 구성요소 중 공지의 형상부분이 있는 경우 특별한 심미감을 불러일으키는 요소가 되지 못하는 것이 아닌 한 그것을 포함하여 전체로서 관찰하여 느껴지는 심미감에 따라 유사판단을 하며, 권리범위를 정함에 있어서도 심미감을 고려하여야 하므로 그 부분에 대한 중요도를 낮게 평가하지 않는다.

⑤ 디자인의 형태에 의한 유사여부를 판단함에 있어서 물품 중 당연히 있어야 할 부분은 그 중요도를 낮게 평가하고 다양한 변화가 가능한 부분을 주로 평가한다.

해설

① (○) 디자인의 유사여부를 판단함에 있어서 대비되는 디자인의 대상 물품이 그 기능 내지 속성상 사용에 의하여 당연히 형태의 변화가 일어나는 경우에는, 그와 같은 형태의 변화도 참작하여 그 유사여부를 전체적으로 판단해야 한다(判例 2009후4148).

② (○) 형상이나 모양 중 어느 하나가 유사하지 아니하면 원칙적으로 유사하지 아니한 디자인으로 보되, 이를 종합적으로 고려하여 디자인 전체로서 판단한다.

③ (○) 디자인의 유사판단은 일반수요자를 기준으로 판단한다.

④ (×) 공지공용 사유를 포함한 출원에 의하여 디자인 등록이 되었다고 하더라도 공지공용의 부분까지 독점적이고 배타적인 권리를 인정할 수 없으므로 디자인권의 권리범위를 정함에 있어 공지부분의 중요도는 낮게 평가하여야 한다(判例 2003후762).

⑤ (○) 물품 중 당연히 있어야 할 부분은 중요도를 낮게, 다양한 변화가 가능한 부분은 중요도를 높게 평가한다.

답 ④

17 디자인의 유사 여부 판단에 관한 설명으로 옳지 않은 것은? 기출 16

① 화상디자인의 유사 여부 판단에서 공지의 형상에 독특한 모양이 화체되어 새로운 미감을 일으키는 경우에는 모양에 비중을 두어 판단하는 것이 일반원칙이다.
② 한 벌의 물품의 디자인의 유사 여부는 한 벌의 물품의 전체로서 판단한다.
③ 공지된 부품을 이용한 완성품은 그 부품이 공지된 것을 이유로 거절한다.
④ 동적화상디자인 상호 간에는 그 정지상태, 동작의 내용 및 동작 중의 기본적인 주체를 이루는 자태 등을 전체로서 비교하여 유사 여부를 판단한다.
⑤ 정지 화상디자인과 동적화상디자인의 유사 여부 판단에서 정지 화상디자인이 동적화상디자인의 정지상태 또는 동작 중의 기본적 주체를 이루는 자태와 유사하면 유사한 디자인으로 본다.

해설

① (O) 공지의 형상에 독특한 모양이 화체되어 새로운 미감을 일으키는 경우에는 모양에 비중을 두어 판단한다(判例 2003후762).
② (O) 한 벌의 물품의 디자인은 전체로서 1디자인으로 성립되므로 등록요건의 판단 및 보호범위의 해석 전 과정에서 전체로서 1디자인으로 취급되어야 할 것이다.
③ (×) 부품의 공지가 있다고 하여 완성품 전체에 신규성이 상실되는 것이 아니다. 다만, 부품의 구성이 완성품에 가까운 경우에는 부품의 공지에 의해 완성품에 관한 디자인등록출원의 신규성이 상실될 수 있을 것이다.
④ (O) 동적디자인 상호 간의 유사판단은 정지상태, 동작의 내용 및 동작 중의 기본적인 주체를 이루는 자태 등을 전체로서 비교한다.
⑤ (O) 동적디자인과 정적디자인의 유사판단은 정지상태 또는 동작 중의 기본적 주체를 이루는 자태와 유사하면 유사한 디자인으로 본다. 다만, 동작의 내용이 특이하면 유사하지 아니한 디자인으로 본다.

답 ③

18 디자인의 유사 판단에 관한 설명으로 옳지 않은 것은? (다툼이 있으면 판례에 따름) 기출 15

① 등록디자인이 신규성이 있는 부분과 함께 공지의 형상과 모양을 포함하고 있는 경우 그 공지 부분에까지 독점적이고 배타적인 권리를 인정할 수는 없으므로 디자인권의 권리범위를 정함에 있어서는 공지 부분의 중요도를 낮게 평가하여야 한다.
② 양 디자인의 공통되는 부분이 그 물품으로서 당연히 있어야 할 부분 내지 디자인의 기본적 또는 기능적 형태인 경우에는 그 중요도를 낮게 평가하여야 하므로 이러한 부분들이 유사하다는 사정만으로는 곧바로 양 디자인이 서로 유사하다고 할 수는 없다.
③ 옛날부터 흔히 사용됐고 단순하며 여러 디자인이 다양하게 창작되었던 디자인이나 구조적으로 그 디자인을 크게 변화시킬 수 없는 것 등은 디자인의 유사 범위를 비교적 좁게 보아야 한다.
④ 디자인의 유사 여부는 이를 구성하는 각 요소를 분리하여 개별적으로 대비할 것이 아니라 그 외관을 전체적으로 대비 관찰하여 보는 사람으로 하여금 상이한 심미감을 느끼게 하는지의 여부에 따라 판단하여야 하고, 이 경우 그 디자인이 표현된 물품을 사용할 때의 외관이 아니라 거래할 때의 외관에 의한 심미감을 고려하여야 한다.
⑤ 디자인의 구성 중 물품의 기능에 관련된 부분에 대하여 그 기능을 확보할 수 있는 선택가능한 대체적인 형상이 그 외에 존재하는 경우에는, 그 부분의 형상은 물품의 기능을 확보하는 데에 불가결한 형상이라고 할 수 없으므로, 그 부분이 공지의 형상에 해당된다는 등의 특별한 사정이 없는 한 디자인의 유사 여부 판단에 있어서 그 중요도를 낮게 평가하여야 한다고 단정할 수 없다.

──────────────────────────────

해설
① (○) 등록디자인이 신규성이 있는 부분과 함께 공지의 형상과 모양을 포함하고 있는 경우 그 공지 부분에까지 독점적이고 배타적인 권리를 인정할 수는 없으므로 디자인권의 권리범위를 정함에 있어서는 공지 부분의 중요도를 낮게 평가하여야 한다(判例 2013다202939).
② (○) 양 디자인의 공통되는 부분이 그 물품으로서 당연히 있어야 할 부분 내지 디자인의 기본적 또는 기능적 형태인 경우에는 그 중요도를 낮게 평가하여야 하므로 이러한 부분들이 유사하다는 사정만으로는 곧바로 양 디자인이 서로 유사하다고 할 수는 없다(判例 2003후1666).
③ (○) 옛날부터 흔히 사용됐고 단순하며 여러 디자인이 다양하게 창작되었던 디자인이나 구조적으로 그 디자인을 크게 변화시킬 수 없는 것 등은 디자인의 유사 범위를 비교적 좁게 보아야 한다(判例 95후1449).
④ (×) 디자인의 유사여부는 디자인이 표현된 물품의 사용시의 외관뿐만 아니라 거래시의 외관의 심미감을 고려하여야 한다.
⑤ (○) 디자인의 구성 중 물품의 기능에 관련된 부분에 대하여 그 기능을 확보할 수 있는 선택가능한 대체적인 형상이 그 외에 존재하는 경우에는, 그 부분의 형상은 물품의 기능을 확보하는 데에 불가결한 형상이라고 할 수 없으므로, 그 부분이 공지의 형상에 해당된다는 등의 특별한 사정이 없는 한 디자인의 유사 여부 판단에 있어서 그 중요도를 낮게 평가하여야 한다고 단정할 수 없다(判例 2010후3240).

답 ④

19 디자인보호법령상 관련디자인제도에 관한 설명으로 옳은 것을 모두 고른 것은? 기출 24

ㄱ. 기본디자인의 디자인등록출원일로부터 3년 이내에 디자인등록출원된 경우에 한하여 관련디자인으로 디자인등록을 받을 수 있다.
ㄴ. 관련디자인의 등록요건을 규정한 법 제35조(관련디자인) 제1항에 위반하면 디자인등록거절사유 및 정보제공사유에 해당되며, 착오로 등록된 경우에는 무효심판청구사유에 해당된다.
ㄷ. 기본디자인과 유사하지 않은 디자인을 관련디자인으로 디자인등록출원한 경우 변경출원제도를 이용하여 단독의 디자인등록출원으로 그 형식을 변경할 수 있다.
ㄹ. 기본디자인의 디자인권에 전용실시권이 설정되어 있는 경우에도 그 기본디자인에 관한 관련디자인에 대하여 디자인등록을 받을 수 있다.
ㅁ. 기본디자인의 디자인권이 취소, 포기 또는 무효심결 등으로 소멸하였다면 그 기본디자인에 관한 2 이상의 관련디자인의 디자인권은 각기 다른 자에게 이전될 수 있다.

① ㄱ, ㄴ
② ㄷ, ㅁ
③ ㄴ, ㄷ, ㄹ
④ ㄱ, ㄴ, ㄷ, ㅁ
⑤ ㄴ, ㄷ, ㄹ, ㅁ

┃해설┃

ㄱ. (○) 디자인보호법 제35조 제1항

> **디자인보호법 제35조(관련디자인)**
> ① 디자인권자 또는 디자인등록출원인은 자기의 등록디자인 또는 디자인등록출원한 디자인(이하 "기본디자인"이라 한다)과만 유사한 디자인(이하 "관련디자인"이라 한다)에 대하여는 그 기본디자인의 디자인등록출원일부터 3년 이내에 디자인등록출원된 경우에 한하여 제33조 제1항 각 호 및 제46조 제1항·제2항에도 불구하고 관련디자인으로 디자인등록을 받을 수 있다. 다만, 해당 관련디자인의 디자인권을 설정등록할 때에 기본디자인의 디자인권이 설정등록되어 있지 아니하거나 기본디자인의 디자인권이 취소, 포기 또는 무효심결 등으로 소멸한 경우에는 그러하지 아니하다. 〈개정 2023.6.20.〉

ㄴ. (○) 디자인보호법 제121조 참고

> **제121조(디자인등록의 무효심판)**
> ① 이해관계인 또는 심사관은 디자인등록이 다음 각 호의 어느 하나에 해당하는 경우에는 무효심판을 청구할 수 있다. 이 경우 제41조에 따라 복수디자인등록출원된 디자인등록에 대하여는 각 디자인마다 청구하여야 한다. 〈개정 2023.6.20.〉
> 2. 제27조, 제33조부터 제35조까지, 제39조 및 제46조 제1항·제2항에 위반된 경우

ㄷ. (×) 디자인보호법에 변경출원제도는 규정되어 있지 않다.

ㄹ. (×) 디자인보호법 제35조 제3항 참고

> **디자인보호법 제35조(관련디자인)**
> ③ 기본디자인의 디자인권에 제97조에 따른 전용실시권(이하 "전용실시권"이라 한다)이 설정되어 있는 경우에는 그 기본디자인에 관한 관련디자인에 대하여는 제1항에도 불구하고 디자인등록을 받을 수 없다.

ㅁ. (×) 디자인보호법 제96조 참고

답 ①

20 디자인보호법에 관한 설명으로 옳지 않은 것은? (다툼이 있는 경우에는 판례에 따름) 기출 23

① 등록디자인과 대비되는 디자인이 등록디자인의 출원 전에 그 디자인이 속하는 분야에서 통상의 지식을 가진 사람이 공지디자인 또는 이들의 결합에 따라 쉽게 실시할 수 있는 것인 때에는 등록디자인과 대비할 것도 없이 그 등록디자인의 권리범위에 속하지 않는다고 보아야 한다.
② 물품의 기능을 확보하는 데에 불가결한 형상만으로 된 디자인에 대하여는 제33조(디자인등록의 요건)에도 불구하고 디자인등록을 받을 수 없다.
③ 디자인권의 권리범위확인심판의 청구는 현존하는 디자인권의 범위를 확정하려는 데 그 목적이 있으므로, 일단 적법하게 발생한 디자인권이라 할지라도 그 권리가 소멸된 이후에는 그에 대한 권리범위확인을 구할 이익이 없어진다.
④ 디자인권자 또는 디자인등록출원인은 자기의 등록디자인 또는 디자인등록출원한 디자인(이하 "기본디자인"이라 한다)과만 유사한 디자인(이하 "관련디자인"이라 한다)에 대하여는 그 기본디자인의 디자인등록출원일부터 2년 이내에 디자인등록출원된 경우에 한하여 제33조 제1항 각 호 및 제46조(선출원) 제1항·제2항에도 불구하고 관련디자인으로 디자인등록을 받을 수 있다.
⑤ 제2조(정의) 제1호에서 말하는 '물품'이란 독립성이 있는 구체적인 유체동산을 의미하는 것으로서, 이러한 물품이 디자인등록의 대상이 되기 위해서는 통상의 상태에서 독립된 거래의 대상이 되어야 하고, 그것이 부품인 경우에는 다시 호환성을 가져야 하나, 이는 반드시 실제 거래사회에서 현실적으로 거래되고 다른 물품과 호환될 것을 요하는 것은 아니고, 그러한 독립된 거래의 대상 및 호환의 가능성만 있으면 디자인등록의 대상이 된다.

해설

① (○) 등록디자인과 대비되는 디자인이 등록디자인의 출원 전에 그 디자인이 속하는 분야에서 통상의 지식을 가진 사람이 공지디자인 또는 이들의 결합에 따라 쉽게 실시할 수 있는 것인 때에는 등록디자인과 대비할 것도 없이 그 등록디자인의 권리범위에 속하지 않는다고 보아야 한다(判例 2016후878).

② (○) 디자인보호법 제34조 제4호

③ (○) 디자인권의 권리범위확인심판의 청구는 현존하는 디자인권의 범위를 확정하려는 데 그 목적이 있으므로, 일단 적법하게 발생한 디자인권이라 할지라도 그 권리가 소멸된 이후에는 그에 대한 권리범위확인을 구할 이익이 없어진다(判例 99후3595).

④ (×) 디자인보호법 제35조 제1항

⑤ (○) 디자인보호법 제2조 제1호에서 말하는 '물품'이란 독립성이 있는 구체적인 유체동산을 의미하는 것으로서, 이러한 물품이 디자인등록의 대상이 되기 위해서는 통상의 상태에서 독립된 거래의 대상이 되어야 하고, 그것이 부품인 경우에는 다시 호환성을 가져야 하나, 이는 반드시 실제 거래사회에서 현실적으로 거래되고 다른 물품과 호환될 것을 요하는 것은 아니고, 그러한 독립된 거래의 대상 및 호환의 가능성만 있으면 디자인등록의 대상이 된다(判例 2003후274).

답 ④

21 관련디자인에 관한 설명으로 옳은 것은? 기출 20

① 관련디자인등록출원은 그 디자인이 기본디자인의 디자인등록출원일 이후의 기본디자인과 동일 또는 유사한 자기의 선행하는 공지디자인과 유사한 경우 디자인보호법 제33조(디자인등록의 요건) 제1항에 의하여 거절결정 된다.

② 기본디자인의 디자인권에 전용실시권이 설정되어 있는 경우에는 그 기본디자인에 관한 관련디자인은 디자인등록을 받을 수 없다.

③ 기본디자인의 물품명칭과 관련디자인등록출원의 물품명칭이 다른 경우 심사관은 직권으로 관련디자인등록출원의 물품명칭을 기본디자인의 물품명칭으로 변경하는 보정을 하여야 한다.

④ 기본디자인권의 취소·포기 또는 무효심결로 인하여 소멸되는 경우 관련디자인권은 동시에 소멸한다.

⑤ 관련디자인은 기본디자인과 독립적인 효력을 가지므로 기본디자인의 디자인권과 관련디자인의 디자인권은 각각 다른 사람에게 분리하여 이전할 수 있다.

해설

① (×) 관련디자인은 기본디자인 이외의 자신의 선행하는 공지디자인과 동일·유사하다면 거절결정이 되지 않는다.

③ (×) 심사관이 직권으로 보정하는 것은 아니다.

④ (×) 관련디자인권은 기본디자인권과 별개이므로 기본디자인권이 소멸된 경우에도 관련디자인권은 별도로 존속한다.

⑤ (×) 기본디자인의 디자인권과 관련디자인의 디자인권은 같은 자에게 함께 이전하여야 한다(디자인보호법 제96조 제1항 단서).

답 ②

22. 디자인보호법상 관련디자인에 관한 내용으로 옳지 않은 것은? 기출 16

① 甲의 출원디자인 A에만 유사한 甲 자신의 동일자 출원디자인 a는 관련디자인으로 등록될 수 있다.
② 관련디자인등록출원의 물품명칭이 기본디자인의 물품명칭보다 정당하거나 적합하더라도 기본디자인의 물품명칭에 일치시켜야 한다.
③ 기본디자인 출원에 대한 거절결정이 확정되지 않은 경우에는 관련디자인등록출원의 심사는 보류하는 것을 원칙으로 하고, 다만 국제디자인등록출원에 대하여는 가거절통지를 한 후 심사보류통지를 한다.
④ 관련디자인등록출원은 그 디자인이 기본디자인 이외의 자기의 선행하는 공지디자인과 유사할지라도 디자인보호법 제33조(디자인등록의 요건) 제1항의 신규성 규정에 의하여 거절결정이 되지 않는다.
⑤ 관련디자인으로 등록된 디자인권은 독자적으로 무효심판의 대상이 되고, 포기될 수도 있으며, 그 디자인권에 관한 권리범위확인심판의 청구도 가능하다.

해설

① (O) 기본디자인과 관련디자인을 동일자에 디자인등록출원 할 수 있다. 기본디자인과 관련디자인을 복수디자인등록출원으로 할 수 있다.
② (×) 관련디자인등록출원의 물품의 명칭이 기본디자인의 물품의 명칭보다 더 정당한 경우에는 기본디자인의 물품의 명칭에 일치시킬 필요가 없다.
④ (O) 관련디자인은 자신의 선행디자인을 이유로 디자인보호법 제33조 제1항, 제46조 제1항 위반으로 거절되지 않는다.
⑤ (O) 관련디자인은 전용실시권과 존속기간을 제외하고는 기본디자인과 별개의 독자적 권리를 갖는다.

답 ②

23 디자인 A가 디자인보호법 제36조(신규성 상실의 예외)에 해당하지 <u>않는</u> 경우는? (다툼이 있으면 판례에 따름) 기출 24

① 甲은 스스로 자신의 디자인 a와 디자인 b를 순차적으로 공지한 이후에, 디자인 a의 공지일로부터 12개월 이내에 디자인 a와 디자인 b를 결합한 디자인 A를 출원하면서, 디자인 a와 디자인 b에 대하여 각각 신규성 상실의 예외를 주장하였다.

② 甲의 디자인 A 출원 전에, 유사한 디자인이 적용된 물품이 제3자에 의하여 SNS상에 소개되자, 甲은 그로부터 3개월 후 디자인 A를 출원하면서, 해당 영상에 대하여 자신이 창작자라는 객관적 증거제시 등을 하면서 신규성 상실의 예외를 주장하였다.

③ 甲은 2020.1.5. 자신의 디자인 A를 최초 공지하고 2020.3.6. 디자인 A와 동일성이 인정되는 범위 내에 있는 디자인 A1과 디자인 A2를 동시에 공개하였다. 甲은 2020.8.10. 디자인 A를 출원하면서, 가장 먼저 공지된 디자인에 대해서만 신규성 상실의 예외를 주장하였고 출원된 디자인 A는 등록되었다. 이후 乙은 甲을 상대로 디자인 A2에 의하여 등록디자인 A의 신규성이 인정되지 않는다고 주장하며 등록무효심판을 청구하였다.

④ 甲은 디자인 A를 출원할 당시 신규성 상실의 예외를 주장하지 않았지만, 출원 후 디자인등록여부결정 직전에 신규성 상실의 예외의 취지를 적은 서면과 이를 증명할 수 있는 서류를 특허청장에게 제출하였다.

⑤ 甲은 자신의 디자인 A를 인터넷상에 2020.2.6. 공지한 후, 2021.1.25. 미국특허청에 디자인등록 출원하였고 미국출원디자인을 기초로 조약우선권을 주장하며 2021.3.15. 대한민국에 디자인등록 출원을 하였다.

| 해설 |

⑤ (×) 갑의 신규성 상실의 예외 주장 기준은 2020.2.6.이므로 이로부터 12개월이 지나 2021.3.15. 대한민국에 출원한 경우이므로 디자인 A는 신규성 상실의 예외에 해당하지 않는다.

답 ⑤

24 甲은 2018년 1월 5일에 간이형 스프링클러 디자인의 도면을 전시회에서 공개하였고, 2018년 3월 8일에 간이형 스프링클러를 유원지 시설에 설치하였다. 甲은 2018년 8월 10일에 간이형 스프링클러 디자인을 출원하면서 전시회에서의 공개에 관해서만 신규성 상실의 예외를 주장하였다. 甲이 출원한 간이형 스프링클러 디자인은 2018년 12월 7일에 등록되었다. 乙은 2018년 6월 18일에 간이형 스프링클러의 판매를 하기 시작하였다. 乙은 2019년 1월 25일 특허심판원에 甲을 상대로 甲의 등록디자인에 대하여 신규성이 인정되지 않는다는 것을 이유로 디자인등록의 무효심판을 청구하였다. 다음 설명 중 옳지 <u>않은</u> 것은? (다툼이 있으면 판례에 따름) [기출 19]

① 甲의 신규성 상실의 예외 주장은 적법한 기간 내에 이루어졌다.
② 甲이 전시회에서의 공개에 관해서만 신규성 상실의 예외 주장을 하였더라도 유원지 시설에 설치한 제품의 디자인이 전시회에서 공개한 도면의 디자인과 동일성이 인정되는 범위 내에 있다면 유원지 시설에 설치한 제품의 디자인에까지 신규성 상실의 예외의 효과가 미친다.
③ 상기 ②에서의 '동일성이 인정되는 범위 내'에는 전체적 심미감이 유사한 정도에 불과한 경우도 포함된다.
④ 乙은 등록디자인의 물품과 같은 제품을 판매하는 동종업자로서 甲의 디자인등록에 대한 무효심판을 청구할 수 있는 이해관계인에 해당한다.
⑤ 甲의 등록디자인은 乙의 간이형 스프링클러 판매에 의해 신규성이 상실되었다고 볼 수 있으며, 이로 인해 甲의 디자인등록이 무효가 될 수 있다.

해설

① (O), ② (O), ④ (O), ⑤ (O) 判例 2014후1341
③ (×) 동일성이 인정되는 범위 내에 있는 디자인이란 형태가 동일하거나 극히 미세한 차이만 있어 전체적인 심미감이 동일한 디자인을 말하고, 전체적인 심미감이 유사한 정도에 불과한 경우에는 여기에 포함되지 않는다 (判例 2014후1341).

 ③

25 디자인보호법상 신규성 상실의 예외에 관한 설명으로 옳은 것은? 기출수정 16

① 신규성 상실의 예외는 공지디자인과 출원디자인이 각각 일정한 요건을 충족하기만 하면 양 디자인이 동일한지 또는 유사한지 여부를 불문하고 적용된다.
② 디자인이 공지될 당시에 그 디자인에 대하여 디자인등록을 받을 수 있는 권리를 가지는 자만이 신규성 상실의 예외를 주장할 수 있는 자에 해당한다.
③ 동일한 디자인이 여러 번 공지된 경우에는 마지막으로 공지된 날로부터 6개월 이내에 출원된 것이어야 신규성 상실의 예외가 적용될 수 있다.
④ 출원할 때 신규성 상실의 예외에 관한 취지를 디자인등록출원서에 적어 주장하지 않았더라도, 신규성 상실의 예외를 인정받을 수 있는 경우는 없다.
⑤ 신규성 상실의 예외 주장을 인정할 수 없는 경우에 심사관은 출원인에게 불인정 예고통지를 할 필요가 없고, 바로 신규성의 상실로 인한 거절이유를 통지하여야 한다.

▌해설▐

① (○) 출원디자인과 신규성 상실의 예외 주장의 대상이 되는 공지디자인은 서로 동일하거나 유사할 것이 요구되지 않는다.
② (×) 디자인등록을 받을 수 있는 권리를 승계한 자도 신규성 상실의 예외의 적용을 받을 수 있다.
③ (×) 최초로 공지된 날부터 6개월 이내에 디자인등록출원되어야 한다.
④ (×) 디자인보호법 제36조 제2항이 삭제되어, 취지를 적은 서류를 제출하지 않더라도 신규성 상실의 예외를 인정받을 수 있다.

> **디자인보호법 제36조(신규성 상실의 예외)**
> ① 디자인등록을 받을 수 있는 권리를 가진 자의 디자인이 제33조 제1항 제1호 또는 제2호에 해당하게 된 경우 그 디자인은 그날부터 12개월 이내에 그 자가 디자인등록출원한 디자인에 대하여 같은 조 제1항 및 제2항을 적용할 때에는 같은 조 제1항 제1호 또는 제2호에 해당하지 아니한 것으로 본다. 다만, 그 디자인이 조약이나 법률에 따라 국내 또는 국외에서 출원공개 또는 등록공고된 경우에는 그러하지 아니하다.
> ② 삭제 〈2023.6.20.〉

⑤ (×) 신규성 상실의 예외 주장에 흠이 있는 경우에는 심사관은 불인정예고통지를 하고 의견서를 제출할 기회를 부여해야 한다. 다만, 증명서류 제출 기간의 도과로 인해 발생되는 흠의 경우에는 별도의 통지 절차를 수행할 필요가 없다.

 ①

26 디자인보호법에 관한 설명으로 옳지 않은 것은? 기출수정 15

① 디자인권은 디자인보호법 제90조(디자인권의 설정등록) 제1항에 따라 설정등록한 날부터 발생하여 디자인등록출원일 후 20년이 되는 날까지 존속한다.
② 산업디자인의 국제등록에 관한 헤이그협정에 따른 국제등록을 위하여 출원을 하려는 자는 특허청을 통하여 국제출원을 할 수 있다.
③ 기본디자인의 디자인권이 취소, 포기 또는 무효심결 등으로 소멸한 경우 그 기본디자인에 관한 2 이상의 관련디자인의 디자인권을 이전하려면 같은 자에게 함께 이전하여야 한다.
④ 디자인등록 무효심판의 경우 복수디자인등록출원된 디자인등록에 대하여는 각 디자인마다 청구하여야 한다.
⑤ 신규성상실의 예외규정을 적용하는 경우 그 취지를 기재한 서면 및 증명서류를 제출하여야 한다.

해설

① (○) 디자인권은 설정등록한 날부터 발생하여 디자인등록출원일 후 20년이 되는 날까지 존속한다(디자인보호법 제91조 제1항).
② (○) 특허청을 통한 국제출원을 할 수 있다(디자인보호법 제173조~제178조).
③ (○) 기본디자인의 디자인권이 취소, 포기 또는 무효심결 등으로 소멸한 경우 그 기본디자인에 관한 2 이상의 관련디자인의 디자인권을 이전하려면 같은 자에게 함께 이전하여야 한다(디자인보호법 제96조 제6항).
④ (○) 복수디자인은 각각의 디자인마다 개별의 권리이므로 무효심판 청구시 각 디자인마다 청구하여야 한다.
⑤ (×) 디자인보호법 제36조 제2항이 삭제되어, 취지를 기재한 서면 및 증명서류를 제출하지 않더라도 신규성 상실의 예외를 인정받을 수 있다.

답 ⑤

27 로카르노 협정에 따른 물품류 중 디자인일부심사등록출원으로만 출원해야 하는 것으로 묶인 것은? 기출 24

① 제1류(식품), 제4류(브러시 제품)
② 제2류(의류 및 패션잡화 용품), 제6류(가구 및 침구류)
③ 제5류(섬유제품, 인조 및 천연 시트직물류), 제26류(조명기기)
④ 제9류(물품 운송·처리용 포장 및 용기), 제17류(악기)
⑤ 제11류(장식용품), 제19류(문방구, 사무용품, 미술재료, 교재)

해설
⑤ (○) 1, 2, 3, 5, 9, 11, 19류가 일부심사등록출원의 대상이다(디자인보호법 시행규칙 제38조 제3항).

> **디자인보호법 제37조(디자인등록출원)**
> ④ 디자인일부심사등록출원을 할 수 있는 디자인은 물품류 구분 중 산업통상자원부령으로 정하는 물품으로 한정한다. 이 경우 해당 물품에 대하여는 디자인일부심사등록출원으로만 출원할 수 있다.
>
> **디자인보호법 시행규칙 제38조(물품류 구분 등)**
> ③ 법 제37조 제4항 전단에서 "산업통상자원부령으로 정하는 물품"이란 로카르노 협정에 따른 물품류 중 제1류, 제2류, 제3류, 제5류, 제9류, 제11류 및 제19류에 속하는 물품을 말한다.

 ⑤

28 복수디자인에 관한 설명으로 옳지 <u>않은</u> 것은? 기출 22

① 복수디자인등록출원을 한 자는 디자인등록출원의 일부를 1 이상의 새로운 디자인등록출원으로 분할하여 출원할 수 있다.
② 심사관은 복수디자인등록출원된 디자인 중 일부 디자인에 대하여 거절이유를 발견할 수 없을 때에는 그 일부 디자인에 대하여 디자인등록결정을 하여야 한다.
③ 제68조(디자인일부심사등록 이의신청)에 따른 디자인일부심사등록 이의신청을 하는 경우 복수디자인등록출원된 디자인등록에 대하여는 각 디자인마다 이의신청을 하여야 한다.
④ 심사관은 복수디자인등록출원된 디자인등록이 조약에 위반되어 무효심판을 청구하는 경우에는 각 디자인마다 청구하여야 한다.
⑤ 특허청장의 보완명령에 따라 지정기간 내에 복수디자인등록출원된 디자인 중 일부 디자인에 대해 절차보완서를 제출한 경우에는 최초에 복수디자인등록출원을 한 때를 복수디자인 전체의 출원일로 본다.

|해설|

① (○) 디자인보호법 제50조 제1항 제2호
② (○) 심사관은 디자인등록출원에 대하여 거절이유를 발견할 수 없을 때에는 디자인등록결정을 하여야 한다. 이 경우 복수디자인등록출원된 디자인 중 일부 디자인에 대하여 거절이유를 발견할 수 없을 때에는 그 일부 디자인에 대하여 디자인등록결정을 하여야 한다(디자인보호법 제65조).
③ (○) 디자인보호법 제68조 제1항
④ (○) 디자인보호법 제121조 제1항
⑤ (×) 특허청장은 보완명령을 받은 자가 지정기간 내에 디자인등록출원을 보완한 경우에는 그 절차보완서가 특허청장에게 도달한 날을 출원일로 본다. 다만, 제41조에 따라 복수디자인등록출원된 디자인 중 일부 디자인에만 보완이 필요한 경우에는 그 일부 디자인에 대한 절차보완서가 특허청장에게 도달한 날을 복수디자인 전체의 출원일로 본다(디자인보호법 제38조 제4항).

답 ⑤

29

디자인보호법 제38조(디자인등록출원일의 인정 등)에 관한 설명으로 옳지 않은 것은? 기출 19

① 디자인등록출원서에 디자인등록을 받으려는 취지가 명확하게 표시되지 아니한 경우에는 그 디자인등록출원의 출원일은 디자인등록출원서가 특허청장에게 도달한 날로 인정되지 않는다.
② 디자인등록출원서에 디자인등록출원인의 성명이나 명칭이 명확하게 적혀있지 아니하여 디자인등록출원인을 특정할 수 없는 경우에는 그 디자인등록출원의 출원일은 디자인등록출원서가 특허청장에게 도달한 날로 인정되지 않는다.
③ 디자인등록출원이 한글로 적혀있지 아니한 경우에 디자인등록을 받으려는 자에게 상당한 기간을 정하여 보완할 것을 명하는 것은 특허청장의 재량사항이다.
④ 복수디자인등록출원된 디자인 중 일부 디자인에만 보완이 필요한 경우에는 그 일부 디자인에 대한 절차보완서가 특허청장에게 도달한 날을 복수디자인 전체의 출원일로 본다.
⑤ 특허청장은 도면을 제출하도록 보완명령을 받은 자가 지정기간 내에 복수디자인등록 출원된 디자인 중 일부 디자인만 보완하지 아니한 경우에도 그 디자인등록출원을 부적법한 출원으로 보아 반려할 수 있다.

|해설|

① (○), ② (○) 디자인등록출원일은 디자인등록출원서가 특허청장에게 도달한 날로 한다. 다만 디자인등록을 받으려는 취지가 명확하게 표시되지 않거나 출원인의 성명이나 명칭이 적혀있지 아니하거나 특정하지 않은 경우는 그러하지 아니하다(디자인보호법 제38조 제1항).
③ (×) 특허청장은 디자인등록출원이 제38조 제1항 각 호의 어느 하나에 해당하는 경우에는 디자인등록을 받으려는 자에게 상당한 기간을 정하여 보완할 것을 명해야 한다.
④ (○) 복수디자인등록출원된 디자인 중 일부 디자인에만 보완이 필요한 경우에는 그 일부 디자인에 대한 절차보완서가 특허청장에게 도달한 날을 복수디자인 전체의 출원일로 본다(디자인보호법 제38조 제4항).
⑤ (○) 특허청장은 보완명령을 받은 자가 지정기간 내에 보완을 하지 아니한 경우에는 그 디자인등록출원을 부적법한 출원으로 보아 반려할 수 있다(디자인보호법 제38조 제5항).

답 ③

30 디자인보호법상 디자인등록출원서 및 도면에 관한 설명으로 옳지 <u>않은</u> 것은? 기출 16

① 디자인등록출원서 및 이에 첨부된 도면은 디자인의 창작내용을 표현하는 것으로서 창작자 및 출원인을 특정하고 디자인의 구체적인 보호범위를 확정하는 기능을 한다.
② 복수디자인등록출원의 경우에는 각 디자인마다 도면이나 사진 또는 견본을 제출하여야 한다.
③ 사용상태도 등 디자인을 이해하는 데 도움을 주기 위한 참고도면은 디자인의 권리범위를 판단하는 기초가 되지 않는다.
④ 도면에서 디자인의 설명란의 기재내용에 흠이 있는 경우에는 방식을 위반한 것으로 보고, 디자인의 창작내용의 요점을 적지 않은 경우에는 공업상 이용가능성이 없는 디자인으로 본다.
⑤ 전개도, 단면도 및 확대도 등 디자인을 구체적이고 명확하게 표현하기 위해 필요한 부가도면은 디자인의 권리범위를 판단하는 기초가 된다.

┃해설┃
① (○) 등록디자인의 보호범위는 디자인등록출원서의 기재사항 및 그 출원서에 첨부된 도면·사진 또는 견본과 도면에 적힌 디자인의 설명에 따라 표현된 디자인에 의하여 정하여진다(디자인보호법 제93조).
② (○) 복수디자인등록출원은 각 디자인마다 도면이나 사진 또는 견본을 제출하여야 한다.
③ (○) 참고도면은 디자인의 권리범위를 판단하는 기초가 되지 않는다.
④ (×) 디자인의 설명을 충분히 기재하지 않은 경우에는 디자인보호법 제33조 제1항 본문 위반으로 취급된다. 디자인의 창작내용의 요점의 기재를 누락한 경우에는 방식위반으로 출원절차가 무효로 될 수 있다.
⑤ (○) 2020년 이후 부가도면은 폐지가 되고 기본도면으로 흡수가 되었다. 기본도면은 디자인의 권리범위를 판단하는 기초자료가 된다.

답 ④

31 디자인등록출원에 관한 설명으로 옳지 <u>않은</u> 것은? 기출 20

① 디자인보호법 제40조(1디자인 1디자인등록출원)에 위반되나 착오로 등록된 등록디자인은 무효심판의 사유가 된다.
② 용기가 결합된 양초와 같이, 물품의 형상·모양·색채를 나타내기 위하여 부가적인 물품이 결합되어 생산되고 일체화된 상태로 사용되는 경우에는 디자인보호법 제40조(1디자인 1디자인등록출원)를 위반한 것으로 보지 않는다.
③ 2 이상의 디자인을 1디자인등록출원으로 출원한 자가 디자인등록출원의 일부를 1 이상의 새로운 디자인등록출원으로 분할하여 출원한 후, 분할된 출원이 2 이상의 디자인을 포함할 경우 이를 다시 1 이상의 새로운 디자인등록출원으로 분할하여 출원할 수 있다.
④ 한 벌 물품의 디자인 도면을 제출할 경우 각 구성물품의 하나의 디자인을 도면과 3D 모델링 도면을 혼합하여 표현할 수 없고 도면 또는 3D 모델링 도면 중 한가지로 통일되게 표현해야 한다.
⑤ 디자인등록출원인은 디자인권의 설정등록일부터 3년 이내의 기간을 정하여 그 디자인을 비밀로 할 것을 청구할 수 있으며, 설정등록일부터 3년을 초과하지 않는 한 횟수에 제한 없이 지정한 기간을 청구에 의하여 단축하거나 연장할 수 있다.

해설

① (×) 디자인보호법 제40조에 위반된 경우는 무효심판사유가 아니다.
② (○) 물품의 형태를 나타내기 위해 부가적인 물품이 일체화된 상태로 사용되는 경우 디자인보호법 제40조 제1항 위반이 아니다.
③ (○) 2 이상의 디자인이 포함된 경우 분할출원 할 수 있다.
④ (○) 한 벌 물품의 디자인의 경우 도면을 한가지로 통일되게 표현해야 한다.
⑤ (○) 디자인등록출원인 또는 디자인권자는 제1항에 따라 지정한 기간을 청구에 의하여 단축하거나 연장할 수 있다. 이 경우 그 기간을 연장하는 경우에는 디자인권의 설정등록일부터 3년을 초과할 수 없다(디자인보호법 제43조 제3항).

답 ①

32 복수디자인등록출원에 관한 설명으로 옳지 않은 것은? 기출 18

① 복수디자인등록출원된 디자인 중 그 일부 디자인에 대한 보정이 요지를 변경하는 것으로 각하결정된 경우라도 나머지 디자인에 대해서는 등록여부결정을 할 수 있다.
② 특허청장은 복수디자인등록출원된 디자인 중 우선심사 사유에 해당하는 일부 디자인만을 우선하여 심사하게 할 수 있다.
③ 복수디자인출원된 2 이상의 선출원 디자인(A, B)을 각각 기본디자인으로 하는 관련디자인들(a1, a2, b1, b2)을 하나의 복수디자인등록출원으로 할 수 있다.
④ 복수디자인등록출원된 디자인 중 보완이 필요한 일부 디자인이 보완되지 아니한 경우 해당 디자인만을 반려하고, 나머지 디자인에 대해서 출원일을 인정한다.
⑤ 복수디자인등록출원된 디자인 중 그 일부 디자인에 대하여만 디자인일부심사등록출원으로 할 수 없다.

해설

① (O) 복수디자인등록출원은 각각의 디자인권이 발생하기 때문에 일부에 대해 각하결정이 된 경우라도 나머지 디자인에 대해서는 등록여부결정을 할 수 있다(디자인보호법 제65조).
② (O) 특허청장은 복수디자인등록출원에 대하여 우선심사를 하는 경우에는 일부 디자인만 우선하여 심사하게 할 수 있다(디자인보호법 제61조 제2항).
③ (O) 관련디자인들을 하나의 복수디자인등록출원으로 할 수 있다.
④ (×) 특허청장은 제2항에 따른 보완명령을 받은 자가 지정기간 내에 디자인등록출원을 보완한 경우에는 그 절차보완서가 특허청장에게 도달한 날을 출원일로 본다. 다만, 제41조에 따라 복수디자인등록출원된 디자인 중 일부 디자인에만 보완이 필요한 경우에는 그 일부 디자인에 대한 절차보완서가 특허청장에게 도달한 날을 복수디자인 전체의 출원일로 본다(디자인보호법 제38조 제4항).

답 ④

33 복수디자인등록출원에 관한 설명으로 옳지 <u>않은</u> 것은? 기출 15

① 디자인등록출원을 하려는 자는 산업통상자원부령으로 정하는 물품류 구분에서 같은 물품류에 속하는 물품에 대하여는 100 이내의 디자인을 1디자인등록출원으로 할 수 있다.
② 복수디자인등록출원제도는 일부심사등록출원 대상이 되는 디자인에 대해서만 인정된다.
③ 비밀디자인 지정청구의 경우 복수디자인등록출원된 디자인에 대하여는 출원된 디자인의 전부 또는 일부에 대하여 청구할 수 있다.
④ 복수디자인등록출원에 대하여 디자인등록거절결정을 할 경우 일부 디자인에만 거절이유가 있으면 그 일부 디자인에 대하여만 디자인등록거절결정을 할 수 있다.
⑤ 복수디자인등록출원을 한 자는 디자인등록출원의 일부를 1 이상의 새로운 디자인등록출원으로 분할하여 디자인등록출원을 할 수 있다.

해설

① (O) 디자인등록출원을 하려는 자는 산업통상자원부령으로 정하는 물품류 구분에서 같은 물품류에 속하는 물품에 대하여는 100 이내의 디자인을 1디자인등록출원으로 할 수 있다(디자인보호법 제41조).
② (×) 복수디자인등록출원은 심사등록출원과 일부심사등록출원 대상이 되는 디자인에 대해서 모두 인정된다.
③ (O) 복수디자인등록출원의 경우 각 디자인마다 비밀디자인청구를 할 수 있다.
④ (O) 복수디자인은 각 디자인마다 권리가 성립하므로 일부에 대해 거절결정을 할 수 있다.
⑤ (O) 복수디자인등록출원을 한 자는 디자인등록출원의 일부를 1 이상의 새로운 디자인등록출원으로 분할하여 디자인등록출원을 할 수 있다(디자인보호법 제50조 제1항).

답 ②

34 디자인보호법상 물품에 관한 설명으로 옳지 않은 것은? (다툼이 있으면 판례에 따름) 기출 22

① 디자인의 동일·유사 여부 판단에서 디자인보호법 시행규칙 소정의 물품 구분표는 디자인 등록사무의 편의를 위한 것이 아니라 동종의 물품을 법정한 것이므로 용도와 기능이 상이하고 양 물품의 형상, 모양, 색채 또는 그 결합이 유사하고 서로 섞여서 사용할 수 있는 경우에도 비유사물품으로 보아야 한다.

② 물품이 디자인등록의 대상이 되기 위해서는 통상의 상태에서 독립된 거래의 대상이 되어야 하고, 그것이 부품인 경우에는 다시 호환성을 가져야 하나, 이는 반드시 실제 거래사회에서 현실적으로 거래되고 다른 물품과 호환될 것을 요하는 것은 아니고, 그러한 독립된 거래의 대상 및 호환의 가능성만 있으면 디자인등록의 대상이 된다.

③ 디자인은 원칙적으로 물품을 떠나서는 존재할 수 없고 물품과 일체불가분의 관계에 있으므로 디자인이 동일·유사하다고 하려면 디자인이 표현된 물품이 동일·유사하여야 하고, 물품의 동일·유사성 여부는 물품의 용도, 기능 등에 비추어 거래 통념상 동일·유사한 물품으로 인정할 수 있는지 여부에 따라 결정하여야 한다.

④ 하나의 물품 중 물리적으로 떨어져 있는 둘 이상의 부분에 관한 디자인이 그들 사이에 형태적으로나 기능적으로 일체성이 있어서 보는 사람으로 하여금 그 전체가 일체로서 시각을 통한 미감을 일으키게 하는 경우 그 등록출원은 '1디자인'에 위배되지 않는다.

⑤ 디자인의 구성 중 물품의 기능을 확보할 수 있는 선택 가능한 대체 형상이 존재하는 경우에는 물품의 기능을 확보하는 데에 불가결한 형상이 아니므로, 이 경우 단순히 기능과 관련된 형상이라는 이유만으로 디자인의 유사 여부 판단에 있어서 그 중요도를 낮게 평가하여서는 아니 된다.

해설

① (×) 디자인보호법 시행규칙 소정의 물품 구분표는 디자인등록 사무의 편의를 위한 것으로서 동종의 물품을 법정한 것은 아니므로 용도와 기능이 상이하더라도 양 물품의 형상, 모양, 색채 또는 그 결합이 유사하고 서로 섞여서 사용할 수 있는 것은 유사물품으로 보아야 한다(判例 2002후2570).

답 ①

35 한 벌의 물품의 디자인에 관한 설명으로 옳지 않은 것은? 기출 22

① 한 벌의 물품의 각 구성물품이 서로 결합하여 하나의 통일된 형상·모양 또는 관념을 표현하는 경우에는 구성물품이 조합된 상태의 1조의 도면과 각 구성물품에 대한 1조씩의 도면을 제출하여야 한다.
② 2 이상의 물품이 한 벌의 물품으로 동시에 사용되는 경우 그 한 벌의 물품의 디자인이 한 벌 전체로서 통일성이 있을 때에는 1디자인으로 디자인등록을 받을 수 있다. 이 경우 한 벌의 물품의 구분은 산업통상자원부령으로 정한다.
③ 2 이상의 물품(동종의 물품 포함)이 한 벌로 동시에 사용된다는 의미는 관념적으로 하나의 사용이 다른 것의 사용을 예상하게 하거나, 상거래 관행상 동시에 사용하는 것으로 인정되는 것을 말한다.
④ 한 벌의 물품의 디자인 도면을 제출하는 경우 각 구성물품의 하나의 디자인은 도면이나 3D 모델링 도면으로 표현할 수 있다.
⑤ 구성물품 외의 물품이 포함된 경우에는 한 벌의 물품으로 정해진 물품과 동시에 사용되어야 정당한 한 벌의 물품으로 보기 때문에 '한 벌의 태권도복 세트'와 같은 전문운동복 세트의 구성물품에는 보호장구도 포함된다.

해설

⑤ (×) 구성물품 외의 물품이 포함된 경우에는 한 벌의 물품으로 정해진 물품과 동시에 사용되는 것이 상거래 관행상 해당 업계에서 인정될 수 있는 경우에는 정당한 한 벌의 물품으로 본다. 다만, "한 벌의 태권도복 세트"와 같은 전문 운동복 세트의 구성물품에는 모자, 양말, 신발, 보호장구 등은 포함하지 아니한다. 또한 동시에 사용될 가능성이 없는 물품끼리 된 경우(예 태권도복 상의와 등산복 하의를 출원한 경우)에는 한 벌의 물품으로 동시에 사용되지 않는 것으로 본다(심사기준 2.1.4 (3)).

답 ⑤

36 비밀디자인제도에 관한 설명으로 옳지 <u>않은</u> 것은? 기출 25

① 비밀디자인의 청구 후 제52조(출원공개)에 따라 출원공개신청이 있는 경우에는 비밀디자인의 청구는 철회된 것으로 본다.
② 특허청 또는 특허심판원 직원이나 그 직원으로 재직하였던 사람이 제43조(비밀디자인) 제1항에 따른 비밀디자인에 관하여 직무상 알게 된 비밀을 누설한 경우에는 5년 이하의 징역 또는 5천만원 이하의 벌금에 처한다.
③ 제43조(비밀디자인) 제4항에 따라 비밀디자인을 열람한 자(제43조 제4항 제4호에 해당하는 자는 제외한다)가 같은 조 제5항을 위반하여 열람한 내용을 무단으로 촬영·복사 등의 방법으로 취득하거나 알게 된 내용을 누설하는 경우에는 2년 이하의 징역 또는 2천만원 이하의 벌금에 처한다.
④ 제43조(비밀디자인) 제1항에 따라 비밀로 할 것을 청구한 디자인의 디자인권자 및 전용실시권자는 산업통상자원부령으로 정하는 바에 따라 그 디자인에 관한 디자인등록출원서에 첨부한 도면·사진 또는 견본의 내용에 대하여 특허청장으로부터 증명을 받은 서면을 제시하여 경고한 후가 아니면 침해의 금지 또는 예방을 청구를 할 수 없다.
⑤ 제43조(비밀디자인) 제1항에 따라 비밀디자인으로 설정등록된 디자인권 또는 전용실시권을 침해한 자는 그 침해행위에 대하여 과실이 있는 것으로 추정한다.

┃해설┃

① (○) 제52조에 따른 출원공개신청을 한 경우에는 제1항에 따른 청구는 철회된 것으로 본다(디자인보호법 제43조 제6항).
② (○) 특허청 또는 특허심판원 직원이나 그 직원으로 재직하였던 사람이 제43조 제1항에 따른 비밀디자인에 관하여 직무상 알게 된 비밀을 누설한 경우에는 5년 이하의 징역 또는 5천만원 이하의 벌금에 처한다(디자인보호법 제225조 제2항).
③ (○) 제43조 제4항에 따라 비밀디자인을 열람한 자(제43조 제4항 제4호에 해당하는 자는 제외한다)가 같은 조 제5항을 위반하여 열람한 내용을 무단으로 촬영·복사 등의 방법으로 취득하거나 알게 된 내용을 누설하는 경우에는 2년 이하의 징역 또는 2천만원 이하의 벌금에 처한다(디자인보호법 제225조 제3항).
④ (○) 제43조 제1항에 따라 비밀로 할 것을 청구한 디자인의 디자인권자 및 전용실시권자는 산업통상자원부령으로 정하는 바에 따라 그 디자인에 관한 다음 각 호의 사항에 대하여 특허청장으로부터 증명을 받은 서면을 제시하여 경고한 후가 아니면 제1항에 따른 청구를 할 수 없다(디자인보호법 제113조 제2항).
⑤ (×) 타인의 디자인권 또는 전용실시권을 침해한 자는 그 침해행위에 대하여 과실이 있는 것으로 추정한다. <u>다만, 제43조 제1항에 따라 비밀디자인으로 설정등록된 디자인권 또는 전용실시권의 침해에 대하여는 그러하지 아니하다</u>(디자인보호법 제116조 제1항).

 ⑤

37. 한 벌의 물품의 디자인에 관한 설명으로 옳지 않은 것은? (다툼이 있으면 판례에 따름)

① '한 벌의 샐러드 그릇 및 포크 세트'가 한 벌의 물품으로 인정되기 위해서는 샐러드 그릇 및 포크가 상호 집합되어 하나의 그릇 형상을 표현하는 등 한 벌 전체로서 통일성이 있어야 한다.
② 둘 이상의 물품(동종의 물품 포함)이 한 벌로 동시에 사용되어야 하며, 이는 언제든지 반드시 동시에 사용되어야 한다는 것이 아니라 관념적으로 하나의 사용이 다른 것의 사용을 예상하게 하는 것을 말한다.
③ 한 벌의 물품의 경우 한 벌 물품 전체로서의 등록요건을 충족하여야 할 뿐만 아니라 각 구성물품의 디자인도 신규성, 창작비용이성, 선출원 등의 등록요건을 충족하고 있어야 한다.
④ 한 벌의 물품의 각 구성물품이 상호 집합되어 하나의 통일된 형상·모양 또는 관념을 표현하는 경우에는 구성물품이 조합된 상태의 1조의 도면과 각 구성물품에 대한 1조씩의 도면을 제출하여야 한다.
⑤ 한 벌의 각 구성물품의 형상·모양·색채 또는 이들의 결합이 동일한 표현방법으로 표현되어 한 벌 전체로서 통일성이 있다면 한 벌의 물품으로 인정될 수 있다.

해설

① (○) 동일한 형태, 상호 집합되어 하나의 형태 또는 관념적으로 서로 관련이 되어 한 벌 전체로서 통일성이 있어야 한다.
② (○) 반드시 동시에 사용되어야 한다는 것이 아니라 관념적으로 하나의 사용이 다른 것의 사용을 예상할 수 있으면 족하다.
③ (×) 한 벌의 물품의 디자인의 등록요건은 한 벌 전체로서 판단한다.
④ (○) 각 구성물품이 상호 집합 또는 관념적으로 서로 관련되어 하나의 형태를 표현하는 경우에는 구성물품이 조합된 상태의 1조의 도면과 각 구성물품에 대한 1조씩의 도면을 제출하여야 한다.
⑤ (○) 각 구성물품의 동일한 표현방법으로 표현되어 한 벌 전체로서 통일성이 있다면 한 벌의 물품으로 인정될 수 있다.

 ③

38 비밀디자인제도에 관한 설명으로 옳지 않은 것은? 기출 25

① 비밀디자인의 청구 후 제52조(출원공개)에 따라 출원공개신청이 있는 경우에는 비밀디자인의 청구는 철회된 것으로 본다.
② 특허청 또는 특허심판원 직원이나 그 직원으로 재직하였던 사람이 제43조(비밀디자인) 제1항에 따른 비밀디자인에 관하여 직무상 알게 된 비밀을 누설한 경우에는 5년 이하의 징역 또는 5천만원 이하의 벌금에 처한다.
③ 제43조(비밀디자인) 제4항에 따라 비밀디자인을 열람한 자(제43조 제4항 제4호에 해당하는 자는 제외한다)가 같은 조 제5항을 위반하여 열람한 내용을 무단으로 촬영·복사 등의 방법으로 취득하거나 알게 된 내용을 누설하는 경우에는 2년 이하의 징역 또는 2천만원 이하의 벌금에 처한다.
④ 제43조(비밀디자인) 제1항에 따라 비밀로 할 것을 청구한 디자인의 디자인권자 및 전용실시권자는 산업통상자원부령으로 정하는 바에 따라 그 디자인에 관한 디자인등록출원서에 첨부한 도면·사진 또는 견본의 내용에 대하여 특허청장으로부터 증명을 받은 서면을 제시하여 경고한 후가 아니면 침해의 금지 또는 예방을 청구를 할 수 없다.
⑤ 제43조(비밀디자인) 제1항에 따라 비밀디자인으로 설정등록된 디자인권 또는 전용실시권을 침해한 자는 그 침해행위에 대하여 과실이 있는 것으로 추정한다.

해설

① (○) 제52조에 따른 출원공개신청을 한 경우에는 제1항에 따른 청구는 철회된 것으로 본다(디자인보호법 제43조 제6항).
② (○) 특허청 또는 특허심판원 직원이나 그 직원으로 재직하였던 사람이 제43조 제1항에 따른 비밀디자인에 관하여 직무상 알게 된 비밀을 누설한 경우에는 5년 이하의 징역 또는 5천만원 이하의 벌금에 처한다(디자인보호법 제225조 제2항).
③ (○) 제43조 제4항에 따라 비밀디자인을 열람한 자(제43조 제4항 제4호에 해당하는 자는 제외한다)가 같은 조 제5항을 위반하여 열람한 내용을 무단으로 촬영·복사 등의 방법으로 취득하거나 알게 된 내용을 누설하는 경우에는 2년 이하의 징역 또는 2천만원 이하의 벌금에 처한다(디자인보호법 제225조 제3항).
④ (○) 제43조 제1항에 따라 비밀로 할 것을 청구한 디자인의 디자인권자 및 전용실시권자는 산업통상자원부령으로 정하는 바에 따라 그 디자인에 관한 다음 각 호의 사항에 대하여 특허청장으로부터 증명을 받은 서면을 제시하여 경고한 후가 아니면 제1항에 따른 청구를 할 수 없다(디자인보호법 제113조 제2항).
⑤ (×) 타인의 디자인권 또는 전용실시권을 침해한 자는 그 침해행위에 대하여 과실이 있는 것으로 추정한다. 다만, 제43조 제1항에 따라 비밀디자인으로 설정등록된 디자인권 또는 전용실시권의 침해에 대하여는 그러하지 아니하다(디자인보호법 제116조 제1항).

답 ⑤

39 비밀디자인에 관한 설명으로 옳은 것은? 기출 21

① 디자인등록출원인은 디자인권의 설정등록일의 다음 날부터 3년 이내의 기간을 정하여 그 디자인을 비밀로 할 것을 청구할 수 있으며, 이때 복수디자인등록출원된 디자인에 대하여는 출원된 디자인의 전부 또는 일부에 대하여 청구할 수 있다.
② 디자인등록출원인은 디자인등록출원을 한 날부터 최초의 디자인등록료를 내는 날까지 그 디자인을 비밀로 할 것을 청구할 수 있으며, 디자인보호법 제86조(등록료 및 수수료의 감면)에 따라 그 등록료가 면제된 경우에는 특허청장이 디자인권을 설정등록할 때까지 그 디자인을 비밀로 할 것을 청구할 수 있다.
③ 디자인등록출원인이 비밀디자인으로 청구된 디자인등록출원에 대하여 출원공개신청을 한 경우에 그 디자인에 대한 비밀청구는 취소된 것으로 본다.
④ 디자인권자의 동의를 받은 자가 비밀디자인을 열람청구하여 해당 비밀디자인을 열람하게 된 경우에 그 열람한 내용을 무단으로 촬영·복사 등의 방법으로 취득하거나 알게 된 내용을 누설하여서는 아니 되며, 누설하는 경우에는 3년 이하의 징역 또는 3천만원 이하의 벌금에 처한다.
⑤ 비밀디자인으로 청구한 디자인의 디자인권자 및 전용실시권자는 그 디자인에 관하여 특허청장으로부터 증명을 받은 서면을 제시하여 경고하지 않더라도 권리 침해자에 대하여 침해금지 또는 예방을 청구할 수 있다.

해설

① (×) 디자인등록출원인은 디자인권의 설정등록일부터 3년 이내의 기간을 정하여 그 디자인을 비밀로 할 것을 청구할 수 있다. 이 경우 복수디자인등록출원된 디자인에 대하여는 출원된 디자인의 전부 또는 일부에 대하여 청구할 수 있다(디자인보호법 제43조 제1항).
② (○) 디자인등록출원인은 디자인등록출원을 한 날부터 최초의 디자인등록료를 내는 날까지 그 디자인을 비밀로 할 것을 청구할 수 있으며, 디자인보호법 제86조(등록료 및 수수료의 감면)에 따라 그 등록료가 면제된 경우에는 특허청장이 디자인권을 설정등록할 때까지 그 디자인을 비밀로 할 것을 청구할 수 있다(디자인보호법 제43조 제2항).
③ (×) 디자인등록출원인이 비밀디자인으로 청구된 디자인등록출원에 대하여 출원공개신청을 한 경우에는 그 디자인에 대한 비밀청구는 철회된 것으로 본다(디자인보호법 제43조 제6항).
④ (×) 디자인권자의 동의를 받은 자가 비밀디자인을 열람청구하여 해당 비밀디자인을 열람하게 된 경우에 그 열람한 내용을 무단으로 촬영·복사 등의 방법으로 취득하거나 알게 된 내용을 누설하여서는 아니 되며, 누설하는 경우에는 2년 이하의 징역 또는 2천만원 이하의 벌금에 처한다(디자인보호법 제225조 제3항).
⑤ (×) 비밀디자인으로 청구한 디자인의 디자인권자 및 전용실시권자는 그 디자인에 관한 특허청장으로부터 증명을 받은 서면을 제시하여 경고한 후가 아니면 권리침해자에 대하여 침해금지 또는 예방청구를 할 수 없다(디자인보호법 제113조 제2항).

답 ②

40 디자인보호법상 비밀디자인제도에 관한 설명으로 옳지 <u>않은</u> 것은? 기출 20

① 비밀디자인으로 청구된 디자인등록출원에 대하여 출원공개신청이 있는 경우에는 비밀디자인 청구는 철회된 것으로 본다.
② 국제디자인등록출원에 대하여는 제43조(비밀디자인)를 규정을 적용하지 아니한다.
③ 특허청장은 디자인권 침해의 경고를 받을 우려가 있는 자가 열람청구한 경우 비밀디자인의 열람청구에 응하여야 한다.
④ 비밀디자인의 열람청구에 따라 비밀디자인을 열람한 자는 그 열람한 내용을 무단으로 촬영·복사 등의 방법으로 취득하거나 알게 된 내용을 누설하여서는 아니 된다.
⑤ 타인의 디자인권 또는 전용실시권을 침해한 자는 그 침해행위에 대하여 과실이 있는 것으로 추정하되, 비밀디자인으로 설정등록된 디자인권 또는 전용실시권의 침해에 대하여는 그러하지 아니하다.

해설

① (○) 출원공개신청을 한 경우에는 비밀디자인 청구는 철회된 것으로 본다(디자인보호법 제43조 제6항).
② (○) 국제디자인등록출원에 대하여는 제43조를 적용하지 아니한다(디자인보호법 제184조).
③ (×) 특허청장은 디자인권 침해의 경고를 받은 사실을 소명한 자가 열람청구한 경우 비밀디자인 열람청구에 응하여야 한다.
④ (○) 비밀디자인을 열람한 자는 그 열람한 내용을 무단으로 촬영·복사 등의 방법으로 취득하거나 알게 된 내용을 누설하여서는 아니 된다(디자인보호법 제43조 제5항).
⑤ (○) 비밀디자인으로 설정등록된 디자인권 또는 전용실시권의 침해에 대하여는 과실이 있는 것으로 추정하지 않는다(디자인보호법 제116조 제1항 단서).

답 ③

41 비밀디자인제도에 관한 설명으로 옳지 않은 것은? 기출 17

① 복수디자인등록출원된 디자인에 대한 비밀디자인청구는 출원된 디자인의 일부에 대하여도 청구할 수 있다.
② 디자인권자는 비밀디자인 청구시에 지정한 비밀기간을 청구에 의하여 단축하거나 연장할 수 있으나, 연장하는 경우에는 그 디자인권의 설정등록일부터 3년을 초과할 수 없다.
③ 비밀디자인으로 청구된 디자인등록출원에 대하여 출원공개신청이 있는 경우에는 비밀디자인 청구는 철회된 것으로 본다.
④ 비밀디자인으로 등록된 디자인일부심사등록에 대한 이의신청은 디자인권이 설정등록된 날부터 당해 디자인에 대한 비밀이 해제되어 비밀디자인의 도면 또는 사진 등이 게재된 등록디자인공보발행일 후 3개월 이내에 할 수 있다.
⑤ 비밀디자인으로 설정등록된 디자인권이 침해된 경우 디자인권자는 그 비밀디자인에 관한 특허청장의 증명을 받은 서면을 제시하여 경고한 후가 아니면 그 침해에 의하여 입은 손해의 배상을 청구할 수 없다.

해설

① (O) 복수디자인등록출원된 디자인에 대한 비밀디자인청구는 출원된 디자인의 일부에 대하여도 청구할 수 있다(디자인보호법 제43조 제1항 후단).
② (O) 디자인권자는 비밀디자인 청구시에 지정한 비밀기간을 청구에 의하여 단축하거나 연장할 수 있으나, 연장하는 경우에는 그 디자인권의 설정등록일부터 3년을 초과할 수 없다(디자인보호법 제43조 제3항).
③ (O) 비밀디자인으로 청구된 디자인등록출원에 대하여 출원공개신청이 있는 경우에는 비밀디자인 청구는 철회된 것으로 본다(디자인보호법 제43조 제6항).
④ (O) 비밀디자인 일부심사등록에 대한 이의신청은 디자인권이 설정등록된 날부터 당해 디자인에 대한 비밀이 해제되어 비밀디자인의 도면 또는 사진 등이 게재된 등록디자인공보발행일 후 3개월 이내에 할 수 있다(디자인보호법 제68조 제1항).
⑤ (×) 손해배상청구의 경우에는 특허청장의 증명을 받은 서면의 제시를 요하지 않는다.

답 ⑤

42 디자인등록출원 분할 및 보정에 관한 설명으로 옳지 않은 것은? 기출 21

① 디자인등록출원의 보정은 디자인등록여부결정의 통지서가 도달하기 전까지 할 수 있다.
② 복수디자인등록출원을 한 자는 디자인등록출원의 일부를 1 이상의 새로운 디자인등록출원으로 분할하여 디자인등록출원을 할 수 있다.
③ 디자인등록출원인은 디자인일부심사등록출원을 디자인심사등록출원으로, 디자인심사등록출원을 디자인일부심사등록출원으로 변경하는 보정을 할 수 있다.
④ 국제디자인등록출원인은 디자인일부심사등록출원을 디자인심사등록출원으로, 디자인심사등록출원을 디자인일부심사등록출원으로 변경하는 보정을 할 수 없다.
⑤ 한 벌 물품의 디자인을 출원한 자는 한 벌 물품 디자인의 성립요건을 충족하지 못한 경우 각각의 구성 물품을 분할하여 디자인등록출원을 할 수 있다.

해설

① (×) 디자인등록출원의 보정은 디자인등록거절결정 또는 디자인등록결정(이하 "디자인등록여부결정"이라 한다)의 통지서가 발송되기 전까지 할 수 있다(디자인보호법 제48조 제4항 제1호).
② (○) 복수디자인등록출원을 한 자는 디자인등록출원의 일부를 1 이상의 새로운 디자인등록출원으로 분할하여 디자인등록출원을 할 수 있다(디자인보호법 제50조 제1항 제2호).
③ (○) 디자인등록출원인은 디자인일부심사등록출원을 디자인심사등록출원으로, 디자인심사등록출원을 디자인일부심사등록출원으로 변경하는 보정을 할 수 있다(디자인보호법 제48조 제3항).
④ (○) 국제디자인등록출원에 대하여는 디자인일부심사등록출원을 디자인심사등록출원으로, 디자인심사등록출원을 디자인일부심사등록출원으로 변경하는 보정을 할 수 없다(디자인보호법 제186조 제2항).
⑤ (○) 한 벌 물품의 디자인 성립요건을 충족하지 못한 경우는 제40조 위반에 해당되어 각 구성 물품을 분할하여 디자인등록출원할 수 있다(디자인보호법 제50조 제1항 제1호).

답 ①

43 디자인등록출원의 보정에 관한 설명으로 옳은 것은? 기출 20

① 물품명의 보정에 있어, 최초 제출한 도면 등을 기준으로 판단하여 단순한 착오나 오기를 정정하는 것이라도 디자인의 대상이 되는 물품의 명칭이 동일물품 외의 물품으로 보정되는 경우에는 요지변경으로 본다.
② 디자인등록출원인이 심사관의 보정각하결정에 대해 심판을 청구한 경우에도 심사관은 디자인등록출원에 대한 심사를 계속할 수 있다.
③ 디자인등록출원인은 관련디자인등록출원을 단독의 디자인등록출원으로 변경하는 보정은 할 수 있으나, 단독의 디자인등록출원을 관련디자인등록출원으로 변경하는 보정은 할 수 없다.
④ 국제디자인등록출원인은 디자인심사등록출원을 디자인일부심사등록출원으로 변경하는 보정을 할 수 있다.
⑤ 복수디자인등록출원을 한 경우(국제디자인등록출원은 제외) 도면의 보정에 있어, 디자인의 일부를 취하하기 위하여 출원디자인의 일부를 삭제 보정하는 경우에는 요지변경이 아닌 것으로 보지만, 출원서에 적힌 디자인의 수에 맞춰 도면을 추가로 제출하는 경우에는 요지변경으로 본다.

해설

① (×) 단순한 착오나 오기를 정정하는 경우에는 물품의 명칭이 동일물품의 외의 물품으로 되더라도 출원디자인의 실체적 동일은 인정된 것이므로 요지변경에 해당하지 않는다.
② (×) 심사관은 디자인등록출원인이 보정각하결정불복심판을 청구한 경우에는 그 심결이 확정될 때까지 그 디자인등록출원의 심사를 중지하여야 한다(디자인보호법 제49조 제3항).
③ (×) 관련디자인등록출원과 단독의 디자인등록출원으로 변경하는 보정은 서로 할 수 있다(디자인보호법 제48조 제2항).
④ (×) 국제디자인등록출원에 대하여는 제48조 제3항을 적용하지 아니한다(디자인보호법 제186조 제2항).
⑤ (○) 복수디자인의 경우 출원서에 적힌 디자인수에 맞춰 도면을 추가로 제출하는 것은 요지변경이다.

답 ⑤

44 디자인보호법상 보정에 관한 설명으로 옳지 않은 것은? 기출수정 18

① 디자인등록출원을 보정할 수 있는 자는 출원인이며, 디자인등록여부결정의 통지서를 송달받기 전까지 보정할 수 있다.
② 디자인등록출원인은 최초의 디자인등록출원의 요지를 변경하지 아니하는 범위에서 디자인등록출원서의 기재사항, 디자인등록출원서에 첨부한 도면, 도면의 기재사항이나 사진 또는 견본을 보정할 수 있다.
③ 디자인보호법 제120조(디자인등록거절결정 또는 디자인등록취소결정에 대한 심판)에 따라 디자인등록거절결정에 대한 심판을 청구하는 경우에는 그 청구일부터 3개월 이내에 보정할 수 있다.
④ 보정이 최초의 디자인등록출원의 요지를 변경하는 것으로 디자인권의 설정등록 후에 인정된 경우에는 그 디자인등록출원은 그 보정서를 제출한 때에 디자인등록출원을 한 것으로 본다.
⑤ 디자인등록출원인이 디자인등록출원의 요지변경으로 인하여 보정각하결정을 받은 경우, 그 결정에 불복할 때에는 그 결정등본을 송달받은 날부터 3개월 이내에 심판을 청구할 수 있다.

해설

① (×) 디자인등록여부결정의 통지서가 발송되기 전까지는 보정할 수 있다(디자인보호법 제48조 제4항 제1호).
② (O) 디자인등록출원인은 최초의 디자인등록출원의 요지를 변경하지 아니하는 범위에서 디자인등록출원서의 기재사항, 디자인등록출원서에 첨부한 도면, 도면의 기재사항이나 사진 또는 견본을 보정할 수 있다(디자인보호법 제48조 제1항).
③ (O) 디자인등록거절결정에 대한 심판에 관하여는 제48조 제1항부터 제3항까지의 규정을 준용한다(디자인보호법 제124조).
④ (O) 보정이 최초의 디자인등록출원의 요지를 변경하는 것으로 디자인권의 설정등록 후에 인정된 경우에는 그 디자인등록출원은 그 보정서를 제출한 때에 디자인등록출원을 한 것으로 본다(디자인보호법 제48조 제5항).
⑤ (O) 보정각하결정을 받은 자가 그 결정에 불복할 때에는 그 결정등본을 송달받은 날부터 3개월 이내에 심판을 청구할 수 있다(디자인보호법 제119조).

답 ①

45 디자인보호법상 디자인등록출원의 심사에 관한 설명으로 옳지 않은 것은? 기출 16

① 우선권 주장에 관한 서류 중 도면의 기재내용이 디자인등록출원서에 첨부된 도면과 동일한 부분은 한글번역문의 제출을 생략할 수 있다.
② 디자인일부심사등록에 대해서는 누구든지 디자인보호법 제68조(디자인일부심사 등록 이의신청)에 따라 이의신청을 할 수 있고, 이의신청기간이 경과하여 이의 신청을 한 경우 등 보정이 불가능한 이의신청에 대하여는 결정으로 이를 각하한다.
③ 재심사가 청구된 경우 해당 디자인등록출원에 대하여 종전에 이루어진 디자인 등록거절결정은 취소된 것으로 간주되어 보정된 내용을 대상으로 심사가 이루어지게 되며, 재심사의 청구는 취하할 수 없다.
④ 재심사에 따른 디자인등록거절결정이 있거나 디자인등록거절결정에 대한 심판 청구가 있는 경우에는 재심사를 청구할 수 없다.
⑤ 관련디자인등록출원을 단독의 디자인등록출원으로 변경하거나 단독의 디자인등록출원을 관련디자인등록출원으로 변경하는 보정은 재심사를 청구할 때에는 할 수 없다.

해설

① (O) 우선권증명서류의 내용 중 디자인등록출원서에 첨부된 도면의 내용과 동일한 부분은 국어번역문을 생략할 수 있다.
② (O) 이의신청기간이 경과하여 이의 신청을 한 경우 등 보정이 불가능한 이의신청에 대하여는 결정으로 이를 각하한다(디자인보호법 제78조, 제129조).
③ (O) 재심사가 청구된 경우 해당 디자인등록출원에 대하여 종전에 이루어진 디자인 등록거절결정은 취소된 것으로 간주되어 보정된 내용을 대상으로 심사가 이루어지게 되며, 재심사의 청구는 취하할 수 없다(디자인보호법 제64조 제3항・제4항).
④ (O) 재심사에 따른 디자인등록거절결정이 있거나 디자인등록거절결정에 대한 심판 청구가 있는 경우에는 재심사를 청구할 수 없다(디자인보호법 제64조 제1항 단서).
⑤ (×) 보정할 수 있는 기간은 디자인등록여부결정의 통지서가 발송되기 전까지, 재심사 청구기간에, 디자인등록거절결정에 대한 심판을 청구하는 경우 그 청구일로부터 30일 이내에 할 수 있다(디자인보호법 제48조 제4항).

답 ⑤

46 디자인보호법상 분할출원에 관한 설명으로 옳지 않은 것은? 기출수정 23

① 복수디자인등록출원을 한 자는 디자인등록출원의 일부를 1 이상의 새로운 디자인등록출원으로 분할하여 디자인등록출원할 수 있다.
② 분할에 따른 새로운 출원의 출원인은 원출원의 출원인과 동일인이거나 그 승계인이어야 한다.
③ 제51조(조약에 따른 우선권 주장)에 따른 우선권 주장을 한 것으로 보는 분할출원에 대해서는 분할출원을 한 날부터 30일 이내에 그 우선권 주장의 전부 또는 일부를 취하할 수 있다.
④ 분할의 기초가 된 디자인등록출원이 제51조에 따라 우선권을 주장한 디자인등록출원인 경우에는 제1항에 따라 분할출원을 한 때에 그 분할출원에 대해서도 우선권 주장을 한 것으로 추정되며, 분할의 기초가 된 디자인등록출원에 대하여 제51조에 따라 제출된 서류 또는 서면이 있는 경우에는 그 분할출원에 대해서도 해당 서류 또는 서면이 제출된 것으로 추정된다.
⑤ 분할출원이 있는 경우 그 분할출원은 최초에 디자인등록출원을 한 때에 출원한 것으로 본다. 다만, 제51조 제3항 및 제4항을 적용할 때에는 그러하지 아니하다.

해설

① (○) 디자인등록출원을 하려는 자는 제40조 제1항에도 불구하고 산업통상자원부령으로 정하는 물품류 구분에서 같은 물품류에 속하는 물품에 대하여는 100 이내의 디자인을 1디자인등록출원(이하 "복수디자인등록출원"이라 한다)으로 할 수 있다. 이 경우 1디자인마다 분리하여 표현하여야 한다(디자인보호법 제41조).
② (○) 분할에 따른 새로운 출원의 출원인은 원출원의 출원인과 동일인이거나 그 승계인이어야 한다(분할출원의 주체)(심사기준).
③ (○) 제4항에 따라 제51조, 제51조의2 또는 제51조의3에 따른 우선권 주장을 한 것으로 보는 분할출원에 대해서는 분할출원을 한 날부터 30일 이내에 그 우선권 주장의 전부 또는 일부를 취하할 수 있다(디자인보호법 제50조 제5항).
④ (×) 분할의 기초가 된 디자인등록출원이 제51조, 제51조의2 또는 제51조의3에 따라 우선권을 주장한 디자인등록출원인 경우에는 제1항에 따라 분할출원을 한 때에 그 분할출원에 대해서도 우선권 주장을 한 것으로 보며, 분할의 기초가 된 디자인등록출원에 대하여 제51조, 제51조의2 또는 제51조의3에 따라 제출된 서류 또는 서면이 있는 경우에는 그 분할출원에 대해서도 해당 서류 또는 서면이 <u>제출된 것으로 본다</u>(디자인보호법 제50조 제4항).
⑤ (○) 제1항에 따라 분할된 디자인등록출원(이하 "분할출원"이라 한다)이 있는 경우 그 분할출원은 최초에 디자인등록출원을 한 때에 출원한 것으로 본다. 다만, 제51조 제3항 및 제4항을 적용할 때에는 그러하지 아니하다(디자인보호법 제50조 제2항).

 ④

47. 디자인보호법상 출원의 분할에서 분할의 대상이 되지 않는 경우를 모두 고른 것은? 기출 16

> ㄱ. 1디자인 1디자인등록출원으로 출원한 완성품디자인에 관한 디자인등록출원을 각각의 부품별로 분할하는 것
> ㄴ. 한 벌의 물품의 디자인의 요건을 충족하고 있는 디자인등록출원을 각 구성 물품별로 분할하는 것
> ㄷ. 도면에 '의자'에 관하여 각각 다른 형태로 구성된 2 이상의 디자인을 도시한 것
> ㄹ. 물리적으로 분리된 2 이상의 부분이 형태적 또는 기능적으로 일체성이 인정되어 1디자인 1디자인등록출원의 요건을 충족하는 부분디자인등록출원을 각각의 부분으로 분할하는 것
> ㅁ. 복수디자인등록출원에 물품류가 다른 물품이 포함된 것

① ㄱ, ㄴ, ㄷ
② ㄱ, ㄴ, ㄹ
③ ㄱ, ㄷ, ㄹ
④ ㄴ, ㄹ, ㅁ
⑤ ㄷ, ㄹ, ㅁ

해설

ㄱ. (×) 적법하게 성립된 1디자인의 부분이나 부품은 분할출원 할 수 없다.
ㄴ. (×) 한 벌의 물품은 전체로서 1디자인으로 성립되므로 그 부분이나 부품을 분할할 수 없다.
ㄷ. (○) 2개의 형태가 도시되었으므로 2개의 디자인이 1출원된 경우로서, 어느 하나의 디자인을 분할출원할 수 있다.
ㄹ. (×) 물리적으로 분리된 2 이상의 형태는 2 이상의 디자인을 성립시킨다. 다만, 분리된 부분이 전체로서 기능적 또는 형태적 일체성이 존재하는 경우에는 전체로서 1디자인으로 성립될 수 있다.
ㅁ. (○) 복수디자인등록출원된 경우에는 2 이상의 디자인이 1출원된 경우로서 일부 디자인을 분할출원할 수 있다.

답 ②

48 파리협약에 의한 디자인의 우선권 주장에 관한 설명으로 옳지 않은 것은? 기출 17

① 제1국의 실용신안등록출원을 기초로 대한민국에 디자인등록출원을 할 때 우선권 주장 기간은 우선권 주장의 기초가 되는 최초 출원의 출원일로부터 6개월이다.
② 디자인등록출원시 우선권 주장을 하지 않은 경우, 출원일로부터 3개월 이내에 우선권 주장을 추가하는 보정을 할 수 있다.
③ 심사관은 출원된 디자인과 우선권 주장의 기초가 되는 디자인 간에 동일성이 인정되지 않는 경우에는 출원인에게 우선권불인정예고통지를 하고 기간을 정하여 의견서를 제출할 수 있는 기회를 주어야 한다.
④ 우선권 주장이 인정된 디자인등록출원은 우선권 주장기간 이내에 출원된 다른 디자인등록출원이나 공지된 디자인 등에 의해 거절결정이 되지 않는다.
⑤ 우선권 주장의 취지를 증명할 수 있는 서류가 출원일(국제디자인등록출원의 경우에는 국제공개일)로부터 3개월 이내에 제출되지 않으면, 우선권 주장은 효력을 상실한다.

해설

① (○) 디자인은 출원서류 등의 작성이 용이하므로 제1국 출원일로부터 6개월 이내에 출원하여야 한다(디자인보호법 제51조 제2항).
② (×) 제51조 제1항부터 제3항까지에 따라 우선권 주장을 한 자는 디자인등록출원일부터 3개월 이내에 해당 우선권 주장을 보정하거나 추가할 수 있다(디자인보호법 제51조의2 제1항, 본조신설 2023.6.20.).
④ (○) 우선권주장이 적법한 경우 제33조, 제46조 판단시 판단시점의 소급효를 인정한다(디자인보호법 제51조 제1항).
⑤ (○) 우선권주장의 취지를 증명할 수 있는 서류가 출원일로부터 3개월 이내에 제출되지 않으면, 우선권주장은 효력을 상실한다(디자인보호법 제51조 제5항).

답 ②

49 디자인보호법상 출원공개에 관한 설명으로 옳지 않은 것은? 기출 17

① 출원공개를 신청할 수 있는 자는 디자인등록출원인이며, 공동출원의 경우 대표자선정·신고절차를 밟지 않은 이상 공유자 전원이 신청하여야 한다.
② 출원공개의 신청은 그 디자인등록출원에 대한 최초의 디자인등록여부결정의 등본이 송달된 후에는 할 수 없다.
③ 출원공개된 디자인임을 알면서도 이를 업으로서 실시한 자에 대하여는 당해 디자인등록출원 디자인에 대한 디자인권의 설정등록이 있은 후에 보상금청구권을 행사할 수 있다.
④ 보상금청구권에 대하여는 민법상 불법행위로 인한 손해배상청구권의 소멸시효규정(민법 제766조)을 준용하되, 민법 제766조 제1항 중 "피해자나 그 법정대리인이 그 손해 및 가해자를 안 날"은 디자인등록출원이 공개된 날을 말한다.
⑤ 출원공개로 인한 보상금청구권의 행사는 디자인권의 행사에 영향을 미치지 아니한다.

해설
① (O) 공동출원의 경우 대표자선정·신고절차를 밟지 않은 이상 공유자 전원이 신청하여야 한다(디자인보호법 제13조 제1항 제4호).
② (O) 출원공개의 신청은 그 디자인등록출원에 대한 최초의 디자인등록여부결정의 등본이 송달된 후에는 할 수 없다(디자인보호법 제52조 제3항).
③ (O) 출원공개된 디자인임을 알면서도 이를 업으로서 실시한 자에 대하여는 당해 디자인등록출원 디자인에 대한 디자인권의 설정등록이 있은 후에 보상금청구권을 행사할 수 있다(디자인보호법 제53조 제3항).
④ (×) 해당 디자인권의 설정등록일로 본다(디자인보호법 제53조 제5항).
⑤ (O) 출원공개로 인한 보상금청구권의 행사는 디자인권의 행사에 영향을 미치지 아니한다(디자인보호법 제53조 제4항).

답 ④

50 '디자인등록을 받을 수 있는 권리'에 관한 설명으로 옳지 않은 것은? 기출 25

① 디자인등록을 받을 수 있는 권리는 이전할 수 있다. 다만, 기본디자인등록을 받을 수 있는 권리와 관련디자인등록을 받을 수 있는 권리는 함께 이전하여야 한다.
② 디자인등록을 받을 수 있는 권리가 공유인 경우에는 각 공유자는 다른 공유자 모두의 동의를 받지 아니하면 그 지분을 양도할 수 없다.
③ 디자인등록출원 후에는 디자인등록을 받을 수 있는 권리의 승계는 상속이나 그 밖의 일반승계의 경우를 제외하고는 디자인등록출원인 변경신고를 하지 아니하면 그 효력이 발생하지 아니한다.
④ 디자인등록출원 전에 디자인등록을 받을 수 있는 권리의 승계에 대하여는 그 승계인이 디자인등록출원을 하지 아니하면 제3자에게 대항할 수 없다.
⑤ 같은 자로부터 디자인등록을 받을 수 있는 권리를 승계한 자가 2 이상인 경우로서 같은 날에 2 이상의 디자인등록출원이 있을 때에는 디자인등록출원인이 추첨하여 정한 자에게만 승계의 효력이 발생한다.

해설

① (○) 디자인등록을 받을 수 있는 권리는 이전할 수 있다. 다만, 기본디자인등록을 받을 수 있는 권리와 관련디자인등록을 받을 수 있는 권리는 함께 이전하여야 한다(디자인보호법 제54조 제1항).
② (○) 디자인등록을 받을 수 있는 권리가 공유인 경우에는 각 공유자는 다른 공유자 모두의 동의를 받지 아니하면 그 지분을 양도할 수 없다(디자인보호법 제54조 제3항).
③ (○) 디자인등록출원 후에는 디자인등록을 받을 수 있는 권리의 승계는 상속이나 그 밖의 일반승계의 경우를 제외하고는 디자인등록출원인 변경신고를 하지 아니하면 그 효력이 발생하지 아니한다(디자인보호법 제57조 제3항).
④ (○) 디자인등록출원 전에 디자인등록을 받을 수 있는 권리의 승계에 대하여는 그 승계인이 디자인등록출원을 하지 아니하면 제3자에게 대항할 수 없다(디자인보호법 제57조 제1항).
⑤ (×) 같은 자로부터 디자인등록을 받을 수 있는 권리를 승계한 자가 2 이상인 경우로서 <U>같은 날에 2 이상의 디자인등록출원인 변경신고가 있을 때에는 신고를 한 자 간에 협의하여 정한 자에게만 신고의 효력이 발생한다</U>(디자인보호법 제57조 제5항).

답 ⑤

CHAPTER 03 심 사

제3편 | 디자인보호법

01 심 사

제58조(심사관에 의한 심사)
① (심사관의 심사) 특허청장은 심사관에게 디자인등록출원 및 디자인일부심사등록 이의신청을 심사하게 한다.
② (심사관의 자격) 심사관의 자격에 관하여 필요한 사항은 대통령령으로 정한다.

제59조(전문기관의 지정 등)
① (전문기관의 지정) 특허청장은 디자인등록출원을 심사할 때에 필요하다고 인정하면 전문기관을 지정하여 선행디자인의 조사, 그 밖에 대통령령으로 정하는 업무를 의뢰할 수 있다.
② (협조요청, 의견청취) 특허청장은 디자인등록출원의 심사에 필요하다고 인정하는 경우에는 관계 행정기관, 해당 디자인 분야의 전문기관 또는 디자인에 관한 지식과 경험이 풍부한 사람에게 협조를 요청하거나 의견을 들을 수 있다. 이 경우 특허청장은 예산의 범위에서 수당 또는 비용을 지급할 수 있다.
③ 제1항에 따른 전문기관의 지정기준, 선행디자인의 조사 등의 의뢰에 필요한 사항은 대통령령으로 정한다.

제60조(전문기관 지정의 취소 등)
① (요건) 특허청장은 제59조 제1항에 따른 전문기관이 제1호에 해당하는 경우에는 그 지정을 취소하여야 하며, 제2호에 해당하는 경우에는 그 지정을 취소하거나 6개월 이내의 기간을 정하여 업무의 전부 또는 일부의 정지를 명할 수 있다. 기출 25
  1. 거짓이나 그 밖의 부정한 방법으로 지정을 받은 경우
  2. 제59조 제3항에 따른 지정기준에 맞지 아니하게 된 경우
② (청문) 특허청장은 제1항에 따라 지정을 취소하거나 업무정지를 명하려면 청문을 하여야 한다.
③ 제1항에 따른 처분의 세부 기준과 절차 등에 관하여 필요한 사항은 산업통상자원부령으로 정한다.

제61조(우선심사)
① (대상) 특허청장은 다음 각 호의 어느 하나에 해당하는 디자인등록출원에 대하여는 심사관에게 다른 디자인등록출원에 우선하여 심사하게 할 수 있다.
  1. 제52조에 따른 출원공개 후 디자인등록출원인이 아닌 자가 업으로서 디자인등록출원된 디자인을 실시하고 있다고 인정되는 경우
  2. 대통령령으로 정하는 디자인등록출원으로서 긴급하게 처리할 필요가 있다고 인정되는 경우
② (복수디자인) 특허청장은 복수디자인등록출원에 대하여 제1항에 따라 우선심사를 하는 경우에는 제1항 각 호의 어느 하나에 해당하는 일부 디자인만 우선하여 심사하게 할 수 있다. 기출 18

디자인보호법 시행령 제6조(우선심사의 대상)

법 제61조 제1항 제2호에서 "대통령령으로 정하는 디자인등록출원"이란 다음 각 호의 어느 하나에 해당하는 것으로서 특허청장이 정하는 디자인등록출원을 말한다. 〈개정 2024.8.6.〉

1. 방위산업 분야의 디자인등록출원
2. 「기후위기 대응을 위한 탄소중립·녹색성장 기본법」에 따른 녹색기술과 직접 관련된 디자인등록출원
3. 수출 촉진과 직접 관련된 디자인등록출원
4. 국가나 지방자치단체의 직무에 관한 디자인등록출원(「고등교육법」에 따른 국립·공립학교의 직무에 관한 디자인등록출원으로서 「기술의 이전 및 사업화 촉진에 관한 법률」 제11조 제1항에 따라 국립·공립학교에 설치된 기술이전·사업화에 관한 업무를 전담하는 조직이 낸 디자인등록출원을 포함한다)
5. 「벤처기업육성에 관한 특별법」 제25조에 따라 벤처기업 확인을 받은 기업의 디자인등록출원
6. 「중소기업 기술혁신 촉진법」 제15조에 따라 기술혁신형 중소기업으로 선정된 기업의 디자인등록출원
7. 「발명진흥법」 제11조의2에 따라 직무발명보상 우수기업으로 인증된 기업의 디자인등록출원
7의2. 「발명진흥법」 제24조의2에 따라 지식재산 경영인증을 받은 중소기업의 디자인등록출원
7의3. 「산업디자인진흥법」 제6조에 따라 디자인이 우수한 상품으로 선정된 상품에 관한 디자인등록출원
8. 「국가연구개발혁신법」에 따른 국가연구개발사업의 결과물에 관한 디자인등록출원
9. 조약에 따른 우선권주장의 기초가 되는 디자인등록출원(해당 디자인등록출원을 기초로 하는 우선권주장에 의하여 외국 특허청에서 디자인에 관한 절차가 진행 중인 것으로 한정한다)
10. 디자인등록출원인이 디자인등록출원된 디자인을 실시하고 있거나 실시를 준비 중인 디자인등록출원
11. 삭제 〈2023.12.19.〉
12. 특허청장이 외국 특허청장과 우선심사하기로 합의한 디자인등록출원
13. 삭제 〈2023.12.19.〉
14. 인공지능, 사물인터넷 등 4차 산업혁명과 관련된 기술을 활용한 디자인등록출원

02 거절결정 및 거절이유의 통지

제62조(디자인등록거절결정) 기출 19

① (심사등록 거절이유) 심사관은 디자인심사등록출원이 다음 각 호의 어느 하나에 해당하는 경우에는 디자인등록거절결정을 하여야 한다.
  1. 제3조 제1항 본문에 따른 디자인등록을 받을 수 있는 권리를 가지지 아니하거나 같은 항 단서에 따라 디자인등록을 받을 수 없는 경우
  2. 제27조, 제33조부터 제35조까지, 제37조 제4항, 제39조부터 제42조까지 및 제46조 제1항·제2항에 따라 디자인등록을 받을 수 없는 경우
  3. 조약에 위반된 경우
② (일부심사등록 거절이유) 심사관은 디자인일부심사등록출원이 다음 각 호의 어느 하나에 해당하는 경우에는 디자인등록거절결정을 하여야 한다. 기출 21
  1. 제3조 제1항 본문에 따른 디자인등록을 받을 수 있는 권리를 가지지 아니하거나 같은 항 단서에 따라 디자인등록을 받을 수 없는 경우
  2. 제27조, 제33조(제1항 각 호 외의 부분 및 제2항 제2호만 해당한다), 제34조, 제37조 제4항 및 제39조부터 제42조까지의 규정에 따라 디자인등록을 받을 수 없는 경우
  3. 조약에 위반된 경우

③ **(일부심사등록 관련디자인)** 심사관은 디자인일부심사등록출원으로서 제35조에 따른 관련디자인등록출원이 제2항 각 호의 어느 하나 또는 다음 각 호의 어느 하나에 해당하는 경우에는 디자인등록거절결정을 하여야 한다. 〈개정 2023.6.20.〉
   1. 디자인등록을 받은 관련디자인 또는 디자인등록출원된 관련디자인을 기본디자인으로 표시한 경우
   2. 기본디자인의 디자인권이 소멸된 경우
   3. 기본디자인의 디자인등록출원이 무효·취하·포기되거나 디자인등록거절결정이 확정된 경우
   4. 관련디자인의 디자인등록출원인이 기본디자인의 디자인권자 또는 기본디자인의 디자인등록출원인과 다른 경우
   5. 기본디자인과 유사하지 아니한 경우 기출 21
   6. 기본디자인의 디자인등록출원일부터 3년이 지난 후에 디자인등록출원된 경우 기출 25
   7. 제35조 제3항에 따라 디자인등록을 받을 수 없는 경우
④ **(일부심사등록 정보제공)** 심사관은 디자인일부심사등록출원에 관하여 제55조에 따른 정보 및 증거가 제공된 경우에는 제2항에도 불구하고 그 정보 및 증거에 근거하여 디자인등록거절결정을 할 수 있다.
⑤ **(복수디자인)** 복수디자인등록출원에 대하여 제1항부터 제3항까지의 규정에 따라 디자인등록거절결정을 할 경우 일부 디자인에만 거절이유가 있으면 그 일부 디자인에 대하여만 디자인등록거절결정을 할 수 있다. 기출 20

제63조(거절이유통지)
① **(의견제출기회)** 심사관은 다음 각 호의 어느 하나에 해당하는 경우에는 디자인등록출원인에게 미리 거절이유(제62조 제1항부터 제3항까지에 해당하는 이유를 말하며, 이하 "거절이유"라 한다)를 통지하고 기간을 정하여 의견서를 제출할 수 있는 기회를 주어야 한다.
   1. 제62조에 따라 디자인등록거절결정을 하려는 경우
   2. 제66조의2 제1항에 따른 직권 재심사를 하여 취소된 디자인등록결정 전에 이미 통지한 거절이유로 디자인등록거절결정을 하려는 경우 기출 24
② **(복수디자인)** 복수디자인등록출원된 디자인 중 일부 디자인에 대하여 거절이유가 있는 경우에는 그 디자인의 일련번호, 디자인의 대상이 되는 물품 및 거절이유를 구체적으로 적어야 한다.

03 재심사의 청구

제64조(재심사의 청구)
① **(요건)** 디자인등록출원인은 그 디자인등록출원에 관하여 디자인등록거절결정(재심사에 따른 디자인등록거절결정은 제외한다) 등본을 송달받은 날부터 3개월(제17조 제1항에 따라 제120조에 따른 기간이 연장된 경우에는 그 연장된 기간을 말한다) 이내에 제48조 제1항부터 제3항까지의 규정에 따른 보정을 하여 디자인등록출원에 대하여 재심사를 청구할 수 있다. 다만, 제120조에 따른 심판청구가 있는 경우에는 그러하지 아니하다. 기출 16·25
② **(의견서 제출)** 디자인등록출원인은 제1항에 따른 재심사의 청구와 함께 의견서를 제출할 수 있다.
③ **(효과)** 제1항 본문에 따른 요건을 갖추어 재심사가 청구된 경우 그 디자인등록출원에 대하여 종전에 이루어진 디자인등록거절결정은 취소된 것으로 본다. 기출 16
④ **(취하금지)** 제1항에 따른 재심사의 청구는 취하할 수 없다. 기출 16·25

제65조(디자인등록결정)

심사관은 디자인등록출원에 대하여 거절이유를 발견할 수 없을 때에는 디자인등록결정을 하여야 한다. (복수디자인) 이 경우 복수디자인등록출원된 디자인 중 일부 디자인에 대하여 거절이유를 발견할 수 없을 때에는 그 일부 디자인에 대하여 디자인등록결정을 하여야 한다. 기출 18·22

제66조(직권보정) 기출 24

① (요건) 심사관은 제65조에 따른 디자인등록결정을 할 때에 디자인등록출원서 또는 도면에 적힌 사항이 명백히 잘못된 경우에는 직권으로 보정(이하 "직권보정"이라 한다)을 할 수 있다. 이 경우 직권보정은 제48조 제1항에 따른 범위에서 하여야 한다. 〈개정 2023.6.20.〉 기출 22
② (통지) 제1항에 따라 심사관이 직권보정을 한 경우에는 제67조 제2항에 따른 디자인등록결정 등본의 송달과 함께 그 직권보정 사항을 디자인등록출원인에게 알려야 한다. 기출 22
③ (거부) 디자인등록출원인은 직권보정 사항의 전부 또는 일부를 받아들일 수 없는 경우에는 제79조 제1항에 따라 디자인등록료를 낼 때까지 그 직권보정 사항에 대한 의견서를 특허청장에게 제출하여야 한다.
④ (거부의 효과) 디자인등록출원인이 제3항에 따라 의견서를 제출한 경우 해당 직권보정 사항의 전부 또는 일부는 처음부터 없었던 것으로 본다.
⑤ (등록결정의 취소, 심사) 제4항에 따라 직권보정의 전부 또는 일부가 처음부터 없었던 것으로 보는 경우 심사관은 그 디자인등록결정을 취소하고 처음부터 다시 심사하여야 한다.
⑥ (효과) 직권보정이 제48조 제1항에 따른 범위를 벗어나거나 명백히 잘못되지 아니한 사항을 직권보정한 경우 그 직권보정은 처음부터 없었던 것으로 본다. 〈신설 2023.6.20.〉

제66조의2(디자인등록결정 이후의 직권 재심사)

① 심사관은 디자인등록결정을 한 출원에 대하여 명백한 거절이유를 발견한 경우에는 직권으로 디자인등록결정을 취소하고 그 디자인등록출원을 다시 심사(이하 "직권 재심사"라 한다)할 수 있다. 다만, 다음 각 호의 어느 하나에 해당하는 경우에는 그러하지 아니하다.
 1. 거절이유가 제35조 제1항, 제37조 제4항, 제40조부터 제42조까지에 해당하는 경우 기출 25
 2. 그 디자인등록결정에 따라 디자인권이 설정등록된 경우
 3. 그 디자인등록출원이 취하되거나 포기된 경우
② 제1항에 따라 심사관이 직권 재심사를 하려면 디자인등록결정을 취소한다는 사실을 디자인등록출원인에게 통지하여야 한다.
③ 디자인등록출원인이 제2항에 따른 통지를 받기 전에 그 디자인등록출원이 제1항 제2호 또는 제3호에 해당하게 된 경우에는 디자인등록결정의 취소는 처음부터 없었던 것으로 본다.

제67조(디자인등록여부결정의 방식)

① (방식) 디자인등록여부결정은 서면으로 하여야 하며 그 이유를 붙여야 한다.
② (등본송달) 특허청장은 디자인등록여부결정을 한 경우에는 그 결정의 등본을 디자인등록출원인에게 송달하여야 한다.

04 디자인일부심사등록 이의신청

제68조(디자인일부심사등록 이의신청)
① (주체·시기·이유) 누구든지 디자인일부심사등록출원에 따라 디자인권이 설정등록된 날부터 디자인일부심사등록 공고일 후 3개월이 되는 날까지 그 디자인일부심사등록이 다음 각 호의 어느 하나에 해당하는 것을 이유로 특허청장에게 디자인일부심사등록 이의신청을 할 수 있다. (복수디자인) 이 경우 복수디자인등록출원된 디자인등록에 대하여는 각 디자인마다 디자인일부심사등록 이의신청을 하여야 한다. 〈개정 2023.6.20.〉 기출 17·19·20·22
  1. 제3조 제1항 본문에 따른 디자인등록을 받을 수 있는 권리를 가지지 아니하거나 같은 항 단서에 따라 디자인등록을 받을 수 없는 경우 기출 19
  2. 제27조, 제33조부터 제35조까지, 제39조 및 제46조 제1항·제2항에 위반된 경우
  3. 조약에 위반된 경우
② (이의신청서, 필요한 증거) 디자인일부심사등록 이의신청을 하는 자(이하 "이의신청인"이라 한다)는 다음 각 호의 사항을 적은 디자인일부심사등록 이의신청서에 필요한 증거를 첨부하여 특허청장에게 제출하여야 한다.
  1. 이의신청인의 성명 및 주소(법인인 경우에는 그 명칭 및 영업소의 소재지)
  2. 이의신청인의 대리인이 있는 경우에는 그 대리인의 성명 및 주소나 영업소의 소재지(대리인이 특허법인·특허법인(유한)인 경우에는 그 명칭, 사무소의 소재지 및 지정된 변리사의 성명)
  3. 디자인일부심사등록 이의신청의 대상이 되는 등록디자인의 표시
  4. 디자인일부심사등록 이의신청의 취지
  5. 디자인일부심사등록 이의신청의 이유 및 필요한 증거의 표시
③ (부본송달) 심사장은 디자인일부심사등록 이의신청이 있을 때에는 디자인일부심사등록 이의신청서 부본(副本)을 디자인일부심사등록 이의신청의 대상이 된 등록디자인의 디자인권자에게 송달하고 기간을 정하여 답변서를 제출할 기회를 주어야 한다. 기출 22
④ (취지통지) 디자인일부심사등록 이의신청에 관하여는 제121조 제4항을 준용한다.

제69조(디자인일부심사등록 이의신청 이유 등의 보정)
(기간) 이의신청인은 디자인일부심사등록 이의신청을 한 날부터 30일 이내에 디자인일부심사등록 이의신청서에 적은 이유 또는 증거를 보정할 수 있다. 기출 22

제70조(심사·결정의 합의체)
① (심사주체) 디자인일부심사등록 이의신청은 심사관 3명으로 구성되는 심사관합의체에서 심사·결정한다.
② (심사관의 지정) 특허청장은 각 디자인일부심사등록 이의신청에 대하여 심사관합의체를 구성할 심사관을 지정하여야 한다.
③ (심사장의 지정) 특허청장은 제2항에 따라 지정된 심사관 중 1명을 심사장으로 지정하여야 한다.
④ (준용규정) 심사관합의체 및 심사장에 관하여는 제131조 제2항, 제132조 제2항 및 제133조 제2항·제3항을 준용한다.

제71조(디자인일부심사등록 이의신청 심사에서의 직권심사)
① (직권심사) 디자인일부심사등록 이의신청에 관한 심사를 할 때에는 디자인권자나 이의신청인이 주장하지 아니한 이유에 대하여도 심사할 수 있다. (의견진술기회) 이 경우 디자인권자나 이의신청인에게 기간을 정하여 그 이유에 관하여 의견을 진술할 수 있는 기회를 주어야 한다.
② (직권심사의 한계) 디자인일부심사등록 이의신청에 관한 심사를 할 때에는 이의신청인이 신청하지 아니한 등록디자인에 관하여는 심사할 수 없다. 기출 22·24

제72조(디자인일부심사등록 이의신청의 병합 또는 분리)
심사관합의체는 2 이상의 디자인일부심사등록 이의신청을 병합하거나 분리하여 심사·결정할 수 있다.

제73조(디자인일부심사등록 이의신청에 대한 결정)
① **(결정시기)** 심사관합의체는 제68조 제3항 및 제69조에 따른 기간이 지난 후에 디자인일부심사등록 이의신청에 대한 결정을 하여야 한다.
② **(증거 부제출의 경우)** 심사장은 이의신청인이 그 이유 및 증거를 제출하지 아니한 경우에는 제68조 제3항에도 불구하고 제69조에 따른 기간이 지난 후에 결정으로 디자인일부심사등록 이의신청을 각하할 수 있다.
③ **(취소결정)** 심사관합의체는 디자인일부심사등록 이의신청이 이유 있다고 인정될 때에는 그 등록디자인을 취소한다는 취지의 결정(이하 "디자인등록취소결정"이라 한다)을 하여야 한다. 기출 21
④ **(취소결정 확정의 효과)** 디자인등록취소결정이 확정된 때에는 그 디자인권은 처음부터 없었던 것으로 본다. 기출 20
⑤ **(기각결정)** 심사관합의체는 디자인일부심사등록 이의신청이 이유 없다고 인정될 때에는 그 이의신청을 기각한다는 취지의 결정(이하 "이의신청기각결정"이라 한다)을 하여야 한다. 기출 22
⑥ **(불복가부)** 디자인일부심사등록 이의신청에 대한 각하결정 및 이의신청기각결정에 대하여는 불복할 수 없다. 기출 20·22

제74조(디자인일부심사등록 이의신청에 대한 결정방식)
① **(방식)** 디자인일부심사등록 이의신청에 대한 결정은 다음 각 호의 사항을 적은 서면으로 하여야 하며, 결정을 한 심사관은 그 서면에 기명날인하여야 한다.
  1. 디자인일부심사등록 이의신청 사건의 번호
  2. 디자인권자와 이의신청인의 성명 및 주소(법인인 경우에는 그 명칭 및 영업소의 소재지)
  3. 디자인권자와 이의신청인의 대리인이 있는 경우에는 대리인의 성명 및 주소나 영업소의 소재지(대리인이 특허법인·특허법인(유한)인 경우에는 그 명칭, 사무소의 소재지 및 지정된 변리사의 성명)
  4. 결정과 관련된 디자인의 표시
  5. 결정의 결론 및 이유
  6. 결정연월일
② **(결정등본의 송달)** 심사장은 디자인일부심사등록 이의신청에 대한 결정을 한 경우에는 결정등본을 이의신청인과 디자인권자에게 송달하여야 한다.

제75조(디자인일부심사등록 이의신청의 취하)
① **(시기)** 디자인일부심사등록 이의신청은 제71조 제1항 후단에 따른 의견진술의 통지 또는 제74조 제2항에 따른 결정등본이 송달된 후에는 취하할 수 없다. 기출 22
② **(효과)** 디자인일부심사등록 이의신청을 취하하면 그 이의신청은 처음부터 없었던 것으로 본다.

제78조(준용규정)
디자인일부심사등록 이의신청에 대한 심사·결정에 관하여는 제77조, 제129조, 제135조(제6호는 제외한다), 제142조 제7항, 제145조, 제153조 제3항부터 제6항까지 및 제154조를 준용한다. 기출 16

(1) 의의 및 취지

일부심사등록 이의신청이란 *法* 제68조 제1항 각 호의 어느 하나에 해당하는 흠결이 있음을 이유로 당해 등록의 취소를 구하는 공중의 의사표시를 말한다. 조기등록을 위해 선행디자인과의 심사가 배제되고 등록되므로, 하자있는 권리를 조기에 취소하여 그 폐해를 방지하기 위함이다.

(2) 요 건

① 주체적 요건 : 이의신청은 누구든지 할 수 있다. 하자있는 권리를 취소시켜 디자인등록에 대한 신뢰성을 높이려는 공익적 목적을 위한 것이다.

② 객체적 요건
　㉠ 이의신청의 대상 : 일부심사등록 디자인만이 이의신청의 대상이다. 복수디자인의 경우 각 디자인마다, 관련디자인의 경우 기본디자인과 별개로 이의신청할 수 있다.
　㉡ 이의신청 이유 : *法* 제37조 제4항, 제40조, 제41조, 제42조는 제외된다.

③ 시기적 요건 : 일부심사등록 디자인권이 설정등록된 날부터 등록 공고일 후 3월이 되는 날까지 할 수 있다. 비밀디자인의 경우 도면 등 실질적 내용이 게재된 공보발행일을 말한다.

(3) 절 차

① 이의신청서 및 필요한 증거의 제출(*法* 제68조 제2항)
② 부본의 송달 및 답변서 제출 기회 부여(*法* 제68조 제3항)
③ 취지의 통지(*法* 제68조 제4항 준용, 제121조 제4항)
④ 이의신청이유 등의 보정(*法* 제69조)
⑤ 취하(*法* 제75조)

(4) 심 사

① 심사주체(*法* 제70조)
② 방식심사 및 적법성 심사(*法* 제73조 제2항, 제78조 준용, 제129조)
③ 본안심사
　㉠ 직권심사 및 의견 진술 기회 부여(*法* 제71조 제1항)
　㉡ 직권심사의 한계(*法* 제71조 제2항)
　㉢ 이의신청의 병합 또는 분리(*法* 제72조)

(5) 결 정

① 결정의 주체·시기·방식(*法* 제73조 제1항, 제74조 제1항·제2항)
② 각하결정(*法* 제73조 제2항)
③ 이의신청기각결정 및 등록취소결정(*法* 제73조 제5항·제3항)
④ 불복가부(*法* 제73조 제6항, 제120조)

(6) 효 과
① 이의신청기각결정의 효과 : 디자인권은 존속하나 불복은 금지된다. 이해관계인에 해당되는 경우 무효심판청구를 통해 다시 한 번 다투어 볼 수 있다.
② 등록취소결정의 효과
  ㉠ 디자인권의 소급적 소멸(法 제73조 제4항)
  ㉡ 등록료의 반환청구(法 제87조 제1항 제2호)
  ㉢ 디자인 등록의 표시금지(法 제215조)
  ㉣ 보상금 청구권 소멸(法 제53조 제6항)
  ㉤ 소멸사실의 디자인등록원부에의 등록(法 제88조 제1항 제1호)
  ㉥ 정당권리자 출원시 출원일의 소급
  ㉦ 재심사유의 발생
  ㉧ 심판에 대한 처분 – 심결각하

05 소송절차의 중지

제76조(심판규정의 심사에의 준용)
디자인등록출원의 심사에 관하여는 제135조(제6호는 제외한다)를 준용한다. 이 경우 "심판"은 "심사"로, "심판관"은 "심사관"으로 본다.

제77조(심사 또는 소송절차의 중지)
① (심사의 중지) 심사관은 디자인등록출원의 심사에 필요한 경우에는 심결이 확정될 때까지 또는 소송절차가 완결될 때까지 그 절차를 중지할 수 있다. 기출 20
② (소송절차의 중지) 법원은 필요한 경우에는 디자인등록출원에 대한 결정이 확정될 때까지 그 소송절차를 중지할 수 있다. 기출 21
③ (불복금지) 제1항 및 제2항에 따른 중지에 대하여는 불복할 수 없다. 기출 21

CHAPTER 03 심 사

제3편 | 디자인보호법

01 디자인등록출원 심사 절차에 관한 설명으로 옳은 것은? 기출 25

CHECK
O △ ×

① 특허청장이 디자인등록출원의 심사를 위해 지정한 전문기관이 거짓이나 그 밖의 부정한 방법으로 지정을 받은 경우에는 그 지정을 취소하거나 6개월 이내의 기간을 정하여 업무의 전부 또는 일부의 정지를 명할 수 있다.
② 심사관은 한 벌의 물품의 디자인등록출원에 대하여 디자인등록결정을 한 경우에 디자인보호법 제42조(한 벌의 물품의 디자인)에 의한 거절이유를 발견하더라도 직권으로 재심사를 할 수 없다.
③ 심사관은 디자인일부심사등록출원으로서 관련디자인등록출원이 기본디자인의 디자인등록출원일로부터 1년이 지난 후에 디자인등록출원을 한 경우에는 디자인등록거절결정을 하여야 한다.
④ 디자인등록출원인은 그 디자인등록출원에 관하여 디자인등록거절결정 등본을 송달받은 날부터 30일 이내에 보정을 하여 디자인등록출원에 대하여 재심사를 청구할 수 있다.
⑤ 디자인등록출원인이 재심사를 청구하는 경우에 그 디자인등록출원에 대하여 종전에 이루어진 디자인등록거절결정은 취소되며, 재심사의 청구는 취하할 수 있다.

해설

① (×) 디자인보호법 제60조 제1항

> **디자인보호법 제60조(전문기관 지정의 취소 등)**
> ① 특허청장은 제59조 제1항에 따른 전문기관이 제1호에 해당하는 경우에는 그 지정을 취소하여야 하며, 제2호에 해당하는 경우에는 그 지정을 취소하거나 6개월 이내의 기간을 정하여 업무의 전부 또는 일부의 정지를 명할 수 있다.
> 1. 거짓이나 그 밖의 부정한 방법으로 지정을 받은 경우
> 2. 제59조 제3항에 따른 지정기준에 맞지 아니하게 된 경우

② (○) 디자인보호법 제66조의2 제1항 제1호

> **디자인보호법 제66조의2(디자인등록결정 이후의 직권 재심사)**
> ① 심사관은 디자인등록결정을 한 출원에 대하여 명백한 거절이유를 발견한 경우에는 직권으로 디자인등록결정을 취소하고 그 디자인등록출원을 다시 심사(이하 "직권 재심사"라 한다)할 수 있다. 다만, 다음 각 호의 어느 하나에 해당하는 경우에는 그러하지 아니하다.
> 1. 거절이유가 제35조 제1항, 제37조 제4항, 제40조부터 제42조까지에 해당하는 경우

③ (×) 디자인보호법 제62조 제3항 제6호

> **디자인보호법 제62조(디자인등록거절결정)**
> ③ 심사관은 디자인일부심사등록출원으로서 제35조에 따른 관련디자인등록출원이 제2항 각 호의 어느 하나 또는 다음 각 호의 어느 하나에 해당하는 경우에는 디자인등록거절결정을 하여야 한다.
>   6. 기본디자인의 디자인등록출원일부터 3년이 지난 후에 디자인등록출원된 경우

④ (○) 디자인등록출원인은 그 디자인등록출원에 관하여 디자인등록거절결정(재심사에 따른 디자인등록거절결정은 제외한다) <u>등본을 송달받은 날부터 3개월</u>(제17조 제1항에 따라 제120조에 따른 기간이 연장된 경우에는 그 연장된 기간을 말한다) 이내에 제48조 제1항부터 제3항까지의 규정에 따른 보정을 하여 디자인등록출원에 대하여 재심사를 청구할 수 있다(디자인보호법 제64조 제1항). 등본을 송달받은 날부터 3개월 이내에 보정을 하여 재심사를 청구할 수 있으므로, 지문과 같이 30일 이내에 보정을 하여 재심사 청구를 할 수 있다.

⑤ (×) 제1항에 따른 재심사의 청구는 취하할 수 <u>없</u>다(디자인보호법 제64조 제4항).

답 ②, ④

02 디자인등록출원 심사절차에 관한 설명으로 옳은 것은? 기출 24

① 심사관은 국제디자인등록출원서에 적힌 사항이 명백한 오기인 경우 직권보정할 수 있다.
② 출원인이 직권보정의 전부 또는 일부를 받아들일 수 없다는 의견서를 제출한 경우에는 직권보정은 처음부터 없었던 것으로 보아 디자인등록결정이 확정된다.
③ 디자인등록이 결정된 물품이 산업통상자원부령에 따라 디자인일부심사등록출원을 할 수 없는 물품이 명백한 경우, 심사관은 직권으로 등록결정을 취소하고 다시 심사할 수 있다.
④ 등록결정 이전에 통지했던 거절이유로 직권재심사를 통해 재차 거절통지하고자 할 경우에도 거절이유를 다시 통지하여 의견서 제출기회를 주어야 한다.
⑤ 디자인일부심사등록 이의신청 시, 심사관은 이의신청인이 주장하지 아니한 이유나, 신청하지 아니한 등록디자인에 대해서도 필요한 경우 직권으로 심사할 수 있다.

해설

① (×) 디자인보호법 제195조

> **디자인보호법 제195조(직권보정의 특례)**
> 국제디자인등록출원에 대하여는 제66조를 적용하지 아니한다.

② (×) 디자인보호법 제66조

> **디자인보호법 제66조(직권보정)**
> ③ 디자인등록출원인은 직권보정 사항의 전부 또는 일부를 받아들일 수 없는 경우에는 제79조 제1항에 따라 디자인등록료를 낼 때까지 그 직권보정 사항에 대한 의견서를 특허청장에게 제출하여야 한다.
> ④ 디자인등록출원인이 제3항에 따라 의견서를 제출한 경우 해당 직권보정 사항의 전부 또는 일부는 처음부터 없었던 것으로 본다.
> ⑤ 제4항에 따라 직권보정의 전부 또는 일부가 처음부터 없었던 것으로 보는 경우 심사관은 그 디자인등록결정을 취소하고 처음부터 다시 심사하여야 한다.

③ (×) 의견제출통지를 통한 보정 또는 출원인의 자진보정을 통해 오류시정을 해야 한다.
④ (○) 디자인보호법 제63조 제1항 제2호

> **디자인보호법 제63조(거절이유통지)**
> ① 심사관은 다음 각 호의 어느 하나에 해당하는 경우에는 디자인등록출원인에게 미리 거절이유(제62조 제1항부터 제3항까지에 해당하는 이유를 말하며, 이하 "거절이유"라 한다)를 통지하고 기간을 정하여 의견서를 제출할 수 있는 기회를 주어야 한다.
>   1. 제62조에 따라 디자인등록거절결정을 하려는 경우
>   2. 제66조의2 제1항에 따른 직권 재심사를 하여 취소된 디자인등록결정 전에 이미 통지한 거절이유로 디자인등록거절결정을 하려는 경우

⑤ (×) 디자인보호법 제71조

> **디자인보호법 제71조(디자인일부심사등록 이의신청 심사에서의 직권심사)**
> ② 디자인일부심사등록 이의신청에 관한 심사를 할 때에는 이의신청인이 신청하지 아니한 등록디자인에 관하여는 심사할 수 없다.

답 ④

03

디자인 일부심사등록출원이 거절결정될 수 있는 것을 모두 고른 것은? (단, 정보제공에 의한 경우는 제외함) 기출 21

> ㄱ. 디자인등록을 받을 수 있는 권리를 가지지 아니한 자가 출원한 디자인
> ㄴ. 디자인등록출원 전에 국내에서 공지된 디자인과 유사한 디자인
> ㄷ. 공공기관의 표장과 동일한 디자인
> ㄹ. 디자인등록출원 전에 반포된 간행물에 게재된 디자인을 결합한 것으로 쉽게 창작할 수 있는 디자인
> ㅁ. 200디자인을 1디자인등록출원한 디자인

① ㄱ, ㄴ, ㄷ
② ㄱ, ㄷ, ㅁ
③ ㄴ, ㄷ, ㄹ
④ ㄴ, ㄹ, ㅁ
⑤ ㄷ, ㄹ, ㅁ

해설

② 일부심사등록출원의 거절이유는 디자인보호법 제62조 제2항에 나열된 것과 같이, 제3조 제1항 본문에 따른 디자인등록을 받을 수 있는 권리를 가지지 아니하거나 같은 항 단서에 따라 디자인등록을 받을 수 없는 경우, 제27조, 제33조(제1항 각 호 외의 부분 및 제2항 제2호만 해당한다), 제34조, 제37조 제4항 및 제39조부터 제42조까지의 규정에 따라 디자인등록을 받을 수 없는 경우, 조약에 위반된 경우 중 어느 하나에 해당하는 경우에는 심사관은 디자인등록거절결정을 하여야 한다. 따라서, 나열된 거절이유 중, ㄱ, ㄷ, ㅁ만 해당한다.

답 ②

04 디자인보호법 제61조(우선심사) 제1항 제2호에서 규정하는 긴급하게 처리할 필요가 있다고 인정되는 경우에 우선심사대상이 되는 출원이 아닌 것은? 기출 24

① 방위산업 분야의 디자인등록출원
② 4차 산업혁명과 관련된 기술을 활용한 디자인등록출원
③ 조약 당사국에의 디자인등록출원을 기초로 우리나라에 우선권주장 출원을 한 디자인등록출원
④ 특허청장이 외국 특허청장과 우선심사하기로 합의한 디자인등록출원
⑤ 디자인등록출원인이 디자인의 실시를 준비 중인 디자인등록출원

해설

③ (×) 조약에 따른 우선권주장의 기초가 되는 디자인등록출원(해당 디자인등록출원을 기초로 하는 우선권주장에 의하여 외국 특허청에서 디자인에 관한 절차가 진행 중인 것으로 한정한다)(디자인보호법 시행령 제6조 제9호)

디자인보호법 시행령 제6조(우선심사의 대상)

법 제61조 제1항 제2호에서 "대통령령으로 정하는 디자인등록출원"이란 다음 각 호의 어느 하나에 해당하는 것으로서 특허청장이 정하는 디자인등록출원을 말한다.

1. 방위산업 분야의 디자인등록출원
2. 「기후위기 대응을 위한 탄소중립·녹색성장 기본법」에 따른 녹색기술과 직접 관련된 디자인등록출원
3. 수출 촉진과 직접 관련된 디자인등록출원
4. 국가나 지방자치단체의 직무에 관한 디자인등록출원(「고등교육법」에 따른 국립·공립학교의 직무에 관한 디자인등록출원으로서 「기술의 이전 및 사업화 촉진에 관한 법률」 제11조 제1항에 따라 국립·공립학교에 설치된 기술이전·사업화에 관한 업무를 전담하는 조직이 낸 디자인등록출원을 포함한다)
5. 「벤처기업육성에 관한 특별법」 제25조에 따라 벤처기업 확인을 받은 기업의 디자인등록출원
6. 「중소기업 기술혁신 촉진법」 제15조에 따라 기술혁신형 중소기업으로 선정된 기업의 디자인등록출원
7. 「발명진흥법」 제11조의2에 따라 직무발명보상 우수기업으로 인증된 기업의 디자인등록출원
7의2. 「발명진흥법」 제24조의2에 따라 지식재산 경영인증을 받은 중소기업의 디자인등록출원
7의3. 「산업디자인진흥법」 제6조에 따라 디자인이 우수한 상품으로 선정된 상품에 관한 디자인등록출원
8. 「국가연구개발혁신법」에 따른 국가연구개발사업의 결과물에 관한 디자인등록출원
9. 조약에 따른 우선권주장의 기초가 되는 디자인등록출원(해당 디자인등록출원을 기초로 하는 우선권주장에 의하여 외국 특허청에서 디자인에 관한 절차가 진행 중인 것으로 한정한다)
10. 디자인등록출원인이 디자인등록출원된 디자인을 실시하고 있거나 실시를 준비 중인 디자인등록출원
11. 삭제 〈2023.12.19.〉
12. 특허청장이 외국 특허청장과 우선심사하기로 합의한 디자인등록출원
13. 삭제 〈2023.12.19.〉
14. 인공지능, 사물인터넷 등 4차 산업혁명과 관련된 기술을 활용한 디자인등록출원

답 ③

05 디자인보호법상 관련디자인에 관한 설명으로 옳지 <u>않은</u> 것은? 기출 21

① 관련디자인으로 등록되기 위해서는 그 디자인의 대상이 되는 물품이 기본디자인의 물품과 동일하거나 유사한 물품이어야 한다.
② 관련디자인의 출원인은 디자인등록출원서에 관련디자인의 디자인등록출원 여부를 적어 특허청장에게 제출하여야 한다.
③ 관련디자인은 기본디자인과의 관계에서 신규성이나 선출원에 대한 예외를 인정할 뿐이고, 이를 제외한 나머지 등록요건을 만족하여야 관련디자인으로 등록될 수 있다.
④ 무효심판 계류 중인 등록디자인을 기본디자인으로 한 관련디자인등록출원이 관련디자인으로 인정될 경우에는 그 심사를 보류한다.
⑤ 심사관은 디자인일부심사등록출원으로서 관련디자인등록출원이 기본디자인과 유사하지 아니한 경우에는 디자인등록거절결정을 할 수 없다.

해설

① (○) 관련디자인으로 등록되기 위해서는 그 디자인의 대상이 되는 물품이 기본디자인의 물품과 동일하거나 유사한 물품이어야 한다.
② (○) 관련디자인의 출원인은 디자인등록출원서에 관련디자인의 디자인등록출원 여부를 적어 특허청장에게 제출하여야 한다(디자인보호법 제37조 제1항).
③ (○) 관련디자인은 기본디자인과의 관계에서 신규성이나 선출원에 대한 예외를 인정할 뿐이고, 이를 제외한 나머지 등록요건을 만족하여야 관련디자인으로 등록될 수 있다(디자인보호법 제35조 제1항).
④ (○) 무효심판 계류 중인 등록디자인을 기본디자인으로 한 관련디자인등록출원이 관련디자인으로 인정될 경우에는 그 심사를 보류한다(디자인보호법 제77조 제1항).
⑤ (×) 심사관은 디자인일부심사등록출원으로서 관련디자인등록출원이 기본디자인과 유사하지 아니한 경우에는 디자인등록거절결정을 하여야 한다(디자인보호법 제62조 제3항).

답 ⑤

06 복수디자인에 관한 설명으로 옳지 않은 것은? 기출 20

① 디자인등록출원을 하려는 자는 산업통상자원부령으로 정하는 물품류 구분에서 같은 물품류에 속하는 물품에 대하여는 100 이내의 디자인을 1디자인등록출원으로 할 수 있다.
② 디자인등록출원인은 복수디자인등록출원된 디자인의 전부 또는 일부에 대하여 비밀로 할 것을 청구할 수 있다.
③ 디자인등록출원인은 복수디자인등록출원된 디자인의 전부 또는 일부에 대하여 공개를 신청할 수 있다.
④ 심사관은 복수디자인등록출원된 디자인 중 일부 디자인에만 거절이유가 있을 경우에 출원된 디자인 전부에 대하여 디자인등록거절결정을 해야 한다.
⑤ 복수디자인등록된 디자인권은 각 디자인권마다 분리하여 이전할 수 있다.

해설

① (○) 같은 물품류에 속하는 물품류에 대해서는 100 이내의 디자인을 1디자인등록출원으로 할 수 있다(디자인보호법 제41조).
② (○) 복수디자인등록출원된 디자인에 대하여는 출원된 디자인의 전부 또는 일부에 대하여 청구할 수 있다(디자인보호법 제43조 제1항 후단).
③ (○) 복수디자인등록출원에 대한 공개는 출원된 디자인의 전부 또는 일부에 대하여 신청할 수 있다(디자인보호법 제52조 제1항 후단).
④ (×) 복수디자인등록출원에 대하여 일부 디자인에만 거절이유가 있으면 그 일부 디자인에 대하여만 디자인등록거절결정을 할 수 있다(디자인보호법 제62조 제5항).
⑤ (○) 복수디자인권은 각각의 권리이므로, 각 디자인마다 분리하여 이전할 수 있다(디자인보호법 제96조 제5항).

답 ④

07 디자인보호법 제62조(디자인등록거절결정)에서의 거절이유에 관한 설명으로 옳지 않은 것은?

기출 19

① 물품의 기능을 확보하는 데에 불가결한 형상만으로 된 디자인의 경우는 디자인심사등록출원과 디자인일부심사등록출원의 거절이유에 모두 해당한다.
② 1디자인마다 1디자인등록출원이 이루어지지 않은 디자인의 경우는 디자인심사등록출원과 디자인일부심사등록출원의 거절이유에 모두 해당한다.
③ 디자인일부심사등록출원으로 출원할 수 없는 물품임에도 불구하고 이를 대상으로 하여 디자인일부심사등록출원을 한 디자인의 경우는 디자인일부심사등록출원의 거절이유에 해당한다.
④ 디자인등록출원 전에 그 디자인이 속하는 분야에서 통상의 지식을 가진 사람이 국내 또는 국외에서 널리 알려진 형상·모양·색채 또는 이들의 결합에 따라 쉽게 창작할 수 있는 디자인의 경우는 디자인일부심사등록출원의 거절이유에 해당하지 않는다.
⑤ 조약에 위반된 디자인의 경우는 디자인심사등록출원과 디자인일부심사등록출원의 거절이유에 모두 해당한다.

해설

① (O), ② (O), ③ (O), ⑤ (O) 디자인심사등록출원 및 디자인일부심사등록출원의 거절이유에 해당한다(디자인보호법 제62조).
④ (×) 디자인보호법 제33조 제2항 제2호는 디자인일부심사등록출원의 거절이유에 해당한다.

답 ④

08 디자인보호법상 도면에 관한 설명으로 옳지 않은 것은? 기출 22

① 디자인등록출원인은 최초의 디자인등록출원의 요지를 변경하지 아니하는 범위에서 디자인등록출원서의 기재사항, 디자인등록출원서에 첨부한 도면, 도면의 기재사항이나 사진 또는 견본을 보정할 수 있다.
② 등록디자인의 보호범위는 디자인등록출원서의 기재사항 및 그 출원서에 첨부된 도면·사진 또는 견본과 도면에 적힌 디자인의 설명에 따라 표현된 디자인에 의하여 정하여진다.
③ 특허청을 통한 국제출원을 하려는 자가 헤이그협정 제5조(5)에 따른 공개연기신청을 하려는 경우에는 국제출원서에 도면을 대신하여 산업통상자원부령으로 정하는 바에 따른 견본을 첨부할 수 있다.
④ 심사관은 디자인등록결정을 할 때에 디자인등록출원서 또는 도면에 적힌 사항이 명백히 잘못된 경우에는 직권으로 보정을 하여야 한다. 이 경우 디자인등록결정 등본의 송달과 함께 그 직권보정사항을 디자인등록출원인에게 알려야 한다.
⑤ 디자인권의 권리범위 확인심판을 청구할 때에는 등록디자인과 대비할 수 있는 도면을 첨부하여야 한다.

┃해설┃
① (○) 디자인보호법 제48조 제1항
② (○) 디자인보호법 제93조
③ (○) 디자인보호법 제175조 제3항
④ (×) 심사관은 디자인등록결정을 할 때에 디자인등록출원서 또는 도면에 적힌 사항이 명백히 잘못된 경우에는 직권으로 보정(이하 "직권보정"이라 한다)을 "할 수 있다"(디자인보호법 제66조 제1항). 제1항에 따라 심사관이 직권보정을 한 경우에는 디자인등록결정 등본의 송달과 함께 그 직권보정 사항을 디자인등록출원인에게 알려야 한다(디자인보호법 제66조 제2항).
⑤ (○) 디자인보호법 제126조 제3항

 ④

09 디자인일부심사등록 이의신청에 관한 설명으로 옳지 않은 것은? 기출 22

① 디자인일부심사등록 이의신청에 관한 심사를 할 때에는 이의신청인이 신청하지 아니한 등록디자인에 관하여는 심사할 수 없다.
② 심사장은 디자인일부심사등록 이의신청이 있을 때에는 디자인일부심사등록 이의신청서 부본을 디자인일부심사등록 이의신청의 대상이 된 등록디자인의 디자인권자에게 송달하고 기간을 정하여 답변서를 제출할 기회를 주어야 한다.
③ 디자인일부심사등록 이의신청은 의견진술의 통지 또는 결정등본이 송달된 후에 취하할 수 있으며, 이 경우 그 이의신청은 처음부터 없었던 것으로 본다.
④ 이의신청인은 디자인일부심사등록 이의신청을 한 날부터 30일 이내에 디자인일부심사등록 이의신청서에 적은 이유 또는 증거를 보정할 수 있다.
⑤ 심사관합의체는 디자인일부심사등록 이의신청이 이유 없다고 인정될 때에는 그 이의신청을 기각한다는 취지의 결정을 하여야 한다. 디자인일부심사등록 이의신청기각결정에 대하여는 불복할 수 없다.

| 해설 |

① (O) 디자인보호법 제71조 제2항
② (O) 디자인보호법 제68조 제3항
③ (×) 디자인일부심사등록 이의신청은 제71조 제1항 후단에 따른 의견진술의 통지 또는 제74조 제2항에 따른 결정등본이 송달된 후에는 취하할 수 없다(디자인보호법 제75조 제1항).
④ (O) 디자인보호법 제69조
⑤ (O) 디자인보호법 제73조 제5항·제6항

답 ③

10 디자인보호법상 디자인일부심사등록제도에 관한 설명으로 옳지 않은 것은? 기출 20

① 법인이 아닌 사단 또는 재단으로서 대표자 또는 관리인이 정하여져 있는 경우에는 그 사단 또는 재단의 이름으로 디자인일부심사등록 이의신청인이 될 수 있다.
② 디자인일부심사등록출원을 할 수 있는 디자인은 물품류 구분 중 산업통상자원부령으로 정하는 물품으로 한정한다. 이 경우 해당 물품에 대하여는 디자인일부심사등록출원으로만 출원할 수 있다.
③ 누구든지 디자인일부심사등록출원에 따라 디자인권이 설정등록된 날부터 디자인일부심사등록 공고일 후 3개월이 되는 날까지 그 디자인일부심사등록이 조약에 위반된 경우 특허청장에게 디자인일부심사등록 이의신청을 할 수 있다.
④ 심판장은 심판에서 필요하면 그 심판사건과 관련되는 디자인일부심사등록 이의신청에 대한 결정 또는 다른 심판의 심결이 확정되거나 소송절차가 완결될 때까지 그 절차를 중지할 수 있다.
⑤ 디자인일부심사등록 이의신청에 대한 각하결정과 이의신청기각결정에 대하여는 불복할 수 있다.

해설
① (○) 사단 또는 재단의 이름으로 이의신청을 할 수 있다.
② (○) 일부심사대상출원으로만 출원할 수 있다.
③ (○) 누구든지 디자인일부심사등록출원에 따라 디자인권이 설정등록된 날부터 디자인일부심사등록 공고일 후 3개월이 되는 날까지 특허청장에게 디자인일부심사등록 이의신청을 할 수 있다(디자인보호법 제68조 제1항).
④ (○) 심사관은 디자인등록출원의 심사에 필요한 경우에는 심결이 확정될 때까지 또는 소송절차가 완결될 때까지 그 절차를 중지할 수 있다(디자인보호법 제77조 제1항).
⑤ (×) 디자인일부심사등록 이의신청에 대한 각하결정 및 이의신청기각결정에 대하여는 불복할 수 없다(디자인보호법 제73조 제6항).

답 ⑤

11 디자인일부심사등록 이의신청과 디자인등록의 무효심판에 관한 설명으로 옳은 것은? 기출 19

① 복수디자인등록출원된 디자인등록에 대하여는 디자인등록의 무효심판을 각 디자인마다 청구하여야 하지만, 디자인일부심사등록 이의신청은 각 디자인마다 하지 않아도 된다.
② 디자인등록된 후 디자인일부심사등록의 디자인권자가 디자인보호법 제27조(외국인의 권리능력)에 따라 디자인권을 누릴 수 없는 자로 된 경우에 디자인일부심사등록 이의신청을 할 수는 없지만, 디자인등록의 무효심판은 청구가 가능하다.
③ 디자인일부심사등록 이의신청에 대한 각하결정에 대하여는 불복할 수 없지만, 이의신청기각결정에 대하여는 불복할 수 있다.
④ 디자인일부심사등록 이의신청에 관한 심사를 할 때에는 디자인권자나 이의신청인이 주장하지 아니한 이유에 대하여도 심사할 수 있으나, 디자인등록의 무효심판의 경우에는 당사자 또는 참가인이 신청하지 아니한 이유에 대하여는 심리할 수 없다.
⑤ 디자인일부심사등록 이의신청은 디자인일부심사등록출원의 출원공고일 후 3개월이 되는 날까지 할 수 있으나, 디자인등록의 무효심판은 이러한 기한이 없다.

해설

① (×) 복수디자인등록의 경우 이의신청, 무효심판을 모두 각 디자인마다 청구하여야 한다.
③ (×) 디자인등록이의신청에 관한 결정 중 불복 가능한 결정은 '디자인등록의 취소결정'이다.
④ (×) 이의신청 및 무효심판은 모두 직권으로 신청하지 아니한 이유에 대하여 심사 또는 심리할 수 있다.
⑤ (×) 디자인일부심사등록 이의신청은 디자인권이 설정등록된 날부터 디자인 일부심사등록 공고일 후 3개월이 되는 날까지 할 수 있다(디자인보호법 제68조 제1항).

답 ②

12 디자인보호법상 불복에 관한 설명으로 옳지 <u>않은</u> 것은? 기출 21

① 디자인일부심사등록 이의신청이 이유 있다고 인정될 때에는 그 등록디자인을 취소한다는 취지의 결정을 하여야 하며, 그 결정에는 불복할 수 있다.
② 심판의 참가신청이 있는 경우에는 심판으로 그 참가 여부를 결정하여야 하며, 그 결정에는 불복할 수 없다.
③ 법원은 필요한 경우에는 디자인등록출원에 대한 결정이 확정될 때까지 그 소송절차를 중지할 수 있으며, 그 중지에 대하여는 불복할 수 없다.
④ 심사관은 디자인등록출원의 심사에 필요한 경우에는 심결이 확정될 때까지 또는 소송절차가 완결될 때까지 그 절차를 중지할 수 있으며, 그 중지에 대하여는 불복할 수 있다.
⑤ 심판관의 제척 또는 기피 신청이 있으면 심판으로 결정하여야 하며, 그 결정에는 불복할 수 없다.

해설

① (○) 디자인일부심사등록 이의신청이 이유 있다고 인정될 때에는 그 등록디자인을 취소한다는 취지의 결정을 하여야 하며, 그 결정에는 불복할 수 있다(디자인보호법 제73조 제3항·제6항의 반대해석).
② (○) 심판의 참가신청이 있는 경우에는 심판으로 그 참가 여부를 결정하여야 하며, 그 결정에는 불복할 수 없다(디자인보호법 제144조 제3항·제5항).
③ (○) 법원은 필요한 경우에는 디자인등록출원에 대한 결정이 확정될 때까지 그 소송절차를 중지할 수 있으며, 그 중지에 대하여는 불복할 수 없다(디자인보호법 제77조 제2항·제3항).
④ (×) 심사관은 디자인등록출원의 심사에 필요한 경우에는 심결이 확정될 때까지 또는 소송절차가 완결될 때까지 그 절차를 중지할 수 있으며, 그 중지에 대하여는 불복할 수 없다(디자인보호법 제77조 제1항·제3항).
⑤ (○) 심판관의 제척 또는 기피 신청이 있으면 심판으로 결정하여야 하며, 그 결정에는 불복할 수 없다(디자인보호법 제139조 제1항·제4항).

답 ④

CHAPTER 04 등록료 및 디자인등록 등

제3편 | 디자인보호법

제79조(디자인등록료)
① (납부주체) 제90조 제1항에 따른 디자인권의 설정등록을 받으려는 자는 설정등록을 받으려는 날부터 3년분의 디자인등록료(이하 "등록료"라 한다)를 내야 하며, 디자인권자는 그 다음 해부터의 등록료를 그 권리의 설정등록일에 해당하는 날을 기준으로 매년 1년분씩 내야 한다.
② (포괄납부) 제1항에도 불구하고 디자인권자는 그 다음 해부터의 등록료는 그 납부연도 순서에 따라 수년분 또는 모든 연도분을 함께 낼 수 있다.
③ (시기, 방법) 제1항 및 제2항에 따른 등록료, 그 납부방법 및 납부기간, 그 밖에 필요한 사항은 산업통상자원부령으로 정한다.

제80조(등록료를 납부할 때의 디자인별 포기)
① (복수디자인의 디자인별 포기) 복수디자인등록출원에 대한 디자인등록결정을 받은 자가 등록료를 낼 때에는 디자인별로 포기할 수 있다.
② 제1항에 따른 디자인의 포기에 필요한 사항은 산업통상자원부령으로 정한다.

제81조(이해관계인의 등록료 납부)
① (이해관계인의 대납) 이해관계인은 등록료를 내야 할 자의 의사와 관계없이 등록료를 낼 수 있다.
② (비용상환청구) 이해관계인이 제1항에 따라 등록료를 낸 경우에는 내야 할 자가 현재 이익을 얻는 한도에서 그 비용의 상환을 청구할 수 있다.

제82조(등록료의 추가납부 등)
① (추납기간) 디자인권의 설정등록을 받으려는 자 또는 디자인권자는 제79조 제3항에 따른 등록료 납부기간이 지난 후에도 6개월 이내(이하 "추가납부기간"이라 한다)에 등록료를 추가납부할 수 있다.
② (추납금액) 제1항에 따라 등록료를 추가납부할 때에는 내야 할 등록료의 2배의 범위에서 산업통상자원부령으로 정하는 금액을 내야 한다.
③ (불납의 효과) 추가납부기간에 등록료를 내지 아니한 경우(추가납부기간이 끝나더라도 제83조 제2항에 따른 보전기간이 끝나지 아니한 경우에는 그 보전기간에 보전하지 아니한 경우를 말한다)에는 디자인권의 설정등록을 받으려는 자의 디자인등록출원은 포기한 것으로 보며, 디자인권자의 디자인권은 제79조 제1항 또는 제2항에 따라 낸 등록료에 해당하는 기간이 끝나는 날의 다음 날로 소급하여 소멸된 것으로 본다.

제83조(등록료의 보전)
① (보전명령) 특허청장은 디자인권의 설정등록을 받으려는 자 또는 디자인권자가 제79조 제3항 또는 제82조 제1항에 따른 기간 이내에 등록료의 일부를 내지 아니한 경우에는 등록료의 보전(補塡)을 명하여야 한다.
② (보전기간) 제1항에 따라 보전명령을 받은 자는 그 보전명령을 받은 날부터 1개월 이내(이하 "보전기간"이라 한다)에 등록료를 보전할 수 있다.
③ (보전금액) 제2항에 따라 등록료를 보전하는 자는 내지 아니한 금액의 2배의 범위에서 산업통상자원부령으로 정하는 금액을 내야 한다.

제84조(등록료의 추가납부 또는 보전에 의한 디자인등록출원과 디자인권의 회복 등)

① **(회복요건 1)** 디자인권의 설정등록을 받으려는 자 또는 디자인권자가 정당한 사유로 추가납부기간 내에 등록료를 내지 아니하였거나 보전기간 내에 보전하지 아니한 경우에는 그 사유가 종료된 날부터 2개월 이내에 그 등록료를 내거나 보전할 수 있다. 다만, 추가납부기간의 만료일 또는 보전기간의 만료일 중 늦은 날부터 1년이 지났을 때에는 그러하지 아니하다.
② **(회복의 효과)** 제1항에 따라 등록료를 내거나 보전한 자는 제82조 제3항에도 불구하고 그 디자인등록출원을 포기하지 아니한 것으로 보며, 그 디자인권은 계속하여 존속하고 있던 것으로 본다.
③ **(회복요건 2)** 추가납부기간 내에 등록료를 내지 아니하였거나 보전기간 내에 보전하지 아니하여 등록디자인의 디자인권이 소멸한 경우 그 디자인권자는 추가납부기간 또는 보전기간 만료일부터 3개월 이내에 등록료의 2배를 내고 그 소멸한 권리의 회복을 신청할 수 있다. 이 경우 그 디자인권은 계속하여 존속하고 있던 것으로 본다. 기출 23·25
④ **(효력제한)** 제2항 또는 제3항에 따른 디자인등록출원 또는 디자인권의 효력은 등록료 추가납부기간이 지난날부터 등록료를 내거나 보전한 날까지의 기간(이하 "효력제한기간"이라 한다) 중에 다른 사람이 그 디자인 또는 이와 유사한 디자인을 실시한 행위에 대하여는 효력이 미치지 아니한다.
⑤ **(법정실시권의 발생)** 효력제한기간 중 국내에서 선의로 제2항 또는 제3항에 따른 디자인등록출원된 디자인, 등록디자인 또는 이와 유사한 디자인을 업으로 실시하거나 이를 준비하고 있는 자는 그 실시하거나 준비하고 있는 디자인 및 사업목적의 범위에서 그 디자인권에 대하여 통상실시권을 가진다.
⑥ **(법정실시권의 대가)** 제5항에 따라 통상실시권을 갖는 자는 디자인권자 또는 전용실시권자에게 상당한 대가를 지급하여야 한다.

제85조(수수료)

① **(납부주체)** 디자인에 관한 절차를 밟는 자는 수수료를 내야 한다.
② 제1항에 따른 수수료, 그 납부방법 및 납부기간, 그 밖에 필요한 사항은 산업통상자원부령으로 정한다.

제86조(등록료 및 수수료의 감면)

① **(면제대상)** 특허청장은 다음 각 호의 어느 하나에 해당하는 등록료 및 수수료는 제79조 및 제85조에도 불구하고 면제한다.
  1. 국가에 속하는 디자인등록출원 또는 디자인권에 관한 등록료 및 수수료
  2. 제121조 제1항에 따라 심사관이 청구한 무효심판에 대한 수수료 기출 25
② **(감면대상)** 특허청장은 다음 각 호의 어느 하나에 해당하는 자가 한 디자인등록출원 또는 그 디자인등록출원하여 받은 디자인권에 대하여는 제79조 및 제85조에도 불구하고 산업통상자원부령으로 정하는 등록료 및 수수료를 감면할 수 있다.
  1. 「국민기초생활 보장법」에 따른 의료급여 수급자
  2. 「재난 및 안전관리 기본법」 제36조에 따른 재난사태 또는 같은 법 제60조에 따른 특별재난지역으로 선포된 지역에 거주하거나 주된 사무소를 두고 있는 자 중 산업통상자원부령으로 정하는 요건을 갖춘 자
  3. 그 밖에 산업통상자원부령으로 정하는 자
③ 특허청장은 제2항에 따른 등록료 및 수수료의 감면을 거짓이나 그 밖의 부정한 방법으로 받은 자에 대하여는 산업통상자원부령으로 정하는 바에 따라 감면받은 등록료 및 수수료의 2배액을 징수할 수 있다. 이 경우 그 출원인 또는 디자인권자가 하는 디자인등록출원 또는 그 디자인등록출원을 하여 받은 디자인권에 대하여는 산업통상자원부령으로 정하는 기간 동안 제2항을 적용하지 아니한다.
④ 제2항에 따라 등록료 및 수수료를 감면받으려는 자는 산업통상자원부령으로 정하는 서류를 특허청장에게 제출하여야 한다.

제87조(등록료 및 수수료의 반환)
① (반환대상) 납부된 등록료 및 수수료는 다음 각 호의 어느 하나에 해당하는 경우에는 납부한 자의 청구에 의하여 반환한다.
  1. 잘못 납부된 등록료 및 수수료
  2. 디자인등록취소결정 또는 디자인등록을 무효로 한다는 심결이 확정되거나 디자인권을 포기한 해의 다음 해부터의 등록료 해당분 기출 25
  3. 디자인등록출원 후 1개월 이내에 그 디자인등록출원을 취하하거나 포기한 경우 이미 낸 수수료 중 디자인등록출원료, 우선권주장 신청료, 비밀디자인 청구료 및 출원공개 신청료. 다만, 다음 각 목의 어느 하나에 해당하는 디자인등록출원의 경우에는 그러하지 아니하다. 기출 25
    가. 분할출원 또는 분할출원의 기초가 된 디자인등록출원
    나. 제61조 제1항에 따라 우선심사의 신청을 한 디자인등록출원
    다. 심사관이 제63조에 따라 거절이유를 통지하거나 제65조에 따라 디자인등록결정을 한 디자인등록출원
  4. 제157조 제1항에 따라 보정각하결정, 디자인등록거절결정 또는 디자인등록취소결정이 취소된 경우(제164조에 따라 재심의 절차에서 준용되는 경우를 포함하되, 심판 또는 재심 중 제48조 제4항 제3호에 따른 보정 또는 제124조 제1항에 따라 준용되는 제48조 제4항 제1호에 따른 보정이 있는 경우는 제외한다)에 이미 낸 수수료 중 심판청구료(재심의 경우에는 재심청구료를 말한다. 이하 이 조에서 같다)
  5. 심판청구가 제128조 제2항에 따라 결정으로 각하되고 그 결정이 확정된 경우(제164조에 따라 재심의 절차에서 준용되는 경우를 포함한다)에 이미 낸 수수료 중 심판청구료의 2분의 1에 해당하는 금액
  6. 심리의 종결을 통지받기 전까지 제143조 제1항에 따른 참가신청을 취하한 경우(제164조에 따라 재심의 절차에서 준용되는 경우를 포함한다)에 이미 낸 수수료 중 참가신청료의 2분의 1에 해당하는 금액
  7. 제143조 제1항에 따른 참가신청이 결정으로 거부된 경우(제164조에 따라 재심의 절차에서 준용되는 경우를 포함한다)에 이미 낸 수수료 중 참가신청료의 2분의 1에 해당하는 금액
  8. 심리의 종결을 통지받기 전까지 심판청구를 취하한 경우(제164조에 따라 재심의 절차에서 준용되는 경우를 포함한다)에 이미 낸 수수료 중 심판청구료의 2분의 1에 해당하는 금액
② (반환통지) 특허청장 또는 특허심판원장은 납부된 등록료 및 수수료가 제1항 각 호의 어느 하나에 해당하는 경우에는 그 사실을 납부한 자에게 통지하여야 한다. 기출 25
③ (반환기간) 제1항에 따른 등록료 및 수수료의 반환청구는 제2항에 따른 통지를 받은 날부터 5년이 지나면 할 수 없다. 기출 25

제88조(디자인등록원부)
① 특허청장은 특허청에 디자인등록원부를 갖추어 두고 다음 각 호의 사항을 등록한다.
  1. 디자인권의 설정·이전·소멸·회복 또는 처분의 제한
  2. 전용실시권 또는 통상실시권의 설정·보존·이전·변경·소멸 또는 처분의 제한
  3. 디자인권·전용실시권 또는 통상실시권을 목적으로 하는 질권의 설정·이전·변경·소멸 또는 처분의 제한
② 제1항에 따른 디자인등록원부는 그 전부 또는 일부를 전자적 기록매체 등으로 작성할 수 있다.
③ 제1항 및 제2항에서 규정한 사항 외에 등록사항 및 등록절차 등에 관하여 필요한 사항은 대통령령으로 정한다.

제89조(디자인등록증의 발급)
① 특허청장은 디자인권의 설정등록을 하였을 때에는 산업통상자원부령으로 정하는 바에 따라 디자인권자에게 디자인등록증을 발급하여야 한다. 기출 20
② 특허청장은 디자인등록증이 디자인등록원부나 그 밖의 서류와 맞지 아니할 때에는 신청에 의하여 또는 직권으로 디자인등록증을 회수하여 정정발급하거나 새로운 디자인등록증을 발급하여야 한다.

CHAPTER 04 등록료 및 디자인등록 등

CHAPTER 05 디자인권

제3편 | 디자인보호법

01 디자인권

제90조(디자인권의 설정등록)
① **(발생)** 디자인권은 설정등록에 의하여 발생한다.
② **(설정등록)** 특허청장은 다음 각 호의 어느 하나에 해당하는 경우에는 디자인권을 설정하기 위한 등록을 하여야 한다.
  1. 제79조 제1항에 따라 등록료를 냈을 때
  2. 제82조 제1항에 따라 등록료를 추가납부 하였을 때
  3. 제83조 제2항에 따라 등록료를 보전하였을 때
  4. 제84조 제1항에 따라 등록료를 내거나 보전하였을 때
  5. 제86조 제1항 제1호 또는 제2항에 따라 그 등록료가 면제되었을 때
③ **(등록공고)** 특허청장은 제2항에 따라 등록한 경우에는 디자인권자의 성명·주소 및 디자인등록번호 등 대통령령으로 정하는 사항을 디자인공보에 게재하여 등록공고를 하여야 한다.

제91조(디자인권의 존속기간)
① **(존속기간)** 디자인권은 제90조 제1항에 따라 설정등록한 날부터 발생하여 디자인등록출원일 후 20년이 되는 날까지 존속한다. **(관련디자인권)** 다만, 제35조에 따라 관련디자인으로 등록된 디자인권의 존속기간 만료일은 그 기본디자인의 디자인권 존속기간 만료일로 한다. 기출 18·23
② **(정당권리자의 디자인권의 존속기간)** 정당한 권리자의 디자인등록출원이 제44조 및 제45조에 따라 디자인권이 설정등록된 경우에는 제1항의 디자인권 존속기간은 무권리자의 디자인등록출원일 다음 날부터 기산한다. 기출 21

제92조(디자인권의 효력)
디자인권자는 업으로서 등록디자인 또는 이와 유사한 디자인을 실시할 권리를 독점한다. 다만, 그 디자인권에 관하여 전용실시권을 설정하였을 때에는 제97조 제2항에 따라 전용실시권자가 그 등록디자인 또는 이와 유사한 디자인을 실시할 권리를 독점하는 범위에서는 그러하지 아니하다. 기출 18·25

제93조(등록디자인의 보호범위)
등록디자인의 보호범위는 디자인등록출원서의 기재사항 및 그 출원서에 첨부된 도면·사진 또는 견본과 도면에 적힌 디자인의 설명에 따라 표현된 디자인에 의하여 정하여진다. 기출 16·22·23

> **제94조(디자인권의 효력이 미치지 아니하는 범위)**
> ① **(효력제한 사유)** 디자인권의 효력은 다음 각 호의 어느 하나에 해당하는 사항에는 미치지 아니한다.
>   1. 연구 또는 시험을 하기 위한 등록디자인 또는 이와 유사한 디자인의 실시
>   2. 국내를 통과하는 데에 불과한 선박·항공기·차량 또는 이에 사용되는 기계·기구·장치, 그 밖의 물건 [기출 23]
>   3. 디자인등록출원 시부터 국내에 있던 물건
> ② **(글자체 디자인권)** 글자체가 디자인권으로 설정등록된 경우 그 디자인권의 효력은 다음 각 호의 어느 하나에 해당하는 경우에는 미치지 아니한다. [기출 23·25]
>   1. 타자·조판 또는 인쇄 등의 통상적인 과정에서 글자체를 사용하는 경우 [기출 20]
>   2. 제1호에 따른 글자체의 사용으로 생산된 결과물인 경우 [기출 21]

(1) 디자인권 설정등록의 효과

① 의의 및 취지 : 디자인등록출원에 대하여 디자인등록결정(法 제65조) 또는 등록취지의 심결(法 제124조)이 있고 출원인이 설정등록료를 납부하면(法 제79조 제1항), 디자인등록원부(法 제88조)에 등록됨으로써 디자인권이 설정등록 된다(法 제99조 제2항). 디자인권은 무체재산권이므로 권리의 안정성을 도모하기 위하여 등록에 의해 권리가 발생토록 하고 있다(法 제90조 제1항).

② 실체적 효과
  ㉠ 디자인권의 발생(法 제90조 제1항) 및 보호범위(法 제93조)의 확정
  ㉡ 보상금청구권의 행사(法 제53조 제3항)
  ㉢ 디자인권의 존속(法 제91조)
  ㉣ 디자인 내용의 공지(法 제33조 제1항 전단)
  ㉤ 설정등록의 추정력

③ 형식적 효과
  ㉠ 등록공고(法 제90조 제3항)
  ㉡ 일부심사등록 이의신청의 대상(法 제68조)
  ㉢ 심판대상의 특정
  ㉣ 디자인등록증의 발급(法 제89조)
  ㉤ 디자인등록의 표시(法 제214조)

④ 디자인권자의 의무
  ㉠ 연차료 납부의무(法 제79조 제1항)
  ㉡ 실시의무 및 보고의무 : 실시보고의무는 폐지되었고, 특허법과 달리 등록디자인의 실시의무는 없다.

(2) 디자인권의 효력제한

① **의의 및 취지** : 디자인권자는 업으로서 등록디자인 또는 이와 유사한 디자인을 실시할 권리를 독점한다(法 제92조). 그러나 공익상 또는 산업정책상 권리행사에 대해 일정한 제한을 받는 경우가 있다.

② **적극적 효력의 제한**
  ㉠ 디자인권 공유에 의한 제한(法 제96조 제3항)
  ㉡ 디자인권 포기의 제한(法 제106조)
  ㉢ 전용실시권 설정에 의한 제한(法 제92조 단서)
  ㉣ 이용·저촉 관계에 의한 제한(法 제95조)

③ **소극적 효력의 제한**
  ㉠ 디자인권의 효력이 미치지 않는 범위(法 제94조)
  ㉡ 등록료 추가납부로 회복된 디자인권의 효력제한(法 제84조 제4항)
  ㉢ 재심에 의해 회복된 디자인권의 효력제한(法 제161조)
  ㉣ 질권자와의 특약에 의한 제한(法 제108조)
  ㉤ 실시권에 의한 제한

④ **산업입법으로서의 내재적 제한**
  ㉠ 존속기간의 제한(法 제91조)
  ㉡ 지역의 제한

⑤ **특유디자인권의 효력제한**
  ㉠ 관련디자인
    • 디자인권의 이전 제한(法 제96조 제1항 단서, 제6항)
    • 전용실시권 설정의 제한(法 제97조 제1항 단서, 제6항)
    • 관련디자인의 디자인권의 존속기간(法 제91조 제1항 단서)
  ㉡ 한 벌의 물품의 디자인
  ㉢ 비밀디자인
    • 과실추정의 배제(法 제116조 제1항 단서)
    • 권리침해금지청구권의 행사상의 제약(法 제113조 제2항)
  ㉣ 일부심사등록디자인(法 제116조 제2항)

(3) 디자인권의 보호범위

① 의의 및 취지 : 디자인권은 독점적이고 배타적인 권리이므로, 디자인권자는 업으로서 등록디자인 또는 이와 유사한 디자인을 실시할 권리를 독점한다(法 제92조). 디자인권의 배타적 효력이 미치는 객관적영역을 디자인권의 보호범위라고 한다.

② 보호범위의 판단기준
   ㉠ 법적근거(法 제93조)
   ㉡ 출원서의 기재사항
      • 디자인의 대상이 되는 물품
        - 보호범위 판단은 디자인의 동일·유사판단에 의하는데, 물품의 동일·유사가 전제되므로 디자인의 대상이 되는 물품은 보호범위를 정하는 기준이 된다.
        - 물품명은 특허청장이 고시한 물품의 명칭을 기재하고, 명시되지 않은 물품명을 기재하는 경우에는 용도가 명확히 이해될 수 있도록, 그 용도를 최소단위로 표현해야 한다.
      • 부분디자인의 여부
        - 등록받고자 하는 부분을 특정하여 보호범위 판단의 기초자료로 사용한다.
        - 부분디자인권의 보호범위는 디자인등록을 받고자 하는 부분을 포함하는 전체디자인의 실시에도 미친다.
      • 단독디자인, 관련디자인 여부 : 기본디자인과 관련디자인은 별개의 권리범위가 인정되므로, 관련디자인 여부의 표시는 보호범위 판단에 영향을 미치지 않는다.
   ㉢ 도면, 사진 또는 견본
      • 도면이란 출원디자인의 내용을 명확히 하기 위하여 일정한 도법에 의해 표현한 서면을 말한다. 디자인은 물품의 미적 외관으로서 기재사항만으로는 그 내용을 특정하기 어려운 바, 도면은 디자인의 보호범위를 형태면에서 특정하는 역할을 한다.
      • 도면은 창작내용과 전체적 형태를 명확히 표현하여 1개 이상 제출이 가능하고, 참고도면은 기초자료에서 제외된다. 기출 16
   ㉣ 디자인의 설명 : 디자인의 설명은 보호범위 판단 기초자료가 된다.
   ㉤ 창작내용의 요점 : 창작내용의 요점은 출원인이 자유롭게 기재할 수 있도록 하되, 보호범위 판단기준에서는 삭제하였다.

③ 보호범위의 판단방법
   ㉠ 일반적 판단방법 : ⅰ) 일반 수요자를 기준으로, ⅱ) 등록디자인과 대비 대상이 되는 디자인을 ⅲ) 디자인의 동일·유사판단방법에 의해 판단한다.
   ㉡ 유사여부판단에 대한 심사기준 및 判例의 태도
      • 심사기준은 유통과정에서 일반 수요자를 관찰하여 다른 물품과 혼동할 우려가 있는 경우에는 유사한 디자인으로 보나, 혼동우려가 없어도 그 디자인분야의 형태적 흐름을 기초로 창작의 공통성이 인정되면 유사한 디자인으로 본다.
      • 대법원 判例는 "양 디자인의 외관을 전체적으로 대비 관찰하여 보는 사람에게 상이한 심미감을 주는지 여부로 판단하므로 지배적 특징이 유사하면 세부적인 점에 다소 차이가 있더라도 유사한 디자인으로 본다(대법원 2020.9.3. 선고 2016후1710 판결)."고 판시하였다. 기출 21

ⓒ 등록디자인에 공지부분이 포함되어 있는 경우 : 대법원 判例는 "등록된 디자인이 출원 전 이미 공지된 디자인인 경우에는 무효심결이 확정되었는지 여부에 관계없이 권리범위 판단에서 제외하여야 한다(대법원 2008.9.25. 선고 2008도3797 판결)."고 판시하였다. 공지공용된 부분까지 독점적인 권리를 인정할 수는 없기 때문이다. 기출 15

ⓔ 법률에 의한 제한과 확장 : ⅰ) 디자인권의 효력이 미치지 않는 범위(法 제94조), ⅱ) 등록료 추가납부로 회복된 디자인권의 효력제한(法 제84조 제4항), ⅲ) 재심에 의해 회복된 디자인권의 효력제한(法 제161조), ⅳ) 침해로 보는 행위(法 제114조)를 고려한다.

(4) 디자인권의 효력

① 의의 및 취지 : 디자인권의 효력은 등록디자인 또는 이와 유사한 디자인을 업으로서 독점하는 적극적 효력과 권한 없는 제3자의 위법한 실시를 배제할 수 있는 소극적 효력으로 구성된다. 또한, 디자인권의 실효적 보호를 위하여 간접침해(法 제114조)를 인정하여 효력을 확정한다.

② 디자인권의 효력범위

  ㉠ 객체적 범위 : 디자인권의 보호객체는 등록디자인이다. 등록디자인의 보호범위는 디자인등록출원서의 기재사항 및 그 출원서에 첨부된 도면·사진 또는 견본과 도면에 적힌 디자인의 설명에 따라 표현된 디자인에 의하여 정하여진다(法 제93조).

  ㉡ 시간적 범위
  - 디자인권은 제90조 제1항에 따라 설정등록한 날부터 발생하여 디자인등록출원일 후 20년이 되는 날까지 존속한다(法 제91조 제1항).
  - 관련디자인으로 등록된 디자인권의 존속기간 만료일은 그 기본디자인의 디자인권 존속기간 만료일로 한다(法 제91조 제1항 단서).
  - 정당한 권리자의 디자인등록출원이 제44조 및 제45조에 따라 디자인권이 설정등록된 경우에는 제1항의 디자인권 존속기간은 무권리자의 디자인등록출원일 다음 날부터 기산한다(法 제91조 제2항).

  ㉢ 지역적 범위 : 속지주의 원칙에 따라 대한민국 영토 내에 한한다.

③ 디자인권의 효력내용

  ㉠ 적극적 효력
  - 디자인권자는 업으로서 등록디자인 또는 이와 유사한 디자인을 실시할 권리를 독점한다(法 제92조 본문).
  - '업으로서'의 해석은 반드시 영리 목적에 한정되지 않고 반복·계속하여 이루어지는 것을 요한다.
  - 디자인은 물품의 구체적·명시적 형태이므로 동일성의 개념만으로는 그 보호대상이 협소하여 유사범위까지 그 효력을 확장하고 있다.
  - '실시'는 디자인에 관한 물품을 생산·사용·양도·대여·수출 또는 수입하거나 그 물품의 양도나 대여의 청약을 하는 행위를 말한다(法 제2조 제7호). 디자인의 효력상 각 행위는 각각 독립적이다(실시행위의 독립성).

- ⓒ 소극적 효력
  - 소극적 효력이란 권원 없는 제3자의 업으로서의 실시행위를 배제할 수 있는 배타적 효력을 의미한다.
  - 디자인권자는 침해자에게 민사적 조치의 침해·금지 예방의 청구(法 제113조), 손해배상청구(민법 제750조), 신용회복청구(法 제117조), 부당이득반환청구(민법 제741조)와 형사적 조치인 침해죄(法 제220조), 몰수(法 제228조), 양벌규정(法 제227조) 등을 취할 수 있다.

02 이용·저촉

> **제95조(타인의 등록디자인 등과의 관계)**
> ① 디자인권자·전용실시권자 또는 통상실시권자는 등록디자인이 그 디자인등록출원일 전에 출원된 타인의 등록디자인 또는 이와 유사한 디자인·특허발명·등록실용신안 또는 등록상표를 이용하거나 디자인권이 그 디자인권의 디자인등록출원일 전에 출원된 타인의 특허권·실용신안권 또는 상표권과 저촉되는 경우에는 그 디자인권자·특허권자·실용신안권자 또는 상표권자의 허락을 받지 아니하거나 제123조에 따르지 아니하고는 자기의 등록디자인을 업으로서 실시할 수 없다. 기출 17
> ② 디자인권자·전용실시권자 또는 통상실시권자는 그 등록디자인과 유사한 디자인이 그 디자인등록출원일 전에 출원된 타인의 등록디자인 또는 이와 유사한 디자인·특허발명·등록실용신안 또는 등록상표를 이용하거나 그 디자인권의 등록디자인과 유사한 디자인이 디자인등록출원일 전에 출원된 타인의 디자인권·특허권·실용신안권 또는 상표권과 저촉되는 경우에는 그 디자인권자·특허권자·실용신안권자 또는 상표권자의 허락을 받지 아니하거나 제123조에 따르지 아니하고는 자기의 등록디자인과 유사한 디자인을 업으로서 실시할 수 없다. 기출 18
> ③ 디자인권자·전용실시권자 또는 통상실시권자는 등록디자인 또는 이와 유사한 디자인이 그 디자인등록출원일 전에 발생한 타인의 저작물을 이용하거나 그 저작권에 저촉되는 경우에는 저작권자의 허락을 받지 아니하고는 자기의 등록디자인 또는 이와 유사한 디자인을 업으로서 실시할 수 없다. 기출 15·18

(1) 이용

① 의의 : 이용관계란 후출원 등록디자인에 선출원 등록디자인의 본질적인 특징을 손상되지 않고 그대로 도입되어 있어, 후출원 등록디자인을 실시하게 되면 선출원 등록디자인의 권리내용 전부를 실시하게 되는 경우를 의미한다. 일방적 충돌관계가 발생한다.

② 성립요건
  ㉠ 선·후 등록권리의 출원일 또는 발생일이 상이할 것
  ㉡ 선·후 등록권리의 권리자가 상이할 것
  ㉢ 적법하게 등록된 2 이상의 권리일 것
  ㉣ 이용하는 관계에 있을 것

③ **이용관계에 대한 判例의 태도**(대법원 2011.4.28. 선고 2009후2968 판결) : 이용관계란 ⅰ) 후 등록디자인이 전체로서는 타인의 선 등록디자인과 유사하지 않지만, ⅱ) 선 등록디자인의 요지를 전부 포함하고 ⅲ) 선 등록디자인의 본질적 특징을 손상시키지 않은 채 그대로 자신의 디자인 내에 도입하고 있어, ⅳ) 후 등록디자인을 실시하면 필연적으로 선 등록디자인을 실시하는 관계에 있는 경우를 말한다.

기출 15 · 17

④ 유 형

선출원 등록권리	후출원 등록권리
부품디자인	완성품디자인
구성물품디자인	한 벌의 물품의 디자인
부분디자인	전체디자인
형상만의 디자인	형상에 모양/색채를 부가한 디자인

(2) 저 촉

① 의의 : 저촉관계란 양 권리가 중복되어서 일방의 권리의 실시가 타방의 권리를 침해하게 되는 것을 말한다. 쌍방적 충돌관계를 이룬다.

② 성립요건
  ㉠ 선·후 등록권리의 출원일 또는 발생일이 상이할 것
  ㉡ 선·후 등록권리의 권리자가 상이할 것
  ㉢ 적법하게 등록된 2 이상의 권리일 것
  ㉣ 선·후 등록권리의 내용이 동일할 것

③ 유 형
  ㉠ 선출원 디자인권과의 저촉(法 제95조 제2항)
    • 중복등록을 방지하려는 선출원(法 제46조 제1항) 규정의 판단은 선·후출원의 동일·유사범위의 판단이 이루어져야 하나, 심사의 곤란이 따르므로 후출원의 유사범위는 판단하지 않는다. 따라서 후출원 등록디자인에 유사한 디자인이 타인의 선출원 디자인권과 저촉될 수 있다.
    • 후출원 등록디자인이 선출원 등록디자인과 저촉되는 것은 法 제46조 제1항 위반이므로 무효심판(法 제121조)에 의해야 한다.
  ㉡ 특허권 또는 실용신안권과의 저촉
  ㉢ 상표권과의 저촉
  ㉣ 저작권과의 저촉 : 등록디자인 또는 유사한 디자인이 타인의 저작권에 관한 저작물과 내용적으로 일치하는 외견을 보이더라도 그 디자인이 기존의 저작물에 의하지 않는 경우(새롭게 창작한 경우)에는 저작물의 복제에 해당하지 않으므로 저촉관계가 발생하지 않는다(저작물의 상대적 배타성).

④ 법적효과
  ㉠ 적극적 효력과 소극적 효력의 제한 : 후출원 디자인권자 등은 선출원권리자의 허락을 얻거나(法 제95조) 통상실시권 허락의 심판(法 제123조)에 의하지 아니하면 자신의 등록디자인 또는 이와 유사한 디자인을 실시할 수 없다. 다만, 소극적 효력이 제한되는 경우가 아니므로 제3자의 침해행위에 대하여 권리를 행사할 수 있다.
  ㉡ 통상실시권 허락의 심판의 청구 및 크로스라이선스(法 제123조)
  ㉢ 정당권원 없이 실시하는 후출원 권리자의 책임 - 민·형사상 책임
  ㉣ 저촉관계의 경우 법정실시권(法 제103조)

(3) 비침해의 항변
① 권리남용의 항변
  ㉠ 등록디자인은 그 출원 전에 공지된 선행디자인들과 동일하거나 유사한 디자인에 해당한다. 따라서 등록디자인은 그 등록무효사유가 명백한 경우에 해당하므로 이러한 청구는 권리남용에 해당한다.
  ㉡ 등록디자인에 대한 무효심결이 확정되기 전이라도 등록디자인이 공지디자인 등에 의하여 용이하게 창작될 수 있어 디자인등록이 무효심판에 의하여 무효로 될 것이 명백한 경우, 디자인권에 기초한 침해금지 또는 손해배상 등의 청구는 특별한 사정이 없는 한 권리남용에 해당하여 허용되지 아니하고, 침해소송을 담당하는 법원으로서도 디자인권자의 그러한 청구가 권리남용에 해당한다는 항변이 있는 경우 그 당부를 살피기 위한 전제로서 등록디자인의 용이 창작 여부에 대하여 심리·판단할 수 있다.
② 권리범위 부정의 항변
  ㉠ 등록디자인이 출원 전 국내외에서 공지된 디자인이나 출원 전에 반포된 간행물에 기재된 디자인과 동일·유사한 경우에는 등록무효의 심결이 없어도 그 권리범위를 인정할 수 없다.
  ㉡ 등록디자인이 출원 전에 그 디자인이 속하는 분야에서 통상의 지식을 가진 사람이 기존의 공지디자인들의 결합에 의하여 용이하게 창작할 수 있다고 하더라도 이러한 사정만으로는 등록된 디자인의 권리범위가 부정된다고 볼 수 없다.
  ㉢ 등록디자인이 디자인등록출원 전에 그 디자인이 속하는 분야에서 통상의 지식을 가진 자가 국내에서 널리 알려진 형상·모양·색채 또는 이들의 결합에 의하여 용이하게 창작할 수 있는 디자인에 해당하는 경우에는 그 등록이 무효로 되기 전에는 등록디자인의 권리범위를 부인할 수 없다.
③ 자유실시디자인의 항변
  ㉠ 디자인권의 범위는 그 출원 당시 공지공용의 부분에 미치지 않고, 확인대상디자인이 등록디자인의 출원 전에 공지된 자유실시디자인에 해당하면 등록디자인과 대비할 필요도 없이 그 권리범위에 속하지 않는다.
  ㉡ 등록디자인과 대비되는 디자인이 등록디자인의 출원 전에 디자인이 속하는 분야에서 통상의 지식을 가진 사람이 공지 디자인 또는 이들의 결합에 따라 쉽게 실시할 수 있는 것인 때에는 등록디자인과 대비할 것도 없이 그 권리범위에 속하지 않는다. 기출 23

ⓒ 등록디자인과 대비되는 디자인이 등록디자인의 디자인등록출원 전에 그 디자인이 속하는 분야에서 통상의 지식을 가진 자가 국내에서 널리 알려진 형상·모양·색채 또는 이들의 결합에 의하여 용이하게 창작할 수 있는 것인 때에는 등록디자인과 대비할 것도 없이 그 권리범위에 속하지 않는다.

03 디자인권의 이전 및 공유

> **제96조(디자인권의 이전 및 공유 등)**
> ① (이전) 디자인권은 이전할 수 있다. 다만, 기본디자인의 디자인권과 관련디자인의 디자인권은 같은 자에게 함께 이전하여야 한다. 기출 15·20·24
> ② (공유의 제한1) 디자인권이 공유인 경우에 각 공유자는 다른 공유자의 동의를 받지 아니하면 그 지분을 이전하거나 그 지분을 목적으로 하는 질권을 설정할 수 없다. 기출 15
> ③ (공유의 실시) 디자인권이 공유인 경우에는 각 공유자는 계약으로 특별히 약정한 경우를 제외하고는 다른 공유자의 동의를 받지 아니하고 그 등록디자인 또는 이와 유사한 디자인을 단독으로 실시할 수 있다. 기출 15
> ④ (공유의 제한2) 디자인권이 공유인 경우에는 각 공유자는 다른 공유자의 동의를 받지 아니하면 그 디자인권에 대하여 전용실시권을 설정하거나 통상실시권을 허락할 수 없다. 기출 15
> ⑤ (복수디자인의 이전) 복수디자인등록된 디자인권은 각 디자인권마다 분리하여 이전할 수 있다. 기출 15·20
> ⑥ (관련디자인의 이전) 기본디자인의 디자인권이 취소, 포기 또는 무효심결 등으로 소멸한 경우 그 기본디자인에 관한 2 이상의 관련디자인의 디자인권을 이전하려면 같은 자에게 함께 이전하여야 한다. 기출 15

(1) 디자인권의 이전

① 의의 : 디자인권은 재산권으로서 이전이 가능하다(法 제96조). 디자인권의 이전이라 함은 권리주체의 변경을 의미한다.
② 태 양
　ⓐ 양도 등에 의한 이전
　ⓑ 상속 기타 일반승계에 의한 이전
　ⓒ 담보권 실행에 의한 이전
　ⓓ 기타 특수한 이전
③ 제 한
　ⓐ 관련디자인권 이전의 제한(法 제96조 제1항 단서, 제6항)
　ⓑ 공유디자인권 이전에 의한 제한(法 제96조 제2항)
④ 절차 : 디자인권의 이전은 등록권리자 및 등록의무자가 공동으로 신청하여야 한다.

⑤ 효 과
　㉠ 효력발생(法 제98조 제1항·제2항)
　㉡ 부수적 권리의 이전
　㉢ 법정실시권의 발생(法 제110조)
⑥ 디자인등록을 받을 수 있는 권리의 이전 및 승계(法 제54조, 제57조)

(2) 디자인권의 공유

① 의의 및 법적성질
　㉠ 의의 : 디자인권의 공유란 하나의 디자인권을 2인 이상이 공동으로 소유하는 것을 말한다.
　㉡ 법적성질
　　• ⅰ) 다른 공유자의 동의 없이 실시할 수 있는 공유의 성질을 갖고 있는 동시에, ⅱ) 지분의 양도 및 질권·실시권의 설정에 있어 타 공유자의 동의를 요하는 합유적 성질을 갖는다.
　　• 공유자 1인의 지분변동이 타 공유자 지분의 실질적 경제가치에 영향을 미칠 수 있는 무체재산권으로서의 특수성을 고려한 것이다.
　　• 디자인권의 공유자들이 조합체를 형성하여 디자인권을 소유한다고 볼 수 없을 뿐만 아니라 디자인보호법에 디자인권의 공유를 합유관계로 본다는 명문의 규정도 없는 이상, 디자인권의 공유에도 디자인보호법의 다른 규정이나 그 본질에 반하지 않는 범위 내에서는 민법상의 공유의 규정이 적용될 수 있다(대법원 2004.12.9. 선고 2002후567 판결).

② 공유디자인권의 발생 태양 및 지분
　㉠ 발생 태양
　　• ⅰ) 수인의 공동창작물을 공동으로 출원하여 등록받은 경우, ⅱ) 디자인등록을 받을 수 있는 권리가 일부 이전되거나, 공동으로 상속하여 등록받은 경우
　　• ⅰ) 디자인권 일부를 양도하거나, 다수인이 공동으로 이전받거나 상속받은 경우, ⅱ) 질권에 의해 지분이 경락된 경우, ⅲ) 예약승계를 통해 직무 디자인이 수인의 사용자에게 귀속된 경우
　㉡ 공유자의 지분 : 공유 디자인권에 대한 지분 비율은 계약 또는 법률의 규정에 의하여 결정되지만 이러한 사정이 없는 경우에는 균등한 것으로 추정한다.

③ 공유디자인권의 효력
　㉠ 적극적 효력
　　• 무체재산권의 특성상, 각 공유자는 계약으로 특별히 약정한 경우를 제외하고는 다른 공유자의 동의를 받지 아니하고 그 등록디자인 또는 이와 유사한 디자인을 단독으로 실시할 수 있다(法 제96조 제3항).
　　• 공유자 중 1인의 후출원 등록 이용디자인은 타 공유자의 허락 없이 실시할 수 있다. 후출원 권리자는 공유자로서 선출원 권리에 대한 실시 권한을 가지기 때문이다.
　㉡ 소극적 효력
　　• 침해금지 청구, 손해배상청구 : 각 공유자는 자신의 지분권에 기한 침해금지의 청구 또는 손해배상청구의 권리를 행사할 수 있다.
　　• 신용회복청구 : 각 공유자는 공유지분권에 기하여 침해자에 대해 신용회복청구를 단독으로 할 수 있다.

④ 공유디자인권의 제한
  ㉠ 등록디자인의 실시의 제한(法 제96조 제3항)
  ㉡ 지분양도 및 질권설정의 제한(法 제96조 제2항)
  ㉢ 실시권 설정의 제한(法 제96조 제4항)
  ㉣ 절차상의 제한(法 제13조)
  ㉤ 심판청구의 제한(法 제125조 제1항)
  ㉥ 공유자 1인의 심결취소소송의 제기 가부 – 적극
⑤ 기타 공유디자인권의 내용
  ㉠ 지분의 포기 : 타공유자의 동의없이 지분 포기 가능, 타공유자에게 지분비율로 귀속
  ㉡ 상속인이 없는 경우 : 타공유자에게 지분비율로 귀속
  ㉢ 의무 : 각자 공동으로 부담
  ㉣ 소멸 : 1인에게 집중되면 공유관계 소멸
  ㉤ 분할 : 민법상 공유물분할청구권 인정, 대금분할만 가능 기출 15

04 실시권

제97조(전용실시권)
① **(발생)** 디자인권자는 그 디자인권에 대하여 타인에게 전용실시권을 설정할 수 있다. **(관련디자인권)** 다만, 기본디자인의 디자인권과 관련디자인의 디자인권에 대한 전용실시권은 같은 자에게 동시에 설정하여야 한다. 기출 17
② **(효력)** 전용실시권을 설정받은 전용실시권자는 그 설정행위로 정한 범위에서 그 등록디자인 또는 이와 유사한 디자인을 업으로서 실시할 권리를 독점한다.
③ **(이전)** 전용실시권자는 실시사업(實施事業)과 같이 이전하는 경우 또는 상속이나 그 밖의 일반승계의 경우를 제외하고는 디자인권자의 동의를 받지 아니하면 그 전용실시권을 이전할 수 없다. 기출 22
④ **(질권의 설정, 통상실시권의 허락)** 전용실시권자는 디자인권자의 동의를 받지 아니하면 그 전용실시권을 목적으로 하는 질권을 설정하거나 통상실시권을 허락할 수 없다.
⑤ **(공유)** 전용실시권에 관하여는 제96조 제2항부터 제4항까지의 규정을 준용한다.
⑥ **(관련디자인권)** 기본디자인의 디자인권이 취소, 포기 또는 무효심결 등으로 소멸한 경우 그 기본디자인에 관한 2 이상의 관련디자인의 전용실시권을 설정하려면 같은 자에게 함께 설정하여야 한다. 기출 21·22·25

제98조(디자인권 및 전용실시권 등록의 효력)
① **(등록의 효력)** 다음 각 호에 해당하는 사항은 등록하지 아니하면 효력이 발생하지 아니한다.
  1. 디자인권의 이전(상속이나 그 밖의 일반승계에 의한 경우는 제외한다), 포기에 의한 소멸 또는 처분의 제한
  2. 전용실시권의 설정·이전(상속이나 그 밖의 일반승계에 의한 경우는 제외한다)·변경·소멸(혼동에 의한 경우는 제외한다) 또는 처분의 제한
  3. 디자인권 또는 전용실시권을 목적으로 하는 질권의 설정·이전(상속이나 그 밖의 일반승계에 의한 경우는 제외한다)·변경·소멸(혼동에 의한 경우는 제외한다) 또는 처분의 제한
② **(상속 그 밖의 일반승계)** 제1항 각 호에 따른 디자인권·전용실시권 및 질권의 상속이나 그 밖의 일반승계의 경우에는 지체 없이 그 취지를 특허청장에게 신고하여야 한다.

제99조(통상실시권)
① **(발생)** 디자인권자는 그 디자인권에 대하여 타인에게 통상실시권을 허락할 수 있다.
② **(효력)** 통상실시권자는 이 법에 따라 또는 설정행위로 정한 범위에서 그 등록디자인 또는 이와 유사한 디자인을 업으로서 실시할 수 있는 권리를 가진다.
③ **(통실허심판에 의한 통상실시권)** 제123조에 따른 통상실시권은 그 통상실시권자의 해당 디자인권·전용실시권 또는 통상실시권과 함께 이전되고 해당 디자인권·전용실시권 또는 통상실시권이 소멸되면 함께 소멸된다.
④ **(이전)** 제3항 외의 통상실시권은 실시사업과 같이 이전하는 경우 또는 상속이나 그 밖의 일반승계의 경우를 제외하고는 디자인권자(전용실시권자로부터 통상실시권을 허락받은 경우에는 디자인권자 및 전용실시권자)의 동의를 받지 아니하면 이전할 수 없다.
⑤ **(질권의 설정)** 제3항 외의 통상실시권은 디자인권자(전용실시권자로부터 통상실시권을 허락받은 경우에는 디자인권자 및 전용실시권자)의 동의를 받지 아니하면 그 통상실시권을 목적으로 하는 질권을 설정할 수 없다.
⑥ **(공유)** 통상실시권에 관하여는 제96조 제2항·제3항을 준용한다.

제100조(선사용에 따른 통상실시권)
디자인등록출원 시에 그 디자인등록출원된 디자인의 내용을 알지 못하고 그 디자인을 창작하거나 그 디자인을 창작한 사람으로부터 알게 되어 국내에서 그 등록디자인 또는 이와 유사한 디자인의 실시사업을 하거나 그 사업의 준비를 하고 있는 자는 그 실시 또는 준비를 하고 있는 디자인 및 사업의 목적 범위에서 그 디자인등록출원된 디자인의 디자인권에 대하여 통상실시권을 가진다.

제101조(선출원에 따른 통상실시권)
타인의 디자인권이 설정등록되는 때에 그 디자인등록출원된 디자인의 내용을 알지 못하고 그 디자인을 창작하거나 그 디자인을 창작한 사람으로부터 알게 되어 국내에서 그 디자인 또는 이와 유사한 디자인의 실시사업을 하거나 그 사업의 준비를 하고 있는 자(제100조에 해당하는 자는 제외한다)는 다음 각 호의 요건을 모두 갖춘 경우에 한정하여 그 실시 또는 준비를 하고 있는 디자인 및 사업의 목적 범위에서 그 디자인권에 대하여 통상실시권을 가진다.
1. 타인이 디자인권을 설정등록받기 위하여 디자인등록출원을 한 날 전에 그 디자인 또는 이와 유사한 디자인에 대하여 디자인등록출원을 하였을 것
2. 타인의 디자인권이 설정등록되는 때에 제1호에 따른 디자인등록출원에 관한 디자인의 실시사업을 하거나 그 사업의 준비를 하고 있을 것
3. 제1호 중 먼저 디자인등록출원한 디자인이 제33조 제1항 각 호의 어느 하나에 해당하여 디자인등록거절결정이나 거절한다는 취지의 심결이 확정되었을 것

제102조(무효심판청구 등록 전의 실시에 의한 통상실시권)
① **(요건, 효력)** 다음 각 호의 어느 하나에 해당하는 자가 디자인등록에 대한 무효심판청구의 등록 전에 자기의 등록디자인이 무효사유에 해당하는 것을 알지 못하고 국내에서 그 디자인 또는 이와 유사한 디자인의 실시사업을 하거나 그 사업의 준비를 하고 있는 경우에는 그 실시 또는 준비를 하고 있는 디자인 및 사업의 목적 범위에서 그 디자인권에 대하여 통상실시권을 가진다.
1. 동일하거나 유사한 디자인에 대한 2 이상의 등록디자인 중 그 하나의 디자인등록을 무효로 한 경우의 원(原)디자인권자
2. 디자인등록을 무효로 하고 동일하거나 유사한 디자인에 관하여 정당한 권리자에게 디자인등록을 한 경우의 원디자인권자

② **(실시권자의 중용권)** 제1항 제1호 및 제2호의 경우에 있어서 그 무효로 된 디자인권에 대하여 무효심판청구 등록 당시에 이미 전용실시권이나 통상실시권 또는 그 전용실시권에 대한 통상실시권을 취득한 자로서 다음 각 호의 어느 하나에 해당하는 자는 통상실시권을 가진다.
  1. 해당 통상실시권 또는 전용실시권의 등록을 받은 자
  2. 제104조 제2항에 해당하는 통상실시권을 취득한 자
③ **(대가)** 제1항 및 제2항에 따라 통상실시권을 가지는 자는 디자인권자 또는 전용실시권자에게 상당한 대가를 지급하여야 한다.

제103조(디자인권 등의 존속기간 만료 후의 통상실시권)
① **(원디자인권자의 통상실시권)** 등록디자인과 유사한 디자인이 그 디자인등록출원일 전 또는 디자인등록출원일과 같은 날에 출원되어 등록된 디자인권(이하 "원디자인권"이라 한다)과 저촉되는 경우 원디자인권의 존속기간이 만료되는 때에는 원디자인권자는 원디자인권의 범위에서 그 디자인권에 대하여 통상실시권을 가지거나 원디자인권의 존속기간 만료 당시 존재하는 그 디자인권의 전용실시권에 대하여 통상실시권을 가진다. 기출 17
② **(실시권자의 통상실시권)** 제1항의 경우 원디자인권의 만료 당시 존재하는 원디자인권에 대한 전용실시권자 또는 제104조 제1항에 따라 등록된 통상실시권자는 원권리의 범위에서 그 디자인권에 대하여 통상실시권을 가지거나 원디자인권의 존속기간 만료 당시 존재하는 그 디자인권의 전용실시권에 대하여 통상실시권을 가진다. 기출 17
③ **(타권리와의 저촉)** 등록디자인 또는 이와 유사한 디자인이 그 디자인등록출원일 전 또는 디자인등록출원일과 같은 날에 출원되어 등록된 특허권·실용신안권과 저촉되고 그 특허권 또는 실용신안권의 존속기간이 만료되는 경우에 관하여는 제1항 및 제2항을 준용한다.
④ **(대가)** 제2항(제3항에서 준용하는 경우를 포함한다)에 따라 통상실시권을 갖는 자는 그 디자인권자 또는 그 디자인권에 대한 전용실시권자에게 상당한 대가를 지급하여야 한다.

제104조(통상실시권 등록의 효력)
① **(등록의 효력)** 통상실시권을 등록한 경우에는 그 등록 후에 디자인권 또는 전용실시권을 취득한 자에 대하여도 그 효력이 발생한다. 기출 22
② **(법정실시권의 효력)** 제84조 제5항, 제100조부터 제103조까지, 제110조, 제162조, 제163조 및 「발명진흥법」 제10조 제1항에 따른 통상실시권은 등록이 없더라도 제1항에 따른 효력이 발생한다. 기출 22
③ **(그 외의 등록의 효력)** 통상실시권의 이전·변경·소멸 또는 처분의 제한, 통상실시권을 목적으로 하는 질권의 설정·이전·변경·소멸 또는 처분의 제한은 등록하지 아니하면 제3자에게 대항할 수 없다.

(1) 선출원에 따른 통상실시권
① 의의 및 취지 : 타인의 디자인권이 설정등록되는 때에 그 디자인등록출원된 디자인의 내용을 알지 못하고, 선의로 국내에서 그 디자인 또는 이와 유사한 디자인의 실시사업을 하거나 준비를 하고 있는 자는 일정한 요건하에서 그 디자인권에 대해 통상실시권을 가진다(法 제101조). 이는 선·후출원인 간의 이해관계를 조정하기 위함이다.
② 요 건
  ㉠ 후출원 디자인 전 그 디자인과 동일·유사한 디자인이 있을 것 : 타인의 출원보다 선출원 된 자신의 디자인등록출원이 있었음을 전제로 한다.
  ㉡ 선출원 디자인이 신규성 상실을 이유로 거절 결정되었을 것 : 거절이유를 신규성 상실로 제한한 것은 공지디자인과 동일·유사한 디자인은 일반 공중이 자유롭게 실시할 수 있는 영역에 해당되는 것이므로, 선출원 지위가 없어 등록될 수 있었던 후출원 디자인이 유사하다는 것을 이유로 침해를 인정하는 것은 형평상 선출원인에게 부당하기 때문이다.

ⓒ 후출원 디자인이 설정등록 되는 때에 국내에서 실시사업을 하거나 그 사업을 준비하고 있을 것
　　　• 선출원자의 실시 개시 시점의 시기적 요건에 관한 것이다.
　　　• 실시사업 또는 그 사업의 준비는 타인의 출원 이후부터 설정등록 이전까지 개시되어야 한다.
　　ⓓ 선의의 실시일 것 : 선의란, 타인의 디자인등록출원된 디자인의 내용을 알지 못하고 독자적으로 디자인을 창작하거나 독자적으로 디자인을 창작한 사람으로부터 알게 된 경우를 의미한다.
　　ⓔ 선사용에 의한 통상실시권이 발생되는 경우가 아닐 것 : 타인의 출원 전에 실시 또는 준비하는 경우라면 선사용에 의한 통상실시권(法 제100조)에 따른 구제가 규정되어 있으므로 본 규정은 적용대상이 아니다.
③ 내 용
　　ⓐ 발생 및 등록 : 법률의 규정에 의한 요건을 구비하면 효력이 발생되고, 등록이 없더라도 제3자에게 대항이 가능하다(法 제104조 제2항·제3항).
　　ⓑ 효력범위 : 후출원 디자인권의 설정등록시를 기준으로 실시 또는 준비를 하고 있는 디자인 및 그 사업의 목적 범위 내에 한한다.
　　ⓒ 변동(法 제99조 제4항·제5항)
　　ⓓ 소멸(法 제106조 제3항)
　　ⓔ 대가 : 선·후출원인 간의 이해관계의 조정이라는 공평의 이념에 의한 것이므로 무상의 통상실시권이다. 채권적 권리에 해당한다.
④ 효 과
　　ⓐ 적극적 효력 : 선출원인은 법정실시권의 효력범위 내에서 디자인을 업으로서 실시할 수 있다.
　　ⓑ 소극적 효력 : 다만, 채권적 권리이므로 타인의 실시를 배제하는 실시금지효는 가지고 있지 않다.
　　ⓒ 항변가능 : 후출원 디자인권자가 침해를 주장하는 경우, 선출원인은 정당권원이 있어 침해를 구성하지 않는다는 취지의 항변이 가능하다.
⑤ 선사용권과의 비교
　　ⓐ 공통점 : ⅰ) 선출원주의 보완제도, ⅱ) 선의의 국내에서의 실시디자인에만 인정되고, ⅲ) 무상의 법정실시권, ⅳ) 디자인권자의 침해주장에 대한 정당권원이 된다.
　　ⓑ 차이점 : ⅰ) 法 제100조(선사용권)는 선출원 여부와 관계없으나, 法 제101조(선출원에 따른 통상실시권)는 반드시 선출원이 존재해야 한다. ⅱ) 선사용권은 등록디자인의 출원시 기준, 선사용에 의한 통상실시권은 후출원 디자인권의 설정등록시가 판단 기준이다.

05 디자인권의 포기 및 소멸

> **제105조(디자인권의 포기)**
> 디자인권자는 디자인권을 포기할 수 있다. 이 경우 복수디자인등록된 디자인권은 각 디자인권마다 분리하여 포기할 수 있다. 기출 20 · 21 · 23
>
> **제106조(디자인권 등의 포기의 제한)**
> ① (디자인권 포기의 제한) 디자인권자는 전용실시권자 · 질권자 및 제97조 제4항, 제99조 제1항 또는 「발명진흥법」 제10조 제1항에 따른 통상실시권자의 동의를 받지 아니하면 디자인권을 포기할 수 없다.
> ② (전용실시권 포기의 제한) 전용실시권자는 질권자 및 제97조 제4항에 따른 통상실시권자의 동의를 받지 아니하면 전용실시권을 포기할 수 없다.
> ③ (통상실시권 포기의 제한) 통상실시권자는 질권자의 동의를 받지 아니하면 통상실시권을 포기할 수 없다.
>
> **제107조(포기의 효과)**
> 디자인권 · 전용실시권 및 통상실시권을 포기하였을 때에는 디자인권 · 전용실시권 및 통상실시권은 그때부터 효력이 소멸된다. 기출 20

(1) 디자인권의 소멸

① 의의 및 취지 : 디자인권의 소멸이란 설정등록에 의해 발생한 디자인이 일정한 소멸원인에 의하여 그 효력이 상실되는 것을 의미한다. 대세효가 있는 독점배타권을 무제한 존속시키는 것은 산업정책상 타당하지 않으므로 일정 사유에 해당하면 소멸시키고 포기에 의한 권리의 소멸도 인정되고 있다.

② 소멸의 원인
  ㉠ 디자인권의 실효
    • 존속기간의 만료(法 제91조 제1항)
    • 등록료의 불납(法 제82조 제1항)
    • 상속인의 부존재(法 제111조)
    • 디자인권의 포기(法 제106조 제1항)
  ㉡ 디자인권의 무효
  ㉢ 디자인권의 취소

③ 디자인권 소멸의 효과
  ㉠ 디자인권 및 그 부수권리의 소멸
  ㉡ 법정실시권의 발생(法 제102조, 제103조)
  ㉢ 등록료의 반환
  ㉣ 정당권리자출원
  ㉤ 보상금청구권의 소멸

06 질권

제108조(질권)
디자인권·전용실시권 또는 통상실시권을 목적으로 하는 질권을 설정하였을 때에는 질권자는 계약으로 특별히 정한 경우를 제외하고는 해당 등록디자인을 실시할 수 없다. 기출 23

제109조(질권의 물상대위)
질권은 이 법에 따른 보상금이나 등록디자인 실시에 대하여 받을 대가나 물품에 대하여도 행사할 수 있다. 다만, 그 보상금 등의 지급 또는 인도 전에 압류하여야 한다. 기출 25

제110조(질권행사 등으로 인한 디자인권의 이전에 따른 통상실시권)
디자인권자(공유인 디자인권을 분할청구한 경우에는 분할청구를 한 공유자를 제외한 나머지 공유자를 말한다)는 디자인권을 목적으로 하는 질권설정 또는 공유인 디자인권의 분할청구 전에 그 등록디자인 또는 이와 유사한 디자인을 실시하고 있는 경우에는 그 디자인권이 경매 등에 의하여 이전되더라도 그 디자인권에 대하여 통상실시권을 가진다. 이 경우 디자인권자는 경매 등에 의하여 디자인권을 이전받은 자에게 상당한 대가를 지급하여야 한다. 기출 25

07 기타

제111조(상속인이 없는 경우의 디자인권 소멸)
① 디자인권의 상속이 개시되었으나 상속인이 없는 경우에는 그 디자인권은 소멸된다. 기출 23
② 청산절차가 진행 중인 법인의 디자인권은 법인의 청산종결등기일(청산종결등기가 되었더라도 청산사무가 사실상 끝나지 아니한 경우에는 청산사무가 사실상 끝난 날과 청산종결등기일부터 6개월이 지난 날 중 빠른 날을 말한다. 이하 이 항에서 같다)까지 그 디자인권의 이전등록을 하지 아니한 경우에는 청산종결등기일의 다음 날에 소멸된다. 기출 25

제112조(대가 및 보상금액에 대한 집행권원)
이 법에 따라 특허청장이 정한 대가와 보상금액에 관하여 확정된 결정은 집행력 있는 집행권원(執行權原)과 같은 효력을 가진다. 이 경우 집행력 있는 정본은 특허청 소속 공무원이 부여한다. 기출 21·25

CHAPTER 05 디자인권

제3편 | 디자인보호법

01 디자인권에 관한 설명으로 옳지 않은 것을 모두 고른 것은? 기출 21

ㄱ. 글자체가 디자인권으로 설정등록된 경우 그 디자인권의 효력은 타자, 조판 또는 인쇄 등의 통상적인 과정에서 글자체의 사용으로 생산된 결과물인 경우에는 미치지 아니한다.
ㄴ. 디자인권자는 디자인권을 포기할 수 있지만, 복수디자인등록된 디자인권은 각 디자인권마다 분리하여 포기하여야 한다.
ㄷ. 기본디자인의 디자인권이 무효심결로 소멸한 경우 그 기본디자인에 관한 2 이상의 관련디자인의 전용실시권을 설정하는 경우에 같은 자에게 동시에 설정할 수 있다.
ㄹ. 정당한 권리자의 디자인등록출원이 디자인보호법 제44조(무권리자의 디자인등록출원과 정당한 권리자의 보호) 및 제45조(무권리자의 디자인등록과 정당한 권리자의 보호)에 따라 디자인권이 설정등록된 경우에는 디자인권 존속기간은 무권리자의 디자인등록출원일부터 기산한다.
ㅁ. 디자인보호법에 따라 특허청장이 정한 대가와 보상금액에 관하여 확정된 결정은 집행력 있는 집행권원과 같은 효력을 가지며, 이 경우 집행력 있는 정본은 특허청 소속 공무원이 부여한다.

① ㄱ, ㄴ, ㄷ
② ㄱ, ㄷ, ㅁ
③ ㄴ, ㄷ, ㄹ
④ ㄴ, ㄹ, ㅁ
⑤ ㄷ, ㄹ, ㅁ

해설

ㄱ. (○) 글자체가 디자인권으로 설정등록된 경우 그 디자인권의 효력은 타자·조판 또는 인쇄 등의 통상적인 과정에서 글자체의 사용으로 생산된 결과물인 경우에는 미치지 아니한다(디자인보호법 제94조 제2항 제2호).
ㄴ. (×) 디자인권자는 디자인권을 포기할 수 있고, 복수디자인등록된 디자인권은 각 디자인권마다 분리하여 포기할 수 있다(디자인보호법 제105조).
ㄷ. (×) 기본디자인의 디자인권이 취소, 포기 또는 무효심결 등으로 소멸한 경우 그 기본디자인에 관한 2 이상의 관련디자인의 전용실시권을 설정하려면 같은 자에게 함께 설정하여야 한다(디자인보호법 제97조 제6항).
ㄹ. (×) 정당한 권리자의 디자인등록출원이 디자인보호법 제44조 및 제45조에 따라 디자인권이 설정등록된 경우에는 디자인권의 존속기간의 무권리자의 디자인등록출원일 다음 날부터 기산한다(디자인보호법 제91조 제2항).
ㅁ. (○) 디자인보호법에 따라 특허청장이 정한 대가와 보상금액에 관하여 확정된 결정은 집행력 있는 집행권원과 같은 효력을 가지며, 이 경우 집행력 있는 정본은 특허청 소속 공무원이 부여한다(디자인보호법 제112조).

답 ③

02 디자인보호법상 수수료 및 등록료에 관한 설명으로 옳지 않은 것을 모두 고른 것은? 기출 25

ㄱ. 추가납부기간 내에 등록료를 내지 아니하였거나 보전기간 내에 보전하지 아니하여 등록디자인의 디자인권이 소멸한 경우 그 디자인권자는 추가납부기간 또는 보전기간 만료일부터 3개월 이내에 등록료의 2배를 내고 그 소멸한 권리의 회복을 신청할 수 있다.
ㄴ. 디자인등록출원 후 3개월 이내에 그 디자인등록출원을 취하하거나 포기한 경우 이미 낸 수수료 중 비밀디자인 청구료, 출원공개 신청료는 납부한 자의 청구에 의하여 반환한다.
ㄷ. 등록료 및 수수료의 반환청구는 특허청장 또는 특허심판원장이 납부된 등록료 또는 수수료가 반환 사유에 해당한다는 사실을 납부한 자에게 통지한 경우에 통지를 받은 날부터 3년이 지나면 할 수 없다.
ㄹ. 디자인등록취소결정 또는 디자인등록을 무효로 한다는 심결이 확정되거나 디자인권을 포기한 해의 다음 해부터의 등록료 해당분은 납부한 자의 청구에 의하여 반환한다.
ㅁ. 특허심판원장은 심사관이 청구한 디자인등록 무효심판에 대한 수수료를 면제한다.

① ㄱ, ㄴ, ㄷ
② ㄱ, ㄷ, ㅁ
③ ㄴ, ㄷ, ㄹ
④ ㄴ, ㄷ, ㅁ
⑤ ㄴ, ㄹ, ㅁ

정답해설

ㄱ. (○) 추가납부기간 내에 등록료를 내지 아니하였거나 보전기간 내에 보전하지 아니하여 등록디자인의 디자인권이 소멸한 경우 그 디자인권자는 추가납부기간 또는 보전기간 만료일부터 3개월 이내에 등록료의 2배를 내고 그 소멸한 권리의 회복을 신청할 수 있다. 이 경우 그 디자인권은 계속하여 존속하고 있던 것으로 본다(디자인보호법 제84조 제3항).
ㄴ. (×) 디자인보호법 제87조 제1항 제3호

> **디자인보호법 제87조(등록료 및 수수료의 반환)**
> ① 납부된 등록료 및 수수료는 다음 각 호의 어느 하나에 해당하는 경우에는 납부한 자의 청구에 의하여 반환한다.
>   3. 디자인등록출원 후 1개월 이내에 그 디자인등록출원을 취하하거나 포기한 경우 이미 낸 수수료 중 디자인등록출원료, 우선권주장 신청료, 비밀디자인 청구료 및 출원공개 신청료

ㄷ. (×) 디자인보호법 제87조 제2항·제3항

> **디자인보호법 제87조(등록료 및 수수료의 반환)**
> ② 특허청장 또는 특허심판원장은 납부된 등록료 및 수수료가 제1항 각 호의 어느 하나에 해당하는 경우에는 그 사실을 납부한 자에게 통지하여야 한다.
> ③ 제1항에 따른 등록료 및 수수료의 반환청구는 제2항에 따른 통지를 받은 날부터 5년이 지나면 할 수 없다.

ㄹ. (○) 디자인보호법 제87조 제1항 제2호

> **제87조(등록료 및 수수료의 반환)**
> ① 납부된 등록료 및 수수료는 다음 각 호의 어느 하나에 해당하는 경우에는 납부한 자의 청구에 의하여 반환한다.
>   2. 디자인등록취소결정 또는 디자인등록을 무효로 한다는 심결이 확정되거나 디자인권을 포기한 해의 다음 해부터의 등록료 해당분

ㅁ. (×) 디자인보호법 제86조 제1항 제2호

> **디자인보호법 제86조(등록료 및 수수료의 감면)**
> ① 특허청장은 다음 각 호의 어느 하나에 해당하는 등록료 및 수수료는 제79조 및 제85조에도 불구하고 면제한다.
>   2. 제121조 제1항에 따라 심사관이 청구한 무효심판에 대한 수수료

답 ④

---

03 디자인보호법상 디자인권에 관한 설명으로 옳지 않은 것은? 기출 20

① 특허청장은 디자인권의 설정등록을 하였을 때에는 산업통상자원부령으로 정하는 바에 따라 디자인권자에게 디자인등록증을 발급하여야 한다.
② 글자체가 디자인권으로 설정등록된 경우 그 디자인권은 타자·조판 또는 인쇄 등의 통상적인 과정에서 글자체를 사용하는 경우에 그 효력이 미친다.
③ 디자인등록출원인은 디자인권의 설정등록일부터 3년 이내의 기간을 정하여 그 디자인을 비밀로 할 것을 청구할 수 있다.
④ 디자인권자는 디자인권을 포기할 수 있으며, 디자인권은 포기하였을 때부터 효력이 소멸된다.
⑤ 디자인일부심사등록 이의신청에 대한 디자인등록취소결정이 확정된 때에는 그 디자인권은 처음부터 없었던 것으로 본다.

해설

① (○) 특허청장은 디자인권의 설정등록을 하였을 때에는 산업통상자원부령으로 정하는 바에 따라 디자인권자에게 디자인등록증을 발급하여야 한다(디자인보호법 제89조 제1항).
② (×) 글자체디자인에서 타자·조판 또는 인쇄 등의 통상적인 과정에서 글자체를 사용하는 경우에는 디자인권의 효력이 미치지 않는다(디자인보호법 제94조 제2항).
③ (○) 디자인등록출원인은 디자인권의 설정등록일부터 3년 이내의 기간을 정하여 그 디자인을 비밀로 할 것을 청구할 수 있다(디자인보호법 제43조 제1항).
④ (○) 디자인권자는 디자인권을 포기할 수 있다(디자인보호법 제105조). 디자인권은 포기하였을 때부터 효력이 소멸된다(디자인보호법 제107조).
⑤ (○) 디자인등록취소결정이 확정된 때에는 그 디자인권은 처음부터 없었던 것으로 본다(디자인보호법 제73조 제4항).

답 ②

04 글자체디자인에 관한 설명으로 옳지 않은 것은? (다툼이 있으면 판례에 따름) `기출 25`

① 글자체가 디자인권으로 설정등록된 경우 그 디자인권의 효력은 타자·조판 또는 인쇄 등의 통상적인 과정에서 글자체를 사용하는 경우에는 미치지 아니한다.
② 글자체디자인은 물품성을 요구하지 않고, 인류가 문자생활을 영위한 이래 다수의 글 자체가 다양하게 개발되어 왔고 문자의 기본형태와 가독성을 필수적인 요소로 고려하여 디자인하여야 하는 관계상 구조적으로 디자인을 크게 변화시키기 어려운 특성이 있으므로, 이와 같은 글자체 디자인의 고유한 특성을 충분히 참작하여 유사 여부를 판단하여야 한다. 따라서 디자인유사여부 판단에 관한 법리는 디자인보호법 제2조 제2호에서 정한 글자체에 대한 디자인의 경우에는 적용되지 않는다.
③ 글자체란 기록이나 표시 또는 인쇄 등에 사용하기 위하여 공통적인 특징을 가진 형태로 만들어진 한 벌의 글자꼴(숫자, 문장부호 및 기호 등의 형태를 포함한다)을 말한다.
④ 글자체가 디자인권으로 설정등록된 경우 그 디자인권의 효력은 타자·조판 또는 인쇄 등의 통상적인 과정에서 글자체의 사용으로 생산된 결과물인 경우에는 미치지 아니한다.
⑤ 실용적인 목적이 아닌 미적 감상의 대상이 되는 서예는 디자인보호법상의 글자체에 해당되지 않는다.

┃해설┃

① (○) 디자인보호법 제94조 제2항

> **디자인보호법 제94조(디자인권의 효력이 미치지 아니하는 범위)**
> ② 글자체가 디자인권으로 설정등록된 경우 그 디자인권의 효력은 다음 각 호의 어느 하나에 해당하는 경우에는 미치지 아니한다.
> 1. 타자·조판 또는 인쇄 등의 통상적인 과정에서 글자체를 사용하는 경우
> 2. 제1호에 따른 글자체의 사용으로 생산된 결과물인 경우

② (×) 디자인의 등록요건을 판단할 때 디자인의 유사 여부는 이를 구성하는 각 요소를 분리하여 개별적으로 대비할 것이 아니라 외관을 전체적으로 대비·관찰하여 보는 사람으로 하여금 다른 심미감을 느끼게 하는지에 따라 판단해야 하므로, 지배적인 특징이 유사하다면 세부적인 점에 다소 차이가 있을지라도 유사하다고 보아야 하고, 이러한 법리는 제2조 제2호에서 정한 글자체에 대한 디자인의 경우에도 마찬가지로 적용된다(判例 2012후603).
③ (○) "글자체"란 기록이나 표시 또는 인쇄 등에 사용하기 위하여 공통적인 특징을 가진 형태로 만들어진 한 벌의 글자꼴(숫자, 문장부호 및 기호 등의 형태를 포함한다)을 말한다(디자인보호법 제2조 제2호).
④ (○) 디자인보호법 제94조 제2항
⑤ (○) "글자체"란 기록이나 표시 또는 인쇄 등에 사용하기 위하여 공통적인 특징을 가진 형태로 만들어진 한 벌의 글자꼴을 말하므로(디자인보호법 제2조 제2호), 미적 감상의 대상이 되는 서예나, 출처표시로 사용되는 로고는 법상 글자체가 아니다.

 ②

05 관련디자인제도에 관한 설명으로 옳지 않은 것은? 기출 18

① 기본디자인의 디자인권이 취소, 포기 또는 무효심결 등으로 소멸한 경우, 그 기본디자인의 관련디자인으로 등록된 디자인권은 관련디자인의 등록출원일 후 20년이 되는 날까지 존속한다.
② 관련디자인으로 등록된 디자인권은 그 기본디자인의 디자인권이 취소, 포기, 무효심결 등으로 권리가 소멸되더라도 이 이유만으로는 권리가 소멸되지 않는다.
③ 기본디자인의 디자인권이 소멸되거나 기본디자인의 디자인등록거절결정이 확정된 경우, 그 기본디자인의 관련디자인등록출원에 대하여 디자인등록거절결정을 하여야 한다.
④ 기본디자인과만 유사한 디자인을 관련디자인이 아닌 단독디자인으로 등록받은 경우 그 이유만으로는 무효사유가 되지 않지만, 선출원주의 위반으로 등록이 무효로 될 수 있다.
⑤ 관련디자인으로 등록된 디자인권은 기본디자인권의 권리범위와 별개로 독자적인 권리범위를 가지고 있어서 관련디자인과만 유사한 디자인을 타인이 무단으로 실시하는 경우에도 관련디자인권 침해를 구성한다.

해설

① (×) 관련디자인으로 등록된 디자인권의 존속기간 만료일은 그 기본디자인의 디자인권 존속기간 만료일로 한다(디자인보호법 제91조 제1항 단서).
② (○), ③ (○) 관련디자인권은 기본디자인권과 별개의 독립적인 권리이다.
④ (○) 디자인보호법 제35조 제1항은 무효사유에서 제외되어 있으나, 제46조 제1항은 무효사유에 해당한다.
⑤ (○) 관련디자인과만 유사한 디자인을 타인이 무단으로 실시하는 경우에도 관련디자인권 침해를 구성한다.

답 ①

06 등록디자인의 보호범위에 관한 설명으로 옳지 않은 것은? (다툼이 있으면 판례에 따름)

기출 17

① 일반적으로 디자인권은 신규성이 있는 디자인에 부여되는 것이므로 공지·공용의 사유를 포함한 출원에 의하여 디자인등록이 되었다 하더라도 공지·공용부분까지 독점적이고 배타적인 권리를 인정할 수는 없다.
② 디자인권의 권리범위를 정함에 있어 등록디자인과 그에 대비되는 디자인이 서로 공지부분에서 동일·유사하다고 하더라도, 등록디자인에서 공지부분을 제외한 나머지 특징적인 부분과 이에 대비되는 디자인의 해당부분이 서로 유사하지 않다면 대비되는 디자인은 등록된 디자인의 권리범위에 속한다고 할 수 없다.
③ 확인대상디자인이 등록디자인의 출원 전에 공지된 디자인과 동일·유사한 경우에는 등록디자인과 대비할 것도 없이 등록디자인의 권리범위에 속하지 않는다.
④ 등록된 디자인이 출원 전에 그 디자인이 속하는 분야에서 통상의 지식을 가진 자가 기존의 공지디자인들의 결합에 의하여 용이하게 창작할 수 있는 경우에는 그 등록무효심판의 유무와 관계없이 등록된 디자인의 권리범위가 부정된다.
⑤ 확인대상디자인이 등록디자인의 출원 전에 그것이 속하는 분야에서 통상의 지식을 가진 자가 국내에서 널리 알려진 형상·모양·색채 또는 이들의 결합에 의하여 용이하게 창작할 수 있는 것인 경우에는 등록디자인과 대비할 것도 없이 그 권리범위에 속하지 않게 된다.

해설

① (○), ② (○) 공지공용 사유를 출원에 의하여 디자인 등록이 되었다고 하더라도 공지공용의 부분까지 독점적이고 배타적인 권리를 인정할 수 없으므로 디자인권의 권리범위를 정함에 있어 공지부분의 중요도는 낮게 평가하고, 등록디자인과 대비대상디자인이 서로 공지부분에서 동일·유사하다고 하더라도 등록디자인에서 공지부분을 제외한 나머지 특징적인 부분과 대비대상디자인의 해당부분이 서로 유사하지 않다면 대비되는 디자인은 등록권리의 권리범위에 속한다고 할 수 없다(判例 2003후762).
③ (○) 자유실시디자인의 항변이 적용될 수 없다.
④ (×) 등록된 디자인이 출원 전 그 디자인이 속하는 분야에서 통상의 지식을 가진 자가 기존의 공지디자인들의 결합에 의하여 용이하게 창작할 수 있는 경우까지 등록된 디자인의 권리범위를 부정하여서는 안 된다.
⑤ (○) 判例 2002후2037

답 ④

07 관련디자인에 관한 설명으로 옳은 것은? 기출 15

① 관련디자인에 대하여는 그 기본디자인의 디자인등록출원일부터 2년 이내에 디자인등록출원된 경우에 한하여 관련디자인으로 디자인등록을 받을 수 있다.
② 디자인등록을 받은 관련디자인 또는 디자인등록출원된 관련디자인과만 유사한 디자인의 경우에도 디자인등록을 받을 수 있다.
③ 기본디자인의 디자인권에 디자인보호법 제97조(전용실시권)에 따른 전용실시권이 설정되어 있는 경우 그 기본디자인에 관한 관련디자인에 대하여도 디자인등록을 받을 수 있다.
④ 관련디자인으로 등록된 디자인권의 존속기간 만료일은 그 기본디자인의 디자인권존속기간 만료일로 한다.
⑤ 기본디자인의 디자인권과 관련디자인의 디자인권은 각각 다른 자에게 이전할 수 있다.

┃해설┃
① (×) 기본디자인의 디자인등록출원일로부터 3년 이내에 관련디자인등록출원을 할 수 있다(디자인보호법 제35조 제1항).
② (×) 기본디자인과만 유사한 디자인에 관하여 관련디자인등록출원을 할 수 있다(디자인보호법 제35조 제1항).
③ (×) 기본디자인의 디자인권에 전용실시권이 설정되어있는 경우에는 그 기본디자인에 관한 관련디자인에 대하여는 제1항에도 불구하고 디자인등록을 받을 수 없다(디자인보호법 제35조 제3항).
④ (○) 디자인권의 존속기간(디자인보호법 제91조 제1항 단서)
⑤ (×) 기본디자인의 디자인권과 관련디자인의 디자인권은 같은 자에게 함께 이전하여야 한다(디자인보호법 제96조 제1항 단서).

답 ④

08 디자인권의 이용·저촉관계에 관한 설명으로 옳지 <u>않은</u> 것은? (다툼이 있으면 판례에 따름)

기출 17

① 등록디자인 상호 간의 이용관계에서 후출원 디자인권자는 선출원 디자인권자의 허락을 받지 아니하거나 통상실시권 허락의 심판에 따르지 아니하고는 자기의 등록디자인을 업으로서 실시할 수 없다.

② 후출원 디자인이 선출원 등록디자인의 요지를 전부 포함하고 본질적 특징을 손상시키지 않은 채 그대로 자신의 디자인 내에 도입하고 있어서 후출원 디자인을 실시하면 필연적으로 선출원 등록디자인을 실시하는 관계에 있는 경우, 후출원 디자인이 전체로서는 타인의 선출원 등록디자인과 유사하지 않으면 선출원 디자인권자의 허락을 얻지 않고도 자신의 디자인을 업으로서 실시할 수 있다.

③ 저촉관계에 있는 선출원 디자인권의 존속기간이 만료되는 때에는 선출원 디자인권자는 선출원디자인권의 범위에서 후출원 디자인권에 대하여 통상실시권을 가지거나 선출원 디자인권의 존속기간 만료 당시 존재하는 후출원 디자인권의 전용실시권에 대하여 통상실시권을 가진다.

④ 상기 ③의 경우 선출원 디자인권의 만료 당시 존재하는 선출원 디자인권에 대한 전용실시권자는 선출원 디자인권의 범위에서 후출원 디자인권에 대하여 통상실시권을 가지거나 선출원 디자인권의 존속기간 만료 당시 존재하는 후출원 디자인권의 전용실시권에 대하여 통상실시권을 가진다. 이 경우 후출원 디자인권자 또는 후출원 디자인권에 대한 전용실시권자에게 상당한 대가를 지급하여야 한다.

⑤ 후출원 디자인권자는 선출원 디자인권자에 대하여 그가 정당한 이유 없이 실시를 허락하지 아니하거나 그의 허락을 받을 수 없을 때에는 자기의 등록디자인 또는 등록디자인과 유사한 디자인의 실시에 필요한 범위에서 통상실시권 허락의 심판을 청구할 수 있다.

해설

① (○) 이용관계에서, 후출원 디자인권자는 선출원 디자인권자의 허락을 받지 아니하거나 통상실시권 허락의 심판에 따르지 아니하고는 자기의 등록디자인을 업으로서 실시할 수 없다(디자인보호법 제95조 제1항).

② (×) 후등록디자인과 선등록디자인을 이용하는 관계란, 후 디자인이 전체로서는 타인의 선등록디자인과 유사하지는 않지만, 선등록디자인의 요지를 전부 포함하고 선등록디자인의 본질적 특징을 손상시키지 않은 채 그대로 자신의 디자인 내에 도입하고 있어, 후 디자인을 실시하면 필연적으로 선등록디자인을 실시하는 관계에 있는 경우를 말한다(判例 2009후2968).

③ (○) 디자인권 등의 존속기간 만료 후의 통상실시권(디자인보호법 제103조 제1항).

④ (○) 소멸된 원디자인권에 대한 전용실시권자 또는 등록된 통상실시권자는 원권리의 범위 안에서 후출원 디자인권에 대한 통상실시권을 갖는다(디자인보호법 제103조 제2항).

⑤ (○) 통상실시권 허락의 심판(디자인보호법 제123조 제1항).

 ②

09 등록디자인의 권리범위에 관한 설명으로 옳지 않은 것은? (다툼이 있으면 판례에 따름)

기출 15

① 디자인이 선 등록디자인을 이용하는 관계란 후 디자인이 전체로서는 타인의 선 등록디자인과 유사하지 않지만, 선 등록디자인의 요지를 전부 포함하고 선 등록디자인의 본질적 특징을 손상시키지 않은 채 그대로 자신의 디자인 내에 도입하고 있어, 후 디자인을 실시하면 필연적으로 선 등록디자인을 실시하는 관계에 있는 경우를 말한다.

② 등록된 디자인에 신규성 있는 창작이 가미되어 있지 아니하여 공지된 디자인이나 그 출원 전에 반포된 간행물에 기재된 디자인과 동일·유사한 경우에는 그 등록 무효심판의 유무와 관계없이 그 권리범위를 인정할 수 없다.

③ 등록디자인과 대비되는 디자인이 등록디자인의 디자인등록출원 전에 그 디자인이 속하는 분야에서 통상의 지식을 가진 자가 국내에서 널리 알려진 형상·모양·색채 또는 이들의 결합에 의하여 용이하게 창작할 수 있는 것인 때에는 등록디자인과 대비할 것도 없이 그 권리범위에 속하지 않게 된다.

④ 디자인권자·전용실시권자 또는 통상실시권자는 등록디자인 또는 이와 유사한 디자인이 그 디자인 등록출원일 전에 등록되지 않은 타인의 저작물을 이용하는 경우에는 저작권자의 허락을 받지 아니하더라도 자기의 등록디자인 또는 이와 유사한 디자인을 업으로서 실시할 수 있다.

⑤ 등록디자인과 그에 대비되는 디자인이 서로 공지부분에서 동일·유사하다고 하더라도 등록디자인에서 공지부분을 제외한 나머지 특징적인 부분과 이에 대비되는 디자인의 해당 부분이 서로 유사하지 않다면 대비되는 디자인은 등록디자인의 권리범위에 속한다고 할 수 없다.

해설

① (○) 디자인이 선 등록디자인을 이용하는 관계란 후 디자인이 전체로서는 타인의 선 등록디자인과 유사하지 않지만, 선등록디자인의 요지를 전부 포함하고 선 등록디자인의 본질적 특징을 손상시키지 않은 채 그대로 자신의 디자인 내에 도입하고 있어, 후 디자인을 실시하면 필연적으로 선 등록디자인을 실시하는 관계에 있는 경우를 말한다(판례 2009후2968).

② (○) 공지된 디자인이나 그 출원 전에 반포된 간행물에 기재된 디자인과 동일·유사한 경우에는 그 등록 무효심판의 유무와 관계없이 그 권리범위를 인정할 수 없다(판례 2008도3797).

③ (○) 등록디자인과 대비되는 디자인이 등록디자인의 디자인등록출원 전에 그 디자인이 속하는 분야에서 통상의 지식을 가진 자가 국내에서 널리 알려진 형상·모양·색채 또는 이들의 결합에 의하여 용이하게 창작할 수 있는 것인 때에는 등록디자인과 대비할 것도 없이 그 권리범위에 속하지 않게 된다(판례 2002후2037).

④ (×) 저작권자의 허락을 받아야 자기의 등록디자인 또는 이와 유사한 디자인을 업으로서 실시할 수 있다(디자인보호법 제95조 제3항).

⑤ (○) 등록디자인의 공지부분을 제외한 나머지 특징적인 부분과 이에 대비되는 디자인의 해당 부분이 서로 유사하지 않다면 대비되는 디자인은 등록디자인의 권리범위에 속하지 않는다.

답 ④

10 디자인보호법상 실시권에 관한 설명으로 옳지 않은 것은? 기출 22

① 전용실시권자는 실시사업(實施事業)과 같이 이전하는 경우 또는 상속이나 그 밖의 일반승계의 경우를 제외하고는 디자인권자의 동의를 받지 아니하면 그 전용실시권을 이전할 수 없다.
② 기본디자인의 디자인권이 취소, 포기 또는 무효심결 등으로 소멸한 경우 그 기본디자인에 관한 2 이상의 관련디자인의 전용실시권을 설정하려면 같은 자에게 함께 설정하여야 한다.
③ 디자인권이 공유인 경우에는 각 공유자는 계약으로 특별히 약정한 경우를 제외하고는 다른 공유자의 동의를 받지 아니하면 그 등록디자인 또는 이와 유사한 디자인을 단독으로 실시할 수 없다.
④ 통상실시권을 등록한 경우에는 그 등록 후에 디자인권 또는 전용실시권을 취득한 자에 대하여도 그 효력이 발생한다.
⑤ 제100조(선사용에 따른 통상실시권)에 따른 선사용에 의한 통상실시권은 등록이 없더라도 디자인권 또는 전용실시권을 취득한 자에 대하여 그 효력이 발생한다.

해설
① (○) 디자인보호법 제97조 제3항
② (○) 디자인보호법 제97조 제6항
③ (×) 디자인권이 공유인 경우에는 각 공유자는 계약으로 특별히 약정한 경우를 제외하고는 다른 공유자의 동의를 받지 아니하고 그 등록디자인 또는 이와 유사한 디자인을 단독으로 실시할 수 있다(디자인보호법 제96조 제3항).
④ (○) 디자인보호법 제104조 제1항
⑤ (○) 디자인보호법 제104조 제2항

답 ③

11 디자인보호법상 이전 및 공유에 관한 설명으로 옳지 않은 것은? (다툼이 있으면 판례에 따름)
기출 15

① 디자인권이 공유인 경우에 민법상 공유물분할청구에 관한 규정이 적용되고 현물분할이 허용된다.
② 디자인권이 공유인 경우에는 각 공유자는 다른 공유자의 동의를 받지 아니하면 그 지분을 이전하거나 그 지분을 목적으로 하는 질권을 설정할 수 없다.
③ 디자인권이 공유인 경우에는 각 공유자는 계약으로 특별히 약정한 경우를 제외하고는 다른 공유자의 동의를 받지 아니하고 그 등록디자인 또는 이와 유사한 디자인을 단독으로 실시할 수 있다.
④ 디자인권이 공유인 경우에는 각 공유자는 다른 공유자의 동의를 받지 아니하면 그 디자인권에 대하여 전용실시권을 설정하거나 통상실시권을 허락할 수 없다.
⑤ 법원은 디자인권의 공유자의 분할청구를 받아들여, 대상디자인에 대하여 경매에 의한 대금분할을 명할 수 있다.

해설
① (×) 현물분할은 허용되지 않는다(判例 2013다41578).
② (○) 디자인권이 공유인 경우에 각 공유자는 다른 공유자의 동의를 받지 아니하면 그 지분을 이전하거나 그 지분을 목적으로 하는 질권을 설정할 수 없다(디자인보호법 제96조 제2항).
③ (○) 디자인권이 공유인 경우에는 각 공유자는 계약으로 특별히 약정한 경우를 제외하고는 다른 공유자의 동의를 받지 아니하고 그 등록디자인 또는 이와 유사한 디자인을 단독으로 실시할 수 있다(디자인보호법 제96조 제3항).
④ (○) 디자인권이 공유인 경우에는 각 공유자는 다른 공유자의 동의를 받지 아니하면 그 디자인권에 대하여 전용실시권을 설정하거나 통상실시권을 허락할 수 없다(디자인보호법 제96조 제4항).
⑤ (○) 법원은 디자인권의 공유자의 분할청구를 받아들여, 경매에 의한 대금분할을 명할 수 있다.

답 ①

12

디자인보호법령상 등록디자인 A의 공유 디자인권자는 甲, 乙, 丙이고 丁은 丙의 채권자인 경우 허용되지 <u>않는</u> 행위는? (단, 지분은 균분으로 하고 그 외 특약은 없다. 다툼이 있으면 판례에 따름)

기출 24

① 丙은 甲, 乙의 동의 없이 등록디자인 A의 유사디자인을 이용하여 상품을 제작하여 판매하였다.
② 乙은 丙에 대하여 등록디자인 A의 공유지분에 무효사유가 있다며 丙의 공유지분만의 무효심판을 청구하였다.
③ 甲은 등록디자인 A를 무효로 하는 심결이 내려지자, 단독으로 심결취소소송을 제기하였다.
④ 丁은 丙의 공유지분에 대하여 甲, 乙의 동의서와 함께 압류명령을 신청하였다.
⑤ 甲은 자신의 공유지분을 제3자에게 양도하기 위하여 乙과 丙에 대하여 공유물분할청구를 하였고, 경매에 따른 대금분할을 받았다.

해설
① (○) 다른 공유디자인권자의 동의가 없어도 '실시'는 가능하다.
② (×) 乙이 丙의 공유지분에만 국한하여 무효심판을 청구하는 것은 불가능하다.
③ (○) 단독으로 심결에 대한 취소소송의 제기는 가능하다.
④ (○) 공유디자인권자의 동의를 받아 압류명령을 신청한 경우이므로 가능하다.
⑤ (○) 디자인권에 대한 공유물분할청구가 가능하며 경매 시 대금분할도 가능하다.

답 ②

13 디자인보호법상 디자인권에 관한 설명으로 옳은 것은? 기출 25

① 디자인보호법에 따라 특허청장이 정한 대가와 보상금액에 관하여 확정된 결정은 집행력있는 집행권원과 같은 효력을 가진다.
② 질권은 디자인보호법에 따른 보상금이나 등록디자인 실시에 대하여 받을 대가나 물품에 대하여도 행사할 수 있으며, 이때 그 보상금의 지급 또는 인도 전에 압류할 수 있다.
③ 기본디자인의 디자인권이 취소, 포기 또는 무효심결 등으로 소멸한 경우 그 기본디자인에 관한 2 이상의 관련디자인의 전용실시권을 설정하기 위하여 같은 자에게 함께 설정할 수 있다.
④ 청산절차가 진행 중인 법인의 디자인권은 법인의 청산종결등기일까지 그 디자인권의 이전등록을 하지 아니한 경우에는 청산종결등기일에 소멸된다.
⑤ 디자인권자는 공유인 디자인권의 분할청구 전에 그 등록디자인 또는 이와 유사한 디자인을 실시하고 있는 경우에는 그 디자인권이 경매 등에 의하여 이전된 경우에 그 디자인권에 대하여 통상실시권을 가질 수 없다.

해설

① (○) 이 법에 따라 특허청장이 정한 대가와 보상금액에 관하여 확정된 결정은 집행력 있는 집행권원(執行權原)과 같은 효력을 가진다. 이 경우 집행력 있는 정본은 특허청 소속 공무원이 부여한다(디자인보호법 제112조).
② (×) 질권은 이 법에 따른 보상금이나 등록디자인 실시에 대하여 받을 대가나 물품에 대하여도 행사할 수 있다. 다만, 그 보상금 등의 지급 또는 인도 전에 <u>압류하여야 한다</u>(디자인보호법 제109조).
③ (×) 기본디자인의 디자인권이 취소, 포기 또는 무효심결 등으로 소멸한 경우 그 기본디자인에 관한 2 이상의 관련디자인의 전용실시권을 설정하려면 같은 자에게 <u>함께 설정하여야 한다</u>(디자인보호법 제97조 제6항).
④ (×) 청산절차가 진행 중인 법인의 디자인권은 법인의 청산종결등기일(청산종결등기가 되었더라도 청산사무가 사실상 끝나지 아니한 경우에는 청산사무가 사실상 끝난 날과 청산종결등기일부터 6개월이 지난 날 중 빠른 날을 말한다. 이하 이 항에서 같다)까지 그 디자인권의 이전등록을 하지 아니한 경우에는 <u>청산종결등기일의 다음 날에 소멸된다</u>(디자인보호법 제111조 제2항).
⑤ (×) 디자인권자(공유인 디자인권을 분할청구한 경우에는 분할청구를 한 공유자를 제외한 나머지 공유자를 말한다)는 디자인권을 목적으로 하는 질권설정 또는 공유인 디자인권의 분할청구 전에 그 등록디자인 또는 이와 유사한 디자인을 실시하고 있는 경우에는 <u>그 디자인권이 경매 등에 의하여 이전되더라도 그 디자인권에 대하여 통상실시권을 가진다</u>. 이 경우 디자인권자는 경매 등에 의하여 디자인권을 이전받은 자에게 상당한 대가를 지급하여야 한다(디자인보호법 제110조).

답 ①

14 디자인보호법상 디자인권에 관한 설명으로 옳지 <u>않은</u> 것은? 기출 23

① 국내를 통과하는 데에 불과한 선박·항공기·차량 또는 이에 사용되는 기계·기구·장치, 그 밖의 물건인 경우에는 디자인권의 효력은 미치지 아니한다.
② 등록디자인의 보호범위는 디자인등록출원서의 기재사항 및 그 출원서에 첨부된 도면·사진 또는 견본과 도면에 적힌 디자인의 설명에 따라 표현된 디자인에 의하여 정하여진다.
③ 디자인권자는 디자인권을 포기할 수 있다. 이 경우 복수디자인등록된 디자인권은 각 디자인권마다 분리하여 포기할 수 있다.
④ 디자인권·전용실시권 또는 통상실시권을 목적으로 하는 질권을 설정하였을 때에는 질권자는 계약으로 특별히 정한 경우를 제외하고는 해당 등록디자인을 실시할 수 없다.
⑤ 디자인권의 상속이 개시되었으나 상속인이 없는 경우에는 그 디자인권은 국고에 귀속된다.

│해설│

① (○) 국내를 통과하는 데에 불과한 선박·항공기·차량 또는 이에 사용되는 기계·기구·장치, 그 밖의 물건에 디자인권의 효력이 미치지 않는다(디자인보호법 제94조 제1항 제2호).
② (○) 등록디자인의 보호범위는 디자인등록출원서의 기재사항 및 그 출원서에 첨부된 도면·사진 또는 견본과 도면에 적힌 디자인의 설명에 따라 표현된 디자인에 의하여 정하여진다(디자인보호법 제93조).
③ (○) 디자인권자는 디자인권을 포기할 수 있다. 이 경우 복수디자인등록된 디자인권은 각 디자인권마다 분리하여 포기할 수 있다(디자인보호법 제105조).
④ (○) 디자인권·전용실시권 또는 통상실시권을 목적으로 하는 질권을 설정하였을 때에는 질권자는 계약으로 특별히 정한 경우를 제외하고는 해당 등록디자인을 실시할 수 없다(디자인보호법 제108조).
⑤ (×) 디자인권의 상속이 개시되었으나 상속인이 없는 경우에는 그 디자인권은 소멸된다(디자인보호법 제111조).

답 ⑤

15 디자인보호법상 디자인권자의 보호에 관한 설명으로 옳지 않은 것은? 기출 18

① 디자인권자는 업으로서 등록디자인 또는 이와 유사한 디자인을 실시할 권리를 독점한다. 다만, 그 디자인권에 관하여 전용실시권을 설정하였을 때에는 디자인 보호법 제97조(전용실시권) 제2항에 따라 전용실시권자가 그 등록디자인 또는 이와 유사한 디자인을 실시할 권리를 독점하는 범위에서는 그러하지 아니하다.
② 디자인권자는 등록디자인 또는 이와 유사한 디자인이 그 디자인등록출원일 전에 발생한 타인의 저작물을 이용하거나 그 저작권에 저촉되는 경우에는 저작권자의 허락을 받지 아니하고도 자기의 등록디자인 또는 이와 유사한 디자인을 업으로서 실시할 수 있다.
③ 등록디자인이나 이와 유사한 디자인에 관한 물품의 생산에만 사용하는 물품을 업으로서 생산·양도·대여·수출 또는 수입하거나 업으로서 그 물품의 양도 또는 대여의 청약을 하는 행위는 그 디자인권 또는 전용실시권을 침해한 것으로 본다.
④ 디자인권자는 그 등록디자인과 유사한 디자인이 그 디자인등록출원일 전에 출원된 타인의 등록디자인 또는 이와 유사한 디자인·특허발명·등록실용신안 또는 등록상표를 이용하거나 그 디자인권의 등록디자인과 유사한 디자인이 디자인등록출원일 전에 출원된 타인의 디자인권·특허권·실용신안권 또는 상표권과 저촉되는 경우에는 그 디자인권자·특허권자·실용신안권자 또는 상표권자의 허락을 받지 아니하거나 디자인보호법 제123조(통상실시권 허락의 심판)에 따르지 아니하고는 자기의 등록디자인과 유사한 디자인을 업으로서 실시할 수 없다.
⑤ 디자인권자는 고의나 과실로 인하여 자기의 디자인권을 침해한 자에 대하여 그 침해에 의하여 자기가 입은 손해의 배상을 청구하는 경우 그 권리를 침해한 자가 그 침해행위를 하게 한 물건을 양도하였을 때에는 그 물건의 양도수량에 디자인권자가 그 침해행위가 없었다면 판매할 수 있었던 물건의 단위수량당 이익액을 곱한 금액을 디자인권자가 입은 손해액으로 할 수 있다.

해설

① (O) 디자인권자는 업으로서 등록디자인 또는 이와 유사한 디자인을 실시할 권리를 독점한다. 다만, 그 디자인권에 관하여 전용실시권을 설정하였을 때에는 전용실시권자가 그 등록디자인 또는 이와 유사한 디자인을 실시할 권리를 독점하는 범위에서는 그러하지 아니하다(디자인보호법 제92조).
② (×) 디자인권자·전용실시권자 또는 통상실시권자는 등록디자인 또는 이와 유사한 디자인이 그 디자인등록출원일 전에 발생한 타인의 저작물을 이용하거나 그 저작권에 저촉되는 경우에는 저작권자의 허락을 받지 아니하고는 자기의 등록디자인 또는 이와 유사한 디자인을 업으로서 실시할 수 없다(디자인보호법 제95조 제3항).
③ (O) 등록디자인이나 이와 유사한 디자인에 관한 물품의 생산에만 사용하는 물품을 업으로서 생산·양도·대여·수출 또는 수입하거나 업으로서 그 물품의 양도 또는 대여의 청약을 하는 행위는 그 디자인권 또는 전용실시권을 침해한 것으로 본다(디자인보호법 제114조).
④ (O) 이용·저촉관계에 대한 설명이다(디자인보호법 제95조).
⑤ (O) 침해자의 양도수량 × 디자인권자의 단위수량당 이익액(디자인보호법 제115조 제2항 제1호).

답 ②

CHAPTER 06 디자인권자의 보호

제3편 | 디자인보호법

01 디자인권자의 권리

제113조(권리침해에 대한 금지청구권 등)
① **(금지, 예방 청구권)** 디자인권자 또는 전용실시권자는 자기의 권리를 침해한 자 또는 침해할 우려가 있는 자에 대하여 그 침해의 금지 또는 예방을 청구할 수 있다.
② **(비밀디자인권 행상의 제한)** 제43조 제1항에 따라 비밀로 할 것을 청구한 디자인의 디자인권자 및 전용실시권자는 산업통상자원부령으로 정하는 바에 따라 그 디자인에 관한 다음 각 호의 사항에 대하여 특허청장으로부터 증명을 받은 서면을 제시하여 경고한 후가 아니면 제1항에 따른 청구를 할 수 없다. 기출 21·25
  1. 디자인권자 및 전용실시권자(전용실시권자가 청구하는 경우만 해당한다)의 성명 및 주소(법인인 경우에는 그 명칭 및 주된 사무소의 소재지를 말한다)
  2. 디자인등록출원번호 및 출원일
  3. 디자인등록번호 및 등록일
  4. 디자인등록출원서에 첨부한 도면·사진 또는 견본의 내용
③ **(폐기, 제거, 예방)** 디자인권자 또는 전용실시권자는 제1항에 따른 청구를 할 때에는 침해행위를 조성한 물품의 폐기, 침해행위에 제공된 설비의 제거, 그 밖에 침해의 예방에 필요한 행위를 청구할 수 있다.

제116조(과실의 추정) 기출 17
① **(과실의 추정)** 타인의 디자인권 또는 전용실시권을 침해한 자는 그 침해행위에 대하여 과실이 있는 것으로 추정한다. **(비밀디자인)** 다만, 제43조 제1항에 따라 비밀디자인으로 설정등록된 디자인권 또는 전용실시권의 침해에 대하여는 그러하지 아니하다. 기출 15·20·25
② **(일부심사등록)** 디자인일부심사등록디자인의 디자인권자·전용실시권자 또는 통상실시권자가 그 등록디자인 또는 이와 유사한 디자인과 관련하여 타인의 디자인권 또는 전용실시권을 침해한 경우에는 제1항을 준용한다.

제117조(디자인권자 등의 신용회복)
법원은 고의나 과실로 디자인권 또는 전용실시권을 침해함으로써 디자인권자 또는 전용실시권자의 업무상 신용을 떨어뜨린 자에 대하여는 디자인권자 또는 전용실시권자의 청구에 의하여 손해배상을 갈음하여 또는 손해배상과 함께 디자인권자 또는 전용실시권자의 업무상 신용회복을 위하여 필요한 조치를 명할 수 있다.

> **제118조(서류의 제출)**
> **(원칙)** 법원은 디자인권 또는 전용실시권의 침해에 관한 소송에서 당사자의 신청에 의하여 해당 침해행위로 인한 손해를 계산하는 데에 필요한 서류를 제출하도록 다른 당사자에게 명할 수 있다. **(예외)** 다만, 그 서류의 소지자가 그 서류의 제출을 거절할 정당한 이유가 있을 때에는 그러하지 아니하다.

(1) 디자인권의 침해와 구제

① 의의 : 디자인권의 침해란 정당한 권원 없는 자가 업으로서 등록디자인 또는 이와 유사한 디자인을 실시하는 것(法 제92조) 또는 예비적 행위(法 제114조)를 하는 것을 말한다.

② 유형 및 요건
  ㉠ 직접침해 : ⅰ) 디자인권이 유효하게 존재하고, ⅱ) 디자인권의 보호범위 내에서, ⅲ) 정당한 권원 없는 제3자가 실시하고, ⅳ) 디자인권의 효력제한(法 제94조)사유 없고, ⅴ) 권리남용이 없어야 한다.
  ㉡ 간접침해(法 제114조)

③ 방어적 제도
  ㉠ 관련디자인제도(法 제35조)
  ㉡ 비밀디자인제도(法 제43조)
  ㉢ 출원공개제도(法 제52조)
  ㉣ 디자인등록의 표시(法 제214조)

④ 침해인 경우 권리자의 조치
  ㉠ 경 고
  ㉡ 적극적 권리범위확인심판(法 제122조)의 청구
  ㉢ 민사적 조치
    • 침해금지 및 예방청구(法 제113조)
    • 손해배상청구(민법 제750조)
    • 신용회복청구(法 제117조)
    • 부당이득반환청구(민법 제741조)
  ㉣ 형사적 조치
    • 침해죄(法 제220조)
    • 몰수(法 제228조)
    • 양벌규정(法 제227조)
  ㉤ 보상금청구권(法 제53조 제2항)의 행사
  ㉥ 기타 : ⅰ) 침해금지 가처분 신청, ⅱ) 증거보전신청, ⅲ) 크로스라이선스의 청구(法 제123조 제2항), ⅳ) 실시권의 허락 또는 디자인권의 양도, ⅴ) 화해·중재·조정

⑤ 침해인 경우 침해자의 조치
  ㉠ 실시행위의 중지
  ㉡ 실시권 계약의 체결, 디자인권의 양수 또는 실시 디자인의 변경
  ㉢ 통상실시권 허락의 심판 청구(法 제123조)
  ㉣ 화해·중재·조정
⑥ 침해자가 아니라고 판단되는 경우 실시자의 조치
  ㉠ 경고장의 분석 및 서류열람신청(法 제206조)
  ㉡ 답변서의 송부
  ㉢ 일부심사등록이의신청(法 제68조) 또는 무효심판(法 제121조)의 청구
  ㉣ 소극적 권리범위확인심판의 청구

02 침해로 보는 행위

> **제114조(침해로 보는 행위)**
> 등록디자인이나 이와 유사한 디자인에 관한 물품의 생산에만 사용하는 물품을 업으로서 생산·양도·대여·수출 또는 수입하거나 업으로서 그 물품의 양도 또는 대여의 청약을 하는 행위는 그 디자인권 또는 전용실시권을 침해한 것으로 본다. 기출 16·18

(1) 의의 및 취지

등록디자인이나 이와 유사한 디자인에 관한 물품의 생산에만 사용하는 물품을 업으로서 생산·양도·대여·수출 또는 수입하거나 업으로서 그 물품의 양도 또는 대여의 청약을 하는 행위는 그 디자인권 또는 전용실시권을 침해한 것으로 본다(法 제114조). 직접침해로 이어질 개연성이 높은 행위를 침해로 간주하여 권리구제의 실효성을 높이기 위한 것이다.

(2) 직접침해와의 관계

ⅰ) 종속설은 간접침해가 성립하기 위해 직접침해가 전제되어야 하며, ⅱ) 독립설은 직접침해와 무관하게 간접침해가 성립한다고 한다. 法 제114조의 취지상 직접침해의 성립 여부와 무관하게 간접침해가 성립한다고 본다고 하여 독립설의 입장이다.

(3) 성립요건

① **성립내용** : ⅰ) 등록디자인 또는 이와 유사한 디자인에 관한 물품의, ⅱ) 생산, ⅲ) 에만, ⅳ) 사용하는 물품을 업으로서, ⅴ) 실시(단, 사용은 제외)하는 행위가 있어야 한다.
② **'생산'** : '생산'은 등록 디자인의 구성요소 일부를 결여한 물건을 사용하여 등록디자인의 모든 구성요소를 가진 물건을 새로 만들어 내는 모든 행위를 의미하므로, 공업적 생산에 한하지 않고 가공이나 조립 등의 행위도 생산에 포함된다(대법원 2009.9.10. 선고 2007후3356 판결).
③ **생산'에만'** : 생산'에만' 사용하는 물품이기 위해서는 사회통념상 통용되고 승인될 수 있는 경제적·상업적 내지 실용적인 다른 용도가 없어야 한다(대법원 2009.9.10. 선고 2007후3356 판결).
④ **입증책임**
⑤ 디자인에 관한 물품의 생산에만 사용하는 물품에 해당한다는 점은 권리를 행사하는 디자인권자 또는 전용실시권자가 주장·입증하여야 한다(대법원 2002.11.8. 선고 2000다27602 판결).
⑥ **고려요소** : 간접침해를 인정함에 있어서 다른 용도가 경제적·상업적 내지 실용적인지 여부의 판단은 소비자 또는 고객의 관점에서 용도가 고객흡인력을 가지고 있다거나, 구매의 동기가 되는지를 고려하여 판단하여야 한다.

(4) 성립의 효과

① **민사적 조치**
  ㉠ 디자인권자 또는 전용실시권자는 간접침해자에게 침해·금지 예방의 청구(法 제113조), 손해배상청구(민법 제750조), 신용회복청구(法 제117조), 부당이득반환청구(민법 제741조) 등의 민사적 조치를 취할 수 있다.
  ㉡ 손해배상청구의 다른 용도의 판단시점은 간접침해 당시를 기준으로 한다. 다만, 침해금지청구권을 소송상 행사하는 경우 판단시점은 변론 종결시를 기준으로 한다.
② **형사적 조치** : 대법원 判例는 간접침해 사건에서 "죄형법정주의 원칙이라는 점, 디자인권의 직접침해 미수범은 처벌되지 아니함에도 직접침해의 예비단계 행위에 불과한 간접침해행위를 직접침해의 기수범과 같은 벌칙에 의하여 처벌하는 것은 형벌의 불균형을 초래하므로, 간접침해 규정은 디자인권자 등을 보호하기 위하여 디자인권의 간접침해자에게도 민사책임을 부과시키는 정책적 규정일 뿐, 이를 디자인권 침해행위를 처벌하는 형벌법규의 구성요건으로서까지 규정한 취지는 아니다."고 판시하였다(대법원 1993.2.23. 선고 92도3350 판결).

CHAPTER 06 디자인권자의 보호

제3편 | 디자인보호법

01
디자인권에 관한 설명으로 옳은 것을 모두 고른 것은? 기출 17

> ㄱ. 디자인권에 대한 통상실시권자는 통상실시권을 등록한 경우에 한해 자기의 권리를 침해할 우려가 있는 자에 대해 침해의 금지 또는 예방을 청구할 수 있다.
> ㄴ. 기본디자인과 관련디자인의 디자인권자 甲이 기본디자인의 디자인권에 대한 전용실시권을 乙에게 설정한 경우, 乙의 동의가 있으면 丙에게 그 관련디자인에 대한 전용실시권을 설정할 수 있다.
> ㄷ. 디자인권자, 전용실시권자 또는 통상실시권자 중 어느 누구도 정당한 이유 없이 등록디자인을 일정 기간 이상 사용하지 않으면 이해관계인은 당해 디자인등록의 취소심판을 청구할 수 있다.
> ㄹ. 디자인일부심사등록디자인의 통상실시권자가 그 등록디자인 또는 이와 유사한 디자인과 관련하여 타인의 디자인권을 침해한 경우에는 그 침해행위에 대하여 과실이 있는 것으로 추정한다. 다만, 비밀디자인으로 설정등록된 디자인권 또는 전용실시권의 침해에 대하여는 그러하지 아니하다.

① ㄴ
② ㄹ
③ ㄴ, ㄹ
④ ㄱ, ㄴ, ㄹ
⑤ ㄱ, ㄷ, ㄹ

해설

ㄱ. (×) 통상실시권자는 침해금지 또는 예방의 청구와 같은 물권적 권리를 전제로 하는 내용의 청구권을 행사할 수 없다.
ㄴ. (×) 기본디자인의 디자인권과 관련디자인의 디자인권에 대한 전용실시권은 같은 자에게 동시에 설정하여야 한다(디자인보호법 제97조 제1항 단서).
ㄷ. (×) 디자인보호법에는 상표법과 같은 불사용취소심판제도가 없다.
ㄹ. (○) 디자인보호법 제116조 제1항·제2항

 ②

02 디자인보호법상 디자인권자의 보호에 관한 설명으로 옳지 않은 것은? 기출 16

① 등록디자인이나 이와 유사한 디자인에 관한 물품의 생산에만 사용하는 물품을 업으로서 수출하는 행위는 디자인권을 침해한 것으로 본다.
② 디자인권자는 자기의 권리를 침해한 자에 대하여 디자인권 침해금지가처분신청을 할 수 있다.
③ 디자인권을 침해함으로써 디자인권자의 업무상의 신용을 실추하게 한 경우, 디자인권자의 신용회복을 위하여 법원이 명할 수 있는 조치에는 피해자 승소판결의 신문 등에의 공고가 포함된다.
④ 타인의 디자인권 또는 전용실시권을 침해한 자는 그 침해행위에 대하여 과실이 있는 것으로 추정하되, 비밀디자인권으로 설정등록된 디자인권 또는 전용실시권의 침해에 대하여는 그러하지 아니하다.
⑤ 디자인권자가 디자인보호법 제115조(손해액의 추정 등) 제4항의 실시료 상당액으로 손해배상을 청구할 수 있음에도 불구하고 손해액의 초과액에 대하여도 손해배상을 청구하는 경우, 법원은 침해자에게 경과실만 있을 때에는 재량으로 배상액을 경감할 수 있다.

해설

① (○) 간접침해(디자인보호법 제114조).
② (○) 디자인권에 기한 침해금지의 가처분 신청이 가능하다.
③ (○) 침해자의 비용으로 민사손해배상판결, 형사명예훼손죄의 유죄판결 등을 신문이나 잡지 등에 게재하거나 명예훼손 기사의 취소광고 등의 조치를 취할 수 있다.
④ (×) 비밀디자인에 대해서는 과실의 추정 규정이 배제된다(디자인보호법 제116조 제1항).
⑤ (○) 손해액의 초과액에 대하여도 손해배상을 청구하는 경우, 법원은 침해자에게 경과실만 있을 때에는 재량으로 배상액을 경감할 수 있다(디자인보호법 제115조 제5항).

답 ④

03 디자인보호법에 관한 설명으로 옳은 것을 모두 고른 것은? 기출 15

ㄱ. 디자인보호법에서의 심미성이란 반드시 미학적으로 높은 수준의 우아하고 고상한 것을 요구하는 것은 아니다.
ㄴ. 디자인이 주는 의미나 내용 등이 일반인의 통상적인 도덕관념이나 선량한 풍속에 어긋나거나 공중의 위생을 해칠 우려가 있는 디자인에 대하여는 디자인등록을 받을 수 없다.
ㄷ. 타인의 업무와 관련된 물품과 혼동을 가져올 우려가 있는 디자인에 대하여는 디자인등록을 받을 수 없다.
ㄹ. 타인의 디자인권 또는 전용실시권을 침해한 자는 그 침해행위에 대하여 과실이 있는 것으로 간주한다.

① ㄱ, ㄷ
② ㄱ, ㄹ
③ ㄴ, ㄹ
④ ㄴ, ㄷ, ㄹ
⑤ ㄱ, ㄴ, ㄷ, ㄹ

해설

ㄱ. (○) 심미성은 유무만 문제될 뿐 고저는 문제되지 않는다.
ㄴ. (×) 디자인이 주는 의미나 내용 등이 일반인의 통상적인 도덕관념이나 선량한 풍속에 어긋나거나 공공질서를 해칠 우려가 있는 디자인은 등록받을 수 없다(디자인보호법 제34조 제2호).
ㄷ. (○) 타인의 업무와 관련된 물품과 혼동을 가져올 우려가 있는 디자인은 등록받을 수 없다(디자인보호법 제34조 제3호).
ㄹ. (×) 타인의 디자인권 또는 전용실시권을 침해한 자는 그 침해행위에 대하여 과실이 있는 것으로 추정한다(디자인보호법 제116조).

답 ①

CHAPTER 07 심판

제3편 | 디자인보호법

01 심판각론

제119조(보정각하결정에 대한 심판)
제49조 제1항에 따른 보정각하결정을 받은 자가 그 결정에 불복할 때에는 그 결정등본을 송달받은 날부터 3개월 이내에 심판을 청구할 수 있다. 기출 18

제120조(디자인등록거절결정 또는 디자인등록취소결정에 대한 심판)
디자인등록거절결정 또는 디자인등록취소결정을 받은 자가 불복할 때에는 그 결정등본을 송달받은 날부터 3개월 이내에 심판을 청구할 수 있다. 기출 25

제121조(디자인등록의 무효심판)
① **(요건)** 이해관계인 또는 심사관은 디자인등록이 다음 각 호의 어느 하나에 해당하는 경우에는 무효심판을 청구할 수 있다. **(복수디자인권)** 이 경우 제41조에 따라 복수디자인등록출원된 디자인등록에 대하여는 각 디자인마다 청구하여야 한다. 〈개정 2023.6.20.〉 기출 15・19・22・24
  1. 제3조 제1항 본문에 따른 디자인등록을 받을 수 있는 권리를 가지지 아니하거나 같은 항 단서에 따라 디자인등록을 받을 수 없는 경우
  2. 제27조, 제33조부터 제35조까지, 제39조 및 제46조 제1항・제2항에 위반된 경우 [시행일 : 2023.12.21.]
  3. 조약에 위반된 경우
  4. 디자인등록된 후 그 디자인권자가 제27조에 따라 디자인권을 누릴 수 없는 자로 되거나 그 디자인등록이 조약에 위반된 경우
② **(시기)** 제1항에 따른 심판은 디자인권이 소멸된 후에도 청구할 수 있다.
③ **(효과)** 디자인등록을 무효로 한다는 심결이 확정된 때에는 그 디자인권은 처음부터 없었던 것으로 본다. 다만, 제1항 제4호에 따라 디자인등록을 무효로 한다는 심결이 확정된 경우에는 디자인권은 그 디자인등록이 같은 호에 해당하게 된 때부터 없었던 것으로 본다.
④ **(통지)** 심판장은 제1항의 심판이 청구된 경우에는 그 취지를 해당 디자인권의 전용실시권자나 그 밖에 디자인에 관한 권리를 등록한 자에게 통지하여야 한다.

제122조(권리범위 확인심판)
디자인권자・전용실시권자 또는 이해관계인은 등록디자인의 보호범위를 확인하기 위하여 디자인권의 권리범위 확인심판을 청구할 수 있다. **(복수디자인권)** 이 경우 제41조에 따라 복수디자인등록출원된 디자인등록에 대하여는 각 디자인마다 청구하여야 한다.

제123조(통상실시권 허락의 심판)

① **(요건)** 디자인권자·전용실시권자 또는 통상실시권자는 해당 등록디자인 또는 등록디자인과 유사한 디자인이 제95조 제1항 또는 제2항에 해당하여 실시의 허락을 받으려는 경우에 그 타인이 정당한 이유 없이 허락하지 아니하거나 그 타인의 허락을 받을 수 없을 때에는 자기의 등록디자인 또는 등록디자인과 유사한 디자인의 실시에 필요한 범위에서 통상실시권 허락의 심판을 청구할 수 있다. 기출 17
② **(크로스 라이센스)** 제1항에 따른 심판에 따라 통상실시권을 허락한 자가 그 통상실시권을 허락받은 자의 등록디자인 또는 이와 유사한 디자인을 실시할 필요가 있는 경우에 그 통상실시권을 허락받은 자가 실시를 허락하지 아니하거나 실시의 허락을 받을 수 없을 때에는 통상실시권을 허락받아 실시하려는 등록디자인 또는 이와 유사한 디자인의 범위에서 통상실시권 허락의 심판을 청구할 수 있다.
③ **(대가의 지급·공탁)** 제1항 및 제2항에 따라 통상실시권을 허락받은 자는 특허권자·실용신안권자·디자인권자 또는 그 전용실시권자에게 대가를 지급하여야 한다. 다만, 자기가 책임질 수 없는 사유로 지급할 수 없는 경우에는 그 대가를 공탁하여야 한다.
④ **(대가 지급 후 실시 가능)** 제3항에 따른 통상실시권자는 그 대가를 지급하지 아니하거나 공탁을 하지 아니하면 그 특허발명·등록실용신안 또는 등록디자인이나 이와 유사한 디자인을 실시할 수 없다.

02 심판총론

제124조(심사규정의 디자인등록거절결정에 대한 심판에의 준용)

① **(심판절차의 준용)** 디자인등록거절결정에 대한 심판에 관하여는 제48조 제1항부터 제3항까지, 제48조 제4항 제1호, 제49조, 제63조 및 제65조를 준용한다. 이 경우 제48조 제4항 제1호 중 "제62조에 따른 디자인등록거절결정 또는 제65조에 따른 디자인등록결정(이하 "디자인등록여부결정"이라 한다)의 통지서가 발송되기 전까지"는 "거절이유통지에 따른 의견서 제출기간까지"로 보고, 제49조 제3항 중 "제119조에 따라 심판을 청구한 경우"는 "제166조 제1항에 따라 소를 제기한 경우"로, "그 심결이 확정될 때까지"는 "그 판결이 확정될 때까지"로 본다.
② **(새로운 거절이유의 통지)** 제1항에 따라 준용되는 제63조는 디자인등록거절결정의 이유와 다른 거절이유를 심판절차에서 발견한 경우에만 적용한다.

제125조(공동심판의 청구 등)

① **(청구인)** 디자인권 또는 디자인등록을 받을 수 있는 권리의 공유자가 그 공유인 권리에 관하여 심판을 청구할 때에는 공유자 모두가 공동으로 청구하여야 한다. 기출 15·20·22
② **(공유디자인권자 : 청구인)** 제1항에도 불구하고 같은 디자인권에 관하여 제121조 제1항의 디자인등록무효심판 또는 제122조의 권리범위 확인심판을 청구하는 자가 2인 이상이면 각자 또는 모두가 공동으로 심판을 청구할 수 있다. 기출 21
③ **(공유디자인권자 : 피청구인)** 공유인 디자인권의 디자인권자에 대하여 심판을 청구할 때에는 공유자 모두를 피청구인으로 하여야 한다. 기출 15·20
④ **(청구인·피청구인 1인의 정지원인이 있는 경우)** 제1항 또는 제2항에 따른 청구인이나 제3항에 따른 피청구인 중 1인에게 심판절차의 중단 또는 중지의 원인이 있으면 모두에게 그 효력이 발생한다.

제125조의2(국선대리인)

① 특허심판원장은 산업통상자원부령으로 정하는 요건을 갖춘 심판 당사자의 신청에 따라 대리인(이하 "국선대리인"이라 한다)을 선임하여 줄 수 있다. 다만, 심판청구가 이유 없음이 명백하거나 권리의 남용이라고 인정되는 경우에는 그러하지 아니하다.
② 국선대리인이 선임된 당사자에 대하여 심판절차와 관련된 수수료를 감면할 수 있다.
③ 국선대리인의 신청절차 및 수수료 감면 등 국선대리인 운영에 필요한 사항은 산업통상자원부령으로 정한다.

제126조(심판청구방식)

① (심판청구서) 제121조부터 제123조까지에 따라 디자인등록의 무효심판, 권리범위 확인심판 또는 통상실시권 허락의 심판을 청구하려는 자는 다음 각 호의 사항을 적은 심판청구서를 특허심판원장에게 제출하여야 한다.
  1. 당사자의 성명 및 주소(법인인 경우에는 그 명칭 및 영업소의 소재지)
  2. 대리인이 있는 경우에는 그 대리인의 성명 및 주소나 영업소의 소재지(대리인이 특허법인·특허법인(유한)인 경우에는 그 명칭, 사무소의 소재지 및 지정된 변리사의 성명)
  3. 심판사건의 표시
  4. 청구의 취지 및 그 이유
② (심판청구서의 보정) 제1항에 따라 제출된 심판청구서를 보정하는 경우에는 그 요지를 변경할 수 없다. 다만, 다음 각 호의 어느 하나에 해당하는 경우에는 그러하지 아니하다.
  1. 제1항 제1호에 따른 당사자 중 디자인권자의 기재를 바로잡기 위하여 보정(추가하는 것을 포함한다)하는 경우
  2. 제1항 제4호에 따른 청구의 이유를 보정하는 경우
  3. 디자인권자 또는 전용실시권자가 제122조에 따라 청구한 권리범위 확인심판에서 심판청구서의 확인대상 디자인(청구인이 주장하는 피청구인의 디자인을 말한다)의 도면에 대하여 피청구인이 자신이 실제로 실시하고 있는 디자인과 비교하여 다르다고 주장하는 경우에 청구인이 피청구인의 실시 디자인과 같게 하기 위하여 심판청구서의 확인대상 디자인의 도면을 보정하는 경우 기출 16
③ (권리범위확인심판의 첨부사항) 제122조에 따른 권리범위 확인심판을 청구할 때에는 등록디자인과 대비할 수 있는 도면을 첨부하여야 한다. 기출 19·22
④ (통상실시권허락심판의 기재사항) 제123조 제1항에 따른 통상실시권 허락의 심판의 청구서에는 제1항 각 호의 사항 외에 다음 각 호의 사항을 추가로 적어야 한다.
  1. 실시하려는 자기의 등록디자인의 번호 및 명칭
  2. 실시되어야 할 타인의 특허발명·등록실용신안 또는 등록디자인의 번호·명칭 및 특허나 등록의 연월일
  3. 특허발명·등록실용신안 또는 등록디자인의 통상실시권의 범위·기간 및 대가

제127조(디자인등록거절결정 등에 대한 심판청구방식)

① (심판청구서) 제119조 또는 제120조에 따라 보정각하결정, 디자인등록거절결정 또는 디자인등록취소결정에 대한 심판을 청구하려는 자는 다음 각 호의 사항을 적은 심판청구서를 특허심판원장에게 제출하여야 하며, 특허심판원장은 제120조에 따른 디자인등록취소결정에 대한 심판이 청구된 경우에는 그 취지를 이의신청인에게 알려야 한다.
  1. 청구인의 성명 및 주소(법인인 경우에는 그 명칭 및 영업소의 소재지)
  2. 대리인이 있는 경우에는 그 대리인의 성명 및 주소나 영업소의 소재지(대리인이 특허법인·특허법인(유한)인 경우에는 그 명칭, 사무소의 소재지 및 지정된 변리사의 성명)
  3. 출원일과 출원번호(디자인등록취소결정에 대하여 불복하는 경우에는 디자인등록일과 등록번호)
  4. 디자인의 대상이 되는 물품 및 물품류
  5. 디자인등록거절결정일, 디자인등록취소결정일 또는 보정각하결정일
  6. 심판사건의 표시
  7. 청구의 취지 및 그 이유

② **(심판청구서의 보정)** 제1항에 따라 제출된 심판청구서를 보정하는 경우에는 그 요지를 변경할 수 없다. 다만, 다음 각 호의 어느 하나에 해당하는 경우에는 그러하지 아니하다.
  1. 제1항 제1호에 따른 청구인의 기재를 바로잡기 위하여 보정(추가하는 것을 포함한다)하는 경우
  2. 제1항 제7호에 따른 청구의 이유를 보정하는 경우

제128조(심판청구 등의 각하 등)
① **(보정명령 사유)** 심판장은 다음 각 호의 어느 하나에 해당하는 경우에는 기간을 정하여 그 보정을 명하여야 한다. 다만, 보정할 사항이 경미하고 명확한 경우에는 직권으로 보정할 수 있다. 〈개정 2023.9.14.〉
  1. 심판청구서가 제126조 제1항·제3항·제4항 또는 제127조 제1항에 위반된 경우
  2. 심판에 관한 절차가 다음 각 목의 어느 하나에 해당되는 경우
     가. 제4조 제1항 또는 제7조에 위반된 경우
     나. 제85조에 따라 내야 할 수수료를 내지 아니한 경우
     다. 이 법 또는 이 법에 따른 명령으로 정하는 방식에 위반된 경우
② 심판장은 제1항 본문에 따른 보정명령을 받은 자가 지정된 기간에 보정을 하지 아니하거나 보정한 사항이 제126조 제2항 또는 제127조 제2항을 위반한 경우에는 심판청구서 또는 해당 절차와 관련된 청구 등을 결정으로 각하하여야 한다. 〈개정 2023.9.14.〉
③ 제2항에 따른 결정은 서면으로 하여야 하며 그 이유를 붙여야 한다.
④ 심판장은 제1항 단서에 따라 직권보정을 하려면 그 직권보정 사항을 청구인에게 통지하여야 한다. 〈신설 2023.9.14.〉
⑤ 청구인은 제1항 단서에 따른 직권보정 사항을 받아들일 수 없으면 직권보정 사항의 통지를 받은 날부터 7일 이내에 그 직권보정 사항에 대한 의견서를 심판장에게 제출하여야 한다. 〈신설 2023.9.14.〉 기출 25
⑥ 청구인이 제5항에 따라 의견서를 제출한 경우에는 해당 직권보정 사항은 처음부터 없었던 것으로 본다. 〈신설 2023.9.14.〉
⑦ 제1항 단서에 따른 직권보정이 명백히 잘못된 경우 그 직권보정은 처음부터 없었던 것으로 본다. 〈신설 2023.9.14.〉

제129조(보정할 수 없는 심판청구의 심결각하)
부적법한 심판청구로서 그 흠을 보정할 수 없을 때에는 피청구인에게 답변서 제출의 기회를 주지 아니하고 심결로써 각하할 수 있다. 기출 16

제130조(심판관)
① **(심판의 주체)** 특허심판원장은 심판이 청구되면 심판관에게 심판하게 한다.
② **(자격)** 심판관의 자격은 대통령령으로 정한다.
③ **(독립)** 심판관은 직무상 독립하여 심판한다.

제131조(심판관의 지정)
① **(지정)** 특허심판원장은 각 심판사건에 대하여 제133조에 따른 합의체를 구성할 심판관을 지정하여야 한다.
② **(교체)** 특허심판원장은 제1항의 심판관 중 심판에 관여하는 데에 지장이 있는 사람이 있으면 다른 심판관에게 심판하게 할 수 있다.

제132조(심판장의 지정)
① **(지정)** 특허심판원장은 제131조 제1항에 따라 지정된 심판관 중에서 1명을 심판장으로 지정하여야 한다.
② **(업무)** 심판장은 그 심판사건에 관한 사무를 총괄한다.

제133조(심판의 합의체)
① (합의체의 구성) 심판은 3명 또는 5명의 심판관으로 구성되는 합의체가 한다.
② (과반수의 결정) 제1항의 합의체의 합의는 과반수로 결정한다.
③ (합의의 비공개) 심판의 합의는 공개하지 아니한다.

제134조(답변서 제출 등)
① (청구서 부본송달, 답변서 제출 기회의 부여) 심판장은 심판이 청구되면 청구서 부본을 피청구인에게 송달하고 기간을 정하여 답변서를 제출할 수 있는 기회를 주어야 한다.
② (답변서 부본송달) 심판장은 제1항의 답변서를 받았을 때에는 그 부본을 청구인에게 송달하여야 한다.
③ (당사자 심문) 심판장은 심판에 관하여 당사자를 심문할 수 있다.

제135조(심판관의 제척)
심판관은 다음 각 호의 어느 하나에 해당하는 경우에는 그 심판 관여로부터 제척된다.
 1. 심판관 또는 그 배우자이거나 배우자였던 사람이 사건의 당사자, 참가인 또는 이의신청인인 경우
 2. 심판관이 사건의 당사자, 참가인 또는 이의신청인의 친족이거나 친족이었던 경우
 3. 심판관이 사건의 당사자, 참가인 또는 이의신청인의 법정대리인이거나 법정대리인이었던 경우
 4. 심판관이 사건에 대한 증인, 감정인으로 된 경우 또는 감정인이었던 경우
 5. 심판관이 사건의 당사자·참가인 또는 이의신청인의 대리인이거나 대리인이었던 경우
 6. 심판관이 사건에 대하여 심사관 또는 심판관으로서 보정각하결정, 디자인등록여부결정, 디자인일부심사등록 이의신청에 대한 결정 또는 심결에 관여한 경우
 7. 심판관이 사건에 관하여 직접 이해관계를 가진 경우

제136조(제척신청)
제135조에 따른 제척의 원인이 있으면 당사자 또는 참가인은 제척신청을 할 수 있다.

제137조(심판관의 기피)
① (주체, 이유) 심판관에게 공정한 심판을 기대하기 어려운 사정이 있으면 당사자 또는 참가인은 기피신청을 할 수 있다.
② (시기) 당사자 또는 참가인은 사건에 대하여 심판관에게 서면 또는 구두로 진술을 한 후에는 기피신청을 할 수 없다. 다만, 기피의 원인이 있는 것을 알지 못한 경우 또는 기피의 원인이 그 후에 발생한 경우에는 그러하지 아니하다.

제138조(제척 또는 기피의 소명)
① (방식) 제136조 및 제137조에 따라 제척 및 기피 신청을 하려는 자는 그 원인을 적은 서면을 특허심판원장에게 제출하여야 한다. 다만, 구술심리를 할 때에는 구술로 할 수 있다.
② (원인소명) 제척 또는 기피의 원인은 신청한 날부터 3일 이내에 소명하여야 한다. 기출 23

제139조(제척 또는 기피 신청에 관한 결정)
① (결정) 제척 또는 기피 신청이 있으면 심판으로 결정하여야 한다. 기출 21
② (배제) 제척 또는 기피의 신청을 당한 심판관은 그 제척 또는 기피에 대한 심판에 관여할 수 없다. 다만, 의견을 진술할 수 있다.
③ (방식) 제1항에 따른 결정은 서면으로 하여야 하며 그 이유를 붙여야 한다.
④ (불복 금지) 제1항에 따른 결정에는 불복할 수 없다. 기출 21

제140조(심판절차의 중지)
제척 또는 기피의 신청이 있으면 그 신청에 대한 결정이 있을 때까지 심판절차를 중지하여야 한다. 다만, 긴급한 경우에는 그러하지 아니하다.

제141조(심판관의 회피)
심판관이 제135조 또는 제137조에 해당하는 경우에는 특허심판원장의 허가를 받아 해당 사건에 대한 심판을 회피할 수 있다. 기출 25

제142조(심리 등)
① (심리방식) 심판은 구술심리 또는 서면심리로 한다. 다만, 당사자가 구술심리를 신청하였을 때에는 서면심리만으로 결정할 수 있다고 인정되는 경우 외에는 구술심리를 하여야 한다.
② (공개) 구술심리는 공개하여야 한다. 다만, 공공의 질서 또는 선량한 풍속을 문란하게 할 우려가 있으면 그러하지 아니하다.
③ (통지) 심판장은 제1항에 따라 구술심리로 심판을 할 경우에는 그 기일 및 장소를 정하고 그 취지를 적은 서면을 당사자 및 참가인에게 송달하여야 한다. 다만, 해당 사건에 출석한 당사자 및 참가인에게 알렸을 때에는 그러하지 아니하다.
④ (조서작성) 심판장은 제1항에 따라 구술심리로 심판을 할 경우에는 특허심판원장이 지정한 직원에게 기일마다 심리의 요지와 그 밖에 필요한 사항을 적은 조서를 작성하게 하여야 한다.
⑤ (기명날인) 제4항의 조서는 심판장 및 조서를 작성한 직원이 기명날인하여야 한다.
⑥ (준용규정) 제4항의 조서에 관하여는 「민사소송법」 제153조, 제154조 및 제156조부터 제160조까지의 규정을 준용한다.
⑦ (준용규정) 심판에 관하여는 「민사소송법」 제143조, 제259조, 제299조 및 제367조를 준용한다.
⑧ (심판장의 업무) 심판장은 구술심리 중 심판정 내의 질서를 유지한다.

제142조의2(참고인 의견서의 제출)
① 심판장은 산업에 미치는 영향 등을 고려하여 사건 심리에 필요하다고 인정되는 경우 공공단체, 그 밖의 참고인에게 심판사건에 관한 의견서를 제출하게 할 수 있다. 기출 25
② 국가기관과 지방자치단체는 공익과 관련된 사항에 관하여 특허심판원에 심판사건에 관한 의견서를 제출할 수 있다.
③ 심판장은 제1항 또는 제2항에 따라 참고인이 제출한 의견서에 대하여 당사자에게 구술 또는 서면에 의한 의견진술의 기회를 주어야 한다.
④ 제1항 또는 제2항에 따른 참고인의 선정 및 비용, 준수사항 등 참고인 의견서 제출에 필요한 사항은 산업통상자원부령으로 정한다.
[본조신설 2023.9.14.]

제143조(참가)
① (당사자 참가의 요건) 제125조 제2항에 따라 심판을 청구할 수 있는 자는 심리가 종결될 때까지 그 심판에 참가할 수 있다.
② (보조참가의 요건) 제1항에 따른 참가인은 피참가인이 그 심판의 청구를 취하한 후에도 심판절차를 속행할 수 있다.
③ (보조참가의 효과) 심판의 결과에 대하여 이해관계를 가진 자는 심리가 종결될 때까지 당사자의 어느 한쪽을 보조하기 위하여 그 심판에 참가할 수 있다.
④ (보조참가의 효과) 제3항에 따른 참가인은 모든 심판절차를 밟을 수 있다.
⑤ (참가인 1인에게 정지원인이 있는 경우) 제1항 또는 제3항에 따른 참가인에게 심판절차의 중단 또는 중지의 원인이 있으면 그 중단 또는 중지는 피참가인에 대하여도 그 효력이 발생한다.

제144조(참가의 신청 및 결정)
① (신청서의 제출) 심판에 참가하려는 자는 참가신청서를 심판장에게 제출하여야 한다.
② (부본송달, 의견제출기회) 심판장은 참가신청이 있는 경우에는 참가신청서 부본을 당사자 및 다른 참가인에게 송달하고 기간을 정하여 의견서를 제출할 수 있는 기회를 주어야 한다.
③ (참가 결정) 참가신청이 있는 경우에는 심판으로 그 참가 여부를 결정하여야 한다. 기출 21
④ (결정의 방식) 제3항에 따른 결정은 서면으로 하여야 하며 그 이유를 붙여야 한다.
⑤ (불복 금지) 제3항에 따른 결정에는 불복할 수 없다. 기출 21

제145조(증거조사 및 증거보전)
① (신청 또는 직권) 심판에서는 당사자, 참가인 또는 이해관계인의 신청에 의하여 또는 직권으로 증거조사나 증거보전을 할 수 있다.
② (민사소송법의 준용) 제1항에 따른 증거조사 및 증거보전에 관하여는 「민사소송법」 제2편 제3장 중 증거조사 및 증거보전에 관한 규정을 준용한다. 다만, 심판관은 과태료의 결정을 하거나 구인을 명하거나 보증금을 공탁하게 하지 못한다.
③ (신청) 증거보전신청은 심판청구 전에는 특허심판원장에게 하고, 심판계속 중에는 그 사건의 심판장에게 하여야 한다.
④ (심판관의 지정) 특허심판원장은 심판청구 전에 제1항에 따른 증거보전신청이 있으면 증거보전신청에 관여할 심판관을 지정한다.
⑤ (직권에 의한 증거조사) 심판장은 제1항에 따라 직권으로 증거조사나 증거보전을 하였을 때에는 그 결과를 당사자·참가인 또는 이해관계인에게 송달하고 기간을 정하여 의견서를 제출할 수 있는 기회를 주어야 한다.

제146조(심판의 진행)
심판장은 당사자 또는 참가인이 법정기간 또는 지정기간에 절차를 밟지 아니하거나 제142조 제3항에 따른 기일에 출석하지 아니하여도 심판을 진행할 수 있다.

제146조의2(적시제출주의)
심판절차에서의 주장이나 증거의 제출에 관하여는 「민사소송법」 제146조, 제147조 및 제149조를 준용한다.

제147조(직권심리)
① (직권심리의 범위) 심판에서는 당사자 또는 참가인이 신청하지 아니한 이유에 대하여도 심리할 수 있다. (의견제출기회 부여) 이 경우 당사자 및 참가인에게 기간을 정하여 그 이유에 대하여 의견을 진술할 기회를 주어야 한다.
② (직권심리의 한계) 심판에서는 청구인이 신청하지 아니한 청구의 취지에 대하여는 심리할 수 없다. 기출 16

제148조(심리·심결의 병합 또는 분리)
심판관은 당사자 양쪽 또는 어느 한쪽이 같은 2 이상의 심판에 대하여 심리 또는 심결을 병합하거나 분리할 수 있다.

제149조(심판청구의 취하)
① 심판청구는 심결이 확정될 때까지 취하할 수 있다. 다만, 제134조 제1항에 따른 답변서가 제출된 후에는 상대방의 동의를 받아야 한다. 기출 16
② 제1항에 따라 취하를 하였을 때에는 그 심판청구는 처음부터 없었던 것으로 본다.

제150조(심결)

① **(심결에 의한 종료)** 심판은 특별한 규정이 있는 경우를 제외하고는 심결로써 종결한다.
② **(심결의 방식)** 제1항의 심결은 다음 각 호의 사항을 적은 서면으로 하여야 하며 심결을 한 심판관은 그 서면에 기명날인하여야 한다.
 1. 심판의 번호
 2. 당사자 및 참가인의 성명 및 주소(법인인 경우에는 그 명칭 및 영업소의 소재지)
 3. 대리인이 있으면 그 대리인의 성명 및 주소나 영업소의 소재지(대리인이 특허법인·특허법인(유한)인 경우에는 그 명칭, 사무소의 소재지 및 지정된 변리사의 성명)
 4. 심판사건의 표시
 5. 심결의 주문(제123조의 심판의 경우에는 통상실시권의 범위·기간 및 대가를 포함한다)
 6. 심결의 이유(청구의 취지 및 그 이유의 요지를 포함한다)
 7. 심결연월일
③ **(심리종결통지)** 심판장은 사건이 심결을 할 정도로 성숙하였을 때에는 심리의 종결을 당사자 및 참가인에게 알려야 한다.
④ **(심리의 재개)** 심판장은 필요하다고 인정하면 제3항에 따라 심리종결을 통지한 후에도 당사자 또는 참가인의 신청에 의하여 또는 직권으로 심리를 재개할 수 있다. 기출 16·22
⑤ **(심결시기)** 심결은 제3항에 따른 심리종결통지를 한 날부터 20일 이내에 한다.
⑥ **(등본송달)** 심판장은 심결 또는 결정이 있으면 그 등본을 당사자, 참가인 및 심판에 참가신청을 하였으나 그 신청이 거부된 자에게 송달하여야 한다.

제151조(일사부재리)

이 법에 따른 심판의 심결이 확정되었을 때에는 그 사건에 대하여는 누구든지 같은 사실 및 같은 증거에 의하여 다시 심판을 청구할 수 없다. 다만, 확정된 심결이 각하심결인 경우에는 그러하지 아니하다.

제152조(소송과의 관계)

① **(심판절차의 중지)** 심판장은 심판에서 필요하면 그 심판사건과 관련되는 디자인일부심사등록 이의신청에 대한 결정 또는 다른 심판의 심결이 확정되거나 소송절차가 완결될 때까지 그 절차를 중지할 수 있다.
② **(소송절차의 중지)** 법원은 소송절차에서 필요하면 디자인에 관한 심결이 확정될 때까지 그 소송절차를 중지할 수 있다.
③ **(소 제기 사실, 소송절차 종료 통지)** 법원은 디자인권 또는 전용실시권의 침해에 관한 소가 제기된 경우에는 그 취지를 특허심판원장에게 통보하여야 한다. 그 소송절차가 끝났을 때에도 또한 같다.
④ **(심판청구, 종료의 통지)** 특허심판원장은 제3항에 따른 디자인권 또는 전용실시권의 침해에 관한 소에 대응하여 그 디자인권에 관한 무효심판 등이 청구된 경우에는 그 취지를 제3항에 해당하는 법원에 통보하여야 한다. 그 심판청구의 각하결정, 심결 또는 청구의 취하가 있는 경우에도 또한 같다.

제152조의2(산업재산권분쟁조정위원회 회부)

① 심판장은 심판사건을 합리적으로 해결하기 위하여 필요하다고 인정되면 당사자의 동의를 받아 해당 심판사건의 절차를 중지하고 결정으로 해당 사건을 「발명진흥법」 제41조에 따른 산업재산권분쟁조정위원회(이하 "조정위원회"라 한다)에 회부할 수 있다.
② 심판장은 제1항에 따라 조정위원회에 회부한 때에는 해당 심판사건의 기록을 조정위원회에 송부하여야 한다.
③ 심판장은 조정위원회의 조정절차가 조정 불성립으로 종료되면 제1항에 따른 중지 결정을 취소하고 심판을 재개하며, 조정이 성립된 경우에는 해당 심판청구는 취하된 것으로 본다.

제153조(심판비용)

① **(당사자계 심판)** 제121조 제1항 및 제122조에 따른 심판비용의 부담에 관한 사항은 심판이 심결에 의하여 종결될 때에는 그 심결로써 정하고, 심판이 심결에 의하지 아니하고 종결될 때에는 결정으로써 정하여야 한다.
② **(민사소송법의 준용)** 제1항의 심판비용에 관하여는 「민사소송법」 제98조부터 제103조까지, 제107조 제1항·제2항, 제108조, 제111조, 제112조 및 제116조를 준용한다.
③ **(결정계 심판, 통실허 심판)** 제119조, 제120조 또는 제123조의 심판비용은 청구인 또는 이의신청인이 부담한다.
④ **(민사소송법의 준용)** 제3항에 따라 청구인 또는 이의신청인이 부담하는 비용에 관하여는 「민사소송법」 제102조를 준용한다.
⑤ **(비용액의 결정)** 심판비용액은 심결 또는 결정이 확정된 후 당사자의 청구를 받아 특허심판원장이 결정한다.
⑥ **(민사소송법의 준용)** 심판비용의 범위·금액·납부 및 심판에서 절차상의 행위를 하기 위하여 필요한 비용의 지급에 관하여는 그 성질에 반하지 아니하는 범위에서 「민사소송비용법」 중 해당 규정의 예에 따른다.
⑦ **(변리사의 보수)** 심판의 대리를 한 변리사에게 당사자가 지급하였거나 지급할 보수는 특허청장이 정하는 금액의 범위에서 심판비용으로 본다. 이 경우 여러 명의 변리사가 심판의 대리를 한 경우라도 1명의 변리사가 심판대리를 한 것으로 본다.

제154조(심판비용액 또는 대가에 대한 집행권원)

이 법에 따라 특허심판원장이 정한 심판비용액 또는 심판관이 정한 대가에 관하여 확정된 결정은 집행력 있는 집행권원과 같은 효력을 가진다. 이 경우 집행력 있는 정본은 특허심판원 소속 공무원이 부여한다.

제155조(디자인등록거절결정 등에 대한 심판의 특칙)

제134조 제1항·제2항, 제143조 및 제144조는 제119조 또는 제120조에 따른 심판에는 적용하지 아니한다.

제156조(심사 또는 디자인일부심사등록 이의신청 절차의 효력)

심사 또는 디자인일부심사등록 이의신청 절차에서 밟은 디자인에 관한 절차는 디자인등록거절결정 또는 디자인등록취소결정에 대한 심판에서도 그 효력이 있다. 기출 20

제157조(디자인등록거절결정 등의 취소) 기출 25

① **(인용심결)** 심판관은 제119조 또는 제120조에 따른 심판이 청구된 경우에 그 청구가 이유 있다고 인정할 때에는 심결로써 보정각하결정, 디자인등록거절결정 또는 디자인등록취소결정을 취소하여야 한다.
② **(환송가능)** 심판에서 보정각하결정, 디자인등록거절결정 또는 디자인등록취소결정을 취소할 경우에는 심사에 부칠 것이라는 심결을 할 수 있다.
③ **(심사관의 기속)** 제1항 및 제2항에 따른 심결에서 취소의 기본이 된 이유는 그 사건에 대하여 심사관을 기속한다.

03 보정각하결정에 대한 심판

(1) 의의 및 취지
보정각하결정(法 제49조 제1항)을 받은 자가 그 결정에 불복할 때에는 그 결정등본을 송달받은 날부터 3개월 이내에 심판을 청구할 수 있다(法 제119조). 보정각하결정은 심사절차로서는 중간처분이지만, 요지변경 여부는 권리 성립에 실질적으로 영향을 미치므로 심판으로 불복할 수 있도록 한 것이다.

(2) 요 건
① 주체적 요건
  ㉠ 청구인 – 출원인, 피청구인 – 특허청장
  ㉡ 공동출원의 경우, 보정각하결정 처분에 대한 불복 심판은 공유자 전원이 청구하여야 한다(法 제125조 제1항).
  ㉢ 대리인의 경우 특별히 권한을 위임받을 것이 요구된다(法 제7조).
② 객체적 요건
  ㉠ 불복 대상 : 심사·재심사 단계의 보정각하결정
  ㉡ 거절결정에 대한 심판 단계에서의 심판관이 내린 보정각하 결정에 대한 불복은 심결 등에 대한 소(法 제166조 제1항)에 의한다.
③ 시기적 요건
  ㉠ 보정각하결정을 받은 자가 그 결정에 불복하는 때에는 그 결정등본을 송달받은 날부터 3개월 이내에 심판을 청구할 수 있다(法 제119조).
  ㉡ 특허청장 또는 특허심판원장은 청구에 따라 또는 직권으로 보정각하불복심판의 청구 기간을 1회에 한하여 30일 이내에서 연장할 수 있다. 다만, 교통이 불편한 지역에 있는 자의 경우에는 그 횟수 및 기간을 추가로 연장할 수 있다(法 제17조 제1항). 천재지변이나 기타 불가피한 사유에 의해 기간을 준수하지 못한 경우 절차의 추후보완이 가능하다(法 제19조).

(3) 절 차
① 심판청구인은 법정사항을 기재한 심판청구서를 특허심판원장에 제출한다(法 제127조 제1항).
② 심판청구서 보정시 청구이유 이외의 사항은 요지변경을 할 수 없으나, 심판청구서의 청구인의 기재를 바로잡기 위한 보정을 허용하여, 청구인의 누락 등의 실수로 인하여 심판이 각하되는 것을 방지한다(法 제127조 제2항).

(4) 심 리
① **방식심리** : 심판청구서가 심판청구방식 또는 행위능력에 위반된 경우, 대리권 범위의 흠이 있는 경우, 수수료 미납의 경우에는 심판장은 기간을 정하여 보정을 명하여야 하고, 지정된 기간 내에 그 흠결을 보정하지 아니한 경우에는 심판청구서를 결정으로 각하하여야 한다(法 제128조 제1항·제2항).
② **적법성 심리** : 부적법한 심판청구로서 그 흠결을 보정할 수 없는 때에는 피청구인에게 답변서 제출의 기회를 주지 아니하고 심결로서 이를 각하할 수 있다(法 제129조). 심판청구 자체가 적법한 것인지 여부를 심리하기 때문이다.
③ **본안 심리**
　㉠ 심리주체(法 제133조) : 심판은 3명 또는 5명의 심판관으로 구성되는 합의체가 행한다. 심판관 합의체의 합의는 과반수에 의하여 결정한다. 심판의 합의는 공개하지 않는다. 기출 16
　㉡ 심리방식(法 제142조 제1항) : 심판은 구술심리 또는 서면심리로 한다. 다만, 당사자가 구술심리를 신청한 때에는 서면심리만으로 결정할 수 있다고 인정되는 경우 외에는 구술심리를 하여야 한다.
　㉢ 심리범위 : 보정각하결정의 타당성 여부를 심리한다. 당해 출원이 등록받을 수 있는지 여부는 심리범위에 포함되지 않는다. 결정계 심판인바, 참가는 허용되지 않는다.

(5) 종 료
① **취하** : 심결이 확정될 때까지 취하할 수 있다. 취하하면 그 심판청구는 처음부터 없었던 것으로 본다(法 제149조). 취하가 있는 경우 보정각하결정은 확정되고, 보정 전의 내용으로 다시 심사가 진행된다.
② **심 결**
　㉠ 심판청구가 이유 있다고 인정한 때에는 심결로써 보정각하결정을 취소하여야 한다(法 제157조 제1항).
　㉡ 심판청구가 이유 없으면 그 청구를 기각하여야 한다.
③ **불복** : 심결에 대해 불복하고자 하는 자는 심결의 등본을 송달받은 날부터 30일 이내에 특허법원에 심결 등에 대한 소를 제기할 수 있다(法 제166조).

(6) 효 과
① **심판청구의 효과** : 심사관은 디자인등록출원인이 보정각하결정에 대한 심판을 청구한 때에는 그 심판의 심결이 확정될 때까지 그 디자인등록출원의 심사를 중지하여야 한다(法 제49조 제3항).
② **인용심결 확정의 효과** : 보정은 적법한 것으로 취급되며 보정 후의 내용으로 심사절차가 계속된다.
③ **기각심결 확정의 효과** : 보정각하결정은 확정되고, 보정 전의 내용으로 심사절차가 재개된다.

04 디자인등록의 무효심판

(1) 의의 및 취지
디자인등록의 무효심판이란 일단 유효하게 성립된 디자인권이 법정사유(法 제121조 제1항 각 호)에 해당됨을 이유로 심판절차에 의하여 소급적 또는 장래를 향하여 그 효력을 상실시키는 준사법적 행정절차를 말한다. 하자 있는 권리를 소멸시켜 심사의 완전성·공정성에 대한 사후보장역할을 한다.

(2) 요 건
① 주체적 요건
  ㉠ 청구인 : 이해관계인 또는 심사관, 이해관계유무는 직권조사사항, 심결시 기준
  ㉡ 피청구인 : 심판 청구 당시의 디자인권자, 공유인 경우에는 공유자 전원(法 제125조 제2항)이다.
② 객체적 요건
  ㉠ 무효사유(法 제121조 제1항 각 호)
    - 주체적 사유(法 제3조 제1항 단서, 제39조, 제27조)
    - 객체적 사유(法 제33조 제1항, 제33조 제2항, 제33조 제3항, 제34조, 제35조, 제46조 제1항·제2항)
    - 조약 위반
    - 후발적 사유(法 제121조 제1항 제4호)
  ㉡ 거절이유와의 차이
    - 무효사유 = 거절이유 − (法 제37조 제4항, 제40조, 제41조, 제42조)
    - 기본디자인에 비유사한 디자인의 관련디자인으로의 출원 제한(法 제35조 제1항), 일부심사등록출원대상(法 제37조 제4항), 1디자인 1출원(法 제40조), 복수디자인(法 제41조), 한 벌의 물품의 디자인(法 제42조)은 절차적 요건 또는 출원 형식의 하자에 불과하기 때문이다.
  ㉢ 청구대상 : 복수디자인의 경우 각 디자인마다 청구하여야 한다. 관련디자인만 무효심판청구도 가능하다.
③ 시기적 요건
  ㉠ 디자인권의 설정등록 이후에 할 수 있다.
  ㉡ 디자인권이 소급하여 소멸된 경우가 아니라면, 디자인권이 소멸된 이후에도 청구가 가능하다.

(3) 절 차
① 심판청구서의 제출
  ㉠ 심판청구인은 법정사항(法 제126조 제1항 각 호)을 기재한 심판청구서를 특허심판원장에게 제출한다(法 제127조 제1항).
  ㉡ 심판청구서 보정시 청구이유 이외의 사항은 요지변경을 할 수 없으나, 심판청구서의 디자인권자의 기재를 바로잡기 위한 보정을 허용하여, 디자인권자 누락 등의 실수로 인하여 심판이 각하되는 것을 방지한다(法 제126조 제2항 제1호).

② **부본송달 및 답변서 제출** : 심판장은 심판청구가 있는 때에는 청구서 부본을 피청구인에게 송달하고 기간을 정하여 답변서 제출기회를 주어야 하며(法 제134조 제1항), 답변서를 받은 경우에는 그 부본을 청구인에게 송달하여야 한다(法 제134조 제2항).
③ **등록권리자에게의 통지** : 심판장은 무효심판의 청구가 있는 때에는 그 취지를 당해 디자인권의 전용실시권자나 그 밖에 디자인에 관한 권리를 등록한 자에게 통지하여야 한다(法 제121조 제4항).

(4) 심 리

① **방식심리** : 심판청구서가 심판청구방식 또는 행위능력 위반의 경우, 대리권 범위의 흠이 있는 경우, 수수료 미납의 경우에는 심판장은 기간을 정하여 보정을 명하여야 하고, 지정된 기간 내에 그 흠결을 보정하지 아니한 경우에는 심판청구서를 결정으로 각하하여야 한다(法 제128조 제1항·제2항).
② **적법성 심리** : 부적법한 심판청구로서 그 흠결을 보정할 수 없는 때에는 피청구인에게 답변서 제출의 기회를 주지 아니하고 심결로서 이를 각하할 수 있다(法 제129조).
③ **본안 심리**
 ㉠ 심리주체(法 제133조) : 심판은 3명 또는 5명의 심판관으로 구성되는 합의체가 행한다. 심판관 합의체의 합의는 과반수에 의하여 결정한다. 심판의 합의는 공개하지 않는다.
 ㉡ 심리방식(法 제142조 제1항) : 심판은 구술심리 또는 서면심리로 한다. 다만, 당사자가 구술심리를 신청한 때에는 서면심리만으로 결정할 수 있다고 인정되는 경우 외에는 구술심리를 하여야 한다.
 ㉢ 직권주의
  - 청구인이 신청한 청구취지 범위 내에서 심리하나, 신청하지 않은 청구이유에 대해서도 직권심리할 수 있다. 다만, 절차보장을 위해 의견진술기회를 부여해야 한다(法 제147조 제1항).
  - 심판부는 직권으로 증거조사나 증거보전을 할 수 있다(法 제145조).

(5) 종 료

① **취하** : 심결이 확정될 때까지 취하할 수 있다. 다만, 답변서가 제출된 후에는 상대방의 동의를 받아야 한다(法 제149조 제1항). 취하하면 그 심판청구는 처음부터 없었던 것으로 간주된다(法 제149조 제2항).
② **심결** : 심판청구의 이유가 타당한 경우 인용심결, 심판청구의 이유가 타당하지 않은 경우에는 기각심결을 한다.
③ **불복** : 심결에 대해 불복하고자 하는 자는 심결의 등본을 송달받은 날부터 30일 이내에 특허법원에 심결 등에 대한 소를 제기할 수 있다(法 제166조).

(6) 효 과
① 인용심결 확정의 효과
  ㉠ 디자인권 및 그 부수적인 권리의 소멸
  ㉡ 법정실시권의 발생(法 제102조)
  ㉢ 등록료의 반환(法 제87조)
  ㉣ 정당권리자의 출원(法 제44조, 제45조)
  ㉤ 보상금청구권의 소멸(法 제53조 제6항)
② 기각심결 확정의 효과 – 일사부재리효(法 제151조)

05 권리범위확인심판

(1) 의의 및 취지
권리범위확인심판은 확인대상디자인이 등록디자인의 권리범위에 속하는가의 여부에 관한 확인을 구하는 심판을 말한다(法 제122조). 등록디자인의 객관적인 보호범위를 확인하여 간편한 심판절차를 통해 분쟁의 해결을 도모하기 위함이다.

(2) 요 건
① 주체적 요건
  ㉠ 청구인
    • 적극적 권리범위확인심판은 디자인권자, 전용실시권자
    • 소극적 권리범위확인심판은 이해관계인(현재, 실시 예정자 = 미래)
  ㉡ 피청구인
    • 적극적 권리범위확인심판은 이해관계인(현재)
    • 소극적 권리범위확인심판은 디자인권자
② 객체적 요건
  ㉠ 등록디자인과 확인대상디자인
  ㉡ 복수디자인등록의 경우 각 디자인마다 권리범위확인심판의 청구가 가능하다. 기출 15·19·20
  ㉢ 관련디자인 무효심판청구도 가능하다. 기출 16
③ 시기적 요건 : 권리범위확인심판은 현존하는 디자인권의 권리범위를 확인하는 것을 목적으로 하므로 디자인권의 소멸 후에는 청구의 이익이 없으므로(대법원 1996.9.10. 선고 94후2223 판결), 디자인권의 존속 중에만 청구가 가능하다. 기출 23

(3) 절 차

① 심판청구서의 제출
  ㉠ 심판청구인은 법정사항(法 제126조 제1항 각 호)을 기재한 심판청구서를 특허심판원장에게 제출한다(法 제126조 제1항).
  ㉡ 심판청구서 보정시 청구이유 이외의 사항은 요지변경을 할 수 없으나, 심판청구서의 디자인권자의 기재를 바로잡기 위한 보정을 허용하여, 디자인권자 누락 등의 실수로 인하여 심판이 각하되는 것을 방지한다(法 제126조 제2항 제1호).
② 부본송달 및 답변서 제출 : 심판장은 심판청구가 있는 때에는 청구서 부본을 피청구인에게 송달하고 기간을 정하여 답변서 제출기회를 주어야 하며(法 제134조 제1항), 답변서를 받은 경우에는 그 부본을 청구인에게 송달하여야 한다(法 제134조 제2항).

(4) 심 리

① 방식심리 : 심판청구서가 심판청구방식 또는 행위능력 위반의 경우, 대리권 범위의 흠이 있는 경우, 수수료 미납의 경우에는 심판장은 기간을 정하여 보정을 명하여야 하고, 지정된 기간 내에 그 흠결을 보정하지 아니한 경우에는 심판청구서를 결정으로 각하하여야 한다(法 제128조 제1항·제2항).
② 적법성 심리 : 부적법한 심판청구로서 그 흠결을 보정할 수 없는 때에는 피청구인에게 답변서 제출의 기회를 주지 아니하고 심결로서 이를 각하할 수 있다(法 제129조).
③ 본안 심리
  ㉠ 심리주체(法 제133조) : 심판은 3명 또는 5명의 심판관으로 구성되는 합의체가 행한다. 심판관 합의체의 합의는 과반수에 의하여 결정한다. 심판의 합의는 공개하지 않는다.
  ㉡ 심리방식(法 제142조 제1항) : 심판은 구술심리 또는 서면심리로 한다. 다만, 당사자가 구술심리를 신청한 때에는 서면심리만으로 결정할 수 있다고 인정되는 경우 외에는 구술심리를 하여야 한다.
  ㉢ 심리범위
   • 확인대상디자인이 등록디자인권의 보호범위에 속하는지 여부에 대해서 심리하여야 한다. 등록디자인의 보호범위는 法 제93조에 의해 정해지며, 보호범위에 속하는지 여부는 디자인의 동일·유사판단에 의하여 결정된다.
   • 권리범위확인심판은 확인대상디자인의 실시가 디자인권을 침해하는지 여부를 직접적으로 판단하는 것이 아니므로, 법정실시권의 존재여부, 권리남용의 해당여부는 판단대상이 아니다.
   • 다만, 디자인의 효력제한 사유(法 제84조 제4항, 제94조, 제161조), 간접침해(法 제114조) 여부는 보호범위 판단의 고려사항이다.

(5) 종 료
① 취하 : 심결이 확정될 때까지 취하할 수 있다. 다만, 답변서가 제출된 후에는 상대방의 동의를 받아야 한다(法 제149조 제1항). 취하하면 그 심판청구는 처음부터 없었던 것으로 간주된다(法 제149조 제2항).
② 심 결
　㉠ 심판청구의 이유가 타당한 경우, 「확인대상디자인은 등록디자인의 권리범위에 속한다」 또는 「확인대상디자인은 등록디자인의 권리범위에 속하지 않는다」는 취지의 심결을 하여야 한다.
　㉡ 심판청구의 이유가 타당하지 않은 경우, 기각심결을 하여야 한다. 소극적 권리범위확인심판의 경우 「확인대상디자인은 등록디자인의 권리범위에 속한다」는 취지의 심결을 하는 것은 위법하다.
③ 불복 : 심결에 대해 불복하고자 하는 자는 심결의 등본을 송달받은 날부터 30일 이내에 특허법원에 심결 등에 대한 소를 제기할 수 있다(法 제166조).

(6) 효 과
① 심결의 확정
　㉠ 보호범위의 공적확인
　㉡ 일사부재리효(法 제151조)
② 침해소송과의 관계 : 권리범위확인심판의 심결이 침해여부를 판단하는 법원에 대하여 기속력을 갖지 않는다. 그러나 중요한 증거로서 작용할 수 있다.

> **참고** 디자인보호법과 특허법상의 심판 종류 비교

법적성격	명 칭	디자인보호법	특허법
결정계	거절결정에 대한 심판	法 제120조	法 제132조의17
	존속기간 연장등록 거절결정에 대한 심판	–	法 제132조의17
	취소결정에 대한 심판	法 제120조	–
	보정각하결정에 대한 심판	法 제119조	–
	정정심판	–	法 제136조
당사자계	무효심판	法 제121조	法 제133조
	존속기간 연장등록의 무효심판	–	法 제134조
	정정무효심판	–	法 제137조
	권리범위확인심판	法 제122조	法 제135조
	통상실시권 허락의 심판	法 제123조	法 제138조

06 손해액의 추정

제115조(손해액의 추정 등)

① **(산정)** 디자인권자 또는 전용실시권자는 고의나 과실로 인하여 자기의 디자인권 또는 전용실시권을 침해한 자에 대하여 그 침해에 의하여 자기가 입은 손해의 배상을 청구할 수 있다. [기출 19]

② **(산정의 한도)** 제1항에 따라 손해배상을 청구하는 경우 그 권리를 침해한 자가 그 침해행위를 하게 한 물건을 양도하였을 때에는 다음 각 호에 해당하는 금액의 합계액을 디자인권자 또는 전용실시권자가 입은 손해액으로 할 수 있다.
  1. 그 물건의 양도수량(디자인권자 또는 전용실시권자가 그 침해행위 외의 사유로 판매할 수 없었던 사정이 있는 경우에는 그 침해행위 외의 사유로 판매할 수 없었던 수량을 뺀 수량) 중 디자인권자 또는 전용실시권자가 생산할 수 있었던 물건의 수량에서 실제 판매한 물건의 수량을 뺀 수량을 넘지 아니하는 수량에 디자인권자 또는 전용실시권자가 그 침해행위가 없었다면 판매할 수 있었던 물건의 단위수량당 이익액을 곱한 금액 [기출 18·19]
  2. 그 물건의 양도수량 중 디자인권자 또는 전용실시권자가 생산할 수 있었던 물건의 수량에서 실제 판매한 물건의 수량을 뺀 수량을 넘는 수량 또는 그 침해행위 외의 사유로 판매할 수 없었던 수량이 있는 경우 이들 수량(디자인권자 또는 전용실시권자가 그 디자인권자의 디자인권에 대한 전용실시권의 설정, 통상실시권의 허락 또는 그 전용실시권자의 전용실시권에 대한 통상실시권의 허락을 할 수 있었다고 인정되지 아니하는 경우에는 해당 수량을 뺀 수량)에 대해서는 디자인등록을 받은 디자인의 실시에 대하여 합리적으로 받을 수 있는 금액 [기출 19]

③ **(추정)** 디자인권자 또는 전용실시권자가 고의나 과실로 자기의 디자인권 또는 전용실시권을 침해한 자에 대하여 그 침해에 의하여 자기가 입은 손해의 배상을 청구하는 경우 권리를 침해한 자가 그 침해행위로 이익을 얻었을 때에는 그 이익액을 디자인권자 또는 전용실시권자가 받은 손해액으로 추정한다.

④ **(의제)** 디자인권자 또는 전용실시권자가 고의나 과실로 자기의 디자인권 또는 전용실시권을 침해한 자에 대하여 그 침해에 의하여 자기가 입은 손해의 배상을 청구하는 경우 그 등록디자인의 실시에 대하여 합리적으로 받을 수 있는 금액을 디자인권자 또는 전용실시권자가 입은 손해액으로 하여 손해배상을 청구할 수 있다.

⑤ **(참작)** 제4항에도 불구하고 손해액이 같은 항에 규정된 금액을 초과하는 경우에는 그 초과액에 대하여도 손해배상을 청구할 수 있다. 이 경우 디자인권 또는 전용실시권을 침해한 자에게 고의 또는 중대한 과실이 없을 때에는 법원은 손해배상액을 산정할 때 그 사실을 고려할 수 있다. [기출 16]

⑥ **(인정)** 법원은 디자인권 또는 전용실시권의 침해에 관한 소송에서 손해가 발생한 것은 인정되나 그 손해액을 증명하기 위하여 필요한 사실을 밝히는 것이 사실의 성질상 극히 곤란한 경우에는 제1항부터 제5항까지의 규정에도 불구하고 변론전체의 취지와 증거조사의 결과에 기초하여 상당한 손해액을 인정할 수 있다. [기출 19]

⑦ **(배상액 범위)** 법원은 타인의 디자인권 또는 전용실시권을 침해한 행위가 고의적인 것으로 인정되는 경우에는 제1항부터 제6항까지의 규정에 따라 손해로 인정된 금액의 5배를 넘지 아니하는 범위에서 배상액을 정할 수 있다. 〈개정 2025.1.21.〉 [시행일 : 2025.7.22.]

⑧ **(배상액 판단)** 제7항에 따른 배상액을 판단할 때에는 다음 각 호의 사항을 고려하여야 한다.
  1. 침해행위를 한 자의 우월적 지위 여부
  2. 고의 또는 손해 발생의 우려를 인식한 정도
  3. 침해행위로 인하여 디자인권자 또는 전용실시권자가 입은 피해규모
  4. 침해행위로 인하여 침해한 자가 얻은 경제적 이익
  5. 침해행위의 기간·횟수 등
  6. 침해행위에 따른 벌금
  7. 침해행위를 한 자의 재산상태
  8. 침해행위를 한 자의 피해구제 노력의 정도

CHAPTER 07 심판

제3편 | 디자인보호법

01 디자인보호법상 심판에 관한 설명으로 옳은 것은? 기출 25

① 디자인등록거절결정 또는 디자인등록취소결정을 받은 자가 불복할 때에는 그 결정등본을 송달받은 날의 다음 날로부터 30일 이내에 심판을 청구할 수 있다.
② 심판청구인은 심판장의 직권보정 사항을 받아들일 수 없으면 직권보정 사항의 통지를 받은 날부터 30일 이내에 그 직권보정 사항에 대한 의견서를 심판장에게 제출하여야 한다.
③ 심판관은 보정각하결정에 대한 심판이 청구된 경우에 그 청구가 이유 있다고 인정할 때에는 심결로써 보정각하결정을 취소할 수 있으며, 심판에서 보정각하결정을 취소할 경우에 심사에 부칠 것이라는 심결을 할 수 있다.
④ 심판장은 산업에 미치는 영향 등을 고려하여 사건 심리에 필요하다고 인정되는 경우 공공단체, 그 밖의 참고인에게 심판 사건에 관한 의견서를 제출하게 할 수 있다.
⑤ 심판관에게 공정한 심판을 기대하기 어려운 사정이 있는 경우에 그 심판관은 심판장의 허가를 받아 해당 사건에 대한 심판을 회피할 수 있다.

해설

① (×) 디자인등록거절결정 또는 디자인등록취소결정을 받은 자가 불복할 때에는 그 결정등본을 송달받은 날부터 3개월 이내에 심판을 청구할 수 있다(디자인보호법 제120조).
② (×) 청구인은 제1항 단서에 따른 직권보정 사항을 받아들일 수 없으면 직권보정 사항의 통지를 받은 날부터 7일 이내에 그 직권보정 사항에 대한 의견서를 심판장에게 제출하여야 한다(디자인보호법 제128조 제5항).
③ (×) 디자인보호법 제157조 제1항·제2항

> **디자인보호법 제157조(디자인등록거절결정 등의 취소)**
> ① 심판관은 제119조 또는 제120조에 따른 심판이 청구된 경우에 그 청구가 이유 있다고 인정할 때에는 심결로써 보정각하결정, 디자인등록거절결정 또는 디자인등록취소결정을 취소하여야 한다.
> ② 심판에서 보정각하결정, 디자인등록거절결정 또는 디자인등록취소결정을 취소할 경우에는 심사에 부칠 것이라는 심결을 할 수 있다.

④ (○) 심판장은 산업에 미치는 영향 등을 고려하여 사건 심리에 필요하다고 인정되는 경우 공공단체, 그 밖의 참고인에게 심판사건에 관한 의견서를 제출하게 할 수 있다(디자인보호법 제142조의2 제1항).
⑤ (×) 심판관이 제135조 또는 제137조에 해당하는 경우에는 특허심판원장의 허가를 받아 해당 사건에 대한 심판을 회피할 수 있다(디자인보호법 제141조).

답 ④

02 디자인보호법상 심판에 관한 설명으로 옳은 것은? (다툼이 있으면 판례에 따름) 기출 22

① 특허법과는 달리 디자인보호법에는 정정심판제도가 존재하지 않는다.
② 디자인권 또는 디자인등록을 받을 수 있는 권리의 공유자가 그 공유인 권리에 관하여 심판을 청구할 때에는 각자 또는 모두가 공동으로 심판을 청구할 수 있다.
③ 하나의 디자인등록출원에 물품류 구분 중 2 이상의 물품 또는 2 이상의 물품의 부분에 대하여 디자인이 등록된 경우에는 무효심판의 대상이 된다.
④ 심판장은 심리종결을 통지한 후에도 당사자 또는 참가인의 신청에 의하여 심리를 재개할 수 있으나 직권으로는 심리를 재개할 수 없다.
⑤ 디자인권자는 디자인권이 소멸된 후에도 심판청구의 이익이 있는 경우에는 권리범위확인심판을 청구할 수 있다.

해설

② (×) 디자인권 또는 디자인등록을 받을 수 있는 권리의 공유자가 그 공유인 권리에 관하여 심판을 청구할 때에는 공유자 모두가 공동으로 청구하여야 한다(디자인보호법 제125조 제1항).
③ (×) 1디자인 1출원(디자인보호법 제40조) 위반은 절차적 요건 또는 출원 형식의 하자에 불과하기 때문에 무효사유에 해당하지 않는다(디자인보호법 제121조 제1항).
④ (×) 심판장은 필요하다고 인정하면 제3항에 따라 심리종결을 통지한 후에도 당사자 또는 참가인의 신청에 의하여 또는 직권으로 심리를 재개할 수 있다(디자인보호법 제150조 제4항).
⑤ (×) 디자인권의 권리범위확인심판의 청구는 현존하는 디자인권의 범위를 확정하려는 데 그 목적이 있으므로, 일단 적법하게 발생한 디자인권이라 할지라도 그 권리가 소멸된 이후에는 그에 대한 권리범위확인을 구할 이익이 없어진다(判例 2019후10746).

답 ①

03 디자인보호법 제122조(권리범위 확인심판)에 관한 설명으로 옳지 않은 것은? (다툼이 있으면 판례에 따름) 기출 19

① 확인대상디자인의 특정 여부에 관하여 의심이 있을 때에는 당사자의 명확한 주장이 없더라도 특허심판원은 이를 직권으로 조사하여야 한다.
② 특허심판원은 확인대상디자인의 일부 구성요소가 불명확하여 다른 것과 구별될 수 있을 정도로 구체적으로 특정되어 있지 아니하더라도 확인대상디자인이 등록디자인의 구성요소들의 일부만을 갖추고 있고 나머지 구성요소가 결여되어 있어 등록디자인의 권리범위에 속하지 않음이 명백한 경우라면 등록디자인의 권리범위에 속하지 않는다는 판단을 하여야 한다.
③ 일반적으로 확인대상디자인의 특정을 위해서는 대상물의 구체적인 구성을 전부 기재할 필요는 없고 등록디자인의 구성요소에 대응하는 부분의 구체적인 구성을 기재하여 등록디자인의 구성요소와 대비하여 그 차이점을 판단함에 필요한 정도여야 할 것이다.
④ 복수디자인등록출원된 디자인등록에 대해서는 각 디자인마다 권리범위 확인심판을 청구하여야 한다.
⑤ 권리범위 확인심판을 청구할 때에는 등록디자인과 대비할 수 있는 도면을 첨부하여야 한다.

해설

② (×) 확인대상디자인의 특정이 불명확한 경우라면 특정을 위해 보정 등의 조치를 명해야 함에도 불구하고 확인대상디자인을 특정하지 아니한 채 특허심판원에서 확인대상디자인이 권리범위에 속하는지 유무를 판단하는 것은 심결이 확정되더라도 일사부재리의 효력이 미치는 범위가 명확하다고 할 수 없으므로 위법이다(判例 99후2372).

답 ②

04 디자인보호법상 심판에 관한 설명으로 옳지 않은 것은? (다툼이 있으면 판례에 따름) 기출 20

① 디자인권의 권리범위 확인심판 청구에 있어서 복수디자인등록출원된 디자인등록에 대하여는 각 디자인마다 권리범위 확인심판을 청구하여야 한다.
② 디자인등록을 받을 수 있는 권리의 공유자가 그 공유인 권리에 관하여 심판을 청구할 때에는 공유자 모두가 공동으로 청구하여야 한다.
③ 공유인 디자인권의 디자인권자에 대하여 심판을 청구할 때에는 공유자 일부를 피청구인으로 할 수 있다.
④ 심사 또는 디자인일부심사등록 이의신청 절차에서 밟은 디자인에 관한 절차는 디자인등록거절결정 또는 디자인등록취소결정에 대한 심판에서도 그 효력이 있다.
⑤ 등록디자인에 대한 등록무효심결이 확정되기 전이라고 하더라도 등록디자인이 공지디자인 등에 의하여 용이하게 창작될 수 있어 그 디자인등록이 무효심판에 의하여 무효로 될 것이 명백한 경우에는 디자인권에 기초한 침해금지 또는 손해배상 등의 청구는 특별한 사정이 없는 한 권리남용에 해당하여 허용되지 아니한다.

해설

① (○) 복수디자인권은 개별된 권리이므로 권리범위확인심판 청구시 각 디자인마다 청구하여야 한다.
② (○) 디자인등록을 받을 수 있는 권리의 공유자가 그 공유인 권리에 관하여 심판을 청구할 때에는 공유자 모두가 공동으로 청구하여야 한다(디자인보호법 제125조 제1항).
③ (×) 공유인 디자인권의 디자인권자에 대하여 심판을 청구할 때에는 공유자 모두를 피청구인으로 하여야 한다(디자인보호법 제125조 제3항).
④ (○) 심사 또는 디자인일부심사등록 이의신청 절차에서 밟은 디자인에 관한 절차는 디자인등록거절결정 또는 취소결정에 대한 심판에서도 그 효력이 있다(디자인보호법 제156조).
⑤ (○) 등록디자인에 대한 무효심결이 확정되기 전이라도 등록디자인이 공지디자인 등에 의하여 용이하게 창작될 수 있어 디자인등록이 무효심판에 의하여 무효로 될 것이 명백한 경우, 디자인권에 기초한 침해금지 또는 손해배상 등의 청구는 특별한 사정이 없는 한 권리남용에 해당하여 허용되지 아니한다(判例 2016다219150).

답 ③

05 디자인보호법상 심판에 관한 설명으로 옳지 않은 것은? 기출 16

① 심판장은 부적법한 심판청구로서 그 흠을 보정할 수 없을 때에는 피청구인에게 답변서 제출의 기회를 주지 아니하고 심결로써 각하하여야 한다.
② 심판에서는 당사자 또는 참가인이 신청하지 아니한 이유에 대하여 심리할 수 있으나, 청구인이 신청하지 아니한 청구의 취지에 대하여는 심리할 수 없다.
③ 심판청구는 심결이 확정될 때까지 취하할 수 있으나, 무효심판의 경우 답변서가 제출된 후에는 상대방의 동의를 받아야 한다.
④ 심판장은 심리종결을 통지한 후에도 당사자 또는 참가인의 신청에 의하여 또는 직권으로 심리를 재개할 수 있다.
⑤ 적극적 권리범위확인심판에서 확인대상디자인의 도면에 대하여 피청구인이 자신이 실제로 실시하고 있는 디자인과 다르다고 주장하는 경우에 청구인이 피청구인의 실시 디자인과 같게 하기 위하여 심판청구서의 확인대상디자인의 도면을 보정하는 것은 요지변경에 해당하지 않는다.

해설

① (×) 심판관합의체가 심결로써 각하한다.
② (○) 심판에서는 당사자 또는 참가인이 신청하지 아니한 이유에 대하여 심리할 수 있으나, 청구인이 신청하지 아니한 청구의 취지에 대하여는 심리할 수 없다(디자인보호법 제147조).
③ (○) 심판청구는 심결이 확정될 때까지 취하할 수 있으나, 무효심판의 경우 답변서가 제출된 후에는 상대방의 동의를 받아야 한다(디자인보호법 제149조 제1항).
④ (○) 심판장은 심리종결을 통지한 후에도 당사자 또는 참가인의 신청에 의하여 또는 직권으로 심리를 재개할 수 있다(디자인보호법 제150조 제4항).
⑤ (○) 적극적 권리범위확인심판에서 확인대상디자인의 도면에 대하여 피청구인이 자신이 실제로 실시하고 있는 디자인과 다르다고 주장하는 경우에 청구인이 피청구인의 실시 디자인과 같게 하기 위하여 심판청구서의 확인대상디자인의 도면을 보정하는 것은 요지변경에 해당하지 않는다(디자인보호법 제126조 제2항 제3호).

답 ①

06 디자인보호법에 관한 설명으로 옳지 않은 것은? (다툼이 있으면 판례에 따름) 기출 15

① 물품 중 물리적으로 떨어져 있는 둘 이상의 부분에 관한 디자인이더라도 그들 사이에 형태적으로나 기능적으로 일체성이 있어서 보는 사람으로 하여금 그 전체가 일체로서 시각을 통한 미감을 일으키게 한다면, 그 디자인은 디자인보호법에서 규정한 '1디자인'에 해당하므로, 1디자인등록출원으로 디자인등록을 받을 수 있다.
② 공유인 디자인권의 디자인권자에 대하여 심판을 청구할 때에는 공유자 모두를 피청구인으로 하여야 한다.
③ 등록디자인의 등록을 무효로 하는 특허심판원의 심결에 대한 심결취소소송에서 당사자가 주장하지도 않은 사유에 기초하여 등록디자인이 비교대상디자인과 유사한 디자인에 해당하여 등록무효사유가 있다고 판단하더라도 변론주의 원칙에 위배되지는 않는다.
④ 복수디자인등록출원된 디자인등록에 대하여는 각 디자인마다 권리범위 확인심판을 청구하여야 한다.
⑤ 디자인권 또는 디자인등록을 받을 수 있는 권리의 공유자가 그 공유인 권리에 관하여 심판을 청구할 때에는 공유자 모두가 공동으로 청구하여야 한다.

해설
① (O) 물품 중 물리적으로 떨어져 있는 둘 이상의 부분에 관한 디자인이더라도 그들 사이에 형태적 또는 기능적 일체성이 있는 경우 1디자인으로 인정될 수 있다.
② (O) 공유인 디자인권의 디자인권자에 대하여 심판을 청구할 때에는 공유자 모두를 피청구인으로 하여야 한다(디자인보호법 제125조 제3항).
③ (×) 심결취소소송은 변론주의가 원칙이므로 당사자가 주장하지도 않은 사유에 기초하여 등록디자인이 비교대상디자인과 유사한 디자인에 해당하여 등록무효사유가 있다고 판단할 수 없다.
④ (O) 복수디자인권은 각 개별 권리이기 때문에 각 디자인마다 권리범위 확인심판을 청구해야 한다.
⑤ (O) 디자인권 또는 디자인등록을 받을 수 있는 권리의 공유자가 그 공유인 권리에 관하여 심판을 청구할 때에는 공유자 모두가 공동으로 청구하여야 한다(디자인보호법 제125조 제1항).

답 ③

07 판례상 권리범위확인심판 청구가 부적법하여 각하되는 경우가 <u>아닌</u> 것은? 기출 24

① 적극적 권리범위확인심판청구에서 심판청구인이 특정한 확인대상디자인과 피심판청구인이 실시하고 있는 디자인 사이에 동일성이 인정되지 않는 경우
② 소극적 권리범위확인심판 청구사건의 상고심 계속 중에 이 사건 등록디자인의 무효심결이 확정된 경우
③ 양 디자인이 이용관계에 있지 않은 경우 선등록 디자인권자가 후등록 디자인권자를 상대로 적극적 권리범위확인심판을 청구하는 경우
④ 심판청구인이 실제 자신이 사용하는 디자인이 아닌 다른 디자인에 대하여 소극적 권리범위확인심판을 청구하는 경우
⑤ 권리범위확인심판청구에서 확인대상디자인의 특정이 미흡하여 특허심판원이 요지변경이 되지 않는 범위에서 보정을 명하는 조치를 하였으나, 여전히 특정이 불명확한 경우

해설
① (O) 피심판청구인이 실시하지 않고 있는 물품을 대상으로 한 적극적 권리범위확인 심판청구는 확인의 이익이 없어 부적법하고 각하되어야 한다(判例 2002후2419).
② (O) '등록디자인의 무효심결이 확정'된 경우이므로 '소극적 권리범위확인심판 청구'는 확인의 이익이 없다.
③ (O) 양 디자인이 이용관계에 있지 않은 경우라면 권리 대 권리간 권리범위확인심판이므로 부적법하다.
④ (×) '소극적' 권리범위확인심판청구는 '확인의 이익'이 인정된다.
⑤ (O) 확인대상디자인의 특정이 되지 않은 경우이므로 부적법하다.

답 ④

08 디자인보호법 제115조(손해액의 추정 등)에 관한 설명으로 옳지 않은 것은? (다툼이 있으면 판례에 따름) 기출수정 19

① 디자인권자는 고의나 과실로 인하여 자기의 디자인권을 침해한 자에 대하여 그 침해에 의하여 자기가 입은 손해의 배상을 청구할 수 있다.
② 상기 ①에 따라 손해배상을 청구하는 경우 그 권리를 침해한 자가 그 침해행위를 하게 한 물건을 양도하였을 때에는 그 물건의 양도수량(디자인권자가 그 침해행위 외의 사유로 판매할 수 없었던 사정이 있는 경우에는 그 침해행위 외의 사유로 판매할 수 없었던 수량을 뺀 수량) 중 디자인권자가 생산할 수 있었던 물건의 수량에서 실제 판매한 물건의 수량을 뺀 수량을 넘지 아니하는 수량에 디자인권자가 그 침해행위가 없었다면 판매할 수 있었던 물건의 단위수량당 이익액을 곱한 금액을 포함하여 디자인권자가 입은 손해액으로 할 수 있다.
③ 상기 ①에 따라 손해배상을 청구하는 경우 그 물건의 양도수량 중 디자인권자가 생산할 수 있었던 물건의 수량에서 실제 판매한 물건의 수량을 뺀 수량을 넘는 수량 또는 그 침해행위 외의 사유로 판매할 수 없었던 수량이 있는 경우 이들 수량(디자인권자가 그 디자인권자의 디자인권에 대한 전용실시권의 설정, 통상실시권의 허락 또는 그 전용실시권자의 전용실시권에 대한 통상실시권의 허락을 할 수 있었다고 인정되지 아니하는 경우에는 해당 수량을 뺀 수량)에 대해서는 디자인등록을 받은 디자인의 실시에 대하여 합리적으로 받을 수 있는 금액을 포함하여 디자인권자가 입은 손해액으로 할 수 있다.
④ 상기 ②에서의 "침해행위 외의 사유"는 침해자의 시장개발 노력·판매망, 침해자의 상표, 광고·선전, 침해제품의 품질의 우수성 등으로 인하여 디자인권의 침해와 무관한 판매수량이 있는 경우를 포함하지 않는다.
⑤ 법원은 디자인권의 침해에 관한 소송에서 손해가 발생한 것은 인정되나 그 손해액을 증명하기 위하여 필요한 사실을 밝히는 것이 사실의 성질상 극히 곤란한 경우에는 변론전체의 취지와 증거조사의 결과에 기초하여 상당한 손해액을 인정할 수 있다.

| 해설 |

④ (×) 침해자의 시장개발·노력·판매망, 침해자의 상표, 광고선전, 침해제품의 품질의 우수성 등으로 인하여 디자인권의 침해와 무관한 판매수량이 있는 경우를 말하는 것으로서, 디자인권을 침해하지 않으면서 디자인권자의 제품과 시장에서 경쟁하는 경합제품이 있다는 사정이나 침해제품에 실용신안권이 실시되고 있다는 사정 등이 포함될 수 있으나, 위 단서를 정용하여 손해배상액의 감액을 주장하는 침해자는 그러한 사정으로 인하여 디자인권자가 판매할 수 없었던 수량에 의한 금액에 관해서까지 주장과 입증을 하여야 한다(判例 2005다36830).

 ④

CHAPTER 08 재심 및 소송

제158조(재심의 청구)
① (재심의 대상) 당사자는 확정된 심결에 대하여 재심을 청구할 수 있다.
② (재심사유 및 관할) 제1항의 재심청구에 관하여는 「민사소송법」 제451조 및 제453조를 준용한다.

제159조(사해심결에 대한 불복청구)
① (사해심결 : 청구인) 심판의 당사자가 공모하여 제3자의 권리 또는 이익을 사해(詐害)할 목적으로 심결을 하게 한 경우에는 제3자는 그 확정된 심결에 대하여 재심을 청구할 수 있다.
② (사해심결 : 피청구인) 제1항의 재심청구의 경우에는 심판의 당사자를 공동피청구인으로 한다.

제160조(재심청구의 기간)
① (원칙) 당사자는 심결 확정 후 재심사유를 안 날부터 30일 이내에 재심을 청구하여야 한다. 기출 21
② (예외 : 대리권 흠결) 대리권의 흠을 이유로 재심을 청구하는 경우에 제1항의 기간은 청구인 또는 법정대리인이 심결등본의 송달에 의하여 심결이 있은 것을 안 날의 다음 날부터 기산한다. 기출 21
③ (원칙) 심결 확정 후 3년이 지나면 재심을 청구할 수 없다.
④ (예외 : 심결확정 후 발생) 재심사유가 심결 확정 후에 생겼을 때에는 제3항의 기간은 그 사유가 발생한 날의 다음 날부터 기산한다.
⑤ (예외 : 저촉) 제1항 및 제3항은 해당 심결 이전의 확정심결과 저촉한다는 이유로 재심을 청구하는 경우에는 적용하지 아니한다.

제161조(재심에 의하여 회복한 디자인권의 효력 제한)
① (선의의 물건) 다음 각 호의 어느 하나에 해당하는 경우에 디자인권의 효력은 해당 심결이 확정된 후 재심청구 등록 전에 선의로 수입 또는 국내에서 생산하거나 취득한 물품에는 미치지 아니한다.
  1. 무효가 된 디자인권(디자인등록취소결정에 대한 심판에 의하여 취소가 확정된 디자인권을 포함한다)이 재심에 의하여 회복된 경우
  2. 디자인권의 권리범위에 속하지 아니한다는 심결이 확정된 후 재심에 의하여 그 심결과 상반되는 심결이 확정된 경우
  3. 거절한다는 취지의 심결이 있었던 디자인등록출원에 대하여 재심에 의하여 디자인권이 설정등록된 경우
② (선의의 실시, 간접침해 행위) 제1항 각 호에 해당하는 경우의 디자인권의 효력은 다음 각 호의 어느 하나의 행위에 미치지 아니한다.
  1. 해당 심결이 확정된 후 재심청구 등록 전에 한 해당 디자인의 선의의 실시
  2. 등록디자인과 관련된 물품의 생산에만 사용하는 물품을 해당 심결이 확정된 후 재심청구 등록 전에 선의로 생산·양도·대여·수출 또는 수입하거나 양도 또는 대여의 청약을 하는 행위

제162조(재심에 의하여 회복한 디자인권에 대한 선사용자의 통상실시권)
제161조 제1항 각 호의 어느 하나에 해당하는 경우에 해당 심결이 확정된 후 재심청구 등록 전에 국내에서 선의로 그 디자인의 실시사업을 하고 있는 자 또는 그 사업을 준비하고 있는 자는 실시하고 있거나 준비하고 있는 디자인 및 사업의 목적 범위에서 그 디자인권에 관하여 통상실시권을 가진다.

제163조(재심에 의하여 통상실시권을 상실한 원권리자의 통상실시권)
① (요건, 효과) 제123조 제1항 또는 제2항에 따라 통상실시권을 허락한다는 심결이 확정된 후 재심에서 이에 상반되는 심결이 확정된 경우에는 재심청구 등록 전에 선의로 국내에서 그 디자인의 실시사업을 하고 있는 자 또는 그 사업을 준비하고 있는 자는 원통상실시권의 사업 목적 및 디자인의 범위에서 그 디자인권 또는 재심의 심결이 확정된 당시에 존재하는 전용실시권에 대하여 통상실시권을 가진다.
② (대가) 제1항에 따라 통상실시권을 가진 자는 디자인권자 또는 전용실시권자에게 상당한 대가를 지급하여야 한다.

제164조(재심에서의 심판규정의 준용)
재심의 절차에 관하여는 그 성질에 반하지 아니하는 범위에서 심판의 절차에 관한 규정을 준용한다.

제165조(「민사소송법」의 준용)
재심청구에 관하여는 「민사소송법」 제459조 제1항을 준용한다.

CHAPTER 08 재심 및 소송

제3편 | 디자인보호법

01 디자인등록 심판 및 재심에 관한 설명으로 옳은 것은? 기출 21

① 이해관계인 또는 심사관은 디자인등록이 디자인보호법 제42조(한 벌의 물품의 디자인)에 위반된 경우에 한 벌의 물품 디자인등록무효심판을 청구할 수 있으며, 이는 한 벌 물품의 디자인권이 소멸된 후에도 청구할 수 있다.
② 디자인권이 공유인 경우에 같은 디자인권에 대하여 디자인등록무효심판을 청구하는 자가 2인 이상이면 각자 또는 모두가 공동으로 심판을 청구하여야 한다.
③ 특허심판원장은 디자인보호법 제119조(보정각하결정)에 따른 심판이 청구된 경우에 그 청구가 이유있다고 인정될 때에는 심결로써 보정각하결정을 취소하여야 한다.
④ 대리권의 흠을 이유로 재심을 청구하는 경우에 청구인 또는 법정대리인이 심결등본의 송달에 의하여 심결이 있은 것을 안 날로부터 30일 이내 재심을 청구하여야 한다.
⑤ 심결에 대한 소는 특허법원의 전속관할로 하며, 당사자, 참가인 또는 해당 심판이나 재심에 참가신청을 하였으나 그 신청이 거부된 자만 제기할 수 있다.

해설

① (×) 제42조(한 벌의 물품의 디자인)는 디자인등록무효사유에서 제외되어 있다.
② (×) 디자인권이 공유인 경우에 같은 디자인권에 관하여 디자인등록무효심판을 청구하는 자가 2인 이상이면 각자 또는 모두가 공동으로 심판을 청구할 수 있다(디자인보호법 제125조 제2항).
③ (×) 특허심판원장은 디자인보호법 제119조(보정각하결정)에 따른 심판이 청구된 경우에 그 청구가 이유있다고 인정될 때에는 심결만 할 수 있을 뿐, 보정각하결정을 취소할 수 없다.
④ (○) 디자인보호법 제160조 제2항

> **디자인보호법 제160조(재심청구의 기간)**
> ① 당사자는 심결 확정 후 재심사유를 안 날부터 30일 이내에 재심을 청구하여야 한다.
> ② 대리권의 흠을 이유로 재심을 청구하는 경우에 제1항의 기간은 청구인 또는 법정대리인이 심결등본의 송달에 의하여 심결이 있은 것을 안 날의 다음 날부터 기산한다.

※ '재심사유를 안 날'이 언제인지 논란이 될 수 있으나, 대리권의 흠을 이유로 재심을 청구하는 경우에 '재심사유를 안 날'은 '등본을 송달받은 날'로 보므로 옳은 지문이다(디자인보호법 제160조 제1항·제2항, 判例 89누3434 참조). 즉 초일불산입의 원칙을 고려하면 '안 날로부터 30일'과 '안 날의 다음 날로부터 30일'은 동일한 표현이므로 복수정답처리 되었다.
⑤ (○) 심결에 대한 소는 당사자, 참가인 또는 해당 심판이나 재심에 참가신청을 하였으나 그 신청이 거부된 자만 제기할 수 있다(디자인보호법 제166조 제2항).

답 ④, ⑤

CHAPTER 09 국제디자인등록출원

제3편 | 디자인보호법

01 특허청을 통한 국제디자인등록출원

제173조(국제출원)
「산업디자인의 국제등록에 관한 헤이그협정」(1999년 세계지식재산기구에 의하여 제네바 외교회의에서 채택된 조약을 말하며, 이하 "헤이그협정"이라 한다) 제1조(vi)에 따른 국제등록(이하 "국제등록"이라 한다)을 위하여 출원을 하려는 자는 특허청을 통하여 헤이그협정 제1조(vii)에 따른 국제출원(이하 "특허청을 통한 국제출원"이라 한다)을 할 수 있다.
기출 23

제174조(국제출원을 할 수 있는 자)
특허청을 통한 국제출원을 할 수 있는 자는 다음 각 호의 어느 하나에 해당하여야 한다. 2인 이상이 공동으로 출원하는 경우에는 각자 모두가 다음 각 호의 어느 하나에 해당하여야 한다.
1. 대한민국 국민
2. 대한민국에 주소(법인인 경우에는 영업소를 말한다)가 있는 자
3. 그 밖에 산업통상자원부령으로 정하는 바에 따라 대한민국에 거소가 있는 자

제175조(국제출원의 절차)
① (제출서류) 특허청을 통한 국제출원을 하려는 자는 산업통상자원부령으로 정하는 방식에 따라 작성된 국제출원서 및 그 출원에 필요한 서류(헤이그협정의 특정 체약당사자가 요구하는 서류 등을 말한다)를 특허청장에게 제출하여야 한다.
② (출원서의 기재·첨부사항) 국제출원서에는 다음 각 호의 사항을 적거나 첨부하여야 한다.
 1. 헤이그협정 제1조(vii)에 따른 국제출원의 취지
 2. 특허청을 통한 국제출원을 하려는 자의 성명 및 주소(법인인 경우에는 그 명칭 및 영업소의 소재지를 말한다). 국제출원을 하려는 자가 2인 이상으로서 그 주소가 서로 다르고 대리인이 없는 경우에는 연락을 받을 주소를 추가로 적어야 한다.
 3. 제174조 각 호에 관한 사항
 4. 디자인을 보호받으려는 국가(헤이그협정 제1조(xii)에 따른 정부 간 기구를 포함하며, 이하 "지정국"이라 한다)
 5. 도면(사진을 포함한다. 이하 같다)
 6. 디자인의 대상이 되는 물품 및 물품류
 7. 헤이그협정 제5조(1)(vi)에 따른 수수료의 납부방법 기출 21
 8. 그 밖에 산업통상자원부령으로 정하는 사항

③ (국제등록공개의 연기의 경우 견본 첨부) 특허청을 통한 국제출원을 하려는 자가 헤이그협정 제5조(5)에 따른 공개연기신청을 하려는 경우에는 국제출원서에 도면을 대신하여 산업통상자원부령으로 정하는 바에 따른 견본을 첨부할 수 있다. 기출 21·22
④ (지정국의 요구에 따른 기재사항) 특허청을 통한 국제출원을 하려는 자는 지정국이 요구하는 경우에 다음 각 호의 사항을 국제출원서에 포함하여야 한다.
  1. 디자인을 창작한 사람의 성명 및 주소
  2. 도면 또는 디자인의 특징에 대한 설명
  3. 디자인권의 청구범위

제176조(국제출원서 등 서류제출의 효력발생시기)
국제출원서, 그 출원에 필요한 서류 및 제177조 제2항에 따른 서류는 특허청장에게 도달한 날부터 그 효력이 발생한다. 우편으로 제출된 경우에도 또한 같다.

제177조(기재사항의 확인 등)
① (국제등록일의 기재) 특허청장은 국제출원서가 도달한 날을 국제출원서에 적어 관계 서류와 함께 헤이그협정 제1조 (ⅹⅹⅷ)에 따른 국제사무국(이하 "국제사무국"이라 한다)에 보내고, 그 국제출원서 사본을 특허청을 통한 국제출원을 한 자(이하 이 조에서 "국제출원인"이라 한다)에게 보내야 한다. 기출 21
② (대체서류 제출명령) 제1항에도 불구하고 특허청장은 국제출원서의 기재사항이 다음 각 호의 어느 하나에 해당하는 경우에는 국제출원인에게 상당한 기간을 정하여 보완에 필요한 서류(이하 이 장에서 "대체서류"라 한다)의 제출을 명하여야 한다. 기출 21
  1. 산업통상자원부령으로 정하는 언어로 작성되지 아니한 경우
  2. 국제출원의 취지가 명확하게 표시되지 아니한 경우
  3. 특허청을 통한 국제출원을 한 자의 성명 또는 명칭이 적혀 있지 아니하거나 명확하게 적혀있지 아니하여 국제출원인을 특정할 수 없는 경우
  4. 국제출원인(대리인이 디자인에 관한 절차를 밟는 경우에는 그 대리인을 말한다)과 연락을 하기 위한 주소 등이 명확하게 적혀있지 아니한 경우
  5. 도면 또는 견본이 없는 경우
  6. 지정국 표시가 없는 경우
③ (국제등록일의 인정) 제2항에 따른 제출명령을 받은 자가 지정기간 내에 대체서류를 제출한 경우에는 그 대체서류가 특허청장에게 도달한 날을 국제출원서가 도달한 날로 본다.

제178조(송달료의 납부)
① (송달료의 납부) 특허청을 통한 국제출원을 하려는 자는 특허청장이 국제출원서 및 출원에 필요한 서류를 국제사무국으로 보내는 데에 필요한 금액(이하 "송달료"라 한다)을 특허청장에게 내야 한다.
② (방식) 송달료, 그 납부방법·납부기간, 그 밖에 필요한 사항은 산업통상자원부령으로 정한다.
③ (보정명령) 특허청장은 특허청을 통한 국제출원을 하려는 자가 송달료를 내지 아니한 경우에는 상당한 기간을 정하여 보정을 명하여야 한다. 기출 21
④ (절차 무효 처분) 특허청장은 제3항에 따른 보정명령을 받은 자가 지정된 기간에 송달료를 내지 아니한 경우에는 해당 절차를 무효로 할 수 있다. 기출 21

(1) 헤이그협정의 탄생 배경

디자인에 관한 국제적 보호의 요구는 증가하고 있지만 디자인에 관한 각국의 보호방식은 통일되어 있지 않다. 헤이그협정은 하나의 국제출원서를 WIPO의 국제사무국에 제출하여 복수의 지정국가에서 출원한 효과를 부여하는 디자인등록출원과 등록절차의 국제적 통일에 관한 다자간 조약이다.

(2) 헤이그협정에 따른 국제출원제도

① 국제출원
  ㉠ 국제출원의 출원인 적격은 체약당사국의 국민이거나, 진정하고 실효적인 산업 또는 상업상의 영업소나 주소를 가지고 있거나, 체약당사자의 영토 내에서 거소를 두고 있는 자에 한한다.
  ㉡ 국제출원할 수 있는 자는 국제출원서를 도면과 함께 국제사무국에 직접출원(Direct filing)하거나, 체약당사자 관청이 허용하는 경우 해당 관청을 통해 간접출원(Indirect filing)하는 것이 가능하다.

② 국제등록공개
  ㉠ 국제사무국은 국제등록에 관한 사항을 공개한다.
  ㉡ 국제등록공개가 있는 경우에는 모든 체약 당사자에게 충분히 공개된 것으로 간주되고, 권리자에게 그 이외의 공개는 요구되지 않는다(헤이그협정 제10조 (3)).

③ 국제출원에 관한 심사
  ㉠ 국제등록에 대한 어느 한 지정국내에서의 보호의 효력은 각 지정국의 국내 법률에 의해 부여된다. 따라서 국제등록은 어느 하나 또는 지정국에서의 보호의 효력이 거절될 수 있다. 지정국에서의 거절은 지정국 관청이 국제사무국에 규정된 기간 이내에 통지하고, 출원인은 거절이유의 해소를 위한 절차를 지정국 관청에서 직접 진행하면 된다.
  ㉡ 규정된 기간 이내에 거절의 통지가 없는 경우 자동적으로 해당 지정관청에 등록된 것과 동일한 효과가 발생한다.

④ 국제등록
  ㉠ 국제사무국은 국제출원을 접수한 즉시 또는 하자의 보정이 요청되는 경우에는 필요한 보정을 접수한 즉시 국제출원의 대상이 되는 각 산업디자인을 등록한다.
  ㉡ 국제등록은 국제등록공개의 연기 여부와 관계없이 효력이 발생한다(헤이그협정 제10조 (1)). 원칙적으로 국제등록일은 국제출원의 제출일이다.

(3) 헤이그협정에 따른 국제출원의 장점 및 유의점

① 장 점
  ㉠ 출원절차의 간이화 : 출원인은 하나의 언어로 작성된 하나의 출원서를 하나의 기관에 제출할 수 있어 비용 및 시간을 절감하고 출원절차의 어려움을 해소할 수 있다.
  ㉡ 비용절감의 효과 : 하나의 언어로 절차가 진행되어 번역을 위한 비용 발생이 없고, 대리인의 선임을 강제하지 않는다.

ⓒ 기초출원 또는 기초등록의 불요구 : 단독으로 국제디자인출원을 할 수 있다. 자기지정이 가능하고, 조약에 의한 우선권주장의 효과도 누릴 수 있다. 기출 23

ⓔ 권리취득 여부의 명확화 : 지정국 관청에 의한 거절의 통지는 국제등록의 공개일부터 6월 또는 12월의 기간 이내에 하여야 하고, 상기 기간 이내에 거절의 통지가 없는 경우 자동적으로 해당 지정국 관청에 등록된 것과 같은 효과가 발생하므로, 출원인은 일정 기간 이후에는 각 지정국에서의 권리 취득 여부를 명확하게 파악할 수 있다.

ⓜ 권리관리의 일원화 : 권리자는 소유권의 변경, 권리의 포기 및 감축, 디자인권의 갱신 등을 한 번의 신청으로 국제등록부를 통한 일원화된 관리가 가능하다.

② 유의점

ⓐ 각 지정국 관청에서의 거절의 통지가 있는 경우 극복을 위한 절차는 각 지정국 관청에서 진행되므로 지정국의 법률에 따라 대리인을 선임할 것이 요구된다.

ⓑ 헤이그협정에 가입하지 않은 중국 등에 대해서는 헤이그 협정에 따른 국제등록출원을 할 수 없고, 파리조약에 따른 개별 출원방식을 이용하여야 한다.

(4) 특허청을 통한 국제출원

① **의의** : 헤이그협정에 따른 국제출원은 출원인의 체약당사자 관청을 통하여 출원할 수 있다. 法 제173조 내지 法 제178조는 국내 출원인이 특허청을 통하여 해외로 출원하는 절차를 규정한다.

② **국제출원을 할 수 있는 자**(法 제174조)

③ **국제출원의 서류**

ⓐ 국제출원서 등(法 제175조)

ⓑ 공개연기신청을 하려는 경우(헤이그협정 제5조 (5))

ⓒ 지정국이 요구하는 기재사항(法 제175조 제4항)

④ **국제출원서 등 서류제출의 효력발생시기**(法 제176조)

⑤ **기재사항의 확인 등**

ⓐ 특허청장의 송부(法 제177조 제1항)

ⓑ 보완명령(法 제177조 제2항)

ⓒ 대체서류를 제출한 경우의 효력(法 제177조 제3항)

⑥ **송달료의 납부**(法 제178조)

⑦ **국제출원의 취하** : 국제출원에 관한 절차를 밟는 자가 국제출원을 취하하려는 경우에는 특허청장이 국제출원서를 국제사무국에 송부하기 전까지 시행규칙 별지 [서식 제20호]의 국제출원 취하서를 특허청장에게 제출하여야 한다.

02 국제디자인등록출원

제179조(국제디자인등록출원)
① (국내 출원으로의 간주) 헤이그협정 제1조(vi)에 따른 국제등록으로서 대한민국을 지정국으로 지정한 국제등록(이하 "국제디자인등록출원"이라 한다)은 이 법에 따른 디자인등록출원으로 본다. 기출 25
② (출원일) 헤이그협정 제10조(2)에 따른 국제등록일은 이 법에 따른 디자인등록출원일로 본다.
③ (서류) 국제디자인등록출원에 대하여는 헤이그협정 제1조(viii)에 따른 국제등록부(이하 "국제등록부"라 한다)에 등재된 국제등록명의인의 성명 및 주소(법인인 경우에는 그 명칭 및 영업소의 소재지를 말한다), 도면, 디자인의 대상이 되는 물품, 물품류, 디자인을 창작한 사람의 성명 및 주소, 디자인의 설명은 이 법에 따른 디자인등록출원인의 성명 및 주소(법인인 경우에는 그 명칭 및 영업소의 소재지를 말한다), 도면, 디자인의 대상이 되는 물품, 물품류, 디자인을 창작한 사람의 성명 및 주소, 디자인의 설명으로 본다. 기출 23

제180조(디자인등록요건의 특례)
제33조 제3항을 국제디자인등록출원에 대하여 적용할 때에 "제52조, 제56조 또는 제90조 제3항에 따라 디자인공보"는 "헤이그협정 제10조(3)에 따른 국제등록공보, 제56조 또는 제90조 제3항에 따라 디자인공보"로 한다.

제181조(디자인등록출원의 특례)
① (국내절차의 개시) 국제디자인등록출원에 대하여 이 법을 적용할 때에 국제등록공개는 제37조 제1항에 따른 디자인등록출원서의 제출로 본다.
② (국내서류의 대체) 국제디자인등록출원에 대하여 이 법을 적용할 때에 국제등록부에 등재된 사항과 도면은 제37조 제1항 및 제2항에 따른 디자인등록출원서의 기재사항과 도면으로 본다.
③ (창작내용의 요점・견본 규정 부적용) 국제디자인등록출원에 대하여는 제37조 제2항 제2호 중 창작내용의 요점 및 같은 조 제3항을 적용하지 아니한다.

제182조(출원일 인정 등의 특례)
국제디자인등록출원에 대하여는 제38조를 적용하지 아니한다.

제183조(국제등록의 소멸로 인한 국제디자인등록출원 또는 국제등록디자인권의 취하 등)
① (출원의 취하 및 디자인권의 포기 간주) 헤이그협정 제16조(1)(iv)에 따른 포기 및 같은 협정 제16조(1)(v)에 따른 감축 등 변경사항의 등재에 따라 국제등록의 전부 또는 일부가 소멸된 경우에는 그 소멸된 범위에서 해당 국제디자인등록출원의 전부 또는 일부가 취하된 것으로 보며, 국제등록디자인권(국제디자인등록출원인이 제198조 제2항에 따라 국내에서 설정등록을 받은 디자인권을 말한다. 이하 같다)의 전부 또는 일부가 포기된 것으로 본다.
② (효력발생 시점) 제1항에 따른 취하 또는 포기의 효력은 국제등록부에 해당 국제등록의 변경사항이 등재된 날부터 발생한다.

제184조(비밀디자인의 특례)
국제디자인등록출원에 대하여는 제43조를 적용하지 아니한다. 기출 17・20・25

제185조(국제등록공개의 연기가 신청된 국제디자인등록출원의 열람 등)
① (예외적 열람 청구) 특허청장은 헤이그협정 제11조에 따라 국제등록공개의 연기가 신청된 국제디자인등록출원에 대하여 다음 각 호의 어느 하나에 해당하는 경우에는 같은 협정 제10조(5)(a)에 따른 비밀사본의 열람청구에 응하여야 한다.

1. 국제디자인등록출원을 한 자(이하 이 절에서 "국제디자인등록출원인"이라 한다)의 자격에 관한 행정적 또는 사법적 절차의 진행을 목적으로 분쟁 당사자가 국제디자인등록출원에 대한 열람청구를 하는 경우
2. 국제등록부에 등재된 국제등록명의인의 동의를 받은 자가 열람청구를 하는 경우

② (열람자의 의무) 제1항에 따라 비밀사본을 열람한 자는 그 열람한 내용을 무단으로 촬영·복사 등의 방법으로 취득하거나 알게 된 내용을 누설·도용하여서는 아니 된다.

제186조(출원보정의 특례)

① (견본 규정의 부적용) 제48조 제1항을 국제디자인등록출원에 대하여 적용할 때에 "도면의 기재사항이나 사진 또는 견본"은 "도면의 기재사항"으로 한다.
② (심사·일부심사 보정 부적용) 국제디자인등록출원에 대하여는 제48조 제3항을 적용하지 아니한다.

기출 19·20·21

③ (시기) 제48조 제4항을 국제디자인등록출원에 대하여 적용할 때에 "제1항부터 제3항까지의 규정"은 "제1항 및 제2항"으로 하고, 같은 항 제1호 중 "제62조에 따른 디자인등록거절결정 또는 제65조에 따른 디자인등록결정(이하 "디자인등록여부결정"이라 한다)"은 "헤이그협정 제10조(3)에 따른 국제등록공개가 있는 날부터 디자인등록여부결정"으로 한다. 〈개정 2023.6.20.〉
④ (출원일 늦춤) 제48조 제5항을 국제디자인등록출원에 대하여 적용할 때에 "제1항부터 제3항까지의 규정"은 "제1항 및 제2항"으로 한다.

제187조(분할출원의 특례)

① (추가요건) 제50조 제1항을 국제디자인등록출원에 대하여 적용할 때에 "디자인등록출원의 일부"는 "제63조에 따른 거절이유통지를 받은 경우에만 디자인등록출원의 일부"로 한다.
② (시기) 제50조 제3항을 국제디자인등록출원에 대하여 적용할 때에 "제48조 제4항"은 "제186조 제3항"으로 한다.

제188조(조약에 따른 우선권주장의 특례)

제51조 제4항을 국제디자인등록출원에 대하여 적용할 때에 "디자인등록출원일"은 "헤이그협정 제10조(3)에 따른 국제등록공개가 있는 날"로 한다.

제189조(출원공개의 특례)

국제디자인등록출원에 대하여는 제52조를 적용하지 아니한다. 기출 17·25

제190조(출원공개 효과의 특례)

제53조 제1항을 국제디자인등록출원에 대하여 적용할 때 "제52조에 따른 출원공개"는 "헤이그협정 제10조(3)에 따른 국제등록공개"로 하며, 같은 조 제2항 및 제6항을 국제디자인등록출원에 대하여 적용할 때 "제52조에 따라 출원공개된"은 각각 "헤이그협정 제10조(3)에 따라 국제등록공개된"으로 한다.

제191조(디자인등록을 받을 수 있는 권리 승계의 특례)

① (승계신고) 제57조 제3항을 국제디자인등록출원에 대하여 적용할 때에 "상속이나 그 밖의 일반승계의 경우를 제외하고는 디자인등록출원인 변경신고"는 "국제디자인등록출원인이 국제사무국에 명의변경신고"로 한다.
② (상속 그 밖의 일반승계·동일자 변경신고 규정 부적용) 국제디자인등록출원에 대하여는 제57조 제4항 및 제5항을 적용하지 아니한다.
③ (동일자 변경신고 규정 부적용) 제57조 제6항을 국제디자인등록출원에 대하여 적용할 때에 "제2항 및 제5항"은 "제2항"으로 한다.

제192조(우선심사의 특례)

제61조 제1항 제1호를 국제디자인등록출원에 대하여 적용할 때에 "제52조에 따른 출원공개"는 "헤이그협정 제10조(3)에 따른 국제등록공개"로 한다. 기출 17

제193조(거절결정의 특례)
국제디자인등록출원에 대하여는 제62조 제1항 제2호 중 제37조 제4항에 따라 디자인등록을 받을 수 없는 경우는 적용하지 아니한다.

제194조(거절이유통지의 특례)
제63조 제1항을 국제디자인등록출원에 대하여 적용할 때에 "디자인등록출원인에게"는 "국제사무국을 통하여 국제디자인등록출원인에게"로 한다.

제195조(직권보정의 특례)
국제디자인등록출원에 대하여는 제66조를 적용하지 아니한다. 기출 17 · 19 · 24

제195조의2(디자인등록결정 이후의 직권 재심사의 특례)
국제디자인등록출원에 대해서는 제66조의2를 적용하지 아니한다. 기출 24

제196조(등록료 및 수수료의 특례)
① 국제등록디자인권의 존속기간을 헤이그협정 제17조(2)에 따라 갱신하려는 자 또는 국제디자인등록출원인은 산업통상자원부령으로 정하는 물품 및 물품류에 따라 같은 협정 제7조(1)에 따른 표준지정수수료 또는 같은 협정 제7조(2)에 따른 개별지정수수료를 국제사무국에 내야 한다.
② 제1항에 따른 표준지정수수료 및 개별지정수수료에 관한 사항은 산업통상자원부령으로 정한다.
③ 국제디자인등록출원이나 국제등록디자인권에 대하여는 제79조부터 제84조까지 및 제86조(제1항 제2호에 따른 무효심판청구에 대한 수수료는 제외한다)를 적용하지 아니한다.

제197조(등록료 및 수수료 반환의 특례)
제87조를 국제디자인등록출원에 대하여 적용할 때에 같은 조 제1항 제3호는 국제디자인등록출원에 대하여는 적용하지 아니한다.

제198조(디자인권 설정등록의 특례)
① 국제디자인등록출원에 대하여는 제90조 제2항을 적용하지 아니한다.
② 특허청장은 국제디자인등록출원에 대하여 제65조에 따른 디자인등록결정이 있는 경우에는 디자인권을 설정하기 위한 등록을 하여야 한다.

제199조(디자인권 존속기간 등의 특례)
① (존속기간) 국제등록디자인권은 제198조 제2항에 따라 국내에서 설정등록된 날부터 발생하여 헤이그협정 제10조(2)에 따른 국제등록일(이하 "국제등록일"이라 한다) 후 5년이 되는 날까지 존속한다. 다만, 국제등록일 후 5년이 되는 날(이하 이 항에서 "국제등록만료일"이라 한다) 이후에 등록결정이 되어 제198조 제2항에 따라 국내에서 설정등록된 경우에는 설정등록된 날부터 발생하여 국제등록만료일 후 5년이 되는 날까지 존속한다. 기출 18
② (갱신) 제1항에 따른 국제등록디자인권의 존속기간은 헤이그협정 제17조(2)에 따라 5년마다 갱신할 수 있다.
기출 18 · 23 · 25

제200조(등록디자인 보호범위의 특례)
제93조를 국제등록디자인권에 대하여 적용할 때에 해당 국제등록디자인권의 보호범위는 다음 각 호의 구분에 따른다.
기출 18
1. 제48조에 따른 보정이 없는 경우 : 국제등록부에 등재된 사항, 도면 및 디자인의 설명
2. 제48조에 따른 보정이 있는 경우 : 각각 보정된 디자인등록출원서의 기재사항, 도면 및 디자인의 설명

제201조(디자인권 등록효력의 특례)
① **(등록의 효력 및 이전의 제한)** 국제등록디자인권의 이전, 포기에 의한 소멸 또는 존속기간의 갱신은 국제등록부에 등재함으로써 효력이 발생한다. 다만, 특허청장이 국제등록디자인권의 이전이 제96조 제1항 단서 또는 같은 조 제2항에 위반되어 효력이 발생하지 아니한다고 국제사무국에 통지한 경우에는 그러하지 아니하다. 기출 18
② **(처분의 제한의 국내법 적용)** 제98조 제1항 제1호를 국제등록디자인권에 대하여 적용할 때에 "이전(상속이나 그 밖의 일반승계에 의한 경우는 제외한다), 포기에 의한 소멸 또는 처분의 제한"은 "처분의 제한"으로 한다.
③ **(전용실시권의 국내법 적용)** 제98조 제2항을 국제등록디자인권에 대하여 적용할 때에 "디자인권·전용실시권"은 "전용실시권"으로 한다.

제202조(디자인권 포기의 특례)
① 국제등록디자인권에 대하여는 제106조 제1항을 적용하지 아니한다.
② 제107조를 국제등록디자인권에 대하여 적용할 때에 "디자인권·전용실시권"은 각각 "전용실시권"으로 한다.

제203조(국제등록부 경정의 효력 등)
① **(국제등록부 경정의 효력)** 헤이그협정 제1조(viii)에 따른 국제등록부의 경정(이하 이 조에서 "경정"이라 한다)이 있는 경우에는 해당 국제디자인등록출원은 경정된 대로 효력을 가진다.
② **(소급효)** 경정의 효력은 해당 국제디자인등록출원의 국제등록일로 소급하여 발생한다.
③ **(등록여부결정)** 경정이 산업통상자원부령으로 정하는 사항에 관한 것으로서 해당 국제디자인등록출원에 대한 등록여부결정이 있은 후에 통지된 경우에 그 등록여부결정은 없었던 것으로 본다.

제204조(권리침해에 대한 금지청구권 등의 특례)
국제등록디자인권에 대하여는 제113조 제2항을 적용하지 아니한다. 기출 25

제205조(서류의 열람 등의 특례)
제206조 제2항을 국제디자인등록출원에 대하여 적용할 때에 "제52조에 따라 출원공개"는 "헤이그협정 제10조(3)에 따라 국제등록공개"로 한다.

03 소송

제166조(심결 등에 대한 소)
① **(관할)** 심결에 대한 소와 제124조 제1항(제164조에서 준용하는 경우를 포함한다)에 따라 준용되는 제49조 제1항에 따른 각하결정 및 심판청구나 재심청구의 각하결정에 대한 소는 특허법원의 전속관할로 한다.
② **(원고)** 제1항에 따른 소는 당사자, 참가인 또는 해당 심판이나 재심에 참가신청을 하였으나 그 신청이 거부된 자만 제기할 수 있다. 기출 21
③ **(기간)** 제1항에 따른 소는 심결 또는 결정의 등본을 송달받은 날부터 30일 이내에 제기하여야 한다.
④ **(불변기간)** 제3항의 기간은 불변기간으로 한다.

⑤ (부가기간) 심판장은 주소 또는 거소가 멀리 떨어진 곳에 있거나 교통이 불편한 지역에 있는 자를 위하여 직권으로 제3항의 불변기간에 대하여 부가기간을 정할 수 있다.
⑥ (심판전치주의) 심판을 청구할 수 있는 사항에 관한 소는 심결에 대한 것이 아니면 제기할 수 없다.
⑦ (대가 불복 불가) 제150조 제2항 제5호에 따른 대가의 심결 및 제153조 제1항에 따른 심판비용의 심결 또는 결정에 대하여는 독립하여 제1항에 따른 소를 제기할 수 없다.
⑧ (상고) 제1항에 따른 특허법원의 판결에 대하여는 대법원에 상고할 수 있다.

제167조(피고적격)
제166조 제1항에 따른 소는 특허청장을 피고로 하여 제기하여야 한다. 다만, 제121조 제1항, 제122조, 제123조 제1항 및 제2항에 따른 심판 또는 그 재심의 심결에 대한 소는 그 청구인 또는 피청구인을 피고로 하여 제기하여야 한다.

제168조(소 제기 통지 및 재판서 정본 송부)
① (소 제기 통지) 법원은 심결에 대한 소와 제124조 제1항(제164조에서 준용하는 경우를 포함한다)에 따라 준용되는 제49조 제1항에 따른 각하결정에 대한 소 또는 제166조 제8항에 따른 상고가 제기되었을 때에는 지체 없이 그 취지를 특허심판원장에게 통지하여야 한다.
② (소송절차의 완결 통지) 법원은 제167조 단서에 따른 소에 관하여 소송절차가 완결되었을 때에는 지체 없이 그 사건에 대한 각 심급의 재판서 정본을 특허심판원장에게 보내야 한다.

제169조(심결 또는 결정의 취소)
① (인용판결) 법원은 제166조 제1항에 따라 소가 제기된 경우에 그 청구가 이유 있다고 인정할 때에는 판결로써 해당 심결 또는 결정을 취소하여야 한다.
② (필요적 환송) 심판관은 제1항에 따라 심결 또는 결정의 취소판결이 확정되었을 때에는 다시 심리를 하여 심결 또는 결정을 하여야 한다.
③ (기속) 제1항에 따른 판결에서 취소의 기본이 된 이유는 그 사건에 대하여 특허심판원을 기속한다.

제170조(대가에 관한 불복의 소)
① (통실허심판에 따른 대가 불복) 제123조 제3항에 따른 대가에 대하여 심결·결정을 받은 자가 그 대가에 불복할 때에는 법원에 소송을 제기할 수 있다.
② (기간) 제1항에 따른 소송은 심결·결정의 등본을 송달받은 날부터 30일 이내에 제기하여야 한다.
③ (불변기간) 제2항에 따른 기간은 불변기간으로 한다.

제171조(대가에 관한 소송의 피고)
제170조에 따른 소송에서 제123조 제3항에 따른 대가에 대하여는 통상실시권자·전용실시권자 또는 디자인권자를 피고로 하여야 한다.

제172조(변리사의 보수와 소송비용)
소송을 대리한 변리사의 보수에 관하여는 「민사소송법」 제109조를 준용한다. 이 경우 "변호사"는 "변리사"로 본다.

CHAPTER 09 국제디자인등록출원

제3편 | 디자인보호법

01 헤이그협정에 의한 디자인의 국제출원에 관한 설명으로 옳지 <u>않은</u> 것은? 기출 23

① 디자인의 국제출원은 국제사무국에 직접 출원할 수도 있고 자국 특허청(수리관청)을 통하여 간접출원하는 방식을 취할 수 있으며, 국제사무국에 직접 출원하는 방식에 대해서도 디자인보호법에서 규정하고 있다.
② 국제사무국은 오로지 방식요건만을 심사하고 디자인의 실체적인 요건흠결을 이유로 국제등록을 거절할 수 없다. 반면, 지정국 관청은 국제등록의 방식요건 위반을 들어 국제등록 보호를 거절할 수 없다.
③ 마드리드의정서에 따른 국제상표출원과 달리 헤이그협정에 의한 디자인의 국제출원은 기초출원이나 기초등록을 요구하지 않는다.
④ 특허협력조약(PCT)에 의한 국제특허출원과 달리 헤이그협정에 의한 디자인의 국제출원은 국제조사절차가 없다.
⑤ 특허협력조약(PCT)에 의한 국제특허출원과 마찬가지로 헤이그협정에 의한 디자인의 국제출원도 자기지정이 가능하다.

| 해설 |

① (×) 디자인보호법에서는 국제사무국에 직접 출원하는 방식에 대하여 규정하고 있지 않다. 「산업디자인의 국제등록에 관한 헤이그협정」(1999년 세계지식재산기구에 의하여 제네바 외교회의에서 채택된 조약을 말하며, 이하 "헤이그협정"이라 한다) 제1조(vi)에 따른 국제등록(이하 "국제등록"이라 한다)을 위하여 출원을 하려는 자는 특허청을 통하여 헤이그협정 제1조(vii)에 따른 국제출원(이하 "특허청을 통한 국제출원"이라 한다)을 할 수 있다(디자인보호법 제173조). 직접출원은 규정하고 있지 않다.

답 ①

02 「산업디자인의 국제등록에 관한 헤이그협정」에 따른 국제출원에 있어서 특허청을 통한 국제출원에 관한 설명으로 옳은 것은? 기출 21

① 특허청장은 국제출원서의 기재사항이 영어로 기재되어 있지 않은 경우에 국제출원인에게 상당한 기간을 정하여 보완에 필요한 대체서류의 제출을 명하여야 하며, 이때 제출명령을 받은 자가 지정기간 이후에 대체서류를 제출한 경우에는 이를 출원인 또는 제출인에게 반려하여야 한다.

② 특허청을 통한 국제출원을 하려는 자는 국제출원서 및 그 출원에 필요한 서류를 특허청장에게 제출해야 하는데, 이때 국제출원서에는 사진을 포함하여 도면을 첨부하여야 하지만, 헤이그협정 제5조(국제출원의 내용)에 따른 수수료의 납부방법까지 적어야 하는 것은 아니다.

③ 특허청을 통한 국제출원을 하려는 자가 헤이그협정 제5조(국제출원의 내용)에 따른 공개연기신청을 하려는 경우에는 국제출원서에 도면을 대신하여 산업통상자원부령으로 정하는 바에 따른 견본을 첨부하여야 한다.

④ 특허청장은 국제출원서가 도달한 날을 국제출원서에 적어 관계 서류와 함께 헤이그협정 제1조(약어적 표현)에 따른 국제사무국에 보내고, 그 국제출원서의 원본을 특허청을 통한 국제출원을 한 자에게 보내야 한다.

⑤ 특허청장은 특허청을 통한 국제출원을 하려는 자가 송달료를 내지 아니한 경우에는 상당한 기간을 정하여 보정을 명하여야 하고, 보정명령을 받은 자가 지정된 기간에 송달료를 내지 아니한 경우에는 해당 절차를 무효로 하여야 한다.

해설

① (O) 특허청장은 국제출원서의 기재사항이 영어로 기재되어 있지 않은 경우에 국제출원인에게 상당한 기간을 정하여 보완에 필요한 대체서류의 제출을 명하여야 하며, 이때 제출명령을 받은 자가 지정기간 이후에 대체서류를 제출한 경우에는 이를 출원인 또는 제출인에게 반려하여야 한다(디자인보호법 제177조 제2항).

② (×) 특허청을 통한 국제출원을 하려는 자는 국제출원서 및 그 출원에 필요한 서류를 특허청장에게 제출해야 하는데, 이때 국제출원서에는 사진을 포함하여 도면을 첨부하여야 하지만, 헤이그협정 제5조(국제출원의 내용)에 따른 수수료의 납부방법까지 적어야 한다(디자인보호법 제175조 제2항 제7호).

③ (×) 특허청을 통한 국제출원을 하려는 자가 헤이그협정 제5조(국제출원의 내용)에 따른 공개연기신청을 하려는 경우에는 국제출원서에 도면을 대신하여 산업통상자원부령으로 정하는 바에 따른 견본을 첨부할 수 있다(디자인보호법 제175조 제3항).

④ (×) 특허청장은 국제출원서가 도달한 날을 국제출원서에 적어 관계 서류와 함께 헤이그협정 제1조(약어적 표현)에 따른 국제사무국에 보내고, 그 국제출원서의 사본을 특허청을 통한 국제출원을 한 자에게 보내야 한다(디자인보호법 제177조 제1항).

⑤ (×) 특허청장은 특허청을 통한 국제출원을 하려는 자가 송달료를 내지 아니한 경우에는 상당한 기간을 정하여 보정을 명하여야 하고, 보정명령을 받은 자가 지정된 기간에 송달료를 내지 아니한 경우에는 해당 절차를 무효로 할 수 있다(디자인보호법 제178조 제3항·제4항).

답 ①

03 디자인보호법상 국제디자인등록출원 또는 국제등록디자인권에 관한 설명으로 옳지 않은 것은? 기출 25

① 헤이그협정 제1조(vi)에 따른 국제등록으로서 대한민국을 지정국으로 지정한 국제등록은 이 법에 따른 디자인등록출원으로 본다.
② 국제디자인등록출원에 대하여는 제43조(비밀디자인)를 적용하지 아니한다.
③ 국제등록디자인권의 존속기간은 헤이그협정 제17조(2)에 따라 10년마다 갱신할 수 있다.
④ 국제디자인등록출원에 대하여는 제52조(출원공개)를 적용하지 아니한다.
⑤ 국제등록디자인권에 대하여는 비밀디자인의 침해금지청구권 등의 행사에 대한 제한조항(제113조 제2항)을 적용하지 아니한다.

해설

① (○) 헤이그협정 제1조(vi)에 따른 국제등록으로서 대한민국을 지정국으로 지정한 국제등록(이하 "국제디자인등록출원"이라 한다)은 이 법에 따른 디자인등록출원으로 본다(디자인보호법 제179조 제1항).
② (○) 국제디자인등록출원에 대하여는 제43조를 적용하지 아니한다(디자인보호법 제184조).
③ (×) 제1항에 따른 국제등록디자인권의 존속기간은 헤이그협정 제17조(2)에 따라 5년마다 갱신할 수 있다(디자인보호법 제199조 제2항).
④ (○) 국제디자인등록출원에 대하여는 제52조를 적용하지 아니한다(디자인보호법 제189조).
⑤ (○) 국제등록디자인권에 대하여는 제113조 제2항을 적용하지 아니한다(디자인보호법 제204조).

답 ③

04 국제디자인등록출원의 특례에 관한 설명으로 옳은 것은? 기출 19

① 국제디자인등록출원서에 첨부되는 도면에는 창작내용의 요점을 적어야 한다.
② 국제디자인일부심사등록출원을 국제디자인심사등록출원으로 또는 국제디자인심사등록 출원을 국제디자인일부심사등록출원으로 변경하는 보정을 할 수 있다.
③ 심사관은 디자인등록결정을 할 때에 국제디자인등록출원서 또는 도면에 적힌 사항이 명백히 잘못된 경우에는 직권으로 보정을 할 수 있다.
④ 국제디자인등록출원에 대하여는 등록을 받을 수 있는 권리의 상속이나 그 밖의 일반 승계가 있는 경우 승계인은 지체 없이 그 취지를 특허청장에게 신고하여야 한다.
⑤ 조약에 따른 우선권을 주장한 자는 최초로 출원한 국가의 정부가 인증한 서류로서 디자인등록출원의 연월일을 적은 서면 및 도면의 등본을 산업디자인의 국제등록에 관한 헤이그협정 제10조(3)에 따른 국제등록공개가 있은 날부터 3개월 이내에 특허청장에게 제출하여야 한다.

해설
① (×) 국제디자인등록출원의 출원서에는 창작내용의 요점 기재가 요구되지 않는다(디자인보호법 제175조 제2항).
② (×) 국제디자인등록출원에 대하여는 심사·일부심사의 보정을 적용하지 아니한다(디자인보호법 제186조 제2항).
③ (×) 국제디자인등록출원에 대하여는 직권보정을 적용하지 않는다(디자인보호법 제195조).
④ (×) 국제디자인등록출원에 대하여는 상속이나 그 밖의 일반 승계에 관한 국내법을 적용하지 않는다.
⑤ (○) 디자인보호법 제51조

 ⑤

05 국제출원 및 국제디자인등록출원에 관한 설명으로 옳지 않은 것은? 기출 17

① 대한민국 특허청을 통해 헤이그협정에 따른 국제출원을 할 경우 출원서는 영어로 작성해야 한다.
② 헤이그협정에 따른 국제등록공개 후 출원인이 아닌 자가 출원인의 허락 없이 업으로서 출원된 디자인을 실시하고 있다고 인정되는 경우 특허청장은 심사관에게 다른 디자인등록출원에 우선하여 심사하게 할 수 있다.
③ 심사관은 국제디자인등록출원에 대하여 디자인등록결정을 할 때에 디자인등록출원서 또는 도면에 적힌 사항이 명백히 잘못된 경우에 직권으로 보정할 수 있다.
④ 디자인등록출원인은 국제디자인등록출원에 대하여는 디자인보호법 제52조에 따른 출원공개를 신청할 수 없다.
⑤ 국제디자인등록출원에 대하여는 디자인보호법 제43조에 따라 그 디자인을 비밀로 할 것을 청구할 수 없다.

해설
① (○) 국제출원의 경우 영어로 작성해야 한다(디자인보호법 시행규칙 제90조 제2항).
② (○) 우선심사의 특례(디자인보호법 제192조).
③ (×) 국제디자인등록출원에 대하여는 직권보정에 관한 규정을 적용하지 않는다(디자인보호법 제195조).
④ (○) 출원공개의 특례(디자인보호법 제189조).
⑤ (○) 비밀디자인의 특례(디자인보호법 제184조).

 ③

06 디자인보호법상 디자인권의 존속기간에 관한 설명으로 옳은 것은? 기출 23

① 디자인권은 설정등록으로 발생하며 설정등록한 날부터 기산하여 20년 동안 존속한다.
② 관련디자인으로 등록된 디자인은 그 기본디자인과 독립적이므로 그 존속기간은 기본 디자인의 디자인권 존속기간에 종속되지 아니한다.
③ 비밀디자인의 디자인권은 그 비밀기간이 설정된 만큼 디자인권 설정등록일로부터 3년 범위 내에서 존속기간연장등록을 신청할 수 있다.
④ 연차등록료의 납부기한과 추가납부기간이 경과한 디자인권자의 디자인권은 그 존속기간 만료 전이라도 소멸될 수 있으나, 소멸일로부터 6개월 내에 연차등록료의 2배를 내고 소멸한 권리의 회복을 신청할 수 있다.
⑤ 국제등록디자인권의 존속기간은 헤이그협정 제17조(2)에 따라 5년마다 갱신할 수 있다.

해설

① (×) 디자인권은 제90조 제1항에 따라 설정등록한 날부터 발생하여 디자인등록출원일 후 20년이 되는 날까지 존속한다(디자인보호법 제91조 제1항 본문).
② (×) 제35조에 따라 관련디자인으로 등록된 디자인권의 존속기간 만료일은 그 기본디자인의 디자인권 존속기간 만료일로 한다(디자인보호법 제91조 제1항 단서).
③ (×) 이러한 규정은 없다.
④ (×) 추가납부기간 내에 등록료를 내지 아니하였거나 보전기간 내에 보전하지 아니하여 등록디자인의 디자인권이 소멸한 경우 그 디자인권자는 추가납부기간 또는 보전기간 만료일부터 3개월 이내에 등록료의 2배를 내고 그 소멸한 권리의 회복을 신청할 수 있다. 이 경우 그 디자인권은 계속하여 존속하고 있던 것으로 본다(디자인보호법 제84조 제3항).
⑤ (○) 국제등록디자인권의 존속기간은 헤이그협정 제17조(2)에 따라 5년마다 갱신할 수 있다(디자인보호법 제199조 제2항).

답 ⑤

07 헤이그협정 제1조(vi)에 따른 국제등록으로서 대한민국을 지정국으로 지정한 국제등록을 기초로 국제디자인등록출원인이 국내에서 설정등록을 받은 '국제등록디자인권'에 관한 설명으로 옳은 것은? 기출 18

① 국제등록디자인권은 원칙적으로 헤이그협정 제10조(2)에 따른 국제등록일로부터 발생하여 국제등록일 후 5년이 되는 날까지 존속한다.
② 국제등록일 후 5년이 되는 날 이후에 등록결정이 되어 국내에서 설정등록된 경우 국제등록디자인권은 국제등록일 후 10년이 되는 날까지 존속한다.
③ 국제등록디자인권의 존속기간은 헤이그협정 제17조(2)에 따라 10년마다 갱신할 수 있다.
④ 국제등록디자인권의 존속기간 갱신은 국제등록부에 등재하지 아니하면 제3자에게 대항할 수 없다.
⑤ 국제등록디자인권의 보호범위는 보정이 있는 경우 국제등록부에 등재된 사항, 도면 및 디자인의 설명에 따라 표현된 디자인에 의하여 정하여진다.

▌해설▐
① (×) 설정등록일로부터 발생하여 국제등록일이 5년이 되는 날까지 존속한다(디자인보호법 제199조 제1항).
② (○) 디자인보호법 제199조 제1항 단서
③ (×) 5년마다 갱신할 수 있다(디자인보호법 제199조 제2항).
④ (×) 국제등록디자인권의 이전, 포기에 의한 소멸 또는 존속기간의 갱신은 국제등록부에 등재함으로써 효력이 발생한다(디자인보호법 제201조 제1항).
⑤ (×) 디자인보호법 제200조

> **디자인보호법 제200조(등록디자인 보호범위의 특례)**
> 제93조를 국제등록디자인권에 대하여 적용할 때에 해당 국제등록디자인권의 보호범위는 다음 각 호의 구분에 따른다.
>   1. 제48조에 따른 보정이 없는 경우 : 국제등록부에 등재된 사항, 도면 및 디자인의 설명
>   2. 제48조에 따른 보정이 있는 경우 : <u>각각 보정된 디자인등록출원서의 기재사항, 도면 및 디자인의 설명</u>

답 ②

CHAPTER 10 보 칙

제206조(서류의 열람 등)
① (열람·복사 신청) 디자인등록출원 또는 심판 등에 관한 증명, 서류의 등본 또는 초본의 발급, 디자인등록원부 및 서류의 열람 또는 복사가 필요한 자는 특허청장 또는 특허심판원장에게 신청할 수 있다.
② (예외) 특허청장 또는 특허심판원장은 제1항의 신청이 있더라도 제52조에 따라 출원공개되지 아니하고 디자인권의 설정등록이 되지 아니한 디자인등록출원에 관한 서류와 공공의 질서 또는 선량한 풍속을 문란하게 할 우려가 있는 것은 허가하지 아니할 수 있다.

제207조(디자인등록출원·심사·심판 등에 관한 서류의 반출 및 공개금지)
① (반출금지) 디자인등록출원, 심사, 디자인일부심사등록 이의신청, 심판, 재심에 관한 서류 또는 디자인등록원부는 다음 각 호의 어느 하나에 해당하는 경우를 제외하고는 외부로 반출할 수 없다. 〈개정 2024.2.6.〉
  1. 제59조 제1항 또는 제2항에 따른 선행디자인의 조사 등을 위하여 디자인등록출원 또는 심사에 관한 서류를 반출하는 경우
  1의2. 제152조의2 제2항에 따른 조정을 위하여 디자인등록출원, 심사, 디자인일부심사등록 이의신청, 심판, 재심에 관한 서류나 디자인등록원부를 반출하는 경우
  2. 「산업재산 정보의 관리 및 활용 촉진에 관한 법률」 제12조 제1항에 따른 산업재산문서 전자화업무의 위탁을 위하여 디자인등록출원, 심사, 디자인일부심사등록 이의신청, 심판, 재심에 관한 서류나 디자인등록원부를 반출하는 경우
  3. 「전자정부법」 제32조 제2항에 따른 온라인 원격근무를 위하여 디자인등록출원, 심사, 디자인일부심사등록 이의신청, 심판, 재심에 관한 서류나 디자인등록원부를 반출하는 경우
② (공개금지) 디자인등록출원, 심사, 디자인일부심사등록 이의신청, 심판 또는 재심으로 계속 중인 사건의 내용이나 디자인등록여부결정·심결 또는 결정의 내용에 관하여는 감정·증언하거나 질의에 응답할 수 없다.

제208조 삭제 〈2024.2.6.〉

제209조(서류의 송달)
이 법에 규정된 서류의 송달절차 등에 관한 사항은 대통령령으로 정한다.

제210조(공시송달)
① (요건) 송달을 받을 자의 주소나 영업소가 불분명하여 송달할 수 없을 때에는 공시송달을 하여야 한다.
② (방법) 공시송달은 서류를 송달받을 자에게 어느 때라도 교부한다는 뜻을 디자인공보에 게재함으로써 한다.
③ (효력발생 시기) 최초의 공시송달은 디자인공보에 게재한 날부터 2주일이 지나면 그 효력이 발생한다. 다만, 같은 당사자에 대한 이후의 공시송달은 디자인공보에 게재한 날의 다음 날부터 그 효력이 발생한다.

제211조(재외자에 대한 송달)
① (관리인이 있는 경우) 재외자로서 디자인관리인이 있으면 그 재외자에게 송달할 서류는 디자인관리인에게 송달하여야 한다.
② (관리인이 없는 경우) 재외자로서 디자인관리인이 없으면 그 재외자에게 송달할 서류는 항공등기우편으로 발송할 수 있다.
③ (관리인이 없는 경우) 제2항에 따라 서류를 항공등기우편으로 발송한 경우에는 그 발송을 한 날에 송달된 것으로 본다.

제212조(디자인공보)
① (디자인공보 발행) 특허청장은 디자인공보를 발행하여야 한다.
② (전자적 매체 발행) 디자인공보는 산업통상자원부령으로 정하는 바에 따라 전자적 매체로 발행할 수 있다.
③ (전자적 매체 이용절차) 특허청장은 전자적 매체로 디자인공보를 발행하는 경우에는 정보통신망을 활용하여 디자인공보의 발행사실·주요목록 및 공시송달에 관한 사항을 알려야 한다.
④ 디자인공보에 게재할 사항은 대통령령으로 정한다.

제213조(서류의 제출 등)
특허청장 또는 심사관은 당사자에게 심판 또는 재심에 관한 절차 외의 절차를 처리하기 위하여 필요한 서류, 그 밖의 물건의 제출을 명할 수 있다.

제214조(디자인등록표시)
디자인권자·전용실시권자 또는 통상실시권자는 등록디자인에 관한 물품 또는 그 물품의 용기나 포장 등에 디자인등록의 표시를 할 수 있다.

제215조(허위표시의 금지)
누구든지 다음 각 호의 어느 하나에 해당하는 행위를 하여서는 아니 된다.
1. 디자인등록된 것이 아닌 물품, 디자인등록출원 중이 아닌 물품 또는 그 물품의 용기나 포장에 디자인등록표시 또는 디자인등록출원표시를 하거나 이와 혼동하기 쉬운 표시를 하는 행위
2. 제1호의 표시를 한 것을 양도·대여 또는 전시하는 행위
3. 디자인등록된 것이 아닌 물품, 디자인등록출원 중이 아닌 물품을 생산·사용·양도 또는 대여하기 위하여 광고·간판 또는 표찰에 그 물품이 디자인등록 또는 디자인등록출원된 것으로 표시하거나 이와 혼동하기 쉬운 표시를 하는 행위

제216조(불복의 제한)
① 보정각하결정, 디자인등록여부결정, 디자인등록취소결정, 심결, 심판청구나 재심청구의 각하결정에 대하여는 다른 법률에 따른 불복을 할 수 없으며, 이 법에 따라 불복할 수 없도록 규정되어 있는 처분에 대하여는 다른 법률에 따른 불복을 할 수 없다.
② 제1항에 따른 처분 외의 처분에 대한 불복에 대하여는 「행정심판법」 또는 「행정소송법」에 따른다.

제217조(비밀유지명령)
① (요건) 법원은 디자인권 또는 전용실시권의 침해에 관한 소송에서 당사자가 보유한 영업비밀(「부정경쟁방지 및 영업비밀보호에 관한 법률」 제2조 제2호에 따른 영업비밀을 말한다. 이하 같다)에 대하여 다음 각 호의 사유를 모두 소명한 경우에는 그 당사자의 신청에 의하여 결정으로 다른 당사자(법인인 경우에는 그 대표자), 당사자를 위하여 소송을 대리하는 자, 그 밖에 그 소송으로 인하여 영업비밀을 알게 된 자에게 그 영업비밀을 그 소송의 계속적인 수행 외의 목적으로 사용하거나 그 영업비밀에 관계된 이 항에 따른 명령을 받은 자 외의 자에게 공개하지

아니할 것을 명할 수 있다. 다만, 그 신청 시점까지 다른 당사자(법인인 경우에는 그 대표자), 당사자를 위하여 소송을 대리하는 자, 그 밖에 그 소송으로 인하여 영업비밀을 알게 된 자가 제1호에 규정된 준비서면의 열람이나 증거 조사 외의 방법으로 그 영업비밀을 이미 취득하고 있는 경우에는 그러하지 아니하다.
  1. 이미 제출하였거나 제출하여야 할 준비서면 또는 이미 조사하였거나 조사하여야 할 증거에 영업비밀이 포함되어 있다는 것
  2. 제1호의 영업비밀이 그 소송 수행 외의 목적으로 사용되거나 공개되면 당사자의 영업에 지장을 줄 우려가 있어 이를 방지하기 위하여 영업비밀의 사용 또는 공개를 제한할 필요가 있다는 것
② (신청) 제1항에 따른 명령(이하 "비밀유지명령"이라 한다)의 신청은 다음 각 호의 사항을 적은 서면으로 하여야 한다.
  1. 비밀유지명령을 받을 자
  2. 비밀유지명령의 대상이 될 영업비밀을 특정하기에 충분한 사실
  3. 제1항 각 호의 사유에 해당하는 사실
③ (송달) 법원은 비밀유지명령이 결정된 경우에는 그 결정서를 비밀유지명령을 받은 자에게 송달하여야 한다.
④ (효력) 비밀유지명령은 제3항의 결정서가 비밀유지명령을 받은 자에게 송달된 때부터 효력이 발생한다.
⑤ (불복) 비밀유지명령의 신청을 기각 또는 각하한 재판에 대하여는 즉시항고를 할 수 있다.

제218조(비밀유지명령의 취소)

① (요건) 비밀유지명령을 신청한 자 또는 비밀유지명령을 받은 자는 제217조 제1항에 따른 요건을 갖추지 못하였거나 갖추지 못하게 된 경우 소송기록을 보관하고 있는 법원(소송기록을 보관하고 있는 법원이 없는 경우에는 비밀유지명령을 내린 법원)에 비밀유지명령의 취소를 신청할 수 있다.
② (송달) 법원은 비밀유지명령의 취소 신청에 대한 재판이 있는 경우에는 그 결정서를 그 신청을 한 자 및 상대방에게 송달하여야 한다.
③ (불복) 비밀유지명령의 취소 신청에 대한 재판에 대하여는 즉시항고를 할 수 있다.
④ (효력) 비밀유지명령을 취소하는 재판은 확정되어야 그 효력이 발생한다.
⑤ (통지) 비밀유지명령을 취소하는 재판을 한 법원은 비밀유지명령의 취소 신청을 한 자 또는 상대방 외에 해당 영업비밀에 관한 비밀유지명령을 받은 자가 있는 경우에는 그 자에게 즉시 비밀유지명령의 취소 재판을 한 사실을 알려야 한다.

제219조(소송기록 열람 등의 청구 통지 등)

① (열람 등의 청구 통지) 비밀유지명령이 내려진 소송(모든 비밀유지명령이 취소된 소송은 제외한다)에 관한 소송기록에 대하여 「민사소송법」 제163조 제1항의 결정이 있었던 경우에 당사자가 같은 항에서 규정하는 비밀 기재 부분의 열람 등의 청구를 하였으나 그 청구절차를 해당 소송에서 비밀유지명령을 받지 아니한 자가 밟았을 때에는 법원서기관, 법원사무관, 법원주사 또는 법원주사보(이하 이 조에서 "법원사무관등"이라 한다)는 「민사소송법」 제163조 제1항의 신청을 한 당사자(그 열람 등의 청구를 한 자는 제외한다. 이하 제3항에서 같다)에게 그 청구 직후에 그 열람 등의 청구가 있었다는 사실을 알려야 한다.
② (열람 금지 기간) 제1항의 경우에 법원사무관등은 제1항의 청구가 있었던 날부터 2주일이 지날 때까지(그 청구절차를 밟은 자에 대한 비밀유지명령신청이 그 기간 내에 이루어진 경우에는 그 신청에 대한 재판이 확정되는 시점까지) 그 청구절차를 밟은 자에게 제1항의 비밀 기재 부분의 열람 등을 하게 하여서는 아니 된다.
③ (열람 금지의 예외) 제2항은 제1항의 열람 등의 청구를 한 자에게 제1항의 비밀 기재 부분의 열람 등을 하게 하는 것에 대하여 「민사소송법」 제163조 제1항의 신청을 한 당사자 모두의 동의가 있는 경우에는 적용되지 아니한다.

CHAPTER 10 보 칙

CHAPTER 11 벌칙

제220조(침해죄)
① (요건 및 처벌) 디자인권 또는 전용실시권을 침해한 자는 7년 이하의 징역 또는 1억원 이하의 벌금에 처한다.
② (친고죄) 제1항의 죄는 피해자가 명시한 의사에 반하여 공소를 제기할 수 없다.

제221조(위증죄)
① (요건 및 처벌) 이 법에 따라 선서한 증인, 감정인 또는 통역인이 특허심판원에 대하여 거짓의 진술·감정 또는 통역을 한 경우에는 5년 이하의 징역 또는 5천만원 이하의 벌금에 처한다.
② (감면) 제1항에 따른 죄를 범한 자가 그 사건의 디자인등록여부결정, 디자인일부심사등록 이의신청에 대한 결정 또는 심결이 확정되기 전에 자수한 경우에는 그 형을 감경하거나 면제할 수 있다.

제222조(허위표시의 죄)
제215조를 위반한 자는 3년 이하의 징역 또는 3천만원 이하의 벌금에 처한다.

제223조(거짓행위의 죄)
거짓이나 그 밖의 부정한 행위로써 디자인등록 또는 심결을 받은 자는 3년 이하의 징역 또는 3천만원 이하의 벌금에 처한다.

제224조(비밀유지명령위반죄)
① (요건 및 처벌) 국내외에서 정당한 사유 없이 제217조 제1항에 따른 비밀유지명령을 위반한 자는 5년 이하의 징역 또는 5천만원 이하의 벌금에 처한다.
② (친고죄) 제1항의 죄는 비밀유지명령을 신청한 자의 고소가 없으면 공소를 제기할 수 없다.

제225조(비밀누설죄 등)
① 특허청 또는 특허심판원 직원이나 그 직원으로 재직하였던 사람이 디자인등록출원 중인 디자인(헤이그협정 제11조에 따라 연기 신청된 국제디자인등록출원 중인 디자인을 포함한다)에 관하여 직무상 알게 된 비밀을 누설하거나 도용한 경우에는 5년 이하의 징역 또는 5천만원 이하의 벌금에 처한다.
② 특허청 또는 특허심판원 직원이나 그 직원으로 재직하였던 사람이 제43조 제1항에 따른 비밀디자인에 관하여 직무상 알게 된 비밀을 누설한 경우에는 5년 이하의 징역 또는 5천만원 이하의 벌금에 처한다. 기출 25
③ 제43조 제4항에 따라 비밀디자인을 열람한 자(제43조 제4항 제4호에 해당하는 자는 제외한다)가 같은 조 제5항을 위반하여 열람한 내용을 무단으로 촬영·복사 등의 방법으로 취득하거나 알게 된 내용을 누설하는 경우에는 2년 이하의 징역 또는 2천만원 이하의 벌금에 처한다. 기출 21·25
④ 제185조 제1항에 따라 비밀사본을 열람한 자가 같은 조 제2항을 위반하여 열람한 내용을 무단으로 촬영·복사 등의 방법으로 취득하거나 알게 된 내용을 누설·도용하는 경우에는 2년 이하의 징역 또는 2천만원 이하의 벌금에 처한다.

제226조(전문기관 등의 임직원에 대한 공무원 의제)
제59조 제1항에 따른 전문기관의 임직원이나 임직원으로 재직하였던 사람은 제225조를 적용할 때에 특허청 직원 또는 그 직원으로 재직하였던 사람으로 본다. 〈개정 2024.2.6.〉

제227조(양벌규정)
법인의 대표자나 법인 또는 개인의 대리인, 사용인, 그 밖의 종업원이 그 법인 또는 개인의 업무에 관하여 제220조 제1항, 제222조 또는 제223조의 어느 하나에 해당하는 위반행위를 하면 그 행위자를 벌하는 외에 그 법인에는 다음 각 호의 구분에 따른 벌금형을, 그 개인에게는 해당 조문의 벌금형을 과(科)한다. 다만, 법인 또는 개인이 그 위반행위를 방지하기 위하여 해당 업무에 관하여 상당한 주의와 감독을 게을리하지 아니한 경우에는 그러하지 아니하다.
  1. 제220조 제1항의 경우 : 3억원 이하의 벌금
  2. 제222조 또는 제223조의 경우 : 6천만원 이하의 벌금

제228조(몰수 등)
① (몰수) 제220조 제1항에 해당하는 침해행위를 조성한 물건 또는 그 침해행위로부터 생긴 물건은 몰수하거나 피해자의 청구에 의하여 피해자에게 교부할 것을 선고하여야 한다.
② (초과손해액에 대한 배상 청구) 피해자는 제1항에 따른 물건을 받은 경우에는 그 물건의 가액을 초과하는 손해액에 대하여만 배상을 청구할 수 있다.

제229조(과태료)
① (대상) 다음 각 호의 어느 하나에 해당하는 자에게는 50만원 이하의 과태료를 부과한다.
  1. 제145조에 따라 준용되는 「민사소송법」 제299조 제2항 및 제367조에 따라 선서를 한 자로서 특허심판원에 대하여 거짓 진술을 한 자
  2. 특허심판원으로부터 증거조사 또는 증거보전에 관하여 서류나 그 밖의 물건 제출 또는 제시의 명령을 받은 자로서 정당한 이유 없이 그 명령에 따르지 아니한 자
  3. 특허심판원으로부터 증인, 감정인 또는 통역인으로 출석요구된 사람으로서 정당한 이유 없이 출석요구에 응하지 아니하거나 선서·진술·증언·감정 또는 통역을 거부한 자
② (부과 및 징수) 제1항에 따른 과태료는 대통령령으로 정하는 바에 따라 특허청장이 부과·징수한다.

CHAPTER 11 벌칙

스스로의 힘으로
실천하지 않는 것은
자포자기와 같다.

- 퇴계 이황 -

2026 시대에듀 변리사 1차 산업재산권법 한권으로 끝내기

개정4판1쇄 발행	2025년 06월 30일(인쇄 2025년 05월 29일)
초 판 발 행	2021년 02월 05일(인쇄 2020년 12월 29일)
발 행 인	박영일
책 임 편 집	이해욱
편 저	정은석・이유정・오윤정・시대법학연구소
편 집 진 행	심정은
표지디자인	박종우
편집디자인	표미영・임창규
발 행 처	(주)시대고시기획
출 판 등 록	제10-1521호
주 소	서울시 마포구 큰우물로 75 [도화동 538 성지 B/D] 9F
전 화	1600-3600
팩 스	02-701-8823
홈 페 이 지	www.sdedu.co.kr
I S B N	979-11-383-9334-8 (13360)
정 가	52,000원 (총 3권)

※ 이 책은 저작권법의 보호를 받는 저작물이므로 동영상 제작 및 무단전재와 배포를 금합니다.
※ 잘못된 책은 구입하신 서점에서 바꾸어 드립니다.

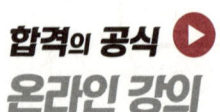

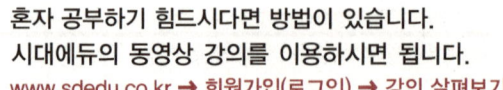

2025 PATENT ATTORNEY

10개년 기출문제집

변리사 1차

가장 확실한 변리사 합격 지름길!
반복되는 기출지문! 변리사 1차 기출 완벽분석!

시대에듀 변리사 1차 10개년 기출문제집 시리즈 3종

- 산업재산권법 10개년 기출문제집
- 민법개론 10개년 기출문제집
- 자연과학개론 10개년 기출문제집

※ 도서의 이미지 및 세부사항은 변경될 수 있습니다.

변리사 1·2차 시험도
한 방 합격!

**변리사 기출이 충실히 반영된 기본서!
단기합격을 위한 최적의 변리사 시리즈!**

변리사 1차
한권으로 끝내기 시리즈 3종

산업재산권법 한권으로 끝내기
민법개론 한권으로 끝내기
자연과학개론 한권으로 끝내기

변리사 2차
한권으로 끝내기 시리즈 4종

특허법 한권으로 끝내기
상표법 한권으로 끝내기
민사소송법 한권으로 끝내기
디자인보호법 한권으로 끝내기

개정법령 관련 대처법을 소개합니다!

01 정오표
도서출간 이후 발견된 오류는 그 즉시 해당 내용을 확인한 후 수정하여 정오표 게시판에 업로드합니다.
※ 시대에듀 : 홈 > 학습자료실 > 정오표

02 추록(최신 개정법령)
도서출간 이후 법령개정사항은 도서의 내용에 맞게 수정하여 도서업데이트 게시판에 업로드합니다.
※ 시대에듀 : 홈 > 학습자료실 > 최신개정법령

※ 도서의 이미지 및 세부사항은 변경될 수 있습니다.

합격의 공식
시대에듀

모든 자격증·공무원·취업의 합격정보

시작하라
대박 합격

YouTube 합격 **구독**과 👍 **좋아요!** 정보 🔔 **알림설정**까지!